Norsk–Engelsk blå ordbok

VED W. A. KIRKEBY

KUNNSKAPSFORLAGET

ASCHEHOUG – GYLDENDAL

FEMTE UTGAVE, FJERDE OPPLAG

© KUNNSKAPSFORLAGET

H. ASCHEHOUG & CO (W. NYGAARD) A/S OG

A/S GYLDENDAL NORSK FORLAG, OSLO 1989

PRINTED IN NORWAY

NORBOK A.S, OSLO/GJØVIK 1992

ISBN 82-573-0301-1

FORORD

Gyldendals blå norsk-engelske ordbok utgis fra 1978 av Kunnskapsforlaget og fremtrer med nærværende, 4. reviderte utgave i helt ny skikkelse, såvel typografisk som innholdsmessig. Den er også blitt vesentlig forøket i omfang.

I løpet av mitt mangeårige arbeid med en større norsk-engelsk ordbok har jeg blitt konfrontert med en rekke problemer som ordbøker erfaringsmessig helst går utenom. Dette er forståelig, da det å løse slike på en tilfredsstillende måte ofte er forbundet med omhyggelige og tidkrevende undersøkelser. Et godt eksempel er stillingsstrukturen i etatene, som undertegnede har viet atskillig tid og interesse. Meget kjedelig er det imidlertid når – som så ofte er tilfelle – fullstendig gale oversettelser gjentas fra ordbok til ordbok og således erverver seg et slags kvalitetsstempel. Den som benytter ordboken, vil formodentlig finne at denne utgaven har ryddet godt opp blant disse overleverte misforståelsene.

Av plasshensyn er arkaiserende og dialektiske ord og vendinger stort sett sløyfet, likeledes høytekniske eller vitenskapelige termini, samt uttrykk som hører den høylitterære stil til. Dette til fordel for ord av høyere frekvens og en rikholdigere fraseologi. Følgelig vil ski- og skøyteentusiaster kunne konstatere at deres interessefelt ikke er blitt forsømt, samtidig som bil- og trafikktekniske ord og uttrykk likeledes er godt dekket, fra *rusk i forgasseren* til *planfritt kryss*.

Men selv om ordboken således spenner over mange felter og imøtekommer mange interesser, har den i første rekke et praktisk siktepunkt. Merkantil engelsk inntar derfor en bred plass og vil kreve enda mer i kommende utgaver. Men samtidig vil forhåpentligvis også skolens folk finne at deres spesielle sektor er viet behørig oppmerksomhet. Denne praktiske målsetting understrekes ytterligere ved de mange henvisninger som ordboken er forsynt med.

Et banebrytende verk, som har vært en uvurderlig hjelp og et nyttig korrektiv under arbeidet, er Einar Haugens Norwegian-English Dictionary. Dette har en klar appell til den engelsktalende norskstudent, mens nærværende ordbok – tradisjonen tro – først og fremst vender seg til den norske engelskstuderende. Vidt forskjellige som de er i intensjon og opplegg, antas de to ordbøkene å kunne supplere hverandre.

Et nytt trekk ved denne utgaven er det at også amerikansk engelsk registreres i en viss utstrekning og da især i de tilfeller hvor misforståelser kan oppstå.

Mange institusjoner i Norge og England fortjener takk for den bistand de har ytet ved å besvare henvendelser eller hjelpe til med å skaffe de rette kontakter. Det er ikke mulig å nevne dem alle, men jeg vil dog rette en spesiell takk til British Council i Oslo for all assistanse gjennom mange år. Under arbeidet med skogbrukstermini har Den kanadiske ambassade likeledes vært til stor hjelp, og jeg er den en særlig takk skyldig.

Den aller største takk skylder jeg imidlertid universitetslektor Joan Tindale, som gjennom en årrekke har vært knyttet til Norges allmennvitenskapelige forskningsråds store norsk-engelske prosjekt som konsulent. Meget av det stoff som var tiltenkt dette store, nå skrinlagte ordboksverk, er å finne mellom disse permer.

FEB 1995

Til sist en spesiell takk til alle de fagfolk på ulike områder som i årenes løp har vært kontaktet og som har bidratt med verdifulle opplysninger. Uten slik hjelp fra interesserte enkeltpersoner ville en ordboksforfatter snart måtte fortvile.

1978   W. A. Kirkeby

Femte utgave, utvidet og revidert 1988.

~ betegner at oppslagsordet gjentas, fx **abonnement**: *si opp sitt* ~ .

Foranstilt - betegner at oppslagsordet gjentas uten bindestrek som en del av et sammensatt ord eller foran en bøynings- eller avledningsendelse, fx **abbed** ... **-i.**

| (en lang, loddrett strek) betegner at kun den del av ordet som står foran streken, gjentas i det følgende ved **-**, fx **ane|stolt** ... **-tavle.**

ˈ (en kort, loddrett strek) foran et ord betegner at ordet er betont, fx *være ˈom seg.*

Dersom et bindestreksord, fx absent-minded, skal deles, settes bindestreken først på neste linje for å vise at bindestreken er en del av selve ordet, fx absent -minded.

Parentes ( ) om en oversettelse vil si at denne kan tas med eller utelates, fx rise (to the bait). I et eksempel som **nålebrev** paper of needles (,pins) er parentes og komma brukt for å vise at ordet kan oversettes både med 'paper of needles' og 'paper of pins', men at 'needles' og 'pins' ikke er synonyme. På lignende måte er komma og parentes benyttet for å vise den amerikanske formen eller stavemåten, fx 'declare oneself in favour (,US: favor) of something'. Komma foran **US** indikerer i slike tilfelle alltid at kun det umiddelbart foranstående britisk-engelske ord byttes ut.

Når et ord eller et uttrykk ikke har noen ekvivalent i engelsk, gis undertiden en forklaring eller definisjon i skarpe klammer (se **II. kår).**

= angir ofte omtrentlig samsvar, fx mellom norske og engelske institusjoner, hvor det ene uttrykk strengt tatt ikke er å betrakte som en oversettelse av det annet.

(-ing) brukes for å markere at man på engelsk i angjeldende uttrykk bruker verbets ing-form, fx *stå seg på å* ... gain by (-ing) (*fx* you would gain by waiting for a couple of more days).

PREFACE

This revised fourth edition of my Norwegian-English Dictionary appears in an entirely new guise, both in respect of typography and contents, and has been considerably enlarged.

In the course of my work over many years on the compilation of a major Norwegian-English dictionary I have been confronted by a number of problems which, in my experience, bilingual dictionaries tend to shun. This is understandable as the satisfactory solution of such problems often requires painstaking and time-consuming investigations. A good example is the appointments structure of the different branches of the Civil Service, to which the writer has devoted a great deal of time and labour. It is, however, greatly to be deplored when – as is often the case – entirely false translations are repeated from dictionary to dictionary and thus by dint of repetition acquire a spurious air of authority. The reader will presumably find that in the present edition the majority of these traditional misunderstandings have been eliminated.

To save space, obsolescent and dialectal words and phrases have largely been omitted. This also applies to terms of a highly specialized technical and scientific nature and to such as are only found in formal literary style. This has been done in order to make way for words that occur more frequently and a richer phraseology. Skiing and skating fans will thus be able to ascertain that their particular sphere of interest has not been neglected, while, at the same time, ample space has been provided for motoring terms, ranging from 'dirt in the carburettor' to 'crossing with flyover'.

But although the dictionary thus covers a number of fields and caters for a variety of interests, it is primarily practical in purpose. For this reason commercial English claims considerable space and will demand yet more in future editions. At the same time it is hoped that educationists too will find that due attention has been devoted to their particular needs. This practical approach is further emphasized by the large number of cross references with which the dictionary is provided.

An epoch-making work which has been an invaluable help and a useful corrective is Einar Haugen's Norwegian-English Dictionary. This work caters primarily for the requirements of the English-speaking student of Norwegian, while the present dictionary – in accordance with the traditional practice – is intended first and foremost for the Norwegian student of English idiom. Widely different as they are in purpose and arrangement, the two dictionaries may be assumed to supplement each other.

A new feature of the present edition is that American English is also recorded to a certain extent, especially in cases where ambiguities can arise.

Many institutions in Norway and Britain deserve thanks for the assistance they have rendered in replying to inquiries or in helping to establish the right contacts. It is not possible to mention them all, yet I should like to thank the British Council in Oslo especially for assistance rendered over a number of years. In the course of my work on forestry terms, the Canadian Embassy was likewise very helpful, and I should like to express my gratitude.

But above all I am indebted to Mrs Joan Tindale, lecturer in English at Oslo University, who for a number of years was attached in the capacity of adviser to the major

Norwegian-English dictionary undertaking under the auspices of the Norwegian Research Council for Science and the Humanities. Much of the material intended for this larger, now abandoned, dictionary project has been embodied in this book.

In conclusion, a special word of thanks is due to the host of experts in various fields who, over the years, have been consulted and have contributed valuable information. Without such help from interested individuals a lexicographer would be bound to despair.

1978   *W. A. Kirkeby*

Fifth edition, enlarged and revised 1988.

~ replaces the head word, e.g. **abonnement:** *si opp sitt* ~ .

A preceding - indicates that the head word is repeated without a hyphen as part of a compound or before an inflectional or derivative suffix, e.g. **abbed ... -i.**

| (a rising vertical) indicates that only the part of the head word which comes before it is repeated. This repetition is introduced by a -, e.g. **ane|stolt ... -tavle.**

' (a short vertical stroke) placed in front of a word indicates that the word is stressed, e.g. *være 'om seg.*

If a hyphenated word, e.g. absent-minded, has to be divided, the hyphen is placed at the beginning of the next line to show that the hyphen is part of the word, e.g. absent -minded.

Brackets ( ) are used to indicate that the word or words enclosed in them may be included or left out of the translation, e.g. rise (to the bait). In such an example as **nålebrev** paper of needles (,pins), the brackets and comma are used to show that the word may be translated both by 'paper of needles' and 'paper of pins', but that 'needles' and 'pins' are not synonymous. Similarly, a comma and brackets are used to show the American form or spelling, e.g. 'declare oneself in favour (,US: favor) of something'. In such cases a comma before US always indicates that only the British-English word immediately before it is replaced.

When a word or expression has no equivalent in English an explanation or definition is sometimes offered in square brackets (see **II. kår).**

= often indicates approximate correspondence, e.g. between Norwegian and English institutions, where the terms thus brought together cannot strictly be regarded as translations one of the other.

(-ing) is used to show that in English the ing-form of the verb is used in the expression concerned, e.g. *stå seg på å* ... gain by (-ing) *(fx* you would gain by waiting for a couple of more days).

TEGN OG FORKORTELSER
SYMBOLS AND ABBREVIATIONS

*	står foran uoversatt, etteranstilt engelsk stoff placed before untranslated English material following entry	kjem	kjemi, chemistry
		konj	konjunksjon, conjunction
		kort	kortspill, cards
		landbr	landbruk, agriculture
=	kan gjengis med, svarer til, corresponds to	litt.	litterært, literary
		m.	med, with
S	slang	mar	maritimt uttrykk, nautical term
T	talespråk, colloquial	mask	maskinteknikk, engineering
UK	britisk engelsk, British English i Storbritannia, in the United Kingdom	mat.	matematikk, mathematics
		med.	legeuttrykk, medicine
US	amerikansk, American	merk	merkantilt, commerce
adj	adjektiv, adjective	mil	militært, military
adv	adverb	min	mineralogi, mineralogy and mining
anat	anatomi, anatomy	mots.	motsatt, in contrast to
arkit	arkitektur, bygningsvesen, architecture, building	mus	musikk, music
		myt	mytologi, mythology
art	artikkel, article	ndf	nedenfor, below
best	bestemt, definite	neds	nedsettende, disparaging(ly)
bibl	bibelsk, biblical	ovf	ovenfor, above
biol	biologisk, biology	parl	parlamentsvesen, parliamentary
bl.a.	blant annet, inter alia	part.	partisipp, participle
bot	botanikk, botany	perf.	perfektum, perfect
EDB	edp	perf.	perfektum partisipp,
egtl.	egentlig, properly, literally	part.	past participle
el.	eller, or	pl	flertall, plural
elekt	elektrisitet, electricity	poet	poetisk, dikterisk, poetical
eng	engelsk, English	polit	politikk, politisk, politics, political
etc	et cetera	prep	preposisjon, preposition
farm	farmasi, pharmacy	pron	pronomen, pronoun
fig	figurlig, figurative(ly)	psykol	psykologi, psychology
fjellsp	fjellsport, mountaineering	radio	radiouttrykk, radio
fk	forkortet, abbreviated	rel	religiøst, religion
fk.f.	forkortet for, abbreviated for	sby	somebody
flyv	flyvning, aviation	seilsp	seilsport, sailing
forb.	forbindelse(r), compound, collocation	sing	entall, singular
		ski	skiuttrykk, skiing
fors	forsikring, insurance	sms	sammensetning(er), compound(s)
forst	skogbruk, forestry	språkv	språkvitenskap, linguistics
fot	fotografering, photography	spøkef	spøkefull(t), jocular(ly)
fotb	fotball, football	sth	something
fx	for eksempel, f.eks., for instance	subst	substantiv, substantive, noun
fys	fysikk, physics	tannl	tannlegevesen, dentistry
fysiol	fysiologi, physiology	tekn	teknisk uttrykk, technical term
geogr	geografi, geography	tlf	telefoni, telephony
glds	gammeldags, obsolete, archaic	tlgr	telegrafi, telegraphy
gram	grammatikk, grammar	tollv	tollvesen, customs
gym	gymnastikk, gymnastics	typ	typografisk, printing term
hist	historisk, historical	tøm	tømmermannsuttrykk, carpentry
int	interjeksjon, interjection	ubest	ubestemt, indefinite
jernb	jernbaneuttrykk, railway term	vb	verb
jur	juridisk, law (term), juridical	vi	intransitivt verb, intransitive verb
jvf	jevnfør, cf.	vt	transitivt verb, transitive verb
kat	katolsk, Roman Catholic	vulg	vulgært, vulgar
		zool	zoologi, zoology

UREGELRETTE VERBER

arise *(oppstå; glds: stå opp, reise seg)* **arose, arisen**
awake *(våkne)* **awoke, woken (up) (jvf wake)**
be *(være)* **was/pl were, been**
bear *(bære)* **bore, borne**
bear *(føde)* **bore, born/borne**
beat *(slå)* **beat, beaten**
become *(bli)* **became, become**
beget *(avle)* **begot, begotten**
begin *(begynne)* **began, begun**
bend *(bøye)* **bent, bent**
bereave *(berøve)* **bereaved/bereft, bereaved/bereft**
beseech *(bønnfalle)* **besought, besought**
bet *(vedde)* **betted/bet, betted/bet**
bid *(by, befale)* **bade, bidden**

bid *(by ved auksjon)* **bid, bid**
bind *(binde)* **bound, bound**
bite *(bite)* **bit, bitten**
bleed *(blø)* **bled, bled**
blow *(blåse)* **blew, blown**
break *(brekke, bryte, slå i stykker)* **broke, broken**
breed *(avle)* **bred, bred**
bring *(bringe)* **brought, brought**
build *(bygge)* **built, built**
burn *(brenne)* **burnt/burned, burnt/burned**
burst *(briste)* **burst, burst**
buy *(kjøpe)* **bought, bought**
can *(kan)* **could, (been able to)**
cast *(kaste, støpe)* **cast, cast**
catch *(fange)* **caught, caught**

choose (velge) chose, chosen
cleave (kløve, spalte) cleft, cleft
cling (klynge seg, henge ved) clung, clung
come (komme) came, come
cost (koste) cost, cost
creep (krype) crept, crept
cut (hogge, skjære) cut, cut
deal (handle) dealt, dealt
dig (grave) dug, dug
do (gjøre) did, done
draw (trekke; tegne) drew, drawn
dream (drømme) dreamt/dreamed, dreamt/dreamed
drink (drikke) drank, drunk
drive (kjøre; drive) drove, driven
dwell (dvele, bo) dwelt, dwelt
eat (spise) ate, eaten
fall (falle) fell, fallen
feed (fôre, mate) fed, fed
feel (føle) felt, felt
fight (kjempe, slåss) fought, fought
find (finne) found, found
flee (flykte) fled, fled
fling (slenge) flung, flung
fly (fly) flew, flown
fly (flykte) fled, fled
forget (glemme) forgot, forgotten
forsake (svikte) forsook, forsaken
freeze (fryse) froze, frozen
get (få, bli, komme) got, got
give (gi) gave, given
go (gå, reise) went, gone
grind (male, knuse) ground, ground
grow (vokse, dyrke) grew, grown
hang (henge) hung, hung
hang (henge i galge) hanged, hanged
have (ha) had, had
hear (høre) heard, heard
hide (skjule) hid, hidden/hid
hit (ramme, slå) hit, hit
hold (holde, romme) held, held
hurt (gjøre vondt, skade) hurt, hurt
keep (beholde) kept, kept
kneel (knele) knelt, knelt
knit (strikke) knitted/knit, knitted/knit
know (vite, kunne) knew, known
lay (legge) laid, laid
lead (føre) led, led
lean (lene) leaned/leant, leaned/leant
leap (hoppe) leaped/leapt, leaped/leapt
learn (lære) learnt/learned, learnt/learned
leave (forlate, dra av sted) left, left
lend (låne (ut)) lent, lent
let (la, leie ut) let, let
lie (ligge) lay, lain
light (tenne) lit/lighted, lit/lighted
load (laste, belesse) loaded, loaded/laden
lose (tape, miste) lost, lost
make (gjøre, fremstille) made, made
may (kan, må gjerne) might, (been allowed to)
mean (mene, ha i sinne) meant, meant
meet (møte) met, met
mow (slå (gress)) mowed, mown
must (må) must, (had to)
ought (bør) ought
pay (betale) paid, paid
pen (ha i kve, stenge inne) penned/pent penned/pent
put (legge, sette, stille) put, put
read (lese) read, read
rend (rive i stykker) rent, rent
rid (befri) rid/ridded, rid
ride (ri, kjøre) rode, ridden
ring (ringe) rang, rung
rise (reise seg, stå opp) rose, risen

run (løpe) ran, run
say (si) said, said
see (se) saw, seen
seek (søke) sought, sought
sell (selge) sold, sold
send (sende) sent, sent
set (sette, gå ned (om sola)) set, set
sew (sy) sewed, sewed/sewn
shake (ryste) shook, shaken
shall (skal) should, (been obliged to)
shed (utgyte, felle (tårer)) shed, shed
shine (skinne) shone, shone
shoe (sko) shod, shod
shoot (skyte) shot, shot
show (vise) showed, shown
shrink (krympe, krype; vike tilbake) shrank, shrunk
shut (lukke) shut, shut
sing (synge) sang, sung
sink (synke) sank, sunk
sit (sitte) sat, sat
slay (slå i hjel) slew, slain
sleep (sove) slept, slept
slide (gli) slid, slid
sling (slynge) slung, slung
slink (luske) slunk, slunk
slit (flekke, skjære opp) slit, slit
smell (lukte) smelt, smelt
smite (slå) smote, smitten
sow (så) sowed, sowed/sown
speak (snakke, tale) spoke, spoken
speed (ile) sped, sped
speed up (sette opp farten) speeded up, speeded up
spell (stave) spelt/spelled, spelt/spelled
spend (gi ut, tilbringe, bruke (penger)) spent, spent
spill (spille) spilt/spilled, spilt/spilled
spin (spinne) spun, spun
spit (spytte) spat, spat
split (splitte, kløve) split, split
spoil (ødelegge) spoilt/spoiled, spoilt/spoiled
spread (spre, bre seg) spread, spread
spring (springe) sprang, sprung
stand (stå) stood, stood
steal (stjele) stole, stolen
stick (klebe, sitte fast) stuck, stuck
sting (stikke m. brodd) stung, stung
stink (stinke) stank, stunk
strew (strø) strewed, strewed/strewn
stride (skride, gå) strode, stridden
strike (slå) struck, struck
string (trekke på snor) strung, strung
strive (streve) strove, striven
swear (sverge) swore, sworn
sweep (feie) swept, swept
swell (svulme) swelled, swollen
swim (svømme) swam, swum
swing (svinge) swung, swung
take (ta) took, taken
teach (lære, undervise) taught, taught
tear (rive (i stykker)) tore, torn
tell (fortelle) told, told
think (tenke) thought, thought
thrive (trives) throve, thriven
throw (kaste) threw, thrown
thrust (støte) thrust, thrust
tread (trø) trod, trodden
wake up (våkne; vekke) woke (up), woken up
wear (bære, ha på seg) wore, worn
weave (veve) wove, woven
weep (gråte) wept, wept
will (vil) would, (wanted to)
win (vinne, oppnå) won, won
wind (vinde, sno) wound, wound
wring (vri) wrung, wrung
write (skrive) wrote, written

A

A, a A, a; *har en sagt a, får en også si b* in for a penny, in for a pound; *fra a til å* from A to Z; *A for Anna (tlf)* A for Andrew.

à *(prep = til)* **1.** or, (from) ... to; *3 à 4 dager* 3 or 4 days; *10 à 12* (from) 10 to 12; **2***(til en pris av)* at; *5 flasker à 40p* 5 bottles at 40p (each); **3***(som hver inneholder)* of, each containing; *2 kasser à 25 flasker* 2 cases of 25 bottles.

Aachen *(geogr)* Aix-la-Chapelle, Aachen.

ab *(merk; prep = fra)* ex; ~ *fabrikk* ex works, ex factory; ~ *lager* ex warehouse; ~ *London* delivered in L.; *fritt* ~ *London* f.o.b. London.

abbed abbot. **-i** *(kloster(kirke))* abbey *(fx* Westminster Abbey). **-isse** abbess. **-verdighet** abbacy, abbatial dignity.

abbor *(åbor)* perch.

abc **1***(skolebok)* spelling-book, ABC (book); **2***(grunnelementer)* ABC *(fx* the ABC of finance), rudiments *(fx* the r. of chemistry).

abdikasjon abdication. **abdisere** *(vb)* abdicate; ~ *til fordel for sin sønn* abdicate in favour of one's son.

aber: *det er et* ~ *ved det* there is a snag *(el.* catch) to it *(el.* in it).

ablegøyer *(pl)* monkey tricks, pranks; *gjøre* ~ *med* play tricks *(el.* pranks) on, make fun of.

abnorm abnormal. **-itet** abnormity, abnormality.

A-bombe A-bomb, atom(ic) bomb.

abonnement subscription *(på* to); *si opp sitt* ~ cancel one's s.; *tegne* ~ *på en avis* take out a s. for a newspaper, subscribe to a n.

abonnements|aften subscription night. **-avgift** subscription (fee); *(tlf)* telephone rental. **-billett** season ticket, pass. **-forestilling** season-ticket *(el.* subscription) performance.

abonnent *(på avis, tlf)* subscriber; *(i teater)* box *(el.* seat) holder.

abonnere *(vb)* subscribe *(på* to); ~ *på en avis (også)* take a newspaper; ~ *i teatret* have a box, have a season ticket (for the theatre); *(se subskribere).*

abort miscarriage; *(kunstig fremkalt)* abortion; *kriminell* ~ criminal a., an illegal operation.

abortere *(vb)* miscarry; have a miscarriage; abort.

abortus provocatus procured abortion.

Abraham: *i -s skjød* in Abraham's bosom.

abrot *(bot)* southernwood, abrotanum.

Absalon Absalom.

abscess *(byll)* abscess.

absentere *(vb):* ~ *seg* absent oneself; *(i stillhet)* take French leave.

absint 1. absinthe; **2***(bot)* wormwood.

absolusjon absolution; *få* ~ *for sine synder* receive a. for one's sins; *gi en* ~ give sby a., absolve sby.

absolutisme absolutism, absolute rule.

absolutist, -isk *(subst & adj)* absolutist.

absolutt *(adj)* absolute; *(adv)* absolutely, utterly, completely; *(avgjort, ubetinget)* certainly, definitely, decidedly *(fx* he is d. clever); ~ *ikke* certainly not; *ja,* ~ *!* yes, definitely! yes, emphatically so! certainly! *du må* ~ *se den filmen* you (simply) 'must see that film; ~ *nødvendig* absolutely necessary, indispensable; *det tror jeg* ~ I definitely think so; *han vil* ~ *gjøre det* he in-

sists on doing it; *jeg er* ~ *sikker på at* ... I am positive that.

absorbere *(vb)* absorb. **-ing** absorption.

absorberingsevne absorption capacity.

absorpsjon absorption *(fx* atmospheric a.).

abstinens abstinence.

abstinenssymptom (drug) withdrawal sympton.

abstra|here *(vb)* abstract *(fra* from). **-ksjon** abstraction. **-ksjonsevne** power *(el.* faculty) of abstraction, abstractive faculty.

I. abstrakt *(gram)* abstract (noun).

II. abstrakt *(adj)* abstract; *(adv)* abstractly, in the abstract; *et* ~ *begrep* an abstract concept, an abstraction *(fx* beauty is an a.).

absurd absurd, preposterous. **-itet** absurdity.

absurdum: *redusere ad* ~ reduce to (an) absurdity.

acetyl *(fys)* acetyl.

acetylen acetylene *(fx* a. burner).

I. ad *(prep, glds):* ~ *omveier* by detours, by a roundabout way; *(fig)* by roundabout methods; ~ *gangen (= om gangen)* at a time *(fx* three at a t.); *(se vei C).*

II. ad *(adv):* *bære seg* ~, etc: *se de respektive verb, fx bære, følge, hjelpe, skille.*

III. ad *(latinsk prep):* ~ *punkt 1* re point one; *(se absurdum, libitum, notam).*

Adam Adam; *-s fall* the fall of Man, the Fall.

adams|drakt: *i* ~ in his *(,etc)* birthday suit; *in the altogether.* **-eple** *(anat)* Adam's apple.

addend addend, summand. **addenda** *(pl)* addenda.

addere *(vb)* add (up); T tot up; *(uten objekt)* do an addition; do sums.

addisjon addition. **-sfeil** error in addition, mistake in (the) adding up. **-sstykke** addition, sum. **-stabell** table of addition. **-stegn** addition sign, positive sign, plus sign.

adekvat *(fullgod)* adequate.

adel nobility, noble birth; *(lav-)* gentry; *av* ~ *of noble birth; være av gammel* ~ belong to the old nobility; ~ *forplikter* the nobly born must nobly do; *noblesse oblige; rikets* ~ the peers of the realm. *(se høyadel; lavadel).*

adelig noble, aristocratic, high-born; *(ofte også)* titled *(fx* a t. officer); *en* ~ *person* a person of noble family *(el.* birth); *de -e* the aristocracy; *(hist)* the nobles.

adels|brev patent of nobility. **-byrd** noble descent. **-båren** of noble birth. **-dame** noblewoman, peeress; titled lady, lady of rank. **-gods** nobleman's estate. **-kalender** peerage (book).

adelskap nobility; ~ *forplikter: se adel.*

adels|krone (nobleman's) coronet. **-mann** nobleman; *(hist)* noble; *(som tilhører lavadelen)* titled gentleman, g. of rank. **-merke** *(fig)* hallmark *(fx* the work bears the h. of genius). **-preg** stamp of nobility. **-privilegier** *(pl)* aristocratic privileges. **-skjold** coat of arms, escutcheon. **-stand** nobility; *en* ~ the Nobility; *opphøye i -en: se adle.* **-stolthet** pride of birth, aristocratic pride. **-tittel** title (of nobility). **-velde** (government by the) aristocracy, aristocratic government.

adgang 1*(tillatelse til å komme inn)* admission, admittance; **2***(mulighet for å oppnå visse goder, etc)* access *(til* to; *fx* a. to books, a. to carry on trade); use *(fx* have the use of a library); opportunity *(til* for); facility, facilities *(fx* f. for golf and tennis); 3*(vei til)* access *(fx* the country has no a. to the sea); approach *(fx* the only a. to the house); ~ *forbudt* no admittance, no entrance; *(til park, skog, etc)* Trespassers will be Prosecuted; ~ *forbudt for uvedkommende* No Admittance (except on Business); Trespassers will be Prosecuted; *fri* ~ free admission; *det er fri (el. gratis)* ~ admission is free; *ingen* ~ no admittance; private; *med* ~ *kjøkken* with use of kitchen; *få* ~ *til* obtain *(el.* gain) admittance to; *få* ~ *til å drøfte det* get a chance of discussing it; *jeg fikk ikke* ~ I was not permitted to enter; *ha* ~ *til* have access to; *ha fri* ~ *til* have free access to *(fx* garden, library); *han har lett* ~ *til å studere* he has every facility for study; *nekte en* ~ *til* refuse *(el.* deny) sby admittance to, refuse to admit sby to; *tiltvinge seg* ~ *til huset* force one's way into the house, force an entrance into the house.

adgangs|begrensning restricted admission; *det er* ~ admission is restricted. **-berettigelse** right of admission, right of entry. **-kort** admission card, entrance card. **-rett:** *se -berettigelse.* **-tegn:** *se -kort.* **-tillatelse** admission, permission to enter.

adjektiv adjective. **-isk** adjectival; *(adv)* adjectivally.

adjunkt [person who has taken the lower university degree of cand. mag.', which consists of three intermediary subjects, but no main subject] *(kan gjengis)* secondary school teacher; *(se lektor).*

adjunkt|eksamen [examination qualifying for the degree of adjunkt' (the cand. mag. degree) or the degree itself]; = B.A. (,B.Sc.) examination; B.A. (,B.Sc.) degree. **-stilling** = teaching post at a secondary school, mastership.

adjutant *mil (generals el. kongelig)* aide(-de-camp), A.D.C. *(NB pl:* aides-de-camp, A.D.C.'s); *(regiments-, etc)* adjutant, military assistant *(fk* M.A.).

adjutant|snorer *(pl)* aiguillettes. **-stab** adjutant branch; *sjef for H.M. Kongens* ~ Chief of His Majesty's Aides-de-Camp. **-stilling** aide-de-campship; adjutancy.

adjø good-bye; *si* ~ *til en* say good-bye to sby, take leave of sby.

adle *(vb)* ennoble; *(i England også)* raise to the peerage, create a peer(ess); *(om lavadel)* make a baronet (,knight, lady, *etc),* knight; *arbeidet -r* = hard work is the best patent of nobility; hard work is good for the soul.

adling ennoblement; knighting.

adlyde obey; *ikke* ~ disobey.

administrasjon administration, management.

administrasjons|apparat administrative machine(ry); T a. set-up. **-sekretær** assistant keeper; *(se museumsarkivar).* **-utgifter** management *(el.* administrative) expenses.

administrativ administrative; *-e evner* a. powers *(el.* ability).

administrator administrator; president of a court of law; *(av et bo)* trustee.

administrere *(vb)* manage, administer; *retten -es av* the court is presided over by; *-ende direktør* managing director *(fk* Man. Dir.), US *(også)* vice president *(fk* V-P).

admiral admiral *(fk* Adm); US admiral *(fk* ADM). **-itet** admiralty. **-itetsretten** the Court of Admiralty.

admirals|embete admiralty, admiralship. **-flagg** admiral's flag. **-rang** flag-rank, admiral's rank. **-skip** admiral('s ship), flagship.

admiralstab naval staff. **-ssjef** chief of naval staff.

Adolf Adolph(us).

adopsjon adoption.

adoptere *(vb)* adopt; *(om institusjon)* affiliate.

adoptering: *se adopsjon.*

adoptiv|barn adopted *(el.* adoptive) child. **-far** adoptive father.

adr.: *se adresse.*

adressant addresser, sender; *(jvf utskiper, vareavsender).*

adressat addressee; *(postanvisnings-)* payee; *(jvf varemottager).*

adresse address; direction; ~ *herr N.N.* c/o Mr. N.N.; *besørge etter -n* forward as per address; *feil* ~ the wrong address; *du har kommet til feil* ~ *(fig)* you have mistaken your man; you have come to the wrong person; T you've come to the wrong shop; *der kom han til feil* ~ *(fig)* he mistook his man there; he picked on the wrong person there.

adresse|avis advertiser. **-bok** address book, directory. **-forandring** change of address. **-kalender:** *se -bok.* **-kontor** *(opplysningsbyrå)* inquiry *(el.* information) office. **-kort** address card. **-lapp** address label, tie-on label.

adressere *(vb)* address, direct; *(varer)* consign; *den var -t til meg (om bemerkning)* that was one for me.

Adriaterhavet *(geogr)* the Adriatic.

advare *(vb)* warn *(mot* against; *om* of), caution *(mot* against); *(formane)* admonish; *han lot seg ikke* ~ he would not take warning; ~ *ham mot å gjøre det* warn him not to do it, warn him against doing it; ~ *ham om at ...* warn him that. **-ende** warning, cautionary; admonitory. **-sel** warning, caution; admonition.

advent Advent *(fx* First Sunday in A.).

adverb adverb. **adverbial, adverbiell** adverbial.

adverbielt *(adv)* adverbially.

advis *(merk)* advice; ~ *om* a. of; *under* ~ under a. *(se forsendelsesadvis).*

advisere *(vb)* advise; *de varene De -te oss om i Deres brev av* ... the goods of which you advised us by your letter of ...

advokat 1*(høyesteretts-)* barrister; *(som yrkestittel)* barrister-at-law; *(i retten, som aktor, forsvarer, prosessfullmektig)* counsel (NB *pl:* counsel); *(ved skotsk rett og ofte i land utenfor England)* advocate; *(i Irland & Skottland ofte)* counsellor; US public attorney; *(som yrkestittel)* attorney-at-law; 2*(tidligere overrettssakfører)* solicitor; 3*(jurist)* lawyer; 4*(fig)* advocate; *-ene* the counsel; *(som stand)* the legal profession; *(om 'barristers')* the Bar; *bli høyesteretts-* qualify as barrister, go *(el.* be called) to the Bar; *engasjere en* ~ employ a solicitor *(el.* lawyer; (NB *ikke* 'barrister'); *gå til en* ~ see a lawyer (,US: attorney), take *(el.* obtain) legal advice; *to -er har blitt oppnevnt som forsvarere* two counsel have been briefed for the defence, the defence has briefed two counsel; *saksøkerens (,saksøktes)* ~ counsel for the plaintiff (,defendant); *min* ~ my lawyer; *(når saken pågår)* my counsel; US my attorney; (NB the client employs the solicitor, who then briefs a barrister if the case is to go to Court); *(se overlate).*

advokat|firma firm of lawyers. **-fullmektig** [fully qualified solicitor working as a junior in all legal capacities for a firm of lawyers]. **-kappe** barrister's gown *(el.* robes).

aero|drom aerodrome, airport. **-dynamikk** aerodynamics. **-naut** aeronaut. **-nautikk** aeronautics. **-plan** (aero)plane; US airplane; *(se fly).*

aerosol aerosol.

aerosol|emballasje, -pakning *(til trykkforstøvning)* aerosol pack.
aerostat aerostat.
affeksjon affection.
affeksjonsverdi sentimental value.
affekt excitement; emotion; *(sterkere)* passion; *komme i* ~ become *(el.* get) excited; *(sterkere)* fly into a passion.
affektasjon affectation. **affektert** affected.
affisere *(vb)* affect.
affære affair; *ta* ~ take action, step in; *-r (forretnings-)* business affairs.
afgan|er, -sk Afghan.
Afganistan *(geogr)* Afghanistan.
Afrika Africa. **afrikaner, -inne, afrikansk** African.
afrikareisende African traveller.
aften evening, night; *(før større kirkefest; også poet)* eve *(fx* Christmas Eve); *en* ~ one evening; *god* ~*!* good evening! *det lakker mot* ~ it is getting dark; *i* ~ tonight, this evening; *i morgen* ~ tomorrow evening *(el.* night); *i går* ~ *(el. aftes)* last night, yesterday evening; *i forgårs* ~ the night before last; *den følgende* ~ (on) the following evening; *om -en* in the evening, of an evening, at night; *kl. 10 om -en* at ten p.m. *(el.* at night); *invitere en til -s* invite *(el.* ask) sby to supper; *(se også kveld).*
aften|andakt evening prayers. **-avis** evening paper. **-bønn** evening prayer(s). **-falk** *(zool)* redfooted falcon; *(se falk).* **-gudstjeneste** *(i skole, hjem)* evening prayers; *(i kirken)* evening service; evensong; *(kat)* vespers; complin(e). **-kjole** evening dress. **-klokke** evening bell; *(kat)* Angelus. **-kåpe** evening coat *(el.* cloak *el.* wrap). **-messe** evening mass. **-nummer** *(av avis)* evening edition. **-rød(m)e** afterglow, sunset glow. **-sang** 1. *se -gudstjeneste;* 2*(sang)* evening song.
aften|sbord supper table. **-bruk:** *til* ~ *(om klær, etc)* for evening wear.
aften|selskap evening party. **-skole** evening *(el.* night) school; evening classes.
aftens(mat) evening meal, supper; *varm aftens* hot supper; *(i Nord-England)* ham tea.
aftensol evening sun, setting sun.
aftenstemning *(som maleritittel, etc)* evening (hour).
aften|stjerne evening star, Vesper, Hesperus, Venus; *(bot)* dame's violet, rocket. **-stund** evening. **-toalett** evening dress; *gjøre sitt* ~ dress (for dinner); *de skjønne -er* the beautiful evening dresses. **-tur** evening walk. **-underholdning** evening entertainment; ~ *med dans* entertainment and dance; *musikalsk* ~ musical evening.
agat agate; *sort* ~ jet.
agave *(bot)* agave.
age: *holde i* ~ keep in check.
agent agent *(for* for). **agentur** agency; *(se overta).*
agenturfirma firm of agents.
agenturforretning agency business; *drive* ~ carry on an agency business.
agere *(vb)* act, play, pose as; ~ *døv* pretend to be deaf; *US* act deaf; ~ *velgjører* pose as a benefactor.
agglomerat agglomerate.
agglutinerende agglutinative.
aggregat aggregate, unit, set *(fx* a pumping set); *(se blinklysaggregat).*
aggressiv aggressive.
aggressivitet aggressiveness.
agio *(merk)* agio; *(fordelaktig)* premium, gain on exchange; *(ufordelaktig)* loss on exchange; *med* ~ at a premium.
agiotasje agiotage, stockjobbing.
agit|asjon agitation, propaganda; *(for å verve*

stemmer) canvassing. **-ator** agitator, propagandist; canvasser. **-atorisk** agitative; ~ *kraft* propagandist force; ~ *tale* propaganda speech.
agitere *(vb)* agitate, make propaganda; propagandize; ~ *for en sak* agitate for a cause; ~ *for sine meninger* make propaganda for one's opinions.
agn bait; *sette* ~ *på* bait *(fx* a hook).
agnat agnate. **-isk** agnate, agnatic.
agne *(vb)* bait; ~ *en krok* bait a hook.
agner *pl (på korn, som avfall)* chaff, husks; *de spredtes som* ~ *for vinden* they scattered like chaff before the wind.
agnfisk baitfish.
agnor barb (of a fishhook).
agnostiker agnostic.
agn|sild bait-herring, **-skjell** mussel.
agraff agraffe, clasp; brooch.
agraman ornamental lacework.
agrar, agrarisk agrarian.
agronom agronomist.
agronomi agronomy, science of agriculture.
agronomisk agronomical.
agurk cucumber; *(sylte-)* gherkin, *(se frilandsagurk; slangeagurk).*
agurksalat cucumber salad.
ah! ah! oh! **aha!** aha!
à jour up to date, abreast of the times; *bringe (el. føre) noe* ~ bring sth up to date, post *(el.* date) sth up; update sth; *boka er ført helt* ~ the book has been brought right up to date; *holde bøkene* ~ keep the books posted *(el.* entered) up to date; *holde seg* ~ *med* keep up to date with; *holde oss* ~ *med* keep us up to date with, keep us (well) informed of, keep us posted (up) as to; *være helt* ~ be right up to date, be posted close up.
ajourføre *(vb)* update *(fx* sth).
akademi academy.
akademiker 1. university man; (university) graduate; *(ofte)* professional (wo)man; 2*(medlem av et akademi)* academician.
akademisk academic(al); ~ *borger* member of a university, university man; ~ *borgerbrev* certificate of matriculation; ~ *dannelse* a university education, an academical training; ~ *grad* university degree; *det har kun* ~ *interesse* it is of purely academic interest; *(se ungdom).*
akantus *(bot)* brankursin(e); *(arkit)* acanthus (leaf).
akasie *(bot)* acacia.
ake *(vb)* sledge, toboggan; ~ *ned en bakke* t. *(el.* sledge) down a hill *(el.* slope); ~ *nedover gelenderet* slide down the banisters (,*US:* banister); ~ *seg fremover* edge along, edge one's way.
ake|bakke sledging hill; bob-run, **-føre** sledging *(fx* good sledging); tobogganing.
akeleie *(bot)* columbine.
aker: *se åker.*
ake|sport sledging, tobogganing; *(se aking).* **-tur** toboggan *(el.* sledge) ride.
akevitt aquavit, akvavit.
akilles|hæl Achilles' heel. **-sene** Achilles' tendon.
aking *(olympisk øvelse)* luge; *(se akesport).*
akk! ah! alas! ~ *ja!* alas yes!
akklamasjon acclamation; *med* ~ by a.
akklimatisere acclimatize. **-ing** acclimatization.
akkommodasjon *(biol)* accommodation.
akkommodasjonsveksel *(merk)* accommodation bill; **T** kite.
akkommodere *vb (avpasse)* accommodate; ~ *øyet for forskjellige avstander* adapt *(el.* adjust) the focus of the eye to various distances.
akkompagnatør accompanist. **-ement** accompaniment. **-ere** *(vb)* accompany.

akkord *(om arbeid)* (piecework) contract; *(jur, merk)* composition, (deed of) arrangement; *(kompromiss)* compromise; *(mus)* chord, harmony; *arbeide på* ~ work by contract; *(om lønnsmottager)* do *(el.* be on) piecework; *by 50%* ~ offer a composition of 50p in the pound; *gå på* ~ *med sine kreditorer* compound *(el.* make a composition) with one's creditors; *gå på* ~ *med sin samvittighet* compromise with one's conscience; *overta på* ~ contract for, undertake by contract; *vi har satt det bort på* ~ *til* we have placed the contract with; *utby på* ~ let by contract; *-ens ånd* the spirit of compromise. **akkordant** compounder.
akkord|arbeid *(større)* contract work; *(mindre)* piecework. **-arbeider** pieceworker. **-ere** *(vb)* bargain *(om* about); *(med kreditorer)* compound *(om* for). **-forslag** proposed composition, proposal for a c., scheme of arrangement.
akkredi|tere *vb (minister, ambassadør)* accredit; ~ *en hos* open a credit for sby with; *den -terte* the person accredited. **-tiv** letter of credit; *(sendemanns)* credentials, letter(s) of credence.
akkumulator accumulator, storage battery. **-batteri** storage battery; *(se batteri).*
akkurat *(adj)* exact, accurate; *(om person)* precise, punctual; *adv (nettopp)* exactly, precisely, just so; ~ *som* just like; **T** the same as *(fx* he's just doing a job the same as all of us); ~ *som om* just as if; *(snart vil du få gode inntekter)* – ~ *som om jeg ikke alt har det!* anyone would think I hadn't 'now! just as if I hadn't 'now!
akkuratesse accuracy; punctuality.
akkusativ the accusative (case).
a konto *(i løpende regning)* on account.
akrobat acrobat.
akromatisk *(fargeløs)* achromatic.
aks *(bot)* ear, spike; *sanke* ~ glean, gather ears of corn; *sette* ~ ear, set ears.
aksdannet spiky, spicate.
akse axis *(pl: axes); dreie seg om sin* ~ turn on its axis; *jordens* ~ the axis of the earth.
I. aksel *anat (skulder)* shoulder.
II. aksel *(hjul-)* axle, arbor, axle-tree; *(driv-)* shaft; *(tynn, fx på sykkelhjul)* spindle; *mar (skrue-)* stern-shaft; *på én* ~ without change of wagon; *(se bakaksel; drivaksel; forbindelsesaksel; kamaksel; mellomaksel).*
akselblad *(bot)* stipule.
akselerasjon acceleration. **-sevne** *(bils)* acceleration *(fx* the car has a terrific a.), accelerating capacity; **T** pick-up *(fx* the car has a lightning p.-u.).
akselerere *(vb)* accelerate, speed up; *-nde hastighet* increasing speed, acceleration.
aksel|lager axle bearing; shaft bearing. **-tapp** shaft journal.
aksent accent; *uten* ~ unaccented, unstressed; *(uten fremmedartet uttale)* without a foreign accent.
aksentuasjon accentuation, stressing.
aksentuere *(vt)* accentuate, stress, emphasize, emphasise, accent.
aksentuering accentuation, emphasis, stressing.
aksept *(merk)* acceptance; accepted bill (of exchange); *alminnelig (,betinget, kvalifisert)* ~ general *(,conditional, qualified)* acceptance; ~ *in blanko* blank acceptance; *tre måneders* ~ acceptance at three months; *etter* ~ on acceptance; **forevise til** ~ present for acceptance; **forsyne** *med* ~ provide *(el.* furnish) with acceptance; *forsyne en tratte med* ~ accept a draft; *forsynt med Deres* ~ provided *(el.* furnished) with your acceptance; duly accepted; **innfri** *sin* ~ take up one's acceptance, meet one's acceptance; *protestere for* **manglende** ~ protest for

non-acceptance; **meddele** ~ accept; **mot** *tre måneders* ~ against three months' *(el.* 90 days') acceptance; *(se ovf: tre måneders* ~ *);* **nekte** ~ refuse acceptance; **telegrafisk** ~ acceptance by wire *(,cable); oversende til* ~ send for acceptance; *vi vedlegger tratten til* ~ *og retur* we are enclosing our draft, which you will please furnish with your acceptance and return to us; *(se akseptere; partialaksept; II. veksel).*
akseptabel *(adj)* acceptable.
akseptant *merk (veksel-)* acceptor.
akseptbesørgelse: *vi vedlegger tratte til* ~ *og retur* we enclose draft, of which kindly obtain *(el.* procure) acceptance and return to us.
akseptbok *(merk)* bills payable book.
akseptere *(vt)* accept; *(veksel)* accept, sign, honour; *akseptert veksel* accepted bill (of exchange), acceptance; *ikke akseptert* unaccepted; *besørge akseptert* obtain *(el.* procure) acceptance of; ~ *hans betingelser* accept his terms; *nekte å* ~ *en veksel* dishonour a bill (by non-acceptance), refuse acceptance; *vi håper å komme fram til en ordning som begge parter vil kunne* ~ we hope to arrive at an arrangement (that is) agreeable *(el.* acceptable) to both parties; *sende tilbake i akseptert stand* return duly accepted *(fx* return the draft duly accepted); ~ *et tilbud* accept an offer; close with an offer.
akseptfornyelse *(merk)* renewal of acceptance.
akseptgjeld *(merk)* liability on bills; bills payable.
akseptkonto *(merk)* bills payable account.
akseptkreditt *(merk)* acceptance credit.
akseptnektelse *(merk)* non-acceptance, refusal to accept.
aksidens|arbeid *(det å)* jobbing (work), job-printing; *(det som skal settes opp)* job, job-work, display work; *(den ferdige trykksak)* job, job-work, display work, specimen of job-printing. **-avdeling** *(i setteri)* jobbing section, job-work section *(el.* room). **-sats** jobbing composition. **-setter** jobbing compositor. **-trykk** jobbing, job-printing; *vi påtar oss aksidens- og boktrykk* we undertake jobbing and bookwork. **-trykker** jobbing printer, commercial *(el.* general) printer. **-trykkeri** jobbing office, commercial *(el.* general) printers. **-trykning** job-printing, commercial *(el.* general) printing.
aksise *(forbruksavgift)* excise; *(bytoll)* octroi.
aksisepliktig liable to excise *(,octroi).*
aksje share; *(kollektivt)* stock; US stock; *(andel av aksjekapital)* stock; *-ne falt (,steg)* the shares fell *(,rose); -ne gir 5%* the shares yield 5 per cent; *ha -r i* have *(el.* hold) shares in; *holde på -ne* hold on to one's shares; *-nes størrelse* the denomination(s) of the shares; *-ne står i ...* the shares are (quoted) at; *hans -r står høyt hos (fig)* his stock is high with, he is in high favour with; *hans -r står lavt (fig)* his stock is low; *tegne -r* subscribe(for) shares, take (up) shares; *tegne -r i* take shares in, subscribe to; *tegne seg for en* ~ take *(el.* subscribe) a share; *tildele -r* allot shares; *tildeling av -r* allocation of shares.
aksje|andel stock; *overta en* ~ take over part of the stock. **-bank** joint-stock bank; US incorporated bank. **-beholdning** shareholding. **-eier** shareholder, stockholder. **-fond** unit trust; US mutual fund. **-foretagende** joint-stock enterprise. **-kapital** share capital; US (capital) stock; **-leilighet** = owner-tenant flat. **-majoritet** majority of shares, share m.; US controlling interest; *erverve -en* purchase a majority holding; US acquire a controlling interest. **-megler** stock-broker. **-selskap** joint-stock company; US stock company, corporation; *(med begrenset ansvar)* limited (liability) company; *A/S B. & Co.* B. & Co., Ltd.,; US B. & Co., Inc. **-spekulasjon** specu-

lation in shares, stock-jobbing. **-tegning** subscription (of *(el.* for) shares). **-utbytte** dividend(s).
aksjon action; *gå til* ~ take action. **-sutvalg** action committee; *-et for protest mot* ... the committee for the protest against ...
aksjonær shareholder, stockholder; member of the company.
aksle *(vb): ~ seg fram* shoulder one's way *(fx* through a crowd).
aksling *(på maskin)* shaft.
I. akt 1 *(handling)* act, ceremony; 2*(av skuespill)* act; *første* ~ the first act, act one; 3 *(naken modell)* nude; 4*(dokument)* deed, document; *sakens -er* the documents of *(el.* in *el.* relating to) the case; *legge til -ene* file; *tegne* ~ draw from the nude *(el.* from life).
II. akt ban; *erklære i rikets* ~ put under the ban of the realm, outlaw.
III. akt *(oppmerksomhet)* attention, care, heed; *giv* ~*! (kommando)* 'shun! *(fk,f.* attention!); *(nøye)* ~ *på* pay (great) attention to, give heed to, take notice of; *han ga ikke* ~ *på min advarsel* he did not heed my warning, he gave no heed to my w.; *ta seg i* ~ take care; beware *(for* of); *(anseelse)* esteem; *holde i* ~ *og ære* honour (,US: honor), hold in esteem.
akte *(vb)* 1*(vise aktelse for)* esteem; respect; ~ *høyt* think a great deal of; think much *(el.* highly) of; ~ *og ære* esteem highly; *(meget stivt)* revere; 2*(ha til hensikt)* intend; mean, propose; plan; *hvor -r du deg hen?* where are you going?
aktelse respect, regard, esteem, deference; *nyte* ~ be respected, be held in respect; *nyte alminnelig* ~ enjoy *(el.* be held in) general esteem; *pga. sin ærlighet steg han i sin lærers* ~ because of his honesty he went up in his teacher's opinion; *vinne alles* ~ win the respect of all; *vise en* ~ show sby respect; *av* ~ *for* out of respect for, in *(el.* out of) deference to; ~ *for loven* respect for the law.
akten|for *prep* 1*(innabords)* abaft; aft of; 2*(utabords)* astern of. **-fra** *adv* 1*(innabords)* from abaft; 2*(utabords)* from astern. **-om** *(prep)* astern of.
akter *(innabords)* aft, abaft; *(utabords)* astern.
akter|dekk after-deck. **-del** hind part. **-ende** stern. **-feste, -fortøyning** stern fast. **-hånd** *(mar): være i* ~ be at the tail end (of a rope). **-inn** *adv (mar)* aft, from astern; *vind rett* ~ wind right *(el.* dead) aft. **-klyss** *(mar)* stern-pipe. **-lanterne** stern light. **-lastet** *(mar)* trimmed by the stern.
akterlig *adj* & *adv (mar)* 1*(akterut)* astern; abaft, aft; 2*(som kommer aktenfra)* from astern, on the quarter; *med* ~ *vind* with the wind on the quarter; *mer* ~ more aft; *vinden blir* ~ the wind is veering aft; *-ere enn tvers* abaft the beam.
akter|lik *(på seil)* after leech (rope). **-merke** *(amning)* stern mark. **-over** *adv* 1*(innabords)* aft; 2*(utabords)* astern; *fart* ~ sternway; *full fart* ~ full speed astern. **-pigg** after peak. **-plikt** sternsheets. **-rom** after hold. **-skarp** after peak; *(utabords)* run. **-skip** stern, after body; *skarpt* ~ sharp run. **-skott** after bulkhead. **-speil** 1 *(mar)* buttock; 2*(spøkefullt: bakdel)* behind; T bottom. **-spill** main capstan.
akterst 1 *(innabords)* aftermost, aftmost, nearest the stern; 2*(utabords)* sternmost; rearmost; *-e roer* stroke; *-e åre* stroke, stroke oar.
akter|stavn sternpost, main post; *(akterende)* stern. **-stavnske** sternson. **-tofter** *(pl)* sternsheets. **-trapp** companion ladder. **-trosse** stern rope, stern cable.
akterut *adv* 1*(innabords)* abaft, astern, aft *(fx* he went aft); 2*(utabords)* astern; *full fart* ~

full speed astern; *sakke* ~ *(mar)* drop astern; *(fig)* lag *(el.* drop) behind, fall behind schedule; *være* ~ *for sin tid* be behind the times.
akterutseile *vb (mar)* leave astern, outsail; *(fig)* leave behind; *bli -t (også fig)* be outdistanced; *(fig)* be *(el.* get) left behind; *A ble -t av B B* left A far behind.
I. aktiv *(gram)* the active (voice); *i* ~ in the active (voice).
II. aktiv *(adj)* active; *-t (adv)* actively; *delta -t i* take an active part in; *i* ~ *tjeneste (mil)* on the active list.
aktiva *(pl)* assets; ~ *og passiva* assets and liabilities.
aktivisere *(vb)* activate, set to work; *(fig)* bring into play *(fx* b. their capacities for memorizing into play); *bli -t (fig, også)* come into play *(fx* if the linguistic feeling has ample opportunities for coming into play ...).
aktivisering activation; *(se for øvrig aktivisere)*.
aktivitet activity; *sette i* ~ activate, set to work.
aktivkapital active *(el.* working) capital.
aktivum asset; *(se aktiva)*.
akt|klasse nude *(el.* life) class. **-messig** documentary.
aktor counsel for the prosecution, prosecuting counsel, prosecutor; US state attorney; *opptre som* ~ appear for the prosecution; *(se advokat)*.
aktorat prosecution.
aktpågivende attentive; *(påpasselig)* watchful, vigilant, (on the) alert.
aktpågivenhet attention; *(påpasselighet)* watchfulness, vigilance, alertness.
akt|som attentive; careful. **-somhet** attention; care. **-stykke** document. **-ualitet** current interest, new value, topicality; *det har -ens interesse* it is of current interest; *spørsmålet har ingen* ~ the question is of no interest at the present moment. **-uell** topical, current, of current interest; *meget -t* of very great present interest. **-verdig** worthy of respect, estimable, respectable. **-verdighet** worthiness, respectability.
akupunktere *vi (med.)* acupuncture.
akupunktur *(med.)* acupuncture.
akust|ikk acoustics *(pl)*. **-isk** acoustic.
akutt acute.
akva|marin aquamarine. **-rell** water-colour (painting); *male -er* paint in water-colour, paint water-colours. **-rellmaler** water-colour painter. **-rium** aquarium.
akvedukt *(vannledning)* aqueduct.
I. al *(kjerneved)* heartwood, heart, duramen.
II. al *(geol)* hard pan.
III. al: *se avl.*
alabast alabaster.
à la carte à la carte, by the bill of fare.
alarm *(anskrik)* alarm; *blind* ~ false a.; *blåse* ~ sound the a.; *slå* ~ give the a.
alarmberedskap: *politiet ble satt i* ~ the police received emergency orders.
alarmere *(vb)* alarm. **-nde** alarming *(fx* rumours).
alarm|klokke alarm bell. **-plass** alarm post, place of assembly.
albaner Alban.
Albanerfjellene the Alban Mount.
Albania Albania.
albansk Albanian, Albanese.
albatross *(zool)* albatross.
albino albino.
albue elbow; *bruke -ne (også fig)* use one's elbows; *skubbe til ham med -n* nudge him; *(kraftigere)* hit him with (a blow of) one's elbow.
albu|ben *(anat)* ulna, elbow bone. **-knoke** *(anat)* olecranon. **-ledd** elbow joint.
album album.
albumin *(eggehvitestoff)* albumin; *(jvf eggehvite)*.

albumose *(kjem)* albumose.
albunerve *(anat)* ulnar nerve.
alburom elbow room *(fx* give me elbow room; he's got no elbow room); *i sin gamle stilling hadde han ikke noe ~ (også)* in his old post he had no scope for his abilities.
albuskjell *(zool)* (common) limpet.
albuspiss point of the elbow, funny-bone, olecranon.
albustøt 1*(støt med albuen)* nudge; 2*(støt på albuen)* blow on the elbow.
albustøtte elbow support; *skyte med ~* fire from rest with elbow support.
aldehyd *(kjem)* aldehyde.
aldeles *(adv)* quite *(fx* clear, finished, ready, right); entirely, completely *(fx* mistaken, misunderstood); altogether, absolutely *(fx* incomprehensible, necessary, unreadable, useless); totally, utterly, perfectly; *det er ~ galt* it's all *(el.* entirely) wrong; *~ ikke* not at all, by no means; nothing of the kind *(el.* sort); **T** *(også)* not a bit! *~ ingen grunn* no reason whatever; *~ som* just like; *~ som om* just as if; for all the world as if; *~ umulig* quite *(el.* altogether) impossible.
alder *(også geol & arkeol)* age *(fx* the Stone Age; the Middle Ages); *bære sin ~ godt* not look one's age *(fx* he doesn't look his age); *den farlige ~* the dangerous age; *det nytter ikke å fornekte sin ~* there's no arguing with Anno Domini; *oppnå en høy ~* live to *(el.* attain) a great age; live to be very old; *[forb. med prep] barn av alle aldre* children of all ages; *liten (,stor) for sin ~* small (,tall) for one's age; *i en ~ av fem år* at the age of five; at five years of age; at five years old; *i en ~ da* at *(el.* of) an age when *(fx* at that time he was at an age when people don't usually give things like that a thought); *i en ~ fra 20 til 30 år* between the ages of twenty and thirty; *i sin beste ~* in the prime of life; in one's prime; *i en høy ~* at a great age; late in life; *dø i en høy ~* die very old; die at a good old age; die at an advanced age; *i en meget høy ~* in extreme old age; *i min ~* at my age; at my time of life; *i ung ~* early (in life); at an early age; *det går over med ~-en* you grow out of it; *det kommer med -en* it comes with increasing years; *hun er over den ~ da man føder barn* she's past child-bearing; *en gutt på din (egen) ~* a boy of your (own) age; *da jeg var på din ~,* hadde jeg ... at your age *(el.* when I was your age), I had ...; *han er på ~ med meg; han er på min ~* he's my age; *vi er på samme ~* we're of an age; *hvilken ~ er det på det gamle slottet?* what's the age of that old castle?
alderdom (old) age; *-men* old age; *(meget) høy ~* extreme old age; *tiltagende ~* senescence.
alderdommelig *(adj)* antiquated, old-fashioned.
alderdomsbarn child of one's old age; old man's child.
alderdomsskrøpelighet (senile) decrepitude.
alderdomsløv *(adj)* senile.
alderdomsløvhet senility; dotage; *lide av ~* be in one's dotage.
alderdomsløvsinn 1. = *alderdomsløvhet;* 2 *(med.)* senile dementia.
alderdomssvak decrepit, enfeebled by age.
alderdomssvakhet decrepitude, weakness of old age; *dø av ~* die of old age.
aldersformann *(kan gjengis)* chairman by seniority.
aldersforskjell difference in age, disparity in years. **-grense** age limit, retiring age, age for

compulsory retirement; *falle for -n* retire on reaching the age limit, reach retiring age, be put on the retired list.
aldershjem old people's home; home for old people; home for the aged; *(se sykehjem).*
alderstegen stricken *(el.* advanced) in years, aged.
alderstillegg 1. increment; 2*(om fedme)* middle -aged spread.
alderstrinn age, stage *(fx* the baby has reached the talking stage).
alderstrygd old-age insurance, old-age pension assurance; *de -ede* the old-age pensioners.
aldrende ageing, elderly; *(med.)* senescent.
aldri never; *~ ... lenger* never ... any more, never ... any longer, no longer; *~ kom de på besøk lenger, og ~ skrev de* they no longer came visiting, and they never wrote *(el.* nor did they ever write); *~ viste han henne den minste oppmerksomhet lenger, slik som før i tiden, og aldri kom han med en hyggelig bemerkning* no longer did he pay her the slightest attention, as in the past, and he never made a pleasant remark; *~ mer* no more; nevermore; *nå har jeg ~ hørt så galt!* well, I never! *du tror da vel ~ at ...* surely you don't think that ...; *~ i livet* never in all my life *(fx* n. in all my l. have I seen anything like it); *(som avslag)* never; **T** not on your life; not if I know it; *det går ~ i verden* it won't work; it can't possibly come off; *~ så galt at det ikke er godt for noe* it's an ill wind that blows nobody good; *~ så lite* ever so little *(el.* slightly); *om han er ~ så rik* no matter how rich he is; however rich he may be; *om han hadde ~ så mange* however many he had; no matter how many he had; *~ så snart ... før* no sooner ... than; *man skal ~ si ~* never is a strong word; never is a long time; *nesten ~* hardly ever, scarcely ever, almost never; *dette kan vel ~ være Deres klær?* these couldn't possibly be your clothes, could they? these are never your clothes?
ale: *~ opp* breed, rear.
Aleksandria *(geogr)* Alexandria.
aleksandriner, -sk Alexandrian; *(vers)* alexandrine.
alen *glds (0,627 meter, omtr)* two feet; *en engelsk ~ (1,143 meter)* an English ell; *de er to ~ av ett (el. samme) stykke* they are of a piece; *måle en annen med sin egen ~* measure another by one's own standard.
alene alone, by oneself; *helt ~* all alone; *være ~* be alone; *en ulykke kommer sjelden ~* misfortunes never come singly; it never rains but it pours; *(adv)* only, merely, solely; *ikke ~ ... men også* not only ... but (also); *i Oslo ~* in Oslo alone; *ene og ~ for å ...* only *(el.* merely) to; *vent til vi blir ~* wait till we are alone *(el.* get by ourselves).
Aleutene *(geogr)* the Aleutians.
alfabet alphabet.
alfabetisere *(vb)* alphabetize. **-isk** alphabetic.
alfons pimp, souteneur, prostitute's bully, mackerel); **S** ponce, prosser.
alfonseri pimping; *leve av ~* live on the immoral earnings of a woman.
alge *(bot)* alga *(pl:* algae); *(tang)* seaweed.
algebra algebra. **-isk** algebraic(al).
Alger *(byen)* Algiers. **-ie** *(landet)* Algeria.
algirer, -erinne, -sk Algerian.
alias *(også kalt)* alias.
alibi alibi; *bevise sitt ~* prove one's *(el.* an) alibi; *omstøte hans ~* overthrow his a.; *skaffe seg et ~* provide oneself with an a., establish an a.; *et vanntett ~* a cast-iron a.

alka|li *(kjem)* alkali. **-lisk** alkaline.
alke *(zool)* razor-billed .auk, razor-bill; *(se alke-konge)*.
alkekonge *(zool)* little auk; *(se alke; geirfugl)*.
alkjemi: *se alkymi.*
alkohol alcohol; *(brennevin)* spirits, liquor; **US** (hard) liquor; *han er forsiktig med ~ når han kjører bil* T he's careful about drinking and driving; *for meget ~ i blodet* an above-the-limit amount of alcohol in one's blood.
alkoholholdig alcoholic, containing alcohol; *meget ~* high-proof *(fx* spirits).
alko|holiker alcoholic, habitual drinker; *(perio-dedranker)* dipsomaniac. **-holisere** alcoholize. **-holisk** alcoholic. **-holisme** alcoholism.
alkohol|misbruk alcohol abuse. **-misbruker** person who over-indulges in alcohol; person who drinks too much. **-påvirket** under the influence of drink; in liquor; T under the influence.
alkotest breathalyser test *(fx* take the b. t.), breathtest; *de lot ham ta -en (også)* they breath-tested him.
alkove alcove.
alkymi alchemy. **-st** alchemist. **-stisk** alchem-ic(al).
all, alt; pl alle.
1) substantivisk bruk:
A alt everything, all; *(hva som helst)* anything; *~ annet* everything else; *~ annet enn dum* anything but stupid; *~ engelsk (,norsk, etc)* everything English (,Norwegian, *etc); hun er mitt ett og ~* she is everything to me; *det er ~ for ham* it means everything to him; *fremfor ~* above all, first and foremost; *ønske en ~ godt* wish sby all the best; *~ hva all that; 15 i ~* 15 in all, a total of 15; *~ i ~* all things consid-ered, all in all; all told, in all; *det blir 12 ~ i ~* that's twelve in all *(el.* all told); *i ett og ~* in every respect; *~ sammen* all (of it) *(fx* take it all; it is all his fault; all of it is his); *når ~ kommer til ~* after all; when all is said and done; *han er i stand til ~* he is capable of any-thing; he'll stick *(el.* stop) at nothing; *tross ~* after all, in spite of everything; *~ vel!* all's well! *~ vel om bord* all well on board;
B alle all *(fx* all were happy, we were all (of us) happy); everybody, everyone; *(hvem som helst)* anybody; *~ andre* everybody else; *(en-hver annen)* anybody else; *~ de andre* all the others; *~ og enhver* everybody, anybody, each and all; *en gang for ~* once (and) for all; *én for ~ og ~ for én* each for all and all for each, one for all and all for one; *~ dere* all of you; *~ sammen* all (of them, us, *etc); T* every man jack of them; *~ som en* one and all, to a man *(fx* they rose to a man); *~ tre* all three, the three of them; *~ vi som ...* all of us who ...;
C alles of all, of everybody, everybody's; *~ øyne vendte seg mot henne* all eyes turned to her.
2) adjektivisk bruk:
all, alt, alle *all (fx* all the butter, all the apples); *han har all grunn til å* he has every reason to; *i all korthet* briefly; *all mulig pynt (og stas)* all sorts of ornaments, every sort of ornament; *all mulighet for* every possibility of; *all verden* all the world, the whole world; *hva i all verden skal jeg gjøre?* what on earth shall I do? *uten all verdi* without any value (whatsoever), entirely valueless, entirely without value; *han arbeider alt (det) han kan* he is working all he can; *jeg skynder meg alt (det) jeg kan* I am hurrying all *(el.* as much as) I can; *det nytter ikke alt det jeg arbeider* no matter how much I work it is

no use; *til alt hell* luckily, fortunately; *alt mulig* everything possible; all sorts of things; *alle deler av* every part of; *alle hverdager* every week-day, on weekdays; *alle mann på dekk!* all hands on deck! *alle mennesker* all men; *på alle måter* in every way; *alle slags* all kinds *(el.* sorts) of, every kind *(el.* sort) of, all manner of; *alle slags mennesker* all sorts of people;
3) adverbiell bruk:
alt: *~ etter* according to *(fx* they give a. to their means); *~ ettersom* according as.
alle: *se all.*
allé avenue.
allego|ri allegory. **-risere** allegorize. **-risk** allegor-ic(al).
allehelgens|aften All Saints' Eve, Hallow-Eve; *(skotsk & US)* Hallowe'en. **-dag** All Saints.
I. allehånde *(subst)* all sorts of things; *(krydder)* allspice, pimento.
II. allehånde *(adj)* all manner of, all kinds of, all sorts of.
allemannseie common *(el.* public) property.
aller *adv (foran superlativ)* very *(fx* the very last man), of (them, us, *etc)* all *(fx* the richest of them all), by far *(fx* by far the most common); much *(fx* much the largest); *~* **best** the very best, best of all; *~ best som* just as, at the very mo-ment when; *~* **flest** by far the greatest number (of); *de ~ fleste ...* the great majority of ...; *dem er det ~ flest av* they are by far the most numerous; *de ~* **færreste** very few (people); *de ~ færreste av dem* very few of them, a very small minority of them; *~* **først** first of all; *fra ~ først av* from the very first; *~* **helst** *vil jeg* I should like best, I should greatly prefer; *~* **helvetes** devilish; *en ~ helvetes kar* a devil of a fellow; *~* **høyest** highest of all; *den ~ høy-este* the Most High; *~* **høyst** at the (very) ut-most; *~* **kjærest** dearest (of all), most beloved; *~* **kristeligst** most Christian; *~* **mest** most of all; *for det ~ meste* usually, in the vast majori-ty of cases; *~* **minst** smallest of all; least of all; *mine ~* **nærmeste** those nearest and dearest to me; *det så jeg ~* **nødigst** I should like that least of all; *~* **nødvendigst** most necessary (of all); *~* **nådigst** most gracious(ly); *~* **sist** last of all; *vente til ~ sist* wait to the very end *(el.* last); *~* **øverst** very topmost; *(adv)* at the very top.
allerede already; *~ den gang* even at that time; even in those days; at that early period; *~ av den grunn* for that reason alone; *~ i det tolv-te århundre* as early as the twelfth century; *~ nå* already, even now; *~ tidlig* (quite) early; *~ de gamle visste* even the ancients knew; *~ samme dag* the very same day; *~ den omsten-dighet at ...* the very fact that ...
alle|sammen: *se all 1) B.* **-slags** all kinds, every kind *(el.* manner) of, all kinds *(el.* sorts) of. **-steds** everywhere, in all places. **-stedsnærvær-ende** omnipresent, ubiquitous.
alle vegne: *se vegne.*
allfader *(myt)* the Allfather.
allfarvei public highway; *utenfor ~ (fig)* off the beaten track.
allgod all-good.
all|godhet supreme goodness. **-guddom** supreme deity.
allianse alliance. **-fri** non-aligned *(fx* the non-aligned countries).
alliere *(vb)* ally *(seg med* oneself with *el.* to); *~ seg med (også)* join forces with. **-t** allied *(fx* England and France were allied in the war); *(subst)* ally, allied power; *de -e* the Allies.

alligator alligator.
allikevel: *se likevel.*
allitterasjon *(bokstavrim)* alliteration.
allkjærlig all-loving.
allmakt omnipotence.
allmektig almighty, all-powerful, omnipotent; *den -e* the Almighty, God Almighty.
allmenn *se almen.*
allmue *se almue.*
all|sidig many-sided *(fx* a m. man), all-round *(fx* an a. athlete, education), versatile *(fx* a v. intellect, person, writer), universal; *en ~ drøftelse* a full *(el.* comprehensive) discussion; *mine interesser er ganske -e* my interests are fairly all-round; I have fairly all-round interests; *en ~ kost* a balanced diet; *(se også belyse).* **-sidighet** versatility, many-sidedness.
allslags *se all 2) & slags.*
alltid always, at all times, on all occasions; *det kan jeg ~ gjøre* I can do that at any time; *~ siden* ever since; *det er da ~ noe* it is something at least; *det kan vi ~ ordne* we can always arrange that.
allting everything; *hvorom ~ er* however that may be.
all-tysk pan-German.
all verden *se all 2) & verden.*
allvitende omniscient, all-knowing. **allvitenhet** omniscience.
alm *(tre)* elm.
alm. *(fk. f. alminnelig).*
almanakk almanac.
almen general, common, public, universal. **-befinnende** *(med.)* general condition *(el.* health), general state (of health). **-dannelse** general education, all-round education; general knowledge *(el.* culture). **-dannende** educational, educative; *(om skole)* aiming at imparting general rather than technical knowledge; *en ~ skole (kan gjengis)* an all-round type of school.
almen|gyldig universally valid, of universal *(el.* general) validity *(el.* application), universal, commonly accepted. **-gyldighet** universal *(el.* general) validity. **-heten** the public; *(ofte =)* the man in the street.
almenning common land(s); common.
almen|interesse general interest. **-menneskelig** universal; human.
almen|sannhet universal truth; *(trivialitet)* commonplace. **-utdannelse** all-round education; *(se almendannelse).* **-vel** common good (el. weal).
almen|nytte public good, public utility. **-nyttig** of public utility.
I. alminnelig *(adj)* common; general; ordinary; *(uten unntak)* universal; *~ brøk* vulgar fraction; *-e dødelige* ordinary mortals; *til ~ forbauselse for* to the general surprise of; *~ menneskeforstand* common sense; *-e mennesker* ordinary people; *(ofte =)* the man in the street; *~ stemmerett* adult *(el.* universal) suffrage; *~ valg* general election; *~ verneplikt* general conscription; *bli mer og mer ~* come into more general use *(fx* disc brakes are coming into more general use); become more and more common.
II. alminnelig *(adv)* commonly; generally, in general, currently *(fx* it is c. believed that ...); universally; ordinarily; *~ anvendt* in general use; *~ utbredt* widespread; *(om anskuelser)* widely held; *han er mer enn ~ dum* he is extraordinarily stupid; he is exceptionally stupid. **-gjørelse** generalization. **-het** generality; *i (sin) ~* in general, generally; *skuespill i sin ~* plays in general; *verden i sin ~* the world at large *(el.* in general). **-vis** generally, usually, as a rule, ordinarily.

almisse charitable gift, alms; *(kollektivt)* charity; *be om en ~* ask for alms; *gi -r* give alms; *leve av -r* live on charity.
almue common *(el.* humble) people, countryfolk; *(som stand)* peasantry; *den norske ~ (også)* rural Norway; *-n (også)* the populace.
aloe *(bot)* aloe. **-holdig** aloetic.
alpakka *(dyr, ull)* alpaca.
al pari *(merk)* at par.
alpe- alpine *(fx* a. flower). **-fiol** *(bot)* cyclamen. **-horn** alpenhorn.
Alpene *(geogr)* the Alps.
alpe|rose *(bot)* rhododendron. **-tropper** *(mil)* alpine troops.
alpin alpine; *den -e rase* the a. race, the Alpines.
alrune *(bot)* mandrake.
alskens: *se all 2) & slags.*
I. alt *(mus)* contralto, alto.
II. alt *(verdens-)* universe, world.
III. alt: *se all.*
IV. alt *(adv): se allerede.*
altan balcony.
alter altar; *gå til -s* go to Communion.
alter|bilde: *se -tavle.* **-bok** service book. **-bord** Communion table. **-duk** altar cloth.
alterert agitated, upset; **US** het up.
alter|gang Communion; *~ holdes* the Holy Communion is celebrated. **-kar** altar vessel. **-klede:** *se -duk.* **-lys** altar candle.
alternativ alternative.
alternere *(veksle)* alternate *(med* with).
alter|skap triptych. **-stake** altar candlestick. **-tavle** altarpiece; *(med fløyer)* triptych. **-vin** Communion wine.
altetende omnivorous.
altfor *(adv)* too, all too, much *(el.* far) too; to a fault *(fx* he is cautious to a f.); *(dannes ofte ved sms med* over- *(fx* over-ambitious)); **T** too ... by half *(fx* too clever by half); *jeg kjenner ham ~ godt* I know him all *(el.* much) too well; *~ mye* far too much, altogether too much; a great deal too much; *i så ~ mange tilfeller* in all too many cases.
altnøkkel *(mus)* alto clef.
altomfattende all-embracing, all-including, universal.
altoppofrende self-sacrificing, devoted.
altoppslukende: *~ interesse* absorbing interest.
altru|isme *(uegennytte)* altruism. **-ist** altruist. **-istisk** altruistic.
altsanger, -inne alto singer.
altså 1 *(følgelig)* consequently, therefore, accordingly; so *(fx* he had paid for the horse, so he took it with him); thus *(fx* thus X equals Y); *~ kommer han i morgen* so he'll be coming tomorrow; *så er det ~ ikke i dag likevel* so it's not today after all; 2*(med underforstått begrunnelse)* then *(fx* you will dine with us today, then?), so *(fx* so you despise me? so you won't?); 3*(forsterkende)* do *(fx* I do like him); *han er veldig kjekk ~* **T** he's so nice! *han der Johnson er gærn ~!* that Johnson is crazy! 4*(overgangsord)* well; *~ som jeg sa, så traff jeg henne i går* well, as I was saying, I met her yesterday.
aluminium aluminium; **US** aluminum.
alun alum. **-beis** alum mordant. **-garver** tawer; *(jvf garver).* **-holdig** aluminous.
alv elf, fairy.
alve|aktig elfish, elfin, fairy-like. **-dans** fairy dance. **-lett** fairy-light. **-pike** elf-maid.
alvor 1 *(mots. spøk, sorgløshet)* seriousness; **2** *(verdighet, strenghet)* gravity; 3*(fare, viktighet, betydning)* seriousness, gravity; 4*(iver, oppriktighet)* earnestness; *bevare -et* preserve one's gravity, keep a straight face; *nå begynte det å bli ~* now it was becoming serious; *gjøre ~ av* carry

out *(fx* one's plan, threat, *etc); gjøre* ~ *av det* set about it seriously, set about it in earnest; *er det Deres* ~*?* are you serious? are you in earnest? do you really mean it? *det er da ikke Deres* ~*!* you are not serious; surely you don't mean that! *det er mitt (ramme)* ~ I am in (dead) earnest; *for* ~ seriously *(fx* I am s. thinking of going away), in earnest; really *(fx* this time it is r. dangerous); *(for godt)* for good; *for ramme* ~ quite seriously, in real earnest, in dead earnest; *ta fatt for* ~ set to work in earnest, start in earnest; *(se spøk).*

I. alvorlig *(adj)* serious; grave; earnest; *(streng, verdig)* grave; *det blir en* ~ *historie for ham* he will get into serious trouble over this; *en* ~ *konkurrent* a dangerous competitor; *holde seg* ~ keep serious, keep a straight face; *legge ansiktet i -e folder* put on a grave face.

II. alvorlig *(adv)* seriously, earnestly, gravely; *(i høy grad)* thoroughly, seriously *(fx* frightened); *mene det* ~ be serious (about it), mean it seriously, be in earnest; **T** mean business; *det var ikke* ~ *ment med den beskjeden* I wasn't serious about that message; I was only joking when I gave you (,him, *etc)* that m.; *se* ~ *på saken* take a serious (*,sterkere:* grave) view of the matter; *ta* ~ take (sby, sth) seriously; *man kan aldri ta ham (riktig)* ~ one can never take him quite seriously; he's never quite serious; he always has his tongue in his cheek; *han tar sitt arbeid* ~ *(også)* he is an earnest worker; ~ *sint* really angry; *gg* ~ *talt* seriously (speaking), to be serious; *(se mene & tenke).*
alvors|**blikk** grave look. **-full** earnest, serious, grave. **-mann** earnest man. **-ord** serious word(s); *si en et* ~ speak seriously to sby; have a serious talk with sby.
amalgam amalgam. **-ere** *(vb)* amalgamate.
amanuensis scientific officer; senior technical officer; *(se førsteamanuensis).*
amasone Amazon.
Amasonelva the Amazon.
amatør amateur.
ambassade embassy. **-råd** counsellor (of a.).
ambassadør ambassador.
ambisjon ambition.
ambolt *(også i øret)* anvil.
ambra 1. ambergris; **2**(*bot)* boy's-love, southernwood.
ambros|**ia 1.** ambrosia; **2**(*bot)* ragweed, bitterweed, hogweed. **-isk** ambrosial.
ambulanse(bil) ambulance. **-båre** stretcher.
amen amen; *så sikkert som* ~ *i kjerka* sure as fate; sure as eggs is eggs.
Amerika America.
amerika|**båt** transatlantic liner. **-farer** transatlantic traveller, passenger to or from America. **-feber** craze to emigrate to A., emigration urge.
amerikaner, -inne American.
amerikanisere Americanize.
amerikanisme Americanism.
amerikansk American; ~ *olje* castor oil.
ametyst amethyst.
amf|**ibium** amphibious animal, amphibium. **-bisk** amphibious. **-teater** amphitheatre. **-teatralsk** amphitheatrical.
amme *(subst)* nurse; *(vb)* nurse, suckle.
ammoniakk ammonia. **-holdig** ammoniacal.
ammunisjon ammunition.
amne|**stere** grant *(fx* sby) an amnesty. **-sti** amnesty.
Amor Cupid.
amoralsk amoral, non-moral.
amortisasjon amortization, amortizement, redemption, repayment of principal. **-sfond** sinking fund; *(se fond).* **-skonto** depreciation fund

account; *(for lån el. obligasjoner)* sinking *(el.* redemption) fund account. **-slån** loan redeemable in annual instalments. **-somkostninger** depreciation costs. **-stid** period of amortization.
amortisere *(vb)* amortize, redeem, pay off; ~ *en gjeld* pay off *(el.* extinguish) a debt.
amper *(irritabel)* fretful, peevish.
ampere amp(ère). **-meter** ammeter.
ampulle ampoule; *(iscær US)* ampule.
amput|**asjon** amputation. **-tere** *(vb)* amputate.
amulett amulet, charm.
I. an *(adv i forb. med verb: se disse).*
II. an *(prep, merk)* to *(fx* to cleaning [rengjøring] ten hours at two pounds an hour).
anabaptist *(gjendøper)* Anabaptist.
anakronisme anachronism.
analfabet illiterate. **-isme** illiteracy, illiterateness.
analog analogous *(med* with, to). **-i** analogy; *i* ~ *med* by a. with, on the a. of.
analyse analysis *(pl:* analyses); *(gram, også)* parsing.
analysere *(vb)* analyse; *(gram: setning)* analyse, break down *(fx* b. down a sentence into its components); *(også enkelt ord)* parse.
analytisk analytic(al).
ananas pineapple.
anarki anarchy. **anarkist(isk)** anarchist.
anatema anathema.
anato|**m** anatomist. **-mere** *(vb)* anatomize, dissect. **-mering** anatomizing, dissection. **-mi** anatomy. **-misk** anatomic(al).
anbefal|**e** *(vb)* recommend, commend; *vi -er Dem å . . .* we would recommend that you . . .; we would advise you to . . .; ~ *seg* take one's leave, retire. **-elsesverdig** recommendable. **-ende** recommendatory. **-ing** recommendation; commendation, reference, introduction.
anbefalings|**brev, -skriv** letter of introduction.
anbringe *(vb)* put, place, fix; *(penger)* invest; ~ *et slag* strike a blow; *dårlig anbrakt* misplaced, out of place, ill-timed; *vel anbrakt* well-placed, well-timed *(fx* a w.-t. joke); *(om penger)* well invested; *et vel anbrakt slag* a well-directed blow.
anbringelse placing *(etc);* investment; *(se penge-anbringelse).*
anbud estimate; *(offentlig)* tender; **US** *(også)* bid; *(prisantydning)* quotation; **T** quote *(fx* can you give me a quote for painting the house); ~ *på levering av . . .* a tender for the supply of . . .; *gi* ~ *på* estimate for *(fx* please estimate for installing central heating in the bungalow at 10 Wessex Road); **US** submit an estimate on; *(om offentlig anbud)* submit a tender for, tender for; *innhente* ~ *(på)* invite tenders (for the supply of); ~ *utbes* tenders are invited; *åpning av innkomne* ~ *på . . .* opening of the tenders received for . . .; *(jvf tilbud).*
anbuds|**åpning** opening of (the) tenders.
and 1(*zool)* duck; **2**(*skrøne, «avisand»)* hoax, canard.
andakt devotion; *(kort gudstjeneste i hjem, på skole, etc)* prayers. **andakts**|**bok** prayer-book, devotional book. **-full** full of devotion, devout. **-stund, -time** hour of devotion.
ande|**dam** duck-pond. **-egg** duck's egg. **-hagl** duck-shot. **-jakt** duck-shooting; **US** duck hunting.
andektig devout; *(oppmerksom)* attentive; *i* ~ *taushet* in religious silence. **-het** devoutness.
andel share, part, portion, quota; *betale etter* ~ pay pro rata; *ha stor* ~ *i* have a large share in; *kjøpe ens* ~ buy sby out; *min* ~ *i utbyttet* my share of the profits; *som utgjør Deres* ~ *av utgiftene* which represents your share of the cost.

andels- — angående

10

andels- *(jvf samvirke-)* co-operative. **-haver** member of a co-o. society.
andelsleilighet *(ferieleilighet som disponeres en viss tid hvert år)* time-share flat; *blokk bestående av -er* time-share apartment block.
andelsselskap co-operative society. **-system** profit-sharing system. **-vis** *(adv)* pro rata.
ande|mat *(bot)* duckweed, duck's meat. **-skjell** *(zool)* barnacle. **-stegg** *(zool)* drake. **-ste(i)k** roast duck.
andføttes *(adv)* head to feet *(fx* they were sleeping h. to f.).
andpusten out of breath, breathless.
andre: *se annen.*
andreaskors (X) St. Andrew's cross.
and|rik *(zool)* (= *andestegg)* drake. **-unge** *(zool)* duckling.
andøve *(vb)* lay *(el.* lie *el.* rest) on the oars.
ane *(vb)* suspect, guess, have a foreboding *(el.* presentiment) of; *det -r jeg ikke* I have no idea; *før jeg ante noe* before I could say Jack Robinson *(el.* knife); *han ante fred og ingen fare* he was (quite) unsuspecting; *T* he thought everything in the garden was lovely; *uten å* ~ *noe* without suspecting anything, unsuspectingly; ~ *uråd* suspect mischief; *T* smell a rat.
anekdote anecdote. **-aktig** anecdotal. **-samling** collection of anecdotes.
anelse 1. suspicion, foreboding, presentiment, misgiving; **2**(*svak forestilling)* inkling; suspicion; idea; *jeg hadde ingen* ~ *om at* I had no idea that; **3**(*lite grann)* suspicion; touch; hint; flavour.
anelsesfull full of presentiment.
anemi anaemia. **anemisk** anaemic.
anemone *(bot)* anemone; *(se blåveis; hvitveis).*
aner *pl* (noble) ancestors, forebears, ancestry.
aner|kjenne *(vb)* acknowledge, admit, recognize, recognise; *(godkjenne)* approve *(fx* approved methods); *(rose, påskjønne)* appreciate, recognize, recognise; *(godta)* accept *(fx* an accepted truth); ~ *et krav* admit a claim; *ikke* ~ *et krav* to acknowledge; *ikke* ~ *et krav* reject a claim. **-kjennelse** acknowledg(e)ment; recognition; appreciation; *finne tilbørlig* ~ receive due recognition; *vinne* ~ obtain *(el.* gain) recognition. **-kjennelsesverdig** creditable. **-kjennende** appreciative, appreciatory. **-kjent** (generally) recognized *(el.* recognised); *så* ~ *dyktig* of such generally recognized ability.
anestesi anaesthesia. **-lege** anaesthetist.
anfall attack, assault, charge, onset; *(av sykdom)* attack, fit, access; *(utbrudd)* outburst, spasm. paroxysm; ~ *av feber* access of fever; ~ *av fortvilelse* fit of despair; *fikk et* ~ *av* was taken with a fit of.
anfekte *(vb):* *han lot seg ikke* ~ *av det* he was unaffected by it; it left him cold.
anfektelse scruple *(fx* religious scruples), temptation; *-r (også)* troubles *(fx* sexual troubles).
anføre *vb (befale)* command; *(gå i spissen for)* head, lead; *(innføre)* enter, book; *(angi)* state, give, refer to; *(påberope seg)* allege, adduce, advance, urge, plead; *(sitere)* cite, quote; *anfør det på meg* put that down to me; *de varene som står (,sto) anført på fakturaen* the goods charged on the invoice; ~ *til sin unnskyldning* plead *(fx* he pleads that he has been ill); ~ *noe til sin unnskyldning* make sth one's excuse; *hva har du å* ~ *til din unnskyldning?* what have you to say for yourself? ~ *grunner* state reasons; ~ *som eksempel* quote as an instance (el. example).
anfører leader, chief; *(i et opprør)* ringleader. **-sel** command, leadership; entering, booking; statement, quotation; *(se anføre).* **-selstegn** *(pl)*

inverted commas, quotation marks, quotes; ~ *begynner (i diktat)* quote; open inverted commas; ~ *slutter* unquote; close i. c.; *sette i* ~ put in quotation marks.
ang.: *se angående.*
I. ange *(subst)* fragrance, odour, perfume, scent.
II. ange *(vi)* emit odour *(el.* fragrance), shed fragrance, smell *(av* of).
angel (fish)hook.
angel|sakser Anglo-Saxon. **-saksisk** Anglo-Saxon.
angelus Angelus. **-klokke** Angelus (bell).
anger regret; *(sterkere)* repentance, remorse, penitence, contrition, compunction; *føle* ~ *over* repent of. **-full** repentant, penitent, contrite, remorseful. **-løs** unrepentant; guiltless, blameless.
angi *(vb)* state, mention, report; *(melde, røpe)* inform against, denounce; *(vise)* indicate, point out; *(til fortolling)* declare (at the custom house); ~ *en grunn* state a reason; ~ *tonen (mus)* give the pitch; *(fig)* set the tone; *(i moter)* set *(el.* lead) the fashion; ~ *verdien* indicate *(el.* state the value; *-tt verdi* declared value.
angina pectoris *(med.)* angina (pectoris).
angivelig *(adj)* ostensible, alleged; *(adv)* ostensibly, allegedly.
angivelse statement; *(nøyere)* specification; *(se toll-);* information, denunciation; *med* ~ *av* stating. **-ver(ske)** informer, denouncer. **-veri** informing.
angjeldende: ~ *dokumenter* the relative documents, the d. in question; ~ *person* the person concerned, the p. in question.
angler *(folkestamme)* Angles.
angl|ikansk Anglican; ŪS Episcopalian; *den -e kirke* the Anglican Church, the Church of England. **-isere** *(vb)* anglicize. **-isisme** anglicism.
anglo|amerikansk Anglo-American. **-man** anglomaniac. **-mani** anglomania.
angre *(vb)* regret, be sorry for; *(sterkere)* repent, repent of. **-nde** repentant, penitent; *en* ~ *synder (også spøkef)* a repentant sinner.
angrep attack, assault, aggression, onset; *(heftig, av tropper)* charge; *blåse til* ~ sound the charge; *fornye* ~ *et (også fig)* return to the charge.
angreps|bevegelse offensive movement. **-krig** aggressive *(el.* offensive) war, war of aggression. **-middel** means of attack. **-mål** object of attack. **-plan** plan of attack. **-politikk** aggressive policy. **-rekke** *(i fotballag)* forward line. **-spiller** *(i fotballag)* forward. **-vis** *(adv): gå* ~ *til verks* act on the offensive, take the offensive.
angrepsvåpen offensive weapon.
angrip|e *(vb)* attack, assail; *(fiende, også)* engage; *(heftig, som kavaleri)* charge; *(virke sterkt på)* affect; *(skade)* injure; *(tære)* corrode; *(bestride)* contest; *(en kapital)* encroach on. **-elig** assailable, vulnerable. **-er** attacker, assailant, aggressor.
angst *(subst)* dread, fear, apprehension *(for* of), alarm, anxiety; *av* ~ *for* for fear of; *med* ~ *og beven* with fear and trembling; *han gikk i dødelig* ~ *for at det skulle bli oppdaget* he was haunted by the fear that it would be found out. **-full** anxious, fearful. **-rop, -skrik** cry of terror, shriek. **-svette** cold perspiration. **-tilstand** anxiety state.
angå *(vb)* concern, regard, relate to, bear on, have reference to; *hva -r det meg?* what is that to me? *det -r ikke Dem* it's none of your business; it does not concern you; *hva* ~ as for, as regards, as respects; **hva meg -r** as to me, as for me, I for one; *hva det -r* as to that, for that matter; *(på det punkt)* on that score *(el.* point *el.* head).
angående *(prep)* respecting, regarding, concer-

ning, touching, relative to, about, as to, with regard to, as regards.
anhang *(tillegg)* appendix.
anholde *(vb)* arrest; take into custody; detain; *(skip)* arrest, lay an embargo on; ~ *om hennes hånd* ask her hand in marriage; *(jvf arrestere)*. **-else** arrest; detention.
anilin aniline.
animalsk animal.
animere *(vb)* *(oppmuntre)* encourage, urge, incite, prompt; *(gjøre opprømt)* enliven, animate. **-ert** animated, lively; *(om person)* exhilarated, in high spirits. **-ositet** animosity.
aning *(svak luftning i ellers stille vær)* cat's paw, catspaw.
anis anise; *(frukt)* aniseed.
anislikør anisette.
anke *subst & vb (jur)* appeal; ~ *over (vb)* appeal against; *(se straffeutmåling)*.
ankel ankle. **-spark** *(i fotball)* ankle kick; *(det å)* ankle kicking.
ankelmål *(klagemål)* complaint, grievance. **-protokoll** complaints book. **-punkt:** *se -mål*.
I. anker *(hulmål)* anker; *(brukt mindre presist)* barrel, keg, cask; *(for vann i skipsbåt)* (water) breaker.
II. anker *(skipsanker)* anchor; *(i mur)* brace, tie, cramp(-iron); *(del av dynamo)* armature; *-et går* the a. comes home; *kappe -et* cut the cable; *kaste* ~ cast *(el.* drop) a.; *kippe -et* fish the a.; *komme til -s* come to an a.; *lette (- hive)* ~ weigh a.; raise anchor; *ligge til -s (el. for* ~*)* ride at a. **-bedding** *(mar)* riding bitts. **-bolt** *(i mur)* anchor bolt, tie bolt, brace. **-bøye** *(mar)* a. buoy. **-kjetting** (chain) cable. **-legg** *(mar)* anchor shank; **-mann** anchor; *(fig)* mainstay, strongest link, backbone. **-plass** anchorage, anchoring ground. **-spill** windlass. **-tau** cable.
ankestevning summons on appeal.
I. anklage *(subst)* accusation; *(jur: tiltale)* charge *(for* of), indictment *(for* for); *sette en under* ~ *for* charge sby with.
II. anklage *(vb)* accuse *(for* of), charge *(for* with); *(for riksrett)* impeach; *(se tiltale)*.
anklage-: *se tiltale- & påtale-*.
anklager: *den offentlige* ~ the public prosecutor; *US* the prosecuting attorney, the district attorney *(fk* D.A.); *(se også aktor)*.
ankomme *(vb)* arrive *(til Oxford* at Oxford, *til London* in L., *til England* in E.), come (to), reach (a place).
ankomst arrival *(til* at, *(til land el. større by)* in); *ved min* ~ on *(el.* at) my arrival.
ankomstperrong arrival platform.
ankomsttid time of arrival; *antatt* ~ *(flyv)* estimated time of arrival *(fk* ETA); *(se avgangstid)*.
ankre *(vb)* anchor.
anlagt 1. *perf. part.: se anlegge; 2.* adj *(om karakteren)* inclined, fitted *(fx* he is naturally f. for that work); *gjestfritt (,selskapelig)* ~ hospitably *(,socially)* inclined; *praktisk* ~ of a practical turn, practical.
anledning 1 *(høve, gunstig tidspunkt)* opportunity, chance; **2***(hendelse, grunn, foranledning)* occasion, cause; **3***(gunstige vilkår for)* facility, opportunity; *benytte -en* take the opportunity; *vi håper at det vil bli* ~ *til å drøfte inngående spørsmålet om ...* we hope that there will then be an opportunity for thorough discussion of the question of ...; *få* ~ *til å gjøre noe* get an opportunity of doing *(el.* to do) sth; *hvis du får* ~ if you get the chance; *jeg har ikke* ~ *til å røpe forfatterens navn* I am not at liberty to reveal the author's name; *for -en* for the occasion; *ord laget for -en* nonce-word; *ord som passer for -en* words suited to the occasion, appropriate words;

i ~ *av* on the occasion of; *(i forbindelse med, om sak)* in connection with; *i dagens* ~ in honour of the occasion *(el.* event); *i den* ~ on that occasion; *i sakens* ~ in this *(el.* the) matter *(fx* we hope to hear from you in this m. by return (of post)); *ved* ~ some day; when I *(,etc)* get the opportunity; *ved enhver* ~ on every occasion; at every turn *(fx* they will find things to steal at every turn); *ved første* ~ at the first (favourable) opportunity; T first chance; *ved given* ~ if and when an opportunity offers; *ved passende* ~ when a suitable opportunity arises; when occasion serves; *(se også foranledning, leilighet, rik)*.
anlegg 1*(det å anlegge)* building, construction, erection; **2***(byggeprosjekt, etc)* (building) project; **3***(grunnlegging)* establishment, foundation; **4***(fabrikk-, maskineri, etc)* plant, works, factory, installation; **5***(måten noe er anlagt på)* layout; **6***(medfødt evne)* talent, turn, aptitude *(for* for); T knack *(for* of); *ha meget gode* ~ *for realfag* have a marked talent for science and mathematics, be extremely gifted in the fields of s. and m.; **7***(medfødt disposisjon)* predisposition, tendency; **8***(biol, av organ)* anlage, rudiment; *(gen)* gene; **9***(støtte)* rest; *i* ~ *(om skytevåpen)* at the ready; *(se I. evne)*.
anlegge *(vb)* **1***(bygge, etc)* build, erect, construct, make, set up, lay down *(fx* build, erect, set up a factory; build, construct, lay down a railway); **2***(grunnlegge)* found; **3***(opprette)* found, establish *(fx* a factory); **4***(by, gate, hage, etc)* lay out; *(vei, kloakk)* lay; **5***(legge på)* apply *(fx* a bandage); **6***(klær, mine, etc)* put on, assume, affect; *(begynne å gå med)* start wearing, begin to wear; **7***(planlegge)* plan; *en godt anlagt park* a well-planned park; **8***(penger)* invest; ~ *en sak mot en (jur)* bring an action against sby; ~ *sorg* go into mourning *(for* for); *når man -r denne målestokk* measured by this standard.
anleggsaktiva property, plant and equipment.
anleggsarbeid construction work; road (,railway) building.
anleggsarbeider construction worker; *(jvf anleggsslusk)*.
anleggsbrakke workmen's hut *(el.* shed). **-gartner** landscape gardener. **-ingeniør** construction(al) engineer; *(se ingeniør: sivilingeniør)*. **-kapital** invested capital; business capital; capital invested in permanent assets. **-kontor** site office. **-midler** *(pl)* fixed assets; *(se driftsmidler)*. **-slusk** *(neds)* navvy; *(jvf anleggsarbeider)*. **-trafikk** works traffic. **-utstyr** site plant. **-virksomhet** construction work; *bygge- og* ~ building and c. w.
anliggende affair, concern, business, matter; *i viktige -r* in matters of importance.
anløp *(mar)* call; *(se skipsanløp)*.
anløpe *(vb)* *(mar)* touch at, call at; *(stål)* temper; *(få en viss farge)* become oxidized *(el.* tarnished).
anløpsplass, -sted stopping place, place *(el.* port) of call. **-tid** time of arrival.
anmarsj: være i ~ be approaching; be on the way.
anmasse *(vb):* ~ *seg* arrogate, usurp. **-lse** arrogance, usurpation. **-nde** arrogant, presumptuous, overbearing.
anmelde 1*(vb)* announce, notify, give notice of; **2***(til en autoritet)* report; **3***(tollpliktige varer)* declare; **4***(bok)* review *(fx* a book); **5***(mar):* ~ *protest* note a protest, cause a p. to be noted.
anmeldelse announcing *(,etc);* announcement, notification; notice; *(av bok)* review; notice. **-er** announcer; reviewer, critic.
anmeldereksemplar review copy.
anmerke *vb (merke)* mark; *(opptegne)* note, put

down. **-ning** remark; comment, note, annotation; *gi en en* ~ *(på skolen)* put sby's name down; *gjøre -er om* comment on; *forsyne med -er* annotate. **-ningsprotokoll** *(på skolen)* black book.
anmode *(vb):* ~ *om* request, solicit; ~ *en om noe* ask sby for sth. **-ning** request; *etter* ~ by r., on r.; *etter* ~ *av* at the request of; *med* ~ *om* requesting; *på Deres* ~ at your request, as requested (by you); *på senderens* ~ at the sender's request.
Anna Ann, Anne.
annaler *(pl)* annals. **annalforfatter** annalist.
anneks parish of ease; *(bygning)* annex(e).
anneksjon annexation.
annekskirke chapel of ease. **-sogn:** *se anneks.*
annektere *(vb)* annex. **-ing** annexation.
I. annen, annet *(ordenstall)* second; *annet bind* volume two, the second volume; *den annen (el. andre) august* (on) the second of August, (on) August 2nd; *for det annet (el. andre)* secondly, in the second place; *for annen gang* for the second time; *annen hver* every other, every second; *den andre døra herfra* the next door but one; *den andre hansken min* the fellow to my glove.
II. annen, annet *pron (pl: andre)* other;
A *[brukt adjektivisk]* annen, annet, andre other *(fx* the other book; some other day; other people); *annen manns eiendom (jur)* the property of another party; *det annet kjønn* the opposite sex; *en annen* another *(fx* knife, person), some other *(fx* day, time); *(se også B: en annen); en helt annen kvalitet* an altogether different quality; *en annen morgen* (on) another morning; *en annen ordning* another *(el.* some other) arrangement; *en eller annen dag* some day (or other); *på en eller annen måte* somehow (or other), in some way (or other); *et eller annet sted* somewhere (or other); *det ene år etter det annet (el. andre)* one year after another, year after year; *fra ende til annen* from one end to the other, from end to end; *fra ord til annet* word by word; *fra tid til annen* from time to time; **ingen** *annen mann* no other man, no one else; *intet annet sted* nowhere else; *med andre ord* in other words; *på den annen side* on the other hand; *(fig)* on the other hand;
B *[brukt substantivisk]* a) annen; *den ene etter den annen (el. andre)* one after the other, one after another; *en annen* somebody else, another, another person; *en annens hatt* somebody else's hat; *en eller annen* somebody (or other), someone, some person; *enhver annen* anybody else, anyone else; *hvem annen?* who else? *hvem annen enn ...* who (else) but; *ingen annen* no one else, nobody else, no other person; *ingen annen enn* no one but; *b)* annet; *alt annet* everything else; *alt annet enn* anything but; *blant annet (fk bl.a.)* among other things, inter alia; *(ɔ: blant andre)* among others; including *(fk* some people, including myself, agree with him); *(ɔ: for bare å nevne en ting)* for one thing *(fx* for one thing he is very good at Latin); *det annet (el. andre)* the other thing, the other one; *(ɔ: det øvrige)* the rest; *det ene med det annet (el. andre)* one thing with another; *ikke annet, intet annet* nothing else; *ikke annet enn* nothing but; only; *det er ikke annet å gjøre* there is no alternative; *det er ikke annet å gjøre enn å ...* there is nothing left for us but to ..., nothing remains but to ...,* there is nothing for it but to; *jeg kan ikke annet* I cannot do otherwise; I cannot help it; *noe annet* something else; anything else *(fx* is there a. else I can do?); *noe (ganske) annet* something (quite) different;

C andre *(pl)* others, other people; *andre av hans bøker* other books of his; *han snakket aldri med andre enn naboene* he never spoke to any but the neighbours; *alle andre* everybody else, everyone else; *(ɔ: enhver annen)* anybody else, anyone else; *alle andre enn* everybody except; anybody but, anyone but; *alle de andre* all the others, all the rest (of them); *blant andre* among others, among whom; *(se B ovf); de* to andre the two others, the other two; *dere andre* the rest of you; *hvem andre?* who else? **ingen** *andre* nobody else, no one else, no others; *ingen andre enn* none but, no one but, no one except; **vi** *andre* the rest of us; *han gjorde ting som vi andre bare fantaserer om* he did things that the rest of us just dream about.
annendag: ~ *jul* Boxing Day; ~ *pinse* Whit Monday, Whitsun Bank Holiday; ~ *påske* Easter Monday.
annendagsbryllup second day's (wedding) festivities. **-flyger** co-pilot, second pilot. **-gradsforbrenning** second-degree burn; *(se brannsår; forbrenning).* **-gradslikning** quadratic equation. **-hver** *(pron & adj)* every other; *fri* ~ *lørdag* free (on) alternate Saturdays. **-hånds** second -hand, **-maskinist** *(mar)* second engineer. **-rangs** second-rate. **-sidesark** *(merk)* continuation sheet. **-steds** elsewhere, in some (,any) other place. **-stedsfra** from another place. **-stedshen** somewhere else, to some other place. **-stemme** *(mus)* second; *synge* ~ sing seconds *(til* to).
annenstyrmann *(mar)* third officer; third mate.
I. annerledes *(adj)* different; *han er* ~ *enn andre* he is different from others; ~ *enn jeg trodde* d. from what I thought; *han er ikke* ~ that is his way; *livet er nå engang ikke* ~ life is like that; *T* such is life; *jeg ville ikke ha henne* ~ I would not have her d.; *det er blitt* ~ things (el. it has) changed (el. become d.).
II. annerledes *(adv)* differently, otherwise, in a different *(el.* another) way; *(i høyere grad)* far more, much more; *ganske* ~ *godt* far better; *ganske* ~ *vanskelig* far more difficult; *saken må ordnes* ~ the matter must be arranged otherwise *(el.* in a different way); *stille seg* ~ *til en sak* take a different view of a matter.
annerledestenkende those who think differently. **-troende** those adhering to other creeds.
annet: *se annen.*
Anno Domini Anno Domini, in the year of our Lord; *Anno 1713* in the year 1713.
annonse advertisement; *T* ad, advert *(fx* I put an ad(vert) in the paper to sell my car); *sette en* ~ *i avisen* put *(el.* insert) an advertisement in the paper; put a notice *(el.* an ad(vert)) in the paper. **-byrå** advertising agency. **-re** *(vb)* advertise; *(kunngjøre)* announce, publish, make public.
annonsør advertiser.
anorak: *se anorakk.*
annuitet 1. annuity; **2***(mat.)* problem in annuities.
annuitetslån loan repayable in annuities.
annullere cancel, annul; render null and void. **-ering** cancellation, annulment.
anode *(den positive elektrode)* anode.
anonym anonymous, **-itet** anonymity.
anorakk anorak, parka.
anordne *vb (ordne)* arrange; *(befale)* order, ordain, decree; *(medisin)* prescribe. **-ning** arrangement; order, ordinance, decree; prescription.
anorganisk inorganic.
anretning 1*(av bord til festmåltid)* arrangement of a (,the) table; **2***(bord)* banquet table, table; **3***(det som anrettes)* dish; meal, repast; **4***(værelse)* serving pantry; *kold* ~ a cold dish *(el.* meal).

anretningsbord serving table.
anrette *(lage til)* prepare, arrange, serve; *(forårsake)* do, make, cause, affect; ~ *skade* cause *(el.* do*)* damage; ~ *ødeleggelser* cause destruction, work *(el.* wreak*)* havoc.
anrop challenge; *(mar)* hail; *(over radio, etc)* call.
anrop|e *(vb)* challenge; *(mar)* hail, address *(fx* a ship*)*; *(fra skip)* speak; *(over radio, etc)* call.
ansamling collection.
ansats 1 *(anlegg)* disposition, tendency, predisposition *(til* to*)*; **2***(rudiment, begynnelse)* rudiment; **3***(fremspring)* projecting edge, shoulder; **4***(mus) (leppestilling)* embouchure; *(av tone)* attack; ~ *til hale* rudiments of a tail; *ha* ~ *til fedme* be inclined to be stout.
anse *(vb):* ~ *for* consider (to be) *(fx* I c. him (to be) a fool*)*, regard as, look upon as, take for; *han er ikke den mann jeg anså ham for* he is not the man I took him for; *det -s for sannsynlig at . . .* it is thought likely that . . .
anseelse reputation, esteem, standing, prestige, respectability; *en mann med høy* ~ a man of high standing; *miste (sin)* ~ lose prestige; *nyte stor* ~ enjoy a good reputation, be held in high esteem, be well regarded; *uten persons* ~ without respect of persons; *vinne* ~ win a reputation (for oneself).
anselig *(statelig)* stately, impressive; *(stor)* considerable *(fx* a c. amount*)*, good-sized, goodly; **T** tidy *(fx* a t. price*)*; *(betydelig)* considerable, important, distinguished; *(se antall).* **-het** stateliness, impressiveness.
ansett of (high) standing, (highly) esteemed, of good repute, well thought of, respectable; *et (vel)* ~ *firma* a firm of (good) standing, a f. of good repute, a respectable f.; *være dårlig (,vel)* ~ have a bad (,good) reputation, be ill (,well) reputed, be given a bad (,good) character; *et høyt* ~ *verk* a highly thought-of work.
ansette *(vb)* appoint *(fx* sby to an office*)*, engage *(fx* e. him as shop assistant, secretary*)*; *han er ansatt på et kontor* he is (employed) in an office; *være ansatt i politiet* be in the police; *bli fast ansatt* receive a permanent appointment, be permanently appointed; *(mots. konstituert)* have one's appointment confirmed; *han er fast ansatt hos* he is on the permanent staff of, he is permanently employed by; *(se stilling).*
ansettelse appointment, engagement, employment, job; *(av verdi)* estimate, valuation; *få (,søke)* ~ *i firmaet* get (,apply for) a job with the firm; *fast* ~ a permanent appointment *(el.* job*)*; *(mots. konstituering)* confirmation of one's appointment; *(se stilling).*
ansettelses|brev letter of appointment. **-vilkår** *(pl)* conditions of appointment; *(se stilling* 4*)*.
ansiennitet seniority; *etter* ~ by seniority.
ansikt face; *skjære -er til* make faces at; *se en rett i -et* look shy (full) in the face; *bli lang i -et* pull a long face; *si en noe rett opp i -et* tell sby sth to his face; *sette opp et alvorlig* ~ put on a grave face; *for øvrig sette:* ~ *opp); stå* ~ *til* ~ *med* stand face to face with.
ansikts|drag feature. **-farge** complexion. **-form** shape of the face. **-klut** face cloth. **-løftning** *(også fig)* face lift. **-trekk** facial feature. **-uttrykk** expression of face; (facial) expression.
ansjos anchovy.
anskaffe *(vb)* get, obtain. *vi skal* ~ *oss en hund* we're going to get a dog; ~ *seg klær* fit oneself out (with clothing), provide oneself with clothes; ~ *seg et lager av* lay in a stock of; ~ *seg varer* lay in (a stock of) goods; buy *(el.* procure*)* goods.
anskaffelse getting, obtaining; *(jvf ny-).*
anskrevet: *han er dårlig (,godt)* ~ he is badly

(„well) reported on; he is not (,he is) thought well of; *være dårlig* ~ *hos en* be in sby's bad books; *være godt* ~ *hos en* stand well with sby, be in sby's good books; be in (high) favour with sby; *et vel* ~ *firma* a well-reputed firm.
anskrik outcry, shout of alarm; *gjøre* ~ give the alarm, cry out; *(oppfordre til forfølgelse)* raise a hue and cry.
anskuelig clear, lucid, plain. **-gjøre** render plain *(el.* intelligible*)*, elucidate, illustrate. **-gjørelse** elucidation, illustration. **-het** lucidity.
anskuelse *(litt, filos)* intuition, perception; *(syns-måte, mening)* view, opinion, way of looking at things.
anskuelses|evne intuitive power. **-metoden** the object lesson method. **-undervisning** object teaching, visual instruction; **T** *(fig)* object lesson.
anslag *(mus)* touch; *(tekn)* impact; *(vurdering)* estimate, valuation; *(plan)* plot, design; *(slag på tastatur, etc)* stroke; *et* ~ *mot hans liv* a design on his life; ~ *pr. min. (på skrivemaskin)* = words per minute *(fk.* w.p.m.*)* *(fx* my speed in typing is 50 w.p.m.*)*.
anslå *vb* **1***(mus)* strike; **2***(vurdere)* estimate, rate, value, compute *(til* at*)*; ~ *for høyt* overrate, overvalue; ~ *for lavt* underrate, undervalue; *hva -r De skaden å beløpe seg til?* what is your estimate of the extent of the damage? *han anslo henne til å være omtrent fire år (også)* he took her age to be about four; *jeg -r mitt tap til £. . .* I estimate *(el.* put*)* my losses at £. . .; *jeg -r vekten til 5 pund* I estimate the weight at five pounds; *I* make the weight five pounds.
anspenne *(vb)* strain; ~ *alle (sine) krefter* strain every nerve, use every effort.
anspent intense, strenuous, tense; *(oppspilt)* keyed up; *helt* ~ all tensed up.
anspenthet tension.
anspore *(vb)* spur on, stimulate, incite, instigate, urge, fire; ~ *en til å gjøre sitt beste* put sby on his mettle.
anstalt *(institusjon)* institution, establishment; *(ofte =)* home *(fx* a h. for mentally deficient children*)*; *behandling i* ~ *(med.)* institutional treatment; *-er (pl)* fuss; *(se foranstaltning).* **-maker** fussy person. **-makeri** (unnecessary) fuss.
anstand deportment; grace. **anstandsdame** chaperon.
anstendig decent, proper; *en* ~ *pike* a decent girl. **-het** decency, decorum, propriety. **-vis** *(adv)* in decency.
anstift|e *(vb)* instigate, stir up, raise, excite, foment; ~ *mytteri* stir up a mutiny, foment a m. **-else** instigation; *(se tilskyndelse).* **-er** instigator.
anstigende: *komme* ~ turn up, roll up *(fx* the whole family rolled up*)*.
anstikke *vb (et fat)* broach, tap.
anstille *(vb)* institute; ~ *undersøkelse(r) over noe* make *(el.* institute*)* inquiries about sth, inquire into sth; *han anstilte seg syk* he simulated illness; he pretended to be ill.
anstreng|e exert, strain; ~ *seg (for å)* endeavour (to), exert oneself (to). **-else** effort; exertion; strain; *ved egne -r* by one's own efforts; without help from anyone; unaided. **-ende** strenuous, fatiguing, tiring, exhausting, exerting, trying; *det er meget* ~ *(også)* it is a great strain; ~ *arbeid* hard work.
anstrengt strained; *et* ~ *smil* a forced smile.
anstrøk *(fargeskjær)* tinge; *(antydning)* tinge, touch, dash, suspicion; *med et* ~ *av blått* tinged with blue.
anstøt *(forargelse)* offence, scandal; *vekke* ~ give offence *(hos* to*)*; *ta* ~ *av* take offence at.
anstøtelig offensive, indecent.

anstøtssten stumbling block.

anstå *(vb):* ~ *seg* become, be proper, be suitable; *som det -r seg en tapper soldat* as becomes a gallant soldier; *som det -r seg en herre* as is suitable *(el.* proper) for a gentleman.

ansvar responsibility; *(erstatningsplikt)* liability; *stå til* ~ be held responsible *(el.* answerable) *(for* for; *overfor* to); *på eget* ~ at one's own risk *(el.* peril); *handle på eget* ~ act on one's own responsibility; *det er ikke mitt* ~ **S** it's not my baby; *dra (el. trekke) til* ~ call to account; *fralegge seg -et for* wash one's hands of; *ha* ~ *for* be responsible for *(fx* the home is r. for the children); *jentene hadde hun -et for* the girls were her responsibility; ~ **overfor** *velgerne* electoral r.; *denne opplysningen er strengt konfidensiell og gis uten* ~ *for oss* this information is strictly confidential and is given without any responsibility on our part; *påta seg et* ~ burden *(el.* saddle) oneself with a responsibility; let oneself in for a responsibility.

ansvarlig responsible; *(økonomisk & jur)* liable, accountable *(for* for; *overfor* to, before).

ansvarlighet responsibility, liability, accountability *(fx* for a debt).

ansvarsforsikring third party insurance; *(se forsikring).*

ansvarsfri free from responsibility. **-full** responsible. **-følelse** sense of responsibility. **-havende** person (,officer) in charge.

ansøke *(vb):* ~ *om (søke om)* apply for, petition for, make application for; ~ *om audiens* solicit an audience; *(se søke:* ~ *om).*

ansøker applicant, petitioner.

ansøkning *(søknad)* application *(om* for); *(andragende)* petition *(om* for); ~ *om benådning* p. for mercy; *(se søknad).*

anta *vb (en lære)* embrace, espouse, adopt; *(ta imot)* accept; *(tro, forutsette)* suppose, assume, take it; ~ *form* assume a form; ~ *kongetittelen* assume the regal title; *jeg vil* ~ *det* I expect so; *funnene er langt eldre enn fra først av -tt* the finds are much earlier *(el.* older) than had at first been thought; *(se ta:* ~ *imot).*

antakelig *(adj)* acceptable; admissible, eligible; *-e betingelser* acceptable terms; *(adv)* probably, (very) likely, in all probability.

antakelse acceptance; adoption; *(formodning)* supposition, assumption, hypothesis, theory.

antall number; *et stort* ~ a large *(el.* great) n.; *i* ~ in number, numerically; *i et* ~ *av* numbering, to the number of *(fx* to the n. of 5,000); *i et så anselig* ~ in such considerable numbers; *overgå i* ~ outnumber.

Antarktis *(geogr)* the Antarctic.

antarktisk antarctic.

antaste *(vb)* accost; *(glds* = *angripe)* assault, attack.

antedatere *(vb)* antedate, predate, backdate.

antegne *(vb)* write down, put down, note, make a note of. **-else, -ing** note, remark, observation *(til* on).

I. antenne *subst. (radio)* aerial; *(især US)* antenna *(pl:* antennae).

II. antenne *vb (noe brennbart)* set fire to, set on fire; kindle *(fx* the spark kindled the dry wood). **-lig** inflammable, combustible, ignitable.

antesipere *(vb)* anticipate. **-ing** anticipation.

antikk *(subst & adj)* antique; *-en* antiquity. **-samling** collection of antiques.

Antikrist Antichrist.

antikva *(typ)* roman letters *(el.* type).

antikvar second-hand bookseller; *(finere)* antiquarian b.; *(se riks-).* **-variat** second-hand book-

shop; *(finere)* antiquarian b.; *(se riks-).* **-varisk** second-hand. **-vert** antiquated.

antikvitet antique; *(ofte* =) (old) curiosity. **-shandel** antique shop, curiosity shop. **-shandler** antique dealer.

antilope *(zool)* antelope.

antiluftskyts anti-aircraft guns, ack-ack guns.

antimakassar antimacassar.

antimon *(kjem)* antimony.

antipati antipathy, dislike. **-sk** antipathetic.

antipode antipode.

antisemitt anti-Semite. **-isk** anti-Semitic. **-isme** anti-Semitism.

antiseptikk antiseptic method. **-isk** antiseptic; ~ *middel* antiseptic.

antitese antithesis.

antologi anthology.

antrasitt anthracite; hard coal.

antrekk dress, attire; **T** get-up; *daglig* ~ ordinary clothes; *(til selskap)* informal dress; *(på innbydelse)* dress informal; *kom i alminnelig daglig* ~ don't (bother to) dress; *det blir daglig* ~ *(i selskapet)* dress will be informal; ~ *galla (på innbydelse)* dress formal; *sivilt* ~ civilian clothes; *(om politi)* plain clothes; *et underlig* ~ **T** a queer get-up; ~ *valgfritt (på innbydelse)* dress optional.

antropolog anthropologist. **-i** anthropology.

antrukket *(adj)* dressed; *være enkelt (,pent)* ~ be simply (,well) dressed.

Antwerpen *(geogr)* Antwerp.

antyde *(vb)* indicate, give a hint of; *(la forstå)* suggest, intimate; *(foreslå)* suggest; *som navnet -r* as the name implies; *(se måte).*

antydning *(vink)* hint, suggestion, intimation; *(tilkjennegivelse)* indication; *(smule)* suggestion, suspicion, touch *(fx* a suggestion of pepper); *(svakt tegn på)* trace, suspicion, faint touch *(til* of). **-svis** by way of suggestion.

anvende *vb (bruke)* employ, use *(til* for); *(tid, penger)* spend *(fx* s. money on sth); *(teori, lignelse)* apply *(på* to); ~ *makt* use *(el.* employ) force; ~ *et middel* use *(el.* employ) a means; *det kan -es til* it may be used for; *pengene er vel -t* the money was well spent; ~ *sin tid vel* make good use of one's time; *(se også anvendt).*

anvendelig useable, usable, fit for use, applicable; *(nyttig)* serviceable, useful; *et meget* ~ *plagg* a most useful garment.

anvendelighet usefulness, use, applicability.

anvendelse employment, use, application; *finne* ~ *for noe* put sth to use; *få* ~ *for* find a use for, turn to account; *... og da kommer telegrafen til* ~ *...* in which case the telegraph is called into service; *(se mening).*

anvendelsesområde area of application; range of uses *(fx* the range of uses for nitrogen is steadily increasing).

anvendt applied *(fx* art, science).

anvise *vb* **1***(tildele)* assign, allot; **2***(merk: gi ordre til utbetaling)* pass for payment; ~ *et beløp til utbetaling* order an amount to be paid out; *«-s til utbetaling»* "passed for payment"; ~ *på en bank* draw (a cheque) on a bank; *firmaet har bedt oss* ~ *på Dem pr. 3 måneder* the firm has requested us to draw on you every 3 months; ~ *pengemidler* appropriate funds, make an appropriation.

anvisning **1***(veiledning)* direction(s), instructions; **2***(tildeling)* assignment, allotment; *(av pengemidler)* appropriation; **3***(penge-)* cheque, order to pay; *(bank-)* bank draft; *etter hans* ~ according to his instructions.

aorta *(den store pulsåre)* aorta.

ap fun, chaff; *drive ~ med* make fun of.
apal: *se epletre.*
apanasje appanage, civil list annuity.
aparte *(adj)* odd, queer, out of the way.
apati apathy. **-tisk** apathetic.
I. ape monkey; *(menneskelignende)* ape.
II. ape *(vb):* ~ *etter* mimic, ape *(fx* sby's manners); *(tøyse)* play the ape.
apeaktig apish, monkey-like, simian. **-katt** monkey; *(fig): (etteraper)* ape. **-kattstreker** monkey tricks.
Apenninene *(geogr)* the Apennines.
aperitiff aperitif.
apestreker *(pl)* foolery, monkey tricks; *drive ~ med* make fun of.
aplomb self-possession, assurance, aplomb.
apokryf(isk) apocryphal; *de -iske bøker* the Apocrypha.
Apollon *(myt)* Apollo.
apopleksi apoplexy. **-tiker, -tisk** apoplectic.
apostel apostle; *Apostlenes gjerninger* the Acts (of the Apostles); *reise med -lenes hester* go on foot; *(glds)* go on Shanks's mare *(el.* pony). **apostolisk** apostolic(al); *den -e trosbekjennelse* the Apostles' Creed.
apostrof apostrophe. **-ere** *(vb)* apostrophize.
apotek chemist's (shop); retail pharmacy; *(på skip, hospital)* dispensary; **US** drugstore, pharmacy.
apoteker dispensing chemist; **US** druggist, pharmacist; *(se provisor; reseptar).*
apotekergutt chemist's apprentice. **-krukke** gallipot. **-kunst** pharmacy. **-medhjelper** chemist's assistant. **-varer** drugs. **-vekt** apothecaries' weight; *(apparatet)* dispensing scales.
apparat apparatus; *(tlf)* instrument.
appartementsblokk apartment block; **US** apartment house *(el.* building).
appell 1*(jur)* appeal; 2*(henstilling)* appeal; *rette en ~ til* appeal to, make an appeal to *(fx sby's generosity);* 3*(mil)* assembly; *(signalet)* assembly (call) *(fx* sound the a.); *(navneopprop)* roll call; 4*(fektning)* alarm; 5*(jeger)* training; *hunden har ~* the hound is well trained; **6** *(fart)* spirit, go, dash *(fx* carry out an exercise with dash); *(se tilslutning).*
appellabel appealable, subject to appeal.
appellant appellant.
appelldomstol court of appeal.
appellere *(vb)* appeal *(til* to), lodge an appeal *(til* with); ~ *en dom (i sivilsaker)* appeal (against) a judgement; *(i straffesaker)* appeal (against) a sentence; *en kan ~ til ...* an appeal lies to ...; ~ *til velgerne* go to the country.
appelsin orange. **-båt** section (of an orange). **-kjerne** orange pip. **-skall** orangepeel.
appendicitt *(blindtarmbetennelse)* appendicitis.
appetitt appetite; *dårlig ~* a poor a.; *god ~* a good *(el.* hearty) a.; *ødelegge -en* take away *(el.* spoil) one's a. **-lig** appetizing. **-vekkende** appetizing, tempting.
applaudere *(vb)* applaud.
applaus applause, plaudits.
apportere *(vb)* retrieve, fetch and carry. **-ør** *(hund)* retriever.
appretere *(vb)* dress, finish. **-tur** finish.
approbasjon approbation, sanction. **-ere** *(vb)* approve (of), sanction.
aprikos apricot.
april April; *narre en ~* make an April fool of sby; *første ~* April Fool('s) Day. **aprilsnarr** April fool.
apropos by the way, apropos; speaking of, talking of; *komme ~* be apropos.

ar *(flatemål: 100 m²)* are.
araber Arab; *(hesten)* Arab. **-inne** Arab woman.
arabesk arabesque.
Arabia *(geogr)* Arabia.
arabisk *(språket)* Arabic; *(adj)* Arabian; Arab *(fx* the A. states); *-e tall* Arabic numerals.
arak arrack.
arameisk Aramean, Aramaic.
arbeid work, labour (,**US**: labor); *(beskjeftigelse)* employment; *(som skal utføres)* task, job; *hardt ~* hard work; **T** a stiff job; *lønnet ~* paid employment; *gå tilbake til lønnet ~* return to paid employment; *en forfatters -er* the works of an author; *de offentlige -er* the public works; *han får -et unna* he's a quick worker; *være i ~* be at work; *(mots, arbeidsløs)* be in work, have a job; *i fullt ~* hard at work; *han lærer en hel del i -et* he learns a great deal on the job; *sette en i ~* set sby to work; *gå på ~* go to work; *ta fatt på -et* get down to one's work, get down to it, get started on one's work; *holde en strengt til -et* make sby work hard; *det ~ han blir satt til* the job he is required to do; *under -et* while at work, while working; during the course of one's employment; while the work was being done; *det er under ~* it is in hand, it is in course of preparation; *være uten ~* be out of work; *(se arbeidsløs); ved sine henders ~* by the labour of one's hands, by manual labour.
arbeide *(vb)* work, labour (,**US**: labor); *(strengt)* toil; *(som en trell)* drudge; ~ *grundig* work thoroughly; ~ *på* work at, be at work on; ~ *på å strive to;* ~ *seg fram* work one's way; ~ *seg fram mot en løsning* work one's way towards a solution; ~ *seg igjennom* work (one's way) through, struggle through); ~ *seg opp (fig)* work one's way; ~ *seg ut av* work one's way out of.
arbeider worker, working man, workman; *(grov-)* labourer (,**US**: laborer); *(fabrikk-)* factory worker *(el.* hand), workman, operative; *(i mølle, spinneri, etc)* mill hand, mill operative; *(i statistikk)* wage-earner; *(u)faglærte -e* (un)skilled workers.
arbeiderklassen the working class(es).
Arbeiderpartiet the Labour Party.
arbeiderske woman worker.
arbeidsbesparende labour-saving; **US** laborsaving. **-byrde** burden of work; *økt ~* an increased b. of w.; *på den måten er -n jevnt fordelt, og det blir en god del fritid på alle* in this way the work is shared equally, and everybody has a good deal of spare time. **-dag** working-day. **-deling** sharing of labour, division of labour *(el.* work). **-dyktig** able to work, capable of working, able-bodied. **-dyktighet** working ability. **-evne** capacity for work. **-folk** workers, workpeople. **-formann** foreman; chargehand. **-formidlingskontor** employment (,labour) exchange. **-fortjeneste** earnings; *tapt ~* the loss of e., the loss of money. **-gang** cycle (of operations); sequence of operations; (working) process. **-giver** employer. **-giverforening** employers' federation. **-glede** pleasure in *(el.* enjoyment of) one's work; enthusiasm for one's work. **-hest** farm horse; *(fig)* hard worker; **T** slogger. **hjelp** labour; help *(fx* we're short of help). **-innsats** work, contribution, effort; *vise evne til jevn og god ~* show an ability to work steadily and well. **-inntekt** earned income. **-iver** eagerness *(el.* zeal) for work. **-jern:** *se -hest.* **-kapital 1.** working capital; **2.** net working capital; net circulating *(el.* current) capital. **-klær** working clothes. **-kraft** capacity for work *(fx* his c. for w. was considerably diminished after his illness), working power, strength to work; number of hands,

labour. **-ledig** out of work, unemployed; **T** out of a job; *gjøre* ~ throw out of work, lay off. **-ledighet** unemployment. **-ledighetstrygd** unemployment benefit; *syke- og* ~ sickness and unemployment benefit; *(se syketrygd)*. **-lyst** love of work; *jeg har ingen* ~ I don't feel like working. **-lønn** wages, pay; *(fortjeneste)* earnings. **-løs** out of work, unemployed; **T** out of a job; *gjøre* ~ throw out of work, lay off. **-løshet** unemployment. **-mann** working man, labourer (,US: laborer). **-maur** working ant, worker (ant). **-mengde** amount of work (to be done). **-menneske** hard worker.

arbeidsmoral work ethic; *de har en meget høy* ~ their work ethic is impeccable. **arbeids|måte** working method. **-nedleggelse** strike. **arbeidsom** hard-working, industrious. **-het** industry. **arbeidsplass** place of work; *ord og uttrykk fra -en i en videre forstand* words and phrases with a bearing on the working situation in a wider sense. **arbeids|plate** worktop. **arbeids|priser** cost of labour, rates of wages. **-program** working plan. **-psykologi** industrial psychology. **-rapport** progress report. **-redskap** tool, implement. **-ro** peace to work *(fx* he couldn't get any p. to w.). **-sparende** labour-saving; US laborsaving. **-språk** working language, language to be used, language to be worked in *(fx* English, French or Spanish are the languages most experts will be required to work in). **-stans** work stoppage, stoppage of work. **-studie** work study, time-and-motion study; **US** motion and time study. **-styrke** number of hands. **-tegning** working drawing, (working) plan, (work)shop drawing. **-tempo** (working) speed, (rate of) speed in working. **-tid** (working) hours; *etter -en* after hours; *kort* ~ short hours; *nedsatt* ~ short time *(fx* work s. t., be on s. t.). **-ufør** handicapped, incapable of *(el.* unfit for) paid employment, disabled; *han er 30%* ~ he is 30 per cent disabled; *helt* ~ permanently disabled, permanently unfit for paid employment; *(jvf yrkesvalghemmet)*. **-uførhet** inability to earn a living; disability; *delvis* ~ partial incapacity (for full employment); *varig* ~ permanent disability. **-uførhetstrygd** disablement (,sickness) benefit. **-uke** work(ing) week, number of hours worked weekly; *en 40-timers* ~ a forty-hour week; *-n skal skjæres ned til 42 timer* the number of hours worked weekly is to be reduced to 42. **-ulykke** working accident, accident at work; *(fors)* industrial accident; *det var en* ~ it was (classified as) an industrial accident. **-uniform** *(mil)* fatigue dress. **-utvalg** working committee. **-vilje** willingness to work, the will to work. **-vilkår** working conditions; *lønns- og* ~ rate(s) of pay and w. c. **-villig** willing to work. **-vogn** cart, waggon. **-værelse** study. **-ytelse** output (of work), work, output per worker per hour. **-år** working year; *et godt* ~ a good year for work.

arbitrasje *(kursspekulasjon, vekselhandel)* arbitrage; *(voldgift)* arbitration. **arbitrær** arbitrary. **areal** area; *(flateinnhold)* acreage; *(golv-)* floorage, floor space. **arena** arena; *(til tyrefektning)* bullring. **arg** indignant, furious. **Argentina** *(geogr)* the Argentine, Argentina. **argentin|er, -sk** Argentine. **argument** argument. **-asjon, -ering** argumentation, reasoning; *(se logisk)*. **-ere** *(vb)* reason, argue. **arie** *(mus)* aria. **arier** Aryan.

arilds tid: *fra* ~ from time immemorial. **arisk** *(indo-europeisk)* Aryan. **aristokrat** aristocrat. **-i** aristocracy. **-isk** aristocratic(al). **aritme|tikk** algebra. **-tisk** algebraic(al), arithmetic(al). **I. ark** ark; *Paktens* ~ the Ark of the Covenant; *Noas* ~ Noah's Ark. **II. ark** *(papir)* sheet. **-antall** number of sheets. **arkeolog** archaeologist. **-i** archaeology. **-isk** archaeologic(al). **Arkimedes:** *Arkimedes' lov* the Archimedean principle. **arkipelag** archipelago. **arkitekt** architect. **-onisk** architectural, architectonic. **-ur** architecture. **arkiv** archive(s); *(merk)* files, correspondence file, records; *(riks-)* Public Records; *(stedet)* Public Record Office; *i vårt* ~ on *(el.* in) our files. **arkiv|alier** documents, records. **-ar** archivist, keeper of the archives; *(merk)* filing clerk; *(se riks-)*. **arkivere** *(vb)* file (away), place on the correspondence file. **arkiv|mappe** folder, (letter-)file, filing jacket. **-skap** filing cabinet. **arkont** archon. **Arktis** *(geogr)* the Arctic Zone. **arktisk** arctic. **arkvis** by the sheet. **arm** arm; *plass til å røre -ene* elbow-room; ~ *i* ~ arm-in-arm; *kaste seg i -ene på en* throw oneself into sby's arms; *med -ene i siden* with arms akimbo. **armada** armada; *den uovervinnelige* ~ the (Invincible) Armada. **armatur** fittings. **arm|band:** *se -bånd*. **-bevegelse** gesture. **-bind** armlet, arm-band *(fx* UN arm-bands). **-brudd** fracture of an arm. **-brøst** crossbow. **-bøyninger** *(pl)* 'arms bend' exercises. **-bånd** bracelet. **-båndsur** wristwatch. **armé** army. **-korps** army corps. **Armen|ia** *(geogr)* Armenia. **a-er, a-erinne, a-sk** Armenian. **armere** *vb (forsterke)* reinforce; *(beskytte)* armour. **arm|hule** armpit. **-kraft** strength of arm. **-ledd** brachial joint. **-lengde** length of the arm, arm's length. **-lene** *se -stø*. **armod** poverty, penury. **armpress** *gym (kroppsheving)* press-up; US push-up. **arm|ring** bracelet, arm-ring. **-stake** branched candlestick. **-stol** arm-chair. **-strikk** arm-band. **-stø** arm, elbow-rest. **arne(sted)** hearth; *(fig)* hotbed *(for* of). **aroma** aroma. **-tisk** aromatic. **Aron** Aaron. **arr 1.** scar, cicatrice, seam; **2**(*bot)* stigma. **arrangement** arrangement, organization; *(av bokside, hage, etc)* layout; *(forenings-, etc)* event *(fx* the events planned for our spring season); *stå for -et* be in charge. **arrangere** *(vb)* arrange, organize *(fx* a meeting); **T** get up *(fx* a dance, a tennis match); US fix up; *det var -t (ɔ: avtalt spill)* it was a put-up job. **arrangør** organizer, person in charge of the arrangements. **arrdannelse** cicatrization. **arrest** **1**(*beslagleggelse)* arrest of property, seizure; *(av skip)* arrest, embargo; **2**(*fengsling)* custody, detention; **3**(*anholdelse)* arrest, detention; **4**(*lokale)* jail; prison; *belegge med* ~ *(skip)* seize, impound, place an arrest on, lay *(el.* impose) an embargo on; *holde en i* ~ detain sby,

hold sby in custody; *sette en i* ~ put *(el.* take) sby into custody.
arrestant prisoner.
arrestasjon arrest, detention.
arrestere *(vb)* arrest; take into custody.
arrest|forretning arrest, seizure. **-lokale** county jail, lock-up. **-ordre** warrant (for sby's arrest); arrest warrant.
arret scarred.
arrig ill-tempered; bad-tempered; ~ *kvinne* ill-tempered woman, shrew, vixen, termagant. **-het, -skap** ill-temper, ill-nature.
arroganse arrogance.
arrogant arrogant.
arsenal arsenal.
arsenikk arsenic. **-forgiftning** arsenic poisoning. **-holdig** arsenical.
art *(beskaffenhet)* nature; *(slags)* sort, kind, variety; *(biol)* species; *skadens* ~ the nature of the damage.
arte *(vb)* ɔ: ~ *seg* turn out, shape, develop; *gutten -r seg bra* the boy is shaping well; *slik som forholdene -t seg* as things were; *vi vet ikke hvordan høsten vil* ~ *seg* we do not know how the harvest will turn out *(el.* what the h. will be like).
arterie artery. **-blod** arterial blood.
artianer [matriculation candidate]; *(se artium & russ).*
artig *(rar)* funny; odd. **-het** courtesy, politeness.
artikkel article; *den (u)bestemte* ~ the (in)definite article; *leder- (i avis)* leader, leading a.; US editorial.
-artikler *(pl)* supplies *(fx bygningsartikler* builders' supplies).
artik|ulasjon articulation. **-ulere** *(vb)* articulate.
artilleri artillery, ordnance. **-løytnant** lieutenant in the artillery. **-st** artillerist, artilleryman; *(mar)* gunner.
arti|sjokk, -skokk *(bot)* artichoke.
artist artiste. **artistisk** artistic.
artium: *examen* ~ = (the examination for the) General Certificate of Education (Advanced Level) *(fk* G.C.E.(A.)), A-levels; *ta* ~ take one's A-levels, sit for A-levels; US graduate at school; *hun skal ta* ~ *på reallinjen til våren* she is to sit for A-levels in science this spring; she will be taking her A-levels in science in the spring; *ta* ~ *som deleksamen* take one A-level at a time; *han går i 3. klasse i realgymnaset og tar* ~ *til våren (kan gjengis)* he is in the top form on the science side and will be taking the equivalent of the G.C.E. (Advanced Level) in the spring.
artiumskarakterer *(pl)* A-level grades; *hvor det er stor rift om plassene, kreves gode* ~ where pressure on places is heavy, high A-level grades will be demanded.
artiumskurs A-level course.
artiumsoppgave A-level paper (for the GCE examination).
artiumsvitnemål General Certificate of Education (Advanced Level).
arts|bestemme *(vt)* determine the species of. **-bestemmelse** determination of species. **-egen** specific. **-felle** congener; *dens ville -r* its feral congeners.
arts|forskjell difference in kind; *(biol)* specific difference. **-forskjellig** different in kind; *(biol)* specifically different. **-immunitet** *(biol)* natural immunity. **-karakter** *(biol)* specific character. **-merke** *(biol)* specific character. **-navn** specific name, n. of the species.
arv inheritance; *(fig)* heritage; *få i* ~ succeed to, come into; *gå i* ~ *(være arvelig)* be heredita-

ry; *gå i* ~ *til* descend to, pass to; *tiltre en* ~ enter upon an inheritance; *ved* ~ by inheritance.
I. arve *(bot): rød* ~ scarlet pimpernel.
II. arve *(vb)* inherit, succeed to; ~ *en* succeed to sby's property, be sby's (sole) heir; *(se også tilfalle).*
arve|avgift death duty. **-berettiget** entitled to inherit, capable of inheriting. **-fall** *(jur)* the time at which a contingent interest in property vests. **-fiende** traditional enemy. **-følge** order of succession. **-følgekrig** war of succession. **-gods** inheritance. **-later** testator. **-laterske** testatrix.
arvelig heritable, inheritable, hereditary; ~ *hos* hereditary in; *er* ~ *i visse familier* runs in families. **-het** inheritability; *(biol)* heredity. **-hetslov** law of heredity.
arve|lodd hereditary share, share of (an) inheritance; *(jur)* portion (of an inheritance). **-løs** disinherited; *gjøre* ~ disinherit, cut off with a shilling. **-prins** heir presumptive (to the throne). **-rett** right of inheritance *(el.* succession); *(jur, rettsregler)* law of inheritance and succession. **-rettslig:** *-e regler* rules of inheritance. **-rike** hereditary monarchy. **-skifte** administration of a deceased person's estate; division of an inheritance *(el.* estate). **-smykke** piece of family jewellery; *(ofte)* heirloom. **-stykke** heirloom. **-synd** original sin; *stygg som -en* as ugly as sin.
arv|ing heir; *(kvinnelig)* heiress, inheritress, inheritrix; ~ *etter loven* intestate successor, legal heir; *nærmeste* ~ heir apparent; *rettmessig* ~ lawful successor; *(når det ikke er livsarvinger)* heir presumptive; *innsatte ham som min* ~ made him my heir; *melde seg som* ~ present one's claim to the estate; *han meldte seg som* ~ he claimed to be heir to the estate. **-taker** inheritor, heir.
A/S *(fk. f. aksjeselskap): A/S Titan* Titan, Ltd; US Titan, Inc.
asbest asbestos.
aseptisk aseptic.
asfalt asphalt. **-dekke** *(på vei)* asphalt paving; *(jvf veidekke).* **-ere** *(vb)* asphalt; *(ofte)* tar *(fx* tarred road).
Asia *(geogr)* Asia. **a-t** Asian. **a-tisk** Asiatic, Asian; *A-tisk Tyrkia* Turkey in Asia.
asjett side-plate, tea plate; dessert plate.
ask *bot (tre)* ash; *av* ~ ash, ashen.
aske ashes; *(bestemt slags)* ash *(fx* bone a., cigar a.); *(utglødet kull)* cinder(s); *(jordiske levninger)* dust, ashes; *forvandle til* ~ reduce to ashes; *komme fra -n i ilden* jump out of the frying-pan into the fire.
aske|beger ash-tray. **-farget, -grå** ash-coloured; *(om ansiktet)* ashen (grey), ashy-pale. **-onsdag** Ash Wednesday.
Askepott Cinderella.
askese asceticism.
aske|skuff *(i ovn)* ash-pan. **-urne** cinerary urn.
asket, asketisk ascetic.
askere 1. ash-tree; **2.** ash-wood.
Asorene *(geogr)* the Azores.
Asovhavet *(Det asovske hav)* the Sea of Azof.
asp: *se osp.*
asparges asparagus. **-bønner** *(pl)* French beans. **-hode** asparagus tip.
aspir|ant aspirant *(til* to); candidate *(til* for); *(se politiaspirant).* **-asjon** aspiration. **-ere** *vb (fon)* aspirate; ~ *til* aspire to.
assimilasjon assimilation. **assimilere** *(vb)* assimilate *(med* to); ~ *seg* assimilate *(med* with).
assist|anse assistance. **-ent** assistant.
assistent|lege 1. senior registrar (,US: resident); *(jvf reservelege);* **2**(lavere, omfatter til dels kvali-

fikasjonskandidat) (junior) registrar; US assistant resident.
assistere *(vb)* assist *(ved* in).
assortere *(vb)* assort. **assortiment** assortment.
assosiere *(vb)* associate *(med* with).
assurandør 1 *(om selskap)* insurance company, insurer; *(spesielt liv)* assurance company, assurer; **2***(om person)* insurance man, insurer; *(sjøforsikring)* underwriter; *(agent)* insurance agent.
assuranse insurance; *(se forsikring).* **-sum** sum insured. **-svik** insurance fraud; *(mar)* barratry.
assurere *(vb)* insure; *det var ikke -t* there was no insurance; *(se forsikre).*
assyrer Assyrian.
Assyria *(geogr)* Assyria. **assyrisk** Assyrian.
asters aster.
astigmatisk astigmatic.
astma asthma. **-tiker, -tisk** asthmatic.
astrallampe astral lamp. **-legeme** astral body.
astrolog astrologer. **-logi** astrology. **-nom** astronomer. **-nomi** astronomy. **-nomisk** astronomic(al).
asur azure. **-blå** azure, sky-blue.
asyl asylum, (place of) refuge. **-rett** right of asylum. **-søker** asylum seeker.
I. at *(konj)* that; *jeg tviler ikke på at* I do not doubt that; *jeg vet at han er ærlig* I know that he is honest; I know him to be honest; *det undrer meg at du kom* I'm surprised that you've come *(el.* that you came); *det at han skrev* the fact of his writing, the fact of his having written; *den omstendighet at han kom* the fact of his coming; *følgen av at han kom* the consequence of his coming; *det er ikke noe galt i at han gjør dette* there is no harm in his doing this; *nyheten er for god til at jeg kan tro den* the news is too good for me to believe it; *at jeg kunne være så dum!* how could I be so stupid! that I could be so stupid!
II. at *(adv):* bære seg ~, *etc: se de respektive verb, fx bære, følge, hjelpe, skille.*
atavisme atavism, reversion.
ateisme atheism. **-st** atheist. **-stisk** atheistic(al).
atelier studio; *(systue)* work-room; *(se filmatelier).*
atelierleder chief conservation officer; *(se konservator).* **-leilighet** studio flat; US studio apartment.
Aten *(geogr)* Athens.
Atene Athena.
atener, atensk Athenian.
atferd *(oppførsel)* behaviour; US behavior; *(handlemåte)* proceedings, conduct.
atferdsforstyrrelse behaviour disorder. **-mønster** behaviour pattern. **-psykologi** behaviourism.
atkomst 1 *(berettiget krav)* title, right, claim; **2** *(vei, passasje)* (way of) approach, (means of) access; *lett ~ til* easy access to; *-en var vanskelig* access was difficult.
atkomstbrev, -dokument title deed.
Atlanterhavet *(geogr)* the Atlantic (Ocean).
atlas atlas.
atlask satin.
atlet body-builder; *(se idrettsmann).*
atletisk athletic.
atmosfære atmosphere. **-isk** atmospheric(al); *-e forstyrrelser (i radio)* atmospherics.
atom atom. **-bombe** atom bomb. **-energi** nuclear *(el.* atomic) energy. **-forsker** nuclear physicist, atomic researcher. **-forskning** nuclear energy research, atomic research. **-fri** atom-free *(fx* an a.-f. zone). **-fysikk** atomic physics. **-kjerne** atomic nucleus. **-kjernefysikk** nuclear physics. **-kraft** atomic *(el.* nuclear) power, atomic energy; *fredelig utnyttelse av -en* peaceful exploitation of atomic power; peaceful use of atomic power *(el.* of the atom). **-kraftverk** atomic power

plant, nuclear power station. **-reaktor** atomic reactor. **-spaltning** nuclear *(el.* atomic) fission. **-sprenghode** nuclear *(el.* atomic) warhead *(fx* on a rocket). **-sprengning** the splitting (up) *(el.* shattering) of atoms; **T** atom-smashing. **-tegn** chemical symbol. **-teori** atomic theory. **-vekt** atomic weight. **-våpen** nuclear weapon.
atskille *(vb)* separate; *(raser)* segregate; ~ *seg (avvike)* differ *(fra* from); *(se atskilt).*
atskillelse separation; *(rase-)* segregation; *(mil)* disengagement.
atskillig *(adj)* considerable, not a little, no little; *(substantivisk)* several things; *(adv)* considerably, rather, a good deal, not a little; ~ *flere* several more; *-e* several, not a few, quite a few.
atskilt separate, distinct, apart; *holde X og Y* ~ *(o: ut fra hverandre)* dissociate X and Y.
atsplitte scatter, disperse. **-lse** scattering, dispersion, dispersal.
atspre(de) *vb (sinnet)* divert, amuse; *(jage bort tanker)* chase away; *(virke distraherende)* distract; ~ *ham i hans sorg* take his mind off his grief; ~ *seg* amuse oneself. **-delse** distraction; *(forlystelse)* diversion, recreation, relaxation; *-r (pl)* amusements.
atspredt *(åndsfraværende)* absent-minded, preoccupied. **-het** absence of mind, absent-mindedness, preoccupation.
atstadig demure, staid, sedate. **-het** demureness, staidness, sedateness.
attaché attaché; *militær-* military attaché.
attachere *(vb)* attach.
atten *(tallord)* eighteen. **-de** eighteenth.
attentat attempt; *gjøre* ~ *på en* make an attempt on sby's life.
atter again, once more; ~ *og* ~ again and again, over and over (again), time and again; *stein og* ~ *stein* stones and yet more stones; *mens* ~ *andre påstår at* ... others, again, maintain that ...
attest certificate, testimonial; *(som overskrift)* to whom it may concern; *han fikk en god* ~ he received a good testimonial.
attestere *(vb)* attest (to), certify (to), bear witness to; *herved -s at* ... this is to certify that ...
attestering certification, attestation.
attestkopi copy of testimonial; *bekreftede -er* certified copies of testimonials.
attføring re-employment; rehabilitation *(fx* the State R. Centre).
Attika *(geogr)* Attica.
attisk Attic.
attityde attitude, posture; *stille seg i* ~ strike an attitude.
attpå in addition, into the bargain; *det får du* ~ that's thrown in. **-klatt, -sleng** *(spøkefullt om barn født lenge etter sine søsken)* afterthought.
attraksjon attraction.
attrapp take-in, dummy, sham.
attributiv attributive. **attributt** attribute.
I. attrå *(subst)* desire, craving, longing *(etter* for; *etter å* to).
II. attrå *(vb)* desire, covet.
attråverdig desirable.
au! oh! oh, dear! ouch!
audiens audience; *få* ~ *hos* obtain an a. of *(el.* with).
audio-visuell: *-e hjelpemidler* audio-visual aids; *rom for -e hjelpemidler (i skole)* audio room.
auditiv *adj (psykol)* audile, auditory.
auditorium lecture room; *(tilhørerne)* audience.
augur augur.
august (the month of) August.
August Augustus.
I. auke *(subst): se økning.*
II. auke *(vb): se øke.*

auksjon auction, (public) sale, auction sale; *selge ved* ~ auction, sell by a.; *sette til* ~ put up to a.
auksjonarius auctioneer.
auksjonsbridge auction bridge. **-dag** day of the sale. **-gebyr:** *se -omkostninger.* **-hammer** auctioneer's hammer; *komme under -en* come under the hammer. **-katalog** sale catalogue. **-lokale** auction room. **-omkostninger** auctioneer's fees. **-plakat** notice of sale. **-pris** auction price. **-regning** auction bill. **-sum** proceeds of an auction.
aur gravel, gritty soil, shingle.
aurikkel *(bot)* auricula.
auspisier *(pl)* auspices; *under hans* ~ under his auspices.
Australia *(geogr)* Australia. **australier, -inne** Australian. **australsk** Australian.
autentisk authentic.
autobiograf autobiographer. **-i** autobiography.
autodafé auto-da-fé *(pl:* autos-da-fé).
autodidakt self-taught person.
autograf autograph. **-samler** collector of autographs. **-samling** collection of autographs.
autokrat autocrat. **-i** autocracy. **-isk** autocratic.
automat automaton; *(salgs-)* slot machine, automatic (vending) machine, machine; *(gass-)* slot meter; *(telefon-)* slot telephone.
automatisering automation *(fx* now that the plant has gone over to automation many workers have been made redundant).
automatisk automatic; *(adv)* -ally.
autorisasjon authorization. **-isere** *(vb)* authorize. **-isert** authorized, licensed. **-itet** authority.
autoritetstro *(subst)* orthodoxy.
I. av *prep (om den handlende person i passiv)* **by:** *han er aktet av enhver* he is respected by everyone; *av natur* by nature; *han lever av sin penn* he lives by his pen; *kjenne en av navn* know sby by name; *snekker av yrke* a joiner by trade; *bilder av italienske mestere* pictures by Italian masters; **for:** *gifte seg av kjærlighet* marry for love; *hoppe av glede* leap for joy; *av mangel på* for want of; *av mange grunner* for many reasons; *av frykt for* for fear of; **from:** *jeg har hørt det av min søster* I have heard it from my sister; *lide av* suffer from; *av nødvendighet* from *(el.* out of) necessity; **in:** *av størrelse (,år)* in size (,years); *en av hundre* one in a hundred; *det er rosverdig av Dem* it is praiseworthy of you; **in the way of:** *er det alt De har av bagasje?* is that all you have in the way of luggage? **of:** *en av dem som* one of those who; *av viktighet* of importance; *i kraft av* by virtue of; *ved hjelp av* by means of; *bygd av tre* built of wood; *konge av Norge* King of Norway; *Deres brev av 10. d.m.* your letter of the 10th instant; *en venn av min far* a friend of my father's; *av seg selv* of oneself, of one's own accord; **off:** *hjelpe en av hesten* help sby off his horse; *vask såpa av ansiktet (ditt)* wash the soap off your face; **on:** *leve av grønnsaker* live on vegetables; *avhengig av* dependent on; *av den grunn* on that account; **out of:** *langt av veien* far out of the way; *ni av ti* nine out of ten; *av fortvilelse* out of desperation; **to:** *en venn (,fiende, slave) av (fig)* a friend (,enemy, slave) to); **with:** *av hele mitt hjerte* with all my heart; *rød (,svart) av* red (,black) with; *halvdød av tretthet (,latter)* half dead with fatigue (,laughter); *av gangen (= om gangen)* at a time.
II. av *(adv): fra først* av from the first; *fra barn av* from a child; *av med klærne!* off with your clothes! *av med hattene!* hats off; *bli av med* get rid of; *av og til* now and then; occasionally; from time to time; once in a while; *fargen går av* the colour rubs off.

avanse *merk (brutto fortjeneste)* gross profit; *(jvf fortjeneste).* **-ment** promotion, preferment.
avansementskurs promotion qualifying course. **-muligheter** chances *(el.* prospects) of promotion. **-regel** promotion procedure. **-stilling** promotion; *stasjonsformann er en* ~ *for stasjonsbetjent* the post of leading porter is *(el.* represents) p. for a porter.
avansere *vb (rykke fram)* advance; *(forfremmes)* be promoted, rise *(fx* he rose to be a general).
avantgarde vanguard, van.
avart variety, subspecies.
avbalansere *(vb)* balance; poise.
avbalansering balancing; *(av hjul)* wheel balancing.
avbarke *(vb)* bark, peel, remove the bark.
avbeite *(vb)* graze down.
avbenytte *(vb)* have the use of. **-else** use; *etter -n* when done with, after use.
avbestille *(vb)* cancel, countermand. **-ing** cancellation, countermand, counter-order.
avbetale pay off; pay instalments on; ~ *noe i månedlige avdrag* pay sth off by monthly instalments. **-ing** paying off; *(avdrag)* instalment; *(systemet)* hire-purchase system; H.P. system; *på* ~ by instalments, on easy terms; **T** on the 'never-never'; *ta noe på* ~ get *(el.* buy) sth on the hire-purchase system; buy sth on hire purchase. **-ingssalg** *(ratesalg)* sale by instalments.
avbikt apology; *gjøre* ~ apologize *(hos en for* to sby for).
avbilde *(vb)* depict, portray.
avbildning *(konkret)* picture, depiction.
avbinde *vb (med.)* ligate, tie up; *(om sement: størkne)* set; ~ *et hus* put up the framework of a house.
avbitertang (a pair of) nippers *(el.* pincers).
avbleke bleach (out); *-et* discoloured, faded.
avblende: *se blende; -t lys (bils)* dipped lights.
avblomstre *(vb): se blomstre:* ~ *av; en -t skjønnhet* a faded beauty.
avblåse *(vb)* blow off; ~ *kampen* stop the game, blow the whistle; *det hele er -t* the whole thing's off.
avbrekk *(hinder)* check, set-back; *(opphold)* break; *ferje-* ferries *(fx* with f. across the numerous fjords); *gjøre et* ~ *i studiet* take a break in one's studies; *lide* ~ suffer a set-back.
avbrenne: *se brenne:* ~ *av; -t fyrstikk* spent match.
avbrudd interruption, intermission.
avbruddsforsikring loss of profit insurance, consequential loss insurance; *(se forsikring).*
avbrutt abrupt; *(i bruddstykker)* fragmentary; *(adv)* intermittently, by fits and starts.
avbryte *vb (en tilstand)* break, interrupt; *(en handling)* interrupt; *(opphøre med)* discontinue, break off; *(for en tid)* suspend; *(falle inn med en bemerkning)* interrupt, cut in *(fx* with a remark), interpose; *(hindre en i å snakke)* cut short *(fx* she cut him short); ~ *arbeidet* break off (the) work; *vi ble avbrutt (tlf)* we were cut off; ~ *driften* stop work, discontinue (,suspend) operations; ~ *forbindelsen med et firma* break off the connection with a firm; ~ *en reise* break a journey *(fx* I shall b. my j. at X).
avbrytelse breaking (off), interruption; suspension; discontinuation; interposing, cutting in; *(avbrudd, opphold)* break, intermission, interval; *(avbrytende bemerkning)* interruption *(fx* constant interruptions prevented him from finishing his speech); ~ *av reisen* break of (the) journey; US stop-over; *med -r* intermittently.
avbryterfjær breaker spring.
avbryterkontakt breaker contact *(el.* switch).
avbryterspiss breaker point.

avbud: *sende* ~ send an excuse; send one's excuses; cancel the engagement; **T** cry off.
avbygd [isolated, out-of-the-way rural district].
avbøte *(vb)* parry, ward off, avert.
avbøye *(vb)* deflect, turn off, bias. **-ning** deflection, turn.
avdal isolated valley.
avdampe *(vb)* evaporate, vaporize.
avdanket *(forhenværende)* retired, superannuated, ex- *(fx* an ex-soldier); *(uttjent)* cast-off *(fx* an old c.-o. coat).
avdekke *(vb)* uncover, lay open; *(statue)* unveil; *(fig)* disclose, reveal.
avdele *vb (med skillevegg)* partition off.
avdeling division, partition; *(av forretning)* branch, department; *(rom)* compartment; *(mil)* unit, detachment; *(mus)* movement; *(av veddeløp)* heat. **-sbetjent** *(i fengsel)* [rank between principal prison officer and prison officer]. **-skontor** branch office. **-slege:** *se overlege: assisterende* ~. **-spike** *(på sykehus)* domestic; *(inntil 1974)* ward maid. **-ssjef** department head. **-ssykepleierske** (ward) sister; US head nurse.
avdemme *(vb)* dam (up). **-ning** damming (up); *(konkret)* dam.
avdempe *(vb)* subdue, soften *(el.* tone) down.
avdra *vb (avbetale)* repay by instalments.
avdrag part payment; *(termin)* instalment; *betale* ~ *på* pay instalments on; *(se rente).* **-sfri** *(om statslån, etc)* irredeemable; *lånet er -tt de første 5 år* principal repayable after 5 years; no repayment (is required) for the first 5 years. **-svis** by instalments.
avdrift deviation; *(mar)* leeway, drift.
avdukke *(vb)* unveil. **-ing** unveiling (ceremony).
avdø *(vb)* die.
avdød *(adj)* dead, deceased, departed, late *(fx* my late husband); *-e, den -e* the dead man (,woman), the deceased; *min far lengst -e far* my father who died long ago.
ave (Maria) Ave (Maria).
avers obverse (side), face.
aversjon aversion *(mot* to), dislike *(mot* to, of); *få* ~ *mot* take a dislike to.
avertere *(vb)* advertise *(etter* for). **-tissement** advertisement; **T** ad; advert; *rykke inn et* ~ advertise.
I. avfall 1*(skrot, søppel)* rubbish; **T** junk; US *(også)* trash; *(rester)* refuse, waste *(fx* rubber w.); 2*(husholdnings-)* (household) rubbish, garbage; 3*(matpapir, etc)* litter; 4*(av fisk, skinn, slakt, etc)* offal(s); 5*(hogst-)* brush, felling waste; *avlessing av* ~ *forbudt* shoot no rubbish; tipping prohibited.
II. avfall *(mar)* falling off; *støtt for* ~*!* keep her to!
avfallsdynge rubbish heap, refuse heap. **-kvern** waste disposer. **-produkt, -stoff** waste (product).
avfarge *(vb)* decolour.
avfatte *(vb)* draw up, compose, word, couch, frame; ~ *et telegram* write out *(el.* word) a telegram; *-et i juridiske vendinger* couched in legal terms; *(se forfatte; forme).* **-else** drawing up, composition, framing, wording.
avfeie *(vb)* brush aside *(fx* his objections); ~ *en* shake (,**T:** choke) sby off; get rid of sby; US brush sby off; *hun avfeide ham kort (også)* she was very short with him. **-nde** slighting, off-hand, brusque.
avfeldig decayed, decrepit. **-het** decay, decrepitude.
avferdige *(vb)* put off, dismiss, dispose of, brush aside. **-nde** dismissive *(fx* remark).
avfinne *(vb):* ~ *seg* come to an arrangement, come to terms *(med* with); *(med sine kreditorer)* compound with; ~ *seg med forholdene* take

things as one finds them. **-lse** composition, arrangement; *(erstatning)* compensation. **-lsessum** compensation.
avfolke *(vb)* depopulate. **-ing** depopulation.
avfyre *vb (fyre av)* fire, let off, discharge; *det ble avfyrt et skudd mot ham* a shot was fired at him. **-ing** firing, letting off, discharge.
avføde *vb (litt.)* give rise to.
avføre *(vb):* ~ *seg sine klær* take off *(el.* divest oneself of) one's clothes. **-ende** aperient, laxative; ~ *middel* aperient; *(mildt)* laxative. **-ing** motion, evacuation; *han har normal* ~ his stools are regular; he has r. stools; *har De* ~*?* how are the bowels? *har De hatt* ~*?* have your bowels moved? **avføringsmiddel:** *se avførende:* ~ *middel.*
avføringsprøve stool specimen, sample of one's stool.
avgang departure.
avgangsdag day of departure. **-eksamen** leaving examination; *(også* US) final e.; **T** finals. **-hall** *(flyv)* departure hall *(el.* lounge). **-havn** *(mar)* port of sailing. **-klasse** final-year class *(el.* form), top form. **-perrong** departure platform. **-signal** starting signal. **-stasjon** departure station. **-tid** time of departure; *antatt* ~ *(flyv)* estimated time of departure *(fk* ETD); *(se ankomsttid).* **-vitnemål** (school) leaving certificate; leaver's report; US diploma.
avgass waste gas; *(eksosgass)* exhaust gas.
avgi *(vb)* 1*(levere fra seg)* hand over, give up, surrender; 2*(fremkomme med)* make, submit *(fx* a report); 3*(kjem)* liberate, produce; *50% av de -tte stemmer* 50 per cent of the total poll; ~ *varme* give off heat, emit heat; *(se betenkning; erklæring; forklaring; I. stemme).*
avgift 1*(til det offentlige)* duty, tax; *(i pl også)* dues, charges; *(forbruks-)* tax, excise (duty) *(fx* the e. on beer and tobacco); 2*(gebyr)* fee; *(lisens-)* (licence) fee; *(eksport-)* export levy; 3 *(bro-, kanal-, vei-)* toll *(fx* the Panama Canal tolls); *legge en* ~ *på noe* impose a duty (,tax, etc) on sth; *(se hundeavgift; kranavgift; kursavgift; landingsavgift; leiravgift; lisensavgift; losavgift; merverdiavgift; omsetningsavgift; parkeringsavgift; tollavgift).*
avgiftsfri duty-free. **-frihet** exemption from duty. **-pliktig** liable to duty, dutiable.
avgjort 1*(utvilsom)* unquestionable, certain; **2** *(som er gått i orden)* settled; 3*(utpreget)* decided; *(adv)* decidedly, certainly, definitely, unquestionably; *en* ~ *sak* a settled thing; *anse for* ~ take for granted; *vi betrakter saken som opp- og* ~ we consider the case (as) closed; *saken er opp- og* ~ the affair is settled and done with; **T** it's a settled thing; *ja,* ~*!* yes, definitely; *pasienten har det* ~ *bedre* the patient is decidedly *(el.* definitely) better.
avgjøre *vb (ordne)* settle; *(bestemme)* decide, determine; *det avgjør saken* that settles it; *intet er avgjort med hensyn til hva som videre skal foretas i saken* nothing has been decided as to further steps in the matter; *(se også avgjort).*
avgjørelse settlement, decision; *treffe en* ~ take a decision, make a d.; *(se øyeblikk).*
avgjørende *(om virkning, svar, slag)* decisive, conclusive, final; *i en* ~ *tone* in a decisive tone; ~ *betydning* vital importance; *den* ~ *stemme* the casting vote; *i det* ~ *øyeblikk* at the critical moment; ~ *prøve* crucial test; ~ *for meg* decisive for me.
avglans reflection.
avgrense *(vb)* bound, limit, delimit *(fx* it is difficult to d. this subject); *skarpt -t (fig)* well-defined.
avgrunn abyss, gulf, precipice; *en* ~ *av fortvilelse*

an abyss of despair; *på -ens rand* on the brink of the precipice; *(fig)*on the verge of ruin.
avgrøfte *(vb)* drain. **-ing** drainage, draining.
avgud false god, idol.
avguderi idolatry. *drive* ~ *med* idolize.
avgudsbilde idol. **-dyrkelse** idolatry. **-dyrker** idolater.
avgå *vb (dra bort)* set off, depart, start, leave; sail; *(fra embete)* retire; ~ *til* leave for; ~ *ved døden* die, depart this life; *-ende post* outward mail; *den -ende regjering* the outgoing Ministry; *-ende skip (pl)* outgoing ships, sailings.
avhandling treatise, thesis, dissertation *(om* on).
avhaspe *(vb)* wind off, reel off.
avhende dispose of; *(overdra)* transfer, make over, alienate *(til* to). **avhendelig** transferable.
avhendelse disposal; alienation; transfer(ence).
avhenge *(vb):* ~ *av* depend on. **-ig** dependent *(av* on); *gjensidig -e av hverandre* (mutually) interdependent. **-ighet** dependence. **-ighetsforhold** (state of) dependence *(til* on).
avhente *(vb)* collect, call for, claim.
avhjelpe *vb (et onde)* remedy, set right; *(urett)* redress *(fx* a wrong); *(savn, etc)* supply; meet *(fx* a long-felt want); *(lette, mildne)* relieve *(fx* distress); *-nde tiltak* relief measure(s), remedial action.
avhold abstinence, temperance; *total-* total a.
avholde *(vb)* **1**(*la finne sted*) hold *(fx* a course, a dance), arrange; **2**(*holde fra*) keep, prevent, restrain, stop *(fra å* from -ing); ~ *seg fra (nekte seg)* abstain from; *(fristelse)* refrain *(el.* abstain) from.
avholdelse holding *(fx* the h. of a general meeting). **-ende** abstinent, abstemious. **-enhet** abstinence; abstention, abstemiousness.
avholdsfolk teetotallers, total abstainers. **-kafé** temperance café. **-løfte** (total abstinence) pledge. **-mann** teetotaller, total abstainer. **-saken** teetotalism, the temperance movement.
avholdt liked, popular; *ikke* ~ disliked, unpopular; *meget* ~ *av* a great favourite with, very popular with.
avhøre *(vb)* interrogate, take statements from; *(vitne i retten)* examine, hear.
avhøring hearing, examination, interrogation.
avis newspaper, paper; *gå med -er* do a newspaper round; *holde en* ~ take (in) a paper; *sette noe i -en* put sth in the (news)paper; *si opp en* ~ discontinue a n., cancel *(el.* discontinue) one's subscription to a n.; *skrive i -ene (om innlegg)* write to the papers.
avisand (newspaper) hoax, canard. **-artikkel** newspaper article; *(kort)* paragraph.
avisbud newsman, newsboy. **-ekspedisjon** newspaper office.
avisfeide newspaper war, press controversy.
avislitteratur journalistic literature.
a viso *(merk)* after sight *(fx* bill payable after sight).
avispapir *(makulatur)* old newspapers; *(til trykning)* newsprint; *pakket inn i* ~ wrapped up in a newspaper. **-redaktør** editor of a newspaper. **-reporter** reporter; **T** newshound. **-salg** sale of newspapers. **-selger** *(på gata)* newsvendor, paper-man, paper-boy; *-s standplass* newsstand. **-skriveri** *(neds)* penny-a-lining. **-spalte** newspaper column.
a vista *(merk)* at sight, on demand.
avkall renunciation; *gi* ~ *på* give up, renounce, relinquish, waive; *(skriftlig)* sign away.
avkastning *(utbytte)* yield, profit(s), return, proceeds; *gi god* ~ yield *(el.* give) a good return, yield a good profit; *skogens* ~ the forest yield *(el.* crop).
avkjemme *(vb)* comb off; *-t hår* combings.

avkjøle *(vb)* cool; refrigerate; *(i is)* ice; *-es* cool (down). **-ing** cooling (down), refrigeration, chilling.
avkjønne *(vb)* unsex.
avklare *vb (væske)* make clear, clarify, defecate; *(fig)* clarify. **avklaring** *(også fig)* clarification.
avkle *(vb)* undress, strip; *(fig)* strip *(for* of); *-dd til beltestedet* stripped to the waist.
avkledning undressing, stripping. **-sværelse** dressing-room, dressing-cabin, cubicle.
avkledthet nakedness, state of undress, scanty dress.
avkok decoction.
avkolonisere *(vt)* decolonize. **-ing** decolonization.
avkom offspring, progeny; *(jur)* issue.
avkople *(vb): se frakople & kople:* ~ *av.*
avkopling relaxation, recreation.
avkorte *(vb):* **1.** *se korte:* ~ *av & forkorte;* **2** *(gjøre fradrag)* deduct from.
avkortning *(fradrag)* deduction *(i* from), curtailment *(i* of); ~ *i arv* curtailment of an inheritance.
avkrefte *(vb)* weaken, enfeeble; *(bevis)* weaken (the force of), invalidate. **-else** weakening, enfeeblement, invalidation. **-et** weakened, enfeebled.
avkreve *(vb):* ~ *en noe* demand sth from *(el.* of) sby.
avkriminalisere *(vt)* decriminalize; remove the stigma of crime from.
avkristne *(vb)* dechristianize.
avkrok hole-and-corner place, out-of-the-way place.
avkrysse *(vb): se krysse:* ~ *av.*
avl *(grøde, avling)* crop, produce, growth; *(kveg-)* breeding.
avlagre *(vb)* mature, season; *-t (om varer)* well seasoned.
avlagt: *se avlegge; -e klær* cast-off *(el.* discarded) clothes *(el.* clothing); **T** cast-offs.
avlang oblong.
avlaste *(vb)* relieve *(for* of, from).
avlastning relief; *som* ~ *for* for the r. of.
avlat indulgence. **-sbrev** letter of indulgence. **-skremmer** pardoner.
avle *vb (frembringe)* beget, procreate; generate, engender; *(fig)* beget, breed, engender; *-t i synd* begotten in sin; *(av jorda)* raise, grow.
avlede *vb (om vann, etc)* draw off, drain off; *(lede bort)* divert *(fx* his attention; the river into another valley); *(til jord)* earth, ground; *(gram, kjem, mus)* derive; ~ *varme* conduct away heat; ~ *mistanken fra ham* divert suspicion from him; *et -t ord* a derivative.
avledning diversion, drawing off; earthing, grounding; *(gram)* derivation.
avledningsendelse (derivative) suffix, formative suffix. **-manøver** *(mil & fig)* diversion, diversionary manoeuvre; *foreta en* ~ *(fig)* draw a red herring across the track *(el.* trail). **-rør** outlet tube. **-tegn** *(mus)* accidental.
avledyktig procreative, prolific. **-dyktighet** capability of procreation.
avlegge *(vb)* **1**(*glds = ta av seg, legge fra seg, slutte å bruke)*; **2**mar *(avtegne på kart)* chart, mark; **3**(*typ*) distribute; **4**(*bier*) hive; ~ *ham et besøk* pay him a visit *(el.* call); ~ *bevis på noe* give proof of sth; ~ *ed* take an oath; ~ *en prøve* submit to a test, undergo *(el.* have) a t.; *(se beretning; løfte; regnskap; tilståelse; vitnesbyrd).*
avlegger *(bot)* cutting, layer; *(av bier)* swarm.
avlegs antiquated, obsolete, out of date.
avleire *(vb)* deposit; ~ *seg* settle, form layers. **-ing** deposit, layer, stratum.
avlesbar *(adj): lett* ~ *skala* easy-to-read scale.

avlese *(vb)* read. -ning reading.
avlesse *(vb): se lesse:* ~ *av.* -ing unloading, tipping.
avlevere *(vb)* deliver. -ing delivery.
avling *(årsgrøden)* crop, produce; *(se avle).*
avlive *(vb)* put to death, kill; destroy *(fx* the dog was to be destroyed); *(påstand)* dispose of; *(teori)* explode; ~ *et rykte* scotch a rumour; put an end to a r. -else putting to death.
avlokke *(vb)* draw from; wheedle out of; ~ *ham en tilståelse* elicit a confession from him.
avlsbruk 1. home farm; 2(*landbruk)* agriculture, farming. -dyr breeder. -hingst studhorse; stud; stallion. -hoppe brood mare. -stasjon breeding centre *(el.* farm). -valg (natural) selection.
avlukke *(lite)* cubicle; *(kott)* closet.
avlure *(vb):* ~ *en noe* worm sth out of sby; ~ *en kunsten* pick up the trick from sby; *(se avlokke).*
avluse *(vb)* delouse.
avlyd *(språkv)* ablaut, gradation.
avlyse *(vb)* cancel, declare off, call off; ~ *en panteobligasjon* cancel a mortgage; ~ *et foredrag* (*,et møte, et salg)* cancel a lecture (,a meeting, a sale). -ing cancelling, cancellation.
avlytte *vb (tlf & tlgr, fra linjen)* tap; **T** milk; *(tlf, fra sentralen)* listen in on the telephone; *(tlf & radio, som arbeid)* monitor; *(ved å plassere skjult mikrofon)* bug *(fx* the flat was bugged).
avlønne *(vb)* pay. -ing pay, salary.
avløp discharge; issue; outward flow; *(mulighet for å renne bort)* outlet; *(åpning)* outlet; outfall; *(i kum, badekar, etc)* plug-hole; *gi* ~ *for sine følelser* give vent to one's feelings; *(se vann).*
avløpsgrøft drain, ditch. -hull *(rennesteinssluk)* gully-hole; *(i badekar, etc)* plug-hole. -renne gutter. -rør drainpipe; *(fra takrenne)* downpipe; *(fra håndvask, etc)* waste pipe; *(fra toalett)* soilpipe. -tut spout.
avløse *vb (vakt, arbeid)* relieve; *(følge etter)* succeed, replace, follow, supersede; ~ *vakten* relieve the watch. -er relief (man), successor.
avløsning relief.
avlåse *(vb)* lock (up).
avmagre *(vb)* emaciate. -ring emaciation.
avmakt impotence; *(besvimelse)* swoon, faint; *falle i* ~ fall into a faint *(el.* swoon).
avmarsj marching off, march; departure.
avmarsjere *(vb)* march (off), depart.
avmektig *(kraftløs)* powerless, impotent; fainting, in a fainting fit, in a swoon. -het impotence, powerlessness.
avmerke *(vb)* mark out *(el.* off).
avmønstre *(vb)* discharge, pay off, sign off; *mannskapet -rer* the crew signs off. -ring discharge, paying off; *(sjømannens)* signing off.
avmålt measured, formal; *med -e skritt* with measured steps. -het formality, reserve.
avparere *(vb)* parry; *(et spørsmål)* fence.
avpasse *(vb)* adapt *(etter* to), suit, fit, adjust, proportion. -ing adaptation, adjustment.
avpatruljere *(vb)* patrol.
avpresse *(vb)* press out, squeeze out; ~ *en noe* extort *(el.* force) sth from sby; wring sth from sby. -ing pressing; extortion; *(jvf utpressing).*
avreagere *vb (psykol)* abreact; work off *(fx* one's annoyance); **T** blow off steam.
avregning settling of accounts, settlement; *(skriftlig oppgave)* statement (of account), account; *avslutte en* ~ balance an account; *foreta* ~ settle (accounts); *gjøre* ~ *med* settle (accounts) with.
I. avreise *(subst)* departure, setting out; *kort før*

vår ~ *hit* shortly before we left to get here; *(ofte)* just before we came here; *(se fremskynde).*
II. avreise *(vb)* depart, start, set out, leave *(til* for).
avrette *vb (mur)* level; *(dressere)* train; *(hest)* break in.
avrigge *(vb)* unrig, dismantle, strip.
avrime *(vt)* defrost *(fx* a fridge).
avring(n)ing *(tlf)* ring-off.
avrisse *(vb)* outline, trace.
avrivning tearing off; rub-down; *en kald* ~ a cold rub-down. avrivningsblokk (tear-off) pad. -kalender tear-off calendar.
avrunde *(vb)* round (off); *-et (om stil)* well balanced, rounded. -ing rounding (off).
avsanne *(vb)* deny, contradict; *regjeringen -t meldingen* the Government issued a denial of the report.
avsats *(hylle i bergvegg, etc)* ledge; *(trappe-)* landing.
avsavn deprivation. -sgodtgjørelse compensation *(fx* for loss of holiday); compensatory allowance.
avse *(vb)* afford, do without, spare; ~ *til* spare for; ~ *tid til å* find time to.
avseile *(vb)* sail; ~ *fra* sail from, leave. -ing sailing; *for -en* before sailing.
avsende *(vb)* forward, send (off), dispatch; *(med skip)* ship; *(penger, også)* remit. -else, -ing dispatch, sending, shipment; *ved -(e)n* at the time of shipment, on shipment. -er sender, dispatcher; *(avskiper)* shipper; *(i radio)* transmitter.
avsenderadresse return address. -anlegg *(radio)* wireless transmitting station, transmitter. -kontor *(post)* office of dispatch; *(tlgr)* office of origin.
avsetning 1(*salg)* sale; *(marked)* market; 2(*i regnskap)* appropriation, allocation; 3(*avleiring)* deposition; **4.** *mar (avsats på mast)* hound, step; *(på dekk)* break; *dekk uten* ~ flush deck; 5(*jur)* sequestration; 6(*med transportør)* protraction; *finne (el. få) dårlig* ~ sell badly; *finne (el. få) god* ~ sell well, find a ready market *(el.* sale), meet with a ready sale; *det er god* ~ *på denne varen* this article is selling well *(el.* readily); *det er ingen* ~ *på disse varene* there is no market for these goods; these goods will not sell; *livlig* ~ a brisk sale; *finne (el. få) rivende* ~ sell rapidly, have a rapid sale; **T** sell like hot cakes; *vi har rivende* ~ *på dette produktet (også)* we are doing a roaring trade in this product; *finne* ~ *på* find a sale *(el.* a market *el.* an outlet) for; *foreta -er til skatter* make provision for taxes.
avsetningsforhold marketing conditions. -muligheter *(pl)* marketing possibilities. -vanskeligheter *(pl)* marketing difficulties.
avsette *vb (fra embete)* remove; dismiss; *(konge)* depose, dethrone; *(selge)* dispose of, sell, find a sale *(el.* market) for; *(på kart)* mark off, lay down; *(kjem)* deposit; *(midler)* set aside, set apart *(fx* funds); appropriate; *(jur)* sequestrate.
avsettelig removable; saleable, marketable. -telighet removability; saleability. -telse removal, dismissal; deposition; dethronement.
avsi: ~ *dom* give judg(e)ment; pronounce *(el.* pass) sentence; *(se dom; fengslingskjennelse).*
avsides remote, out-of-the-way; *(adv)* aside; ~ *replikk* aside.
avsidesliggende outlying *(fx* an o. farm).
avsile *(vb)* strain off; *avsilte erter* strained pea soup.
avsindig mad, crazy; *(rasende)* frantic; *en* ~ a maniac; *(se gal).*
avsjelet lifeless, dead, inanimate.

avskaff|e *(vb)* abolish, do away with; abrogate. **-else** abolishing, abolition; abrogation.

avskalling peeling (off); *(med)* desquamation.

avskilte *vb (bil)* remove the number plates from; *bilen ble -t* the car had its number plates removed.

avskip|e *(vb)* ship; *fortsette å ~* continue shipments. **-er** shipper.

avskipning shipping, consignment, shipment. **-sdokumenter** *(pl)* shipping documents. **-ssted** place of shipment. **-stid** time of shipment.

avskjed *(avskjedigelse)* dismissal, discharge; *(frivillig)* retirement, resignation; *(det å skilles)* parting; *(det å ta avskjed)* leave, leave-taking; *få ~ i nåde* be honourably discharged; *få ~ på grått papir* **T** be sacked *(el.* fired); *gi en ~* dismiss sby; *søke ~* retire (from office); *ta ~* take (one's) leave; *ta ~ med dem* take leave of them; *gå uten å ta ~* take French leave; *-en mellom dem* their parting; *-en mellom mor og sønn* the parting of mother and son; *til ~* at parting; *et ord til ~* a parting word; *ved -en* at parting; *when he (,etc)* left, at his *(,etc)* departure; *(se I. nåde).*

avskjedige *(vb)* dismiss, discharge. **-t** dismissed; *(som har tatt avskjed)* retired.

avskjeds|ansøkning resignation. **-beger** parting cup, stirrup cup. **-fest** farewell party; send-off *(fx* we'll give them a good send-off). **-hilsen** parting salutation. **-kyss** parting kiss. **-lag** farewell party. **-ord** parting word. **-preken** farewell sermon. **-scene** parting scene. **-stund** hour of parting.

avskjære *vb (skjære av)* cut; *(avbryte)* cut, interrupt; *(utelukke)* bar, preclude; *~ en ordet* cut sby short; *~ en tilbaketoget* cut off sby's retreat; *~ en veien* intercept sby; *avskåret fra å svare* not in a position to answer, precluded from answering.

avskjæring cutting off, preclusion, interception; *(av damp)* cut-off; *(balje)* tub. **-sventil** cut-off valve.

avskoge *(vb)* deforest.

avskrap|e *(vb)* scrape (off). **-ing** scraping (off); *(hud-)* abrasion.

avskrekk|e *(vb)* deter, frighten; *(mildere)* discourage; *han lar seg ikke ~* he is not to be daunted. **-elsessystemet** *(jur)* the deterrent system. **-ende** deterring, discouraging; *fremholde en som et ~ eksempel* make an example of sby.

avskrift copy, transcript; *(fusk i skolen)* cribbing; *bekreftet ~* certified copy; *rett ~* certified correct; *ta ~ av* take a copy of; *-ens riktighet bekreftes* = I certify this to be a true copy.

avskriftsfeil error in copying; transcriber's e.

avskrive *vb (merk):* ~ *en sum* write off a sum; *(fig)* discount *(fx* this possibility is heavily discounted by politicians); regard as lost.

avskriv|er copyist. **-erarbeid** copying work. **-erfeil:** *se avskrifts-.* **-ning** copying, transcription; *(merk)* writing off.

avskum *(slett person)* scum (of the earth): *menneskehetens ~* the offscourings of humanity, the scum of the earth.

I. avsky *(subst)* violent dislike *(for* of, for); disgust *(for* at, for, towards); detestation *(for* of); loathing *(for* of, for); abhorrence *(for* of); aversion *(for* to, for); *få ~ for* come to loathe; *(mildere)* take a dislike to; *vekke hans ~* disgust him.

II. avsky *(vb)* detest, abhor, abominate, loathe; *jeg -r slanger* I have a horror of snakes; *(se pest).*

avsky(e)lig abominable, detestable, odious, hate-ful, disgusting, loathsome. **-het** *(litt)* detestableness; *(handling)* atrocity.

avskygning *(nyanse)* shade, nuance.

avskutt *(perf. part.): han fikk armen* ~ he had an arm shot off.

avskår|et *(adj): -ne blomster* cut flowers; *(se avskjære).*

avslag **1**(*i pris*) reduction (of *el.* in prices); *(godtgjørelse)* allowance; *(rabatt)* discount; **2**(*forkastelse, avvisning*) rejection; *(avvisende svar)* refusal; *et bestemt ~* a flat refusal; *få ~* be refused, meet with a refusal; *gi ~ i prisen* reduce the price, make a reduction; *gi en et ~ på £2* knock £2 off the price; *gi en et ~* refuse sby's request, refuse sby.

avslapning, avslappelse relaxation; slackening.

avslappet relaxed; *en ~ atmosfære* a relaxed atmosphere.

avslip|e *vb (slipe bort)* grind (off). **-(n)ing** grinding (off).

avslitt *(adj)* worn.

avslutning **1.** closing, conclusion, termination; close, end, finish; **2**(*inngåelse av kontrakt, etc*) conclusion, entering, making; **3**(*det ytterste av noe*) end; *(det øverste)* the upper end, the top; **4**(*fest ved skole*) end-of-term celebration; *(ofte)* Prize Day, Speech Day, breaking up; *bringe noe til en ~* bring sth to a conclusion *(el.* close); *skolen holdt en fest ved -en av kurset* the school gave a party to celebrate the end of the course; *the s. gave a celebration (party) at the end of the c.; hopperen hadde en fin ~ (på sitt hopp)* the jumper rounded off *(el.* finished off) his flight nicely; *(se også ferdig).*

avslutte *(vb)* **1**(*fullføre*) finish, conclude, close, bring to a close *(el.* conclusion), end; **2**(*inngå*) conclude, make *(fx* m. a contract); **3**(*gjøre opp bøker, etc*) close, balance; *~ en forretning (el. handel)* close a transaction *(el.* bargain); *(se også årsregnskap).*

avsløre *(vb)* **1.** *~ avduke;* **2**(*røpe*) disclose; bring to light; reveal; **3**(*blotte noe slett*) expose *(fx* a crime), show up *(fx* a fraud, a swindler); *~ sitt indre jeg* reveal one's inner self *(el.* one's ego).

avslå *vb (en anmodning, bønn)* refuse, deny; *(tilbud)* refuse, reject *(fx* an invitation).

avsmak distaste, dislike; *få ~ for* take a dislike to; *gi en ~ for* give sby a distaste for.

avsnitt *(av sirkel, bue)* segment; *(av bok)* section; *(passus)* passage; *(del av lovparagraf)* subsection; *(tids-)* period; *«nytt ~» (ved diktat)* "new paragraph"; *sørge for skikkelig overgang mellom -ene (i stil)* see that one paragraph leads on to the next.

avson|dre *(vb)* separate; isolate; *(med.)* secrete. **-dret** isolated, retired; *leve ~* live in retirement, lead a retired life.

avsondring separation; isolation; *(med.)* secretion.

avspark *(fotb)* kick-off.

avspasere *vb* [take time off (from work) as compensation for unpaid overtime]; *de to dagene har jeg tenkt å ~ i forbindelse med påskeferien* I'm thinking of taking those two days off in connection with my Easter holiday.

avspeile *(vb)* reflect; mirror; *~ seg* be reflected; *hans personlighet -r seg i arbeidet hans* his personality is reflected in his work.

avspeiling reflection.

avspenning relaxation; *(polit)* détente.

avspent relaxed, less tense.

avsperre *(vb)* bar, block up.

avspise *(vb):* ~ *en med noe* put sby off with sth.

avspore *(vt)* derail *(fx* a train); *(vi): se spore:* ~

av; -t ungdom young people (who have) gone astray.
avsporing derailment.
avstamning descent, extraction, origin; *et ord av gresk* ~ a word of Greek derivation *(el.* origin), a word derived from Greek.
avstand distance; *i en* ~ *av* at a distance of, within a distance of; *med en* ~ *av to tommer mellom hver* at intervals of two inches; *den* ~ *telefonsamtalen går over* the distance to which the call is made; *på* ~ at a distance; *på lang* ~ from a great distance; *få begivenhetene litt på* ~ get (the) events in their proper perspective; *(se også uhildet); holde seg på god* ~ *fra noe* give sth a wide berth; *holde en på* ~ keep sby at a distance, keep sby at arm's length; *ta* ~ *fra* keep aloof from, dissociate *(el.* differentiate) oneself from; *(se behørig).*
avstandsbriller *(pl)* long-distance spectacles.
avstandsbedømmelse judging of distance. **-innstilling** *(fot)* focusing; *bildet er tatt med gal* ~ the picture is out of focus. **-måler** rangefinder, telemeter. **-skive** *(mask)* spacer.
av sted away, off, along; ~ *med deg!* off you go! be off! *komme galt* ~ get into a scrape; *(også om pike)* get into trouble; *(se sted B).*
avstedkomme *(vb)* cause, occasion, bring about.
avstemme *(vb)* 1*(avpasse)* harmonize, adapt, attune; 2*(farger)* match, harmonize; 3*(radio)* tune (in), syntonize; *være avstemt etter (fig)* be attuned to; *(se også avstemt).*
avstemning *(se avstemme)* harmonization, attuning; matching; tuning (in), syntonization, syntony; *(stemmeavgivning)* voting, vote; *(hemmelig)* ballot; *(parl)* division; *(skriftlig, især ved stortingsvalg)* poll(ing); *foreta* ~ take a vote (,poll, ballot) *(fx* on a question); proceed to a vote; *(parl)* divide *(fx* on a question); *hemmelig* ~ voting by ballot, secret vote, ballot; *vedtatt uten* ~ passed without being put to the vote; ~ *ved håndsopprekning* voting by (a) show of hands.
avstemt *(se avstemme)* harmonious; matched; syntonic, in tune; *i vakkert -e farger* in delicately blended*(el.* matched) colours.
avstenge *vb (stenge ute el. inne)* shut off, cut off.
avstengt *(om dør, etc)* locked, bolted, barred; *(fig)* secluded, sequestered.
avstigning dismounting, alighting; *av- og påstigning utenom holdeplassene forbudt* passengers may not enter *(el.* board) or leave the train except at the appointed stopping places.
avstikke *(vb)* mark out, stake out; *(vin)* rack off. **-kende** incongruous; *(om farge)* glaring, gaudy; *(fig)* eccentric, conspicuous. **-ker** detour; *(i talen)* digression.
avstive *(vb)* stay, support, hold up; *(vegg)* shore up; *(med murverk)* buttress; *(gjøre stivere)* stiffen.
avstraffe *(vb)* punish; chastise. **-else** punishment; chastisement; *korporlig* ~ corporal punishment.
avstumpe *(vb)* dull, blunt, truncate; *(sløve)* dull, blunt. **-t** blunt, blunted, obtuse, truncated.
avstøp(ning) casting; *(konkret)* cast.
avstå *vb (overlate)* renounce, give up, relinquish, make over; *(landområde)* cede, surrender *(til* to); ~ *fra (oppgi)* desist from. **-else** renunciation, relinquishment; *(av land)* surrender, cession.
avsvekke *(vb)* weaken, enfeeble; *en -t vokal* a weakened vowel.
avsverge *(vb)* abjure, renounce; *(se I. tro).* **-ing** abjuration, renunciation.
avsvi *(vb): se svi:* ~ *av; en -dd landsby* a burnt-down village.
avsøke *(vb)* search; *(mil)* reconnoitre. **-ning** search(ing); reconnaissance.

avta *vb (minske, svekkes)* fall off, decrease, decline; *(om sykdom, vind)* abate; *farten -r* the speed slackens; *vinden -r (også)* the wind is dropping *(el.* going down). **-gende: månen er i** ~ the moon is waning; *hans popularitet er* ~ his popularity is on the wane; *(se utbytte).* **-ger** *(kjøper)* buyer, purchaser. **-gerland** importing country, customer (country).
avtakle *(vb)* dismantle, unrig; *(mast)* strip.
I. avtale *(subst)* agreement, appointment, arrangement; *etter (forutgående)* ~ as previously arranged, according to a previous arrangement; *etter* ~ *med Smith* as I (,we, *etc)* had arranged with Smith; *det er en* ~ that is a bargain; *er det en* ~*? (avgjort)* that's settled, then? **T** is it a go? *det var en fast* ~ it had been definitely agreed (on); *treffe* ~ make an arrangement *(om å* to); *treffe* ~ *med en (om å møtes)* make an appointment with sby; *jeg er her ifølge* ~, *jeg har en* ~ *her (også)* I am here by appointment; *(se forutgående; gjensidig; handelsavtale; lønnsavtale; makt; tiltredelse; varehandelsavtale).*
II. avtale *(vb)* agree on, appoint, fix, arrange; *dersom intet annet er -t (også)* in the absence of any understanding to the contrary; *det er -t at P. skal møte (fram) kl. 14* it has been agreed that P. is to come at 2 o'clock; *foreløpig kan vi* ~ *at jeg ringer Dem fra X på torsdag* for the present we can arrange that I ring you up from X on Thursday; ~ *tid* fix a time; make an appointment; *jeg har -t å møte min kone her* I've arranged to meet my wife here; *(se ndf: avtalt).*
avtaledokument signed contract.
avtaleloven *(jur)* [Norway's contract act of 1918].
avtalerett *(jur (rettsreglene)* contract law.
avtalt *(adj)* arranged, agreed (up)on; ~ *møte* appointment, rendezvous; ~ *spill* a put-up job; *levering vil skje som* ~ delivery will be made *(el.* effected) as agreed; *til* ~ *tid* at the appointed time *(el.* hour).
avtjene *(vb):* ~ *sin verneplikt* do one's military service; **(UK)** ~ do one's national service; *avtjent verneplikt* completed national *(el.* military) service.
avtrappe *(vb)* graduate, scale (down) *(fx* wages).
avtrede*(subst)* lavatory.
avtrekk *(for røyk)* outlet, vent; *hard i -et (om våpen)* hard on the trigger; *han er sen i -et (fig)* he is rather slow off the mark. **-er** trigger; *(utløser)* (shutter) release; *trykke på -en* pull the trigger. **-erbøyle** trigger guard. **-erfjær** trigger spring.
avtrykk 1*(i bløtt stoff)* imprint *(fx* his shoes left imprints on the ground); impression; 2*(reproduksjon, opptrykk)* print, impression, copy, reprint; 3*(prøve-)* (brush) proof.
avtvinge *(vb):* ~ *en noe* extort *(el.* force) sth from sby; ~ *en et løfte* exact a promise from sby.
avvei wrong way; *føre på -er* mislead, misguide, lead astray; *komme på -er* go astray, go wrong, get off the right path.
avveie *vb (fig)* weigh *(fx* one's words, the chances); ~ *sine uttrykk* choose one's expressions carefully; mind one's p's and q's.
avvekslende *(adj)* alternating; varied, varying; *(adv)* alternately, by turns; *et* ~ *landskap* a varied landscape; ~ *hvitt og sort* white and black alternately.
avveksling 1*(forandring)* change; break *(fx* they want a b. from the routine of factory or office); 2*(variasjon)* variety, change, variation; *en behagelig* ~ a pleasant change *(fx* it makes a p. c.); *bringe* ~ *i hans tilværelse* lend variety to his existence; *han liker litt* ~ he likes a change;

he is fond of ringing the changes; *som en ~* by way of variety; *til en ~* for a change *(fx* he was quite polite for a c.).

avven|ne *vb (fra å die)* wean; *(fra stimulanser)* cure; get (sby) off sth *(fx* we must try to get him off heroin and keep him off); *man må få ham -t med det* he must be broken of the habit.

avvenningsklinikk drug addiction clinic.

avvenningskur cure *(el.* treatment) for alcoholism (,morphinism, *etc);* aversion treatment.

avvente *(vb)* await, wait for; *~ begivenhetenes gang* await developments, await (the course of) events; **T** wait and see; *~ nærmere ordre* await further instructions; *~ sin sjanse* wait for *(el.* await) one's chance; watch one's opportunity.

avventende waiting, expectant; *innta en ~ holdning* adopt *(el.* take up) a waiting attitude.

avverge *(vb)* ward off, parry, avert.

avvergende deprecating *(fx* he made a d. gesture), deprecatory.

avvik deviation; departure; *(kompassnålens)* deviation; *det er et ~ fra* it is a departure from; *uten ~* undeviating(ly), unswerving(ly).

avvik|e *vb (vike av, skeie ut)* swerve, depart, deviate, diverge; *(være uoverensstemmende)* differ *(fra* from), disagree (with), be at variance (with). **-else:** *se avvik.* **-er** *(psykol)* deviant.

avvikende diverging; *(innbyrdes)* divergent, mutually contradictory.

avvik|le *(vb)* unroll, unwind; *~ en forretning* wind up a business; *det vil ta flere timer å ~ løpet* it will take several hours to get through

(el. finish) the race. **-ling** unrolling, unwinding; winding up (of a business).

avvirke *(vb): se hogge.*

avvise *(vb)* **1**(*nekte adgang)* refuse (admission); send away, turn away; **2**(*forkaste)* reject, turn down; *(lovforslag, også)* throw out; **3**(*avslå, si nei til)* refuse *(fx* an offer of marriage, a request); *(andragende, benådningsansøkning, etc)* dismiss; **4**(*hånlig tilbakevise)* spurn; **5**(*nekte å anerkjenne)* repudiate; **6**(*mil)* repel, repulse *(fx* an attack, the enemy); *~ som fremmed vev* reject as a foreign tissue *(fx* suppress the mechanism which might cause his new heart to be rejected as a foreign tissue); *~ en anke* dismiss an appeal; *han lar seg ikke ~* he will not be refused, he will take no refusal; he won't be put off *(el.* rebuffed); *en kan ikke ~ den mulighet at . . .* one cannot exclude the possibility that. . .

avvisende unsympathetic, discouraging, deprecatory; *et ~ svar* a refusal; *stille seg ~ til* decline, refuse *(fx* r. an offer).

avviser|rekkverk guard rail, safety *(el.* guard) fence. **-(stein)** corner post. **-stolpe** guide post.

avvisning *(se avvise)* refusal (of admission), sending away, turning away; rejection; dismissal; spurning; repudiation; repulse. **-sgrunn** *(jur)* ground for dismissal of a case. **-skjennelse** *(jur)* order of dismissal; nonsuit *(fx* the plaintiff was nonsuit(ed)).

avvæp|ne *(vb)* disarm. **-ning** disarming, disarmament.

B, b; *(mus) (fortegnet)* flat; *(tonen)* B flat; *b for a (mus)* A flat; *dobbelt b (mus)* double flat; *sette b for (mus)* flatten; *B for Bernhard* B for Benjamin.

Babel: *-s tårn* the Tower of Babel.

babelsk Babel-like, Babylonian; *~ forvirring* Babel, Babylonian confusion.

bable *(vb)* babble, speak indistinctly.

I. babord *subst (mar)* port; *om ~* on the port side, to port.

II. babord *adj (mar)* port; *~ baug* the port bow.

III. babord *adv (mar)* aport; *hardt ~* hard a.; *~ med roret* port the helm.

baby baby; *bytte (bleie) på -en* change baby's nappy; **T** change baby.

baby|forkle *(spisesmekke)* feeder, apron with a bib. **-golf** midget golf. **-kurv** bassinette.

Babylon *(geogr)* Babylon. **-ia** Babylonia.

babylonier, babylonsk Babylonian.

baby|seler *(pl)* baby reins. **-seng** (baby) cot, crib. **-tøy** baby wear *(el.* things).

back *(i fotball)* (full) back.

bacon bacon; *frokost-* breakfast bacon.

bad bath, bathroom; *(sjø-)* bathe, swim; *(kur-)* hydro; spa; *(badeanstalt)* (public) baths; *ta et ~* take *(el.* have) a bath; *(utendørs)* go for a swim, go bathing; *et varmt ~* a hot bath; *ligge ved ~* take the waters (at a spa); *han fikk et ufrivillig ~* he got a soaking.

bade *(vb)* take *(el.* have) a bath; *(utendørs)* go for a swim, go swimming, go bathing; bathe; *(i*

sola) bask, sun-bathe; *(del av legeme)* bathe *(fx* one's eyes, a swollen finger); *~ et barn* give a child a bath, bath a child; *dra ut for å ~* go for a bathe *(el.* swim); *-t i svette* bathed in perspiration ; *-t i tårer* in (a flood of) tears.

bade|anlegg 1. bathing facilities; **2. =** *-anstalt.* **-anstalt** (public) baths; *(svømmebasseng)* swimming pool; *(svømmehall)* swimming bath; *(kur-)* hydro. **-balje** (bath) tub. **-ball** beach ball. **-basseng** bathing *(el.* swimming) pool. **-bukse** (swimming) trunks, swim briefs. **-drakt** bathing costume, b. suit, swimsuit; *todelt ~* two-piece b. s. **-dukke** bathable doll. **-dyr** rubber beach toy. **-gjest 1.** bather, holiday maker; *(ofte =)* visitor; **2**(*neds)* specimen *(fx* a nice s.). **-hette** bathing cap. **-hotell** seaside hotel. **-hus** bathing hut; *(på hjul)* bathing machine. **-håndkle** bath towel. **-kar** bath tub, bath, tub. **-kåpe** bathing wrap, bath robe.

badeliv bathing, seaside life, the life of a seaside resort; crowd of bathers; *i X er det et yrende ~* X is teeming with bathers, bathing is in full swing at X.

badende *(subst)* bather.

bade|nymfe bathing beauty. **-plass** bathing place *(el.* beach). **-rett** access to bathing beach; *tomt med ~* site with a. to b. b. **-ring** bathing ring. **-salt** bath salts. **-sesong** bathing season. **-sko** *(pl)* beach sandals; **T** flip-flops. **-stamp** wooden bath tub.

badested 1 *(strandbredd)* bathing place *(el.*

beach); **2**(*by*) seaside resort, watering place; **3** *(ved mineralsk kilde)* spa; health resort; *(vann-kuranstalt)* hydro.
bade|strand bathing beach. **-ulykke** bathing accident; *(dødelig)* fatal b. a., bathing fatality. **-vann** bath water; *kaste barnet ut med -et* throw out the baby with the b. w.; *tappe (~) i karet* fill up the bath tub; *tappe ut -et* run off the b. w. **-vekt** bathroom scales. **-værelse** bathroom.
bading bathing; *omkomme under ~ be (el.* get) drowned while bathing.
badstubad steam bath; *(finsk)* sauna.
badstue bathhouse; *(finsk)* sauna.
bag 1(*sekk, veske*) bag; **2**(*barnevogns-*) carry-cot.
bagasje luggage; *(mil* & *US*) baggage; *overvektig ~ (flyv)* excess luggage; *reise med lite ~* travel light.
bagasje|brett, -bærer *(på sykkel, etc)* (luggage) carrier. **-forsikring** luggage insurance. **-grind:** *se takgrind.* **-innlevering** *(flyv)* baggage check-in. **-nett** (luggage) rack. **-oppbevaring** *(jernb)* left-luggage office, cloakroom. **-rom** luggage compartment; *(i bil)* boot. **-utlevering** *(flyv)* baggage claim. **-vogn** *(jernb)* luggage van; US baggage car.
bagatell trifle; *henge seg i -er* make a fuss over trifles; *kaste bort tiden med -er* trifle away one's time; *det er en ren ~* it's nothing, it's a mere trifle.
bagatellisere *(vb)* minimize, belittle; play down *(fx* a story); *(med forakt)* pooh-pooh.
bagatellmessig trifling.
Bagdad *(geogr)* Baghdad.
bagler [member of the Bishops' party in the Norwegian civil wars].
bagvogn *(barnevogn)* pram with detachable carry-cot.
Bahamaøyene *(geogr)* the Bahama Islands, the Bahamas.
bai *(tøy)* baize.
I. baisse *(subst)* decline of the market, fall in prices *(el.* quotations); *(sterkt)* slump; *spekulere i -n* bear, speculate for *(el.* on) a fall.
II. baisse *(vi)* bear, speculate for *(el.* on) a fall.
bajas clown; *(fig)* buffoon; *spille ~* play the b.
bajasstreker *(pl)* buffoonery.
bajonett bayonet; *med opplantede -er* with fixed bayonets.
I. bak 1 *(rygg, bakside)* back *(fx* the b. of one's hand); **2**(*bakdel*) behind, seat, posterior(s); *(vulg)* bottom; *(se rumpe); (dyrs)* hindquarters, haunches; **3**(*bukse-*) seat (of the trousers); *falle på -en* fall on one's seat *(el.* behind); sit down *(fx* his skis ran away with him and he sat down); *ha mange år på -en* be well on in years; *han har 20 år på -en* he is twenty; *lage ris til egen ~* make a rod for one's own back; lay up trouble for oneself; *(se III. bak).*
II. bak *(prep)* behind, at the back of, in *(el.* at) the rear of; *~ kulissene (fig)* behind the scenes; *(teat)* off-stage; *stå ~ (være årsak til)* be at the bottom *(el.* back) of; *han er ikke tapt ~ en vogn* he is no fool; The's up to snuff; there are no flies on him.
III. bak *(adv)* behind, in the rear, at the back *(fx* the dress fastens at the b.); *~ fram* back to front; *få et spark ~* T get a kick in the seat of one's pants, get a kick on one's behind; *(vulg)* get a kick in the bottom *(el.* rear); *han ga gutten et spark ~* T he kicked the boy's behind; *ligge ~ (stikke under)* be at the bottom *(el.* back) of (it); *her ligger det noe mer ~* there is more to this than meets the eye; *se på noe både foran og bak* look at sth in front and behind; *de som sto bak, presset seg fram* those in the rear *(el.* at the back) pressed forward.

bak|aksel rear *(el.* back) axle. **-akseldrev** *(mask)* drive pinion; *(se drev, pinjong).* **-ben** hind leg; *reise seg på -a (fx om hest)* rear on its hind legs; rear; *sette seg på -a (fig)* show fight, cut up rough. **-binde** *(vb): ~ en* tie sby's hands behind his back, pinion sby. **-bygning** back building *(el.* premises). **-dekk** *(på bil)* rear tyre (,US: tire). **-del** *(menneskes)* behind, seat, posterior(s); *(vulg)* bottom, backside; *(især dyrs)* hindquarters, haunches. **-dør** back door; *(især om skjult inngang)* postern (door); *holde en ~ åpen (fig)* leave a line of retreat open for oneself; *gå -a* go in by the back door; **2**(*fig*) use underhand means to gain one's end. **-dørspolitikk** backstairs policy.
bake *(vb)* bake; *~ brød* bake *(el.* make) bread; *kan du ~?* do you know how to bake? *hun er flink til å ~* she is good at baking; *~ seg i sola* bask in the sun.
bakelitt bakelite.
bakende 1. hind part, posterior end, tail-end, rear end; **2. =** *bakdel.*
baken|for behind, at the back of. **-fra =** bakfra. **-om =** bakom.
bake|plate *(for stekeovn)* oven plate, baking shelf; US baking sheet. **-pulver** baking powder.
baker baker; *gå til -en* go to the baker('s); *gi -ens barn brød* carry coals to Newcastle; *rette ~ for smed* [make the innocent suffer for the guilty].
bakerbutikk baker's (shop).
bakeri bakehouse, bakery.
bakerst *(adj)* hindmost; *(adv)* at the (very) back; *de -e* those at the back; *-e rekke* the back row.
baketter *(prep)* behind, after; *(adv)* afterwards; *(jvf etter* & *etterpå).*
bakevje back eddy; *(også fig)* backwater; *(fig)* impasse, deadlock; *industrien befinner seg i en ~* the industry is stagnating; *forhandlingene var kommet inn i en ~* (the) negotiations had reached a deadlock *(el.* had arrived at an impasse); *vi må komme oss ut av denne -n* we must pull ourselves out of this backwater.
bakfra from behind, from the rear; *(baklengs)* backwards *(fx* say the alphabet b.); *hun dolket ham ~* she stabbed him in the back.
bak fram back to front.
bak|gate back street. **-grunn** *(også fig)* background; *komme (el. tre) i -en (fig)* recede into the b. *(fx* they have rather receded into the b.); *danne -en for* form the b. of, serve as a b. to; (NB the Yorkshire which is the b. to her novel); *holde seg i -en* keep (oneself) in the b.; efface oneself; **T** take a back seat; *sett på ~ av* (viewed) in the light of; *det må ses på ~ av* it must be viewed *(el.* seen) against the background of; *det måtte tre i -en for* it was eclipsed by. **-grunnskulisser** *(pl)* upstage scenery. **-gård** backyard; back premises. **-hjul** rear *(el.* back) wheel. **-hode** back of the head. **-hold** ambush, ambuscade; *legge seg i ~ for* waylay; *ligge i ~ for* lie in wait for. **-hånd** *(kort)* fourth hand, last player; *ha noe i ~* have sth in reserve; have sth up one's sleeve; have sth to fall back on; *(se trumf).* **-håndsmelding** fourth-hand bid.
bak i *(prep* & *adv)* in *(el.* at) the back of; *se ~ boka* look at the end of the book; *sitte ~ bilen* sit in the back of the car.
Bakindia *(geogr)* Further India.
I. bakk *subst (mar)* forecastle *(fk:* fo'c'sle) head.
II. bakk *adv (mar)* aback; *brase ~* brace aback; *slå ~ i maskinen* reverse the engine.
bakkant back *(el.* rear) edge; *(flyv; av bæreflate)* trailing edge.
I. bakke *(subst)* hill, rising ground, rise; *(høyde)* hill, eminence, elevation; *(jordsmonn)* ground;

legge en i -n get sby down; *han måtte i -n* he had to bite the dust; *midt i -n* halfway up the hill; *oppover-* uphill; *nedover-* downhill; *det går nedover- med ham* he is going downhill; *på -n* on the ground; *bli satt på bar* ~ *(fig)* be left high and dry; be thrown on one's own resources; *sove på bare -n* sleep on the bare ground.
II. bakke *(brett)* tray; salver.
III. bakke *(slags snøre)* long line.
IV. bakke *vb (seil, maskin)* back; reverse *(fx* the engine); ~ *fyrene* bank the fires; ~ *av* back off; ~ *opp (støtte)* back up; ~ *ut* back out.
bakke|drag range of hills. **-kam** hill crest. **-kneik** short, steep (part of) slope; *(fig)* difficulty. **-land** hilly country.
bakkels pastry; *(jvf vannbakkels).*
bakkenbart whiskers.
bakkeopphold *(flyv)* ground stop.
bakke|rekord *(ski)* hill record; *hva er -en der?* what is the record for that hill? **-sjef** *(ski)* jump director. **-skrent, -skråning** hillside, slope. **-start** *(med bil)* uphill start, hill start; *(det å)* starting while on a slope. **-stopp** *(flyv)* ground stop.
bakket hilly.
bakketopp hilltop.
bak|klo hind claw. **-klok** wise after the event; US hindsighted; *være* ~ US have hindsight. **-klokskap** belated wisdom, wisdom after the event; US hindsight. **-knappet:** *en* ~ *kjole* a dress that buttons down the back. **-kropp** hind part (of the body); *(på insekt)* abdomen.
bakksag tenon saw; *(se sag).*
Bakkus Bacchus. **bakkus|dyrker** Bacchanalian. **-fest** bacchanal *(pl.:* -ia), drunken revelry. **-stav** thyrsus.
bak|lader breech loader. **-lastet** (too) heavily loaded at the back. **-lem 1***(zool)* hind limb; **2** *(på lasteplan)* tailboard, tailgate. **-lengs** backward; *falle* ~ fall over b. **-lomme** hip pocket. **-lykt** rear light, tail light. **-lås:** *døra er gått i* ~ the lock has jammed.
bakom behind; at the back of; *gå* ~ *huset* go round to the back of the house.
bakover backwards; *legge seg* ~ lie back; lean back.
bakoverbøyning *(gym)* back bend.
bakpart back part; hind part; *(på dyr)* hindquarters, haunches.
bak|på *(adv)* behind, at (el. on) the back; *(prep)* behind, at the back of, on the back of; *han fikk sitte* ~ *en lastebil* he got a lift on the back of a lorry; *komme* ~ *en* steal upon sby. **-re** hinder, rear. **-rom** *(i båt)* stern sheets. **-rus** hangover; *være i* ~ have a h.
bak|sete back seat; *(på motorsykkel)* pillion; US buddy seat; *(se eksosrype).* **-side** back; reverse (of a coin); *-n av medaljen (fig)* the other side of the picture; *på -n av* behind, at the back (el. rear) of; *(bakpå)* on the back of *(fx* the envelope). **-skjerm** rear mudguard, rear wing. **-slag** *(rekyl)* recoil, kick; *(i motor)* backfire. **-sleng** *(med fiskestang)* backward drive.
bakst baking; *(porsjon)* batch.
bakstavn *(mar)* stern.
bakste|fjøl pastry board. **-helle** griddle. **-ved** firewood for baking.
bak|strev reaction. **-strever** reactionary. **-stuss** T bottom. **-svissel** cantle, hind bow. **-tale** slander, backbite, run down. **-talelse** slander, backbiting; running down. **-taler, -talerske** slanderer, backbiter. **-talersk** slanderous. **-tanke** secret thought, mental reservation, ulterior motive; T little game; *han kjente mine -r* he knew my little game. **-teppe** *(teat.)* back cloth.
bakterie bacterium *(pl:* bacteria), germ, microbe.
bakteriedrepende germicidal.

bakteriedyrkning cultivation of bacteria.
bakteriestamme strain of bacteria.
bakteriolog bacteriologist. **-i** bacteriology.
bak|trapp back stairs. **-tropp** rear party; *danne* -*en* bring up the rear. **-tung** back-heavy, tailheavy. **-ut:** *slå* ~ kick out behind. **-vakt** second -call night duty. **-vaske:** *se -tale.* **-ved** behind. **-vei** back way, rear entrance; *gå (inn)* -*en* go in by the back door; *gå* -*er (fig)* use backdoor influence. **-vendt** turned the wrong way; *(fig)* awkward *(fx* this is a very a. way of doing it); *(adv)* the wrong way; awkwardly *(fx* he handled the tool very a.); *ta* ~ *fatt på en sak* put the cart before the horse. **-vendthet** awkwardness.
bakverk pastry, (cakes and) pastries.
bakvindu rear window; *(faglig)* backlight; *oppvarmet* ~ heated backlight.
bakværelse back room; *(i butikk)* back-shop.
balalaika *(russisk sitar)* balalaika.
balanse balance; *holde -n* keep one's balance; *miste -n* lose one's balance; overbalance.
balansere 1. balance, keep one's balance, balance oneself; *poise* oneself *(fx* p. oneself on one's toes); **2***(merk: vise balanse)* balance *(fx* my accounts b.).
balanseror *(flyv)* aileron.
baldakin canopy, baldachin.
bale *vb (streve)* struggle, toil.
balg *(slire)* sheath.
balje tub.
Balkan *(geogr)* the Balkans. **-halvøya** the Balkan Peninsula. **-statene** the Balkan States, the Balkans.
balkong balcony; *(i teater)* dress circle.
I. ball ball; *rørt* ~ *(rugby)* touchdown; *gjøre en* ~ *(biljard)* pocket a ball; *slå* ~ play the ball.
II. ball ball; *på -et* at the ball; *gå på* ~ go to a ball.
ballade *(dikt)* ballad; (T = *ståhei)* T row, shindy; *lage* ~ T kick up a row.
ballast ballast; *hive -en* unballast the vessel; *legge en til rette* trim the ballast; *ta inn* ~ take in ballast.
ballblom *(bot)* globe-flower.
balldronning queen of the ball.
I. balle *subst (vare-)* bale; *en* ~ *papir* ten reams of paper.
II. balle *subst (tå-, hånd-)* ball.
III. balle *(vb):* ~ *sammen* bundle up.
ballerina *(danserinne)* ballerina.
ballett ballet. **-danser** b. dancer. **-danser(inne)** b. dancer, ballerina. **-mester** b. master. **-personale** (corps de) ballet.
ballfeber ball nerves.
ball|kavaler partner. **-kjole** dance frock *(el.* dress). **-kledd** dressed for a ball.
ballkort programme. **-løve** ballroom lion.
ballong balloon; *(glass-)* balloon; *(i kurv)* demijohn, carboy.
ball|sal ballroom. **-sko** *(pl)* dancing shoes, ball slippers, (lady's) evening shoes. **-spill** (ball) game; *(det å)* ball playing. **-spiller** ball player. **-tre** bat.
balsam balsam; *(også fig)* balm. **-duft** balsamic odour.
balsamere *(vb)* embalm.
balsamering embalming.
balsamisk balmy, balsamic, fragrant.
balsatre balsa (wood).
baltisk Baltic.
balustrade balustrade.
bambus|rør bamboo cane. **-stokk** (bamboo) cane.
bamse bear; *(i eventyr)* (Master) Bruin.
banal commonplace, trite, banal.

banalitet commonplace, triteness, banality.
banan banana.
bananskall banana skin; US b. peel.
bananstikker *(elekt)* banana plug.
I. band: *se bånd.*
II. band *(mus)* band *(fx* jazz band).
bandasje bandage.
bandasjere *(vb)* bandage, dress.
bandasjist truss maker; *(forretning)* surgical store(s).
bande gang.
bandefører gang leader. **-medlem** gangster, member of a gang.
banderole banderol(e).
bandhund: *se bånd-.*
banditt bandit, gangster.
bandolær bandolier.
bandy bandy. **-kølle** bandy.
I. bane *subst (død)* death; *det hogget ble hans ~* that blow proved mortal to him; that was his death blow.
II. bane *(subst)* **1***(vei)* course, path, track; **2.** *se jernbane;* **3***(veddeløps-)* running track, (racing) track; *(for hester)* racecourse, turf; **4***(cricket-, fotball-)* ground; field; pitch; **5***(golf-)* (golf) course, links; **6***(kjegle-)* skittle alley; **7***(rulleskøyte-, kunstig skøyte-)* rink *(fx* skating r.), track *(fx* he holds the t. record for 10,000 metres); *(løpefelt)* lane *(fx* inside (,outside) l.); **8** *(skyte-)* range; **9***(sykkel-)* cycle-racing track; **10***(tennis-)* (tennis) court; **11***(prosjektils)* trajectory; **12***(planets)* orbit; **13***(uværs)* track; **14** *(livs-)* career, course; **15***(på* ambolt, hammer*)* face; **16***(papir-)* length; **17***(på bildekk)* tread; **18***(radio)* lane; *bryte seg nye -r (fig)* break new ground; *gå i ~ om* orbit *(fx* o. the sun); *øl i lange -r* T lots of beer; *i riktig ~ (om romskip)* on a true course; *med ~* by rail; *bringe noe på ~* bring sth up *(fx* b. up a subject); *slå inn på en ~* enter on a course; *(se bortebane; hjemmebane; innendørs: ~ bane).*
III. bane *(vb)* level, smooth; clear; *~ vei* clear the way; *~ veien for* pave *(el.* prepare) the way for; *~ seg vei* make one's way *(fx* through the crowd).
banearbeider *(jernb)* permanent way labourer. **-avdeling** *(jernb)* civil engineering department.
banebrytende epoch-making, path-breaking; *være ~* be a pioneer; break new ground.
banebryter pioneer.
banebåke *(flyv)* (airport) runway beacon.
banedirektør *(jernb)* chief civil engineer; *(se jernbanedirektør).*
banefunksjonær *(ved stevne)* track official.
banehalvdel *(fotb)* ·side; *bytte ~* change ends *(el.* goals); T change round; *inne på motpartens ~* over the half-way line.
banehogg death blow, death stroke.
banelegeme *(jernb)* permanent way, superstructure.
banelegge *vb (et bildekk)* retread, remould; re -cap *(fx* a tyre); *et -lagt dekk* a retread, a remould.
baneløp track race.
banemann slayer.
banemester *(jernb)* district inspector. **-rekord** track record. **-strekning** *(jernb)* section. **-stump** *(jernb)* short stretch of line *(el.* track).
banesår mortal wound.
banevokter *(jernb)* lengthman.
bange: *se redd.*
banjerdekk *mar (nederste dekk)* orlop deck.
banjo banjo. **-ist** banjoist, banjo player.
I. bank *(pryl)* a thrashing, a beating.
II. bank *(pengeinstitutt)* bank; *i -en* at *(el.* in) the b.; *deponere i -en* deposit at the b.; *ha pen-*

ger i -en have money in *(el.* at) the b.; *sette i -en* pay into the b., deposit at the b.; *sette penger i -en* put money into the b., bank m., pay m. into the b.; *sprenge -en (kort)* break the b.; *pengene står i -en* the money is at *(el.* in) the b.; *ta penger ut av -en* take money out of the b., withdraw m. from the b.; *hvilken ~ bruker De?* with whom do you bank? who are your bankers?
bankaksept banker's acceptance. **-aksje** bank *(el.* banking) share. **-anvisning** bank(er's) draft *(fx* a b. d. for £50). **-bok** bank book; *(kontra-)* passbook. **-bokholder** bank accountant. **-boks** safe-deposit box, (private) safe. **-bud** bank messenger. **-depositum** bank deposit. **-direksjon** board of directors (of a bank). **-direktør** bank manager; *(i nasjonalbank)* governor. **-diskonto** bank rate.
I. banke *subst (sand-, tåke-)* bank *(fx* fog b.).
II. banke *(vb)* **1***(slå)* beat, knock, rap; *(lett)* tap; **2***(pryle)* beat, thrash; *(se I. bank);* **3***(rense for støv)* beat *(fx* a carpet); **4***(beseire)* beat, lick; *~ grundig* beat hollow; **5***(om lege ved undersøkelse)* tap; **6***(om hjerte, puls)* beat, throb; **7***(om motor med tenningsbank)* pink; *(jvf hogge); det -r* sby is knocking; *det -t (på døra)* there was a knock (at the door); *motoren -r* the engine has got a knock; *(om tenningsbank)* the e. is pinking; *-nde tinninger* throbbing temples; *bank i bordet!* touch wood! US knock on wood; *~ noe inn i (hodet på) en* drum *(el.* knock) sth into sby('s head); *~ på (døra)* knock (at the door).
bankebiff: *se bankekjøtt.*
bankekjøtt **1***(i rå tilstand)* stewing beef; **2***(rett)* stewed steak.
I. bankerott *(subst)* bankruptcy, failure.
II. bankerott *(adj)* bankrupt; *gå ~* go b.
bankesignal knocking (signal).
bankett **1***(fest)* banquet; **2***(veikant)* verge; US shoulder.
bankeånd rapping spirit.
bankforretning banking business. **-funksjonær** bank clerk. **-heftelse** mortgage (granted to the bank). **-holder** *(bankør)* keeper of the bank.
bankier banker. **-firma** banking firm.
banking knocking; throbbing, beating; tapping; *(se II. banke).*
bankinnskudd bank deposit.
bankkonto banking account. **-krakk** bank crash. **-lån** bank loan. **-note** bank note; US bank bill.
bankobligasjon bank bond.
bankobrev insured letter; US money letter; *(jvf rekommandere: -t brev & verdibrev).*
bankprovisjon banker's commission. **-ran** bank robbery, holdup *(el.* stickup) in a bank. **-revisor** auditor (to a bank). **-sjef** bank director; *(bestyrer)* b. manager; *(i nasjonalbank)* governor.
bankør *(bankholder)* keeper of the bank.
bann ban, excommunication, anathema; *sette i ~* excommunicate.
bannbulle bull of excommunication.
banne *(vb)* swear, curse; use profane language; *~ som en tyrk* swear like a trooper; *~ på* swear to; *~ på at* swear that. **banneord** swearword.
banner banner. **-fører** standard bearer.
banning cursing, swearing, bad language.
bannlyse *(vb)* excommunicate, anathematize; *(forvise)* banish. **-ning** excommunication; banishment.
bannsatt confounded, infernal. **-stråle** fulmination (of an interdict).
bantam *(dverghøne)* bantam. **-vekt** bantam weight.
baptist Baptist.

I. bar *subst (på nåletrær)* sprigs of spruce or pine.
II. bar *subst (skjenkedisk, -rom)* bar.
III. bar *(adj)* bare; *et -t lys* a naked light; *i -e skjorta* in his shirt; *med -e føtter* barefoot, in one's bare feet; *med -e ben* bare-legged; *bli satt på ~ bakke* be left high and dry; *da foreldrene døde, var hun faktisk på ~ bakke* at the death of her parents *(el.* when her parents died) she was left high and dry; *på -e bakken* on the bare ground; *på -e kroppen* on the bare skin.
barakke: *se* **brakke.**
bararmet bare-armed.
barbar barbarian.
barbari barbarism; *(grusomhet)* barbarity.
barbarisering barbarization.
barbarisk barbarian, barbaric; *(grusom)* barbarous. **-isme** barbarism.
barbent barefoot(ed).
barber barber; *(ofte)* hairdresser.
barberblad razor blade.
barbere *vb (også fig)* shave; *~ seg* shave.
barber-høvel safety razor. **-kniv** razor. **-kost** shaving brush. **-maskin:** *elektrisk ~* electric shaver. **-salong** barber's shop. **-skilt** barber's sign; *UK* barber's pole. **-skum** shaving foam. **-stell** shaving tackle *(el.* outfit). **-såpe** shaving soap.
I. barde *(skald)* bard.
II. barde whalebone, baleen. **-hval** baleen whale.
bardun *(tau på skip)* (back)stay, guy (rope).
I. bare *(vb):* *~ seg* help; *jeg kunne ikke ~ meg for å le* I could not help laughing; *jeg kunne ikke ~ meg* I could not help it.
II. bare 1*(adv)* only; *(sterkere)* merely, just *(fx* j. one little bit), but *(fx* there is but one answer to that question); **2.** *konj (= hvis ~, når ~)* if only *(fx* I'll pay you if you will only wait; if only you will tell me why), as long as; *(= gid)* I only hope, I (do) hope, if only *(fx* if only I were stronger); *hvis jeg ~ kunne!* how I wish I could! *~ en gang* just once; *~ gjør* det do it (by all means), go ahead and do it; *~ hold munnen din!* you hold your tongue! *~ le, De!* all right! laugh! *dagen gikk ~ så altfor fort* the day passed (by) all too quickly; *jeg skyndte meg så meget jeg ~ kunne* I was as quick as I could be; *~ syng!* sing away! *~ vent!* just (you) wait! *jeg arbeider som ~ det* I'm working flat out; *det er ~ det at* ... only.
barett *(dame-)* toque; *(geistligs)* biretta.
barfot barefoot(ed).
barfrost black frost.
barfugl *(zool)* capercaillie, wood grouse.
barhalset bare-necked. **-hodet** bare-headed.
barhodist [person who refuses on principle to wear a hat or a cap]; *han er ~ (ofte =)* he is one of the no-hat brigade.
barhytte shelter of spruce branches.
barhytte shelter of spruce branches.
bariumgrøt *(med.)* barium meal.
I. bark *(skip)* bark, barque.
II. bark *(på tre)* bark; *mellom -en og veden* between the devil and the deep (blue) sea.
barkasse *(storbåten)* launch, longboat; *(sjefs-)* barge.
barke *vb (garve)* tan; *(avbarke)* bark, disbark; *-et (hardhudet)* horny, callous; *(værbitt)* weather-beaten.
barlind *(bot)* yew.
barm bosom; *gripe i sin egen ~* look nearer home.
barmeis *(zool)* coal tit(mouse).
barmhjertig compassionate, merciful; *-e brødre* Brothers of Charity; *den -e samaritan* the good Samaritan; *-e Gud!* my God!
barmhjertighet compassion, mercy, pity; *ha ~*

med oss! have mercy (up)on us! **-sdrap** euthanasia, mercy killing. **-sgjerning** work of mercy.
barn child; *(sped-)* infant, baby; babe; *~ født etter farens død* posthumous child; *få ~* have a baby; *han har ingen ~* he has no family; *fra ~ av* from childhood; *være med ~* be with child; *T* be in the family way; *brent ~ skyr ilden* a burnt child dreads the fire; once bitten twice shy; *det vet hvert ~* every schoolboy knows that; *av ~ og fulle folk får en høre sannheten* children and fools speak the truth.
barnaktig childish, puerile, infantile.
barnaktighet childishness, puerility.
barndom childhood; *(tidligste)* infancy; *handelens ~* the infancy of commerce; *fra -men av* from childhood, from a very early age, ever since one was a child; *i min tidlige ~* in early childhood; *gå i -men* be in one's dotage, be in one's second childhood.
barndoms|dager days of childhood. **-liv:** *se* **barndom.** **-venn(inne)** childhood friend.
barne|alder childhood. **-avl** the procreation of children. **-barn** grandchild. **-barnsbarn** great grandchild. **-bidrag** *(til uekte barn)* paternity order; *(jvf -trygd).* **-bok** children's book. **-dåp** christening. **-eventyr** nursery tale. **-far** alleged father; *utla ham som ~* fathered the child upon him. **-flokk** crowd of children; (large) family. **-født:** *er ~ i N.* is a native of N.; *~ på landet* country-born and bred. **-gråt** the crying of a child (,of children). **-hage** nursery school; kindergarten.
barnehagelærer *UK (etter to års kurs og avlagt eksamen for NNEB (fk.f. National Nursery Examination Board))* nursery nurse.
barne|kopper smallpox. **-krybbe** day nursery. **-lammelse** polio(myelitis), infantile paralysis.
barnelærdom what is learnt in childhood; *min ~* what I learnt as a child *(el.* at my mother's knee); *det hører med til min ~* I learnt that as a child *(el.* at my mother's knee).
barnemat 1. infant food, baby food; 2*(lett)* child's play *(fx* that should be child's play for you).
barnemishandling baby battering.
barne|mor mother (of an illegitimate child). **-mord** child murder, infanticide. **-morder(ske)** infanticide. **-oppdragelse** education of children, (the) bringing up of children. **-pike** nurse; *(især yngre)* nursemaid. **-pleierske** children's nurse; *(i daghjem, etc)* nursery nurse. **-regle** dip, counting-out rhyme. **-rik** having many children; *-e familier* large families. **-rim** nursery rhyme. **-rov** kidnapping. **-rumpe** child's bottom; *glatt i fjeset som en (nyvasket) ~* with a face as smooth as a baby's bottom; as smooth in the face as a baby's b. **-seler** *pl (gåseler)* leading reins; *US* leading strings. **-selskap** children's party. **-sikring:** *bakdørene har ~ (i bil)* the rear doors have child safety locks. **-sko** child's shoe; *han har trådt sine ~* he is no child. **-skole** primary school; *US* grade school. **-skrål** the shouts *(el.* screams *el.* screaming) of children.
barnesnakk 1. children talking; *(fig)* child's talk; 2*(snakk om barn)* talk(ing) about children.
barne|spesialist children's specialist, pediatrist, pediatrician. **-språk** children's language; baby talk. **-stemme(lig)** voice. **-strek** childish trick. **-stue** *(på hospital)* children's ward. **-sykdom** children's disease; *(fig)* teething trouble(s), initial weakness. **-tro** the faith of one's childhood; *miste sin ~* lose one's faith. **-trygd** child benefit; *(hist)* family allowance. **-utsettelse** *(hist)* exposure of infants. **-vakt** baby sitter, sitter-in; *sitte ~* baby-sit. **-venn** friend to children. **-vennlig:** *se* **politikk.**

barnevern: *se barnevernsarbeid.*
barnevernsakademi nursery nurses college. **-arbeid** child care. **-nemnd** child care department; US juvenile authorities *(pl);* (NB *i England står vanskeligstilte (,etc) barn under tilsyn av en* Children's Officer, *ungdommer under 17 år under tilsyn av en* Probation Officer); *bli tatt hånd om av -a* = be put in the care of a Children's (,Probation) Officer; be put on probation.
barnevis: *på* ~ like a little child; as is the way of children. **-vise** song for children. **-vogn** pram; *(glds)* perambulator; *(især* US) baby carriage. **-våk** [being kept awake at night by a child]; *(se også nattevåk(ing)).* **-år** *(pl)* childhood years.
barnlig 1*(som er egen for barn)* childish; 2*(om voksne, ikke neds)* childlike; 3*(i forhold til foreldrene)* filial *(fx* love, obedience); ~ *uskyld-* childlike innocence; *(jvf barnslig).*
barnløs childless. **-løshet** childlessness.
barnsben: *fra* ~ *av* from childhood, from a child.
barnslig *(også neds)* childish; puerile, infantile. **-het** childishness.
barnsnød: *være i* ~ be in labour.
I. barokk *subst* (= *barokkstil)* baroque.
II. barokk *(adj)* odd, singular, grotesque.
barometer barometer. **-fall** fall of the b. **-kurve** barometric curve. **-stand** barometric height.
baron baron; *baron X* Lord X ; *(om utenlandsk* ~ *)* Baron X. **baronesse** baroness. **baronett** baronet, *(etter navnet fk til)* Bart., Bt. *(fx* Sir Lawrence Mont, Bart.).
baroni barony.
baronisere *(vb):* ~ *en* make *(el.* create) sby a baron.
barre 1*(av sølv, gull)* bar, ingot; *(av jern)* bloom; **2.** *mar (sand-)* bar.
barriere barrier.
barrikade barricade.
barrikadere *(vb)* barricade.
barsel confinement; childbirth; **-feber** childbed fever, puerperal fever. **-kone** woman in confinement. **-pasient** materity patient; *(fagl)* confinement case.
barselseng childbed; *dø i* ~ die in childbed; *komme i* ~ be confined; *ligge i* ~ lie in.
barsk harsh, stern, severe; *(om stemme, vesen)* gruff, rough; *(om blikk)* fierce, stern; *(om klima)* inclement, severe, rough; *-t vær* rough *(el.* severe) weather. **-het** harshness, sternness, gruffness, severity; inclemency; *(se barsk).*
barskog conifer(ous) forest.
bart moustache; US mustache.
Bartolomæus Bartholomew. **-natten** the Massacre of St. B.
bartre *(bot)* conifer.
baryton barytone; US baritone.
barytonhorn *(mus)* euphonium.
bas **1.** ganger, gang foreman; 2*(den beste)* boss; *(kjernekar)* first-rate fellow; **T** brick.
basalt basalt.
basar bazaar; *holde* ~ arrange a b.; *(jvf utlodning).*
base *(kjem & mil)* base; *(flyv)* station.
Basel *(geogr)* Basle, Basel.
basere *(vb)* base, found, rest *(på* on).
basilika basilica.
basilikastil: *i* ~ basilican.
basilikum *(bot)* common *(el.* sweet) basil.
basilisk 1*(fabeldyr)* basilisk, cockatrice; 2*(zool)* basilisk.
basill bacillus *(pl:* bacilli), germ, microbe.
basillebærer germ carrier, (microbe) carrier.
basis *(grunnlag)* basis *(pl:* bases), foundation; *(mat.)* base; *på* ~ *av* on the basis of.

basisk *(kjem)* basic; alkaline; ~ *elektrode* low-hydrogen electrode; *gjøre* ~ make alkaline, basify.
bask *(lydelig slag)* slap, thwack, smack.
baske *(vb)* slap, thwack; ~ *med vingene* flap its wings.
basketak brush, set-to, tussle.
basker, baskisk Basque.
basrelieff bas-relief.
bass *(mus)* bass, basso.
bassanger bass singer, basso.
basseng reservoir; *(havne-, etc)* basin; *(se badebasseng).*
bassist bass singer; bass player.
bassnote *(mus)* bass note. **-nøkkel** bass clef. **-stemme** bass (voice). **-streng** bass string.
bast bast; bass.
basta *(int)* enough of it! *og dermed* ~*!* and that's that! and that's flat! and there's an end of it!
bastant good-sized *(fx* loaf of bread), substantial *(fx* meal); well-built, powerfully built *(fx* fellow).
bastard **1.** *zool, bot (krysning)* hybrid; *(zool, også)* half-breed, crossbreed; mongrel (dog); 2*(uekte barn)* bastard, natural *(el.* illegitimate) child; 3*(person)* half-breed, half-caste, mestizo; *(sterkt neds)* mongrel. **-art** hybrid species. **-rase** hybrid race.
baste *(vb)* bind, tie; *-t og bundet* bound hand and foot.
bastion bastion.
bastskjørt = grass skirt.
basun trombone; *(bibl)* trumpet. **-blåser** trombonist; trombone player. **-engel** cherub.
batalje *(slagsmål)* fight.
bataljon *(mil)* battalion.
bataljonssjef *(mil)* battalion commander.
batikk batik.
batist *(lintøy)* batiste, cambric.
batong baton, truncheon.
batteri battery; *(vannkran)* combination tap, mixing battery; *(mus)* (set of) drums, drum kit; *-et er utladet* the battery has gone flat *(el.* has got run down); *et utladet* ~ a run-down b.; *-et må lades opp* the b. needs recharging. **-dekk** *(mar)* gun deck.
baufil hack saw; *(se sag).*
I. baug *(mar)* **1.** bow(s), head; 2*(bidevindskurs)* tack; *babords* ~ the port bow; *fyldig* ~ full bows; *le (,lo)* ~ lee (,weather) bow; *skarp* ~ lean *(el.* sharp) bow; *clipper* bow; *gi en et skudd for -en (også fig)* fire a shot across sby's bow; *ligge over samme* ~ keep *(el.* be) on the same tack; *på alle -er og ender (fig)* here, there, and everywhere.
II. baug: *se bog.*
bauganker *(mar)* bower (anchor). **-bånd** *(mar)* breasthook, forehook. **-port** *(mar)* bow port. **-sjø** head sea. **-spryd** *(mar)* bowsprit.
baun beacon.
bausag hack saw; *(se sag).*
baut *(mar)* tack, about; *gå* ~ tack, go about, stay; *gjøre hel* ~ wear (round ship); *gjøre* ~ *i motbakke (ski)* tack a slope; *den holdt på å gå* ~ *(mar)* she was in stays.
bautastein (old Scandinavian) stone monument.
baute *(vb)* go about, tack; ~ *seg opp* beat to windward.
bavian *(zool)* baboon; *(mar; båtvakt)* boatkeeper.
Bayern *(geogr)* Bavaria. **bayersk** Bavarian.
be *(vb)* 1*(anmode)* ask, beg, request; tell *(fx* t. Mr. Smith to come over here); *(innstendig)* implore, entreat, beseech *(fx* they besought him to do it), beg *(fx* I beg of you to do nothing of the sort); *(nøde)* press; *(merk: tillate seg)* beg; 2*(inn-*

by) ask, invite *(fx* sby to a party); **3**(*en bønn, etc)* offer (up), say; **4.** *vi (holde bønn)* pray, say one's prayers; **5.** *vi (tigge)* beg; *jeg -r Dem unnskylde at jeg er så sen* I apologize for being so late; *min far -r meg hilse (Dem)* my father asks to be remembered to you; *det -s bemerket at ...* please notice that *...*; *-s returnert innen ti dager* please return within ten days; *han lot seg ikke ~ to ganger* he did not need telling twice; *~ seg fri* ask for a day *(,etc)* off, beg off; *~ seg fritatt* beg to be excused, excuse oneself; *~* **for** *ham* intercede for him; *(til Gud)* pray for him; *~ for sitt liv* ask them *(,etc)* to spare one's life, plead for one's life; *~ ham* **inn** ask him to come in; *han ba meg inn (også)* he asked me in; *~* **om** ask (for) *(fx* ask sby's advice; ask for money; we will do as you ask), beg (for), request; *(til Gud)* pray for; *~ ham om det* ask him for it, ask it of him; *~ om ordet* ask permission to speak; *~ om pent vær (fig)* cry mercy; *tør jeg ~ om saltet?* may I have the salt, please? may I trouble you for the salt? *~ om at det må bli gjort* ask that it (may) be done; *~* **pent** ask nicely, plead *(fx* he pleaded with his father for more pocket money); *han ba så pent om å få bli med oss* he asked so pathetically to be allowed to come with us; *~ til Gud (om det)* pray to God (for it); *~ ham til middag* invite him for *(el.* to) dinner, ask him to d.; *jeg er bedt* **ut** *i kveld* I've got an invitation for tonight; *han hadde bedt henne ut på dans* he had asked her (to come out with him) to a dance; *(se frita; tigge; årsak).*
bearbeide *(vb)* 1*(råstoffer, etc)* treat, work (up); *(maskinelt)* tool, machine, finish; *(jorda)* till, cultivate; 2*(tillempe)* adapt *(fx* a book for the stage, a play from the French); revise *(fx* a book); edit *(fx* a manuscript); touch up *(fx* the story was touched up by a journalist); *(mus)* arrange; 3*(prøve å overtale)* press, work on, influence, try to persuade, be at; *(valgkandidater)* lobby; 4*(slå løs på)* belabour, hammer away at, pummel; *~ et musikkinstrument* play away on a musical instrument; *~ en sak (jur)* handle *(el.* deal with) a case, be on a case, be in charge of a case.
bearbeidelig workable, that lends itself to working up, tractable; *(om metaller)* ductile; *(på verktøymaskin)* machin(e)able. **-het** workability; machin(e)ability, machining properties.
bearbeidelse *(se bearbeide)* working (up), treatment, preparation; machining, finish(ing); *(av jorda)* tillage, cultivation; adaptation, revision; arrangement *(fx* of a piece for the piano); persuasion; belabouring, pummelling; *~ for film* screen adaptation.
bebo *(vb)* occupy, live in, dwell in; *(et land; om gruppe mennesker også hus)* inhabit; *(se også bebodd).*
bebodd *(hus, rom)* inhabited, occupied; *(av person som betaler leie)* tenanted; *(sted, etc)* inhabited *(fx* il. areas).
beboelig *(sted, etc)* (in)habitable; *(hus, etc)* (in)habitable, fit to live in, fit for habitation.
bebo|elighet habitableness. **-else** habitation. **-elseshus** dwelling house.
beboer occupier, occupant, inmate *(av et hus* of a house); resident *(av* in, of), dweller *(av* in); *(innbygger)* inhabitant *(fx* the earth and its inhabitants).
bebreid|e *(vb)* reproach, upbraid; *~ ham en forseelse* reproach him with an offence. **-else** reproach. **-ende** reproachful.
bebude *(vb)* announce, herald, betoken, foreshadow; *den -de opptrapping av krigen* the stepping up of the war that has been announced.

bebygge *(vb)* cover with buildings, build on; develop; *(kolonisere)* settle, colonize; *(se også bebygd).*
bebygd built-up, built-over *(fx* area), built-on, developed *(fx* sites); *tett-* densely built-over; *for tett ~* overbuilt.
bebyggelse 1*(det å)* building *(av* on); 2*(bygninger)* buildings, houses; 3*(bebygd område)* built-up area; *(bosettelse)* settlement; *bymessig ~* urban area; *eksisterende ~* existing buildings; *tegninger som viser beliggenhet i forhold til eksisterende ~* drawings showing location plan in relation to existing buildings; *høy (,lav) ~* high (,low) houses; *spredt ~* scattered houses; sparsely built-up area; *tett ~* densely built-up area; close settlement.
bebyggelsesplan *(for område)* development plan.
bebyggelsestype type of (building) development.
bebyrde *(vb)* burden, encumber; *jeg vil ikke ~ Dem med* I will not trouble you with.
bed *(i en hage)* bed.
bedagelig: *i et ~ tempo* at a leisurely pace; *han hadde et ~ vesen* he was a quiet, level-headed sort of man.
bedaget *(gammel)* aged, stricken in years.
bedding 1. *mar (underlag for skip)* slip, slipway; 2*(bygge-)* building berth, stocks; 3*(for fortøyning)* bitts; *kaste til -s* bitt the cable, take a turn round the bitts; *komme på ~ for å repareres* be hauled up on the slipway for repairs; *sette et skip på ~ (ɔ: påbegynne bygging av)* lay down a vessel.
beddings|bjelke crosspiece of the bitts; *(på treankerspill)* strongback. **-blokk** keel block. **-slag** bitter, turn round the bitts; *gjøre ~: se ovf: kaste til beddings.* **-slisker** *(pl)* bilgeways, sliding ways.
bede|dag day of prayer. **-hus** chapel; *(ofte =)* Little Bethel; US meeting house. **-kammer** oratory.
bedek|ke *vb (ved paring)* cover; *(om hest)* serve; *la et dyr ~* have an animal mated; **-ning** 1. covering, cover; 2*(astr)* occultation.
bedende *(adj)* appealing, pleading.
bederv|elig perishable. **-et:** *bli ~* go bad; *varer som lett blir ~* perishable goods.
bedeskammel kneeler, kneeling stool.
bedra *(vb)* deceive, impose upon, take in; *(for penger)* cheat, defraud; *~ en for* swindle sby of; *skinnet -r* appearances are deceptive; *verden vil -s* the world will be taken in.
bedrag 1*(selv-, illusjon)* delusion, illusion; 2*(det å narre(s), svike(s))* deceit, fraud, swindle; **3.** **=** *bedrageri; et fromt ~* a pious fraud; *et optisk ~* an optical delusion *(el.* illusion); *list og ~* ruse and trickery; *sansenes ~* the deception of the senses.
bedrager cheat, swindler; *(svikefull person)* deceiver; *(som gir seg ut for en annen)* impostor.
bedrageri fraud, swindle; *(svik)* deception; imposture; *(sjøassuranse)* barratry; *gjøre seg skyldig i ~* commit a fraud, act fraudulently.
bedragersk fraudulent *(fx* a f. transaction); *(falsk, svikefull)* deceitful; *(skuffende, villedende)* delusive; *(forrædersk)* treacherous; *~ forhold (jur)* fraud; *i ~ hensikt* with fraudulent intent.
I. bedre better; *til det ~* for the better; *~ folk* **T** good-class people; *~ kvalitet* better quality; superior quality; *en ~ middag* a good dinner; *bli ~* get *(el.* become) better, improve; *dette blir ~ og ~* this is getting better and better; *forlanger ikke ~* asks no better; *De gjør ~ i å* you had better; *står seg ~* is better off; *vet ikke ~* knows no better; *ingen ~? (ved auksjon)* going; *(se også vite).*
II. bedre *vb (forbedre)* better, improve; *-s* mend,

improve; get better; *(se forbedre)*. **-stilt** better off.
bedrift exploit, achievement; *(næringsdrift)* trade, business; industry; enterprise.
bedriftsdemokrati industrial democracy, employee participation.
bedriftsgruppe industry group. **-idrett** [sports organized by firm for employees]. **-ledelse** management; *(personene)* board of managers; *dårlig* ~ bad management, mismanagement. **-leder** business manager. **-lege** medical officer (of an industrial concern). **-lære** *se yrkesøkonomi*. **-renn** [skiing contest organized by firm for employees]. **-råd** industrial council; *(som representerer de ansatte)* works *(el.* shop) committee; staff committee. **-stans** 1 *(midlertidig)* interruption of work, stoppage (of work); breakdown *(fx* of machinery); 2*(nedleggelse)* a closing down of works, shutdown, shutting down *(fx* the shutting down of a factory).
bedriftsøkonomi business administration; science of industrial management; *(jvf driftsøkonomi)*.
bedriftsøkonomisk: *B- institutt* the Institute of Business Administration; *-e faktorer (kan fx gjengis)* factors affecting the operational efficiency (of the factory); *-e problemer* problems of practical economics; problems of business management.
bedring improvement; *(etter sykdom)* convalescence, recovery; *det er inntrådt en* ~ there is a change for the better; *han er i* ~ he is recovering; *god* ~ *!* I hope you'll soon be better! *(se forbedring)*.
bedrive *(vb)* commit; *(bestille)* do; ~ *hor* commit adultery.
bedrøve *(vb)* distress, grieve, sadden; *-et* sorry, grieved, distressed *(over* at). **-elig** sad, dismal; *(ynkelig)* sorry. **-else** sorrow, distress, grief, sadness.
bedugge *(vb)* bedew. **-t** dewy; *(beruset)* slightly fuddled.
beduin Bedouin.
bedyre*(vb)* asseverate, protest, declare solemnly, avow *(fx* he avowed it to be true); ~ *sin uskyld* protest one's innocence; *han -te høyt og hellig at* ... he solemnly declared that ...; he swore that ...
bedyrelse asseveration, solemn declaration, protestation; *(se forsikring & påstand)*.
bedømme *(vb)* judge, judge of; *(vurdere)* evaluate.
bedømmelse judgment; assessment; evaluation.
bedømmelseskomité judging committee.
bedøve *vb (ved slag, støy & fig)* stun, stupefy; *(ved legemidler)* anaesthetize; *(forgifte i vond hensikt)* drug; *-ende midler* anaesthetics. **-else** stupefaction; *(med.)* anaesthetization; *(tilstand)* stupor; *under* ~ under an anaesthetic. **-elsesmiddel** anaesthetic, narcotic.
bedåre *(vb)* charm, captivate, fascinate; *(sterkere)* infatuate. **-ende** charming, delightful, enchanting, ravishing, delicious.
beedige *(vb)* confirm by oath, swear (to); *-t erklæring* sworn statement, declaration on oath, affidavit.
befal [commissioned and non-commissioned officers]; *vernepliktig* ~ reserve officers; ~ *og mannskap (mar)* officers and crew; ~ *og menige* all ranks.
befale *vb (byde)* command, order; ~ *over* command; *De har bare å* ~ you only have to say the word; *som De -r* as you please.
befalende commanding; peremptory, imperative. **-ing** command, order(s); *etter* ~ *av* by order of; *ha* ~ *over* have the command of; *på hans* ~ at his command; *(se også kommando & ordre)*. **-ingsmann** officer (in command).

befalselev *(hær & flyv)* officer cadet. **-havende** commanding officer; officer in command. **-skole** *(også* US) officers' training school. **-skoleelev:** *se befalselev.*
befare *vb* 1*(undersøke)* survey; **2.:** ~ *en elv* navigate a river.
befaring 1. survey; 2*(mar)* navigation.
befatning dealings; *ha* ~ *med en (også)* have to do with sby.
befatte *(vb):* ~ *seg med* have to do with, occupy oneself with, concern oneself with.
befengt: ~ *med* infested with.
beferdet frequented, crowded, busy; *gata er sterkt* ~ it's a busy street; the street carries a great deal of traffic.
befeste *vb (styrke)* consolidate, confirm, strengthen; *(mil)* fortify; ~ *sitt ry* consolidate *(el.* establish) one's reputation. **-ning** fortification; *-er (også)* defensive works, defences.
befestningsanlegg fortifications, defensive works.
befinne *(vb):* ~ *seg* be, find oneself; *han befant seg ikke vel* he was not feeling well.
befinnende (state of) health.
befippelse perplexity, flurry. **-et** flurried, disconcerted, perplexed; *gjøre* ~ flurry, disconcert.
beflitte *(vb):* ~ *seg på å* ... endeavour to, strive to, try hard to, do one's best to.
befolke *(vb)* people, populate; *(bebo)* inhabit; ~ *og dyrke opp de ubebodde områdene* settle and cultivate the uninhabited areas; *tett -et* densely *(el.* thickly) populated *(el.* peopled); *tynt -et* sparsely *(el.* thinly) p.; *-et med arabere* Arab -populated *(fx* in Arab-populated regions).
befolkning population; *en tallrik* ~ a large p.; *hele Londons* ~ the whole p. of London.
befolkningsoverskudd surplus population. **-statistikk** population statistics. **-tetthet** density of (the) p., p. density *(fx* the highest p. d. in Europe). **-tilvekst** increase in population.
befordre *vb (sende)* forward; *(transportere)* convey, carry; ~ *en over i evigheten* S bump sby off; ~ *videre* (re)forward.
befordring 1. forwarding; 2. conveyance.
befordringsmiddel (means of) conveyance. **-måte** mode of conveyance.
befrakte *(vb)* freight, charter; *(slutte)* fix.
befrakter charterer. **-ning** freighting, chartering affreightment. **-ningskontrakt** *(certeparti)* charter party *(fk* C/P). **-ningsregler** *(pl)* rules of affreightment; *(i England)* the Carriage of Goods by Sea Act. **-ningstid** charter period.
befri *(vb)* free, set free, release; liberate; ~ *for* free from, deliver *(el.* save) from, rid of; *(frita for)* exempt from; ~ *en for noe (også)* take sth off one's hands; ~ *familien for sitt nærvær* relieve the family of one's presence. **-else** freeing, deliverance, release; liberation; *(fritagelse)* exemption. **-er** deliverer, liberator.
befrukte *(vb)* fertilize, fecundate; *(bare om dyr)* impregnate; *(fig)* inspire, stimulate. **-ning** fecundation, fertilization; *kunstig* ~ (artificial) insemination.
befruktningsdyktig capable of fertilizing; *(som kan besvangres)* capable of conceiving, c. of becoming pregnant. **-evne** fertilizing capacity; ability to conceive. **-hindrende** contraceptive; ~ *middel* contraceptive.
befullmektige *(vb)* empower, authorize.
befullmektiget *(subst)* attorney, proxy; *(adj)* authorized; ~ *minister* (minister) plenipotentiary.
befole *(vb)* feel; *(fingre på, famle hen over)* finger; **T** paw.
beføyd, beføyet justified, authorized; *(grunnet)* well founded, just, justified.
begavelse gifts, powers, talents. **-et** gifted, talented; *han er* ~ *(også)* he possesses talent; *en* ~

gutt a naturally gifted boy; *høyt* ~ brilliant; *musikalsk* ~ musical; *svakt* ~ backward.

begeistret *(adj)* enthusiastic; *(adv)* enthusiastically; *bli* ~ *for noe* become enthusiastic over sth, take a fancy to sth. **-ing** enthusiasm *(for* for, about); *i den første* ~ in the first flush of enthusiasm; *(se kjølne & stormende).*

beger cup, beaker, goblet; *-et fløt over* the cup was full to overflowing; *dråpen som får -et til å flyte over* the last straw (that breaks the camel's back); *-et er fullt* my (,his, *etc)* cup is full; *tømme gledens* ~ *til bunns* drain the cup of pleasure to the dregs.

begerblad *(bot)* sepal. **-klang** clinking of glasses. **-svinger** *(spøkef)* tosspot; *gamle -e* seasoned tosspots.

begge both; *(hver av to)* either; *vi* ~ both of us, we both; ~ *to* both; ~ *deler* both; ~ *deler er riktig* both are right *(el.* correct); either is correct; ~ *har rett* they are both right; *som* ~ both of whom, who both of them; *i* ~ *tilfelle* in either case.

begi *(vb):* ~ *seg på vei* set out; ~ *seg ut på en reise* set out on a journey.

begivenhet event, occurrence, incident; *en gledelig* ~ *(ɔ: familieforøkelse)* a happy event; *fattig på -er* uneventful; *hele verden venter i spenning på -enes videre utvikling* the whole world anxiously awaits the march of events; *(se avstand; uhildet; I. vente; verdens|begivenhet, -historisk).*

begjær desire, appetite, lust.

begjære *(vb)* desire, covet; *(forlange)* demand; ~ *en til ekte* ask sby's hand in marriage; *du skal ikke* ~ *din nestes hustru* thou shalt not covet thy neighbour's wife; *alt hva hjertet -r* everything one can wish for; everything the heart could desire; ~ *siktede satt i varetekt* remand the prisoner in(to) custody; *(se varetekt).*

begjæring *(anmodning)* request; *(krav)* demand.

begjærlig *(adj)* desirous *(etter* of); eager *(etter* for); *(grisk)* greedy, covetous, avid; ~ *etter å* eager to.

begjærlighet *(griskhet)* desire, covetousness, greed(iness), avidity.

beglo *(vb)* stare at.

begonia *(bot)* begonia.

begrave *(vb)* bury, inter; *(fig)* bury.

begravelse funeral; burial, interment; *være til stede ved en* ~ attend a funeral.

begravelses|avgifter funeral fees. **-byrå** firm of undertakers; US funeral home. **-omkostninger** funeral expenses. **-ritual** burial service. **-skikker** funeral ceremonies, burial customs.

begrense *(vb)* bound; *(holde innen visse grenser)* limit; *(innskrenke)* reduce, restrict, curtail; ~ *seg til* limit *(el.* confine) oneself to; *jeg -t meg til det aller nødvendigste* I confined myself to (the) bare necessities; I did not go beyond what was strictly necessary.

begrenset limited; restricted; *begrensede import-restriksjoner* a limited range of import controls; *utgave i* ~ *opplag* limited edition; *ilden var nå* ~ the fire was now within bounds.

begrensning limitation; restriction; curtailment.

begrep notion, idea, conception *(om* of); *gjøre seg* ~ *om* form an idea *(el.* notion) of; *det har jeg ikke* ~ *om* I have no idea; *står i* ~ *med å* is going to, is about to, is ready to, is on the point of (-ing), is in the act of (-ing).

begrepsforvirring confusion of ideas.

begripe *(vb)* understand, comprehend; *(tenke seg)* conceive; *hva jeg ikke -er, er at ...* T what gets me beat is that ... **-elig** comprehensible, conceivable; *forsøkte å gjøre ham* ~ *at ...* tried to make him understand that ... **-eligvis** of course.

begripelse: *langsom i -n* T slow in *(el.* on) the uptake.

begrodd overgrown *(med* with); *(om skipsbunn)* foul.

begrunne *(vb)* state the reason for, give (the) grounds for; *(bevise)* give proof of, make good; *han -r sine krav med ...* he bases his claims on ...; *jeg vet ikke hva han -r sitt krav med* I do not know on what grounds his claim rests; *vel -t* well-founded.

begrunnelse *(motivering)* reasons, grounds; *(argument)* argument; *(underbyggelse)* basis; *med den* ~ *at* on the ground that.

begunstige *(vb)* favour; US favor. **-else** favour; US favor.

begynne *(vb)* begin, start *(med* with); commence; ~ *å snakke* begin to speak *(el.* speaking), start speaking *(el.* to speak); *jeg må* ~ *å pakke* I must get on with my packing; *du -r å bli stor pike nå* you're getting a big girl now; *det -r fint, må jeg si! (iron)* that's a nice start, I must say! *vinteren -r tidlig* the winter sets in early; ~ *sin egen husholdning* set up house for oneself; ~ *igjen* begin over again, start afresh; ~ *på noe* begin sth *(fx* he began the essay); ~ *på arbeidet kl. 9* start work at nine; *(se skole); vel begynt er halvt fullendt* well begun is half done.

begynnelse beginning, commencement, outset; *i -n* at first, to begin with; *i -n av krigen* *(el.* during) the early part of the war; *i -n av talen* in the early part of *(el.* at the beginning of) his (,her, *etc)* speech; *straks i -n* at the very beginning; at the (very) outset; right at the start; *fra -n til enden* from beginning to end; *en god* ~ *på dagen* a good start to the day; *-n til enden* the beginning of the end; *begynne med -n* begin at the beginning; *gjøre -n* take the first step; *ta sin* ~ begin; *det er bare -n* ~ *hva blir det neste? (fig, ofte)* it's the thin end of the wedge.

begynnelses|bokstav initial; *stor* ~ initial capital; *liten* ~ small initial letter. **-grunner** *(pl)* rudiments, beginnings, elements.

begynnende incipient.

begynner beginner, novice. **-arbeid:** *et* ~ the work of a beginner. **-bok** beginner's book *(fx* a beginners' book in French). **-kurs** elementary course. **-lønn** initial salary; starting pay.

begå *(vb)* commit *(fx* a crime).

behag pleasure, satisfaction; *etter* ~ at pleasure, as you like; *finne* ~ *i* take pleasure *(el.* delight) in.

behage *(vb)* please; *som De -r* as you please; *hva -r?* (I) beg your pardon? *(forbløffet)* what? *behag å ta plass* please sit down; sit down (if you) please; *anstrenge seg for å* ~ try hard to please; make an effort to please.

behagelig agreeable, pleasant; *(tiltalende)* engaging, attractive; *forene det nyttige med det -e* combine the useful with the agreeable; *et* ~ *vesen* pleasant manners, a pleasant manner.

behagelighet pleasantness, agreeableness.

behage|lyst desire to please. **-syk** anxious to please. **-syke** excessive desire to please.

behandle *(vb)* handle, manage, deal with; *(godt, dårlig)* treat, use; *(drøfte)* discuss; *(handle om)* treat of; *(patient)* treat; ~ *en dårlig* treat sby badly, ill-treat sby; ~ *en sak* handle a case.

behandling handling, management; treatment; usage; discussion; *gi en kunde reell* ~ give a customer a fair deal; *-en av et enkelt ord fyller ofte flere spalter* several columns are often needed to deal with a single word. **-småte** (mode of) treatment, manner of dealing with sth; *(med.)* therapy.

behansket gloved.

behefte *(vb)* burden, encumber; *eiendommen var sterkt -t* the estate was heavily mortgaged; *-t med gjeld* encumbered with debt.
beheftelse encumbrance.
behendig dexterous, deft, nimble; *han kom seg meget ~ ut av det hele (fig)* he got out of it very neatly. **-het** dexterity, nimbleness.
behengt *~ med ordener* plastered with decorations.
beherske *(vb)* rule (over), govern, sway, master; *(lidenskap, stemme)* be master of, control; *de som -r engelsk* those who speak English.
beherskelse **1**(*selv-*) self-control; self-command; restraint; **2**(*herredømme*) control *(fx* of one's emotions; one's feelings; one's voice); *~ av (ɔ: dyktighet i)* command of *(fx* a language), mastery of *(fx* a language; a subject).
behersket *(rolig)* controlled; restrained; moderate; *(om stil etc.)* restrained; *~ optimisme* mild *(el.* cautious) optimism.
behjelpelig: *være en ~* help *(el.* assist) sby; give sby a (helping) hand *(med å* in (-ing)).
behjertet dauntless, intrepid, resolute. **-het** courage, intrepidity, resolution.
behold: *er i ~* remains, is left; *i god ~* in safety, safe and sound; *(især om varer)* in good condition.
beholde *(vb)* keep, retain; *disse klærne -r fasongen* these clothes keep their shape; *la en ~ noe* leave sth to sby, let sby keep sth; *la en ~ livet* spare sby's life; *~ frakken på* keep one's coat on.
beholder container, receptacle; *(tank)* tank.
beholdning stock (of goods), supply; *(kasse-)* cash balance; *(se slutt; varebeholdning).*
behov *(subst)* need, requirement; *de blindes ~* the needs of the blind *(fx* an institution geared to the needs of the blind); *det er tilstrekkelig for hans enkle ~* that's enough for his simple needs; *legemlige ~* bodily needs; *et organisk ~* an organic need; *de helt spesielle ~ hos dem som skal oversette teknisk stoff* the specialised requirements of translators of technical material; **dekke** *-et* meet *(el.* supply) the demand; *vi må være forberedt på å kunne dekke -et helt ut* we must see that we are able *(el.* in a position) to meet the demand in its entirety; *dekke Deres ~* meet *(el.* cover *el.* fill) your requirements *(fx* we can meet your requirements in *(el.* of) coffee); cover *(el.* meet) your needs; *dekke sitt eget ~* cover *(el.* meet) one's own requirements *(el.* needs); supply one's own needs; *[forb. med prep]* **etter** *~* according to requirements; as required; *-et* **for** the need for; *-et for sikkerhet* the need for security; *dekke -et for en praktisk og hendig lommeordbok* supply the need for a practical and handy pocket dictionary; *ha ~ for* need, require, be in need of; *de har selvfølgelig et minst like stort ~ for kjærlighet som andre mennesker* they obviously have at least as much need of love as other people; *jeg har et sterkt ~ for hans hjelp* I badly need his help; *det er et sterkt ~ for skip* ships are badly wanted; ships are in great demand; there is a great demand for ships; *det er et økende ~ for offentlig og privat pengestøtte* there is a growing need for public and private financial aid; *til tross for at omsetningen har vært god, har det imidlertid vært et økende ~ for ...* despite the fact *(el.* in spite of the fact) that the turnover has *(el.* the sales have) been good, there has, however, been an increasing demand for ...; *det er all sannsynlighet for at -et for skipsutstyr stadig vil øke i årene fremover* it is highly probable that the demand for ships' fittings will increase steadily in the next few years *(el.*

in the years to come); *(se også II. dekke).* **-behov** requirement *(fx* vitamin requirement).
behovsdekning provision for needs; satisfaction of wants *(el.* needs); covering of requirements.
behovsprøving means test.
behørig *(adj)* due, proper; *i ~ form* in due form; *i ~ stand* in proper condition; *holde seg på ~ avstand* keep at a safe distance; *på ~ måte* duly; in due form.
behøve *(vb)* need, want, require, stand in need of; *det -s ikke* there is no need for that; *du -r ikke å komme* you need not come; *du -r ikke møte meg på stasjonen* don't trouble to meet me at the station; *er det noen som -r å få vite det?* need anybody know? *det -r man ikke fortelle ham (ɔ: fordi han allerede vet det)* he doesn't need to be told; *det -r neppe å sies* it need hardly be said.
behåret hairy.
beile *(vb): ~ til* make love to, woo, court; *~ til ens gunst* court sby's favour.
beiler suitor, wooer. **-ing** wooing, courtship.
bein: *se ben.*
beinfly *(vb)* race *(el.* chase) along; *han liker å gå på skiturer, men tilhører ikke dem som -r i fjellet* he likes cross-country skiing, but he's not one of those who race across the mountains.
beis stain; *tre-* wood stain.
beise *(vb)* stain; *(metall)* pickle.
I. beite *(agn til fisk)* bait.
II. beite grazing land, pasture.
III. beite *(vb)* graze.
bek pitch. **-aktig** pitchy.
bekjempe *(vb)* fight, oppose, combat, struggle with; fight down. **-else** fight *(av* against), combating *(av* of); *tiltak til ~ av* measures for combating.
bekjenne *vb (tilstå)* confess; *(innrømme)* admit, confess (to); *~ kulør (fig)* show one's colours; *~ seg skyldig* plead guilty; *~ seg til en religion* profess a religion.
bekjennelse *(tilståelse, tros-)* confession; *(av religion)* profession; *gå til ~* make confession, make a clean breast of it. *-en* one who professes or follows (a religion); *Edvard B-en* Edward the Confessor.
I. bekjent *(subst)* acquaintance; *en god ~* a friend.
II. bekjent *(adj)* (well-)known; noted, familiar; *det er alminnelig ~* at it is common knowledge that; *så vidt meg ~* as far as I know; *som ~* as is (well) known; as you know; *~ for* known for, famous for; *~ med* acquainted with; familiar with; *jeg kan ikke være ~ av* at I would not have it known that; *det kan vi ikke godt være ~ av* we could not very well do that; *du kan ikke være ~ av annet* you cannot in decency do otherwise; *den boka kan du ikke være ~ av* you can't admit to writing a book like that; *vi kan ikke være ~ av å selge slike varer* it won't do for us *(el.* it won't pay us) to sell such goods; *du kan ikke være ~ av den kjolen* you can't appear in *(el.* be seen with) that dress.
bekjentgjøre *(vb)* make known, announce; *(i blad)* advertise, publish. **-gjørelse** announcement, (official) notice; advertisement.
bekjentskap acquaintance; *gjøre (el.* stifte) *~ med* become acquainted with, make the acquaintance of; *ved nærmere ~* on closer acquaintance.
bekjentskapskrets circle of acquaintances.
bekk brook; beck; *(skotsk)* burn; **US** creek; *liten ~* brooklet; *gå over -en etter vann* = miss the obvious; *(ofte* =) take unnecessary trouble; **US** go all around the barn to find the door.

bekkasin *zool (enkelt-)* common snipe; *(dobbelt-)* great snipe. **-snipe** *(zool)* red-breasted snipe.
bekkeblom *bot (soleiehov)* marsh marigold.
bekke|drag, -far course of a brook.
bekken basin; *(stikkbekken)* bedpan; *(musikkinstrument)* cymbal; *(anat)* pelvis.
bekkerøye *(zool)* red-bellied trout; **US** Dolly Varden trout.
bekkesig brooklet, trickle.
beklage *(vb)* regret, deplore; ~ *en* be sorry for sby, pity sby; ~ *seg over* complain of; *jeg -r meget at* I am very sorry that; *jeg -r å måtte meddele Dem* I regret to inform you; I regret having to inform you; *han er meget å* ~ he is much to be pitied.
beklagelig regrettable, deplorable, unfortunate.
beklagelse regret; *det er med* ~ *jeg må meddele Dem at* it is with regret that I have to inform you; *vi ser med* ~ *at De ikke kan godta våre betingelser* we note with regret *(el.* we regret to note) that you cannot accept our terms; *(se for øvrig beklage; forsinkelse; purring; se).*
beklagelsesverdig pitiable, to be pitied.
bekle *(vb)* cover; ~ *et embete* fill *(el.* occupy) an office, hold an o.; ~ *med papir* paper; ~ *med bord (,planker)* board (,plank); ~ *med metallplater* case with *(el.* encase in) metal sheets.
bekledning *(klær)* clothing; *(overtrekk av bord)* boarding; *(innvendig)* lining.
bekledningsgjenstand: *se klesplagg.*
beklemmelse uneasiness, anxiety.
beklemt anxious, uneasy, down-hearted.
beklemthet anxiety, uneasiness.
beklippe *vb (hekk)* trim; *(fig)* curtail, abridge.
beknip: *være i* ~ **T** be in a jam; be in a tight corner *(el.* spot); *komme i* ~ get jammed.
bekomme *(vb)* agree with; *det vil* ~ *Dem vel* it will do you good; *det bekom ham ille at han* he fared the worse for (-ing); *vel* ~ *! (ved måltidet sies ikke noe tilsvarende i England); (iron)* much good may it do you!
bekomst: *få sin* ~ be done for; *(bli skjelt ut)* **S** cop it (hot); *han fikk sin* ~ **T** they *(,etc)* settled his hash; *han har fått sin* ~ he had it coming to him.
bekoste *(vb)* pay *(el.* defray) the cost of, pay for.
bekostning cost, expense; *på min* ~ at my expense; *på egen* ~ at his *(,etc)* own e.; *på offentlig* ~ at (the) public e.; *på* ~ *av* at the e. of; *på* ~ *av sannheten* at the sacrifice of truth.
bekranse *(vb)* wreathe, garland.
bekransning wreathing *(fx* w. of the statue).
bekrefte *(vb)* **1**(*stadfeste)* confirm, corroborate, bear out; **2**(*erkjenne)* acknowledge; **3**(*bevitne riktigheten av)* attest *(fx* a signature), witness; verify *(fx* a document); ~ *mottagelsen av* acknowledge receipt of; *rett avskrift -s* certified (to be) correct; *en -t avskrift (el. gjenpart)* a certified copy.
bekreftelse confirmation, corroboration; affirmation; acknowledg(e)ment; attestation; verification; *til* ~ *av* in confirmation of; *(jur)* in witness of; ~ *på* confirmation of.
bekreftende affirmative; in the affirmative; *(se benektende).*
beksvart pitchy, pitch-black.
bektråd wax-end, waxed thread.
bekvem *(passende)* fit, fitting, proper, suitable; *(beleilig)* convenient; *(lett)* easy; *(makelig, hyggelig)* comfortable; *gjøre seg det -t* make oneself comfortable; *-t tøy* comfortable clothes.
bekvemme *(vb):* ~ *seg til* bring oneself to, persuade oneself to.
bekvemmelighet comfort, convenience, accommodation; *huset er utstyrt med alle moderne -er* the house is fitted with every modern convenience. **-shensyn** consideration of convenience; *av* ~ for the sake of convenience.
bekymre *(vb)* worry, trouble; *det -r meg* that's got me worried; *that worries me;* ~ *seg for* worry about *(fx* do not w. about that); ~ *seg med* trouble oneself with; ~ *seg om* care about, trouble oneself about, worry about; *hvorfor* ~ *seg om det?* why worry about that?
bekymret worried, anxious, concerned *(for* about) *(fx* we are c. about this matter).
bekymring care, concern, anxiety, worry; *jeg har ingen -er når det gjelder fremtiden* I have no worries about the future; *det er ingen grunn til å ta -ene på forskudd* there is no need to meet trouble halfway.
belage *(vb):* ~ *seg på* prepare (oneself) for, make ready for.
belagt covered; *(om tunge)* coated, furred; *(om stemme)* husky; *helt* ~ *(om hotell, etc)* fully booked up; *denne formen er godt* ~ *i vår tekst* this form is well instanced in our text; *(se også belegge).*
belaste *(vb)* load, charge; *(konto)* debit, charge *(ens konto for* sby's account with); ~ *Deres konto* charge to your account; ~ *med dobbelt porto* charge double postage on.
belastet: *arvelig* ~ with a hereditary weakness; *en* ~ *samvittighet* a bad conscience.
belastning *(tyngde)* load, weight; *under sterk* ~ under a heavy load; *(fig)* strain; *(elekt, etc)* load; *med stor (el. høy)* ~ under a heavy load; *på alle -er (om brenner, etc)* at *(el.* on) all loads, at all capacities; *arvelig* ~ hereditary taint *(el.* streak); *det er en arvelig* ~ it's a family failing *(el.* weakness); *stamming kan være en arvelig* ~ stammering may be hereditary; *den* ~ *som det har vært for begge parter* such a strain as it has been for both parties; *det vil bety en* ~ *av forholdet mellom de to land* it will mean a strain on relations between the two countries.
belegg coat(ing), facing, lining; *(skorpet)* incrustation; *(på tunga)* fur; *(på sykehus)* number of patients, beds filled; *(i hotell)* number of visitors; *hotellet har fullt* ~ the hotel is full *(el.* filled to capacity); *fullt* ~ *(om passasjerer, etc)* full complement *(fx* another six names will be necessary to make up the f. c. of passengers); *(eksempel)* instance; ~ *for* instance of; *jeg har* ~ *for det* I can quote instances in support of it.
belegge *(vb)* cover; *(m. overtrekk)* coat; *forstå å* ~ *sine ord* know how to put things; ~ *med arrest* place under arrest; *(skip)* lay an embargo on; ~ *med sitater* support with quotations; ~ *med toll* levy duty on; *belagt med høy toll* subject to a high duty; *det er belagt med høy toll (også)* a high duty is charged on it; *(se også belagt).*
beleilig convenient, opportune, seasonable; *(adv)* opportunely, just in time; *så snart det er* ~ *for Dem* at your earliest convenience; *når det er* ~ *for Dem* when(ever) it is convenient for *(el.* to) you; *gripe det -e øyeblikk* choose the right moment, take time by the forelock.
beleire *(vb)* besiege, lay siege to, beleaguer. **-er** besieger. **-ing** siege; *heve en* ~ raise a s.
beleirings|skyts heavy artillery. **-tilstand** state of siege; *erklære en by i* ~ proclaim a town in a state of siege. **-tropper** besieging forces.
belemre *(vb):* ~ *med* saddle with, encumber with.
belesse *(vb)* load, burden *(med* with).
belest well *(el.* deeply) read. **-het** extensive reading, wide reading.

beleven courteous. **-het** courtesy.
belg *(bot)* shell, pod, legume; *(dyreskinn)* skin; *(blåse-)* bellows.
belge *vb (erter)* shell, pod.
belgfrukt pulse, leguminous fruit, legume.
Belgia *(geogr)* Belgium. **belgier(inne)** Belgian.
belgisk Belgian.
belgmørk pitch-dark.
belgplante leguminous plant.
beliggende lying, situated; *(om hus også)* standing; *(se sentral).*
beliggenhet position; situation, site; *(geogr)* position; *(med hensyn til vær, sol)* exposure, aspect; *(mus)* order; position; *huset har en pen ~* the house is nicely situated; *huset har en vakker ~ ved en liten sjø* the house is in a lovely *(el.* beautiful) position beside a small lake; *tegninger som viser ~ i forhold til eksisterende bebyggelse* drawings showing location plan in relation to existing buildings.
belive *(vb)* animate, quicken. **-t** animated, lively, spirited.
I. belje *vb (tylle i seg)* gulp, swill.
II. belje *vb (brøle)* bellow, roar, squall; *sette i å ~* begin to squall.
belladonna *(medikament)* belladonna; *(bot)* deadly nightshade.
belte belt, girdle; *(geogr)* zone; *Venus' ~* the girdle of Venus; *Orions ~* the belt of Orion. **-dyr** *(zool)* armadillo. **-spenne** (belte) buckle. **-sted** waist; *kle av seg til -et* strip to the waist; *under -et (også fig)* below the belt *(fx* hit b. the b.). **-traktor** caterpillar (tractor).
belure *(vb)* watch (secretly).
belyse *(vb)* light, light up, illuminate; *(fig)* throw light on, illuminate, elucidate.
belysning lighting, illumination, light; *til ~ av* in elucidation of; *feil ~ (fot)* incorrect exposure; *(jvf innstilling).*
belysningsapparat lighting apparatus. **-gass** illuminating gas. **-middel** illuminant. **-teknikk** illumination engineering.
belære *(vb)* instruct, teach; *la seg ~* be taught, take advice. **-ende** instructive. **-ing** instruction.
belønne *(vb)* reward, recompense, remunerate *(for* for).
belønning reward, recompense, remuneration; *(pris-)* award, prize; *som ~* as a reward; *by way of r.; utlove en ~ for* offer a reward for.
beløp amount; *hele -et* the total (amount); *et høyt ~* a large a., a big sum; *et ~ på* an a. of; *til et ~ av* to the a. of; *til et (samlet) ~ av* amounting (in all) to; totalling; *det innkomne ~* the a. *(el.* sum) received; *de ~ som skal betales* the charges *(fx* the c. are postage and fees); *slå -et i kassen* ring up the sale (on the cash register).
beløpe *(vb): ~ seg til* amount *(el.* come) to; *fakturaen -r seg til* the invoice is for *(el.* amounts to); *mine utgifter -r seg til* my total expenses come to; *~ seg i alt til* total, aggregate; *hva kan det ~ seg til?* what may it come to?
belåne *vb (låne på)* raise money *(el.* a loan) on, borrow money on; *(fast eiendom)* mortgage.
belåning *(av fast eiendom)* mortgage.
bemale *(vb)* paint, daub.
bemanne *(vb)* man. **-ing** manning; *(mar: mannskap)* crew.
bemektige *(vb): ~ seg* seize (on), take possession of, possess oneself of.
bemerke *vb (legge merke til)* notice, observe; *(merke seg)* note, take note of; *(ytre, si)* remark, observe; *vi ber Dem ~* please (take) note that; *til dette vil jeg ~ at ...* to this I would like to say that ...; *~ innholdet* note the con-

tents; *det fortjener å -s* it deserves notice; *gjøre seg -t* make oneself conspicuous; *(se ufordelaktig).*
bemerkelsesverdig remarkable, noteworthy, notable; *~ god* remarkably good.
bemerkning remark, observation; *(kritisk)* comment; *gjøre en ~* make a remark; *han kom aldri med en hyggelig ~* he never made a pleasant remark; *jeg trekker min ~ tilbake* I withdraw what I said; *(se randbemerkning).*
bemidlet of means, well off, well-to-do.
bemyndige *(vb)* authorize, empower.
bemyndigelse authority, authorization; *etter ~ by* order; *gi ~ til* authorize; *(se fullmakt)*
bemøye *(vb): ~ seg* take the trouble *(med å* to).
ben *(i kroppen)* bone; *(lem)* leg; *(på møbel)* leg; *få med deg -a!* stir your stumps! get a move on! *hans formue fikk fort ~ å gå på* he went through his fortune in no time; *ha ~ i nesa* have plenty of backbone; *ha ett ~ i hver leir* have a foot in both camps *(fx* he tried to have a f. in both camps); *hjelpe ham på -a (fig)* put him on his legs again; *holde seg på -a* keep one's feet; *komme på -a igjen* regain one's feet, spring *(el.* leap) to one's feet; *spenne ~ for en* trip sby up; *stille en hær på -a* raise an army; *strekke på -a* stretch one's legs; *stå med ett ~ i hver leir* keep *(el.* steer) a middle course; *run with the hare and hunt with the hounds; stå på egne ~* stand on one's own legs; *ta -a på nakken* take to one's heels; *være på -a* be up and about; *(etter sykdom også)* be on one's feet again; *hele byen er på -a* the whole town is astir; *hele Oslo var på -a (også)* all Oslo was out in the streets; *være dårlig (,rask) til -s* be a bad (,good) walker; *(se bruke & tykk).*
benaktig bony, osseous.
benarbeid *(svømmers)* leg action.
benbrudd fracture. **-bygning** bone structure; *han har en grov ~* he is big-boned, he is of heavy build; *(se legemsbygning).* **-dannelse** bone formation.
bend bend. **-e** *(vb)* bend. *~ opp* prize open.
bendelbånd tape. **-orm** *(zool)* tapeworm.
bendsel *(mar)* seizing. **bendsle** *vb (mar)* seize.
benediktiner Benedictine.
benefiseforestilling benefit performance.
benekte deny; *det kan ikke -es at* there is no denying the fact that; it cannot be denied that; *han -er at han har ...* he denies having ...; he denies that he has ... **-else** denial. **-ende** *(adj)* negative; *(adv)* in the negative; *~ svar* answer in the negative, negative reply.
benet bony, osseous.
benevne *(vb)* name, call, designate, term, denominate. **-else** name, appellation, designation. **-ing** *(mat.)* denomination; *gjøre om til felles ~* reduce to a common denominator.
benevnt: *~ tall* concrete number; *sammensatt ~ tall* compound number; *addisjon med -e tall* compound addition.
benfly *(vb): se beinfly.*
benfri boneless, boned; *(se benløs).*
Bengal *(geogr)* Bengal. **b-er(inne), b-sk** *(språk)* Bengali; *b-sk lys* Bengal light; *Den b-ske bukt* the Bay of Bengal.
bengel *(skjellsord)* lout.
benhinnebetennelse *(med.)* periostitis.
benk bench; seat; *spille for tomme -er* play to an empty house.
benke *(vb)* seat, bench.
benklær trousers; *T & US* pants; *(under-)* pants, drawers; *(jvf bukse).*
benkurtise: *drive ~ med en US* play footsie with sby.

ben|lim bone glue. **-løs** boneless, legless; *-e fugler (rett)* veal olives, olives (of veal); **US** veal birds. **-mel** bone meal. **-muskulatur** leg muscles. **-protese** artificial leg.

bensin benzine; *(til motor)* petrol; **US** gas-(oline); *kjøre tomt for* ~ run out of petrol; *bilen sluker* ~ the car drinks petrol; *(se også II. fylle).*

bensin|ekspeditør filling station *(el.* petrol pump) attendant. **-forbruk** fuel *(el.* petrol) consumption *(fx* the car does 20 to 24 m. p. g. *(fk. f.* miles per gallon); *bilen bruker ca. 0,8 l pr. mil* the car does about 38 miles per *(el.* to the) gallon. **-kanne** petrol can; *(flat)* jerrycan, jerrican. **-motor** petrol engine. **-måler** fuel *(el.* petrol) gauge. **-pumpe** fuel pump; *(på bensinstasjon)* petrol pump. **-sluker** T car that drinks petrol; **US** T gas guzzler. **-stasjon** filling station, service station; **US** gas pump. **-tank** petrol tank. **-tilførsel** fuel supply.

ben|skinne *(til rustning)* greave; *(av lær)* pad; *(med.)* splint. **-sol** *(kjem)* benzene; *(merk)* benzol. **-splint** splinter of bone. **-stump** stump of a leg; fragment of bone.

benvei short cut; *(se snarvei).*

benvev *(anat)* osseous tissue; *(se vev 2).*

benytte *(vb)* use, make use of, employ; *(som kilde)* consult; ~ *en anledning* take an opportunity; *jeg -er anledningen til å ...* I take this opportunity to ...; ~ *eksperter til arbeidet* employ experts for the job; ~ *tiden godt* make good use of one's time; put one's time to good use; ~ *sin tid på beste måte* make the most of one's time; ~ *seg av* take advantage of *(fx* sby). avail oneself of; profit by. **-else** use; utilization, employment.

benåde *(vb)* pardon; *(for dødsdom)* reprieve.

benådning *(ettergivelse av straff)* pardon, mercy; reprieve.

benådnings|rett prerogative of mercy. **-søknad** petition for mercy.

Beograd *(geogr)* Belgrade.

beordre *(vb)* order, direct; ~ *en til tjeneste* post sby for duty; *-t til London* ordered to London.

beplante *(vb)* plant; ~ *på nytt* replant. **-ning** planting; *(konkret)* plantation.

beramme *(vb)* fix; ~ *et møte til kl. 3* fix *(el.* set) a meeting for 3 o'clock; **US** schedule a meeting for 3 o'clock; ~ *en tid for møtet* fix a time for the meeting. **-else** fixing (of a meeting); fixing a time (for a meeting); *-n av dette møtet til neste fredag* the fixing of this meeting for next Friday.

berberiss *(bot)* barberry. **-busk** barberry bush.

berede *(vb)* prepare; ~ *lær* dress *(el.* curry) leather; ~ *veien for en* pave the way for sby.

bereden *(til hest)* mounted.

bered|ning *(av lær)* dressing, currying. **-skap** state of readiness, (military) preparedness; *holde i* ~ hold in readiness; *være i* ~ *(mil, om tropp, etc.)* be on readiness *(fx* be on 12 hours' r.). **-skapstiltak** *(pl)* preparedness measures; **US** alert measures. **-skapstrinn** state of preparedness, **US** alert stage.

beredvillig ready, willing. **-het** readiness, willingness; alacrity, promptitude; *med den største* ~ with the greatest promptitude *(el.* alacrity); most readily *(el.* willingly).

beregne *(vb)* compute, calculate; *(anslå)* estimate; *(regne med)* allow *(fx* three days for discharging); ~ *virkningen av* estimate *(el.* gauge) the effect of; ~ *et egg til hver* allow an egg for each person; *dette prosjekt -s å være ferdig den 5. mai* the estimated date of completion of this project is May 5th; *frakten -s etter kubikkfot* freight is

calculated on cubic feet; *skipet -s å være lasteklart på fredag* the ship is expected to be ready to load on Friday; ~ *seg (i betaling)* charge; *beregn Dem en skikkelig timelønn* allow yourself proper payment per hour; ~ *seg for meget av en* overcharge sby; ~ *for meget for varene* overcharge for the goods; *jeg har -t disse varene til* I have charged these goods at; ~ *feil* miscalculate; *kasse og emballasje -s ikke* there is no charge for case and packing; *det -s ikke gebyr* no fees are charged; *(se også beregnet).*

beregnelig calculable.

beregnende calculating, scheming, designing.

beregnet *(tilsiktet)* intentional, designed; *(utstudert)* studied *(fx* all his gestures are s.); *en* ~ *produksjon på ...* an estimated output of; *arbeidet ble ferdig innen den tid som var* ~ the work was completed within the scheduled time *(el.* in schedule time); *en vel* ~ *fornærmelse* a calculated insolence; ~ *på* designed *(el.* intended) for; ~ *på å* designed *(el.* calculated) to; *boka er* ~ *på det brede publikum* the book is intended for *(el.* appeals to) the general public.

beregning calculation, computation, reckoning; *(vurdering, anslag)* estimate; *etter en løselig* ~ at *(el.* on) a rough calculation, at *(el.* on) an approximate estimate; *en forsiktig* ~ a conservative estimate; *hvis alt går etter* ~ if everything turns out as expected; *våre -er slo feil* we calculated wrongly; we made a miscalculation; *ta feil i sine -er* be out in one's calculations; *ta med i -en* take into account, allow for, include in one's calculations, take into consideration.

beregnings|feil error in calculation. **-grunnlag** basis of calculation. **-måte** method of calculation.

bereist travelled; *han er meget* ~ he has travelled a lot; *en meget* ~ *mann* a great traveller, a well-travelled man.

beretning statement, account, report; *avlegge* ~ *om* make a report on, report on, give an account of.

berette *(vb)* relate, report, record; ~ *om* tell of, relate.

berettige *(vb)* entitle; *(se berettiget).*

berettigelse *(rettmessighet)* justice, legitimacy; *(gyldig grunn, begrunnelse)* justification; *ha sin* ~ be legitimate, be just; *(eksistens-)* have a raison d'être; *denne skatten har mistet sin* ~ this tax has no further justification.

berettiget just, legitimate; justified; justifiable; *et* ~ *krav* a legitimate *(el.* justifiable) claim; ~ *til noe* entitled to sth; *være* ~ *til å gjøre noe* be entitled to do sth, have a *(el.* the) right to do sth; *han er ikke* ~ *til å* he has no right to.

berg mountain; *(se fjell).*

bergart species of rock; *-er* rocks *(fx* the r. in which petroleum is found).

berge *vb (redde)* save; rescue; *(skip)* salvage; *(avling)* gather in; ~ *føda* secure a livelihood, support life, keep body and soul together; ~ *et seil* take in a sail; ~ *synketømmer* salvage sinkers.

bergelønn *(mar)* salvage money.

bergflyndre *(fisk)* lemon sole; *(se flyndre).*

berg|full mountainous, hilly. **-gylte** *(fisk)* ballan wrasse.

berging saving, rescue, rescuing; salvage.

bergingeniør mining engineer; *(se ingeniør).*

bergings|damper salvage ship. **-forsøk** attempt to save; attempt at salvage. **-kompani** salvage company. **-kontrakt** salvage agreement. **-omkostninger** salvage expenses. **-selskap:** se *-kompani.*

berg|kam crest (of a mountain). **-krystall** rock crystal. **-kutling** *zool (fisk)* painted goby **-land**

mountainous country. **-lendt** mountainous. **-mes-ter** mine superintendent.

berg- og dalbane scenic railway, switchback; **T** big dipper; **US** roller coaster.

berg|pass mountain pass, (rocky) defile. **-preke-nen** the Sermon on the Mount. **-sildre** *(bot)* saxifrage. **-slette** tableland.

berg|tatt spell-bound, bewitched; spirited off into the mountain. **-vegg** rocky wall. **-verk** mine.

bergverks|distrikt mining district. **-drift** working of mines; mining (industry).

berider circus rider. **beriderske** female circus rid-er, equestrienne.

berik|e *(vb)* enrich. **-else** enriching, enrichment.

beriktig|e *(vb)* correct, rectify. **-else** correction, rectification.

berikelsesdrift *(økon)* acquisitive instinct.

Beringstredet *(geogr)* the Bering Strait.

Berlin Berlin.

berliner Berliner. **-krans** [ring-shaped biscuit formed of strips of pastry with ends crossed, and containing flour, eggs and a large proportion of butter].

berme dregs, lees; *samfunnets* ~ the dregs of society.

Bern Berne. **b-er** Bernese.

Bernhard Bernard.

I. bero *(subst): stille saken i* ~ leave the matter (for the present), let the matter rest.

II. bero *vb (finnes): det -r på Dem* it de-pends on you; it rests with you; *det -r på en misforståelse* it is due to a misunderstanding; *la saken ~ så lenge (også)* let the matter stand over for the time being; *la det ~ til en annen gang* leave it for another time; *la det ~ med det* let the matter rest there; leave things as they are.

berolig|e *(vb)* soothe, calm (down), quiet, re-assure, set at rest. **-else** reassurance, relief; *det er en* ~ *å vite* it is a comfort to know. **-ende** re-assuring, soothing, comforting; ~ *middel* seda-tive.

berope *(vb):* ~ *seg på noe* plead *(el.* urge) sth; *(se påberope).*

berserk berserk. **berserkergang** fury of a berserk; *gå* ~ go berserk.

berus|e *(vb)* intoxicate, inebriate; ~ *seg* get drunk *(el.* tipsy); *(se beruset).* **-else** intoxication, in-ebriation. **-ende** intoxicating, intoxicant; ~ *drik-ker* intoxicants.

beruset drunk, tipsy, intoxicated *(av* with); ~ *av seieren* elated with victory; *i* ~ *tilstand* in liquor, under the influence of drink; **T** under the influence; *(se fyllekjøring).*

beryktet disreputable, notorious; *en* ~ *forbryter* a notorious criminal.

berøm|me *(vb)* praise, laud, extol; ~ *seg av* boast of. **-melig** *(rosverdig)* praiseworthy; *(navnkundig)* glorious, illustrious. **-melighet** praiseworthiness. **-melse** *(ros)* praise, eulogy; *(navnkundighet)* cele-brity, fame, renown.

berømt celebrated, famous; *vidt* ~ far-famed; ~ *for* famous for; *gjøre* ~ make famous.

berømthet celebrity; fame; *en* ~ a celebrity.

berør|e *(vb)* touch; *(omtale)* touch on, hint at; *saken ble ikke -t med et ord* not a word was said about the matter; *jeg følte meg pinlig -t* it made a painful impression on me; *prisene -es ikke av* prices are not affected by; *(se gripe:* ~ *inn i).* **-ing** touch, contact; *komme i* ~ *med* get into touch with.

berøringspunkt point of contact.

berøv|e *(vb)* deprive of. **-else** deprivation.

besatt possessed; *(av fienden)* occupied; ~ *av djevelen* possessed by the devil; ~ *av ærgjerrig-*

het possessed with ambition; *fullt* ~ full up; *skrike som* ~ scream like mad; *stillingen er ikke* ~ the post is vacant; *(se også besette).*

bese *(vb)* view, inspect, look over.

besegl|e *vb (også fig)* seal. **-ing** sealing.

beseile *vb (mar)* navigate.

beseire *(vb)* vanquish, beat, get the better of, conquer, overcome; ~ *vanskeligheter* surmount difficulties.

beseirer victor.

besetning *(av kveg)* livestock; stock; *(påsydd pynt)* trimming(s); *(mar: mannskap)* crew; hands; *(gar-nison)* garrison; *hele -en omkommet (,reddet)* all hands lost (,saved).

besetningsbånd braid, ribbon (for trimming).

besett|e *vb (land)* occupy; *(plass, rolle)* fill (up); *(utstyre, pynte)* trim; *han besatte 4. plass (i konkurranse)* he came in fourth; ~ *rollene* cast the parts; ~ *med frynser* fringe; ~ *med perler* set with pearls; ~ *med snorer* lace; ~ *hans plass med en annen* replace him with sby else; *alle hans timer er besatt* all his hours are taken up; *(se også besatt).* **-else** occupation; *(av en ånd)* possession; ~ *av et embete* appointment to an office.

besikte inspect, survey; *bli -t og merket som tankskip (mar)* be surveyed and marked as a tanker.

besiktelse inspection, survey.

besiktige, besiktigelse: *se besikte, besiktelse.*

besiktigelses|forretning *(mar)* survey. **-mann** sur-veyor; *-ens besøk om bord* the survey visit. **-rap-port** survey report.

besindig level-headed, sober(-minded), cool, steady. **-het** coolness, sober-mindedness, steadi-ness.

besinnelse: *tape -n* lose one's head; *bringe en til* ~ bring sby to his senses; *komme til* ~ regain one's composure, recover one's senses.

besitt|e *(vb)* possess, be possessed of; *(eie)* own. **-else** possession; *den som har den faktiske* ~, *står meget sterkt (jur)* possession is nine points of the law; *komme i* ~ *av* obtain p. of; come into p. of; *ta i* ~ take p. of.

besjele *(vb)* animate, inspire; *være -t av* be im-bued with, be animated by *(el.* with).

besk bitter, acrid.

beskadig|e *(vb)* damage, injure, hurt. **-et** *(også om frukt)* bruised. **-else** damage, injury *(av* to).

beskaffen: *annerledes* ~ different; *være slik* ~ *at* be so constituted that; *hvordan er dette stof-fet -t?* what is the nature of this substance?

beskaffenhet nature, character; *(tilstand)* condi-tion; *(egenskap)* quality; *jordbunnens* ~ the na-ture of the soil; *kullets* ~ the natural properties of coal; *et lands naturlige* ~ the general charac-ter *(el.* natural conditions) of a country; *sakens* ~ the nature of the case.

beskat|ning taxation; *(kommunal)* rating; *(ligning)* assessment; *flat* ~ flat-rate taxation. **-ningsrett** power of taxation.

beskatte *(vb)* **1.** tax; lay a tax on; *(kommunalt)* rate; *(ligne)* assess; **2***(utnytte for sterkt)* overtax *(fx* the resources of the whaling grounds are being increasingly overtaxed); overwork; *(om elv, etc)* overfish; *hvalen blir sterkt -t* whales are heavily hunted; *de høyest-de* those in the highest taxation group(s).

beskhet acridity, bitterness.

beskikk|e *vb (ansette)* appoint; ~ *sitt hus* put one's house in order. **-else** appointment.

beskjed *(opplysning)* information; *(forholdsordre)* instructions; *(bud)* message; *(svar)* answer; *det er grei* ~ *(ɔ: sagt uten omsvøp)* that's plain speaking; *jeg fikk bare* **halv** ~ I was only told

half the story; **klar** ~ *(ɔ: ordre)* definite orders; *De skal få nærmere* ~ you shall hear further from us (,me, *etc);* *han fikk* ~ *om å komme* he was told to come; *jeg fikk* ~ *om at (også)* word came that ... ; *vi har nettopp fått* ~ *om at ...* we have just got word that; *jeg ga ham ordentlig* ~ *(ɔ: irettesatte ham)* I gave him a piece of my mind; *jeg ga ham uttrykkelig* ~ *om ikke å komme for sent* I told him expressly not to be late; *jeg vil ha full* ~ *om stillingen* I must know exactly how matters stand; I must be told the true position of affairs; *legge igjen* ~ leave a message; *overbringe en* ~ deliver a message; *sende en* ~ send sby word; let sby know; *send meg* ~ (please) send me word, let me know; *ta imot* ~ take a message; *vite god* ~ be well informed; *vite god* ~ *med* know, be up to; *jeg vet* ~ *om det* I know all about it; *jeg vet bedre* ~ I know better; *(se også vite).*
beskjeden modest, unassuming; *(måteholden)* moderate. **-het** modesty; *~ er en dyd* modesty is the best policy.
beskjeftige *(vb)* employ *(fx* the factory employs 100 men); occupy, engage; ~ *sine tanker med et problem* bring one's mind to bear on a problem; **-t med** occupied with, engaged on *(el.* in); **være -t med** be occupied with, be at work on *(fx* a problem); *alt personale som er -t med kontorarbeid* all staff employed on clerical work; *(se også oppta);* **være -t med å** be employed *(el.* occupied *el.* engaged) in (-ing).
beskjeftigelse occupation, employment, pursuit *(fx* feminine pursuits, literary pursuits); *finne* ~ find employment; *lønnet* ~ wage-earning employment; *uten* ~ with nothing to do; idle; *(arbeidsløs)* out of employment *(fx* he is out of e.); *(se arbeidsløs).*
beskjemme *(vb)* shame, disgrace, dishonour (,US: dishonor); *(gjøre skamfull)* abash; *(gjøre skam på)* put to shame. **-else** shame, disgrace, dishonour (,US: dishonor). **-ende** shameful, disgraceful, dishonourable (,US: dishonorable).
beskjære *(vb)* clip, trim; cut (down); *(trær)* prune, lop, trim. *(bokb)* cut (the edges of); *(fig)* curtail, reduce.
beskjæring clipping, trimming, cutting; *(av trær)* pruning, lopping, trimming; *(fig)* reduction, curtailment, cutting (down) *(fx* a cutting down of expenses).
beskrive *(vb)* describe; *ikke til å* ~ indescribable. **-else** description, account; *nærmere* ~ more detailed description *(el.* specification); *overgå all* ~ beggar description *(fx* it beggars d.); *over all* ~ beyond description.
beskrivende descriptive *(fx* a d. poem).
beskue *(vb)* gaze at, view, contemplate.
beskuelse contemplation.
beskylde *(vb):* ~ *for* accuse of; charge with. **-ning** accusation, charge *(for* of); *(se I. tiltale);* *rette en* ~ *mot* bring an accusation against.
beskyte *(vb)* fire on *(el.* into); *fra dette fort kan hele havnen -s* this fort commands the harbour.
beskytte *(vb)* protect, guard, defend; ~ *mot regnet* shelter from the rain. **-ende** protecting, protective.
beskyttelse protection; defence; patronage; *stille seg under ens* ~ place oneself under the protection of sby; *under kanonenes* ~ under cover of the guns; *søke* ~ *mot* seek protection against; *(ly)* seek shelter from; *søke en slags høyere* ~ seek the protection of some sort of Higher Being.
beskyttelsesfarge protective colouring. **-merke** trade mark. **-middel** means of protection. **-toll** protective tariff.

beskytter protector; patron. **-inne** protectress; patroness.
beskøyt (ship's) biscuit; *-er (også)* hard tack.
beslag 1 *(metallplate, etc.)* (metal) furnishing(s), fittings *(fx* door and window f.), mount(ings) *(fx* umbrella mounts, furniture mountings); furniture *(fx* lock f.), armature *(fx* yellow brass is used for pump and engine a.); fastenings *(fx* window, door f.); ironmongery, hardware *(fx* window h.); **2***(jur: arrest, konfiskering)* seizure, arrest, confiscation; *legge* ~ *på* seize; place an arrest on *(fx* a ship); confiscate, seize *(fx* smuggled goods); *(ved admiralitetsordre)* lay an embargo on (a ship), lay (a ship) under embargo; **3.**: *legge* ~ *på ens krefter* tax sby's strength; *legge* ~ *på ens oppmerksomhet* engage sby's attention; *legge* ~ *på ens tanker* occupy sby's mind; *legge* ~ *på ens tid* occupy sby's time, take (up) sby's time *(fx* this work takes (up) all my time); make a demand on sby's time; *det er meget som legger* ~ *på min tid* I have many demands on my time; *får jeg legge* ~ *på Dem et øyeblikk?* may I have your attention for a moment? can you spare me a few minutes? *legge for sterkt* ~ *på ens tid (om person)* trespass on sby's time, take up too much of sby's time; *(om arbeid)* take up too much of sby's time.
beslaglegge *(vb)* **1***(konfiskere)* seize, confiscate; *(fast eiendom, midlertidig)* sequestrate; **2***(til krigsbruk)* requisition; **3***(oppta, stille krav til)* occupy *(fx* the work occupies most of his time); *være beslaglagt* (2) be under requisition *(fx* the ship is under r. to the Ministry of Transport); *(se beslag 2: legge* ~ *på).*
beslagleggelse *(jvf beslag)* seizure, arrest; confiscation; embargo; *(midlertidig, av fast eiendom)* sequestration; *-n er opphevet (om skip)* the embargo has been removed. **-sforretning** seizure, arrest.
beslektet *(i slekt)* related *(med* to, *fx* she is r. to him); *(lignende)* cognate *(fx* words, ideas); related *(fx* languages, phenomena); allied, kindred *(fx* races, languages, articles); *-ede fag* allied subjects; *-ede næringer* allied *(el.* related) trades *(el.* industries); *-ede sjeler* kindred souls *(fx* spirits).
beslutning 1*(forsett)* resolve; *fatte en* ~ make up one's mind; make a r.; *det er min faste* ~ *å* ... I am firmly resolved to, I am determined to; **2***(avgjørelse)* decision; *en endelig* ~ a final d.; *fastholde sin* ~ adhere to one's d.; keep up one's resolve; **3***(vedtatt forslag)* resolution; *styret har fattet følgende* ~ the board has passed *(el.* adopted) the following r.; *(se for øvrig bestemme(lse).*
beslutningsdyktig: *et* ~ *antall* a quorum; *forsamlingen er* ~ the necessary q. is present, the q. is reached, we have *(el.* form) a q.; *forsamlingen var ikke* ~ there was not a q; *et* ~ *flertall* a working majority.
beslutte *(vb)* decide, determine, make up one's mind; *(stivt)* resolve; *(vedta)* resolve; *jeg har -t meg til å* I have decided *(el.* made up my mind) to; I have resolved to; *jeg er (fast) -t på å* I am (firmly) resolved *(el.* determined) to.
besluttsom resolute, determined. **-het** resolution, decisiveness, determination.
beslå *(vb)* mount; *(hest)* shoe; *(seil)* furl; ~ *med spiker* stud; *godt -tt (med penger)* in funds.
besmitte *(vb)* pollute, defile, contaminate. **-else** pollution, contamination.
besnære *(vb)* fascinate, allure.
besparelse saving; economy; *en stor* ~ a great saving. **-ende** economical.
bespise *(vb)* feed. **-ning** feeding.

bespotte *(vb)* mock, scoff, deride, sneer at; ~ *Gud* blaspheme (God). **-elig** *(blasfemisk)* blasphemous, profane. **-else** *(blasfemi)* blasphemy, profanity.

I. best *(el. beist)* beast, brute.

II. best *(adj)* best; *av -e sort* of the best quality; *det -e jeg kan gjøre* the best thing I can do; *i -e fall* at best; *alt var i -e gjenge* everything was going on as well as could be; *i den -e hensikt* from the best motives; *i -e mening* with the best (of) intentions; for the best; *i sin -e alder* in the prime of life; *han ble* ~ he was first, he won; *det er* ~ *slik* it is better (that it should be) so; it is better that way; *du gjør (gjorde)* ~ *i å gjøre det* you had better do it; *du gjør* ~ *i å holde munn!* you would do well to be quiet! **den** *-e* the best; the best one; *(av to)* the best one; *(stivere)* the better one; *hun er den -e av dem alle* she's the best of the lot; *den -e til å ...* the best person to ...; *den første den -e* the first comer; *det blir det -e* that will be the best plan; *det -e av det hele var* the best part of it was; *det -e du kan gjøre er* the best thing you can do is; your best plan is; *han skyndte seg det -e han kunne* he made the best of his way; *til det -e* for the best; **gjøre sitt -e** do one's best; try one's best; do the best one can; **T** put one's best foot forward; *han gjorde sitt -e* he did his best; *jeg skal gjøre mitt -e* I shall do my best; *jeg vil bare ditt -e* I'm only thinking of your own good; *(stivt)* I only have your best interest at heart; *tenke på deres -e* think (of) what's best for them; *(stivt)* have their best interests at heart; **bli** ~ be first; win; *du gjør* ~ *i å ...* you'd better ...; the best thing you can do is to ...; *... som* ~ *jeg kunne* as best I could; *allting gikk som* ~ *det kunne* things were going as best they could; **like** ~ like best *(fx* what I like best; the ones he liked best); *like* ~ *av alt* like best of all; like most of all *(fx* they liked icecream best *(el.* most) of all); **på** ~ *mulig måte* in the best possible way; *hun er den av søstrene som ser* ~ *ut* she's the best looking of the sisters; *det er* ~ *slik* it's better (that it should be) so; it's better that way; *slik slipper vi* ~ *fra det* that will be our best way out; ~ *som* (just) as *(fx* just as he was going to leave the room his brother came in); ~ *som han satt og arbeidet (også)* in the middle of his work; **synes** ~ *om* like best; prefer, *hvordan skal vi* ~ *unngå det?* how shall we best avoid it? what would be the best way of avoiding it? how best to avoid it? *du vet (selv)* ~ 'you know best; *det ville være* ~ *om* it would be best if; the best plan would be to; *det er* ~ *du skynder deg* you'd better hurry (up).

bestalling commission, patent of office.

bestand *(dyr)* stock *(fx* of whales); *(skog-)* stand; *anlegg av* ~ establishment of a stand. **-del** ingredient, component (part), constituent (part); *oppløse(s) i sine enkelte -er* disintegrate; *dette inngår som en fast* ~ *i ...* this forms part and parcel of ...

bestandig *(adv)* constantly, continually; always; *for* ~ for good, for ever. **-het** durability; constancy.

bestandsbonitet *(forst)* stand quality class.

beste *(se også II. best)*: *det allmenne* ~ the common good, the public weal; *det er til ditt eget* ~ it is for your own good; *til felles* ~ for our (,their, *etc)* common good; *til* ~ *for* for the good *(el.* benefit) of; *til* ~ *for meg* for my own good; *ha noe til* ~ *(ha lagt penger til side)* be in easy circumstances; *han hadde lagt seg*

noe til ~ he had put something by (for a rainy day); *ha en til* ~ *(gjøre narr av en)* make fun of sby; *gi en historie til* ~ tell a story. **besteborger** respectable citizen; bourgeois. **-far** grandfather. **-foreldre** grandparents. **-mann:** *bli* ~ come out top *(el.* best) *(fx* in an exam).

bestemme *(vb)* 1*(fastsette, beramme)* fix, arrange *(fx* fix the price; the meeting was fixed *(el.* arranged) for Friday), appoint *(fx* a place, a time for the meeting); ~ *en norm* set a standard; ~ *farten* set the pace; ~ *tid og sted* fix the time and place, fix *(el.* best) *(fx* in an exam). settle the day and the place;

2 *(treffe avgjørelse om)* decide; *(sterkere)* resolve, determine; *(om lov: foreskrive)* provide, lay down, stipulate, prescribe *(fx* as prescribed by law); *den hvite mann bestemte, de innfødte hadde ingenting å si* the white man decided everything *(el.* made all the decisions), the natives had no say; *det er jeg som -r!* **T** what I say goes! *det kan De* ~ I will leave that to you; it lies with you to decide; *hver enkelt må selv* ~ *hva han vil gjøre med det* each one has to decide for himself what to do about it; *kanskje De vil la oss vite hva De -r Dem til* perhaps you will let us know your decision; *som styret måtte* ~ as the Board may determine; *denne lov -r at ...* this Act provides that; *som loven -r* as laid down *(el.* as provided) by the law; *som kontrakten -r* as stipulated in the contract; *til den pris som har blitt bestemt* at the price stipulated;

3 *(være bestemmende for)* govern, determine *(fx* prices are determined by the relation between supply and demand);

4 *(bringe på det rene, fastslå ved vitenskapelig undersøkelse)* determine *(fx* d. a plant, d. the alcohol percentage); ~ *grensen for* define (the limits of); ~ *nærmere* define (more closely); *(gram)* qualify *(fx* when an adverb of time is added to q. the verb); *nærmere bestemt (gram)* qualified;

5 *(beregne, utse)*: *varene er bestemt for et oversjøisk* marked the goods are intended *(el.* destined) for an overseas market;

6: ~ *over* have the entire disposal of *(fx* these funds), dispose of; *(personer)* control;

7 *(gram)*: ~ *et adjektiv (,substantiv)* qualify an adjective (,substantive);

8: ~ **seg** make up one's mind, come to a decision, decide on what to do; *få en til å* ~ *seg* get sby to make up his mind; get sby to decide; **T** bring sby up to scratch; *du kan (liksom) aldri få bestemt deg* you never seem able to make up your mind; *(se bestemt).*

bestemmelse 1 *(avtale)* arrangement, agreement; *(reglement)* regulations; 2*(i lov, kontrakt)* stipulation, provision; *(klausul)* clause; *alminnelige -r* general provisions; *lovfestede -r (jur)* statutory provisions; *ifølge denne lovs -r* pursuant to the provisions of this Act; *as provided in this Act; ifølge kontraktens -r* according to the terms of the agreement; as stipulated in the contract; 3*(beslutning)* decision; *ta en* ~ take a d., make a d., make up one's mind; *ta en* ~ *når det gjelder å ...* make a decision about (-ing); 4*(av møtetid, etc)* fixing (of a meeting); 5*(stedet)* destination; 6*(øyemed)* purpose; *oppfylle sin* ~ have the intended effect; 7*(skjebne)* destiny; 8*(ved vitenskapelig undersøkelse)* determination.

bestemmelsessted (place of) destination.

bestemor grandmother; **T** granny.

I. bestemt *adj (fastsatt)* fixed, appointed, stated, set, certain; *(nøyaktig)* definite, precise; *(særskilt)* particular; *et* ~ *hotell* a particular hotel;

one h. in particular *(fx* if you could mention a p. h. where you'd like to put up); *(om karakter)* determined, firm; *(av skjebnen)* destined; *den -e artikkel* the definite article; ~ *avslag* a flat refusal; *jeg fikk det -e inntrykk at* I had *(el.* got) the definite impression that; ~ *svar* definite answer; *-e timer* stated hours; *i en* ~ *hensikt* for a particular purpose; *with a p. motive; i en* ~ *tone* in a decisive tone; *(bydende)* in a peremptory tone; *på en* ~ *dag* on a certain day; *ved en* ~ *anledning* on a certain occasion.
II. bestemt *(adv)* definitely; decidedly; positively; peremptorily; *jeg tør ikke si det* ~ I can't say for certain; I don't know for certain. **-het** decision, determination; firmness.
bestenotering *(idrettsmanns)* personal best.
bestevilkårssatser *(pl)* most-favoured-nation rates.
besti|**alitet** bestiality, brutishness. **-alsk** bestial, beastly, brutish, brutal.
bestig|**e** *vb (hest)* mount; *(fjell, trone, etc)* ascend, climb. **-ning** ascending; ascent, climb.
bestikk 1 *(etui)* case *(fx* of instruments); **2.** *mar (stedsbestemmelse)* (dead) reckoning; *etter* ~ by dead reckoning; *-ets bredde (,lengde)* latitude (,longitude) by d. r.; *gjøre opp -et* work out the reckoning; *gjøre galt* ~ *(også fig)* miscalculate, be out in one's reckoning; **3***(spise-)* knife, fork and spoon (set); *vi har et komplett sølv- i dette mønsteret* we have a complete set of silver (cutlery) with this pattern.
bestikk|**e** *(vb)* bribe. **-elig** corrupt(ible), venal. **-elighet** corruptibility. **-else** bribery, corruption; *(stikkpenger)* bribe; *ta imot* ~ take a bribe; *et opplagt tilfelle av* ~ a clear case of bribery.
bestikkende plausible, specious.
bestikklugar *(mar)* chart house, chart room.
bestille *vb (utføre)* do; *(forlange, sikre seg)* bespeak, order, engage; ~ *billett* book (a ticket) *(fx* book to London); US reserve a ticket; *(se billett);* ~ *varer* order goods; *varen er bestilt* the article is on order; ~ *værelse* book a room; *(se også bortbestilt);* ~ *time hos* make an appointment with *(fx* one's dentist for 3 o'clock); *jeg har bestilt time pr. telefon* I have an appointment by telephone; *jeg har bestilt time hos tannlegen (også)* T I have a dental appointment; *har De bestilt? (i restaurant, etc)* have you given your order? have you ordered (yet)? have you already ordered? *hva har De her å* ~ *?* what business have you here? *ha å* ~ *med* have to do with, have dealings with; *det har lite med saken å* ~ that has very little to do with the case; *jeg vil ikke ha noe å* ~ *med* I will have nothing to do with; *han skal få med meg å* ~ I shall give it him; *(se I. etter).*
bestilling occupation; order *(på* for); *(på hotellværelse, etc)* booking *(fx* a large number of bookings); *-en ønskes gjort i herr B.'s navn* the booking *(el.* reservation) is to be made in Mr. B.'s name; *etter* ~ to order; *en stor* ~ a large order; *ta imot -er* take orders; *pga. det store antall -er vi alt har mottatt for 10. juni og følgende dager, kan vi ikke reservere Dem det værelse De ber om* owing to the large number of bookings already entered for June 10th and the following days, we are unable to reserve the accommodation you request; *(se II. lage 1; ord-re).*
bestillingsblankett order form.
bestillingsseddel order slip; order form *(el.* sheet); *(i bibliotek)* requisition form.
bestjele *(vb)* steal from, rob; *jeg har blitt bestjålet* I have had my money stolen; I have been robbed of my money; my m. has been stolen

from me; *den bestjålne* the victim (of the robbery).
bestorme *vb (fig)* assail, importune; ~ *med tilbud* overwhelm with offers.
bestreb|**e** *(vb):* ~ *seg* strive, endeavour *(på å* to). **-else** endeavour, effort.
bestride *vb* **1***(benekte)* deny; dispute, challenge; **2***(utrede)* pay; ~ *omkostningene* pay the expenses.
bestryke *(vb)* coat; *(mil)* enfilade, sweep.
bestrø *(vb)* strew, sprinkle.
bestråle *(vb)* irradiate, shine upon.
bestråling irradiation; ray treatment, radiation treatment, radiotherapy.
bestrålingsfelt *(røntgen)* gate of entry.
besty|**re** *(vb)* manage, be in charge of, administer. **-else** management, administration.
bestyrer manager; *(skole-)* headmaster (,T: head), principal; *(av konkursbo)* trustee (of an estate in bankruptcy).
bestyrerinne manageress; *(skole-)* principal, headmistress.
bestyrk|**e** *(vb)* confirm, corroborate, bear out; ~ *en i* confirm sby in; *dette -r oss i det syn at ...* this strengthens our view that ... **-else** confirmation, corroboration.
bestyrt|**else** consternation, dismay. **-et** dismayed *(over* at).
bestøve *vb (befrukte)* pollinate.
bestøvning *(befruktning)* pollination.
bestå *vb (være til)* exist, be in existence; *(vare)* last, endure; *så lenge verden -r* as long as the world goes on; ~ *av* consist of, be composed of; ~ *en prøve* pass a test; *(eksamen)* pass (an examination); ~ *i* consist in; *(se eksamen).*
bestående existing; *det* ~ the existing state of things; the established order.
besudle *(vb)* sully; defile; soil *(fx* he wouldn't soil his hands with this).
besvangre *(vb)* get with child, make pregnant; *bli -t av* become pregnant by.
besvangring getting with child.
besvangringstid period of possible conception.
besvar|**e** answer, reply to; *(ved å gjøre det samme, fx en hilsen)* return; *(løse)* solve; *kandidaten må forsøke å* ~ *alle deler av oppgaven* all sections of the paper should be attempted. **-else** answer, reply; solution; *(oppgave)* paper, answer; *(se eksamensbesvarelse; finpusse).*
besverg|**e** *vb (ånder)* conjure up, raise, invoke; *(mane bort)* exorcise, lay; *(be)* conjure, adjure, beseech. **-else** *(sang, formular)* conjuring, exorcism, adjuration. **-elsesformular** formula of exorcism; incantation.
besvim|**e** *(vb)* faint; T pass out; *(glds el. litt.)* swoon. **-else** faint, fainting fit; T passing out; *(glds el. litt.)* swoon.
besvogret related by marriage *(med* to).
besvær *(bry)* trouble, inconvenience; *falle en til* ~ be burdensome *(el.* a nuisance) to sby; *ha* ~ *med å* have some difficulty in (-ing); *volde en mye* ~ put sby to a great deal of trouble *(el.* inconvenience), give sby a great deal of trouble; *med* ~ with difficulty.
besvære *(vb)* trouble, bother; ~ *seg over* complain of.
besvær|**ing** complaint; *(grunn til å klage)* grievance. **-lig** troublesome; *(påtrengende)* importunate; *(anstrengende)* arduous; *(vanskelig)* difficult. **-lighet** trouble, inconvenience; difficulty; hardship; *livet er fullt av -er* life is full of troubles.
besynderlig strange, curious, odd, queer; ~ *nok* strange to say; oddly enough. **-het** strangeness, oddity.

besyv: *gi sitt* ~ *med i laget* put in a word or two, put in one's oar.

besøk visit, call; *(om teater, etc)* attendance; *dårlig* ~ a poor attendance; *avlegge en et* ~ pay sby a visit, call on sby; pay sby a call; *(især US)* pay a visit to sby; *et* ~ *hos, i, på,* a visit to; *de var her på* ~ they were here visiting; *på* ~ *hos* on a visit to; *han er på* ~ *hos venner i England* he is on a visit to friends in E.; *(se også besøke); hun er på* ~ *hos oss* she is staying with us on a visit; *avlegge en et uventet* ~ drop in on sby; *stort* ~ *(ved tilstelning)* a large attendance; *det store* ~ *i anledning (vare)messen* the many visitors *(el.* the large influx of visitors) to the Fair; *(se III. vel).*

besøke *(vb)* visit, come *(el.* go) to *(el.* and) see *(fx* I will come and see you tomorrow); call on *(fx* a person), call at *(fx* a place), pay a visit to *(fx* a museum); pay a call *(fx* p. him a call); *(et sted ofte, søke hen til)* frequent *(fx* tourists f. this district), patronize *(fx* the hotel is patronized by commercial travellers); *vi har ikke for vane å* ~ *hverandre* we are not on visiting terms; *han ankom til England for å* ~ *kjente (også)* he arrived in England for a private visit; *slike møter blir godt -t* such meetings are well attended; *møtet var godt -t* there was a good attendance at the meeting; *teatret var godt -t* the theatre was well attended.

besøkende visitor; caller.

besørge *vb (sørge for)* see to; *(ordne med, ta seg av)* attend to, arrange (for) *(fx* arrange for the order to be cancelled; I shall attend to that); *(utføre)* do, perform; *forsikringen -s av Dem* insurance to be effected by you; *(befordre)* carry, convey; *(sende)* forward, transmit; ~ *vaskingen* do the washing; ~ *de løpende forretninger* attend to routine business; ~ *et brev* post a letter; ~ *noe gjort* see that sth is done.

besådd: ~ *med* strewn *(el.* dotted) with.

bet *(kort)* undertrick; *bli* ~ go down; *få to -er* be *(el.* go) two down, go down two; lose two tricks; get two undertricks; *sette en i* ~ *(fig)* put sby in an awkward position; *være i* ~ be at a loss; *han er aldri i* ~ *for et svar* he is never at a loss for an answer; *i* ~ *for penger* T hard up; S pushed for the stuff.

beta *vb (imponere, gripe)* move, stir, thrill, impress, fascinate; *dypt -tt* deeply moved; *han er helt -tt av henne* he has fallen for her completely; *han var meget -tt av henne (også)* he was much taken with her.

betakke *(vb)* ~ *seg* say no to sth, say no thank you to sth; refuse (to take part); *(høflig)* decline (with thanks); *jeg -r meg* I'll have none of it.

betalbar payable.

betale *(vb)* pay; *(for ting man har kjøpt)* pay for; *jeg -r (ɔ: spanderer)* I'll pay; let me pay; ~ *av på* pay off, pay instalments on; ~ *for* pay for; *jeg ville ikke ha det om jeg fikk betalt for det!* I wouldn't have it for all the tea in China! *han betalte for meg på kino* he paid for me at the pictures; ~ *for seg* pay for oneself, pay up *(fx* he could not pay up at the hotel), pay one's way; ~ *kontant* pay cash; ~ *prompte,* ~ *med én gang* pay on the nail; ~ *en med samme mynt* pay sby in his own coin; *-s høyt* fetch high prices; *det skal De komme til å* ~ *!* I will make you pay for this! I will get even with you for this; ~ *med gull* pay in gold; *det kan ikke -s med penger* it is invaluable, it can't be bought for money; *de beløp som skal -s er porto og avgifter* the charges are postage and fees; ~ *seg* pay; pay off *(fx* the expensive equipment pays off); *men det -r seg for ham på andre måter* but it will pay (him) in other ways.

betaler payer.

betaling *(det å)* paying; *(konkret)* payment; *(lønn)* pay; *ta* ~ *for* accept payment for; *(beregne)* charge for; *stanse sine -er* suspend payment; *mot* ~ for payment; ~ *pr. sju dager* (our terms are) net cash (with)in seven days; ~ *pr. 30 dager ÷ 2%* payment in 30 days less 2 per cent (discount); ~ *kontant mot dokumentene* cash against documents; *mot* ~ *av* on payment of; *den sene -en* the delay in paying *(el.* in making payment); *sen* ~ postponed *(el.* delayed *el.* late) payment *(NB* I am sorry for the delay in settling your account); *til* ~ *av, som* ~ *for* in payment *(el.* settlement) of; *ved* ~ *av* on payment of; *(se delbetaling).*

betalingsbalanse balance of payments; *styrke vår* ~ strengthen our basis of payments; *underskudd på -n* a balance of p. deficit *(fx* a substantial b. of p. d.), a deficit in overall payments. **-betingelser** *(pl)* terms (of payment). **-dagen** the date *(el.* the day) of payment. **-dyktig** solvent. **-dyktighet, -evne** solvency, ability to pay, financial capacity; *hans manglende* ~ his inability to pay.

betalingsforhold: *de bedrede hjemlige* ~ the improvement in the discharge of internal commitments.

betalingsfrist time allowed for payment, term of payment, respite; period of credit; *forlenge -en* extend the period of credit *(el.* the term of payment); *(se frist; overholde; utløp).*

betalingsinnstilling suspension of payment(s). **-middel** means *(el.* medium) of payment; *(økon)* exchange medium; medium of exchange; *lovlig* ~ legal tender; *US* tender. **-måte** method *(el.* mode) of payment. **-udyktig** insolvent, incapable of paying. **-union:** *Den europeiske* ~ the European Payments Union. **-utsettelse** extension (of time), period of grace *(fx* he asked for a period of grace); delay *(fx* he asked for delay till 10 June). **-vilkår** terms of payment.

betalt paid; *(under regning)* received; *varene er* ~ the goods are *(el.* have been) paid for; *kjøpt og* ~ bought and paid for; *ta seg godt* ~ charge a good price.

I. bete *(rotfrukt)* beet.

II. bete *(lite stykke): se bit.*

betegne *(vb)* **1**(*bety, være tegn på)* denote, mark, signify, indicate; constitute *(fx* the blockade constitutes a new phase of the war); **2**(*beskrive)* describe, represent; ~ *som* describe as; characterize as; *kort strek -er at ordet gjentas* short stroke means *(el.* denotes *el.* indicates) that the word is repeated; *produksjonen i år -er en rekord* this year's production marks a record; *han blir -et som hard og urettferdig* he is described *(el.* represented) as stern and unjust; *(se vendepunkt).*

betegnelse *(benevnelse)* designation, term; *(beskrivelse)* description. **-ende** *(rammende, treffende)* apt, apposite *(fx* remark), to the point *(fx* a remark very much to the point); *(typisk)* characteristic; ~ *for* characteristic of; *det er* ~ *at* it is significant that; ~ *nok* characteristically.

betenke *(vb)* consider, bear in mind; ~ *en med noe* bestow sth upon sby; ~ *seg (nøle)* hesitate; *(skifte sinn)* change one's mind, think better of it; *hun -te seg* she hesitated; she had second thoughts (about it); she thought better of it; *han -te seg både én og to ganger før han gjorde det* he gave it a great deal of thought before doing it; he thought twice before doing it; ~ *seg på å* hesitate to; *det var vel -t av ham å* he was well advised to.

betenkelig critical; serious; unsafe, precarious; doubtful; *det -e i å ...* the danger *(el.* risk) of

(-ing); *det hadde en* ~ *likhet med* ... it was suspiciously like ... *hans sykdom tok en* ~ *vending* his illness took a dangerous course.

betenkelighet scruple, hesitation, doubt, uncertainty, misgiving; *få -er* T get cold feet, lose one's nerve; *han har plutselig fått -er* he has suddenly got scruples; *ytre -er* express one's doubts; *ha -er ved å gjøre noe* hesitate to do sth.

betenkning hesitation, scruple; *(sakkyndig erklæring)* opinion; *(innberetning)* report; *avgi en* ~ *(om utvalg)* make a report, report; *(om sakkyndig)* give *(el.* submit) an opinion; *avgi en* ~ *om (om utvalg)* report on; *(om sakkyndig)* give an opinion on ; *avgi sin* ~ *om* pass *(el.* give) one's judgment on; *uten* ~ unhesitatingly; *(se også øyeblikk).*

betenkningstid time for reflection, time to think it over; *(jur)* stay of execution; *be om* ~ ask for a s. of e.; *en dags* ~ a day to think the matter over in.

betenksom thoughtful, considerate.

betenkt *(bekymret, urolig)* uneasy *(fx* he was uneasy about it); anxious, troubled; *han ble* ~ *ved det* he became nervous about it; he did not like the idea; *dette gjorde ham meget* ~ this made him think; this put him in a very thoughtful mood; *alvorlig* ~ seriously disturbed *(fx* they have been seriously disturbed by the stories put about that the agreement is a conscious betrayal of the African); *(se bekymret; urolig).*

betennelse inflammation; *det går* ~ *i såret* the wound goes septic.

betent *(adj)* infected, inflamed.

betids in (good) time.

betimelig seasonable; *i* ~ *tid* in good time.

betinge *(vb)* 1*(være en betingelse for)* determine, condition; *være -t av* be determined by, be conditioned by, depend on; *dette tilbud er -t av at De sender oss ordren innen* ... this offer is made subject to receipt of your order within ...; 2*(gi grunnlag for, kreve)* call for; *det vil* ~ *tilleggspremie* it will be subject to an additional premium; 3*(forutsette)* presuppose *(fx* success presupposes both ability and training), be conditional on, be subject to, be contingent upon *(fx* the acceptance of these terms is conditional on the approval of our directors); 4: ~ *seg* stipulate for; *(forbeholde seg)* reserve (to oneself); ~ *seg rett til å* reserve the right to; *(se enerett);* ~ *seg* at make it a condition that; *(se betinget).*

betingelse 1 *(avtalte vilkår)* terms *(fx* terms of payment, terms of delivery); *oppgi Deres -r* state your terms; *på de oppgitte -r* on the terms stated; *våre -r er 2 1/2% pr. 30 dager* our terms are 2 1/2% (discount) at 30 days; our terms are 2 1/2% discount for cash in 30 days; our terms are 2 1/2% (discount) on *(el.* for) payment within 30 days; *våre vanlige -r* our usual terms; **2** *(forutsetning for avtale, etc)* condition(s); *(som en betinger seg)* stipulation; *(bestemmelse i kontrakt)* provision(s), terms; *-n var at* ... the condition was that ..., it was on c. that; *avtalte -r* conditions *(el.* terms) agreed upon; *på visse -r* on certain conditions; *på en* ~ on one condition; *på* ~ *av* at on condition that; on the understanding that; *stille en* ~ make *(el.* impose) a condition; *stille den* ~ *at* make it a condition that, stipulate that; *hans eneste* ~ *er at* his only stipulation is that; *stille en sine -r* impose conditions on sby; 3*(krevet egenskap hos person)* qualification, requirement; *han har de beste -r for å* he is eminently qualified to; *han har de beste -r for å fylle stillingen* he is fully qualified *(el.* has every qualification) for the post; he has all the requirements for the post; *(krevet egenskap*

hos ting) requirement(s); requisite(s); *(muligheter for)* facilities for *(fx* Norway has facilities for every kind of winter sport); *oppfylle alle -r for* satisfy all the requirements for; 4*(forutsetning): være en* ~ *for* be a prerequisite of; *en absolutt* ~ *for* an indispensable condition for; a sine qua non of; *(jvf forutsetning).*

betingelses|konjunksjon *(gram)* conditional conjunction. **-setning** conditional clause.

betinget conditional *(av* on); *(begrenset)* qualified; modified; ~ *av arv* conditioned by heredity; ~ **dom** *(også* US) suspended sentence; UK *(for mindre forseelse; i forhørsrett)* binding over; *få* ~ **dom** *(også* US) get a suspended sentence; be put *(el.* placed) on probation; UK *(for mindre forseelse; i forhørsrett)* be bound over (to keep the peace).

betitlet titled.

betje|ne *(vb)* serve; operate; work; ~ *(o: ekspedere) publikum* serve the public; ~ *sporvekselen* throw over the points; *(iser* US) operate the switches; ~ *et tog* start a train; ~ *seg av* make use of, employ. **-ning** service, working; *(oppvartning)* attendance, (serving) staff.

betjent *se fengselsbetjent; forstbetjent; førstebetjent; førstetolloverbetjent; godsbetjent; politibetjent; rettsbetjent; stasjonsbetjent; stillverksbetjent; tollbetjent; tolloverbetjent; trafikkbetjent; verksbetjent;*

betle *(vb)* beg *(om* for).

betler beggar, mendicant. **-i** begging, beggary, mendicancy. **-ske** beggar-woman.

betlerstav: *bringe en til -en* reduce sby to beggary.

betone *vb (uttale med aksent)* accent, accentuate; *(fremheve)* emphasize, emphasise, lay stress on.

betong concrete; *armert* ~ reinforced c.; *forspent* ~ prestressed c.; *(se ferdigbetong).* **-bil** mixer truck.

betoning accentuation, emphasis; intonation.

betrakte *(vb)* look at, gaze at, view, regard; ~ *som* look (up)on as, regard as, consider as, consider (to be); *betrakt det som usagt* consider that unsaid.

betraktelig considerable; *(adv)* considerably; *(se betydelig).*

betraktning consideration, contemplation, reflection, meditation; *(bemerkning)* comment; *anstille -er over* reflect on; *i* ~ *av* in view of, considering; *ta i* ~ take into consideration; allow for, make allowance for; *sette ut av* ~ leave out of consideration *(el.* account); *komme i* ~ be taken into consideration, be considered; *dette kommer mindre i* ~ this is a secondary consideration.

betraktningsmåte view, point of view.

betre(de) *(vb)* set foot on.

betrekk cover; *(jvf bilpresenning & varetrekk).*

betro *(vb):* ~ *en noe* confide sth to sby, commit sth to sby's charge, trust sby with sth, entrust sth to sby; ~ *en at* tell sby in confidence that; *hun var ikke i humør til å* ~ *seg til noen* she wasn't in a confiding mood.

betrodd *(om person)* trusted; confidential *(fx* a c. clerk); *-e midler* trust funds; ~ *stilling* position of trust.

betrygg|else reassurance, security; safeguard; *en* ~ a safeguard. **-ende** adequate, satisfactory; *(se beskyttelse; sikkerhet).*

betut|telse confusion, bewilderment, perplexity. **-et** confused, bewildered, perplexed, taken aback.

betvile *(vb)* doubt, question.

betvinge *(vb)* subdue, conquer; repress, check, curb, control; ~ *seg* control oneself. **-er** subduer, conqueror, master.

bety *(vb)* signify, mean, denote; represent *(fx*

this would represent a significant surrender to economic pressure from X); involve *(fx* this involves *(el.* means) coping with large numbers of people); *(være av viktighet)* matter; *et feiltrinn ville ~ døden* a false step would mean death; *døden betydde ingenting for ham* death was nothing to him; *det har ikke noe å ~* it does not matter; *som om det hadde noe å ~* as if that mattered; *har meget å ~* is of great consequence; *det -r meget hvordan det blir gjort* it makes a difference how it is done; *har lite å ~* is of little consequence; *noe som skulle ~ en frokost* an apology for a breakfast; *det -r ikke noe godt* it's a bad omen; it bodes ill; *en mann som har noe å ~* an influential man.

betyde *vb (la forstå)* give to understand.

betydelig *(adj)* considerable; *(adv)* considerably; *en ~ forfatter* an important *(el.* well-known) writer *(el.* author).

betydning *(av ord)* meaning, signification, sense; *ordenes ~ er forsøkt innkretset ved et rikt utvalg av eksempler* an attempt has been made to give the meaning of words as precisely as possible by supplying a generous selection of examples; *(viktighet)* significance, importance, consequence; *av ~* of importance, of consequence, important; *ikke av noen ~* of no consequence; *få ~ for* become important for; *få praktisk ~* become of practical importance; *i dårlig ~* in a bad sense; *i overført ~* in a figurative sense; in a non-literal sense; *i en viss ~* in a sense; *i videre ~* by extension of meaning; *i ~ av* in the sense of; *legge en dårlig ~ i* put a bad construction on.

betydningsfull *(viktig)* important; *(uttrykksfull)* expressive, significant; *en ~ person* a somebody; *-e personer* important persons, persons of great account.

betydningsløs *(ubetydelig)* insignificant, unimportant. **-løshet** insignificance, unimportance.

beundre *(vb)* admire. **-rende** admiring; *(adv)* admiringly. **-rer** admirer. **-ring** admiration; *(se ublandet).* **-ringsverdig** admirable; *(adv)* admirably.

bevandret well versed, practised, skilled *(i* in), conversant, familiar *(i* with).

bevare *(vb)* keep, preserve; *Gud ~ kongen!* God save the King! *(Gud) -es! (undrende)* good gracious! good heavens!; *(innrømmende)* of course, most certainly; *nei, ~ meg vel!* good Lord no! *~ fred* preserve the peace; *~ taushet* keep silent; *~ for* save from; *~ mot* protect *(el.* save) from. **-t** *(i behold)* preserved, extant; *en godt ~ hemmelighet* a closely guarded secret.

bevaring keeping, preservation. **-smiddel** preservative.

beve *(vb)* tremble, shake, quake, quiver; *~ av frykt* shake with fear; *~ for* dread; *(se beven).*

bevege *(vb)* move, stir; *(formå)* induce, prompt; *han lot seg ikke ~* he was not to be moved; *he remained inflexible; ~ seg* move; *(mekanisk)* travel, work; *jorda -er seg om sin akse* the earth revolves *(el.* turns about *(el.* round) its (own) axis; *(se også beveget).* **-elig** movable; *(mest fig)* mobile; *lett ~* impressionable, susceptible, excitable; *~ kapital* liquid capital. **-elighet** mobility; movability; susceptibility, excitability.

bevegelse movement, motion; *(røre)* stir; *(mosjon)* exercise; *(sinns-)* agitation, emotion, excitement; *komme i ~* be set moving, start, get going, get into motion; *sette i ~* set in motion, set going, set moving, start; *sette blodsirkulasjonen i ~* cause the blood to circulate; *sette himmel og jord i ~* move heaven and earth, leave no stone unturned; *sette sinnene i ~* cause

a public reaction, cause a stir, agitate the public mind; *sette seg i ~* get going; move (off); start; *(fig)* take action, move, make a move, begin to act, get going, get busy; *være i stadig ~* be in constant motion.

bevegelsesevne power of locomotion. **-frihet** freedom of movement. **-nerve** motor nerve.

beveget *(rørt)* moved, affected, stirred; *(begivenhetsrik)* eventful, dramatic; *en ~ stemme* a voice touched with emotion; a voice quivering with emotion.

beveggrunn motive, inducement.

beven *(litt.)* trembling, tremor; *med frykt og ~* in *(el.* with) fear and trembling.

bevendt: *det er dårlig ~ med ham* he is in a bad way; *det er ikke rart ~ med hans kunnskaper* his knowledge is not up to much.

bever *(zool)* beaver. **-hytte** beaver('s) lodge. **-rotte** *(den sydamerikanske)* coypu. **-skinn** (fur of the) beaver, beaver pelt.

beverte *(vb)* entertain, treat.

bevertning *(det åbeverte)* entertainment; *(mat og drikke)* food and drink.

bevertningssted inn, public house; **T** pub.

bevilge *(vb)* grant; *(ved avstemning)* vote *(fx* Parliament voted large sums); *han er ansvarlig for at de -ede beløp ikke overskrides* he is responsible for ensuring that grants are not exceeded. **-ning** *(av penger)* grant; *fordele -er* allocate funds; *trykt med ~ fra* printed on a grant form; *(parl)* appropriation *(fx* grant or withhold appropriations; fix appropriations). **-ningsrett** right to grant supplies.

bevilling licence; **US** license; *gi ~* grant a l.; *ha ~* hold a l.; *løse ~* take out a l.; *søke ~* apply for a l.; *advokaten ble fratatt sin ~* the solicitor was struck off the rolls. **-shaver** licensee.

bevinget winged; *bevingede ord* familiar quotations.

bevirke *(vb)* effect, work, bring about, cause; *dette -t at ...* this had the effect of (-ing).

bevis evidence; proof (NB *pl:* proofs) *(på, for, of)*; *(uttrykk for følelser, etc.)* proof, demonstration, evidence *(på* of); *det er ingen ~ mot arrestanten* there is no case against the prisoner; *anføre som ~ at ...* put in evidence that ...; *avkrefte et ~* invalidate *(el.* reduce *el.* weaken) a piece of evidence; *et fellende ~* a damning piece of evidence; *føre ~ for* prove, demonstrate, furnish proof *(el.* evidence) of; *på grunn av -ets stilling* because of the state of the evidence; *som ~ på* in proof of; *et ~ på det motsatte* a proof of the contrary; *et ~ på at* a proof that.

bevisbyrde burden *(el.* onus) of proof *(fx* the b. of p. lies with *(el.* is on) the plaintiff).

bevise *(vb)* prove, demonstrate, show; *~ sin påstand* establish *(el.* make good) one's case. **-føring** (line of) argument, demonstration; production of evidence; the calling of e. **-kjede** chain of evidence. **-kraft** weight as evidence, validity (as evidence).

bevislig demonstrable, provable.

bevismateriale evidence.

bevisopptagelse hearing *(el.* taking) of evidence; *gå i gang med -n* begin with the hearing of the evidence.

bevisst *(adj)* 1*(som kommer fram i bevisstheten)* conscious; 2*(gjort med vilje)* deliberate; *halvt ~* semiconscious(ly); subconscious(ly); *en ~ løgn* a deliberate lie *(fx* tell a deliberate lie); *ikke meg ~ (o: ikke så vidt jeg vet)* not that I know of; *være seg noe ~* be conscious *(el.* aware) of sth; *han var seg ikke ~ å ha gjort noe galt* he was not conscious of having done anything wrong; *være seg selv* ~ be conscious; be in a state of consciousness; *han er* ~ *løgnaktig* he is deliberately untruthful.

-bevisst -minded (*fx* price minded).

bevissthet consciousness; *bringe en til* ~ restore sby to consciousness; *tape -en* lose consciousness, become unconscious; *komme til* ~ *igjen* regain consciousness, come to; *i -en om* conscious of; *i -en om at* conscious (*el.* aware) that, in the knowledge that; *ved* ~ conscious.

bevisstgjøre (*vb*): ~ *en* make sby (fully) aware *når det gjelder* of); ~ *seg selv* make oneself (fully) aware.

bevisstgjøringsprosess process of increasing awareness (*fx* this is a process of increasing awareness, which will necessarily take some time).

bevissthetsspaltning (*psykol*) divided consciousness.

bevissthetsterskel (*psykol*) threshold of consciousness.

bevisstløs unconscious; *i* ~ *tilstand* in an unconscious state; unconscious.

bevisstløshet unconsciousness.

bevitne *vb* (*stadfeste*) certify, testify (to), attest; (*skrive under på*) witness; *jeg kan* ~ *at* I can certify that; *herved -es at* this is to certify that; *vær vennlig å* ~ *underskriften* please attest (*el.* witness) the signature. **-else** attestation; certificate.

bevokst covered, overgrown.

bevokte (*vb*) watch, guard. **-ning** watch, guard; *under* ~ under guard, under escort (*fx* the prisoners were sent to the camp under escort); (*se skarp*). **-ningsfartøy** guard ship.

bevre (*vb*) quiver.

bevæpne (*vb*) arm. **-et** armed. **-ing** arming; (*våpen*) arms; armament.

beære (*vb*) honour, favour (,US: favor); *føle seg -t* feel honoured (,US: honored); *han behaget aller nådigst å* ~ *oss med sitt nærvær* he deigned to favour us with the honour of his presence.

beånde (*vb*) inspire, animate.

bh (*bysteholder*) T bra.

bi: *stå en* ~ assist sby, stand by sby; *legge* ~ (*mar*) heave to, lay to; *ligge* ~ lie to, lie by.

bi(e) (*subst*) bee. **-avl:** *se birøkt*.

bibehold retention; *med* ~ *av* retaining.

bibel Bible. **-fortolkning** exegesis. **-historie** biblical history; (*skolefag*) scripture. **-kritikk** biblical criticism. **-ord** text. **-selskap** Bible society. **-sk** biblical, scriptural, scripture. **-språk** scriptural language. **-sted** Bible passage, (sacred) text.

bibemerkning incidental remark.

bibeskjeftigelse spare-time job; T sideline. **-betydning** connotation; implication.

bibliofil bibliophile, bibliophilist. **-graf** bibliographer. **-grafi** bibliography. **-man** bibliomaniac. **-mani** bibliomania.

bibliotek library; (*se håndbibliotek; leiebibliotek*).

bibliotekar 1. librarian; 2(*ved universitetsbibliotek*) assistant (university) librarian; (university) US librarian; (*se biblioteksassistent; bibliioteksjef; førstebibliotekar; overbibliotekar*).

bibliotekfilial branch library.

bibliotekkort (*lånekort*) library ticket.

biblioteksassistent library assistant; (*se bibliotekar*).

biblioteksjef chief librarian; (*jvf overbibliotekar*).

biblioteksskole library school; *Statens* ~ the Norwegian School of Library and Information Science.

bibringe (*vb*): ~ *en en forestilling* give sby an

idea, convey an idea to sby; ~ *ham kunnskaper* impart knowledge to him.

bicelle cell of honeycomb, alveolus.

bidevind *adv* (*mar*) close-hauled, by the wind.

bidra (*vb*) contribute; ~ *med noe* contribute sth; ~ *til* c. to; (*fig*) contribute to, make for, conduce to, be conducive to; (*se vesentlig*).

bidrag contribution; (*tegnet*) subscription; *levere* ~ *til* contribute to; *trykt med* ~ *fra* printed on a grant from.

bidragsyter contributor; subscriber.

bidronning (*zool*) queen bee.

bidronninggelé (*zool*) royal jelly.

bielv tributary, affluent.

bierverv extra source of income; T sideline; (*jvf bistilling*).

bifag: *se mellomfag*.

bifall applause, acclamation; (*samtykke*) approval; *stormende* ~ tumultuous applause, a storm of applause; *fremkalle stormende* ~ (*også*) bring down the house; *vinne* ~ meet with (*el.* gain) approval; *vinne alminnelig* ~ meet with general approval.

bifalle (*vb*) approve (of), consent to, agree to; *bli bifalt av* be approved by, have the approval of.

bifallsklapp plaudits (*pl*). **-mumling** murmur of approval. **-rop** shout of applause, (loud) cheer; loud cheering; *han ble hilst med* ~ he was greeted with loud cheers. **-salve** round of applause. **-storm** roar of applause. **-ytring** cheer, applause.

biff beefsteak, steak; ~ *med løk* (fried) steak and onions; *rå* ~ underdone steak, rare steak; *torske-* cod steak; *greie -n* T pull (*el.* bring) it off, make it, manage (it); (*også* US) make the grade; *han greier nok -en* T he'll be sure to make it.

biffgryte beef stew. **-pai** (beef)steak pie.

bifigur minor (*el.* subordinate) character. **-fortjeneste** extra profit (*el.* gain); incidental earnings, perquisites; T profits on the side; *skaffe seg en* ~ *ved å ...* add to (*el.* eke out) one's income by (-ing).

bigami bigamy. **-ist** bigamist.

bigott bigoted. **-eri** bigotry.

bigård apiary, bee garden. **-handling** sub-plot; subplot; subsidiary plot; secondary plot. **-hensikt** subsidiary motive; (*jvf baktanke*). **-hensyn** secondary consideration. **-hold** bee-keeping. **-hule** (*anat*) sinus. **-hulebetennelse** sinusitis; T sinus trouble. **-inntekt:** *se bifortjeneste*. **-interesse** subsidiary interest; T sideline. **-kake** honeycomb.

bikke (*vb*): ~ *over* lean (over), topple (over), totter.

bikkje (T = *hund*): *det er flere flekkete -r enn prestens* (*sjelden:*) there are more Jacks than one at the fair; *det er mange -r om beinet* there are more round holes than round pegs.

bikkjeslagsmål cat-and-dog fight.

biklang undertone, note (*fx* there was a note of anger in his voice). **-klase** cluster of bees. **-knopp** (*bot*) adventitious bud. **-kronblad** (*bot*) coronal leaf. **-krone** (*bot*) corona.

bikse (*storkar*) bigwig.

bikube beehive, hive.

bil (motor)car; US (*også*) auto(mobile) (*drosje*) taxi; *holde* ~ run (*el.* keep) a car; *kjøre* ~ drive (a car); *kjøre* ~ *i påvirket tilstand* be drunk in charge of a car; (*jvf fyllekjøring*): *jeg har hatt et uhell med -en* I have had a breakdown with my car; my car has broken down.

bilag (*til brev*) enclosure; (*regnings-*) voucher; (*i bok*) appendix, supplement; (*i overenskomst, traktat*) schedule.

biland dependency.

bil|bensin petrol, motor spirit; *US* gas(oline). **-beskatning** the taxation of motor vehicles. **-bransje** motor trade *(el.* business); *han er i -n* he is in the m. b. **-brev** *(mar)* builder's certificate. **-brukstyv** joy-rider. **-bølle** road hog.

bilde picture; *(portrett, også)* portrait; *(fotografi)* photograph; *(speil-)* reflection; *(også fig)* image *(fx* in the i. of God; the i. left on the retina); *(metafor)* metaphor, simile, image; *levende -r* moving *(el.* living) pictures; *sin fars uttrykte* ~ the very image *(el.* p.) of his father; *danne seg et riktig* ~ *av situasjonen* form a true p. of *(el.* a correct idea of) the situation; *disse tall gir ikke noe riktig* ~ *av markedssituasjonen* these figures are not the true reflection of the state of the market; *komme inn i -t get (el.* come) into the p.; *være i -t* know *(el.* be informed) about sth; T be in the p.; *på -t* in the p.; *et* ~ *på* a picture of *(fx* these figures show a true p. of the trade); *han er ute av -t* he's no longer in the picture, he's no longer considered a competitor *(se også situasjon; skjev A; øverst).*

bildekk 1. (motor) car tyre (,*US:* tire); *(se dekk);* **2***(mar)* car deck.

bildende *(adj):* ~ *kunst* the visual arts, the fine arts, the arts of design, the plastic arts.

bil|dilla T: *han har* ~ he's mad on cars, he's got a craze for cars, he's motor-mad. **-dur** the sound of cars (,of a car), engine noise.

I. bile *(subst)* broad axe.

II. bile *(vb)* go by car, go in a car, motor.

bilegge *(forlike)* adjust *(fx* a difference), settle *(fx* a dispute, a strike).

bileggelse adjustment, settlement *(fx* of a dispute).

bil|fabrikk motor works (*NB* a m. w.), car factory. **-faglærer** motor engineering teacher. **-ferje** car ferry. **-forhandler** car dealer. **-forsikring** motor insurance; *US* automobile i. **-frakk** car coat. **-fører** driver. **-gal** motor-mad, car-mad. **godtgjørelse** car allowance; mileage allowance; *(ofte)* mileage. **-hold** keeping a car; *mine inntekter strekker ikke til* ~ my income does not run to a car. **-holdeplass** taxi rank, cab rank; *US* cabstand, taxi stand. **-horn** motor horn. **-industri** motor industry; *US* automobile industry.

biling motoring.

bil|isme motoring. **-ist** motorist.

biljard (game of) billiards; *(bord)* billiard table; *spille* ~ play billiards; *spille et parti* ~ have a game of billiards.

biljard|ball billiard ball; *blank som en* ~ *(ɔ: skallet)* bald as a coot. **-hull** pocket. **-kule:** *se -ball.* **-kø** billiard cue. **-spill** (game of) billiards.

bil|kirkegård car dump, breaker's yard. **-kjøring** motoring. **-kolonne** column *(el.* convoy) of motor vehicles; line (,T: string) of cars; *US* motorcade. **-kontroll 1.** roadworthiness check; **2***(vei-)* spot (road) check. **-konvoi** *(mil)* motor transport convoy. **-kortesje** line of cars; T string of cars; *US* motorcade. **-lakk** car enamel; T car paint. **-lakkerer** car painter. **-lass** carload *(fx* a c. of sand).

bille *(zool)* beetle.

billed|ark picture sheet. **-bibel** illustrated *(el.* pictorial) Bible. **-blad** illustrated paper. **-bok** picture book. **-bånd** picture strip, film strip; *(film uten lydspor)* visuals, mute. **-båndopptaker** video tape recorder. **-dyrkelse** image worship, iconolatry. **-dyrker** image worshipper, iconolater. **billede:** *se bilde.*

billed|flate 1. picture surface; **2***(fys)* perspective plane. **-frekvens** *(film)* frames per second, f.p.s. **-galleri** picture gallery. **-hogger** sculptor. **-hog-gerarbeid** sculpture, (piece of) statuary. **-hogger-**

inne sculptress. **-hoggerkunst** (art of) sculpture. **-kort** *(kort)* court card.

billedlig *(adj)* figurative, metaphorical; *(adv)* -ly; ~ *talt* figuratively *(el.* metaphorically) speaking; *et* ~ *uttrykk* a figure of speech, a metaphor.

billedplan picture plane; *(fot)* focal plane; *(geom)* picture plane, perspective plane; projection plane.

billed|prakt (splendid) imagery. **-reportasje** news pictures. **-rik** full of images; figurative, metaphorical. **-rikdom** (abundant) imagery. **-skjærer** (wood) carver. **-skjønn** strikingly beautiful, of great *(el.* outstanding) beauty *(fx* a woman of great *(el.* outstanding) b.). **-språk** figurative language, imagery. **-storm** breaking of images, iconoclasm, iconoclastic riot. **-stormende** iconoclastic. **-stormer** image breaker, iconoclast. **-strid** iconoclasm. **-støtte** statue. **-tekst** caption. **-utsnitt** detail (of picture); *(foto)* trimmed print. **-verden** world of images, imagery *(fx* Shakespeare's i.). **-verk** pictorial work, illustrated work.

billett 1. ticket *(fx* railway t.); **2***(svar på annonse)* reply to an advertisement; **3***(lite brev)* note; *legge inn* ~ *på en annonse* reply to an advertisement; *Bm (fk. f.* = *merket)* = apply Box *(fx* apply Box X); *løse* ~ take *(el.* buy) a ticket, book (a ticket) *(fx* I have booked to London); *kjøpe* ~ *til et teaterstykke* book for a play; *har alle fått -er?* any more fares, please? *må jeg få se -ene, takk!* tickets, please; ~ *til annen klasse* second-class ticket; ~ *helt fram, takk!* right through, please; *vi har* ~ *helt fram til X* we are booked through to X.

billett|automat (automatic) ticket machine. **-hefte** book of tickets; coupon book. **-inntekt** *(ved fx sportsstevne)* gate money; *(i teater)* box-office receipts. **-kontor** booking office; *US* ticket office; *(i teater)* box-office; *(ved kino ofte)* pay-box; *(NB opplag:* Book Here). **-kontroll** inspection of tickets; *(stedet)* barrier *(fx* tickets must be shown at the b.). **-kontrollør** *(ved sportsplass, etc)* gateman; *(i teater)* attendant; *(se jern-baneekspeditør, konduktør, togkontrollør).* **-luke** (booking-office) window; *(i teater)* (box-office) window; *(ved sportsplass, etc)* wicket. **-pris 1** *(tog, etc)* fare; **2.** (price of) admission, entrance fee, admission fee. **-saks** clipper, ticket punch. **-salg** sale of tickets; *-et (det samlede)* the booking; *-et begynner kl. 10* the booking office (,box-office) opens at 10 a.m. **-selger 1** *(ved sportsstevne, etc)* gateman; **2:** *se jernbaneekspeditør.* **-tang** ticket punch.

billettør *(på buss, trikk)* conductor; *(kvinnelig)* conductress; T clippie; *(jvf konduktør).*

billig *(pris-)* cheap, low-priced, inexpensive; *(neds)* cheap; *(rimelig, berettiget)* fair, reasonable, just, equitable; *(adv)* cheap(ly) *(fx* buy sth cheap), on the cheap *(fx* he got it on the cheap), inexpensively *(fx* live i.), at a low price, for very little; ~ *elektrisitet* low-cost electricity; ~ *transport* low-cost transportation; *få det for en* ~ *penge* get it cheap; *maskinen er* ~ *i drift* the engine is economical; the e. has a low running cost; *det faller -ere* it comes cheaper; *selge* ~ sell cheap; *slippe* ~ get off cheaply *(el.* light) *(fx* he got off light); *vanvittig* ~ T dirt cheap.

billig|billett excursion ticket. **-bok** paperback.

billige *vb (bifalle)* approve of, sanction, assent to; T o.k. *(fx* the report was o.k.'d by the directors); *jeg -r ikke ... (også)* I disapprove of.

billigelse approval *(av* of), approbation *(av* of), sanction *(av* of), assent *(av* to); *hans* ~ *av planen* his approval of *(el.* assent to) the scheme; *med hans fulle* ~ with his full approval.

billighet 1 *(pris-)* cheapness, inexpensiveness; **2**

(rimelighet) fairness, reasonableness, justice, equity; *med* ~ in fairness. **-sgrunner:** *av* ~ for reasons of equity. **-skrav** *(jur)* claim in equity.
billion a million millions; *(hist)* billion; US trillion.
billys headlight (of a car); *-et* the headlights. **-løp** motor *(el.* car) rally; *(på bane)* motor *(el.* car) race. **-mekaniker** *(faglært)* motor mechanic; *(motor- og understellsreparatør)* light (,heavy) (motor) vehicle mechanic; *(se bilreparatør).* **-mekanikk** motor (vehicle) engineering; automobile engineering; *(se maskinlære; maskinteknikk).* **-merke** make (of car). **-opphoggeri** breaker's yard. **-oppretter** panelbeater. **-pledd** *(motoring)* rug. **-presenning** car cover; *(fasongsydd)* shaped c. c. **-ramp** road hog(s). **-registeret** = The Motor Tax Office (of X County Council). **-reise** car journey, (motor) drive *(fx* did you enjoy the drive to Bristol?). **-rekvisita** car *(el.* motor) accessories. **-rekvisitaforretning** car *(el.* motor) accessory shop, motor accessory dealer('s). **-reparatør** car repairer; *(faglært)* motor mechanic; *(ikke faglært, ofte)* garage hand. **-ring** car tyre (,US: tire). **-sakkyndig** *se biltilsynet.* **-salmaker** motor upholsterer. **-selger** car salesman. **-skatt** motor vehicle tax. **-skilt:** *se nummerskilt.* **-slange** tyre (,US: tire) inner tube. **-sport** motor sport.
Biltilsynet *(kan gjengis)* the Official Driving and Motor Vehicle Examiners; *inspektør i* ~ driving (and traffic) examiner.
biltrafikk motor traffic.
biltur (motor) drive *(fx* go for a d.); T spin, run; *(lengre, især om rundtur)* motor tour; *(som passasjer, især)* ride; *(utflukt med turbil)* excursion by coach; *på* ~ *i Tyskland* motoring in Germany, on a motor tour in G.; *(se* I. *tur).*
bilturist motor tourist. **-tyv** car thief. **-utleie** car hire service; *en leid bil* a self-drive hire car. **-utstilling** motor show. **-vask** car wash; *(det å)* car washing. **-vei** motor road; *(jvf motorvei).* **-verksted** (car) repair shop; *(mindre)* garage. **-vrak** wrecked car; ramshackle car; T old crock.
bimåne paraselene, mock moon.
bind *(på bok)* binding; cover *(fx* put a c. on a book); *(del av verk)* volume *(fx* a work in six volumes, a six-volume work); *(for øynene)* bandage; *med* ~ *for øynene* blindfold(ed); *gå med armen i* ~ carry one's arm in a sling.
binde *(vt)* 1*(feste)* tie, tie up *(fx* t. a horse to a tree; tie up a dog), bind; 2*(holde sammen)* bind *(fx* the roots b. the sand); 3*(knytte)* tie *(fx* a knot); 4*(forene)* unite, cement; *(kjem)* combine; 5*(gjøre ufri)* trammel, fetter; 6*(forplikte)* bind *(fx* this promise binds me for life), commit *(fx* I don't want to c. myself); 7*(innbinde)* bind; 8*(virke forstoppende)* constipate, bind the bowels; ~ *buketter* make bouquets; ~ *ens hender* tie (up) sby's hands; *(fig)* tie sby's hands; ~ *kapital* tie up *(el.* lock up) capital; ~ *kranser* make wreaths; ~ *nek* make *(el.* bind) sheaves; ~ *penger* tie up money *(fx* in a business); ~ *an med* tackle; *man er svært bundet av en baby* a baby makes one very tied; T a baby makes a tie; ~ *en for øynene* blindfold sby; ~ *en på hender og føtter* bind sby hand and foot; ~ *noe sammen* tie sth together; *han hadde ikke noe som bandt ham til livet* he had nothing to live for; he had no ties in this life; ~ *seg* bind *(el.* pledge *el.* commit) oneself; *han måtte* ~ *seg for fem år* he had to bind himself for five years.
bindeevne *(om lim, etc.)* binding power. **-hud** *(øyets)* conjunctiva. **-ledd** (connecting) link. **-middel** binder, binding material *(el.* agent). **-nål** *(garnnål)* netting needle.
bindende *(forpliktende)* binding *(for* on, for, *fx*

the orders he takes are b. on the firm he represents; the agreement is b. on both parties); firm *(fx* a f. offer); *et* ~ *løfte* a binding promise; *før jeg avgir et* ~ *svar* before I commit myself; *med* ~ *virkning for meg* binding on me.
bindeord *(konjunksjon)* conjunction.
binder 1*(selvbinder)* binder; 2*(murstein)* header.
binders paper clip.
bindestrek hyphen; *forsynt med* ~ hyphenated *(fx* a h. name). **-vev** *(anat)* connective tissue; *(se vev* 2).
binding *(ski-)* binding.
bindingsverk timber frame(work); *lett* ~ light framework. **-verkshus** half-timbered house.
bindsterk voluminous; *skrive -e bøker om* write fat volumes on.
binge bin *(fx* grain bin).
binne *(zool)* she-bear.
binnsåle insole.
binyre *(anat)* suprarenal gland, adrenal gland.
biodynamisk: ~ *dyrket* organically grown.
biograf *(levnetsskildrer)* biographer. **-grafi** biography. **-grafisk** biographic(al).
biolog biologist.
biologi biology.
biologisk biological.
biomstendighet incidental circumstance.
biperson subordinate character. **-plan** biplane. **-planet** satellite. **-produkt** by-product. **-rett** side dish.
birkebeiner *(hist)* Birchleg; *(se bagler).*
birolle subordinate role, small part.
birøkt bee-keeping. **-er** bee-keeper.
bisak matter of secondary importance.
bisamskinn muskrat skin.
bisarr bizarre, odd.
bisetning (subordinate) clause, dependent clause.
bisette *(vb)* bury, inter (sby's ashes), lay (sby's ashes) in the grave.
bisettelse burial, interment; funeral.
I. bisk doggie; *-en!* (come) here, boy! *flink* ~ *!* there's a good boy!
II. bisk *(adj)* snappish, fierce, gruff.
Biskayabukta *(geogr)* the Bay of Biscay.
biskhet snappishness, fierceness.
biskop bishop. **biskoppelig** episcopal.
bislag porch.
bisle *(vb)* bridle.
bismak subflavour, slight flavour, smack, tang *(fx* the wine has a t. of the cask); strange taste; T funny taste; US *(også)* off taste; *mat med en ubehagelig* ~ food with an unpleasant taste.
bismer steel yard. **-pund** *(glds)* = 12 lb.
bisonokse *(zool)* bison.
bisp bishop.
bispedømme bishopric, diocese; see. **-embete** see, episcopate, office of bishop. **-hue** mitre. **-sete** episcopal residence; see, cathedral city. **-stav** pastoral staff, croiser, crozier, bishop's crook. **-stol** 1. episcopal seat; 2*(embete)* see *(fx* he was offered the see of Winchester). **-visitas** episcopal visitation.
bispinne bishop's wife.
bissel *(munnbitt)* bit; *(tøyle)* bridle; *legge* ~ *på (,ta-et av)* bridle (,unbridle) (a horse). **-stang** branch (of a bit).
bissevov *(barnespråk)* bow-wow, wow-wow.
bistand assistance, aid; *yte en* ~ give *(el.* lend) sby assistance; *juridisk* ~ legal advice; *søke juridisk* ~ take legal advice.
bister *(barsk)* fierce, grim, gruff, stern.
bistikk (bee) sting.
bistilling *(motsatt hovedstilling)* part-time post *(el.* job); T sideline.
bistå *(vb)* assist, aid.

bisverm swarm of bees.
bit bit, morsel, piece *(av* of); *(mat-)* **T** bite *(fx* have a b. to eat); *jeg kunne ikke få ned en eneste* ~ *til* I couldn't eat another bite.
bite *(vb)* bite; *(om kniv, etc)* cut, bite *(fx* the saw bites well); *(om fisk)* rise to the bait, take *(el.* swallow) the bait, bite; ~ *en av* cut sby short, interrupt sby; ~ *etter* snap at; ~ *fra seg (fig)* hit back, fight back; hold one's own; ~ *i* bite; *den bet meg i fingeren* it bit my finger; ~ *i et stykke brød* bite into a slice of bread; ~ *seg fast i noe* catch hold of sth with one's teeth, bite on to sth; *det kan du* ~ *deg i nesen på!* you bet your boots *(el.* life)! ~ *noe i seg* swallow; ~ *i det sure eplet* swallow the bitter pill; ~ *i gresset* bite the dust; ~ *over* bite in two; ~ *på kroken (om fisk, også fig)* swallow *(el.* take) the bait, rise (to the bait); *ingenting -r på ham* he is proof against anything; he is thick-skinned; ~ *tennene sammen* clench one's teeth; **bites** bite each other; *han er ikke god å* ~ *med* he is an ugly customer.
bitende biting, cutting; *(fig)* caustic, sharp; *en* ~ *kald vind* a nipping wind; *det er en* ~ *kulde* it is bitterly cold.
bitering *(for baby)* teething ring
bitestikkel *(anat)* epididymis; appendix testis.
biting secondary matter.
bitt bite; *få* ~ get a bite *(el.* rise) *(fx* I didn't get a single bite).
bitteliten very small, tiny.
I. bitter bitter; *(om smak, etc)* acrid, bitter; *en* ~ *stund* an hour of bitterness; *bitre tårer* hot tears, tears of distress.
II. bitter *(magebitter)* bitters; *en dram* ~ a glass of bitters. **-essens** bitters.
bitterhet bitterness, acridity, acrimony.
bitterlig *(adv)* bitterly; ~ *kaldt* bitter(ly) cold.
bittermandel bitter almond.
bittersøt *(jvf sursøt)* bitter-sweet.
bivirkning side effect; *(m.h.t. medisin, også)* adverse effect.
bivoks bees' wax.
bivuakk *(mil)* bivouac. **bivuakkere** *mil (vb)* bivouac.
bivåne *vb (overvære)* be present at, attend.
biårsak subordinate cause.
bjart bright, clear, light.
bjeff yelp, yap. **-e** *(vb)* yelp, yap.
bjelke beam; *(især jern-)* girder; *(gulv-)* joist; *(tak-)* rafter. **-lag** tier of beams. **-loft** raftered ceiling.
bjelle jingle, little bell. **-klang** jingling, jingle, sound of bells. **-ku** bell cow.
bjerk: *se bjørk.*
bjølle: *se bjelle.*
bjørk *(bot)* birch.
bjørkebark birch bark. **-skog** birch wood. **-tre** birch (tree). **-ved** birchwood.
bjørn bear; *brun* ~ brown bear; *den grå* ~ the grizzly bear; *Den store* ~ the Great Bear; *Den lille* ~ the Lesser Bear; *selg ikke skinnet før -en er skutt* don't count your chickens before they are hatched.
bjørneaktig bearish. **-bær** *(bot)* blackberry. **-far** bear's track. **-hi** bear's (winter) lair. **-jakt** bear-hunting. **-jeger** bear hunter. **-labb** bear's paw. **-mose** *(bot)* haircap (moss), hairmoss. **-skinke** bear ham. **-skinn** bear's skin. **-skinnslue** bearskin. **-spor:** *se -far.* **-tjeneste** disservice, ill turn; *gjøre en en* ~ do sby a disservice. **-trekker** bear leader. **-unge** bear's cub.
bla *(vb)* turn over the leaves; ~ *i* turn over the leaves of; ~ *igjennom en bok* leaf *(el.* look) through a book; **US** page through a b.; ~ *om*

turn over (the leaf); ~ *videre til s. 20* turn to page 20.
blad *(på tre, i bok)* leaf *(pl:* leaves); *(på kniv, saks, gress)* blade; *(åre-)* (oar) blade; *(avis)* (news)paper; *(tidsskrift)* magazine, periodical; *når bjørka har blader* when the birch is in leaf; *spille fra -et* play at sight; sight-read; *synge fra -et* sing at sight; sight-read; *ta -et fra munnen* speak out, speak one's mind; not to mince matters; *han er et ubeskrevet* ~ he is an unknown quantity; *-et kan vende seg* the tables may turn; *(se vende:* ~ *seg).*
blad-: *se også avis-.*
bladaktig foliaceous, resembling a leaf.
bladdannelse foliation.
-bladet -leaved *(fx* four-leaved).
bladfjær leaf spring, laminated spring, plate spring.
bladformet formed like a leaf.
bladgrønnsaker *(pl)* green leafy vegetables.
bladgrønt *(bot)* chlorophyll; **T** leaf-green. **-gull** goldleaf; *uekte* ~ leaf metal. **-hengsel** flap hinge. **-hjørne** *(bot)* axil. **-knopp** leaf bud. **-lus** aphis, greenfly, plant louse. **-løs** leafless; *(fagl)* aphyllous. **-mose** *(bot)* moss. **-neger** *(neds)* newshound. **-plante** foliage plant. **-prakt** leafy splendour. **-ribbe** *(bot)* rib. **-rik** leafy. **-rikdom** leafiness. **-salat** lettuce. **-smører** newspaper scribbler. **-stilk** leaf stalk, petiole. **-sølv** leaf silver. **-tinn** tinfoil. **-tobakk** leaf tobacco.
blaff *(svakt vindpust)* breath *(el.* puff) of wind; *(krusning)* cat's paw; *et kort* ~ *(fig; om kortvarig anstrengelse el. suksess)* a flash in the pan; *slokne med et* ~ *(om lys)* puff out; *det gir jeg -en i* **T** I couldn't care less.
blaffe *vb (om lys)* flicker; *(om seil): se blafre.*
blafre *(vb)* flap; *(om lys)* flicker; *begge seilene -r fritt* both sails are flapping free.
blakk 1. fallow, pale; *(om hest)* dun; **2***(pengelens)* broke, cleaned out.
blakne *(vb)* get fallow *(el.* pale).
blamasje disgrace, scandal; *(fadese)* blunder.
blamere *(vb)* disgrace, make a fool of; ~ *seg* make a fool of oneself, make a blunder; **T** put one's foot in it.
blandbar: *-e væsker* miscible fluids.
blande *(vb)* mix, mingle, blend; *(kort)* shuffle; ~ *seg i andres saker* meddle in other people's business; *unnskyld at jeg -r meg inn (i en samtale), men* ... excuse me for interrupting, but ...; **T** excuse my butting *(el.* chipping) in, but ...; *(se borti).*
blandebatteri mixing battery, mixer *(el.* combination) tap.
blandet mixed, mingled; *hund av* ~ *rase* mongrel; *skrifter av* ~ *innhold* miscellaneous writings.
blanding mixing, mixture, compound; blend; *(broket)* medley; *(av metall)* alloy, amalgamation; *fet (,mager)* ~ *(bensin)* rich (,lean) mix; *med en* ~ *av håp og frykt* with mingled hope and terror.
blandingsdel ingredient. **-farge** mixed colour. **-forhold** proportions of a mixture; *(sammensetning)* composition. **-form** hybrid form. **-rase** crossbreed; *(folk)* hybrid race. **-språk** mixed language.
blank shining; shiny; glossy *(fx* the seat of his trousers is g.); *(især om metall)* bright; *(pengelens)* cleaned out, broke; *et -t avslag* a flat refusal; *med -e våpen (fig)* in a fair fight; ~ *som et speil* smooth as a mirror; *la stå -t* leave blank; *trekke -t* draw.
blanke *(vb)* polish, brighten.
blankett form; **US** blank.

blank|het brightness, polish. **-is** bare ice.
blanko in blank.
blanko|aksept blank acceptance. **-fullmakt** carte blanche. **-kjøp** bull purchase. **-kreditt** blank credit. **-sjekk** blank cheque. **-tratte** blank draft. **-underskrift** paper signed in blank; blank signature. **-veksel** blank bill.
blankpolering polishing.
blankslitt glossy, shiny.
blanksverte blacking.
blant among; from among *(fx* he was chosen from among ten applicants); ~ *andre* among others, for one; ~ *annet* for one thing, among other things, inter alia; *jeg* ~ *andre* I, for one.
blasert blasé.
blaserthet blasé state of mind.
blasfe|mi blasphemy. **-misk** blasphemous.
blass pale, colourless (,US: colorless).
bledning *(forst)* selection felling; (,US: cutting).
blei *(kile)* wedge; *(vrien person)* wronghead.
bleie (baby's) napkin, nappy; US diaper; *papir*-disposable *(el.* paper) nappy; US disposable diaper.
bleik: *se blek.*
bleike *(vb)* bleach. **-tøy** bleach linen.
blek pale; *(litt blek)* palish; *(svært blek)* pallid; *(likblek)* white, wan; *bli* ~ turn pale; ~ *av skrekk* pale with terror; *han ble både rød og* ~ his colour came and went.
blekblå pale blue.
blek|fet flabby. **-gul** pale yellow; straw-coloured. **-het** paleness, wanness.
I. blekk *(jern-): se blikk.*
II. blekk *(skrive-)* ink; *(se II. blekke).* **-aktig** inky.
I. blekke *subst (bot; lite blad)* small leaf.
II. blekke *(vb)* stain with ink; ~ *seg til på fingrene* get ink on one's fingers.
blekk|flaske ink bottle. **-flekk** ink stain, ink spot, blot.
blekk|smører scribbler, ink slinger. **-sprut** *(zool)* cuttlefish; *(åttearmet)* octopus; *(liten, tiarmet)* squid.
blekne *(vb)* turn pale; *(om farge & fig)* fade.
blek|nebbet pale-looking. **-rød** pink.
blemme blister; *(frostblemme)* chilblain.
I. blende *subst (min)* blende.
II. blend|e *(vb)* dazzle; *(vindu)* darken; *(om bilist)* dip the (head)lights; *la seg* ~ *av* be dazzled by; be deceived by. **-ende** dazzling.
blender *(fot)* diaphragm, stop *(fx* what stop are you using?). **-innstilling** aperture adjustment. **-åpning** aperture.
blending dazzling; *(mørklegging)* blackout.
blendverk delusion, illusion; mirage, phantom.
blest *(oppstuss): lage (el. skape)* ~ *omkring noe (,om et arrangement)* make a great fuss *(el.* to-do) about sth (,about an arrangement); *det har stått* ~ *om(kring) saken* there has been a great deal of fuss about the matter; the matter has been given a lot of publicity; *det stod* ~ *om ham* he made *(el.* got) himself noticed; he was a colourful personality.
bli 1*(hjelpevb i passiv)* be *(fx* he was killed); get *(fx* he got *(el.* was) caught); US *(også)* become; *hun så at han ble drept* she saw him killed; *han -r ofte forvekslet med broren* he is often mistaken for his brother; *nei, det ble ikke (snakket) så mye engelsk* no, we didn't speak English so (very) much; ~ *solgt for (også)* go for *(fx* the house went for £90,000);
2*vi (forbli)* stay, remain; ~ *her* stay here; *-r han lenge her?* will he be here long? *hvor lenge ble du der?* how long did you stay *(el.* stop) there? *jeg vil gjerne få deg til å* ~ I want to

(el. should like to) get you to stay; *gåten var og ble uløselig* the mystery remained insoluble; *han er og -r en narr* he's a fool and always will be; ~ *liggende (i sengen)* stay in bed; *(om gjenstand i bevegelse)* come to rest; ~ *sittende (,stående)* remain sitting (,standing); ~ *sittende til det hele er over (om forestilling, etc)* sit it out; *(jvf ndf:* ~ *til siste slutt); han ble værende der* i *to år* he stayed there for two years;
3*vi (overgang til annen tilstand, stilling, tro, etc)* become; *(ved adj)* get, become *(fx* angry, rich); go *(fx* mad; they went quite wild over it); *(langsomt)* grow *(fx* old); *(plutselig el. ved meningsendring, trosendring, etc)* turn *(fx* pale, red); ~ *bedre* get *(el.* become) better; improve; *hun drakk medisinen, men ble ikke bedre* she drank *(el.* took) the medicine but did not improve; ~ *blek (blekne)* turn pale; ~ *forræder* turn traitor; ~ *frisk* get well; *(se II. frisk);* ~ *gift* get married; *hun begynte å* ~ *grå (i håret)* her hair was going grey; *jeg ble kald over det hele* I went cold all over; ~ *katolikk (,protestant, kristen)* turn Catholic (,Protestant, Christian); ~ *kjent* come to be known, become known; ~ *konge* become king; *han vil* ~ *kunstner* he wants to become *(el.* to be) an artist; ~ *lys! (bibl)* let there be light! ~ *profesjonell (om idrettsutøver)* turn professional; ~ *rik* get *(el.* become) rich; *det -r sent* it's getting late; ~ *sint* get angry *(på* en with sby); ~ *sur (om melk, etc)* turn sour; ~ *syk* fall ill, be taken ill, get ill, become ill; *det -r vanskelig* it will be difficult; *it* is going to be difficult; ~ *voksen* grow up; ~ *våt (på bena)* get (one's feet) wet;
4*vi (beløpe seg til)* be, make, come to *(fx* that will be £2);
5*vi (oppstå, bli arrangert)* arise, come on, be; *det vil* ~ *dans* there will be dancing; *det ble stille* there was a silence; *det ble uvær* there was a storm; a storm came on; *det ble vanskeligheter* difficulties arose;
6 *vi (vise seg å være)* be, turn out (to be), prove; *jeg håper det -r en pike (om ventet baby)* I hope it will be a girl; *han -r en bra ektemann for henne* he will make her a good husband;
7 *vi (fylle år)* be; *han -r 20 år i morgen* he'll be 20 (years old) tomorrow;
8 *vi (skje): det skal* ~ *!* as you wish! *[forb. med prep, adv, konj]* *det ble ikke noe* **av** it came to nothing; nothing came of it; *det -r ikke noe av bryllupet* the wedding is off; *det -r det ikke noe av* that won't come off; *(truende)* not if I can help it! over my dead body! *det ble ikke noe av planene våre* our plans fell through; *det ble ikke noe av prosjektet* the project did not materialize; *det -r ikke noe av turen* the trip won't come off; *jeg burde slå plenen, men det -r det ikke noe av i dag* I ought to mow the lawn, but I shan't get round to (doing) it today; *hvor -r det av ham?* what can be keeping him? *hvor er det -tt av boka mi?* where has my book got to? *hvor er det -tt av ham?* what has become of him? *hva skal det* ~ *av ham?* what is to become of him? *det -r penger av det* it all adds up; ~ *av med* get rid of; *(miste)* lose; *(få solgt)* dispose of; get off one's hands; *det var da (enda) godt vi ble av med ham!* good riddance! ~ **borte** *(utebli)* stay away; *(gå tapt, forsvinne)* be lost, disappear; *boka er -tt borte (er kommet bort)* the book is lost; *jeg -r borte i morgen* I shan't be here tomorrow; *jeg -r ikke lenge borte* I shan't be long; *-r du lenge borte?* will you be (away) long? *jeg -r borte i 14 dager* I am going away for a fortnight; *han -r borte et år* he will be away for a year;

han er -tt helt borte (vi ser ham ikke lenger) he has completely disappeared; *om oljen skulle ~ borte* if oil supplies were to be cut off; *~* **borte fra** stay away from *(fx* stay away from a meeting); *(skulke)* cut *(fx* cut a lecture); *han ble* **borte på** *sjøen* he was lost at sea;
han arbeidet i to dager og dermed ble det he worked for two days and that was all;
~ **hjemme** stay at home; *(forbli)* remain at home; *~ hjemme fra skolen* stay home from school; stay away from school;
~ **igjen** stay behind; stay on; *(om rest)* be left (over); *det ble ikke noe igjen* nothing was left over;
~ **inne** stay indoors, stay in; remain indoors; *(holde seg inne)* keep indoors;
~ **med** come along *(fx* she came along with us); *hvem ~ med?* who's coming (along)? *hvis Frankrike -r med (i krigen)* if France joins in *(fx* we shall win the war if France joins in); *det er veldig hardt for ham at ikke han også får ~ med* it's very hard on *(el.* sad for) him that he can't go too; *la det ~* **med** *det* leave it at that; let the matter rest there; *det ble med det (også)* that was the end of that; there the matter dropped; *det ble ikke med det* that was not all; that was not the end of it; the matter did not stop there; *jeg tenker det -r med det!* *(ɔ: det er ikke mer å snakke om)* there's nothing more to be said about it; *men det ble med tanken* but it never got any further; but nothing ever came of it; *han lot det~* **med** *truselen* he confined himself to the threat; *~* **med inn,** *da!* come along in!
det -r **mellom** *oss* this is to go no further; we will keep it to ourselves; it is just between ourselves; keep it to yourself;
når *-r det?* when is it to be?
~ **lenge oppe** stay up late;
~ (natten) **over** stay overnight, stay *(el.* stop) the night; *de ble der natten over (også)* they made a night stop there;
~ **over** *tiden (ɔ: lenger enn tillatt)* stay longer than permitted; outstay one's time; stay on; *det er vel ikke verdt å ~ over tiden (om sykevisitt, etc)* T I suppose I'd (,we'd, *etc)* better not stay too long; *han ble noen minutter over tiden* he stayed on for a few minutes;
~ **til** *(komme til verden)* come into existence, come into being; *jeg så det ~ til* I saw it being made; *nå, hva -r det til?* well, what about it? *hva skal alt dette ~ til?* how is it all going to end? *~ til intet* come to nothing.
blid mild, gentle; *hans -e vesen* his gentleness; *ikke se på med -e øyne* frown on, take a stern view of.
blidelig, blidt *(adv)* mildly, gently.
blid|gjøre *(vb)* soften, mitigate. **-het** mildness, gentleness.
I. blikk look, glance, eye; *alles ~* all eyes; *en pen håndveske fanget hennes ~* a nice handbag caught her eye; *ha ~ for* have an eye for; *med et eneste ~* at a glance; *sende ham et ~* give him a look; *ved første ~* at first sight.
II. blikk *(jern-)* sheet metal; tin plate.
blikk|boks tin; *(især US)* can. **-emballasje** tin packing. **-enslager** tinsmith, tinman. **-eske** tin. **-fang** eye catcher. **-plate** tin plate. **-spann** tin pail.
blikk|tøy tin articles. **-varer** *(pl)* tinware.
blind blind; *den -e* the blind man *(,woman); de -e* the blind; *~ for* blind to; *~ på det ene øyet* blind in *(el.* of) one eye; *~ alarm* false alarm; *~ høne kan også finne et korn* a blind man may hit the mark; *~ kjærlighet* blind love; *kjærlighet gjør ~* love is blind; *~ lydighet*

blind *(el.* implicit) obedience; *~ tillit* implicit confidence; *-t (adv)* blindly, heedlessly.
blinddør blind door.
I. blinde: *i ~* in the dark, blindly; *(uten å se seg for)* blindly, rashly, heedlessly.
II. blinde *vb (gjøre blind)* blind.
blinde|bukk blind man's buff. **-mann** *(kort)* dummy; *hos ~* in dummy.
blindfødt born blind.
blindgate blind alley, cul-de-sac; *(også fig)* dead end.
blindhet blindness.
blinding *(arkit)* bricked-up *(el.* blind) window.
blind|passasjer stowaway. **-ramme** canvas stretcher. **-ramme** sunken rock. **-tarm** *(anat)* caecum; *(vedhenget)* appendix; *ta -en* have one's a. removed. **-tarmbetennelse** appendicitis.
blingse *(vb)* squint. **-t** squint-eyed, cross-eyed.
blink 1. *(glimt)* gleam, flash; *(med øyet, som signal)* wink; *(av munterhet)* twinkle; **2(***sentrum i skyteskive)* bull's eye; *skyte ~* score a bull, hit the bull's eye; *(fig også)* hit the mark; *han skjøt seks -er* he scored *(el.* made) six bulls.
I. blinke *(vb)* gleam, twinkle, glimmer; *(med øynene)* blink; *(som tegn)* wink *(til* at); *(gi lyssignal)* flick.
II.'blinke *vb (trær til felling)* mark, blaze.
blinkeøks *(forst)* marking axe; *(se øks).*
blink|fyr flashing light. **-lys** flashlight; *(på bil)* flashing indicator, flasher.
blinklysaggregat flasher unit; *(se aggregat).*
blink|skudd hit. **-skyting 1.** target shooting, target practice; **2(***det at man treffer blinken)* bull's-eye shooting.
blitz *(fot)* flash lamp; *elektron-* flash gun; *(NB US:* flashlight = *lommelykt).*
blivende: *her er ikke noe ~ sted* we can't stay here; let's move on.
blod blood; *en prins av -et* a prince of the blood (royal); *-ets bånd* the ties of blood; *rød som ~* scarlet; *la -et flyte* spill blood; *det er gått dem i -et* it has become part of their nature; *det ligger i -et* it's in their blood; *slå kaldt vann i -et!* don't get excited! keep cool! *svømme i ~* swim *(el.* welter) in blood; *hans ~ kom i kok* his blood boiled; his blood was up; *med kaldt ~* in cold blood; *han har fått ~ på tann* he has tasted blood; *slå en til -s* beat sby till the blood flows; *mitt ~ ble til is* my blood ran cold; *sette vondt ~* make bad blood; *utgyte ~* shed blood; *~ er tykkere enn vann* blood is thicker than water; *(se vann).*
blod|appelsin blood orange. **-bad** massacre, slaughter. **-bestenkt** blood-stained. **-brekning** haematemesis, vomiting of blood. **-brokk** haematocele. **-byll** blood abscess. **-bøk** *(bot)* copper beech. **-dannelse** blood formation, forming *(el.* formation) of b., haematogenesis. **-dannende** blood-forming, haematogenetic. **-dråpe** drop of blood. **-dryppende** dripping with blood. **-dåd** bloody deed. **-dåp** blood baptism. **-eik** *(bot)* scarlet oak. **-farget** blood-stained. **-fattig** anaemic. **-fattigdom** anaemia. **-flekk** blood stain. **-flekket** blood-stained. **-forgiftning** blood poisoning, sepsis, septic(a)emia. **-gang** dysentery. **-hevn** blood vengeance *(el.* revenge); vendetta; *(feide som medfører ~)* blood feud. **-hevner** avenger of blood. **-hund** bloodhound; *(se sporhund).*
blodig 1(*blodbestenkt)* blood-stained; **2(***som koster blod)* bloody; **3(***ublu)* exorbitant; *hans -e ansikt* his blood-stained face; *en ~ kamp a* bloody battle; *en ~ urett* a grievous injustice; *Maria den -e* Bloody Mary; *hevne seg ~* take a bloody revenge; *han var ~ i ansiktet* he had blood on his face; *(se ironi).*

blod|igle leech. **-jaspis** bloodstone. **-kar** blood vessel. **-klump** clot of blood. **-legeme** blood corpuscle; *hvitt* ~ leucocyte; *rødt* ~ red blood corpuscle; erythrocyte. **-løs** bloodless. **-løshet** bloodlessness. **-mangel** anaemia. **-midd** *(zool)* tick; *(se midd).* **-omløp** circulation (of the blood). **-overføring** blood transfusion. **-penger** blood money. **-propp 1.** blood clot; **2.** thrombus; **3** *(trombose)* thrombosis.

blodprøve 1. blood test; *(blodtelling)* blood-count; **2**(*selve blodet)* blood sample; specimen of blood.

blod|pudding black pudding. **-pøl** pool of blood. **-pølse** *(omtr =)* black pudding. **-rensende:** ~ *middel* depurant, blood cleanser. **-rik** full of blood; plethoric. **-rikhet** plethora. **-rød** blood-red, crimson.

blodsdråpe drop of blood; *Kristi* ~ *(bot)* fuchsia; *slåss til siste* ~ fight to the last gasp; die in the last ditch; die hard.

blod|senkning (blood) sedimentation; *ta -en* have one's sedimentation checked; *han har 4 i* ~ his sedimentation is 4; BSR is 4 mm per hour. **-serum** serum.

blodshest blood horse.

blod|skam incest; *i* ~ incestuously. **-skutt** *(om øyne)* bloodshot. **-slit** hard labour; exhausting labour; gruelling work. **-spor** track of blood. **-sprengt** bloodshot. **-spytting** spitting of blood, haemoptysis.

blodsslektskap blood relationship; *(stivt)* consanguinity.

blod|stigning congestion; running of blood to the head. **-stillende** styptic, haemostatic; ~ *middel* styptic, haemostatic. **-stillerstift** styptic pencil. **-styrtning** violent haemorrhage. **-suger** bloodsucker, vampire; *(fig også)* extortioner. **-sugeri** *(fig)* extortion, bloodsucking. **-sukker** blood sugar.

blodsutgytelse bloodshed; blood-letting.

blod|system circulatory system. **-tap** loss of blood, haemorrhage. **-trykk** blood pressure. **-type** blood group. **-tørst** bloodthirst(iness). **-tørstig** bloodthirsty. **-underløpen** livid. **-uttredelse** extravasation, effusion (of blood). **-vann** serum. **-væske** plasma. **-åre** vein. **-årebetennelse** phlebitis.

blokade blockade; *økonomisk* ~ economic blockade; *bryte -n* run the b.; *heve -n* lift *(el. raise)* the b. **-bryter** blockade runner. **-skip** blockading vessel. **-tilstand** a state of blockade.

blokk block; *(skomakers)* boot-tree.

blokke *(vb):* ~ *ut* put on the block, stretch.

blokkebær *(bot)* bog whortleberry.

blokkere *(vb)* blockade; *(sperre)* block (up); *(typ)* turn (a letter); *(låse seg; om hjul)* lock; *(arbeidsplass)* boycott.

blokkering 1. blockade; **2.:** *følelsesmessig* ~ emotional blockage.

blokkfløyte *(mus)* recorder.

blokk|hus 1(*mil)* blockhouse; **2**(*til trisse)* (pulley) shell. **-leilighet** flat (in a block). **-post** *(jernb)* signalbox, signal cabin.

Blokksberg *(geogr)* the Brocken; *dra til* ~ *!* go and jump in the lake! go to blazes!

blokk|signal *(jernb)* block signalbox. **-strekning** *(jernb)* block section. **-system** *(jernb)* block interlocking system. **-trisse** pulley.

Blom: T *ost og ost, fru* ~ there's cheese and cheese; *god og god, fru* ~ *(som svar uttrykk for at man ikke er helt enig; kan gjengis)* yes and no.

blomkarse *(bot)* Indian cress, climbing nasturtium.

blomkål *(bot)* cauliflower.

blomst *(plante)* flower; *(plantedel som bærer fruk-*

ten fram) blossom; *(blomstring)* bloom; *(fig)* flower; cream *(fx* the c. of England's youth); *nyskårne -er* fresh-cut flowers; *i ungdommens (fagreste)* ~ in the bloom of youth; *retoriske -er* flowers of speech; *stå i* ~ be in flower; *(om frukttrær, især)* be in blossom; *(om roser, etc også)* be in bloom; *sette -er* flower, blossom, bloom, put forth flowers.

blomster|anlegg 1. flower garden; **2**(*blomsterdannelse)* flower formation. **-bed** bed of flowers. **-beger** *(bot)* calyx. **-blad** *bot (kron-)* petal. **-bord** flower stand. **-bukett** bunch of flowers; *(glds)* nosegay, bouquet. **-bunn:** *se fruktbunn.* **-dannelse** *(bot)* flower formation. **-duft** scent of flowers. **-dyrking** the cultivation of flowers, floriculture. **-eng** flowery meadow, flower-studded m. **-fest** floral fête. **-flor** profusion of flowers. **-forretning** florist's (shop), flower shop. **-frø**(*bot)* flower seeds. **-gartner** florist. **-glass** vase. **-hage** flower garden. **-handler** florist. **-knopp** *(bot)* flower bud; *(især på frukttre)* blossom bud. **-krans** garland, wreath of flowers. **-krone** *(bot, blomstens kronblader)* corolla. **-kurv** flower basket, basket of flowers. **-løk** *(bot)* flower bulb. **-maler** flower painter. **-maleri** flower painting. **-pike** flower girl. **-plante** flowering plant. **-potte** flowerpot. **-rik** flowery. **-rike** floral kingdom. **-skjerm** *(bot)* umbel. **-språk** language of flowers, floral language. **-stilk** *(bot)* (flower) stem, stalk, peduncle. **-støv** *(bot)* pollen. **-torg** flower market. **-utstilling** flower show. **-vase** flower vase. **-vrimmel** profusion of flowers.

blomstre *(vb)* flower, blossom, bloom, be in flower *(el.* blossom *el.* bloom); *(om hage, etc)* be gay with flowers; *(fig)* flourish, thrive, prosper; ~ *av* shed its blossoms; *(falme)* fade, wither, decay; *den har -t av* it has done flowering. **-ende** flowering; *(fig)* flourishing; prosperous; *(fx* a prosperous business); *(om stil)* florid, flowery; *(om utseende)* florid; *en ung,* ~ *pike* a girl in the bloom of youth.

blomstring flowering; *i full* ~ in full bloom, in full flower. **-stid** flowering season; *(fig)* flourishing period.

blond blond(e), fair, fair-haired.

blonde(r) lace.

blonde|krage lace collar. **-skjørt** lace-trimmed skirt. **-stoff** lace.

blondine fair girl, blonde.

blot sacrifice. **blote** *(vb)* sacrifice.

I. blott *(adj): se med det -e øye* see with the naked eye.

II. blott *(adv = bare)* only, merely, but; *(ene og alene)* solely; *det er en saga* ~ it's a thing of the past.

blott|e *(vb)* bare, denude, lay bare; ~ *hodet* uncover (one's head); *med -et hode* bare-headed, uncovered; ~ *seg for penger* run short of money, leave oneself without money; ~ *sin uvitenhet* betray one's ignorance; ~ *seg (krenke bluferdigheten)* expose oneself indecently; *(i boksing, etc)* relax one's guard. **-else** baring, exposure.

blottende: ~ *ung* very young; green; *da vi ennå var* ~ *unge* in our tender years; in our golden youth.

blotter T flasher; *(se blotting).*

blottet: ~ *for* without, devoid of, empty of; ~ *for frykt* devoid of fear; ~ *for penger* penniless, without a penny; *han er* ~ *for stolthet* he's got no pride; *med* ~ *overkropp* stripped to the waist.

blotting *(jur)* indecent exposure; *(se blotter).*

blott|legge *(vb)* expose, lay bare. **-stille** *(vb):* ~ *seg (røpe seg)* commit *(el.* compromise) oneself;

~ **seg for** expose oneself to; lay oneself open to *(fx* criticism).
blu|ferdig bashful, coy. **-ferdighet** bashfulness, coyness; *krenkelse av -en* indecent exposure; *(se blotting).*
blund snatch of sleep, nap; T snooze, forty winks; *Jon* ~ the sandman; *få seg en* ~ take a nap, get forty winks; *det kom ikke* ~ *på mine øyne* I couldn't get a wink of sleep.
blunde *(vb)* doze, snooze, take a nap.
blunk twinkle; *på et* ~ in the twinkling of an eye, in a tick, in a wink.
blunke *(vb)* blink, twinkle; ~ *til* wink at.
bluse blouse.
bluss *(ild)* blaze, flame; *(signal-)* flare.
blusse *(vb)* blaze, flame; *(bruke blussignaler)* burn flares; ~ *opp* burst into flame, blaze up; *(fig)* flare up.
blussende flushed; ~ *rød* blushing deeply; *hun ble* ~ *rød (også)* she went bright red; *med* ~ *kinn* with glowing cheeks.
bly *(subst)* lead; *av* ~ leaden.
blyaktig resembling lead, plumbeous.
blyant pencil. **-skisse** pencilled sketch. **-passer** (pair of) compasses for pencil. **-spisser** pencil sharpener.
blyant|strek pencil stroke. **-stump** stump *(el.* stub) of pencil, pencil stub. **-tegning** pencil drawing. **-viskelær** pencil eraser; T rubber.
blyerts lead ore.
blyfri *(adj):* ~ *bensin* unleaded petrol.
blyg *(adj)* bashful, shy, coy. **-es** *(vb)* blush, be ashamed *(ved* at).
blyghet, blygsel bashfulness.
blygrå leaden (grey), livid.
bly|holdig plumbiferous. **-hvitt** white lead. **-klump** lump of lead. **-lodd** plummet.
bly|tekker plumber. **-vann** Goulard's extract, lead water.
I. blære 1*(luft-)* bubble; *(vable)* blister; *(urin-)* bladder; *(i jern)* flaw, blister; *(i glass)* blister, bleb; 2*(oppblåst person)* windbag.
II. blære *(vb):* ~ *seg* swagger, throw one's weight about, talk big.
blære|aktig vesicular. **-betennelse** inflammation of the bladder, cystitis, **-katarr** catarrh of the bladder, cystorrhea.
blæreri *(blæret opptreden)* showing off; throwing one's weight about; talking big.
blærestein *(med.)* bladder stone, vesical calculus.
blæret *(adj)* blistered, blistery; vesicular; *(fig)* swaggering, conceited.
blæretang *(bot)* bladder wrack.
blø *vb (miste blod)* bleed; ~ *seg i hjel* bleed to death.
blødersykdom haemophilia.
blødme silly joke.
blødning bleeding, haemorrhage.
bløff bluff. **bløffe** *(vb)* bluff.
I. bløt: *legge i* ~ put in soak *(fx* clothes); *legge sitt hode i* ~ rack *(el.* cudgel) one's brains; *ligge i* ~ soak, steep; *la ligge i* ~ leave to soak.
II. bløt *(adj)* soft; **-e** *farger* soft *(el.* mellow) colours; *-t hjerte* a soft heart; *-t stål* mild steel; *bli* ~ *om hjertet* soften, be touched; ~ *på pæra* S barmy *(el.* dotted) in the crumpet; soft in the head, soft-headed, dotty; US nuts.
bløt|aktig soft, effeminate; *gjøre* ~ render effeminate, enervate. **-aktighet** softness, effeminacy. **-bast** *(bot)* phloem. **-dyr** *(zool)* mollusc.
bløte *(vb):* ~ *opp* soak *(fx* bread in milk); ~ *ut* macerate, steep *(fx* flax, skin).
bløt|gjøre *(vb)* soften, mollify. **-het** softness. **-hjertet** soft- *(el.* tender-)hearted. **-kake** 1*(stor, med*

fyll og overtrekk) layer cake; *(med krem, også)* cream gâteau; *et stykke* ~ a piece of layer cake; 2*(liten, forseggjort)* French pastry, tea fancy. **-kokt** soft-boiled.
bløyt: *se I. bløt.*
bløyte *(vb): se bløte.*
blå *(adj)* blue; *-tt øye (av slag)* black eye; ~ *ringer under øynene* dark rings round the eyes; *slå en gul og* ~ beat sby black and blue; *i det* ~ in the air *(fx* that's all in the air); *en bemerkning ut i det* ~ a random remark.
blåaktig bluish.
blåbringebær *(bot)* dewberry; *(se bringebær).*
blå|bær *(bot)* bilberry, whortleberry; US huckleberry. **-bærtur:** *dra på* ~ go to pick bilberries; *(svarer til)* go blackberrying; *(NB* blackberry = *bjørnebær).* **-farget** blue; dyed blue. **-frossen** blue with cold. **-grå** bluish grey, blue-grey. **-hai** blue shark. **-hval** blue whale; *(se hval).*
blå|klokke *(bot)* harebell; *(i Skottland)* bluebell. **-leire** blue clay.
blålig bluish.
blå|lys will-o'-the-wisp, marshfire; *(signal)* blue *(el.* Bengal) light. **-mandag** Blue Monday, a Monday off (work); *holde* ~ take Monday off (unofficially). **-meis** *(zool)* blue titmouse. **-måke** *(zool)* glaucous gull, herring gull.
I. blåne *(subst)* blue *(el.* hazy) distance; purple hill *(el.* mountain).
II. blåne *vb (bli blå)* become blue; *(gjøre blå)* dye blue.
blåpapir carbon paper; *(se gjennomslag).*
blår *(stry)* tow; *kaste en* ~ *i øynene* throw dust in sby's eyes, pull the wool over sby's eyes, hoodwink sby.
blårev *(zool)* arctic fox; *(merk)* blue fox (fur).
blåruss [boy or girl sitting for final exams at commercial college].
blårutet blue-chequered.
blåse *(vb)* blow; ~ *sterkt* blow hard; ~ *av noe* wave sth aside; *(ikke ta alvorlig)* make light of sth; *blås i det!* never mind! *blås i hva det koster!* blow the expense! ~ *liv i (også fig)* breathe (some) life into; *jeg -r i det* I couldn't care less; I don't care a damn about it; *jeg -r i ham* I don't care a pin for him; *det var som blåst bort* there was no trace of it to be seen; ~ *over ende* blow down; *det blåste opp* the wind was rising *(el.* getting up); ~ *(på) fløyte* play the flute; ~ *(på) trompet* play *(el.* blow) the trumpet. **-belg** (pair of) bellows. **-instrument** *(mus)* wind instrument; *-ene* the wind.
blåsel *(zool)* bearded seal, hooded seal.
blåseorkester wind band.
blåser *(mus)* wind player; *-ne (mus)* the wind.
blåserør blowpipe, blowtube; *(indiansk våpen)* blowpipe.
Blåskjegg Bluebeard.
blåskjell *(zool)* mussel.
I. blåst wind, windy weather.
II. blåst *adj (rent og ryddig)* tidy, neat; *alt var som* ~ *i hennes kjøkken (også)* everything was spick and span in her kitchen.
blå|stripet blue with blue stripes. **-strømpe** bluestocking. **-sur** on the turn; off *(fx* the milk is off), acescent. **-svart** bluish black, blue-black. **-symre** *(bot)* blue anemone. **-syre** Prussic acid.
blåveis *(bot)* blue anemone; S *(blått øye)* black eye.
b-moll *(mus)* B-flat minor.
BNP *(fk. f. bruttonasjonalprodukt)* GNP *(fk. f.* gross national product).
I. bo *(jur)* estate, property, assets; *(se døds-, konkurs-); behandle et* ~ administer an estate; *gjenoppta et* ~ reassume an estate; *-ets gjenopp-*

tagelse the reassumption of the estate; *gjøre opp -et* wind up the estate; *overlevere sitt ~ til konkurs* file a petition in bankruptcy; *sette ~ set up house, settle (down); *sitte i uskiftet ~* retain undivided possession of the estate; *skifte et ~* divide an estate; *ta et ~ under behandling* take over the administration of an estate; *-et vil gi 50%* the estate will pay 50 pence in the pound.

II. bo *(vb)* **1***(fast)* live, reside; **2***(midlertidig)* be staying, stay; (US *også*) stop; *jeg -r billig* my rent is low; *det er billig å ~ her* living is cheap here; *~ borte* live away from home; *bli -ende* stay on, go on living here *(,there, etc)*; *ha noen -ende hos seg* have sby staying with one; *her skal De ~ (til gjest)* this will be your room; *hun -r hos sin søster* she lives at her sister's; she is staying with her sister; *jeg -r hos noen kjente* I'm staying with friends; *hvor -r du?* where do you live? *(om midlertidig opphold)* where are you staying? *~ sammen (med en)* share a flat (,house, *etc*) (with sby); *(om ektefeller, etc)* live together; *~ til gata* have rooms (,a room) facing the street, have front rooms (,a front room); *(se også gate)*.
boa *(kvelerslange, pelskrage)* boa.
boarding card *(flyv)* boarding card *(el.* pass).
bobehandling *(jur)* administration of an estate (,of estates).
bobestyrer trustee.
I. boble *(subst)* bubble.
II. boble *(vb)* bubble.
boblebad whirlpool.
boblehall air-house.
boblejakke quilted anorak.
bod: *se bu.*
Bodensjøen *(geogr)* Lake Constance.
bodmeri *(slags pantsettelse av skip)* bottomry.
boer Boer.
bog *(på dyr)* shoulder.
boggi bogie; US truck.
boglam shoulder-shot. **-ledd** shoulder joint. **-ring** (horse) collar. **-tre** hame.
bohave furniture; *(naglefast)* fixtures.
bohem Bohemian. **-vesen** Bohemianism.
boi *(slags tøy)* baize.
boikott boycott; embargo; *olje-* oil embargo.
boikotte boycott. **boikotting** boycott.
bok book; *en ~ papir* a quire of paper; *Bøkenes Bok* the Book of Books; *snakke som en ~* talk like a book; *jeg har Dem ikke i mine bøker* your name is not on my books; *føre bøker* keep books, keep accounts; *føre inn i bøkene* enter in the books. **-anmeldelse** book review. **-attrapp** shelf dummy. **-auksjon** book sale. **-avl** literature. **-bestand** *(biblioteks)* stock of books. **-bil** travelling library. **-bind** book cover, binding.
bokbinder bookbinder. **-i** bookbinder's shop, (book) bindery. **-svenn** journeyman bookbinder.
bokeiermerke book-plate.
bokelsker bibliophile, book-lover.
bokfink *(zool)* chaffinch.
bokflom spate of books, book spate.
bokforlag book-publishing business, book publishers. **-form:** *i ~* in book form. **-fortegnelse** catalogue of books. **-føre** *(vb)* enter, book; *~ likelydende* book in conformity. **-føring** entering; booking; *(som fag)* bookkeeping. **-gull** gold leaf. **-handel** book trade, bookselling trade; *(butikk)* bookshop; *US* book store; *er ikke lenger i -en* is out of print.
bokhandler bookseller. **-forening** booksellers' association. **-medhjelper** booksellers' assistant.
bokholder bookkeeper; accountant. **-holderi** *(kontor)* bookkeeping department; *(det å)* book-

keeping; *enkelt og dobbelt ~* single and double entry bookkeeping; *dobbelt ~* b.-k. by double entry; *enkelt ~* b.-k. by single entry.
bokhvete buckwheat. **-gryn** buckwheat groats.
bokhylle bookshelf; *(reol)* bookcase.
bokkøl bock (beer).
boklig literary; *~ lærdom* book learning; *-e sysler* intellectual work; *han er mest opptatt av -e sysler* he is mainly engaged in intellectual work.
boklærd book-learned; *en ~* a scholar. **-lærdom** book learning. **-merke** book marker. **-mål 1.** literary *(el.* written) language; *(neds)* bookish language; **2.** one of the two official languages in Norway. **-omslag** (dust) jacket. **-orm** bookworm. **-reol** bookcase.
I. boks *(tøm)* square.
II. boks *(blikk-)* tin; US can; *(rom i bank)* safe deposit box; *(te-)* tea caddy; *(i språklaboratorium)* booth, cubicle; *en ~ erter* a tin of peas; *i -er (hermetisert)* tinned *(fx* t. meat); **US** canned.
bokse *(vb)* box. **-hanske** boxing glove. **-kamp** boxing match, prize fight.
bokser boxer; prize fighter.
boksesprit: *se tørrsprit.*
bokseøl canned beer.
bokseåpner tin *(,US:* can) opener.
boksing boxing.
bokskap (closed) bookcase, glass-fronted b. **-skred** book sale; *høstens ~ (pl)* the autumn book sales. **-språk** literary *(el.* written) language.
bokstav letter, character; *små -er* small letters; *(typ)* lower-case letters; *store -er* capital letters; *etter -en* literally; *beløpet må angis både med tall og -er* the amount should be stated both in figures and words.
bokstavelig *(adj)* literal; *(adv)* literally, in a literal sense; *~ sant* strictly true; *~ talt* literally, positively.
bokstavere *(vb)* spell; *~ feil* misspell.
bokstavering spelling.
bokstavfeil *(typ)* letter mistake. **-gåte** logogriph. **-karakter** grade (by letter), letter grade; *(jvf tallkarakter).* **-ord** *(kortord)* initial word *(fx* NATO). **-regning** algebra. **-rekke** alphabet. **-rett, -riktig** literal. **-rim** alliteration. **-skrift** alphabetic writing.
boksåpner tin opener; *US* can opener.
boktrykk letterpress printing, presswork; *publikasjoner i ~* printed publications, publications in print.
boktrykker printer. **-i** printing office, printing house. **-kunsten** the art of printing. **-presse** printing press. **-svenn** journeyman printer. **-sverte** printer's ink, printing ink.
I. bol *(kropp uten lemmer)* trunk.
II. bol *(vepse-, etc)* nest.
bole *vb* *(bibl)* whore, fornicate *(med en* with sby).
bolig house, dwelling, abode, residence; *(leilighet)* flat, rooms. **-blokk** block of flats; *US* apartment building. **-byggelag** house building cooperative *(el.* co-operative). **-enhet** dwelling *(el.* housing) unit. **-felt** housing estate; *US* development area; *privat ~* private estate. **-forholdene** the housing situation. **-fradrag** [the deduction in pay representing the rent of an official dwelling]; housing deduction. **-kjøkken** dining kitchen; *stort ~ med spisekrok* large kitchen with dining alcove. **-lov** housing act. **-massen** the aggregate number of dwellings. **-miljø** (housing) environment. **-minister** Minister for Housing and Construction. **-nød** housing famine. **-rådmann** chief housing officer. **-sektor** housing sector *(fx* in the h. s.); *(se ligge: ~ godt an).* **-sjef** director

of housing. **-spørsmålet** the housing question.
-standard housing standard, s. of h. **-strøk** residential area. **-søkende** *(adj)* house-hunting; *(subst)* house hunter.
boline *(mar)* bowline.
bolk 1. partition wall; *(mellom båser)* stall-bars; *(tidsrom)* period, spell.
I. bolle *(til drikkevarer)* bowl, basin.
II. bolle *(hvete-)* bun, muffin; *(med rosiner i)* currant bun; *(kjøtt-)* quenelle, meat ball; *(mel-)* dumpling. **-deig** bun dough; *(til kjøttboller)* meat farce.
bolsjevik Bolshevik, Bolshevist.
bolsjevisme Bolshevism.
bolster *(underpute)* bolster; *(på madrass, etc)* ticking.
bolt *(jernnagle)* bolt, iron pin; *(i seil)* lining (cloth), bolt rope; *(fjellsp)* piton; **T** peg; *ekspansjons-* (expansion) bolt.
bolteklatring *(fjellsp)* piton climbing; *(med ekspansjonsbolter)* (expansion) bolt climbing. **-pistol** cartridge hammer.
boltre(*vb*): ~ *seg* romp, gambol, frolic, tumble about.
bolverk bulwark, safeguard.
I. bom 1(*veisperring*) bar; *(til avkreving av bompenger)* toll bar, turnpike; 2(*jernb*) (level-crossing) gate; 3(*til sperring av innseiling*) boom; 4(*hindring*) barrier, bar, hindrance; 5(*slå*) bar; 6(*gym*) beam; **7.** *mar (til seil)* boom; **8.** *mar (laste-)* derrick, cargo boom; 9(*på vev*) beam.
II. bom *(feilskudd)* miss; *skyte* ~ miss (the mark).
III. bom: *gå på -men* **T** be on the bum, go about begging.
IV. bom *(adv)* absolutely, completely; *sitte* ~ *fast* be completely stuck; *tie* ~ *stille* be absolutely silent; *vi må tie* ~ *stille!* mum's the word!
bomasse *(jur)* gross estate.
bombardement bombardment. **-ere** *(vb)* bomb; shell; ~ *en med spørsmål* bombard sby with questions.
bombast bombast. **-isk** bombastic, high-sounding.
bombe *(subst & vb)* bomb: **-attentat** bomb outrage. **-sikker** bomb-proof. **-tokt** air *(el.* bombing) raid. **-treff** hit; *huset hadde fått et direkte* ~ the house had taken a direct hit.
I. bomme *(subst)* large wooden box; *(niste-)* lunch box.
II. bomme *(vb)* miss (the mark); *(«slå« en for penger)* bum; *jeg -t ham for £5* I touched him for £5; ~ *på et eksamensspørsmål* mess up *(el.* make a mess of) an exam question; misunderstand an exam question.
bommende *(adv): sitte* ~ *fast* be stuck completely.
bommert blunder; **T** howler; *begå en* ~ make a blunder.
bompenger turnpike money, toll, toll money.
bomskudd miss, unsuccessful shot, bad shot; **T** boss shot.
bomsterk as strong as a horse, Herculean.
bomstille stock-still, absolutely silent; *være* ~ keep perfectly quiet; *(se IV. bom).*
bomull cotton (wool); *renset* ~ medicated cotton.
bomulls|dyrking cotton cultivation, cotton-growing. **-flanell** flannelette. **-fløyel** cotton velvet. **-frøolje** cottonseed oil. **-garn** cotton (yarn). **-lerret** calico. **-spinneri** cotton mill. **-tråd** cotton thread. **-tøy** cotton material. **-varer** *(pl)* cottons. **-veveri** cotton mill.
bom|vakt toll man. **-vei** turnpike road.
bon: *se* bong.
bonde farmer; *(små-)* peasant farmer; *(hist, fri-)*

yeoman, freeholder; *(landsens mann)* peasant, countryman; villager; *(neds)* clodhopper, boor; *(sjakk)* pawn; *det kan du innbille bønder* tell that to the marines!
bonde|aktig boorish, countrified, rustic. **-anger:** *i dag har jeg* ~ I'm having regrets today; I wish I hadn't made a fool of myself. **-arbeid** farm work. **-befolkning** agricultural population. **-bryllup** country wedding. **-egg** farm *(el.* fresh) egg(s); free-range egg(s).
bonde|fanger confidence man. **-ful** *(adj)* sly; shrewd (like a peasant). **-født** born of peasants. **-gutt** peasant boy. **-gård** farm. **-jente** country lass. **-knoll** clodhopper; **US S** hick. **-kone** country woman, farmer's wife. **-kost** rustic fare. **-mann** peasant, countryman. **-møbler** *(pl)* peasant furniture. **-mål** country dialect. **-pike 1.** = *-jente;* 2(*rett*): *tilsjørte -r* brown Betty with whipped cream. **-rose** *bot (peon)* peony. **-skikk** country fashion. **-smør** farm butter. **-stand** peasantry. **-stil:** *hyttemøbler i* ~ peasant-style cottage furniture. **-stolthet** rustic pride. **-tamp** boor. **-venn** friend of the peasantry. **-vis:** *på* ~ after the fashion of peasants.
bondsk boorish, rustic.
bone *(vb)* polish, (bees)wax.
bonevoks floor polish; floor wax; wax polish.
bong voucher, ticket; *(til kassen)* bill; **US** check; *(totalisator-)* (tote) ticket.
bonitere *vb (forst)* value. **bonitering** valuation.
bonitet *(forst)* quality class, productivity class, site class.
bonus bonus; *(i bilforsikring)* no-claims discount.
bonustap loss of bonus *(,i bilforsikring:* no-claims discount).
boom *(økon)* boom.
boomerang *(australsk kastevåpen)* boomerang.
bopel (place of) residence; address; *fast* ~ permanent address, fixed a.; *alle med fast* ~ *i Norge* all residents in Norway; *uten fast* ~ of no fixed a.
I. bor *(grunnstoff)* boron.
II. bor *(redskap)* drill; *lite vri-* gimlet; *stort* ~ auger.
boraks *(kjem)* borax.
I. bord *(kant)* border, edge, trimming.
II. bord table; *dekke -et* lay the table; *dekke av -et* clear the table; *gjøre rent* ~ *(fig)* make a clean sweep of it; *ta av -et: se dekke av -et; etter -et* after dinner; *stå opp fra -et* rise from table; *slå i -et (fig)* put one's foot down; *maten er på -et* dinner is served; *sette seg bort til -et* sit up to the table; *sette seg til -s* sit down to dinner *(el.* supper); *sette til -s* be (seated) at table; *føre en dame til -s* take a lady in to dinner; *sette foten under eget* ~ set up for oneself, set up house; *(gifte seg)* marry and settle down; *penger (betalt eller tilbudt) under -et (for hus el. leilighet)* key money; *drikke en under -et* drink sby under the table; *han havnet under -et (også)* he was overcome by liquor; *ved -et* at table, during dinner *(el.* supper); *varte opp ved -et* wait at table.
III. bord *(skipsside)* board; *gå fra -e* disembark, go ashore; *legge fra -e* shove off; *legge roret i -e* put the helm hard over; *(se også om bord og over bord).*
IV. bord *(fjøl, planke)* board.
bord|ben leg of a table. **-bestilling** table reservation. **-bønn** grace. **-dame** (dinner) partner. **-dekning** laying the table. **-duk** table cloth.
borde *vb (entre)* board; *(legge til)* run alongside.
bordell brothel.
bord|ende head of the table; *(nederste el.* bottom end) of the table.
bord|kant edge of a (,the) table. **-kavaler** (din-

ner) partner. **-klaff** table flap. **-kniv** table knife.
-konversasjon table talk. **-kort** place card. **-løper**
table runner. **-oppsats** centre piece. **-plate** table-
top. **-setning:** *annen* ~ the second dinner
(,lunch, *etc);* the second service. **-skikk** table
manners; *holde* ~ mind one's table manners.
-skuff table drawer. **-tale** after-dinner speech.
-teppe table cover, table cloth. **-vin** table wine.
bore *(vb)* bore; *(i metall)* drill; *(slitte sylindre)*
rebore; ~ *en brønn* bore *(el.* sink) a well; ~ *i
senk* sink *(fx* a ship); *(ved å åpne bunnventile-
ne)* scuttle; ~ *kniven i ens hjerte* plunge the
knife into sby's heart. **-avdelingssjef** *(oljeind)*
drilling superintendent. **-bille** boring beetle. **-fer-
dig: bilen er** ~ the car is (about) ready for a
rebore; *en* ~ *motor* an engine in need of a re-
bore. **-maskin** drilling machine. **-plattform** oilrig.
-rigg drilling rig. **-rør** *(oljeind)* drill pipe.
boresjef *(oljeind)* tool pusher; drilling section
leader; *assisterende* ~ drilling section leader
assistant.
boreslam *(oljeind)* drilling mud *(el.* fluid).
borettshaver member of a co-operative building
society. **-lag** *(andelslag)* [housing co-operative
organized for one particular project only]; *(kan
gjengis)* housing cooperative; *(jvf boligbygge-
lag).*
boretårn *(oljetårn)* derrick.
I. borg *(slott)* castle.
II. borg *(kreditt)* credit; *ta på* ~ take on credit.
borge *(vb):* ~ *for* vouch for, answer for.
borger citizen. **-brev:** *akademisk* ~ certificate
of matriculation. **-dyd** civic virtue. **-konge** citizen
king. **-krig** civil war.
borgerlig civil, civic; *(jevn)* plain, simple; ~
drama domestic drama; *en* ~ *(mots. adelig)* a
commoner; ~ *frihet* civic liberty; ~ *stilling*
position in civil life; *stå opp (,gå til sengs) i* ~
tid keep good hours; ~ *vielse* civil marriage;
~ *viet* married before the registrar. **-het** plain-
ness, simplicity.
borgermester mayor. **-dyd:** *forsiktighet er en*
~discretion is the better part of valour (,**US:**
valor). **-embete** mayoralty. **-mage** paunch, corpo-
ration; *(jvf alderstillegg).* **-mine** air of great im-
portance.
borgerplikt duty of a citizen, civic duty. **-rett**
nationality; US citizenship; *ordet har fått* ~ the
word has been naturalized. **-skap 1:** *se -rett; 2
(samtlige borgere)* citizens, citizenry, middle
classes. **-standen** the middle classes. **-væpning**
militia, civic guard(s). **-ånd** public spirit, good
citizenship.
borgfengsel dungeon. **-fred** *(fig)* truce **-frue** lady
of the castle; châtelaine. **-gård** (castle) courtyard.
-herre lord of the castle.
borgstue servants' hall.
borgtårn 1*(i muren)* turret; 2*(det midterste, inners-
te)* keep.
boring boring; drilling; sinking; *(kaliber, løp)*
bore; *(av bilmotor)* rebore; *(det å)* reboring, *(se
bore).*
bornert narrow-minded.
bornerthet narrow-mindedness.
borre *(bot)* burdock; *(frukten)* bur(r).
borsyre boric acid, boracic acid.
bort away, off; ~ *i alle vegger* wide of the
mark, out of all reason; *det er jo* ~ *i alle veg-
ger!* what utter rot! it's sheer moonshine! *han
må* ~ he must go; *bort med det!* take it away!
~ *med fingrene!* hands off! *gifte* ~ marry off;
jage ~ drive away, expel; *kalle* ~ call away;
bli kalt ~ *(ved døden)* pass away; *Gud har
kalt ham* ~ God has taken him to himself;
klatte ham ~ fritter away, waste; *rydde* ~ clear
away; *(fig)* remove, smooth away; *se* ~ *fra* ig-

nore, leave out of account; *sende* ~ dismiss,
send away; *skjemme* ~ spoil; *jeg stikker* ~ *til
deg i kveld* I'll come round to your place to-
night; *ta* ~ remove, take away; *vende* ~ avert,
divert, turn away; *vise* ~ dismiss, refuse admit-
tance, turn away; expel; *ødsle* ~ dissipate,
squander, waste; *(se også gå:* ~ *seg bort).*
bortbestilt booked (up) *(fx* all the seats are b.
up); *alt er* ~ *hos oss* we are fully booked up.
borte away; absent; *død og* ~ dead and gone;
der ~ over there; *være* ~ be lost *(el.* gone);
bli ~ *(utebli)* stay away; *(gå tapt)* be lost; *jeg
blir ikke lenge* ~ I shall not be long; *om oljen
skulle bli* ~ if oil supplies were to be cut off;
den jenta er ikke ~ *(rosende)* T that girl has
got what it takes; she's quite a girl; *langt* ~ far
away, far off; ~ *bra, men hjemme best* there's
no place like home; East or West, home is best;
et stykke ~ some way off, at a *(el.* some) dis-
tance *(se også gate).*
bortebane *(fotb)* away ground; *de spiller på* ~
they are playing away. **-boerstipend** maintenance
grant for students living away from home. **-kamp**
away match, away fixture.
bortenfor *(prep)* off, beyond; *(adv)* beyond.
bortest *(adj)* furthermost.
bortfall *(språkv)* disappearance, dropping *(av* of).
bortfalle *(vb)* disappear, be dropped; *disse for-
pliktelser -r* these obligations no longer apply;
«-r» (som svar på spørsmål på skjema) "not
applicable" *(fk.* n.a. *el.* N/A).
bortforklare *(vb)* explain away.
bortforpakte *(vb)* farm out, (let on) lease. **-for-
paktning** farming out. **-fortolke** *(vb)* explain
away.
bortføre *(vb)* carry off; abduct; kidnap; *la seg
~ av* run away with, elope with. **-førelse** carry-
ing off; abduction; kidnapping; *(kvinnes frivilli-
ge)* elopement (with).
bortgang *(død)* death; *(glds el. litt.)* demise, pas-
sing (away).
bortgjemt hidden (away), remote.
borti 1. against; *komme (el. sneie)* ~ *noe* brush
(el. graze) against sth; *komme* ~ *noe (fig =
komme galt av sted)* get into trouble; **2.** over
in; *han holder på* ~ *fjøset* he is working over
in the cowshed; *blande (el. legge) seg* ~ *noe*
meddle with sth; poke one's nose into sth; *han
har vært* ~ *(o: har prøvd) alt mulig* he has
given everything a try.
bortimot 1*(prep)* toward; 2*(adv)* almost, approxi-
mately.
bortkastet futile, in vain; *det var* ~ *på ham* it
was lost on him; *det var nok en* ~ *tur for deg
å komme (hit)* it seems you've had a wasted
journey.
bortkommet lost, gone; *-komne saker* lost proper-
ty; *jeg tror nok jeg så temmelig -kommen ut* I
suppose I was looking rather lost.
bortlede *vb* 1*(vann)* drain off; 2*(tanker)* divert;
3*(mistanke)* ward off; avert; ~ *mistanken fra
seg selv* avert *(el.* ward off) suspicion from
oneself.
bortlodning lottery, raffle; *(se utlodning).*
bortom *(prep & adv)* over to, as far as; *stikk* ~
i morgen come round tomorrow.
bortre further *(fx* the f. side of the lake).
bortreise 1*(utreise; mots. hjemreise)* outward jour-
ney; journey there; 2*(fravær pga reise)* absence
(due to travel(ling)); 3*(mest litt.: det å reise bort)*
leaving; going away; departure, *på -n var vi in-
nom Paris* on the way out we called at *(el.*
stopped over in) Paris; *forretningen er stengt
pga.* ~ the shop is closed on account of ab-
sence.
bortreist away (from home); out of town; *han*

er ~ he's away at the moment; *han er* ~ *for et par dager* he'll be away *(el.* gone) for a couple of days.
bortsett: ~ *fra* apart from; *rent* ~ *fra* at quite apart from the fact that.
bortskjemt spoilt *(fx* a spoilt child).
bortvendt *(adj)* averted.
bortvisning dismissal, expulsion.
borvann boric acid solution, boracic lotion.
borvinde brace; ~ *med skralle* ratchet brace.
bosatt resident, settled, domiciled; *være* ~ *i* reside in; *jeg er 30 år, gift og* ~ *i X* I am 30 years old, married and resident *(el.* living *el.* live) in X.
bosette *(vb):* ~ *seg* settle, take up residence, set up house. **-lse** settling, establishment, setting up house.
Bosnia *(geogr)* Bosnia. **bosnisk** Bosnian.
Bosporus *(geogr)* the Bosporus.
bosted: *se bopel.*
bostedskommune place of residence; town *(etc)* of residence.
bostedstillegg cost-of-living bonus.
bostyre **1***(ved dødsbo)* (appointed) trustees (for a deceased's estate); **2***(ved konkurs)* [administrators (in bankruptcy)]; *(NB i UK svarer dette til et samarbeid mellom* the committee of inspection *"(kreditorutvalget) og* the trustee in bankruptcy *"(den faste bobestyreren)).*
bostøtte housing benefit (supplement); rent allowance; living allowance; *(se tilleggstrygd).*
bot **1***(lapp)* patch; **2***(mulkt)* fine, penalty; **3***(forbedring)* amendment, correction; **4***(botshandling)* penance; *råde* ~ *på* remedy; make good *(fx* a deficiency); right *(fx* a wrong); rectify; *det er naturlig at staten forsøker å rå(de)* ~ *på disse forhold gjennom sosial lovgivning* it is natural that the state should attempt to remedy *(el.* compensate for) this through social legislation; *spille en rolle når det gjelder å rå(de)* ~ *på noe av det som er galt i verden* play a part in rectifying some of the troubles from which the world is suffering; *gjøre* ~ (4) do penance; *love* ~ *og bedring (om forbryter)* promise good behaviour (,**US:** behavior); promise to behave, promise to turn over a new leaf.
botani|ker botanist. **-kk** botany. **-sere** *(vb)* botanize. **-serkasse** (botanist's) vasculum. **-sk** botanical.
botemiddel remedy *(for* for).
botferdig penitent, repentant, contrite. **-het** penitence, repentance, contrition.
botforer *(pl)* overshoes.
botnisk: *Den -e bukt* the Gulf of Bothnia.
bots|dag day of repentance. **-fengsel** penitentiary. **-predikant** preacher of repentance. **-øvelse** penance, penitential exercise.
bra *(adj)* good, honest, worthy; *(adv)* well; *en* ~ *kar* a decent chap; *en* ~ *pike* a good girl; *bli* ~ get well *(av* of); *nå hadde hun det* ~ she was doing well now; *det er* ~, *gutten min* well done, my boy; *med meg er det* ~ I am all right; *det er vel og bra, men* that is all very well, but; *jeg føler meg ikke riktig* ~ *i dag* I don't feel quite the thing this morning; *jeg håper alt går* ~ *med dere* I hope everything is going well with you.
brageløfte promise of (a) great deed(s).
brak crash, bang; *(torden-)* peal.
brake *(vb)* crash; *presse og radio -t løs* the press and the radio were thundering away *(el.* were filling the air *el.* were hard at it).
I. brakk *(om vann)* brackish.
II. brakk *(om jord)* fallow; *ligge* ~ lie fallow.

brakke *(mil)* barracks; *(arbeids-)* workmen's hut *(el.* shed). **-by, -leir** hutted camp.
brakkland fallow land.
brakknese pug nose; *(se nese).*
brakkvann brackish water.
bram ostentatious display, show; *med brask og* ~ ostentatiously. **-fri** unostentatious.
bramin Brahmin.
bram|rå *(mar)* topgallant yard; *(se I. rå).* **-saling** *(mar)* topmast cross-trees. **-seil** *(mar)* topgallant sail; *splitte mine* ~*!* shiver my *(el.* me) timbers! *(se seil).* **-stag** *(mar)* topgallant stay; *(se stag).* **-stang** *(mar)* topgallant mast, royal mast; *(se røylstang).*
brande: *en diger* ~ *(av en mann)* a big lump of a man; *han var en* ~ *til å arbeide* he worked like a fury.
brann fire; *(kjempe-)* conflagration; *(brennende stykke tre)* firebrand; *(i korn)* smut; *komme i* ~ catch fire, take fire; *sette (el. stikke) i* ~ set on fire, set fire to; *(også fig)* fire; *stå i* ~ be on fire; *hvis det bryter ut* ~ if there is a fire outbreak.
brann|alarm fire alarm, fire call. **-alarmapparat** fire-alarm (apparatus). **-belte** *(i skog)* fire break, fire lane. **-bil** fire engine; *(faglig, også)* fire appliance; **T** pump; *(stigebil)* turntable ladder. **-bombe** incendiary (bomb), fire bomb. **-byll** anthrax, carbuncle.
brannet dark-striped, brindled, tabby.
brann|fakkel incendiary torch; *(fig)* firebrand. **-fare** danger of fire, fire hazard. **-farlig** inflammable, liable to catch fire. **-folk** firemen, fire brigade. **-formann** leading fireman. **-forsikring** fire insurance. **-gate:** *se -belte.* **-gavl** fireproof gable. **-hake** fire hook. **-inspektør** = deputy assistant chief (fire) officer; **-inspektør** divisional (fire) officer. **-konstabel** fireman. **-lukt** smell of burning. **-mann** fireman. **-mester** station (fire) officer; **US** fire captain; *over-* assistant divisional (fire) officer; *under-* subofficer; **US** fire lieutenant. **-pil** fire arrow. **-polise** fire (insurance) policy. **-redskaper** fire-fighting equipment. **-salve** ointment for burns. **-seil** jumping sheet. **-sikker** fireproof. **-sjef** chief fire officer; **US** fire marshal; *vara-* deputy *(el.* assistant) chief fire officer; **US** deputy fire marshal. **-skade** damage by fire. **-slange** fire hose. **-slokningsapparat** fire extinguisher. **-sprøyte** fire engine. **-stasjon** fire station; *hoved-* fire brigade headquarters. **-sted** scene of a fire. **-stiftelse** arson, incendiarism. **-stifter** arsonist, incendiary, fire-raiser; **US** fire-bug. **-stige** fire escape. **-sår** burn. **-takst** valuation for insurance; *(verdien)* insured value. **-tau** rescue rope. **-tomt** burnt-out ruins. **-vakt** fire watcher. **-varslingsapparat** fire-alarm box. **-vesen** *(systemet)* fire service; *(konkret)* fire brigade; **US** fire department. **-øks** fireman's axe. **-øvelse** fire drill.
bransje business, trade, line; *han er godt inne i* *-n* he is well in with the trade.
bransjeforretning dealer; *(NB* in England the specific trade is usually stated).
bransjekunnskaper *(pl)* knowledge of the trade.
bras *(mar)* brace; *ta ved begge ender av en rå)* brace; *le* ~ lee brace; *luv* ~ weather brace; *klare -ene* make it, manage (it), pull *(el.* bring) it off; *(også* **US)** make the grade.
I. brase *vb (styrte)* crash; ~ *imot* knock against; ~ *ned* come down with a crash; ~ *sammen* collapse, crash in; *(kollidere)* crash into each other.
II. brase *vb (mar)* brace; ~ *an* b. to; ~ *bakk* b. aback.

III. brase *vb (steke)* fry, frizzle, cook.
Brasil *(geogr)* Brazil.
brasilian|er, -sk Brazilian.
brask: *med* ~ *og bram* ostentatiously.
brasme *(fisk)* bream.
brast: stå *last og* ~ *sammen* stick together in good times and bad.
bratsj *(mus)* viola, tenor violin. **-ist** viola player.
bratt *(steil)* steep, precipitous; ~ *stigning* steep rise; *(se II. stå:* ~ *ned)*.
braute *(vb)* brag, bluster, swagger.
bravade *(brautende opptreden)* swashbuckling.
bravo! bravo! **-rop** (shout of) bravo, cheer.
bravur *(glimrende sikkerhet)* bravura; *med* ~ *(også)* brilliantly. **-arie** bravura aria. **-nummer** show-piece, star turn.
I. bre *(subst)* glacier; *(snø-)* snowfield, field of eternal snow.
II. bre *(vb)* spread; ~ *høy* spread out hay; *de bredte (el. la) et teppe over barnet* they laid *(el.* put) a blanket over the child; ~ *over seg et teppe* cover oneself with a blanket; ~ *ut* spread out *(fx* papers on the table); ~ *seg* 1*(gjøre seg bred)* spread oneself; *ikke* ~ *deg slik med bøkene dine* don't take up so much room with your books; 2. spread; *(om by også)* grow; *hvis de ytterliggående elementene i (el. innen) partiet får (lov til å)* ~ *seg* if the extreme *(el.* extremist) elements (with)in the party are allowed to spread; ~ *seg ut (om landskap)* spread out; stretch out; *sletten bredte seg ut foran oss* the plain spread out *(el.* opened out) before us; *(litt.)* the plain lay spread out before us.
bred *adj (vid)* broad, wide; *seks fot lang og fire* ~ six feet by four; ~ *over baken* T broad in the beam; *gjøre -ere* widen, broaden; *-t (adv)* broadly; *vidt og -t* far and wide. **-bladet** *(bot)* broad-leaved; *(kniv)* broad-bladed.
bredd *(av elv)* bank, riverbank; *(av innsjø el. hav)* shore; *ved havets* ~ on the seashore; *gikk over sine -er* overflowed its banks; *de skrå -er* the stage; the boards.
bredde width, breadth; *(geografisk)* latitude; *i -n* across; *på 15° nordlig* ~ in 15° northern latitude, in latitude 15° north. **-grad** degree of latitude; parallel; *på våre -er* in our latitudes. **-sirkel** circle of latitude.
breddfull brimful, brimming, full to overflowing.
bred|flabbet broad-jawed. **-fotet** broad-footed. **bred|side** broadside. **-skuldret** broad-shouldered. **-skygge** broad-brimmed. **-snutet** *(sko)* square-toed. **-sporet** broad-gauge(d). **-stående** *(gym)* stride-standing.
bregleppe bergschrund.
bregne *(bot)* fern, bracken.
brekant glacial apron.
breke *(vb)* bleat, baa. **breking** bleating, baaing.
brekk *(beskadigelse)* breakage.
brekkasje breakage.
brekkbønner *(pl)* (chopped) green beans.
brekke *(vb)* break, fracture; ~ *nakken* break one's neck; ~ *lasten* break bulk; ~ *om (typ)* make up; ~ *opp* break open; ~ *seg* vomit, be sick; T cat.
brekk|jern: *se -stang.* **-middel** emetic. **-stang** crowbar, jemmy, jimmy; *(fig)* lever. **-vogn** *(jernb)* brake van; **US** caboose.
brekning vomiting; *(se blodbrekning).*
brem border, edge.
I. brems *(insekt)* gadfly, botfly, warble fly.
II. brems brake; *-ene sviktet* the brakes failed.
bremse *(vb)* brake; *(fig)* check, restrain; ~ *på inflasjonen* put a brake on inflation.

bremse|apparat braking apparatus. **-belegg** brake lining. **-bånd** brake band. **-kloss** brake block. **-lengde** braking distance. **-lykt** brake lamp. **-lys** brake light, stop light. **-mann** *(jernb)* brakeman. **-pedal** brake pedal. **-sko** brake shoe. **-slange** brake hose. **-sylinder** wheel *(el.* brake) cylinder. **-vei** stopping distance. **-væske** brake fluid.
bremsing braking.
brenn- [intensifying prefix, mostly dialectal]; *(se brennhast; brennkald; brennkulde).*
brenn|bar combustible, inflammable. **-barhet** combustibility, inflammability.
I. brenne *(subst): se ved.*
II. brenne *(vt)* burn; scorch, sear; commit to the flames; *(lik)* cremate; *(om nesle)* sting; *(vt & vi; brennevin)* distil; distil spirits; *(vi)* burn, be on fire; *det vil ikke* ~ 1*(i ovn, etc)* the fire won't light *(el.* burn); 2*(om ved, etc)* it won't burn *(el.* catch (fire)), it won't take fire; *brent barn skyr ilden* a burnt child dreads the fire; once bitten, twice shy; ~ *kaffe* roast coffee; *brent mandel* burnt almond; ~ *teglstein* bake tiles; *lukte brent* smell of burning; ~ *av begjær* burn with desire; ~ *av (et skudd)* fire off (a shot); *(fyrverkeri)* let off *(fx* fireworks); ~ *etter å* be dying to *(fx* he was dying to speak); *det har brent has ham* there has been a fire at his house; *det -r i ovnen* there's a fire in the stove; ~ *inne* die in a (,the) fire; be trapped in a (,the) fire; ~ *en inne* kill sby by setting fire to his house; ~ *inne med noe* be left with sth on one's hands; T be landed with sth; ~ *ned* be burnt down; ~ *opp* be burnt, be destroyed by fire; *det har brent i natt på to steder* there was a fire last night in two places; *huset brant ned* the house was burnt down; ~ *seg* burn oneself; *(fig)* burn one's fingers; *jeg brente meg på en nesle* I was stung by a nettle.
brenne|merke 1*(subst)* brand, stigma; 2*(vb)* brand; *(fig)* stigmatize. **-merking** branding; *(fig)* stigmatizing.
brennende scorching, burning; ~ *spørsmål* burning question.
brennenesle stinging nettle.
brenner *(i lamper)* burner.
brennevin distilled spirits, brandy. **brennevins|brenner** distiller. **-brenneri** distillery.
brennglass burning-glass.
brennhast big hurry; *hvorfor har du slik* ~ *?* T what's the big hurry?
brenning 1. burning; 2*(av teglstein)* baking; 3*(i sjøen)* surf, breakers.
brennkald biting cold; *det var -t (iscær)* it was biting cold.
brennkulde biting cold.
brenn|manet sea nettle, stinging jellyfish, cyanea. **-offer** burnt offering. **-punkt** focus; *i begivenhetenes* ~ in the focus of events.
brennstoff fuel; *et nødvendig* ~ *for den industrielle produksjon* a fuel (which is) necesary to industrial production.
brennvidde focal length *(fx* a f. l. of 12 mm).
brensel fuel. **-besparende** fuel-saving. **-forbruk** fuel consumption. **-(s)verdi** value as fuel, heating value.
bresje breach; *skyte* ~ *i* make a breach in; *stille seg i -n for* step into the b. for, make a stand for, stand up for.
bre|sluk moulin. **-sprekk** crevasse.
I. brett board; *(bakke)* tray; *på ett* ~ at once, at one go; in one lot.
II. brett turned-down *(el.* turned-up) edge; fold; *legge en* ~ *på* turn down; *legge* ~ *på (fig)* attach importance to, lay stress on.

brette *(vb):* ~ *opp* turn up; ~ *ned* turn down; *må ikke -s!* do not bend!

brettspill board game.

brev letter; *(mindre)* note; *et lite* ~ *skrevet i all hast* a hasty note; *et* ~ *knappenåler* a paper of pins; *ubesørgelig* ~ dead letter; *veksle* ~ *med en* correspond with sby.

brev|ark (sheet of) notepaper, letter-paper. **-due** carrier (pigeon), homing pigeon. **-form** epistolary style; *i* ~ in the form of a letter. **-hode** letterhead. **-kasse** letter box; US (letter) drop. **-kort** post card; US postal card. **-mappe** letter case. **-ombæring** delivery. **-ordner** letter file. **-papir** notepaper, writing paper; *(luksuspapir)* fancy paper. **-porto** postage, postage on letters. **-post** letter post. **-presse** paperweight, letter weight. **-skriver** letter writer. **-skrivning** letter writing. **-stil** epistolary style of writing. **-veksle** *(vb)* correspond. **-veksling** correspondence; *stå i* ~ correspond. **-vekt** letter *(el.* postal) scales; letter balance.

bridge *(kortspill)* bridge.

brigade *(mil)* brigade. **-general** brigadier, brigadier general.

brigg *(mar, tomastet skip)* brig.

brikke table mat, cocktail mat; *(øl-)* beer mat; US coaster; *(liten duk)* doily; *(i spill)* man, piece.

brikett briquette; US briquet.

briljant brilliant.

briljantine *(hårmiddel)* brilliantine.

briljere *vb (glimre)* shine.

brille|futteral spectacle case. **-glass** spectacle lens. **-innfatning** spectacle frame. **-mops** *(neds)* S goggles.

briller *(pl)* spectacles, glasses; *lese-* reading glasses.

brilleseddel prescription for spectacles.

brille|slange *(zool)* hooded snake; cobra. **-stenger** *(pl)* side bars.

I. bringe *(bryst)* chest.

II. bringe *(til den talende)* bring; *(ellers)* take, carry, convey; *bring meg den boka* bring me that book; *bring dette brevet på posthuset* take *(el.* carry) this letter to the post office; ~ *et offer* make a sacrifice; ~ *ulykke* bring bad luck; ~ *det vidt* be very successful, achieve great things, go far; ~ *for dagen* bring to light; ~ *fram* bring forward; ~ *lys i* clear up; ~ *i erfaring* learn, ascertain; ~ *en sak vel i havn* bring a matter to a successful issue; ~ *ham inn på (emne)* draw him on to talking of; ~ *oss opp i vanskeligheter* land us in difficulties; ~ *noe over sitt hjerte* bring oneself to; ~ *på bane* broach; bring up; ~ *en på fote igjen* set sby on his feet again; ~ *en på andre tanker* make sby change his mind; ~ *en til seg selv* bring sby round; ~ *til taushet* silence; ~ *en til å ... make sby ...; (se likevekt).*

bringebær *(bot)* raspberry. **-busk** raspberry bush. **-syltetøy** r. jam.

bris breeze; *frisk* ~ fresh b.; *laber* ~ moderate b.; *lett* ~ gentle b.; *(jvf vind: flau* ~*, svak* ~*; påfriskende).*

I. brisk *bot (einer)* juniper.

II. brisk *(fast seng)* bunk; *tre-* plank bed.

briske *(vb):* ~ *seg* show off, swagger; T put on side; ~ *seg av noe* plume oneself on.

brisling *(fisk)* sprat, brisling.

brissel *(en kjertel)* sweetbread.

brist *(feil)* flaw; *(mangel)* defect; *en* ~ *i karakteren* a flaw in sby's character; *en* ~ *i hans logikk* a fault in his logic.

briste *vb (revne)* crack, burst; *(gå i stykker)* break; *(gi etter)* give way; *(slå klikk)* fail; *det får*

~ *eller bære* it's neck or nothing; it's a case of sink or swim; *få hans hjerte til å* ~ break his heart; ~ *i gråt* burst into tears; ~ *i latter* burst out laughing; burst into a laugh (of derision, *etc);* **-nde øyne** dying eyes; *brustne øyne* glazed eyes.

briste|ferdig ready to burst. **-punkt** breaking point; *på -et* at b. p.; *spenne til -et* strain to b. p.; *(se tålmodighet).*

brite Briton; US: Britisher; *-ne* the British.

britisk British.

bro: *se bru.*

I. brodd sting; *ta -en av* take the sting out of; *stampe mot -en* kick against the pricks; *det har ikke* ~ *mot* it is not directed against.

II. brodd *(is-)* ice spur; crampon; *(på hestesko)* frost-nail; US calk.

brodden *(adj):* *det er brodne kar i alle land* there is a black sheep in every flock; *brodne panner* broken heads.

brodere *(vb)* embroider. **brodergarn** embroidery cotton, e. wool.

broderfolk sister nation.

broderi embroidery. **-forretning, -handel** needlework shop. **brodering** embroidering.

broderlig brotherly, fraternal. **-het** fraternal spirit, brotherliness.

broder|mord fratricide. **-morder** fratricide. **-ånd** brotherly spirit; *(se for øvrig bror-).*

brokade brocade.

broket parti-coloured, motley, variegated; *-e farger* gay colours; *det ser* ~ *ut* things look awkward, things are in a mess; *han gjorde det* ~ *for meg* he made it difficult for me.

brokk *(med.)* rupture, hernia; *få* ~ rupture oneself.

brokk|belte hernial belt. **-bind** truss, suspensory, hernial bandage.

brokker *subst (pl)* fragments, scraps, bits.

brokkfugl *(zool)* plover.

brom *(kjem)* bromine.

brom|kalium *(kjem)* potassium bromide. **-syre** *(kjem)* bromic acid.

bronkial bronchial.

bronkier *(pl)* bronchia. **-kitt** bronchitis.

bronse bronze. **-alder** bronze age. **-farget** b.-coloured. **-medalje** b. medal. **-re** bronze.

bror brother; *(pl:* brothers); *(medmennesker, ordensbrødre, etc)* brethren; *(munk)* brother, friar; *brødrene Smith* the brothers Smith; the Smith brothers; *(firmanavn)* Smith Brothers, Smith Bros.

bror|datter niece, brother's daughter. **-folk** sister nation. **-hånd** fraternal hand. **-kjærlighet** fraternal *(el.* brotherly) love. **-parten** the lion's share. **-skap** brotherhood, fraternity. **-sønn** nephew.

brosje *(brystnål)* brooch.

brosjert paper-bound.

brosjyre booklet, brochure, folder.

brosme *(fisk)* torsk; *(jvf brasme).*

brotsj broach, reamer (bit).

brotsje *(vb)* broach *(fx* a hole).

brottsjø breaker, heavy sea.

bru bridge; *(gym)* back-bend (position); *bryte alle -er (fig)* burn one's boats; *slå* ~ *over* throw a bridge over, bridge (over). **-bue** arch (of a bridge).

brud bride; *stå* ~ be married.

brudd *(revne)* breach, break, gap; *(med.)* fracture; *diplomatisk* ~ diplomatic rupture; *et* ~ *med* a break with, a departure from; *det kom til* ~ *mellom dem* there was a break *(el.* a rupture) between them; they broke with each other; they fell out; ~ *på ledningen* pipe burst, a burst p.; *i hvilke land begås det flest* ~ *på*

Menneskerettighetserklæringen? in which countries are there most contraventions of the Declaration of Human Rights?

brudden broken, fractional; ~ *brøk* complex fraction.

brudd|flate fracture surface, surface of fracture. **-stykke** fragment. **-stykkeaktig** fragmentary.

brudeand *(zool)* wood duck.

brude|drakt bridal dress *(el.* costume). **-ferd** wedding procession. **-folk** bride and bridegroom. **-følge** wedding *(el.* bridal) procession. **-kjole** wedding dress.

brudekke decking *(el.* flooring) of a bridge.

brude|krans bridal wreath; *(i England)* orange blossom. **-par** bride and bridegroom, newly-married couple. **-pike** bridesmaid. **-slør** bridal veil. **-utstyr** trousseau.

brudgom bridegroom.

brudulje T shindy, row; *lage* ~ kick up a row.

brugde *(zool)* basking shark.

Brugge *(geogr)* Bruges.

bruhode *(mil)* bridgehead; *(på kyst)* beachhead.

I. bruk use, employment; *(skikk)* practice, custom, usage; *gjøre* ~ *av* make use of; *få* ~ *for* be going to need *(fx* I don't think we're going to need that); find a use for; *ha* ~ *for* want; need; be in need of; *har du* ~ *for dette?* what use would this be any good to you? would this be (of) any use to you? *det blir nok* ~ *for det* it will come in handy; *penger jeg hadde* ~ *for med en gang* money I had no immediate use for; *til* ~ *for* for the use of; *til* ~ *overfor mine kunder* to use with my customers, to show my c.; *ingen* ~ *for* no use for; *det er skikk og* ~ *her* it is common practice here; *gå av* ~ fall out of use, fall into disuse; *ha i* ~ have in use, be using; *ta i* ~ start using, put to use, take into service; adopt *(fx* a new method); *bli tatt i* ~ begin to be used; *det ble tatt i* ~ *(også)* it was put to use; *de er for små til mitt* ~ they are too small for my use.

II. bruk *(gårds-)* farm; *(bedrift)* mill, works, factory.

brukar (bridge) pier.

bruk|bar fit for use, usable, serviceable, useful, in working order; *han er ikke* ~ he's no use; *i* ~ *stand* serviceable. **-barhet** fitness for use, usefulness.

bruke *(vb)* use, employ; make use of; *(forbruke)* consume; *(pleie)* be in the habit of; *(penger)* spend; *han -r alt han tjener* he spends all his income; he lives up to his i.; *de adresser han skulle* ~ *når han skrev til meg* the addresses at which he was to write to me; ~ *(el. ta) bilen til jobben* take the car to work; travel to work by car; *han brukte all sin styrke* he put out all his strength; ~ *sin tid godt* make good use of one's time; ~ *noe mot en sykdom* take something for a complaint; ~ *munn* scold; T jaw; ~ *bena* make use of one's legs; *vi brukte to dager på å* it took us two days to; we took two days to; ~ *lang tid på å* be slow in (-ing); ~ *opp* consume, expend, use the whole; ~ *seg (bruke munn)* scold; T jaw; *det -s ikke her til lands* it is not the custom in this country; *brukte klær* second-hand clothes; *de mest brukte størrelser* the most ordinary sizes; *(se I. marg).*

brukelig: *se brukbar.*

bruker user.

bruks|anvisning directions for use. **-eier** mill owner; manufacturer. **-forening** co-operative society, supply association; *(utsalg)* co-operative stores; T co-op. **-gjenstand** article for everyday use, article for daily use, utility article. **-kunst** handmade *(el.* hand-crafted) articles; *(mest i muse-umssammenheng)* applied art; *stilfull* ~, *strikkegarn og kofter* stylish hand-crafted articles, knitting wool and sweaters. **-ord** word in daily use; *dette er ikke noe vanlig* ~ this word is not in common use *(el.* is seldom or never heard). **-rett** right of use.

bruktbil used car, second-hand car; ~ *som har gått lite* low-mileage used car. **-forhandler** dealer in used cars, second-hand car dealer.

brulegge *(vb)* pave. **-r** paviour. **-rjomfru** rammer, paviour.

brulegging paving; pavement.

brum growl. **-basse** T growler.

brumme *(vb)* growl; *(fig)* grumble; ~ *i skjegget* mutter to oneself.

brun brown; ~ *saus* gravy; *du er fin og* ~ you've got quite a tan; you're as brown as a berry.

brune *(vb)* brown *(fx* b. them quickly in hot dripping); *(huden)* bronze; tan; *-t smør* browned butter.

brunhåret brown-haired.

brunkull brown coal, lignite.

brunst *(hundyrs)* heat; *(handyrs)* rut, rutting.

brun|stekt done brown. **-stein** manganese dioxide, pyrolusite.

brunstig in heat; *(om handyr)* rutting.

brunsttid mating season; *(om handyr, også)* rutting season; *(om hundyr, også)* period of heat.

brus *(brusende lyd)* rushing sound, roar; *(sakte)* murmur; *(oppbrusing)* effervescence, fizz; *(limonade)* fizzy lemonade; T pop.

I. bruse *(bot)* se brisk.

II. bruse *(vb)* effervesce, froth, foam; *(havet)* roar, rush; *han -r lett opp* he is apt to blaze *(el.* flare) up; ~ *over (ved gjæring)* run over.

brus|hane *(zool)* ruff. **-hode** hothead.

brusk cartilage, gristle. **-aktig** cartilaginous, gristly. **-vev** *(anat)* cartilaginous tissue; *(se vev 2).*

Brussel *(geogr)* Brussels.

brustein paving stone, pavement stone.

brusteinsball street dance.

brusten *(om øyet)* glazed.

brutal brutal; *en* ~ *person* a bully, a brute. **-itet** brutality.

brutto|beløp gross amount. **-fortjeneste** gross profit. **-inntekt** gross income; US gross earnings. **-premie** *(fors)* gross premium. **-vekt** gross weight.

I. bry *(subst)* trouble, inconvenience; pains *(fx* here's a pound for your pains); *jeg fikk fri reise for -et* I had my journey for my trouble; *gjør deg ikke noe* ~ *for min skyld* don't trouble yourself on my account; *ha* ~ *med* have trouble with; *hadde du meget* ~ *med det?* did it give you much trouble? *hadde du meget* ~ *med å finne huset?* did you have much bother (in) finding the house? *jeg har veldig mye* ~ *med ham* I have no end of trouble with him; *ha* ~ *med å* be put to the trouble of (-ing); *denne forsinkelse har skaffet oss mye* ~ this delay has given us a great deal of trouble *(el.* inconvenience); *det er ikke noe* ~ it will be no trouble; *vil det bety (el. være) meget* ~ *for deg å ...* will it be much trouble for you to ...

II. bry *(vt)* trouble, put to trouble, inconvenience; *(plage)* bother; *må jeg* ~ *Dem med å ...* may I trouble you to ...; *De må unnskylde at vi -r Dem med denne saken* you must forgive *(el.* excuse) us for troubling you in this matter; *hun ville ikke* ~ *sin søster med å (be henne) se etter barna* she did not want to trouble her sister with looking after the children; ~ *seg med å* trouble to, bother to; ~ *seg om* care about *(el.* for), mind; *han -dde seg aldri noe større om sin søster (ɔ: gjorde aldri noe større for*

henne) he never did anything much for his sister; *å, bry Dem ikke om det!* don't trouble yourself; never you mind; don't bother about that; *~ deg ikke om meg* don't mind me; *jeg -r meg ikke om det* I don't care about it *(el. for it)*; *jeg -r meg ikke om å gå* I don't care to go *(el.* about going); *(se inntrykk; slippe).*
brydd embarrassed.
bryderi: *se I. bry.*
brygg brewing; *(drikk)* brew.
Brügge *(geogr)* Bruges.
I. brygge *(laste-)* wharf; *(for passasjertrafikk)* pier; jetty; *(kai)* quay, landing stage; *(liten; privat)* landing stage; *ved brygga* at the wharf *(,*quay); *(om skip, også)* alongside the wharf; *(svarer etter engelske forhold til)* in the docks.
II. brygge *(vb)* brew; *jeg -r på en forkjølelse* I've got a cold coming; *(jvf forkjølelse).*
brygge|arbeider docker, dock worker; **US** longshoreman. **-avgift** quay dues, quayage. **-formann** quay master; *(se formann).* **-kar** brewing vat. **-lengde** quayage.
brygge|panne 1. copper; **2***(underovn & gryte)* (combined) copper and heater. **-rist** ash grate for copper heater.
bryggeplass quayage; *(hvor skipet legger til)* berth.
brygger brewer. **-hest** dray horse; *(se hest).* **-hus** laundry, wash-house.
bryggeri brewery.
brygge|sjauer: *se -arbeider.*
bryllup wedding, marriage; *(poet)* nuptials; *holde ~* celebrate a wedding, be married; *være i ~* be at a wedding.
bryllups|dag wedding day. **-fest** wedding festivities. **-gave** wedding present. **-reise** honeymoon (trip); wedding trip; *de var på ~ i Italia* they went to Italy for their honeymoon.
bryn *(anat)* eyebrow; brow; *(skog-)* fringe *(el.* edge) of a wood.
brynde concupiscence, sexual passion; *(om dyr)* heat.
I. bryne *(subst)* whetstone; sharpening stone; *olje-* hone.
II. bryne *(vb)* sharpen, whet.
brynje *(hist)* coat of mail.
brysk brusque, gruff, blunt.
brysom troublesome, trying.
bryst breast; *(også om lunger, etc)* chest; *(kvinne-)* breast *(pl:* breasts); *(barnespråk)* teat, tit; *(av storfe)* brisket; *benfritt ~* boned brisket; *gi et barn ~* breast-feed a baby, give a baby the breast; *et svakt ~* a weak chest.
brystben *(anat)* sternum; breast bone.
brystbilde half-length portrait.
bryste *(vb):* *~ seg* swagger *(av* about).
bryst|finne pectoral (fin). **-harnisk** breastplate. **-karameller** cough pastilles. **-kasse** chest. **-kjertel** mammary gland. **-lomme** breast pocket. **-ning** parapet. **-nål** brooch (pin). **-panel** dado. **-stemme** chest voice. **-svømning** breast stroke. **-tone** chest note *(el.* tone).
brystverk 1*(med.)* abscess on the breast; *(smerte i brystet)* pain in the chest *(el.* breast); **2***(på orgel)* swell-box, swell organ.
bryst|vern breastwork, parapet. **-virvel** *(anat)* thoracic vertebra. **-vorte** *(anat)* nipple.
bryte *vb* **1***(brekke)* break; **2***(ikke overholde)* break *(fx* the law; a promise; the rules); violate, infringe; **3***(om lyset)* refract; **4***(om sjøen)* break; **5***(sport)* wrestle; **6***(tlf)* ring off, hang up; *ikke bryt forbindelsen! (tlf)* hold the line, please! *~ sitt hode* rack *(el.* cudgel) one's brains; *~ isen* break the ice; *~ kull* win *(el.* work) coal; *~*

sitt løfte break one's promise; *~ tausheten* break silence; *~ av* break off; *(i talen)* stop; *bryt av til venstre!* left wheel! *~ fram* break *(el.* burst) forth, emerge; *sola brøt fram* the sun broke through; *dagen brøt fram* the day broke *(el.* dawned); *~ inn* break in, force an entrance; *~ inn i et hus* break into a house; *~ løs* break loose; *(om opprør, etc)* break out; *~ med en* break with sby; *~ med en vane* break oneself of a habit; *~ opp* break *(el.* force) open; *(fra selskap)* break up; *selskapet brøt opp* the party broke up; *~ på det tyske* have a German accent; *~ sammen* breakdown, collapse; *~ ut (av fengsel)* break prison; *ilden brøt ut* the fire broke out.
brytekamp wrestling match.
bryter wrestler; *(elekt)* switch.
brytetak wrestling trick *(el.* grip), hold.
brytning breaking; *(sport)* wrestling; *(fys)* refraction; *(fig)* conflict.
brytnings|feil *(i øyet)* error of refraction. **-tid:** *en litterær ~* a time of literary upheaval. **-vinkel** *(fys)* angle of refraction.
brød 1. bread; **2***(avlangt rundstykke)* long roll, frankfurter roll; *varm pølse med ~* hot dog; *et brød* a loaf (of bread); *ristet ~* toast; *den enes død, den annens ~* one man's loss is another man's gain; *gi oss i dag vårt daglige ~ (bibl)* give us this day our daily bread; *smuler er også ~* half a loaf is better than no bread; *gå som varmt hvete-* find a ready sale, sell like ripe cherries; *mennesket lever ikke av ~ alene (bibl)* man shall not live by bread alone; *tjene sitt ~* earn *(el.* make) a living, earn one's livelihood *(el.* living); *tjene sitt ~ ved hederlig arbeid* make an honest living; *være i ens ~* eat one's bread; *ta -et ut av munnen på en* take the bread out of sby's mouth;
brød|bakke bread basket; bread plate. **-blei T** hunk of bread. **-boks** bread bin; **US** bread box. **-deig** bread dough; *(se deig).*
brøde guilt.
brød|fjel bread plate, bread board. **-frukt** *(bot)* breadfruit. **-fø** *(vb)* support. **-kniv** bread knife. **-korn** bread grain; breadstuffs *(pl); (se korn).* **-leiv** chunk *(el.* hunk) of bread. **-løs** *(uten erverv)* out of work, out of a job. **-mangel** scarcity of bread. **-skalk** outside slice, first cut; **US** heel (of a loaf).
brød|skorpe bread crust. **-smule** bread crumb. **-spade** peel. **-studium** utilitarian study.
brøk fraction; *alminnelig ~* vulgar fraction; *brudden ~* complex f.; *(u)ekte ~* (im)proper f.; *forkorte en ~* reduce a fraction; *gjøre om en ~* invert a fraction. **-del** fraction. **-regning** fractional arithmetic; **T** fractions. **-strek** fraction line, stroke.
brøl roar, bellow; *fra mengden steg det opp et tordnende ~* from the host rose a thunderous shout. **brøle** *(vb)* roar, bellow.
brøl(e)ape *(amerikansk apeslekt)* howler; *(se ape).*
brønn well; *det er for sent å lukke -en når brønnet er druknet* it is too late to lock the stable door after the horse has been stolen. **-borer** well borer. **-graver** well digger. **-karse** *(bot)* watercress. **-kur:** *ta ~* take *(el.* drink) the waters. **-vann** well water.
brøyte *(vb)* clear the road (of snow); *det er -t vei helt fram til hyttedøra* a road is kept open right up to the entrance to the cabin; *~ løype (ski)* break a *(el.* the) track.
brøyte|bil snow plough (truck). **-kant** bank of snow; **US** snowbank. **-tropp** *(mil)* snow-clearing platoon.
brå abrupt, sudden; *-tt (adv)* abruptly, sudden-

ly; *stanse -tt* stop short. **-bremse** *(vb)* slam on the brakes. **-dyp:** *det er -t like ved land* there is deep water close to the shore. **-hast** big hurry.

bråk *(subst)* noise; *(krangel)* bother, trouble; T row, shindy; *lage* ~ T kick up a row, raise hell, make a hullabaloo; *det blir (det) bare* ~ *(av)* that's asking for trouble.

bråke *(vb)* make a noise. **-nde** noisy, boisterous.

bråkete noisy; *full og* ~ drunk and disorderly.

bråkjekk cocky, brash.

bråkmaker troublemaker; *en full* ~ a disorderly drunkard.

bråkulde a sudden spell of cold.

bråmett suddenly unable to eat any more.

bråsinne sudden anger; a sudden burst of anger. **-stanse** *(vb)* stop short, stop dead (in one's tracks).

bråte: *en hel* ~ *med* T lots of; heaps of.

bråtebrann *(kan gjengis)* rubbish fire; bonfire from a heap of brush.

bråtebrenning [the burning off of withered grass and leaves in spring].

brått *(adv): se brå.*

bråvakker pretty at first sight. **-vende** *(vb)* turn short. **-vending** a sharp turn; *i en* ~ T in a hurry.

I. bu *(subst)* booth, stall.

II. bu *(vb): se bo.*

III. bu *(int)* boo.

bud 1*(befaling)* command, order; dictate; *(bibl)* commandment; 2*(beskjed)* message; 3*(visergutt)* errand boy, office boy; *(se visergutt); (sendebud)* messenger; *(som leverer melk etc)* roundsman; US delivery man; 4*(tilbud)* offer; *(ved auksjon)* bid, bidding; *de ti* ~ the Ten Commandments; *det 4.* ~ *(svarer hos anglikanerne til)* the fifth commandment; *det 5.* ~ = the sixth commandment; *det 9. og 10.* ~ = the tenth commandment; *gjøre et* ~ make a bid, bid *(fx* he bid £20 for the piano); *-et venter* bearer waits; *sende* ~ *etter* send for; *sende* ~ *til en* send word to sby; send a message to sby; send round to sby.

budbringer bearer of a message, messenger.

Buddha Buddha.

buddhismen Buddhism.

buddhist Buddhist.

buddhistisk Buddhist(ic).

budeie milkmaid, dairymaid.

buden invited; *han var ikke* ~ he hadn't been invited.

budformann *(post)* postman higher grade; *(se formann).* **-grense** *(i poker)* ceiling, limit. **-penger** *(pl)* porterage charge. **-rute** *(post)* delivery walk, round *(fx* a postman on his r.).

budsjett budget; *(overslag over statsutgifter)* Estimates; *som angår -et* budgetary; *legge fram -et* present the b.; *introduce el.* submit) the b.; *oppføre noe på -et* include sth in the b.; budget for sth; *på -et* in the b.; *sette opp et* ~ draw up a b.

budsjettdebatt debate on the budget. **-ere** *(vb):* ~ *med* budget (for) *(fx* a new car this year), include in the budget. **-forslag** budget; *legge fram et* ~ present a b. **-komité** *(parl)* = Committee of Ways and Means. **-messig** budgetary; ~ *sett* from a b. point of view.

budskap *(også fig)* message; *kanskje -et går dypere?* perhaps the message runs deeper?

budstikke *(hist)* [wooden stick or iron bar (later a cylinder or similar shape, in which to place a written message), which used to be sent from farm to farm to summon people, esp. to attend the' thing' (council) or to defend the country)]; *la -n gå rundt* send a message round.

budveske postman's bag; *(avisveske)* newspaper delivery bag.

bue bow; *(fiolin)* bow, fiddlestick; *(hvelving)*

arch; *(sirkel-)* circular arc; *(linje)* curve; *skyte med pil og* ~ shoot with bow and arrows; *spenne en* ~ bend *(el.* draw) a bow; *spenne -n for høyt (fig)* aim too high. **-formet** curved, arched. **-føring** *(mus)* bowing. **-gang** arcade, archway. **-lampe** arc lamp. **-orm** *(zool)* ringed snake. **-skyting** archery, shooting with bow and arrows. **-skytter** archer, bowman. **-streng** bowstring. **-strøk** stroke of the bow.

buffer *(fjærende støtapparat)* buffer.

buffet *(spisestuemøbel)* sideboard; *(disk i restaurant)* buffet, refreshment bar; *stående* ~ (standing) buffet; *selskap med stående* ~ buffet party, buffet luncheon (,supper, *etc).*

bugne *(vb)* bulge, bend; *de -nde seil* the bellying sails *(el.* canvas); *grenen -r av frukt* the branch bends under the weight of the fruit; the b. is weighed down with fruit; *bordet -r av retter* the table groans under the weight of the dishes.

buk abdomen; *(bibl & glds)* belly.

bukett bunch of flowers, bouquet; *(ofte spøkef)* nosegay.

bukfinne ventral *(el.* pelvic) fin. **-gjord** saddle girth. **-hinnebetennelse** peritonitis.

I. bukk 1*(geite-)* he-goat; T billy-goat; *(rå-)* buck; 2*(trebukk til bord)* trestle; 3*(for bil)* (service) ramp, car ramp; *(smøre-)* greasing ramp; *(se også smøregrop);* 4*(mastebukk på skip)* sheers; 5*(kuske-)* box; 6*(gym)* buck; *hoppe* ~ (play) leap-frog; *hoppe* ~ *over noe (fig)* skip sth; *stå* ~ make a back; *stå* ~ *for en* make a back for sby (at leap-frog); *den som står* ~ the back; *skille fårene fra -ene (bibl)* separate the sheep from the goats.

II. bukk *(hilsen)* bow; *gjøre et* ~ make a bow.

bukke *(vb)* bow; ~ *dypt (for en)* make (sby) a low bow; ~ *og skrape* bow and scrape *(for* to); ~ *under for* succumb to, be overcome by.

bukkeben: *sette* ~ [stand stiff-legged]; *(svarer til)* cut up rough, show fight.

bukkeskinn buckskin. **-skjegg** goat's beard. **-sprang** caper, capriole; *gjøre* ~ cut capers.

bukking bowing; ~ *og skraping* bowing and scraping.

buklanding wheels-up landing, belly landing.

buksbom *(bot)* box. **-hekk** box hedge.

bukse: *se bukser.*

buksebak trouser seat. **-ben** trouser leg. **-brett** trouser turn-up; US trouser cuff. **-henger** trouser hanger. **-klype 1.** trouser hanger; 2*(for syklist)* trouser clip. **-knapp** trouser button. **-linning** waistband. **-lomme** trouser pocket. **-løs** without trousers (on).

buksepress crease (in trousers); *en knivskarp* ~ a knife-edged crease.

bukse(r) *(lange)* trousers; US pants; *(korte)* shorts; 2*(under-)* pants, drawers; US trunks; *(jvf bade-); gjøre i buksa* dirty *(el.* make a mess in) one's pants, fill one's pants; *han skalv i buksene* his heart sank to his boots.

buksere *(vb)* tow, take in tow.

bukserbåt tug. **-ing** towing, towage. **-line** tow line. **-penger** towage. **-trosse** towing cable, hawser.

bukseseler *(pl)* braces, pair of b.; US suspenders; (NB (sock) suspender = US garter *(sokkeholder);* (stocking) suspender = US garter *(strømpestropp);* suspender belt = US garter belt *(hofteholder)).*

buksesmekk flies, fly; *-en din er åpen* your flies are undone.

bukspytt pancreatic juice. **-kjertel** pancreas.

bukt *(hav-)* bay; *(større, langstrakt)* gulf; *(mar, på tau)* bight; *få* ~ *med* get the better of, overcome *(fx* difficulties, one's opponents); *vi*

har fått ~ *med krisen (også)* we have broken the back of the crisis.
buktaler ventriloquist.
buktaler|aktig ventriloquial. **-i** ventriloquism.
bukte *(vb):* ~ *seg* wind (in and out); *(om elv, også)* meander; *en hoggorm -t seg lynrapt av veien* an adder whipped off the road; ~ *seg fram* wriggle along.
buktet winding, sinuous; *(sterkt)* twisting, tortuous.
buktning winding, curve, bend; *slangens -er* the twisting of the snake; the sinuous movements of the snake.
bulder [big, crashing noise and rumble]; *(kan gjengis)* din, rumble; boom *(fx* the b. of the sea); *kampens* ~ the din of battle.
buldre *vb (larme, rumle)* rumble; *(skjenne)* rage and fume, bluster; *(om kalkun)* gobble.
buldrebasse blusterer.
I. bule *(danse-, etc)* dive; US *(også)* joint; *en simpel* ~ a low dive.
II. bule *(forhøyning på gjenstand)* bulge; *(på skjold)* boss; *slå -r (om tapet, etc)* cockle *(fx* the wallpaper was badly cockled); *(jvf bulk).*
bulevard boulevard.
bulgar Bulgarian.
Bulgar|ia *(geogr)* Bulgaria. **b-sk** Bulgarian.
buljong meat broth, beef tea, clear (meat) soup, bouillon.
buljongterning bouillon cube, beef cube.
bulk dent; *rette opp (el. ut) en* ~ press out *(el.* straighten out) a dent; *forskjermen fikk en stygg* ~ the front wing got a nasty dent *(el.* was crumpled).
bulke *(vb)* S collide, dent (in), make a dent in *(fx* he made *(el.* got) a dent in his father's car); *han -t med en drosjebil* **1.** he crashed into a taxi; **2***(sneiet borti)* he left his mark on a taxi.
bulket *(adj)* dented.
bulldogg bulldog.
bulldoser bulldozer.
bulle *(pavelig)* bull, papal bull.
bulletin bulletin.
bulmeurt *(bot)* henbane.
bum *(int)* bang.
bumerke 1. mark (used as signature by an illiterate person); **2***(i moderne reklame)* brand image.
I. bums thud, bang; *falle med et* ~ bump down, sit down with a flop *(el.* flump), flop down; fall with a thud.
II. bums *(int)* bang.
bumse: *en (kraftig)* ~ a big clumsy creature; a big lump of a woman; *(jvf brande).*
bumset(e) *(adj)* ungainly, inelegant, awkward, lumpy, lumpish.
bunad national costume.
bundet *adj (av binde);* ~ *kapital* locked-up capital; ~ *mandat* limited mandate; *bunden oppgave* (paper on a) set subject; ~ *stil* rhymed style; verse; ~ *varme* latent heat.
bundsforvandt *(forbundsfelle)* ally.
I. bunke heap, pile.
II. bunke *(vt):* ~ *sammen* heap up.
bunker bunker. **-kull** bunkers, bunker coal.
bunn bottom; *(i tøy)* ground, groundwork; *nå* ~ *(med føttene)* touch bottom; *(fig)* touch bedrock *(fx* prices touched bedrock in the depression); *ikke nå* ~ be out of one's depth; *slå -en ut på* knock the bottom out of; *til -s, til -en* to the bottom; *(fig)* thoroughly; *komme til -s i* get to the bottom of; *i* ~ *og grunn* at bottom; really; in reality; *med -en i været* bottom up.
bunnbord *(i bil)* floor board.
bunne *vb (nå bunnen med føttene)* touch bottom; ~ *i* originate in, be due to, be the result of.
bunn|fall sediment, deposit; *(kjem, også)* precipi-

tate; *(av vin)* lees, dregs. **-felle** *(vb)* precipitate, deposit, settle; ~ *seg* settle. **-felling** precipitation, settlement. **-fordervet** utterly depraved. **-fryse** *vb (om vann)* freeze solid; freeze right through. **-garn** ground net, pound net. **-hederlig** thoroughly honest, straight as a die. **-løs** bottomless, unfathomable; *være i* ~ *gjeld* be head over ears in debt; ~ *uvitenhet* abysmal ignorance. **-panne** *(i bil)* sump (pan). **-rekord** (all-time) low; *nå en ny* ~ hit a new low; *(se rekord).* **-råtten** completely rotten.
bunn|skrape *vb (skip)* scrape the bottom; *(sjøbunnen)* dredge; *(fig)* scrape to the bottom, drain, deplete. **-slepenot** trawl. **-stilling** *(stemplers)* bottom dead centre *(fk.* B.D.C.). **-ulykkelig** very unhappy, very miserable *(fx* she was very m. *(el.* upset) about not being able to come with us). **-vev** *(renning)* warp.
bunt bunch *(fx* of keys; of radishes).
bunte *(vb)* bunch, make up in bunches *(el.* bundles), bundle (together).
buntmaker furrier. **-varer** *(pl)* furs and skins.
buorm se bueorm.
bur cage; *i* ~ caged; *sette i* ~ cage, put in a cage.
burde: se bør.
bureiser person who starts a farm on new land; settler.
bureising farming of new land.
Burgund *(geogr)* Burgundy. **b-er** Burgundian; *(vin)* burgundy. **b-isk** Burgundian.
burkne *(bot)* spleenwort.
burlesk burlesque.
burnus *(arabisk kappe)* burnous(e), Arab cloak.
bus: *løpe* ~ *på* bounce against, run straight into.
buse: ~ *inn i* rush into, barge into, burst into; ~ *på* rush (blindly) on; *(fig)* go straight to the point, not stop to think; ~ *ut (med)* blurt out.
busemann *(skremmebilde)* bugbear, bogey.
busette *(vb):* se bosette.
busk bush, shrub; *huke seg ned bak en* ~ *(spøkef)* go behind a hedge.
buskaktig bushy, shrubby.
buskap cattle, livestock; *(småfe)* flock; *(storfe)* herd.
buskas scrub, brush, thicket.
busket *(om pels)* shaggy; *en* ~ *hale* a bushy tail; *-e øyenbryn* bushy *(el.* tufted *el.* shaggy) eyebrows.
busk|mann Bushman. **-nellik** *(bot)* sweet william. **-plante** shrubby plant. **-rik** bushy, shrubby.
I. buss *(omnibus)* bus; *komme med -en* come by bus, come on the bus; *ta -en* take the bus; *T* bus it; *hun tok -en (også)* she came on the bus, she came by bus; *hvilken* ~ *skal jeg ta til X?* what number bus do I take for X?
II. buss *(skrå, lite stykke skråtobakk)* quid of tobacco.
busse: *være gode -r med* **T** be thick with, be hand in glove with; *de er gode (el. fine) -r* they're great chums, they're as thick as thieves.
busserull *(workman's)* blouse.
bussforbindelse bus service; couch service; *-n i distriktet besørges av* ... the district is served by *(fx* Green Line Coaches).
busslomme bus layby, bus bay; bus pull-in.
bust bristle; *reise* ~ *(fig)* bristle (up), show fight; *med strittende* ~ *(om hund)* with hackles up.
bustet dishevelled, untidy; *hun er* ~ *på håret* her hair is dishevelled.
butikk shop; US store; ~ *drevet av eieren* independently owned shop; *drive* ~ keep a shop; US run a store; *stenge -en* **T** shut up shop; pack up, knockoff. **-personale** sales staff.
I. butt *(subst)* tub.

II. butt *adj (ikke spiss)* blunt, thick, obtuse.

III. butt *adj (mutt)* sulky, surly, snappish.

butterdeig puff paste; *(se mørdeig; tertedeig).*

buttet chubby, plump.

B-vitamin vitamin B; *B-vitaminkomplekset* the vitamin B complex.

I. by *(subst)* town; *(om viktigere byer & engelske bispeseter)* city; **US** city; *-enes* ~ *(Roma)* the city of cities; ~ *og bygd* town and country; *dra til -en* go to town; *(især om London)* go up (to town); *jeg skal en tur ut i -en* I'm going out; *gå på -en* **T** go on the town.

II. by *(vb)* **1***(befale)* order, command, bid; **2** *(innby)* ask, invite; **3***(tilby)* offer *(fx* o. sby a cigar); **4***(ved auksjon)* bid *(fx* he bid twenty pounds for the horse); ~ *først* make the first bid; ~ *høyt (,lavt)* bid high (,low); ~ *en dame armen* offer one's arm to a lady; *la seg* ~ *noe* put up with sth, stand for sth *(fx* I would not stand for that); *la seg* ~ *hva som helst* take everything lying down, pocket every insult; **T** eat dirt; ~ *en opp til dans* ask sby to dance; ~ *opp en dame (også)* ask a lady for a dance; *hun var glad over å danse med enhver som bød henne opp* she was glad to dance with anyone who asked her; ~ *over en* outbid sby; ~ *på (ved kjøp)* make an offer for; *(ved auksjon)* bid for; *(tilby)* offer; *dette -r på visse fordeler* this offers certain advantages; *programmet bød på sang* the programme included singing; *når anledningen -r seg* when the opportunity offers; ~ *seg til* volunteer (one's services); ~ *en velkommen* bid *(el.* wish) sby welcome; *(se velkommen).*

byarkitekt city architect.

bybefolkning townspeople, town population. **-bud** messenger, town porter, delivery boy. **-del** part of a town; neighbourhood.

bydende peremptory, commanding, imperative; *en* ~ *nødvendighet* an absolute necessity; *en* ~ *tone* a peremptory tone, a tone of command; *et* ~ *vesen* a peremptory manner.

byfogd **1***(jur)* stipendiary magistrate; **2.** public registrar and notary public.

byfogdembete: *Oslo* ~ [the office of public registrar and notary public in the city of Oslo].

byfolk townspeople.

byfornyelse redevelopment; *(jvf bysanering).*

bygartner *(svarer til)* director of parks and cemeteries.

bygd rural district, parish; *folk i -a* people in the district; local people; villagers.

bygdefolk country people, villagers. **-interesser** local interests. **-lag** regional society; *Gudbrandsdalslaget* the Society of Gudbrandsdalers in Oslo. **-vei** country road; lane; *(på kart)* secondary road.

bygds: *de ventes til* ~ *i morgen (kan gjengis)* they are expected (to arrive) in the district tomorrow.

byge **1***(regnskyll)* (rain) shower; **2***(vind- med el. uten regn)* squall; **3***(torden-)* thunder shower; *få en* ~ *over seg* be caught in a shower.

byge vær showery weather, squally weather.

I. bygg *(bot)* barley.

II. bygg *(bygning)* building.

byggaks ear of barley. **-brød** barley bread.

bygge *(vb)* build, construct; *bygd i utlandet* foreign-built; ~ *om et hus* alter a house; ~ *opp (også fig)* build up; *alt det han hadde bygd opp gjennom mange år* all that he had built up through many years; ~ *opp igjen* rebuild; ~ *på* go on *(fx* I have nothing definite to go on); base on; *(ha som emne)* be founded *(el.* based) on; *(utvide)* add to, add *(fx* this wing was added in 1780); ~ *på et hus* enlarge a house.

byggearbeid building work, b. operations. **-bedding** *(mar)* building berth *(el.* slip); shipway. **-fag** building trade. **-fond** b. fund. **-grunn** b. site. **-leder** clerk of works. **-lån** b. loan. **-materialer** b. materials. **-måte** style of building; b. method. **bygge- og anleggsvirksomhet** building and construction work. **-overslag** builder's estimate. **-plass** site. **-regnskap** building accounts. **-skikk** building tradition; style of building; architectural style. **-slipp** *se byggebedding.* **-stopp** building stop. **-teknikk 1.** = *byggteknikk;* **2.** construction technique. **-teknisk** civil engineering; building. **-tillatelse** building licence. **-virksomhet:** *se anleggsvirksomhet.*

bygging *(det å)* building, construction; *under* ~ *under (el.* in) c., in course of c. *(el.* erection), building *(fx* the house is b.).

byggkorn barley corn, grain of barley. **-mel** barley meal.

byggmester builder, master builder.

byggryn barley groats; pearl barley.

byggshop builders' merchant.

byggteknikk *(fag)* civil engineering, constructional engineering, building technology; *(se byggeteknikk.*

bygning building, house; *(legems-)* build, frame *(fx* his slender f.; his slight b.); *(bygningsmåte)* structure (the s. of the atom, of a ship).

bygningsarbeider builder, building worker. **-artikler** *(pl)* builders' supplies; *forhandler av* ~ builders' merchant. **-entreprenør** building contractor. **-fag** building trade. **-ingeniør** civil engineer, construction(al) engineer; *(se ingeniør).* **-lov** building regulations (set down by law); *i strid med -ens bestemmelser* contrary to *(el.* in violation of) the building regulations. **-sjef** chief building inspector. **-snekker** joiner (in the building trade). **-tekniker** construction technician. **-teknisk** building; *Forsvarets bygningstekniske korps (kan gjengis)* the Joint Construction Service; **UK** the Royal Engineers; the Royal Electrical and Mechanical Engineers; *(se forsvar).* **-vesen** building (activities); *(myndigheter)* building authorities; *bygnings- og oppmålingsvesenet* the building and surveying department *(el.* office); *(svarer til)* town and country planning office.

bygsel lease, leasehold; *på* ~ on lease. **-avgift** (ground) rent *(fx* pay a g. r. of £10 per annum). **-brev** lease. **-tomt** leasehold site *(fx* the cottage is on a l. s.).

bygsle *(vb)* lease, take over the lease of *(fx* a site); ~ *bort* lease, let (out) on lease; *bonden -t bort en hyttetomt* the farmer leased a site for a cottage; *-t tomt* leasehold site *(fx* the cottage is on a l. s.).

bykjerne nucleus *(el.* centre) of town, city hub.

bykjøring driving in town *(el.* traffic).

bykommune county borough; *(se kommune).*

byks bound, jump.

bykse *(vb)* bound, jump.

byliv town life.

byll boil, abscess. **byllepest** bubonic plague.

bylt bundle. **-e** bundle, tie up in a bundle.

bymann, -menneske townsman, town-dweller.

bymessig urban; ~ *bebyggelse* urban district *(el.* area).

bymiljø urban environment.

bynytt town news, news from town.

byplanråd town and country planning committee.

byrd birth, descent.

byrde burden, load, weight; *falle til* ~ be a burden to. **-full** burdensome, onerous, troublesome.

byregulering town planning.

byrett UK 1*(første instans i sivile saker)* county court; 2*(første instans i straffesaker)* stipendiary magistrate's court; *(i London)* Metropolitan Stipendiary Court; *Oslo* ~ *(kan fx gjengis)* City of Oslo Stipendiary Magistrate's Court.

byrettsdommer 1*(ved' county court' el.' crown court')* circuit judge; *(hist)* county court judge; 2*(ved' magistrate's court')* stipendiary magistrate; *(i London)* Metropolitan Stipendiary Magistrate; *(med minst 10 år ansiennitet også)* recorder *(fx* the Recorder of London).

byrå office; bureau.

byrå|krat bureaucrat. **-krati** bureaucracy. **-kratisk** bureaucratic. **-kratisme** officialism; *(ofte)* red tape. **-sjef** *(svarer til)* assistant secretary.

bysanering urban renewal; *(jvf byfornyelse).*

Bysants *(geogr)* Byzantium. **bysantiner** Byzantine. **bysantisk** Byzantine.

by|sbarn: *vi er* ~ we are fellow townsmen (,fellow townswomen). **-selger** salesman. **-skriver** *(hist)* town clerk.

I. bysse: *(mar)* galley.

II. bysse *(vt)* lull (asleep *el.* to sleep).

byssegutt *(mar)* galley boy.

byste bust. **-holder** brassiere; T bra. **-mål** bust *(fx* a 36-inch b.).

bystyre *(kommunestyre i by)* city council, town council; *(jvf kommunestyre).* **-medlem** town *(el.* city) councillor.

bytelefon *(motsatt hustelefon)* incoming call; *(motsatt riks-)* local call.

I. bytte *(subst)* 1*(ombytting)* exchange; *(innbytte)* part exchange; *ta i* ~ take in exchange; *et hvilket som helst bilmerke tas i* ~ any make of car is accepted in part exchange; *tilby i* ~ offer in exchange; *i* ~ *mot* in exchange for; 2*(røvet bytte)* captured goods, booty, spoil(s), plunder; T loot; *et lett* ~ an easy prey *(for* to).

II. bytte *(vb)* exchange *(fx* one thing for another); change *(fx* would you mind changing places with me?); *nå skal dere* ~ *besvarelser og rette for hverandre* now you're to exchange answers and correct each other's work; ~ *sko* change one's shoes, put some other shoes on; ~ *inn (om brukt vare)* trade in; ~ *om de to glassene* exchange the two glasses, change the two glasses round; ~ *på sengene* change the bedclothes; ~ *ut* replace.

bytte|handel barter, exchange. **-motor** reconditioned exchange engine; T works overhaul. **-objekt** thing offered in exchange; thing that can be offered in e.

bæ *(breking)* baa! *(hånlig)* sucks (to you)! boo to you! *jeg vil ikke dra, så* ~ *da!* I won't go, so there!

bær *(bot)* berry; soft fruits *(pl);* ~ *og frukt* soft and hard fruits.

bære 1. carry *(fx* a basket in one's hand); 2*(støtte, holde oppe)* support *(fx* a roof supported by pillars), bear *(fx* the whole weight of the house), carry; 3*(være iført, gå med)* wear *(fx* a coat, a ring); 4*(tåle, holde ut)* bear, endure; *saltvann -r mer enn ferskvann (3: har større oppdrift enn)* salt *(el.* sea) water is more buoyant than freshwater; ~ *frukt* bear fruit; ~ *et tap* bear a loss; ~ *seg (lønne seg)* pay; *(ta på vei)* take on, go on *(fx* she goes on terribly when she is angry); ~ *seg at med noe* go about sth; ~ *nag til ham* bear him a grudge; ~ *vitnesbyrd om* bear witness to; *hvor -r det hen?* where are we going? ~ *over med* bear with; ~ *på en hemmelighet* have a secret; *(se briste).*

bære|bolt *(for kingbolt)* bush (for kingpin). **-bør** handbarrow. **-evne** *(skips)* carrying capacity, dead weight measurement. **-flate** 1*(lagerflate)* bearing surface; 2*(flyv)* aerofoil; US airfoil. **-lager** pillow bearing; *(se II. lager).*

bærende: *den* ~ *kraft i* the backbone of, the principal support of, the mainstay of; ~ *vegger* load-bearing walls.

bæreplog (integral) mounted plough.

bærepose carrier bag.

bærer *(jernb)* porter; *(smitte-)* carrier; *(av et navn)* bearer.

bærerakett booster (rocket); launching vehicle.

bære|stol sedan (chair); *(i Kina, India)* palanquin. **-tillatelse** *(for skytevåpen)* firearms certificate *(el.* licence). **-vegg** load-carrying wall.

bærtur: *dra (el. gå) på* ~ go berry-picking, go picking berries, go berrying; *(se I. tur).*

bæsje *(barnespråk)* do ba-ba; *jvf gjøre B:* ~ *stort).*

bøddel hangman, executioner.

bøffel *(zool)* buffalo. **-hud** buffalo hide. **-lær** buff.

Böhm|en *(geogr)* Bohemia. **b-er, -isk** Bohemian.

bøk *(bot)* beech.

bøke|lund beech grove. **-nøtt** beechnut. **-skog** beech forest. **-tre** 1. beech (tree); 2*(ved)* beech, beechwood.

bøkker cooper. **-verksted** cooper's shop. **-øks** rounding *(el.* hollow) adze (,US adz).

I. bølge wave; *(større)* sea; *(poet)* billow; *grønn* ~ linked (,US: synchronized) traffic lights; *-ne gikk høyt omkring valget* feeling over the election ran high; *en* ~ *slo over skipet* a sea broke over the ship; the boat shipped a sea; *seile på -n den blå* sail the seas.

II. bølge *(vb)* wave, undulate; *kampen -t fram og tilbake* the battle raged backwards and forwards.

bølge|bevegelse undulation, wave motion. **-blikk** corrugated iron. **-bryter** breakwater. **-dal** trough of the waves. **-demper** oil bag. **-gang** (rough) sea; *(fig)* fluctuations. **-lengde** wavelength; *vi er ikke på samme* ~ *(fig)* we are on different wavelengths; **-linje** wave line, wavy line. **-måler** wave meter.

bølgende wavy; waving *(fx* corn); undulating *(fx* landscape); *(om terreng, også)* rolling *(fx* country); *(om barm)* heaving; *(om menneskemengde)* surging *(fx* crowds); *som henger løst og* ~ flowing *(fx* locks), rippling.

bølgepapp corrugated paper.

bølge|rygg (wave) crest. **-slag** wash (of the waves), dash *(el.* beat *el.* impact) of the waves; *(svakt)* ripple. **-t** wavy *(fx* hair). **-topp** (wave) crest, crest of a wave.

bøling cattle, livestock; *(av småfe)* flock; *(av storfe)* herd; *en* ~ a drove of cattle; *hele -en (fig)* T the whole lot; the whole caboodle.

bølle *(ramp, rå person)* rough, rowdy; hooligan.

bøllet(e) *(adj)* rowdy; *(ubehøvlet)* churlish.

bønn *(anmodning)* request *(om* for); *(appell)* appeal; prayer; *be en* ~ say a prayer, offer (up) a p.; *en* ~ *om hjelp* an urgent request for help, an appeal for help; *på hans* ~ at his entreaty; *rette en* ~ *til* make an appeal to; *jeg har en* ~ *til Dem* I have a favour to ask of you; I should like to ask you a favour.

bønne *(bot)* bean; *(asparges-)* French bean; string bean; *(hage-)* kidney bean; *(se snitte- & stang-); (kaffe-)* coffee bean, coffee berry.

bønnebok prayer book, book of prayers.

bønnemøte prayer meeting.

bønne|stake, -stang bean pole, bean stick.

bønnfalle *(vb)* implore; *(stivt)* entreat; *(litt.)* beseech.

bønnhøre *(vb):* ~ *en* grant sby's prayer.

bønnlig imploring, pleading, appealing.

bønnskrift petition.
I. bør *subst (byrde)* burden, charge, load.
II. bør *subst (medvind)* fair wind.
III. bør *vb (pres. av burde)* ought to; should *(fx you shouldn't do that)*; *du ~ gjøre det* you ought to do it; *det ~ gjøres* it ought to be done; *som seg hør og ~* as is meet and proper; *han nektet, som seg hør og ~* he very properly refused.

børs exchange; *(fonds-)* stock exchange; *(vare-)* produce exchange; *London ~* the Stock Exchange; **T** the House; *(utenlandsk, ofte)* bourse *(fx* the (Paris) Bourse); *Oslo ~* Oslo Stock Exchange; *på -en* on' Change; on the stock exchange; *notere på -en* quote on stock exchange. **-dag** market day.
børse gun. **-kolbe** butt end of a gun. **-løp** gun barrel. **-maker** gunmaker. **-pipe** gun barrel. **-skudd** gunshot.
børsforretninger business on the Stock Exchange. **-kurs** quotation, market price. **-megler** stockbroker. **-notering** (Stock Exchange) quotation. **-papirer** listed stock *(el.* shares *el.* securities), stocks and shares. **-rykte** rumour on 'Change. **-spekulant** stockjobber; **US** stock market speculator. **-spekulasjon** speculation on the Stock Exchange, stockjobbing.
I. børste subst *(til klær, også elekt)* brush.
II. børste *(vb)* brush.
børstid 'Change time, business hours.
bøs *(bister)* fierce, gruff.
bøss sweepings; *ikke det ~* **T** not the least bit, not a bit.
bøsse box; *spytte i -a* **T** pay up, fork out, stump up, sign on the dotted line.
bøte *vb (sette i stand)* mend, repair; *(betale bøter)* be fined; *~ for* pay *(el.* suffer) for; *~ med livet* pay with one's life, suffer death; *~ på en mangel* supply a want, remedy a defect, make up for a deficiency.
bøtelegge *(vb)* fine; *(se forelegg).*
bøtte bucket. **-is** tub ice. **-papir** hand-made paper.
bøy *(bøyning)* bend, curve.
I. bøye subst *(til fortøyning, sjømerke)* buoy; *(rednings-)* life-buoy; *forsyne med -r* buoy; *(se opplagsbøye).*
II. bøye *(vb)* bend; *(gram)* inflect; decline; *~ av* deflect; *~ seg (om person)* submit, give in; *~ seg for* submit to, bow to *(fx* the chairman's decision); *~ seg for ens ønsker* bow to sby's wish(es); yield to sby's wish(es).
bøyelig flexible, pliable, pliant.
bøyelighet flexibility, pliability, pliancy.
bøyemuskel *(anat)* flexor.
bøyg obstacle; *ja, det er den store -en* **T** yes, that's the great snag *(el.* that's the great obstacle to be overcome); *han støtte på en ~ av uvitenhet* he met a sea of ignorance.
bøyle hoop, ring; *(på hengelås)* bow; *(avtrekker-)* guard.
bøylehest *(gym)* pommel horse.
bøyning bending; *(gram)* inflection; declension.
bøyningsendelse inflectional suffix *(el.* ending). **-form** inflected form. **-lære** accidence. **-mønster**

paradigm. **-måte** (mode of) inflection; *(verbal, også)* conjugation; *(nominal, også)* declension.
både ... og both ... and *(fx* both the office and the factory were destroyed by fire); *bedre enn både ull og bomull* better than either wool or cotton; *han er større enn både du og jeg* he's taller than both you and me; he's taller than either you or I; *både med hensyn til kvalitet og pris* with regard to both quality and price, with regard to quality as well as price.
båe sunken rock, skerry.
båke *(mar)* beacon; landmark; *(se banebåke; ledebåke; radiobåke).*
bål fire, bonfire; *(likbål)* pyre, (funeral) pile; *døde på -et* suffered death at the stake; *lage et ~* build a fire; *~ til koking* cookfire.
bålferd *(likbrenning)* cremation.
bånd band, tie, bond, string; *(til pynt, ordensbånd)* ribbon; *(panne-, hår-)* hair ribbon; *(anat)* ligament; *(fig)* bond, tie; *(vennskaps-)* bond of friendship; *(hemmende)* check, curb, restraint; *legge ~ på* curb, restrain, put a curb on; *holde en hund i ~* keep a dog on a leash; *(se II. knytte).*
båndavspiller tape player.
båndbesetning trimming; *med ~* trimmed with ribbons. **-hund** (chained) watchdog. **-opptaker** tape recorder. **-sag** band saw; *(se sag).*
I. båre *(lik-)* bier; *(syke-)* stretcher.
II. båre: *se bølge.*
båren: *født og ~* born and bred.
bås stall, box; *(til kalv, gris, etc)* pen; *(på restaurant)* booth, box; *sette på -en* stall; *han er ikke god å stå i ~ med (fig)* he's hard to get along with.
båt boat; *(liten, flatbunnet)* punt; *(appelsin-)* quarter; *gå i -ene* take to the boats; *de kom med -en* they came on the boat.
båtbru boat bridge, pontoon bridge, landing stage. **-bygger** boat builder. **-byggeri** boat builder's yard. **-bygging** boat building. **-dekk** boat deck. **-feste** mooring; *tomt med strandrett og ~* site with right to beach and mooring.
båtformet, -formig boat-shaped. **-fører** boatman.
båthavn boat harbour.
båthvelv overturned bottom; *(større)* hull of a capsized boat; *ri (el. sitte) på -et* cling to the upturned boat, cling to the bottom of the boat; *båten gikk rundt, og mannskapet kom seg opp på -et* the boat capsized *(el.* overturned) and the crew managed to climb on to the hull.
båtinstruksen the ship's instructions. **-ladning** boatload. **-lag** boat's crew; party of boats. **-lakk** boat varnish. **-lengde** boat's length. **-lue** sidecap. **-mannskap** boat's crew. **-naust** boat house. **-ovn** galley range. **-rett** mooring right; *båt- og fiskerett* mooring and fishing rights. **-ripe** (boat's) gunwale.
båtshake boathook; *(forst)* pike pole.
båtsmann boatswain. **-smatt** b.'s mate. **-spipe** b.'s whistle *(el.* call).
båtstø landing place. **-talje** boat tackle. **-transport** conveyance by boat. **-tur** boating excursion *(el.* trip); *(se I. tur).* **-utleie** boat hire service.

C

C, c *(også mus)* C, c; *C for Cæsar* C for Charlie; *liten c (mus)* middle C; *ta den høye c (mus)* take top C.
ca. about, ab., abt.; approx. *(fk,f.* approximately); *(især ved årstall)* circa, ca.
California *(geogr)* California; *(se kalifornisk).*
campe *(vb)* camp.
camping camping. **-plass** c. ground *(el.* site); **US** campground. **-stol** camp stool. **-tilhenger** caravan (trailer); **US** trailer. **-tur** camping trip. **-vogn:** *se -tilhenger.*
Canada *(geogr)* Canada; *(se kanadisk).*
cand. *(fk. f. candidatus);* ~ *jur.* = Bachelor of Laws, B.L.L.; ~ *mag.* = Bachelor of Arts, B.A.; Bachelor of Science, B.Sc.; **US** Bachelor of Arts; A.B.; Bachelor of Science; B.S.; *(se adjunkt);* ~ *med.* Bachelor of Medicine, M.B.; ~ *philol.* Master of Arts, M.A.; ~ *real.* Master of Science, M.Sc.; *(se lektor);* ~ *theol.* Bachelor of Divinity, B.D. *Forkortelsene settes etter navnet, fx* Peter Smith, Esq., M.A., Mr. Peter Smith, M.A.
cardigansett twin set.
carport carport.
carte blanche *(uinnskrenket fullmakt, frie hender)* carte blanche.
celeber celebrated, renowned; *-t besøk* distinguished visitor(s).
celle cell. **-dannelse** cytogenesis, cell formation. **-dannet, -formet** cytoid. **-kjerne** nucleus. **-system** cellular system. **-vev** cellular tissue.
cellist *(mus)* (violon) cellist.
cello *(mus)* cello, violoncello.
cellofan cellophane. **-ull** synthetic wool. **-uloid** celluloid. **-ulose** chemical pulp; *(cellstoff)* cellulose. **-ulosetømmer** chemical pulpwood; *(se sliptømmer).*
Celsius centigrade; *30 grader* ~ 30 degrees centigrade.
census census.
centigram centigram(me). **-liter** centilitre. **-meter** centimetre.
centner hundredweight, cwt.
cerebral *adj (anat)* cerebral; ~ *parese (med.)* cerebral palsy.
certeparti *(merk)* charter party, charter; *ifølge* ~ as per charter.
cess *(mus)* c flat. **cessess** *(mus)* C double flat.
cesur caesura.
Ceylon *(geogr)* Ceylon; *(se singaleser; singalesisk).*
champagne champagne; **T** bubbly.
champignon edible mushroom.

champion champion.
chanse: *se sjanse.*
chargé d'affaires chargé d'affaires.
charmant charming.
charmantisere *(vb):* ~ *seg* make oneself beautiful.
charme charm, fascination.
charmere *(vb)* charm, fascinate.
charmør charmeur.
charpi lint; charpie; *plukke* ~ make lint.
charterfly charter(ed) plane *(el.* aircraft).
chartre *vb (merk)* charter.
chassis chassis.
chevaleresk *(ridderlig)* chivalrous.
chic *(fiks, flott)* chic, stylish, smart.
chiffoniere chiffonier.
Chile *(geogr)* Chile.
chilener, chilensk Chilean.
chilesalpeter Chilean nitrate, Chile salpetre, Chile nitre.
choke *(vb)* choke.
cicerone cicerone, guide.
cif *(merk)* c.i.f.; *kjøpe* ~ buy c.i.f.
cikade *(zool)* cicada.
ciss *(mus)* C sharp.
cistercienser *(munk)* Cistercian.
cisterne cistern, tank.
cisternevogn *(jernb)* tank wagon.
citadell citadel.
citrus *(bot)* citrus.
citrusfrukter citrus fruits.
clairvoyance second sight, clairvoyance.
clairvoyant clairvoyant.
clou: *dagens* ~ the great hit (of the day); *(det morsomste)* the star turn.
clutch *se kløtsj.*
cocktail cocktail. **-kjole** cocktail dress. **-skap** cocktail cabinet; **US** liquor c.
coma coma; *falle i* ~ slip off into a coma.
contumaciam: *in* ~ by default.
cosinus *(mat.)* cosine.
crème: *crème de la crème* the pick of the bunch, crème de la crème; *(se ellers krem).*
crescendo crescendo.
cricket cricket. **-bane** cricket ground. **-spiller** cricketer.
croupier croupier.
cul-de-sac blind alley, cul-de-sac.
cup cup, cup match.
cupfinale final(s), cup final.
cyankalium potassium cyanide.
Cæsar Caesar.
cæsarisk caesarean.

D

D for David D for David.
d. *(fk. f. dag)* day; *(fk. f. dato)* date; *(fk. f. den)* the; *(fk. f. død)* died; *d.å. (fk. f. dette år)* this year, the present year.
I. da *(adv)* **1.** then, at that time, by then; *fra ~ av* from then onwards, from that time onwards; *nå ~* now that; **2**(*i så fall)* if so *(fx* ask him if he is coming, and if so, when); **3**(*trykksvakt, ofte i spørsmål)* then *(fx* what is his name, then?) **4**(*i følelsesbetonte uttrykk ofte ikke oversatt, fx det var ~ storartet* that's splendid); *god natt ~!* (well,) good night! *du kommer ~ vel?* you're coming, aren't you? *du kjenner ~ Smith?* you (do) know S., don't you? *det var ~ godt du kom* I'm so glad you came; *ja ~* yes; *la gå da!* all right, then! *hvorfor tok han det ~?* then why *(el.* why then) did he take it? *du er ~ vel ikke syk?* you aren't ill, are you? *du kan ~ vel ikke ...* surely you cannot ...
II. da 1 *(tidskonj)* when *(fx* when I asked him for help ...); *~ jeg åpnet kassen, fant jeg ...* when I opened *(el.* on opening) the case, I found ...; **2**(*årsakskonj)* as, since, seeing that; *~ han ikke kan levere i tide, må jeg ...* as he cannot deliver in time, I must ...; I must ..., since *(el.* seeing that) he cannot deliver in time; *~ jeg var fraværende, kunne jeg intet gjøre* being absent I could do nothing.
I. daddel *(bot)* date.
II. daddel *(klander)* blame, censure; *uten frykt og ~* without fear and without reproach. **-fri** blameless, irreproachable. **-palme** date palm. **-verdig** blameworthy, reprehensible.
dadle *(vb)* blame, censure, reprehend, find fault with. **-syk** censorious, fault-finding. **-syke** censoriousness.
dag *(day)*
[*A: forb. med subst; B: med ubest art & pron; C: med adj, tallord, vb; D: med prep & adv*]
A: *i -ens anledning* in honour of the occasion *(el.* event); *-ens arbeid* the day's work; *-ens avis* today's paper; *bære -ens byrde og hete* bear the brunt (of the battle); *-s dato* this day, this date, today's date; *til -s dato* till this day, to date, up to the present date; *(se dato); til -enes ende* till the end of time; *ved -ens frembrudd* at dawn; *-ens helt* the hero of the hour *(el.* day); *-ens lys* the light of day; *-ens mann* the man of the moment; *-ens mote* the fashion of the day *(el.* of today); *natt og ~* night and day; *de er så forskjellige som natt og ~* they are as different as night from day *(el.* as chalk from cheese); *massemord hører til -ens orden* wholesale murder is the order of the day; *regnskapets (el. dommens) ~ (fig)* the day of reckoning; *-ens rett* today's special; *-ens spørsmål* the problems of the day *(el.* of today); *vredens ~* the day of wrath;
B: *annenhver ~* every other day; *i morgen den ~* tomorrow without fail; *i disse -er* at present, (just) now; *during the last few days; i disse -er bygges det en ny bru over elva* a new bridge over the river is (in process of) being built; *det forhandles i disse -er* negotiations are now in progress; *en ~* one day; *(om fremtiden)* some *(el.* one) day; *en vakker ~ (om fremtiden)* one

fine day; *i morgen er det atter en ~* tomorrow is another day; *en av -ene* one of these days; *en ~ var han forsvunnet* one day he was gone; *en ~ i forrige uke* one day last week; *en ~ i neste uke* some *(el.* one) day next week; **hver ~** every day; *hver ~ har nok med sin plage (bibl)* sufficient unto the day is the evil thereof; *samme ~* (on) the same day; (on) that very day; *samme ~ han kom* (on) the same day that he arrived; on the day of his arrival; *allerede samme ~* the *(el.* that) very same day; *tidlig samme ~* early the same day; earlier that day; *i våre -er* in our day, today, nowadays;
C: *han har sett bedre -er* he has seen better days; he has come down in the world; *ende sine -er* end one's days; *fjorten -er* a fortnight, two weeks; *US* two weeks; *forleden ~* the other day; *seks fulle -er* six clear *(el.* whole) days; *den følgende ~* the following day, (the) next day; *de gode gamle -er* the good old days; *i gamle -er* in the old days, in former times; *på sine gamle -er* in his *(etc)* old age; *gjøre seg en glad ~* make a day of it; *god ~!* good morning (,afternoon)! *si god ~ til en (ɔ: hilse på en)* greet sby; pass the time of day with sby; *jeg gir en god ~ i ham* I don't care a fig for him; *ha gode -er* be in clover, have a good time (of it); *i gode og vonde -er* for better or for worse; through good and evil report; through thick and thin; *jeg har hatt en hard ~* I've had a tough *(el.* hard) day; *T* I've had a bit of a day; *hele -en* all day (long), the whole day; *hele -en i ~* all (of) today; *hele -en igjennom* all day long, throughout the day; *ved høylys ~* in broad daylight; *klart som -en (as)* clear as (noon)day; *-ene kom og gikk* the days came and went; *-ene passed* the days passed; day succeeded day; *så snill som -en er lang* as good as gold; *i mange -er* for many days; *de siste -ene* (during) the last few days; *de siste -er før jul* the last few days before Christmas; *the few days immediately preceding C.; de siste -er i hver måned* the last few days in *(el.* of) each month; *de siste -ers hellige (ɔ: mormoner)* the Latter-Day Saints; *ta -ene som de kommer* take each day as it comes; live one day at a time; *i mine unge (,yngre) -er* when I was young(er); in my young days; *en vakker ~ (om fremtiden)* one fine day; *(se også B); den ytterste ~ (ɔ: dommedag)* the Day of Judgment; *åtte -er* eight days; *(ɔ: en uke)* a week;
D: *det gryr av ~* dawn is breaking; *en av -ene (i nær fremtid)* one of these days; *komme av -e* meet one's death; *(se også dø); ta av -e* put to death; *(evf)* put to sleep; *ta seg selv av -e* commit suicide; take one's own life; *i løpet av et par -e* within a few days; *han døde gammel og mett av -e* he died full of years; *på denne tid av -en* at this time of (the) day; *en derpå (etter rangel)* the morning after; *-en-derpå-følelse* **T** hangoverish feeling; *-en-derpå-stemning* **T** morning-after mood; *-en etter* (the) next day, the following day; *~ etter ~* day after day, day by day; *~ for ~* from day to day, day by day; *bringe for -en* bring to light, lay bare, reveal; *denne gjenstanden, som den mest hektiske leting ikke har klart å bringe for*

-en (el. for en ~) ... this object, which a frantic search has failed to produce ...; *komme for en ~, komme for -en* turn up; come to light, transpire, become known; *alt kommer for en ~* murder will out; **T** it'll all come out in the wash; *legge for -en* display, show, manifest; *for åtte -er siden* a week ago; **fra den** ~ *av* ever since that day; ever since then; *fra og med den -en* on and after that day; *fra ~ til ~* from day to day; from one day to the next; *fra den ene ~ til den neste* overnight *(fx* public feeling changed overnight); **i** ~ today, to-day; *(især poet)* this day; *-en i ~* today; *hele -en i ~* all (of) today; *hvilken ~ er det i ~?* which day (of the week) is it? *i ~ er det lørdag* today is Saturday; *av i ~* of today; *jeg kjenner det den ~ i ~* I can still feel it; *i' Times' for i ~* in today's Times; *avisen for i ~* today's paper; *med posten for i ~* by today's post *(el.* mail); *i ~ for tjue år siden* twenty years ago today; *i ~ for åtte -er siden* a week ago today; *fra i ~ av* from today on, from this day on *(el.* onwards), as from today; *innen 14 -er fra i ~* within a fortnight from today; *inntil i ~* up to *(el.* till) this day, till now, until now, up to the present moment, up to now; *i ~ om et år* (in) a year from today; *i ~ morges* this morning; *i -ene som kommer* in the days to come; *til lykke med -en!* best wishes for the day! **om** *-en* by day; during the day; in the daytime; *(pr. dag)* per day; a day *(fx* £10 a day); *jeg arbeider om -en denne uken* I am working days this week; **T** I'm on days this week; *om noen -er* in a few days; *nå om -en* these days; nowadays; *om et par -er* in a day or two; in a couple of days; *han er sin far* **opp** *av -e* he is the image of his father; he is his father all over; *på -en* to a day *(fx* five years to a day); *betale på -en* pay promptly; pay on the due date; *på denne tid av -en* at this time of day; *det var langt på -en* the day was far advanced; *senere på -en, lenger ut på -en* later in the day; *hvilken tid på -en er det?* what time of day is it? *til langt på ~(en)* till late in the day; *nå til -s* nowadays; these days; today; *~ ut og ~ inn* day after day; day in, day out; *ut på -en* later in the day; *kan jeg bli her -en ut?* may I stop *(el.* stay) here for the rest of the day?

dag|arbeid day work. **-blad** daily (paper). **-bok** diary; *(bokføring)* journal; *(skips)* log(book); *(på skole)* class *(el.* form) register; *føre -a (i skolen)* mark the register. **-brekning** dawn, daybreak; *(se daggry).* **-driver** idler, loafer. **-driveri** idling, loafing. **-driverliv** a life in idleness; **-drøm** daydream.

dages *(vb): det ~* the day is dawning.
dagevis: *i ~* for days (on end).
daggert dagger.
daggammel one day old.
daggry dawn, daybreak; *ved ~ (i grålysningen)* at dawn, at break of day, at the crack of dawn.
daghjem day nursery; *kommunalt ~ (også)* community day care.
dagjeldende *(adj)* then in force.
daglig daily; *(alminnelig)* ordinary, common; *tre ganger ~* three times a day; *~ antrekk* ordinary clothes; *(til selskap)* informal dress, day dress; *(på innbydelse)* dress informal; *kom i alminnelig ~ antrekk* don't (bother to) dress; *til ~ bruk* for everyday use; *(om klær)* for everyday wear. **-dags** everyday. **-liv** daily *(el.* everyday) life. **-stue** sitting-room, living room. **-tale** everyday speech; *i ~* colloquially.
dagligvareforretning grocery shop.
dag|lønn 1*(en dags lønn)* day's wage(s); day

wage; en ~ på a day's wage of *(fx* £2); 2*(mots. akkordlønn, ukelønn)* wages (paid) by the day; *arbeide for ~* be paid by the day. **-ning** dawn. **-penger** daily allowance. **-renning** dawn, daybreak; *i -en* at the crack of dawn.
dagsaktuell current; of current interest; live *(fx* issues); topical.
dags|arbeid day's work. **-befaling** *(mil)* orders of the day. **-inntekt** daily income, daily receipts.
dag|skift day shift. **-skole** day school.
dags|kurs current rate. **-lys** daylight; *ved ~ by (el.* in) d. **-marsj** day's march. **-nytt** *(radio)* the news. **-orden** agenda, order paper; *punkt på -en* item on the a.; *stå på -en* be on the a.; *til ~!* (Mr. Chairman, I rise upon) a point of order! *ta ordet til ~* rise upon a point of order; *utenfor ~* out of order, not in order. **-presse** daily press. **-pris** current price, today's price. **-regn:** *det ble ~* it rained all day. **-reise** day's journey.
dagstur day trip; *ta en ~* go out for the day, go somewhere for the day; *(se I. tur).*
dagstøtt *(adv)* every day.
dagsverk day's work *(fx* I've done a good day's w.); man-day *(fx* ten man-days).
dagtjeneste day duty; *jeg har ~ denne uka* I am on *(el.* I am working) days this week.
dag|vakt *(vakt om dagen)* day watch; *(på skip)* morning watch. **-viss** unfailing, regular.
dakapo! encore! *forlange ~* call for an encore.
daktyl dactyl. **daktylisk** dactylic.
dal valley, dale. **-bu** dalesman. **-bunn** bottom of a valley.
Dalarna *(geogr)* Dalecarlia.
dale *(vb)* sink, go down; *~ ned på* descend (up)on; *hans lykke begynner å ~* his fortune is on the wane.
daler dollar; *spare på skillingen og la -en gå* be penny-wise and pound-foolish.
dalevende then living, contemporary.
dal|føre (long) valley, extensive v. **-gryte** bowl-shaped valley; *(geol)* cirque, botn.
Dalila Delilah.
dal|rype *(zool)* willow grouse. **-søkk** hollow, dip *(fx* a village situated in a dip between the hills).
I. dam *(spill)* draughts; **US** checkers; *(brikke gjort til dam)* king; *bli ~* become king; *få ~* make a king; *gjøre til ~* crown; *spille ~* play draughts.
II. dam *(vann)* pond; *(mindre)* pool; *(demning)* dam, barrage.
damask damask.
dambrett draughtboard; **US** checkerboard.
dambrikke draughtsman; **US** checker.
dame lady; *(kort)* queen; *(bord-, dansepartner, etc)* partner; *mine -r (og herrer)!* ladies (and gentlemen)! *-nes valg!* ladies to choose their partners! *spille fin ~* play the fine lady; *en virkelig ~* a perfect lady; *føre en ~ til bords* take a lady in to dinner; *holde -nes tale* propose the toast of the ladies.
dame|aktig ladylike. **-bekjentskap** lady friend. **-bind** sanitary towel. **-frisør** ladies' hairdresser. **-garderobe** 1*(stedet)* ladies' cloakroom; 2*(klær)* ladies' clothes. **-hatt** lady's hat. **-konfeksjon** ladies' wear; ladies' (ready-made) clothing; *norsk ~ med tilsig fra kontinentet* Norwegian ladies' clothing with a Continental touch. **-moter** ladies' fashions **-selskap** ladies' party; **T** hen-party; *i ~* in the company of ladies (,a lady); in female company. **-steng** *(kort)* queen covered *(el.* guarded). **-tekke:** *han har ~* he has a way with women; he is a ladies' man; he is a hit with the ladies. **-venn** ladies' man; *han er en ~ (også)* he is fond of the ladies; **T** he's a bit of a one for the girls. **-veske** lady's bag; **US** purse.

dammusling *(zool)* freshwater mussel, freshwater clam; *(se musling)*.
damoklessverd sword of Damocles.
damp *(vann-)* vapour; US vapor; *(av kokende vann)* steam; *(røyk, dunst)* smoke, fume, exhalation; *for full* ~ (at) full steam, with all her steam on; *(fig også)* full blast *(fx* work is proceeding f. b.); *gå for full* ~ go full speed, go full steam; *få -en opp (også fig)* get up steam; *ha -en oppe* have steam up; *hold -en oppe!* keep steam up! *med -en oppe* with steam up; *sette full* ~*på* put on full steam; *stenge av -en* cut off the steam.
dampaktig vaporous, steamy. **-bad** steam bath. **-bakeri** steam bakery. **-båt** steamboat, steamer. **-drevet** steam-driven. **-drift** steam power *(el.* operation).
dampe *(vb)* steam; *(bevege seg ved damp)* steam, puff *(fx* the train was puffing out of the station; the ship steamed into port); *han -t på sin sigar* he puffed (away) at his cigar.
damper steamer. **-fart** steam navigation. **-fartøy** steamer, steam vessel. **-fløyte** steam whistle. **-form:** *i* ~ in the form of steam. **-hammer** steam hammer. **-kjel(e)** boiler. **-kjøkken** steam kitchen. **-koking** steam cooking. **-kraft** steam power. **-maskin** steam engine. **-mølle** steam mill. **-måler** steam gauge, manometer. **-presse** steam press. **-sag** steam sawmill.
dampskip steamer, steamship.
dampskipsanløpssted port of call for steamers. **-ekspedisjon** shipping office. **-ekspeditør** shipping agent. **-flåte** steamship fleet. **-forbindelse** steamship service *(el.* connection). **-linje** steamship line, steamer service. **-rute 1.** steamship route; **2.** steamer service. **-selskap** steamship company.
dampskorstein funnel. **-sky** cloud of steam. **-sylinder** steam cylinder. **-treskemaskin** steam threshing machine. **-tørret** steam-dried. **-utvikling** generation of steam. **-vaskeri** steam laundry. **-veivals** steam roller. **-ventil** steam valve.
damspill draughtboard (with men).
dandere *(vb)* fashion, shape, arrange.
Danelagen the Danelaw.
dank: *drive* ~ idle about, loaf.
Danmark Denmark.
danne *(vb)* **1***(forme)* form; **2***(skape)* create; **3** *(utgjøre)* form, constitute, make (up) *(fx* grey walls make the best background for paintings); **4***(få i stand, organisere)* form *(fx* f. a society); ~ *grunnlaget for* form the basis of; ~ *seg* form (itself); *være i ferd med å* ~ *seg* be in process of formation; ~ *seg et begrep om* form an idea of.
dannelse *(grunnleggelse)* formation; *(kultur)* culture, education, refinement; *(det å oppstå)* rise, growth; *han har hjertets* ~ he is one of nature's gentlemen.
dannelsestrinn standard of education.
dannet *(veloppdragen)* polite and well-mannered; well-bred; cultured; refined; *(av fin opptreden)* ladylike; gentlemanly, gentleman-like; *en* ~ *ung mann* a polite and well-mannered young man; *(stivt)* a well-bred young man; *det dannede selskap* polite society; *de befant seg i* ~ *selskap* they were in cultured company; *(se opptreden)*.
dans dance; *(handlingen)* dancing; *gå på* ~ **1.** go to a dance; **T** go to a hop; **2.** go dancing; *være ute av -en* be out of the running; *livet er ingen* ~ *på roser* life is no bed of roses; **T** life is not all cake and ale, life is not all jam.
danse *(vb)* dance; *(om hest)* prance; ~ *elendig* **T** dance like a sack of potatoes; ~ *etter ens*

pipe be at sby's beck and call, dance to sby's pipe, do sby's bidding; ~ *godt* be a good dancer; ~ *ut* take the floor *(fx* they took the floor to the strains of a waltz); *de -nde* the dancers, those dancing. **-gal** crazy about dancing, dancing-mad. **-gulv** dance floor. **-lærer** dancing teacher. **-moro** dancing party. **-musikk** dance music. **-pike** chorus girl; dancing girl.
danseplass dancing place; open-air dance floor.
danser, danserinne dancer.
dansesal ballroom. **-sko** dancing shoe. **-skole** dancing school. **-tilstelning** dance; **T** dance night. **-trinn** dance step. **-tur** figure. **-øvelse** dancing exercise.
dansing dancing.
dansk Danish; *en -e* a Dane.
danskhet Danishness.
dansk-norsk Dano-Norwegian; Danish-Norwegian.
dask *(subst)* slap. **daske** *(vb)* slap.
data data. **-anlegg** computer system. **-behandling** d. processing; computing. **-maskin** computer. **-sikring** data protection. **-sjef** data processing manager. **-skilt** data plaque. **-skjerm** (visual) display unit; VDU. **-tek** data library.
datasnok T (system) hacker.
Datatilsynet *(svarer til)* the Data Protection Registrar.
datere *(vb)* date; ~ *seg fra* date from, d. back to.
datiden that age, that time.
dativ *(gram)* the dative (case); *står i* ~ is in the dative.
dato date; *(dag i måneden)* day of the month; *dags* ~ this date, today's date, this day; *til dags* ~ this day, (up) to the (present) date; *av gammel* ~ of old date *(el.* standing); *av ny* ~ of recent date, recent; *av senere* ~ of a later date; *fra* ~ from date, from today, after date; *from the above date; tre måneder fra* ~ *(veksel)* three months after date; *senest en uke fra* ~ within *(el.* not later than) a week from today; a week from now at the latest; *pr. tre måneders* ~ at three months' date; at 3 m/d.
datoveksel *(merk)* period bill, term bill, time bill; *(se II. veksel)*.
datter daughter. **-barn** daughter's child. **-datter** granddaughter, daughter's daughter.
datum: *se dato.*
dauing ghost, spectre.
davit *(mar)* davit.
daværende of that time, at that time, then; *den* ~ *eier* the then owner; *hans* ~ *stilling* his position at the *(el.* that) time.
de *(personlig pron)* they; *(demonstrativt pron)* those; *(adjektivets bestemte artikkel)* the; *de som* ... those who; *de husene som* the houses which; *de eplene som ligger i kurven, er gode* those in the basket are good apples; *de drepte (,reddede)* those *(el.* the) killed (,rescued); *de fraværende* the absent.
De *(pron)* you; *De der!* hey you! you there!
d.e. *(fk. f. det er)* that is, i.e.
debatt debate; *sette noe under* ~ make sth the subject of a debate; bring sth up for discussion. **-ere** *(vb)* debate, discuss, argue.
debet debit; *til* ~ *for Dem* to your debit, to the d. of your account. **-nota** debit note, D/N. **-side** debit side.
debitere *(vb)* debit; *vi har debitert Dem for beløpet* we have debited you with the amount.
debitor debtor.
debitorreskontro sales ledger, debtors' ledger *(el.* accounts).
debut debut, first appearance.
debutant actor making his first appearance; be-

ginner; *(kvinnelig)* actress *(,etc)* making her first appearance; beginner; *(i selskapslivet)* debutante; **T** deb.
debutere *(vb)* make one's first appearance (on the stage), make one's debut.
decharge discharge.
dechiffrere *(vb)* decipher, decode. **-ing** deciphering, decoding.
dedikasjon dedication.
dedisere *(vb)* dedicate; *(enkelt eksemplar)* inscribe *(fx* a book to sby).
deduksjon deduction.
I. defekt *(subst)* defect.
II. defekt *(adj)* defective; ~ *tilstand* defectiveness.
defensiv defensive; *på* -*en* on the defensive.
definere *(vb)* define. **definisjon** definition.
definitiv(t) *(adj)* definite, final, definitive; *(adv)* -ly.
deflasjon *(økon)* deflation.
deflatorisk deflationary.
defroster *(på bil)* defroster, demister.
deg *(personlig pron)* you; *(refleksivt)* yourself; *(etter prep)* you; *vask* ~! wash yourself!
degenerasjon degeneration.
degenerere *(vb)* degenerate.
degge *(vb):* ~ *for* coddle, mollycoddle; ~ *for (el. med) en* mollycoddle sby.
degradere *(vb)* degrade; ~ *til menig* reduce to the ranks. **-ering** degradation.
deig dough; *(kake-)* pastry; **US** dough; *sette* ~ prepare the dough.
deigaktig doughy; pasty.
deilig beautiful, charming, lovely *(fx* scenery); delightful *(fx* a d. journey); enjoyable *(fx* we had an e. bathe before breakfast); delicious *(fx* a d. perfume); *(iron)* nice; fine. **-het** beauty, loveliness.
deise *(vb)* tumble, topple, fall heavily.
deising: *en ordentlig* ~ **T** a thumping big one.
deisme deism. **-ist** deist. **-istisk** deistic(al).
dekadanse decadence.
dekade decade.
dekadent decadent.
dekanus dean, head of a faculty.
dekk 1*(skipsdekk)* deck; 2*(bil-)* tyre; **US** tire; *slangeløse* ~ tubeless tyres; ~ *med hvite kanter* white-wall tyres.
dekkadresse accommodation address.
dekkblad *(bot)* bract, subtending leaf.
I. dekke *(subst)* cover, covering; *(lag)* layer, coat; *(vei-)* road surface; *vei med fast* ~ tarmac road, tarred road; *midlertidig* ~ temporary surface; *legge nytt* ~ *på en vei* resurface a road; *under* ~ *av* under cover of; *spille under* ~ *med* act in collusion with.
II. dekke *(vb)* cover *(fx* c. a roof with tiles; snow covered the ground; this paint covers well; c. the army's retreat; this rule covers all cases); *(om oversettelse)* convey *(el.* cover) the meaning *(fx* I don't think that word will quite convey the meaning); *(se også dekkende); (om utgifter)* meet, cover, defray; *(om bøker):* han -*r godt* he has a good defence; *(forbryter)* assist a criminal to escape justice; *(jur)* be an accessory after the fact; *(motspiller)* mark *(fx* m. the outside wing); *(i sjakk)* cover *(fx* the castle is covered by the bishop); *vi har* -*t alt (om emne)* we have covered the whole ground; ~ **bordet** lay *(el.* set) the table; ~ *middagsbordet* lay the table for dinner; *hun liker å sette seg til* -*t bord* she likes to sit down to a prepared meal; **T** she likes things to be ready made; she likes to be spoon-fed;' ~ *ens* **behov** meet *(el.* cover) sby's needs *(el.* requirements); fill sby's requirements; ~ *sitt eget*

behov cover *(el.* meet) one's own requirements *(el.* needs); supply one's own needs; *mitt behov er* -*t* my needs are supplied; ~ **ettersporselen** meet *(el.* supply) the demand; ~ *den stigende etterspørselen* meet the increasing demand; *fabrikken skal* ~ *det utenlandske* **marked** the factory is meant to cater for the foreign market; ~ **omkostningene** meet *(el.* cover *el.* defray) the expenses; ~ *en* **risiko** cover a risk; ~ *et* **tap** make up *(el.* make good) a loss; ~ *et* **underskudd** cover *(el.* make up *el.* meet) a deficit; ~ **utgiftene** cover *(el.* meet *el.* pay *el.* defray) the expenses; *jeg vil ha mine utgifter* -*t* I want to have my expenses paid; ~ **seg** *(sikre seg)* secure *(el.* protect) oneself; reimburse oneself; ~ *seg mot tap* secure *(el.* cover) oneself against loss; take precautions against loss; ~ **hverandre** *(om begrep)* cover one another *(fx* the two concepts do not c. one another); *begrep som* -*r hverandre (logikk)* coextensive concepts; *de to ordene* -*r hverandre ikke* the two words are not interchangeable; *trekanter som* -*r hverandre* superposable *(el.* congruent *el.* coincident) triangles; -**t av** under cover of *(fx* the darkness); -**t i** *ryggen av* protected in the rear by; -*t i ryggen av en skog* with one's rear protected by a wood; ~ **opp for** *en* treat sby lavishly; do sby proud; ~ **over** *(skjule)* cover up *(fx* c. up a mistake), cloak *(fx* one's real designs); *(unnskylde)* gloss over; ~ *på (bordet)* lay the table; lay up; ~ **til** *(skjule)* cover up; *(legge noe over)* cover *(fx* c. sby with a blanket); ~ *(bordet) til tre* lay for three; *det er* -*t til 20 (personer)* the table is laid for twenty; *jeg har* -*t til Dem her* I have put you here; *det er ikke* -*t til ham* there is no cover (laid) for him; ~ *til en til* lay another place; *(se også ordforråd).*
dekken *(hest)* cloth.
dekkende *(om oversettelse)* good, adequate *(fx* an a. translation); *en helt* ~ *oversettelse (også)* an accurate translation; *vil 'adequate' være (en)* ~ *(oversettelse)?* will *(el.* does)' adequate' meet the case?
dekketøy table linen.
dekketøyskap linen cupboard.
dekkevne *(om maling)* covering power.
dekkfarge body colour, solid colour.
dekkinnlegg flap (tyre). **-kropp** tyre carcass.
dekksbåt decked boat. **-hus** *mar (ruff)* deck house. **-last** deck cargo. **-passasjer** deck passenger.
dekkvinge *(på bille, etc)* elytron, elytrum *(pl:* elytra), wing sheath.
deklamasjon declamation, recitation, recital. **-snummer** recital piece.
deklamator reciter.
deklamatorisk declamatory. **-ere** *(vb)* declaim, recite.
deklarasjon declaration.
deklarere *(vb)* declare.
deklassere *(vb):* bli -*t (fig)* lose caste, go down in the world.
deklinabel declinable. **-asjon** *(gram)* declension; *(kompassnålens misvisning)* declination.
deklinere *(vb)* decline.
dekning covering; settlement; *vi har ennå ikke fått* ~ *for vårt tilgodehavende* we have not yet received *(el.* are still without) a settlement of our (outstanding) account; *depositumet vil i et slikt tilfelle bli brukt som hel eller delvis* ~ *av nevnte reparasjon(er)* in such a case the deposit will serve as payment, in whole or in part, for the above-mentioned repairs; *det gjelder å ha* ~ *for hva man sier* one must have proof of what one says; *det finnes ingen* ~ *for en slik*

påstand there is nothing to bear out an assertion of that kind; *han har ikke ~ for en slik påstand* he cannot prove such an assertion; *til ~ av* in payment *(el.* settlement) of; *til ~ av våre omkostninger* to cover our costs; *til ~ av våre utgifter* to cover our costs; *gå i ~* go into hiding, go to earth; *han ligger i ~* he is lying low; *søke ~* take cover, seek cover; *(mot regn, etc)* take shelter; *være i ~* be under cover; *det er ~ for beløpet* the amount is covered; there is security for the amount; *det er (ikke) ~ for sjekken* the cheque is (not) covered; *(se tilgodehavende).*

dekokt decoction.

dekolletert low-necked, low-cut, décolleté(e).

dekorasjon decoration; *-er (teat)* scenery. **dekorasjonsforandring** change of scenery. **-maler** decorative painter; *(teater-)* set painter. **-snekker** *(teat)* stage carpenter.

dekorativ decorative, ornamental.

dekoratør decorator.

dekorere *(vb)* decorate.

dekorum propriety, decorum.

dekret decree. **dekretere** *(vb)* decree, order.

deksel cover, lid.

dekstrin dextrin.

del part, portion; *(av bok)* part; *(andel)* share; *begge -er* both; *en ~* some, a number of; *en ~ beskadiget* somewhat damaged; *denne -en av befolkningen* this section of the population; *en ~ av det* part of it; *en god (el. hel) ~* a great deal, a good deal; T a lot *(fx* he knows a lot); *en god ~ smør* T a lot of butter; *(foran flertallsord)* a good many; T a lot of *(fx* a good many books, a lot of books); *en ~ av det* part of it; *en av -ene* one or the other; *(hvilken som helst)* either; *ingen av -ene* neither; neither the one nor the other; *de gjør ikke sin ~ av arbeidet* they don't pull their weight, they don't do their share (of the work); *levere nye -er (som erstatning for defekte)* deliver parts for replacement; replace parts; *ha ~ i* have a share in; *vi har alle ~ i en stor nasjonal arv* we are all part-owners of a great national inheritance; *ta ~ i* take part in, partake of, be a party to, share in, participate in, join in; *(vise deltagelse for)* sympathize with; *jeg for min ~* personally, for my part; *for en ~* in part, in some measure; *for en stor ~* largely, in large measure, to a great extent; *for størstedelen* for the most part, mostly; *til -s* partly, in part; *(se overveiende).*

delaktig concerned, involved *(i* in); *være ~ i* be a party to *(fx* the crime).

delaktighet participation; *(i forbrytelse)* complicity.

delbar divisible.

delbetaling part payment.

dele *(vb)* divide, part; *~ byttet* d. the booty *(el.* the spoils); *~ et pund* split up a pound; *~ hans anskuelser* share his views; *~ i to* cut in two; *~ i to like deler* divide into two equal portions *(el.* parts), split, halve; *~ inn i grupper* divide into groups; *~ inn tiden sin* map out one's time; *~ mellom* divide between; *~ halvt med* go halves with; *~ likt* share and share alike; *~ ut bøkene* hand *(el.* share) out the books; *~ seg* divide; *(i grener, etc)* branch, ramify.

delegasjon delegation. **-ere** *(vb)* delegate. **-ert** delegate. **-ertmøte** meeting of delegates, delegate meeting.

deleier part-owner.

delelig divisible.

delfin *(zool)* dolphin.

delforsendelse part shipment, consignment in part.

delikat *(lekker)* delicious, dainty, tasty, savoury; *(utsøkt)* choice; *(fintfølende, «kilden»)* delicate; *en ~ sak* a delicate matter.

delikatere *(vb): ~ seg med* enjoy, treat oneself to.

delikatesse *(rett)* delicacy, dainty; *(finfølelse)* delicacy.

delikatesseforretning delicatessen shop.

deling division, partition; *Polens ~* the partition of Poland.

delinkvent criminal, culprit, delinquent.

delirium delirium. **delirium tremens** delirium tremens, d.t., the d.t.'s, the horrors, the jim-jams.

delkredere *(merk)* del credere.

dels in part, partly; *~ ... ~* partly ... (and) partly; *~ med makt, ~ med list* partly by force, partly by policy; *~ på grunn av ... ~ på grunn av ...* what with ... and what with ...; *resultatet skyldes ~ hans dyktighet, ~ et usedvanlig hell* the result is due partly to his ability and partly to exceptional luck; *arbeiderne bodde ~ på gårdene og ~ i landsbyene* some of the labourers lived on the farms, while others lived in the villages; *det var ~ tyskere, ~ franskmenn* some of them were Germans, and some Frenchmen.

I. delta *(subst)* delta.

II. delta *(vb)* take part, participate *(i* in); *(være til stede ved)* attend; *~ i et foretagende* join *(el.* engage) in an undertaking; *~ i et kurs* attend a course. **-gelse** participation; *(medfølelse)* sympathy; *framfør for ham vår dypt følte ~* kindly convey to him our profound sympathy (in the great loss he has sustained).

deltagende sympathetic, sympathizing; *(adv)* with sympathy.

deltager participant; *(merk)* partner; *(i konkurranse)* competitor; *en av -ne (fx i en utflukt, etc)* one of the party; a member of the party.

deltidsarbeid part-time work.

delvis *(adj)* partial; part *(fx* payment); *(adv)* in part; partly; partially *(fx* damaged); *(se II. helt).*

dem *(personlig pron)* them; *(se også de).*

Dem *(personlig pron)* you; *(når ordet peker tilbake på subjektet i samme setning)* yourself *(pl:* yourselves).*

demagog demagogue. **-gogisk** demagogic.

demarkasjonslinje line of demarcation.

dementere *(vb)* deny, disclaim, disavow. **-ti** (official) denial, disclaimer, disavowal.

demisjon: *inngi sin ~* hand in one's resignation. **demisjonere** *(vb)* resign.

demme *(vb)* dam; *~ opp for* dam up, stem *(fx* s. the current); *(fig)* stem, repress, restrain. **-ning** dam, weir; *(større)* barrage.

demobilisere *(vb)* demobilize; S demob.

demokrat democrat. **-i** democracy.

demokratisere *(vb)* democratize. **-ing** democratization.

demokratisk democratic.

demolere vb *(mil)* demolish. **-ring** demolition.

demon demon. **demonisk** demoniac, demoniacal.

demonstrant demonstrator.

demonstrasjon demonstration. **-sbil** demonstration model. **-sleilighet** show flat.

demonstrativ demonstrative, ostentatious; *en ~ taushet* a pointed silence, a disapproving s.; *han gikk -t ut av værelset* he left the room pointedly *(el.* in protest).

demonstrere *(vb)* demonstrate.

demontere *(vb)* dismantle *(fx* a factory), dismount, disassemble *(fx* a machine); *(ta fra hverandre)* take to pieces, strip down *(fx* an en-

gine); *(for å bruke delene om igjen)* cannibalize *(fx* an engine); ~ *en rifle* strip a rifle.
demoralisere *(vb)* demoralize. **-ring** demoralization.
dempe *vb (forminske)* subdue, moderate, damp; *(kue)* suppress; *(lyd)* muffle, deaden; *(et instrument)* mute; ~ *ballen (volleyball, etc)* parry the ball; **T** take the sting out of it; ~ *bølgene* calm the waves; ~ *fargen* soften the colour; ~ *ilden* subdue the fire; ~ *sine lidenskaper* subdue one's passions; ~ *et opprør* quell an insurrection; ~ *sin stemme* lower one's voice; *-t lys* subdued *(el.* soft) light; *-t musikk* soft music; *med -t røst* in a subdued tone, in an undertone.
dempepedal soft pedal.
demper damper; *legge en* ~ *på* check, curb, put a wet blanket on.
demre *(vb)* dawn; *det -r gjennom tåken* it looms through the fog; ~ *for en* dawn on sby. **-nde** dawning; *et* ~ *håp* the dawn of a new hope.
demring twilight; *(daggry)* dawn.
den *(personlig pron)* it; *(om dyr ofte)* he, she; *(demonstrativ pron)* that; *(adjektivets best. artikkel)* the; ~ *... selv* itself; ~ *som* he (,she) that; he (,she) who; ~ *mann som* the man who; ~ *som selv er mor eller far til et slikt barn* any mother or father of a child like that; anyone who is the mother or father of a child like that; ~ *tosken!* fool that he is; the fool! *den og den* so and so; *den går ikke* **T** that won't do; *den var verre!* **T** how annoying! that's too bad!
denasjonalisere *vb (oppheve nasjonaliseringen av)* denationalize.
denaturere *(vb)* denature, methylate; *-t sprit* methylated spirits.
dengang then, at the time; at that time; *det var \dengang!* times have changed! *(begeistret)* those were the days! *den gang (da)* (at the time) when.
denge *(vb)* beat, thrash, whip, flog.
denne *(pron)* this, this one *(fx* which car will you have? I'll have this one); *(= den sistnevnte)* the latter; *den 6. -s* the 6th instant *(el.* inst.).
denslags that sort of thing; such things; ~ *gjøres ikke blant oss* that sort of thing is not done by *(el.* among) people like us; ~ *mennesker* people of that kind *(el.* sort); ~ *små fortredeligheter* little troubles of that kind *(el.* sort); *(se for øvrig slag)*.
dental *(subst & adj)* dental.
departement department; *(forvaltningsgren)* department; ministry; **US** department; *(konkret)* Government office *(el.* department); *-et har bestemt at ... (kan fx gjengis)* the Ministry *(,etc)* has ruled that ...; the Government office concerned has decided that; *forespørre i -et* inquire at the Ministry; inquire at the Government office concerned; *dette er ikke mitt* ~ **T** this is not within my province.
departemental departmental; ~ *stil* d. style; *(neds)* officialese.
departementskontor Government office. **-råd** *(svarer til)* permanent undersecretary (of State) *(fx* permanent undersecretary at the Home Office); **T** permanent secretary; *(se utenriksråd).*
departementssjef (Cabinet) minister; *(for de fleste departementers vedkommende)* Secretary of State.
depesje dispatch.
deplasement *(skips)* displacement.
deponere *(vb)* deposit, lodge. **-ing** depositing.
deportasjon deportation. **-ere** *(vb)* deport.
deposisjonsavtale deposit agreement.
depositum deposit.
depot depot.
depresjon *(i alle betydninger)* depression; *begå*

selvmord i ~ commit suicide while in a depressed state of mind.
deprimere *(vb)* depress. **-nde** depressing.
deputasjon deputation. **-ert** deputy.
der *(adv)* there; ~ *borte* over there; *hvem* ~ *?* who is there? *(mil)* who goes there? ~ *er han* there he is; ~ *hvor* where; ~ *i landet* in that country; *det er der De tar feil* that is where you are wrong.
derav: ~ *følger* hence it follows; ~ *ser vi at* from this we see that; ~ *kommer all den sykdommen* hence all this sickness.
dere *(personlig pron)* you; *kan* ~ *her foran høre hva N. sier?* can you people at the front hear what N. says?
deres *pron (som adj)* their; *(som subst)* theirs.
Deres *pron (som adj)* your; *(som subst)* yours.
deretter 1. then, after that, afterwards, subsequently; thereafter; **2**(*i overensstemmelse med det(te))* accordingly; *(som ventet)* as expected; *... og bør innrette seg* ~ *...* and should plan accordingly; *året* ~ the next *(el.* following) year; *kort* ~ shortly afterwards; *det ble* ~ *(også)* the result was as might be expected.
derfor thus; and so; for this *(el.* that) reason; *(stivt)* therefore; *det var* ~ *jeg ...* that's (the reason) why I ...; *derfor kunne han kjøpe bil* thus he was able to buy a car; *han arbeidet hardt og kunne* ~ *spare penger* he worked hard, and so was able to save money; he worked hard and was thus able to save money; *(stivt)* he worked hard, and therefore he was able to buy a car; *vi håper* ~ *at (stivt)* we therefore hope that; we hope, therefore, that. **-fra** from there, thence, from thence; *reise* ~ leave there. **-hen** there; *det har nå kommet* ~ *at vi ikke kan ...* we have now reached the stage where we cannot ...; *(se dreie).* **-i** therein; ~ *tar De feil* you are wrong there. **-iblant** among them, including. **-imot** on the other hand; *andre* ~ *tror at ...* others, on the contrary, believe that ...
dermed with that; so saying; at this; ~ *lukket han døra* with that *(el.* so saying *el.* at this) he closed the door; ~ *var saken avgjort* that settled the matter; ~ *er ikke sagt at ...* it does not follow that ...; ~ *vil han* by so doing he will ...; ~ *var det gjort* that did it. **-nest** next, then, in the next place. **-omkring** thereabouts; somewhere near there. **-over:** *£10 og* ~ £10 and upwards. **-på 1.** = *deretter;* **2.:** *dagen* ~ the next day; *(etter rangel)* the morning after; *dagen derpå-følelse* **T** hangoverish feeling; *dagen derpå-stemning* **T** morning-after mood.
dersom *(konj)* if; in case.
dertil besides; ~ *kommer at* add to this (the fact); *i* ~ *bestemte bøker* in books provided for that purpose; ~ *kommer hans provisjon* to this must be added his commission; *(se også hertil).*
derunder: *£10 og* ~ £10 and less, £10 and under.
derved thereby; by that means, by so doing.
dervisj dervish.
derværende: *et* ~ *firma* a local firm, a firm in that town.
desavuere *(vb)* disavow, repudiate. **-ring** disavowal, repudiation.
desember December.
desertere desert. **-tør** deserter, runaway.
desidert decided; *(adv)* -ly.
desigram decigram(me).
desiliter decilitre.
desillusjonere *(vb)* disillusion.
desillusjonering disillusionment.
desimal decimal. **-brøk** d. fraction; *endelig* ~

terminating decimal; *endeløs* ~ non-terminating decimal. **-komma** d. point. **-regning** d. arithmetic. **-vekt** d. balance.

desimere *(vb)* decimate. **desimering** decimation.

desinfeksjon disinfection. **-smiddel** disinfectant.

desinfisere *(vb)* disinfect; *-ende midler* disinfectants. **-ing** disinfection.

desmer *(zool)* civet, musk. **-katt** *(zool)* civet cat. **-urt** *(bot)* moschatel.

desorganisere *(vb)* disorganize. **-sasjon, -sering** disorganization.

desorientere *(vb)* confuse, puzzle, bewilder, disconcert.

desosialisere *(vb)* desocialize.

desperasjon desperation. **desperat** desperate; *(rasende)* furious.

despot despot. **-i** despotism. **-isk** despotic. **-isme** despotism.

I. dess *(mus)* D flat.

II. dess: *se desto.*

dessert sweet; *(især frukt, etc)* dessert; **US** dessert. **-skje** d. spoon. **-tallerken** d. plate.

dessuaktet nevertheless, notwithstanding, all the same. **-uten** besides, in addition, moreover. **-verre** unfortunately, I am sorry (to say), I am afraid *(fx* I am a. I have not read your book); *jeg må ~ meddele at ...* I regret to say that; *vi blir ~ nødt til å* we shall reluctantly be compelled to; *det er ~ sant* it is unfortunately true.

destillasjon distillation.

destillat distillate. **-ør** distiller.

destillere *(vb)* distil; **US** distill. **-kar** still. **-kolbe** retort.

desto the; *~ bedre* the better, so much the better; *ikke ~ mindre* nevertheless, none the less; *jo ... ~ ...* the ...the ...; *så meget ~ verre* the more's the pity; *varmluftgjennomstrømningen blir ~ større* the circulation of warm air will be proportionately greater.

det **1**(*personlig pron)* it; *(om skip og land ofte)* she; **2**(*demonstrativt pron)* that *(fx* that house over there); **3**(*adjektivets best. art.)* the *(fx* the big house); **4**(*foreløpig subjekt)* it *(fx* it is possible that his father knows; it is difficult to learn French); **5**(*subjektsantyder)* there *(fx* there are many mistakes in this letter; there seems to be some misunderstanding); **6**(*passiv): det bygges et hus* a house is (being) built; *det selges store mengder* large quantitites are sold; *det er foretatt mange forandringer* many changes have been made; **7**(*upersonlige uttrykk)* it *(fx* it is cold; it is late; it is ten miles to Oslo); **8**(*trykksterkt)* that; *det må det ha vært* that must have been it; *men det er umulig* but that is impossible; *men markedet er ikke gått tapt for ˋdet* but but that has not lost us the market; *hvorfor gjorde du det?* why did you do that? *og det litt raskt!* and that quick! *(fx* run upstairs, Tom, and that quick!); *De sier ikke det!* you don't say so? *hvorfor det?* why? *og hvem har ikke det?* and who has not? *det er det jeg vil vite* that is what I want to know; **9**(*i forbindelse med verbet være)*: *hvilken dag er det i dag?* what day is it today? *i dag er det torsdag* today is Thursday; *det er min søster* she is my sister; *det er mine brødre* they are my brothers; *hva er det?* *det er kuer* what are they? they are cows; *hva er det deg?* is that you? *var det deg som banket?* was that you knocking? *er det dine brødre?* are those your brothers? *det er det også* so it is; *han er rik og det er hun også* he is rich and so is she; *ˋdet var hans ord* those were his words; *det er nettop hva det er (,var)!* that's exactly it! **10.:** *det at* the fact that *(fx* the fact that he has not complained; *det er ikke det at han ikke vet det* it

isn't as if he didn't know (it); *det som* what *(fx* what we must do is to increase our sales); *det som nå trengs, er* what is wanted now is; *det å reise* travelling; **11.:** *det begynner å se lysere ut* things begin to look brighter; *De gjør det vanskelig for meg* you make things *(el.* matters) difficult for me; *jeg håper (,tror) det* I hope (,think) so; *det banker* sby is knocking, there's a knock; *det gleder meg å høre at ...* I am glad to hear that ...; *det lyktes meg å selge* I succeeded in selling; *ja, jeg vet det* yes, I know.

detalj detail, particular; *selge i ~* sell (by) retail; *retail*; *handle en gros og en detalj* deal wholesale and retail; *gå i -er* enter *(el.* go) into details. **detaljert** detailed. **-handel** retail trade. **-handler** retailer.

detaljist retailer, retail dealer, shopkeeper.

detaljpris *(pris til detaljist)* trade price; *(se utsalgspris).*

detektiv detective. **-roman** detective story; **T** mystery; **S** deteccer.

detonasjon *(eksplosjon, knall)* detonation.

detronisere *(vb)* dethrone. **-ing** dethronement.

dette *(pron)* this; this one *(fx* which glass will you have? I'll have thisone); *~ eller hint* this or that; *det var ingen som sa han skulle gjøre ~ eller hint* nobody told him to do things *(el.* to do anything); nobody ordered him about.

devaluere *(vb)* devaluate *(fx* the pound); devalue *(fx* if Norway decided to devalue too ...). **-ing** devaluation.

devise motto.

diadem tiara; *(hist)* diadem.

diagnose diagnosis; *stille en ~* diagnose, make a diagnosis; diagnosticate.

diagonal diagonal.

diagonalgang *(ski)* diagonal gait; **T** the diagonal.

diagram diagram, graph.

diakon deacon; male nurse. **diakonisse** deaconess; nursing sister, welfare worker.

dialekt dialect; *snakke ~* speak a d., speak with a regional accent. **-betont** with a regional colouring *(fx* words with a r. c.).

dialektiker dialectician. **-tikk** dialectics. **-tisk** dialectical.

dialog dialogue.

diamant diamond. **-ring** d. ring. **-sliper** diamond cutter. **-slipning** diamond cutting. **-smykke:** *et ~* a piece of diamond jewellery; *-r (pl)* diamond jewellery, diamonds.

diameter diameter. **-tral** diametrical; *-t motsatt* diametrically opposite *(el.* opposed) (to) *(fx* a d. opposed view; a view d. opposed to yours); *vi er -e motsetninger* we are poles apart; we are diametrical opposites of each other; we are the exact opposite of each other.

diaré diarrhoea; *ha ~* **T** be on the trot.

I. die *(subst)* mother's milk; *gi ~* breast-feed, give *(fx* a baby) the breast.

II. die *vb (om barnet)* feed, suck; *(om moren)* breast-feed.

dieseldrevet Diesel-powered. **-elektrisk** Diesel-electric.

I. diett *(om kosten)* diet; regimen; *holde ~* be on a diet, diet; *holde streng ~* keep a strict d.; *leve på ~* live on a d., diet; *sette en på streng ~* put sby on a strict d.

II. diett(godtgjørelse) *(dagpenger)* daily allowance.

diettpenger *(pl)* travelling and subsistence allowances *(fx* they are entitled to t. and s. a.); *(dagpenger)* daily allowance.

differanse difference; *(merk)* balance; *(overskudd)* surplus.

differensial differential.

differensialdrev – diskonto 74

differensialdrev 1 *(solhjul)* sunwheel; 2*(mellom-hjul, planethjul)* planet wheel.
differensialklokke differential case; *deksel for* ~ differential case cover.
differensiere *(vb)* differentiate.
differensiering differentiation.
differensrekke arithmetical progression.
differere *(vb)* differ.
difteri diphteria.
diftong diphthong.
diftongere *(vb)* diphthongize.
digel crucible, melting pot; *(se støpeskje).*
diger bulky, enormous, huge; thick, heavy, stout; *et -t best* a huge beast.
dignitar *(subst)* dignitary.
digresjon digression.
dike *(oppkastet voll)* dike.
dikkedarer *(omsvøp)* fuss, frills; *det er ingen ~ med ham* there are no frills on him; there's no nonsense about him.
diksel adze; US adz.
diksjon diction.
dikt poem; *(noe oppdiktet)* fiction. **-art** kind of poetry, branch of literature.
diktat dictation; *(påbud)* dictate; *skrive etter ~* write from dictation; *skrive etter ens ~* write from sby's dictation; *stenografere etter sjefens ~* take one's employer's dictation down in shorthand.
diktator dictator. diktatorisk dictatorial.
diktatur dictatorship.
dikte *vb (oppdikte)* invent; *(skrive poesi)* write poetry, ~ *sammen* invent; T cook up *(fx* he had quite a job cooking up a likely story).
dikter poet.
diktere *(vb)* dictate *(en noe* sth to sby); ~ *en noe rett i maskinen* d. sth to sby on the typewriter; *jeg lar meg ikke ~* I won't be dictated to!
dikterevne poetic talent. **-gasje** poet's pension. **-inne** poetess. **-isk** poetic(al). **-natur** poetic nature. **-talent** poetic talent. **-verk** work of poetry. **-ånd** poetic genius. **-åre** poetic vein.
diktning (the writing of) poetry, writing; *(dikterverk)* work (of poetry).
dilemma dilemma.
dilettant amateur, dilettante. **-forestilling** private theatricals, amateur performance. **-messig** amateurish, dilettantish.
diligence stagecoach.
I. dill *(bot)* dill.
II. dill *(tull og tøv)* rot, nonsense.
dilla *(T = delirium tremens)* the horrors, the jumps; *(se delirium).*
dilt jog trot. dilte *(vb)* jog along.
dim dipped lights; *kjøre på ~* drive with one's lights dipped.
dimbryter (headlights) dipper switch.
dimensjon dimension.
dimensjonshogst *(forst)* felling (,US: cutting) to a diameter limit; diameter-limit felling (,US: cutting).
diminutiv diminutive. **-endelse** d. suffix.
dimittere *(vb)* dismiss; *(demobilisere)* demobilize; S demob.
dimittering *(demobilisering)* demobilization.
din *pron (som adj)* your; *(som subst)* yours; ~ *hatt* your hat; *hatten er* ~ the hat is yours; ~ *tosk* you fool.
dingeldangel gewgaws, rattletraps.
dingeling ting-a-ling.
dingle *(vb)* dangle, swing; *(i galgen)* swing; ~ *med bena* dangle one's legs.
diplom diploma. **-at** diplomat(ist). **-ati** diploma-

cy. **-atisk** diplomatic; *ad* ~ *vei* through diplomatic channels.
direksjon *(styre)* board of directors; *han sitter i -en* he is on the Board (of Directors); *(jvf ledelse).* **-ssekretær** company secretary.
direkte 1.*(adj)* direct *(fx* a d. steamship service; a d. tax); ~ *utgifter* out-of-pocket expenses; 2. *adv (uten omvei)* direct, straight; *hun har det* ~ *fra X (også)* she has it at first hand from X; *kjøpe varer* ~ *fra fabrikken* obtain goods direct *(el.* straight) from the factory; *nedstamme* ~ *fra en* be directly descended from sby; be a direct descendant of sby; *sende varer* ~ *til en* dispatch *(el.* send) goods direct to sby; *du må vende deg* ~ *til ham* you must contact him direct; you must get into direct communication with him; 3. *adv (umiddelbart)* directly *(fx* the coast population is d. dependent on the fisheries); *jeg er ikke* ~ *berørt* I am not directly concerned.
direktekoplet direct-coupled. **-virkende** direct-acting.
direktiver *(pl)* directions, instructions, directives.
direktorat directorate; *(embete)* directorship; *Direktoratet for statens skoger* [the Directorate of State Forests]; *(svarer i England til)* the Forestry Commission. **-trise** manageress; directress; *(se direktør).* **-tør** (general) manager; US *(også foran navnet)* president; *(medlem av et styre)* director; *(for offentlig institusjon)* director; *(museums-)* keeper; *(fengsels-)* (prison) governor; *(sykehus-)* medical superintendent; *administrerende* ~ managing director *(fk* Man. Dir.).
direktørstilling (managing) directorship; US presidency; *være med i kappløpet om -en* be in the running for the appointment as director.
dirigent *(møteleder)* chairman; *(mus)* bandmaster; *(orkester-)* conductor.
dirigere *(vb)* conduct; *(lede et møte)* be in the chair; preside (over a meeting).
dirk picklock. dirke *(en lås)* pick; *som kan -s opp (om lås)* pickable.
dirkefri unpickable, burglar-proof.
dirre *(vb)* quiver, vibrate.
dirring quivering, vibration.
I. dis *(tåke)* haze.
II. dis: *være* ~ [address each other as' De' instead of the familiar' du'].
disfavør: *i vår* ~ against us, to our disadvantage, in our disfavour (,US: disfavor).
disharmonere *(vb)* be discordant, jar. **-ni** discord, disharmony, dissonance. **-nisk** discordant, disharmonious, jarring.
disig hazy. **-het** haziness.
disiplin *(tukt)* discipline; *(fag)* subject, branch of knowledge.
disiplinere *(vb)* discipline. **-ing** discipline, disciplining.
disiplinær disciplinary; *noen -e vanskeligheter har han ikke* he has no difficulty in keeping discipline.
disiplinærforseelse breach of discipline. **-straff** disciplinary punishment.
disippel *(bibl)* disciple.
disk counter; *stå bak -en* serve behind the c.
diskant *(mus)* treble.
diske *(vb):* ~ *opp for en* do sby proud; ~ *opp med* serve up, dish up; *han -t opp med noen muntre historier* he produced some funny stories.
diskedame *(på kafé, etc)* assistant behind the counter, counter assistant.
diskenspringer *(neds)* counter-jumper.
diskontere *(vb)* discount. **-ing** discounting.
diskonto *(den offisielle)* bank rate; *(privat)* dis-

count rate(s). **-forhøyelse** increase in the discount *(el.* bank) rate. **-nedsettelse** reduction of the b. r. **-sats** discount rate, rate of d.

diskontør discounter.

diskos discus. **-kaster** discus-thrower.

diskotek disco, discothèque.

diskresjon discretion; *(taushet)* reticence, secrecy; *jeg ber Dem bruke disse opplysningene med* ~please make discreet use of this information; ~ *en æressak (svarer til)* strictly confidential.

diskret discreet; *opptre* ~ act discreetly.

diskriminere *(vb)* discriminate *(mot* against).

diskriminering discrimination.

diskusjon discussion; *innlede en* ~ initiate a d.; *åpne -en* take up the d.

diskusjonsgruppe discussion group, colloquium. **-innlegg** contribution to a (,the) discussion; *han hadde et lengre* ~ he spoke at length during the discussion.

diskutere *(vb)* discuss; ~ *seg fram til en løsning (av spørsmålet)* arrive at a solution (to the question) through discussion; *la oss* ~ *detaljene* let's work out the details; *det er ikke det vi -r* that's not the point of the discussion; that's not what we're discussing *(el.* talking about).

diskvalifisere *(vb)* disqualify. **diskvalifisering** disqualification.

dispasje *(merk)* average statement; a. adjustment.

dispasjere*(vb)* make the adjustment; draw up an average statement.

dispasjør average adjuster.

dispensasjon exemption. **-sere** *(vb)* exempt, grant exemption *(fra* from).

disponent manager; managing owner.

disponere *vb (bestyre)* manage; *(bruke)* employ; *(ordne)* dispose; arrange; *en godt disponert stil* a well-arranged essay (,composition); ~ *over* have the disposal of, have at one's disposal; *De kan* ~ *over oss* you can make use of our services.

disponibel disposable, available, at one's disposal, at hand *(fx* the means at h.).

disposisjon 1*(rådighet)* disposal; *stille til Deres* ~ place at your d.; 2*(bestemmelse, forføyning)* arrangement, disposition; *treffe -er* make arrangements *(el.* dispositions); take steps *(el.* measures); *treffe bindende -er* enter into commitments; 3*(utkast)* outline, framework *(fx* essay outline; framework of a composition).

disposisjonsfond *(merk)* = retained profits.

disputas *(doktor-)* [defence of a thesis]. **-ere** *(vb)* argue, debate.

disputt dispute, argument.

diss *(mus)* D sharp.

disse *(pron)* these; (= *de sistnevnte)* the latter.

dissekere *(vb)* dissect.

disseksjon dissection. **-skniv** scalpel. **-srom** dissecting room.

dissens dissent; *under* ~ with dissenting votes; *men under* ~ *(også)* but not unanimously.

dissenter dissenter, nonconformist.

dissentere *(vb)* dissent.

dissenterkirke chapel. **-prest** minister.

dissimilasjon dissimilation; *(fysiol)* catabolism.

dissonans dissonance, discord.

dissosiasjon dissociation.

dissosiere *(vb)* dissociate.

distanse distance; *(se avstand).*

distansere *(vb)* distance, outdistance, outstrip.

distingvert distinguished, distinguished-looking.

distinksjon distinction; *(mil)* badge (of rank); *(på ermet)* chevron, stripe(s).

distinkt distinct.

distrahere *(vb)* distract, disturb.

distraksjon absence of mind, absent-mindedness,

distraction; *i* ~ (quite) absent-mindedly; *in a fit of absent-mindedness.*

distré absent-minded.

distribuere *(vb)* distribute. **-ing** distribution.

distribusjonsapparat distributing organization; *(salgs-)* marketing o.

distribusjonsliste mailing list; *vennligst gi oss beskjed dersom De ikke allerede står på vår* ~ please let us know if you are not yet on our mailing list.

distrikt district; *(retts-)* circuit; *(politikonstabels)* beat; *(postbuds)* round.

distriktslege medical officer of health *(fk* M.O. H.).

distriktssjef *(jernb)* general (regional) manager.

dit there; *det er 30 miles* ~ *(ut)* it is 30 miles (out) there.

ditt *(pron)* your, yours; *(se din).*

ditt og datt one thing and another; this and that; this, that, and the other.

ditto ditto, the same.

diva *(primadonna)* diva.

divan couch.

divergens divergence; **-ere** *(vb)* diverge, differ; *-nde oppfatninger* divergent views.

diverse sundry, various; ~ *artikler* sundries; ~ *omkostninger* sundry expenses, sundries; *(subst)* sundries; *(bokf også)* sundry items; *konto pro* ~ sundries account.

dividend *(tall som skal deles)* dividend. **-dende** dividend.

dividere *(vb)* divide; ~ *16 med 2* divide 16 by 2.

divisjon *(regningsart, hæravdeling)* division. **-sjonsstykke** division sum. **-sjonstegn** d. sign; (NB *det eng. tegn ser slik ut* ÷, *fx 21 ÷ 7 = 3).* **-sor** divisor.

djerv *(uredd)* fearless, intrepid; *(modig)* bold, brave, courageous. **-het** fearlessness, intrepidity; boldness, bravery, courage.

djevel devil, fiend.

djevelsk devilish, diabolical; fiendish; *le* ~ laugh a fiendish laugh.

djevelskap devilry, devilment.

djevelunge imp, little devil.

djevlebesettelse state of being possessed by a devil, demoniacal possession. **-besvergelse** exorcism. **-besverger** exorcist. **-spill** diabolo.

djunke *(kinesisk skip)* junk.

djup *se dyp.*

do *(privét)* privy.

do. *(fk. f. ditto)* ditto, do.

dobbelt 1. double, twofold; ~ *bokføring* double-entry book-keeping, (book-keeping by) double entry; ~ *bunn* double *(el.* false) bottom *(fx* the ship has a d. b.; a box with a f. b.); *gjøre* ~ *arbeid* do double work; *i* ~ *bredde* in double width; *i sin -e egenskap av ...* in his dual capacity of ...; *i* ~ *forstand* in a twofold sense; *mellom* ~ *ild* between two fires; ~ *så* twice as *(fx* twice as good); ~ *så mange* twice as many, double the number; ~ *så mye* twice as much, as much again; double the quantity; ~ *så stor som* twice as large as, double the size of; **2** *(med best. art.) det -e* twice as much; *betale det -e av hva vi burde* pay the double of what *(el.* twice as much as) we should, pay twice *(el.* double) what we should; *øke til det -e* double; 3*(adv)* doubly *(fx* it is d. difficult), double *(fx* see d.).

dobbeltfastnøkkel double-ended spanner (,US: wrench).

dobbeltgjenger double. **-hake** double chin. **-het** doubleness; *(bare fig)* duplicity. **-kløtsje** *(vb)* double de-clutch. **-løpet:** ~ *børse* double-barrelled gun. **-moral** a double set of morals. **-parke-**

D dobbeltspor – dommerbord 76

ring double-banking, parking alongside a standing vehicle. **-spill** *(fig)* double-dealing; *han driver ~* he is playing a double game.

dobbeltspor *(jernb)* double track *(el.* line); *anlegg av ~* laying of a second track, doubling (of a single line); duplication (of the present track).

dobbeltsporet double-track(ed); *~ bane (også)* double line. **-støpsel** (plug) adapter. **-værelse** double room; double-bedded room; *(med to enkeltsenger)* twin-bedded room; room with two beds.

dog however, yet, still; *det er ~ for galt* it is really too bad; really this is too bad! *og ~* (and) yet; *det skal ~ gjøres* after all, it must be done.

doge doge.

dogg: *se* dugg.

I. dogge *subst (zool)* mastiff.

II. dogge *(vb)*: *se* dugge.

dogmatiker dogmatist. **-tikk** dogmatics. **-tisere** *(vb)* dogmatize. **-tisk** dogmatic.

dogme dogma.

dokk *(for skip)* dock; *tørr-* dry-dock; *gå i ~* go into d.; *skipet trenger til å komme i ~* the ship requires docking.

dokkarbeider docker, dock worker; *US (også)* longshoreman. **-avgifter** *(pl)* dockage.

dokke: *se* dukke.

dokkformann dock master.

dokksette *(vb)* dock. **-setting** docking.

doktor doctor; *dr. ing.* Doctor of Engineering *(fk* D. Eng.); *dr. jur(is)* Doctor of Laws *(fk* LL.D.); *dr. med.* Doctor of Medicine *(fk* M.D.); *dr. philos.* Doctor of Philosophy *(fk* Ph.D.); *professor, dr. med. L. Ask* Professor L. Ask, M.D.; *(se I. lege).*

doktorand candidate for the doctorate.

doktoravhandling thesis (for the doctorate). **-disputas** [defence of a thesis]. **-grad** doctor's degree, doctorate; *tildele en -en* confer a doctor's degree on sby.

doktrine doctrine. **-ær** doctrinaire.

dokument document, deed, paper, instrument.

dokumentarfilm documentary (film).

dokumentasjon documentation; documentary proof.

dokumentere *(vb)* document, prove, substantiate; *~ seg* prove one's identity.

dokumentering documentation, substantiation.

dokumentfalsk forgery (of documents).

dolk dagger, poniard. **dolke** *(vb)* dagger, stab.

dolkestøt stab (with a dagger).

dollar dollar. **-glis** [ostentatious American car].

I. dom *(kuppel)* dome.

II. dom: *se* domkirke.

III. dom 1*(i kriminalsak)* sentence; **2***(i sivilsak)* judgment, decision; **3***(i voldgift)* award, decision; **4***(i sport)* judgment, decision; **5***(mening)* opinion, judgment, verdict *(fx* the verdict of history; the verdict of the public);

[A: forb. med adj; B: med vb; C: med foranstilt prep]

A *[forb. med adj]* **betinget** *~* binding over; *(især US)* suspended sentence; *få betinget ~* be bound over; *(især US)* get a suspended sentence; *en hard ~* (1) a severe *(el.* stiff) sentence; *en urimelig hard ~* a savage sentence; *en mild ~* a light sentence *(fx* he got off with a light sentence);

B *[forb. med vb]* **appellere** *en ~* appeal against a judgment (,sentence); **avsi** *~* (1) pass sentence *(over* (up)on); (2) pass *(el.* deliver) judgment; give a decision; (4) make an award; *(se ndf.: forkynne -men); -men faller* (1) sentence is pronounced; (2) judgment is delivered; *-men faller i dag* (2) a decision will be reached today;

judgment will be given today; *det er falt ~ i saken* (2) there has been a finding in the case; the case has been decided; judgment has been passed; **felle** *~ over* (1) pass sentence (up)on; (2) pass judgment (up)on; *(især i ikke-jur forstand)* pronounce judgment on; **forkynne** *-men* (1) pronounce (the) sentence; (2) pronounce judgment; *(se ovf: avsi ~);* **fullbyrde** *en ~* (1) carry out a sentence; *-men gikk ham imot* (2) judgment was given against him; the case went against him; he lost the case; *hvis -men går disse firmaer imot* (2) in the event of a court ruling against these firms; *-men lød på 6 måneders fengsel, ubetinget* the sentence was 6 months' unconditional imprisonment; *-men lød på 3 års fengsel* the sentence was *(el.* he (she, etc) was sentenced to) three years' imprisonment; *-men ble omgjort til 30 dagers betinget fengsel* the sentence was commuted to a suspended sentence of 30 days' imprisonment; **omstøte** *en ~* (1) quash a conviction; (2) reverse a judgment; *jeg vil se ~ i saken* (2) I will take the matter to court; **stadfeste** *en ~* dismiss an appeal;

C *[forb. med foranstilt prep]* **betale i dyre -mer** pay exorbitant prices (,an exorbitant price); **T** pay fancy prices (,a fancy price); pay through the nose; **på** *-mens dag* on the Day of Judgment; *oppta* **til** *-s* submit for judgment; *det at en sak opptas til -s* the submission of a case for judgment; *sitte til -s over* sit in judgment on; *bli skutt uten lov og ~* be shot out of hand; *avgjøre* **ved** *~* decide in court; *en sak som er avgjort ved ~* res judicata; *(se idømme; fengselsstraff: kjennelse; uteblivelsesdom).*

dombjelle harness bell.

domene domain; crown land.

domfelle *(vb)* convict; *den -felte* the convicted person, the person convicted. **-fellelse** conviction.

dominere *(vb)* dominate; domineer; lord it. **-erende** dominating; *(fremherskende)* predominant; *(som spiller herre)* domineering; *en ~ beliggenhet* a commanding *(el.* dominating) position; *en ~ innflytelse* a dominating influence.

dominikaner Dominican (friar).

domino domino; *(spill)* dominoes. **-brikke** domino.

domisil domicile. **-iere** domicile, make payable.

domkirke cathedral.

dommedag the Day of Judgment.

dommer 1*(jur)* judge; *(ved høyesterett el. appelldomstol)* justice (NB *brukes etter Mr., fx* Mr. Justice D. was on the Bench); *(byretts-)* town stipendiary magistrate; *(i større by)* recorder; *(freds-)* magistrate, Justice of the Peace, J.P.; **2***(ved dyrskue, kapproing, kappseilas, utstilling, veddeløp)* judge; *(baseball, cricket, golf, tennis)* umpire; *(fotball)* referee; US (boxing) referee; *(ved militære øvelser)* umpire; **-ne** *(kollektivt)* the Bench; *(om standen)* the judiciary, the Bench; *oppkaste seg til ~ over* set oneself up as judge of, set oneself up in judgment over, set up to judge; *være ~* (2) umpire; referee *(fx* he refereed the football match); act as umpire; act as referee; *X var ~ i saken* the case was heard before X; *D-nes bok (bibl)* (the Book of) Judges.

dommerbord *(sport)* referee stand. **-ed** judicial oath. **-embete** judgeship; justiceship; recordership; *(som fredsdommer)* commission of the peace; *(se også dommer).* **-fullmektig** registrar; *(se dommer);* *The judge of a County Court is assisted by a registrar who acts as assistant judge and is in charge of the office staff.* **-mine**

judicial manner; magisterial air. **-stand** judiciary; **-en** *(også)* the Bench.

dompap *(zool)* bullfinch.

domprost dean.

doms|avgjørelse *(i sivilsak)* judgment; judicial decision, ruling. **-avsigelse** passing of a sentence; *(i sivilsak)* delivering judgment; *(se også -forkynnelse).* **-forkynnelse** pronouncement of sentence; *(i sivilsak)* service of judgment. **-fullbyrdelse** carrying out of a sentence; *(i sivilsak)* execution of a judgment. **-mann** [lay magistrate]. **-premisser** *(pl)* grounds of the judgment, grounds for j.

domstol court of justice; law court; *(utenlandsk)* tribunal; *bringe en sak for -en* go to court about a matter; *i den enkelte sak settes -en med fem dommere* there are five judges on the bench in each case.

domsutsettelse conditional postponement of sentence.

Donau the Danube.

done *(subst)* snare, gin. **-fangst** bird-snaring.

donkraft jack.

dont task, business, job; *passe sin ~* mind one's business.

doppsko ferrule.

dor 1. (nail) punch; **2***(til å utvide hull med)* drift; *(oppspenningsdor)* mandrel; mandril.

dorg trolling line. **-e** *(vb)* troll.

dorme *(vb)* doze.

dorsk sluggish. **-het** sluggishness.

dose: *se dosis.*

dosent reader; senior lecturer; **US** associate professor. **-ur** lectureship.

dosere *(vb)* lecture on, teach.

doserende didactic.

dosis dose.

dossere *vb (vei)* camber *(fx* the bends are well cambered).* **-ing** camber; *(det å)* cambering.

dott wisp *(fx* of hair, hay); tuft; *(om person)* nincompoop, spineless person; *han er en ~ (også)* he's a wet; *en ~ bomull* a wad of cotton; *jeg fikk -er i ørene* **T** my ears popped.

doven lazy, idle; *(øl, etc)* flat, stale.

dovendyr *(slags pattedyr)* sloth; *(doven person)* lazy fellow, slacker, idler, lazybones.

dovenskap laziness.

dovne *vi (om lem)* grow numb; **T** *(om fot)* go to sleep; *~ seg* idle, laze.

dr. *(fk. f. doktor)* doctor, Dr.; *(se doktor).*

dra *vb (trekke)* draw, pull; drag; *~ i noe* pull at sth; *han dro henne i håret (også)* he gave her hair a tug; *(bevege seg)* go, pass, march, move; *(reise)* go away, leave; *jeg -r i morgen* I shall be leaving tomorrow; I am leaving tomorrow; *en -gen sabel* a drawn sword; *~ et sukk* heave *(el.* fetch) a sigh; *~ fordel av* profit by, derive advantage from; *~ av sted* set out; *(med premie)* bear away *(fx* several prizes); *~ bort* go away, leave; *~ fram* bring out, pull out, produce *(fx* he produced a document from his pocket); *han -r hjem hver helg* he goes (,T: pushes) home every weekend; *~ hjemover* make for home; set out on one's homeward journey; *~ i tvil* question; throw doubt on; *~ igjen* start back (again) *(fx* he had no sooner arrived than he was told to start back again); *~ seg (dovne seg)* idle, be lazy; *ligge og ~ seg* laze in bed; *~ deg vekk!* take yourself off! beat it! *~ til (bolt, mutter)* tighten up; *~ til en* **T** fetch sby a clout, sock sby one; *~ til ansvar* call to account; *~ til seg* attract; *la en motor ~ tungt* let an engine labour, allow an e. to labour; *~ ujevnt (om motor)* run unevenly; *~ ut* march out, go out; *(mil)* sally forth *(el.* out); *(trekke i langdrag)* drag on *(fx* the war dragged on);

(vt) spin out *(fx* an affair), drag out; *det -r ut (også)* progress is slow; *~ utenlands* go abroad.

drabant halberdier, yeoman of the guard; *(iron)* henchman; *(astr)* satellite.

drabantby dormitory town.

drabelig tremendous, colossal.

draft *(mar)* chart.

drag **1***(rykk)* pull; **2***(ånde-)* breath; **3***(av sigar, etc)* puff; **4***(slurk)* draught; pull *(fx* he took a long pull at his glass); **5***(åretak)* stroke; **6***(ansiktstrekk)* feature; **7***(trekk, egenhet)* streak, strain; **8***(antydning)* touch, strain; **9***(strekning)* stretch; *(jvf bakke-, høyde-);* **10***(strøm-)* current; *(dragsug)* backsweep; **11***(slag)* stroke, rap; *(jvf nakke-);* **12***(på kjøretøy)* shaft (of a carriage); **13***(med fiskegarn)* haul (of a net); cast; *et ~ av romantikk* a touch *(el.* strain) of romance; *med ett ~* (1) with one pull; *drikke noe i lange ~* (4) take long draughts of sth; *ta dype ~* drink deep; *tømme i ett ~* (4) drink at a (single) draught, drink at one d.; *nyte i fulle ~* enjoy to the full; *ro med lange ~* (5) pull long strokes; *det lå et ~ av spott om hans munn* there was a trace of scorn about his mouth; *det var et østlig ~ i lufta* there was a touch of east wind (in the air); *det er et kaldt ~ i lufta* there is a cold nip *(el.* a nip of cold) in the air; *åskammens rolige ~* the soft *(el.* gentle) contour of the ridge.

drage: *se drake.*

dragelse *(tiltrekning)* attraction, fascination.

dragende fascinating, compelling; *en ~ lengsel etter* a yearning for.

drag|kamp tug of war. **-kiste** chest of drawers; **US** bureau. **-kjerre** hand *(el.* push) cart. **-not** dragnet.

dragon *(mil)* dragoon.

dragreim *(trekkline; del av seletøy)* trace.

dragsug backsweep, backwash; *(utadgående understrøm)* undertow.

drake *(fabeldyr)* dragon; *(leketøy)* kite; *(liten seilbåt)* dragon; *(sint kvinnfolk)* termagant, vixen.

drakonisk Draconian, Draconic.

drakt *(kledning)* dress, costume, suit; *(spaser-)* coat and skirt, (tailor-made) costume, suit; *en ~ pryl* a beating, a hiding.

dram *(brennevin)* drink, nip, swig; **US** *(også)* shot.

drama drama. **-tiker** dramatist. **-tisere** dramatize. **-tisk** dramatic. **-turg** dramatic adviser. **-turgi** dramaturgy; theatrecraft. **-turgisk** dramaturgic.

drammeglass brandy glass; **US** shot glass.

dranker drunkard, sot, heavy drinker.

drap manslaughter, homicide; murder; *forsettlig ~* voluntary manslaughter; *overlagt ~* murder; *(i ikke-jur. språkbruk ofte)* wilful murder; *uaktsomt ~* involuntary manslaughter.

drapere *(vb)* drape, hang (with drapery).

draperi drapery.

draps|mann homicide, killer. **-sak** homicide case.

drasse *vb (dra på)* drag (along).

drastisk drastic.

draug sea monster, ghost of the sea.

dravle curds (of milk); *~ med fløte* curds and cream.

dregg *(mar)* grapnel. **-e** *(vb):* *~ etter* dredge for, grapple for.

dreibar revolving.

dreie *(vb)* turn; *(på dreiebenk)* turn, cut on the lathe; *(la gå rundt; rotere)* rotate; *vinden har -d seg* the wind has shifted *(el.* veered); *jorda -er seg om sin akse* the earth revolves about *(el.* on) its own axis; *~ av* turn (aside); *(mar)* bear away; *~ bi (mar)* bring to; heave to; *~ samtalen inn på* lead the conversation on to; *~ ned* *(i dreiebenk)* (machine) undercut *(fx* undercut right down to clean and undamaged material; machine undercut the surface to remove all damaged material); ~ *om hjørnet* turn the corner; ~ *seg om* turn (up)on *(fx* the whole debate turns on a single point); *det er det spørsmålet -er seg om* that is what the question is about; *alle hans tanker -er seg om henne* all his thoughts turn on her; *det -er seg om minutter* it is a question of minutes; *det -er seg om hundre pund* it is a matter of a hundred pounds; ~ *seg om på hælen* turn (round) on one's heel; *det -er seg om hvorvidt* the question is whether; *han fikk -d det derhen at...* he twisted it (round) so that; *han fikk -d det derhen at det var X som hadde forgått seg (også)* he managed to make it look as if it was X who had committed the offence; *han fikk -d saken derhen at hans klient fikk rett* he managed to turn the case to his client's advantage.

dreiebenk (turning) lathe. **-bok** *(film)* shooting script; scenario. **-boksforfatter** scriptwriter; scenario-writer.

dreiel *(diagonalvevd tøy)* drill.

dreier turner.

dreieskive *(jernb)* turntable; *(pottemakers)* potter's wheel. **-stål** turning tool.

dreining turn, turning; *(omdreining)* rotation.

drektig pregnant, big (with young), with young. **-het 1.** state of being with young; **2***(mar)* tonnage, burden.

drenere *(vb)* drain. **-ing** draining (of the soil), land drainage. **-ingsrør** drainpipe.

drepe *(vb)* kill, slay, put to death; *(fig)* kill, deaden *(fx* his cruelty killed *(el.* deadened) any feeling I had for him); extinguish *(fx* the war had extinguished all human feelings in him); *sorgen drepte alle følelser hos henne (også)* her grief left her utterly numbed.

drepende mortal; *(kjedelig)* tiresome.

dresin *(jernb)* rail tricycle.

dress suit.

dressere *(vb)* train; *(om hester og hunder, også)* break, break in; *-ert selhund* performing seal.

dresstoff suiting (cloth), material for a suit; *et* ~ *(også)* a suit-length.

dressur training, breaking in.

dressør trainer; (horse) breaker.

drett *(fiske-)* haul.

I. drev mask *(hjul)* (drive) gear, pinion; *forskyvbart* ~ sliding gear; *(se bakakseldrev; reversdrev).*

II. drev *(opplukket hamp)* oakum.

drevaksel *(mask)* gear shaft, pinion shaft.

dreven expert, experienced, practised, skilled.

drift 1*(av maskin, etc)* running, working *(fx* the r. of the factory, of the machine), operation(s) *(fx* the operation of a machine; operations are at a standstill); *(jernb)* traffic, (train) services, (railway) operations, running of the railways; *(av en forretning)* conduct, management *(fx* the c. of a business); **2***(tilbøyelighet)* urge, bent, inclination, instinct; *(kjønns-)* sexual instinct, sex urge; **3.** *mar (avdrift)* leeway; drift; **4***(kveg-)* drove; *elektrisk* ~ electric working, (the use of) electric power; *(jernb: motsatt damp-)* electric traction; *innføre elektrisk* ~ *(jernb)* electrify (a railway); *innføring av elektrisk* ~ electrification (of a railway); *begynne -en (sette i gang produksjonen, etc)* start operation; begin work(ing); *i* ~ at work, in operation; going; *billig i* ~ cheap to run; cheap in the running; economical; with a low running cost; *i full* ~ in full swing *(el.* work); at full capacity; to capacity *(fx* they are operating to capacity); *komme i* ~ *(mar)* break *(el.* go) adrift; *(om fabrikk)* come into operation, come into full production; *sette i* ~ start (running); put into operation; *(jernb)* put into service *(el.* operation); *ta opp -en: se begynne -en; være i* ~ *(mar)* be adrift, drift; *(om kjøretøy, maskin)* be in service; *(om jernbanelinje)* be in operation; be running; *en indre* ~ (2) an (inner) urge; *av egen* ~ of oneself; on one's own initiative; *sanselige -er (også)* sensual appetites; *ute av* ~ out of operation *(el.* service); not working; *ta ut av* ~ *(om kjøretøy, maskineri)* take out of service.

driftekar (cattle) drover.

driftig active, enterprising. **-het** enterprise.

driftsanlegg factory plant. **-bestyrer** manager. **-bygning 1.** works building; *(ofte)* premises; **2***(på gård)* outbuilding. **-ingeniør** works engineer. **-inspektør** *(jernb)* operating superintendent. **-kapital** (gross) working capital. **-konto** *(merk)* working account. **-ledelse** *(jernb)* operating management. **-leder** works manager. **-liv** sex life. **-materiell** working plant; *(jernb)* rolling stock. **-messig** *(se drift)* working *(fx* methods); *-e forbedringer* increased efficiency, improvements of the service; *av -e hensyn* for operational purposes. **-midler** *pl (merk): varige* ~ property, plant and equipment; *(se anleggsmidler).*

drifts- og trafikkavdeling *(jernb)* traffic department.

drifts- og trafikkdirektør *(jernb)* assistant general manager (traffic); (NB *dennes tre underdirektører er* 'operating officer,' commercial officer' *og* 'motive power officer').

driftsomkostninger *(pl)* working expenses, running expenses. **-overskudd** *(merk)* operating profit; trading profit; working profit. **-regnskap 1.** internal accounts; operational accounts; revenue *(el.* current) account; **2***(økon; i utenriksregnskap)* current account. **-sikker** reliable. **-sikkerhet** reliability; *hvor kravene til* ~ *er meget høye* where reliability requirements are stringent. **-utgifter** *(pl)* working expenses. **-utstyr** running equipment. **-økonomi** business economy; *(jvf bedrifts-). -år* business year; *året 19— var et godt* ~ *for firmaet* the year 19— was a prosperous year for the firm.

drikk drink, beverage; *(det å drikke)* drinking; *sterke* ~ strong drinks, intoxicants.

I. drikke *(subst): mat og* ~ food and drink; *han er forsiktig med sterke -er når han kjører bil* T he's careful about drinking and driving.

II. drikke *(vb)* drink; *hva vil De* ~*?* what will you have? T what's yours? *jeg liker ikke å* ~ *melk uten noe til* I don't like drinking milk on its own; I don't like drinking milk without anything with it; ~ *som en svamp* drink like a fish; *han -r* he is addicted to drinking; he drinks; ~ *ens skål* drink sby's health; ~ *tett* drink hard; ~ *seg full* get drunk; ~ *en full* make sby drunk; ~ *av flaska* drink out of the bottle; ~ *seg i hjel* drink oneself to death; ~ *opp* **1.** drink up; **2***(fig)* spend on drink (,T: booze); *slutte å* ~ *(om alkoholikere)* T get off the booze; ~ *(el. ta) en tår over tørsten* have a drop too much; *(se også tylle:* ~ *i seg).*

drikkebror boozer. **-kar** drinking vessel. **-lag** boozing session; drinking bout.

drikkelig drinkable, fit to drink.

drikkeondet the evil of drink(ing). **-penger** *(pl)* tip, tips, gratuity. **-vann** drinking water. **-varer** *(pl)* drinks, beverages. **-vise** drinking song.

drikkfeldig given to drink, addicted to drinking. **-feldighet** drunkenness, addiction to drinking, intemperance.

drikking drinking.

drikkoffer drink offering, libation.
drill drill; *elektrisk* ~ drill gun.
drillbor drill. **drille** *(vb)* drill, bore.
drink drink; *en sterk* ~ a stiff drink.
driste *(vb):* ~ *seg til* dare, venture *(fx* v. to say ...).
dristig bold, daring; audacious; *de -ste forventninger* the most sanguine expectations.
dristighet boldness, daring, audacity.
drivaksel 1. axle shaft; **2***(mellomaksel)* drive shaft, propeller shaft.
driv|anker *(mar)* sea anchor. **-benk** forcing frame, hotbed. **-boggi** *(jernb)* motor bogie; **US** power truck.
I. drive *(subst)* drift (of sand, snow, *etc).*
II. drive *vb* **1***(handel)* carry on, engage in *(fx* trade); *(fabrikk)* operate, run; *(gård)* run, work; *(tømmer)* float; *(fangst, fiske)* carry on; ~ *smått (,stort)* do business in a small (,large) way; **2** *(et yrke)* follow, pursue *(fx* an occupation); *(undersøkelser)* carry on; *(sport)* go in for *(fx* sport, games); *(studier)* pursue; **3***(en maskin)* drive, work, operate; *(hjul)* move, turn; **4***(om vind, strøm) fyke (sammen))* drift; **5***(tvinge)* drive, force; *(fig)* impel, urge, prompt; *(planter)* force; **6***(gå sin skjeve gang)* drift *(fx* let things d.); **7***(mar)* caulk; **8.** emboss *(fx* a silver vase embossed with a design of flowers); *nå -r han (på) igjen! (ɔ: nå holder han på (med det) igjen)* now he's at it again! *gå og* ~ idle *(fx* he idles about town all day); ~ *fram* propel; *(fig)* drive forward, impel, urge on; ~ *i land (mar)* drift ashore; ~ *prisene i været* force prices up; ~ *en plan igjennom* carry a scheme through; ~ *inn en fordring* collect a debt; *(ad rettens vei)* recover a claim, enforce payment of a claim; ~ *med tap* operate at a loss; ~ *omkostningene ned* press *(el.* force) costs down; ~ *tilbake* drive back, repel; ~ *det langt* achieve great things; *han -r det nok til noe* he is bound to go far *(el.* get on); he will go a long way; ~ *noe for vidt* push things too far; ~ *sitt spill med* play tricks on; *lysten -r verket* willing hands make light work; *-nde våt* dripping *(el.* wringing) wet.
driv|fjær *(også fig)* mainspring; *(person)* prime mover; *(motiv)* prime motive, incentive. **-garn** drift net. **-garnfiske** drift-net fishing. **-garnfisker** *(om båten)* drifter. **-hjul** driving wheel; *(fig)* motive power. **-hus** hothouse; *(uten kunstig varme)* greenhouse. **-husplante** *(også fig)* hothouse plant. **-is** drift ice. **-kraft** motive power. **-ladning** low explosive (charge). **-re(i)m** driving belt. **-stoff** fuel; propellant. **-tømmer** drift timber, floating timber. **-våt** dripping *(el.* wringing) wet.
drogerier *(pl)* drugs. **drogerihandler** druggist.
dromedar *(zool)* dromedary.
drone *(zool) (hannbie)* drone.
dronning queen; *spille* ~ queen it; *ballets* ~ the queen of the ball.
dronningaktig queenly, queenlike.
dronningbonde *(i sjakk)* queen's pawn.
droplet dapple, piebald.
drops boiled sweets; *(ofte)* drops; **US** hard candy; *syrlige* ~ acid drops; acid sugars.
drosje taxi(cab), **US** cab. **-bil** taxi(cab), **US** cab. **-holdeplass** taxi rank, taxi stand, cab stand, cab rank. **-ran** taxi hold-up. **-sjåfør** taxi driver. **-takst** taxi fare(s), cab fare(s).
drosle *(vb)* throttle.
drue *(bot)* grape. **-formet** grapelike. **-høst** vintage. **-klase** cluster of grapes. **-saft** grape juice. **-sukker** grape sugar, glucose.
drukken intoxicated, drunk, tipsy, in liquor, the

worse for liquor; *(foran subst)* drunken; ~ *av glede* intoxicated *(el.* drunk) with joy.
drukkenbolt drunkard; **T** boozer.
drukkenskap drunkenness, inebriety.
drukne *(vt)* drown; *(vi)* be drowned; *han -t katten* he drowned the cat; *han -t* he was drowned; *han er nær ved å* ~ he is drowning; *den -r ei som henges skal* he who is born to be hanged will never be drowned.
drukning drowning; *døden skyldtes* ~ death was by drowning.
druknings|døden death by drowning; *han led* ~ *(ofte)* he found a watery grave. **-ulykke** drowning fatality.
drunte *(vb)* loiter, dawdle.
dryade dryad.
dryg: *se drøy.*
drypp drop, drip, dripping.
drypp|e *(vb)* drip; *(om lys)* gutter; ~ *en stek* baste a roast; ~ *av* drip off; *(et filter)* drain; *det -er fra takene* the eaves are dripping. **-ing** dripping.
dryppsmøring drip *(el.* drop feed) lubrication, drip oiling.
dryppstein stalactite. **-shule** stalactite cave.
dryss *(av snø, etc)* sprinkle, powder; gentle fall.
drysse *(vt)* sprinkle; *(vi)* fall (in small particles); sift down *(fx* the snow sifted down).
drøfte *(vb)* discuss, debate, talk over.
drøftelse discussion, talk(s); *(se allsidig).*
drøm dream; *i -me* in a dream, in one's dreams.
drømme *(vb)* dream, be in a dream; ~ *om* dream of; *drøm behagelig!* pleasant dreams!
drømme|aktig dreamlike. **-bilde** vision, phantasm. **-liv** dream life. **-løs** dreamless. **-nde** dreamy. **-r** dreamer.
drømmeri daydream; reverie; *fortape seg i -er* go off into a reverie; *fortapt i -er* lost in (a) reverie.
drømmerisk dreamy.
drømme|syn vision. **-tyder** interpreter of dreams. **-tydning** interpretation of dreams. **-verden** dream world.
drønn boom, crash, bang.
drønne *(vb)* boom, crash, bang.
drøv cud; *tygge* ~ chew the cud, ruminate; *(fig)* harp *(på* on).
drøvel *(anat)* uvula; *gi ham en på -en* **S** sock him one on the kisser.
drøv|tygge *(vb)* ruminate; *(fig)* harp on. **-tygger** ruminant. **-tygging** rumination, chewing the cud; *(fig)* harping.
drøy 1*(i bruk)* economical (in use), that goes a long way *(fx* money goes a long way in that country); *det er -t (også)* a little of it goes a long way; *-ere enn* more economical than; **2***(i omfang)* bulky; **3***(stiv)* stiff *(fx* a stiff price), smart *(fx* a smart price, a s. distance); *et -t stykke arbeid* a tough job, a stiff piece of work; *en* ~ *klatretur* a stiff climb; *en* ~ *påstand* a bold assertion; *-e sannheter* home *(el.* hard) truths; *det er (dog) for -t* that's beyond a joke; it's going too far; *det er temmelig -t, syns du ikke?* that's pretty stiff, don't you think?
drøye *vb* **1***(vare, trekke ut)* drag on; *det drøyde en stund før han betalte* it was some time before he paid; **2***(forhale, oppsette)* delay; *han drøyde med betalingen* he delayed *(el.* put off) payment; ~ *med å gjøre noe* delay *(el.* put off *el.* postpone) doing sth; *vi -r litt til og ser om de kommer* we'll hang on for a little while and see if they come; **3.:** ~ *på noe,* ~ *noe ut* make sth last longer, make sth go far, spin sth out.
dråk *(subst)* good-for-nothing.
dråpe drop; *de ligner hverandre som to -r vann*

they are as like as two peas; *en ~ i havet* a drop in the ocean. **-formet** drop-shaped. **-teller** dropping tube, drop counter. **-vis** drops, drop by drop.

ds. *(fk. f.dennes)* inst. *(fk. f. instant)*.

d.s. *(fk. f. det samme)* the same.

d.s.s. *(fk. f. det samme som)* the same as.

du *(pron)* you; *(bibl)* thou; *du ... selv* you ... yourself; *du gode Gud!* great heavens!

dublé *(gull-)* filled gold.

dublere *(vb)* double; *(en rolle)* understudy.

dublett duplicate.

due *(zool)* pigeon; *(især fig)* dove. **-egg** pigeon's egg. **-hus** pigeonhouse, dovecot(e).

duell duel *(på* with).

duellant duellist. **-lere** *(vb)* duel, fight a duel. **-lering** duelling.

duepost: *med ~* by carrier pigeons. **-slag:** *se -hus.*

duett duet.

dueunge young pigeon. **-urt** *(bot)* willowherb.

duft fragrance, odour (,US odor), perfume, scent.

dufte *(vi)* emit odour *(el.* fragrance); *det -t av roser* there was a scent of roses.

duftende fragrant, odorous, scented.

duge *(vi)* be good, be fit; *det -r ikke til noe* it's no good; it won't do, it isn't good enough; *det -r ikke å* it won't do to; *som slett ikke -r* worthless; *jeg -r ikke til* I'm no good at (-ing); *han -r ikke til selger* he is not much good *(el.* no good) as a salesman; *vise hva en -r til* show what one can do; show what one is worth; *(se mat).*

dugelig fit, able, capable; *~ til* fit for, capable of. **-het** fitness, ability, capability.

dugg dew; *forsvinne som ~ for sola* vanish like dew before the sun; vanish into thin air. **-dråpe** dewdrop.

dugge *vt* (be)dew; *(vi)* gather dew; *(om vindusrute, etc)* become steamy, become misted; *det -r* the dew is falling.

dugget dewy; *-e brilleglass* steamy glasses.

duggfall dewfall. **-frisk** dewy; (as) fresh as the morning dew. **-perle** dewdrop. **-rute** *(for bil)* anti-mist screen.

dugnad voluntary communal work; US *(ofte)* bee *(fx* a husking bee); *gjøre ~ på et hus* join the neighbours in giving a hand with a house.

dugurd lunch.

duk *(bordduk)* (table) cloth; *(seilduk)* canvas; *legge -en på bordet* lay *(el.* spread) the cloth; *ta -en av bordet* remove the cloth.

dukat ducat.

I. dukke *(subst)* doll; *(marionett-)* puppet; *(garn-)* skein.

II. dukke *(vb)* duck, plunge, dip, immerse; dive; *~ en (fig)* put sby in his place; *~ fram* emerge, become visible; **T** pop out; *~ opp* rise to the surface, emerge; *(komme til syne)* turn up; **T** show up.

dukkeaktig doll-like. **-hus** doll's house.

dukken: *gå ~ (fig)* be pushed under; come a cropper; *(om firma)* fold up; **T** go bust.

dukkert plunge, dive; *(ufrivillig)* ducking, soaking; *gi en en ~* duck sby; *ta seg en ~* have a dip.

dukkestue doll's house.

dukknakket stooping.

dulgt hidden, veiled.

dulme *(vb)* assuage, allay, soothe. **-ende** soothing. **-ing** alleviation, soothing, assuagement.

dult push, shove.

dulte *(vb)* push, shove.

dum *(uklok)* foolish, silly; *(lite intelligent)* stupid;

(irriterende) stupid *(fx* I can't open that s. door); *~ som en stut* as stupid as an owl; a perfect idiot; bone-headed; crassly stupid; *han er litt ~ av seg* he's a little on the stupid side; *det er -t å gjøre det* it *(el.* that) is a stupid thing to do; *(fullt) så ~ er jeg ikke* I know better than that; *ikke så -t!* not half bad! *han er ikke så ~ som han ser ut til* he is not such a fool as he looks; *det var -t av meg å...* it was foolish *(el.* unwise) of me to...; *-t snakk* (stuff and) nonsense; *en ~ strek* a piece of foolishness; a stupid thing.

dumdristig foolhardy, rash. **-dristighet** foolhardiness, rashness.

dumhet stupidity; foolishness; *(dum strek)* piece of foolishness; *gjøre (el. begå) en ~* make a blunder; do a stupid thing; *si -er* talk nonsense; *ingen -er nå!* now, no nonsense!

dumme *(vb): ~ seg (ut)* make a fool of oneself; put one's foot in it.

I. dump *subst (fordypning)* depression; hollow, dip; *(lyden av fall)* thud.

II. dump *(adj)* dull; *(bare om lyd)* hollow, muffled.

dumpe *vb* 1*(til eksamen)* fail (in *(el.* at) an examination); **T** be ploughed; 2*(merk)* dump *(fx* d. goods on a market); *~ ned* drop down.

dumpehuske T *(vippe)* seesaw; US teeter.

dumpekandidat 1. ploughed candidate; **2.** possible failure.

dumrian fool, blockhead. **-snill** kind to a fault. **-stolt** pompous; **T** bumptious. **-stolthet** pomposity; **T** bumptiousness.

dun down; *med ~ på haken* downy-chinned. **-bløt** downy, fluffy.

dunder banging, roar, thunder.

dundre *(vb)* thunder, bang, roar; *~ på døra* thump (on) the door, bang on the door; *en -nde hodepine* a splitting headache; *en -nde løgn* a thundering lie.

dundyne eiderdown (quilt), down quilt.

dunet downy.

I. dunk *subst (av tre)* keg; *(av blikk)* can, drum.

II. dunk *(subst)* thump, knock, thud; *dunk! dunk!* thump! thump!

dunke *(vb)* knock, thump.

dunkel dark, dim, obscure; *en ~ erindring* a dim *(el.* vague) recollection.

dunkjevle *(bot)* reed mace, cattail.

dunlerret downproof cambric.

dunst vapour (,US: vapor), exhalation. **-e** *vb (stinke)* stink, reek; *~ bort (også fig)* evaporate.

dunteppe down quilt.

dupere *(vb)* dupe, impose on, bluff, hoodwink; *hun lot seg ikke ~ av ham* she was not impressed by him.

duplikat duplicate.

duplikk rejoinder.

duplo: *in ~* in duplicate.

dupp *(på snøre)* float, bob.

duppe *(saus)* sauce.

I. dur *(mus, toneart)* major; *C-dur* C major.

II. dur *(lyd)* drone, murmur; hum *(fx* the distant h. of traffic); *(sterkere)* boom, roar.

durabel substantial, tremendous.

dure *(vb)* drone, murmur; *(sterkere)* roar, boom.

durkdreven cunning, crafty. **-drevenhet** cunning, craftiness.

I. dus: *leve i sus og ~* live in a whirl of pleasures.

II. dus: *bli ~* [agree to drop the formal address of De' for the familiar' du']; *drikke ~ med en* (have a) drink with sby (as a sign that the formal' De' is from now on being dropped in favour of' du'); *være ~* address each other as 'du' (instead of' De'); *være* ~ *med en (svarer til)* be on first-name terms; *være* ~ *med en* be on first-name terms with sby; be on familiar terms with sby.

III. dus *(adj)* soft, mellow, subdued.

dusin dozen. **dusin|kram** junk, cheap trash. **-menneske** commonplace person. **-vis** by the dozen.

dusj shower (bath), douche; *en kald* ~ a cold shower, a douche of cold water.

dusje *(vb)* (take a) shower; douche; *(sprøyte)* spray.

dusk tuft; *(til stas)* tassel. **-elue** tasselled cap.

duskregn drizzling rain, drizzle.

duskregne *(vb)* drizzle.

dusting: *se tomsing.*

dusør reward; *en høy* ~ a high r.; *utlove en* ~ offer a r.

duve *vb (mar)* pitch; *(til ankers)* heave and set; ~ *sterkt* pitch heavily. **-ing** pitching; *(til ankers)* heaving and setting.

dvale lethargy, torpor; *(unaturlig)* trance; *(vinter-)* hibernation; *falle i* ~ begin to hibernate; fall into a trance; *ligge i* ~ hibernate; *(fig)* lie dormant; *våkne av -n (også fig)* wake up. **-lignende** lethargic, trancelike *(fx* a t. sleep), torpid. **-tilstand** lethargy, torpor, torpid *(el.* dormant) state; trance; hibernation.

dvask supine, somnolent, indolent, torpid, inert, languid. **-het** supineness, torpor, indolence.

dvele *(vb)* tarry, linger; ~ *ved* dwell (up)on.

dverg dwarf. **-aktig** dwarfish. **-bjørk** dwarf birch. **-fluesnapper** red-breasted flycatcher. **-folk** pygmy tribe. **-signal** *(jernb)* dwarf *(el.* ground) signal.

dvs. *(fk. f. det vil si)* that is; i. e.

dy *(vb):* ~ *seg* refrain *(for å* from -ing), restrain *(el.* contain) oneself; *han kunne ikke* ~ *seg* he could not help himself.

dybde depth; *(fig)* profundity. **-forholdene** *(mar)* the soundings; the depths (of water).

dyd virtue; *gjøre en* ~ *av nødvendighet* make a virtue of necessity.

dydig virtuous. **dydighet** virtuousness.

dydsiret demure, smug.

dyds|mønster paragon of virtue. **-predikant** moralist. **-preken** moralizing sermon.

dyffel *(ullstoff)* duffel.

dykker *(også fugl)* diver. **-apparat** diving apparatus. **-drakt** diving suit. **-klokke** diving bell. **-maske** swim mask.

dyktig *(adj)* competent, capable, able, proficient, efficient, skilful, expert; *(begavet)* gifted; *(adv)* well, efficiently *(etc); en* ~ *elev* a gifted *(el.* competent *el.* able *el.* promising) pupil; *en (meget)* ~ *fotballspiller* a fine football player; *fremragende* ~ brilliant; *en* ~ *lærer* a capable *(el.* good) teacher; *han behandlet situasjonen på en meget* ~ *måte* he handled the situation very ably; *han fikk* ~ *bank* he got a sound beating *(el.* a proper licking); *han ble* ~ *våt* he got soaked to the skin, he got completely drenched; *(se for øvrig flink).*

dyktighet competence, capability, ability, proficiency, efficiency, skill; *hennes* ~ *ved pianoet* her proiciency at the piano; *(se frakjenne).*

dyktighetsattest certificate of competence; *(for kyndighet i språk)* certificate of proficiency.

dylle *(bot)* sowthistle.

dynam|ikk dynamics. **-isk** dynamic.

dynamitt dynamite. **-attentat** dynamite outrage, d. attempt *(fx* d. a. on Hitler's life).

dynamo dynamo, generator. **-meter** dynamometer.

dynast|i dynasty. **-isk** dynastic.

I. dyne *(klitt)* dune.

II. dyne *(i seng)* quilt; *(fjær-)* featherbed. **-trekk, -var** quilt cover.

I. dynge *(subst)* heap, mass, pile; *en hel* ~ a whole lot.

II. dynge *(vb):* ~ *opp* heap up, pile up; ~ *seg opp* pile up, accumulate; ~ *arbeid på en* heap work on sby.

dyngevis: *i* ~ in heaps.

dynke *(vb)* sprinkle.

dynn mire, mud. **-aktig, -et** miry, muddy.

I. dyp *(subst)* deep, depth; *-et* the deep; *komme ut på -et (om badende)* get out of one's depth; be carried into deep water.

II. dyp *(adj)* deep, profound; *bli -ere* deepen; *et -t bukk* a low *(el.* deep) bow; ~ *elendighet* extreme misery; *en* ~ *hemmelighet* a profound secret; ~ *søvn* profound sleep; *i* ~ *søvn* fast asleep, deep in sleep; ~ *taushet* deep *(el.* profound) silence; ~ *uvitenhet* great *(el.* crass) ignorance; *(se dypt).*

dyp|fryse *(vb)* deep-freeze. **-fryser** deep freezer.

dypfryst deep-frozen *(fx* d.-f. goods).

dypgående *subst (mar)* draught (of water).

dyppe *(vb)* dip; plunge, immerse.

dypsindig profound, deep. **-het** profundity; profound remark.

dypt *(adv)* deeply, deep; profoundly; ~ *inn i skogen* far into the wood; *bøye seg* ~ bow low; *skipet stikker for* ~ the ship draws too much water; *sukke* ~ heave a deep sigh; *synke* ~ *i ens aktelse* sink low in sby's estimation. **-følt** deeply felt, heartfelt. **-gående** *(om røtter)* striking deep; *(mar)* deep-draught; *(fig)* profound, thorough, searching. **-lastet** deeply laden. **-liggende** *(fig)* deep-rooted, deep-seated; ~ *øyne* deep-set eyes. **-seende** penetrating.

I. dyr *(subst)* animal; *(mest om større pattedyr)* beast; *(om hjorteslekten)* deer; *(neds)* brute, beast; *gjøre til* ~ bestialize, brutalize.

II. dyr *adj (se også dyrt)* **1.** expensive, high-priced; **2***(i forhold til verdien)* dear *(fx* I don't want it, it's too dear); **3***(som har kostet mange penger)* costly *(fx* jewellery), expensive; **bli** *-ere* become more expensive, get dearer; *alt er blitt -ere* everything has gone up; *smøret er blitt -ere (også)* (the price of) butter has gone up; butter has become more expensive to buy; **gjøre** *noe -ere* raise the price of sth; **være** *-(t)* be expensive; be dear; *være (alt)for* ~*(t)* be (much) too expensive; be (much) too dear; *det er altfor -t (også)* the price is exorbitant; *her er det -t* it is expensive to live here; this is an expensive place to live in; *det er -t å reise* travelling is expensive; *det er -ere å ...* it is more expensive to ...; it costs more to ...; *det er -ere enn* it is more expensive than, it is dearer than, it costs more than; *hvor -t er det?* how much does it cost? *det kan da ikke være så forferdelig -t?* it can't cost such an awful lot of money; it can't be so terribly expensive, can it? *det er mindre -t* it is less expensive, it costs less; **den** *-este (av to)* the most *(,stivere:* more) expensive one *(fx* I'll take the more expensive one); *mitt -este eie* my dearest possession; *det er en* ~ *fornøyelse (fig)* it's an expensive business; it's expensive; *nå er gode råd -e!* this is where we could do with some really sound advice; good advice would be worth its weight in gold; now we're in a mess! *dette blir ham en* ~ *historie* **1***(vil koste mange penger)* this will cost him a great deal of money; **2***(han kommer til å lide for det)* he will pay dear for this; it will cost him dear; *det er en* ~ *klenodiet (fig)* the brightest jewel; *det er en* ~ *sport (fig)* it's an expensive business *(fx* it's an expensive business to build a house); *det er -e* **tider** *vi lever i* everything is expensive nowadays; everything has gone up; **i -e dommer** at vast *(el.* great) expense; at an exorbitant price; *betale i -e dommer* pay a lot *(fx* for sth); **T** pay a fancy price, pay through the nose; *de bodde på luksushotell i -e dommer* they stayed at a luxury hotel at vast expense; *de kjøpte huset i -e dommer* they bought the house at vast expense.

dyreart *(zool)* species of animal.

dyrebar *(adj)* **1.** dear; 2*(kostelig)* precious.

dyrebeskyttelsesforening society for the prevention of cruelty to animals.

dyrehage zoological garden(s), zoo.

dyrehagl buckshot.

dyrehud *(hjortelær)* deer skin.

dyrekjøpt *(adj)* dearly bought.

dyrekjøtt venison. **-krets** zodiac. **-liv** animal life. **-maler** painter of animal life. **-passer** keeper (at a zoo).

dyrerike animal kingdom. **-rygg** saddle of venison. **-stek** roast venison. **-temmer** animal trainer. **-verden** *(alle dyr innenfor et område)* fauna; *(dyrerike)* animal kingdom.

dyrisk animal; brutish, bestial. **-het** brutishness, bestiality.

dyrkbar cultivable, arable, tillable.

dyrke *vb (jorda)* cultivate, till; *(korn, etc)* grow, raise; *(gi seg av med)* go in for; *(studere)* study, pursue the study of; *(en kunst)* practise *(fx* painting, singing), be a votary of *(fx* art, music); *(tilbe)* worship *(fx* God).

dyrkelse cultivation, study, pursuit; worship. **-er** cultivator; tiller; votary; worshipper, devotee. **-ning** cultivation; tillage; *(av korn, etc)* growing, raising. **-ningsmåte** method of cultivation.

dyrlege veterinary (surgeon), vet.

dyrplager tormentor of animals. **-plageri** cruelty to animals. **-skue** cattle show.

dyrt *(adv): se ovf: II. dyr.*

dyrtid period of high prices, time of dearth *(el.* scarcity), dearth, scarcity, dear times; *~ hersker og hungersnød står for døra* scarcity prevails *(el.* dear times prevail) and famine is imminent.

dyrtidskrav pay claims due to high cost of living, cost-of-living claim. **-priser** famine prices, high prices due to scarcity. **-tillegg** cost-of-living bonus *(el.* allowance).

dyse jet; nozzle (pipe); *(på vannkanne)* rose; *blåse gjennom -ne* blow through the jets; *skitt i -ne* dirt in the jets; *(se forgasserdyse; hoveddyse; tomgangsdyse).*

dysenteri *(blodgang)* dysentery.

I. dysse *(steinaldergrav)* dolmen, cromlech, cairn.

II. dysse *(vb):* *~ i søvn* lull to sleep; *~ ned en skandale* hush up a scandal; *jeg kan ikke ~ ned denne saken* **T** I can't hold the lid on this affair.

dyst combat, fight, bout; *våge en ~ med en* enter the lists against, break a lance with; *våge en ~ for* take up the cudgels for, break a lance for.

dyster sombre, gloomy, dismal, melancholy, depressing; *~ mine* gloomy air.

dytt push, nudge, prod.

dytte *vb* 1*(tette)* stop (up), plug, block up *(fx* a hole); 2*(puffe)* push, shove; *(lett)* nudge; *de -t på hverandre og fniste* they nudged and giggled.

dyvåt drenched.

dø *(vb)* die; *(om plante)* die (off); *da hennes foreldre -de* when her parents died; at *(el.* on) the death of her parents; *vi må alle ~* we all have to die (some day); *~ av feber* die of fever; *~ av latter* die with laughter; *~ av sorg* die of grief; *~ av sult* die of starvation; *~ bort:*

se ~ hen; ~ for egen hånd die by one's own hand; *~ for morderhånd* die at the hand of a murderer; *~ for fedrelandet* die for one's country; *~ hen* die away, die down, fade away; *han skal ikke ~ i synden* he won't get away with it; he has not heard the last of it yet; *~ ut* die out; *(se døende).*

I. død *(subst)* death, decease, demise, end; *den visse ~* certain death; *~ og pine!* gosh! golly! by Jove! *du er -sens* you are a dead man; *finne sin ~* meet one's d., perish; *han tok sin ~ av det* it was the death of him; *ligge for -en* be at death's door, be dying, be on one's deathbed; *gå i -en* die, face death, meet one's death; *tro inntil -en* faithful unto death; *mot -en gror ingen urt* there is no medicine against death; *gremme seg til -e* take one's death of grief; *kjede seg til -e* be bored to death; *avgå ved -en* die; *(formelt)* pass away.

II. død *(adj)* dead, inanimate; *~ som en sild* as dead as a doornail, dead as mutton; *de -e* the dead; *den -e* the dead man (,woman); the deceased; *legge ballen ~* lay the ball dead; trap the ball; stop the ball by trapping it (with one's foot); *-t kast (sport)* a no throw; *ligge som ~* lie as one dead; *han var ~ lenge før den tid* he had died long before that time; *han er nå ~ (og borte)* now he is dead (and gone); *(se sprang: dødt ~).*

dødblek deadly pale, pale as death. **-bringende** fatal, lethal. **-drukken** dead-drunk; **T** blind (to the world); **S** blotto.

dødelig deadly, mortal; fatal; *~ angst* mortal fear; *en ~* a mortal; *for alminnelig -e* to ordinary mortals; *~ fiende* mortal enemy; *~ forelsket* head over ears in love; *~ fornærmet* mortally offended; *en ~ sykdom* a mortal disease, a fatal illness; *~ sår* mortal wound; *~ såret* mortally wounded; *~ utgang* fatal issue; *med ~ utgang* fatal.

dødelighet mortality, death-rate. **-sforholdene** mortality. **-stabell** mortality table.

dødfødsel stillbirth. **-født** stillborn. **-gang** backlash, play, lost motion; *(tomgang)* running light, running without load; *~ på rattet* steering play, rim movement *(fx* the steering wheel has excessive r. m.). **-kjøre** *(vb): bil med -t motor* car with a duff engine. **-kjøtt** proud flesh. **-lignende** deathlike. **-linje** *(fotb)* dead line.

dødning *(gjenferd)* ghost, spectre. **-aktig** ghostlike, ghostly, spectral, cadaverous. **-be(i)n** dead men's bones; *korslagte ~* crossbones. **-hode** death's head, skull.

dødpunkt dead centre; *komme over -t* pass (the) d. c.; *nederste ~* bottom d. c., B.D.C., lower d. c.; *øverste ~* top d. c., T.D.C., upper d. c., U.D.C.

dødpunktstilling dead centre (position).

dødsangst *(angst for døden)* fear of death, mortal dread *(el.* fear). **-annonse** death notice, funeral announcement. **-attest** certificate of death. **-bo** estate of a deceased person; **US** decedent estate. **-budskap** news *(el.* tidings) of (sby's) death. **-dag** death-day; dying day *(fx* I shall remember it till my d. d.). **-dom** death sentence. **-dømt** sentenced to death; *(fig)* doomed.

dødsens: *~ alvorlig* deadly serious; *du er ~* you're a dead man.

dødsfall death; *på grunn av ~ i familien* owing to bereavement; *(se skifterett).* **-fare** danger of one's life. **-fiende** mortal enemy. **-forakt** contempt for *(el.* of) death; *gå på med ~* **T** go at *(el.* for) it baldheaded, go at it hammer and tongs. **-formodningsdom** judgment of presumption of death. **-kamp** death struggle. **-kulde** chill of death. **-leie** deathbed. **-liste** death roll. **-maske** death mask. **-merket** doomed, marked *(fx* he was then already a m. man). **-måte** manner of death. **-seiler** *(spøkelsesaktig skip)* phantom ship. **-skrik** dying cry, cry of agony, death-shriek. **-stille** silent as the grave, deathly still. **-stillhet** dead silence. **-stivhet** stiffness of death; rigor mortis.

dødsstraff capital punishment; death penalty; *under* ~ on pain of death. **-stund** hour of death. **-støt** deathblow. **-sukk** dying groan; *(se sukk).* **-svette** death sweat. **-syk** mortally ill. **-synd** mortal sin, deadly sin. **-tanker** *(pl)* thoughts of death. **-tegn** sign of d. **-trett** dead tired, dead-beat, dog-tired. **-ulykke** fatal accident; *-r i trafikken* road casualties, road accident deaths. **-år** year of his (,her, *etc)* death. **-årsak** cause of death.

dødvanne dead water;*(fig)* stagnation, backwater.

døende dying; *en* ~ a dying man (,woman); *syke og* ~ the sick and the dying.

døgenikt good-for-nothing, ne'er-do-well.

døgn day and night, 24 hours; *fire timer i -et* four hours in *(el.* out of) the twenty-four; four hours a day; *-et rundt* day and night, all the 24 hours; *i fem* ~ for five days (and nights); *til alle -ets tider* at all hours.

døgnflue *(zool)* May fly. **-litteratur** ephemeral literature. **-rytme** diurnal rhythm; *-n hans* the hours he keeps.

døl dalesman. **-ekone** daleswoman.

dølge *(vb)* conceal, hide.

dølgsmål concealment; *fødsel i* ~ concealment of birth, clandestine childbirth.

dømme *(vb)* judge, form a judgment of; *(om domstol)* pronounce judgment, pass sentence, sentence, judge; condemn; *De kan* ~ *selv* you may *(el.* can) judge for yourself; *etter alt å* ~ apparently; to all apperance; *når vi -r ham etter vår målestokk* if we judge him by our standard; *han ble dømt for tyveri* he was sentenced *(el.* got a sentence) for theft; he was convicted of theft; ~ *om* judge of; ~ *en til døden* sentence *(el.* condemn) sby to death; pass sentence of death on sby; *dømt til døden ved skytning* sentenced to death by firing squad; *du -r ut fra deg selv* you judge from yourself.

dømmekraft (power of) judgment, discernment.

dømmende: ~ *myndighet* judiciary power *(el.* authority).

dømmesyk censorious. **-syke** censoriousness.

dønn rumble, boom. **dønne** *(vb)* rumble, boom.

dønning swell; *under-* ground swell; *det gikk svære -er* there was a heavy swell.

døpe *(vb)* baptize; christen *(fx* he was christened John after his father). **-font** (baptismal) font. **-navn** Christian name.

døper baptizer, baptist; *døperen Johannes* St. John the Baptist.

dør door; *der er -a* you know where the door is; *vise en -a* show sby the door; *stå for -en (være forestående)* be at hand, be near; *(være om fare)* be imminent; *lukke -a for nesen på en* shut the door in sby's face; *feie for sin egen* ~ sweep before one's own door; *for åpne (,lukkede) -er* with the doors open (,closed); *for lukkede -er (jur)* in camera, *(i Parlamentet)* in

secret session; *gå ens* ~ *forbi (unnlate å besøke en)* fail to look sby up; *bo* ~ *i* ~ *med en* live next door to sby, be sby's next-door neighbour; *banke på -a* knock at the door; *jage en på* ~ turn sby out; *renne på -ene hos en* camp on sby's doorstep; pester sby (with one's visits); *følge en til -a* see sby out; *stå i -a* stand in the doorway.

dørfylling door panel.

dørgende: ~ *full* chock-full; ~ *stille* stock still.

dørgløtt *(subst):* i *-en* in the half-opened door. **-hank** door handle.

dørk deck, floor, flooring.

dørkarm door case, door frame. **-klokke** door bell. **-plate** door plate.

dørslag sieve, colander, strainer.

dørstokk (door) sill.

dørstolpe doorpost; *(i bil)* door pillar. **-terskel** door sill; *(se terskel).* **-vokter** doorman; doorkeeper; *(utenfor kino, etc)* door attendant; commissionaire; doorman. **-åpning** doorway.

døs doze.

døse *(vb)* doze; ~ *av (gli over i blund)* doze off; ~ *tiden bort* doze away one's time.

døsig drowsy.

døsighet drowsiness.

døv deaf; ~ *for* deaf to; ~ *på begge ører* deaf of *(el.* in) both ears; *vende det -e øre til* turn a deaf ear.

døve *(vb)* deafen; *(dempe, lindre)* deaden; *(sløve)* blunt; ~ *smerten* deaden the pain.

døveskole school for the deaf.

døvhet deafness. **-stum** deaf-and-dumb; *en* ~ a d.-and-d. person; a deaf-mute.

døye *(vb)* put up with; endure, suffer; *(fordra)* stand, bear; brook, digest; ~ *vondt* rough it, have a hard time.

døyt: *jeg bryr meg ikke en* ~ *om det* I don't care a hang for it, I don't care two hoots, I don't care a brass farthing.

då *(bot)* hemp nettle.

dåd deed; achievement; exploit, act; *med råd og* ~ by word and deed.

dådskraft energy. **-kraftig** active; energetic. **-trang** thirst for action; desire to do great things.

dådyr *(zool)* fallow deer. **-skinn** buckskin.

dåhjort *(zool)* fallow buck. **-kalv** fawn. **-kolle** doe.

dåne *(vb)* faint; *(glds el. litt.)* swoon. **-ferdig** ready to faint.

dåp baptism, christening.

dåpsattest certificate of baptism; *(svarer i praksis til)* birth certificate. **-kjole** christening robe. **-pakt** baptismal covenant. **-ritual** baptismal service.

I. dåre *(subst)* fool.

II. dåre *(vb): se bedåre.*

dårlig *(slett)* bad, poor; *(syk)* ill, unwell, poorly; *(om arm, ben, etc)* bad; *det er* ~ *med ham i dag (om en syk)* he is doing badly today; *et* ~ *hode* a poor head; *en* ~ *unnskyldning* a lame *(el.* poor) excuse; ~ *vær* bad weather.

dårskap folly; piece of folly; *(se unngjelde).*

dåse tin, box. **-mikkel** nincompoop; *han er en* ~ **T** *(også)* he's a wet.

E, e *(også mus)* E, e; *E for Edith* E for Edward.
eau de cologne Eau-de-Cologne.
I. ebbe *(subst)* ebb, ebb-tide, low tide; *(fig)* ebb; ~ *og flo* ebb and flow, the tides, low tide and high tide; *det er* ~ the tide is going out, it is low tide; *det er* ~ *i kassa* funds are at a low ebb; I am short of funds.
II. ebbe *(vb)* ebb; *det* -r the tide is going out; *det begynner å* ~ the tide is beginning to go out; ~ *ut (fig)* ebb (away) *(fx* his enthusiasm was beginning to ebb (away)).
ebbestrøm falling tide, ebb-tide. **-tid** ebb-tide; *ved* ~ at ebb-tide.
ebonitt ebonite; US *(også)* hard rubber.
ed oath; *avlegge* ~ take an oath *(på* on), swear *(på* to); *jeg vil avlegge* ~ *på det* I'll take my oath on that; *falsk* ~ perjury; *avlegge falsk* ~ *(jur)* commit perjury; *sverge falsk* ~ perjure oneself; *bekrefte med* ~ affirm by oath; *ta en i* ~ swear sby in.
edda Edda. **-dikt** Eddaic poem.
edder venom; *spy* ~ *og galle* spit out one's venom; *full av* ~ venomous.
edderkopp spider. **-koppspinn** spider's web, cobweb.
eddik vinegar. **-fabrikk** vinegar factory. **-sur** vinegary; *(kjem)* acetic. **-syre** acetic acid.
edel noble; ~ *vin* noble wine; *edle metaller* fine *(el.*precious) metals; *de edlere deler* the vital parts.
edelgran *(bot)* silver fir; noble fir. **-het** nobleness, nobility.
edelkastanje *(bot)* sweet chestnut.
edelmodig noble-minded; magnanimous; generous.
edelmodighet noble-mindedness; magnanimity; generosity.
edelste(i)n precious stone; *(især slepet)* gem.
Eden Eden; *-s Hage* The Garden of Eden.
ederdun eiderdown. **-fugl:** *se ærfugl.*
edfeste *(vb)* swear, swear in; *være* -t be on one's oath, be sworn in. **edfestelse** swearing in.
edikt edict.
edru sober.
edruelig of sober habits, temperate.
edruelighet sobriety.
edruskap 1. sobriety; **2.** temperance.
edruskapsarbeid temperance work; information work on the problems caused by alcohol.
edruskapsdirektorat: *Statens* ~ the National Anti-alcohol Directorate.
edruskapsnemnd: *(kommunal)* ~ (local authority) temperance board.
edruskapslovgivning temperance legislation.
edsavleggelse taking an oath, taking one's oath. **-forbund** confederacy. **-formular** form of an oath.
edsvoren sworn *(fx* a sworn interpreter).
Edvard Edward.
effekt effect; *for -ens skyld* for (the sake of) effect; *-er (løsøre)* personal effects; *(verdipapirer)* securities. **-full** impressive, striking.
effektiv effective; efficient; *(probat)* efficacious; ~ *hestekraft* effective horse power *(fk* E.H.P.); *et -t middel* an efficacious remedy; *-e arbeids-*

metoder efficient working methods; *(virkelig, mots. nominell)* actual *(fx* a. saving); ~ *rente* a. interest; ~ *tollsats* a. duty; ~ *verdi* a. value.
effektivisere *(vb)* increase the efficiency of, make more efficient.
effektivitet effectiveness; *(om legemiddel)* efficacy; *(yteevne)* efficiency; *større* ~ greater effectiveness.
effektuere *(vb)* execute; ~ *en ordre* e. *(el.* fill) an order. **-ing** *(merk)* execution *(av en ordre* of an order).
eftasverd [afternoon meal].
eføy *(bot)* ivy. **-kledd** ivy-mantled.
egenown *(NB alltid med eiendomspron, fx* my own, his own, *etc);* one's own; *(karakteristisk)* peculiar *(for* to), characteristic *(for* of), proper *(for* to); *(særegen)* peculiar *(fx* he has a p. look in his eye); *(underlig)* strange; odd *(fx* he has an odd way of looking at you); *av egne midler* out of one's own money; *til eget bruk* for my (,his, *etc)* own use; *han har (sitt) eget hus* he has a house of his own.
egenart distinctive character, peculiarity.
egenartet distinctive, peculiar. **-het** peculiarity, singularity.
egenfinansiering financing out of (person's or firm's) own capital; *(merk)* equity finance; internal finance; funds generated internally.
egenhendig written with one's own hand, in one's own handwriting, autograph; ~ *skrivelse* letter in his (,her, *etc)* own hand; autograph letter; *må inngi* ~ *søknad* must apply in one's own handwriting. **-interesse** self-interest; *handle i* ~ act from motives of s.-i. **-kapital 1.** (one's) own capital; **2***(merk)* equity (capital); owners' equity; proprietary capital; US capital ownership; *bunden* ~ capital reserves; *fri* ~ revenue reserves; ordinary shareholders' funds. **-kjærlig** selfish. **-kjærlighet** selfishness.
egenmektig arbitrary, high-handed; *(adv)* arbitrarily; ~ *å skaffe seg rett* take the law into one's own hands. **-mektighet** arbitrariness, high-handed methods. **-navn** proper name. **-nytte** self-interest, selfishness, self-seeking. **-nyttig** selfish, self- interested, self-seeking. **-omsorg** *(pasients)* self-care. **-rådig** wilful; self-willed; arbitrary. **-rådighet** wilfulness; arbitrariness. **-sindig** obstinate, stubborn, headstrong, pig-headed, mulish. **-sindighet** obstinacy; pig-headedness; mulishness.
egenskap quality; property; characteristic; *en av jernets -er* one of the properties of iron; *hans dårlige -er* his bad qualities *(el.* points); *en utpreget* ~ *ved* a marked property of *(fx* elasticity is a m. p. of rubber); *i* ~ *av* in the capacity of; in one's c. of; as.
I. egentlig *(adj)* proper, real *(fx* the r. work consists in (-ing)); actual *(fx* the a. construction work was begun a week ago); virtual *(fx* he is the v. ruler of the country); *den -e arkeologi* archeology proper; *i ordets -e betydning* in the true sense of the word; *i* ~ *og figurlig betydning* literally and figuratively; *det -e England* England proper; *i* ~ *forstand* strictly *(el.* properly) speaking; *den -e grunn* the real reason.

II. egentlig *adv (i virkeligheten)* really *(fx* it was r. my fault; he's rather nice, r.; I'm glad I did not go, r.)*; in reality, actually; *(strengt tatt)* strictly speaking, properly speaking; *(hvis det gikk riktig for seg)* by rights *(fx* we ought by r. to have started earlier); *(når alt kommer til alt)* after all *(fx* after all, what does it matter?)*; (bestemt, nøyaktig)* exactly *(fx* I don't know e. what happened); *(opprinnelig)* originally; *(under-tiden oversettes det ikke, fx* when are we going to have that drink? just what do you want me to do?); *ikke* ~ not exactly, not precisely, not quite *(fx* he did not a. invent it); hardly *(fx* that is h. surprising); ~ *kan jeg ikke fordra ham* frankly, I detest him; *det var* ~ *ikke så vanskelig* it wasn't really very difficult; *vi skal* ~*ikke gjøre det* we are not supposed to do it.

egentrening solo *(el.* individual) training.

egen|veksel promissory note. **-vekt** specific weight. *(el.* gravity); *motorkjøretøys* ~ net vehicle weight. **-verdi** intrinsic value; *det litterære studium har stor* ~ the study of literature is very valuable in itself. **-vilje:** *se* **-rådighet.**

I. egg *subst (på verktøy)* edge.

II. egg *(subst)* egg; *hakke hull på et kokt* ~crack a boiled egg; *legge* ~ lay eggs; *-et vil lære høna å verpe!* go and teach your grandmother *(el.* granny) to suck eggs! *ligge på* ~ sit, brood.

egge *(vb)* incite, instigate, stir, urge on, egg on.

egge|dosis eggnog, egg-flip. **-glass** egg cup. **-hvite** white of an egg, albumen.

eggehvite|holdig albuminous. **-stoff** albumin, protein. **-streng** chalaza.

egge|plomme yolk (of an egg), egg yolk. **-røre** scrambled eggs. **-skall** eggshell.

egg|formet egg-shaped, oviform. **-leder** oviduct. **-legging** laying (of eggs). **-løsning** ovulation. **-skjærer** egg slicer. **-stokk** ovary.

egle *(vb)* pick a quarrel, quarrel; ~ *seg inn på* pick a quarrel with.

egn region, tract, parts; *her i -en* in these parts.

egne *(vb):* ~ *seg til* be fit for, be suited for *(el.* to), be suitable for; *det arbeid de -r seg best til* the work for which they are best suited; *jeg -r meg ikke til å være lærer* I am not cut out to be a teacher; ~ *seg fortrinnlig for* be eminently suitable for; *en mann som -r seg* a suitable person; *T* a man who fills the bill.

egnet *(adj)* fit, suitable, fitted; *ikke* ~ unfit, unsuitable; *på et dertil* ~ *tidspunkt* at some appropriate time; *den bemerkningen var* ~ *til å vekke mistanke* that remark was liable to arouse suspicion.

ego|isme selfishness, egoism, egotism. **-ist** egoist, egotist. **-istisk** selfish, egoistic(al), egotistic(al).

Egypt *(geogr)* Egypt. **e-er, e-isk** Egyptian.

ei *(adv):* ~ *blott til lyst* not for pleasure alone; *dengang* ~ *(sa Tordenskjold)* no you don't! ~*heller* nor, neither; *hva enten han vil eller* ~ whether he likes it or no(t).

eid isthmus, neck of land.

I. eie *subst (besittelse)* possession; *få det til odel og* ~ have it for one's own; *i privat* ~ privately owned.

II. eie *(vb)* own, possess; *alt det jeg -r og har* all my worldly goods, all I possess.

eieforhold *(jur):* *bringe klarhet i -et* settle the question of ownership.

eieform *(gram)* the possessive (case), the genitive.

eiegod very kind-hearted, sweet-tempered; *(om barn)* as good as gold; *han er et -t menneske* he is as decent a soul as ever breathed. **-het** kind-heartedness, goodness.

eiendeler *(pl)* property; possessions, belongings.

eiendom property; *(jord-)* landed property; land;

(hus, lokaler) premises; *fast* ~ (real) property; *US* real estate; *annen manns* ~ *(jur)* the property of another party; *(se behefte)*.

eiendommelig peculiar, characteristic, strange, remarkable, singular. **eiendommelighet** peculiarity, (peculiar) feature, characteristic.

eiendoms|besitter landed proprietor. **-fellesskap** community of property. **-krenkelse** *(jur)* trespass to property; *(se personkrenkelse).* **-megler** estate agent; *US* real-estate man, realtor. **-overdragelse** transfer of property; *(se overdragelse).* **-prono-men** possessive pronoun.

eiendoms|rett (right of) ownership; *(se overdragelse).* **-salg** sale of real property. **-skatt** property tax; *UK* land tax.

eier owner, proprietor; *være* ~ *av* be the owner of; *skifte* ~ change hands. **-inne** owner, proprietress; *(se eier).*

eier|mann owner; *den rette* ~ the rightful owner; *(se eier).* **-mine:** *med* ~ with a proprietorial air.

eik *(bot)* oak.

eike *(i hjul)* spoke.

eike|bark oak bark. **-blad** oak leaf. **-løv** *(pl)* oak leaves.

eikenøtt *(bot)* acorn.

eike|skog oak wood, oak forest. **-tre** oak tree; *(ved)* oak wood.

eim *(damp; duft)* vapour; *US* vapor.

einebær *(bot)* juniper berry.

einer *(bot)* juniper. **-låg** decoction of juniper.

einstape *(bot)* bracken, brake.

einstøing lone wolf.

ekkel disgusting; nasty; *et -t spørsmål* an awkward question, a poser.

ekko echo; *gi* ~ echo; *(fig)* re-echo, resound.

eklatant striking, conspicuous; ~ *nederlag (seier)* signal defeat (,victory); *et* ~ *bevis på* a striking proof of; *et* ~ *brudd på* an outright breach of.

eklipse *(formørkelse)* eclipse.

ekorn *(zool)* squirrel; *US* chipmunk.

eks- *(forhenværende)* ex-, late.

eksakt exact; ~ *vitenskap* exact science.

eksaltasjon (over-)excitement.

eksaltert (over-)excited; overwrought, unbalanced.

eksamen examination; *T* exam; *(universitetsgrad)* degree; *avholde* ~ hold an examination; *bestå en* ~, *stå til* ~ pass an e.; *ikke bestå* ~, *stryke til* ~ fail at *(el.* in) an e.; *T* be ploughed, plough; *US* be flunked out; *fremstille seg til* ~present oneself for an e.; enter (one's name) for an e.; *gå opp til* ~ take an e., sit (for) an e., sit the e.; *lese til* ~ read *(el.* work) for an e.; *(om universitets-)* work for a degree; *melde seg opp til* ~ enter (one's name) for an e., register for an e.; *muntlig* ~ oral *(el.* viva voce) e.; *T* viva; *(jvf muntlig); skriftlig* ~ written e.; *ta (en)* ~pass an e.; *(universitetsgrad)* take a degree, graduate; *ta en god* ~ do well in the e., pass one's e. well; *(universitets-)* get a good degree; *han tok ingen* ~ *(ved universitetet)* he left the University without a degree; *trekke seg fra* ~ withdraw from an (,the) examination, drop out; *underkaste seg en* ~ *i* let oneself be examined in; *være oppe til* ~ sit for an e., take an e.; *han har nettopp vært oppe til* ~ he has just taken *(el.* sat for) his e.; *under* ~ during *(el.* in) the exams; in the course of the exams; *(se også eksamen); gå:* ~ *opp; sist: -e del av eksamen; nød).* *In technical terms, examinations can be divided into two groups:' internal' and 'external'. Internal examinations are those set and marked by the members of the staff of a single school.

No one outside the school has any say in what is done. External examinations, on the other hand, are set and marked, and controlled throughout, by examining bodies established for the purpose.
eksamensberettiget: *en ~ skole* = a recognized *(el.* authorized) school; *(jvf eksamensrett).*
eksamens|besvarelse answer; examination paper; set of answers; *(faglig, også)* script. **-bevis** (examination) diploma; *(fra skole)* school certificate. **bord:** *ved -et (fig)* before the examiners.
eksamens|fag examination subject; *alle valgfag er ~* all optional subjects are exam courses; examinations will include all optional subjects.
eksamens|feber exam nerves; *(blant medisinere også)* examinitis. **-karakter** exam(ination) mark(s). *(om bokstavkarakter)* exam(ination) grade; **US** e. grade. **-krav** examination requirement; *-ene i engelsk er strengere enn i fransk* the examinations are of a higher standard in English than in French; *a higher s.* is required in E. than in F. **-lesning** working *(el.* reading) for an examination (,a degree). **-oppgave** examination question; question paper; *(besvarelse)* examination paper, answer; *(faglig, også)* script. **-ordning** examination structure *(el.* system). **-rett:** *skole med (full) ~* recognized *(el.* authorized) school; *skole uten ~* non-recognized *(el.* unauthorized) school. **-sjau:** *vi er nå midt oppe i -et* we're in the middle of the business of exams now. **-tid** examination time; *«~: 5 timer»* 'time allowed: 5 hours'. **-tilsyn** invigilation; *(person)* invigilator. **-vitnemål** examination certificate; educational (,professional) certificate.
eksamin|and examinee; candidate. **-asjon** examination. **-ator** examiner. **-ere** *(vb)* examine, question.
eksegese exegesis. **ekseget** exegete.
eksegetisk exegetic.
ekseku|sjon *(også jur)* execution; *gjøre ~ levy e. (i on); gjøre ~ hos debitor* levy e. against the debtor. **-sjonsforretning** execution (proceedings). **-tiv** executive. **-tor** executor; *(kvinnelig)* executrix.
eksekvere *(vb): ~ en dom (i straffesak)* carry out a sentence; *(sivilsak)* execute a judg(e)ment.
eksellense excellency; *Deres ~* Your Excellency.
eksellent excellent. **eksellere** *(vb)* excel.
eksem *(med.)* eczema.
eksempel example, instance; *(presedens)* precedent; *(opplysende)* illustration; *belyse ved eksempler* exemplify, illustrate by examples; *for ~* for instance, for example, say; *jeg for ~ kommer ikke* I for one am not coming; *et ~ på* an example of; an instance of; *et ~ på det motsatte* an instance to the contrary; *anføre som ~* instance; *foregå ham med et godt ~* set *(el.* give) him a good example; *gi ~* give an example; *statuere et ~* make an example of him (,her, *etc);* punish him (,her, *etc)* as a warning to others; *ta ~ av* take e. by; *følge -et* follow suit; *være et ~ for andre* set *(el.* give) a good example.
eksempelløs unparalleled; unexampled; unprecedented.
eksempelvis as an example.
eksemplar *(av bok)* copy; *(av arten)* specimen; *i to -er* in duplicate.
eksemplarisk exemplary. **eksemplariskhet** exemplariness.
eksenter- eccentric *(fx* shaft, movement).
eksentertapp eccentric pin.
eksentrisk eccentric; *(fig også)* odd.
eksepsjonell exceptional.
ekserpere *(vb)* extract, excerpt.

ekserser|e *(vb)* drill. **-plass** drill ground, parade ground. **-reglement** drill book.
eksersis drill.
eksesser *(pl)* outrages.
ekshaust *(el. eksos)* exhaust.
ekshaust|potte exhaust box, silencer; **US** muffler. **-rør** exhaust pipe; *(bak potten)* exhaust stub; **US** muffler tail pipe. **-ventil** exhaust valve.
eksil exile; *i selvvalgt ~* in voluntary exile.
eksistens existence; life; *(person)* character; *tvilsomme -er* suspicious characters.
eksistens|berettigelse reason for existence, raison d'être; *dokumentere (el. vise) sin ~* justify one's existence. **-middel** means of subsistence; *uten eksistensmidler* destitute. **-minimum** subsistence level *(fx* wages fell to s. l.). **-mulighet** possibility of making a living.
eksistere (vb) exist; *(holde seg i live)* exist, subsist; *det -r ikke lenger* it no longer exists; it has gone out of existence; *(faktisk) -nde* existing; *ikke -nde* non-existent.
eksklu|dere *(vb)* expel. **-siv** exclusive. **-sive** exclusive of, exclusive. **-sjon** expulsion.
ekskommunikasjon excommunication.
ekskommunisere *(vb)* excommunicate.
ekskrementer *(pl)* excrements, faeces.
ekskresjon *(fysiol)* excretion; excreting.
ekskret *(fysiol)* excreted matter; excretion; *-er* excretions; excreta.
ekskursjon excursion.
ekslibris book-plate, ex libris.
eksos: *se ekshaust.* **-rype T** [female occupant of a' peach perch' or' flapper bracket']; pillionaire.
eksotisk exotic.
ekspan|siv expansive.
ekspansjon expansion.
ekspansjonsbolt *(fjellsp)* (expansion) bolt; *(se bolt; bolteklatring).*
ekspansjonstrang need of expansion, desire for e., urge to expand; *(ofte)* pressure of population.
ekspede|re *vb (sende)* dispatch, forward, send; *(bestilling)* execute; *(skip)* dispatch; *(varer på tollbua)* clear *(fx* goods through the Customs); *(gjøre av med)* dispose of, settle; *(en kunde)* attend to, serve; *blir De -ert?* is anyone attending to you? are you being served? is anyone serving you?
ekspedisjon 1. forwarding, sending; *(av reisegods)* registration *(fx* hand in your heavy luggage for r.); **2***(kontor)* general office; *(avis-)* circulation department; **3***(ferd)* expedition. **-sfeil** *(merk)* mistake in forwarding. **-slokale** general office.
ekspedisjonssjef *(svarer til)* deputy secretary; *(den fulle tittel)* deputy undersecretary of State; *(for mindre avd.)* undersecretary; *(den fulle tittel)* assistant undersecretary of State; *(jvf departementsråd & statssekretær).*
ekspedisjonstid office hours; hours of business.
ekspedi|trise shopgirl, shop assistant; saleswoman; **US** *(også)* clerk. **-tt** expeditious, prompt. **-tør** shop assistant, salesman; *(på kontor)* dispatch clerk, forwarding clerk; *damskips-* shipping agent.
ekspektanseliste: *stå på -a* be on the waiting list.
eksperiment experiment. **-al, -ell** experimental. **-ere** *(vb)* experiment. **-ering** experimenting.
ekspert expert *(i* on); *være ~ på* be an e. on, be an authority on *(fx* Roman law).
eksploder|e *(vb)* explode; *da -te jeg* **T** then I just blew my top off; *(se flint).*
eksplosiv explosive.
eksplo|sjon explosion. **-sjonsfare** danger of e.
ekspo|nent index, exponent. **-nering** exposure.
eksport exportation, export; *(det å)* exporting;

drive ~ export. **-ere** *(vb)* export. **-firma** export firm. **-forbud** export prohibition; ~ *på* a ban *(el.* an embargo) on. **-forretning** export firm. **-vare** export. **-ør** exporter.

ekspress express; *med* ~ by e. **-tog** express (train).

ekspropri|asjon expropriation. **-ere** *(vb)* expropriate.

ekstase ecstasy; *falle i* ~ fall into an e.; *(fig)* go off into ecstasies *(over* over).

ekstempore *(adj)* extempore, extemporary; *(adv)* extempore, off-hand, on the spur of the moment.

ekstemporer|e *(vb)* extemporize, speak extempore; *(på skolen)* do unseens; do an unseen. **-ing** extemporization; doing unseens.

ekstra extra. **-arbeid** extra work, overtime work; *(se påta:* ~ *seg).* **-avgift** surcharge. **-betaling** extra pay; *ta* ~ *for* make an additional charge for. **-blad** special (edition).

ekstraksjon extraction. **ekstrakt** extract; *(utdrag)* abstract, extract.

ekstranummer *(blad)* special (edition); *(da capo)* encore *(fx* give an e.).

ekstraomkostninger *(pl)* extra charges; *(utlegg)* extra expenses *(el.* outlays.)

ekstraordinær extraordinary, exceptional; ~ *generalforsamling* extraordinary general meeting.

ekstra|skatt surtax, additional tax. **-tog** special train. **-undervisning** *(for elev)* extra tuition. **-utgifter** *(pl)* additional expenses; extras.

ekstravaganse extravagance.

ekstravagant extravagant.

ekstrem extreme. **-itet** extremity.

I. ekte *(subst): ta til* ~ marry.

II. ekte *(vb)* marry.

III. ekte *adj (uforfalsket)* genuine, real, true; ~ *barn* lawfully begotten child; legitimate c., c. born in (lawful) wedlock; ~ *brøk* proper fraction; ~ *farge* fast dye *(el.* colour); ~ *fødsel* legitimacy.

ekte|felle spouse, partner. **-folk** husband and wife, a married couple. **-født** legitimate, born in (lawful) wedlock. **-halvdel** better half. **-hustru** wedded *(el.* lawful) wife. **-make:** *se* -felle. **-mann** husband. **-pakt** marriage settlement. **-par** married couple. **-seng** conjugal bed.

ekteskap marriage, matrimony; *(glds, jur & poet)* wedlock; *(liv)* married life; *i sitt første* ~ *hadde han en datter* by his first marriage he had a daughter; *inngå* ~ marry; *en sønn av første* ~ a son of the first marriage; *et barn født utenfor* ~ an illegitimate child; *(se lyse & lysning).*

ekteskapelig matrimonial, conjugal; *(se gnisninger).*

ekteskaps|brudd adultery. **-bryter** adulterer. **-bryterske** adulteress. **-byrå** matrimonial agency. **-kontrakt** marriage articles *(el.* pact). **-løfte** promise of marriage; *brutt* ~ breach of promise.

ektestand matrimony, marriage, married state; *(glds & poet)* wedlock.

ektevie *(vb)* marry.

ekteviv *(nå bare spøkefullt)* spouse.

ekthet genuineness; *(om dokument, etc)* authenticity *(fx* the a of. this letter).

ekvator *(geogr)* the equator, the line; *under* ~ on the equator.

ekvatorial equatorial.

ekvidistanse contour interval.

ekvilibrist equilibrist.

ekvipasje equipage, carriage.

ekvipere *(vb)* equip, fit out.

ekvipering equipment, fitting out.

ekviperingsforretning *(herre-)* men's outfitter *(el.* shop), man's shop; **US** men's furnisher's.

ekvivalent equivalent.

elastikk elastic, rubber band.

elastisitet elasticity; *(fig, også)* flexibility.

elastisk elastic.

elde old age, age; antiquity; *svart av* ~ black with age.

eldes *(vb)* grow old, age.

eldgammel *(adj)* exceedingly old; *(ikke om person)* immemorial *(fx* i. oaks); *(som tilhører en gammel tid)* ancient *(fx* an a. city); *den er* ~*(også)* it's as old as the hills; *fra* ~ *tid* from time immemorial.

eldre older; *(om familieforhold, dog aldri foran* than) elder *(fx* my e. brother); *(temmelig gammel)* elderly, old; *(om ansiennitet, rang, etc)* senior; ~ *arbeidere* older workers; *hans* ~ *bror* his elder (*,ofte:* older) brother; *en* ~ *dame* an elderly lady; *samfunnets behandling av de* ~ society's treatment of the elderly.

eldst oldest; *(om familieforhold)* eldest; *han har to brødre, hvorav den -e er en kollega av meg* he has two brothers of whom the elder *(el.* older) one is a colleague of mine; *min -e datter (når man bare har to)* my elder daughter; *(når man har flere)* my eldest daughter; *fra de -e tider* from the earliest times.

eldste *subst (i religionssamfunn)* elder.

elefant *(zool)* elephant; *gjøre en mygg til en* ~ make mountains out of a molehill.

eleganse elegance.

elegant elegant, smart, fashionable.

elegi elegy. **elegisk** elegiac.

elektrifiser|e *(vb)* electrify *(fx* e. a railway system). **-ing** electrification.

elektri|ker electrician. **-sermaskin** electrical machine, electrostatic machine.

elektrisitet electricity; *henrette ved* ~ electrocute.

elektrisitets|lære science of electricity. **-måler** electric meter.

elektrisk electric; ~ *anlegg (i bil)* wiring (layout); ~ *drift (av kjøretøy)* electric drive; ~ *lys* electric light *(el.* lighting); ~ *strøm* electric current; *skjult* ~ *opplegg (i hus)* concealed wiring.

elektro|avdeling *(jernb)* **1.** mechanical and electrical engineering department; **2.** signal and telecommunications engineering department. **-direktør** *(jernb)* **1.** chief mechanical and electrical engineer; **2.** chief signal and telecommunications engineer. **-formann** *(jernb)* 1*(for lednings-reparatører)* leading overhead traction lineman; 2*(for maskinister)* (electrical) control supervisor; 3*(for elektromontører)* foreman of electrical fitters; *(se formann).*

elektro|ingeniør electrical engineer. **-kjemi** electrochemistry. **-kjemisk** electrochemical. **-lyse** electrolysis. **-magnet** electromagnet. **-magnetisk** electromagnetic. **-magnetisme** electromagnetism. **-mester** *(jernb)* 1*(lednings-)* power supply engineer; 2*(stillverks-)* signal engineer; 3*(telegraf-)* telecommunications engineer; 4*(lys-)* outdoor machinery assistant; 5*(lade-)* running maintenance assistant.

elektro|metallurgi electrometallurgy. **-metallurgisk** electrometallurgical. **-montør** *(jernb)* electrical fitter. **-motor** electric motor, electromotor.

elektron electron. **-blitz** *(fot)* flash gun. **-hjerne** electronic brain

elektronikk electronics.

elektroplett electroplate.

elektroskop electroscope.

elektroteknikk electrotechnics.

element element, unit. **-ær** elementary.

elendig *(adj)* wretched, miserable.

elendighet wretchedness, misery *(fx* human misery; *the wretchedness (el.* misery) of human exis-

tence); *fattigdom og* ~ misery and want; *nød og* ~ extreme poverty; misery and want *(el.* hardship); *leve et liv i* ~ lead a life in misery.
elev pupil;*(se pliktoppfyllende & positiv).*
elevaktivitet extra-curricular activity, out-of-school activity.
elevarbeid pupil's work. **-demokrati** [a greater say by pupils in the running of the school]; student participation. **-råd** school council; US student government. **-øvelse** practical work *(fx* in science lessons).
elevasjon elevation.
elevator lift; US elevator; *(se heis).*
elevere *(vb)* elevate.
elfenben ivory.
elfenbens- ivory.
Elfenbenskysten *(geogr)* the Ivory Coast.
elg *(zool)* elk; US moose. **-horn** elk antlers. **-hund** (Norwegian) elkhound. **-jakt** elk hunting. **-ku** female elk, cow elk; US cow moose. **-okse** male elk, bull elk; US bull moose.
Elias Elias; *(profeten)* Elijah.
eliksir elexir.
eliminasjon elimination.
eliminere *(vb)* eliminate.
Elisa *(bibl)* Elisha.
Elise Eliza.
elite pick, elite. **-mannskap** picked crew, picked men.
eller or; ~ *også* or else; *enten han* ~ *jeg tar feil* either he or I am wrong; *verken han* ~ *jeg* neither he nor I; *han kunne ikke se verken tjeneren* ~ *hunden* he could not see either the servant or the dog; *få* ~ *ingen* few if any.
ellers or else; otherwise; *(hva det øvrige angår)* for the rest; *(i andre henseender)* in other respects; *(til andre tider)* ordinarily; generally; *(utover det)* beyond that *(fx* but b. that nothing was done); ~ *takk* thank you all the same; *nei,* ~ *takk! (iron)* thank you for nothing! nothing doing! ~ *ingen* nobody else; ~ *intet* nothing else; ~ *noe?* anything else?
elleve *(tallord)* eleven. **-årig, -års** eleven-year-old.
ellevill beside oneself, wild, mad; ~ *av glede* mad with joy; *en* ~ *farse* a riotous farce.
ellevte *(tallord)* eleventh; *den* ~ *august* the eleventh of August, August 11th.
ellevtedel eleventh (part).
ellipse ellipsis; *(geometrisk)* ellipse.
elliptisk elliptic(al).
Elsass *(geogr)* Alsace.
elsk: *legge sin* ~ *på* take a fancy to, show a particular liking for; *jeg har lagt min* ~ *på det (også)* it has taken my fancy; *han har lagt sin* ~ *på deg (iron)* he's after you; he's after *(el.* out for) your blood.
elske *(vb)* love; *ha samleie* make love; have intercourse; ~ *høyere* love better *(el.* more); ~ *høyt* love dearly; *hun -t sine barn høyest av alt* she loved her children most of all *(el.* above all); *høyt -t* dearly beloved; ~ *en igjen* return sby's love; *gjøre seg -t av* win the love of, endear oneself to; ~ *med* make love with; *(vulg)* screw; *min -de* my love, my darling; *de -nde* the lovers; *et -nde par* i a pair of lovers, a (loving) couple.
elskelig lovable; *en* ~ *gammel dame* a dear old lady.
elskelighet lovableness.
elsker lover. **-faget** juvenile lead parts.
elskerinne mistress.
elskerrolle (part of the) juvenile lead *(fx* he is getting too old for j. leads).
elskov love.
elskovsbarn love child. **-bånd** tie of love. **-dikt**

love poem. **-drikk** love philtre, love potion. **-full** amorous. **-gud** god of love, Cupid. **-kval** pangs of love. **-middel** aphrodisiac, love philtre. **-ord** *(pl)* words of love. **-pant** pledge of love. **-rus** amorous rapture. **-sukk** amorous sigh.
elskverdig 1*(tiltalende)* engaging, amiable, charming, pleasant; 2*(forekommende, meget vennlig)* kind, obliging, courteous; ~ *mot ham* kind to him; *det er nesten altfor* ~ you are too kind; *det er meget* ~ *av Dem* it's very kind of you; *vil De være så* ~ *å skrive til ham?* would you kindly write to him? would you do me the favour of writing to him? will you be so kind as to write to him? *fru X har vært så* ~ *å stille sitt hus til vår disposisjon* Mrs. X has very kindly placed her house at our disposal; *de opplysninger De var så* ~ *å gi oss* the information you so kindly gave us.
elskverdighet 1*(det å være elskverdig)* amiability, 2*(elskverdig handling)* kindness, courtesy; *av* ~ out of kindness; *vi ble behandlet med den største* ~ we were treated with every courtesy; *han var lutter* ~ he was all kindness; *si -er* pay compliments.
elte *(vb)* knead.
elting kneading.
elv river; ~ *i gjennombruddsdal (geol)* superimposed river; *ved -en* on the river.
elveblest *(med.)* nettle rash, urticaria.
elvebredd riverbank, bank of a river, riverside; *ved -en* by the river(side), beside the river, on the riverbank, on the bank of the r. **-drag** river valley. **-dur** roar of a r. **-far** *(især uttørret)* gully. **-leie** river bed. **-munning, -os** mouth of a r.; *(bred, med tidevann)* estuary. **-politiet** the River Police. **-rettigheter** *(jur)* riparian rights. **-trafikk** riverborne traffic.
elysium Elysium. **-eisk** Elysian.
emalje enamel. **-farge** enamel colour.
emaljere *(vb)* enamel.
emanasjon emanation.
emansipasjon emancipation.
emansipere *(vb)* emancipate.
emballasje packing. **-lere** *(vb)* pack (up); *(pakke inn)* wrap (up); *mangelfullt emballert* badly packed; *en pent emballert vare* a nicely got-up article; *varer som allerede er emballert, behøver ikke veies* such goods as are already put up in packets need not be weighed;
*(NB wrapped in paper // packed in cardboard boxes, in cases, casks, crates // contained in bottles; *(se oppføre).*
embargo embargo; *legge* ~ *på* lay an e. on.
embete office, (government) post; *et fett* ~ a lucrative office; T a fat job; *bekle et* ~ hold *(el.* fill) an office; *søke et* ~ apply for a post; *bli ansatt i et* ~ be appointed to a post; *bli avsatt fra et* ~ be dismissed from an office; *på embets vegne* by *(el.* in) virtue of one's office, ex officio.
embetsbolig official residence. **-bror** colleague. **-drakt** official dress. **-ed** oath of office.
embetseksamen degree (examination); final university examination; *matematisk-naturvitenskapelig* ~ *(lektoreksamen)* an Honours degree in Science, a Science degree (Honours); *språklig-historisk* ~ *(lektoreksamen)* an Honours degree in Arts, an Arts degree (Honours); *(se også lektor & lektoreksamen).*
embetsforretning function, official business. **-førsel** discharge of office. **-mann** (government) official; senior official; senior public servant, officer of the Crown; office-holder; *(i etatene & lign.)* senior civil servant; *høy* ~ high official. **-mannsvelde** bureaucracy; officialdom. **-maski-**

neri machinery of government. **-messig** official. **-misbruk** abuse of office. **-myndighet** official authority. **-plikt** official duty. **-standen** the Civil Service; the officials, the official class.

embetstid term of office; *i sin* ~ while in office.

embetstiltredelse coming into office; taking office; assuming office; assumption of office; taking up one's official duties.

embetsvirksomhet official activities.

emblem emblem.

emeritus emeritus; *professor* ~ emeritus professor.

emigrant emigrant.

emigrasjon emigration.

emigrere *(vb)* emigrate.

emisjon issue.

emittere *(vb)* issue.

emmen cloying, sickeningly sweet; insipid, vapid, flat, stale.

emne 1*(fig)* subject, theme, topic; 2*(stoff, materiale)* material.

emnekatalog subject index.

emolumenter *pl. (fordeler, inntekter)* emoluments.

I. en, et *(art)* a; *(foran vokallyd)* an; *(foran adj. som er brukt substantivisk)* a... man (,woman, person) *(fx en død* a dead man; *en syk* a sick person); *(i enkelte forbindelser)* a p. of *(fx* a p. of advice, a p. of information); *(i ubest tidsangivelse)* one *(fx* it happened one morning); *(ɔ: omtrent, cirka)* about *(fx om en tre-fire dager* in about three or four days); *some (fx for en tjue år siden* some twenty years ago); *(ɔ: en viss)* a certain, one *(fx* one Mr. Smith); *en annen bok* another book; *han løp som en gal T* he was running like mad *(el.* like blazes); *en (vakker) dag* one (fine) day; *some day; kom og besøk meg en mandag* come and see me on a Monday; *en tre-fire timer* (some) three or four hours.

II. en, ett *(tallord)* one; *en eneste bok* one single book; *en gang* once; *en gang for alle* once (and) for all; *på én gang (= på samme tid)* at the same time, simultaneously; *det er én måte å gjøre det på* that is one way of doing it; *en og samme* one and the same; *alle som en* one and all, to a man, everyone; **T** every man Jack of them; *på en, to, tre (ɔ: i en fart)* in a tick; in a wink; *en* **av** *dagene (ɔ: i en nær fremtid)* one of these days; *en av dem* one of them; *en av dere* one of you; *(av to)* either of you *(fx* know either of you got a match? do either of you know anything about it?); *er det en av dere som vet om...* does *(,mindre korrekt:* do) one of you know if...; *er en av disse (to) bøkene din?* is (,**T:** are) either of these books yours? *en etter en* one by one, one after another; *en* **for** *alle og alle for en* each for all and all for each; *(jur)* jointly and severally; *en til* another *(fx* may I have a. cake?); *(og så ikke flere)* one more *(fx* there is one m. chance); **den ene** one (of them); *det ene benet mitt* one of my legs; *den ene halvdelen* one half; *og det ene med det annet* and one thing with another; *ett er sikkert* one thing is certain; *ett er (det) å ... et annet å ...* it is one thing to ... (and) another to ... *(fx* it is one thing to promise and another to perform); *ett* **av** *to* one of two things, (either) one (thing) or the other; *(ɔ: du må selv velge)* take your choice; *hun er hans ett og* **alt** she is everything to him; **i** *ett og alt* entirely, in every respect; *i ett kjør* without a break; *i ett vekk* incessantly, continually, without interruption; **med** *ett* all at once, all of a sudden, in a flash *(fx* in a f. he realised that ...); *det kommer ut* **på** *ett* it amounts to the same thing, it makes no difference, it's all the same,

it's all one; **under** *ett* together, collectively; *de selges under ett* they are sold together *(el.* as one lot); they are not sold separately; *sett under ett må 19- karakteriseres som et middels år* taking it all round *(el.* as a whole) 19- may be termed an average year.

III. en, et *(ubest pron)* someone, somebody, one; *(ɔ: man)* one, you; *(se man); en eller annen* someone, somebody (or other), some person; *en eller annen havn* some port (or other); *i en eller annen form* in some form or other; *på en eller annen måte* somehow (or other), in some way or other; *et eller annet sted* somewhere; *et og annet* one thing and another *(fx* they talked of one thing and another), something *(fx* he knows s.); *hva er han for en?* what sort of fellow is he? *det kommer en* someone is coming; *slå etter en* strike at sby; hit out at sby; *ens venner* one's friends, your friends; *det er en som har tatt hatten min* someone has taken my hat; *det var en som spurte om prisen* someone asked the price.

enakter one-act play.

enarmet *(adj)* 1. one-armed; 2*(bot)* ~ *forgrenet* uniparous.

en bloc together, in the lump, en bloc; *behandle dem* ~ lump them together; *kjøpe dem* ~ buy them together, buy them in the lump.

enbåren: *Gud ga sin sønn den enbårne* God gave His only begotten Son.

encellet *(adj)* one-celled.

encyklopedi encyclop(a)edia.

I. enda *(adv)* 1*(fremdeles)* still *(fx* he is still here); *vi har* ~ *ti minutter* we have ten minutes yet; *(ved nektelse)* yet *(fx* don't go yet); ~ *har ingenting blitt gjort* as yet nothing has been done; *han har* ~ *ikke gjort det* he has not done it yet; *det er* ~ *ikke for sent* it is not too late yet; *klokka var 11, og han var* ~ *ikke oppe* it was 11 o'clock and (yet) he had not got up; *though it was 11 o'clock he wasn't up yet; .. og det er* ~ *ikke det verste* and that isn't the worst of it either; *ikke* ~ not yet, not as yet; *enden er ikke* ~ it's not the end yet, it's not over yet; 2*(hittil, ennå)* so far; ~ *aldri* never so far, never as yet, never hitherto; 3*(ved komparativ)* still, even *(fx* still better, better still; even more difficult); *men det skulle bli* ~ *verre* but there was worse to come; 4*(i tillegg, ytterligere)* ~ *en* one more, another; ~ *en til* yet another; *en til og* ~ *en til* another and yet another; *jeg skal ha* ~ *to til av deg* I want another two from you yet; *bli* ~ *et par dager* stay for another few days; stay a few days more; ~ *flere* still more; *og* ~ *mange flere* and many more besides; *(se ennå* 3); 5*(så sent som)* as late as; as recently as; ~ *i forrige århundre* as late as the last century; ~ *for tre uker siden* as recently as three weeks ago; 6*(likevel):* *og* ~ *ville han* and yet he would ..., and, in spite of this, he would ...; 7*(endog):* ~ *før han kjente henne* even before he knew her; 8*(i hvert fall, bare):* *hvis man* ~ *kunne få snakke med ham* if only one could speak to him; *hvis han* ~ *ville betale* if he would pay at least; if only he would pay; *det er da* ~ *noe* that is something at least; 9 *(til nød): det får (nå)* ~ *være, men ...* well, let that pass, but ...; *det kan jeg (nå)* ~ *gå med på, men ...* I can accept that at a pinch, but ...; *det fikk* ~ *være det samme hvis han bare ville betale* I wouldn't mind so much if only he would pay.

II. enda *(konj = skjønt)* (al)though, even; ~ *så svak han er* feeble though he is, feeble as he is; *(jvf I. enda (ovf) & ennå).*

I. ende *(subst)* end, termination; *(ytterste)* extremity; *(øverste)* top; *(bakdel)* posteriors, behind; **T** bottom, seat; *(tauende)* rope; *få ~ på en kjedsommelig dag* get through a tedious day; *gjøre ~ på* put an end to, make an end of; *hva skal -n bli?* where will it all end? *spinne en ~* spin a yarn; *ta en ~ med forskrekkelse* end in disaster; *ta en sørgelig ~* come to a sad end; *når -n er god, er allting godt* all's well that ends well; **fra ~ til annen** from end to end, from one end to the other; **på ~** on end; *være* **til** *~be* at an end; *komme til ~ med* finish, terminate, conclude, bring to an end; *(se I. vise).*
II. ende *(vb)* end, finish, close, terminate, conclude; *~ med* result in; *~ med å si* end by saying; *~ på* end in.
endefram straightforward, direct.
ende fram straight on.
endekker monoplane.
endelig *adj (begrenset)* finite, limited; *(avsluttende, avgjørende)* final, ultimate, definitive; *(adv)* at last, at length, finally, ultimately; *(for godt)* definitely; *gjør ~ ikke det* don't do that whatever you do; *det må De ~ ikke glemme* be sure not to forget; *han måtte ~ smake på kakene hennes* he simply had to sample her cakes.
endelighet finiteness.
endelikt end, death.
endelse, -ing ending, termination; suffix.
endeløs endless, interminable; **T** *(om tale, etc)* a mile long. **-punkt** extreme point, terminus.
en detail retail *(fx* we sell (by) r.; we r. goods).
endestasjon terminus, terminal *(fx* a bus terminal). **-tarm** rectum.
endetil direct, straightforward.
endevende *(vb)* turn upside down, ransack.
endog *(adv)* even.
endossement endorsement. **-nt** endorser. **-re** *(vb)* endorse, back.
endre *(vb)* alter; amend.
endrektig harmonious. **-het** harmony, concord.
endring alteration; *(se tilsvarende).*
endringsforslag amendment; *stille et ~* move an amendment.
ene: *~ og alene* solely; *~ og alene for å* for the sole purpose of (-ing); merely to...
eneagent sole agent. **-agentur** sole agency. **-arving** sole heir. **-barn** only child.
eneberettiget: *være ~ til* have the monopoly of, have the exclusive privilege of; *være ~ til å selge (også)* have the exclusive right to sell.
eneboer hermit, anchorite, recluse. **-liv** solitary life, hermit's life.
enebolig detached house; *vertikaltdelt ~* semi-detached house; *(se også utsiktstomt).*
eneforhandler sole distributor *(el.* concessionaire). **-forhandling** sole distribution, sole sale. **-herredømme** absolute mastery. **-hersker, -herskerinne** absolute monarch.
enemerker *(pl)* precincts; *gå inn på en annen manns ~ (fig)* poach on sby's preserves.
enepike general servant, maid-of-all-work.
ener one, number one; *(mat.: tallet 1)* unit; *(person)* champion.
enerett monopoly, exclusive right; *forbeholde seg -en til å* reserve for oneself the right to.
energi energy; *vie all sin ~ til noe* apply *(el.* devote) all one's energy to sth; *han var så full av ~ at han gjorde tre manns arbeid* he had so much *(el.* was so full of) energy that he did the work of three men. **-forbruk** consumption of energy. **-mengde** quantity of energy.
energisk energetic; *(adv)* energetically.
enervere *(vb)* enervate; *virke -ende* have an ener-

vating effect; *det er -ende (også)* it gets on one's nerves.
enerådende, enerådig absolute, autocratic; *(om mening, tro, etc)* universal; *være ~* reign supreme, have absolute power *(el.* control); *(på markedet)* control the market; *(om mening, etc)* be universal.
enes *(vb)* agree, come to an understanding.
enesamtale private interview.
eneste one, only, sole, single; *~ arving* sole heir; *ikke en ~* not one; *en ~ gang* only once, just once; *den ~* the only one; *den ~ boka* the only book; *de ~* the only (ones); *~ i sitt slag* unique; *hver ~* every (single); *hver ~ en* every single one; everyone, everybody; *det ~* the only thing; *det ~ merkelige ved* the only remarkable thing about; *han var ~ barn* he was an only child.
enestående unique, exceptional, unexampled; *en ~ anledning (el. sjanse)* a unique opportunity, a chance in a thousand; **T** the chance of a lifetime.
enetale soliloquy, monologue. **-tasjes** one-storeyed, one-storied; *(se etasje).* **-veksel** sola bill. **-velde** absolutism, autocracy, absolute monarchy; despotism; *det opplyste ~* enlightened despotism. **-veldig** absolute, autocratic.
enevoldsherre absolute ruler, autocrat, despot, dictator. **-konge** absolute king. **-makt** absolute power. **-regjering** absolute government.
enfold simplicity; *o, hellige ~!* O sancta simplicitas!
enfoldig simple; *en ~ stakkar* a simpleton.
enfoldighet simplicity.
I. eng meadow.
II. eng *(adj):* narrow; *i -ere forstand* in a more restricted sense; *i -ere kretser* in select circles.
en gang, engang *(en enkelt gang)* once, on one occasion; *(i fortiden)* once, one day; at one time; *(i fremtiden)* some day, at some future date; *det var ~* once upon a time there was, there was once; *tenk Dem ~* just fancy, just imagine; *ikke ~* not even; *kommer De nå endelig ~* here you are at last; *~ imellom* now and then, sometimes, occasionally; *~ til så mye* as much again; *~ til så stor* as big again.
engangsbruk *(av ord)* nonce-use.
engangsord nonce-word.
engasjement engagement; *(ofte)* contract *(fx* a c. for two years, a two-year c.); involvement *(fx* the firm's i. in these countries); commitment; *(forpliktelse)* liability; *følelsesmessig ~* emotional commitment; *sosialt ~* social commitment; *deres voldsomme ~ på systemets side* their fierce commitment to the system.
engasjere *(vb)* engage; *(til dans)* ask for a dance.
engel angel.
engelsk English; *på ~* in English; *hva heter stol på ~?* what is the English for' stol'?; *den -e kirke* the Anglican Church, the Church of England; *~ syke* rickets.
engelsk-amerikansk Anglo-American. **-elev** English pupil *(fx* he has been my E. p. for two years). **-fiendtlig** anti-English, anti-British, anglophobe. **-filolog** person with a degree in English; *han er ~* he has (taken) a degree in English; *en innfødt ~* an English native speaker with a degree in English.
engelskfransk Anglo-French; English-French *(fx* dictionary). **-født** English born. **-kunnskaper** *(pl)* one's knowledge of English; *det går jevnt fremover med hennes ~* her knowledge of E. is steadily improving; *han har gode (,solide, grundige) ~* he has a competent (,sound, thorough) k. of E.; *~ er nødvendig* knowledge of E. is

essential. **-mann** Englishman. **-mennene** *(hele nasjonen el. gruppe)* the English; the British. **-norsk** Anglo-Norwegian, Anglo-Norse *(fx* The Anglo-Norse Society); *en engelsk-norsk ordbok* an English-Norwegian dictionary. **-prøve** English test *(fx* we're going to have an E. t. to-day). **-rødt** Indianred. **-sinnet** pro-English, pro-British, anglophile. **-talende** English-speaking. **-vennlig** pro-English, pro-British, anglophile.

engerle *(zool)* water wagtail.

engifte monogamy; *leve i* ~ be monogamous.

eng|kall *(bot)* yellow rattle. **-karse** *(bot)* cuckoo flower. **-kløver** *(bot)* red *(el.* purple) clover. **-land** meadow land.

England England.

engle|aktig angelic. **-barn** little angel, cherub. **-hår** white floss (for Christmas tree). **-kor** choir of angels.

englender(inne) Englishman (,Englishwoman).

englerke *(zool)* skylark.

engle|røst angel's voice, angelic voice. **-skare** host of angels. **-vinge** angel's wing.

en gros wholesale; *selge* ~ sell (by) wholesale.

engros|forretning wholesale business. **-handel** wholesale trade. **-pris** wholesale price, trade price.

eng|soleie *bot (smørblomst)* upright meadow buttercup. *(mindre presist)* buttercup. **-syre** *(bot)* common sorrel.

engste *(vb):* ~ *seg* feel uneasy *(el.* concerned *el.* alarmed).

engstelig uneasy, apprehensive; *(bekymret)* anxious; ~ *og innesluttet* anxious and reticent; ~ *for* anxious about, uneasy about, afraid for; *vi begynte å bli -e for at du ikke skulle komme* we were beginning to be anxious *(el.* afraid) that you might not come.

engstelse uneasiness; anxiety, concern; *min* ~ *steg* my anxiety mounted.

enhet unity; *(størrelse)* unit; *nasjonal* ~ national unity; *tidens og stedets* ~ the unities of time and place; *gå opp i en høyere* ~ be fused in a higher unity. **-lig** *(adj)* uniform *(fx* goods of a u. quality); *(se norm).*

enhetsbrøk *(mat.)* unit fraction.

enhetspris standard price; uniform price; *(pris pr. enhet)* unit price.

enhjørning unicorn.

enhovet whole-hoofed; ~ *dyr* soliped.

enhver any, every; *(enhver især)* each; *(bare substantivisk)* everyone, everybody; *(hvem som helst)* anyone, anybody; *alle og* ~ everybody, anybody.

enig *(attributivt)* united *(fx* a u. people *(el.* nation)); *(som predikatsord)* agreed; *de var -e* they were agreed; *bli -e* come to an agreement *(el.* to terms); *bli -e om å* agree to; *bli -e om en plan* agree (up)on a plan; *man er blitt* ~ *om å* ... it has been agreed to ...; *jeg er* ~ *med ham* I agree with him; *der er jeg* ~ *med Dem* I am with you there; *være* ~ *med seg selv* have made up one's mind; *være hjertelig* ~ *med en* be heartily in agreement with sby.

enighet agreement, concord; *(samhold)* unity; *komme til* ~ *med* come to terms with, reach an understanding *(el.* a settlement) with; **T** get together with; ~ *gjør sterk* unity is strength.

enke widow; *(rik, fornem)* dowager; *hun ble tidlig* ~ she was early left a widow; she was left *(el.* became) a w. early (in life); *sitte som* ~ be a widow. **-drakt** widow's weeds. **-dronning** queen dowager; *(kongens mor)* queen mother. **-frue** widow; *enkefru Nilsen* Mrs. Nilsen.

enkel simple, plain; **-t** *(adv)* simply, plainly; ~ *kost* plain fare; *en* ~ *og grei unge* an easy

child (to deal with); *kle seg -t* dress simply. **-het** plainness, simpleness.

enkelt single; *(ikke sammensatt)* simple; *(ikke dobbelt)* single *(fx* a s. room); *(særegen, personlig)* individual; *(ensom)* solitary *(fx* the garden only contained one s. tree); *det er såre* ~ it's quite simple, it's simplicity itself; *(jvf lett); av den enkle grunn at...* for the simple reason that; *en* ~ *gang* once; *hver* ~ *må selv bestemme hva han vil gjøre med det* each one has to decide for himself what to do about it; *hver* ~*gjest* each individual guest; ~ *e* some, a few; *-e bemerkninger* a few (stray) remarks; *noen -e ganger* occasionally; *den -e* the individual; *i hvert* ~ *tilfelle* in each individual case; *i dette -e tilfelle* in this particular case.

enkeltbekkasin *(zool)* common snipe.

enkelt|billett single ticket. **-heter** *(pl)* details, particulars; *gå inn på* ~ go *(el.* enter) into details; ~ *om* details of, particulars of; *nærmere* ~ further details *(el.* particulars). **-knappet** single-breasted. **-løpet** single-barrelled. **-mann** (the) individual. **-mannsfirma** one-man firm, individual enterprise. **-person** individual, person.

enkeltspor single track *(el.* line).

enkeltspordrift *(jernb)* either direction working, reverse running.

enkelt|vis singly, individually. **-værelse** single (bed)room; *(på sykehus)* private room.

enke|mann widower. **-pensjon** widow's pension. **-sete** dowager house. **-stand** widowhood.

enmanns- one-man *(fx* a one-man operation). **-betjent:** ~ *buss* one-man bus. **-lugar** single cabin.

enmastet *(mar)* single-masted.

enn *(etter komp.)* than; *(foran komp.: se I. enda 3); andre* ~ others than; *andre bøker* ~ other books than; *ikke annet* ~ nothing but; *hva annet* ~ what (else) but; *ingen andre* ~ none but; *ingen annen* ~ no one but; *hva som* ~ *skjer* whatever happens; *hvor mye jeg* ~ *leser* however much I read; *hvor morsomt et besøk i Windsor* ~ *kunne være* however nice a visit to Windsor might be; ~ *si (for ikke å snakke om)* let alone, still less; ~ *videre* further, moreover.

ennå 1*(fremdeles)* still *(fx* he is s. here); *(ved nektelse)* yet, as yet; ~ *ikke* not yet; not as yet; *han har* ~ *ikke kommet* he has not come yet; ~ *en tid* a while longer, some time yet; *(jvf I. enda 1);* **2***(så sent som)* as late as, as recently as; ~ *for tre uker siden* as late *(el.* recently) as three weeks ago; **3***(ytterligere):* ~ *en gang* once more, once again; ~ *en grunn* one more reason; *det tar* ~ *år før* ... it will be years yet before ...; *(jvf I. enda 4).*

enorm enormous.

enquete *(i avis)* (newspaper) inquiry.

en passant by the way, in passing, incidentally.

enrom: *i* ~ in private, privately.

ens identical, the same; *alle barna går* ~ *kledd* the children are all dressed alike. **-artet** homogeneous, uniform. **-artethet** homogeneousness, uniformity.

ensbetydende: *være* ~ *med* amount to *(fx* such a reply amounts to a refusal); be tantamount to; be equivalent to.

ense *(vb)* regard; heed; notice; pay heed to.

ensemble ensemble.

ens|farget *(likt farget)* of one colour; *(med én farge)* one-coloured; *(ikke mønstret)* plain. **-formig** monotonous, undiversified, humdrum, drab *(fx* a d. existence); *drepende* ~ deadly monotonous. **-formighet** monotony, sameness.

en|sidet one-sided. **-sidig** one-sided, unilateral; *(partisk)* partial, bias(s)ed, one-sided; *han er*

~ *(også)* he has a one-track mind. **-sidighet** one-sidedness, partiality, bias.

enskinnebane *(jernb)* monorail railway.

enslig solitary, single; *en ~ gård* an isolated farm; *to -e* a married couple without children.

enslydende sounding alike, of identical sound; homonymous; *(av samme ordlyd)* identical *(fx* the copies are i.); ~ *ord (pl)* homonyms.

ensom lonely, lonesome, solitary.

ensomhet loneliness, solitude.

enspenner one-horse carriage.

ensporet *(også fig)* single-track; *(se ensidig).*

enstavelses- monosyllabic.

enstavelsesord monosyllable. **-tonelag** the single tone, accent I; *(motsatt: tostavelsestonelag* the double tone, accent II).

ensteds somewhere.

enstemmig *(felles for alle)* unanimous; *(adv)* unanimously; in unison.

enstemmighet unanimity.

enstonig monotonous. **-het** monotony.

enstrøket *(mus)* once-marked, with one stroke.

enstydig synonymous. **-het** synonymy.

entall singular; *i ~* in the s.

enten either; ~ ... *eller* either .... or; ~ *det er riktig eller galt* whether it is right or wrong; *~ det nå er sånn eller slik* be that as it may, however that may be; ~ *han vil eller ei* whether he likes it or no(t).

entente entente.

entomolog entomologist. **-logi** entomology. **-logisk** entomological.

entoms one-inch; ~ *planker* planks one inch thick.

I. entré 1*(forstue)* (entrance) hall; 2*(adgang)* admission; 3*(avgift for adgang)* admission fee; *betale* ~ pay to get in; pay one's entrance; *ta* ~ make a charge for admission.

II. entre *vb* 1*(gå til værs i vantene)* go aloft, mount the rigging; 2*(gå om bord i)* board.

entrenøkkel front-door key.

entreprenør (building) contractor. **-prenørfirma** firm of contractors; **US** construction firm. **-prise** contract; *(under-)* subcontract; *sette bort i* ~ put out on contract.

entring boarding; *(se II. entre 2).* **-sforsøk** attempt at boarding.

entusiasme enthusiasm. **-t** enthusiast. **-tisk** enthusiastic; *(se begeistret).*

entydig 1. unambiguous; clear; plain; with one meaning; unequivocal; 2*(mat.)* unique *(fx* solution).

enveisgate one-way street. **-kjøring** one-way traffic.

enveisventil check valve; *(se ventil 3).*

envis obstinate. **-het** obstinacy.

enøyd one-eyed; *blant de blinde er den -e konge* in the kingdom of the blind, the one-eyed man is king.

epidemi epidemic. **-mihospital** isolation hospital. **-misk** epidemic.

epigram epigram. **-dikter** epigrammatist. **-matisk** epigrammatic.

epiker epic poet.

epikureer Epicurean. **-isk** Epicurean.

epilepsi *(med.)* epilepsy, falling sickness. **-tiker** epileptic. **-tisk** epileptic(al).

epilog epilogue.

episk epic; ~ *dikt* epic (poem).

episode incident, episode.

episodefilm serial film.

episodisk episodic.

epistel epistle.

epitel *(anat)* epithelium.

epitelvev *(anat)* epithelial tissue; *(se vev 2).*

eple *(bot)* apple; *bite i det sure* ~ swallow the bitter pill; take one's medicine; *-t faller ikke langt fra stammen (omtr=)* like father, like son; he (,she, *etc)* is a chip off the old block; *et stridens* ~ a bone of contention, an apple of discord.

epleblomst apple blossom. **-gelé** apple jelly. **-kake** apple flan; **US** apple cake. **-kart** unripe apple. **-kjerne** apple pip. **-mos** apple sauce. **-most** 1. (unfermented) apple juice; 2. new cider. **-skive** apple fritters. **-skrell** apple peel. **-skrott** apple core. **-slang:** *gå på* ~ go scrimping. **-terte** apple turnover, apple puff. **-tre** apple tree. **-cider.**

epoke epoch, era. **-gjørende** epoch-making; *være* ~ *(også)* make history, introduce a new era.

epos epic (poem), epos.

epålett epaulet.

eremitt hermit. **-bolig** hermitage.

eremittkreps *(zool)* hermit crab, pagurian.

erfare *(vb)* learn, ascertain, be informed; *(oppleve, få føle)* experience, find; *det har jeg fått* ~ I know it to my cost.

erfaren experienced *(fx* an e. teacher); ~ *i* e. in.

erfaring experience, practice; *mine -er* my experience; *jeg er blitt et par -er rikere* I have learnt one or two things (by experience); *så er vi i hvert fall den -en rikere!* well, that's one thing we've learnt by (bitter) experience! *bringe i* ~ learn, ascertain, find; *jeg har brakt i* ~ *at* ... *(også)* my attention has been called to the fact that ...; *vi har brakt i* ~ *at* we learn that, we understand that; *gjøre sine -er* gain *(el.* learn by) experience; *jeg har gjort flere -er* I have experienced on several occasions; I have learnt several things by experience; *jeg har gjort den* ~ *at (også)* I have found that; *gjøre gode (,dårlige) -er med en (,noe)* find sby (,sth) satisfactory (,unsatisfactory); *høste -er* gain experience; *det er alltid interessant å høste -er* it's always interesting to be able to gain experience; *tale av* ~ speak from experience; *(se også høste & utveksle).*

ergerlig annoying, irritating; vexatious; *han er* ~ he is irritated; *bli* ~ *over* be vexed *(el.* annoyed) at; *være* ~ *på* be vexed with, be annoyed with; *denne skuffen går ikke igjen, er det ikke* ~ *?* this drawer won't shut; isn't it a bother?

ergometersykkel exercise bicycle.

ergre *(vb)* annoy, vex; ~ *seg* be vexed, be annoyed; ~ *seg over* be vexed at, be annoyed at.

ergrelse annoyance, vexation, irritation *(over noe* at *(el.* about) sth); *mange -r* a great deal of annoyance, many vexations, many worries, a lot of trouble; *hun har hatt mange -r (også)* she has had a lot to worry her.

erholde *(vb)* obtain, get; receive.

erindre *(vb)* remember, recollect; call to mind, recall; *så vidt jeg kan* ~ to the best of my recollection; as far as I remember. **-ring** memory, remembrance; recollection, reminiscence; *(gave)* keepsake; memento, souvenir; *til* ~ *om* in memory of; *ha i* ~ bear in mind; *måtte De alltid ha denne tid ved gymnaset i X i kjær* ~ may you always recall *(el.* look back upon) your stay at the grammar school in X with pleasure; *vekke -er om* awake(n) memories of.

erindringsevne ability to remember; *(psykol)* (faculty of) retention, retentiveness.

erindringsfeil lapse of memory.

erkebiskop archbishop. **-dum** bone-headed, thick-headed; **T** thick. **-engel** archangel. **-fe** arrant fool. **-fiende:** *de er -r* they are at daggers drawn. **-hertug** archduke. **-kujon** arrant coward. **-slud-**

der stuff and nonsense; absolute rubbish; **T** poppycock, bosh; *det er noe ~ (også)* it's all nonsense. **-slyngel** thorough-paced scoundrel, villain of the deepest dye, arch villain.

erkjenne *(vb)* acknowledge, own, admit, recognize; ~ *mottagelsen av* acknowledge receipt of; *han erkjente at han hadde urett* he admitted that he was in the wrong; *vi -r å ha begått en feil* we admit having made a mistake; *jeg -r nødvendigheten av dette skritt* I acknowledge the necessity of this step; *jeg -r meg slått* I recognize that I am beaten; ~ *kravets riktighet* admit the claim; ~ *seg skyldig* plead guilty.

erkjennelse acknowledg(e)ment, admission, recognition; *(forståelse)* comprehension, understanding; *i ~ av* in recognition *(el.* acknowledgment*)* of; *komme til sannhets ~* be brought to see the truth.

erkjent|lig thankful, grateful; appreciative; *vise seg ~.* show one's gratitude. **-lighet** gratitude, appreciation.

erklære *(vb)* declare; *(høytidelig)* affirm; *(mindre høytidelig)* state; ~ *England krig* declare war on E.; *undertegnede N.N. -r hermed ...* I the undersigned N.N. (do) hereby declare ...; ~ *for å være* pronounce (to be) *(fx* the expert pronounced the painting to be a forgery; the instrument was pronounced perfect); ~ *seg for* declare for, d. in favour of; ~ *seg villig til å* express one's willingness to.

erklæring declaration; statement; pronouncement; *(proklamasjon)* proclamation; *(sakkyndig betenkning)* opinion; *(rapport)* report; *(attest)* certificate; *(høytidelig, fx i retten)* affirmation; *avgi en ~* make *(el.* give) a declaration; make *(el.* issue) a statement; *be ham avgi en ~* ask him for a statement; *(sakkyndig)* ask him for an opinion.

erlegge *(vb)* pay, disburse; *(se forskuddsvis).*

erme sleeve. **-beskytter** cuff-shield.**-forkle** pinafore. **-linning** *(på skjorte)* wristband.

ernær|e *(vb)* maintain, support; ~ *kone og barn* support a wife and family; *(fysisk)* nourish; *cater for;* ~ *seg av* live on; *(om dyr)* feed on *(fx* grass); ~ *seg som* earn a livelihood as; *(se forsørge).* **-ing** nourishment, nutrition; *dårlig ~* malnutrition.

erobre *(vb)* conquer; capture *(fx* a fortress; a market).

erobrer conqueror.

erobring conquering, conquest; capture *(av* of).

erotikk eroticism, sex; **T** sexiness.

erotisk erotic *(fx* person, poem); sexy *(fx* film, book).

erstatning compensation, indemnity; damages; *(fornyelse, ombytning)* replacement; *(surrogat)* substitute; *forlange £500 i ~* demand £500 damages; *som ~* by way of compensation; *yte full ~* pay compensation in full.

erstatnings|krav claim for compensation; *gjøre ~ gjeldende* make a claim for compensation, claim damages. **-plikt** liability. **-pliktig** liable (to make compensation); liable to pay damages.

erstatte *(vb)* replace; *(gi erstatning)* compensate, indemnify (sby for); make good *(fx* we shall m. g. this loss), make up for *(fx* we shall make up to you for this loss).

I. ert *(bot)* pea; *gule -er* split peas.

II. ert: *gjøre noe på ~* do sth on purpose.

erte *(vb)* tease *(med* about); *det var noe man stadig -t ham med* it was a standing joke against him; *han kunne ~ en sten på seg* he would drive a saint to distraction.

erte|belg *(bot)* pea pod; *(uten erter)* pea shell. **-blomst** 1*(blomst av blomstererten)* pea flower;

2*(Lathyrus odoratus)* sweet pea. **-blomstrende** *(bot): de ~* the pea family; **US** the pulse family.

erte|krok tease(r). **-ris** *(bot)* pea sticks; *de henger sammen som ~* they are as thick as thieves. **-suppe** pea soup. **-voren** given to teasing.

erting teasing.

erts ore. **-holdig** ore-bearing.

erverv trade, occupation; *(se yrke).*

erverv|e *(vb)* acquire, obtain, gain; ~ *seg* acquire. **-else** acquiring, acquisition, acquirement.

ervervs|gren branch of industry (,trade). **-kapital** *merk (produktiv kapital)* productive capital; capital invested in trade. **-kilde** source of income. **-livet:** *beskjeftiget i ~* gainfully occupied *(fx* women g. o.). **-messig** occupational, commercial, trade. **-virksomhet:** *drive selvstendig ~* be self-employed.

Esaias Isaiah.

ese *vb (gjære)* ferment; *(heve seg)* rise.

esel *(zool)* donkey; *(mest fig)* ass.

eselrygg *(jernb)* hump yard; **US** double incline.

eselspark *(fig)* cowardly revenge; *(ofte =)* stab in the back; *gi en et ~* stab sby in the back; hit a man when he is down.

eseløre *(i bok)* dog-ear, dog's-ear *(fx* a dog's-eared book); *lage -r i en bok* dog's-ear a book.

I. esing *(gjæring)* fermentation.

II. esing *(mar (på båt))* gunnel, gunwale.

eskadre *mil (mar)* squadron. **-sjef** *mil (mar)* commodore; squadron commander.

eskadron *(mil)* squadron; *en stridsvogns-* a s. of tanks, a tank s.; **US** a tank company.

eskadronsjef *(mil)* squadron commander.

eske *(subst)* box. **-lokk** box lid. **-ost** cream cheese.

eskimo Eskimo *(pl:* Eskimos).

eskorte escort. **-re** *(vb)* escort.

esle *vb (bestemme til et øyemed)* earmark, intend; *(tiltenke)* intend; mean; *(levne, forbeholde)* leave, reserve; *det var eslet (til) deg* it was meant *(el.* intended) for you.

espalier espalier, trellis, trellis-work; *danne ~* line the street *(el.* route); *(ved seremoni)* form a lane.

esperanto Esperanto.

esplanade esplanade.

esprit esprit, wit.

I. ess: *være i sitt ~* be in high spirits, feel fit; be in one's element; *ikke i sitt ~* out of sorts, not himself; *jeg er ikke riktig i mitt ~* I don't feel quite myself, I'm not quite up to things.

II. ess *(kort)* ace; *-et fjerde* four to the ace.

III. ess *(mus)* E flat.

essay essay. **-ist** essayist.

esse forge, furnace.

essens essence.

essensiell essential.

estetiker aesthete; **US** esthete. **estetikk** aesthetics; **US** esthetics. **estetisk** aesthetic; **US** esthetic.

Estland *(geogr)* Estonia. **est|lender, -nisk** Estonian.

et: *se en.*

etablere *(vb)* establish; ~ *seg* establish oneself in business, set up (for oneself) in business, open *(el.* start) a shop; *(i nytt miljø)* settle in; ~ *seg som tannlege* set up as a dentist.

etablering establishment.

etablerings|kapital initial capital. **-tilskudd** *(ved tiltredelse av stilling)* installation grant; *(jvf tiltredelsesgodtgjørelse).*

etablissement establishment.

etappe stage; *i fem -r* in five stages; *(i stafett)* leg; *siste ~* home leg *(fx* he ran the home leg).

etappevis stage by stage *(fx* the plan will be carried out s. by s.).

etasje storey, floor; *(især US)* story; *i første* ~ on the groundfloor; **US** on the first floor; *annen* ~ the first floor; **US** the second floor; *en* ~*høyere* one floor up; *øverste* ~ the top floor; *(spøkende om hodet)* the upper storey.
-etasjes: *en fire- bygning* a four-storeyed building.
etasjeseng two-storeyed bunk; **T** double decker.
etat department, service; *tolletaten* the Customs Service. **-ene** the Civil Service.
ete *(vb)* **1.** eat greedily; gormandize; **2***(fortære, om skarpe væsker)* corrode; *-r seg igjennom* eats its way through; *(jvf spise)*.
I. eter *(stor-)* glutton.
II. eter *(kjem)* ether.
eterisk ethereal.
etikett *(merkelapp)* label, stick-on label, sticker; *(luftpost-)* air-mail sticker; ~ *til frontrute* windscreen (,**US:** windshield) sticker; *sette* ~*på* label *(fx* l. bottles); *(se også prislapp).*
etikette etiquette.
etikk ethics.
etisk ethic(al).
etiologi *med. (læren om sykdomsårsaker)* aetiology.
Etiopia *(geogr)* Ethiopia.
etiopisk Ethiopian.
etnografi ethnography. **-grafisk** ethnographic. **-logi** ethnology.
etologi ethology.
etse *(vb)* corrode; *(med.)* cauterize; ~ *bort en vorte* remove a wart with acid; ~ *seg inn i* eat into, attack *(fx* metal); *en -t tegning* an etching.
etsende caustic, corrosive; ~ *substanser* caustics, corrosives.
etsteds *(adv)* somewhere.
ett: *se en.*
I. etter *(prep)* **1***(om tid)* after *(fx* after his death, after dinner, after the war), subsequent to *(fx* s. to our arrival); *straks* ~ *mottagelsen av Deres brev* immediately on receipt of your letter; ~ *å ha skrevet* after having written, after writing, after he (,she, *etc)* had written; ~ *å ha tenkt over saken, har jeg kommet til at...* on thinking it over I have come to the conclusion that; **2***(bak)* after, behind *(fx* he came walking after *(el.* behind) the rest of them; he came a long way behind us); **3***(nest etter)* after, next to *(fx* next to music he loved poetry best); **4***(som etterfølger)* after, in succession to *(fx* James II reigned after *(el.* in succession to) Charles II); **5***(ifølge, i overensstemmelse med)* according to, in accordance with, from, by, of; ~ *anmodning* by request; ~ *min mening* in my opinion, to my mind; ~ *hva jeg kan forstå, er det galt* from all I can see it is wrong; ~ *det jeg har hørt* from *(el.* according to) what I have heard; *bestille* ~*prøve* order from sample; *selge* ~ *prøve* sell by sample; ~ *vårt mønster nr. 36 A* of *(el.* in accordance with) our pattern No. 36 A; *levering av blå sjeviot* ~ *den prøven De sendte oss* delivery of Blue Serge in accordance with *(el.* of the same quality as) the sample you enclosed; *klokka er 6* ~ *min klokke* it is 6 o'clock by my watch; **6***(som betegner hensikten)* for *(fx* advertise for a cook; run for help; telephone for a taxi); *gå hjem* ~ *boka di* go home and get your book; go home for your b.; **7***(beregnet etter, på grunnlag av)* by *(fx* sell sth by weight); **8***(som etterligning av)* after *(fx* after a model), from *(fx* drawn from real life); **9***(i sport m.h.t. mål, poeng, etc)* down *(fx* we are two goals down); **10***(rekkefølge)* after *(fx* day after day; one after another); *tre år* ~ *hverandre* three years running *(el.* in succession); *arve* ~ inherit from; *gripe* ~ catch at; *handle* ~ *sin overbevisning* act from conviction; *det har han* ~ *sin far* he got that from his father; *hva kommer du* ~*?* what do you want? what are you doing here? *lukk døra* ~ *deg!* shut the door after you! *rope* ~ *ham* shout after him; *(for å tilkalle ham)* shout for him; *skyte* ~ shoot at, fire at; *slå døra i* ~ *en* slam the door on sby; **alt** ~ according to; **alt** ~ **som** according as *(fx* the temperature varies a. as you go up or down); *alt* ~ *som papiret er tykt eller tynt* according to whether the paper is thick or thin; **den ene** ~*den andre* one after another *(el.* the other); in succession *(fx* she had three admirers in s.); **litt** ~ **litt** gradually, by degrees, little by little; ~ **som** **1***(i forhold til)* according as *(fx* prices vary a. as goods are scarce or plentiful); **2***(fordi)* as, since, seeing that, inasmuch as; ~ **hvert som** as *(fx* please keep us supplied with these new patterns as they are brought out; we shall remit for these items as they fall due; the temperature drops as you go up); *med politimannen tett* ~ *seg* with the policeman in hot pursuit.
II. etter *(adv)* **1** after *(fx* Tom came tumbling a.); **2***(om tidsfølge også)* afterwards *(fx* soon a.), later *(fx* a week l.); *året* ~ the following year, the year after; *to år* ~ two years later *(el.* after); *dagen* ~ the day after, next day, the next *(el.* following) day; *høre* ~ listen; *hør* ~*!* listen to me! attend to me! *kort* ~ shortly afterwards, soon after(wards), a little later, a short while after; *lenge* ~ long afterwards; *en tid* ~ some time afterwards; *(= litt etter)* a little later; *straks* ~ immediately afterwards; *et øyeblikk* ~ a moment later *(el.* afterwards); *bli* ~ fall behind; *komme* ~ follow; *ligge* ~ be behind *(med* with, *fx* one's work); *slå noe* ~ *i en bok* look sth up in a book; *være* ~ *med arbeidet* be behind with one's work.
etteranmeldelse *(til sportsstevne, etc)* late entry *(el.* entering). **-ape** *(vb)* ape, mimic, imitate, copy. **-arbeid** complementary *(el.* supplementary) work *(fx* there's a good deal of s. w. to be done), touching-up (work), finishing process, finish.
etterat, etter at after; ~ *han hadde mottatt* after he had received ..., after receiving; having received; ~ *tollen er blitt forhøyet* now that the duty has been increased; ~ *jeg nå kjenner ham* now that I know him; ~ *de begynte å koke sin kaffe med atomkraft, har de lært at ...* since beginning to make their coffee by means of atomic power, they have learnt that ...
etterbarberingsvann after-shave lotion; **T** after shave.
etterbehandle *(vb)* give a finishing treatment, finish, touch up; *(med.)* after-treat. **-behandling** finishing treatment, finishing process; *(med.)* after-treatment. **-beskatning** supplementary taxation. **-beskatte** *(vb)* impose a supplementary tax on. **-bestille** *(vt)* give a repeat order for, re-order, order afterwards; *(vi)* repeat an order; *(sende inn en tilleggsordre)* supplement an order; *vi har -t (også)* we have ordered a fresh supply. **-bestilling** repeat order; *(tilleggs-)* supplementary *(el.* additional) order; *foreta* ~ supplement an order.
etterbetaling additional payment; *(av lønn, etc; også US)* back pay.
etterbyrd afterbirth.
etterdatere *(vt)* post-date. **-ing** post-dating.
etterdønning *(fig)* repercussions *(fx* the r. of the war); aftermath *(fx* the a. of the war).

etterforske *(vb)* inquire into, investigate. **-ning** inquiries, investigation(s).

etterfylle *(vb)* fill up, top up, replenish.

etterfølge *(vt)* follow, succeed. **-else** succession; following; *et eksempel til* ~ an example (to be copied) *(fx* let him be an e. to you). **-elsesverdig** worthy of imitation. **-ende** following; *(senere)* subsequent, succeeding; *(derav følgende)* consequent; *i hvert* ~ *år* in each subsequent year. **-er, -erske** successor.

ettergi *(vb)* remit, forgive, pardon, excuse; ~ *en en gjeld* release sby from a debt, let sby off a debt; ~ *skatter (,en straff)* remit taxes (,a punishment); *resten -gir jeg deg* I'll let you off the rest. **-givelse** remission *(fx* of a penalty). **-givende** indulgent, yielding, compliant. **-givenhet** compliance, indulgence.

ettergjøre *(vt)* imitate; *(forfalske)* forge *(fx* f. his signature); counterfeit *(fx* c. a coin).

etterglemt left behind.

etter hvert: *se hver.*

etterhøst aftercrop; *(etterslått, også fig)* aftermath.

etterhånden gradually, by degrees, little by little.

etterklang *(fig)* echo.

etterkomme *(vt)* comply with.

etterkommer descendant.

etterkrav *(jur)* supplementary claim; *(oppkreving): sende mot* ~ send C.O.D. (= Cash on Delivery); *varene vil bli sendt mot* ~ *(også)* the amount will be collected on delivery.

etterkrigs- post-war.

etterlate *(vb)* leave, leave behind; ~ *seg* leave (behind); *-te skrifter* posthumous works; *de -te* the surviving relatives, the bereaved; *det var ikke stort faren etterlot henne* her father did not leave her much; her father left her badly off; *(se savn).*

etterlatende negligent, remiss. **-tenhet** negligence, remissness. **-tenskap** property left, effects.

etterleve *(vt)* live up to. **-else:** ~ *av* living up to. **-ende** surviving; *de* ~ the surviving relatives; the bereaved.

etterligne *(vb)* imitate, copy; *(skatteligne)* make a supplementary assessment. **-else** imitation, copy. **-elsesevne** imitative gift. **-elsesverdig** worthy of imitation. **-er** imitator. **-ing 1.** imitation, copy; **2** *(skatteligning)* supplementary assessment.

etterlyse *(vt)* advertise for, ask for; *(i radio)* broadcast an S.O.S. for sby; *(om politiet)* institute a search for; publish a description of a missing person; *han er etterlyst av politiet* he is wanted by the police; *i forbindelse med drapssaken -r politiet ... (uttrykkes ofte slik:)* The police has issued the name of a man they believe can help them. His name is ...

etterlysning advertisement of loss; inquiry; search; S.O.S. (message); *sende ut en alminnelig* ~ *(om politiet)* put out a general call.

etterlyst missing; *(av politiet)* wanted (by the police); *(se for øvrig etterlyse).*

ettermann successor.

ettermat second course; T afters.

ettermiddag afternoon; *i* ~ this afternoon; *om -en* in the a.; *kl. 3 om -en* at 3 o'clock in the a., at 3 p.m.; at 3 pm; *kl. 3 lørdag* ~ at 3 o'clock on Saturday a.; *om -en den 23. ds. (el. d.m.)* on the a. of the 23rd instant.

ettermiddags- afternoon.

ettermiddagskjole afternoon dress. **-undervisning:** *skolen har* ~ the school is working a double shift.

ettermæle posthumous reputation.

etternavn surname, family name.

etternevnte the following, those whose names appear below, those named below.

etternøler *(som er sent ute)* late-comer.

etterparti *(mil)* rear party.

etterplapre *(vb)* parrot. **-ing** parroting.

etterpå *(adv)* afterwards, subsequently; later *(fx* come, arrive, turn up later); *dette kom han først til å tenke på* ~ this was an afterthought; ~ *er det is å få* there is icecream to follow; *han drakk en whisky* ~ he followed up with a whisky.

etterpåklok: *være* ~ be wise after the event; US have hindsight.

etterpåklokskap belated wisdom, wisdom after the event; *(iscær US) hindsight.*

etterretning advice, information, news, intelligence; *en* ~ a piece of information *(el.* news); *(mil)* a piece of intelligence; *de siste -er* the latest news.

etterretningssjef *(mil)* director of military intelligence *(fk* DMI).

etterretningsvesen *(mil)* (military) intelligence service.

etterrett sweet; *(også US) dessert.*

etterrettelig: *holde seg noe* ~ conform *(el.* adhere) to sth, observe *(el.* comply with) sth, keep sth in mind.

etterse *(vb)* inspect, examine, go over, look over; *(kontrollere)* check up on, check (over), inspect.

ettersende *(vb)* forward, send on.

ettersetning main clause following subsidiary clause.

ettersiktveksel bill payable after sight; *(se II. veksel).*

etterskrift postscript. **-skudd:** *i* ~ in arrears; *være i* ~ *med* be in a. with, be behindhand with; *ferie på* ~ a postponed holiday; *få sin gasje på* ~ get one's salary in arrears.

etterskuddsbetaling after-payment. **-bevilgning** retrogressive *(el.* delayed) grant. **-rente** interest on arrears; *(i bokføring)* interest on overdue accounts, interest for the period overdue. **-vis** *(hver måned)* payable at the end of each month.

etterslekt posterity. **-slep** lag; ~ *i lønnen* wages lag. **-slipe** *(vb)* re-grind. **-slått** aftermath, aftergrass. **-smak** after-taste; *det har en ubehagelig* ~ it leaves an unpleasant taste (in the mouth).

ettersmelting subsequent fusion; *belegget trenger ingen* ~ the deposit needs no subsequent fusion.

ettersom as, since, seeing that; *det er alt* ~ that's as may be; **T** it's all according.

ettersommer late summer; Indian summer; *ut på -en* late in the summer.

etterspill epilogue; *(mus)* postlude; *saken får et rettslig* ~ the matter will have legal consequences.

etterspore *(vt)* track, trace.

etterspurt: *disse varene er meget* ~ these goods are in great demand; *... er særlig* ~ *...* is in particularly great demand.

etterspørsel demand; *det er liten* ~ *etter* there is small demand for; *-en avtar* the demand is growing less brisk; *deres produksjon overstiger -en* their production is exceeding the demand; *tilgang og* ~ supply and demand; *plutselig og stor* ~ a boom; *(se også dekke).*

etterstramme *(vb)* tighten up *(fx* bolts, nuts), re-tighten.

etterstrebe *(vt)* aim at, aspire to; ~ *ens liv* plot against sby's life; *en meget -et stilling (også)* a post for which there is much competition; *(se ettertraktet).*

ettersyn inspection; ~ *og reparasjon* overhaul; *til* ~ for inspection, on view, to be viewed;

ved nærmere ~ on closer examination *(el.* inspection).

ettersynsgrav inspection pit, (garage) pit.

ettersøke *(vt)* search for. **-ning** search.

ettertanke reflection; *stoff til* ~ food for thought; *ved nærmere* ~ on reflection, on second thoughts.

ettertelle *(vt):* ~ *pengene* count the money over, re-count the money.

ettertid future; *for -a* in future, for the future.

ettertrakte *(vb): se* etterstrebe.

ettertraktet *(adj):* sterkt ~ much-coveted, sought-after; highly *(el.* greatly) prized; *en* ~ *stilling* a much-coveted post; T a plum; *(jvf* etterstrebe).

ettertrykk emphasis, stress; *(av bok)* piracy; ~ *forbudt* all rights reserved; *legge* ~ *på* lay stress on, stress, emphasize, accentuate. **-elig** emphatic; forcible; *(adv)* emphatically; forcibly; *han ble satt* ~ *på plass* he was put in his place in no uncertain terms.

etterundersøkelse *(med.)* follow-up examination.

etterutdanningskurs up-grading course; *(se I kurs).*

etterveer after-pains; *(fig)* (painful) after-effects; repercussions *(etter* of).

etterverdenen posterity.

ettervern *(for lovovertredere)* after-care; supervision.

ettervirkning repercussion, after-effect; *(ofte* = *)* reaction.

ett-tall (the figure) one.

ettårig one-year *(fx* a one-year course); *(om plante)* annual.

etui case.

etyde study, etude.

etyll *(kjem)* ethyl.

etymolog etymologist.

etymologi etymology. **-logisk** etymological.

Eugen Eugene.

Europa Europe.

europeer European. **europeisk** European.

Eva Eve. **-datter** daughter of Eve.

evakuere *(vb)* evacuate. **-ing** evacuation.

evangelisk evangelical. **-list** evangelist. **-lium** gospel; *Matteus'* ~ the Gospel according to St. Matthew.

eventualitet eventuality, contingency.

eventuell possible, any, prospective *(fx* p. customers).

eventuelt *(adv)* possibly, if possible, perhaps, if necessary, if desired; *(på dagsorden)* any other business; a.o.b.

eventyr *(opplevelse)* adventure; *(fortelling)* fairytale, nursery-tale, story; *(folke-)* folktale; *gå ut på* ~ go in search of adventure, seek adventures.

eventyraktig unreal, like sth out of a fairy-tale. **-er** adventurer. **-erske** adventuress.

eventyrlig *(fantastisk)* fantastic; *(overordentlig stor)* extraordinary, exceptional, prodigious, fabulous *(fx* sum of money); *(utrolig)* incredible; *(vidunderlig)* wonderful, marvellous; *et* ~ *liv* an adventurous life; *(se I. plan 4).*

eventyrlyst love *(el.* spirit) of adventure; *han var fylt av* ~ he was inspired with the spirit of adventure. **-lysten** adventurous. **-prins** fairy

prince; Prince Charming. **-slott** fairy palace. **-verden** fairyland, wonderland.

evfemisme euphemism.

evig *(adj)* eternal, perpetual, everlasting; ~ *og alltid* constantly; always, for ever *(fx* they are f. e. on the move); *den -e fordømmelse* everlasting damnation, perdition; *den -e ild* (the) perpetual fire; *den -e jøde* the wandering Jew; *det -e liv* eternal life; ~ *snø* perpetual snow; *den -e stad* the Eternal City; *til* ~ *tid* for ever, for evermore; *gått in til den -e hvile* gone to his rest; *for* ~ for ever; *hver -e en* every one (of them); T every mother's son, every man Jack (of them).

eviggrønn evergreen.

evighet eternity; *en hel* ~ an age; ages; *fra* ~ *til* ~ *(bibl)* for ever and ever; *tror du vi har -er å ta av?* T do you think we've got a month of Sundays? *tror du jeg har tenkt å stå her oppe i all* ~ *?* T do you think I'm going to stand up here till Kingdom come? *aldri i* ~ never.

evighetsblomst everlasting (flower); cudweed.

evinnelig *(adj)* continual, perpetual, everlasting; *dette -e regnværet* this everlasting rain; *i det -e* eternally, for ever.

evje eddy; *(se* bakevje).

I. evne 1*(kraft til å virke, handle)* ability, capability, capacity, power; *-n til å ... the ability (el.* power) to ..., the capability of (-ing); *deres manglende* ~ *til å* their inability to; *hverken vilje eller* ~ *til å* neither the will nor the power to; *etter beste* ~ to the best of one's ability; *etter fattig* ~ to the best of one's modest abilities; in a small way; *jeg hjalp ham etter fattig* ~ *(også)* I did my humble best to help him; 2*(begavelse)* ability; faculty; *intellektuelle -r* intellectual powers *(el.* capacity); *medfødt* ~ innate ability; *skapende* ~ creative powers; *ha -r be gifted*; possess abilities; *ha* ~ *til å lære fra seg* have a gift for teaching; *han har sjeldne -r* he is exceptionally gifted; he is brilliant; 3*(økonomisk)* means; *landets økonomiske* ~ the economic resources of the country; *leve over* ~ live beyond one's means; *(se også* produksjonsevne; *II.* ringe).

II. evne *(vb)* be capable of (-ing), have the ability *(el.* power) to, be able to.

evneløs incapable, incompetent.

evnemessig: ~ *sett er de på omtrent samme nivå* they are roughly of the same ability.

evneretardasjon *(psykol)* mental retardation; *undersøkelsen viser at* ~ *ikke er noe absolutt, men skapt av samfunnets spesielle krav* the inquiry shows that mental retardation is not an absolute, but is created by the special demands of society. **-rik** gifted, talented. **-svak** with a low intelligence quotient, mentally handicapped.

evneveik *(psykol)* mentally retarded; *de -e har et urealistisk aspirasjonsnivå* the mentally retarded have an unrealistic level of aspiration; *spesialskole for* ~ *ungdom* special school for retarded young people.

evnukk eunuch.

evolusjon evolution. **-steori** theory of evolution.

ex: ~ *auditorio* from *(el.* among) the audience; ~ *skip* ex ship, free overside; ~ *lager* ex warehouse.

extenso: *in* ~ in extenso, in its entirety.

F

F, f *(også mus)* F, f; *F for* Fredrik F for Frederick.
fabel fable. **-aktig** fabulous, fantastic.
fable *(vb)* talk nonsense; ~ *om* talk wildly about; dream about.
fabrikant manufacturer, maker.
fabrikasjon manufacture.
fabrikasjonsfeil flaw, defect (in workmanship); *en vare med* ~ a defective article. **-konto** factory cost account. **-kostnader** cost of manufacture *(el.* production), manufacturing costs; *(i bokføring)* manufacturing expenses; *direkte* ~ prime *(el.* first) cost. **-metode** manufacturing method, method of manufacture.
fabrikat manufacture, make, product; *av eget* ~ of our own make.
fabrikere *(vb)* manufacture; make, produce; *(oppdikte, forfalske)* fabricate, invent; T cook up *(fx* a likely story).
fabrikk factory, mill; *(verk)* works *(fx* a chemical works).
fabrikkanlegg factory works, manufacturing plant. **-arbeid** *(laget på fabrikk)* factory-made. **-arbeider** factory *(el.* industrial) worker; *(i tekstilfabrikk)* mill hand. **-bestyrer** factory *(el.* works) manager. **-by** manufacturing town, industrial t. **-drift** 1*(det å drive fabrikk)* factory management *(el.* operation); manufacturing (operations); 2*(industri)* manufacturing industry, factory production *(fx* machinery and f. p. put an end to the old society of craftsmen). **-eier** factory owner; *(av tekstilfabrikk)* mill owner. **-feil** flaw, defect (in workmanship); *en vare med* ~ a defective article. **-industri** manufacturing industry; *(jvf næringsvei).* **-inspektør** factory inspector. **-lokale(r)** factory premises. **-merke** trade mark.
fabrikkmessig on an industrial basis; on a manufacturing scale; ~ *drift* operations on a m. s.; ~ *fremstilling* large-scale production *(el.* manufacture); ~ *tilvirket* factory-made. **-ny** straight from the works; brand-new *(fx* the firm only deals in b.-n. cars). **-overhalt** ~ *motor* reconditioned engine; T works overhaul. **-pakket** pre-packed *(fx* goods). **-pris** factory price; maker's price; *til* ~ at f. p. **-tilsyn** factory inspection. **-tilvirket** factory-made. **-tilvirkning** factory-scale production. **-utslipp** factory effluent. **-vare** factory product; factory-made article; manufactured *(el.* machine-made) article. **-virksomhet** manufacturing (operations); *drive* ~ carry on m. operations.
fabulere *(vb)* give one's imagination (a) free rein; let one's i. run riot.
face: *en* ~ full face.
fadder godfather; godmother; sponsor; *stå (el. være)* ~ *til* stand *(el.* be) godfather *(,etc)* to; *en plan som han har stått* ~ *til* a scheme sponsored by him. **-gave** christening gift. **-sladder** gossip, gossiping.
fader: *se far.* **-kjærlighet** paternal love.
faderlig fatherly, paternal.
fadermord parricide. **-morder, -morderske** parricide. **-vår** the Lord's Prayer; *kunne noe som sitt* ~ have sth at one's fingers' ends; *kan mer enn sitt* ~ T is up to snuff.

fadese blunder.
fag 1*(skolefag)* subject; 2*(ervervsgren)* trade, skilled trade; 3*(om liberalt erverv)* profession; 4 *(område)* department, line *(fx* it is not my l.), sphere *(fx* it is outside my sphere); 5*(avgrenset flate i bindingsvegg, etc)* bay; 6*(av hylle)* compartment, pigeon -hole; 7*(del av oppdelt vindu)* light; *et* ~ *gardiner* a pair of curtains; *et vindu med tre* ~ a three-light window; *av* ~ *(om håndverker, etc)* by trade; *(om liberale erverv)* by profession; *alt til -et henhørende (fig)* the whole bag of tricks; *hans* ~ *er klassiske språk* he is a classical scholar; *han kan sitt* ~ he understands his job *(el.* subject); he knows his job backwards *(el.* inside out); *snakke* ~ talk shop; *valgfritt* ~ optional subject; US elective subject; *(se kjernefag).*
fagarbeid skilled work. **-arbeider** skilled workman, specialized worker; *(håndverker)* craftsman; *(i brukskunst)* artisan. **-betont** *(om skole)* emphasizing technical subjects, with a t. bias; *en* ~ *skole* a school with emphasis on technical subjects; a technical school; *(se yrkesskole).* **-bevegelse** trade union movement, labour movement. **-bibliotek** specialized *(el.* technical) library, special library. **-blad** trade paper; *(vitenskapelig)* scientific periodical; *(for lærere, leger, jurister)* professional paper. **-bok** specialized book (,textbook); technical book.
fager fair; *fagre ord* fair words.
fagfelt *typisk norske -ers ordforråd* typically Norwegian technical terms; *(se også I. felt).*
fagfolk *(pl)* skilled hands, experts, specialists, professionals; *(jvf fagarbeider).* **-forbund** federation (of trade unions) *(fx* the Miners' Federation of Great Britain). **-fordeling** *(i skole)* [distribution of subjects on timetable]; *hvordan bør -en være?* how should the various subjects be distributed (on the timetable)? **-forening** trade union; US labor union.
fagforeningsbok union card. **-foreningsformann** trade union secretary. **-leder** trade union leader.
fagfortegnelse *(tlf)* classified telephone book (,hist: dictory). **-gruppe** *(universitetslærere i et fag)* department *(fx* the English d.); *(ved eksamen)* group, combination. **-krets** range of subjects, sphere, field; *vedkommende må ha fransk i sin* ~ the person concerned must have French as one of his (,her) subjects. **-kunnskap** expert *(el.* special *el.* professional *el.* technical) knowledge; *hans fremragende -er* his expert knowledge; *his excellent knowledge of this subject* (,in this field, etc). **-kyndig** skilled, expert. **-lig** professional, technical, skilled, special, specialist; ~ *dyktighet* technical skill; professional skill; *han står* ~ *meget sterkt* he is highly capable in his field; he is highly qualified in his own subject(s); *på det -e området* within his (,her etc) own subject; *-e spørsmål* technical questions.
faglitteratur specialist literature; *(vitenskapelig)* scientific l.; *jeg leser helst* ~ my favourite reading matter is on technical subjects; *skjønnlitteratur og* ~ *(omtr. =)* fiction and non-fiction.
faglærer 1. subject teacher; *jeg var hans klasseforstander og* ~ *i fransk* I was his form mas-

ter and taught him French. **2***(ved yrkesfaglig studieretning)* technical teacher. **-lært** skilled; trained (in a trade); *ikke* ~ unskilled. **-mann** expert, specialist. **-messig** *(faglig)* technical, skilled, professional; ~ *utførelse* first-class workmanship *(el.* craftsmanship). **-område** sphere, line; *det er utenfor hans* ~ it is not his line, it is outside his sphere; *(se også I. felt).* **-organisasjon** trade organization; *(se også fag-forening).* **-organisert: -e arbeidere** trade unionists.

fagott *mus (treblåseinstrument)* bassoon.

fagrom *(i skole)* specialist room.

fagsjargong jargon; *(stivt)* cant; *teknisk* ~ technical jargon.

fagskole high school *(fx* of decorative art); *teknisk* ~ technical college.

fagstudium specialized study; *(yrkes-)* vocational study.

fagtegning *se yrkestegning.*

fagutdannelse *(yrkes-)* vocational training; special training.

faguttrykk technical term; trade term.

fajanse faience, glazed earthenware and porcelain; delft.

fakir fakir.

fakke *(vt)* catch.

fakkel torch, link, flambeau. **-bærer** torch bearer. **-tog** torchlight procession.

faks *(zool)* mane.

faksimile facsimile.

faksjon faction.

fakta: *pl av faktum.*

fakter *(pl)* gestures.

faktisk *(adj)* founded on fact, actual; real; *(adv)* actually, in fact, as a matter of fact. *de -e forhold* the facts; the actual facts; the factual situation; *-e opplysninger* factual information, plain facts; *den -e eier* the virtual owner.

faktor factor; *(typ)* foreman (compositor); *-enes orden er likegyldig* [factors are interchangeable].

faktotum right-hand man.

faktum fact; *se det* ~ *i øynene at* ... face (up to) the fact that ...; *accept the fact that* ...; ~ *er at* ... in fact, in point of fact, as a matter of fact.

faktura invoice *(pl:* -s); ~ *i 2 eksemplarer* duplicate i.; *ifølge* ~ as per i.; ~ *på 20 kasser* i. for *(el.* of) 20 cases; ~ *på £10* i. for *(el.* amounting to) £10; *skrive ut en* ~ make out an i.; *-en skrives ut på dette beløpet, og detaljisten innrømmes en forhandlerrabatt* the goods are invoiced at this price and the retailer is allowed a trade discount; *det ble skrevet (ut)* ~ *på disse hattene den 19. mars* these hats were invoiced on the 19th March; *(se anføre, I. gjelde, oppføre & påføre).* **-beløp** invoice amount; amount as per invoice; *-et* the a. of the i. **-dato** date of invoice. **-pris** invoice(d) p.; *til* ~ at the price invoiced, at invoice(d) p. **-skriver** invoice clerk.

fakturere *(vb)* invoice; *US* bill; *de ble -t med £50* they were invoiced at £50; *de -te varer* the goods invoiced; *de -te priser* the prices invoiced.

faktureringsmaskin invoicing machine.

fakultativ optional. **-tet** faculty.

falanks phalanx.

falby *(vb)* offer for sale.

fald *(kant, søm)* hem.

falde *(vb)* hem.

falk *(zool)* falcon. **falkejakt** falconry.

fall fall; downfall; tumble; *(helning(svinkel))* slope *(fx naturlig* ~ natural s.); *i* ~ in case; *i alle* ~ *(iallfall)* at any rate, at all events, in any case; *i hvert* ~ at any rate, at all events; *(i det minste)* at least; *i motsatt* ~ if not; otherwise; *i så* ~ in that case, in that event, if so; *og i så* ~ and if so; in which case; *i beste* ~ at best; *i verste* ~ at worst; *det var sterkt snø-there was a heavy fall of snow; *stå for* ~ *(fig)* be about to fall *(el.* collapse); *hovmod står for* ~ pride goes before a fall; *regjeringen står for* ~ the government is about to collapse *(el.* is in danger of collapse); *(se ta C).*

falldør trapdoor; *(ved hengning)* drop.

falle *(vb)* fall, drop, tumble; *(i krig)* fall, be killed; *barometeret -r* the barometer *(el.* glass) is falling; ~ *så lang en er* fall full length, come a cropper; *jeg falt i elva så lang jeg var* I fell all my length *(el.* fell bodily) into the river; *teppet -r* the curtain falls; *det falt noen ord* some words were spoken; *jeg lot noen ord* ~ *om det* I let fall a few words about it; *det er falt dom i saken (om sivilsak)* there has been a finding in the case; the case has been decided; judgment has been passed; *ta det som det -r* take it as it comes; *det -r seg slik at* it so happens that; *da falt det seg slik at* ... then it happened that ...; *når det -r seg slik* when the opportunity offers; *det -r meg lett* I find it easy; *la saken* ~ let the matter drop; ~ **av** fall off *(el.* from); come off; *(om hår)* come out; *(mar)* fall off; *(seilsp)* bear away; ~ *av på kursen* bear away off one's course; *det -r av seg selv* it's a matter of course; it goes without saying; *(det er lett)* it's quite easy; ~ **bort** drop; be dropped; *spørsmålet -r bort* the question drops; *dermed -r denne innvendingen bort* that disposes of this objection; ~ **for** *fiendens hånd* die at the hand(s) of the enemy; ~ *for fiendens sverd* fall by the sword of the enemy; *bemerkningen falt ham tungt for brystet* he resented the remark; *took exception to the remark; ~ *for fristelsen* succumb to the temptation; ~ **fra** fall off; *(dø)* die; *(melde forfall)* drop out *(fx* two of the runners dropped out); ~ **i** *(på is)* fall through; ~ *i hendene på en* fall into sby's hands; *det -r i min smak* it is to my taste; ~ *i staver* go off into a reverie; ~ *i tanker* be lost in thought; ~ *i øynene* be conspicuous; ~ **igjennom** be rejected; *(forslag)* be defeated; *(ved valg)* be defeated; *(ved eksamen)* fail; **T** be ploughed; *(gjøre fiasko)* fall flat *(fx* the whole arrangement fell flat), fall through *(fx* the scheme fell through), come to nothing *(fx* the plan came to nothing); *det -r meg inn* it occurs to me; *det kunne ikke* ~ *meg inn* I shouldn't dream of (doing) such a thing; ~ **inn i** *et land* invade a country; ~ **inn under** *(fig)* come *(el.* be) under; ~ **ned** fall down; *la seg* ~ *ned (fra noe i fart)* drop off; *(se også ytterlig);* ~ **om** fall down; tumble down, come down, drop; ~ *død om* drop dead; *hun falt meg om halsen* she fell on my neck; ~ **på** *(om natt, mørke, etc)* fall, close in; *natten -r på* night is coming on; *natten falt på* night came (on), n. fell; *ansvaret -r på ham* the responsibility is his *(el.* rests with him); *arbeidet ville* ~ *på meg* the work would fall on me; *han falt på å gifte seg* he took it into his head to marry; *hvordan -r du på det?* what makes you think of that? *skylden vil* ~ *på Dem* the blame will be laid on you; ~ **sammen** collapse; ~ *sammen med* coincide with; be identical with; ~ **tilbake** fall back; ~ **tilbake på** *(fig)* fall back on; *ha noe å* ~ *tilbake på* have sth put by to fall back on; have a nest egg; ~ **til ro** calm down, quieten down, grow quiet; settle down; ~ **ut** fall out; ~ **ut i** fall into; *(se fisk & unåde).*

falleferdig falling to pieces, tumbledown, in a state of decay, ramshackle.

fallen fallen; ~ *engel* fallen angel; ~ *pike* fal-

len *(el.* ruined) girl; *falne og sårede* killed and wounded.
fallende falling; ~ *tendens (om priser)* downward tendency.
fallent bankrupt.
fallesyke *(med.)* epilepsy, falling sickness.
fallforgasser down-draft carburettor.
fall|gitter portcullis. **-gruve** pitfall. **-hastighet** falling velocity. **-høyde** height of fall, drop; *fossen har en* ~ *på 20 m* the waterfall is 20 metres high.
I. fallitt *(subst)* bankruptcy, failure; *gå* ~ go bankrupt, fail.
II. fallitt *(adj)* bankrupt; *erklære seg* ~ file a petition in bankruptcy; go into bankruptcy; *erklære en* ~ make sby bankrupt; *(se konkurs).*
fallitterklæring *(fig)* admission *(el.* confession) of failure.
fall|lem trapdoor. **-nett** *(mar)* (overhead) netting. **-port** *(mar)* port lid, port flap.
fall|rep *mar (inngangsåpning i skipssiden)* gangway; *glass på -et* stirrup cup.
fallrepstrapp *(mar)* accommodation ladder.
fallskjerm parachute. **-drakt** parasuit. **-hopper** parachutist. **-sele** parachute harness. **-snor** shroud line.
falltilførsel gravity feed; *med* ~ gravity-fed.
fallviser *(jernb)* gradient post; US grade post.
falløks guillotine.
falme *(vb)* fade.
fals fold; flange, rabbet; *(innsnitt i pløyd bord)* groove; tongue.
false *(vb)* fold; groove, rabbet.
falseben folding stick; folder.
falsehøvel grooving plane; rabbet plane.
falsejern folding tool.
falsemaskin folding machine.
falsett falsetto.
I. falsk *subst (dokumentfalsk)* forgery.
II. falsk *adj (ettergjort)* counterfeit; forged; *(uriktig)* false, wrong; *-e sedler* forged (bank)notes; ~ *diamant* imitation diamond.
III. falsk *(adv)* falsely; *skrive* ~ forge; *spille* ~ cheat (at cards); *(mus)* play out of tune; *sverge* ~ perjure oneself; *synge* ~ sing out of tune.
falskhet falseness, falsity; *(svikefullhet)* falseness, deception; *(dobbeltspill)* double dealing, duplicity.
falsk|myntner coiner; counterfeiter. **-myntneri** coining; counterfeiting. **-ner** forger (of documents). **-neri** forgery; *begå* ~ commit f.
falsk|spill card-sharping. **-spiller** cheat; *(profesjonell)* card-sharper.
falsum *(forfalsket dokument)* forgery.
familie family; *i* ~ *med* related to, a relation of; *av god* ~ of good family. **-foretagende** family business; *drevet som et* ~ run on family lines. **-forhold** family affairs; family circumstances. **-forsørger** breadwinner. **-hemmelighet** *(av ubehagelig art)* skeleton in the cupboard. **-krets** family circle. **-likhet** family likeness. **-liv** domestic life, home life. **-navn** family name; surname. **-tvist** family quarrel. **-vennlig:** *se hus: familievennlig* ~.
familiær familiar.
famle *(vb)* grope; fumble *(etter* for); ~ *seg fram* grope one's way; ~ *ved* fumble at; finger with.
famling groping.
fanati|ker fanatic. **-sk** fanatic(al). **-sme** fanaticism.
fanden the devil; Old Nick; *for* ~*!* damn it all! ~ *og hans oldemor* the devil and his dam; ~ *til fyr* a devil of a fellow; ~ *til vær* blast that weather! *det var som* ~*!* oh hell! *dra* ~ *i vold!* go to hell! *som bare* ~ like hell; ~ *er løs* there's the devil to pay, hell is loose, the

fat is in the fire; ... *og da er* ~ *løs* that's when you get the devil of it; *male* ~ *på veggen* paint the devil on the wall; *jeg tror* ~ *plager deg!* are you stark, staring mad? *det bryr jeg meg* ~ *om* I don't care a damn! *før* ~ *får sko på* at an unearthly hour; ~ *hjelper sine* the devil looks after his own; *når man gir* ~ *en lillefinger* give him an inch and he will take an ell; *så* ~ *om han gjør* like hell he does! ~ *ta meg om jeg gjør* I will be hanged if I do.
fandenivoldsk devil-may-care; reckless. **-het** recklessness.
fandenskap *(djevelskap)* devilry, devilment.
fane banner, standard; *med flyvende -r og klingende spill* with colours flying and drums beating. **-bærer** standard-bearer. **-ed** oath of allegiance. **-flukt** desertion (from the colours). **-vakt** colour guard, colour party.
fanfare fanfare, flourish.
fanfarehorn *(på bil)* alpine trumpet horn.
fang knee, lap; *tok barnet på -et* took the child on his (,her, *etc)* knee *(el.* lap).
fangarm tentacle.
I. fange *(subst):* *et* ~ an armful.
II. fange *(subst)* prisoner, captive; *ta en til* ~ take sby prisoner, capture sby, make sby captive *(fx* they were made c.).
III. fange *(vt)* catch *(fx* birds, thieves); *(i felle)* trap; *(ta til fange)* take prisoner, capture, make captive; ~ *ens blikk* catch sby's eye; ~ *ens oppmerksomhet* catch sby's attention; ~ *inn (motiv, stemning)* capture, catch *(fx* the whole atmosphere).
fange|drakt convict's uniform, prison u. **-hull** dungeon. **-kost** prison diet *(el.* fare). **-leir** prison camp, prisoners' camp; P.O.W. camp *(fk. f.* Prisoner of War camp).
fangevokter *(hist)* warder; *(se fengselsbetjent).*
fangenskap captivity, imprisonment.
fangline *(mar)* painter.
fangst catching, taking; *(av fisk)* catch, haul, take; ~ *og fiske, handel og håndverk, skipsfart og skogbruk* hunting and fishing, commerce and crafts, shipping and forestry.
fangst|felt fishing (,whaling, sealing, *etc)* ground. **-folk** *(pl)* hunters; whalers; sealers. **-mann:** *se -folk.* **-redskap** fishing (,whaling, sealing, *etc)* gear. **-skute** whaling (,sealing) vessel.
fant *(landstryker)* tramp; US hobo; *gjøre en til* ~ ruin sby.
fantaktig unreliable; trampish, like a tramp.
fantasere *vb (mus)* improvise; *(i villelse)* rave; be delirious.
fantasi 1*(skapende f., innbilningskraft)* imagination *(fx* he has no i.); 2*(noe skapt av f.)* fantasy, figment (of the brain); 3*(hallusinasjon)* hallucination; 4*(genre i musikk, litteratur)* fantasia, fantasy; *dikterisk* ~ poetic imagination; *det hele er fri* ~ it is entirely unfounded in fact, it is sheer imagination, it is pure invention; *en frodig* ~ a fertile imagination; *han har en livlig* ~ he has a lively i.; *i -en så han* in (his) i. he saw ...; *ikke i min villeste* ~ not in my wildest dreams; *la -en løpe løpsk* give (a) free rein to one's i.; *(se virkelighet).*
fantasi|bilde imaginary picture, chimera, illusion, figment. **-foster** figment, chimera, invention. **-full** imaginative. **-fullhet** imaginativeness. **-løs** unimaginative. **-pris** fancy price.
fantast visionary, dreamer, fantast.
fantasteri ravings, dreams.
fantastisk fantastic; *en* ~ *pike (ɔ: en alle tiders pike)* T a terrific girl; *han er helt* ~ T he's absolutely great; ~ *roman* fantasy; *så* ~ *det*

enn lyder fantastic as it may seem; *han er ~ flink* he is fantastically clever.
fantefølge gipsy gang. **-gå** *(vb)* walk out (without giving notice).
fanteri tricks; nonsense.
fantestrek dirty trick; *være ute med -er* be up to some mischief *(el.* tricks). **-vane** bad habit.
fantom phantom.
I. far*(spor)* track, trail.
II. far father; T dad, daddy; *(i omtale)* T the governor, the old man; *~ til* the father of; *er gått til sine fedre* has been gathered to his fathers; *bli ~* become a f.; *en streng ~* a stern f.; *våre fedre (forfedre)* our fathers, our ancestors.
farao Pharaoh.
farbar navigable; trafficable; *(om fjellovergang)* passable *(for* to); *ikke ~* impassable *(fx* an i. road); innavigable.
farbror father's brother, paternal uncle.
I. fare *(subst)* danger, peril, jeopardy, hazard, risk; *en alvorlig ~* a grave *(el.* serious) danger; *bringe i ~* endanger, imperil, hazard, jeopardize; *det er ingen ~* there is no danger; *med ~ for* at the risk of; *uten ~* without danger, with impunity; *uten ~ for å* without any danger *(el.* risk) of (-ing); *(se også ferd: det er fare på -e).*
II. fare *vb (reise)* go, travel; *(om skip)* sail; *(styrte, ile)* rush, dash; *-nde svenn (spøkef. om person som aldri slår seg til ro på ett sted for lengre tid)* bird of passage; *komme -nde inn* rush in; *ordet for ut av munnen på ham* the word slipped out of his mouth; *~ med løgn* tell lies; *hun for om halsen på ham* she threw herself on his neck; *~ opp* start up, jump up, jump to one's feet; *(i sinne)* flare up, fly into a temper; *(ɔ: gå opp, om lokk, etc)* snap open; *han -r opp for et godt ord* he flies into a passion readily; T he goes off the deep end *(el.* flies off the handle) instantly; *~ løs på en* rush *(el.* fly) at sby; *~ sammen* start, give a start; *~ til himmels* ascend into heaven; *~ til sjøs* be a sailor, sail; *~ vill* lose one's way, go astray.
faredag [day on which servants used to change jobs]; *(svarer omtr. til)* quarter day.
farefri free from danger, safe.
farefull dangerous.
faremoment element of risk *(el.* danger).
faren: *ille ~* in a bad way.
fareskilt *(trafikkskilt)* warning sign.
faresone danger zone.
faretruende perilous, dangerous, menacing.
farfar (paternal) grandfather.
I. farge *(subst)* colour; US color; *(fargestoff)* dye; *(kort)* suit; *bilen har to -r (også)* the car has a duotone finish; *skifte ~* change colour; *(kort)* switch to another suit; *hvilken ~ er det på kjolen din?* what colour is your dress?
II. farge *(vb)* colour (,US: color); dye; *(hår)* tint; *~ av* rub off, come off; *slipset har -t av på skjorta* the colour of the tie has run on to the shirt.
fargeblanding mixture of colours. **-blind** colour-blind. **-blindhet** colour-blindness. **-blyant** crayon, coloured pencil. **-brytning** refraction of colours. **-bånd** typewriter ribbon. **-handel** (oil and) colour shop. **-handler** (oil and) colourman.
fargelagt coloured. **-legge** *(vb)* colour; *(fotografi)* tint. **-legging** colouring; tinting.
fargelære chromatology. **-løs** colourless. **-løshet** colourlessness. **-prakt** rich colours, glowing colours.
farger dyer.
fargeri *(verksted)* dye-works. **-rik** richly coloured; *(også fig)* colourful. **-rikdom** rich colouring. **-sammensetning** colour scheme. **-sans** a sense

of colour, c. sense. **-skrin** paint-box. **-spill** play of colours. **-stoff** *(i huden)* pigment; *(typ)* colouring matter; *(til farging av fiberstoffer)* dye-(stuff). **-symfoni** colour symphony. **-tone** shade. **-trykk** colour-printing. **-virkning** colour effect.
farging colouring; dyeing; tinting.
farin castor sugar; *(se sukker).*
fariseer Pharisee. **-isk** pharisaic(al). **-isme** Pharisaism.
farkost vessel, craft.
farlig dangerous, perilous, risky; not safe; *en ~ forbryter* a dangerous criminal; US a public enemy; *det er ikke så ~ om vi kommer for sent* it doesn't matter much if we are late; *han er ~ syk* he is dangerously ill.
farmasi pharmacy. **-søyt** pharmacist, pharmaceutical chemist. **-søytisk** pharmaceutic(al).
farmer farmer.
farmor (paternal) grandmother.
I. farse *(kjøtt-)* forcemeat.
II. farse farce; *en ellevill ~* a riotous farce.
farseaktig farcical.
farskap fatherhood, paternity.
farskapssak paternity case; *blodprøve i ~* paternity blood test.
farsnavn patronymic; surname.
farsott epidemic.
farsside: *på -n* on the father's side, paternal.
fart 1*(bevegelse)* motion; *i ~* in motion; *gjøre ~ (forover) (mar)* make headway; *skipet beholdt -en* the ship kept her way; 2*(hastighet)* speed, velocity, rate, pace; *skyte god ~* go at a good round pace; 3*(trafikk, seilas)* navigation, trade *(fx* oversea(s) t.; the London t.); *i ~på X* (engaged) in the X trade; *-en på Nord-Kina* trade with North-China ports; *skip som går i fast ~* ships that sail on fixed routes; 4*(rute)* service *(fx* a liner in the Bombay s.); *skip som går i fast ~* ships that sail on fixed routes; *skip i utenriks ~* foreign-going ships; *gå i ~ på* trade to; *skipet går i ~ på England* the ship runs to English ports; *skipet går i ~ mellom X og Y* the ship runs between X and Y; *sette et skip i ~* put a ship into service *(el.* in commission); *bestemme -en (sport, også fig)* set the pace; *få ~ på det* T give things a push; chivvy things along; *få ~ på sakene (også)* make things hum; *nå har det begynt å bli ~ på sakene* things are going ahead like a house on fire; things have begun to hum; *for full (,halv) ~* (at) full (,half) speed; *i full ~* at full speed; at top speed; *det gikk i en ~* it was quick work; *det er ~ over ham* he's full of go; *sette opp ~* en put on speed; speed up; *på -en* on the run; on the move; on the go *(fx* I've been on the go all day); *stå på -en* be about to go *(el.* leave); *under ~* while driving; at normal running speeds; *det er forbudt å åpne dørene under ~* do not open the doors while the train is in motion *(el.* is moving); *øke -en* put on more speed; increase speed; accelerate; *(se avta, skyte, slakke).*
farte *(vb):* *~ omkring* knock about; *~ omkring i Europa* travel about Europe.
fartsgalskap speed mania.
fartsgrense speed limit; *overskride -n* exceed the s. l. **-oppbygg** *(i skibakke)* take-off tower. **-plan** time table; schedule. **-prøve** speed trial. **-tid** (time of) service; *(sjømannens)* sea service; US sea duty.
fartøy vessel; craft, boat.
farvann water(s); *(lei, renne)* fairway; *være i -et (fig)* be in the offing; be in sight; *urent ~* foul water(s); *åpent ~* open waters.
farvel good-bye; *si ~ til* say good-bye to.
fasade front, frontage, façade.

fasan *(zool)* pheasant.
fascisme Fascism. **fascist** Fascist. **fascistisk** Fascist.
fase phase, stage.
fasett facet. **fasettere** *(vb)* facet.
fasevinkel *(jernb)* angle of phase displacement.
fasit answer. **-bok** answer book, answers, key.
fasjonabel fashionable.
fasle sling; *ha armen i* ~ have one's arm in a sling.
fasong shape, cut.
fast firm; *(mots. flytende)* solid; *(tett)* solid, compact; *(standhaftig)* firm, steadfast; *(om stemme)* firm, steady; *(om markedet)* firm; *(bestemt)* fixed; *en* ~ *ansettelse* a permanent appointment; *bli* ~ *ansatt* receive a permanent appointment, be permanently appointed; ~ *arbeid* permanent work; *-e arbeidere* regular hands; ~ *eiendom* (real) property; US real estate; ~ *fot* a firm footing; *et* ~ *forsett* a firm resolution; *det er mitt -e forsett å ...* I am firmly resolved to ...; ~ *føde* solid food; *en* ~ *kunde* a regular customer; ~ *lønn* a fixed salary; *-e priser* fixed prices; *-e regler* fixed rules; ~ *rygg (bokb)* tight back; *bli* ~ *ved* persist in; *gjøre* ~ fasten, make fast; *holde* ~ *ved (el. på)* hold on to, stick to; *sitte* ~ stick, be stuck; *be firmly secured; sitte* ~ *i salen* have a good seat; *(fig)* sit tight in one's saddle; be in a secure position; be secure; *slå* ~ *: se fastslå; stå* ~ *(fig)* be at a deadlock; be stuck; *det står* ~ it is an established fact; *(se oppdrag).*
I. faste *(subst)* fast; *(fastetiden)* Lent.
II. faste *(vb)* fast.
fastedag fast-day. **-kost** lenten fare.
fastelavn Shrovetide. **fastelavnsbolle** (Shrovetide) bun. **-løyer** *(pl)* Shrovetide fun. **-mandag** Shrove Monday. **-søndag** Quinquagesima Sunday.
fastende: *jeg er* ~ I have not yet eaten anything, I have not broken my fast; *på* ~ *hjerte* on an empty stomach, first thing in the morning.
fastepreken Lent sermon.
fastetid time of fasting, Lent.
fastgjøre *(vb)* fasten, fix, secure, make fast.
fasthet firmness; solidity; compactness.
fastholde *vt (påstand)* stick to, maintain, adhere to; ~ *sin forklaring* stick to one's original statement; ~ *et uttrykk* refuse to withdraw an expression. **-land** mainland; continent; *det europeiske* ~ the Continent, Continental Europe. **-lands-** continental.
fastlegge *(vb)* lay down *(fx* rules); fix, determine; *nøye fastlagte grenser* well-defined limits, precisely defined limits.
fastleggelse laying down; fixing, determination.
fastlønt with a fixed salary; *være* ~ draw a f. s.
fastnøkkel open-end spanner (,US: wrench).
fastsette *vb (en tid)* appoint, fix; *(en pris)* fix; *(betingelser)* stipulate; *(regler)* establish, lay down; *loven -r at* the law provides *(el.* lays down) that; *som fastsatt i loven* as laid down in the law; ~ *lønnen til* fix the wages at; *til fastsatt tid* at the appointed time. **-settelse** appointment, fixing; stipulation; establishment.
fastslå *vb (bevise)* establish; *(bevitne)* record; *(konstatere)* ascertain; ~ *hans identitet* establish his identity; *det er vitenskapelig -tt at* science has established the fact that; *(se også konstatere & purring).*
fat dish; *(mots. tønne)* cask, barrel; *vin fra* ~ wine from the wood; *øl fra* ~ draught beer.
fatal unlucky, unfortunate, calamitous. **-isme** fatalism. **-ist** fatalist. **-itet** calamity; misfortune.
fatamorgana mirage.

fatle sling; *(se fasle).*
fatning 1*(sinnsro)* composure, self-possession; 2*(holder, etc)* holder, socket; *objektiv-* lens mounting; *bringe ut av* ~ disconcert, discompose, discomfit, embarrass, put out; *(ved blikk)* stare out of countenance; outface; *miste (el. tape) -en* lose one's composure; T lose one's head; get panicky; *uten å tape -en* with composure; composedly; coolly; calmly.
fatt 1*(tak, grep): få* ~ *i* get hold of; *ta* ~ *(på et arbeid)* set to work; get down to it; *han tok* ~ *på arbeidet (også)* he got down to his work; he turned to his work; *vi må ta* ~ *for alvor* we must buckle to, we must set to work in earnest, we must settle down seriously to work; *det er på tide vi tar* ~ *(også)* it's time we turned to; it's time we got started; 2.: *det er galt* ~ there's sth wrong; *det er galt* ~ *med ham* he's in a bad way; *hvordan er det* ~ *med ham?* how are things with him? *nå, er det slik* ~ *!* so that's the way it is!
fatte *vb (begripe)* comprehend, understand, conceive; ~ *lett* be quick in the uptake, be quick-witted; ~ *en beslutning* come to a decision; ~ *nytt håp* find new hope; *de -t nytt håp* their hopes revived; ~ *mot* take courage; ~ *seg* compose oneself, be composed; ~ *seg i korthet* be brief *(fx* invite speakers to be brief); *jeg -t meg i korthet* I made it *(el.* kept it) brief *(el.* short); I expressed myself briefly.
fatteevne comprehension, faculty of understanding; *det ligger utenfor et barns* ~ that is beyond the scope of a child's understanding.
fatter T *(i omtale)* the governor, the old man.
fattet composed, collected, calm, cool, self-possessed; *blek men* ~ pale but resolute.
fattig poor; *den -e* the poor man; *de -e* the poor; ~ *i ånden* of inferior intellect, lacking in wit; *(bibl)* poor in spirit; *de -i ånden (bibl)* the poor in spirit; ~ *på* poor in, deficient in; *etter* ~ *leilighet* to the best of my poor ability; *noen få -e ord* a mere handful of words; *en* ~ *trøst* (a) poor *(el.* meagre) comfort; (a) poor consolation; *jeg er 100 kroner -ere* I'm a hundred kroner worse off; I'm the poorer by a h. k.; I'm a h. k. down. **-bøsse** poor box. **-dom** poverty; *(litt.)* penury, indigence; *nedsunket i* ~ sunk in poverty.
fattigfolk *(pl)* poor people, the poor. **-fornem** shabby-genteel. **-kasse** *(glds)* poor relief fund; *komme på -n* T go on the dole. **-kvarter** poor quarter. **-lem** pauper; T have-not. **-mann 1.** poor man; **2.** fried cruller. **-slig** beggarly, poor, mean. **-vesen** *(glds)* (system of) poor relief; poor-law authorities.
faun faun.
fauna fauna.
favn embrace; *(mål)* fathom; *en* ~ *ved* a cord of wood; *på 9 -er vann* in nine fathoms of water; *styrte seg i ens* ~ rush into sby's arms; *tok ham i* ~ took him into his *(,her)* arms.
favne *(vb)* embrace, clasp, hug; ~ *opp (mar)* fathom.
favneved cord wood.
favntak embrace; T hug.
favorisere *(vb)* favour; US favor. **-itt** favourite.
favør favour; US favor; *i min* ~ to my advantage; *(merk)* to my credit, in my favour; *en saldo i min* ~ a balance to my credit.
I. fe fairy.
II. fe *(dyr)* cattle; *(dumrian)* blockhead, fool, ass, oaf; S nitwit, sucker, numskull.
feaktig fairy-like.
feavl cattle breeding.
feber fever; *få* ~ develop *(el.* run) a temperatu-

re; *(få en febersykdom)* catch a fever; *ha* ∼ have *(el.* run) a temperature, be feverish; *han har litt* ∼ he's got a slight temperature. **-aktig** feverish; *i* ∼ *spenning* in a fever of expectation. **-drøm** feverish dream, delirium. **-døs** feverish doze. **-fantasi** feverish hallucination.

feberfri free from fever, non-febrile; *-e dager* days free from fever; *på dager da han er* ∼ on the days when his temperature is normal; *pasienten har vært* ∼ *i to dager* for the last two days the patient's temperature has been back to normal.

feberhet feverish; feverishly hot *(fx* cheeks). **-kurve** 1. temperature chart; 2. t. curve. **-stillende** antipyretic, febrifugal; *et* ∼ *middel* an antipyretic, a febrifugal. **-termometer** clinical thermometer. **-tilstand** feverish condition. **-villelse** delirium.

febril febrile, feverish.

febrilsk feverish, hectic; ∼ *travelhet* feverish activity.

februar February.

fedd *(garnmål)* skein.

fedme fatness, corpulence, obesity.

fedredyrkelse ancestral worship.

fedreland (native) country; *få et nytt* ∼ adopt a new country; *Amerika ble hans annet* ∼ America became his second home *(el.* country).

fedrelandshistorie national history. **-kjærlighet** patriotism, love of one's country. **-sang** national anthem, patriotic song. **-sinnet** patriotic, public-spirited. **-venn** patriot.

fedrene *(adj)* paternal, ancestral.

fedrift 1. cattle breeding *(el.* rearing); *(mots åkerbruk)* pastoral farming; 2*(flokk)* drove of cattle.

fehirde *(hist)* royal treasurer. **-sle** *(hist)* treasury district.

fehode fool; **T** blockhead; dummy; *(glds* **T**); numskull.

fei: *i en* ∼ in a tick *(el.* wink); in a flash; in no time.

feide *(subst)* quarrel; *(mellom familier)* feud; *(litterær)* controversy.

feie *(vb)* sweep; ∼ *en ovn* clean out a stove; ∼ *en av* shake (,**T** choke) sby off; be short with sby; get rid of sby; **US** *(også)* brush sby off; ∼ *av sted* scorch *(el.* sweep) along, go at a spanking rate; ∼ *alt foran seg* sweep all before one, sweep the board; ∼ *til side* brush aside; *nye koster -r best* new brooms sweep clean; *fei for Deres egen dør* sweep before your own door.

feiebrett dustpan. **-hullslokk** *(på ovn)* sweeping cover. **-kost** hand-brush; *(se også langkost).*

feig cowardly, dastardly. **-het** cowardice; *vise* ∼ show the white feather.

I. feil *(feiltagelse)* mistake; *(feil man begår)* mistake, fault; *(mindre)* slip; *(skrive-, trykk-)* error; *(det å regne, telle, dømme feil)* error *(fx* an e. of judgment); *(mangel)* defect.

II. feil *(adj)* wrong, erroneous, incorrect; *en* ∼ *hatt* somebody else's hat; *gå inn i et* ∼ *værelse* enter the wrong room; *(se belysning & innstilling).*

III. feil *(adv)* amiss, wrong, erroneously; ∼ *datert* misdated; *gå* ∼ go the wrong way, miss the way; *se* ∼ be mistaken; *skrive* ∼ make a slip of the pen; *skrive* ∼ *av* miscopy; *skyte* ∼ miss (the mark); *slå* ∼ be a failure, fall through *(fx* his plans fell through); go wrong; *våre beregninger slo* ∼ we calculated wrongly; we made a miscalculation; *når fisket slo* ∼ when the catch *(el.* fishing *el.* fisheries) failed; *høsten har slått* ∼ the harvest is a failure; *ta* ∼ be mistaken, be wrong *(fx* you are not far w.); **T**

get it wrong; *jeg tar* ∼ I am mistaken; *ta litt* ∼ **T** be a bit off; *han tok ikke mye* ∼ he was not far out; *ta* ∼ *av en* be mistaken in sby, get sbywrong; *du kan ikke ta* ∼ *av veien* you can't miss it.

feiladressere *(vt)* misdirect, direct wrongly.

feilaktig faulty, erroneous, wrong; *fremstille* ∼ misrepresent. **-aktighet** incorrectness. **-bar** fallible.

feilbedømme *(vb)* misjudge; miscalculate; ∼ *avstanden* misjudge *(el.* miscalculate) the distance.

feildatere *(vt)* misdate.

I. feile *(vi)* err, make mistakes; *(på et mål)* miss; *å* ∼ *er menneskelig* to err is human.

II. feile *vb (være i veien med): hva -r det ham?* what's the matter with him? what ails him? what's wrong with him? *det -r ham ikke noe* he is all right.

feilfri faultless, free from faults, flawless, impeccable; *i* ∼ *stand* in perfect condition. **-frihet** faultlessness, flawlessness. **-grep** error, mistake, slip. **-lesning** misreading. **-regning** miscalculation. **-skjær** *(skøyte-)* false stroke. **-skrift, -skrivning** slip of the pen. **-skudd** miss. **-slagen** unsuccessful, abortive. **-slutning** erroneous inference. **-slått:** *se* **-slagen**. **-søking** fault finding. **-tagelse** mistake; *ved en* ∼ by mistake. **-tenning** misfiring. **-trekk** wrong move. **-trinn** false step, slip.

feilvurdere *(vb)* misjudge; miscalculate.

feilvurdering miscalculation, misjudgment; wrong assessment; *en fullstendig* ∼ *av situasjonen* a completely wrong assessment of the situation.

feire *(vb)* celebrate, solemnize, keep *(fx* one's birthday); *(gjøre stas på)* fete *(fx* he was feted as a hero); ∼ *jul på den gode gamle måten* keep Christmas in the old style; *vi har tenkt å* ∼ *(denne) dagen (også)* we will make this an occasion.

feiret popular, much admired.

feit: *se fet.*

fekar drover; cattle dealer.

fekte *(vb)* fence; *(gjøre heftige bevegelser)* gesticulate *(fx* with a fork), brandish *(fx* a fork). **-hanske** fencing glove. **-kunst** art of fencing. **-mester** fencing master.

fekter fencer, swordsman.

fektning fencing; *(trefning)* skirmish, engagement.

fele *(mus)* fiddle.

feleger cattle camp, drover's camp.

felespiller fiddler.

felg *(på hjul)* wheel rim; *fast* ∼ integral rim; *kjøre på -en* drive on a flat tyre (,**US** tire); *jeg kjører på -en (også)* I've a flat.

fell pelt; skin (rug), fur *(el.* skin) bedcover.

I. felle *subst (kamerat)* fellow, companion, associate.

II. felle *(subst)* trap; *(fig)* pitfall; *gå i -n* be caught in the trap, fall into the trap; *sette opp en* ∼ *for* set a trap for; *det er en* ∼ *i det spørsmålet* there is a catch in that question.

III. felle *(vt)* 1*(hugge ned)* fell, cut (down) *(fx* timber); 2*(slå til jorden)* knock down, fell; 3*(drepe)* kill, slay; 4*fig (styrte)* overthrow *(fx* the Government, a tyrant); 5*(jur)* convict *(fx* we have enough evidence to convict him); 6*(la falle)* cast, shed *(fx* shed tears; the tree shed its leaves; reindeer shed their antlers); *(om fjær)* moult; *(om ham)* slough; 7*(i strikking)* decrease; *et -nde bevis* a damning piece of evidence; ∼ *en dom over* pass judg(e)ment on; *(se dom);* ∼ *en i straffefeltet (fotb)* bring sby down in the penalty area; ∼ *hår* shed one's hair; *(se også* *røyte);* ~ *en maske i slutten av pinnen* decrease a stitch at the end of the row; *hun er i den alder da hun -r tenner* she's at the age of losing her teeth; ~ *av (i strikking)* cast off; ~ *noe inn i noe annet* fit sth into sth else; ~ *noe inn (el. ned) i noe* recess sth into sth *(fx* the lock is recessed *(el.* set) into the edge of the door); ~ **ned** *(mat.)* draw a perpendicular from *(fx* draw a perpendicular from X to Y).

felles common, joint; *ved* ~ *hjelp* between them (,us, *etc);* ~ *interesser* common interests, interests in common; community of interests; ~ *mål* common measure; *for* ~ *regning* on joint account; *gjøre* ~ *sak med* join hands with, make common cause with; *vår* ~ *venn* our mutual friend; *være* ~ *om noe* have sth in common; be partners in sth.

felles|anliggende joint concern. **-bo** joint estate.

felleseie **1***(privatpersoners)* joint property; *(samfunns, stammes)* communal property; **2***(det å eie, om privatpersoner)* joint ownership; *(om samfunn, stamme)* communal ownership; **3***(systemet, prinsippet)* communal ownership; collectivism.

felles|ferie general staff holiday. **-grav** common grave. **-kjønn** *(gram)* common gender. **-måltid** communal meal *(fx* dinner will be a c. m.). **-navn** *(gram)* common name. **-nevner** common denominator. **-preg** common stamp. **-skap** fellowship, (spirit of) community; *opptre i* ~ act in concert *(el.* together); make common cause; *i* ~ *med* jointly with, together with.

felles|skole co-educational school. **-tittel** collective title. **-undervisning** co-education.

I. felt field; ground; *(i brettspill)* square; *(område)* department, province *(fx* this is rather outside my p.), sphere *(fx* it's outside my s.), field *(fx* that's not my f.), line *(fx* it's not my l.); *-et (sport)* **1.** the field *(fx* of runners, riders, *etc);* **2.** the field, the main body *(fx* of runners, *etc);* T the bunch; *(hesteveddeløp)* the ruck *(fx* 'Cherry Girl' took the lead, leaving the r. far behind).

II. felt *(mil)* field; *dra i -en* take the field.

felt|artilleri *(mil)* field artillery. **-flaske** canteen. **-fot:** *på* ~ on a war footing. **-herre** commander, general. **-herredyktighet** generalship. **-herrekunst** strategic art, strategy. **-kjøkken** field kitchen. **-lasarett** field hospital. **-liv** camp life, campaigning. **-manøver** field manoeuvre (,US: maneuver). **-marskalk** field marshal. **-messig:** ~ *antrekk* field uniform, battle order, heavy marching order. **-prest** army chaplain, chaplain to the forces *(fk* C. F.); T padre. **-rop** watchword, password, countersign. **-seng** folding bed, camp bed. **-sjef** *(oljeind)* offshore manager. **-slag** pitched battle.

feltspat felspar, feldspar.

feltspole field coil.

felt|staffeli field easel. **-stol** camp stool. **-tjeneste** field service. **-tog** campaign. **-vakt** picket. **-vikling** field windings.

fem *(tallord)* five; *gå* ~ *på* T **1***(bli lurt)* be badly caught; **2***(forspille sin sjanse)* S miss the boat; *der gikk jeg* ~ *på* (1) I was badly caught there; I was badly taken in over that; *han er ikke ved sine fulle* ~ he's not all there.

fem|akts five-act. **-dobbelt** fivefold, quintuple. **-fingret** *(bot)* quinate. **-foll** fivefold, quintuple. **-fotet:** ~ *vers* pentameter.

feminin feminine. **-um** *(gram)* the f. (gender), f. noun.

feminisme feminism.

feminist feminist.

femkamp *(sport)* pentathlon.

fem|kant pentagon. **-kantet** pentagonal.

femling quintuplet; *-er* T quins.

fem|mer *(kort)* five; *(om penger)* five-kroner piece; *(sporvogn, etc)* number five; (NB fiver = fempunds- eller femdollarseddel). **-sidet** five-sided, with five sides. **-tall** the figure five.

femte *(tallord)* fifth; *det* ~ *bud (svarer hos anglikanerne til)* the sixth commandment; *for det* ~ fifthly, in the fifth place; ~ *hjul på vogna* one too many; *være* ~ *hjul på vogna* play gooseberry.

fem(te)del fifth part, fifth.

femten *(tallord)* fifteen.

femtende *(tallord)* fifteenth.

femte|part: *se -del.*

femti *(tallord)* fifty.

fena|knoke [knuckle-bone of mutton ham]. **-lår** cured leg of mutton; *(omtr. =)* mutton ham.

fender fender.

fenge *(vb)* catch fire, take fire, ignite, kindle.

fengelig inflammable.

feng|hette percussion cap. **-hull** vent. **-krutt** priming. **-rør** tube. **-sats** primer.

fengsel prison, gaol, jail; US prison, jail, penitentiary; *(straff)* imprisonment; *bryte seg ut av fengslet* break jail, escape from prison; *bli dømt til tre måneders* ~ be sentenced to three months' imprisonment, get a three months' sentence; T get three months; *komme i* ~ go to jail, be imprisoned; *sette en i* ~ put sby in prison, imprison sby; *sitte i* ~ be in prison; T do time; S do a stretch; *bot eller* ~ fine or imprisonment.

fengsels|anstalt penal institution. **-betjent** prison officer; *(hist)* warder; US prison guard. **-direktør** (prison) governor; US warder (of a prison). **-gård** prison yard. **-kirke** prison chapel. **-lærer** tutor organizer. **-prest** prison chaplain. **-straff** (term of) imprisonment. **-vesenet** the prison service; the prison administration.

fengsle *(vb)* imprison, put in prison, commit to prison, confine; *(sperre inne)* incarcerate; *(vekke interesse hos)* captivate, fascinate, charm; *(legge helt beslag på)* absorb, engross; ~ *ens oppmerksomhet* arrest *(el.* catch) sby's attention; ~ *sine tilhørere* hold one's audience spell-bound, captivate one's audience.

fengslende absorbing, enthralling, *(interessant)* highly interesting.

fengsling imprisonment.

fengslingskjennelse *(jur)* committal order; *avsi* ~ *over* commit for trial.

fenomen phenomen|on *(pl:* -a).

fenomenal phenomenal.

fenrik *(mil)* second lieutenant; *(flyv)* pilot officer; US second lieutenant; *(sjøoffisers grad)* sub-lieutenant; US ensign; ~ *(M)* engineer-sublieutenant.

ferd expedition; *(oppførsel)* conduct, behaviour (,US: behavior); *være i* ~ *med* be about; be in the process of *(fx* China is in the p. of developing into one of the world's greatest shipping nations); *gi seg i* ~ *med* set about, embark on, address oneself to; *hva er på -e?* what's the matter? *det er noe på -e* there's something in the wind; *det er noe galt på -e* there's something wrong *(el.* amiss); *det er fare på -e* there's danger afoot; mischief is brewing.

ferdes *vb (reise)* journey, travel; *(være i bevegelse)* move, walk; ~ *i skog og mark* walk about the woods and fields.

ferdig *adj* **1***(rede)* ready; **2***(fullendt)* finished, done; **3***(utkjørt)* (absolutely) worn out, all in, dead-beat; *-e produkter* finished products; *vi blir* ~ *med det i løpet av morgendagen* we shall

finish it tomorrow in the course of the day; *det vil holde hardt å bli* ~ *(med dette arbeidet) til i morgen* it will be touch and go whether we (,I, *etc)* get this (job) finished by tomorrow; **gjøre** ~ get ready; *(fullende)* finish; **være** ~ **1.** be ready *(fx* are you ready?); have finished (one's work); **2***(fig)* be finished, be done for, have had it *(fx* he's had it); *etter denne skandalen er han* ~ this scandal has finished him; **T** this scandal has done for him; this scandal has cooked his goose; *han er ikke (helt)* ~ *ennå* (1) he isn't (quite) ready yet; *stolen er nå helt* ~ the chair is now quite finished; *jeg er helt* ~ (3, *også)* I'm properly done up; *dette prosjektet beregnes å være* ~ *den 5. mai* the estimated date of completion of this project is May 5th; **være** ~ **med** have done with, have finished (with); *(fig)* be through with, have done with; *er du først nå* ~ *med arbeidet?* haven't you finished your work until now? have you only just finished your work? *er du* ~ *med blekket?* have you done with the ink? have you finished using the ink? *er du* ~ *med boka?* have you finished the book? *jeg er* ~ *med ham (fig)* I'm through with him; I've done with him; *da ekspeditrisen var* ~ *med kunden* when the shopgirl had finished with the customer; when the shopgirl had finished serving the customer; *jeg er* ~ *med permisjonen min* **T** my leave is up; **være** ~ **til trykning** be ready for the press, be ready for the printers, be ready to go to press.
ferdighet dexterity, skill, proficiency. **-sfag** *(i skole)* [subject demanding practical skill]. **-smerke** *(for speidere)* merit badge, proficiency badge.
ferdighus prefabricated house; **T** prefab.
ferdiglaget ready-made.
ferdigprodukt finished product, manufactured product; *råprodukter og -er* raw and manufactured products.
ferdigsydd ready-made.
ferdsel (road) traffic; *(se trafikk).*
ferdselsåre traffic artery; *(se hovedferdselsåre).*
ferdskriver *(flyv)* flight recorder; black box.
ferie holiday(s); *(især US)* vacation; *(om embetsmanns, etc)* leave *(fx* he's on long leave in Europe); *(parl)* recess; *(jur)* recess, vacation; *(se sommerferie);* **god** ~ ! (a) pleasant holiday! have a nice holiday! enjoy your holiday! *han ønsket dem god* ~ he wished them a pleasant holiday; ~ *i utlandet* holiday(s) abroad; *to måneder er en* **lang** ~ two months is a long holiday; ~ **ved** *kysten* holiday(s) at the seaside; seaside holiday(s) **få** *fire ukers* ~ get four weeks' holiday; **ha** ~ have a holiday; be having a holiday; *be on holiday; vi hadde en riktig fin* ~ we had a very good *(el.* nice) holiday; we had a lovely holiday; **ta** ~ have *(el.* take) a holiday; *de kommer til å* **tilbringe** *-n i Paris* they will spend *(el.* be spending) their holiday(s) in Paris; *du* **trenger** ~ you need a holiday; *i -n in* the holidays, during the holidays; *hva har du tenkt å gjøre i -n?* what are you going to do for your holiday (this year)? *jeg vet ikke riktig hva jeg skal gjøre i -n* I don't know exactly what I shall be doing for my holidays; I don't know exactly what I shall do during *(el.* with) my holidays; *reise hjem i -n* go home for the holiday; *dra (el. reise)* **på** ~ go on (a) holiday; go on one's holiday; *han er på* ~ *i Spania* he is on holiday in Spain; he is holidaying in Spain; *(se juleferie; påskeferie; skoleferie; sommerferie);*
*Try and steer clear of any trouble these holi-

days!// We've had almost a week of the holiday without him already - such a waste!
feriedag day of a (,the) holiday; *på min første* ~ on the first day of my holiday. **-kurs** holiday course. **-lesning** holiday reading. **-opphold** holiday (stay).
feriere *(vb)* be on a holiday.
feriereise holiday trip. **-reisende** holiday maker. **-stemning** holiday mood. **-tur** holiday trip. **-vikar** leave substitute; *(hjelpeekspeditør)* relief counter hand; *-er* casual staff.
ferist cattle grating.
I. ferje *(subst)* ferry boat, ferry.
II.ferje *(vb)* ferry.
ferjeavbrekk: *med* ~ *over de mange fjorder* with ferries across the numerous fjords.
ferjefolk *(pl)* ferrymen. **-mann** ferryman. **-sted** ferry.
ferment ferment.
ferniss varnish. **-ere** *(vb)* varnish.
fernissering varnishing.
fernisseringsdag varnishing day.
fersk fresh; *(fig)* green; *gripe på* ~ *gjerning* catch red-handed, catch in the (very) act.
fersken *(bot)* peach.
ferskhet freshness. **-vann** fresh water. **-vanns-** freshwater.
fert scent; *få -en av* scent; *(også fig)* get wind of.
fesjå cattle show.
fess *(mus)* F flat.
fest **1***(privat)* celebration *(fx* we are having a little c. tonight); *(jvf selskap);* **2***(offentlig)* celebration, festival, function, ceremony; **3***(festmiddag)* feast, banquet; **4***(barnehjelpsdag, basar, etc, ofte)* fête; **5***(musikk-)* festival; **6***(rel)* feast *(fx* the f. of St. Anthony), festival *(fx* the great Church festivals); *en stor* ~ (1) a great celebration; **T** a great to-do; (2) a great festival, an important function; great festivities; (3) a big feast *(el.* banquet); *det var en* ~ *å høre ham* it was a treat to hear him; *(se avslutning).*
festaften gala night. **-antrekk** gala (dress), full dress; *(kjole og hvitt)* evening dress. **-arrangør** organizer of a (,the) festival; person in charge of the arrangements. **-belysning** festive illumination. **-blankett** greetings telegram form; *telegram på* ~ greetings telegram. **-dag** *(offentlig)* public holiday; *(kirkelig)* feast day, festival; *(gledesdag)* day of rejoicing *(el.* festivity), great day, gala day, red-letter day. **-deltager** participant (in the celebrations, banquet, *etc).*
I. feste *(subst)* hold, grip; *(fot-)* foothold, footing.
II. feste *vb* **1***(holde fest)* celebrate, have a party, have a jollification; feast; **2***(gjøre fast)* fasten, make fast, secure, fix *(fx* a loose plank); attach; ~ *blikket på* fix one's eyes on; ~ *oppmerksomheten på* fix one's attention on; ~ *noe på papiret* commit sth to paper *(el.* to writing); ~ *seg i erindringen* impress itself on one's memory; ~ *seg ved noe (legge merke til)* notice, take notice of; *(tillegge betydning)* attach importance to; *en -r seg særlig ved at ...* special importance is attached to the fact that ...; **3***(tjenere)* hire *(fx* farm hands), engage *(fx* servants); ~ *seg bort* take service; *la seg* ~ *hos* enter sby's service; *(se huspost).*
festemutter holding nut.
festforestilling gala performance. **-humør** festive spirits *(el.* mood).
festivitas festivity.
festkledd in gala; festively dressed, gaily dressed; *(i kjole og hvitt)* in evening dress. **-komité** (entertainment) committee, organizing committee. **-konsert** gala concert. **-lig** festive; *(morsom)* amusing; *(hyggelig)* nice; pleasant; *(munter)* live-

ly; *en* ~ *anledning* a f. occasion; ~ *dekorert* gaily decorated; *det var* ~ it *(el.* that) was fun. **-ligheter** *(pl)* festivities, celebrations. **-middag** banquet.

festne *(vb):* ~ *seg (størkne)* harden *(fx* the mixture hardened into a solid mass); *(anta fast form)* assume definite form; *(om språkbruk)* become established; *(se II. feste 2).*

festning *(mil)* fortress, fort. **festnings|anlegg** fortification. **-arbeid** fortification. **-verk** fortification. **-vold** rampart.

fest|plass fête grounds. **-program** programme (,US: program) (of the festivities). **-sal** assembly hall. **-skrift** memorial volume, homage v., Festschrift; *(NB* a Miscellany in honour of X). **-stemning** festive mood *(el.* atmosphere); *byen var i* ~ the town was in a festive mood; the t. was given up to rejoicing. **-tale** principal speech. **-tog** procession.

fet fat; *-e typer* heavy type *(fx* in h. t.), boldfaced type; *et -t embete* a lucrative office.

fetere *(vb)* make much of, fête.

fetevarehandler *(glds)* pork butcher.

fetevarer *glds (pl)* delicatessen.

fetisj fetish.

fetisjdyrkelse fetishism, fetish worship.

fetladen running to fat, fattish, on the fat side, plump(ish), somewhat stout, podgy.

fetning fattening.

fetsild fat herring.

fett *(subst)* fat; *(til smøring)* grease; *det er ett* ~ it's all the same *(for meg* to me); *bli stekt i sitt eget* ~ stew in one's own juice; *(glds)* be hoist with one's own petard. **-aktig** fatty. **-dannelse** formation of fat.

fette *(vb)* grease, besmear with grease.

fetter cousin; male cousin. **-skap** cousinship.

fettet greasy.

fett|flekk grease spot. **-gehalt** fat content. **-innhold** fatty content. **-kjertel** sebaceous gland. **-klump** lump of fat. **-kopp** grease cup. **-sprøyte** grease gun. **-stift** wax crayon. **-stoff** fatty substance, fat. **-svulst** fatty tumour (,US: tumor). **-syre** fatty acid; *(sebacinsyre)* sebacic acid; *(u)mettet* ~ (un)saturated fatty acid. **-vev** adipose *(el.* fatty) tissue.

Fia *(i tegneserie)* Maggie; *hun er en ordentlig* ~ she's a shrew; *«* ~ *og Fiinbeck»* 'Bringing up Father'.

fiasko failure, fiasco; **T** flop; *gjøre* ~ fail (utterly).

fiber fibre; US fiber.

fideikommiss trust, settlement; *(gods)* entailed property *(el.* estate).

fidibus spill, pipe light(er).

fidus *(tillit)* confidence *(til* in).

fiende enemy; *(glds & poet)* foe; *dødelig* ~ mortal e.; *menneskehetens største* ~ the greatest enemy of mankind; *være en* ~ *av* be an enemy of; *skaffe seg -r* make enemies; *gjøre en til sin* ~ make an enemy of sby; *gå over til -n* go over to the enemy; *gå i -ns tjeneste* take service against one's own country.

fiendsk hostile, inimical.

fiendskap enmity; hostility; *i* ~ *med* at enmity with.

fiendtlig hostile.

fiendtlighet hostility; *gjenoppta -ene* reopen hostilities.

fiff knack, trick.

fiffe *(vb):* ~ *seg* have a wash and brush-up, have a clean-up.

fiffig clever; *(listig, snedig)* cunning, sly; *det var* ~ *gjort* that was cleverly done; *det var ikke videre* ~ *gjort* that wasn't very smart.

figur figure; *gjøre en god* ~ make a good show; *gjøre en meget god* ~ make a brilliant show; **T** cut a dash; *gjøre en ynkelig* ~ cut a poor figure; *ha en god* ~ have a good figure; *portrett i hel* ~ full-length portrait.

figurere *(vb)* figure.

figurlig figurative.

Fiinbeck *(i tegneserie)* Jiggs; *(se Fia).*

fik box on the ear.

fike *(vb)* box sby's ears.

fiken *(bot)* fig. **-blad** fig leaf; *(danserinnes, etc)* cache sex. **-tre** fig tree.

fikle *(vb)* fumble; ~ *med* tamper with.

fiks smart; chic; ~ *idé* fixed idea; obsession; idée fixe; ~ *og ferdig* all ready; *det var -t gjort* it was a smart piece of work; ~ *i tøyet* smartly dressed.

fikse *vb* **1***(merk)* bear (the market), sell short, speculate for a fall; **2***(greie å skaffe seg el. ordne)* wangle *(fx* he can always w. a leave); **3.:** ~ *på noe* smarten sth up; *historien ble -t på av en journalist* the story was touched up by a journalist; ~ *seg: se fiffe seg.*

fikser|bad fixing bath. **-bilde** puzzle picture.

fiksere *vb (fastsette)* fix; *(se stivt på)* look fixedly at, stare hard at; ~ *en tegning* spray a drawing.

fiksfakserier *(pl)* hanky-panky; *(dikkedarer)* fuss.

fiksjon fiction.

fikslinje *(mask, etc)* reference line.

fiksstjerne fixed star.

fil 1. file; **2***(kjøre-)* lane; *skifte* ~ change lanes; *velg* ~ *!* get in lane!

filantrop philanthropist. **-i** philanthropy.

filantropisk philanthropic.

filateli philately, stamp collecting.

filatelist philatelist.

file *vb (bearbeide med fil)* file.

filer|e *(vb)* net. **-ing** netting.

filet *(stykke av kjøtt el. fisk)* fillet; *(hos slakt)* tenderloin; *(se indrefilet).*

filharmonisk philharmonic.

filial branch; *åpne en* ~ open a branch.

filial|bank branch bank. **-bestyrer** branch manager. **-kontor** branch office.

filigransarbeid filigree.

filipens pimple, spot; *full av -er* pimpled, spotty.

Filippinene *(geogr)* the Philippines.

filippinsk Philippine.

filkjøring driving in lanes; *(jvf fil 2).*

fille rag, tatter; *rive i -r* tear to pieces; *samle -r* pick rags. **-dukke** rag doll. **-frans** ragamuffin. **-gamp** jade. **-greier** *(pl)* rubbish; *det er noen ordentlige* ~ it's just r.! **-kremmer** rag-and-bone man, rag-man. **-onkel** [father's or mother's male cousin]; *(ofte)* uncle (by adoption). **-rye** woven rug, rug. **-tante:** *se -onkel.*

fillet(e) ragged, tattered.

film film; *lyd-* sound f.; *jeg hørte det på* ~ I heard it on the films; *jeg hørte uttrykket på en* ~ I heard this expression in a f.; *kjøre en* ~ *baklengs* run *(el.* play) a f. backwards; *lage en* ~ make *(el.* produce) a f.; *se en* ~ see a film *(el.* picture); **T** do a flick, go to the flicks; *spille inn en* ~ make a f.; *vise fram (el.* kjøre) *en* ~ show a f., run (through) a f.; *(se søtladen).*

filmarkitekt art director.

film|atelier film studio. **-atisere** *(vb)* film, filmize, make a screen version of. **-atisk** filmic, cinematic. **-avisen** the newsreel. **-byrå** film agency.

filme *(vb)* film, take a film, make a film; *(opptre i film)* act in a film *(el.* in films); ~ *(ɔ: gjøre opptak) på stedet* shoot location scenes.

film|instruktør film director. **-kamera** film came-

ra; *(især* US) movie camera; *(se smalfilmkamera)*
-kontroll film censorship. **-redigering** editing.
-selskap f. company. **-skuespiller** f. actor, screen
a. **-skuespillerinne** f. actress, screen a. **-stjerne**
film star. **-tekst** subtitle *(fx* French films with
English subtitles).
filolog 1. Arts *(el.* arts) student; student of (Ger-
man, French, *etc)* language and literature; *(glds)*
philologist; **2.** holder of an Arts degree; holder
of degree of' cand. philol.' or' cand. mag.'; *rea-*
listene har gjennomgående en kortere studietid
enn -ene it is usually quicker to get a science
than an Arts degree.
filologi Arts; arts; arts subjects; (study of) lan-
guage and literature; *(glds)* philology; *germansk*
~ Germanic studies; *klassisk* ~ classics.
filologisk literary and linguistic *(fx* studies);
(glds) philological; ~ *student: se filolog 1.*
filosof philosopher. **-ere** *(vb)* philosophize. **-i**
philosophy. **-isk** philosophic(al).
fil|spon *(pl)* filings.
filt felt.
filter filter, strainer; *(se luftfilter).*
filthatt felt hat.
filtre *(vb):* ~ *seg sammen* become matted *(el.*
entangled).
filtrerapparat filter. **filtrere** *(vb)* filter, strain.
filtrering filtration, straining.
filtre|papir filter paper. **-pose** jelly-bag.
filt|sko felt shoe. **-såle** felt sole.
filur sly dog; clever Dick.
fin fine; *(sart)* delicate; *(fornem)* distinguished;
(passende) proper; *(utsøkt)* choice; *ha -e fornem-*
melser have social aspirations; be genteel; *det*
er -e greier! *(iron)* here's a nice *(el.* pretty) ket-
tle of fish! here's a fine go! this is a fine mess!
(jvf flott); en ~ *hentydning* a delicate hint; ~
hørsel a quick ear; *en* ~ *iakttager* a shrewd
observer; *en* ~ *personlighet* a noble personality;
den -e verden the fashionable world, the w.
of fashion; *han hadde det -t (i selskapet)* he had
a fine time (at the party); *-t trykk* small print;
-e nyanser nice shades.
finale finale; *(sluttkamp)* final, finals *(fx* he was
in the finals).
finans finance; *hvordan er det med -ene dine?*
T how are your finances?
finansbokføring financial accountancy *(el.* ac-
counting).
finans|budsjett budget. **-departementet UK** the
Treasury; US the Treasury Department; *(i andre*
land) the Ministry of Finance. **-er** *(pl)* finan-
ces. **-forvaltning** management of the public reve-
nue (and finance); *(vesenet)* the Treasury. **-fyrste**
business magnate; tycoon. **-iell** financial; *av -e*
hensyn for f. reasons; ~ *støtte* f. support. **-ier**
financier. **-iere** *(vb)* finance; *(støtte)* back.
finansiering financing; *overta -en av noe* underta-
ke the f. of sth, finance sth: *sikre -en av et foreta-*
gende assure the financing of an enterprise.
finansieringsplan financing plan *(el.* scheme el.
programme).
finans|mann financier. **-minister UK** Chancellor
of the Exchequer; **US** Secretary of the Treasury;
(i andre land) Minister of Finance, Finance
Minister. **-operasjon** financial transaction; *det*
var ingen ~ it was not a very lucrative proposi-
tion. **-politikk** financial policy. **-politisk** politi-
co-financial. **-rådmann** chief financial officer.
-toll fiscal duty. **-utvalg** finance committee; **UK**
(dels) the Committee of Ways and Means;
(dels) the Committee of Supply. **-vesen** finance
(department). **-år** fiscal year; *(jvf regnskapsår).*
fin|brenne *(vb)* refine. **-bygd** delicate, delicately
built, of delicate build.

fin|er veneer; *(kryss-)* plywood. **-ere** *(vb)* veneer.
finesse subtlety; nicety, finer point *(fx* the f.
points of the game); *det er en* ~ *ved dette appa-*
ratet there is a special point about this appara-
tus.
finfin A one, superfine, tip-top.
finfølelse delicacy, tact.
finger finger; *ha en* ~ *med i spillet* have a f.
in the pie; *vil ikke røre en* ~ *for å* will not lift
a finger to; *gi ham en* ~, *og han tar hele hån-*
den give him an inch and he will take an ell;
fingrene av fatet! hands off! *han klør i fingrene*
etter å ... his fingers itch to ...; *få fingrene i*
lay hands on; *se gjennom fingrene med* connive
at, wink at; *få over fingrene* get a rap on the
knuckles; *jeg skal ikke legge fingrene imellom* I
shall not spare him (,her, *etc); telle på fingrene*
count on one's fingers; *han kan det på fingrene*
he has it at his fingers' ends; *se en på fingrene*
watch sby closely, keep an eye on sby; *han har*
et øye på hver ~ he has all his eyes about him.
fingeravtrykk fingerprint.
fingerbredde the breadth of a finger, finger's
breadth *(fx* two finger's breadths).
fingerbøl thimble; *(for kasserer, etc)* fingerette.
fingere *(vb)* feign, pretend, simulate.
fingerferdig handy, dexterous, good with one's
hands, skilful *(el.* deft) with one's fingers.
finger|ferdighet handiness, dexterity; *(mus)* skill
of execution. **-kløe** itching fingers. **-krampe**
cramp in the finger(s); *(fagl)* dactylospasm (of
the finger). **-kyss** blown kiss; *sende en et* ~ blow
sby a kiss. **-nem** handy, dexterous, good with
one's hands, nimble-fingered. **-nemhet** handi-
ness, dexterity. **-pek** hint, intimation, pointer,
lead *(fx* give me a lead); *(jvf pekefinger).*
finger|setning *(på piano)* fingering. **-smokk** *(ban-*
dasje) finger-stall; **T** dolly. **-spiss** finger tip;
hun er kunstnerinne til -ene she is an artist to
her finger tips; she is an a. through and through;
han kjente det helt ut i -ene he could feel it
right down to his finger tips; *(se fingertupp).*
-språk finger language, manual alphabet. **-tupp**
finger end, f. tip, end *(el.* tip) of the finger; *(se*
fingerspiss). **-tykk** as thick as a finger, about
half an inch thick. **-øvelser** *(pl)* finger exercises.
fingre *(vb)* finger; ~ *ved noe* finger sth.
finhet fineness; delicacy.
fin|innstille, *(vb)* adjust *(el.* set) finely. **-justere**
(vb) trim; tune *(fx* the engine).
finish finish; *overflate-* surface finish.
finkam small-toothed comb.
finke *zool (fugl)* finch.
finkjemme *(vb)* comb *(fx* a wood for missing
children).
finkornet fine-grained.
Finland *(geogr)* Finland.
fin|male *(vb)* grind finely. **-masket** fine-meshed.
finmekaniker instrument maker, precision me-
chanic.
finmekanikk precision *(el.* fine) mechanics.
finn Laplander, Lapp.
I. finne *subst (finnlender)* Finn.
II. finne *subst (på fisk)* fin.
III. finne *subst (i huden)* blackhead, pimple.
IV. finne *(vb)* find; *jeg kan ikke* ~ *boka akku-*
rat nå (også) I can't lay my hands on the
book just now; ~ *døden* meet one's death; ~
kjøpere find buyers; ~ *leilighet* find an oppor-
tunity; ~ *sted* take place; *dersom De -r for god*
if you think proper, if you choose; ~ *fram* find
bring to light; find one's way; *hunden hans e*
helt usedvanlig flink til å ~ *hjem igjen (også*
his dog has extraordinary homing instincts; ~
igjen recover; ~ *på* think of, hit (up)on; ~

tilbake find one's way back; ~ *ut* find out; ~ *ut av* make out; *jeg kan hverken* ~ *ut eller inn* I can make nothing of it; ~ *seg i* put up with, stand; submit to; *det er grenser for hva jeg vil* ~ *meg i* there is a limit to what I will put up with; ~ *seg til rette (ɔ: bli vant til forholdene)* find one's legs; settle in; *han har funnet seg godt til rette ved vår skole* he has settled well in our school.
finner finder.
finner‖lønn (finder's) reward.
finnes *vb (passiv av å finne)* be found; *(være til)* be, exist; *(forekomme)* occur, exist.
finnested 1. finding place; 2*(bot & zool)* habitat.
finnet *(i ansiktet)* pimpled, spotty.
finnhval *(zool)* fin whale; finback; finner.
finnsko [Lapp slippers of reindeer skin].
fin‖pusse *(vb)* clean, polish; *(pynte på)* trim; *(legge siste hånd på)* finish; *(mur)* lay on *(el.* apply) the setting coat; ~ *noe (fig)* give the finishing touch to; *bruk en del tid på å* ~ *besvarelsen omhyggelig* spend some time in careful revision of your work. **-sikte** *(vb)* sift finely.
finsk Finnish.
Finskebukta the Gulf of Finland.
fin‖skåret cut fine, shredded *(fx* tobacco). **-spist: være** ~ be a small eater. **-støtt** finely powdered.
finte *(i fektekunst)* feint; *(list)* trick, ruse; *(spydighet)* jibe, dig *(fx* that was a d. at me); *en velplassert* ~ a home thrust.
fintfølende sensitive; delicate.
finvask fine washing.
fiol *(bot)* violet. **-blå** violet.
fiolett violet.
fiolin *(mus)* violin; **T** fiddle; *spille annen* ~ *(fig)* play second fiddle. **-bue** violin bow.
fiolinist violinist.
fiolin‖kasse violin case. **-nøkkel** violin clef. **-stol** bridge of a violin. **-streng** string of a violin. **-virtuos** virtuoso on the violin; great violinist.
fiolon‖sell *(mus)* violoncello. **-sellist** violoncellist.
fiolrot *(bot)* orris root.
fippskjegg pointed beard, goatee.
fir‖bent four-legged, four-footed, quadruped; *et* ~ *dyr* a quadruped; *våre -e venner* our animal friends. **-bladet** *(bot)* four-leaved; *(om propell)* fourblade. **-dobbelt** quadruple, fourfold; *det -e beløp* four times the amount, an a. four times as large. **-doble** *(vb)* quadruple, multiply by four.
I. fire *(tallord)* four; *på alle* ~ on all fours; *i* ~ *eksemplarer* in four copies, in quadruplicate; ~ *lange (i poker)* four of a kind; *tjue-* twenty-four.
II. fire *(vb)* ease off, pay out *(fx* a line); veer (away); lower; *(fig)* yield, give way; *(se part).*
firedel fourth, quarter.
Firenze *(geogr)* Florence.
firetakts- four-stroke *(fx* a f.-s. engine).
firetall (figure) four; *(se sekstall).*
fir‖fisle *(zool)* lizard. **-hendig** *(mus)* for four hands. **-hendt** four-handed. **-kant** quadrangle. **-kantet** quadrangular. **-klang** *(mus)* seventh chord. **-kløver 1**(bot) four-leaf clover; 2*(fire)* quartet. **-kort** *(kort)* happy families.
firling quadruplet; *få -er* give birth to quadruplets.
firma firm; *under* ~ under the style of.
firmabil company car.
firmafortegnelse *(bransjefortegnelse i telefonkatalog)* classified directory.
firmament firmament.
firma‖merke trade mark. **-navn** firm name. **-register** register of firms; *-et* the Commercial Register; the Trade Register **UK** the Registrar of

Companies; *(se handelsregister).* **-stempel** firm's stamp.
firmenning third cousin.
firskåren square(-built), thickset, stocky.
fir‖spann: kjøre med ~ drive four-in-hand. **-spenner** four-horse(d) carriage. **-sprang:** *i fullt* ~ at a gallop, at full speed.
fir‖stemmig *(mus)* four-part. **-strøken** *(mus)* four -lined.
firtoms four-inch.
firårig four-year-old.
fis *(vulg)* wind; *(vulg)* fart. **fise** *vb (vulg)* break wind; *(vulg)* fart.
fisk 1(zool) fish; 2*(typ)* pie; *så frisk som en* ~ fresh as a daisy, fit as a fiddle; *hverken fugl eller* ~ neither fish nor flesh nor good red herring; neither (the) one thing nor the other; *-en biter ikke* the fish won't bite; *falle i* ~ go wrong, go to pot; *(typ)* be pied; *våre planer falt fullstendig i* ~ our plans came to nothing, our plans fell about our ears; *i slikt selskap føler jeg meg som en* ~ *på land* in such company I feel like a fish out of water; *jeg føler meg som -en i vannet* I feel completely in my element; I feel just right.
I. fiske *(subst)* fisheries, fishing; *ha* ~ *som levevei* fish for a living; *(se hjemme-, kyst-, silde-).*
II. fiske *(vb)* fish, angle (for fish); ~ *i en elv* fish a river; ~ *ørret* fish for trout; *han er flink til å* ~ *(også)* he is good with rod and line; ~ *i rørt vann* fish in troubled waters; ~ *med flue* fly-fish; ~ *med mark* bait-fish; ~ *tomt* unstock, draw.
fiske‖agn bait. **-aktig** fishlike, fishy. **-avl** fish farming; pisciculture. **-ben** fishbone; *(ski)* herring-bone; *hun satte et* ~ *i halsen* she got a fishbone (stuck) in her throat; a fishbone stuck in her throat. **-bestand** (fish) stock; stock(s) of fish; fisheries resources; *(i statistikk, også)* fish population. **-bestikk** fish knife and fork. **-blære** sound. **-bolle** fish ball. **-brygge** fish pier. **-brønn** *(i båt)* fish-room, well; *(for levende fisk)* live-well. **-båt** fishing boat *(el.* smack). **-fangst** *(utbytte)* haul, catch. **-farse** [minced fish]. **-garn** fishing net. **-gjelle** gill. **-greier** *(pl)* fishing tackle. **-handler** fishmonger. **-hermetikk** tinned fish (products); US canned fish. **-hermetikkindustri** fish-packing industry. **-kake** fish cake. **-kort** fishing licence. **-krok** fishhook. **-lim** fishglue. **-lukt** smell of fish, fishy smell. **-lykke:** *kanskje De vil prøve -n?* perhaps you would like to try some angling? **-melke** milt, soft roe. **-oppdrett** fish farming; pisciculture. **-oppsynsmann** bailiff.
fisker fisherman; *(sports-)* angler, fisherman. **-båt** fishing boat *(el.* smack).
fiske‖redskap fishing tackle. **-rett** fish dish; *(rettighet)* right of fishing, fishing right(s).
fiskeri fishery.
Fiskeri‖departementet the Ministry of Fisheries. **-grense** fishing limit *(fx* a 12-mile f. l.). **-lov** Fisheries Act. **-oppsyn** fishery protection, f. inspection. **-oppsynsskip** f. protection vessel. **-produkter** *(pl)* fish produce.
fiskerisp fish-scale.
fiskerjente fisherman's daughter.
fiskerkone fisherman's wife; *(som selger fisk)* fishwife.
fiskerogn roe, hard roe; *(især gytt)* spawn.
fiske‖ruse: *se ruse.* **-skjell** fish-scale. **-skøyte** (fishing) smack. **-snøre** fishing line, fishline. **-spade** fish slice. **-stang** fishing rod. **-stim** shoal of fish. **-torg** fishmarket. **-tur** fishing trip *(el.* expedition); *(ofte =)* fishing holiday *(fx* he is on a f. h. in Norway); *dra på* ~ go (out) fishing. **-utklekking** hatching (of fish). **-vann** good lake for

fishing. -**vær** 1. fishing station; 2. fishing weather. -**yngel** fry; *sette ut* ~ *i en elv* stock a river with fry.

fiss *(mus)* F sharp.

I. **fistel** *(med.)* fistula.

II. **fistel** *mus (stemme)* falsetto.

fjas foolery, tomfoolery, nonsense.

fjase *(vb)* flirt; ~ *bort tiden* fool away one's time.

fjel *(brett)* board.

fjell mountain, hill; *(om grunnen)* rock; ~ *og dal* mountain and valley, hill and dale; *skog og* ~ *(poet)* wood and fell; *fast som* ~ as firm as a rock; *hogd i harde -et* cut out of the solid rock; *på -et* in the mountains; *til -s* up into the mountains; *(se forrevet).*

fjell|bekk mountain brook *(el.* stream). -**bu** mountain dweller, highlander. -**bygd** mountain district.

fjellerke *(zool)* shore lark.

fjell|folk *(pl)* highlanders, mountain people. -**hammer** crag. -**heimen** *(kan gjengis)* the mountain wilds. -**kam** m. crest. -**kjede** range of mountains. -**klatrer** mountaineer, alpinist. -**kløft** ravine. -**knaus** rock *(fx* the house is shut in between high rocks). -**land** mountainous country. -**massiv** mountain mass; massif. -**rabbe** mound of rock; *(jvf åsrygg).* -**ras** rockslide. -**reglene** the mountain code. -**rygg** mountain ridge. -**rype** *(zool)* ptarmigan. -**sikringstjenesten** the mountain rescue service. -**skred** landslide. -**skrent** cliff, precipice. -**stue** mountain inn. -**tind** m. peak. -**tomt** 1. rocky site; 2. site in the mountains. -**topp** mountain top; *(se svimlende).*

fjelltur mountain tour, walking tour in the mountains; *(kortere)* mountain walk; *(det å, også)* hill-walking; *dra på* ~ go on a walking tour in the mountains, go tramping in the mountains; *(se I. tur).*

fjell|vann mountain lake. -**vegg** rock wall. -**vett** common sense in the mountains; *vis sunt* ~*!* show some common sense in the mountains! -**vidde** mountain plateau. -**ørret** m. trout.

fjerde *(tallord)* fourth; *det* ~ *bud (svarer hos anglikanerne til)* the fifth commandment; *for det* ~ in the fourth place, fourthly. -**del** fourth (part), quarter; -*s note (mus)* crotchet. -**mann:** *være* ~ make a fourth. -**part:** *se* -*del.*

fjern far, far-off, distant, remote; *i det -e* in the (remote) distance; *fra* ~ *og nær* from far and near; *det være -t fra meg å* far be it from me to; *ikke den -este idé om* not the remotest idea of; *i en ikke* ~ *fremtid* in the not distant future; *i en* ~ *fremtid* at some remote future date; -*e tider* the distant past, d. periods; *(se også fjernt).*

fjerne *(vb)* remove *(fx* soot from the valve heads), take away *(fx* cars taken away by the police); ~ *seg* go away, withdraw.

fjernelse removal; withdrawal.

fjern|het remoteness; distance. -**ledning** *(jernb)* transmission line. -**lys** *(på bil)* main *(el.* full *el.* driving) lights, main *(el.* high) beam. -**melder** *(jernb* = T lang linje) distant signal. -**seer** televiewer. -**skriver** teleprinter. -**syn** television, TV; T telly; *internt* ~ closed-circuit television; *se på* ~ T look at the telly; *(se også TV).* -**synsapparat** TV set.

fjernt *(adv)* far, far off, remotely, distantly.

fjernutløser *(fot)* distance release.

fjernvalg *(tlf)* dialled trunk call; trunk dialling; US direct distance-dialling.

fjernvarme heating from a distant supply source; district heating; US heating from a central heating-plant.

fjes T mug.

fjetret spell-bound, bewitched.

fjolle *(vb)* behave like an idiot. **fjollet** foolish, silly. **fjollethet** foolishness, silliness.

fjols (drivelling) fool, idiot, halfwit.

fjompenisse T pipsqueak.

fjong stylish, smart; S posh.

fjord inlet; *(i nordiske land)* fjord. -**botn** head of the fjord. -**gap** mouth of the fjord; *et* ~ the m. of a f.; -*et* the m. of the f. -**tur** f. cruise.

fjor|gammel: *se årsgammel.* -**kalv** yearling calf.

fjorten *(tallord)* fourteen; ~ *dager* a fortnight; US two weeks.

fjortendaglig fortnightly; US every two weeks.

fjortende fourteenth.

fjorten(de)del fourteenth. -**årig,** -**års** fourteen-year-old.

fjoråret last year.

fjær feather; plume; *(på lås, etc)* spring; *smykke seg med lånte* ~ strut in borrowed plumes; *not og* ~ *(i pløyd bord)* groove and tongue; *(se pjusket).*

fjær|aktig feathery. -**ball** shuttlecock. -**blad** spring leaf. -**bukk** spring bracket *(el.* hanger). -**busk** plume. -**dannet** penniform, shaped like a feather. -**drakt** plumage; feathers. -**dyne** featherbed.

I. **fjære** *(ebbe)* ebb, ebb-tide, low water; *(strand)* beach, sands; *flo og* ~ the tides; low tide and high tide; *(sj)* ebb and flow.

II. **fjære** *vb (gi etter)* have spring, be resilient, be springy.

fjærende elastic, springy; resilient.

fjær|fe poultry. -**feavl** poultry breeding. -**felling** moulting.

fjæring springing; *uavhengig* ~ independent s.

fjær|kledd feathered; plumed.

fjær|kledning plumage; feathers. -**klipp** *(om hårfasong)* feathercut. -**kre:** *se* -*fe.* -**lett** feathery, light as a feather. -**opphengning** spring suspension. -**penn** quill (pen). -**ring** circlip. -**sky** cirrus (cloud). -**topp** tuft of feathers, crest. -**vekt** *(sport)* featherweight. -**vilt** winged game,' feather'.

fjøl: *se fjel.* **fjør:** *se fjær.*

fjøs cowshed, cowhouse; *(i Skottland)* byre, US cow barn. -**drift** dairying. -**krakk** milking stool. -**nisse** T old fog(e)y. -**røkter** cattleman. -**stell** dairy management.

fjåset foolish.

fk *(= forkortet)* abbr., abbrev.; *fk.f.* *(= forkortet for)* abbrev. for.

flabb *(gap)* chaps, jaws; *(nesevis fyr)* impudent fellow; *(laban)* unlicked cub, puppy.

flabbet impertinent, cheeky.

flaberg (naked) rock, flat rock.

flabrød *(flatbrød)* [thin wafer crispbread].

flagg flag; ensign; *føre norsk* ~ fly *(el.* carry) the Norwegian flag; *føre falsk* ~ fly *(el.* sail under) false colours (,US colors); *heise* ~ hoist the flag; *stryke* ~ strike one's colours; *hilse med -et* dip the flag; *seile under falsk* ~ sail under false colours; *han har tonet* ~ *(fig)* he has shown himself in his true colours.

flagg|dag: *offentlig* ~ official flag-flying day; *(se merkedag).* -**duk** bunting.

flagge *(vb)* put out flags, fly a flag; ~ *for* fly the flag in honour of; ~ *på halv stang* fly the flag at half mast.

flaggermus *(zool)* bat.

flagging the flying of flags.

flaggkvartermester *mar (i Royal Navy intet tilsv);* US senior chief petty officer *(fk* SCPO); *(NB en eneste person har i Royal Navy graden* Fleet Chief Petty Officer *(fk* FCPO); i US Navy: Master Chief Petty Officer of the Navy *(fk* MCPO)).

flaggline *(mar)* flag halyard.
flaggskip flagship.
flaggsmykt gay with flags, beflagged. **-stang** flagstaff.
flagrant flagrant; *in flagranti* in the very act.
flagre *vb (også fig)* flutter; *(med vingene)* flap; *-nde lokker* flowing locks.
flak flake; *(av is)* floe.
flakke *(vb):* ~ *om* roam, wander; *med -nde øyne (neds)* shifty-eyed.
flakong (small) bottle, flacon.
flaks *(med vingene)* flapping, flutter; **T** *(hell): ha* ~ be in luck, be lucky.
flakse *(vb)* flap; *fuglen -t med vingene* the bird flapped its wings; *han -r med armene (ski)* he is wind-milling.
flambere *(vb)* flame *(fx* a pancake).
flamingo *(zool)* flamingo.
flamlender Fleming.
I. flamme *(subst)* flame; *(i trevirke)* wave (grain); *åpen* ~ naked flame; *bli fyr og* ~ *for* become enthusiastic about; *huset står i -r* the house is in flames.
II. flamme *vb (brenne)* blaze; flame; *en -nde ild* a blazing fire; ~ *i været* flare up, blaze up.
flammehav sea of flames; blaze; *omkomme i -havet* perish in the flames. **-skjær** fiery glow. **-skrift** fiery characters. **-spill** the play of flames; *det levende* ~ the open fire, the flickering flames.
flammet waved, flamed.
flamsk Flemish.
Flandern *(geogr)* Flanders. **f-sk** Flemish.
flanell flannel.
flanellograf flannelboard; *bilde satt opp på* ~ flannelgraph.
flanke flank; *falle i -n* attack in the flank. **-angrep** flank attack.
flankere *(vb)* flank.
flarn snaps; ~ *med smørkrem* butterscotch snaps.
I. flaske bottle; *(medisin- også)* phial; *helle på -r* bottle; *øl på -r* bottled beer.
II. flaske *(vb):* ~ *opp* bring up by hand; ~ *seg* work out, pan out; *det -r seg nok* it will work out all right in the end; *nå begynner det å ~ seg* T now things are beginning to hum.
flaskebakke coaster. **-etikett** label. **-fôr** T drink(s); **T** booze. **-hals** bottleneck. **-kork** cork, stopper. **-pant** bottle deposit *(fx* 20p including the b. d.); deposit on the bottle; *betale pant for flaska* pay a deposit *(fx* of 10p) on the bottle; *5p i* ~ 5p back *(el.* refund) on the bottle. **-post** message enclosed in a bottle (esp. from shipwrecked mariners, *etc); drift bottle.* **-skår** *(pl)* broken bottles.
flass *(i håret)* dandruff *(fx* he has a lot of d.); scurf.
flasse *(vb)* have dandruff *(el.* scurf); suffer from dandruff *(el.* scurf); ~ *av (om maling)* flake off; scale off; *(om hud)* peel off; *maling som -r av* flaking paint; *han -r av på nesen* his nose is peeling.
I. flat flat; *(jevn)* level, even; *(slukøret)* crest-fallen; *føle seg* ~ feel silly;*den -e hånd* the flat of the hand; *på* ~ *mark* on the flat, on *(el.* along) the level; *slå ham* ~ **T** wipe the floor with him, knock him into a cocked hat.
flatbrystet flat-chested; **T** flat as a board. **-brød:** *se flabrød.* **-bunnet** flat-bottomed.
flate 1*(utstrakt areal)* expanse *(fx* a huge e. of water), sheet *(fx* a broad s. of water, ice, snow); *(slette)* plain, level; **2***(overflate)* surface; **3***(flat side)* flat *(fx* the f. of the hand, the f. of the sword); *plan* ~ plane; *skrå* ~ inclined plane.

flateinnhold area. **-lyn** sheet lightning. **-måling** area measuring.
flathet flatness. **-lus** *(zool)* crab louse.
flatseng shakedown on the floor; *ligge på* ~ have a bed made up on the floor; *(stivere)* be accommodated on the floor.
flattang flat-nose pliers, flat bit.
flattere *(vb)* flatter.
flattrykt flattened.
flau 1*(skamfull)* ashamed; **2***(pinlig)* embarrassing, awkward; **3***(banal)* insipid, vapid; **4***(merk)* dull, slack, stagnant; **5***(om vind)* light; ~ *vind* light air; **6***(om smak)* insipid, tasteless, flat, stale; *-t øl* flat beer. *gjøre en* ~ embarrass sby; ~ *mine* sheepish face; *det ville være -t for oss om ... we* should look pretty silly if *...; jeg er* ~ *over at* I am ashamed that.
flauhet flatness; dullness *(etc, se flau).*
flause *(fadese)* blunder.
flegma phlegm. **-tiker** phlegmatic person. **-tisk** phlegmatic.
fleinskallet bald.
fleip impertinence, cheek; *(harmløst)* flippancy.
fleipet impertinent, cheeky; *(harmløst)* flippant.
flekk 1. stain, spot, mark; *(liten)* speck; *(større, uregelmessig)* blotch; *(klatt)* blot *(fx* b. of ink); **2***(merke på dyrs hud, etc, del av mønster)* spot; *(liten)* speckle; *fjerne -er* remove stains; *det setter -er* it leaves spots; *kom ikke av -en* made no progress; *var ikke til å få av -en* could not be induced to move.
flekke *(vb):* ~ *tenner* bare one's teeth.
flekket spotted, stained; *(spettet)* speckled; ~ *sild* split herring; *(se bikkje).*
flekkpagell *(fisk)* common sea bream. **-steinbitt** *(fisk)* smaller catfish.
fleksibel flexible.
flekterende: ~ *språk* inflectional *(el.* inflective) language.
fleng: *i* ~ indiscriminately, promiscuously.
I. flenge *(rift)* slash, gash; *(i tøy)* rent, tear.
II. flenge *(vb)* slash; tear.
flense *(vb)* flense. **-ing** flensing.
flere more; *(atskillige)* several; *(forskjellige)* various; *... og enda mange* ~ and many more besides; ~ *ganger* several times; *hvem* ~*?* who else? *ikke* ~ no more; nobody else; *etter* ~ *måneders fravær* after months of absence.
flerguderi polytheism. **-het** plurality; majority. **-koneri** polygamy. **-sidig** many-sided, versatile; *en* ~ *overenskomst* a multilateral agreement. **-sidighet** versatility. **-stavelsesord** polysyllable. **-stemmig** polyphonic; ~ *sang (det å)* part-singing.
flerre *(vb)* tear.
flersylindret: ~ *motor* multi-cylinder engine.
flertall *(pluralis)* the plural (number); *(de flestete)* majority, plurality, generality; *det parti som har* ~ *i kommunestyret* the party which has a majority on the council.
flertallsstyre, -velde majority rule.
flertydig ambiguous. **-tydighet** ambiguity.
flervalgsoppgave multiple-choice paper.
flerårig several years old; ~ *plante* perennial.
flesk pork; *stekt* ~ = fried ham; *det er smør på* ~ it's the same thing twice over; *du selger* ~*!* T slip on show! *(fk* S.O.S.); Charlie's dead!
fleskebog hand of pork; *(jvf skinke).*
fleskefett pork fat. **-pannekake** ham pancake. **-pølse** pork sausage. **-svor** (bacon) rind.
flesket fat, flabby.
flest most; *som folk er* ~ like the ordinary run of people; *de -e* most people; *de -e bøkene mine* most of my books; *i de -e tilfelle* in most *(el.* in the majority of) cases.

fletning plait, braid; *(det å flette)* plaiting, braiding.
I. flette *(subst)* plait; *(glds)* braid; *(nedover nakken)* pigtail; *(se musefletter)*.
II. flette *(vb)* plait, braid; ~ *en korg* make a basket; ~ *en krans* make a wreath.
flettebånd ribbon for tying plaits.
flid diligence; *(arbeidsomhet)* industry; *(om åndsarbeid, også)* application; *gjøre seg stor* ~ take great pains.
flight *(flyv)* flight *(fx* flight SK 691); *(se også flyvning)*.
flik flap; corner; *(bot)* lobe.
flikk *(lapp)* patch.
flikke *(vb)* patch; *(sko)* cobble; ~ *på* patch up.
flikkflakk: *slå* ~ 1*(gym)* do a fly spring; **2:** *se II. floke*.
flikkverk patching, patchwork.
flimre *(vb)* flicker, shimmer.
flimring (TV) flicker.
flink clever, able; ~ *i historie* clever *(el.* good) at history; *en* ~ *elev* an able pupil, a gifted p.
flint *(steinart)* flint; *fly i* ~ be bursting with rage, fly into a rage; *T* fly off the handle; go off the deep end; *jeg var så sint på meg selv at jeg kunne fly i* ~ I could kick myself; *hard som* ~ *(om person)* hard as iron *(el.* steel); *T* tough as nails; tough as old boots.
flintebørse flintlock.
flintestein flint.
flir grin; *(hånlig)* sneer.
flire *(vb)* giggle; *(hånlig)* sneer.
I. flis chip, splinter; *få en* ~ *i fingeren* get a splinter in one's finger.
II. flis *(flat stein)* tile; *(i brulegning)* flag(stone); *(vegg-, etc)* tile.
flisegutt *jernb (stikningsassistent)* assistant surveyor. **-lagt** flagged; tiled. **-legger** tile-setter. **-spikkeri** hair -splitting, quibbling. **-t** chippy, splintery.
flitter tinsel. **-stas** tinsel.
flittig hard-working *(fx* a h.-w. pupil), diligent, studious, industrious, sedulous; ~ *besøker* frequent visitor; *gjøre* ~ *bruk av* make diligent use of; *studere* ~ study hard; *(se pliktoppfyllende)*.
flo *(mots. ebbe)* flood tide, flood; ~ *og fjære* low tide and high tide; the tides; *(se I. fjære)*.
flod river. **-bølge** tide *(el.* tidal) wave; *(fig)* flood, wave. **-hest** *(zool)* hippopotamus; *T* hippo.
floghavre *(bot)* wild oat(s); wild oat grass.
I. floke *(subst)* tangle; *(forvikling)* tangle, complication, state of confusion; *i* ~ in a tangle; *løse en* ~ unravel a t., find a way out of a t.; *(se også vrang)*.
II. floke: *slå* ~ beat goose, beat booby; *(spøkef)* beat oneself; *(jvf flikkflakk)*.
III. floke *(vb):* ~ *seg sammen* become tangled.
floket tangled, complicated.
flokk *(skare)* crowd; troop, party, band, body; *(fe)* herd; *(sauer)* flock; *(hunder, ulver)* pack; *(fugler)* flight, flock; *ferdes i* ~ be gregarious; *løfte i* ~ pull together, join hands; *i* ~ *og følge* in a body.
flokke *vb (samle i flokk)* gather, collect; ~ *seg* flock, crowd, throng.
flokkes *(vb)* flock, crowd, gather; ~ *om* crowd round.
flokkevis: *i* ~ in crowds, in flocks.
flokksilke spun silk. **-ull** flock (wool).
flokse *(flyfille)* gadabout.
flom flood; *(av ord)* torrent; *(oversvømmelse)* inundation, flood(s); *jeg håper du ikke har blitt fordrevet av -men* I hope you're not flooded out; *-men krevde 30 menneskeliv* the floods clai-

med thirty lives *(el.* victims); *-men truer landsbyen* the floods are threatening the village.
flombelysning flood lighting *(el.* lights). **-belyst** flood-lit. **-herjet:** *de -de områder* the flood-stricken areas. **-løp** spillway.
flomme *(vb):* ~ *over* overflow, run over.
flomskade damage caused by floods; *bygningene har fått store -r* the buildings have been badly damaged by the floods.
flomvann floods, flood water; *brua ble revet bort av -et* the bridge was swept away by the flood(s).
flomål *(el.* -merke) high-water mark.
I. flor *(sørgeflor)* crape.
II. flor *(blomstring)* bloom, flowering, blossom; *stå i* ~ bloom, be in full bloom; *(fig)* flourish.
flora *(bot)* flora.
Florens Florence. **f-tiner, f-tinerinne** Florentine. **f-tinsk** Florentine.
florere *vb (ha fremgang)* flourish, thrive, prosper.
florett foil. **-fektning** foil-fencing.
floskel empty phrase; *retoriske floskler* flowery rhetoric, flowers of rhetoric.
floss *(lo)* nap.
flosse *(vb)* fray. **flosset** *(slitt)* frayed.
flosshatt top hat, silk hat; *T* topper.
flotid flood-tide.
flotilje *(mar)* flotilla.
flott *mar (flytende)* afloat; *(fin, pyntet)* spruce, smart, dashing; *(rundhåndet)* liberal; generous, free with one's money; ~ *fyr* dashing fellow; *det er -e greier (anerkjennende)* T that's something like! that's the goods! *bringe* ~ *(mar)* get afloat; *komme* ~ get afloat, get off (the ground), be refloated; *leve* ~ live luxuriously; *(jvf fin)*.
flotte *(vb):* ~ *seg* spread oneself, do things in style.
flottenheimer person of expensive habits.
flotthet extravagance, lavishness.
flottør float: *(i forgasser)* carburettor float; *(i sisterne)* ball-cock.
flottørhus *(i forgasser)* carburettor chamber; *US* carburetor bowl. **-nål** *(i flottørhus)* float spindle *(el.* valve).
flu *(skjær)* reef, shelf.
flue *(zool)* fly; *dø som -r* die like flies; *slå to -r i ett smekk* kill two birds with one stone; *ha -r i hodet* have a bee in one's bonnet; *sette en -r i hodet* turn one's head; put ideas into sby's head.
flueeske *(sportsfiskers)* fly box.
fluefanger flycatcher, flytrap, flypaper. **-netting** wire gauze. **-papir** flypaper. **-skitt** flyspecks, flyspots. **-smekker** flyswatter. **-snapper** *zool (fugl)* flycatcher. **-snelle** *(fiskesnelle)* fly reel. **-sopp** *(bot)* toadstool. **-stang** fly rod.
fluidum fluid, liquid.
fluks (= *straks)* at once, immediately, forthwith.
flukt *(det å flykte, det å fly)* flight; *(fra fangenskap)* escape; *tidens* ~ the flight of time; *vill* ~ rout, disorderly flight *(el.* retreat); *gripe -en* take flight; fly, flee; *slå på* ~ put to flight, rout; *i* ~ *med* flush *(el.* level) with, in line with *(fx* in l. with his previous statements); *-en fra landsbygda* the drift from the country, the flight from the land, the rural exodus.
fluktforsøk attempted escape, attempt to escape, dash for liberty; *(fra fengsel)* T jailbreak bid; *under et* ~ while attempting to escape. **-stol** deck chair.
fluktuasjon fluctuation. **-ere** *(vb)* fluctuate.
flunkende: ~ *ny* brand-new.
fluor *(kjem)* fluorine; *tilsette* ~ fluoridate *(fx* water); *(se fluorid)*.

fluoren *(kjem)* fluorene.
fluorescerende fluorescent.
fluorforgiftning fluorosis.
fluorid *(kjem)* fluoride; *tilsatt* ~ fluoridated; ~ *i melk* fluoride in milk.
I. fly *subst* (aero)plane; *(kollektivt)* aircraft; US *(også)* airplane; *han drar av sted med* ~ *til X* he's setting off by plane to X; *han tok* ~ *til X* he took the *(el.* a) plane to X, he went by plane *(el.* air) to X, he flew *(el.* travelled by air) to X; *sende med* ~ send by air.
II. fly *(subst)* mountain plateau.
III. fly *(vb)* fly; travel *(el.* go) by air; take a *(el.* the) plane; *(fare, styrte)* rush; dash; dart; *døra fløy opp* the door flew open; *han liker ikke å* ~ he dislikes flying; he doesn't like travelling by air; *han har fløyet over Atlanterhavet* he has flown across the Atlantic; ~ *løs på en* fly at sby; ~ *jorda rundt (om reporter, etc)* fly about the world; *(se flint & flyvende).*
flyalarm air-raid warning, alert; *en kortvarig* ~ a short alert. **-billett** air(line) ticket; plane *(el.* flight) ticket. **-dekke** air cover. **-dyktig** airworthy; *(om fugleunge)* fledged. **-elev** student pilot. **-frakt** air freight.
flyfille T *(neds)* gadabout.
flyge: *se III. fly.*
flygel grand piano, grand.
fly(g)ende: *se flyvende; flyende sint* in a towering rage, in a violent temper.
flyger: *se flyver.*
flyging: *se flyvning.*
flyhavn airport.
flying *(farting)* gadding about.
flykapring hijacking; air piracy; *forsøk på* ~ hijack attempt.
flykte *(vb)* run away, fly, take flight, flee *(fra* from); *(fra fangenskap)* escape *(fra* from); ~ *for fienden* run away before the enemy.
flyktende fleeing *(fx* the f. troops), fugitive.
flyktig *(kort, ubestandig)* fleeting, passing, transient, inconstant; *(overfladisk)* superficial, casual, cursory; *(hurtig)* quick; *(som lett fordamper)* volatile; *et* ~ *bekjentskap* a casual acquaintance; *et* ~ *blikk* a fleeting glance; *en* ~ *hilsen* a casual greeting.
flyktighet *(se flyktig)* transitoriness, inconstancy, superficiality, quickness; volatility.
flyktning fugitive, runaway; *(politisk)* refugee; *(p.g.a. militære operasjoner)* displaced person, D.P.
flyktningeorganisasjon refugee organization; *Den internasjonale* ~ the International Refugee Organization *(fk* IRO).
flyledelse *(i lufthavn): se flyveledelse.* **-maskinist** flight engineer. **-mekaniker** air mechanic. **-motor** aircraft engine.
flyndre *(fisk)* flounder; *(kollektivt)* flatfish; *konge- (el.) sand-* plaice; *sand-* sole.
flyoffiser air force officer.
flyplass aerodrome, airfield. **-post** air mail; *med* ~ by a. m. **-rute** *(vei)* airway, air route; *(befordringstjeneste)* air service; *drive en* ~ operate an a. s. **-selskap** airline. **-sertifikat** pilot's licence. **-sikkerhet** air safety; *-en har etterhvert blitt et stort problem p.g.a. storm og tåke* air safety has come to be a great problem on account of storms and fog. **-stevne** air display.
flyte *vb (renne)* flow, run; *(på vannet)* float; *det vil* ~ *blod* there will be bloodshed; ~ *over* run over, overflow. **-bru** floating bridge. **-brygge** floating stage; *-r (pl)* T *(spøkefullt om føtter)* hoofs; *(om sko)* canoes, beetle *(el.* clod) crushers. **-dokk** floating dock. **-evne** buoyancy.
flytende fluid, liquid; *(tale)* fluent; ~ *foredrag*

fluency of speech; *tale* ~ *engelsk* speak English fluently, speak fluent English; *i* ~ *tilstand* in a liquid state; *(se situasjon).*
flytid flying time, duration of a (,the) flight; *(bare om prosjektil)* time of flight; *-tider (avgangstider)* flights. **-time 1.** hour flown; **2.** flying lesson.
flytning removal.
flytningsgodtgjørelse compensation for removal expenses, payment of r. e.
flyttbar portable, movable.
flytte *(vb)* move; remove; ~ *inn* move in; ~ *ned (en elev)* move (a pupil) down a class; ~ *ned (,ut, etc) knappene* move the buttons down (,out, etc); ~ *en opp* move sby up (to the next form); *han ble -t opp* he went up, he got his remove, he moved up; *ikke bli -t opp (om elev)* stay down, not be moved up; US miss being promoted, miss one's promotion; *han ble ikke -t opp i år* he did not go up this year; ~ *seg* move, make room; *kunne du ikke* ~ *deg litt til høyre?* couldn't you move a little to the right?
flyttebil furniture van, pantechnicon (van). **-byrå** firm of (furniture) removers. **-dag** removing day. **-folk** (furniture) removers. **-lass** vanful of furniture; removal load.
flyttfugl *(zool)* bird of passage.
flyttsame nomadic Lapp.
flytur flight; T hop. **-ulykke** (air) crash; *(mindre)* flying accident.
flyve: *se III. fly.*
flyveblad leaflet, handbill, flysheet. **-båt** flying boat, seaplane. **-egenskaper** *(pl)* flying qualities. **-evne** ability to fly. **-ferdig** *(om fugl)* fledged. **-fisk** flying fish. **-fjær** flight feather. **-fot** foot with a flight membrane. **-idé** (passing) whim *(el.* fancy). **-kunst** aviation, (art of) flying. **-ledelse** *(i lufthavn)* aircraft control. **-leder** air traffic control officer.
flyvende flying; *i* ~ *fart* in a hurry, at top speed; ~ *tallerken* flying saucer.
flyver airman, flyer, flier; *(som fører maskinen, også)* pilot; *første-* chief *(el.* first) pilot; *annen-* second pilot, co-pilot, relief pilot.
flyvertinne air hostess, stewardess.
flyvesand shifting sand; *(om strekninger)* shifting sands.
flyvinge wing. **-virksomhet** air activity.
flyvning flying, aviation; flight; *det er ingen -er til Paris i dag* there are no flights to Paris today; *foreta flere -er på Nord-Norge* lay on more flights to North Norway.
flyvåpen *(mil)* air force; *(se luftforsvar).*
flø *(om sjø): det -r* there is a rising tide, the tide is up.
flørt flirtation; *(person)* flirt.
flørte *(vb)* flirt.
I. fløte *(subst)* cream; *skumme -n* skim the milk, skim the cream off (the milk); *(fig)* take the lion's share.
II. fløte *(vb)* float, raft *(fx* timber); US drive.
fløteaktig creamy. **-fjes** sissy face. **-horn** *(kake)* cream horn, French horn. **-kopp:** *se romkake.* **-mugge** cream jug. **-saus** cream sauce.
fløtning floating, rafting; US log driving.
fløtningsarbeid floating, rafting; US drive operation; *(det å)* log driving.
fløy *(vind-)* vane; *(av bygning)* wing; *(av dør)* leaf. **-dør** folding door.
fløyel velvet.
fløyelsaktig velvety. **-bløt** soft as velvet, velvety.
fløymann *(mil)* pivot; marker *(fx* right (,left) m.).
fløyt *(subst)* whistle; *(fugle-)* call *(fx* the call of a bird).
I. fløyte *subst (mus)* flute; *(pipe)* whistle, pipe.

II. fløyte *(vb)* whistle, pipe; *toget -t* the train whistled *(,elekt:* hooted).

fløyteklaff *(mus)* flute key.

fløyten: *gå ~* T go by the board, go west, go phut; *så gikk det ~!* then 'that's finished! that's torn it! that was that! *så gikk den ferien ~ (også)* then that holiday was *(el.* is) washed out.

fløytespiller flute player, flutist, flautist. **-stemme** flute (part). **-tone** flute tone, flutelike note.

fløyting whistling; piping.

flå *(vb)* flay, skin; *(fig)* fleece; *~ av* strip off; *-dd til skinnet (fig)* bled white; *(se også overgang).*

flåeri fleecing, extortion.

flåhakke *(vb)* pare the turf off.

flåing flaying, skinning.

flåkjeft loose talker. **-et** flippant, loose-mouthed.

flåseri flippancy, disrespect.

flåset flippant, loose-mouthed, disrespectful.

flåte 1*(tømmer-)* (timber) raft; *rednings-* life raft; 2*(samling skip)* fleet *(fx* a f. of 50 ships; the fishing f.; a steamship f.; a f. of whalers); *koffardi-* f. of merchantmen; 3*(marine)* Flåten the Navy; *handels-* merchant *(el.* mercantile) marine, merchant navy; *hjemme-* Home Fleet; *liten ~* flotilla.

flåtebasis naval base. **-besøk** visit of naval units. **-demonstrasjon** naval demonstration. **-manøver** naval manoeuvre. **-mønstring** naval review. **-stasjon** naval base, naval station.

fnatt *(med.)* itch, scabies. **-et** itchy. **-midd** itch mite, scab mite.

fnise *(vb)* giggle, titter.

fnising giggle, titter.

fnokk *(bot)* pappus.

fnugg speck (of dust); *(snø-)* flake, snowflake; *(fig)* scrap, shred.

fnyse *(vb)* snort; *(fig)* fret (and fume), chafe; *-nde sint* fuming with rage. **fnysing** snorting, snort.

fob *(fritt om bord)* f.o.b. *(fk,f.* free on board).

fogd *(hist)* bailiff.

I. fokk drifting snow; snowstorm.

II. fokk *mar (seil)* foresail.

fokkebras *(mar)* forebrace. **-mast** foremast. **-skjøt** foresheet.

foksterrier fox terrier.

fokus *(brennpunkt)* focus *(pl:* foci *el.* focuses).

I. fold fold; *(legg)* pleat, fold; *(merke etter fold)* crease; *legge sitt ansikt i alvorlige -er* put on a grave face; *komme i sine gamle -er igjen* settle down (once more) in one's old ways; *alt har nå kommet i sine vante -er igjen* things have gone back into the old groove; *komme ut av sine vante -er* be unsettled.

II. fold: *gi fem ~* yield fivefold.

folde *(vb)* fold, pleat; *~ hendene* fold one's hands; *~ noe sammen* fold up sth; *~ ut* unfold.

foldekast fold (of drapery). **-kniv** clasp knife.

I. fole *zool (ung hest)* foal; *(hankj.)* colt; *(hunkj.)* filly.

II. fole *vb (føde føll)* foal.

foliant folio.

foliere *(vb)* foil; *(nummerere)* foliate.

folio folio; *(konto)* current account; *på ~* at call.

folioark foolscap (sheet). **-konto** current account; *innskudd på ~* deposit at call, demand deposit; *(se konto).*

folk *(nasjon)* people *(pl:* peoples); *(mennesker)* people; *(arbeidere)* hands; *-ene (tjenerskapet)* the servants; *jeg kjenner mine ~* I know the type; *hva vil ~ si?* what will people say? *hvis det kommer ut blant ~* if that should get abroad.

folkeavstemning popular vote; *(om grensespørsmål, etc)* plebiscite; *(om lovforslag, etc)* referen-

dum; *holde ~* take a referendum (,a popular vote), hold *(el.* take) a plebiscite. **-bevegelse** popular movement. **-bibliotek** public library. **-bok** popular book. **-diktning** popular poetry. **-etymologi** popular etymology. **-ferd** race, type. **-fest** national festival, public rejoicing. **-fiende** enemy of the people.

Folkeforbundet *(hist)* the League of Nations.

folkeforlystelse popular entertainment. **-forsamling** popular assembly. **-gave** gift of the people. **-gunst** popularity, popular favour (,US: favor). **-helt** national hero. **-hop** crowd of people, mob. **-høgskole** [folk high-school]. **-karakter** national character. **-kirke** national *(el.* established) church. **-komedie** melodrama. **-leder** leader of the people. **-lesning** popular reading.

folkelig popular.

folkeliv street life, crowds; *-livet i Tyskland* German life and manners. **-livsbilde** *(maleri)* crowd picture. **-lynne** national character. **-masse** crowd. **-mengde 1.** population; **2.** = **-masse**. **-minner** *(pl)* local traditions. **-minneforskning** folklore. **-mord** genocide. **-munne:** *komme på ~* get oneself talked about. **-møte** popular meeting.

folkeopinion public opinion; *gi etter for -en* yield to the pressure of public opinion.

folkeopplysning enlightenment of the people, general education; *-en står høyt* the standard of general education is high.

folkeparti popular party. **-rase** race (of people). **-register** national register; *(kontor)* registration office. **-reisning** popular rising. **-rett** *(jur)* international law. **-rik** populous. **-sak** national question; national cause. **-sagn** legend.

folkeskikk (national) custom; *(veloppdragenhet)* good manners, mannerliness; *han har ikke ~* he has no manners; *utenfor -en* miles from anywhere, at the back of beyond; *vi bor jo litt utenfor -en her ute* we're rather out of things here.

folkeskole *(hist)* primary school; *US* grade school; *(se barneskole).*

folkeslag people, nation. **-snakk** talk, gossip, scandal. **-stamme** group (of peoples), race.

folkestemning public feeling. **-taler** popular speaker. **-tall** number of inhabitants; *(i statistikk)* population; *(se innbyggerantall).* **-telling** census. **-tellingsliste** census paper. **-tom** deserted. **-tribun** tribune (of the people). **-vandring** migration (of nations, tribes). **-venn** friend of the people. **-vilje** national will. **-vise** folk song, ballad. **-væpning** arming of the people; militia. **-ånd** national spirit.

folklore folklore. **folklorist** folklorist.

folksom much frequented, crowded, populous.

folunge: *se føll.*

fomle *(vb)* fumble *(etter* for; *med* with).

fommel *(klosset person)* bungler.

fond fund; *(kapital)* funds; *(til støtte for kunst, vitenskap, etc)* foundation.

fondsbørs stock exchange. **-marked** stock market.

fonetiker phonetician. **-tikk** phonetics. **-tisk** phonetic.

fonn *(snø-)* snowdrift.

font font, baptismal font.

fontene fountain.

I. fôr *(til klær)* lining *(fx* silk l.).

II. fôr *(for dyr)* feed, fodder *(fx* dry fodder); *(kraft-)* feeding stuff(s); *gi hestene ~* feed the horses, give the horses a feed.

III. for *(prep)* 1*(foran)* before, at *(fx* throw oneself at sby's feet; before my (very) eyes; *lukke døra ~* (close) shut the door in sby's face; *jeg ser det ~ meg* I can see it; *jeg ser ham ~ meg* I see him in my mind's eye; I can

picture him; *se seg* ~ look where one is going; *sove* ~ *åpne vinduer* sleep with the windows open; *vike tilbake* ~ shrink from; *det er gardiner* ~ *vinduene* there are curtains at the windows; **2**(*til beste for, bestemt for, for å oppnå, på grunn av*) for (*fx* work, fight, speak for sby; I will do it for you); *begynne* ~ *seg selv* set up for oneself; *erklære seg* ~ *noe* declare oneself in favour (,**US:** favor) of sth, declare for sth; *være stemt* ~ *noe* be in favour of sth, be for sth; *gjerne* ~ *meg* I don't mind; it's all right with me; I have no objection; **3**(*om interesseforhold*) for, to (*fx* good, pleasant, bad for; a pleasure, a disappointment for; bow, read to; fatal, important, new to; impossible, useful to (*el.* for); a danger, a loss, a surprise to; it is easy, difficult, impossible for him to do it); *åpen* ~ *publikum* open to the public; **4**(*til forsvar mot*) from, to (*fx* close one's door to; conceal from); *søke ly* ~ take shelter from; **5**(*med hensyn til*) to, from; *fri* ~ free from; *blind* ~ blind to; *være fremmed* ~ be a stranger to; *ha øre* ~ *musikk* have an ear for music; **6**(*beregnet på*) for; *leie et hus* ~ *sommeren* take a house for the summer; ~ *godt for* good; **7**(*istedenfor, til gjengjeld for*) for (*fx* he answered for me; pay 50p for a book); *2% rabatt* ~ *kontant betaling* 2% discount on (*el.* for) cash payment; *jeg kjøpte den* ~ *mine egne penger* I bought it with my own money; *han spiser* ~ *to* he eats enough for two; **8**(*om fastsatt pris*) at (*fx* these are sold at 20p a piece); **9**(*hver enkelt for seg*) by, for (*fx* day by day; word for word); **10.: for å** (*med infinitiv*) to, in order to; ~ *ikke å* (so as) not to; ~ *ikke å snakke om* not to mention, let alone; **11**(*andre tilfelle*): *bo* ~ *seg selv* live by oneself; *hva er dette* ~ *noe?* what is this? ~ *lenge siden* long ago; ~ *hver gang jeg ser ham* every time I see him; *til venstre* ~ to the left of; *av frykt* ~ for fear of; *varer* ~ *£30* thirty pounds' worth of goods, £30 worth of goods; *stoffet kan være like godt* ~ *det* the material need not be any worse for that; *jeg kan ikke gjøre noe* ~ *det* I can't help it; *jeg kan ikke hjelpe* ~ *at han er ...* I can't help his being ...; *denne påstand har meget* ~ *seg* there is a strong case for such an assertion; *det er en sak* ~ *seg* that is a thing apart; *i en klasse* ~ *seg* in a class apart (*el.* of its own); in a class by itself; *denne maskinen må pakkes* ~ *seg* this machine must be packed separately (*el.* in a separate case); *det er bra nok i og* ~ *seg, men ...* it's good enough in its way, but ...
IV. for *adv* (*altfor*) too (*fx* too big, too much); *en* ~*vanskelig oppgave* too difficult a task, a too difficult t.; *han er* ~ *gammel for denne stillingen* he is too old a man for this post; ~ *og imot* for and against, pro and con (*fx* we argued the matter pro and con); *grunnene* ~ *og imot* the pros and cons (of the matter); *det kan sies meget* ~ *og imot* there is a great deal to be said on both sides; *fra* ~ *til akter* (*mar*) from stem to stern.
V. for (*konj*) for, because (*fx* don't call me Sir, because I won't have it; he ran, for he was afraid); ~ *at: se forat.*
foraksel front axle.
forakt contempt (*for* for), disdain, scorn; *nære* ~ *for* feel contempt for; *med* ~ *for* in contempt of.
forakte (*vb*) despise, disdain, scorn, hold in contempt; *ikke å* ~ not to be despised (*el.* disdained); **T** not to be sneezed at.

foraktelig (*som fortjener forakt*) contemptible, despicable; (*som viser forakt*) contemptuous.
foraktelighet contemptibleness.
foran (*prep*) before, in front of; (*adv*) before, in front, in advance; ~ *i boka* somewhere in the earlier part of the book; *at the beginning of the b.; gå* ~ take the lead; *holde seg* ~ keep the lead, keep ahead; *komme* ~ take the lead; *være* ~ lead.
foranderlig changeable, variable; fickle, inconstant. **-het** changeability, variability; fickleness.
forandre (*vb*) change; alter, convert; *det -r saken* that alters the case; ~ *seg* change.
forandring change, alteration; *til en* ~ by way of variation, for a change; ~ *fryder* variety is the spice of life; a change is as good as a rest.
forankre (*vb*) anchor. **-t** (*fig*) deeply rooted; *en dypt* ~ *fordom* a deeply ingrained prejudice.
foranledige (*vb*) bring about, occasion, give rise to; (*føre til*) lead to. **-ning** occasion, cause; *på min* ~ on my initiative; *på* ~ *skal jeg få opplyse at ...* as requested, I can inform you that ...; *ved minste* ~ on the slightest provocation.
foranstalte (*vb*) cause to be done, arrange. **-ning** (*det å foranstalte noe*) arrangement, organization; (*sikkerhets-*) measure, step; *treffe -er* take (*el.* adopt) measures, take steps, take action.
foranstående the above; the foregoing.
forarbeid (*subst*) preliminary work.
forarbeide (*vb*) work up; manufacture; process.
forarbeidelse working up; manufacture.
forarge (*vb*) scandalize, give offence to; (*bibl*) offend; *-es over* be scandalized at. **-elig** scandalous, shocking; annoying, irritating. **-else** scandal, offence; annoyance, indignation; *vekke* ~ cause offence; *ta* ~ *av* take offence at, be scandalized at; *til stor* ~ *for* to the great annoyance of.
forarme (*vb*) impoverish. **-else** impoverishment. **-et** impoverished.
forat (*konj*) that, in order that; so that; *vi fortet oss* ~ *vi ikke skulle komme for sent* we hurried so as not to be late; we hurried in order not to be late.
forband (*i mur*) bond.
forbanne (*vb*) curse; damn; ~ *seg på at* swear that. **-else** curse; imprecation; malediction; *mitt livs* ~ the curse of my life.
forbannet accursed, cursed; **T** damn(ed), confounded, damnable, beastly; (*grovt uttrykk*) bloody (*fx* I wish that b. rain would stop).
forbarme (*vb*): ~ *seg over* take pity on, have mercy on; have pity on, have compassion on. *Gud* ~ *seg!* (God) bless my soul! **-else** compassion, pity.
forbasket confounded, infernal; **T** blooming; flipping.
forbause (*vb*) surprise, astonish; (*jvf forbløffe*). **-else** surprise, astonishment; (*se også størst*). **-ende** surprising, astonishing; *et* ~ *godt resultat* a surprisingly good result.
forbauset surprised; *sette opp et* ~ *ansikt* put on a s. face; (*adv*) in surprise.
forbedre (*vb*) better, improve, amend; ~ *jorda* (ɔ: *jordsmonnet*) condition the soil; ~ *seg* improve; mend one's ways; reform. **-ring** improvement, betterment; amelioration; amendment. **-ringsanstalt** (*hist*) reformatory; (*se ungdomsfengsel*).
forbehold reservation, proviso; *jeg sier det med alt* ~ I say this with great reservations.
forbeholde (*vb*): ~ *seg* reserve (for oneself); (*se betinge & enerett*).
forbeholden reserved. **-het** reserve.

forbe(i)n foreleg.
forbe(i)nes *(vb)* ossify.
forbe(i)ning ossification.
forbered|e *(vb)* prepare; ~ *en på noe* prepare sby for sth; ~ *seg på en lekse* prepare a lesson.
forberedelse preparation; *alle disse -ne* all these preparations; *mange -r måtte til* great preparations were necessary; *det skal ikke mange -r til* not much preparation will be needed *(el.* necessary); *treffe -r til* make preparations for.
forberedende preparatory; ~ *prøve (ved Universitetet)* preliminary examination *(fx* in Latin).
forberedelseshugst liberation felling (,US: cutting), preparatory felling (,US: cutting).
forberedelse|kurs preparatory course; *(innføringskurs)* induction course; *(se I. kurs).*
forberedelsesskole UK *(betalende; forbereder til en' public school')* preparatory school; T prep school.
forberg promontory; headland, foreland.
fôrbete *(bot)* mangel(-wurzel).
forbi *(prep)* by, past; beyond; *adv (om sted)* by, past; *(om tid)* at an end, gone, over; *gjøre det ~ (om forlovelse)* break it off; *gå ~* go by, pass by, go past; *elven går like ~ huset vårt* the river flows right past our house; *veien går like ~ landsbyen* the road runs quite close to the village; *(jvf forbigå); kjøre ~* drive past; *det er ~ med ham* it's all over with him; *komme ~* get past, get by *(fx* please let me get by); *skyte ~* miss; *(se snakke).*
forbi|gå *(vb)* pass over; *(utelate)* omit, leave out; *(ved forfremmelse)* pass over; ~ *en feil (ɔ: ikke kommentere)* pass *(el.* gloss) over a mistake; ~ *i taushet* pass by in silence. **-gåelse** passing over, neglect; *(ved forfremmelse)* failure to promote; omission. **-gående:** *i* ~ in passing, incidentally.
forbikjøring 1. passing; *2(det å innhente og kjøre forbi)* overtaking; ~ *forbudt!* no overtaking!
forbikjøringsfelt overtaking lane.
forbilde prototype; *(mønster)* model, pattern; *ta til* ~ take as a model.
forbind|e *(vb)* connect, combine; *(et sår, en såret)* dress, bandage; ~ *en med (tlf)* put sby through to; *(se for øvrig: sette B); jeg -er ingen bestemt forestilling med it* conveys nothing to me; *forbundet med (fx fare)* attended with; *den fare som er forbundet med det* the danger involved; the d. incident to it; *jeg er Dem meget forbunden* I am very much obliged to you.
forbindelse 1*(sammenheng)* connection *(fx* the connection between A and B); *(berøring, kontakt)* contact; 2*(bindeledd)* link, tie; connection, joint; 3*(det å forbinde noe)* connecting, joining *(fx* the joining of two towns by a railway); connection; 4*(pr. brev, telefon, etc)* communication(s); *(ferdsel, etc)* communication *(fx* there is no direct communication between the two wings of the house; communication between the islands was difficult; *(tlf)* connection; 5*(befordringstjeneste)* service *(fx* the service between Bergen and Newcastle; the air service to Cairo); *(jernb)* train service *(fx* the train service between Harwich and Cambridge is bad); 6*(korrespenderende, mellom befordringsmidler)* connection *(fx* you can get a connection at Crewe, there's no connection between the ferry and the train); 7*(om interesseforhold, tilknytning)* connection, association *(fx* the traditional association of Liberalism and Free Trade); 8*(samkvem, personlig forhold)* connection, relations *(fx* the relations between the party leaders); contact *(fx* there is not enough contact between employer and employed); communication *(fx* we are in daily communication with the firm); 9*(person)* connection *(fx* he is one of our best connections); contact *(fx* all his French contacts); *(ofte)* man *(fx* our man in Paris); *(bankspråk, om utenlandsk ~)* correspondent; 10*(mekanisk)* joint, connection; 11*(kjem)* compound *(fx* carbon compounds); combination; 12*(mil)* communication(s) *(fx* cut the enemy's communication with his base); 13 *(forlovelse)* engagement; 14*(ekteskap)* alliance; 15*(om erotisk forhold)* affair *(fx* he had an affair with her; she had numerous affairs); liaison; 16*(av ord)* collocation, combination; *(vending)* phrase; *(sammensetning)* compound; *(kontekst)* context *(fx* in this context the word means something different); *-ns annet ledd* the second component of the phrase;
[A: forb. med adj; B: med vb; C: med prep]
A [*forb. med adj*] *daglig* ~ *i begge retninger a* daily service in both directions; *den diplomatiske* ~ diplomatic relations *(fx* break off *(el.* sever) diplomatic relations); *en direkte* ~ *til London* (5) a direct service to London; *dårlig* ~ *(elekt)* a bad connection; *faste -r* (16) stock phrases; *frie -r mellom kjønnene* promiscuity; *det er gode -r dit* the place is well served by public transport; *han har gode -r* he has good connections; he has influential friends; he knows the right sort of people; he has pull; *han har meget gode -r (også)* he is very well connected; *kjemisk* ~ chemical combination; *(resultatet)* compound; *inngå kjemisk* ~ *og danne ...* combine to form ...; combine into ...; *en løs* ~ (15) an affair, a liaison; (11) unstable compound; *løse -r* (15, *også)* promiscuity; *nær* ~ intimate connection *(fx* the intimate connection between the two things); *deres nære~, den nære* ~ *mellom dem (om personer, også)* their intimacy; *han har nær* ~ *med* he is closely associated with; *med de rette -r er intet umulig* you can do anything with a little string-pulling; *telefonisk* ~, *den telefoniske* ~ telephone communication(s); *den telegrafiske* ~ *med Japan* telegraphic communication(s) with Japan; *våre utenlandske -r (merk)* our foreign connections *(el.* contacts); *(se 9 ovf).*
B [*forb. med vb*] **avbryte** *-n med et firma* break off the connection with a firm; *avbryte -n med en (også)* break off *(el.* sever) relations with sby; *ikke bryt -n! (tlf)* hold the line, please! *-n ble brutt (tlf)* we (,they, *etc)* were cut off; **få** ~ *(tlf)* get through, be put through; *han fikk* ~ *(også)* the call was put through; *få* ~ *med* get through to *(fx* sby; London); be put through to *(fx* sby; London); *jeg ringer Dem så snart jeg har fått* ~ I'll ring you when I get through; *nå har De -n (tlf)* you're through; *US* you're connected; *ha forretnings- med* have business relations *(el.* connections) with, have dealings with; *han har gode -r: se A; spørsmålet har en viss* ~ *med utenrikspolitikken (også)* the question has a certain bearing on foreign policy; the question bears on foreign policy; *det har direkte* ~ *med dette spørsmålet* it bears directly on this question; **inngå** *en* ~ *med* become engaged to; (10) form an alliance with; (11) combine with; *inngå en* ~ *under sin stand* marry below one; **knytte** *en* ~ establish a connection; *knytte* ~ *med (også)* establish relations *(el.* contact) with; **skaffe** *seg nyttige -r* form useful connections *(el.* contacts); get to know the right people;
C [*forb. med prep*] **i** *denne* ~ (1) in this connection *(fx* in this context I should like to say that ...); *det er ikke aktuelt i denne* ~

that point does not arise in this connection; **i ~ med** (1) in connection with *(fx* I came here in connection with the Fair); *(sammen med)* along with *(fx* these minerals are found along with volcanic rocks); together with, in conjunction with *(fx* act in conjunction with sby); *i ~ med dette* (1) in this connection; (16) in this context; *holde seg i ~ med en* keep in touch with sby; *komme i ~ med en* get in touch with; make contact with; contact *(fx* they tried to contact their embassy in Paris); *sette i ~ med* (1) connect *(fx* they connected his visit with the summit meeting); (3) connect with; (8) put in touch with; *jeg satte ikke de to tingene i ~ med hverandre* I did not connect the two things in my mind; *sette seg i ~ med* get in touch with; make contact with; contact; *... så nøl ikke med å sette Dem i ~ med oss* so please do not hesitate to get in touch with us; *stå i ~ med* (1) be connected with *(fx* this phenomenon is connected with the rotation of the earth); (4) be in communication with; (6) connect with; (8) be in touch *(el.* contact) with; *(om forretnings-)* have dealings with, have business relations *(el.* connections) with; *(elekt)* be connected to *(fx* this is connected to a battery); *stå i daglig ~ med* (4) be in daily communication with; *stå i intim ~ (med hverandre)* be intimately connected; *stå i vennskapelig ~ med* be on friendly terms with; *de ting som står i ~ med det* the things connected with it; *tre i ~ med* get in touch with, make contact with; form a (business) connection with; enter into business relations with; *det er ingen som helst ~* **mellom** *de to begivenhetene* the two events are totally unconnected; **uten ~ med** unconnected with, unrelated to; *vi har vært uten ~ med ham i en måned* we have been out of touch with him for a month; *det er uten ~ med saken* it has no bearing on the matter; *(se fordel; gjenoppta; sammenheng).*

forbindelsesledd (connecting) link, connection, joint; *tjene som ~* **mellom** form a link between. **-linje** *(mil)* line of communication. **-mutter** union nut. **-punkt** junction, point of union. **-rør** connecting pipe.

forbinding dressing, bandaging.

forbindingssaker *(pl)* dressing materials *(el.* appliances).

forbindtlig obliging. **-het** *(forpliktelse)* obligation; *(høflighet)* obligingness; *uten ~ (merk)* without any obligation, without engagement; *(jur, merk)* without prejudice *(fx* we give you this information w. p.).

forbistret *se forbasket.*

forbitre *(vb)* embitter; *-t over* exasperated at. **-lse** embitterment; exasperation.

forbli *(vb)* remain, stay.

forblinde *(vb)* blind. **-else** blindness, infatuation.

forblommet covert, ambiguous; enigmatic, equivocal; *la en forstå på en ~ måte at ...* hint darkly that ...

forblø *(vb):* ~ *seg* bleed to death.

forblødning bleeding to death; loss of blood, haemorrhage; *(især* **US)** hemorrhage.

forbløffe *(vb)* amaze, take aback, disconcert; astound; *(sterkt)* dumbfound, nonplus; **T** flabbergast; *uten å la seg ~* unperturbedly; *det -t ham (også)* it staggered him; **T** it made him sit up.

forbløffelse amazement, bewilderment; *til alminnelig ~* to the a. of everybody; *til hans ~* to his amazement.

forbløffende amazing, astounding, staggering; *~ hurtig* with amazing rapidity.

forbløffet amazed, astounded, taken aback, disconcerted.

forblåst *(om sted)* windswept.

forbokstav initial.

forbrenne *(vb)* burn.

forbrenning 1. burning; **2.** *(kjem)* combustion; **3.** *(brannsår)* burn(s); **4.** *(fys)* metabolism; *fett-* fat metabolism; *en førstegrads-* a first-degree burn. **-smotor** internal combustion engine. **-sprodukt** product of combustion. **-srom** combustion chamber.

forbrent burnt; *(av sola)* scorched; *(jvf sol-).*

forbruk consumption; *enstigning i det personlige ~* a rise in personal consumption.

forbruke *(vb)* consume, use. **-er** consumer.

forbrukerråd consumers' council.

forbruksartikler *(pl)* articles of consumption. **-avgift** consumption tax; excise (duty).

forbruksforening co-operative society. **-varer** *(pl)* consumer(s') goods.

forbryte *vb (fortape)* forfeit; *hva har jeg forbrutt?* what is my offence? ~ *seg* offend, commit an offence.

forbrytelse crime; *en alvorlig ~* a serious crime.

forbryter criminal.

forbryteransikt the face of a criminal, jailbird face. **-bane** a career of crime. **-sk** criminal.

forbryterspire budding criminal.

forbud *(det å forby)* prohibition; *nedlegge ~ mot* prohibit.

forbuden forbidden; ~ *frukt smaker best* forbidden fruit is sweet.

forbudslov Prohibition law.

forbudsmann, forbudstilhenger prohibitionist.

forbudsvennlig *(adj)* prohibitionist.

forbund federation, association; *(mellom stater)* confederation, alliance, league; *slutte et ~* enter into a league *(med* with).

forbunden obliged *(fx* we are much o. to you for your prompt reply); *(se forbinde).*

forbundsfelle ally.

forbundssekretær *(i fagorganisasjon)* union branch secretary.

forbundsstat federal state.

forby *(vb)* forbid; *(særlig ved lov)* prohibit; *strengt forbudt* strictly prohibited; *det -r seg selv* it is out of the question; it is simply impossible.

forbygning 1. front building; **2.** retaining wall, prop.

forbytning exchange (by mistake); *ved en ~* by a mistake.

forbytte *(vb): jeg har fått hatten min -t* I have got a wrong hat by mistake; *et -t barn* a changeling.

forbønn intercession; *(rel)* intercessory prayer; *gå i ~ for meg hos* intercede for me with.

force majeure Act of God *(el.* Providence); force majeure; vis major; *det er ~* it is a case of force majeure.

fordampe *(vb)* evaporate. **-ning** evaporation.

fordanser leader (of a dance).

fordekk *(mar)* fore deck; *(på bil, sykkel)* front tyre *(,US:* tire).

fordekt covert; *(adv)* covertly; *drive et ~ spill* play an underhand game.

fordektig *(adj)* suspicious.

fordel advantage; *(vinning)* gain, profit; *-er og mangler* advantages and disadvantages; *med ~* profitably, with advantage; *til ~ for* for the benefit of; *vise seg til sin ~* appear to advantage; *høste ~ av* derive advantage *(el.* benefit) from, profit by; *forandre seg til sin ~* change for the better.

fordelaktig advantageous, favourable *(,US:* favorable); *et ~ ytre* a prepossessing appearance;

et mindre ~ *ytre* an unprepossessing a.; *vise seg fra den -ste siden* appear to the best advantage.

fordele *(vb)* distribute, apportion, divide; *(spre)* disperse; ~ *rollene* assign the parts; ~ *seg på* be spread over. **-er** *(i motor)* ignition distributor. **-ing** distribution, division, apportionment; dispersion. **-ingsskive** distributor disc *(el.* disk*)*.

forderve *(vb)* spoil; *(skade)* damage; *(moralsk)* pervert, deprave; corrupt; *for lite og for meget -r alt* enough is as good as a feast; moderation in all things.

fordervelig pernicious; *(se bedervelig)*.

fordervelse ruin, destruction, corruption, depravation, depravity; *styrte en i* ~ ruin sby.

fordervet depraved, corrupt, demoralized; *arbeide seg* ~ work oneself to the bone; *le seg* ~ be ready to die with laughing; *slå en* ~ beat sby up, beat sby black and blue.

fordi because; *om ikke annet så* ~ if only because; *hadde det ikke vært* ~ ... were it not for the fact that ...

fordoble *(vb)* double, redouble. **-ling** doubling.

fordom prejudice, bias; *(se forankret)*.

fordomsfri unprejudiced; unbias(s)ed. **-frihet** freedom from prejudice. **-full** prejudiced, bias(s)ed.

fordra *(vb)* bear, endure; *jeg kan ikke* ~ *ham* I can't stand him; *jeg kan ikke* ~ *vin* I detest wine; *de kan ikke* ~ *hverandre* they hate each other like poison.

fordragelig tolerant. **-het** toleration, tolerance.

fordre *(vb)* claim, demand, require.

fordreie *(vb)* distort, twist; *(forvanske)* pervert, misrepresent; ~ *hodet på en* turn sby's head. **-ning** distortion, perversion.

fordring claim, demand; *beskjedne -er* modest *(el.* moderate*)* demands; *(til livet)* modest *(el.* moderate*)* requirements; *en foreldet* ~ a statute-barred debt; *anmelde sin* ~ *i boet* give notice of one's claim against the estate; *stille for store -er til* make too heavy demands on, overtax *(fx* o. one's strength*)*; *utestående -er* outstanding claims *(el.* accounts*)*; *(se også drive:* ~ *inn en fordring; foreldes; krav & rett)*.

fordringsfull pretentious; *(nøyeregnende)* particular *(fx* he is very p. about his food*)*; *(som stiller strenge krav)* exacting, demanding. **-haver** creditor. **-løs** unassuming, unpretentious, unostentatious. **-løshet** unpretentiousness, unostentatiousness, modesty.

fordrive *(vb)* drive away, oust, banish, expel *(fx* the Jews were expelled from the country*)*; dispel *(fx* d. his fears; the sun dispelled the mist*)*; ~ *tiden* while away the time. **-else** driving away, ousting, banishment, expulsion.

fordrukken drunken; alcohol-sodden; T boozed up. **-het** drunkenness, addiction to drink, intemperance.

fordufte *(vb)* evaporate; *(spøkende)* vanish (into thin air), make oneself scarce.

fordum in (the) days of old.

fordummelse reduction to a state of stupidity.

fordums former, quondam.

fordunkle *(vb)* darken, obscure; *(overstråle)* eclipse, outshine. **-ling** darkening.

fordunste *(vb)* evaporate. **-ning** evaporation; *(fra planter)* transpiration.

fordype *(vb)* deepen; ~ *seg i* lose oneself in, become (deeply) absorbed in; *-t i* deep in, buried in; *-t i betraktninger* lost in meditation.

fordypelse absorption.

fordypning depression, hollow *(fx* in the ground*)*; *(mindre, i materiale)* dent, indentation; *(se*

bulk); (i arm, ansikt, smilehull) dimple; *(i vegg)* recess, niche.

fordyre *(vb)* raise the price of; make more expensive. **-else** rise in price, increase in cost; ~ *av* rise in the price of, increase in the cost of.

fordølge *(vb)* conceal *(for* from*)*. **-else** concealment.

fordømme *(vb)* condemn, denounce; *(bibl)* damn. **-melse** condemnation, denunciation; *(bibl)* damnation.

fordømt *(forbannet)* confounded, damned; ~! damn it! confound it! *de -e* the damned.

fordøye *(vb)* digest. **-elig** digestible. **-elighet** digestibility. **-else** digestion; *dårlig* ~ indigestion; *(se hjelpe)*. **-elsesorganismen** the digestive apparatus.

I. fôre *vb (gi dyr fôr)* feed.

II. fôre *vb (sette fôr i)* line; *(med pelsverk)* fur; *(med vatt)* wad.

III. fore *(adv): gjøre seg* ~ take (great) pains *(med noe* over sth*)*; *ha noe* ~ have sth in hand; *har du noe* ~ *i kveld?* are you doing anything tonight? have you anything on tonight? *sette seg* ~ *å* ... decide to, set oneself the task of (-ing), set out to, undertake to, take it into one's head to, set one's mind on (-ing) *(fx* he had set his m. on getting it*)*; *han hadde satt seg* ~ *å bevise* he was concerned to prove.

forebringe *(vb)* submit.

forebygge *(vb)* prevent.

forebyggelse prevention; *til* ~ *av* for the p. of.

forebyggende preventive; *et* ~ *middel mot* a prophylactic for; ~ *melding (kort)* pre-emptive bid, shut-out bid.

foredle *(vb)* **1.** breed (to improve the strain); **2.** manufacture, work up, finish.

foredling 1. breed improvement; **2.** (the) finishing (of the goods), processing *(fx* the p. of raw materials); improvement; *tre-* wood conversion. **-sindustri** processing industry.

foredra *(vb)* deliver; execute. **-drag** *(tale)* talk; address; discourse; *(forelesning)* lecture; *(radio-)* talk; *(fremsigelse)* delivery; *(spill el. sang)* execution; *holde* ~ *om* deliver a lecture on; give a talk on. **-dragsholder** speaker; lecturer.

forefalle *(vb)* happen, occur, take place, pass; *-nde arbeid* any odd jobs; *han gjorde -nde arbeid* he did odd jobs *(fx* about the farm*)*; he performed any jobs that might turn up.

foregangsmann pioneer, initiator, leader.

foregi *(vb)* pretend, *(stivt)* feign; sham; *han forega å være syk* he pretended to be ill; *(stivt)* he shammed illness. **-givende** pretence, pretext; *under* ~ *av* on the pretext of; pretending. **-gripe** *(vb)* anticipate; ~ *begivenhetenes gang* anticipate events.

foregå *(vb)* take place, go on, be in progress; ~ *andre med et godt eksempel* set a good example to others; *(se tilbaketog)*. **-ende** preceding, previous; *den* ~ *dag* the day before, the previous *(el.* preceding*)* day.

forehavende intention, purpose, project. **-holde** *(vb):* ~ *en noe* point out sth to sby.

forekomme *vb* **1***(finnes)* exist, be in evidence *(fx* sharks are in e. along the coast*)*; **2***(inntreffe)* occur, happen; be met with *(fx* it is met with everywhere in England*)*; be found; **3***(synes)* seem, appear; *slikt bør da ikke* ~*!* that sort of thing ought not to happen! *det -r meg at* it appears to me that. **-kommende** obliging. **-kommenhet** obligingness, courtesy, kind attention.

forekomst occurrence, existence.

foreldes *vb (bli utidsmessig)* become obsolete; *-t* **1.** out of date, antiquated, obsolete; **2***(om ford-*

ringer) barred *(fx* a b. claim); statute-barred *(fx* these debts are s.-b. after three years).

foreldre *(pl)* parents.

foreldreforening parent-teacher association.

foreldreløs orphan; *et -t barn* an orphan.

foreldremyndighet custody *(fx* she obtained a divorce and c. of the child of the marriage).

forelegg 1*(fremlagt dokument)* exhibit; 2*(overslag)* estimate; 3*(jur): forenklet ~* ticket fine; *utferdige ~ mot en* give sby a ticket fine.

forelegge *(vb)* place *(el.* put) before, submit to; *alle negative karakterer skal ha vært forelagt en oppmann (kan gjengis)* all fail marks must have been referred to an extra examiner.

forelese *(vb)* lecture *(over* on). **-leser** lecturer.

forelesning lecture; *holde -er over* give lectures on, lecture on; *holde en ~ for studentene* give a l. to the students; *gå på -er* attend lectures.

forelesningskatalog lecture list. **-rekke** course of lectures.

foreligge *(vb)* **1.** be, exist, be available *(fx* the figures for last year are not yet available); *-r det noe om det?* is anything known about it? *det -r en misforståelse* there is a mistake; *det -r ikke noe nytt* there is nothing new to report; there is no fresh news; *hvis ikke andre instrukser -r* in the absence of other instructions; 2*(til drøftelse)* be at issue, be under consideration; *det spørsmål som -r* the question under consideration; *denne sak forelå til behandling* this matter *(el.* question) came up for discussion; *de saker som -r til behandling (i møte)* the business that lies before the meeting; the items that will come up for consideration; *(se også foreliggende & synes).*

foreliggende: *den ~ sak* the matter *(el.* case) under consideration; *the point under discussion; (i møte, også)* the question before us, the business before the meeting; *i det ~ tilfelle* in the present case.

forelske *(vb): ~ seg i* fall in love with.

forelskelse love, falling in love. **forelsket** in love *(i* with); *forelskede blikk* amorous glances.

foreløpig *(adj)* preliminary, provisional; *en ~ kvittering* an interim receipt; *en ~ ordning* a provisional *(el.* temporary) arrangement; *et ~ overslag* a provisional estimate; *en ~ undersøkelse* a preliminary investigation; *(adv)* temporarily, provisionally; *(inntil videre)* for the time being, for the present; for the moment *(fx* I can think of nothing else for the m.); so far *(fx* so far I have not seen much of him).

forende front part; *(mar)* head, bows.

forene *(vb)* unite, join, combine, connect; *~ det nyttige med det behagelige* combine the pleasant with the useful; combine business with pleasure; *~ seg* unite; *~ seg med* join; *la seg ~ med* be consistent with; *det lar seg ikke ~ med* it is inconsistent *(el.* incompatible) with; *De forente nasjoner* the United Nations; *De forente stater* the United States.

forening union, combination; association; *selskapelig ~* society, club; *i ~* combined, jointly, in concert, between them; *i ~ med* coupled *(el.* together) with.

foreningsarbeid committee work *(fx* c. w. takes up a lot of his time); club work. **-liv:** *han er svært aktiv i -et (kan gjengis)* he is on a lot of committees; he is a member of a lot of clubs; *han er en kjent person i stedets ~ (kan gjengis)* he is a prominent member of a number of committees locally. **-virksomhet** *se foreningsarbeid.*

forenkle *(vb)* simplify. **-ing** simplification.

forenlig: *~ med* consistent *(el.* compatible) with.

foresatt superior; superior officer; *(verge)* guardian. **-sette** *(vb): ~ seg* determine. **-skrevet** prescribed; *(se måte).*

foreskrive *(vb)* prescribe (sth to sby), order; *loven -skriver* the law provides. **-slå** *(vb)* propose, suggest; *(stille forslag)* propose, move *(fx* I move that the Annual Report be approved). **-speile** *(vb)* hold out expectations (,hopes, prospects, *etc) of; ~ seg* picture to oneself, imagine. **-spørre** *(vb)* inquire, ask. **-spørsel** inquiry; *som svar på Deres ~ i brev av ...* in reply to the i. in your letter of ...; in r. to your i. in a letter dated ...; *~ om tran* i. for cod-liver oil; *en ~ om et firma* an i. about *(el.* respecting) a firm; *Deres brev med ~ om av ...* your letter inquiring whether we can ...; *~ om levering av* i. about delivery of; *(se foreta).*

forestille *(vb)* represent; *hva -r det?* what does it represent? *~ seg* imagine, picture to oneself; *De kan nok ~ Dem* you may easily imagine.

forestilling 1*(teater-, etc)* performance; T show; *(om første, annen, etc)* house *(fx* we've got seats for the second house at the Palladium); 2*(oppførelse, stykke)* performance, play; 3*(begrep, tanke)* conception, idea; *uriktig ~* misconception; 4*(innsigelse)* remonstrance; *(henstilling)* representation; 5*(neds: affære, sak)* business; S show *(fx* I'm sick and tired of the whole show); *gjøre en -er* remonstrate with sby; *gjøre -er til ministeren* make representations to the minister; *gjøre seg en ~ om* form an idea of, form a conception of; form an impression of; *gjøre seg falske -er om* have illusions about; *(se vekke).*

forestå *(vb)* 1*(lede)* manage, conduct, be at the head of, be in charge of; *han -r innkjøp av ...* he is responsible for the purchase of ...; *~ et embete* fill an office; 2*(kunne ventes)* be at hand, approach; be imminent; *hva som -r meg* what awaits me. **-ende** approaching, forthcoming; *(også om noe truende)* imminent; *være ~ (også)* be in the offing.

foresveve *(vb): det -r meg dunkelt at* I have a dim *(el.* vague) idea that.

foreta *(vb)* undertake *(fx* a journey), make *(fx* inquiries); *~ reparasjoner* do repairs; *ingen ser ut til å ville ~ seg noe i sakens anledning* nobody seems willing to make a move *(el.* to take any steps) in the matter; *intet er avgjort m.h.t. hva som videre skal -tas i saken* nothing has been decided as to further steps in the matter. **-tagende** undertaking, enterprise, venture. **-taksom** enterprising. **-taksomhet** enterprise. **-taksomhetsånd** spirit of enterprise.

forete *(vb): ~ seg* overeat.

foreteelse phenomenon *(pl:* phenomena).

foretrede audience; *få ~ hos* obtain an audience with.

foretrekke *(vb)* prefer *(for* to).

forett *(adj)* overfed, gorged, surfeited.

forevige *(vb)* immortalize, perpetuate; *(fotografere)* photograph. **-else** perpetuation, immortalization.

forevise *(vb)* show; produce *(fx* one's passport); *(tratte; veksel)* present. **-ning** showing; production; *(av tratte; veksel)* presentation; *ved ~ av* on showing; on production (,presentation) of.

forfall 1*(om betaling)* maturity, falling due; *ved ~* when due; on the due date; on maturity; *innfri vekselen ved ~* meet the bill on m. *(el.* at m.); *etter ~* after the due date; after m.; *før ~* before falling due; 2*(nedgang, oppløsning)* decline, decay; *(om bygning)* disrepair, dilapidation, decay; *alminnelig fysisk ~* general physical deterioration; *komme i ~* fall into decay; 3*(motivert uteblivelse)* excuse for absence; *lovlig ~*

lawful absence; *ha lovlig* ~ have a legitimate reason for being absent; *han har lovlig* ~ *(også)* he has legitimate leave of absence.

forfall|e *(vb)* decay; be falling to pieces; *(veksel, etc)* fall due, mature (for payment), be payable; ~ *til (fx drikk)* become addicted to.

forfallen *(adj)* **1.** in decay, in (bad) disrepair, derelict *(fx* a d. house); **2**(*merk)* due, payable; matured *(fx* a m. bill); *(når forfallsdagen er passert)* overdue; **3**(*drikkfeldig)* addicted *(el.* given) to drink.

forfalls|dag *(merk)* due date, day of payment; *(bare om veksler)* date of maturity. **-periode** period of decadence. **-tid** maturity, time of payment; ... *skjønt det var langt over* ~ *(om veksel)* although the bill was long overdue.

forfalsk|e *(vb)* falsify; fake; *(dokument)* forge; *(en vare)* adulterate. **-er** faker; *kunst-* art faker. **-ning** falsification, faking, forgery; adulteration.

forfatning *(tilstand)* state, condition; *(stats-)* constitution; *i en sørgelig* ~ in a miserable *(el.* terrible) state; *han er ikke i den* ~ *at han kan reise* he is in no condition to travel.

forfatnings|brudd violation of the constitution. **-kamp** constitutional struggle. **-messig** constitutional. **-stridig** unconstitutional.

forfatte *(vb)* write, compose.

forfatter author, writer.

forfatter|honorar author's fee; *(prosenter av salg)* royalty. **-inne** authoress. **-navn** name of the author; *(psevdonym)* pen name, nom de plume. **-ry** literary reputation. **-skap** authorship; literary work. **-talent** literary talent. **-virksomhet** literary activities.

forfedre *(pl)* forefathers, ancestors, forbears.

forfeile *(vb)* miss, fall short of. **-t** unsuccessful, mistaken, wrong, abortive; a failure.

forfekte *(vb)* assert, maintain, advocate, champion. **-r** champion, advocate *(av* of).

forfengelig vain; *ta* ~ take in vain. **-het** vanity.

forferd|e *(vb)* terrify, appal, dismay, horrify; *stå ganske -et* stand aghast *(over* at). **-elig** terrible, dreadful, awful, appalling, frightful. **-else** terror, horror, fright, consternation, dismay; *det kommer til å ende med* ~ he is riding for a fall; *det tok en ende med* ~ it ended in disaster.

forfilm *(kortfilm)* short; *(del av helaftensfilm)* preview, trailer; *(tegne-)* cartoon; *jeg så den som* ~ I saw the trailer of it.

forfin|e *(vb)* refine. **-else** refinement.

forfjamselse confusion, bewilderment, flurry.

forfjamset confused, bewildered.

forfjor: *i* ~ the year before last.

forfjær front spring.

forflate *vb (fig)* banalize, vulgarize.

forflere *(vb)* multiply.

forflyt|te *(vb)* transfer. **-ning** transfer; *(mil)* movement; ~ *langs landevei (mil)* road m.; ~ *utenfor landevei (mil)* cross-country m.

forfløyen giddy, frivolous; *(om tanke)* wild.

forfordel|e *(vb):* ~ *en* treat sby unfairly, give sby less than his share; *kjemien er blitt sørgelig -t i skolen* chemistry has been deplorably neglected in our schools *(el.* in our school curricula).

forfra from the front; *(mar)* from forward, from ahead; *(om igjen)* over again, from the beginning; *sett* ~ seen from in front; *begynne* ~ start afresh, make a fresh start.

forfranske *(vb)* frenchify.

forfremm|e *(vb)* promote; advance; *bli -et (også)* get one's promotion, obtain p.; *han ble -et til kaptein* he was promoted (to the rank of) captain. **-else** promotion, advancement; *(jvf avansement)*.

forfrisk|e *(vb)* refresh. **-ende** refreshing. **-ning** refreshment.

forfrossen frozen, benumbed with cold; *(frostskadd)* frost-bitten.

forfrys|e *(vb)* freeze. **-ning** frost-bite; *(se fryse:* ~ *av seg).*

forfuske *(vb)* bungle, botch.

forfølg|e *(vb)* **1.** pursue; *(for retten)* prosecute; **2**(*for anskuelser)* persecute; **3**(*spor)* trace; **4**(*drive gjennom)* follow up; *(se også tankegang).* **-else** pursuit; persecution. **-elsesvanvidd** persecution mania.

forfølger 1. pursuer; **2.** persecutor.

forfølgning *(jur)* prosecution; *han er under* ~ *for tyveri* he is being prosecuted for theft.

forfør|e *(vb)* seduce; *han -te sin venns kone (også)* he committed misconduct with his friend's wife. **-else** seduction. **-ende** seductive, alluring. **-er, -erske** seducer. **-erisk** seductive.

forføyning measure, step; *stille til ens* ~ place at sby's disposal.

forgangen bygone, gone by.

for|gape *(vb):* ~ *seg i* fall in love with, fall for; *(ting)* take a fancy to. **-gapt:** ~ *i* infatuated with; **T** stuck on.

forgasser carburettor; **T** carb; *rusk i -en* dirt in the c.

forgasser|dyse spray nozzle, jet; *(jvf hoveddyse & tomgangsdyse).* **-ising** freezing of the carburettor. **-justering** c. adjustment.

forgift|e *(vb)* poison. **-et** poisoned. **-ning** poisoning.

forgjeldet in debt, deep in debt, deeply in debt; encumbered *(fx* his estate is e.).

forgjengelig perishable; *(flyktig)* transient, transitory, passing. **-het** perishableness; transitoriness.

forgjenger, -ske predecessor.

forgjeves *(adj)* vain; *(adv)* in vain, vainly.

forglemme *(vb):* ikke å ~ not forgetting; last (but) not least. **-lse** forgetfulness; *(uaktsomhet)* oversight, omission; *ved en* ~ through an oversight, inadvertently; *det hele var en (ren)* ~ *fra min side* it was (merely) a lapse of memory on my part.

forglemmegei *(bot)* forget-me-not.

forgodtbefinnende: *etter* ~ at pleasure, at one's discretion; **T** at one's own sweet will; *De må handle etter eget* ~ you must use your own discretion.

forgremmet careworn.

forgrene *(vb):* ~ *seg* ramify, branch (off). **-t** ramified; *vidt* ~ widely ramified, with many ramifications.

forgrening ramification.

forgreningsveksel *(jernb)* diverging points.

forgripe *(vb):* ~ *seg på (øve vold mot)* lay violent hands on, use violence against; *(stjele)* make free with *(fx* sby's whisky), misappropriate, steal.

forgrunn foreground; *(av scenen)* front of the stage; *komme i -en* come to the front *(el.* fore).

forgrunnsfigur prominent figure; *(i maleri, etc)* foreground figure.

forgrått red-eyed (with weeping); *-e øyne* red eyes.

forgud|e *(vb)* idolize. **-else** idolatry.

forgylle *(vb)* gild.

forgylling gilding.

forgå *(vb)* perish; *(om verden)* come to an end; *han holder på å* ~ *av nysgjerrighet etter å få vite* he is dying to know.

forgård forecourt.

forgårs: *i* ~ the day before yesterday.

forhal|e *(vb)* delay, retard; ~ *tiden* procrastinate; *(mar) (flytte)* shift. **-ing** delay; *(mar)* shifting.

forhalings|politikk a policy of procrastination; dilatory policy; *(ofte)* playing for time. **-taktikk** delaying tactics. **-veto** suspensive veto.

forhall (entrance) hall, vestibule.

forhandle *vb (vare)* distribute, handle, deal in, sell *(fx* an article; are you prepared to handle our product?); *(drøfte)* discuss; *(underhandle)* negotiate; ~ *med* discuss terms with, negotiate with *(fx* he is negotiating with them about my job).

forhandler 1*(person som underhandler)* negotiator; 2*(merk)* dealer, distributor. **-pris** trade price. **-rabatt** trade discount.

forhandling negotiation; talks *(fx* the Warsaw t.); sale; *(drøftelse)* discussion; *kollektive -er* = collective bargaining; *(se også l. stå: gå i ~)*.

forhandlings|emne subject of negotiation(s). **-evne** skill as a negotiator. **-fred** negotiated peace. **-grunnlag** basis for negotiation. **-leder** leader of a delegation. **-organ** negotiating body. **-protokoll** minutes (of proceedings). **-styrke** bargaining strength.

forhaste *(vb):* ~ *seg* be in too great a hurry; be over-hasty.

forhastet rash, hasty, premature; *trekke -de slutninger* jump to conclusions.

forhatt hated, detested; *gjøre seg* ~ *hos en* incur sby's hatred.

forhekse *(vb)* bewitch; enchant. **-ing** bewitching; enchantment.

forheng curtain.

forhenværende former, sometime, late, ex-.

forherde *(vb)* harden. **-herdet** hardened, callous.

forherlige *(vb)* glorify. **-else** glorification.

forhindre *(vb)* prevent *(i* from); *han er -t pga forretninger* he is held up on *(el.* by) business.

forhindring prevention, hindrance, impediment, obstacle. **-smelding** *(kortsp)* pre-emptive bid.

forhippen: ~ *på* bent on, keen on.

forhistorie previous history. **-historisk** prehistoric.

forhjul front wheel; *-enes spissing* the toe-in (of the front wheels).

forhjuls|drevet with front (wheel) drive. **-drift** front (wheel) drive. **-justering** alignment *(el.* adjustment) of the front wheels. **-opphengning** front suspension. **-tapp** stub axle, steering stub *(el.* knuckle); *US* spindle. **-vibrasjoner** *(pl)* shimmy.

forhodefødsel sincipital presentation.

forhold 1*(omstendighet, tilstand, vilkår)* conditions *(fx* social c.), circumstances, situation, (state of) things, affairs; *-et er det at...* the fact (of the matter) is that; *det stemmer ikke med det faktiske* ~ it is not in accordance with facts; *et* ~ *en fester seg ved* a noticeable feature; *gjøre ham oppmerksom på -et* call his attention to the fact; *lysere~ (pl)* brighter conditions; *han kommer fra små* ~ he has a humble background; he has humble origins; *de stedlige* ~ local conditions; *-ene i Norge* the conditions prevailing in Norway; the state of affairs *(el.* of trade *el.* of business) in Norway; *-ene i dag* present-day conditions; *de usikre* ~ *for tiden* the uncertainty of present conditions *(el.* of the times), the present uncertainty; *komme tilbake til normale* ~ get back to normal conditions *(el.* the normal state of affairs); *som -ene nå ligger an* as matters now stand; in the present circumstances; under existing conditions; *slik som -ene på markedet ligger an for øyeblikket* in the present state of the market; *når -ene ligger godt til rette* under favourable conditions; *etter den tids* ~ by the standards of that time; *så snart -ene tillater det* as soon as circumstances permit; *under ellers like* ~ other things being

equal; *under normale* ~ under normal conditions; in the ordinary course of events; *under de nåværende* ~ as things are at present; with things as they are; *dette betyr sveising under tryggere* ~ this ensures safer welding; 2*(målestokk)* ratio; *(proporsjon)* proportion, ratio; *-et mellom import og eksport* the ratio of imports and exports; *lønningene steg i samme* ~ wages rose proportionately; *i -et 1 til 3* in the proportion *(el.* ratio) of 1 to 3; *i* ~ *til* in proportion to, proportionately to; *according to (fx* prices vary a. to quality); on *(fx* a great improvement on all former attempts); *i* ~ *til prisen er tøyet av god kvalitet* the cloth represents good quality for the money; *i* ~ *til i fjor* on last year *(fx* prices are up by 2 per cent on l. y.); *(se ligge:* ~ *godt an); stå i* ~ *til* be in proportion to; *ikke stå i* ~ *til* be out of (all) proportion to; *stå i omvendt* ~ *til* be in inverse proportion *(el.* ratio) to; 3*(forbindelse, sammenheng med)* relation(s), connection *(fx* my c. with this affair); *dollar i* ~ *til £* the dollar in relation to the £; 4*(omgang, forståelse)* relations, terms; *vårt* ~ *til Amerika* our relations with America; *-et til de offentlige myndigheter* relations with the public authorities; *stå i* ~ *til* have relations with; have an affair with *(fx* a woman); associate with *(fx* he had been associating with a girl of 16), be intimate with; *stå i et vennskapelig* ~ *til* be on friendly terms with; 5*(oppførsel)* conduct; *(se oppmerksom).*

forholde *(vb)* 1*(unndra):* ~ *en noe* withhold *(el.* keep) sth from sby; 2.: ~ **seg** *(opptre)* behave, conduct oneself; *(handle, gå fram)* act, proceed *(fx* how am I to act in this matter?); ~ *seg avventende* assume an attitude of expectation, maintain an expectant a., adopt a waiting a.; *hvordan det enn -r seg (med det)* however that may be; however matters may really stand; ~ *seg nøytral* remain neutral; ~ *seg rolig* keep quiet; *saken -r seg slik* the fact (of the matter) is this, the facts are these; *hvordan -r det seg med ...* what about, what is the position as regards ...; *hvordan -r det seg med dette?* what are the facts? what is the real truth of the matter? *det -r seg riktig at ...* it is a fact that ...; *10 -r seg til 5 som 16 til 8* 10 is to 5, as 16 to 8.

forholdsmessig proportional; ~ *andel* quota, pro rata share.

forholds|ord preposition. **-ordre** instructions, directions. **-regel** measure. **-tall** proportional; *(se forhold 2).* **-tallsvalg** election by the method of proportional representation. **-vis:** *en* ~ *andel* a proportionate share; ~ *få* comparatively few; *(se l. lett).*

forhud *(anat)* foreskin, prepuce.

forhude *(vb)* sheathe. **-ning** sheathing.

forhus front building.

forhutlet down at heel, shabby, seedy.

forhyre *(vb)* engage, ship, sign on *(fx* s. on a sailor); ~ *seg (mønstre på)* sign on, ship *(fx* ship *(el.* sign on) as carpenter, sign on for a voyage). **-ing** engagement, signing on; *(jvf hyre).*

forhør examination; interrogation; *ta i* ~ examine, interrogate.

forhøre *(vb)* examine, interrogate; ~ *seg* inquire *(om* about); ~ *seg angående en stilling* inquire about a post; *T* look into a job; *jeg forhørte meg hos hennes venner, men ingen hadde sett henne* I checked with her friends, but nobody had seen her.

forhørs|dommer stipendiary magistrate, (examining) magistrate; *(i London)* metropolitan police magistrate. **-protokoll** records. **-rett** magistrate's court.

forhøye *(vb)* 1*(om priser)* raise, put up, advance *(fx* a. the price (by) 10%); *(øke)* increase *(fx* i. the capital); 2*(påbygge)* heighten, raise; 3*(gjøre sterkere, større; fig)* enhance, heighten; ~ *verdien av* enhance the value of; ~ *virkningen av* enhance *(el.* heighten) the effect of; *til -de priser* at advanced prices.

forhøyelse rise, advance *(fx* an a. in *(el.* of) prices; an a. in the price of ...), increase *(av* of, in; *fx* an i. in salary); heightening; enhancement; *(se diskontoforhøyelse).*

forhøyning elevation, eminence, rising ground; *(i værelse)* raised platform.

forhånd *(kort)* lead; *være i* ~ have the lead; *på* ~ beforehand, in advance.

forhånden *(adv)* at hand; available; *-værende (til disposisjon)* available; *(rådende)* existing.

forhåndsbestille *(vb)* book in advance; order in advance; make a reservation. **-bestilling** *(av billetter, etc)* advance booking; booking in advance. **-diskusjon** preliminary discussion. **-inntrykk** impression received in advance.

forhåndskarakter se standpunktkarakter.

forhåndsmelding 1. advance notice, prior n.; 2*(kort)* opening bid.

forhåndsreklame advance publicity. **-salg** *(av billetter)* advance bookings.

forhåne *(vb)* outrage, insult, scoff at.

forhånelse insult, outrage.

forhåpentlig it is (to be) hoped; I hope, we hope, let us hope that. **-entligvis:** *se forhåpentlig.* **-ning** hope, expectation; *gi ham ikke for store -er (også)* don't raise his hopes too much; *gjøre seg* ~ *om* hope, have hopes of. **-ningsfull** hopeful.

forhår front hair.

Forindia *(geogr)* India.

I. fôring *(av klær)* lining.

II. fôring *(av dyr)* feeding.

forjage *(vb): se fordrive.*

forjeksel premolar; *(se kinntann).*

forjette *(vb): det -ede land* the Promised Land.

forkalke *(vb)* calcify. **-ning** calcification; *(se åreforkalkning).*

forkammer *(i hjerte)* auricle.

forkaste *(vb)* reject, turn down. **-elig** reprehensible, objectionable, improper. **-elighet** reprehensibility, impropriety. **-else** rejection; dismissal.

forkavet overwhelmed (with work); in a bustle, flurried.

forkjemper champion, advocate.

forkjetre *(vb)* accuse of heresy; stigmatize as heretical; *(nedsette)* condemn, denounce, decry, disparage.

forkjetring accusation of heresy; stigmatization (as heretical); denunciation.

forkjæle *(vb)* spoil; *(degge med)* coddle, mollycoddle *(fx* sby). **-ing** spoiling; coddling, mollycoddling.

forkjælt spoilt *(fx* a spoilt child).

forkjærlighet predilection *(for* for), partiality *(for* to), prejudice *(for* in favour of).

forkjært wrong; *(adv)* wrong, the w. way.

forkjøle *(vb):* ~ *seg* catch (a) cold; develop a cold; *(se forkjølet).*

forkjølelse cold; *jeg brygger på en* ~ I've got a cold coming on; *jeg har en* ~ *jeg ikke kan bli kvitt* I have a cold hanging about me.

forkjølet: *bli* ~ catch a cold; *jeg er* ~ I have a cold; I've got a cold.

forkjøp: *komme en i -et* forestall sby, steal a march on sby; *han kom meg i -et (også)* he was too quick for me.

forkjøpsrett (right of) pre-emption; (first) refusal, option.

forkjørsrett priority, right of way; *A har* ~ *for B* A has the right *(el.* a right) of way over B; *respektere ens* ~ give way to sby; *vei med* ~ major *(el.* priority) road.

forklare *(vb)* explain, account for; *(herliggjøre)* glorify, transfigure; *forklar ham det* explain it to him; *det -er feiltagelsen* that accounts for the mistake; ~ *seg* explain; *(unnskylde seg)* explain oneself; *(for retten)* give evidence; *vi kan ikke* ~ *oss hvorfor De...* we are at a loss to understand why you ...; *det -er seg selv* it explains itself; that is self-explanatory.

forklarelse transfiguration, glorification.

forklarende explanatory.

forklaret *(adj)* transfigured, glorified.

forklaring explanation; *(vitne-)* evidence; deposition; *avgi* ~ make a statement; *(for retten)* give evidence; *(under ed)* depose; *oppta* ~ hold an inquiry; *som* ~ by way of explanation; ~ *på* explanation of; *som* ~ *på* in e. of; *(se sannsynlig).*

forklarlig explicable, explainable; *av lett -e grunner* for obvious reasons.

I. forkle apron; *(barne-)* pinafore.

II. forkle *(vb)* disguise; *han -dde seg som en kvinne* he disguised himself as a woman. **-dd** in disguise, disguised; ~ *som* disguised as, in the disguise of; *gå* ~ *omkring blant fienden* go among the enemy in disguise.

forkledning disguise; *i* ~ in disguise; *gjennomskue -en hans* see through his disguise.

forkleine *(vb)* belittle, disparage. **-else** disparagement; discredit.

forkludre *(vb)* bungle. **-ring** bungling.

forknoke *(av gris)* leg.

forknytt timid, faint-hearted; *(forsagt)* dispirited.

forkommen exhausted, starving, overcome *(av* with); down-and-out.

forkopre *(vb)* copperplate.

forkorte *(vb)* shorten, abridge; *(ord)* abbreviate; *(brøk)* reduce; *(i tegning)* foreshorten. **-else, -ning** shortening, abridgment, abbreviation; *(av brøk)* reduction.

forkromme *(vb)* chromium-plate, chrome-plate.

forkromming 1*(det å)* chromium-plating, chrome-plating; 2*(forkrommede deler)* chromium plate.

forkropp *(zool)* forepart of the body.

forkrøplet stunted, dwarfed.

forkuet cowed, subdued.

forkulle *(vb)* char; carbonize. **-ing** carbonization.

forkunnskaper *(pl)* previous knowledge, grounding *(fx* a good g. in Latin); ~ *ikke nødvendig* no previous training is necessary.

forkvakle *(vb)* warp, bungle; *(se hjerne).*

forkynne *(vb)* announce, proclaim; *(ordet)* preach; *(jur)* serve *(fx* s. a writ on sby); ~ *dom* serve judgment on. **-else** announcement, proclamation; preaching; service.

forlabb *(zool)* forepaw.

forladningsgevær, -kanon muzzle loader.

forlag publishing firm *(el.* house), (firm of) publishers; *-et (iscær)* the publishers; *utgitt på eget* ~ published at one's own expense; *utkommet på Gyldendal Norsk F-* published by G.N.F.; *boka er utsolgt fra -et* the book is out of print.

forlagsartikkel publication. **-bokhandel:** se forlag. **-bokhandler** publisher. **-direktør** publisher. **-redaktør** editor. **-rett** copyright; *bøker med registrert* ~ registered copyright works.

forlange vb *(be om)* ask for; *(som betaling)* ask, demand; charge *(fx* he charged £10 for it; what did they ask for it?); *(kreve, fordre)* demand, request, claim, insist on, press for *(fx* they are pressing for higher wages); ~ *noe av en* demand sth from sby; *jeg -r at De gjør det* I insist that

you do so; I insist on your doing so; *jeg -r av deg at du skal ...* I require you to ...
forlangende request, demand; *på* ~ on demand, on application, on request; *på hans* ~ at his request.
forlate *vb (fjerne seg fra)* leave; *(svikte)* forsake, abandon, desert; *(tilgi)* forgive; ~ *dette sted* leave here; *hermed -r vi ... (et emne)* so much for ...; *forlat oss vår skyld* forgive us our trespasses; ~ *seg på* rely on, depend on, trust.
forlatelse pardon; *(av synder)* forgiveness; *jeg ber om* ~ I beg your pardon.
forlatt abandoned, deserted; *(latt i stikken)* forsaken, abandoned; ~ *skip* derelict. **-het** abandonment, desolation; loneliness.
forlede *(vb)* lead astray; ~ *til* delude into, lure into, lead on to.
forleden: ~ *dag* the other day.
forlegen embarrassed, perplexed; *(av vesen)* shy, self-conscious; *aldri* ~ *for svar* never at a loss for an answer.
forlegenhet embarrassment, perplexity; *sette i* ~ embarrass *(fx* sby); *være i* ~ be at a loss *(fx* for an answer); be hard up *(fx* for money); *vi er i øyeblikkelig* ~ *for* we are in urgent need of; we are in a hurry for.
forlegge *(vb)* **1.** mislay; **2***(utgi)* publish. **-else** mislaying; *(se forlegge 1).*
forlegger publisher.
forlegning *(mil)* camp; *(innkvartering)* billeting, quartering; *(i felt)* bivouac.
forlegningsområde *(mil)* billeting area.
forlenge *(vb)* **1.** lengthen; elongate; prolong; extend *(fx* one's visit); **2***(geom)* prolong; extend *(fx* a line).
forlengelse lengthening; elongation; prolongation.
forlenger extension (piece) *(del av pipenøkkel)* extension bar; *(se pipenøkkel).*
forlengs forward(s); *kjøre* ~ *(i tog)* sit facing the engine.
for lengst long ago.
forlese *(vb):* ~ *seg* read too hard *(el.* much). **-t** over-worked.
forlik compromise, amicable settlement; *(jur)* settlement of a civil claim in law without judicial process but which settlement is enforceable by a court as a judgment debt; *(ordning)* agreement, adjustment, arrangement; *(forsoning)* reconciliation; *slutte* ~ come to an agreement; *slutte* ~ *med* come to an agreement with, come to terms with, make a compromise with; *det ble* ~ *a compromise (el.* agreement) was reached.
forlike *(vb)* reconcile; conciliate; *(bilegge)* compromise, settle; ~ *partene* reconcile the parties; *de har blitt forlikt* they have made it up; *(blitt enige)* they have come to terms; ~ *seg med sin skjebne* become reconciled to one's fate.
forliksklage *(jur)* written request (to a minor civil court) for an originating summons; *ta ut* ~ procure an originating summons (from a minor civil court).
forliksmegling *(jur)* arbitration arrangement by a minor civil court.
forliksråd *(jur)* [minor civil court with power to deal with claims by arbitration].
forlis shipwreck. **forlise** *(vb)* be lost, be wrecked; *forliste sjøfolk* shipwrecked seamen.
forlokke *(vb)* seduce, inveigle, lure *(til* into); **-nde** alluring, seductive; *det -nde ved å bli forretningsmann* the inducements of a business career.
forloren *(uekte)* false, mock, sham; *den -rne sønn* the Prodigal Son; ~ *hare* meat loaf; ~ *skilpadde* mock turtle.

forlove *(vb):* ~ *seg* become engaged *(med* to).
forlovelse engagement *(med* to).
forlovelsesring engagement ring.
forlover chief bridesmaid, maid of honour; *(brudgommens)* best man.
forlovet engaged (to be married); *hans -ede* his fiancée; *hennes -ede* her fiancé.
forluke *(mar)* forehatch.
forlyd initial sound.
forlyde *(vb): det -r* it is reported; *etter -nde* according to report.
forlyste *(vb):* ~ *seg* amuse oneself.
forlystelse amusement, entertainment.
forlystelsesskatt entertainment tax. **-sted** place of entertainment.
forlær *(på sko)* vamp; *(se overlær).*
forløfte *(vb):* ~ *seg* overstrain oneself by lifting; ~ *seg på noe (fig)* overreach oneself in an attempt to do sth.
forløp lapse; *etter ett års* ~ after *(el.* at the end of) a year; *(gang, utvikling)* course, progress; *ha et normalt* ~ take a natural course.
forløpe *(vb)* **1.** elapse; *i det forløpne år* in *(el.* during) the past year; *det forløp i stillhet* it passed off quietly; **2.:** ~ *seg* blunder; forget oneself; let oneself be carried away.
forløpelse blunder.
forløper forerunner; *(litt.)* precursor; herald, harbinger *(fx* the swallow is the h. of spring).
forløse *vb (om fødsel)* deliver; *(religiøst)* redeem. **-er** redeemer. **-ning** redemption; *(nedkomst)* delivery.
forløyet lying, mendacious. **-het** mendacity.
form form, shape; *(kake-)* cake tin; *(støpe-)* mould; US mold; *bestemt (,ubestemt)* ~ *flertall (gram)* the definite (,indefinite) plural; *i* ~ fit; *i fin* ~ very fit; *in top shape; in good form; in great form; i* ~ *igjen* back on form (again); *ikke i* ~ not in form; **T** off colour; *i* ~ *av* in the form *(el.* shape) of; *en* ~ *for* a form of; *ta* ~ take shape *(el.* form); *henge seg for meget i -ene* insist too much on the formalities *(el.* on forms); pay too much attention to forms; *holde på -ene* observe the proprieties; *holde seg i* ~ keep fit; *passe på -en (ɔ: den slanke linje)* keep one's figure; *for -ens skyld* as a matter of form.
formalitet formality, (matter of) form; *ordne med de nødvendige -er* complete the necessary formalities.
formalprosedyre [formal part of the legal proceeding].
formane *(vb)* exhort, admonish.
formaning exhortation, admonition.
formann **1***(arbeids-)* foreman *(fx* for banearbeidere* of permanent way labourers); **2***(dirigent, valgt leder)* chairman; *styrets* ~ the chairman of the Board; **3***(for jury)* foreman; **4***(veksellære)* prior endorser; **5:** *rettens* ~ President of the Court; *med X som* ~ (2) under the chairmanship of X; *(se anleggs-; brann-; brygge-; bud-; dokk-; elektro-; fagforenings-; faktor; lager-; lesse-).*
formannskap [executive committee of local council]; *(kan gjengis)* Council of Aldermen. **-smedlem** = alderman; *(jvf kommunestyre & kommunestyremedlem).*
formannsverdighet chairmanship, speakership, presidency.
formasjon formation; *(mil)* formation, order.
formaste *(vb):* ~ *seg til å gjøre noe* presume to do sth; have the audacity to do sth. **-lig** presumptuous. **-lighet** presumption.
format *(bok-)* size, format;*(om personlighet)* size, calibre, stature; *i mindre* ~ on a smaller scale;

i stort ~ large-sized; *av* ~ *(fig)* of importance, great.

forme *(vb)* form, shape; *(støpe)* mould (,US mold), cast; *(avfatte)* word, frame; ~ *seg* take shape.

formel formula.

formelig actual, veritable, regular; *(adv)* actually, absolutely, positively.

formell *(adj)* formal; *en* ~ *feil* a formal error; a technical error. **-t** *(adv)* formally.

formening opinion, judgment; *det tør jeg ikke ha noen* ~ *om* I dare not express an opinion on this; *har De noen* ~ *om dette spørsmålet?* are you able to express an opinion on this question?

formentlig supposed; *(adv)* supposedly; I suppose, I believe.

former moulder; US molder.

formere *vb (mil)* form; draw up in order; *(forøke antallet)* increase, multiply; ~ *seg* multiply *(fx* the Arabs are multiplying); propagate; *som -r seg sterkt* prolific *(fx* they are as prolific as rabbits); *araberne, som -r seg så sterkt (el. raskt)* the rapidly multiplying Arabs.

formering *(mil)* formation; *(øking)* multiplication; propagation.

formeringsevne procreative powers.

formfeil formal *(el.* technical) error, irregularity. **-fullendt** perfect (in form), finished; elegant, correct. **-fullendthet** elegance, correctness.

formgivning fashioning, moulding (,US: molding); *(form)* form; *(av industriprodukter)* industrial design.

formiddag morning; *i* ~ this morning; *kl. ti om-en* at ten (o'clock) in the morning, at 10 a.m., at 10 am.

formiddagsgudstjeneste morning service. **-mat** lunch.

formidle *vb* 1*(skaffe, utvirke)* get, procure; arrange; effect *(fx* a reconciliation between the parties); be instrumental in bringing about; ~ *kontakt med* establish contact with; ~ *et lån* arrange *(el.* negotiate) a loan; ~ *utgivelsen av en bok* be in charge of the publication of a book; 2*(megle)* mediate; act as an intermediary; 3*(behandle): bankene -r store beløp* the banks handle large amounts; large amounts pass through the banks. 4*(bringe videre til andre)* pass on; impart; ~ *britisk kultur* spread *(el.* pass on *el.* stivt transmit) British culture; *det er denne kulturen vi forsøker å* ~ it's this culture we're trying to pass on; ~ *kunnskaper* impart *(el.* disseminate) knowledge; ~ *sine tanker* put one's ideas across.

formidler intermediary.

formidling *(se formidle)* (1) procurement; arrangement; (2) mediation; *ved hans* ~ through him.

formilde *vb (bløtgjøre)* mollify, soften; *-nde omstendighet* extenuating circumstance.

forming *(i skole)* art; 'NB' art' *innbefatter ikke sløyd* (woodwork)).

formingsfag art subject; *(se forming).*

formingslærer art teacher; *(se forming);* *Art Teacher's Diploma (fk* ATD).

forminske *(vb)* make smaller; reduce; ~ *tegningen* make the drawing smaller; reduce the scale of the drawing; decrease, diminish, lessen; *-es* decrease, diminish; *i -et målestokk* on a reduced scale. **-else** decrease, diminution, reduction.

formkake Madeira cake, cut-cake. **-kurve** *(fotballags, i tipping)* form forecast; *-r (på kart)* form lines. **-loff** white tin loaf. **-lære** *(gram)* morphology; *(om bøyningsformer, også)* accidence. **-løs** formless, shapeless. **-løshet** formlessness; shapelessness.

formode *(vb)* suppose, presume; *som Deres ord lar* ~ as your words would imply. **-entlig** probably, presumably, most likely, in all likelihood, I suppose, I dare say.

formodning supposition, surmise, guess, conjecture.

formsak matter of form. **-sans** sense of form. **-spørsmål** question of form, formality.

formtre 1. wood filler; 2*(mar)* template.

formue fortune, property; *ha en* ~ *på £10 000* be worth £10,000.

formuende wealthy, well off, of fortune *(fx* a man of f.).

formuerett law of property.

formuesfellesskap community of goods. **-forhold** financial circumstances. **-forøkning** capital appreciation. **-masse** estate, property. **-skatt** (general) property tax.

formular form; *(se blankett; skjema).*

formulere *(vb)* formulate. **-ing** formulation.

formynder guardian. **-skap** guardianship.

formørke *(vb)* darken, obscure; *(astr)* eclipse.

formørkelse darkening; eclipse.

formå *(vi)* be able to; be capable of (-ing); *(vt)* prevail on, persuade, induce; ~ *mye hos en* have great influence with sby; *alt hva man -r* everything in one's power; *ikke* ~ *å* be unable to; *du må ta til takke med det huset -r* you must take potluck.

formål object, aim, end, purpose.

formålsparagraf objects clause.

formålstjenlig suitable for the purpose, expedient.

fornavn Christian name, first name.

fornedre *(vb)* debase, degrade. **-else** debasement, degradation.

fornekte *vb (ikke vedkjenne seg)* renounce, disown; *han -r seg ikke (ɔ: det ligner ham)* that's him all over; that's just what he would do.

fornektelse denial; disavowal; renunciation.

fornem distinguished, of distinction, of position, of rank; *en* ~ *mann* a man of rank; ~ *mine* grand air; *den -me verden* the world of rank and fashion. **-het** distinction, high rank.

fornemme *(vb)* feel, sense, be sensible of; *(erfare, merke)* perceive, notice.

fornemmelse feeling, perception; *ha fine -r* put on airs, think one is somebody; *jeg har en* ~ *av at ...* I am under the impression that ...; *(se sviende; uhyggelig; uklar).*

fornikle *(vb)* nickel-plate. **-ling** nickel plating.

fornorske *(vb)* norwegianize.

fornuft reason; *den sunne* ~ common sense; *tale* ~ talk sense; *bringe en til* ~ bring sby to his senses; *ta imot* ~ listen to reason; *(se tilsi).*

fornuftig reasonable, rational, sensible; *et* ~ *vesen* a rational being; *intet* ~ *menneske* no one in his senses; *være så* ~ *å* have the sense to; *jeg kunne ikke få et* ~ *ord ut av ham (også)* he wouldn't talk sense.

fornuftigvis reasonably, in reason. **-smessig** rational. **-smessighet** rational character. **-sstridig** absurd, irrational. **-svesen** rational being.

fornye *(vb)* renew; *(gjenstand)* renovate; *(veksel)* renew; *(bytte ut)* replace; *etter -et overveielse* on reconsidering the matter; *ta under -et overveielse* reconsider. **-else** renewal; renovation; replacement.

fornyelsesdato date of renewal. **-kostnader** (cost of) renewals.

fornærme *(vb)* offend, insult, affront. **-elig** insulting, offensive. **-else** insult, offence, affront. **-et** offended *(på* with, *over* at); *føle seg* ~ *over* take offence at; *han ble ~ over mitt svar (også)* he was put out by my reply.

fornøden requisite, needful, necessary; *gjøre sitt fornødne* relieve oneself; *nekte seg det fornødne* deny oneself the necessaries of life. **-het** necessity, requirement; *(se nødvendig).*

fornøyd pleased, satisfied, content(ed); *~ med* satisfied *(el.* pleased) with, happy with; *jeg har alltid vært ~ med den forretningen* I've always got satisfaction at that shop.

fornøye *(vb)* please, delight, gratify. **-lig** amusing, delightful, pleasant.

fornøyelse pleasure, delight; diversion, amusement; *betale -n* T foot the bill; *finne ~ i* take pleasure in, delight in; *ha ~ av* derive satisfaction from; *det er meg en stor ~ å* it gives me great pleasure to; *jeg har ikke den ~ å kjenne ham* I have not the privilege of knowing him; *ja, med ~* with pleasure; *god ~!* have a good time! *(se forretning: i -er & størst).*

fornøyelsesliv entertainment(s); means of entertainment; *det var et rikt ~ i X* there was a varied supply of entertainment(s) in X.

fornøyelsestur: *det er ingen ~* it's no picnic.

forord preface, introduction *(til* to); *(især når det er skrevet av en annen enn tekstforfatteren)* foreword.

forord|ne *(vb)* decree, ordain; *(om lege)* prescribe. **-ning** ordinance, decree; *kongelig ~* royal decree; **UK** Order in Council.

forover forward; *full fart ~* full speed ahead. **-bøyd** stooping. **-strøket:** *~ vinge (flyv)* swept-forward wing; *(se tilbakestrøket).*

forpakt|e *(vb)* rent, take a lease of; *~ bort* lease, rent *(til* to). **-er** tenant, lessee; tenant farmer. **-ergård** tenant farm.

forpaktning tenancy, lease; *ta en gård i ~* take a lease of a farm. **-savgift** (farm) rent.

forpeste *(vb)* poison, infect.

forpigg *(mar)* fore peak.

forpint tortured, racked.

forpjusket rumpled, tousled.

forplant|e *(vb)* propagate; *(overføre)* transmit; *~ seg (om dyr)* breed, propagate; *(om lyd)* be transmitted, travel. **-ning** propagation; transmission.

forplantnings|evne power of reproduction. **-redskap** reproductive *(el.* generative) organ.

forplei|e *(vb)* board, feed, cater for. **-ning** board, food; *-en er god* the food is good; they do you well.

forplikt|e *(vb)* bind, engage; *~ seg til å* undertake to, bind oneself to. **-else** obligation *(overfor* to); commitment; liability; *oppfylle sine -r* fulfil one's obligations. **-ende:** *~ for* binding on.

forpliktet bound, obliged, under an obligation; *jeg føler meg ikke ~* I feel no obligation; *være ~ ved lov til å* be required by law to *(fx* the local authorities are r. by l. to appoint a finance committee).

forplum|re *(vb)* muddle up, confuse. **-ret** muddled, confused.

forplumring muddling, confusion.

forpost outpost.

forpostfektning (outpost) skirmish.

forpote *(zool)* forepaw.

forpuppe *(vb): ~ seg* pass into the chrysalis state; pupate.

forpurr|e *(vb)* frustrate, foil. **-ing** frustration.

forpustet breathless, out of breath.

forrang precedence, priority *(fremfor* to); *ha -en fremfor* take precedence over.

forranglet debauched.

forregne *(vb): ~ seg* miscalculate, make a miscalculation; *du har -t deg* you are out in your calculations.

forrente *(vb)* pay interest on; *bedriften -r så vidt anleggskapitalen* the company's profits barely suffice to meet the interest on the invested capital; *å ~ med 10%* interest to be paid at the rate of 10% *(el.* 10 per cent); *~ seg* yield interest; *(om obligasjon)* bear interest; *(betale seg)* pay; *summen -r seg med 5%* the sum yields *(el.* bears el. carries) interest at 5 per cent; *~ seg godt* give a good return, yield *(el.* return) a good interest; *en pengeanbringelse som -r seg godt* an investment that returns good interest.

forrentning (payment of) interest; *~ av* payment of interest on.

forrest foremost, front; *(adv)* in front; *gå ~* go first, walk in front, lead the way.

forresten *(hva det øvrige angår)* for the rest; *(eller, for øvrig)* otherwise; *(i andre henseender)* in other respects; *(på andre måter)* in other ways; *(utover det som før er nevnt)* it remains to be said; *(apropos)* by the way, that reminds me.

forretning business; *(næringsvei)* trade; *(butikk)* shop; *(enkelthandel)* transaction; *(embets-)* function, duty; *drive ~* carry on (a) business, keep a shop, trade, be in business, be engaged in business; *få i stand (el. gjøre) en fin ~* pull off a first-class deal; *han har en meget innbringende kolonial-* he has a very good business as a grocer; *gjøre en dårlig ~* make a bad bargain; *det er gått ~ i det* it has become commercialized; it's just business now; *løpende ~* current business; *han hadde nettopp vært innom en ~ og kjøpt en klokke* he had just been into a shop and bought a watch; *han har to -er* he has two businesses; *i -er* on business; *er De i London for fornøyelsens skyld eller i -er?* are you in London on pleasure or on b.? *(se innlate; strykende).*

forretnings|anliggender *(pl)* business affairs. **-brev** business letter. **-bruk:** *til ~* for business purposes. **-bygg** commercial building. **-drift** business management. **-forbindelse** *(også om person)* business connection; business friend; *tre i ~ med et firma* enter into business relations with a firm; open up *(el.* form) a connection with a f.; *take up b.* connections with a f.; *stå i ~ med (også)* have b. relations with. **-foretagende** business concern. **-fører** manager. **-gate** shopping street. **-liv** business life, trade. **-lokale** business premises *(pl).* **-mann** business man, businessman. **-messig** businesslike; *den -e siden av saken* the business side (of it); *på strengt ~ basis* on a strictly business footing. **-ministerium** caretaker government. **-orden** (rules of) procedure; routine; *(parl)* order of business; *(reglene)* rules of order, rules of procedure; *(parl)* standing orders; *(sakliste)* agenda; *begå et brudd på -en* commit an infringement; *til -en* on a point of order *(el.* clarification). **-reise** business trip. **-sak** business affair. **-språk** commercial language. **-standen** business circles *(pl);* traders; *-en i X* the X business community. **-vant** *(adj)* with experience in a shop.

I. forrett *(forrettighet)* prerogative, privilege.

II. forrett *(mat)* first course, entrée.

forrette *(vb)* perform, discharge, execute; *(som prest)* officiate; *~ ved en begravelse* officiate at a funeral; *han kom hjem med vel -t sak* he returned home after having fully accomplished his purpose.

forrettighet prerogative, privilege.

forrevet torn; scratched; *(om kystlinje, fjelltinder)* rugged; *(om skyer)* tattered.

forrige former, previous; *~ gang* last time; *~*

uke last week; *hele* ~ *uke* all last week, the whole of last week; *den 4. i* ~ *måned* the 4th of last month; *the* 4th ult. *(fk. f.* ultimo).

forrigg *(mar)* fore rigging.

forrigle *vb (låse)* lock.

forringe *(vb)* reduce; *(i verdi)* depreciate, diminish the value of, detract from the v. of; *(nedsette i folks omdømme)* disparage; *(gjøre ringere i anseelse)* detract from; *-s* deteriorate.

forringelse reduction; depreciation, disparagement; deterioration.

forrykende furious, tremendous, violent; *i* ~ *fart* at a tremendous pace.

forrykke *(vb)* displace; upset *(fx* the balance); dislocate; disturb.

forrykt *(avsindig)* crazy, cracked, mad. **-het** craziness.

forræd|er traitor *(mot* to). **-eri** treachery; *(høy-)* treason. **-ersk** treacherous, treasonable. **-erske** traitress.

forrær *(mar)* fore-yards.

forråd supply, store, provision; *ha* ~ *av* have a store of.

forråde *(vb)* betray.

forråds|avdeling *(jernb)* supplies department. **-direktør** *(jernb)* = supplies and contracts manager.

forrådskammer storeroom.

forråe *(vb)* brutalize.

forråtn|e *(vb)* rot, putrefy, decay. **-else** putrefaction, decay, decomposition; *gå i* ~ putrefy, rot, become putrid, decay, decompose.

forsagt diffident.

forsagthet diffidence.

forsake *(vb)* renounce, give up. **-lse** renunciation; self-denial.

forsalg advance sale; *(av billetter)* advance bookings.

forsamle *(vb)* assemble, congregate, gather together; ~ *seg* meet, assemble.

forsamling assembly, meeting, gathering; *(deltagere)* assembly; *(tilhørere)* audience; *(se forslag).*

forsamlings|frihet freedom of assembly; *(se frihet).* **-hus** assembly building; *(på landet)* village hall; *(rel)* meeting house. **-lokale(r)** assembly rooms.

forsanger choir-leader; leader of the (community) singing; *kanskje du vil være* ~*?* would you mind leading the singing? *(se sanger 1).*

forsatsblad flyleaf.

forseelse *(jur)* offence; *(feil)* fault, error; *begå en* ~ *mot* commit an offence against.

forseg|le *(vb)* seal, seal up. **-ling** sealing; *under* ~ under seal.

forseil *(mar)* headsail.

forsendelse sending, forwarding, dispatch, transmission, posting; *(også US)* mailing; *(med skip)* shipping, shipment; *(varesending)* consignment, shipment; *en post-* a parcel of goods; *-n av* the forwarding *(el.* dispatch) of; *(se utlandet).*

forsendelses|advis advice of dispatch. **-kostnader** *(pl)* forwarding (,shipping) charges. **-måte** method of dispatch, method of conveyance.

forsenker countersink bit.

forsentkommer late-comer.

forsere *(vb)* force; ~ *fram* force on; *det nytter ikke å forsøke å* ~ *fram et slikt prosjekt* it's no use trying to push a project like that; ~ *produksjonen* speed *(el.* step up) production.

forsert forced, strained; *i* ~ *tempo* at a forced rate *(fx* the project was hurried on at a forced rate).

forsete front seat; presidency; *passasjer i -t*

front-seat passenger; *ha -t* preside, take the chair.

forsett purpose; *med* ~ deliberately; on purpose, purposely; *gode -er* good intentions.

forsettlig intentional, wilful, studied.

forside front; *(av bok)* front cover (of a book), front (of a book); *(av veksel)* face.

forsidepike cover girl.

forsikre *(vb)* assure; *(assurere)* insure; *eleven -t at han hadde skrevet stilen uten hjelp* the pupil gave an assurance that he had written the essay without help from anyone; ~ *høyt og dyrt (fig)* vow; ~ *et hus* insure a house; *den -de* the insured.

forsikring assurance; insurance; *tegne* ~ take out *(el.* effect) an insurance; *(se ansvarsforsikring; avbruddsforsikring; bagasjeforsikring; bilforsikring; innboforsikring; innbruddsforsikring; kapitalforsikring; kaskoforsikring; livsforsikring; reisegodsforsikring; trafikkforsikring; tyveriforsikring; varekredittforsikring; vennskapsforsikring).*

forsikrings|agent insurance agent. **-art** class of insurance. **-betingelse** condition of insurance. **-gjenstand** subject of insurance, property insured. **-klausul** insurance clause. **-polise** insurance policy. **-premie** insurance premium. **-selskap** insurance company. **-taker** policy-holder.

forsiktig 1*(om person)* careful; prudent, circumspect, wary; *(i handling, overfor fare, risiko)* cautious; *T* cagey; *(diskret)* discreet *(fx* he is d.; make d. inquiries); 2*(som vitner om forsiktighet)* guarded *(fx* a g. reply), conservative *(fx* a c. estimate); *i -e vendinger* in guarded terms; *være* ~ be careful; take care, be on one's guard; *T* watch one's step; *det er best å være* ~ it's as well to be on the safe side; *være* ~ *med å gi kreditt* be cautious in giving credit; *vær* ~ *med smøret* (T = *spar på)* go easy on the butter; ~*! (påskrift)* (Handle) With Care; 3*(adv)* carefully, cautiously; guardedly *(fx* he spoke g. about the coming year); *banke* ~ *på døra* give a soft tap on the door; *lukke døra* ~ *(også)* ease the door shut.

forsiktighet care, caution, circumspection, prudence, wariness; *(se mane).* **-sregel** (measure of) precaution, precautionary measure; *ta -ler* take precautions.

forsimple *(vb)* vulgarize.

forsimpling vulgarization.

forsinke *(vb)* delay.

forsinkelse delay; *vi vil gjerne få uttrykke vår beklagelse over den* ~ *som er oppstått* we would like to express our regret for the delay that has occurred; *denne* ~ *fra Deres side setter oss i en meget kjedelig stilling overfor vår kunde* this delay on your part puts us in a very awkward position towards our customer; *(jvf ville).*

forsinket late, belated, behind time; overdue.

forsire *(vb)* decorate, adorn, ornament.

forsiring decoration, ornament.

forskal|le *vb (bordkle)* board. **-ing** formwork *(fx* for the walls); shuttering; *(mindre)* casting frame. **-ingsbord** *(pl)* formwork boards, rough boards. **-ingssnekker** shutterer.

forskanse *(vb)* entrench.

forskansning entrenchment.

forske *(vb)* (carry on) research. **-nde** searching; *et* ~ *blikk* a searching glance.

forsker researcher, research worker; *(stillingsbetegnelse)* research officer, principal scientific officer.

forskerstudium research studies; *et 4-semesters videregående* ~ 4 terms of advanced research studies.

forskerånd spirit of inquiry.

forskip *(mar)* forepart (of a vessel).

forskjell difference; distinction; *det er ~ på bøker* T there are books and books; *jeg kan ikke se noen ~* it looks the same to me; *~ i alder* difference of (el. in) age; *~ i år* difference in years; *gjøre ~ på (el. mellom)* distinguish, make a distinction between; *uten ~* indiscriminately.

forskjellig different *(fra* from); *(tydelig atskilt)* distinct; *(atskillige)* several, various; *(blandet, av blandet innhold)* miscellaneous; *(diverse)* sundry *(fx* s. expenses); *være ~* differ; *på ~ måte* differently, in different ways, in a different way.

forskjelligartet varied, heterogeneous; *(mangfoldig)* diversified. **-het** diversity, dissimilarity.

forskjellsbehandling difference in treatment, differential treatment; *de reagerer mot en slik ~* they resent such a difference in treatment; they resent being treated so differently.

forskjerm front wing (el. mudguard); US front fender.

forskjærkniv carver, carving knife; bread knife.

forskjønne *(vb)* embellish, grace, beautify. **-else** embellishment. **-elsesmiddel** cosmetic.

forskning research.

forskningsoppgave research assignment. **-stilling** research post. **-stipendiat** research scholar. **-termin** *(også* US) sabbatical year. **-utgifter** *(pl)* expenditure on research.

forskole preparatory school; T prep school.

I. forskott: *se forskudd.*

II. forskott *(mar)* fore bulkhead.

forskrekke *(vb)* frighten, scare. **-lig** frightful.

forskrekkelse fright; *det endte med ~* the upshot was disastrous; *(jvf forferdelse).*

forskremt scared, frightened.

forskreve *(vb): ~ seg (kan fx gjengis)* find oneself doing the splits.

forskrift regulation, rule; *-er* regulations, rules, directions, instructions; *lovens -er* the provisions of the Act; *-ene gjelder bare skip som har mekaniske fremdriftsmidler* the regulations only apply to ships which are mechanically propelled.

forskriftsmessig regulation *(fx* size, uniform); *det er av største betydning at behandling og vedlikehold skjer ~* it is of the utmost importance that handling and maintenance rules are strictly adhered to.

forskrudd eccentric, extravagant.

forskudd advance (of money); *betale på ~* pay in advance; *gi ~* advance, make an advance *(fx* they advanced him £10; we made an advance to the captain); *~ på* an advance (against el. on) *(fx* ask for an a. (on one's wages)); *~ på arv: se arveforskudd; som ~ på arven* in advance of his (,her, *etc)* inheritance; *betale på ~* pay in advance; *han pleide å gi dem ~ på lønnen deres* they used to receive advances on their salaries from him; *ta noe på ~ (fig)* anticipate *(fx* one's triumph).

forskuddsbetaling prepayment, payment in advance. **-vis** in advance; *som erlegges ~* payable in advance, to be paid in advance; *leien, kr 400,- pr. mnd., betales ~ for et kvartal om gangen* the rent, kr 400,- per month, is to be paid quarterly, in advance; *(se forskudd).*

forskuttere *(vb)* advance *(fx* a. sby money). **-ing** advance (of money).

forskyldt: *få lønn som ~* get one's deserts.

forskyve *(vb)* displace; *~ seg* get displaced; shift *(fx* the cargo has shifted).

forskyvning displacement, shifting; dislocation *(fx* the dislocation of trade; the shift taking place in our foreign trade).

forskåne *(vb)* spare; *forskån meg for enkelthetene* spare me the details.

forslag 1*(til overveielse el. vedtagelse, tilbud)* proposal; *gjøre et ~* make a p., propose *(fx* make sby a p.);*godta tn ~* accept a p.; agree to a p.; *sette fram et ~* put forward a p. *(om, for* of); *et ~ om å ... a* p. to ...; 2*(henstilling, vink, antydning)* suggestion; *svakere enn* proposal) suggestion; *komme med et ~* make a s.; *etter Deres ~ har vi ...* at your s. we have ...; *på mitt ~* at my s.; *på ~ av* on the s. of; 3*(plan, prosjekt, som settes fram til drøftelse)* proposition; *(som skal settes under avstemning)* motion; *(lov-)* bill; *stille et ~* put (el. move) a motion; *stille ~ om* move that *(fx* I m. that the report be adopted); *-et ble satt under avstemning* the motion was put to the vote; *-et ble vedtatt under dissens* the motion was carried (el. passed), but not unanimously; *-et ble vedtatt (,forkastet) med 6 stemmer mot 4* the motion was carried (,rejected) by six votes to four; *vedtatt ~* resolution (NB a motion is a proposition to be put to the vote, and it becomes a resolution when it is carried); *~ til budsjett* budget estimates; *~ til kontrakt* draft agreement; *(se motivere & tilsvarende).*

forslagsstiller proposer; *(av resolusjonsforslag)* mover.

forslitt worn-out; *(fig)* hackneyed, stale.

forsluken greedy *(på* of), voracious.

forslukenhet greediness, voracity.

forslå vb *(strekke til)* suffice, be sufficient, avail; *han arbeidet så det forslo* he worked with a will; T he put plenty of vim into it; *(jvf monne).*

forslått bruised, battered.

forsmak foretaste *(på* of).

forsmedelig disgraceful, ignominious.

forsmedelse ignominy.

forsmå *(vb)* slight, disdain, refuse; *ikke å ~* T not to be sneezed at; *-dd frier* rejected suitor; *jeg håper De ikke vil ~ denne gave* I hope you will accept this gift.

forsnakke *(vb): ~ seg* make a slip of the tongue; *(si noe man ikke skulle)* let out a secret, let the cat out of the bag. **-else** slip of the tongue.

forsnevre *(vb)* narrow, contract, constrict. **-ing** contraction.

forsommer early (part of) summer.

forsone *(vb)* reconcile; *~ seg med en* be reconciled with sby; *~ seg med noe* reconcile oneself to sth; *-nde trekk* redeeming feature.

forsoning reconciliation. **-spolitikk** policy of appeasement *(el.* conciliation).

forsonlig conciliatory, forgiving; placable. **-het** placability, conciliatory spirit; *vise ~* be conciliatory.

forsorg public assistance; *(hist)* poor relief.

forsove *(vb): ~ seg* oversleep (oneself).

forspann team; *nytt ~* relay.

forspent: *en vogn ~ med fire hester* a carriage and four.

forspill prelude; overture; *(på teatret)* prologue; *(lite, selvstendig stykke)* curtain raiser.

forspille *(vb)* forfeit, lose; *(for andre)* spoil, mar; *et -t liv* a wasted life; *-t lykke* lost happiness.

forspise *(vb): ~ seg* overeat; *~ seg på lammestek* eat too much roast lamb.

forsprang start, lead; *beholde -et* keep the lead; *få et ~ på ham* get the start of him; *(påbegynne tidligere enn)* steal a march on him; *(innhente)* gain the lead over him, take the lead of him; *få ti minutters ~ på* get ten minutes' start of; *ha et ~ på* have the lead *(el.* start) of; *(fig)* have an initial advantage over; *et stort ~* a long lead *(el.* start); *et lite ~* a slight *(el.* short) lead.

forspørre *(vb):* *man kan aldri få forspurt seg* it never hurts to ask.
forstad suburb. **forstads-** suburban.
forstadstog suburban train; *(også US)* commuter train.
forstand 1*(mots. sinnssykdom)* sanity *(fx* they trembled for his sanity); *gå fra -en* go mad, lose one's reason; **T** go off one's head *(el.* nut); go round the bend *(el.* twist); *har du gått fra -en? (også)* are you off your head? have you taken leave of your senses?
2*(tenke- & fatteevne)* intellect; *(klokhet)* intelligence; **T** brains; *(fornuft, vett)* reason, sense; *sunn ~* common sense *(fx* he has a lot of common sense); *vanlig sunn ~* ordinary common sense; *det er til å få ~ av* it's full of sense; it's instructive; *det går over min ~* it's beyond me; *også dyrene har ~* animals can also reason; *ha ~ på noe* understand sth, understand about sth *(fx* he understands about cars); be a judge of sth; *han har ikke ~ på ...* he knows nothing about...; *det har du ikke ~ på!* **T** a fat lot 'you know about that! *min ~ står stille* I'm at my wits' end; *lykken var bedre enn -en* he (,she, *etc)* had more luck than judgment; he (she, *etc)* was more lucky than wise;
3*(betydning)* sense; *i ordets* **beste** *~* in the best sense of the word; *i* **bokstavelig** *~* literally, in a literal sense *(fx* this must not be taken literally *(el.* in a literal sense)); in the literal sense *(fx* this must not be taken in the literal sense of the word); *i* **den** *~* in that sense; *i* **dobbelt** *~* in a double sense; *han er stor i dobbelt ~* he is big in both senses of the word; *i* **egentlig** *~* properly speaking, in the proper sense of the word; *i mer enn* **én** *~* in more senses than one; **i lovens** *~* in a legal sense; *i en* **snevrere** *~* in a more restricted sense; *i* **strengeste** *~* strictly speaking; in the strict sense of the word *(el.* term); *i ordets* **vanlige** *~* in the usual sense of the word; *i* **videste** *~* broadly speaking.
forstander principal, manager, director, superintendent.
forstanderskap management, direction; (board of) directors.
forstandig sensible, intelligent. **-het** (good) sense, common sense; *alle ble slått av hennes ~* everybody was struck by how sensible she was.
forstandsmenneske matter-of-fact person. **-messig** rational, intellectual.
forstassistent, -betjent forester, ranger.
forstavelse prefix.
forstavn *(mar)* stem, bow, bows.
forsteine *(vb)* petrify.
forsteining petrifaction.
forstemmende discouraging, depressing; *det virker ~* it has a depressing *(el.* disheartening) effect. **-t** dejected, dispirited, disheartened, depressed, cast down, blue.
forstene *(vb): se forsteine.*
forsterke *(vb)* strengthen, fortify; reinforce; *~ sine anstrengelser* increase *(el.* double) one's efforts. **-er** *(i radio)* amplifier. **-ning** reinforcement, strengthening; *føre fram -er (mil)* bring up reinforcements; *store -er* large *(el.* heavy) reinforcements.
forstille *vb (hv stemme, etc)* disguise, dissimulate; *~ seg* pretend, dissemble, feign, simulate, sham. **-else** dissimulation, sham, disguise. **-elseskunst** dissimulation.
forstilt feigned.
forstkandidat Master of Forestry *(fk* M.F.); US Bachelor of Forestry *(fk* B.F.). **-mann** forester; *(se skogvokter).*
forstikke *(vb): ~ seg* hide.

forstokkelse obduracy, pig-headedness.
forstokket obdurate, pig-headed.
forstoppe *(vb)* choke (up), obstruct. **-else** obstruction; *(med.)* constipation; *ha ~ (med.)* be constipated.
forstrekke *(vb)* strain *(fx* s. a muscle); *jeg har forstrukket halsen* I have a crick in my neck; *(jvf forstue); (en med)* advance *(fx* sby £10); *~ en med kontanter* supply sby with cash.
forstudier *(pl)* preliminary studies.
I. forstue *(subst)* (entrance) hall.
II. forstue *(vb)* strain, sprain *(fx* one's ankle).
III. forstue *vb (om last): ~ seg* shift.
forstuing sprain, strain; *(se muskelbrist; senestrekk).*
forstumme *(vb)* become silent; *(om lyd)* cease, die down.
forstvesen forestry matters; f. authorities. **-vitenskap** forestry.
forstykke front; *(i skjorte)* shirt front.
forstyrre *(vb)* disturb; interrupt, interfere with; *(bringe i uorden)* disarrange; derange; *(bry)* trouble; *(forvirre)* confuse; *(komme til uleilighet)* intrude; *jeg håper jeg ikke -r* I hope I am not intruding; *unnskyld at jeg -r Dem* (I'm) sorry to trouble you; *~ balansen i naturen* upset the balance of nature.
forstyrrelse disturbance; interruption; derangement, trouble, intrusion.
forstyrret confused; *(i hodet)* mentally deranged, crazy.
forstørre *(vb)* enlarge; magnify. **-else** enlargement; magnification. **-elsesglass** magnifying glass.
forstøte *(vb)* cast off, disown, repudiate.
forstå *(vb)* understand, comprehend; *(fatte, innse)* realize, see, appreciate, grasp; *(slutte seg til)* understand, gather *(fx* I understood from what you said that he was dead; you will have gathered from our latest letters that ...); *(kunne)* know *(fx* he knows how to hold audiences spellbound); *jeg kan godt ~ at ...* I can quite understand that ...; I fully appreciate that; *som De -r* as you will understand *(el.* realize); *han -r ikke spøk* he can't take a joke; *hva jeg ikke -r er at ...* **T** what gets me beat is that ...; *er det noen som ikke -r? (i skole)* anyone not clear? *la en ~ at ...* give sby to understand that ..., intimate to sby that; *så vidt jeg -r* as far as I can make out; *er det så å ~ at...?* am I to understand that ...? *dette må ikke -s slik at* this must not be taken to mean that ...; *jeg forsto Dem så at ...* I understood you to say that; *ikke så å ~ at* not that *(fx* not that I fear him); *det -r seg* of course! naturally! obviously! *det -r seg selv* it explains itself, it is self-explanatory; *~ seg på* understand about, have a knowledge of, be a judge of; *han -r seg på biler* he knows about cars; *hva -r man ved ...?* what is meant by ...?
forståelig understandable, intelligible, comprehensible; *(som kan unnskyldes)* pardonable *(fx* a p. mistake); *gjøre det ~ for* make it intelligible to; *lett ~* easy to understand; *av lett -e grunner* for obvious reasons; *gjøre seg ~* make oneself understood *(el.* intelligible).
forståelighet intelligibility, comprehensibility.
forståelse *(det å forstå)* understanding, comprehension; *(klar oppfattelse av)* realization; *(betydning)* sense; *(samfølelse)* understanding, sympathy; *komme til en ~* come to an understanding; *leve i god ~ med* live in harmony with; *møte ~* find understanding *(el.* sympathy), find sympathetic understanding; *vise ~ for* sympathize with, feel sympathy for; *den rette ~ av disse bestemmelser* the proper interpretation of these

provisions. **-sfull** understanding; *en kjærlig og ~ familie* a loving and understanding family.

forståsegpåer would-be authority, wiseacre.

forsulten starved, starving, famished.

forsumpe *(vb)* **1***(stagnere)* stagnate; **2.** T go to the dogs.

forsure *(vb)* embitter; *~ tilværelsen for en* embitter sby's life.

forsvar defence; **US** defense; *si til ~ for* say in defence of; *til sitt ~* in one's defence; *ta i ~* defend; *ta ham i ~ (også)* stand up for him; *Forsvarets høyskole* the Joint Staff College; *(se bygningsteknisk).*

forsvare *(vb)* defend; justify, advocate; *jeg kan ikke ~ å* I do not feel justified in (-ing); *~ seg* defend oneself; *(se ta: ~ igjen).*

forsvarer defender; *(jur)* counsel for the defence; *advokat X møtte som ~* Mr. X appeared for the defence; *(se oppnevne).*

forsvarlig defensible, warrantable, justifiable; *(sikker)* secure; *(adv)* properly, securely; *i ~ stand* in proper condition; *holde i ~ stand* keep in good repair; *låse en dør ~* lock a door securely.

forsvars|departement Ministry of Defence; **US** Defense Department. **-distrikt** local defence district; **UK** (Army) subdistrict. **-evne** defensive power. **-forbund** defensive alliance. **-krig** defensive war. **-linje** line of defence. **-løs** defenceless. **-middel** (means of) defence. **-minister** Minister of Defence; **UK** Secretary of State for Defence; **T** Defence Secretary; **US** Secretary of Defense. **-plan** plan of defence, defence plan. **-saken** the cause of) national defence. **-skrift** defence. **-stab** *(mil)* defence staff. **-tale** speech in defence *(for* of); *(jur)* speech for the defence **-utgifter** *(pl)* defence expenditure. **-vennlig** in favour of (a strong) national defence. **-verker** *(pl)* defences. **-vilje** will to defend the nation. **-vitne** witness for the defence. **-våpen** defensive weapon.

forsverge *(vb)* forswear; *man skal ingenting ~* let **US** make no promises about it; you never can tell; stranger things have happened.

forsvinne *(vb):* disappear, vanish; *forsvinn!* get out! **-ende** vanishing; *(fig)* infinitesimal, minimal. **-ing** disappearance. **-ingsnummer:** *lage et ~* do a disappearing act. **-ingspunkt** vanishing point.

forsvunnet gone, lost, missing; *en ~ bok* a lost book; *den forsvunne* the missing person

forsyn providence; *-et* Providence; *trosse -et* fly in the face of Providence.

forsynde *(vb): ~ seg* sin, offend; *~ seg mot god grammatikk* offend against grammar; *~ seg mot reglene for god tone* commit a breach of etiquette. **-else** sin, offence.

forsyne *(vb)* supply, furnish, provide; *(ved bordet)* help *(med* to); *forsyn Dem!* help yourself; *vel -t (med varer)* well-stocked *(med* with, in, *fx* I am well stocked in dark colours); well-supplied *(fx* shop, ship).

forsyning supply; provision; *så snart vi får inn ytterligere -er* as soon as further stock comes to hand.

forsyningstropper *(pl): Hærens ~* **UK** Royal Army Service Corps; **US** Army Supply Corps.

forsynlig provident, prudent. **-het** foresight, prudence.

forsøk experiment, attempt *(på* at); *det er et ~ verdt* the attempt is worth making; *hans første litterære ~* his first literary effort; *et mislykket ~* a failure; *våge -et (også)* take the plunge.

forsøke *(vb)* try, attempt; *~ seg som lærer* try one's hand at teaching.

forsøks- experimental. **-dyr** animal used for ex-

periments. **-heat** *(sport)* eliminating heat, elimination heat. **-kanin** rabbit used for experiments; *(fig)* guinea pig; *jeg vil ikke være ~ for ham* I don't want him to experiment on me. **-leder** projects leader. **-opplegg** experimental scheme. **-vis** experimentally, by way of experiment, tentatively.

forsølve *(vb)* silver-plate. **-ing** silver-plating.

forsømme *(vb)* neglect; *(unnlate å)* fail *(el.* omit) to; *~ en leilighet* miss an opportunity, let an o. pass; *jeg har ikke noe å ~ med det* I have nothing else to do; *(se forsømt).*

forsømmelig negligent, neglectful; *(med betaling)* remiss. **-het** negligence; remissness.

forsømmelse neglect, negligence; *en grov ~* an act of gross negligence; *(unnlatelse)* omission, failure; *(det å overse)* oversight; *ved en ~ fra vår side* through an oversight on our part.

forsømt neglected; *innhente (el. ta igjen) det -e* make up for lost time; recover lost ground; catch up with arrears of work.

forsøpling refuse-dumping, dumping of r.; *~ av naturen* r.-d. in the country.

forsørge *(vb)* provide for, maintain, support. **-else** provision, support, maintenance.

forsørgelses|bidrag family allowance. **-byrde** family responsibilities; *han har ingen ~* he has no dependents. **-plikt** obligation to maintain sby, duty to support sby. **-pliktig** under a duty to support sby, bound to maintain sby.

forsørger supporter; *(familie-)* breadwinner.

forsøte *(vb)* sweeten.

forsåpe *(vt)* saponify.

forsåpning saponification.

I. fort *(subst)* fort.

II. fort *(adv)* fast, quickly; *han kunne ~ ha blitt overkjørt* he might easily have been run over.

forta *(vb):* **1.** *~ seg* pass off; wear away; **2** *(overanstrenge seg)* overstrain oneself; *(se overanstrenge).*

fortann front tooth, incisor.

fortape *(vb): ~ seg i* lose oneself in, be lost in; *~ seg i drømmerier* go off into a reverie.

fortapelse *(av rettighet)* forfeiture; *(fordømmelse)* perdition.

fortapt lost; *(motløs)* disheartened, dejected; *den -e sønn* the Prodigal (Son); *vi er ~* we're lost, we're done for; **T** we've had it; *~ i drømmerier* lost in (a) reverie.

fortau pavement; **US** sidewalk.

fortau|kafé pavement café. **-kant** kerb(stone); **US** curb(stone), curbside, curb line.

forte *(vb): ~ seg* hurry; *~ seg med frokosten* hurry over one's breakfast; *fort deg i seng nå! (sagt til barn)* get off to bed now, and be quick about it!

fortegn *(mat.)* sign; *(mus)* signature; *med motsatt ~* with the sign reversed, with an opposite sign; with opposite signs; *(kun fig)* in reverse *(fx* D-Day was Dunkirk in r.).

fortegnelse list, inventory *(over* of); *oppta ~ over, sette opp en ~ over* make *(el.* draw up) a list *(el.* an inventory) of.

fortegnet *(adj)* out of drawing, distorted.

fortegning 1. model; **2***(feiltegning)* incorrect drawing, distortion.

fortekst *(til film)* credit title.

fortelle *(vb)* tell; relate; *han fortalte at ... he* told me (,us, *etc)* that; *det -s at* a story is going about that ...; *etter hva det blir fortalt* by all accounts.

forteller narrator. **-ing** narrative, tale, story.

fortenke *(vb): ~ en i* blame sby for.

fortenning pre-ignition; advanced ignition.

forteppe curtain.
forterpet commonplace, trite.
fortersket hackneyed, trite.
fortetning condensation.
fortette *(vb)* condense.
fortgang: *få ~ i* speed up *(fx* production), expedite, push on; *få ~ i saken* speed up matters, get things moving.
fortid past, the past; *la -en være glemt* let bygones be bygones; *hans ~* his past life, his former life; *tilhører -en* is a thing of the past.
fortidsminnesmerke ancient monument; memorial of the past. **-levninger** *(pl)* antiquities, relics (of the past).
fortie *(vb)* conceal *(for* from), keep secret, suppress, hush up, be silent about.
fortielse concealment, suppression (ofthe truth); non-disclosure.
fortil *(adv)* in front.
fortinne *(vb)* tin. **-ning** tinning.
fortjene *(vb)* deserve, merit; *det -r å merkes* it is worthy of note.
fortjeneste earnings, gain, profit; *(fortjenthet)* merit, deserts; *ha god ~ på* make a good profit on *(el.* out of); *selge med ~* sell at a profit; *dette var hele min ~* that was all I made by it; *dersom det gikk oss etter ~* if we had our deserts; *uten min ~* through no merit of mine; *(se også tjene).*
fortjenstfull deserving, meritorious.
fortjenstmargin profit margin.
fortjenstmedalje Order of Merit.
fortjent: *gjøre seg ~ til* merit, deserve, be deserving of; *han har gjort seg ~ av sitt land* he deserves well of his country.
fortløpende consecutive, continuous.
fortne *(vb):* *~ seg (om klokke)* gain; *klokken din -r seg* your watch is fast; *klokken min -r seg 2 minutter i døgnet* my watch gains a minute a day.
fortolke *(vb)* interpret, expound; *(legge en betydning i)* construe. **-er** interpreter, expounder. **-ning** interpretation, exposition; construction. **-ningskunst** art of interpretation; *(teologi)* hermeneutics.
fortolle *(vb)* pay duty (on), clear *(fx* a consignment). **-et** duty paid. **-ing** payment of duty; Customs clearance.
fortom *(på snøre)* snell, snood.
fortone *(vb):* *~ seg* appear, seem; *det -t seg for meg som om ...* it seemed to me as if ...
fortopp *(mar)* foretop.
fortred harm, mischief, hurt; *gjøre ~* do harm; *han gjør ikke en katt ~* he would not hurt a fly.
fortredelig annoying. **-elighet** trouble, annoyance.
fortreffelig excellent, splendid, admirable. **-het** excellence.
fortrekke *(vb)* 1(*fjerne seg)* go away, make off; decamp; 2(*om ansiktsuttrykk)* distort, twist; *~ ansiktet* make a wry face; *uten å ~ en mine* without wincing, without moving a muscle of one's face; *han måtte ~* he was obliged to withdraw.
fortrenge *(vb)* expel, oust, crush out; *(avløse)* displace, supersede, supplant. **-sel:** *til ~ for* to the displacement of; *(fig)* to the neglect of.
fortrinn *(prioritet)* precedence, priority, preference; *(god egenskap)* good point, merit, advantage; *ha ~ fremfor* take the precedence of, take priority over; have the advantage over; *gi en -et* prefer sby; *gi en -et fremfor* give sby the preference over *(fx* other buyers).
fortrinnlig superior, excellent, capital; *(adv)* (pre-)eminently, excellently.

fortrinnlighet superiority, excellence.
fortrinnsrett preference, priority.
fortrinnsvis by preference, preferentially.
fortrolig confidential; *en ~ venn* an intimate friend; *stå på en ~ fot med* be on intimate terms with; *gjøre seg ~ med* make oneself familiar with; familiarize oneself with; *jeg gjorde ham til min -e* I took him into my confidence; *være ~ med (kjenne godt til)* be familiar with, be well acquainted with; *(se sak A).*
fortrolighet confidence; familiarity, intimacy; *ha ~ til* have confidence in; *i ~* in confidence, confidentially.
fortropp *(mil)* vanguard.
fortrukket distorted, drawn.
fortrylle *(vb)* charm, enchant, fascinate.
fortryllelse charm, enchantment, fascination, spell; *heve -n* break the spell.
fortryllende charming, enchanting, ravishing.
fortrøstning reliance, trust, confidence; *(se I. lit).*
fortrøstningsfull confident.
fortsatt continued; *min -e aktelse* my c. esteem; *føre til -e forretninger* lead to a continuance of business; *loven har ~ gyldighet* the law remains in force; *markedet er ~ svakt* the market continues weak.
fortsette *(vi)* continue, go on; *(vt)* carry on, proceed with, keep on with; *~ i den gamle tralten* continue in the same old rut; *~ i det uendelige* go on for ever; *fortsett innover i vognen!* pass along the car, please! US step forward, please! *(se også fortsatt).*
fortsettelse continuation; *~ følger* to be continued.
fortumlet confused, perplexed.
Fortuna Fortune; *fru ~* Dame Fortune.
fortvile *(vb)* despair; *det er til å ~ over* it is enough to drive one to despair.
fortvilelse despair, desperation; *bringe til ~* drive to despair; *med -ns kraft* with a strength born of desperation; *være på -ns rand* be at the point of desperation.
fortvilet desperate; *(noe svakere, om person)* despairing, in despair, disconsolate; *(adv)* desperately.
fortykke *(vb)* thicken. **-kelse, -ning** thickening.
fortynne *(vb)* dilute, thin. **-t** diluted.
fortynning dilution.
fortyske *(vb)* Germanize. **-ning** Germanization.
fortære *(vb)* consume; *(sluke, etc)* devour; *-s (om metall)* corrode, be eaten away; *-s av sorg* be consumed with grief.
fortæring consumption.
fortøye *vb (skip)* moor; *(båt)* make fast.
fortøyning mooring.
forulempe *vb (tilføye overlast)* molest. **-else, -ning** molestation.
forulykke *(vb)* lose one's life, be lost, perish; *skipet -ket* the ship was lost *(el.* wrecked); *de -kede* the victims of the accident, the casualties.
forunderlig strange, surprising; *(underlig)* singular, odd; *(adv)* strangely, singularly; *~ nok* strange to say, strange as it may seem, strangely enough.
forundersøkelse preliminary inquiry *(el.* investigation).
forundre *(vb)* surprise; *~ seg over* wonder at, marvel at, be surprised at; *det -rer meg at* I wonder that; *det skulle ikke ~ meg om* I should not be surprised if ... **-ring** wonder, surprise; *til min ~* to my surprise; *til ~ for* to the s. of.
forunne *(vb)* grant.
forurense *vb (gjøre uren)* contaminate, pollute, foul.

forurensning contamination, pollution, fouling; *-er* impurities, foul matter.

forurensningsproblem pullution problem; *-er (også)* problems of pollution.

forurette *(vb)* wrong, injure; *den -ede* the injured party. **-else** wrong, injury.

forurolige *(vb)* disquiet, alarm; *vi føler oss -t ved disse begivenheter* we are disquieted by these events. **-nde** alarming, disquieting.

forut ahead; *(i skip)* forward; ~ *for* ahead of; *(i tid)* before, previous to; *han er* ~ *for sin alder* he is beyond his years; *rett* ~ right ahead; ~ *og akter (mar)* fore and aft; *gå* ~ *for* precede; *hva har gått* ~ *for dette?* (ɔ: *hva har hendt tidligere i stykket, romanen, etc)* what has happened up to this point? *en seiler* ~*!* a sail ahead!

forut|anelse presentiment; presage. **-bestemme** *(vb)* predetermine; predestine. **-bestemmelse** predetermination; predestination. **-bestille** *(vb): se forhåndsbestille.* **-betale** *(vb)* pay in advance, prepay. **-betalt** prepaid. **-datere** *(vb)* antedate.

foruten *(prep)* besides, in addition to.

forut|fattet preconceived. **-gående** foregoing, preceding, prior. **-inntatt** predisposed, prejudiced *(for* in favour of, *mot* against); *være* ~ *mot en* have a bias against sby, be bias(s)ed against sby.

forutsatt: ~ *at* provided that, on condition that, on the understanding that, assuming that.

forutse*(vb)* foresee.

forutseende *(fremsynt)* foresighted; *(forsynlig)* provident.

forutseenhet foresight.

forutsetning supposition, assumption, presupposition; *(betingelse)* condition; *(egenskap)* qualification *(fx* he has every q. necessary for such a post; *det var en stilltiende* ~ *at* it was tacitly understood that; *på bristende -er* on false premises; *ut fra den* ~ *at* on the assumption that.

forutsette *vb (gå ut fra)* suppose, presuppose, assume; *jeg -r at* I take it for granted that.

forut|si *(vb)* foretell, predict, forecast. **-sigelse** prediction.

forutskikke *vb (meddele i forveien)* premise *(fx* a remark); ~ *en bemerkning (også)* make a preliminary remark.

forvakt first-call night duty; *(se bakvakt).*

forvalg 1*(tlf): se retningsnummer;* 2*(forhåndsinnstilling)* presetting.

forvalte *(vb)* manage, administer; ~ *dårlig* mismanage; ~ *midler* administer funds.

forvalt|er manager; *(i fengsel)* steward. **-ning** administration, management.

forvand|le *(vb)* change, transform, convert; ~ *til* change *(el.* convert) into. **-ling** change, transformation; *(også zool)* metamorphosis.

forvanske *(vb)* distort, misrepresent; *(ødelegge)* corrupt, pervert. **-ning** distortion, misrepresentation; corruption, perversion.

forvare *(vb)* keep; *han er ikke riktig vel -t* he's not all there; *vel -t er vel spart* fast bind fast find. **-ing** keeping, custody, safe keeping; charge; *ha i* ~ have charge of; *ta i* ~ take charge of.

forvarme *(vt)* preheat; *ikke -t* unpreheated.

forvarmer preheater.

forvarsel omen, presage.

forvask *(av tøy)* preliminary wash.

forveien: *i* ~ beforehand; in advance; *(tidligere)* previously; *gå i* ~ go ahead; lead the way; *sende i* ~ send in advance.

forveksle *(vb)* mistake, confuse, mix up; ~ *med* mistake for, confuse with *(fx* you have confused us with another firm).

forveksling mistake, confusion; *det foreligger en* ~ there is some mistake; *(om 2 personer)* it is a case of mistaken identity.

forven|ne *(vb)* spoil, pamper. **-t** spoilt; *(smak)* pampered.

forventet expected; anticipated.

forventhet pampered taste.

forventning expectation, anticipation; *det svarte ikke til min* ~ it fell short of my expectations; *mot* ~ contrary to expectation(s); *over* ~ more than (could be) expected; *i* ~ *om* in expectation of. **forventningsfull** expectant, full of expectation.

forver|re *(vb)* make worse, worsen; aggravate; *-s* deteriorate. **-ring** worsening, deterioration, aggravation; *skulle en* ~ *inntre* should there be a turn for the worse, should there be a worsening of these conditions.

forvik|le *(vb)* entangle, complicate. **-ling** complication, entanglement.

forville *(vb):* ~ *seg* lose one's way, stray, go astray.

forvillelse: *ungdommens -r* the aberrations of youth.

forvir|re *(vb)* confuse, perplex, disconcert, bewilder; *(bringe ut av fatning)* put out *(fx* he was put out by the interruptions); *det som -r ham er at ... what he's getting confused about is that...; ... som han, -rende nok, oversatte med ...* which, confusingly enough, he translated by. **-ret** confused; ~ *snakk* nonsense.

forvirring confusion, bewilderment; *bringe* ~ *i noe* throw into confusion.

forvise *(vb)* banish, exile.

forvisning banishment, exile.

forvisse *(vb):* ~ *seg om* make sure of; ascertain, assure oneself of; ~ *seg om at* make sure that, satisfy oneself that; *være -t om* be sure of; *De kan være -t om at* you can *(el.* may) rest assured that.

forvissning assurance, conviction; *en fast* ~ *om at* a firm c. that.

forviten(skap): *se nysgjerrig(het).*

forvitre *(vb)* disintegrate, weather; *(smuldre)* crumble.

forvitring disintegration; crumbling.

forvokst: *et* ~ *barn* an overgrown child.

forvolde *(vb)* cause; *omfanget av den -te skade (også)* the amount of the damage sustained.

forvorpen depraved, reprobate, abandoned.

forvorpenhet depravity.

forvrenge *(vb)* distort, misrepresent. **-ning** distortion, misrepresentation.

forvri *(vb)* twist, dislocate, luxate; *(forstue)* sprain; *(fig)* warp, pervert.

forvridd distorted, twisted (out of shape).

forvridning twisting, dislocation, luxation; spraining.

forvrøvlet garbled *(fx* a g. version); *(om person)* muddle-headed.

forværelse anteroom.

forvåket exhausted with watching.

forynge *(vb)* rejuvenate. **-else** rejuvenation.

forære *(vb):* ~ *en noe* make sby a present of sth, present sby with sth.

foræring present, gift; *få i* ~ receive as a gift; *jeg fikk det i* ~ *av* it was given to me by.

forøde *(vb)* dissipate.

forødelse dissipation, waste.

forøke *(vb)* increase, augment, add to, enhance. **-else** increase, augmentation, enhancement. **-et** *(om utgave)* enlarged.

forønsket desired, wished-for.

forøve *(vb)* commit, perpetrate. **forøver** perpetrator.

for øvrig: *se øvrig.*

forår spring.
forårsake *(vb)* cause, occasion, bring about.
fosfat *(kjem)* phosphate.
fosfor *(kjem)* phosphorus. **-escere** *(vb)* phosphoresce. **-escerende** phosphorescent.
fosforsur phosphorated; *-t salt* phosphate.
fosforsyre *(kjem)* phosphoric acid.
foss waterfall, cataract.
fosse *(vb)* cascade, gush; *(skumme)* foam; ~ *ned* *(*⊃: *styrte ned)* pour down; ~ *opp* well up.
fosse|dur the roar of a waterfall. **-grim** [fiddle-playing supernatural being believed to dwell beneath waterfalls]; *(kan gjengis)* nix. **-kall** *(zool)* dipper. **-stryk** rapid. **-utbygging** harnessing *(el.* development) of waterfalls.
fossil *(subst & adj)* fossil.
fosskoke *(vb)* boil fast.
foster foetus, fetus; *(umodent)* embryo; *(fig)* production; *et ~ av hans innbilningskraft* a product of his imagination. **-barn** foster child. **-bror** foster brother. **-drap, -fordrivelse** criminal abortion, foeticide, illegal operation. **-fordrivende** abortive. **-fordriver(ske)** abortionist.
foster|hinne membrane of the foetus (,embryo); *innerste ~* amnion; *ytterste ~* chorion. **-leie** *(stilling)* presentation *(fx* footling p.); lie of the foetus. **-liv** f(o)etal life. **-lyd** f(o)etal souffle, sound of (the) foetus. **-lære** embryology. **-stilling** lie of the foetus; presentation; *gal ~* malpresentation. **-utvikling** *(med.)* embryogeny. **-vann** amniotic fluid; *-et* T the waters *(fx* she is losing the w.).
fot 1*(anat, etc)* foot *(pl:* feet) *(fx* of a man, of a hare, of a mountain, of a staircase); 2*(fundament, underlag)* base *(fx* of a machine); 3*(i profilbjelke)* bottom flange; 4*(bot)* base *(fx* the base of a leaf); 5*(lengdemål: 30,48 cm)* foot *(pl:* feet) *(fx* three feet long; *dog også* foot *i pl i forb. som* 5 foot 10 (= 5 feet 10 inches);
få -en innenfor get *(el.* secure *el.* gain) a foothold; *når han først har fått -en innenfor* once he has got inside; *få (,ha) kalde føtter (også fig)* get (,have) cold feet; *så lett som ~ i hose* T dead easy; as easy as falling off a log; as easy as winking *(el.* shelling peas); as easy as pie; .. *hvor aldri noen hvit mann har satt sin ~* where no white man has ever set foot; *jeg vil aldri sette min ~ i hans hus* I will never set foot in his house; *sette ~ under eget bord* set up house for oneself;
[forb. med prep & adv]
for *ens føtter* at sby's feet; *kaste seg for ens føtter* throw oneself at sby's feet; *legge dem for sine føtter (fig)* carry them off their feet; *hele verden ligger for hans føtter* the whole world is at his feet; ~ *for ~* foot by foot; *slå dem ned for -e* knock them down indiscriminately; *slå opprøret ned for -e* stamp out the rebellion; *stritte imot med hender og føtter (fig)* resist tooth and nail; *med føttene samlet* (with) feet close together; *en klamp om -en (fig)* a drag; T a bind; *hun er en klamp om -en på ham (også)* she's like a millstone round his neck; *bundet på hender og føtter* bound hand and foot; *kravle på hender og føtter* crawl on one's hands and knees; *bringe firmaet på -e igjen* put *(el.* help) the firm on its legs again; *komme på -e igjen* get straight *(fx* I want £60 to get straight); pick up (again) *(fx* his business is beginning to pick up again); *(se II. frisk: bli ~ igjen); de står på en fiendtlig ~* they are on hostile terms; *stå på en fortrolig ~ med ham* be on intimate terms with him; *på en fot av intimacy with him; stå på god ~ med* be on good terms with; *jeg står på en god ~ med ham (også)* I'm well in

with him; *konkurrere på like ~ med* compete on equal terms with; *stå på like ~ med* be on the same *(el.* on an equal) footing with; be on a basis of equality with; *leve på en stor ~* live in grand style; live in a big way; *på stående ~* off the cuff; offhand *(fx* I couldn't tell you offhand what it means); here and now *(fx* I can't tell you here and now); *laget på stående ~* improvised *(fx* speech); *svare på stående ~* answer offhand; improvise a reply; *stå på svake føtter (fig)* be shaky; be tottering; be on its last legs; *stå på en vennskapelig ~ med ham* be on friendly terms with him; *til -s* on foot *(fx* they arrived on foot); *falle til -e* submit, come to heel; *trå under føtter* trample under foot; *ved -en gevær (mil)* (with) arms at the order; *(kommando)* order arms! *(se også gevær); ved -en av* at the foot of *(fx* the mountain, the stairs); *(se også ben).*
fot|arbeid footwork *(fx* of boxer, tennis player); leg action *(fx* of swimmer). **-avtrykk** the mark of a foot (,of feet), footprint(s). **-bad** foot bath. **-ball** 1*(ball)* football; 2*(spill)* football; T soccer; US soccer; *spille ~* play f.; *spille offensiv ~* play attacking football. **-ballbane** football ground *(el.* pitch). **-balldommer** referee.
fotballe *(anat)* ball of the foot.
fotball|kamp football match; US soccer game. **-lag** f. team, f. side *(fx* the school has a strong f. side); *et ~ (også)* an eleven. **-ramp** football hooligans. **-spiller** footballer, football player; US soccer player.
fot|brems foot brake. **-bryter** foot switch; *(nedblendingskontakt)* foot dipper switch.
fotefar footprint; *(se fotspor).*
fotende *(av seng)* footboard.
fot|fall prostration; *gjøre ~ for* prostrate oneself before. **-feste** footing, foothold; *få ~* gain *(el.* get) a f. *(fx* in a market); *miste -t* slip, lose one's footing *(el.* foothold).
fot|folk *(pl)* infantry, foot. **-fødsel** delivery with a foot(ling) presentation.
fotgjenger pedestrian.
fotgjenger|felt pedestrian lane. **-overgang** (pedestrian) crossing *(fx* cross the street on the crossings); zebra crossing; US crosswalk. **-sti** pedestrian walkway; path for pedestrians. **-undergang** (pedestrian) subway; US underpass (NB US subway = *tunnelbane).*
fot|lenker *(pl)* fetters. **-note** footnote.
foto photo; *(se bilde; fotografi).*
fotoatelier photographer's studio.
fotoforretning photographer's (shop); photo shop; *(som bare selger filmutstyr)* film supplier's (shop).
fotogen *(adj)* photogenic.
fotograf photographer.
fotografere *(vb)* photograph.
fotografering photography; *(det å)* photographing.
fotografi photograph, photo. **-album** photo album. **-apparat** camera. **-ramme** photo frame.
fotografisk photographic.
foto|gravyr photogravure. **-kopi** photocopy. **-kopiere** *(vb)* photocopy. **-litografi** photolithography. **-safari** photographic safari, photo-safari. **-statkopi** photostat copy.
fotpleie pedicure, chiropody.
fotpleier pedicurist, chiropodist.
fotpumpe stirrup pump.
fotrapp fleet-footed.
fotsbredd foot-breadth; *ikke vike en ~ not* budge an inch.
fot|sid reaching down to the feet, ankle-length; *~ kjole* full-length dress, long d.; *hun har ~*

kjole (også) her dress sweeps the floor. **-skade** foot trouble. **-skammel** footstool. **-sopp** athlete's foot. **-spark** kick.

fotspor footmark, footprint; *gå i ens* ~ follow in sby's footsteps.

fot|svette sweaty *(el.* perspiring) feet. **-såle** sole of the foot. **-trinn** (foot)step, footfall.

fottur walking tour; hike; tramp *(fx* he went for a long t. in the woods); *dra av sted på* ~ go on a walking tour; *han er på* ~ *i Jotunheimen* he is walking in J.

fot|turist hiker, rambler. **-tøy** footwear, boots and shoes. **-vask** washing one's feet.

foyer foyer, lobby.

fra 1*(prep)* from; away from *(fx* we are five miles away from the station); *han er* ~ *Oslo* he is from Oslo, he is a native of O.; *smilende kelnere gikk til og* ~ *bordet deres* smiling waiters crossed to and from their table; *han gikk til og* ~ *konserthallen* he walked to and from the Concert Hall; he walked both ways when he went to the C. H.; *foreta reiser til og* ~ *mellom X og Y* make journeys to and fro between X and Y; ~ *tid til annen* from time to time; ~ *i dag av* from today; as from today; ~ *den tid av* since then; from that time (onward); *jeg vet det* ~ *før av* I know it *(el.* that) already; ~ *mandag av* from Monday onwards; ~ *først av* from the first; at first; *(se først);* ~ *nå av* henceforth, from now on; ~ *og med 1. mai til og med 3. juni* from May 1st to June 3rd inclusive; ~ *og med 3. til og med 12. mai* from the 3rd to the 12th of May inclusive; from 3rd to 12th May, both days inclusive; from May 3rd to May 12th inclusive; ~ *og med i dag* as from today, from this day onwards; *være* ~ *seg selv* be beside oneself; ~ *hverandre: se hverandre; det gjør hverken* ~ *eller til* that makes no difference; *ikke så mye at det gjorde noe* ~ *eller til* not so much that it mattered; not so much that it made any difference; *trekke* ~ deduct; **2** *(konj):* ~ *jeg var 4 år gammel* since I was four years old; ~ *jeg var barn* since I was a child, from my childhood.

frabe *(vb):* ~ *seg gjenvalg* decline re-election; *jeg må* ~ *meg enhver innblanding* I will thank you not to interfere; *det vil jeg ha meg -dt* I won't have (any of) that.

fradrag deduction; *etter* ~ *av omkostninger* deducting expenses; *føre noe til* ~ *(i skatten)* enter sth as deductible; *(se fradragsberettiget).*

fradragsberettiget deductible; *hjemmerepresentasjon er ikke lenger* ~ entertaining at home is no longer deductible; *kun representasjon i forbindelse med besøk fra utlandet er* ~ only entertaining in connection with visits from abroad may be claimed on *(el.* is deductible).

fradragspost deduction item.

fradømme *(vb)* sentence to lose, deprive of; ~ *en de statsborgerlige rettigheter* deprive sby of civil rights, deprive sby of Norwegian *(,etc)* citizenship.

fradømmelse deprivation, loss *(fx* of a right); ~ *av de statsborgerlige rettigheter* deprivation of civil rights, d. of Norwegian *(,etc)* citizenship.

frafall desertion, defection; *(fra religion)* apostasy; *(jur)* withdrawal *(fx* of a charge).

frafalle *(vb)* give up, abandon, relinquish, waive *(et krav* a claim); *jeg -r (ordet)* I waive my right to speak! US I yield the floor; *jeg -r min innvending* I drop my objection.

I. frafallen *(subst)* apostate.

II. frafallen *(adj)* apostate.

fraflytte *(vb)* leave, move from, vacate; *den -nde leier* the outgoing tenant.

fragment fragment. **-arisk** fragmentary.

fragå *vb (benekte riktigheten av)* deny; go back on.

frakjenne *(vb)* deprive of, sentence to lose; *en kan ikke* ~ *ham hans dyktighet* his ability cannot be denied *(el.* is beyond dispute).

frakk coat, overcoat; *(regn-)* raincoat. **frakke|krage** coat collar. **-skjøt** coattail.

frakople *(vb): se kople:* ~ *fra.*

frakopling uncoupling; disconnecting; *til- og frakopling utføres lett med én hånd og uten verktøy* connecting and disconnecting is easily done with one hand without the aid of any tool; ~ *under fart (jernb)* slipping (of wagons).

fraksjon *(del av et politisk parti)* section, wing.

frakt 1*(gods)* cargo, freight; **2***(beløp)* freight charge; freightage; *(jernbane-)* carriage (,US: freight); ~ *betalt* carriage (,freight) paid; US freight prepaid; ~ *ubetalt* carriage (,freight) forward, freight on delivery; US freight not prepaid; *fallende -er* falling freight rates; declining freights; *gode -er* good rates; *høye -er* high rates; *stigende -er* rising freight rates, rising freights; *utgående* ~ outward freight; *få* ~ get *(el.* obtain) a cargo; *få* ~ *hjem* get a homeward cargo; *slutte* ~ fix a ship, close a charter, close a freight.

frakt|beretning freight report. **-brev** *(jernb)* consignment note, way-bill; US freight bill; *(konnossement)* bill of lading *(fx* B/L). **-damper** cargo steamer, freighter; *(stor)* cargo liner.

frakte *vb (føre)* carry, transport, convey; *(befrakte)* freight, charter.

frakt|fart carrying trade; *gå i* ~ be engaged in the c. t. **-fly** cargo plane *(el.* aircraft). **-forholdene** the state of the freight market. **-forhøyelse** rise *(el.* increase) of freights, advance in freight-rates. **-forskudd** advance on the freight. **-fri** freight paid; *(jernb)* carriage paid, c. free; US freight prepaid. **-gods** goods; US freight; *(med skip)* cargo; *(befordringsmåte)* ordinary goods service; *sende som* ~ send by goods (,US: freight) train. **-inntekt:** *tapt* ~ loss of hire; *-er* freight earnings. **-kontrakt** charter party. **-krig** freight (-cutting) war, rate war, rate-cutting campaign. **-kurs** rate of freight. **-liste** freight list, list of freights. **-marked** *(mar)* freight market. **-moderasjon** reduced rate(s). **-nedsettelse** reduction of *(el.* in) freight rates. **-notering** freight quotation, q. of freight. **-omkostninger** freight charges. **-saldo** balance of freight. **-sats** rate of freight, f. rate. **-seddel** *(jernb)* freight ticket. **-slutning** fixture. **-tilbud** offer of freight *(el.* tonnage). **-tillegg** supplementary freight charge, additional *(el.* extra) freight.

fraktur black letter; German type; *(med)* fracture.

fraktvilkår *(pl)* terms of freight.

fralands- off-shore. **-vind** off-shore wind.

fralegge *(vb):* ~ *seg* disavow, disclaim *(fx* disclaim (the) responsibility for).

fralokke *(vb)* coax out of; wheedle out of *(fx* w. sth out of sby).

fralure *(vb):* ~ *en noe* trick sby out of sth.

fram forth, forward, on; *lenger* ~ further on; ~ *med dere!* get out! ~ *og tilbake* backwards and forwards, to and fro; *det er langt* ~ we have a long way before us.

fram-: *se også sms med frem-.*

frambringe: *se frembringe.*

framdrift 1. propulsion; **2.** energy, push, enterprise, drive; *det er ingen* ~ *i ham* he lacks drive; *rapport om -en* progress report.

framdriftsplan *(for prosjekt, etc)* plan of progress.

frametter along *(fx* they walked a. the road); *(se fremover).*
framferd conduct, proceeding; *(se framdrift 2).*
framfor: *se fremfor.*
framgang advance, progress; *(trivsel)* prosperity; *gjøre ~* make progress; *til X, med ønske av god ~ i studiet av det norske språks mysterier* to X, with every good wish for your future progress in the study of the mysteries of the Norwegian language. **-småte** plan, method, line of action; course; *bruke en ~* follow a practice.
framhaldsskole *(hist)* = secondary modern school.
framifrå excellent.
framkalle: *se fremkalle.*
framkommelig: *se fremkommelig.*
framkomst: *se fremkomst.*
framlegg motion, proposal; *(se fremlegge).*
framleie: *se fremleie.*
framlyd initial sound.
framme *(adv):* se III. *fremme.*
framover: *se fremover.*
frampå: *se frempå.*
framsteg: *se fremskritt.*
framstegsparti progressive party.
framstøt *(angrep)* (forward) thrust, push, drive.
framstående projecting; *(person)* prominent. **-syn** foresight; *vise ~* show f.
framsynt *(forutseende)* farsighted, far-seeing; *(synsk)* second-sighted, visionary; *-e menn* men with foresight; men who look ahead; *han er ~ (også)* he takes a long view.
frank: *fri og ~* free (as air); US free as the breeze.
frankere *(vb)* stamp; *dette brevet er utilstrekkelig -rt* this letter is underpaid *(el.* understamped); US this l. has insufficient postage. **-ring** stamping; *utilstrekkelig ~* underpaid postage. **-ringsmaskin** franking machine, postal franker.
Frankfurt am Main Frankfort-on-Main.
franko *(om brev)* post free, postage paid; *(jernb)* carriage paid; *(salgsklausul)* franco; *sende ~* send post free *(el.* post paid).
Frankrike France.
fransk French;*på ~* in French; *oversette til ~* translate into French; *~ visitt* flying visit.
fransk-engelsk Franco-English; French-English *(fx* dictionary). **-mann** Frenchman; *-mennene (om hele nasjonen)* the French. **-sinnet** pro-French.
frarane *(vb)* rob of *(fx* rob sby of sth).
fraråde *(vb)* advise against, dissuade from.
frasagn legend; *det gikk ~ om ...* stories were told of ...; *det gikk underlige ~ om hva han gjorde* curious legends were told about his doings.
frase empty phrase, set phrase, fine phrase. **-maker** phrasemonger, ranter. **-makeri** rant.
fraseologi phraseology; *få innarbeidet en riktig ~* get one's idioms right.
frasi *(vb):* *~ seg* renounce, relinquish; *~ seg tronen* abdicate. **-gelse** renunciation, renouncement, relinquishment; abdication.
fraskilt divorced.
fraskrive *vb (frakjenne)* deprive of, deny; *~ seg retten til* waive *(el.* renounce) the right to; *~ seg ansvaret* disclaim responsibility. **-sortere** *(vb)* sort out, weed out, discard. **-sortert:** *-e varer* damaged goods; *(med feil)* defective goods, rejections, throw-outs; *(tilsmussede)* soiled goods. **-spark** kick-off; *friske ~ (også fig)* powerful *(el.* energetic) kicks. **-stjele** *(vb)* rob of, steal from. **-støtende** repulsive, forbidding; *(se motbydelig).*
frata *(vb)* deprive of; *~ ham kommandoen* relieve him of his command.

fraternisere *(vb)* fraternize.
fratre *(vb)* retire from, withdraw from, vacate, relinquish, resign; *~ et embete* resign office; *~ en stilling* give up *(el.* retire from) a position.
fratredelse retirement, withdrawal, resignation; *arbeiderne er sagt opp til ~ 31. mai* the workmen have received notice to terminate employment on May 31st.
fratredende retiring; *den ~ styreformann* the r. chairman.
fratrekk deduction.
fratrukket deducted.
fravike *vb (avvike fra)* depart from, deviate from; *~ en tidligere uttalt rettsoppfatning* quash a previous court ruling.
fravikelse departure, deviation.
fravriste *(vb)* wrest from, wring from.
fravær absence; *føre inn -et (på skole)* mark the register; *glimre ved sitt ~* be conspicuous by one's absence.
fraværende absent; *de ~* the absent; *(fra arbeid, skole)* the absentees; *de ~ har alltid urett* the absent are always in the wrong; *med et ~ blikk* vacantly; *(se oppføre).*
fred peace; *han ante ~ og ingen fare* T he thought everything in the garden was lovely; *la en være i ~* leave sby alone; *holde ~* keep peace; *(om stater)* keep the peace; *hold ~!* shut up! *slutte ~* make peace, conclude peace; *lyse ~ over ens minne* pray for sby's soul to be at rest; *~ over hans minne* peace be with him; *man har ikke ~ lenger enn naboen vil* it takes two to keep the peace; *ved -en i Kiel* by the peace of K.
fredag Friday; *(se onsdag).*
frede *vb (beskytte)* preserve, protect; *(bygning, etc)* schedule as a(n ancient) monument; *han vil gjerne ha en liten -t plett for seg selv* he would like a peaceful little spot for himself.
fredelig peaceful.
fredelighet peacefulness.
fredhellig sacred, sacrosanct.
fredløs outlaw; *(bot)* willowweed. **fredløshet** outlawry.
fredning protection, preservation.
fredningsbestemmelser *(pl)* preservation regulations; *(for vilt)* close-time regulations. **-tid** close season *(el.* time).
fredsbetingelse peace term. **-brudd** breach of the peace. **-dommer** justice of the p. **-elskende** peace-loving. **-forskning** peace research. **-forstyrrer** disturber of the peace.
fredsmegler mediator, peace mediator, mediator for peace. **-megling** mediation for peace.
fredsommelig peaceable. **-het** peaceable disposition.
fredspipe pipe of peace. **-prisen** the (Nobel) Peace Prize. **-saken** the cause of peace, the peace movement. **-slutning** conclusion of peace, peace settlement. **styrke** peace force. **-tider** times of p. **-traktat** peace treaty. **-underhandling** peace negotiation. **-venn** pacifist. **-vennlig** peace-loving; pacifist.
fredsæl *(fredselskende)* peace-loving.
fregatt *(mar)* frigate.
fregne freckle. **fregnet** freckled.
freidig *(utvungen)* free and easy; *(frekk)* unblushing; T cool, cheeky; *med ~ mot* nothing daunted; unabashed(ly), undaunted(ly); *en ~ påstand* a bold assertion; *han var ~ nok til å* he had the assurance to. **-het** ease; assurance, (self-)confidence; T cheek; coolness; *(se frekkhet).*
frekk barefaced, impudent, audacious, shameless; T cheeky; *han var ~ nok til å si ...* he had

the face *(el.* impudence) to say; *han var ~ og prøvde å spille uskyldig (også)* he tried to brazen it out. **-het** audacity, impudence; **T** cheek; *-ens nådegave* the cheek of the Devil.
frekvens frequency; *høy ~* high frequency; *lav ~* low frequency. **-måler** frequency meter.
frekventere *(vb)* frequent, attend.
I. frelse *(subst)* rescue, deliverance; *(saliggjørelse)* salvation.
II. frelse *(vb)* save, rescue.
frelser: *vår Frelser* our Saviour, the Redeemer.
Frelsesarméen the Salvation Army.
frem: *se fram.*
frem-: *se også sms med fram-.*
fremad forward, on(ward), ahead. **-skridende** advancing, progressive. **-strebende** go-ahead.
frembringe *(vb)* produce, yield; generate *(fx* friction generates heat). **-lse** production; *(konkret)* product.
frembrudd outbreak; *dagens ~* peep of day, daybreak; *ved mørkets ~* at nightfall.
fremby *(vb)* offer, present; *~ til salg* offer for sale; *bli frembudt for salg (også)* come up for sale.
fremdeles *(adv)* still.
fremdriftsrapport progress report.
fremfor *(adv)* before, above, beyond, in preference to; *~ alt* above all.
fremfusen|de impetuous. **-het** impetuosity.
fremføre *(vb)* present, put on *(fx* a new play); put forward, make, prefer *(fx* a request); *~ grunner for* adduce *(el.* advance) reasons for; *~ en klage* make *(el.* lodge) a complaint; *~ som unnskyldning* offer as an excuse; *~ sitt ærend* state one's errand.
fremgå *(vb): det -r av det han sier* it is evident *(el.* it appears) from what he says; *betydningen -r av sammenhengen* the context brings out the meaning; *blant annet vil det ~ at ...* among other things it will be apparent that; *det -r av disse kjensgjerninger at ...* from these facts it follows that ...; *det fremgikk av hans uttalelser* it appeared from the general tenor of his remarks; *(jvf II. følge).*
fremherskende predominant, prevalent, prevailing; *være ~* prevail, be prevalent.
fremheve *(vb)* set off, throw into relief; stress, emphasize.
fremholde *(vb)* point out; *~ noe overfor en* point sth out to sby; *~ betydningen av* stress the importance of.
frem|kalle *vb (forårsake)* cause, bring about, give rise to; *(fot)* develop; *~ beundring* evoke admiration; *~ munterhet* provoke mirth; *~ en situasjon* provoke a situation; *~ en stemning* evoke a mood; *han var en mester i å ~ stemninger* he was a master at evoking moods. **-kaste** *(vb): ~ en formodning* throw out a suggestion; *~ et spørsmål* raise a question, bring a matter up.
frem|komme *(vb)* 1*(med forslag)* bring forward, offer *(fx* a suggestion), put forward *(fx* a proposal); *~ med protest* put in a protest; *~ med en anmodning* put forward a request; 2*(oppstå): ~ av* result from; 3*(bli kjent)* come to light, become known, emerge *(fx* no new facts emerged as a result of these investigations). **-kommelig** passable; *(om sjø, elv, også)* open, navigable. **-komst** arrival; *(tilsynekomst)* appearance; *ved -en* on arrival. **-komstmiddel** conveyance, means of locomotion. **-legge** *vb (som bevis)* produce; *~ rapport* present *(el.* submit) a report; *~ for* submit to, present to, lay before. **-leggelse** production, presentation.

frem|leie *(subst)* subletting; sublease. **-leier** subtenant.
fremlyd *(fon)* initial sound.
I. fremme *(subst)* furtherance, promotion, encouragement, advancement; *til ~ av* in *(el.* for the) furtherance of.
II. fremme *(vb)* further, promote, encourage, advance; *~ et forslag om dette i Stortinget* place *(el.* put) a motion on this before the Storting; *regn -r plantenes vekst* rain promotes the growth of plants; *~ tiltale mot* bring a charge against; *(stivt)* prefer a charge against; *~ vennskapet mellom folkene* promote *(el.* foster) friendship between the nations.
III. fremme *adv (foran)* in front, ahead; *(synlig)* displayed, on view, exposed to view, out, on show; *(på scenen)* on, on the stage; *(gjenstand for overveielse)* under consideration *(el.* discussion); *(gjenstand for oppmerksomhet)* in the news *(fx* it has been very much in the news lately), to the fore; *(ved målet)* at one's destination, there; *når er vi ~?* when will we be there? when are we due to arrive? *når er vi ~ i København?* when are we due (to arrive) in Copenhagen? *vi hadde alle fotografiene ~* we had all the snapshots out; *langt ~* far ahead; *langt ~ for sin tid* far ahead of one's time; *lenger ~* further ahead, further on; *la noe ligge ~* leave sth (lying) about; display sth; *la det stå ~* leave it (standing) about; *hans navn har vært ~ i forbindelse med...* his name has been mentioned in connection with; *spørsmålet har vært meget ~ i den senere tid* the question has been much to the fore lately.
fremmed strange; unknown; unfamiliar; *(utenlandsk)* foreign; alien; *et ~ ansikt* an unfamiliar *(el.* strange) face; *en ~ dame* a strange lady; *~ hjelp* outside assistance; *-e språk* foreign languages; *(se lærer); under et ~ navn* under an assumed name; *kald og ~* cold and distant; *en ~ a* stranger; *(besøkende)* a visitor; *vilt -e* complete strangers; *be -e* invite company; *jeg er ~ her* I'm a stranger here; *det er ~ for meg* I know nothing about it; *det er meg ~* it is alien to my nature.
fremmedarbeider foreign worker.
fremmedartet strange, alien, outlandish.
fremmed|bok visitors' book. **-herredømme** foreign rule. **-kontoret** the Aliens Registration Office; **UK** the Aliens Division of the Home Office. **-kontrollskjema** Aliens Registration form. **-legeme** extraneous matter. **-ord** foreign word. **-ordbok** dictionary of foreign words (and phrases). **-språk** foreign language(s); *det kreves at også lærere i ~ kan norsk* teachers of foreign languages are also required to have a knowledge of Norwegian. **-språkundervisning** foreign-language tuition *(el.* instruction).
fremmelig forward, precocious.
frem|møte *(subst)* appearance, attendance; *personlig ~* "apply in person". **-møtt** in attendance.
fremover forward; ahead; *(av sted)* along; *(i fremtiden)* in future, hereafter; *i lang tid ~* for a long time to come; *gå ~* progress, make progress; improve; *det går ~ med arbeidet* work is making good progress; the work is getting on.
frempå *(adv)* in front; *snakke ~* throw out a hint *(om* about); *snakke ~ om at ...* hint that ...
fremragende *(utmerket)* prominent, eminent, brilliant.
fremre: *det ~ huset (mots. det bakre)* the house in front; *(av flere)* the foremost house.
fremrykket advanced.
fremrykning advance.
fremsende *(vb)* forward, transmit.

fremsette *(vb): se* sette B: ~ *fram 2.*
fremsi *(vb): se si:* ~ *fram.*
fremsigelse recital, recitation.
fremskaffe *(vb)* procure, get; *(se I. skaffe 1).*
frem|skreden advanced; *da tiden var så langt* ~ it being so late. **-skridende** advancing.
fremskritt progress, advance, step forward; *teknologiske* ~ technological advance; *gjøre* ~ make progress, get on; *(se rivende).*
fremskutt *(mil)* advanced.
fremskynde *(vb)* hasten, accelerate, expedite, quicken; ~ *krisen* bring on the crisis; ~ *utviklingen* speed up developments.
fremspring 1. projection; **2.** overhang.
fremspringende projecting, salient; overhanging.
I. fremst *(adj)* front; foremost; leading.
II. fremst *(adv)* in front; *først og* ~ primarily, first of all.
fremstamme *(vb)* stammer out.
fremstille *(vb)* produce; make; *(avbilde)* represent; *(rolle)* play, act, interpret; *(skildre)* give an account of; describe; ~ *seg* present oneself; *bli fremstilt som vitne* be called as a witness.
fremstilling representation; account, description; *(fabrikasjon)* making, production, manufacture; *(stil)* style of writing, diction; *en detaljert* ~ a detailed account; *før De begynner -en* before you proceed with *(el.* start) production.
fremstillings|evne descriptive power. **-måte** style; process (of manufacture). **-omkostninger** *(pl)* cost(s) of production.
fremstøt *(angrep)* (forward) thrust, push, drive.
fremstå *(vb): se stå:* ~ *fram.*
fremstående: 1. projecting; **2***(person)* prominent.
fremsyn foresight; *vise* ~ show foresight.
fremsynt far-sighted; far-seeing; *(synsk)* second -sighted; visionary.
fremtid future, futurity; *i -en* in future, for the future; *i en ikke altfor fjern* ~ in the not (too) distant future; *i nær* ~ in the near future, shortly, before long, at an early date; *i nærmeste* ~ in the immediate *(el.* very near) future, very shortly, before very long; *engang i -en* at some future date *(el.* time), on some future occasion; *det var ingen* ~ *for ham der* he had no prospects *(el.* future) there; *-en ligger åpen foran deg* you have the future at your feet; you have a dazzling f. before you; *skape seg en* ~ make *(el.* carve out) a career (for oneself).
fremtidig future; prospective.
fremtids|bilde vision of the future. **-musikk:** *det er* ~ it belongs to the future. **-perspektiv** perspective *(fx* it opens up a dismal p.), vista *(fx* it opens up new vistas). **-planer** *(pl)* plans for the future. **-post, -stilling** post with a good future *(el.* with (good) prospects). **-utopi** utopian vision of the future. **-utsikter** *(pl)* (future) prospects, prospects for the future.
fremtoning sight; apparition; figure; *da vi kom dit, møtte det oss en besynderlig* ~ *i døra* when we got there, a strange apparition met us at the door.
fremtre *(vb)* appear, make one's appearance; *(se også tre:* ~ *fram).*
fremtreden *(vesen)* bearing, behaviour (,US: behavior), manner(s), conduct *(fx* her c. during this period has been impeccable); *han har en pen* ~ *(også)* he is well-mannered; *han har en sikker* ~ he has a confident manner.
fremtredende prominent, conspicuous, pronounced, marked, distinctive; *være sterkt* ~ come out strongly; *spille en* ~ *rolle* play a prominent part.
fremtrylle *(vb): se trylle:* ~ *fram.*
frem|tvinge *(vb)* force, enforce; compel; ~ *en*

krise force a crisis. **-vise** *(vb)* show, exhibit, display. **-viser** (film) projector. **-visning** display, exhibition; *(av dokumenter, etc)* production, presentation; *(av film)* showing; *mot* ~ *av billett* by ticket *(fx* people are admitted by t.).
frem|vise, -visning: *se fram-.*
frende kinsman, kinswoman, relative; ~ *er* ~ *verst* [one's own relatives are often one's worst critics]; *(jvf skotsk ordtak:* friends agree best at a distance). **-løs** without kinsmen, lonely.
fres speed; *for full* ~ at top speed; full out *(fx* our mills are going full out); *det er* ~ *i ham* T he has plenty of vim.
frese *(vb)* **1.** fizzle; *(sprake)* crackle; *(sprute)* sputter; *(visle)* hiss; *(om katt)* spit; **2***(tekn)* mill, cut; ~ *av* mill off.
fresedybde milling depth; *(se frese 2).*
fresemaskin milling machine, miller, cutter.
fresko fresco. **-maleri** fresco painting.
I. fri *(subst): i* ~ *(om gir)* in neutral, out of gear; *i det* ~ in the open (air); *sette bilen i* ~ put the car in neutral.
II. fri *(adj)* free; *(ledig)* disengaged, at liberty; *(utvungen)* free and easy; ~ *som fuglen* free as air; ~ *adgang til* free access to; ~ *kjærlighet* free love; *gi -tt løp* give vent to; give free rein to *(fx* one's imagination); ~ *utsikt* unobstructed view; *og alt -tt* and all found *(fx* wages £200 and all found); *gå* ~ get off scot-free; *ha* ~ have a day off, have a holiday; *be off duty; vi har* ~ *i morgen* we have tomorrow off; *når vi hadde et øyeblikk* ~ whenever we had a moment of leisure; *den hånd jeg hadde* ~ my disengaged hand; *be seg* ~ ask for leave of absence; ask for a day *(,etc)* off; *må jeg være så* ~ *?* may I take the liberty? ~ *av (mar)* clear of; ~ *for* free from *(fx* debt), free of, exempt from *(fx* duty); *(ren for)* free from *(fx* injurious chemicals); *-tt for å slippe!* leave me out! *det er ikke -tt for at han drikker* he is not free from drinking; *det står Dem -tt for å gjøre det* you are free *(el.* at liberty) to do it; *ta seg* ~ take time off from the office (,from work, *etc); take* a holiday; *ordet er -tt* the debate is opened, everyone is now free to speak; the meeting is open for discussion; **US** the floor is open for discussion; *ha -e hender* be free to act, have afree hand.
III. fri *vb (beile)* propose, make an offer of marriage; **T** pop the question; ~ *til en pike* propose to a girl; ~ *til publikum* pander to the public.
IV. fri *vb (redde)* deliver; *Gud* ~ *og bevare oss!* Lord deliver us! ~ *oss fra det onde!* deliver us from evil!
fri|aften evening off. **-areal** (piece of) open ground; recreational area.
fri|billett free ticket, complimentary t.; *(på jernb, etc)* (free) pass; *(tjenestebevis)* duty pass. **-bord** *(mar)* freeboard. **-bytter** freebooter. **-båren** free-born.
fridag holiday, day off; *en halv* ~ a half-holiday; *en hel* ~ a whole-holiday.
frieksemplar free copy; presentation copy.
frier wooer; *(glds);* suitor. **-brev** letter of proposal. **-føtter:** *gå på* ~ be courting, go courting.
frieri proposal, offer of marriage.
friettermiddag *(hushjelps, etc)* afternoon out *(fx* it is my a. out).
frifinne *(vb)* acquit, find not guilty *(fx* they found him not guilty).
frifinnelse acquittal.
frifot: *være på* ~ be walking free *(fx* he's still walking free); *(stivt)* be at large; *(også* US) be on the loose.

frigi *(vb)* free, release.
frigid frigid. **frigiditet** frigidity.
frigivelse release.
frigjort emancipated *(fx* an e. woman), released, (made) independent of.
frigjøre *(vb)* set free; release; liberate; ~ *seg for (sosialt)* emancipate oneself from; ~ *en fra hans arbeid* release sby from his job.
frigjøring liberation; emancipation.
frihandel free trade.
frihavn free port.
frihet freedom, liberty; *dikterisk* ~ poetic licence; *ta seg den* ~ *å* take the liberty of (-ing); *ta seg -er* take liberties; ~ *under ansvar (svarer til)* freedom subject to the consequences of the law; *(se forsamlingsfrihet; talefrihet; trykkefrihet; ytringsfrihet).*
frihetsberøvelse loss of liberty, imprisonment. **-brev** charter. **-dag** Independence Day. **-kamp** fight *(el.* struggle) for freedom *(el.* liberty). **-krig** war of independence. **-straff** imprisonment; term of i.; prison sentence, sentence of imprisonment. **-trang** thirst for liberty.
frihjul *(på sykkel)* free wheel.
frihåndstegning free-hand drawing. **-idrett** (light) athletics; US track sports. **-idrettsmann** (track and field) athlete. **-idrettsstevne** athletic meeting.
frikadelle (meat) rissole.
frikassé fricassee, stew.
frikirke free church.
frikirkelig free church.
frikirkeprest minister, parson.
frikjenne *(vb)* acquit *(for* of). **frikjennelse** acquittal.
frikort *(teater-, etc)* complimentary ticket, free ticket; *(jernb)* free ticket.
friksjon friction.
friksjonsflate friction surface.
friksjonsløs frictionless.
frikvarter break; US interval, recess.
frilager bonded warehouse; *på* ~ in bond.
frille *(hist)* mistress, concubine.
friluftsliv outdoor life. **-menneske** outdoor *(el.* open -air) person. **-restaurant** open-air restaurant; tea garden, beer garden, wine garden. **-teater** open-air theatre.
frilyndt broad-minded, liberal.
frimenighet independent congregation.
frimerke stamp, (postage) stamp; *10 -r à 8p* ten 8p stamps; **T** ten eights; *10 -r à 2^{1}/2p* ten 2^{1}/2p stamps; **T** ten two-and-a-halves. **-merkesamler** stamp collector. **-merkesamling** collection of stamps. **-merkeslikker** stamp licker. **-minutt:** *se frikvarter.*
frimodig frank, candid, outspoken; *-e ytringer* plain talk. **-het** frankness, candour, outspokenness.
frimurer freemason. **-i** freemasonry, masonry. **-losje** masonic lodge. **-tegn** masonic sign.
friplass *(på skole)* free place, scholarship; US tuition scholarship.
fripostig bold(faced), forward. **-het** boldness, forwardness.
frise frieze.
friser Frisian.
friserdame hairdresser.
frisere *(vb):* ~ *en* do sby's hair.
frisersalong hairdressing saloon.
frisinn liberalism, broad-mindedness.
frisinnet: *se -lyndt.*
frisisk Frisian.
I. frisk: *på ny* ~ anew, afresh; *begynne på ny* ~ start afresh; *han begynte på ny* ~ *(også)* he began again with renewed vigour.
II. frisk fresh; *(sunn)* healthy, in good health,

well, hearty; *bli* ~ get well *(av* of); ~ *som en fisk* as fit as a fiddle; as fresh as a daisy; *-e farger* cheerful colours; *-t mot!* cheer up! *(se mot); trekke* ~ *luft* take the air, breathe some fresh air.
friske *(vb)* freshen; ~ *opp* refresh; *(kunnskaper)* brush up; ~ *på (om vind)* freshen; ~ *på ilden* stir up the fire.
friskfyr spark; jaunty fellow.
friskhet freshness; *(rørighet)* vigour.
friskmelde *(vb): bli -t* be reported fit, be reported off the sick list; *han er -t* he is off the sick list.
friskne *vb (om vind)* get up, freshen; ~ *til* regain one's strength, recuperate, recover; **T** pick up.
friskole free school.
frispark *(fotb)* free kick.
frispråk: *han har* ~ he may say what he likes.
frist (NB *jvf leveringsfrist)* time-limit, deadline, period allowed, term; *(iscær galgen-)* respite, grace; *-en er for kort* the time allowed is too short; *15. mai er siste* ~ May 15th is the final date *(el.* time-limit); *når er siste* ~ *for påmelding (fx til eksamen)?* when is the closing date for entries? *siste* ~ *for innlevering av ...* the deadline for the submission of ...; *overholde -en* keep to the time-limit; *oversitte en* ~ exceed a term *(el.* time-limit); *sette en* ~ fix a date *(fx* for payment), set a term, fix a deadline; *-en utløper* the time-limit expires; *den fastsatte* ~ the time *(el.* date) stipulated; *vi kan ikke levere innen den fastsatte* ~ *(også)* we cannot deliver within the time limited by you; *-en for innbetaling av kontingent er nå utløpt* your subscription is now overdue.
fristat free state.
friste *vb (føre i fristelse)* tempt; ~ *lykken* try one's luck; *føle seg -t* be tempted; ~ *til kritikk* invite criticism.
fristed (place of) refuge, sanctuary, asylum.
fristelse temptation; *falle i* ~ fall into t.; *falle for -n* succumb to (the) t.; *motstå -n* resist the t. **-er** tempter. **-erinne** temptress.
frisyre hair style.
frisør hairdresser; *(se frisørdame; frisersalong).*
frita *(vb)* exempt, excuse *(for* from). **-gelse** exemption, immunity.
fritalende blunt, plainspoken.
fritenker freethinker, atheist.
fritenkeri freethinking, atheism.
fritid leisure (time), spare time.
fritidsdress leisure suit.
fritidshus holiday home.
fritidssenter recreation centre.
fritidssysler *(pl)* leisure activities.
fritime *(i skole)* free period.
frittblivende without engagement, subject to confirmation.
fritte *(vb):* ~ *en ut* pump sby.
frittliggende, -stående detached, isolated; *-stående øvelser (turning)* floor exercises; floor.
frityr deep fat. **-steke** *(vb)* deep-fry.
frivakt *(mar)* watch below; *ha* ~ be off duty; *(mar)* be below.
I. frivillig *(subst)* volunteer; *melde seg som* ~ volunteer.
II. frivillig *(adj)* voluntary; spontaneous. **-het** voluntariness, spontaneity.
frivol frivolous; *(lettferdig)* loose, immoral.
frivolitet frivolity; looseness, immorality.
frk. Miss *(fx* Miss Johnson); *(se frøken).*
frodig vigorous; luxuriant; *(altfor* ~) rank; *(om person)* full-bodied, buxom; *(om fantasi)* exuberant; *(se vegetasjon).*

frodighet vigour (‚US: vigor); luxuriance; rankness; buxomness; exuberance.
frokost breakfast; *hva har du spist til ~?* what have you had for breakfast? *(se forte: ~ seg).*
from *(gudfryktig)* pious; *et -t bedrag* a pious fraud; *et -t ønske* a vain wish.
fromasj mousse, soufflé.
fromesse matins; *(se II. messe).*
fromhet piety.
fromme: *på lykke og ~* at random, haphazardly; hit or miss.
front front; *gjøre ~ imot* turn against, face.
frontal frontal.
frontglass windscreen; US windshield; *”Windscreen Replacement Service”.
frontkollisjon head-on collision.
front|lykt, -lys *(på bil)* headlamp, headlight.
frosk frog. **froske|vekk** croaking of frogs. **-mann** frogman. **-unge** tadpole.
frossen frozen; *~ av seg* chilly, unable to keep warm. **-fisk** frozen fish.
frost frost.
frost|fri *(sted)* frost-proof. **-klar** clear and frosty. **-knute** chilblain. **-røyk** frost mist, frost smoke. **-skadd** injured by frost. **-vær** frosty weather.
frotté *(stoff)* terry cloth.
frotterbørste fleshbrush.
frottere *(vb)* rub.
frotter|hanske washing glove. **-håndkle** bath towel. **-ing** rubbing. **-svamp** loofah.
fru Mrs, Mrs. *(fx Mrs. Brown); herr og ~ Brown* Mr. and Mrs. Brown.
frue married woman, wife; *Deres ~* your wife; *(i tiltale helst hele navnet, fx* Mrs. Brown); *er -n hjemme?* is Mrs. Brown *(,etc)* at home?; *(når navnet ikke nevnes)* madam; *ministrene med -r var til stede* the Ministers, accompanied by their wives, were present; *Vår Frue* Our Lady.
fruentimmer *(neds)* female, woman.
frukt fruit; *(fig)* fruit, produce, result; *~ og bær (ofte)* soft and hard fruits; *bære ~* bear fruit; *høste -en av* reap the fruits *(el.* benefits) of; *sette ~ (om noe)* put forth fruit, bear fruit; *forbuden ~ smaker best* forbidden fruit is sweet.
frukt|avl fruit growing. **-bar** *(om jord)* rich, fertile; *(som formerer seg sterkt, også fig)* prolific; *-t samarbeid* fruitful co-operation; *gjøre ~* fertilize.
fruktbarhet richness, fertility; *(som formerer seg sterkt)* fecundity.
frukt|blomst blossom. **-blomstring** blossom time (of the fruit trees); blossom *(fx* go and see the blossom in Hardanger); *under -en* when the fruit trees are blossoming. **-bringende** productive, profitable. **-bunn** *(bot)* floral receptacle, torus. **-butikk** fruit shop. **-bærende** fruit-bearing, fructiferous.
fruktesløs fruitless, futile, unavailing. **-het** fruitlessness, futility.
fruktgrøt [stewed fruit thickened with potato flour].
frukt|hage orchard. **-handel** fruit trade. **-handler** fruiterer. **-kniv** fruit knife. **-knute** *(bot)* ovary.
fruktsommelig pregnant, with child; in the family way; *bli ~* become pregnant.
fruktsommelighet pregnancy.
frukt|tre fruit tree. **-vin** fruit wine. **-år: engang det var et godt ~** once when it was a good year for fruit.
frustrasjon frustration.
frustrere *(vb)* frustrate.
fryd joy, delight.

fryde *(vb)* rejoice, gladden, cheer; *~ seg ved* rejoice at.
frydefull joyful, joyous.
frykt fear, dread, apprehension *(for* of); *av ~ for at* for fear that; *uten ~ for følgene* fearless of the consequences; *hun ble plutselig grepet av ~* she was seized with a sudden fear; *nære ~ for* stand in fear of; be in fear of; *jeg nærer ingen ~ for at* I have no fear that.
frykte *(vb)* be afraid of; fear, dread, apprehend; *~ for* fear.
fryktelig fearful, dreadful, terrible; *(adv)* awfully, frightfully *(fx* f. lonely).
fryktinngytende awe-inspiring, formidable.
fryktløs fearless, unafraid. **-het** fearlessness.
fryktsom timid, timorous.
fryktsomhet timidity, timorousness.
frynse fringe; *besette med -r* fringe.
frynsegode fringe benefit.
frynset T *(uærlig)* bent.
fryse *(vb)* freeze, congeal; *(om person)* be cold, feel cold; freeze; *jeg -r* I am cold; *jeg -r som en hund* I'm frozen stiff, I'm as cold as ice; *det frøs sterkt* it froze hard; *~ av seg en finger* lose a finger through frost-bite; *~ i hjel* freeze to death; *skipet frøs inne* the ship was frozen in; *han frøs på hendene* his hands were cold; *~ til* freeze over *(el.* up).
fryseboks 1. freezer; 2*(i kjøleskap)* ice box.
frysepinne [person who finds it difficult to keep warm]; *jeg er litt av en ~* I'm rather a chilly person.
frysepunkt freezing point; *under -et* below f.p.
fryseri cold storage plant.
frysevæske anti-freeze solution; *(se kjølevæske).*
I. frø *(subst)* seed; *gå i ~* run to seed.
II. frø *(vb):* *~ seg* scatter, spread.
frøbrød [white loaf with poppy seed on top].
frøhandler seedsman, dealer in seeds.
frøken *(foran navn)* Miss *(fx* Miss Brown; Miss Mabel); *(etternavn for eldste datters vedkommende, fornavn for de yngres)* *(lærerinne)* teacher; *frøknene Brown* the Miss Browns, the Misses Brown.
frøolje seed oil.
I. fråde *(subst)* froth, foam; *-n sto om munnen på ham* he foamed at the mouth.
II. fråde *(vb)* foam.
fråtse *(vb)* gormandize, gorge (oneself); *~ i (fig)* revel in. **-r** glutton.
fråtseri gluttony.
fuga *mus (fuge)* fugue.
I. fuge *(subst)* joint; groove; *komme ut av sine -r* get out of joint.
II. fuge *(vb)* joint.
fugemasse grouting (cement).
fugl bird; *(fjærfe)* fowl; poultry; *en ~ i hånden er bedre enn ti på taket* a bird in the hand is worth two in the bush; *hverken ~ eller fisk* neither flesh nor fowl; US neither fish nor fowl; *la den -en fly* think no more of that; put that out of your head.
fugleaktig birdlike.
fugle|berg nesting cliff, bird cliff. **-bestand** stock of birds. **-brett** bird table. **-bur** birdcage. **-børse** fowling piece. **-egg** bird's egg. **-fangst** bird-catching, birding. **-fløyt** the call of a bird (‚of birds). **-frø** bird seed. **-ham:** *i ~* transformed into a bird. **-handel** bird trade; *(butikk)* bird-shop. **-handler** bird-dealer. **-konge** *(zool)* goldcrest; *(rødtoppet)* firecrest. **-kvitter** chirping of birds. **-nebb** beak (of a bird). **-nett** fowler's net. **-perspektiv** bird's-eye view. **-rede** bird's nest. **-sang** singing *(el.* warbling) of birds. **-skitt** bird's dirt. **-skremsel** scarecrow. **-trekk** migration►

(of birds); *(flokk)* flock *(el.* flight) of birds. **-unge** young bird. **-vilt** wildfowl, game birds. **-vær** rookery, nesting cliff.

fuks bay horse, sorrel horse.

fuksia *(bot)* fuchsia.

fukte *(vb)* moisten, wet.

fuktig moist, damp, humid; dank; *det blir lett for ~ for disse tingene i kjelleren* it may easily be(come) too damp for these things in the cellar. **-het** dampness, humidity; *(konkret)* moisture. **-hetsmåler** hygrometer.

ful *(adj)* cunning, sly.

fuling T knowing one.

full full *(av* of), filled with, replete (with); *(fullstendig)* complete; *(om månen)* full, at full; *(beruset)* drunk; *~ og bråkete* drunk and disorderly; *en ~ mann* a drunken man; *mannen er ~* the man is drunk; *drikke seg ~* get drunk; *ha -t opp av* have plenty of; *i ordets -e betydning* in every sense of the word; *skrike av ~ hals* roar; *spille for -t hus* play to capacity; *i -t mål* to the full; *-t navn* name in full; *den -e sannhet* the whole truth; *-e seil* full sails; *for -e seil* all sails set; *ta skrittet -t ut: se ndf: fullt (adv); slå -t slag (om klokka)* strike the hour.

full|befaren able-bodied; *~ matros* efficient deck hand, able(-bodied) seaman. **-blods** thoroughbred. **-blodshest** thoroughbred (horse).

fullbringe *vb (bibl): det er fullbrakt* it is finished.

full|byrde *(vb)* accomplish, perform; *(dom)* execute, carry out. **-byrdelse** accomplishment; *(om dom)* execution. **-båren** fully developed.

full|ende *(vb)* complete, finish; *vel begynt er halvt -endt* well begun is half done. **-endt** accomplished, consummate, perfect. **-føre** *(vb)* carry through, complete; *~ det (sak, arbeid, etc)* go through with it; *~ hoppet (ski)* hold the jump; *~ løpet (om skiløper)* stay the course *(fx* he had not got the stamina to stay the course); *~ sin utdannelse (også)* get through with one's education. **-førelse** completion, accomplishment; *arbeidet nærmer seg -n* work is nearing completion. **-god** adequate, convincing, satisfactory; *~ med* on a par with.

full|kommen perfect, complete; *(adv)* perfectly, quite, fully. **-kommenhet** perfection.

full|makt *(bemyndigelse)* authority; *(prokura)* procuration; *(skriftlig)* power of attorney; *(selve dokumentet)* authorisation; *(jur også)* warrant of attorney; *uinnskrenket ~* unlimited power of attorney; *gi ~ til (bemyndige)* authorise; authorize, empower, give authority to; *utstyre med ~* invest with powers of attorney; *i henhold til ~* by authority; *stemme pr. ~* vote by proxy.

full|makts|erklæring power of attorney; *(dokumentet)* warrant of a. **-giver** principal.

full|mektig solicitor's managing clerk; **US** law clerk; *(på statskontor: se kontor-); (jur)* attorney, authorized agent *(el.* representative); *(stedfortreder)* proxy.

full|moden fully ripe. **-myndig** of age. **-måne** full moon; *det var ~ i går* it was full moon yesterday; *(mer beskrivende)* there was a f. m. yesterday. **-proppet** crammed. **-rigger** full-rigged ship. **-skap** drunkenness, inebriety.

full|stendig complete, full, entire; *(adv)* completely, quite, entirely, totally, fully, wholly.

full|stendiggjøre *(vb)* complete, make complete.

full|t *(adv)* completely, fully, quite; *ikke ~ så stor* not quite so *(el.* as) large *(el.* big); *like ~ (likevel)* all the same, none the less; *tro ~ og fast at* firmly believe that; *~ og fast overbevist* fully convinced; *~ innbetalte aksjer* ful-

ly paid shares; *~ opp av* plenty of; *betale ~ ut* pay in full; *ta skrittet ~ ut* go the whole length; **T** go the whole hog.

full|takke *(vb)* thank enough. **-tallig** complete (in number), full, plenary *(fx* a p. meeting). **-tonende** sonorous.

full|vektig of full weight. **-verdig** adequate. **-voksen** full-grown, fully grown.

fundament foundation, base.

fundamental fundamental, basic.

fund|ere *(vb)* found; *(gruble)* meditate, ponder; *(merk)* consolidate, fund *(fx* a funded *(el.* consolidated) loan); *-ert gjeld* funded *(el.* permanent)debt; *en dårlig -ert påstand* an ill-founded assertion. **-ering** foundation; *(grubling)* meditation, pondering, speculation.

fungere *(vb)* act, officiate; *(om maskineri)* work, function; *disse medlemmer skal ~ ett år* their term of office shall be one year. **-nde** acting.

funke spark.

funkle *(vb)* sparkle, glitter.

funksjon duty, function.

funksjonshemmet functionally disabled; handicapped.

funksjonær employee; official; officer; *jernbane-* railway employee *(el.* official).

funn *(subst)* find, discovery.

I. fure *subst (rynke)* wrinkle, line.

II. fure *(vb)* furrow; groove.

furér *(hist)* quartermaster sergeant.

furet *adj (rynket)* wrinkled.

furie fury, virago.

furore sensation; *gjøre ~* cause a sensation; be all the rage.

furt|e *(vb)* sulk, be in the sulks. **-ekrok** sulking corner; *(om person)* sulky person. **-en** sulky. **-ing** sulking, sulks.

furu pine (tree); *(materiale)* pinewood, deal, red -wood.

furu|bord deal table. **-kongle** pine cone. **-mo** pine barren. **-nål** pine needle. **-nålspastiller** *(pl)* = menthol and eucalyptus pastilles. **-planke** deal plank. **-skog** pinewood, pine forest. **-tre** pine (tree).

fusel fusel. **-fri** free from fusel.

fusentast *(glds)* scatterbrain; hothead.

fusjon 1*(merk)* merger *(av* of); 2*(atomfysikk & fig)* fusion.

fusjonere *vb (merk)* merge.

fusk cheating; *fare med ~* cheat; *~ og fanteri* hanky-panky.

fuske *(vb)* cheat *(fx* at the examination), crib, use a crib; *(om motor)* misfire, spit back (through the carburettor), run unevenly; *motoren begynte å ~ og stoppet* the engine misfired and cut out; *~ i spill* cheat at play; *~ i (drive litt med)* dabble in.

fuskearbeid scamped work.

fuskelapp *(i skole)* crib; *(se lapp).* **fusk|eri, -ing**: *se fusk.*

fustasje cask, barrel.

fut *(hist)* bailiff.

futt life, sparkle *(fx* in champagne); **T** go; *det er ikke noe ~ i dette ølet* **S** there's no kick in this beer; *han tok fatt på arbeidet med ~ og klem* he got to work with a vengeance.

futteral case, cover.

futurisk *(adj)* future, futuric.

futurisme futurism.

futurist futurist.

futuristisk *(adj)* futuristic.

futurum *(gram)* the future (tense).

fy! ugh! whew! fie! *~ skam deg!* you ought to be ashamed (of yourself)! shame! shame on you! *~ da* for shame.

fyke *(vb)* drift; *(om sand, sne, gnister)* fly; *(se også piske);* ~ *opp (bli sint)* flare up. **-nde** dashing, flying, rushing; *i* ~ *fart* with lightning speed; ~ *sint* in a towering rage, in a violent temper, furious.

fylde plenty, abundance; *(om stemme)* body *(fx* his voice has no b. to it); *tidens* ~ the fullness of time.

fyldest: *gjøre* ~ give satisfaction, be satisfactory, be up to the mark; *gjøre god* ~ *for seg* acquit oneself well; *gjøre* ~ *for* serve instead of, replace; *han gjør* ~ *for to* he is worth two; *gjøre* ~ *for sin lønn* be worth one's salt.

fyldestgjørende satisfactory, adequate.

fyldig full, plump, buxom, well-rounded; *(rikholdig)* copious; *(om vin)* full-bodied, rich; *båten har -e linjer* the boat has a rounded line. **-het** plumpness; copiousness; *(om vin)* body.

I. fylke *(subst)* county; *(se kommune; bykommune; landkommune).*

II. fylke *(vb)* array, draw up (in battle array); ~ *seg* array oneself (for battle); ~ *seg rundt* rally round.

fylkesmann [chief administrative officer of a' fylke']; *(kan gjengis)* regional *(el.* provincial) commissioner. **-skogmester** *(intet tilsvarende)* [county forester]. **-skogsjef** [chief county forester]. **-ting** [chief administrative body of a' fylke']; *(se kommunestyre).*

fylking battle line, phalanx.

I. fyll *(i mat)* stuffing; filling; *(i konfekt, etc)* centre(s)*(fx* chocolates with hard and soft centres); *(stopp)* padding, stuffing; *(i mur)* rubble; *(fyllekalk)* padding.

II. fyll *(drukkenskap)* drunkenness; drinking; *bli arrestert for* ~ be picked up (by the police) for drunkenness; *i -a* in drink, when drunk, under the influence of drink; ~ *er ikke fest* drinks don't make a party.

I. fylle *(subst): se fylde.*

II. fylle *(vb)* fill; *vi stoppet for å* ~ *bensin* we stopped to fill up; ~ *(bensin) helt opp* fill up *(fx* «Fill her up, please!»); ~ *betingelser* fill conditions; ~ *en gås* stuff a goose; *fyll deres glass!* fill your glasses; *barnet -r to år i dag* the child is two today; ~ *på* fill in, pour in, put in *(fx* put two gallons in this can); *hvor meget (bensin) fylte De på sist?* how much petrol did you put in last time? ~ *på fat (,tønner)* put into casks (,barrels); ~ *vin på flasker* fill wine into bottles, bottle wine; *det -r ikke mye* it does not take up much room; ~ *ens plass* fill *(el.* take) sby's place; ~ *igjen et hull* fill up a hole; ~ *igjen en brønn* close up a well; ~ *igjen en grøft* fill in *(el.* up) a ditch; ~ *ut (skjema)* fill in; complete *(fx* a form); US *(også)* fill out.

fyllearrest drunk cell; US T drunk tank. **-bøtte** boozer. **-fest** drunken party; boozing session; T boozy session. **-kalk** padding. **-kjører** drunken driver; drunk driver. **-kjøring** drunken driving. **-opptøyer** *(pl)* drunken riots. **-penn** fountain pen. **-ri:** *se III. fyll.*

fyllest: *se fyldest.*

fyllik drunken bum.

fylling *(i dør el. panel)* panel; *(i tann)* filling; *(for søppel, etc)* (garbage) dump.

fynd emphasis, pith; *med* ~ *og klem* with a will, powerfully; *han tok fatt på arbeidet med* ~ *og klem* he got to work with a vengeance.

fyndig pithy, terse, to the point.

fyndord word of wisdom, apothegm.

I. fyr *(om person)* chap; *(lett glds)* fellow; US guy; *en snurrig* ~ a funny chap *(el.* bloke); a funny customer; *(neds)* an odd fish; *en vennlig liten* ~ T a friendly little bugger.

II. fyr *(ild)* fire; *han er* ~ *og flamme* he is all enthusiasm; **T** he's as keen as mustard; *sette* ~ *på* set fire to; *ta* ~ catch fire; *det tok* ~ *i kjolen* the dress caught fire.

III. fyr *(lys for sjøfarende)* light; lighthouse; *fyrog merkeliste* list of lights and buoys.

fyrabend knocking-off time; *ta* ~ knock off; *skal vi ta* ~*?* shall we call it a day? *arbeide på* ~ work on one's own time; have work on the side.

fyrbøter stoker, fireman; US stoker.

fyre *(vb)* fire; *(passe en ovn)* stoke; *(skyte)* fire; *fyr! fire!* give fire! ~ *for kråka* [waste heat, e.g. by leaving the door open]; ~ *i ovnen* light a fire in the stove; ~ *opp* light a fire; *ovnen er rask og grei å* ~ *opp* the stove is easily and conveniently operated; *fyr opp med litt småved foran i ovnen* start the fire with some kindling at the feed door.

fyrhus boilerhouse.

fyrig fiery, spirited, ardent, fervent; *(hest)* fiery, high-mettled.

fyrighet ardour, fervour; US ardor, fervor.

fyring firing; stoking; *avbrutt* ~ intermittent firing; ~ *med koks* f. with coke; *de vil ha det lettvintere med -en (også)* they want cleaner and easier fuel-handling.

fyringsolje fuel oil; domestic oil, heating oil.

fyrop *(pl)* cries of «shame!».

fyrrom boiler room, boilerhouse; *(mar)* stoke hold. **-skip** lightship.

fyrste prince. **-dømme** principality. **-hus** princely *(el.* royal) house. **-kake** [macaroon cake]. **-lig** princely; *(fig)* lavish, sumptuous; *(adv)* in a princely manner. **-slekt** race of princes.

fyrstikk match; *en brennende* ~ a lighted match; *en utbrent* ~ a spent m.; *tenne en* ~ strike a m., touch off a m.; *disse ene tenner dårlig* these matches strike badly. **-eske** matchbox; box of matches. **-fabrikk** match factory.

fyrstinne princess.

fyrstål steel (used with flint to start a fire). **-tøy** *(hist)* tinder-box; *(sigarettenner)* lighter. **-tårn** lighthouse.

fyrverker pyrotechnist. **-i** (display of) fireworks; *(se nyttårssalutt).*

fyrvesen lighthouse system *(el.* service). **-vokter** lighthouse keeper.

fysiker physicist.

fysikk 1. physique; 2*(faget)* physics. **-øvelse** practical physics, physics practical.

fysiognomi physiognomy.

fysiokjemiker *(hist)* physical chemist; *(se bioingeniør).*

fysiolog physiologist. **-logi** physiology. **-logisk** physiological.

fysisk physical; *i* ~ *henseende* physically.

fæl awful, terrible; disgusting, horrible, horrid; nasty; *en* ~ *unge* a horrid child, *det ville være -t om* it would be too bad if, it would be awful *(el.* terrible) if; *-t (adv)* awfully, terribly *-t til vær* awful weather; *-t ubehagelig* very unpleasant.

fælen frightened, alarmed.

færing 1*(båt)* four-oared boat, four-oar; 2*(geogr)* Faroese.

færre, færrest: *se II få.*

Færøyene *(geogr)* the Faroe Islands. **-ing** Faroese.

fø *vb (nære)* feed, nourish; maintain, support.

I. føde *(næring)* food; *(dyrs)* feed; *ta* ~ *til seg* take food; *slite for -n* work hard to make a living.

II. føde *vb (bringe til verden)* bear; *(om dyr)* bring forth; *(om hest)* foal; *(om ku)* calve; *(om gris)* pig, litter.

fødeby native town. **-land** native land. **-middel** article of food, foodstuff.

føderåd [provision made for a retiring farmer on handing over the farm to his heir or successor].

fødested birthplace. **-stue** delivery room. **-varer** *(pl)* foodstuffs; provisions.

fødsel birth; *(nedkomst)* delivery; *av* ~ by birth; *norsk av* ~ born in Norway; *fremskynde -en* induce labour; *under -en* during labour; *kvele i -en (fig)* nip in the bud.

fødselsattest birth certificate. **-dag** birthday; *(på skjema)* date of birth. **-dagsbarn** birthday boy *(,girl)*. **-dagsgave** birthday present. **-hjelp** midwifery, obstetric aid. **-stiftelse** lying-in hospital, maternity hospital. **-tang** obstetric forceps. **-veer** pains of childbirth, labour. **-vitenskap** obstetrics. **-år** year of (one's) birth.

født born; *fru Bay født Lie* Mrs. Bay née Lie; *han er* ~ *i 1922* he was born in 1922; *han er* ~ *i Oslo* he is a native of Oslo; *hun er den -e skuespillerinne* she is a born actress. **-født** by birth *(fx* he is a Norwegian by birth); *en norsk- dame* a lady born in Norway.

føflekk birthmark.

følbar tangible, perceptible, noticeable.

føle *(vb)* feel; perceive, sense; ~ *avsky for* detest, be disgusted at; *han følte faren* he sensed the danger; ~ *tapet meget sterkt* feel the loss very keenly; ~ *trang til å* feel like (-ing), feel inclined to; *få å* ~ *(fig)* be made to feel, find to one's cost; ~ *for* feel for, sympathize with; *det er hardt å* ~ *på* it feels hard; *til å ta og* ~ *på* palpable, tangible; ~ *en på tennene* sound sby; ~ **seg** feel; ~ *seg bra* feel fine; *jeg -r meg mest vel når jeg er alene* I'm happiest on my own *(el.* when alone); ~ *seg liten* feel cheap; ~ *seg litt rar* have a funny feeling; ~ *seg som annet menneske* feel (quite) another man *(,woman); vi må* ~ *oss fram* we must feel our way, we must proceed tentatively; ~ *seg forpliktet til å* feel obliged *(el.* bound) to; *(se fisk)*.

følehorn feeler, antenna *(pl:* antennae); *trekke -hornene til seg (fig)* draw *(el.* pull) in one's horns. **-hår** tactile hair.

følelig perceptible; severe *(fx* a s. loss).

følelse 1*(fornemmelse)* sensation, sense, feeling; 2*(følesans)* sense of touch, tactile sense; 3*(oppfatning)* feeling, sense *(fx* a strong sense of duty); 4*(mottagelighet for sanse- el. følelsesinntrykk)* sensibility *(fx* women often have more sensibility than men); 5*(sterk følelse; sinnsbevegelse)* emotion *(fx* she could hardly speak because of emotion); 6*(forutanelse)* feeling, presentiment; T hunch; 7*(varme; som påkaller følelser el. medfølelse)* pathos *(fx* there was a wonderful pathos in the way he told of his sufferings); *[A. forskjellige forb.; B: forb. med prep]*
A: ~ *er alt* feeling is all; *med blandede -r* with mixed feelings; with conflicting emotions; *edle -r* noble feelings; noble sentiments; *(poet)* lofty feelings *(el.* sentiments); *fornuft og* ~ intellect and emotion(s), reason and feeling; *(litt.)* sense and sensibility; **gi** *sine -r luft* give vent to one's feelings; *han har* **ingen** *-r* he has no feelings; *har De (da) ingen -r?* have you no feelings? **instinktiv** ~ instinctive feeling, instinct; **nære** *fiendtlige -r* entertain hostile feelings *(overfor* towards); *nære vennlige -r for* feel friendly towards, be well *(el.* kindly) disposed towards, entertain friendly feelings towards; *din bemerkning viser at min* ~ *var* **riktig** your remark shows that my feeling *(el.* instinct) was right; *man har da* **sine** *-r* one has one's feelings; T

one doesn't like to be trampled on; *jeg har en* ~ *som om* ... I feel as if ...; *en mann med* **sterke** *-r* a man of strong feelings *(el.* emotions); *-ne steg til uante høyder* emotions reached fever point; **stille** *sine -r til skue* show *(el.* display) one's feelings openly; *(demonstrativt)* wear one's heart on one's sleeve; **såre** *ens -r* hurt sby's feelings; **ømme** *-r* tender feelings;
B: *en* ~ *av avsky* a feeling of aversion; *en* ~ *av fare* a feeling of danger; a presentiment of danger; *en* ~ *av sult (,kulde)* a feeling *(el.* sensation) of hunger *(,cold); han har ingen* ~ *av hva som er riktig og hva som er galt* he has no sense of right and wrong; *hun lar seg helt og holdent lede av sine -r* she is entirely ruled by her feelings *(el.* by her heart); *en behagelig* ~ *av varme* a pleasant feeling *(el.* sensation *el.* sense) of warmth; *en* ~ *av velvære* a feeling of well-being; *jeg har en* ~ *av at* ... I have a feeling that ...; *jeg hadde en sterk* ~ *av at* ... I had a strong feeling that ...; I was very conscious that ...; *jeg hadde en sterk* ~ *av at det var et menneske til i rommet* I felt clearly another person's presence in the room; I was acutely conscious of another person's presence in the room; *jeg har en sterkere og sterkere* ~ *av at* ... I am becoming increasingly conscious that ...; it is being increasingly borne in upon me that ...; *man hadde en alminnelig* ~ *av at* ... it was generally felt that ...; there was a general feeling that ...; *ha* ~ *for musikk* have a feeling for music; *ha -r for en* have feelings for sby; *hun har ingen -r for sin familie* she has no feelings for her family; *nære varme -r for en* have warm feelings towards sby; have a soft spot for sby; have a warm corner in one's heart for sby; *(se også A: nære vennlige -r); han la en god del* ~ *i det* he put a good deal of feeling into it; *han la ikke noe større* ~ *i det* he did not put a great deal of feeling into it; *jeg har ingen* ~ *i armen* my arm is numb; I have no feeling in my arm; my arm is *(el.* has gone) dead; *en mann* **med** ~ a man of feeling, a man of active sympathies; a soft-hearted man; *snakke (,spille, etc) med* ~ speak *(,play, etc)* feelingly *(el.* with (much) feeling); *leke med en kvinnes -r* play with a woman's affections; *hans* ~ *overfor meg* his feelings *(el.* sentiments) towards me; *hans (ømme) -r overfor min søster* his tender feelings *(el.* sentiments) towards my sister; *det har man på -n* that is a matter of instinct; *ha på -n at* ... have a feeling that ...; know instinctively that ...; feel it in one's bones that ...; *jeg hadde på -n at noe var galt* I sensed that sth was wrong; I felt that sth was wrong; *stole på -n* rely on instinct; *appellere til velgernes -r* appeal to the emotions of the voters; *uten* ~ *(om arm etc)* numb; *jeg er uten* ~ *i armen* my arm is numb; I have no feeling in my arm; my arm is *(el.* has gone) dead; *(se også fornemmelse; sans)*.

følelsesbetont emotional. **-full** emotional; *(neds også)* soulful. **-liv** emotional life. **-løs** *(hard)* unfeeling, callous; *(fysisk)* insensible *(overfor* to); *(av kulde)* numb. **-løshet** insensibility, callousness; numbness. **-messig** emotional, sentimental. **-sak** matter of sentiment. **-utbrudd** outburst of feeling.

følelære feeler gauge.

følenerve sensory nerve.

føler *(fig)* feeler; T tease.

føleri sentimentality.

følesans sense of touch, tactile sense. **-tråd** feeler, tentacle.

I. følge *(subst)* 1*(det å følge)* company; *i* ~ *med* in c. with; together with; *hvor lenge har dere hatt* ~*?* how long have you been walking out? *han har* ~ *med en russisk pike* he is going about with a Russian girl; *ha fast* ~ *(ɔ: være kjærester)* go steady; *han har fast* ~ *med en pike* he has a steady girl friend; *slå* ~ *med* go along with *(fx* he went along with her (,them, etc)); *jeg skal slå* ~ *med Dem* I will accompany you; *jeg slo* ~ *med ham* I joined (company with) him; **2***(prosesjon)* train, procession; *(ved begravelse)* mourners; *(fornem persons)* suite, train of attendants, retinue; *bringe elendighet i sitt* ~ bring misery in its train; *vi var flere i* ~ there was a (whole) party of us; there were several of us in a group; *i flokk og* ~ in a body; **3***(resultat)* result, consequence; *få alvorlige -r* have serious consequences; *ha til* ~ result in, involve, entail; *ha til* ~ *at* have the result that; *ta -ne av* take the consequences of; *trekke -r etter seg* involve consequences; *uten -r for meg (merk & jur)* without prejudice; *som (en)* ~ *av* as a consequence *(el.* result) of, in consequence of; *som* ~ *av dette må vi* in consequence we must ..., consequently we must; *som* ~ *av at* owing to the fact that; **4***(rekkefølge)* order, succession; **5.:** *ta til* ~ comply with *(fx* a request); entertain *(fx* a claim), allow *(fx* the claim has been allowed); *kravet er ikke tatt til* ~ the claim has been disallowed; *ta protesten til* ~ take account of the protest; *ta en innstilling til* ~ accept a recommendation.

II. følge *(vb)* **1***(komme etter)* follow, succeed; *(som etterfølger)* succeed, follow; *som -r* as follows *(fx* the report concludes as follows): «... og så -r ...» now *(el.* next) we have ... *(fx* a comment by Mr. X); the next item is *(fx* the next item is Beethoven's first symphony); **2***(følge med, ledsage)* accompany, go with; come with *(fx* he came with the others); ~ *en hjem* see sby home; ~ *en ut* see sby to the door, see sby out; *du behøver ikke* ~ *meg ut* I'll see myself out; I can find my own way out; ~ *en med øynene til en er ute av syne* watch sby out of sight; *innlagt -r en sjekk på £5* we are enclosing our cheque for £5; *(lett glds)* enclosed please find our c. for £5; *kvittering -r innlagt* receipt is enclosed; *Deres brev med hvilket fulgte sjekk* ... your letter enclosing cheque; **3***(rette seg etter)* act on, follow *(fx* sby's advice); ~ *ens råd (også)* take sby's advice; ~ *reglene* comply with the rules; **4***(bli resultatet av, bli forårsaket av)* ensue, follow, result; ~ *av* result from, ensue from; *herav -r at* hence it follows that; *det -r av seg selv* it follows as a matter of course; that goes with out saying; *det -r av dette at* ... it therefore follows that; *det -r ikke av dette at* ... it does not follow that; *det tap som -r av dette* the resulting loss, the loss involved; **5***(forstå, studere)* follow; ~ *med stor oppmerksomhet* follow with great attention; *man -r saken nøye* the matter is being kept under close observation; *hun har ingen vanskelighet med å* ~ *undervisningen* she has no difficulty in keeping up; *han har store vanskeligheter med å* ~ *undervisningen i fransk og bør ta privattimer om mulig* he has great difficulty in keeping up in French, and should have private coaching if possible; ~ *med (på skolen)* be attentive, pay attention, listen carefully, attend; *(være faglig på høyde)* be able to follow, keep up (with); *jeg har ikke fulgt med på en stund (ɔ: føler meg utenfor)* **T** I'm out of the swim; ~ *med i* follow, keep oneself posted in; ~ *opp (fig)* come *(el.* fall) into line; ~ *opp en sak* follow

up a matter; **6***(plan, framgangsmåte)* follow, adopt *(fx* a plan); ~ *forelesninger* attend lectures; *(se også fremgå; oppmerksom; strøm: følge -men).*
følgebrev *(post)* dispatch note.
følgelig consequently, in consequence, so, accordingly.
følgende the following; ~ *ord* the following words; ~ *er en fortegnelse over* the following is a list of; *han sa* ~ what he said was this, he said as follows; *i det* ~ in what follows, below; *på hverandre* ~ consecutive, successive; *det derav* ~ *tap* the consequent loss; *(se også pris).*
følgerik significant. **-riktig** logical, consistent. **-seddel** delivery note, advice note. **-skriv** covering *(el.* accompanying) letter *(til* to). **-svenn** follower, attendant, companion.
føling touch; *få* ~ *med* get *(el.* be brought) into touch with; *ha* ~ *med* be in touch with; *holde* ~ *med* keep in touch with; *miste -en med* lose touch with.
føljetong serial.
føll *(zool)* foal; *(hingste-)* colt; *(hoppe-)* filly.
følle *(vb)* foal.
føllhoppe brood mare, mare with foal.
følsom emotional, sensitive, sentimental; *et -t instrument* a delicate instrument. **-het** sensitiveness, sensitivity; sentimentality.
føne *vb (hår)* blow-wave.
føn(vind) foehn, dry thaw wind.
I. før *adj (korpulent)* stout.
II. før *(adv)* **1***(tidligere)* before; *(forut for noe annet)* previously; ~ *i tiden* formerly, in the past; ~ *i tiden bodde han i Oslo* he used to live in Oslo; *dagen* ~ the day before; *noen dager* ~ *hans fødselsdag* with his birthday just a few days off; *forskjellig fra* ~ different from what it was before; *han visste fra* ~ *at* ... he knew from before *(el.* earlier) that ...; *nå som* ~ now as before; *med en styrke som aldri* ~ with unprecedented strength; ~ *eller siden* sooner or later; some time or other; *hverken* ~ *eller siden* neither before nor since, at no time before or after; ~ *om årene* in past years, in the past; **2.:** *jo* ~ *jo heller* the sooner the better; **3.:** *ikke* ~ *... ~* no sooner ...than; *neppe ... ~* scarcely *(el.* hardly) ... when; *(jvf III. før & IV. før).*
III. før *(konj)* before; *ikke* ~ not before; *(først da)* not till, not until *(fx* we cannot reply till our manager returns); *han hadde knapt gått en mil* ~ *snøstormen var over ham* he had scarcely *(el.* barely) gone a mile when the blizzard caught up with him; *han hadde neppe åpnet døra* ~ *de stormet inn* no sooner had he opened the door than they rushed in; hardly had he opened the door when they rushed in; *det skulle gå seks år* ~ *all ild opphørte og ytterligere to år* ~ *krigen var over* six years were to pass until all firing ended, and two more years before the war was actually over.
IV. før *(prep)* **1.** before, previous to, prior to *(fx* prior to 1960); *bli gammel* ~ *tiden* grow prematurely old; **2.:** *ikke* ~ *(mots. etter)* not before; *(først da)* not till, not until *(fx* we cannot deliver these goods before Christmas; we cannot send them till Friday); *ikke* ~ *i juli* not until *(el.* till) July; *ikke* ~ *om et par dager* not for a(nother) day or two; *(jvf II. før (adv)).*
I. føre *(subst)* (state of) the roads, state of the ground; road conditions; snow conditions; *glatt* ~ slippery roads; *det er glatt* ~ the roads are slippery; *the going is slippery; skiene henger igjen på dette -t* one's skis stick in this snow; *på all slags* ~ on all sorts of snow; *(jvf skiføre & føreforhold).*

II. føre *(vb)* 1*(frakte)* carry, convey, transport; 2*(regnskap)* keep *(fx* accounts); *(brevveksling)* conduct, carry on *(fx* the correspondence is conducted in English); ~ *dagbok* keep a diary; **3** *(ha på lager)* stock *(fx* an article), deal in; *vi -r et stort lager* we keep a large stock; **4***(lede)* conduct *(fx* water); *(vise vei)* guide, lead; *(fartøy)* command, be in command of; *(navigere)* navigate; *(lokomotiv)* drive; *(fly)* pilot *(fx* a plane); *(krig)* make *(el.* carry on) war, wage war; *(i dans)* take *(fx* take one's partner); *(jur: en sak)* conduct *(fx* c. one's own case); *(forhandlinger)* carry on *(fx* negotiations).

[*Forb. med prep & adv*] ~ **an** lead the way; take the initiative; ~ *en* **bak** *lyset* deceive sby, dupe sby; **T** pull the wool over sby's eyes; ~ **bort** take away, remove; *vil ikke* ~ **fram** will lead nowhere; ~ *en klasse fram til eksamen* prepare a form for the (final) examination; *jernbanen skal -s fram til X* the railway is to be carried through to X; ~ *et rør* **gjennom** *veggen* run a pipe through the wall; ~ **i** *regning* charge to account; ~ *en i ulykke* bring trouble upon sby; cause sby's ruin; ~ **igjennom** carry through, put into effect; *(jvf gjennomføre);* ~ **inn** *(postere)* enter *(fx* an item); ~ *inn en stil (renskrive)* write out an essay, make *(el.* write) a fair copy of an essay; *han hadde ikke tid til å* ~ *inn alt* he did not have time to copy it all out; ~ *inn varer* import goods (into the country); *det ville* ~ *for langt (el. vidt) å gå i detaljer* considerations of space (,of time) forbid me to go into details; ~ **med** *seg* involve, bring in its train, result in, lead to; *det ene -r det annet med seg* one thing leads to another; *forfremmelse -r med seg høyere lønn* promotion carries with it higher pay; ~ **opp** *(bygning)* erect, put up *(fx* a house); ~ *opp en klasse i engelsk* be responsible for a form's English up to the final examination; *han har ført opp til artium to ganger i tysk* he has twice prepared forms for the final exam(ination) in German; *(jvf artium);* ~ *opp som inntekt* place to account of income; *(i selvangivelse)* return as income; ~ *en opp i vansker* land *(el.* involve) sby in difficulties; *det -r en trapp opp til inngangsdøra* the house has steps going up to the front door; ~ *krigen* **over** *på fiendens territorium* push the war into the enemy's country; *en fjellkløft hvor et par planker førte over til den andre siden* a gorge spanned by a couple of planks; ~ *partene* **sammen** bring the parties together; ~ **til** lead to, result in; *det førte til at vi måtte* ... it led to our having to ...; *dette vil ikke* ~ *til noe* this will lead us nowhere; *noe som lett -r til forsinkelse og ekstra utgifter* which tends to cause delay(s) and extra expense; which can easily cause delay(s) and extra expense; ~ *til Deres kredit* pass *(el.* place) to your credit; *(se også press); kan -s* **tilbake** *til (fig)* may be traced back to, may be ascribed to; ~ **ut** *i livet* realize *(fx* a plan), launch *(fx* a new enterprise).

III. føre *(adv)* before; *bedre* ~ *var enn etter snar* look before you leap; a stitch in time saves nine.

føreforhold *(pl)* road conditions; *(om skiføre)* snow (conditions); *skrekkelige* ~ appalling road conditions.

førekteskapelig ante-nuptial.

førende leading.

førenn *(konj)* before.

fører *(veiviser)* guide; *(bil-)* driver; *(partifører)* leader.

førerhus (driver's) cab.

førerkort driving licence; US driver's license;

gyldig ~ valid (driving) licence; *internasjonalt* ~ international driving licence *(el.* permit); *midlertidig* ~ **UK** provisional (driving) licence; *inndra ens* ~ disqualify sby from driving, suspend sby's licence; *få -et inndratt* be disqualified (from driving), have one's (driving) licence suspended; *han fikk -et inndratt for 6 måneder* he was disqualified (from driving) for 6 months; *person som har fått -et inndratt* disqualified driver; *miste -et* forfeit one's licence; have one's licence revoked.

førerløs *adj (om bil, lokomotiv, etc)* without a *(el.* its) driver, driverless; *(om fly)* without a *(el.* its) pilot, pilotless *(fx* p. the aircraft came plunging down); *(om parti, gruppe)* without a leader, without leaders, with no leader(s), leaderless; *(om person el. gruppe)* without guidance.

førerprøve driving test; **T** L-test; *når skal du opp til -n?* when are you taking your (driving) test?

førerskap leadership. **-sete** driver's seat.

førhet stoutness, plumpness.

førhistorisk pre-historic.

førkrigs pre-war.

førlig *(frisk)* able-bodied, fit, sound.

førlighet health, vigour (,US: vigor).

førnevnt above-mentioned, mentioned *(el.* referred to) above *(el.* earlier), aforesaid.

førskole nursery school; US kindergarten; preschool.

førskolealder preschool age.

førskolelærer UK *(som etter to års kurs har avlagt eksamen for NNEB (fk. f. National Nursery Examination Board)* nursery nurse; *(se barnevernsakademi).*

I. først *(adv)* first; *(i førstningen)* at first; *gå* ~ lead the way; ~ *på vinteren* early in the winter; ~ *i mai* early in May; *(ikke før)* not until May; *det er* ~ *fredag* it's not until Friday; *han kom* ~ *for en halv time siden* he came only half an hour ago; ~ *nå* not until now; only now; *kommer du* ~ *nå?* have you only just come? ~ *da* not till then; only then; *når* ~ (when) once; ~ *nylig* only recently; *det er* ~ *om to dager* it's not for two days (yet); *det er* ~ *om en halv time* it's not for *(el.* it won't be for) another half hour yet; *de skal* ~ *ha bryllup om et halvt år* they are not to be married for six months yet; *fra* ~ *av* from the first, at first, orginally, from the outset; *fra* ~ *til sist* from first to last; from start to finish; *med hodet* ~ head first *(el.* foremost); *(se også II. sist.)*

II. først *(ordenstall)* first; *den -e den beste* the first that comes along, the first comer; *de to -e* the first two; *for det -e* in the first place, first, firstly, to begin with; *med det -e* soon, before long, shortly, at an early date; *med det aller -e* very shortly; *ikke med det -e* not for some time, not just yet; *noe av det -e han sa* one of the first things he said; *ved -e leilighet* at the first opportunity; *et av -e nummer* an early number; *en av de -e dagene* one of the next few days; **T** one of these days; *en av de -e dagene i august* early in August; *-e juledag* Christmas Day; *-e påskedag* Easter Sunday; *-e pinsedag* Whitsunday; *-e, andre, tredje gang (ved auksjon)* going, going, gone.

førsteamanuensis senior scientific officer, chief technical officer; *(se amanuensis).*

førstearkivar deputy keeper of public records; US deputy archivist (of the United States); *(se arkivar).*

førstebetjent 1*(i politiet)* (police) chief inspector; US (precinct) police lieutenant; district lieute-

nant. **2**(*i fengsel*) principal (prison) officer; *(se betjent)*.
førstebibliotekar *(ved universitetsbibliotek)* Deputy Librarian; US assistant chief librarian; *(se bibliotekar)*.
førstedagsstempel *(post)* first-day cover. **-fiolin** first violin. **-fødselsrett** (right of) primogeniture. **-født** first-born. **-gangsfødende** giving birth for the first time; primiparous. **-gangstjeneste** *(mil)* initial service, basic training. **-gir:** *se gir*. **-grøde** first fruits. **-hjelp** first aid. **-hånds** first-hand. **-kapellmester** conductor. **-klasses** first-class, first-rate. **-konservator** (deputy) keeper; *(ved mindre museer og samlinger)* curator; US chief curator. **-laborant** senior laboratory assistant. **-mann** *(først ankommet)* first comer, the first to arrive *(fx* the first guest to arrive); *han ble* ~ he came in first, he was first. **-maskinist** first engineer; *(før 1960)* chief engineer; **-preparant** senior technician; US senior technical assistant. **-prioritet** first mortgage. **-rangs** first-class, first-rate. **-reisgutt** rookie sailor, rookie. **-sekretær** *(i etatene)* chief executive officer; senior e. o.; *(ved ambassade)* first secretary, chancellor.
førstestyrmann **1**(*etter 1960*) second officer; second mate; **2**(*før 1960):* *se overstyrmann*.
førstetolloverbetjent **1**(*sjef for flere «gjenger» som visiterer om bord)* waterguard superintendent; **2**(*lossesjef)* landing officer; *(se tolloverbetjent)*.
førstkommende next; *den* 3. ~ on the 3rd next; ~ *mandag* on Monday next.
førstnevnte the first mentioned; *(av* to) the former.
førstning: *i* *-en* at first.
førti *(tallord)* forty.
førtiende fortieth. **-årig** forty-year-old.
føye *(vb):* ~ *en* humour (,US: humor) sby; T play along with sby; ~ *sammen* join, unite, put together; ~ *til* add; *vi kan* ~ *til at ...* we would add that ...; ~ *seg* yield, fall in(to) line; ~ *seg etter* conform to, humour, comply with.
føyelig indulgent, compliant, pliant, placable, complaisant, accommodating. **-het** pliancy, compliance, complaisance.
I. få *(vb)* **1.** get; **2**(*motta)* get, receive; have *(fx* you shall have the book tomorrow; I have just had a letter from him); **3**(*oppnå, skaffe)* get, obtain; **4**(*erverve)* get, acquire; **5**(*tjene, få betalt)* get *(fx* I get £25 a month; I got 50p for the book); **6**(*en sykdom)* get; *(høytideligere)* contract; *(om infeksjonssykdom)* catch *(fx* he caught influenza); **7**(*bringe til verden)* have *(fx* she had a child by him), give birth to, bear; *(om mann)* have *(fx* he had a child by her); get *(fx* he is unable to get children); *(stivt)* beget; **8**(*om mat, drikkevarer, etc)* have *(fx* we had roast lamb for dinner); **9**(*om straff)* get *(fx* he got 6 months); **10**(*til ekte)* marry *(fx* the hero marries the heroine in the end); **11**(*i forb. med perf. part. bevirke at)* get, have *(fx* I got him punished; he had his leg amputated; he had his luggage taken to the station); *(om noe som lykkes)* succeed in *(fx jeg fikk løftet steinen* I succeeded in lifting the stone), manage to *(fx* I managed to get my hand free); **12**(*om uhell)* get *(fx* he got his hand into the wheel; he got his arm broken); *han fikk ermet inn i maskineriet* his sleeve (got) caught in the machinery; *jeg har -tt Deres brev* I have (received) your letter; *hvor har du -tt den (el. det)?* where did you get it? *jeg fikk den billig* I got it cheap; *hvor -r man (kjøpt) den?* where can you get it? *han fikk en god tredjeplass* he came in a good third; *du skal* ~ *!* won't you catch it! you'll catch it from me! *-r De? (i forretning)* are you being attended to? *man vet hva man har,*

men ikke hva man -r a bird in the hand is worth two in the bush; ~ *hverandre* be married, marry each other; ~ *en liten* have a baby; *De skal* ~ *pengene Deres* you shall have your money; *du -r bli hjemme* you will have to stay at home; *jeg -r vel gjøre det* I suppose I shall have to do it; *jeg -r gjøre det selv* I'll have to do it myself; *snart -tt er snart gått* easy come, easy go; *-r jeg lov til (å gjøre) det?* may I do it? *la meg* ~ let me have; ~ *se!* let me see! *vi se* we'll see *(på det* about that); *jeg tror vi -r regn* I think we shall have rain; I think it's going to rain; ~ *unger (om dyr)* bring forth young; ~ *sin vilje* get *(el.* have) one's (own) way; ~ *sitt* get what is due to one, get one's share; *jeg fikk vite* I got to know, I heard, I was informed; *det -r være som det vil* be that as it may; *den beste som er å* ~ the best that's to be had, the best there is, the best obtainable *(el.* available *el.* procurable); *det er å* ~ it is to be had, it is obtainable; *det er ikke å* ~ *lenger* it is no longer obtainable; *denne artikkel -s hos* this article can be had *(el.* obtained) from; *-s hos alle bokhandlere* is to be had *(el.* is obtainable) from all booksellers; *disse pillene -s på ethvert apotek* these pills are sold by all chemists; *nærmere opplysninger -s hos* for further particulars apply to ...;
[*Forb. m. adv & prep*] ~ *av lokket (,klærne, etc)* get the lid (,the clothes, *etc)* off: *hvem har du -tt den av?* who gave you that? *den har jeg -tt av min kone* my wife gave me that; *hunden fikk av seg halsbåndet* the dog slipped its collar; ~ *varene av sted* get the goods off; have the goods sent; ~ *av veien* get out of the way; ~ *bort* remove; ~ *fatt i (el. på)* get hold of; come across, pick up; *(gripe fatt i)* catch hold of; ~ *ham fra det* get him to drop it, talk him out of it, induce him to give it up, dissuade him from doing it; *boka -s hos alle bokhandlere* the book is obtainable *(el.* available) at all booksellers *(el.* booksellers'); ~ *igjen* get back; *(gjenvinne)* recover, get back, regain; *(unngjelde)* pay dearly for, suffer for; ~ *noe igjen for bryet* have sth to show for one's trouble; ~ *igjen på et pund* get change for a pound; ~ *6 pence igjen* receive 6p change; ~ *noe imot* ham take a dislike to him; ~ *mange imot seg* make many enemies; ~ *inn* penger get money in; ~ *inn de pengene han skylder meg* collect the money he owes me; *jeg kan ikke* ~ *inn i mitt hode hvordan* it absolutely beats me how ...; ~ *ham inn på hans yndlingstema* set him off on his pet subject; ~ *ham med (fx på et foretagende)* get him to join; secure his services; *hvis vi bare kunne* ~ *X med oss* if only we could get X to go along with us; *jeg fikk ham med (fx på turen)* I got him to come, too; *du har -tt med det vesentligste (fx i stiloppgave)* you have included the main points; ~ **ned** *(om mat, etc)* get down, swallow; ~ **opp** *(åpne)* get open, open; *(løse)* untie, undo, get untied, get undone; *(av sengen)* get up, get out of bed; *(kaste opp)* bring up; ~ *opp døra* get the door open, open the door; ~ *det* **på** *ham* prove it against him; ~ *på seg frakken* get one's coat on; *jeg kunne ikke* ~ *på lokket* the lid refused to go on; I could not get the lid to fit; ~ **til** *(greie)* manage, succeed in (-ing); *(arrangere)* fit in *(fx* that will be difficult to fit in); ~ *ham til å gjøre det* make him do it, get him to do it; prevail upon him to do it, induce *(el.* persuade) him to do it; *ikke med sin beste vilje kunne han* ~ *seg til å tro dette om sin venn* with the best will in the world he couldn't make himself believe this of his friend; *jeg kunne ikke*

~ *meg til å gjøre det* I could not bring *(el. get)* myself to do it; I could not find it in my heart to do it; *det fikk meg til å tenke* that set me thinking; ~ *en til å tro* lead sby to believe, make sby believe *(el.* think); *jeg fikk det til 200* I made it (out to be) 200; *hva fikk du det til?* what did you make it? *han forsøkte å* ~ *det til at* ... he tried to make out that ...; ~ **tilbake** get back; ~ *noe* **ut** *av ham* get sth out of him; *(lokke)* wheedle sth out of him; *jeg fikk ikke noe ut av det* I could make nothing of it; *han fikk ikke noe ut av meg* T he did not get any change out of me; *hva -r du ut av hans svar?* what do you make of his reply? *(se gang D).*

II. få *(adj)* few; *færre* fewer; *A har* ~ *bøker. B har færre og C har færrest av alle* A has few books, B has fewer and C has fewest of all; *ikke færre enn* no fewer than; *kun* ~ only a few; *svært* ~ very few; *ytterst* ~ a very small number; *noen* ~ a few, some few; *noen* ~ *utvalgte* a chosen few; *ikke (så)* ~ not a few, a fair number, a good many, quite a few; *det var ikke (så)* ~ *av dem* T there were a good few of them; ~ *eller ingen* few if any; *for* ~ too few; *med*

~ *ord* in a few words, briefly; *han er flittig som* ~ there are few to equal him for industry; *om noen* ~ *dager* in a few days; *vi samlet sammen de* ~ *tingene vi hadde igjen* we got together what few things were left us; *de færreste er i stand til å* ... few are capable of *(-ing).*

fåfengt futile, ineffectual, vain; *det er* ~ *å* it is useless *(el.* hopeless) to; *(se forgjeves).*
fåmannsvelde oligarchy.
fåmælt of few words, taciturn, silent. **-het** taciturnity.
fånytte: *til -s* in vain, uselessly.
får: *se sau; får-i-kål* mutton and cabbage stew; *(på meny)* Norwegian lamb stew.
fåre|hund collie. **-kjøtt** mutton. **-lår** leg of mutton. **-skinn** sheepskin. **-stek** roast mutton.
fåret sheepish, sheep-like; stupid.
fåtall minority; *et* ~ a m. of. a small number of.
fåtallig few in number; *en* ~ *forsamling* a not very numerous assembly, a small a.
fåtallighet small number, paucity.

G

G, g *(også mus)* G, g; *G for Gustav* G for George.
Gabon *(geogr)* Gabon.
gabardin gaberdine, gabardine.
gaffel fork; *(til seil)* gaff; *(åre-)* rowlock; *(telefon-)* cradle; receiver hook. **-ben** *(på fugl)* wishbone. **-biter** *(pl)* fillets of pickled herring. **-bolt** clevis pin; *(se låsebolt).* **-deling** bifurcation, forking. **-delt:** *se -formet.* **-fokk** *(mar)* fore-trysail. **-formet** forked, fork-shaped, bifurcated. **-seil** gaff sail; trysail. **-truck** fork(lift) truck.
gafle *(vb)* fork; ~ *i seg* eat voraciously, bolt one's food; T shovel it in with both hands.
gagn benefit, good, gain, advantage, profit; *gjøre* ~ do good; *gjøre mer skade enn* ~ do more harm than good; *gjør* ~ *for to* is worth two, does the work of two; *til* ~ *for* for the good of; *være til* ~ *for en* benefit sby, be of b. to sby; *til -s (grundig)* thoroughly, with a vengeance, to good purpose; *(se også I. skade B).*
gagne *(vb)* benefit, profit, be of use to, be good for.
gagnlig beneficial, advantageous; serviceable, useful.
gagnvirke constructional timber.
I. gal *(subst)* crow; *(se hane-).*
II. gal *(adj)* **1**(*forrykt)* mad, crazy, demented; US T nuts; *bli* ~ go mad; T go round the bend *(el.* twist); *være splitter* ~ be stark staring mad; *det er til å bli* ~ *av* it is enough to drive one mad; *være* ~ *etter* be crazy *(el.* mad) about; **2**(*sint)* angry, mad, furious; **3**(*feil)* wrong, incorrect; *ikke så -t* not so bad; quite good; *aldri så -t at det ikke er godt for noe* it's an ill wind that blows nobody any good; *gjøre -t verre* make matters worse; *det er ikke noe -t i at han gjør dette* there is nothing wrong in his doing this; *det -e ved det er at* ... the worst of it is that;

the trouble is that; *hva -t er det i det?* where is the harm? *jeg har ikke gjort noe -t* I've done nothing wrong; *(jvf galt (adv): gjøre noe* ~ *); jeg har ikke gjort noe -t* I haven't done you any harm, I haven't done anything to you; *jeg har noe -t med magen* I've got some trouble with my stomach; *det er noe -t fatt med* there is sth wrong with; *nå har jeg aldri hørt så -t!* well, I never (heard the like of it)! *om -t skal være* if the worst comes to the worst; *som en* ~ like mad; *-e streker* mad pranks; *komme på -e veier (fig)* go wrong; *(se galt (adv)).*
galant attentive, courteous, chivalrous; ~ *eventyr* amour, amorous affair. **-eri** courtesy, chivalry; *(varer)* fancy articles *(el.* goods).
galanteri|handel fancy-shop; *(virksomhet)* trade in fancy goods. **-handler** dealer in fancy articles. **-varer** *(pl)* fancy articles *(el.* goods).
gale *(vb)* crow.
galeas *(mar)* hermaphrodite brig, ketch.
galehus madhouse, Bedlam.
galei galley; *gå på -en* go on the spree; go on the booze; *hva ville han på den -en?* he was asking for it; he had only himself to thank for it. **-slave** galley slave.
galfrans madcap.
galge gallows; (NB a gallows); *-n ble tatt ned* the gallows was *(el.* were) pulled down.
galgen|frist short respite. **-fugl** gallows-bird. **-humor** grim *(el.* sardonic) humour.
galimatias gibberish, nonsense.
galla full dress, gala; *antrekk* ~ *(på innbydelse)* dress formal; *i full* ~ in full dress, in gala; *(spøkef)* in one's best bib and tucker.
galla|antrekk evening dress. **-forestilling** gala performance. **-kårde** dress-sword. **-middag** gala banquet. **-uniform** full dress uniform. **-vogn** state carriage.

I. galle *(anat)* bile; *(fig & hos dyr)* gall; *utøse sin* ~ vent one's spleen *(el.* spite).
II. galle *(bot)* gall (nut).
galle|blære *(anat)* gall bladder. **-feber** bilious fever.
galler Gaul.
galleri *(plass i teater; malerisamling)* gallery; *spille for -et* play to the gallery.
galle|stein gallstone. **-syk** bilious.
Gallia Gaul.
gallionsfigur *(også å fig)* figurehead.
gallisisme Gallicism.
gallisk Gallic.
gallupundersøkelse Gallup poll.
gallveps *(zool)* gall wasp.
galmanns|snakk the talk of a madman. **-verk** the act of a madman.
galneheie tomboy; wild girl; *(glds)* hoyden.
galning madcap; *(gal mann)* madman.
galon gold (,silver) braid, galloon.
galopp gallop; *i* ~ at a gallop; *i full* ~ at full gallop; *kort* ~ canter; *ri i kort* ~ canter.
galoppade gallopade.
galoppere *(vb)* gallop; *-nde tæring* galloping consumption; acute phthisis.
galskap madness, insanity; *(raseri)* rage, frenzy; *(gal strek)* mad prank.
galt *(adv)* wrong *(fx* they told me w.); *(foran perf. part.)* wrongly *(fx* I was wrongly informed); *bære seg* ~ *ad med noe* set about sth in the wrong way; *gjøre noe* ~ (ɔ: *på feil måte)* make a mistake, do sth the wrong way; *(jvf II. gal: jeg har ikke gjort noe -t); det var* ~ *gjort av meg* that was wrong of me; *gå* ~ take the wrong road; *(fig)* go wrong, fail, miscarry; *det gikk* ~ it went wrong, it failed; *det var nær gått* ~ *med ham* he had a close shave *(el.* a narrow escape), he almost came to grief; *komme* ~ *av sted* be unfortunate; come to grief; *(uttrykkes ofte ved)* mis- *(fx regne* ~ miscalculate; *stave* ~ misspell; *svare* ~ answer wrongly *(sj:* wrong); *uttale* ~ mispronounce); *(jvf II. gal (adj)).*
galt(e) *(zool)* hog.
galvanisere *(vb)* galvanize, electroplate. **-nisk** galvanic.
gamasjer *(pl)* gaiters; *(lange)* leggings; *(korte)* spats.
game game; *han er* ~ *for hva som helst* he's game for anything; *han var* ~ *for å prøve det* he was game to try it.
gamla T the old lady.
gamlehjem home for the aged, old people's home.
gamlen T the old man.
gamling old man.
gamme (Lapp) turf hut.
gammel old; *(fra gamle tider)* ancient; *(som har bestått lenge)* of long standing; old-established; *(motsatt frisk, om brød, øl)* stale; *av* ~ *dato* of old standing; *40 år* ~ forty years of age, aged forty; *fra* ~ *tid* from time immemorial; *de gamle* the old (ones); *den gamle* the old man (,woman); *la alt bli ved det gamle* leave things as they were; *hvor* ~ *er han?* how old is he? *på dem som vokser opp, ser man best hvor* ~ *man selv blir* watching young people makes you feel your age; *henge ved det gamle* cling to the old order of things; *på sine gamle dager* in his old age; *i gamle dager* in the old days; in (the) days of old, in former times; ~ *jomfru* old maid, spinster.
gammel|dags old-fashioned, antiquated, out-of-date *(fx* methods), out of date *(fx* these methods

are o. of d.); *helt* ~ *(om ord, etc)* obsolete; *lett* ~ slightly archaic.
gammel|kjent familiar. **-kjæreste** old flame. **-klok** precocious. **-koneaktig:** *det er allerede noe* ~ *ved henne* there is already something of an old woman about her.
gammel|manns- senile. **-mannssnakk** senile twaddle. **-modig** oldish, old-young *(fx* the old-young face). **-norsk** Old Norwegian, (Old) Norse. **-ost** [highly pungent, light brown cheese].
gammen: *leve i fryd og* ~ have a merry life of it, live happily, live in joy and delight.
gamp (work) horse; *(neds)* jade.
gand Lapp magic *(el.* sorcery).
I. gane *(subst)* palate, roof of the mouth; *den bløte* ~ the soft palate; *åpen* ~ cleft p; *fukte sin* ~ wet one's whistle.
II. gane *vb (fisk)* gut. **-kniv** knife used for gutting.
gane|lyd *(fon)* palatal sound. **-seil** *(anat)* soft palate, velum.
gang 1*(det å gå)* walk, walking, going; 2*(måte å gå på)* walk *(fx* a dignified w.), gait *(fx* an unsteady g.), step; 3*(bevegelse, drift)* working, running, movement, motion, action, operation; 4*(virksomhet, forløp)* course, progress *(fx* the p. of the negotiations), march *(fx* the m. of events); 5*(om tiden)* course *(fx* the c. of life), march *(fx* the m. of time), lapse *(fx* the rapid l. of time); *(gjentagelse)* time *(fx* five times; we lost every time we played), occasion *(fx* on every o.); 6*(havegang, etc)* walk, path; *(korridor)* passage, corridor; *(entré)* hall; *(i kirke, fly)* aisle; *(underjordisk)* subterranean passage, gallery *(fx* the moles make extensive galleries); 7*(i fortelling)* action, plot; 8*(anat)* duct;
A *[Forb. m. subst] arbeidets jevne* ~ the smooth flow of work; *begivenhetenes* ~ (4) the course *(el.* march *el.* progress) of events; *gå all kjødets* ~ go the way of all flesh; *-en i hans tanker* the train of his thoughts; *-en i fortellingen* (7) the plot of the story; *det er verdens* ~ (4) that is the way of the world! such is life! that is the way things are!
B *[Forb. m. adj, tallord, «den», «denne»] en annen* ~ another time; *(senere)* some other time; on another occasion; *(ofte* =) next time *(fx* n. t. I shall know better how to deal with him); *for annen* ~ a second time, for the second time; *utsette noe til en annen* ~ put sth off till a later occasion *(el.* till another time); **atskillige** *-er* several times, on several occasions; *den* ~ then, (at) that time, in those days; *den* ~ *(en) (da)* (at the time) when; *den -en vi giftet oss (oftest)* when we were first married; *ja, det var den* ~ *!* times have changed; **denne** *-en* this time; *for denne ene -ens skyld* for this once; **en** ~ once; on one occasion; *to -er* twice; *en eller to -er* once or twice; *et par -er* a couple of times, two or three times; *én* ~ *for alle* once (and) for all; *snakk ikke alle på én* ~ *!* don't all talk at the same time; don't all speak at once; *en halv* ~ *for mye* too much by half; *en halv* ~ *til* half as much again; *en* ~ *til* once more, once again; *gjør det ikke en* ~ *til* don't do it again! don't let it happen again! **en eneste** ~ only once; once only; *ikke en eneste* ~ not once; **en enkelt** ~ once, on one (single) occasion; *enkelte -er* occasionally, on some occasions; **en sjelden** ~ once in a while, rarely, on very rare occasions; **flere** *-er* on several occasions, several times; **forrige** ~ last time; **hver** ~ each time, every time; *(når som helst)* whenever *(fx* w. you feel like it); **jevn** ~ *(om maskin)* smooth running; **langsom** ~ (2) slow pace; *(om*

maskin) slow running; **mange** *-er* many times, many a time, time and again, over and over again; **neste** ~ (the) next time; **noen** ~ ever *(fx* have you ever); *hvis De skulle være i byen noen* ~ if you're likely to be in town at any time; **oppreist** ~ (2) upright walk; **rolig** ~ *(om maskin)* smooth running; **siste** ~ the last time; *for siste* ~ for the last time.

C *[Forb. m. vb] feberen må gå sin* ~ the fever must run its course; *retten må gå sin* ~ justice must take its course; *tiden gikk sin* ~ time rolled on, time passed; *tingene gikk sin* ~ things took their own course; *tingene må gå sin* ~ things must run their course; *det gikk sin skjeve* ~ they (,we, *etc)* muddled along; *la tingene gå sin skjeve* ~ let things take their (own) course; *let things slide; gå en en høy* ~ run sby close, give sby a close run *(fx* he gave his opponent a c. r.); *6 i 12 går en to-* six into twelve goes twice; *3 -er 2 er 6* three twos are 6; three times two is six; *1 -er 5 er 5* once five is five, one times five is five; *ha sin* ~ *i huset* come and go freely, be a regular visitor; *holde hjulene i* ~ *(i bedrift; også fig.)* keep the wheels turning; *komme i* ~ *(om maskin)* begin working; *(om maskin, organisasjon, etc)* start up; *(om person)* get going, get started, get into one's stride; find one's feet; *(se også D: forb. m. prep.); regulere -en på en maskin* regulate the working of a machine; *være i* ~ *(om maskin)* be working; *(om motor)* be running; *(om person)* be at work; **T** be at it; *(se også D: forb. m. prep.)*

D *[Forb. m. prep] en* **ad** *(el. om)* **-en** one at a time; *et par dager ad -en* for a couple of days running; for a couple of days at a time; *lenge ad -en* for a long time together, long; *litt ad -en (gradvis)* gradually, little by little, by degrees; *han leste litt ad -en* he read only a little at a time; **for** *annen (,tredje, etc)* ~ a second (,third, *etc)* time, for the second (,third, *etc)* time; *for en -s skyld* for once; *(jvf B);* **i** ~ working, in operation *(fx* the mill is working *(el.* in operation)); in motion *(fx* while the train is in m.); in progress *(fx* the work is in p.); on foot *(fx* preparations are on foot; a project is on f. to build a new bridge); proceeding *(fx* discussions are p.); *(om motor)* running; *i full* ~ in full swing *(el.* activity); *godt i* ~ well under way, well in hand *(fx* the work is well in h.); *få i* ~ *bilen* get the car going; *bringe handelen i* ~ *hurtigst mulig* get trade started as quickly as possible; *få en i* ~ *(med arbeidet)* get sby started; *få samtalen i* ~ get the conversation going; **T** start the ball rolling; *gå i* ~ set to work, start, begin; *gå i* ~ *(med det som skal gjøres)* get *(el.* come to business; **T** get cracking; *gå i* ~ *med* start, set about, make a start with, proceed *(fx* kindly p. with the order), put in hand *(el.* work) *(fx* put anorder in h.); go ahead *(fx* go ahead with the shipment); *gå i* ~ *med det* set *(el.* get) to work on it, start on it; *gå i* ~ *med arbeidet* set to work, start work; *gå i* ~ *med å gjøre noe* set about doing sth, start doing sth, proceed to do sth; *ha arbeid i* ~ have work in hand; *holde i* ~ keep going, keep running *(fx* we must keep our mills r.); *komme i* ~ make a start, set to work, begin working, start; *(også om motor)* get going; *(fig)* get going, get into one's stride, get started; *jeg har ikke kommet i* ~ *(med det)* ennå I haven't got started (on it) yet; *sette i* ~ start (up), set going *(fx* an engine), set *(el.* put) in motion, set on foot; put into production *(fx* put a new factory into p.); *(undersøkelse)* institute *(fx* an inquiry); *(foretagende)* launch *(fx* an enterprise); *... har satt*

i ~ *et stort skipsbygningsprogram* has initiated *(el.* embarked on *el.* entered upon *el.* started) a large shipbuilding programme; *alarmen ble satt i* ~ the alarm was set off; *være i* ~ be going, be working, be operating, be in action, be in operation; *fabrikken er i* ~ the factory is working; *motoren er i* ~ the engine is running; *skipet er i* ~ the ship is under way; *være i* ~ *med* be at work (up)on *(fx* a book); *en* ~ **imellom** sometimes, once in a while, now and then, occasionally, off and on; *familien* **over** *-en* the family across the landing *(el.* next door), the f. in the next flat; ~ **på** ~ again and again, over and over (again), time and again, time after time; *eleven ble sendt på -en for dårlig oppførsel* the pupil was put out of the classroom for being impudent; *en på -en* (2) recognize sby by his walk *(el.* step); *(se også gjenge).*

gang|art gait, walk; *(om hest)* pace. **-bar** *(om mynt)* current; *(om varer)* marketable, merchantable, salable. **-barhet** currency; salability. **-bro** footbridge. **-dør** hall door; *(hoveddør)* front door.

I. gange *subst (om motor)* running; *rolig* ~ quiet r.

II. gange *(vb)* multiply.

ganger *(poet)* steed.

gangetegn multiplication sign.

gangfelt pedestrian crossing, zebra crossing.

gangfør able to walk. **-jern** hinge. **-klær** wearing apparel, clothing.

ganglie *(anat)* ganglion.

gangspill *(mar)* capstan.

gangster gangster.

gangsti (foot)path; *«offentlig* ~» UK "public footpath".

gangsyn good enough vision *(el.* sight) to walk *(el.* for walking); *ha* ~ see well enough to walk; *han har ikke engang politisk* ~ his political vision is nil; *(se syn).*

gangtid *(elektrisk motors, etc)* running time; *(klokkes)* winding time; movement *(fx* a clock with an eight-day movement); *(selvtrekkende klokkes)* (power) reserve *(fx* a watch with a 48-hour reserve); *opptrekksmotoren kan en* ~ *på to minutter* the clockwork motor runs for two minutes; *uret har en* ~ *på 48 timer* the watch goes for 48 hours with one winding.

ganske *adv (aldeles)* quite, entirely, wholly; *(temmelig)* fairly, pretty; *jeg er* ~ *enig med ham* I quite agree with him; *en* ~ *stor ordre* quite a large order; *en* ~ *annen sak* quite a different matter; **US** *(også)* a horse of a different color; *noe* ~ *annet* something quite different; ~ *visst* certainly, to be sure.

I. gap mouth, throat (of an animal); *(åpning)* gap, opening, chasm; *døra står på vidt* ~ the door is wide open; *(se hav-).*

II. gap *(om person)* fool; joker, chatterbox.

gape *(vb)* gape; *(gjespe)* yawn; ~ *over for mye* bite off more than one can chew; *et -nde svelg* a yawning chasm; *et -nde sår* a gaping wound; *stuen sto -nde tom* the empty room gaped at them (,him, *etc).*

gapestokk pillory; *sette i -en* pillory.

gap|et flippant, foolish. **-ord** insult; *de kastet* ~ *etter ham* they flung insults at him. **-skratte** *(vb)* laugh uproariously, roar with laughter.

garantere *(vb)* guarantee, warrant.

garanti guarantee *(fx* he had a new gearbox fitted under g.); security; *(se ønskelig).* **-fond** guarantee fund.

garantist guarantor, surety.

garantitid time *(el.* period) of guarantee.

garasje garage.

gard: *se gård.*

garde guard; *-n* the Guards. **-kaserne** barracks of the Guards.
gardere *(vb)* guard, safeguard.
garderobe wardrobe; *(værelse)* cloakroom; **US** checkroom; *(skuespillers, i teater)* dressing room; *ha en rikholdig* ~ have an ample wardrobe; *be amply provided with clothes.*
garderobedame cloakroom attendant; **US** checkroom girl. **-merke** cloakroom ticket; **US** hat *(el.* coat) check. **-service** valet(ing) service. **-skap** wardrobe.
gardgutt heir to a farm; *(se for øvrig gårds-).*
gardin curtain; *(på bil)* radiator blind; *et fag -er* a pair of curtains; *henge opp -er* put up *(el.* fix up) curtains; *trekke for -ene* draw the curtains; *trekke fra -ene* draw the curtains (back).
gardinbrett pelmet. **-kappe** frill, valance. **-preken** curtain lecture. **-snor** c. cord. **-spiral** spiral wire; *(svarer i England til)* taunt-rail. **-stang** (extension) c. rod. **-stoff** c. material *(el.* fabric). **-trapp** stepladder.
gardist guardsman.
gardjente heiress to a farm; *(se for øvrig gårds-).*
gardstaur fence pole (,**US:** picket).
garn yarn, thread; *(bomulls-)* cotton; *(strikke-)* knitting wool; *(fiske-)* fishing net; *fange en i sitt* ~ entangle sby in one's meshes; *han er blitt fanget i sitt eget* ~ he has been caught in his own trap; *ha sine* ~ *ute etter* be angling for.
garnbinding netting. **-bruk** fishing gear, nets; *(se fiske).*
garnere *(vb)* trim; *(mat)* garnish. **-ing** trimming, garnish.
garnfiske net fishing. **-hespel** skein.
garnison *(mil)* garrison.
garnlenke chain of nets; number of nets tied together. **-nøste** ball of wool *(el.* yarn). **-vinde** yarn reel, wool-winder.
gartner gardener.
gartneri *(handels-)* market garden; **US** truck garden.
garve *vb (huder)* tan.
garvebark tan(ning) bark, tan. **-r** tanner. **-ri** tannery. **-stoff** tannin. **-syre** tannic acid.
gas *(tøy)* gauze. **gasbind** bandage.
gasell *(zool)* gazelle.
gasje salary, pay; *en høy* ~ a large *(el.* high) s.; *De ansettes med full* ~ *f.o.m. den ...* you are on full pay from; *heve sin* ~ draw one's s.; *(se lønn(ing)).*
gasjepålegg increase of salary, rise *(fx* get a rise); **US** salary rise.
gasjere *(vb)* pay; *høyt -t* highly paid.
gasometer *se gassmåler.*
gass gas; *gi* ~ rev (up) (the car); *(for å øke hastigheten)* accelerate; *jeg måtte gi mye* ~ *for å komme opp den bakken* **T** I had to rev (her) up quite hard to get up that hill; *gi full* ~ **(T:** *trå klampen i bånn)* **T** give it the gun, open out the taps, put your foot down; *(også US)* step on the gas, step on it. **-aktig** gaseous. **-beholder** gasometer. **-belysning** gas light(ing). **-bluss** gas light; gas jet, gas flame. **-brenner** (gas) burner.
I. gasse *(subst)* gander.
II. gasse *(vb):* ~ *seg med* feast on, regale oneself with.
gasser *(person)* Madagascan, Malagasy.
gassisk *(språk)* Madagascan, Malagasy.
gassflamme *se -bluss.* **-flaske** gas cylinder. **-flaskesentral** gas cylinder depot. **-hane** gas cock, gas tap. **-maske** gas mask. **-måler** gas meter. **-pedal** accelerator (pedal), throttle; **US** gas pedal. **-regulering** *(i motor)* throttle lever *(el.* control). **-spjeld** throttle (valve). **-verk** gasworks.
gast *(mar)* sailor, seaman.

gastrisk gastric.
gastronom gastronomer. **-nomi** gastronomy. **-nomisk** gastronomic(al).
gate street; *på -a* in the street; *den lille gutten som bor litt lenger borte i -a* the little boy a few doors away; *(se også vilter); gå omkring i -ene* walk about the streets; *de gikk* ~ *opp og* ~ *ned* they walked *(el.* trailed) up and down the streets; they walked and walked, up one s. and down the next; they trailed the length of the streets; *gå over -a* cross the street; *i samme -e (fig)* in the same vein; *vindu til -a* front window; *værelse til -a* front room; *(se ta C).*
gatebekjentskap chance acquaintance (picked up in the street); **T** pick-up.
gatedør front door. **-dørsnøkkel** latchkey. **-feier** street sweeper, street cleaner. **-gutt** street urchin. **-kryss** street crossing; *et* ~ a crossing, a crossroads. **-langs** *(adv)* up and down the streets, the length of the streets *(fx* they trailed the l. of the s.). **-legeme** roadway. **-lykt** street lamp. **-opptøyer** *(pl)* street riot(s). **-parti** streetscape; street scene. **-pike** street walker, prostitute; **T** pro. **-renovasjon** street cleaning, scavenging. **-salg** street trading. **-sanger** street-singer. **-selger** street trader, hawker; *(med vogn)* barrow boy; *-s vogn* (street trader's) stall; *-s vogn* barrow. **-språk** vulgar speech. **-stein** paving stone. **-uorden** disorderly conduct (in a public place).
gatt *(zool)* anus; *(mar)* hole, vent. **-finne** anal fin.
gauk *(zool)* cuckoo; *(som driver ulovlig brennevinshandel)* **US** bootlegger.
gauke *(vb)* **US** bootleg. **-esyre** *(bot)* wood-sorrel. **-ing** **US** bootlegging.
gaul *(subst)* howl. **gaule** *(vb)* howl.
gaupe *(zool)* lynx.
gave gift, present; *(til institusjon)* donation, endowment; *(evne)* gift, talent, endowment; *motta som* ~ receive as a gift, be made a present of; **T** be given; *talens* ~ **T** the gift of the gab. **-brev** deed of gift. **-kort** gift token; **US** gift certificate.
gavl gable.
gavlvegg end wall.
gavmild liberal, generous. **-het** liberality, generosity; *storslagen* ~ munificence, lavish generosity.
gavott *(mus)* gavotte.
geberde *(subst & vb)* gesture; ~ *seg* behave; ~ *seg som om ...* **T** carry on as if ...
gebet 1. territory; 2*(fig)* domain, province.
gebiss set of artificial teeth, denture.
gebrokken broken; *på -t norsk* in broken Norwegian; *snakke -t norsk* speak broken Norwegian.
gebyr fee; *(se beregne).*
gedigen *(sølv, etc)* pure, solid, sterling; *(fig)* genuine, excellent.
gehalt content; percentage; *(fig)* (intrinsic) value; *erts av liten* ~ low-grade ore.
geheng sword belt.
gehør (musical) ear; *ha* ~ have a good ear (for music), have an ear for music; *spille etter* ~ play by ear; *finne* ~ *(om person)* gain a hearing; *(om idé)* meet with sympathy; *skaffe seg* ~ make one's voice heard; *(se også musikalsk).*
geil ruttish; *(om hundyr)* in heat.
geip grimace, pout, grin.
geipe *(vb)* make faces, pout.
geirfugl *(zool)* great auk; *(se alkekonge).*
geistlig clerical, ecclesiastical; *den -e stand* the clergy, *en* ~ a clergyman.
geistlighet clergy.
geit *(zool)* goat; nanny goat.

geitdoning *(forst)* double sledge (,**US:** sled); logging sledge.
geitebukk *(zool)* he-goat, billy-goat.
geitehams *(zool)* hornet.
geitemelk goat's milk. **-ragg** goat's hair.
geitost [sweet, brown cheese made of goat's milk].
geitrams *(bot)* willow herb; rosebay willow.
gelatin gelatin(e).
gelé jelly; *(kjøtt-)* aspic, meat jelly; *i* ~ jellied. **-aktig** jelly-like; gelatinous.
geledd rank; line; *på* ~ lined up.
gelender banister(s), railing.
gemal, -inne consort; *(spøkef)* husband; wife.
gemen base, mean, vile. **-het** baseness, vileness, meanness.
gemse *(zool)* chamois.
gemytt temper, disposition, mind; *berolige -ene* pour oil on the troubled waters.
gemyttlig pleasant, convivial, congenial, genial.
gendarm gendarme.
gêne inconvenience, nuisance; *være til* ~ *for* be inconvenient *(el.* troublesome) for, cause *(fx* sby) a great deal of inconvenience *(el.* trouble); *til betydelig* ~ *for* to the considerable inconvenience of.
genealog genealogist. **-logi** genealogy. **-logisk** genealogical.
general *(mil)* **1.** general *(fk* Gen); **US** general *(fk* GEN); **2***(flyv)* air chief marshal; **US** general *(fk* GEN).
generaladvokat judge advocate; *(jvf krigsadvokat).*
generalagent general agent. **-agentur** general agency. **-direktør** director general; *(merk)* managing d. *(fx* Man. Dir.). **-feltmarskalk** *(mil)* field marshal. **-forsamling** general assembly, general meeting. **-fullmakt** general power of attorney. **-guvernør** governor-general. **-importør** (importer and) concession(n)aire *(for* for). **-inne** general's wife. **-intendant** *(mil)* quartermaster general.
generalisere *(vb)* generalize.
generalisering generalization.
generalissimus generalissimo. **-konsul** consul-general. **-konsulat** consulate-general. **-krigsadvokat** = judge advocate general; *(dennes stedfortreder i retten)* judge advocate. **-løytnant** *(mil)* **1.** lieutenant-general *(fk* Lt.-Gen); **US** lieutenant general *(fk* LTG). **-major** *(mil)* **1.** major-general *(fk* Maj-Gen); **2***(flyv)* air vice-marshal; **US** major general *(fk* MG).
generaloverhale *(vb)* give *(fx* an engine) a general overhaul; *en -t motor* an overhauled engine; *a thoroughly overhauled e.; (jvf fabrikkoverhalt).*
generalprøve dress rehearsal.
generalsdistinksjon general's badge of rank.
generalsekretær secretary-general *(fx* of the United Nations); *(i fx fagforbund)* general secretary; *(se landsorganisasjon).*
generalstab *(mil)* general staff. **-skart** ordnance map.
generasjon generation.
generator generator.
genere *(vb): se sjenere.*
generell general.
generisk generic.
Genève Geneva. **genfer** Gen..evan. **G-sjøen** *(Genève-sjøen)* the Lake of Geneva.
geni genius.
genial ingenious, of genius; *en* ~ *idé* a brilliant idea; *han var en* ~ *kunstner* he was an artist of genius *(el.* an inspired a.); *denne maskinen var en* ~ *oppfinnelse* this machine was the invention of a genius *(el.* was a brilliant invention).
genialitet genius, ingeniousness; *(oppfinnsomhet)* ingenuity.

genistrek stroke of genius.
genitiv *(gram)* the genitive (case).
genius genius *(pl:* genii), guardian angel.
Genova Genoa. **g-eser, g-esisk** Genoese.
genre style, manner, genre; *noe i den* ~ something like that. **-maleri** genre (picture).
genser pullover, sweater.
gentil gentlemanly, magnanimous.
geograf geographer. **-grafi** geography. **-grafisk** geographical.
geolog geologist. **-logi** geology. **-logisk** geological. **-metri** geometry. **-metrisk** geometrical; ~ *rekke* geometrical progression *(el.* series).
georgine *(bot)* dahlia.
geranium *(bot)* geranium.
geriljakrig guerilla warfare.
germaner Teuton. **-isere** *(vb)* Germanize. **-isme** Germanism. **-ist** Germanic philologist.
germansk Teutonic, Germanic; *(om språket)* Germanic.
gesandt ambassador, minister, envoy.
gesandtskap embassy, legation.
gesims cornice.
geskjeft *(neds)* business.
geskjeftig fussy, interfering; *en* ~ *person* a busybody.
gest gesture.
gestikulere *(vb)* gesticulate. **-ing** gesticulation.
gestus gesture.
getto *(jødekvarter)* ghetto.
gevant drapery, loosely-hanging clothes.
gevekst excrescence.
gevinst profit, gain(s); *(i lotteri)* prize; *(i spill)* winnings; ~ *og tap* profit and loss; *komme ut med* ~ come out a winner.
gevir antlers *(pl).*
gevær rifle, gun; *i* ~ *!* to arms! *rope i* ~ call to arms; *på aksel* ~*!* slope arms! *presentere* ~ present arms. **-kolbe** rifle butt. **-kompani** rifle company. **-kule** bullet. **-løp** barrel (of a rifle), gun barrel. **-munning** muzzle (of a rifle). **-pipe:** *se -løp.* **-rem** rifle sling. **-salve** burst of rifle fire.
gi *(vb)* give; *(yte)* yield, produce; *(betale)* pay; *(kort)* deal; ~ *galt* misdeal; *det er Dem som skal* ~ it is your deal; *ga jeg meg selv denne (dårlige) korten?* did I deal this to myself? *Gud* ~ God grant, would to God; *jeg skal* ~ *ham (truende)* I'll give it him; ~ *et eksempel* give *(el.* quote) an example; ~ *en hånden* shake hands with sby; ~ *en rett* agree with sby; ~ *av seg* yield, produce; ~ *etter* give way; yield; ~ *labb! (til hund)* give me a paw! ~ *en en lekse* set sby a lesson; *jeg -r ikke mye for den slags* I don't think much of that kind of thing; I don't much care for that sort of thing; ~ *fra seg* give up, surrender, part with; ~ *igjen* give back, return; ~ *(penger) igjen* give change; ~ *igjen på* give change for; *jeg kan ikke* ~ *igjen* I have no change; ~ *en inn* haul sby over the coals; **T** blow sby up, give it sby hot; ~ *en noe med* give sby sth to take along; ~ *om (kort)* have a new deal, redeal; *det ble -tt om* there was a new deal; ~ *til kjenne* make known; ~ *tilbake: se* ~ *igjen;* ~ *ut (penger)* spend; ~ *ut for* pass off as *(el.* for); *det -r seg av seg selv* it goes without saying, it is self-evident; ~ *seg* give up *(el.* in); *(svikte)* give way; *(gå over)* wear off; *nei, nå får du* ~ *deg!* oh come on! *(jvf tørn: ta* ~*);* *han -r seg ikke (selv om det stadig går galt)* he always comes back for more; *han var ikke den som ga seg* he was not the sort to give in; ~ *seg av med* have to do with; ~ *seg tid* take one's time; ~ *seg til å* take to (-ing); start (-ing), begin to; ~ *seg til å gråte* burst

into tears; start to cry; ~ *seg ut for* pass oneself off as; *det -s* there is, there are; *(se given).*

gid *(int)* I wish; if only; ~ *det var så vel!* **1.** no such luck! **2.** that would be good news; ~ *pokker tok ham!* confound him!

gidde *(vb):* ~ *å gjøre noe* find the energy to do sth; be bothered to do sth; *jeg -r ikke* I can't be bothered; it's too much fag; *jeg -r ikke å lese den boka* I cannot be bothered to read that book; *når han -r å gjøre noe* when he chooses to work; *han gadd ikke engang forhøre seg* he did not even take the trouble to inquire; *jeg gadd vite om* I wonder if.

giddeløs *(adj)* listless *(fx* the heat made us listless).

I. gift *(subst)* poison; venom; *det kan du ta* ~ *på!* you bet your boots! you bet your life!

II. gift *(adj)* married *(med* to); ~ *mann med kone som arbeider* married man with a working wife.

giftblander(ske) brewer of poison; poisoner; *(jvf giftmorder).*

gifte *(vb)* marry; ~ *bort* marry off; marry *(fx* he married his daughter to a rich man); ~ *seg* get married; be married, marry; ~ *seg med en* marry sby, get *(el.* be) married to sby; ~ *seg til penger* marry a fortune, marry money.

gifteferdig marriageable; *i* ~ *alder* of a m. age.

giftekniv matchmaker.

giftermål marriage.

giftesyk anxious to be married. **-tanker:** *gå i* ~ **1.** be day-dreaming; **2.** contemplate matrimony.

giftfri non-poisonous, free from poison. **-gass** poison gas.

giftig *(også fig)* poisonous, venomous; *(i høy grad)* virulent; *(fig også)* waspish *(fx* comments). **-het** poisonousness, venomousness; virulence.

giftkjertel poison gland. **-mord** poisoning (case), murder by poisoning. **-morder** poisoner. **-slange** poisonous snake. **-tann** poison fang.

gigant giant. **-isk** gigantic.

gigg *(både om kjøretøy og båt)* gig; *(mus)* jig.

gikt rheumatism; gout. **-brudden** rheumatic, gouty. **-feber** rheumatic fever.

giktisk rheumatic.

gild great, fine, capital, excellent; *(om farger)* gaudy; *det skulle være -t* that would be great.

gilde 1. feast, banquet; *(se selskap);* **2***(laug)* guild; *han kommer til å betale -t* he will have to foot the bill. **-sal** banqueting hall.

I. gildre *(subst)* trap, snare.

II. gildre *(vb)* set a trap.

giljotin guillotine. **-ere** *(vb)* guillotine.

gimmerlam *(zool)* ewe lamb.

gips gypsum; *(brent)* plaster; *han har armen i* ~ he has his arm in plaster. **-avstøpning** plaster cast.

gipse *(vb)* plaster; put in plaster *(fx* an arm).

gipser plasterer. **-figur** plaster figure. **-maske** plaster mask. **-mel** powdered gypsum.

I. gir 1*(mar)* yaw; **2***(mask)* gear; *høyt, lavt* ~ high, low g.; *første* ~ first g., bottom *(el.* low) g.; *kjøre på høy-* go on top (gear); *sette bilen i tredje* ~ go into third gear; *sette bilen i* ~ throw the car (,T: her) into gear; *gå ned i annet* ~ change into second gear.

II. gir *(fly & mar; om ufrivillig kursavvik)* yaw.

giraff *se sjiraff.*

girant *(merk)* endorser.

I. gire *(vb)* gear; ~ *ned* g. down, change down.

II. gire *vb (flyv & mar)* yaw; *(jvf II gir).*

girere *(vb)* endorse; *(overføre)* transfer.

giret *(adj):* høyt ~ with a high gear.

giring change of gears, throwing into gear.

girkasse gear box.

girlande garland, festoon.

giro 1*(overføring)* transfer (from one account to another by endorsement); **2***(post-)* postal giro.

giroblankett giro form. **-innbetalingskort** giro inpayment form. **-konto 1** *(i bank)* current account; **2***(post-)* postal giro account.

girstang gear(-shifting) lever; change; **US** gearshift lever; ~ *montert i gulvet* floor-mounted gear lever, f.-m. change; *sette -a i annet gir* put the gear lever into second; engage the second gear.

gisp gasp. **gispe** *(vb)* gasp; ~ *etter luft* gasp for air.

gissel hostage.

gissen cracked; not tight, leaky; *(om skog)* sparse, thin.

gitar guitar.

gitt *(int)* really *(fx* det var morsomt ~*!* that was r. fun!); **US** boy *(fx* boy, that sure was fun!).

gitter grate; grating, lattice; *(i fengsel)* bars; *(i radio)* grid. **-dør** grated door. **-port** wrought-iron gate. **-slange** *(zool)* reticulated python. **-verk** lattice work.

given, givet, gitt: *en given sak* a matter of course; a foregone conclusion; *det er ikke enhver gitt* it is not given to everybody; *anse for gitt* take for granted.

givende helpful, productive, valuable *(fx* a v. discussion); rewarding; *få noe til -s* be made a present of sth, get sth for nothing, be handed sth on a silver plate.

giver giver, donor; *en glad* ~ a cheerful giver.

giverland donor country; *i både giver- og mottagerlandene* in both the giving and the receiving countries.

gjalle *(vb)* ring, resound, echo, reverberate; ~ *en i møte* come echoing over to sby.

gjallende ringing, resounding.

gjedde *(fisk)* pike; *ung* ~ pickerel.

gjel gully, ravine, mountain pass.

I. gjeld *se prestegjeld.*

II. gjeld debt; *komme i* ~ run into debt; *sette seg i* ~ run into debt; *sitte i bunnløs* ~ be over head and ears in debt; *stifte* ~ contract debts (,a debt); *stå i* ~ *til en* be indebted to sby; owe sby money.

III. gjeld *(gold)* barren; dry; *(om handyr)* castrated.

I. gjelde vb *(være verd)* be worth; *(være i kraft)* apply, be in force; *(angå)* refer to, apply to, concern; ~ *for* pass for, be looked upon as; be regarded as; *det -r ikke!* that is not fair! *det kan ikke* ~ *for noe bevis* that cannot be taken as a proof; *billetten -r 45 dager* the ticket is available for 45 days; *de fakturaer som denne betaling -r* the invoices covered by this payment, the i. to which this p. refers; *det parti denne betaling -r, ble levert* ... this payment is in respect of a consignment delivered *(fx* on March 15th); *(sommeren har kommet) det samme -r vel for lengst England, går jeg ut fra* that must have applied to E. some time ago, I expect; *denne lov -r ikke mer* this Act is no longer in force; *det -r å finne ...* it's a matter of *(el.* case) of finding ...; *... og så -r (,gjaldt) det å finne en bensinstasjon (også)* ... and now to find a filling station; *her -r det å ha mot* here all depends on courage; *det -r også for dette* it holds good of this too; *regelen -r bare for* the rule only holds good *(el.* is only valid) for, the rule onlyworks with *(el.* applies to); *nå -r det* now is the time! *det -r (o: vedrørende)* concerning, about *(fx* I have no worries about the future); *det -r hans ære* his honour is concerned;

som om det gjaldt hans liv for dear life, as if his life depended on it; *om det -r mitt liv* to save my life; *det -r meg* it is aimed at me; *(angår meg)* it concerns me; *det -r (ɔ: kan sies om) meg også* it is also the case with me; it's the same thing with me.
II. gjelde *vb (kastrere)* geld, castrate, emasculate.
gjeldende *(herskende)* prevailing *(fx* the p. views); *(om lov)* in force; *(bestående):* de ~ *lover* the existing laws; *bli* ~ come into force, take effect; *de* ~ *bestemmelser* the regulations in force; *til* ~ *kurs* at the current *(el.* prevailing) rate (of exchange); *til* ~ *norsk pris* at the price ruling *(el.* current) in Norway; **gjøre** ~ **1***(påstand)* assert, claim; *(som argument)* argue; **2***(om krav)* advance *(fx* a claim); *(se krav);* **3** *(innflytelse)* bring to bear; **4***(som unnskyldning)* plead; *de nye restriksjonene vil bare bli gjort* ~ *i begrenset utstrekning* the new restrictions will have only a limited application; *i hans favør blir det også gjort* ~ at his favour it is also stressed that; *gjøre seg* ~ assert oneself; be in evidence, manifest itself, make itself felt; *(se I. gjelde).*
gjeldfri free from *(el.* of) debt, out of debt; ~ *eiendom* unencumbered property.
gjeldfrihet being free from debt; being unencumbered.
gjelding *(kastrat)* eunuch; *(det å)* gelding, castration.
gjeldsbevis written acknowledgment of debt; an IOU; *(se gjeldsbrev).*
gjeldsbrev written acknowledgment of debt; an IOU; *(egenveksel)* promissory note.
gjeldsbrevlån loan against promissory note.
gjeldsbyrde burden of debt. **-fengsel** debtors' prison. **-fordring** claim. **-post** item (of a debt), debit item.
gjelle *(på fisk)* gill. **-åpning** gill slit, gill cleft.
gjemme *(vb)* hide, conceal; *(oppbevare)* keep; ~ *for* hide from; ~ *på noe* keep sth; ~ *det beste til sist* leave the best bit till the last; ~ *unna* put out of sight; save for later; *den som -r, den har* = hiders are finders; he that hides can find; ~ *seg* hide.
gjemmested hiding-place; repository.
gjemsel: *leke* ~ play hide-and-seek.
gjenbesøk return visit. **-bo(er)** neighbour across the street *(el.* way). **-dikte** *(vb)* re-create, reproduce, retell. **-drive** *(vb)* refute, confute. **-drivelse** refutation. **-døpe** *(vb)* rebaptize. **-døper** anabaptist. **-døperi** anabaptism.
gjenferd apparition, spectre, ghost; *US* spook; *hans* ~ his ghost *(el.* spirit). **-forening** reunion. **-forsikre** *(vb)* reinsure. **-forsikring** reinsurance. **-fortelling** [retelling of a German (,English) story in one's own words]; *(kan gjengis)* renarration. **-fødelse** regeneration. **-født** reborn.
gjeng set, crowd, clique; *(arbeids-, bande)* gang; party; *hele -en* the whole lot of them.
gjenganger *se gjenferd.*
gjenge *(på skrue)* thread; *(låsgjenge)* ward; *(gang)* course, progress; *være i god* ~ be progressing *(el.* proceeding) satisfactorily *(el.* favourably); *aller best som arbeidet var i god* ~ in the middle of work; *alt er kommet i* ~ *igjen* everything has resumed its regular course; *tingene kom i sin gamle* ~ things fell back into their old groove; *saken er i god* ~ the matter is well in hand; *(se også gang).*
gjengi *(vb)* *(uttrykke)* repeat, express, render, reproduce; cite, quote; ~ *etter hukommelsen* reproduce; ~ *etter hukommelsen annonsen i* ... write out from memory the advertisement in ...; ~ *galt* misquote; *vi -r nedenfor* we give below ...; ~ *in extenso* repeat in full,

report verbatim; **2***(oversette)* render, translate. **-velse** *(fremstilling)* representation; *(oversettelse)* version, rendering.
gjengjeld return; retribution; *gjøre* ~ reciprocate *(fx* I hope I shall be able to r.); make returns; *(til straff)* retaliate; *de har gjort meget for meg på mange måter, så dette er et lite forsøk på å gjøre* ~ they have done quite a lot for me in many ways, so this is a modest attempt at repaying them; *til* ~ in return; *(derimot)* on the other hand.
gjengjelde *(vb)* return, repay; *(om følelser, etc)* reciprocate; ~ *ondt med godt* return good for evil.
gjengrodd *(om hage)* overgrown; *(om sår)* healed.
gjengs 1*(gangbar)* current; **2***(alminnelig forekommende)* prevalent, prevailing.
gjeninnføre *vb (varer)* re-import; *(system, etc)* reintroduce, restore, revive; reimpose *(fx* price controls). **-innsette** *vb (i stilling)* reinstate, restore *(fx* to one's old post). **-kalle** *(vb)* recall; ~ *seg (i erindringen)* recall, recollect, call (back) to mind. **-kallelig** *(om remburs)* revocable. **-kjenne** *(vb)* recognize, recognise, identify. **-kjennelig** recognizable, recognisable. **-kjennelse** recognition, identification. **-kjøp** repurchase; *(innløsning)* redemption.
gjenklang echo, resonance; *(fig)* sympathy.
gjenlevende surviving; *(subst)* survivor.
gjenlyd echo, resonance. **-lyde** *(vb)* echo, resound, ring, reverberate *(av* with).
gjenløse *(vb)* redeem. **-løser** redeemer. **-løsning** redemption.
gjenmæle: *ta til* ~ *mot* reply sharply to, retort to; defend oneself *(fx* against an accusation).
gjennom 1*(prep)* through; ~ *ørkenen* across the desert; *han kom inn* ~ *vinduet* he came in at *(el.* through) the window; *he entered by the w.; penger han hadde lagt til side opp* ~ *årene* money he had put aside through the years; *komme seg* ~ get through; *slå seg* ~ *(fig)* fight one's way to success; *vi har vært* ~ *alt (om emne)* we have covered the whole ground; **2** *(adv)* thoroughly; ~ *ærlig* thoroughly honest.
gjennomarbeide *(vb)* go *(el.* work) through, work over, prepare thoroughly.
gjennombake *(vb)* bake through, bake thoroughly.
gjennombløt wet through, soaked.
gjennombløte *(vb)* drench; soak.
gjennombore *(vb)* pierce, perforate; *-nde blikk* piercing look *(el.* glance).
gjennombrudd breakthrough *(fx* the b. in finding a drug to prolong human life); success; *komme til* ~ *(fig)* break through, force its way.
gjennombrutt *(om mønster)* open-work.
gjennombryte *(vb)* break through, penetrate.
gjennomfart passage.
gjennomfrossen *(forfrossen)* chilled to the bone.
gjennomføre *(vb)* carry through; carry out, work out, accomplish, go through with, effect; *han fikk gjennomført planen* he pulled off the plan.
gjennomføring carrying out, accomplishment.
gjennomførlig practicable, feasible. **-førlighet** practicability, feasibility.
gjennomført consistent; thorough.
gjennomgang passage, thoroughfare.
gjennomgangsbillett through ticket; *selger De -er til London?* can I book through to L.? **-gods** transit goods. **-motiv** running theme, constantly recurring t.; *(i kunst, etc)* leitmotiv, leitmotif. **-reisende** person travelling *(el.* passing) through; *US* transient; *(jernb)* through passenger *(fx* t. passengers to Paris).
gjennomgangsstadium transition stage.

gjennomgangstog through train. **-toll** transit duty. **-vei** thoroughfare. **-vogn** *(motsatt kupévogn)* corridor carriage; US vestibule car.
gjennomgløde *(vb)* make red-hot (all through), make incandescent; *(fig)* inflame.
gjennomgripende thorough, radical, sweeping.
gjennomgå *vb (lide)* go through, suffer, undergo; *(gjennomse)* examine, go over, look over, go through; ~ *kritisk (fx manuskript)* vet *(fx* he had his manuscript vetted); ~ *en lekse med en go* over a lesson with sby; *jeg tenker han (,hun) fikk* ~ *på kammerset* T I imagine *(el.* reckon) he (,she) went through it when they got on their own.
gjennomgåelse going through *(el.* over), examination, study *(fx* a close s. of these documents); *ved nærmere* ~ *av dokumentene* on examining the documents closer; ~ *av trykt stoff (lærers)* commentary on printed matter.
gjennomgående *(adj)* through; *(adv)* on the whole, generally.
gjennomhullet perforated; *(med kuler)* riddled.
gjennomkjørsel passage; ~ *forbudt* no thoroughfare.
gjennomkokt boiled through, (well) done.
gjennomlese *(vb)* read through, peruse.
gjennomlesning reading, perusal.
gjennomlyse *(vb)* X-ray; *(egg)* candle.
gjennommarsj march (through).
gjennompløye *(vb)* wade through, work one's way through *(fx* a book).
gjennompryle *(vb)* beat up, give a sound thrashing.
gjennomreise *(subst)* through journey *(el.* passage); *han var her på* ~ he was passing through here.
gjennomse *(vb)* look over, inspect, revise; *-tt utgave* revised edition.
gjennomsiktig transparent; *(fig)* lucid.
gjennomsiktighet transparency; lucidity.
gjennomskjære *(vb)* cut (through); *(om elver)* traverse, intersect *(fx* a country intersected by many waterways). **-ing** cutting (through).
gjennomskue *(vb)* see through.
gjennomskuelig: lett ~ easily seen through.
gjennomslag *(kopi)* carbon copy. **-slagsark** sheet of copy paper *(fx* 500 shets of copy paper). **-slagspapir** copy paper.
gjennomsnitt *(middeltall)* average; *i* ~ on an average, on the average.
gjennomsnittlig average, mean; *(adv)* on an *(el.* the) average.
gjennomstekt (well) done; baked right through *(fx* cake).
gjennomstreife *(vb)* roam through; *(om følelse)* thrill, pervade.
gjennomsyn inspection, examination; *til* ~ on approval *(fx* send books on a.); *ved* ~ *av bøkene* on going through *(el.* over) the books.
gjennomsyre *vb (fig)* permeate, pervade.
gjennomsøke *(vb)* search. **-tenke** *(vb)* think out, consider thoroughly.
gjennomtrekk a draught *(fx* I'm sitting in a d.); *det er* ~ *i lærerstaben* the (teaching) staff is constantly changing, there are constant changes of (teaching) staff; *det er mindre* ~ *blant kvinnelige ansatte enn blant menn* the turnover among female staff members is less than among men.
gjennomtrenge *(vb)* penetrate, pierce, permeate; *(om væske)* soak, saturate.
gjennomtrengende piercing; penetrating; ~ *blikk* piercing glance; ~ *kulde* piercing cold.
gjennomtrett *(adj)* thoroughly tired; T deadbeat, done in.

gjennomtørr thoroughly dry; quite dry; *(knusktørr)* dry as a bone.
gjennomveve *(vb)* interweave.
gjennomvæte *(vb)* drench, soak.
gjennomvåt drenched, wet through.
gjenoppblussing fresh outbreak.
gjenoppbygge *(vb)* rebuild.
gjenoppfriske *(vb)* revive, reconstruct; brush up *(fx* one's French); *(biol)* regenerate; *han -t minnene fra skoledagene* he passed in review the memories of his schooldays.
gjenopplev̄e *(vb)* relive, live over again; *de -de krigens redsler ved synet av ...* they lived through the horrors of war again at the sight of .... **-else** living through again.
gjenopplive *(vb)* revive, resuscitate.
gjenopplivelse revival, resuscitation.
gjenopprette *(vb)* restore, re-establish.
gjenopprettelse restoration, re-establishment.
gjenoppstå *(vb)* rise again.
gjenoppta *(vb)* resume; ~ *en sak (jur)* reopen *(el.* retry) a case; *saken vil bli -tt* the matter will be taken up again; ~ *sine tidligere forbindelser* resume one's former connections; *(se fiendtlighet).* **-gelse** resumption; reopening *(fx* of a case).
gjenopptreden reappearance.
gjenpart copy, duplicate; *ta en* ~ *av* copy, duplicate.
gjensalg resale. **-sverdi** resale value.
gjensidig mutual, reciprocal; *en slik avtale har ingen hensikt hvis den ikke er* ~ such an agreement is meaningless unless there is give and take on both sides; *etter* ~ *overenskomst* by mutual consent. **-het** reciprocity, mutuality.
gjensitter 1 [pupil who has not been moved up]; US repeater. **2** [pupil who has been kept in after school by way of punishment].
gjensitting *(som straff i skole)* detention (after school); being kept in after school by way of punishment; *(se sitte:* ~ *igjen).*
gjenskape *(vb)* recreate.
gjensk̄inn reflection. **-skjær** (faint) reflection.
gjenspeile *(vb)* reflect, mirror. **-ing** reflection.
gjenstand 1*(ting)* object, thing; **2***(emne, anledning)* subject *(fx* of conversation, of meditation); **3***(mål for følelse, etc)* object *(fx* of hatred, of love, of pity, of studies); ~ *for angrep* the object of attack; the target for *(el.* of) criticism; ~ *for latter* laughing-stock *(fx* become a l.-s.); *gjøre til* ~ *for* make the subject of; *være* ~ *for* (2) be the subject of; (3) be the object of; ~ *for beundring (,medlidenhet)* the object of admiration (,pity); *han var ikke* ~ *for meget oppmerksomhet* he did not receive much attention.
gjenstridig unmanageable, refractory, obstinate, stubborn. **-het** refractoriness, obstinacy.
gjenstå *(vb)* remain; be left; *den -ende tid av kontrakten* the unexpired term of the contract; *det -r da bare for meg å takke Dem* it only remains for me to thank you; *det verste -r* the worst is still to come; the sting is in the tail; *(se også stå:* ~ *igjen & verst).*
gjensvar rejoinder, response, retort.
gjensyn meeting (again); *på* ~*!* see you later! I'll be seeing you! *(lett glds)* so long!
gjenta *(vb)* repeat, reiterate; ~ *seg (om begivenhet, etc)* recur; ~ *til kjedsommelighet* repeat ad nauseam; *-gne (el. -tte)* ganger repeatedly, over and over again.
gjentagelse repetition, reiteration; recurrence.
gjentjeneste return service; *jeg skylder ham en* ~ I owe him a good turn.
gjenv̄alg re-election; *frasi seg (,ta imot)* ~ de-

cline (,accept) r.; *stille seg til* ~ offer oneself for r., stand again; US run again *(fx* for an office); *(se også II. ønske).* **-velge** *(vb)* re-elect.

gjenvinne *(vb)* **1.** regain, win back, recover, retrieve; ~ *sin helbred* be restored to health; **2***(resyklere)* recycle *(fx* rubbish).

gjenvinning 1. winning back; recovering; regaining; retrieving; **2***(resyklering)* recycling *(fx* of rubbish); recovery; reclamation.

gjenvinningsanlegg recovery plant.

gjenvisitt return visit.

gjenvordighet adversity, hardship.

gjenværende remaining; left; *de* ~ **1.** the remaining ones; the ones remaining; those remaining; the rest; **2***(de etterlatte)* the surviving relatives; the bereaved (family).

gjerde fence; *(se steingjerde).*

gjerde|smutt *(zool)* wren. **-tråd** fencing wire.

gjerne 1*(uttrykker ønske, vilje): ja,* ~ *det* yes, why not; *jeg vil(le)* ~ I should like to; *(sterkere)* I am anxious to *(fx* know), I am eager to *(fx* do my share); *jeg vil* ~ *høre om De ...* I should be glad to hear whether you ...; *vi imøteser* ~ *nye ordrer fra Dem* we should be glad to receive your further orders; *vi vil* ~ *at De skal ...* we should be glad if you would ...; *så* ~ *jeg ville* much as I should like to, however much I might wish it; *jeg ville likeså* ~ I would just as soon; **2***(med glede)* gladly, readily, with pleasure, willingly; *inderlig* ~ with the greatest of pleasure; *så* ~ *!* certainly! with pleasure! *mer enn* ~ most willingly; *jeg skal mer enn* ~ *hjelpe Dem* I shall be only too pleased to help you; *jeg vil mer enn* ~ *gjøre det* I shall be delighted to do it; *det ville jeg forferdelig* ~ I'd love to! *vi etterkommer* ~ *Deres ønske* we shall gladly comply with your wishes; *jeg skulle* ~ *ha hjulpet Dem* I should have liked *(el.* should have been pleased) to help you; **3***(det ville være rimelig): De kunne* ~ *hjelpe meg* you might help me; *man ser* ~ *at* it would be appreciated if; *jeg kunne likså* ~ I might just as well; **4***(tillatelse, innrømmelse): De kan* ~ *sende med noen silkeprøver* you might include some samples of silk; *jeg tror* ~ *det* I quite believe that; I have no doubt of it; *han må* ~ *komme* he is welcome; *De kan* ~ *få det* you are welcome to it; ~ *for meg* I have no objection; *for meg kan De* ~ *reise* you may go for what I care; **5***(det er mulig): det kan* ~ *være* that may be so; it is quite possible; *det kan* ~ *være at* it may be that, it is just possible that; it is very likely that; *det kan* ~ *være, men* ... possibly, but *(fx* "He's a gentleman." – ' 'Possibly, but he doesn't behave like one."); **6***(som regel)* as a rule, generally, usually; *det blir* ~ *tilfelle* that is apt to be the case; *slik går det* ~ that is usually the way; *han pleide* ~ *å komme om kvelden* he would come in the evening, he came as a rule in the evening.

gjerning deed, act, action, doing, work; *Apostlenes* -er the Acts (of the Apostles); *mørkets* -er deeds of darkness; *tegn og underlige* -er signs and wonders; *på fersk* ~ in the very act; red-handed *(fx* he was caught r.-h.); *i ord og* ~ in word and deed; *en god* ~ a good deed; *gjort* ~ *står ikke til å endre* what is done cannot be undone; it is no use crying over spilt milk; *han ligger på sine* -er he has got his deserts.

gjernings|mann perpetrator, culprit. **-ord** verb. **-sted** scene of a *(el.* the) crime.

gjerrig miserly, stingy, avaricious, niggardly; US **T** *(også)* tight. **-het** avarice, stinginess. **-knark** miser, skinflint; US **T** tightwad.

gjesling *bot ((hann)rakle)* catkin.

gjesp yawn. **-e** *(vb)* yawn; ~ *stort* yawn wide.

gjest guest; *(besøkende)* visitor; *(i vertshus)* guest, patron; *ubuden* ~ unwelcome visitor; uninvited guest; **T** gate-crasher.

gjeste *(vb)* visit.

gjeste|bud banquet, feast. **-opptreden** guest performance. **-rolle** guest performance; *gi -r* give g. performances, appear as a guest; US guest star (at a theater). **-spill** guest performance.

gjeste|vennlig hospitable. **-vennskap** hospitality. **-værelse** spare bedroom.

gjestfri hospitable. **gjestfrihet** hospitality.

gjestgiver innkeeper, landlord. **-i** inn. **-ske** landlady.

gjete *(vb)* herd, tend; ~ *på* watch, keep an eye on.

gjeter(gutt) shepherd (boy).

gjetning guessing; guess, conjecture, surmise, guesswork.

gjetord report, rumour (,US: rumor).

gjette *(vb)* guess, conjecture, surmise; ~ *en gåte* solve a riddle; ~ *riktig (,galt)* g.right (,wrong); ~ *på* guess at, make a guess at; ~ *på at* guess that; *jeg -r på at det blir uavgjort (fotb)* I'm going for a draw; *jeg -r på at han er 40 år* I should put his age at 40; ~ *seg fram* proceed by conjecture, guess; ~ *seg til* guess.

gjev fine; splendid; **T** grand.

gjord *(rem om hestens kropp)* girth.

gjorde vb *(en hest)* girth.

gjær yeast; *flytende* ~ wet yeast; *(se ølgjær).*

gjærdeig yeast dough.

I. gjære: *i* ~ going on, brewing, in the wind.

II. gjære *(vb)* ferment, work; *(snekkeruttrykk)* mitre.

gjæring fermentation; *(snekkeruttrykk)* mitring.

gjærings|middel ferment. **-prosess** process of fermentation.

gjær|kasse *(snekkers)* mitre box. **-lås** fermentation lock. **-salt** yeast nutrient.

gjærnæringstablett yeast nutrient tablet.

gjæte *(vb): se gjete.*

gjæv *se gjev.*

gjø *(vb)* bark, bay *(på* at); *den hund som -r, biter ikke* barking dogs seldom bite; *-ende hoste* barking *(el.* hacking) cough.

gjø(de) *(vb)* fatten (up).

gjødning manuring; *(kunst-)* fertilizer.

gjødnings|middel, -stoff fertilizer.

gjødsel manure, dung; *(kunst-)* fertilizer. **-greip** dung fork. **-haug** dunghill, dungheap, manure heap.

gjødsle *(vb)* fertilize, manure.

gjøgl humbug, buffoonery.

gjøgle *(vb)* juggle; *(drive narrestreker)* play the buffoon. **-r** juggler; clown.

gjøglerstreker *(pl)* juggling tricks.

gjøgris fatted *(el.* fat *el.* fattening) pig, porker.

gjøing barking, bark.

gjøk: *se gauk.*

gjøkalv fatted *(el.* fattening) calf.

gjøn fun; *drive* ~ make fun *(med* of).

gjøne *(vb)* make fun, jest, joke.

gjøre *(vb)* **1***(utføre, besørge)* do; **2***(frembringe, foreta)* make *(fx* a fire, a journey); **3***(bringe i en viss tilstand)* render, make *(fx* sby happy); **4***(være av betydning)* matter; **5***(forårsake)* do *(fx* do harm, do good); cause *(fx* cause sby grief, pain); **6***(besøke som turist)* do *(fx* do Paris); **7***(tilbakelegge)* do *(fx* do fifty miles an hour); **8***(som gjentagelse av vb)* do *(fx* «You don't work». – «Yes, I do!»); [A: *forb. m. subst*; B: *med «at»*; *adj; pron; adv;* C: *med vb;* D: *med prep & derav dannede adv*]

A [*forb. m. subst*] ~ *godt arbeid* do good work;

~ *sitt arbeid godt* do one's work well; ~ *en feil* make a mistake; ~ *forretninger* do business; *denne tallerkenen må* ~ *tjeneste som fat* this plate will have to do for a dish; *(For øvrig må uttrykk med subst søkes under disse, fx: avtale, begrep, figur, forsøk, gjerning, håp, mening, nytte, oppfinnelse, plass, plikt, regel, sak, skade, skam, tjeneste, uleilighet, umak, ære, ærend);*

B [*forb. m. «at», adj, pron & adv*] *dette gjør* **at** ... the result is that; *dette kan* ~ *at De blir* ... this may cause you to be ...; *dette har muligens gjort at* this may have had the effect that *(el.* of -ing); *dette gjorde at huset ble revet* this caused the house to be pulled down; *dette gjorde at han ble syk* this had the effect of making him ill; this made him ill; *han gjør ikke* **annet** *enn å skjenne* he does nothing but scold; he is always scolding; *det er ikke annet (for oss) å* ~ there is no alternative; *han gjør oss* **bedre** *enn vi er* he makes us out to be better than we are; ~ *sitt* **beste** do one's best; *(se også ndf (sitt)); det vil* ~ **det** *(ɔ: gjøre utslaget, etc)* that will do the trick; *kan ikke mindre* ~ *det?* can't you do with less? has it got to be as much as all that? ~ *og det gjorde vi* and so we did; *men det gjør jeg ikke!* but I shall do nothing of the kind *(el.* no such thing)! *det gjør man ikke* that is not done; ~ *det bra* do all right *(fx* he is doing all right); *firmaet gjorde det dårlig (,godt) i fjor* the firm did badly (,well) last year; *han har gjort det godt* he has done well for himself; he has been successful; *han gjorde det godt på skolen* he did well at school; ~ *det godt igjen (forsones)* make it up (again); ~ *fast (mar)* make fast, belay; *(seil)* furl, stow; ~ *en noe* **forståelig** make sth clear to sby; ~ *seg forståelig:* se ndf *(seg); det gjør meg* **godt** it does me good; *nå skal det* ~*godt med et glass øl (spøkef)* a glass of beer seems indicated; *jeg gjør så godt jeg kan* I do *(el.* am doing) my best; *det var godt gjort!* (that's) well done! that's a good effort! **hva** *gjør det?* what does it matter? what difference does it make? what's the harm in that? *hva gjør vel det?* what does it matter? **T** who cares? *hva gjør det om han leser brevet?* where is the harm in his reading the letter? *hva har de gjort deg?* what have they done to you? what harm have they done you? *si meg hva jeg skal* ~ tell me what to do; *hva vil du jeg skal* ~ ? what do you want me to do? what would you have me do? *hva skal vi så* ~ *(gripe til)?* whatever shall we do next? *jeg visste ikke hva jeg skulle* ~ I did not know what to do; *han vet nok hva han gjør* he knows what he is about *(el.* what he's doing); *det gjør* **ingenting** *(el. ikke noe)* it does not matter; never mind! that's all right! *det gjør ingenting fra eller til* it makes no difference either way; it makes no odds; *han gjør det ikke* **lenge** he won't last long; *det var* **lumpent** *(,pent) gjort* it was a mean (,fine) thing to do; *dette gjør* **meget** *til å forbedre stillingen* this does a great deal to improve the position; this goes a long way towards improving the p.; *ikke så meget at det gjør noe* nothing worth mentioning; **T** nothing to write home about; *det gjør ikke* **noe:** se ovf *(ingenting); det gjør vel ikke noe?* I hope it's all right? *det kan vel ikke* ~ *noe om vi forteller ham det?* there can be no harm in telling him; *han har aldri gjort deg noe* he has never done you any harm; *ikke snakk, men gjør noe!* stop talking and do sth; stop talking and get on with it; ~ *noe av seg:* se D *(av);* ~ *en* **oppmerksom** *på noe* call sby's attention to sth; point sth out

to sby; *du gjorde* **rett** *i å være på vakt* you were right to be on your guard; *det gjorde du rett i* you did well; you were right; ~ **seg** 1*(ta seg godt ut)* look well, have a good effect, make a good show; 2*(gjøre lykke)* be a success; *det gjorde seg ikke* it was no success; **T** it cut no ice; *(se også D (av));* ~ *seg bebreidelser* reproach oneself; ~ *seg bedre enn en er* pretend to be better than one is, make oneself out (to be) better than one is; ~ *seg et ærend* feign an errand; ~ *seg forståelig (el. forstått) (for en)* make oneself understood (to sby); *de kunne ikke* ~ *seg forstått for hverandre* they could not make themselves mutually understood; ~ *seg til* put on airs, give oneself airs; ~ *seg til gode med regale oneself with (fx* a cigar); ~ *seg til herre over* make oneself master of *(fx* the whole country); ~ **sitt** do one's best; do all in one's power; *jeg skal* ~ *mitt* I'll do my part *(el.* share); **T** I'll do my bit, ~ *sitt til* play one's part *(fx* cheap power has played its part in developing this industry); *dette gjør sitt til å ...* this tends to; ~ *sitt ytterste* spare no effort, exert oneself to the utmost; ~ **stort** *(om barn)* do one's duty, do number two; do big jobs; *det gjør ikke stort* it does not greatly matter; *det gjør ikke stort fra eller til* it does not make much difference either way; *det gjør hverken fra eller til:* se D *(fra);* ~ **vondt** hurt; *det gjør vondt* it hurts; *det gjør vondt i foten (min)* my foot hurts; *(uttrykk med andre adj må søkes under disse, fx bemerket, blid, frisk, gal, gjeldende, kjent, klok, latterlig, vel);*

C [*forb. m. verb*] *det* **blir** *ikke gjort* it doesn't get done; *få en til å* ~ *noe* make sby do sth, get sby to do sth; persuade sby to do sth; *få det gjort* get it done *(el.* finished); get it off one's hands; *det får han aldri gjort* he'll never get that done; he'll never get through that work *(el.* job); *få gjort mye* get through a lot of work; get a lot of w. done; get a lot of off one's hands; *jeg fikk gjort en hel del i dag* I got through a lot of work today; **gjort** *er gjort* what's done cannot be undone; *men gjort var gjort* however, the deed was done; **ha** *noe å* ~ have sth to do; *jeg har noe å* ~, *jeg har noe jeg skal ha gjort* I have some work to do; *vi har fullt opp å* ~ we are very busy; we have our hands full; *jeg har ikke noe særlig å* ~ I have nothing in particular to do; *ha meget å* ~ be very busy, have a lot of work to do, have a great deal to do; *jeg har altfor meget å* ~ **T** I have too much on my plate; *ha mindre å* ~ be less busy; *søndag har jeg minst å* ~ Sunday is the day when I am least busy; *ja, du har nok å* ~ you've got your hands full; you've got your work cut out for you; *ha å* ~ *med:* se D *(med);* *du* **kunne** *ikke* ~ *noe bedre* you could not do better; *vi kunne ikke* ~ *annet enn å vente* there was nothing for us to do but wait; there was nothing for it but to wait; *det* **lar** *seg (ikke)* ~ it can(not) be done *(el.* arranged); *så godt det lot seg* ~ as well as in any way possible; *så vidt det lot seg* ~ as far as possible; to the greatest possible extent; ~ *og late som en vil* do whatever one likes; *det* **må** *-s* it must be done; *det må du gjerne* ~*!* by all means, do! *gjør som det blir sagt!* do as you are told! *det er lite å* ~ there is not much to do; *(merk)* trade is slack; *det er lite å* ~ *i tekstilbransjen* there is little doing in textiles;

D [*forb. m. prep og derav dannede adv*] ~ *det* **av** *med ham* dispose of him, account for him, finish him off; **T** settle his hash; *(drepe)* do away with him; **T** do him in; *hvor har du gjort av* *boka?* where have you put the book? what have you done with the book? ~ *for meget av det gode* overdo it *(fx* he has overdone it); *hvor har han gjort av seg?* what's become of him? where has he gone? *jeg visste ikke hvor jeg skulle* ~ *av meg* I did not know what to do with myself; I did not know where to turn; ~ *meget av (gjøre stas av)* make much of; *(sterkere)* make a great fuss of; *(se også ndf (ut));* ~ *meget av seg* be effective, produce a marked effect; ~ *ekstra meget av seg* be especially effective, make an exceptionally good show; ~ *noe av seg* show (up)to advantage, appear to a.; look well, have a good effect, make a good show; ~ *noe* imitate sth, copy sth; *jeg kan ikke* ~ *for det* it is not my fault; I cannot help it; *jeg kan ikke* ~ *for at han er ...* I cannot help his being ...; it is not my fault that he is; *han gjør meget for sine venner* he does a lot for his friends; *det gjør hverken* **fra** *eller til* it makes no difference (either way); it makes no odds; *jeg kan ikke innse at det gjør noe fra eller til* I don't see that it makes any odds; ~ **i** *buksen* dirty one's pants; ~ **i** *stand rommet sitt* do one's room; ~ *ham* **imot** cross him; act against his wishes; *når du får* **med** *ham å* ~ when you get to do with him; *du skal få med meg å* ~*!* you'll catch it from me! *ha å* ~ *med* have to do with, deal with, have dealings with *(fx* a firm); be up against *(fx* a strong man); *alt som har med ... å* ~ everything connected with; **T** everything to do with; *det har noe med ... å* ~ it has (,**T:**) sth to do with; *det har ikke noe med saken å* ~ it is totally irrelevant; it is not to the point at all; it has nothing to do with the case; *jeg har nok å* ~ *med å ...* I have my work cut out to; *(se også:* ha B *(med));* *alt hva du gjør* **mot** *andre* all that you do to others; *gjør mot andre som du vil at de skal* ~ *mot deg* do as you would be done by; *(«Likte du deg der?»)* – «**Om** *jeg gjorde!*» I should (jolly well) think I did! *(se III. om);* ~ *høyre* **om** turn right; ~ *om i penger* turn into cash; ~ *noe om igjen* do sth again, do sth (all) over again; ~ *om en brøk* invert a fraction; ~ *om til (forandre)* alter *(el.* convert) into; *(regne om til)* convert into; *gjøre om til nektende form (gram)* put *(el.* turn) into the negative (form); *det er om å* ~ it is important; *det er om å* ~ *for oss å...* we are anxious to; *det er meg meget om å* ~ *at du skal lese brevet* I am very anxious that you should read the letter; *er det så meget om å* ~ *(o: så viktig)?* is it of such importance? is it so terribly important? is it so vital? *det er meg ikke så meget om å* ~ I do not greatly care; *det er bare om å* ~ *å holde balansen* it is only a question of keeping one's balance; ~ **opp** settle (up); **T** square up; *(fig)* fight it out; ~ *opp et bo* wind up an estate; ~ *opp kassen* balance the cash; ~ *opp vårt mellomværende (også fig)* settle our account; ~ *opp noe i minnelighet* settle sth amicably; *(jur)* settle sth out of court; ~ *opp et regnskap* settle *(el.* square) an account; *(avslutte)* make up *(el.* balance) accounts; ~ *opp status* strike a *(el.* the) balance; draw up a balance sheet; *(fig)* take stock *(fx* of one's life); ~ *opp varme* light a fire (in the stove), make a fire; ~ **opp med en** settle (accounts) with sby; **T** get square with sby; *(fig)* have it out with sby, settle (accounts) with sby; **T** settle sby's hash; ~ *opp med seg selv* settle it out with oneself; ~ *opp med sin egen samvittighet* ransack one's own conscience; settle sth with one's own c.; *det var gjort* **på** *et øyeblikk* it was the work of a moment; ~ *en til*

noe make sby sth *(fx* m. him a bishop); ~ *en til sin fiende* make an enemy of sby; *han er på langt nær så rik som man gjør ham til* he is not nearly as rich as he is made out (to be); ~ *en tanke til sin* adopt an idea; *ikke stå der og gjør deg til!* come off it! stop pretending! ~ *noe* **unna** get sth done, get sth out of the way, finish sth; ~ *en presedens* **ut** *av det* turn it into a precedent; ~ *for meget ut av noe* make too much of sth; *jeg må få gjort* **ved** *sykkelen min* I must have my bicycle seen to; *hva kan man* ~ *ved det?* what can one do about it? *det er ikke noe å* ~ *ved (det)* there is nothing to be done about it; there is nothing one can do about it; *(det kan ikke unngås)* there is no help for it; it cannot be helped; there it is! *det er ikke mer å* ~ *ved det* there is nothing more to be done about it; *du skulle* ~ *noe ved den forkjølelsen* you ought to do sth about that cold of yours; *(se I. få; II. stå B:* han har mye *å* ~ *i; sørge:* ~ *for at det blir gjort).*

gjøremål business, duties, doings, task(s); *det var mange* ~ *på gården som krevde hans oppmerksomhet* there were a number of tasks on the farm that demanded his attention.

gjørlig practicable, feasible.

gjørme mire, mud, dregs. **-t** turbid, muddy, miry.

I. gjørs *(fisk)* zander.

II. gjørs *(vb):* ~ *på noe* do sth on purpose *(el.* in defiance); make a point of doing sth.

gjørtler brazier.

gjøs *(mar)* jack.

glad glad, happy, joyful, joyous, cheerful; ~ *i* fond of; *han er* ~ *i pengene sine* he is very attached to his money; *jeg er* ~ *jeg slapp helskinnet fra det* I was glad to get off unhurt; ~ *over å høre om det* glad to hear of it; *jeg er like* ~ I don't care; *gjøre seg en* ~ *dag* make a day of it; *(se giver).*

gladelig gladly, cheerfully; *han ville* ~ *betale ...* he would not think twice about paying *(fx* 50p for a cigar).

gladiator gladiator.

glam *(hunde-)* baying.

glamme *(vb)* bay, bark.

glane *(vb)* stare, gape *(på* at).

glans lustre; gloss; *(stråle-)* brilliance, radiance; *(prakt)* splendour (,**US:** splendor), glory; *kaste* ~ *over (fig)* lend lustre to; *han kaster* ~ *over sin skole (også)* he is an honour to his school; *klare seg med* ~ come out with flying colours; *ta -en av (også fig)* take the shine out of; *vise seg i all sin* ~ appear in all one'sglory.

glansbilde scrap; *(fig)* picture postcard.

glansløs lustreless, lack-lustre; *(matt, trist)* dull, dead. **-løshet** dullness, deadness. **-nummer** star turn; main attraction, high point. **-papir** glazed paper. **-periode** golden age; zenith *(fx* the z. of the Roman Empire); *(persons)* palmy days. **-rolle** star part, best part; **US** star role. **-tid:** *se* **-periode.**

glasere *(vb)* glaze; *(overtrekke med sukker)* ice; **US** frost.

glass glass; *(ølglass)* tumbler; *(mar)* bell; *slå seks* ~ strike six bells; *sette i* ~ *og ramme* frame and glaze; *et* ~ *vann* a glass of water.

glassblåser glassblower.

glasshus: *en skal ikke kaste stein når en selv sitter i* ~ those who live in glass houses should not throw stones.

glasshåndkle tea towel, tea cloth. **-kuppel** lamp globe. **-maleri** stained-glass painting; stained-glass picture. **-manet** jellyfish. **-mester** glazier. **-perle** glass bead. **-skår** fragment of glass; *(pl)* broken glass. **-tøy** glassware. **-vatt** glass wool. **-verk** glassworks, glass factory. **-øye** glass eye. **-ål** *(zool)* elver; *(se ål)*.

glasur glaze; *(sukker-)* icing; US frosting.

glatt smooth *(fx* surface); *(om hår)* straight, sleek; *(uten mønster)* plain *(fx* ring); *(slik at man glir)* slippery; *(slesk)* smooth, oily; ~ *som en ål* (as) slippery as en eel; *han har en* ~ *tunge* he has a glib tongue; *gå* ~ *(fig)* go without a hitch, go (off) smoothly; *alt gikk* ~ *(også)* everything was running smoothly; *gi ham det -e lag (fig)* let him have it.

glattbarbert clean-shaven, close-shaven, smooth -shaven; *(se nybarbert)*.

glatte *(vb)* smooth; ~ *over* gloss over *(fx* facts); ~ *ut* smooth out, iron out *(fx* the differences between the parties).

glatthet smoothness; straightness, sleekness; plainness; slipperiness; oiliness. **-høvel** smoothing plane. **-høvle** *(vb)* plane smooth. **-håret** sleek-haired; *(om hund)* smooth-haired, straight -haired. **-is** icy surface; *lokke ham ut på -isen (fig)* get him out on thin ice; set a trap for him. **-kjemme** *(vb)* comb neatly *(fx* c. one's hair n.). **-kjøringsbane** *(øvingsbane for glattkjøring)* skidpan. **-løpet** *(gevær)* smooth-bore. **-raket** clean-shaven, close-shaven, smooth-shaven. **-slepet** polished, ground. **-slikket** *(om person)* sleek, smooth; ~ *hår* sleek hair.

I. glede *(subst)* joy, delight, pleasure; *bordets -r* the pleasures of the table; *alt var idel* ~ everything was sheer joy; *det er meg en* ~ *å* I am happy to, it gives me pleasure to; *ute av seg av* ~ beside oneself with joy; *gråte av* ~ weep for joy; *finne* ~ *i* delight in, take pleasure in; find pleasure in; *jeg har ingen* ~ *av det* it gives me no satisfaction; *med* ~ with pleasure, gladly; *til stor* ~ *for* to the great delight of; *jeg ser med* ~ *av Deres brev at ...* I note with pleasure from your letter that...; I am pleased to note from your letter that ...; *(se også II. glede: det -r oss å se av Deres brev at ...)*.

II. glede *(vb)* please, delight, make happy, gratify; *det -r meg å* I am glad to; *det -r oss å se av Deres brev at ...* we are pleased to learn *(el.* note *el.* see) from your letter that...; we are gratified to see from your l. that; *det ville* ~ *oss å høre Deres mening om dette omgående* we should be glad *(el.* pleased) to have *(el.* hear) your views on this by return (of post); *det -r meg at* I am glad that; ~ *seg over* rejoice at; ~ *seg til* look forward to *(fx* I am looking forward to coming).

gledelig joyful, joyous, glad, gratifying, pleasant; *en* ~ *begivenhet* a happy event; ~ *jul* a merry Christmas. **-vis** happily.

gledeløs joyless, cheerless, dreary.

gledesbluss bonfire. **-budskap** glad tidings. **-dag** day of rejoicing. **-dans** dance for joy; *oppføre en* ~ dance for joy. **-dreper** kill-joy, sour-face; T wet blanket; *(især* US) sourpuss. **-pike** prostitute; T pro. **-rus** transport of joy. **-skrik** shout of joy. **-tegn** token of joy.

gledestrålende beaming *(el.* radiant) with joy.

gledestårer *(pl)* tears of joy.

glefs snap. **-e** *(vb)* snap *(etter* at); ~ *i seg* bolt, wolf *(fx* one's food).

glemme *(vb)* forget; *(utelate)* omit, leave out; *jeg har glemt hans navn* I forget his name; *jeg har helt glemt det* it has quite slipped my memory; I've quite forgotten; *det hadde jeg rent glemt* I quite forgot that; T clean forget sth; ~ *igjen* leave (behind) *(fx* leave one's umbrella on the bus; the luggage was left behind); ~ *seg* forget oneself.

glemmeboka: *gå i* ~ be forgotten, sink into oblivion.

glemsel oblivion, forgetfulness; *synke i* ~ sink into oblivion; *være dekket av -ens slør* be buried in (the dust of) oblivion; *-ens slør har forlengst senket seg over denne begivenheten* this event sank into the mists of oblivion long ago.

glemsom forgetful, absent-minded.

glemsomhet forgetfulness, absent-mindedness.

glente *(zool)* kite.

gletsjer glacier.

I. gli *(subst): få på* ~ set going, help *(fx* sby) to get started.

II. gli *(vb)* slide, glide; *(om hjul)* skid; ~ *bort fra hverandre (fig)* drift apart; *ord som har -dd inn i språket* words that have become part and parcel of the language; *la fingrene i et selskap* be a good mixer; ~ *ned (bli svelget)* go down; *disse sokkene -r ned hele tiden* these socks keep slipping down; *la fingrene* ~ *over en flate* run one's fingers over a surface; *la blikket* ~ *over* run one's eye over; ~ *over i* merge into; slide *(el.* pass) into, gradually become; ~ *tilbake* slide back; *(fig)* lapse.

glideflukt glide; volplane; *gå ned i* ~ glide down; volplane. **-fly** glider.

glidelyd *(fon)* glide. **-lås** zip fastener; US zipper. **-skala** sliding scale.

glimmer *(min)* mica.

glimre *(vb)* glitter; *(fig)* shine; *det er ikke gull alt som -r* all that glitters is not gold; all is not gold that glitters; ~ *ved sitt fravær* be conspicuous by one's absence.

glimrende brilliant, splendid, excellent.

glimt gleam; *(flyktigblikk)* glimpse; *(av lyn el. fyr)* flash; *få et* ~ *av* catch a glimpse of; *han fikk et vennlig* ~ *i øynene* his eyes twinkled in a friendly way. **glimte** *(vb)* gleam, flash.

glinse *(vb)* glisten, shine.

I. glipe *(smal åpning)* opening, crack.

II. glipe *(vb)* come apart *(fx* at the seams), come undone; gape; ~ *med øynene* peer.

glipp: *gå* ~ *av* lose, miss, fail to obtain; *jeg gikk* ~ *av den første delen av talen hans* I missed the first part of his speech.

I. glippe *(vb)* slip (away), slip out of one's grasp; *(om ski: gli bakover)* slide backward *(fx* the skis slide backwards on a slope if they have been wrongly waxed); *det glapp ut av hendene på meg* it slipped out of *(el.* from) my hands; it slipped through my fingers; *hemmeligheten glapp ut av ham* he let the secret slip out.

II. glippe *vb (med øynene)* blink.

glis grin; *(hånlig)* sneer. **glise** *(vb)* grin; *(hånlig)* sneer.

glissen 1. sparse, thin; widely scattered, far apart; **2.** cracked; draughty.

glitre *(vb)* glitter, sparkle.

glitte *(vb)* glaze, calender.

I. glo *(subst)* live coal, ember; *-en på en sigarett* the light of a cigarette.

II. glo *(vb)* stare, gaze, gape *(på* at).

global global; *i* ~ *sammenheng* in a world sense.

globus globe.

gloende *(glødende)* glowing, red-hot; *sanke* ~ *kull på hans hode* heap coals of fire on his head; ~ *rød* flaming red, fiery red.

glohet *(adj)* scorching hot; *(rødglødende)* red -hot, burning hot. **-hete** red heat.

gloret *(gild)* gaudy, glaring.

glorie halo, nimbus. **glorverdig** *(spøkef)* glorious.

glorød fiery red.

glose word; *oppgitt* ~ word provided *(fx* 3 words are p. in this translation); *han greier ikke å nyttiggjøre seg oppgitte -r og uttrykk* he can't manage to make use of words and expressions that are given. **-bok** notebook. **-forråd** vocabulary. **-prøve** vocabulary test *(fx* English v. t.).

glossar glossary.

glugg *(adv):* vi koser oss ~ i hjel **T** we're having the time of our lives; le seg ~ i hjel **T** die *(el.* be dying) with laughter, split (one's sides) with l., laugh until one's sides ache; *(også US)* laugh oneself sick.

glugge peep-hole; **-r** *(øyne)* **T** peepers.

glupende ravenous, voracious *(fx* appetite).

glupsk greedy, ravenous, voracious; *(om rovdyr)* ferocious, fierce. **-het** ravenousness; ferocity.

glykose glucose; grape sugar.

glyserin glycerine.

glød *(subst)* **1.:** se glo; **2***(fig)* glow.

gløde *(vb)* make red-hot; glow; *(fig)* burn *(av* with).

glødelampe incandescent lamp.

glødende red-hot; glowing; *(fig)* ardent.

glødetråd *(i glødelampe)* filament.

I. gløgg *(subst)* mulled claret.

II. gløgg *(adj)* smart; shrewd.

gløtt (fleeting) glimpse; rift (in the clouds); *få et ~ av* catch a glimpse of; *på ~* ajar, open just a crack *(fx* he left the window open just a crack); on the latch *(fx* leave the door *(el.* the window) on the l.); *sette på ~* set ajar; leave *(fx* the door) on the latch; *døra sto på ~ (også)* the door was pushed to.

gnage *(vb)* gnaw.

gnager *(zool)* rodent.

gnaske *(vb)* crunch, munch.

gneis gneiss.

gneldre vb *(bjeffe)* yelp; yap, bark. **-bikkje** *(neds)* yelping dog.

gni *(vb)* rub; ~ *seg i hendene* rub one's hands.

gnidder cramped writing.

gnidning rubbing; friction.

gnidningselektrisitet frictional electricity.

gnidningsmotstand friction.

gnidre *(vb)* write a cramped hand. **-t** cramped, crabbed.

gnidsel: se gnissel.

gnier miser, skinflint; **US T** tightwad.

gnieraktig niggardly, stingy, miserly.

gnieraktighet, gnieri niggardliness, stinginess, miserliness.

gnikke *(vb):* ~ *på fela* scrape *(el.* saw) away at the fiddle.

gnisninger *pl (fig)* friction; *de hadde ekteskapelige ~ av den grunn* they had some family friction (,**T:** a family row) over it.

gnisse *(vb)* creak, squeak; ~ *mot noe* be rubbed against sth.

gnissel: *gråt og tenners* ~ weeping and gnashing of teeth.

gnist 1. spark; **2***(fig)* spark; trace; *(stivt)* vestige; **3. T***(telegrafist)* sparks; *vekke en* ~ *av begeistring* rouse a spark of enthusiasm; ~ *av håp* ray of hope; *han har mistet* **-en** the spark has gone out of him; *slå* **-er** *av* strike sparks from.

gnistre *(vb)* sparkle; *hans øyne* **-t** *av sinne* his eyes flashed with anger.

I. gnu *(slags antilope)* gnu, wildebeest.

II. gnu *(vb)* rub; ~ *på skillingen* be miserly, be stingy.

gny din, clamour (,**US:** clamor).

gnål fussing; nagging; importunities.

gnåle *(vb)* fret, fuss, nag; ~ *om noe* **T** go on about sth; ~ *på det samme* harp constantly on the same thing; *(se plate).*

god 1*(gunstig, nyttig, formålstjenlig)* good *(fx* a g. quality); **-e** *gamle dager* the good old days;

-e *nerver* good *(el.* sound *el.* steady) nerves; *skrivemaskinen er fremdeles* ~ the typewriter is still quite usable; *-e tider* prosperous times; *-t og ondt* good and evil; *det -e og det onde som fins i menneskene* the good and the evil that are in mankind; *finne for-t å* choose to; think fit *(el.* proper) to; see fit to; *for meget (el. mye) av det -e* too much of a good thing; *gjøre for meget av det -e* overdo it *(fx* he's overdone it); *få -t av* have the benefit of; *gjøre det -t igjen* l. make amends for it; *(stivt)* repair the omission; 2*(forsones)* make it up (again); *ha -t av* benefit by, derive benefit from; *det har han -t av* that will do him good; *det har du -t av!* serves you right! *nyte -t av* derive benefit from; profit by *(el.* from); *hva skal det være -t for?* what is the good of that? *dette er bare -t* this is all to the good; *det er -t at* it is a good thing that; *som -t er* which is fortunate (for us, *etc*); **T** and a good job too! *intet er så -t som* there is nothing like; *de kan være meget -e hver for seg* they have both (,all of them have) got their points; *han er* ~ *for (om det økonomiske)* he's worth; he's good for; *gå* ~ *for (kausjonere)* stand security for; *(garantere for)* guarantee; *vise folk hva man er* ~ what one is capable for *(o: hva man duger til)* show people what one can do *(el.* of); show one's paces; 2*(lett)* easy; *det er -t å se* it is easy to see; *det er ikke -t å si (,vite) om* it is hard to say (,tell) whether; 3*(rikelig, rundelig):* **-e** *lommepenger* a good spending allowance; adequate pocket money; ~ *plass* plenty of room; *en* ~ *mil* a good *(el.* full) mile; *-t og vel* fully, well over, rather more than; 4*(på det nærmeste):* så *-t som* nearly, almost, as good as, next to, practically; *det er så -t som avgjort* it is practically *(el.* all but) settled; *så -t som ingen* scarcely any; 5*(om det sannsynlige):* *det er -t mulig at...* it is just possible that; 6*(andre uttrykk): jeg holder meg for* ~ *til å gjøre slikt* I am above doing such a thing; *ta ham med det -e* use kindness; try persuasion; *man må ta ham med det -e (også)* he won't be driven; **vær så** ~ ! *(ofte intet tilsvarende uttrykk på engelsk; når man rekker en noe):* here you are, sir (,madam); *(når det inviteres til bords)* dinner (,breakfast, *etc*) is ready; *(når man gir tillatelse til noe)* you are quite welcome; *(o: ja, så gjerne)* by all means; *vær så* ~ *å forsyne Dem* help yourself; do take some (,one, *etc*); *vær så* ~ *å ta plass* please take a seat; *er eggene -e ennå?* are the eggs still all right? *de er like -e om det* one is as much to blame as the other; *det er -t nok, men ...* that is all very well, but ...; *for -t* for good, permanently; ~ *og sint* good and angry; *jeg ønsker Dem alt -t* I wish you every happiness; *(se også godt (adv); dag & meget).*

god aften! good evening!

godartet benign, mild.

godbit 1*(lekkerbisken)* titbit; **US** tidbit; **2***(fig)* goody *(fx* this passage contains some real goodies).

god dag! good morning! good afternoon! *(ved presentasjon)* how do you do?

gode *(subst)* good; benefit *(fx* material benefits); blessing; *det høyeste* ~ the supreme good; *til* ~ due; *han har ett års hyre til* ~ he has one year's pay due; *det beløp jeg har til* ~ the amount due *(el.* owing) to me; the a. to my credit; the balance in my favour; *gjøre seg til* ~ *med en sigar* indulge in a cigar; *det kom meg til* ~ *at jeg hadde ...* I benefited from having; it stood me in good stead that I had ...; *(jvf god).*

godeste: *du ~!* good gracious!
godfjott foolishly good-natured person; simpleton; *(se dott).*
godgjørende beneficient, charitable.
godgjørenhet beneficence, charity.
godhet goodness; kindness; *fatte ~ for* take a liking to; *ha den ~ å* be so kind as to, have the goodness to.
god|hetsfullt kindly. **-hjertet** kind-hearted. **-hjertehet** kind-heartedness.
godkjenne *(vb)* sanction, approve (of), endorse; o.k. *(fx* the report was o.k.'d by Mr. X); *ikke ~ et krav* disallow a claim.
god|kjennelse sanction, approval. **-lag:** *være i ~* be in high spirits. **-lyndt** friendly, good-natured, likeable. **-låt** *(fra baby)* (contented) gurgling. **-modig** good-natured. **-modighet** good nature.
gods 1*(varer)* goods; *avdeling for ankommende (,utgående) ~ (jernb)* inwards (,outwards) office; **2.** landed property; estate *(fx* he has an estate in Scotland).
gods|befordring conveyance of goods; goods traffic; US freight transportation; freight traffic. **-betjent** *(jernb)* goods clerk. **-eier** estate owner; landowner; *(lett glds)* gentleman farmer; *(hist)* landed proprietor; squire. **-ekspedisjon** *(jernb)* **1.** goods (,US: freight) service; **2***(lokalet)* (goods) forwarding office, goods office, parcels office; US freight office; *bestyrer av ~* goods agent. **-forvalter** land agent, steward. **-hus** goods shed, goods depot; US freight shed *(el. house).* **-husbetjent** *se -betjent.* **-håndtering** goods handling. **-kontrollør** goods manager.
godskrift: *til ~ på min foliokonto nr. 86* to the credit of my Current Account no *(el.* No.) 86.
godskrive *(vb)* credit; *~ meg beløpet* place the amount to my credit, credit me with the a., credit my account with the a.
godslig good-natured.
godsnakke *(vb)* speak gently, coax; *det måtte meget godsnakking til før han samtykket* T he took a lot of coaxing.
gods|rampe (un)loading platform, goods-shed p. **-skiftetomt** freight marshalling yard. **-spor** goods track, goods line; *(sidespor)* goods (,US: freight) siding. **-stasjon** goods station; US freight depot. **-tog** goods train; US freight train; *skiftende ~* slow goods train; *(se tog 1).* **-tomt** goods (,US: freight) yard. **-trafikk** goods traffic, carrying traffic; US freight traffic; *gjennomgående ~* goods in transit. **-tykkelse** material thickness; *sveise og skjære -r på* inntil henholdsvis *8 og 50 mm* weld material thicknesses up to 8 mm and cut items up to 50 mm thick. **-vogn 1.** goods wagon; US freight car; *(åpen)* (open) truck; *(lukket)* goods van; **2***(bagasje-)* luggage van; US baggage car.
godt *(adv)* well *(fx* the goods are well packed); *det begynner ~ (iron)* that's a nice start, I must say! *jeg har det ~* I'm (very) well; I'm all right; *ha det ~!* good luck! take care of yourself! *(mor deg)* have a good time! *de dumme her det ~!* if you're daft *(el.* stupid) enough, you can get away with it! just act stupid and you'll be all right! *gå ~* go well; turn out well; *det kommer ~ med* it's welcome; *kort og ~* in short; in so many words *(fx* he told me in so many words that ...); *han er, kort og ~, i unåde* the short of it is, he's in disgrace; *han svarte kort og ~* he answered briefly and to the point; *jeg kan ~ forstå at* I (can) quite understand that...; *det kan ~ være* that may well be (the case); maybe; *jeg kunne ikke ~ gjøre noe annet* I could not very well do otherwise; *det lukter (,smaker) ~* it smells (,tastes) good *(el.*

nice); *mene det ~ med en* mean well by *(el.* towards) sby; *de mente det ~ med ham (også)* they meant to do their best for him; *se ~ ut* be good-looking; *(helsemessig)* look fit; *han sitter ~ i det* he's well off *(el.* well to do); *sove ~* sleep well; *(trygt)* sleep soundly, be sound asleep, be fast asleep; *sov ~!* sleep well; *du vet ~ at ...* you know very well that; *~ og vel* rather more than, fully, quite; *~ og vel to engelske mil* a good two miles; *(se også god).*
godta *(vb)* accept; pass; admit *(fx* a claim); *(godkjenne)* approve; *oppnå å få -tt en idé (også)* sell an idea.
godtagelse acceptance; *(godkjenning)* approval.
godte *(vb): ~ seg over (ɔ: være skadefro pga.)* gloat over *(el.* on) *(fx* she gloats over my misfortune).
godter *(slikkerier)* sweets; goodies; US candy, *(knask)* nibbles; snacks.
godtfolk (good) people; *hvor ~ er, kommer ~ til* birds of a feather flock together.
godtgjøre *(vb)* 1*(erstatte): ~ et tap* make good aloss, indemnify *(fx* sby) for a loss; *(refundere)* refund; reimburse *(fx* sby for his expenses); *jeg vil ~ Dem alle Deres utlegg* I will refund you all your outlays; *(som prisavslag)* allow *(fx* we are willing to allow you 9p per yd.), make *(fx* sby) an allowance *(fx* of 9p per yd.). 2*(bringe på det rene)* establish; 3*(bevise)* prove.
godtgjørelse 1*(prisavslag, innrømmelse)* allowance; *(reise-)* travelling a.; *(tilbakebetaling)* refund(ment) *(fx* make sby a £10 refund; the refundment of such outlays is out of the question); *forlange en ~* claim an a.; *yte en ~* make an a.; 2*(erstatning)* compensation; 3*(lønn, betaling)* remuneration; *(honorar)* fee; *han ville gjøre hva som helst mot en ~* he would do anything for a consideration; 4*(det å bringe på det rene)* establishment; 5*(bevis)* proof.
godtkjøp bargain; *varer til ~* goods at bargain prices.
godtkjøps|roman novelette. **-salg** bargain sale. **-vare** cheap article.
godtroende credulous, gullible, naïve, too confiding.
godtroenhet credulity, gullibility, naïveté.
godvenner: *være ~ med en* be hand in glove with sby; *gjøre seg ~ med en* make friends with sby.
god|vilje goodwill; *legge -n til* do one's best. **-villig** *(adv)* voluntarily.
godvær fair weather; *i ~* on fine days.
gold barren, sterile; *(om kyr, også)* dry; *(bot)* neuter.
goldhet sterility, barrenness.
I. golf *(bukt)* gulf.
II. golf *(spill)* golf. **-bane** golf links.
Golfstrømmen the Gulf Stream.
golv: *se gulv.*
gom, gomme gum.
gomle *(vb): ~på noe* munch sth.
gondol gondola; *(til ballong)* basket, car.
gondolfører gondolier.
gongong gong.
gonoré gonorrh(o)ea; T the clap.
gople *bot (storklokke)* giant campanula.
gordisk Gordian; *løse den -e knute* cut the Gordian knot.
gorilla *(zool)* gorilla.
goro [a kind of wafer baked on a patterned, rectangular iron].
goter Goth.
gotikk Gothic (style).
gotisk Gothic; *-e bokstaver (fraktur)* black letter; German type; *(skrevet)* German hand.

gourmet gourmet.
grad degree; *(rang)* rank, grade; *termometeret viser 8 -ers kulde* the thermometer shows 8 degrees below freezing *(el.* below zero); *offiserer av høyere ~ enn major* officers above the rank of major; *i den ~* to such a degree; *i den ~ at ... so much so that ...; i høy ~* highly, in *(el.* to) a high degree; in a large *(el.* great) measure, largely, greatly; *noe som i høy ~ har lykkes* and this has been highly successful; *i hvor høy ~* to what extent; *i høyeste ~* in the highest degree, most, exceedingly; *i samme ~ som* in proportion as *(fx* national income will increase in p. as peace is restored); *i stadig stigende ~* to an ever-increasing extent; to a growing extent; more and more; *til en viss ~* in some measure; up to a point; to some extent; to a certain extent; *(se stadig).*
gradasjon gradation; *(gradinndeling)* graduation.
grad|bue graduated arc. **-bøye** *(gram)* compare *(fx* an adjective). **-bøyning** comparison. **-ere** *(vb)* graduate; *(etter kvalitet, etc)* grade; *(sikkerhets-)* grade (for security); classify. **-ering** graduation; *(sikkerhets-)* grading (for security); classification. **-estokk** thermometer.
grad|inndeling graduation. **-måling** measurement of degrees. **-sbetegnelse** rank, title *(fx* a list of ranks within the police force; the Customs ranks). **-sforskjell** difference of *(el.* in) degree; *det er bare en ~* the difference is only one of degree. **-vis** *(adj)* gradual; *(adv)* gradually, by degrees.
grafiker graphic artist.
grafikk prints; graphic art(s).
grafisk graphic; *en ~ fremstilling* a graph, a chart, a graphic representation.
grafitt graphite.
grafolog graphologist. **-i** graphology.
grahambrød graham bread; *(se brød).*
grafse *(vb): ~ til seg* grab; be out for everything one can get; line one's pockets; *alle -r til seg det de kan (få tak i)* they are all out for everything they can get; people are out for everything they can get; *(jvf II. hale).*
gram gram, gramme.
grammatikalsk grammatical. **grammatiker** grammarian. **grammatikk** grammar. **grammatikkparagraf** grammar section; *de fikk noen -er i lekse* they were given some grammar sections to prepare.
grammatisk grammatical.
grammofon gramophone; US phonograph. **-plate** gramophone record *(el.* disc). **-stift** gramophone needle.
gran *bot (tre)* spruce, spruce-fir; T fir; *(merk)* white-wood; *snøtunge -er* snow-laden spruces.
granat 1*(edelsten)* garnet; 2*(frukt)* pomegranate; 3*(mil)* shell; *(mindre)* grenade. **-eple** pomegranate. **-splint** shell splinter.
granbar sprigs of spruce.
grand *(i bridge)* no-trump; *gjøre storeslem i ~* score a grand slam in no-trump.
grangivelig *(adv)* exactly, precisely; *~ som om* exactly *(el.* for all the world) as if.
grandios grandiose.
grandonkel grand- *(el.* great-)uncle.
granitt *(min)* granite. **-brudd** granite quarry.
grankongle *(bot)* spruce cone; T fir cone.
I. grann *(liten smule)* bit, atom, (smallest) particle; *hvert ~* every last bit; *ikke det ~* not the slightest bit; *jeg var ikke det ~ redd* I wasn't a bit scared; *ikke det skapende ~* absolutely nothing.
II. grann *(adj)* slender; *(om stemme)* high-pitched, thin.

granne neighbour; US neighbor.
granske *(vb)* inquire into, investigate; *~ nøye* scrutinize; *et -nde blikk* a searching look.
granskning inquiry, investigation; scrutiny; *(vitenskapelig)* research, investigation. **-skomité** investigating committee.
granskjegg *(bot)* spruce lichen.
granskog spruce forest.
grantre: *se gran.*
grapefrukt *(bot)* grapefruit.
grasiøs graceful.
grasrot: *i -a* among the grass roots.
grassat: *gå (el.* løpe) *~* run riot, run amuck.
grassere *vb (herje)* rage, be rife, be rampant.
gratiale bonus, gratuity.
gratie grace.
gratis free; gratis; *(stivt)* gratuitous; *(adv)* free (of charge), gratuitously; *det er ~* it's free; there is no charge; *jeg fikk det nesten ~* I got it for hardly any money; T I got it dirt cheap; *gjøre noe ~* do sth for nothing. **-eksemplar** free copy *(fx* of a book); complimentary copy; presentation copy. **-passasjer** non-paying passenger; US deadhead. **-prøve** free sample.
gratul|ant congratulator; *(ofte)* guest. **-asjon** congratulation. **-asjonskort** greetings card *(fx* for birthday, wedding, *etc); hun fikk en mengde ~ i anledning fødselsdagen* she had a lot of birthday cards. **-ere** *(vb)* congratulate *(med* on); *(se hjertelig).*
graut: *se grøt.*
grav *(for døde)* grave; *(stivt)* tomb; *(festnings-)* moat, ditch; *den hellige ~* the Holy Sepulchre; *taus som -en* (as) silent as the grave; *en våt ~* a watery grave; *følge en til -en* attend sby's funeral; *den som graver en ~ for andre, faller selv i den* [he who sets a trap for others, falls into it himself]; *(se ofte gjengis)* it's a case of the biter bit; *legge en i -en (fig)* bring sby to his grave; *stå på -ens rand* have one foot in the grave.
grav|alvor dead seriousness; solemnity; (undue) gravity, unsmiling; portentous gravity. **-alvorlig** dead serious; unsmiling; solemn; *... sa han ~ ...* he said unsmilingly.
grave *(vb)* dig; *~ i hagen sin* dig one's garden; *~ ut (,opp)* dig out (,up); unearth; *~ hed* bury; *~ seg i nesen* pick one's nose; *-r seg inn i* digs his (,her, *etc)* way into; *spørre og ~* be inquisitive; ask repeatedly and inquisitively.
gravemaskin excavator; mechanical navvy; US steam shovel.
gravemaskinfører digger driver.
graver *(og kirketjener)* sexton.
gravere *(vb)* engrave.
graverende aggravating, grave, serious; *~ omstendigheter* aggravating circumstances; *(jvf skjerpende).*
grav|funn grave find. **-haug** grave-mound; *(høy)* barrow. **-hvelving** (burial) vault.
gravid pregnant.
graviditet pregnancy.
gravit|asjon gravitation. **-ere** *(vb)* gravitate. **-etisk** pompous, solemn.
gravkammer (built) tomb.
gravlaks brine-cured salmon.
grav|legge *(vb)* entomb. **-lund** cemetery, graveyard. **-mæle** (sepulchral) monument.
gravrust deep-seated rust, pitting.
gravrøst sepulchral voice.
grav|røver tomb robber, grave robber. **-skrift** epitaph. **-sted** burial place. **-stein** gravestone; tombstone. **-støtte** tombstone; headstone; *(arkeol)* stela. **-urne** sepulchral urn. **-øl** funeral (feast); wake.

gravør engraver.

gre *(vb):* ~ **seg** comb one's hair; *(børste, gre, stelle)* do one's hair *(fx* «Go and do your hair!»).

grei *(klar, tydelig)* clear, plain, obvious; *(real)* straight; *(ærlig, oppriktig)* straightforward; *(lett)* easy; *det er en enkel,* ~ *måte å gjøre det på* that's a good, simple way of doing it; that's a nice, easy way of doing it; *taleren ga en* ~ *orientering om den politiske situasjon (også)* the speaker explained the political situation in clearly defined terms; *ikke* ~ *(ɔ: vrien)* difficult, awkward; *det er ikke -t* it is no easy matter; *han er en* ~ *kar* he's a straightforward chap; he's a decent sort; *han er ikke* ~ he's not easy to deal with; *kort og -t* short and sweet (,US: snappy) *(fx* that's short and sweet); *det er* ~ *skuring* it's plain sailing; *det er ikke så -t for John* things aren't too easy for John.

I. greie *(subst)* affair, business, matter; **T** thing *(fx* the whole thing lasted an hour); *(tingest)* thingamy, thingummy, thingumabob, thingumajig; *-er (pl)* things; affairs, *den vesle -a der* **T** that little thingumajig; *jeg er lei hele -a* I'm tired of the whole business; *dette er fine -er (iron)* this is a pretty kettle of fish; a fine mess this is; *ikke rare -er* nothing to brag about; **T** nothing to write home about; *få* ~ *på* find out about *(fx* he has found out about it); get to know about; *jeg kan ikke få noe* ~ *på ham (ɔ: forstår meg ikke på ham)* I can't make him out; **US** I can't figure him out; *ha* ~ *på noe* know (all) about sth; *noe som det er* ~ *på (ɔ: noe som duger, som forslår)* sth that works; sth effective; *det er ikke* ~ *(ɔ: orden) på noen ting* things are in a mess; everything is in a tangle *(el.* in confusion *el.* in disorder).

II. greie *(vt)* manage, cope with; make *(fx* a hill, a jump); negotiate *(fx* it's a difficult corner for a big car to negotiate; my horse negotiated the fence well); *en av de bittesmå kalvene greide ganske enkelt ikke bakken* one very small calf simply could not manage the gradient; *vi -r det nok* we'll make it; *han greide det (ɔ: hadde hell med seg)* he pulled it off; *jeg greide det ikke lenger* I couldn't keep it up any longer; *hun blir skuffet hvis det er noe hun ikke -r ordentlig med én gang* she gets disappointed if she can't do things easily at the first attempt; ~ *en situasjon* cope *(el.* deal) with a situation; *vi greide ikke å starte bilen* we couldn't start (up) the car;

[*A: forb. med prep: B: med «seg»*]

A [*forb. med prep*] ~ **med** *(ordne med)* arrange; see about *(fx* I'll see about it); *(se også ta:* ~ *seg av);* ~ **opp** put straight, straighten out, clear up; *vi må* ~ *opp i denne floken* we must straighten out this tangle; we must clear up this muddle; ~ *opp i saken* put matters straight; *det er ikke så helt enkelt å* ~ *ut denne floken* it's not such an easy matter to clear up this muddle *(el.* to straighten out this tangle); ~ *ut om et spørsmål* discuss a question (at some length); clear up a question; consider *(el.* review) a question; explain sth at length; *(se utgreiing);*

B [*forb. med «seg»*] ~ **seg** *(klare seg)* manage; cope *(fx* how is he coping?); do *(fx* we can't do without money, can we?) *(være nok)* be enough; meet the case *(fx* will £10 meet the case?); do the trick *(fx* a bit of string will do the trick); *(så vidt)* pull through, scrape through *(fx* we shall pull *(el.* scrape) through somehow); get along; *(økon:* hverken vinne *el.* tape) break even; *det -r seg* that's enough; that will do; *det -r seg fint* **T** that'll do nicely; *dette brødet må* ~ *seg*

både til lunsj og kvelds this loaf will have to do for lunch and supper; *det -r seg så vidt (også)* it's going to be a close thing; ~ **seg med** manage with, do with, get along with; ~ *seg med sin gasje* manage on one's income; make ends meet; ~ *seg med de pengene en har* get along with what money one has; manage on one's money; *jeg kan ikke* ~ *meg med så lite penger* I can't manage *(el.* get along) with so little money; *jeg-r meg godt med £20* I can manage very well with £20; £20 will be quite sufficient; £20 will be adequate; *du må* ~ *deg med de pengene du har, til du kommer hjem* you must make your money last till you get home; *kan du* ~ *deg med kaldt kjøtt til middag?* can you do with cold meat for dinner? ~ **seg uten** do without, manage without; *du må* ~ *deg uten ferie i år* you will have to do without a holiday this year; *(se også klare).*

grein: *se gren.*

greip (manure) fork, dung fork; prong.

Grekenland Greece.

greker Greek.

grell garish, glaring, loud; *i den -este motsetning til* in glaring contrast with; *stikke grelt av imot* contrast strongly with.

gremme *(vb):* ~ *seg* grieve *(over* about); be annoyed, fret; ~ *seg til døde* take one's death of grief, eat one's heart out.

gremmelse grief, sorrow.

gren branch; *(bare på tre)* bough; *(avdeling)* branch, department, section; *komme på den grønne* ~ prosper, get on in the world; **S & US** come into the chips; *være på den grønne* ~ be in clover; **T** be flush; **S & US** be in the chips; *(se også grønn).*

grenader grenadier.

grend hamlet, cluster of farms, neighbourhood.

grene *(vb):* ~ *seg ut* branch out, fork, ramify.

I. grense *(subst)* **1.** frontier, border; *(by-)* town boundary; *naturlig* ~ natural boundary; *tremils-* three-mile limit; **2**(*punkt, grad, mål)* limit *(fx* price l.); *over alle -r* beyond all bounds; *dette går over alle -r* this goes beyond all reason *(el.* bounds); *innenfor mulighetens -r* within the bounds of possibility; *innenfor rimelige -r* within (reasonable) limits; *innenfor snevre -r* within narrow limits; *holde seg innenfor visse -r* keep within certain limits; *nå er -n nådd* that is the limit; *sette* ~ *for* set a limit to; *ensteds må -n trekkes* the limit must be drawn somewhere; *trekke en fast* ~ draw a hard and fast line; *en skarp* ~ a sharp *(el.* clearly defined) line.

II. grense *(vb):* ~ *til* border on; *(fig også)* verge on; *det -r til det utrolige* it is hardly to be believed; it is almost incredible; *mistanke, som -r til visshet* suspicion amounting (almost) to certainty.

grensebefaring survey of the frontier. **-by** frontier town. **-krig** borderwar. **-land** border district; *tankens* ~ the far frontier of the human mind. **-linje** boundary line; *(fig)* borderline. **-løs** boundless; unbounded, endless, unlimited; excessive; *-t ulykkelig* extremely unhappy. **-løshet** boundlessness. **-pæl** boundary post *(el.* marker). **-revisjon** rectification of the frontier. **-skjell** boundary marker. **-snitt** *(EDB)* interface. **-stat** border state. **-tilfelle** borderline case; marginal case. **-vakt** frontier guard; **US** border guard.

grep **1**(*etter noe)* grasp, grip; *(gn)* grip *(fx* the front wheels started to lose grip); **3**(*på dør)* handle; *han har et godt* ~ *på klassen* he has the class well under control; *et godt* ~ *på undervisningen* a firm grasp of the teaching; *et heldig* ~ a lucky move; *ha det rette -et (på det)* have the knack of it; *med sikkert* ~ with an unfailing grasp; *gi en et skikkelig* ~ *på tale- og skriftspråket* give sby a sound grasp of the spoken and written language; *et taktisk* ~ a tactical move.

grepa *(prektig)* excellent, first-class, great.

grepet (deeply) moved, overwhelmed *(av* by).

gresk Greek.

gress grass; *bite i -et* bite the dust; *mens -et gror, dør kua* while the grass grows the steed starves; *ha penger som* ~ have money to burn; be rolling in money; *tjene penger som* ~ make heaps of money; *ha en på* ~ have sby on a string; *(se grasrot).*

gressbane grass pitch; grass playing field; *(tennis)* grass court; *spille på* ~ play on (the) grass.

gressbevokst *(adj)* grass-grown.

gresse: *se beite.*

gresselig *(adj)* awful, horrible; *(adv)* awfully; ~ *morsomt* awfully funny.

gressenke grass widow. **-enkemann** grass widower.

gressgang pasture.

gresshoppe **1***(zool)* grasshopper; **2***(fyrverkeri)* squib.

gresskar *(bot)* gourd, pumpkin. **-løk** *(bot)* chives, chive garlic; *en bunt* ~ a bunch of chives.

gretten cross, bad-tempered, morose, disgruntled, peevish; nagging; **T** grumpy; *være* ~ *over noe* be cross about sth, grumble about *(el.* over) sth, fret over sth; *være* ~ *på en* be cross with sby.

grettenhet crossness, bad temper, moroseness, peevishness; **T** grumpiness.

grev hoe.

greve count; *(engelsk)* earl. **-krone** coronet.

grevinne countess.

grevling *(zool)* badger.

grevlinghi badger set(t); badger's earth *(el.* burrow).

grevlinghund *(zool)* dachshund; **T** dachsie.

grevskap county.

gribb *(zool)* vulture.

grid *(hist)* protection, safe-conduct; mercy, quarter, pardon.

griff *(heraldisk dyr)* griffin.

griffel **1.** slate pencil; **2***(bot)* style.

griljere *(vb)* grill.

grille caprice, fancy, whim; *sette en -r i hodet* turn sby's head, put ideas into sby's head, put a bee in sby's bonnet.

grim ugly, hideous.

grimase grimace; *gjøre -r* grimace, make faces.

grime halter; *legge* ~ *på* halter.

grimet grimy, streaky.

grimhet ugliness, hideousness.

grin grimace, sneer; (constant) complaining; nagging, fretting; whining; *(om lyd)* squeak *(fx* the squeak of an unoiled hinge).

grind gate, wicket.

grindhval *(zool)* pilot whale, blackfish. **-sag** frame saw. **-stolpe** gatepost. **-vokter** (level-) crossing keeper.

grine *vb (være gretten)* be cross, fret; *(skjenne)* nag; *(gråte)* cry.

grinebiter crosspatch, (old) crab, grumbler.

grinet cross, peevish; nagging; **T** grumpy; *være* ~ be cross; grumble, fret; *(jvf gretten).*

gripe *(vb)* catch, seize, grab, grasp, grip; *(pågripe)* apprehend; *(om anker)* grip *(fx* the anchor grips); ~ *flukten* take flight; ~ *en leilighet* seize an opportunity, avail oneself of an opportunity; ~ *en tanke* seize an idea; ~ *an* go about; ~ *saken an på den rette måten* go the right way to work; ~ *etter* catch at; ~ *fatt i* lay hold of; grasp, clutch; *han grep for seg* he put his hand

before him; ~ *i lommen* put one's hand in one's pocket; reach *(el.* dip) into one's pocket; ~ *i sin egen barm* look nearer home; ~ *en i løgn* catch sby lying *(el.* in a lie); ~ *inn* intervene; act *(fx* the policeman refused to act); ~ *inn i* interfere with *(el.* in), intervene in *(fx* the conflict); *(ubeføyet)* meddle with *(el.* in); *disse skattene må nødvendigvis* ~ *inn i det økonomiske liv* these taxes cannot but react on economic life; ~ *inn i hverandre* interlock; ~ *om seg* spread; *han grep seg til lommen* he put his hand to his pocket; ~ *til en utvei* resort to *(el.* have recourse to) an expedient; ~ *til våpen* take up arms; *grepet ut av livet* true to life; *grepet ut av luften* utterly unfounded.

gripende moving, stirring.

griperedskap prehensile organ.

gris *(zool)* pig; *en heldig* ~ **T** a lucky dog.

grise *vb (få grisunger)* farrow, litter; ~ *til* dirty, soil; mess up; ~ *seg til* soil one's clothes; make a mess of oneself.

grisebinge pigsty. **-bust** pig's bristles. **-hus** piggery. **-jobb** messy *(el.* dirty) job. **-labb** *(kul)* (pig's) trotter; *(jvf syltelabb).* **-mat** slops; (pig)swill. **-oppdretter** pig breeder. **-prat** smutty talk; foul language. **-purke** sow with young. **-ri** dirt, filth; smut; *for noe* ~ *!* what a mess!

griset dirty, filthy; obscene, smutty.

grisgrendt sparsely populated.

grisk greedy *(etter* of); grasping. **-het** greed.

grisle *vb* [give a glossy surface to loaf of bread].

grissen far apart, scattered, sparse, thin.

grisunge young pig, piglet.

gro *(vb)* grow; *(om sår)* heal; ~ *fast* strike root.

grobian boor, lout.

grobunn fertile soil; *god* ~ *for (fig)* favourable conditions for the growth of.

groe *(i potet)* (potato) sprout.

grokjøtt: *godt* ~ flesh that heals readily; *jeg har godt* ~ I heal easily *(el.* quickly); *jeg har dårlig* ~ I am slow in healing.

grom excellent; **T** grand.

grop depression, hollow.

gros: *se en gros.*

gross gross; *det store* ~ the masses.

grossist wholesale dealer, wholesaler, merchant.

grotesk grotesque.

grotid period of growth.

grotte grotto, cave.

grov coarse; *(uanstendig)* coarse, gross; *(uhøflig)* rude; *(svær)* large, big; ~ *feil* gross error; ~ *forbrytelse* serious crime; felony; ~ *løgn* gross lie; ~ *løgner* impudent *(el.* outright) liar; *en* ~ *spøk* a coarse jest; *(som rammer en fysisk)* a piece of horseplay; ~ *stemme* gruff voice; *-e trekk* coarse features; *i -e trekk* in broad outline *(fx* he stated his views in broad outline); *i -e trekk er dette ...* broadly speaking, this is ...; *-t tyveri* grand larceny; *en* ~ *villfarelse* a gross illusion; *det er for -t* that's the limit!

grovarbeid unskilled labour; *(fig)* spadework. **-brød** coarse, dark rye bread, black bread. **-bygd** heavily built. **-fil** bastard file.

grovhet coarseness; grossness; rudeness; roughness; rude remark; *si en -er* be rude to sby; *(komme med usømmelige bemerkninger)* say obscenities to sby.

grovkornet coarse-grained; *(fig)* coarse, crude. **-lemmet** coarse-limbed. **-male** *(vb)* rough-grind. **-masket** coarse-meshed, large-meshed. **-sikte** *(vb)* rough-sift. **-skåret** coarse-cut *(fx* tobacco). **-sliping** rough-grinding *(se sliping).* **-smed** blacksmith. **-spunnet** coarse-spun. **-telling** preliminary count, rough count.

gru horror, terror; *det er en* ~ *å se* it is a hor-

rible *(el.* shocking) sight; *det slo ham med* ~ it
made him shudder; ... *så det var en* ~ **T** some-
thing awful.
gruble *(vb)* muse, ponder, brood, ruminate *(over
on)*. **-lende** brooding. **-ler** brooder. **-leri** brood-
ing, meditation, speculation.
I. grue *(ildsted)* hearth stone, fireplace.
II. grue *(vb):* ~ *for* dread, worry about; ~ *seg*
be nervous; ~ *seg for (el. til)* dread, worry
about; *han -r seg for å gå ut i det kalde vannet
(også)* he hesitates to go into the cold water;
jeg -r meg til eksamen I'm nervous about the
exam(ination); *uff! jeg -r meg alt!* oh dear! I'm
dreading it already!
gruelig awful, horrible.
grums sediment, grounds, dregs.
grumset muddy, thick, turbid.
grundere *(vb)* ground.
grundig *(adj)* thorough; ~ *kjennskap til* a
thorough knowledge of; *(adv)* thoroughly.
grundighet thoroughness.
grunker (**T** = *penger)* **T** dough; US dough, jack.
I. grunn *(subst)* 1*(årsak)* reason, cause *(fx* the
causes of our failure); *(beveggrunn)* ground,
motive *(fx* I see no m. for his action); reason
(fx there can be no r. for your resignation;
tell me your reasons for refusing); 2*(nødvendig-
het)* need *(fx* there is no need to spend a lot
of money on it); 3*(havbunn)* ground, bottom *(fx*
the ship touched ground *(el.* b.)); 4*(jordbunn)*
soil *(fx* on Norwegian soil); ground; *(fig)* field
(fx have the f. to oneself); *(bygge-)* site, plot,
piece of land; 5*(grunnvold)* foundation(s), sub-
structure, groundwork; *(fig)* basis, foundation,
groundwork; *han ga som* ~ *(1)* he gave *(el.* stat-
ed) as his reason; *-en var den at* (1) the reason
was that; *-en kan bare være feil kalkulasjon blant
fabrikanter som* ... the reason can only be (a)
miscalculation on the part of producers who ...;
-en til at (1) the reason why; *det er -en til at*
that's (the reason) why; *kan det tenkes andre -er
(til dette)?* are there other conceivable reasons
(for this)? *det kan knapt tenkes noen annen* ~
any other reason is hardly conceivable; *vi rår
-en alene* we have the field to ourselves; *stille
vann har dyp* ~ (3) still waters run deep; *hvor
særlige -er foreligger* (1) in special cases, when
special circumstances make it desirable, under
special conditions; *gyngende* ~ *(fig)* unsafe
ground; shaky ground; *på gyngende* ~ *(om fore-
tagende)* on a tottering foundation; on a shaky
(el. unsafe) foundation; on thin ice *(fx* skate on
thin i.); *ta* ~ (3) ground, run aground;
[*Forb. m. foranstilt prep]* **av** *en eller annen* ~ for
some reason (or other); *av den* ~ for that rea-
son, on that score *(el.* account); *av den enkle* ~
at ... for the simple reason that; *ene og alene
av den enkle* ~ *at* ... for the sole and simple
reason that; *av gode -er* for (very) good rea-
sons; *av den gode* ~ *at* for the very good reason
that; *av hvilken* ~ for what reason? why? *uvisst
av hvilken* ~ for some unknown reason; *av
praktiske -er (årsaker)* for practical reasons *(fx*
they had decided to do it f. p. r.); *(om motive-
ring)* on practical grounds; *fra -en av* from the
bottom *(el.* foundations); *(fig)* radically, thor-
oughly; *lære noe fra -en av* start on sth from the
bottom; *lære matlaging fra -en av* learn cooking
from first principles; *bygge opp huset igjen fra
-en av* rebuild the house from cellar to roof;
i *-en* fundamentally; *(når alt kommer til alt)*
after all, when you come to think of it *(fx* it
was rather stupid of him, when you come to
think of it); come to that, when all is said and
done; *(egentlig)* really, in reality, at bottom *(fx*

he is a good man at b.); *hvorfor ikke i -en?* why
not, come to that? why not, after all? *med god*
~ with good reason; *sette* **på** ~ *(skip)* ground,
run aground; *skipet står på* ~ the ship is
aground; the ship has struck; *stå høyt på* ~ be
high and dry; *på* ~ *av* on account of, owing to,
because of, by reason of; *på* ~ *av at* owing to
the fact that; *brenne ned* **til** *-en* be reduced to
ashes; burn down to the ground; *legge til* ~
base on, take for one's basis, use as the point
of departure; *legge til* ~ *for* make the basis of;
ligge til ~ *for* underlie, form the basis of; *gå
til -e (fig)* perish, be lost; **T** go to the dogs;
det er ~ *til behersket optimisme* there is reason
for mild *(el.* cautious) optimism; **uten** ~ *(o:
unnskyldning)* without excuse; *de som er fravær-
ende uten (god)* ~ those who are absent
without good excuse; *(se også I. skulle 14).*
[*Forb. m. etterfølgende prep]* **gi** ~ *til å tro at* give
reason to believe *(el.* for the belief) that ...; *ha*
~ *til å tro at* have (every) reason to believe
that; *det er ingen* ~ *til engstelse* there are no
grounds for anxiety; *få fast* ~ *under føttene* (4)
set foot on dry land; *(føle seg sikker)* be on firm
(el. sure) ground; *ha fast* ~ *under føttene* be
on firm ground; *(se skjellig).*
II. grunn *(adj)* shallow.
grunnareal area. **-arbeider** (building) site la-
bourer. **-avgift** ground rent. **-begrep** fundamental
conception. **-betydning** basic meaning, funda-
mental *(el.* essential) m. **-bok** register of deeds;
register of land; *(jvf tinglyse).* **-brott** ground
swell.
I. grunne *subst (i sjøen)* bank, shoal, shallow;
få av grunna get off, refloat; *på grunna* in the
shallows.
II. grunne *(vb)* 1*(overstryke med maling)* ground,
prime; 2*(grunnlegge)* found, establish, lay the
foundation of; **3:** ~ *på* 1. ruminate on, chew
over, turn over in one's mind, think over; *(stivt)*
ponder *(fx* he was pondering the events of the
day); 2. found on, base on, ground on *(fx* he
grounds his arguments on experience); ~ *seg
på* rest on, be based on.
grunneiendom landed property. **-eier** landown-
er, property owner.
grunnfag *(univ)* basic *(el.* primary) course; *en-
gelsk* ~ basic English (course); primary Eng-
lish (course). *(jvf mellomfag).*
grunnfalsk fundamentally wrong. **-farge** primary
colour; *(fremherskende)* predominating colour.
-feste *(vb)* consolidate, establish firmly. **-fjell**
bedrock. **-flate** base. **-form** original *(el.* primary)
form; *(gram)* the positive. **-forskjell** fundamental
difference. **-forskjellig** essentially different.
grunnforskning basic (scientific) research.
grunning *(maling)* priming; primer; *(mattmaling)*
undercoat.
grunnkapital capital stock.
grunnlag basis, foundation; *danne -et for* form
the basis of; *på* ~ *av* on the basis of; *på svikten-
de* ~ on a shaky basis *(el.* foundation) *(fx* the
matter was raised on a s. b.); on an unsound
basis; on insufficient grounds *på fritt* ~ inde-
pendently *(fx* we have made this decision inde-
pendently).
grunnlagsinvestering basic investment.
grunnlegge *(vb)* found, lay the foundation of,
establish. **-leggelse** foundation. **-legger** founder.
grunnlinje *(mat)* base (line); *(tennis)* base line.
grunnlov constitution; *-givende forsamling* consti-
tuent assembly.
grunnlovsbrudd violation of the Constitution.
-dag Constitution Day. **-forandring** constitutio-

nal amendment, a. of *(el.* to) the constitution. **-messig** constitutional. **-stridig** unconstitutional.
grunnlønn basic wage *(el.* pay); basic salary *(el.* rate), commencing salary.
grunn|løs groundless, baseless. **-løshet** groundlessness. **-mur** foundation wall.
grunn|plan ground plan. **-prinsipp** fundamental principle.
grunn|pris basic price. **-regel** fundamental rule. **-rik** wealthy, affluent. **-riss** ground plan; outline. **-setning** (fundamental) principle; maxim. **-sette** *(vb)* run aground. **-skatt** land tax.
grunnskole: *niårig ~ (kan gjengis)* the nine-year (compulsory primary and secondary) school.
grunn|skudd hit between wind and water; *(fig)* death-blow. **-slag** *(tennis)* ground stroke. **-stamme** (parent) stock. **-sten** foundation stone. **-stoff** element. **-støte** *(vi)* run aground. **-syn** basic view.
grunn|takt basic rate. **-tall** cardinal number. **-tanke** fundamental idea. **-tone** keynote. **-trekk** essential feature. **-vann** ground water; subsoil water.
grunnverdi land value.
grunnvoll foundation, basis, groundwork; *legge -en til noe* lay the basis *(el.* foundation) of sth; *rystet i sin sjels -er* shaken to the depths of one's being.
grunnærlig thoroughly honest, the soul of honesty *(fx* he is the s. of h.).
grunthøvel router (plane).
gruoppvekkende ghastly, shocking, horrible.
gruppe group; *i -r på to og tre* by twos and threes; *i -r på fem* in groups of five.
gruppebillett *(jernb)* collective *(el.* party) ticket.
gruppemøte *(polit)* party meeting; political meeting; **T** political get-together.
grupperabatt group moderation.
gruppere *(vb)* group; *~ seg* group.
grupperom 1. room for group activities (in a school); **2***(i hotell)* private room *(fx* private room to accommodate 8-12 persons *(el.* people)).
gruppeundervisning group (class)work; group teaching.
grus gravel; *legge i ~* lay in ruins, reduce to rubble; *synke i ~* fall in ruins, crumble. **-bane** *(sport)* gravel pitch; gravel playing field; *(for løpere)* cinder track; *(tennis)* hard court. **-gang** gravel walk. **-lagt** gravelled.
grusom cruel. **-het** cruelty.
grus|tak gravel pit. **-vei** gravelled road; *(oftest)* unmade road, earth-road; **US** dirtroad.
grut *(i kaffe)* grounds; *spå i (kaffe)- =* tell fortunes from the tea leaves.
gruve *(subst)* pit; *(bergverks-)* mine. **-arbeid** mining (work). **-arbeider** miner, pitman. **-distrikt** mining district. **-drift** mining (operations). **-nedgang** pithead. **-skrekken** miners' claustrophobia *(fx* he was overcome by m. c.). **-streik** miners' strike.
I. gry *(subst)* dawn, daybreak; *(se daggry).*
II. gry *(vb)* dawn, break; *dagen -r* the day dawns, the day is breaking, it is dawn.
gryn *(kollektivt)* grain; peeled grain, hulled grain, pearled grain; pearled barley; *(pl)* grits, groats; **T** *(= penger)* dough; **US** *(også)* jack. **-sodd** barley broth.
grynt *(subst)* grunt. **grynte** *(vb)* grunt.
I. gryte stewpan, pan; pot; *(fordypning i terrenget)* hollow; *jern-* cast-iron pan; *emaljert jern-* enamelled cast-iron pan; *små -r har også ører* little pitchers have long ears; *(ofte =)* not before the child! *stekt i ~* braised.
II. gryte *(rett)* casserole; *lever-* liver casserole.
gryte|klut kettle holder, potholder. **-lokk** pot lid. **-rett** casserole; *ferdige -er, patéer og lunsjbrett*

ready-made casseroles, pâtés and luncheon trays. **-skap** pan cupboard. **-skrubb** pan scourer, pan scrub. **-stek** pot roast. **-steke** *(vt)* pot-roast.
grøde *(poet)* crop, produce, yield.
grøft ditch; trench; *kjøre bilen i grøfta* ditch the car; *kjøre en forretning i grøfta* **T** run a business into the ground.
grøfte *(vb)* dig ditches; drain (land) by means of ditches.
grøfte|graver ditcher, ditch digger. **-kant** edge of a ditch. **-lys** *(på bil)* spotlight, spot-lamp.
Grønland Greenland. **grønlandsk** Greenland; *(språket)* Greenlandic.
grøn|lender, -lenderinne Greenlander.
grønn green; verdant; *(uerfaren)* green, raw, callow; *~ av misunnelse* green with envy; *han er ~* he's a greenhorn; *i det -e* in the open, out of doors; *komme på den -e gren* do well for oneself, prosper; **T & US** come into the chips; *sove på sitt -e øre* be fast asleep; *i hans -e ungdom* in his tender years; *(se også gren).*
grønn|aktig greenish. **-blå** greenish blue.
grønnes *(vb)* become *(el.* turn) green; *(om trær, etc)* put forth leaves, burst into leaf.
grønn|fôr green fodder. **-kål** curly kale; *(som dyrefôr)* kale, kail, borecole; *(se kål).*
grønnlig greenish.
grønn|saker *(pl)* vegetables; *revne rå ~* raw-grated vegetables. **-saktorg** vegetable market. **-skolling** greenhorn, rookie.
grønn|svær greensward, turf. **-såpe** soft soap.
grønske green seaweed; *du har fått en -flekk på buksebaken din* you've got a grass stain on your trouser seat.
grønt *(subst)* green; greenery; *(suppe-)* greens, green-stuffs. **-handler** green-grocer; **US** fruit and vegetable store; vegetable man.
grøpp *(grovmalt korn)* coarsely ground grain; grits (used for fodder).
grøsse *(vb)* shudder, shiver; *det -t i ham* he shuddered; it made his flesh crawl; *det -r i meg bare jeg tenker på det* I shudder to think of it.
grøt porridge; *gå som katten om den varme -en (prøve å unngå)* fight shy of it; *(nøle med å komme til saken)* beat about the bush; *(se rødgrøt).*
grøtomslag poultice; *(se omslag).*
grå grey (,**US:** gray); grizzled; *(fig)* dull; gloomy; *-tt vær* overcast weather; *det setter ham ~ hår i hodet* it's enough to give him grey hair; *male -tt i -tt* paint in drab colours. **-aktig** greyish. **-blå** bluish grey.
gråbein: *se ulv.*
gråbeinsild *(zool)* large winter herring; *(se sild).*
grådig greedy, voracious. **-het** greed, voracity.
grås *(zool)* greylag, wild goose.
gråhegre *(zool)* grey heron.
grå|håret grey-haired. **-kledd** dressed in grey. **-melert** mixed grey. **-or** *(bot)* hoary alder. **-sprengt** grizzled. **-spurv** *(zool)* (common) sparrow; *(se spurv).*
gråt crying; *(mest poet)* weeping; *briste i ~* burst into tears; *med ~ i stemmen* in a tearful voice; *være oppløst i ~* be dissolved in tears. **-blandet** mingled with tears.
gråte *(vb)* cry, weep; *~ av glede* weep for joy; *shed tears of joy; ~ for* cry for, weep for *(fx* what are you crying for?) *~ seg i søvn* cry oneself to sleep; *~ sine modige tårer* cry *(el.* weep) bitterly, cry one's heart out; *~ over noe* cry because of sth, cry over sth; *det er til å ~ over* it's enough to make you cry; *~ ut* have one's cry out *(fx* let her have her cry out); **T** have a good cry.

gråteferdig about to cry, on the verge of tears, half crying.
gråtekone *(hist)* professional mourner.
gråtkvalt stifled by sobs, tearful.
gråtrost *(zool)* fieldfare.
gråverk grey squirrel. **-vær** overcast weather; *det er* ~ it is overcast.
guano guano.
gubbe old man; greybeard; *en gammel* ~ **T** an old geezer.
Gud, gud god *(fx* a healthen god); *(kristendommens)* God; *Gud! good heavens! oh goodness: (utrykk for utålmodighet el. irritasjon)* oh God! *(se ndf A: gode gud);*
A *[forskjellige forb]* den **allmektige** *Gud* God Almighty, Almighty God; *et Guds* **barn** a child of God; *Gud* **bevares!** *Gud bevare meg vel!* good heavens! bless me! ja, *Gud bevares (ɔ: gjerne for meg)* by all means; of course; *Guds* **bud** the (Ten) Commandments; the Decalogue; . . . *hvis gud er* **buken** *(bibl)* whose god is their belly; *den gudene elsker, dør ung* (those) whom the gods love die young; *Gud* **Fader** God the Father; *Guds* **finger** the hand of God; *Gud for en stygg hatt hun har!* Lord what an ugly hat she has! *måtte Gud forby det! (glds); Gud* **fri** *og brevare!* God forbid! *dyrke* **fremmede** *guder* worship strange gods; *(glds* **T)** be unfaithful to one's husband (,wife); *du skal ikke ha fremmede guder for meg (bibl)* thou shalt have no other gods but me; *Gud* **gi** *at . . .* God grant that . . .; would to God that . . .; *(du)* **gode** *gud!* goodness me! good heavens! good gracious! good Lord! *Gud* **hjelper** *dem som hjelper seg selv* God helps them that help themselves; *så (sant) hjelpe meg Gud!* so help me God! **kjære** *Gud! (i bønn)* dear God, . . .; *Guds* **kvern** *maler langsomt (ɔ: det tar tid før rettferdigheten skjer fyldest)* the mills of God grind slowly but they grind exceeding small; *Guds* **lam** the Lamb of God; *Gud skje lov: se gudskjelov; Gud være* **lovet!** *(rel)* God be praised! *en Guds* **lykke** a most fortunate thing; *misbruke Guds* **navn** take God's name in vain; *du skal ikke misbruke Herrens din Guds navn! (bibl)* thou shalt not take the name of the Lord thy God in vain! *i Guds navn!* in the name of God; *(ja,) i Guds navn! (ɔ: la gå)* all right then! well, if you must you must! *hva i Guds navn . . .?* what on earth . . .? *Guds* **nåde** the grace of God; *keiser av Guds nåde* Emperor by the grace of God; . . . *da gud nåde deg!* then God have mercy on you! *(truende)* then God help you! **gud og hvermann** every Tom, Dick and Harry; *Guds* **ord** the word of God *(fx* preach the word of God); *Guds* **rike** the kingdom of God; *mennesket spår, Gud* **rår** man proposes, God disposes; *for Guds skyld!* for God's sake! for goodness' sake! *det var et* **syn for guder** it was a sight for the gods; it was a hilarious *(el.* great) sight; it was quite hilarious to look at; it was too funny for words; *(ɔ: det var et vakkert syn)* it was a glorious sight; *Guds* **sønn** the Son (of God); *ved Guds* **tilskikkelse** by a divine dispensation; *et Guds* **under** a miracle; *det var et Guds under at han unnslapp* he had a miraculous escape; *Gud* **velsigne** *Dem!* God bless you! *Guds* **velsignelse** God's blessing; *en guds* ~ *med mat* food in plenty; plenty of food; *(se velsignelse); om Gud* **vil** God willing; *gud* **vet** God *(el.* heaven) knows; *gud vet hva han vil* God *(el.* the Lord) only knows what he wants; *han har, gud vet av hvilken grunn, . . .* he has, for some reason best known to himself, . . .; *gudene må vite (også)* goodness knows *(fx*

goodness knows what he's up to); *gudene skal vite at de må . . .* goodness knows, they have to . . .; *(ja,) det skal gudene vite!* that's most certainly true! *Han er uforskammet. – Ja, det skal gudene vite (at han er)!* He's impudent. – I'll say he is! *skue Guds* **åsyn** behold the face of God; *for Guds åsyn* before God; in the sight *(el.* presence) of God; **B** *[forb med prep] forlatt* **av** *Gud og mennesker* god-forsaken; forsaken by God and man; *ingenting er umulig* **for** *Gud* with God all things are possible; *et syn for guder: se A; han er hos Gud* he is with God; *Gud være* **med** *deg!* God be with you! God bless you! *stole* **på** *Gud* trust in God; *ved Gud!* by God! *ved den levende Gud* by the living God; *(se elskovsgud; halvgud; havgud; husgud; jaggu; neigu; skytsgud; solgud; vingud; værgud).*
gudbarn godchild.
gudbenådet *(adj)* inspired; *(litt.)* divinely gifted *(fx* artist).
Gudbrandsdalslaget ~ *i Oslo* [the Society of Gudbrandsdalers in Oslo].
guddom god, deity; divinity. **-dommelig** divine. **-dommelighet** divinity, deity.
gudebilde idol. **-drikk** nectar; drink fit for the gods. **-gave** godsend.
gudelig godly, devout, pious; devotional; *(neds)* sanctimonious. **gudelighet** godliness, piety; *(neds)* sanctimoniousness.
gudelære mythology.
gudfar godfather. **-fryktig** devout, god-fearing, pious. **-fryktighet** piety, devoutness. **-inne** goddess.
gudløs godless, ungodly, impious. **-løshet** godlessness, impiety. **-mor** godmother.
gudsbarn child of God. **-begrep** concept of God. **-bespottelig** blasphemous. **-bespottelse** blasphemy. **-bespotter** blasphemer. **-dyrkelse** worship, cult. **-forgåen** abandoned, profligate, depraved. **-forlatt** godforsaken. **-fornektelse** atheism. **-fornekter** atheist. **-frykt** fear of God. **-hus** house of God, place of worship. **-jammerlig** pitiable, wretched.
gudskjelov thank God; thank goodness; fortunately; ~ *for det* and a good thing, too.
gudsord word of God; *et* ~ *fra landet* a little innocent, a country cousin.
gudstjeneste (divine) service; *etter* -*n* after church.
gudsønn godson.
guffe **S:** *gi full* ~ *(gi full gass)!* let it rip! put your foot down! step on it! *radioen stod på for full* ~ the radio was on full blast.
guffen *(adj)* **S** 1(ubehagelig; vemmelig) nasty *(fx* it was a nasty experience); *det var kaldt og -t å starte om morgenen* it was nasty and cold starting up in the morning; *det var en helt igjennom* ~ *dag* it was a thoroughly nasty day; *jeg føler meg* ~ I feel poorly (,**T:** nasty); I don't feel at all well; **T** I feel ghastly *(el.* grim); **2**(lumpen) mean; *det var -t gjort* what a mean thing to do; it *(el.* that) was a mean thing to do; *ikke vær så* ~ *da!* **T** don't be so horrid *(el.* rotten)!
gufs gust, puff (of wind); sudden rush of air; *det sto en kald* ~ *fra døra* there was a rush of cold air from the door.
Guiana *(geogr)* Guiana; *fra (el. som angår)* ~ Guianese.
Guinea *(geogr)* Guinea. **-bukta** the Gulf of Guinea.
gul yellow; *(trafikklys)* amber; *slå en* ~ *og blå* beat sby black and blue; *han ergret seg* ~ *og grønn* it irritated him beyond endurance; ~ *feber* yellow fever. **-aktig** yellowish.

gul|blakk fallow, pale yellow. **-brun** tawny; yellowish brown.

gul(e)rot *(bot)* carrot.

gul|grå yellowish grey. **-håret** golden-haired. **-hvit** yellowish white, cream-coloured.

gull gold; *det er ikke ~ alt som glimrer* all is not gold that glitters; *love ~ og grønne skoger* promise wonders, promise the moon and the stars; *tro som ~* true as steel; *det er ~ verdt* it is worth its weight in gold.

gull|alder golden age. **-barre** gold bar. **-brand** ring finger. **-briller** gold-rimmed spectacles. **-brodert** gold embroidered. **-bryllup** golden wedding. **-dublé** filled gold.

gullenke gold chain.

gull|fisk *(zool)* goldfish. **-fot** gold standard. **-førende** auriferous, gold-bearing. **-graver** gold digger, prospector. **-gruve** gold mine. **-gul** golden yellow. **-holdig** containing gold. **-høne** golden hen; *(zool)* lady beetle *(el.* bird); US ladybug. **-håret** golden-haired.

gullig yellowish.

gull|innfatning gold setting. **-kalv** golden calf. **-kant** gilt edge. **-kjede** gold chain. **-klump** lump of gold, (gold) nugget. **-korn** grain of gold; *(fig)* pearl.

gullmedalje gold medal; *drikke til den store ~* drink like a fish. **-vinner** gold medallist.

gullmynt gold coin.

gullokket with golden curls.

gull|papir gilt paper. **-penger** *(pl)* gold (coins). **-regn** *(bot)* laburnum. **-sko** gold slipper. **-smed 1.** goldsmith; jeweller; **2**(*insekt)* dragonfly.

gullsnitt gilt edges.

gull|snor gold braid. **-stol** golden chair; *bære en på ~* chair sby, carry sby in triumph. **-støv** gold dust. **-tresse** gold braid. **-ur** gold watch; *dobbeltkapslet ~* gold hunter. **-vasker** gold washer. **-vekt** gold scales; *(vekten av gull)* gold weight; *veie sine ord på ~* weigh every word carefully; pick and choose every word one says.

gullåre vein of gold.

gulne *(vb)* turn yellow, grow y., yellow.

gulpe *(vb)* belch; regurgitate; *~ opp* throw up.

gulrot: *se ovf.:* gul(e)rot.

gul|sott hepatitis; *(glds)* jaundice. **-spurv** *(zool)* yellow hammer; yellow bunting; *(se spurv).* **-stripet** yellow-striped.

gulv floor; *legge ~ i* floor *(fx* a room); *han la ham i -et* he got him down; *han måtte i -et (om bryter)* he was floored *(el.* thrown); *vaske -et* wash the floor; *(se synke).* **-belegg** floor covering. **-flis** floor tile. **-klut** floor cloth. **-lakk** floor sealer. **-matte** mat. **-planke** flooring board. **-skrubb** scrubbing brush. **-tamtam** floor tom-tom. **-teppe** carpet.

gumler *(zool)* edentate, toothless mammal.

gummi rubber; *(klebemiddel)* gum. **-bånd** *(strikk)* rubber band. **-dimensjon** *(bildekks)* tyre (,US: tire) size.

gummiere *vb (om tøy)* rubber, proof; US rubberize; *(om frimerke, etc)* gum.

gummi|lister *pl (for bilruter)* rubber strips. **-maling** rubberized paint. **-strikk** elastic (rubber) band. **-støvler** *(pl)* rubber boots; gum boots.

gump *zool (på fugl)* rump.

gunst favour; US favor; *til ~ for* in favour of; *til ~ for meg* in my favour; *stå i ~ hos* be in favour with; *komme i ~ hos* gain (sby's) favour.

gunst|bevisning favour (,US: favor), mark of f.

gunstig favourable (,US: favorable), propitious; *vente på -ere tider* wait for better times; wait for more propitious times.

gurgle *(vb): ~ (seg)* gargle; *(om lyden)* gurgle. **-vann** gargle.

gusten sallow, wan. **-het** sallowness.

gutere *(vb)* relish *(fx* I did not quite r. his jokes).

gutt boy, lad; *(læregutt)* apprentice, boy; *da jeg var ~* when I was a boy; *fra ~ av* from one's boyhood, from a boy; *bli snill ~ (fig)* come to heel; *en av de store -a* T one of the big guns, one of the high-ups; *(se røyk).* **-aktig** boyish; puerile. **-aktighet** boyishness; puerility.

gutte|alderen boyhood. **-barn** boy child. **-klær** boy's clothes. **-skole** boys' school. **-slamp:** *en stor ~* a great lout of a boy. **-strek** boyish prank. **-år** years of one's boyhood.

guttunge boy.

guttural *(adj & subst)* guttural, throaty.

guvernante governess.

guvernør governor.

gyger *(trollkjerring)* giantess, woman troll.

gylden *(mynt)* guilder, gulden; *(hist)* florin.

gyldig valid; *(om billett, også)* available; US good *(fx* g. on different lines); *(om mynt: gangbar)* current; *en ~ grunn* a valid excuse, a good reason; *uten ~ grunn* without sufficient reason; *gjøre ~* make valid *(fx* it has been made valid until the end of May); *ikke ~ i utlandet* not valid abroad.

gyldighet validity; availability; *ha ~* be valid, hold good, apply; *denne regel har allmenn ~* this rule is of general application.

gyldighetstid period of validity; duration.

gylf *(i bukse)* fly.

gyl|len golden; *-ne dager* palmy days; *den -ne middelvei* the golden mean; *~ regel* golden rule.

gyllen|lakk *(bot)* wallflower; gillyflower. **-lær** gilt leather.

gylt *(zool)* gilt.

gymnas *hist* (the sixth forms of) grammar school; the sixth forms of comprehensive school; US (junior) college; (NB *pike- (i England ofte)* sixth form *(el.* the sixth forms) of high school); *(se økonomisk: ~ gymnas).*

gymnasiast *hist (kan gjengis)* sixth-former; US (junior) college student.

gymnasklasse *(hist)* sixth form.

gymnasråd *hist: se videregående: Rådet for ~ opplæring.*

gymnassamfunn *(hist)* school debating society; *formann i -et* president of the s. d. s.

gymnast gymnast. **-iker** gymnast.

gymnastikk physical education; PE; gymnastics; T gym; *(se holdningsgymnastikk; tankegymnastikk).* **-lærer** physical education master; gym instructor; T gym master; *(svarer ofte til)* games master. **-oppvisning** gymnastic display. **-sal** gymnasium. **-sko:** *se turnsko.* **-skole:** *Statens ~ (hist): se idrettshøyskole: Norges ~.*

gymnastisere *(vb)* do gymnastics, perform g.

gymnasundervisning *(hist)* teaching at sixth-form level, A-level teaching.

gynekolog gynaecologist.

I. gynge *(subst)* swing.

II. gynge *(vb)* swing, rock; *-nde grunn (fig)* unsafe ground, shaky ground; thin ice; *(se I. grunn).*

gynge|hest rocking horse. **-stol** rocking chair.

gys shudder, shiver. **gyse** *(vb)* shudder; *det -r i meg* I shudder; *~ tilbake for* shrink from.

gyselig horrible, appalling, dreadful, frightful; T poisonous *(fx* it's a p. play); *(adv)* awfully, terribly, dreadfully, frightfully.

gyte *(vb)* pour; *(om fisk)* spawn; *~ olje på ilden* add fuel to the fire.

gytje mud. **-bad** m. bath.

gyve *(vb)* fly.
gyvel broom.
Göteborg *(geogr)* Gothenburg.
gå *(vb)* **1.** go *(fx* come and go; I shall have to go now; I saw the wheels go round); **2***(på sine ben)* walk, go on foot; go *(fx* he went in); *gikk du hele veien hit?* did you walk all the way (when you came) here? *det er fint (el. deilig) å ~ i dette været* walking is pleasant in this weather; *de gikk og de gikk, gate opp og gate ned* they walked and walked, up one street and down the next; they trailed the length of the streets; they trailed up and down the streets; **3** *(om befordringsmiddel)* go; *hvor ofte -r trikken?* how often does the tram pass? *den -r hvert 12. min.* there is a service every 12 minutes; *når -r neste trikk?* when is the next tram? when does the next tram go? *(avgå)* leave; *(om skip også)* sail; *toget -r langsomt* the train is slow; *på motorveiene -r det fort* you get on quickly on the motorways; **4***(om tid)* go by, pass, elapse; *(langsomt)* wear on *(fx* time wore on; as the evening wore on); **5***(om begivenhet)* go (off), pass off, come off; **6***(om vei, etc)* go *(fx* how far does this road go?), lead *(fx* this path leads to the town); run *(fx* the road runs quite close to the village); *veien gikk gjennom dalen et godt stykke* the road followed the valley for a considerable distance; **7***(om maskin)* run *(fx* the engine is running smoothly), work; *motoren har -tt 70 000 km* the engine has done 70,000 km; **8***(berettes, verserer)* go *(fx* the story goes that he has been in jail), be going about; **9***(oppføres, spilles)* be on, be performed; *(om film)* be on, be shown *(fx* a new film is being shown at the Scala); *stykket har -tt lenge* the play has had a long run; **10***(bli solgt)* sell *(fx* the goods sell well; what brands are selling in Norway?), be sold, go; **11***(om forretning: svare seg)* pay *(fx* how to make one's business pay); *forretningen -r the* business is doing all right; *forretningen -r godt (i sin alminnelighet)* business is good; **12***(forbrukes, gå i stykker)* go *(fx* his money goes to cigarettes; the clutch has gone); **13***(gå an, være passende)* do *(fx* will this tie do?), pass muster; **14***(hende)* happen *(fx* it so happened that we met soon after); *« ~ »* *(på trafikkfyr)* cross; cross now; **US walk;** *det er noe som -r (om sykdom)* it's something that's going round just now; it's going the rounds at the moment; there's a lot of it about just now; *den -r ikke!* *(ɔ: den duger ikke, står ikke for en nærmere prøve)* **T** that won't wash! *men slik skulle det ikke ~* but that was not to be; *det gikk dårlig med ham* **1.** he did badly; he came off badly; he had bad luck; he was unsuccessful; he got on badly; things went badly for him; **2***(han var syk)* he was in a bad way; things were going badly with him; he was getting on badly; *det ser ut til å ~ dårlig* things seem in a bad way; it looks none too good; it looks as if things are going wrong; *han gikk begge veier (ɔ: både fram og tilbake)* he walked both ways; *det gikk som best det kunne* things were allowed to drift; *posten -r kl. 5* the post (,**US:** mail) goes at five o'clock; *denne varen -r ikke* this article does not sell; *det -r ikke (ɔ: lar seg ikke gjøre)* it can't be done; it is not practicable; it won't work; *det gikk som jeg tenkte* it turned out as I expected; *det får ~ som det kan* things must take their course; *det -r ham godt* he is doing well; things are going well with him; *hvordan skal dette ~?* how is this to end? *hvordan -r det (med deg)?* how are you getting along? how are things with you? *hvordan gikk det på arbeidet i dag?* how

did you get on at work today? how did work go today?
[Forb. m. adv & prep] **gå an** do *(fx* it won't do); *det -r jo an å forsøke* there is no harm in trying; *det -r ikke an å* it does not do to; *det -r aldri an* that will never do; *det får nå enda ~ an, men ...* let that pass, but ...; *han er så glemsom at det -r ikke an* **T** he's impossibly forgetful; *det -r til nød an* it might *(el.* would have to) do at a pinch; it would do if need be; **T** it might pass in a crowd;
gå av *(ta avskjed)* retire, resign; *(om skudd)* go off; *(om farge)* come off, rub off; *(stige av tog, etc)* get off, get out, alight (from); *~ av toget* get off the train, leave the train; *~ av med seieren* win *(el.* carry) the day; *hva -r det av ham?* what's the matter with him? what's come over him? *~ av mote* go out (of fashion);
gå bort go away, leave; *(ɔ: dø)* pass away; *han gikk bort til vinduet* he went *(el.* walked) over to *(el.* up to) the window; he went to the window, he moved *(el.* walked) across to the window; *~ seg bort* get lost; go missing *(fx* he went missing in the mountains); *jeg har gått meg helt bort* I'm completely lost;
gå bra go well; turn out well *(el.* right); *alt kan jo ~ bra til slutt* everything may turn out right *(el.* for the best) in the end; *jeg håper det -r bra for henne* I hope it goes all right for her; *det er ingenting som -r bra for ham noen gang* nothing ever goes right for him; *jeg håper alt -r bra med deg* I hope everything is going well with you; *(jvf gå godt);*
gå bøyd walk with a stoop;
gå dårlig **1***(om klokke)* keep bad time; **2***(forløpe)* go badly; turn out badly; *det ser ut til å ~ dårlig* things seem in a bad way; it looks none too good; it looks as if things are going wrong; *det har -tt dårlig for dem* things have not been going well for them; *(se ndf: gå galt);*
gå etter *(hente)* go for; *(rette seg etter)* go by; *ha noe å ~ etter (fig)* have something to go on; *~ etter lyden* go by the sound;
gå fint: *det -r fint* it's going well; *(se gå bra & gå godt);*
gå for *(regnes for)* pass for *(fx* he passed for a German); be considered, be supposed to be; *(bli solgt for)* fetch, go for *(fx* it went for £10); *(ved auksjon, også)* be knocked down for; *(arbeide for)* work for *(fx* he worked for £10 a month); *han er -tt for dagen (fra arbeid, etc)* he has gone for the day;
gå for seg happen, occur, come about; *da det gikk verst for seg* when things were at their worst;
gå foran *(prep)* go before, precede; *(adv)* lead the way; walk *(el.* go) ahead, precede;
gå forbi se *forbi;*
gå forut for precede;
gå fra leave; *(glemme igjen)* leave behind; *(fraregnes)* be deducted; *han måtte ~ fra gården* he had to give up his farm; *(ofte =)* he was sold up; *~ fra kone og barn* desert one's wife and family; *~ fra et kjøp* withdraw from a bargain; *~ fra sitt ord* withdraw one's word; go back on one's word; *~ fra en plan* give up *(el.* abandon) a plan; *~ fra et tilbud* withdraw *(el.* cancel) an offer;
gå fram *(bære seg ad)* go about it, act, proceed *(fx* p. with caution); *~ fremover* progress, make progress; *det går fremover med forretningen* business is steadily improving; *vi går sakte men sikkert fremover* we are forging ahead;
gå galt: *alt -r galt* everything's going wrong; **S**

everything's going haywire; *da kunne det ~ (riktig) galt* then you *(etc)* could be in (serious) trouble; *(se ovf: gå dårlig);*

gå glatt *(fig)* go (off) smoothly; go without a hitch;

gå godt *(jvf gå bra)* 1*(om klokke)* keep good time; 2*(om bil)* run smoothly *(fx* the car's running less smoothly than it used to); 3*(forløpe)* go well; turn out well *(el.* right); *det -r jo riktig godt!* you're *(etc)* getting on with it quite well!

gå hen: *~ hen og gifte seg* go off and get married; *~ ubemerket hen* pass off unnoticed; *~ ustraffet hen* go *(el.* pass) unpunished;

gå i: *~ i hundene* go to the dogs; *~ i en klasse (på skolen)* be in a form *(el.* class); *~ i kystfart* be *(el.* run) in the coasting trade; *~ i lås (om dør)* lock; *(se baklås); det gikk mark i det* it became worm-eaten (**US:** wormy); *det gikk møll i det* the moths got at it; *~ i seg selv (angre)* repent, see the error of one's ways; *~ i hverandre* be interwoven, interlace; *hun -r i sitt 18. år* she is in her 18th year; *~ i sorg* wear mourning; *~ i spissen* lead; *(fig)* take the lead; *~ i stykker* break, go to pieces, come to pieces; *~ i stå* stop, come to a stop; *(om urverk)* run down; *(om forhandlinger)* reach a deadlock, break down; *alle våre planer har gått i stå (også)* all our plans have failed *(el.* fallen through); *~ i søvne* walk in one's sleep; *de klærne han gikk og sto i* the clothes he stood up in; *~ i vannet* be taken in, be fooled; **T** come a cropper, be led up the garden path; *~ i vasken* come to nothing, fizzle out, go to pot; **T** go phut; **S** go down the sink *(el.* drain); *~ i været (om priser)* rise, go up; *(sterkt)* rocket, soar;

gå igjen 1. leave again *(fx* he was here for a few minutes, but he left again); 2*(om gjenferd)* haunt *(fx* the house, the room); walk; 3*(om dør, etc)* shut, swing to; *denne skuffen -r ikke igjen* this drawer won't shut; 4*(om feil, etc)* recur *(fx* this misprint recurs several times); run through *(fx* this error runs through all his work); *det er et trekk som (nokså ofte) -r igjen hos ham (ɔ: forfatteren)* it is a (fairly) recurrent feature of his style;

gå igjennom *(passere)* pass (through); *(om vei, etc)* run *(el.* go *el.* pass) through; *(falle gjennom isen)* fall through; *(trenge gjennom)* go through, penetrate; *(om væsker)* soak through; *(gjennomgå, se ovf)* go through, look through, go over; *(lide)* undergo, experience, go through; *(bli vedtatt)* be carried, pass *(fx* the bill passed and became law); *forslaget gikk igjennom* the proposal was passed; *(parl)* the motion was carried; *(parl: lovforslaget)* the bill was passed; *planen gikk igjennom* the scheme was carried into effect; *(se også gjennomgå);*

gå ille *(jvf gå galt): det vil ~ ille* it will end in trouble; *det vil ~ deg ille* it will work out badly for you; *(ɔ: fordi du er for dristig, etc)* you're riding for a fall;

gå imellom go between, intervene; *(megle)* mediate;

gå imot: *dommen gikk ham imot* judgment went against him;

gå i møte go to meet *(fx* she went to meet him); *(fig)* meet, face *(fx* we face the future with confidence);

gå inn *(tre inn)* go in, enter; *(om en avis)* cease publication; *~ inn for* go in for; *han gikk meget sterkt inn for* he went in most emphatically for; he was a strong advocate of; *han gikk meget sterkt inn for at* he was a strong advocate of (-ing); he did his utmost to ensure that; he

went in most emphatically for *(fx* the erection of a new building); *~ inn i* enter; *~ inn i kurven (om fx skøyteløper)* take the curve *(el.* bend); *~ inn på (noe)* agree to; *(en spøk)* fall in with; *(drøfte, undersøke)* go into *(fx* we need not go into that question now); *han er -tt inn i sitt 18. år* he has entered his 18th year; *denne planen gikk inn igjen* that plan was abandoned; *~ inn til deg selv!* go to your room! *la oss ~ inn til damene!* let us join the ladies;

gå innpå: *~ hardt innpå en (ɔ: presse en)* press sby hard; **T** drive sby to the wall;

gå langsomt walk (,go) slowly; *arbeidet -r langsomt* (the) work is making slow progress; work is getting on very slowly; progress is slow; *det -r langsomt* it's a slow process; *timene -r så langsomt på et kontor* the hours go by so slowly in an office;

gå langt walk far *(fx* did you walk far today?); *~ for langt* 1. walk too far; 2*(fig)* go too far; *~ hvor langt det skal være (fig)* go to any lengths;

gå med *(en person)* go with; *(ha følge med)* go out with; go about with *(fx* he's going about with a Russian girl); *(ha på seg)* wear *(fx* she doesn't wear tights in summer); *hvordan -r det med helsa?* how's your health? *hvordan -r det med prosessen?* how's your lawsuit progressing? *slik -r det med de fleste* that's the way with most people; *hele sommeren -r med* it takes all summer; *det -r med (på kjøpet)* that's thrown in; *det -r mye med* a lot is consumed *(el.* used); *det kommer lit å ~ med mange penger til det* a lot of money will go on that; *~ med på (vilkår)* accept *(el.* agree to) *(fx* the terms); *(anmodning)* accede to; *(ordning)* consent to, agree to *(fx* an arrangement); *(krav)* allow *(fx* a claim); *(forslag)* fall in with *(fx* a proposal);

gå ned 1*(om sola)* go down, set; 2*(om urverk)* run down; 3*(om pris)* fall, go down; 4*(flyv)* land; come down; touch down; put down *(fx* he put down on a lake); 5*(forlise)* go down; *han gikk ned med Titanic* he was drowned in the loss of the Titanic; **6.:** *~ ned i vekt* lose weight;

gå om: *~ 3. klasse om igjen* remain in the third form; *~ om igjen et år (ɔ: kontinuere)* repeat a year; *la handelen ~ om igjen* cancel the deal;

gå omkring go about; go round; *jeg -r omkring med en plan* I am nursing a scheme;

gå opp *(om vindu, dør)* open, swing open, fly open; *døra gikk opp (også)* the door came open; *(om sol, teppe, pris)* rise; *(om knute)* come undone; *(i knappingen)* come unbuttoned; *(om regnestykke)* come right, work out; *(om ligning)* come out; *(om kabal)* come out; *(om sår)* open (again);

(om is) break (up); *døra gikk opp og igjen* the door opened and shut; *7 -r opp i 49* 49 is divisible by 7; *~ opp i røyk* go up in smoke; *~ opp til (eksamen)* sit for (an examination), take; *det gikk opp for meg* it dawned (up)on me; *endelig gikk det opp for meg at ...* at length I realised *(el.* understood *el.* became aware) that ...; *sannheten gikk opp for ham* he realised the truth; *betydningen av hans ord gikk plutselig opp for meg* I suddenly saw *(el.* realised) the meaning of his words; *det gikk plutselig opp for meg at* it flashed upon me that; *~ opp *(om regnestykke)* work out exactly, w. out just right; *(i divisjon)* come out even; *hun -r helt opp i hagestell* she has a mania for gardening; she has a g. mania; *det -r opp i opp* that makes it even;

gå oppover *se oppover;*

gå over cross; *(overskride)* exceed, go beyond; *(om stavhopper, etc)* clear *(fx* he cleared 5.13);

(smerte) pass off, cease; *(vrede)* vanish, pass away; *(uvær)* cease, subside; *(til en mening)* come round (to an opinion); ~ *over streken* go too far, overstep the mark; ~ *over i en annen farge (kort)* go out into another suit; ~ *over i historien* become history; *det er -tt over (el. inn) i vårt språk* it has passed into our language; ~ *over til noe annet* go *(el.* pass) on to sth else; ~ *over til fienden* go over to the enemy; join the enemy; ~ *over fra ett system til et annet* change from one system to another; *tronen gikk over til kongens datter* the throne passed to the King's daughter; ~ *over til kristendommen* be converted to Christianity; ~ *over til den katolske kirke* join the Roman Catholic Church;

gå på *(fremover)* go ahead, go on, push ahead *(el.* forward); *(befordringsmiddel)* get on *(el.* into) *(fx* she got on the train), board *(fx* a bus, a train), enter; *(om hanske, etc)* go on; *(fortere)* quicken one's pace; *(angripe)* attack; *jeg -r ikke på \den!* tell that to the marines! you can't fool me; *(især* US*)* tell me another! I don't buy that! ~ *på ball* go to a ball; ~ *på kaféer* frequent cafés; ~ *løs på* go for; *det -r på livet løs* it is a matter of life and death; *han -r like løs på saken* he does not beat about the bush; ~ *tilbake på (vise til)* refer to; *det -r på hans regning* it is placed to his account; *munnen -r på ham* he talks incessantly; he is always chattering; *det -r for ofte på* it happens too frequently; *det -r 100 pence på et pund* 100 pence make a pound; there are a hundred pence to a pound; *-r på melodien ...* is sung to the tune of ...;

gå rett walk upright;

gå rundt walk about, go round; *(dreie seg)* turn round; *(rotere)* rotate, revolve; *flaska gikk rundt* the bottle went round; *nøkkelen -r ikke rundt* the key won't turn; ~ *rundt i huset (,gatene)* walk about the house (,the streets);

gå sammen *(løpe sammen)* meet, converge; *(om farger)* blend; *(følges)* walk together; *(regelmessig)* go about together; *de -r godt sammen* they get on well together; *(om ektepar, etc også)* they live together quite compatibly *(el.* amicably);

gå stille walk softly *(el.* smoothly); ~ *stille i dørene* **1.** avoid slamming the doors; close the doors quietly; **2***(fig)* keep a low profile; make oneself inconspicuous;

gå til: *vannet gikk ham til halsen* the water came up to his neck; *hvor mye tøy -r det til kjolen?* how much material will be needed for the dress? *disse pengene skal* ~ *til å betale bilen (også)* this sum is earmarked to pay for my car; *hvordan gikk det til?* how did it happen? *hvordan kunne det* ~ *til? (også)* how could that possibly be? *slik gikk det til* at thus it happened *(el.* came to pass) that; *slik -r det til i verden* that's the way of the world; *det gikk muntert til* it was a jolly affair; *det gikk underlig til med den saken* it was a queer business; *klokka -r til 12 (o: klokka er snart 12)* it is getting on for twelve; ~ *til scenen* go on the stage; *det er \det pengene -r til!* that's the way the money goes; ~ *seg til (om plan, system)* get going *(fx* the thing has to get going first); *når planen har -tt seg til* once the plan runs smoothly;

gå tilbake go back, return; *(om hevelse)* go down, subside *(fx* the swelling in my cheek is going down); *(trekke seg tilbake)* fall back, retreat; *(om kvalitet)* deteriorate; *(om pris)* recede *(fx* prices receded to a very low level); *(om forretning)* decline, lose ground; *det er -tt tilbake med forretningen* the business is not what it used to be;

the b. has declined; *det -r tilbake med partiet* the party is losing ground; *det -r tilbake med ham* his business has declined, he has lost ground; *(om popularitet)* hisstar is on the wane; *det -r tilbake til (om tid)* it goes *(el.* dates) back to;

gå under *(synke)* go down, founder; *(gå til grunne)* be destroyed; *skipet gikk under* the ship went down; *han -r under navn av* he passes by the name of;

gå unna *(om varer)* be sold, sell; *de -r unna som varmt hvetebrød* they are selling *(el.* going) like hot cakes *(el.* ripe cherries);

gå ut go out *(fx* he has just gone out); leave the room; *(om ild, lys)* go out; *(vinne i spill)* go out *(fx* how many points do you want to go out *(el.* to win?)); *med to grand -r vi ut (bridge)* two no-trumps will give us the rubber; *(utgå)* be omitted, be left out; cancel *(fx* this item must be cancelled); *(melde seg ut)* leave, retire from; ~ *ut blant folk* mix with people; ~ *ut fra (sted)* leave; *(ta sitt utgangspunkt i)* take as one's starting point; *(forutsette)* assume; *(stivt)* presume;

gå ut over: *men det gikk ut over ham selv* but he was himself the sufferer *(el.* the victim); *verst har det -tt ut over eksportørene* exporters have been the worst sufferers; *hvis du fortsetter på den måten, -r det ut over helsa* if you go on at that rate you will injure your health; *la sitt raseri* ~ *ut over en* vent one's rage (up)on sby; *la det ikke* ~ *ut over meg!* don't take it out on me! *han lot det* ~ *ut over sin sekretær* he took it out on his secretary; *det -r ut over hans helbred* his health suffers;

gå ut på *(ta sikte på)* aim at; have for its object; *en erklæring som -r ut på at vi ...* a declaration to the effect that we ...; *hans forslag -r ut på at ...* his proposal is (to the effect) that ...; *det talen hans gikk ut på* the general drift of his speech; *jeg så hva alt dette gikk ut på* I perceived the drift of all this;

gå utenom 1. go round *(fx* sth); avoid; **2***(fig)* evade; shirk; dodge; ~ *utenom saken* evade *(el.* shirk *el.* dodge) the issue; **T** beat about the bush; ~ *utenom problemene* by-pass the problems; pass the problems by;

gå ved *(innrømme)* admit;

gå videre go ahead, go on; pass along *(fx* pass along the platform please); *la* ~ *videre* pass on; *(se høyt: elva går* ~ *; samme; utenom 2; vei);*

gåbortkjole afternoon dress.

gåen T 1.: *se utkjørt;* **2***(i stykker)* gone (west); *kløtsjen er* ~ the clutch has had it; the clutch has gone (west).

gågate pedestrian precinct; paved zone.

går: *i* ~ yesterday; *i* ~ *aftes* last night, yesterday evening; *i* ~ *morges* yesterday morning.

gård yard, (court)yard; *(bonde-)* farm; *(større)* estate; *værelse til -en* back room; *på (bonde)-en* on the farm; *gå omkring på -en* walk about the farm. **-bruker** farmer. **-eier** house owner; *(vert)* landlord.

gård|mann farmer. **-mannskone** farmer's wife.

gårdsbestyrer farm manager.

gårds|bruk farm; farming; ~ *basert på melkeproduksjon* dairy farm. **-drift** farming, farm work running a farm; ~ *for melkeproduksjon* dairy farming. **-gutt** farm hand. **-hund** farm watchdog. **-plass** (court)yard. **-vei** [road leading to a farm or group of farms].

gårsdagen the previous day.

gås *(zool)* goose; *(fig)* goose; *det er som å skvet te vann på -a* it's like pouring water on a duck's back.

gåse|fett goose fat. **-fjær** goose feather; *(til penn*

goose quill. **-gang** single file, Indian file; *gå i ~* walk in single file *(el.* in Indian file). **-hud** gooseflesh; *jeg har ~ over hele kroppen* I'm goosey all over. **-kjøtt** goose(flesh). **-kråser** (goose) giblets. **-leverpostei** pâté de foie gras. **-stegg** *(zool)* gander. **-vin** Adam's ale, water. **-øyne** inverted commas, quotation marks; **T** quotes.
gåstol 1*(for barn)* baby-walker; **US** go-cart; 2*(for pasient)* walking frame.

gåsunge *(zool)* gosling; **-r** *(bot)* pussy willows.
gåte puzzle, riddle; enigma; *løse en ~* solve a riddle; unravel a puzzle; *det er meg en ~* it is a mystery to me; it puzzles me; **T** it beats me; *tale i -r* speak in riddles.
gåtefull enigmatic; puzzling; mysterious.
gåtefullhet mysteriousness; mysterious attitude (,behaviour).

H, h H, h; *(mus)* B; *H for Harald* H for Harry; *(lyden staves)* aitch; *sløyfe h'ene* drop one's aitches.
I. ha! *(int)* ha! *han sier ~ og ja til alt* he'll agree to anything; **T** he's a yes-man.
II. ha 1. have; 2*(besitte)* have, possess, have got *(fx* have you got a knife?); 3*(være utstyrt med)* have *(fx* the knife has a long handle; my room has a large window; he has some good qualities); have got *(fx* it's got a long tail); 4*(om sykdom)* have, have got *(fx* he's got pneumonia); 5*(som hjelpeverb)* have *(fx* he has taken the book).
A [*Forb. m. «det»*] *der -r vi det!* that's it! there you are! *-r De det?* **1.** have you? 2*(i diktat)* have you got that? *... og hvem har ikke det?* and who has not? *det -dde jeg aldri trodd om ham* I should never have thought it of him; *det -dde vært en lett sak for Dem* it would have been an easy matter for you; *jeg -r det! (o: -r kommet på det)* I have it! *~ det alle tiders* have no end of a good time; have the time of one's life *(fx* we were having the t. of our lives); enjoy oneself immensely; *~ det bra (el. godt)* have a pleasant time (of it), have a good time (of it); **T** have it good *(fx* Britain has never had it so good); *~ det bra!* enjoy yourself! *(avskjedshilsen)* all the best! take care of yourself! *~ det godt med seg selv* feel good about oneself; *han -r det bra (økonomisk)* he's well *(el.* comfortably) off; he's doing well; *(om helbred)* he's well, he's feeling well; he's fit, he enjoys good health; *han vet ikke hvor godt han -r det (økonomisk)* he doesn't know when he's well off; *pasienten -r det godt* the patient is doing well; *han -r det dårlig* he's badly off, he's in a bad way; he's having a hard time; *(om helbred)* he's ill, he's not feeling well; *hvordan -r du det?* how are you? how are you getting on? *(især til pasient)* how are you feeling? *slik skal han ~ det! (o: slik skal han behandles)* that's the way to treat him; *han -r det med å la andre betale for seg* he is in the habit of letting other people pay for him; he is given to letting other people pay for him; *han -r det med å få raserianfall* he is liable *(el.* subject) to fits of rage; *han -r det med å lyve* he is given to *(el.* has a tendency to) lie; he is inclined to lie; *hvordan -r De det med brensel?* how are you off for fuel? *hvordan -r det seg med denne saken?* what are the facts *(el.* what is the real truth) of the matter *(el.* the case)? how does the matter stand? *hvordan -r det seg med gjelden din?* what about your

debt? *jeg vet ikke hvordan det -r seg med forretningen hans* I do not know how his business is getting on; *hvordan det enn -r seg* however that may be; *~ det vondt* suffer;
B [*Forb. m. prep & adv*] *jeg skal ikke ~ noe* **av** *at han leser brevene mine* I won't have him reading my letters; *det vil jeg ikke ~ noe av!* I won't have it! *det -r du godt av!* serves you right! *-dde du godt av ferien?* did you get much benefit from your holiday? did your h. do you any good? *han -r det* **etter** *sin far* he takes after his father in that; he has got that from his f.; *hva vil du ~* **for** *den? (om prisforlangende)* what will you take for it? what do you want for it? *(jvf eksempler under* C); *~ for seg (pønse på)* be up to *(fx* what is he up to?); have to do, have in front of one *(fx* a difficult task); *vi -r hele dagen for oss* we have all (the) day before us; *han visste ikke hvem han -dde for seg* he did not know whom he was talking to *(,dealing with); det -r intet for seg* it has no foundation in fact; there is nothing in it; *~ meget for seg* have much *(el.* a lot) to recommend it; *denne påstand -r meget for seg* this assertion has much to recommend it; *han -r hele livet* **foran** *seg* he has a whole lifetime before him; *(se også ovf (for)); hvor -r du det* **fra** *?* 1*(om ting)* where did you get that (from)? 2*(om noe som fortelles)* who told you that? *~* **fram:** *det var \det jeg ville ~ fram* that's the point I wanted to make; *~* **i** *(tilsette)* add *(fx* a. a little flour); *~ noe* **igjen** have sth left (over); *jeg -r ingenting igjen for alt bryet (også)* I have nothing to show for all my trouble; *det -dde vi ikke noe igjen for (o: kom vi ikke langt med)* that did not get us anywhere; *~ noe* **imot** *ham* dislike him; *jeg -r ikke noe imot ham* I don't mind him; I have nothing against him; I have no objection to him; *-r De noe imot å fortelle meg det?* would you mind telling (me)? *-r De noe imot at jeg røyker?* do you mind if I smoke? do you mind my smoking? *-r De noe imot forslaget?* have you any objection to the proposal? *hvis De ikke -r noe imot det, ville jeg gjerne ...* if you don't mind, I should like to; *jeg -r meget imot at han gjør det* I strongly object to his doing it; *jeg skulle ikke ~ noe imot ...* I shouldn't mind ..., I could do with *(fx* a cool glass of beer); *~* **med** *(bringe med seg): -r du boka med?* have you brought the book? *det -r jeg ikke noe med* that's no business *(el.* concern) of mine; it's not my business; *det -r svært lite med \det å gjøre* that has got very (,**T:** precious) little to do with it;

dette -r ikke noe med Dem å gjøre this has nothing to do with you; that is none of your business; *De -r ikke noe med å forsvare ham* it is not your business to defend him; *jeg -r -tt med ham å gjøre før* I have had sth to do with him before; *jeg -r ikke -tt noe med ham å gjøre* I have had no dealings with him; *(se også gjøre D (med)); vi -dde saken* **oppe** *på siste møte* we discussed the matter at the last meeting; the m. came up for discussion at the last meeting; ~ **på** *(fylle på):* ~ *på litt vann (,bensin, etc)* put some water (petrol, *etc*) in; *(om klær)* wear, have on *(fx* she had hardly anything on); *hva skal vi* ~ *på oss i kveld?* what are we going to wear tonight? *-r du en kniv på deg?* have you got (such a thing as) a knife on you? *han -dde alltid en revolver på seg* he always carried a revolver; *politiet -r ikke noe på meg* the police have got nothing on me; *han vil* ~ *deg* **til** *å (flykte, etc)* he wants you to (escape, *etc*); *han vil* ~ *ham til adjutant* he wants him for his aide-de-camp; *han vil* ~ *oss til å tro at ...* he will have us believe that ...; *vil du virkelig* ~ *meg til å tro at ...?* do you seriously want me to believe that ...? *han vil* ~ *det til at* he will have it that; he makes out that; *det er verre enn han vil* ~ *det til* it is worse than he tries to make out; *han ville* ~ *det til at vi -dde behandlet ham urettferdig* he made out that we had treated him unfairly; *hva -r man ellers politiet til?* what else are the police for? ~ *en til nabo* have sby for *(el.* as) a neighbour; ~ *meget* **til overs** *for en* be very fond of sby; C *[Andre forbindelser] du -r å gjøre som jeg sier!* you will do what I tell you! **der** *-r vi dem!* there they are! *der -r vi forklaringen!* that's the explanation! there we have the e.! ~ *en egenskap* possess *(el.* have) a quality; **her** *-r du et pund!* here is a pound for you! *her -r De meg!* here I am! *man vet aldri* **hvor** *man -r ham* you never know where you have (got) him; *det -r intet å gjøre med* it has (got) nothing to do with; *(se også gjøre D (med)); det* **kan** *vi ikke* ~ *!* we can't have that! *vi -r* **langt** *hjem* we have a long way home; *vi -r enda langt hjem* we are still far from home; *han -r* **lett** *for det* he is a quick learner; *jeg -r lett for å glemme* I am apt to forget; I often forget; *(se også falle (en lett)); han -dde vondt for å gjøre det* he hated to do it; it cost him a great effort to do it; it went against the grain with him to do it; he had to force himself to do it; *han* **skal** ~ *seg et bad* he is going to have a bath; *jeg skal ikke* ~ *te* I don't want any tea; *(høfligere)* no tea for me, please; *hva skal De* ~ *for den?* what do you want for it? what will you take for it? *hva skal vi* ~ *til middag?* what are we having *(el.* going to have) for dinner? *hvor meget skal De* ~ *? (om betaling)* how much will that be? how much is that? *jeg skal* ~ *£10* I want £10; *jeg skulle* ~ *et pund te (i butikk)* I want a pound of tea, please; could I have a pound of tea, please? US *(som oftest)* I would like a pound of tea; *takk, jeg -r! (svar på tilbud om mer)* thank you, I have some (already); thank you, I've got all I want; no more, thanks! *jeg skal ikke* ~ *ham til å blande seg i mine saker* I won't have him meddle *(el.* meddling) in my affairs; *hva* **vil** *De* ~ *? what do you want? *(tilbud)* what will you have? *(om drink også)* what's yours? *hva vil du* ~ *for å spa om hagen?* what do you want for digging the garden? *vil De ikke* ~ *en sigar?* won't you have a cigar? T have a cigar! *hvordan vil du* ~ *pengene?* how will you take *(el.* have) the money?

Haag *(geogr)* the Hague.
habil (legally) competent, able, efficient.
habilitet (legal) competence; legal capacity; *testasjons-* testamentary capacity.
habitt get-up *(fx* a man in a strange get-up).
habitus: *hans åndelige* ~ his intellectual make-up; his moral character.
hage garden; US *(også)* yard *(fx* our front y. is just a lawn); *(frukt-)* orchard; *(palme-)* palm court *(fx* in the p. c. of a London hotel); *(heste-)* (enclosed) pasture.
hage|arkitekt landscape gardener. **-benk** garden seat. **-bruk** gardening, horticulture. **-bruksutstilling** horticultural show. **-by** garden city; *(ofte =)* garden suburb *(el.* estate). **-fest** garden party. **-gang** g. walk *(el.* path). **-kanne** watering can. **-saks** garden shears. **-sanger** *(zool)* garden warbler. **-selskap:** *se -fest.* **-sprøyte** garden sprayer. **-stol** g. chair; *(liggestol)* camp chair; US canvas chair. **-stue** [room opening on to a garden].
hagl hail; *(et enkelt)* hailstone; *(av bly)* shot; *(grovere)* buckshot.
haglby(g)e hail-shower, hailstorm.
haglbørse shotgun; *(mindre)* fowling piece.
I. **hagle** *(subst)* shotgun; *(mindre)* fowling piece.
II. **hagle** *(vb)* hail; *slagene -t nedover ham* the blows rained down on *(el.* fell about) him; *det -t med skjellsord* terms of abuse poured down; *svetten -t av ham* the perspiration poured down his face.
hagl|korn hailstone. **-vær** hailstorm.
hagtorn *(bot)* hawthorn.
hai *(zool)* shark.
I. **hake** *(subst)* hook; *(fig)* drawback *(ved* to); *(jvf aber).*
II. **hake** *subst (ansiktsdel)* chin.
III. **hake** *(vb)* hook; ~ *seg fast i* hook on to.
hake|kløft dimple in the chin. **-kors** swastika. **-orm** *(zool)* hookworm. **-rem** chin strap. **-skjegg** goatee. **-spiss** point of the chin.
hakk notch, indentation; *et* ~ *bedre enn de andre (fig)* a cut above the others; *være et* ~ *bedre (enn andre)* T *(også)* be one up.
I. **hakke** *(subst)* hoe; pick, pickaxe, mattock.
II. **hakke** *(vb)* hack, hoe; *(om fugler)* peck *(på* at); *(kjøtt)* chop, mince; *(i tale)* stutter; *jeg -r tenner av kulde* my teeth are chattering with cold; ~ *på (fig)* carp at; T pick at.
hakke|blokk chopping block. **-brett** chopping board; *(mar)* taffrail.
hakkeloven *(fig)* the pecking order.
hakkels chaff; chopped straw; *skjære* ~ cut chaff, chop straw. **-maskin** chaffcutter.
hakke|mat *(finhakket kjøtt)* minced meat; *(fig)* mincemeat *(fx* make m. of him). **-spett** *(zool)* woodpecker.
hal pull, haul.
I. **hale** *(subst)* tail.
II. **hale** *(vb)* haul, pull; ~ *an (mar: seil)* haul home; ~ *seg (om vind)* shift, haul; ~ *stiv* haul tight *(el.* taut); *hal vekk! (mar)* haul away! *der er det ikke noe å* ~ *for deg* T *(neds)* there's nothing for you to get out of it; there's nothing in it for you; ~ *i buksene* hitch up one's trousers; ~ *saken (vel) i land (fig)* carry *(el.* bring) sth off; *det var han som halte hele foretagendet i land* he was the one who brought the whole thing off; ~ *inn* haul inn; ~ *inn på et skip* gain on a ship; *han halte raskt innpå i kurven* he caught up fast *(el.* came up well) at the bend; *vi har halt innpå med 5 minutter* we have gained 5 minutes (on our opponent); ~ *ned* haul down; ~ *opp (el. fram) av lomma* pull *(el.* draw) out of one's pocket; *det nyttet ikke å* ~

noe ut av ham he was not to be drawn; ~ *ut tiden* play for time; *(se seier)*.

hale|ben tail bone; *(anat)* coccyx. **-dusk** switch. **-finne** *(zool)* tail fin; *(flyv)* vertical stabilizer. **-fjær** tail feather. **-gatt** *(mar)* mooring pipe.

half *(fotb)* half.

halfback *(fotb)* halfback.

I. hall hall.

II. hall *(skråning)* slant, slope.

halleluja hallelujah!

hallik pimp, procurer; **S** ponce; *være* ~ *for* pimp for.

hallikvirksomhet pimping.

halling Halling dance.

hallo hello! *(tilrop)* hey! hullo! hallo! *(over høyttaler)* attention, please!

hallomann *(i radio)* announcer.

hallusinasjon hallucination.

hallusinere *(vb)* hallucinate.

halm straw. **-presse** straw press.

halm|strå straw; *den som holder på å drukne, griper etter et* ~ a drowning man will grasp at a straw (el. clutch at straws). **-tak** thatched roof. **-visk** wisp of straw.

haloi *(subst)* uproar, hullabaloo, hubbub, row; *lage* ~ **T** kick up a row.

hals neck; *(strupe)* throat; *(på note)* stem; *(til seil)* tack; *brekke -en* break one's neck; *gi* ~ give tongue; *strekke* ~ crane *(el.* stretch*)* one's neck; *knekke -en på en flaske* crack a bottle; *rope av full* ~ shout at the top of one's voice; *le av full* ~ roar with laughter; *ha vondt i -en* have a sore throat; *helle i -en på en* pour down sby's throat; *med gråten i -en* on the brink *(el.* verge*)* of tears, with tears in one's voice; *med hjertet i -en* with my (,his, *etc)* heart in my (,his *etc)* mouth; *falle om -en på en* fall on sby's neck; *throw oneself at sby; vri -en om på en* wring sby's neck; *over* ~ *og hode* in hot haste, precipitately, in a great hurry, headlong; *få noe på -en* be saddled with *(fx* a lot of poor relations); *få en sykdom på -en* contract a disease; *det skaffet ham mange fiender på -en* it got him a lot of enemies; *på sin* ~ *(fig)* body and soul.

hals|betennelse inflammation of the throat, angina, sore throat. **-brann** heartburn. **-brekkende** breakneck. **-byll** boil in the throat. **-bånd** necklace; *(til hund)* collar.

halse *vb (gjø)* give tongue, bay; *mar (kuvende)* wear (ship), jibe.

halsesyke sore throat; *det er bare vanlig tredagers* ~ it's just an ordinary throat infection.

halsgrop the arch of the neck *(fx* in the arch of her neck).

halsgropsmykke pendant (on a short chain); ~ *av gull* gold pendant.

halshogge *(vb)* behead, decapitate.

halshogging beheading, decapitation.

halshvirvel cervical vertebra. **-katarr** bronchial catarrh, pharyngitis. **-kjede** necklace; *(av perler også)* rope *(fx* a r. of pearls). **-linning** neck band.

halsløs ~ *gjerning* reckless act, desperate undertaking, risky business.

halsmuskel cervical muscle. **-onde** throat complaint *(el.* trouble). **-pastiller** *(pl)* cough pastilles, cough candy sugars. **-pulsåre** carotid artery. **-spesialist** throat specialist, laryngologist.

halsstarrig stubborn, obstinate.

halsstarrighet stubbornness, obstinacy.

halstørkle scarf; *(glds)* neckerchief.

halt lame; limping; ~ *på det ene benet* lame in one leg.

halte *(vb)* limp, walk with a limp; *-nde (fig)* lame *(fx* excuse); halting *(fx* comparison).

halthet lameness.

halv half; *en* ~ *alen* half an ell; *for* ~ *pris* at half price; *barn* ~ *pris* children half-price; **-e** *forholdsregler* half-measures; **-e** *Norge* half Norway; *et -t år* half a year, six months; *to og en* ~ *engelske mil* two miles and a half, two and a half miles; *en* ~ *gang til så lang* half as long again; *klokka er* ~ *tolv* it is half past eleven (o'clock); *klokka slo* ~ it struck the half-hour; *det -e* half (of it); **-t** *(adv)* half; **-t** *om -t* half; *dele -t* go halves *(med* with), go fifty-fifty *(med* with); *han gjør ingenting -t* he does nothing by halves; *(se pris)*.

halv|annen one and a half. **-automatisk** semi-automatic. **-bemannet** half-manned. **-bevisst** half conscious, semi-conscious.

halvbind *(bokbind)* half-binding.

halv|blind half-blind. **-blods** half-blood, half-bred; *(subst)* half-breed, half-caste. **-bror** half brother.

halvdags|hjelp daily help working half days; part-time daily help, half-time daily help. **-post** half-time post *(el.* job); half-day post *(el.* job).

halvdel half; *-en* half of it, one half; *-en av* (one)half (of) *(fx* half the books, one h. of the books); *the half of (fx* the last h. of the year); *i første* ~ *av talen* in *(el.* during) the first half of the speech.

halvdød half dead.

halvere *(vb)* halve; *(i geometri)* bisect.

halv|erme half-sleeve. **-fabrikat** semimanufacture; semi-finished product; semimanufactured article. **-ferdig** half-finished; *jeg er ikke* ~ *med å spise* I have not half done eating. **-fetter** second cousin. **-flaske** half-bottle. **-full** half full; *(om menneske)* half drunk. **-gal** half mad. **-gammel** elderly, middle-aged. **-gjort** half-done. **-gud** demigod. **-het** incompleteness; *(fig)* indecision, vacillation; *(halve forholdsregler)* half-measures. **-høyt** *(adv)* in a low voice, in an undertone, under one's breath, in a half-whisper, half aloud. **-kaste** half-caste. **-krets** semicircle; half-circle. **-kule** hemisphere. **-kuleformet** hemispherical. **-kusine** second cousin. **-kvalt** half-smothered, stifled. **-kvedet:** *han forstår en* ~ *vise* he can take a hint.

halv|lært semi-skilled.

halv|mett still hungry; **T** half full up; *jeg er ikke* ~ I have not half done eating. **-moden** half -ripe. **-mørke** half-light, semi-obscurity, semi-darkness. **-måne** half-moon, crescent. **-månedlig** fortnightly. **-part** half; *den ene -en* one half (of it); *bare -en av velgerne* only half (of) the electors. **-pensjon** half-pension, demi-pension; *(ved skole & pensjonat, også)* half-board. **-profil** semi-profile; *portrett i* ~ s.-p. portrait. **-silke** silk-cotton. **-sirkel** semi-circle. **-sirkelformig** semi -circular. **-slitt** *(om tøy)* threadbare, shiny.

halvsove *(vb)* doze, drowse.

halv|spenn *(om skytevåpen)* half-cock; *i* ~ at h.-c. **-stekt** half-done. **-stikk** half hitch; *dobbelt* ~ clove hitch. **-strømpe** sock. **-studert** half-educated, semi-educated; ~ *røver* half-educated bluffer. **-søsken** half sisters and half brothers. **-søvn:** *i -e* half asleep; *i -e hørte jeg at det gikk i døra* I was already *(el.* still) half asleep when I heard the door go. **-såle** *(vb & subst)* half-sole. **-tak** lean-to roof. **-tid** *(fotb):* *ved* ~ at half time *(fx* the score at h. t. was 3−2; it's h. t.). **-tone** *(mus)* semitone. **-tullet** **T** not quite all there; crack-brained. **-tulling** simpleton, half-witted person.

halvvei: *på -en* halfway, midway; *møtes på -en*

(fig) split the difference; *bli stående på -en* give up *(el.* stop)halfway.

halvveis halfway, midway; *(nesten)* almost; half *(fx* I'm half hoping she won't come); *jeg har ~ lyst til å* I have half a mind to.

halvvill half-savage; half-wild; *(om hest)* half -broken. **-voksen** adolescent, teenage, half-grown *(fx* a h.-g. squirrel); *en ~ pike* a teenage girl, a girl in her adolescence, an adolescent girl. **-våken** half awake.

halvøy peninsula. **-åpen** half-open. **-år** six months; *et ~* a period of six months; **-årig** half a year old. **-årlig** half-yearly, bi-annual; *(adv)* every six months, twice a year. **-års** of six months. **-årsvis** half-yearly; *(adv)* every six months, twice a year.

ham *(subst)* skin; *(litt.)* slough; *skifte ~* cast (off) its skin; lose its skin; *(stivt)* shed its skin.

hamle *(vb): kunne ~ opp med* be able to cope with; be a match for; *A kan ikke ~ opp med B* (ɔ: *kan ikke måle seg med) (også)* A is not in it with B; *han kan ~ opp med hvem som helst (også)* he can take on anybody.

hammer hammer; *(tre-)* mallet; *(på dør)* knocker; *(i øret)* malleus, hammer; *komme under -en* come under the hammer. **-hai** *(zool)* hammerhead. **-hode** hammer head. **-slag** hammer stroke. **-tegn** sign of the hammer.

hamn: *se havn.*

hamp hemp; *av ~* hempen; *bort i -en* T ridiculous, crazy *(fx* a c. idea).

hampefrø hempseed. **-tau** hemp rope.

hamre *(vb)* hammer.

hamskifte sloughing; **US** shedding of skin.

hamstre *(vb)* hoard.

han he; *~ ... selv* he ... himself; *~ der* the chap over there; *dette er ~ som ... this is the man who ...*

hanbie *(zool)* drone. **-blomst** *(bot)* male flower.

hand: *se hånd.*

handel trade *(fx* the trade in tropical fruits, the corn trade); *(det å handle)* trading *(fx* trading with the enemy is prohibited); *(som levebrød)* trade, commerce, business *(fx* he's in business); *(i større stil, internasjonal)* commerce *(fx* c. flourished during his reign); commercial activities, business life; *(enkelt transaksjon)* (business) deal; transaction;

bringe i -en put on *(el.* bring into) the market, offer for sale; *slutte en ~* close a transaction; *drive ~* carry on trade, trade *(fx* with sby); *drive ~ med (om varen)* trade *(el.* deal) in; *gjøre en god ~* make a good bargain; *gjøre -en om igjen* cancel the deal; *(jur: heve kjøpet)* repudiate the sale *(el.* the bargain); *komme i -en* come on the market; *er ikke i -en* is not on the market; *det er ikke lenger i -en* it is no longer on the market; it is not sold any more; it is off the market; *~ med utlandet* foreign trade (dealings); *vår ~ med (el. på) England* our trade with E.; *~ og vandel* dealings; method of doing business.

handelsattaché commercial attaché. **-avtale** trade agreement; *(traktat)* commercial treaty. **-balanse** balance of trade, trade b.; *aktiv (el. gunstig) ~* favourable t. b.; *passiv (el. ugunstig) ~* adverse *(el.* unfavourable) t. b.; *et stort underskudd i -n med utlandet* a large foreign trade deficit. **-bedrift** trading firm *(el.* company); *(se produksjonsbedrift).* **-betjent** salesman; **US** clerk. **-brev** trading *(el.* tradesman's) licence; **US** business license; *som har ~* certificated *(fx* a c. grocer); *løse ~* obtain a trading licence. **-bu** general (country) store. **-by** commercial *(el.* trading) town. **-departementet** the Ministry of Commerce;

the **UK** Department of Trade; **US** the Department of Commerce. **-fag** commercial subject; *lærer i ~* business studies teacher. **-firma** commercial firm, business house. **-flagg** merchant flag; *-et (det britiske)* the Red Ensign. **-flåte** merchant navy *(el.* marine); mercantile marine, merchant service *(el.* fleet). **-forbindelse** 1*(om person, firma)* business connection; 2*(abstrakt: forhold, samkvem)* trade *(el.* commercial *el.* business) relations *(el.* intercourse *el.* dealings) *(med* with; *mellom* between); trading link *(fx* a country with which we have substantial trading links). **-foretagende** commercial undertaking, c. enterprise. **-gartner** market gardener; **US** truck farmer.

handelsgymnas *(hist)* commercial college.

handelsgymnasiast *(hist)* pupil at a commercial college; *-er (også)* pupils of commercial colleges.

handelshøyskole advanced commercial college; (NB The College of Business Administration and Economics, Bergen).

handelsjordbruk cash-crop farming; *(se jordbruk).*

handelskalender trade (,**US:** business) directory. **-kandidat** Bachelor of Commerce; B. Com. **-kjøp** contract of sale; (in Norway: a contract between two commercial enterprises); *(se også sivilkjøp).* **-kompani** trading company. **-korrespondanse** commercial correspondence, business correspondence. **-kutyme** trade usage. **-kyndig** trained in business; having a commercial training; *en ~ (sakkyndig)* a business expert. **-kyndighet** commercial knowledge. **-lære** commercial science. **-mann** trader, dealer, shopkeeper. **-marine** *se -flåte.* **-minister** Minister of Commerce; **UK** Secretary of State for Trade; **T** Trade Secretary; **US** Secretary of Commerce. **-monopol** commercial monopoly. **-moral** commercial morality, business morals; *det ville være dårlig ~* it would be commercially dishonest. **-omsetning** trade volume of trade. **-ordbok** commercial dictionary. **-overskudd** trade surplus. **-partner** trading *(el.* trade) partner. **-politikk** commercial *(el.* trade) policy. **-politisk** pertaining to commercial policy; *-e forbindelser* trade relations.

handelsregister register of companies; *-et* **UK** the Companies Registry; the Registrar of Companies; trade *(el.* commercial) register; *føre et firma inn i H-et* register (,**US:** incorporate) a company.

handelsregning business *(el.* commercial) arithmetic.

handelsreisende commercial traveller; *~ på provisjonsbasis* commission traveller. **-rett** commercial law. **-selskap:** *ansvarlig ~* trading partnership. **-sentrum** trading centre, mart, emporium; *London utviklet seg til å bli Europas ~* London developed into the general mart of Europe. **-skip** merchantman. **-skole** commercial school; *etter endt ettårig ~* after a one-year commercial course. **-stand** commercial *(el.* business) community. **-standsforening** mercantile association *(fx* Oslo Mercantile Association); *Norges Handelsstands Forbund* Federation of Norwegian Commercial Associations. **-traktat** commercial treaty.

handelsuttrykk commercial term.

handelsvare commodity; *-r (også)* merchandise. **-vei** trade route. **-verdenen** the world of commerce, the business world. **-virksomhet** commercial activity; business, trade; *drive ~* carry on business, trade. **-vitenskap** commercial science. **-øyemed:** *i ~* for business purposes.

handikap handicap; disability. **handikappe** *(vb)* handicap.

handlag: *se håndlag.*

handle *(vb)* act; *(gjøre innkjøp)* deal *(fx* I deal there as well); *(drive handel)* trade, deal, do business; ~ *deretter* act accordingly; ~ *etter* act on; ~ *etter eget forgodtbefinnende* use one's own discretion; ~ *med noe* deal in sth; ~ *med en* do business with sby; ~ *mot ens vilje* act against sby's wishes; ~ *om* be about; deal with; *(stivt)* treat of; *gutten som denne historien -r om* the boy who's the subject of this story; the boy this story's about.
handledyktig vigorous, energetic.
handledyktighet activeness, vigour (,US: vigor), energy.
handleform *(gram)* the active (voice). **-frihet** freedom of action; *gi en* ~ *(frie hender) (også)* give sby plenty of rope. **-kraft** energy, activeness, vigour (,US: vigor), efficiency; **T** push, drive. **-kraftig** energetic, active, vigorous, efficient, dynamic. **-måte** conduct, course *(el.* line) of action, procedure *(fx* we don't approve of your p.).
handlende *(subst)* trader; tradesman.
handling action; act; *(høytidelig)* ceremony, function; *en grusom* ~ an act of cruelty; *en -ens mann* a man of action; a doer; *-en foregår i Frankrike* the scene is laid in France; the scene is F.; the story (,the play, *etc)* takes place in F.; *(se henlegge); det er mangel på* ~ *i stykket* there is a lack of action in the play; *la* ~ *følge på ord* suit the action to the word; *skride til* ~ take action.
handlingslamme *(vb)* paralyse; hamstring.
handlingslammet paralysed; hamstrung; incapable of action; unable to act *(el.* take action).
handue *(zool)* cock pigeon. **-dyr** male.
hane *(zool)* cock; **US** rooster; *(på kran)* (stop)-cock; tap; *være eneste* ~ *i kurven* be the master of the harem; **T** be the only man at a hen party; *(føre det store ord)* be (the) cock of the walk; *(se spansk).* **-ben:** *gjøre* ~ *til* court, make up to. **-bjelke** tie beam. **-gal** cockcrow; *ved* ~ at c. **-kam** cock'scomb. **-kylling** *(zool)* cockerel, young cock. **-marsj** goose step.
hanesel *(zool)* jackass, male ass. **-fisk** *(zool)* milter. **-fugl** *(zool)* male bird, cock. **-føll** *(zool)* colt.
hang bent, bias, inclination, propensity.
hangar *(flygemaskinskur)* hangar.
hangarskip aircraft carrier.
hangle *(vb)* be ailing; ~ *igjennom* get through by the skin of one's teeth; (barely) scrape through.
hanglet(e) ailing; **T** off colour; *han har vært litt* ~ *i det siste* he's been a bit off c. lately.
hanhare *(zool)* buck hare. **-kanin** buck rabbit. **-katt** *(zool)* tomcat; *(erotisk mann)* goat *(fx* he is an old g.).
hank handle.
hankeløs without a handle.
hankjønn male sex; *(gram)* the masculine (gender).
hann he, male; *(om visse fugler)* cock; *(sms med hann-: se han-).*
Hannover Hanover.
hanplante *(bot)* male plant.
hanrakle *(bot)* catkin.
hanrei deceived husband; *(glds & litt.)* cuckold; *gjøre en til* ~ seduce sby's wife; *(glds & litt.)* cuckold sby.
hanrev *(zool)* he-fox, dog fox.
hans his; *hatten* ~ his hat; *hatten er* ~ the hat is his; *brorens og* ~ *brev* his brother's letters and his own.
Hans: ~ *og Grete* Hansel and Gretel.
hansa *(hist)* Hanse. **-aforbundet** the Hanseatic

League. **-eat** member of the Hanseatic League. **-eatisk** Hanseatic.
hansestad Hanseatic town.
hanske glove.
hanspurv *(zool)* cock sparrow.
hansvane *(zool)* cob (swan), male swan.
Harald Harold; ~ *hårfagre* Harold the Fair-haired.
hard hard; *(streng)* harsh, severe; hard; ~ *mot* severe on, hard on, harsh towards; *han er* ~ *mot sin sønn* he is hard on *(el.* severe with) his son; ~ *som stein (om ting)* hard as a rock, hard as iron; **T** hard as a brick *(el.* as bricks); *(se flint); der hvor det går -est for seg* right in the thick of it; *jeg har hatt en* ~ *dag* I've had a tough *(el.* hard) day; **T** I've had a bit of a day; *ha* ~ *mage* be constipated; *det ville være -t om* it would be hard lines if; *-t mot -t* measure for measure; *sette -t mot -t* meet force with force; *det er -t for ham at ikke han også kan få bli med* it is very hard on him *(el.* sad for him) that he can't go too.
hardfrossen frozen hard.
hardfør hardy, tough; *en* ~ *plante* a study *(el.* hardy) plant. **-førhet** hardiness, toughness.
hardhaus hardy chap, tough chap.
hardhendt hard-handed, rough. **-het** hard-handedness, roughness.
hardhet hardness.
hardhjertet hard-hearted, unfeeling, callous. **-hjertethet** hard-heartedness. callousness, callosity. **-hudet** thick-skinned, callous. **-hudethet** *(fig)* callousness, callosity, thick skin. **-kokt** hard-boiled.
hardnakket stiff-necked, obstinate, persistent; *holder* ~ *fast på den tro at* persists in believing that. **hardnakkethet** obstinacy, stubbornness, persistency.
hardt *(adv)* hard; *fare* ~ *fram mot en* treat sby harshly; take a strong line against sby; *det holdt* ~ it was difficult; ~ it was (quite) a job; *han sitter* ~ *i det* **T** he's hard up; *han sov* ~ he slept heavily; ~ *babord! (mar)* hard aport! ~ *i le! (mar)* hard to leeward! *trenge* ~ *til noe* need sth (very) badly.
hare *(zool)* hare; *forloren* ~ meat loaf; *ingen vet hvor -n hopper* there is no telling what is going to happen; *(se harepus).*
harehjerte: *ha et* ~ be chicken-hearted, be a coward. **-hund** *(zool)* beagle, harrier. **-jakt** hare-hunting, hare-shooting. **-labb 1.** hare's foot; *fare over noe med en* ~ *(fig)* pass lightly over sth, slur over sth, give sth a lick and a promise; **2** *(bot)* cottonweed.
harem harem, seraglio.
haremunn harelip. **-pus** bunny. **-skår** harelip; *ha* ~ be harelipped. **-stek** roast hare. **-unge** *(zool)* young hare, leveret.
harke *(vb)* hawk.
harlekin harlequin.
harm *(adj)* indignant *(på* with); *(se fortørnet).*
I. harme *(subst)* indignation, resentment; *(poet)* wrath, ire.
II. harme *(vb)* anger, exasperate. **-lig** annoying.
harmful resentful, indignant, angry.
harmløs harmless, inoffensive.
harmonere *(vb)* harmonize; be in harmony *(el.* keeping); *ikke* ~ *med* be out of keeping with; *få til å* ~ *med (stemme med)* reconcile *(fx* it is difficult to r. A's evidence with B's).
harmoni harmony, concord, unison.
harmonika *(mus)* accordion; *(se harmonikk).*
harmonikk *mus (munnspill)* mouth organ, harmonica.
harmonilære harmonics.

harmo|nisere *(vb)* harmonize. **-nisk** harmonious.
harmonium *(mus)* harmonium.
harnisk armour; **US** armor; *bringe en i* ~ infuriate sby, enrage sby, make sby see red; *komme i* ~ flare up, fly into a rage *(el.* a temper); *han var i* ~ his blood was up; he was up in arms.
I. harpe *(subst)* harp; *spille på* ~ play the harp, harp.
II. harpe *(vb)* screen; *-t kull* screened coal.
harpe|spill harp-playing. **-spiller** harpist.
harpiks resin; *(når terpentinoljen er avdestillert)* rosin; *(til violinbue)* rosin. **-aktig** resinous.
harpun harpoon. **-er** harpooner. **-ere** *(vb)* harpoon.
harselas banter, raillery.
harselere *(vb)* poke fun at, mock at, scoff at, make game of.
harsk rancid; *(fig)* grim, gruff. **-het** rancidity.
harv *(subst)* harrow; *fjær-* spring-tooth h.; *skål-* disk h.; *valse-* rotary hoe.
harve *(vb)* harrow.
has: *få* ~ *på* get the better of *(fx* an opponent); lay by the heels *(fx* the police will soon lay the thief by the heels); *vi har fått* ~ *på ham* **T** we've got him by the short hairs.
hasard 1. hazard, risk; **2.** gambling, game of chance; *spille* ~ gamble. **-spill** game of chance; gambling. **-spiller** gambler.
hase *(sene)* hamstring; *(ledd)* hock, hough; *(på menneske)* hollow *(el.* back) of the knee; *skjære -ne over på* hamstring; *smøre -r* take to one's heels; show a clean pair of heels, show one's heels.
hasj(isj) hashish; **T** hash, pot, weed; *(se marihuana).*
hasp(e) *(subst)* hasp, catch.
hassel *(bot)* hazel. **-nøtt** hazelnut, filbert. **-rakle** hazel catkin.
hast haste, hurry; *det har ingen* ~ there's no hurry; *i all* ~ in a hurry; in haste; *et lite brev skrevet i all* ~ a hasty note, a note which has (had) been written in a hurry; *i rivende* ~ in great haste, with the greatest possible dispatch; *han har ikke noen* ~ *med å* he is in no hurry to.
haste *(vb)* hasten, hurry; *(upersonlig)* be urgent; *det -r med varene* the goods are urgently required; *det -r med denne saken* this matter is urgent *(el.* requires immediate attention); *det -r ikke* there's no hurry; *når det -r* when it's urgent.
hasteordre *(merk)* rush order.
hastig hurried, quick; hasty.
hastighet (rate of) speed, rate, velocity; *med en* ~ *av* at a speed of; *(se holde).*
hastverk hurry, haste; *ha* ~ be in a hurry; *hvorfor har du slikt* ~*?* why are you in such a hurry? ~ *er lastverk* more haste, less speed; slow and steady wins the race.
hastverksarbeid rush job, rush work; *(neds)* scamped work.
hat hatred *(til* of), hate; *bære (el. nære)* ~ *til en* hate sby, have a hatred of sby; *legge en for* ~ come *(el.* grow) to hate sby; conceive a hatred of sby; make sby the object of one's hate; *vekke* ~ excite hatred.
hate *(vb)* hate; *(avsky)* detest, abhor; ~ *som pesten* hate like poison *(el.* like sin); ~ *å måtte ...* hate having to ...
hatefull spiteful, malicious, rancorous.
hatsk rancorous. **-het** rancour; **US** rancor.
hatt hat; *han er høy i -en (fig)* he is too big for his boots, he is high and mighty; *stiv* ~ bowler; *gi en noe å henge -en på* give sby a handle; give sby cause for complaint; *sette -en på* put

on one's hat; *ta -en av* take off one's hat *(for* to); *ta til -en* touch one's hat; *trykke -en ned over ørene på en* pull sby's hat (down) over his ears; *være på* ~ *med* have a nodding acquaintance with; *være mann for sin* ~ be able to hold one's own, be able to take care of oneself; *sannelig min* ~*!* (well,) of all things! *av for deg (,for det)!* I take off my hat to you (,to that)!
hatte|brem hat brim, brim (of a hat). **-fabrikk** hat factory. **-forretning** hat shop; *(dame-)* milliner's (shop). **-maker** hatter; *det er forskjell på kong Salomo og Jørgen* ~ there's a difference between a king and a cat. **-nål** hatpin. **-pull** crown of a hat.
hatteske hatbox; *(til damehatt også)* bandbox.
haubits howitzer.
haud *(illaudabilis)* = second class (in a university examination); *(se immaturus; innstilling 5; laud(abilis); non (contemnendus).*
haug hill; *(dynge)* heap; *(stabel)* pile; *(jord-, grav-)* mound; *gammel som alle -r* (as) old as the hills.
haugevis in heaps, by heaps; ~ *av penger* heaps of money.
haugtusse: *se hulder.*
hauk *(zool)* hawk; ~ *over* ~ diamond cut diamond; the biter bit.
hauk|e *(vb)* call, hoot, shout. **-ing** call, cattle call.
hauke|nebb hawk's bill. **-nese** hawk nose.
haus head, skull; **T** noodle.
hausse rise in prices; *(sterk)* boom; **US** bull market; *spekulere i* ~ speculate for a rise, bull the market.
haussespekulant bull, speculator for a rise.
hautrelieff high relief.
hav sea; *(verdenshav)* ocean; ~ *og land* land and water, sea and land; *-ets frihet* the freedom of the seas; *det åpne* ~ the open sea; *på det åpne* ~ on the open sea, in mid-ocean; *(jur)* on the high seas; *over -et* above sea level; *på -ets bunn* on the bottom of the sea; *til -s* to sea *(fx* it was carried out to sea); *ute på -et* out at sea; *ved -et* by the sea, at the shore, at the seaside; *(se også sjø).*
Havana *(geogr)* Havana. **havaneser** Havanese.
havar|e *vb (om skip)* **1**(*totalt)* be wrecked *(fx* the ship has been wrecked); **2**(*bli mer el. mindre skadd)* be damaged; *(om maskinskade)* be disabled *(fx* the ship has been disabled), have a breakdown; *(se maskinskade); -t bilist* stranded motorist; *-te varer* damaged goods.
havari 1. *(forlis)* (ship)wreck, loss of ship; **2**(*skade)* (sea) damage, accident, average; *(på maskin)* damage *(fx* damage to the engine), breakdown *(fx* owing to the b. of the engine); *gross- general average; partikulært* ~ particular a.; *lide* ~ **1**(*totalt)* be wrecked *(el.* suffer *el.* sustain) damage; **2.** receive *(el.* suffer *el.* sustain) damage; **3**(*om maskin)* be damaged, break down; *hvordan oppsto -et? (om lystbåter, også)* how did the accident occur?
havari|anmeldelsesskjema: ~ *for lystbåter* small craft claim form; particulars of accident to vessel. **-attest** certificate of average, a. certificate. **-besiktigelse** damage survey, survey (of the damage). **-brev, -erklæring** average bond. **-fordeling** averaging, distribution of average. **-oppgjør** adjustment of a., a. adjustment; *(dispasje)* a. statement. **-sak** case of a. **-signal** distress signal. **-skade** damage.
havarist 1. damaged ship; *(sterkt)* wrecked s.; *(med maskinskade)* disabled s.; **2.** shipwrecked seaman.
havarm arm of the sea.
hav|blikk dead calm. **-bruk** fish farming; fish

breeding. **-bryn 1.** edge of the sea; where sea and shore meet; **2.** horizon, skyline; *i -et* on the horizon. **-bukt** bay. **-bunn** bottom of the sea, sea floor, sea bed.

havdyp deep, depths of the ocean. **-dyr** marine animal. **-dønning** ocean swell.

havesyk covetous. **havesyke** covetousness.

havfrue mermaid. **-gap** where the fjord meets the open sea; the mouth of the fjord. **-gud** sea god. **-katt** *(zool)* catfish. **-klima** insular climate. **-måke** *(zool)* greater black-backed gull.

havn harbour (,US: harbor), port; *(fig)* haven; *bringe en sak vel i* ~ bring a matter to a successful issue; *ligge i* ~ be in port; *søke* ~ put into a harbour.

havne *(vb)*: ~ *i (fig)* end in, land in; ~ *i papirkurven (også)* be consigned to the waste-paper basket; ~ *på hodet* land on one's head; *han -t på 13. plass* he finished 13th.

havneanlegg harbour (,US: harbor) works. **-arbeider** docker, dock labourer; US longshoreman. **-avgifter** *(pl)* harbour *(el.* dock) dues *(el.* charges). **-by** seaport town. **-fogd** harbour (,US: harbor) master.

havnekontor harbour master's office. **-los** h. pilot. **-myndigheter** *(pl)* port authorities. **-plass** berth. **-politi** harbour (,US: harbor) police, dock *(el.* river) police. **-vesenet** the port authorities *(fx* the Port of London Authorities *(fk* the P.L.A.)).

havre *(bot)* oats *(pl).* **-gryn** rolled oats. **-grøt** oatmeal porridge. **-mel** oatmeal.

havrett the law of the sea.

havrettsminister Minister for the Law of the Sea.

havrevelling oatmeal gruel. **-åker** oat field.

havseiler *(mer)* ocean racer.

havskilpadde *(zool)* turtle; *(se skilpadde).*

havsnød distress (at sea); *skip i* ~ ship in distress.

havørn *(zool)* white-tailed eagle; *(se ørn).*

havål *(zool)* conger (eel); *(se ål).*

hebraisk Hebrew; *det er* ~ *for meg* it's all Greek to me.

hebreer Hebrew.

Hebridene *(geogr)* the Hebrides.

hede *(lyngkledd landstrekning)* heath, moor.

hedendom heathendom.

hedensk heathen, pagan; *den -ske tid* pagan times. **-skap** paganism, heathenism.

heder honour (,US: honor), glory. **-full** glorious, honourable (US: honorable). **-(s)kront** honoured (US: honored), illustrious.

hederlig honourable (,US: honorable); *(redelig)* honest; ~ *omtale* honourable mention. **-het** honesty, integrity.

hedersbevisning mark *(el.* token) of respect, mark of distinction. **-dag** great day. **-gjest** guest of honour (US: honor). **-mann** honourable (,US: honorable) man, man of honour (,US: honor); *(ofte =)* gentleman. **-plass** place of honour (,US: honor). **-tegn** medal. **-tittel** title of honour (,US: honor).

hedning heathen, pagan.

hedre *(vb)* honour (,US: honor).

I. hefte *(del av bok)* part, number; *(bok)* pamphlet, brochure, booklet; exercise book; *(på sverd)* hilt.

II. hefte *vb (oppholde)* delay, detain, keep; *(feste)* fix, attach, fasten; *(klebe)* stick; *(bok)* stitch; ~ *med knappenåler* pin; ~ *opp* tuck up; *det -r stor gjeld på denne eiendommen* this estate is heavily encumbered; ~ *sammen (med heftemaskin)* staple together *(fx* s. papers together); *(se oppholde).*

heftelse *(gjeld)* encumbrance, local land charge; *(pante-)* mortgage.

heftemaskin stapler, staplingmachine; *(i bokbinderi)* stitching machine.

heftevis in parts.

heftig vehement, violent, impetuous; *(smerte, etc)* acute, intense, severe. **-het** vehemence, violence, impetuosity; intensity.

heftplaster sticking plaster, adhesive plaster.

hegemoni hegemony.

hegg, heggebær *(bot)* bird cherry.

hegn fence; *(levende)* hedge.

hegre *(zool)*: *grå-* heron.

I. hei *(subst)* heath, moor; *-ene* the uplands, the hills.

II. hei hey! heigh! hello there! ~ *på deg! (som hilsen)* hello! US hi!

heia! *(tilrop)* come on! *(til skøyteløper)* skate! *være med å rope* ~ join in the cheers.

heiagjeng cheering gang *(el.* crowd).

heiarop cheer.

heie *(vb)* cheer; ~ *fram* roar on *(fx* r. sby on); ~ *på* cheer.

heilo *(zool)* golden plover.

heim: *se hjem.*

heime: *se hjemme.*

heimføding backwoodsman; rustic; stay-at-home; US S hick.

heimkunnskap *(skolefag)* home economics *(fk* H.E.), domestic science; US home economics.

heimstadlære *(skolefag)* local studies; environmental studies.

heipiplerke *(zool)* meadow pipit.

heire *se hegre.*

heis lift; US elevator; *(vare-)* hoist; *komme i -en* get into hot water; get into trouble; *(om pike)* get into trouble.

heise *(vb)* hoist; *(om flagg og lette ting)* run up; ~ *flagget (især)* raise the flag; ~ *opp buksene* hitch up one's trousers; ~ *på skuldrene* shrug one's shoulders.

heiseapparat hoisting apparatus, hoist. **-fører** lift attendant, liftman, lift boy; US elevator operator. **-kran** crane. **-tårn** hoist.

I. hekk hedge; *(hinder)* hurdle.

II. hekk *(del av skip)* stern.

hekke *vb (yngle, ruge)* nest, brood.

hekkeløp hurdle (race).

hekkeplass nesting place.

hekkjolle *(mar)* stern boat, dinghy.

hekkmotor rear engine.

I. hekle *(subst)* flax comb, hackle; *(til fiskefangst)* rake, rake-hooks.

II. hekle *(vb)* crochet; *(lin og hamp)* comb, hackle. **-arbeid** crochet work. **-nål** crochet hook. **-tøy:** *se -arbeid.*

heks witch, sorceress; *en gammel* ~ an old hag; *slem som en* ~ bad as a witch.

hekse *(vb)* practise witchcraft.

heksegryte witches' cauldron. **-kunst** witchcraft; *det er ingen* ~ that's an easy thing to do; it's easily done; *-er* spells and charms. **-mester** wizard, sorcerer, conjurer.

hekseri witchcraft, sorcery, black magic; *det er ikke noe* ~ it's easily done; that's an easy thing to do.

hekseskudd crick in the back *(fx* he's got a c. in his back), a touch of lumbago.

hektar hectare (= 2.47 acres).

I. hekte *(subst)* hook; *-r og kroker* hooks and eyes; *komme til -ne (fig)* come to one's senses; recover, pick up.

II. hekte *(vb)* clasp, hook; ~ *opp* unclasp, unhook.

hektisk hectic.

hekto se *hekto(gram)*.
hektograf hectograph.
hektografere *(vb)* hectograph.
hektogram hectogram *(fk* hg); (svarer i praksis til) quarter (of a pound) *(fx* a quarter of sweets); (NB *merk uttrykk som* 'a quarter-pound packet of tea',' a q.-p. block of chocolate').
hel *adj (se også helt (adv))*; 1*(uskadd)* whole *(fx* there was not a w. pane in the house), unbroken, intact; 2*(fullstendig, udelt, etc)* complete *(fx* a c. stoppage), whole, entire *(fx* my china service is still entire); 3*(ublandet)* all *(fx* all wool); pure *(fx* p. wool); **4.** **-e** the whole *(fx* the w. amount, the w. house, the w. country), the whole of *(fx* Norway, the town); all *(fx* all Norway); all of *(fx* all of the country); *langs -e kysten* all along the coast; *-e verden* the whole world, all the world; *(ved tallord)* quite, as much as, no less than, as many as *(fx* quite ten miles; as much as £100), whole *(fx* two whole years); *det var -e tre mennesker der (spøkef)* there were all of three people there; *(i tidsuttrykk)* all *(fx* all day, all the time); *-e natten* all night, the whole night; *klokka slo* ∼ it *(el.* the clock) struck the hour; *fem (minutter) over* ∼ five minutes past the hour; *hver -e og halve time* every hour and half-hour, precisely at the hour and half-hour; *jeg har hele tiden visst at* I have known all along that; *en* ∼ **del** a good *(el.* great) deal *(av* of); *(pl)* a great many, a great number, quite a number (of); **det -e** the whole (thing), all of it; *det er det -e* that's all; *det -e eller en del av ...* all or part of ...; *det -e er en misforståelse* the whole thing is a misunderstanding; *i det -e* in all, altogether, as a whole; *verden i det -e* the world at large *(el.* in general); **i det -e tatt** *(i det store og hele)* on the whole, generally speaking, taken all in all; *(overhodet;* NB *ikke i bekreftende setninger)* at all *(fx* I will have nothing at all to do with him; is he at all suitable for the post? it is uncertain whether we shall get our money at all); *(når alt kommer til alt)* everything considered; *(kort sagt)* altogether *(fx* he is a bully and a blackmailer, altogether an unpleasant chap); *det han sier (,sa) er i det -e tatt ikke noe svar på spørsmålet* his statement doesn't begin to answer the question. **av** *-e mitt hjerte* with all my heart; **i** *-e den tiden* during the whole of that time; *svart over det -e* black all over.
helaften: *-s program* full-length programme (,US: program), p. that fills the whole evening.
helaftensforestilling *(film)* single performance.
helaftenstykke single feature, full-length play.
helautomatisk fully automatic, all-automatic.
helbefaren *(mar)* able-bodied. **-bind** full binding.
helbred *(helse)* health; *ha (en) god* ∼ be in good health, enjoy good h.; *det tok på hans* ∼ it affected his h.; *sviktende* ∼ failing h.; *pga. sviktende* ∼ owing to ill-health; *(jvf helse; trekke: -s med & underminere)*.
helbrede *(vb)* cure, restore to health; *(lege)* heal; ∼ *for* cure of. **-elig** curable. **-else** cure; *(det å komme seg)* recovery.
helbredshensyn: *av* ∼ for reasons of health. **-tilstand:** *hans* ∼ the state of his health.
heldagsprøve *(på skolen)* all-day (written) test.
heldig lucky, fortunate; successful; prosperous; *(om uttrykk)* felicitous; happy *(fx* a h. remark); *(gagnlig)* beneficial; *(tilrådelig)* advisable; *en* ∼ *gris* T a lucky dog, a lucky beggar; *et* ∼ *innfall* a happy idea; *et* ∼ *ytre* a prepossessing appearance; *et* ∼ *øyeblikk* an opportune moment; *falle* ∼ *ut* be a (great) success, turn out well; *et* ∼ *utfall* a successful result; *vi slapp -ere*

fra det we were more fortunate; *det traff seg så* ∼ *at vi hadde* luckily *(el.* fortunately) we had; *jeg er aldri* ∼ I never have any luck; *jeg var så* ∼ *å* I had the good fortune to, I was so fortunate as to, I was fortunate (enough) to; *jeg er så* ∼ *å ha ...* I am fortunate in having; *jeg var så* ∼ *å finne ham hjemme* I had the (good) luck to find him at home; *han har vært* ∼ *med lærer* he has been lucky with his teacher; *på noen måter er jeg* ∼ *stilt* I am at an advantage in some ways; *det er noen som er -e* some people have all the luck; *den slags skoler er ikke -e* schools of that kind are a mistake; *det hadde vært -st om vi hadde ...* it would have been best if we had ...; *den -ste måten* the best way; *(se III. vær)*.
heldigvis luckily, fortunately, as good luck would have it.
I. hele *(subst)* whole; entity; *et ordnet* ∼ an ordered whole; *et sammenhengende* ∼ a connected whole.
II. hele *(vb)* heal; *-s* be healed, heal up.
III. hele vb *(hjelpe tyv)* receive stolen goods.
heler receiver of stolen goods; **S** fence; handler; *-en er ikke bedre enn stjeleren* the receiver is no better than the thief.
heleri receiving stolen property; receipt of stolen property.
helfet *(adj):* ∼ *ost* full-cream cheese.
helflaske large bottle.
helg holiday(s), Sunday; *i -en* over *(el.* during) the weekend.
helgardere *(vb):* ∼ *seg* protect oneself; protect one's retreat.
helgardert absolutely safe.
helgeklær one's Sunday best.
helgen saint. **-bilde** image of a saint. **-dyrkelse** the worship of saints, hagiolatry. **-glorie** halo (of a saint). **-legende** legend. **-levninger** *(pl)* relics. **-skrin** shrine, reliquary.
Helgoland *(geogr)* Heligoland.
helgryn whole grain.
helhet whole, totality, entirety; *i sin* ∼ in its entirety, in full.
helhetsinntrykk general impression. **-løsning** comprehensive *(el.* overall) solution; *det gjelder å finne en* ∼ it's a matter of finding a comprehensive solution. **-preg** unity *(fx* the u. of a work of art). **-syn** comprehensive *(el.* overall) view general view. **-virkning** general *(el.* total) effect.
helhjertet hearty; *en* ∼ *oppslutning* a h. response.
helikopter helicopter. **-flyplass** heliport.
helkornbrød: *et* ∼ a loaf of wholemeal bread, a wholemeal loaf, a wheatgerm loaf.
I. hell *(bakke-)* inclination; *på* ∼ *(avtagende* on the wane, waning.
II. hell *(lykke)* good luck, success; *for et* ∼ what (a stroke of) luck! *sitte i* ∼ be in luck; *he* ∼ *med seg* succeed, be successful; *hadde de* ∼ å had the good fortune to; *til alt* ∼ a good luck would have it; fortunately; luckily.
Hellas *(geogr)* Greece.
I. helle *(subst)* flag, flagstone, slab of rock.
II. helle *(vi)* slant, slope, incline, lean; *dager* -r the day is waning; the day is drawing to *(el.* its) close; ∼ *til et parti* lean towards party; *(vt) (skjenke)* pour.
hellefisk, -flyndre *(zool)* halibut.
hellelagt flagged, paved with flagstones.
hellener Greek, Hellene. **hellenistisk** Hellenistic.
hellensk Greek, Hellenic.
heller rather, sooner; *jo før jo* ∼ the sooner *(el.* earlier) the better; *håret var* ∼ *mørkt enn lyst* the hair was dark rather than blond; *ha*

ville jo intet ~ he asked for nothing better;
jeg vil ~ *vente* I would rather wait; I prefer
to wait; ~ *enn* rather than, sooner than *(fx* I
would rather drink tea than coffee); ~ *ikke* nor
(fx nor must we forget that ...); ~ *ikke var
de vakre* they were not good-looking either;
ikke jeg ~ nor do I, nor can I *(,etc)*; nor I
either; *jeg sa* ~ *ikke et ord* and \I didn't say a
word either; *verken ... eller ... og* ~ *ikke* neither
... nor ... nor yet; *det har* ~ *aldri vært påstått*
nor has it ever been asserted; *det har jeg* ~ *ikke
sagt* indeed, I have said no such thing; *(se
snarere; II. ønske)*.
hellerist(n)ing rock carving *(el* engraving).
I. hellig holy, sacred; *ikke noe er* ~ *for ham*
nothing is sacred to him; *ved alt som er* ~ by
all that is sacred; *Den -e ånd* the Holy Ghost;
den -e jomfru the Blessed Virgin, the Holy
Virgin; ~ *krig* holy war; *Det -e land* the Holy
Land; *den* ~ *skrift* the Holy Writ; *den -e stad*
the Holy City; *den -e ektestand* (the) holy (state
of) matrimony; holy wedlock; *de -e* the saints;
de siste dagers -e the latter -day saints; *det -e*
sacred things *(fx* he made fun of s. things); *det
aller -ste* the Holy of Holies.
II. hellig *(adv): love høyt og* ~ promise solemn-
ly.
hellig|aften eve of a church festival. **-brøde** sacri-
lege. **-dag** holiday; *offentlig* ~ public holiday;
official *(el.* legal) holiday; *søn- og helligdager*
Sundays and holidays. **-dagsgodtgjørelse** pay for
work done on a public holiday; *(svarer til)* pub-
lic holiday bonus. **-dagstillegg** public holiday
bonus. **-dom** sanctuary; sanctum, *(ting)* sacred
thing.
hellige *(vb)* hallow, consecrate, sanctify; *(holde
hellig)* observe; *(innvie)* devote, dedicate (to);
-t vorde ditt navn! Hallowed be thy name! *hen-
sikten -r midlet* the end justifies the means.
helliggjøre *(vb)* hallow, sanctify.
helliggjørelse hallowing, sanctification.
hellighet holiness, sacredness; sanctity *(fx* the
sanctity of marriage); *Hans Hellighet* His Holi-
ness.
hellig|holde *(vb)* observe, keep holy; *(feire)* cele-
brate. **-holdelse** observance; celebration.
helligtrekongersdag Twelfth Day, Epiphany.
helling *(skråning)* slope, incline; *(på tak)* pitch;
(fig) inclination *(til* to), bias, leaning *(til* to-
wards). **-svinkel** angle of inclination.
helmelk full cream milk.
helnote *(mus)* semibreve; **US** whole note.
helomvending 1*(mil)* about-turn; **US** about-face;
2*(fig)* about-turn; turnabout; turnaround; U-
turn; *(også* **US)** about-face; *gjøre* ~ execute a
complete turn *(el.* a U-turn); *en dramatisk* ~ *i
skolepolitikken* a dramatic about-turn on schools
policy.
heloverhaling general overhaul.
helrandet *(bot)* entire.
helse *(subst)* health; *du vil få god* ~ *og føle deg
bedre* you'll enjoy good health and feel better;
god ~ *gir deg et bedre liv* good health gives
a better life; fitness lets you enjoy life more;
ha god ~ be in good health; enjoy good
health; *få helsa igjen* recover.
helse|bot cure, remedy; *det er* ~ *i skoglufta* the
forest air is (a) good medicine. **-bringende** *(adj)*
curative, health-bringing, healthful, healthy.
helse|direktorat Public Health Department of the
Ministry of Social Affairs; **UK** *(inntil 1/11 1968)*
Ministry of Health; **US** Bureau of Health; *The
Department of Health and Social Security
was created on Nov. 1, 1968, from the Ministry
of Health and the Ministry of Social Security.

-direktør director-general of public health, d.-g.
of health services; **UK** *(inntil 1/11 1968)* Minis-
ter of Health; *(se helsedirektorat)*. **-etaten** the
health service. **-farlig** injurious to health, un-
wholesome; noxious. **-kost** health foods. **-kø**
Health Service queue. **-lære** hygienics. **-løs**
broken in health, invalid; *slå ham* ~ cripple
him for life.
helsemessig: *en* ~ *risiko* a health hazard; a
hazard to health; *av -e grunner* **1.** for reasons
of (personal) health, for health reasons, for
medical reasons; **2.** for sanitary reasons, for r.
of hygiene.
helseomsorg health care.
helseråd 1. board of health; 2*(stedet)* health
centre; *(se helsestasjon)*.
helsesektoren the (public) health sector; *det bør
legges mer vekt på utbygging av* ~ more empha-
sis should be given to developing the health sec-
tor; more attention should be paid to developing
the health sector; *(se helsetjenesten; helsevesen)*.
helsesport rehabilitation sport; therapeutic sport.
helse|stasjon *(for mor og barn)* maternal and
child health centre; *(jvf helseråd 2)*. **-stell:** *offent-
lig* ~ public health (service). **-søster** health visi-
tor *(fk* H.V.); **US** public health nurse.
helsetjenesten the health service *(fx* a post in the
health service).
helsetrøye stringvest.
helsevesen public health service; *psykisk* ~ men-
tal health service; *(se helsetjenesten)*.
helsidesbilde full-page illustration *(el.* picture).
helsilke all silk, pure silk.
helskinnet safe and sound, unhurt; *(adv)* safely,
unhurt.
helskjegg full beard.
helst preferably; *(etterstilt)* for preference; *(især)*
especially, particularly; *jeg vil* ~ I should pre-
fer; *du bør* ~ *gå* you had better go.
helstøpt *(fig)* sterling.
I. helt *(subst)* hero.
II. helt *(adv)* **1.** quite *(fx* q. alone, q. finished,
q. impossible, q. mad, q. normal; I q. agree
with you; he is q. well now); entirely *(fx* an e.
satisfactory result; I had e. forgotten it); totally
(fx I had t. forgotten it; the food is t. unfit
for human consumption; his sight is t. gone; he
t. misunderstood my meaning; a t. wrong im-
pression); wholly *(fx* we are not w. satisfied; few
men are w. bad); altogether *(fx* a. *(el.* quite)
impossible; the method is not a. new; you have
a. misunderstood me; it is a. wrong to do that;
he is not a. a fool); fully *(fx* I f. *(el.* quite) agree
with you; I am f. convinced of his innocence);
completely *(fx* the army was c. defeated; we
were c. taken by surprise; the work is c. *(el.*
quite) finished); perfectly *(fx* a p. fresh product;
I will be p. open with you); all *(fx* I like to have
a compartment a. to myself; a. alone; you're
getting a. mixed up; these calculations are a.
wrong; your clothes are a. muddy); utterly *(fx*
I was u. mistaken, an u. false view); 2*(ganske,
riktig)* quite *(fx* the dinner was q. good; q. a
good dinner; you are getting to be q. a famous
man);
[*Forskjellige forb.*] *det er* ~ **annerledes** it is totally
different; *han er blitt et* ~ **annet** menneske he
is completely changed; he has become (quite) a
different man; *det er noe* ~ *annet* that is (sth)
quite different, that is quite another matter; **T**
that's another pair of shoes; that's a different
kettle of fish altogether; ~ *eller* **delvis** wholly
or partly, wholly or partially, wholly or in part;
~ *og* **fullt**, ~ *og* **holdent** entirely, completely,
wholly, altogether; *det hadde jeg* ~ **glemt T** *(og-*

så) I had clean forgotten it; *kjøre* ~ **langsomt** drive quite slowly, drive dead slow; *dette er det* ~ **riktige** this is the very thing; *ikke* ~ **slik** *som jeg gjerne ville hatt det* not quite what I wanted; not quite as I wanted it; *det er* ~ **utelukket** it is quite *(el.* totally) out of the question; it is quite impossible; ~ **utsprunget** *(om blomst)* full-blown; *(om tre)* in full leaf; ~ **utviklet** fully developed; full-grown;

[*Forb. med prep & adv*] *det gjorde det* ~ **av** *med ham* that finished him completely; ~ *av stål* all-steel *(fx* an a.-s. car); ~ **bak** *hagen* right *(el.* all the way) behind the garden; *jeg gikk* ~ **bort** *til ham* I went close (up) to him; ~ *borte på torget* as far away as (in) the market place; ~ **foran** *huset* right in front of the house; ~ **forut** *(mar)* to the head of the fo'c'sle; **T** chock forward; ~ **fra** *de var barn* ever since they were children; *jeg har kjent henne* ~ *fra hun lærte å gå* I have known her ever since she could walk; ~ *fra de ble gift* since they were first married; ~ *fra Japan* all the way from Japan; ~ **igjennom** all *(el.* right) through; thoroughly *(fx* a t. honest man); ~ **inn** *i jungelen* all the way into the jungle; ~ *inn til benet* right up to the bone; as far as the bone; ~ **inne** *i hulen* right in the cave; far into the cave; a long way into the cave; *han gikk* ~ **ned** *i dalen* he went all the way down into the valley; ~ **nede** *i dalen* right down in the valley; as far down as the v.; *aksjene var* ~ *nede i £2* the shares were as low as *(el.* were right down at) £2; ~ *nede i Italia* as far south as Italy; *gjøre* ~ **om** execute a complete turn; *helt om! (mil)* about turn! **US** about face! ~ **oppe** *på toppen* right on (,at) the top; *han ble* ~ **til** *latter* he made a complete fool of himself; ~ *til (om tid)* right up to; ~ **ut** *(fullt ut)* in full, wholly, entirely; *beherske et språk* ~ *ut* have a complete command of a language; *beherske teknikken* ~ *ut* master the technique to perfection; *skrive ordet* ~ *ut* write the word in full; *man kan høre det* ~ *ut på gata* you can hear it all the way into the street; ~ *ut på landet* far into the country; ~ *ut til kysten* all the way to the coast; *varene svarer* ~ *ut til prøven* the goods are fully equal to sample; ~ **ute** *på landet* far out in the country; in the depths of the country; *(se også hel (adj)).*

heltedikt epic. **-diktning** heroic poetry. **-død:** *dø -en* die the death of a hero. **-dåd** heroic deed. **-gjerning** heroic deed. **-modig** heroic, brave. **-mot** valour (,**US:** valor); heroism. **-rolle** heroic part. **-ry** heroic fame. **-sagn** heroic legend. **-skikkelse** heroic figure. **-vis:** *på* ~ heroically. **-ånd** heroic spirit, heroism.

heltid full time; *summen av ti års arbeid, både på* ~ *og deltid* the sum total of 10 years of both full and part-time work *(el.* effort).

heltidsbeskjeftigelse wholetime occupation.

heltinne heroine.

heltømmer whole timber; *(se tømmer).*

helull pure wool, all-wool.

helvete hell; *dra til* ~*!* go to hell! *gjøre en* ~ *hett* make it hot for sby; *en* ~ *s kar* the devil of a chap.

helvetesild *(hudsykdom)* shingles.

helveteskval infernal torment.

helvetesmaskin infernal machine.

helvetesstein lunar caustic, nitrate of silver.

helårsdress all-the-year-round suit, round-the-year suit. **-olje** multigrade oil.

hemme *(vb)* check, restrain; hamper; *-t i veksten* retarded in growth.

hemmelig secret; *(i smug)* clandestine; ~ *ekte-*

skap clandestine marriage; *holde noe* ~ keep sth secret *(for* from), keep sth dark.

hemmelighet secret; *en offentlig* ~ an open secret; *gjorde ingen* ~ *av det* made no secret of it; *i all* ~ secretly, in secret; *ha -er for en* have secrets from sby.

hemmelighetsfull mysterious; *(om person)* secretive; *en* ~ *mine* an air of mystery. **-het** mysteriousness; secretiveness.

hemmelighetskremmeri secretiveness.

hemmeligholde *(vb)* keep secret, keep dark; *det ble -holdt for ham* it was kept (a) secret from him; he was kept in the dark about it. **-holdelse** concealment, (observance of) secrecy; *(fortielse)* suppression *(fx* of the truth, of essential facts).

hemmende restrictive, restraining; *virke* ~ *på* have a restraining effect on.

hemning inhibition; *uten -er* uninhibited, without inhibitions *(fx* he's entirely without inhibitions; he's entirely uninhibited; he has no inhibitions at all).

hemorroider *(pl)* haemorrhoids; *(især US)* hemorrhoids.

hempe loop, button-hole loop.

hems *(halvloft over sperreloftstue)* (small) loftroom.

hemsko drag, clog, hindrance; *det virker som en* ~ *på ham* **T** it cramps his style.

hen *(= bort)* away; off; *falle* ~ *i en døs* doze off; *hvor skal De* ~*?* where are you going? where are you off to? *stirre* ~ *for seg* stare into vacancy.

henblikk: *med* ~ *på* with a view to; with an eye to; *lese noe igjennom med* ~ *på trykkfeil* read sth through for *(el.* in search of) misprints.

I. hende: *i* ~*: se hånd.*

II. hende *(vb)* happen; occur; take place; *det kunne nok* ~ may be; *det har hendt ham en ulykke* he has met with an accident; he has had an accident; *slikt kan* ~ *den beste* these things will happen; *det -r (ɔ: forekommer) at han er sint* he's sometimes angry; there are times when he's angry; he has been known to be angry; *det er ikke noe som -r hver dag* that doesn't happen every day; it's not an everyday occurence.

hendelse occurrence; *(tildragelse)* incident; happening *(fx* strange happenings in the middle of the night); *(begivenhet)* event, occurrence, incident; *(episode)* incident, episode; *en ulykkelig* ~ an unfortunate accident.

hendelsesforløp course of events; *redegjøre for -et* give an account of the course of events; relate how things happened; *(ɔ: gi et sammendrag)* review the course of events.

hendelsesrik eventful.

hendig deft, dexterous; *(om ting, også)* handy.

hendighet deftness, dexterity; handiness.

hendø *vb (om lyd)* die away *(el.* down).

henfalle *(vb)* fall, lapse; ~ *i grublerier* fall into a reverie.

henføre *vb (henrykke)* entrance, transport; ~ *til (vise til)* refer to.

henført *adj (fig)* entranced.

heng *(svak vind)* (light) breeze.

I. henge *(vi)* hang, be suspended *(fx* from the ceiling); *det hang en lampe over bordet* there was a lamp *(el.* a lamp hung) above *(el.* over) the table; *(sjelden)* there hung a lamp above the table; *stå og* ~ hang about; ~ *etter (fig)* lag behind; *dette betyr at lønningene blir -nde etter i kappløpet med prisene* this means that wages get left behind prices; this causes a time lag between the rise in prices and wages; *(se kappløp);* *han -r alltid etter meg* he is always trailing after me;

~ *fast* stick; *han hang fast med foten* his foot caught; *treet -r fullt av frukt* the tree is loaded with fruit; ~ *i* keep at it, work hard; ~ *i en tråd (også fig)* hang by a thread; ~ *med hodet* hang one's head; **T** be down in the mouth; ~ *over bøkene* be poring over one's books; *han -r alltid over arbeidet sitt* he cannot tear himself away from his work; ~ *på veggen* hang on the wall; ~ *sammen* hang together, stick together; cohere; *det -r sammen med ... (ɔ: det skyldes, er en følge av)* it is a consequence of ...; it is attributable to; *det -r ikke riktig sammen* there is something wrong; ~ *ved* adhere to; *(av hengivenhet)* be attached to; cling to.
II. henge *(vt)* hang (NB *a verbo:* hang – hung – hung); suspend; *(drepe ved henging)* hang (NB *a verbo:* hang – hanged – hanged); *-s, bli hengt* be hanged; **S** swing *(fx* you'll s. for this!); *det blir han ikke hengt for* he can't get into trouble over that; ~ *opp* hang up; suspend; ~ *opp gardiner* put up *(el.* fix up) curtains; ~ *opp en kule i en tråd* suspend a ball by a thread; ~ *seg* hang oneself; ~ *seg i* fasten on *(fx* he fastened on a small error); ~ *seg på (ɔ: slutte seg til bevegelse etc)* join *(el.* jump on) the bandwagon; ~ *seg ut (om klesplagg)* lose creases by hanging; **T** hangout; *(se også hengende).*
hengebjørk *(bot)* weeping birch; drooping birch. **-bru** suspension bridge. **-bryster** *(pl)* sagging breasts. **-hode** killjoy, wet blanket; *(skinnhellig)* sanctimonious person. **-krøller** *(pl)* ringlets. **-køye** hammock. **-lampe** hanging lamp, suspended lamp. **-lås** padlock. **-myr** quagmire.
hengende hanging, pendent; *bli* ~ catch, stick; remain hanging; *bli* ~ *ved det (ɔ: måtte beholde det)* be left with it; **T** be stuck with it.
hengepil *(bot)* weeping willow.
hengeskavl overhanging cornice.
hengi *vb (se også hengiven):* ~ *seg til (henfalle til)* indulge in, give oneself up to, become addicted to *(fx* drink); ~ *seg til fortvilelse* abandon oneself *(el.* give oneself up) to despair; *(vie sin tid til)* devote oneself to, dedicate oneself to; *(seksuelt)* give oneself to.
hengivelse devotion *(til* to), loyalty; abandonment; *(seksuelt)* giving oneself.
hengiven devoted *(fx* a d. friend), attached *(fx* she was greatly a. *(el.* devoted) to him); *Deres hengivne* Yours sincerely, US Sincerely yours.
hengivenhet affection *(fx* I won his a.), attachment, devotion, devotedness *(for* to); *fatte* ~ *for* become attached to; *nære* ~ *for* be fond of, be (deeply) attached to, be devoted to.
hengsel hinge.
hengsle *(tømmer-)* boom.
hengslet(e) *(adj)* ungainly.
henhold: *i* ~ *til* in accordance *(el.* conformity)-with; *(under henvisning til)* with reference to; *i* ~ *til kontrakt* under a contract *(fx* I am delivering this coal under a c.); *i* ~ *til lov av ...* pursuant to the Act of ...; *i* ~ *til vedlagte liste* as per list enclosed; *i* ~ *til Deres forlangende* in compliance with your request.
henholde *(vb):* ~ *seg til* refer to; rely on.
henholdsvis respectively *(fx* they get 8 and 10 pounds r.); as the case may be.
henhøre *(vb):* ~ *under* fall under, come under; come *(el.* fall) within; *(se høre:* ~ *under; sortere).*
henimot towards; *(ved tallangivelse)* close upon, about, approximately.
henkaste *(vb)* let fall, throw out, drop; *-t ytring* casual remark; *en lett -t tone* an offhand tone, a casual tone.

henlede *(vb)* direct; ~ *oppmerksomheten på* direct *(el.* draw *el.* call) attention to.
henlegge *(vb):* ~ *en sak (jur)* dismiss *(el.* drop) a case; *saken ble henlagt (også)* proceedings were stayed; ~ *et lovforslag* shelve a bill; ~ *handlingen i stykket til Frankrike* lay the scene in France; *romanen er henlagt til en engelsk industriby* the novel is set in an English industrial town; *historien er henlagt til korstogstiden* the time of the action is *(el.* the story takes place in) the period of the Crusades; *(jvf handling); han har henlagt sin virksomhet til ...* he has transferred his activities *(el.* activity) to; ~ *sin virksomhet til et annet sted* transfer one's activity *(el.* activities) somewhere else.
I. henne *(adv):* jeg *vet ikke hvor han er* ~ I don't know where he is; *hvor har du vært* ~? where(ver) have you been?
II. henne *(pron)* her.
hennes *(pron)* her *(fx* it's her hat); hers *(fx* the car is hers).
henrette *(vb)* execute. **-else** execution.
Henrik Henry.
henrive *(vb)* carry away, transport; *(henrykke)* fascinate, enrapture, charm; *la seg* ~ *til* be incited to, be led on to.
henrivende fascinating, charming.
henrykke: *se henrive.*
henrykkelse rapture, ecstasy; *falle i* ~ *over noe* go into raptures over sth.
henseende respect, regard; *i den* ~ in that respect; *i alle -r* in all respects; in every respect, in every way; *i enhver* ~ in every respect *(el.* way); *i legemlig* ~ physically; in point of physique; *i politisk* ~ politically; *i teknisk* ~ technically; *i økonomisk* ~ from an economic point of view; economically.
hensette *(vb)* throw *(fx* it threw him into a fury; it threw him into a state of uncontrolled rage); ~ *seg til* transport oneself in imagination to, imagine oneself in; *hensatt i hypnose* put in a trance.
hensikt intention; purpose; *har en dypfryser noen egentlig* ~? does a deep freezer have a real purpose? *det har ingen* ~ *å gni salt i såret* there's no point in rubbing salt in the wound; *oppnå sin* ~ achieve *(el.* attain) one's end; attain one's objective; *brevet virket mot sin* ~ the letter produced the reverse of the desired effect; *svare til* ~ answer *(el.* serve) its purpose; *med* ~ on purpose, intentionally; *uten* ~ unintentionally; *i den* ~ *å* with the intention of (-ing); with intent to *(fx* shoot with intent to kill; break in w. i. to steal); *ha til* ~ *å* intend to *(el.* -ing); *jeg gjorde det i den beste* ~ I acted for the best; *reelle -er* honourable (,US: honorable) intentions.
hensiktsløs purposeless, pointless, futile.
hensiktsmessig suitable, adequate, appropriate, serviceable; *(praktisk)* practical. **-het** suitability, appropriateness, expediency.
henslengt discarded, thrown away; *en* ~ *ytring* a casual remark; *ligge* ~ *(om person)* sprawl.
henstand respite, further *(el.* more) time.
henstille *(vb)* suggest, request; *jeg -r til Dem å* I would request you to; *(sterkere)* I appeal to you to. **-stilling** suggestion, request; *(sterkere)* appeal; *etter* ~ *fra* at the suggestion of, request of; *rette en* ~ *til ham om å* request him to, call on him to; appeal to him to.
henstå *(vb):* *la saken* ~ *for en stund* let the matter stand over for a while. **-sykne** *(vi)* droop, languish, wilt, wither (away).
hensyn **1**(*omtanke*) consideration; respect, regard; **2**(*beveggrunn*) consideration; motive; rea-

son; 3*(henblikk, betraktning, henseende):* **med** ~
til *(fk m.h.t.)* with *(el.* in) regard to, in respect
of, regarding, respecting, as to; *jeg husket feil
med* ~ *til prisen* I made a mistake about the
price; *med* ~ *til både pris og kvalitet, såvel med*
~ *til pris som kvalitet* with regard to both
price and quality; with regard to price as well
as quality; *Deres mening med* ~ *til mulighetene
for å* ... your views as to the possibility *(el.*
prospect) of (-ing);
[*A: forb.* med *adj.; B:* med *prep.; C:* med *vb*]
A [*forb.* med *adj*] lokale ~ considerations of
local interest(s), local considerations; *ta* **menneskelige** ~ show human consideration; take human factors into account; **personlige** ~ *må komme i annen rekke* personal considerations must
take second place; *(se også ndf: uten personlige
~);* **politiske** ~ political considerations; *når*
praktiske ~ *synes å kreve det* as convenience
may suggest; **uvedkommende** ~ considerations
that are not to the point; extraneous considerations; *et* **viktig** ~ an important consideration;
et ytterst viktig ~ *(også)* a paramount consideration; **økonomiske** ~ economic considerations;
B [*forb.* med *prep*] **av** ~ **til** *(person)* out of consideration for; *(p.g.a.)* on account of; *av* ~ *til
hans familie ble hendelsen dysset ned (også)* for
his family's sake the incident was hushed up;
uten ~ **til** without regard to, in disregard of,
regardless of; *uten* ~ *til følgene* regardless of
(el. irrespective of) the consequences; *alle skyldige vil, uten* ~ *til stilling, bli strengt straffet*
all those guilty will be severely punished regardless of their positions; *(helt) uten* ~ *til at* ... in
(complete) disregard of the fact that ...; *uten* ~
til om ... irrespective of whether ...; no matter
whether ... or not; *uten* ~ *til om det regner* (no
matter) whether it rains or not; *uten personlige*
~ irrespective of person, without respect of
person;
C [*forb.* med *vb*] *dette -et* **går foran** *alle andre*
this consideration is paramount to all others; *tre*
~ *er* **lagt til grunn** *for tekstutvalget* three factors have been taken into consideration in selecting the texts; **ta** ~ **til** 1*(ting, forhold)* think of,
consider, take into account, take into consideration; make allowances for; 2*(person)* show consideration for *(el.* towards); be considerate towards *(el.* to); consider *(fx* he has his sister to
consider); consider the needs of *(fx* consider the
needs of the academic students); *ta* ~ *til de
helt spesielle behov hos dem som skal oversette
teknisk og merkantilt stoff* consider the specialized requirements of translators of technical and
commercial material; *jeg må ta* ~ *til magen
min* I have to be careful what I eat; I have to
be careful of my stomach; *det er så mange* ~
å ta there are so many things (,people) to be
considered; there are so many things to be taken
into account; there is so much to consider; **ikke
ta** ~ **til** disregard, ignore, take no account of,
take no notice of; *han tar ikke* ~ *til andre* he
has no consideration for anyone *(el.* for others);
du tar ikke ~ *til meg!* you've no consideration
for me! *han tok ikke (noe)* ~ *til hva jeg sa* he
took no notice of what I said; *vi kan ikke ta* ~
til disse reklamasjonene we cannot consider
(el. entertain) these claims; *han tar* **ingen** ~
til andre menneskers følelser he shows no consideration for other people's feelings.
hensynsbetegnelse *(gram)* indirect object. **-full**
considerate, thoughtful, kind. **-fullhet** consideration, thoughtfulness, considerateness. **-ledd**
(gram) indirect object.

hensynsløs inconsiderate; thoughtless; *(skånselløs)* unscrupulous; *(ubarmhjertig)* ruthless; *(uvøren)* reckless.
hensynsløshet inconsiderateness; lack of consideration, thoughtlessness; ruthlessness; recklessness.
hente *(vb)* **1.** fetch, go and get; bring; *(hos noen)* call for; *(hos flere)* collect; *varer -s og bringes* goods collected and delivered; *pakker -s
og bringes (også)* collection and delivery of parcels; *jeg -r deg kl. 6* I'll call for you at six
o'clock; *en drosje vil* ~ *deg på stasjonen* a taxi
will meet *(el.* fetch) you at the station; *vi ble -t
på stasjonen* we were met at the station; ~
pakken på postkontoret claim the parcel at the
post office; **2.** derive, draw, get *(fx* the material
is drawn *(el.* taken) from the Middle Ages); ~
næring fra draw *(el.* derive) nourishment from.
hentyde *vb (sikte til)* allude *(til* to), hint *(til* at).
hentydning allusion, hint.
henved about, nearly, close upon.
henvende *(vb)* address, direct; ~ *oppmerksomheten på* call *(el.* draw *el.* direct) attention to;
*De må la Deres oppmerksomhet særlig henvendt
på* you must pay special *(el.* give close) attention to ..., you must give *(fx* this matter) your
close attention; *vi skal ha oppmerksomheten henvendt på saken* we shall give the matter our
attention; *vi har vår oppmerksomhet henvendt på
saken* the matter is engaging our attention; ~
seg 1. apply *(fx* a. in person at 10 Ashley
Gardens); 2*(med forespørsler)* inquire *(fx* i. at the
office); ~ **seg til** 1*(sette seg i forbindelse med)*
communicate with *(fx* c. direct with the bankers); 2*(for å få hjelp, opplysninger, etc)* apply to
(fx sby for help, advice, information); 3*(rådføre seg med)* consult *(fx* c. one's lawyers on
a subject); 4*(søke tilnærmelse)* approach *(fx* we
have not yet approached the company on the
subject); *be ham* ~ *seg til X* refer him to X; *(se
oppmerksomhet).*
henvendelse communication; application; *(forespørsel)* inquiry; *etter* ~ *fra* at the request of;
~ *om hjelp (,betaling)* application for help (,payment); *vi fikk en* ~ *fra firmaet for en tid siden
(også)* we were approached by the company
some time ago; ~ *skjer til* applications to be
made to; *alle -r må rettes til selskapet og ikke
til enkeltpersoner* all communications to be
addressed to the Company and not to individuals; *rette en skriftlig* ~ *til* apply by letter to ...;
ved ~ *til* on application to, on applying to;
ytterligere opplysninger fås ved ~ *til* for further
information please write to.
henvise *(vb)* refer *(til* to); *(fx* I r. to my letter;
I must r. you to my colleague); *være henvist til
seg selv* have to stand on one's own feet, be
left to one's own resources, have to rely on
oneself *(el.* look out for oneself), have to shift
for oneself; *vi er henvist til oss selv (også)* we
are thrown upon our own resources *(el.* initiative); *han er henvist til å snakke engelsk hele tiden* he is obliged to *(el.* compelled) to speak
English all the time; he has to speak E. all the
time; he is reduced to speaking E. all the time.
henvisning reference; *under* ~ *til* referring to,
with reference to.
her here; ~ *i byen (,landet)* in this town (,country); ~ *fra byen* from this town; ~ *og der* here
and there.
heraldikk heraldry. **-isk** heraldic.
herav of this.
herbarium herbarium.
I. herberge *(vertshus)* inn; *(ungdoms-)* (youth)
hostel.

II. herberge *(vb)* give shelter to, lodge.
herde *(vb)* harden; ~ *stål* temper steel; ~ *seg* make oneself hardy; ~ *seg mot noe* harden *(el.* inure) oneself to sth; ~ *seg ved hjelp av kalde bad* toughen oneself *(el.* keep oneself fit) by cold baths; *-t (om person)* hardy; *(om stål)* tempered.
herdebred glds el. litt. *(bredskuldret)* broad-shouldered.
herding hardening; *(av metall)* tempering.
heretter henceforth, in future, from now on. **-fra** from here; *(i regnskap)* from this; *langt ~* a great distance off, far from here.
herje *(vb)* ravage, lay waste, devastate, harry.
herjing ravaging, ravages, havoc, devastation.
herk *(skrap)* junk, rubbish.
herkomst descent, parentage, extraction, origin(s); *av ringe ~* of humble origin(s).
Herkules Hercules. **herkulisk** Herculean.
herlig excellent, glorious, grand, magnificent; *et ~ måltid* a delightful meal.
herliggjøre *(vb)* glorify. **-gjørelse** glorification.
herlighet glory, magnificence, grandeur; *det er hele -en* that's the whole lot; T that's the whole caboodle.
hermafroditt hermaphrodite.
herme *(vb):* ~ *etter* mimic, copy.
hermed herewith, with this.
hermelin ermine.
hermetikk tinned *(el.* canned) products *(el.* food(s) *el.* goods *el.* foodstuffs); US canned food(s) *(el.* goods). **-boks** tin; US can. **-fabrikant** canner. **-fabrikk** cannery. **-industry** canning industry. **-åpner** tin opener; US can opener.
hermetisere *(vb)* bottle; sterilize, preserve; *(fabrikkmessig, legge i boks)* can; *(se hermetisering).*
hermetisering hermetic preservation *(el.* preserving), bottling; sterilization; *ved ~ får man sterilisert og lukket glassene i én operasjon* in hermetic preservation, sterilization and sealing are effected in one operation.
hermetisk hermetic; ~ *lukket* hermetically sealed.
herming mimicry.
Herodes Herod.
heroin heroin; S smack; scag; horse.
heroisme heroism. **-isk** heroic.
herold herald.
herostratisk: ~ *berømmelse* unenviable notoriety.
herover over here, on this side.
herr *(merk)* Mr, Mr.; *(pl)* Messrs; *de to -er Forester* the two Mr. Foresters; *-ene Forester (firmanavn)* Messrs Forester.
I. herre lord; master; *(mann)* gentleman; *H-n* the Lord; *H-ns salvede* the Lord's Anointed; ~ *gud!* dear me! good God; *(unnskyldende)* after all *(fx* he's only a child a. a.); *i mange -ns år* for many a long year; *i det -ns år* ... in the year of our Lord; *H-ns vilje skje!* God's will be done! *min ~!* sir! *mine -r!* gentlemen; *mine damer og -r!* ladies and gentlemen! *være sin egen ~* be one's own master; *være ~ over (fig)* be master of, master; *bli ~ over get* the better of; master, become master of; *av grunner som jeg ikke er ~ over* for reasons beyond my control; *bli ~ over ilden* get the fire under control; *spille ~* lord it *(over* over); T do it big; *(legge seg etter pene manerer)* play the gentleman; *kona er ~ i huset* the grey mare is the better horse; it is she who wears the breeches; the wife rules the roost; *som -n er, så følger ham hans svenner* like master like man; *(se gjøre B; leve).*

II. herre: *denne ~, dette ~* T this here.
herrebesøk: «~ *ikke tillatt»* 'male *(el.* men) visitors not allowed'.
herred *(landkommune)* administrative county; *(se kommune).*
herredskasserer chief cashier.
herredsrett *(jur)* UK 1*(første instans i sivile saker)* county court; 2*(første instans i straffesaker)* stipendiary magistrates' court; *(se for øvrig byrett).*
herredsskogmester [rural district forester].
herredsstyre county council; *(jvf kommune & kommunestyre).*
herredømme 1. sway, rule, dominion; 2*(fig)* grasp; mastery; *(meget stivt)* command; ~ *over seg selv* self-control; *den viderekomne student som allerede har et temmelig godt praktisk ~ over språket* the advanced student whose practical grasp of the language is already fairly good.
herreekviperingsforretning men's outfitter, men's shop, man's shop; US men's furnishers. **-gård** stately home; noble home; manor (house). **-konfeksjon** menswear; men's clothing, gentlemen's outfitting; US men's furnishings. **-løs** ownerless. **-måltid** first-class meal, meal for a gourmet; *(glds)* lordly repast; *det var det rene ~* it was a meal for a gourmet. **-selskap** *(samvær med herrer)* men's company; *(innbudte herrer)* men's party; T stag party. **-sete** manor (house). **-skredder** (men's) tailor. **-toalett** men's lavatory *(el.* toilet); T gents *(fx* where's the gents?)
herrnhuter Moravian.
herskap master and mistress of a household; *(ofte =)* family *(fx* the maid eats with the f.).
herskapelig elegant, luxurious; *et ~ hus* T a house fit for a king (to live in).
herske *(vb)* sway, rule; reign, prevail, predominate; *det -r enighet om at* there is general agreement that ...; it is agreed that ... **-nde 1.** ruling; **2.** prevailing, prevalent.
hersker sovereign; master, ruler. **-blikk** commanding eye, imperious glance. **-inne** mistress. **-makt** supreme authority, sovereignty. **-mine** commanding air. **-natur:** *han er en ~* he is a born ruler (of men).
herskesyk thirsting for power, power-seeking; *(arrogant)* imperious; *(dominerende)* domineering; T bossy.
herskesyke thirst for power, craving for power; *(arroganse)* imperiousness; T bossiness.
hersteds here. **-til** *(hit)* here; *(i tillegg til dette)* in addition to this; ~ *kommer omkostninger (el. gebyr) (også)* to this we must add charges; *like før vi dro ~* immediately *(el.* shortly) before we left to get here; just before we came here; *nyheten har ikke nådd ~* the news has not reached here. **-tillands** in this country.
hertug duke. **-dømme** duchy. **-inne** duchess.
herunder under here, below here; *(medregnet)* including. **-ved** herewith, hereby, by this; *(ved hjelp av dette)* by this means. **-værende** of this town, local.
hes hoarse, husky. **-(e)blesende** out of breath; breathless; flurried; *(fig)* flustered.
I. hesje *(subst)* hay-drying rack.
II. hesje *(vb)* dry hay on a rack.
heslig ugly; *(avskyelig)* hideous.
heslighet ugliness; hideousness.
I. hespe *subst (garn-)* hank.
II. hespe *(vb)* form into hanks.
hespetre 1. wool-winder, yarn-reel; 2*(fig)* bitch; *(glds)* shrew.
Hessen *(geogr)* Hesse. **hesser, hessisk** Hessian.
hest *(zool)* horse; *(i gymnastikksal)* (vaulting) horse; *til ~* on horseback, mounted; *stige til ~*

mount, get on one's horse; *stige av -en* dismount, get off one's horse; *sette seg på den høye* ~ get on one's high horse; *sette seg på den høye* ~ *overfor en* take a high line with sby; *spille på flere -er (fig)* T play the field; *(se fjording; gyngehest; kløvhest; ridehest; travhest)*.

hestebrems *(zool)* horsefly. **-dekken** horse cloth, horse blanket. **-dressur** horse-breaking. **-handel** horsedealing; *(den enkelte)* horse deal; *(fig)* (piece of) horse trading; *inngå en* ~ *med en* do a piece of horse trading with sby; US make a horse trade with sby. **-hov** horse's hoof; *(fandens)* cloven foot; *(bot)* coltsfoot; *stikke -en fram* show the cloven foot, reveal one's real nature. **-hår** horsehair. **-igle** *(zool)* horseleech. **-kastanje** *(bot)* horse chestnut. **-kjenner** judge of horses, judge of horseflesh. **-kraft** horsepower, h.p. **-kur** heroic treatment *(el.* remedy), drastic remedy, kill-or-cure remedy. **-man, -manke** horse's mane. **-marked** horse fair. **-møkk** horse dung. **-passer** groom. **-pære** horse ball. **-sko** horseshoe. **-tyv** horse thief, horse stealer. **-tyveri** horse-stealing. **-veddeløp** horse race.

het hot; *den -e sone* the torrid zone; *-e viner* dessert wines; *bli* ~ *om ørene (fig)* get the wind up; *det er svært -t mellom dem* they are as thick as thieves; they are very much in love; *det gikk -t til* it was hot work.

I. hete *(subst)* heat; *i stridens* ~ in the heat of battle.

II. hete *(vb)* be called, be named; *hva -r det på norsk?* how do you say that in Norwegian? what is the Norwegian for that? what is that in Norwegian? *som det -r i visa* as the song has it, as the song goes; *det er noe som -r å være ...* there is such a thing as being ...

hete|blemmer prickly heat, heatrash. **-dis** heat haze. **-slag** heatstroke.

heterofil *(subst & adj)* heterosexual; T straight; *-e og homofile* T straights and gays.

heteroseksuell *(subst) & adj)* heterosexual.

hetitt *(hist)* Hittite.

hette hood, cowl, cap.

hetære hetaera.

hevarm lever.

hevd **1***(sedvane)* established custom *(el.* practice), tradition, common usage; *(jur)* prescriptive right *(el.* title); *få* ~ *på (jur)* gain *(el.* acquire) a (p.) right *(el.* title) to; *det har fått* ~ it is a practice established by usage; *en skikk som har gammel* ~ a time-honoured custom; *det er* ~ *på denne stien* this path is a right of way; **2***(god stand):* holde i ~ preserve, maintain; *holde en skikk i* ~ preserve *(el.* keep up) a custom.

hevde *(vb)* maintain, assert, claim; *(opprettholde)* uphold *(fx* the honour of one's country); *han -t meget sterkt at* he maintained most emphatically that; *det -s at ... (også)* the point is being made that ...; ~ *sin plass,* ~ *seg* hold one's own; assert oneself.

hevdsrett prescriptive right *(el.* title).

hevdvunnen time-honoured (,US: time-honored), old-established; *(se praksis).*

heve *(vb)* raise; *(fjerne)* remove; *(kontrakt)* cancel; *(møte)* close; *(stemmen)* raise; ~ *forlovelsen* break off the engagement; ~ *et kjøp* cancel a purchase *(el.* deal); *(jur)* repudiate a contract of sale; ~ *penger* draw money; ~ *en karakter* raise a mark (,grade), give a better mark (,grade); *erklære møtet for -t* declare the meeting closed; ~ *en sjekk* cash a cheque (,US: check); ~ *til skyene* praise to the skies; *da retten ble -t* when the court rose; ~ *seg* rise, swell; *(om fjell)* tower, rear itself (,themselves); *(om deig)* rise; ~ *seg over noe* rise above sth, be above

sth; *være -t over (fig)* be above; *-t over all ros (,tvil)* beyond all praise (,doubt).

hevelse swelling.

hevelsesmiddel *(for bakverk)* raising agent.

hevert pipette; *(togrenet)* siphon, syphon.

hevn revenge, vengeance; ~ *over* revenge on; *ta en grusom* ~ *over* inflict a cruel revenge on; *-en er søt* revenge is sweet.

hevnakt act of revenge.

hevne *(vb)* revenge, avenge; ~ *seg på* revenge oneself on, avenge oneself on, take vengeance on; *det -r seg* it brings its own punishment.

hevner avenger.

hevngjerrig vindictive, revengeful.

hi winter lair; *ligge i* ~ hibernate.

hieroglyff hieroglyph. **-isk** hieroglyphic.

hige *(vb)* aspire *(etter* to), yearn *(etter* for).

hikk hiccough, hiccup.

hikke *(vb & subst)* hiccough, hiccup.

hikst gasp. **hikste** *(vb)* gasp.

hildre *(vb)* **1.** hover on *(el.* over) the horizon; **2***(dial)* appear larger than in reality; *(i tåke og disig luft)* tower up (in fog and mist).

hildring mirage, fata morgana; hallucination, illusion.

hilse *(vb)* greet; bow to; *(mil)* salute; ~ *på en* greet sby; *(besøke)* pay sby a call, go and see sby; *jeg hilste på ham, og han hilste igjen* I greeted him and he acknowledged me *(el.* greeted me back); I greeted him and he returned the greeting; I moved to him and he moved back; *jeg skal komme og* ~ *på Dem* I shall come and see you; ~ *med flagget* dip the flag; ~ *med hurrarop* cheer; *han hilste ikke på meg i går* T he gave me the go-by yesterday; *hun hilste ikke på meg* she cut me dead; *han ba meg* ~ *alle hans venner* he desired to be remembered to all his friends; he asked me to remember him to all his friends; *hils ham fra meg* remember me to him; give him my compliments; *hils ham fra meg og si at* tell him with my compliments that; *jeg skulle* ~ *fra professoren og si* the professor's compliments, and ...; *hils henne fra meg (også)* give my love to her; *hils hjemme* good wishes to all at home; *jeg kan* ~ *fra* I have just seen; ~ *en velkommen* welcome sby; *dommen ble hilst velkommen av ...* the sentence was welcomed by ...; *(se hjertelig).*

hilsen *(personlig)* greeting; *(sendt)* greeting, compliments; *(mil)* salute; *besvare en* ~ return a greeting; *(mil)* return a salute; *med vennlig* ~ with sincere regards, with kind regards; *med* ~ *fra G. Fry & Co.* with the compliments of G. Fry & Co.; *(merk, også)* with compliments; *(ved høytid)* with the compliments of the Season; *med* ~ *fra forfatteren* with the author's compliments; *de sender alle en vennlig* ~ all unite in kindest regards; *kjærlig* ~ *fra* love from; *som en* ~ in greeting; *han løftet hånden til* ~ he raised his hand in a salute.

Himalaya the Himalayas.

himle *vb (med øynene)* roll one's eyes.

himling panelled ceiling.

himmel *(himmerike)* heaven; *(himmelhvelving)* sky; *-en (fig)* heaven; *under åpen* ~ in the open; out *(fx* sleep out); *-en er overskyet* the sky is overcast; *sola stod høyt på -en* the sun was high; *sette* ~ *og jord i bevegelse* move heaven and earth; *et lyn fra klar* ~ a bolt from the blue; *å* ~*!* oh Heavens! *for -ens skyld* for Heaven's sake; *fare til -s* ascend to heaven; ~ *og jord gikk i ett* the horizon was completely blotted out; the snowstorm was blinding; *komme til -en* go to heaven; *i den syvende* ~ in the seventh heaven.

himmel|blå sky-blue, azure. **-bryn** skyline; *langt ut mot -et (poet)* far off, on the very brink of heaven. **-fallen** fallen from the sky; *han sto som ~ T* you could have knocked him down with a feather.
himmelfart Ascension; *Kristi -sdag* Ascension Day.
himmel|flukt heavenward flight. **-hvelving** vault of heaven, firmament. **-høy** sky-high; *stå -t over en (fig)* be far above sby. **-legeme** heavenly body, celestial body, orb. **-rom** outer space; heavens. **-ropende** *(adj)* crying *(fx* it's a crying shame). **-seng** four-poster.
himmelsk heavenly, celestial; *det -e rike* the Heavenly Kingdom; *(Kina)* the Celestial Empire.
himmel|sprett tossing in a blanket; leap into the air. **-stige** Jacob's ladder. **-stormende** heaven-defying. **-stormer** Titan. **-strebende** soaring *(fx* flight, ambition); *(høy)* towering. **-strøk** zone, latitude, skies *(fx* under distant skies). **-tegn** sign of the zodiac. **-vendt** upturned.
himmelvid enormous.
himmelvidt *(adv)* widely; *de er ~ forskjellige* they are worlds apart; they are as different as chalk from cheese.
himmerik heaven, Paradise.
hin: *dette og -t* this and that.
hind *(zool)* hind.
hinder hindrance, impediment, obstacle; *(ved ritt)* jump, fence; *være til ~ for* be a hindrance to; obstruct; *det er ingenting til ~ for* there is nothing to prevent. **-løp** steeplechase.
hindre *(vb)* prevent, hinder, obstruct, impede; *~ en i å* prevent sby from (-ing).
hindring hindrance, obstacle, impediment, obstruction; *legge -er i veien for* put obstacles in the way of; *støte på -er* meet with obstacles.
hindu Hindu.
hingst *(zool)* stallion.
hinke *(vb)* limp, hobble; *(se halte).*
hinne membrane, pellicle; *(svært tynn)* film.
hinneaktig *(adj)* membranous, filmy.
hinsides beyond; on the other side (of); *et ~ a* hereafter; *det er ~ all fornuft* it's wildly (*el.* totally) unreasonable; *~ godt og ondt* beyond good and evil.
hinsidig: *det -e* the hereafter, the life to come.
I. hipp innuendo, dig; *det var et ~ til deg* that was a dig at you; that was one for you.
II. hipp!: *~ ~ hurra!* hip hip hurray!
III. hipp: *det er ~ som happ* it's six of one and half a dozen of the other; it makes no difference; I don't really care.
hird (king's) bodyguard, king's-men.
hirse *(bot)* millet.
hisse *(vb)* agitate, excite, work up, goad; *~ opp* excite, egg on, work up; *~ seg opp* work oneself up; *hiss deg ikke opp* don't lose your temper! T keep your hair *(el.* shirt) on! *~ dem på hverandre* set them at each other's throats.
hissig hot-blooded, quick-tempered; *(fyrig, heftig)* fiery, ardent; *(ivrig)* eager; keen; *-e ord* heated words; *~ på (el. etter)* keen on; *ikke så ~!* take it easy! *bli ~* lose one's temper, fly into a passion.
hissighet (hot) temper; fieriness; *i et øyeblikks ~* in the heat of the moment.
hissigpropp *(lett glds)* hothead.
hist: *~ og her* here and there; *opptre ~ og her* occur sporadically.
historie 1*(historisk beretning, vitenskap)* history; 2*(fortelling)* story; 3*(sak)* affair, business; *-n* history; *den nyere ~* modern history; *en sørgelig ~* (3) a sad affair, a sad business; *det er*

en fin ~ that's a pretty kettle of fish; *hele -n* the whole business; *derom tier -n* that is not on record; *(jvf vitterlig); det vil gå over i -n* it will go down in history; it will become h.; *gjøre en lang ~ ut av det* spin a story out of it; *skape ~* make history.
historie|forsker historian. **-forskning** historical research. **-skriver** writer of history.
histori|ker historian. **-sk** historic(al); *på ~ grunn* on historic ground.
historisk *(adj)* **1.** historical *(fx* novel; in historical times); **2***(betydningsfull)* historic *(fx* battle; event); *på ~ grunn* on historic ground.
hit here; *~ og dit* here and there; hither and thither; *~ inn* in here; *~ med boka!* give me the book (directly)! *(se også hertil).*
hitte|barn foundling. **-gods** lost property.
hittegodskontor lost property office.
hittil till now, so far, thus far, as yet, up to now, up to this time, up to the present; hitherto.
hive *vb (trekke, hale)* heave; hoist *(fx* anchor); *(kaste)* throw, heave; *(om sjøen)* rise and fall; *hiv ohoi!* heave ho! *~ etter pusten* gasp for breath.
hjalt hilt.
hjell loft (of loose boards); *(til å tørke fisk på)* drying rack.
hjelm helmet.
hjelmbusk plume (of a helmet), crest.
hjelmgitter visor.
hjelp help; *(bistand)* assistance, aid; *(arbeids-)* labour; help *(fx* we're short of help); *(understøttelse)* support, relief; *(legemiddel)* remedy *(mot* against); *~!* help! *avhengig av fremmed ~* dependent on other people's help *(el.* on h. from other people); *med Guds ~* God willing; *til John med takk for all ~ (på gavekort, etc)* to *(el.* for) John, with (many) thanks for all your help; *komme en til ~* come to sby's assistance; *rope om ~* cry out for help; *søke ~ hos en* apply to sby for help; *ta til ~* have recourse to; *ta fantasien til ~* draw on one's imagination; *ta natten til ~* sit up all night; burn the midnight oil; *være til ~ for en* be of assistance to sby; *jeg håper dette vil være Dem til ~* I trust this will be helpful to you; *være til god ~ for en* be a great (,T: big) help for *(el.* to) sby; be of great help to sby; be very helpful to sby; *uten ~* unaided; without help from anyone *(fx* the pupil gave an assurance that he had written the essay without h. from anyone); *ved ~ av* by means of; with the help of; with the aid of; *ved felles ~* between us (,you, them, *etc); (se tilsagn; utviklingshjelp).*
hjelpe *(vb)* help, aid, assist; *(gagne)* avail, be of use, be of help; *(om legemiddel)* be good *(mot* for); *det hjalp* it had a good effect; *det har ikke hjulpet meg* I am none the better for it; *hva -r det?* what use is it? *hva -r det å* what is the good of (-ing); *det -r ikke* it's no good; it's no use; that's no help; *det får ikke* it can't be helped; there is no help for it; *(Nå er vi sent ute). – Det får ikke ~ om det blir sent* it can't be helped if it's late; *så sant ~ meg Gud* so help me God! *svømte ut for å ~ meg* swam to my aid; *~ en av med* rid sby of; *jeg kan ikke ~ for det* I can't help it; *~ en fram i verden* help sby to get on in the world; *det -r mot hodepine* it is good for headaches; *~ en med å* assist sby in (-ing); *~ ham på med frakken* help him on with his coat, help him into his coat; *det -r på fordøyelsen* it assists digestion; *for å ~ på inntektene* to eke out one's income; *~ på ens hukommelse* jog sby's memory; *~ til* lend a (helping) hand; *(se også stryke 5); ~ en*

til rette help sby, lend sby a (helping) hand; *vi må -s at* we must help one another; ~ *seg med* make shift with; ~ *seg så godt man kan* manage for oneself.

hjelpe- auxiliary *(fx* verb); relief *(fx* organization).

hjelpe|aksjon relief action; relief scheme *(fx* start a r. s.), relief measures *(fx* organize r. m.); *de satte i gang en* ~ *til fordel for vanføre barn (også)* they ran a campaign to help disabled children. **-fond** relief fund. **-kilde** resource. **-lærer** *(ved universitetet)* part-time lecturer. **-løs** helpless. **-løshet** helplessness. **-mann** *(på lastebil)* driver's mate. **-middel** remedy, aid, help.

hjelpepleier UK *(etter 2-årig kurs med hovedvekt på det praktiske arbeid)* State Enrolled Nurse *(fk* SEN), Enrolled Nurse; *(se pleieassistent; sykepleier).*

hjelpeprest curate; *(i den anglikanske kirke)* deacon.

hjelper helper, assistant.

hjelpe|tropper auxiliaries, auxiliary troops. **-verb** auxiliary (verb); verbal auxiliary.

hjelpsom ready to help, willing to help, helpful. **hjelpsomhet** readiness to help, helpfulness.

I. hjem *(subst)* home; *i -met* in the home; *det var mitt annet* ~ it was a home from home.

II. hjem *(adv)* home; *dra* ~ go home; *gå nedenom og* ~ *(om foretagende)* fold up; *(om person)* go to the dogs; *da han kom* ~ when he got back home; *ta* ~ *en vare* import an article; *(se refreng).*

hjembygd native district; *hun er fra hans* ~ she is from his n. d. *(el.* from the same country district as he).

hjemfalle *(vb)* revert *(til* to).

hjem|fart *(til sjøs)* homeward voyage, passage home. **-frakt** homeward freight. **-føre** *(vb)* import; bring home. **-kalle** *(vb)* summon home, recall. **-komst** return (home), home-coming; *ved min* ~ on my return home; on returning home.

hjemland native country.

hjemle *(vb)* **1***(gi hjemmelsbrev på)* give a title to; *(til skjøte)* convey; *(overdra)* vest; *(bevise)* establish, make out; *(bevise sin atkomst til)* prove one's title to; *(om lov, vedtekt: gi (el. være) hjemmel for)* authorize, justify, warrant; *-t i* founded on *(fx* the right f. on the law of the province); **2***(kunne støtte, underbygge, begrunne)* bear out, support; *en vel -t oppfatning* a well authenticated view.

hjemlengsel homesickness; nostalgia, longing for home; *ha* ~ be homesick.

hjemlig domestic, home-like, cosy, snug, comfortable; ~ *hygge* a h.-l. atmosphere.

hjemløs homeless. **-het** homelessness.

hjemlån **1***(av bøker)* borrowing books for use outside the library, taking out books; **2***(merk)* home approval.

hjemme at home; *(hjemvendt)* home; back *(fx* he's back from France); *her* ~ with us; *(her i landet)* in this country; *man har det best* ~ home's best; it's best to stay at home; *skipet hører* ~ *her* the ship belongs here; *det hører ingen steder* ~ it's neither here nor there; *(passer seg ikke)* it's quite out of place; *høre* ~ *i* be a native of; *lat som du er* ~ make yourself at home; *være* ~ be at home; *være alene* ~ be alone (in the house); *jeg er alene* ~ *i kveld* I shall be (el. I'll be) at home on my own tonight; I'm alone tonight; *være* ~ *fra skolen* be home from school; *er B.* ~ *?* is B. in? *han var ikke* ~ he was not at home; *jeg er ikke* ~ *for noen* I won't see anybody; I'm not at home to anybody; *jeg er ikke* ~ *for henne* I'm not at

home to her; *være* ~ *i* be at home in; *(stivt)* be conversant with; *(se også hilse & sted A).*

hjemme|arbeid homework, work at home; *(som ervervssystem)* outworking. **-avlet** home-grown, home-bred. **-bakt** home-made. **-bane** home ground; *kamp på* ~ home match *(el.* game); *på* ~ *(også fig)* on home ground; *spille på* ~ play at home; *US* play a home game.

hjemmebrenner illicit distiller.

hjemmebrenning illicit distilling.

hjemmebrent *(subst)* = hooch; *US (også)* moonshine.

hjemmefiske inshore fishing.

hjemmeforbruk home consumption.

hjemme|fra away from home; *da jeg reiste* ~ when I left home. **-fryser** freezer, conservator, storage-freezer cabinet.

hjemme|gjort home-made; *(fig, neds)* homespun. **-hjelp** home help. **-hørende** native (of), belonging to; *(bosatt)* domiciliated, resident *(i* in); *(om skip)* registered *(i* at). **-industri** home *(el.* cottage) industry; home crafts industry. **-kamp** *(fotb)* home match *(el.* game). **-kjent** acquainted with the locality.

hjemmel **1***(lovlig besittelse (atkomst) til noe)* title, proof; *ha* ~ *(på)* have a title (to), have a proof of lawful acquisition; *skaffe* ~ *på* prove one's title to; **2***(gyldighet, lovlighet)* warrant, authority; *det fins ikke noen lov- for* there is no legal authority for; there exists no legal basis for; *hvilken* ~ *har De for den uttalelsen?* what authority have you for that statement? *handle uten* ~ act without authority; *det savner enhver* ~ it is entirely unwarranted; *med* ~ *i (jur)* pursuant to *(fx* p. to these regulations); *til* ~ *for fordringen legger jeg ved* in proof of the claim I enclose ...

hjemmelag *(sport)* home side.

hjemmelaget home-made.

hjemmelekser *(pl)* homework, home lessons.

hjemmeliv home life.

hjemmelsmann authority, informant.

hjemmemenneske stay-at-home; homebird.

hjemmeoppgave *(lekse)* homework; *gjøre -ne* do one's homework.

hjemmeseier *(fotb)* home win (NB *i tipping:* 2 homes, 1 away, 1 draw).

hjemme|sitter stay-at-home; *(ved valg)* abstainer; *US* non-voter. **-stil** essay as homework; homework essay; *gi* ~ set an e. as h.

hjemmesykepleier community nurse; *(overordnet; svarer til avdelingssykepleier ved sykehus)* district nurse.

hjemmevant at home; at ease; *han virker så* ~ *at man skulle tro han hadde vært her ofte før* he seems so much at home that one might think he had often been here before.

hjemmeværende living at home *(fx* they have two children living at home); ~ *husmor* full-time housewife; ~ *sjøfolk i kystdistriktene* seamen (living) ashore; maritime personnel ashore.

hjem|over homeward; *vende nesen* ~ make for home; set out for home. **-reise** home journey; *(med skip)* homeward passage *(el.* voyage). **-sendelse** sending home; *(til fedrelandet)* repatriation.

hjemstavn native soil, home.

hjemstavns|lære regional study. **-rett:** *han har* ~ *i Oslo (kan gjengis)* he is registered as a resident of Oslo.

hjemsted domicile; *(forsørgelseskommune)* [one's own local authority (where one has a right to public support if in need of it)]; *(mar)* home port; port of registry; *på -et* in one's own district (,town).

hjemsøke *(vb)* visit *(på* upon); *(forurolige, plage)* afflict, infest; ~ *fedrenes synder på barna* visit the sins of the fathers upon the children; *de hjemsøkte* the victims *(fx* of a disaster).
hjemve homesickness; *ha* ~be homesick.
hjemvei way home; *begi seg på -en* make for home, set out for home; *jeg har lovt å følge ham et stykke på -en* I have promised to walk part of the way back *(el.* home) with him; *være på -en* be on one's way home; *(mar)* be homeward bound.
hjemvendt returned.
hjerne brain; *(forstand)* brains; *den store* ~ the great brain, the cerebrum; *den lille* ~ the cerebellum; the lesser brain; *-n bak foretagendet* the mastermind of the undertaking; *bry sin* ~ cudgel *(el.* puzzle *el.* rack) one's brains; *legge sin* ~ *i bløt: se ovf (bry); ha fått film (,etc) på -n* have got the pictures *(,etc)* on the brain; *i hennes stakkars, forkvaklede* ~ in her poor, twisted mind.
hjerne- cerebral, of the brain.
hjernebetennelse inflammation of the brain, brain fever. **-blødning** cerebral haemorrhage. **-bløthet** softening of the brain. **-boring** trepanning. **-hinne** membrane of the brain. **-hinnebetennelse** cerebrospinal meningitis. **-masse** cerebral matter. **-rystelse** concussion (of the brain). **-skalle** skull, cranium. **-slag** (apoplectic) stroke. **-spinn** figment (of the brain). **-sykdom** disease of the brain. **-virksomhet** cerebration, cerebral activity.
hjerte heart; *-t mitt banker* my heart beats, my heart throbs; *lette sitt* ~ unbosom oneself; *det som -t er fullt av, løper munnen over med* out of the abundance of the heart the mouth speaks; *tape sitt* ~ lose one's heart; *-ns gjerne* by all means, with all my heart; *-ns glad* overjoyed; *-ns glede* heartfelt joy; *-ns god* tender--hearted; *-ns mening* one's (profound) conviction; *-ns venn* bosom friend; **av** *hele mitt* ~ with all my heart; *av -ns lyst* to my (,his, *etc)* heart's content; *av et oppriktig* ~ sincerely; *ha* ~ **for** have some feeling for; *det kommer* **fra** *-t* it comes from my heart; I am in earnest; *det skjærer meg* **i** *-t* it cuts me to the quick; it causes me a pang; *i sitt innerste* ~ in his heart of hearts; *lett* **om** *-t* light-hearted; *denne viten gjorde oss imidlertid ikke lettere om -t* this knowledge, however, did nothing to lighten our hearts; *jeg er tung om -t* my heart is heavy; I am sick at heart; *jeg kan ikke bringe det* **over** *mitt* ~ *å, jeg har ikke* ~ *til å* I have not the heart to; I cannot find it in my heart to; *ha noe* **på** *-t* have something on one's mind; *det som ligger meg mest på* ~ what I have most at heart; *hånden på -t!* honour bright! *han har -t på rette sted* his heart is in the right place; *legge seg på -t* lay to heart; *bærer* **under** *sitt* ~ carries under her heart.
hjerteangst agony of fear. **-banking** palpitation (of the heart). **-blod** heart's blood. **-feil** organic heart disease. **-fred** peace of mind. **-god** warm -hearted; kind-hearted; *hun er et -t menneske* she's a thoroughly nice person; she's as good as gold; she has a heart of gold. **-infarkt** cardiac infarction, infarct of the heart; thrombosis. **-kammer** ventricle (of the heart).
hjerte-karsykdom cardiovascular disease.
hjerteklaff cardiac valve; **-klapp** palpitation of the heart; *det ga meg* ~ it made my heart go pit-a-pat. **-knuser** lady-killer. **-lag** a kind heart; *ha* ~ have one's heart in the right place.
hjertelig *(adj)* hearty, cordial; *(oppriktig)* sincere; *(adv)* heartily, cordially; *gratulere en* ~ offer

sby one's sincere congratulations; *hilse* ~ *på en* greet sby warmly; *le* ~ laugh heartily; *vi lo* ~ we had a good laugh; *takke en* ~ thank sby cordially; ~ *gjerne* with all my heart.
hjertelighet cordiality; *(oppriktighet)* sincerity.
hjerte-lungemaskin life-support machine; heart -lung machine.
hjerteløs heartless; *(hensynsløs)* callous. **-løshet** heartlessness; callousness.
hjertenskjær *(subst)* sweetheart.
hjerteonde heart trouble.
hjerter *(kort)* hearts; ~ *ess* the ace of hearts; *en* ~ a heart.
hjerterom: *hvor det er* ~*, er det også husrom* where there is a will, there is a way.
hjerterot *(fig)* innermost heart, the (very) cockles of one's heart; *det varmet meg helt inn til hjerte-røttene* it warmed the very cockles of my heart. **-sak:** *det er en* ~ *for ham* he has it very much at heart; it is a matter very near to his heart. **-skjærende** heart-rending.
hjerteslag heartbeat; *(lammelse)* heart failure.
hjertestyrkende fortifying.
hjertestyrker pick-me-up. **-sukk** deep sigh. **-sykdom** heart disease. **-transplantasjon** heart transplant, heart transplantation. **-transplantasjonspasient** heart-transplant patient. **-venn** bosom friend; *de er -er* S they are kittens in a basket.
hjord herd, flock.
hjort *(zool)* deer, hart, stag.
hjortekalv fawn, young deer. **-kolle** hind. **-skinn** buckskin, deerskin. **-takk** stag's antler; *(kjem)* (salt of) hartshorn. **-takksalt** salt of hartshorn.
hjul wheel; *slå* ~ *(gym)* turn *(el.* throw *el.* do) cartwheels; *han er femte* ~ *på vogna* he's one too many, he's playing gooseberry; *stikke kjepper i -ene for en* put a spoke in sby's wheel.
hjulaksel(wheel) axle. **-beint** bandy-legged, bow -legged. **-damper** paddle steamer. **-maker** wheelwright. **-spindel** stub axle. **-spor** rut, wheel track. **-visp** rotary beater, mechanical (egg) whisk.
hjørne corner; *(humør, sinn)* humour (,US: humor), mood; *om -t* round the corner; *svinge om -t* turn the corner; *han bor på -t av* he lives at the corner of; *(se også øverst).*
hjørnebutikk corner shop. **-kamin** corner fireplace; *(se kamin).* **-seksjon** *(møbel)* corner unit; **-skap** corner cupboard. **-stein** cornerstone. **-tann** canine tooth; *(se tann; øyentann).*
hk. *(fk. f. hestekrefter)* h.p. *(fk. f. horsepower).*
hm hem! ahem! h'm!
hobby hobby.
hobbyforretning DIY shop; do-it-yourself shop.
hockey hockey. **-kølle** h. stick.
hode head; *(avis-)* heading; headline; *(pipe-)* bowl; *(begavelse)* brains, intelligence, head;
A [*Forb. med adj*] *de beste -r i landet* the best brains of the country; *et godt* ~ a brainy chap (,girl, *etc); en* ~ *høyere* a head taller, taller by a head; *kloke -r* brainy people, clever p.; *(iron)* wiseacres; *urolige -r* turbulent elements, hotheads; *et vittig* ~ a wit;
B [*Forb. med vb*] **bruke** *-t* use one's head; *bry sitt* ~ rack *(el.* cudgel) one's brains; **bære** *-t høyt* carry one's head high; **bøye** *-t* bow *(el.* bend) one's head; **følge** *sitt eget* ~ have *(el.* go) one's own way, please oneself, refuse to listen to advice; **ha** ~ *til* have a (good) head for; *ha et godt* ~ have good brains; **holde** *-t kaldt* keep cool, keep one's head, have one's wits about one; retain one's composure; **legge** *sitt* ~ *i bløt* rack *(el.* cudgel) one's brains; *de* **stikker** *-ne sammen* they put their heads together;
C [*Forb. med prep*] *det er ikke* **etter** *mitt* ~ it is not to my liking; *kort* **for** *-t* snappish; *ha litt*

i *-t (være beruset)* **T** be tipsy, be squiffy; *ha vondt i -t* have a (bad) headache; *regne i -t* reckon in one's head, reckon mentally; *sette seg noe i -t* take a thing into one's head; *slå en i -t* hit sby over the head; **T** give sby a crack on the nut; *jeg kan ikke få det* **inn i** *mitt* ~ I cannot get it into my head; it is beyond me; *henge* **med** *-t* hang one's head; be down in the mouth; *se* **over** *-t på en (fig)* look down (up)on sby; slight *(el.* ignore) sby; *vokse en over -t (fig)* become too much for sby; *vanskene vokser oss over -t* the difficulties are more than we can cope with *(el.* are getting beyond our control); *sette saken* **på** *-t* turn things upside down; *stupe på -t (ut i vannet)* take a header; *treffe spikeren på -t* hit the nail on the head; *som stiger til -t (fx om vin)* heady; *jeg kan ikke få det ut av -t I* cannot get it out of my head; *få det ut av -t ditt!* put it out of your head! *(se I. først).*
hode|arbeid brainwork. **-bry** worry, trouble; *volde en* ~ cause sby worry *(el.* trouble); puzzle sby. **-bunn** scalp. **-fødsel** cephalic presentation. **-gjerde** head (of the bed), headboard. **-kulls** headlong; *kaste seg* ~ *ut i noe* plunge h. *(el.* head foremost) into sth, plunge head over heels into sth. **-kål** common cabbage. **-løs** headless. **-pine** headache; *jeg har (en fryktelig)* ~ I have a (splitting) headache; ~ *med kvalme* a sick headache; *jeg har ofte* ~ I often get headaches. **-plagg** headdress, headgear. **-pute** pillow. **-pynt** headdress, head ornament. **-regning** mental calculation, mental arithmetic. **-telefon** headphone, earphone.
hoff court; *ved -et* at Court.
hoff|ball Court ball. **-dame** lady-in-waiting.
hofferdig haughty. **-het** haughtiness.
hoff|leverandør purveyor to the Court. **-marskalk** Marshal of the Court; **UK** Lord Chamberlain (of the household); *(se hoffsjef).* **-narr** Court jester.
hoffolk *(pl)* courtiers.
hoffrøken lady-in-waiting.
hoff|sjef Lord Chamberlain; **UK** Master of the (Queen's *el.* King's) Household. **-sorg** Court mourning. **-stallmester** Crown Equerry; **(UK)** Master of the Horse.
hofte hip; *-r fest! (gym)* arms akimbo! *(se svaie).* **-betennelse** coxitis. **-holder** *(glds)* suspender belt, girdle; **US** garter belt; *(jvf strømpestropp, sokkeholder og bukseseler).* **-kam** iliac crest. **-ledd** hip joint. **-skade** dislocation of the hip. **-skål** hip socket.
hogg cut, slash, blow.
hogge *(vb)* cut, hew; *(smått)* chop; *(med nebbet)* peck; *(tømmer)* fell; **US** *(iscær)* cut; *(om bilmotor)* knock; *(mar)* pitch; ~ *av* cut off; ~ *etter* strike at *(fx* with an axe); ~ *ned for fote* cut down indiscriminately; ~ *opp (bil, skip)* break up; ~ *ved* chop wood; *skipet -r* the ship is pitching; ~ *over* cut (in two); ~ *sønder og sammen* cut to pieces; ~ *til* 1. strike; 2*(avrette)* square *(fx* timber, a stone); 3*(gi form)* shape; ~ *ut i stein* carve in stone; *han har hogd seg i hånden* he has cut his hand; ~ *seg gjennom* cut one's way through *(fx* the enemy).
hogg|estabbe chopping block. **-jern** chisel.
hoggorm *(zool)* viper, adder.
hoggtann fang; *(større)* tusk.
hogst felling; **US** cutting.
hogst|avfall brush, felling waste; **US** logging waste. **-forbud** prohibition of felling (,US: cutting).
hogstmoden mature.
hoi *int (mar)* ahoy!

hokuspokus hocus-pocus, funny business; mumbo-jumbo.
hold 1*(tak)* hold, grasp, grip; 2*(karakter)* backbone, firmness; **T** guts; 3*(avstand)* range, distance; 4*(muskelømhet)* pain *(el.* stitch) in the side; 5*(kant)* quarter, source; **fra** *alle* ~ from all quarters; *fra annet* ~ from another quarter; *fra høyeste* ~ on the highest authority; *fra pålitelig* ~ from a reliable source; *fra velunderrettet* ~ from a well-informed quarter; *være i godt* ~ be stout; **T** be well covered; *hun er i godt* ~ *(spøkef. også)* she's plump and pleasant; **på enkelte** ~ in some quarters; *på hundre meters* ~ at 100 metres' range; *på høyeste* ~ *(fig)* at top level; at the highest level; *på informert* ~ *hevdes det at de er ...* according to informed sources they are ...; *på informert* ~ *her mener man at ...* informed opinion here is that ...; *på kloss* ~ at close range; *på langt* ~ at a great distance, far off; *(om skudd-)* at long range; *på mange* ~ *mente man at ...* it was widely felt that ...; *på nært* ~ at close quarters, near at hand; *(skudd-)* at short range.
holdbar 1*(om bruksgjenstand)* durable, lasting; *(om stoff)* good-wearing, that wears well; *(om matvarer)* that keeps, that will keep, keeping *(fx* a k. apple); non-perishable; 2*(påstand)* tenable, that holds water; 3*(grunn)* valid. **-het 1.** wear, durability, wearing quality; keeping quality; **2.** tenability; validity; *prøve -en av denne teorien* test the tenability of this theory.
holde *(vt)* hold; *(ikke briste)* stand the strain, hold *(fx* the cable won't hold); *(beholde, vedlikeholde, oppholde)* keep; *(feire)* keep, observe; celebrate; *(underholde)* maintain; *(vedde)* bet; *(en avis)* take (in); *(romme)* hold; **(T** = *være tilstrekkelig)* be sufficient, do *(fx* I've five kroner left, that will just about do to cover it); ~ *sin del av avtalen (gjøre som avtalt el. som det ventes av en)* **T** do one's stuff; deliver the goods; ~ *bil* keep *(el.* run) a car; ~ *en høy hastighet* keep up a high speed; ~ *hest* keep a horse; ~ *møte* hold a meeting; *møtet ble holdt i går kveld* the meeting was (held) last night; ~ *sitt ord* keep one's word; ~ *orden* maintain order; ~ *pusten* hold one's breath; ~ *sengen* keep one's bed; *må* ~ *sengen (også)* is confined to (his) bed; ~ *stikk* prove true, p. correct; be true, be correct; hold water; hold good; ~ *strengt* keep a tight rein on *(fx* the boy); ~ *en tale* make a speech; ~ *en tone* hold *(el.* sustain) a note; ~ *en med klær* keep sby in clothes; ~ *en med selskap* keep sby company; ~ *lag med* associate with, keep company with; ~ *tilbake* hold back, keep back; ~ *tårene tilbake* keep *(el.* fight) back one's tears; *det vil* ~ *hardt* it will be hard work; it will be touch and go *(fx* whether we finish this tomorrow); *det vil* ~ *hardt for ham å nå toget nå* he'll be hard put to it to catch the train now; ~ **seg** *(om matvarer)* keep; *(m.h.t. avføring)* contain *(el.* restrain) oneself; *(om tøy)* wear well; *(skikk, etc)* survive *(fx* this custom survives in India); persist *(fx* the rumour still persists); *hvis det gode været -r seg* if the weather remains fine; ~ *seg for munnen* hold one's hand before one's mouth; ~ *seg for nesen* hold one's nose; ~ *seg for ørene* stop one's ears; *han holdt seg for seg selv* he kept himself to himself, he kept himself apart; ~ *seg inne* stay in(doors), keep indoors; ~ *seg inne med en* keep in with sby; ~ *seg oppe (også fig)* keep afloat; ~ *seg på bena* keep on one's feet; ~ *seg til* stick to; ~ *seg strengt til sannheten* keep strictly to the truth; ~ *seg borte* keep away; *prisene -r seg faste*

prices _keep (el._ remain) firm, prices are well maintained; ~ _seg rolig_ keep quiet; ~ _seg unna politikk_ keep out of politics; ~ **an** _(hest)_ pull up, rein in; ~ **av** be fond of, love; _(mar)_ bear away, keep off; ~ **fast** hold on; ~ _fast ved_ hold on to, stick to _(fx_ he stuck to his explanation); ~ **for** hold to be, consider to be; look upon as; ~ **fra** _hverandre_ keep separate; ~ **fram** hold on _(fx_ one's hand, a child); _hold deg_ **frempå,** _ellers spiser de andre opp alt sammen_ stick close, or the others will eat it all up; ~ **igjen** hold back, resist; ~ _øynene igjen_ keep one's eyes shut; ~ **med** side with, agree with; ~ **opp** hold up; ~ _opp med å_ leave off, cease, stop (-ing); _hold opp med det der!_ stop it! **T** chuck it! ~ _farten oppe_ keep up the pace; ~ **på** keep, detain; _(en mening)_ stick to, adhere to; _(foretrekke)_ be for; ~ _på gamle kunder_ keep _(el._ retain) old customers; _han holdt strengt på at det skulle gjøres_ he insisted that it must be done; ~ _på med_ be engaged in, be busy with; ~ _på å ..._ be (-ing); ~ _på sitt_ stick to one's opinions; **T** stick to one's guns; _jeg holdt på mitt_ I persisted; I insisted; **T** I stuck to my guns; ~ **sammen** keep together; ~ _til_ be; _hvor har du holdt til?_ where have you been? _klubben -r til i en gammel skole_ the club is housed in an old school building; the premises of the club are an old school building; ~ **tilbake** keep _(el._ hold) back; ~ **ut** endure, stand, put up (with), hold out (against); _hold ut!_ (ɔ: ikke gi deg) stick it! ~ _ut fra hverandre_ keep distinct; distinguish, keep apart; ~ **ved like** keep up, keep in repair.

holden: _en ~ mann_ a well-to-do man, a prosperous man; _helt og -t_ entirely, wholly.

holde|plass _(buss-, etc)_ stop; _(se drosje-);_ _(jernb)_ unmanned halt; _(jvf stoppested)._ **-punkt** fact; basis; _ikke noe ~ for klagene_ no factual evidence in support of the complaints; _det eneste faste ~ i hans tilværelse_ the only fixed point in his life; his sheet anchor.

holdning bearing, carriage; _(oppførsel)_ conduct, behaviour (,US: behavior); _(innstilling)_ attitude; _innta en fast ~ i saken_ take a strong stand in the matter; _overfor myndighetene inntok han en steil ~_ he adopted a rigid attitude towards the authorities; _den ~ X har inntatt i denne saken_ the attitude X has taken in this matter; _(se underlig)._

holdningsfeil poor deportment; _(faglig)_ postural fault.

holdningsgymnastikk callisthenics; _(især_ **US)** calisthenics.

holdningsløs weak, half-hearted, vacillating, spineless. **-het** weakness, spinelessness; _(moralsk)_ lack of moral balance.

holdt! halt! _gjøre ~_ halt.

I. holk _(beslag, ring)_ ferrule; _(dunk, kar)_ tub.

II. holk _(skip)_ hulk.

Holland Holland. **hollandsk** Dutch.

hollender Dutchman; _-ne_ the Dutch. **-inne** Dutchwoman.

holme holm, islet.

holmgang _(hist)_ single combat; _(fig)_ battle royal, passage of arms.

holt _(skog-)_ clump of trees, grove.

Homer Homer. **h-isk** Homeric.

homofil _(subst & adj)_ homosexual; **T** homo; gay; _-e og heterofile_ **T** gays and straights.

homofili homosexuality.

homogen _(ensartet)_ homogeneous.

homoseksualitet homosexuality.

homoseksuell _(subst & adj)_ homosexual; **T** homo; _(lett glds)_ queer; _(se homofil)._

homøo|pat homeopath(ist). **-pati** homeopathy. **-patisk** homeopathic.

honning honey. **-kake** gingerbread. **-søt** sweet as honey, honeyed.

honnør honour (,US: honor); _gjøre ~ (mil)_ salute; _gjøre ~ for flagget_ salute the colours; _med full ~_ with full honours; _fire -er (kort)_ four honours.

honnørbillett _(kan gjengis)_ reduced-rate ticket; **UK** _(jernb)_ senior citizen's railcard.

honorar fee; _mot et passende ~_ for an appropriate fee.

honoratiores _(pl)_ dignitaries; **T** bigwigs.

honorere _(vb)_ pay; _(veksel)_ honour (US: honor), meet, take up.

hop multitude, crowd; _den store -en_ the multitude, the (common) herd, the masses.

hope _(vb): ~ seg opp_ accumulate, pile up.

hopetall: _i ~_ in great numbers, by the dozen (,hundred, _etc)._

hopp jump, leap; hop; _(i skibakke)_ take-off; _lengde-_ long jump.

hoppbakke jumping hill; **US** jump(ing) hill.

I. hoppe _subst (zool)_ mare.

II. hoppe _(vb)_ jump; leap, hop; _hjertet -t i ham_ his heart gave a bound; ~ _over (ɔ: ikke ta med)_ skip; ~ _over et gjerde_ jump (over) a fence, leap (over) a fence; ~ _tau_ skip; ~ _ut (med fallskjerm)_ bail _(el._ bale) out; _(se krype)._

hopper jumper; _(ski-)_ ski-jumper.

hoppetau skipping rope.

hopp|lengde _(ski)_ distance; _måle -n_ record the d. **-norm** jumping style. **-renn** jumping competition; _spesielt ~_ special j. c.

hoppsa _(int)_ hallo, hello; _(også_ **US)** whoops.

hoppsan-heisan _(int)_ up(s)-a-daisy.

hoppsjef _(ski)_ take-off director.

hoppski jumping ski; _(se ski)._

hor adultery; _du skal ikke bedrive ~_ thou shalt not commit adultery.

Horats Horace.

horde horde. **-vis** in hordes; _dyr som lever ~_ gregarious animals.

hore _(subst)_ whore, prostitute; **T** pro, tart.

horisont skyline; _(også fig)_ horizon; _i -en_ on the h.; _det ligger utenfor hans ~_ it is beyond the range of his mind; it is beyond _(el._ outside) his ken; _utvide sin (åndelige) ~_ widen one's intellectual h., broaden one's mind; _utvide sin faglige ~_ widen one's professional h.

horisontal horizontal.

hormon hormone.

horn horn; _ha et ~ i siden til en_ have a grudge against sby; _løpe -ene av seg_ sow one's wild oats.

hornaktig horny, corneous.

horn|blåser hornist; _(mil)_ bugler. **-briller** horn-rimmed spectacles. **-et** horned. **-formet** horn-shaped. **-gjel** _(fisk)_ garfish.

hornhinne _(anat)_ cornea. **-betennelse** inflammation of the cornea; keratitis.

horn|hud horny skin, callosity. **-kvabbe** _(fisk)_ yarrel's blenny. **-kveg** horned cattle. **-musikk** brass music; _(jvf musikkorps)._ **-signal** _(mil)_ bugle call.

hornvev _(anat)_ cornual tissue; _(se vev 2)._

horoskop horoscope; _stille ens ~_ cast sby's horoscope.

hortensia _(bot)_ hydrangea.

hos with; _(i ens hus)_ at sby's _(fx_ at his uncle's (house)); _han har vært ~ meg_ he has been with me; ~ _min onkel_ at my uncle's; _sitte ~ en_ sit with sby; ~ _romerne_ among the Romans; _i gunst ~_ in favour with; _en svakhet ~_ a weakness in _(fx_ the w. I had noticed in him); _en vane ~_ a habit with; _spise middag ~_ have dinner with;

ta tjeneste ~ *en* enter into sby's service; *de liker å se folk* ~ *seg* they like having people in; *det forekommer hos Byron* it occurs in Byron; *som det heter* ~ *Byron* as Byron has it; as Byron says; *det står hos Shakespeare* the quotation comes from Shakespeare.

hose: *gjøre sine -r grønne hos en* curry favour (US: favor) with sby; court sby; go out of one's way to please sby; *så lett som fot i* ~ as easy as falling off a log.

hose|bånd garter; *(se sokkeholder)* H-båndsordenen the Order of the Garter. **-lest:** *på -en* in one's stockings.

hosianna *int (bibl)* hosanna.

hospital hospital, infirmary; *(se sykehus)*.

hospitalsprest hospital chaplain.

hospit|ant *(ved skole)* student teacher. **-ere** *(vb)* do one's teaching practice; sit in on classes. **-ering 1.** observation; **2.** school practice; *sammenhengende* ~ block practice. **-eringstime** observation lesson.

hospits hospice.

hoste *(subst & vb)* cough; ~ *seg i hjel* **T** cough one's head off. **-anfall** fit of coughing. **-pastiller** cough lozenges.

hostie *(nattverdsbrød)* host.

hotell hotel; *bo på (et)* ~ stay at a h.; *drive (et)* ~ run a h.; *ta inn på (et)* ~ put up at a h. **-direktør** hotel manager. **-eier** hotel proprietor. **-fagskole** hotel and catering school *(el. college)*. **-gutt** porter, boots; S buttons; US bellboy, bellhop. **-tjener** hotel porter; **-veien T:** *gå* ~ train for the hotel business. **-værelse** hotel room; *bestille -r* book rooms in a hotel, book hotel accommodation, make hotel reservations; *bestilling av* ~ hotel reservation.

hottentott Hottentot.

I. hov *(gude-)* pagan temple, place of worship.

II. hov *(på hest)* hoof; *(NB pl:* hoofs *el.* hooves).

hovdyr hoofed animal, ungulate.

hoved|agentur principal agency. **-angrep** main attack. **-anke** principal grievance, p. *(el.* main) objection. **-anklage** main *(el.* principal) charge. **-arbeid** main work. **-arving** principal heir (,heiress). **-attraksjon** chief attraction *(fx* the c. a. of an exhibition); **T** the real draw. **-avdeling** principal *(el.* main) department; *(hovedkontor)* head office; *(mil)* main body. **-beskjeftigelse** chief occupation. **-bestanddel** main ingredient. **-bok** ledger. **-bokholder** chief accountant. **-brannstasjon** fire brigade headquarters. **-bygning** main building. **-dyse** *(i forgasser)* main jet.

hovedfag main (,US: major) subject; *han har (tatt) historie som* ~ he has taken history as a main subject; his main subject was history; *han studerer historie som* ~ he's taking *(el.* reading) history as his main subject; US he's majoring in history; *(se hovedfagsstudium)*.

hovedfags|eksamen *(graden, kan gjengis)* honours degree; *ta* ~ take one's main subject. **-kandidat** main subject candidate (for examination). **-oppgave** post-graduate thesis. **-student** student doing his (,her) main subject. **-studium** the study of a main subject *(fx* the s. of a m. s. takes a long time); *engelsk som* ~ *er svært krevende* the requirements of English as a main subject are very severe.

hoved|feil cardinal fault; chief defect. **-forhandler** main dealer, main agent. **-forhandling** *(jur)* main hearing. **-formål** chief aim, main objective. **-forskjell** main difference. **-gate** main street. **-grunn** principal reason. **-gård** main farm. **-inngang** main entrance. **-innhold** chief contents. **-karakter** average mark *(el.* rating); US average grade; *(se karakter)*. **-kasserer** chief cashier. **-kilde** main

source. **-kontor** head office. **-kreditor** principal creditor. **-kvarter** headquarters. **-ledning** main pipe; *(elekt)* mains. **-linje** *(jernb)* main line. **-løp** main channel. **-mangel** main defect. **-mann** principal; *(i opprør)* ringleader. **-masse** bulk. **-motiv** chief motive; *(mus)* leitmotif. **-næring** staple *(el.* principal *el.* main *el.* chief) industry. **-næringsmiddel** principal *(el.* staple) food, principal article of consumption. **-nøkkel** master key, passkey.

hoved|oppgave 1. main task; **2:** *se hovedfagsoppgave.* **-person** principal character, main character, chief character. **-post** principal item. **-postkontor** head post office; general post office *(fk.* G.P.O.). **-prinsipp** fundamental *(el.* leading) principle. **-produkt** staple product. **-punkt** main point. **-redaktør** chief editor; *(se sjefredaktør)*. **-regel** main rule, principal rule. **-register** general index. **-rengjøring** spring cleaning; *holde* ~ spring-clean, turn out all the rooms. **-rent:** *gjøre* ~: *se -rengjøring*. **-rolle** main *(el.* chief) part; *(teat)* leading part; lead; *(film)* leading role; *innehaver av* ~ (fe)male lead; lead; *innehaverne av -r* the principals; *spille* ~ play the lead; *(fig)* take the leading part *(i* in). **-rute** main route. **-sak** main point; *i* ~ essentially; in essence; *i -en* for the most part; largely; in the main. **-sakelig** *(adv)* mainly, principally. **-sete** head office, headquarters. **-setning** *(gram)* principal sentence, main clause. **-skip** *(i kirke)* nave.

hovedstad capital, capital city; *alle hovedstedene i Europa* all capital cities in Europe; all the capitals of Europe.

hovedstads- of *(el.* in) the capital.

hoved|stadsbeboere inhabitants of the capital. **-stasjon** *(jernb)* main *(el.* central) station. **-stilling** full-time post *(el.* job). **-styrke:** *hans* ~ *(fig)* his force, his strong point. **-sum** (sum) total. **-taler** main speaker. **-tanke** leading idea. **-tema** main theme; *...men alle disse er strengt underordnet -et* all these, however, are strictly subsidiary to the main theme. **-trapp** front stairs. **-trekk** main *(el.* essential) feature. **-tyngde** *(fig)* emphasis; *rapporten legger -n på de økonomiske faktorer* the emphasis of the report is on the economic factors; *(jvf hovedvekt)*. **-vannledning** water main. **-vei** main road. **-vekt** emphasis; *legge -en på* lay particular stress on; *(jvf hovedtyngde)*. **-vitne** principal witness.

hoven swollen; **T** puffed up *(fx* her face is all puffed up); *et -t øye* **T** a puffed-up eye; *(fig)* arrogant, haughty; **T** stuck-up, puffed-up. **-het** swelling; *(fig)* arrogance.

hovere *(vb)* crow, gloat *(fx* he gloated over me); *(juble, triumfere)* exult *(fx* over a vanquished enemy); triumph.

hoveri *(hist)* villeinage.

hoveriarbeid *(hist)* villein service.

hovering crowing, gloating; exultation; *(se hovere)*.

hoveritjeneste *(hist)* villeinage.

hovmester butler; *(på restaurant)* head waiter.

hovmod haughtiness, arrogance, pride; ~ *står for fall* pride goes before a fall. **-ig** haughty, arrogant; overbearing, proud.

hovne *(vb):* ~ *opp* swell; **T** puff up *(fx* her eye puffed up); *(gather (fx* my finger's gathering).

hov|skjegg fetlock. **-slag** hoofbeat; clattering of horses' hoofs. **-spor** hoofprint.

hu: *se hug.*

hubro *(zool)* eagle owl; US (great) horned owl.

hud skin; *(av større, korthåret dyr)* hide; *skjelle en -en full* haul sby over the coals; *med* ~ *og hår* skin and all; *(fig)* lock, stock, and barrel *(fx* he accepted the programme l., s., and b.); raw *(fx* he swallowed it all raw).

hud|avskrapning abrasion. **-farge** colour (of the skin); *(ansiktets)* complexion. **-fille** skin flap. **-fletning** flaying, flogging; *(bibl)* scourging; *(fig)* castigation. **-flette** *(vb)* flog, flay; *(bibl)* scourge; *(fig)* castigate, flay. **-fold** fold (of the skin). **-lege** dermatologist, skin specialist. **-løs** excoriated, raw; *(ved gnidning)* galled. **-løshet** excoriation. **-pleie** care of the skin. **-sliping** *(med.)* dermabrasion. **-spesialist** skin specialist; dermatologist.

hud|stryke *vb (bibl)* scourge; *(se hudflette).*
hudsykdom skin disease.
huff! oh! ugh!
hug mind, mood; *det rant meg i -en* I called it to mind; *hans ~ står til det* his mind is bent upon it; *kom i ~ at du helligholder hviledagen* remember the Sabbath day, to keep it holy.
hugenott Huguenot.
hugg, hugge: *se hogg, hogge.*
hui: *i ~ og hast* with all possible speed; hurriedly, in great haste, with all haste.
huie *(vb)* hoot, yell; *(om vinden)* howl.
huk: *sitte på ~* squat.
huke *(vb)* ~ *seg ned* squat down, crouch; *(av frykt)* cower; ~ *seg ned bak en busk* T *(spøkef)* go behind a hedge.
hukommelse memory; *en god ~* a good memory; *etter -n* from memory; *-n min svikter* my memory fails me; *(se gjengi).*
hukommelses|feil slip of the memory, lapse (of memory). **-kunst** mnemonics. **-sak:** *det er en ~* it's a question of memory. **-tap** loss of memory; amnesia.
hul hollow; *(konkav)* concave; *den -e hånd* the hollow of the hand; *ha noe i sin -e hånd (også fig)* hold sth in the hollow of one's hand.
hulbrystet hollow-chested.
hulder wood nymph.
I. hule *(subst)* cave, cavern; grotto; *(vilt dyrs hule)* den.
II. hule *(vb)* hollow; ~ *ut* hollow (out).
hule|boer cave dweller, caveman, troglodyte. **-forsker** cave explorer.
hulhet hollowness; falsity, falseness.
huljern gouge.
hulke *(vb)* sob.
hulkinnet hollow-cheeked.
hull hole; *(om sted, neds)* T godforsaken hole, dump, one-horse town, dead and alive place; *(stukket)* hole, puncture; *(åpning)* hole, aperture; *(gap)* gap; *(lakune)* gap; *(meget stivt)* lacuna; *slå ~ i* make a hole in; *påvise ~ i ens argumentasjon* pick holes in sby's argument; *slå ~ på et egg* crack an egg, break an egg *(fx* she broke two eggs into a cup); *stikke ~ på byllen (fig)* prick the bubble; *et ~ i loven* a gap *(el.* loophole) in the law; *ta ~ på (en tønne)* broach (a barrel); *ta ~ på en flaske* open a bottle; *ta ~ på kapitalen* break into one's capital.
hullet full of holes; in holes.
hullfald hemstitch; *sy ~* hemstitch.
hullkort punch(ed) card; *(ofte)* card; US punch card.
hullsalig blissful, gracious.
hullsøm hemstitch.
hulmål measure of capacity.
hulning hollow, depression, cavity.
hulrom cavity, hollow space; *kroppens ~* the orifices of the body.
hul|slipe *(vb)* grind hollow. **-speil** concave mirror.
hulter: ~ *til bulter* pell-mell, helter-skelter, at sixes and sevens, in a mess.
hulvei sunken road. **huløyd** hollow-eyed.

human humane. **-etikk** humanistic ethics. **-etisk** humanistically ethical. **-isme** humanism. **-ist** humanist. **-istisk** humanistic. **-itet** humanity.
humbug humbug. **-maker** humbug, swindler.
I. humle *zool (insekt)* bumblebee; *han lar humla suse* T he's going the pace; he's going it; he's letting it rip.
II. humle *(bot)* hop; *(blomstene, varen)* hops.
hummer *(zool)* lobster. **-klo, -saks** lobster's claw. **-teine** lobster-pot.
humor humour; US humor; *ha sans for ~* have a sense of h. **-ist** humorist. **-istisk** humourous; *ha ~ sans* have a sense of humour (,US: humor).
hump *(i vei)* bump.
humpe *(vb)* limp, hobble; bump *(av sted* along, *fx* on a rough road), jolt *(fx* the car jolted over the rough road); *vogna i og ristet* the carriage bumped and shook. **humpet** bumpy, rough.
humre *vb* 1*(om hest)* whinny, neigh; 2*(le)* chuckle.
humør spirits; mood; *i dårlig ~* in bad humour; in low spirits, out of sorts; *i godt ~* in good humour; in high spirits; *de kom i godt ~* they got into a good mood *(el.* into good spirits); they were cheered up; *ta noe med ~* grin and bear it, put up with sth cheerfully; *la oss forsøke å ta det med godt ~ (også)* let us try to be cheerful about it; *det tar på -et* it's exasperating. **-syk** moody. **-syke** blues; *han lider av ~* he's got the blues.
I. hun *(pron)* she.
II. hun *(subst)* female, she; *(om fugler ofte)* hen (bird).
hun|ape *(zool)* she-monkey. **-bjørn** *(zool)* she-bear. **-blomst** *(bot)* female flower.
hund *(zool)* dog; *(om jakthunder også)* hound; *mange -er om beinet* more round pegs than round holes; *røde -er* rose rash; German measles; *gå i -ene* go to the dogs, go to the bad; *som en våt ~* quite abashed; *skamme seg som en ~* be thoroughly ashamed of oneself; *en skal ikke skue -en på hårene* appearances are deceptive; *leve som ~ og katt* lead a cat-and-dog life; *der ligger -en begravet* there's the rub.
hundeaktig dog-like.
hunde|dager *(pl)* dog days. **-galskap** *(med.)* rabies. **-halsbånd** dog collar. **-hus** kennel. **-hvalp** pup, puppy. **-kaldt** beastly cold. **-kjeks** dog biscuits; *(bot)* wild chervil. **-koppel** leash of hounds; pack of hounds.
hunde|lenke dog chain. **-liv** dog's life. **-lukt** doggy odour, smell of dog. **-skatt** dog tax. **-slekt** genus of dogs. **-spann** dog team. **-stjerne** dog star. **-syke** *(vet)* distemper. **-vakt** *(mar)* middle watch. **-vær** nasty weather, foul weather.
hundre *(tallord)* a hundred; *ett ~* one hundred; *to ~ egg* two hundred eggs. **-de** *(ordenstall)* hundredth.
hundre|del hundredth. **-vis:** *i ~* by the hundred. **-år** century. **-årig** a hundred years old. **-åring** centenarian. **-årsdag** centenary *(for* of); *-en for (også)* the hundredth anniversary of. **-årsjubileum** centenary.
hundse *(vb)* browbeat, bully, push around, hector; treat like a dog.
hundsk dog-like; contemptuous, bullying.
hun|due *(zool)* hen pigeon. **-elefant** *(zool)* she-elephant, cow-elephant. **-esel** *(zool)* she-ass. **-fisk** *(zool)* female fish, spawner. **-fugl** *(zool)* female bird, hen bird.
hunger hunger; *(hungersnød)* famine; *dø av ~* starve to death; ~ *er den beste kokk* hunger is the best sauce.
hungers|død death by starvation; *dø -en* starve to death. **-nød** famine.

hungre *(vb): se* **sulte,** *være* **sulten;** ~ *etter* hunger for.
hun|hare *(zool)* doe-hare. **-hund** *(zool)* she-dog, bitch. **-kanin** *(zool)* doe-rabbit. **-katt** *(zool)* she-cat, tabby-cat. **-kjønn** *(gram)* the feminine (gender); *(kvinne-)* female sex. **-kjønnsendelse** feminine ending. **-løve** *(zool)* lioness.
hunn: *se II. hun.*
hun|rakle *(bot)* female catkin. **-rev** *(zool)* vixen, she-fox. **-rotte** *(zool)* female rat. **-spurv** *(zool)* hen sparrow. **-tiger** *(zool)* tigress. **-ørn** *(zool)* hen eagle, female eagle.
huri houri.
hurlumhei hubbub, hullabaloo, an awful row; **S** razz(a)mataz(z) *(fx* they enjoyed the razzmataz of the election night).
hurpe bag; bitch; cow *(fx* that old cow!); *en gammel* ~ an old hag; an ugly old woman.
hurpet *(adj)* unpleasant, sour.
I. hurra cheer, hurra(h), hurray; *la oss rope et tre ganger tre* ~ *for* three cheers for.
II. hurra *int* hurra(h)! hurray! *rope* ~ give a cheer, cheer; *rope* ~ *for ham* cheer him; give him three cheers; *ikke noe å rope* ~ *for (fig)* nothing to write home about; nothing to make a song and dance about.
hurragutt lively, noisy chap.
hurrarop cheer, cheering.
hurtig *(adj)* quick, fast; rapid, speedy.
hurtighet quickness, speed, rapidity, celerity, promptitude, dispatch.
hurtig|løp sprinting, sprint race; *(på skøyter)* speed skating; *(på rulleskøyter)* speed roller skating; *Norgesmesterskapet i* ~ *på skøyter* Norwegian speed skating championship. **-løper** (fast) runner, sprinter; *(på skøyter)* speed skater. **-rute** fast service; *(skip)* express coastal steamer, fast coaster.
hurtigtog fast train, express train, express.
hurtigtogsfart: *med* ~ at express speed.
hurv: *hele* **-en T** the whole lot of them; the whole bunch; the whole kit; the whole (kit and) caboodle.
hus 1. house; building *(fx* the buildings on the farm); **2***(handelshus)* house, firm; **3***(parl)* House *(fx* the whole House applauded); **4***(fyrstehus)* House *(fx* the House of Hanover); **5***(husholdning)* house *(fx* keep house); **6***(familie)* house *(fx* the young son of the house); household, family; **7***(mask)* casing, housing; *(se kløtsjhus);* **8***(sneglehus)* (snail) shell;
[*A: forb. med subst; B: med adj; C: med vb; D: med adv & prep*]
A [*forb. med subst*] *-et har en pen beliggenhet* the house is nicely situated; *-ets frue* the lady *(el.* mistress) of the house; *Guds hus* the House of God; ~ *og hjem* house and home *(fx* they were driven from house and home); *-ets unge sønn* the young son of the house;
B [*forb. med adj*] *et familievennlig* ~ a house (that is) suitable for *(el.* well-suited to) family life; *fullt* ~ *(kort)* full house; *(om teater)* a full house; *a* crowded *(el.* packed) house *(fx* they were playing to a crowded house); *stykket gikk for fullt* ~ *i et halvt år* the play drew crowded houses for six months; *spille for fullt* ~ play to a full *(el.* crowded) house; *trekke fullt* ~ fill the house, draw crowds; *slik er det når det tar fyr i gamle* ~ *(kan gjengis)* there's no house like an old house; *godt* ~ *(om teater)* a good house *(fx* we are getting very good houses); *spille for tomt* ~ play to an empty house; *holde åpent* ~ keep open house;
C [*forb. med vb*] *beskikke sitt* ~ *(bibl)* set one's house in order; *ta til takke med hva -et formår*

take pot-luck; *føre* ~ *for ham* keep house for him; be his housekeeper; *føre stort* ~ do a lot of entertaining; live in (grand) style; *holde* ~ keep house; *(ta på vei)* rage, storm; go up in the air; carry on; *holde et farlig* ~ **T** make no end of a row; kick up an awful row; *stelle -et for ham* keep house for him; be his housekeeper; **T** do for him *(fx* a woman came in daily and did for him);
D [*forb. med adv & prep*] *en venn* **av** *-et* a friend of the family; *gå mann av -e* turn out to a man; turn out in full force; *foran -et* in front of the house, before the house; *det gikk meg* ~ *forbi (fig)* it escaped me; **T** I didn't get the message; *fra* ~ *til* ~ from house to house; ~ *(om avling, etc)* (gathered) in; *bor du i* ~ *eller i leilighet?* do you live in a house or in a flat? *han bor i samme* ~ *som vi* he lives in the same house with us; *bringe i* ~ get in; gather in *(fx* gather in the harvest); *komme i* ~ get in; get in out of the rain (,snow, *etc); jeg setter aldri mer mine ben i hans* ~ I shan't set foot inside his house again; *være herre i eget* ~ be master in one's own house; **i -et** in the house; *(på stedet)* on the premises; *(om småjobber, etc ofte)* about the house, about the place *(fx* she complained that her husband didn't do more about the place); *i -et ved siden av* next door; in the house next door; *bli i -et* stay in the house; stay indoors; *vaktmesteren bor i -et* the caretaker lives on the premises; *han har sin søster boende i -et* his sister lives with him; *vi har malerne i -et* we've got the painters in; *gå til hånde i -et* help about the house; help in the house; *her i -et* in this house; *herren og fruen i -et* the master and mistress of the house; *møblene hører til -et* the furniture belongs to the house; *om sommeren er det* ~ **under** *hver busk* in (the) summer you can keep house under the hedges; *gå ut av -et* leave the house; go out of the house; *han går aldri ut av -et* he never leaves *(el.* goes out of) the house; *han spiser oss ut av -et* he eats us out of house and home.
husapotek (family) medicine chest.
husar hussar.
hus|arbeid house work, domestic work, household work. **-behov:** *til* ~ *: se* **-bruk.**
husbestyrerinne housekeeper.
husbond master; *(ektemann)* husband. **-sfolk** master and mistress (in a rural household).
husbruk: *til* ~ for home purposes; for household use; barely adequate(ly), barely *(el.* hardly) enough, just passably; *han kan også snekre litt til* ~ he can do a little carpentry for fun, too; *(Kan De spille piano også, da?)* – *Ja, men bare til* ~ Yes, just enough to amuse myself *(el.* just for fun); *de kan ikke mer engelsk enn til* ~ their knowledge of English is modest.
husbukk *(zool)* house longhorn.
husdyr domestic animal; (house) pet; farm animal.
husdyrbestand livestock.
huse *(vb)* house; *(fig)* harbour; **US** harbor.
huseier house owner; owner of a house.
husere *(vb)* ravage, play havoc with; ~ *med* bully, hector, order about; *(også* **US)** push around; *de onde ånder som huserte på stedet* the evil spirits that haunted the place.
hus|fang building materials. **-far** head of a family, master of the house; *en god* ~ a good family man.
husflid home crafts (industry), domestic industry; arts and crafts; *(som skolefag)* handicrafts.
husflidsartikler *(pl)* articles of domestic industry; home (arts and) crafts articles.

husflidsfag handicraft; domestic craft; cottage craft.

husfred domestic peace; *hva gjør man ikke for -ens skyld* anything for a quiet life; *krenkelse av -en (jur)* violation of the privacy of a person's house; trespass (in a person's house, offices, *etc); (i Skottland)* hamesucken.

husfritt rent-free *(fx* live r.-f.).

hus|frue mistress (of the house). **-geråd** domestic *(el.* kitchen) utensils. **-hjelp** domestic help *(el.* servant), maid. **-hjelpsassistent** home help; *(jvf hjemmehjelp; husmorvikar).* **-holderske** housekeeper. **-holdning** housekeeping, management of a house.

husholdnings- household. **-bok** book of household accounts. **-jern** cast-iron kitchen equipment. **-penger** *(pl)* housekeeping allowance *(el.* money). **-saker** *(pl)* household affairs. **-skap** grocery *(el.* spice *el.* kitchen) cabinet. **-vekt** kitchen scales.

husj *(int)* shoo!

I. huske *(subst)* swing.

II. huske *vb (gynge)* seesaw, swing, rock; *~ et barn på knærne* jig a child (up and down) on one's knees; give a child a ride on one's knees.

III. huske *(vb)* remember, recollect, call to mind; *jeg -r godt ... * I well remember ...; *jeg -r ikke navnet hans* I forget his name; *hvis jeg ikke -r feil* if my memory serves me right; *~ på* remember, mind, bear in mind; *~ en (for) noe* remember sby for something; *siden så langt tilbake som noen kan (,kunne) ~* within living memory *(fx* w. l. m. they were neat and comfortable homes).

huske|lapp, **-liste** memo; shopping list. **-regle** mnemonic; **T** donkey bridge. **-seddel 1.** = *-lapp;* 2*(henvisnings-)* reference slip.

huskestue: *det vil bli en ordentlig ~* **T** there will be the devil of a row *(se brudulje; spetakkel).*

huskjent well acquainted with the house.

huskjole house frock.

huskors domestic nuisance; *(om kvinne)* vixen, holy terror.

huslege family doctor.

husleie rent; *(se sitte: ~ med en lav husleie).*

husleie|bok rent book. **-godtgjørelse** rent allowance. **-kontrakt** tenancy agreement. **-loven** *(i England)* the Landlord and Tenant (Rent Restriction) Act. **-nemnd** rent assessment committee; **-rett** rent tribunal. **-stigning** rent rise *(el.* increase).

huslig 1. domestic; relating to home life; 2*(flink i huset)* domesticated; *-e plikter* domestic duties; *(husmorens også)* housewifely duties; *en ~ scene* a family row.

huslighet domesticity.

hus|ly shelter. **-lærer** private tutor *(for* to). **-løs** houseless; *(se -vill).*

hus|mann *(hist)* cotter, crofter. **-mannsplass** cotter's farm.

hus|mor housewife; *(ved elev- eller søsterhjem)* home sister; **US** housemother. **-morkurs** cookery course *(el.* classes). **-morlag** women's institute. **-mortime** *(i radio, svarer til)* talk for housewives. **-morvikar** home help. **-mår** *(zool)* marten *(el.* beech) marten. **-nød** housing shortage. **-orden** *(kan gjengis)* the regulations *(fx* in accordance with the r., silence is requested after 11p.m.). **-post** domestic post; **T** d. job; *hun har ~* she has a d. p.; *(glds)* she is in service, she is in a situation; *ta ~* take a d. p. **-postill** collection of sermons (for family use). **-rom** accommodation, room; *(se hjerterom).* **-råd** household remedy. **-spurv** *zool (gråspurv)* house sparrow. **-stand** household. **-stell** *(skolefag)* domestic science; **US**

home economics; *Statens lærerskole i ~* the State College for Home Economics Teachers. **-telefon** house telephone, inter-office t., interphone; *(det enkelte apparat)* extension. **-telt** ridge tent. **-tomt** (building) site; **US** building lot *(el.* site).

hustru wife; *ta henne til ~* take her for a w.; take her to wife.

hus|tukt domestic discipline. **-tyrann** domestic tyrant. **-undersøkelse** search (of a house), domiciliary visit.

husvant familiar with the house; feeling at home.

husvarm warmed up (by being indoors); *(fig)* over-familiar; too familiar; *bli ~ hos en familie* become a friend of the family; *har ikke den husholdersken din begynt å bli temmelig ~?* hasn't that housekeeper of yours begun to be too familiar *(el.* to make herself too much at home?)

husvarme 1. warmth of the house; *han hadde ikke fått -n i seg ennå* he hadn't got warmed up indoors yet; **2.** feeling of intimacy due to living in the same house.

husvenn friend of the family.

husvert landlord; *(kvinnelig)* landlady.

hus|vill homeless, houseless. **-vær(e)** shelter, lodging.

hutle *(vb): ~ seg igjennom (hangle igjennom)* just keep body and soul together.

hutre vb *(av kulde)* shiver, tremble (with cold).

huttetu *int (uttrykk for at man fryser)* brr; *(ved tanken på noe nifst)* oo; ooh.

I. hva *(rel & spørrepron)* what *(fx* what is it?); *det er vel fint, ~?* that's just fine, isn't it? *~? (for noe)? (utrop)* what!

A *[forskjellige forb.]* ~ *annet?* what else? *~ annet enn* what but *(fx* what but a miracle can save us?); *~ (behager)?* (I) beg your pardon? pardon? what (did you say)? *~ skal du ha for å spa om hagen?* what do you want *(el.* how much do you want) for digging the garden? *~ gir du meg! (iron)* I like that! can you beat it! *~ nytt?* what news? any news? *~ nå? se II. nå; ~ var det jeg sa? se III.* si A; *~ slags* what kind of; what type of; *~ slags menneske er han?* what sort of man is he? *~ som (innleder spørrende bisetning)* what *(fx* I don't know what happened); *(se II. hva & III. hva); ~ så?* well, what about it? who cares? **T** so what? *og hvis de ikke kommer, ~ så?* and what if they don't come? *~ tid?* when? *(m.h.t. klokkeslett)* what time? **vet** *du ~? se vite; ~* **er han?** *(om yrke)* what is he? what does he do for a living? *~ er klokken?* what's the time? what time is it? *(se gjøre B; II. nytte; III.* si *A; vite);*

B *[forb. med prep & «om»]* ~ *kommer det* **av?** why is that? how do you account for that? *~ kommer dette av?* why is this? *~* **for** *(en, et, noen)* what; *~ er det for en? (o: hva slags menneske er han)* what sort of man is he? *~ for en (o: hvilken) bok vil du ha?* which book will you have? which of the books will you have? *~ er det for en fyr? (hvem er det)* who is that chap? who is he? *~ for et hus er det?* what house is that? *~ for en mann er det?* what man is that? *(hvem er det?)* who is he? *(hvordan er han?)* what kind of man is he? *~ for en støy var det?* what noise was that? *~ for noen bøker?* what books? *~ for noe?* what? *~ for noe!* what! *~ i all verden er i veien?* whatever is the matter? *~ rart er det i det?* what's strange about that? what's so funny about that? *og ~ (så)* **med** *henne?* and what about her? *~* **om** what if *(fx* what if he refuses?), suppose, supposing *(fx* supposing he comes, what am I to say? supposing it rains, what shall I do?), what about; ~ *om vi tok en liten spasertur?* what about taking a little walk? ~ *bryr jeg meg om det?* what do I care about that? ~ *er det som er så morsomt ved (el. med) det?* what's so funny about that? what's the joke? I don't see the joke;

II. hva *(relativt pron): alt* ~ all that, everything (that) *(fx* don't believe everything they tell you); ~ *meg angår* as far as I am concerned; as for me; ~ *jeg hadde av penger* what money I had; *etter* ~ *jeg har hørt (,sett)* from what I have heard (,seen); *etter* ~ *jeg kan se* as far as I can see; ~ *du sa er helt riktig* what you said is quite true; *.. men* ~ *verre var: han slo sin kone* but what was worse, he beat his wife.

III. hva *(ubest relativt pron)* whatever, what; *kall det* ~ *du vil* call it what(ever) you like; ~ *annet* what else? ~ *annet enn et mirakel kan redde oss?* what else but a miracle can save us? ~*du så enn gjør* whatever you do; ~ *det (nå)* **enn** *var* whatever it was; ~ *som enn skjer* whatever happens; no matter what happens; whatever may happen; come what may; *jeg har rett,* ~ *du (så)* **enn** *måtte tro* I am right whatever you may think; ~ **som helst** anything *(fx* he'll do anything for me); *jeg skal gi deg* ~ *som helst ...* I will give you anything; *gjør* ~ *som helst du har lyst til* do whatever you like.

IV. hva *(konj):* ~ *enten ... eller* whether ... or *(fx* whether he comes or not); ~ *enten været er godt eller dårlig* whatever the weather; rain or shine; ~ *enten han vil eller ei* whether he likes it or not.

hval *(zool)* whale. **-barde** whalebone, baleen. **-blåst** blow, spouting (of a whale). **-fanger** *(skip el. person)* whaler. **-fangst** whaling. **-hai** *(zool)* whale shark. **-kokeri:** *flytende* ~ floating factory, factory ship.

hvalp *(zool)* puppy, pup, whelp.

hvalpesyke distemper.

hvalpet puppyish.

hvalrav spermaceti. **-ross** walrus. **-spekk** (whale) blubber. **-unge** whale calf, young whale.

I. hvelv arch, vault; *(bank-)* strongroom; bank vaults.

II. hvelv *(båt-)* overturned (boat) bottom; *(se båthvelv).*

hvelve *(vb)* arch, vault; overturn *(fx* a boat); ~ *seg* arch, vault; *himmelen som -t seg over oss* the overarching sky.

hvelving arch, vault.

hvem *(pron)* who; ~ *av dem?* which of them? ~ *av dere vet?* which of you know(s), how many of you know ...? ~ *av oss kan ennå huske* ... who of us can still remember ...; ~ *vet?* who knows? ~ *der?* who is that? who goes there? ~ *som helst* anybody; ~ *som helst som* whoever.

hvemsomhelst: *han er ikke en* ~ he is not just anybody.

hver *(pron)* every; each; ~ *den som* whoever; ~ *annen* every second, every other; ~ *annen time* every two hours; *litt av -t* a little of everything; ~ *især* every; *i -t fall* at any rate, at all events; *(i det minste)* at least; *de gikk* ~ *sin vei* each went his own way, they went their several ways; *de hadde* ~ *sin bil* each had his own car; *etter -t* little by little, gradually; as time went by; as you go along *(fx* it's difficult at first, but it will be easier as you go along); *etter -t som* as; *etter -t som det blir nødvendig (også)* as and when it becomes necessary; *gi* ~ *sitt* give every man his due; ~ *for seg* separately; *de bor* ~ *for seg* they live apart (from one another); *de fem delene pakkes* ~ *for seg* each

of the five parts is packed separately; *han kan være her -t øyeblikk* he may be here any minute; *trekke* ~ *sin vei* pull different ways; *Gud og -mann vet* all the world knows.

hverandre *(pron)* each other, one another; *etter* ~ one after another, in succession; *være fra* ~ stay apart; be separated; *tett på* ~ in rapid succession.

hverdag weekday; *den grå* ~ the usual jog trot; the monotonous round of everyday life; *om -en* on weekdays.

hverdags- everyday.

hverdagsbruk: *til* ~ for everyday use; *(om klær)* for e. wear. **-klær** everyday clothes.

hverdagslig everyday, ordinary; humdrum, jogtrot, monotonous. **-livet** everyday life. **-menneske** ordinary *(el.* commonplace) person.

hverken *(konj):* ~ *eller* **1.** neither ... nor *(fx* n. I nor he knows ...; n. he nor I know); **2***(etter nektelse)* either ... or *(fx* they found nothing, e. in the cabinet or elsewhere); *det er* ~ *fugl eller fisk* it's neither flesh nor fowl (nor good red herring); it's neither here nor there; ~ *mer eller mindre* neither more nor less; *han sa ikke noe* ~ *fra eller til* he said nothing the one way or the other; *det gjør* ~ *fra eller til* it *(el.* that) makes no difference; *jeg vet* ~ *ut eller inn* I am at my wits end; *(se også III. si C).*

hvermann everybody, everyone; *(se ovf: hver).*

hvese *(vb)* hiss. **hvesing** hissing.

hvete wheat.

hvetebolle (London) bun. **-brød 1.** wheat bread; **UK** *(oftest)* white bread; **2***(liten, avlang kake med strøsukker på)* Swiss bun, sugar bun; *de går som varmt* ~ they are selling *(el.* going) like hotcakes *(el.* like ripe cherries); *bøkene gikk som varmt* ~ *(også)* the books sold like billy-(h)o.

hvetebrødsdager *(pl)* honeymoon; *par som feirer* ~ honeymooners.

hvetehøst wheat harvest. **-kli** bran. **-mel** white (wheaten) flour, wheat flour, plain flour; *siktet* ~ sifted white flour; *sammalt* ~ wholewheat flour.

hvil rest; *ta seg en* ~ take a rest.

I. hvile *(subst)* rest, repose; *finne* ~ find rest; *gå inn til den evige* ~ go to one's rest, go to one's long home.

II. hvile *(vb)* rest, repose; ~ *tungt på* weigh heavily on; ~ *seg* rest; take a rest.

hviledag day of rest.

hvileløs restless. **-løshet** restlessness.

hvilepause interval of *(el.* for) rest; rest time, rest period; **T** breather.

hvilested place of rest, resting place; *(for kortere hvil, også)* haulting place.

hviletid time of rest, resting time.

hvilken *(hvilket, hvilke):* **1***(spørrende pron)* what; *(av best antall)* which; ~ *er* ~*?* which is which? **2***(relativt, om personer)* who(m); *(ellers)* which; **3***(ubest relativt pron)* whatever, whichever; ~ *forskjell er det på X og Y?* what is the difference between X and Y? *hvilken provisjon vil De (komme til å) betale?* what commission will you pay? *av* ~ *grunn?* for what reason? ~ *av disse to mulighetene er den mest sannsynlige?* which is the more likely of these two possibilities? ~ *av dem?* which of them? *hvilke (o: hva for noen) bøker liker du?* what books do you like? *de sa at jeg hadde gjort det, hvilket var løgn* they said I had done it, which was a lie; ~ *vei jeg enn vendte meg* whichever way I turned; ~ *som helst ...* any; any ... whatever; *(substantivisk)* anybody; *hvilket som helst tall* any number whatever.

hvin squeal *(fx* the squeals of the pigs); shriek.
hvine *(vb)* squeal; *(om person, også)* shriek; *(om kuler)* whistle.
I. hvis *konj (dersom)* if, in case; ~ *man skal tro ham* ... assuming that he is telling the truth ...; ~ *bare* if only; ~ *du bare vil si meg hvorfor* if only you'll tell me why; ~ *jeg bare kunne!* how I wish I could! ~ *ikke* unless, if ... not; *(i motsatt fall)* if not; ~ *det er så* if so, supposing that to be the case; ~ 'han ikke hadde vært* but for him; if it had not been for him.
II. hvis *(pron)* whose; *(bare om dyr og ting)* of which; *til* ~ *ære* in honour of whom.
hviske *(vb)* whisper; ~ *noe i øret på en* whisper sth in sby's ear. **-nde** whispering; *(adv)* in a whisper, in whispers.
hvisking whispering.
hvit white, *det -e i øyet* the white of the eye.
hvite *(eggehvite)* white (of an egg).
hvitevareavdeling *(i forretning)* household linen department. **-varehandler** linen draper. **-varer** *(pl)* linen drapery *(el.* goods), white goods, whites.
hvitglødende white-hot, incandescent. **-het** whiteness. **-håret** white-haired.
hvitkalket whitewashed.
hvitkledd dressed in white. **-kål** cabbage. **-løk** garlic.
hvitne *(vb)* whiten; pale.
hvitrev *(zool)* arctic fox.
hvitslip *(treforedling)* mechanical pulp.
hvitsymre *se hvitveis.*
hvitte *(vb)* whitewash.
hvitting *(fisk)* whiting.
hvitvaske *(vt)* whitewash; ~ *svarte penger* whitewash *(,også* US: launder) money not declared for tax; whitewash black money.
hvitveis *(bot)* white anemone.
hvor *(sted)* where; *(grad)* how; ~ *er du?* where are you? ~ *lenge* how long; ~ *mange* how many; ~ *meget* how much; ~ *meget han enn* ... however much he *(fx* tried); ~ *som helst* anywhere, wherever; ~ *stor var ikke min forundring* what was my surprise; ~ *vakker hun er!* how beautiful she is!
hvorav of which, of whom; *(stivt)* whereof ... ~ *de fleste (om personer)* most of whom; *(om ting)* most of which.
hvordan how; ~ *har De det?* how are you? *fortell meg* ~ *han er* tell me what he is like; ~ *kommer jeg raskest til stasjonen herfra?* which is the best way to the station from here? ~ *enn* however; ~ *De enn gjør det* no matter how you do it; however you do it.
hvoretter *(adv)* after which.
hvorfor *(adv & konj)* why, what ... for; ~ *det?* why so? ~ *i allverden* why on earth.
hvorfra from where, where; from which.
hvorhen where.
hvori in which. **-blant** among whom; among which. **-gjennom** through which. **-mot** *(adv)* whereas, while.
hvorledes *se hvordan.*
hvorom ~ *allting er* however that may be. **-på** on what, on which; *(om tid)* after which, when, whereupon, following which.
hvorunder under which; *(om tid)* in the course of which.
hvorvidt *(om)* whether; *(i hvilken utstrekning)* how far, to what extent.
hyasint *(bot)* hyacinth.
hybel room, lodgings; bed-sitter; bed-sit; **T** place; *(students, også)* digs; *bo på* ~ live in lodgings; *ha* ~ *med egen inngang* have a room with independent access; *vi kan gå på -en min* **T** we can go to my place *(el.* digs).

hybelboer single person living alone. **-hus** block of bed-sitters *(el.* bachelor flats). **-leilighet** bachelor flat.
hydrat hydrate.
hydraulisk hydraulic.
hydrofoil hydrofoil boat.
hyene *(zool)* hyena.
I. hygge *(subst)* comfort, cheerfulness, cheerful atmosphere, cosiness; *(se skape 2).*
II. hygge *(vb):* ~ *for en* make sby comfortable; ~ *seg* feel at home, make oneself comfortable.
hyggelig comfortable, snug, cosy, home-like, cheerful, friendly, pleasant; *(gjengis ofte med ord som)* charming, attractive; nice; *en* ~ *prat* a cosy chat; *gjøre det* ~ *for ham* make him comfortable; *ha det* ~ have a pleasant *(el.* good) time *(fx* I had a very good time with them in the holidays); *ha det* ~ *hjemme i kveld* have a nice quiet evening at home; *det var* ~ *å høre fra deg* I was (very) pleased to have your letter; *det er bare* ~ *å hjelpe Dem* I am glad to be able to help you; *det var så* ~ *å ha deg (som gjest)* we enjoyed having you; *det var* ~ *at du kunne komme* I'm so glad you could come; *her var det* ~ it's pleasant here; nice place, this.
hygiene hygiene, sanitation, public health; *(fag)* hygienics; *(se helselære).*
hygienisk hygienic.
hykle *(vb)* feign, simulate, dissemble; play the hypocrite *(for* to).
hykler hypocrite. **-i** hypocrisy. **-sk** hypocritical. **-ske** hypocrite.
hyl howl, yell; *sette i et* ~ let out a yell.
hyle *(vb)* howl, yell.
hylekor 1. howling chorus, chorus of howls; **2***(som forstyrrer)* booing *(el.* jeering) crowd.
hyll *(bot)* elder.
I. hylle *(subst)* shelf; *(nett i kupé)* rack; *(i fjellet)* ledge; *han har kommet på feil* ~ *(her i livet)* he's a square peg in a round hole; he's a misfit; *han har kommet på sin rette* ~ he's found his proper niche in life; he's the right man in the right place; *legge på hylla (fig: henlegge, skrinlegge)* shelve, bury, pigeonhole; abandon *(fx* a project); *han har lagt studiene på hylla* he has given *(el.* thrown) up his studies; *sette en bok i hylla* put a book in the shelf; *(se bokhylle).*
II. hylle *(vb)* cover, envelop, wrap (up); *(se innhylle).*
III. hylle *(vb)* acclaim, applaud, cheer, hail; pay homage *(el.* tribute) to; *(hist; lensherre)* do homage to; *(ny fyrste)* swear allegiance to; ~ *i ord men ikke i gjerning* pay lip service to.
hyllebær *(bot)* elderberry.
hyllemargskule pith ball.
hylleskap wardrobe (,cupboard) with shelves.
hyllest homage, tribute; cheers.
hylse case, casing; *(patron-)* cartridge case; *(for grammofonplate)* sleeve; *(se plateomslag).*
hylster cover, case; *(pistol-)* holster; *hans jordiske* ~ his mortal frame.
hymen *(anat)* hymen.
hymne hymn.
hyperbel *(mat.)* hyperbola. **-bol** *(retorisk)* hyperbole.
hyperkritisk hypercritical.
hypnose hypnosis; *hensatt i* ~ put in a state of h., put in a trance.
hypnotisere *(vb)* hypnotize. **-isk** hypnotic. **-isme** hypnotism.
hypokonder hypochondriac. **-sk** hypochondriac.
hypokondri hypochondria.
hypotek mortgage. **-teklån** mortgage loan. **-tenus**

(mat.) hypotenuse. **-tese** hypothesis. **-tetisk** hypothetic(al).

hypp! gee-up! US giddap!

hyppe *vb (poteter)* earth up, hill, ridge.

hyppig *(adj)* frequent; *(adv)* frequently. **-het** frequency.

hyrde shepherd; *den gode* ~ the Good Shepherd. **-brev** pastoral letter. **-dikt** pastoral (poem), bucolic. **-diktning** pastoral poetry.

hyrde|stav pastoral staff, crook; *(fig)* crosier. **-time** hour of love, lovers' hour. **-tone** *(fig)* dulcet note.

hyrdinne shepherdess, shepherd girl.

I. hyre 1. *mar (lønn)* pay, wages; *(tjeneste)* job, berth; *få* ~ sign on; *T* get a berth; *søke* ~ look for a berth; *ta* ~ *(med et skip)* sign on; *ta* ~ *som* sign on as; ship as; 2*(besvær)*: *ha sin fulle* ~ *med å* be hard put to it to, have one's work cut out to, have a job to *(fx* I had a job to get him out of the house); 3*(sett klær)* oilskins.

II. hyre *(vb)* hire, engage; ~ *mannskap* sign on *(el.* engage) a crew.

hyre|bas shipping master. **-kontrakt** articles (of agreement), signing on articles.

hyse *(zool)* haddock.

hysj *(int)* hush! shush!

hysje *(vb)* hush; *(gi mishag til kjenne)* hiss; ~ *på* en shush sby; hiss at sby.

hyssing string; twine *(fx* packing t.); *knyte* ~ *om en pakke* tie up a parcel with string.

hyste|ri hysterics. **-risk** hysteric(al); *bli* ~, *få et* ~ *anfall* go into hysterics.

hytt: *i* ~ *og vær* at random.

I. hytte *(subst)* (country) cottage; *(på fjellet, især)* cabin; *(turist-)* hut; *(mar)* poop; *(se I. lys).*

II. hytte *(vb)* 1. look after, take care of; *fanden -r sine* the devil looks after his own; ~ *sitt (eget) skinn* look out for oneself; 2. shake one's fist *(til* at).

hytte|møbler peasant-style *(el.* rustic) furniture. **-stemning** cottage (,cabin) atmosphere; *oppleve ekte* ~ experience a cosy c. atmosphere; *det skaper* ~ it creates a cosy c. atmosphere; *peisovnen skaper varme og ekte* ~ the combined stove and fireplace gives you warmth and the snugness of a cottage hearth. **-tur** [weekend trip to a cottage or cabin]; *dra på* ~ spend the weekend at a c.; *(se I. tur).*

hæ *(int)* eh? what?

hæl heel; *høye -er* high heels; *skjeve -er* heels worn down on one side; *tynne, høye -er* stiletto heels; *tynne -er* pencil-slim heels; *slå -ene sammen* click one's heels; *følge i -ene på ham* dog his footsteps; *være hakk i -ene på en* be hard on sby's heels; *sette nye -er på* re-heel.

hær *(mil)* army; *(hærskare)* host. **-avdeling** *(mil)* detachment, unit.

hær|fang booty, spoils of war. **-ferd** military campaign, raid, warlike expedition.

hærfører commander (of an army).

Hærkalenderen the Army List; US the Army List and Directory.

hær|makt forces. **-skare** host. **-skrik** battle cry. **-styrke** (military) force. **-ta** *(vb)* conquer, occupy; *en -tt kvinne* an abducted woman.

hærverk 1. (act of) vandalism; (act of) criminal damage; *(jur)* wilful *(el.* malicious) damage (to property); 2*(hist)* plundering, ravaging.

hø (copula-shaped) mountain.

høflig civil; *(utpreget høflig)* polite, courteous.

høflighet civility; politeness, courtesy.

høg: *se høy.*

høker small grocer; huckster.

høkre *(vb)* huckster.

høl *(i elv)* pool.

hølje *(vb): det -r ned* it is pouring down; it is coming down in sheets.

høne *(zool)* hen, fowl; *jeg har en* ~ *å plukke med deg (fig)* I have a bone to pick with you.

høne|blund forty winks, snooze. **-kylling** hen chicken.

høns fowls, poultry.

hønse|fugl gallinaceous bird. **-gård** poultry yard; chicken run. **-hauk** *(zool)* goshawk. **-hold** chicken raising. **-hus** hen house, hencoop; US hen house. **-netting** chicken wire. **-ri** poultry *(el.* chicken) farm; hennery. **-stige** hencoop ladder; *(også* US) chicken runway; *(fig)* breakneck stairs.

hørbar audible.

høre *(vb)* hear; *(høre etter)* listen; *(oppfatte)* catch; *(komme til å høre tilfeldig)* overhear; *(eksaminere)* question, examine (orally), hear *(fx* h. sby a lesson; Jane is hearing Mary her lesson); ~ *en klasse* question a class, examine a c. (orally), ask questions round a c.; US quiz a c.; *bli hørt (på skolen)* be examined, be questioned *(fx* he was examined in *(el.* questioned on) grammar); *hør her!* listen! look here! I say; US say; *nei, hør nå her! (indignert)* look here, you! *nei, hør nå her; det går for vidt* (now) look here, that's going too far; *ikke så han hørte det* not in his hearing; *det lar seg* ~ now you're talking! that's more like it; that's something like; that's a bit of all right; *få* ~ learn; *jeg har hørt si* I have heard (it said); I have been told; *nå har jeg hørt det med!* well I never! well, wonders never cease! *man skal* ~ *meget før ørene faller av!* what next! well, did you ever hear such nonsense? that beats everything! can you beat it! *hva er det jeg -r?* what is this I hear? *som det seg hør og bør* as it should be; *(glds)* as is meet and proper; *jeg har hørt det av min søster* I have heard it from my sister; ~ *etter* listen to, attend to, pay attention, follow *(fx* if you don't f. you can't answer); *han -r bare etter med det ene øret* he is only half listening; ~ ~ *feil* mishear; *det var kanskje bare jeg som hørte feil?* perhaps I didn't quite catch what you said? *du må ha hørt feil* you must have misheard; you must've got it wrong; *folk som -r* **hjemme** *i Yorkshire* people native to Yorkshire; *de -r alle hjemme i denne kategorien* they all come under this heading; they all fall into this general category; *de -r alle hjemme i samme kategori* they all belong in *(el.* to) the same category; they all come under the same heading; *innom* can call on sby; ~ **inn under** fall under; ~ **med:** *det -r med* that's part of it; that goes with it; *de plikter som -r med til stillingen* the duties that go with the post; ~ **om** hear of; *jeg har hørt bare godt om ham* I have heard nothing but good of him; *ville ikke* ~ *noe om det* would not hear of it; ~ **på** listen to; *hun -r bare på det ene øret* she can only hear with one ear; she is deaf in one ear; *gutten -r ikke på sin mor* the boy does not obey his mother; *man -r på den måten hun snakker på, at hun ikke er herfra* you can hear from the way she speaks that she's not from here; *ja, man kan godt* ~ *på henne at hun ikke er engelsk* yes, you can easily hear she's not English; yes, it's easy to hear that she isn't English; ~ *på en stilling* inquire about a post; *T* look into a job; *han -r ikke på det ene øret (fig)* he turns a deaf ear to it; he is deaf as far as that subject is concerned; ~ **sammen** belong together; go (well) together *(fx* the two colours go well together); ~ **til** belong to; ~ *til i* belong in; ~ *til (el.* hjemme) *på et sted* be a native of a place; *jeg har* *ikke hørt noe til ham* I have heard nothing from him; I have had no news of him; ~ *ham til ende (la ham snakke ut)* hear him out; *(se også hyggelig).*

høreapparat hearing aid.

hørebriller [glasses with built-in hearing aid].

høreredskap *(anat)* auditory organ.

hørerør *(på telefon)* receiver. **-sans** sense of hearing.

hørevidde: *innenfor (,utenfor)* ~ within (,out of) earshot.

høring 1*(avhør i offentlig nedsatt komité)* hearing; *-ene i senatskomitéen* the hearings by the Senate Committee; 2*(polit)* public inquiry; *holde en ~ om forholdene i Nicaragua* hold a public inquiry into conditions in Nicaragua; 3*(polit; om forslag)* inquiry *(fx* this inquiry was held too late to influence Parliament's treatment of the motion); *være ute til* ~ be circulated for (public) comment; *dette forslaget er nå ute til* ~ this proposal is now being considered by the appropriate bodies; *In the UK a' green paper' is a publication with a green cover* – usually a proposal to which the government is not committed but would like public comment on.

høringsinstans *(se høring 3)* body entitled to comment.

hørlig audible; perceptible.

hørsel hearing.

høst *(innhøstning)* harvest; *(avling)* crop; *(årstiden)* autumn; **US** fall; *i* ~ this autumn; *om -en* in (the) autumn; *til -en* in the autumn.

høste *(vb)* harvest, reap; ~ *inn* gather in, harvest, get in; *slik som du sår, du engang -r (bibl)* for whatsoever a man soweth, that shall he also reap; ~ *erfaring* gain experience, learn by experience; ~ *fordel av* benefit by, profit by, derive (an) advantage from; ~ *laurbær* win laurels; ~ *stormende bifall* rouse the audience to thunderous applause; bring down the house; *(se erfaring).*

høstferie *(ved skole)* holiday in the autumn term; *(ofte =)* half-term holiday.

høstfest harvest festival. **-folk** harvesters, reapers. **-jevndøgn** autumnal equinox. **-takkefest** harvest thanksgiving festival.

høsttid harvest time.

høstutsikter *(pl)* harvest prospects.

høvding chief, chieftain; leader; *åndslivets -er* the leaders of cultural life.

I. høve *(subst)* chance, occasion; opportunity; *nytte -t* avail oneself of the opportunity, take (advantage of) the opportunity; *(se også anledning).*

II. høve *(vb)* fit, suit, be convenient *(el.* suitable); *(se også passe).*

høvedsmann leader, captain.

høvel plane; *(se grunt-, not-, puss-, skrubb-).*

høvelbenk carpenter's bench. **-flis** wood shaving(s).

høvelig convenient, appropriate, fitting, suitable.

høveljern plane iron. **-maskin** planing machine, planer. **-spon** shaving(s).

høvisk *(beleven)* courteous; *(ærbar)* modest.

høvle *(vb)* plane (down); *glatt-* plane smooth; *-t last* planed wood *(el.* goods); ~ *kantene av et bord* plane the edges off a board; chamfer a board. **-ri** planing mill.

høvling planing.

I. høy *(subst)* hay.

II. høy *(adj)* high; *(person, tre, etc)* tall; *(lydelig)* loud; ~ *sjø* a heavy *(el.* high) sea; *det er* ~ *sjø (også)* the sea runs high; *det ligger for -t for meg* it is beyond me; it is over

my head; ~ *alder* advanced age; great a.; *i en* ~ *alder* at an advanced age; *de -e herrer (iron)* the bigwigs; the powers that be; *han er fire fot* ~ he is four feet tall; *snøen ligger tre fot* ~ the snow is three feet deep; *på sin -e hest* on his high horse; *-t til loftet* lofty; *en* ~ *mann* a tall man; ~ *panne* high forehead; *i egen -e person* in person; *Den -e port* the Sublime Porte; *en* ~ *pris* a high price; *en* ~ *stemme* a loud voice; *(som ligger høyt)* a high voice; *ha en* ~ *stjerne hos en* stand high in sby's favour; be well in with sby; *det er på -e tid* it is high time; **høyere** higher, taller; louder; *en* ~ *klasse (på skole)* a senior form *(el.* class); a higher class; *(for viderekomne)* an advanced class; *han fikk begynne i en* ~ *klasse* he was allowed to start in a higher class; *de* ~ *klasser (i samfunnet)* the upper classes; *(på skole)* the upper forms; ~ *offiserer* high-ranking officers; *i* ~ *forstand* in a higher sense; *(se også høyere 2);* **høyest** highest, tallest; loudest; *det -e gode* the supreme good; *den -e nytelse* the height of enjoyment; *den -e nød (,fare)* the utmost distress (,danger); *-e pris* the highest price, top price; *den Høyeste* the Most High; *i -e grad* in the highest degree; *på -e sted (fig)* in the highest quarter; *(se også høyt (adv)).*

høyadel (high) nobility; *(se adel).*

høyakte *(vb)* esteem highly. **-aktelse** high esteem. **-alter** high altar. **-barmet** high-bosomed. **-bent** *(person, dyr)* long-legged. **-borg** *(fig)* stronghold.

høybrystet high-chested. **-båren** high-born.

høyde height; elevation; *(nivå)* level; *(vekst)* height, stature, tallness; *(lydens)* loudness; *(mus)* pitch; *(geogr & astr)* altitude; *(fx* ~ *headroom; headway; på* ~ *med Cadiz* off Cadiz; *holde på* ~ *med* keep in line with *(fx* tools were improved to k. in l. with other advances); *være på* ~ *med* be on a level with, be up to the level of, be on a par with; be (,prove) equal to *(fx* prove e. to the situation; the goods are fully e. to the sample); abreast of *(fx* be a. of the times); *være på* ~ *med (ↄ: ikke dårligere enn) naboene (om materiell streben)* keep up with the Joneses; *ikke være på* ~ *med* fall short of.

høydemåler altimeter. **-måling** height measuring; altimetry. **-punkt** height, climax, summit, zenith; *det var dagens* ~ it quite made the day. **-ror** *(flyv)* elevator. **-sprang** high jump; high jumping.

høye *(vb)* bring in the hay, do the haying.

høyenergifysikk high-energy nuclear physics.

høyere 1*(adj):* komparativ av II. *høy;* 2*(adv):* ~ *oppe* higher up; *snakke* ~ speak louder; *snakk* ~*!* speak up! louder please! ~ *lønnet* better paid; more highly paid; *sette X* ~ *enn Y* prefer X to Y; *(se også II. høy: høyere (ovf)).*

høyereliggende higher, more elevated; *tåke i* ~ *strøk* fog on hills.

høyest 1*(adj):* superlativ av II. *høy;* 2*(adv)* highest, loudest *(fx* who can shout l.?); *sette noe* ~ prefer sth to everything else.

høyestbeskattet: *de -de* the highest taxpayers.

høyesterett *(intet tilsvarende; kan gjengis)* Supreme Court (of Justice); *H-s kjæremålsutvalg (kan gjengis)* the Appeals Committee of the Supreme Court.

høyesterettsadvokat *(intet helt tilsvarende; kan gjengis)* barrister; *(yrkestittel)* barrister-at-law; *(se advokat).*

høyesterettsdommer *(kan gjengis)* Supreme Court judge.

høyesterettsjustitiarius *(kan gjengis)* President of the Supreme Court of Justice; *(i flere Common-*

wealth-land) chief justice; US Chief Justice of the United States.
høyfjell high mountain(s). **-shotell** mountain hotel. **-ssol** sunlamp.
høyforræder one guilty of high treason, traitor. **-forræderi** high treason. **-forrædersk** treasonable. **-frekvens** *(i radio)* high frequency.
høygaffel pitchfork, hayfork. **-halset** high-necked.
høyhet highness; elevation, loftiness, sublimity; *(tittel)* Highness; *Deres kongelige* ~ Your Royal Highness.
høyhælt high-heeled.
høykant: *på* ~ on edge, edgewise; *maten gikk ned på* ~ he (,we, *etc)* did ample justice to the meal. **-kultur** (very) advanced civilization. **-land** highland, upland.
høylass load of hay, hayload.
høylender *(skotte)* Highlander.
høylig *(adv)* highly, greatly.
høyloft hayloft.
høylys: *ved* ~ *dag* in broad daylight.
høylytt loud; *(adv)* aloud, loudly.
høymesse morning service; High Mass. **-modig** magnanimous. **-modighet** magnanimity. **-mælt** loud-spoken; vocal *(fx* a vocal minority); *(stivt)* vociferous.
høyne *(vb)* raise, elevate.
høyonn haymaking; *han var kommet for å hjelpe til med -a* he had come to help with the haymaking.
høypullet high-crowned.
høyre right; *(parti)* the Conservative Party, the Conservatives; *et medlem av Unge Høyre* a Young Conservative; *på* ~ *hånd* on the right hand; *han er min* ~ *hånd* he is my right-hand man; *til* ~ to the right; *(på* ~ *side)* on the right; on your *(,etc)* right; ~ *om! (mil)* right turn! *retning* ~ *! (mil)* right dress!
høyreblad *(avis)* Conservative paper.
høyrebølge *(polit)* move to the right; wave of right-wing attitudes.
høyreist noble, stately.
høyremann Conservative.
høyreratt right-hand drive.
høyresving *(ski): foreta en* ~ do a right turn, execute *(el.* carry out) a turn to the right.
høyrygg *(av storfe)* high ribs; ~ *med ben* high ribs on the bone.
høyrygget high-backed.
høyrød crimson, scarlet *(fx* she turned scarlet). **-røstet** loud, vociferous. **-røstethet** loudness. **-sinn** *se -modighet.* **-sinnet:** *se -modig.*
høyskole: *almenvitenskapelig* ~ *(,hist: lærerhøyskole)* (svarer til) postgraduate college; *handels-* advanced commercial college; *teknisk* ~ technological university; college of advanced technology.
høyspenning high tension *(el.* voltage).
høyspent high-tension, high-voltage.
høyspentledning *(høyspentkabel)* high-voltage power line *(el.* cable).
høyspentmast (power) pylon.
høyst *(adv)* most, highly, extremely; ~ *forskjellig* widely different; ~ *nødvendig* absolutely necessary, most essential; *det er* ~ *sannsynlig* it's more than likely.
høystakk hayrick, haystack.
høystbydende the highest bidder.
høystemt high-flown, grandiloquent.
høystrå hay-stalk.
høysåte haycock.
høyt *(adv)* highly, high; *(om stemme)* loud; *lese* ~ read aloud; *(med høy stemme)* read loud- (-ly); ~ *aktet* highly respected; *elva går* ~ the

river is running high; the r. is in spate *(el.* flood); the r. is swollen; *spille* ~ play high; ~ *regnet* at the outside, at the most; *elske en* ~ love sby dearly; *sverge* ~ *og dyrt* swear a solemn oath; *(se også II. høy).*
høyteknisk: *-e termini* terms of a highly specialized technical nature; *uttrykk av* ~ *og altfor vitenskapelig karakter* terms of a too highly specialized technical and scientific nature.
høyteknologi high technology; **T** high tech.
høyteknologisk *(adj)* high-technology *(fx* equipment); **T** high-tech.
høytflyvende high-flying; *(fig)* soaring, ambitious; *(oppstyltet, overspent)* high-flown *(fx* language, style, ideas).
høytid festival; *bevegelig* ~ movable feast; *de store -er* the high festivals.
høytidelig solemn, ceremonious; *ta* ~ trouble about *(fx* we must not t. about small misfortunes); *ta en* ~ take sby seriously. **-het** solemnity, ceremony; *(se I. over 7).* **-holde** *(vb)* celebrate. **-holdelse** celebration.
høytidsdag festival; *(ofte)* red-letter day *(fx* the day when he passed his exam was a r.-l. day).
høytidsfull solemn.
høytidsstund solemn occasion.
høytlesning reading aloud. **-liggende** high-lying, (standing) on high(-lying) ground. **-lønnet** highly paid *(el.* salaried).
høytrykk *(også fig)* high pressure; *(meteorol)* high (barometric) pressure; *arbeide under* ~ work at high pressure; work under great p.
høytrykksområde: *se -rygg.*
høytrykksrygg *(meteorol)* **1.** ridge of high pressure; **2.** elongated area of h. p. extending from the centres of two anticyclones; **3***(løsere bruk)* anticyclone *(fx* an a. over Iceland is now approaching the coast of Norway).
høytstående *(om rang)* high, of high rank, high -ranking; superior *(fx* s. culture). **-taler** loudspeaker. **-taleranlegg** loudspeaker installation, public address system. **-travende** high-flown, bombastic.
høytysk High German.
høyvann high water *(el.* tide); *ved* ~ at high tide. **-vannsmerke** high-water mark; tidemark. **-velbåren** *(intet tilsvarende; kan undertiden gjengis)* (right) honourable; *(spøkef)* high and mighty. **-verdig** *(kvalitet)* superior, high-grade *(fx* h.-g. ore). **-vokst** *(forst)* long-boled *(fx* a l.-b. pine); tall *(fx* a tall young man).
høyærverdighet: *Deres* ~ *(til biskop)* Right Reverend Sir; *(til erkebiskop)* Most Reverend Sir *(til kardinal)* Your Eminence.
høyættet high-born.
I. hå *zool (slags hai)* spiny dogfish.
II. hå *(etterslått)* aftermath, second crop of hay.
håbrand *(zool)* porbeagle; mackerel shark. **-gjel** *(zool)* black-mouthed dogfish. **-gylling** *(zool* rabbit fish.
håkall, -kjerring *(zool)* Greenland shark.
hålke [icy, slippery surface on roads, etc].
hålkeføre icy *(el.* slippery) road(s), icebound roads *(fx* motorists were slipping and sliding their way along icebound roads); *det er* ~ the roads are slippery *(el.* icy); it's slippery walking *det er det rene* ~ the road is like a sheet of ice *(el.* glass); the r. is one sheet of ice; the r is sheer ice.
hån scorn, derision, disdain; *en* ~ *mot* an insult to.
hånd hand; *(kort)* hand *(fx* hold a good hand) *den flate* ~ the flat *(el.* palm) of the h.; *de hule* ~ the hollow of the h.; *han har ham sin hule* ~ he has him completely in his pow

er; *he has him in the hollow of his h.*; *gi en -en* shake hands with sby; *gi hverandre -en* shake hands; *rekke en en hjelpende* ~ lend sby a hand; *leve av sine henders arbeid* live by the labour of one's hands; *slå -en av en* drop sby, throw sby over; *slå hendene sammen av forferdelse* hold up one's hands in horror; *for -en* at hand, handy; *dø for egen* ~ die by one's own h.; *dø for ens* ~ die at sby's hands; *jeg kunne ikke se en* ~ *for meg* I could not see my h. before me; *fra* ~ *til munn* from h. to mouth; *få fra -en* get done; *den gikk fra* ~ *til* ~ it was handed about *(el.* round); *fra første* ~ on the best authority; *at first h.*; *ha frie hender* have a free h.; *have free play*; *gi en frie hender* give *(el.* allow) sby a free h.; *ha hendende fulle* have one's hands full; *falle i hendene på en* fall into sby's hands; *han tok det første som falt ham i -en* he took *(el.* chose) the first and best; *klappe i hendene* clap one's hands; *legge hendene i fanget* sit idle; *ta en i -en* take sby's h.; take sby by the h.; *ta imot et tilbud med begge hender* jump at an offer; *han lovte med* ~ *og munn* he pledged his word; *med egen* ~ with one's own h.; *skrevet med hans egen* ~ written in his h.; *ha penger mellom hendene* have money; *det ble borte mellom hendene på meg* it slipped through my fingers; *holde sin* ~ **over** shield, protect, hold a protecting h. over; *bundet på hender og føtter* tied h. and foot; *på annen* ~ at second h.; *på egen* ~ of one's own accord; on one's own (initiative); for oneself; at one's own risk; *(alene)* single-handed; *skyte på fri-* shoot without rest; *tegne på fri-* do free-hand drawing; *på høyre* ~ on the right h.; *(side)* on the right, on your (,his, *etc)* right; *på rede* ~ at hand; *han har alltid et svar på rede* ~ he is always ready with an answer; *he is never at a loss for an answer*; *legge* ~ *på en* lay (violent) hands on sby; *legge siste* ~ *på noe* put the finishing touch(es) to sth; *-en på hjertet!* honour bright! on my honour! (on my) word of honour! **T** cross my heart! *gå en* **til** *-e* assist sby; lend sby a h.; *under hans* ~ *og segl* under his h. and seal; *(se også ta C:* ~ *for seg med hendene).*

håndarbeid needlework; *(motsatt maskinarbeid)* handwork; *(som påskrift)* hand-made; *et* ~ a piece of needlework.

håndbagasje hand luggage; **US** hand baggage.

hånd|bak 1. back of the hand; **2.** arm-wrestling; elbow-wrestling; *vri* ~ *med en* do e.-w. with sby. **-ball** ball of the hand; *(spill)* handball. **-bevegelse** gesture; *med en* ~ with a motion of his (,her, *etc)* hand; *bladet kan skiftes ut med en eneste* ~ the blade can be changed in a single movement. **-bibliotek** reference library. **-bok** manual, handbook, companion *(fx* the Gardener's Companion). **-brekk, -brems** hand brake. **-drevet** manually operated. **-drill:** *elektrisk* ~ drill gun.

håndfallen puzzled, perplexed, at a loss (what to do); bewildered; *han var helt* ~ **T** you could have knocked him down with a feather.

hånd|fast hefty, robust; ~ *humor* robust humour. **-festning** *(hist)* coronation charter. **-flate** palm of the hand. **-full** handful.

hånd|gemeng rough and tumble, scuffle, mêlée; *et alminnelig* ~ a free fight; *komme i* ~ come to blows, start scuffling; *det kom til et* ~ *mellom dem* they came to blows. **-gjort** hand-made. **-granat** hand grenade. **-grep** manipulation, grip; *(i eksersis) (pl)* manual exercises; *med enkle* ~ *kan ovnen omstilles til vedfyring* in one or two simple movements the stove can be adapted for wood-burning.

håndgripelig palpable; tangible.

håndgripelighet palpability; *det kom til -er mellom dem* they came to blows; *han gikk over til -er* he began to use his fists; he became violent.

håndheve *(vb)* maintain, enforce.

håndhever maintainer, enforcer; *ordenens* ~ the custodian of order.

hånd|jern *(pl)* handcuffs; *legge* ~ *på* handcuff. **-klapp** clapping of hands. **-kle** towel. **-koffert** suitcase; **US** *(også)* valise. **håndkraft** *(mots. damp-, maskin-)* hand power, manual power; *med* ~ by hand. **hånd|kyss** kiss on the hand. **-lag** handiness, the (proper) knack, manual dexterity. **-langer** helper, assistant; *(murer-)* hodman. **-ledd** wrist. **-linning** wristband, cuff. **-pant** pledge. **-penger** *(pl)* deposit (to confirm a deal). **-pleie** manicure. **-presse** hand press. **-rot** *(anat)* carpus. **-rotsben** *(anat)* carpal bone. **-sag** handsaw.

håndsbredd handbreadth.

håndskrevet hand-written; manuscript.

håndskrift handwriting, hand.

håndskytevåpen small (fire)arm.

håndslag handshake; *gi hverandre* ~ *på handelen* shake hands on the deal.

håndsopprekning show of hands; *ved* ~ by s. of h. *(fx* voting by s. of h.; the voting was done by a s. of h.; call for a s. of h.); on a show of hands *(fx* the motion was carried on a s. of h.).

håndspåleggelse laying on of hands *(fx* in blessing); touch (to effect a cure).

håndsrekning a (helping) hand.

håndstående *(gym)* handstand; ~ *stup* handstand dive.

hånd|sydd hand-sewn, handmade. **-såpe** toilet soap. **-tak** *(skaft)* handle; grip. **-talje** burton. **håndtere** *(vb)* handle, manage, wield.

håndterlig handy, easy to handle.

håndtrykk handshake.

håndvarm lukewarm, tepid *(fx* wash in t. water); moderately warm.

håndvask 1*(det å)* (the) washing (of) one's hands, hand washing; **2***(kum)* wash basin; **US** bathroom sink; lavatory. **3***(vasketøy)* clothes to be washed by hand.

håndvending: *i en* ~ in no time, in the twinkling of an eye, in a tick *(el.* wink).

håndverk trade; craft; ~ *og industri* trade and industry; the trades and industries.

håndverker craftsman; artisan; *vi har -e i huset denne uka* **T** we're having the workmen *(el.* the builders) in this week; *(se kunsthåndverker).* **-lære:** *være i* ~ serve one's craft apprenticeship.

håndverksbrev *(mesterbrev)* master builder's (,baker's, etc.) certificate; *løse* ~ = obtain a trading licence; *(se brev; handelsbrev; svennebrev).*

håndverksfag craft; *-ene* the crafts; *håndverks- og industrifag* *(pl)* crafts and industrial subjects.

håndverks|folk craftsmen; artisans; *(ofte også)* workmen. **-laug** craft union; *(hist)* guild. **-lærling** craft apprentice. **-mester** master craftsman; master artisan; *(i byggefagene ofte)* builder. **-messig** craftsmanlike; *den -e utførelse* the workmanship; *en god* ~ *utførelse* good workmanship.

håndveske handbag; lady's bag; **US** purse; *(for menn, til reisebruk)* **US** pocket book.

håndvevd hand-woven.

håne *(vb)* scorn, scoff at, mock, deride.

hånflir sneer.

hånlatter scornful laughter.

hånle *(vb):* ~ *av en* laugh sby to scorn.

hånlig *(adj)* contemptuous, scornful, derisive.

hånsmil sneer.

hånsord jibe, taunt.

håp hope; *(fremtidshåp, utsikt, også)* expectation; *fatte nytt* ~ find new hope; *de fattet nytt* ~ *(også)* their hopes revived; *legen ga ham* ~ *om fullstendig helbredelse* the doctor made him hopeful of a complete recovery; *gi godt* ~ *for fremtiden* promise well for the future; *gi lite* ~ hold out little hope; *gjøre seg* ~ *om* hope for, have hopes of; *i* ~ *om at* in the hope that, hoping that; *jeg har* ~ I have some hope; *jeg har godt* ~ *om at han vil* I have good hopes that he will; I am hopeful that he will; *jeg har ikke noe større* ~ *om å få teaterbillett så sent* I have not much hope of *(el.* I am not very hopeful about) getting a theatre ticket so late; *jeg har det beste* ~ *om at (også)* I have strong hopes that; *oppgi -et* give up *(el.* abandon) hope; *gi opp -et om å ...* give up hope of (-ing); *gi opp alt* ~ *om å ...* give up all hope of (-ing); *sette sitt* ~ *til ham* pin one's faith on him; *sette sitt* ~ *til fremtiden* put one's faith in the future; *være ved godt* ~ be of good cheer; *så lenge det er liv, er det* ~ while there is life there is hope.

håpe *(vb)* hope; *(sterkere)* trust; *(med objekt)* hope for *(fx* hope for the best); *det vil jeg* ~ I hope so; *det vil jeg da ikke* ~ I (should) hope not; *en får* ~ it is to be hoped.

håpefull hopeful, promising; *en* ~ *ung mann* a hopeful *(el.* promising) young man; *(iron)* a young hopeful.

håpløs hopeless; *det er ganske -t* it's a hopeless case.

håpløshet hopelessness.

hår *(anat, bot)* hair;
[*A: forb. med adj; B: med vb; C: med prep*]
A [*forb. med adj*] *ikke et* ~ *bedre* not a bit better; *den ene er ikke et* ~ *bedre enn den andre* there is nothing to choose between them; *hun har et flott* ~ she's got lovely *(el.* beautiful) hair; *noen få grå* ~ a few grey hairs; *det satte ham grå* ~ *i hodet* it caused him endless worries; it was enough to turn his hair grey; *kortklipt* ~ short hair; close-cropped hair; *ha kort(klipt)* ~ wear one's hair short; have short *(el.* close-cropped) hair; *stivt* ~ stiff hair, bristly hair; *stritt* ~ unruly *(el.* difficult) hair; *han har rett og stritt* ~ he's got straight, unruly hair;
B [*forb. med vb*] *fjerne* ~ depilate; *(som skjønnhetspleie)* remove superfluous hair(s); *få* ~ grow hair; *gre -et* comb *(el.* do) one's hair; *jeg må (se til å) få klipt -et mitt* I must get my hair cut; *jeg har ikke krummet et* ~ *på hans hode* I haven't touched *(el.* hurt) a hair on his head; *få -et lagt* have one's hair done *(el.* set); get one's hair done *(el.* set); *løse -et* let one's hair down; *jeg begynner å miste -et* I'm losing my hair; my hair is coming out; I'm going bald; *nappe ut et* ~ pull out a hair; *-ene reiste seg på hodet mitt* my hair stood on end; *det fikk -ene til å reise seg på hodet mitt* it made my hair stand on end; *sette opp -et* put one's hair up; put one's hair in curlers; *ta ned -et (løse håret)* let one's hair down;

C [*forb. med prep*] *han dro henne i -et* he gave her hair a tug; he pulled her hair; *rive seg i -et* tear one's hair; **med** *hud og* ~ skin and all; *han sluker alle disse teoriene med hud og* ~ he swallows all these theories raw; *han er skotte med hud og* ~ he's a Scot to the core of his being; *med -et i uorden* dishevelled; with untidy hair; *stryke katten med -ene* stroke the cat along its fur; *stryke en* **mot** *-ene (fig)* rub sby (up) the wrong way; *jeg slapp fra det på et hengende* ~ I had a narrow escape; it was a near thing *(el.* a close shave); **T** it was a narrow squeak; *det var på et hengende* ~ *at jeg ikke ble truffet av skuddet* the shot missed me by a hair *(el.* hair's breadth); *det var på et hengende* ~ *at han ikke ble overkjørt* he narrowly escaped being runover; he just missed being run over; he was within an ace of being run over; he escaped being run over by a hair's breadth; *(se suppe).*

hår|avfall loss of hair. **-bevokst** hairy. **-bunn** scalp. **-børste** hair brush. **-bånd** hair ribbon, headband; *(sløyfe)* bow.

hår|farge colour of the hair. **-fargingsmiddel** hair-dye; tint. **-fasong** hair-do. **-felling** shedding the hair; *(om dyr også)* moulting. **-fin** fine as a hair; *(fig)* subtle, minute; *en* ~ *sprekk* a hairline crack; *skille -t* make a hairline distinction. **-fjerner** superfluous-hair remover; depilatory.

hår|fletning plait; plaiting; *(se I. flette).* **-formet** hair-like, capillary. **-kledning** coat, fur. **-klipp** haircut *(fx* have a h.). **-kløver** hairsplitter. **-kløveri** hairsplitting.

hår|lakk hair lacquer *(fx* h. l. holds the hair in place). **-lokk** lock (of hair). **-løs** hairless. **-manke** bush *(el.* shock) of hair; mop of hair; abundant crop of hair. **-nett** hair net. **-nål** hairpin. **-nålsving** hairpin bend. **-pisk** pigtail. **-pleie** care of the hair. **-pynt** ornament for the hair, hair o. **-reisende** hair-raising; *(neds)* appalling, horrible. **-rik** hairy. **-rot** hair-root. **-rulle** hair roller. **-rør** capillary tube.

hårsbredd hairbreadth; hair's breadth; *ikke vike en* ~ not budge an inch.

hår|skill parting (of the hair). **-sløyfe** bow. **-spenne** hair grip. **-spray** hair spray. **-strå** strand of hair; *noen få* ~ a few strands of hair; a wisp of hair. **-sveis**: *du har en fin* ~ your hair is looking very smart. **-sår** *(adj)* **1.**: *han er* ~ he can't stand having his hair pulled; **2** *(fig)* sensitive, thin-skinned, touchy; *han er slett ikke* ~ he has no chips on his shoulder at all.

hår|tjafs tuft of hair; wisp of hair. **-toningsmiddel** rinse *(fx* a blue rinse). **-vann** hair wash, hair lotion. **-vask** shampoo; *«vask og legg £0,50»* "shampoo and set £0.50". **-vekst** growth of the hair; *(selve håret)* (crop of) hair, head of hair; *en frodig* ~ an abundant crop of hair; *(se sjenerende).*

håv landing net.

håve *(vb):* ~ *inn penger* rake in money; **T** coin the money; coin it in.

I. I, i I, i; *I for Ivar* I for Isaac; *prikken over i'en (fig)* the finishing touch(es); *sette prikker over i'ene* dot one's i's; *sette prikken over i'en (fig)* give sth the finishing touch, give sth the crowning touch, top sth off.
II. i i **1.** *prep (om sted i videste forstand, område, etc)* in *(fx* in England, in the garden, in the house, in a box, in a hole; in the newspapers, in the rain, in the air; in the army); **2***(foran navn på større byer)* in *(fx* in London; *dog* NB: he has never been to London; he paid a visit to Paris); **3***(foran navn på mindre byer)* at *(fx* we stopped at Lincoln); *(i betydningen «inne i» dog)* in *(fx* old houses in Lincoln; the King was besieged in L.); *(når man er fra stedet, også om mindre by)* in *(fx* here in Brampton); *i Oxford* in Oxford; *(ved universitetet)* at Oxford; **4***(om adresse, punkt, sted av liten utstrekning)* at *(fx* I live at No. 4); *i kirken* at church; in church; *i taket* on the ceiling; suspended *(el.* hung) from the ceiling; **5***(om høytider, etc)* at, during *(fx* at Easter; at Christmas; during the Christmas of 1965); **6***(mål for bevegelse)* to *(fx* go to church); *(jvf på & til): (inn i, ned i, opp i, ut i)* into, in *(fx* put one's hand in one's pocket; put the key in the lock; he fell in the canal); *hoppe i vannet* jump into the water; *klatre opp i et tre* climb into *(el.* up) a tree, climb a tree; *komme i vanskeligheter* get into difficulties; **7***(inne i)* in, inside *(fx* in(side) the house), within; **8***(i tidsbestemmelser)* in *(fx* in (the year) 1965); *i sommer* this summer; *i år* this year; *i mai* in May, during May; *i mai som kommer* this May, this coming May; *en dag i juni 1707* one *(el.* on a) day in June 1707; *først i juni* early in June, in the early part of June; at the beginning of June; *(se for øvrig måned, uke, år); (om tidspunktet)* at *(fx* at this moment); *(om varigheten)* for *(fx* I have lived in London for five years); during *(fx* I was in India d. the hot season); **9***(om samhørighetsforhold)* of *(fx* the professor of German; the capital of the country, the University of Oxford; the events of 1914; he is a teacher of English); *(i enkelte tilfelle)* in *(fx* a commercial traveller in cotton; a speculator in railway shares; on *(fx* an expert on that question); **10***(mat.: om potens)* to the ... power *(fx* ten to the fifth power); **11***(om betalingsmiddel)* in *(fx* pay in English money; the quotation should be in English currency); by means of *(fx* the fee is payable by m. of stamps); in *(fx* pay £200 in taxes, in reward, in compensation); *han ga meg en bok i julegave* he gave me a book for a Christmas present; **12***(om midlet, det noe er lagd av, etc)* in *(fx* paint in oils; a statue in bronze; carved in wood); **13***(med hensyn til)* in *(fx* his equal in strength; the stove is small in size but large in capacity); for *(fx* he is a regular Nero for cruelty); **14***(om lyskilde)* by *(fx* reading by lamplight);
forskjellige forb.] i og for seg, i seg selv in itself *(fx* the system is not bad in itself); taken by itself, per se; as fas as it goes; *god nok i seg selv* good enough in itself; *i og med dette* by that very fact, ipso facto; *i og med at De gjør det* by doing so, by the very fact of doing so; from the (very) moment of your doing so; *i og med vedtagelsen av* by the very act of adopting ...; *i annen etasje* on the first floor; US on the second floor; *i den andre enden av værelset* at the other end of the room; *i ferien* in the holidays *(fx* I had a very good time with them in the holidays); *reise hjem i ferien* go home for the holidays; *i flertall* in the plural; *nr. 3 i sin klasse* third in his class; *i sjøen* at sea; *40 miles i timen* forty miles an hour; forty miles per hour; 40 m.p.h.; *to ganger i timen* twice an hour; *2 i 14 er 7 (14 : 2 = 7)* 2 into 14 is 7 (14 ÷ 2 = 7); *dra i krigen* go to the wars; *han dro henne i håret* he gave her hair a tug; *få tak i noe* get hold of sth; *ha en klasse i fransk* have (,take) a form in French; *vi har X i historie* we have Mr. X for history; Mr. X takes us for h.; *døra henger i gangjernene* the door hangs on its hinges; *holde henne i hånden* hold her hand, hold her by the hand; *han kastet boka i veggen* he flung the book at the wall; *komme i forretninger* call on business; *ligge i influensa* T be down with the flu; *sette i å le* burst out laughing; *han satt i telefonen i en halv time* he was on the telephone for half an hour; *hun sitter i telefonen i timevis* T she's stuck on the telephone for hours; *skjære seg i fingeren* cut one's finger; *hun slo ham i hodet med en paraply* she hit him over the head with an umbrella; *snuble i en stein* stumble over a stone; *jeg tar det i meg igjen* I take that back; T forget it; *han vasket seg godt i ansiktet* he washed his face well; *han var skitten i ansiktet* his face was dirty; *det var ingen vinduer i værelset* there were no windows to the room; *er det noe rart i det?* is there anything odd about that? *han er flink i matematikk* he is good *(el.* clever) at mathematics (,T: maths).
III. i *(adv)* in; shut *(fx* the door is shut); *med hull i* with a hole (,holes) (in it); *en kurv med poteter i* a basket with potatoes in it; a b. containing potatoes; *til å lese i på reisen* to read during the journey.
iaktta *vb (betrakte)* watch, observe; *(legge merke til)* notice; *(etterleve)* observe; ~ *taushet* observe silence.
iakttagelse observation; *(overholdelse)* observance *(fx* a strict o. of these rules).
iakttagelsesevne powers of observation; *skarp* ~ acute powers of observation.
iakttager observer; *han er en god* ~ he is very observant; *en skarp* ~ a keen observer.
iallfall at any rate; *(i det minste)* at least.
ibenholt ebony.
iberegne *(vb)* include; *-t* including, inclusive of *(fx* including *(el.* inclusive of) postage; *-t alle omkostninger* inclusive of all charges, all charges included; *alt -t* everything included; *fra mandag til lørdag, begge dager -t* Monday to Saturday inclusive.
iblandet mixed with.
iblant 1*(adv = av og til)* at times, occasionally; *en gang* ~ once in a while; **2***(prep)* among

(them) *(fx* with wild flowers among them); inter-mixed.
iboende *(fig)* immanent, inherent, innate.
i dag today, to-day, *i «Times» for* ~ in today's Times; ~ *for tjue år siden* twenty years ago to-day; ~ *for åtte dager siden* a week ago today; ~ *om et år* (in) a year from today; *fra* ~ *av* from today on, from this day on *(el.* onwards), as from today; *innen 14 dager fra* ~ within a fortnight from today; ~ *morges* this morning; *(se for øvrig dag).*
idé idea, notion; *få en* ~ hit on an idea, be struck by an idea; *han fikk en* ~ an idea came into his head; *plutselig fikk jeg den* ~ *at ... (og-så)* it flashed through my mind that ...; *gjøre seg en* ~ *om* form an idea of, imagine; *det ga ham -en* that gave him the idea, that sug-gested the idea to him; *mangle -er* be hard up for ideas; *en genial* ~ a stroke of genius; T a brainwave; *en god* ~ a good idea, a good plan; a happy thought; *en lys* ~ a bright idea; T a brainwave.
ideal *(forbilde)* ideal *(fx* he is a man of high ideals).
idealis|ere *(vb)* idealize. **-me** idealism. **-t** idealist.
idealistisk idealistic.
idéassosiasjon association of ideas.
ideell ideal, perfect.
idéfase thinking phase.
idé|historie history of ideas. **-historiker** historian of ideas. **-løs** uninspired. **-løshet** lack of inspira-tion.
identifi|kasjon identification. **-sere** *(vb)* identify.
identisk identical. **identitet** identity.
identitets|kort identity card. **-merke** identity disk *(el.* disc).
ideologi ideology. **ideologisk** ideological.
idérik full of ideas, inventive, fertile.
idérikdom wealth of ideas.
idet **1***(om tid: da, i samme øyeblikk som, samti-dig med at)* as; *nettopp* ~ just as; ~ *han kom inn, så han* ... on entering he saw; as he en-tered he saw ...; ~ *han rakte meg brevet, sa han* ... handing me the letter, he said ...; ~ *vi vi-ser til vårt siste brev* referring to our last let-ter; **2***(om grunnen)* as, since, because; *(for så vidt som)* in that.
idéutforming shaping ideas.
idéverden world of ideas, imaginary world.
idiom idiom. **idiomatisk** idiomatic.
idiosynkrasi idiosyncrasy.
idiot idiot, imbecile; *(som skjellsord, også)* fool; *din* ~*!* you (big) fool! *John den -en!* that fool John!
idiotanstalt *(vulg)* lunatic asylum.
idioti idiocy; *(dumhet)* stupidity.
idiotisk idiotic.
idiotisme idiocy.
idiotsikker foolproof.
idrett athletics, athletic sports; sport(s); *en form for* ~ a form *(el.* kind) of sport; *begynne med* ~ take up some form *(el.* kind) of sport; start doing some kind of sport; start going in for sports; get involved in sport; *drive* ~ go in for athletics; take part in athletics; engage in ath-letic activities.
idretts|anlegg sports installations; sports centre. **-bukse** running shorts. **-fag** physical education subject. **-forbund** athletic federation. **-forening** athletic association. **-gren** branch of athletics; **-høyskole** *Norges* ~ the Norwegian State Col-lege of Physical Education and Sport. **-lag** ath-letic club. **-mann** athlete, sportsman. **-merke** [badge awarded for all-round proficiency in sports and athletics]. **-plass** athletics ground, sta-

dium, sports ground. **-stevne** athletics *(el.* sports) meeting. **-stjerne** athletics star; sports star. **-øvel-se** athletic field event.
idyll idyl, idyll; *den rene* ~ a perfect idyll; *forstyrre -en (fig)* intrude; *(se skjærgårds- & sørlands-).*
idyllisk idyllic.
idømme *(vb):* ~ *en noe* sentence sby to sth; ~ *en en bot* fine sby; impose a fine on sby; *han ble idømt en bot på £10* he was fined £10; ~ *en en fengselsstraff* sentence sby to (a term of) imprisonment; *han ble idømt en straff for tyveri* he was sentenced for theft.
i fall*(konj)* in case.
i fjor last year.
i forfjor the year before last.
i forgårs the day before yesterday.
i forveien *se forveien.*
ifølge *(prep)* in accordance with *(fx* your instruc-tions), in compliance with *(fx* your request); according to *(fx* a. to these figures); *(i kraft av)* pursuant to *(fx* p. to policy 934); ~ *denne kon-trakts bestemmelser* under the terms of this agreement *(el.* contract); ~ *faktura* as per in-voice; ~ *innbydelse* by invitation; ~ *regning* as per statement; ~ *ordre og for regning av* by order and for account of; ~ *teksten* according to the text; *jeg er kommet* ~ *avertissement* I have come in answer to an advertisement.
iføre *(vb):* ~ *seg* put on; *iført grønn frakk* dressed in a green coat.
igangsettingsapparat starting gear.
igangværende in progress; *de* ~ *maskiner* the machines in operation; *den* ~ *undersøkelse* the investigation in progress.
igjen again; *(lukket)* shut; *(til overs)* left, remain-ing *(fx* I've got £5 left; the remaining £5); *(deret-ter)* in his (,her, its, *etc)* turn *(fx* I gave the papers to a friend, who in his turn presented them to the British Museum); ~ *og* ~ again and again, over and over again, time and again; *om* ~ over again; *om* ~*!* once more! *jeg ga ham en pundseddel og fikk* ~ *10p* I handed him a pound note and received 10p change; *får* ~ *(veksle)penger på den (⊃: pengeseddelen)* there's some change to come on that; *han fikk fire kroner* ~ he got four kroner change *(el.* back); *hvor er de pengene du fikk* ~*?* where's the change? *gi* ~ give back, restore; *(vekslepen-ger)* give change *(på* for); *De har gitt meg* ~ *galt* my change is not right; *slå* ~ hit back, return a blow; *ta* ~ take back *(fx* he must buy back the goods); *(yte motstand)* fight back; give as good as one gets; *han har meget å ta* ~ he will have to work hard to catch up; *det er ikke mye* ~ there is not much left; *ikke mine ord* ~*!* that's between you and me; mum's the word; *det er langt* ~ it's a long way yet *(m.h.t. arbeid)* a great deal still remains to be done; we are not out of the wood yet; *da er ikke hadde langt* ~ *til X* when it was not far to X; when they were approaching X; when there were only a short distance away from X; when they had not much further to walk (,drive) to get to X; *de hadde enda 4 miles* ~ *til X* the still had four miles to go to reach *(el.* get to) X.
igjengrodd overgrown; overrun.
igjennom through; *slå seg* ~ fight one's way through; *(fig)* make *(el.* fight) one's way in the world; get on; *helt* ~ thoroughly; out-and-out; *hele dagen* ~ all day long; *hele året* ~ all the year round; *hele boka* ~ throughout the book.
igle *(zool)* leech; *sette -r* apply leeches.
ignorant ignorant person, ignoramus.

ignorere *(vb)* take no notice of, ignore, disregard; *(ikke ville hilse på)* cut, cut dead.
i går yesterday; ~ *aftes* last night; ~ *morges* yesterday morning.
ihendehaver holder, bearer; *obligasjonen lyder på -en* the bond is payable to the holder.
ihendehaverobligasjon bond payable to bearer.
ihendehaverpolise bearer policy.
ihendehaversjekk bearer cheque.
ihendehaverveksel bill payable to bearer.
iherdig energetic, persevering, persistent.
iherdighet perseverance, tenacity, persistence.
i hjel dead, to death *(fx* work oneself to death); *slå* ~ kill, put to death; *slå tiden* ~ kill time; *stikke* ~ stab to death; *sulte* ~ die of starvation.
ikke not; ~ *lenger* no longer *(fx* he no l. has an account at *(el.* with) your bank); ~ *mer* no more; ~ *mindre* no less; ~ *desto mindre* nevertheless, none the less; all the same; *i* ~ *liten grad* in no slight degree; ~ *jeg heller: se heller;* ~ *noe (,noen) (adj)* no; ~ *noe (subst)* nothing; ~ *noen (subst)* nobody; ~ *det?* no? really? is that so? *om ... eller* ~ whether ... or not.
ikke- non- *(fx* non-member); *(foran adj)* un- *(fx* unskilled = *ikkefaglært)*.
ikkeangrepspakt non-aggression pact, pact of non-aggression.
ikle *(vb): se iføre.*
ikrafttreden coming into force *(el.* effect *el.* operation).
i-land industrial(ized) nation; developed nation; ~ *og u-land* developed and developing nations.
ilbud express message; *(person)* special messenger, express m.; *utlevering ved* ~ *(post)* (by) special delivery.
ild fire; *gjøre opp* ~ make *(el.* light) a fire; *gi* ~ *(mil)* fire; *gå gjennom* ~ *og vann for en* go through fire and water for sby; *komme i -en (fig)* come under fire; *leke med -en* play with fire; *(o: utsette seg for fare)* court danger; *-en slikket mot himmelen* the fire licked the sky; *sette* ~ *på* set on fire, set fire to; *puste til -en (fig)* add fuel to the fire; fan the flames; *brent barn skyr -en* once bitten twice shy; *tenne (,slokke) -en* light (,put out) the fire; *være i -en* be under fire.
ilddåp baptism by fire.
ildebrann fire; *(omfattende)* conflagration.
ilder *(zool)* polecat, fitchet.
ildfast fireproof, fire-resisting; ~ *stein* firebrick. **-flue** *(zool)* firefly. **-full** ardent, fiery. **-fullhet** ardour (,US: ardor), fire.
ildkule fireball.
Ildlandet *(geogr)* Tierra del Fuego.
ildmørje flaming mass, mass of flame *(fx* the town was one m. of f.); *(glør)* live embers.
ildne *(vb)* animate; fire, inspire.
ildprøve ordeal by fire; *(fig)* ordeal.
ildraker poker.
ildregn shower of fire.
ildrød fiery red, burning red; *han ble* ~ *i hodet* he went bright red; *(av sinne)* he went purple in the face (with anger).
ildsfare danger of fire; fire hazard. **-farlig** combustible, inflammable.
ildsikker fireproof.
ildskjær gleam *(el.* light) of the (,a) fire.
ildskuffe fire shovel.
ildslue flame of fire.
ildsprutende fire-breathing *(fx* dragons); ~ *berg* active volcano.
ildspåsettelse arson, incendiarism. **-påsetter** incendiary.

ildsted fireplace; hearth.
ildstrøm torrent of fire.
ildtang fire tongs; *jeg ville ikke ta i ham med en* ~ I wouldn't touch him with a bargepole (,US: with a tenfoot pole). **-tilbedelse** fire worship. **-tilbeder** fire worshipper.
ildvåpen firearm(s).
I. ile *subst (oppkomme)* spring, well.
II. ile *(vb)* hasten, hurry, make haste, speed; ~ *en til hjelp* hurry to sby's aid.
ilegg *(på ovn)* firebox. **ileggsdør** *(i ovn)* firedoor, feed door. **-rom** firebox.
ilegge *(vb): se idømme.*
ilgods fast goods, express goods; *sende som* ~ send as express g., send by passenger train.
ilgodsekspedisjon *(jernb)* express office; *il- og fraktgodsekspedisjon (jernb)* parcels office. **-pakke** special delivery parcel, express p.; *(jvf ilbud)*.
iligne *vb (skatt)* assess; *(om kommuneskatt)* rate; *han ble -t kr. ... * he was assessed (,rated) at kr. ...
iling 1. shudder; *2(krusning)* cat's paw; catspaw; *(kastevind; byge)* squall; *en kald* ~ a cold shiver.
ilk(e) callus; callosity; bunion.
ille bad *(fx* things are so bad that I haven't a penny in my pocket); *(adv)* badly; *det kommer til å gå* ~ it will end in trouble; *det vil gå deg* ~ you're riding for a fall; you'll suffer (for it); *det er* ~ that's a bad thing; *ta noe* ~ *opp* take sth amiss; *(se tilre(de)).*
illebefinnende indisposition; *få et* ~ feel indisposed.
illegal illegal. **-itet** illegality.
illegitim illegitimate. **-itet** illegitimacy.
illeluktende evil-smelling; foul-smelling; stinking.
illesinnet ill-natured. **-varslende** ominous, threatening; *det knaket* ~ *i taket igjen* there came another ominous crash from the roof.
illgjerning crime. **-smann** criminal, evil-doer, malefactor.
illojal unfair, disloyal; ~ *konkurranse* unfair competition.
illojalitet disloyalty; unfairness.
illskrike *(vb)* scream (,US: yell) at the top of one's voice.
illudere *(vb):* ~ *som* give a convincing representation of.
illuminasjon illumination. **-nere** *(vb)* illuminate.
illusjon illusion; delusion; *jeg har ingen -er om* I have no illusions about; *rive en ut av -en* disillusion sby.
illusorisk illusory.
illustrasjon illustration.
illustrere *(vb)* illustrate.
illustrert illustrated, pictorial.
ilmarsj forced march.
ilpakke express parcel.
ilsamtale *(tlf)* special priority call.
ilsk: *se ilter.*
ilsom hurried, precipitate.
iltelegram express telegram.
ilter hot-headed, irascible, angry.
imaginær imaginary; ~ *gevinst (merk)* i. profit, paper profit.
imellom between; *(blant)* among; *en gang* ~ sometimes, once in a while; ~ *oss sagt, oss* ~ between ourselves; between you and me; *legge seg* ~ intervene, interpose; *(se også mellom).*
imens *(adv)* in the meantime, meanwhile; *(se også mens).*
imidlertid *(i mellomtiden)* meanwhile, in the meantime; *(men)* however.
imitasjon imitation. **imitativ** imitative.

imitere *(vb)* imitate.

immateriell immaterial.

immatrikulere *(vb): la seg* ~, *bli -t* matriculate *(el.* register *el.* enrol) at a university.

immatrikulering enrolment (at a university), matriculation.

immaturus [fail mark in a university examination]; S plough; *(se haud (illaudabilis); innstilling 5; laud(abilis); non (contemnendus)).*

immun immune *(mot* to, against, from).

immunitet immunity.

imot 1*(prep)* against; *gå* ~ *noe (fig)* go against sth; *(motarbeide)* oppose; *hvis De ikke har noe* ~ *det* if you do not mind; if you have no objection; *jeg har ikke noe* ~ *å fortelle* ... I don't mind telling ...; *være* ~ *noe* be against sth, be opposed to sth; 2*(adv)* against; *for og* ~ pro and con, for and against; *gjøre ham* ~ cross him, act contrary to his wishes; *hva er det som har gått deg* ~*?* what has upset you? what's (gone) wrong? *si* ~ contradict; *tvert* ~ on the contrary; *(se også II. mot).*

imperativ *(gram)* the imperative (mood).

imperfektum *(gram)* the past (tense).

impertinent impertinent, pert.

implisere *(vb)* implicate, involve.

imponere *(vb)* impress; *hans mot -er meg* his courage impresses me; *det -te meg meget* I was deeply impressed by it; I found it most impressive; *det -er meg ikke* I am not impressed (by it *el.* by that); *uten å la seg* ~ *av* unimpressed by; unawed by. **-ende** impressive; *(ved størrelse, verdighet, etc)* imposing; *(om byggverk, etc også)* awe-inspiring.

import importation, import; *(varene)* imports; *-en i første kvartal* imports *(el.* import trade) in the first quarter.

importere *(vb)* import.

importfirma importing firm. **-handel** import trade. **-vare** import; *(matvare)* food import *(fx* dates were the first food import to carry the cost of devaluation).

importør importer.

impotens impotence. impotent impotent.

impregnere *vb (om tøy)* impregnate, proof.

impresario manager, impresario.

impresjonisme impressionism.

improvisasjon improvisation.

improvisator improviser.

improvisere *(vb)* improvise, extemporize.

improvisering improvisation.

improvisert impromptu *(fx* an i. speech); improvised; makeshift *(fx* arrangement); off-the-cuff *(fx* remark, speech).

impuls impulse. impulsiv impulsive.

imøtegå *(vb)* oppose, meet, refute; disprove.

imøtekomme *(vb)* meet, oblige, accommodate *(fx* a customer); *vi skal mer enn gjerne* ~ *Deres ønsker* we shall be most willing to comply with your wishes; we shall be most pleased to carry out your wishes. **-nde** obliging, forthcoming, accommodating; *han var så* ~ *å stille sitt hus til disposisjon* he obligingly put his house at our disposal.

imøtekommenhet obligingness, kindness, courtesy; willingness to please, accommodating attitude; *gjensidig* ~ *(også)* spirit of give and take; (willingness to make) mutual concessions; *vise* ~ be obliging, be accommodating, be willing to oblige; *han viste alltid stor* ~ *overfor oss* he was always very accommodating towards us; he was always willing to meet *(el.* oblige) us; he was always willing to make us concessions; *vi takker Dem for Deres* ~ we thank you for your kindness.

imøtese *(vb)* look forward to, anticipate, expect, await; *vi -r Deres snarlige svar* we look forward to (receiving) your early reply; *(se gjerne).*

inappellabel unappealable, inappealable, final.

incitere *(vb)* stimulate, incite.

indeks index; price index.

indeksfamilie [wage-earning family approximating average standard of living as determined by price index]. **-regulering** adjustment *(el.* regulation) of the price index. **-tall** index figure.

inder Indian; *(ofte)* Asian.

inderlig heartfelt; sincere; *(heftig)* intense; *be* ~ pray fervently; *elske* ~ love dearly; *det gjør meg* ~ *vondt* I am terribly sorry; *jeg ønsker* ~ I wish with all my heart; ~ *gjerne* with all my heart; with the greatest of pleasure; *(om tillatelse)* by all means; *være* ~ *lei noe* be thoroughly sick of sth; ~ *overbevist om seier* sincerely *(el.* firmly) convinced of victory.

inderlighet heartiness, sincerity; intensity.

India *(Forindia)* India.

indianer (Red) Indian, American Indian. **-hytte** wigwam. **-høvding** Indian chief. **-kone, -kvinne** squaw.

indiansk (American) Indian; *(faglig)* Amerindian.

indignasjon indignation.

indignert indignant *(over* at); *(se ergerlig).*

indigo indigo. **-blått** indigo blue.

indikativ *(gram)* the indicative (mood).

indirekte indirect; ~ *tale* i. *(el.* reported) speech; *(adv)* indirectly *(fx* i. she gave him to understand that ...); by implication.

indisiebevis circumstantial evidence.

indisium indication; *(jur)* circumstantial evidence.

indisk Indian; *(ofte)* Asian.

indiskresjon indiscretion.

indiskret indiscreet, tactless.

indisponert *(uopplagt)* indisposed.

individ individual.

individualisere *(vb)* individualize. **-ing** individualization.

individualitet individuality. **-uell** individual; *det er individuelt* that's *(el.* it's) an individual matter.

indoktrinere *(vb)* indoctrinate.

indoktrinering indoctrination.

indolens indolence. indolent indolent

I. indre *(subst)* interior *(fx* the i. of the earth); heart, mind; *hans* ~ his inner being; *siste* ~ *(skøyter)* the last inside lane (,US: inner track).

II. indre *(adj)* inner, interior; *(innenriks)* internal, domestic; ~ *anliggender* internal affairs; ~ *verd* intrinsic value; *det* ~ *øye* the mind's eye.

indrefilet middle rib steak of beef; entrecôte; T rib steak of beef.

indremedisin internal medicine. **-medisiner** internist.

indremisjon home mission. **-politisk** concerning domestic politics, domestic, internal. **-sekretorisk:** ~ *kjertel* endocrine (gland), ductless gland.

induksjon induction.

induksjonselektrisitet induced electricity.

industri industry; *-en* the manufacturing industries *(el.* trades); *handel og* ~ trade and industry; *håndverk og* ~ the crafts and industries. **-alisme** industrialism. **-arbeider** industrial worker. **-artikler** industrial products. **-departement** ministry of industry; UK Department of Industry. **-drivende** industrialist. **-ell** industrial. **-forbund:** *Norges* ~ the Federation of Norwegian Industries. **-foretagende** industrial undertaking. **-messe** industries fair. **-minister** UK Secretary

of State for Industry; T Industry Secretary. **-sentrum** industrial centre. **-utslipp** industrial effluent. **-utstilling** industrial exhibition.
infam *(vb)* infamous; nasty; *en* ~ *bemerkning* a nasty remark.
infanteri *(mil)* infantry, foot (soldiers). **-st** infantryman; **S** foot-slogger; **-er** T foot *(fx* 30 foot).
infeksjon infection.
infeksjonssykdom infectious disease.
infernalsk infernal.
infinitiv *(gram)* the infinitive (mood). **-isk** infinitive, infinitival. **-smerke** *(gram)* infinitive marker.
infisere *(vb)* infect; *(fig)* taint *(med* by, with).
infisering infection.
inflasjon inflation.
inflasjonsskrue inflationary spiral.
influensa influenza; **T** (the) flu.
influere *(vb)* influence; *la seg* ~ *av* be influenced by; ~ *på* influence, have *(el.* exert) an influence on, affect.
inform|asjon information.
informatikk computer science.
informere *(vb)* inform *(en om noe* sby of sth); ~ *seg om* seek *(el.* get) information about.
ingefær ginger.
ingen *(adj)* no; not any *(fx* he had no money; we did not find any money); *(især foran* of, *el. etter nylig nevnt subst)* none; ~ *av dem* none of them; *(om to)* neither of them; *(subst)* no one, nobody; *(om to)* neither; *jeg har* ~ *penger, og du har heller* ~ I have no money, and you don't have any either; I have no money, and you have none either; ~ *kan hjelpe meg* nobody can help me; ~ *lege kan hjelpe meg* no doctor can help me; ~ *annen enn du* no one but you; *(se mening).*
ingeniør *(også mil)* engineer; *mil (ofte også)* sapper; *(berg- el. bygnings-)* civil engineer; *(anleggs-)* construction(al) e.; *(bygnings- som særlig arbeider med bærende konstruksjoner, fx bruer, kaier, råbygg for hus)* structural e.; *rådgivende* ~ consultant engineer; *(se kjemiingeniør).*
ingeniør|arbeid engineering; piece of e. **-fag** *(teknologi)* technology. **-firma** engineering firm; *rådgivende* ~ firm of consultant engineers. **-teknisk** engineering. **-vesen** engineering; *Det Kommunale* ~ *(svarer til)* the City Engineer's Department. **-vitenskap** (science of) engineering. **-våpenet** the engineer corps; **UK** the (Corps of) Royal Engineers.
ingenlunde by no means, not at all.
ingenmannsland no man's land.
ingensteds nowhere; *det hører* ~ *hjemme* it is neither here nor there.
ingenting *(intet)* nothing; *nesten* ~ almost nothing, hardly *(el.* scarcely) anything, practically nothing; *late som* ~ look innocent; look as if nothing were the matter.
ingrediens ingredient.
ihabil disqualified; *gjøre* ~ disqualify. **-itet** disqualification.
inhalere *(vb)* inhale. **-ing** inhalation.
initialer *(pl)* initials.
initiativ initiative; lead *(fx* we expect a l. from him); *ta -et til* take the initiative in *(fx å gjøre noe* doing sth); *på* ~ *av* on the initiative of; *på eget* ~ on one's own initiative; *på engelsk* ~ on the initiative of England.
injisere vb *(med.)* inject.
injuriant libeller; **US** libeler.
injurie defamation; *(skriftlig)* libel. **-prosess** action for libel, libel action.
injuriere *(vb)* defame; *(skriftlig)* libel.

inkarn|asjon incarnation. **-ert** incarnate; inveterate *(fx* an i. bachelor).
inkassator (debt) collector.
inkasso debt collection, collection (of debts); *(ved rettens hjelp)* recovery; *besørge* ~ collect (a debt), undertake the collection of a debt; *rettslig* ~ legal recovery; *få inn pengene ved hjelp av rettslig* ~ recover the amount legally; obtain payment through the process of the Court; *vi må la beløpet inndrive ved hjelp av rettslig* ~ *(også)* we shall have to recover the amount through our solicitors; *til* ~ for collection; *(se også innkassere).*
inkasso|byrå debt-collecting agency, debt collectors. **-forretning** debt-collecting business. **-omkostninger** collection charges. **-provisjon** collection charges. **-veksel** bill for collection.
inklinasjon inclination. **-sparti** love match.
inkludere *(vb)* include; comprise; *alle utgifter er -t i beløpet* the amount includes all charges.
inklusive inclusive of, including; *prisen er* ~ *frakt* the price is inclusive of freight; the p. includes freight; ~ *emballasje* packing included.
inkognito incognito; *reise* ~ travel incognito.
inkompetanse incompetence.
inkompetent incompetent.
inkonsekvens inconsistency.
inkonsekvent inconsistent.
inkubasjonstid incubation period.
inkurabel incurable.
inkurie inadvertence, oversight; *ved en* ~ through an oversight, inadvertently.
inkvisisjon inquisition.
inkvisitorisk inquisitorial.
inn in; ~ *av* in at, in by; ~ *i* into; *slå rutene* ~ break the windows; ~ *med ham!* in (here) with him! bring him in! ~ *til London* up to London.
inna-: *se også innen-.*
innabords on board, aboard; *han har fått for mye* ~ *(spøkef)* he's half seas over; he's three sheets in the wind.
innad in, inwards. **-vendt** introverted, introspective.
innafor: *se innenfor.*
innanke *(vb)* appeal. **-ing** appealing, appeal.
innarbeide *(vb)* work in; work up *(fx* a business; a market for); introduce; ~ *på markedet* introduce into the market; *en godt -t forretning* a well-established business.
innaskjærs in sheltered waters.
innbefatte *(vb)* include, comprise, embrace; *heri -t* including; *prisene er ikke reiseutgifter til og fra utgangspunktet* prices are exclusive of travel costs to and from starting point.
innbegrep *(typisk uttrykk)* essence, quintessence *(fx* this poem represents to me the q. of beauty).
innberetning report; *avgi* ~ *om* submit a report on.
innberette *(vb)* report.
innbetale *(vb)* pay (in).
innbetaling payment.
innbille *(vb)* make (sby) believe; *det skal du ikke få -t meg!* don't tell me! tell that to the marines! ~ *seg* imagine, fancy.
innbilning imagination, fancy; *en filosof i egen* ~ a would-be philosopher.
innbilningskraft imagination.
innbilsk conceited; *en tvers igjennom* ~ *mann* a man eaten up with self-conceit.
innbilskhet conceit, conceitedness, self-conceit.
innbilt imaginary, fancied, imagined.
innbinde *(vb)* bind. **innbinding** binding.
innbitt *(fig)* repressed, stifled *(fx* s. anger).

innblandet implicated, mixed up in; *bli ~ i en sak* get mixed up *(el.* involved) in a matter.

innblanding meddling, interference *(fx* his i. with my affairs).

innblikk insight; *få ~i* gain an i. into; get an i. into; *få ~ i det engelske skolevesen* get (an) insight into the English education(al) system.

innbo furniture, movables; *det fattigslige -et hennes* her few sticks of furniture.

innboforsikring house contents insurance; *(se forsikring).*

innbrenning *(av emalje, etc)* baking, stoving; burning in.

innbringe *vb (om pris)* make, fetch, realize *(fx* these goods fetched *(el.* made *el.* realized) a good price); *(gi fortjeneste)* bring in, yield; earn *(fx* the money his writing earned); *investering som -r fem prosent* investment that brings in *(el.* returns) five per cent; *hans litterære arbeid -r ham £500 i året* his literary work brings him £500 a year; he makes £500 a year by his l. w.; *dette vil ~ ham den pene sum av £20 000 T* this will net him a cool £20,000.

innbringende lucrative, profitable, remunerative; *han har en meget ~ kolonialforretning* he has a very good business as a grocer; *det er ikke videre ~* there's not much profit in it; it doesn't pay.

innbrudd housebreaking; *(om natten)* burglary; *gjøre ~ i et hus* break into a house; *det har vært ~ i huset* the house has been broken into; *det var ~ hos oss forrige uke* our house was broken into last week; we had burglars last week; *T* our house was (,we were) burgled last week.

innbruddsforsikring burglary insurance; *(se forsikring).*

innbruddssikker theft-proof; anti-theft; *(dirkfri)* unpickable.

innbruddstyv burglar; housebreaker.

innbruddstyveri *se innbrudd.*

innbuktning (inward) bend *(el.* curve); *her gjør elvebredden en ~* the bank curves inwards here.

innbundet *(om bok)* bound.

innby *(vb)* invite; *~ til kritikk* invite criticism.

innbydelse invitation; *avslå en ~* decline an i.

innbydende inviting; tempting, attractive; *lite ~* uninviting.

innbydere *(til dannelse av aksjeselskap)* promotors *(fx* the p. of a company).

innbygd [inner part of a district]; *en ~* an inland district; *Trysil ~* central Trysil.

innbygger inhabitant *(i* of) *(fx* the inhabitants of the country).

innbyggerantall number of inhabitants, population figure.

innbyrdes mutual, reciprocal; *(adv)* among themselves, with each other; mutually, reciprocally; *plassert med fem meters ~ avstand* spaced five metres apart.

innbytte *(av brukte ting ved kjøp av nye)* part exchange.

inndele *(vb)* divide; classify; *~ i* divide into.

inndeling division; classification.

inndra *(vb)* 1(*konfiskere)* confiscate, seize; *(se førerkort);* 2(*til innløsning)* call in *(fx* gold coins have been called in by the Government); withdraw *(fx* w. notes from circulation); 3(*stilling)* abolish; *(liste)* close *(fx* a list); *~ en tillatelse* cancel *(el.* withdraw *el.* revoke) a permission.

inndragelse, -(n)ing 1. confiscation, seizure *(av* of); **2.** calling in, withdrawal; **3.** abolition; *(se inndra).*

inndrive *(vb)* collect; *(jur)* recover (legally), enforce payment (of amount due, *etc)* through legal measures. **-ning** collection; recovery.

inne in, within; *der ~* in there; *~ i pakken* inside the parcel; *langt inne i landet* far inland; *en by ~ i landet* an inland town; *være ~ i noe* be well up in, be familiar with sth; *holde seg~* keep indoors; *langt (el. midt)~ i* in the heart of *(fx* the forest); *langt ~ på fjellet* in the heart of the mountains; *du er ~ på noe der* you have a point there.

innearbeid work indoors.

inn(e)bygd built-in *(fx* cupboard).

innebære *(vb)* involve, imply.

innefrossen frozen up, icebound.

inneha *(vb)* hold; *~ en høy stilling* have *(el.* hold *el.* occupy) a high position. **-haver** owner, proprietor, occupant; *(av embete)* holder.

inneholde *(vb)* contain; hold.

inneklemt wedged in *(fx* be w. in between two stones); shut in *(fx* the house is shut in between high rocks).

inneliv indoor life, life indoors; keeping *(el.* staying) indoors.

innelukke *(vb)* shut in, shut up.

I. innen within; *(før)* before; *~ jeg reiser* before leaving; before I leave; *~ da* by then, by that time; *~ idrett foretrekker jeg stuping* my favourite sport is diving.

II. innen-: *se også inna-.*

innenat: *kunne lese ~* be able to read; *lese ~* read silently.

innenatlesing silent reading.

innenbygds local; *(adv)* locally.

innenbys local, within the town; *(adv)* locally.

innendørs indoor, inside; *(adv)* indoors, in the house; *~ (skøyte)bane* covered rink; *på ~ bane (også)* on covered ice. **-for** inside; *(en grense)* within *(fx* w. ten miles of Oslo); *~ dette området* within this area; *falle ~* fall within. **-fra** from within, from the inside. **-lands** in this country; at home.

innenlandsk domestic, home; *~ handel* domestic trade; *-e brever* inland letters.

innenriksdepartement Ministry of the Interior, M. of Home Affairs; *UK* Home Office; *US* Department of the Interior.

innenrikshandel domestic *(el.* home) trade.

innenriksminister Minister of the Interior; *UK* Home Secretary; *US* Secretary of the Interior.

innendel inner part, interior. **-kant** inside edge. **-lomme** inside pocket.

innerst inmost, innermost; *i mitt -e hjerte* in my heart of hearts; *~ i fjorden* at the head of the fjord; *~ i værelset* at the farther end of the room; *ligge ~ (i seng)* lie *(el.* sleep) on the in side; *helt ~ (i seng)* right on the inside *(fx* I'd rather sleep right on the inside).

innersving inside of a curve *(el.* bend); *(fig)* to *-en på en* get the better of sby; be too cleve for sby; cut ahead of sby; *S* slip sby a mickey.

innesitting sedentary life; staying *(el.* keeping indoors.

inneslutte *vb (lukke inne)* confine, lock up; *(om ringe)* surround. **-t** reticent, reserved; *(fåmæl* taciturn.

innesluttethet reticence, reserve; *(fåmælthet)* tac turnity.

innesperre *(vb)* shut up, lock up, imprison; *skip som er -t i isen* a ship jammed in the ice an icebound ship. **innesperring** confinemen imprisonment, detention.

innestengt shut up, locked up, confined; *(or følelser)* pent-up *(fx* pent-up feelings); *føle se*

~ feel cooped up *(fx* one feels c. up in such a small flat).

innestå *vb (være ansvarlig for)* answer for, vouch for; *jeg -r for summen* I guarantee the sum; ~ *med sin person for* be (held) personally responsible for.

innestående (cash) on deposit; *(i bokføring)* cash at bank.

innett suppressed; ~ *raseri* suppressed rage.

innetter in along, in through *(fx* in through the fjord).

inneværende present, current.

innfall *(fiendtlig)* inroad, raid, incursion; invasion; *(tanke)* idea, thought, whim; *jeg fikk et ~* a thought struck me.

innfallen emaciated; haggard, drawn; *innfalne kinn* hollow cheeks.

innfalls|lodd axis of incidence. **-port** *(fig)* gateway *(til* to, of). **-vinkel** angle of incidence.

innfange *(vb)* capture, catch; *(jvf III. fange: ~ inn).*

innfartsvei (main) road into a town *(fx* the main roads into Oslo); main approach *(fx* one of the main approaches to Oslo).

innfatning mounting, setting; *(brille-)* rim.

innfatte *(vb)* mount, frame, set.

innfelle *(vb)* inlay, insert.

innfiltret entangled, enmeshed, mixed up *(i* in).

innfinne *(vb):* ~ *seg* appear, arrive, come; T turn up, show up; *(om plikt)* attend *(fx* they were ordered to attend).

innflytelse influence; *gjøre sin ~ gjeldende (på)* bring one's influence to bear (on); make one's i. felt (on); *ha ~ hos* have i. with; *ha ~ på* influence, have an i. on; *(se III. lik & I. smule).*

innflytelsesrik influential.

innflytningsgilde house-warming (party).

innflytter **1***(i et hus)* new tenant *(el.* occupier); **2.** immigrant; *(også)* outsider *(fx* an o. who comes to Oslo).

innflyttet *(adj)* from other parts of the country *(fx* the town is unpopular with poets and authors from other parts of the country); *(se flytte: ~ inn).*

innfor|live *(vb)* incorporate *(i* in). **-livelse** incorporation *(i* in, into).

innforstått: *erklære seg ~ med noe* agree to sth.

innfri *(vb)* meet, redeem; ~ *en veksel* meet *(el.* honour *el.* take up) a bill.

innfrielse redemption; honouring, taking up, meeting.

innful cunning, sly.

innfødt native; indigenous *(fx* the i. population); *de -e* the natives; *en ~ nordmann* a native of Norway, a Norwegian by birth.

innføre *(vb)* import; *(i selskap, noe nytt)* introduce; *stilen skal være ferdig -t til fredag* your essay must be copied out by Friday; *(se II. føre: ~ inn).*

innføring introduction *(i* to); *(av stil, etc)* copying out (of an essay); *(se II. føre: ~ inn & innføre).*

innføringsark sheet of exercise paper.

innføringsbok exercise book *(fx* a maths e. b.).

innføringskurs induction course; *(se I. kurs).*

innførsel importation, import *(av* of); *(innførte varer)* imports; *(jvf import & importvarer).*

innførsels-: *se import-.*

inngang entry, entrance; *med egen ~* with a private entrance, with independent access *(fx* a room with i. a.); *ved -en* at the door; *stå ved -en til sin karriere* be on the threshold of one's career.

inngangs|billett admission ticket. **-penger** entrance

fee; *(inntekter av idrettsstevne, etc)* gatemoney; *jeg betalte £1 i ~* I paid £1 to get in.

inngi *(vb)* **1.** send in, hand in, submit *(fx* an application); *(anbud)* submit *(fx* a tender); *(klage)* lodge *(fx* a complaint); *(rapport)* submit, send in; ~ *sin oppsigelse* tender one's resignation; **2.** inspire *(en noe* sby with sth).

I. inngifte *(subst)* intermarriage.

II. inngifte *(vb): se gifte: ~ seg inn i.*

inngivelse *(se inngi)* (1) sending in, submission; (2) inspiration, impulse.

inn|gjerde *(vb)* fence in. **-gjerding** fencing (in); enclosure, fence.

inngravere *(vb)* engrave.

inngrep encroachment; *(med.)* operation; ~ *i næringsfriheten* restraint of trade; *gjøre ~ i* encroach upon *(el.* on).

inngripende radical, thorough.

inngrodd deep-rooted, ingrained; inveterate *(fx* an i. bachelor); *(med.)* ingrown, ingrowing *(fx* an i. toenail).

inngyte *vb (fig)* inspire with, instil, infuse.

inngå *vb (avtale, forpliktelse)* enter into *(fx* an agreement); ~ *ekteskap med* marry; ~ *forlik med* make a compromise with, come to terms with; ~ *et veddemål* make a bet *(med* with); ~ *i (som ledd i)* form part of, be included in; *(som bestanddel)* enter into, be *(el.* become) an integral part of; *-tte beløp* amounts received, receipts; *(se hestehandel).*

inngående **1** *(på vei inn til)* incoming; *(mar)* inward bound; *for ~* entering; *inn- og utgående skip* vessels entered and cleared; ~ *varer* imports; ~ *post* incoming mail; **2***(grundig)* thorough, intimate *(fx* he has a t. *(el.* i.) knowledge of this trade), close; *han ble ~ eksaminert* he was closely questioned.

innhegning fence, enclosure.

innhente *(vb)* catch up with; draw level with; *(ta igjen, kjøre forbi)* overtake; US pass; ~ *anbud på* invite tenders for; ~ *opplysninger om* obtain information about; make inquiries about; ~ *tillatelse til* obtain permission to; ~ *sakkyndig uttalelse* procure an expert opinion; ~ *det forsømte* make up for lost time *(el.* for the time lost), recover lost ground.

innhogg: *gjøre ~ i* make inroads into *(el.* on).

innhold contents *(pl) (fx* the c. of a parcel, bottle, letter); *selve -et* the c. proper *(el.* themselves), the actual c.; *(det kvantum som fins i noe)* content *(fx* the alcoholic c. of the wine); *fett-* fat content; *volum-* volume; *(ordlyd)* tenor; *(av bok, tale (mots. form))* (subject) matter, content(s); *et telegram av følgende ~* a telegram to the following effect; *uten ~* empty; *det øvrige ~ av Deres brev* the (content(s) of the) rest of your letter.

innholds|berøve *vb (post)* rifle; *pakken har blitt -berøvet* the parcel has been rifled. **-berøvelse** rifling. **-fortegnelse** table of contents. **-løs** empty, inane, without content.

innholdsmessig *(adv)* as regards content(s); ~ *bra. Du har fått med det vesentlige* Good as to content. You have included the main points.

innholdsrik comprehensive *(fx* a c. programme); *(begivenhetsrik)* eventful, full *(fx* a full life); *(betydningsfull)* significant, important.

innhul hollow, concave.

innhylle *(vb)* envelop, wrap (up), muffle up; *-t i* enveloped in, wrapped in *(fx* a cloak); *-t i tåke* shrouded *(el.* blanketed) in fog.

innhøste *(vb): se høste:* ~ *inn.* **-ning** harvesting, reaping, gathering in.

inni inside, within.

inniblant **1***(prep)* among, between; **2***(adv)* occasionally, once in a while; now and then, be- tweentimes.

innimellom 1*(prep)* in between; 2*(adv)* = *inn- iblant 2.*

innjage *(vb):* ~ *en skrekk* strike terror into sby, strike sby with terror.

innkalkulere *(vb)* include in the price; reckon in.

innkalle *(vb)* **1.** summon; *(mil)* call up *(fx* call up the class of 1960); *US* draft, induct; *han ble innkalt til hæren (,marinen)* he was called up into *(el.* for) the army (,navy); **2***(aksjekapital)* call in (share capital). **-else, -ing** summons; call- ing in; *(mil)* calling up, call-up; call-up orders; US drafting, induction. **-ingsskriv(else)** *(mil)* call-up papers.

innkapsle *vb (med.)* encapsulate; ~ *seg* become encysted, encyst itself.

innkassere *(vb)* pocket, rake in *(fx* all he cares about is pocketing *(el.* raking in) the commis- sion); *(merk)* collect; *(inndrive)* recover; ~ *hos* collect from *(fx* c. an account from a firm); *(fig)* receive *(fx* applause). **-ing** collection; recovery.

innkast *(fotb)* throw-in.

innkaster *(spøkef)* touting doorman, door tout.

innkjøp purchase (NB *også om det innkjøpte, fx* she filled the car with her purchases; he made a neat parcel of my purchases); *foreta et* ~ make a purchase; *gjøre* ~ shop, go shopping, do one's shopping; *folk som er ute og gjør* ~ shoppers; *gå ut og gjøre* ~ go shopping.

innkjøpe *(vb): se kjøpe:* ~ *inn.*

innkjøps|avdeling buying department, purchasing d. **-bok** *(merk)* purchase book, p. account. **-konto** purchase account. **-nett** string bag. **-pris** pur- chase price, buying price. **-sjef** chief buyer, buy- er; *US* purchasing manager. **-veske** shopping bag.

innkjøring *(av ny bil)* running in.

innkjøringstid *(for motor)* running-in period, breaking-in period.

innkjøringsvei *(til motorvei)* slip road.

innkjørsel carriage entrance *(el.* gateway); drive.

innkjørsignal *(jernb)* home signal.

innklaget *(jur): den -ede* the defendant.

innklarere *(vb)* enter inwards; *(skip)* clear in- wards. **-ing** entry, clearance inwards.

innkomme *(vb): -nde fartøyer* incoming vessels; arrivals; *beløpet er -t* the amount has been paid in; *(se beløp).*

innkomst income; *(stats)* revenue; *(kort)* entry.

innkomstkort *(kort)* entry card.

innkreve *(vb)* collect, demand payment of. **-(n)ing** collection; recovery.

innkvartere *(vb)* lodge; *(mil)* quarter, billet.

innkvartering lodging; *(mil)* quartering, billeting; *privat* ~ private accommodation; staying with a family; *vi ville foretrekke privat* ~ we should prefer to be accommodated *(el.* lodged) with a private family; we should prefer to stay with a family.

innlagt: ~ *følger kvittering* receipt is enclosed; *(lett glds)* please find r. enclosed.

innland: *-et* the inland, the interior; *både i* ~ *og utland* both at home and abroad; *til* ~ *og utland (merk)* to home and foreign markets.

innlasting shipping, loading.

innlate *(vb):* ~ *seg i diskusjon med* enter into a discussion with; ~ *seg i samtale* enter into conversation; ~ *seg på* engage in, enter on; embark on; ~ *seg på å* undertake to; *jeg visste ikke hva jeg innlot meg på* I did not know what I was letting myself in for; *jeg vil ikke* ~ *meg på en så dårlig forretning* I won't let my- self in for such a bad deal; *ikke innlat deg med ham* don't get too involved with him; don't

become too familiar with him; *ikke innlat deg med de menneskene (også)* have nothing to do with those people; *før jeg -r meg på dette proble- met ...* before going into this problem ...

innlatende communicative, forthcoming; *et* ~ *smil* a smile of invitation.

innlede *(vb)* introduce; begin, open; ~ *forhand- linger* enter into negotiations.

innledende preliminary, introductory, opening.

innleder *(første taler)* first speaker.

innledning introduction; opening.

innledningstale introductory speech.

innlegg *(i brev)* enclosure; *(i diskusjon)* contribu- tion; *(jur)* pleading; *siste* ~ *(flyv)* final ap- proach; *-ene gikk i retning av å understreke at...* the various contributions to the debate (,discus- sion) tended to emphasize that ...; *(se diskusjons- innlegg; partsinnlegg; stridsinnlegg).*

innlegge *(vb): han har innlagt seg store fortjenes- ter av vitenskapen* he has rendered great servi- ces to science; *han ble innlagt for blindtarm- betennelse* he was sent to hospital with appendi- citis; *(se legge:* ~ *inn).*

innleggelse hospitalization; *(fra sykehusets side)* admission *(på* to).

innleggelsesseddel hospital ticket.

innleggssåle 1. arch support; **2***(ekstrasåle)* insole.

innlemme *(vb)* incorporate, annex; *(innarbeide)* embody *(fx* his notes were embodied in the arti- cle). **-else** incorporation, annexation.

innlevere *(vb)* hand in, send in, put in *(fx* an application); *(deponere)* deposit; *(avlevere, avgi)* deposit *(fx* not until the last voter had deposited his ballot).

innlevering handing in, sending in; *(av post)* handing in, posting, mailing; *«* ~ *i luka (,ved skranken)» (post)* «mailing at window (,coun- ter)».

innlosjere *(vb)* lodge; ~ *seg* take lodgings; *(se innkvartere & -ing).*

innlyd: *i* ~ *(gram)* medially.

innlysende evident, obvious.

innløp *(til havn)* entrance, approach.

innløpe *vb (ankomme)* arrive, come in, come to hand.

innløse *(vb)* redeem *(fx* a bond); *(konossement)* take up *(fx* the bill of lading); *(innfri veksel)* take up *(el.* honour el. pay) a bill; *jeg har innløst alle aksjene mine* I've cashed in all my shares; ~ *et pantelån* redeem a mortgage; amortize a mortgage; ~ *varer* take up goods; *(få dem fri- gitt)* have goods released; ~ *en sjekk* cash *(el.* pass) a cheque.

innløs(n)ing redemption; taking up; *(se innløse).*

innlån deposits.

innlånsrente interest on deposits, deposit rate.

innmari: *en* ~ *kjeltring* a real scoundrel; *(se innful).*

innmark home fields; *400 mål* ~ 100 crop acres.

innmarsj entry.

innmat entrails; *(av slaktekveg)* pluck; *(det inn- vendige av ting)* insides; *(polstring, innmat i dyne, etc)* stuffing; *ta -en ut av* draw *(fx* d. a chicken).

innmelde *(vb)* enter; ~ *seg: se melde:* ~ *seg inn.*

innmeldelse, innmelding application for mem- bership; enrolment; entry; registration.

innmeldingsblankett application *(el.* entry) form.

innom in at; *stikke* ~ drop in; pop in; *jeg har nettopp vært* ~ *en forretning* I have just been into a shop; *jeg stakk bare* ~ *for å høre hvordan det står til* I've just popped in to see how you're (all) getting on; *T* I've just popped in to say hello; *hun har vært* ~ *narkotika også* T she's been into drugs too.

innordne *(vb)* arrange, adapt; ~ *seg* adapt oneself; fall into line.
innover *(adv)* inwards; towards the centre; *(prep)* along.
innpakning packing, wrapping. **-spapir** wrapping paper.
innpass entry.
innpasse *(vb)* fit in, work in; ~ *i* fit into.
innpisker *subst (i parlamentet)* whip.
innplante *(vb)* implant *(fx* an idea into his mind).
innplant(n)ing implantation.
innpode *(vb)* indoctrinate *(fx* sby with sth), implant *(fx* an idea into sby's mind); *(se pode).*
innprege *(vb)* stamp *(i* on); *(se innprente).*
innprente *(vb)* impress *(fx* sth on sby); inculcate into; **T** drum *(fx* sth into sby); ~ *seg* fix in one's mind. **-ing** impressing; inculcating.
innpå *(prep)* close upon; *(adv)* close, near; *gå ~ en* worry one; *hale ~* catch up, make up leeway; *(i veddeløp)* close the gap; catch up on the man ahead; *hale ~ en* gain on sby; *han halte raskt ~ i svingen* he caught up fast *(el.* came up well) at the bend.
innpåmarsj *(mil)* advance to contact.
innramme *(vb)* frame *(fx* a picture).
innrede *(vb)* fit up, fit out; build; ~ *et nytt værelse* build another room; ~ *kjelleren (,loftet)* build a room (,rooms) into the cellar (,the loft); ~ *en butikk* fit up a shop.
innredning fitting up *(el.* out); building; *kjøkken med ~ i rustfritt stål* kitchen fitted out in stainless steel; *(se innrede).*
innredningsarbeid internal work; installation work; work of fitting up *(el.* out).
innregistrere *(vb)* register.
innreise entry *(i* into, *fx* e. into Norway).
innreisetillatelse entry permit, visa.
innretning arrangement; *(redskap)* contrivance, device.
innrette*(vb)* arrange; ~ *det slik at* manage things in such a way that; ~ *seg* arrange matters; make one's arrangements; ~ *seg etter de nye forhold* adapt oneself to the new conditions; *han -t seg slik at han fikk gjort alle til lags* he so arranged matters as to please everyone; ~ *seg på å* be prepared to; *(jvf ordne).*
innringe *(vb)* surround.
innrisse *(vb)* scratch, engrave, carve.
innrullere *(vb)* enlist; *la seg ~* enlist.
innrullering enlistment.
innrykk 1. influx; **2***(typ)* indentation.
innrykke *(vb): se rykke:* ~ **inn. -ning** insertion *(fx* of an advertisement); *(om hær)* entry.
innrømme *(vb)* **1.** allow, grant, give; **2***(ikke nekte)* admit, own; **3***(si seg enig i)* agree *(fx* I a. *(el.* admit) that the cloth is not up to sample); grant *(fx* I grant the truth of what you say); *jeg -r Dem 2% provisjon* I allow you a 2% commission; *jeg må dessverre ~ min uvitenhet* I'm afraid I have to admit my ignorance; *han var ærlig nok til å ~ at problemet var vanskelig* he was honest enough to admit that the problem was difficult *(el.* was a difficult one); *men vi skal gjerne ~ at ...* but we are (quite) ready to admit that ...; *han -r at han har vært der* he admits to having been there.
innrømmelse allowance, admission; concession; *gjøre en ~* make a concession; *gjøre -r overfor* make concessions to; *gjøre en liten ~ (også)* stretch a point *(fx* we are willing to s. a p.).
innrømmelseskonjunksjon *(gram)* concessive conjunction.
innsalg: *under -et* during the introductory marketing period.

innsamling collection; *foreta en ~ til inntekt for* get up *(el.* start) a subscription in aid of.
innsamlingsaksjon fund-raising campaign.
innsats stake *(fx* in gambling); *(bidrag)* contribution, effort; *(prestasjon)* achievement *(fx* I'd like to reward you for this wonderful a.); effort *(fx* his efforts in the cause of peace); *(krigs-)* war effort; *hans ~ på dette felt* his work *(el.* contribution) in this field; *jeg takker dere for -en* I thank you for the hard work you've done *(el.* put in *(el.* put into this); *gjøre en god ~* do a good job, make a good job of it *(fx* he has made a very good job of it); *han har gjort en utmerket ~ (også)* he has done a very good job indeed; he has done some very good work indeed.
innsatsvilje will(ingness) to do one's best, will-(ingness) to contribute; *det er -n det kommer an på* it's the will to contribute that counts; *de la stor ~ for dagen* they showed great willingness to do their bit.
I. innsatt *(subst)* prisoner, inmate *(fx* the inmates of the prison); *de -e* the prisoners.
II. innsatt *adj (se innsette; sette B:* ~ *inn); ~ med* impregnated with; treated with *(fx* all internal parts have been treated with this varnish).
innse *(vb)* see, realize; ~ *nødvendigheten av* realize the necessity of, be alive to the n. of.
innseiling entrance, (seaward) approach *(til* to).
innsende *(vb): se sende:* ~ **inn. -else** sending in; *(av pengebeløp)* transmitting, remitting.
innsender contributor.
innsette *(vb)* install; ~ *igjen* reinstate; *han innsatte ham til sin arving* he made him his heir; ~ *i sitt sted* substitute; *(se sette:* ~ *inn).* **-else** innstalling; *(gjen-)* reinstatement.
innside inside; *på -n* on the i.; *på -n av* inside.
innsig oozing in, seeping in; drifting, (gradual) approach; *(fig)* infiltration; *(se også sige:* ~ *inn & tilsig).*
innsigelse objection, protest; *gjøre ~ mot* protest against; raise objections to; *(se nedlegge).*
innsikt insight *(i* into), knowledge *(i* of).
innsiktsfull showing insight, well informed.
innsjekking *(flyv & mar)* check-in; checking-in.
innsjø lake; *(se tilsig).*
innskipe *(vb)* ship, load, take on board, put on board; ~ *seg* go on board, embark; ~ *seg til Afrika* take ship for Africa.
innskipning shipping, shipment; *(av personer)* embarkation.
innskjerpe *(vb)* enjoin *(en noe* sth on sby), impress on *(fx* i. on him that ...).
innskjerpelse enjoining.
innskott *se innskudd.*
innskrenke *(vb)* reduce, curtail, restrict; limit, confine; ~ *seg til* confine oneself to. **-t** restricted, limited; *(dum)* unintelligent, dense, dull, slow-witted.
innskrenkethet stupidity, denseness, dullness. **-ning** reduction, curtailment, limiting, restriction; *(forbehold)* qualification.
innskriden interference, intervention.
innskrift inscription, legend.
innskrive *vb (mat.)* inscribe; *la seg ~* enter one's name; *innskrevet bagasje (jernb)* registered luggage (**,US:** baggage).
innskrumpet shrunken, shrivelled, crumpled up, wizened.
innskudd contribution; *(på leilighet)* premium; *(i spill)* stake *(fx* in gambling); *(i bank)* deposit.
innskuddskapital invested capital; capital put up.
innskuddsleilighet [flat on which a premium is paid].
innskuddsrente (rate of) interest on deposits *(el.*

on money on deposit) *(fx* a small rate of interest is paid by the bank on money on deposit); *(jvf rentemargin).*

innskyte *(vb)* insert; put in *(fx* «Oh, no!» he put in); *(om penger)* deposit, invest *(fx* money in a business).

innskytelse impulse, inspiration; *en plutselig ~* a sudden impulse.

innskyter depositor; investor.

innslag element *(fx* a novel with a strong e. of religion); strain; *(islett)* weft, woof; *lyriske ~* lyrical passages *(el.* elements); *befolkningen har et sterkt ~ av negerblod* the population has a strong infusion of negro blood.

innslipe *vb (se slipe: ~ inn); innslipt ventil* ground-in valve.

innsmigre *(vb): ~ seg* ingratiate oneself *(hos* with), curry favour *(hos* with).

innsmigrende ingratiating.

innsmuglet smuggled in.

innsnevring narrow pass; narrowing (down), limitation; *(av havet)* narrow passage, strait(s).

innsnike *(vb): ~ seg* slip in, creep in *(el.* into).

innsnitt incision, notch.

innspille *(vb)* produce, shoot, make *(fx* a film); *være godt innspilt (sport, etc)* work together as a perfect team, be well co-ordinated; *(mus)* play together as one; *de er fabelaktig godt innspilt* their teamwork is marvellous; *(se spille: ~ inn).*

innspilling *(mus)* recording; *(film-, etc)* production; rehearsal; *(om film)* shooting *(fx* the s. has begun).

innspilt *se innspille.*

innsprøyte *(vb)* inject.

innsprøytning injection.

innspurt final spurt *(fx* put on a f. s.).

innstendig urgent, pressing, earnest; *(adv)* urgently *(fx* I urgently request you to ...), earnestly; *(se inntrengende).*

innstevne *(vb)* summon. **-ede** *(jur)* the defendant. **-ing** summons.

innstifte *(vb)* establish, found, institute.

innstiftelse establishment, founding *(av* of).

innstigningstyv *(også* US) cat burglar.

innstillbar *(adj)* adjustable.

innstille *(vb)* **1***(apparat)* set, adjust; focus *(fx* a camera; the binoculars are not properly focused for me); tune *(fx* a radio); *(kontrollere, regulere)* check; *~ tenningen* time the ignition, set the i.; **2***(stanse)* cease, discontinue, suspend, stop *(fx* stop work; suspend *(el.* stop) payment; this air service has been suspended); cancel *(fx* the train, concert *(,etc)* has been cancelled); **3***(foreslå utnevnt)* nominate, propose, recommend *(fx* r. sby for promotion); **4***(forberede på): ~ seg på* prepare for, prepare to, make up one's mind to; *velvillig innstilt overfor* well-disposed towards, favourably inclined towards; *(se også justere).*

innstilling **1***(justering, etc)* setting, adjustment; *(fot)* focus; *feil ~* incorrect focus; *lettvint ~ av (en) hvilken som helst ventilåpning* readily found setting of any valve opening required; **2** *(opphør)* stoppage; suspension *(fx* of hostilities); *(avlysning, etc)* cancellation; **3***(forslag om utnevnelse)* nomination; recommendation; *ta en ~ til følge* accept a recommendation; **4** *(komités)* report *(om* on); **5***(universitetskarakter; intet tilsv.; kan gjengis)* first class with special mention; *(se haud (illaudabilis); immaturus; laud(abilis); non (contemnendus));* **6***(mentalitet; åndelig holdning)* mentality; attitude *(til* to, towards); point of view *(til* as regards); outlook; approach *(fx* the Chinese have a different approach to marriage); *hele hans ~* his general attitude; his general outlook; his general menta-

lity; *en sunn ~* a healthy attitude; *den -en vil føre oss gjennom vanskelighetene* that spirit will see us through our difficulties; *ut fra hans spesielle ~* from his particular point of view; *(se justering; tenningsinnstilling).*

innstudere *(vb)* study.

innsugning suction; *(om motor)* intake, suction, induction, inlet.

innsugningsgrenrør intake manifold, inlet m. **-kanal** *(til firetaktsmotor)* intake manifold. **-rør** inlet pipe, induction p. **-slag** suction stroke, induction s. **-ventil** suction valve, intake v., inlet v.

innsunken sunken, hollow.

innta *vb (måltid)* have *(fx* he had lunch at a restaurant); consume *(fx* huge quantities of beer); *(høytideligere)* partake of; *~ et måltid (også* eat; *(henrykke, vinne)* captivate, charm; *~ en by (festning)* take *(el.* capture) a town (,fortress); *~ sin plass* take one's seat; *(i en rekke)* drop into place; *~ plassene! (ved start)* on your marks! *dette problem -r en bred plass i hans forskning* this problem takes up *(el.* occupies) a large part of his research work; *følgende bes -tt i Deres blad* may I request the courtesy of your columns for the following? *være -tt i* be in love with; **T** be sweet on; be charmed with *(fx* I'm quite c. with your garden); *(se holdning & underlig).*

inntagende captivating, engaging, charming.

inntak intake.

inntakskost *(merk)* purchase cost, material(s) cost.

inntakskostpris *(merk)* purchase cost, material(s) cost.

inntaksområde *(for skole)* catchment area (of a school).

inntegne *(vb): se tegne inn.*

inntekt income; *antatt ~* estimated i.; *(stats-)* revenue; *(av skuespill, konsert, etc)* receipts, takings, proceeds *(pl); -er og utgifter* income *(,stats:* revenue) and expenditure; *ha en ~ på* have an income of; *-er på £1000 og derunder* incomes not exceeding £1,000; *til ~ for* in aid of, for the benefit of; *en god ~* a good income *(fx* he enjoys a g. i.); *store -er* a large income; *-ene ble større (:* folk begynte å tjene mer) incomes rose *(el.* grew *el.* increased); *ta noe til ~ for* cite sth in support of; *han tok det til ~ for seg selv* he turned it to account; he made capital of it; *(se sikker).*

inntektskilde source of income; *(statens)* source of revenue. **-lignet:** *~ for kr 60 000* taxable income (of) 60,000 kroner. **-skatt** income tax *(av* on); tax on income.

inntil *(prep & konj)* as far as, to; *(i berøring med)* against *(fx* leaning a. the wall); *bildet henger helt ~ veggen* the picture hangs flat against the wall; *~ et beløp av ...* up to an amount; up to an a. not exceeding ...; *(i tidsut trykk)* till, until; *~ da* till then; *~ i dag* (even to this day, even today; *~ nylig* down to recent times; *~ nå* until now, so far, thus far; *~ videre* until further notice, pending further notice for the moment, for the time being; *~ året 190...* up *(el.* down) to the year 1900; *det kan vare ~ ett år* it may last up to a year; *~ for få å siden* up to a few years ago; *~ han komme (også* pending his arrival; *(se også utbygge).*

inntilbens: *gå ~* walk with one's toes turned inwards.

inntog entry; *holde sitt ~* make one's entry, enter.

inntre *(vb)* happen, occur, come to pass, set in *det har inntrådt en krise* a crisis has arisen.

inntreffe *vb (hende)* happen, occur; *~ samtidi*

med coincide with; *det inntrufne* the occurrence; *what has happened; nylig inntruffet (også)* recent; *på grunn av inntrufne omstendigheter* owing to (unforeseen) circumstances; *på grunn av senere inntrufne omstendigheter* owing to intervening circumstances; *hvis intet uforutsett -r* if nothing unforeseen happens; barring accidents.

inntrengen intrusion.

inntrengende *(innstendig)* urgent, pressing; *vi må ~ anmode Dem om å ...* we must urgently request you to.

inntrenger intruder; *(angriper)* invader.

inntrykk impression; *helhets-* general impression; *~ av* impression of *(fx* my first impression of London); *-et av det forferdelige de hadde opplevd satt ennå i dem* the impression of the horror they had experienced was still with them; their minds were still filled with vivid memories of their terrible experience; *mottagelig for ~* impressionable; *mottagelighet for ~* impressionability; *~ på* impression on *(fx* he made a strong impression); *han kunne ikke få* **dannet** *seg noe ~ av ordboken på den korte tiden* he could not get any impression of the dictionary in such a short time; *etterlate det ~ at ...* leave the impression that ...; **fjerne** *(el. rydde av veien) det ~ at ...* dispel the impression that ...;

få *et ~* have an impression; *(stivt)* receive an impression; *få et ~ av* get an impression of; get an idea of; *jeg fikk det bestemte ~ at ..* I had the definite impression that ..; *det var det -et jeg fikk* that was the impression I had; T *(også)* that was how it came over to me; *jeg fikk nærmest det ~ at han ikke ville* I rather got *(el.* had) the impression that he did not want to; he rather impressed me as being unwilling; *du har fått et feilaktig ~* you have been given a wrong impression; *jeg fikk et godt ~ av ham* he impressed me favourably; *hvilket ~ fikk du av henne?* what was your impression of her? what impression did you have of her? how did she impress you? how did she strike you? *jeg fikk (det) samme -et* I had the same impression; *man får et tydelig ~ av at ...* one has a distinct impression that ...; *han må få et underlig ~ av oss* he must think us very odd; *bare for å gi deg et ~* just to give you an impression; *for å gi deg et ~ av boka* to give you an idea of the book; *gi ham det ~ at ...* give him the impression that ...; *gi ~ av at ...* convey the impression *(el.* suggestion) that ... *(fx* the book conveys the suggestion that its author is not altogether at home with his subject); *gi ~ av å være ...* seem to be, appear to be, give (one) the impression of being, strike one as being, convey the impression of being ...;

gjøre *et ~* make an impression; *(stivt)* produce an impression; *hans bestemthet gjorde ~ på dem* his firmness impressed them; *for å gjøre ~ på de uvitende* in order to impress the ignorant; *gjøre ~ med noe* make an impression with sth *(fx* I'm sure you'll make an impression with that!); *gjøre et dypt ~ på dem* make a deep impression on them; *hans tale gjorde et dypt ~* his speech made *(el.* created) a great impression; his speech was most impressive; T his speech went home; *han gjør alltid et dårlig ~* he always makes *(el.* gives) a bad impression; *gjøre et godt ~ på dem* make a good *(el.* favourable) impression on them; impress them favourably; *han bryr seg ikke om hvilket ~ han gjør* he doesn't bother what impression he makes; *hvilket ~ gjorde det på ham?* what impression did it make on him? how did it affect him? *gjøre et sterkt ~ på dem* make a strong impression on them; impress them strongly; *byen gjør et trist ~* the town gives a dreary *(el.*gloomy) impression; **ikke gjøre** *noe ~* fail to make an impression; make no impression; fail to impress; T cut no ice *(på en* with sby); *det gjorde ikke noe ~ på ham (også)* it left him cold; it was lost on him; *det gjorde ikke noe større ~ på ham (også)* it didn't cut a tremendous amount of ice with him;

ha *~ av at ...* have an *(el.* the) impression that ... be under the impression that ...; *jeg har det ~ at ...* it is my impression that...; *jeg hadde det bestemte ~ at ...* I had the definite impression that ...; **skape** *det ~ at ...* give *(el.* create) the impression that ...; **utveksle** *~* exchange impressions; T compare notes; *de møttes for å utveksle ~ fra sine respektive opphold i Afrika* they met to exchange impressions of their respective stays in Africa; *i X har \det ~ vokst seg fram at de har blitt behandlet nesten som en koloni* in X the impression has grown up that they have been treated rather in the terms of a colony; *(se også oppleve).*

inntullet bundled (up), wrapped (up).

innunder below, under; *~ jul* just before Christmas.

innvandre *(vb)* immigrate.

innvandrer immigrant.

innvandring immigration.

innvandringsstopp immigration stop.

innvarsle *(vb)* inaugurate, herald, proclaim.

innved against, close by *(el.* to).

innvende *(vb)* object *(mot* to); *jeg har ingenting å ~ mot det* I have no objection.

innvendig internal; inside; *det -e* the inside; the interior; *le ~* laugh to oneself.

innvending objection *(mot* to); *gjøre -er* raise *(el.* make) objections; demur; *ikke gjøre noen ~* offer no objection.

innvidd: *de -e* the initiated, those in the secret; T those in the know.

innvie *(vb)* consecrate; *(til noe)* dedicate; *(høytidelig åpne)* inaugurate; *~ i (en hemmelighet)* initiate into.

innvielse *(se innvie)* consecration; dedication; inauguration; initiation.

innvikle *(vb)* entangle; involve, implicate; *være -let i en sak* be involved in a case, be implicated; *~ seg i* entangle oneself in; *~ seg i selvmotsigelser* contradict oneself, involve oneself in contradictions.

innviklet intricate, complex; *gjøre ~* complicate.

innvilge *(vb)* consent *(i* to); grant; **-else** granting; consent.

innvinne *(vb)* earn, gain; *(få tilbake)* recover; *(land)* reclaim; *~ plass* save space. **-ing** gain, recovery; reclamation.

innvirke *(vb): ~ på* act on, influence, affect. **-ning** influence, effect.

innvoller *pl (anat)* viscera; T innards; *(løst brukt)* intestines, bowels, inside(s); *(menneskers)* T guts; *(dyrs, fugls, etc)* entrails; *(fisks)* guts; *ta innvollene ut av* eviscerate *(fx* an animal), disembowel, gut *(fx* fish, rabbit, *etc);* draw *(fx* a fowl).

innvortes *1(adj): til ~ bruk* for internal use; **2** *(adv)* inwardly, internally.

innvåner inhabitant.

innynde *(vb): ~ seg* ingratiate oneself *(hos* with).

innøve *(vb)* practise, drill. **-else, -ing** practising, practice, drilling.

innånde *(vb)* inhale, breathe in. **-ing** inhalation.

insekt insect; T creepy-crawly.

insektdrepende insecticidal, insecticide; ~ *middel* insecticide.
inseminasjon insemination.
inserat notice, article.
insignier *(pl)* insignia.
insinuasjon insinuation, innuendo.
insinuere *(vb)* insinuate, hint.
insistere *(vb)* insist *(på* on); ~ *på at noe blir gjort* insist that sth be done (about it), insist on sth being done; *hvis De -r på det* if you insist; *(jvf forlange).*
insolvens insolvency. **-ent** insolvent.
inspeksjon inspection; *(ved eksamen)* invigilation; **US** proctoring; *den lærer som har ~ (i skolegården)* the master on duty.
inspeksjonsgrav (inspection) pit, garage pit.
inspeksjonsplan *(for tilsyn ved eksamen, etc)* invigilation list.
inspektrise woman inspector; *(ved skole)* vice-principal, assistant p.; second mistress.
inspektør inspector; *(i varemagasin)* shopwalker; floorwalker; *(ved skole)* vice-principal, second master; deputy head; *(lufte-, tilsynshavende ved eksamen)* invigilator; **US** proctor.
inspirasjon inspiration. **-ere** *(vb)* inspire.
inspisere *(vb)* inspect; *(ved eksamen)* invigilate; **US** proctor. **-ing** inspection.
inspisient *(teat)* stage *(el.* house) manager.
installasjon installation.
installere *(vb)* install; *vi er nå så noenlunde -t og har nesten kommet i orden* **T** we're now reasonably well installed and almost straight.
instans: *første ~* court of the first instance; *i første ~* in the first instance; *i siste ~* in the last resort; finally; *de lavere -er* the lower courts.
instinkt instinct.
instinktiv instinctive; *-t (adv)* -ly.
instinktmessig instinctive; *(adv)* -ly.
institusjon institution.
institutt institute, institution.
instituttbestyrer principal (of an institute).
instruere *(vb)* instruct, give directions, direct.
instruks instructions *(pl).*
instruksjon instruction, direction.
instruksjonsbok *(bileiers)* instruction book, (car) owner's handbook.
instruksjonssykepleierske, -søster sister tutor; **US** instructor nurse.
instruktiv instructive.
instruktør instructor; coach; (film) director.
instrument instrument. **-al** instrumental. **-ere** *vb (mus)* orchestrate. **-ering** *(mus)* orchestration, scoring; instrumentation. **-maker** instrument maker.
insubordinasjon insubordination.
intakt intact.
integral integral. **-gralregning** integral calculus. **-grerende** integral. **-gritet** integrity.
intellekt intellect.
intellektuell intellectual.
intelligens intelligence.
intelligent intelligent.
intendant *(ikke-britisk hær)* intendant; *(intendanturoffiser) (også* **US***) quartermaster officer.*
intendantur *(om ikke-britisk hærordning)* intendancy; *Hærens ~* **1.** *(UK: dekkes til dels av)* Royal Army Service Corps; **2.** US Army Quartermaster Corps.
intens intense.
intensitet intensity. **-siv** intensive.
intensivere *(vb)* intensify.
intensivkurs crash course.
interessant interesting, of interest; *(tankevekkende)* suggestive; *gjøre seg ~* show off; make

oneself look interesting; *for å gjøre seg ~ (også)* for effect *(fx* she wears glasses only for effect).
interesse interest; *nyhetens ~* the charm of novelty; *ha ~ for noe* take an interest in sth; *det ligger ikke i min ~* it is not in my interest; *arbeide (aktivt) for klubbens -r* take an active interest in the club; *nære levende ~ for det* take a vivid *(el.* lively) interest in it; *vareta ens ~* look after one's interest; *vekke ens ~* arouse sby's i., interest sby; *vise ~ for* take an i. in; *kapital- og grunneierinteressene* (the) vested interests; *(se imøtekomme; II. knytte; skape 2; usvekket).*
interesseløs uninteresting; uninterested.
interessent shareholder; partner; interested party; possible buyer *(el.* purchaser); *det meldte seg tre -er (også)* three people said they were interested.
interessentskap partnership.
interesseorganisasjoner *(pl)* professional and industrial bodies.
interessere *(vb)* interest; ~ *seg for* take an interest in, be interested in; *begynne å ~ seg for (også)* turn one's attention to.
interessert interested; *være ~ i* be interested in; *take an interest in; have an interest in (fx an undertaking); jeg er ikke personlig ~* I am not directly concerned; this is not a matter of personal concern to me; *(se sterkt).*
interessesfære sphere of interest.
interfoliere *(vb)* interleave *(fx* a book).
interimsbevis provisional *(el.* interim) certificate; cover note; *(for aksjer)* script (certificate).
interimsregjering provisional government.
interiør interior; *ovnen passer inn i ethvert ~* the stove blends easily with any scheme of furnishing.
interiørarkitekt interior decorator *(el.* designer).
interjeksjon *(gram)* interjection.
intermesso intermezzo.
intern internal; *(indrepolitisk)* domestic *(fx* a purely d. matter); *dette må være en ~ oppgave for den enkelte skole* this must be a (private) matter for the individual school.
internasjonal international.
internasjonale *(også om sangen)* the Internationale(e).
internat boarding school.
internere *(vb)* intern.
internering internment.
interpellant questioner, interpellant. **-asjon** question, interpellation. **-ere** *(vb)* put a question to (sby), interpellate.
interpolere *(vb)* interpolate.
interpunksjon punctuation. **-stegn** punctuation mark.
interrail interrail; *reise med (el.* på*) ~* travel by interrail; go by interrail; *reise rundt i Europa på ~* travel about (in) Europe by interrail *(el.* on an interrail ticket); tour Europe by interrail.
interrailbillett interrail ticket; *med ~* on an interrail ticket; *(se interrail).*
interregnum *(tronledighet)* interregnum.
interrogativ *(spørrende)* interrogative.
intervall interval; *(se mellomrom).*
intervenere *(vb)* intervene. **-sjon** intervention.
intervju interview. **intervjue** *(vb)* interview.
intervjuer interviewer.
I. intet *(subst)* nothing, nothingness *(fx* the great n.).
II. intet *(pron): se ingenting; man får ~ for ingenting* one achieves nothing without working for it *(el.* without pains).
intetanende unsuspecting; *(adv)* -ly.
intetkjønn *(gram)* the neuter (gender).

intetsigende insignificant, meaningless.
intim intimate; *bli* ~ *med ham* get on i. terms with him.
intimitet intimacy; *(se utuktig:* ~ *omgang).*
intoleranse intolerance. **-rant** intolerant.
intonasjon intonation.
intonere *vb (mus)* intone. **-ering** intonation.
intransitiv *(gram)* intransitive.
intrigant *(adj)* intriguing, scheming.
intrige *(subst)* intrigue; plot *(fx* the p. of a story).* **-maker** schemer, intriguer.
intrigere *(vb)* intrigue, scheme.
intrikat intricate, complicated; difficult, ticklish; *et* ~ *spørsmål* an awkward question, a puzzler, a poser.
introduksjon introduction. **-dusere** *(vb)* introduce; ~ *noe på det britiske marked* introduce sth on (to) the British market.
introspektiv introspective.
intuisjon intuition; *kvinnelig* ~ woman's intuition; feminine *(el.* female) intuition.
intuitiv intuitive; *-t (adv)* intuitively.
invalid 1*(subst)* disabled person; 2*(adj): bli helt* ~ be totally disabled.
invalidepensjon disablement (,US: disability) pension.
invaliditet disablement.
invasjon invasion.
inventar *(bohave)* furniture; *fast* ~ fixtures; *(om uunnværlig el. uunngåelig person)* fixture.
inventarliste inventory.
inversjon inversion.
invertere *(vb)* invert.
investere *(vb)* invest *(i* in).
investering investment.
investeringskapital investment capital
invitasjon invitation *(til* to).
invitere *(vb)* invite; ask *(fx* are you sure it will be all right if we ask him?); *(kort)* invite; *jeg ble ikke -t* I wasn't asked; ~ *henne ut* (offer to) take her out; ~ *fra kongen (kort)* lead from the king; ~ *i en farge (kort)* lead *(el.* open) a suit; ~ *på kaffe* ask to *(el.* for) coffee; *han -te meg på en kopp kaffe* he asked me out for a cup of coffee; *he asked me to have a cup of coffee with him; han -te noen andre sammen med ham* he invited some other guests (whom he would like) to meet him.
invitt *(kort)* invitation; lead.
ion ion.
Irak *(geogr)* Iraq. **iraksk** *(adj)* Iraqi.
Iran *(geogr)* Iran. **iransk** *(adj)* Iranian, Persian.
ire(r) Irishman; *-ne* the Irish.
irettesette*(vb)* reprove, rebuke, reprimand.
irettesettelse reprimand, reproof, rebuke; *(se påpakning).*
iris *bot (sverdlilje)* iris.
Irland *(geogr)* Ireland, Eire.
irlender Irishman; *-ne* the Irish.
ironi irony; *blodig* ~ deadly i.; *skjebnens* ~ the i. of fate.
ironisere *(vb)* speak ironically.
ironisk *(adj)* ironic(al).
irr verdigris, copper rust.
irrasjonal irrational; ~ *størrelse (mat.)* surd.
irre *(vb)* become coated with verdigris, rust.
irret *(adj)* coated with verdigris, rusted.
irreell unreal.
irregulær irregular; *-e tropper* irregulars.
irrelevant *(saken uvedkommende)* irrelevant.
irreligiøs irreligious. **-itet** irreligion.
irritabel irritable.
irritasjon irritation.
irritasjonsmoment irritant.
irritere *(vb)* get on sby's nerves, irritate.

irsk *(adj)* Irish.
Irskesjøen the Irish Sea.
is ice; ice cream; *-en er sikker* the ice is safe *(el.* sound); *svak* ~ thin *(el.* unsafe) ice; *whisky med* ~ whisky on *(el.* over) the rocks; *bryte -en (fig)* break the ice *(fx* at last the ice was broken); *mitt blod ble til* ~ my blood froze; *han gikk gjennom -en og druknet* he fell through the ice and was drowned; *legge på* ~ put on (the) ice; *(fig)* put in(to) cold storage; *det var* ~ *på dammen* the pond was iced over; *våge seg ut på tynn* ~ *(fig)* venture out on thin ice; take a big risk; *(se islagt).*
isaktig icy. **-avkjølt** iced.
isberg iceberg. **-bjørn** *(zool)* polar bear. **-blokk** block of ice. **-blomst** *(på ruten)* frostwork, ice fern. **-bolt** *(fjellklatring)* (ice) piton.
isbrann [scorching of the grass owing to the sun burning through a thin ice cover].
isbre glacier. **-brodd** crampon. **-bryter** *(mar)* icebreaker.
iscenesette *(vb)* produce, stage; *(om film)* direct; *(fig)* stage, engineer. **-else** production, staging; *(om film)* direction, directing; *(scenearrangement)* (stage) setting. **-er** producer; *(film)* (film) director.
isdannelse ice formation; *(på fly)* ice accretion.
isdekke sheet of ice. **-drift** drifting ice.
ise *(vb): skipet var helt -t ned* (2: *nediset)* the ship was completely icebound; *det -r i tennene* my teeth are on edge; *det -r i tennene når jeg drikker kaldt vann* cold water sets my teeth on edge.
iseddik glacial acetic acid.
isenkram hardware, ironmongery. **-forretning** ironmonger's (shop), hardware shop (,US: store). **-handler** ironmonger; hardware dealer. **-varer** *(pl)* ironmongery; *(også US)* hardware.
iset *(adj)* ice-covered, icy; slippery with ice.
isfast frozen over *(fx* lake, river); *(om skip)* ice-bound. **-fjell** iceberg. **-flak** ice floe. **-flate** sheet *(el.* expanse) of ice, frozen surface. **-fri** ice-free. **-fugl** *(zool)* king-fisher. **-gang** breaking-up of the ice; *det var* ~ *i elva* the river was full of drifting ice.
ishav arctic *(el.* polar) sea; *(Nord)ishavet* the Arctic Ocean; *Sørishavet* the Antarctic Ocean.
ishavsfarer one who sails the Arctic (,the Antarctic). **-skute** polar *(el.* arctic) vessel.
ishockey ice hockey. **-kølle** ice-hockey stick.
I. ising icing; *(se ise).*
II. ising *zool (sandflyndre)* dab.
isj *(int)* ugh; *(irritert)* there now *(fx* t. now! if it isn't raining!);* US phooey, ugh.
isjias *(med.)* sciatica.
iskald ice-cold, icy, cold as ice; *han tok det -t* T he was as cold as a cucumber. **-kasse** ice-box. **-klump** lump of ice; *føttene mine er som -er* my feet feel like (lumps of) ice, my feet are cold as ice. **-krem** ice cream. **-krembar** ice-cream parlour (US: parlor). **-krembeger** ice-cream cup, ice(-cream) tub. **-kremkiosk** ice-cream stall. **-kremmerhus** ice-cream cone.
islagt frozen, covered with ice, iced over *(fx* the lakes remained frozen *(el.* iced over) right up to the month of May).
islam Islam. **-ismen** Islamism. **-itt** Islamite.
Island *(geogr)* Iceland.
islandsk Icelandic; ~ *mose* Iceland moss.
islender *(genser)* Fair Isle sweater.
islending Icelander. **-(hest)** Iceland pony.
islett woof, weft; *(fig)* sprinkling, strain.
isløsningen the breaking-up of the ice; *(se isgang).*

isne *(vb)*: *det fikk mitt blod til å* ~ it made my blood run cold. **-nde** freezing, chilling, icy.
isolasjon 1. insulation; 2*(det å avsondre)* isolation.
isolat solitary confinement; T solitary; *i* ~ in solitary confinement.
isolator insulator.
isolere *(vb)* 1. insulate; 2*(avsondre)* isolate.
ispinne ice lolly; *(med sjokoladeovertrekk)* choc ice. **-pose** ice bag.
isprengt sprinkled (with), interspersed with; *(om stoff)* shot (with); *(om farge)* speckled with.
Israel *(geogr)* Israel.
israeler Israeli.
israelsk Israeli.
israelitt Israelite. **-isk** Israelitic.
isranunkel *(bot)* glacier crowfoot.
isrose *se isblomst.*
isse *(anat)* crown, top (of the head); *(faglig)* vertex. **-bein** *(anat)* parietal bone. **-lapp** *(anat)* parietal lobe.
isskap icebox. **-svull** patch *(el.* lump) of ice; *farlige -er på fortauene* dangerous patches *(el.* lumps) of ice on the pavements.
issørpe brash (of ice).
i sta(d) *(adv)* a while ago.
istandsette *(vb)* repair, mend.
istandsettelse repair, repairing, mending.
istapp icicle.
istedenfor, i stedet for *(prep)* instead of; in lieu of.
istemme *(vb)* join (in singing), chime in; *(begynne å synge)* strike up.
ister *(fett)* leaf fat. **-sild** *(zool)* matie (herring). **-vom** potbelly.
istid glacial age, ice age.

istme isthmus.
i stykker: *se stykke.*
istykkerrustet rusted out *(fx* r.-o. door bottoms).
i stå *se I. stå.*
isvann ice water.
især particularly, especially; *(etterstilt)* in particular; *hver* ~ each; ~ *når* particularly *(el.* above all) when.
Italia Italy.
italiener Italian. **italiensk** Italian.
ivareta *(vb)*: *se vareta.*
iver eagerness; keenness; *(nidkjærhet)* zeal; *(lyst)* zest; *(varm interesse for)* ardour; US ardor; *med* ~ eagerly; *(se lyse: iveren lyste ut av øynene på henne).*
iverksette *(vb)* effect, carry into effect, carry out, implement; initiate, start; ~ *planen* put the plan into effect. **-else** carrying into execution *(fx* of a judgment); realization, implementation.
ivre *(vb)* say eagerly; ~ *for en sak* be an eager *(el.* keen) supporter of a cause.
ivrig eager; keen; zealous, ardent; ~ *etter å* eager *(el.* anxious) to; *bli* ~ get excited; ~ *i tjenesten* zealous; *(altfor)* over-zealous; *han er svært* ~ T he's as keen as mustard; *jeg er ikke lenger så* ~ *på å kjøre bil* I am no longer keen on motoring.
iørefallende easy to hear, striking; T catchy.
iøynefallende conspicuous; *(slående)* striking; *(meget* ~, *også)* glaring *(fx* his faults are too g. to be overlooked); *på en* ~ *måte* conspicuously; *hvis du gjør det på en så* ~ *måte, merker han det straks* if you're so obvious about it he will notice straight away; *det er meget* ~ it is very conspicuous; T it sticks out a mile; it hits you in the eye.

J, j J, j; *J for Johan* J for Jack.
ja *(bekreftende)* yes; *(ja endog, til og med)* in fact, indeed *(fx* they are a first-class firm, in fact, one of the best in the trade; indeed, I am almost certain that ...); *(ved vielse)* I will; *(ved avstemning i underhuset)* aye; *(i overhuset)* content; *(som innledningsord)* well; *få (pikens)* ~ be accepted; *han fikk hennes* ~ she accepted his proposal; *gi ham sitt* ~ accept his proposal; *si* ~ *til* accept; *svare* ~ answer yes, answer in the affirmative; ~ *gjerne!* certainly! ~ *men* (yes) but; *(se også jaså & javel).*
jabbe *(vb)* 1. trudge, plod; pad *(fx* she padded out in her stocking(ed) feet); 2. jabber, talk indistinctly.
jade jade.
jafs gulp *(fx* swallow it at one gulp), mouthful; *i en* ~ in one mouthful.
jafse *(vb)*: ~ *i seg* bolt *(fx* one's food), wolf down; US *(også)* chomp.
jag 1. chase, hunt; 2. (mad) rush, bustle; *et* ~ a rush; *(se også kjør).*
jage *(vt)* chase; hunt; *(fordrive)* drive (away, off, out, etc); hunt *(fx* h. him out of the country; h. the cat out of the garden); *(vi):* ~ *av sted* tear along; *jeg ble -t opp av senga kl. 6 i dag*

morges they routed me out of bed at six this morning; ~ *på* urge on, hurry *(fx* h. sby); ~ *på dør* turn out; ~ *på flukt* put to flight.
jager *(mar)* destroyer; *(undervannsbåt-)* submarine chaser; *(fly)* fighter (plane); *(seil)* flying jib.
jagerfly fighter (plane).
jaggu *(ed)* by God.
jaguar *(zool)* jaguar.
jakke coat, jacket.
Jakob James; *(bibl)* Jacob. **j-iner** Jacobin.
jakobsstige Jacob's ladder.
I. jakt *subst (fartøy)* sloop; *(lyst-)* yacht.
II. jakt *(subst)* chase, shooting; *(storvilt-)* hunting; ~ *på* hunt for *(fx* the hunt for the criminal began); *gjøre* ~ *på* hunt, pursue; *gå på* ~ go (out) shooting; *de opptok -en på forbryteren* they set off in pursuit of the criminal; *være på* ~ *etter (fig)* be on the look-out for, hunt *(fx* I have been hunting that edition for years).
jaktavgift *(-kort)* game licence.
jakte *(vb)* hunt; shoot *(fx* he fishes, but doesn't shoot); ~ *på* hunt for.
jaktfalk *(zool)* gerfalcon. **-gevær** sporting (,US: hunting) rifle. **-hund** sporting dog; hound; US hunting dog. **-kniv** hunting knife. **-leopard** *(zool)* cheetah. **-marker:** *de evige* ~ *(myt)* the Happy

Hunting Grounds; *dra til de evige* ~ **T** go to one's Father; be gathered to one's fathers; *sende en til de evige* ~ **T** send sby to Kingdom Come; launch sby into eternity; send sby to the happy hunting grounds.

jakt|rett shoot; hunting right(s), shooting right(s), right to hunt *(el.* shoot), sporting rights; *leie* ~ lease a shoot; US lease hunting rights *(el.* a hunting preserve). **-selskap** hunting (,shooting) party; *(ved parforsejakt)* hunt. **-terreng** hunting ground. **-tid** hunting *(el.* shooting) season, open season; *det er ikke* ~ there is no hunting *(el.* shooting).

jam-: *se jevn-.*

jam|be iamb(us). **-bisk** iambic.

jammen certainly, indeed, to be sure.

jammer complaining; **T** moaning; *(litt.)* lamentation, wailing; *(elendighet)* misery; *en* ~ *å se* a miserable sight. **-dal** *(bibl = jorden)* vale of tears.

jammerlig *(adj)* miserable, wretched, pitiable.

jammerlighet wretchedness, pitiableness.

jammerskrik cry of distress.

jamn: *se jevn.*

jamre *(vb)* complain; ~ *seg* complain; **T** moan; *(litt.)* lament, wail; *(stønne)* moan, groan.

jamsi(de)s side by side, abreast.

jamstilling equality; *(se jevnstille).*

janitsjar janissary; *(i orkester)* trap drummer.

janitsjarmusikk janissary music.

januar January.

Japan Japan.

japaneser(inne) Japanese (woman).

japanesisk, japansk Japanese; *japansk ris* puffed rice.

jare selvage; selvedge.

jarl earl. **-edømme** earldom.

jasmin *(bot)* jasmine.

jaspis *(min)* jasper.

jas(s)å well, well; *(virkelig)* really? indeed?

jatte *(vb):* ~ *med en* play *(el.* go) along with; give in to *(fx* you must not always give in to him; it doesn't help); *en som -r med alle* **T** a yes-man; *(se føye).*

Java Java.

javaneser Javanese. **javanesisk** Javanese.

javel yes! yes, sir! *(mar)* aye aye (,sir)! *(se vel).*

jazz jazz; *danse* ~ dance to j. music. **-konsert** jazz show.

Jeanne d'Arc Joan of Arc.

I. jeg *(subst)* ego, self; *mitt annet* ~ my alter ego; *ens bedre* ~ one's better self; *appellere til hans bedre* ~ appeal to his better nature *(el.* feelings).

II. jeg *(pron)* I; ~ *selv* I myself; ~ *så det selv* I saw it myself; ~ *arme synder* a poor sinner like me; *det er jeg* (,**T:** *meg)* it's me; *min kone og* ~ my wife and I; my wife and myself.

jeger hunter. **-korps** *(mil)* corps of chasseurs.

jeg-form: *i* ~ in the first person.

jekk *(bil-)* (car) jack.

jekke *(vb)* jack *(opp* up); ~ *seg (opp) (fig)* throw one's weight about; swagger; *(yppe strid)* get nasty; US *(også)* act big; *jekk deg ned! (også* US*)* pipe down! **T** take sby down a peg (or two); ~ *ut (rival): han prøver å* ~ *meg ut* he's trying to get between me and my girl; he's trying to cut me out with my girl.

jeksel *(anat)* molar.

jenke *vb (avpasse):* ~ *på noe* put sth right, straighten sth out, put sth to rights; ~ *seg etter* adapt oneself to; *det -r seg* the matter will right itself *(el.* will straighten itself out); it will settle down all right.

jens: *en pikenes* ~ a ladies' man.

jente girl; *jenta (ɔ: kjæresten) har slått opp med*

meg **S** my girl has walked out on me; *en* ~ *i hver havn (ofte)* a wife in every port of call; *(jvf kjei).*

jentefut [man who chases girls]; *(kan gjengis)* skirt chaser.

jentunge little girl; *(bare) en liten* ~ a (mere) chit of a girl.

Jeremi|as Jeremiah. **j-ade** jeremiad.

jern iron; *gammelt* ~ scrap iron; *smi mens -et er varmt* strike while the iron is hot; *ha mange* ~ *i ilden* have many irons in the fire; *han er et* ~ he's a hard worker.

jernalder Iron Age.

jernbane railway; US railroad; *med -n* by rail.

jernbane- railway; US railroad.

jernbane|anlegg railway construction. **-arbeider** railway worker.

jernbanedirektør 1 *(sjef for en av de åtte' regions' ved* British Rail) regional director; **2:** *se banedirektør, drifts- og trafikkdirektør, elektrodirektør, forrådsdirektør, maskindirektør, personaldirektør, økonomidirektør, som alle har tittelen «jernbanedirektør».*

jernbane|drift operation of railways, railway service. **-ekspeditør** booking clerk; *(som betjener tog)* station foreman; *(se stasjonsformann).* **-forbindelse** railway connection. **-fullmektig** *(fung. stasjonsmester)* station inspector; *(innendørs)* senior booking clerk. **-funksjonær** r. employee *(el.* official). **-fylling** r.embankment. **-knutepunkt** (r.) junction. **-kupé** (r.) compartment. **-linje** (r.) line. **-mann** railwayman; r. employee *(el.* official). **-materiell** r. matériel; *rullende* ~ rolling stock. **-nett** r. system. **-overgang** level crossing *(fx* an ungated (,a gated) l. c.); US grade crossing. **-restaurant** station restaurant, (station) refreshment room; *(mindre)* buffet. **-skinne** rail. **-skjæring** railway cutting. **-stasjon** railway station; US railroad depot *(el.* station). **-strekning** section of the (,a) line.

jernbanesville (railway) sleeper.

jernbanetakster *(pl)* railway (freight) charges; r. passenger rates.

jernbanetomt railway yard; railway premises, r. grounds; *(se godstomt & skiftetomt).*

jernbane|transport carriage by rail. **-ulykke** railway accident. **-undergang** subcrossing. **-vogn** railway carriage; *(faglig)* (r.) coach; US railroad car.

jernbeslag iron fittings; *(på fx kasse)* iron band(s).

jernbinder iron fixer.

jern|blekk, -blikk sheet iron. **-bryllup** seventieth wedding anniversary.

jernbyrd *(hist)* [ordeal by carrying hot iron].

jern|filspon iron fillings. **-grep** *(fig)* iron grip, stranglehold *(fx* break the Red s. on vital supply lines).

jern|hard hard as iron; *(om person, også)* hard, unyielding; merciless; ~ *disiplin* rigid *(el.* iron) discipline; ~ *vilje* iron will. **-helbred:** *se -helse.* **-helse** iron constitution. **-holdig** ferruginous, iron-bearing.

jern|lunge *(apparat)* iron lung. **-malm** iron ore. **-pille** *(med.)* iron pill. **-seng** iron bedstead; the iron frame of a bed. **-stang** iron bar. **-støperi** iron foundry. **-teppe** iron curtain; *ha* ~ *(fig)* have a blackout; *jeg fikk* ~ *(også)* my mind went blank. **-varehandler** ironmonger; US hardware dealer. **-vilje** iron will.

jerpe *zool (hønsefugl)* hazel grouse.

jerseytrøye jersey jacket.

Jerusalem Jerusalem; *-s skomaker* the Wandering Jew.

jerv *(zool)* glutton; wolverine.

jesuitt Jesuit. **jesuittorden** order of Jesuits.
jesuittisk Jesuitical.
jesuittisme Jesuitism.
Jesus Jesus; ~ *Kristus* Jesus Christ.
jeté jetty.
jet|fly jet plane. **-jager** jet fighter.
jetpropell|fly prop jet aircraft.
jette giant. **-gryte** *(geol)* pothole.
jevn even, level; *(glatt)* smooth; *(ensartet)* uniform; *(enkel)* plain, simple; ~ *gang* steady pace; *et -t humør* an even temper; *med* ~ *hastighet* at an even speed; *med -e mellomrom* at regular intervals; *i -e kår* in modest circumstances; *den -e mann* the common man, the man in the street; ~ *produksjon* a regular output; *(se jevnt (adv))*.
jevnaldrende (of) the same age; *han er* ~ *med meg* he's my age.
jevnbred of uniform breadth.
jevnbyrdig *(i dyktighet)* equal in ability; ~ *med* equal to; on a par with; *deres -e* their equals.
jevndøgn equinox.
jevne *(vb)* level, even; *(fig)* smooth (down), adjust, set right; ~ *suppe med mel* thicken soup with flour; ~ *veien for* smooth the path for; ~ *med jorden* level with the ground.
jevn|føre *(vb)* compare; *(se sammenligne)*. **-føring** comparison; *(se sammenligning)*.
jevngod: ~ *med* as good as, equal to.
jevnhet smoothness, evenness.
jevning 1. levelling, evening, smoothing; **2**/*(til suppe)* thickening.
jevnlig *(adj)* frequent; *(adv)* frequently, often.
jevnsides side by side, abreast, alongside.
jevnstille *(vb)* place on an equal footing *(med* with); *jevnstilte former* alternate (linguistic) forms; *(se jamstilling)*.
jevnt *(adv)* evenly; smoothly; in a regular manner; gradually; steadily; *avta* ~ decrease gradually *(el.* steadily); ~ *dyktig* of average ability; ~ *godt* fairly well; ~ *og trutt* steadily.
jibbe *vb (seilsp)* gybe; ~ *på lens* gybe on a run.
jo 1 *(som svar på nektende spørsmål)* yes; certainly; to be sure; *(nølende)* well; well, yes; *å* ~ *!* *(bedende)* please, do! ~ *visst!* certainly! of course! *(iron)* indeed! **2**/*(trykksvakt adv)* after all, of course, you know; *De må* ~ *vite at* you must indeed know that; *vi visste* ~ *godt at* we certainly knew that; of course we knew that ...; *der er han* ~ *!* why, there he is! *jeg er* ~ *likså høy som du* I'm just as tall as you are, you know; *her kommer jeg* ~ *!* here I come, don't you see? *de kunne* ~ *ikke være der bestandig* of course, they couldn't always stay there; *(gjengis ofte med trykk på verbet) det vet du* ~ but you \know that; *han er* ~ *din sønn* he \is your son; **3**/*(konj)*: *jo ... jo* the ... the; ~ *før* ~ *heller* the sooner the better; the earlier the better *(fx* the earlier you send the machines, the better); ~ *fler(e)* ~ *bedre* the more the merrier; ~ *mer jeg øver meg, desto dårligere synger jeg* the more I practise, the worse I sing; *veien blir smalere* ~ *lenger vi går* the road gets narrower the farther we go.
jobb job, piece of work; *en behagelig* ~ T a soft *(el.* cushy) job; *alle de fine -ene* T all the plum jobs; *(se også innsats)*.
jobbe *(vb)* **1**/*(neds)* speculate (in stocks); **2.** T work. **-r** speculator. **-tid** boom period.
jobbing stockjobbing.
jockey jockey.
jod iodine.
jod|forbindelse iodine compound. **-holdig** iodic.
jodle *(vb)* yodel.

joggesko *(pl)* track shoes; trainers; running shoes; T daps.
johanitter|orden Order of Malta. **-ridder** Knight of Malta.
Johan(nes) John.
joik [chant on a monotone, used by Lapps to tell the story of a person or past event].
joike *(vb)* [chant on a monotone with a strong rhythm]; *(kan gjengis)* chant; *(jvf joik)*.
jojo *(leketøy)* yo-yo *(fx* it was going up and down like a yo-yo).
jolle dinghy, jolly boat.
jomfru 1/*(møy)* virgin; *gammel* ~ old maid; ~ *Maria* the Virgin Mary; **2**/*(astr): Jomfruen* Virgo; the Virgin.
jomfrubur maiden's bower.
jomfrudom virginity, maidenhood.
jomfruelig virgin, virginal. **-het** virginity.
jomfruhinne *(anat)* hymen; maidenhead.
jomfrunalsk spinsterish, old-maidish.
jomfru|tale maiden speech. **-ære** maiden honour.
jommen *(adv):* ~ *sa jeg smør! (iron)* what a hope! don't you believe it! *i et fritt land,* ~ *sa jeg smør (iron)* in a free country, I don't think!
jonsok Midsummer Day. **-bål** bonfire celebrating Midsummer Night. **-kveld** Midsummer Eve. **-natt** Midsummer Night.
jord earth; *(overflate)* ground; *(jordbunn, land)* soil, land; *(jordegods)* land; *dyrket* ~ cultivated land; *her på -a* here on earth; *-ens produkter* the products of the soil; *-en dreier seg om sin akse* the earth revolves on its axis; *falle i god* ~ fall into good ground; *spøken falt i god* ~ the joke went down; *falle til -en* fall to the ground; *følge en til -en* follow sby to the grave; *sette ham til -en* the blow laid him low; the b. sent him to the ground; *under -en* under ground, underground *(fx* work u.).
jordaktig earthy.
Jordan *(geogr)* Jordan.
jordaner Jordanian.
jordansk Jordanian.
jord|arbeider construction worker. **-bruk** agriculture, farming; *(se handelsjordbruk; selvbergingsjordbruk)*. **-bruker** farmer. **-bruksskole** agricultural school; **UK** *(ofte)* farm institute; *(jvf landbrukshøyskole)*.
jordbunden earth-bound, prosaic, materialistic, pedestrian *(fx* literature ceased to soar and became p.); *hans jordbundne tankegang* = he never had a lofty thought.
jordbunn soil.
jordbær *(bot)* strawberry; *mark-* wild s. **-saft** strawberry syrup. **-syltetøy** strawberry jam.
I. jorde *subst* (arable) field; *være helt på -t* T be all at sea; be out of touch; have got the wires crossed; be barking up the wrong tree; be on the wrong track *(el.* scent); be very much mistaken.
II. jorde *(vb)* bury, inter.
jordegods landed property, lands.
jordeiendom landed property, lands.
jordeier landed proprietor, landowner; *(se grunneier)*.
jord(e)liv earthly existence, the *(el.* this) present life, life on earth.
jorderike *(poet)* the earth, the world.
jorderosjon *(geol)* soil erosion.
jord|fall *(geol)* subsidence. **-farge** earthen colour. **jordfellesskap** *(hist)* communal ownership of land. **-feste** *(vb)* bury, inter. **-festelse** burial, interment. **-flyting** *(geol)* soil creep. **-forbindelse** *(ra-*

dio) earth connection. **-freser** rotavator; soilmiller. **-hytte** mud hut.
jordisk earthly, terrestrial, worldly; *-e levninger* mortal remains.
jord|klode globe. **-klump** lump of earth. **-lag** stratum of earth. **-ledning** earth (lead); US ground. **-loppe** flea beetle; *(gulstripet)* turnip flea. **-magnetisme** terrestrial magnetism. **-nøtt** peanut, groundnut.
jordmor midwife.
jordmorelev pupil midwife.
jord|olje crude oil. **-omseiler** circumnavigator (of the globe). **-omseiling** circumnavigation (of the globe). **-overflate** surface of the earth. **-periode** geological period.
jordpåkastelse ceremony of sprinkling earth on the coffin; *(svarer til)* graveside ceremony; *forrette -n* officiate at the g. c.
jord|ras landslide, earth slip. **-skifte** *(kan gjengis)* severance; *(NB* Severance means the division of lands formerlig held in a single ownership or the severing of one portion of such land). **-skjelv** earthquake. **-skorpen** the crust of the earth *(fx* under the c. of the earth). **-skred** landslide. **-skyld** ground rent. **-slag 1.** type of soil; *2(meldugg)* mildew. **-slått** *(adj)* damp-stained; *(muggen, full av meldugg)* mildewed; *(om papir)* foxed.
jordsmonn soil, ground.
jordstyre [council committee concerned with questions of land and forest use].
jordsvin *(zool)* aardvark, ant bear.
jord|trell, -træl toiler on the land; US grubber.
jordtretthet *(geol)* soil exhaustion.
jordulv *(zool)* aardwolf.
jord|vendt *(adj)* concerned with earthly things, earth-bound; *(jvf jordbunden).* **-vei** (cultivated) farm land. **-voll** earthwork, rampart.
jorte *(vb)* chew the cud.
Josef Joseph; T Joe. **-ine** Josephine.
jotun *(pl: jotner) (myt)* giant.
jour: *à ~* up to date (NB *attributivt:* up-to-date, *fx* an up-to-date list); posted up; *à ~ med* posted (up) in; informed on *(fx* we shall keep you i. on the situation); *føre à ~* bring up to date, post up, date up.
jourhavende on duty, on watch.
journal journal; *(hospitals)* case record; *(den enkelte pasients)* case sheet; *(mar)* log(book); *føre ~* keep a journal (,a case record, a log); *føre inn i -en* enter in the j. (,the log, *etc).*
journalist journalist, (press) reporter. **-istikk** journalism. **-istisk** journalistic.
jovial jovial, genial, jolly. **-itet** joviality.
jubel exultation, jubilation; *(glede)* rejoicings; *latter og ~* laughter and joy. **-år** (year of) jubilee; *en gang hvert ~* T once in a blue moon.
jubilere *(vb)* celebrate a jubilee.
jubileum jubilee; anniversary; *feire et ~* celebrate an anniversary.
jubileumsutgave jubilee edition.
jubileumsår year of celebration; *i -et er NN formann* NN is chairman in this year of celebration.
juble *(vb)* shout (with joy), exult, be jubilant.
jublende jubilant, exultant.
jubling exultation, jubilation.
Judas Judas.
judaskyss Judas kiss; *(ofte)* kiss of death.
judaspenger *(pl)* Judas money, traitor's wages; (his) thirty pieces of silver; *(ofte)* blood money.
judisiell judicial; *han ble varetektsfengslet for ~ observasjon* he was remanded in custody for medical report.
jugl gaudy finery, rubbish.

jugoslav Yugoslav.
Jugoslavia Yugoslavia.
jugoslavisk Yugoslav; Yugoslavian.
juks 1. trickery, deceit; **2.** rubbish, trash.
jukse *(vb)* cheat. **-maker** cheater.
jul Christmas; T Xmas; *feire ~* celebrate *(el.* keep) Christmas; *i -en* at Christmas; over the C. period; T: over Christmas; *vi hadde en rolig ~* our Xmas passed quietly; *ønske en gledelig ~* wish sby a merry Christmas.
julaften Christmas Eve; *lille ~* the night before C. Eve.
jule *(vb): se pryle.*
julebord: *han skal på ~ (kan gjengis)* he is going to a Christmas dinner.
jule|bukk *(intet tilsv.; i Engl. julaften)* carol singer. **-dag** Christmas Day; *annen ~* Boxing Day. **-evangelium** gospel for Christmas Day; US C. gospel. **-ferie** C. holidays. **-fest** Christmas (celebrations). **-gave** Christmas gift *(el.* present).
jule|glede 1. Christmas gaiety *(el.* joy); **2***(bot)* winter-flowering begonia. **-handel** C. trade; *i London på ~* in L. on a C. spree. **-helg** C. season. **-hilsen** Christmas greeting. **-kake** *(omtr =)* fruit loaf. **-klapp** C. gift; *(til postbud, etc)* C. box. **-knask** C. titbits. **-kort** C. card. **-kveld** *se julaften.*
jule|lys Christmas candle. **-merker:** *hvis ikke alle ~ slår feil* unless all signs mislead. **-morgen** C. morning. **-natt** C. night. **-nek** C. sheaf (of oats) (hung out for the birds to feed on). **-nissen** *(svarer til)* Father Christmas; US Santa Claus. **-rose** *(bot)* hellebore. **-salme** C. hymn. **-sang** C. song.
julestemning Christmas spirit *(el.* feeling), spirit of C., Christmassy atmosphere; *det ble liksom ingen riktig ~ det året* it was as if we couldn't really get the spirit of C. that year; *være i ~* T feel Christmassy; *jeg er i ~ (også)* I've got the C. feeling.
jule|stjerne 1. Star of Bethlehem; **2.** [star at the top of the Christmas tree]; *(kan gjengis)* Christmas tree star; **3***(bot)* poinsettia. **-stri** rush *(el.* work) before C., C. rush.
juletentamen *(kan gjengis)* Christmas (term) examination *(fx* in English, *etc).*
jule|tid Christmastime. **-travelhet** Christmas rush *(el.* busy period), C. pressure period.
juletre C. tree; *høste -et* take *(el.* get) the decorations off the C. tree, strip the C. tree (of its decorations). **-fest** *(kan gjengis)* Christmas ball. **-fot** stand for a (,the) C. tree, C. tree stand. **-pynt** C. tree decorations.
jule|uke Christmas week. **-utstilling** C. display. **-ønsker** wishes as regards Christmas presents; *han hadde en lang liste med ~* he had a long list of things he would like for Christmas.
juli July; *(se også I. sist).*
juliansk Julian.
juling beating, thrashing, bashing *(fx* get a b.).
jumbo bottom *(fx* I was b., he was top); *(jvf bestemann).*
jumbopremie booby prize; wooden spoon; *få ~* T *(også)* come bottom.
jumpe *(vb)* jump, leap.
jumper jumper.
jungel jungle.
jungmann *(mar)* junior seaman; US seaman recruit.
juni June.
junior junior.
junker (young) nobleman, squire; *(tysk)* junker. **-herredømme** squirearchy; *(tysk)* junkerism.
Juno Juno.
junoisk Junoesque, stately.

Jupiter Jupiter, Jove.
jur *(zool)* udder.
jura *se jus.*
juradannelse *(geol)* Jurassic formation.
juridikum *(juridisk embetseksamen)* examination in law; law examination; *ta* ~ graduate in law.
juridisk legal, juridical; *Det -e fakultet* the Faculty of Law; *i* ~ *forstand* in a legal sense; ~ *sett* from a legal point of view; ~ *sett kan han ikke gjøre deg noe* he has no legal handle against you; **T** legally he has nothing on you; *i -e spørsmål* in legal matters; *han har* ~ *embetseksamen* he has graduated in law; he has taken a law degree; ~ *kandidat* graduate in law; ~ *konsulent* legal adviser; *sakens -e side* the legal aspect of the affair; ~ *student* law student; *søke* ~ *hjelp* seek legal aid *(el.* assistance), seek legal advice.
jurisdiksjon jurisdiction.
jurisprudens jurisprudence.
jurist *(rettslærd)* jurist; *(praktiserende)* lawyer; legal practitioner; *(student)* law student; *den som vil bli* ~, *må ha evne til å se de vesentlige momenter i et komplisert saksforhold* anyone wanting to become a lawyer must have the ability to grasp the essentials of a complicated case; *(se advokat).*
juristeri legalistic hair-splitting, legal quibbling.
jury jury; panel of judges *(fx* in a beauty contest); *være medlem av en* ~ *(jur)* serve on a jury.
juryliste (jury) panel.
jurymann juror, juryman.
jus law, jurisprudence; *lese (el. studere)* ~ read *(el.* study) law; *(for å bli* 'barrister') read for the bar; *(jvf juridikum).*
just just, precisely, exactly; *ikke* ~, ~ *ikke* not exactly.
justerdirektør chief trading standards officer; *(hist)* director of weights and measures.
justere *(vb)* adjust; *(regulere)* regulate; *(trelast)* machine; ~ *lyset (på bil)* adjust *(el.* align) the headlights; ~ *motoren* tune the engine; *(jvf innstille).*
justering adjustment, adjusting; tuning; *motor*-engine tune-up.
justervesen *(svarer til)* Office of Weights and Measures; **US** Bureau of Standards.

justis (administration of) justice. **-departement** Ministry of Justice; **UK** *(intet tilsv.; svarer ofte til)* the Home Office; **US** Department of Justice. **-minister** Minister of Justice; *(UK fordelt på flere, især)* Lord Chancellor, Home Secretary; **US** Attorney-General. **-mord 1.** miscarriage of justice; 2*(henrettelse)* judicial murder.
justitiarius Lord Chief Justice.
jute jute.
jutul *se jotun.*
juv gorge; **US** canyon, gorge.
juvel jewel, gem. **-besatt** jewelled.
juveler jeweller. **-butikk** jeweller's shop.
juvelskrin jewel case.
jyde Jutlander.
Jylland *(geogr)* Jutland.
jypling *(neds)* young whippersnapper.
jysk Jutlandish.
jærtegn sign, omen, portent.
jævel *(vulg)* devil; *han er en* ~ *(også)* he's a bastard; *han er en heldig* ~ he's a lucky bastard.
jævla S: *se jævlig.*
jævlig 1*(adj)* devilish; hellish; *han er* ~ **T** he's a nasty customer; he's a devil; *det er for* ~ **T** that's really too bad; 2*(adj)* **T** *(fordømt)* flipping; blooming; flaming *(fx* you flaming idiot!); 3*(adv)* **T** *(veldig)* damn; *han er en* ~ *all right kar* he's a damn good chap; *ikke* ~ *sannsynlig* **T** not bloody likely; *(vulg)* not fucking likely; *(jvf sabla).*
jøde Jew.
jødedom Judaism, Jewry. **-forfølgelse** persecution of (the) Jews. **-hat** anti-Semitism. **-hater** anti-Semite. **J-land** Palestine, the Holy Land.
jødinne Jewess. **jødisk** Jewish.
jøkel glacier. **-elv** glacier torrent.
jøss(es) **T** O Lord! Jimini! *(cockney)* stone the crows! holy smoke! **US** gee!
jøssing [Norwegian patriot during World War II].
jål foolishness, nonsense; showing off.
jåle *(subst)* silly woman, show-off; *(jvf interessant: gjøre seg* ~ *).*
jålet affected, foolish, silly.

K

K, k K, k; *K for Karin* K for King.
kabal *(kort)* patience; **US** solitaire; *-en går opp* the p. comes out; *legge* ~ play p.; **US** play s.; *legge flere -er* play several games of p.
kabale *(intrige)* cabal, intrigue.
kabaret cabaret (show); *(mat; kan gjengis)* hors d'oeuvres; *fiske-* fish in aspic; *grønnsak-* vegetables in aspic.
kabaretfat (sectioned) hors d'oeuvre dish.
kabb *(planke-): se kubbe.*
kabel cable.
kabellengde *(mål)* cable length. **-sko** cable terminal. **-telegram** cablegram.
kabin cabin; *(se lugar).*
kabinett cabinet.
kabinettsekretær (the King's) private secretary.

-spørsmål question *(el.* matter) of confidence; *stille* ~ demand a vote of confidence.
kabriolet cabriolet, convertible *(el.* drophead) car; **US** S vert.
kabyss *(mar)* galley.
kadaver corpse, cadaver, carcass.
kadaverdisiplin blind, slavish discipline.
kader cadre.
kadett *(mar)* midshipman; *(jvf befalselev).*
kafé café; **S** caff; *(svarer ofte til)* restaurant.
kafeteria cafeteria.
kaffe coffee; *be en til* ~ ask sby in for afternoon coffee; *brenne* ~ roast c.; *koke* ~ make c.; ~ *med fløte (el. melk)* white c.; *svart* ~ black c.; *(se invitere).*
kaffeblanding blend of coffee. **-bord** coffee ta-

ble. **-bønne** c. bean. **-dokter** laced coffee. **-grut** c. grounds; *spå i* ~ *(svarer til)* tell fortunes from the tea leaves.

kaffein *se koffein.*

kaffe|kanne coffeepot; US *(også)* coffee server. **-kjele** [kettle for making coffee]; *(intet tilsv., svarer til)* coffeepot. **-kopp** coffee cup; *(kopp kaffe)* cup of c. **-kvern** coffee grinder; *(også US)* c. mill.

kaffer Kaffir.

kaffe|service coffee service, c. set. **-slabberas** coffee party; T bun fight; S hen party; US *(også)* coffee klatsch. **-traktemaskin** (coffee) percolator; T coffee-maker. **-tur:** *dra på* ~ go on a picnic, go picnicking; *(se I. tur).* **-tørst** longing for coffee; *jeg er* ~ I feel like a cup of coffee. **-tår** (small) cup of c.

kaftan caftan.

kagge keg.

kahytt cabin; *(se også lugar).*

kahyttsgutt cabin boy.

kai quay, wharf; *fra* ~ *(om levering)* ex quay; *legge til* ~ come alongside q.; *ved* ~ alongside q.

kaianlegg quay structures *(el.* works).

kaie *(zool)* jackdaw.

Kain Cain. **kainsmerke** brand of Cain.

kai|lengde (lineal) quayage; US (lineal) wharf capacity. **-penger** *(pl)* quay dues. **-plass** moorage, mooring space; mooring accommodation; *(for enkelt skip)* quay berth; *(jvf båtstø).*

kajakk kayak. **-padler** kayaker.

kajennepepper Cayenne pepper; *(hele)* chillies.

kakadu *(zool)* cockatoo.

kakao cocoa. **-bønne** cocoa bean.

kake cake; *bløt-* layer cake; cream cake; *(liten konditor-)* French pastry, tea fancy; *småkaker* tea cakes; US cookies; *(jvf konditorkake);* US cookies; *mele* *-r (kun om de flate)* biscuits; US cookies; *mele sin egen* ~ feather one's (own) nest; look after number one; *(især på uærlig vis)* line one's pocket; *ta hele kaka* T *(fig)* bag the whole lot.

kakebaking cake making.

kakeboks biscuit *(el.* cake) tin.

kakebu *(mil)* T glasshouse; US guardhouse *(fx get ten days in the g.).*

kake|bunn flan case; base of a layer cake. **-deig** pastry; US dough. **-fat** cake dish. **-form** cake tin; baking tin; US *(også)* cake pan.

kakelinne [period of mild weather in December, when Christmas cakes are being made].

kakemons: *han er en ordentlig* ~ he has a passion for cakes; T he's a great one for cakes.

kakerlakk *(zool)* cockroach.

kakespade *(også US)* cake server.

kaketrinse pastry jagger.

kakevase cake stand.

kaki khaki. **-kledd** dressed in khaki.

kakke *vb (banke)* tap, knock, rap; *(om fugl)* peck; ~ *hull på et kokt egg* crack a boiled egg.

kakkel glazed tile; Dutch tile.

kakkelovn (tiled) stove; (NB *svarer i England til kamin:* fireplace); US (tiled) heating stove.

kakkelovnskrok chimney corner; *(svarer til)* inglenook.

kakle *(vb)* cackle. **kakling** cackling.

kakse 1*(storbonde)* farmer in a large way; 2*(person som slår stort på)* bigwig, swell.

kakstryke *(vb)* whip (at the whipping post).

kaktus *(bot)* cactus; (NB *pl* cacti *el.* cactuses).

kala *(bot)* calla.

kalamitet calamity.

kalas T jollification, binge; *spise- og drikkekalas* T blow out.

kald *adj (se også kaldt)* cold *(fx* it is cold to-

day; the tea is quite c.); his manner to me was extremely c.); *(også geogr)* frigid *(fx* the f. zones; the room was positively f.); *(ubehagelig* ~, *også)* chilly *(fx* a c. room); *(om vesen)* cold, frigid *(fx* with f. politeness); *(uerotisk)* frigid; *(kaldblodig)* cool, calm, composed; ~ *anretning* cold buffet (,lunch, supper, *etc); (se koldtbord); med -t blod* in cold blood; *holde hodet -t* keep a cool head, keep cool, keep one's head; *slå -t vann i blodet på en* damp sby's ardour *(el.* enthusiasm); **T** throw cold water on sby; *i en* ~ *tone* in a frigid tone; *det var -t i været* the weather was cold; *helt* ~ *(også)* stone cold; *være* ~ *mot en* treat sby with coldness; *jeg er* ~ *på hendene* my hands are cold; *(se også kjølig).*

kaldblodig *(rolig)* cool; composed; *(om dyr)* cold -blooded; *(adv)* in cold blood; coolly.

kaldblodighet coolness, composure.

kald|flir sneer. **-flire** *(vb)* sneer. **-rett** cold dish; cold plate. **-røyke** *(vb)* suck an unlighted pipe, draw on an u. pipe.

kaldstart *(om bil)* starting from cold, s. with a cold engine, cold starting.

kaldsvette *(vb)* be in a cold sweat.

kaleidoskop kaleidoscope.

kalender calendar. **-år** c. year.

kalesje (collapsible) hood; *(også US)* folding top.

kalfatre *vb (mar)* caulk. **-r** caulker.

kali *(kjem)* potash.

kaliber calibre; US caliber.

kalibrere *(vb)* calibrate.

kalif caliph.

kalifat caliphate.

kalifornisk Californian.

kali|hydrat hydrate of potash. **-lut** potash lye. **-salpeter** nitrate of potash.

kalium potassium.

I. kalk *(alter-)* chalice; *(fig)* cup; *tømme smertens bitre* ~ drain the cup of bitterness; *(se beger).*

II. kalk calcium; *(jordart)* lime; *(mur-)* mortar; *(til hvitning)* whitewash; *(pussekalk)* plaster; *brent* ~ quicklime. **-brenner** lime burner. **-brudd** limestone quarry.

kalke *(vb)* lime; *(hvitte)* whitewash; *-de graver* whited sepulchres.

kalkere *(vb)* trace. **-papir** tracing paper.

kalkulasjon calculation, estimate; *(merk)* cost accounting. **-sbok** cost ledger, costing book. **-sfeil** error in *(el.* of) calculation, miscalculation. **-spris** calculated price, cost price.

kalkulator calculator; *(merk)* cost accountant.

kalkulere *(vb)* calculate; ~ *en vare for høyt* overprice an article.

kalkun *(zool)* turkey. **-hane** turkey cock.

kalkyle calculation, estimate.

I. kall old man.

II. kall calling, vocation; *(prestekall)* living; *(se røkte).*

kalle *vb (også radio & tlf)* call; ~ *bort* call away; *bli kalt bort (ɔ: dø)* pass away; ~ *en* T call sby bad names; ~ *en opp etter* call sby after; ~ *på* call; ~ *på en (ved hjelp av personsøker)* give sby a bleep; call sby on his bleep; ~ *sammen (til) et møte* call *(el.* convene) a meeting; ~ *tilbake* call back, recall; withdraw, retract; *føle seg -t til å ...* feel called upon to; *du kommer som -t* you are the very man (,woman) we (,I) want; ~ *til live (ɔ: skape)* call into being; *(gjenoppvekke)* call (back) to life; ~ *ut* call out; *(se fremkalle & tilbakekalle).*

kallelse calling, vocation.

kallesignal call-sign.

kalligrafi calligraphy. **-grafisk** calligraphic.
kallsinnehaver (ɔ: sogneprest) incumbent (of a living); (se sognekall).
kallskapellan resident curate.
kalmus (bot) calamus, sweet flag.
kalori calorie, calory.
kaloribehov calorific requirement(s). **-innhold** calorific value. **-meter** calorimeter.
kalosje galosh, golosh; (pl også) rubbers.
kalott skullcap; (katolsk prests) calotte.
kalv (zool) calf; ku med ~ cow in calf.
kalvbe(i)nt knock-kneed.
kalve vb (også om bre) calve; ~ for tidlig slip (fx the cow has slipped her calf).
kalvebinge calf stall. **-brissel** sweetbread. **-dans** capers; (rett av råmelk) biestings pudding. **-frikassé** veal fricassee. **-karbonade** minced veal steaklet. **-kjøtt** veal. **-nyrestek** loin of veal. **-rull** veal roll. **-skinn** calfskin; (pergament) vellum. **-stek** roast veal; (hele stykket) joint of veal. **-sylte** jellied veal, veal brawn.
kalvinisme Calvinism. **-ist** Calvinist. **-istisk** Calvinistic.
kam comb; (bølge-) crest; (på slakt) loin, back; (okse-) wing rib; ribs; skjære alle over én ~ treat all alike; apply the same yardstick to everybody; lump them all together; få ~ til håret sitt catch a Tartar; meet one's match; rød i -men flushed.
Kam (bibl) Ham.
kamaksel (mask) camshaft; overliggende ~ overhead camshaft.
kamé cameo.
kamel camel. **-driver** camel driver.
kameleon (zool) chameleon.
kamelhår camel hair.
kamelia (bot) camelia.
kamera camera.
kameramann (operative) cameraman, cameraman operator.
kamerat friend, companion; comrade; T pal, chum; (se lekekamerat; skolekamerat).
kameratekteskap companionate marriage.
kameratkjøring car sharing to work (to reduce peak-hour traffic).
kameratskap comradeship, good fellowship, friendship.
kameratslig friendly; T chummy; (som en god kamerat) sporting (fx that was not very s. of you); (uformell) informal; (adv) in a friendly spirit, in a spirit of good fellowship.
kameravinkel camera angle.
kamfer camphor. **-drops** (kan omtr. tilsvare) glacier mints. **-dråper** (pl) camphorated spirits. **-kule** mothball.
kamgarn worsted; tretrådet ~ 3-ply worsted.
kamgarnsstoff worsted (fabric).
kamille (bot) camomile. **-te** camomile tea.
kamin fireplace (with chimneypiece); ~ for rett vegg [fireplace for straight section of wall]; (kan gjengis) wall fireplace; (NB i England er alle kaminer for rett vegg). **-gesims** mantelpiece. **-gitter** fender, fire guard. **-innsats** fireplace. **-omramning** chimneypiece. **-rist** fire grate.
kammer chamber.
kammerduk cambric.
kammertjener valet.
kammertone (mus) concert pitch.
kammusling (zool) scallop.
I. kamp fight, combat, struggle; vill ~ (også) scramble (fx the s. for raw materials); -en om pengene (fig) the scramble for (el. the chase after) money; ~ på liv og død life-and-death struggle.
II. kamp (fjelltopp) round hilltop.

kampanje campaign.
kampberedt ready for action, in fighting trim.
kampdommer se dommer.
kampdyktig able to fight, in fighting trim. **-het** efficiency, fighting power (el. qualities).
kampere (vb) camp.
kampestein boulder.
kampfelle comrade-in-arms. **-gny** din of battle. **-hane** gamecock, fighting cock; (fig) pugnacious person. **-helikopter** (helicopter) gunship.
kampiver, -lyst fighting spirit. **-lysten** eager to fight, full of fight. **-plass** battlefield, battleground. **-skrift** politiske -er works of political controversy. **-trett** tired of fighting; han er ~ (også) there's no fight left in him. **-tretthet** (mil) combat fatigue. **-votering** divisive voting.
kamuflasje camouflage.
kamuflere (vb) camouflage.
kanadier, -sk Canadian.
kanal (gravd) canal; (naturlig vannløp & fig) channel; (i bilkarosseri) duct.
kanalisere (vb) canalize.
kanalisering canalization.
kanalje rogue, villain.
kanalsvømmer cross-Channel swimmer.
kanapé settee; (mat) canapé.
kanarifugl (zool) canary.
Kanariøyene the Canary Islands; the Canaries.
kandidat 1(ansøker) candidate, applicant (til for); 2(ved valg) candidate; 3(eksamens-) candidate, examinee; 4(som har bestått eksamen) graduate (fx in medicine, in letters); 5(på sykehus) house officer, house surgeon (,physician), houseman; US intern(e); 6(hospitant ved skole) student teacher.
kandidatur candidateship, candidature.
kandis rock; US rock candy.
kandisere (vb) candy.
kanefart sleighing, sleigh ride.
kanel (bot) cinnamon.
kanevas canvas.
kanin (zool) rabbit; (i barnespråk) bunny.
kanne can; pot.
kannestøper pewterer; politisk ~ amateur politician, armchair p.; «Den politiske ~» 'The Tinker Turned Politician'.
kannibal cannibal. **-sk** cannibal.
kannik canon.
kano canoe; sammenleggbar (,ikke sammenleggbar) ~ folding (,rigid) canoe; (se flytebrygger).
kanon gun; (især glds & flyv) cannon; heller -er enn smør guns before butter; skyte spurver med -er break a butterfly on a wheel; crack a nut with a sledge hammer; (adv): ~ full deaddrunk; blind (to the world); S blotto.
kanonade cannonade.
kanonbåt gunboat.
kanonér gunner.
kanonføde cannon fodder. **-ild** gunfire; (vedvarende) cannonade.
kanonisere (vb) canonize. **-ing** canonization.
kanonkule cannon ball. **-port** (mar) gun port. **-salutt** gun salute, salute of guns (fx receive sby with a s. of g.). **-skudd** gunshot. **-stilling** gun site.
kanoroer canoeist.
kanskje perhaps, may be.
kansler chancellor.
kant edge, border, margin, rim; (egn) region, part of the country; på den ~ in that quarter; fra alle -er from every quarter; from all directions; på ~ on edge, edgewise; komme på ~ med en fall out with sby; komme på ~ med myndighetene get on the wrong side of the autorities (fx we did not want to get on the

wrong side of the a.); *være på* ~ *med tilværelsen* be at odds with life; *når jeg er på de -er* when I'm around that way; *på alle -er* at every turn; here, there, and everywhere; *til alle -er* in all directions.

kantarell *(bot)* chantarelle.

kantate *(mus)* cantata.

kante *(vb)* border, edge, trim.

kantet angular, edged; *(fig)* rough.

kanton canton.

kantor cantor, precentor.

kantre *(vb)* capsize.

kantstein curbstone.

kaos chaos.

kaotisk chaotic; *her er det -e tilstander hele dagen* we're in a state of chaos all day.

kap. *(fk. f. kapittel)* chapter.

kapasitet capacity; *(om person)* expert.

kapell chapel; *(orkester)* orchestra.

kapellan curate. **kapellani** curacy.

kapellmester orchestra conductor.

kaper *(hist)* privateer. **-brev** letter of marque. **-fartøy** privateer.

kapers capers.

kapillarlodding capillary brazing; *(se lodding)*.

kapital capital; *bevegelig* ~ *: se likvid* ~ *; bundet* ~ locked-up capital; *båndlagt* ~ *(ɔ: umyndiges båndlagte midler)* trust fund; *død* ~ dead capital; *fast* ~ *(ɔ: faste aktiva)* fixed capital; *flytende* ~ circulating capital; *fri* ~ free capital; *ledig* ~ idle capital; *likvid* ~ liquid capital; *risikovillig* ~ venture *(el.* risk) capital; *rørlig* ~ *: se fri* ~ *; og renter* principal and interest; *den totale investerte* ~ the total capital investment; *binde* ~ *som dårlig kan unnværes* lock up capital which can ill be spared; *slå* ~ *på* make capital out of; *(se aksjekapital; aktivkapital; anleggskapital; arbeidskapital; driftskapital; egenkapital; ervervskapital; grunnkapital; innskuddskapital; investeringskapital; lånekapital; omløpskapital; realkapital; stamkapital; startkapital)*.

kapitalanbringelse investment (of capital). **-dekning** capital cover. **-flukt** flight of capital. **-forsikring** insurance for a lump sum; *(se forsikring)*. **-forvaltning** capital management. **-innsprøytning** injection of capital.

kapitalisere *(vb)* capitalize.

kapitalisme capitalism. **-ist** capitalist. **-krevende** capital-demanding. **-mangel** lack of capital; *(knapphet)* shortage of capital. **-omsetning** capital turnover; *(se omsetning)*. **-plassering** investment of capital. **-sterk** financially strong; well-capitalized; well supplied with capital; with a large capital.

kapitaltilførsel 1. *(kapitaltilvekst)* influx of capital, inflow of capital funds; **2.** addition of capital.

kapitalutbytte return on capital; profit from investment.

kapitalutgifter *(pl)* capital outlays; capital expenditure.

kapitalvarer *(pl)* capital goods.

kapitél capital.

kapittel chapter; *første* ~ c. one; *det er et* ~ *for seg* that's a chapter *(el.* an epic) in itself; that's sth entirely on its own; that's a very different matter *(fx* the holiday was wonderful, but the weather was a very d. m.); *det er et sørgelig* ~ that's a sad story.

kapitulasjon capitulation. **-ere** *(vb)* capitulate.

kaplak *(godtgjørelse til skipper)* primage.

I. kapp *(forberg)* cape, promontory, headland.

II. kapp *(planke-)* (stub) ends.

III. kapp: *om* ~ *med* in competition *(med*

with); *løpe om* ~ run a race *(med* with, against); (NB I'll beat you to the top of that hill); *skyte om* ~ *med* have a shooting match with; *(se for øvrig sms m. kapp-)*.

I. kappe *(overplagg)* cloak; *(som verdighetstegn)* gown; *(hodepynt)* cap; *(munke-)* hood, cowl; *bære -n på begge skuldrer* run with the hare and hunt with the hounds, be a double-dealer; *ta det på sin* ~ take the responsibility; *(se vind)*.

II. kappe *(vb)* cut; *oppkappet ved* logs of wood.

kappelyst competitive spirit.

kappes *(vb)* compete, contend, vie *(med* with).

kappestrid competition, contest, rivalry.

kappete *(vb)* have an eating contest *(med* with).

kappflyvning air race.

kappgang walking race.

kappgå *(vb)* take part in a walking race, walk a race *(med* with, against).

kapping *(forst)* cross-cutting, cutting into lengths; US bucking.

kappkjøre *(vb)* drive a race *(med* with, against).

kappkjøring driving race.

Kapplandet Cape Colony.

kappløp running race; *(fig)* scramble; *være med i -et om direktørstillingen* be in the running for the appointment as director; *(se kamp; ligge: bli liggende etter)*.

kapppritt horse race.

kapppro *(vb)* row a race *(med* with, against).

kappproing regatta, boatrace. **-sbåt** racing boat.

kappruste *(vb)* take part in the armaments race, compete in armament. **-rusting** armaments race; arms race.

kappsag cross-cut saw.

kappseilas sailing race, yacht race; regatta.

kappsvømme *(vb)* swim a race *(med* with, against). **-svømming** swimming race.

kapre *(vb)* seize, capture; get hold of *(fx* a taxi); ~ *kunder* capture customers; T rope in customers.

kaprifolium *(bot)* honeysuckle, woodbine.

kapriol caper; *gjøre -er* cut capers.

kaprise caprice, whim. **-siøs** capricious.

kapseise *vb (mar)* capsize.

kapsel capsule; watch case, cover; *(til flaske)* (bottle) cap; capsule; *(jvf kork; skrukork)*.

kapsle *vb (flaske)* cap; *inn-* encapsulate, incapsulate; ~ *seg inn: se innkapsle:* ~ *seg*.

Kappstaden Cape Town.

kaptein *(mil)* **1.** captain *(fk* Capt); US (army) captain *(fk* CPT); **2.***(flyv)* flight lieutenant *(fk* Flt Lt); US captain *(fk* CPT); **3.***(mar)* captain; *(på handelsskip, også)* master.

kapteinløytnant *(mar)* lieutenant-commander *(fk* Lt-Cdr); US lieutenant-commander *(fk* LCDR).

kapusiner capuchin (friar).

kaputt ruined, done for; US *(også)* kaput.

I. kar vessel; *(stort)* vat.

II. kar *(mann)* man; *(fyr)* chap, fellow; US *(også)* guy; *han er* ~ *for sin hatt* he can hold his own; *(se pokker)*.

karabin carbine.

karaffel decanter; *(til vann)* water jug, carafe.

karakter 1*(beskaffenhet)* character *(fx* the c. of the soil, the c. of English institutions); nature *(fx* a problem of a very difficult n.); **2***(personlig egenskap)* character, disposition *(fx* a bad d.); *(karakterfasthet)* strength of character; T back-bone, grit, guts *(fx* he did not have the guts to do it); *(jvf personlighet)*; **3***(skole-)* mark(s); *(bokstav-)* grade; *(måneds-, avgangs-)* school report *(fx* pupils with the best reports), marks; *en dårlig* ~ (3) a bad mark, low marks *(fx* he got low marks for that paper; get low marks in mathematics); *fransk-* French mark(s); marks in F.; *det gis en ~ for hver av de fire prøvene* one set of marks is given for each of the four tests; *det gis tre -er i faget* marks are given for three subdivisions of the subject; *ha -en av* (1) be in the nature of *(fx* this demand is in the n. of an ultimatum); *som har -en av ...* having the character of; *skifte ~* (1, 2) change one's (,its, his, *etc)* character, assume another c.; *resultatet av denne eksamen teller som én ~* the marks obtained at this exam(ination) count as one unit.

karakter|anlegg disposition. **-bok** mark book; *(ofte =)* school report; US report card; *(ofte)* report *(fx* I've got my r.). **-brist** defect in one's character. **-dannende** character-forming. **-danning** character formation. **-egenskap** characteristic, quality, trait. **-fast** firm, strong; *en ~ mann* a man of (strong) character. **-fasthet** firmness *(el.* strength) of character; T backbone, grit, guts. **-feil** flaw in his (,her, *etc)* character. **-givning** the awarding of marks, marking, giving marks.

karakteriser|e *(vb)* characterize; *~ som (også)* describe as *(fx* he described her as an adventuress); *er -t ved* is characterized by. **-ing** characterization.

karakteristikk characterization; character sketch; *(mat., språk & teknisk)* characteristic; *det er en treffende ~* that hits off the case exactly.

karakteristisk characteristic, distinctive; *det -e ved* the distinctive feature of, the characteristic *(el.* salient *el.* outstanding) feature of; *~ for* characteristic of, typical of; *han sa, ~ nok, at ...* characteristically he said that ...

karakterjag *(i skole)* mark hunting, mark grubbing.

karakterkomedie high comedy.

karakterløs spineless, feeble, weak, lacking in character. **-løshet** spinelessness, feebleness, weakness, lack of character.

karakteroppgjør *(på skole)* quarterly report; *det leses hardt nå like før -et* some hard work is going on now, just before the quarterly marks are given *(el.* just before the q. report is made).

karakterrolle *(teat)* character part.

karakterskala scale of marks.

karakter|sterk forceful, firm, of strong character. **-styrke** strength *(el.* force) of character. **-svak** spineless, weak, feeble, lacking in character. **-svakhet** spinelessness, feebleness, weakness (of character). **-system** system of marking, marking system. **-tegning** character sketch; *(det å)* delineation of character; character drawing. **-trekk** trait of character, feature, characteristic.

karambolasje *(i biljard)* cannon; US carom.

karambolere *(vb)* cannon *(med* into, against); US carom.

karamell caramel.

karantene quarantine *(fx* be in q.); isolation.

karat carat.

karavane caravan.

karbad tub bath.

karbid carbide.

karbol carbolic acid.

karbolvann solution of carbolic acid.

karbonade *(okse-)* minced steak (rissole); hamburger; beefburger; Hamburg steak; *(tilsatt oppmalt brød)* Vienna steak; US meat patty; *~ med løk* minced steak and onions.

karbonadedeig *(okse-)* minced steak; beef mince; *(jvf kjøttdeig).*

karbonadesmørbrød (open) hamburger sandwich.

karbonpapir carbon paper.

karbunkel carbuncle.

kardang|aksel *(mask)* propeller shaft, drive shaft. **-ledd** universal joint.

I. karde *(subst)* card.

II. karde *(vb)* card.

kardemomme cardamom.

kardialgi *(med.)* cardialgia, heartburn.

kardinal cardinal.

kare *(vb): se karre.*

karét coach.

karfolk menfolk, men.

karikatur caricature. **-tegner** caricaturist, cartoonist.

karikere *(vb)* caricature.

karjol carriole, cariole.

Karl Charles.

Karlsvognen *(astr)* Charles's wain; the Great Bear; US the Big Dipper.

karm frame, case; *(mar: luke-)* coaming.

karmin carmine. **-rød** carmine.

karmosin crimson. **-rød** crimson.

karnapp bay.

karnappvindu bow window, bay window.

karneval carnival; *(maskeball)* fancy-dress ball; US masquerade ball.

karolingerne *(pl)* the Carolingians.

karosse coach.

karosseri body (of a motor-car), coachwork.

karosseri|arbeid bodywork, coachwork. **-bolt** body (mounting) bolt. **-fabrikk** body-building factory. **-maker** body *(el.* coach) builder, body maker. **-stolpe** body pillar. **-verksted** body shop.

karpe *(fisk)* carp.

karre *(vb)* dig, poke, rake; *~ ut av pipa* clean out one's pipe; *~ seg på bena* scramble to one's feet; *~ seg ut av senga* drag oneself out of bed.

karré square.

karri curry.

karriere *(løpebane)* career; *(om hest)* run; *gjøre ~* make a career.

karrig scanty, meager, skimpy; *(om jord)* unproductive.

karse *(bot)* cress.

karsk 1. healthy, well; **2.** bold.

kars|lig masculine, manly. **-stykke** (great) feat, manly deed; US *(også)* stunt.

I. kart map; *(sjø- & vær-)* chart; *(post: brev-)* bill; *(se målestokk).*

II. kart *(umoden frukt)* unripe berry *(el.* fruit).

kartell cartel.

kartlegge *(vb)* map; *(farvann)* chart; *man arbeider med å ~ behovet for ...* they are now working on a survey of the demand *(el.* need) for ...

kartleser *(ved billøp)* navigator.

kartlesing map reading.

kartmappe map case.

kartonere *(vb)* bind *(fx* a book) in paper boards.

kartong *(eske)* carton; *(større)* cardboard container; *(papp)* cardboard; pasteboard; *stiv ~* millboard.

kartongeske cardboard box.

kartotek card index, card file; *føre ~ over* keep a file of; *(jvf arkiv).*

kartotek|kort index *(el.* file) card. **-skap** filing cabinet. **-skuff** card index, file box. **-system** card index system.

kartsignatur map signature.

karttegn map signature.

kart|tegner cartographer. **-tegning** cartography; map-making.

karusell merry-go-round, roundabout; *det man taper på -ene, tar man igjen på gyngene (ↄ: det ene oppveier det annet)* what you lose on the roundabouts you make up on the swings.

. karve *bot (planten)* caraway; *(frøene)* caraway seeds.

I. karve *(vb)* cut, shred.

karvekål *(bot)* new sprouts of the caraway plant.

kasein casein.

kasematt casemate.

kaserne barracks. **-gård** barrack square.

kasino casino.

kasjmir cashmere.

kasjott S jug *(fx get 14 days in the j.).*

kaskade cascade.

kaskoforsikring *(mar)* hull insurance; *(for bil)* comprehensive (motor) insurance; *(se forsikring).*

kaspisk: *Det -e hav* the Caspian (Sea).

kassaapparat cash register; *(se slå:* ~ *beløpet i kassen).* **-beholdning** cash in hand, cash balance.

kassabel useless, worthless.

kassabok cashbook. **-dame** till lady; girl at the till; *(i supermarked)* check-out girl. **-ettersyn** checking the cash. **-konto** cash account. **-kontor** cashier's office, pay office. **-kreditt** bank overdraft; overdraft facilities. **-lapp** check, sales slip. **-manko** cash deficit, adverse cash balance. **-oppgjør** balancing the cash, the balancing of cash accounts. **-suksess** *(om teaterstykke)* box-office success.

kasse 1*(pengemidler)* funds; 2*(pakk-)* (packing) case; *(mindre)* box *(fx box of cigars); (sprinkel-)* crate; 3*(gym)* box horse; *felles* ~ common purse *(fx household expenses are paid out of their c. p.); betale i -n* pay at the desk; *forsyne seg av -n (om ekspeditør)* rob the till; help oneself from the till; dip into the till *(fx she was caught dipping into the till); fylle -n (om teaterstykke)* be a good draw; T be good box office; *gjøre opp -n* balance the cash; *det går i statens* ~ it goes to the State *(el. to the Treasury),* it goes into State funds; *ha -n* have *(el. be in charge of)* the cash; *(i klubb, etc)* keep the purse; *(i butikk, etc)* the till; *stikke av med -n* make off with the money, abscond (with the money); S welsh *(fx he welshed with the funds); være pr.* ~ be in funds, be flush; *ikke være pr.* ~ be out of funds; *det er ebbe i -n* I am short of funds.

kasse-: *se kassa-.*

kassebedrøver embezzler.

kassebord (box and) case boards. **-fabrikk** packing-case factory, box factory.

kassere *vb (forkaste)* scrap, discard; ~ *inn penger* collect money.

kasserer cashier; paymaster; *(i forening)* treasurer; *bank-* bank cashier, teller.

kasserolle casserole; *(med én hank)* saucepan, (stew)pan *(fx stainless steel pans); (jvf gryte; kjele).*

kassestykke box-office play, draw.

kassesvik embezzlement, defalcation; *(om offentlige midler)* peculation; *begå* ~ embezzle; *(se kasse: forsyne seg av -n).*

kassett *(fot)* cassette; film (,plate) holder.

kassettspiller cassette (tape) player.

kast throw, cast; *(vind-)* gust (of wind); *et* ~ *med hodet* a toss of the head; *gi seg i* ~ *med* get to work on *(fx he got to w. on the safe);* grapple with *(fx a problem);* tackle.

kastanje *(bot)* chestnut; *vill* ~ horse chestnut; *rake -ne ut av ilden for en* be sby's cat's-paw.

kastanjebrun chestnut.

kastanjetter *(pl)* castanets.

I. kaste *(subst)* caste; *miste sin* ~ lose caste.

II. kaste *(vb)* throw, cast; *(i være)* toss; *(i baseball)* pitch; *(i cricket)* bowl; *hjulet -r* the wheel is running out of true; ~ *lys over* throw light on; ~ **av** throw off; *(rytter)* throw; ~ *av seg (gevinst)* yield; ~ **bort** throw away; ~ *seg bort* throw oneself away; ~ *perler* **for** *svin* cast pearls before swine; ~ *seg for ens føtter* throw oneself at sby's feet; ~ **i** *fengsel* throw *(el.* fling) into prison; ~ *en stein i hodet på en* hit sby's head with a stone; ~ *seg* **ned** *i en stol* fling oneself into a chair; ~ *seg* **om** *halsen på en* fall on sby's neck, fling one's arms round sby's neck; ~ **opp** vomit; ~ **over** *(i søm)* baste, tack; ~ *over* **bord** throw overboard; ~ *seg over* 1 *(angripe)* fall upon, throw *(el.* hurl) oneself upon; T go for, come down on; 2*(ta ivrig fatt på)* throw oneself into *(fx the work);* 3*(spise grådig av)* throw oneself on *(fx the food);* ~ **på** *dør* turn out (of doors); ~ *stein på en* throw a stone (,stones) at sby; ~ *klærne på seg* fling one's clothes on; jump into one's clothes; ~ **til** *jorden* fling down, throw (down); ~ **ut** turn out; *(av leilighet)* evict, turn out; ~ *seg ut i det* go *(el.* jump) off the deep end; take the plunge; *(se streiflys).*

kasteball *(også fig)* shuttlecock.

kasteline *(mar)* heaving line.

kastell castle, citadel.

kasteløs without caste, pariah; *(også fig)* outcaste.

kastemerke caste mark.

kastenot casting net.

kastesluk spoonbait; US casting plug.

kastespyd javelin.

kastesøm overcast seam.

kastevesen caste system.

kastevind sudden gust (of wind).

kastevåpen missile.

kasteånd caste spirit.

kastrat eunuch; *(om hest)* gelding.

kastrere *(vb)* castrate.

kasuist casuist. **-ikk** casuistry. **-isk** casuistic(al).

kasus *(gram)* case.

katafalk catafalque.

katakombe catacomb.

katalepsi catalepsy. **-tisk** cataleptic.

katalog catalogue; US catalog.

katarr catarrh. **-alsk** catarrhal.

katastrofal catastrophic(al), disastrous.

katastrofe catastrophe, disaster *(fx it ended in d. (el.* ended disastrously)).

katedral cathedral.

kategori category. **-sk** categorical.

katekisere *(vb)* catechize.

katekisme catechism.

katet *(i rettvinklet trekant)* leg.

kateter 1*(i skole)* (master's) desk; *(universitets-)* lectern; *(lærestol)* chair; 2*(med.)* catheter.

katode cathode.

katolikk Catholic, Roman Catholic.

katolisisme Catholicism.

katolsk Catholic.

katrineplomme *(bot)* French plum.

katt cat; *ikke en* ~ T not a soul; *han gjør ikke en* ~ *fortred* he wouldn't hurt a fly; *gå som -en om den varme grøten* beat about the bush; *fight shy of sth; kjøpe -en i sekken* make a bad bargain *(el.* deal); *(lett glds)* buy a pig in a poke; *leve som hund og* ~ lead a cat-and-dog life; *i mørke er alle katter grå* all cats are grey in the dark; *når -en er borte, danser musene på bordet* when the cat is away, the mice will play.

kattaktig cat-like, feline.

katte (female) cat.

kattefjed: *på* ~ stealthily, with noiseless tread, with velvet tread.

Kattegat *(geogr)* the Cattegat.

kattehale 1*(zool)* cat's tail; 2. (purple) loosestrife.

katte|klo *(zool)* cat's claw. -lukt catty smell. -pine hole, fix, scrape, pickle *(fx* be in a p.). -pus pussy.

katte|slekt *(zool)* genus of cats, cat tribe. -vask an apology for washing, a lick and a promise, a quick wash.

kattost *(bot)* mallow.

katt|ugle *(zool)* brown owl. -unge kitten.

kattøye 1*(zool)* cat's eye; 2*(på sykkel, etc)* cat's eye, rear reflector.

kaudervelsk double Dutch, gibberish, gobbledygook.

kausjon security; *(for gjeld, etc)* guarantee; *(ved løslatelse)* bail; *stille ~* give security; go bail; *bli løslatt mot ~* be bailed out; be released on bail; *løslatt mot ~ (også)* out on bail; *stikke av mens man er på frifot mot ~* break bail; US jump one's bail.

kausjonere *(vb)* become *(el.* stand) security for; *(ved løslatelse)* go bail *(for* for).

kausjonist surety; bail.

kaut *(kry)* proud.

kautel *(jur)* precaution, safeguard.

kautsjuk rubber, caoutchouc.

I. kav *(subst)* struggling; *(travelhet)* bustle; *(se også kjør)*.

II. kav *(subst)* 1. dense snowfall; 2. heavy spray.

III. kav *(adv)* completely; *~ dansk* broad Danish; *(jvf vaskeekte)*.

kavalér gentleman; *(ball-, bord-)* partner; *~ til fingerspissene* a perfect gentleman.

kavaleri cavalry; horse.

kavalerist cavalryman, trooper.

kavalérmessig gentlemanly; gallant.

kavalkade cavalcade.

kave *(vb)* flounder, scramble; *(ha det travelt)* bustle about; *(streve)* toil, struggle; *~ etter* snatch at.

kaviar caviar, caviare.

kavl wooden float (on fishing net).

kavle roller. -bru cordwood bridgeway; US corduroy bridge. -sjø *(mar)* choppy sea.

kavring *(også* US*)* rusk.

kediv khedive.

keeper *(fotb)* goalkeeper; keeper; T goalie.

kei: *se kjed.*

keip oarlock, rowlock.

keiser emperor; *gi -en hva -ens er* = render unto Caesar the things that are Caesar's; *hvor intet er, har selv en tapt sin rett (omtr* =*)* you can't get blood out of a stone.

keiserdømme empire.

keiserinne empress.

keiser|lig imperial. -prins Prince Imperial. -rike empire. -snitt *(med.)* Caesarean operation.

keitet *(adj)* awkward, clumsy. -het awkwardness, clumsiness.

keive left hand. -hendt left-handed.

kelner waiter.

kelt|er Celt. -isk Celtic.

kemner town *(el.* city) treasurer.

kenguru *(zool)* kangaroo; *kratt-* wallaby.

kentaur centaur.

Kenya *(geogr)* Kenya.

kenyan|er, -sk Kenyan.

kepaløk *(bot)* common onion.

keramiker ceramist, potter.

keramikk ceramics, earthenware, pottery.

KFUK *(fk. f. Kristelig forening for unge kvinner)* Y.W.C.A. *(fk. f. Young Women's Christian Association)*.

KFUM *(fk. f. Kristelig forening for unge menn)* Y.M.C.A. *(fk. f. Young Men's Christian Association)*.

kg *(fk. f. kilogram)* kilo(gram), kg.

kgl. *(fk. f. kongelig)* Royal.

kike *vb (under kikhoste)* whoop.

kikhoste *(med.)* whooping cough.

kikk: *få ~ på* catch sight of; *ta en ~ på* have a look at; take a peep at; *(glds el. spøkef)* take a look at.

kikke *(vb)* glance, peep; US *(også)* peek; *~ etter* 1*(ɔ: lete etter)* look for; 2*(ɔ: se etter)* look after; *~ fram* peep (out); *~ litt i en bok* dip into a book; turn over the pages of a book; *~ inn gjennom vinduet* look in at the window; *ikke kikk!* now don't look!

kikker Peeping Tom, voyeur.

kikkert binoculars *(pl)*, field glasses *(pl)*; *(teater-)* opera glasses; *(lang)* telescope; *ha i -en (ha et godt øye til)* have one's eye on *(fx* he's got his eye on her). -sikte telescopic sight.

kilde source; *livets ~* the fountain of life; *fra pålitelig ~* on good authority, from a reliable source; *Nilens -r* the headwaters of the Nile; *(jvf kildeelv); (se hold; rykte)*.

kildeelv: *en av Nilens -er* one of the headwaters of the Nile.

kilden *adj (sak)* delicate, ticklish.

kilde|skrift (primary) source. -sted source. -studium study of sources. -vann spring water; *kjærlighet og ~* love in a cottage.

kildre *vb (fig)* tickle, titillate; *det -t hans humoristiske sans* it tickled his sense of humour.

I. kile *(subst)* wedge; *(i tøy)* gore, gusset.

II. kile *(vb)* tickle.

III. kile *(vb)* wedge; *~ seg fast* jam.

kileformet wedge-shaped, cuneiform.

kilen *(lett å kile)* ticklish; *(se II. kile)*. -het ticklishness.

kileskrift cuneiform writing.

kilevink *(ørefik)* box on the ear.

killebukk *(zool)* kid, young billy goat.

killing *(zool)* kid.

kilo, kilogram kilo, kilogram(me).

kilometer kilometer.

kimblad *(bot)* seedleaf, cotyledon; *indre ~* endoderm.

kimcelle germ cell.

I. kime *(subst)* germ, embryo.

II. kime *vb (ringe)* ring, chime; *det -r the bells are ringing; *~ på dørklokka* lean on the (door)bell, ring the doorbell with a resounding peal.

kimære chimera. -risk chimeric(al).

Kina *(geogr): se China.*

kinematograf cinema, cinematograph; *(se kino)*.

kineser Chinese *(fx* one C., two C.); T Chinaman *(pl:* Chinamen); S Chink; *du store ~!* great Scot! -inne Chinese (woman).

kinesisk Chinese.

kingbolt kingpin, steering pivot *(el.* knuckle), swivel pin; *bærebolt for ~* bush for kingpin; *-enes helling bakover (,innover)* the backward (,inward) inclination of the kingpins; *det er slark i -ene* the kingpins have a fair amount of play in them; (NB the kingpins and bushes require attention).

kingel spider. -vev spider's web, cobweb; *(flyvende sommer)* gossamer.

kinin quinine.

kink *(bukt på tau)* kink; *~ i ryggen* a crick in the back; *få et ~ i ryggen* crick *(el.* (w)rick) one's back.

kinkig *(vanskelig, lei)* ticklish, delicate; awkward.

kinn *(anat)* cheek. -bakke *zool (på insekt)* mandible.

kinnben *(anat)* cheekbone, malar *(el.* zygomatic) bone; *brudd på -et* fracture of the malar bone *(el.* cheek-bone); fractured cheekbone.

I. kinne *(subst)* churn.

II. kinne *(vb)* churn.
kinn|skjegg whiskers; US sideburns, mutton chop whiskers. **-tann** molar, back tooth.
kino cinema; US movie (theater); *i langsom ~* in slow motion *(fx* the whole thing happened in slow m.); *gå på ~* go to the pictures, go to the cinema; **S** go to the flicks, do a flick; **US** go to the movies; *jeg hørte uttrykket på ~* I heard the expression in a film *(el.* on the films).
kino|forestilling cinema show *(el.* performance); **S** flick; US movie show *(el.* performance). **-gal** mad on cinema, screen-struck. **-gjenger** cinemagoer, filmgoer; US moviegoer. **-maskinist** projectionist. **-sal** cinema auditorium.
kiosk kiosk, bookstall, newsstand.
kipen frisky.
kippe *(vb)* jerk, flip up; *(om sko)* slip off at the heels.
kippskodd without socks *(el.* stockings) *(fx* you mustn't go without s.).
kirke church; *gå i -n* go to church; *han er i -n* he is at church; *jeg har vært i -n* I have been to church.
kirke|bakke hill leading up to a church; church green. **-bok** church register. **-bønn** church prayer; *(i England)* common prayer. **-bøsse** poor box. **-departement:** *Kirke- og undervisningsdepartementet* the Ministry of Church and Education; **UK** Department of Education and Science *(fk* DES); *(se undervisningsminister).* **-far** Father (of the Church). **-fest** church festival. **-gang** churchgoing, going to church. **-gjenger** churchgoer. **-gulv** church floor; *komme nedover -et* walk down the aisle; *stå på -et* be confirmed.
kirke|gård graveyard, cemetery; *(ved kirken)* churchyard. **-historie** church history, ecclesiastical h. **-klokke** church bell. **-konsert** sacred concert.
kirkelig ecclesiastical; church *(fx* a c. wedding).
kirke|lov Church law, canon law. **-musikk** church music, sacred music. **-møte** synod, church conference. **-rett** canon law. **-ritual** church ritual. **-rotte:** *så fattig som en ~* as poor as a church mouse. **-samfunn** religious community. **-sang** church singing. **-skip** nave. **-sogn** parish. **-spir** church spire. **-stol** pew. **-tid** service time; *etter ~* after church. **-tjener** verger, pew opener; *(også graver)* sexton. **-tukt** church discipline. **-tårn** church steeple. **-ur** churchclock. **-verge** churchwarden. **-år** ecclesiastical year, church year.
kiropraktiker chiropractor.
kiropraktikk chiropractic.
kirschstang extending curtain rod.
kirsebær *(bot)* cherry. **-likør** cherry brandy. **-stein** cherry stone; US cherry pit. **-stilk** cherry stalk.
Kirsten giftekniv matchmaker.
kirurg surgeon; *(se kjevekirurg & tannlege).*
kirurgi surgery. **-sk** surgical.
I. kis *(min)* pyrite ore.
II. kis T chap; US guy.
kisel *(ren)* silica; *(kjem)* silicon. **-aktig** siliceous. **-stein** siliceous rock; *(en enkelt)* s. stone.
kisle *vb (få kattunger)* kitten, have kittens.
kiste chest; *(lik-)* coffin. **-bunn** bottom of a chest; *han har noe på -en* he has a little nest egg; he has provided against a rainy day. **-glad** as pleased as Punch. **-klær** one's Sunday best.
kitt *(subst)* putty.
kitte *(vb)* putty; *~ igjen en sprekk* fill *(el.* stop) up a crack with putty.
kittel *(håndverks-)* overall; *(leges, etc)* (white) coat, smock.
kiv quarrel, wrangling. **-aktig** quarrelsome.
kives *(vb)* quarrel, wrangle.
kjake jaw, jowl; *(jvf kjeve & kinn).*

kjangs T chance, opportunity; *få ~ hos* get off with, pick up *(fx* a girl); *han har fått ~* he's clicked (with a girl).
kjapp fast, quick; *et -t (ɔ: nesevist) svar* a pert answer; *det gikk -t* it was quick work; *la det gå litt -t!* look sharp about it!
kjappe *(vb): ~ seg* hurry; *(se kjapp).*
kjas bustle, fuss; *(strev)* toil, grind; *for et ~!* T what a fag! *~ og mas* toil and moil; fuss; *med ~ og mas* with great difficulty; *(se kjør).*
kjase *(vb)* fuss, struggle *(med* with); *hun -r hele dagen* she fusses about all day.
kje *(zool)* kid, young goat.
kjed: *~ av* fed up (with), sick of.
kjedder *(på bil)* joint moulding.
I. kjede *(subst)* chain; *(hals-)* necklace.
II. kjede *(vb)* bore; *~ seg* be bored; *~ seg i hjel* be bored stiff *(el.* to death).
kjedekollisjon pile-up, concertina crash.
kjedelig boring, dull, tiresome; *(pinlig)* awkward; *(uheldig)* unfortunate; *(ergerlig)* annoying *(fx* it's a. to miss the train); *det var ~* that's too bad; *det var ~ med den boka (også)* I'm sorry about that book; *det -e er at ... the pity(el.* trouble) is that ..., the snag is that ...; *en ~ fyr* a bore; **S** a binder; *(se også stilling).*
kjedelighet: *vi har hatt mange -er* we have had a great deal of unpleasantness; *komme opp i -er* get into an embarrassing *(el.* unpleasant) position; *(se også stilling).*
kjedsommelig tedious; boring. **-het** tediousness, wearisomeness, boredom, tedium.
kjee *vb (få kje)* kid.
kjeft *(vulg = munn)* jaw; *hold ~!* *(vulg)* shut up! hold your tongue! *ikke en ~* not a (living) soul; *grov ~* abuse, coarse language; *bruke ~ på* scold; T jaw at; *få ~* get a scolding; *få huden full av ~* S be bawled out; *dette kommer jeg til å få (også)* I shall get into a row for this; *stoppe -en på en* shut sby up.
kjeftament T trap.
kjeftause *se kjeftesmelle.*
kjefte *(vb)* scold; T jaw; *-s* bicker.
kjeftesmelle chatterbox, gossip; *(arrig kvinne)* shrew.
I. kjegle *subst (mat.)* cone; *avskåret ~* truncated cone.
II. kjegle *(vb): se kjenkle.*
kjegle|dannet conical. **-snitt** conic section.
kjei (**T** *= pike)* girl; T bird; *(også US)* chick; *skirt; job, piece; bint; (søt pike)* T peach; *et fint lite ~* a smashing bit of fluff; a heart throb; *et flott ~* a well-set-up girl, a strapping girl; S a well-packed piece of merchandise, a lively piece of goods; *-et hans* his pin-up girl, his best girl; *(se også jente).*
kjekk brave; *(frisk, i form)* fit *(fx* feel fit); *en ~ kar* a good *(el.* decent) sort; *hun er ~ og sjarmerende om ikke akkurat pen* she is a good sort and has plenty of charm, though she is not exactly pretty *(el.* good-looking).
kjekl . quarrelling; wrangling, squabble; bickering.
kjekle *(vb)* quarrel, wrangle, squabble, bicker.
kjeks biscuit; *(jvf kake: tørre -r).*
kjeksis ice-cream cone *(el.* cornet).
kjele 1. kettle; *(kasserolle)* saucepan, (stew)pan; *(med to hanker)* casserole; *(jvf gryte & kasserolle);* 2*(damp-)* boiler.
kjeledress 1 *(for voksne)* boiler suit; US coveralls; 2*(for barn)* combination suit, storm suit; *(også US)* snowsuit.
kjeleflikker tinker.
kjelke sledge (,US sled), toboggan.
kjeller cellar.

kjellerbod storage room, storeroom (in the cellar).

kjelleretasje basement. **-hals** cellar entrance. **-lem, -luke** trapdoor (of a cellar). **-trapp** basement stairs, area steps.

kjeltring scoundrel. **-aktig** scoundrelly. **-pakk** a pack of scoundrels. **-strek** dirty trick, scoundrelly trick.

kjemi chemistry; chemical science; T stinks.

kjemiingeniør 1(*vesentlig kjemiteknikk*) chemical engineer; 2(*vesentlig almen & teoretisk kjemi*) chemical scientist.

kjemikalier *(pl)* chemicals.

kjemiker chemist.

kjemisk chemical; ~ *fri for* chemically free from; *(fig)* completely devoid of; ~ *ren* chemically pure.

kjemiteknikk chemical engineering. **-øvelser** *pl (i skole)* practical work (in chemistry); practical chemistry, c. practical; T *(ofte)* practical (in chemistry).

kjemme *(vb)* comb.

I. kjempe *(subst)* giant.

II. kjempe *(vb)* fight, struggle; ~ *med seg selv* struggle with oneself; ~ *seg fram* fight one's way; *de -nde* the combatants; the contending parties.

kjempearbeid gigantic *(el.* Herculean) task. **-flott** excellent; S wizard, smashing; *(se også suveren)*. **-krefter** *(pl)* great strength. **-messig** gigantic. **-skritt** giant stride. **-soleie** *(bot)* greater spearwort. **-sterk** strong as a giant, of giant strength. **-stor** huge, gigantic; T whopping big. **-suksess** huge success; S smash hit. **-tabbe** great mistake; T big blunder; howler. **-vekst** *(med.)* gigantism.

kjennbar noticeable, perceptible.

I. kjenne: gi til ~ make clear; show; *gi seg til* ~ make oneself known.

II. kjenne *(vb)* know; feel, perceive; *jeg har kjent henne siden hun var en neve stor* I have known her ever since she could walk; ~ *en smell; kjenn på den deilige lukten!* just smell that wonderful smell! *lære en å* ~ get to know sby; *det var ved den anledning jeg lærte min kone å* ~ it was on that occasion that I first met my wife; *jeg har aldri hatt anledning til å lære ham å* ~ *(ofte)* I have never had an opportunity *(el.* chance) to meet him; I have never chanced to meet him; ~ *skyldig* find guilty; ~ *en av utseende (,navn)* know sby by sight (,name); ~ *etter* feel; ~ *i lommen sin etter* feel in one's pocket for *(fx* he was feeling in his pocket for a penny); ~ *etter om det er brudd noe sted* feel whether there are any bones broken; *jeg -r dem ikke* fra *hverandre* I don't know one from the other; I can't tell them apart; ~ **igjen** recognize, recognise; ~ **på** 1(*berøre*) touch; 2(*smake på*) taste; 3(*løfte på*) feel the weight of; *kjenn på denne kofferten!* just feel the weight of this suitcase! *jeg -r på meg at* I have a feeling that; I feel instinctively that; *på seg selv -r man andre!* the pot calls the kettle black! kettle calling pan! T now who's talking? you should know! *hvis jeg -r ham* **rett** if I know him at all; ~ **til** know about; *jeg -r til et slikt firma* I know of such a firm; *jeg -r til at folk har blitt straffet for mindre enn det* I've known people to be punished for less than that; ~ *noe* **ut og inn** know sth from A to Z; know sth thoroughly; know all there is to know about sth; know sth inside out; know sth in (its every) detail; ~ *-s* acknowledge, own; *(se kjent)*.

kjennelig recognizable *(på* by); *(merkbar)* perceptible, discernible.

kjennelse decision, ruling; *(jurys)* verdict.

kjennemerke (distinctive) mark, distinctive feature, distinguishing characteristic.

kjenner connoisseur, expert, judge. **-mine** air of a connoisseur.

kjennetegn mark, sign *(på* of); hallmark; *-et ved* the h. of; ~ *for forsvarsgren (mil)* service distinguishing symbol; ~ *for generaler* general officers' markings *(el.* tabs); *uten særlige* ~ = no special distinguishing mark.

kjennetegne *(vb)* characterize, distinguish, mark.

kjenning *(bekjent)* acquaintance; *en gammel ~ av politiet* an old lag.

kjenningsmelodi signature tune; *(når programmet er slutt)* signing-off tune.

kjennskap knowledge *(til* of); *(se fremmed: det er meg ~).*

kjensel: *dra* ~ *på* recognize, recognise.

kjensgjerning fact; *fordreie -ene* distort the truth; twist the facts; *få brakt -ene på det rene* straighten out the facts.

kjensle feeling; sense *(av* of); *(se følelse).*

kjent known, familiar; *et* ~ *ansikt* a familiar face; *et* ~ *firma* a well-known firm; *bli* ~ become known; get about *(el.* round); *bli* ~ *med* get to know, become acquainted with; *han har ikke lett for å bli* ~ *med folk* he does not make contacts easily; *han har lett for å bli* ~ *med folk* T he's a good mixer; *gjøre seg* ~ *med* get to know, become acquainted with *(fx* he must b. a. with the wishes and requirements of the consumers); *de som ikke var* ~ *på skolen, kunne ...* strangers to the school were able to ...; *jeg er ikke* ~ *her* I don't know my way about here; *han er godt* ~ *i byen* he knows the town well; *det er en* ~ *sak at ...* it is a matter of common knowledge that ...; *være* ~ *med at ...* be aware that ...; *(se klar: være* ~ *over).*

kjentmann one who knows the locality.

kjepp stick; *som -er i hjul* like a house on fire. **-hest** *(fig)* consuming interest, obsession; hobby; *(fiks idé)* fad, craze; *ri sin* ~ pursue one's craze.

kjepphøy arrogant, overbearing, cocky.

I. kjerne *subst (smør-)* churn.

II. kjerne *subst (nøtte-)* kernel; *(i appelsin, eple)* seed; *(fig)* core, heart, essence, nucleus.

III. kjerne *(vb)* churn.

kjernefag *(i skole)* core subject; basic subject. **-hus** *(bot)* core.

kjernekar splendid chap; brick; *han er en* ~ *(også)* he's one of the best.

kjernekraftverk nuclear power plant *(el.* station).

kjernemelk buttermilk.

kjernepunkt core, crux (of the matter); essential point. **-sunn** thoroughly healthy. **-tropp** crack unit; *-er* picked troops, crack troops; hard core (of an army).

kjerr *(kratt)* brushwood, scrub, thicket.

kjerre (small) cart; S *(om bil)* old crock, old banger; old crate, rattletrap.

kjerring old woman; T *(= hustru)* wife.

kjerringrokk *(bot)* horsetail.

kjerringråd old woman's remedy.

kjerringsladder, -snakk old woman's twaddle.

kjerte candle, taper; torch.

kjertel *(anat)* gland. **-syk** scrofulous. **-syke** glandular disease, scrofula.

kjerub cherub.

kjetter heretic. **kjetteri** heresy.

kjetterjakt *(også fig)* heresy hunt *(fx* a h. h. for persons of radical views).

kjettersk heretical.

kjetting chain; *-er* (tyre) chains, non-skid chains.

kjeve jaw. **-ben** jawbone. **-bensbrudd** fracture of the jaw; fractured jaw.

kjevekirurg oral surgeon; *(lege som har spesialisert seg i kjevekirurgi, ofte)* surgeon dentist.

I. kjevle *(subst)* rolling pin.

II. kjevle *(vb)* roll out; ~ *(ut) en deig* roll out a dough.

kjevledeig dough for rolling out.

kjoks *(i dreiebenk)* chuck.

kjole *(damekjole)* dress, frock; gown; *(herres)* dress coat, tailcoat; **T** tails; *(preste-) (intet tilsv., kan gjengis)* gown; *lang* ~ long dress; *(glds)* gown; ~ *og hvitt* (full) evening dress; **T** white tie; tails; **US** white tie and tails; *(se legge B: ~ ned, ~ opp, ~ ut)*.

kjolesøm dress-making.

kjoletøy dress material.

kjone *(tørkehus for korn)* oast-house.

kjortel coat.

kjæle *(vb)* fondle, caress, pet; ~ *for* *(ɔ: forkjæle)* pamper, coddle *(fx a child)*.

kjæle|barn, -degge pet, darling, coddled child (,animal).

kjælen loving, affectionate; kittenish *(fx a k. girl)*; mawkish *(fx manners, voice)*.

kjælenavn pet name.

kjæling caressing; *(se kjæle)*.

kjær dear; *-e! (int)* dear me! *mine -e* my dear ones, those dear to me; *mitt -este* what is dearest to me; *inderlig* ~ dearly beloved; *måtte De alltid ha denne tiden ved handelsgymnaset i X i* ~ *erindring* may you always recall *(el. look back upon)* your stay at the commercial college in X with pleasure.

kjæremål *jur (anke)* appeal; *forkaste -et* dismiss the appeal; *godkjenne -et* allow the appeal.

kjæremålsutvalg committee on appeals; *Høyesteretts* ~ *(kan gjengis)* the Appeals Committee of the Supreme Court.

kjæreste lover, friend; *(kvinnelig)* sweetheart; **S** (his) pin-up girl; (his) (best) girl; **T** (her) young man; *de to -ne* the two lovers. **-folk** *(pl)* lovers.

kjærkommen welcome.

kjærlig loving, affectionate; *(overdrevent)* fond; *et* ~ *blikk* an affectionate *(el. a loving)* look *(el. glance)*.

kjærlighet love, affection; *(menneske-)* charity; *tro, håp og* ~ faith, hope, and charity; *en mors* ~ the love of a mother; ~ *til* 1*(personer)* love for *(fx his love for his wife)*; *(mer generelt)* love of *(fx his great love of the French)*; 2*(dyr, ting, etc)* love of; ~ *på pinne* lollipop, licker lolly; **US** (candy) sucker; ~ *ved første blikk* love at first sight; *alt er tillatt i krig og* ~ all is fair in love and war; *ulykkelig* ~ unhappy love affair, unrequited love; *gammel* ~ *ruster ikke* old love lies deep.

kjærlighets|brev love letter. **-erklæring** declaration of love. **-eventyr** love affair. **-historie** love affair; *(fortelling)* love story. **-pant** pledge of love.

kjærtegn caress. **-tegne** *(vb)* caress, stroke, fondle, pet.

kjød *(bibl)* flesh; *gå all -ets gang* go the way of all flesh.

kjødelig carnal; *(bibl)* fleshly; ~ *bror* own *(el. full)* brother; *-e søsken* full brothers and sisters; ~ *slektning* blood relation.

kjødelighet carnality, sensuality; *(bibl)* fleshliness.

kjødslyst *(bibl)* carnal desire.

kjøkemester master of ceremonies; *(bibl)* governor of the feast.

kjøkken kitchen; *(matlaging)* cuisine; *med adgang* ~ with kitchen facilities, with use of k.

kjøkken|benk kitchen (floor) unit; *(oppvaskbenk)*

sink unit; *(glds)* kitchen workbench. **-departement** culinary department. **-forkle** kitchen apron. **-hage** kitchen *(el. vegetable)* garden. **-hjelp** *(på restaurant)* kitchen hand. **-inngang** backstairs; *(utvendig, ned til kjøkkenet)* area steps; *(se kjøkkenvei)*. **-møddinger** *pl (forhist)* kitchen middens, shellmounds, shellheaps. **-salt** cooking salt. **-sjef** *(overkokk)* chef. **-skriver** kitchen snooper. **-trapp** backstairs; service stairs. **-tøy** kitchen utensils. **-vei:** *gå -en* use the backstairs, enter by the backstairs. **-vekt** (set of) kitchen scales.

kjøl keel; *på rett* ~ on an even keel; *få på rett* ~ right; *få en på rett* ~ *(fig)* make sby go straight; *komme på rett* ~ right itself; *med -en i været* bottom up, keel up.

kjøle *(vb)* cool, chill.

kjølebag cooling bag, cooler, thermos bag; *(stiv)* cooler box.

kjøledisk refrigerated display counter *(el. cabinet)*; refrigerating counter.

kjøleelement cooler brick.

kjølelast refrigerated cargo.

kjølemiddel coolant *(fx the c. is water)*.

kjøler cooler, refrigerator; *(i bil)* radiator.

kjøler|gitter grill(e). **-kappe** radiator shell. **-legeme** r. core.

kjøle|rom cold-storage chamber. **-skap** fridge. **-tekniker** refrigeration service engineer. **-vann** cooling water. **-vannspumpe** c. w. pump. **-vifte** cooling fan. **-vogn** refrigerator van.

kjøl|hale *vb (et skip)* careen; *(en mann)* keelhaul. **-haling** careening; keelhauling.

kjølig cool; chilly; *behandle en* ~ treat sby coldly *(el. with coldness)*, be cool to sby. **-het** coolness.

kjølmark *(zool)* wireworm.

kjølne *(vb)* cool, cool (down); cool off *(fx his enthusiasm had cooled off)*.

kjøl|svin *(mar)* keelson. **-vann** wake. **-vannslinje** line ahead. **-vannsstripe** track.

kjønn sex; *(gram)* gender; *det annet* ~ the opposite sex; *det smukke* ~ the fair sex; *det sterke* ~ the sterner sex; *det svake* ~ the weaker sex.

kjønns|akt copulation, intercourse; mating. **-atlet** *(spøkef)* sex maniac; *(NB sex maniac også = voldtektsforbryter)*. **-bestemmelse 1.** sex determination; **2**(gram) determination of gender. **-bestemt** sex-linked *(fx s.-l. characters)*.

kjønns|bøyning *(gram)* inflection for gender. **-celle** *(biol)* gamete; sex cell. **-del** genital, (external) sexual organ. **-diskriminerende** sexually discriminating; *bli utsatt for* ~ *fornærmelser* be the victim of sexual(ly discriminating) insults; be sexually insulted. **-diskriminering** sex discrimination. **-drift** sexual instinct *(el. urge)*; **US** sex urge; *med abnormt sterk* ~ oversexed. **-endelse** *(gram)* termination indicating gender. **-forhold** sexuality. **-forskjell** sexual difference, distinction of sex; *(gram)* distinction of genders. **-kvotering** allocation by *(el. according to)* sex quota(s); ~ *i arbeidslivet* allocation of jobs according to sex. **-lem** sexual organ. **-leppe** sex lip. **-lig** sexual; *(adv)* sexually. **-liv** sexual life; *(også* **US)** *sex life.* **-løs** sexless, asexual. **-løshet** asexuality, sexlessness. **-moden** sexually mature. **-modenhet** sexual maturity. **-modning** puberty, pubescence. **-nytelse** sexual gratification. **-nøytral:** *-e betegnelser* neutral-gender terms. **-organer** *(pl)* sexual organs, genitals; **US** *(også* sex organs. **-rolle** sex role; *den kvinnelige* ~ the female sex role; *-ne er byttet om* the sex roles have been reversed. **-rollemønster** pattern of sex roles; *-et er mer fastlåst i de lavere sosiale lag enn i de høyere* sex roles are more rigid in the lower social strata than the upper. **-skifte** sex reversal.

kjønrøk lampblack.

kjøp purchase; buying; *(det kjøpte eller solgte)* bargain; *et godt* ~ a bargain; **T** a good buy; *få noe på -et* get sth into the bargain; get sth thrown in (for good measure); *heve et* ~ cancel a purchase; *(jur)* repudiate a contract of sale.

kjøpe *(vb)* buy, purchase *(av* from); *hva har du kjøpt for pengene?* what have you bought with the money? ~ *inn* buy in; *det man har kjøpt inn* one's purchases; *han pakket pent inn det jeg hadde kjøpt* he made a neat parcel of my purchases; ~ *opp* buy up; ~ *seg fri (mot løsepenger)* ransom oneself; *han må selvfølgelig selge til en høyere pris enn den han -r til* needless to say, he must sell at a higher price than he buys for; *(se I. prøve).*

kjøpe|kontrakt contract of sale, sales contract; *(jvf handelskjøp & sivilkjøp).* **-kraft** purchasing power; spending power. **-lyst** inclination *(el.* desire) to buy; *manglende* ~ *(tilbakeholdenhet fra kjøpers side)* sales resistance.

kjøpelyst|en eager to buy; *de -ne* the crowd of eager shoppers; the prospective *(el.* intending) purchasers *(el.* buyers).

kjøper buyer, purchaser; *være* ~ *til* be in the market for; *-ne holder seg tilbake* buyers are holding back; *(jvf innkjøpssjef).*

kjøpesum purchase price.

kjøpetvang: *uten* ~ without obligation to buy; *«ingen* ~ *»* 'no obligation (to purchase)'.

kjøpmann *(detaljist)* retailer, shopkeeper, storekeeper; **US** storekeeper; *kjøpmenn (koll.)* tradespeople.

kjøpmannsforretning general shop.

kjøpskål: *drikke* ~ wet a (,the) deal.

kjøpsloven UK the Sale of Goods Act.

kjøpslå *(vb)* bargain, haggle *(om* for).

kjøpstad (market) town; country town, provincial town.

kjør: *i ett* ~ at a stretch, without a break, on end, running; continually; *her (hos oss) går det i ett (eneste)* ~ *hele dagen* we're in a whirl all day; the day passes in a whirl; *et ordentlig* ~ **T** a tough go; *det var et ordentlig* ~ *(også)* that was tough.

kjørbar passable, safe for driving; *(om bil, etc)* serviceable, in (good) running order, road worthy.

kjøre *(vi)* go *(fx* in a car, by bus, *etc),* drive *(fx* they drove over to X in their car); **US** *(oftest)* ride; *(på sykkel)* ride, cycle; *(om bil)* go *(fx* this car can go very fast), run *(fx* the car ran into a hedge); *(om tog)* run, go, travel; *vt (transportere)* take, drive, run *(fx* they ran me over to the village in their car); carry, convey *(fx* goods to Liverpool); *(la en få* ~ *med)* give (sby) a lift; *(se sitte på);* ~ *en film* run (through) a film, show a f.; ~ *en film baklengs* run *(el.* play) a f. backwards; *vi -te al hva bilen var god for* the car was going at top speed; **T** we were going all out; *komme -ende* come driving along *(el.* up), drive up; ~ **seg fast** get stuck; *(fig)* reach a deadlock; ~ **forbi** *(innhente)* overtake, pass; *(passere)* pass, go past; *det -te en bil forbi huset* a car drove past the house; ~ **fort** drive fast, speed; *en som -er fort* a scorcher, a speeder; ~ *i grøfta* drive into the ditch, land in the d.; ~ *i vei* go ahead; ~ **inn** *(maskin, etc)* run in; *(hest)* break in; ~ *inn en forsinkelse* catch up on a delay, make up for a d.; ~ **inn i** *hverandre* ram one another, interlock nose to tail; *han -te inn i en sidegate* he turned down a sidestreet; ~ **inn til** *fortauskanten og stoppe* pull in to the edge of the pavement and stop, pull up at the kerb; *kjør ikke for tett* **innpå**

bilen foran **T** don't crowd the man in front; ~ *(ytterst)* **langsomt** go (dead) slow; ~ **med** *klampen i bånn* **T** go flat out, go all out; ~ **midt i** *veien* drive on the crown of the road, hug the middle of the road; ~ **mot rødt lys** cross on the red, shoot the traffic lights, drive *(el.* cross) against the lights; ~ *mot stoppskilt* drive through *(el.* run) a stop sign; ~ **en ned** *(med bil, etc)* knock sby down, run sby down; ~ **opp** *et hus* **T** run up a house; ~ *oss* **opp i** *vansker (fig)* land **US** in difficulties; ~ **opp med** *(fig)* bring up, bring forward; ~ **opp på** *siden av* pull *(el.* draw) up alongside; *(kjøretøy i fart)* draw level with; ~ **over** *en* run over sby; *over mot venstre* pull over to the left — **på** *en* run against, run into, cannon into *(el.* against); bump into, hit *(fx* he hit a child); *(jvf:* ~ *ned); kjør på!* drive on! **T** let her rip! **US** step on the gas! ~ **uforsvarlig** drive recklessly; *(jur)* drive to the public danger; ~ **ut** *(ɔ: forlate eget felt)* pull out, pull over; ~ *ut bilen (av garasje)* run the car out (of the garage); ~ *ut til siden* pull into the side; ~ **utfor** *veien* run off the road.

kjøre|bane roadway, carriageway; *dobbelt* ~ dual c. **-bruvekt** weighbridge. **-doning** horsedrawn vehicle, rig. **-egenskaper** *(pl)* driving characteristics; *bilen har utmerkede* ~ it is an excellent car to drive.

kjøre|elev learner-driver, L-driver. **-felt, fil** (traffic) lane *(fx* a six-lane highway); driving area.

kjøreglede enthusiasm for driving; *en helt ny* ~ an entirely new sensation for the driver.

kjøre|hastighet travelling speed; *(fartsgrense)* speed limit. **-kar** *(kusk)* driver; teamster. **-komfort** riding comfort.

kjørel vessel, container.

kjøreopptak *(film)* tracking shot.

kjøre|prøve *(hos bilsakkyndig)* practical (driving) test; **US** driver's test; *(se førerprøve).* **-retning** direction of traffic. **-sikkerhet** safe driving, safe motoring. **-skole** school of motoring, driving school. **-tid** running time, time taken. **-time** *(hos sjåførlærer)* driving lesson. **-tur** drive; **T** spin, run; *(som passasjer)* ride; **US** drive, ride. **-tøy** vehicle.

kjøring driving, motoring; *sikker* ~ safe d. *(el.* m.).

kjørsel driving.

kjøter *(neds)* cur, mongrel.

kjøtt flesh; *(som føde)* meat; *(på frukt)* flesh, pulp.

kjøtt|bein meaty bone; bone with some meat on it. **-berg** mountain of flesh. **-bolle** meat ball. **-deig** minced (,US: ground) meat; mince; *fin* ~ *(=* *bolledeig)* meat farce; *(jvf karbonadedeig); (NB* 'minced meat' *må ikke forveksles med' mincemeat' som er en blanding av oppskårne epler, rosiner etc. brukt som fyll i pai).* **-ekstrakt** meat extract. **-etende** carnivorous.

kjøtt|farse sausage meat; forcemeat. **-forgiftning** meat poisoning; ptomaine poisoning. **-full** fleshy. **-gryte** *(fig)* fleshpot. **-hermetikk** tinned *(,især* **US**: canned) meat; **T** bully beef; *noen bokser* ~ some tins of meat. **-hue** *(neds)* fathead; **US** meathead. **-kake** rissole. **-kontroll** meat inspection. **-kvern** mincer; **US** meat grinder; *la noe gå gjennom -a* put sth through the mincer. **-mat** meat (dish). **-meis** *(zool)* titmouse. **-pudding** meat loaf. **-pålegg** cooked meats; **US** cold cuts. **-rett** meat dish. **-trevl** shred of meat (,flesh).

klabb: *hele -et* **T** the whole boiling *(el.* caboodle).

kladd (rough) draft; rough copy; *listen foreligger som* ~ the list is in the draft stage; *dere skal ha stilen ferdig på* ~ *til i morgen* you must have your essays written out in rough by tomorrow; *han brukte for lang tid på -en og fikk ikke tid til å føre inn alt sammen* he spent too much time over his rough copy and didn't get time to copy it all out; *ikke feildisponer tiden, slik at dere bruker så lang tid på -en at dere ikke rekker å føre inn alt sammen* don't misjudge the time, and spend so long on the rough copy that there isn't time to copy it all out.

kladde *(vb)* **1.** draft, make a rough draft (of); **2** *(under skiene): skiene dine -er* the snow is sticking under your skis; your skis are clogged up.

kladde|ark rough sheet. **-blokk** *(også US)* scratch pad. **-bok** rough book *(fx* a rough maths book); jotter. **-føre** wet snow, sticky snow. **-papir** rough paper.

klaff leaf, flap; *(på blåseinstrument)* key; *(ventil)* valve.

klaffe 1*(stemme)* tally; agree; **2***(gi det ønskede resultat)* work out, pan out; *jeg håper det -r* T I hope it will work (all right); I hope it will be O.K.; *denne gangen må det ~* this time it 'must succeed *(el.* work *el.* be O.K.).

klaffefeil *(med.)* valvular defect.

I. klage *(subst)* complaint; *(jamring)* wailing; *føre ~ over* complain of; *inngi en ~ på* lodge *(el.* make) a complaint against.

II. klage *(vb)* complain*(over* of, *til* to); *han -t sin nød for meg* he poured out his troubles to me; *gråte og ~* weep and wail; *gråtende og -nde fulgte de kisten* weeping and wailing they followed the coffin; *de sto rundt den døende mannen og -t høylytt* lamenting loudly they stood round the dying man.

klage|brev letter of complaint. **-frist** period for entering a complaint; *-en er 10 dager* complaints must be submitted within 10 days; *-en utløper den 30. sept.* complaints (,appeals) must be lodged not later than September 30th. **-muren** the Wailing Wall. **-mål** complaint, grievance.

klagende plaintive.

klagepunkt *(jur)* complaint, grievance; *(i tiltale)* count (of an indictment), charge.

klager, -ske *(jur)* plaintiff.

klage|sang dirge, elegy, lament. **-skrift** written complaint.

klam clammy, damp. **-het** clamminess, dampness.

klamme *(typ)* bracket; *sette i -r* bracket, put in brackets, enclose in brackets; *runde -r* parentheses.

klammeri loud quarrel, brawl, row; *komme i ~* get into a brawl.

klamp *(kloss)* block; *(mar)* chock, clamp, cleat; *(om foten)* drag, clog *(fx* be a c. on sby); **S** bind; *hun er en ~ om foten på ham* she is like a millstone round his neck; *-en i bånn!* **S** let her rip! step on it! **US** step on the gas!

klamre *(vb):* ~ *seg fast til* cling to.

klander blame, criticism; reprimand, rebuke.

klandre *(vb)* find fault with, blame, rebuke.

klang sound, ring; clink, chink. **-bunn** *(mus)* soundboard. **-farge** timbre, tone colour. **-full** sonorous, resonant. **-fylde** sonorousness, sonority. **-løs** toneless, dull.

klapp 1. slap; **2.** applause, clapping (of hands).

klappe *(vb)* 1*(i hendene)* clap (one's hands), applaud; **2***(som kjærtegn)* pat, caress; *~ en på skulderen* tap sby on the shoulder, tap sby's shoulder; *«...og så -r vi!»* *(også US)* let's give him a big hand! *-t og klart* (all) ready; **T** all set.

klapperslange *(zool)* rattlesnake.

klapp|jakt battue; *drive ~ på* round up *(fx* the police were rounding up the gangsters). **-myss** *(zool)* hooded seal.

klapp|salve round of applause. **-sete** folding seat; *(kino, teater)* tip-up seat. **-stol** folding chair.

klapre *(vb)* clatter, rattle; *(om tenner)* chatter.

klaps slap.

klapse *(vb)* slap.

klar clear; *(lys, strålende)* bright; *(tydelig)* clear, plain, evident; *det er -t at* it is obvious *(el.* plain *el.* clear) that; *det er -t at vi ikke kan ...* clearly *(el.* obviously) we cannot ...; *~ beskjed* **1.** a plain answer; **2.** definite orders; *telegrammet inneholdt et -t formulert avslag* the telegram contained a clearly worded refusal; *han ga meg ikke noe -t svar m.h.t. om han kunne komme* he gave me no definite *(el.* clear-cut) answer as to whether he could come or not; *taleren ga en ~ og grei orientering om den politiske situasjon* the speaker explained the political situation in clearly defined terms; *jeg har det ikke -t for meg selv ennå* I'm not clear about it myself yet; *-t som dagen (fig)* clear as day; *~ flamme* bright flame; *han er ~(o: ferdig)* nå he is ready now; *-t til bruk* ready for use; *~ til å vende (mar)* ready about; *gjøre -t skip* clear the ship (for action); *gå ~ av* clear, miss; *ha et -t blikk for* have an open eye for; *det sto -t for ham at ...* it was clear to him that ...; *det ligger -t i dagen* it is quite obvious; *bli ~ over noe* realize sth; *være ~ over* (fully) realize, fully *(el.* quite) understand; *klar, ferdig, gå!* on your marks, get set, go! *alt -t fra høyre (,venstre)!* all clear on the right (,left)!

klare *(vb)* clear; *(avklare)* clarify; *(kaffe)* allow to settle; *(greie)* manage; *~ seg (,T: biffen)* hold one's own, pull through, find a way out; manage; *de -r seg nok* **T** *(også)* they will muddle through (all right); *~ seg uten* make do without, do without, manage without; *(se også II. greie).*

klarere *(vb)* clear; *inn-* clear *(fx* a ship) inwards; *ut-* clear outwards.

klarering *(merk)* clearance (inwards *el.* outwards).

klareringsdokument clearing bill, (bill of) clearance; *(for utklarering)* clearance label.

klarhet clearness; clarity; *bringe ~ i* throw light on; *få ~ i noe* have sth cleared up; **T** get sth straight.

klarhodet clear-headed.

klarinett *(mus)* clarinet.

klarinettist *(mus)* clarinettist; **US** clarinetist.

klaring clearing; clearance.

klarsynt clear-sighted.

klarsynthet clear-sightedness.

klarøyd bright-eyed; *(fig)* clear-sighted.

klase cluster, bunch.

klask smack, slap. **klaske** *(vb)* smack, slap.

klasse class; *(på skolen)* form, class; *han går i min ~* he is in my class; *de går i for store -r* they are taught in oversized classes; *høyere ~: se høyere; sette i ~ med* class with; *skriftlig ~* class with written work.

klasse|bevisst class-conscious. **-forskjell** class distinction. **-forstander** form master, f. teacher *(fx* f. t. to 3A); *han er ~ for to klasser i år* he is in charge of two forms this year; *he is form master of (el.* for) two forms this year. **-fradrag** family allowance. **-hat** class hatred. **-kamerat** *(glds)* classmate, form mate; *vi var -er* he was in my form; we were in the same form. **-kamp** class struggle. **-kart** seating plan, form chart, chart of the form *(el.* class). **-lærer** *se -styrer.* **-styrer** form master *(el.* teacher) *(for* to). **-tur** form *(el.* class) outing *(el.* excursion); *(lengre)* form *(el.* class) trip; *de dro på ~ til Paris* the

whole class went to *(el.* had a trip to) Paris. **-være-relse** classroom, form room.
klassifisere *(vb)* classify, class.
klassifisering classification.
klassiker classic; classical scholar.
klassisisme classicism.
klassisk classic(al); ~ *musikk* **US S** longhaired music.
klatre *(vb)* climb; ~ *opp (ofte)* go up *(fx* he went up a rainpipe and climbed on to the roof); ~ *opp i et tre* climb into a tre, climb (up) a tree; ~ *opp i toppen på et tre* climb to the top of a tree; ~ *i trær* climb trees; ~ *rundt i trærne* climb about in the trees; ~ *møysommelig opp-over en fjellside* toil (,T: slog) up a mountain.
klatre|fot climbing foot. **-fugl** climber.
klatrelag: ~ *i tau* roped party.
klatrer climber.
klatt *(blekk-)* blot; *(smør-)* lump *(fx* of butter).
klatte|gjeld petty debts, small debts. **-maler** slapdash painter. **-maling** daubing, slapdash painting.
klausul clause, proviso.
klauv *se klov.*
klauvsyke foot-rot; hoof-rot; *munn- og* ~ the foot-and-mouth disease.
klave (cow's) collar.
klaver *(mus)* piano. **-konsert** piano(forte) recital; r. of piano music; *(stykke)* piano concerto, keyboard concerto. **-musikk** piano music, keyboard music. **-stemme** *(mus)* piano part.
klaviatur *(også typ)* keyboard.
kle *(vb)* clothe, dress; *(passe)* become, be becoming; *være -dd* i wear; ~ *på en* dress sby; ~ *på seg* dress; put on one's clothes; ~ *seg naken* strip; ~ *av seg* undress, take off one's clothes; strip; ~ *seg om* change; ~ *seg ut som* dress up as, get oneself up as.
klebe *(vi)* stick *(ved* to); *(vt)* stick, paste; *(se klistre).*
klebebånd adhesive tape.
klebefri non-sticky.
kleberstein *(min)* steatite; *(også* US*)* soapstone.
klebestoff adhesive.
klebrig sticky, adhesive. **-het** stickiness, adhesiveness.
klede *(subst)* cloth.
kledelig becoming.
kledning covering; exterior finish; *(med planker)* planking; *(panel)* wood(en) panelling, wainscot, wainscot(t)ing, boarding; skin *(fx* a fibreglass quilt in the space between the inner and outer skins); *(plate-)* plating.
klegg *(zool)* gadfly, horsefly.
kleiv steep path.
klekke *(vb)* hatch.
klekkelig substantial, sizable *(fx* sum of money); generous, handsome *(fx* tip).
klem pinch, crush; *(omfavnelse)* hug, squeeze; *på* ~ *(om dør)* ajar; open just a crack; on the latch *(fx* he left the door on the latch); *med fynd og* ~ forcibly.
klematis *(bot)* clematis.
I. klemme *(subst)* clip; *(fig)* difficulty, scrape; T tight spot; *komme i* ~ get into a scrape; *sette en i* ~ put *(el.* get) sby in a fix; put sby in a tight corner.
II. klemme *(vb)* squeeze; *(om skotøy, etc)* pinch; *kysse og* ~ hug and kiss; *jeg har (fått) klemt fingeren min* I've pinched my finger; ~ *av* pinch off; ~ *i vei* fire away, go ahead; work away (at sth); *klem i vei!* go ahead! get cracking! *han sto klemt mellom to tykke damer* he was wedged in between *(el.* sandwiched (in) between)

two fat women; ~ *på: se* ~ *i vei;* ~ *seg sammen* squeeze together; ~ *til* squeeze hard.
klemt *(subst)* toll, clang.
klemt|e *(vb)* toll, ring; clang. **-ing** tolling; ringing; clanging.
klenge *(vb)* cling, stick; ~ *på* cling to, hang on to; attach oneself to; ~ *seg inn på* force one's company (up)on.
klenget(e) clinging *(fx* the child is so c.); importunate.
klengenavn nickname.
klenodie jewel, gem, treasure.
klepp *(hake)* gaff.
kleppe *(vb)* **1.** gaff *(fx* fish); **2.** split *(fx* fish); *(se klippfisk).*
kleptoman kleptomaniac. **-i** kleptomania.
kleresi clergy.
klerikal clerical, church.
kles|børste clothes brush. **-drakt** dress, attire. **-henger** clothes hanger, coat hanger. **-klype** clothes-peg; **US** clothespin. **-korg** clothes basket. **-kott** (clothes) closet. **-plagg** garment, piece of clothing; *(se plagg).*
kles|skap wardrobe; *(innbygd)* (clothes) closet. **-snor** clothesline; washing line.
kli (wheat) bran. **klibrød** bran bread.
klient client. **klientel** clientele.
I. klikk: *slå* ~ fail, come to nothing; go wrong.
II. klikk set, clique.
III. klikk *(om lyd)* click.
klikke *(vb)* **1.** fail, misfire; **2.** ~ *seg sammen (o: danne klikk)* clique; *3(om lyden)* click.
klikkevesen cliquishness, cliquism.
klima climate; *vi er på vei inn i et hardere økonomisk* ~ we are approaching harder times economically.
klimatisk climatic.
klimp|re *(vb)* strum, thrum *(fx* on a piano); pick *(fx* the strings of a guitar); **US** plink, pluck; *(neds)* plunk. **-ing** *(også)* tinkle-tankle.
klin *(søl)* slop, smear; *(neds om kjærtegn)* petting.
kline *(vb)* **1.** paste, smear; daub; **2***(kjæle)* pet; neck; ~ *til* dirty; ~ *seg inntil* stick close to.
klinefest S necking party.
I. klinge *(subst)* blade; *gå en på -n (for å få en avgjørelse, etc)* press the point; *da man gikk ham på -n, innrømmet han at ...* hard pressed, he admitted that ...; *jeg gikk ham ikke nærmere inn på -n* I did not press him any further; *gå en hardt på -n* press sby hard *(fx* for an explanation); T put sby through it; *krysse* ~ *mea* cross swords with.
II. klinge *(vb)* sound, ring; *(om glass, klokker,* chink, clink, tinkle, jingle; *-nde mynt* hard cash.
klingeling *(int)* ting-a-ling. **klingklang** *(int)* dingdong.
klinikk clinic. **-assistent** clinical assistant. **-full-mektig** senior clinical worker.
klining *(det å kline)* petting; **S** necking; *(jvf kjæle & kjærtegne).*
klinisk clinical.
I. klinke door handle, lever handle.
II. klinke *vb (med glassene)* touch glasses with).
klinknagle split rivet.
klinte *(bot)* corn cockle.
klipp clip, cut, snip.
I. klippe *(subst)* rock.
II. klippe *(vb)* cut; *(billett)* punch; *(ører, vinger* clip; *(negler)* pare; *(hekk, hund)* trim; ~ *håre* have a haircut; cut one's hair; *jeg vil -s* I wan a haircut; ~ *sauer* shear sheep; ~ *ut* cut out *(se snauklippe).*
klippe|blokk (block of) rock. **-fast** firm as a rock.

klippe|grunn rocky ground. **-kort** punch card. **-kyst** rocky coast. **-vegg** rock wall.

klippfisk split cod, dried cod; *(faglig)* clipfish, klipfish; *(jvf kleppe 2).*

klirr clink, jingle, clatter, rattle.

klisjé *(typ)* (printing) block; *(fig)* cliché, set phrase.

kliss sticky mass, stickiness; *(fig)* sentimental talk; **S** soppy talk.

klisse *(vb)* stick; *(ikke snakke rent)* lisp.

klisset smeary, sticky; US *(også)* gooey.

kliss-klass *(int)* splish-splash; US *(også)* slurp-slurp.

klissvåt soaking wet, drenched, soaked, wet through (and through); *(se våt).*

klister 1. paste; **2,** soft ski-wax.

klisterhjerne T retentive memory.

klistre *(vb)* paste.

klo *(zool)* claw; *(en rovfugls)* claw, talon; *komme i klørne på en* get into sby's clutches; *vise klør (fig)* show fight; *med nebb og klør (fig)* tooth and nail; *slå -a i* grab, pounce on, lay by the heels *(fx* the police will soon lay the thief by the heels).

kloakk sewer. **-anlegg** sewerage system; sewers, drains; *være tilkoplet det kommunale ~* be connected to the municipal sewerage system; be on main drainage. **-innhold** sewage. **-ledning** sewer pipe, sewage p. **-renseanlegg** sewage (disposal) works *(el.* plant); sewage purification plant. **-rør** sewage pipe, sewer p.; *(mindre)* drain p. **-utslipp** discharge of sewage; *(se utslipp).* **-vann** sewage.

klode planet; earth, world.

klodrian bungler, clumsy fool; US *(også)* oaf.

klok wise, clever; *(forsiktig)* prudent; *~ kone* quack; *han er ikke riktig ~* he's not quite all there; *jeg kan ikke bli ~ på det* I cannot make it out, I can make nothing of it.

klokelig *(adv)* wisely, sensibly.

klokke bell; *(ur)* clock, watch; *(slagur)* clock; *hva er -a?* what's the time? what time is it? *-a er tolv* it's twelve (o'clock); *-a er halv ett* it's half past twelve (o'clock); *-a er mange* it's late; *se hvor mange -a er* see what the time is; *si hva -a er* tell the (right) time; *-a mangler fem minutter på fem* it's five minutes to five (o'clock); *-a er ikke mye over sju* it's just over seven; *-a fire* at four o'clock; *si ham hva -en er slagen* tell him what's what; *vite hva -en er slagen* know where one stands; *(se se: ~ feil).*

klokke|blomst *(bot)* bellflower. **-bytte** watch trading. **-bøye** bell buoy. **-formet** bell-shaped. **-klang** the sound *(el.* ringing *el.* chime) of bells. **-lyng** *(bot)* bell heather.

klokker sexton; bell ringer; parish clerk; *når det regner på presten, drypper det på -en* [when it rains on the vicar, some drops will fall on the parish clerk; i.e. when a prominent person obtains a great advantage, his subordinate gets a smaller one]; *(kan fx gjengis slik)* he benefited from what rained on the vicar (,on his boss, *etc).*

klokkereim watchstrap; US watchband.

klokkerkjærlighet: *ha en ~ for* have a soft spot for; have a soft place in one's heart for.

klokke|slag stroke of a bell. **-slett** hour. **-spill** chimes; carillon; US *(også)* glockenspiel. **-streng** bell pull; *han henger i -en* he can't call his soul his own. **-støper** bell founder. **-time** hour by the clock. **-tårn** bell tower, belfry.

klokskap wisdom, prudence, cleverness.

klopp (rustic) footbridge.

I. klor *(kjem)* chlorine.

II. klor *(merke etter kloring)* scratch.

kloral chloral.

klore *(vb)* scratch; *(om skrift)* scrawl; *~ ned et par ord* scrawl a few words.

klorkalk *(kjem)* chloride of lime.

kloroform *(kjem)* chloroform. **-ere** *(vb)* chloroform.

klorvann chlorine water.

klosett lavatory, toilet. **-papir** toilet paper; *en rull ~* a toilet roll. **-sete** lavatory *(el.* toilet) seat. **-skål** lavatory pan; (toilet) bowl.

kloskate *(fisk)* starry ray.

I. kloss *(subst)* block; *(bygge-)* brick.

II. kloss *(adv)* close; *~ opptil* quite close to.

klosset clumsy, awkward.

klosshale *vt (mar)* haul taut; tauten.

klossmajor bungler, (clumsy) fool; US big oaf, big clod, clumsy ox.

klossrevet *mar (med alle rev tatt inn)* close-reefed.

kloster monastery, convent; cloister; *(nonnekloster)* nunnery; *gå i ~* turn monk; take the veil.

kloster|bror friar, monk. **-kirke** chapel of a convent. **-liv** monastic life.

klov *(zool)* hoof *(pl:* hoofs *el.* hooves). **-dyr** *(zool)* cloven-footed animal; US cloven-hoofed animal.

klovn clown.

klovsyke foot-rot, hoof-rot; *munn- og ~* the foot-and-mouth disease.

I. klubb *(blod-)* black pudding.

II. klubb club; *(ofte =)* society *(fx* the school film society).

I. klubbe *(subst)* wooden hammer *(el.* club), cudgel; *(som verktøy)* mallet; *(formanns-)* gavel.

II. klubbe *(vb)* club, gavel, call to order; *~ ned en taler* stop a speaker with one's gavel; US take away the floor from a speaker.

klubb|formann *(i fagforening)* convener. **-genser** club sweater. **-lokale** clubroom. **-medlem** member of a club.

kludder bungling, mess; difficulty, unpleasantness.

kludre *(vb)* bungle.

klukk cluck.

klukke *(vb)* cluck; *(i flaskehals)* gurgle, glug.

klukkhøne brood hen, sitting hen.

klukklatter chuckle.

klukkle *(vb)* chuckle.

klump lump, clump; *(jord-)* clod; *(mel-)* lump of flour.

klumpe *(vb): ~ seg* lump, get *(el.* become) lumpy; *~ seg sammen (om mennesker)* bunch together, huddle (together).

klumpet lumpy.

klumpfot clubfoot.

klunger *(bot)* bramble, brier. **-kjerr** bramble bush. **-rose** *(bot)* dog rose.

klunk 1*(av noe flytende)* gurgle; 2*(tiur-)* call (of a capercailzie); 3*(på instrument)* strumming; *(se klimpre);* **4.** drink, swig *(fx* from the bottle).

klunke *(vb)* **1.** gurgle; **2***(om tiur)* call; 3*(på instrument)* strum; *(se også klimpre).*

kluss 1. mess, trouble; **2.** blot; *ha ~ med* have trouble with *(fx* the engine); *det må være noe ~ et eller annet sted* **T** something must have gone wrong somewhere; something must be wrong somewhere.

klusse *(vb)* blot; *~ med (fig)* tamper with, mess with; *(se også klå & klåfingret).*

klut rag, cloth; *hver eneste ~ (mar)* every stitch of canvas.

klutepapir rag paper.

I. klynge *(subst)* cluster, group, knot.

II. klynge *(vb): ~ seg til* cling to; *(jvf klenge & klenget(e));* ~ *opp* **T** string up *(fx* a criminal).

klynk whimper, whine.

klynke *(vb)* whimper, whine.

I. klype *(subst)* clip; *(liten mengde)* pinch *(fx of salt)*.

II. klype *(vb)* pinch; *(se knipe)*.

klyse clot.

klyss *mar (hull til ankerkjettingen)* hawsehole.

klystér enema, clyster.

klystérsprøyte enema syringe, rectal syringe.

klyve *(vb)* climb; *(se klatre)*.

klyveled stile.

klyver *(mar)* jib. **-bardun** jib guy.

klær clothes; *fare i -ne* scramble into one's clothes; ~ *skaper folk* fine feathers make fine birds; *i fulle* ~ fully dressed.

klø *(vt)* scratch; *(vi)* itch; ~ *seg i hodet* scratch one's head; *jeg -r i fingrene etter å* my fingers are itching to; *jeg -r i fingrene etter å fike til ham (også)* I'm just itching to slap his face.

kløe itch(ing).

kløft cleft, crevice; *(mellom grener)* fork.

kløftet cleft, having crevices; forked.

kløkt shrewdness, sagacity, cleverness.

kløktig shrewd, clever, sagacious.

kløne bungler; fumbler; clumsy person; *(se kloss-major)*.

klønet awkward, clumsy.

kløpper T wizard; *han er en* ~ *til å regne* he's a wizard at arithmetic.

kløtsj clutch; *trå inn -en* depress the c. pedal, declutch.

kløv pack.

kløver **1***(bot)* clover; **2***(kort)* club; *melde fire* ~ bid four clubs; ~ *er trumf* clubs are trumps.

kløverblad *(bot)* clover leaf. **-eng** clover field. **-ess** *(kort)* (the) ace of clubs.

kløvhest pack horse. **-meis** pannier. **-sal** pack saddle, pair of panniers.

kløyve *(vb)* cleave, split; ~ *ved* split wood.

klå *(vb)* finger, touch, monkey (about) with *(fx* stop monkeying (about) with those tools!); *(se klusse:* ~ *med)*.

klåfinger [person with an urge to finger things]; *(omtr =)* twiddler, knob twiddler.

klåfingret apt to finger *(el.* tamper) with things; US itchy-fingered. **-het** urge to finger *(el.* twiddle with) things.

kna *(vb)* knead.

knabb knoll.

knabbe *(vb)* T *(ta uten lov)* grab, snatch.

knagg peg.

knake *(vb)* creak, groan; *det -t i trappen* the stairs were creaking; *-nde morsomt* T great fun.

knakke *vb (banke)* knock.

knakkpølse smoked sausage; US knackwurst.

knall report, explosion, crack, pop, bang.

knallbonbon cracker, party cracker; US party favor.

knalle *(vb)* bang, explode; *skuddet -t* the shot rang out.

knalleffekt sensation, startling effect; *(neds)* cheap effect, playing to the gallery.

knallert power-assisted cycle; T power-bike, pop -pop, pipsqueak.

knallgass oxyhydrogen gas, detonating gas.

knallhette, -perle percussion cap.

knallrød fiery red, bright scarlet.

knallsuksess roaring success; tremendous hit *(fx* he made a t. h. with that play); US rousing success.

I. knapp *subst (i klær)* button; *(løs, til snipp, etc)* stud; *holde en* ~ *på* plump for *(fx* I think I'll plump for Mr. X); *telle på -ene* be undecided; *try to make up one's mind*; toss for it.

II. knapp *(adj)* scant, scanty, short; *et -t flertall* a narrow majority; *A har en* ~ *ledelse på B* A

is just ahead of B; *det er -t med poteter i år* potatoes are short *(el.* in short supply) this year; *det begynner å bli -t med brød* bread is running low; *det er -t med penger* money is scarce; *(se også knapt & knepen)*.

I. knappe *(vb)* button; ~ *igjen* button up; ~ *opp* unbutton, undo (the buttons of) *(fx* she undid her blouse); *(se også kneppe)*.

II. knappe *(vb):* ~ *av på* cut down, reduce.

knappenål pin; *en kunne nesten høre en* ~ *falle* you could have heard a pin drop.

knappenålsbrev paper of pins. **-hode** pinhead. **-stikk** prick from a pin; *(fig)* pinprick.

knapphet scarcity, shortage *(på* of); brevity, briefness.

knapphull buttonhole.

knappsoleie *se ballblom*.

knapt *(adv)* barely, scarcely, hardly; *han kunne* ~ *gå* he was barely able to walk; *vår tid er så* ~ *tilmålt at ...* our time is so limited that ...; *(se også II. knapp)*.

knark: *gammel* ~ old fogey; S old geezer.

knas: *gå i* ~ break into a thousand pieces *(fx* mirror, glass, *etc); slå i* ~ smash (to smithereens), smash to shivers.

knase *(vb)* crackle, crunch, crush, grate.

knaske *(vb)* crunch *(på noe* sth).

knastørr bone dry, dry as a bone; *(se knusk)*.

knatt *(fjell-)* crag; *(se knaus)*.

knaus crag, rock, knoll, tor; *(se fjell-)*.

kne knee; *(ledd)* joint; *falle på* ~ go down on one's knees; *han har knær i buksene* his trousers are baggy at the knees; *han er kommet på knærne (fig)* he is on his last legs; he is a broken man; *trygle en på sine knær om noe* ask *(el.* beg) sby for sth on one's bended knees; T beg sby most humbly for sth; *tvinge en i* ~ bring sby to his knees; *være på knærne* T be hard up; be down on one's luck.

knebel gag.

knebelsbart (handlebar) moustache; US mustache.

kneble *(vb)* gag.

knebøying genuflection; *(gym)* knee-bending.

knedyp knee-deep. **-fall** kneeling, genuflection; *(plass foran alter)* communion rail. **-fri** *(om skjørt, etc)* that shows the knees; ~ *mote* above -the-knee look. **-frihet** above-the-knee length *(el.* look).

knegge *(vb)* neigh, whinny; *(le)* chuckle.

knegå *(vb):* ~ *en* give sby the knee. **-høy** knee high. **-høne** *(feiging)* coward; US *(også)* chicken; *(en som jatter med)* yes-man.

kneik short, steep hill; short, sharp rise in the road; *den verste -a (fig)* the worst stumbling block; the biggest *(el.* worst) hurdle; *vi er over -a* we're over the worst; we've turned the corner; US we're over the hump.

kneipe pub, dive; US dive, saloon; US S honkytonk; *(se I. bule)*.

kneise *vb (om ting)* tower, rear itself; ~ *med nakken* toss one's head; *idet hun -t med nakken* with her head in the air.

I. knekk *(brunt sukkertøy)* toffee; toffee squares.

II. knekk crack; *(slag)* blow; *få en* ~ receive a blow, be badly shaken; be dented; *deres stolthet fikk en alvorlig* ~ their pride was severely dented; *min tillit til ham har fått en (stygg)* ~ my confidence in him has been (badly) shaken; *det ga ham en* ~ *for livet* he was never the same man again; *ved X gjør dalen en skarp* ~ *på seg og fortsetter rett vestover at* X the valley makes a sharp turn *(el.* turns sharply) and continues straight westwards; *nesten ta -en på* take it out of, almost finish *(fx* that long climb almost finished me *(el.* took it out of me)); ~ *på kurven* a break in the curve.

knekke *(vb)* crack, snap; ~ *en nøtt* crack a nut; *grenen knakk* the branch snapped; *stemmen knakk* his voice cracked *(el.* broke); ~ *halsen* break one's neck; ~ *sammen* collapse, fold up.

knekkebrød crispbread; US *(omtr =)* rye crisp.

knekkende *(adv): det er meg* ~ *likegyldig* T I don't care two hoots; *(se også knusende).*

knekket broken.

knekkparasoll collapsible sunshade.

knekt 1*(lett glds)* fellow; 2*(kort)* jack, knave.

knele *(vb)* kneel.

kneledd knee joint.

knelepute hassock, kneeler.

knep *(fiff)* trick; *bruke* ~ resort to tricks; *det er et* ~ *med det* there is a knack in *(el.* to) it; *det er et gammelt* ~ that's an old dodge; *han kan* ~*-ene* he knows the ropes; he knows (all) the tricks; he's up to all the dodges; he's up to every trick.

knepen *se II knapp.*

knepp *(subst)* click.

I. kneppe *vi (lage en kneppende lyd)* click; ~ *på en felestreng* strum a fiddle string; *(se klimpre).*

II. kneppe *(vt)* button (up) *(fx* a garment); ~ *igjen alle knappene* do up all the buttons; ~ *opp* unbutton, undo *(fx* she undid her blouse); ~ *på* button on; *til å* ~ *på* button-on *(fx* b.-o. collar).

knepping *(lyden)* clicking.

I. knert: *en liten* ~ **T** *(= dram)* **T** a tot, a swig.

II. knert blow, stroke, flick.

knerte *vb (slå lett)* flick; *(hogge)* chop; *(skyte)* pop.

knesette *(vb)* adopt. **-skade** a bad knee. **-skjell** kneecap. **-strømper** *(pl)* knee-length socks *(el.* stockings).

kniks curtsy. **-e** *(vb)* (drop a) curtsy.

knip pinch, squeeze; ~ *i magen* an attack of colic; *(se mageknip).*

knipe *(vb)* pinch; ~ *en tyv* catch *(el.* nab) a thief; *når det -r* at a pinch; *det knep!* that was a hard rub *(el.* a close shave); *det -r for ham* he is in difficulties; **T** he's hard up; ~ *på* be sparing of; ~ *på maten* skimp sby in food *(fx* they skimped him in food); ~ *seg i armen* pinch one's arm.

knipen *(gjerrig)* miserly, stingy, niggardly.

knipetak pinch, scrape; *i et* ~ at a pinch. **-tang** pliers *(pl)*, nippers *(pl).*

kniple *(vb)* make lace.

knipling lace, lacework.

kniplingsbesetning lace trimming.

kniplingskrage lace collar.

knippe bunch; bundle.

knips snap, rap.

knipse *(vb)* snap one's fingers *(til* at).

knipsk prudish. **-het** prudery.

knirk creak, squeak; *uten* ~ *(fig)* without a hitch.

knirke *(vb)* creak *(fx* the board, the hinge, the snow creaks); squeak; ~ *og knake* creak and groan; *samarbeidet -t en smule* their collaboration was not entirely smooth.

knirkefri without a jar *(el.* hitch); *-tt samarbeid* perfect collaboration; *det gikk -tt* it went off without a hitch *(el.* scratch).

knis giggle, titter, snicker, **US** snicker.

knise *(vb)* giggle, titter, snicker; **US** snicker.

knistre *vb (om hund)* whine.

knitre *(vb)* crackle; *(om løv, papir)* rustle; *(om snø)* creak.

kniv knife; *ha -en på strupen (fig)* have the hal-

ter round one's neck; *med -en på strupen (fig) (også)* at the point of the sword; *krig på -en* war to the knife.

kniv(s)blad blade of a knife *(fx* the b. of a knife).

knivskaft handle of a knife. **-skarp** as sharp as a razor; *(fig)* keen *(fx* competition). **-smed** cutler. **-spiss** point of a knife. **-stikk** stab; knife wound. **-stikker** stabber.

knoke *(anat)* knuckle; *(ben)* bone.

knokkel *(anat)* bone.

knoklet bony, angular; *(~ og mager)* rawboned, scraggy.

knoll 1. knoll; 2*(bot)* tuber.

Knoll *(i tegneserie)* Fritz; (NB *Tott:* Hans); *«~ og Tott»* the Katzenjammer Kids.

knollet tuberous.

knollselleri *(bot)* turnip-rooted celery.

knollsoleie *(bot)* bulbous meadow buttercup.

knop knot.

knopp *(bot)* bud; *skyte -er* be in bud, put forth buds.

knoppe *(vb):* ~ *seg* bud.

knoppskyting *(bot)* budding, gemmation.

knort gnarl, knot.

knortekjepp knotty stick.

knortet knotty, gnarled.

knot affectation in speaking.

knote *(vb)* speak affectedly.

I. knott button, knob.

II. knott *(insekt)* midge, blackfly.

knubbord *(pl)* sharp words.

knudret rugged; rough; knotted, knotty.

knuge *(vb)* press, squeeze; *føle seg -t av angst* be weighed down by anxiety; ~ *til sitt bryst* clasp in one's arms; *(se omfavne).*

knugende oppressive; crushing; *en* ~ *fornemmelse* a feeling of oppression.

I. knurr *(fisk)* gurnard.

II. knurr *(lyden)* growl, snarl.

knurre *(vb)* growl, snarl; *(fig)* grumble.

knurrhår whiskers *(pl).*

knusbedårende **T***: for en* ~ *hatt!* what a love *(el.* dream) of a hat!

knuse *(vb)* crush, smash; break *(fx* a cup); shatter *(fx* all resistance); ~ *all motstand (,en organisasjon, et politisk parti)* crush all resistance (,an organization, a political party); *med knust hjerte* with a broken heart.

knusende crushing; *et* ~ *slag* a crushing blow; *det var ham* ~ *likegyldig* he did not care a damn *(el.* two hoots).

knusk tinder, punk. **-tørr** bone dry, dry as a bone, dry as dust, tinder-dry.

knusle *(vb):* ~ *med* be stingy *(el.* niggardly) with.

knuslet stingy, niggardly.

knussel stinginess, niggardliness.

Knut Canute.

knute knot; *(utvekst)* bump, protuberance; *løse en* ~ untie *(el.* undo) a knot; *-n er så hard at det er umulig å få den opp* the knot is so tight that it is impossible to get it undone *(el.* to untie it); *slå en* ~ tie a knot; *det er* ~ *på tråden (fig)* they have had a tiff; *det er -n (○: vanskeligheten)* there is the rub *(el.* catch); *(se uløselig).*

knutekål *(bot)* kohlrabi; *(jvf kålrabi).*

knutepunkt junction *(fx* a railway j.).

knuterosen *(med.)* erythema nodosum.

knutt knout.

I. kny *(subst)* slightest sound; *han ga ikke et* ~ *fra seg* not the slightest sound escaped him.

II. kny *(vb)* breathe a word; *uten å* ~ without a murmur.

knyte *(vb)* tie; ~ *opp* untie, undo; *(se II. knytte).*

I. knytte *(subst)* bundle.

II. knytte *(vb)* **1**: *se knyte;* **2***(binde, filere)* knot, net; **3***(fig)* attach, bind, tie; ~ *en forbindelse* establish a connection; ~ *neven* clench one's fist; ~ *neven til en* shake one's fist at sby; ~ *sammen* connect, link up; *de bånd som -r våre to land sammen* the bonds which unite our two countries; ~ *noen bemerkninger til* say a few words about, make a few comments on; ~ *en betingelse til sitt samtykke* attach a condition to one's consent; *lønningene er -t til prisindeksen* the wages are geared to the price index; ~ *seg til* attach to, associate with; *en gave som det -r seg en betingelse til* T a gift with a string to it; *det -r seg en viss interesse til* some interest attaches to; *hans navn er -t til* his name is associated with; *den sak hans navn er så nøye -t til* the cause with which he *(el.* his name) is (so closely) identified; *det -r seg en historie til dette* thereby hangs a tale.

knyttneve clenched fist.

knøl mean *(el.* stingy) person.

knølen T stingy, mean.

knøtt *se pjokk.*

knøttende *(adv):* ~ *liten* tiny.

koagulere *(vb)* coagulate.

koalisjon coalition.

koalisjonsregjering coalition government, c. cabinet.

kobbe *(zool)* seal.

kobbel *se koppel.*

kobber *se kopper.*

kobbunge *(zool)* young seal.

koble *(vb): se kople.*

koblerske procuress.

kobolt cobalt.

kobra *(zool)* cobra; *spyttende* ~ spitting cobra.

I. kode code.

II. kode *(zool)* pastern.

kodeks (legal) code.

kodifikasjon codification. **-fisere** *(vb)* codify.

kodisill codicil.

koeffisient coefficient.

koffardifart merchant service; *fare i* ~ be in the merchant service; **-skip** merchantman, merchant ship.

koffein caffeine; US caffein.

koffernagle *(mar)* belaying pin.

koffert suitcase; *(stor)* trunk.

kofte sweater; *(se lusekofte).*

kogger *(til piler)* quiver; *(se standkogger).*

koherens coherence. **-sjon** cohesion.

koie cabin, hut; US (lumber) camp.

koieovn camp stove; ~ *med tilhenger* c. s. with extension.

kok boiling, boiling state; *komme i* ~ *(fig)* reach boiling point, boil *(fx* his blood boiled); *gemyttene kom i* ~ tempers rose to boiling point; *sjøen står i* ~ the sea is seething *(el.* boiling).

kokain cocaine.

kokarde cockade.

koke *(vb)* boil; *(lage mat)* cook; ~ *kaffe* make coffee; *det kokte i meg* my blood boiled; ~ *opp* boil up; ~ *over* boil over; *slutte å* ~ go off the boil; *eplene er godt egnet for koking* the apples are good for cooking *(el.* are good cookers).

kokeapparat cooking apparatus. **-bok** cookery book; US cookbook. **-hull** *(på ileggskomfyr)* cooking-plate aperture. **-kar** cooking vessel. **-kunst** (art of) cooking, culinary art. **-plate** cooking plate; *(elektrisk)* hot-plate. **-punkt** boiling point. **-saker** *(pl)* cooking utensils.

kokett *(adj)* coquettish.

kokette *(subst)* coquette, flirt.

kokettere *(vb)* flirt; *han -r nærmest med at han*

ingenting vet om det he more or less boasts that he doesn't know a thing about it; *hun -r med sin alder* she behaves as though she were younger than she really is.

koketteri coquetry, flirtation.

kokhet *(adj)* boiling hot, piping hot.

koking boiling *(se koke).*

kokk cook.

kokke (female) cook.

kokkerere *(vb): hun kunne da* ~ *litt* T she managed meals of sorts.

kokning boiling; cooking; *(se koke).*

kokong cocoon.

kokosbolle snowball. **-makron** coconut macaroon. **-nøtt** coconut. **-palme** coco palm.

koks coke. **-bøks** scuttle, coal scuttle.

koksalt cooking salt.

kol *se II. kull.*

kolbe **1***(på gevær)* butt; **2***(kjemi)* flask.

koldbrann *(med.)* gangrene; *det går* ~ *i såret* the wound is becoming gangrenous.

koldfeber glds *(med.)* ague. **-gaffel** cold-meat fork.

koldjomfru barmaid.

koldkrem cold cream.

koldsindig cool, cold.

koldtbord fork *(el.* buffet) supper (,luncheon, *etc); US (også)* knee supper.

kolera *(med.)* cholera.

koleriker choleric.

kolerisk choleric.

kolibri *(zool)* hummingbird.

kolikk colic.

kolje *(fisk)* haddock.

koll *se II.* kolle.

kollbøtte somersault; *slå -r* turn somersaults; *bilen gjorde* ~ the car turned turtle.

I. kolle *(trekar)* wooden bowl.

II. kolle hill, peak, rounded mountain top.

III. kolle female animal without horns; *(om ku)* hornless cow; US muley cow.

kollega colleague; *våre -ger i England (ɔ: de som har stillinger svarende til våre)* our opposite numbers in England.

kollegial *(kameratslig)* fraternal, loyal towards one's colleagues; *han handlet ikke -t* he did not act like a good colleague; *han er ikke* ~ he is not a good colleague; *av -e hensyn* out of consideration for *(el.* loyalty to) one's colleagues.

kollegialitet loyalty (to one's colleagues), professional loyalty; collegiate spirit.

kollegium collegium; *Det akademiske* ~ the Senate; *i samlet* ~ at a plenipotentiary meeting.

kolleksjon collection; assortment.

kollekt *(innsamling)* collection *(fx* take up the c.); *(bønn)* collect.

kollektiv *(subst & adj)* collective.

kollektskål *(rel)* plate; *sende -en rundt* pass the plate.

kolli package, parcel, piece (of luggage).

kolliantall number of packages.

kollidere *(vb)* collide; T prang; smash into, crash into; *(fig også)* clash; *(mar også)* run foul of *(fx* two ships ran foul of each other in the fog); *(jv. bulke).*

kollisjon collision; *front-* head-on collision; *(se kjedekollisjon).*

kollisjonskrater impact crater.

kollisjonsskadd damaged by collision *(fx* a car damaged by collision).

kolon colon.

koloni colony.

kolonial *(adj)* colonial.

kolonialbutikk grocer's (shop). **-bransjen** the grocery business *(fx* he is in the g. b.). **-forretnin**

grocer's shop; *(se innbringende).* **-handel** grocery trade. **-handler** grocer. **-varer** *(pl)* groceries.
kolonihage allotment (garden).
koloni|sasjon colonization. **-sere** *(vb)* colonize, settle. **-st** colonist, settler.
kolonnade colonnade.
kolonne column.
koloratur *(mus)* coloratura. **-sanger(inne)** coloratura singer.
kolorere *(vb)* colour; **US** color; *(mus)* embellish.
kolorist colourist; **US** colorist.
koloritt colour(ing); **US** color(ing).
koloss colossus *(pl* colossi *el.* colossuses). **-al** colossal, enormous, stupendous, staggering *(fx* a s. amount, sum).
kolportasje (book) canvassing; **US** door-to-door selling; *(av religiøse skrifter)* colportage; *(mottagelse av ordrer)* subscription bookselling.
kolport|ere *(vb)* canvass, sell books by canvassing; sell books by subscription; **US** sell door-to-door; *(rykte, etc)* retail, circulate, spread *(fx* rumours). **-ør** canvasser; book salesman, travelling bookseller; **US** salesman, peddler *(fx* of books).
koma *(med.)* coma.
kombi [combined van and minibus].
kombinasjon combination. **-sevne** faculty *(el.* power) of combination.
kombiner|e *(vb)* combine; *-t renn (ski)* the Nordic Combination.
komediant *(neds)* play-actor; **S** ham actor.
komedie comedy; *spille* ~ act, play; *(forstille seg)* be play-acting; put on an act; *det er en ren* ~ it is a farce.
komet comet. **-bane** comet's orbit. **-hale** comet's tail.
komfort comfort. **-abel** comfortable.
komfyr kitchen range; *(elektrisk)* (electric) cooker; **US** range, (electric) stove.
komiker comedian.
komikk comedy, comic effect(s); *situasjonen er ikke helt blottet for* ~ the situation is not without comedy *(el.* is not completely lacking in c.), the s. has its comical side.
komisk comical, comic, funny; *det -e ved det er at ...* what's comic about it is that...; *the joke is that ...*
komité committee; *personal-* staff c.; *redaksjons-* drafting c.; *danne en* ~ set up *(el.* establish) a c.; *nedsette en* ~ appoint a c.; *sitte i -en* be on the c.
komitébehandling consideration in a committee *(av* of); *-en tok lang tid* the committee stage took a long time.
komma comma; *(ved desimalbrøk)* (decimal) point *(fx* 0.5). **-feil** misplaced (,omitted) comma; comma splice.
komman|dant commandant. **-dere** *(vb)* order; command; *du må ikke la ham* ~ *deg slik* you must not let him boss you about like that.
kommandittselskap limited partnership, partnership company.
kommando command; *(kommandoord)* word of command; *ha -en, føre -en* be in command.
kommando|bru bridge. **-løype** *(mil)* assault course. **-ord** word of command. **-plass** *(mil): fremskutt* ~ advanced headquarters; **US** advanced command post; *(se kommandostilling).* **-stav** baton. **-stilling** *(mil)* command.
kommandør *(i marinen)* commodore; *(av ridderorden)* commander.
kommandørkaptein *(i marinen)* captain.
I. komme *(subst)* coming, arrival; *vårens* ~ the coming of spring.
II. komme *(vb)* come; *(ankomme)* arrive; *(komme*

et sted hen) get *(fx* how did you get to London?); *kjøkkenutstyr i plast er -t for å bli* plastic kitchenware is here to stay; ~ *gående* come walking; *jeg kommer!* (I'm) coming! *hvorfor kom du ikke?* why did you not come? what kept you away? ... *men han kunne ikke* ~ but he could not come; **T** but he couldn't make it; *Kina -r i shipping* China emerges as a shipping nation; *dagen (el. den dag) kom da* the day came when; *natten kom* night came (on), night fell; *nå -r det an på hva han vil gjøre* the question now is what he is going to do; *det -r an på deg* it rests with you; *det -r an på* it depends, that depends; *det er ikke `det det -r an på (ɔ: det det dreier seg om)* that's not the point; *kom an!* come on! ~ **av** *(grunnen, mar)* come off, get off; *det -r av* it comes from, it is due to; *hva -r dette av?* why is this? ~ *av sted* get away; get off, get going, start; *jeg må* ~ *meg av sted* **T** I must get a move on; ~ **bort** *fra saken* wander *(el.* get away) from the subject; *man kom snart bort fra den tanken* this idea was soon dropped; ~ *bort til* come up to; ~ **etter** *(ɔ: for å hente)* noe come for sth; ~ *etter med neste tog* come on by the next train; ~ **forbi** come *(el.* pass) by; get by *(fx* please let me get by); ~ **fore** *(om en sak)* come on; ~ **fra** *hverandre* be separated, drift apart; ~ *dårlig fra det* make a bad job of it; make a mess of it; ~ *godt fra det* make a good job of it, give a good account of oneself, acquit oneself well; *(fra ulykke)* escape unhurt, not be hurt; *(fra frekkhet, vågestykke)* get away with it; ~ **fram** get on; rise (in the world); ~ *fram fra* emerge from; ~ *fram med* produce, bring forward; ~ **i** *dårlig selskap* get into bad company; ~ *i forbindelse med* get into touch with, make contact with, form a connection with; *la oss* ~ *i gang* let us get on with it; *jeg har ikke -t i gang (med det) ennå* I haven't got started (on it) yet; ~ *i hus* get indoors; ~ *i veien for* en cross sby; ~ **igjen** come back, return; *jeg skal* ~ *igjen en annen gang* I shall call again; *når -r toget hans* **inn?** what time does his train get in *(el.* arrive)? *han kom inn som nr. 27* he finished 27th *(fx* in the 500 metres); ~ *inn i et arbeid* settle into a job; **T** get into a job *(fx* I haven't got into it yet); *jeg tror jeg vil like det når jeg -r inn i det* I think I'll like it when I get settled in; ~ *inn på et spørsmål* touch on a question *(el.* subject); greie *å* ~ *en inn på livet (ɔ: oppnå å få kontakt med)* contrive to make contact with sby; ~ *inn under en lov* come under an Act; *jeg -r ikke så langt i dag* I shan't get round to it today *(fx* I ought to mow the lawn, but I shan't get round to it today); *han ville bli jurist, men kom aldri så langt* he wanted to be a lawyer, but he never got that far; *hvorfor -r du med alle disse tåpelige argumentene?* why are you bringing up all these foolish arguments? ~ **ned** get down; ~ **nærmere** approach, come closer; ~ **opp** *(til eksamen)* be examined *(fx* in French); *vi trenger ytterligere £5 for å* ~ *opp i det beløp som vil være nødvendig* we still need £5 to make up the required amount; ~ *opp mot* compare with, equal; *det er ingenting som -r opp mot* there is nothing to touch *(fx* mountain air for giving you an appetite); ~ **over** get over *(fx* he never got over it); *(støte på)* meet *(fx* when you m. a word you don't know, consult a dictionary); ~ **på** happen, come to pass; come up *(fx* the trip came up very suddenly); *(pris)* come to; *når du -r på jobben i morgen tidlig, må du ...* tomorrow morning when you get to your job, you must ...; ~ *på et tog* get on (to) *(el.* get into) a train, enter *(el.* board) a t.; *natten kom på* night came on; *jeg kan ikke* ~ *på navnet* I cannot think of his name; *hvordan kom De på det (innfallet)?* what put that into your head? ~ *på tale* be mentioned; *det -r ikke på tale (ɔ: det er utelukket)* that is out of the question; *vi -r sent* we're late; ~ *til* get at, reach; *nå -r turen til meg* now it is my turn; ~ *til kort: se II. kort;* ~ *til krefter* recover (one's strength), regain one's strength; recuperate; *(se ndf:* ~ *seg); hvordan -r jeg raskest til stasjonen herfra?* which is the best way to get to the station from here? ~ *til en slutning* arrive at a conclusion; *det var nå -t til det at* matters had now arrived at such a pass that; *hertil -r at* besides, moreover, add to this that; ~ *til å (tilfeldig)* happen to; *vi kom til å snakke om det* we got to talking about it; *hvordan kom hun til å ta ham for franskmann?* how did she come to take him for a Frenchman? *hvis jeg skulle* ~ *til noe* if anything should happen to me; *det -r til å beløpe seg til* it will amount to; *det -r til å koste* it will cost; *jeg -r til å gjøre det* I shall do it; *han vil* ~ *til å angre det* he will regret it; ~ *til seg selv (etter besvimelse, etc)* come round, come to; ~ *ut* get out *(fx* he couldn't get out); *(om bok)* be published; *boka skal* ~ *ut i august* the book is due out in August; *det er -t ut blant folk* it has come out; it has become known; ~ *ut av* get out of; *det kom ingenting ut av det* nothing came of it; ~ *ut av det med en* get on with sby; ~ *dårlig ut av det med en* get in wrong with sby; *dere -r godt ut av det med hverandre* you get on like a house on fire; ~ *mye ut blant folk* go about *(el.* out) a great deal; *det -r ut på ett* it's all one, it comes to the same thing; *du har -t skjevt ut (om stiloppgave)* you have got off to a false start; *det kom uventet* it happened unexpectedly; it was quite unexpected; ~ ved concern, regard; *det -r ikke saken ved* that is beside the point; *det -r ikke meg ved* it's no business of mine; *hva -r det meg ved?* what is that to me? what has this to do with me? *skal vi se til å* ~ *videre? (ɔ: de vår vei)* T shall we make a move now? ~ *seg* improve, be improving; *(bli frisk)* recover *(fx* he recovered slowly after his long illness); recuperate, regain one's strength; T pick up *(fx* he'll pick up all right); ~ *seg av en sykdom* recover from an illness; ~ *seg av sine sår* recover from one's wounds; *han -r seg godt* he is getting better; *jeg skal* ~ *meg dit på egen hånd i kveld* I'll make my way there alone this evening; ~ *seg til å ...* get down to (-ing) *(fx* he never got down to writing letters); *(se uforvarende).*

kommende coming, next; *i* ~ *uke* next week.

kommensurabel commensurable.

kommentar comment *(til* on); *(til tekst)* commentary; *(se også bemerkning & II. knytte).*

kommentere *(vb)* comment on; *ministerens tale ble livlig kommentert i pressen* there were lively comments in the press on the minister's speech.

kommersiell commercial.

kommisjon commission; *i* ~ on commission; on consignment; *ta varer i* ~ take goods on consignment.

kommisjonsforretning 1. buying and selling goods on consignment; **2.** transaction carried out by a commission agent for a principal.

kommisjonsgebyr commission. **-handel** (general) commission business. **-lager** consignment stock, stock on commission. **-varer** *(pl)* consigned goods, goods on commission.

kommisjonær commission agent.

kommissariat commissariat.

kommissær commissary, commissioner.

kommittent *(vareavsender)* consignor.

kommode chest of drawers; **US** bureau.

kommunal *(i by)* municipal; *(ellers)* local authority, local, town; *(i England også)* council; ~ *administrasjonssjef (ɔ: byrådsleder)* town manager.

kommunalforvaltning local administration, local government.

kommune 1. local authority, local council, municipality; **US** township; **2. UK** county council *(fx* Kent County Council); *(bykommune)* county borough council *(fx* Leeds County Borough Council); *(løsere bruk)* local authority, local council; *(som administrativ enhet)* administrative county; *(om bykommune)* county borough; *(om mindre bykommune uten fullstendig kommunalt selvstyre)* non-county borough, municipal borough; **-n** *(ɔ: kommunestyret)* the (county) council; *de større -r* the larger local authorities; *-r det vil være naturlig å sammenligne oss med* local authorities in a comparable position; *(se ligge:* ~ *an).*

kommunearbeider council worker; **US** civic employee. **-ingeniør** council engineer; *(se ingeniørvesen: Det kommunale* ~ *; oppmålingssjef).* **-kasserer** chief cashier. **-skatt** local taxes; **UK** rates.

kommunestyre local council; local authority; **UK** county council; county borough council; city *(el.* town) council; *(i London)* the Greater London Council; *(i Manchester)* the Greater Manchester Council; *(se kommune & kommunalforvaltning).*

kommunestyremedlem local councillor; **UK** county councillor; borough councillor, district councillor.

kommunikasjon communication. **-smidler** *(pl)* means of communication.

kommuniké communiqué.

kommunion *se altergang.*

kommunisere *(vb)* communicate.

kommunisme Communism.

kommunist Communist. **-isk** Communist(ic).

kompakt compact; *(fys)* dense.

kompani *(mil)* company; *(ingeniør-)* squadron *(fx* engineer s.); *1.* ~ A Company *(fk* A Coy); *(jvf eskadron).*

kompanikontor *(mil)* orderly room; *(se daghavende & vaktjournal).*

kompanisjef company commander.

kompaniskap partnership; *(sivilt selskap)* professional partnership; *gå i* ~ enter into partnership.

kompanjong partner; *oppta som* ~ take into partnership; *passiv* ~ sleeping partner.

komparasjon comparison. **-ativ** *(subst)* the comparative (degree).

komparere *(vb)* compare.

kompass compass. **-nål** compass needle. **-rose** compass card. **-strek** point of the compass.

kompensasjon compensation.

kompetanse competence; *overskride sin* ~ exceed one's powers; *(se også undervisningskompetanse).*

kompetent competent.

kompis T pal, chum.

kompleks complex; *(av bygninger)* group of buildings; block.

komplement *(gram)* complement.

komplementær *merk (i kommandittaksjeselskap)* general partner.

komplett complete; ~ *latterlig* utterly ridiculous; *i* ~ *stand* (when) complete. **-ere** *(vb)* complete; *(supplere)* supplement.

komplikasjon complication.

kompliment compliment.
komplimentere *(vb)* compliment *(for* on).
kompli|sere *(vb)* complicate. **-sert** complex, complicated.
komplott plot, conspiracy.
kompo|nere *(vb)* compose. **-nist** composer. **-sisjon** composition.
komposisjonslære theory of composition.
kompost compost. **-haug** compost heap, garden dump.
kompott compote, stewed fruit.
kompresjon compression; *motor med høy* ~ high -compression engine; *-en på en av sylindrene er merkbart dårligere enn på de andre* one of the compressions is noticeably weaker than the others.
kompresjons|forhold compression ratio. **-kammer** c. chamber. **-måler** c. gauge. **-slag** c. stroke.
kompress compress.
kompressor compressor.
komprimere *(vb)* compress.
kompromiss compromise. **-forslag** proposal for a compromise.
komse Lapp cradle.
kondemnere *(vb)* condemn *(fx* a house).
kondens *(i forgasser)* condensation.
kondensator condenser.
kondens|ere *(vb)* condense. **-ering** condensation.
kondens|stripe *(flyv)* condensation *(el.* vapour) trail; T contrail. **-vann** water of condensation, condensation water; condensate.
kondisjon condition: *i god* ~ in good condition; in good (physical) shape.
kondisjonalis *(gram)* conditional; *1.* ~ past-future (tense); *2.* ~ past-future-perfect (tense).
konditor confectioner; *(glds)* pastry cook.
konditor|i café, tea-room(s); teashop. **-kaker** *(pl)* French pastries, tea fancies. **-varer** *(pl)* confectionery.
kondolanse sympathy; *(stivt)* condolence; *(se* kondolere).
kondolansebrev letter of sympathy.
kondolansevisitt visit of condolence.
kondolere *(vb)* express *(el.* offer) one's sympathy; *(stivt)* offer one's condolences; ~ *en* offer sby one's sympathy *(el.* condolences), express one's sympathy with sby; condole with sby *(i anledning av* on); *-r!* I'm sorry!
kondom condom.
kondor *zool (slags gribb)* condor.
konduite judgment, poise, savoir faire; *han har* ~ he can handle a situation; *vise* ~ show tactful understanding.
konduite|messig judicious, prudent, skilful. **-sak** matter left to individual judgment.
konduktør train ticket collector; *(togfører)* (passenger train) guard; *(trikke-, buss-)* conductor; *(kvinnelig)* T clippie; US conductor, ticket taker.
konduktørvogn *(jernb)* guard's van; brake van; US caboose.
kone *(hustru)* wife; *(kvinne)* woman; *lille* ~ wifie; wifey; *en gift* ~ a married woman; ~ *i huset* mistress of the house; *ta til* ~ marry, take for one's wife; *mannen ville én ting, kona noe annet* the husband wanted one thing, the wife another *(el.* something else).
kone|båt umiak, women's boat. **-plager** wifebeater.
konfeksjon ready-made clothing.
konfeksjons|avdeling *(i forretning)* ready-made (clothes) department. **-fabrikk** clothing mill *(el.* factory). **-industri** ready-made clothing industry. **-klær** *(pl)* ready-made clothes; US store clothes. **-sydd** ready-made.

konfekt (assorted) chocolates; *han sparte ikke på -en (også* US*)* he didn't pull his punches.
konfektforretning confectioner's (shop); *(jvf* sjokoladebutikk).
konferanse conference.
konferansier compère; *være* ~ *ved* c. *(fx* the show).
konferere *(vb)* confer *(med* with; *om* about); *(sammenligne)* compare, check.
konfesjon confession, creed.
konfesjonsløs *(adj)* undenominational.
konfidensiell confidential; *en* ~ *bemerkning* an off-the-record remark; *men det er helt konfidensielt da, vet du* but that's off the record, you know.
konfirmant candidate for confirmation, confirmand, confirmee.
konfirmasjon confirmation.
konfirmasjonsattest certificate of confirmation.
konfirmere *(vb)* confirm.
konfiskasjon confiscation, seizure.
konfiskere *(vb)* confiscate, seize.
konflikt conflict; *(arbeids-)* labour dispute; *han har vært i* ~ *med loven før* he has been in trouble before.
konform conformal, in conformity *(med* with).
konfront|asjon confrontation; *(for å identifisere mistenkt)* identification parade. **-ere** *(vb)* confront.
konfus confused.
konføderasjon confederation, confederacy.
konføderert confederate.
kong *(byll)* boil, carbuncle.
konge king. **-dømme** monarchy; *(rike)* kingdom. **-familie** royal family. **-flagg** royal standard. **-flyndre** *(fisk)* plaice. **-hus** royal house *(el.* family), dynasty. **-krone** royal crown. **-kroning** coronation of a king.
kongelig royal, regal, kingly; *det -e hus, de -e* the Royal Family.
konge|losje royal box. **-makt** royal power. **-mord** regicide. **-morder** regicide.
konge|par royal couple. **-pjolter** [drink of brandy and champagne]. **-rekke** line of kings, list of kings. **-rike** kingdom.
konge|røkelse incense. **-stol** royal seat. **-tiger** *(zool)* Bengal tiger. **-venn** royalist.
kongeørn *(zool)* golden eagle.
kongle *bot (på nåletrær)* cone.
konglomerat conglomeration *(av* of); *(geol)* conglomerate.
kongoleser, kongolesisk Congolese.
kongress congress.
kongru|ens congruity; *(mat.)* congruence; *(gram)* concord *(med* with). **-ent** congruent.
kongs|emne heir apparent; pretender to the throne. **-gård** King's royal palace; King's estate.
kongstanke great idea; *hans* ~ the great idea that inspired him.
konisk conical.
konjakk brandy; *(ekte)* cognac.
konjakkranser *pl (kaker)* brandy rings.
konjakklikør liqueur brandy.
konjektur conjecture.
konjugasjon *(gram)* conjugation.
konjugere *vb (gram)* conjugate.
konjunksjon *(gram)* conjunction.
konjunktur(er) **1***(i sosialøkonomi)* economic *(el.* trade) cycle(s), business cycles; **2***(merk)* state of the market, (general) trade outlook, general business *(el.* trading) conditions, trade conditions, business prospects *(el.* outlook); *dårlige -er* trade depression; bad state of trade; slump; *den fallende* ~ *skyldes årstiden* the downward economic trend is due to seasonal factors; *gode*

-er (period of) trade prosperity, prosperous *(el. good)* times, period of good trade; *det er gode -er (også)* trade is flourishing; there is a boom; *det er for øyeblikket gode -er innen shipping* shipping is in a prosperous state at present; *gode og dårlige -er* periods of prosperity and depression; *gunstige -er* favourable trade conditions; a sellers' market; *nedadgående -er* downward tendency (of the market), downswing, trade recession; *stigende -er* rising *(el.* upward) tendency (of the market), upswing; *med de nåværende -er* in the present state of the market.

konjunktur|bedring a general improvement in trade, an upward movement *(el.* trend) of trade, trade revival. -bestemt conditioned by the state of the market. -bevegelse cyclical movement, cycle; *de periodiske -r* the trade cycle(s). -bølger *(pl)* economic cycles. -forskning research into trade cycles. -omslag turn of the market *(el.* the business cycle). -oppgang: *se -bedring; -en (også)* the rising business curve. -oversikt economic review. -politikk cyclical policy. -skatt excess profits tax. -svingninger *(pl)* fluctuations of the market *(el.* of prices *el.* of trade), trade fluctuations. -utvikling trend of trade.

konk S broke.

konkav *(buet innover)* concave.

konkludere *(vb)* conclude.

konklusjon conclusion.

konkret concrete.

konkretisere *(vb)* concretize; put *(fx* an idea) in concrete form; put in concrete terms.

konkubi|nat concubinage. -ne concubine.

konkurranse competition; ~ *klubber imellom* inter-club event; *en* ~ a competition, a contest; *fri* ~ open competition, freedom of c.; *hensynsløs* ~ cut-throat *(el.* reckless) c.; *illojal* ~ unfair c.; *skarp* ~ keen *(el.* severe) c.; ~ *på kniven* cut-throat c.; *vi kan ikke følge med i -n* we are no longer able to compete; we have been outstripped by our competitors; *ta opp -n med* enter into c. with; *vi må ta opp -n (også)* we must try to meet *(el.* fight) this c.; *utelukke (o: trosse) all* ~ defy c.; *[Forb. med prep] -n om noe* the c. for sth; *melde seg til -n* enter for the c.; *utenfor* ~ hors concours; *delta utenfor* ~ take part without competing; *starte utenfor* ~ start as a non-official competitor.

konkurranse|deltager competitor, entrant; contestant. -dyktig able to compete, competitive *(fx* prices, articles). -dyktighet competitive power, ability to compete. -fisking *(blant sportsfiskere)* match fishing. -foretagende rival *(el.* competitive) enterprise. -forhold: *-ene (pl)* the competition. -sport competitive sport.

konkurrent 1. competitor, rival; 2*(ved konkurranse om stilling, etc, også)* candidate; *han har en* ~ (2) he has a competitor *(el.* rival); there is another candidate in the field; *en farlig* ~ a dangerous competitor *(el.* rival) *(fx* a d. r. of the champion); *en farlig* ~ *til mesterskapstittelen* a dangerous rival for the championship; *-er til* competitors for *(fx* the prize); *slå sine -er* beat one's rivals *(el.* competitors).

konkurrere *(vb)* compete *(med* with, *om* for); ~ *på (el.* under) *like vilkår* compete on equal terms; ~ *ut* oust *(fx* he ousted his competitors); *(se III. lik).*

konkurrerende competing, rival *(fx* r. firms); ~ *merker* competing *(el.* rival) makes.

konkurs bankruptcy, failure; *erklære* ~ declare bankrupt; *gå* ~ fail (in business); go bankrupt, go into bankruptcy; **T** go bust; *slå til* ~ make bankrupt; *firmaet er* ~ the firm is bankrupt;

overlevere sitt bo til ~ file *(el.* present) a bankruptcy petition; *(om selskap)* file *(el.* present) a petition for winding up. -begjæring bankruptcy petition, p. in b.; *(selskaps)* (company's) petition for winding up. -behandling proceedings in bankruptcy, bankruptcy proceedings. -bo bankrupt estate, e. of a bankrupt, e. in bankruptcy. -bobestyrer trustee in bankruptcy; *(midlertidig; oppnevnt av retten)* receiver (for a bankrupt estate); *(se bostyre).* -fordring claim against a bankrupt estate. -lov Bankruptcy Act. -masse bankrupt estate, estate in bankruptcy. -melding bankruptcy notice.

konkylie conch, shell.

konnossement bill of lading *(fk* B/L); ~ *over (el. på)* B/L for; *gjennomgående* ~ through B/L.

konsekvens 1*(følgeriktighet)* consistency; *mangel på* ~ inconsistency; 2*(følge)* consequence; *ta -ene (av det)* take the consequences; 3*(slutning)* conclusion; *dra -en av noe* draw the conclusion from sth.

konsekvent consistent; *(adv)* -ly.

konsentrasjon concentration.

konsentrasjonsevne power of concentration, ability to concentrate.

konsentrasjonsleir concentration camp.

konsentrat *(kjem)* concentrate; *(fig)* condensation, condensed account *(av* of).

konsentrere *(vb)* concentrate; ~ *seg* concentrate *(om* on); keep one's mind on one's job; *han -te seg ikke* his mind was not on his job; *han -te seg om landingen (også)* he gave all his attention to the landing; *ikke la dette affisere deg; hvis du det gjør, vil du ikke kunne* ~ *deg* you must not let this affect you; if you do, it will break your concentration.

konsept *(rough)* draft; *(se kladd); bringe fra -ene* disconcert, put out; *gå fra -ene* lose one's head; **T** fly off the handle; blow one's top.

konseptpapir rough paper; draft paper; **US** scratch paper.

konsern group of companies; combine; *(i løst språkbruk: stor bedrift)* concern.

konserngruppe consolidated group.

konsernregnskap consolidated accounts; group accounts; **US** consolidated financial statement.

konsert concert; *(musikkstykke)* concerto; *holde en* ~ give a concert; *(se klaverkonsert).*

konsert|flygel concert grand. -hus concert hall. -mester leader (of an orchestra); **US** concertmaster. -sal concert hall.

konservatisme conservatism.

konservativ conservative; *stokk* ~ ultra-conservative.

konservator 1. assistant keeper; *(ved mindre museer og samlinger ofte)* assistant curator; **US** associate curator; *teknisk* ~ conservation officer; 2*(første-)* keeper, deputy k.; curator; **US** chief curator; *(teknisk* ~*)* chief (,senior) conservation officer.

konservatorassistent: *teknisk* ~ assistant conservation officer; junior conservation officer.

konservatorium conservatory.

konserver *(pl)* preserves; tinned *(el.* canned) goods; **US** canned goods; *når glasset først er åpnet, holder konserven seg meget kort tid* once the jar is opened the contents only last for a very short time.

konservere *(vb)* keep, preserve.

konservering preserving, preservation; *(jvf hermetisere & sylte).*

konserveringsmiddel preserving agent *(fx* chemical p. agents).

konsesjon concession, licence (,**US**: license).

konsesjonshaver concessionaire.
konsignant *(merk)* consignor.
konsignator *(merk)* consignee.
konsignere *vb (merk)* consign.
konsil council.
konsipere *(vb)* draft; conceive.
konsis concise.
konsistens consistency. **-fett** cup grease.
konsolidere *(vb)* consolidate. **-ring** consolidation.
konsoll console; *(hylle)* bracket.
konsonant *(gram)* consonant. **-fordobling** *(gram)* doubling of consonants, consonant doubling.
konsortium syndicate.
konspirasjon conspiracy, plot.
konspirere *(vb)* conspire, plot.
konstabel 1. (police) constable, policeman; (NB *tiltales som* 'officer' *(fx* excuse me, o., but could you tell me the way to ...)); *patruljerende* ~ beat policeman; **T** beat bobby; **2***(mar)* petty officer apprentice; **US** petty officer third class; *(se brannkonstabel; menig: leden de* ~ *; overkonstabel).*
konstant invariable, constant, stable; *han har vist* ~ *form i ukevis* he has shown consistent form for weeks.
Konstantinopel *(geogr)* Constantinople.
konstatere *(vb)* ascertain, find; *(bemerke)* note *(fx* we are pleased to n. that ...); state; *(påvise)* demonstrate *(fx* d. the presence of strychnine in the body); *da man undersøkte de leverte varer, ble det -t betydelige skader* an examination of the goods delivered revealed extensive damage; *jeg bare -er faktum* I merely state the fact; *jeg -er at X ikke har snakket sant* I want to place it on record *(el.* to call attention to the fact) that X has not spoken the truth; *han -te (ɔ: slo fast) at ...* he made the point that ...
konstellasjon constellation; *de politiske -er* the political situation.
konsternasjon consternation. **-ert** dismayed, taken aback.
konstituere *(vb)* depute; ~ *seg som* set oneself up as, constitute oneself as; *-erende generalforsamling* statutory general meeting.
konstituert deputy, acting *(fx* a. minister).
konstitusjon constitution. **-ell** constitutional.
konstruere *(vb)* construct; *(gram)* construe.
konstruksjon construction; structure. **-sfeil** fault in design; f. in construction; structural defect. **-soppgave** *(mat.)* geometrical problem.
konstruktør constructor, designer.
konsul consul.
konsulat consulate. **-gebyr** consular fee. **-vesen** consular service.
konsulent adviser, consultant; *(i etatene):* ~ *I* senior principal; ~ *II* principal; *juridisk* ~ legal adviser; *teknisk* ~ consulting engineer.
konsultasjon consultation.
konsultasjonstid office hours; *(leges)* surgery hours. **-værelse** *(legekontor)* surgery, consulting room.
konsum consumption; *(se forbruk).* **-ent** consumer.
konsumere *(vb)* consume; *(se forbruke).*
kontakt **1***(strømslutning, etc)* contact; **2***(bryter)* switch; *(jvf kontaktbryter);* **3***(stikkontakt)* plug; *tilkoplings-* terminal; *(se A ndf: teknisk* ~ *);* **4** *(geol)* contact; **5***(mil)* contact *(fx* our troops are in contact with the enemy); **6***(fig)* touch, contact; *[A: forb. med adj & pron; B: med vb & prep]* **A** *[forb. med adj & pron]* **direkte** ~ (1) direct contact; **dårlig** *(,god)* ~ (1) bad *(,good)* contact; **elektrisk** ~ electric contact; **god** *faglig* ~ *med lærerkolleger* good professional contact with teaching colleagues; **manglende** ~ a lack of con-

tact(s); (1) a disconnection *(fx* there is a break in the feed wire or a disconnection at the other end of this wire); **menneskelig** ~ human contact; **nær** ~ close contact; *gjennom* **stadig** ~ *med ledende rederier følger vi nøye den tekniske maritime utvikling* by keeping in constant touch with *(el.* through constant contact with) leading shipping firms we are able to follow technical maritime developments closely; **teknisk** ~ (3) power plug; *vår* ~ *med japanske verft har blitt betydelig styrket* our contacts with Japanese yards have been considerably reinforced;
B *[forb. med vb & prep]* **få** ~ *med* get in touch with; **ha** ~ *med* be in touch with; have contact with; *ha god* ~ *med verden utenfor* have strong links with the outside world; *han hadde nær personlig* ~ *med ...* he had close personal relations with ...; *britene ville slett ikke ha noen* ~ *med dem* the British refused to have any contact with them whatever; **holde seg** *i* ~ *med* keep in touch with; **komme** *i* ~ *med* get in touch with *(fx* sby); come into contact with; *man bør unngå at flussmidlet kommer i direkte* ~ *med huden* flux should not be allowed to come into contact with the skin; *komme i personlig* ~ *med* get in touch with sby personally; **lette** *-en mellom lærere og elever* facilitate communication between staff and pupils; **miste** *-en med* lose touch with *(fx* I have lost touch with him); *det er vanskelig å oppnå personlig* ~ *med ham* it's difficult to get in touch with him personally; **søke** ~ try to get to know sby *(el.* (some) people); *hun søker* ~ she is trying *(el.* she wants) to get to know (some) people; she wants to make friends; *søke* ~ *med* get in touch with *(fx* sby); **ta** ~ *med* get in touch with *(fx* sby), contact *(fx* sby); *ta* ~ *med et firma* approach *(el.* make contact with) a firm; *ta* ~ *med oss når det gjelder ...* get in touch with us regarding ...; *(se forbindelse; skape; søke).*
kontaktbryter *(avbryter)* contact breaker.
kontaktflate **1***(mask)* contact face, contacting surface; **2***(fig)* *ha en bred* ~ be a good mixer, have a large circle of acquaintances.
kontaktspiss *(fordelerbryterkontakt)* breaker point.
kontaktutvalg co-ordinating committee *(fx* a c.-o. committee was formed).
kontant cash; *fiks* ~ prompt cash; *i -er* in cash; *netto* ~ net cash; ~ *mot dokumenter* cash against documents; ~ *ved levering* cash on delivery; ~ *salg* cash sale; *betale* ~ pay cash (down), pay in cash; *selge mot* ~ sell for cash; *han mangler -er* he is short of cash *(el.* ready money); *jeg kan ikke skaffe til veie de nødvendige -er* I cannot find the necessary cash; I cannot put my hand on the n. c.
kontantbeløp cash amount; *(ved kjøp på avbetaling)* initial down payment; deposit *(fx* minimum deposits were increased). **-betaling** cash payment *(el.* terms), payment in cash. **-dekning** *(bankv)* cash ratio. **-rabatt** cash discount, sight credit. **-salg** cash sale. **-utlegg** out-of-pocket expenses. **-verdi** cash value.
kontekst context.
kontinent continent; *på K-et* on the Continent.
kontinental continental. **-sokkel** continental shelf.
kontingent **1***(mil)* contingent; **2***(medlems-)* subscription; **T** sub; *et medlem som har betalt sin* ~ a paid-up member.
konto account *(fk* a/c); *sperret* ~ *(interimskonto)* suspense account; *betale a* ~ pay on account; *en a* ~ *betaling* a sum paid on a.; *debitere (,kreditere) Deres* ~ *for beløpet* debit (,credit) your account with the amount; *føre på* ~

(fx om varer man kjøper i forretning) enter *(fx* did you want it entered, madam?); *skal dette føres på Deres* ~ *eller betaler De kontant?* is this to go on your account, or are you paying cash? *den feilen går på din* ~ **T** you are to blame for that mistake; *likvidere en* ~ close an a. *(fx* your Deposit Account has now been closed at this office); *vi har, slik De ber om, overført det gjenstående beløp på Deres* ~ *pluss renter til vår filial i Bath, slik at De kan heve beløpet der* as requested, we have transferred the balance of your account plus interest to our Bath branch for collection by you; *sette penger inn på en* ~ pay money into an account; *sett det på min* ~ *(ɔ: anfør det på meg)* put that down to me; *skrive på ens* ~ put down to sby's account; *åpne en* ~ *i en bank* open an account with a bank; *(se foliokonto; interimskonto; lønnskonto; sjekkonto; sparekonto).*
kontoinnehaver account-holder.
kontokurant account current *(fk* A/C) *(pl:* accounts current).
kontor office; *(leges)* consulting room, surgery; *på -et* at *(el.* in) the office; *yngstemann på* ~ junior clerk.
kontorarbeid office *(el.* clerical) work; *(som fag)* office routine *(el.* methods); *(hjemme hos seg selv)* paper work.
kontorassistent *(i etatene)* clerical assistant; assistant clerical officer.
kontordame typist, office girl, lady *(el.* female) clerk; *hun er* ~ she is in an office.
kontorfullmektig 1*(i etatene):* ~ *I* senior clerical officer; head clerk; ~ *II* clerical officer; clerk; **2. UK** *(hos* 'solicitor') legal executive.
kontorist clerk.
kontorkrakk office stool; *han sliter -en* **T** *(neds)* he's a quill-driver *(el.* pen pusher); he pushes a pen all day.
kontor|personale office staff. **-post** job in an office; clerical appointment *(fx* apply for a c. a.); clerkship. **-sjef** office manager, head clerk; *(i departement)* assistant secretary. **-søster** medical secretary; (doctor's *el.* dentist's) receptionist. **-tid** office hours.
kontoutdrag bank statement; statement (of account), S/A.
kontra versus; *pro og* ~ pro and con.
kontra|alt *(mus)* contralto. **-bande** contraband. **-bass** *(mus)* double-bass; contrabass. **-bok** passbook.
kontra|hent contracting party. **-here** *(vb)* contract.
kontrakt contract; *(ofte)* agreement; *en fet* ~ a fat contract; *slutte (el. inngå)* ~ enter into a contract *(el.* agreement), make a contract *(om* for); *i henhold til denne* ~ under this contract; *(se oppfylle).*
kontrakt|brudd breach of contract; *begå* ~ commit a b. of c. **-forhold** contractual relation *(el.* obligation(s)); contract. **-messig** contractual, according to contract.
kontraktstridig contrary to (the terms of) the contract, in contravention of the terms of the contract.
kontraktsvilkår *(pl)* terms of the contract.
kontraktutkast draft agreement.
kontra|ordre counter-order, contrary order(s), orders to the contrary. **-prøve** counterverification, counter test. **-punkt** *(mus)* counterpoint. **-signere** *(vb)* countersign.
kontrast contrast. **-ere** *(vb)* contrast.
kontrastvæske *(kjem)* contrast fluid *(el.* medium).
kontraventil *(mask)* non-return valve; *(se ventil).*
kontreadmiral rear admiral.
kontroll supervision, control; check, inspection;

hun har ingen ~ *over den hunden* she has no control over that dog; *levere inn en avføringsprøve til* ~ hand in a specimen of one's stool for examination *(el.* analysis).
kontrollampe warning lamp; pilot lamp *(el.* light).
kontrollere *(vb)* check, verify, inspect.
kontrollmåle *vb (tekn)* check.
kontrollorgan controlling body.
kontrollør inspector, supervisor.
kontrollpost checkpoint; *(i orienteringsløp)* control; *bemannet* ~ manned control.
kontrollpult switch desk; control desk.
kontrovers controversy. **-iell** controversial.
kontur outline, contour.
kontusjon *(med.)* contusion, bruise.
konvall *(bot)* lily of the valley.
konveks convex.
konveksitet convexity.
konvensjon *(overenskomst; skikk og bruk)* convention.
konvensjonell *(hevdvunnen)* conventional.
konversasjon conversation.
konversasjonsleksikon encyclopaedia.
konversere *(vb)* converse, chat, talk, make conversation, entertain *(fx* e. one's dinner partner).
konvertere *(vb)* convert.
konvertitt convert.
konvoi convoy. **-ere** *(vb)* convoy.
konvolutt envelope.
konvul|sivisk convulsive. **-sjon** convulsion.
kooperativ co-operative.
koordinasjon co-ordination.
kop *(subst)* gaping fool.
kope *(vb)* gape, stare.
kopi copy; *(om kunstverk; fig også)* replica, *(fot)* print. **-blekk** copying ink. **-blyant** indelible pencil.
kopiere *(vb)* copy, duplicate; *(med kalkerpapir)* trace; *(fot)* print, make prints.
kopipapir copying paper.
kople *(vb)* couple; ~ *av (fig)* relax, divert *(el.* amuse) oneself; ~ *fra* uncouple; ~ *inn (fig)* bring in *(fx* it looks as if the authorities will have to be brought in); ~ *om* reconnect; connect up differently; switch (over); ~ *sammen* connect; ~ *til* connect *(fx* c. a lamp to a battery); plug in; *(om kringkaster)* link (up) *(fx* link up transmitters); ~ *en ringeklokke til lysnettet (også)* run a bell off the light circuit; ~ *ut (elekt)* cut off, cut out, interrupt; disconnect; switch off; *(se også tilkoplet).*
kopling coupling; *(kløtsj)* clutch; *enkeltplate-* single-plate clutch.
koplingsboks clutch housing.
koplingsskjema *(elekt)* diagram of connections.
kopp cup; ~ *og skål* a cup and saucer; *en* ~ *te* a cup of tea; **T** *(også)* a cup of char.
kopparr pockmark.
kopparret pockmarked.
koppeattest vaccination certificate.
I. kopper *(sykdom)* smallpox; variola.
II. kopper *(metall)* copper.
kopper|aktig coppery. **-gruve** copper mine. **-mynt** c. coin, copper. **-rød** copper-coloured. **-skilling** copper. **-smed** coppersmith. **-stikk** copperplate; *(ofte* =) print. **-vitriol** blue vitriol.
kopra copra.
kor chorus; *(sangerne)* choir; *(i kirke)* chancel, choir; *blandet* ~ mixed voices; *for blandet kor* for mixed voices; *synge noe i* ~ sing sth in chorus; *de sang den i* ~ *(også)* they all joined in the song.
koral *(salmemelodi)* choral(e).
korall *(koralldyrs bolig)* coral.

koralløy coral island; atoll.
Koranen the Koran.
korde *(mat.)* chord.
kordong cordon; contraceptive, condom; **T** French letter; **US T** safe.
Korea *(geogr)* Korea.
koreaner Korean.
koreansk Korean.
korg basket; *(stor)* hamper; *(se ellers kurv).*
korgutt choirboy, acolyte.
korint currant (raisin).
kork 1. cork; *(skru-)* screw cap, screw-on stopper; **2***(trafikk-)* (traffic) jam.
korka: T *han er* ~ *(dum)* he's thick(-headed).
korkbelte cork belt.
korkemaskin corking gun.
korketrekker corkscrew.
korn corn, grain; **US** grain; *(gryn, partikkel)* grain; *-et står godt* the grain *(el.* corn) looks promising *(el.* is coming on well); *ta på -et (sikte på)* draw a bead on; *(etterligne)* hit off (exactly *el.* to a T) *(fx* he hit off Aunt Mary to a T).
kornaks *(bot)* ear, spike of corn. **-avl** *(det å)* grain cultivation; *(grøden)* corn crop, cereal crop. **-blomst** *(bot)* cornflower. **-bånd** sheaf, sheaf of corn.
kornet granular, grainy.
kornett *(mus)* cornet.
kornkammer granary. **-land** corn-growing country. **-mangel** scarcity of corn. **-mo** heat lightning. **-nek** sheaf of corn. **-rensing** winnowing. **-snø** *(kornet snø)* corn snow. **-sort** cereal, species of grain. **-åker** corn field, grain field.
koronartrombose *(med.)* coronary thrombosis.
korp *(zool)* raven.
korporal *(mil)* **1.** corporal *(fk* Cpl); **2***(flyv)* corporal; **US** airman 1st class; *-er og menige* (1) other ranks; *vise-* **1.** lance corporal *(fk* Lance-Cpl); **2***(flyv): se* vingsoldat.
korporasjon corporation.
korporlig corporal, bodily.
korps corps, body; *(mus)* band; *Forsvarets bygningstekniske* ~ **UK** *(omtr* =*)* Royal Engineers; Royal Electrical and Mechanical Engineers; *Hærens våpentekniske* ~ = the Army Ordnance Corps.
korpsånd esprit de corps.
korpulense corpulence.
korpulent corpulent, stout.
korpus body.
korreks reprimand; *(jvf påpakning).*
korrekt correct; accurate, exact. **-iv** corrective.
korrektur proof (sheet); *lese* ~ *på* read the proofs of; *(se* spaltekorrektur).
korrekturark proof sheet. **-avtrykk** proof sheet; *annet* ~ second proof, revise. **-godtgjørelse** charge for corrections. **-leser** proofreader. **-lesning** proofreading. **-rettelse** correction in the proofs. **-tegn** proofreader's mark.
korrelasjon correlation *(fx* between X and Y).
korrespondanse correspondence.
korrespondent correspondent; *(på kontor)* correspondence clerk; *(se* utenlandskorrespondent).
korrespondere *(vb)* correspond; *et -ende tog* a (train) connection; *toget -er med et annet i Crewe* the train connects with another at Crewe; *toget og båten -er i X* the train connects with a boat at X.
korridor corridor.
korrigere *(vb)* correct.
korrupsjon corruption.
korrupt corrupt.
kors cross; *bære sitt* ~ bear one's cross; *gjøre -ets tegn* make the sign of the cross; *han la ikke to pinner i* ~ *for å hjelpe meg* he did not

lift *(el.* stir) a finger to help me; *legge armene over* ~ fold one's arms; *legge bena over* ~ cross one's legs; *med bena over* ~ cross-legged; *krype til -et* eat humble-pie; kiss the rod; ~ *på halsen!* cross my heart!
korsang choral singing; *(enkelt sang)* part song. **-sanger** chorister.
korsar corsair.
korsblomstret *(bot)* cruciferous (plant). **-bånd** postal wrapper; *som* ~ by printed paper post, under open cover, by book post. **-båndsending** article sent under open cover *(el.* by book post), a. sent in a postal wrapper.
korse *(vb):* ~ *seg* cross oneself, make the sign of the cross; ~ *seg over* be shocked *(el.* scandalized) at.
korsedderkopp *(zool)* garden spider, cross spider.
korsett corset, stays.
korsfane banner of the cross. **-farer** crusader. **-feste** *(vb)* crucify. **-festelse** crucifixion. **-formet** cruciform.
Korsika *(geogr)* Corsica. **k-ner, k-nsk** Corsican.
korslagt crossed, folded. **-nebb** *(zool)* crossbill. **-rygg** lumbar regions, small of the back. **-sting** cross stitch. **-tog** crusade. **-troll** *(zool)* starfish. **-vei** *(også fig)* crossroads *(fx* be at the c.); *være ved en* ~ *(fig)* be at the parting of the ways *(fx* when she was at the p. of the w. she was stricken by doubt).
I. kort card; *gi* ~ deal; *gode* ~ a good hand; *jeg har elendige* ~ **T** I've got a hand like a foot; *kaste -ene* chuck one's hand in; *legge -ene på bordet (fig)* put one's cards on the table; *sette alt på ett* ~ *(fig)* stake all in a single throw; stake everything on one card *(el.* chance); **T** put all one's eggs in one basket; *spå i* ~ tell fortunes by cards.
II. kort *(adj)* short; *(kortfattet)* brief; *om* ~ *tid* soon, shortly, before long; *for* ~ *tid siden* a short time ago; recently; ~ *etter* shortly after; *på* ~ *sikt (merk)* at short sight; *(se I. sikt);* ~ *sagt* in short; in brief; ~ *og godt* in so many words; *komme til* ~ fail; be inadequate; *(skolev)* underachieve; *(se* tilkortkommer); ~ *for hodet* short-tempered, snappish, huffy; *gjøre* ~ *prosess* make short work of it; *trekke det -este strå* get the worst of it; **US** be on the losing end.
kortbeint short-legged.
korte *(vb):* ~ *av* shorten; ~ *av på* reduce, curtail; *de synger for å* ~ *veien* they sing songs to cheer the way.
kortevarer *(pl)* haberdashery.
kortfattet concise, brief.
kortfilm short film; **T** short.
korthalset short-necked.
korthet shortness; *(bare om tid og tale)* brevity, briefness; *i* ~ briefly, in a few words.
korthus house of cards; *hans planer falt sammen som et* ~ his plans collapsed like a house *(el.* pack) of cards.
korthåret short-haired. **-klipt** close-cropped.
kortkunst card trick.
kortleik *se* kortstokk.
kortsiktig short, short-term; ~ *lån* short-term loan.
kortslutning 1. short circuit; **T** short; *fremkalle* ~ short-circuit; **2.** = *-shandling; (se også* overledning).
kortslutning(shandling) act committed in a moment of extreme strain *(el.* tension); a mental blackout; *hans selvmord var en* ~ his suicide was a sudden irrational reaction to a tense situation; *det må ha vært en kortslutning hos henne når hun giftet seg med den mannen* she must

have had a mental blackout when she married that man; she must have married that man in a moment of madness.
kortslutte *(vb)* short-circuit.
kortspill card-playing; *i* ~ at cards.
kort|spiller card-player. **-stokk** pack (,**US**: deck) of cards. **-sving** *(ski): gjøre* ~ tail-wag.
kortsynt *(fig)* short-sighted. **-het** *(fig)* short-sightedness.
kortvarig short(-lived), transitory, brief. **-het** shortness, briefness.
kort|vegg end wall, short wall. **-vokst** short.
korvett *(mar)* corvette.
koryfé leader; **T** bigwig; **US** leader, top man; *en av -ene* **T** one of the bigwigs *(el.* big guns); **US** one of the brass.
I. kos T cosiness; **US** coziness; *(se hygge).*
II. kos *(se kurs); dra sin* ~ go away, make off.
kosakk Cossack.
kose *(vb)* make things cosy (,**US**: cozy) *(el.* pleasant) *(for* for); ~ *med* cuddle *(fx a* baby); *som liker å bli kost med* cuddly; ~ *seg* have a good *(el.* enjoyable) time; *vi ~ oss glugg i hjel* we are having the time of our lives; *(se for øvrig hyggelig).*
koselig comfortable, cosy (,**US**: cozy), snug, nice, pleasant; *(se hyggelig).*
kosinus *(mat.)* cosine.
kosmetikk cosmetics. **kosmetisk** cosmetic.
kosmetolog cosmetologist.
kosmonaut cosmonaut.
kosmopolitisk cosmopolitan.
kosmopolitt cosmopolite, cosmopolitan.
kosmos cosmos.
I. kost *(mat)* food, fare; ~ *og lønn* board and wages; *mager* ~ scanty fare, poor diet; *ha fri* ~ have free board; *ha en i -en* have sby as a boarder; *holde seg selv med -en* get one's own meals; *være i* ~ *hos* board with.
II. kost *(feiekost)* broom, brush; *nye -er feier best* new brooms sweep clean.
III. kost *(teater):* ~ *og mask* dress rehearsal.
kostbar precious, valuable; *(dyr)* expensive, costly; *gjøre seg* ~ require much pressing *(el.* asking). **-het** costliness, expensiveness.
koste *(vb)* cost; *(ofte)* be *(fx* butter was 50p a pound; how much is that cigar?); *hva -r det?* how much is it? *det -r ikke noe* there's nothing to pay; *hva -r det Dem?* what does it cost you? *(det får)* ~ *hva det vil* at any price, at all costs; no matter what the cost, whatever the cost; ~ *mye på* spend a good deal of money on.
kostebinderi: *hele -et* **T** the whole caboodle *(el.* boiling).
kostelig costly; precious; *(morsom)* priceless.
kosteskaft broomstick.
kostforakter: *han er ingen* ~ he's not squeamish.
kostgodtgjørelse allowance for board; **US** per diem.
kosthold fare, diet.
kostnad cost.
kostpenger living expenses; housekeeping money *(fx* the h. m. won't go round). **-skole** boarding school.
kostyme costume. **-ball** fancy-dress ball; **US** costume ball. **-maker** maker of (theatrical) costumes. **-prøve** dress rehearsal.
kote *(på kart)* contour line; *sette av en* ~ run a c. l.
kotelett chop; *(liten, fx kalve-)* cutlet; *(se oksekotelett).*
kotelettkam loin.
kotelettstykke *(på gris)* loin; *(se kam).*
koteri coterie.

kotiljong cotillon, cotillion.
kott *(lite)* closet; *(på loft, etc)* storeroom.
kovne *(vb)* be suffocating; be very hot; **T** swelter *(fx* I'm sweltering in this heat).
kooye *se* **kuøye.**
kr *(fk. f. krone).*
kra *(int): kra-kra!* caw-caw!
krabat *(fyr)* chap; *en vilter* ~ *(om barn)* an unlicked cub; *(om gutt)* **T** a little monkey.
I. krabbe *(subst)* crab; *mate -ne* feed the fishes.
II. krabbe *(vb)* crawl, creep, scramble; ~ *til køys* scramble into bed.
krabbefelt creep(er) lane, lane for slow-moving traffic.
krafs scrape, scratch.
krafse *(vb)* claw, scratch; ~ *seg fram* scratch along; ~ *til seg* grab, snatch; *(se grafse:* ~ *til seg).*
kraft strength; *(evne, legemlig & åndelig)* power; *(makt)* force; *(kraftighet)* vigour; **US** vigor; *(energi)* energy; *(maskins)* power; *(kjøtt-, etc)* juice; *teatrets beste krefter* the best actors of the theatre; *unge krefter (fig)* youthful energy; *anspenne alle krefter* strain every nerve; *komme til krefter* recover one's strength; *legge* ~ *i* throw one's strength into; *går med full* ~ is going full speed; *prøve krefter med* try one's strength against; *av alle krefter* with might and main, with all one's might; *i sin ungdoms fulle* ~ in the full vigour of youth *(,**US**:* vigor) of youth; *i* ~ *av* by virtue of; *sette i* ~ put in *(el.* into) force; *sette ut av* ~ annul, cancel, invalidate; *tre i* ~ come into force*(el.* operation), take effect, become effective; *med sine siste krefter nådde han stranden* with his last ounce of strength he reached the shore; *vie alle sine krefter til en oppgave* devote all one's energies to a task; *(se samspill; sette B).*
kraft|anstrengelse exertion, effort; *nye -r* fresh efforts; **-fôr** (feed) concentrates; grain feed; concentrated cattle foods *(el.* feed(ing) stuffs). **-forsyning** electricity (and gas) supply, power supply.
kraftfull vigorous.
kraftidiot prize idiot.
kraftig strong, powerful, vigorous, energetic; *(om mat)* heavy, nourishing; ~ *bygd* muscular, with a powerful frame.
kraftkar great strong hulk of a fellow; strong hulking chap; *han er en* ~ he is as strong as an ox.
kraft|ledning power line; **US** power transmission line. **-ledningsstolpe** power line pole. **-løs** powerless.
kraft|overføring transmission (of power). **-papir** brown wrapping paper. **-patriot** super-patriot; chauvinist. **-prestasjon** feat, display of strength. **-prøve** trial of strength. **-spill** waste of energy.
kraft|stasjon power station. **-tak** vigorous pull; *(fig)* all-out effort. **-uttrykk** oath, swear word; strong language. **-utvikling** generation of power.
krage collar. **-ben** *(anat)* collar bone, clavicle.
krake *(kroket tre)* stunted tree; *(svekling)* weakling; ~ *søker make* birds of a feather flock together; like will to like.
krakilsk quarrelsome; cantankerous.
I. krakk *(handelskrise)* crash, collapse; *bank-* bank failure *(el.* crash *el.* smash).
II. krakk *(til å sitte på)* stool; (short) bench.
III. krakk poor wretch; *du kan kalle meg en* ~ *om ...* I'll be blamed if ...; *... hvis ikke kan du kalle meg en* ~ *! ...* or I'm a Dutchman!
krakkmandel thin-shelled almond.
I. kram *(subst)* trash; *det passet inn i hans* ~ it suited his books; it was grist to his mill.

II. kram *(adj, om snø)* wet, sticky.
krambu general store, country store.
kramkar pedlar; **US** peddler.
kramme *vb (klemme)* crumple, crush.
krampaktig convulsive; forced.
I. krampe staple; *jern-* cramp iron.
II. krampe *(med.)* spasm; convulsions; *(i ben, arm)* cramp.
krampe|anfall convulsive fit, spasm. **-gråt** convulsive sobbing. **-latter** hysterical laughter. **-stift** staple. **-trekning** convulsion; *ligge i de siste -er* be breathing one's last; **US** be in the throes of death.
kramse *(vb)* finger, fumble at, paw; clutch.
kran crane; *(vann-, etc)* (water) tap, cock, faucet tap; *skru på -a* turn the tap; *jeg får ikke skrudd på -a* the tap won't turn.
kran|avgift cranage. **-fører** crane operator, crane driver, craneman.
krangel quarrel; *de kom i ~* they had a quarrel; **T** they had a row; *(se tilløp).*
krangle *(vb)* pick a quarrel, start trouble; bicker, wrangle. **-fant, -pave** quarreller, quarrelsome chap. **-syk** quarrelsome.
kranium *(anat)* cranium, skull.
krans wreath, garland; *legge ned en ~* lay a wreath.
kransarterie *(anat)* coronary artery.
kranse *(vb)* crown, wreathe.
kranse|kake [cone-shaped pile of almond cakes]; *(stykker)* almond sticks. **-lag, -skål** [party to celebrate completion of roof of a new house] = topping-out ceremony.
krapp *(kort)* short; *(trang)* narrow; *(brå)* sudden; *~ sjø* choppy sea; *en ~ sving* a sudden turn.
krapyl rabble, dregs of society.
krasle *(vb)* rustle, scurry.
krass *(adj)* gross; crass; harsh.
krater crater.
kratt thicket, scrub, underbush.
krattbevokst covered with scrub.
krattskog thicket; undergrowth; scrub; copse; coppice.
krav *(forlangende)* demand *(om* for; *til en* on sby); *(høfligere)* request *(om* for; *til en* to sby); *(fordring)* demand; *(jur)* claim *(fx* his c. for compensation; I have a claim on the company for compensation); *(ved eksamen)* requirement *(fx* the requirements in Latin); *lovens ~* the requirements of the law; *(se ludl: etterkomme lovens ~); drøye ~* **T** stiff demands; *store ~* great *(el.* severe) demands; *stille store ~* pitch one's demands high; *tidens ~* modern requirements; *han stiller strenge ~* he is demanding *(el.* exacting); he is hard to please; **etterkomme et ~** comply with a demand; *etterkomme hans ~ (også)* satisfy his demands; satisfy his claims; *etterkomme lovens ~* comply with legal requirements; **fastholde et ~** insist on a claim; **frafalle et ~** waive *(el.* renounce) a claim; **fremsette et ~** make *(el.* advance) a demand; *(jur)* make *(el.* advance el. set up el. forward) a claim; **gjøre et ~ gjeldende** put in *(el.* set up) a claim; advance *(el.* put forward) a claim; *gjøre hele -et gjeldende* claim the whole amount; set up the whole claim; *gjøre ~ på noe* demand sth; *(jur & fig)* claim sth, lay claim to sth; make a claim to sth *(fx* does anyone make a c. to this purse?); put in a claim for sth *(fx* nobody has put in a c. for the purse so far); *ha ~ på noe (,noen)* have a claim on sth (,sby); *penger jeg har ~ på* money due to me; *de har ~ på diettpenger* they are entitled to travelling and subsistence allowances; *stille ~ til* make demands on; *vi kan tilfredsstille ethvert ~ som*

måtte bli stilt til oss we can meet *(el.* satisfy) any demand made upon us; *den vil dekke de ~ som stilles til et oppslagsverk i denne størrelsesorden* it will satisfy the requirements of a reference book of this size; *(se III. lov; oppfylle; III. reise; II. skjerpe; stå B).*
kravbrev collection letter, reminder, application for payment.
kravle *(vb)* crawl; *de -t om bord i en 1933-modell Morris* they piled into a 1933 Morris.
kravløs undemanding, unexacting.
krav|melding *(i bridge)* forcing bid; **US** demand bid. **-mentalitet** demanding attitude *(el.* mentality); *(ofte)* something-for-nothing attitude. **-stor** exacting in one's demands, demanding, exacting.
kreativ creative.
kredit *(mots. debet)* credit; *føre til ens ~* enter *(el.* book el. pass el. place) to sby's c., pass *(el.* place) to the c. of sby's account; *(se også kreditt & tilgodehavende).*
kreditere *(vb)* credit; *~ en for et beløp* credit sby with an amount, credit an a. to sby; *~ ens konto for et beløp* credit sby's account with an amount; enter *(el.* book el. pass) an amount to sby's credit; *De bes ~ oss beløpet pr. 1. januar* please *(el.* kindly) credit us for the amount as of January 1st; *... som vi ber Dem ~ oss ...* which kindly credit to our account.
krediti letter of credit *(fx* a l. of c. for £300 on Westminster Bank); *utstede et ~* issue a l. of c.
kreditnota credit note *(fk* C/N) *(fx* a credit note for £20).
kreditor creditor.
kreditorutvalg *(ved konkurs)* committee of inspection; *(se bostyre 2).*
kredit|post credit item. **-saldo** credit balance. **-side** *(også fig)* credit side; *(i bokf.)* creditor side.
kreditt *(jvf kredit)* credit; *på ~* on credit; **T** on tick; *åpen ~* open credit; open account; *en ~ på ... a* credit of *(fx* £500), credit for *(fx* £500); *gi (innrømme, yte) ~* give *(el.* allow) c.; *forlenge en* extend one's c.; *han ber om å få -en forlenget* he asks for an extension of c.; *han nyter utstrakt ~* his credit rating is excellent; *utvide en ~* expand a c., extend the amount of c.
kreditt- credit; *(se også sms med kredit-).*
kreditt|bank credit bank, commercial bank. **-brev** letter of credit. **-givning** the giving of credit. **-innsprøytning** injection of credit *(fx* into a business). **-opplag 1.** bonded warehouse; **2***(om varene)* storage in bond; *varer på ~* goods in bond. **-opplysning** credit report, status *(el.* financial) report; *få ~ på en* get a credit rating on sby; obtain a credit report on sby, obtain information respecting the standing of sby; make a credit investigation about sby. **-opplysningsbyrå** commercial inquiry agency. **-svekkelse** impairment of credit. **-tilstramning** credit squeeze *(el.* stringency), restriction *(el.* contraction) of credit; tightening of credit facilities. **-utvidelse** expansion of credit. **-verdig** worthy of credit, credit-worthy, sound.
kreere *(vb)* create; *~ en til doktor* confer a doctorate on sby.
kreft *(med.)* cancer; *(i tre)* canker. **-aktig** cancerous; cankerous. **-svulst** *(med.)* cancerous tumour.
krek poor creature, poor thing.
kreke *(vb)* crawl, creep; *~ seg* drag oneself.
krekling *(bot)* crowberry.
krem whipped cream; *(hud-)* cream; *(egge-, vanilje-)* custard.

K kremasjon – krigsmaling 240

kremasjon cremation.
krematorium crematorium; US crematory.
kremere *(vb)* cremate.
krem|farget, -gul cream-coloured, creamy. -fløte full cream; US whipping cream.
kremmeraktig mercenary.
kremmer|hus cornet. -sjel mercenary soul; *han er en ~* he is a mercenary fellow.
kremt hawk(ing), clearing one's throat.
kremte *(vb)* clear one's throat.
krenge *(vb)* tilt on one side, careen, heel; *(om fly)* bank.
krengning *(mar)* heel, heeling (over); *(om fly)* banking.
krengningsstabilisator *(på bil)* stabilizer bar, anti-roll bar, anti-sway bar.
krenke *(vb)* violate; *~ en hurt (el.* offend) sby; *det -r vår rettferdighetssans* it offends our sense of justice.
krenkelse violation; infringement *(fx* an i. of our rights); offence *(av* against); *~ av bluferdigheten* offence against public decency; *~ av husfreden (jur)* violation of the privacy of a person's house; trespass (in a person's house, offices, *etc); (i Skottland)* hamesucken; *~ av opphavsrett* piracy; *~ av privatlivets fred (også jur)* invasion of privacy; *(se husfred).*
kreol, -erinne Creole.
krepp crepe. -nylon nylon crepe.
kreps *(zool)* crawfish; *K-ens vendekrets* the Tropic of Cancer.
krepse *(vb)* catch crawfish.
krepsegang retrograde movement; *gå ~* go backward.
kresen particular, fastidious; T choosy; *dette skulle appellere til den kresne kjøper* this should appeal to the discriminating buyer.
kresenhet fastidiousness, squeamishness.
kreti og pleti every Tom, Dick, and Harry.
kretiner cretin.
kretinisme cretinism.
kretong cretonne.
krets 1*(av mennesker)* circle *(fx* literary circles; he does not belong to that circle); 2*elekt (strøm-)* circuit; 3*(distrikt)* district; 4*(valg-)* constituency; US district;
[A: *forb. med subst & adj;* B: *med vb;* C: *med prep & adv]*
A *[forb. med subst & adj]* de beste *-er* the best circles; *(se* C: *han vanker i de beste -er); det er bare kjent i en engere ~* it is only known to a (select) few; very few people know about it; *familie-* family circle; *en innbudt ~* a number of invited guests; *jordens ~* the terrestrial orb; *leser-* circle of readers *(fx* a growing circle of readers); *hans nærmeste ~* his intimate friends; his close friends; *en sluttet ~* a narrow circle; a select few; *en snevrere ~* a narrow circle; a small number of people; *en utvalgt ~* a select *(el.* chosen) few; some intimate friends; *vide -er* wide circles; large numbers of people; *(se* C: *i vide -er); åpen (,sluttet) ~ (elekt)* open (,closed) circuit;
B *[forb. med vb]* slutte *-en* close the ring; *(elekt)* close *(el.* complete) the circuit; *-en er sluttet* (fig) the circle is complete; the wheel has come full circle; *slå ~ om* form a circle round; *(fig)* rally round; *-er som står regjeringen nær* Government circles; circles which enjoy the confidence of the Government;
C *[forb. med prep & adv]* slikt gjør man ikke i bedre *-er* that isn't done; *denslags gjøres ikke i våre -er* that sort of thing isn't done in our circle; *han vanker i de beste -er* he moves in the best circles; *i sakkyndige -er* among experts; in

competent quarters; *kjent i vide -er* widely known; *en avis som leses i vide -er* a widely read newspaper; *i videre -er* in wider circles; more widely; *i vitenskapelige -er* in the world of science; in the scientific world; *beregnet på en snevrere ~* not intended for the general public; esoteric.
kretsbevegelse circular motion; gyration.
kretse *(vi): ~ om* circle *(fx* circle the moon).
kretsfengsel county jail.
kretsing *(det å)* circling.
kretsløp circulation, circular motion; gyration; circuit *(fx* the circuit of the moon round the earth); *(elekt)* circuit.
kreve *(vb)* demand; claim; require; *dette arbeidet -r sin mann helt ut* one has to give oneself up completely to this work; *det -r mot* that takes courage; *~ ens oppmerksomhet* demand one's attention; *det -s av disse at de kan norsk* these are required to have a knowledge of Norwegian; *~ en for penger* press sby for money; *~ inn penger* collect money; *~ til regnskap* call to account; *~ sin rett* claim one's right; *(se oppmerksomhet).*
krible *vb (i huden)* tingle, prickle; *~ og krable* crawl, creep; *det -r i fingrene mine* my fingers are tingling; I've got pins and needles in my fingers; *det -r i fingrene mine etter å ...* my fingers are itching to ...
krig war; *under -en* during the war; *under hele -en* during the entire war; *for the whole of the war; erklære ~* declare war on; *føre ~* wage war, make war, carry on war *(med* against, on); *gå i -en* go to the war; *ligge i ~ med* be at war with; *tjene i -en* serve in the war; *slik er -ens gang* wars bring scars; *-ens midtpunkt* the focal point of the war; *(se også kjærlighet & styrte).*
kriger warrior. -sk martial, warlike, belligerent. -ånd warlike spirit.
krigførende belligerent; US warring.
krigføring warfare.
krigsadvokat judge advocate; *(jvf generaladvokat).*
krigs|blokade military blockade. -brud war bride. -bytte booty, spoils (of war). -dans war dance. -erklæring declaration of war. -fange prisoner of war *(fk* POW). -fangenskap *(mil)* captivity; *komme i ~* be taken prisoner. -fare danger of war. -forbryter war criminal. -forbryterdomstol war crimes tribunal. -forbryterprosess war crimes trial.
krigs|forlis loss due to war risk, loss due to enemy action. -forlise *(vb)* be lost by enemy action, be sunk, be mined, be torpedoed.
krigs|fot: *sette på ~* place on a war establishment *(el.* on a war footing); *stå på ~ med (fig)* have a war on with. -frykt fear of war, war scare.
krigs|førsel warfare. -gal war-mad; bent on war. -galskap war-madness; warmongering. -gud god of war. -herjet devastated (by war); US *(også)* war-torn. -hisser warmonger. -humør: *være i ~* be on the warpath. -hyl war whoop; *han satte i et ~* he let out a war cry. -innsats war effort. -korrespondent war correspondent. -kors *(mil)* military cross. -kunst art of war, strategy. -kyndig skilled in the art of war. -list stratagem. -makt military power.
krigs|maling war paint. -maskin war machine. -materiell war material. -minister minister for war. -ministerium Ministry for War; *(i* UK*)* War Office; US Defense Department. -rett court-martial; *stilles for ~* be court-martialled. -rop war cry. -rustning armament. -råd council of

war. **-seiler** wartime seaman (*el.* sailor). **-skades-erstatning** war indemnity. **-skip** battleship, warship. **-skole** war college. **-skueplass** combat zone (*el.* area), area (*el.* theatre) of operations; front, scene of battle. **-stemning:** *piske opp en* ~ whip (*el.* stir) up a warlike atmosphere. **-stien** the warpath. **-tid** time of war. **-tilstand** state of war. **-tjeneste** active service. **-tummel** turmoil of war. **-vesen** military matters. **-viktig** of military importance. **-vitenskap** military science.

krik corner, nook; *gå i -er og kroker* follow a zigzag course; *i alle kroker og -er* in every nook and corner.

krikkand (*zool*) teal.

Krim (*geogr*) the Crimea.

kriminal criminal. **-betjent** (*ikke gradsbetegnelse, kan gjengis*) detective inspector, C.I.D. inspector; (*i løst språkbruk ofte*) detective.

kriminalkomedie comedy thriller.

kriminalist criminalist.

kriminallaboratorium forensic laboratory.

kriminalpoliti criminal police, plain-clothes police (force); UK Criminal Investigation Department (*fk* C.I.D.); US Federal Bureau of Investigation (*fk* F.B.I.); (*se politi*).

kriminalsak criminal case.

kriminalvern crime prevention.

kriminell criminal; *-t dårlig* T shamefully bad.

krimskrams rubbish; (*nipsting*) knick-knack.

kringkaste (*vb*) broadcast. **-ing** broadcasting.

kringkastingssjef director of broadcasting.

kringle twist; coffee bread ring; US pretzel; *lette kaffekringler* light coffee twists; (*se wales-kringle; wienerkringle*).

kringvern (*mil*) all-round defence, perimeter.

krinkelkroker (*pl*) nooks and corners.

krinoline crinoline.

krise crisis (*pl:* crises). **-herjet** hard-hit, depressed (*fx* a d. area); (*se fremtvinge*). **-senter** centre for battered wives (*el.* women); women's refuge. **-tid** period of (economic) crisis, period of depression.

krisle (*vb*) tickle, tingle, prickle.

kristelig Christian; religious (*fx* a r. youth club).

kristen Christian; *en* ~ a Christian. **-dom** Christianity. **-domskunnskap** (*fag*) religious knowledge. **-het** Christendom. **-kjærlighet** charity. **-tro** Christian faith.

Kristian Christian.

Kristi blodsdråpe (*bot*) fuchsia.

Kristi himmelfart the Ascension.

Kristi himmelfartsdag Ascension Day.

Kristine Christine, Christina.

kristne (*vb*) christianize.

Kristoffer Christopher.

kristtorn (*bot*) holly.

Kristus Christ; *før* ~ B.C., before Christ. **-bilde** image of Christ.

krita: *på* ~ T on tick; *ta på* ~ buy (*el.* go) on tick.

kriterium criterion; *kriterier* criteria.

kritiker critic; (*anmelder*) reviewer.

kritikk criticism; (*anmeldelse*) review; *under all* ~ beneath contempt; unspeakable (*fx* these hotels are u.); worse than useless; (*se utsette:* ~ *seg for kritikk*).

kritikkløs uncritical.

kritisere (*vb*) criticize; *uten på noen måte å ville* ~ without in any way wishing to criticize.

kritisk critical.

kritt chalk.

krittaktig chalky.

kritte (*vb*) chalk.

kritthus: *være i -et hos en* T be in sby's good books (*el.* graces).

kritthvit white as chalk.

krittpasser board compasses.

krittpipe clay pipe, earthen pipe. **-tegning** crayon drawing.

I. kro (*vertshus*) inn, public-house; T pub; (*glds*) tavern.

II. kro (*hos fugler*) crop, craw.

III. kro (*vb*): ~ *seg* strut, boast; plume oneself (on sth).

krok corner, nook; (*jern-*) hook; (*fiske-*) hook; *bite på -en* (*fig*) swallow the bait; *dra* ~ pull fingers; play finger-tug; *få på -en* hook; *den gamle -en* the poor old body; *en stakkars* ~ a poor creature; (*se krøke*).

krokan [crushed caramel and almond mixture]; (*svarer til*) crushed nougat; US almond brittle.

kroket crooked, bent, tortuous.

kroki (rough) sketch.

krokket croquet. **-bøyle** croquet hoop.

kroklisse bobbin lace, pillow lace, bone lace.

krokne (*vb*) become bent (*el.* crooked).

krokodille (*zool*) crocodile. **-tårer** (*pl*) crocodile tears.

krokrygget with stooping shoulders; hunch-backed.

krokstige (*hakestige*) hook ladder.

krokus (*bot*) crocus.

krokvei round-about way; *-er* (*fig*) crooked ways; *gå -er* use indirect (*el.* underhand) means.

krom chromium; chrome.

kromatisk chromatic.

kronblad (*bot*) petal.

krondyr (*zool*) red deer.

I. krone (*subst*) crown; cap; (*på tann*) crown; cap; (*pave-*) tiara; (*adels-*) coronet; (*på mynt*) heads; (*tre-*) top, crown; *-n på verket* the crowning glory; *sette -n på verket* crown the achievement.

II. krone (*vb*) crown; ~ *med hell* crown with success.

kronemutter castellated nut.

kronerulling silver collection.

kronglebjørk crooked birch-tree.

kronglet(e) crooked, gnarled, twisted; difficult; *terrenget var* ~ the ground was difficult; *en -e sti* a difficult path, a winding path (*el.* track).

krongods crown land(s). **-hjort** (*zool*) (royal) stag. **-hjul** crown wheel, bevel gear.

kronidiot prize fool.

kronikk chronicle; (*i avis*) feature article; (*i radio, etc*) report, news analysis.

kroning coronation.

kronisk chronic.

kronologi chronology. **-logisk** chronological; ~ *sett* in order of time (*fx* in o. of time Caesar's work in Gaul was the prelude to ...). **-meter** chronometer.

kronprins UK Prince of Wales; (*i andre land*) Crown Prince.

kronprinsesse (*prinsen av Wales' gemalinne*) Princess of Wales; (*ellers*) Crown Princess.

kronrake (*vb*) shave the crown of. **-raket** tonsured. **-raking** tonsure. **-trane** (*zool*) crested crane.

kropp (*legeme*) body; (*uten hode, armer og ben*) trunk; *skjelve over hele -en* tremble all over; *han har ikke skjorta på -en* he has hardly a shirt to his back.

kroppsarbeid manual labour. **-bøyning** bending of the trunk. **-visitasjon** (personal *el.* bodily) search. **-visitere** (*vb*) search; T frisk (*fx* f. sby). **-øving** (*skolefag*) physical education (*fk* P.E.); gymnastics; T gym.

krot scroll-work, decorative carving (,painting); scrawl, scribbling.

krote *(vb)* scroll, deck with scrolls, decorate by carving (,painting); *(rable)* scrawl, scribble.

krukke pitcher, jar; *(apoteker-)* gallipot; *-a går så lenge tilvanns at den kommer hankeløs hjem (oftest)* he (,she, they, *etc)* did it once too often.

krull scroll, flourish; cluster, curl.

krum curved, crooked; spherical; *gå på med ~ hals* T go at it hammer and tongs; go at *(el. for)* it bald headed.

krumbøyd bowed, bent. **-kake** [cone-shaped, wafer-like sweet biscuit baked in a special iron]; *(kan gjengis)* wafer cone *(el. cornet)*.

krumme *vb (gjøre krum)* bend, bow; *jeg vil ikke ~ et hår på hans hode* I will not touch *(el. hurt)* a hair on his head.

krumrygget bent, stooping.

krumspring caper, gambol; *(fig)* dodge; *gjøre ~* cut capers; cavort.

I. krus mug.

II. krus *(stas)* fuss; *gjøre ~ av* make a great fuss about; *hun gjør for meget ~ av barna sine* she makes too much fuss over *(el.* about) her children.

kruse *vb (vann, etc)* curl, ripple; *(sterkere)* ruffle; *(hår)* curl.

krusedull flourish, scroll; *-er (fig)* circumlocutions.

kruset curly, curled; *(om negers hår)* kinky.

krusifiks crucifix.

krusmynt *(bot)* curled mint.

krus(n)ing curling; *(på vann)* ripple.

kruspersille *(bot)* curled parsley.

krutt powder, gunpowder; *skyte med løst ~* fire blanks; *han har ikke oppfunnet -et* he is no conjurer; he will never set the Thames on fire; *ikke et skudd ~ verdt* not worth powder and shot; *spare på -et (fig)* hold one's fire; save one's energy; *nå spares det ikke på -et (o: nå settes det hardt mot hardt)* it's a fight to the finish; T they're not pulling their punches.

kruttkjerring firecracker. **-lapp** cap (for toy pistol). **-røyk** gunsmoke. **-tønne** gunpowder barrel; *(også fig)* powder keg *(fx* the Balkans, the p. k. of Europe).

I. kry *(adj)* proud; stuck-up, cocky.

II. kry *(vb)* swarm, be full of; be alive with *(fx* the street was alive with vehicles).

krybbe manger, crib; *når -n er tom, bites hestene* when poverty comes in at the door, love flies out of the window.

krybbebiter crib-biter.

krybbedød *(med.)* cot death; *(fagl)* sudden infant death.

krydder, -i spice, seasoning.

kryddernellik *(bot)* clove; *(se nellik).*

krydre *(vb)* spice, season.

krydret spiced, seasoned.

krykke crutch; *gå med ~* walk on crutches.

krympe *(vb)* shrink; *~ seg* flinch, shrink, wince; *~ seg sammen* shrink.

krympefri unshrinkable; US shrink-proof.

kryp creepy thing, crawling insect; worm, snake; *stakkars ~!* (you) poor thing!

krypdyr *(zool)* reptile.

krype *(vb)* creep; *(kravle)* crawl; *(om tøy)* shrink; *alle som kunne ~ og gå* all the world and his wife; *en må lære å ~ før en kan gå* we must walk before we run; *~ for en* fawn on sby, cringe before sby; lick sby's boots; *(for lærere)* toady, crawl; *en kan likeså gjerne hoppe i det som ~ i det* we might as well get it over at once; *~ sammen* crouch; *barna krøp sammen for å holde varmen* the children huddled together for warmth.

krypende crawling; fawning, cringing.

kryperi cringing, fawning.

krypinn little shed; *et lite ~ (om leilighet, etc)* a poky little place.

krypskytter poacher. **-skytteri** poaching.

krypsoleie *(bot)* creeping buttercup.

I. kryptogam *subst (bot)* cryptogam.

II. kryptogam *adj (bot)* cryptogamous.

krysantemum *(bot)* chrysanthemum.

krysning cross, hybrid; crossing *(av* of); *(mar)* cruising; tacking. **-slinje** *(skøyter)* crossing line.

kryss cross; *(mus)* sharp; *(i tipping)* draw; *(vei-) crossroads; planfritt ~* (crossing with) flyover (,US: overpass); *~ i taket!* what a sensation! hoist the flag! *sette ~ ved det som passer (på skjema, etc)* check *(el.* tick (off)) as appropriate; *(se krysse: ~ av).*

kryssbytte *(vb): ~ hjulene (på bil)* interchange the front and rear wheels diagonally.

krysse *(vb)* cross; *(om dyr)* cross; *(mar)* tack, beat; *(uten bestemt kurs)* cruise; *~ av (på liste)* check off, tick off; *(sette kryss ved)* put a cross *(el.* mark) against; *~ ens planer* thwart *(el.* cross) sby's plans; *jeg har ikke tenkt å ~ ham* I'm not going to beg him for anything; *~ hverandre* cross each other, intersect; meet *(fx* the trains meet at Geilo); *våre brev har -t hverandre (også)* my letter has crossed yours; *han -r foran X (om skøyteløper)* he is crossing in front of X.

krysser *(mar)* cruiser.

kryssfinér plywood.

kryssforhør cross questioning; *(av motpartens vitne)* cross-examination. **-henvisning** cross reference.

kryssild *(mil & fig)* cross fire.

kryssordoppgave crossword puzzle.

krysstokt *(mar)* cruise.

kryssveksel *(jernb): dobbelt ~* (,T: engelskmann) double crossover, scissors crossing; *(jvf skinnekryss).*

krystall crystal; cut glass, crystal (glass).

krystallaktig crystalline.

krystallform crystalline form. **-klar** (clear as) crystal, crystal clear.

krystallisere *(vb)* crystallize.

krystallisering crystallization.

kryste *(vb)* crush, squeeze, press; *(omfavne)* clasp in one's arms, hug.

kryster *(feiging)* coward.

krøke *(vb)* bend, crook; *den må tidlig -s som god krok skal bli* early practice makes the master; T there's nothing like starting young; it pays to catch them young; *(lett glds)* as the twig is bent, the tree is inclined; *~ seg sammen* double up.

krøll *(subst)* curl, frizzle; *slå ~ på seg* curl up; *slå ~ på halen* curl one's tail.

krølle *(vb)* curl; *(om papir, klær)* crease, crumple, rumple; *~ sammen* crumple up; *~ seg* curl up, wrinkle.

krøllet curly; crumpled, creased; *-e bilder* crumpled *(el.* faded) pictures.

krølltang curling iron.

krølltopp curlyhead, curlytop.

krønike chronicle.

krøpling cripple.

krøtter cattle.

krøtterkve stockyard.

krøtterhold animal husbandry.

kråke *(zool)* crow; *stupe ~* turn somersaults. **-bolle** *(zool)* sea urchin; US *(også)* sea porcupine. **-fot** *(bot)* club moss. **-mål** gibberish. **-sølv** mica. **-tær** *(dårlig skrift)* pot-hooks, scrawls.

krås *(på fugl)* gizzard, giblets.

kråsesuppe giblet soup.

ku cow; *glo som ei ~ på en rødmalt vegg* stare

like a stuck pig; gaze stupidly *(fx* at sth); *ha det som -a i en grønn eng* be in clover; *mens graset gror, dør -a* while the grass grows the steed starves.

kubaner, kubansk Cuban.

kubb log-ends; *(forst)* shorts; (mechanical) pulpwood; *sevjebarket* ~ clean-barked pulpwood; sap-peeled pulpwood; *(se tremasse, tømmer).*

kubbe log, stump.

kubbeaksel 1*(girkubbe)* lay shaft; **US** countershaft; **2.:** *se mellomaksel.*

kubbestol log chair.

kube hive.

kubein *(brekkjern)* jemmy, crowbar; **US** *(også)* pinchbar.

kubikk|**fot** cubic foot. **-innhold** cubic content, cubage; *(mar)* cubic capacity. **-rot** cube root; *utdragning av -a* extraction of the cube root. **-sjarmør** = rocker, ton-boy *(fx* black-leather-coated ton-boys). **-tall** cube, cube of a number.

kubisk cubic(al).

kubisme *(en kunststil)* cubism.

kubist cubist. **kubistisk** cubistic.

kubjelle 1. cowbell; 2*(bot)* pasqueflower.

kubus cube.

KUD *(fk. f. Kirke- og undervisningsdepartementet)* DES *(fk.f.* Department of Education and Science).

kue *(vb)* cow, subdue.

kufanger *(jernb)* cowcatcher.

kugjødsel cow manure.

kuguar *(zool)* cougar, puma, American panther, mountain lion.

ku|**hale** cow's tail. **-hud** cowhide.

kujon coward; **T** funk; *han er en* ~ he's yellow. **-ere** *(vb)* bully, cow, browbeat. **-eri** cowardice.

kujur *(zool)* cow's udder.

kukake cow dropping; **US** *(også)* cow cake, cow pie.

kukelure *(vb)* mope, sit moping; *skal du sitte inne og* ~ *i hele dag?* are you going to stick in(doors) all day?

kukopper *pl (med.)* cowpox.

kul 1. boss, bulge, knob, protuberance; 2*(i terrenget)* bump; 3*(i hoppbakke)* brow *(fx* he just managed to get over the b.); 4*(etter slag)* bump, swelling.

kulant easy, expeditious; *-e vilkår* easy terms.

kulde cold, frost; *(egenskap)* coldness; frigidity; *det er en bitende* ~ it's bitterly cold; *gyse av* ~ shiver with cold; *15 graders* ~ 15 degrees of frost, 15 below zero, 15 below freezing; *kulda har slått seg* the frost has broken.

kuldegrad degree of frost *(el.* cold).

kuldegysning cold shiver.

kuldskjær sensitive to cold; *han er ikke så* ~ *som jeg* he doesn't feel the cold the way I do. **-het** sensitiveness to cold.

kuldslå *(vt)* take the chill off (by adding warm water); *-tt vann* lukewarm water.

kule 1. ball; 2*(liten av papir, brød, etc, også fig)* pellet; 3*(gevær-, etc)* bullet; *(kanon-)* ball; 4*(på rekkverk, seng, etc)* knob; *-r og krutt* powder and shot; *hele kula* **T** the whole bunch *(el.* gang); *skyte en* ~ *gjennom hodet på en* blow sby's brains out; *støte* ~ *(sport)* put the shot *(el.* weight).

kule|**formet** ball-shaped, globular. **-lager** ball bearing. **-ledd** ball joint, ball-and-socket joint. **-lyn** ball lightning. **-mage** pot-belly. **-penn** ball-point (pen); biro. **-ramme** counting frame, abacus.

kule|**regn** shower of bullets. **-rund** ball-shaped, round, spherical; *(om øyne)* beady. **-sprøyte** ma-

chine gun. **-støt** *(sport)* shot put, shot-putting, putting the shot *(el.* weight). **-støter** shot putter.

kuli *(subst)* coolie.

kulinarisk culinary.

kuling breeze, wind; *liten* ~ strong breeze; *sterk* ~ gale; *stiv* ~ near gale; *(jvf bris & storm).*

kulingvarsel gale warning.

kulisse *(teat)* flat; *-r* wings; scenery; *-r og rekvisitter* stage set; *bak -ne* behind the scenes.

I. kull *(unger)* brood, hatch; *(av pattedyr)* litter.

II. kull *(tre-)* charcoal; *(stein-)* pit coal; *(kjem)* carbon; *hvite* ~ (electricity generated by) water power; **T** white coal; *gloende* ~ living coals; *sanke gloende* ~ *på ens hode* heap coals of fire on sby's head; *ta inn* ~ coal, bunker.

kullbeholdning coal reserves *(el.* resources); *verdens* ~ the c. reserves of the world.

kullboks coal scuttle.

kullbørste carbon brush.

kulldistrikt coal region, coal-mining district.

kulle *vb (ta inn kull)* coal, bunker.

kullemper coal trimmer, coal heaver.

kullfelt coalfield.

kull|**forbruk** consumption of coal. **-forekomst** coal deposit. **-gruve** coal mine, coalpit, colliery. **-gruvearbeider** collier. **-gruvedrift** coal mining, working of coal mines. **-handler** coal dealer. **-streik** coal (miners') strike.

kullhydrat *(kjem)* carbohydrate; *(i kosten også)* starch.

kullhydratinnhold carbohydrate content *(fx* dishes with a high carbohydrate content).

kullkaste *(vb)* upset *(fx* his calculations, his plans), frustrate *(fx* a plan); ~ *hans planer* **T** *(også)* put a spoke in his wheel.

kullkjeller coal cellar.

kulloksyd *(kjem)* carbon monoxide.

kull|**opplag** coal depot. **-os** *(kjem)* carbon monoxide. **-produksjon** coal production; *(se unngå).*

kullstift charcoal pencil.

kullstoff *(kjem)* carbon. **-holdig** *(kjem)* carbonaceous.

kullsur *(adj): -(t) kali* potassium carbonate.

kullsvart coal-black, jet-black.

kull|**sviertro** blind belief *(på* in). **-syre** *(kjem)* carbonic acid.

kulltegning charcoal drawing.

kullutvinning coal winning, coal getting.

kulminasjon culmination.

kulminere *(vb)* culminate.

kulp deep pool (in a river), hole (in a river).

kulse *(vb)* shiver, shudder with cold.

kult broken stones; crushed rock; *(til vei)* road stones; road metal.

kulten *(adj)* disgusting, annoying; *det var -t gjort* that was a dirty trick.

kultivator cultivator.

kultivere *(vb)* cultivate.

kultivert 1. cultured *(fx* person; voice); **2.** cultivated *(fx* land).

kultur culture, civilization; *(se trafikkultur).*

kultur|**arv** cultural heritage. **-attaché** cultural attaché. **-beite** cultivated pasture, enclosed p. **-bærer** culture bearer.

kulturdepartement: *kultur- og vitenskapsdepartement* Ministry of Arts and Science.

kultur|**film** documentary (film). **-folk** civilized nation. **-gode** cultural asset. **-historie** history of civilization, cultural history; social history. **-historiker** cultural historian. **-historisk** cultural-historical; ~ *betinget* determined by c.-h. factors. **-krets** culture group, c. complex, cultural complex. **-politikk** cultural and educational policy. **-politisk** relating to cultural and educational policy; cultural, educational and political *(fx*

considerations). **-språk** cultural language, civilized l.; l. that possesses a literature, literary l.
kulturstat civilized country. **-trinn** stage of civilization *(el.* cultural development); level of culture. **-utvikling** cultural development.
kultus cult.
kulvert *(stikkrenne)* culvert.
kulør colour; US color.
kulørt coloured; US colored.
kum bowl, basin; *(stor beholder)* tank.
kumlokk *(over kloakk)* manhole cover.
kummann *(brannkonstabel): intet tilsv.;* US tillerman.
kummer grief, distress, affliction.
kummerlig miserable, wretched.
kumulere *(vb)* 1. cumulate; 2[replace one candidate's name by another on the ballot paper].
kumulativ cumulative.
kumulering [replacement of one candidate's name by another]; *det er kun tillatt å foreta to -er* only two candidates' names may be replaced by others.
kun *se bare.*
kunde customer, patron, client; *fast* ~ regular customer. **-behandling:** *gi individuell* ~ give individual attention to customers. **-hai** tout. **-krets** circle of customers; *forretning med en stor* ~ shop with a large custom; *skaffe seg en* ~ work up a connection. **-struktur** customer profile. **-veileder** customer consultant.
kunne *(vb)* 1*(være i stand til)* be able (to); 2*(ha lært; forstå)* know *(fx* he knows French); *(foran infinitiv)* know how to *(fx* he knows how to do it); *jeg kan ikke* I cannot, I can't, I am unable to; *jeg kunne* I could, I was able to; *jeg har ikke -t* I have not been able to; *jeg ville ha ringt deg før hvis jeg hadde -t* I would have phoned you sooner if I could; *dette ville ikke ~ skje i fremtiden* this cannot happen in future; this will not be allowed to happen in future; *han kan meget* (1) he is a very able person; he is very capable; (2) he knows a lot; *han kan ingenting* (1) he is quite incapable; he can't do a thing; (2) he does not know anything; *de måtte ~ alt selv* they had to know how to do everything themselves; they had to be able to do everything themselves; *la ham nå vise hva han kan* (1) let him show what he can do; (2) let him show what he knows; ~ *lese (,skrive)* be able to read (,write); *vi må være forberedt på å ~ dekke behovet helt ut* we must see that we are able *(el.* in a position) to meet the demand in its entirety; *han kan komme hvert øyeblikk* he may come at any moment; *det kan godt være sant* it may (well) be true; *jeg hadde -t hjelpe hvis ...* I could have helped if ...; I could have been able to help if ...; *jeg beklager ikke å ~ hjelpe* I regret not being able to help; *kanskje jeg ~ hjelpe deg* I might be able to help you; *kan jeg gå nå?* can I go now? *ja, det kan du* yes, you may *(el.* can); *jeg er redd han kan (komme til å gjøre det)* I am afraid he may (do it); *hvor gammel kan hun være?* how old may *(el.* might) she be? *jeg synes godt du ~ hjelpe (lett bebreidende)* I think you might help; .. *slik at vi kan (,kunne)* ... so that we may (,might); *du kan stole på meg* you can rely on me; ~ *sin lekse* know one's lesson; *kan han engelsk?* does he know *(el.* speak) English? *hun kan sitte i timevis uten å si et ord (om vanen)* she will sit for hours without saying a word; ~ *jeg få en flaske øl? (i butikk)* could I have a bottle of beer? I want a bottle of beer; US *(helst)* I would like a bottle of beer; *(privat anmodning)*

may *(el.* could) I have a bottle of beer, please? *(når det spørres om hva man vil ha)* could I have a bottle of beer? I would like a b. of beer; *det kan ikke jeg gjøre for* it's not my fault; *han kan ikke for det* he can't help it; *det kan greie seg* that will do; *nå kan det være nok!* *(irettesettelse)* that's enough from you! ~ *sine ting* know one's business; know one's job; **T** know one's stuff; *arbeidet gikk som best det* ~ the work was done (just) anyhow; *det gikk som best det* ~ things were going as best they could; *things were left to settle themselves; things were allowed to drift; they (,we, etc)* muddled along; they (,we, *etc)* let things slide; *som best jeg kan* as best I can; *hvordan kan jeg vite at ...* how am I to know that ...; *det kan man ikke (ɔ: det er upassende)* it isn't done; *han kan umulig være tyven* he cannot possibly be the thief; *den kan vel veie 4 kg* I should think it must weigh about four kilogrammes; *det skal jeg ikke ~ si* I couldn't say; I wouldn't know; *kan du tie stille!* will you be quiet! *man kan hva man vil* where there's a will there's a way; *det kan jeg ikke noe med* I'm a poor hand at that; I'm no good at that; *jeg kan ikke med ham (også)* **T** he's not my cup of tea.
kunngjøre *(vb)* make known, announce; *(formelt)* notify, proclaim. **-ing** announcement; notification, proclamation.
kunnskap knowledge, information; *få* ~ *om* receive information of; be informed of; *gode -er* special(ised) knowledge; a thorough *(el.* good) knowledge *(i* of); *gode -er i matematikk* a good knowledge of mathematics; *han har overfladiske -er i engelsk* he has a smattering of English; *komme til ens* ~ come to one's notice; ~ *er makt* knowledge is power.
kunnskapsintensiv demanding highly skilled knowledge.
kunnskapskrav knowledge demanded *(fx* the k. d. by the school). **-nivå** level of learning *(fx* measure the l. of learning reached). **-område** area of knowledge. **-rik** well-informed. **-skole** school where factual knowledge is all-important. **-tilfang** (wealth of) information, (store of) knowledge; *et stort* ~ great *(el.* wide) knowledge.
kunst art; *(behendig)* trick; *-en å herske* the art of ruling; *det er nettopp -en* that's the secret; that's where the difficulty comes in; *det er ingen* ~ that's easy enough; *gjøre -er* perform tricks; *de skjønne -er* the fine arts; ~ *og håndverk* arts and crafts; *kunst- og håndverksskole* college of arts and crafts; *(se ndf: kunstakademi & kunstindustriskole); det er hele -en* that's all there is to it; *ved* ~ artificially; *svarte-* the Black Arts, black magic.
kunstakademi academy of fine arts; college of art and design *(fx* Croydon College of Art and Design); *Statens* ~ the National Academy of Fine Arts. **-anmelder** art critic. **-art** (branch of) art, art form. **-elsker** art-lover. **-ferdig** *(om ting)* elaborate, ingenious. **-ferdighet** elaborateness, ingenuity. **-fiber** man-made fibre. **-gjenstand** art object. **-gjødning** fertilizer. **-grep** *(knep)* trick, dodge, artifice.
kunsthandel art shop. **-handler** art dealer. **-historie** art history. **-håndverk** handicraft(s); *(varer)* art wares, artware, handicraft products; *salgsutstilling for* ~ crafts centre; *(se håndverk).* **-håndverker** craftsman designer; *(se håndverker).*
kunstig *(ikke naturlig)* artificial; *(etterligning)* imitation; *(særlig om kjemiske produkter)* synthetic; *ved -e midler* by artificial means; *(se befruktning).*
kunstindustri applied art; *(fabrikkmessig)* indus-

trial art; *Statens Håndverks- og Kunstindustri-skole* the National College of Applied Arts and Crafts. **-kjenner** judge of art, connoisseur. **-kritiker** art critic. **-kritikk** art criticism.
kunstlet affected, artificial.
kunstlys *(fot)* artificial light.
kunstløp *(skøyte-)* figure skating.
kunstløs artless, simple, unaffected. **-maler** artist, painter.
kunstner artist. **-bane** artistic career.
kunstnerinne (woman) artist.
kunstnerisk artistic; ~ *dyktighet* artistic skill; ~ *leder* art director.
kunstnerliv artist's life; life in artistic circles. **-lønn:** *-er og stipendier* stipends and scholarships for artists, artists' s. and s. **-natur** artistic temperament. **-sjargong** art jargon. **-stolthet** artist's pride, professional pride. **-verd** artistic merits.
kunstnytelse artistic enjoyment. **-pause** (rhetorical) pause, deliberate pause; *han gjorde en ~ (også)* he paused to give his words time to soak in. **-produkt** artificial product; work of art. **-retning** style (of art), school (of art). **-ridning** show riding. **-rytter** show rider. **-samling** art collection. **-silke** artificial silk, rayon. **-skatt** art treasure. **-skole** art school, school of art. **-smedarbeid** art metal work. **-stoppe** *(vb)* mend invisibly. **-stopping** invisible mending. **-stup** fancy dive; *(det å)* fancy diving. **-stykke** feat, trick. **-trykkpapir** art paper. **-utstilling** art exhibition; US art exhibit. **-verk** work of art.
kup: *se kupp.*
kupé compartment; *(bil)* saloon; *(finere)* coupé *(fx* a sports c.).
kupert hilly, undulating, broken, rolling *(fx* rolling country; broken country *(el.* ground)).
kuplett *(versepar)* couplet.
kupong coupon; dividend warrant; *(på postanvisning, etc)* counterfoil; **US** stub. *en ~ med 12 rette (i tipping)* an all-correct forecast.
kupp 1. coup; **2***(journalistisk)* scoop; **3***(stats-)* coup d'état; **4***(ved tyveri)* haul; **5***(overraskelse)* surprise; *gjøre et godt ~* bring *(el.* pull) off a coup *(,a* scoop); **(4)** get away with a big haul; *ved et ~* **(5)** by surprise.
kuppel cupola, dome; *(lampe-)* globe. **-formet, -formig** domed. **-hue T:** *ha ~* have a hangover.
kuppelstein cobble-stone; *brulegge med ~* cobble *(fx* the street is cobbled).
kuppkamp *(fotb)* cup tie.
I. kur: *gjøre ~ til* make love to, court.
II. kur *(helbredelsesmetode)* cure, treatment; *gjennomgå en ~* undergo a treatment; *forebyggelse er bedre enn ~* prevention is better than cure.
kuranstalt sanatorium; **US** sanitarium.
kurant *jur (gangbar)* current; *(salgbar)* marketable, merchantable, saleable.
kurator trustee; *sosial-* social worker; welfare officer; *(på sykehus)* almoner.
kurbad spa.
kure *(vb)* take a cure.
kurér courier, dispatch carrier.
kurere *(vb)* cure, heal; **T** doctor.
kurfyrste elector, electoral prince. **-endømme** electorate. **-inne** electress.
kurgjest visitor (to a health resort); patient.
kuriositet curiosity; *for -ens skyld* for the sake of c.; *jeg nevnte det for -ens skyld* I referred to it as a matter of c.; *som en ~* as a curiosity; *om ikke annet skulle dette i hvert fall ha -ens interesse* this may be of (some) interest as a c. at least.
kuriosum curiosity; *(ting, også)* curio.
kurmakeri love-making.

kurre *(vb)* coo. **kurring** cooing.
I. kurs *(kursus)* course; *ta et ~* attend *(el.* follow) a c.; *ta et ~ i* take a c. of, take *(el.* attend) classes in; *et ~ bygd opp etter ovennevnte retningslinjer (også)* a course structured on the principles set out above; *det burde lages et spesielt språk-* a separate language course ought to be drawn *(el.* built) up *(el.* ought to be constructed); *(se etterutdanningskurs; forberedelseskurs; grunnkurs; innføringskurs; orienteringskurs; overgangskurs; videreutdanningskurs).*
II. kurs 1. course; *(flyv)* heading; **2***(merk)* exchange rate, rate (of exchange); *pundkursen* the rate of the pound; *(se pundkursen); fortsette sin ~* keep one's course; keep on; *skipet har ~ rett vestover* the ship is bearing due west; *sette -en hjemover* make for home; head for home; *set one's course for home (fx* the pigeons set their course for home); *sette -en mot* make for, shape (a) course for; set one's c. toward *(fx* he set his c. toward the ridge); *alle sammen satte -en mot baren* they all headed for the bar; *de satte -en østover* they headed eastward; *regjeringen slo inn på en ny ~* the Government adopted a new policy *(el.* took a new line); *stikke ut en ~* plot a course; *stå høyt i ~* be in great demand; *(fig)* be regarded highly; *han sto høyt i ~ hos sin sjef* his boss thought very highly of him; *beskjedenhet står vanligvis ikke høyt i ~ nå for tiden* modesty is not usually regarded highly nowadays; people generally attach little value to modesty nowadays; *disse verdipapirene står høyt i ~* these securities are in great demand; *stå lavt i ~* be at a discount; *til dagens ~* at today's *(el.* at the current) rate (of exchange); *til en ~ av* at the rate of; *(jvf II. styre & vei).*
III. kurs *(elekt)* circuit; *lys-* lighting c.; *teknisk ~* power c.
kursal kursaal, pump room.
kursavgift fee for a (,the) course; *kvittering for betalt ~ medbringes* please bring receipt showing fee for course has been paid; please bring the receipt for the course; *(se avgift).*
kursberegning calculation of exchange. **-deltager** student (at a course), participant (in a course). **-differanse** difference in the rate of exchange *(el.* in the e. rate). **-endring** change of course. **-fall** fall in rates; fall in prices and rates. **-forandring** change of course. **-forskjell** *(valuta)* difference in exchange; *(verdipapirer)* difference in price.
kursiv italics. **-skrift** italics.
kursleder 1. course supervisor; **2***(løsere bruk: en som leder og/eller organiserer et kurs)* organizer of the (,a) course.
kursliste exchange list.
kursnotering exchange quotation.
kursorisk cursory; for general reading *(fx* a book f. g. r.).
kurssted location of a course; *-et skal være ...(ofte)* the venue for the course will be ....
kurssvingning fluctuation of exchange. **-tap** loss of exchange.
kursted health resort.
kursus *se I. kurs.*
kurtasje *(meglerlønn)* brokerage.
kurtisane courtesan.
kurtise flirtation.
kurtisere *(vb)* flirt with. **-sør** flirt.
kuruke cowpat.
kurv basket; *(stor)* hamper; *(flat papp- el. sponkurv for bær el. frukt)* punnet *(fx* a punnet of strawberries); *hun ga ham -en (fig)* she refused him; she turned him down; *være eneste hane i*

-en be the master of the harem; T be the only man at a hen party; *(føre det store ord)* be (the) cock of the walk.

kurvarbeid basketwork, basketry. **-ball** *(sport)* basketball. **-blomstret** *(bot)* composite.

kurve *(subst)* **1.** curve, bend; **2***(grafisk)* curve, graph; *temperatur-* temperature chart; **3***(på kart)* contour line; *(se kote); en skarp ~* a sharp curve in the road; *veien slynger seg steilt oppover i krappe -r* the road winds upwards in a series of tight bends *(el.* curves); *når man kjører fort i -ne* when cornering fast; *han kjørte for fort i -n* he came round the corner too fast; *(se uoversiktlig).*

kurvestabilitet stability in curves, cornering stability.

kurveveksel *(jernb)* curved points; US curved switches.

kurvflaske wicker bottle; *(svært stor)* demijohn. **-fletning** wickerwork; basketwork, basketry. **-maker** basket maker. **-stol** wicker chair.

kusine cousin.

kusk coachman, driver. **-ebukk** driver's seat.

kusma *(med.)* mumps.

kustus: *holde ~ på* keep under control, curb, check.

kut *(løp)* run; *ta -en* cut and run.

kutråkk cow track, cattle track.

I. kutte *(subst)* (monk's) cowl.

II. kutte *(vb)* cut *(av* off); *~ ut (ɔ: sløyfe)* cut out, leave out, omit; *(bekjentskap)* drop *(fx* they have dropped him (altogether)).

kutter *(mar)* **1.** cutter; **2***(fiske-)* motor fishing vessel.

kutyme usage, custom; *det er ~ at* it is customary that.

kuvende *vb (mar)* veer, wear.

kuvending **1***(mar)* veering, wearing; **2***(fig)* about turn; about-face, U-turn *(fx* execute a U-turn); *(stivt)* volte-face.

kuvert cover, place; *50p pr. ~* 50p per head. **-pris** covercharge.

Kuwait *(geogr)* Kuwait.

kuwaiter Kuwaiti.

kuwaitisk Kuwaiti.

kuvøse *(med.)* incubator.

kuøye *(mar)* porthole.

kvabb fine sand.

kvad *(subst)* lay, song.

kvaderstein *(subst)* ashlar.

kvadrant *(subst)* quadrant.

kvadrat square; *to fot i ~* two feet square. **-fot** square foot. **-innhold** square content; *(areal)* area. **-isk** quadratic, square.

kvadratrot square root; *trekke ut -en av* extract the square root of.

kvadratur *(geom & astr)* quadrature. **-ere** *(vb)* square. **-ilje** quadrille.

kvae *(subst)* resin.

kvakksalver quack. **-salveri** quackery.

I. kval agony, anguish, torment.

II. kval *(zool): se hval.*

kvalfull agonizing, painful.

kvalifikasjon qualification; *(se forutsetning).*

kvalifikasjonskandidat *(omfatter til dels assistentlege)* junior registrar; US j. resident; *(se assistentlege).*

kvalifisere *(vb)* qualify; *et brukket ben -te til sykepermisjon* a broken leg rated sick leave.

kvalifisert qualified; *høyt -e gifte kvinner* highly qualified married women.

kvalitativ qualitative.

kvalitet quality; *dårlig ~* poor *(el.* inferior) q.; *av utsøkt ~* first-class, choice; *dette stoffet er av langt bedre ~* this material is far better

(el. superior) in q.; this m. is of a much better q.; *(se III. like; I. skaffe; tilnærmelsesvis).*

kvalitetsarbeid workmanship of high quality, high quality w. **-feil** defect (as regards quality); *~ i materialer* defects and deterioration in materials. **-forringelse** deterioration, reduction in quality.

kvalitetsstempel *(på gull- og sølvvarer, også fig)* hallmark; *fullstendig gale oversettelser gjentas fra ordbok til ordbok og erverver seg således et slags ~* entirely false translations are repeated from dictionary to dictionary and thus acquire a kind of authenticity. **-stål** high-grade steel. **-valg** *(biol)* natural selection.

I. kvalm *(subst)* (støy) row; *lage ~* T kick up a row; *~ i gata* street brawl; *(se for øvrig bråk & II. lage: ~ bråk).*

II. kvalm *(adj)* **1** close, oppressive, stuffy; **2** sick.

kvalme *(subst)* nausea, sickness; *hodepine med ~* a sick headache; *(se hodepine).*

kvalmende nauseating.

kvante *(fys)* quantum.

kvantitativ quantitative. **-tet** quantity.

kvantum quantity; *losset ~* outturn. **-srabatt** *(merk)* quantity discount.

kvart quarter; *(jvf hekto).*

kvartal **1.** quarter (of a year); **2.** district, row; US (city) block, block of houses.

kvartalsavregning quarterly statement; *(oppgjør)* quarterly settlement. **-beretning** q. report. **-vis** quarterly.

kvartark quarto sheet.

kvartback *(rugby)* quarterback.

kvartbind quarto volume.

kvarte *vb* (T = *stjele*) T hook, pinch, snitch; nab; S whip, swipe.

kvarter **1.** quarter, district, area, part of the town; **2***(om tiden)* quarter (of an hour); **3***(oppholdssted)* quarters; *klokka er et ~ over elleve* it's a quarter past eleven; *et ~ på tolv* a quarter to twelve; *gå i ~* take up quarters.

kvartermester *mil (mar): ~ I* chief petty officer *(fk* CPO); US chief petty officer *(fk* CPO); petty officer first class; *~ II, ~ III* petty officer *(fk* PO); US petty officer second class; *(se flaggkvartermester).*

kvartermesteraspirant *mil (mar)* acting petty officer; *(se konstabel 2).*

kvarterslag quarter-stroke; *slå ~ (pl)* strike the quarters.

kvartfinale *(fotb)* quarter final(s).

kvartett *(mus)* quartet.

kvartformat quarto.

kvarts quartz; *pulverisert ~* potter's flint. **-åre** vein of quartz.

kvas: *kvist og ~* brushwood, faggots.

kvass sharp, keen.

kvast tassel, tuft; *(pudder-)* powder puff; *(bot)* cyme.

kve *(subst)* pen; fold; *(se krøtterkve; sauekve).*

kvede *(frukt)* quince.

kvee *vb (sette i kve)* fold.

kveg cattle.

kvegavl cattle breeding, cattle rearing; (live)stock breeding, stock farming, rearing of stock; *(især US)* stock-raising. **-bestand** stock of cattle; *(et lands)* cattle population. **-drift** herd of cattle, drove of cattle. **-driver** *(driftekar)* drover.

kveghandel trade in cattle. **-oppdrett:** *se -avl.* **-oppdretter** stock breeder; cattle breeder. **-pest** cattle plague.

kveike *(vb): se tenne.*

kveil *(subst)* coil (of rope); *(enkelt)* fake.

kveile *(vb)* coil (up).

kveise *se kvise.*

kveite *(fisk)* halibut.
kveke *bot (ugress)* couch grass.
kveker quaker.
kvekk *(om frosk)* croak; *han ga ikke et ~ fra seg* he did not utter a sound; *jeg forstår ikke et ~* **T** I'm quite at sea.
kvekke *(vb)* croak.
kveld evening; *(se aften); fra morgen til ~* from morning till night; *fra tidlig om morgenen til sent på -en* from early in the morning till late at night; *i ~* this evening, tonight; *om -en* in the e.; *ta -en* knock off (work) *(fx* we knocked off at half-past five); *la oss ta -en* **T** let's pack up *(el.* shut up shop); let's call it a day; *det er på tide å ta -en* it's time to stop (,T: pack up) work; it's time to knock off.
kvelde *vb (om personer)* knock off (work at nightfall).
kvelding twilight, dusk; *i -en* at dusk.
kveldskurs evening course *(el.*classes); *på ~* at evening classes; at night school.
kveldsmat supper. **-møte** *(parl)* night sitting. **-runde** evening rounds. **-stell** evening work; **T** e. chores. **-undervisning** evening classes; teaching in the evening. **-vakt** late duty.
kvele *(vb)* strangle; *(ved noe i luftrøret)* choke; *(volde åndedrettsvansker)* choke, suffocate, smother; *(en motor)* stall; *~ en gjesp* stifle a yawn; *(fig)* quell; stifle, smother; *jeg holder på å bli kvalt* I'm nearly choking; *~ i fødselen* nip in the bud; *~ et opprør i fødselen* scotch a mutiny.
kvelerslange *(zool)* boa constrictor.
kvelning strangling, suffocation, choking.
kvelningsanfall choking fit.
kvelstoff *(kjem)* nitrogen. **-holdig** nitrogenous.
kvelv *(båt-): se hvelv.*
kven person of Finnish stock.
kveppe *(vb)* give a start; *det kvapp i ham* he gave a start.
kverk throat; *ta -en på* (ɔ: *utmatte)* finish *(fx* that long climb nearly finished me); *(drepe)* **S** put paid to.
I. kverke *vet (hestesykdom)* strangles.
II. kverke *vb (kvele)* throttle; *(drepe)* kill; **S** do *(fx* sby) in.
kvern mill; *gjennom -a (fig)* through the wringer. **-bekk** millstream. **-kall** water wheel. **-renne** millrace.
kverulant quarrelsome *(el.* cantankerous) person.
kversill *vet (hestesykdom)* strangles.
kvese *(vb): se hvese.*
kvesse *(vb)* whet, sharpen.
kveste *(vb)* hurt, injure.
kvestelse bruise, contusion.
kvestor bursar.
kvestur bursary, bursar's office.
kvidder chirp(ing), twitter.
kvidre *(vb)* chirp, twitter.
kvie *(vb): ~ seg for å* be reluctant to, shrink from *(fx* one rather shrinks from doing anything of the sort).
kvige *(zool)* heifer. **-kalv** cowcalf.
kvikk *(oppvakt)* alert, bright, clever, smart; *(livlig)* lively; *han er et -t hode* he's bright; he's a bright chap; **S** there are no flies on him; he's quick in *(el.* on) the uptake.
kvikke *(vb): ~ opp* cheer up, enliven, act as a tonic (on sby); **T** buck up *(fx* a drink will b. you up); *som -r opp* stimulating, tonic.
kvikksand quicksand. **-sølv** mercury, quicksilver. **-sølvtermometer** mercury thermometer.
kvin *sehvin.*
kvinne woman *(pl:* women).
kvinneaktig effeminate.

kvinneaktighet effeminacy.
kvinneforening women's club. **-hater** woman hater, misogynist. **-hånd:** *her trengs det en ~* a woman's touch is needed here. **-ideal** ideal of a woman. **-jeger** woman hunter. **-kjønn** female sex, womankind. **-klinikk** maternity hospital. **-klær** female dress, woman's clothes. **-lege** gynaecologist.
kvinnelig feminine; womanlike; womanly *(fx* w. virtues); *(av kvinnekjønn)* female, woman *(fx* female labour; a woman dentist; *det evig -e* the eternal feminine.
kvinnelighet womanliness, femininity.
kvinnelist female cunning, woman's wiles. **-menneske** *(ringeaktende)* woman. **-saken** feminism; women's lib(eration); *kvinnesak er samfunnssak (kan gjengis)* women's liberation is social liberation. **-sakskvinne** feminist. **-skikkelse** female figure; woman character *(fx* in a book). **-sykdom** woman's disease. **-vis:** *på ~* after the manner of women, in true female fashion.
kvinnfolk woman; *(pl)* womenfolk.
kvinnfolkaktig *(om mann)* womanish.
kvint 1*(mus)* fifth; *(fiolinstreng)* soprano string, chanterelle; 2*(i fekting)* quinte.
kvintessens quintessence.
kvintett *(mus)* quintet.
kvise *(subst)* spot, pimple, acne pimple.
I. kvist *(gren)* twig, sprig; *(i trevirke)* knot.
II. kvist *(i et hus)* attic, garret.
kviste *(vb)* lop off (the twigs).
kvistet twiggy, knotty.
kvistved brushwood, branchwood.
kvistfri *(bord, etc)* knotless, free from knots. **-hull** knot-hole. **-kammer** (room in the) attic; *(især neds)* garret. **-leilighet** attic flat.
kvitre *se kvidre.*
kvitt: *bli ~ noe* get rid of sth; *nå er vi ~* now we are quits; *spille ~ eller dobbelt* play double or quits.
kvitte *(vb): ~ seg med* get rid of, dispose of; *du burde ~ deg med den uvanen* you should get out of that bad habit; *(se lagerbeholdning).*
kvitter chirping.
kvittere *(vb)* receipt *(fx* a bill); *~ for mottagelsen av noe* sign for sth; *~ med forbehold* give a qualified signature.
kvittering receipt; *(post)* certificate of posting *(fx* a c. of p. is given for a registered packet); *~ følger vedlagt* receipt is enclosed herewith; *mot ~ against r.; **US** in return for r.; *(se II. følge 2; kursavgift).*
kvitteringsblankett receipt form; *den mottatte ~ sendes tilbake i utfylt stand* the receipt received is to be completed *(el.* filled in) and returned.
kvitteringstalong receipt portion *(fx* the r. p. of the form).
kvote quota.
kvotient quotient; *intelligens-* intelligence quotient *(fk* IQ).
kvotientrekke geometric(al) progression.
kykeliky *(int)* cock-a-doodle-doo.
kyklop Cyclops *(pl:* Cyclopes).
kyklopisk Cyclopean.
kyle *(vb)* fling, toss (with violence).
kylling *(zool)* chicken; *(mat)* chicken *(fx* roast c.); *(liten)* spring chicken; poussin; *(stor)* broiler. **-bur** chicken coop. **-høne** mother hen. **-mor** mother hen.
kyndig skilled, competent; *(sak-)* expert, competent; *språk-* proficient in languages; *under ~ veiledning* under expert guidance.
kyndighet knowledge; skill, proficiency.
kyniker cynic. **-isk** cynical. **-isme** cynicism.
kypriot Cypriot.

kypriotisk Cypriot.
Kypros Cyprus.
kyprosvin Cyprus wine.
kyrasér cuirassier.
kyrass cuirass, breastplate.
kyse *(subst)* bonnet.
kysk chaste. **-het** chastity; *(fig)* chasteness.
kyss *(subst)* kiss; **S** hit or miss.
kysse *(vb)* kiss; ~ *på fingeren til en* blow sby a kiss.
kyst coast, shore; *langs -en* along the coast, coastwise; *utenfor -en* off the coast; *krigsskipet krysset opp og ned utenfor -en* the warship cruised up and down off the coast; *seile til fjerne -er* sail to distant shores.
kystbatteri *(mil)* coastal defence battery.
kyst|beboer inhabitant of the coast. **-by** coastal town, seaside town; **US** seaboard town. **-båt** coastal steamer, coasting vessel, coaster. **-fart** coasting trade; coastal navigation; coastwise trade. **-farvann** inshore waters. **-fartøy** coasting vessel. **-fiske** inshore fishing *(el.* fisheries), coast fisheries. **-fisker** inshore fisherman. **-fyr** coast light. **-linje** coastline; shoreline. **-strekning** stretch of coast. **-stripe** coast(al) strip. **-vakt** coastguard.
kyt bragging, boasting.
kyte *(vb)* brag, boast.
I. kø *(biljard)* cue.
II. kø queue; *stille seg i* ~ queue up; get in line; **US** get on line; *stå i* ~ stand in a q., wait in line; **US** wait on line.
København Copenhagen. **k-er** Copenhagener.
kølle club, cudgel; *(politi-)* baton.

Köln Cologne.
I. køy(e) berth; *(hengekøye)* hammock.
II. køye *vb (gå til køys)* go to bed; **T** hit the hay.
køye|klær bedding. **-plass** berth. **-seng** bunk (bed); *-er (pl)* (a pair of) bunks; *(se etasjeseng).*
kål cabbage; *gjøre* ~ *på* make hay of, make short work of; **S** bump *(fx* sby) off; *(mat)* polish off *(fx* the food); *koke bort i -en* come to nothing; **T** fizzle out; peter out.
kål|blad cabbage leaf. **-hode** (head of) cabbage. **-mark** caterpillar. **-rabi** Swedish *(el.* yellow) turnip, swede; *(især* **US)** rutabaga; *(NB kohlrabi = knutekål).* **-rabistappe** mashed swedes. **-rot:** *se -rabi.* **-rulett** stuffed cabbage leaf.
kåpe coat; *(fig)* cloak; *dekke med kjærlighetens* ~ cover with the cloak of charity.
I. kår circumstances *(pl); han sitter i dårlige* ~ he is badly off, he is in poor *(el.* bad *el.* straitened *el.* reduced) circumstances; *han sitter i gode* ~ he is well off; he is in easy *(el.* comfortable) circumstances.
II. kår [accommodation and support provided by the new owner of landed property for its former owner, esp. by a son for his father].
kårde sword, rapier. **-støt** sword thrust.
kåre *(vb)* choose, elect; select.
kår|mann [retired farmer living on his own farm]; *(jvf II. kår).* **-stue** [cottage in which the retired farmer lives]; *(jvf II. kår).*
kåseri causerie. **-ør** causeur.
kåt 1. wanton, wild; **2.** wanton; *(vulg)* randy; *(om mann, også)* horny; **US** horny. **-het** wantonness; *(villskap)* wildness. **-munnet** flippant. **-munnethet** flippancy.

L, l L, l; *L for Ludvig* L for Lucy; *mørk l* dark l *(mots.* clear l).
l *(fk. f. liter)* litre; **US** liter.
I. la *vt & vi* **1***(tillate)* let *(fx* he would not let me go; let me know what happened; don't let the fire go out; let us go now, shall we?); allow to *(fx* will you allow me to go now?); permit to *(fx* we have permitted our defences to be neglected); ~ *en få noe* give sby sth, let sby have sth *(fx* let him have your seat); ~ *en gjøre noe* let sby do sth; ~ *dem bare gjøre det!* let them! ~ *meg se* let me see *(fx* let me see, where did I put them?); ~ *oss gjøre det nå* let's do it now; *ikke* ~ *oss spise middag enda* let's not have dinner yet; **2***(få gjort, bevirke)* have *(fx han lot huset rive* he had the house pulled down); cause to *(fx* we caused the roof to be mended); *(tvinge)* make *(fx* he made them pay a tribute to him); *forfatteren -r helten dø* the author makes *(el.* lets) the hero die; **3***(etterlate)* leave *(fx* this theory leaves many things unexplained); *han lot det ligge der* he left it there; *han lot døra stå åpen* he left the door open; ~ *bli igjen* leave behind; *det -r meget tilbake å ønske* it leaves much to be desired; **4***(overlate)* leave; ~ *meg om det (ɔ: overlat det til meg)* leave that to me; **5:** *se late;* ~ *det bli (el. være) med det* leave it at that; ~ **falle** *(også fig)* drop, let fall

(fx drop one's knife; drop a hint; let fall a remark); ~ *noe* **fare** abandon sth, give up sth, let sth go; *jeg lot ham* **forstå** *at* ... I gave him to understand that; I intimated to him that; *man lot meg forstå at* I was given to understand that; *jeg har latt meg* **fortelle** *at* I have been told that; I have been given to understand that; ~ **gå!** all right! let it pass! *(mar)* let go! cast off! *nå ja,* ~ *gå med det (ɔ: la oss ikke diskutere det nærmere)* well, let it go at that; ~ *gå som best det kan* let things slide *(el.* take their own course); ~ *det (,ham, etc) gå ustraffet* let it (,him, etc) go unpunished; ~ *gå at han er dyktig* granting that he is efficient; ~ **hente** send for *(fx* the doctor); *han lot det* **skinne** *igjennom at* he intimated that ...; ~ *døra stå (åpen)* leave the door open; ~ *en* **vente** keep sby waiting; ~ *ham* **vite** let him know; ~ **være** *(avholde seg fra)* refrain from *(fx* doing sth); *men jeg lot være* but I refrained; *han lot være å skrive (,sove, etc) (også)* he did not write (,sleep, etc); ~ *det heller være* better not! I shouldn't do that; ~ *være!* don't! stop it! stop that! **T** cut it! drop it! chuck it! come off it! *de kunne ikke* ~ *være* they could not help it *(el.* themselves); *jeg kan ikke* ~ *være å tro at* ...I cannot help thinking that ...; ~ *en (,noe)* **være** *i fred* leave sby (,sth) alone; *det -r seg* **forklare**

it can be explained *(el.* accounted for); *det -r seg* **gjøre** it can be done; *det -r seg ikke gjøre* it cannot *(el.* can't) be done; it is impossible; *så godt det -r seg gjøre* as well as in any way possible; ~ *seg* **høre** make oneself heard; *det -r seg høre!* now you're talking! that's something like! ~ *seg* **merke** *at* show that ..., show signs of (-ing); **T** let on that *(fx* don't let on that you are annoyed); ~ *seg* **narre** let oneself be fooled; *det -r seg ikke* **nekte** *at* there is no denying (the fact) that; it cannot be denied that; ~ *seg* **nøye** *med* be satisfied with; ~ *seg* **operere** undergo *(el.* have) an operation; ~ *seg* **overtale** let oneself be persuaded; allow oneself to be persuaded; *(fx* to do sth *el.* into doing sth); *han lot seg overtale til å (også)* he was persuaded to ...; ~ *seg* **se** show oneself, **T** put in an appearance; ~ *seg* **trøste** be comforted, take comfort.
II. la *(vb): se* lade.
laban (young) rascal, scamp; *(jvf slamp).*
labank batten, crosspiece.
labb 1*(zool)* paw; **2 T** *(= hånd)* hand; *betale kontant på -en* pay cash down; *gi ~ !* *(til hund)* give me a paw! *suge på -en* go on short commons, tighten one's belt; 3*(tekn)* lug.
labbe *(vb)* pad, trudge; lumber *(fx* he came lumbering in); ~ *av sted (også)* lump along.
labbelensk double Dutch, gibberish, gobbledygook; double-talk.
laber *(om vind):* ~ *bris* moderate breeze.
labil labile, unstable.
labilitet instability.
laborant laboratory assistant; *(også* US) laboratory technician; *første* senior laboratory assistant; ~ *II* laboratory assistant; *(NB* 'junior technician' is a training grade).
laboratorieassistent laboratory assistant; scientific assistant; *(NB* the' laboratory attendant' is a lower grade concerned with menial cleaning tasks, mainly the washing of glassware, *etc).*
laboratorium laboratory; **T** lab.
labyrint labyrinth; *(som hageanlegg)* maze; *(fig)* labyrinth, maze. **-isk** labyrinthine.
ladd knitted oversock.
lade *vb (om våpen)* load; *(batteri)* charge; ~ *opp et batteri* recharge a battery.
ladegrep cock *(fx* of a gun, a pistol); *ta ~* go through the loading motions; *ta ~ !* load!
ladejarl *(hist)* earl of Lade.
lademester *(jernb)* running maintenance assistant.
ladestokk ramrod.
ladning 1. *(vogn-)* load; *(skips-)* cargo; 2*(elekt)* charge.
laft cog joint, cogging joint; cogged joint; *(lag stokker i vegg)* log course.
lafte *(vb)* make a cogging joint; build with logs; ~ *sammen* join, notch *(fx* logs); *(se maskinlafte).*
laftehus log house.
lag layer, stratum; *(av maling, etc)* coat, coating; *(samfunns-)* class, social stratum, stratum of society; *(selskap)* company, party; *(fotball-, etc)* team, side *(fx* they have a strong s.); *(mil)* section; US squad; *(arbeids-)* gang; working party; *(båt-)* crew; *(forening)* association; *(i kryssfinér, bildekk, etc)* ply *(fx* a six-ply tyre); *de brede ~* the masses, the common people, the lower classes; *de høyere ~* the upper classes; *prisene er i høyeste (,laveste) -et* the prices are rather on the high (,low) side; the prices are rather high (,low); *i seneste (,tidligste) -et* rather *(el.* pretty) late (,early); *i lystig ~* in merry company; *eie noe i ~* own sth jointly; *i ~ med*

in the company of; *gi seg i ~ med* tackle *(fx* I don't want to t. him; t. a project); start on *(fx* the new work); set about *(fx* sth *el.* doing sth); *gi sitt ord med i -et* say one's piece, put in one's oar; US put in one's two cents' worth; *det glatte ~ (mar)* a broadside; *gi ham det glatte ~ (fig)* give him a broadside; let him have it; *ha (godt) ~ med barn* have a way with children; *ha et ord med i -et* have a say *(el.* voice) in the matter; *han er kommet i ~ med noen spillere* he has fallen in with *(el.* got mixed up with) a gambling set; *gjerne ville komme i ~ med en* want to get to know sby; *om (el. på el. ved)* ~ almost; about, approximately; *han er om ~ så gammel som du* he is about your age; *skille ~* separate, part company; *slå (seg i)* ~ *med* join; *stå ved* ~ stand *(fx* our agreement still stands; the Court order stood); remain in force; *(se også I. lage & lags).*
lag|deling stratification. **-delt** stratified; *(med tynne lag)* laminated. **-dommer** *(-mann)* presiding judge; **-dømme** judicial district.
I.lage *(subst):* i ~ in order; *bringe (el. få) i* ~ set right; **T** put *(el.* set) to rights; *komme ut av* ~ get out of order; *ute av* ~ out of order; *(om person)* in a bad mood; *verden er ute av* ~ the world is out of joint.
II. lage *(vb)* make; *(ofte)* do *(fx* he did a bust of Churchill); *(fabrikere)* make, manufacture; *(mat)* cook, prepare *(fx* food for sby); ~ *bråk* kick up *(el.* make) a row, kick up a shindy; US make a racket; ~ *mål* score a goal; ~ *røre* create *(el.* cause el. make) a stir; ~ *en scene* make a scene; US *(også)* kick up a fuss; ~ *skill i håret* part one's hair, make a parting; ~ *en kake* make a cake; *jeg -r min egen mat* I do my own cooking; *det burde -s et spesielt språkkurs* a separate language course ought to be drawn up *(el.* built up *el.* constructed); *-t av* made of *(fx* it is m. of steel, wood, *etc);* made *(el.* manufactured) from *(fx* steel is made from iron; cigarettes made from choice tobacco); ~ *noe på bestilling* make sth to order; *-t på bestilling* made to order; US custom-made; ~ *til* prepare. ~ *seg (ordne seg)* come right, be all right *(fx* that'll be all right); turn out all right; *adjust itself (fx* all this will a. itself in due course).*
I. lager 1. store *(el.* storage) room, storehouse; *(pakkhus)* warehouse; 2*(beholdning)* stock; **3** *(tekn)* bearing; 4*(lagerøl): se* II. lager; *ha et stort ~* be well stocked *(fx* we are well stocked in dark colours), have a large stock on hand, carry a large stock; *holde et* ~ keep a stock on hand, carry a large stock; *(se ndf: ha på ~);* et ~ *på 50 tonn* a stock of 50 tons; *ta inn et* ~ *av* stock, put in a stock of; **fra** ~ ex warehouse, ex store, from stock; *levere fra* ~ deliver from stock; supply from s.; *disse kan leveres fra* ~ these can be supplied from s.; *selge direkte fra* ~ execute orders from stock; **på** ~ in stock; US on stock; *ha på* ~ have in stock, keep in s., stock; US have on stock *(el.* hand); *da vi ikke har varene på* ~ owing to the goods not being in stock; *dette var de siste vi hadde på* ~ these were the last of our stock; *.. som vi for øyeblikket ikke har på* ~ which are at present out of stock; *på* ~ *i to størrelser* stocked in two sizes; *ikke på* ~ out of stock; *(se lagerforsyning; utsolgt; velassortert).*
II. lager *(øl)* lager (beer); beer brewed by bottom fermentation.
lager|arbeider warehouseman, storesman. **-avgift** warehouse charges, storage (charges). **-beholdning** stock (of goods); stocks; *(bokf)* trading

stock; stock-in-trade; (NB *på eng. også fig, fx* that charm is part of his s.-in-t.); *han har kvittet seg med hele -en* he has disposed of his entire stock. **-betjent** *(jernb)* storesman, stores clerk. **-bygning** storehouse; *(pakkhus)* warehouse. **-ekspeditør** forwarding clerk. **-formann** *(jernb)* stores foreman. **-forsyning** stock; *så snart vi har fått inn nye -er* as soon as further stock comes to hand. **-fortegnelse** stock list. **-frakk** overall coat. **-kjøp** buying for stock; *(større)* stockpiling; *foreta* ~ stockpile. **-leie** warehouse rent. **-mester** *(jernb)* stores superintendent. **-parti** stock lot. **-personale** warehouse staff. **-plass** storage space. **-sjef** warehouse manager *(el.* keeper), storekeeper. **-vare** stock line *(fx* an ordinary s. l.); *-r* stock goods. **-øl** lager (beer), beer brewed by bottom fermentation.

lagesild *(høstsik)* vendace; *(i løst språkbruk, også)* powan; lake herring.

lag|kake layer cake. **-kamerat** *(sport)* team-mate. **-kaptein** *(sport)* (team) captain. **-leder 1.** team leader; 2*(mil)* section leader; US squad l. **-mann** presiding judge. **-mannsret** [court sitting with a jury]; 1*(i straffesaker)* crown court; *(i London)* Central Criminal Court; **T** the old Bailey; 2*(i sivile saker)* high court.

lagnad destiny, fate. **-stung** fateful, fatal.

lagre *(vb)* **1.** store; *(midlertidig)* warehouse; 2*(for å forbedre kvaliteten)* season, mature *(fx* matured wines; seasoned timber; seasoned *(el.* ripe) cheese).

lagrett jury; *-ens kjennelse* the verdict (of the jury); *den ærede* ~ (the) gentlemen of the jury.

lagrettemann juror, juryman; *være* ~ *(også)* serve on the jury.

lagring 1. storage; warehousing; **2.** seasoning, maturing; *(se lagre).*

lagringskjøp *(i stor målestokk)* stockpiling.

lags: *gjøre en til* ~ please sby, satisfy sby; *det er vanskelig å gjøre alle til* ~ it's hard to please everybody.

lagsarbeid = committee work *(fx* c. w. takes up a lot of his time); *han er aktiv og positiv både i skole- og* ~ he is keen and active in both school and out-of-school activities.

lagting [smaller division of the Norwegian Storting].

lagune lagoon.

lagvis 1. inlayers, stratified; **2.** by teams, team against team; *(se lag).*

I. lake pickle; *(salt-, også)* brine; *legge i* ~ pickle.

II. lake *(fisk)* burbot, eelpout.

lakei footman; *(også neds)* flunkey, lackey.

laken sheet. **-lerret** (linen) sheeting. **-pose** sheet sleeping bag. **-staut** (muslin) sheeting.

lakk 1*(segl-)* sealing wax; *en stang* ~ a stick of sealing wax; 2*(klar, for treverk)* sealer; *gulv-floor* sealer; 3*(klar og blank)* lacquer; *(clear)* varnish; *båt-* boat varnish; *hår-* hair lacquer; *japan-* *(sort, blank lakk for tre el. emalje)* japan; black lacquer; *negle-* nail varnish; 4*(bil-)* (car) enamel; **T** paint; spraying paint; 5*(lakkert flate)* paintwork; *god* ~ good paintwork; *-en er matt* the (sealed) finish is dull; *bilen begynner å bli stygg i -en* the car is beginning to need respraying; *(se lakkere).*

I. lakke *vb (forsegle)* seal.

II. lakke *(vb): det -r mot kveld* night *(el.* dusk) is falling; evening is drawing near; *det -r mot slutten* the end is drawing near.

lakker|e *vb (sprøyte-)* spray *(fx* a car); *(om-)* respray; *(med pensel)* brush paint *(fx* one's car); *(kunstgjenstander, etc)* lacquer; *(med japanlakk)* japan *(fx* lacquer *(el.* japan) a tea tray); *(med klarlakk)* seal; treat with a sealer *(fx* treat the walls with a sealer); *(med møbellakk)* varnish; *(ofte også)* finish *(fx* f. the box in bright red); *få bilen sin -t om* have one's car resprayed; *rødlakkert* sprayed red; painted red; ~ *gulvet* seal the floor; treat the floor with a sealer.

lakkerings|arbeid spraywork; **T** paint job. **-verksted** spraying shop.

lakk|farge enamel (paint); lacquer, japan; varnish. **-ferniss:** *se -farge.* **-segl** (wax) seal. **-sko** patent-leather shoe. **-stang** stick of sealing wax.

lakmus *(kjem)* litmus. **-papir** litmus paper.

lakonisk laconic.

lakris liquorice; US licorice. **-stang** l. stick.

laks *(fisk)* salmon; *ung* ~ grilse; *(i sitt annet år)* smolt; *røke-* smoked s.; *en glad* ~ *(fig)* a live wire; a bright spark.

lakse|art species of salmon. **-elv** s. river. **-farget** salmon(-coloured), s.-pink. **-flue** s. fly. **-garn** s. net; *(bunngarn)* s. trap, trapnet. **-oppgang** salmon run.

laksere *(vb)* loosen the bowels, purge.

laksering purging.

laksermiddel laxative; *(sterkt)* cathartic.

lakserolje castor oil.

lakse|trapp salmon ladder *(el.* leap). **-yngel** s. fry; *(mindre)* alevin.

lakune lacuna; *fylle en* ~ fill *(el.* bridge *el.* stop) a gap, fill a void.

lalle *(tale usammenhengende)* ramble; drivel.

I. lam *subst (zool)* lamb.

II. lam *(adj)* paralysed; US paralyzed; *en* ~ a paralytic; *han er* ~ *i venstre arm* his left arm is paralysed.

lama 1*(zool)* llama; 2*(prest)* lama.

lamell *(elekt)* lamella *(pl:* -e); *(kløtsj-)* disc, disk.

lamellkopling multiple-disc clutch.

lamhet paralysis.

I. lamme *(vb)* paralyse; US paralyze; *-t av skrekk* paralysed with fear.

II. lamme *vb (få lam)* lamb, bring forth lambs.

lammekjøtt 1*(jvf fårekjøtt)* lamb (meat); **2. S** (nice) little piece (of goods); *(neds)* bit of fluff; *(se for øvrig kjei).*

lammelse paralysis.

lammestek roast lamb; US lamb roast.

lammeull lamb's wool.

lampe lamp; *(pære)*bulb; *(radio)* valve; US (radio) tube.

lampe|feber stage fright. **-fot** lampstand. **-glass** lamp glass. **-kuppel** lamp globe. **-lys** lamplight. **-punkt** light point; *(se overledning).* **-skjerm** lamp shade. **-stett:** *se -fot.*

lampett bracket lamp, sconce.

lampe|veke, -veike lamp wick.

lamprett *(zool)* lamprey.

lamslå *(vb)* paralyse; US paralyze; *(også fig)* stun, stupefy; *være -tt (av forbauselse)* be dumbfounded, be stupefied; *(av redsel)* be paralysed with fear, be stupefied.

land *(rike; landet mots. byen)* country; *(poet & fig)* land *(fx* the Land of the Midnight Sun); *(mots. hav)* land; *(kyst)* shore; *by og* ~ town and country ; *fra* ~ from shore; *(mar)* off the land; **langt** *fra* ~ *(mar)* far out; *legge fra* ~ put away from the shore; **i** ~ ashore; on shore; ~ *i sikte! (mar)* land ho! *få* ~ *i sikte* make *(el.* sight) (the) land; *ha* ~ *i sikte* be within sight of land; *bringe i* ~ bring ashore; *drive i* ~ be washed ashore; *gå i* ~ go ashore; land; *sette i* ~ put ashore; land; *her i -et, (her) i vårt* ~ in this country; *stå inn mot* ~ sail in to land; *by* **inne** *i -et* inland town; *lenger inne i -et* further inland; *over hele -et* all over *(el.* throughout) the country; **på** ~ on land; *bo på -et* live in the country; *dra på -et* go into the country; *på sjø og* ~ on land and at sea; by land and sea; *gå på* ~ run ashore, ground; *sette på* ~ *(skip)* beach; *skipet står høyt på* ~ the ship is high and dry; **under** ~ *(kysten)* (close) inshore; *reise ut av -et* leave the country; **ute** *på -et* in the country, in the countryside; *her ute på -et* out here in the country.

landauer landau.

landavståelse cession of territory.

landbefolkning rural population.

landbruk agriculture; *(se jordbruk).*

landbruksdepartement ministry of agriculture; **UK** Ministry of Agriculture, Fisheries and Food; **US** Department of Agriculture.

landbruks|forhold agricultural matters. **-høyskole** agricultural college; *(jvf -skole (ndf)).* **-kandidat** graduate in agriculture.

landbruksminister minister of agriculture; **UK** Minister of Agriculture, Fisheries and Food; **US** Secretary of Agriculture.

landbruksprodukt agricultural product; *-er* products, a. *(el.* farm) produce.

landbruksskole agricultural school; *(i Engl. ofte)* farm institute; *(jvf landbrukshøyskole).*

landdag *(polit)* diet.

lande *(vb)* land, come down *(fx* the plane came down on the sea), touch down *(fx* the plane touched down), put down *(fx* on the runway).

landefred the King's peace.

landegrense frontier; *(mots. sjøgrense)* land frontier.

landeiendom landed property; *eier av* ~ landed proprietor.

landemerke landmark.

lande|plage scourge *(fx* this tune is a positive s.);* (public) nuisance, pest *(fx* the rabbits are a regular p. here). **-sorg** national mourning.

landevei highway; *den slagne* ~ *(fig)* the beaten track; *ta -en fatt* set out on fot.

landeveisrøver highwayman.

landfast connected with the mainland; ~ *is* land ice; *Norge er* ~ *med Sverige* Norway and Sweden are geographically joined.

landflyktig exiled, in exile.

landflyktighet exile; *jage i* ~ exile.

landgang 1. landing; raid, descent; *gjøre* ~ effect a landing; **2.** gangway; **US** *(også)* gangplank. **-sbru** gangway.

land|handel general store *(el.* shop). **-handler** village shopkeeper.

landing *(flyv)* landing; *(landingsøyeblikk)* touchdown; *få klarsignal for* ~ *(flyv)* be cleared for let-down.

landingsavgift *(flyv)* landing charge; *(se avgift).*

landingsplass landing place; *(flyv)* landing ground.

landingsøyeblikk touchdown.

land|jorda: *på* ~ on (dry) land. **-kart** map. **-kjenning** *(mar)* landfall; *få* ~ make a l. **-kommune** administrative county; **-krabbe** *(zool)* land crab; *(om person)* landlubber.

landlig rural, rustic.

land|liv country *(el.* rural) life. **-lov** shore leave; *(kort)* liberty. **-lovsdag** liberty day. **-luft** country air. **-not** shore seine. **-måler** (land) surveyor. **-måling** surveying. **-område** area, tract of land; territory. **-postbud** rural postman; **US** rural carrier. **-reise** overland journey.

landsby village. **-boer** villager, village-dweller.

landsbygda the countryside; *på* ~ in the country; *så å si på* ~ (almost) in the breath of the country *(fx* cities were still so small that even the town-dweller lived almost in the b. of the

c.); *flukten fra* ~ the flight from the land; the rural exodus; *tilbake til* ~*!* back to the land!

landsdel part of the country.

landsens of the country, rural, provincial; *jeg er et* ~ *menneske* I'm a countryman born and bred.

landsetning landing, disembarkation.

landsette *(vb)* land, disembark; *(et skip)* run ashore, beach.

lands|faderlig paternal. **-forræder** traitor. **-forræderi** treason. **-forræder(i)sk** treasonable. **-forvise** *(vb)* exile, banish.

lands|kamp international match; national final; *(i cricket mellom England og Australia)* Test Match.

landskap landscape; scenery.

landskaps|bilde landscape. **-maler** landscape painter.

landskilpadde *(zool)* tortoise; *(se skilpadde).*

landskjent nationally known, of nation-wide fame.

land|skyld land rent. **-skyss** overland conveyance.

lands|lag national team; *det engelske -et* the All-England team; *det norske-et* the All-Norway team; *han kom på det engelske -et* he was capped for England; *(om hockeyspiller)* he won his hockey cap. **-lagsspiller** All-England (,All-Norway, *etc)* player; international.

lands|mann countryman, compatriot. **-manninne** countrywoman. **-mål** New-Norwegian. **-omfattende** nation-wide.

landsorganisasjon national organization; *Landsorganisasjonen i Norge (fk LO)* the Norwegian Federation of Trade Unions; **UK** the Trades Union Congress *(fk TUC);* **US** the Congress of Industrial Organizations *(fk CIO); leder i Landsorganisasjonen i Norge (fk LO-leder)* General Secretary of the Norwegian Federation of Trade Unions; **UK** General Secretary of the Trades Union Congress; **TUC** General Secretary.

landsted country house *(el.* cottage); *et lite* ~ a little place in the country; *et stort* ~ *med tilliggende herligheter* a large country place with all the amenities *(el.* with the accompanying amenities); *(jvf I. hytte).*

landstryker tramp, vagabond; **US** *(også)* hobo.

landsulykke national calamity.

landsøl **US** near beer.

land|tunge isthmus, neck of land, tongue of land. **-tur** outing in the country *(fx* go for *(el.* on) an o. in the c.); *(med niste)* picnic *(fx* go on a p., go picnicking; *folk på* ~ picnickers; *(se I. tur).*

landvern militia; territorial force. **-smann** militiaman; territorial.

landverts *(adv)* overland, by land.

landvinning land reclamation; *(erobring)* conquest.

lang *(adj)* long; *(høy)* tall *(fx* a t. man); *(langvarig)* long; *(langtrukken)* lengthy; *temmelig* ~ longish; *i* ~ *tid* for a long time; *i så* ~ *tid* for such a long time, for so long a time; *i lengre tid* for some considerable time; *ikke i noen lengre tid* not for any length of time; *i det -e løp* in the long run; *et lengre (ɔ: ganske langt) brev* quite a long letter; *-t støt (i fløyte)* prolonged blast; *tiden faller ham* ~ time hangs heavy on his hands; *han ble* ~ *i ansiktet* his face fell; *(se ansikt); falle så* ~ *man er* measure one's length (on the ground), fall full length; fall flat on the ground (,on the floor); **T** come a cropper; *(se også langt & I. sikt).*

lang|aktig elongated, longish. **-bent** long-legged.

langdrag: *trekke i* ~ *(vt)* spin out *(fx* an af-

fair), drag out *(fx* a speech); *(vi)* drag on *(fx* the war dragged on); *den måte hvorpå våre forhandlinger trekker i ~* the protracted nature of our negotiations; the way in which our n. are dragging on.
langdryg long (and slow); long-lasting; protracted; *en ~ jobb* a long and slow process *(el.* affair); *en slitsom og ~ affære* T a long haul *(fx* it was a long haul to build up our business again).
I. lange *(fisk)* ling.
II. lange *(vb)* hand, pass; *~ seg etter ballen (fotb)* dive for the ball; *~ seg etter ballen og redde* make a flying catch; *~ i seg* put away *(fx* a lot of food); polish off *(fx* he polished off an apple); devour; *han -r innpå (el. i seg)* T he eats like a horse; *~ til en* fetch sby a blow; *~ ut* step out (briskly), stride along at a good steady pace.
langeleik *(mus)* Norwegian zither.
langemann middle finger.
langfart *(mar)* long voyage; *gå i ~* be engaged in overseas trade.
lang|finger middle finger. **-fingret** long-fingered; *(fig)* light-fingered.
langfredag Good Friday.
langgrun|n: *det er -t her* the bottom slopes very gradually here.
langhalset long-necked.
langkikkert telescope.
langkost 1. scrubbing brush with a long handle; **2.** broom; *(gatefeiers, etc)* besom.
langlivet 1. long-waisted; **2**(*som lever lenge)* long-lived.
langmodig forbearing, long-suffering.
langmodighet forbearance, long-suffering.
langpanne *(i stekeovn)* roasting tin.
langperm *(mil)* extended leave.
langrenn 1. cross-country skiing; **2**(*konkurranse)* cross-country (skiing) race; *han løper ~ for Norge* he represents Norway in cross-country skiing.
langrennski *(pl)* racing skis; *(se ski).*
langs along; *~ med* along; *~ siden av* alongside; *på ~* lengthwise, longitudinally.
langside long side; *(sport)* straight; *borte (,hitre) ~* back (,home) s.; *siste ~ (oppløpsside)* finishing straight; *på første ~* on the first straight; *på -ne* on the straights.
langsiktig: *~ kreditt* long-term credit; *~ politikk* long-range policy; *~ veksel* long(-dated) bill.
langsiktsveksel long(-dated) bill.
langsint relentless, implacable; *hun var aldri ~* she never nursed any resentment for long.
langskips fore-and-aft; *(langs siden)* alongside.
langsom slow.
langsomhet slowness.
langstekt *(brasert)* braised; *~ kalveschnitzel* braised veal schnitzel.
langstrakt long (and narrow), extended.
langstøvler *(pl)* rubber boots.
langsynt far-sighted, long-sighted; *(fig)* far-seeing.
langt *adv* **1.** far; *det er ~ til X* it is a long way to X; *er det ~ til ...?* is it far to ...? *da de ikke hadde ~ igjen (å gå, kjøre, etc) til X* when they were only a short distance away from X; when they were approaching X; when it wasn't far to X; when they hadn't much farther to walk to get to X; *jeg har nå kommet så ~ at jeg kan klare å stenografere 70 ord i minuttet* I have now reached the stage of being able to do 70 words of shorthand a minute; **2**(*foran komparativ el. superlativ)* by far, much; *~ bedre* far better, much better; *denne er ~ bedre*

this one is better by far; *~ den beste kvaliteten* the better quality by far, by far the best q.; *~ mindre* far less; *(for ikke å snakke om)* let alone, not to mention, to say nothing of; *~ den største* by far the largest; *~ den største delen* by far the greatest part; *~ verre* far worse; **3**(*med etterfølgende adv el. prep):* *~ bort, ~ borte* far away, far off; *~ borte fra* from afar, from far away; *~ etter* far behind; *~ foran* far ahead *(fx* he is f. a. of his competitors); *~ fra* far from; *han er ~ fra noen helt* he is far from being a hero; *det være ~ fra meg å ville klandre ham* far be it from me to blame him; *~ fra hverandre* far apart; *det er ~ fram* we have still some considerable way to go; *(fig)* much remains to be done; *se ~ fram i tiden* look far into the future, look far ahead, take a long view; *~ fremme* well *(el.* far) advanced; *det er ikke ~ igjen til jul* Christmas is not far off; *det er ~ mellom ordrene* orders are few and far between; *~ om lenge* at long last, at length, eventually; *~ over (,under)* far above (,below); *han leste til ~ på natt* he went on reading far into the night; **4**(*forbindelser med vb)* **ha ~ hjem** have a long way home; *vi har ~ å gå* we have a long way to walk; *vi har ~ til toget* we live a long way from the nearest station; *vi kommer ikke ~ med 10 kasser* ten cases will not go very far *(el.* will not last (us) very long); *det kommer vi ikke ~ med* that won't get us very far; *(se strekke: ~ seg så langt man kan).*
langtekkelig dull, tedious, irksome.
langtidsplan long-term project.
langtidsprogram longe-range programme.
langtidsvarsel long-range weather forecast.
langtrekkende far-reaching; *(om våpen)* long-range.
langtrukken lengthy, long-drawn(-out), long-winded.
langtur long journey, long tour (,tramp, walk, etc) *(fx* he went for a long tramp in the woods); *(med bil)* long run *(fx* go on a l. r.); *(se I. tur).*
langtømmer long-wood; *(se tømmer).*
langust *(zool)* rock lobster, spiny lobster, sea crayfish; *(se hummer).*
lang|varig long, protracted, long-lasting; *en ~ prosess* a long and slow process. **-veis:** *~ fra* from far away. **-viser** minute hand.
lanke *(barnespråk)* handy-pandy.
lanker *(person fra Sri Lanka)* Sri Lankian.
lanse lance; *bryte en ~ for* stand up for.
lansere *(vb)* launch *(fx* a new plan).
lansett *(med.)* lancet.
lanterne lantern.
Laos *(geogr)* Laos.
laot Laotian.
laotisk Laotian.
lapidarstil lapidary style.
lapis lunar caustic.
I. lapp *(tøy)* patch; *(papir)* scrap (of paper); *elevene kastet -er til hverandre* the pupils threw notes at each other; *rød ~ (på frontglasset for feil parkering)* T *(også* US) parking ticket; US *(også)* traffic ticket; *(jvf fuskelapp).*
II. lapp Laplander, Lapp.
lappe *(vb)* patch, mend; *~ på det verste (fig)* patch the worst bits (together); paper over the cracks.
lappekast *(ski)* kick-turn *(fx* do a k.-t.).
lappesak *pl (for sykkel)* repair outfit.
lappeskomaker cobbler.
lappeteppe patchwork quilt.
lappisk Lapp, Lappish.
Lappland Lapland. **-sk** Lapland, Lappish.
lappverk patchwork; *et grotesk ~ av uforenlige*

elementer a grotesque p. of incompatible elements.
laps fop, dandy; US *(også)* dude.
lapset foppish, dandified; US *(også)* dudish.
lapskaus stew, hot pot; *brun* ~ gravy stew; (ɔ: *ikke av fugl, hare etc)* brown stew; *saltkjøtt-*salt beef stew.
lapskauskjøtt stewing meat *(el. steak)*.
lapsus slip *(fx* of the tongue, of the pen); *(det å huske feil)* lapse of memory.
larm noise, din; *(se støy)*.
larme *(vb)* make a noise *(el. din)*.
larmende noisy.
larve *(zool)* caterpillar, grub, larva, maggot.
lasarett *(mil)* field hospital.
lasaron tramp; US *(også)* bum.
lasket flabby; obese.
lass load; *falle av -et (fig)* be unable to keep up *(fx* when you speak too fast, I can't keep up); *trekke -et* do all the hard work; bear the brunt; *de trekker ikke sin del av -et (fig)* they don't pull their weight; they don't do their share; *liten tue velter stort* ~ little strokes fell great oaks.
lassevis *(adv)* by the load.
lasso lasso, lariat; *fange med* ~ lasso.
I. last *(vanesynd)* vice; *en -ens hule* a cesspool of iniquity; *-enes sum er konstant* the sum of vices is constant.
II. last *(bør)* burden; *(ladning)* cargo; *(lasterom)* hold; *(trelast)* timber; US lumber; *høvlet* ~ planed wood *(el.* goods); *rund* ~ *(først)* round timber; *saget* ~ sawn wood *(el.* goods); *brekke -en (mar)* break bulk; *legge en noe til* ~ blame sby for sth; *stue -en* stow the cargo; *(se I. lik: partiet seiler med* ~ *i lasten)*.
I. laste *(vb)* load; take in (,**US:** on) cargo; *ski-pet -r (ɔ: rommer) 800 tonn* the ship carries 800 tons; *dypt -t* deeply *(el.* heavily) loaded *(el.* laden); *-t med kull* with a cargo of coal; *så snart varene har blitt -t om bord* as soon as the goods have been loaded in the ship.
II. laste vb *(klandre)* blame, censure.
lasteavgift loading dues.
lastebil lorry; *(faglig, også* US) truck; *hjelpe-mann på* ~ driver's mate; *-er fulle av politifolk* truckloads of police.
lastebåt cargo boat. **-dyr** beast of burden. **-evne** carrying capacity.
lastefull dissolute, depraved. **-het** depravity.
lasteklar ready to load. **-kran** derrick crane. **-manifest** *(mar)* manifest; list of goods (in a shipment). **-plan 1.** (truck) body; *T (også* the back of a lorry; ~ *med lemmer* dropside body; ~ *uten lemmer* platform body; *2(mar)* stowage plan. **-pram** lighter. **-rom** *(mar)* hold.
lasting *(tøy)* lasting.
lastokk ramrod.
lastverdig reprehensible, blameworthy.
lastverk: *hastverk er* ~ more haste, less speed.
lasur glaze, glazing.
lat lazy, indolent.
I. late *(vi)* seem, appear; *(gi seg utseende av)* pretend, affect; *det -r til det* so it seems; ~ *som ingenting* behave as if nothing had happened; *(ikke bli forbløffet)* not turn a hair; *(se uskyldig ut)* look innocent; *jeg lot som om jeg sov* I pretended to be asleep; *la oss* ~ *som om vi er* ... let's pretend we are ...; *T* let's play pretend-ing we are; ~ *som om man gjør motstand* make a show of resistance; *det -r til at* it looks as though; it would seem that; ~ *til å* appear to, seem to; *han lot til å være meget interessert* he seemed very interested.
II. late *(vt): se la;* ~ *sitt liv* lay down one's

life; ~ *vannet* make water, urinate; *T* pump ship.
III. late *(vb):* ~ *seg: se dovne seg.*
latens latency.
latent latent.
lathet laziness, indolence.
latin Latin. **-er** *(nasjon)* Latin; *(studium)* Latin scholar, Latinist.
Latin-Amerika Latin America.
latinamerikansk Latin American.
latinlinje *hist (ved skole)* classical side.
latinsk Latin; *-e bokstaver* Roman letters; *(typ)* Roman type.
latinskole *(hist; kan gjengis)* grammar school.
latmannsbør [lazy man's burden].
latmannsliv idle life; US *(også)* life of Riley.
latrine latrine; *T* loo.
latside: *ligge på -n* be idle, do nothing.
latskap laziness, indolence.
latter laughter; *(enkelt latterutbrudd, måte å le på)* laugh *(fx* we had a good l.; he has a nas-ty l.); *(fnisende)* giggle; *en god* ~ *forlenger livet (svarer omtrent til)* laugh, and the world laughs with you; *briste i* ~ burst out laughing; *han brøt ut i en hånlig* ~ he burst into a laugh of derision; *få seg en god* ~ have a good laugh; *gjøre en til* ~ make sby look a fool; hold sby up to ridicule; *T* take the mickey out of sby; *gjøre seg til* ~ expose oneself to ridicule, make oneself look ridiculous, make a fool of oneself; *han satte i en skrallende* ~ he burst into a loud laugh; he went off into a fit of laugh-ter; *rå* ~ dirty laugh; *(se også le; vekke)*.
latterdør: *han slo -a opp T* he burst into a loud laugh.
latterhjørne: *være i -t* be in a laughing mood.
latterkrampe convulsive laughter.
latterlig ridiculous, ludicrous. **-gjøre** *(vb)* ridi-cule, hold up to ridicule; *T* take the mickey out of. **-het** ridiculousness.
lattermild easily provoked to laughter, given to laughter, risible. **-mildhet** risibility. **-salve** burst of laughter. **-vekkende** laughable, ludicrous.
Latvia *(geogr)* Latvia.
latvier, -sk Latvian.
laud(abilis) = first class (in a university exami-nation); *(se haud (illaudabilis); immaturus; inn-stilling 5; non (contemnendus))*.
laug *(subst)* craft union; *(hist)* guild.
lauk *se løk.*
laurbær bayberry; *(fig)* bays, laurels; *hvile på sine* ~ rest on one's laurels; *vinne* ~ win *(el.* gain) laurels.
laurbærkrans laurel wreath; *(se æresrunde)*.
lausunge *T* illegitimate child; *S* by-blow.
lauv *se løv.*
I. lav *(bot)* lichen.
II. lav *(adj)* low; *(uedel)* low, mean; *-t regnet* put at a low figure; at a low estimate *(fx* the damage is £100, at a low estimate); *spille -t* play softly, play (quite) low.
lava lava.
lavadel gentry.
lavalder minimum age; *den kriminelle* ~ the age of consent.
lavangrep *(mil)* low-flying attack.
lavastrøm lava flow.
lave vb *(henge i mengde)* dangle, hang down (in clusters).
lavendel lavender.
lavere vb *(mar)* tack, beat.
lavereliggende lower, lower-lying. **-stående** in-ferior; lower *(fx* animals).
lavett (gun) carriage.
lavfrekvens low frequency.

lavine avalanche.
lavinehund mountain rescue dog.
lavkonjunktur (acute) depression, slump; *(jvf konjunktur).*
lavland lowland(s), low-lying country; *da vi kjørte nedover mot -et* as we were going down towards*(el.* to) the lowlands; *on our way down towards the lowlands.*
lav|loftet low-ceilinged. **-mælt** low-voiced; ~ *samtale* hushed conversation *(fx* they carried on a h.c.).* **-mål** minimum; *nå et* ~ **T** reach an all-time low; *under -et* beneath contempt, too bad for words; unspeakable *(fx* those hotels are u.).*
lav|pannet low-browed; *(fig)* stupid, dense. **-pullet** low-crowned. **-punkt** lowest point; *(fig)* nadir; low *(fx* these figures represent a new low). **-sinnet** low-minded, base.
lavslette lowland plain.
lavspent low-tension.
lavtliggende low-lying, low.
lavtrykk low pressure; *(meteorol)* low, depression, low-pressure area.
lavtrykksmaskin low-pressure engine.
lavtskummende: ~ *vaskepulver* low-suds (washing) powder.
lavtstående low, inferior.
lavvann low water; *(ebbe)* low tide, ebb; *neste* ~ next low tide; *(se I. fjære).*
lavvannsmerke low-water mark.
I. le *(subst)* shelter; *(mar)* leeward, lee; *en seiler i* ~! a sail to leeward! *ror i* ~! helm a-lee!
II. le *(vb)* laugh; ~ *hjertelig* laugh heartily; ~ *høyt* laugh out loud; ~ *en rett opp i ansiktet* laugh in sby's face; ~ *av* laugh at; *bli -dd av* get laughed at; *han lo bittert* he laughed *(el.* gave) a bitter laugh; ~ *bort* laugh off *(fx* he laughed the matter off); *vi lo ham fra det* we laughed him out of it; *hun lo hele tiden (også)* she kept laughing while she spoke; ~ *til en (gjengis best med)* give sby a smile; *jeg må* ~ it makes me laugh; ~ *over hele ansiktet* grin broadly; *han lo så tårene trillet* he laughed until he cried; ~ *en ut* laugh sby to scorn; *US* laugh sby down; ~ *seg i hjel (el. fordervet)* split (one's sides) with laughter, die with laughter; ~ *i skjegget* laugh up one's sleeve; *det er ikke noe å* ~ *av* this is no laughing matter; *den som -r sist, -r best* he laughs best who laughs last; *(ofte)* he had the last laugh; *(se hjertelig; sted B: le på riktig* ~ *).*
lealaus loose-jointed; *(om stol, etc)* rickety.
led *(grind)* gate; *US (også)* barway.
ledd joint; *(i kjede)* link; *(del av paragraf)* subsection; *(ætte-)* generation; remove; ... *forekommer som første* ~ *i et sammensatt ord* ... occurs as the first component of a compound; *av* ~ out of joint; dislocated; *jeg fikk armen ut av* ~ my arm was put out of joint; *sette i* ~ set *(fx* a dislocated limb), reset; *som et* ~ *i en allerede eksisterende forretningsforbindelse* in the course of an already existing connection.
leddannelse articulation.
leddbetennelse *(med.)* arthritis.
leddbånd *(anat)* ligament.
led|deling segmentation, articulation. **-delt** articulate(d).
leddgikt *(med.)* **1.** (articular) arthritis; **2.:** *revmatisk* ~ rheumatoid arthritis.
leddvann *anat (leddvæske)* synovia, synovial fluid; **T** joint oil.
leddyr*(zool)* articulate animal.
lede *vb (føre)* lead; *(veilede, styre)* guide; *(ved rør)* conduct; *(styre)* direct; *(fig)* lead, conduct, guide; ~ *forhandlingene* preside at *(el.* over) the

meeting; ~ *bort (vann)* carry off; drain *(el.* draw) off; *X -r på Y med åtte poeng (sport)* X leads Y by eight points; ~ *samtalen hen på* turn the conversation on to; *(med en baktanke)* lead up to; *la seg* ~ *av* be governed *(el.* guided) by.
ledebånd leading-strings; *gå i ens* ~ be tied to sby's apron strings.
ledelse direction, management, guidance; *under* ~ *av* under the leadership *(el.* management) of; *overta -n av* take over the management of; take charge of; *ha den daglige* ~ be in charge of the day-to-day running; *ha -n (stå i spissen)* be at the head of affairs, be at the helm; **T** boss the show.
ledemotiv *(mus)* leitmotif.
ledende leading; *(fys)* conductive; ~ *grunnsetning* guiding principle; ~ *tanke* leading idea.
leder guide; *(fys)* conductor; *(i avis)* leader; *US* editorial.
lederplass *(spalte i avis)* editorial column.
lederskap leadership.
ledeskinne *(jernb)* check *(el.* guard) rail.
ledestjerne guiding star, lodestar.
lede|tone leading note *(el.* tone). **-tråd** clue, guiding principle.
ledig *1(ubeskjeftiget)* idle, unoccupied; *2(om stilling, bolig, etc)* vacant; *3(om person, drosje)* disengaged, free; *4(om tid)* spare, leisure; *5(arbeids-)* unemployed, out of work; *6(ikke i bruk)* idle *(fx* capital, tonnage); *7(om klær)* loose, comfortable; *denne stolen er* ~ this chair is not taken; *er De* ~? *(til drosje)* are you free? are you engaged? *er du* ~ *i kveld?* are you free *(el.* doing anything) tonight? *løs og* ~ *(ugift)* single; ~ *stilling* vacancy, vacant post; *hvis du hører om noen* ~ *stilling, så vær så snill å la meg få vite det* **T** if you hear of any job going, please let me know; ~ *time* leisure hour, spare hour.
lediggang idleness; ~ *er roten til alt ondt* idleness is the root of all evil; an idle brain is the devil's workshop.
ledig|gjenger idler, loafer. **-het** *(arbeidsløshet)* unemployment . **-signal** *(tlf)* ringing tone; *(jvf summetone).*
ledning *1(rør)* pipe; *(hoved-)* main *(fx* power main); line *(fx* telephone line); *2(overføring)* transmission; *(fys)* conductor; *brudd på -en* (1) pipe burst, a burst pipe; *(se kraftledning).*
ledningsevne conductance, conductivity. **-mester** *(jernb; elektromester)* power supply engineer. **-nett** system of transmission lines; electric supply mains; overhead wires; *(i bil)* wiring. **-reparatør** *(jernb)* overhead traction lineman; *ekstra* ~ assistant o. t. l. **-tråd** conducting wire. **-vann** tap water. **-åk** *(jernb)* arched catenary support.
ledsage *(vb)* accompany; *forkjølelse -t av feber* a cold attended with fever.
ledsagelse accompaniment; attendance.
ledsager companion; escort; *(mus)* accompanist.
ledtog: *være i* ~ *med en* be in league with sby.
lee *(vb):* ~ *på (røre på)* move (slightly), just move.
lefse [thin pancake of rolled dough, served buttered and folded]. **-klining** buttered and sugared *'lefse'.*
legal legal.
legali|sere *(vb)* legalize; authenticate. **-sasjon, -sering** legalization; authentication.
legasjon legation.
legasjonssekretær secretary of legation *(fx* first secretary of legation).
legat legacy, bequest.
legatar legatee.
legatskole foundation school; endowed school.
legatstifter legator; donor of a legacy.
legd *(glds): komme på* ~ come on the parish.

I. lege doctor, medical practitioner; *almenpraktiserende* ~ (general) practitioner *(fk.* G.P.); *gå til* ~ see *(el.* consult) a doctor *(fx* you ought to see a d. about your cough).
II. lege *(vb)* heal, cure; *-s* heal (up).
lege|attest medical certificate. **-behandling** medical treatment. **-besøk** doctor's call. **-bok** medical book. **-bulletin** medical bulletin *(el.* report). **-distrikt** medical district. **-drikk** potion. **-ektepar** husband-and-wife team of doctors; h. and w., both doctors. **-erklæring** medical *(el.* doctor's) certificate. **-hjelp** medical attention, medical treatment; medical help *(fx* no m. h. could be found for him); *søke* ~ consult a doctor. **-kunst** medicine. **-kyndig** with medical knowledge.
legeme body.
legemiddel remedy; *(medikament)* medicament, medicine.
legemlig bodily, corporal, physical; ~ *arbeid* manual *(el.* bodily) work.
legemliggjøre *(vb)* embody, incarnate. **-gjørelse** embodiment, incarnation.
legems|bygning build, physique, bodily constitution. **-del** part of the body. **-feil** bodily defect. **-fornærmelse** assault, (assault and) battery. **-stor** life-size(d). **-straff** corporal punishment. **-størrelse:** *et portrett i full* ~ a life-size portrait. **-øvelse** physical exercise.
legendarisk legendary; *en* ~ *skikkelse* a figure of legend.
legende legend.
I. legere *vb (testamentere)* bequeath.
II. legere *vb (kjem)* alloy.
legering *(kjem)* alloy.
lege|råd medical advice; *(konkret)* remedy. **-senter** health centre. **-standen** the medical profession. **-tilsyn** medical attention. **-undersøke** *(vb)* examine (medically). **-undersøkelse** medical examination; T m. check-up. **-urt** medicinal plant. **-vakt** *(subst)* casualty clinic; casualty department; US *(også)* emergency ward. **-vitenskap** medical science, medicine. **-vitenskapelig** relating to medical science.
I. legg *(fold)* pleat; *(på klesplagg)* tuck.
II. legg *(anat)* calf; *(anker-)* shank.
III. legg *(det å legge håret):* «*bare* ~ » setting only; «*vask og* ~ » shampoo and set.
legg|beskytter *(cricket, fotball, etc)* pad.
legge *(vt & vi)* **1.** lay, put, place *(fx* a book on the table); deposit *(fx* one's luggage on the seat); **2***(henlegge m.h.t. tidspunkt)* put *(fx* the lectures at a later hour); time *(fx* one's visit so as to be sure of meeting him); **3***(= legge egg)* lay;
A: forb. med subst; B: med prep, adj & adv; C: med «seg»]
A: ~ **barna** put the children to bed; ~ *et* **dekk** *(mar)* lay a deck; ~ **egg** lay eggs; ~ *(sin)* **elsk** *på* take a fancy to; ~ **grunnen** *til* lay the foundation(s) of; ~ *et* **gulv** put down a floor; ~ *gulv i et værelse(også)* floor a room; ~ **hånd** *på* lay (violent) hands on; ~ *hånd på seg selv* attempt one's own life; ~ **håret** have one's hair done *(el.* set) *(fx* I want my hair shampooed and set); «*vask og legg*» (a) shampoo and set; «*bare legg*» setting only; ~ *en* **kabel** lay *(el.* run) a cable; ~ **merke** *til* notice, take notice of, observe; ~ *særlig merke til* take particular note *(el.* notice) of; *(jvf II. merke:* ~ *seg);* ~ *en* **ordene** *i munnen* put the words into sby's mouth; give sby his cue; *(også jur)* ask sby leading questions; ~ *en* **plan** make *(el.* lay) a plan; draw up a scheme; ~ *en noe på* **sinne** impress *(el.* urge) sth on sby; ~ **skill** *(i håret)* make a parting; part one's hair; ~ **vekt** *på* attach importance to, emphasize, emphasise, give weight to; *han har*

vært tilbøyelig til å ~ *større vekt på* ... he has tended to give greater weight to ..; ~ **vinn** *på å* ... take special care to; apply oneself to (-ing);
B: ~ **an** l*(et våpen)* (take) aim; **2.** plan, organise, organise; *det må -s an på en fornuftig måte* it will have to be planned in a sensible way; it will have to be arranged sensibly; ~ *an på å* ...make a point of (-ing); aim at (-ing), make it one's aim to, make it a point to; *(gå inn for)* go in for; ~ *særlig an på å* ... make a special point of (-ing); make it one's particular aim to ...; ~ *an på å behage* try hard to please; ~ *an på en* (try to) flirt with sby; T make a pass *(el.* make passes) at sby; *hun la an på ham (også)* she was out to hook him; she made a dead set at him; *han la an på henne* he flirted with her; he courted her;
~ **av** *(legge til side)* put aside, put by; *(typ)* distribute; T dis; ~ *av satsen* distribute the (composed) type; *sats som skal -s av (typ)* dead matter; ~ *av noe til en* put sth by for sby; ~ *av seg* take off *(fx* take off one's rucksack); ~ *av (seg) en uvane* break oneself of a bad habit; drop a bad habit; get out of a bad habit; ~ *av sted* start off;
~ *noe* **bak** *seg* leave sth behind (one); ~ **bi** *(mar)* lay to, heave to; ~ **bort** put aside, put away; ~ **etter** *seg* leave behind; ~ **for** *dagen* display, manifest, show; *gutten la clairvoyante evner for dagen* the boy gave proof of clairvoyant power; ~ *for hat* begin to hate; ~ **fra** *(mar)* put off, set out; ~ *fra land* put away from the shore; ~ *noe fra seg* put sth down *(el.* away);
~ **fram** *noe* put out sth *(fx* will you put out a shirt for me?); display; *de brosjyrene som var lagt fram på bordet* the brochures displayed on the table; ~ *fram et forslag* put forward a proposal; ~ *fram en sak (ɔ: fremføre en sak)* state a case; ~ *saken fram for utvalget* put the matter before the committee;
~ **i** *bakken* get down *(fx* he got him down); ~ *i ovnen* lay the fire; *(tenne på)* light *(el.* start) the fire; start the stove; ~ *ansiktet i rolige folder* compose one's face; put one's face straight; ~ *i mørke (mørklegge)* darken, blackout; ~ *mye arbeid i noe* put in a great deal of work on sth; take great pains over sth; *det er lagt mye arbeid i den boka* a good deal of work has gone into the making of that book; ~ *(tøy) i blot* put in soak; ~ *film i et apparat* load a camera; ~ *hendene i fanget (fig)* twiddle one's thumbs; let things take their course; ~ *en annen mening i det* put another interpretation on it; put another construction on it; put *(el.* read) sth else into it; ~ *for mye i det* put *(el.* read) too much into it; ~ *papir i en skuff* line a drawer with paper; ~ *penger i* spend money on *(fx* I don't want to spend so much (money) on an overcoat); ~ *i seg* put away *(fx* he put away a lot of cakes); ~ *i seng* put to bed; ~ *hele sin sjel i noe* throw the whole of one's soul into sth; ~ *i vei* set out, start off; ~ **igjen** leave behind; ~ *igjen beskjed* leave a message; ~ **inn** lay on *(fx* gas, electricity, water); install *(fx* gas, electricity); ~ *inn lys i et hus* wire a house (for electricity), install electricity in a house; *vi har fått lagt inn elektrisk lys* we've had electricity laid on *(el.* installed); we've had electric light put in *(el.* installed); ~ *inn sentralvarme* install *(el.* put in) central heating; ~ *inn en billett* reply to an advertisement; ~ *inn en kjole* take in a dress; ~ *inn et godt ord for en* put in a word for sby; ~ *inn på sykehus*

send to (a) hospital; *bli lagt inn på sykehus* be taken to hospital; *(se også under C);*
~ **ned** put down; lay down *(fx* arms); *(salte ned)* pickle; *(sylte)* preserve; *(hermetikk)* tin, can; **US** can; *(pakke ned fisk, etc)* pack; *(gjøre kjole, etc, lenger)* let down; ~ *ned arbeidet* stop work; *(streike)* strike work *(fx* the men have struck work); go out on strike; ~ *ned på flasker* bottle; ~ *masten ned (mar)* lower the mast;
~ **om** *(omlegge)* change, alter, reorganize, reorganise, rearrange; *administrasjonen ble forsterket og lagt om* the administration was reinforced and reorganised; ~ *om driften* reorganise *(el.* alter*)* production; ~ *om et hjul* change a tyre *(,US:* tire*)*, change the tyre on a wheel; ~ *om kursen* alter one's *(el.* the*)* course; *få stemmen sin lagt om* learn voice production; ~ *om taktikken* change tactics; ~ *veien om* go round by; travel via; ~ *veien om Oslo* travel *(el.* go*)* via Oslo;
~ **opp** 1*(gjøre kortere)* shorten, take up *(fx* a skirt); **2.** lay up *(fx* lay up a ship; lay up reserves); 3*(spare)* save, put *(el.* lay*)* by *(for* a rainy day); provide against a rainy day; *(se også under C);* 4*(masker)* cast on *(fx* cast on 18 stitches); 5*(innstille driften, oppgi forretningen, etc)* close down, cease work, go out of business, give up business; 6*(stoff til eksamen)* offer *(fx* offer a play by Shakespeare); *de verker man har lagt opp* the books offered; the prepared books; *vi må* ~ *opp Hamlet* Hamlet is a prescribed text *(el.* a set book); 7*(mar):* ~ *roret opp* bear up the helm; 8*(planlegge)* plan; map out; ~ *opp en reiserute* map out an itinerary; ~ *opp en rute* plan a route;
~ **opp til 1.** prepare for *(fx* a strike); 2*(fotb)* send a ball to; ~ *opp til ham (fig)* play into his hands; *alt er lagt opp til ... (fig)* the scene *(el.* stage*)* is set for ...; *alt var lagt opp til en kamp mellom ...* the scene was laid for a struggle between ...;
~ *roret* **over** put the helm over; ~ *ansvaret over på* throw the responsibility on; *han la rattet hardt over til venstre* he turned the wheel hard over to the left;
~ **på** put on; *(maling, etc)* apply; *(forhøye prisen)* put up *(el.* raise*)* the price *(på noe* of sth); *er smøret lagt på?* has butter gone up? ~ *på £5* raise the price £5; put £5 on the price; ~ *på nye dekk* put on new tyres; ~ *på husleien* put up *(el.* raise*)* the rent; ~ *noe på hylla (o: skrinlegge noe)* shelve, bury, abandon *(fx* a project); **T** give sth up; *han har lagt studiene på hylla* **T** he has given *(el.* thrown*)* up his studies; *høyden ble lagt på til 1,72 m (høydesprang)* the bar was raised for 1.72 m; ~ *noe på plass* put sth in place; *(tilbake igjen)* replace sth, put sth back; ~ *på prisene* put up *(el.* raise *el.* increase*)* prices; ~ *på prisene med 15%* raise prices by 15 per cent; ~ *på (røret) (tlf)* put down *(el.* replace*)* the receiver; hang up, ring off; **US** hang up; *ikke legg på!* hold the line, please! *han la på før jeg fikk snakket ut (tlf)* he hung up on me; ~ *en noe på sinne* impress sth on sby; *legg ham på sinneat ...* impress on him that ...; ~ *skatt på* put a tax on; **T** clamp a tax on; ~ *skjul på* make a secret of; ~ *på svøm* start swimming; ~ *vekt på: se A (ovf);* ~ *på ørene (om dyr)* put back its ears *(fx* the dog put back its ears); *en hest som -r på ørene* a horse that twitches its ears;
~ **på seg** put on weight, fill out; *-r babyen nok på seg?* is the baby putting enough weight on *(el.* putting on enough weight)?
~ **sammen** *(slå sammen)* fold *(fx* it folds with

one easy movement); *(addere)* add up, sum up; cast *(fx* a column of figures); **T** tot up; ~ *sammen to og to* put two and two together;
~ **til** *(føye til)* add; go *(el.* come*)* alongside (the quay); dock; ~ *godviljen til* try *(el.* do*)* one's best; do the best one can; ~ *til grunn* use as a basis, use as a starting point; ~ *til grunn for* make the basis of *(fx* he made it the basis of his philosophy); *han har lagt disse forsøkene til grunn for en teori* he has based a theory on these experiments; ~ *en noe til last* blame sby for sth; ~ *til rette* arrange; adjust; order; ~ *til side* put aside, put on one side; *(spare)* put *(el.* lay*)* by; *(se ovf:* ~ *opp penger);*
~ **under** seg secure *(el.* gain*)* control of; *(erobre)* conquer; *(monopolisere)* monopolize; ~ **unna** *(til side)* put aside, put on one side; save *(fx* we must save some of the meat for tomorrow);
~ **ut** lay out *(fx* lay out food for the birds); *(gjøre videre)* let out *(fx* let out a dress); *(penger)* lay out; *(dosere; preke; neds)* hold forth; *han -r nå alltid ut i det vide og brede* he's always holding forth; *kan du* ~ *ut for meg til i morgen?* can you pay this sum for me till tomorrow? *jeg har lagt ut £20* I'm out of pocket by £20; *(jvf utlegg);* ~ *ut på* set out on, start out on *(fx* a journey); ~ *ved (i brev)* enclose; *(se vedlegge);* ~ **vekk** *noe* put sth away *(el.* aside); ~ *noe øde* lay sth waste;
C: ~ **seg 1.** lie down; *(gå til sengs)* go to bed; *(om en syk)* take to one's bed; *(om korn)* be lodged; 2*(spre seg som et lag)* settle *(fx* the soot settled all over the room); 3*(stilne av)* subside *(fx* the gale subsided); drop *(fx* the wind dropped); *(om sinne)* simmer down *(fx* his anger began to simmer down); *legg seg! (til hund)* down! *gå hjem og legg deg!* go on! get along with you! go and jump in the lake! *jeg går hjem og -r meg* I'm going home to bed; ~ *seg så lang man er* lie down full length;
~ **seg etter** go in for; apply oneself to *(fx* the study of philosophy); ~ **seg foran,** ~ *seg i spissen (i vedeløp)* take the lead; ~ **seg imellom** *(megle)* intervene; *(blande seg i)* interfere, interpose; ~ **seg inn** *på et sykehus* go to *(el.* in) a hospital; ~ *seg inn på en (o: utnytte en)* impose (up)on sby; *han har lagt seg opp penger* he has a little nest egg; he has put sth by for a rainy day; ~ **seg opp** i interfere *(el.* meddle) in; ~ **seg over** *mar (krenge)* heel (over); list; ~ **seg** *noe på sinne* bear sth in mind; make a mental note of sth; ~ **seg til** *briller* start wearing glasses; *han har lagt seg til hytte på fjellet* he has acquired *(el.* bought *el.* got himself) a cabin in the mountains; ~ *seg til skjegg* grow a beard; *han har lagt seg til en mengde unoter* he's got into a lot of bad habits; ~ *seg til vaner* form habits; ~ *seg til å dø* lie down and die; ~ *seg til å sove* **1.** settle down to sleep; compose oneself for sleep; 2*(falle i søvn)* go to sleep; ~ **seg ut** fill out, put on weight; run to fat; ~ *seg ut med en* quarrel *(el.* fall out) with sby; get into trouble with sby; **T** get in wrong with sby; *(se kant: komme på* ~ *med);* ~ **seg ved** *(om mat i kjele)* catch (in the pan).
leggebrodd *(hos insekter)* ovipositor. **-høne** laying hen. **-tid** laying season; **T** *(på tide å legge seg)* bedtime. **-vann** *(for hår)* setting lotion.
leggmuskulatur lower-leg muscles, calf muscles.
legio legion, multitude.
legion legion. **legionær** legionary.
legitim legitimate, lawful.
legitimasjon legitimation. **-skort** identity card; **US** identification card.

legitimere *(vb)* legitimate; ~ *seg* establish *(el. prove)* one's identity; *kan De* ~ *Dem?* can you produce papers to prove your identity?

I. lei *(subst)* **1.**: *på lang* ~ far and wide, from far off; **2***(seiløp)* channel, course, fairway; *den indre* ~ the inshore channel.

II. lei *adj (ubehagelig)* awkward; *(vanskelig)* awkward, hard; *(slem)* wicked; *(bedrøvet)* sorry; *jeg er* ~ *for at ...* I am sorry that ...; *lut* ~ *det* sick and tired of it; fed up to the teeth with it; ~ *og kei av hele greia* T cheesed off, browned off; *hun ble aldri* ~ *av dem* she never tired of them; *bli* ~ *av det* get tired of it; *jeg har sett meg* ~ *på ham* he has got on my nerves; T he gets under my skin; S he gets my goat; *det var leit* that's too bad; *være* ~ *mot* be nasty to; *være* ~ *seg* feel sorry.

leide safe conduct. **-brev** letter of safe conduct.

leider *(mar)* ladder.

I. leie *(subst)* **1.** couch; **2***(geol)* layer, stratum; *(elve-)* bed; **3***(mus)* range *(fx* of a voice).

II. leie *(subst)* hire; *(hus-)* rent; *til* ~ to let; US for rent; *betale i* ~ pay in rent; *-n, kr. 500 pr. mnd., betales forskuddsvis for et kvartal om gangen* the rent, kr. 500 per month, is to be paid quarterly, in advance; *mot en* ~ *av* at a rent of.

III. leie *(vb)* hire; *(hus, jord)* rent; *huset er ikke mitt, jeg -r det* the house is not mine, I have rented it; ~ *bort* hire out; let, rent; *jeg -r hos dem* I have (taken) a room (,rooms) in their house; I lodge with them; ~ *seg inn hos* take a room (,rooms) with, get lodgings with; ~ *ut en bil* hire out a car, let a car out on hire; *-t arbeidshjelp* hired labour (,US: labor).

IV. leie *(vb)* lead (by the hand).

leieavgift rent. **-bibliotek** lending library, circulating library. **-boer** lodger; tenant. **-forhold**: *oppsigelse av -et mellom X og Y* annulment of tenancy agreement between X and Y. **-gård** block of flats; US apartment house.

leiekontrakt tenancy agreement; *(for fast eiendom)* lease; *(for løsøre)* hire contract; *forlenge -en* prolong the period of tenancy, extend the tenancy.

leier 1. hirer; **2***(leieboer)* lodger; tenant.

leiesoldat mercenary.

leiesvenn hireling.

leietid (period of) tenancy; *(bygsel)* lease; *den i kontrakten fastsatte* ~ the p. of t. fixed in the contract; *-ens utløp* the expiration of the tenancy; *-ens varighet er ett år fra leierens overtagelse av leiligheten* the p. of (the) t. is one year from the tenant's occupation of the flat (,house).

leietjener hired waiter; *(ved hotell)* hotel porter. **-tropper** *(pl)* mercenaries.

eik, leike: *se lek, leke.*

eilending tenant farmer.

I. leilighet *(beleilig tid el. øyeblikk)* opportunity, chance; *(anledning)* occasion; *benytte -en* take the opportunity; *gripe en* ~ seize an opportunity; ~ *gjør tyv* opportunity makes the thief; *etter fattig* ~ to the best of one's modest abilities; in a small way; *(se også anledning).*

II. leilighet *(bolig)* flat; US apartment; *(ung-kars-, også)* rooms.

eilighetsarbeid *(tilfeldig arbeid)* odd jobs; *(det enkelte arbeid)* occasional job, casual job, odd job. **-arbeider** occasional worker, casual w., odd-job man. **-dikt** occasional poem. **-kjøp** chance bargain. **-skyss:** *han fikk* ~ *til Danmark* he had *(el.* got) the chance of a lift to Denmark. **-tilbud** special offer. **-tyv** casual thief, T walk-in thief. **-tyveri** casual theft.

eilighetsvis occasionally, on occasion.

leir camp; *ha et ben i hver* ~ (try to) have a foot in both camps; *ligge i* ~ camp; *slå* ~ pitch (one's) camp.

leiravgift site charge; *(se avgift).*

leirbål camp fire; *(se bål).*

I. leire *(subst)* clay.

II. leire *(vb):* ~ *seg* camp, pitch (one's) camp.

leiret clayey.

leirfat earthenware dish. **-grunn** clayey soil. **-gulv** dirt floor, earthen floor. **-holdig** containing clay, argilliferous. **-jord** clay *(el.* clayey) soil; *(kjem)* alumina. **-klint** mud-built *(fx* a m.-b. house). **-krukke** earthen jar, earthenware pot.

leirplass camping ground, camping site; *(mil)* barrack square, b. yard.

leirskole UK outdoor pursuits centre.

leirvarer *(pl)* earthenware, pottery.

I. leite *(omtrentlig tid)* approximate time; *ved dette* ~ about this time.

II. leite *(vb):* ~ *på* tax *(fx* it taxed my strength); tell on *(fx* the strain told on him a good deal); *det -t på* T it took it out of me (,him, *etc).*

III. leite *(vb): se lete.*

leiv *(brød-)* chunk *(el.* hunk) of bread.

I. lek game, play; *det ble enden på -en* that was the end of it; *det gikk som en* ~ it was child's play; it went swimmingly; *holde opp mens -en er god* stop while the going is good.

II. lek *(adj)* lay. **-bror** lay brother. **-dommer** *(i lagrett)* juror, juryman.

I. leke *(subst)* toy, plaything.

II. leke *(vb)* play *(med* with); ~ *med en pikes følelser* play fast and loose with a girl's feelings; ~ *med ilden* play with fire; ~ *med en tanke* toy with an idea; *-nde lett* child's play; T dead easy; *(se letthet).*

lekealder: *barn i -en* children at the play stage. **-grind** playpen. **-kamerat** playfellow, playmate.

leken playful, frolicsome.

lekeplass playground.

lekestue playroom. **-søster** playfellow.

leketøy toy. **-sbutikk** toyshop.

lekfolk the laity.

lekk *(subst)* leak; *(adj)* leaky; *springe* ~ spring a leak.

lekkasje leakage.

lekke *(vb)* leak; *(om fartøy også)* make water.

lekker delicious *(fx* cake); *(raffinert)* dainty *(fx* underwear). **-bisken** delicacy, titbit; US tidbit. **-munn** gourmet; *være en* ~ have a sweet tooth.

lekmann layman.

lekmannspreken lay sermon. **-skjønn** lay opinion.

lekpredikant lay preacher.

I. lekse *(subst)* lesson; homework; T prep; *gi en en* ~ set sby a lesson, give sby homework (to do); *læreren har gitt oss mye i* ~ *i dag* the teacher has set *(el.* given) us, (,US: assigned us) a lot of homework today; *kunne -n sin* know one's lesson; *lese på -ne* prepare one's lessons; do *(el.* prepare) one's homework; T do one's preps; *den gamle -n (fig)* the same old story.

II. lekse *(vb):* ~ *opp for en* give sby a good talking-to; lecture sby.

leksefri no homework *(fx* there is no h. the first day after the holidays).

leksehøring hearing pupils their homework, examining p. on their h., asking questions on pupils' h.; *det forutsettes at det vil bli lagt mindre vekt på* ~ *og karaktergiving* it is expected that less importance will be attached to examining pupils on their homework and giving marks.

lekselesing doing one's homework (,T: preps).

leksikalsk lexical.

leksikograf lexicographer. **-on 1.** dictionary; **2.**

encyclopaedia; *han er et levende* ~ he is a storehouse of information.
leksing *(unglaks)* grilse.
leksjon *(subst)* lesson.
lekte *(subst)* lath.
lekter *(flatbunnet pram)* lighter, barge.
lekterskipper bargeman, bargee.
lektie *(rel)* lesson.
lektor 1[teacher of grammar-school streams, e.g. in a comprehensive school]; *(kan gjengis)* arts teacher; science teacher; secondary school teacher; *(jvf adjunkt)*; 2(*universitets-*) lecturer; US lecturer, instructor.
lektorat 1. teaching post at a secondary school; 2(*universitets-*) lectureship.
lektoreksamen [final degree in humanities or science entitling successful candidate to degree of cand. philol. or cand. real. and qualifying for position as *'lektor']; (svarer omtr. til)* M.A. degree; M.Sc. degree; *(jvf embetseksamen)*.
lektorlag: *Norsk* ~ *(hist; kan gjengis)* Norwegian Association of Secondary School Teachers.
lektyre reading; *(se lesestoff; reiselektyre)*.
lell *(adv)* T all the same; after all.
I. lem trapdoor; *(på lasteplan)* side; *(til å slå ned)* dropside; *bak-* tailboard, tailgate; *(til å slå ned)* downfold tailgate; *-mene kan slås ned under pålessing* the sides can be lowered for loading.
II. lem *(anat)* limb; *(se kjønnslem)*.
lemen *(zool)* lemming.
lemfeldig lenient. **-het** lenience.
lemleste *(vb)* mutilate; maim, disable, cripple. **-else** mutilation; maiming.
I. lempe: *med* ~ gently; *med list og* ~ by hook or by crook.
II. lempe *(vb)* lift; *(en last)* trim *(fx* a cargo); ~ *kull* lift coal *(fx* into the furnace); ~ *seg etter* adapt *(el.* accommodate) oneself to; ~ *på* modify; ~ *på et forbud* relax a prohibition; *(se tillempe)*.
lempelig *(adj)* gentle; *-e betingelser* easy terms.
lempelse modification; *(se tillemping)*.
lemster stiff *(fx* in the legs) *(se støl)*.
len *(hist)* fief; *(i Sverige og Finland)* county.
lende *(terreng)* ground; *i åpent* ~ in open country, in the open field(s).
I. lene *(subst)* rest; *arm-* arm rest; *rygg-* back rest.
II. lene *(vb)* lean; ~ *seg på* lean on; ~ *seg til* lean against.
lenestol armchair, easy chair.
lengde length; *(geogr)* longitude; *vestlig (,østlig)* ~ West (,East) longitude; *i -n (fig)* in the long run; *i sin fulle* ~ at full length.
lengdegrad degree of longitude. **-hopp** long jump; *(øvelse)* broad jump(ing); ~ *med tillop* running broad jump. **-løpsskøyter** *(pl)* racing skates. **-mål** measure of length. **-retning** longitudinal direction; *i værelsets* ~ parallel to the length of the room *(fx* how many strips will be needed if the carpet is laid p. to the l. of the r.?). **-snitt** longitudinal section.
lenge *(adv)* long; *det varer* ~ *før han kommer* he is long in coming; *sitt ned så* ~ sit down while waiting; *adjø så* ~ *!* so long! *han gjør det ikke* ~ he won't last long; *et stoff av denne kvalitet skal man lete* ~ *etter* a material of this quality will be hard to find; *for* ~ *siden* long ago; *jeg håper det blir* ~ *til* I hope it won't be for a long time yet; *det er* ~ *til guttene kommer igjen* it's a long time till the boys come back; *da han merket at han ikke hadde* ~ *igjen* when he felt he had not long to live; when he felt he was soon going to die; *så* ~ *du har*

vært! what a (long) time you've been! *det er ikke* ~ *til jul* Christmas will soon be here, C. is not far off *(el.* away); *12 timer er* ~ *(også)* twelve hours is a good space of time; *det var ikke* ~ *til han kunne høste pærene* the time was not far off when he would be able to gather in the pears; it wouldn't be long before he could *(etc); (se også lete)*.
lenger *(,lengre)* 1(*adj: komp. av lang)* longer; *lengre forhandlinger* prolonged *(el.* protracted) negotiations; *(om avstand, også)* extended *(fx* start an e. tour of the US); *i lengre tid* for quite a long time, for a considerable period, for some length of time; *hvis han skulle bli i lengre tid* if he should stay for any length of time; *bli lengre* become *(el.* grow) longer, lengthen; *gjøre lengre* lengthen; 2(*adv: komparativ av langt)* farther, further; ~ *borte* farther away; farther on, further on; ~ *nede* farther *(el.* lower) down *(fx* f. down the river; l. down on the page); *bussen går ikke* ~ *enn til X* the bus does not go further than *(el.* does not go beyond) X; *vi behøver ikke gå* ~ *enn til England* we need not go further than E.; 3(*adv: komparativ av lenge)* longer; *bli* ~ stay longer; *ikke* ~ no longer, not any longer; no more *(fx* he is a schoolmaster no more); *det er ikke* ~ *siden enn igår at jeg så ham* I saw him only yesterday; *det er ikke* ~ *siden enn i går at han ...* only yesterday he ...
lenges *vb (bli lenger)* become longer, lengthen.
lengsel longing, yearning.
lengselsfull longing.
lengst 1(*adj: superlativ av lang)* longest; *(av to)* longer; *jeg har vært her den -e tiden* my stay is drawing to a close; *sette det -e benet foran* put one's best foot forward; *hvem brukte* ~ *tid på det?* who took the longest time over it? 2(*adv: superlativ av langt)* farthest, furthest; ~ *borte* farthest off; ~ *nede i* at the very bottom of; 3(*adv: superlativ av lenge)* for the longest time; *den av dem som lever* ~ the (last) survivor; *for* ~ a long time ago, long ago, long since; *vi er for* ~ *ferdige* we finished long ago; ~ *mulig* as long as possible.
lengt *se lengsel.*
lengte *(vb)* long *(etter* for); ~ *etter å* long to.
I. lenke *(subst)* chain; *(til bena, fotjern)* fetter *legge i -r* put in irons, fetter; *ta -ne av* unchain.
II. lenke *(vb)* chain, fetter; *(sammenlenke)* link.
I. lens *(mar)* wind-astern course; running *(be-fore the wind);* ~ *og kryss* beating and running *jibbe på* ~ gybe on a run; *seile platt* ~ rur *(el.* sail) with the wind dead aft.
II. lens *(tom)* empty; *(mar)* free (from water) ~ *for penger* T broke; *slå* ~ *(ɔ: urinere)* T pum ship, have a leak; *øse* ~ bale out *(fx* b. out boat).
lensadel feudal nobility.
lensbesitter tenant-in-tail.
I. lense *subst (tømmer-)* timber boom.
II. lense *vb (tømme)* clear, empty, free; *(øse lens* bale out.
III. lense *vb (mar)* run before the wind; *(i storm* scud; ~ *for takkel og tau* run(*el.* scud) unde bare poles.
lensed oath of fealty. **-herre** feudal overlord.
lensmann 1. *hist (vasall)* vassal; 2(*kan gjengis* (police) sergeant; *(ved utpanting, etc)* sheriff.
lensmannsbetjent = country policeman.
lenstid feudal age. **-vesen** feudalism.
leopard *(zool)* leopard.
lepe *(vb)* dip *(fx* the dress dips); come dow on one side.
lepje *(vb)* lap; ~ *i seg* lap up *(fx* the cat la ped up the milk); *(se slurpe:* ~ *i seg)*.

leppe lip; *bite seg i -n* bite one's l.; *ikke et ord kom over hans -r* not a word passed his lips; *det skal ikke komme over mine -r* my lips are sealed; *være på alles -r* be on everybody's lips.
leppe|blomstret *(bot)* labiate. **-lyd** *(fon)* labial. **-pomade** lip salve. **-stift** lipstick.
lerke 1*(zool)* lark; 2*(lomme-)* flask; *glad som en* ~ gay as a lark; happy as a sandboy.
lerketre *(bot)* larch tree.
lerret linen cloth; *(malers)* canvas; *det hvite* ~ the silver screen; *et langt* ~ *å bleke* an endless task.
lese *(vb)* read; *han satt og -te* he sat reading, he was reading; *jeg satt nettopp og -te (også)* I was in the middle of reading; ~ *feil* make a mistake in reading; ~ *for en* read to sby; ~ *i en bok* read a book; *jeg kan* ~ *det i ansiktet ditt* I can read it in your face; ~ *opp av en bok* read from a book; ~ *til eksamen* read for one's examination; *det -es hardt nå* some hard work is going on now; ~ *ut* finish.
lesebok reader; ~ *i engelsk, engelsk* ~ English reader.
lese|briller *(pl)* reading glasses. **-ferdighet** ability to read; reading proficiency; *oppøve -en både for morsmålets og fremmedspråkenes vedkommende* train in reading proficiency in both the mother tongue and foreign languages.
lesehest bookworm; *(som studerer flittig)* T swotter.
leseil *(mar)* studding-sail, stunsail.
lesekrets circle of readers.
leselekser *(pl)* reading *(el.* learning) homework.
leselig legible; *(leseverdig)* readable, worth reading.
lese|lyst love of reading. **-måte** manner of reading. **-plan** course of study; curriculum; *(se også pensum)*. **-prøve** *(teater)* read-through.
leser reader. **-brev** letter to the editor, reader's letter. **-inne** reader.
lese|sal reading room. **-sirkel** reading circle. **-stoff** reading matter; *av* ~ *velger jeg helst faglitteratur og populærvitenskap, da særlig bøker om radio og romfart* my favourite r. m. is on technical subjects and popular science, particularly books on radio and space travel. **-stykker** *(pl)* selected passages. **-vaner** *(pl)* reading habits *(fx* the students are hampered by poor reading and study habits). **-verdig** readable, worth reading. **-værelse** reading room. **-øvelse** reading exercise.
lesiden *(mar)* the lee side.
lesjon injury, lesion.
leske *(vb)* slake, quench; ~ *kalk* slake lime.
leskedrikk refreshing drink, cooling drink; T thirst-quencher.
lesning reading.
lespe *(vb)* lisp. **lesping** lisping.
lesse *(vb)* load; ~ *av* unload, offload; ~ *ned en mann med pakker* load a man (down) with parcels; ~ *på* load; *(jvf laste).*
lesse|formann *(jernb)* supervisory foreman; *(som selv utfører manuelt arbeid)* working foreman. **-spor** loading siding.
lest *(subst)* last; *bli ved sin* ~ stick to one's last.
letargi lethargy. **-gisk** lethargic(al).
lete *vb (søke)* search, look *(etter* for); *det vil du måtte* ~ *lenge etter* you'll take a long time to find that; *det skal en* ~ *lenge etter (ɔ: det finner man knapt)* you'll have a long search for that; you'll take a long time to find that; *etter å ha lett temmelig lenge fant han det* after a considerable *(el.* long) search he found it; after searching for quite a long *(el.* for a considerable) time he found it; ~ *fram* hunt out *(el.* up); ~ *høyt og lavt* hunt high and low.

leting *(se lete)* searching; looking for; search (operations); *gjenoppta -en* resume search operations.
letne *(vb)* lighten; *(om tåke)* clear away, lift.
I. lett *adj (mots. tung)* light; *(mots. vanskelig)* easy; *(ubetydelig, svak)* slight; *(hurtig, behendig)* nimble; *(om tobakk)* mild; ~ *til bens* light-footed; *han ble* ~ *om hjertet* his heart grew light; *det ville gjøre saken -ere for oss* it would facilitate matters for us; *det er* ~ *å komme til X med fly* you can get to X quite easily by plane; *det er så* ~ *at jeg kunne gjøre det i søvne* I could do that with my eyes shut *(el.* standing on my head); *ruten (ɔ: stien) var forholdsvis* ~, *men svært bratt og sine steder* the track was relatively easy going, but very steep in some places; *(se hjerte; tråd).*
II. lett *(adv)* lightly; easily, readily; slightly; ~ *såret* slightly wounded; *blir* ~ *... is* apt to be ...; *han har* ~ *for språk* he's good at languages; languages come easily *(el.* easy) to him; *han har* ~ *for å glemme* he is apt to forget; *ta* ~ *på* handle leniently; *han skriver* ~ he is a ready writer, he has a ready pen; *for å gjøre det -ere for våre engelske kunder* for the greater convenience of our English customers.
lett|antennelig combustible, inflammable. **-bedervelig** *(om varer)* perishable. **-bevegelig** easily moved, impulsive, impressionable; *han var* ~ *av natur* he was by nature easily moved.
lette *vb (gjøre mindre tung)* lighten, ease; *(gjøre mindre vanskelig)* facilitate; *(løfte)* lift; *(sin samvittighet)* disburden *(fx* one's conscience); *(om skip)* get under way; *(om tåke)* clear away, lift; *(om tyv):* ~ *en* pick sby's pocket; ~ *anker* weigh anchor; ~ *sitt hjerte for noe)* get sth off one's chest; *(se også hjerte & lettet); været -r* it's clearing up; the weather is improving; ~ *på: se løfte:* ~ *på.*
lettelse lightening; facilitation; *(hjelp)* relief; *(trøst)* comfort; *(lindring)* alleviation; *med tydelig* ~ with obvious relief; *(se også lettet).*
letter *(innbygger i Lettland)* Latvian.
lettet *(fig)* relieved, eased; *føle seg* ~ feel relieved; *puste* ~ heave a sigh of relief; *(se også lette).*
lett|fattelig easily understood, plain. **-fengelig** inflammable. **-ferdig** loose, of easy virtue *(fx* a woman of e. v.); *omgås* ~ *med* treat frivolously, not be too careful about *(fx* the truth). **-ferdighet** frivolity, frivolousness; loose morals, moral laxity. **-flytende** of low viscosity. **-fordøyelig** easy to digest, digestible, easily digested. **-fordøyelighet** digestibility. **-fotet** light-footed.
letthet lightness; *(mots. vanskelighet)* ease, facility; *med* ~ easily, with ease; *med lekende* ~ with effortless ease.
letthåndterlig easy to handle.
lettisk Latvian.
lettkjøpt cheap *(fx* a c. witticism).
Lettland *(geogr)* Latvia.
lett|lest easily read. **-livet** frivolous, irresponsible.
lettmatros *(mar)* ordinary seaman.
lettsindig frivolous; rash, reckless; irresponsible.
lettsindighet frivolity, frivolousness; loose morals; rashness, recklessness; irresponsibility.
lettsinn thoughtlessness, irresponsibility, rashness.
lettstyrt *(om bil)* light on the steering (wheel); *den er svært* ~ the steering is quite light; the wheel can be spun with the little finger.
lett|troende credulous, gullible. **-troenhet** credulity, gullibility. **-vekt** lightweight. **-vint** handy, practical; *(om metode)* ready; *(om person)* agile, nimble.

Levant|en *(geogr)* the Levant. **-iner** Levantine.
I. leve: *utbringe et* ~ *for en* call three cheers for sby.
II. leve *(vb)* live, be alive; *lenge* ~ *kongen!* long live the King! ~ *av* live by *(fx* the work of one's pen); *(spise)* live on; ~ *av sine penger* have a private income; *ingenting å* ~ *av* no means of subsistence; *en lønn som er hverken til å* ~ *eller dø av* a starvation wage; ~ *for* live for; ~ *i sus og dus: se I. sus;* ~ *i uvitenhet om* be ignorant of; ~ *seg inn i et dikterverk* get into the spirit of a writer's work; *han er i stand til å* ~ *seg inn i barnesjelen* he can get inside the mind of a child; he can put himself in the place of the child; ~ *med i det som skjer* take an active interest in what is going on; ~ *opp igjen* revive; ~ *over evne* live beyond one's means; ~ *på* live on; ~ *på en stor fot* live in great style; ~ *på en løgn* live a lie.
levealder age, duration of life.
levebrød means of livelihood, living; *(stilling)* job; **T** bread-and-butter *(fx* so that's the way he earns his b.-and-b.).
leve|dag: *aldri i mine -er!* never in all my born days! **-dyktig** capable of living. **-dyktighet** vitality.
leveforhold living conditions; *dra ned for å sette seg inn i -ene på stedet* go there to study *(el.* to make a study of) local conditions.
levekostnad cost of living; *(se lønnsgradering).*
levekostnadsindeks cost-of-living index.
leve|lyst enjoyment of life, zest for life. **-mann** man about town, fast liver. **-måte** mode of living.
leven *(støy, moro)* noise, uproar; *holde* ~ skylark, have fun; *holde* ~ *med* tease; *(leke støyende med)* romp *(el.* frolic) about *(el.* around) with; *(se syndig).*
levende living; *(i live)* alive; *(især foran dyrenavn)* live; *de* ~ the living; *dyr som føder* ~ *unger* viviparous animal; ~ *hat* intense hatred; *han er et* ~ *leksikon* he's a storehouse of information; ~ *lys* candlelight; *ikke et* ~ *ord* not a (blessed) word; ~ *varme* open fire; ~ *ønske* strong desire.
levendegjøre *(vb)* animate; *(legemliggjøre)* embody.
leveomkostninger cost of living; *(se lønnsgradering).*
lever liver; *snakke fritt fra -en* speak *(el.* talk) straight from the shoulder, speak one's mind.
leverandør supplier, contractor; *(av matvarer)* caterer; *(i stor målestokk)* purveyor; ~ *til staten* government contractor(s).
leveranse delivery; supply; *(bestemt ved kontrakt)* contract; *vi har hatt (denne) -n i mange år* we have had this contract for many years; *overta* ~ *av* contract to supply, take the contract for, undertake the delivery of; *vi er avhengig av -r fra ...* we are dependent on supplies *(el.* deliveries) from ...
leveransedyktig able to deliver, able to supply goods as required.
levere *(vb)* hand over; give up *(fx* your ticket at the barrier); *(skaffe fram til kjøperen)* deliver, give *(el.* effect) delivery; *(om evnen til å levere, det å være leveringsdyktig)* supply *(fx* we can supply these hats in all sizes); *fritt levert London* f.o.b. London; delivered in L.; ~ *innen avtalt tid* deliver within the agreed time *(el.* within the time agreed upon); ~ *til Dem også* supply your needs also; ~ *tilbake* return; *(om rettede skoleoppgaver)* hand back; ~ *tilbake de rettede oppgavene* hand *(el.* give) the marked papers back.

leveregel rule (of conduct), maxim.
levering delivery; supply; *prompte* ~ prompt delivery; *sen* ~ delay in delivery; ~ *må finne sted den 5. januar* delivery is required on 5th January; ~ *vil skje som avtalt* delivery will be made *(el.* effected) as agreed; ~ *skjer etter nærmere ordre (varene leveres etter nærmere ordre)* goods are deliverable on call; *bestilling for* ~ *etter nærmere ordre* order for goods to be delivered on demand *(el.* call); order with provision for staggered deliveries; **US** make-and-take order.
leveringsbetingelser *(pl)* terms of delivery.
leverings|dag day of delivery. **-dato** d. date.
leveringsdyktig able to deliver, able to supply goods as required. **-het** ability to deliver (the goods), ability to supply goods as required.
leveringsforsinkelse delay in delivery, delayed d.
leverings|frist, -tid delivery date; final date *(el.* deadline) for delivery; time of delivery; *den -frist De ber om, er nokså kort, og vi håper De kan forlenge den med f.eks. to uker* the delivery time you ask for is rather short and we hope you can extend this, say by two weeks; *vi må beregne to måneders -tid* we must allow for two months' delivery date; we must allow for two months' delivery *(el.* for two months to deliver); *få varene til fastsatt -tid* receive the goods within the time stipulated for delivery; *overholde -fristen* observe the t. of d., deliver on time, deliver at the appointed time; *vi må ha lengre -tid* we must have *(el.* allow) more time for delivery, we must have longer for delivery, we require more time to deliver *(el.* effect deliveries).
lever|postei liver paste. **-pølse** liver sausage. **-tran** cod-liver oil.
leve|sett mode of living. **-standard** standard of living, living standard; *redusere -en* bring down the s. of living.
leve|tid lifetime; *lang* ~ long life, longevity. **-vaner** *(pl)* living habits. **-vei** business; career. **-vis** mode of living. **-år** years (of one's life).
levitt *(bibl)* Levite.
levkøy *(bot)* stock.
levne *(vb)* leave; *han -t ingenting til meg* he left nothing for me.
levnet life.
levnets|beskrivelse life, biography; *(som ledsager søknad)* personal history *(el.* data), curriculum vitae. **-løp** career. **-midler** *(pl)* victuals, provisions.
levning remnant; *-er (av mat)* left-overs; *jordiske -er* mortal remains; *-er fra oldtiden* ancient remains, relics of antiquity.
levre *(vb)* coagulate, clot.
levret clotted *(fx* blood).
lev vel farewell, good-bye.
I. li *(subst)* (wooded, grassy) mountain side.
II. li *vi (om tid)* wear on; *det lakker og -r* it's getting late, time is getting on; *det led utpå dagen* the day wore on.
III. li *vt & vi: se lide.*
lian *(bot)* liane, liana.
libaneser Lebanese.
libanesisk Lebanese.
Libanon *(geogr)* the Lebanon.
libelle *(på vaterpass)* bubble tube; *(på nivellerkikkert)* level tube.
liberal liberal; *de -e* the Liberals. **-isme** liberalism. **-itet** liberality; generosity.
Liberia *(geogr)* Liberia.
liberier Liberian.
liberisk Liberian.
libertiner libertine.

Libya *(geogr)* Libya.
libyer Libyan.
libysk Libyan.
liddelig T awfully.
lidderlig *se liderlig.*
lide *vb (gjennomgå)* suffer, endure; *de led meget*
they suffered a great deal; they fared badly;
pasienten led meget the patient was in great
pain; *~ et tap* suffer *(el.* sustain) a loss; *~ av*
suffer from; *man må ~ for skjønnheten* pride
must bear pain.
lidelse suffering.
lidelsesfelle fellow-sufferer; *vi er -r* we are (all)
in the same boat.
lidelseshistorie tale of one's sufferings; *Kristi ~*
the Passion.
lidenskap passion.
lidenskapelig passionate, impassioned; enthusias-
tic. **-het** passion.
lidenskapsløs dispassionate.
liderlig lewd, lecherous. **-het** lewdness, lechery.
liebhaber collector, fancier; *(jvf interessent).*
Liechtenstein *(geogr)* Liechtenstein; *(NB uttales*
'*liktən,stain).*
liechtensteiner Liechtensteiner.
liechtensteinsk Liechtenstein.
liflig delicious.
liga league.
ligge *(vb)* lie; *(om høne)* sit; *(om by, hus, etc)*
stand, lie, be situated; *~ og dra seg* laze in
bed; *~ og hvile* be lying down, be resting; *han
-r og hviler akkurat nå* he is lying down (for
a rest) just now; he is having a rest just now;
la ~ leave (fx I left the book on the table),
let lie; *som forholdene nå -r* **an** as matters now
stand; in the present state of things; under exist-
ing conditions; *på boligsektoren -r vi godt an i
forhold til kommuner det vil være naturlig å
sammenligne oss med* in the housing sector we
compare (very) favourably with local authorities
in a comparable position; *~* **bak** *(fig)* underlie
(fx the idea underlying the poem); *det -r ikke*
for *ham* it is not his strong point; *lønningene
kommer derved til å bli -nde etter i kappløpet
med prisene* this causes a time lag between the
rise in prices and wages; *~* **foran** *(sport)* lead;
makten -r **hos** *ham* the power lies with; *skylden -r
hos ham* the fault is his; it is he who is to
blame; *det lå* **i** *luften* it was in the air; *jeg for-
står ikke hva som -r i den bemerkningen* I don't
understand the implication of that remark; *jeg
vet ikke hva som -r i det ordet* I don't know
what that word implies; *deri -r at* this implies
that; the implication is that ...; *det kan ~ så
meget i et smil* a smile can convey so much; *~*
i *sengen* be in bed; *~* **inne** med hold, have
(on hand); *~* **innerst** *(ytterst) (i en seng)* lie *(el.*
sleep) on the inside (,outside); *jeg vil helst ~
helt innerst* I'd rather sleep right on the inside;
~ **lenge** *om morgenen* lie in bed till late in the
morning; lie *(el.* stay) in bed late; *~* **med** *(ha
samleie med)* sleep with, have intercourse with;
det -r **nær** *å anta* it seems probable; *~* **på** *(om
skihopper): han -r godt på* he has a good vorla-
ge; *bilen -r godt på veien* the car holds the road
well, the car has good roadholding; *~* **stille** lie
still, be quiet; *~* **syk** be ill in bed; *det -r* **til**
familien it runs in the family; *de lokale forhold
-r til rette for en slik ordning* local conditions
lend themselves to such an arrangement; *~* **til-
bake** *(være tilbakeliggende) (fig)* be in a back-
ward state; *(se underutviklet); ~* **under** *(for (en
last)* be addicted to; *(falle for)* succumb to,
yield to *(fx* a temptation); *det -r noe under* there
s sth at the bottom of this (,it); *ligg* **unna** *ham!*

S get off him! *huset -r ved elva* the house
stands by *(el.* on) the river; *(se også liggende &
søvnløs).*
liggedag *(om skip)* lay day. **-dagspenger** demur-
rage. **-høne** sitting hen, brood hen, brooder.
liggende: bli ~ stay (where one is), remain (ly-
ing); *snøen blir aldri ~* the snow never stays;
han falt og ble ~ he fell and did not rise
again; *de flaskene som ble ~ etter dem* the bot-
tles left by them; *dette silkestykket var blitt ~
igjen i kassen* this piece of silk had been left
(lying) in the case; *ha noe ~* have sth (in one's
possession); *du må ikke ha den slags bøker ~*
you must not leave that kind of book (lying)
about; *jeg har et dressstoff ~* I have a suit-
length stored *(el.* put) away; I have a s.-l. some-
where in the house; *(se også ligge).*
liggestol deck chair, folding sunbed. **-sår** bed-
sore.
ligne *(vb)* resemble, be like; look like; *(slekte
på)* take after; *(om skatter)* assess; *be om at
man blir -t hver for seg* ask for separate assess-
ment; *portrettet -r ikke* the portrait is not a good
likeness; *det -r ham!* that's just like him! that's
him all over! *det kunne ~ ham å* he is very like-
ly to; *det -r ingenting* it is too bad, it is absurd
(el. unheard of); *dette -r ingenting (ɔ: er ubruke-
lig, etc)* this is impossible.
lignelse *(parabel)* parable; *(tankeuttrykk)* met-
aphor, simile.
lignende similar, like; *noe ~* sth of the sort,
sth like that.
ligning 1 *(av skatt)* assessment; **2**(mat.) equa-
tion; *løse en ~* solve an equation.
ligningsdirektør = *-sjef.*
ligningsfunksjonær UK Inland Revenue officer;
US tax adjuster.
ligningskontor tax office; UK (local *el.* district)
office of the Inspector of Taxes; *(ofte)* tax of-
fice; *Oslo ~* Oslo Tax Office.
ligningsmyndighetene the taxation *(el.* taxing)
authorities; UK the Inland Revenue; *(ofte refere-
res det til' Inspector'* (= *district tax inspector),
dvs ligningssjefen); din arbeidsgiver sender disse
opplysninger til ~* your employer supplies this
information to the Inspector.
ligningsnemnd *(kan gjengis)* assessment board.
ligningsrevisor *(skatteinspektør)* UK tax inspec-
tor.
ligningssjef UK district tax inspector; *(jvf skatte-
direktør).*
liguster *(bot)* privet.
I. lik *(subst)* corpse, dead body; *blek som et ~*
deathly pale, (as) white as a sheet; *partiet seiler
med ~ i lasten* there's a lot of deadwood in
the party; the p. is carrying a lot of dead weight;
over mitt ~! over my dead body!
II. lik *(mar)* bolt rope, leech.
III. lik 1(adj) like; *nøyaktig ~* exactly like;
identical; *(lignende)* similar; *(om størrelser)* equal
(to); *hans innflytelse er ~ null* his influence is
nil; *det er akkurat -t mannfolk!* that's men all
over! *han er seg selv ~* that's him all over! how
like him! *nei, var det -t seg!* of course not! no
indeed! *2 + 2 = 4* 2 plus 2 are *(el.* equals) 4;
dette mønstret er svært -t det bestilte this pat-
tern is very like the one ordered; *-t og ulikt* a
bit of everything; *~ lønn for likt arbeid* equal
pay for equal work; *konkurrere under -e vilkår*
compete on equal terms; *under ellers -e forhold*
other things being equal; **2**(adv): *behandle ~*
treat in the same way; *dele -t* share alike *(el.*
equally), share and share alike; *(se II. like; IV.
like & likere).*

lik|blek white as a sheet. **-brenning** cremation. **-bærer** pall bearer. **-båre** bier.

I. like *(subst)* match; *(se likemann); De og Deres* ~ and people like you, you and your like; **T** you and the likes of you; *uten* ~ unparalleled, unique, beyond *(el.* without) compare; *det fins ikke hans* ~ he is unrivalled; there is nobody to touch him; ~ *for* ~ tit for tat; fair is fair; measure for measure; *gi* ~ *for* ~ give as good as one gets; *med en frekkhet uten* ~ with unparalleled impudence; *(se uforskammethet:* ~ *uten like).*

II. like *(subst): holde ved* ~ keep in repair, maintain; *(se vedlikehold & vedlikeholde).*

III. like *(adj)* equal; *(mat.)* even *(fx* an e. number); *stå på* ~ *fot med* be on an equal footing with; ~ *og ulike tall* even and odd numbers; *(se III. lik).*

IV. like *(adv)* straight; *(i like grad)* equally; *(nøyaktig)* just, exactly; *gikk* ~ *bort til ham* went straight up to him; *han kom* ~ *(o: helt) bort til meg* he came close up to me; ~ *etter* immediately after; ~ *for nesen på ham* under his very nose; ~ *fra (om stedet)* straight from; ~ *fullt* all the same, still, even so; nevertheless; ~ *før* immediately before; *de var* ~ *gale* they were equally mad; ~ *galt (som noensinne)* as bad as ever; ~ *gamle* of the same age; *jeg er* ~ *glad* it's all the same to me; I don't care; *en* ~ *god kvalitet* an equally good quality; just as good a q.; *se en* ~ *i ansiktet* look sby full in the face; ~ *lite* just as little; *i* ~ *høy grad* equally, in an equal degree; ~ *meget* just as much, the same quantity; ~ *meget som* as much as; ~ *ned* straight down; ~ *opp* straight up; ~ *overfor* right opposite (to), facing; *(fig)* in the presence of, in the face of, in view of; *stå* ~ *overfor hverandre* face each other; ~ *på nippen til å* ... on the very point of (-ing); ~ *siden* ever since; ~ *stor* of the same size; *to* ~ *store deler* two equal parts; ~ *til London* all the way to London; ~ *under* right under; ~ *ved* close by, near by; ~ *ved banken* just by *(el.* beside) the bank; close by *(el.* to) the b.; ~ *ved stasjonen* close to the station, near the s.; *vi er* ~ *ved stasjonen* we are quite close to the station.

V. like *(vb)* like; *ikke* ~ dislike; not like, not care for, hate; *jeg -r ikke å måtte ...* I dislike having to; *han -r seg ikke* he does not feel comfortable *(el.* happy); *jeg -r å danse* I enjoy dancing; *han likte det godt* he liked it very much; *han likte det ganske godt* he rather liked it; *han likte svaret så godt at ...* he liked the answer so much that ...; *jeg -r pærer bedre* I like pears better; I prefer pears; *det bildet -r jeg bedre og bedre* that picture grows on me; *jeg -r at folk sier sannheten* I like people to tell the truth; *det kan jeg* ~ *!* that's the spirit! *jeg -r meg her* I like it here; *jeg -r meg her i England (også)* I am enjoying myself here in England; *jeg -r meg ikke riktig i dag* I don't feel quite well today.

like|artet homogeneous. **-artethet** homogeneity.

like|bent *(mat.)* isosceles. **-berettigelse** equal right, equality of rights. **-berettiget:** *være* ~ have an equal right *(el.* e. rights). **-dan** *(adv)* in the same manner; similarly. **-dannet** uniform; *(mat.)* similar. **-dannethet** uniformity; similarity.

likefrem *adj (direkte)* direct; *(liketil)* straightforward; *(åpenhjertet)* outspoken; *(oppriktig)* candid; *(formelig)* downright, simple; *(adv)* downright; simply; *(uten omsvøp)* straight out, roundly; bluntly, flatly, point-blank, outright.

likefremhet simplicity, straightforwardness.

like fullt all the same, still, even so; nevertheless.

likeglad happy-go-lucky; *(likegyldig)* indifferent; *jeg er* ~ I don't care; it's all the same to me; *jeg er* ~ *med hva du gjør* I don't care what you do.

likegyldig indifferent; unconcerned; careless; thoughtless; of no consequence.

likegyldighet indifference, unconcern; disregard *(for* of, concerning).

likeledes *(adv)* likewise; in the same way; also, as well: *(dessuten)* moreover, in addition.

likelig *(adj)* equal, even; *(adv)* proportionally, in equal proportions, equally, evenly.

like|lydende 1. homophonic; **2.** identical; *en* ~ *postering* a corresponding entry; *bokføre* ~ book in conformity. **-løpende** parallel. **-mann** equal, match *(fx* he has met his m.).

likere *(dial* = *bedre): ikke stort* ~ not much better.

likeretter *(elekt)* rectifier. **-rør** r. valve.

likesidet equilateral.

likesinnet similarly disposed, like-minded.

likestilling equality of status.

likestilt equal; ~ *med* of the same standing *(el.* status) as; on a basis of equality with.

likestrøm *(elekt)* direct current *(fk* D.C.).

likeså *(adv)* likewise, the same; *(ved adj)* as, equally; ~ ... *som* as ... as; ~ *lite* as little; ~ *gjerne* just as well.

liketil 1. easy, simple; **2:** *se likefrem.*

likevekt equilibrium, balance; *bringe ut av* ~ throw out of balance; *gjenopprette -en (fig)* restore balance; *holde i* ~ keep in equipoise; *miste -en* lose one's balance.

likevektslære statics.

likevektspunkt point of equilibrium.

likevel still, yet, notwithstanding, nevertheless, for all that, all the same.

lik|ferd funeral. **-følge** funeral procession.

likgift ptomaine; *(se kjøttforgiftning).*

likhet likeness, resemblance, similarity; *(i rettigheter)* equality; *(overensstemmelse)* conformity; *i* ~ *med* like, in conformity with.

likhets|punkt point of resemblance. **-tegn** sign of equation; *sette* ~ *mellom* consider equal, equate *(fx* they tend to e.' good' with' European').

lik|hus mortuary. **-kiste** coffin; **T** long box. **-kjeller** *(på hospital)* mortuary. **-klær** grave clothes. **-laken** winding sheet, shroud.

likne *(vb): se ligne.*

lik|røver grave robber. **-skjorte** shroud. **-skue** in quest.

liksom *(lik)* like; *(som om)* as if; *(så å si)* as i were; *det var* ~ *jeg hørte noe* I seemed to hear sth; *(i noen grad)* somewhat, a little; **T** sort c *(fx* he sort of hinted that I was unwelcome) **US** kind of; *(se rar).*

lik|strå: *ligge på* ~ lie dead, be laid out. **-svø** shroud, winding sheet.

likså *se likeså.*

liktorn corn.

I. likvid *subst (fon)* liquid.

II. likvid *(adj)* liquid; *-e midler* liquid resources.

likvidasjon liquidation.

likvidere *(vb)* wind up, liquidate; *(drepe)* liqu date.

likvidering liquidation.

likvogn hearse.

likør liqueur; *konjakk-* liqueur brandy.

lilje *(bot)* lily. **liljekonvall** *(bot)* lily of the valley.

lilla lilac, mauve.

lille *se liten; den* ~ baby *(fx* b. is crying).

Lilleasia *(geogr)* Asia Minor.

lillefinger little finger; *hun snor ham om -en sin* she twists him round her little finger.
lillehjernen *(anat)* the cerebellum, the lesser brain.
Lilleputt Lilliput.
lilleslem *(kort)* little slam.
lillesøster *(kjælenavn)* little sister, younger sister; **T** *(ofte)* baby.
lilleviser hour hand, little *(el.* short) hand.
lim glue, adhesive.
limbånd (sticky) tape; adhesive tape.
lime *(vb)* glue.
limett(sitron) *(bot)* lime; *(se sitron).*
limfarge distemper, colour wash.
liming gluing; *gå opp i -en* come unstuck; fall to pieces.
limonade lemonade.
limpinne: *gå på -n* swallow the bait; be taken in; **T** be led up the garden (path); be sold a pup; be (properly) had, be done brown; *de fikk ham til å gå på -n (også)* they played him for a sucker.
limpotte glue pot.
lin flax.
lind *(bot)* lime; *(iscær poet)* linden.
lindeblomst *(bot)* lime blossom.
lindete lime-blossom tea.
lindre *(vb)* relieve, alleviate, ease, assuage.
lindring relief, alleviation.
line line; *(til fiske)* longline; *løpe -n ut* go the whole hog; *la ham løpe -n ut* give him enough rope (to hang himself); *på slapp ~* on the slack rope. **-dans** tightrope walking. **-danser** tightrope walker.
linerle *(zool)* wagtail.
linfarget flaxen. **-frø** flaxseed, linseed.
linjal ruler.
linje line; *(biapparat)* extension; *(i skole)* side; *elever på alle -r* pupils on *(el.* of) all courses; *(se engelsk-; real-); (jernb)* line, track; *(buss-)* line; *kan jeg få en ~ (ut)?* *(tlf)* can I have a(n outside) line, please? *på ~ med (fig)* on a level with; *stille på ~ med (fig)* place on the same footing as; *treat on a par with; over hele -n* all along the line, all round; (all (the way) through, the whole way; *(uten unntak, som gjelder alle)* across the board; *de hadde hell med seg over hele -n* they were successful all the way *(el.*from start to finish); they were successful all along the line; they had uninterrupted success; *opptrukket ~ (på vei)* solid line; unbroken line; *prikket ~* dotted line; *rene -r (i en sak)* a clear-cut issue; *vi må ha rene -r (også)* we cannot have any compromises; *stiplet ~* dot-and-dash line; *(på veien)* broken line; *når disse -r skrives* at the time of writing; **US** at this time of writing; *still opp på to -r! (mil)* form two deep! *trekke en ~* draw a line; *etter de -r som ble trukket opp* along the lines mapped out; *(se også midtlinje; trekke).*
linjearbeider *(jernb)* lineman.
linjeavstand (line) spacing; *skrevet med enkel (,dobbel) ~* typed in single-spacing (,double-spacing). **-brudd** disconnection; *(tlf, etc)* line break; *det var ~ (tlf)* the wires were down. **-båt** liner.
linjedeling *(i skole)* division into sides *(fx* the junior forms at grammar school are not divided into sides; this only takes place in the senior school).
linjedommer *(fotb)* linesman. **-ettersyn** *(jernb)* permanent way inspection, line *(el.* track) inspection. **-fag** special (course) subject. **-fart** *(mar)* regular trade, liner trade. **-kapasitet** *(jernb)* density of a line, traffic turnover on a line. **-nett**

rail network, (rail) system; *Norges Statsbaners ~* the Norwegian State Railway system.
linjere *(vb)* line, rule.
linjeskip *(mil)* ship of the line.
linklede linen cloth.
linn *(adj)* soft, mild, gentle.
linne *se linnvær.*
linnea *(bot)* twinflower.
linnet linen. **-skap** linen cupboard.
linning *(på bukse, skjørt)* waistband, band; (skjorte-) neckband.
linnsaltet slightly salted. **-vær** thaw; mild weather.
linoleum linoleum; **T** lino.
linolje linseed oil.
linse 1*(slags belgfrukt)* lentil; 2*(glass-)* lens; *(se forsatslinse; telelinse);* 3[small round cake of sweet short pastry with custard filling]; *(kan gjengis)* custard tart.
lintøy linen.
I. lire *(italiensk mynt)* lira.
II. lire *(vb): ~ av seg* reel off *(fx* sth one has learnt by heart).
lirekasse barrel organ, street organ; *spille på ~* grind an organ.
lirekassemann organ grinder.
lirke *(vb)* wriggle, worm; *~ med* cajole, coax; *~ seg inn i* worm one's way into; *~ nøkkelen inn i låsen* coax the key into the lock; *~ seg ut av* wriggle out of.
lirype willow grouse (,**US:** ptarmigan).
Lisboa *(geogr)* Lisbon.
lisens licence; **US** license; *import-* import l.; *forlenge en ~* extend a l.; *søke ~* apply for a l.
lisensavgift licence fee; *(av patent)* royalty; *(se avgift).*
lisse lace, string; *(se krok- & sko-).*
I. list *(lurhet)* cunning, stratagem, ruse; *bruke ~* employ a stratagem *(el.* a ruse); *med ~ og lempe* cautiously; *(på den ene eller annen måte)* by hook or by crook.
II. list *(av tre)* list; *(profil-)* moulding; *(ramme-)* picture-frame moulding; *(gulv-)* skirting (board); *(på høydestativ)* bar.
I. liste list; *sette seg på en ~* put one's name down *(for å få noe* for sth); *stå på ~* have one's name down *(for å få noe* for, *fx* he has his name down for a council house); *stå først på -n* head the list, be at the top of the list.
II. liste *(vb)* move gently, walk softly *(el.* stealthily), steal; *~ seg bort (el.* steal) away; *~ seg bakpå en* sneak up behind sby.
listebærer [person who hands out ballot papers for a political party outside polling station]. **-forbund** electoral pact *(fx* the two parties have entered into an e. p. *(el.* agreement)). **-fører** polling clerk; **US** poll clerk.
listig cunning, sly, wily.
listighet cunning, slyness.
I. lit trust, confidence; *feste ~ til* credit *(fx* there is no reason to c. this rumour); place confidence in; *sette sin ~ til* pin one's faith on, put one's trust in; *sette sin ~ til Gud* put one's trust in God.
II. lit: *i siste -en* at the last moment, at the eleventh hour; in the nick of time; *vente til siste -en* put it off till the last moment.
lit-de-parade: *ligge på ~* lie in state.
litani litany.
Litauen *(geogr)* Lithuania.
litauer, -isk Lithuanian.
lite *(vb): ~ på (stole på)* trust, depend on, rely on; *(se stole: ~ på).*
lite(n) little, small; *lite eller ingenting* little or nothing, next to nothing; *liten glede* small joy;

en liten forskjell a slight difference; de har lite kapital they have little capital; en penny for lite a penny short; det skal lite til for å ... it would take very little to ...; det er litt lite it's a bit (too) little; it's rather little; likeså lite som (om graden) no more than; (se litt).

litenhet littleness, smallness.

liter litre (= 1.76 pints); US liter; (svarer i praksis til) quart (= 1.136 l; US: 0.946 l).

lito‖graf lithographer. **-grafere** (vb) lithograph. **-grafi** lithography. **-grafisk** lithographic(al).

litt a little; some; ~ bedre a little better, slightly better; ~ billigere slightly (el. a little) cheaper; ~ for kort rather (el. a little too) short; ~ etter ~ little by little, gradually, by degrees; om ~ shortly, presently; det var ~ om handlingen i stykket so much for the plot of the play; ~ til 1. a little more; T a (little) bit more; 2(om tid) a little (while) longer; T a little bit longer; for a bit longer; han bestemte seg for å gå ~ til he decided to walk on for a bit longer; (ɔ: et stykke til) he decided to walk a little further.

littera (i poststempel) code letter.

litterat literary man, man of letters.

litteratur literature. **-anmelder** literary critic; ~ i a l. c. of (el. on el. attached to). **-historie** literary history. **-historiker** literary historian. **-historisk** of the history of literature; (kan ofte gjengis) historical, critical.

litterær literary.

liturgi liturgy. **-sk** liturgic.

liv life; -et life; (på klesplagg) waist; (kjoleliv) bodice; (midje) waist; (virksomhet) activity; (livlighet) gaiety, spirit, animation, go, stir; ~ og røre hustle and bustle (fx of city, harbour, etc), goings-on (fx at a party); det praktiske ~ practical life; -et i en storby life in a city, city life, the activity of a large town; det pulserende ~ i en storby the throbbing life of a city; -et utendørs outdoor activities; så lenge det er ~ er det håp while there's life, there's hope; det var ikke noe ~ der T there was nothing doing there; i -e alive (fx keep sby a., be a.); i levende -e in his (,etc) lifetime; bringe ~ i put (el. infuse) life into, give life to; bringe litt ~ i leiren (fig) stir things up a bit; liven the place (,the company) up a bit; komme inn på -et av et problem come to grips with a problem; greie å komme en inn på -et (ɔ: få kontakt med) contrive to make contact with sby; med ~ og sjel (with) heart and soul; wholeheartedly; ... og arbeidet gikk med ~ og lyst ... and the work went with a swing; han svever mellom ~ og død his life hangs by a thread; kamp på ~ og død a mortal combat; ta -et av put to death; ta -et av seg take one's own life; commit suicide, do away with oneself; du tar -et av meg (spøkef) you will be the death of me; ta en om -et put one's arm round sby's waist; sette en plan ut i -et realize (el. execute) a plan, carry a plan into effect (el. into execution); holde seg en fra -et keep sby at arm's length; kalle til -e call into existence; komme til -e igjen come to life again, revive; sette til -s put away (fx an enormous amount of food); (takk,) det står til ~! (spøkef) I'll survive! I'm surviving; ville en til -s T have one's knife into sby; have it in for sby.

livaktig lifelike, vivid.

livaktighet lifelikeness, vividness. **-belte** life belt.

livberge (vb): ~ seg keep body and soul together, manage to keep alive.

livbøye life buoy. **-bånd** sash. **-båt** lifeboat.

live (vb): ~ opp cheer (up); T perk up.

I. livegen (hist) serf, bondsman, thrall, villein.

II. livegen adj (hist) in serfdom, in bondage; (stavnsbundet) adscript.

livegenskap serfdom, bondage, villeinage; (stavnsbånd) adscription.

livende: ~ redd in mortal fear, scared to death.

livfull animated, lively. **-garde** life guard. **-gardist** life guardsman. **-givende** life-giving, fertilizing (fx the l.-g. (el. f.) power of the rain). **-gjord** girdle.

livkjole dresscoat, tails.

livlege personal physician.

livlig lively, vivacious, animated, spirited; (også merk) brisk; (travel) brisk, busy; (beferdet) busy.

livlighet liveliness, vivacity, animation.

livløs lifeless, inanimate. **-het** lifelessness.

livmor (anat) womb, uterus; nedfallen ~ prolapse (el. prolapsus) of the womb.

livmor‖hals (anat) cervix (el. neck) of the womb. **-innlegg** se spiral 2. **-munn** (anat) mouth (el. orifice) of the uterus, os uteri.

livmorutskrapning (med) uterine curettage; man foretok ~ på henne she was curetted.

livne (vb): ~ opp revive; cheer up.

livnære (vb) keep alive; ~ seg subsist.

livré livery.

livredd T scared stiff, in a funk.

livredder (på badestrand) life saver; lifeguard.

livredning life saving.

livrem belt; spenne inn -men (også fig) tighten one's belt.

livrente annuity.

livrett favourite (,US: favorite) dish.

livsalig blessed, blissful.

livsanskuelse view of life, attitude towards life. **-arving** heir (of the body), issue; -er (pl) issue. **-betingelse** vital necessity, sine qua non. **-drøm:** ens ~ the dream of one's life. **-eliksir** elixir of life. **-erfaring** experience (in life). **-fange** life prisoner; T lifer. **-fare** mortal danger; utsette en for ~ put sby's life at risk; han var i ~ his life was in danger. **-farlig** perilous; highly (el. mortally) dangerous. **-fjern** remote. **-form 1.** form of life; 2(livsstil) lifestyle. **-fornødenhet** necessity of life.

livsforsikring life insurance, (life) assurance.

livsforsikrings‖agent life assurance agent. **-selskap** l. a. company.

livs‖førsel life, conduct of life. **-glad** light-hearted, happy, cheerful. **-glede** joy of life, (oftest) joie de vivre. **-grunnlag** basis of existence. **-historie** history of one's life. **-holdning** attitude towards life. **-kilde** source of life. **-kraft** vitality. **-kraftig** vigorous. **-lede** depression, ennui. **-ledsager, -ledsagerinne** life partner. **-lyst** joy of life, happiness.

livsmot courage to live; courage to go on living; (lyst humør) buoyancy; få nytt ~ find a new strength to live; miste -et lose all interest in life; hennes ~ var ikke knekket her spirit remained unbroken.

livsmønster lifestyle (fx the American lifestyle).

livsoppgave business (el. mission) in life.

livsopphold subsistence.

livsstil way of life; afrikanernes ~ og tenkesett er i støpeskjeen the Africans' way of life and thinking are in the melting pot.

livs‖stilling position in life; walk of life; profession; career. **-tegn** sign of life. **-tid** lifetime; på ~ for life. **-tre** tree of life. **-trett** weary of life, world-weary. **-tretthet:** se -lede. **-tråd** thread of life.

livstykke (på kjole) bodice.

livsvarig for life; ~ fengsel imprisonment for life; US life imprisonment.

livsverk lifework.

livsytring manifestation of life.
livtak wrestling; *ta* ~ wrestle.
livvakt bodyguard.
livvidde waist measurement.
ljom echo. **ljome** *(vb)* resound, ring, echo.
ljore *(ljorehull)* smoke vent.
ljå scythe; *mannen med -en* the old man with the scythe, Old Man Time, The Grim Reaper.
I. lo *(på tøy)* nap; *(grov)* shag; *(på gulvteppe, etc)* pile; *-en var slitt av* the pile was worn off; *sjalet hadde slik deilig* ~ the shawl was so beautifully fluffy; *(se også loe & loet).*
II. lo *(utresket korn)* unthreshed grain.
lobbe *vt (fotb):* ~ *ballen* chip the ball.
loco *(merk)* on the spot, spot.
I. lodd *(skjebne)* lot, fate, destiny; *falle i ens* ~ fall to the lot of sby, fall to sby's lot; *det falt i min* ~ *å ... (også)* it was my fate to; *en tung* ~ a hard lot *(el. fate).*
II. lodd *(del)* share, portion; *(i lotteri)* lottery ticket; *kjøpe et* ~ buy a (lottery) ticket; *det store* ~ the big prize; *ta* ~ *på noe (ved utlodning)* buy a raffle ticket for sth; *trekke* ~ *om* draw lots for; *(ofte =)* toss (up) for; *vinne det store* ~ win the big money *(el. prize); når jeg vinner det store* ~ *(spøkef)* when I come into the money; *when my ship comes home; han har vunnet det store* ~ his ship has come home; *uttrukne -er* drawn lottery tickets.
III. lodd *(vekt-)* weight; *(loddemetall)* solder; *(mar)* lead; *metall- i snor* plumb bob; *bruke -et (mar)* sound, use the lead; *-et er kastet* the die is cast; *hive -et (mar)* heave the lead; *i* ~ *(loddrett)* plumb; *ute av* ~ out of plumb.
I. lodde *(fisk)* capelin.
II. lodde vb **1***(måle havdybde)* sound; take soundings; **2***(fig)* fathom, plumb; *(en vegg)* plumb; **3***(bløtlodde metall)* solder; *(hardlodde)* hard solder, braze; *det er vanskelig å* ~ *dybden i det han sier* it is difficult to get to the bottom of what he says; ~ *dybden i noe (fig)* sound the depths of sth.
III. lodde *(vb):* ~ *ut* raffle; **US** raffle off; ~ *ut en dukke* raffle a doll.
loddelampe soldering lamp.
lodden shaggy; *(håret)* hairy; *(bot)* downy; **-het** shagginess; hairiness.
lodding **1***(peiling)* sounding; **2***(bløtlodding av metall)* soldering; *(hardlodding)* hard soldering; brazing; *(se kapillarlodding; sveiselodding).*
loddkast cast of the lead.
loddline *(mar)* leadline. **-linje** plumb line.
loddrett perpendicular, vertical.
loddretthet perpendicularity, verticalness.
loddseddel lottery ticket; *(ved utlodning)* raffle ticket.
loddskudd *(mar)* cast of the lead; *(dybdemåling)* sounding.
loddtrekning drawing lots; *(sport; ved å kaste krone og mynt)* toss-up *(fx* they won the toss-up), *(på basar)* raffle; *valgt ved* ~ *før kampen* chosen by drawing lots before the game; *som takk for hjelpen blir De med i en* ~ *om ...* as a token of our gratitude for your help we are including you in a raffle for ...
loe *(vb)* **1.** give off fluff, leave a fluff; **2.** pick up fluff *(fx* this coat is awful for picking up fluff)*; ~ av: se loe 1.*
loet *(om tøy)* nappy, with a nap; *(om vevet stoff)* with a pile; *(med lang 'pile')* shaggy; *(som har fått lo på seg)* fluffy; *(se loe).*
loff *(subst):* en ~ a loaf of white bread, a white loaf; *spiral-* (white) barrel loaf.
loffe *(vb)* **1***(mar)* luff; **2***(drive omkring)* **T** bum, loaf around.

loft loft; attic.
loftsbod storeroom, storage room, box room, lumber room. **-etasje** attic storey. **-luke** trapdoor (in a loft). **-rydding** turning out the attic, clearing up in the attic.
logaritme logarithm. **-tabell** table of logarithms.
logg *(mar)* log. **loggbok** *(mar)* logbook, (ship's) log.
logge *(mar)* heave the log.
loggline *(mar)* log line. **-rull** log reel.
logiker logician.
logikk logic; *en brist i hans* ~ a fault in his logic.
logisk logical; *en* ~ *brist i argumentasjonen* a lack of logic in the argument, faulty logic in the a.
logjerrig *(mar; seilsp):* være ~ have a weather helm. **-het** weather helm.
logn se lun.
logoped speech therapist.
logopedi logopedics, speech therapy.
logre *(vb)* wag one's tail; ~ *for en (fig)* fawn on sby.
lojal loyal. **-itet** loyalty.
lok *(fagl)* = lokomotiv.
lokal local; *de -e forhold* local conditions; *(se leveforhold).*
lokaladministrasjon local government administration. **-bedøve** *(vb)* apply a local anaesthetic (to); *bli -t gitt (el.* be given) a l. anaesthetic; ~ *en tann* freeze a tooth.
lokale(r) premises *(fx* business (,office, shop) premises)*; (forsamlings-)* assembly room *(el.* hall); *(i England ofte)* village hall.
lokalisere *(vb)* localize. **-tet** locality.
lokalkjennskap knowledge of local conditions *(el.* things), local knowledge. **-kjent** acquainted with the locality. **-patriot** local patriot. **-patriotisk** localistic, of local patriotism. **-patriotisme** local patriotism, regionalism, localism; *(neds)* parochialism. **-strekning** se lokaltog.
lokaltog local train, suburban train; *det skal settes inn flere tog på lokalstrekningen X – Y* more local trains are to be run on the X – Y service; (se tog 1).
lokaltrafikk local traffic.
I. lokk *(på gryte, eske, etc)* cover, lid.
II. lokk *(hår-)* lock; curl, ringlet.
III. lokk *(ku-)* call, cattle call.
I. lokke *(vb):* ~ *seg (om hår)* curl.
II. lokke *(vb)* allure, lure, entice, tempt, seduce; *(om fugl)* call; ~ *fram* elicit; ~ *noe fra en* coax sby out of sth; *jeg fikk -t ut av ham at* I wormed out of him that.
III. lokke vb *(bore hull)* punch.
lokkedue, -fugl decoy, stool pigeon.
lokkemat bait.
lokket curly.
lokomotiv locomotive, (railway) engine. **-formann** *(jernb)* running foreman. **-fører** *(jernb)* engine driver; **US** (locomotive) engineer; *(på elekt tog)* motorman. **-inspektør** *(jernb)* district running and maintenance engineer. **-mester** *(jernb)* shed master. **-personale** *(jernb)* footplate staff. **-stall** engine shed; *(ringstall)* roundhouse; *(med reparasjonsmuligheter)* motive power depot. **-stallbetjent** engine cleaner; *(vognvisitør)* carriage and wagon examiner; **US** car inspector. **-stallformann** shed chargeman.
lom *(zool) (små-)* red-throated diver; **US** loon; *(stor-)* black-throated d.; **US** arctic loon; *(is-)* great northern diver; **US** common loon.
lombard Lombard. **Lombardia** *(geogr)* Lombardy.
lomme pocket; *putte i -a* pocket; *ha penger i -a* be flush.

lommebok wallet, note case; US billfold, wallet. **-format** pocket size. **-kalkulator** pocket calculator. **-kniv** pocket knife.
lommelykt (electric) torch; *(iscær US)* flashlight.
lommeordbok pocket dictionary. **-penger** *(pl)* pocket money, spending money; *gode* ~ adequate *(el.* plenty of) p. m.; a good spending allowance. **-rusk** pocket fluff. **-tyv** pickpocket. **-tyveri** pocket-picking; *begå* ~ pick pockets; pick a pocket. **-tørkle** handkerchief. **-ur** (pocket) watch.
lomvi *(zool)* common guillemot.
I. loppe *(zool)* flea; *ha -r i blodet* have ants in one's pants.
II. loppe *(vb):* ~ *seg* rid oneself of fleas; US deflea oneself; ~ *ham (for alt hva han har) (fig)* fleece him.
loppebitt fleabite. **-jakt** flea hunting. **-kasse** T bed, fleabag. **-marked** jumble sale *(el.* market). **-stikk** fleabite. **-torg** flea market, jumble market.
lorgnett pincenez; *(stang-)* lorgnette.
lort turd; *(smuss)* dirt, filth.
I. los *(jaktuttr.)* baying.
II. los pilot; *(se losoldermann).* **-avgift** pilotage; *(se avgift).* **-båt** pilot boat.
lose *(vb)* pilot.
losfisk pilot fish. **-flagg** pilot flag.
losje *(i teater)* box; *(frimurer-)* lodge. **-plass** box seat. **-rad:** *første* ~ dress circle; *annen* ~ upper circle.
losjere *(vb)* lodge. **-nde** lodger.
losji lodging, lodgings.
losjihus *(også US)* rooming house.
loslitt threadbare.
losoldermann pilot master.
loss *(mar)* loose; *kaste* ~ cast off.
losse *(vb)* discharge, unload; *-t kvantum* outturn.
lossebom cargo boom; derrick. **-dager** *(pl)* discharging days.
lossegjeng unloading team.
losseplass place of discharge; *(brygge)* discharging berth. **-pram** lighter. **-rampe** *(jernb)* unloading platform. **-rulle** *(autorisert varefortegnelse)* list of goods.
lossing discharging, unloading.
losstasjon pilot station. **-takst** rates of pilotage. **-tjeneste** pilotage (service), pilot service.
lostvang compulsory pilotage.
losvesen pilotage; pilotage authorities.
Lothringen *(geogr)* Lorraine.
lott portion, share.
lotte *(mil)* WRAC *(fk f.* Women's Royal Army Corps); *(flyv)* ACW *(fk f.* aircraftwoman).
lotteri lottery. **-gevinst** lottery prize. **-seddel** lottery ticket. **-spill** gamble, lottery.
lottfisker share fisherman.
I. lov *(tillatelse)* permission; *be om* ~ *til å* ask permission *(el.* leave) to; *få* ~ *til å* be allowed to, be permitted to; get permission to; *gi ham* ~ *til å gjøre det* permit *(el.* allow) him to do it; *give him permission to do it; får jeg* ~? may I? do you mind? *dog skal jeg få* ~ *til å si a* ... however, I beg to say that ...
II. lov *(ros)* praise, commendation; *Gud skje* ~*!* thank God!
III. lov *(jur)* law; *(en enkelt)* statute, Act (of Parliament); *-ens arm* the arm of the law; ~ *og rett* (law and) justice *(fx* there is no j. in this country!); *håndheve* ~ *og rett* maintain *(el.* preserve) law and order; *etter -en* according to law; *etter -ens ånd og ikke etter dens bokstav* according to the spirit and not the letter of the law; *likhet* **for** *-en* equality before the law; *alle skal være like for -en* everybody is supposed

to be equal before the law; **ifølge** *-en* according to the law; *ifølge norsk* ~ under Norwegian law; *han har vært i konflikt* **med** *-en før* he has been in trouble before; **mot** *-en* against the law, contrary to the law; illegal; **uten** ~ *og dom* without trial; **ved** ~ by Statute; *forpliktet ved* ~ required by law *(fx* the local authorities are r. by l. to appoint a finance committee); *anvende -en galt* apply the law wrongly; misapply the Act; *bli* ~ become law; *forvrenge -en* twist the law; *gi -er* make *(el.* enact) laws; *kjenne -en* know the law; *oppfylle -ens krav* comply with legal requirements; *oppheve en* ~ repeal an Act; *vedta en* ~ pass an Act; *(se også konflikt & rett).*
lovart *se luvart.*
lovbestemmelse legal *(el.* statutory) provision. **-bestemt** fixed by law, statutory, legal *(fx* rights, holidays); *(se lovfeste).* **-bok** Statute Book; code of laws. **-brudd** violation of the law. **-bud** statute, enactment.
I. love: *på tro og* ~ on one's honour (,US: honor).
II. love *vb (prise)* praise.
III. love *vb (gi et løfte)* promise; ~ *bestemt* promise definitely; ~ *godt* promise well *(fx* it promises w. for the future); ~ *seg mye av* expect great things of *(el.* from); *å* ~ *er ærlig, å holde besværlig* saying and doing are two different things; *(se også forsverge; sinn).*
lovende promising; *(ikke om person)* auspicious; *lite* ~ unpromising; *situasjonen er ikke videre* ~ the situation is not very hopeful *(el.* promising).
lovendring amendment of an Act.
lovere *(mar)* beat, tack.
lovfast legal, regular. **-feste** *(vb)* legalize, establish by law; *-t fridag* legal holiday; *-de bestemmelser* statutory provisions; *-de regler* statutory rules.
lovformelig legal.
lovforslag bill.
lovgivende legislative; ~ *forsamling* legislative assembly; ~ *makt* l. power. **-giver** legislator. **-givning** legislation. **-givningsmakt** legislative power; *(riksdag, etc)* legislature.
lovgyldighet validity (in law). **-hjemlet** authorized *(el.* warranted) by law. **-hjemmel** legal authority.
lovkyndig legally trained; ~ *bistand* legal aid.
lovkyndighet knowledge of the law.
I. lovlig *(temmelig)* rather, a bit.
II. lovlig lawful, legal; ~ *betalingsmiddel* legal tender; *han har* ~ *forfall* he has legitimate reason for being absent. **-het** lawfulness, legality.
lovlydig law-abiding. **-lydighet** law-abidingness. **-løs** lawless. **-løshet** lawlessness. **-messig** according to the law, legal. **-messighet 1.** lawfulness; legality; **2.** inherent orderliness.
lovord *(subst)* word(s) of praise.
lovott *(subst)* mitten.
lovovertredelse offence. **-treder** offender.
lovprise *(vb)* praise, laud, speak in praise of *(f* sby).
lovprisning praising; praise.
lovsamling body of laws, code.
lovsang song of praise, hymn, paean.
lovskraft legal force, legal validity.
lovstridig illegal, against the law, contrary to th law. **-stridighet** illegality.
lovsynge *(vb)* praise, sing the praises of. **-tale** eulogy, panegyric, encomium; *(se lovprisning).*
lovtidende UK Law Reports. **-trekker** pettifogger. **-trekkeri** pettifogging, chicanery. **-utkast** draft bill.

lubben plump; tubby *(fx* he's a t. little man); chubby.

Ludvik Lewis, Louis.

I. lue *subst (flamme)* blaze, flame; *slå ut i lys* ~ burst into flames; *huset står i lys* ~ the house is in flames; the h. is ablaze.

II. lue *subst (hodeplagg)* cap.

III. lue *(vb)* blaze, flame; ~ *opp* spring into flame.

luffe *(zool)* flipper.

luft air; *i fri* ~ in the open air; *trekke frisk* ~ get some fresh air; *gi sin harme* ~ give vent to one's indignation; *gå i -en (ɔ: eksplodere)* blow up; *T* go up; *ha litt* ~ *i ringene* put some air in the tyres; *et slag i -en (fig)* a waste of effort *(fx* that would be a w. of e.), an abortive *(el.* ineffectual) attempt, an ineffectual gesture; *sprenge i -en* blow (up); *det ligger i -en* it is in the air; *grepet ut av -en* utterly unfounded; *leve av* ~ live on air; *være* ~ *for* be nothing to; not mean a thing to *(fx* she doesn't mean a thing to me).

luftavkjølt air-cooled.

luft|ballong *(leketøy)* balloon. **-blære 1***(zool)* bladder; **2***(i væske, etc)* (air) bubble; *(i maling, også)* blister. **-boble:** *se -blære 2.* **-bro** air lift. **-børse** air gun.

lufte *(vt)* air; ~ *bremsene (fx på bil)* bleed the brakes; *her må -s* the room needs an airing; *han er ute og -r hunden* he has taken the dog out; ~ *sine synspunkter* air one's views; ~ *seg* get some air; get a breath of fresh air; ~ *ut* ventilate *(fx* a room).

lufte|inspektør *(ved eksamen)* invigilator. **-tur** walk, airing. **-vindu** *(trekantet, i bil)* quarterlight.

luftfart aviation, flying; *(flytrafikk)* air-borne traffic, air t.; air services.

luftfartsdirektoratet [the Directorate of Civil Aviation]; **UK** the Civil Aviation Authority.

luft|filter air cleaner.

luft|flåte air fleet. **-forandring** change of air *(fx* he went to X for a c. of a.). **-fornyelse** ventilation. **-forsvar** *(mil)* air defence *(fx* the air defence of Britain); *Sjefen for L-et* = Marshal of the RAF; *US* Chief of Staff US Air Force; *L-ets stabsskole* = RAF Staff College. **-forurensning** air pollution. **-fotografering** air *(el.* aerial) photography. **-frakt** air freight. **-fraktgods:** *som* ~ by air freight. **-fyr** air navigation light.

luft|hamn, -havn airport.

lufthull airhole, vent(hole); *(flyv)* air pocket.

luftig airy; ~ *påkledd* scantily dressed.

luftighet airiness.

lufting airing.

luft|kamp air combat; *(mellom to, også* **T***)* dog fight. **-kanal** air duct; *(i orgel)* wind trunk. **luft|kastell** castle in the air. **-kjølt** air-cooled. **-korridor** *(flyv)* lane.

luftkrig air war.

luft|lag stratum of air. **-landeavdelinger** *(mil)* airborne troops. **-ledning** *(jernb)* overhead conductor, aerial conductor. **-linje** air line, air route; *i* ~ as the crow flies. **-madrass** air mattress, air bed. **-motstand** air resistance; *(flyv)* air drag.

luftning puff of air.

luft|post air mail. **-pute** air cushion. **-putefartøy** hovercraft. **-reise** journey by air, air journey *(el.* travel). **-rute** airline; *(jvf -linje).* **-rør** air pipe; ventiduct; *(i halsen)* windpipe, trachea.

luftskip air ship.

luft|slott castle in the air. **-speiling** mirage. **-staben** the Air Staff. **-strøm** air current. **-tett** airtight. **-tetthet** airtightness; *(luftens tetthet)* air density. **-tom:** *-t rom* vacuum. **-tomhet** vacuity.

lufttrafikk air traffic, airborne traffic.

lufttrykk (atmospheric) pressure; air pressure; *(etter eksplosjon)* blast; *-et i bilringene* the tyre pressures *(fx* test *(el.* check) the t. pressures).

lufttrykkmåler pressure gauge.

luftvei 1. airway; air lane; air(line) route; **2***(anat)* respiratory passage; air passage; airway; **3.:** *-en (ɔ: i luftlinje) er det 50 km til X* we're 50 kilometers from X as the crow flies.

luftventil air valve; *(i bilring)* valve.

luftvern air defence; anti-aircraft defence(s). **-artilleri** anti-aircraft artillery, A.A. artillery.

lugar *(mar)* cabin. **-dame** stewardess; *(jvf oldfrue);* **-passasjer** cabin passenger. **-pike** stewardess, cabin maid.

lugg forelock, tuft of hair.

lugge *(vb)* pull by the hair.

lugger *(mar)* lugger. **-seil** lug-sail.

Lukas Luke.

I. luke *(subst)* trapdoor; *(mar)* hatch; *(åpningen)* hatchway; *luft i luka* **T** activity, life; *(jvf liv: bringe litt* ~ *i leiren).*

II. luke *(vb)* weed.

lukekarm *(mar)* coaming.

lukesjakt *(i damanlegg)* gate shaft.

lukke *(vb)* shut (up), close; ~ *(igjen) døra* shut the door; ~ *døra forsiktig (igjen)* ease the door shut; ~ *døra for en* shut the door on sby; ~ *øynene for (fig)* refuse to see; ~ *en inn* let sby in; ~ *opp (åpne)* open; *(når det ringer)* answer the door *(el.* the bell); ~ *en ut* let sby out; ~ *en ute* shut sby out; exclude; ~ *seg* shut, close; ~ *seg inne (ɔ: isolere seg)* isolate oneself; *for -de dører* behind closed doors; *(jur)* in camera.

lukkemuskel *(anat)* sphincter *(fx* the anal s.); *(muslings)* adductor muscle.

lukker *(fot)* shutter.

luknings|tid closing time. **-vedtekter** *(pl)* (early) closing regulations.

lukrativ lucrative.

luksuriøs luxurious.

luksus luxury; *all tenkelig* ~ **T** every mortal luxury; *det er* ~ it is a l. **-artikler** articles of luxury, luxuries. **-kvinne** [pampered woman living in luxury]; *(ofte)* lady of leisure. **-tilværelse:** *en* ~ a plush way of life.

I. lukt smell; odour (,**US:** odor); *(bare om sansen)* smelling; *(duft, også)* scent; *brent* ~ burnt smell.

II. lukt *(adv = like)* straight.

lukte *(vb)* smell; ~ *godt* smell good; ~ *lunta* **T** smell a rat; ~ *av* smell of; *det -r litt av kjøttet* the meat smells a little; ~ *på noe* smell sth *(fx* s. a flower); *(prøvende)* smell at *(fx* the dog smelt at the bone).

luktesans sense of smell; *(se skarp).*

lukt|fri, -løs odourless; **US** odorless.

lukullisk Lucullan, sumptuous.

lulle *(vb)* lull (to sleep).

lummer sultry, close.

lummerhet sultriness.

lumpe [thinly rolled-out potato cake].

lumpen mean *(fx* that was m. of him); shabby *(fx* a s. trick; he treated me rather shabbily).

lumpenhet meanness, shabbiness.

lumsk *(adj)* cunning, sly, deceitful; *(også om sykdom)* insidious.

lumskhet cunning, deceitfulness.

lun sheltered, warm, snug, cosy (,**US:** cozy); *(om person)* quiet, pleasant, good-natured; *den -e, pålitelige ovnsvarme* the warmth and dependability of a stove.

lund grove.

I. lune *(subst)* humour (,**US:** humor), mood,

spirits; *(innfall)* whim, caprice; *være i godt (,dårlig)* ~ be in good (,bad) humour; *ved et skjebnens* ~ through a freak of chance; *reddet ved et skjebnens* ~ saved by a strange twist of fate.
II. lune *(vb)* shelter; warm.
lunefull, lunet capricious, whimsical.
lunge *(anat)* lung; *av sine -ers fulle kraft* at the top of one's voice.
lunge|betennelse pneumonia. **-kreft** lung cancer. **-mos** hashed lung, chitterlings.
lunhet warmth, genial heat.
I. lunk *(svak varme): det skulle vært hyggelig med en liten* ~ *i ovnen nå* a spot of heat in the stove would be nice now.
II. lunk *(langsomt trav)* jog trot.
I. lunke *(vb)* take the chill off, warm up; ~ *på* warm up.
II. lunke *(vb):* ~ *av sted* jog along.
lunken lukewarm, tepid. **-het** lukewarmness, tepidity.
I. lunne *(subst)* pile of logs; *(på industritomt)* pile of pulpwood.
II. lunne *vb (i skogen)* skid, pile; *(på industritomt)* yard.
lunsj lunch, luncheon.
lunte fuse, (slow-)match; *han har kort (,lang)* ~ **T** he is quick (,slow) on *(el.* in) the uptake; *lukte -a* **T** smell a rat.
II. lunte *vb (gå langsomt)* jog along.
luntetrav jog trot.
lupe magnifying glass.
lupin *(bot)* lupine.
I. lur: *ligge på* ~ lie in wait *(etter* for).
II. lur *(kort søvn)* snooze, forty winks; nap, cat-nap.
III. lur *(blåseinstrument)* lure.
IV. lur *(adj)* cunning, sly; knowing *(fx* he's a k. one); *det var jammen -t, må jeg si* that's clever, I must say; *han blunket -t* he winked knowingly.
I. lure *vb (blunde)* doze.
II. lure *vb* **1**(*bedra*) fool, dupe; play (sby) a trick; **T** con *(fx* she was conned); ~ *noe fra en* swindle sth out of sby; swindle sby out of sth, trick sby out of sth; *(se snyte);* ~ *en (ɔ: lage spillopper med en)* **T** lead sby up the garden path; pull a fast one on sby; **S** sell sby a pup; *han er lett å* ~ he is easily taken in; *hun lurte ham ordentlig* he was properly taken in by her; *der ble jeg ordentlig lurt* I was badly caught there; ~ *på en spy* on sby, watch sby secretly; *han -r på noe* he is up to some trick; *han lurte seg ned i en kurv* he slipped into a hamper; *en sjelden gang lurte de seg til en weekend sammen* on rare occasions they snatched a weekend together; **2**(*spekulere*) wonder; *jeg -r på om* I wonder if.
lurendreier clever Dick, sly fox; **T** a knowing one.
lurendreieri tricks, trickery.
lureri trickery; *han trodde det måtte være noe* ~ *(ɔ: et trick) med det* he thought there must be some trick in it.
lurifas, luring clever Dick, sly fox; **T** knowing one; *han er en* ~ *(også)* he's (very) clever; he's a sly one; he's cunning; *en liten* ~ **T** a young know-all.
lurv shock (of hair).
lurveleven hubbub, hullabaloo, uproar.
lurvet shabby. **-het** shabbiness.
lus *(zool)* louse *(pl:* lice); *hode-* (head) louse.
luse|kjører **T** crawler, middle-of-the-road driver. **-kofte** Norwegian sweater.
luset lousy.
lushatt *(bot)* aconite.

lusing box on the ear.
luske *(vb)* slink, sneak; ~ *av sted* slink away, sneak off.
I. lut *(subst)* lye; *gå for* ~ *og kaldt vann* be neglected, be left to take care of oneself; *det skal skarp* ~ *til skurvete hoder* desperate diseases need desperate remedies.
II. lut *(krumbøyd)* bent, stooping.
lut doven **T** bone-lazy.
I. lute *vb (legge i lut)* soak in lye.
II. lute *vb (bøye seg)* stoop, bend, lean (forward); *han -t seg over mot henne* he leant over towards her.
lutefisk [dried codfish prepared in a potash lye].
lutende stooping.
lutfattig penniless, desperately poor.
lutheraner Lutheran. **luthersk** Lutheran.
lutre *(vb)* purify. **lutring** purification.
lutt *(mus)* lute.
lutter pure, sheer; *jeg er* ~ *øre* I'm all ears.
luv: *ta -en fra en (også mar)* take the wind out of sby's sails; *denne bilen tok -en fra alle de andre på utstillingen* this car stole the show.
luvart *(mar): til* ~ to windward; *gå til* ~ *av et skip* get to windward of a ship; *holde seg til* ~ *av* keep to windward of.
Luxembourg Luxembourg.
luxemburger Luxembourger.
luxemburgsk *(adj)* Luxembourg *(fx* a Luxembourg bank).
ly shelter, cover; *være i* ~ be sheltered; *søke* ~ seek *(el.* take) shelter; *i* ~ *av* under shelter of.
lyd sound; *han ga ikke en* ~ *fra seg* he did not utter a sound; *slå til* ~ *for (fig)* advocate.
lyd|bølge sound wave. **-bånd** recording tape. **-båndopptak** tape recording; *(se opptak).* **-båndopptaker** tape recorder.
lyddemper silencer, exhaust box; **US** muffler.
I. lyde *(vb)* sound; *avsnittet skal* ~ *som følger* the paragraph is to read as follows; *slik lød ordene* these were the words; he spoke to this effect; *brevet -r slik* the letter reads as follows; *det -r ennå for ørene mine* it is still ringing in my ears; *passet -r på hans navn* the passport is made out in his name; *sjekken lød på 5 pund* the cheque was for 5 pounds; *obligasjonen -r på ihendehaveren* the bond is payable to the bearer.
II. lyde *vb (adlyde)* obey; ~ *et navn* answer to a name *(fx* a. to the n. of Jeff).
lydelig *(adj)* audible, loud; *(adv)* audibly, loudly, aloud.
lydfilm sound film.
lyd|forhold acoustics. **-hermende:** ~ *ord* onomatopoeia, onomatopoetic *(el.* onomatopoeic) word. **-hør** sensitive *(overfor* to); *(aktpågivende)* attentive, heedful *(overfor* to).
lydig obedient *(mot* to).
lydighet obedience.
lydisolasjon sound insulation.
lydlengde quantity, length of a sound.
lydlig phonetic.
lydlikhet phonetic similarity.
lydlære acoustics *(pl);* phonology; phonetics *(pl).*
lydløs *(uten lyd)* soundless; *(om maskin)* noiseless, silent.
lydløshet silence; soundlessness.
lydmur sound barrier.
lydpotte silencer, exhaust box; **US** muffler.
lydrike dependency.
lydskrift phonetic script *(el.* notation *el.* spelling); *(omskrevet tekst)* phonetic transcription.
lydstyrke sound intensity, loudness; *(i radio,*

etc) volume; *regulere -n* govern *(el.* vary) the volume.

lyge *(vb): se lyve.*

lykke 1*(-følelse)* happiness; 2*(hell, medgang)* (good) fortune, (good) luck, success; 3*(gode)* blessing, godsend, piece *(el.* stroke) of (good) luck; 4*(personifisert)* fortune, Dame Fortune; *bedre ~ neste gang!* better luck next time! *en Guds ~* a godsend; *hell og ~!* good luck; *en -ns pamfilius* T a lucky dog; *enhver er sin egen -s smed* everybody is the architect of his own fortune; *det er en stor ~ at ...* it is very fortunate that ...; *bringe ~* (1) bring happiness; (2) bring luck; be lucky *(fx* four-leaved clovers are lucky); *forsøke -n* try one's luck; *gjøre ~ (om person)* be successful, achieve success; *(om ting)* be a success, score a s., be successful, make a hit, be a hit; *ha -n med seg* be fortunate *(el.* successful *el.* lucky), succeed, prosper; *~ på reisen* a pleasant journey! *på ~ og fromme* at random; in a haphazard way; *~ til!* good luck! *(iron)* I wish you joy of it! *til ~ med dagen!* many happy returns of the day! *til ~ med dagen og fremtiden!* best wishes for the day and the future! *jeg ønsker Dem til ~ med utfallet* I congratulate you on the result; *(jvf forstand; hell).*

lykke|hjul lottery wheel, wheel of fortune. **-jeger** fortune hunter.

lykkelig happy; *~ over* happy about. **-vis** fortunately, luckily, happily.

lykkeridder adventurer, soldier of fortune.

lykkes *(vb)* succeed; prove a success; *det lyktes ham å* he succeeded in (-ing); *forsøket lyktes for ham* he succeeded in the attempt; *noe som i høy grad har ~* and this has been highly successful.

lykke|skilling lucky penny, lucky coin. **-stjerne** lucky star. **-treff** stroke of good luck.

lykksalig happy, blissful. **-het** bliss.

lykkønske *(vb)* congratulate *(med* on). **-ning** congratulation; *(se ovf under lykke: til ~ med dagen).*

lykt lantern; *(bil-)* lamp, light; *(til gatebelysning)* street lamp; *lete med lys og -e* hunt high and low *(etter* for).

lykteglass *(for bil)* lamp lens *(el.* glass) *(fx* headlamp lenses); *innfatning for front-* bezel.

lykte|stolpe lamp post. **-tenner** lamp lighter.

lymfe *(anat)* lymph. **-kjertel** *(anat)* lymph gland. **-vev** *(anat)* lymphatic *(el.* lymphoid) tissue; *(se vev* 2).

lyn lightning; flash of lightning, lightning flash *(fx* a fearful l. f. tore the darkness); *(fig)* flash; *som (et) ~ fra klar himmel* like a bolt from the blue; *som et olja ~* T like greased lightning; *-et slo ned i huset* the house was struck by lightning.

lynavleder lightning conductor *(el.* rod).

lyne *(vb)* lighten, flash; *i -nde fart* with lightning speed; *-nde sint* furious.

lyng heather. **lyngbevokst** heathery.

lynglimt flash of lightning.

lyngmo heath, heathery moor.

lynild lightning.

lynne disposition, temperament; *det engelske ~* the English character.

lynnedslag (stroke of) lightning; *det ble meldt om fire ~* the lightning was reported to have struck four times.

lynsje *(vb)* lynch.

lynsjjustis lynch law, instant justice.

lynsnar quick as lightning.

lyr *(fisk)* pollack.

lyre *(mus)* lyre.

lyriker lyric poet. **lyrikk** lyrical poetry.

lyrisk lyric(al); *~ dikt* lyric, lyrical poem.

I. lys 1*(mots. mørke)* light; *(skjærende)* glare *(fx* the g. of the tropical sun); 2*(lyskilde)* light *(fx* electric l.); 3*(stearin-)* candle; 4*(belysning)* lighting *(fx* electric l.), illumination *(fx* the only i. was a candle); 5*(fig)* light *(fx* throw l. on a problem); 6*(begavet person)* luminary; shining light; *han er ikke noe ~* he's not on the bright side; he won't set the Thames on fire; *US* he's no shining light; *bart ~* naked light; *brutt ~ (fys)* refracted light; *elektrisk ~* electric light(ing) *(fx* cabin with e. l.); *hytte med elektrisk ~, koking og oppvarming* cabin with electricity laid on for lighting, cooking and heating; *(det elektriske) -et er borte* the electric light has failed *(el.* gone out); *(se også strøm); fullt ~ (på bil)* full (driving) lights *(fx* drive with full lights (on)); the main *(el.* high) beam; *sette på fullt ~* turn up the headlights; light up; switch on the lights; *skru av (,på) -et* switch off (,on) the light; *dagens ~* daylight, the light of day; *bringe for dagens ~* bring into the light of day, bring to light; *(avsløre)* expose; *levende ~* candlelight *(fx* by c.); *føre bak -et* hoodwink, dupe, impose on, take in; T lead up the garden path; *-et gikk!* the light's gone! the light's fused! *(sikringen har gått)* the fuse has blown! *(om lyspæren)* the bulb's gone! *det gikk et ~ opp for meg* a light dawned on me; *gå over gata mot rødt ~* cross against traffic lights; *kjøre mot rødt ~* drive into the red; *kjøre (over) på gult ~* cross on the amber; *kjøre uten ~* drive without (one's) lights (on); *lete med ~ og lykte etter* hunt high and low for; beat the bushes for *(fx* new talents); *det var ~ i vinduet* the window was lighted *(el.* lit up); *se saken i et annet ~* see the matter in a different light; take a different view of the matter; *stille noe i et nytt ~* throw (a) new light on sth; put another complexion on sth; *det stiller ham i pent ~* it places him in a favourable light; it speaks well for him; it puts a favourable complexion on his conduct; *det ville stille ham i et uheldig ~* it would (,might) show him up in an unfavourable light; *opplysninger som kunne stille ham i et uheldig ~ (også)* information that might reflect adversely on him; *stå i -et for seg selv* stand in one's own light; *(se blinke & I. møte).*

II. lys *(adj)* 1. light, bright; 2*(lysende, skinnende)* bright, shining, luminous; 3*(om farge)* light, pale *(fx* a p. blue); *(om hår)* fair, blond(e); 4*(fig)* bright *(fx* b. hopes, a b. future); 5*(fon)* clear *(fx* vowels); *en ~ idé* a bright idea; *-ere forhold* brighter conditions; *et -t øyeblikk* a lucid interval; *se -t på tingene* take a cheerful view of things; *det begynner å bli -t* it's beginning to get light; *det var ikke -t ennå* it was not yet light.

III. lys *(adv): ~ levende* as large as life; *~ våken* wide awake.

lysalv elf of light, friendly elf.

lysanlegg lighting system.

lys|bilde slide. **-bildeapparat** projector. **-bryter** electric light switch; T switch. **-brytning** refraction. **-buesveising** electric-arc welding. **-bølge** light wave. **-bøye** *(mar)* light buoy.

lyse *(vb)* light, shine; *banne så det -r* swear like a trooper; *US* swear a blue streak; *lampen -r godt* the lamp gives (a) good light; *~ opp* illuminate, brighten, light up; *~ til ekteskap* publish the banns (of marriage); *~ velsignelsen* give the benediction; *gleden lyste ut av øynene på ham* his eyes beamed with joy; *iveren lyste ut av øynene på henne* her eyes shone *(el.* kindled) with

excitement; ~ *en ut (,nedover trappene)* light sby out (,downstairs); *(se I. møte)*.
lysende luminous, shining, bright; *(fig)* brilliant.
lyseblå light blue.
lysekrone chandelier.
lysekte *(adj)* sun-resisting, fast to light.
lysestake candlestick. **-stump** candle-end.
lysevne illuminating power.
lysgass illuminating gas. **-glimt** gleam (of light).
lyshorn light hooter, headlamp flasher.
lyshåret fair-haired, blond(e).
I. lysing *se lysning*.
II. lysing *(fisk)* hake.
lyskasse window well.
lyskaster searchlight; *(på bil): -e (pl)* headlights; *dobbelte -e* dual headlights.
lyske *subst (anat)* groin; inguen.
lyskjegle beam of light.
lyskopi dyeline print; *(med blått trykk)* blueprint; *(se fotokopi)*.
lyslett blond(e), fair.
lyslokket blond(e), fair-haired.
lysmast electric pylon.
lysmester *(jernb)* outdoor machinery assistant.
lysmåler (electric) light meter; *(fot)* exposure meter, photometer.
lysne *(vb)* brighten, become brighter; grow light-(er); *(dages)* dawn; *det -r (om været)* it's clearing up.
lysnett (electricity) mains, light circuit; *kople en ringeklokke til -et* run a bell off the light circuit; connect a bell to the mains.
lysning 1. light; *(svak)* glimmer; *(i skog)* clearing, glade; *(åpning)* aperture, opening; internal diameter; **2**(*bedring)* improvement, brightening (up); **3**(*til ekteskap)* (publication of the) banns; *bestille ~ (til ekteskap)* ask the banns, give notice of the banns.
lysningsblad public advertiser, advertisement journal; *Norsk ~ (kan gjengis)* the Norwegian Gazette.
lyspunkt bright spot. **-pære** (light) bulb. **-reklame** illuminated advertising; *(skilt)* electric sign, neon sign; *(på tak)* sky sign. **-side** luminous side *(fx* of the moon). **-signal** light signal. **-skjær** gleam of light. **-sky** *(fig)* shady, fishy *(fx* methods). **-stripe** streak of light. **-stråle** ray of light. **-styrke** light brilliance.
lyst *(fornøyelse)* delight, pleasure; *(tilbøyelighet)* inclination, liking; *hver sin ~* everyone to his liking; *kjødets ~* the lust of the flesh; *-en driver verket* where there's a will there's a way; nothing seems hard to a willing mind; *få ~ til å* take a fancy to (-ing), take it into one's head to; *ha ~ til å* feel like (-ing); feel inclined to, have a (great) mind to; *gi en ~ til* make sby want to *(fx* do sth); *hver sin ~* everyone to his taste; *så det er en ~ (o: energisk)* with a will; *han arbeider så det er en ~ (også)* it's a treat to see him work; *med liv og ~* with a will; ... *og arbeidet gikk med liv og ~* and the work went with a swing; *ei blott til ~* not for amusement only.
lystbetont *(psykol)* pleasurable, attractive, interesting; *det gjelder å gjøre oppgaven ~* the task has to be made p. *(el.* a.); *(jvf ulystbetont)*.
lystbåt pleasure boat *(el.* craft). **-damper** pleasure steamer.
lystelig pleasant.
lysten desirous, covetous *(på* of); *(i seksuell bet.)* lascivious, lustful.
lystenhet lasciviousness, lust.
lyster *(fiskeredskap)* fish spear.
lystfartøy pleasure craft. **-fiske** angling. **-følelse**

pleasurable sensation. **-hus** *(løvhytte)* arbour (,US: arbor), bower; US *(også)* garden pavilion.
lystig merry, jolly; *hun gjorde seg ~ over hans lettroenhet* she made fun of his credulity; *en ~ fyr* a jolly fellow.
lystighet mirth, merriment, gaiety, jollity, hilarity; *det var en god del enkel, støyende ~* there was plenty of simple, noisy jollity.
lystjakt *(fartøy)* yacht. **-kutter** yacht. **-motorbåt** private motor-boat.
lystre *(vb)* obey; *(roret)* answer (the helm); *~ ens minste vink* be at sby's beck and call.
II. lystre *(vb)* spear (fish).
lystreise pleasure trip.
lystseilas yachting. **-seiler** pleasure *(el.* private) sailing craft. **-slott** hunting lodge. **-spill** comedy. **-spillforfatter** writer of comedies. **-tur** pleasure trip.
lysverk *(elektrisitetsverk)* power station, power house; *Oslo -er* Oslo Electricity Board.
lysvirkning effect of light; light(ing) effect.
lysvåken wide awake.
lyte *(feil)* blemish, fault, defect.
lytefri faultless, flawless, without blemish.
lytt: *det er så ~ her* you hear every sound in this house; these walls let every sound through; one can hear every sound through these walls; this house is poorly soundproofed.
lytte *(vb)* listen; *~ etter* listen for; *~ til* listen to.
lyttepost *(mil)* listening post.
lytteravgift (listeners') licence; *løse ~ hvert år* buy an annual licence.
lytterkrets group of listeners *(fx* this programme caters for a clearly defined g. of l.).
lytterlisens: *se -avgift*.
lytterpost *(radio)* (radio) listeners' correspondence.
lyve *(vb)* lie, tell a lie; *~ for en* tell sby a lie; *~ på en* tell lies about sby; *~ oppad stolper og nedad vegger* lie up hill and down dale, lie like a trooper *(el.* gas meter *el.* lawyer); *~ seg fra noe* get out of sth by a lie.
lær leather. **-aktig** leathery.
lærd learned, erudite, scholarly; *(subst)* scholar; *de -e* the learned; *de -e strides* doctors disagree.
lærdom learning, erudition, scholarship; *(undervisning)* instruction.
I. lære *subst (læresetning)* doctrine, dogma; *(forkynnelse, undervisning)* teaching(s) *(fx* the t. of the church); *(advarsel)* lesson; *(håndverks-)* apprenticeship; *sette en i ~ hos* apprentice sby to.
II. lære *vb (undervise)* teach; *(lære selv)* learn, be taught; *jeg har tenkt å ~ fransk* I'm going to take up French; *~ å learn* (how) to; *du -r snart å gjøre det* you'll soon learn how to do it; you'll soon get into the way of doing it; *~ ham å ... teach* him (how) to; *~ en å kjenne* get to know sby, become acquainted with sby; *(møte, også)* meet sby; *~ ham å kjenne som* find him to be, come to know him as; *en -r så lenge en lever* we live and learn; *en -r selv ved å ~ andre* one learns by teaching; *~ seg å ... learn* to; *~ av* learn from; *~ av erfaring* learn by experience; *~ fra seg* teach; *~ opp* train; *~ utenat* memorize, learn by heart, commit to memory.
læreanstalt educational institution; *høyere ~* institution of higher education. **-bok** textbook; *en ~ i geologi* a geology textbook; *nye lærebøker i tysk* new textbooks in German. **-gutt** apprentice. **-lyst** desire to learn. **-mester** master *(of* an apprentice); teacher. **-midler** means of instruction; teaching aids.

lærenem quick to learn. **-het** quickness (of intellect).

lærepenge lesson; *få en* ~ learn a lesson; *gi en en ordentlig* ~ teach sby a sharp lesson; *la det være en* ~ *for deg* let this be a lesson to you.

lærer teacher *(fx* t. of English), master *(fx* our English m.);* schoolmaster; schoolmistress; *lærer! (elevs tilrop)* Sir! Miss! ~ *i filologiske fag* arts teacher (NB *jvf formingslærer);* ~ *i realfag* science teacher; *landets egne* -*e* (the) native teachers.

lærerdyktighet: *vitnemål for praktisk* ~ certificate of (practical) teaching competence. **-eksamen** teacher's certificate examination. **-gjerning** teaching. **-ektepar** husband *(el.* man) and wife, both teachers; *(se yrkes-).*

lærerhøyskole *(hist)* [extension college for primary school teachers]; *(svarer til)* post-graduate training college.

lærerik instructive, informative.

lærerinne woman teacher, schoolmistress.

lærerkollega fellow teacher; teacher *(el.* teaching) colleague.

lærerkollegium teaching staff. **-lag:** *Norsk Lærerlag (svarer til)* the National Union of Teachers. **-post** teaching post **-råd** *(skoleråd)* staff meeting.

lærerskole *(hist; nå: pedagogisk høyskole)* college of education; *US* teachers college; *lektor ved* ~ college of education lecturer; *US* teachers college professor. **-kandidat** Bachelor of Education, B.Ed.

lærerstand teaching profession. **-stilling** teaching post. **-utdannelse** teacher training. **-vikar** supply teacher. **-værelse** (teachers') common room, staff room. **-yrket** teaching, the teaching profession; *tvangsdirigere til* ~ conscript teachers.

læresetning doctrine, dogma.

læretid apprenticeship; *gjøre seg ferdig med -en sin* work out one's time; *han er nesten ferdig med -en* he has almost finished his time *(el.* apprenticeship).

lærevillig willing to learn. **-vogn** *(for øvelseskjøring)* learner-car, L-car; *US* driver-training car. **-år** (year of) apprenticeship.

lærhandel leather strap. **-rem** leather strap.

lærling (craft) apprentice; ~ *på billinjen* motor vehicle apprentice.

lærlingekontrakt contract of apprenticeship; *UK* indenture.

lærreim leather strap.

lø *(vb)* pile (up), stack.

lød *(farge)* hue, colour (,US: color).

lødig fine, pure. **-het** fineness, pureness; *(fig)* sterling worth, merit, value.

løe *(subst)* barn; *US* hay barn.

løft lift; *(fig)* big effort.

I. løfte *(subst)* promise; *høytidelig* ~ vow; *gi et* ~ make *(el.* give *el.* hold out) a p.; *gjøre alvor av et* ~ make good one's p., carry out one's p., act on one's p.; *holde (,bryte) et* ~ keep (,break) a promise; *ta det* ~ *av en at* make sby promise that.

II. løfte *(vb)* lift, raise; ~ *arven etter en (fig)* carry on sby's work; ~ *i flokk* join forces, join hands, pull together; ~ *på* try the weight of; ~ *på hatten til* raise one's hat to; *han -t hånden til hilsen* he raised his hand in a salute; *-t stemning* mood of exhilaration; *han var i -t stemning (o: beduggel)* he was lit up.

løftebrudd breach of promise. **-rik** promising, full of promise.

løftestang lever. **-ventil** lift valve.

løgn lie, falsehood; *det er* ~ *fra ende til annen*

it's a pack of lies; *liten* ~ fib; *uskyldig (el. hvit)* ~ white lie; *åpenbar* ~ palpable lie; *det er* ~ it's a lie; *gripe en i* ~ catch sby lying; *leve på en* ~ live a lie; *med fradrag av* ~ *og overdrivelser er det fremdeles en god historie* it's still a good story when stripped of lies and exaggeration; *after making allowances for lies and e. it's still a good story.

løgnaktig lying, mendacious; *han er bevisst* ~ he is deliberately untruthful. **-het** mendacity.

løgner, løgnerske, løgnhals liar; *gjøre en til løgner* give sby the lie.

løk *(bot)* onion; *blomster-* bulb.

I. løkke *(subst)* **1.** enclosure (in a field), paddock; **2.** vacant lot.

II. løkke *subst (renne-)* loop, noose.

lømmel lout; scamp.

I. lønn *1(arbeids-)* pay, wages *(pl); (med foranstående bestemmelse el. etterfulgt av* 'of *ofte)* wage *(fx* an hourly wage of £5); *2(gasje)* salary; *3(belønning)* reward; *som* ~ *for* (3) as a reward for; *få* ~ *som forskyldt* get one's deserts; *det var* ~ *som forskyldt (også)* it served him right; *he was asking for it; he deserved all he got; *hans* ~ *er £20 i uken* his wages are *(el.* his wage is) £20 a week; *fast* ~ a steady wage; regular pay; (2) a regular *(el.* fixed) salary; *jeg betaler ham en god* ~ I pay him a good wage *(el.* good wages); *en jobb med god, fast* ~ a job with a good steady wage; *høy* ~ high wages, a high wage, (a) high pay; (2) a high salary; ~ *etter avtale* (2) salary according to arrangement; *lik* ~ *for likt arbeid* equal pay for equal work; *utakk er verdens* ~ ingratitude is the way of the world; *få utakk til* ~ be repaid with ingratitude; *(se ligge: bli -nde etter).*

II. lønn *(bot)* maple.

III. lønn *(subst): i* ~ *(o: hemmelig)* secretly, in secret, clandestinely.

lønndom *(subst): i* ~ secretly, in secret.

lønndør secret door.

lønne *vb (betale)* pay; *(gjengjelde)* repay; *(belønne)* reward; ~ *seg* pay; *(være umaken verd)* be worth while; *det -r seg* it pays to; *få noe til å* ~ *seg* make sth pay; *forretningen har nå begynt å* ~ *seg* the shop has now become a paying concern.

lønngang secret passage.

lønning *(subst): se* I. lønn.

lønningsdag pay day. **-konvolutt** pay envelope, pay packet. **-liste** wages list, pay sheet; *US* pay roll *(el.* list). **-pose** pay-packet.

lønnkammer private closet.

lønnlig secret.

lønnsavtale wage(s) agreement.

lønnsforhold: *undervisningskompetanse og* ~ *vil bli vurdert etter de retningslinjer som gjelder for ... teaching qualifications and salary scales will be considered in accordance with the regulations regarding ...; (se undervisningskompetanse).

lønnsforhøyelse increase of wages (,salary). **-forlangende** salary required *(fx* applications, stating s. r., to be addressed to ...). **-gradering** grading of wages (,salaries); *spørsmålet om en* ~ *etter leveomkostningene* the question of grading wages and salaries in accordance with *(el.* on the basis of) the cost of living.

lønnskamp wage war, wage conflict *(el.* dispute). **-klasse** salary class, (pay) grade *(fx* she is a Grade III clerk). **-konflikt** wage dispute. **-konto** salary account; *(se konto).* **-krav** pay claim *(fx* the nurses' p. c.), wages demand(s); wage claim(s), demand for higher wages. **-mottager** wage earner *(fx* miners are wage earners, whereas teachers are salaried men). **-nedsettelse** wage (,salary) cut, reduction in *(el.* of) wages; *-r (pl)* wage (,salary) cuts, wage reductions, cuts in salaries. **-nemnd** wages board. **-nivå** wage level, level of wages; *en senkning av -et* a reduction in the wage levels.

lønnsom profitable. **-het** profitability.

lønnsomhetsmotiv profit motive.

lønnsoppgjør wages settlement.

lønnspålegg increase of wages (,salary), wage increase; **T** rise *(fx* he has promised me a rise at New Year).

lønnsregulativ scale of pay, wage (,salary) scale. **-regulering** wage adjustment, adjustment of wages. **-sats** wage rate, rate of pay.

lønnsskala 1. salary scale *(fx* he is paid within the same s. s.; s. scales vary in length from four to twelve years); **2.** scale of wages; *glidende ~* sliding scale (of wages).

lønnsslipp pay slip, salary slip. **-spørsmål** wages question. **-stopp** wage freeze; *tvungen ~* compulsory w. f. **-tariff** scale of pay, scale; *(se -trinn).* **-tillegg** increase of wages (,salaries); bonus; increment *(fx* annual increments). **-trinn** scale of pay *(fx* the lowest s. of p.), scale *(fx* he starts his career at a point in the scale which depends on age). **-utjevning** levelling of incomes *(fx* a great l. of i. has occurred since those days). **-økning:** *se -forhøyelse; planmessig.*

lønnvei secret way.

løp run, course; *(om en elv)* course; *(i børse, pistol)* barrel; *(om tiden)* course; *(mus)* run; *(vedde-)* race; *i det lange ~* in the long run; *X leder etter to ~ (skøyter)* over two distances X is leading; *i tidens ~* in the course of time; *i -et av* in, in the course of, within, during; *i -et av de nærmeste dager* (with)in the next few days; *i -et av de årene reisen varte* during the years the journey lasted; *bryte -et* drop out of the race; *fullføre -et* complete the race; *(også fig)* stay the course.

løpe *(vb)* run; *(være i kraft)* be *(el.* remain) in force; *(om brunstig dyr)* be in heat; *han kom -nde* he came running along *(el.* up), he came up at a run; *~ hornene av seg (fig)* sow one's wild oats; *la munnen ~* jabber away; *~ sin vei* run away, cut and run, make off, decamp; *hissigheten løp av med ham* his temper got the better of him; *det fikk tennene til å ~ i vann på meg* it made my mouth water; *~ inn i en havn* put into a port; *det løp kaldt nedover ryggen på meg* cold shivers ran down my back; *~ på (møte tilfeldig)* run across; *noe å ~ på* a margin; *ha noe å ~ på* have something to fall back upon; *her -r trådene sammen* here the clues converge; *~ ut i en spiss* taper into a point; *hesten løp ut* the horse bolted.

løpebane **1***(et menneskes)* career; **2***(del av idrettsbane)* running track. **-dag** *(om veksel)* day of grace. **-fot** *(zool)* cursorial foot. **-grav** trench. **-gutt** errand boy; *(i klubb, hotell)* **T** buttons; **US** bellhop. **-ild** ground fire; *bre seg som en ~* spread like wildfire. **-katt** *(jernb)* traverser carriage. **-kran** travelling crane.

løpende running; *~ konto* current account; *den ~ tilgang på sukker* the current supply of sugar, supplies of s. currently available; *det ~ år* the current year; *(se løpe).*

løpenummer serial number.

løpepass *(subst)* **T:** *få ~* be sacked, be fired, get the sack; **US** get one's walking papers; *gi en ~* sack sby, fire sby.

løper 1. runner; *(skøyte-)* skater; **2***(i sjakk)* bish-

op; **3***(bord-)* runner; *(trappe-)* (stair) carpet; stair runner; *rød ~* red carpet.

løpeskinne guide rail.

løpestreng 1. aerial cable (for transporting loads of hay, wood, *etc)*; **2***(for hund)* running line.

løpetid 1*(dyrs)* rutting season; *(hundyrs)* period of heat; **2***(merk: for veksel)* term; currency; *(for lån)* term (of a loan); *en tispe i -en* a bitch on *(el.* in) heat.

løpsdommer *(sport)* track judge; *(se overdommer).*

løpsk: *hesten løp ~* the horse bolted; *en ~ hest* a run-away horse.

lørdag Saturday. **-sfri:** *ha ~* have Saturday off.

løs loose; *(slapp)* slack; *(løsaktig)* loose; *-e eksistenser* tramps, outcasts of society, waifs and strays; *fanden er ~* there's the devil to pay; *-e hunder* dogs without a leash *(el.* lead); unleashed dogs; *-t krutt* blank cartridges; *~ mave* lax bowels; *gjøre et -t overslag* estimate roughly; *-e rykter* vague rumours (,**US:** rumors); *-t skudd* blank shot; *-t snakk* idle talk; *nå går det ~!* now for it! *gå ~ på et problem* tackle a problem; *gå like ~ på saken* come straight to the point; *komme seg ~ fra* get free from; *(noe man henger fast i)* extricate *(el.* disengage) oneself from; *rive seg ~* break away, free oneself; *(voldsomme re)* wrench oneself free; tear oneself away; *pengene sitter -t hos ham* he is free with his money; *slippe ~ (andre)* let *(el.* turn) loose; *(selv)* escape; *slå ~* knock loose; *slå ~ på* hammer away at; *slå seg ~ (fig)* let oneself go, have a fling; **S** let one's hair down; *~ og ledig (ugift)* single, unattached; *-t og fast* all sorts of things; *vi snakket om -t og fast* we talked of this, that, and the other.

løsaktig loose; *~ kvinne* loose woman, w. of easy virtue; **T** tart. **-het** (moral) looseness, loose living, (moral) laxity.

løsarbeid casual work. **-er** day labourer.

løsbryster *(pl)* **S** falsies.

løse *(vb)* loosen, unfasten; *(løse opp)* untie; *~ en knute* untie a knot; *~ billett* buy a ticket; *~ en gåte* solve a riddle; *~ en oppgave* solve *(el.* work out) a problem; *~ inn (noe pantsatt)* redeem. *~ opp (mat.)* resolve *(fx* a number into its prime factor); *~ opp parentesene (mat.)* remove the parentheses; *~ seg opp* dissolve; *~ seg opp i sine enkelte bestanddeler* disintegrate; *(se oppløse.)*

løselig *adj (overfladisk)* superficial; perfunctory; *(hastig)* cursory; *(adv)* perfunctorily; superficially, cursorily *(fx* mention it c.); *etter ~ skjønn* at a rough estimate; *se ~ igjennom* run over.

løsen *(subst)* watchword; *(passord)* countersign; *dagens ~* the order of the day; *fremtidens ~* the coming thing.

løsepenger ransom; *forlange ~ for en* put sby to ransom; *kidnapperne forlangte £50 000 i ~ for ham* the kidnappers demanded £50,000 in ransom for him.

løsgi *(vb)* release, set free. **-givelse** release. **-gjenger** tramp; *(jur)* vagrant. **-gjengeri** vagrancy.

løsgjøre *(vb)* loosen, disengage; *~ seg (fra noe man henger fast i)* extricate *(el.* disengage) oneself from.

løskjøpe *(vb)* ransom.

løslate *(vb)* release, set free; *løslatt på prøve* released on probation; *(umiddelbart etter rettssaken)* conditionally discharged.

løslatelse release; *~ på prøve* conditional release.

løsmunnet *(om person)* loose-tongued.

løsne *(vb)* loosen, relax; work loose *(fx* it has worked loose); *~ et skudd* fire a shot.

løsning loosening, slackening, relaxation; *(av*

oppgave) solution; *da slo -en ned i ham* then the s. struck him; *det er ingen lett ~ på problemet* there is no easy solution to the problem; *det er to mulige -er på forbrytelsen* there are two possible solutions of the crime.

løsrevet disconnected.

løsrive *(vb):* ~ *seg* break away; *(med et rykk)* shake oneself free from *(fx* sby's embrace), wrench oneself free from; *(se III. si:* ~ *seg løs fra).*

løsrivelse detachment, severance; *(polit)* secession, separation, severance, emancipation.

løssalg *(av avis, etc)* sale of single copies, sale to non-subscribers.

løssloppen *fig (ubehersket)* unrestrained, unbridled *(fx* passion); *(kåt)* wild, abandoned; ~ *dans* wild *(el.* riotous) dance; ~ *munterhet* uproarious hilarity.

løssloppenhet abandon, wildness; *(ubeherskethet)* lack of restraint.

løssnø loose snow; *ny* ~ fresh loose snow; *han kom ut i* ~ *og falt* he got into some loose snow and fell (,**T:** and had a spill); *(se I. snø).*

løsøre *(subst)* movables; *(jur)* chattels personal; *(se uavkortet).*

løv *(bot)* **1.** leaf *(pl:* leaves); **2.** foliage, leafage, leaves.

løvblad leaf *(pl:* leaves).

løve *(zool)* lion.

løvebrøl roar of a lion (,of lions). **-jakt** lion-hunt; *(det å)* lion-hunting. **-munn** *(bot)* snapdragon.

løveskinn lion's skin. **-tann** **1***(en løves tann)* lion's tooth; **2***(bot)* dandelion. **-unge** lion cub, young lion.

løvinne *(zool)* lioness.

løvrive lawn rake.

løvsag fretsaw; *elektrisk* ~ jigsaw; power-driven fretsaw.

løvskog deciduous wood *(el.* forest), hardwood forest.

løvsprett leafing.

løvverk foliage.

løybenk couch.

løye *(vb) (mar)* drop, moderate; ~ *av* calm, drop *(fx* the wind dropped); moderate.

løyer *pl (morskap)* fun, sport; *drive* ~ *med* make fun of, pull a fast one on.

løyerlig funny, droll; *(underlig)* queer, odd.

løyert *(glds: barnesvøp)* swaddling cloth; *(mar) (ring i kanten av et seil)* cringle.

I. løype *(oste-)* rennet.

II. løype *(ski-)* ski track, course; *ute i løypa* along the track *(el.* trail); *gå foran og brøyte* ~ go ahead and break a (,the) track.

løypemage *(drøvtyggers)* rennet bag *(el.* stomach).

løypesjef *(ski)* chief of the course. **-ski** *(pl)* touring skis. **-streng** *se løypestreng 1.*

løytnant *(mil)* **I.** lieutenant *(fk* Lieut); US first -lieutenant *(fk* 1 LT); **2***(mar)* lieutenant (RN); US lieutenant; ~ *(M)* engineer-lieutenant; **3** *(flyv)* flying officer; US first-lieutenant *(fk* 1 LT).

I. løyve *(tillatelse)* permission, permit *(på, til* to).

II. løyve *(vb)* grant; allow, permit.

låghalt lame, limping.

lån loan; *personlig* ~ personal loan; *personlige* ~ *ytes til kjøp av ...* personal loans are available for the purchase of ...; *få et* ~ obtain a loan; *få ordnet et* ~ negotiate a loan; *oppta et* ~ raise a loan *(fx* on a house); *til -s, som* ~ on loan; *få til -s* have the loan of; *han har den til -s* he has borrowed it; *leve på* ~ live by borrowing; *takk for -et!* thank you; *takk for -et av boka* thank you for lending me *(el.* for the loan of) the book.

låne *(vb)* borrow *(av* of, from); *(låne ut)* lend; US loan; *det beløp De kan* ~ *og tilbakebetalingsfristen avhenger av ...* the amount you can borrow and the period of repayment is dependent on ...; ~ *med hjem (fra bibliotek)* take out *(fx* a book); *hun er flink til å* ~, *men mindre flink til å gi igjen* she is good at borrowing, but bad at giving back; *kunne De* ~ *meg en fyrstikk?* may I trouble you for a match? *jeg er ute for å* ~ *(spøkef)* **T** I'm on a borrowing spree *(el.* expedition *el.* trip); ~ *på kort sikt* borrow in the short term.

lånebeløp *(subst):* *hele -et* the full amount of the loan.

lånebil courtesy car.

lånekapital loan capital.

lånekasse loan office; loan fund. **-kontor** pawnshop, money-lender's office. **-kort** *(biblioteks-kort)* (library) ticket. **-midler** *(pl)* borrowed capital *(el.*money). **-ord** loanword. **-rente** interest paid on a loan (,on loans); *(utlånsrente)* borrowing rate; *(pantelånsrente)* mortgage interest; *-n er 15%* the loan carries 15% interest. **-seddel** pawn ticket.

långiver lender. **-tager** borrower.

lår *(anat)* thigh; *(av slaktet dyr)* leg.

lårben *(anat)* thigh bone, femur.

lårhals *(anat)* neck of the femur.

låring *(mar)* quarter, buttock.

lårkort: ~ *skjørt* miniskirt.

lårstek round steak.

lårstykke *(av okse)* round of beef; *(av hjort)* haunch (of venison); *(av lam)* leg (of lamb); *(av kalv)* fillet of a leg (of veal); *(av fugl)* leg, drumstick. **-tunge** *(mat)* silverside.

lås lock; *(henge-)* padlock; *(på veske, armbånd, etc)* snap, catch, fastener; *sette* ~ *for* padlock; *døra falt i* ~ the door latched itself; *gå i* ~ lock; *(fig)* come off; *så sikkert som en* ~ **T** sure as fate, as sure as eggs is eggs; *under* ~ *og lukke* under lock and key.

låsbar *(adj)* lockable, lock-up *(fx* garage, shed).

låse *(vb)* lock; *(sette hengelås for)* padlock; ~ *av* lock; ~ *ned* lock up; ~ *opp* unlock.

låsemutter lock nut. **-skive** lock washer.

låsesmed locksmith.

låt 1. sound, ring; **2***(mus)* number; tune.

låte *(vb)* sound, ring; *de syntes dette låt godt* they thought this had a pleasant ring.

låve barn; US grain (,hay) barn. **-bru** barn bridge. **-dør** barn door; *han er ikke tapt bak en* ~ **T** he's up to snuff; there are no flies on him; he knows how to help himself. **-gulv** threshing floor.

låvesvale *(zool)* barn swallow.

M, m M, m; *M for Martin* M for Mary.
m *(fk.f. meter)* metre *(fk* m); **US** meter.
maddik *(zool)* maggot.
Madeira Madeira.
madjar Magyar. **-isk** Magyar.
madonna Madonna. **-bilde** picture of the Virgin Mary.
madrass mattress.
magasin 1. storehouse, warehouse; **2***(i bibliotek)* stack (room); stockroom; *i -et (også)* in the stacks; **3***(blad)* magazine; **4***(for patroner)* cartridge clip.
magasinovn storage stove; **US** base burner.
mage *(anat)* **1.** stomach; **T** tummy; tum; **S** bread basket; **2***(underliv også)* abdomen; belly; **3.** paunch; pot belly; **T** bay window; *begynnelsen til en* ~ the start of a paunch; *han har vondt i -n* he has a pain in his stomach; he has indigestion; **T** he has tummy ache; *(lett vulg)* he has bellyache; *ha hard* ~ be constipated; *få* ~ *(bli tykk)* get paunchy; **T** put on *(el.* develop) spare tyres; *han begynner å få* ~ *(også)* **T** he's getting a bay window; *kaste seg på -n for (fig)* grovel before, kowtow to; *ligge på -n* lie flat (on one's stomach); *ligge på -n for* cringe to, kowtow to, grovel before; lick sby's boots; *(beundre)* idolize; *(se også rar & sult).*
mage- gastric, stomach.
magebetennelse gastritis. **-dans** belly dance. **-katarr** gastric catarrh. **-knip** stomach ache; **T** tummy ache; *(lett vulg)* bellyache.
mage- og tarmlidelse gastrointestinal disease *(el.* disorder).
mage- og tykktarmbetennelse gastrocolitis.
mageplask **T** belly flop *(fx* take a b. f.), flatter.
mager *(mots. fet)* lean *(fx* bacon); *(om person)* thin, spare, lean; ~ *jord* thin *(el.* poor) soil; ~ *kost* scanty fare; ~ *trøst* poor consolation, cold comfort. **-het** leanness, thinness, spareness, meagreness.
magesekk *(anat)* stomach. **-sjau** *(vulg)* **T** tummy bugs. **-sår** gastric ulcer.
magi magic.
magiker magician.
magisk magic(al).
magister *(i humanistiske fag, omtr.* =*)* Master of Arts, M.A.; *(i naturvit. fag)* Master of Science, M.Sc. **-grad** = M.A. degree; M.Sc. degree.
magnat magnate; **T** tycoon.
magnesia *(avførende pulver)* magnesia.
magnesium *(min)* magnesium.
magnet magnet. **-isere** *(vb)* magnetize. **-isering** magnetization. **-isk** magnetic. **-isme** magnetism. **-nål** magnetic needle. **-ofon** tape recorder.
magnolia *(bot)* magnolia.
mahogni mahogany. **-tre** mahogany.
mai May; *i* ~ *måned* in the month of M.; *i begynnelsen av* ~ early in M., at the beginning of M., in the early days of M.; *i slutten av* ~ at the end of M.; *(se også I. først; II. først).*
maie *(vb):* ~ *seg ut* bedizen oneself, rig oneself out *(el.* up) *(med* in).
maigull *(bot)* golden saxifrage.
mais *(bot)* maize, Indian corn.
maisild *(fisk)* allis shad; *(se sild).*

maiskolbe corncob. **-mel** maize flour; **US** corn meal; *(fint)* cornflour; **US** cornstarch.
majestet majesty; *Deres M.!* Your Majesty!
majestetisk majestic.
majestetsforbrytelse lese-majesty.
majones mayonnaise.
major *(mil)* **1.** major *(fk* Maj); **US** major *(fk* MAJ); **2***(flyv)* squadron leader *(fk* SqnLdr); **US** major *(fk* MAJ).
majoritet majority; *være i* ~ be in a *(el.* the) majority.
mak ease, quiet, leisure; *i ro og* ~ leisurely, in peace and quiet, at one's ease; *gjøre innkjøp i ro og* ~ *(annonsespråk, ofte)* shop in safety and comfort.
makaber macabre; ~ *humor* sick humour (,**US:** humor).
makadamisere *(vb)* macadamize.
makaroni macaroni.
make *(subst)* match, equal; *(om ting som utgjør et par)* fellow; *(han el. hun; ektefelle)* mate; *jeg har aldri sett -n* I never saw the like of it *(el.* anything like it); well, I never! *skulle du ha hørt på -n!* the idea of it! *jeg har aldri sett hans* ~ I never saw the like of him; *uten* ~ unparalleled; without parallel.
makelig *adj (om stol, etc)* comfortable; *(om person)* indolent; ~ *anlagt* easy-going; *gjøre seg det* ~ take it easy. **-het** ease, comfort; *(om person)* indolence; *dyrke sin egen* ~ consider *(el.* study) one's own comfort.
makeløs *(adj)* matchless, unparalleled, incomparable; *(uten like, enestående)* unexampled.
makeskifte *(subst)* exchange of properties; mutual transfer of properties by deed of exchange; **US** exchange of real estate.
makkabeerne *(pl)* the Maccabees.
makker partner. **-skap** partnership.
makkotrøye vest *(fx* a men's vest, a ladies' vest). **-undertøy** cotton interlock underwear.
makkverk bad job, scamped work, mess, botch.
makrell *(fisk)* mackerel. **-fiske** mackerel fisheries. **-sky** cirro-cumulus; *himmel med -er* mackerel sky. **-større** *(fisk)* tunny; **US** *(også)* tuna.
makron *(kake)* macaroon.
maksimal maximum *(fx* speed; temperature); *være* ~ be at a maximum; *utnytte noe -t* take maximum advantage of sth.
maksimalbelastning maximum load.
maksimalpris maximum price; **US** ceiling price.
maksime maxim.
maksimum maximum; *(høyst)* at (the) most; at the very most; *på* ~ *fem minutter* in a maximum of five minutes.
maksimums- maximum.
maksis: *hoppe* ~ *(om hund el. katt)* jump through a hoop formed by a person's arm.
maksvær moderate weather.
makt *(styrke, kraft)* force, power, strength; *(herredømme)* sway; power; *dømmende* ~ judicial power; *eksemplets* ~ the force of example; *kunnskap er* ~ knowledge is power; *overnaturlige -er* supernatural forces; *av all* ~ with all one's might; *bruke* ~ use force; *ha -en* be in power; *med* ~ by force, forcibly; *det står ikke i min* ~ it is not in *(el.* is out of) my power;

ha ordet i sin ~ be eloquent; be a ready (*el.* good *el.* fluent) speaker; be articulate; **T** have the gift of the gab; *han har i høyeste grad ordet i sin* ~ he's an extremely articulate man; *komme til -en* come into power; *det står ved* ~ it is in force, it is valid; *vår avtale står fremdeles ved* ~ our arrangement (still) stands.

maktbegjær lust for power.

makte *(vb)* manage; be able to, be equal to; cope with.

maktesløs powerless, impotent; *(ugyldig)* null and void.

maktesløshet powerlessness, impotency.

maktforholdene *(pl)* the power structure; *større likevekt i* ~ a more balanced power structure.

maktfullkommenhet absolute power. **-glad** eager for power. **-haver** ruler. **-menneske** power-hungry person. **-middel** instrument of power. **-område** domain, sphere. **-overtagelse** assumption of power.

maktpåliggende important, pressing, urgent; essential, imperative.

maktspråk dictatorial language. **-stilling** position of power. **-stjele** *(vb)* render powerless; *(forhekse)* bewitch.

maktsyk greedy for power; power-seeking.

maktsyke greed (*el.* lust) for power.

maktutfoldelse display of power.

makulatur waste paper; *(-ark)* waste sheet.

makulere *(vb)* make waste *(fx* these copies should be made waste); throw away; mark for destruction; obliterate *(fx* postage stamps).

I. male *(vb)* paint; ~ *med olje* paint in oils; ~ *med vannfarger* paint in water-colour; ~ *etter naturen* paint from nature; *la seg* ~ have one's portrait painted; *han -r på et landskapsbilde* he is painting a landscape; ~ *det helt svart (fig)* paint a desperate picture; paint a totally black picture.

II. male *vb (på kvern)* grind, mill *(fx* corn); *(pulverisere)* crush, pulverize; *(om vann)* churn; *(om katt)* purr.

malemåte manner (of painting), touch *(fx* that's his t.).

malende *(adj)* graphic, vivid, expressive; *en* ~ *skildring* a graphic account *(av* of).

maler painter, artist; *(håndverker)* (house) painter. **-arbeid** painting. **-farge** artists' paint.

maleri painting, picture. **-handler** picture dealer, art dealer. **-kjenner** judge of pictures.

malerinne (woman) painter, (woman) artist.

maleriramme picture frame. **-samling** collection of paintings; picture gallery.

malerisk picturesque.

maleriutstilling picture exhibition (*el.* show), e. of paintings; *(løsere)* art exhibition.

malerkasse paint box. **-kost** paint brush. **-kunst** (art of) painting. **-mester** master painter. **-pensel** paint brush. **-pøs** paint pot; paint tin. **-rull** paint roller. **-skole** art school; *(kunstretning)* school of painters. **-skrin** paint box. **-stokk** maulstick. **-svenn** journeyman painter. **-varer** *(pl)* paints and colours (,US colors).

I. maling painting; *(farge)* paint.

II. maling *(på kvern)* grinding; milling.

malingfjerner paint stripper *(el.* remover).

malingsboks paint tin, paint pot.

malje *(til hekte)* eye; *hekte og* ~ hook and eye.

malm *1(min)* ore; *2(al)* heartwood, duramen.

malmart species of ore. **-full** *(klangfull)* sonorous. **-holdig** metalliferous, ore-bearing. **-klang** metallic ring, clang. **-leie** ore deposit, ore-bed. **-rik** abounding in ore. **-røst** sonorous (*el.* ringing) voice. **-tung** deep, solemn. **-åre** lode (of ore); vein (*el.* streak *el.* lead) of ore.

malplassert ill-timed, ill-placed, untimely.

malstrøm whirlpool, maelstrom.

malt malt.

Malta *(geog)* Malta.

malte *(vb)* malt.

maltekstrakt malt extract.

malteser Maltese.

maltgrøpp grist; cleaned and cracked malt grains.

maltraktere *(vb)* maltreat, ill-treat; *(med kniv: rispe)* slash.

malurt *(bot)* wormwood. **-beger** cup of bitterness.

malva *bot (kattost)* mallow.

mamma mummy; mum, mam(m)a. **-dalt** mummy's (*el.* mother's) boy (,girl).

mammon mammon.

mammondyrkelse mammon worship. **-dyrker** m. worshipper.

mammut mammoth.

mammutklasse over-large class; enormous class.

I. man *subst (zool)* mane.

II. man *(ubest pron)* 1*(den tiltalte medregnet)* you; 2*(den talende medregnet, den tiltalte ikke)* one; we; **T** a fellow, a girl; 3*(om folk i alminnelighet)* one; *(mindre stivt)* they, people; 4*(ofte brukes passiv konstruksjon:)* ~ *sier at* it is said that; ~ *så at han klatret over muren* he was seen to climb over the wall; *som* ~ *ser* as will be seen; ~ *lot meg forstå at* I was given to understand that; ~ *fant at ...* it was found that ...; 5*(andre konstruksjoner):* når ~ *betenker at* considering that; ~ *kan ikke vite hva ...* there is no knowing (*el.* telling) what ...; ~ *sier* ~ *det!* really! indeed! *å dømme etter den måten han snakket på, skulle* ~ *tro jeg var en alminnelig tyv* from the way he talked anyone would have thought I was a common thief.

mandag Monday.

mandant principal.

mandarin mandarin (orange); *(oftest)* tangerine.

mandat 1*(oppdrag)* commission, task; *(komités, etc)* terms of reference; 2*(fullmakt)* authorization, authority; 3*(i Stortinget)* seat *(fx* get 50 seats); 4*(landområde, fullmakt til å styre et slikt)* mandate *(over* over, of) *(fx* the British m. of Tanganyika); *forlenge -et* (1) extend the term of office; *fornye -et* (1) renew the term of office (*el.* the appointment); *nedlegge sitt* ~ (3) resign one's seat.

mandatar *(jur & merk)* agent, authorized person, mandatory.

mandel almond; *(halskjertel)* tonsil. **-flarn** *(småkaker)* almond snaps. **-formet** almond-shaped. **-gresskar** vegetable marrow; US squash. **-masse** almond paste. **-tre** *(bot)* almond tree.

mandig manful. **-het** manfulness.

mandolin *(mus)* mandolin(e).

mane *vb (ånder)* conjure, raise ghosts; ~ *fram* conjure up; ~ *bort* exorcise, lay *(fx* a ghost); ~ *en til noe (ɔ: tilskynde)* urge (*el.* prompt) sby to do sth; *det -r til forsiktighet* it calls for caution.

maner manner; fashion; *avslepne -er* polished manners; *dårlige -er* bad manners, bad form.

manesje (circus) ring.

manet jellyfish; **brenn-** sea nettle, stinging jellyfish; *jeg brente meg på en* ~ I was stung by a nettle.

mang: ~ *en, mangt et: se mang en, mangt (ndf).*

mangan *(min)* manganese.

mange *(adj & pron)* many, a great many; a lot (of), lots (of), plenty (of); **T** heaps (of) *(fx* heaps of books; heaps of money); *(NB i bekreftende*

setninger erstattes 'many' *stadig oftere av* 'a number of', a lot of', *etc);* [*A: forb. med subst; B: spørrende & nektende setninger; C: forb. med adj, adv, prep*]
A: ~ *forbehold* a lot of reservations, a number of reservations; *hans* ~ *forbehold* his many reservations; *et løfte med* ~ *forbehold* a promise with many ifs and buts; a carefully qualified promise; **klokka** *er* ~ it's late; it's getting late; ~ **mennesker** (quite) a lot of people, a number of people; *det er* ~ **mennesker her T** there's a lot of people here; *det var* ~ *mennesker til stede* quite a few (*el.* quite a lot of) people were there (*el.* were present); there were a great many people there; a crowd of people were there; ... *med* ~ *mennesker å se overalt* with many people out and about; *(se også B: ikke mange mennesker; C: svært mange mennesker; så mange mennesker);* ~ **møbler** a great deal of furniture; a lot of furniture; *(se også B: ikke mange møbler);* ~ **omveier** a devious route; ~ *lange omveier* many long and devious routes; *det ble svært* ~ *omveier av det* the route turned out to be very long and devious; ~ **penger** plenty of money, a lot of money, lots of money; **T** heaps of money; *(se også B: ikke mange penger);* ~ **takk!** thank you very much! thank you 'so much! many thanks! *(se II. takk); det lå* ~ **ting** *på bordet* there were lots of things on the table; there were many things on the table; *jeg har* ~ *ting å gjøre i dag* I have a good many things to do today;
B: *var det* ~ *mennesker på møtet?* were there many people at the meeting? *var det* ~ *av dem?* were there many of them? **hvor** ~ *vil du ha?* **1.** how many do you want? how many would you like? **2**(*hvor mange ville du like å ha?)* how many would you like to have? *hvor* ~ *er det?* **1.** how many are there? **2**(*hvor mange er det av dem?)* how many are they? how many are there of them? *hvor* ~ *er klokka?* what's the time? what time is it? **ikke** ~ not many; not a great many, not very many; *jeg har noen, men ikke* ~ I have some but not many; *ikke* ~ *mennesker vet dette* few (*el.* not many) people know this; few people are aware of this; *ikke* ~ *møbler* not much furniture; not much in the way of furniture; not a great deal of furniture; only a few sticks of furniture; *ikke* ~ *penger* not much money, not a great deal of money, just a little money;
C: ~ *av dem (,oss)* many of them (,us); ~ *av oss gikk tidlig* many of us left early; *det er* ~ *av oss som har gjort det* a good many of us have done that; many of us have done that; ~ *av glassene var gått i stykker* many of the glasses were broken; *(se også ndf: det er for mange av dem);* ~ **flere** many more; *det er* ~ *flere av dem enn av oss* there are many more of them than of us; *vi trenger* ~ *flere* we need many more; **for** ~ **1.** to many, for many; **2**(*altfor mange)* too many; *én for* ~ one too many *(fx* I wish Peter would go soon; he's one too many here); *du ga meg to for* ~ you gave me two too many; *for* ~ *mennesker* **1.** for (,to) a number of people; **2**(*altfor mange)* too many people; *oppgavene blir lett for vanskelige for* ~ the questions may easily be too difficult for a number of people; *for* ~ *møbler* too much furniture; *det er for* ~ *av dem* there are too many of them; they are too numerous; *jeg visste hvor* ~ *han hadde* I knew how many he had; *(se B: hvor mange?);* ~ *hyggelige mennesker* a lot of nice people; many nice people; **i** ~ *hundre år* for many hundred years; for many centuries; **like** ~ as many; *like* ~ *som* as many as;

jeg har seks her og like ~ *hjemme* I have six here and as many again at home; *han presterte ti stavefeil på like* ~ *linjer* he made ten spelling mistakes in as many lines; **svært** ~ very many, a great many, quite a lot of ..., quite a few; **svært** ~ **mennesker** a great many people, very many people, quite a lot of people, quite a few people; *svært* ~ *synes å mene at ...* very many people seem to think that ...; **T** a whole lot of people seem to think that...; *svært* ~ *ting kan være vanskelige å forstå* very many things may be hard to understand; *(se også A: det ble svært mange omveier av det);* **så** ~ so many *(fx* there are so many of them!); *så* ~ *De vil* as many as you like; *det var så* ~ *mennesker i butikkene* there were such a lot of people in the shops; *trenger du (virkelig) så* ~? do you (really) need so many? *det var* **umåtelig** ~ *av dem* there was an immense number of them.
mangel want, lack; *(knapphet)* scarcity; *(feil)* defect, flaw; shortcoming; *(ulempe)* drawback; *lide* ~ suffer want; *av* ~ *på* for want of; *i* ~ *av* in default of; for lack *(el.* want) of, in the absence of; *i* ~ *av det* failing that.
mangeleddet with many joints; *(mat.)* multinomial.
mangelfull defective, faulty, imperfect; *(utilstrekkelig)* insufficient. **-het** defectiveness, faultiness, imperfection.
mangelsykdom *(med.)* deficiency disease.
mangelvare article *(el.* commodity) in short supply, scarce product; *lærere er* ~ teachers are in short supply, there is a shortage of teachers.
mangemillionær multimillionaire.
mang en, mangt many; *mang en gang* many a time, often; in many cases; *mangt et hus* many a house.
mangesidet many-sided; *(fig også)* versatile. **-sidethet** many-sidedness, versatility. **-steds** in many places. **-stemmig** of many voices; *(mus)* polyphonic. **-årig** of many years, of many years' standing, long-standing, of long standing.
mangfold *(mangfoldighet)* diversity; variety; abundance; *(stivt)* multiplicity; *et* ~ *av ideer* an abundance of ideas; *naturens* ~ the diversity of nature; *kulturell* ~ cultural diversity; *det rike (el.* store) ~ *av* the large (*el.* great) variety of; *dette redskapet har et* ~ *av bruksmåter* this tool has a (large) variety of uses.
mangfoldig 1. very many; a great many; *-e ganger* a great many times; *-e år senere* very many (*el.* many, many) years later; **2.** many -sided; of many parts; *(stivt)* manifold; *han er en* ~ *personlighet* he's a man of many parts; he's a manifold personality; *en* ~ *aktivitet* a many-sided activity.
mangfoldiggjøre *(vb)* **1.** multiply; **2**(*kopiere)* duplicate. **-lse 1.** multiplication; **2.** duplication.
mangfoldighet *se mangfold.*
I. mangle *vb (ikke ha)* want, lack, be short of; *(ikke finnes)* be wanting, be missing; *vi -r absolutt alt mulig* we are terribly short of everything; *hun sørget for at hennes gjester ikke -t noe* she saw to it (*el.* made sure) that her guests wanted (*el.* lacked) nothing; *i hans hus -r det ingenting* his house has every comfort; *det skal ikke* ~ *penger til hans utdannelse* there will be money enough for his education; ~ *idéer* be hard up for ideas; *det skulle bare* ~! certainly not! I should think not! surely that's not asking too much! but of course! it's a pleasure! *det skulle bare* ~ *at han ikke kom nå da vi har gjort alt i stand* it really would be nice if he didn't turn up now that we've made everything ready! shame on him if he doesn't come

now that *(etc); den -r ti minutter på 5* it's ten minutes to five; *han -t 10 poeng på å vinne* he missed the prize by ten points; *det -t ikke meget på at han skulle vinne* he came very near to winning, he very nearly won *(fx* (the) first prize); *det -t ikke på* there was no lack of.
II. mangle *vb (rulle)* mangle.
manglende missing *(fx* the m. pages; supply the m. word); ~ *aksept* non-acceptance; *i tilfelle av* ~ *aksept* in case of non-acceptance, in case of refusal to accept;*i tilfelle av* ~ *betaling* in case of non-payment; *det* ~ what is wanting *(el.* missing), the deficiency; *det* ~ *stykke* the missing piece; ~ *erfaring* inexperience, lack of experience; *hans* ~ *evne til å* his inability to; *etterlevere det* ~ deliver the remainder later.
mangletre mangle; *(se II. mangle).*
mani mania, craze.
manifest manifesto. **-asjon** manifestation. **-ere** *(vb)* manifest.
manikyre manicure.
manikyrere *(vb)* manicure.
manikyrist manicurist.
manikyrsett manicure set.
maniodepressiv manic-depressive *(fx* patient).
manipulasjon manipulation.
manipulere *(vb)* manipulate; ~ *med* manipulate.
manisk maniacal, manic.
manke *(zool)* mane; *(del av hesterygg)* withers. **-brutt** wither-wrung, saddle-chafed.
manko *(merk)* deficiency, deficit; shortage *(på* of).
mann man; *(ekte-)* husband; ~ *og kone* man and wife; *alle* ~*(mar)* all hands; *alle som en* ~ one and all; to a man; *(enstemmig)* with one voice, unanimously; ~ *for* ~ man for man; *være* ~ *for sin hatt* hold one's own (with anyone); *en kamp* ~ *mot* ~ a hand-to-hand fight; *kjempe* ~ *mot* ~ fight man to man; ~ *over bord (mar)* man overboard! *pr.* ~ per person; per head; *til siste* ~ to the last man.
manna manna.
mannbar sexually mature, nubile.
manndom manhood.
manndomsalder (age of) manhood. **-kraft** manhood, the vigour (‚US: vigor) of manhood.
manndrap homicide; *(se drap).* **-draper** *(glds)* manslayer; *(se drapsmann).*
manne *vb (mar)* man; ~ *rœrne* man the yards; ~ *seg opp* pull oneself together.
mannefall slaughter; (great) loss of life.
mannekeng, -quin mannequin; model.
mannevett human wisdom; common sense.
mannfolk male, man *(pl:* men); *han er et ordentlig* ~ *å se til* he's a fine figure of a man. **-hater** man hater. **-tekke** sex appeal, a way with men.
manngard body of men (or women); *gå* ~ raise a posse *(se finkjemme).*
mannhaftig *(om kvinne)* mannish.
mannjevning *(styrkeprøve)* trial of strength. **-jevnt** *(adv)* in a body.
mannkjønn male sex.
mannlig male.
mannsalder generation.
mannsarbeid a man's job; men's work. **-avdeling** *(på sykehus)* men's ward. **-drakt** male attire. **-emne** boy, lad, youth; *et godt* ~ a promising lad.
mannshøy as tall as a man.
mannshøyde the height of a man.
mannskap *(tropper)* troops, men; *(skipsbesetning)* crew, ship's company.
mannsklær men's clothes. **-kor** male choir.
mannsling bit of a man, manikin.

mannsløft *(subst): det er et ordentlig* ~ it's (quite) as much as a man can lift.
mannsmot courage; T pluck, guts.
mannsperson man.
mannsside *(i familie)* male line.
mannsstemme man's voice, male voice.
mannsterk strong in number, in large force; *møte -t opp* turn up *(el.* out) in large numbers *(el.* in force); muster a large crowd *(fx* we mustered a l. c.).
mannstukt discipline.
manntall census; *holde* ~ take a census.
manntallsliste census paper; *(valgliste)* electoral *(el.* voters') register, register of electors; US registration list.
mannvond dangerous, vicious, likely to attack people.
manometer manometer.
mansjett shirt cuff; *støtt på -ene (fig)* piqued. **-knapp** cuff link, sleeve link.
mantilje mantilla.
manual dumbbell.
manuduksjon coaching. **-ktør** coach; *(universitets-)* tutor. **-sere** *(vb)* coach; *(ved universitet)* tutor.
manuell manual.
manufaktur *(manufakturvarer)* drapery goods; US dry goods, textiles.
manufakturhandel *(butikk)* draper's shop; US dry-goods store. **-handler** draper; US dry-goods dealer. **-varer** *(pl)* drapery (goods); US dry goods.
manus se *manuskript.*
manuskript manuscript, MS *(pl:* MSS); *(maskinskrevet)* typescript; *(til setteren)* copy; *lese boka i* ~ *(også)* read the book in typescript; *rettelser mot* ~ author's corrections.
manuskriptsamling collection of MSS *(el.* manuscripts).
manøver manoeuvre; US maneuver.
manøvrere *(vb)* manoeuvre; US maneuver.
manøvrering manoeuvres; manoevring; US maneuvers; maneuvering.
mappe folder; *(i arkiv)* file; *(lær-)* briefcase.
marabu *(zool)* marabou.
mare nightmare; *flygende* ~ *(i bryting)* flying mare.
marehalm *(bot)* marram (grass).
marekatt *(zool)* guenon, cercopith.
mareritt nightmare.
I. marg *(i bok)* margin; *i -en* in the margin; *bruke* ~ *som a m.!* *bruk bredere* ~*!* leave a wider *(el.* bigger) m.! *alle linjene begynner med samme* ~ all lines start at the same m.; *helt ut mot -en (uten innrykk)* against the m.
II. marg *(anat)* marrow; *(fig)* backbone, pith; *kulden gikk meg til* ~ *og ben* I was frozen to the marrow *(el.* to the bone).
margarin margarine; T marge.
margfull marrowy, pithy. **-gresskar** *(bot)* vegetable marrow. **-løs** marrowless, pithless.
margin margin; *vinne med god* ~ win by a wide margin; *(se rentemargin).*
marginalbemerkning marginal note.
marginalskatt tax differential.
Maria Mary, Maria; *jomfru* ~ the (Holy) Virgin, the Virgin Mary.
Mariabilde image of the Virgin. **-dyrkelse** worship of the Virgin Mary.
marihuana marihuana, marijuana; T maryjane; grass; weed; S shit.
marihøne *(zool)* ladybird. **-hånd** *(bot)* orchis; *(se kongsmarihånd).* **-kåpe** *(bot)* lady's mantle.
marine navy; *-n* UK *(ofte)* the Senior Service.

-bilde seascape. **-blå** navy blue. **-kikkert** binoculars. **-maler** marine painter.
marinere *(vb)* marinate, pickle.
marinesoldat marine.
marinøklebånd *(bot)* cowslip; paigle.
marionett puppet. **-spill, -teater** puppet show.
maritim maritime.
I. mark *(mynt)* mark.
II. mark *(zool)* maggot, worm; *full av* ~ maggoty.
III. mark field; ground, land; ~ *og eng* field and meadow; *-ens grøde* the growth of the soil; *i -en* in the field *(fx* studies in the f.); *arbeid i -en* field work *(fx* do f. w.); *føre i -en (fig)* advance, put forward *(fx* a new argument); *muster (fx* every argument he could m.); *notater gjort i -en* field notes; *rykke i -en* take the field *(mot* against); *slå av -en (fig)* beat, drive from the field.
markant marked, pronounced.
markblomst field flower, wild flower.
marked fair; fun fair; *(avsetningssted; avsetning av varer)* market; *det er godt* ~ *for kaffe* there is a good market for coffee; *lovende utenlandske -er* promising markets abroad; markets of good potential abroad; *på -et* on the market; *på det lokale* ~ on the local market; locally; *bringe på -et* put *(el.* place) on the market; *komme på -et* come on the m.; *prøve å komme inn på et* ~ try to get into a m.; *det hadde vært* ~ there had been a fair; *kaste en ny vare inn på -et* launch a new product on to the market; *firmaet er allerede på dette -et* the firm is already operating on this market.
markedsanalyse market analysis. **-bod** (market) stall; *i -en* at the stall *(fx* they have china at that s.). **-føre** *(vb)* market. **-føringsapparat** marketing apparatus. **-plass** fairground(s); *(se munterhet).* **-pris** marketprice *(el.* quotation); *til full* ~ at the full market value. **-situasjonen** the state of the market; *(se bilde).*
markere *(vb)* mark; indicate; ~ *dagen (om bryllupsdag, etc)* mark the occasion; *et markert standpunkt* a well-defined position.
markeringslys *pl (på bil)* side (clearance) lights; US parking lights.
marketenter *(hist)* sutler. **-i** sutlery; canteen.
marki marquess, marquis.
I. markise *(tittel)* marchioness.
II. markise awning.
markjordbær *(bot)* wild strawberry.
markkryper *(om ball)* flat shot, daisy cutter.
markmus *(zool)* field mouse.
markskriker ballyhooer. **-sk:** ~ *reklame* (advertising) ballyhoo.
markstukken worm-eaten.
Markus Mark.
marmelade marmalade.
marmor marble.
marmorblokk marble block. **-bord** marble-topped table.
marmorere *(vb)* marble.
marmorplate marble slab; *(på bord)* m. top.
marodere *(vb)* maraud.
marodør marauder, straggler.
marokin morocco (leather).
marokkansk Moroccan. **Marokko** Morocco.
mars *(måned)* March; *(se mai).*
Mars Mars.
marsboer Martian.
marsipan marzipan.
marsj march; *på* ~ on the march; *blåse en lang* ~ disregard completely, not give a hang; *gjøre på stedet* ~ mark time; *på stedet* ~ ! *(mil)* mark time! *(se II. rette: det -r seg i marsjen).*

marsjall marshal. **-stav** marshal's baton.
marsjandiser second-hand dealer.
marsjere *(vb)* march; ~ *bort enkeltvis* file off; ~ *i takt med* m. in step with.
marsjfart *(også mar)* cruising speed.
marsjkolonne *(mil)* column of march.
marsjorden *(mil)* marching order. **-ordre** marching order. **-retning** line of march *(fx* we tried to discover the enemy's l. of m.). **-takt** march time.
marsk *(lavt kystland)* marsh; marshland.
marskalk *(mil)* marshal.
marskland marshland.
marsvin zool *(liten gnager)* guinea pig.
marter torture, agony.
martialsk martial.
martre *(vb)* torture. **-nde** excruciating.
martyr martyr; *gjøre til* ~ martyrize; martyr. **-død** martyrdom; *lide -en* suffer martyrdom.
martyrium martyrdom.
marvpostei *(liten kake)* congress tart.
mas *(besvær, møye)* trouble, bother; *(gnål)* importunity; ~ *og kav* hustle and bustle; *jeg hadde et farlig* ~ *med ham* he gave me a lot of trouble; *jeg håper De ikke betrakter dette som utidig* ~*, men* ... I hope you do not consider this unreasonably persistent, but ...
I. mase *vb (i stykker)* mash, crush, pound *(fx* to pieces).
II. mase *vb (gnåle)* be persistent; **T** nag; *han -r så fælt* he nags so much; *når dere låner noe av meg, får jeg det aldri igjen uten at jeg må* ~ *og* ~ *og* ~*!* when(ever) you borrow something from me I never get it back without having to nag and nag and nag! ~ *livet av en* worry the life out of sby; ~ *på en* worry sby *(fx* she's always worrying her mother for chocolate); *be on to sby (fx* he's always on to me to give him money); *(streve, gjøre bråk)* fuss (about), bother; ~ *med* have no end of trouble with.
masekopp nuisance; **T** *(om barn)* little pest; **US** fusser, fuss-budget.
masekråke = *-kopp.*
maset bothersome, fussy; importunate.
I. maske *(i nett)* mesh; *(i strømpe, etc)* stitch; *felle av en* ~ cast off a stitch; *legge opp en* ~ cast on a stitch; *slippe en* ~ drop a stitch; *strikke to -r sammen* knit two together; *ta opp en* ~ pick up a stitch.
II. maske *(for ansiktet)* mask; *(skuespillers)* make-up; *ta (el. rive) -n av* unmask; *(se stram:* ~ *i masken).*
maskeball fancy-dress ball; **US** masquerade ball.
maskepi collusion.
maskerade masquerade, fancy-dress ball.
maskere *(vb)* mask; ~ *seg* mask, put on a mask.
maskin machine; *(damp-)* engine.
maskinarbeid machine work.
maskinarbeider machinist.
maskinavdeling mechanical engineering department; *(jernb)* [engineering department]; *(intet tilsvarende; se bane- & elektroavdeling).* **-bokholderi** machine accounting; machinebook-keeping. **-dagbok** *(mar)* chief engineer's log.
maskindeler *(pl)* machine parts, engine parts.
maskindirektør *(jernb): intet tilsvarende; se bane- & elektrodirektør.*
maskineri machinery; *(se sand).*
maskinfabrikk engine *(el.* machine) works.
maskingevær machine gun.
maskiningeniør mechanical engineer.
maskinist engineer; *(jernb: som betjener omformerstasjon)* control operator; *(teat)* stage mechanic.

maskinklipt *(om håret)* machine-cut, close-cropped.
maskinkraft engine power. **-lafte** *(vb)* make a machined cogging joint; *-t tømmer* machine-jointed timber. **-lære** mechanical engineering; *(se bilmekanikk; maskinteknikk)*. **-messig** like a machine, mechanical. **-mester** engineer. **-olje** engine oil, lubricating oil. **-rom** engine room. **-sjef 1.** engineer (class I); **2***(mar)* chief engineer. **-skade** engine trouble, breakdown.
maskinskrive *(vb)* type; *~ et stenogram* type back shorthand notes, transcribe s. notes; *(jvf stenogram)*.
maskinskriver(ske) typist.
maskinskrivning typing, typewriting.
maskinteknikk engineering; *(se bilmekanikk; maskinlære)*.
maskintelegraf engine-room telegraph. **-verksted** engineering (work)shop, engine shop *(el.* works), machine shop. **-verktøy** machine tool(s).
maskot mascot.
maskulin masculine.
maskulinum the masculine (gender); masculine.
masomn, -ovn blast furnace.
massakre massacre.
massakrere *(vb)* massacre, slaughter.
massarin *(svarer til)* Bakewell tart *(el.* flan).
massasje massage.
masse mass; *(hoved-)* bulk *(fx* the b. of the cargo); *(boets)* assets, estate; *(papir-)* pulp; *(stor mengde)* masses *(fx* of snow); heaps *(fx* of beer, money); lots, a lot *(fx* lots of food, a lot of food); *en ~ (el. -r av)* mennesker a lot of people; lots *(el.* crowds *el.* heaps *el.* stacks) of people; *a* large crowd; *jeg har en ~ arbeid å gjøre* T I have heaps *(el.* loads *el.* stacks) of work to do.
masseartikkel mass-produced article. **-avskjedigelse** large-scale *(el.* wholesale) dismissals. **-beregner** *(ingeniør som beregner masser og priser)* quantity surveyor. **-grav** mass grave, common g. **-herredømme** mob rule. **-mord** wholesale *(el.* mass) murder. **-morder** wholesale *(el.* multiple) murderer; *(især polit: om masseutryddelse)* mass murderer. **-møte** mass meeting. **-oppbud** large muster *(fx* of police); *(jvf storutrykning)*.
masseproduksjon mass production.
massere *(vb)* massage.
masseturisme mass travel *(fx* ours is an age of mass travel).
masseutnevnelse wholesale appointment. **-vis:** *i ~* plenty of, lots of, any amount of; T heaps of *(fx* money).
massiv massive; *(ikke hul)* solid.
massør masseur. **massøse** masseuse.
mast *(mar)* mast; *kappe -en* cut away the mast; *et skip uten -er* a dismasted ship.
mastetopp *(mar)* masthead.
mastiks *(plante & stoff)* mastic.
mastodont *(zool)* mastodon.
masurka mazurka.
mat *(føde, næring)* food; *lage ~* cook; *-en (middags-, aftens-) er servert* dinner (,supper) is on the table *(el.* is ready); *det er ~ for Mons* that's the stuff! T *(også)* that's his (,her, *etc)* cup of tea! *uten ~ og drikke duger helten ikke* nobody can fight (,work, *etc)* on an empty stomach; eat and be healthy!
matador matador.
matboks lunch box.
mate *(vb)* feed; *~ krabbene (være sjøsyk)* feed the fishes.
matematiker mathematician.
matematikerhjerne a mind of mathematical cast.
matematikk mathematics *(pl)*; T maths; US math;

~ er vanskelig m. is difficult; *han er svak i ~* T his maths is weak. **-lærer** mathematics teacher *(el.* master). **-oppgave** mathematical problem; *han holder på med -ne sine* T he's doing maths; he's doing his maths prep.
matematisk mathematical.
mateple cooking apple.
materiale material.
materialforvalter storekeeper; *(jernb)* assistant to supplies and contracts manager; *(se forrådsdirektør)*.
materialisme materialism.
materialist materialist. **-istisk** materialistic.
materiallære mechanics of materials.
materialprøveanstalt (material(s)) testing laboratory.
materie matter, substance; *(væske)* matter, pus; *(emne)* subject; *en bok i ~* a book in sheets; *ånd og ~* mind and matter.
I. materiell *(subst): rullende ~* rolling stock.
II. materiell *(adj)* material; *-e goder* m. benefits, physical comforts; *-e nytelser* material pleasures.
matfat dish (of (,for) food). **-fett** dripping. **-forgiftning** food poisoning. **-frieri** cupboard love. **-hus** a good house for food, a h. with plenty of good food.
matiné matinée, morning concert.
matjord humus, garden mould, top-soil; *(ofte)* loose soil. **-klokke** dinner bell, dinner gong. **-krok** hearty eater; S greedy-guts.
matlagning cooking, cookery; *hun er flink i ~* she is a good cook; *vi tar det ikke så nøye med -en* we don't fuss very much over the cooking.
matlagningsmaskin food mixer. **-lei** without appetite; *(fig)* blasé; lethargic, listless. **-leihet** lack of appetite; *(med.)* inappetence, anoretic. **-lukt** smell of cooking; *(se I. lukt)*. **-lyst** appetite; *det ga meg ~* it gave me an appetite. **-mor** mistress of the house. **-nyttig** edible, eatable, usable as food. **-olje** cooking oil. **-os** (unpleasant) smell of cooking, cooking fumes.
matpakke (packed) lunch; lunch packet; picnic *(el.* sandwich) lunch. **-pakkekjøring** *(kan gjengis)* individual use of private cars to get to work. **-papir** sandwich paper; US wax paper. **-rester** *(pl)* left-overs; *(i tennene)* food debris.
matriarkalsk matriarchal.
matrikkel land register.
matrikulering registration.
matrise matrix (NB *pl:* matrices, matrixes).
matro peace (and quiet) during a meal; *la oss få ~!* let us have our meal in peace!
matrone matron. **-aktig** matronly; *(neds)* stout; ripe *(fx* her ripe figure; her ripe charms).
matros sailor, able seaman; *(se fullbefaren)*.
matrosdress *(for barn)* sailor suit.
matskap food cupboard. **-stasjon** refreshment stand. **-stell** cooking. **-strev** toil for one's daily bread; material concerns.
matt *(svak)* faint; *(ikke skinnende)* dim, dull, dead, not glossy; *(fot, om papir)* matt; *(i sjakk)* mate.
matte *(subst)* mat; *holde seg på matta* T toe the line.
mattere vb *(gjøre overflaten matt)* frost.
matthet faintness; *(tretthet)* languor; *(merk)* dullness, flatness.
mattskinnende dully gleaming.
mattslipt frosted, ground.
matvarer *(pl)* food, provisions, victuals.
matvei: *i -en* in the way of food, in the f. line; *han er vanskelig i -en* he's very particular *(el.* fussy) about his food.
matvett: *ha godt ~* know how to butter one's bread; know how to look after oneself; have an

eye for a good opportunity; **US** know how to bring home the bacon; *(jvf næringsvett)*.
matvin cooking wine.
maule *(vb)* munch; eat dry.
maur *(zool)* ant.
maurer Moor. **-isk** Moorish.
maursluker *(zool)* ant bear, anteater.
maursur formic.
maursyre formic acid.
maurtue anthill.
mausergevær Mauser rifle.
mausoleum mausoleum.
mave: *se mage.*
I. med *(landmerke)* landmark; *uten mål og* ~ aimlessly.
II. med *(prep)* 1*(sammen med)* with; *(især om mat)* and *(fx* steak and onions; sausage and mashed potatoes); 2*(om måte & ledsagende omstendighet)* with *(fx* with a threatening gesture; with his hands in his pockets); *(uttrykkes ofte ved absolutt konstruksjon, fx* he approached me, hat in hand; thumbs in belts, the policemen stood at the entrance); in *(fx* in a loud voice; in other words; the address is written in pencil; printed in capital letters); 3*(om midlet)* with *(fx* play with fire; write with a pen), by means of *(fx* kill him by means of poison); *(i visse forbindelser)* by *(fx* he amused himself by leaning out of the window; the machine is worked by hand; the chain by which he was fastened; elected by a large majority; win by two goals to nil; divide (,multiply) by seven; take it by force); (NB *ved enkelte verb oversettes «med» ikke, fx* the dog wagged his tail; he pointed his finger at me; he waved his hand); 4*(om befordringsmiddel)* by *(fx* arrive by train, go by steamer; send by ship, post, rail); on *(fx* he came on the train, tram, boat); in *(fx* he came in his own car); 5*(som har, som er utstyrt med)* with *(fx* a man with red hair; a chap with brains); having *(fx* an industrial concern having branch factories in many countries); *(uttrykkes ofte ved endelsen* -ed, *fx* rubber-soled boots; the moneyed classes; a three-bedroomed house); *(især psykisk egenskap)* of *(fx* a man of ability, ideas, imagination); *(om påkledning)* in *(fx* a lady in a big hat); with *(fx* the man with the black tie), wearing *(fx* a girl wearing sun-glasses and a straw hat); 6*(innbefattet)* including, counting *(fx* c. the driver, there were five of us in the car); 7*(om innhold)* of *(fx* a barrel of grapes); 8*(imot)* with *(fx* fight with them; we fought a war with Japan); against *(fx* we fought against France; his campaign against Cromwell); 9*(tross, til tross for)* with *(fx* with all his faults, he is a charming man); in spite of; 10*(i betraktning av)* with *(fx* with his talents he could have reached a high position);
~ *dette ber jeg Dem sende meg* I would ask you to send me ...; *vente på en* ~ *maten* keep dinner *(,etc)* waiting for sby; *bollen* ~ *suppe* the bowl with the soup in (it); the b. containing the s.; ~ *Deres brev av ...* with *(el.* enclosed in) your letter of; *Deres brev* ~ *sjekk på £30* your letter enclosing cheque for £30; *arbeide* ~ *latinsk grammatikk* work at Latin grammar; *arbeide* ~ *grøfter og slikt* work at digging ditches and suchlike; *han sendte ham et brev* ~ *en sjekk i* he posted him a cheque in a letter; *hva er der* ~ *deg?* what's the matter with you? *(især* **US S)** what's eating you? *hva galt er det* ~ *det?* what's wrong with *(el.* about) that? *hvis det ikke var (for) det* ~ *pengene* if it wasn't for the money *(el.* for that business about the m.); *han er ikke* ~ *(på notene) (neds)* he is just

not with it; *være* ~ *på det* join in it; **T** be in on it; *være* ~ *på hva som helst* be game for anything; ~ *skikkelig opplæring vil de kunne ...* under proper training they will be able to ...; *(se ha:* ~ *det med å ...).*
medalje medal.
medaljong 1*(smykke)* locket; **2.** medallion.
medaljør 1. medal engraver; **2.** medallist (,**US:** medalist).
medansvar joint responsibility.
medansvarlig jointly responsible; *han er* ~ he shares the responsibility.
medansøker fellow applicant, fellow candidate.
medarbeider co-worker, fellow worker, collaborator; *(i en avis)* contributor (to); *de faste -e (i avis)* the staff; *vår* ~ *i Paris* our (special) correspondent in Paris.
medarbeiderskap collaboration.
medarrestant fellow prisoner.
medarving joint heir (,heiress); co-heir(ess).
medbeiler, -ske rival.
medbestemmelsesrett voice *(fx* have a v. in the management); right to be consulted; *(merk)* co-determination, joint consultation, *(se III. rett).*
medbestemmende contributory *(fx* a c. factor); *(om årsak)* concurrent *(fx* a c. cause); *utenforliggende hensyn hadde vært* ~ *ved avgjørelsen* ulterior considerations had played their part in the decision.
medborger fellow citizen, fellow townsman; fellow countryman, compatriot.
medborgerskap fellow citizenship; ~ *pålegger en også visse forpliktelser* being a fellow citizen (also) carries certain obligations.
medbringe *(vb)* bring (along with one).
medbringer *(i maskin)* carrier, dog.
medbør fair wind; *(fig)* success; *ha* ~ be successful, prosper.
meddele *vb (underrette om)* inform *(fx* sby of sth), advise *(fx* sby of sth); *(gi)* give, grant *(fx* permission); *han -r at* he states that ...; he informs *(el.* advises) me that ...; *vi kan (el. skal få)* ~ *Dem at ...* we would inform you that; we wish to say *(el.* inform you) that; *som svar på Deres forspørsel -s at* in reply to your inquiry, we are able to inform you *(el.* we wish to say) that ...; *jeg kan* ~ *at* I am able to inform *(el.* advise) you that; I wish to i. you that; *vi må imidlertid* ~ *Dem at ...* we have to i. you, however, that ...; *jeg skal skrive til Dem og* ~ *Dem resultatet* I shall write to you informing you about the result; ~ *sine kunnskaper* put one's knowledge across.
meddelelse information *(fx* this is a surprising piece of i.; this i. came as a complete surprise); message *(fx* a confidential m.); communication; *(merk)* advice; *gi* ~ *om (merk)* advise.
meddelsom communicative, expansive.
meddelsomhet communicativeness.
meddirektør co-director.
medeier joint owner, co-owner.
medfart treatment, handling; *boka fikk en hard* ~ *av kritikken* the book was roughly handled by the critics; *(se II. slem).*
medfødt inborn, native, congenital, innate; *det er* ~ he (she, *etc)* was born with it.
medfølelse sympathy, pity *(fx* feel p. for); *ha* ~ *med* feel (sympathy) for, sympathize with, be sorry for; have *(el.* take) pity on; feel pity for.
medfølge *vb (om bilag)* be enclosed. **-nde** enclosed *(fx* the e. letter).
medfør: *i embets* ~ officially; on official business; professionally; by virtue of one's office.
medføre *vb (fig)* involve, entail; bring *(fx* it brought protests from the workmen).

medgang prosperity, good fortune, luck, success; ~ *og motgang* good and bad luck; *(litt.)* prosperity and adversity, **T** ups and downs; *(se motgang).*

medgi *vb (innrømme)* admit, grant.

medgift dowry, marriage portion.

medgjørlig manageable, amenable, complying.

medhjelper assistant, helper.

medhold approval, support; *i* ~ *av (jur)* pursuant to; *gi en* ~ agree with sby; support sby.

medhustru concubine.

medikament medicament, medicine, remedy.

medinnehaver partner, joint owner; part-owner.

medinnstevnet *(i skilsmissesak)* corespondent.

medio in the middle of, mid- *(fx* in mid-June).

medisin medicine, remedy; *(legevitenskap)* medicine.

medisiner 1. medical student; **2***(lege)* physician.

medisin|flaske, -glass medicine bottle *(el.* phial).

medisinsk medical; medicinal *(fx* medicinal bath).

medisinskap medicine cupboard.

medister minced fat and lean pork. **-pølse** pork sausage.

medium medium.

medkjensle *se medfølelse.*

medkontrahent joint contractor, other contracting party.

medkristen fellow Christian.

medlem member; ~ *av Unge Høyre* a Young Conservative.

medlemsbok membership card; *ha -a i orden* be a card-carrying member (of a political party).

medlemskort membership card; *(se medlemsbok).*

medlems|liste: *stå oppført på -n* be on the books. **-tall** number of members, membership *(fx* a large m.; reach a m. of 2,000).

medlidende compassionate, pitying, sympathetic.

medlidenhet pity, compassion, sympathy; *ha* ~ *med* have pity on, pity.

medlyd *(gram)* consonant.

medmenneske fellow human being; fellow man.

medmenneskelig humane; compassionate: *ta -e hensyn* show humane consideration; show compassion.

medmenneskelighet humanity; compassion.

med mindre unless.

medredaktør co-editor, assistant editor.

medregent co-regent.

medregne *(vb)* count (in), include, take into account; *ikke -t* not counting *(fx* n. c. extra fees).

medreisende fellow traveller.

medsammensvoren (fellow) conspirator.

medsensor *(ved eksamen)* = second examiner; *være* ~ = report as a second examiner.

medskapning fellow creature.

medskyld complicity.

medskyldig *(adj)* accessory *(i* to), implicated *(i* in), party *(i* to); *(jur: mots. hovedgjerningsmann)* principal in the second degree; *en* ~ an accomplice.

medspiller fellow player; partner.

medta *(vb)* **1.** include; **2***(se ta:* ~ *med);* lakener og håndklær *-s* sheets and towels not provided.

medtatt *(av støt)* battered; *(skadd)* damaged; *(slitt)* the worse for wear; *(av sykdom)* weak, worn out (by illness); *(trett)* exhausted.

medunderskrift countersignature.

medunderskrive *(vb)* countersign.

medutgiver joint editor.

medveksel *(jernb)* trailing points; **US** t. switches; *kjøre over -en* trail the point, pass the point trailing; *(se motveksel & I. veksel).*

medvind downwind, following wind, tail wind; *(fig)* success; *vi hadde* ~ *(også)* we had the

wind behind us *(el.* in our backs); *(fig)* fortune smiled on us; we were favoured by fortune.

medvirke *(vb)* contribute, be conducive *(til* to, towards); ~ *ved* co-operate in; *de -nde* the actors, the performers, those taking part.

medvirkning co-operation, participation, assistance; *under* ~ *av* assisted by, with the co-operation of.

medviten *(det å se gjennom fingrene med)* connivance.

medvitende privy; *være* ~ *om* be p. to, know of, connive at *(fx* an offence, a crime).

medynk pity, compassion, commiseration; *ha* ~ *med* have pity on; feel compassion for.

meg *(pron)* me; *(refleksivt)* myself; *det er* ~ it's me; *en venn av* ~ a friend of mine; *han vasker* ~ he washes me; *jeg vasker* ~ I wash (myself).

megafon megaphone.

megen *(se meget): med* ~ *møye* with great pains; *med* ~ *omhu* very carefully; *med* ~ *takt* very tactfully, with great tact.

I. meget *adj (= mye)* **1***(adjektivisk bruk: i bekreftende setninger)* plenty of, a great deal of, a good deal of, a lot of, lots of; a large quantity of *(fx* there's plenty of food, work; they bought a large quantity of flour; that would mean a great deal of extra work); *(sjelden)* much;

2*(adjektivisk bruk: i nektende & spørrende setninger)* much *(fx* did you have much difficulty in finding the house? there isn't much food in the house); a lot of, a great deal of *(fx* was it a lot of bother? they didn't have a lot of *(el.* a great deal of) oil at the time);

3*(adjektivisk bruk: i forb. med* 'as',' how',' so', 'too') much *(fx* as much oil as possible; how much butter? only so much butter; that's too much meat);

4*(substantivisk bruk: i nektende & spørrende setninger)* much *(fx* did he eat much? not much); a lot, a great deal *(fx* he didn't say a great deal *(el.* a lot) about it; did he eat a lot? yes, he did give me some money, but not a lot); **T** an awful lot *(fx* he didn't really say an awful lot, did he?);

5*(substantivisk bruk: i bekreftende setninger)* a great deal, a lot *(fx* a great deal still remains to be done; that's a lot; this may seem a lot, but...); much *(fx* much was said by both of them that they were later to regret);

6*(substantivisk bruk: i forb. med* 'as',' how',' of', 'so', too') much *(fx* as much as you like; how much? much of what he says is true; there's so much that needs to be done; that's too much);

7*(substantivisk bruk: etter* 'such') a lot, a great deal *(fx* there's such a lot that needs to be done; there's always such a lot *(el.* such a great deal) of work to be done on Mondays); a large quantity *(fx* why did he order such a large quantity?); large quantities *(fx* they always buy such large quantities);

[**A:** *forb. med* «(alt)for»; **B:** *med* «hvor»; **C:** *med* «ganske»; «svært» & «så»; **D:** *andre forb.*]

A [*forb. med* «(alt)for»] **(alt)for** ~ (far) too much; *jeg betalte for* ~ *for det* I paid too much for it; *han lot meg betale for* ~ he overcharged me; *ville det være for* ~ *å be Dem om å ...?* would it be too much to ask you to ...? would it be going too far to ask you to ...? would it be too much of an imposition to ask you to ...? *gjøre for* ~ *av det (: overdrive)* overdo it; *vi må ikke gjøre for* ~ *ut av denne episoden* we mustn't make too much of this incident; *jeg har altfor* ~ *å gjøre* **T** I have too much on my plate; *spise for* ~ eat too much; overload one's stomach; *jeg holdt på å si for* ~ *(jeg hadde nær* *sagt for meget)* I nearly said too much; *han kom i skade for å si et par ord for* ~ he was unfortunate enough to say a few words too much; *for ikke å si for* ~ to say the least of it; *det er (bare så) altfor* ~! *(når man mottar en gave)* (but)this is really too much! (but) that's more than generous! you are too kind! it's too much! *altfor* ~ *er av det onde* all excess does one harm;

B [*forb. med «hvor»*] **hvor** ~? how much? *hvor* ~ *koster det?* how much is it? *hvor* ~ *koster det oksekjøttet pr. kilo?* how much a kilo is that beef? *hvor* ~ *jeg enn beundrer ham* much as I admire him; *hvor* ~ *han enn strever* no matter how much he exerts himself; however much he exerts himself;

C [*forb. med «ganske»; «svært»; «så»*] **ganske** ~ a good deal, quite a lot; **svært** ~ a lot, a great deal, very much; **T** a whole lot; **så** ~ so much; *så og så* ~ *pr. uke* so much per week, so much a week; *dobbelt så* ~ twice as much; as much again; *halvannen gang så* ~ half as much again; *tre ganger så* ~ three times as much; *kan jeg få så* ~ *(som dette)?* can I have this much? can you let me have this much? *så* ~ *vil jeg si til hans fordel at* ... I will say this much in his favour that ...; *man sier så* ~ people will talk, you know; you hear all sorts of things; *han sier ikke så* ~ he doesn't say very much; *(neds)* he hasn't got very much to say for himself; ... *hvilket ikke sier så* ~ ... which isn't saying much; *det sier meg ikke så* ~ that doesn't tell *(el.* help) me very much; that doesn't convey very much to me; *ikke så* ~ *at det gjør noe* nothing worth mentioning; **T** nothing to write home about; *det gjør ikke så* ~ it doesn't greatly matter; *det gjør ikke så* ~ *fra eller til* it doesn't make much difference either way; *han hadde ikke så* ~ *som til billetten hjem* he hadn't so much as his fare home; he hadn't even the money for his fare home; **så** ~ **som mulig** as much as possible; *så* ~ *De vil* as much as you like; *han gikk* **uten så** ~ **som** *å si 'takk'* he left without so much as saying' Thank you';

D [*andre forb.*] ~ **av** *hva han sier, er sant* much of what he says is true; ~ *av smøret var blitt harskt* much of the butter had gone rancid; (quite) a lot of the butter had gone rancid; *de har* **ikke** ~ *å leve av (ɔ: m.h.t. penger)* they haven't much to live on; *ikke* ~ *å rope hurra for* not up to much *(fx* I don't think his work is up to much); **T** nothing to write home about; nothing to make a song and dance about; *han spiser aldri* ~ *til frokost* he never eats much breakfast; ~ *gjenstår enda å gjøre* a great deal still remains to be done; *ha* ~ *å gjøre* be very busy, have a lot of work to do, have a great deal to do; ~ *nyttig arbeid ble gjort* a lot of useful work was done; a great deal of useful work was done; very much useful work was done; **T** a whole lot of useful work was done;

II. meget *adv* 1*(foran adj & adv i positiv)* very *(fx* that's very good; he was running very fast); *(ved enkelte adj også)* highly *(fx* a highly amusing film); **T** awfully, terribly, jolly *(fx* that's awfully kind of you; he's terribly good at it; I'm jolly tired; that's jolly good); *(ved perf. part. brukt som adj)* very, highly, greatly *(fx* he was very frightened; they were highly pleased; he is greatly changed);

2*(foran adj & adv i komp; = mye)* much *(fx* much nicer; much better); a great deal *(fx* a great deal better; a great deal worse); a good deal;

3*(ved vb)* very much *(fx* I like it very much), a great deal, a good deal, a lot *(fx* he knows a lot); *(i nektende & spørrende setninger)* much *(fx* he doesn't know much; he didn't talk much; do you read much?); a lot *(fx* do you read a lot?); **T** he didn't say an awful lot, did he? *(ved part. oppfattet som vb; jvf 1 ovf)* (very) much *(fx* was it much damaged? a much discussed book; he was enjoying himself very much); greatly *(fx* he was greatly amused by what you told him); highly *(fx* a highly educated person);

4*(ganske, temmelig)* quite *(fx* the play was quite good but the acting was poor; I suppose he's quite nice, really, but I don't like him);

[*forskjellige forb.*] *jeg er* ~ *glad i ham* I'm very fond of him; *de er* ~ *like* they are very much alike; ~ *redd* very much afraid; very afraid *(el.* frightened), badly frightened; **T** scared stiff; *han er* ~ *vennlig, vennligere enn du tror* he's very kind, much kinder than you think; *jeg ber så* ~ *om forlatelse!* I beg you a thousand pardons! *vi* **beklager** ~ *at* ... we very much regret that ...; we are very sorry that...; *la ham bare beklage seg så* ~ *(el. mye) han vil* let him complain all he likes; let him complain as much as he likes; *det* **bryr** *du deg* ~ *(el. mye) om!* *(iron)* a lot 'you care! **S** a fat lot 'you care! *det* **gleder** *meg* ~ I'm very glad; *det vet han* ~ **godt** he knows that very well; ~ (el. mye) **heller** much rather, much sooner; *han* **ikke så** ~ *(el. mye) som svarte* he didn't so much as answer; he didn't even answer; *det er* **like** ~ *(el. mye) ditt ansvar som mitt* it is as much your responsibility as mine; *han er like* ~ *(el. mye) min venn som din* he's just as much my friend as yours; *han har det* ~ *(el. mye)* **med** *å skryte* he is given to bragging; he has a weakness for bragging; *et* ~ *nyttig arbeid* (some) very useful work; *jeg* **omgås** *ham* ~ I see him very *(el.* quite) often; *så* ~ *desto bedre* so much the better; all the better; *så* ~ *desto verre* so much the worse; the more's the pity; *så* ~ *(el. mye) mer som* ... the more so as ...; *det ergret ham temmelig* ~ it annoyed him a good deal; ~ *(el. mye)* **verre** much worse.

megetsigende meaning, expressive; significant; knowingly *(fx* she looked k. at him).

megle *(vb)* mediate, act as mediator; *(ved arbeidskonflikt)* arbitrate; ~ *fred* negotiate a peace; *søke å* ~ *mellom partene* try to reconcile the parties, try to mediate between the p.

meglende mediatorial.

megler mediator; *(merk)* broker. **-forretning** broker's business. **-gebyr, -lønn** brokerage. **-rolle** the part of a mediator.

megling mediation, conciliation; arbitration; *frivillig* ~ voluntary arbitration.

meglingsforslag (proposed) compromise.

meglingsforsøk attempt at mediation.

mehe spineless person; **T** *(også* US) yes-man.

mei *subst (på kjelke, etc)* (sleigh) runner.

meie *vb (slå)* reap, mow (down).

meieri dairy; creamery. **-drift** dairy farming, dairying. **-produkter** *(pl)* dairy produce. **-smør** dairy butter.

meierist dairyman. **meierske** dairymaid.

I. meis 1. rucksack frame; 2. willow basket.

II. meis *(zool)* titmouse; *(se blå-, kjøtt-, pung-, skjegg-, stjert-, talgtit).*

meisel *(subst)* chisel.

meisle *(vb)* chisel, carve.

meite *vb (fiske m. stang)* angle. **-mark** angleworm, earthworm.

mekaniker mechanic; *(se bil-; fin-).*

mekanikk 1. mechanics *(pl); **2***(mekanisme)* mechanism; *(se finmekanikk).*
mekanisk *(adj)* mechanical; automatic; ~ *verksted* engineering workshop.
mekanisme mechanism.
mekle, mekler: *se megle, megler.*
mekre *(vb)* baa, bleat.
meksikaner, -inne, meksikansk Mexican.
mektig *(adj)* mighty, powerful; *(stor)* vast, huge, enormous; *(om mat)* rich; *(adv)* immensely, greatly.
mel meal; *(især hvete-)* flour *(fx* fine white f.); *ha rent* ~ *i posen* have a clear conscience; *(se II. røre).*
melaktig mealy, farinaceous.
melankoli melancholy. **-ker** melancholiac.
melankolsk melancholy.
melasse molasses; *(jvf sirup).*
melde *(vb)* report, notify; *(forkynne)* announce; *(omtale, fortelle)* mention; *(kort)* bid, call; *(angi til politiet)* turn in, denounce, report *(fx* sby to the police); ~ *et barn inn på skolen* enter a child for school; *barna blir meldt inn på skolen i mai og begynner i august* the children are entered for school *(el.* have their names put down for school) in May and start in August; ~ *seg (stå fram)* come forward *(fx* if there is a straightforward explanation, we would like the people responsible to come forward); *det har meldt seg mange søkere* there are many applicants; *når behovet -r seg* when the need arises; *et spørsmål -r seg* a question arises *(el.* suggests itself); *vansker -r seg* difficulties present themselves *(el.* crop up *el.* arise); ~ *seg hos* report to; ~ *seg inn* register, enrol(l); *(i forening)* join, apply for membership; ~ *seg opp til en eksamen* enter for an exam; ~ *seg på et kurs* enter for a course; **T** go in for a course; ~ *seg på til et løp* enter for a race; ~ *seg syk* report sick; ~ *seg til tjeneste (mil)* report for duty; ~ *seg ut* resign (membership) *(fx* he resigned from the society); *la seg* ~ send in one's card; *(se arving; respekt; skam).*
meldeplikt obligation to submit reports; *(som straff): få* ~ be placed under police supervision.
melding announcement; statement; *(innberetning)* report; *(kort)* bid; *jeg greide -en (kort)* I made my contract; *(i skole)* letter, note; *han ble knepet i røyking på toalettet og fikk* ~ *med hjem* he was caught smoking in the lavatory, and this was reported to his parents; *har du* ~*? (sagt til elev)* have you brought a note? *når elevene har vært fraværende, må de ha med* ~ *hjemmefra til klasseforstanderen* after absence pupils must bring a note to the form master; *Deres brev av 19. mars med* ~ *om at ...* your letter of March 19th, informing us (,me) that ...; *(se også uforberedt).*
meldingsfrihet *(for elever)* freedom to be absent without explanation; *det ble diskutert om elevene skulle ha adgang til* ~ the question was discussed whether the pupils should be free to be absent without explanation.
meldrøye *(bot)* ergot.
meldugg *(bot)* mildew.
mele *(vb)* meal, flour; ~ *sin egen kake* feather one's own nest; look after *(el.* take care of) number one.
melen *(om potet)* mealy.
melere *(vb)* mix.
melet mealy, floury.
melis icing sugar; **US** confectioner's sugar.
melisglasur icing; **US** frosting.
melk milk.

I. melke *(hos fisk)* milt.
II. melke *(vt)* milk.
melkeaktig milky, lacteous.
melke|bu dairy. **-butikk** dairy shop. **-fisk** milter. **-kapsel** milk-bottle cap. **-kjertel** mammary gland; milk gland. **-krakk** milking stool. **-ku** cow in milk; *(også fig)* milch cow. **-mann** milkman, milk roundsman. **-mugge** milk jug. **-prøver** lactometer. **-ringe** [dish of slightly curdled full cream milk, eaten with sugar and crumbs]; = milk rennets. **-sukker** lactose; sugar of milk. **-syre** lactic acid. **-tann** milk tooth.
melke|utsalg dairy, milk shop. **-vei** Milky Way. **-vogn** milk cart; **UK** *(melkemannens)* milk float.
melklister (flour) paste.
mellom between; *(blant)* among; ~ *barken og veden* between the devil and the deep (blue) sea; *er det noe* ~ *dem?* is there anything between them? *ha valget mellom to onder* have the choice of two evils; ~ *oss sagt* between ourselves, between you and me; *(se imellom & natt).*
mellomakt interval; **US** intermission.
mellomaksel intermediate *(el.* lay) shaft; *(i bil)* drive *(el.* propeller) s.; *(i girkasse)* countershaft.
Mellom-Amerika Central America.
mellomdekk between-deck; *(tredje plass)* steerage.
mellomdistanse|løp middle distance run. **-løper** m. d. runner.
mellomdør communicating door.
Mellom-Europa Central Europe.
mellomfag [each of the two or three examinations for the degree of *cand. mag.,* the third may be replaced by a basic subject]; intermediate subject; *hun har tatt to* ~ *og arbeider med det tredje* she has taken *(el.* done) two intermediate subjects and is at work on the third; *(jvf grunnfag & hovedfag).*
mellomfolkelig international.
mellomfornøyd not very pleased, disgruntled.
mellomgass: *gi* ~ *(om bilist)* double de-clutch *(fx* when changing down).
mellomgrunn *(på et maleri)* middle distance.
mellomgulv *(anat)* midriff, diaphragm; *et slag i -et* a blow on the midriff.
mellomhandel intermediate trade.
mellomhånd *(kort)* second hand.
mellomklasse middle class.
mellomkomst intervention, mediation.
mellomkrigs- inter-war *(fx* in the inter-war years).
mellomlanding *(flyv)* intermediate landing, stop.
mellomledd connecting link; *(person)* intermediary; *det manglende* ~ the missing link.
mellomlegg *(tekn)* shim; *(ved byttehandel): hvor meget får jeg i* ~ what will I get to make up the difference? *han fikk £5 i* ~ he got £5 into the bargain *(el.* thrown in).
mellomliggende lying between; ~ *havn* intermediate port; ~ *tid* intervening time, interval.
mellommann middleman, intermediary.
mellommat snack (between meals).
mellomproporsjonal mean proportional.
mellomrepos *(arkit)* half landing.
mellomrett side dish.
mellomriks- international.
mellomrom interval; *(lite)* interstice; *(typ & mus)* space; *med* ~ at intervals; *med lange* ~ at long intervals; *de døde med få dagers* ~ they died within a few days of each other.
mellomspill *(mus)* interlude.
mellomst: *den -e* the middlemost, the midmost.
mellomstasjon intermediate station, s. en route.
mellomstilling intermediate position.
mellomstor middle-sized, medium(-sized).
mellomstykke middle piece.

mellomstørrelse medium size.
mellomtid interval; *i -en* in the meantime, meanwhile.
mellomtilstand intermediate state.
mellomtime *(på skole)* free period.
mellomting something between.
mellomvegg partition wall.
mellomvekt *(i boksing &brytning)* middleweight.
mellomverk *(i håndarbeid)* insertion(s).
mellomværende 1*(regning)* account; 2*(strid)* difference; *gjøre opp et* ~ 1*(regning)* settle accounts; settle *(el.* square) an account *(med en* with sby); 2*(strid)* make up a difference; *til utligning av vårt* ~ *vedlegger jeg sjekk på £20,15* in payment of your account I enclose cheque for £20.15.
mellomøre *(anat)* middle ear.
melodi melody; *(til en sang)* tune; *på -en* to the tune of; *en fengende* ~ a catchy tune.
melodisk, melodiøs melodious.
melodrama melodrama.
melodramatisk melodramatic.
melon *(bot)* melon; **US** cantaloupe.
melrakke *zool (hvitrev)* arctic fox.
membran membrane.
memoarer *(pl)* memoirs.
memorandum memorandum.
memorere *(vb)* commit to memory, memorize.
I. men *(subst)* injury, harm; *varig* ~ injury of a permanent character.
II. men *(subst)* but; *ikke noe* ~*!* don't but me! *uten om og* ~ without ifs or ands; *(jvf aber).*
III. men *(konj)* but; ~ *så er han også* but then he is; ~ *det må likevel finnes en løsning* but still there must be some solution; ~ *vi skal gjøre vårt beste likevel* but we shall do our best; we shall do our best, however.
menasjeri menagerie.
mene *vb* 1*(være av den mening)* think, be of (the) opinion;2*(ha i sinne, tenke på, sikte til, ville si)* mean; 3*(tenke, tro, holde for)* think; *jeg -r nei* I think not; *jeg -r å ha hørt navnet hans* I seem to have heard his name; *jeg hadde ikke ment å fornærme deg* I had no thought of offending you; *hva -r De om dette?* what do you think of this? *hva -r folk om dette spørsmålet?* what is the general feeling on this question? *hva -r du om et slag kort?* what about a game of cards? *man -r at* it is thought that; ~ *det godt med en* mean well by sby; *jeg mente ikke noe vondt med det* I meant no harm; *det var ikke slik ment* I didn't mean that; *det skulle jeg* ~ I should think so; ~ *det alvorlig* be in earnest; be serious about it; mean it seriously; **T** mean business; *du kan da ikke for alvor* ~ *det?* you can't be serious (about that)! you don't earnestly *(el.* seriously) mean that! *det var ikke alvorlig ment* that was not meant seriously; *disse truslene er alvorlig ment* these are no empty threats; *han -r det samme som jeg* he thinks the same (way) about it as I do; *jeg -r absolutt vi bør* ... I am absolutely in favour of (our) (-ing), I am all for (-ing); *han -r absolutt at jeg bør akseptere tilbudet* he is convinced that I ought to accept the offer.
mened perjury; *begå* ~ commit perjury; perjure oneself.
meneder perjurer. **menedersk** perjured.
mengde quantity; multitude; *(overflod)* abundance; **T** lot *(fx* a lot of butter; a lot of people); *en* ~ *blomster* a great many flowers; *en* ~ *mennesker* a great many people; a great number of people, a lot of people; lots of people; a crowd (of people); *en hel* ~ a lot of, a great

many; *den store* ~ the masses; *en* ~ *forskjellige* a variety of.
menge *(vb)* mix, mingle.
menig: ~ *soldat* private; *(i Sjømilitære korps)* seaman; *-e* privates, men *(fx* officers and men); rank and file; *de -e (gruppebetegnelse)* the ranks, the rank and file; *(se befal & korporal).*
menighet *(i kirken)* congregation; *(sognefolk)* parishioners; *(sogn)* parish.
menighetsblad parish magazine.
menighetssøster district nurse; *(se helsesøster).*
menigmann the common man; the man in the street.
mening 1*(anskuelse)* opinion; 2*(betydning, logisk sammenheng)* meaning, sense; 3*(hensikt)* intention; *si sin* ~ speak one's mind; *det er delte -er* opinions differ; *det er ikke* ~ *skapt i det* there is not a grain of sense in it; *han sa at det ikke ville være noen* ~ *i å la denne strenge forholdsregel komme til anvendelse (også)* he said it was out of all proportion to apply this rigorous measure; *det er det ingen* ~ *i* that is nonsense, there is no sense in that; *det er ingen* ~ *i det han sier* there is neither rhyme nor reason in what he says; *-en med denne ordningen er at* ... the idea of this arrangement is that ...; *hva er -en med* what is the meaning of; *være av den* ~ *at* be of opinion that; *det kan ikke være to -er om* ... there can be no two opinions as to; *det er min veloverveide* ~ *at* ... it is my considered opinion that; *etter min* ~ in my opinion; *i beste* ~ for the best *(fx* he did it for the best); *oppta i en god* ~ put a good construction on; *den offentlige* ~ public opinion; *få* ~ *i* make sense of; *gjøre seg opp en* ~ form an opinion; *det ville glede oss å høre Deres* ~ *angående (el. om) dette* we should be pleased to hear *(el.* have) *(el.* we should appreciate hearing) your view(s) *(el.* opinion) on this *(el.* on this question *el.* on this matter *el.* concerning this); *(se slutte:* ~ *seg til ens mening; ytterst).*
meningsberettiget 1. entitled to give one's opinion (on sth); 2. competent to judge. **-brytning** conflict of opinion. **-felle** person of the same opinion; fellow partisan; *være ens* ~ *(også)* share sby's views; *han har ingen -r* he stands alone (in his opinions); he is in a minority of one. **-forskjell** difference of opinion. **-frihet** freedom of opinion. **-full, -fylt** meaningful. **-løs** meaningless, absurd, senseless. **-måling** public opinion poll measurements *(pl);* Gallup poll.
menings- og ytringsfrihet freedom of opinion and expression.
meningsutveksling exchange of views.
menisk *(anat)* meniscus.
meniskoperasjon cartilage operation on the knee.
menneske man, human (being); person; *ikke ett* ~ not a soul; nobody, no one; *alle -r* everybody; *hun er et fint og godt* ~ she is a very decent person *(el.* woman); *unge -r* young people; *komme ut blant -r* meet people; *(især* **US)** get around; *-t spår, Gud rår* man proposes, God disposes; *hva er det for et* ~*?* what sort of a person is he (,she)?
menneskealder *(slektledd)* generation. **-barn** mortal, human being; *(pl)* children of men. **-eter** cannibal; *(dyr)* man-eater. **-eteri** cannibalism. **-fiendsk, -fiendtlig** misanthropic. **-forstand** human intelligence; *(se I. alminnelig).* **-frykt** fear of man. **-føde** human food. **-hat** misanthropy. **-hater** misanthrope.
menneskehet mankind, humankind.
menneskekjenner judge of character. **-kjærlig** humane, charitable; philanthropic; *(se menneskevennlig).* **-kjærlighet** philanthropy, charity,

love of mankind. **-kjøtt** human flesh. **-kunnskap** knowledge of human nature.

menneskelig *(adj)* human; humane; *ta -e hensyn* take human factors into consideration; *show humane consideration; -e svakheter* human defects.

menneskelighet humanity.

menneske|liv human life; *tap av* ~ loss of life. **-mengde** crowd. **-mylder** swarm of people. **-natur** human nature. **-offer, -ofring** human sacrifice. **-par** couple of human beings. **-rase** human race. **-rettighet** human rights; *(i eldre historie)* right of man. **-røst** human voice. **-silo** human anthill *(el. beehive)*. **-sjel** human soul. **-skikkelse** human shape.

menneskesky shy.

menneske|skyhet shyness. **-slekt** mankind, human race, humanity.

mennesketom deserted; *(ubebodd)* desolate.

menneske|venn philanthropist. **-vennlig** *(se -kjærlig): en* ~ *handling* a kind(-hearted) act. **-verd** (human) worth. **-verdig** fit for human beings, decent *(fx live under d. conditions)*. **-verdighet** dignity as a human being.

menneske|verk work of man. **-vett** human intelligence. **-vrimmel** swarm *(el. throng)* of people. **-ånd** human spirit.

mens *(konj)* while.

menstruasjon menstruation, menses.

menstruere *(vb)* menstruate.

mental mental. **-hygiene** m. hygiene.

mentalitet mentality; *hans* ~ *(også)* the cast of his mind.

mentalundersøke *(vb):* ~ *en* examine sby's mental condition. **-lse** mental examination.

mente: *en i* ~ *(mat.)* carry one; *ha i* ~ *(fig)* bear in mind.

mentol menthol.

menuett minuet.

meny bill of fare, menu.

mer more; *inntekter på* ~ *enn £1000* incomes exceeding £1,000; *ikke* ~ *enn* not more than; *(ɔ: bare)* no more than; *ikke* ~ *et ord* ~ *!* not another word; *hva* ~ *?* what else? *hva* ~ *er* moreover; *jeg ser ham aldri* ~ I shall never see him again, I shall see him no more; *jeg kan ikke* ~ I give it up, I can't go on; *en grunn* ~ an additional reason; *jo* ~, *desto bedre* the more the better; *så meget* ~ *som* the more so as; ~ *eller mindre* more or less; *hverken* ~ *eller mindre* neither more nor less.

mergel marl. **-gjødning** marling. **-grav** marl pit. **-grus** marly gravel. **-jord** marly soil. **-lag** layer of marl. **-stein** marlstone.

mergle *(vb)* marl.

merian *(bot)* marjoram.

meridian meridian.

merinntekt excess profits; additional *(el. extra)* income.

merino merino.

meritter *pl (gale streker)* escapades.

merkantil commercial, mercantile.

merkbar *(adj)* discernible, perceptible, appreciable, noticeable, marked.

I. merke *(subst)* mark, token, sign; *(fabrikat)* make; *(kvalitets-)* brand *(fx of tobacco); (sjømerke)* beacon; *bite* ~ *i* note; *legge* ~ *til* notice; *sette* ~ *ved* put a mark against *(fx* the names of the absent pupils); tick (off), check; *sett* ~ *ved det som passer* check *(fx.* tick (off)) as appropriate; *verdt å legge* ~ *til* noteworthy, worthy of note.

II. merke *(vb)* mark; *(med bokstaver)* letter; *(med tall)* number; *(legge m. til)* note, notice; get *(fx* did you get that look on his face?); *(kjenne)*

feel; *vel å* ~ mind you; ~ *seg* mark; *vi har -t oss hva De sier* your remarks have been noted; *la seg* ~ *med* show, betray; *la deg ikke* ~ *med at du er ergerlig* don't let on that you are annoyed; ~ *opp* mark out *(fx* a lawn for tennis, a course for a race).

merke|blekk marking ink. **-dag** red-letter day. **-lapp** label; tag; *henge* ~ *er på varene* ticket the goods; *klebe* ~ *på bagasjen* label the luggage.

merkelig *adj (bemerkelsesverdig)* remarkable, notable; *(underlig, interessant)* curious; peculiar, odd, strange; *det var* ~ how odd *(el.* strange *el.* peculiar *el.* funny); ~ *nok* strange to say, strange as it may seem; *(se underlig; undersøke)*.

merkenavn brand name.

merkepæl *(fig)* landmark, turning point.

merkesak *(el.)* leading issue, plank; *folkepensjonen var en* ~ *for partiet* the people's pension was one of the party's leading issues.

merkesalg sale of badges; **UK** sale of flags.

merke|seddel label. **-stein** boundary stone. **-verksted** *(for biler)* dealer's workshop; specialist workshop *(fx* repairs should preferably be carried out by a s. w.). **-år** memorable year, year to be remembered.

merknad remark, observation.

Merkur *(myt)* Mercury.

merkverdig remarkable, notable; *(underlig)* peculiar, curious; *(minneverdig)* memorable.

merle *subst (mar)* marl.

merlespiker *(mar)* marline spike.

merr 1 *(zool)* mare; 2 *(skjellsord)* bitch.

mers *(mar)* top.

merse|fall *(mar)* topsail halyard. **-rå** *(mar)* topsail yard. **-skjøt** topsail sheet.

merskum meerschaum.

mersseil *(mar)* topsail.

mer|utbytte extra profit. **-utgift** additional expenditure. **-verdiavgift** value added tax *(fk* VAT); *(se avgift).*

mesallianse misalliance.

mesan *(mar)* spanker. **-mast** *(mar)* mizzen mast.

mesén patron of the arts (,of literature).

meske *vb (ved brygging)* mash; ~ *seg* gorge, stuff oneself.

meslinger *pl (med.)* measles.

I. messe *(kjøpestevne)* fair.

II. messe *(høymesse, sjelemesse)* mass; *holde* ~ celebrate mass; *høre* ~ attend mass; *lese* ~ say mass.

III. messe *(mil & mar)* 1*(felles bord)* mess; **2** *(om rommet)* messroom.

messebok missal

messegutt mess boy.

messehakel chasuble.

messekamerat messmate.

messe|serk, -skjorte surplice; *(katolsk)* alb.

Messias (the) Messiah.

messing brass; *i bare -en (spøkef)* in one's birthday suit; *på bare -en* on one's bare bottom.

I. mest most; ~ *mulig* as much as possible; *det -e* most of, the greater part of; *for det -e* mostly, for the most part, mainly; *(i alminnelighet)* generally; *men aller* ~ but most of all.

II. mest *se nesten.*

mestbegunstigelse most-favoured-nation treatment; *ha* ~ enjoy m.-f.-n. treatment.

mestbegunstiget most-favoured; **US** most-favored.

mesteparten the bulk, the best *(el.* better *el.* greater) part *(av* of).

mester master; *(i sport)* champion; ~ *i svømming* champion swimmer; ~ *på ski* c. skier; *øvelse gjør* ~ practice makes perfect; *man blir ikke* ~ *på en dag* there is no royal road to

proficiency *(el.* learning); *være en ~ i* be a master of, be a past-master in *(el.* at *el.* of); be a master cook (,player, *etc).*
mesterbrev master baker's (,builder's, *etc)* certificate.
mesterkokk master cook, (great) chef, master of the culinary art; *(se kokk).*
mesterlig masterly.
mesterlighet masterliness.
mesterskap *(i sport)* championship.
mesterskapstittel championship; *en farlig konkurrent til -en* a dangerous rival for the c.
mesterskudd masterly shot. **-skytter** crack shot. **-stykke** masterpiece; *(handlingen, etc, også)* masterstroke. **-svømmer** champion swimmer. **-trekk** masterly move; *(fig)* masterstroke. **-verk** masterpiece.
mestis *(blanding av hvit og indianer)* mestizo.
mestre *(vb)* master; manage.
metafysiker metaphysician. **-fysikk** metaphysics. **-fysisk** metaphysical.
metall metal; *koppermetaller* copper-base alloys; *motstandsmetaller (pl)* resistance alloys. **-aktig** metallic. **-arbeider** engineering worker, metalworker. **-glans** metallic lustre.
metallisk metallic.
metallsløyd *(i skole)* metalwork; *(se sløyd).*
metamorfose metamorphosis.
meteor meteor. **-olog** meteorologist; *(stillingsbetegnelse)* meterological officer; T met officer. **-ologi** meteorology. **-ologisk** meteorological; *~ institutt* Weather Office; US Weather Bureau.
meteorstein aerolite, meteoric stone.
meter metre; US meter; *han kom inn som nr. 27 på 500-meter'n (skøyter)* he finished 27th in the 500 metres.
metersystemet the metric system.
metier trade, profession.
metning saturation. **-sgrad** degree of s.
metode method; *de spisse albuers ~* using one's elbows *(fx* you'll have to use your elbows if you want to get on).*
metodikk methodology. **-disk** methodical; *gå ~ til verks* proceed methodically.
metodisme Methodism.
metodist Methodist.
metrikk metrics *(pl),* prosody.
metrisk metrical.
mett satisfied; T full (up); *god og ~* pleasantly satisfied, more than s.; T full (up); *er det helt sikkert at du er ~ ?* are you quite sure you have done? are you quite sure you won't have any more? *takk, jeg er helt ~* I've had quite enough, thank you; *se seg ~ på* gaze one's fill at; *spise seg ~* get enough to eat, eat till one is satisfied; eat as much as one can *(på* off); *alle spiste og ble -e (bibl)* they did all eat and were filled; *~ av år* full of years.
mette *(vb)* satisfy; *(kjem)* saturate; *det -r ikke* it's not satisfying; it doesn't satisfy one's hunger.
mettende satisfying, substantial; *(~ og styrkende)* sustaining.
metthet satiety, fullness.
Metusalem Methuselah.
mezzosopran *(mus)* mezzo-soprano.
midd *(zool)* mite; *(se blodmidd).*
middag noon, midday; *(måltid)* dinner; *spise ~* have dinner, dine; *bli til ~* stay for dinner; *hva skal vi ha til ~?* what are we going to have for dinner? *sove ~* take a nap after dinner.
middagsbord dinner table; *ved -et* at dinner. **-hvil** rest after dinner, siesta. **-høyde** meridian altitude. **-lur** after-dinner nap. **-mat** dinner; *(se proppe).* **-måltid** dinner; *(midt på dagen, også)*

midday meal. **-pause** lunch hour. **-pølse** sausage. **-servise** dinner set. **-stund** noon; *(ofte =)* lunch hour. **-tid** noon; *ved ~* (at) about noon; T round dinner time. **-utgave** lunch *(el.* midday) edition. **-varme** midday heat, noonday heat.
middel means; *(i en knipe)* expedient; *(hjelpemiddel)* remedy; *offentlige midler* public funds; *statens midler* the resources of the state; *«egne midler» (i oppstilling)* own contribution; provided privately; *av egne midler* out of one's own money *(el.* means); *han betalte det av egne midler* he paid it out of *(el.* with) his own money; *han ville ikke ha kunnet kjøpe huset for egne midler* he would not have been able to buy the house with his own means *(el.* without financial aid); *(se uforsøkt).*
middelalderen the Middle Ages. **-alderlig, -aldersk** medi(a)eval; *(foreldet)* antediluvian.
middelaldrende middle-aged.
middelbar indirect, mediate.
middelhastighet average speed.
Middelhavet the Mediterranean.
middelhøyde medium *(el.* average) height; *under ~* under average height; *en mann under ~* an undersized man.
middelklasse middle class; *-n* the m. classes.
middelmådig indifferent, mediocre.
middelmådighet mediocrity.
middelpris average price.
middelpunkt centre.
middels *(adj)* average, medium, middling; *~ høy* of average height.
middelstand the middle classes; *(fys)* mean level.
middelstor of average size, medium(-sized).
middelstørrelse medium size.
middeltall (arithmetical) mean, average; *bestemme -et* strike an average.
middeltemperatur mean temperature.
middeltid mean time.
middelvei middle course; *den gylne ~* the golden mean, the happy mean; *gå den gylne ~* strike the golden *(el.* happy) mean; take *(el.* steer) a middle course; *det er stundom vanskelig å finne den gylne ~ mellom å gi for mye og for lite kreditt* it is sometimes difficult to arrive at the happy medium between giving too much or too little credit.
midje waist; *smal om -n* narrow-waisted, slim.
midlertidig *(adj)* provisional, temporary, interim; *(adv)* provisionally, temporarily; *det er bare noe ~ (noe)* (ɔ: *provisorisk)* it's only a makeshift; *~ ansatt* = unestablished (NB the' unestablished' civil servant has no pension entitlement).
midnatt midnight; *ved ~* at m.; *ved -stid* (at) about m.
midnattssola the midnight sun. **-time** midnight hour.
midt *(adv): ~ etter* along the middle (of); *~ for(an)* right in front of; *~ i* in the middle of; *~ i bakken* halfway up the hill; *omtrent ~ i august* about the middle of August; *~ iblant* in the midst of; *~ igjennom* through the middle of; straight through; *~ imellom* halfway between; *gå ~ over* break in two; *~ på* in the middle of; *~ på dagen* in broad daylight; at noon; in the middle of the day; *~ på natten* in the dead of night; at dead of n.; in the middle of the night; *~ på sommeren* in the middle of summer; at midsummer; *(litt.)* in midsummer; *~ på vinteren* in the middle of winter; in the depth(s) of winter; *(litt.)* in midwinter; *til ~ på beinet* (reaching) halfway up the leg; *~ under* immediately under *(el.* below), directly below;

~ *under arbeidet* in the middle of work; ~ *ute på havet* in mid-ocean; right out at sea.
midte middle; *i vår* ~ in our midst; among us.
midten the middle; ~ *av* the m. of; *på* ~ in the m.; *gå av på* ~ break in the m.
midterst middle, central, midmost; *den -e* the middle one.
midtfjords in the middle of the fjord.
midtgang *(i kino, etc)* gangway; *ved -en* on the g.
midtlinje centre line; *(fotb)* halfway line; *dobbelt* ~ *(på vei)* **UK** double white lines. **-parti** central part. **-punkt** centre; *når du kommer tilbake, blir du -et (fig)* **T** when you get back you'll be the whole story.
midtrabatt *(på vei)* centre strip; **US** median strip.
midtre middle.
midtskips midships.
midtsommer midsummer. **-s** in the middle of summer, at the height of summer.
midtspiller *(fotb)* midfield player.
midtstykke central piece. **-time** midday break.
midtveis halfway, midway.
midtvinters in midwinter, in the middle of winter.
migrene migraine.
Mikkel: ~ *rev* Reynard the Fox.
mikkelsmess Michaelmas.
mikrobe microbe.
mikrofon microphone; **T** mike. **-kosmos** microcosm. **-skop** microscope. **-skopisk** microscopic(al).
mikse *(vb)* **T**: *se fikse.*
mikstur mixture.
mil: *norsk* ~ *(10 km)* Norwegian mile (= 6.2 statute miles).
Milano Milan. **m-neser, m-nesisk** Milanese.
mild *(adj)* mild; *(lempelig)* lenient; *(blid, from)* gentle; ~ *bedømmelse (av skolearbeid)* lenient marking; *-e gaver* charities, benefactions; *-est talt* to put it mildly, to say the least of it.
mildhet mildness, gentleness; leniency.
mildne *(vb)* mitigate, alleviate; *(berolige)* soothe, appease.
mildvær mild weather.
mile charcoal kiln.
milelang miles long; *(fig)* endless *(fx* letters). **-pæl, -stolpe** milestone. **-vid:** *i* ~ *omkrets* for miles around. **-vidt** for miles; ~ *omkring* for miles around.
militarisme militarism.
militarist, -isk militarist.
mili(t)s militia.
militær *(adj)* military; *det -e* the military; **UK** the Services; *han er i det -e* **T** he's in the military.
militærlege army surgeon. **-musikk** military music. **-nekter** conscientious objector *(fk* c. o.); **T** conchie. **-orkester** military band. **-parade** military display. **-politi** military police; *sjefen for -et* the provost marshal. **-politisersjant** *(fk MP-sjt)* provost sergeant. **-politisoldat** military policeman; **T** redcap. **-tjeneste** military service; *få utsettelse med -n* obtain deferment of recruitment.
miljø surroundings, environment; milieu; *-ets påvirkning* environmental influences *(fx* the importance of e. i. in a person's development).
miljøbestemt determined by environment; environmental. **-skade** *(psykol)* maladjustment. **-skadet** maladjusted. **-skildring** description of social background.
miljøvern conservation *(el.* protection) of the environment, environment protection; *være aktivt interessert i* ~ be concerned about the

conservation of the environment (and the avoidance of pollution); *(jvf naturvern).*
miljøverndepartement UK Department of the Environment.
miljøvernminister UK Secretary of State for the Environment; **T** Environment Secretary.
miljøvernpolitikk environment policy; *(se politikk).*
milliard billion; *(hist)* milliard.
million million. **milliontedel** millionth (part).
millionvis *(adv)* by the million.
millionær millionaire.
milt *(anat)* spleen. **-brann** *(med.)* anthrax.
mimikk expression; gestures; mimicry.
mimisk mimic, expressive; ~ *talent* acting talent.
mimose *(bot)* mimosa.
mimre *(vb)* quiver, twitch; *han -t* his lips quivered.
min, mi, mitt, mine *(adjektivisk)* my; *(substantivisk)* mine; *barnet mitt* my child; *barnet er mitt* the child is mine; *jeg skal gjøre mitt til det* I'll do my best.
minaret minaret.
mindre *komparativ* **1.** *adj (mots. mer)* less *(fx* less food, poverty, damage; this room has less sun); **2.** *adj (mots. større)* smaller; **3.** *adj (yngre)* younger; **4.** *adj (om betydning, verdi, etc)* minor *(fx* a factor of minor importance; a minor official); **5.** *adj (ubetydelig)* slight *(fx* a slight difference of opinion); insignificant *(fx* only insignificant changes); **6.** *adv (mots. mer)* less *(fx* the heat grew less intense; you should eat less).
[*A: forb. med subst; B: med vb; C: andre forb.*]
A: *et* ~ *antall* a small number; *(ved sammenligning)* a smaller number; ~ *barn* small (,young) children; *av* ~ *betydning* of little *(el.* minor) importance; *en* ~ *butikk* a small shop; a small-sized shop; ~ *forandringer* minor changes; *folk med* ~ *inntekter* people in the lower income brackets; ~ *mat* less food;
B: *bli* ~ become smaller, grow smaller; become less, lessen, diminish; *verden blir* ~ *og* ~ the world is getting smaller and smaller; the world is getting ever smaller; *bli* ~ *merkbar* become less noticeable; *en valuta som har blitt* ~ *verdt* a currency that has diminished in value; *gjøre* ~ make smaller; lessen; *kan ikke* ~ *gjøre det?* can't you do with less? has it got to be as much as all that? **ha** ~ *å gjøre* have less to do; be less busy; *har du ikke* ~? *((veksle)penger)* haven't you anything smaller? haven't you got any smaller change? *han nøyde seg ikke med noe* ~ *enn en Jaguar* he wouldn't be content with anything) less than a Jaguar; nothing less than a Jaguar would do for him; ~ *vil si lettere* less size means less weight;
C: *jeg vil ha* ~ *av dette og mer av det der* I want less of this and more of that; ~ **behagelig** less agreeable; not very pleasant *(el.* agreeable); *jo* ~ *du beveger deg,* **desto** ~ *vondt gjør det* the less you move, the less you feel the pain; the less you move, the less pain you'll feel; *ikke desto* ~ nevertheless, none the less; *selv om han ikke kan forlate huset, er han ikke desto* ~ *travelt beskjeftiget* (al)though he cannot leave the house, he is none the less busy and active; **enda** ~ still less, even less; *han gjorde enda* ~ *enn John* he did even *(el.* still) less than John; *(se ndf: langt mindre);* ~ **enn** smaller than *(fx* Peter is smaller than John); less than *(fx* he works less than he used to); *vi kan komme dit på* ~ *enn (el. på under)* to timer we can get there in under *(el.* in less than) two hours; *på* ~ *enn (el. på under) et år* in less than a

year; in under a year; *på litt* ~ *enn et år* in a little less than a year; in just under a year; *ikke* ~ *enn £200* **1.** not less than £200; **2**(ɔ: *hele £200)* no less than £200; *ikke* ~ *enn seks ganger* as many as six times; no fewer than six times; *et tidsrom på ikke* ~ *enn en måned* a period of not less than a month; ~ **god** not very good, not quite good; inferior *(fx* of inferior quality); *(ved sammenligning)* less good *(fx* less good than ...*);* *i en* ~ *god forfatning* in a not very good condition; in a none too good condition; *i* ~ **grad** in a less(er) degree; *i større eller* ~ **grad** in greater or less degree; *en* ~ **heldig** *bemerkning* a rather unfortunate remark, rather an unfortunate remark, not a very happy remark; *hans* ~ *heldige oppførsel (el. opptreden)* his unfortunate manner; *det var et* ~ *heldig øyeblikk* the moment was not (very) well chosen; **ikke** ~ no less; *har du ikke* ~ *? se B (ovf); dette er ikke* ~ *viktig fordi* ... this is not the less important because...; **intet** ~ *enn et mirakel* nothing short of a miracle; nothing less than a miracle; *han er intet* ~ *enn en helt* he is nothing less than a hero; he's a real hero; ~ **kjent** less known, less well(-)known; ~ *kjente metaller* lesser known metals; **langt** ~ far less *(fx* far less milk than wine); *jeg har ikke råd til å kjøpe en moped, langt* ~ *en bil* I can't afford to buy a moped, let alone a car; I can't afford to buy a moped, far less *(el.* still less *el.* not to mention) a car; **litt** ~ a little smaller; a little less *(fx* a little less heavy); *forsøk om du ikke kan være litt* ~ *utålmodig* try not to be so impatient; try to be less impatient; **med** ~ unless; **meget** *(el. mye)* ~ much smaller; much less, far less; *så meget* ~ the less *(fx* I was (all) the less surprised as I had been warned); *så meget* ~ *som* ... the less so as ...; *hvor meget (el. mye)* ~*?* how much less? **mer** *eller* ~ more or less; *med mer eller* ~ *hell* with varying (degrees of) success; *det kommer ikke an på et pund mer eller* ~ a pound more or less won't make any difference; ~ **passende** not quite so well; *(se passende);* ~ **tilfredsstillende** not very satisfactory.

mindre|tall minority. **-verdig** inferior, shameful. **-verdighet** inferiority. **-verdighetsfølelse** a feeling of inferiority, inferiority complex.
mindreårig under age; *være* ~ be a minor, be under age; *(jvf lavalder: den kriminelle* ~*).*
mindreårighet minority.
I. mine *(uttrykk)* expression, air, look; *(litt.)* mien; *en barsk* ~ a stern look, a frown; *uten å fortrekke en* ~ without wincing *(el.* turning a hair); **T** without batting an eye(lid); *gjøre* ~ *til å* make as if to *(fx* he made as if to speak); *ingen gjorde* ~ *til å gripe inn* nobody made a move to interfere; *han gjorde* ~ *til å ville stille seg først i køen* he made (as if) to take the head of the queue; *gjøre gode -r til slett spill* put a good face on things, put the best face on it, grin and bear it; *uten sure -r* with a good grace *(fx* he did it with a good grace); *(se sette B:* ~ *opp en uskyldig mine).*
II. mine *(mil)* mine.
minebor drill for making blast holes.
mine|felt *(mil)* mine field. **-legge** *mil (vb)* mine.
minelegger *(mar)* minelayer.
mineral mineral. **mineralog** mineralogist.
mineralogi mineralogy. **-sk** mineralogical.
mineralolje mineral oil, petroleum.
mineral|rike mineral kingdom. **-samling** collection of minerals.
mineralsk mineral.
mineralvann mineral water.

minere *(vb)* mine, blast.
mineskudd blast, blasting shot.
minespill facial expression; play of (sby's) features.
minesprengning explosion of a mine.
minesveiper *(mar)* minesweeper.
miniatyr miniature; *i* ~ in miniature. **-maler** miniature painter. **-utgave** miniature edition.
minibank cash dispenser; cashpoint.
minimal *(adj)* minimal, minimum, a minimum of *(fx* these flimsy clothes offer a m. of protection against the cold).
minimum minimum; *redusere til et* ~ minimize.
minimumsgrense minimum level *(el.* limit), bottom level *(el.* limit), floor *(fx* set *(el.* fix) floors for wages; set *(el.* fix) minimum levels for wages).
minister minister; *(statsråd)* cabinet m.; **UK** secretary of state; cabinet minister; **US** minister; secretary *(fx handels-* s. of commerce).
ministeriell ministerial.
ministerium ministry; department; **US** department.
minister|krise ministerial crisis. **-president** premier. **-skifte** change of Government; *(enkelt(e) post(er))* ministerial reshuffle. **-taburett** ministerial office *(el.* rank).
ministrant acolyte.
I. mink(*zool)* mink.
II. mink *(svinn)* decrease, dwindling, reduction.
minke *(vb)* decrease; dwindle, shrink; *oljen begynte å* ~ the oil was giving out; ~ *på farten* slow down; *det -t på provianten* provisions were running short *(el.* were giving out).
minkehval *zool (vågehval)* minke whale.
I. minne *(erindring)* memory, reminiscence, remembrance; *(hukommelse)* memory; *(erindringstegn, minnetegn)* memento, souvenir, remembrance; *(levning)* relic; *han gjenoppfrisket -ne fra skoledagene* he passed in review the memories of his schooldays; *ha i friskt* ~ remember clearly, have a distinct recollection of; *dette ga oss et* ~ *for livet* this (experience) gave us a memory for life; this gave us something to remember all our lives; *lyse fred over ens* ~ [pray for sby's soul to be at rest]; *vi lyser fred over hans* ~ = peace be with him; *det vil være et* ~ *om deg* that will be sth to remember you by; *til* ~ *om* in commemoration of, in memory of; as a souvenir of *(fx* visit, journey, *etc); til* ~ *om din venninne Ann* to remind you of your friend Ann; *til* ~ *om min reise* as a memento *(el.* souvenir) of my trip; *i manns* ~ within the memory of man, within living memory; *(jvf erindring).*
II. minne *(vb)* remind, put in mind *(om* of); *dette -t meg om noe* this rang a bell for me; *-r det ordet deg om noe?* does that word ring any bell? *det der -r deg om noe (ɔ:* andre tider, *etc) ikke sant?* this takes you back, doesn't it? ~ *en om noe (ɔ: stadig la en få høre noe)* never let sby hear the end of sth; *han -r meg stadig om at jeg glemte fødselsdagen hans* he keeps rubbing in the fact that I forgot his birthday; *minn han på den artikkelen (også)* jog his memory about that article; *minn meg på at ...* remind me that ...; *dette året vil -s som* this year will go down in history as ...
minne|bok autograph album. **-dikt** courtly love-poem. **-fest** commemoration. **-frimerke** commemorative stamp. **-gave** remembrance, souvenir, keepsake. **-gudstjeneste** commemoration service.
minnelig amicable; ~ *avgjørelse* a. settlement; *komme til en* ~ *overenskomst med* settle things amicably with.

minnelighet: *i* ~ amicably, in a friendly *(el.* amicable) way.
minnelse *(påminnelse)* reminder.
minneord obituary (notice).
minnerik rich in memories.
minnes *vb (erindre)* remember, recollect; *jeg ~ at jeg har truffet ham* I remember meeting him; *om jeg ~ rett* if my memory serves me.
minnesanger minnesinger.
minnesmerke monument, memorial; *kultur-* cultural monument.
minnestein monumental stone. **-støtte** memorial column; *reise en ~ over hans grav* erect *(el.* raise) a memorial over his grave. **-tale** commemorative speech. **-tavle** memorial plaque.
minneutstilling commemorative exhibition.
minneverdig memorable.
minoritet minority; *være i* ~ be in a *(el.* the) minority.
minske *(vb)* diminish; lessen, reduce; ~ *seil* shorten sail.
minst *adj superlativ* **1***(mots. mest)* least *(fx* this room has the least sun; that is what pleased me least); **2***(mots. størst)* smallest; *(av to)* smaller *(fx* he is the smaller of the two); **3***(yngst)* youngest *(fx* the youngest child); *(av to)* younger *(fx* the younger of the two children); **4.** *adv (ikke mindre enn)* not less than *(fx* if you order not less than 1,000 cases); *(i hvert fall)* at least *(fx* it will cost at least £50); least *(fx* when we least expected it);
[*A: forb. med subst; B: andre forb.*]
A: *det -e av barna* the youngest of the children; *ved den -e berøring* at the slightest touch; *i de -e enkeltheter* down to the last detail; *den -e lyd ville være skjebnesvanger* the least sound would be fatal; *(den) -e lønn(en)* the lowest pay; *gi meg det -e stykket og behold det andre* give me the smaller piece and you keep the other; *hans -e ønske ble etterkommet* his slightest wish *(el.* his every wish) was complied with;
B. aller ~least of all; *ingen kan klage, aller ~ du* nobody can complain, you least of all; *det er det aller -e jeg kunne vente* that's the very least I could expect; ~ *av alle* least of all; ... *og du ~ av alle* you least of all; ~ **av** *alt* least of all *(fx* least of all did he want to hurt her); *det -e av barna* the youngest (,smallest) of the children; *det -e av de to barna* the youngest (,smallest) of the two children; *(stivt)* the younger (,smaller) of the two children; *av to onder velger man det -e* choose the lesser of two evils; **de -e 1** *(om ting)* the smaller ones; **2***(om barn)* the little ones; *barnetime for de -e* children's hour for the very young; *barnetime for de aller -e* children's hour for the very youngest; *dette er ikke noe (el. ikke egnet) for de store og halvstore barna, bare for de aller -e* this is only suitable for the very youngest children, (and) not the oldest or those in between; **det -e** the least *(fx* the least he can do is to apologize); *hvis du føler deg det -e trett* ... if you're the least (bit) tired; if you're at all tired; if you feel at all tired...; *ingen ante det -e* no one had the slightest suspicion; *\det har jeg ikke hørt det -e om* I haven't heard anything at all about that; **T** that's news to me; *søndag har jeg ~ å gjøre* Sunday is the day when I'm least busy; **i det -e** at least *(fx* you might at least be polite!); *ikke det -e* nothing at all; *(ikke på noen måte)* not in the least; *ikke det aller -e* not the least bit; not a bit; **ikke** ~ not least; *de gledet seg alle til ferien, ikke ~ barna* they all looked forward to the holidays, especially the children; *sist, men ikke* ~ last, (but) not least; *ikke* ~

fordi ... especially as ...; ikke ~ p.g.a. ... not least because of ...; *ikke ~ er dette tilfelle med (de) partiene som går over X* this is particularly true of shipments via *(el.* by way of) X; not least is this true of shipments via X; especially *(el.* particularly) is this so in the case of shipments via X; *ikke i -e måte* not in the least; ~ **mulig** as little as possible; ~ *mulig bry* the least possible trouble; *det ~ mulige* a minimum *(fx* reduce the friction to a minimum); *med ~ mulig bagasje (,anstrengelse)* with a minimum of luggage (,effort).
minstelønn minimum wage.
minus minus; *(fratrukket)* less; ~ *fem grader* minus five degrees; five degrees below zero.
minusflyktning hard core refugee.
minuskel lower-case letter.
minutiøs minute.
minutt minute; *på -et* to the minute; *jeg skal være der på -et* I shall be there in a minute.
minuttsikker: *klokka går -t* the watch is to the minute.
minuttviser minute hand.
minør miner.
mirakel miracle; *gjøre mirakler* do *(el.* work) miracles.
mirakuløs miraculous.
misantrop misanthrope.
misantropi misanthropy.
misantropisk misanthropic(al).
misbillige *(vb)* disapprove (of); *-nde* disapproving; *-nde bemerkninger* deprecatory remarks; *snakke -nde om* speak in deprecatory terms of.
misbilligelse disapproval.
misbruk abuse, misuse *(av* of); *(gal bruk)* improper use; *seksuelt ~ (av mindreårig)* sexual abuse (of a minor); *(se ordning).*
misbruke *(vb)* abuse, misuse; *det kunne bli misbrukt* it might lend itself to abuse; *bli seksuelt misbrukt* be sexually abused.
misdanne *(vb)* deform, misshape.
misdannelse deformity, malformation.
misdeder, -ske *(glds)* malefactor, misdoer.
misère failure, unfortunate affair; wretched situation.
misforhold disparity; disproportion, incongruity; *stå i ~ til* be out of proportion to; *et skrikende ~* a crying disparity; *(se sosial).*
misfornøyd displeased, dissatisfied; *(i sin alminnelighet)* discontented.
misfornøyelse *se misnøye.*
misforstå *(vb)* misunderstand; *som lett kan -s* apt to be misunderstood; *hun er tunghørt og -r alt* she is hard of hearing and gets everything wrong *(el.* misunderstands everything one says to her); ~ *fullstendig* get it (all) wrong.
misforståelse misunderstanding; *(feiltagelse)* mistake; *(gal oppfatning)* misapprehension, misconception; *ved en ~* by mistake; through a misunderstanding.
misfoster monster, stunted offspring; *(fig)* monstrosity.
misgjerning misdeed, crime, offence.
misgrep mistake, error, blunder.
mishag displeasure, disapproval.
mishage *(vb)* displease.
mishagsytring expression of disapproval *(el.* displeasure).
mishandle *(vb)* ill-treat, maltreat.
mishandling ill-treatment, maltreatment.
misjon mission; *(se indremisjon).*
misjonsarbeid mission(ary) work.
misjonsstasjon mission (post *el.* station).
misjonær missionary.

miskjenne *(vb)* misjudge, fail to appreciate; *et miskjent geni* an undiscovered genius.
misklang dissonance, discord, jar.
miskle *(vb)* be unbecoming, not become.
miskmask hotchpotch, medley, mishmash.
miskreditt discredit; *bringe i* ~ bring into discredit.
miskunn *(bibl)* mercy. **-elig** *(bibl)* merciful.
mislig *(utilbørlig, forkastelig)* objectionable, improper, irregular. **-het** *(utilbørlig forhold)* irregularity; *(bedragersk, også)* malpractice; *-er ved regnskapene* irregularities in the accounts.
misligholde *vb (ikke oppfylle)* 1*(kontrakt)* fail to execute, fail to fulfil, break; 2*(obligasjon)* fail to redeem *(el.* carry out), violate; 3*(veksel)* dishonour (,**US:** dishonor), fail to meet; 4*(betaling)* fail to pay, default (in payment); 5*(lån)* default on *(fx* they have defaulted on their past loans); *dersom kjøperen -r noen termin* should the buyer make default in any instalment.
misligholdelse non-fulfilment (of a contract), breach (of contract); non-payment *(fx* of a bill); *(se sikkerhet).*
misligholdsbeføyelser *pl (jur)* remedies for breach of contract; *gjøre* ~ *gjeldende* avail oneself of remedies for breach of contract.
mislike *(vb)* dislike.
mislyd dissonance, discord.
mislykkes *(vb)* fail, be unsuccessful, not succeed; *det mislyktes for ham* he failed; he did not succeed; *et mislyk(ke)t forsøk* an unsuccessful attempt; a failure.
mismodig despondent, dejected, dispirited.
misnøyd *se misfornøyd.*
misnøye displeasure, dissatisfaction.
misoppfatning misconception, misunderstanding.
misstemning *(misnøye)* dissatisfaction; *(forstemt-het)* dejection, gloom; *(uoverensstemmelse)* discord, discordant feeling; *(uvennlig stemning)* bad feeling; *dagen endte med* ~ the day ended on a discordant note.
mistak error, mistake; *(se I. feil).*
mistanke suspicion; *-n falt på ham* he was suspected; *fatte* ~ *til* begin to suspect; *ha* ~ *til en* suspect sby; *ha* ~ *om* suspect; *(se skjellig).*
mistbenk hotbed, frame.
miste *(vb)* lose.
misteltein *(bot)* mistletoe.
mistenke *(vb)* suspect *(for* of); *han er mistenkt for å stjele* he is suspected of stealing.
mistenkelig suspicious.
mistenkeliggjøre *(vb)* render suspect, throw suspicion on.
mistenkelighet suspiciousness.
mistenksom suspicious; *se med -me øyne på* view with suspicion.
mistenksomhet suspiciousness, suspicion.
mistillit distrust, mistrust, lack of confidence *(til* in); *ha* ~ *til* distrust.
mistillitsvotum vote of no confidence, (vote of) censure.
I. mistro *(subst)* distrust, mistrust.
II. mistro *(vb)* distrust, mistrust.
mistroisk distrustful, mistrustful, suspicious.
mistroiskhet suspiciousness.
mistrøstig despondent.
mistrøstighet despondency.
mistyde *(vb)* misinterpret; misconstrue.
mistydning misinterpretation; misconstruction.
misunne *(vb)* envy, grudge; ~ *en noe* envy sby sth; ~ *en ens hell* grudge sby his success; *han -r meg en drink nå og da* she grudges me an occasional drink.
misunnelig envious *(på* of); *være* ~ *på en for*

noe envy sby sth; *han er bare* ~*!* *(også)* it's sour grapes to him!
misunnelse envy.
misunnelsesverdig enviable; *lite* ~ unenviable, not at all to be envied.
misvekst crop failure.
misvisende misleading, fallacious, deceptive; *det* ~ *i å* the fallacy of (-ing); ~ *kurs* magnetic course.
misvisning declination; **US** (magnetic) deviation; *(mar)* variation.
mitraljøse mitrailleuse; machine gun.
mitt *se min.*
mjau miaow; mew; **US** meow. **-e** *(vb)* miaow; mew; **US** meow.
mjød mead. **-urt** *(bot)* meadowsweet.
mjøl *se mel.*
mjølk *se melk.*
mjå *se smal, slank.*
mnemoteknikk mnemonics.
I. mo *(subst)* heath, moor; *(ekserserplass)* drill ground.
II. mo *(adj)* weak; ~ *i knærne* weak at the knees *(fx* I became w. at the knees); **T** seedy, wobbly *(fx* I felt quite w. with excitement).
III. mo: ~ *alene* all by oneself.
mobb mob.
mobbe *(vb)* mob; crowd *(fx* they crowded him).
mobil mobile.
mobilisere *(vb)* mobilize. **-ing** mobilization.
Moçambique *geogr (hist)* Mozambique.
modal modal; *-e hjelpeverb* defective auxiliary verbs.
modell model; pattern; type, design; *(levende)* model; *stå* ~ pose; sit for *(el.* to) an artist; *teg-net etter* ~ drawn from a model; *etter levende* ~ from (the) life; *etter naken* ~ from the nude.
modellere *(vb)* model.
modelljernbane model railway; miniature railway.
modellkjole model dress. **-snekker** pattern maker. **-studie** study from life, painting (,drawing) from life.
modellør modeller.
moden ripe, mature; *etter* ~ *overveielse* after mature consideration; *after thinking the matter well over; en* ~ *skjønnhet* a ripe beauty; *tidlig* ~ precocious *(fx* child), early *(fx* apples); *for* ripe for, ready for; *tiden er ikke* ~ *ennå* the time for it has not come yet; *(se skolemo-den).*
modenhet ripeness, maturity; *tidlig* ~ precocity; *(seksuelt)* sexual precocity.
modenhetsalderen maturity. **-prøve** test of maturity.
moderasjon moderation; *(avslag)* price reduction, discount.
moderat moderate, reasonable.
moderere *(vb)* moderate; *(om uttrykk)* tone down.
moderkirke Mother Church.
moderkjærlighet maternal love, a mother's love. **-land** mother country.
moderlig maternal, motherly.
modermord matricide. **-morder, -morderske** matricide.
moderne modern, fashionable, up-to-date; *solide* ~ *ski* strong, up-to-date skis.
modernisere *(vb)* modernize.
moderselskap *(merk)* parent company. **-skip** mother ship; *(jvf hangarskip).*
modifikasjon modification; qualification; *en sannhet med -er* only a qualified truth.
modifisere *(vb)* modify; *(ved innskrenkning)* qualify.

modig courageous, brave, bold; T plucky; *gjøre* ~ embolden; *gråte sine -e tårer* cry bitterly.
modist milliner, modiste.
modne *(vb)* make ripe; ripen; *-s* ripen; *(fig)* mature.
modningstid ripening period.
modulasjon modulation; *(av stemme)* inflection.
modulere *(vb)* modulate.
modus *(gram)* mood.
mokasin moccasin.
mokka(kaffe) mocha (coffee).
mokka|kopp demitasse (cup). **-skje** d. spoon.
molbakke sudden, steep shelf of sea or lake bottom; sudden deep; *(se brådyp).*
molbo fool; *-ene (svarer til)* the wise men of Gotham. **-aktig** stupid, dull-witted, dense; narrow, provincial.
mold mould; US mold. **-jord** mould; US mold.
moldvarp *(zool)* mole. **-arbeid** mole's work; *(fig)* underground work.
molefonken T dejected; T (down) in the dumps.
molekyl molecule.
molekylær molecular.
molest molestation. **molestere** *(vb)* molest.
moll *(mus)* minor; *i* ~ in the minor key.
mollusk *(zool)* mollusc, mollusk.
molo mole, breakwater.
molte *(bot)* cloudberry.
molybden molybdenum.
moment *(tekn, fys)* moment; *(faktor)* element, factor; *irritasjons-* source *(el.* element) of irritation; irritant.
momentan momentary.
moms *se merverdiavgift.*
mon I wonder (if), I should like to know; *(se III. si B).*
monade monad.
Monaco *(geogr)* Monaco; *(se monegask(isk)).*
monark monarch. **-i** monarchy.
monarkisk monarchial.
mondén fashionable.
monegask(isk) Monegasque.
mongol Mongol.
Mongolia *(geogr)* Mongolia.
mongolsk Mongol, Mongolian.
monisme monism.
monn advantage, help, effect; bit, degree; *i noen* ~ somewhat, to some degree; *alle -er drar* every little helps; *i rikt* ~ in full measure; *ta sin* ~ *igjen* recoup oneself; even things up.
monne *(vb)* avail, help; *det er noe som -r* that makes all the difference; *det -r med innsamlingen* the collection is doing well; *det -r ikke* it doesn't get you anywhere; it's a drop in the ocean; *det -t lite* it was of little avail; it didn't do much good; it didn't help much; *slik at det -r* so that it really helps; *nå må du prøve å spise noe som -r* now you must try to eat sth that will keep you going; *først da begynte han å tjene penger som -t* it was only then he started earning enough money to make any difference; *tjene penger så det virkelig -r (sterkt)* earn money with a vengeance.
monogam monogamous. **monogami** monogamy.
monokkel monocle, (single) eyeglass.
mono|log monologue, soliloquy. **-man** monomaniac. **-mani** monomania.
monoplan *(flyv)* monoplane.
monopol monopoly *(på* of); *belegge med* ~ monopolize.
monopolisere *(vb)* monopolize.
monoton monotonous; monotonical.
monotoni monotony.
monstrans *(rel)* monstrance, ostensory.
monstrum monster. **monstrøs** monstrous.

monsun monsoon.
montere *(vb)* mount; fit (up), instal; *(prefabrikkert hus, etc)* erect.
montering installation, mounting, fitting up; *(av prefabrikkert hus, etc)* erection.
monterings|arbeider assembly worker. **-hall** assembly plant. **-lag** *(som monterer prefabrikkert hus, etc)* erection team.
montre showcase.
montro *se mon.*
montør fitter; *(elekt)* electrician.
monument monument *(over* to).
monumental monumental.
moped moped.
mops *(zool)* pug, pug-dog. **-enese** pug-nose.
mor mother; *bli* ~ become a mother; *han er ikke -s beste barn* he is no angel; he is a bad lot; *her hjelper ingen kjære* ~*!* it's no use begging for help here!
moral **1***(av fabel), etc)* moral; *hvilken* ~ *kan utledes av denne historien?* what moral can (el. is to) be drawn from this story? **2***(kamp-)* morale; *-en var fortsatt god* morale was still high; *de trenger noe som kan høyne -en* they need something to raise their morale; *stive opp -en* boost (one's) morale; **3***(det som oppfattes som moralsk)* morality; morals; *forretnings-* business morals *(el.* ethics); *han har ingen* ~ he has no morals; *he has no sense of moral standards; slapp* ~ lax morals; *folks oppfatning av* ~ *varierer svært* different people's ideas of morality vary greatly; *med frynset* ~ morally flawed; *i overensstemmelse med vedtatt* ~ *(el. vedtatte moralske normer)* in accordance with commonly accepted morals *(el.* norms); *det er bare et spørsmål om vanlig (god)* ~ it's merely a question of common morals *(el.* morality); *(se seksualmoral).*
moralisere *(vb)* moralize.
moralist moralist; moralizer.
moralitet morality.
moral|lov moral law; moral code. **-lære** ethics. **-predikant** moralist, moralizer. **-preken** (moralizing) lecture; sermon.
moralsk *(adj)* moral; *(adv)* morally; *et* ~ *nederlag* a moral defeat; *gi en* ~ *støtte* lend sby moral support; *spille* ~ *forarget når det gjelder noe* take a high moral line about sth; *være* ~ *forpliktet (til å gjøre det)* be under moral obligation to do it; be morally bound to do it; *de oppfører seg alltid fryktelig* ~ they always behave terribly morally; *betvile at ens handlinger er -e* question the morality of sby's actions; *folks oppfatning av hva som er* ~*, varierer svært* different people's ideas of morality vary greatly; *det strider mot det som oppfattes som* ~ it offends against common morality.
morarente interest on overdue payments.
morass morass.
moratorium moratorium.
morbror mother's brother, maternal uncle.
morbær *(bot)* mulberry.
mord murder *(på* of); *overlagt* ~ *: se drap: overlagt* ~*; begå et* ~ commit (a) murder.
mord|brann arson *(el.* fire-raising) with intent to kill. **-brenner** incendiary, arsonist *(el.* fire-raiser) (who has set fire with intent to kill).
morder murderer. **-hånd**: *dø for* ~ die at the hand of a murderer.
morderisk murderous.
morderske murderess.
mord|forsøk attempted murder; T murder bid; **-kommisjon** murder squad; US homicide division. **-våpen** murder weapon.
more *(vb)* amuse, divert, entertain; ~ *seg* enjoy

oneself, amuse oneself; ~ *seg med* amuse oneself with; *han -t seg med å lene seg ut av vinduet* he amused himself by leaning out of the window; ~ *seg over* be amused at.
morell *(bot)* (morello) cherry.
moréne moraine.
morfar mother's father, maternal grandfather.
Morfeus Morpheus.
morfin morphia, morphine.
morfinist morphine *(el.*morphia) addict.
morfinsprøyte 1*(redskap)* morphia (hypodermic) syringe; 2*(innsprøytingen)* morphia injection; T morphia shot, shot of morphia.
morfologi *(språkv)* morphology. **-gisk** morphologic(al).
morganatisk morganatic.
morgen morning; *en* ~ one m.; *en annen* ~ another m.; *god* ~ good morning; *i* ~ tomorrow; *i* ~ *kveld* tomorrow evening; *i* ~ *tidlig* (early) tomorrow morning; in the morning; *til i* ~ *på denne tid* till this time tomorrow; *fra* ~ *til kveld* from morning till night; *om -en* in the morning; of a morning; *siden tidenes* ~ since the beginning of time; *tidlig på -en* early in the morning; *i morges* this morning; *i går morges* yesterday morning.
morgenandakt morning prayers.
morgenblad morning paper. **-blund** morning sleep. **-bønn** morning prayer. **-dag** morrow.
morgendemring dawn, daybreak. **-fugl** early riser. **-gave** morning gift. **-gretten** grumpy in the morning. **-grettenhet** breakfast-table grumpiness. **-gry** dawn, daybreak. **-gymnastikk** early morning exercises; early morning P.T.; *ta* ~ *(især)* take setting-up exercises. **-kaffe** morning coffee. **-kjole** house coat.
morgenkvist: *på -en* in the early morning *(fx* are you hungry in the e. m.?); T bright and early *(fx* they set off b. and e.).
morgenkåpe dressing gown. **-menneske** early riser; T early bird; **-røde** dawn, sunrise colours. **-side:** *på -n* towards morning; *komme hjem utpå -n* come home in the early hours, come h. with the milk. **-sol** morning sun. **-stjerne** morning star. **-stund** (the) early morning; ~ *har gull i munn* the early bird catches the worm.
morgentemperatur *(pasients)* temperature taken in the morning, morning temperature.
morges *se morgen.*
morgne *(vb):* ~ *seg* get the sleep out of one's eyes.
morian Moor; blackamoor.
morild phosphorescence (of the sea).
morkake *(biol)* placenta.
morkel *(bot)* morel.
morken decayed, decaying, rotting; *morkne gulvplanker* decaying floorboards.
morkne *(vb)* decay, rot away.
morløs motherless.
mormon Mormon. **-isme** Mormonism.
mormor mother's mother, maternal grandmother.
mormunn *anat (livmormunn)* (external) mouth *(el.* orifice) of the uterus; os uteri.
morn good morning; hello; US *(også)* hi; ~ *da* goodbye, bye-bye, cheerio; ~ *så lenge* cheerio; see you (later).
moro fun, amusement, merriment; *for* ~ *skyld* for fun; for the fun of it; S for kick; *han liker* ~ he is fond of fun; *han er full av* ~ he is full of fun; *ha* ~ *med en* make fun of sby, poke fun at sby; *jeg sa det bare på* ~ I said it only in *(el.* for) fun; *til stor* ~ *for* to the great amusement of; much to the entertainment of *(fx* the

onlookers); *betale for -a* T pay the piper; foot the bill; *(jvf morsom & I. morskap).*
morsarv maternal inheritance.
morsdag Mothering Sunday.
morse *(vb)* morse. **-alfabet** Morse code.
morsinstinkt maternal instinct.
morsk fierce, gruff, severe.
I. morskap amusement, enjoyment, entertainment; *dans og* ~ *(ofte)* dancing and general merriment; *(se moro).*
II. morskap maternity, motherhood.
morskapslesning light reading.
morske *(vb):* ~ *seg* be fierce *(el.* gruff).
morskjærlighet maternal love, a mother's love.
morsliv womb. **-melk** mother's milk; *få noe inn med -en* be imbued with sth from infancy. **-mål** mother tongue; native tongue *(el.* language); first language; *person som har engelsk som* ~ person whose mother tongue is English, English native speaker, native speaker of English; person with English as his or her first language; *person hvis* ~ *ikke er engelsk* non-native English speaker.
morsom amusing, enjoyable; interesting; funny, droll, witty; *(hyggelig)* nice, pleasant; *et -t lite rom (også)* a jolly little room; *jeg ser ikke noe -t i å gjøre det* I don't see the fun of doing that; *det er -t å seile* sailing a boat is great fun; *så -t at du kunne komme!* I'm so glad you could come! *det skulle vært -t å kunne spansk* it must be *(el.* would be) great fun to know Spanish; *det skulle vært -t å vite om ...* it would have been fun to know if ...; *dette er ikke -t lenger!* this is getting beyond *(el.* past) a joke! *dette er ikke lett, men -t når det lykkes* this is not easy, but success brings satisfaction.
morsomhet *(vits)* joke; *si -er* be witty, say witty things, crack jokes.
morspermisjon maternity leave.
morssiden: *onkel på* ~ maternal uncle.
morstrygd maternity benefit; maternity grant.
mort *(fisk)* roach.
mortalitet mortality.
Morten Martin.
mortensaften Martinmas eve. **-dag** Martinmas. **-gås** roast goose (to be eaten on Martinmas).
morter *(til støtning)* mortar.
mortér *(slags kanon)* mortar.
mortifikasjon annulment.
mortifisere *(vb)* declare null and void, annul.
mos pulp, mash; purée; *eple-* apple purée, apple sauce.
mosaikk mosaic.
mosaikkarbeid mosaic (work); tessellation.
mosaisk Mosaic.
I. mose *subst (bot)* moss.
II. mose *(vb)* mash *(fx* potatoes, apples); *(bunte tømmer)* bundle.
moseaktig mossy, moss-like.
mosebok [one of the books of the Pentateuch]; *de fem mosebøker* the Pentateuch; 1. ~ Genesis; 2. ~ Exodus; 3. ~ Leviticus; 4. ~ Numbers; 5. ~ Deuteronomy.
mosedott tuft of moss. **-fly** moss-covered mountain plateau; *(se II. fly).* **-grodd** moss-covered, overgrown with moss; *(fig)* moss-covered. **-kledd** moss-covered; moss-clad.
Moseloven the Mosaic Law, the law of Moses.
moselvin moselle; *(se vin).*
moser potato masher.
mosjon exercise; *ta* ~ take exercise (to keep fit); *(se sunn).*
mosjonere *(vb)* take exercise (to keep fit).
mosjonsgymnastikk keep-fit exercises; *(se gymnastikk).*

mosjonsparti: *han går på et ~ en gang i uken* he attends keep-fit classes once a week.

moské mosque.

moskito mosquito *(pl: -es)*.

moskovitt, -isk Muscovite.

moskus *(zool)* musk. **-okse** musk ox. **-rotte** musk rat, musquash.

Moskva Moscow.

most *(eple-)* cider; *(drue-)* must.

moster mother's sister, maternal aunt.

I. mot *(subst)* courage; heart; **T** pluck; *fortvilelsens ~* the c. of despair; *friskt ~!* cheer up! never say die! courage! *være ved godt ~* be of good heart! *være ved godt ~ (høytideligere)* be in good heart! *være ved godt ~ (høytideligere)* be in good heart; *ille til -e* ill at ease; *vel til -e* at ease *(fx* feel *(el.* be) at ease); **fatte** *~* take courage, take heart; *fatte nytt ~* pluck up fresh c.; *de fattet nytt ~* their courage revived; **gi** *en ~ (sette ~ i en)* encourage sby, cheer sby up; *gi en nytt ~* hearten sby, put new heart into sby; *(se ndf: sette nytt ~ i);* **ha** *~* have c., be courageous; *ha ~ til å* have the c. to; *jeg har ikke riktig ~ på det* I don't feel up to it; *ha sine meningers ~* have the c. of one's convictions; **holde** *-et oppe* keep up one's spirits; keep a stiff upper lip; **miste** *-et* lose heart, lose c.; *mist ikke -et!* cheer up! keep smiling! never say die! **samle** *alt sitt ~* pluck up c., take one's c. in both hands; *-et sank* his (,her, *etc)* courage ebbed away; his (,*etc)* heart sank; **sette** *(nytt) ~ i* encourage, cheer up, hearten, put some fight into, put new *(el.* fresh) heart into; infuse c. into; *medgangen gjorde i høy grad sitt til å sette nytt ~ i amerikanerne* the success greatly helped to revive the spirits of the Americans; *-et sviktet ham* his c. failed him; all his c. deserted him; **ta** *-et fra* discourage, dishearten; *ta ~ til seg* pluck up *(el.* summon one's) c., take heart; **tape** *-et: se miste -et (ovf).*

II. mot *(prep & adv)* **1**(*henimot, i retning av)* towards, in the direction of; *~ slutten av året* towards the end of the year; **2**(*om motstand; mots. «med«)* against *(fx* the wind); *forsikre ~* insure against; *enten med oss eller ~ oss* either with us or against us; *jeg vil ikke si hverken for eller ~* I have nothing to say one way or the other; *tre ~ to* three (to) two *(fx* two wanted a window shut, three wanted it open; so there they were, three (to) two); *to ~ to* two all; **3**(*på tross av, stikk imot)* against, contrary to, in opposition to *(fx* in o. to *(el.* against) my wishes); **4**(*overfor)* to; *snill ~* kind to; *oppmerksom ~* attentive to; *hensynsfull ~* considerate towards; *hans oppførsel ~ meg* his behaviour *(,US:* behavior) towards me; **5**(*sammenlignet med)* (as) against, as compared with, in comparison with; *dette er ikke noe ~ hva det kunne vært* this is nothing to what it might have been; *seks stemmer ~* in six votes to one; **6**(*som vederlag for)* against *(fx* payment against documents); *~ kvittering* against (*,US:* in return for) receipt; *~ kontant betaling* for cash; *bare ~ betaling av* only on payment of; *~ 5% provisjon* on the basis of a 5 per cent commission; **7**(*under forutsetning av, med forbehold av)* subject to *(fx* this offer is s. to cable reply); **8**(*jur & sport)* versus *(fk.* v.); *(se steil: stå -t mot hverandre).*

motarbeide *(vb)* counteract, oppose, work against.

motargument counter-argument; *det er vanskelig å ta standpunkt til disse påstandene, da man som legmann jo ikke kjenner -ene* it is difficult to judge these assertions; as a layman one is not familiar with the counter-arguments.

motbakke acclivity, uphill, up-gradient; *starte i ~* start while on a slope; *i ~* on an up-gradient, on an uphill slope, uphill.

motbevis proof to the contrary, counter-evidence.

motbevise *(vb)* disprove, refute.

motbydelig disgusting, loathsome, abominable; revolting *(fx* the baboons are r.); (NB *franskmennene gjør opprør* the French are in revolt *(og ikke:* ... are revolting)).

motbydelighet loathsomeness, disgust, abomination.

motbør contrary wind; *(fig)* adversity, opposition; *møte ~* be opposed.

mote fashion, mode; *på -(n)* in fashion; *angi -n* set the fashion; *det er blitt ~* it has become fashionable, it has become the fashion, it is in vogue; *bringe på ~* bring into fashion; *gå av ~* go out of fashion; *siste ~* the latest fashion; the last word *(fx* in hats); *etter nyeste ~* in the latest fashion; *komme på ~* come into fashion; become the fashion.

moteartikler *(pl)* milliners' supplies; *de nyeste ~* the latest (novelties) in millinery.

moteblad fashion journal. **-dame** lady of fashion. **-dukke** *(fig)* fashion doll. **-forretning** milliner's shop. **-handel** milliner's trade; *(forretning)* milliner's shop. **-handler** milliner. **-journal** fashion journal *(el.* magazine).

motelaps, -narr dandy, fop.

motepynt millinery.

motereklame fashion advertising.

motesak matter of fashion. **-slave** slave of fashion. **-tegner** fashion *(el.* dress) designer. **-verdenen** the world of fashion.

motfallen dispirited, dejected; *(jvf molefonken).*

motfallenhet dejection.

motforanstaltning counter-measure; *gripe til -er* resort to c.-measures; *(se motforholdsregel).*

motfordring counter claim *(fx* have a c. c. on sby for an amount).

motforestillinger *(pl)* remonstrances; objections; *(se motargument).*

motforholdsregel counter-measure; *ta -ler (sosialøkonomi: retaliere)* retaliate; *(se motforanstaltning).*

motforslag counterproposal, alternative proposal.

motgang adversity, hardship(s), reverse(s) of fortune; setback; *(ulykke)* misfortune; *~ gjør sterk* adversity makes strong; *ha ~* suffer *(el.* undergo *el.* endure) hardship; *hun har hatt mye ~* she's seen a lot of hardship; she's been through a lot of hardship; she's had a great deal of adversity; *i medgang og ~* in good times and bad; *(litt.)* in prosperity and adversity; *(se medgang).*

motgift antidote. **-hake** barb; *forsynt med -r* barbed.

motiv motive; *(mus)* motif, theme.

motivere *(vb)* **1**(*begrunne)* give *(el.* set out) (the) grounds *(el.* reasons) for, state the reason for; **2** *(være tilstrekkelig grunn til)* justify *(fx* nothing could j. such conduct); **3**(*psykologisk, fx i drama)* motivate; *~ en avgjørelse med* base a decision on; *et utilstrekkelig -t forslag* a proposal resting on an insufficiently reasoned basis; *en -t henstilling* a reasoned request; *elever som er (sterkt) -t for videre skolegang* pupils with a strong motivation for staying on at school; p. who are motivated towards staying on at school.

motivering statement of reasons, explanatory statement; justification; motivation; *med den ~ at* on the ground(s) *(el.* plea) that; *~ for skolegjerningen er det dårlig bevendt med over hele*

linjen there is a general lack of motivation for teaching.
motkandidat rival candidate, opponent.
motklage countercharge.
motløs faint-hearted, disheartened; *(nedslått, forknytt)* dispirited; *jeg ble* ~ my heart sank (into my boots); I lost heart. **-het** faint-heartedness.
motmæle reply, retort.
motor *(bil-, etc)* engine; *(især elekt)* motor; *en feil ved -en* an engine fault; *(se boreferdig; svikte).* **-bank** knock *(fx* the engine has a k.); *(tennings-)* pinking (of the engine).
motorbåt motor boat; *(se passbåt).*
motorisere *(vb)* motorize.
motorisk *(adj)* motory, motor.
motorsag power saw; *(se sag).*
motorskade engine trouble. **-stopp** engine trouble *(el.* failure); *vi fikk* ~ our car broke down, the engine of our car broke down; *vi prøvde ikke å tenke på* ~ *eller bremsesvikt* we tried not to think of engine trouble or failing brakes. **-sykkel** motor cycle. **-syklist** motor cyclist. **-varmer** (electric) engine heater; *(blokkvarmer)* block heater; *sette bilen på* ~ plug in the car. **-vask** engine wash *(el.* cleaning); *hva koster en* ~ *?* how much is an engine wash?
motorvei motorway; **US** freeway; *(avgiftsbelagt)* **US** turnpike, parkway; *på -ene går det fort you* get on quickly on the motorways; *(se bilvei; vei).*
motorvogn 1. motor vehicle; *fører av* ~ driver of a vehicle; 2*(jernb)* motorcoach; **US** motor car.
motorvognfører *(jernb)* motorman, railcar driver. **-sett** motor-coach train, motor train set, rail motor set; electric train set; multiple unit train.
motpart adversary, opponent, opposite party; *holde med -en* side with the opposite party; *-ens vitne* a hostile witness.
motpol opposite pole; *(fig)* opposite.
motregning set-off; *bli ført i* ~ be set off.
motsatt opposite, contrary; *(omvendt)* reverse; *i* ~ *fall* if not, otherwise; *nettopp det -e* the very opposite, quite the contrary *(el.* reverse); *uttale seg i* ~ *retning* express oneself to the contrary; *gjøre det stikk -e av* do the exact opposite of; *(se rekkefølge).*
motsetning contrast; difference; antagonism; *i* ~ *til* as opposed to, as distinct from; *i skarp* ~ *til* in sharp contrast with; *danne en* ~ *til* form a contrast to; *-er tiltrekker hverandre* there is a mutual attraction between opposites; opposites appeal to one another; *(se diametral).*
motsetningsforhold antagonism, clash of interests; *det er et* ~ *mellom dem* they are opposed; they are not on good terms; their interests clash.
motsette *(vb):* ~ *seg* oppose, be opposed to, resist, set oneself against, set one's face against; *han ble skutt idet han motsatte seg arrest* he was shot while resisting arrest.
motsi *(vb)* contradict, gainsay; ~ *seg selv* contradict oneself.
motsigelse contradiction.
motsigende contradictory.
motsjø headsea.
motspill *(kort)* defence. **-er** opponent.
motstand resistance, opposition; *(elekt)* resistance; *spesifikk* ~ specific resistivity; *gjøre* ~ *mot* oppose, resist, offer resistance, fight back; *ikke gjøre* ~ offer no resistance.
motstander opponent, adversary.
motstandsdyktig capable of resistance, resistant *(overfor* to).
motstandsevne, -kraft power of resistance; *pasientens -kraft har med hensikt blitt svekket* the patient's r. has deliberately been weakened.

motstrebende *(adj)* reluctant; grudging; *(adv)* -ly.
motstrid *(subst):* stå *i* ~ *til* be inconsistent with; be contrary to.
motstridende *(adj)* incompatible; contradictory; conflicting *(fx* emotions, feelings).
motstrøm countercurrent; back current.
motstå *(vb)* resist, withstand.
motsvare *(vb)* correspond to; be equivalent to, be the equivalent of.
motsøksmål *(jur)* cross action.
motta *vb (få)* receive; *(ikke avslå, anta)* accept; *(hilse, reagere på)* receive, greet *(fx* the news was received with enthusiasm); *(ved ankomst)* welcome *(fx* he was there to w. the visitors); *(på stasjon, etc, også)* meet *(fx* there was nobody to m. him at the station); *(i sitt hjem)* receive; *-tt (på kvittering)* received with thanks; ~ *som gave* receive as a gift, be made a present of; *be given; jeg kan ikke* ~ *hans tilbud* I cannot accept his offer; *jeg har -tt et brev* I have received a letter; *vi har -tt Deres brev* we have (received) your letter; we are in receipt of y. l.; *(mindre stivt)* we thank you for your letter; *når kan De* ~ *varene?* when can you take delivery of the goods? *(se bestilling).*
mottagelig: ~ *for (dannelse, følelse, inntrykk)* susceptible to; ~ *for fornuft* amenable to reason; *gjøre* ~ *for* predispose to; *være* ~ *for nye idéer* be receptive to *(el.* of) new ideas.
mottagelighet susceptibility; receptiveness.
mottagelse reception; *(av ting)* receipt; *(antagelse)* acceptance; *etter -n av Deres brev* on receipt of your letter; *løfte om levering innen seks uker fra -n av ordren* promise to deliver within six weeks of *(el.* from) receipt of order.
mottagelsesbevis receipt.
mottagelseskomité reception committee.
mottagelsesleir reception camp (for refugees).
mottager recipient; *(vare-)* consignee; *(i shipping)* receiver.
mottagerland receiving country, recipient; *(for flyktninger)* resettlement country.
mottagerstasjon *(radio)* receiving station; *(se stasjon).*
mottakelig, mottakelse se *mottagelig, mottagelse.*
motto motto.
mottrekk countermove.
motveksel *(jernb)* facing points (,**US:** switches); *kjøre over -en* pass the point facing, run over the facing point; *(se medveksel & I. veksel).*
motvekt counterweight, counterbalance; *(fig)* counterweight.
motverge *(subst):* sette seg til ~ resist, offer resistance, fight back, put up a fight, defend oneself.
motvilje reluctance, repugnance *(mot* to); dislike *(mot* of, for); *fatte* ~ *mot* take a dislike to, form a distaste for; *den engelske* ~ *mot omfattende og systematisk nyordning er velkjent* the English dislike of comprehensive and systematic innovations is well known.
motvillig reluctant, grudging.
motvind contrary wind, headwind.
motvirke *(vb)* counteract, work against; counter *(fx* competition). **-ning** counteracting; counteraction.
motytelse return service; service in return; *de ventet ingen* ~ they did not expect any benefit in return.
motøvelse *(gym)* complementary exercise.
mudder mud, mire; (**T** = *støy)* noise, row; *gjøre* ~ kick up a row.
muddermaskin dredger. **-pram** mud boat.
mudre *(vb)* dredge. **mudret** muddy.
muffe muff.
muffens T funny business *(fx* there was some f

b. going on yesterday); foul play *(fx* the police suspected f. p.); jiggery-pokery; skulduggery.
muffin cup cake.
I. mugg *(sopp)* mould; US mold.
II. mugg *(slags tøy)* twill.
I. mugge *(subst)* ewer, jug, pitcher.
II. mugge *vb (være sur)* grumble, fret.
muggen musty, mouldy (,US moldy); *(om lukt, også)* fusty; *(mutt)* sulky; *(mistenkelig)* T fishy; *det er noe -t ved det* there is sth fishy about it.
muggenhet mouldiness (,US: moldiness); mustiness, fustiness; *(se muggen).*
mugne *(vb)* mould, go mouldy; US mold.
Muhammed Mohammed. **muham(m)edan|er, -sk** Mohammedan, Moslem, Muslim.
mukk [sound, syllable, word]; *jeg forstår ikke et ~* I'm completely at sea; I don't understand a word (of it all); it's Greek to me.
mukke *(vb)* grumble; *(protestere)* bristle up, bridle up (in protest), get one's back up; T kick, jib.
mulatt mulatto.
muld *se* mold.
muldyr mule. **-driver** muleteer, mule driver.
mule *zool (munn)* muzzle.
mulepose nosebag.
mulegarn *(tekstil)* mule twist.
mulesel *(zool)* hinny.
mulig possible; *(gjørlig, gjennomførlig)* practicable; *all ~ hjelp* every possible help; *gjøre alt ~ for å* do everything possible to, make every effort to; *gjøre det ~ for oss å ...* enable us to, make it possible for us to; *meget ~* very likely, possibly *(fx* "He is a gentleman." – ' 'Possibly, but he does not behave like one!"); *det er meget ~ at han ...* it may well be that he ...; *det er meget ~* it's quite possible; *om ~* if possible; *så snart som ~* as soon as possible; *mest (,minst) ~* as much (,as little) as possible; *snarest (el. tidligst) ~* at the earliest possible moment; *i størst ~ utstrekning* to the greatest possible extent; *det er meget ~ at han vet det* he very possibly knows; he very likely knows; *-e kjøpere* potential buyers; *det -e resultat* the possible result; *~ tap* any loss that may arise; *så vidt ~* as far as possible; *(jvf eventuell).*
muligens *(adv)* possibly.
muliggjøre *(vb)* make *(el.* render) possible.
mulighet possibility, chance *(for* of); *(eventualitet)* contingency; *det er en ~ for at* it is just possible that; *han har en stilling med gode -er* he has a job with good prospects; *dette yrket byr overhodet ikke på noen -er for tiden* this profession offers no prospects whatsoever at present; T this p. is a dead end; *er det ingen ~ for at vi kan bli enige?* is there no prospect *(el.* possibility) of our coming to terms *(el.* to an agreement)? can't we possibly come to terms? *(se avvise).*
muligvis *se muligens.*
mulkt fine, penalty; *(se bot).*
mulktere *(vb)* fine.
mulm: *i nattens ~ og mørke* in the dead of night, at dead of night.
multiplikand multiplicand.
multiplikasjon multiplication. **-stegn** multiplication sign; (NB *på norsk brukes helst ·, på engelsk oftest* ×, *fx* 4 × 5 = 20).
multiplikator multiplier.
multiplisere *(vb)* multiply.
multiplum multiple *(av* of); *hele multipla* integer multiples.
mumie mummy. **-aktig** mummy-like.
numle *(vb)* mutter, mumble; *~ i skjegget* mutter to oneself.

München Munich.
mundering, mundur *(glds)* uniform; T *(neds)* get-up; *i full mundur* in full uniform; wearing all the trappings of the trade.
munk monk, friar.
munke [raised, (round cake fried in specially shaped pan]; *(se munkepanne).*
munke|drakt monk's habit. **-hette** cowl. **-kloster** monastery. **-kutte** cowl. **-løfte** monastic vow; *avlegge -t* take the vow. **-orden** monastic order. **-panne** [pan with small round wells in which to fry *"munker"*]. **-vesen** monasticism.
munn mouth; *bruke ~* scold; T jaw; *bruke ~ på en* scold sby; abuse sby; *få -en på glid* get talking; *holde ~* hold one's tongue; T shut up; *hold ~ !* T shut up! S shut your trap! *holde ~ med* shut one's mouth about; *legge ord i -en på en* put words into sby's mouth; *slå seg selv på -en* contradict oneself; *snakke en etter -en* play up to sby; echo sby; *han snakker alle etter -en* T *(også)* he's a yes-man; *snakke i -en på hverandre* speak all at once; *stoppe -en på en* silence sby; T shut sby up; *-en står ikke på ham* he talks incessantly; he is always chattering; *ta -en for full* exaggerate; draw the long bow; *ta bladet fra -en* speak one's mind; not mince matters; *være grov i -en* be foul-mouthed.
munn|bitt *(del av bissel)* bar. **-dask** slap on the mouth.
munn|full mouthful. **-hell** byword, (familiar) saying, adage. **-hoggeri** wrangling, bickering. **-hogges** *(vb)* wrangle, bicker; *~ med* have words with, quarrel with, wrangle with. **-hule** oral cavity.
munning mouth, outlet; *(større, ved havet)* estuary; *(på skytevåpen)* muzzle.
munnkurv muzzle; *sette ~ på* muzzle.
munnlær: *ha et godt ~* have the gift of the gab.
munn- og klovsyke foot-and-mouth disease.
munn|skjenk cupbearer. **-spill** mouth organ. **-stykke** holder *(fx* cigarette h.); *(på blåseinstrument)* mouth piece; *(på slange, etc)* nozzle.
munnsvær mere words, idle talk, hot air.
munn|vann mouthwash. **-vik** corner of the mouth.
munter merry; cheery; *det ga festen en ~ opptakt* that started the celebration on a joyful note; *i ~ stemning* in high spirits; *det var et -t syn* it was a funny sight; *(sterkere)* it was quite hilarious to watch.
munterhet gaiety, merriness; *i den støyende -en på markedsplassen forsvant snart hans dårlige humør* in the bustling gaiety of the fairground his bad mood soon passed off.
muntlig *(adj)* verbal, oral; *(adv)* verbally, orally, by word of mouth; *~ eksamen* viva voce examination, oral examination; *komme opp i tysk (,etc) ~* have an oral (exam) in German *(,etc); ingen kom opp i fransk (~),* men ett parti kom opp i norsk* nobody had a French oral, but one group had Norwegian.
muntrasjonsråd provider of fun *(el.* amusement); life of the party.
muntre *(vb)* cheer, enliven; *~ seg opp* cheer oneself up.
mur wall.
murbolt stonebolt.
mure *(vb)* build (with bricks *el.* stones); lay bricks; do masonry work; *~ igjen* wall *(el.* brick) up; *~ igjen et vindu* block out a window.
murene *(fisk)* moray.
murer bricklayer; *(gråsteinsmurer)* mason. **-håndlanger** hodman, hod carrier, bricklayer's assistant. **-håndverk** bricklayer's *(el.* stonemason's) craft *(el.* trade).
murerlære: *sette i ~* apprentice to a bricklayer.

murersvenn journeyman bricklayer *(el. mason)*.
murfast: *mur-* *og naglefaste innretninger (jur)* fixtures. **-hus** brick house, stone house.
murkalk mortar. **-krone** wallhead.
murmeldyr *(zool)* marmot.
murmester master bricklayer. **-puss** plastering.
murre *(vb)* grumble, murmur.
murskje trowel. **-stein** brick.
murverk brickwork, masonry.
mus *(zool)* mouse *(pl: mice); når katten er borte, danser -ene på bordet* when the cat is away, the mice will play; *skipet gikk under med mann og ~* the ship went down with all hands.
muse *(myt)* Muse.
musefelle mousetrap. **-fletter** *(pl)* pigtails. **-hull** mousehole.
muselort mouse dirt; mouse droppings.
musereir mouse nest.
museum museum.
museumsarkivar *(i lønnsregulativet: administrasjonssekretær)* assistant keeper.
museumsdirektør keeper; *(jvf førstekonservator)*.
museumsgjenstand museum piece *(el. specimen)*.
musikalsk musical; *meget ~ som han er, deltok han i ...* with his great aptitude for music, he took part in *(fx* a number of musical activities at school).
musikant musician.
musiker musician.
musikk music; *~ på bånd* music on tape; recorded music; *plate-* music on records *(el. discs)*; records, discs; *sette ~ til* set to music *(fx* set a song to m.); *med ~ av Brahms* to music by Brahms.
musikkanmelder music critic.
musikkforening musical society. **-forretning** gramophone shop, music shop; **US** music store. **-forståelse** appreciation of music. **-handler** music dealer. **-høyskole** academy of music. **-korps** (brass) band; *han har vært med i et ~* he has been in a band *(el.* has been a bandsman). **-stykke** piece of music. **-undervisning** music instruction.
musikus musician.
musisere *(vb)* make music, play.
muskat *(bot)* nutmeg. **-blomme** mace.
muskedunder *(børse)* blunderbuss.
muskel muscle; *forstrekke en ~* strain a muscle; *la musklene spille* flex one's muscles. **-brist** sprain, rupture of a muscle. **-bunt** muscle bundle, b. of muscles. **-feste** muscular attachment. **-kraft** muscular strength, (physical) strength; **T** muscle *(fx* that takes a lot of muscle). **-spenning** muscle tone. **-spill** play of the muscles. **-sterk** muscular. **-styrke** *se muskelkraft.* **-svinn** *(med.)* (progressive) muscular atrophy. **-trekning** muscle twitch. **-vev** muscular tissue.
musketer musketeer.
muskett musket.
muskulatur musculature.
muskuløs muscular.
musling *(zool)* mussel; clam.
muslingskall (sea) shell; cockleshell; scallop (shell).
musse *(fisk)* young herring; *(se sild).*
musselin muslin.
mussere *(vb)* effervesce; fizz, bubble.
mustang *(zool)* mustang.
musvåk *(zool)* common buzzard.
mutasjon mutation.
mutt sulky. **-het** sulkiness.
mutter *(møtrik)* nut; *dra en ~ godt til* tighten a nut up *(el.* down) hard.
mye *(adj & adv): se I. meget & II. meget 2.*
mygg *(zool)* gnat, mosquito *(pl: -es); gjøre en ~*

til en elefant make a mountain out of a molehill; *han var helt oppspist av ~* he had mosquito bites all over.
myggestikk gnat bite, mosquito bite.
myggesverm swarm of gnats *(el. mosquitoes)*.
myggolje gnat *(el.* mosquito) repellent.
myhank *(zool)* crane fly, daddy-longlegs.
myk *(mots. hard)* soft; *(bøyelig)* pliable, flexible; *(smidig)* supple; *~ mann* caring man; *-e verdier* compassionate values; *de -e verdier i samfunnet* society's gentler face *(el.* values); the more caring aspects of society; *gjøre en ~ (fig)* bring sby to heel; *~ som voks* submissive as a lamb.
myke *(vb): ~ opp* soften up, make pliable; *~ opp våre støle lemmer* limber up *(el.* loosen up) our stiffened limbs.
Mykene *(hist)* Mycenae.
mykne *(vb)* become pliable, soften.
mylder throng, swarm, multitude.
myldre *(vb)* swarm, teem; *gatene -r av mennesker* the streets are swarming with people.
mynde *(zool)* greyhound.
myndig **1***(om alder)* of age *(fx* be of age); *fullfully* of age; *(jur, også)* of full age; *bli ~* come of age, attain one's majority; **2***(respektinngytende)* authoritative, masterful; *i en ~ tone* in a tone of authority.
myndighet **1***(makt)* authority, power; *han har ingen ~ til å gjøre det* he has no authority to do that; it's not within his powers to do that; *opptre med ~* act with a.; *tale med ~* speak with a.; *ha ~ til å* have a. to; *gjøre sin ~ gjeldende* make one's a. felt; **2***(pl): henvende seg til de rette -er* apply to the competent authorities; *de stedlige -er* the local authorities; *komme på kant med -ene* get on the wrong side of the authorities; cross swords with the authorities.
myndighetsalder age of majority. **-område** sphere of authority.
myndling ward.
mynt coin; *gangbar ~* current coin; *(valuta)* legal tender; *~, mål og vekt* money, weights and measures; *betale med klingende ~* pay hard cash; *betale en med samme ~* pay sby (back) in his own coin; *~ eller krone* head(s) or tail(s); *slå ~ og krone om* toss up for; *slå politisk ~ på* make political capital out of; *slå ~ på folks dumhet* trade on *(el.* exploit) people's stupidity; *slå ~ på en idé* cash in on an idea.
mynte *(vb)* coin, mint; *det var -t på Dem* that was meant for you; **T** that was a dig *(el.* hit) at you.
mynte *(bot)* mint.
myntenhet monetary unit. **-fot** standard (of coinage). **-kabinett** cabinet of medals and coins. **-kyndig** skilled in numismatics.
myntsamler collector of coins. **-samling** collection of coins. **-sort** species of coin. **-system** monetary system. **-vitenskap** numismatics.
myr bog, marsh. **-aktig** boggy. **-bunn** boggy ground.
myrde *(vb)* murder.
myrdrag stretch of boggy land. **-hatt** *(bot)* marsh cinquefoil.
myrhauk *(zool)* hen harrier; **US** marsh hawk.
myriade myriad.
myrjern bog iron. **-jord** boggy soil. **-klegg** *(bot)* lousewort. **-kongle** *(bot)* water arum. **-lendt** boggy, marshy, swampy. **-malm** bog iron.
myrra myrrh. **-essens** (tincture of) myrrh.
myrrikse *(zool)* spotted crake; *liten ~* little crake.
myrsnelle *(bot)* marsh horsetail.
myrsnipe *(zool) (også* **US***)* dunlin; *(jvf bekkasin) hun er en ordentlig ~ (kan gjengis)* she is very child-proud.

myrsoleie *(bot)* marsh marigold.
myrt *(bot)* myrtle.
myrtekrans myrtle wreath.
myrull *(bot)* bog cotton, cotton grass.
myse *(subst)* whey, serum of milk.
II. myse *vb (med øynene)* peer, squint, screw up one's eyes.
mysost [brown whey cheese].
mysterium mystery. **-eriøs** mysterious.
mystifikasjon mystification.
mystifisere *(vb)* mystify.
mystiker mystic.
mystikk *(rel)* mysticism; *(gåtefullhet)* mystery, mysteriousness; *omgitt av ~* wrapped in mystery.
mystisisme mysticism.
mystisk mystic(al); *(gåtefull)* mysterious; *(mistenkelig)* suspicious.
I. myte *(subst)* myth.
II. myte *vb (felle hår el. fjær)* moult.
mytisk mythical.
mytologi mythology. **-sk** mythological.
mytteri mutiny; *gjøre ~* mutiny; *få i stand ~* raise a mutiny; *deltagerne i -et* the mutineers.
mytterist mutineer.
Mähren *(geogr)* Moravia.
I. mæle *(subst)* voice; *miste munn og ~* become speechless, be bereft of speech.
II. mæle *(vb)* utter, speak, say.
møbel piece of furniture; *møbler* furniture; *noen få møbler* a few sticks of furniture.
møbelarkitekt furniture designer. **-handler** f. dealer. **-lager** f. warehouse. **-lakk** f. varnish. **-plate** *(stavlimt)* laminboard; *(blokklimt)* blockboard. **-snekker** cabinetmaker. **-stoff** upholstery (material). **-tapetserer** f. upholsterer. **-trekk** *(løst)* loose f. cover. *(jvf varetrekk)*.
møblement suite of furniture.
møblere *(vb)* furnish *(fx a room)*.
mødrehygiene sex hygiene for mothers; *(svarer til)* family planning. **-kontor** family planning and maternity clinic.
mødrene maternal. **-arv** inheritance from one's mother, maternal inheritance.
møkk dung; *(vulg = skitt)* dirt, muck, filth; *(vulg = skrap)* rubbish, trash, muck, bilge, tripe.
møkkgreip dung fork.
mølje jumble.
møll *(zool)* moth; *det er gått ~ i frakken* the moths have been at the coat.
mølle mill; *det er vann på -a hans* that is grist to his mill; *den som kommer først til -a, får først malt* first come, first served.
mølleanlegg milling plant.
møllearbeider mill hand. **-bekk** mill stream. **-bruk** 1. mill; 2*(det å)* milling. **-dam** millpond.
møller miller.
møllestein millstone.
møllspist moth-eaten; *(se møll)*.
møne ridge of a roof.
mønje red lead, minium.
mønster 1*(tegning)* design, pattern; *(-prøve)* pattern; *lage etter ~* make to p. *(el. d.)*; *levere etter ~* supply to p.; *~ til p. (el. d.)* for *(el. of)*; 2*(gram)* paradigm; 3*(eksempel, forbilde)* model, pattern; *ta ham til ~* take him as one's model *(el. example)*; follow his example; *stå som ~ for* serve as a model for; *passe inn i et ~ (fig)* conform to a pattern; *(se I. etter; samfunnsmønster; skjema 2)*.
mønsterbeskyttelse protection of a patent *(,of patents)*, protection of a design *(,of designs)*.
mønsterbeskyttet *(of)* registered design, patented.
mønsterbesvarelse model answer.
mønsterbok pattern book. **-bruk** model farm.

mønstergyldig model, exemplary, ideal.
mønsterskole model school. **-verdig** exemplary. **-verk** standard work. **-vevd** figured.
mønstre *(vb)* muster, review, inspect; *(fig)* examine critically, inspect, scrutinize, take stock of; *~ av (mar)* sign off; *~ på (mar)* sign on, ship.
mønstret figured; patterned.
mønstring 1. muster, review, inspection; 2*(utstilling)* exhibition; *den norske -en av billedkunst i X* the exhibition of Norwegian pictorial art in X.
mønstringskontor UK the Mercantile Marine Office.
mønsås ridgepole; ridgebeam; ridgetree; US *(iser)* ridgebeam.
mør 1*(om kjøtt)* tender; 2*(om muskler)* stiff, aching.
mørbanke *(vb)* 1. tenderize (by beating); 2. T beat black and blue, beat up. **-brad** (tender)loin, undercut; *(okse-)* undercut of sirloin, beef tenderloin. **-bradstek** *(kan gjengis)* roast sirloin *(el. (tender)loin)*. **-deig** rich short-crust pastry.
mørje (glowing) embers.
mørk dark, gloomy; *før det blir -t* before (it gets) dark; *det ble -t* darkness fell *(el. came on)*, it got *(el. grew el. became)* dark; *det begynte å bli -t* it was getting dark; *-e tider* hard times; *-e utsikter* a gloomy outlook; *se -t på fremtiden* take a gloomy view of the future; *det ser -t ut for ham* things are looking black for him; prospects are black for him.
mørke dark, darkness, obscurity; *(dysterhet)* gloom; *-t ble tettere* the darkness became denser; *i ~* in the dark; *famle seg fram i ~* grope one's way in the dark; *et sprang i ~* a leap in the dark; *i nattens mulm og ~* in the dead of night; at dead of night; *-ts gjerninger* dark deeds.
mørkeblå dark blue. **-brun** dark brown.
mørkeredd afraid of the dark; *jeg er veldig ~* I'm a terrible coward in the dark. **-rom** darkroom. **-tid** *(polarnatt)* polar night; *(fig)* dark age(s).
mørkhudet dark(-skinned), swarthy. **-håret** dark -haired.
mørkne *(vb)* darken.
mørkning nightfall; dusk, twilight; *i -en* at dusk, in the twilight, in the gathering darkness.
mørser mortar.
mørtel (pointing) mortar.
I. møte *(subst)* 1. meeting *(fx he spoke at the m.)*; 2*(tilfeldig, også sammenstøt)* encounter; 3*(forsamling)* meeting, assembly, gathering; *(konferanse)* conference; 4*(retts-)* sitting, session, hearing; 5*(parlaments-, etc)* sitting, session; *komité-* committee meeting; *avtale et ~ med en* arrange to meet sby; make an appointment with sby; *heve et ~* close a meeting; *(inntil videre)* adjourn a m.; *-t ble hevet (også)* the meeting terminated; the meeting came to an end; *(ofte)* the conference *(,etc)* rose; *(om retts-)* the Court rose; *-t ble hevet under alminnelig forvirring* the m. broke up in confusion; *-t er hevet* the meeting is closed *(,adjourned)*; *erklære -t for hevet* declare the m. closed; *holde et ~* hold a meeting; meet; *-t er satt* the meeting (,sitting) is called to order; *åpne et ~* open a meeting; *jeg erklærer -t for åpnet* the sitting is open; the s. is called to order; *i ~* towards; *komme en i ~* come to meet sby; *(fig)* meet sby (half way); *løpe en i ~* run to meet sby; *fra det fjerne blinket et lys ham i ~* a distant light was winking at him; *lysene fra landsbyen blinket ham vennlig i ~* the friendly lights of the village greeted him; *en kald vind blåste ham i ~* a cold wind blew

in his face; *en strålende vårmorgen lo ham i* ~ a bright spring morning greeted him; *ødsligheten i værelset stirret ham i* ~ he was met by the blank dreariness of his room; *se fremtiden engstelig i* ~ look to the future with apprehension *(el.* apprehensively); *vi går bedre tider i* ~ the outlook is brighter; *vi går en strålende fremtid i* ~ we have a dazzling future before us; *(se undergang); på et* ~ at a meeting.

II. møte *(vb)* meet; *(bli gjenstand for)* meet with *(fx* kindness); *(motstå)* face *(fx* danger without flinching); *(om motforanstaltning)* meet, counter; *(innfinne seg)* appear, attend, meet; *det er avtalt at X skal* ~ *(fram) kl. 14* it has been agreed that X is to come at 2 o'clock; it has been arranged for X to come at 2 o'clock; *(det) stedet hvor han skulle* ~ where he was to go for the meeting; *en ansikt til ansikt* meet sby face to face; ~ *ens blikk* meet sby's glance; *jeg skal* ~ *ham kl. 6* I am to meet him at 6 o'clock; I have an appointment with him at *(el.* for) 6 o'clock; *vel møtt!* welcome! ~ *en etter avtale* meet sby by appointment; ~ *fram* appear; T show up; ~ **i** *retten* appear before the court; ~ *i saken mot* appear in the court against; ~ **opp** appear; T show up; ~ *opp med* bring along *(fx* he brought all the papers along); bring forward *(fx* an argument).

møteleder chairman; *overta som* ~ take the chair; *være* ~ be in the chair; preside (over the meeting).

møteplager heckler. **-i** heckling.

møteplass *(på smal vei)* lay-by.

møtes *(vb)* meet; *vi* ~ *i morgen* T see you again tomorrow!

møteplikt compulsory attendance; obligation to appear. **-referat** minutes; *lage* ~ draw up the minutes. **-sted** meeting place. **-tid** time of (a) meeting, the time fixed for a (,the) m.

møtrik nut.

møy maid, maiden, virgin.

møydom *(anat)* maidenhood; virginity.

møye pains, trouble; difficulty; *spilt* ~ a waste of energy; *det er spilt* ~*(også)* that's (so much) wasted effort; that's all for nothing.

møysommelig laborious, toilsome, difficult; *(adv)* with difficulty, laboriously.

møysommelighet trouble, difficulty.

må *se måtte.*

måfå *på* ~ at random, in a haphazard way.

I. måke *(zool) (subst)* gull.

II. måke *(vb)* clear away, shovel; ~ *vei* clear a road.

I. mål 1*(språk)* tongue, language, idiom; 2*(mæle)* voice, speech.

II. mål 1. measure; *(standardmål)* gauge; 2*(1000 m²)* 1/4 acre, 10 ares; *ett* ~ *selveiertomt* a freehold site of 10 ares; *400* ~ *innmark* 100 crop acres; 3*(omfang)* dimension; 4*(hensikt)* goal, aim, objective, end, object; 5*(i fotball)* goal; ~ *scoret på straffespark* penalty goal; *skyte* ~ score a goal; *i mål står i mål* he's playing in goal; 6*(ved veddeløp)* winning post; **bak** ~ T *(ad krokveier; på uærlig vis)* by devious means *(el.* ways); using underhand means; *han fikset det bak* ~ he fixed *(el.* organised) it by working a fiddle; *prosjektets endelige* ~ the ultimate objective of the project; *største* **felles** ~ greatest common measure; *i fullt* ~ in full measure, to the full; *toppet* ~ heaped measure; *holde* ~ be up to standard; be up to the mark; ... *men de holdt ikke* ~ *(også)* ... but they did not measure up to it; *nå et* ~ attain a target; reach a goal; *nå sitt* ~reach one's goal; achieve one's aim; gain *(el.* attain *el.* achieve)

one's end; attain one's objective; *nå det* ~ *man har satt seg* reach the goal one has set oneself; attain the end one has in view; *sette seg et* ~ set oneself a goal; *ha satt seg et* ~ have an end in view; *han satte seg høye* ~ *i livet* he set himself lofty *(el.* high) aims in life; *når han først har satt seg et* ~, *forfølger han det også* when he has set himself a goal, he pursues it to the end; *ta* ~ **av** *en til klær* take sby's measurements; measure sby for clothes; *ta* ~ *av hverandre* T size one another up; give each other the once-over; *-et* **for** *hans bestrebelser* the object of his efforts; ~ *for pilegrimsreiser* pilgrimage objective; *han glir i* ~ *(om skiløper)* he glides up to the finish; *hestene løp side om side i* ~ the horses ran neck and neck past the post; ~ *i livet* aim *(el.* goal) in life; *hans viktigste* ~ *i livet* his main aim *(el.* object) in life; *ha et* ~ *å streve mot* have a goal to strive for; *-et* **på** *hvor dyktig han har vært i sitt ordvalg, er at* ... the measure of how skilful he has been in his choice of words is the fact that ... *dette er en organisasjon som har* **som** ~ **å** this is an organisation aiming at (-ing); *skyte til -s* fire at a target; *føre til -et* lead to the desired result; **uten** ~ *og med* aimlessly; *nå er vi snart* **ved** *-et* the goal is within our reach *(el.* in sight); *(se flatemål; hulmål; krympemål; kvadratmål; lengdemål; I nett; rommål; selvmål; siktemål; standardmål).*

målbevisst *(adj)* purposeful, determined; *arbeide* ~ *(også)* work with a purpose.

målbevissthet singleness of purpose.

mål|binde *(vb)* nonplus, silence. **-bytte** *(fotb)* change of goals, changing ends; T changing round. **-dommer** finishing judge.

måle *(vb)* measure; *(innhold av fat, etc)* gauge; ~ *opp (land)* survey; *kunne* ~ *seg med* en compare with, compare favourably (,US: favorably) with, come up to; *kan ikke* ~ *seg med* cannot hold a candle to; (simply) isn't in it with.

måle|brev 1. [surveyor's] certificate of area measure]; 2*(mar)* certificate of tonnage. **-bånd** tape measure; measuring tape; US tape line. **-enhet** unit of measurement.

målegodslast *(mar)* measurement cargo *(el.* goods).

målepasser callipers; US calipers.

måler 1*(instrument)* meter; 2*(land-, etc, også fig)* measurer; *(se landmåler).*

målestokk standard; scale; *etter nåtidens* ~ *var det naturligvis ingen særlig prestasjon* by modern standards, of course, that was no special achievement; *et kart i -en 1:100,000* a map on the *(el.* with a) scale of 1:100.000; *i stor (,liten)* ~ on a large (,small) scale; *i forminsket (,forstørret)* ~ on a reduced (,an enlarged) scale; *bruke som* ~ take as a standard; *som* ~ *for* as a standard of; *(se anlegge).*

målføre dialect.

mållag [association of adherents of New Norwegian]

mållinje *(fotb)* goal line; *(ved løp, etc)* finish(ing) line; *(ofte =)* tape.

målløs 1. speechless, dumbfounded; 2*(uten mål)* aimless.

I. målmann *(fotb)* goalkeeper; T goalie.

II. mål|mann adherent of the New Norwegian linguistic movement. **-reising** linguistic movement; *(i Norge)* movement to make New Norwegian the predominant language.

målsetting aim, purpose, goal, objective; *det kommer helt an på -en* it depends entirely on the aim *(el.* purpose); *det er -en som er forskjellig*

lig fra lærer til lærer it's the aim *(el.* purpose) that varies *(el.* differs) from teacher to teacher.

mål|skyting target practice. **-snor** *(finishing)* tape. **-spark** goal kick. **-stang** *(fotb)* goal post. **-strek** finish(ing) line; *(også fig)* scratch.

mål|strev struggle carried on by or on behalf of the New Norwegian linguistic movement. **-strid** language dispute; conflict between adherents and opposers of New Norwegian.

måltid meal; *mellom -ene* between meals.

måltrost *(zool)* song thrush; *(poet)* mavis.

mål|vokter *(fotb)* goalkeeper; **T** goalie.

måne moon; *(på hodet)* bald spot; *-ns bane* the orbit of the moon; *-n er i avtagende* the moon is on the wane; *den tiltagende og avtagende ~* the waxing and the waning moon.

måned month; *august ~* the m. of August; *de -ene som har 31 dager* the odd months; *forrige ~* last m.; *i august ~* in the month of August; *i denne ~* this m.; *den første i denne ~* on the first of this m.; *i neste ~* next m.; *pr. ~* per m., a m.; *pr. 3 -er* at three months' date; *om en ~* in a m.; *-en ut* (for) the rest of the m.

månedlig monthly.

måneds|befraktning *(mar)* monthly charter. **-lov** (monthly) holiday. **-nota** *(-oppgave)* monthly statement *(el.* account); *(kontoutdrag)* statement of account *(fk* S/A). **-oppgjør** monthly settlement. **-penger** *(pl)* monthly allowance. **-skrift** monthly (journal, magazine, review). **-vis** by the month, monthly; *i ~* for months.

måne|fase phase of the moon, lunar phase. **-formørkelse** eclipse of the moon. **-klar** moonlit, moonlight. **-krater** lunar crater. **-landingsfartøy** lunar module *(fk* LM). **-lys** *(subst)* moonlight; *(adj)* moonlit, moonlight. **-natt** lunar night; *(månelys natt)* moonlit night. **-skinn** moonlight; *i ~* by moonlight. **-skinnsnatt** moonlight night. **-stråle** moonbeam.

måpe *(vb)* gape, stare open-mouthed; *sitte og ~* sit gaping; sit wool-gathering.

mår *(zool)* marten.

mårbjørn *(zool)* bearcat; *(se bjørn)*.

måte 1*(form for handling)* way, manner; *(ofte neds)* fashion; 2*(måte å gjøre noe på)* way, method *(fx* of doing sth); 3*(henseende)* respect; 4*(måtehold)* moderation; *betalings-* mode of payment; *holde ~* (4) be moderate, keep within bounds, exercise moderation; *han kan ikke holde ~ (også)* he does not know where to stop; *det var ikke ~ på det* there was no end to it; *i alle -r* in all respects, in every respect; in every way; *i like ~!* *(svar på ønske)* the same to you! *(svar på skjellsord)* you're another!; *i så ~* in that respect; *(hva det angår)* on that score; *med ~* moderately, in moderation; *drikke med ~* be a moderate drinker; only drink moderately *(el.* in moderation); *alkohol bør nytes med ~* alcohol should only be taken in moderation; *alt med ~* there is a limit to everything; moderation in all things; you may have too much of a good thing; *over all ~* beyond (all) measure, inordinately, excessively; *hans ~ å smile på* the way he smiles; *på alle mulige -r* in every (possible) way; *på en ~ (på sett og vis)* in a way; *(men ikke tilfredsstillende)* in *(el.* after) a fashion; *(til en viss grad)* in a manner, to a certain extent, in a certain degree; in a *(el.* one) sense; *på mer enn én ~* in more ways than one; *det*

kan ikke gjøres på noen annen ~ it cannot be done (in) any other way; *på en annen ~* in another way, differently; *det samme på en annen ~* the same thing in another way *(el.* in a different guise); *på en eller annen ~* somehow (or other), (in) one way or another; in some way (or other); by some means; *(for enhver pris)* by hook or by crook; by fair means or foul; *på annen ~ enn* otherwise than, by other means than; *på beste ~* in the best possible way; *Deres ordre vil bli utført på beste ~* your order will have *(el.* receive) our best attention; *ordne alt på beste ~* arrange everything for the best *(el.* in the best possible way *el.* as well as possible); *på den ~* (in) that way, like that *(fx* don't talk like that!); *på den antydede ~* in the way indicated *(el.* suggested); *på denne -n* this way, thus, like this; at this rate; *på enhver ~* in every (possible) way; in every respect; *på en fin ~ (o: taktfull) ~* discreetly; *det er flere -r å gjøre det på* there are several ways of doing it; *på foreskreven ~* in the approved manner; *på følgende ~* as follows, in the following way; *på hvilken ~ han enn ...* whatever way he ...; no matter how he; *på ingen ~* by no means, not at all; not in the least; certainly not; *ikke på noen som helst slags ~* **T** *(spøkef)* by no manner of means whatever; *på samme ~* in the same way; *(innledende)* likewise, so also; *på samme ~ som* in the same way as *(el.* that); as, like *(fx* you don't hold the pen as I do *(el.* like me)); *på en slik ~ at* in such a way as to; so as to; *(se tilsvarende)*.

måte|hold moderation; *(i nytelser)* temperance; *mangel på ~* immoderation, lack of moderation; *(m.h.t. nytelser)* intemperance; *med et visst ~ (o: i en viss utstrekning)* within limits, to a limited extent. **-holden** moderate; temperate; *en ~ person* a person who observes moderation.

måtelig *(adj)* mediocre, indifferent; *(karakter)* [a bad mark below pass level].

måtte *(vb)* have to; *jeg må* I must, I have to; *må vi skynde oss?* do we have to hurry? is there any need to hurry? *jeg ~* I had to, I was obliged to; *han sa han ~* he said he must *(el.* had to); *uten å ~* without having to; *jeg beklager å ~* I regret having to; *må jeg få lov til å ...?* may I ...? *(høfligere)* might I *(fx* m. I make a suggestion?); *~ De aldri angre det* may you never regret it; *enhver ordre De ~ sende meg* any orders you may send me; *hva han enn ~ si* whatever he may say; *det må så være* it has to be; it can't be helped; *når det må så være* when needs must be; *det må til* it is essential; it can't be helped; it has got to be done; *vi 'må til* we shall have to do it; it's no good putting it off; we had better buckle to; *det må jeg si!* well, I never! *om jeg så må si* if I may say so; *jeg må komme meg av gårde* I must be off; I must be going; I must be getting off; *jeg må hjem* I must go home; *jeg 'må hjem* I've got to get home; *det må mange penger til* much money is needed; *han må ut på jordet* he must go into the field; *må vite (o: vet du)* you know, don't you know; *det fins ingen steder, der ~ da i så fall være i Kina* it is nowhere to be found, except perhaps in China; *(se nødvendigvis)*.

N

N, n N, n; *N for Nils* N for Nellie.
nabo neighbour; US neighbor; *nærmeste* ~ next-door neighbour; *de nærmeste -ene* the near neighbours.
nabo- neighbouring (,US: neighboring), next.
naboby neighbouring town. **-bygd** neighbouring parish. **-folk 1.** neighbouring nation(s); **2.** neighbours. **-hus** adjoining house, house next door; *han bor i -et* he lives next door. **-lag** neighbourhood (,US: neighborhood), vicinity; *fra -et* neighbouring *(fx* a n. farmer); *i -et* in the neighbourhood *(fx* live in the n.).
naboskap neighbourhood; US neighborhood; *godt* ~ neighbourliness; US neighborliness.
nabovinkel adjacent angle.
nachspiel follow-on party; *hva sier dere til et* ~ *hjemme hos meg?* how about following on with a party at my place afterwards? *vi var på* ~ *hos John* afterwards we went round to John's place and had a party.
nafse *(vb)* snatch at, nibble, munch.
nafta naphtha. **-lin** naphthalene.
nag grudge, resentment, rancour; *bære* ~ *til en* have *(el.* bear) a grudge against sby; *bærer du fremdeles* ~ *til ham?* T have you still got a chip on your shoulder against him?
nage *(vb)* gnaw; prey on, rankle; *-nde bekymring* gnawing anxiety; *-t av anger* stung by remorse.
I. nagle *subst (klink-)* rivet.
II. nagle *(vb)* rivet; *han satt som -t til stolen* he sat as if he were nailed to the chair.
naglefast: ~ *inventar* fixtures.
naglegap *-ene i hans hender* the prints of the nails in his hands.
naiv simple(-minded), naïve, naive, ingenuous, artless.
naivitet simple-mindedness, naïveté, naivety, artlessness.
najade naiad.
naken naked, nude, bare; *nakne kjensgjerninger* hard facts.
nakendans nude dance. **-danser** nude dancer.
nakenhet nakedness, nudity; *hykleriet ble avslørt i all sin* ~ the hypocricy was exposed *(el.* revealed) in all its baldness. **-kultur** nudism.
nakke back of the *(el.* one's) head, nape of the neck; *(av gris, hos slakteren)* back of bacon; pork back; *ha øyne i -n* have eyes at the back of one's head; *ta en i -n* take sby by the scruff of the neck; collar sby; *med skattemyndighetene på -n (fig)* with the Inland Revenue on one's back; *kaste på -n* toss one's head; *ta bena på -n* take to *(el.* pick up) one's heels, cut and run, take one's foot in one's hand, put one's best foot forward; *være på -n av en (fig)* be down on sby.
nakkedrag *(slag)* clout on the neck.
nakkegrop hollow of the neck.
nakkekotelett neck of pork (,lamb).
nakkeribbe *(på gris)* spare rib.
nakkestuss trim (at the back of the head).
nam *(jur)* attachment.
nam-nam *(int)* yum-yum.
napoleonskake vanilla slice; custard slice; *(se kake).*
Napoli Naples. **n-taner, n-tansk** Neapolitan.

napp 1. tug; *(av fisk)* bite, nibble; **2**(*sport:* aksje i vandrepokal, etc) T leg; **3**(jernb T): se frakopling: ~ *under fart.*
nappe *(vb)* snatch; *(fange)* nab; ~ *etter* snatch at.
nappetak set-to, tussle.
narhval *(zool)* narwhal; *(se hval).*
narkoman *(subst)* drug addict; US dope addict, narcotic; S junkie.
narkomani drug addiction, narcomania.
narkose narcosis, general anaesthesia (,US: anesthesia). **-lege:** *se anestesilege.*
narkotiker drug addict; US dope addict; narcotic; S junkie.
narkotisk narcotic; ~ *middel* narcotic.
narr fool; *(hoffnarr)* jester; *innbilsk* ~ conceited idiot; S stuffed shirt; *gjøre* ~ *av* poke fun at, make fun of, ridicule, hold up to ridicule; T take the mickey out of; *holde for* ~ make a fool of; *gjøre seg til* ~ make a fool of oneself; *han gjør seg til* ~ *for hennes skyld* he is making a fool of himself about her.
narraktig foolish; conceited, vain. **-het** foolishness; conceit, vanity.
narre *(vb)* dupe, trick, take in, deceive, fool; ~ *en for* disappoint sby of; ~ *noe fra en* trick sby out of sth; ~ *en til å gjøre noe* trick sby into doing something; ~ *en til å tro* make sby believe.
narreri deception; fooling, foolishness.
narresmokk comforter, dummy; *(også* US) pacifier; *(se tåtesmokk).* **-strek** foolish prank, tomfoolery.
narrifas conceited fool.
narsiss *(bot)* narcissus *(pl:* -es *el.* narcissi).
narv grain side (of leather).
nasal nasal. **nasalere** *(vb)* nasalize.
nasjon nation; *Nasjonenes Forbund (hist)* the League of Nations; *De forente -er (FN)* the United Nations (UN); *hele -en* the whole nation; *hele den norske* ~ all Norway; the whole of Norway; *(stivt)* the whole Norwegian nation.
nasjonal national.
nasjonalbank national bank. **-drakt** national costume *(el.* dress). **-eiendom** national property. **-farger** *(pl)* national colours.
nasjonalisere *(vb)* nationalize. **-ing** nationalization.
nasjonalisme nationalism. **-ist** nationalist.
nasjonalistisk nationalistic.
nasjonalitet nationality. **-smerke** n. sign.
nasjonalsak matter of national importance. **-sang** national anthem. **-økonom** (political) economist. **-økonomi 1.** *se sosialøkonomi;* **2.** national economy. **-økonomisk** relating to national economy, politico-economic; *av* ~ *betydning* of importance to the national economy.
naske *(vb)* pinch, filch, pilfer. **-ri** pinching, filching; petty larceny.
nat *(mar)* seam.
natrium *(kjem)* sodium.
natriumbikarbonat *kjem (natron)* bicarbonate of soda, sodium bicarbonate.
natron *(kjem)* **1.** soda; **2**(*til baking):* se dobbeltkullsurt ~ *(ndf);* kullsurt ~ sodium carbonate;

dobbeltkullsurt ~ bicarbonate of soda, sodium bicarbonate; *(til baking)* baking soda.

natt night; *hele -en* all night; *ønske en god* ~ wish sby a good night; *i* ~ *(foregående)* last night; *(kommende)* tonight; *i går* ~ the night before yesterday; *i -ens stillhet* at dead of night, in the dead of night; *hele -en igjennom* all night, throughout the night; *om -en* in the night, at night, by night; *-en mellom den 6. og 7.* on the night of the 6th to the 7th; *sitte oppe om nettene* sit up nights; *-en over* all night; *-en over* stay the night; *bli der -en over (også)* make a night stop there; *-en falt på* night came (on), n. fell, darkness fell *(el.* came on); *langt ut på -en* late at night; ~ *til søndag* (on) Saturday night, late (on) S. night; *til -en* tonight; at night *(fx* local coastal fog at n.)*; *gjøre* ~ *til dag* turn night into day; *(se ta A:* ~ *natten til hjelp).*

natt|arbeid night work. **-blind** night-blind; *(se blind).* **-bord** bedside table; *(med skap og/eller skuff)* bedside cabinet. **-buss** late night bus. **-drakt** nightwear; *(se pyjamas & nattkjole).*

nattedugg (night) dew.

natte|frier [nocturnal visitor]. **-frieri** [nocturnal visit by lover (in the country)]. **-frost** night *(el.* ground) frost. **-gjest 1.** over-night guest; house guest; **2.** = *-frier.* **-hvile** night's rest. **-kulde** cold of the night. **-leie** bed for the night; *et improvisert* ~ a shakedown. **-liv** night life; *gå ut og se på -et (også* US*)* go out on a round of the night spots, go round the n. s. **-losji** night's lodging, accommodation *(el.* lodging) for the night. **-luft** night air. **-ly** shelter for the night.

natte|løperi [nocturnal visits to girls (in the country)]. **-rangel** night revels. **-rangler** night bird.

nattergal *(zool)* nightingale.

natteravn *se nattmenneske.*

nattero night's rest, rest at night; *(se I. ro).*

nattesvermer *(person)* night bird.

natte|søvn night's sleep, sleep at night. **-tid** night -time; *ved* ~ at night. **-time** hour of the night. **-vakt 1.** night watchman; **2.** night watch; *(handlingen)* night watch(ing); n. duty, n. service; *(hos syke)* n. nursing; *holde* ~ keep n. watch. **-vandrer** night wanderer. **-våk(ing)** losing *(el.* missing) (one's) sleep; lying awake at night; sitting up all night; keeping late hours; *(det å våke)* vigil; *all -en (også)* all the sleep we (,they etc) lost *(el.* missed); *det ble meget* ~ *for dem p.g.a. babyen* they lost a lot of sleep on account of their baby; *(jvf barnevåk).*

natt|fiol *(bot)* night-smelling rocket. **-herberge 1.** night shelter; T doss house; US flophouse; **2.** casual ward (of public assistance institution). **-hus** *(mar)* binnacle.

nattjeneste night service; *(se nattevakt).*

natt|kafé all-night café, night spot. **-kikkert** night glass. **-kjole** night gown. **-klubb** night club, n. spot; *(med ublu priser)* clip joint.

nattlig nightly, nocturnal.

natt|lys 1. night light; **2** *(bot)* evening primrose. **-mat** midnight snack. **-menneske** night bird, fly-by-night; *være et* ~ *(også)* keep late hours. **-portier** night porter; US n. clerk. **-potte** chamber pot.

natt|signal night signal. **-skjorte** nightshirt. **-svermer** *(zool)* (night-flying) moth. **-syn** night vision. **-tjeneste** night service; *(jvf nattevakt 2).* **-tøy** nightwear, night clothes *(el.* things). **-verd:** *den hellige* ~ the Lord's Supper. **-verdbord** communion table.

natt|øy night wear, nightclothes *(el.* things).

natur nature; *(landskap)* scenery; countryside; *(om mennesker)* nature, temperament, temper, disposition; *-en* nature; *-en går over opptuktelsen*

nature will run its course; *den vakre* ~ the beautiful scenery; *av* ~ by n., naturally; *heftig* ~ impetuous disposition, violent temper; *han var en lettbevegelig* ~ he was by nature easily stirred *(el.* moved); he was apt to be easily stirred; *-ens gang* the course of nature; *-ens orden* the natural order of things; *det ligger i sakens* ~ it is in the nature of the case *(el.* of things); *det ligger i sakens* ~ *at denne kontrollen ikke kan bli svært effektiv* this control cannot in the nature of things be very effective; *ifølge sin* ~ by nature, naturally; *det lå ikke for hans* ~ it was not in his nature; *tegne etter -en* draw from nature; *godt utrustet fra -ens hånd* well endowed by nature; *en trusel mot -en* a threat to the countryside; *tre av på -ens vegne* answer a call of nature; T *(spøkef)* go behind a hedge; *(mil)* fall out to relieve nature.

natura: *betale in* ~ pay in kind.

naturalhusholdning barter economy.

naturalier *(pl)* products of the soil.

naturalisere *(vb)* naturalize.

naturalisering naturalizing, naturalization.

naturalisme naturalism.

naturalistisk naturalistic.

natur|anlegg natural talent. **-barn** child of nature. **-begavelse** natural endowment, innate ability; *han er en* ~ he is naturally gifted; he is a natural genius. **-drift** natural instinct, natural impulse.

natur|fag (branch of) natural science; *(skolefag)* nature study. **-forhold** nature, natural conditions. **-forsker** naturalist, natural scientist.

naturfrede: *-t område* nature reserve.

naturfredning the preservation of natural resources *(el.* amenities), nature conservation.

natur|frembringelse natural product. **-gass** natural gas, rock gas; *borehull som det strømmer* ~ *opp fra* gas well; *utstrømming av* ~ *(ofte som tegn på oljeforekomst)* gas show. **-historie** natural history. **-historiker** naturalist, natural historian. **-katastrofe** natural disaster. **-kraft** natural force; elemental force. **-kunnskap** knowledge of nature; *(se naturfag).* **-lege** nature healer.

naturlig natural; *(ikke affektert)* artless; *(medfødt)* innate, natural; *dø en* ~ *død* die a natural death; *det faller ikke* ~ *for meg* it does not come naturally to me; *det går ganske* ~ *til* there is nothing mysterious about it; *det går ikke* ~ *til* there is some supernatural agency at work; *i* ~ *størrelse* life-size(d); *ad* ~ *vei* naturally, by natural means; *som* ~ *var, ble han irritert* he was naturally irritated.

naturlighet naturalness.

naturligvis of course, naturally.

natur|lov natural law, law of nature. **-lyrikk** nature poetry. **-menneske** child of nature; *(-elsker)* nature lover. **-nødvendighet** physical *(el.* natural) necessity. **-sans** feeling for nature, appreciation of nature. **-skjønn** picturesque, remarkable for the beauty of its scenery. **-skjønnhet** beauty of scenery. **-stridig** contrary to nature, unnatural. **-tilstand** natural state. **-tomt** [site left in its natural state (,in its naturally wooded state)]. **-tro** true to nature, natural. **-troskap** naturalness, fidelity to nature. **-vern** the preservation of natural resources *(el.* amenities), nature conservation; *(jvf miljøvern).* **-vitenskap** (natural) science; *alt som har med teknikk og* ~ *å gjøre* everything (that has) to do with technical and scientific subjects. **-vitenskapelig** scientific.

natyrell nature, natural disposition.

naust boat-house.

naut *(fig)* fool, simpleton.

nautisk nautical.

nav *(hjulnav)* hub.
naver auger.
navigasjon navigation.
navigasjons|bok book of navigation. **-tabell** nautical table.
navigator navigator; *(se kartleser).*
navigere *(vb)* navigate.
navkapsel *(hjul-)* hub cap.
navle *(anat)* navel; T tummy button; *beskue sin egen* ~ contemplate one's own navel; be wrapped up in oneself. **-bind** umbilical bandage. **-brokk** *(med.)* umbilical hernia, omphalocele. **-streng** *(anat)* navel string, umbilical cord.
navn name; *(benevnelse)* appellation; name; *et annet* ~ *på* another name for ...; *hva er Deres* ~? what is your name? *hans gode* ~ *og rykte* his good name, his reputation; *sette sitt* ~ *under et dokument* put one's signature to a document; *ta ens* ~ (ɔ: *notere, om politimann, etc)* take sby's name; *vinne seg et* ~ make a name for oneself; *kjenne en av* ~ know sby by name; *fortjener* ~ *av* deserves the name of; *under* ~ *av* under the name of; *går under* ~ *av* goes by the name of; *is known as; i Guds* ~ in God's name; *kjært barn har mange* ~ a pet child gets many names; *(ofte =)* call it what you will; *Den industrielle revolusjon er -et på den store omveltning i næringslivet ...* the industrial revolution is the name given to the great upheaval in trade and industry ...; *pengene står på hans* ~ the money is banked in his name; *en mann ved* ~ *N.* a person by the name of N., a person by name N.; *kalle en ting ved dens rette* ~ call a thing by its right name; call a spade a spade; *-et skjemmer ingen* what's in a name? *(se skape 2:* ~ *seg et navn).*
navne *(subst)* namesake.
navne|blekk marking ink. **-bror** namesake. **-dag** name day; saint's day. **-forandring** change of name. **-liste** list of names. **-opprop** call-over; roll call; *foreta* ~ make *(el.* take) a roll call. **-plate** name plate. **-skilt** name plate. **-trekk** signature.
navn|gi *(vb)* name, mention by name, **-gjeten,** **-kundig** celebrated, renowned, famous. **-kundighet** renown, celebrity, fame.
navnlig particularly, specially, notably.
navnløs nameless. **navnløshet** namelessness.
navnord *(gram)* noun.
ne wane (of the moon); *i ny og* ~ off and on, once in a while.
nebb *(zool)* beak, bill; *henge med -et* T be down in the mouth; hang one's head; *være blek om -et* be green about (,US: around) the gills; *med* ~ *og klør* tooth and nail.
nebbdyr *(zool)* duckbill.
nebbes *(vb)* **1**(*om fugler)* peck at each other, bill; **2**(*spøkef)* bill and coo; **3**(*trette)* bicker, wrangle.
nebbet *(fig)* pert, saucy.
nebbetang (pair of) pliers; *(se tang).*
ned down; *få* ~ *(svelge): jeg får det ikke* ~ *it* won't go down; *gå* ~ go down, descend; *(om sol)* set, go down; *(om pris, temperatur, etc)* fall; *(om skip)* go down; ~ *i* (down) into; ~ *med ...* down with *(fx* the tyrant!); *slå* ~ knock down; *han slo mannen rett* ~ he knocked the man flat down; *jeg vil* ~ I want to get down; *(se gate).*
nedad *se nedover.* **-gående** declining, sinking; *(om pris, temperatur)* falling; *for* ~ going down. **-vendt** turned *(el.* facing) downwards; downcast *(fx* with d. eyes).
nedar|ves *(vb)* be transmitted. **-et** inherited, handed down; hereditary.
nedbetale *(vb)* pay off *(fx* a loan).

nedblending *(av billys)* dipping (of the headlights). **-skontakt** dipper *(el.* dimmer) switch.
nedbrent burnt down, burnt to the ground.
nedbrutt broken; ~ *på sjel og legeme* broken in body and mind.
nedbryte *(vb)* break down, demolish.
nedbrytende destructive; subversive, detrimental; *virke* ~ *på* have a detrimental effect on.
nedbør precipitation; rainfall; *sur* ~ acidic p.; *ubetydelig* ~ traces of rain (,snow).
nedbør|fattig dry. **-mengde** amount of precipitation. **-område** area of precipitation.
nedbøyd: ~ *av sorg* weighed down with grief.
neddykket *(om undervannsbåt, etc)* submerged.
neddynget: ~ *i arbeid* T snowed under with work.
nede *(adv)* down; *den ene bilringen er* ~ one of the tyres is down; *der* ~ down there; *være langt* ~ *(fig)* be in a very poor state; be in a very bad way; be run down; *(m.h.t. nervene)* be in a bad nervous state; *de som ernæringsmessig sett er langt* ~ those who have considerable leeway to make up in nutrition; *han er langt* ~ *pga. drikk* he's much the worse for drink.
neden|for *(prep & adv)* below; *(nederst på siden)* below, at the foot of the page; ~ *anført* undermentioned, stated below; *som* ~ *anført* as under. **-fra** *(adv)* from below; *sett* ~ *(om illustrasjon, etc)* underside view, view of underside.
nedenom *(adv)* round the foot *(el.* base) of; *hun gikk* ~ *steinrøysa* she walked down past the scree; *jeg gikk* ~ *i historie* T I came a cropper in history; *gå* ~ *og hjem* go to the bottom; go to the dogs, go to pot; *det gikk* ~ *med hele greia* the whole business went to pot *(el.* to the dogs).
nedenstående mentioned *(el.* referred to) below, given below; ~ *opplysninger* the following information; ~ *underskrift* the signature below.
nedentil *(adv)* below, in the lower parts; *hun har for lite på seg* ~ she's not wearing enough on the lower part of her body.
nedenunder *(adv)* beneath, underneath; *(i huset)* downstairs, below.
nederdrektig vile, base, villainous.
nederdrektighet vileness, baseness.
nederlag defeat; *lide* ~ be defeated, suffer defeat; *(bukke under)* go to the wall; *(se også nedenom: gå* ~ *).*
Neder|land Holland, the Netherlands. **n-landsk** Dutch. **n-lender** Dutchman, Netherlander.
nederst lowest, bottom; *(adv)* at the bottom; ~ *på bildet* at the bottom *(el.* foot) of the picture; ~ *til høyre (på bildet)* at the bottom on the right; *fra øverst til* ~ from top to bottom; *(se øverst).*
nedertysk Low German.
nedetter downwards, down.
nedfall *(radioaktivt)* (radio-active) fall-out.
nedfallen: ~ *livmor (med.)* prolapse *(el.* prolapsus) of the womb.
nedfallsfrukt windfall, windfallen fruit.
nedfart descent.
nedfor 1. down; **2.** dejected, despondent; *(se nede: være langt* ~ *).*
nedføring *(radio, etc)* lead-down.
nedgang going down; entrance *(fx* all entrances were blocked); *(fig)* decline *(fx* in prices); falling off.
nedgangstid 1(*økon)* slump, depression, crisis; **2**(*åndelig)* period of decline *(el.* decadence).
nedgradere *vb (hemmelige dokumenter)* downgrade.
nedgrodd overgrown, overrun *(fx* garden).
nedgående descending, going down; *(om sola)* setting.

nedhengende hanging (down), pendulous.
nediset icebound, ice-covered.
nedjustere *(vb)* adjust downward *(fx* budget).
nedkalle *(vb)* call down, invoke.
nedkjempe *vt (mil)* put out of action.
nedkjørsel *(stedet)* way down *(fx* to the beach).
nedkomme *(vb)* be delivered *(med* of); ~ *med (også)* give birth to.
nedkomst *(fødsel)* delivery.
nedkriminalisere *(vb)* remove the stigma of crime from; decriminalize.
nedlate *(vb):* ~ *seg til* condescend *(el.* stoop) to.
nedlatende condescending; patronizing.
nedlatenhet condescension.
nedlegge *(vb)* **1***(arbeid, virksomhet)* stop; close (down), shut down *(fx* a factory); ~ *arbeidet* strike, strike work, go on strike, down tools; **2***(hermetisk)* preserve *(fx* fruit); pack, tin, can *(fx* fish); **3***(kapital)* invest *(fx* i. capital in a business venture); **4***(andre forb.):* ~ *befestninger* dismantle fortifications; ~ *forbud mot* prohibit, place a ban on *(fx* imports); ~ *innsigelse mot* put in *(el.* lodge) a protest against, protest against; ~ *en krans på en grav* place a wreath on a grave; ~ *en påstand (jur)* submit a claim; *aktor nedla påstand om 10 års fengsel for tiltalte* counsel asked for a 10-year sentence; ~ *vilt* bring down game, bag game.
nedleggelse closing (down), shutting down.
nedløpsrør downpipe.
nedover *(adv)* downwards, down; *(prep)* down; *seile* ~ *en elv* sail down a river; ~ *bakke* downhill, down the hill.
nedoverbakke *(subst)* downhill, declivity, down-hill slope, down-gradient; descending stretch of the road; *i en* ~ on a downgrade, on a down-hill slope; *(adv): det går* ~ *med landet* the country is going down the slippery slope.
nedpå *(adv)* down; *slenge seg* ~ (T = *legge seg)* **T** kip down *(fx* he was dead tired and kipped down for half an hour).
nedrakke *(vb)* run down, abuse.
nedre lower; ~ *Donau* the lower Danube.
nedrent: *bli* ~ *av gjester* be overrun with guests.
nedrig base, mean. **-het** baseness, meanness.
nedringet low(-necked), décolletée, cut low.
nedrivning pulling down, tearing down, demolition.
nedruste *(vb)* disarm.
nedrustning disarmament.
nedsable *(vb)* **1.** cut down, massacre; **2.** criticize caustically *(el.* scathingly), cut to pieces, slate, excoriate.
nedsatt diminished, reduced; ~ *arbeidstid* short time; *-e bøker* books offered at r. prices; *til -e priser* at r. prices.
nedsette *(se også* sette ned*);* **1***(i verdi)* depreciate; **2***(i omdømme)* disparage; lower; **3***(oppnevne)* appoint *(fx* a committee); *(se også ovf: nedsatt).*
nedsettelse reduction *(fx* of prices); depreciation, disparagement; appointment; *(se nedsette & sette ned).*
nedsettende disparaging; derogatory; depreciatory.
nedsittet with sagging springs; worn out; *en* ~ *stol* a chair with a worn-out seat; *stoppe om et* ~ *sete* re-upholster a sagging seat.
nedskjære *(vb)* reduce, cut down, curtail *(fx* expenditure *(el.* expenses)). **-ing** reduction, curtailment *(fx* of expenses).
nedskrive *(vb)* put down (in writing), commit to writing; *(redusere)* reduce, write down; ~ *pundet* devalue the £.
nedslag **1.** fall, reduction *(fx* in prices); **2***(skihop-*

pers) landing *(fx* the l. should be supple with plenty of give); *ligge på helt til -et* maintain one's forward lean all the way on to the landing slope; *(se sleiv);* **3***(om prosjektiler)* impact, hit; **4***(stempels)* downstroke; **5***(mus)* down(ward) beat; **US** downbeat; *(taktdel)* thesis; **6***(kjem)* precipitation; **7***(i skorstein)* downdraft.
nedslags|distrikt fluvial basin; catchment area; **-felt** *(mil)* field of fire, beaten zone. **-område** **1.** catchment area; water system. **2.** = *nedslagsfelt.*
nedslakte *(vb): se* slakte.
nedslakting killing, butchery.
nedslående disheartening, discouraging.
nedslått dejected, downcast, depressed; *(motløs)* dispirited.
nedsnødd snowed up, snowbound, covered with snow.
nedstamme *(vb)* descend, be descended; *(fig)* be derived *(fra* from).
nedstamning descent.
nedstemme *vb* **1***(begeistring, etc)* moderate, tone down; **2***(parl)* defeat, vote down; **3***(mus)* modulate, lower the pitch *(el.* tone) of.
nedstemt dejected, depressed, downcast.
nedstigende: *i rett* ~ *linje* in direct line of descent.
nedstigning *(også flyv)* descent *(fx* the descent from the mountain; the pilot started to let down upon the long descent at the flight end).
nedstyrtning *(flyv)* crash.
nedsunket: ~ *i fattigdom* sunk in poverty; ~ *i grublerier* deep in meditation.
nedsyltet: ~ *i forkjølelse* drenched with cold; in the midst of a bad cold; *(jvf* neddynget).
nedtegne *(vb): se* nedskrive.
nedtelling countdown.
nedtrapping stepping down, de-escalation, gradual reduction.
nedtrykt depressed, dejected.
nedtrykthet depression; dejection.
nedtrådt trampled down; *-e sko* down-at-heel shoes.
nedtur trip down; *på -en* on the way down.
nedverdig|e *(vb)* degrade, debase; ~ *seg* demean *(el.* degrade) oneself; ~ *seg til å lyve* stoop to lying. **-else** degradation, debasement.
ned|votere *(vb)* defeat, vote down. **-vurdere** *(vb)* disparage, downgrade; **T** pull down. **-vurdering** disparagement; *dette innebærer en* ~ *av hans bok* this implies disparagement of his book.
nefritt *(min)* nephrite.
negasjon negation.
negativ *(subst & adj)* negative; ~ *karakter (stryk-)* fail mark.
negativisme negativism.
negativist negativist.
neger negro, black; coloured person; *(neds)* nigger.
neger|arbeid drudgery; *gjøre alt -et* do all the dirty work. **-handel** slave trade. **-kvinne** negress, negro woman. **-slave** negro slave.
negerslaveri negro slavery; *motstander av -et (hist)* abolitionist.
negl *(anat)* nail; *bite -er* bite one's nails; *avklippede -er* nail parings.
neglebit(t) stinging *(fx* I've got a frightful s. in my left thumb).
negle|børste nail brush. **-bånd** *(anat)* nail fold. **-fil** nail file. **-lakk** nail varnish. **-rot** root of the nail; *betent* ~ witlow. **-saks** nail scissors.
neglisjé undress, négligé.
neglisjere *(vb)* ignore, overlook, neglect.
nei *(subst & int)* no; *få* ~ be refused, be rejected; *gi en sitt* ~ refuse sby, reject sby; *si* ~ *til*

en innbydelse refuse an invitation; *han vil ikke høre noe* ~ he won't take' no' for an answer; ~ *forresten* oh, no *(fx* I'll have coffee, please. – Oh, no, I think I'll have tea all the same); ~ *og atter* ~ no, and no again! emphatically no! ~ *da!* really? indeed? is that so? ~ *slett ikke* not at all! by no means! certainly not; ~ *takk!* no, thank you! no, thanks; *(når en blir budt noe, også)* not for me, thanks! *(når en bys for annen gang, også)* no more, thanks! ~, *vet De hva! (ɔ: det er da for galt)* really now! really, this is too bad; *(ɔ: nei, så menn)* oh dear, no!

neie *(vb)* curtsey, make *(el.* drop) a curtsey.

neigu *(ed)* indeed not; ~ *om han det har* I'll be damned if he has.

neimen indeed not; ~ *om jeg skal fortelle ham noe mer* catch me ever telling him anything again; *det vet jeg* ~ *ikke* I'm hanged if I know; ~ *om jeg gjør som han sier* I'll be blessed if I'll do as he says.

nek sheaf *(pl:* sheaves).

nekrolog *(minneord)* obituary.

nekrologisk obituary.

nektar nectar.

nekte *(vb)* deny; *(avslå)* refuse; ~ *å gjøre* refuse *(el.* decline) to do; *han -t blankt å ...* he refused point-blank to ...; he flatly refused to; *det kan ikke -s* it cannot be denied; there is no denying it; *T* there is no getting away from it; *jeg kan ikke* ~ *for at ...* I must admit that ...; I must say that; *jeg tør ikke* ~ *for at han har gjort det* I cannot say for certain that he did not do it; *hun kan ikke* ~ *sin sønn noenting* she can deny her son nothing; *han -r seg ingenting (om vellevnet)* he does himself well; ~ *seg hjemme* refuse to see anybody.

nektelse denial; *(gram)* negative, negation.

nektende negative; *gi et* ~ *svar* answer in the negative.

nellik *(bot)* pink; carnation; *(krydder)* clove.

nellikspiker tack.

nemesis Nemesis.

nemlig *1(foran oppregning el. nærmere forklaring; kan ofte sløyfes)* namely *(skrives ofte* viz., *fx* the price you quoted, [viz.] £50, is too high); that is to say *(fx* the rest of the crew, that is to say the deck hands and enginemen); *2(begrunnende)* for, because, as, you see, the fact is that; (NB *oversettes ofte ikke); han var* ~ *svært trett* for he was very tired; (the fact is that) he was very t.; he was very t., you see; *byen var øde, det var* ~ *søndag* the town was deserted, it being Sunday.

nemnd committee; *(domsnemnd)* jury.

nennsom considerate, gentle; *med* ~ *hånd* with a gentle touch.

nennsomhet consideration, gentleness.

Nepal Nepal.

nepaler Nepalese.

nepalsk Nepalese.

nepe *(bot)* turnip. **-formet** turnip-shaped; *(faglig)* napiform. **-gress** turnip top.

nepotisk nepotic. **nepotisme** nepotism.

neppe hardly, scarcely; ~ *nok* barely enough; ~ *... før* no sooner ... than, hardly ... when.

Neptun Neptune.

nerts mink.

nerve *1(anat)* nerve; *2(bot) (blad-)* vein; *3(fig)* line of communication; feeling, spirit, temperament; *hun går meg på -ne* she gets on my nerves; *han vet ikke hva -r er* he does not know what nerves are; *gode -r* good *(el.* steady *el.* sound) nerves; *-r av stål* nerves of steel; *anspenne alle -r* strain every nerve; *det skal -r til å ...* it takes a lot of nerve to ...

nerve|**anfall** nervous attack. **-bunt** *(anat & fig)* bundle of nerves *(fx* she is one (quivering) b. of nerves). **-fiber** nerve fibre. **-knute** ganglion. **-lidelse** nervous disease; *T* nerve trouble. **-lære** neurology. **-marg** *(anat)* myelin. **-pirrende** exciting, breath-taking, hair-raising. **-påkjenning** a strain on the nerves. **-rystende** nerve-shaking. **-sammenbrudd** nervous breakdown; *hun hadde fått* ~ *(også)* her nerves had gone to pieces *(el.* were all to pieces). **-sentrum** nerve centre. **-slitende** nerve-racking. **-smerter** neuralgia. **-styrkende** tonic, bracing. **-svakhet, -svekkelse** neurasthenia, nervous prostration. **-system** nervous system. **-vrak** nervous wreck.

nervøs nervous; *hun var svært* ~ *(også)* she was in a bad nervous state.

nervøsitet nervousness.

nes headland, promontory.

nese *(anat)* nose; *få lang* ~ be disappointed; *pusse -n* blow one's nose; *peke* ~ *av* thumb one's nose at; cock a snook at; *rynke på -n av* turn up one's nose at; *like for -n på en* under one's (very) nose; *slå døra igjen for -n på en* slam the door in sby's face; *kaste en noe i -n* throw sth in sby's teeth; *ligge med -n i været (ɔ: være død)* have turned up one's toes; *sitte med -n i en avis eller en bok T* have one's nose stuck in a paper or book; *stikke -n sin i alt mulig* poke one's nose into every corner; *holde -n sin vekk fra* keep one's nose out of; *det kan du bite deg i -n på!* you bet your boots; *ta en ved -n* take sby in, do sby, dupe sby; *(se hjemover).*

nese|**ben** *(anat)* nasal bone. **-blod** nose-bleeding; *blø* ~ bleed at *(el.* from) the nose. **-bor** nostril. **-brusk** *(anat)* nasal cartilage. **-forkjølelse** cold in the head *(fx* he has a cold in his head).

nesegrus flat on one's face, prostrate, prone.

nese|**lyd** nasal sound. **-rot** *(anat)* root of the nose. **-rygg** bridge of the nose. **-sjø** head sea. **-styver** punch on the nose; *få en* ~ *(fig) T* get kicked in the teeth. **-tipp** tip of the nose; *han ser ikke lenger enn til sin egen* ~ he can't see beyond his nose.

nesevis pert, saucy, impertinent.

neshorn *(zool)* rhinoceros, rhino.

nesle *(bot)* nettle.

neslefeber *(med.)* nettle rash, hives, urticaria.

I. nest *(subst)* tack; *ta et* ~ *på den skjorta, er du snill (ɔ: reparer litt på den) T* put a tack *(el.* stitch) in that shirt, will you?

II. nest *(adj & adv)* next; ~ *best, den* ~ *beste* the next best, the second best; *den* ~ *eldste* the oldest but one; ~ *eldste sønn* second son; *den* ~ *nederste* the second from the bottom; *den* ~ *siste* the last but one; *den* ~ *største* the largest but one; the next largest; ~ *etter* next to, after *(fx* the most important office, next to that of the Presidency *(el.* second only to that of the P.)).

nest best next best, second best.

I. neste *(subst)* neighbour; *US* neighbor; *du skal elske din* ~ thou shalt love thy neighbour; *-n (bibl)* our neighbour.

II. neste *(vb)* baste, tack together; *hun måtte* ~ *sammen et rift i skjorteermet hans* she had to tack a tear in his shirt sleeve.

III. neste *(adj)* next; *(følgende)* next, following; ~ *dag (,år)* (the) next day (,year); the following day (,year); ~ *gang* next time; ~ *morgen* (the) next morning, the m. after, the following m.; *hele* ~ *måned* all next month, the whole of next month; *i* ~ *måned* next month; *den 3. i* ~ *måned* on the third of next month; *(merk, også)* (on) the 3rd proximo *(el.* prox.); *sist i* ~ *måned* at the end of next month; *på* ~ *side* on the next *(el.* following) page, overleaf *(fx* there is a note o.); ~ *søndag (førstkommende)* next Sunday, on S. next; *(om åtte dager)* S. week; *den* ~ *som kom* the next to arrive; *den* ~ *igjen* the one after that (,him, *etc): det* ~ *vi må gjøre* the next thing to be done.

nesten *(adv)* almost, nearly, all but; ~ *et år siden* almost a year ago; **T** just on a year ago; ~ *ikke* hardly; scarcely *(fx* I s. know what to say); ~ *aldri* scarcely *(el.* hardly) ever; almost never; ~ *bare* almost exclusively, scarcely anything but; ~ *ingen* scarcely any; ~ *perfekt (også)* little short of perfect; ~ *umulig* hardly *(el.* scarcely) possible; *jeg hadde* ~ *glemt* I had almost forgotten; *vi er* ~ *stivfrosne* **T** we're about frozen stiff; *det må* ~ *et mirakel til for å redde ham* little short of a miracle can save him; *(se skam; synes).*

nest flest: *X er den by i verden som har* ~ *barer pr. kvartal* X has the second largest number of bars per district of any city in the world; only one city in the world has a larger number of bars per district than X.

nest‖formann deputy chairman; vice-president. **-følgende** the following. **-kommanderende** second in command.

I. nett *(subst)* net; *(innkjøps-)* string bag.
II. nett neat, nice; *du er en* ~ *en* **T** you're a fine fellow, you are!
netthendt handy, deft, dexterous.
netthet neatness.
netthinne *(i øyet)* retina.
netting wire, netting; *(hønse-)* chicken wire. **-gjerde** wire fence; *sette opp* ~ *rundt* wire off *(fx* a corner of the garden is wired off).
netto net; *tjene* ~ net *(fx* we netted £50); *(spøkef = naken)* naked; *ganske (el. helt)* ~ stark naked; *betaling pr. sju dager* ~ our terms are net cash (with)in seven days. **-beløp** net amount. **-fortjeneste** net profit, clear profit. **-inntekt** net income.
nettolønn take-home pay *(fx* I earn £90, but my take-home pay is only about £50 a week).
nettooverskudd (net) profit, US net income.
nettopp **1**(*nøyaktig*) just, exactly, precisely; ~ *hva jeg sa* just what I said; *ikke* ~ not exactly; *om ikke* ~ though hardly, if not exactly *(fx* he is quite intelligent, though hardly brilliant); *det er* ~ *det som er saken* that is just the point; ~ *hva jeg trenger* the very thing I need; ~ *denne nyansen* this particular shade; *han sa ikke* ~ *det, men det var det han mente* he did not say that in so many words, but that is what he meant; **2**(*akkurat*) *og så* ~ *han da, som ikke kunne et ord fransk* he, of all people, who could not speak a word of French; *han er* ~ *mannen for en slik jobb* he is the very man *(el.* ¹the man) for the job; *hvorfor* ~ *Spania?* why Spain of all places? **3**(*i det(te) øyeblikk)* just *(fx* I've just seen him); at the very moment (when) *(fx* at the very m. when the car stopped a shot was fired); just now; just then; ~ *som,* ~ *idet* just as; *jeg skulle* ~ *(til å)* I was just going to ...; **4**(*ganske nylig*) just (now), only a moment ago, just this moment, only just *(fx* he had (only) just come); **5**(*det har De rett i!*) exactly! quite (so)!
nettopris net price.
netto‖saldo net balance. **-utbytte** net proceeds; net profit. **-vekt** net weight.
nettspenning *(elekt)* mains voltage.
nettverk network.
neuralgi *(med.)* neuralgia.
neuralgisk neuralgic.
neurokirurg neurosurgeon.

neurolog neurologist.
neurologi *(med.)* neurology.
neurose *(med.)* neurosis.
neurotiker neurotic.
neurotisk neurotic.
neve fist; *en* ~ *jord* a handful of earth; *fra han var en* ~ *stor* since he was a tiny boy; *knytte -n* clench one's fist; *der sitter et par gode -r på ham* he can use his hands; *true en med -n* shake one's fist at sby.
neve‖drag blow with one's fist. **-kamp** boxing match.
neve‖nyttig handy; *han er en* ~ *kar (også)* he can turn his hand to almost anything.
never birch bark.
neverett jungle law.
never‖kont, -skrukke birch-bark knapsack.
nevertak birch-bark roof.
nevne *(vb)* name; *(omtale)* mention; *for ikke å* ~ not to mention; *nevn følgende setning i alle personer* put the following sentence into all the different persons; ~ *et verb a verbo* rehearse a verb.
nevneform *(gram)* nominative.
nevnelse: *med navns* ~ by name.
nevner *(mat.)* denominator.
nevneverdig worth mentioning.
nevø nephew.
New Zealand *(geogr)* New Zealand.
ni *(tallord)* nine.
nid *(glds)* envy; spite, malice.
nidel *(niendedel)* ninth.
niding villain; coward.
nidingsverk piece of villainy; cowardly deed.
nidkjær *(meget ivrig)* zealous; *jeg Herren din Gud er en* ~ *Gud* I the Lord thy God am a jealous God.
nidkjærhet zeal.
nidobbelt ninefold.
nidvise (verse) lampoon, libellous ditty *(el.* song).
niende ninth; ~ *(og tiende) bud (svarer hos anglikanerne til)* the tenth commandment.
niendedel ninth.
nier *(subst)* nine.
niese niece.
nifold, -ig ninefold.
nifs *(adj)* creepy, frightening.
Nigeria *(geogr)* Nigeria.
nigerian‖er, -sk Nigerian.
niglane *(vb)* stare hard *(på* at).
nihalet: *den nihalede katt* the cat-o'nine-tails.
nihil‖isme nihilism. **-ist** nihilist. **-istisk** nihilistic.
nikant *(mat.)* nonagon.
nikk *(subst)* nod; *være på* ~ *med* have a nodding acquaintance with.
nikke *(vb)* nod.
nikkedukke *(fig)* yes-man, puppet, marionette.
nikkel *(min)* nickel.
nikkers (knee) breeches; *(glds)* plus fours.
Nikolai, Nikolaus Nicholas.
nikotin nicotine. **-forgiftning** nicotine poisoning. **-slave** nicotine addict; heavy smoker.
Nildalen *(geogr)* the Nile valley.
Nilen *(geogr)* the Nile.
Nillandene *(geogr)* the Nile countries.
Nils Neil.
nimbus nimbus, halo.
I. nipp *(liten slurk)* sip.
II. nipp: *det var på nære -et* it was a near thing; it was a close thing; that was touch and go! *være på -et til å* be on the point of (-ing), be within an ace of (-ing).
nippe *vb (ta små slurker)* sip; ~ *til vinen* sip the wine.
nippflo neap tide.

nips knick-knacks, bric-à-brac.
nipsgjenstand knick-knack, piece of bric-à-brac.
-saker *(pl)* knick-knacks, trinkets.
nipugge *(vb)* swot (up).
nise *(zool)* porpoise.
nisidet *(mat.)* enneagonal, nine-angled.
nisje niche, recess.
I. nisse brownie, leprechaun, pixie, puck; *(ondskapsfull)* gremlin; *en gammel ~ (ɔ: mann)* an old fogey.
II. nisse *vb (barnespr)* pee, piddle.
nisselue red stocking cap.
I. niste *(subst)* travelling provisions, packet of sandwiches; *enhver smører sin egen ~ til turen* each person is to make a packet of sandwiches for the trip.
II. niste *(vb):* ~ *ut* supply *(fx* sby) with food, provision.
nistirre *(vb): se niglane.*
nitall (figure) nine; *(se sekstall).*
nite *(i lotteri)* blank.
nitid *(adj)* thorough(going); painstaking; neat and thorough; meticulous.
nitrat *(kjem)* nitrate.
nitrogen *(kjem)* nitrogen.
nitroglyserin *(kjem)* nitroglycerine.
nitte *(vb)* rivet *(fx* bolts); clinch *(fx* nails); butt *(fx* two plates together).
nitten *(tallord)* nineteen. **-de** nineteenth. **-(de)del** nineteenth (part). **-årig** nineteen-year-old, of nineteen (years).
nitti *(tallord)* ninety. **-ende** ninetieth. **-årig** nonagenarian. **-åring** nonagenarian.
nitute *vb (om bilist)* lean on the horn, blast one's horn; **T** drive on the horn.
nivellere *(vb)* level.
nivellerinstrument levelling instrument. **-stang** levelling staff.
nivellør levelman.
nivå level; *(fig også)* standard *(fx* maintain a high s.; be of a high s.); *et høyt moralsk ~* a high moral standard *(el.* plane); *heve -et* raise the standard *(el.* level); *senke -et* lower the standard; *være på ~ med* be on a level with; *finne sitt eget ~ (om priser, etc)* find their own level, settle down, even out.
nivågruppering *(skolev)* streaming (according to ability); grouping (according to ability); setting.
nivåkrav: *pga. det høye -et i skolen* on account of the high standards demanded in school.
-senkning a drop in standards.
niøye *(zool)* lamprey.
Nizza *(geogr)* Nice.
Noas ark Noah's ark.
nobel noble.
Nobelpris Nobel Prize. **n-tager** Nobel Prize winner.
noblesse nobility; upper classes.
noe *(adj: litt)* some; *(adj: noe som helst)* any; *(subst: et eller annet)* something; *(subst: noe som helst)* anything; *(adv: i noen grad)* somewhat, a little; *jeg har ~ øl* I have some beer; *jeg har ~ av det her* I have some of it here; *jeg har ikke ~ øl* I haven't (got) any beer; *~ usedvanlig var hendt* something unusual had happened; *kan jeg gjøre ~ for Dem?* can I do anything for you? *~ bedre* slightly better; *~ forandret* somewhat changed; *~ kort* rather short; *ikke ~* not anything, nothing; *hva for ~?* what? *hva er det for ~?* what's that? *De sier ~!* a good idea! *det er ~ for meg* that's just the thing for me; **T** it's (in) my line; it's right up my street; that's (just) my cup of tea; *det var ~ for ham (ɔ: han nøt det)* it was meat and drink to him; *~ til stykke!* sth like a piece! *det var ~ til*

unge! that is a baby! *det er ~ som har vasket seg!* **T** that's sth like! *eller slikt ~* or the like; *det blir nok ~ av ham* he will get on; *~ nær* all but, almost; *(se I. noen).*
noen, noe; *pl: noen (pron)* somebody, someone *(fx noen må ha hørt oss* somebody must have heard us); anybody, anyone *(fx var det noen i rommet?* was there anybody in the room? *han så ikke noen* he didn't see anybody); something; anything *(fx noe fryktelig har hendt* something terrible has happened; *har det hendt noe?* has anything happened? *jeg tror ikke det er noe av betydning* I don't think it's anything important); some; some (people) *(fx noe smør* some butter; *noen nye klær* some new clothes; *noen sier at ...* some (people) say that ...); any; any people *(fx han ville ikke ha noen* he did not want any; *var det noen (mennesker) der?* were there any people there?);
[A: forb. med noe; B: med noen *(sing)*; C: med noen *(pl)*]
A noe 1*(litt, en viss mengde; foran subst el. med underforstått subst)* some, a little *(fx* may I have some tea? let me give you a little cream. Thank you, I've had some); *(foran adj)* something *(fx* drink something hot); *2(noe som helst; foran subst el. med underforstått subst)* any *(fx* did you get any tea? No, they did noe give me any); *(substantivisk bruk)* anything *(fx* we couldn't do anything; has anything happened?) *(foran adj)* anything *(fx* I don't think it's anything important); **3.** *adv (i noen grad)* somewhat, a little; **T** a bit; *~ må gjøres* something must *(el.* has got to) be done; *jeg har ~øl* I have some beer; *det kostet ti pund og ~* it cost ten pounds odd; *~ usedvanlig har hendt* something unusual has happened;
~ å lese (i) something to read; *du sier ~* that's true! there's something in that! *(om forslag)* (that's) a good idea! *nå skal jeg si Dem ~!* look here; listen! I'll tell you what! *~ å spise* something to eat; *vil du meg ~?* er det ~ *(du vil meg)?* do you want me? **være ~** *(ɔ: bety noe)* be somebody *(fx* he thinks he's somebody); *han er ~ på et kontor* he has some job in an office; *~ er bedre enn ingenting* something is better than nothing; *half a loaf is better than no bread; hvis det ikke er ~, får jeg greie meg uten* if there isn't any, I shall have to do without; *det er ~ som heter å gjøre sin plikt* there is such a thing as (doing one's duty; *det er ~ tøys* it's nonsense;
~ av det some of it *(fx* I have some of it here); *ikke slik å forstå at hun trodde ~ av det* not that she believed any of it; *~ av det verste* some of the worst, about the worst; the worst of it; *~ av en kunstner* something of an artist; *~ av en skuffelse* something of a disappointment; *han har ~ av sin fars energi* he has something of his father's energy; *det blir nok ~ av ham* he will get on (in the world); *~ av verdi* something of value; *det blir det ikke ~ av* that won't come off; *(truende)* not if I can help it! *(se bli: ~ av);* *kan jeg gjøre ~* **for** Dem? can I do anything for you? *hva for ~?* what? *hva er nå det for ~?* what's that? *(ɔ: hvor vil du hen med det?)* what's the (big) idea? *Hvorfor? – Å, ikke for ~* Why? – Oh, nothing! *(el.* Oh, for no particular reason!); *det er nettopp ~ for ham* that's just the thing *(el.* the very thing) for him; that's just what he likes; **T** that's right up his street; that's (in) his line (of business); that's (just) his cup of tea; *(ɔ: det passer i hans kram)* it suits his book; *(ɔ: han nyter det)* that's meat and drink to him; *kortspill er ikke ~*

for meg cards aren't my line; *han er* ~ *for seg selv* he is not like other people; ~ **før** a little earlier; some time before; ~ *før han kom* some time before he arrived; *det er* ~ *(sant)* i *det De sier* there's something *(el.* some truth) in what you say; *det kan det være* ~ *i* there may be something in that; ~ *i den retning* something of that sort; something like that; *eller* ~ *i den retning* or something (like that) *(fx* she's got a cold or something); *det er* ~ *i veien med ham* there's something the matter with him; *er det* ~ *i veien?* is anything the matter? *det var visst* ~ **med** *Livingstone* it was something to do with Livingstone, I think; *er det* ~ **mellom** *dem?* is there anything between them? *han er* ~ **på** *et kontor* he has some job in an office; *bli* **til** ~ get on (in the world), succeed; *(o: bli noe av)* materialize, come off *(fx* it didn't come off); *har du sett* ~ *til min bror i det siste?* have you seen anything of my brother lately? *dette er* ~ *til dag!* *(begeistret utrop)* this is something *like a day! det var* ~ *til dansing, det! (beundrende)* that's (something) *like dancing! det var* ~ *til unge!* that *is a baby! det var* ~ *til stykke!* something *like a piece! det er* ~ *mistenkelig ved det* there is something suspicious about it;

det skjer **aldri** ~ nothing ever happens; *det er da* **alltid** ~ it's (,that's) something (at any rate *el.* at least) *(fx* it's something at least to be out of the rain; he knows a few words of Greek, that's something); ~ **annet:** *se II. annen B;* ~ **bedre 1.** slightly *(el.* a little) better; **2***(noe som er bedre)* something better; ~ **forandret** somewhat changed; *hun er* ~ *forandret* she has changed a little; ~ **kort** rather short; ~ *, jeg vet ikke* **hva** an indefinable something; something I don't know what;

ikke ~ nothing, not anything; *(foran subst)* no *(fx* there was no house nearby); *(med underforstått subst)* not any *(fx* if there isn't any, I shall have to do without); *det gjør ikke* ~ it doesn't matter; *var ikke det* ~ *(å tenke på)?* what about that? *ikke* ~ *av det* none of it; not any of it *(fx* he wouldn't have any of it); *ikke* ~ *kunne vært bedre* nothing could have been better; *det er ikke* ~ *å gjøre ved det* it can't be helped; there's nothing we can do about it; there's nothing to be done about it; *vil du ha* ~ **mer** *vin?* would you like some more wine? *jeg hadde ventet* ~ *mer av deg* I had expected more *(el.* better things) from you; *dette var* ~ *fint* **noe** *(iron)* this is a fine mess! *hva er det for* ~ *rødt noe?* what is that red thing? what are those red things? *det er* ~ *rart noe* that's odd; ~ *nær* all but, almost; *(se nesten); i år 1800* **og** ~ in eighteen hundred and something; *det kostet ti pund og* ~ it cost ten pounds odd; *fem pund, det var da også* ~ *(å komme med)!* five pounds indeed! *det var da også* ~ *å si!* what a thing to say! ~ **slikt** something like that; *jeg har aldri sett* ~ *slikt* I've never seen anything like it *(el.* that); ~ *slikt (el. slikt* ~*) må du ikke gjøre* you mustn't do things like that; *eller* ~ *slikt* or something; or the like; *og slikt* ~ and things (like that); ~ *slikt som* something like *(fx* he left something like a million pounds); ~ *slikt som røyking* a thing like smoking; smoking for example; ... ~ **(som)** *jeg aldri kunne drømme om å gjøre* .., which (is something) I would never dream of doing; ~ *som muligens vil innvirke på kvaliteten* which will possibly affect the quality; ~ *som kan innvirke på innkjøpene av verktøy* a fact which may affect the purchase of tools; ~ *som alltid*

har slått meg når jeg leser hans bøker, er at ... something that has always struck me on reading his books is the fact that ...; *det er* ~ *(som) jeg alltid har lurt på i denne forbindelse, og som jeg gjerne skulle ha klarhet i:* Er opptakene *autentiske, eller er de «laget»?* something I've always wondered about in this connection, which I should like to clear up, is: are the recordings (really) authentic or are they staged? there's something I've always wondered about in this connection, which I should like to clear up: are the recordings authentic or are they staged? ~ *som i høy grad har lykkes* and this has been highly successful; ~ **som helst:** *se ovf (A 2); jeg kan ikke se* ~ *som helst* I can't see anything at all; **T** I can't see a thing; *han hylte* ~ *så fryktelig altså!* he howled something awful;

B noen *(sing)* **1***(en eller annen; et visst kvantum; foran subst)* some *(fx* if some enemy should see this letter; they gave us some help); *(substantivisk)* somebody, someone *(fx* someone is coming); **2***(noen som helst; foran subst el. med underforstått subst)* any *(fx* I don't think any burglar could get over that wall; have you seen any newspaper about? – No, I haven't seen any); *(substantivisk)* anybody, anyone *(fx* did you see anybody?); ~ *gang* at any time, ever; *i* ~ *grad* to some extent, somewhat *(fx* the plan has been modified to some extent; he seemed somewhat surprised); *de kunne ikke gi oss* ~ *hjelp* they could not give us any help; *er det ikke* ~ *som vil hjelpe meg?* isn't there anybody who will help me? *hvis det ikke er* ~*, får jeg greie meg uten* if there isn't any *(el.* one), I shall have to do without; *i* ~ *tid* for some time; *er det* ~ *her?* is (there) anyone here? *det var* ~ *som fortalte meg om det* somebody told me about it; *det er* ~ *som vil snakke med deg* there is somebody to see you;

~ **av** (1) some of; (2) any of *(fx* he was not allowed to read any of the books; have any of you been there?); *(av to)* either of *(fx* has either of you ever been to London?); **uten** ~ *til å oppvarte seg* without anyone *(el.* with no one) to wait on him (,her, *etc); jeg kjenner ikke* ~ *ved det navn* I don't know anybody of that name;

bedre **enn** ~ *(annen)* better than anybody else; *han er høyere enn* ~ *jeg kjenner* he is taller than anyone I know; *mer enn* ~ *annen kvinne* more than any other woman; *hvis* ~ ... if anybody ...; **ikke** ~ nobody, not anybody; *(en ingen);* ~ *endelig avgjørelse er ennå ikke truffet* no final decision has yet been made; *ikke på* ~ *måte* not by any means, not at all; *du må ikke plage ham på* ~ *måte* you must not worry him in any way; *her har det ikke vært* ~ nobody has been here; *så effektiv som* ~ as effective as any; *så god som* ~ as good as any; second to none; **T** as good as they come; as good as they make them;

C noen *(pl)* **1***(substantivisk bruk)* some; some (people); *(i nektende & spørrende setninger, samt i sammenligninger)* any; anybody, anyone? ~ **2** *(adjektivisk bruk)* some; *(i spørrende & nektende setninger, samt i sammenligninger)* any; ~ *bøker* some books; *Vil du ha bøker?* – *Her er* ~ Do you want books? – Here are some; *det er* ~ *som er heldige!* some people have all the luck! *han har penger; har du* ~? he has money; have you any? ~ *tror* ... some people think ...; ~ *og femti (år)* fifty odd (years); *det kostet* ~ *og seksti tusen pund* it cost sixty odd thousand pounds; ~ ... *andre* ... some ... some; some ...

others *(fx* some have children, some have none); ~ *enkelte,* ~ *få* a few, some few; ~ *av dem* some of them; ~ *av bøkene* some of the books; **for** *-s vedkommende* as far as some people are concerned; as regards some of them; *hva er dere for* ~ who are you? *jeg lurer på hva det er for* ~*?* I wonder who they are? I wonder what kind of people they are? *det er noen idioter!* they are fools!

noenlunde tolerably, fairly, passably; *(hist: karakter)* fair, fairly good; *en* ~ *god (el. bra) pris* a fair price; *folk med* ~ *inntekter (ofte)* reasonably well-paid people.

noensinne ever, at any time.

noensteds anywhere.

noenting *(noe)* something; anything.

nok enough, sufficient; plenty; *én er* ~ one will do; *vi har mer enn* ~ we have plenty; we've got enough and to spare; *vi har mer enn* ~ *tid* we have plenty of time; we have ample time; *han får aldri* ~ he will never be satisfied; *det vil være* ~ *med noen ganske få* a very few will do; *seg selv* ~ self-sufficient; *ikke* ~ *med det* that is not all; not only that; *la det være* ~ enough of that; *det er* ~ *av dem som* there are plenty of people who; ~ *om det, jeg hørte deg i hvert fall* be that as it may, I heard you; *det blir* ~ *regn* it will (most) probably rain; *det kan* ~ *være* that may be so; *han kommer* ~ *i morgen* he'll come tomorrow all right; he's sure to come t.; *du er* ~ *ikke riktig våken ennå* you are not quite awake yet, I see; *syk var han* ~, *men han gjorde arbeidet sitt likevel* he was indeed ill but he did his work all the same; *De vet* ~ *hva jeg mener* you know well enough what I mean; *det tenkte jeg* ~ I thought as much; *(se ærlig: han var* ~ *nok til å ...).*

nokk *mar (rånokk)* yardarm.

noksagt: *han er en* ~ he's a you-know-what.

noksom *(tilstrekkelig)* enough, sufficiently; *jeg kan ikke* ~ *takke Dem* I can't thank you enough.

nokså fairly; rather, tolerably.

nokturne *(mus)* nocturne.

nomade nomad. **-folk** nomadic people. **-liv** nomadism, nomadic life.

nominativ *(gram)* nominative; *i* ~ in the n. (case).

nominell nominal. **nominere** *(vb)* nominate.

non *(tidspunkt)* hour of the afternoon meal; *(karakter) (omtr =)* third (class) *(fx* get a third).

nonchalanse nonchalance, off-hand manner.

nonchalant nonchalant, off-hand; casual *(fx* they are incredibly c. about these things).

nonne nun.

nonnedrakt nun's habit. **-kloster** convent. **-liv** life of a nun, convent life.

nonsens nonsense; *(se også vrøvl & vås).*

nord north; *rett* ~ due north; ~ *for* north of; *fra* ~ from the north; *i* ~ in the north; *i det høye* ~ in the far north, right up in the north; *mot* ~ north, northward(s).

nordafjells north of the Dovre. **-for** *se nordenfor.*

Nord-Afrika North Africa.

Nord-Amerika North America.

nordamerikansk North American.

nordastorm northerly gale.

nordavind north wind, norther.

nordbo Northerner, Scandinavian.

nordenfor to the north of. **-fra** from the north. **-om** (to the) north of.

nordfjording horse of the Nordfjord breed.

nordgrense northern frontier (,boundary, limit); frontier to the north; *(se grense).*

nordgående: *for* ~ northward bound, north-

bound; ~ *strøm* northerly current; ~ *trafikk* northbound traffic.

Nordishavet the Arctic (Ocean).

nordisk northern, Scandinavian.

Nordkapp (the) North Cape. **-kyst** north(ern) coast.

Nordland [county north of Trøndelag].

nordlig northern; *(retning)* northerly; in a northerly direction; ~ *bredde* north latitude; *på -e breddegrader* in northern latitudes.

nordlys northern lights, aurora borealis. **-mann** Norwegian. **-om** (to the) northward of. **-ost** north east. **-ostlig** north-easterly; north-eastern; to the northeast. **-over** northward.

nordpol north pole; *N-en* the North Pole.

nordpolsekspedisjon arctic expedition, expedition to the North Pole. **-farer** arctic explorer.

nordpunktet the north (point).

nordpå up north; in the North; *(retning)* northward.

nordre northern.

nordside north side.

Nordsjøen the North Sea.

nordspiss northern(most) point.

Nordstatene *(geogr, i USA)* the Northern States (of the USA); the North.

nordstjerne north star, pole star. **-tysk** North German. **N.-Tyskland** *(geogr)* Northern Germany. **-vestlig** north-westerly. **-vestpassasjen** the North-West Passage. **-vestvind** north-westerly wind, north-wester. **-østlig** north-eastern, north-easterly.

Norge *(geogr)* Norway.

norgesmester (Norwegian) national champion *(fx* national giant slalom champion).

norgesmesterskap Norwegian national championship *(fx* in giant slalom).

norm norm, standard; *anvende enhetlige -er* apply uniform standards.

normal normal; *(tilregnelig)* sane; *(mat.)* normal, perpendicular; *oppreise en* ~ *på en linje* erect a p. on a line.

normalarbeidsdag normal (working) day, standard hours.

normalisere *(vb)* normalize; standardize; regularize.

normalvekt standard weight.

Normandie *(geogr)* Normandy.

normanner, normannisk Norman.

normere *(vb)* regulate.

norne *(myt)* Norn.

norrøn Norse; ~ *linje (ved gymnas) (hist)* Germanic *(el.* Norse) side.

norsk Norwegian; *(gammel-)* Norse; *en norsk-engelsk ordbok* a Norwegian-English dictionary.

norskamerikaner Norwegian-American.

norskfødt Norwegian by birth, Norwegian-born, born of N. parents; *en* ~ *nordmann* a native-born Norwegian.

norskhet Norwegianness. **-sinnet** pro-Norwegian.

norvagisere *(vb)* Norwegianize.

norvagisme Norwegianism.

I. not *(fiske-)* seine, closing net.

II. not *(fure)* groove; ~ *og fjær* tongue and groove.

nota *(merk)* account, statement; *(regning)* bill.

notabene (please) note (that), mark you.

notabilitet notability, VIP.

notam: *ta seg noe ad* ~ make a note of sth, note sth, take note of sth, keep sth in mind; *ta deg det ad* ~*!* put that in your pipe and smoke it!

notarius publicus notary public.

notat note; *i form av -er* in note form; *gjøre*

-er take *(el.* make) notes; *ta* **-er** *fra* make notes on *(fx* an interesting passage).

notbas master seiner. **-bruk** seines.

I. note note, annotation; *(under teksten)* footnote; *(polit)* note; *utveksle likelydende* **-r** exchange notes in identical terms.

II. note (musical) note; **-r** *(musikalier)* music; *spille etter* **-r** play from music; *være med på* **-ne** enter into the spirit of the thing; play along; *han var med på* **-ne** *med én gang* he fell in with the idea at once; *skjelle ut etter* **-r** give him a proper dressing-down.

noteblad sheet of music. **-bok** music book. **-hefte** music book. **-lesning** music reading. **-linje** line. **-mappe** music case. **-papir** music paper. **-pult** music desk.

notere *(vb)* note, record; *(om pris)* quote; *alle priser er* **-t** *fob engelsk havn* all prices are (quoted) f.o.b. English port; *vi må* ~ *en leveringstid på to måneder* we must allow two months for delivery; *(se ordre).*

notering noting; quotation.

noteringsoverføring *(tlf)* reverse call; reversed -charge call; **US** *(& UK m.h.t. samtaler til utlandet)* collect call; *be om* ~ have the call reversed.

noteskrift musical notation. **-skriver** copier of music. **-system** notation.

notfiske seining.

nothøvel (groove and) tongue plane.

notis note; notice; *(i blad)* paragraph; *ta* ~ *av* take notice of. **-blokk** (scribbling) pad; **US** scratch pad. **-bok** notebook.

notkast cast of a seine. **-lag** seine gang.

notorisk notorious.

notsteng [enclosure of fish in a seine; fish so caught]; *(se sildesteng).*

nov corner (of a log house).

novelle short story. **-forfatter(inne)** writer of short stories.

novellistisk in the form of a short story.

november (the month of) November; *(se mai).*

novise novice. **-siat** noviciate.

Nubia *(geogr)* Nubia.

nudd brad, tack.

nudel noodle.

nudisme nudism; *(evfemistisk)* naturism. **-ist** nudist; naturist. **-istisk** nudist.

null zero, nought, cipher; *(når man nevner sifrene i et tall, fx tlf)* 0 *(uttales som bokstaven' o');* *(om person)* nonentity; nobody; *(ingenting)* naught, nought; *(i spill & sport)* nil; love; *stillingen er 0 – 0* the score is love all; *stå på* ~ be at zero; *er nesten lik* ~ is almost nil; (NB *2,03 (skrives* 2.03 *og leses)* two decimal nought three; *0,07 (skrives* 0.07 *og leses)* decimal nought seven; nought point nought seven; *(se III. lik).*

nullitet nullity.

nullpunkt *(på termometer)* zero; *(ved oppmåling)* datum point.

numerisk numerical.

numismatiker numismatist. **-k** numismatics.

numismatisk numismatic.

nummer number; *(fk No. el. no.)* (NB ~ *1 og* ~ *4* Nos. 1 and 4); *(av blad)* issue *(fx* today's i. of The Times); *(et enkelt* ~ *av blad)* number; *(størrelse)* size *(fx* what s. do you take in shoes? what s. shoes do you take?); *(på program)* item, number, feature; *(post på liste, i katalog, etc)* item *(fx* an i. on the list); *(på auksjon)* lot; *(på basar, etc)* raffle ticket; *ta* ~ *på noe* buy a raffle ticket for sth; *slå et* ~ *(tlf)* dial a number; *et* ~ *for lite* a size too small; *gjøre et stort* ~ *av* make great play with.

nummerere *(vb)* number; ~ *fortløpende* n. consecutively.

nummerering numbering. **-følge** numerical order. **-skive** *(tlf)* dial; *dreie på* **-n** turn the dial.

nuntius *(pavelig sendemann)* nuncio.

nupereller *(pl)* tatting; *slå* ~ tat.

nupp *(fx i huden)* small nob.

nuppe *(vb)* pluck, snatch.

nupret *(om tøy)* burled.

nurk *(subst): et lite* ~ a little poppet; *det vesle* **-et** *som lå der* the little poppet lying there.

nut mountain peak.

I. ny *(månefase)* change (of the moon), new moon; *i* ~ *og ne* off and on, once in a while.

II. ny new; *(og usedvanlig)* novel; *(frisk, av året, annen)* fresh; ~ *i tjenesten* a new hand; **-e** *koster feier best* new brooms sweep clean; *den* **-ere** *historie* modern history; *i den* **-ere** *tid* in recent times; *fra* **-tt** *av* anew; *på* **-tt** again; anew, afresh; *(se også nytt).*

nyankommen new arrival, newcomer; newly arrived.

nyanse shade, nuance.

nyansere *(vb)* shade (off), vary.

nyanskaffelse new acquisition, recent acquisition.

nybakt new, fresh, newly baked; *(fig)* newly fledged.

nybarbert freshly shaven.

nybegynner beginner, novice, tiro; *(neds)* greenhorn.

nybrent recently burnt; ~ *kaffe* freshly roasted coffee; *(se nymalt).*

nybrott newly cleared ground, new farm.

nybrottsmann backwoodsman; *(fig)* pioneer.

nybygd *(subst)* colony, settlement.

nybygg new building, house recently completed; house in the process of construction.

nybygger colonist, settler.

nybygning *(mar)* newbuilding.

nybær *(om ku)* which has recently calved.

nydelig nice, charming, lovely.

nyere *(komparativ)* newer; *(moderne)* modern.

nyervervet recently acquired.

nyest *(superlativ)* newest; **-e** *nytt* the latest news.

nyfallen *hvit som* ~ *snø* white as (the) driven snow.

nyfiken curious, inquisitive. **-het** curiosity.

nyforlovet recently engaged; *de nyforlovede* the recently engaged couple.

nyfundlender *zool (hund)* Newfoundland dog.

nyfødt new-born.

nygift newly married; *et* ~ *par* a newly married couple; *de* **-e** *(også)* the newlyweds.

nygresk Modern Greek.

nyhet *(beskaffenheten)* newness, novelty; *(noe nytt)* news, novelty; *en* ~ a piece of news; *(se interesse; nytt).*

nyhetsredaksjon *(radio)* news studio. **-redaktør** news editor.

nyhetssending *(radio)* news broadcast; *kort* ~ headline news.

nying fire (built in the open).

nykjernet freshly churned.

nykk jerk, tug.

I. nykke *(subst): se innfall, lune.*

II. nykke *(vb)* jerk, pull.

nyklekt recently hatched.

nykokt fresh-boiled, freshly boiled. **-komling** newcomer. **-konstruert** newly designed. **-lagt** new-laid, fresh *(fx* fresh eggs).

nylig lately, of late, recently; *nå* ~ of late, lately; *inntil ganske* ~ till quite recently.

nylon nylon.

nymalt 1. freshly painted; **2.** ~ *kaffe* freshly ground coffee.

nymfe nymph; *(se badenymfe)*.
nymfoman nymphomaniac; **T** nymph. **-i** nymphomania.
nymotens *(neds)* newfangled.
nymåne new moon; *det var* ~ *i går* there was a new moon yesterday.
nynne *(vb)* hum.
nynorsk 1. New Norwegian (one of Norway's two official written languages); **2***(norsk etter 1500)* Modern Norwegian.
nyomvendt newly converted; *(subst)* new convert, neophyte. **-oppdaget** recently discovered. **-oppført** newly erected. **-ordning** rearrangement, reorganization; innovations; *(se motvilje)*.
nyorientering reorientation.
I. nype *subst (bot)* hip.
II. nype *(subst)* pinch; *en* ~ *salt* a pinch of salt.
III. nype *(vb)* nip, pinch.
nyperose *(bot)* dog rose; *(se I. rose)*. **-torn** *(bot)* sweetbriar, (wild) briar.
nypløyd freshly ploughed.
nyre *(anat)* kidney. **-bark** renal cortex. **-bekken** renal pelvis. **-belte** *(for motorsyklist)* body belt. **-fett** kidney fat. **-grus** renal calculus.
nyrekruttering fresh recruitment.
nyrestein *(med.)* kidney stone; *(faglig)* renal calculus. **-stek** *(hos slakteren, av gris)* kidney end of loin. **-sykdom** kidney disease.
Nürnberg *(geogr)* Nuremberg.
nys *(nysing)* sneeze.
nyse *(vb)* sneeze.
nysgjerrig curious, inquisitive; *jeg spør fordi jeg er* ~ *(ofte)* I should like to know as a matter of curiosity.
nysgjerrighet curiosity, inquisitiveness; *(se forgå)*.
nysilt new, fresh from the cow.
nysing sneezing, sneeze.
nyskapende creative; ~ *evne* creativity.
nyslipt newly sharpened.
nyslått 1*(om gress)* new-mown; **2***(om mynt)* new -struck; *blank som en* ~ *toskilling* bright as a new penny.
nysnø new snow; *(se snø)*.
I. nyss *subst (vink, antydning)* hint; *få* ~ *om* learn about, get wind of.
II. nyss *(adv): se nylig*.
nysølv German silver.
nyte *(vb)* enjoy; *(spise, drikke)* have; ~ *godt av* benefit from *(el.* by), profit by *(el.* from), derive benefit from; *vi nøt oppholdet i Paris (også)* we enjoyed Paris; ~ *livet* enjoy life (to the full); ~ *tillit* enjoy confidence; *jeg har ikke nytt noe i dag* I have tasted no food today.
nytelse enjoyment; *en* ~ a pleasure; *overdreven* ~ *av* over-indulgence in *(fx* food, drink); *avholde seg fra -n av* abstain from *(fx* alcohol); *(se sann)*.
nytelsessyk self-indulgent, pleasure-loving.
nytelsessyke self-indulgence, love of pleasure.
nytenkning rethinking.
nytt *(nyheter)* news; *hva* ~? what news? what's the news? *intet* ~ *er godt* ~ no news is good news; *gammelt og* ~ things old and new; *noe (helt)* ~ something entirely new *(el.* quite new); a new (special) feature; *spørre* ~ *om* get *(el.* hear) news of; **US T** get a line on; *spørre* ~ *om felles kjente* ask for news of mutual acquaintances.
I. nytte *(subst)* utility, use, benefit, advantage; *gjøre* ~ be of use, be helpful; *dra* ~ *av* benefit from; *være en til* ~ be of use to sby; *det er til ingen* ~ it's (of) no use (el. no avail); *hvis jeg kan være til noen* ~ if I can be (of) any use; *det er til liten praktisk* ~ it's of little

practical use; *så sant det er til den minste* ~, *tar vi det med* if it's the smallest bit of use *(el.* if it's at all useful), we'll take it; *det gjorde samme -n* it did just as well, it served the same purpose; *det må gjøre -n* it will have to serve.
II. nytte *vb (gagne)* be of use (to sby), avail; *(utnytte)* turn to good account, make the most of; *det -r ikke* it's (of) no use; it's no good; *hva kan det* ~? what's the use (of that)? *hva kan det* ~ *å* what's the use of (-ing); *det -r ikke å prøve* it's no use trying; there's no point in trying; ~ *høvet* take the opportunity, avail oneself of the opportunity; ~ *tiden (være flittig)* make good use of one's time; *det gjelder å* ~ *tiden (godt)* it's a matter of making the most *(el.* the best use) of one's time; *han har -t tiden godt* **1.** he has made good use of his time; **2.** he has made the most of the opportunity.
nyttebetont practical *(fx* subjects). **-dyr** *(zool)* utility animal. **-effekt** effective output. **-hensyn** utilitarian consideration. **-last** maximum load, payload. **-løs** useless. **-moral** utilitarianism. **-vekst** useful plant. **-verdi** utilitarian value.
nyttig useful, of use, helpful, of service, serviceable; ~ *for oss* of use *(el.* service) to us, useful to us; ~ *til* useful for *(fx* a purpose); *det er* ~ *å vite* it's useful to know; it's worth knowing; *det viste seg å være (meget)* ~ *(også)* it came in useful; *gjøre seg* ~ *i huset* make oneself useful about the house.
nyttiggjøre *(vb):* ~ *(seg)* turn to account, utilize; ~ *seg noe* turn sth to practical use *(fx* he turned his new knowledge to practical use); ~ *seg sine evner* make use of one's abilities, turn one's a. to account; *mennesket lærte tidlig å* ~ *seg ilden* man learned the use of fire early on; man early learned the use of f.; *han kan ikke helt ut få nyttiggjort seg bruken av radioen* he cannot turn the use of the radio to full account; *han greier ikke å* ~ *seg oppgitte gloser og uttrykk* he can't manage to make use of words and expressions that are given.
nyttår New Year; *godt* ~ *!* Happy New Year;
nyttårsaften New Year's Eve. **-dag** New Year's Day. **-salutt** New Year fireworks *(fx* the deafening sound *(el.* noise) of New Year fireworks); *(se saluttere)*.
nyttårsønsker *(pl)* wishes for the New Year.
nyvalg *utskrive* ~ issue writs for a new election; appeal to the country.
nyverdiforsikring new-for-old insurance *(el.* policy).
nyvinning new development *(fx* n. developments in science and technology); fresh gain, step forward.
nyår *se nyttår*.
I. nær *adj (se også nærmere, nærmest);* **1.** near *(fx* the station is quite n.); **2***(fig)* intimate *(fx* they are i. friends); close *(fx* a close friend); *(bare som predikatsord)* at hand *(fx* the hour of victory is at hand); *komme i -t forhold til* become intimate with; *stå i* ~ *forbindelse med* be closely connected with; be in close connection with; *i* ~ *fremtid* in the near future, at an early date, very shortly; *-t samarbeid* close collaboration; *i* ~ *tilknytning til* closely connected with; *det var på -e nippet* that was a close shave; that was too close for comfort; that was a near one!
II. nær *adv (se også nærmere, nærmest);* near; *(nesten)* nearly; *(grad)* nearly, closely; ~ *beslektet* closely related, closely akin; *fjern og* ~ far and near; *for* ~ too near; ~ *forestående* approaching, coming, imminent *(fx* departure),

near at hand; .. *antas å være ~ forestående* is thought to be imminent; *ganske ~* quite near; *ligge ~ (om sted)* be close to; *det ligger snublende ~* it stares you in the face; *det ligger ~ å anta* it seems probable; *det ligger ~ å gjøre det* it seems the obvious thing to do; *den tanke ligger ~ at ...* the idea naturally suggests itself that; *temmelig ~ det samme* pretty much *(el.* very nearly) the same (thing); *alle på to ~ (så ~ som to)* all but two, all except two; *stå en ~* be intimate with sby, be closely connected *(el.* associated with sby; *ta seg ~ av noe* take sth (greatly) to heart; take sth (very) hard; *det skal du ikke ta deg ~ av* don't (you) worry; **T** not to worry; *grense ~ opptil* border on, be close to, adjoin; *(fig)* border on; *ikke på langt ~* not nearly; **T** not by a long chalk; *ikke på langt ~ så rik* nothing like as rich, not anything like as rich; *~ ved* close by, hard by, close at hand, near at hand, not far (away); *~ ved å ...* on the point of (-ing); *jeg var ~ å falle* I very nearly fell; I all but fell.

III. nær *(prep)* near (to), close to; *(se også II. nær: ~ ved); være døden ~* be at death's door, be dying.

nær|beslektet closely related. **-bilde** close-up.

nære *(vb)* nourish, feed; *(en følelse)* entertain, cherish; *~ avsky for* detest; *~ håp* entertain hope; *jeg -r ingen tvil om at* I have no doubt that; *jeg -r intet ønske om å ...* I have no wish to ...

nærende nutritious, nourishing.

nærgående aggressive *(mot* towards); *komme med ~ bemerkninger* indulge in personalities.

nærhet nearness; *(område)* neighbourhood; *i -en* in the neighbourhood; in the vicinity; *gatene i -en* the neighbouring streets; *i -en av* near to, close to.

næring *(føde)* nourishment, food; *(levevei)* industry, trade; *gå en i -en* poach on sby's preserves; *ikke la noen gå deg i -en (også)* let no one do you out of your rights; *ta ~ til seg* take nourishment; *sette tæring etter ~* cut one's coat according to one's cloth; *(se hente).*

næringsdrift trade, industry.

næringsdrivende in business, in trade; *de ~* people who are self-employed; tradesmen, tradespeople; *en selvstendig ~* a self-employed tradesman.

nærings|frihet freedom of trade. **-grunnlag** economic basis; the basis of (a country's) economy. **-kilde** means of subsistence. **-livet** economic life, trade, industry, trade and industry. **-middel** article of food. **-sorger** *(pl)* financial difficulties.

næringsvei industry, trade, business; *Norges viktigste -er* the principal industries of Norway; *jordbruk og andre -er* agriculture and other industries; agriculture and other occupations; (NB *jordbruk, fiske, etc er også* 'industries').

næringsverdi food value; nutritional value.

næringsvett economic know-how, a good business head; *ha ~* know on which side one's bread is buttered; know how to look after oneself; *her gjelder det å ha ~ !* (ɔ: *forsyne seg raskt)* it's a case of every man for himself here; *(jvf matvett).*

nærkamp hand-to-hand combat, fighting at close quarters; *(boksing)* infighting; *(mar)* close action; *(flyv)* dogfight; *komme i ~ med* come to grips with.

nærliggende adjacent, neighbouring; *av ~ grunner* for obvious reasons.

nærlys *(på bil)* dipped lights, low beam.

nærme *(vb)* bring *(el.* draw) near; *~ seg* approach, be approaching, draw near, near.

nærmere *(komparativ av nær)* nearer; *(ytterligere)* further; *~ opplysninger* further particulars, particulars; *tenke ~ over* consider further; *(se ordre).*

nærmest *(superlativ av nær)* nearest; *(om nabo)* next-door; *(adv: nesten)* rather; *(adv: særlig)* more particularly; *ens -e* those nearest to one; *mine -e naboer* my next-door neighbours; *de feiret forlovelsen sammen med noen få av sine -e* they celebrated their engagement at a small family gathering *(el.* within the immediate family circle *el.* with a few of their closest friends); *jeg har medlidenhet med henne, mens jeg ~ misunner ham* I pity her, while I rather envy him; *enhver er seg selv ~* charity begins at home; *den -e omegn* the immediate neighbourhood; *de -e dager* the next few days; *i løpet av de -e dager* (with)in the next few days.

nær|på *(adv)* nearly. **-stående** close, intimate. **-synt** short-sighted, near-sighted; *(fagl)* myopic. **-synthet** short-sightedness, near-sightedness; *(fagl)* myopia.

nærtagende touchy, (too) sensitive.

nærtrafikk local *(el.* suburban) traffic; *(tlf)* toll call.

nærvær presence; *i fremmedes ~* before company; *i vitners ~* in the presence of witnesses; *han behaget aller nådigst å beære oss med sitt ~* he deigned to favour us with the honour of his presence.

nærværende present; this; *~ bok* this book.

nød *(trang)* need, want, necessity, distress; *lide ~* suffer want; *~ bryter alle lover* necessity knows no law; *det har ingen ~* no fear (of that); *i -ens time* in the hour of need; *med ~ og neppe* by the skin of one's teeth *(fx* we got to the top of the hill by the s. of our t.); *med ~ og neppe slapp han derfra* he had a narrow escape; *han klarte eksamen, men det var med ~ og neppe* he passed the exam, but it was a narrow squeak; *til ~* in an emergency; **T** at a pinch; *det går til ~ an* it will just pass muster; it will just do.

nødanker *(mar)* sheet anchor.

nødbrems emergency brake.

nøde *(vb)* oblige, constrain, force, compel; *(overtale)* urge, press; *jeg er nødt til å ...* I'm obliged to ... *(fx* do it); *(se nødsaget).*

nødflagg signal of distress.

nødhavn harbour of refuge.

nødhjelp makeshift; temporary expedient; *Kirkens ~* the Norwegian Church Relief.

nødig *(ugjerne)* reluctantly; *jeg vil ~* I do not like to, I object to; *jeg gjør det ~* I do not like to do it, I would rather not; *jeg vil ~ uttale meg* I wouldn't like to hazard an opinion.

nødlande *(vb)* make a forced landing.

nødlanding *(flyv)* forced landing; *foreta en ~* make a forced landing; *(jvf buklanding).*

nød|lidende needy, destitute, distressed. **-løgn** white lie. **-mast** *(mar)* jury mast. **-rakett** distress signal rocket. **-rop** cry of distress. **-ror** *(mar)* jury rudder.

nødsaget compelled, obliged *(til å* to); *jeg ser meg ~ til å gjøre det* I find myself obliged *(el.* compelled) to do it, I am obliged to do it; *(lett glds)* I am under the necessity of doing it.

nødsfall: *i ~* in case of need, in an emergency; **T** at a pinch.

nød|signal *(mar)* distress signal. **-skrik** cry of distress.

nødstid time of need.

nødstilfelle emergency; *i ~* in case of need, in an emergency.

nødtvunget forced, enforced, compelled (by necessity).

nødtørft: *forrette sin* ~ *(glds)* relieve nature, r. oneself; *(se natur: tre av på -ens vegne).*

nødtørftig (strictly) necessary, scanty; *det -e* what is strictly necessary.

nødtørftighet necessity, scantiness.

nødvendig necessary; *(sterkt)* essential; *(som trengs i et el. annet øyemed)* requisite *(fx* the r. money); *det er strengt* ~ *å ...* it is absolutely essential to; *etter hvert som det blir* ~ as and when it becomes necessary; *er det* ~ *? (også)* is there any necessity? *det er* ~ *at du gjør det med en gang* it is necessary that you should do it at once; *hvis det blir* ~ should the necessity arise; ~ *for* necessary to *(el.* for); *kull, et* ~ *drivstoff for den industrielle produksjon* coal, a fuel necessary to industrial production; *mangle det -e* lack the necessaries of life; *(se innse).*

nødvendiggjøre *(vb)* necessitate, render necessary.

nødvendighet necessity, matter of necessity; *av* ~ from necessity; *-en av å ...* the need to ...; the necessity of (-ing); *drevet av* ~ under the pressure of necessity; *gjøre en dyd av* ~ make a virtue of necessity; *dette er dessverre en* ~ this is an unfortunate necessity.

nødvendighetsartikkel necessary, necessity.

nødvendigvis necessarily, of necessity; *disse skattene må* ~ *gripe inn i det økonomiske liv* these taxes cannot but react on economic life.

nødverge self-defence; *i* ~ in self-defence.

nøff grunt, oink; *«*~*,* ~ *!»* oink! oink!

nøff-nøff *(barnespråk)* piggy-wiggy.

nøgd *se fornøyd.*

nøkk river sprite, Nixie.

nøkkel key; *(mus)* clef; *(til gåte)* key; *-en til* the key to *(el.* of); ~ *til hoveddøra* front-door key; latchkey; *sitte med -en til gåten* hold the key to the puzzle.

nøkkelbarn latchkey child.

nøkkelfigur keyfigure *(fx* in a novel).

nøkkel|hull keyhole. **-ord** key word. **-ost** (Dutch) clove cheese.

nøkkelroman roman à clef.

nøkkelspiller *(fotb)* key player.

nøkkelstilling key position; *sitte i en* ~ hold *(el.* be in) a key position.

nøkle|ben *(anat)* collarbone, clavicle. **-blomst** *(bot)* cowslip. **-knippe** bunch of keys. **-ring** key ring.

nøktern sober; level-headed. **-het** sobriety; level-headedness.

nøle *(vb)* hesitate; *(gi et nølende svar, også)* falter *(fx* the witness faltered). **-nde** hesitating; *(adv)* -ly.

nøre *(vb):* ~ *opp* light a fire; ~ *på varmen* feed the fire.

I. nøste *(subst)* ball (of thread, of cotton).

II. nøste *(vb)* wind up (thread) into balls.

nøtt *(bot, også fig)* nut; *en hard* ~ a hard nut to crack, a tough nut, a poser, a puzzler; *gi en en på -a* **T** give sby a crack on the nut.

nøttebrun nut-brown.

nøtte|hams husk of a nut. **-kjerne** kernel of a nut. **-knekker** (pair of) nutcrackers. **-olje** nut oil. **-skall** nutshell; *(båt)* cockleshell. **-skrike** *(zool)* jay.

nøyaktig *(adj)* **1.** exact, accurate; **2***(presis)* precise; **3***(om person)* accurate *(fx* in his work); *(ytterst nøyaktig)* punctilious; **4***(streng)* strict; **5***(samvittighetsfull)* scrupulous; *han er* ~ *i alt han foretar seg* he takes great pains in *(el.* with) everything he does; *(adv)* exactly, accurately; *på* ~ *samme måte* in precisely *(el.* just) the same way.

nøyaktighet exactness, accuracy, precision.

I. nøye *(vb): la seg* ~ be content, content oneself *(med* with); ~ *seg med å* be content to.

II. nøye *(se også nøyaktig)* **1.** *adj (nær, intim)* close; intimate; *(grundig, inngående)* close; *(streng)* strict; *(om person: kresen)* particular; *(gnieraktig)* close, stingy; *(omhyggelig)* careful, painstaking, scrupulous; *ved* ~ *ettersyn* on close inspection; *vise* ~ *overensstemmelse med* show close agreement with; *ha* ~ *kjennskap til* have an intimate *(el.* accurate) knowledge of; *være* ~ *med* be particular about *(el.* as to) *(fx* what one says); *det er det ikke så* ~ *med det* that does not matter (so) very much; *så* ~ *er det vel ikke?* it can't matter all that much (,can it)? it doesn't really matter all that much, does it? **2***(adv)* closely, intimately; *(nøyaktig)* exactly, accurately; strictly; *våre priser er meget* ~ *beregnet* our prices are calculated very closely; *beløpet husker jeg ikke så* ~ I forget the exact amount; *det vet jeg ikke så* ~ I don't know exactly; I couldn't tell e., I can't say e.; *han er* ~ *inne i* he has an intimate knowledge of, he is intimately acquainted with; *det behøver du ikke ta så* ~ you needn't bother so much about that; *vi må ikke ta det så* ~ *med det* we mustn't bother so much about that; we mustn't be too fussy *(el.* particular) about that; *passe* ~ *på* take great care; *passe* ~ *på en* watch sby closely; *holde* ~ *rede på* keep an accurate account of; *legge* ~ *merke til* note carefully; *se -re på* look more closely at.

nøyeregnende particular *(med* about); *(påholdende)* close, close-fisted; *han er ikke så* ~ he is not particular.

nøysom easily satisfied; modest, unassuming; *(m.h.t. mat & drikke)* frugal.

nøysomhet moderation; *(m.h.t. mat & drikke)* frugality.

nøytral neutral; *holde seg* ~ remain neutral, observe neutrality.

nøytralisere *(vb)* neutralize.

nøytralitet neutrality.

nøytralitets|brudd breach of neutrality. **-erklæring** declaration of neutrality. **-krenkelse** violation *(el.* infringement) of neutrality.

nøytralitetsvakt [frontier guard duty against infringement of neutrality]; *landet hadde en sterk* ~ the country's frontiers were heavily guarded against infringement of n.; *han ble utkalt til* ~ he was called up for frontier guard duty.

nøytrum *(gram)* the neuter (gender).

I. nå *(vb)* reach, get at; gain; *(oppnå)* attain, reach; *(innhente)* catch up with; ~ *toget* catch the train; *ikke* ~ *miss (fx* he jumped but missed the bank and fell into the water); *ikke* ~ *toget* miss the train; *det har ikke -dd hit* it has not reached here; ~ *høyere enn noensinne* **T** reach an all-time high; ~ *målet* reach one's goal; gain one's end; ~ *opp til (fig)* reach, attain *(fx* prices have reached a high level); *skipet -dde havn* the ship made port; *du -r det fint (ɔ: du rekker det)* you can easily make it.

II. nå *adv (tid)* now, at present; *(spørrende)* well? *(oppmuntrende)* come, come; *(beroligende, irettesettende)* there, there! ~ *da!* oh, bother! *akkurat* ~ *(ɔ: for et øyeblikk siden)* a moment ago; ~ *og da* now and again; ~ *da ...* now that; *fra* ~ *av* from now on; *(høytideligere)* henceforth; ~ *må han være der* he must be there by now; *er du først* ~ *ferdig med arbeidet?* have you only just finished your work? haven't you finished your work until now? *han er* ~ *snill likevel* he's nice, in spite of everything; *i dag skal du* ~ *få den* today you're going to get it, in any case; ~ *som før* (now) as ever; *livet er*

det samme ~ *som før* life is the same as it ever was.
nåda *(int)* now what? what next? oh, bother!
I. nåde *(subst)* grace, favour (,**US:** favor); *(mildhet)* clemency; *(barmhjertighet, medlidenhet)* mercy; *Deres* ~ *!* your Ladyship (,Lordship)! your Grace! *nåde! nåde!* mercy! mercy on me! *(i skolespråk)* pax! *av Guds* ~ by the grace of God; *finne* ~ *for ens øyne* find favour in sby's eyes; *la* ~ *gå for rett* temper justice with mercy; *få avskjed i* ~ be honourably discharged; *be om* ~ plead for mercy; ask for mercy; *leve på andres* ~ live on charity; *overgi seg på* ~ *og unåde* surrender unconditionally; *ta til* ~ take back into favour; *(litt. el. spøkef)* restore to favour; *uten* ~ without mercy; *uten* ~ *og barmhjertighet* mercilessly.
II. nåde *(vb): Gud* ~ *dem!* God have mercy on them! ... *da Gud* ~ *deg!* then God have mercy on you! *(truende)* then God help you!
nådefull compassionate, merciful.
nådegave *(teol)* gift of grace; *frekkhetens* ~ T the cheek of the Devil! US a talent for brass.
nådeløs merciless, ruthless.
nådemiddel means of grace.
nåderik gracious.
nådeskudd coup de grâce, finishing shot; *gi en -et* give sby the c. de g. (by shooting him), put an end to sby's misery (by shooting him).
nådestøt deathblow, coup de grâce.
nådig gracious; *Gud være oss* ~ *!* God have mercy on us! *Gud være meg synder* ~ *!* God be merciful to me, a sinner! *aller -st (iron)* graciously *(fx* he has been g. pleased to ...); *(se nærvær).*

nål *(synål, magnetnål)* needle; *(knappe-)* pin; *(bot)* needle; *(idretts-)* badge; *stå som på -er* be on pins and needles; *træ i en* ~ thread a needle; *-a gikk dypt (el. langt) inn* the needle sank *(el.* went) in deep; *stikke en* ~ *i noe* stick *(el.* stab) a needle into sth; *stikke -a dypt inn* stick the needle in deep *(el.* right in *el.* in along way).
nålebrev paper of needles (,pins). **-formet** needle-shaped. **-hus** needle case. **-pute** pin cushion. **-skog** coniferous forest. **-spiss** needle point, pinpoint. **-stikk** pinprick. **-tre** *(bot)* conifer.
nålevende (now) living, contemporary; *(se slekt).*
nåleøye eye of a needle.
når when, at what time; *(hvis)* if; ~ *så er* if so, if that is the case, that being so; ~ *bare* if only; *du tar feil* ~ *du tror at ...* you are wrong in thinking that ...; ~ *det skal være* at any time; ~ *jeg ikke har skrevet før, så skyldes det at ...* the reason I have not written you before is that ...; the fact that I have not written you before this is due to ...; ~ *kan jeg tidligst vente deg?* how soon may I expect you? ~ *som helst (konj)* whenever; *(adv)* at any time; no matter when.
nåtid present (time), present day; *(gram)* the present (tense); *-ens historie* modern history.
nåtidsmenneske modern *(fx* we moderns).
nåtildags nowadays.
nåtle *(vb)* stitch.
nåvel well (then).
nåværende present; prevailing, existing; ~ *konge* the present king; ~ *(,daværende) leieboer* sitting tenant.

O, o O, o; *O for Olivia* O for Oliver.
oase oasis *(pl:* oases).
obduksjon post-mortem (examination), autopsy.
obdusere *(vb)* perform a post-mortem on.
obelisk obelisk.
oberst *(mil)* **1***(i hæren):* ~ *I* brigadier *(fk* Brig); US brigadier-general *(fk* BG); ~ *II* colonel *(fk* Col); US colonel *(fk* COL); **2***(flyv)* group captain *(fk* Gp Capt); US colonel *(fk* COL).
oberstinne *(hist, som tittel)* colonel's wife.
oberstløytnant *(mil)* **1.** lieutenant-colonel *(fk* Lt-Col); US lieutenant-colonel *(fk* LTC); **2***(flyv)* wing commander *(fk* Wing Cdr); US lieutenant-colonel *(fk* LTC).
objekt *(gram)* direct object.
I. objektiv *(subst)* objective, lens.
II. objektiv *(adj)* objective, unbiased; *-t (adv)* objectively; *vi må se -t på det* we must look at it *(el.* the thing) objectively.
objektivitet objectiveness, objectivity.
objektivlokk *(fot)* lens cap.
objektivring *(fot)* lens ring.
objektspredikat *(gram)* objective complement.
oblat wafer.
obligasjon bond; *(stats-)* government bond; *(utstedt av bank, aksjeselskap, etc)* debenture; *(pant-* mortgage bond; *(se premieobligasjon).*
obligasjonsinnehaver bondholder; debenture holder.

obligasjonsrett *(jur)* the law of contracts and torts.
obligat obligatory, inevitable; *(mus)* obligato.
obligatorisk compulsory, obligatory; ~ *fag* core subject *(mots: valgfritt fag* optional subject); *-e kurser* required courses.
obo *(mus)* oboe. **-ist** oboist.
observasjon observation. **-ator** observer; *(stillingsbet.)* (senior) observatory officer. **-atorium** observatory. **-atør** observer *(fx* diplomatic o.).
observere *(vb)* observe; *som kan -s* observable.
obskur obscure.
obskurant obscurant, obscurantist. **-isme** obscurantism.
obsternasig recalcitrant, refractory; stubborn.
obstruere *(vb)* obstruct.
obstruksjon obstruction.
odd *(spiss)* point.
I. odde *subst (pynt)* point, tongue of land, headland.
II. odde *adj (ulike)* odd, uneven. **-tall** uneven *(el.* odd) number.
odds *høy* ~ long odds.
ode ode.
odel allodial possession, allodium, freehold (land); *jeg gir deg det til* ~ *og eie* I make you a present of it.
odelsbonde freeholder, allodialist. **-gård** freehold (farm); ancestral farm; allodium. **-jord** freehold

land; allodium. **-rett** allodial law; allodial privilege.

Odelstinget [the larger division of the Norwegian parliament]; the (Norwegian) Odelsting.

odiøs invidious *(fx* comparisons); unpleasant.

offensiv *(subst & adj)* offensive; *ta -en* take the offensive; *spille* ~ *fotball* play attacking football.

offentlig *(adj)* public; *(adv)* publicly, in public; *opptre* ~ appear in public; *-e anliggender* public affairs; *(statsanliggender)* State affairs; *-e arbeider (el. anlegg)* public works; ~ *forbruk* public spending; *(også US)* government spending; ~ *institusjon* public institution; ~ *straffesak* criminal case; **den -e administrasjon 1***(embetsverket)* the Civil Service; **2***(lokalt)* the local administration; *den -e mening* public opinion; **det -e** the (public) authorities; *(staten)* the Government, the State; *få støtte fra det -e* be supported by public funds *(el.* by the State); *på det -es bekostning* at the public expense; *det -e har oppnevnt høyesterettsadvokat Richard Doe som forsvarer* Richard Doe, Barrister-at-Law, has been officially appointed to appear for the accused; **i det -e liv** in public life *(fx* a man who has never taken (any) part in p. l.).

offentliggjøre *(vb)* publish, make public.

offentliggjørelse publication.

offentlighet publicity; *-en (almenheten)* the public, the general public; people at large.

offer 1*(til guddom)* offering, sacrifice; **2***(person)* victim; *bli* ~ *for* fall victim to; **3***(fig)* sacrifice; ~ *for* the *(el.* a) victim of; *bringe et* ~ make a sacrifice.

offerere *(vb)* offer.

offerlam sacrificial lamb. **-plass** place of sacrifice, sacrificial site. **-prest** sacrificial priest.

offerte offer; *(prisoppgave)* quotation.

offervilje spirit of self-sacrifice; generosity.

offervillig self-sacrificing, generous.

offiser *(mil)* officer; *-er og menige* officers and men; *være* ~ be an officer; *(ofte)* hold a commission; ~ *(se menig).*

offiserskolleger *(pl)* brother officers.

offisersutnevnelse commission.

offisiell official.

offisiøs semi-official.

offside *(fotb)* offside.

ofre *(vb)* sacrifice; ~ *kvaliteten til fordel for hastigheten* sacrifice quality for the sake of speed; ~ *livet* sacrifice one's life; ~ *sin tid (,sitt liv) på* devote one's time (,one's life) to; ~ *det en tanke* give it a thought *(fx* he didn't give it a thought); ~ *seg* sacrifice oneself, devote oneself *(til* to).

ofte often; frequently; *hvor* ~ *må jeg si deg det?* how many times have I got to tell you? *titt og* ~ time and again; *ikke -re (ɔ: aldri mer)* never again; *som -st* as a rule, usually, generally; more often than not, as often as not.

I. og *(konj)* and; ~ *så videre (fk osv.)* and so on *(fk* etc).

II. og *(adv)* too, also; *(se også).*

også also, too, as well; *ikke alene ... men* ~ not only ... but (also); *eller* ~ or else; *og han kom* ~ and he did come; *og han var da* ~ *den første som nådde byen* and he was in fact the first to reach the town; *det var* ~ *en måte å oppføre seg på* a pretty way to behave; *det var* ~ *et spørsmål* what a question! ... *og det gjorde du* ~ and so you did; *ja, det \gjorde jeg* ~ well, so I did; ~ *uten det* even without that.

ohm ohm.

oker ochre. **-aktig, -gul** ochraceous, ochreous, ochry.

okkult occult. **okkultisme** occultism.

okkupasjon occupation. **-ere** *(vb)* occupy.

okse ox *(pl:* oxen); bull.

oksebryst brisket of beef. **-filet** fillet of beef. **-halesuppe** oxtail soup. **-karbonade:** *se karbonade.* **-kjøtt** beef. **-kotelett** beefsteak (on the bone); *(se for øvrig kotelett).* **-rull** *(som pålegg)* beef roll. **-spann** team of oxen; ox-team. **-stek** roast beef; *(hel stek)* joint of beef.

Oksidenten the Occident.

oksyd oxide. **-ere** *(vb)* oxidize. **-ering** oxidation.

oktant 1 *(figur)* octant; **2***(instrument)* quadrant.

oktav *(format & bok)* octavo; *(mus)* octave. **-ark** octavo sheet. **-format** octavo.

oktober (the month of) October; *(se mai).*

okulere *(vb)* bud.

olabukse blue jeans.

oldefar great-grandfather.

oldenborre *(zool)* cockchafer.

oldermann master of a guild.

oldfrue *(mar)* chief stewardess; *assisterende* ~ assistant chief stewardess; *(jvf lugardame).* **-funn** archaeological find. **-gransker** archaeologist. **-granskning** archaeology.

olding (very) old man.

oldingaktig senile.

oldkirke primitive church. **-kvad** ancient lay *(el.* poem).

oldnordisk Old Norse.

oldnorsk Old Norwegian, Old Norse. **-saker** *(pl)* antiquities, objects of antiquity. **-saksamlingen** the University Museum of Antiquities. **-tid** antiquity. **-tidsminne** monument of antiquity. **-tidsvitenskap** archaeology.

Ole lukkøye the sandman.

oligarki oligarchy. **oligarkisk** oligarchic(al).

oliven olive. **-olje** olive oil.

I. olje *(subst)* oil; *helle* ~ *på ilden* add fuel to the fire; *den siste* ~ Extreme Unction; *jeg har nettopp vært inne og gitt mine tyskelever den siste* ~ *(spøkef)* I've just been in and given my German pupils Extreme Unction *(el.* a last desperate briefing).

II. olje *(vb)* oil.

oljeaktig oily.

oljearbeider oil worker; *(ofte)* oilman.

Oljeberget the Mount of Olives.

oljeboikott oil embargo; *utsatt for* ~ oil-embargoed *(fx* o.-e. Holland).

oljeboreplattform oilrig.

oljeboring (oil) drilling; drilling for oil.

oljebrenner oil burner; *(til oppvarming)* oil heater. **-fangring** *(simmerring)* oil seal. **-farge** oil colour; *male med -r* paint in oil(s). **-fat** oil drum. **-felt** oil field. **-flekk** *(på vann)* oil slick. **-forurensning** oil pollution. **-hyre** oilskins. **-inntekter** *(pl)* oil revenues. **-lerret** oilskin, oilcloth. **-maleri** oil painting. **-skift** oil change *(fx* he brought the car in for a complete oil change and grease-up). **-søl** oil spill. **-tre** olive (tree). **-trykk** *(bilde)* oleograph; *(trykning)* oleography.

olm angry, mad; *et -t blikk* a nasty *(el.* glowering) look *(fx* he gave me a n. look).

olsok *(29. juli)* St. Olaf's Day.

Olymp Olympus.

olympiade Olympiad, Olympic Games; *(alltid) når det er* ~ whenever Olympic games are held; whenever the Olympic Games are held; when the Olympics are on.

olympisk Olympic; *de -e leker* the Olympic Games.

I. om *(prep)* **1.** round *(fx* a necklace round her neck; it's just round the corner); *ha noe* ~ *hal-*

sen wear sth (a)round one's neck; *(litterært)* wear sth about one's neck; **2***(angående)* about *(fx* a book a. gardening); of *(fx* an account of sth; convince him of sth; remind him of sth); on *(fx* his ideas on the subject; a debate on the Polish question; our talk ran on recent events); over *(fx* they quarrelled over their inheritance; **T** they had a row over it); *meldinger* ~ *at ...* reports to the effect that ...; **3***(for å oppnå noe)* for *(fx* fight for sth; apply to sby for information; ask for sth; compete with sby for sth); **4***(om tid)* in *(fx* in the morning; in (the) summer; in a day or two; in a few days); by *(fx* travel by day; attack by night); ~ *mandagene* on Mondays; *hva gjør du* ~ *søndagene? (også)* what do you do of a Sunday? *i dag* ~ *åtte dager* today week, a week today; ~ *åtte dager* in a week('s time); *i dag* ~ *et år* (in) a year from today, a year today; *nå* ~ *dagene* just now, just at present, these days; *en gang* ~ *året* once a year; £3 ~ *uken* £3 a week; *år* ~ *annet* one year with another; ~ *ikke så mange år* in a few years, before many years have passed; ~ *kort tid* shortly; *det er først* ~ *to dager* it's not for two days (yet); *det er først* ~ *en halv time* it's not *(el.* it won'tbe) for another half hour yet; **5***(andre uttrykk): legge veien* ~ *Oslo* travel via Oslo; *det har vært flere* ~ *det* it's the work of several persons; *det må man være to* ~ that's a game for two; *la meg* ~ *det* leave that to me; *vi har vært mange* ~ *det* it has taken a good many of us to do it; *a good many must we have been working together; ham* ~ *det!* that's his affair *(el.* look-out)! **T** that's his funeral *(el.* headache); *være lenge* ~ *å gjøre noe* take *(el.* be) a long time doing sth; *det har du vært lenge* ~ you've been a long time about that; **være** ~ **seg 1***(foretaksom)* be enterprising; **2***(driftig)* be go-ahead; **US** be a go-getter; **3***(egoistisk)* look after number one, have an eye to one's own interests; *være* ~ *seg etter* **T** be on the make for.

II. om *(adv): se seg* ~ *etter* look around for; *gjøre det* ~ *igjen* do it (over) again; do it once more; *do* it a second time; ~ *og* ~ *igjen* again and again, over and over (again); repeatedly; *male veggen* ~ *igjen* repaint the wall; *lese boka* ~ *igjen* re-read the book; *jeg har lest boka* ~ *og* ~ *igjen* I have read and re-read the book.

III. om *(konj)* whether, if; ~ **enn** even if; ~ *når* as to when *(fx* he said nothing as to when he would return); *selv* ~ even if *(el.* though); *(o: skjønt)* although; *som* ~ as if; *jeg spurte ham* ~ *han kunne komme* I asked him whether he would be able to come; I asked him whether *(el.* if) he could come; *jeg vet ikke* ~ *...* I don't know if *(el.* whether) ...; ~ *jeg bare kunne!* how I wish I could! *(har du lyst til å være med?)* \~ *jeg har!* wouldn't I just! I should think I would; what do you think? *(likte du deg der, da?) ja,* \~ *jeg gjorde!* I should (jolly well) think I did! *(har du vin?)* \~ *jeg har!* To *flasker til og med!* haven't I just! Two bottles at that! *(om han er gjerrig?)* \~ *han er!* you bet he is! *(især* **US**) I'll say he is!

omadressere *(vb)* redirect, readdress, forward.

omarbeide *(vb)* recast, revise, rewrite, re-edit; *(for scenen)* adapt.

ombestemme *(vb):* ~ *seg* change one's mind.

ombestemmelse change of plan(s).

ombord on board; ~ *i (el.* på) on board (of); *(se all 1).*

ombordbringelse taking on board.

ombordværende on board; *de* ~ those on board.

ombrekke *vb (typ)* make up; *(linjere)* overrun.

ombrekker maker-up, make-up compositor.

ombrekning making up.

ombringe *(vb)* deliver. **-else** delivery.

ombudsmann ombudsman, parliamentary commissioner.

ombygging rebuilding, reconstruction; **US** remodeling; *etter -en fremstår operaen i ny skikkelse* the old opera house, now rebuilt, presents a new appearance; *under* ~ in process of (constructional) alteration.

ombytting exchanging; change; *(utskiftning)* replacement; *(mat. & merk)* conversion.

ombæring delivery; *under -en kl. 8 (postbudets)* on the 8 a.m. delivery. **-srunde** delivery (round) *(fx* begin on the second d. at ten o'clock).

omdanne *(vb)* transform, convert *(til* into).

omdannelse, -ing transformation; conversion; *(fx* the metabolism of carbohydrates).

omdebattert under discussion; *et meget* ~ *spørsmål* a keenly debated question, a much debated q.

omdiktning rewriting, recasting; *(konkret)* new version, recast.

omdisputert disputed; *(se omstridt).*

omdreining turning, revolution, rotation.

omdømme judgment, opinion; *folks* ~ public opinion; *stå høyt i folks* ~ enjoy a good reputation; *ha sunt* ~ be of sound judgment *(fx* he is a man of s. j.).

omegn neighbourhood (,**US** neighborhood), surrounding country, environs *(pl).*

omelett omelette.

omen omen.

omfakturere *(vb)* re-invoice.

omfang *(utstrekning)* size, dimensions, extent; *(omkrets)* circumference; *skadens* ~ the extent of the damage; *av begrenset* ~ of limited extent; *i begrenset* ~ within certain limits; *restriksjonene vil kun bli gjort gjeldende i begrenset* ~ the restrictions will have only a limited application; *-et av den forvoldte skade* the amount of the damage sustained.

omfangsrik extensive, bulky.

omfar *(bygg)* (log) course; *(se skift 3).*

omfatte *vb (innbefatte)* include, comprise, embrace, cover *(fx* our price list covers all our products).

omfattende comprehensive, extensive; ~ *og systematisk nyordning* comprehensive and systematic innovations; *(se motvilje).*

omfavne *(vb)* embrace, hug.

omfavnelse embrace, embracing, hug.

omflakkende roving, wandering, roaming, vagrant; *føre et* ~ *liv* be a rolling stone.

omflytning exchange of places; moving.

omfordele *(vb)* redistribute.

omfordeling redistribution.

omforme *(vb):* se omdanne.

omformer *(elekt)* converter.

omgang round *(fx* of drinks, of a boxing match); *(i strikning)* row; *(fotb)* half time *(fx* the score at h. t. was 3 − 2); *(samkvem)* intercourse; *(behandling)* treatment; *en ordentlig* ~ a tough *(el.* bad) time *(fx* the dentist gave me a bad time); *gi ham en* ~ *(pryl)* give him a beating; *i første* ~ in the first round *(fx* of the match); *(foreløpig; inntil videre)* for the time being, for the moment, for now *(fx* you will have to make this do for now); *ha* ~ *med* associate with; *det går på* ~ they do it by turns.

omgangskrets (circle of) acquaintances, circle. **-skole** ambulatory *(el.* mobile) school. **-språk** colloquial language. **-syke** gastric flu; **T** tummy bugs. **-tone** (conversational) tone; social atmosphere. **-venn** friend, associate.

omgi (vb) encompass, surround, encircle; ~ seg med surround oneself with.

omgivelser (pl) surroundings; (miljø, levevilkår) environment; habitat (fx have you ever seen Russians in their natural h.? animal life in its natural h.); (se I. plage).

omgjengelig companionable, sociable, easy to get along with.

omgjengelighet sociability.

omgjerde (vb) fence in.

omgå (vb) evade; (spørsmål) fence; (mil) outflank; ~ loven evade (el. get round) the law; (se omgås).

omgåelse: ~ av loven 1. evasion of the law; 2. way of getting round the law.

omgående promptly; immediately; pr. ~ by return (of post); ~ levering immediate (el. prompt) delivery; ~ levering (er) en forutsetning prompt delivery (is) essential.

omgås (vb) associate with; (behandle) deal with; handle, treat; si meg hvem du ~, og jeg skal si deg hvem du er a man is known by the company he keeps; jeg ~ dem ikke I don't see much of them; hun omgikkes tyskerne she mixed with the Germans; ~ du noen av dem privat? do you meet any of them socially? ~ med tanker om be thinking about.

omhandle (vb) deal with, treat, treat of.

omheng curtain.

omhu care, concern; gjort med stor ~ done with a lot of care; (se velge).

omhyggelig careful; painstaking; (grundig) thorough; være meget ~ exercise great care; være særlig ~ med devote special care to; neste setning er mer emfatisk og ~ avveiet the next sentence is more emphatically phrased and carefully balanced.

ominøs ominous.

omkalfatre (vb) 1(mar) recaulk; 2. turn upside down, transform radically; make a radical change in.

omkalfatring 1(mar) recaulking; 2. transformation, radical change; shake-up; ~ i regjeringen cabinet shake-up (fx the cabinet shake-up has to be confined largely to a reshuffle).

omkamp (fotb) play-off, replay; spille ~ play off.

om kapp se kapp.

omkjøring diversion; US detour. **-klamre** (vb) clasp, cling to. **-komme** (vb) perish, be lost.

omkoplbar (adj) adaptable; convertible; having choice of coupling; having interchangeable couplings (el. connections); adapted to manifold coupling systems.

omkople se kople; ~ om.

omkopler change-over switch.

omkostning cost, expense, charge; betale -ene defray the expenses; diverse -er sundry expenses; idømmes saksomkostninger be ordered to pay (fx £100) costs; etter at alle -er er trukket fra deducting all charges; uten -er for Dem without cost to you; without any expense(s) on your part; free of cost to you; (se utrede).

omkostningsberegne (vb): hele anleggsplanen er -t til £3 185 000 construction costs for the entire project are estimated at £3,185,000.

omkostningsfritt cost free, free (of charge). **-konto** expenses account, expense sheet; charges account.

omkranse (vb) wreathe, encircle.

omkrets circumference; i ti mils ~ for ten miles round; within a radius of ten miles; innsjøen er 40 miles i ~ the lake is 40 miles about.

omkring (prep & adv) round, around, about; (omtrent) about; ~ 1550 in about 1550; spasere ~ walk about; gå ~ i byen (,gatene) walk about the town (,the streets).

omkringboende neighbouring (,US: neighboring); de ~ the neighbours (,US: neighbors). **-liggende** surrounding. **-stående:** de ~ the bystanders, those standing by.

omkved refrain.

om lag about.

omlakkering respray; hel ~ full respray.

omland surrounding country.

omlaste vb (varer til annet skip) tranship; (laste om) reload.

omlastningsplass (mil) supply point; ~ for jernbane (,fly, lastebil) railhead (,airhead, truckhead).

omlegge (vb) change, alter, re-adjust; (se legge: ~ om).

omlegning change, alteration, re-adjustment; ~ av arbeidstiden rearrangement of working hours; en ~ av driften a reorganization of the works; (se overveie).

omlessing reloading.

omlyd (språkv) mutation, umlaut.

omløp circulation (fx put money into c.; the c. of the blood); (astr) revolution; revolving (fx the moon's revolving round the earth); (i sport) new race; arrangere ~ re-run a race; sette rykter i ~ circulate rumours, put about r., put r. in circulation; ha ~ i hodet have presence of mind, be quick(-witted).

omløpskapital working (el. circulating el. floating) capital.

omløpsmidler pl (merk) current assets.

omløpstid 1. orbit(al) time (fx of spacecraft); 2(først) rotation age.

omme adv (til ende) over, at an end; tiden er ~ time is up.

omn se ovn.

omordne (vb) rearrange.

omorganisere (vb) reorganize, reorganise.

omorganisering reorganization, reorganisation.

omplante transplanting; replanting.

omramning se kaminomramning.

omredigere (vb) rewrite.

omregistrering (av bil) re-registration (of a car). **-regne** (vb) convert (til into); -t til (beregnet som) reckoned in terms of (fx r. in t. of full lectureships at kr. 120,000 per annum).

omreisende itinerant, travelling, touring.

omringe (vb) surround, encircle; close round (fx the men closed round him).

omriss outline, contour.

område (vb): ~ seg reflect, consider.

område territory, region; (fig) field; «forbudt ~» (mil) "out of bounds"; «dette er forbudt ~ for både befal og menige» "this is out of bounds to all ranks"; tillatt ~ (for) (mil) in bounds (to); på alle -r in every field; in all fields; spenne over et stort ~ range over a wide field.

områdeplan regional plan.

omseggripende spreading, growing.

omsetning (merk) turnover, sales, trade (fx we do a large t. in paper); fri ~ freedom of trade; det er liten ~ there is not much business (doing); -en pr. måned var gått ned med 5% monthly sales (el. the m. turn-over) had gone down (el. fallen off el. decreased) by 5 per cent; forretningen hadde en ~ på £50 forrige uke the business turned over £50 last week; opparbeide en ganske pen ~ build up quite a good trade (el. turnover el. sale); øke -en increase the trade, expand one's sales, push the sale; (se *kapitalomsetning; pengeomsetning; svikt; årsomsetning).*

omsetnings|andel share of (the) sales. **-avgift** *(merk)* purchase tax; **US** salestax; *(se avgift).* **-beløp** *(merk)* turnover. **-struktur** *(merk)* distribution of turnover. **-svikt** *(merk)* shortfall in turnover; *vi kan godt forstå at dette må ha betydd en ~ for Dem* we can quite understand that this must have caused a gap in your business.

omsette *(vb)* 1*(avhende)* dispose of, sell; 2*(gjøre i penger)* realize; **3.** = *oversette; (jvf omsetning).*

omsettelig negotiable, realizable *(fx* securities); *et ~ papir* a negotiable document; *-e varer* marketable goods.

omsetting 1*(typ)* resetting; 2*(oversettelse)* translation; *(jvf oversettelse).*

omsider at length, at last, finally, eventually.

omsikt circumspection; forethought.

omsiktsfull circumspect.

omskape *(vb)* transform *(til* into).

omskifte *(subst)* change, alteration.

omskiftelig changeable. **-het** changeableness.

omskiftelse change, vicissitude; *livets -r* the ups and downs of life.

omskip|e *(vb)* tranship. **-ning** transhipment.

omskjær|e *(vb)* circumcise. **-ing** circumcision.

om|skolere *(vb)* re-educate. **-skolering** re-education.

omskrive *vb (uttrykke annerledes)* paraphrase; *(fon)* transcribe; *(skrive på nytt)* rewrite; *(mat.)* convert.

omskrivning paraphrase; transcription; rewriting.

omslag 1*(til bok)* cover; *(løst bok-)* (dust) jacket; 2*(til postforsendelse)* wrapper; *i ~* in a w.; 3*(med.)* compress *(fx* a cold c.); *(grøt-)* poultice; *is-* ice pack; 4*(forandring)* (sudden) change; *det kom et ~* (o: *tendensen slo om)* the trend reversed; *(se væromslag).*

omslagstittel cover title.

omslutte *(vb)* enclose, envelop, surround.

omslynget: *tett ~* locked in an embrace.

omsmelting remelting.

omsorg 1. care; *dra ~ for* take care of, look after; **2.** thoughtful consideration *(fx* he was full of thoughtful consideration for his elderly mother).

omsorgs|arbeid work of a caring nature. **-full** careful; considerate; thoughtful. **-funksjon:** *ha en ~* be involved in work of a caring nature.

omspenne *vb (omfatte)* cover, extend over, embrace; *(se også II. spenne).*

omspent *(adj): ~ av flammer* completely enveloped in flames.

omspurt in question, inquired about.

omstemme *(vb): ~ en* make sby change his mind, bring sby round.

omstendelig *(adj)* circumstantial, detailed; *(unødig vidløftig)* long-winded.

omstendighet circumstance, fact; *(det særegne ved en begivenhet)* particular, detail; *den ~ at han har* the fact of his having; *-er (overdreven høflighet)* ceremony, a fuss; *etter -ene* according to circumstances; *(slik forholdene ligger an)* all things considered; taking everything into account; *formildende -er* extenuating circumstances; *inntrufne -er* unforeseen circumstances; contingencies; *ledsagende ~* concomitant (circumstance); *de nærmere -er* the circumstances; *en rekke -er* a chain *(el.* series) of circumstances; *gjøre -er* stand on ceremony; *det kommer an på -ene* it depends on circumstances; that all depends; *hvis -ene tillater det* circumstances permitting; *når -ene tillater det* when circumstances permit; *under alle -er* at all events, in any case; *under normale -er* ordinarily, under ordinary

circumstances; *under disse -er* in *(el.* under) the circumstances; *ikke under noen ~* under *(el.* in) no circumstances, on no account; *uten ytterligere -er* without any more ado *(el.* fuss); *være i -er* be pregnant, be in the family way; *(se allerede; sammentreff; uheldig; ulykksalig).*

omstendighets|kittel maternity smock. **-kjole** maternity dress *(el.* frock).

omstigning change.

omstillbar reversible.

omstille *(vb)* readjust, rearrange; switch over; *ovnen kan -s til vedfyring* the stove can be converted into a wood-burning unit *(el.* can be adapted for w.-b.); *~ seg til nye forhold* adapt oneself to new conditions; *(se håndgrep).*

omstreifende erratic, roaming, roving, vagrant.

omstreifer vagrant, tramp, vagabond.

omstridt at issue, in dispute, disputed.

omstrukturere *(vb)* restructure.

omstyrt|e *(vb)* overthrow, subvert. **-else, -ing** overthrowing, overthrow, subversion.

omstøpe *(vb)* recast.

omstøte *vb (fig)* subvert; *(oppheve)* annul, invalidate, set aside; *(gjendrive)* refute.

omstående: *de ~* the bystanders; *på ~ side vil De finne en fortegnelse over* overleaf *(el.* on the next page) you will find a list of...; *se ~ side* see overleaf.

omsverme *(vb)* swarm round *(el.* about).

omsvermet *(adj)* fêted, much-courted; *(se sverme; ~ omkring en).*

omsving *(omslag)* sudden change.

omsvøp *(departementsmessig)* red tape; *(i alm.)* circumlocution; *gjøre ~* beat about the bush; *uten ~* plainly, without beating about the bush.

omsydd altered.

omsyn consideration. **-sledd** *(gram)* indirect object.

I. omtale *(subst)* mention, mentioning; report; *kjenne ham av ~* know him by report; *jeg kjenner ham av ~ (også)* I have heard (a lot) about *(el.* of) him; *han fikk rosende ~* he was praised; he received a great deal of praise; he was complimented; *han følger skarpt med i pressens ~ av saken* he reads everything written about it by the press; he reads everything the press prints *(el.* writes *el.* publishes) about it; *(se forhåndsomtale).*

II. omtale *(vb)* mention, make mention of, speak of; refer to; *den omtalte bok* the book in question.

omtanke forethought, thoughtfulness, reflection; *hun er alltid så full av ~ for andre* she is always so thoughtful of others.

omtappe *vb (vin, etc)* rack (off).

omtelling re-count.

omtenksom thoughtful. **-het** *se omtanke.*

omtrent about; *(nesten)* nearly; *~ det samme* much the same; *så ~* thereabouts.

omtrentlig approximate, rough; *(adv)* about, approximately.

omtumlet: *en ~ tilværelse* a stormy *(el.* unsettled) life.

omtvistelig debatable, disputable.

omtvistet disputed; controversial; *(se omstridt).*

omtåket *(uklar)* dim, hazy; *(drukken)* lit up; fuddled; *ett glass whisky er nok til å gjøre ham ~* one glass of whisky is enough to muddle him.

omvalg re-election.

omvandrende itinerant, travelling.

omvei roundabout way, detour; *gjøre en ~* make a detour; *på (el. ad) -er (fig)* by devious ways, by roundabout methods; *ad -er kom vi* *endelig fram* we finally got *(el.* arrived) there by an indirect route.

omveksling (currency) exchange; *man taper alltid på -en* you always lose something when you exchange currency.

omveltning revolution; upheaval.

omvende *vb (rel)* convert; ~ *seg* be converted; *(se omvendt).*

omvendelse conversion *(til* to).

omvendt inverted; the other way round; *en* ~ *(rel)* a convert; *det -e av* the opposite of; *og* ~ and conversely, and vice versa; *men i X var det* (ɔ: *forholdet)* ~ but in X the boot was on the other leg; *stå i* ~ *forhold til* be in reverse ratio to.

omverden surrounding world, surroundings.

omviser guide; *(se omvisning; reiseleder).*

omvisning guided tour *(fx* of a museum); *(se reiseleder).*

omvurdere *(vb)* revalue. **-ing** revaluation.

onani masturbation.

ond bad, evil, wicked; *-e tider* hard times; *-e tunger* wicked tongues; *-e øyne* evil eyes; *en* ~ *ånd* an evil spirit; *den -e* the evil one, the devil; *med det -e eller med det gode* by fair means or foul; *med -t skal -t fordrives* desperate ills need desperate remedies; US one must fight fire with fire; *(se vond).*

ondartet ill-natured; *(om sykdom)* malignant, virulent.

onde *(subst)* evil; *(sykdom)* complaint; trouble; *et nødvendig* ~ a necessary evil; *av to -r velger man det minste* choose the lesser of two evils; *(se også mellom).*

ondsinnet ill-natured *(fx* gossip).

ondsinnethet ill-nature.

ondskap malice, wickedness, malignity, spite.

ondskapsfull malicious, malignant, spiteful.

ondulere *(vb)* wave.

onkel uncle; *(om lånekontor)* pawnbroker; *hos* ~ (ɔ: *pantelåneren)* T at (my) uncle's; S up the spout.

onn (work) season (on a farm); *(se høy-, vår-).*

onsdag Wednesday.

opal opal.

opera *(spill, bygning)* opera; *(bygning)* opera house. **-bygning** opera house. **-sanger, -sangerinne** opera singer. **-selskap** opera company. **-sjef** general manager of an (,the) opera.

operasjon operation; *foreta en* ~ undertake *(el.* perform) an o., operate *(fx* I'm afraid we shall have to operate); *foreta en* ~ *på en* operate *(el.* perform an o.) on sby; *en mindre (,større)* ~ a minor (,major) o.; *utføre en* ~ *(også mat. etc)* perform an o.; *underkaste seg en* ~ undergo an o.; T have an o.; *(se også operere).*

operasjonsbasis operational base. **-bord** operating table. **-felt** field of operation; *(med.)* operative field. **-sal** operating theatre; *(mindre)* operating room. **-sjef** *(mil)* force commander. **-søster** theatre nurse *(el.* sister); US *(også)* operating sister.

operatekst book (of an opera), libretto.

operatør operator.

operere *(vi)* operate; *(vt)* operate on; ~ *bort* remove *(fx* I had my appendix removed *el.* I had my a. out); ~ *for* operate for *(fx* appendicitis); ~ *med* operate with *(fx et begrep* a concept), employ; *bli -t* be operated on, undergo *(el.* have) an operation; *la seg* ~ *: se bli -t; som kan -es* operable; *som ikke kan -es* inoperable.

operette musical comedy.

opiat opiate.

opinion (public) opinion; *-en er på hans side* popular sympathies are on his side; he is backed up by public feeling; p. feeling is on his side; *skape en* ~ *for* create a public opinion in favour of.

opinionsytring expression of public opinion.

opium opium. **-sdråper** laudanum.

opp up; *(opp i en høyere etasje)* upstairs; *lukk* ~ *døra* open the door; *vinduet fløy* ~ the window flew open; ~ *gjennom årene* through the years; *stå* ~ *mot (fx en vegg)* stand against; ~ *ned* wrong way up; ~ *og ned* up and down; *vende* ~ *ned* turn upside down; ~ *av vannet* out of the water; ~ *av senga* out of bed; *ta steiner* ~ *av bakken* take stones out of the ground; *opp med deg!* get up! *(se II. få & ordne).*

oppadgående upward *(fx* move, tendency); *for* ~ on the upgrade.

oppadstrebende aspiring. **-vendt** upturned.

oppagitert worked up.

oppakning pack; *av med -en! (mil)* off packs! *på med -en! (mil)* sling on packs!

oppamme *(vb)* nurse, suckle.

oppankret anchored.

opparbeide *(vb)* work up, build up.

oppasser *(mil)* batman.

oppbevare *(vb)* keep.

oppblande *(vb)* mix; *(spe)* dilute.

oppblomstrende flourishing, prosperous.

oppblomstring flourishing; prosperity, growth, rise.

oppblussing fresh outbreak *(fx* of a fire); *(av følelser, også)* sudden outburst, flash; *en kort* ~ *(fig)* a flash in the pan.

oppbløte *(vb)* soften.

oppblø(y)tt soaked; sodden, soggy.

oppblåst 1. inflated; swollen; puffy *(fx* her face looked puffy). 2. arrogant; conceited, pompous.

oppbrakt *(sint)* exasperated; *(se også oppbringe).*

oppbrakthet exasperation.

oppbrent *(om ved, etc)* burnt through.

oppbrett turn-up. **-brettet** rolled up; turned up.

oppbringe *vb (et skip)* seize, capture (a ship).

oppbringelse capture, seizure.

oppbrudd breaking up, departure; *det var alminnelig* ~ *(fra selskap, etc)* everybody was leaving.

oppbruddssignal signal for departure.

oppbrukt consumed, exhausted; *(om penger)* spent.

oppbrusende quick-tempered; hot-blooded; hot -tempered, fiery.

oppbud *(styrke)* force *(fx* a strong f. of police); posse; *(utskrevet)* levy; *med* ~ *av sine siste krefter* with a mustering of his (,her, *etc)* ebbing strength, mustering his (,her, *etc)* last ounces of strength, mustering his (,her, *etc)* last resources.

oppby *(vb)* use, exert, summon *(fx* all one's strength).

oppbygge *vb (virke moralsk oppbyggende på)* edify.

oppbyggelig edifying *(fx (iron)* that was e. to listen to!).

oppbyggelse *(rel)* edification.

oppbygging building up, construction; structure; composition; *(se pensum & bygge:* ~ *opp).*

oppbyggingsarbeid constructive work, work of construction.

oppdage *(vb)* discover; *(oppspore, komme på spor etter)* detect; *(få øye på)* catch sight of, see, spot; *(bli klar over)* find out, find.

oppdagelse discovery; detection.

oppdagelsesbetjent *se kriminalbetjent.* **-reise** expedition; voyage of discovery. **-reisende** explorer.

oppdager discoverer.

oppdekning laying; *det var en praktfull ~ the table was laid in a splendid way.*
oppdele *(vb): se dele: ~ opp.*
oppdeling division, splitting up; *~ av et tog* splitting up of a train.
oppdemme *(vb)* dam up.
oppdemningspolitikk containment policy.
oppdikte *(vb)* fabricate, invent, make up *(fx a* story); *en -t historie* a fabrication, an invention.
oppdiktet fictitious, imaginary, made up; *en ~ historie* a fabrication; an invention.
oppdisk(n)ing spread, sumptuous meal; *for en ~ !* what a spread! what a marvellous meal!
oppdra *(vb)* educate, bring up.
oppdrag task, commission; *i hemmelig ~* on a secret mission; *etter ~ fra* on the instructions *(el.* authority) of; *ha i ~ å* be charged with the task of (-ing); *fast ~ (banks for kunde)* standing order.
oppdragelse education, upbringing; *(det å være veloppdragen)* good manners; *mangle ~* have no manners; *(se veloppdragen).*
oppdragelsesanstalt **UK** approved school; *(ofte)* Borstal institution; **US** reform school.
oppdragende educative, educational.
oppdrager educator.
oppdragsgiver principal; employer; *etter avtale med min ~* by agreement *(el.* arrangement) with my employer.
oppdrett 1. breeding, rearing, raising (of cattle); **2***(ungkveg)* young cattle.
oppdrette *(vb)* breed, raise.
oppdretter breeder.
oppdrettsanlegg *(for fisk)* fish farm.
oppdrift buoyancy; *(flyv)* lift; *(fig)* ambition, drive.
oppdriftsmidler *(mar)* emergency buoyancy.
oppdrive *vb (skaffe til veie)* obtain, procure; *det er ikke (til) å ~* it's not to be had; *en godt oppdrevet gård* a well-cultivated farm; *i et høyt oppdrevet tempo* at a forced pace.
oppdynging heaping up, accumulation.
oppdyrke *(vb)* reclaim, bring under cultivation.
oppdyrking cultivation, culture.
I. oppe *(adv)* up; *(ikke lukket)* open; *(ovenpå i huset)* upstairs; *(ute av sengen)* up, out of bed; *(frisk igjen)* up (and about); *der ~* up there; *her ~* up here; *~ fra* from above; *~ fra taket* from the roof; *han er ikke ~ ennå* he is not out of bed yet; *han er tidlig ~ om morgenen* he is an early riser; *være ~ i årene* be getting on in years; *være ~ i fransk* be sitting for *(el.* be taking) an examination in French; *(se eksamen); ~ i et tre* up a tree; in a tree; *stå midt ~ i det (fig)* be in the thick of it; *hun var ~ i nesten 20 sigaretter pr. dag nå* she was up to nearly twenty cigarettes a day now; *prisen var ~ i ...* prices stood at ...
II. oppe *(vb): ~ seg* show off.
oppebie *(vb)* await, wait for.
oppebære *(vb)* receive, collect.
oppebørsel receipt, collection.
oppegående *(om pasient)* ambulatory, not confined to bed.
oppelske *vb (fig)* foster, nurture, cherish; encourage.
oppesen T *(frekk)* uppish *(fx* don't get uppish!).
oppetter up; upwards.
oppfange *(vb)* catch; pick up; *(oppsnappe)* intercept, pick up.
oppfarende fiery, hot-tempered, irascible, testy.
oppfarenhet irascibility, testiness.
oppfatning understanding, comprehension; apprehension; *(fortolkning)* interpretation, reading; *(mening)* opinion, view; *feil ~* misconception;

etter min ~ in my opinion, as I understand it; *være sen i -en* T be slow on *(el.* in) the uptake; be thick-headed.
oppfatningsevne (faculty of) perception; (power of) apprehension; *rask ~* quickness of perception.
oppfatte *(vb)* understand, comprehend; apprehend, perceive; *(fortolke)* interpret, read; *(få tak i)* catch *(fx* I didn't catch what he said); *~ galt* misunderstand, misapprehend; *jeg hadde ikke -t navnet hans* his name had escaped me; *~ et vink* take a hint; *det kan ikke -s med sansene* it is not perceptible to the senses.
oppfinne *(vb)* invent; *han har ikke oppfunnet kruttet* he's no genius; he's no great brain; he will never set the Thames on fire. **-else** invention; *gjøre en ~* invent sth. **-er** inventor. **-som** inventive. **-somhet** ingenuity, inventiveness, resourcefulness.
oppflamme *(vb)* inflame, fire.
oppflaske *(vb)* bring up on the bottle.
oppflytning remove; promotion.
oppflytte vb *(på skolen): se flytte: ~ opp; bli -t* get a remove.
oppfor up; *~ bakke* uphill.
oppfordre *(vb)* call on; invite; encourage; *dette ville være å ~ til dovenskap* this would (be to) invite laziness; *det -r ikke til gjentagelse* it does not encourage repetition; *jeg -r alle til å støtte dette* I (would) call on everyone to support this; *~ en til å ta en drink* encourage *(el.* urge) sby to have a drink; *han -t dem faktisk til å være dovne* he did in fact encourage them to be lazy.
oppfordring invitation, call; request; *på ~* on *(el.* by) request, when requested; *på hans ~* at his request; *rette en ~ til* appeal to.
oppfostre *(vb)* rear, bring up; *(fig)* foster.
oppfriske *(vb)* freshen up, touch up; *(fig)* revive; *(kunnskaper)* brush up; *(bekjentskap)* renew.
oppfylle *(fig)* fulfil (,US: fulfill); *~ en bønn* grant a request; *~ sine forpliktelser* meet one's engagements (,obligations, liabilities); *~ en kontrakt* fulfil a contract; *~ et løfte* fulfil a promise; *~ et ønske* fulfil a wish, meet a wish; *få sitt ønske oppfylt* have one's wish granted; have one's wish come true; *oppfylt av beundring* filled with admiration.
oppfyllelse fulfilment; *gå i ~* be fulfilled, come true.
oppfyring lighting afire (,fires).
oppføre vb *(bygge)* construct, erect; *(om skuespill)* perform, act; produce; *(i et regnskap)* put down, enter, specify; *to elever ble -t som fraværende* two of the pupils were marked absent; *-t i fakturaen* invoiced, charged in the invoice, stated on your (,etc) i.; *~ på debetsiden* enter on the debit side; *~ emballasjen med kr. ...* charge the packing at; *~ seg* behave (oneself); *han -te seg (sånn noenlunde) bra* he behaved (reasonably) well; *~ seg dårlig* behave badly; *oppfør deg ordentlig!* behave yourself! behave yourself properly! *slik -er man seg da ikke!* that's not the way to behave! *(se også).*
oppførelse *(av bygning)* construction; erection; *(av skuespill)* performance; *huset er under ~* the house i being built *(el.* is in process of construction); *hus under ~* houses in *(el.* under) construction.
oppføring se *oppførelse.*
oppførsel behaviour (,US: behavior), conduct; manners; *~ mot* behaviour to *(el.* towards); *hva er det for slags ~? (irritert)* where are your manners? what a way to behave!
oppførselskarakter *(hist)* conduct mark.

oppgang 1. ascent, rise; **2**(*i et hus*) stairs; staircase; entrance *(fx* entrance A); **3**(*forbedring*) rise, improvement.
oppgangstid boom period, p. of prosperity.
oppgave 1(*merk*) statement; **2**(*i detaljer*) specification; **3**(*til løsning*) problem, task; **4**(*stil-*) subject; *(eksamens-)* paper; question paper; **5**(*liste*) list; *en ~ over* a list of; **6**. business, job, task; *(ofte)* responsibility; *hans hoved- vil være å ... his* main responsibility will be to ...; *utvalgets ~ er å ...* the purpose of the committee is to ...; *ikke noen lett ~* not an easy job; *kandidaten må forsøke å besvare alle deler av -n* all sections of the paper should be attempted; *han har kommet til ~ nr. 3* he is on the third problem; *skrive en ~* write a paper; *(stil-)* write an essay; *det er vår ~ å* it's our business to; *jeg ser det som min ~ å ...* I consider it my duty to; *være -n voksen* be equal to the task; *dette må være en intern ~ for den enkelte skole* this must be a (private) matter for the individual school; *det er en lærers ~ å hjelpe elevene* it's a teacher's business to help the pupils; *en trykk-regulators ~ er å redusere gasstrykket* the function of a pressure regulator is to reduce a gas pressure; *ifølge ~ (merk)* as advised; *nærmere ~ over* particulars of.
oppgavesamling set of exercises.
oppgi *(vb)* **1**(*meddele*) state, give *(fx* give details; state name and address); *~ en pris* state *(el.* quote) a price; *-tt glose* word provided *(fx* 3 words are provided in this translation); *forelese over -tt emne* lecture on an assigned subject; *den -tte pris* the price quoted *(el.* stated); *vennligst ~ oss Deres priser på følgende varer ...* will you please quote for the following items ...; kindly quoteus your prices for the goods listed below; *~ uriktig* misstate; *han fikk -tt NN som kontaktperson* NN's name was given to him as a contact;
2(*gi fra seg*) give up, relinquish; *(la fare)* give up, abandon *(fx* a plan); *~ kampen* give up the struggle; **T** throw up *(el.* in) the sponge; *~ en plan (også)* drop a plan; *planen er -tt (også)* the project is off; *~ en sak på halveien* let a matter drop halfway; *~ mer av sin nasjonale suverenitet* renounce a larger measure of one's national sovereignty; *~ ånden* give up the ghost.
oppgitt *(se også oppgi)* dejected, in despair; *(resignert)* resigned.
oppgivelse 1. statement; **2.** abandonment; giving up; *(stivt)* relinquishment; **3**(*avkall*) renunciation; *~ av suverenitetsrettigheter* delegation of sovereign rights; *~ av deler av den nasjonale suverenitet* renunciation of part of one's national sovereignty.
oppgjør settlement; *(i forsikring)* adjustment; *be om ~* ask for a s.; *jeg ba ham sende ~ for fakturaene av 2. og 6. oktober* I asked him to remit us for *(el.* send us a remittance in settlement of) the invoices dated October 2nd and 6th; *foreta ~* make a s.; *ha et ~ med en (fig)* call sby to account; **T** have it out with sby; *(se lønnsoppgjør).*
oppgjøre *(vb): se gjøre: ~ opp; saken er oppgjort* the matter is settled; *saken er opp- og avgjort* the m. is settled and done with.
oppglødd *(fig)* enthusiastic *(over* about).
oppgravning digging-up, disinterment, exhumation.
oppgulp regurgitation.
oppgående rising; *for ~* upward bound.
oppgått well-trodden *(fx* let's go along this path; it's more w.-t.); *~ is (på bane)* chopped-up ice; *(se velbrukt 2).*

opphav origin, source.
opphavsmann originator, author.
oppheng(n)ing hanging, suspension.
oppheng(n)ingspunkt point of suspension.
opphengt hung, slung, suspended *(i, etter* by; *i, fra* from); *jeg er veldig ~ akkurat nå* **T** I'm terribly tied up just now.
opphete *(vb)* heat; *~ for sterkt* overheat.
oppheve *(vb)* **1**(*avskaffe*) abolish, do away with *(fx en tollavgift* a duty); *(kontrakt)* cancel; *(jur)* annul; *(et importforbud)* remove *(el.* lift *el.* raise) a ban on imports; *(en lov)* repeal (an act); *(midlertidig)* suspend; *(kjennelse)* quash *(fx* a verdict); **2**(*en virkning*) neutralize, nullify *(fx* the effect of); *~ hverandre* neutralize each other; *~ en beleiring* raise a siege.
opphevelse *(se oppheve)* abolition; cancellation; annulment; repeal; suspension, neutralization; *uten -r* without further ceremony; *gjøre mange -r over* make a big fuss about.
opphisse *(vb)* excite, stir up, provoke; *(se hisse: ~ opp).*
opphisset excited; *(sint)* angry; **T** steamed up *(fx* he was quite steamed up about it); *bli ~ over noe* **T** get steamed up about *(el.* over) sth; get (all) worked up about *(el.* over) sth.
opphogging breaking up; cutting up *(fx* wood).
opphold stay; *(stans)* break; *(pause)* interval; *uten ~* without a break, without intermission; *(nøling)* without delay, without loss of time; *det regnet en hel uke uten ~* it rained a whole week without a let-up; *tjene til livets ~* earn one's *(el.* a) living; make a living; *(se brød).*
oppholde *vb (hefte)* keep *(fx* I'm keeping you); *(sinke)* delay, hold up; *(la vente)* keep waiting; *~ seg (midlertidig)* stay; *(på besøk)* be on a visit to; *(bo)* live; *~ seg ved noe* dwell on sth.
oppholdssted (place of) residence. **-tillatelse** residence permit.
oppholdsvær interval of fine weather, a dry spell.
opphope *(vb)* accumulate, amass, pile up.
opphoping accumulation.
opphovnet swollen. **opphovning** swelling.
opphør cessation, stop(page); *(avbrytelse)* interruption, discontinuance; *bringe til ~* bring to a conclusion *(el.* close), put an end to, cause to cease; *uten ~* incessantly, unceasingly, without a stop; *(se kontrakttid).*
opphøre *(vb)* cease, stop, come to an end; *firmaet er -t* the firm no longer exists; *ilden -er!* *(mil)* cease fire!
opphørssalg clearance sale; closing-down sale; **US** closing-out sale.
opphøye *(vb)* raise, elevate; exalt; *~ et tall i 2. potens* square a number; *~ i tredje potens* raise to the third power; cube *(fx* a number); *~ en til ære og verdighet* raise sby to honour and dignity; *-t ro* sublime calm; *med -t forakt* with lofty scorn; *(se potens).*
opphøyelse raising, elevation; exaltation.
oppildne *(vb)* inflame, incite, rouse *(fx* sby to action).
oppimot 1. against; **2.** close to, approaching.
oppirre *(vb)* irritate, exasperate, provoke.
oppisket: *en bevisst ~ krigsstemning* a warlike atmosphere that has been deliberately whipped *(el.* stirred) up.
oppjaget jittery, harassed; *(om vilt)* flushed.
oppkalle *(vb)* name *(etter* after).
oppkappet: *~ ved* logs of wood.
oppkast vomit; **T** puke, spew, sick *(fx* the cabin smells of sick).
oppkaste *(vb)* throw up; *(grave)* dig; *~ seg til dommer* set oneself up as a judge; *~ seg ti*

kritiker set up as a critic, pose as a critic; *(se også kaste:* ~ *opp).*
oppkavet bustling, flurried; *(jvf oppjaget).*
oppkjøp buying up (wholesale).
oppkjøpe *(vb): se kjøpe:* ~ *opp.*
oppkjøper (wholesale) buyer; *(spekulant)* speculator.
oppkjørsel 1. driving up; **2.** approach, drive; US driveway.
oppkjørt *(om vei)* cut up, rutty, rough; *en* ~ *vei* a badly cut-up road.
oppklare *(vb)* clear up.
oppklebning pasting, sticking, gluing, mounting; ~ *plakater forbudt!* stick no bills!
oppklort full of scratches, badly scratched.
oppklossing *(mar)* deadwood.
oppknappet unbuttoned.
oppkok 1. parboiling; **2***(ny koking)* reboiling; **3***(fig)* re-hash *(fx* of old stories); *gi et lett* ~ *parboil.*
oppkomling upstart, new rich, parvenu.
oppkomme *(subst)* issue of water; spring, vein; *(fig)* source *(fx* of inspiration, of strength); *det er ikke noe* ~ *i ham* he offers little in the way of original ideas.
oppkomst origin, rise; *(fremgang)* development; *i* ~ rising.
oppkrav: *sende mot* ~ send C.O.D. *(fk.f.* cash on delivery). **-kravsbeløp** trade charge (amount), amount of the trade charge. **-kravsgebyr** cash on delivery fee. **-kreve** *(vb)* collect; *(fx* the amount will be collected on delivery); *(pålegge)* levy; *en avgift på 50p -s ved utleveringen* a fee of 50p is charged on delivery. **-krever** collector.
oppkveilet coiled up.
oppkvikke *(vb)* refresh, liven up.
oppkvikker 1. stimulant, tonic; **2***(alkohol)* pick-me-up.
opplag *(av varer)* stock, store; *(av en bok)* edition; *(opptrykk)* reprint, impression; *en avis med et* ~ *på* ... a newspaper with a circulation of ... copies; *boka kom i ti* ~ the book ran into *(el.* through) ten editions; *nytt* ~ reissue; *i* ~ *(på tollbod)* in bond; *skip i* ~ laid-up ships *(el.* tonnage).
opplagret stored; warehoused.
opplagsavgift storage, warehouse rent. **-bøye** *(mar)* mooring buoy (of laid-up ship); moorings (of laid-up ship); *forlate -ne* put back to sea after being laid up; *cease to be laid up; gå (el. havne) i -ne* be laid up; *et stort antall skip havnet i -ne* a large number of ships were relegated to the mooring buoys. **-plass** storage yard, depot; warehouse accommodation. **-sted** place of storage. **-tomt** stocking grounds; stock yard; timber yard; *(se også skraphandler: -s opplagstomt).* **-tonnasje** *(mar)* laid-up tonnage.
opplagt in a good mood, fit, in form; *(selvfølgelig)* obvious; *en* ~ *vinner (i hesteveddeløp)* a sure bet; *et* ~ *tilfelle av bestikkelse* a clear case of bribery; ~ *og full av arbeidslyst* fit and full of *(el.* bursting with) energy; *han var ikke* ~ *på spøk* he was in no mood for joking; ~ *til å* in the mood for (-ing); *jeg er ikke* ~ *til å ...* I don't feel like (-ing); *jeg føler meg ikke* ~ *til det i kveld* I don't feel up to it tonight.
oppland hinterland; catchment area *(fx* the c. area of a school); *Oslo har et stort* ~ Oslo serves a large area.
opplantet *adj (bajonett)* fixed.
opplate *(vb):* ~ *sin røst* raise one's voice; speak.
opplegg laying up *(fx* of ships); *(i strikking)* casting on; *(elektrisk)* wiring; *skjult* ~ concealed wiring; *(av fonds)* reserves; general arrangement *(fx* the plan and g. a. of the dictionary remain

substantially the same); *det passer fint inn i vårt* ~ that fits in very well; *de handlet etter et bestemt* ~ they were acting on definite plans; *de to ordbøkene er vidt forskjellige i intensjoner og* ~ the two dictionaries are widely different in purpose and arrangement; *-et for denne nye utgaven* ... the plan adopted for this new edition; *-et av en tale* the presentation of a speech; *(se røropplegg).*
oppleser reciter.
opplesning reading (aloud); recitation.
oppleve *vb (erfare)* experience, meet with; *(gjennomleve)* go through; ~ *(å se)* live to see *(fx* he didn't live to see the liberation); *(se gjenoppleve).*
opplevelse experience, adventure; *vi ble en* ~ *rikere* this (experience) gave us a memory for life; *(se erfaring; gjenopplevelse).*
opplive *(vb)* revive, reanimate; *(oppmuntre)* enliven, cheer, exhilarate. **-nde** exhilarating, cheering.
opplosset landed, discharged.
opplyse *(vb)* **1.** light up; illuminate; **2***(underrette)* inform; *etter hva han -er* according to him, as stated by him, according to his statement; *han -te at* ... he informed us that; he said *(el.* stated) that ...; he gave us the information that; *det ble -t at* ... they informed me *(,etc)* that ...; they stated that ...; *etter hva som blir -t, befinner han seg ikke lenger her i landet* he is, we understand, no longer in this country; *videre bes -t om* ... in addition, information is desired as to whether ...
opplysende *(forklarende)* explanatory, informative; *(lærerik)* instructive; ~ *eksempel* illustration; ~ *med hensyn til* illustrative of.
opplysning lighting; *(åndelig)* enlightenment; education; information; *-en (tlf)* directory inquiries *(fx* lift the receiver and dial XOX for' d. i.'); *en* ~ *a piece (el.* item) of information; *en nyttig* ~ a useful piece of i.; *andre -er* other i.; *hvis det ikke foreligger andre -er* failing i. to the contrary; *nærmere -er* particulars, further particulars; *etter de -er vi fikk fra* ... according to i. supplied by ...; *ifølge de -er han gir* as stated by him, according to him; *om meg selv kan jeg gi følgende -er* I should like to give the following information about myself; allow me to give *(el.* may I add) the f. i. about myself; *innhente el. procure information; samle inn -er bak de tyrkiske linjer* collect information behind the Turkish lines; *(se nedenstående).*
opplysningsarbeid educational work. **-byrå, -kontor** inquiry office, information office.
opplysningsskilt *(trafikkskilt)* information sign; *(jvf orienteringstavle; veiviser).*
opplyst 1. lit (up), illuminated; **2.** well-informed, enlightened, educated; *det -e vindue* the lit-up window, the lighted window; *gatene var godt* ~ the streets were brightly lit up; *vinduene var strålende* ~ the windows were ablaze with lights.
opplæring training; *-en skjer i arbeidet* training is on the job; ~ *som skjer i arbeidet* on-the-job training.
opplært trained.
oppløfte *(vb): ingen -t sin røst* nobody spoke (up).
oppløftende heart-warming, uplifting, edifying; *et* ~ *syn* an edifying spectacle; *dette synet må virke* ~ *på enhver* this sight must have an uplifting *(el.* edifying) effect on everyone.
oppløp disturbance, riot; *(veddeløp, etc)* finish; *(fotball)* attack, run *(fx* they have had one or two runs); *i -et* at the finish; *det ville bli* ~ *hvis* ... a crowd would collect if ...

oppløpen overgrown, lanky.
oppløpssiden *(skøyter)* the home straight; *(jvf langside: siste ~).*
oppløse *vb (hær)* disband, demobilize; *(forsamling, vennskap, ekteskap)* dissolve; *(desorganisere)* disorganize; *(kjem)* resolve, decompose; *(mekanisk, tilintetgjøre sammenhengen)* disintegrate; *(konto)* close *(fx* your Deposit Account has now been closed at this office); *oppløst i tårer* dissolved in tears; ~ *seg* dissolve, melt, resolve, be dissolved *(i* into); disperse; *forsamlingen oppløste seg* the assembly broke up.
oppløsning breaking up; dissolution; disorganization; *(kjem)* resolution, dissolution, decomposition; *(konkret)* solution; *fast* ~ *(kjem)* solid solution; *nasjonal* ~ national disruption; *Stortingets* ~ the dissolution of the S.; *(se storting).*
oppløsningsprodukt *(fys, kjem)* solubility product.
oppløsningstilstand state of decomposition; *(fig)* state of disintegration; *være i* ~ be decomposed; be in a state of decomposition.
oppmagasinere *(vb)* store, warehouse.
oppmann umpire, arbitrator; *(sport)* referee; *(ved eksamen)* extra examiner, another examiner.
oppmannssensur [referring an examination paper to an extra examiner for a decision].
oppmarsj marching up; *(strategisk)* concentration.
oppmerke *(vb): se merke:* ~ *opp; dårlig -t vei* inadequately marked road.
oppmerking marking; ~ *på vei* road markings; traffic markings.
oppmerksom 1*(aktpågivende)* attentive, observant; 2*(forekommende)* attentive; *(hensynsfull)* considerate *(mot* to, towards); *bli* ~ *på* notice, become aware of; *vi følger st i med i denne sak* we are following this matter with close attention; *gjøre* ~ *på* call *(el.* draw) attention to; *gjøre* ~ *på at* ... draw attention to the fact that ...; point out that ...; *gjøre en* ~ *på noe* call *(el.* draw) sby's a. to sth; *vi har gjort vår kunde* ~ *på dette* we have brought this matter to the attention *(el.* notice) of our customer; *jeg er blitt gjort* ~ *på at* ... I have been informed that ...; it has been brought to my notice that ...; it has come to my notice that ...; *my attention has been drawn (el.* called *el.* directed) to the fact that ...; *det ble uttrykkelig gjort* ~ *på dette forhold* this condition was expressly stated; *være* ~ *på* be aware of; realize, realise, notice; *vi må være* ~ *på at* ... *(ɔ: ta i betraktning at)* we must bear in mind that ...; we must take into account that ...; *jeg var ikke* ~ *på at* ... I was unaware that ...; I had overlooked the fact that ...; *vi beklager at vi ikke var* ~ *på at* ... we regret having overlooked the fact that ...
oppmerksomhet 1*(aktpågivenhet)* attention; 2*(vennlighet)* attention; *(det å være forekommende, også)* attentiveness; 3*(gave)* present, token of esteem; *en* ~ *mot* an attention to, an act *(el.* mark) of a. to; *som en liten* ~ *tillater vi oss å overrekke Dem en flaske champagne* as a mark of our regard we are making you a small gift of a bottle of champagne; *(se overrekke); avlede -en fra noe* detract attention from sth; *ha sin* ~ *henvendt på* be aware of; *vi har vår* ~ *henvendt på saken* the question *(,the matter)* is receiving our attention; *henlede (ens)* ~ *på* draw *(el.* call *el.* direct) sby's attention to; *kreve ens* ~ demand one's attention *(fx* there were a number of tasks on the farm that demanded his attention); *påkalle* ~ claim attention; *vekke* ~ attract a.; *vise en en* ~ show sby an a.; *vise henne små -er* show her little attentions; *(se unndra; unngå; vie).*

oppmudring dredging.
oppmuntre *(vb)* cheer; *(gi mot)* encourage; *(fremme)* encourage, promote. **-nde** encouraging; *lite* ~ discouraging.
oppmuntring encouragement, incentive; *mangel på* ~ lack of encouragement.
oppmuntringspremie consolation prize.
oppmykningsøvelser *(pl)* limbering-up exercises.
oppmåling surveying.
oppmålingsfartøy surveying vessel.
oppmålingsforretning survey, surveying.
oppmålingssjef city surveyor; *(ofte slått sammen med kommuneingeniørstillingen)* city engineer and surveyor; *(se rådmann: teknisk ~).*
oppnavn nickname.
oppnevne *(vb)* appoint; *(oppstille)* nominate; *det offentlige har oppnevnt høyesterettsadvokat Richard Doe som forsvarer* Richard Doe, Barrister-at-Law, has been officially appointed to appear for the accused; *offentlig oppnevnt forsvarer* publicly appointed Defence Counsel.
oppnå *(vb)* attain, gain; *her -r fjellet en anselig høyde* the mountains rise here to a considerable height; ~ *enighet* arrive at an agreement, obtain agreement; ~ *en pris* obtain *(el.* get) a price *(fx* for an article); ~ *et resultat* achieve a result; *han -dde det han ville (også)* he gained his point; *det -r vi ikke noe ved* T that won't get us anywhere; *that won't do us any good;* ~ *å manage to; han -dde ikke å* ... he failed to ...; *du -r ikke noe hos meg med at der det!* that won't get you anywhere with me.
oppnå|else attainment. **-lig** attainable; obtainable.
oppofre *(vb)* sacrifice.
oppofrelse sacrifice.
oppofrende self-sacrificing.
oppom *(adv)* up past, up to; *han la veien* ~ *Galdhøpiggen* he went up to the top of G.; *jeg kommer* ~ *i morgen* I'll come round tomorrow; *jeg kommer* ~ *deg når jeg er i byen* I'll look you up when I'm in town; *han stakk* ~ *oss i går* he popped *(el.* dropped) in to see us yesterday; T he blew in here *(el.* at our place) y.; he put in an appearance y.
opponent opponent.
opponere *(vb):* ~ *mot* oppose, raise objections to.
opportun expedient, opportune.
opportunist, opportunistisk opportunist.
opposisjon opposition; *i* ~ *til* in o. to; *stille seg i* ~ *til* oppose; *være i* ~ *til* oppose, be opposed to.
opposisjonell oppositional, given to contradiction.
opposisjons|lyst argumentativeness, contrariness **-lysten** argumentative, disputatious. **-parti** opposition party.
oppover up *(fx* up the stairs); *(~ bakke)* uphill; up the hill.
oppoverbakke up-gradient, acclivity, ascending stretch of the road.
oppramsing rattling off, reeling off.
oppredd *(seng)* made.
oppregning enumeration.
oppreise *(vb)* erect *(fx* a perpendicular on a line); ~ *fra de døde* raise from the dead.
oppreisning reparation, redress; *(æres-)* satisfaction; *forlange* ~ demand satisfaction.
oppreist erect, upright.
oppreklamert boomed, boosted, played up.
opprensningsoperasjoner *pl (mil)* mopping-up operations.
opprett upright, erect, straight.
opprette *(vb)* 1*(grunnlegge, sette i gang)* establish *(fx* an agency, a business); found *(fx* a univers

ty); *(få i stand)* make *(fx* a contract), conclude *(fx* a contract, an agreement), enter into *(fx* an agreement); *(la skrive)* draw up *(fx* a document); *2(gjøre godt igjen)* make good *(fx* an error, the damage); repair *(fx* a loss, losses), make up for *(fx* a loss); **3.** *tekn (rette opp)* align, line up; true (up) *(fx* a plate).

opprettelse establishment, foundation.

oppretterverksted *(for biler)* panelbeater's (shop).

opprettholde *(vb)* uphold; maintain; keep up *(fx* he won't be able to k. up this extravagant way of life for long); ~ *livet* make a living, earn one's *(el.* a) living; *(se straffeutmåling).*

opprettholdelse maintenance.

opprevet cut, torn up; *(om nerver)* shattered, shaken.

oppriktig sincere; candid; frank; ~ *talt* frankly speaking; to tell the truth.

oppriktighet sincerity; candour (,**US**: candor), frankness.

oppring(n)ing call.

opprinne *(vb)* dawn; *den dag -r aldri* that day will never come.

opprinnelig *(adj)* original; *(adv)* originally.

opprinnelighet originality.

opprinnelse origin, source.

opprinnelsespostverk administration of origin.

opprinnelsessertifikat certificate of origin.

opprivende agonizing, harrowing.

opprop *(navne-)* roll call; *(fig)* appeal.

opprulle *(vb): se rulle:* ~ *opp.*

opprulling rolling up; revelation, exposure *(fx* of a plot).

opprustning rearmament. **-skappløp** armaments race *(fx* a furious a. r.).

opprydding clearing.

oppryddingsarbeid clearance work.

opprykk advancement, promotion; *(se avansement & forfremmelse).*

opprykk|muligheter *(pl)* chances *(el.* prospects) of promotion; *«gode* ~ *»* good prospects (of promotion). **-stilling** post for promotion.

opprykning promotion.

opprømt elated, in high spirits.

opprømthet elation, high spirits.

opprør *(uro)* uproar; *(oppstand)* rebellion; rising; revolt; sedition; insurrection; *(tumult)* riot; *(myt-teri)* mutiny, revolt; *(i sinnet)* agitation, excitement; ~ *med utspring i folket eller i rivaliserende grupper* risings among the people or rival groups; *få i stand et* ~ stir up a revolt; *gjøre* ~ revolt, rebel; *franskmennene gjør* ~ the French are in revolt (**NB** *ikke* 'are revolting'; *se mot-bydelig); de gjorde* ~ they revolted; *slå ned et* ~ put down a rebellion; *slå -et ned for fote* stamp out the rebellion.

opprøre *(vb)* rouse to indignation, make indignant, shock, disgust *(fx* his business methods d. me).

opprørende shocking; *(om behandling)* outrageous; *det er* ~ *å høre* it makes one's blood boil to hear; *et* ~ *syn* a shocking sight.

opprører rebel, insurgent.

opprørsk rebellious, seditious, mutinous.

opprørskhet rebelliousness, seditiousness.

opprørspoliti riot police.

opprørt *(om havet)* rough, troubled; *(fig)* indignant, shocked; *alle er* ~ *over det* **T** everybody is up in arms about it.

opprådd at a loss; perplexed; *vi er* ~ *for disse stolene* we are in urgent need of these chairs; we need these chairs urgently.

oppsaling saddling. **oppsalt** ready saddled.

oppsamling collection, accumulation.

oppsan *int (opp med seg)* up(s)-a-daisy.

oppsang work song; *(sjømanns-)* shanty.

oppsats *(på bordet)* centre-piece; cruet stand; *(se oppsett).*

oppsatt: ~ *på* bent (up)on, keen on *(fx* doing sth); ~ *avdeling (mil)* activated unit; ~ *hår* **1.** hair (put)on top; **2.** hair in curlers *(el.* rollers).

oppseiling: *være under* ~ **1**(*om skip)* be approaching; be drawing near; **2***(fig)* be under way, be in the air *(el.* wind); be in the offing; *et uvær er under* ~ a storm is brewing.

oppsetsig refractory, stubborn, insubordinate; *bli* ~ **T** kick over the traces, cut up rough.

oppsetsighet refractoriness, insubordination.

oppsett 1. layout *(fx* of a page, of an advertisement); **2**(*måte å publisere noe på)* display *(fx* of an article); **3.** notice, news item *(fx* the Daily Mail had a 12-line news item about the matter); piece *(fx* there is a p. about it in the paper); *før vi går i detaljer når det gjelder -et av forretnings-brev* ... (1) before we go into the details of the composition of business letters ...

oppsette *vb (utsette)* put off, defer, postpone; *(se oppsatt).*

oppsettelse postponement, delay, deferment, putting off.

oppsi *vb (leier, leilighet)* give notice; *(stilling)* resign; give notice; *(kontrakt)* terminate a contract; *(lån)* call in; *bli oppsagt* get notice (to quit), be given notice; *(jvf si:* ~ *opp).*

oppsigelig terminable; *(obligasjon)* redeemable; *(om funksjonær)* subject to dismissal; *(om embetsmann)* removable; ~ *lån* loan at call *(el.* notice).

oppsigelse dismissal, notice (to quit); *(av kontrakt)* termination; *(av lån)* calling in; *en måneds* ~ a month's notice; *3 måneders gjensidig* ~ *(om stilling)* the employment is terminable by either side giving three months' notice; *inngi sin* ~ tender one's resignation; *uten* ~ without giving notice.

oppsigelsesfrist: *3 måneders gjensidig* ~ three months' notice on either side; *for stillingen gjelder 3 måneders gjensidig* ~ the employment is terminable by either side giving three months' notice.

oppsigelseskonto notice (deposit) account; fixed(-term) deposit account; time deposit account; **UK** *(i* 'building society') term share account; *innskudd på* ~ notice deposit; deposit in a fixed-term account.

oppsigelsestid term *(el.* period) of notice.

oppsikt attention; *(sterkere)* sensation; *vekke* ~ attract attention, create a stir; cause a sensation; *(se oppsyn).*

oppsiktsvekkende sensational.

oppsitter tenant farmer; *(jur)* freeholder.

oppskak|ende upsetting, perturbing. **-et** perturbed, flustered, upset.

oppskjær *(pålegg)* cooked meats; **US** cold cuts.

oppskjørtet *(fig)* flustered, excited; bustling.

oppskremt alarmed, startled.

oppskrift recipe; ~ *på en omelett* recipe for an omelette; *(norm)* formula *(fx* a familiar f.); *etter god gammel* ~ *(fig)* in the good old way; on the good old lines; *det er ikke etter min* ~ *(fig)* it does not suit my book; **T** it's not my cup of tea *(el.* my ticket).

oppskrubbet abraded, scraped (up); *(jvf oppklort).*

oppskrudd: ~ *pris* exorbitant price.

oppskrytt overpraised, puffed up, blown up, overadvertised, ballyhooed, played-up.

oppskyting *(av rakett etc)* launching *(fx* of a rocket); blast-off.

oppskåret cut, sliced; *(flenget opp)* slashed.

oppslag *(på klesplagg)* cuff, lapel; *(jvf bukse-*

brett); (kunngjøring) notice; *(plakat)* bill, placard; *(av forlovelse)* breaking off; *(i ordbok)* entry.

oppslagsbok book of reference.

oppslagsord entry, entry word, head word, words for reference *(fx* in our choice of w. for r. ...).

oppslagstavle notice board; *(også* **US)** bulletin board.

oppslagsverk reference work *(el.* book).

oppsluke *(vb)* swallow up, absorb.

oppslå *(vb): se slå:* ~ *opp; en -tt bok* an open-(ed) book; *-tt krage* turned-up collar; *med -tt paraply* with one's umbrella up.

oppsnappe *(vb)* 1*(brev)* intercept; 2*(fig)* catch.

oppsop sweepings.

oppspart: *-e penger* savings; *jeg har noen penger* ~ I have some money saved up; I have something *(el.* some money) put by (for a rainy day).

oppspedd diluted, thinned.

oppspilt 1. distended; 2*(fig)* worked up, wound up *(fx* the children were so wound up that we could scarcely get them to bed); *med* ~ *gap* with mouth wide open; *med -e øyne* wide-eyed.

oppspinn fabrication, an invention.

oppspist: *han er helt* ~ *av mygg* he has mosquito *(el.* gnat) bites all over.

oppspore *(vb)* track down, trace, run to earth.

oppspytt expectoration; sputum *(fx* a cough with blood-stained sputum).

oppstand rebellion, revolt, insurrection, rising; *gjøre* ~ rise (in rebellion), rebel, revolt; *delta-ger i* ~ insurgent; *(jvf opprør).*

oppstandelse *(fra de døde)* resurrection; *(røre)* excitement, hullabaloo, hubbub, stir, commotion.

oppstaset T dressed up to the nines, dressed to kill.

oppstemt *(i godt humør)* in high spirits.

oppstigende ascending, rising.

oppstigning ascent.

oppstille *(vb)* set up, put up; arrange; *(se også stille:* ~ *opp).*

oppstilling setting up, putting up; arrangement, disposition; layout *(fx* the l. of a business letter); *(kommando)* ~ *!* fall in! *ta* ~ take up one's position; *(om soldat)* fall into line.

oppstillingssporgruppe *(jernb)* set of splitting-up sidings.

oppstiver *se oppstrammer.*

oppstoppernese snub nose, turned-up nose.

oppstrammer tonic, pick-me-up; *(skarp tiltale)* rating, talking-to, dressing-down, tick-off.

oppstuss hullabaloo, stir, commotion.

oppstykke *(vb)* divide, split up.

oppstyltet *(fig)* stilted.

oppstyr hullabaloo, stir, commotion.

oppstøt belch, burp; regurgitation; *ha* ~ belch; *(om baby)* burp; *ha sure* ~ have an acid stomach; suffer from acidity; *jeg får* ~ *av maten* my food repeats.

oppstå *(vb)* 1*(bli til)* come into being *(el.* existence); *(hurtig)* spring up *(fx* new towns sprang up); *(om brann, epidemi)* break out; *(om brann, også)* originate; 2*(melde seg)* arise *(fx* a conflict, a difficulty, a quarrel arose); *det oppsto en pause* there was a pause; *for at det ikke skal* ~ *noen tvil* in order that no doubt shall arise; to forestall any doubts about the matter; 3*(fra de døde)* rise (from the dead); *(se forsinkelse).*

oppsuge *(vb)* absorb.

oppsummere *(vb)* sum up.

oppsummering summing up.

oppsving advance, progress; *(i næringslivet)* boom; *(etter nedgang)* (trade) recovery; *i sterk* ~ rapidly improving, booming; *et* ~ *i eksporten*

an export surge; *bruktbilsalget har fått et vold-somt* ~ the sale of used cars has received *(el.* been given) a tremendous impetus; *få et* ~ *(et-ter nedgangstid, også)* recover, revive.

oppsvulmet swollen. **-ing** swelling.

oppsyn supervision, control; *under* ~ *av* under the supervision of; *ha* ~ *med* look after, superintend, have charge of; *jeg liker ikke -et på ham* **T** I don't like the look of him.

oppsynsfartøy patrol boat, inspection vessel; fishery protection vessel. **-havende** superintending, in charge. **-mann** supervisor, supervisory warder; attendant; *(ved idrettsplass)* grounds-man; *(jernb: ved anlegg):* intet tilsv., *se banemes-ter.* **-personale** *(fx ved museum)* warding staff.

oppsøke *vb (besøke)* go and see, look up, call on, visit; seek out *(fx* he sought out all the places where Goethe lived).

oppta *vb (plass, tid, oppmerksomhet)* take up, occupy; *(som kompanjong, medlem, etc)* admit *(fx* sby as a partner); ~ *bestillinger* take *(el.* book) orders; ~ *forhør over* examine; ~ *forret-ningsforbindelse med* open up *(el.* form) a business connection with; ~ *en fortegnelse over* draw up a list of, make a list of; ~ *et lån* raise a loan *(på* on); ~ *saken til ny behandling* re-hear the case; ~ *som en fornærmelse* take *(el.* look upon) as an insult; *spørsmålet -r oss* the question occupies our thoughts; *bankfolk er -tt av spørsmålet* the question is engaging the minds of bankers; *(se også opptatt).*

opptagelse taking (up), admission; adoption.

opptagelsesprøve entrance examination.

opptak 1*(bånd-, etc)* recording; 2*(radio-)* broadcast commentary *(fx* a b. c. on the Derby from Epsom); 3*(film-)* shot; *(det å)* shooting; 4*(til sko-le, etc)* intake; entrance; *begrenset* ~ a selective intake; *minstekrav for* ~ minimum entrance requirements; *minstekrav for* ~ *ved universitetet* minimum university entrance requirements; *gjø-re et* ~ record, make a recording; *(film)* gjøre ~ *på stedet* shoot a scene; shoot location scenes; ~ *på tid (fot)* time exposure; *nytt* ~ *(film)* retake.

opptaksgrunnlag entrance requirements; *bredere* ~ a broader intake of pupils *det bredere* ~ *til universitetsstudiene* the more broadly based entrance requirements for university courses; *(se grunnlag).*

opptaksprøve entrance exam(ination).

opptakt *(mus)* upbeat; *(i metrikk)* anacrusis; *(fig)* prelude *(til* to); preliminaries; *det ga festen en munter* ~ that started the celebration on a joyful note; *-en til (også)* the opening of; *disse diskusjonene dannet -en til konferansen* these discussions formed the prelude to the conference.

opptatt *(om person)* busy, engaged; taken up *(av, med* with); preoccupied *(av* with); absorbed, engrossed *(av* in, by); *(om drosje, tlf, w.c.)* engaged; ~ *! (tlf)* line engaged! US line busy; *denne plassen er* ~ this seat is taken; *alt* ~ *(i hotell, etc)* full up, booked up; *noe av det rapporten er mest* ~ *av, er...* a major focus of concern in the report is ...; one of the main *(el.* chief) concerns of the report is ...; ~ *med* taken up with *(fx* he was so t. up with the difficult questions which he worked at that ...); involved in *(fx* Red Cross work); *han er* ~ *med en pasient akkurat nå* he's engaged with a patient just now; ~ *med å gjøre noe* busy doing sth, engaged in doing sth; *jeg er svært* ~ I'm very busy; *er du* ~ *i kveld?* have you anything on for tonight? are you doing anything tonight? *(se også oppta).*

opptegnelse note, memorandum, record.
opptelling counting, count; *(oppregning)* enumeration. **-tenningsved** kindling.
opptog procession; *barna var med i et* ~ the children were in a p. *(el.* took part in a p.).
opptrapping stepping up *(fx* the s. u. of the war in X), escalation; *(jvf nedtrapping).*
opptre *(vb)* 1*(vise seg)* appear, make one's appearance; ~ *i radio (,i TV)* appear on the radio (,on TV); ~ *i radio (også)* broadcast; ~ *i retten* appear in court; *(på scenen)* appear, act, perform; *(om dresserte dyr)* perform; *(oppføre seg teatralsk)* pose, act a part; 2*(oppføre seg)* behave *(mot, overfor* to); *(fungere)* act *(fx* act as host); ~ *på egen hånd* act on one's own; ~ *på ens vegne* act for sby, represent sby; ~ *på Deres vegne* act on your behalf; ~ *bestemt overfor en* be firm with sby; ~ *som formynder for sin søster* play the part of guardian to one's sister; ~ *under falsk navn* go by false name; 3*(ytre seg, forekomme)* occur; *(se uverdig).*
opptreden 1. appearance, performance; *(se gjesteopptreden);* **2.** behaviour (,US: behavior), conduct; *(handlemåte)* action; 3*(forekomst)* occurrence; *første* ~ (1) first appearance, debut; *fast* ~ *(ɔ: handlemåte)* firm action; *hans* ~ *mot meg* his conduct towards me; *han har en høflig, dannet* ~ he is polite and courteous; *samlet* ~ joint action.
opptredende *(pl): de* ~ the performers; *(om skuespillere)* the actors.
opptrekkbar: *-t (om flys understell)* retractable.
opptrekker swindler. **-keri** swindling; extortion; *slike priser er det rene* ~ prices like that *(el.* those) are sheer robbery; such prices are simply extortionate.
opptrekksmotor clockwork motor.
opptrinn 1. scene; episode, incident; 2*(i trapp)* riser; *trinn og* ~ treads and risers.
opptrukket *(flaske)* opened, uncorked; ~ *linje* full-drawn line; *(på ny)* touched-up line; *(mots. stiplet linje)* solid line; *(på landevei)* unbroken line; *innenfor den opptrukne ramme* within the framework established.
opptrykk impression, reprint.
opptråkket well-trodden; *(se oppgått).*
opptuktelse discipline; *(se natur).*
opptur journey up.
opptøyer *(pl)* riots, a riot, disturbances.
oppunder up under; ~ *fossen* just beneath *(el.* under) the waterfall; directly under(neath) the waterfall; ~ *land* near land; *støtte* ~ support.
oppussing decoration *(fx* of a flat), house decoration; renovation; touching up; *(se pusse:* ~ *opp).*
oppvakt bright, intelligent.
oppvakthet brightness, intelligence.
oppvarme *(vb)* heat, warm; *(om mat)* warm up, re-cook; T hot up *(fx* hotted-up food).
oppvarming heating; *(mindre sterkt)* warming; *(se f. lys).*
oppvarmingstid *(ovns)* heating (-up) period; *presse ovnen i begynnelsen av -en* force the stove when starting to heat up.
oppvarte *(vb)* wait on, attend on, serve; *(uten objekt)* wait, serve; ~ *ved bordet* wait at table; *(se også varte:* ~ *opp).*
oppvarter waiter.
oppvartning waiting, attendance; *gjøre en sin* ~ *vait on* sby, pay one's respects to sby.
oppvask washing-up; *(det som vaskes)* dishes; *gjelpe til med* ~ *med -en* lend a hand with the dishes; *la -en stå* leave the washing-up till later.
oppvaskbalje washing-up bowl. **-benk** sink unit; US sink cabinet, cabinet sink. **-børste** dish brush. **-gutt** dishwasher, washer-up. **-klut** dish-

cloth. **-kum** sink, bowl *(fx* sink unit with stainless steel bowl). **-maskin** dishwashing machine, dishwasher. **-stativ** dish draining rack. **-vann** dishwater.
oppveie *(vb)* 1*(erstatte, gjenopprette, etc)* compensate for *(fx* a disadvantage, a loss); make up for; make good; be an offset to, offset *(fx* in order to o. this disadvantage); counterbalance *(fx* the two forces c. each other); *mer enn* ~ outweigh *(fx* the advantages o. the drawbacks); 2*(være like god som)* be as good as, be equal to, be a (good) substitute for; 3*(nøytralisere)* neutralize *(fx* a force); *hans gode egenskaper -r hans mangler* his good qualities make up for *(el.* offset) his shortcomings; *vi har ingenting som kan* ~ *alle våre offer (også)* we have nothing to show for all our sacrifices.
oppvekke *(vb): se vekke;* ~ *fra de døde* raise from the dead.
oppvekst adolescence; *i (el.* under) *-en* during his *(,her, etc)* a.; during a.; while growing up; *med to barn i -en* with two growing youngsters; *hemmet i -en* stunted (in one's growth).
oppvekststed place where one grew up; *uansett* ~ irrespective of where you *(,they, etc)* grew *(,grow)* up.
oppvigle *(vb)* stir up; ~ *til voldshandlinger* instigate acts of violence. **-er** agitator. **-eri** incitement to riot; *(stivt)* sedition.
oppvind *(meteorol)* upwind; *(for seilfly)* up-current.
oppvise *(vb)* show, exhibit; *(med stolthet)* boast *(fx* the college boasts a beautiful garden); ~ *gode resultater* show good results.
oppvisning display, show.
oppvoksende: *den* ~ *slekt* the rising *(el.* coming) generation.
oppvåkning awakening.
oppøve *(vb)* train; develop *(fx* an oral command of French); *det vil bli rik anledning til å* ~ *muntlig ferdighet i språket* there will be ample opportunity to develop an oral command of the language; *(se leseferdighet).* **-øvelse** training; developing.
oppå on, upon, on top (of).
optiker optician. **optikk** optics.
optimisme optimism; *det er grunn til behersket* ~ *på treforedlingsmarkedet* there is reason for mild *(el.* cautious) optimism on the wood products market; *han uttalte seg med behersket* ~ *om fremtiden* he was guardedly optimistic about the future.
optimist optimist. **-isk** optimistic.
optisk optical; ~ *bedrag* optical illusion.
or *bot (tre)* alder; *(se gråor).*
orakel oracle.
orakelsvar oracular reply.
orangutang *(zool)* orang-outang, orang-utan.
oransje orange. **-gul** orange.
oratorisk oratorical.
oratorium *(mus)* oratorio; *(rel)* oratory.
ord oven; *(løfte)* word, promise; *(skriftsted)* text; *Ordet (bibl)* the Word;
[A: forskjellige forb.; B: forb. med adj; C: med vb; D: med prep]
A: *Guds* ~ the Word of God; *-ets tjenere (bibl)* the ministers of the Word; *-et ble kjød (bibl)* the Word was made flesh; *et par* ~ a few words *(fx* may I say a few words?); *a word (fx* can I have a word with you?); *si et par* ~ say *(el.* speak) a few words; *make a short speech;* ~ *og uttrykk* words and phrases; *(se nyttiggjøre:* ~ *seg);*
B: *det avgjørende* ~ *(i tekst, fx lov, traktat)* the operative word; *si det avgjørende* ~ say the (decisive) word; *det avgjørende* ~ *er ennå ikke sagt*

i denne saken the last word has not yet been said on this subject *(el.* in this matter *el.* on *(el.* in)* the matter); **bevingede** ~ familiar quotations; **fagre** ~ fair words; *(iron)* fine words; *det* **forløsende** ~ a timely word; *endelig sa X det forløsende* ~ at last X spoke the word which everyone had been waiting for; at last X gave expression to what we (,they) all felt; *-et er fritt* the meeting is open for discussion; everyone is now free to speak; the debate is opened; **US** the floor is open for discussion; *det er et* **gammelt** ~ *som sier at ..* there is an old saying that ...; *som et gammelt* ~ *sier* as the old saying goes; **godt** ~ *igjen! (ɔ: det var ikke ment som noen fornærmelse)* no offence (meant)! *hun hadde ikke et godt* ~ *å si om ham* she didn't have a good word to say for him; *(se også C: legge inn et godt* ~ *for en); for gode* ~ *og betaling* for love or money; **harde** ~ harsh words; *det falt harde* ~ harsh words were spoken; *(litt.)* an acrimonious tone was adopted; *det* **levende** ~ the spoken word; the living word; *(rel)* the Word; *ikke et levende* ~ not a (single) word; *nettopp* **mine** ~! just what I said! my very words! *ikke mine* ~ *igjen!* (but) this is between us! don't let it go any further! **nytt** ~ new word; neologism; *det er rene* ~ *for pengene* that's plain speaking! **T** that's short and sweet; *(se også D: med rene* ~*); det er ikke (det* **rette)** *-et* that's not the word for it; *(se tid: et ord i rett(e)* ~*);* **sammensatt** ~ compound (word); *sammensatt* ~ *som skrives atskilt* open compound; *sammensatt* ~ *som skrives med bindestrek* hyphenated compound; *sammensatt* ~ *som skrives i ett* solid compound; *det er ikke et* **sant** ~ *i det* there isn't a word of truth in it; *få det* **siste** *-et* have the last word; *han skal alltid ha det siste -et* he always wants to have the last word; *hans siste* ~ 1*(før han døde)* his last words; his dying words; 2*(m.h.t. tilbud)* his last word; *det er mitt siste* ~ *i saken* I've said my last word on the matter; *det siste -et er ennå ikke sagt i denne saken* the last word has not yet been said on this subject *(el.* in this matter *el.* on *(el.* in)* the matter); **føre det store** ~ dominate; be (the) cock of the walk; **T** be the big noise; throw one's weight about; **S** shoot one's mouth off; *store* ~ *(og fett flesk)* big words; **S** gas; *(se også C: føre -et); et* **stygt** ~ 1. an ugly word *(fx* treason is an ugly word); 2*(grovt ord)* a coarse word, a dirty word; **tomme** ~ empty *(el.* idle) words; **velvalgte** ~ well-chosen words; *de har aldri vekslet et* **vondt** ~*med hverandre* there has never been a harsh word between them; *ikke et vondt* ~ *om ham!* not a word against him!

C: be *om -et* request leave to speak; catch the chairman's eye; *(parl)* try to catch the Speaker's eye; *jeg ber om -et! (el. må jeg få be om -et?)* I ask to speak; may I say a few words? **US** *(især)* I ask for the floor; *be om -et for en kort bemerkning* ask for permission to make a short statement; *er det flere som vil be om -et?* does anyone else wish to speak? any other speakers? *(se også ndf: forlange -et); forstå å* **belegge** *sine* ~ know how to put things; know how to choose one's words; *(være en god taler)* be a good *(el.* ready) speaker; be a fluent speaker; *(se talegaver);* **bryte** *sitt* ~ *(ɔ: løfte)* break one's word; go back on one's word *(el.* promise); *la* **falle** *et* ~ drop a hint; *(se vink); det falt noen* ~ some words were spoken; *jeg lot falle noen* ~ *om det* I let fall a few words about it; *det falt noen* ~ *om at ...* there were some remarks to the effect that ...; **finne** ~ find words; *jeg kan ikke*

finne ~ words fail me; I can't find words *(fx* I can't find words to express my gratitude); *jeg kunne ikke få* **flettet** *inn et* ~ I couldn't get in a word edgeways; I couldn't get a word in edgeways; **forlange** *-et* 1. = *be om -et;* 2. demand a hearing; **frafalle** *-et* waive one's right to speak; stand down; **US** yield the floor; *jeg frafaller -et* I waive my right to speak; **frata** *en -et* order a speaker to sit down; stop a speaker; *jeg fratar taleren -et (formelt)* I direct the speaker to discontinue his speech; **føre** *-et* be the spokesman *(for* for); *(snakke meget)* do the talking; **få** *-et* be granted permission *(el.* leave) to speak; be called (up)on to speak; *(parl)* catch the Speaker's eye; *få* ~ *på seg for å ...* get the reputation of *(-ing); det var ikke et* ~ *å få ut av ham* one couldn't get *(el.* drag) a word out of him; he preserved a stubborn silence; **gi** *en -et* call (up)on sby to speak; call (up)on sby to address the meeting; **US** give sby the floor; *jeg gir -et til NN* I call on Mr NN; *jeg har gitt ham mitt* ~ *på det* I have given him my word (on it); *han har gitt meg sitt* ~ *på at han vil gjøre det* he has given me his word that he'll do it; he has promised me to do it; *-et ble gitt fritt* a general debate was opened; *gi en et* ~ *med på veien* give sby a piece of parting advice; **gjøre** *ens* ~ *til sine* say (exactly) the same as; *han gjorde mine* ~ *til sine* he said exactly the same (as I did); **gå** *fra sitt* ~ break one's word; **ha** *-et* be speaking; **US** have *(el.* hold) the floor; *NN har -et!* I now call on Mr NN to address the meeting; *jeg har hans* ~ *for at så er tilfelle* I have his word for it (that that's the case); *ha -et i sin makt* be a ready *(el.* good) speaker; be a fluent speaker; be articulate; **T** have the gift of the gab; *han har også et* ~ *med i laget* he too has a say in the matter; *ha* ~ *på seg for å ...* have the reputation of *(-ing) (fx* he has the reputation of being unreliable); *han har* ~ *på seg for å være feig (også)* he has a reputation for cowardice; *han har ikke det beste* ~ *på seg* he doesn't have the best of reputations; **holde** *sitt* ~ be as good as one's word; keep one's promise *(til* to); *han er en mann som holder sitt* ~ he's a man of his word; *det har jeg ikke* **hørt** *et* ~ *om* I haven't heard a word about that; *jeg* **kan** *ikke et eneste* ~ *av det diktet* I don't know a word of that poem; **legge** *en -ene i munnen* put the words into sby's mouth; give sby his cue; *(stille suggestive spørsmål)* ask leading questions; *legge inn et (godt)* ~ *for en* put in a good word for sby; **nekte** *en -et* refuse sby leave to speak; **nevn** *ikke et* ~ *om det!* don't say a word about it! keep it to yourself! don't let it go any further! **sette** ~ *til en melodi* write the words for a tune; *han kom i skade for å si et par* ~ *for meget* he was unfortunate enough to say a few words too much; *det sa han ikke et* ~ *om* she didn't mention that at all; *ha har også et* ~ *han skal ha sagt* he too has a say in the matter; **stå** *ved sitt* ~ keep one's word *(el.* promise); be as good as one's word; **svikte** *sitt* ~ break one's word; go back on one's word; **ta** *-et (i forsamling)* rise (to speak); address the meeting; begin to speak; **US** take the floor; *det ene -et tok det andre* one word led to another; *ta sine* ~ *i seg igjen* withdraw one's remarks; withdraw *(fx* the speaker refused to withdraw); retract (what one has said); *de -en skal han få ta i seg igjen!* I'll make him eat his words! *ta -ene ut av munnen på en* take the words out of sby's mouth; *ta til -de for* advocate *(fx* advocate reform); *ta til -e mot* oppose; speak up against; *ta sterkt til -e mot* argue strongly against; **veie** *sine* ~ weigh one's words; *vei dine* ~*!* think before you speak! mind what you say! **velge** *sine* ~ *(med omhu)* choose one's words (carefully); pick one's words (carefully); *før du* **vet** *-et av det* before you know where you are; *før de visste -et av det, var han borte* before they knew it he was gone; *før man visste -et av det (også)* **T** before you could say knife *(el.* Jack Robinson); *et* ~ *er et* ~ a promise is a promise; *sulten? det er ikke -et!* hungry isn't the word! *det er nettopp -et!* that's just the word for it! exactly! *er det flere som* **ønsker** *-et?* does anyone else wish to speak? any other speakers?

D: *en mann av* **få** ~ a man of few words; ~ **for** ~ word for word; verbatim; *det er ikke noe* ~ *for det* there is no word for it; *i -ets beste betydning* in the best sense of the word; *i* **få** ~ in (a) few words; briefly; *(se nøtteskall); i* ~ *og gjerning* in word and deed; *snuble i -ene* stumble *(el.* trip) over the words; *han har lett for å snuble i -ene* he tends to stumble over his words; *han var så ivrig at han snublet i -ene hele tiden* he was so excited that he stumbled over his words all the time; **med** *andre* ~ in other words; *med disse* ~ *forlot han rommet* so saying he left the room; *med hans egne* ~ in his own words; *med rene* ~ plainly; bluntly; *for å si det med rene* ~ to put it plainly *(el.* bluntly); without beating about the bush; not to put too fine a point on it; not to mince matters; *be* **om** *-et: se C; strid om* ~ dispute about mere words; quibbling; hair-splitting; *strides om* ~ quibble; split hairs; *et* ~ **på** *tre stavelser* a word of three syllables; *ta ham på -et* take him at his word; *jeg tar deg på -et* I'll take you up on it; *De kan tro meg på mitt* ~ you can take my word for it; ~ **til** *annet* word for word; verbatim; *-ene til en sang* the words of a song; *jeg kunne nesten ikke komme til -e* I could hardly make myself heard; *dette kommer til -e i noen amerikanske kommentarer* this is voiced in some American comments; *ta til -e for (,mot): se C;* **uten** *(å si) et* ~ without (saying) a word; *(se tid: et ord i rett(e)* ~*).*

ordavledning 1. derivation; **2***(avledet ord)* derivative.

ordbetydning literal signification.

ordbok dictionary; *merkantil-økonomisk* ~ dictionary of commerce and economics; ~ *for skole og næringsliv* dictionary for school and business; *en* ~ *som på et tilfredsstillende grunnlag dekker norsk dagligtale* a d. which covers Norwegian everyday speech in a basically sound way; *(se I. ramme & satse).*

ordboksartik|kel entry (in a dictionary); *-ler* entries (in dictionaries).

ordboks|forfatter dictionary-maker, lexicographer, the compiler of a dictionary. **-publikum:** *de krav et norsk* ~ *uvegerlig vil stille* the unfailing requirements of potential Norwegian purchasers of the dictionary (,of dictionaries). **-redaktør** editor of a dictionary.

ordbokssituasjonen: ~ *her i landet er fortvilt vanskelig* the position as regards dictionaries is desperately difficult in this country.

ord|bøyning inflection. **-dannelse** word formation.

orden *(i alle betydninger)* order; *for -s skyld* as a matter of form, to make sure; for the record, to keep the record straight; *i* ~ in order; **T** O.K.; okay; *det er i* ~ that's all right; **T** that's O.K.; *De kan således anse denne sak for å være i* ~ *(o: avgjort)* you may thus regard this matter as settled; *alt er i* ~ *mellom dem igjen* everything is all right *(el.* back to normal) again between them; *få* ~ *på, bringe i* ~ put in order, put right, get straight *(fx* get one's affairs s.); *gå i* ~ be settled, be arranged; *det går nok i* ~ that will be all right; that will sort itself out; it will all work out; *i sin* ~ as it should be; *bli opptatt i en* ~ be admitted into an order; *i tur og* ~ one after the other; one after another; *det hører til dagens* ~ it's of everyday occurrence; that's an everyday occurrence; *kalle til* ~ call to order.

ordens|bror brother of a religious order. **-bånd** medal ribbon. **-drakt** habit (of an order). **-mann 1.** a person of regular habits, (very) methodical person; *han er en* ~ he is a very methodical man; *(lett neds)* he's a stickler for order; **2***(i skoleklasse)* monitor. **-menneske** *se -mann 1.* **-politi** uniformed police; **US** patrolmen, policemen on the beat; riot squad. **-prester** *pl (kat.)* regular clergy; *(se sekulargeistlighet).* **-promosjon** presentation ceremony (of royal orders). **-regel** *(rel)* rule (of an order); *-regler (i skole, etc)* (school) rules, house rules, regulations *(fx* observe the regulations). **-sans** sense of order; an orderly mind. **-tall** ordinal number. **-tegn** badge (of an order of chivalry).

I. ordentlig *(adj)* **1***(om renslighet, properhet)* orderly, well-ordered *(fx* home), well-regulated *(fx* business); *(pent, ryddig)* tidy *(fx* room, book shelves), neat; *det var pent og* ~ *i huset* the house was clean and tidy; the h. was nice and clean (and tidy); **2***(som har ordenssans)* orderly, methodical; **3***(stø, etc)* steady, of regular habits; *han fører et svært* ~ *liv* he leads *(el.* lives) a well-regulated life; *en* ~ *pike* a decent girl; **4***(punktlig, nøyaktig)* accurate, punctual, careful *(fx* he's very c. with his work); **5***(riktig, anerkjent)* regular, proper *(fx* doctor, nurse); *en* ~ *ferie* a regular *(el.* real) holiday *(,US:* vacation); *et* ~ *måltid* a real *(el.* square) meal; **6***(som forslår)* regular, thorough *(fx* give the engine a t. overhaul); **T** colossal *(fx* a c. celebration); terrible *(fx* I've got a t. cold); and no mistake *(fx* he's a fighter, and no m.); **S** some *(fx det var en* ~ *sigar!* some sigar (that)!); **7***(god)* good *(fx* a g. fire), decent; *han bestiller ikke noe* ~ he doesn't do any real work; *det er på tide han* **lærer** *noe* ~ it's (high) time he learnt sth useful; *en* ~ *dumhet* a colossal blunder; *De har sannelig hatt en* ~ *ferie* you (certainly) have had a holiday! what a h. you've had! *-e klær* decent clothes; *bli et* ~ *menneske (om forbryter, etc)* go straight, reform; *en* ~ *omgang (juling)* a sound beating; *vi spiller ikke på* ~ we're not playing for keeps; *ikke på* ~ not really.

II. ordentlig *adv (se I. ordentlig)* properly; tidily, neatly; decently; duly *(fx* a duly addressed and stamped letter); thoroughly *(fx* I got t. wet; we beat them t.); awfully *(fx* it hurt a.); **T** like anything *(fx* they worked l. a.); well *(fx* you must be able to speak the language w.); *du har arbeidet* ~ *i dag* you certainly have worked today; *betale* ~ pay well; pay a decent wage (,price); *det brenner ikke* ~ it doesn't burn properly; *oppføre seg* ~ behave properly; *oppfør deg* ~*!* behave yourself! *sitte* ~ sit properly; *det var* ~ *snilt av deg* that was really extremely nice of you; *bli* ~ *redd* be thoroughly frightened.

ord|fattig having a limited vocabulary; taciturn, of few words *(fx* he's a man of f. w.). **-flom** torrent of words. **-forklaring** definition *(el.* explanation) of a word (,of words). **-forråd** vocabulary *(fx* a rich v.).

ordfører 1*(i kommune)* chairman *(fx* the c. of the county council); **2***(i forsamling)* chairman; **3***(ved* *deputasjon, etc)* spokesman; *lagrettens* ~ foreman of the jury.

ordgyter windbag.

ordgyteri verbosity, verbiage.

ordholden as good as one's word, honest, reliable; *han er* ~ *(også)* he is a man of his word.

ordholdenhet fidelity to one's promises, honesty.

ordinasjon *(rel)* ordination.

ordinat *(mat.)* ordinate.

ordinere *(vb)* ordain; *(om lege)* prescribe; *la seg* ~, *bli -t* take (holy) orders, be ordained; *-t* in (holy) orders.

ordinær *(normal)* ordinary; *(simpel)* common, vulgar; ~ *generalforsamling* ordinary general meeting.

ordklasse *(gram)* part of speech.

ord|kløver hairsplitter. **-kløveri** hairsplitting, quibbling.

ordknapp taciturn, sparing of words, reticent; *en* ~ *mann* a man of few words.

ordknapphet taciturnity, reticence.

ordlyd *(uttrykksmåte)* wording; *(på veksel, etc)* tenor; *etter -en* literally; *etter kontraktens* ~ according to the terms of the contract.

ordne *(vb)* fix; arrange, put in order; *(i klasser)* classify; *(regulere)* regulate; *(en tvist)* adjust *(fx* a dispute); *(et lån)* negotiate; *la meg* ~ *det (ɔ: la det være mitt problem)* let me worry about that; *jeg skal* ~ *det* I'll take care of it; I'll fix it; I'll sort it out; *hvis De trenger et værelse, så kan jeg* ~ *det* if you need a room I can make the necessary arrangements *(el.* I can fix it up for you); *jeg håper De kan* ~ *saken for meg* I hope you will be kind enough *(el.* be able) to put the matter right for me *(el.* settle *(el.* arrange) this matter for me); ~ **seg** get oneself straight; *det -r seg (nok)* everything will be all right; *det -t seg til slutt* it came right in the end; *det beste syntes å være å la tingene* ~ *seg på sin egen måte* it seemed better to let things sort themselves out in their own way; ~ **med** attend to, see about *(fx* a matter); ~ *med å få brakt varene om bord* arrange for putting the goods on board; ~ *med betaling av fakturaen* arrange for settlement of the invoice; ~ **opp** put things straight, put matters right; ~ *opp (i det)* sort it out; *hvis noe går galt, er han alltid på pletten for å* ~ *opp i det* if things go wrong, he's always there to sort them out; ~ *(på) rommet sitt* put one's room straight; *han -t det slik at alle ble tilfreds* he so arranged matters as to please everybody; *jeg skal* ~ *det slik at varene blir sendt* I shall arrange for the goods to be sent; ~ *forholdene slik at de blir i samsvar med vårt syn* adjust things to our point of view; arrange things to suit *(el.* fit) our point of view.

ordnet orderly; organized; *ordnede forhold* settled conditions; *et* ~ *samfunn* **1.** an organized community; **2***(velordnet)* a well-ordered c.; *ordnede skoleforhold* normal school routine; organized school life *(el.* routine).

ordning arrangement; *vi håper De er fornøyd med -en* we trust that the arrangements are satisfactory to you; *med mindre annen* ~ *er truffet* in the absence of other arrangement; *-en kan lett misbrukes* the system is open to abuse; *bli enige om en eller annen* ~ agree on some arrangement (or other); *komme fram til en* ~ *som begge parter kan akseptere* arrive at an arrangement satisfactory to both parties; *(se mening).*

ordonnans *(mil)* orderly.

ordre *(også merk)* order, orders; *løpende* ~ standing order; *effektuere (el.* utføre*) en* ~ exe-

cute an order; carry out an order; fill an order; *vennligst underrett oss om De kan notere -n på disse betingelser* kindly inform us whether you can book the order on these terms; *etter* ~ by order(s); according to order(s); *etter* ~ *fra meg* on orders from me; *etter* ~ *fra rederiet* by order of the owners; *etter høyere* ~ by order from above; ~ *på* order for; *til N. eller* ~ to N. or order; *parere* ~ obey; **T** toe the line; *(se bestilling; betinge; levering; såpass).*

ordreblankett order form, order sheet.

ordrebok order book.

ordreinngang: *vi kan love levering innen én uke etter* ~ we can promise delivery within one week of receiving order *(el.* within one week of receipt of order).

ordreseddel order form, order sheet.

ordrekke series of words.

ord|rett literal, verbatim. **-rik** rich in words; *(vidløftig)* verbose, wordy. **-rikdom** richness in words; verbosity, wordiness.

ord|samling vocabulary. **-skifte** exchange of words, argument. **-skvalder** verbiage. **-spill** pun, play on words. **-språk** proverb; *som reven i -et* like the proverbial fox. **-språkslek** (game of) charades.

ord|stilling word order. **-strid** altercation, dispute, argument. **-strøm** torrent of words. **-styrer** chairman (of a meeting), moderator. **-tak** saying, adage. **-tilfang** vocabulary; *dagliglivets praktiske* ~ the practical vocabulary of daily life. **-valg** choice of words. **-veksel** (brief) exchange of words.

ore *(på seletøy)* lug.

ore|kratt alder thicket. **-tre** *(bot)* alder tree.

organ *(del av legemet, stemme, avis)* organ; *(taleorgan)* organ of speech; *han har et vakkert* ~ he has a fine voice.

organisasjon organization, organisation.

organisasjons|frihet freedom to organize. **-spørsmål** organization problem. **-talent** organizing ability. **-tvang** (the principle of) the closed shop; US union shop.

organisator organizer, organiser.

organisatorisk organizing, organising; ~ *evne* o. ability.

organisere *(vb)* organize, organise; *-te arbeidere* trade-unionists, organized *(el.* union) labour; *ikke -te arbeidere* non-unionists, non-union *(el.* unorganized) labour; *bedrift som bare bruker -t arbeidskraft* closed shop.

organisk organic; ~ *kjemi* organic chemistry.

organisme organism.

organist organist.

orge *(vb)* **T** steal; **S** flog.

orgel *(mus)* organ. **-brus** organ peal. **-konsert** organ recital. **-pipe** organ pipe. **-punkt** pedal point. **-spiller** organ player. **-verk** organ.

orgie orgy.

orient|aler, -alerinne Oriental. **-alist** orientalist. **-alsk** oriental.

Orienten the East, the Orient.

orientere *vb (rettlede)* direct, guide; brief *(fx* the parachutists were briefed about the features of the area in which they were to land); supply with information; *(især polit)* orientate; *(vende mot et bestemt verdenshjørne)* orient *(fx* the road system is oriented towards the strategic frontier); ~ *kartet* set *(el.* orientate) the map; ~ **seg** find *(el.* get *el.* take) one's bearings; get an idea of the lie of the land; orientate oneself; *jeg kunne ikke* ~ *meg* I had lost my bearings; ~ **seg i** inform oneself on *(fx* a question); ~ **seg om** *noe* inform oneself about, acquaint oneself with, gather information about; *være -*

be informed *(i et spørsmål* on a question); *godt -t* well-informed, thoroughly briefed; *være godt -t* T be in the know; *dårlig -t i et emne* badly informed about a subject, unfamiliar with a s.; *-t i retningen øst-vest* east-west oriented; *-t mot sør (om hus)* facing south; *sosialistisk -t* of a Socialist outlook; sympathetic to Socialism; gravitating towards Socialism; *(se velorientert).*

orienterende *(adj):* ~ *bemerkninger* introductory *(el.* explanatory) remarks.

orientering 1*(m. h. t. retningen)* orientation; **2***(rettledning)* briefing, guidance, information; **3***(sport)* orienteering; *til Deres* ~ for your information *(el.* guidance); *gi en kort* ~ explain briefly; *taleren ga en grei* ~ *om den politiske situasjon (også)* the speaker explained the political situation in clearly defined terms; *som en kort* ~ *i forbindelse med* ... as a brief guide to ...

orienteringsevne sense of direction *(el.* locality); T bump of locality *(fx* he lacks the b. of l.). **-fag** *(i skole)* theoretical subject. **-kurs** briefing *(fx* we were given ten days of b.), briefing conference.

orienteringsløp [cross-country race in which the runners must plot their own course by map and compass]; orienteering race; *(for bilister)* map-reading trial *(el.* run *el.* rally).

orienteringssans sense of direction *(el.* locality); T bump of locality *(fx* he lacks the bump of locality). **-tavle** *(trafikkskilt)* direction sign, route sign; *(jvf opplysningsskilt; veiviser).*

I. original *(subst)* original *(fx* don't send the o., send a copy); *(i maskinskrivning)* top copy; *(om person)* character, eccentric; *han er litt av en* ~ he's quite a character; *en langhåret* ~ a long-haired freak.

II. original *(adj)* original; *(om person)* eccentric, queer, odd.

originalfaktura original invoice. **-flaske** original bottle; *på -r* bottled by the brewer (,distiller, producer, *etc) (fx* wine bottled by producer).

originalitet originality; eccentricity.

originalpakning original package; *i* ~ as packed by the producer.

orkan hurricane. **-aktig** hurricane-like; ~ *bifall* a storm of applause.

ork effort, strain; *(jvf tiltak).*

orke *(vb)* be able to, be capable of, be good for; *hun spiste til hun ikke -t mer* she ate till she could eat no more.

orkester 1*(i konsertsal, etc)* orchestra; **2***(især mindre)* band; *et firemanns* ~ a four-member band; *-et satte i* (2) the band struck up. **-dirigent** (orchestra) conductor; conductor (of an orchestra); bandleader, bandmaster. **-grav** *(teat)* orchestra pit.

orkestermusikk orchestral music.

orkidé *(bot)* orchid.

Orknøyene *(geogr)* the Orkneys, the Orkney Islands.

orlogsflagg *(mar)* naval flag. **-gast** *(mar)* seaman; T bluejacket. **-kaptein** *(mar)* commander; ~ *(M)* engineer-commander. **-stasjon** *(mar)* naval base.

orlov *mil (glds)* furlough; *(se landlov; permisjon).*

orm *zool (slange)* snake, serpent.

orme *(vb):* ~ *seg* wriggle along (like a snake).

ormebol *(zool)* vipers' nest. **-gras** *(bot)* fern. **-ham** *(zool)* slough, cast-off skin of a snake.

ornament ornament. **-ere** *(vb)* ornament.

ornamentering ornamentation.

ornamentikk ornamentation, decoration(s), tracery.

ornat vestment(s).

ornitolog ornithologist. **-logi** ornithology.

ornitologisk ornithological.

orre *(zool)* black grouse. **-fugl** *(zool)* black grouse. **-hane** *(zool)* blackcock. **-høne** grey hen, heath hen.

ortodoks orthodox. **ortodoksi** orthodoxy.

ortografi orthography, spelling.

ortografisk orthographic, orthographical.

ortoped orthop(a)edist. **-i** orthop(a)edy.

ortopedisk orthop(a)edic; surgical *(fx* shoes).

orv handle of a scythe.

I. os *(røyk, damp)* smoke (of lamps, candles); strong odour, reek; *(se matos).*

II. os *(elve-)* mouth of a river, outlet.

ose *(vb)* smoke; *(om lampe)* burn black; *(lukte sterkt, også fig)* reek *(fx* of liquor).

osean ocean. **-damper** ocean liner.

oson ozone. **-holdig** ozonic. **-holdighet** amount of ozone.

osp *(bot)* aspen.

oss *(pers pron)* us; *(refleksivt)* ourselves; *han forsvarer* ~ he defends us; *vi forsvarer* ~ we defend ourselves; *en venn av* ~ a friend of ours; *vi tok det med* ~ we took it with us; *mellom* ~ *sagt* between ourselves; between you and me (and the gatepost).

I. ost *(øst)* East; *(se øst).*

II. ost cheese; *lage* ~ make cheese; *revet* ~ crumbled cheese; *smørbrød m/ost* (open) cheese sandwich; *(se ostesmørbrød).*

ostaktig cheese-like, cheesy, caseous.

oste *(vb):* ~ *seg* curdle.

osteanretning (assorted) cheese. **-forretning** cheese shop, cheesemonger's. **-handler** cheesemonger. **-høvel** cheese slicer. **-klokke** cheese-dish with cover. **-løype** rennet; *(se melkeringe).*

ostentativ ostentatious.

osteskorpe cheese rind. **-smørbrød:** *varmt* ~ cheeseburger. **-stoff** casein.

Ostindia the East Indies.

ostindisk East Indian.

ostrakisme ostracism.

osv. *(fk. f. og så videre)* etc.

oter *(zool)* otter; *(fiskeredskap)* otter. **-fjøl** otter board. **-skinn** *(zool)* otter skin.

otium leisure; *nyte et velfortjent* ~ enjoy a well-earned leisure (in retirement).

I. otte *(tidlig morgen)* early morning; *stå opp i otta* get up at the crack of dawn; rise with the lark; be up with the lark.

II. otte *(frykt)* fear.

ottesang matins.

ottoman ottoman.

outrere *(vb)* exaggerate, overdo.

outrigger outrigger.

outsider outsider.

ouverture ouverture.

ova- *se oven-.*

oval *(subst & adj)* oval.

ovarenn *(i skibakke)* in-run.

ovarium *(biol, zool)* ovary.

ovasjon ovation.

oven: *fra* ~ from above; *(fra himmelen)* from on high; ~ *i kjøpet* into the bargain; ~ *senge* out of bed; ~ *vanne* afloat, above water.

ovenbords: ~ *skade* damage to upper works. **-for** *(adv)* above, higher up (than); *(like)* ~ *fossen* (just *el.* directly) above the waterfall; **-fra** *(adv)* from above, from the top; *alt godt kommer* ~ all good things are sent from heaven above; T you never know what's going to drop out of the sky; S it's a good job cows can't fly!

ovennevnt above(-mentioned), above-named, mentioned above; *de -e tall for 19-* the above (quoted) figures for 19-. **-på** *(prep)* on, upon; on

top of; *han er ~ (i en høyere etasje)* he is up-
stairs; *(fig)* he has the upper hand; T he is top
dog; *(gunstig stilt)* he is well off; T he is in clo-
ver; *komme ~ (få overtaket)* come out on top;
get the best of it.
oven|stående the above, the foregoing. **-til** above;
in the upper parts; on the upper part of one's
body; *(se nedentil).*
I. **over** *(prep)* 1*(utbredt over, loddrett over)* over
(fx a rug lying over the sofa; pull a blanket
over sby); 2*(hevet over, høyere enn)* above *(fx* the
stars a. us; a general is a. a colonel in rank);
over *(fx* the branch over *(el.* above) his head);
forelesningen lå ~ deres fatteevne the lecture
was above them *(el.* their heads); the lecture was
beyond them; *~ middels* above the average; *~
pari* above par; 3*(mer enn)* over, above *(fx*
over 5 miles long; above *(el.* over) 500 mem-
bers; ten degrees above zero; he is over 50),
more than *(fx* it will cost more than *(el.* over)
£50); *en vekt på ikke ~ tre tonn* a weight not
exceeding three tons; *Deres pris ligger langt ~
hva vi har betalt før* your price is far beyond
what we have paid before; 4*(tvers over)* across,
over *(fx* a bridge across *(el.* over) the river; run
across the street; pass over the frontier); 5*(via)*
via, by (way of); 6*(utover)* beyond *(fx* a. that
price; far b. his expectations); 7*(om tid)* past,
after *(fx* it's a quarter past ten; it was past *(el.*
after) ten o'clock); US after *(fx* ten after seven);
straks ~ jul immediately after Christmas; *da
høytideligheten var ~ (også)* on completion of
the ceremony; 8*(på grunn av)* at *(fx* annoyed,
impatient, offended at sth); of *(fx* complain of
sth; proud, glad of sth); *han var henrykt ~ det*
he was delighted at it; 9*(etter ord som fortegnel-
se, liste, katalog, oversikt, etc)* of *(fx* a list (,cata-
logue, survey) of); *et kart ~ Norge* a map of
Norway; 10*(andre tilfelle):* ~ *hele landet*
throughout *(el.* all over) the country; *~ det hele*
all over, everywhere; *bli natten ~* stay the night,
stay overnight; *før mørket falt på, var snøstormen
~ ham* before dark the blizzard caught up
with him *(el.* was upon him); *forelese ~ Dickens*
lecture on Dickens; *vi fikk hele regnskuren ~
oss* we caught *(el.* had) the full force of the
shower; we got the brunt of the shower; *få uvæ-
ret ~ seg* get caught in a storm; be overtaken
by a storm; *(se også overraske); han skalv ~
hele kroppen* he trembled all over; *skrive et
skuespill ~ dette emnet* write a play round
this subject; *vi er ~ det verste* we are over the
worst; the worst is over; we have turned the
corner; T we're over the worst hurdles; *det er
noe nervøst ~ ham* there is sth nervous about
him.
II. **over** *(adv)* over; *(om klokkeslett)* past; *(tvers
over)* across *(fx* shall I row you a. (the riv-
er)?); *(i tu)* in two, to pieces; *arbeide ~* work
overtime; *skjære ~* cut in two, cut across, cut
over, cut through; *sette ~ kjelen* put the kettle
on; *gå ~ til dem (ɔ: der hvor de bor)* go round
to them; *(ɔ: til deres parti)* go *(el.* come) over to
them.
overadjutant *(ved hoffet)* principal aide-de-camp;
(se adjutant).
overadministrert bureaucratized, tied up in red
tape.
overall *(arbeidstøy)* overalls.
overalt everywhere; *(hvor som helst)* anywhere;
~ hvor wherever; *har ~ vunnet anerkjennelse*
has gained universal recognition; *~ i verden* in
all parts of the world, all over the world.
overanstreng|e *(vb)* overwork, over-exert, over-
strain; *~ seg* overstrain *(el.* over-exert) oneself,

overwork, work too hard, overtax one's
strength; T overdo it; *han -er seg ikke* he won't
break his back working; he won't die of over-
work; T he doesn't put himself out; *han har nå
ikke akkurat -t seg, da* he hasn't exactly over-
exerted himself, has he? he hasn't exactly
worked his fingers to the bone, has he?
overan|strengelse overwork, over-exertion.
-streng overworked.
overarm upper (part of the) arm.
overbalanse: *ta ~* overbalance; lose one's bal-
ance.
overbefolket over-populated.
overbefolkning over-population, excess of popu-
lation.
overbegavet extraordinarily gifted; too clever;
han er ikke akkurat ~ he's not what you
would call brilliant.
overbelaste *(vb)* overload; *(fig)* overtax.
overbeskatte *vb (fx fiskebestand)* draw too heavi-
ly on.
overbetjent 1*(politi-)* (police) superintendent; 2*(i
fengsel)* chief officer, class II; *(se betjent).*
overbevise *(vb)* convince *(om* of); *~ en om det
motsatte* convince sby of the contrary.
overbevisende convincing.
overbevisning conviction.
overbevist convinced *(om* of); *han er fullt og
helt ~ om sin egen fortreffelighet* he is totally
(el. completely) convinced of his own excel-
lence *(el.* superiority).
overbibliotekar *(ved universitetsbibliotek)* Librari-
an; US Chief Librarian; *(jvf bibliotekar; biblio-
teksjef).*
overbitt overbite, receding jaw; *(odont & vet)*
overshot jaw.
overblikk (general) view, panorama; *(fig)*
breadth of outlook *(el.* view); *(fremstilling)* sur-
vey; *(kortere)* outline *(over* of); *han mangler ~*
his knowledge is fragmentary *(el.* scrappy); he
loses himself in details; he lacks a broad view
of things; *ta et ~ over situasjonen* survey the
situation; *(se oversikt).*
over bord overboard; *gå ~* go overboard; *kaste
~ (også fig)* throw overboard; *(last, for å brin-
ge skipet flott; også fig)* jettison; *(fig)* throw
(el. fling *el.* cast) to the winds *(fx* care, pru-
dence).
overbrannmester assistant divisional (fire) offi-
cer; US battalion (fire) chief; *(se brannmester;
brannsjef).*
overbringe *(vb)* bring; deliver; *(unnskyldning, etc)*
convey *(fx* we can only leave it to you to c. our
sincere apologies to both firms); *hvis man ikke
kan få overbrakt ham papirene i tide* ... if the
papers can't be got to him in time ...
overbringer bearer.
overbud higher bid.
overby *(vb)* outbid, bid higher than.
overbygd covered, roofed over.
overbygning superstructure.
overbygningsdekk *(mar)* superstructure deck.
overbærende indulgent, lenient *(med* to).
overbærenhet indulgence, leniency.
overdekk upper deck.
overdel upper part.
overdenge *(vb)* load, heap on *(fx* h. abuse on
sby).
overdimensjonert oversize(d).
overdra *(vb)* 1*(rettighet, forpliktelse)* transfer, con-
vey, make over; hand over, surrender; *(polise)*
assign; *(myndighet)* delegate *(fx* one's power to
sby); *som kan -s* transferable *(fx* securities); *som
ikke kan -s* non-transferable; *~ en et verv*
delegate a task to sby; *~ sine rettigheter til en*

annen (også) relinquish one's rights to another; *når leiligheten etter skilsmissen -s hans kone* when the flat is settled on his wife after the divorce; **2***(betro, overlate)* entrust *(en noe* sby with sth)*; vi har -tt ham vårt eneagentur for Norge* we have given him our sole agency for Norway; *vi har -tt ham vårt agentur (også)* we have placed our agency in his hands; we have appointed him our agent.

overdragelse *(se overdra)* transfer, transference; conveyance *(fx* of real property), making over, handing over; assignment *(fx* of a policy); delegation; entrusting; ~ *av eiendomsrett* transfer of ownership.

overdragelsesdokument *(især = skjøte)* deed of conveyance; *(om aksjer)* share-transfer.

overdrager transferor *(fx* the t. transfers to the transferee); assignor.

overdreven exaggerated, excessive, extravagant *(fx* praise); *(om pris)* excessive, extravagant, exorbitant; *(jvf pengeopptrekkeri); (ved visse adj)* over- *(fx* over-anxious, over-scrupulous); **US** *(også)* overly; ~ *beskjedenhet* excessive modesty; *det er overdrevet* that is exaggerated.

overdrive *(vb)* exaggerate, overdo; overstate; **T** come it strong, draw the long bow; *(jvf overdreven).*

overdrivelse exaggeration, overdoing; overstatement; *forsiktig inntil* ~ cautious to a fault; *(se løgn).*

overdyne quilt; *(se dyne).*

overdynge *(vb)* shower, heap *(en med noe* sth on sby, *fx* heap kindness on sby); ~ *en med bebreidelser* shower *(el.* heap) reproaches on sby.

overdøve *(vb)* drown; ~ *samvittighetens røst* stifle the voice of conscience.

overdådig lavish, sumptuous, luxurious.

overdådighet sumptuousness, luxury.

overeksponert *(om foto)* over-exposed.

over ende: *gå* ~ fall flat; *kaste en* ~ throw sby down; *(se falle).*

overens: *stemme* ~ agree; *ikke stemme* ~ disagree; *komme* ~ *om* agree on, come to an agreement about; *(se enighet: komme til* ~ *).*

overenskomst agreement; *(avtale)* arrangement; *(forlik)* compromise; *treffe en* ~ make an agreement; *etter felles* ~ by mutual consent; *muntlig* ~ verbal arrangement.

overenskomstlønn contract salary.

overensstemmelse accordance, agreement, conformity; *i* ~ *med* in accordance with; *handle i* ~ *med sine prinsipper (også)* square one's practice with one's principles; *(se II. nøye).*

overensstemmende: ~ *med* in accordance with, consistent with, in agreement with.

overernære *(vb)* overfeed.

overfall assault; *(se legemsfornærmelse; overgrep 3; sakesløs).*

overfalle *(vb)* fall upon; assault; attack; *hele gjengen overfalt ham (også)* they ganged up on him; *(jvf overgrep 3).*

overfallsmann assailant.

overfart passage, crossing.

overfladisk superficial, shallow. **-het** superficiality, shallowness.

overflate surface; *på (,under) -n* on (,below) the surface.

overflod abundance, plenty; *i* ~ in abundance, in profusion; *det er* ~ *på markedet (merk)* there is a glut on the market; *det er til* ~ *klart at ...* it is abundantly clear that ...

overflytte *(vb)* transfer; *bli -t* be transferred.

overflyvning *(mil)* overflight.

overflødig *(adj)* superfluous, redundant.

overflødighet superfluity.

overflødighetshorn cornucopia, horn of plenty.

overfor **1** *(prep)* facing *(fx* f. the station there is a hotel; he sat f. me), opposite (to); *(fig)* towards *(fx* their attitude towards the Government); to *(fx* his kindness to me); ~ *myndighetene inntok han en steil holdning* he adopted a rigid attitude towards the authorities; ~ *bokhandlerne har vi hevdet at ...* to the booksellers we have maintained that ...; *forpliktelser* ~ obligations to *(el.* as regards); *det er ikke riktig* ~ *piken* it is not fair on the girl; *hans følelser* ~ *meg* his feelings towards me; *være ærlig* ~ *seg selv* be honest with oneself; *like* ~ right *(el.* directly) opposite (to) *(fx* he lives right o. the church); faced with *(fx* difficulties); *på skrå* ~ diagonally *(el.* almost) opposite; **US** kitty-cornered to; *stå* ~ *(bokstavelig)* face, stand opposite to, stand facing; *(fig)* face, be faced *(el.* confronted) by *(el.* with); *vi står* ~ *å skulle reformere* we are faced by the necessity of reforming; **2***(adv)* opposite *(fx* the house o.; he lives o.); *huset* ~ *(også)* the house across the road (,street); *se imøtekommenhet; innrømmelse: gjøre -r overfor).*

overforbruk *(elekt)* excess consumption *(fx* we have 500 kW at the fixed tariff, and pay 10 øre per kW in excess of that).

overforfinelse over-refinement.

overforfinet over-refined.

overformynder *intet tilsv.; se overformynderi.*

overformynderi **UK** Court of Protection; *(NB Denne instans utnevner en «receiver» (verge)).*

overfrakk overcoat.

overfuse *(vb)* abuse, shower abuse on; ~ *en (også)* jump upon sby; **US** bawl sby out, jump all over sby.

overfylt overcrowded, packed, crammed; *markedet er* ~ the market is glutted.

overfølsom hypersensitive; **US** oversensitive.

overføre *(vb)* **1***(flytte, transportere)* transport, convey; transfer *(fx* sby to another hospital; sby's name to another list); **2***(forflytte)* transfer *(fx* sby to another regiment); *(om tjb) (midlertidig; om embetsmann)* second [si'kɔnd] *(fx* sby from the Foreign Office to the British Council); **3***(smitte, sykdom)* communicate *(fx* a disease to others); transmit; **4***(blod)* transfuse; **5***(kraft)* transmit *(fx* the power is transmitted by means of gases); **6***(merk; til ny side i regnskapet)* bring *(el.* carry) forward; *-s* (to be) carried forward; *overskuddet -s til neste år* the surplus is carried over to next year; **7***(bankv)* transfer; ~ *penger fra én bank til en annen* transfer money from one bank to another; *have money transferred from one bank to another;* ~ *mitt tilgodehavende samlet fra England* transfer what is owing to me in a lump sum from England; *dette siste beløpet må -s på annen måte* this last sum will have to be transferred in another way; **8***(overdra)* transfer *(fx* one's rights to sby else); ~ *aksjene til hans navn* transfer the shares to his name; *(se også overdra);* **9***(kopiere)* copy *(fx* a clay statuette in marble); transfer *(fx* the design to the wall); **10***(radio, TV)* transmit; **11.:** ~ *kopier pr. telefon* transmit copies by telephone.

overføring **1***(i radio)* transmission; *direkte* ~ live t. *(el.* programme); *(TV også)* live *(el.* direct) relay; *(av stevne)* commentary; *direkte* ~ running c. *(fx* the BBC is broadcasting a r. c. on the match); **2***(blod-)* transfusion; **3***(av sykdom, elektrisk kraft)* transmission; communication *(fx* of a disease); **4***(psykol)* transference *(fx* of affections); **5***(merk): se overførsel;* **6***(bru over vei)* flyover; overpass; 7*(overflytting; forflytning)* transfer.

overførsel *(merk)* transfer; balance brought forward; *(det å)* bringing*(el.* carrying) forward, carrying over; *en* ~ a carry forward.

overgang 1*(også om stedet)* crossing, passage; *(fjell-)* pass; 2*(til en annen religion)* conversion; *(til fienden)* desertion; 3*(forandring, utvikling)* transition, change; change-over *(fx* the c.-o. to a national hospital service); *(språkvitenskap)* change; 4*(mellomtilstand)* intermediate phase *(el.* stage), passing stage; link *(fx* this animal forms a l. between reptiles and birds); 5*(i skibakke)* change of gradient *(fx* in the in-run, in the landing slope); 6*(overføring)* transfer; ~ *til et annet kurs* transfer to another course; *det er bare en* ~ it won't last; it is only a passing phase; *det er bare en* ~, *sa reven, han ble flådd* ~ one gets used to it, like an eel to skinning; *som en* ~ for a while *(fx* we shall have to use this method f. a w.); *sørge for god* ~ *mellom avsnittene (i stil)* see that one paragraph leads on to the next.

overgangs|alder 1. (years of) puberty; **2.** change of life, climacteric, menopause; *hun er i -en* she is in the m. **-billett** transfer (ticket). **-foranstaltning** temporary *(el.* interim *el.* provisional) measure. **-form** transitional *(el.* intermediate) form; *(se også -stadium).* **-stadium** transition(al) *(el.* intermediate) stage, transitory stage; *(ofte* =) halfway house *(fx* a h. h. between capitalism and socialism). **-tid** transitional period, time *(el.* period) of transition. **-tilstand** transition(al) state, intermediate state, transitory state, state of transition.

overgartner *(i botanisk hage)* curator (of the gardens).

overgi *(vb)* deliver, hand over; *(også mil)* surrender; ~ *seg* surrender.

overgitt despairing, despondent; *(utmattet)* exhausted, played out; *(forbløffet)* astonished.

overgivelse *(mil)* surrender.

overgiven hilarious, gay, light-headed; *(se munter).*

overgivenhet exuberant mirth, hilarity, gaiety; *(løssloppenhet)* abandon.

overgrep 1. encroachment, infringement; 2*(urettferdighet)* injustice; 3*(vold)* harassment; *politi-* police harassment; *seksuelt* ~ sexual *(el.* indecent) assault; *bli utsatt for et seksuelt* ~ be sexually assaulted; *den vesle jenta var blitt utsatt for et seksuelt* ~ *(euf)* the little girl had been interfered with.

overgrodd overgrown, overrun.

overgå *(vb)* exceed, outdo, surpass, outshine, eclipse; ~ *seg selv* surpass oneself; *(se virkelighet).*

overhaling overhaul; *(rulling)* lurch; **T** *(fig)* ticking-off, telling-off; *få en* ~ **T** get ticked off, get told off; *gi en en* ~ haul sby over the coals; *ta en* ~ *(krenge over)* lurch.

overhendig tremendous, violent; *det var* ~ *sjø* there was a very heavy sea; ~ *vær* a violent storm.

overhengende 1. projecting; overhanging; 2*(truende)* impending, imminent; *(sj)* overhanging.

overherredømme supremacy, hegemony.

overhode head, chief.

overhodet *(adv)* on the whole, in general, altogether, at all *(fx* he hasn't been here at all).

overhoffmesterinne Mistress of the Robes.

overholde *(vb)* observe, comply with, keep; ~ *fristen* keep to the time limit; **T** meet the deadline; *de overholdt ikke betalingsfristen* they did not keep to the date agreed upon for payment;

~ *leveringsfristen* meet the delivery date; ~ *reglene nøye* be strictly observant of the rules; obey the rules strictly; *(se også oversitte(lse); strengt).*

overholdelse observance *(av* of).

overhud cuticle, epidermis.

overhus Upper House; **UK** the House of Lords.

overhøre *(vb)* 1*(eksaminere)* examine, catechize; 2*(ikke høre)* miss, not hear; 3*(late uenset)* ignore.

overhøring *(eksaminasjon)* examination.

overhøvle *vb (fig)* dress down, rate, rebuke sharply; *bli -t* **T** get told off; get ticked off.

overhøyhet *se overherredømme.*

overhånd: *få* ~ *over* get the better of; *ta* ~ *(bli overmektig)* become predominant, get out of control, get the upper hand; *(bli utbredt)* become rampant.

overhåndtagende growing, spreading, rampant.

overilelse rashness.

overilt *(adj)* rash, precipitate, hasty.

overingeniør chief engineer; *(i kommune)* divisional engineer; district *(el.* area) e.; *(se ingeniør).*

overjordisk above ground; *(fig: overnaturlig)* supernatural; *(himmelsk)* celestial; *(eterisk)* ethereal.

overjordmor superintendent midwife; *(se jordmor).*

overkant top, upper edge; *i* ~ rather on the bigside, too big if anything; a little too much (,big, *etc); prisene ligger i* ~ the prices are on the high side.

overkasse *(støpe-)* top-half mould, cope.

overkikador *(spøkef)* self-appointed supervisor.

overkjeve upper jaw.

overkjørt: *bli* ~ get run over; *(se kjøre:* ~ *over).*

overklasse upper class; *-n* the upper classes.

overkokk chef.

overkommando 1. supreme *(el.* high *el.* chief) command; 2*(stedet, institusjonen)* General Headquarters, G.H.Q.; *ha -en* be in supreme command; *Hærens* ~ *(fk HOK)* Army Headquarters.

overkomme *(vb)* manage, cope with *(fx* I have more work than I can cope with).

overkommelig practicable; *(om pris)* reasonable.

overkonstabel (police) sergeant; *(se konstabel).*

overkropp upper part of the body; *med bar* ~ stripped to the waist.

overkurs: *til* ~ at a premium.

overkøye upper berth *(el.* bunk).

overlag *(adv)* exceedingly, extremely.

overlagt *(adj)* deliberate, premeditated; wilful; ~ *mord* wilful murder.

overland *(bakland)* [skyline as seen from the sea].

overlangsynt hypermetropic; extremely far-sighted.

overlapp *(omskjøt)* overlap.

overlappe *(vb)* overlap.

overlapping overlap.

overlappskjøt lap joint.

overlappsveis lap weld.

overlast molestation, injury; *lide* ~ suffer wrong.

overlate *(vb)* 1*(gi fra seg)* hand over *(fx* he handed over all his wages to his wife); *(la få)* let have *(fx* I will let you have the book when I have done with it); *(avse)* spare *(fx* could you spare me a cigarette?); 2*(betro)* entrust *(fx* we have been entrusted with this work; I hope you will e. the representation of your firm to me); *det -r jeg til Dem (å avgjøre, etc)* I leave *(el.* put) the matter in your hands; *i så fall må jeg* ~ *saken til min advokat* in that case I shall have to place the matter in the hands of my solicitor; *overlat det til meg!* leave it to me! 3*(ved*

å *unndra sin hjelp): de overlot ham til sin skjeb-*
ne they left *(el.* abandoned) him to his fate;
overlatt til seg selv left alone, thrown upon
oneself, left to one's own devices; *man overlot*
intet til tilfeldighetene nothing was left to
chance.

overledelse chief direction; *(hovedkvarter)* head-
quarters.

overledning *(elekt)* current leakage, leakage (cur-
rent), leak, sneak current; short circuit; **T** short;
undersøke om det er ~ i lampepunktet test the
light point for a short circuit (,**T**: for a short).

overlege chief physician, chief surgeon; **US** di-
rector of medicine; *(i fengsel)* principal medical
officer; *administrerende ~* (medical) superinten-
dent; *assisterende ~ (tidligere: avdelingslege)*
consultant (physician *el.* surgeon); **US** attending
(physician *el.* surgeon).

overlegen superior; *(i vesen)* supercilious, haugh-
ty; *han var ~ mot (el. overfor) henne* he was
haughty with her; he had a superior manner
towards her; *være en fysisk ~* be physically
superior to sby; *vinne -t* win by a wide margin,
win with ease, win easily.

overlegenhet superiority; *(arroganse)* haughtiness.

overlegg premeditation; reflection; *med ~* deli-
berately.

overlegning deliberation; discussion.

overleppe upper lip.

overlesse *(vb)* overload *(fx* one's stomach); crowd
(fx a room with furniture); *~ med arbeid* over-
whelm with work, overburden; *-et med møbler*
over-furnished; *-et stil (litt.)* florid *(el.* ornate)
style. **-ing** overloading, overburdening.

overleve *(vb)* survive; outlive; *de som overlevde*
(forliset) the survivors (of the shipwreck).

overlevelse survival.

overlevelsesdrakt survival suit. **-instinkt** instinct
for survival.

I. overlevende *(subst)* survivor *(fx* the survivors
of the shipwreck).

II. overlevende *(adj)* surviving.

overlevere *(vb)* deliver, hand over (to) *(fx* he
handed it over to me); surrender.

overlevering delivery, handing over; surrender.

overliggedag *(mar)* demurrage day. **-dagspenger**
(mar) demurrage.

overliggende: *~ varer* left-overs; (NB *se matres-*
ter).

overligger 1*(over dør, vindu)* lintel *(fx* lintels of
old timber); 2*(fotb)* cross bar; 3*(på høydehoppsta-*
tiv) (cross) bar; *komme over (-en)* clear the
bar; *rive (-en ned)* dislodge the bar;
 * Sometimes the bar rocks and falls after the
competitor has landed. This is a failure. Some-
times a competitor dislodges the bar by hitting
the upright, which is also a failure.

overligningsnemnd *(m.h.t. eiendomsskatt)* =
(local) valuation court.

overliste *(vb)* dupe, outwit, take in.

overlydsknall (super)sonic bang.

overlys ceiling light.

overlær *(på sko)* upper; *(forreste del)* vamp.

overlærer headmaster, head; *(jvf rektor).*

overlæring over-learning.

overløper deserter; **T** rat.

overløping *(til fienden)* desertion; **T** ratting.

overmakt superior force; *bukke under for -en*
be overcome by superior force; *kjempe mot -en*
fight against (heavy) odds.

overmann superior; *han fant sin ~* he found
his match; *være hans ~* be more than a match
for him.

overmanne *(vb)* overpower, overwhelm.

overmaskinist *mar (inntil 1960: første-)* chief engi-
neer; **T** chief.

overmektig superior (in power), overpowering.

overmenneske superman.

overmenneskelig superhuman.

overmoden overripe.

overmodenhet overripeness.

overmodig presumptuous, arrogant, insolent,
overweening. **-het:** *se overmot.*

overmorgen: *i ~* the day after tomorrow.

overmot presumption, arrogance, insolence, over-
weening pride *(el.* confidence).

overmunn upper part of the mouth; *ingen tenner*
i -en no upper teeth.

overmål superabundance; excess; *til ~* to ex-
cess, excessively.

overmåte *(adv)* exceedingly, extremely.

overnasjonal supranational.

overnatte *(vb)* stay overnight, stay *(el.* stop) the
night, put up for the night, spend the night *(fx*
at a hotel); *det ble -et på X hotell* an overnight
stay was made at X hotel. **-ing** night stop, over-
night stop.

overnattingsgebyr overnight fee. **-gjest** house
guest; guest for the night. **-mulighet** (some) over-
night accommodation. **-sted** overnight stop,
night stop *(fx* B. was the next night stop).

overnaturlig supernatural, preternatural.

overoppsyn superintendence, supervision; *føre ~*
med superintend, supervise.

overordentlig *(adv)* extraordinarily, exceedingly,
extremely.

overordnet superior; *en ~ stilling* a responsible
position; *folk som i de fleste tilfelle er våre over-*
ordnede people who are senior to us in most
cases.

overpertentlig too meticulous; meticulous to a
fault; too correct; too punctilious; **T** pernickety;
finicky.

overpris overcharge; *jeg måtte betale ~* I was
overcharged; **T** I had to pay a fancy price.

overproduksjon over-production.

overprøve *(vb)* 1*(kontrollere)* check *(fx* the re-
sults); *~ sine egne forskningsresultater* check the
results of one's own research; 2*(om høyere in-*
stans) reassess; review; *~ en dom* review a
sentence; *~ en avgjørelse* review *(el.* reconsider)
a decision.

overraske *vb (se også overrasket)* surprise, take
by surprise; *det -r meg ikke* I'm not surprised;
I don't wonder (at it); it is not to be wondered
at; *~ en* catch sby off his guard; come upon
sby unexpectedly; *natten -t oss* (the) night over-
took us; *bli -t* be surprised *(fx* be greatly s. at
sth); *vi ble -t av regnvær* we were caught in the
rain; *de ble -t av uværet før de nådde hjem* the
storm caught them before they got home; *de ble*
-t av uværet (også) the storm caught up with
them; *(se også I. over 10); -t over* surprised at;
(se også overrasket).

overraskelse surprise; *det kom som en stor ~*
for oss it came as *(el.* it was) a big surprise
to us; *du kan vente deg en ~* there is a surprise
in store for you; *til min store ~* to my great
surprise; much to my surprise.

overraskelsesmoment element of surprise.

overraskende surprising; *et ~ godt resultat* a
surprisingly good result.

overrasket *(se også overraske)* surprised, taken
aback *(over noe* at sth; *over å høre* to hear);
behagelig ~ pleasantly surprised; *meget ~*
very much surprised; *jeg så ~ på ham* I looked
at him in surprise.

overreise passage, crossing.

overrekke *(vb)* hand; *(høytidelig)* present *(en noe*

sby with sth); *det ble overrakt ham et gullur* he was presented with a gold watch; *(se også oppmerksomhet).*
overrekkelse presentation.
overrenne *vb (plage)* pester.
overrettssakfører *(hist): se advokat.*
overrisle *(vb)* irrigate. **overrisling** irrigation.
overrumple *(vb): ~ en* take sby by surprise; catch sby off his guard.
overrumpling surprise; surprise attack.
overs: *til ~* left (over), remaining; *(overflødig)* superfluous; *(til å avse)* to spare; *få til ~* have left; *ha til ~ for* like, have a liking for; be fond of; *(se klokkerkjærlighet).*
oversanselig supersensual, transcendental; *læren om det -e* metaphysics *(pl)*. -**het** transcendentalism, transcendentality.
overse *vb (ikke se)* overlook, miss, pass over, fail to see *(el.* notice); *(ikke ense, neglisjere)* disregard, neglect, take no account of, pay no attention to; *(ignorere, ringeakte)* slight, disregard *(fx* a host must not d. any of his guests); neglect, look down on; *(bære over med)* overlook *(fx* I will o. your mistake this time); *(se gjennom fingrene med)* connive at; *(el.* wink) at; *det har jeg -tt (også)* that has escaped my notice.
oversende *(vb)* send, dispatch, transmit, submit; *de oversendte kvaliteter* the qualities sent you (,us, *etc).*
oversendelse dispatch, transmission.
oversette *(vb)* translate, turn, do *(til norsk* into Norwegian); render *(til* in) *(fx* a text in English); *~ med* render by; translate by *(el.* as); *~ galt* mistranslate; *ikke videre lurt oversatt* not very well *(el.* wisely) rendered; not very good! *samvittighetsfullt oversatt ved hjelp av (en) ordbok* conscientiously translated with the aid of a dictionary; *~ det til norsk* translate it into Norwegian; turn it into Norwegian; render it in Norwegian; *(se forvirre).*
oversettelig translatable.
oversettelse translation; version; *skaffe translatøren helt dekkende engelske -r* provide the translator with accurate and workable equivalents in English.
oversettelsesfeil mistake in translation, error in t., mistranslation.
oversetter translator.
overside top.
oversikt survey *(over* of), general view; *kort ~* summary, synopsis; *av hensyn til -en i de tabeller som skal lages* in order to make the tables that are to be drawn up clearer *(el.* easier to read); *for -ens skyld vil jeg ...* to simplify the matter, I will ...; *in* the interest of simplicity, I will ...; *for å lette -en* to facilitate a (general) survey; to facilitate matters for the reader; *jeg har ennå ikke ~ over hvor lang tid dette (arbeidet) vil ta* I'm unable to see yet how long this (work) will take; *(se også overblikk).*
oversiktlig surveyable; well arranged; clearly set out *(fx* the accounts are clearly set out); *(klar, om fremstilling)* lucid, perspicuous.
oversiktskart small-scale map.
oversitte *(vb)* fail to comply with; *~ fristen* exceed the time limit.
oversittelse: *~ av fristen* exceeding the time limit; **T** failure to meet the deadline; *(se overholde).*
oversivilisert over-civilized.
oversjøisk oversea, overseas.
overskap *(i kjøkken)* wall cupboard; kitchen wall unit.
overskjegg moustache; **US** mustache.

overskjønn revaluation, reappraisal; *(mar)* resurvey.
overskott *se overskudd.*
over skrevs astride, straddling.
overskride *(vb)* 1(gå over) cross *(fx* a frontier); 2(fig) exceed, overstep, go beyond. -**else** exceeding, overstepping, going beyond; excess.
overskrift heading; *(i avis)* headline.
overskudd surplus, excess; *(fortjeneste)* balance; profit, margin (of profit); *gå med ~* be run at a profit; *et ~ på* a surplus of *(fx* £100); *jeg har ikke ~ til å gjøre det* I haven't got the surplus energy to do it; *vise ~* be in the black *(fx* Britain's balance of trade is now in the black); *(se også lønne: ~ seg).*
overskuddsmenneske: *han er et ~* he's a person with plenty of surplus energy; he's an unusually energetic person.
overskue *(vb)* survey, take in; *jeg kan ikke riktig ~ situasjonen* I can't get it in the proper perspective.
overskuelig: *se oversiktlig; i en ~ framtid* in the foreseeable future, in the reasonably near future, in the not-too-distant future, within measurable time; **T** in the visible future.
overskyet cloudy, overcast.
overskygge *(vb)* overshadow.
overskylle *(vb)* flood, overflow.
overskytende surplus, excess; *det ~ beløp* the surplus, the excess; *for hver ~ dag* for each additional day.
overskåret: *et ~ wienerbrød* a slice of Danish pastry; *(se wienerbrød).*
overslag 1(elekt) sparkover; 2(beregning) estimate; *gjøre et ~* make an estimate *(over* of); *(se riktig; virkelighet).*
overspent overwrought, highly strung, highstrung, excitable; *så ~ som han nå er* in his present overwrought state.
overspenthet overwrought state.
overspill *(fig)* exaggeration; overdoing it.
overspille *(vb)* exaggerate; overdo it.
oversprøyte *(vb)* sprinkle, spray; *(tilsøle)* bespatter.
overstadig *(adj)* 1(lystig) hilarious, giddy, bubbling (over with high spirits); 2(lett beruset) exhilarated, merry, elevated; **T** lit up; 3(overdreven)* excessive; *(adv)* excessively; *~ beruset* excessively drunk; *i ~ glede* bubbling with joy.
overstadighet exuberant spirits, hilarity, giddiness.
overstell top; upper part, top part.
I. overstemme *subst (mus)* upper part.
II. overstemme *(vb)* outvote.
overstemple *(vb)* overprint; *(frimerke)* cancel; surcharge.
overstige *(vb)* exceed *(fx* their production is exceeding the demand); surpass, be in excess of.
overstikk *(kort)* overtrick, trick over the minimum; *jeg fikk to ~* I had two over the m.; **T** I'm two up.
overstrykning *(med maling)* coating; *(utstrykning)* crossing out, deletion.
overstrødd: *~ med* strewn with *(fx* flowers); scattered with *(fx* a table s. with papers and books); sprinkled with *(fx* sugar).
overstrøket: *se stryke: ~ over, ~ ut.*
overstrømmende exuberant; profuse, effusive.
overstråle *(vb)* outshine, eclipse.
overstykke upper part, top part.
over styr: *gå ~* fail, come to nothing; *sette ~* squander, fritter away.
overstyre top management.
overstyring *(i bil)* oversteer.

overstyrmann *(inntil 1960: førstestyrmann)* chief officer, first officer; *(på mindre skip)* first mate.

overstå *(vb)* get over *(el. through)*; *få det -tt* get it over; *det er -tt* it's over (and done with); *det verste er -tt* the worst is over; we have turned the corner; *det var fort -tt* it was a quick business; it was quickly over.

oversvømme *(vb)* flood; inundate; *(fig)* flood, gut.

oversvømmelse flood(s), inundation.

oversykepleier unit nursing officer; *(inntil 1974)* assistant matron; *administrerende* ~ senior nursing officer; *(inntil 1974)* matron; *(jvf forstanderinne)*.

oversøster *se oversykepleier; sjefsykepleier.*

oversådd strewn, sprinkled *(med* with).

overta *(vb)* take over *(fx* an agency, duties, responsibilities); *(påta seg)* undertake; ~ *dette firmaets agentur for Norge* take over the representation of this firm in Norway; *firmaer som kunne* ~ *vårt agentur* firms that might be interested in taking over our agency *(el.* the representation of our firm); ~ *en avdeling* take charge of a department; ~ *en arv* take possession of an inheritance; ~ *arv og gjeld* accept the inheritance with its assets and liabilities; take over an estate with its assets and liabilities; *han overtok huset for meg* he took the house off my hands; *(se uavkortet).*

overtagelse taking over *(av* of); take-over *(fx* the Persian t.-o. of oil wells); taking possession of *(fx* an inheritance); ~ *av makten* assumption of power; coming into p.; *(om kongemakten)* accession (to the throne); *(se maktovertagelse).*

overtak **1***(i bryting)* arm grip; **2.** *-et* the upper hand *(på* of), the whip hand *(på* of, over); *få -et på en* get *(el.* gain) the upper hand of sby, get the whip hand over sby, get the better of sby; *ha -et* have the upper hand; be on top; **T** be top dog.

overtakst revaluation; *(se takst).*

overtale *(vb)* persuade, induce, prevail upon, talk round *(fx* I succeeded in talking him round); ~ *en til å gjøre noe* persuade sby to do sth, p. *(el.* talk) sby into doing sth; *la seg* ~ allow oneself to be persuaded; let oneself be persuaded; *han lot seg* ~ *til å selge huset* he let himself be talked into selling the house; ~ *en til ikke å gjøre det* dissuade sby from doing it; persuade *(el.* prevail upon) sby not to do it.

overtalelse persuasion; *etter mange -r* after a lot of persuasion.

overtalelsesevne persuasive powers, powers of persuasion, persuasiveness. **-kunst** art of persuasion.

overtalende *(adj)* persuasive.

overtall majority; *være i* ~ be in the *(el.* a) m.

overtallig supernumerary, in excess *(fx* the women were in excess of the men), redundant, extra, spare; *-e eksemplarer* spare *(el.* extra) copies.

overtann *(anat)* upper tooth. **-tegne** *vb (lån)* over-subscribe; *turen er -t* the tour is overbooked.

overtegning over-subscription; overbooking.

overtid overtime; *arbeide* ~ work o., put in o.; *stå på* ~ be on overtime.

overtidsarbeid overtime work.

overtidstillegg overtime pay *(el.* bonus).

overtime: *en* ~ an hour's overtime.

overtramp *(fig)* dropping a brick; putting one's foot in it.

overtre(de) *(vb)* break, infringe, transgress, violate, contravene; ~ *denne lovs bestemmelser* commit an offence under this Act.

overtredelse breach, infringement, transgression, violation, contravention *(av* of); offence *(av*

against); ~ *av motorvognloven* motoring offence; ~ *vil bli påtalt* = trespassers will be prosecuted; *(oppslag på transportmiddel)* = infringement of this Regulation will render a passenger liable to prosecution.

overtreffe *(vb)* exceed, surpass.

overtrekk cover; *(lag)* coat, coating *(fx* of chocolate, paint, varnish); *(melis- på kake)* icing; **US** frosting; *(av konto)* overdraft.

overtrekke *(vb)* overdraw *(fx* an account); *jeg har -trukket min konto (med 50 kroner)* I have overdrawn my a. (by 50 kroner); I have an overdraft (of 50 kroner); **T** *(også)* I'm (50 kroner) overdrawn, I'm overdrawn by *(el.* to the extent of) 50 kroner.

overtrekksbukser *(pl)* pull-on trousers; **T** pull-ons.

overtrene *(vb)* overtrain; *-t (også)* muscle-bound.

overtrett *(adj)* over-tired, exhausted; **T** deadbeat; *være* ~ *(også)* be dropping with fatigue; **T** be all in.

overtro superstition. **-isk** superstitious.

overtrukket overdrawn *(fx* an o. account); ~ *beløp* overdraft; *(se overtrekke).*

overtrumfe *(vb)* outdo, go one better than.

overtyde *(vb): se overbevise.*

overtøy: *se yttertøy.*

overvann surface water; *(i gruve)* flood water; *(mar)* water shipped; *ta* ~ *(mar)* ship water.

overvannsledning site drainage pipe.

overveie *vb (tenke over el. igjennom)* consider, think over; *(nære planer om)* contemplate, consider; ~ *på ny* reconsider; ~ *omhyggelig* consider carefully, give *(fx* a matter) one's careful *(el.* close) consideration; *vi har -d alle sider ved denne sak* we have considered this matter in all its aspects; *vi -er å legge om driften* we are contemplating a reorganization of our works; *vel -d* considered *(fx* my c. opinion), well-advised; deliberate *(fx* a d. step); *mindre vel -d* (rather) ill-considered, ill-advised, (rather) rash.

overveielse consideration, deliberation; contemplation, thought; *fornyet* ~ reconsideration; *etter moden* ~ after *(el.* on) careful *(el.* mature) consideration; after much thought; *etter (el.* ved) *nærmere* ~ on (further) consideration; on closer reflection; on second thoughts; on thinking it over, after thinking the matter well over; *det fortjener* ~ it is worth consideration *(el.* thinking over); *det krever nøye* ~ it needs careful consideration; *ha under* ~ be considering, be contemplating; *vi har under* ~ *å bygge ...* we contemplate building; we are considering the question of building; *vi har saken under* ~ the matter is under consideration; *ta under* ~ consider; *ta noe under alvorlig* ~ give serious consideration to sth, give sth one's careful c., consider sth carefully; *han må ta under alvorlig* ~ *om han skal ...* he must urgently consider whether to ...; *ta under fornyet* ~ reconsider; *(se moden & velvillig).*

overveiende **1***(adj)* predominant, prevailing, preponderant; *være* ~ *(i antall, etc)* preponderate, predominate; *det* ~ *antall av* the majority of; *den* ~ *del av* the best part of; *den langt* ~ *del av* by far the greater part of; **2***(adv)* chiefly, mainly, predominantly; *(i værvarsel)* mostly *(fx* m. dry), mainly *(fx* m. fair weather); *det er* ~ *sannsynlig at* it is highly probable that..., the odds are that..., there is every probability that...; *med* ~ *svensk kapital* with mainly Swedish capital; *(se sannsynlig).*

overvekt overweight, excess weight; *(fig)* preponderance; predominance; *få -en* get the upper hand; *med to stemmers* ~ by a majority of two.

overvektig *(adj)* overweight *(fx* the letter is o.); *betaling for* ~ *bagasje (flyv)* excess baggage charge.
overvelde *(vb)* overwhelm; overpower; overcome; *vi er helt -t (av glede)* **T** we're over the moon.
overveldende overwhelming; staggering; *et* ~ *flertall* a sweeping majority; *et* ~ *nederlag* a crushing defeat; *en* ~ *seier* a sweeping victory.
oververk *(på orgel)* swell-box.
overvettes *(adj)* excessive; *(adv)* excessively.
overvinne *(vb)* conquer, defeat, get the better of; overcome, surmount *(fx* difficulties); *(se stadium).*
overvinnelse conquest; *det koster meg* ~ it goes against the grain with me; I have to force myself; *denne beslutningen har kostet meg* ~ this decision has not been an easy one to make; this decision has been a difficult one to arrive at; this decision has cost me a great deal of inner conflict; *det koster* ~ *(også)* it requires an effort.
overvintre *(vb)* winter, spend the winter.
overvurdere *(vb)* over-estimate, overrate, overvalue.
overvurdering over-estimate; overrating.

overvær *se nærvær.*
overvære *(vb)* be present at, attend, witness, watch *(fx* a football match).
overvåke *(vb)* look after, watch over; *(føre tilsyn med)* oversee *(fx* a pharmacist should o. the sale of this drug); *han føler seg -t* he feels he's being watched; *(meget stivt)* he feels he's under surveillance.
overvåking control; inspection; supervision; *(ved sykehus)* intensive care; *(av politi, etc)* surveillance; *(radio)* monitoring.
overvåkingspolitiet = (MI 5 and) Scotland Yard Special Branch.
overvåkings-TV closed-circuit television.
overømfintlig over-sensitive *(for* to).
overøse *vb (fig)* heap upon, overwhelm with, shower upon.
ovn *(kakkelovn)* stove; *(baker-)* oven; *legge i -en* light a fire (in the stove); *(se også håndgrep).*
ovnsemaljert stove-enamelled. **-fyrt** stove-heated *(fx* room). **-krok** chimney corner, inglenook. **-rør** stovepipe. **-varme** stove heat; *(se lun).*
ozelot *(zool)* ocelot.
ozon *(kjem)* ozone.
ozonholdig ozonic.

P, p P, p; *P for Petter* P for Peter.
padde *(zool)* toad.
paddehatt *(bot)* toadstool; *skyte opp som -er (fig)* spring up like mushrooms.
paddetorsk *(fisk)* lesser forkbeard; *(se torsk).*
padle *(vb)* paddle.
padleåre paddle.
paff taken aback, dumbfounded, speechless; *jeg ble helt* ~ **T** I was knocked all of a heap.
pagina page. **-nere** *(vb)* page, number the pages of *(fx* a book).
pagode *(indisk tempel)* pagoda.
pai pie.
Pakistan *(geogr)* Pakistan.
pakistaner Pakistani.
pakistansk Pakistani.
pakk *(pøbel)* rabble, riff-raff; *pikk og* ~ bag and baggage.
pakkasse packing case; *(sprinkelkasse)* crate.
pakkbu warehouse.
I. pakke *(subst)* **1.** parcel *(fx* a p. containing his lunch; she made the shirts into a neat p.); **2***(mindre originalpakning)* packet; **US** *(også)* pack *(fx* a p. of cigarettes); *lage i stand en* ~ make up a parcel.
II. pakke *(vb)* pack *(fx* a parcel; clothes into a suitcase); *(tett-)* cram, stuff; *(gjøre seg reiseklar)* pack *(fx* have you packed?); *temmelig dårlig -t* indifferently packed; ~ *i bunter* bundle, make up in bundles; ~ *i kasser* box, pack *(el.* put) in boxes; ~ *inn* wrap up, do up, make a parcel of; *de -t ham inn i en drosje* they bundled him into a taxi; ~ *seg godt inn (mot kulde)* muffle oneself (up) well; wrap (oneself) up well; *skal jeg* ~ *det inn?* shall I wrap it up? would you like me to do it up for you? shall I make it into a parcel? ~ *ned* pack (away); stow away; ~

seilet ned i posen stuff the sail into the container; ~ *om* repack; ~ *opp (el. ut)* unwrap, unpack; ~ *sammen* pack up *(fx* the tent packs up easily); pack up and go *(fx* he may as well pack up and go after this last affair); *nå kan vi* ~ *sammen! (ɔ: nå er alt spolert)* that's torn it! *vi -t oss av sted* we bundled off; ~ *ut* unpack; *pakk deg ut!* get out! scram!
pakkeavdeling packing department; *(på postkontor)* parcel(s) section. **-løsning** *(som forhandlingsresultat)* package deal. **-nelliker** *(pl)* **T** traps, odds and ends, oddments. **-ombringelse** delivery of parcels. **-porto** parcel post rate. **-post** parcel post *(fx* by p. p.). **-postavregning** parcel post account. **-postkart** *(post)* parcel bill.
pakker packer, wrapper.
pakkesel pack ass; *(person)* beast of burden.
pakkestrikk rubber band.
pakketur package tour; *(med absolutt alt inkludert i prisen)* all-inclusive tour; *(se I. tur).*
pakkhus warehouse, storehouse; *lagre i* ~ warehouse. **-leie** warehouse rent.
pakkis pack ice, ice pack.
pakkmester *(post-) (omtr* =) sorter. **-papir** packing paper, wrapping paper. **-seddel** list of contents. **-strie** packing cloth.
pakkurv hamper.
pakning packing; *(skive)* washer.
pakt pact, treaty, agreement; *(bibl)* covenant; *slutte* ~ *med* make a pact with; *i* ~ *med (i samklang med)* in keeping with, in harmony with; *(i ledtog med)* in league with; *i* ~ *med tiden* in tune with the times.
pal *(mar)* pawl.
palass palace. **palassaktig** palatial.
palatal *(fon)* palatal.
palaver palaver, talk.

pale *(småsei)* young coalfish.
palé mansion.
paleografi *(studium av gamle håndskrifter)* pal(a)eography.
paleontologi *(forsteiningslære)* pal(a)eontology.
Palestina *(geogr)* Palestine.
palestiner Palestinian.
palestinsk Palestinian.
palett palette; *legge farger på -en* set the p.
palisade palisade, stockade.
palisander palisander, Brazilian rosewood.
paljetter *(pl)* spangles, sequins.
pall *(benk)* bench; *(forhøyet golv)* raised floor.
palla *(kat.: stivet serviett som dekker kalken)* pall.
palltosk *(zool)* stone crab.
palme *(bot)* palm; *stå med -r i hendene* come off with flying colours.
palmehage palm court.
palmesøndag Palm Sunday.
pamfilius: *være en lykkens* ~ be born under a lucky star.
pamflett *(smedeskrift)* lampoon.
pamp *(kan gjengis)* trade-union careerist; *(se partipamp).*
pampevelde corrupt rule; tyranny of party bosses.
panegyriker panegyrist. **-rikk** panegyric. **-risk** panegyric(al).
panel wainscot; *(se kledning).*
panele *(vb)* wainscot.
panelovn panel heater; *(se ovn).*
pang *(int)* bang.
pangermanisme Pan-Germanism.
panikk panic, scare; *få* ~ get panicky; *det oppsto* ~ (a) panic set in; there was a panic; a p. broke out; *bli grepet av* ~ panic, get panicky; *grepet av* ~ seized with panic, panic-stricken; *de flyktet i* ~ they fled in a panic.
panikkartet panicky.
panisk panicky; panic; ~ *skrekk* panic fear; *jeg har en* ~ *skrekk for hunder* T I'm scared stiff of dogs.
I. panne *(stekepanne)* frying pan; pan; *stekt i* ~ *pan fried; være pott og* ~ be the boss; be made much of.
II. panne *(ansiktsdel)* forehead; *(mest poet & fig)* brow; *rynke -n* knit one's brows, frown.
pannebånd headband, fillet; *(se hårbånd).*
pannefødsel brow presentation.
pannehår fringe.
pannekake pancake. **-røre** (pancake) batter.
pannelugg *se pannehår.*
panoptikon waxworks.
panorama panorama; *(utsikt, også)* view.
panorere *vb (med filmkamera)* pan. **-ing** pan shot.
panser *(på skip, etc)* armour(-plating); US armor; *(på dyr)* carapace, (protective) shell; *(motor-)* bonnet; US hood. **-bil** *(mil)* armoured (,US: armored) car. **-dør** steel door. **-granat** *(mil)* armour-piercing shell. **-hvelv** strong-room; US (walk-in) safe. **-spiss** *(mil)* armoured spearhead. **-vern** *(mil)* anti-tank defences. **-vogn** *(mil)* armoured car; tank.
pansre *(vb)* armour, armour-plate; US armor; *-t* armoured; US armored; *(hist)* mailed *(fx* m. knights); *den -de neve* the mailed fist.
pant *(konkret & fig)* pledge *(fx* a p. of goodwill); *(sikkerhet)* security; *(i fast eiendom)* mortgage; *(i pantelek)* forfeit; *(flaske-)* deposit (on the bottle); *betale* ~ *for flasken* pay a deposit *(fx* of 10p) on the bottle; *innløse et* ~ redeem a pledge; *låne ut mot* ~ lend on security; *sette i* ~ give as security; mortgage; pledge.
pante *(vb)* pledge; *(fast eiendom)* mortgage; ~ *en for skatt* distrain on sby for taxes.

pantebok register of mortgages. **-brev** mortgage deed. **-gjeld** mortgage debt.
panteisme pantheism. **panteist** pantheist.
panteistisk pantheistic(al).
pantelek (game of) forfeits.
pantelån mortgage loan; *oppta* ~ raise *(el.* take out) a mortgage; *oppta* ~ *på en eiendom* mortgage an estate, encumber an estate with a mortgage.
pantelåner pawnbroker; *hos -en* (,T: *hos onkel)* at the pawnbroker's; in pawn; S up the spout.
pantelånerforretning pawnshop; T popshop.
pantelånsrente mortgage interest.
panter *(zool)* panther.
panterett 1. law of mortgages and pledges; **2.** mortgage (right), lien; *(sjø-)* maritime lien; ~ *for tollbeløpet* a lien of goods for the amount of duty. **-sikkerhet** security; mortgage.
panthaver pledgee; mortgagee.
pantobligasjon mortgage bond.
pantomime pantomime.
pantseddel pawnbroker's ticket.
pantsette *(vb)* pawn; *(fast eiendom)* mortgage.
papatsifeber *(med.)* sandfly fever. **-mygg** sandfly; *(jvf sandloppe).*
papegøye *(zool)* parrot. **-aktig** parrot-like.
papel *(med.)* papule. **papiljott** curler.
papir paper; *-er* paper qualifications; references *(fx* good r.); *(se sikker: et -t papir).*
papirfabrikant paper-maker; p. manufacturer. **-fabrikasjon** manufacture of paper. **-fabrikk** paper mill. **-forretning** stationer's (shop). **-handel** stationery business. **-handler** stationer. **-kniv** paper knife, paper cutter. **-krig** T paper warfare; T battle with red tape; paper-pushing; postal battle *(fx* for years now he has been engaged in a postal battle with the authorities about his pension). **-kurv** wastepaper basket; *havne i -en* be consigned to the w. b.
papirløs *(adj): -t ekteskap* common-law marriage; *(refereres også til som)* long-term relationship; *leve i -t ekteskap* cohabit; have a common -law wife (,husband); *kvinne (,mann) som lever i -t ekteskap* common-law wife (,husband); *(jvf samboer).*
papirmasse (paper) pulp.
papirmølle paper mill; *(fig)* red tape; *la -a gå* spin much red tape. **-omslag** paper wrapper. **-penger** paper money. **-pose** paper bag. **-utløser** *(på skrivemaskin)* pressure release.
papisme papism, popery, papistry.
papist papist.
papistisk papistic(al), popish.
papp *(limet)* pasteboard; *(takpapp)* roofing paper; *(kartong)* cardboard.
pappa T daddy, dad.
pappagutt spoilt son of rich parents.
papparbeid pasteboard work.
pappbeger paper drinking cup.
pappenheimer: *jeg kjenner mine -e (spøkef)* I know what to expect of them.
palueske cardboard box. **-kartonnasje** boards. **-masjé** papier mâché.
papyrus papyrus.
par pair; couple; *et* ~ **1.** a couple; a pair; **2** *(adjektivisk)* a couple of, one or two, two or three; *om et* ~ *dager* in a day or two; *et* ~ *hansker* a pair of gloves; *to* ~ *sko* two pairs of shoes; *et lykkelig* ~ a happy pair *(el.* couple); *et elskende* ~ a loving couple; a pair of lovers; *et nygift* ~ a newly-married couple; T pair of newlyweds; *et* ~ *og tjue* twenty-odd; ~ *og odde* even and odd; *i siste* ~ *går X og Y (skøyteløp)* X and Y are the last pair to race; *vi kan ordne det slik at det blir* ~ *(ɔ: likt an-*

tall damer & herrer) we can arrange for even numbers.
parabel parable; *(mat.)* parabola.
parade 1. parade; *2(i fektning)* parry; *3(ridning)* pulling up. **-antrekk** full dress. **-marsj** parade march; *(hanemarsj)* goose step.
paradere *(vb)* parade.
paradigma *gram (bøyningsmønster)* paradigm.
paradis paradise; *hoppe ~* play hopscotch. **-fugl** *(zool)* bird of paradise. **-hopping** hopscotch.
paradisisk paradisiac(al).
paradoks paradox.
paradoksal paradoxical.
parafere *(vt)* countersign.
parafin paraffin, kerosene. **-kanne** paraffin can.
parafrase paraphrase.
paragon *(merk)* sales slip.
paragraf *(lov-)* section; paragraph *(fk* para); *(i traktat, kontrakt, etc)* clause, article. **-tegn** section mark.
parallakse parallax.
parallell parallel *(med* to).
parallellforskyve *(vb)* displace parallel to. **-forskyvning** parallel displacement.
parallellogram parallelogram.
parallellstag *(i bil)* track rod, tie rod.
paralyse paralysis.
paralysere *(vb)* paralyse; *US* paralyze.
paralytiker paralytic.
paralytisk paralytic.
paranøtt *(bot)* Brazil nut.
paraply umbrella; **T** brolly; *slå opp en ~* put up an umbrella; *slå ned en ~* close an umbrella.
parasitt parasite. **parasittisk** parasitic.
parasoll sunshade, parasol.
parat ready, in readiness; *~ til å* ready to; *holde seg ~* keep oneself ready, be prepared, stand by.
paratyfus paratyphoid (fever).
paravane *(mar)* paravane.
pardans couple dance; dance with a partner.
pardong quarter; *gi ~* give quarter.
pare *(vb)* 1*(ordne parvis)* match, pair *(fx* socks, horses); *2(han og hun)* mate; pair; *-s, ~ seg* pair, mate, copulate; *(se parvis: ordne ~).*
parentes parenthesis *(pl:* parentheses); brackets *(pl); i ~* in p., parenthetic(al); *løse opp -ene (mat.)* remove the brackets.
parentetisk parenthetic(al); *(adv)* parenthetically.
parere *(vb)* parry; *(fig)* ward off; *(adlyde)* obey; *~ ordre* obey orders; **T** toe the line.
paret *(se pare)* (1) matched, paired; (2) mated, paired.
parforsejakt hunt, hunting, riding to hounds.
parfyme perfume.
parfymeforretning perfumer's (shop). **-handler** perfumer, perfume dealer.
parfymere *(vb)* scent, perfume.
parfymeri perfumery, perfumer's (shop).
pargas T *(= bagasje)* luggage.
pari par; *i ~* at par; *over ~* above par, at a premium; *til ~* at par; *under ~* below par, at a discount.
paria pariah; social outcast.
pariser Parisian. **pariserinne** Parisienne.
parisienne *(kake)* palm leaf.
pariserloff French stick, (large) Vienna stick.
pariverdi par value.
park *(anlegg)* park; *(dyre-)* deer park; *(vilt-)* game park; *(T: se parkeringslys).*
parkamerat *(skøyter, etc)* opponent; *få som ~ be* paired with.
parkering parking; *~ forbudt (trafikkskilt)* no waiting; *(se stoppforbud).*
parkeringsavgift parking charge. **-bot** parking

fine; (NB *rød lapp (også* **US**) parking ticket); *(se forelegg).* **-fil** *(på motorvei)* lay-by. **-lomme** lay -by. **-lys** *(på bil)* parking light *(el.* lamp); *jeg kjørte med ~ (,***T**: *på park)* hele veien I had my parking lights on all the way. **-plass** parking place, p. space, p. ground; **US** p. lot; *(større)* car park.
parkett 1*(i teater)* stalls; **US** orchestra; *2(gulv)* parquet (floor).
parklys *(på bil)* parking light *(el.* lamp); *(se parkeringslys).*
parkometer parking meter. **-vakt** parking meter attendant.
parktante [childminder in an outdoor day nursery]; *gå hos ~* **UK** go to a private playgroup; *være ~* **UK** be a playleader; be a playgroup leader; help out at a playgroup.
parkvakt park keeper.
parkvesen [municipal department for parks and recreation grounds]; *(se herreds- og bygartner).*
parlament Parliament. **-mentarisk** parliamentary. **-mentarisme** parliamentary system. **-mentere** *(vb)* parley, negotiate. **-mentering** parley, negotiation.
parlamentsmedlem Member of Parliament, M.P. **-møte** sitting of Parliament. **-samling** session. **-valg** (Parliamentary) election, general election; *(jvf stortingsvalg).*
parlamentær negotiator.
parlamentærflagg flag of truce.
parløp *(skøyter)* pair skating. **-er** *(skøyteløper)* pair skater.
parlør phrase book.
parmesanost Parmesan cheese.
parnass Parnassus.
parodi parody.
parodiere *(vb)* parody; *(imitere, også)* take off.
parodisk parodic(al).
parole slogan, watchword; *(mil)* countersign, password; *(ordre)* order(s).
parsell lot (of ground).
parsellere *(vb)* parcel out (land into lots).
parsellhage allotment (garden).
part part, portion, share; *(jur)* party; side; *~ i en sak (jur) a* party to a case; *jeg for min ~* I for my part; I for one; *begunstige den ene ~ på en urimelig måte* favour one of the parties to an unreasonable extent; *få ~ i* get a share in; *hver av -ene* each party; either side *(fx* e. s. can appeal against this judgment to a higher court); *ingen av -ene ville fire* neither side *(el.* party) would give way; *takt kreves av begge -er* tact is required on both sides; *(se stridende).*
partere *(vb)* cut up, carve; *(en henrettet)* quarter.
parterr(e) pit.
parthaver part-owner.
parti 1. lot; consignment; shipment; order; *(post)* batch; *-er på minst 20 sendinger (post)* batches of at least 20 packets; *(se l. gjelde);* 2*(del, stykke)* part; 3*(politisk)* party; *(se l. lik);* 4*(giftermål)* match; catch *(fx* he's a damn good catch); 5*(mus)* part; 6*(spill)* game *(fx* of whist); 7*(motiv)* view *(fx* a v. of Dartmoor); 8*(gruppe elever ved muntlig eksamen)* group; *(se også muntlig); et godt ~* (4) a good match; *gjøre et dårlig ~* (4) throw oneself away; *det bestilte ~* the goods ordered; the quantity ordered; *hvor stort ~?* what quantity? *meddel oss hvor stort ~ De trenger* inform us of the quantity required *(el.* needed); i. us how large a q. you require *(el.* need); *i -er på ...* in lots of ...; *i små -er* in small lots *(fx* pack the goods in small lots); *et ~ silkevarer (ofte)* silk goods; *det ~ sigarer som ...* the cigars that ...; *det -et som ble sendt i går* the goods forwarded yesterday; *vi ønsker levering av hele -et* we require

delivery of the entire order *(el. lot el.* quantity); *ta ~* take sides; *ta ~ for en* side with sby; take sby's side *(el.* part); be on sby's side; *han tok ~ for sine venner* he sided with his friends; he was on his friends' side; he took his friends' part; *ta ~ mot* side against, take sides against.

partilapparat party machine. **-ben** pickings, perquisites; **T** perks; *systemet med ~* **US** the spoils system;
   * If one's membership of the party is in order it's easy to turn that to good advantage.

partibok: *se medlems-; han har -a i orden (polit)* he's a card-carrying member.

partiell partial.

partilfelle member of one's own party. **-fører** partyleader; **T** party boss. **-gjenger** party man. **-hensyn** party consideration; *(se partipolitisk).*

partikkel particle.

partikkelstråtevåpen particle beam weapon.

partikongress = party rally.

partikulær particular *(fx* p. average).

partilløs independent, outside the parties. **-mann** party man. **-pamp** *(kan gjengis)* trade-union careerist; *-ene (i løsere språkbruk, også)* the party bosses; *(se pampevelde).*

partilpolitikk party politics. **-politisk** party-political *(fx* pay attention to p.-p. considerations). **-program** party programme, platform.

partisan partisan.

partisipp *(gram)* participle; *nåtids-* the present participle; *fortids-* the past participle.

partisippkonstruksjon *(gram)* participle construction.

partisk partial, bias(s)ed.

partispørsmål party issue.

partilstilling position *(el.* strength) of the parties. **-strid** party strife *(el.* conflict). **-traver** party hack.

partitur *(mus)* score.

partivesen parties, the party system.

partiånd party spirit.

partout: *han ville ~* he insisted on (-ing). **-kort** (permanent) pass.

partsforhandlinger *(pl)* [negotiations between the parties involved].

partsinnlegg **1***(jur)* plea (made by one of the parties); **2.** bias(s)ed *(el.* one-sided) presentation; personal contribution *(fx* to the debate).

parveny upstart, parvenu.

parvis in pairs, in couples; *ordne ~* group in pairs, pair off *(fx* the guests).

parykk wig.

pasient patient; *en tålmodig ~* a good patient.

pasiflsere *(vb)* pacify. **-isme** pacifism. **-ist** pacifist. **-istisk** pacifist.

pasja pasha.

pasje page.

pasjon passion.

pasjonert ardent, keen *(fx* a k. golfer); *~ røker* inveterate smoker; *en ~ sportsfisker* an angling enthusiast.

pasjonsblomst *(bot)* passion flower.

pasjonsskuespill passion play.

pasning **1***(passform)* fit; **2***(i fotb)* pass; *snappe opp en ~* intercept a pass.

pasningsplate match plate.

I. pass *(reisepass)* passport; *få seg et nytt ~* get a new passport; *kontrollere -ene* check *(el.* examine) the passports; *utstede (et) ~ til en* issue sby with a passport; *vise -et* show one's passport; *(se I. lyde).*

II. pass *(kort)* no bid, pass; *melde ~* say no bid, pass; *(fig)* throw up the game *(el.* sponge), give (it) up.

III. pass *(fjellpass)* pass, defile.

IV. pass *(tilsyn, pleie)* attention, care; nursing.

V. pass: *det er til ~ for ham!* (it) serves him right! *han føler seg ikke riktig til ~* he is not *(el.* does not feel) very well; he is out of sorts.

passabel passable, not too bad.

passasje passage, passageway; *fri ~* a clear road; *fri ~ (ɔ: adgang) til* free access to; *gi fri ~* give *(fx* emergency vehicles) the right of way; *~ for luften (med.)* airway *(fx* in tracheostomy tubes are used to maintain an airway).

passasjer passenger; *(drosjesjåførs)* fare; *~ i forsetet* front-seat p., p. in front; *-er som skal av (flyv)* disembarking passengers; *-er som skal av i Roma* passengers disembarking in Rome; *-er som skal videre med innenlandske ruter* passengers proceeding on domestic flights. **-båt** passenger ship. **-fly** passenger plane. **-gods** (passengers') luggage. **-liste** passenger list. **-skip** p. ship. **-trafikk** p. traffic.

passat trade wind.

passbåt speed boat, (outboard) runabout.

I. passe *vb (kort)* pass, say no bid.

II. passe *(vb)* fit; *(være passende)* be appropriate, be to the purpose; *(stemme overens)* agree, tally (with), correspond (with); *(egne seg)* suit, be suitable; *det -r (fint)* that's fine; *jeg skal ~ (ɔ: vokte) meg for å gjøre det en gang til!* **T** catch me doing that again! *pass Dem for hunden!* mind the dog! *kjolen -r godt* the dress fits well; *~ sammen* go together, suit each other; *fit together; ~ sine forretninger* mind one's business; *~ telefonen* answer the telephone; *~ tiden* be punctual, be in time; *det -r meg ikke* it does not suit me; *«stryk det som ikke -r»* "delete as required"; *det -r utmerket* that fits in very well; *~ for* suit; *jeg håper at dette fremdeles -r for deg* I hope that still fits in with you; *~ inn* fit in *(fx* f. in the holiday dates); *jeg er glad for at dere mener jeg vil ~ inn (i selskapet)* I'm (so) glad you think I'll fit in; *~ inn i* fit in with; *~ inn i et mønster (fig)* conform to a pattern; *ovnen -r inn i ethvert interiør* the stove blends easily with any scheme of furnishing; *~ med* agree *(el.* tally) with; *~ en opp* lie in wait for sby, waylay sby; *~ på* take care of, look after; *pass på å spørre alle gjestene hva de heter* be careful to *(el.* don't forget to) ask all the guests their names; *pass på!* take care! beware! look out! *~ til* go (well) with, match; *nøkkelen -r til låsen* the key fits the lock; *han -r ikke til å være lærer* he is not suited for teaching; he is not suited to be a teacher; *~ seg* be fitting, be proper; *det -r seg ikke* it is not fitting *(el.* proper); it is not good form; *det -r seg ikke for ham å snakke slik* he shouldn't talk like that; *(litt.)* it ill becomes him to talk in that strain; *~ seg selv* take care of oneself; *pass Dem selv!* mind your own business!

III. passe: *~ stekt* done to a turn; *~ stor* just the right size; *så ~ : se passelig: så ~ .*

passelig fitting, suitable; *så ~* just passable, tolerable; **T** so-so.

passende **1***(egnet, skikket)* suitable; appropriate *(fx* on an occasion); **2***(sømmelig)* proper, decent, correct; *(jvf ovf: passe seg);* **3***(rimelig)* suitable, reasonable *(fx* price, reward, salary); *med ~ mellomrom* at suitable intervals; *noen ~ ord* some appropriate words; *jeg anser det ikke for ~ å ...* I do not consider it the proper thing to ...; *mindre ~* not quite the thing (to do).

passer (pair of) compasses; *(stikk-)* dividers.

passerben leg of a pair of compasses.

passere *(vb)* **1.** pass, pass by, pass through; turn

(fx the collection has turned the thousand dollar point; he has turned forty); **2***(overgå)* exceed; ~ *linjen* cross the line *(el.* equator); ~ *revy* pass in review; *han lot dagens begivenheter ~ revy* he ran over the events of the day in his mind; *la ~ (ɔ: godta)* pass *(fx* let it pass); *det kan ~ (ɔ: gå an)* it will just pass muster.
passerseddel pass, permit.
passfoto passport photograph.
passgang pace, amble, ambling. **-gjenger** pacer, ambler.
passiar talk, chat; *slå av en ~* have a chat.
passiare *(vb)* talk, chat, have a talk *(el.* chat) *(med* with).
passinnehaver passport holder.
I. passiv *(gram)* the passive (voice).
II. passiv *(adj)* passive; unresisting; *en ~ holdning* a passive attitude; passivity; *innta en ~ holdning* remain passive; stand *(el.* sit) back; remain a spectator.
passiva liabilities; *(se aktiva).*
passivisere *(vb)* make *(el.* render) passive; *ved å (måtte) sitte og høre på blir elevene bare -t* having to sit listening just makes the pupils passive.
passivitet passivity; passive attitude.
passkontroll passport check; passport examination; *-en (personene)* the passport officials.
passkort *(kort)* passing hand. **-lovene** *(i Sør-Afrika)* the pass laws. **-melding** bid of pass.
passtvang obligation to have *(el.* carry) a passport; compulsion to carry an identity card; *det er ~* passports are compulsory; *(se stavnsbundet).*
passus passage.
passutstedelse the issue of passports.
passvisering the visaing of passports.
pasta paste.
pastell pastel.
pastellmaler pastellist.
pasteurisere *(vb)* pasteurize.
pasteurisering pasteurization.
pastill pastil, pastille, lozenge; *(se halspastill).*
pastinakk *(bot)* parsnip.
pastor: ~ *B. (i omtale)* the Rev. John B.; *(på brev)* the Rev. Mr. B.; (NB *fornavn el.* Mr. *må tas med); (i tiltale)* Mr. B.; *-en* the Rector, the Vicar *(,etc; se prest).*
pastoral pastoral.
pastorat living benefice, cure.
patena *(katolsk)* paten.
I. patent *(subst)* patent; *(sertifikat)* certificate; commission; *ha ~ på sannheten* have a monopoly of the truth; *ta ~ på* take out a patent for.
II. patent *(adj)* dependable, first-class.
patentanmeldelse application for a patent.
patentbyrå patent agency.
patentere *(vb)* patent.
patenthaver patentee. **-ingeniør** patents engineer. **-kontor** patent agency. **-lov** Patents Act. **-løsning** T ideal solution; ideal way (of doing sth). **-smørbrød** (open) sandwich with fried egg and bacon.
Patentstyret UK the Patent Office.
pater Father.
patetisk *(følelsesfull)* emotional; *(høytidelig)* solemn; *(bombastisk)* high-flown; *(adv)* emotionally, with intense feeling; (NB pathetic *betyr «rørende»).*
patina patina.
patinere *(vb)* patinate.
patologi pathology. **patologisk** pathological.
patos pathos.
patriark patriarch. **patriarkalsk** patriarchal.

patriot patriot. **-isk** patriotic; *(se I. streng).* **-isme** patriotism.
patrisier patrician. **patrisisk** patrician.
I. patron cartridge; *(til kulepenn)* refill; *skarp ~* ball cartridge; *løs ~* blank cartridge.
II. patron *(beskytter)* patron.
patronat patronage.
patronhylse cartridge case.
patronramme cartridge clip.
patronvis: ~ *ild (mil)* single rounds.
patrulje patrol.
patruljere *(vb)* patrol.
I. patte *(subst)* nipple; *(på dyr)* teat.
II. patte *(vb)* suck.
pattebarn suckling. **-dyr** *(zool)* mammal. **-gris** sucking pig.
pauke *(mus)* kettledrum.
paulun *(glds)* pavilion, tent; *(spøkef)* abode, dwelling.
Paulus Paul.
pause pause, stop; *(mus)* rest; *(opphold)* lull *(fx* in the conversation); *(i forestilling, etc)* interval *(fx* there will be a short i. for refreshments; two minutes' i.); *US* intermission; *med -r innimellom* at intervals, intermittently; *det ble en ~* there was a pause; a pause ensued; *ta en ~* pause, make a pause.
pausere *(vb)* pause, stop.
pausesignal *(radio)* interval sign.
pave pope.
pavedømme papacy.
pavelig papal.
pavekirke the Church of Rome, the Roman Catholic Church. **-makt** papacy, papal authority. **-sete** papal see. **-valg** papal election.
paviljong pavilion.
peau-de-pêche-jakke velveteen jacket.
pedagog educationalist; educationist; *(sj)* pedagogue; *US* educator.
pedagogikk science of education, educational science; pedagogics, pedagogy; *sosial-* social education; *sosiologisk ~* sociology of education; *innføring i (praktisk) ~* training in education.
pedagogisk educational *(fx* writings, terms, method); *(sj)* pedagogic(al); ~ *høyskole* college of education; *US* teachers college; *lektor ved ~ høyskole* college of education lecturer; *US* teachers college professor; ~ *kvotient* educational quotient *(fk* E.Q.); ~ *psykologi* educational psychology; ~ *seminar* = University Department of Education *(fk* UDE); *(kurset)* Diploma of Education course; *eksamen fra ~ seminar* = Post-Graduate Certificate in *(el.* of) Education; Diploma in *(el.* of) Education; *har De (eksamen fra) ~ seminar?* have you got your Diploma of E.?
pedal pedal.
pedalsett: *dobbelt ~ (i bil)* dual control unit.
pedant pedant. **-eri** pedantry. **-isk** pedantic.
peile *(mar)* take a bearing, take bearings; *(om fyr)* bear *(fx* the light bears S.E.); *(bestemme væskehøyden i; lodde)* sound; *(se peiling).*
peiling bearing; *få ~ på* T learn about; *han har ikke ~* S he hasn't a clue; he's quite clueless; *ta ~ på* head for; aim at; *(mar)* take a bearing *(på noe* on sth).
peis *(ildsted)* open fireplace; *(lett glds el.* US) hearth; *ved -en* by *(el.* at) the fireside, by the fire; *nå skulle det vært deilig med fyr på -en* it would be nice to have a bit of fire now; *(se peisbål; hyttestemning).*
peisbål open fire; *kose seg ved -et* enjoy the open fire; *sitte foran et sprakende ~ (oftest)* sit

before a crackling (el. blazing) fire; (se peis; hyttestemning).

peise (vb): ~ på go ahead, work hard; go very fast.

peisestue [room with an open fireplace].

peishylle mantelpiece. **-krakk** fireside stool. **-krok** fireplace corner, inglenook. **-varme** heat of a fireplace (fx the lively flames and pleasant heat of a fireplace).

pek: gjøre ham et ~ play a trick on him.

peke (vb) point (på at, to); ~ fremover point forward; ~ fingrer av point derisively at; ~på (ɔ: gjøre oppmerksom på) call attention to; ~ på et viktig moment (el. forhold) raise an important point; hun får alt hun -r på she gets everything she asks for (el. wants); she only has to point at sth and she gets it (el. to get it); ~ ut point out, select; ~ seg ut suggest oneself (,itself, etc); stedet -r seg naturlig ut som ... the place naturally suggests itself as...

pekefinger forefinger, index finger; det å skrive på maskin med -en = hunt and peck; det var Guds ~ that was a warning sign from heaven; that was the (warning) finger of God. **-pinne** (fig) hint, pointer. **-stokk** pointer.

pekuniær pecuniary.

pelagisk pelagic.

pelargonium (bot) geranium.

pelikan (zool) pelican.

Peloponnes (geogr) the Peloponnese.

pels fur; (frakk el. kåpe) fur coat; få på -en T get a beating.

pelsdyr fur-bearing animal.

pelsfôre (vb) fur-line.

pelsfrakk fur coat. **-handler** furrier. **-jeger** trapper. **-kåpe** fur coat. **-verk** furs.

pemmikan pemmican.

pen (adj) nice (fx face, dress, girl, house); attractive (fx patterns); (om person, også) good-looking; (pen og ordentlig) neat (fx dress, handwriting); (se kjekk & ordentlig); (om vær) fine; (om tanke) kind (fx a k. thought); (god, ganske god) (quite a) good (fx quite a good result), nice (fx a nice piece of work), fair (fx a fair amount of trade), tidy (fx a tidy sum of money), handsome (fx a h. trade); (ærbar, anstendig) respectable, decent (fx she is a d. girl); nice (fx no nice girl swears); (veloppdragen) nice (fx a nice young man; he has nice manners); (vennlig) nice, kind (fx how nice of you; it was kind of him to help me); ~ og ren nice and clean; ~ i tøyet neatly dressed; -t (adv) nicely, neatly, well, decently, fairly, tolerably; motoren går -t the engine is running smoothly (el. sweetly); (se kjekk).

penal pen-case, pencil case.

pence pence; $2^1/_2 \sim 2^1/_2$ p; two and a half pence, two and a half p; (se penny).

pendant counterpart, match, companion piece (,picture, etc).

pendel pendulum. **-aksel** swing axle shaft.

pendelslag oscillation of a pendulum.

pendeltog shuttle-service train.

pendeltrafikk (jernb) shuttle service.

pendle (vb) 1. oscillate; 2(være pendler) commute.

pendler (person) commuter.

pendress best suit.

penge se penger; jeg fikk det for en billig ~ I picked it up cheap.

pengeanbringelse investment; en ~ som forrenter seg godt an investment that returns good interest. **-brev** [registered letter containing money].

pengeforbruk expenditure; spending (fx we must be more careful with our s.); skjære ned på sitt ~ cut down on (el. limit) one's spending (el. expenditure).

pengeforhold: han hadde god orden i sine ~ his finances were in good order (el. were in a good state). **-forlegenhet** pecuniary embarrassment; (se også pengeknipe). **-grisk** money-grubbing, avaricious. **-griskhet** avarice, rapacity, cupidity. **-hjelp** pecuniary aid. **-knipe** pecuniary difficulty (el. embarrassment), financial straits; være i ~ be awkwardly placed over money matters, be short of money; T be hard up, be on the rocks.

pengekrise financial crisis.

pengelens penniless; T broke.

pengelotteri: Statens ~ the State Lottery.

pengemangel scarcity of money; lack of money; -en er så stor at... money is so short that... **-mann** moneyed man, capitalist. **-marked** money market. **-omløp** circulation of money. **-omsetning** turnover (fx the t. on the Stock Exchange ran into big figures); (se omsetning & pengeomløp). **-overføring** money transfer. **-puger** miser. **-pung** purse; med slunken ~ with a slender purse; (se II. ramme).

penger (pl) money; falske ~ bad money; mange ~ a lot of money; much money; vi har ikke mange ~, men vi greier oss we haven't much money but we just manage; (se II. greie: ~ seg); rede ~ ready money, cash; det koster mange ~ that costs a great deal of m.; T that costs a packet (of m.); tjene ~ make money; tjene store ~ make a pile, earn a packet, make heaps (el. piles el. stacks el. pots) of money; leve av sine ~ live on one's capital; have a private income; det er ingen ~ blant folk money is scarce; det er så knapt med ~ at... money is so short that...; det er mange ~ blant folk there's plenty of money about; gjøre noe i ~ turn sth into money; sette ~ i invest money in; han hadde best med ~ av alle kameratene he had the most money of all his friends; hvordan er det med ~? (ɔ: har du nok penger?) how are you off for money? are you all right for money? slå om seg med ~ spend money like water; jeg har ingen ~ på meg I have no money on (el. about) me; slå ~ på noe (neds) make money out of sth, trade on sth; gifte seg til ~ marry money; komme til ~ come into money; hvor skal vi få ~ til det fra? how are we going to find the money (for that)? det er bare det at vi ikke har ~ til det it's just that the money (for it) isn't there; hvordan vil du ha pengene? how will you take (el. have) the money? (se II. bord; II. rulle; smør; strekke: ~ til; strø: ~ om seg).

pengesaker (pl) money matters.

pengeseddel bank note; US (bank) bill. **-sekk** money bag. **-sending** remittance. **-skap** safe. **-skrin** money box. **-skuff** (i en butikk) till. **-sorger** pecuniary (el. financial) worries. **-stolt** purse-proud. **-stolthet** purse pride. **-stykke** coin. **-støtte** (pengehjelp) financial aid; det er et økende behov for offentlig og privat ~ there is a growing need for public and private financial aid. **-tap** loss of money, financial loss. **-transaksjon** money transaction. **-understøttelse** financial support (el. backing). **-utlegg** (pl) financial outlays. **-utlåner** money-lender. **-utpresning 1.** blackmail; 2(gangsterbandes, etc) racket(eering); drive ~ (1) practise blackmail; (2) run a racket. **-utpresser 1.** blackmailer; 2(gangster) racketeer; brev fra ~ blackmailing letter. **-vanskeligheter:** se -knipe. **-velde** plutocracy. **-verdi** money (el. monetary) value. **-vesen** money matters; finances. **-økonomi** money economy; economy based on money.

penibel painful.

penn pen; *føre en god* ~ write well; *ta -en fatt* set pen to paper; put (one's) pen to paper; take pen in hand; *(se skarp).*
pennal pen-case, pencil case.
penne|feide literary controversy. **-skaft** penholder. **-skisse** pen-and-ink sketch. **-smører** *(neds)* quill-driver. **-splitt** nib; *US* penpoint. **-strøk** stroke of the pen. **-tegning** pen-and-ink drawing.
penny penny *(pl:* pence, pennies); *en halv* ~ a half penny, half a penny, half a p; *(se pence).*
pens *(jernb)* points; *US* switch.
pense *(vb)* shunt; *US* switch; *vi må* ~ *ham inn på andre tankebaner* we must start him thinking along different lines; *(se skiftekonduktør; sporskifter; sporskiftning).*
pensel brush; *(kunstmalers)* oil colour brush. **-strøk** stroke of the brush.
pensjon 1. pension; *selskapet har fri* ~ the company provides a non-contributory pension scheme; **2***(kost)* board and lodging; *full* ~ full b. and l.; *ha en i* ~ have sby as a boarder; *hun tar studenter i* ~ *(også)* she takes students as paying guests (into her home).
pensjonat boarding house. **-skole** boarding school.
pensjonere *(vb)* pension.
pensjonist pensioner, retirement pensioner.
pensjonsalder pensionable age; retirement age.
pensjonsberettiget entitled to a pension.
pensjons|fond pension fund. **-forsikring** pension insurance. **-innskudd** pension contribution. **-kasse** pension fund; *stå i -n* subscribe to the pension fund. **-lov** Pensions Act. **-ordning** pension scheme; *(jvf pensjon 1).* **-rettigheter** *(pl)* pension entitlement.
pensjonær *(kostgjenger)* boarder.
pensle *(vb)* paint, swab *(fx* a wound); brush *(fx* with soapy water).
pensum *(i et enkelt fag)* syllabus; *-ets oppbygning* the construction of the syllabus; *de prinsipper* ~ *er bygd opp etter* the principles governing the construction of the syllabus; *komme gjennom* ~ get through the syllabus; *eksamens-* examination requirements *(pl).*
pensum|bøker *(pl)* books prescribed for study, set books. **-liste** list of set *(fx* English) reading; list of set books. **-tekster** *(pl)* prescribed texts, set texts.
peon *(bot)* peony.
pepper pepper.
pepper|bøsse pepperbox. **-kake** gingersnap; *(jvf sirupssnipp).* **-mynte** peppermint. **-mø** old maid. **-svenn** bachelor.
pepre *(vb)* pepper.
pepsin pepsin. **peptisk** peptic.
Per Peter; ~ *og Pål* Tom, Dick, and Harry.
perfeksjonere *(vb)* perfect; ~ *seg i* improve one's knowledge of.
perfeksjonist perfectionist.
perfekt *(adj)* perfect *(i* in); *være* ~ *i fransk* have a thorough knowledge of French; know F. thoroughly; *han er* ~ *i fransk (også)* his F. is perfect; *han snakker* ~ *fransk* he speaks perfect F., he speaks F. perfectly; *his* F. is perfect; *han kan sine ting* ~ he knows his stuff to perfection.
perfekt|ibel perfectible. **-ibilitet** perfectibility.
perfektum *(gram)* the perfect (tense).
perforere *(vb)* perforate.
pergament parchment; *(fint)* vellum.
pergola pergola.
perifer 1*(avsidesliggende)* remote; **2***(anat)* peripheral *(fx* nerves).
periferi periphery.
periferisk peripheral.

periode period. **-dranker** dipsomaniac; **T** dipso. **-vis** *(adj)* periodical; *(adv)* periodically.
periodisk periodic.
periskop periscope.
peristalt|ikk peristalsis. **-isk** peristaltic.
I. perle *(subst)* pearl; *(av glass, etc)* bead; *(natur-skjønt sted)* beauty spot; *kaste -r for svin* cast (one's) pearls before swine.
II. perle *(vb)* bead, form (in) beads; *svetten -t på hans panne* beads of perspiration covered his forehead.
perle|broderi beadwork. **-fisker** pearl diver, pearl fisher. **-gryn** pearled grain, pearl(ed) barley. **-halsbånd** pearl necklace. **-humør** excellent spirits; *han var i* ~ **T** *(også)* he was in bubbling spirits. **-høne** *(zool)* Guinea hen. **-kjede** string of pearls (,beads). **-mor** mother-of-pearl. **-musling** *(zool)* pearl oyster. **-rad** row of pearls (,beads). **-venner:** *de er* ~ they are fast friends; *(se erteris).*
I. perm cover; *fra* ~ *til* ~ *(om bok)* from c. to c.; *mellom disse -er* between the covers of this book, between these covers; *(se stiv).*
II. perm *(mil)* **T:** *se permisjon.*
I. permanent *(subst)* permanent wave; **T** perm.
II. permanent *(adj)* permanent; perpetual.
permisjon leave (of absence); ~ *uten lønn over et passende tidsrom* an appropriate period of unpaid leave; *den med rektor avtalte -(stid) utløp* the leave allowed by the head expired; *(se tjuv-perm).*
permisjonsantrekk *(mil)* walking-out dress; *(mar)* shore kit; *US* class A uniform.
permittent serviceman on leave; *-er (også)* leave personnel.
permitter|e *(vb)* **1.** grant leave (of absence); **2***(sende bort)* dismiss, send away; **3***(hjemsende)* disband, send home; *-t* on leave.
perpendik|kel pendulum. **-ulær** perpendicular.
perpleks taken aback, bewildered, nonplussed; **T** flummoxed.
perrong platform.
pers: *måtte til* ~ be in for it; go through it; face it; *du må nok til* ~ *du også* you'll have to face it too; you'll have to go through it too; *nå må han til* ~*!* now he's in for it!
I. perse *(subst)* press.
II. perse *(vb)* press.
perser Persian.
persesylte mock brawn, head cheese, collared head.
Persia Persia.
Persiabukta *(geogr)* the Persian Gulf.
persianer(skinn) Persian lamb.
persienne Venetian blind; *US* (window) shade.
persille *(bot)* parsley; *(se kruspersille).*
persisk Persian.
person person; *i egen* ~ in person; *uten -s anseelse* without respect of persons.
personalavdeling staff department; *administra-sjons- og personalavdeling (jernb)* establishment and staff department; *(se personalkontor).*
personaldirektør *(post)* director of personnel; *administrasjons- og personaldirektør (jernb)* chief establishment and staff officer; *(jvf personalsjef).*
personale personnel, staff; *teknisk* ~ technical staff; *butikk-* sales staff; *(se oppsynspersonale; rydde:* ~ *opp i personalet).*
personalforvaltning personnel management.
personalia biographical data, personalia.
personalkomité staff committee.
personalkontor personnel office; *(se søknad).*
personalkreditt personal credit; *(jvf realkreditt).*

personalsjef personnel manager; *(se også perso-naldirektør).*

personalstyrke staffing; *tilstrekkelig (,høyeste)* ~ adequate (,maximum) staffing.

personalunion *(polit)* personal union.

persondata personal data.

persongalleri *(i litt. verk)* (cast of) characters; *Dickens'* ~ the characters in Dickens.

personifikasjon personification.

personifisere *(vb)* personify; *han er den -te hederlighet* he is the soul of honesty; *han er den -te ondskap* he is evil personified.

personifisering personification.

personkrenkelse *(jur)* trespass to person; *(se eiendomskrenkelse).*

personlig *(adj)* personal; *en* ~ *bemerkning* a p. remark; ~ *frihet* individual liberty; *min -e mening* my p. *(el.* private) opinion; *(adv)* personally, in person; *jeg er ikke* ~ *interessert* I am not directly concerned; *(se seier).*

personlig datamaskin *(PC)* personal computer; PC.

personlighet personality; individuality; *(personlig hentydning)* personality; *en betydelig* ~ an important person(ality); *en meget betydelig* ~ an outstanding personality; *en fargerik* ~ a colourful personality; *han er en helstøpt* ~ he is a man of sterling personality.

personopplysninger personal information.

personskade personal injury.

personsøker bleep(er).

person|takst fare. **-tog** passenger train. **-vern** (protection of) privacy. **-verntiltak** measure to protect the privacy of the individual.

perspektiv perspective; *la oss se det hele i* ~ let's put the thing into perspective; *(se også avstand & uhildet).* **-isk** perspective.

perspektivlære science of perspective.

pertentlig correct, meticulous, punctilious; T pernickety; US T persnickety; *han er meget* ~ T *(også)* he likes everything just so. **-het** meticulousness, punctiliousness.

Peru *(geogr)* Peru.

peru|aner, -ansk Peruvian.

pervers perverse, perverted; *(seksuelt)* sexually depraved, perverted, unnatural *(fx* an u. crime, vice); *en* ~ *person* a (sexual) pervert.

perversitet sexual perversion, abnormality; pervertedness.

pese *(vb)* pant, puff.

pesk reindeer jacket.

pessar diaphragm, cap.

pessimis|me pessimism. **-t** pessimist.

pessimistisk pessimist, pessimistic.

pest pest, plague; *avsky som -en* hate like poison.

pestaktig pestilential.

pestbyll bubo *(pl:* buboes).

pestilens pestilence.

petit *(typ)* brevier, 8-point.

petitartikkel paragraph; T par.

petitjournalist columnist; par writer.

petrokjemisk petro-chemical *(fx* a petro-chemical works).

petroleum petroleum.

Pfalz *(geogr)* the Palatinate. **p-greve** Count Palatine.

pianist(inne) pianist.

I. piano *(subst)* piano; *hennes dyktighet ved -et* her proficiency at the piano.

II. piano *adv (sakte)* piano.

pianoforte piano, pianoforte.

piano|krakk music stool. **-stemmer** piano tuner. **-tråd** music wire.

piassava piassava.

pidestall pedestal; *rive ned av -en* T debunk.

piece piece; (short) play.

pietet piety; reverence; *(fromhet)* piety.

pietetsfull respectful; reverent; *-t bevarte samlinger* carefully preserved collections.

pietetshensyn: *av* ~ out of respect.

pietetsløs irreverent.

pie|tisme pietism. **-tist** pietist.

pietistisk pietistic.

pigg spike; *(på piggtråd)* barb; *(i piggdekk)* stud; *pinnsvinets -er* the quills of the hedgehog; *(fjell-)* peak; *(mar)* forepeak.

piggdekk *(også* US) studded tyre.

pigge *(vb)* spike, prod; ~ *av* T make oneself scarce; *(også* US) hop it; ~ *av gårde* T hurry off; T push off.

pigget prickly, spiky.

pigghalsbånd spiked collar.

igghå *(fisk)* spiked *(el.* spiny) dogfish.

piggrokke *(fisk)* sting ray.

pigg|stav pikestaff. **-sveis** crew cut. **-tråd** barbed wire. **-trådgjerde** barbed wire fence.

piggvar *(fisk)* turbot.

pigment pigment. **-ering** pigmentation

pikant piquant, intriguing; spicy *(fx* stories, pictures).

pikanteri piquancy.

pike girl; *(hushjelp)* maid, servant girl, maid servant; *en -nes Jens* a ladies' man. **-barn** girl; slip of a girl. **-dager** *(pl)* girlhood days. **-historie** affair. **-jeger** skirt chaser, girl chaser. **-luner** *(pl)* girlish whims. **-navn** maiden name; girl's name.

piké piqué.

pike|skole girls' school. **-speider** girl guide; *(se speider).*

pikett *(vaktpost)* picket.

pike|værelse maid's room. **-år** *(pl)* girlhood.

I. pikk *penis (vulg)* prick, cock, tool.

II. pikk: ~ *og pakk* bag and baggage.

pikke *(vb)* tap, knock.

pikkoline page girl.

pikkolo 1*(fløyte)* piccolo; 2*(hotellgutt)* page boy; buttons; US bellhop, bellboy.

piknik picnic; *dra på* ~ go on a picnic; go picnicking; *(se landtur).*

I. pil *(bot)* willow; *(kurvpil)* common osier.

II. pil *(til bue)* arrow; *(liten kaste-)* dart; *(fig)* dart, bolt, shaft; ~ *og bue* a bow and arrows *(fx* shoot with a bow and arrows); *(se bue).*

pilar pillar; *(bru-)* pier.

pilaster pilaster.

Pilatus Pilate.

pile *(vb)* hurry, run, scurry *(av sted* off).

pilegrim pilgrim.

pilegrims|ferd pilgrimage. **-vandring** pilgrimage.

pile|kogger quiver; *(se standkogger).* **-regn** shower of arrows. **-spiss** arrowhead. **-skudd** arrow shot; bowshot *(fx* within a b. of). **-tre** *(bot)* willow.

pilk *(fiskeredskap)* jig.

pilke *(vb)* jig.

I. pille *(subst)* pill; *en bitter* ~ *å svelge* a bitter pill to swallow; *sukre -n* gild the pill.

II. pille *vb (jvf plukke)* pick, pluck; shell *(fx* peas, prawns); ~ *seg i nesen* pick one's nose; ~ *fjærene av en fugl* pluck a bird; ~ *i maten* pick at the food; *fuglen -r seg* the bird is preening itself; ~ *ved* finger, touch.

pillemisbruk excessive use of pills.

pillesluker pill-popper.

pillråtten rotten to the core.

pils(ner) *(øl)* Pils(e)ner (beer); light beer; *(se lagerøl).*

pimpe *(vb)* tipple, guzzle *(fx* he sat guzzling beer all evening).

pimpestein pumice, pumice stone.
pinaktig painful.
pinaktighet pain, distress.
I. pine *(subst)* pain, torment, torture; *død og ~!* by Jove!
II. pine *(vb)* 1. torment, torture. 2. *mar (seilsp)* pinch.
pine|benk rack; *bli spent på -en* be put on the rack. **-full** painful.
ping-pong ping-pong.
pingvin *(zool)* penguin.
pinje *(bot)* stone pine.
pinjong: *konisk ~* bevel pinion; *(se bakakseldrev; planetdrev).*
pinlig painful.
pinne stick; *(i bur)* perch; *(vagle)* roost; *(i cricketgjerde)* stump; *(strikke-)* knitting needle; *(om maskene på en pinne)* row; *(plugg)* pin, peg; *(i leken «vippe ~»* cat); **T** (= *dram)* nip *(fx* a nip (of whisky, *etc)),* shot; *felle en maske i slutten av -n* decrease a stitch at the end of the row; *ikke legge to -r i kors* not lift a finger *(fx* for sby); *skyte en hvit ~ etter noe* whistle for sth; *stiv som en ~* stiff as a poker *(el.* board); *stå på ~ for en* dance to sby's pipe; be at sby's beck and call; *"vippe ~"* *(leken)* tipcat; *vippe ham av -n* **T** knock him off his perch; *(sørge for at han får sparken)* give him the push; *nyheten vippet ham nesten av -n (også)* **T** the news nearly bowled him over.
pinnekjøtt [salted and dried ribs of mutton].
pinneskrue screw stud.
pinne|stol spindleback chair. **-ved** kindling wood; *bli slått til ~* be shattered to bits.
pinnsvin *(zool)* hedgehog.
pinnsvinfisk *(zool)* sea porcupine; porcupine fish; globe fish.
pinol *(på dreiebenk)* (lathe) centre.
pinolrør *(på dreiebenk)* tail spindle.
pinse Whitsun; *(jødisk)* Pentecost.
pinseaften Whit Saturday, the day before Whitsunday.
pinsedag: *første ~* Whitsunday; *annen ~* Whit Monday.
pinseferie Whitsun holidays.
pinse|fest Pentecost. **-helg** *se pinse.*
pinsel torture, torment.
pinselilje *(bot)* white narcissus.
pinse|morgen Whitsunday morning. **-tid** Whitsuntide.
pinsett 1. (pair of) tweezers; 2*(med.)* forceps.
pinse|uke Whit Week. **-venn** Pentecostalite.
pion *(bot)* peony.
pionér pioneer.
pip *(lyd)* cheep, chirp, peep; *(int)* cheep! *(se pipp).*
I. pipe *(subst)* 1. pipe; 2*(på bygning)* chimney; 3*(gevær-)* barrel; 4*(del av pipenøkkel)* socket; *danse etter ens ~* dance to sby's pipe; be at sby's beck and call; *da fikk -n en annen lyd* that made him (,her) change his (,her) tune; *-n hadde fått en annen lyd* the song had changed; *stikke -n i sekk* climb down, sing small, pipe down, change one's tune; *en ~ tobakk* a pipe(ful) of tobacco.
II. pipe *(vb)* cheep; *(om dør, stemme)* creak, squeak *(fx* the door squeaked badly on its hinges); *(om åndedrett)* wheeze, whistle; *kulene pep om ørene på oss* the bullets whistled past our ears; *vinden pep i riggen* the wind whistled through the rigging; *~ en ut* boo sby, hiss sby (off the stage); *bli pepet ut* **S** get the bird.
pipe|brann chimney fire. **-hode** pipe bowl. **-konsert** hissing; catcalls. **-løk** spring onion, salad onion; green onion; scallion; *(jvf sjalottløk).* **-nøkkel** box spanner, socket spanner, socket

wrench. **-nøkkelsett** socket set. **-renser** pipe cleaner. **-stilk** pipestem. **-veksling** framing around the chimney.
piple *(vb)* trickle.
piplerke *(zool)* red-throated pipit; *stor ~* Richard's pipit.
pipp *(kvitring)* chirp, cheep, peep; courage, strength; *ta -en fra en* **T** take it out of one; *det tok nesten -en fra oss (også)* it almost knocked us out.
I. pir *(liten makrell)* young mackerel.
II. pir *(utstikkerbrygge)* pier.
pirat pirate.
pirk 1*(pirkearbeid)* fiddling work; *det er noe ordentlig ~* it's f. w.; 2*(kritikk)* petty criticism.
pirke *(vb)* pick, poke *(i* in); fiddle, finger *(ved* at); *~ seg i tennene* pick one's teeth; *~ (ɔ: hakke) på en* carp at sby; **US** pick at sby.
pirkearbeid *se pirk 1.*
pirket pedantic; pin-pricking; *(om kunstverk)* niggling.
pirre *(vb)* stimulate; tickle, excite, titillate.
pirrelig irritable.
pirrelighet irritability.
pirringsmiddel stimulant.
piruett pirouette.
pisk whip; *(hårpisk)* pigtail; *få av -en* get a flogging; *være under ens ~* be under sby's thumb.
piske *(vb)* whip, lash, flog; *(egg, etc)* beat (up) *(fx* eggs, cream), whip; *regnet -r på rutene* the rain is lashing against the panes; *snøen -t oss i ansiktet* the wind was beating the snow into our faces; *han henger i som et -t skinn* he is working as if possessed; **T** he's working flat out; *stivpisket* whipped to a froth *(fx* three eggs whipped to a f.); *~ opp en krigsstemning* stir *(el.* whip) up a warlike atmosphere; *(se I. skinn).*
piskeorm *(zool)* whipworm.
piskesmell crack of a whip; *et ~* the crack of a whip.
piskesnert whiplash; *(slag)* flick (of one's whip).
piss **T** piss, urine. **-e** *(vb)* **T** piss.
pissoar urinal.
pist *(av fugl)* chirp, cheep, peep.
pistol pistol. **-hylster** holster. **-kolbe** (pistol) butt.
pittoresk picturesque.
pjalt: *slå sine -er sammen (gifte seg)* **T** splice up.
pjatt 1. overdressed dandy; 2. empty chatter; nonsense, twaddle.
pjatte *(vb)* chatter idly.
pjokk *(liten gutt)* little fellow *(el.* chap); toddler; *den vesle -en* that little chap; **T** that little nipper; **US** that little shaver; *(se nurk).*
pjolter whisky and soda; **US** highball.
pjuske *(vb)* tousle; rumple, ruffle, dishevel.
pjusket rumpled; dishevelled *(fx* hair); scruffy; *våt og med -e fjær (om fugl)* wet and with ruffled feathers; *han så ~ ut som vanlig* he was looking his usual scruffy self; *(se pjuske).*
pladask flop, plop, plump; *falle ~ på baken* fall smack on one's seat; *han falt ~ på gulvet* he fell smack on the floor.
plaff *(int)* bang!
plaffe *(vb)* shoot, pop; *~ løs på* blaze away at; *~ ned* pick off; **T** plug.
I. plage *(subst)* bother, worry, nuisance; *hver dag har nok med sin ~ (bibl)* sufficient unto the day is the evil thereof; *fluene er en sann ~* the flies are an unbearable nuisance; *den ungen er en sann ~ for sine omgivelser* that child is a holy terror.
II. plage *(vb)* bother, pester, torment, worry; *(irritere)* niggle *(fx* I knew there was something niggling you this morning); **US** bug *(fx* stop bugging me! that's what's bugging him); *det var*

det som -t ham (også) that's what was preying on his mind; *~ livet av en* worry sby to death.

plageånd nuisance, pest; tormentor.

plagg garment; *en slik jakke er et meget anvendelig ~* a jacket like that is a most useful garment.

plagiat plagiarism. **plagiator** plagiarist.

plagiere *(vb)* plagiarize.

plagsom annoying, troublesome.

I. plakat *(subst)* placard, bill, poster; *(teaterplakat)* playbill; *(forstørret fotografi brukt som veggdekorasjon)* photomural; *sette opp en ~* stick *(el. post)* a bill.

II. plakat *(adv):* *~ full* T plastered, dead drunk.

plakatfarge poster colour. **-søyle** advertising pillar, advertisement display pillar.

I. plan *(subst)* 1*(flate)* plane; 2*(nivå)* level; *ligge i samme ~ som* be on the same level as, be on a level with; *på et annet ~* on a different level; *på det personlige ~* on the personal level; *på det praktiske ~* at *(el.* on) a *(el.* the) practical level; *det avhenger av hvilket stilistisk ~ man befinner seg på* it depends on what type of style one is operating with; 3*(tegning, kart)* plan *(over* of); 4*(prosjekt)* plan, scheme, project; *arbeids- (i skole)* scheme of work, work scheme; 5*(over arbeidets utførelse i bedrift, etc)* flow plan, flow sheet *(el.* chart); *(jvf prinsippskjema); det er liten balanse i -ene* it is not a very balanced framework; *eventyrlige -er* wildcat schemes; *ha en fast ~ i arbeidet sitt* work to a plan; work methodically; *man har -er om å bygge flere studenthjem* plans are under consideration for more halls of residence to be built; *jeg omgås med en ~* I'm nursing a scheme; *-er om* plans for; *på det indre ~* in the inner world of the mind; in the inner sphere; *handlingen foregår på det indre ~* the action takes place in the inner world of the mind; *på det ytre ~* in the sphere *(el.* world) of external circumstances; *på et høyere ~ (kulturelt, etc)* on a higher plane; *vi arbeider faktisk på to ~* we do, in fact, work on two levels; *sette en ~ ut i livet* carry a plan into effect *(el.* execution); *våre -er tegner bra* our plans are shaping well; *(se fadder; korthus; II. skulle 3; utarbeide).*

II. plan *(adj)* flat, level, plane.

planere *(vb)* level; plane; *~ en vei* level a road; *~ ut* level, even up *(fx* the ground); make even *(fx* m. the ground e.).

planet planet.

planetarisk planetary.

planetdrev planet pinion; *(se pinjong).*

planetsystem planetary system.

planfigur *(geom)* plane figure *(el.* shape).

planfri *se kryss: planfritt ~.*

plangeometri plane geometry.

planhusholdning economic planning.

plankart *(mar)* plane chart.

planke plank; *(av furu el. gran)* deal; *(jvf IV. bord).*

plankegjerde board fence, boarding; hoarding; *sette ~ rundt* board in *(fx* a building site).

plankekapp deal ends. **-kjøring:** *det er bare ~ (fig)* that's only routine work; that's mere routine; that's child's play. **-kledning** planking.

plankelegge *(vb)* plank.

plankton plankton.

planlegge *(vb)* make plans for, plan.

planlegging planning; organizing; *~ på lang sikt* long-range *(el.* long-term) planning; *under den videre ~ av ordboksprosjektet* in working out further plans for the dictionary project.

planleggingsdag *(skolev)* planning session; *(i*

Canada) non-instructional day; discretionary day.

planløs planless, aimless, unmethodical; T go -as-you-please. **-løshet** aimlessness, absence of method. **-messig** *(adj)* systematic; *(adv)* according to plan, systematically; *~ lønnsøkning* planned growth of wages. **-messighet** regularity, method.

planovergang *(jernb): se jernbaneovergang.*

plansje plate *(fx* in a book); wall chart. **-verk** book containing plates.

planskive *(på dreiebenk)* (lathe) face plate.

plansliping facing, grinding the surface; *(se sliping).*

plantasje plantation. **-eier** planter.

I. plante *(subst)* plant; *han er en fin ~* T he's a nice specimen; *du er meg en fin ~!* well, you're a nice one!

II. plante *(vb)* plant; *han -t de svære, skitne føttene sine på teppet* he planted his big dirty feet on the carpet; *~ om* transplant; replant; *~ til med* plant up with *(fx* softwoods); *~ ut* plant out, bed out; transplant; *~ seg foran en* plant oneself in front of sby.

planteetende herbivorous. **-føde** vegetable food. **-geografi** geographical botany. **-liv** plant life. **-margarin** vegetable margarine. **-rike** vegetable kingdom. **-saft** sap, juice of plants. **-skole** nursery. **-verden** vegetable world. **-vev** plant tissue.

plantrigonometri plane trigonometry.

planøkonomi *(system)* planned economy.

plapre *(vb)* chatter away, gabble; *~ ut med noe* blurt out sth; *han -t ut med det hele* T he let the cat out of the bag; *(se plumpe; ~ ut med).*

plasere *(vb): se plassere.*

plask splash; *(lite)* plop.

plaske *(vb)* splash, plash; *(om enkelt lyd)* plop; *~ med armer og ben* thrash the water.

plaskebasseng paddling pool.

plaskregn heavy shower, pelting rain.

plaskvåt dripping wet, drenched; soaked; *(se våt).*

plass 1*(sted)* place; spot; *på ~* in p.; in its (right) p.; *(i rekke, serie, etc)* place, position; 2*(rom)* room, space *(fx* it takes up a great deal of s.); *(i bok, etc)* space; *dette problem inntar en bred ~ i hans forskning* this problem takes up *(el.* occupies) a large part of his research work; *merkantil engelsk inntar en bred ~ i ordboken* commercial English claims considerable space *(el.* takes up much space) in the dictionary; *gjør ~* stand back! make room! make way! *gjøre ~ for en* make room for sby; *vike -en for* give way to; 3*(sitteplass)* seat *(fx* this seat is taken); *det er ~ til 12 ved dette bordet* this table seats 12; *ta ~* take a seat; *(især US)* have a seat; *du har tatt -en min!* T you've bagged my place! *-er kan bestilles i forveien* seats are bookable in advance; 4*(mandat)* seat *(fx* in Parliament); 5*(stilling)* post, job; *(hushjelps, lett glds)* situation; *(se huspost);* 6*(husrom, havneplass, etc)* accommodation *(fx* a. for 50 guests); 7*(i veddeløp)* place; *han besatte 4. ~* he came in fourth; he was fourth; *bytte ~* change places *(fx* with sby); *innta -ene! (sport)* on your marks! *han kom inn på 13. ~ på 500 m* he finished 13th in the 500 metres; *(om skøyteløper også)* he skated 13th; *med 13. ~ blant 42* with 13th place out of 42; *spilte du på ham som vinner og på ~? (i hesteveddeløp)* did you bet (on) him each way *(el.* both ways)? 8*(mar) (posisjon)* position *(fx* the lightship is not in p.); 9*(høre hjemme, være berettiget): på sin ~* appropriate; suitable; *ikke på sin ~* out of place, inappropriate, misplaced; *var det ikke på sin ~ å advare ham?*

might it not be well to warn him? *illustrasjoner er på sin ~ når det gjelder å holde et publikums oppmerksomhet fanget* illustrations have their place in keeping a lecture audience attentive; *sette en på ~ (o: irettesette en)* put sby in his place; T tell sby where he gets off; *(se også åpen).*

plassangst fear of open spaces; *(med.)* agoraphobia.

plass|anviserske *(på kino)* usherette. **-besparende** space-saving. **-bestilling** seat booking, seat reservation. **-billett** *(jernb)* (seat) reservation ticket, reserved seat ticket.

plassere *(vb)* place; *(penger)* place, invest; *(vaktpost, etc)* place, station *(fx* a guard at the gate); *(om ting, også)* locate *(fx* the battery is located under the bonnet); *~ seg* place oneself, seat oneself; *bli plassert (i sport)* be placed; *hester som ikke oppnådde å bli plassert* unplaced horses; also-rans; *~ en ordre hos (merk)* place an order with; *jeg kan ikke riktig ~ ham (fig)* I can't place him.

plassering placing; *en hest som har fått ~ a* placed horse; *hesten fikk ingen ~* the horse was not placed.

plass|hensyn considerations of space; *av ~* for reasons of space; *av ~ kan vi ikke gå i detaljer* a regard for space prevents us (from) going into detail. **-mangel** lack of space *(el.* room); *(på hotell, etc)* lack of accommodation; *på grunn av ~* owing to lack of space. **-oppsigelse 1.** discharge; **2.** walkout; *(se oppsigelse).* **-sjef** *(for turoperatør)* area *(el.* resort) manager.

plast plastic(s).

plaster plaster *(fx* put a p. over the wound, apply a p. to the w.); *som et ~ på såret (fig)* by way of consolation.

plastikk 1.: *se plast;* **2.** plastic art; **3.** plastic gymnastics *(el.* dancing).

plastisk *(adj)* plastic *(fx* p. surgery; a p. operation; p. clay).

platan *(bot)* plane tree.

plate 1(*metall-, tynn)* sheet; *(tykkere)* plate; *(bygnings-)* wallboard; *(av sten, etc)* slab *(fx* a s. of marble); *(glass-)* sheet *(fx* of glass); *(bord-)* table top; *2(grammofon-)* record, disc; **3**(*elekt: koke-)* hotplate; **4**(*løgn)* lie, fib; *legg på en annen ~!* T turn the record! change the record! *han er ikke så nøye på å slå en ~* (4) he is apt to tell fibs; he is casual about telling the truth; he is not too truthful; *han gnåler alltid på den samme gamle -n (fig)* he is always harping on one *(el.* on the same) string.

plate|bar melody-bar. **-blokk** *(tekn)* slab ingot. **-emne** slab. **-innspilling** disc recording. **-musikk** record music; *(i radio, som programpost)* record session. **-prater** disc jockey. **-spiller** *(automat)* record player. **-tallerken** *(på platespiller)* turntable. **-valseverk** slabbing mill; *(se valseverk).*

platina platina, platinum.

platonisk platonic.

platt flat; *(i tale el. stil)* vulgar, low; flat; *kaste seg ~ ned* throw oneself flat; *seile ~ lens* sail with the wind dead aft; run.

plattenslager swindler, cheat.

plattform platform; *overbygget ~* covered p.; *åpen ~* open p.

platt|fot flatfoot. **-fotet, -føtt** flatfooted.

platthet flatness; platitude; *fromme -er* pious platitudes.

plattysk Low German.

platå plateau *(pl:* -x el. -s).

platåsko *(pl)* platform shoes.

plausibel plausible.

plebeier, plebeiisk plebeian.

plebisitt *(polit.)* plebiscite.

pledd (travelling) rug; US lap robe, lap rug.

pledere *(vb)* plead.

I. pleie *subst (pass)* nursing; care; *etter sykdommen har hun trengt stadig ~* since her illness she has been in need of constant nursing.

II. pleie *vb (passe)* look after; nurse, take care of.

III. pleie *vb (være vant til)* be used to, be accustomed to, be in the habit of; *jeg -r å gjøre det* I usually *(el.* generally) do it; I am in the habit of doing it; *han pleide å komme hver dag* he used to come every day.

pleieassistent UK nursing assistant *(el.* auxiliary); *(ved syke- el. gamlehjem)* care assistant.

pleie|barn foster child. **-foreldre** foster parents. **-hjem** nursing home; *pleie- og aldershjem* nursing and old people's home. **-personale** nursing staff. **-plan** *(med.)* care study. **-trengende** *(adj)* in need of nursing.

plen *(gress-)* lawn.

plent *(adv):* sette seg ~ ned sit right down; *svare ~ nei* give a flat refusal.

plenum plenary.

plenumsbehandle *(vb)* discuss in plenary assembly *(,parl:* session).

plenumsbeslutning plenary decision.

plenumsmøte full meeting; *når kommunestyret har (,hadde) ~* at a full meeting of the council; at full council meetings.

pleonasme pleonasm. **-tisk** pleonastic.

I. plett *se flekk; sette en ~ på hans rykte* stain his reputation; *en ~ på hans gode navn og rykte (også)* an imputation on his character; *på -en* on the spot; *hvis noe skulle gå galt, er han straks på -en for å ta seg av det* if things (do) go wrong, he's always there to sort them out.

II. plett plate *(fx* silver p.).

III. plett *(kake)* girdle (,US: griddle) snap.

plettfri spotless, immaculate.

plikt duty *(mot* to, towards); *en kjær ~ a* pleasant duty, a privilege; *det er meg en kjær ~ å ...* it's a very pleasant *(el.* welcome) duty for me to ...; *en tung ~ a* painful duty; *gjøre sin ~* do one's duty; *han har ~ til å* it is his duty to; he is in duty bound to; he is under an obligation to; *jeg har først og fremst -er overfor kone og barn* my duty is to my wife and children; *-en kaller* duty calls; *utover hva -en krever* beyond the call of duty.

plikt|arbeid duties; *(se hoveri).* **-dans** duty dance, obligatory dance.

plikte *(vb): han -r å* it is his duty to, he is in duty bound to.

plikt|forsømmelse neglect of duty, dereliction of duty; *grov ~* gross d. of d. **-følelse** sense of duty.

pliktig (in duty) bound, obliged.

pliktmessig conformable to duty, dutiful; as in duty bound.

pliktoppfyllelse fulfilment *(el.* discharge) of one's duty *(el.* duties).

pliktoppfyllende devoted (to duty); conscientious; *han er en interessert, ~ og flittig elev* he is an interested, conscientious and hard-working pupil *(el.* student).

pliktsak matter of duty.

plikt|skyldigst *(adv)* as in duty bound. **-tro** faithful (to one's duty), loyal, dutiful; conscientious. **-troskap** devotion to duty; conscientiousness.

I. pling *(subst)* ting.

II. pling *(int)* ding.

plir blink, squint.

plire *(vb)* blink, squint *(mot* at).

plissé pleating.

plog plough; *US* plow; *føre -en* guide the p.; *legge under -en* put *(el.* bring) under the p., clear the ground; *(se bakkeplog, bæreplog; vendeplog).* **-før** fit to draw *(el.* capable of drawing) a (,the) plough. **-får** (p.) furrow. **-lag** [ploughing pool]. **-skjær** plough share. **-sving** *(på ski)* snowplough turn. **-velte** sod turned up by the plough; furrow. **-ås** plough beam.

plombe 1. (tooth) filling; **2.** (lead) seal.

plombere *(vb)* **1.** stop, fill *(fx* a tooth); **2.** seal.

plombering 1. stopping; **2.** sealing.

I. plomme *(i egg)* yolk; *ha det som -n i egget* be in clover; be as snug as a bug in a rug.

II. plomme *bot (frukt)* plum.

plommetre *(bot)* plum tree.

pludder *(snakk)* jabber, gabble; *(babys)* prattle.

pludre *(vb)* jabber, gabble; *(om baby)* prattle.

plugg peg; *(en kraftig)* en *kraftig* ~ a sturdy fellow; *en kraftig, tettvokst liten* ~ a strong, sturdy little chap; *(se tennplugg).*

plukke *(vb)* pick; *(frukter, blomster)* pick, gather; *(en fugl)* pluck; *(en person)* fleece; ~ *av* pick off; *han har -t opp en god del tysk* he has picked up a lot of German; ~ *på* pick at *(fx* a wound, a scab); ~ *ut* pick out.

plukkfisk stewed codfish; *(fig)* hash *(fx* make hash of), mincemeat; *slå ham til* ~ make mincemeat of him.

plukkhogst *(forst)* selection felling *(el.* cutting).

I. plump *subst (dump lyd)* flop, plop; splash.

II. plump *adj (rå)* coarse, low, vulgar; *(klosset)* clumsy.

plumpe *(vb)* flop, plop, plump; ~ *ut med noe* blurt out sth; ~ *ut med det* **T** let the cat out of the bag; spill the beans; *så -t han ut med det hele (også)* then it all came out; ~ *uti en råk: se råk.*

plumphet coarseness, vulgarity; *(klossethet)* clumsiness.

plumpudding plum pudding.

plunder bother, trouble. **-dre** *(vb)* toil, have no end of trouble.

pluralis *(gram)* the plural; *(se flertall).*

pluralitet plurality.

pluskvamperfektum *(gram)* the pluperfect (tense).

pluss plus; *et* ~ *(fordel)* an advantage.

plusse *(vb):* ~ *på* add.

plutselig *(adj)* sudden; *(adv)* suddenly, on *(el.* of) a sudden; ~ *forsto han at ... (også)* in a flash he realized that ...; *stanse* ~ stop short.

plutselighet suddenness.

plyndre *(vb)* plunder, pillage, rifle; *(erobret by)* sack, loot.

plyndring plundering, pillage, rifling; sack, loot.

plysj plush.

plystre *(vb)* whistle.

pløse 1. blister, swelling; *(etter slag)* weal; **2***(i sko)* tongue.

pløset bloated, swollen.

pløye *(vb)* plough; *US* plow; *pløyde bord* tongue -and-groove boards; ~ *gjennom (fig)* wade through, work one's way through *(fx* a book); ~ *ned* plough under; ~ *opp* turn up.

pnevmatisk pneumatic.

podagra *(glds)* gout.

I. pode *(subst)* graft; *(fig)* offspring; *håpefull* ~ young hopeful.

II. pode *(vb)* graft; *(med.)* inoculate; ~ *inn: se innpode.*

podekvist scion.

podium platform.

poeng point; *(kjernepunkt)* gist; *få 30* ~ score *(el.* get) thirty points; *-et ved historien* the point of the story; *tape (,vinne) på* ~ lose (,win) on points; *fjerne -et fra en anekdote* take the

point out of an anecdote; *fikk du tak i -et?* **T** *(også)* did you get the message? *du har oppfattet -et riktig* you have grasped the point; *(se også utarbeidelse).*

poeng|beregning calculation of points. **-seier** victory on points. **-stilling** score; *hvordan er -en?* what's the score? **-sum** total number of points, grand total; *han fikk -men 100* he got a total of 100 points.

poengtere *(vb)* emphasize, stress; *han poengterte meget sterkt at ...* he emphasized very strongly that ...

poesi poetry.

poet poet.

pokal cup.

poker *(kort)* poker. **-ansikt** poker face.

pokker the devil, the deuce; *så for* ~ *!* oh, bother! oh, hang it! *nei, så* ~ *om jeg det gjør!* I'll be damned *(el.* buggered) if I'll do it! *nei, så* ~ *om jeg det vil!* I'll be damned if I will! *hva* ~ ... what the deuce, what the blazes; ~ *også!* hang it! blast! damn! *gå* ~ *i vold!* go and jump in the lake! go to blazes! ... *og jeg ba ham dra* ~ *i vold* and I told him to take a running jump (at himself); ~ *ta den (,det)* damn and blast it! ~ *ta deg!* damn you! damn bare ~ like blazes; *det var da som bare* ~ *!* what a damned nuisance! *et -s leven* an infernal noise; *en -s jente* a devil of a girl; *han tror visst han er* ~ *til kar* he really thinks he's 'it; he thinks no small beer of himself; *de har et -s hastverk* they are in a devil of a hurry.

pokulere *vb (glds)* carouse.

pol pole; *negativ* ~ negative pole; *positiv* ~ positive pole; *Nordpolen* the North Pole; *Sydpolen* the South Pole.

polakk Pole.

polar polar.

polaregner *(pl)* polar regions; *de nordlige* ~ the arctic regions; *de sydlige* ~ the antarctic regions.

polarekspedisjon polar expedition.

polarforsker polar explorer.

polarforskning 1. polar exploration; **2.** polar research.

polarkrets polar circle; *(nordlige)* Arctic Circle; *(sydlige)* Antarctic Circle.

polarreise arctic voyage.

polemiker controversialist, polemist.

polemikk controversy; *(som begrep)* polemics.

polemisere *(vb):* ~ *mot* polemize *(el.* carry on a controversy) against.

polemisk polemic, controversial.

Polen *(geogr)* Poland.

polenta polenta.

polere *(vb)* polish; burnish.

polergarn wool waste, waste wool.

poliklinikk polyclinic, out-patients' department.

polise policy; *åpen* ~ open policy; *tegne en* ~ effect *(el.* take out) a policy.

polisk arch, sly. **-het** archness, slyness.

politi police.

politiadjutant *(omtr =)* chief superintendent.

politi|aspirant probationary police constable; **T** probationer constable. **-avdelingssjef** *se -stasjonssjef.* **-betjent** (police) inspector; *(ved kriminalpolitiet)* detective inspector; *(ved (precinct)* police sergeant. **-bil** police car, patrol car; *sivil* ~ unmarked police car; nondescript. **-etaten** the police service. **-forbund:** *Norsk* ~ *(svarer til)* the Police Federation. **-forhør** p. interrogation. **-forvaring:** *være i* ~ be in the custody of the police, be in p. custody. **-fullmektig 1***(ved mindre korps i egenskap av visepolitimester)* deputy chief constable; *US* deputy chief of police; **2***(ved*

større korps) chief superintendent; *(ved kriminalpolitiet)* detective chief superintendent; US police inspector. **-førstebetjent** chief inspector; US (precinct) police lieutenant; district lieutenant; *(se politistasjonssjef).* **-hund** police dog. **-inspektør** assistant chief constable; *(sjef for en «divisjon»)* chief superintendent; *(i London: sjef for et «department»)* assistant commissioner; *(i London: sjef for en «division»)* commander; US deputy commissioner; deputy chief of police, division commander.
politikammer police headquarters; police station.
politiker politician.
politikk *(framgangsmåte)* policy; *(statskunst)* politics; *det er dårlig ~* it is bad policy; *snakke ~* talk politics; *føre en barnevennlig ~* follow *(el.* pursue) a policy favourable *(el.* beneficial) to children *(el.* to large families); *en fremtidsrettet ~* a policy aimed at the future; *det er gått ~ i saken* it has become a political issue; *la det gå ~ i det* make a political issue of it.
politi|konstabel (police) constable. **-kølle** truncheon, baton. **-mester** chief constable; US police commissioner, chief of police; *-en i Oslo* the Commissioner of the Oslo Police; *vise-* deputy commissioner (of police); US deputy police commissioner, deputy chief of police; *(i London:* the Commissioner is assisted by a Deputy Commissioner and four Assistant Commissioners).
politimyndighet police authority; *gi en ~* invest sby with p. a.; *.... bes melde fra til nærmeste ~ ....* is (,are) requested to inform *(el.* report to) the nearest police station *(el.* authority).
politi|overbetjent (police) superintendent; US senior police captain. **-overkonstabel** (police) sergeant; *(ved kriminalpolitiet)* detective sergeant; US (precinct) police corporal.
politisere *(vb)* talk politics.
politisk political; *slå ~ mynt på noe* use sth to political ends, make political capital out of sth.
politi|skilt police(man's) badge. **-skole** police training centre, police college. **-stasjon** police station; *bli trukket på -en* T be hauled up, be run in. **-stasjonssjef** (police) chief inspector; US (precinct) police captain, district captain; *(jvf politiførstebetjent).* **-styrke** police force. **-utrykning:** *en stor ~* a large muster of police *(fx* there was a large m. of p.); *(se storutrykning & utrykning).* **-vakt** police guard; *det var ~ ved inngangen* the entrance was guarded by police; *(se l. vakt).* **-vedtekt(er)** police regulation(s).
politur polish; *(fig)* veneer.
polka polka.
poll [round fjord with narrow inlet].
pollen *(bot)* pollen.
polonese polonaise.
polsk Polish.
polstre *(vb)* pad, stuff, upholster.
poly|gami polygamy. **-gamisk** polygamous. **-glott** polyglot. **-gon** polygon.
Polynesia *(geogr)* Polynesia.
polypp *(slags havdyr)* polyp; *(med.)* polyp|us *(pl: -i); (i nesen)* adenoids.
polyteisme polytheism. **polyteist** polytheist.
polyteknisk poly-technical; technological.
pomade pomade.
pomadisert pomaded.
pomerans *(bot)* bitter orange.
Pommern *(geogr)* Pomerania.
pommersk Pomeranian.
pomp pomp; *~ og prakt* pomp and circumstance.
pompøs pompous, dignified, stately.
pondus authority, gravity, weight.
pongtong pontoon. **-bru** pontoon bridge.

ponni *(zool)* pony.
poppel *(bot)* poplar.
popularisere *(vb)* popularize.
popularisering popularization.
popularitet popularity.
populær popular; *han har blitt riktig ~ hos tysklæreren* he's made quite a hit with his German teacher.
populærvitenskap popular science.
populærvitenskapelig popular science; *et ~ tidsskrift* a p. s. magazine.
pore pore.
porekar *(bot)* pitted vessel *(el.* duct).
porno T porn.
pornofilm T blue film.
pornografi pornography; T porn.
pornografisk pornographic; *~ film* T blue film.
pors *(bot)* sweet gale, bog myrtle.
porselen china, porcelain; *bein-* bone china.
porselens- china.
porselens|fat china dish. **-varer** *(pl)* chinaware.
porsjon *(tilmålt mengde)* portion, share; *(mat)* portion; helping; *i små -er* in small doses, in (small) instalments; *(om mat)* in small helpings; *en ~ juling* a good beating.
port gate, doorway; *jage på -en* send packing.
portal gateway, portal.
portefølje portfolio; *minister uten ~* minister without portfolio.
portemoné *(pengepung)* purse.
portforbud curfew; *(mil)* confinement to barracks; T C.B.; *han har ~* he is confined to barracks; US he is restricted to quarters.
portier *(hotell-)* (hall)porter; *(jernb)* hall porter.
portiere (door) curtain, portière.
portklokke gate bell.
portner porter, doorman. **-bolig** porter's lodge.
portnøkkel gate key; front-door key.
porto postage; *hva er -en på et brevkort til N.?* how much is a postcard to N.? *hva er -en på brev til utlandet?* what is the postage on foreign letters? what is the overseas postage on a letter?
portofrihet free postage; *misbruke -en* abuse the franking privilege.
porto|fritt post-paid, post free. **-nedsettelse** reduction of postage. **-takst(er)** postal rate(s). **-tillegg** *(straffeporto)* (postal) surcharge.
portrett portrait. **-byste** portrait bust.
portrettere *(vb)* make (,paint, draw) a portrait of, portray.
portrettmaler portrait painter.
port|rom gateway. **-stolpe** gatepost.
porttårn gate tower; *(glds & hist)* barbican.
Portu|gal Portugal. **-giser(inne)** Portuguese; *portugiserne* the Portuguese.
portugisisk Portuguese.
portulakk *(bot)* purslane.
portvakt gatekeeper.
portvin port, port wine.
portør hospital orderly.
porøs porous. **-itet** porousness, porosity.
I. pose bag; pouch; *få både i ~ og sekk* have it both ways; *du kan ikke få både i ~ og sekk* you can't have your cake and eat it; *med -r under øynene* pouchy-eyed; *snakke rett ut av -n* speak straight from the shoulder, speak one's mind, not mince matters, speak plainly, speak out; *ha rent mel i -n* have a good *(el.* clear) conscience.
II. pose vb *(henge løst)* bag.
poselyng *(bot)* ling; *blomst av ~* heather bell; *(se lyng).*
posere *(vb)* pose; strike poses.
poset *(løsthengende)* baggy.

posisjon position.
positiv *(subst & adj, også gram)* positive *(fx the p. degree); en ~ elev (kan gjengis)* a pleasant, interested and helpful pupil; *han er aktiv og ~ både i skole og fagsarbeid* he is keen and active in both school and out-of-school activities; *reagere -t* respond *(fx* the pupils responded well); *(se fagsarbeid).*
positivisme positivism. **-ist** positivist.
positur affected attitude, pose; *stille seg i ~* strike an attitude.
possessiv possessive.
post 1*(stilling)* post; *(hus-)* domestic post *(fx* take a d. p.); *ta ~ i England* take up employment in E.; *take a post (,*T: job) in E.; *begynne i ~ (også)* enter employment; 2*(postvesen)* post, mail; *US* mail; *jeg fikk det med -en* I got it by post; it was sent to me by post; *sende med -en* send by post *(el.* mail), send through the post; *med samme ~* by the same post *(fx* we are sending you by the same p.); *med vanlig ~* by surface mail; *er det noe ~ til meg?* (is there) any mail for me? *jeg fikk mye ~ i dag (også)* I had a heavy post today; 3*(i regnskap)* item; *(postering)* entry; *(beløp)* amount, sum; 4*(vareparti)* lot; parcel; 5*(vakt): stå på ~ (om vaktpost)* stand guard; *være på ~ (fig)* be on one's guard, be on the alert; *bli på sin ~* remain at one's post.
postadresse postal address; *oppgi nøyaktig ~* give exact p. a.
postal postal.
postanvisning postal order. **-arbeid** *(post)* post-office work. **-assistent** *(kan gjengis)* postal assistant. **-behandling** *(post)* treatment of mails; *påskynde -en* accelerate the t. of m. **-bil** mail van. **-bud** postman; *US* mailman, mail carrier, letter carrier; *(se landpostbud).* **-datere** *(vb)* postdate.
postdirektør *(hist): se Postdirektoratet: generaldirektør i ~.*
Postdirektoratet = the Post Office; **avdelingssjef** *i ~* 1. postal executive' A' (in charge of section of the Head Post Office administration). 2. postal executive' B' (in charge of large sorting office); 3. postal executive' C' (in charge of part of a sorting office); **generaldirektør** *i ~* = Chairman and Chief Executive (of the Post Office); *(se også personaldirektør; trafikkdirektør; økonomidirektør).*
poste *(vb)* post, mail; *US* mail; *~ et brev (også)* take a letter to the post.
postei pie; *(liten)* patty.
postekspeditør *(svarer omtr. til)* postal officer.
postere *(vb)* 1*(stille på post)* post, station; 2*(i regnskap)* post, enter.
poste restante poste restante; to be called for; left till called for; *US* general delivery; *(som oppslag over luken)* callers' letters.
postering *(se postere)* (1) posting, stationing; (2) posting, entry, item; *foreta en ~* enter an item, make an entry.
posteringsfeil misentry; error in the books.
postforbindelse *se postgang.* **-fullmektig** *(hist): se Postdirektoratet: avdelingssjef i ~.* **-gang** postal service(s), postal communication. **-giro** postal giro; *UK* Girobank; *betale over ~* pay by postal giro. **-girokonto** postal giro account; *UK* (National) Girobank (deposit) account. **-hus** post office.
postkasse post box; *(utenfor postkontor)* posting box; *(stor, rød; på fortau)* pillar box; *(privat)* letter box; *US* mailbox; (letter) drop; *(avtalt skjulested for meldinger til agent)* dead-letter box; *sitte med skjegget i -a* T be in the soup, be in a tight corner; S be in a tight *(el.* tough) spot;

bli sittende med skjegget i -a T be left holding the baby.
postkasserer *(intet tilsv.; kan gjengis)* [post-office cashier]. **-kontor** post office; *under-* suboffice, branch post office; *hente pakken på -et* get *(el.* fetch *el.* claim) the parcel at the post office. **-kort** postcard; *US* postal card. **-kunde** poster (NB 'posters are reminded that ...'). **-mann:** *se -bud.* **-mengde** volume of mail. **-mester** postmaster; postmistress; *(se postsjef).* **-nummer** postal code, post code; *US* ZIP code. **-ombringelse** delivery (of mail). **-oppkrav** cash (,US: collect) on delivery; C.O.D.; *sende mot ~* send C.O.D. **-oppkravsbeløp** trade charge; *US* (amount of) C.O.D. charge. **-ordreforretning** mail-order business. **-pakkmester** *(svarer til)* sorter. **-sending** item of mail, postal item; *avgående -er* outward traffic; *visse slags -er* certain classes of traffic. **-sjef** head postmaster; head postmistress; *(i London)* district postmaster; *(jvf postmester);*
* The Head Postmaster is assisted by from one to four Assistant Head Postmasters and a number of Postal Executives and Postmasters. **-sjåfør** postman driver. **-sparebank** post-office savings bank. **-stedsfortegnelse** directory of post offices. **-stempel** postmark.
Poststyret *(hist): se Postdirektoratet.*
postulat postulate.
postvesen post-office *(el.* postal) services.
postvogn mail coach; *(jernb)* mail van.
postyr *(glds)* fuss.
poståpner sub-postmaster. **-åpneri** rural sub-office.
pote *(zool)* paw.
potens potency, sexual power; *(ofte =*) sexual prowess; *(mat.)* power; *opphøye i annen ~* square *(fx* s. a number); *opphøye i tredje ~* raise to the 3rd power, cube *(fx* c. a number); *a i fjerde ~* to the fourth (power).
potensial potential. **potensiell** potential.
potentat potentate.
potet potato; *-ene bør kokes med skrellet på* the potatoes should be boiled in their jackets; *ta opp -er* pick *(el.* dig) potatoes; *slå vannet av -ene* drain the potatoes; *(ved hjelp av dørslag)* strain the p.; *stekte -er* chips; *US* French fries.
potetferie autumn holiday (given to allow schoolchildren in country districts to help with the potato harvest). **-grateng** potatoes au gratin.
potetgull crisps; *US* (potato) chips.
potetmel potato flour; *(i Engl. brukes)* cornflour (= *maismel);* *US* cornstarch. **-nese** T bulbous nose. **-opptaker** (rotary) potato digger, potato spinner. **-puré** creamed *(el.* mashed) potatoes. **-ris** potato tops *(el.* plants); *(vissent)* potato haulms. **-skrell** potato peel *(el.* peelings); skin (of a cooked potato). **-stappe** mashed potatoes. **-åker** potato field.
potpurri potpourri *(av* of).
pottaske potash.
potte pot; *(nattmøbel)* chamber pot.
pottemaker potter.
potteplante pot(ted) plant.
potteskår potsherd.
pottestol potty-chair.
pr. 1*(om sted)* near *(fx* n. Oslo); 2*(om middel)* by *(fx* by rail); 3*(om, i)* a; per; *£10 ~ dag* £10 a *(el.* per) day; 4*(om tid)* per, a *(fx* per annum; a year); *betaling ~ 30 dager* payment in *(el.* at) 30 days; *~ kontant* for cash; *våre betingelser er 2 % pr. 30 dager* our terms are 2 per cent (discount) on payment within 30 days; our terms are 2 % (discount) at 30 days; *~ i dag* as per today; as of today; today.
PR public relations, p.r.; *(se PR-mann).*

pragmatisk pragmatic.
Praha *(geogr)* Prague.
praie *(vb)* call, hail; ~ *en drosje* hail a taxi.
prakke *(vb):* ~ *noe på en* palm sth off on sby.
praksis 1*(øvelse, erfaring)* practice, experience; *med* ~ *i papirbransjen* with e. of the paper trade; *det fordres* ~ *i bokføring* previous e. of bookkeeping required; *med allsidig* ~ with all-round e.; *det er* ~ *som teller* p. is the important thing; *(se også øvelse);* 2*(handling): i* ~ in practice; *i teori og* ~ in theory and p.; *ugjennomførlig i* ~ impracticable; *føre ut i* ~ put into p.; 3*(leges, etc)* practice *(fx* sell a p.); *lege med alminnelig* ~ general practitioner *(fk* G.P.); 4*(sedvane)* practice, custom, usage; *hevdvunnen* ~ a p. sanctioned by usage; a time-honoured custom; *følge vanlig* ~ conform to the usual practice; *følge vanlig forretnings-* adhere *(el.* conform to) the usual business p.; *denne kunde, som ikke engang retter seg etter (el. følger) vanlig forretnings-* this customer, who does not even comply with the usual p. in business; *utarbeide en felles* ~ draw up a common code of practice: *(se søknad).*
praksisveileder *(for sykepleiere)* nurse tutor; (sister) tutor; **US** instructor nurse.
prakt pomp, magnificence, splendour.
praktbind de luxe binding.
prakteksemplar magnificent specimen, beauty; jewel *(fx* a j. of a wife), model *(fx* a m. husband).
prakt|elskende splendour-loving, fond of display. **-full** splendid, magnificent, gorgeous.
praktikant trainee, probationer. **-tjeneste** trainee service; *(se praktikum).*
praktiker practical man, practician.
praktikum *(for ingeniører)* industrial training; *(hospitering ved skole for prøvekandidat)* school practice; *(jvf hospitering).*
praktisere *(vb)* practise (,**US:** practice), put into practice.
praktisk *(adj)* practical; *dette er først og fremst et* ~ *kurs* this course is above all a practical one; *i det -e liv* in practical life; *for å gjøre det mer* ~ *for våre kunder på det norske marked* for the greater convenience of our Norwegian customers; *(adv)* practically; ~ *talt* practically, virtually; *(se regning & I. skjønn).*
praktkar first-rate chap; brick.
prakt|stjerne *(bot)* campion. **-stykke** showpiece, museum piece. **-utgave** de luxe edition.
pral boasting, swaggering.
pralbønne *(bot)* scarlet runner, runner bean.
prale *(vb)* boast, brag *(av* about); ~ *med* show off, flaunt.
pram (flat-bottomed) rowboat *(el.* rowing boat); *(lekter)* barge, lighter.
prange *(vb)* be resplendent; ~ *med* show off.
prat 1. chat, talk; **2.** nonsense.
prate *(vb)* chat, talk; ~ *seg bort* talk away without noticing the time; *han har det med å* ~ *seg bort* he's apt to forget the time when he's talking; *(se snakke).*
pratmaker loquacious person; *(neds)* windbag.
predestinere *(vb)* predestine.
predi|kant preacher; *en voldsom* ~ a tub-thumper. **-kat 1.** designation; 2*(gram)* predicate. **-kats-ord** *(gram)* predicative complement; *adjektiv som* ~ predicative adjective.
predisponert predisposed.
preferanse preference. **-aksje** preference share.
preg impression, stamp, impress; *sær-* distinctive character; *bære* ~ *av* be marked by, show signs of, bear evidence of; *sette sitt* ~ *på* leave one's mark on.
prege *(vb)* stamp, imprint, impress; *(kjennetegne)*

mark, characterize, distinguish; feature *(fx* knolls and ridges which featured the landscape); ~ *seg inn i* make its mark on; *-t i hukommelsen* (indelibly) stamped on my *(,etc)* memory.
preging *(se prege); (i etologi)* imprinting *(fx* object imprinting; imprinting of motor pattern).
pregnans pithiness, pregnancy.
pregnant pithy, pregnant.
prek *se prat.*
preke *(vb)* preach.
preken sermon; *holde en* ~ deliver a sermon.
prekensamling book *(el.* collection) of sermons.
prekestol pulpit.
prektig splendid, magnificent, grand; *(utmerket)* excellent, noble, fine; *(se I. skue).*
prekær precarious.
pre|lat prelate. **-liminær** preliminary.
prelle *(vb):* ~ *av* glance off; ~ *av på (fig)* be lost on *(fx* it was lost on him).
preludium prelude.
premie premium; *(belønning)* reward; *(pris)* prize; *(se sette:* ~ *opp en premie).* **-liste** prize list.
premieobligasjon premium bond.
premiere *(vb)* award *(el.* give) a prize to; put a premium on *(fx* we don't want to put a premium on laziness).
première first night; *(films)* first performance.
premièrekino first-night cinema; *(se reprisekino).*
premierminister premier, prime minister.
premisser *(pl)* terms; *de argumenterer ut fra helt forskjellige* ~ they're arguing from widely *(el.* greatly) differing *(el.* different) premises; *basert på falske* ~ based on false premises; *på giverlandets* ~ in accordance with the conditions laid down *(el.* the premises stated) by the donor (country).
prent print; *på* ~ in print.
prente *(vb)* print; ~ *inn i* imprint into.
preparant technician; **US** technical assistant; *første-* senior technician.
prepa|rat preparation. **-rere** *(vb)* prepare.
pre|posisjon preposition. **-rogativ** prerogative.
presang present, gift. **-kort** gift token.
presbyterian|er Presbyterian. **-isme** Presbyterianism. **-sk** Presbyterian.
presedens precedent; *det fins ingen* ~ *for* there is no precedent for.
presenning *(for bil)* car cover; *(mar)* tarpaulin.
presens *(gram)* the present (tense); ~ *partisipp* the present participle; ~ *konjunktiv* the present subjunctive.
present *(adj):* jeg har det ikke ~ it has slipped my memory.
present|abel presentable. **-asjon** 1*(merk)* presentation *(fx* of a bill); *ved* ~ on p., when presented; 2*(forestilling)* introduction;
   * "May I introduce you to my friend ...?" // "This is Mr. X" – ' 'I'm so glad to meet you!''// "I'm so glad to have the opportunity of meeting you *(el.* of making your acquaintance)".
presentere *(vb)* introduce *(for* to); *presenter gevær!* present arms! ~ *en regning* present a bill.
preseptorisk *adj (jur):* ~ *lov* [law the operation of which cannot be dispensed with by agreement between the parties].
preservere *(vb)* preserve.
president president. **-valg** presidential election.
presidere *(vb)* preside *(ved* at, over).
presidium presidium; *(forsete)* chairmanship.
presis *(adj)* precise, punctual; ~ *kl. 1* at one o'clock sharp; *båten går* ~ the boat leaves on time (,**T:** bang on time).
presisere *(vb)* define precisely; amplify *(fx* a

statement); *(poengtere)* stress, emphasize, emphasise.
presisjon precision.
press pressure; strain, stress; *det vil uvegerlig føre til ~ på prisene* it will inevitably lead to *(el.* result in) prices being strained; *legge i ~* weigh (down) *(fx* bent *(el.* crumpled) pictures with a paperweight); *legge blomster i ~* press flowers; *øve ~ på (fig)* apply pressure to; bring pressure to bear on.
I. presse *(subst)* press; *få god ~* have a good press.
II. presse *(vb)* press, force; squeeze; *~ ham hardt* press him hard; *se hvor langt man kan ~ kroppen sin* see how far you can push your body; *~ prisene ned* force (the) prices down; *~ ned prisen (ved å underby)* cut the price; *~ på* press forward; *(drive opp farten)* press on, push forward; *(for å få betaling)* press for payment; *(for å få en avgjørelse, etc)* press the point; *jeg -t ikke på* I did not press the point; *~ på for å få et svar (ɔ: kreve svar)* press the question; *han ville ikke ~ på (fig)* he did not want to push the matter *(el.* push things); *~ en hel del fakta sammen på noen få linjer* crowd a great many facts into few lines; *tre familier ble -t sammen på et lite rom* three families were crowded into one small room; *~ noe ut av en* extort sth from sby; *~ penger av en* blackmail sby.
presse|byrå news agency. **-folk** pressmen.
pressefotograf press photographer, newspaper photographer.
pressefrihet liberty of the press.
pressemelding press release; T handout.
presseorgan press organ.
presserende urgent, pressing *(fx* the need for such experts is pressing and continuous); *den sak han nevner er ikke ~* there is no immediate hurry in the matter to which he refers.
pressesjef publicity manager; (chief) public relations manager *(el.* officer).
pressgruppe pressure group.
presspasning force fit.
prest clergyman; T parson; *(katolsk & hedensk)* priest; *(sogne-)* rector, vicar; *(kapellan)* curate; *(fengsels-, sjømanns-, etc)* chaplain; *(mest i Skottl. og om dissenter-)* minister; *-ene* the clergy; *bli ~* take (holy) orders; *(se regne).*
prestasjon performance, achievement, feat; *en bra ~ (om skolearbeid, etc)* a good effort; well done!
prestasjonsjag race to succeed; *de lider alle under -et* they're all suffering from the race to succeed.
prestasjonslønn *(økon)* reward of effort.
prestasjonspress pressure to achieve good results; pressure to produce results; *det økende -et i skolen* the growing pressure to achieve good results *(el.* marks) at school; the rising pressure on children to get higher marks; *hvis -et i skolen reduseres, vil nivået samtidig synke* if the pressure to achieve good results *(el.* marks) at school is reduced, standards will drop *(el.* fall) at the same time; *de fleste av oss føler nok at vi i større eller mindre grad står under et ~ – ikke bare på arbeidsplassen, men i hele vår livssituasjon* most of us presumably feel that we're exposed *(el.* subjected) to some degree of pressure to achieve – not only at work but in our whole daily life.
preste|gjeld parish. **-gård** rectory, vicarage, parsonage. **-kall** living, benefice. **-kjole** *(kan gjengis)* gown. **-krage 1.** clergyman's ruff; *(i Eng-*

land) bands; **2***(bot)* oxeye daisy; **3***(zool)* ringed plover.
prestelig clerical, priestly.
prestere *(vb)* achieve, perform, do.
preste|stand clergy, priesthood. **-vie** *(vb)* ordain. **-vielse** ordination.
prestisje prestige; *(se øke).*
prestisjehensyn: *personlige ~ spiller også inn* considerations of personal prestige also play a part *(el.* their) part.
pretendent pretender.
pretendere *(vb)* pretend (to), lay claim (to); *en bok som ikke -r noe i retning av stil* a book without any pretence to style.
pretensiøs pretentious.
pretensjon pretension.
Preussen *(geogr)* Prussia.
prevensjon contraception.
prevensjons|middel contraceptive (device). **-teknikk** (method of) contraception.
I. preventiv *(subst)* contraceptive; condom; T French letter; US safe.
II. preventiv *(adj)* preventive, prophylactic; *-e midler* contraceptives.
PR-fremstøt publicity-seeking effort.
prikk dot; point; *på en ~* to a T; to a nicety; *sette ~ over i'en* dot the i; *til punkt og -e* to the letter, in every particular, exactly.
prikke *vb (punktere)* dot; *(stikke med en nål)* prick; *det -t i huden* his (,her, *etc)* skin tingled.
prikket dotted.
prikkfri *(fig)* excellent, faultless, perfect.
prim [soft, sweet, brown whey-cheese].
prima first-class, first-rate.
primadonna *(ved teater)* leading lady; *(ved opera & fig)* prima donna; **-nykker** *(pl): ha ~* queen it.
primas primate.
primaveksel first of exchange.
primitiv primitive; *leve -t* lead *(el.* live) a primitive life.
primitivitet primitiveness.
primo in the early part of, early in *(fx* May).
primtall prime number.
primula *(bot)* primrose.
primus *(slags kokeapparat)* primus (stove).
primær primary.
primærnæring primary industry *(el.* activity).
primærvalg US primary election.
prins prince. **prinselig** princely.
prinsesse princess.
prinsgemal Prince Consort.
I. prinsipal *(subst)* employer; chief.
II. prinsipal *(adj)* principal, primary, chief.
prinsipalt *(adv)* in the first instance; alternatively, principally, primarily.
prinsipiell fundamental; in principle; *~ enighet* agreement in p.; a. on fundamentals.
prinsipp principle; *av ~* on principle; *i -et* in principle.
prinsippfast firm, of principle; *han er ~* he is a man of principle.
prinsippfasthet firmness of principle.
prinsippløs unprincipled.
prinsipp|løshet lack of principle. **-rytter** doctrinaire; T a great one for principles. **-rytteri** doctrinarianism. **-skjema** flow chart *(el.* sheet); *(jvf I. plan 5).* **-spørsmål** question of principle.
prinsregent Prince Regent.
prior prior. **priorinne** prioress.
prioritere *(vb)* give preference to; *(jur)* give priority to; *~ arbeidsoppgavene (ɔ: bestemme rekkefølgen)* decide work priority; *(se også prioritert & privilegere).*
prioritert secured *(fx* s. creditors); preferential;

en ~ *fordring* a preferential claim; *være* ~ *have (el.* take) priority.
prioritet priority; *(jur)* mortgage; *første* ~ *i* first m. on; *(se sikkerhet).*
prioritets|**aksje** preferential share, preference share. **-gjeld** mortgage debt. **-haver** mortgagee. **-liste** priority (list) *(fx* the school was high on the p.). **-lån** *(pantelån)* mortgage loan.
prioritetsspørsmål: *det er utelukkende et* ~ it is solely a question of priorities.
prippen *(moralsk)* prudish, prim, priggish; *(pirrelig)* testy, touchy.
I. pris price, rate; *-ene hjemme og ute* prices at home and abroad; home and foreign prices; *(forlangt betaling)* charge; *faste -er* fixed prices; *nedsatte -er* reduced prices; *for enhver* ~ at any price; *(fig, også)* at all costs; *ikke for noen* ~ not at any price, not for (all) the world, not on any account; *barn under 14 halv* ~, *under 4 gratis* children under 14 half price, under 4 free; *med våre nåværende -er* at our present prices; *mot tillegg i -en* for an additional sum; *-en på* the price of; *spørre om -en på dem* ask the price (of them); ask their price; *oppgi Deres laveste* ~ *på (el. for)* .. quote your lowest price for ...; *vennligst oppgi Deres -er på følgende (varer):* ... will you please quote for the following items: ...; kindly quote us your prices for the goods listed below; *sette* ~ *på* value, appreciate; treasure *(fx* t. sby's friendship); *sette stor* ~ *på noe* set great store by sth, value sth very highly; *vi satte stor* ~ *på ditt brev* your letter was a great joy to us; *-en på kull steg med £2 pr. tonn* coal advanced £2 a ton; *til en* ~ *av* at the *(el.* a) price of; *til en billig* ~ at a low price; cheaply; *til nedsatt* ~ at a reduced price; *våre priser har allerede blitt skåret ned til et minimum* our prices have already been cut to the minimum possible; *-ene stiger* prices are rising *(el.* going up); *(se innbefatte; inklusive; kappløp; II. nøye; press; II. presse; skru:* ~ *opp; sterkt; til).*
II. pris *(belønning, premie)* prize; *vinne -en* win the prize, carry off the prize.
III. pris *(snus)* pinch (of snuff).
pris|**avslag** allowance, discount, rebate, reduction. **-avtale** price agreement; *(avtale om prisbinding)* price maintenance agreement; *(se prisbinding).* **-belønne** *(vb)* award a prize to. **-belønnet** prize *(fx* a p. novel). **-bevisst** price-minded. **-binding** price maintenance, price fixing; *(se prisavtale).*
I. prise *mar (oppbrakt skip)* prize.
II. prise *(vb)* praise, extol, celebrate; ~ *seg lykkelig* count oneself lucky.
III. prise *(vb)* price; *vi har -t oss ut av en rekke markeder* we have priced ourselves out of a number of markets.
pris|**fall** fall in prices; *nye* ~ *i treforedlingsindustrien* new drop in prices on the wood products market; *(se sterk).* **-forhøyelse** rise in prices. **-forlangende** asking price.
prisgi *(vb)* give up, abandon.
prisindeks price index; *lønningene er knyttet til -en* (the) wages are geared to the price index.
prisklasse price range *(fx* knitted goods at various price ranges; may I show you sth in a higher price range?).
priskrig price war.
pris|**kurant** price list. **-lapp** price tag *(el.* ticket), p. label. **-leie** *se prisnivå.* **-liste** price list.
prismatisk prismatic.
prisme prism.
prisnedsettelse reduction in *(el.* of) prices, price cut.

prisnivå price level; *på et lavere* ~ at a lower p. l., in a lower price bracket.
prisnotering quotation.
prisoppgave *(premie-)* prize subject; *(besvarelsen)* prize paper *(el.* essay).
prisstabilitet price stability.
prisstigning rise in prices; *(se sterk).*
prisstopp price freeze.
prissvingning fluctuation in prices.
pristakst estimated value *(fx* sell the house at its e. v.).
pristilbud *se prisnotering.*
prisverdig praiseworthy, commendable.
prisverdighet praiseworthiness.
privat private; personal; *(adv)* privately, in private; *det -e næringsliv* the private sector of the economy; *han kom til England på et* ~ *besøk* he arrived in E. for a private visit; *kan jeg få snakke med Dem* ~ *?* can I talk to you about a personal matter?
privatadresse home *(el.* private) address.
privat|**bil** private car. **-bolig** private residence. **-brev** private *(el.* personal) letter. **-bruk:** *til* ~ for personal use. **-detektiv** private investigator, private detective; *(ofte)* inquiry agent; T private eye; S dick. **-detektivbyrå** inquiry agency, private detective's office. **-elev** private pupil. **-flyger** private pilot. **-flygersertifikat** private pilot's licence. **-forbruk** private consumption.
privatim privately, in private.
privatist [candidate for a public examination who has been educated privately or at an unauthorized school]; private *(el.* external) candidate; *han gikk opp (til eksamen) som* ~ he entered for the exam as an external candidate.
privatisteksamen [exam taken by a candidate not from a recognized school].
privatlivet private life; *-s fred (el. ukrenkelighet)* the sanctity of private life; *krenkelse av -s fred (jur)* invasion of privacy; *(se også krenkelse).*
privat|**mann** private individual. **-rett** civil law, private law. **-sak** private *(el.* personal) matter. **-skole** private school. **-undervisning** private tuition *(el.* coaching).
privilegere *(vb)* privilege; *bli -t* get privileges; *han blir alltid -t* he is always getting privileges; he is always favoured unduly; he is always treated differently.
privilegium privilege; *kvinnens* ~ woman's prerogative.
PR-mann public relations officer *(fk* p.r.o.); p. r. man.
pro: ~ *anno* per annum *(fk* p.a.); ~ *og kontra* pro and con; ~ *persona* per person.
probat effective, unfailing, sure; *en* ~ *kur* an effective *(el.* efficacious) cure.
problem problem; *et stort* ~ a great problem; T a big problem; *komme inn på livet av et* ~ come *(el.* get) to grips with a problem *(fx* he's getting to grips with the problem); *(se innlate & vei A).*
problematisk problematic.
problembarn problem child.
problemfri problem-free; without problems.
problemstilling approach (to the problem), way of presenting the problem(s); *en interessant* ~ an interesting way of stating the problem *(el.* the question); *det er en helt gal* ~ that's an entirely wrong approach to the problem; that's the wrong way to look at the p.; that's a wrong way of looking at the p.; *(ofte)* that's asking the wrong questions.
produksjon production, manufacture; output; *gå i gang med -en* proceed with *(el.* start) production; *være i* ~ *(om film)* be on the floor; *mens*

-en pågår while p. is in progress *(el.* is proceeding); *(se også ujevn).*
produksjonsevne productive *(el.* production) capacity; *beregnet* ~ production target. **-prosess** production process; *bli underkastet streng kontroll under hele -en* be carefully checked throughout the production process. **-utstyr** items required for production purposes. **-vekst** rise in production.
produkt product.
produktiv productive.
produktivitet productivity.
produsent producer.
produsentvarer *(pl)* producer *(el.* industrial) goods.
produsere *(vb)* produce.
profan profane.
profanasjon profanation.
profanere *(vb)* profane, debase. **-ing** profanation.
profesjon trade; occupation; profession; *av* ~ by profession; *(se også yrke).*
profesjonell professional.
profesjonist professional.
professor professor; ~ *i historie* p. of history.
professorat professorship *(fx* a p. in history); chair *(fx* a c. of history).
profet prophet. **profetere** *(vb)* prophesy.
profeti prophecy.
profetisk prophetic(al).
profil profile; *(omriss)* profile, outline; *halv* ~ three-quarter face; *i* ~ in profile *(fx* draw sby in p.); *(snitt)* section, profile; *(list)* moulding; *(på bildekk)* tread (pattern).
profilstål structural steel.
profilvalseverk structural mill; *(se valseverk).*
profitere *(vb)* profit *(av* by).
profitt profit; *med* ~ at a profit.
profitør profiteer.
proforma *(adj)* pro forma *(fx* a pro forma invoice); *(adv)* as a matter of form; *rent* ~ as a mere matter of form; *det er rent* ~ it's just a matter of form; it's merely a matter of form; *(ofte =*) it's a mere matter of routine.
profylakse prophylaxis.
profylaktisk prophylactic.
prognose prognosis; *stille en* ~ make a p., prognosticate.
prognostisere *(vb)* foretell, prognosticate.
program programme; *(i forb. m. computer; også* US) program; *et fyldig* ~ a very full p.; *legge et* ~ arrange *(el.* draw up) a p.; *alt gikk etter -met* everything went according to p.; *på -met* in *(el.* on) the p.; *har du noe på -met i kveld?* have you anything on for tonight? *ta det opp (el. med) i -met* embody it in one's p.
programdirektør director of programmes.
programleder producer; *(TV)* anchor-man.
programmessig according to the programme. **-post** item on the programme; **-serie** *(TV)* script show.
progresjon progression.
progressiv progressive; ~ *inntektsskatt* graduated income tax.
projeksjon projection.
projeksjonsskjerm projection screen.
projeksjonstegning descriptive geometry.
projektor *(film-)* projector; *lydfilm-* sound projector.
projisere *(vb)* project *(på* on).
proklama (legal) notice. **-sjon** proclamation.
proklamere *(vb)* proclaim.
prokura procuration; *pr.* ~ per procuration *(fk* p. p. el. per pro.).
prokurator *(glds)* attorney.
prokurist confidential clerk.

proletar proletarian.
proletariat proletariat(e).
prolog prologue.
prolongere *(vb)* prolong.
prolongering prolongation; extension.
promenade promenade.
promille per thousand *(fx* five per thousand);
   * If the amount of alcohol in a drunken driver's blood is found to be more than 0.5 per thousand, he is' under the influence'.
promillegrense drink-drive limit.
promillekjører drink-driver; **T** over-the-limit driver; *(jvf fyllekjører).*
promillekjøring drink-driving; *(jur)* driving or attempting to drive while under the influence of drinks or drugs; **T** *(også)* driving under the influence; *(jvf fyllekjøring);*
   * You commit an offence if you drive, attempt to drive or are in charge of a motor vehicle when the proportion of alcohol in your blood exceeds the prescribed limit, viz. 80 milligrammes in 100 millilitres of blood.
promosjon the conferring of degrees; *(seremonien)* degree-giving; *(dagen)* degree day; **US** commencement.
promovere *(vb):* ~ *en* confer a doctor's degree on sby.
prompe *(vb)* break wind, fart.
prompte prompt.
pronomen *(gram)* pronoun.
propaganda propaganda; *agitasjon og* ~ *(også)* agitprop; *drive* ~ *for* make propaganda for.
propell screw, propeller. **-strøm** slipstream.
proper tidy, clean.
properhet tidiness.
proporsjon proportion. **-sjonal** proportional, proportionate *(med* to); *-t (adv)* -ly, in proportion *(med* to); *omvendt* ~ inversely proportional, in inverse ratio *(med* to).
proporsjonalitet proportionality.
proporsjonert proportioned.
propp stopper; plug.
proppe *vb (stoppe)* stuff, plug; ~ *i seg biff med løk (også)* tuck into steak and onions; ~ *litt middagsmat i ham* stuff *(el.* push) a bit of dinner into him; ~ *seg med mat* stuff oneself with food; *alt det sludderet folk lar seg* ~ *med nå for tiden* **T** *(også)* all the bunkum that goes down these days.
proppfull brimful, chock-full, crammed.
proppmett **T** full up (and fit to burst); *jeg er* ~ *(også)* I've had delicate sufficiency.
proprietær *(hist)* landowner, country gentleman.
pro rata pro rata, proportionately.
prosa prose; *på* ~ in prose.
prosaisk prosaic; pedestrian; *(om person)* prosaic, unimaginative, banal, ordinary, trivial.
prosaist prose writer.
prosedere *vb (jur)* plead, conduct *(fx* a case); *(drive sak)* litigate; ~ *på frifinnelse* ask for the case to be dismissed.
prosedyre 1*(fremgangsmåte)* procedure; 2*(rettslig fremgangsmåte)* (legal) procedure; 3*(sivil saksbehandling)* hearing, trial; 4*(kriminalsaks behandling)* hearing, trial; 5*(advokatens)* pleading, plea; *aktors og forsvarers* ~ the final speeches of the prosecution and defence; *muntlig* ~ (2) oral proceedings *(pl);* (5) oral pleading.
proselytt proselyte, convert.
prosent per cent *(fx* six per cent, 6 p. c., 6 %); *4 % av £200* 4 % on £200; percentage *(fx* a large, small, high, low p.); *betale visse -er av* pay a certain percentage of; *-en er meget høy* the percentage is a very high one; *hvor mange* ~ *? hvor høy (el. stor)* ~ *?* what percentage? how

many per cent? *mange* ~ *bedre* a great deal better; *gi -er på (ɔ: rabatt)* give a discount on; *til 5 %* at 5 per cent; *4 ³/₄ % av £135* 4 ³/₄ % on £135; *uttrykt i* ~ expressed as a percentage; *uttrykt i* ~ *av det hele* expressed in percentage of total.

prosent|del percentage. **-vis** per cent, percentage(s); *det blir foretatt* ~ *fordeling av utgiftene* the expenses are (to be) shared according to percentage; ~ *fordeling av forskningsutgifter (overskrift i tabell, etc)* specification of expenditure on research, expressed in percentages.

prosesjon procession.

prosess 1(*rettssak*) lawsuit, suit, action (at law), case, (legal) proceedings; *(jvf rettssak, sak); føre* ~ *med, ligge i* ~ *med* be involved in a lawsuit with; *tape (,vinne) en* ~ lose (,win) a case; 2(*rettergangsorden*) legal procedure; *straffe-* criminal procedure; 3(*utvikling*) process *(fx* a chemical p.); 4(*måte noe utføres på*) process *(fx* a new technical p.); *gjøre kort* ~ settle the question out of hand; make no bones about it; *gjøre kort* ~ *med en* make short work of sby, give sby short shrift.

prosess|fullmektig *(advokat)* counsel; *klagerens (el. saksøkerens)* ~ counsel for the plaintiff; *saksøktes* ~ c. for the defendant. **-førsel** procedure, conduct of a case. **-omkostninger** *(pl)* costs of a lawsuit, costs of litigation *(el.* proceedings), costs (of the action). **-uell** procedural.

prosit *(int)* bless you! (NB *lite brukt på engelsk*).

prosjekt project, scheme; *-et ble drevet fram i forsert tempo* the project was hurried on at a forced rate; *(se satse).* **-ere** *(vb)* project, plan.

prosjektil projectile, missile.

prosjektør flood-light; *(teater-)* spotlight.

proskripsjonsliste proscription list.

prospekt prospectus.

prospektkort picture postcard.

prost 1(*dom-*) dean; 2[rector in charge of several parishes]; *(kan gjengis)* senior rector.

prostata 1(*anat*) the prostate; 2(*med.*) prostatitis.

prosti 1. deanery; 2[ecclesiastical area presided over by a *'prost'*].

prostituere *(vb)* prostitute.

prostituert *(subst)* prostitute; **T** pro; *mannlig* ~ male prostitute; **T** rent-boy.

prostitusjon prostitution.

protegé protégé. **-gere** *(vb)* patronize.

proteksjon patronage; protection; *stå under ens* ~ be under sby's protection. **-isme** protection-(ism). **-ist, -istisk** protectionist.

protektorat protectorate.

protest protest; *(se skarp 2).* **-ant** Protestant. **-antisk** Protestant. **-antisme** Protestantism.

protestere *(vb)* protest *(mot* against); ~ *en veksel* protest a bill; ~ *mot noe* **T** *(også)* kick against sth, jib at sth, be up in arms against sth.

protestmøte protest meeting; ~ *mot ...* meeting to protest against ...

protestnote *(polit)* protest note.

protestskriv letter of protest.

protokoll 1(*regnskaps-*) ledger; 2(*forhandlings-*) minute book; 3(*referat fra møte*) minutes *(pl),* record; 4(*diplomatisk; diplomatetikette*) protocol; *føre* ~ *over* (3) keep the minutes of *(fx* the meeting); *godkjenne -en* approve the minutes.

protokollere *(vb)* register, record.

protokollering registration.

protokoll|fører keeper of the minutes. **-tilførsel** entry into the minutes.

protokollutskrift extract from the records.

protoplasma protoplasma.

prov deposition, evidence; *(se vitneforklaring).*

proviant provisions, supplies; *(se I. niste).*

proviantere *(vb)* provision, take in supplies.

proviantforvalter *(mar)* purser.

provins province; *i -en* in the country.

provinsiell provincial.

provisjon commission; *fast* ~ flat c.; ~ *av salget* a c. on the sales *(fx* the agent receives a certain c. on the sales); *vår* ~ *av (dette) beløpet* our c. on this amount.

provisjons|basis: *på* ~ on a commission basis. **-oppgjør** commission (settlement) *(fx* you may deduct this amount when you remit me my commission for March).

provisor head dispenser.

provisorisk provisional, temporary; *det er bare (noe)* ~ it's only a makeshift.

provisorium provisional law; provisional measure.

provokasjon provocation.

provokatorisk provocative.

provosere *(vb)* provoke.

prr! *(til hest)* whoa!

PR-sjef head of the public relations department; *(se PR-mann).*

prunk pomp, ostentation, display.

prunkløs unostentatious.

prunkløshet unostentatiousness, lack of ostentation.

prust snort. **pruste** *(vb)* snort.

prute *vb (tinge)* haggle, bargain; ~ *ned prisen* beat down the price; ~ *ham ned ti pence* beat him down ten pence.

prutningsmonn margin (for haggling).

pryd ornament, adornment. **-busk** *(bot)* ornamental shrub. **-bønne** *(bot)* scarlet bean; runner bean.

pryde *(vb)* adorn, decorate.

prydelse decoration, ornamentation.

prydplante ornamental plant.

pryl *(bank)* a thrashing, a beating, a licking; *få* ~ get a beating *(,etc); få en ordentlig drakt* ~ get a good *(el.* sound) beating.

pryle *(vb)* beat, thrash; lick.

prylestraff corporal punishment.

prærie prairie.

I. prøve 1(*vare-*) trade sample; *(mønster-)* pattern; *(-eksemplar)* specimen; *en* ~ *av (på) (en vare)* a sample of; *(mønster-)* a pattern of; *nøyaktig lik -n* exactly like sample; exactly like our *(,etc)* pattern; *levering av blå sjeviot etter den -n De sendte oss* delivery of blue serge in accordance with *(el.* of the same quality as) the sample you sent us; *som vedlagte* ~ as per *(el.* according to) enclosed sample; *sende som* ~ *uten verdi* send by sample post; 2(*tekn, kjem*) test, testing; *(av edle metaller)* assay(ing); *(undersøkelse)* examination, trial, test, testing; *(eksperiment)* experiment; 3(*skole-*) test; examination; 4(*på forestilling, etc*) rehearsal; *(med henblikk på filmrolle)* test *(fx* she was given a test); 5(*det å prøve tøy*) fitting *(fx* I can come for a f. next week); *bestå -n* pass *(el.* stand) the test; *det har bestått -n (også)* it has met the test; *(se også stå:* ~ *sin prøve); bestille etter* ~ order from *(el.* by) sample; *kjøpe etter* ~ buy on *(el.* by) sample; *selge etter* ~ sell by sample; *på* ~ on trial; *bli flyttet opp på* ~ *(i skole)* get a conditional remove; *løslatt på* ~ released on probation; **US** released on parole; *sette på* ~ put to the test; try *(fx* he did it to t. me); *sette* ~ *på om noe er riktig* test whether sth is right; *sette* ~ *på om svaret er riktig* check (the result) back; *få gå opp til utsatt* ~ *(om elev)* be referred (for re-examination); **T** re-sit an exam; *(det å)* reference *(fx* r. is usually allowed in one subject only); *elev som er oppe til utsatt* ~ re-examinee;

inspisere **ved** *utsatt* ~ *i engelsk* **T** invigilate at the re-sit in English; *(se også utsatt).*

II. prøve *(vb)* **1***(kjem, tekn)* test, try, give (sth) a trial; **2***(klær)* try on, fit on; **3***(konkursbo):* ~ *fordringer* examine claims; ~ *seg* try, have a go *(på noe* at sth); ~ *seg fram* proceed tentatively.

prøve|ark proof (sheet). **-ballong** *(fig)* kite, feeler; *sende opp en* ~ put out a feeler; fly a kite. **-boring** *(etter olje)* trial drilling; test drilling. **-boringsbrønn** exploratory well; wildcat well. **-drift** experimental operation. **-eksemplar** sample (copy). **-felt** test(ing) site, testing ground. **-fly** *(vb)* test, test-fly. **-kandidat** student teacher; US practice t. **-kjøre** *(vb)* test-drive *(fx* a car); ~ *en bil (også)* give a car a test *(el.* trial) run. **-kjøring** test-driving; *(en tur)* trial run, test run, road test. **-klut** *(fig)* guinea pig.

prøvelse trial; affliction, ordeal; *han er en* ~ **S** he's *(el.* he gives me) a pain in the neck.

prøvemanuskript 1. specimen manuscript *(fx* 10 pages of s. m.); **2***(utkast)* draft manuscript.

prøve|mønster pattern. **-nummer** *(fx av avis)* specimen copy.

prøveordre trial order.

prøvesamling collection of samples.

prøve|skilt *(for bil) (pl)* trade plates. **-start** trial start. **-stein** touchstone, acid test *(på* of). **-stykke** sample, specimen. **-tid** experimental *(el.* trial) period; *(jur)* period of probation. **-trykk** trial print *(el.* impression); proof impression. **-tur** trial trip; *(se tur).*

prøyss|er, -isk Prussian.

prås: *det gikk en* ~ *opp for ham* a light dawned on him.

psevdonym *(subst)* pseudonym.

psykiater psychiatrist.

psykiatri psychiatry. **-ker** psychiatrist.

psykiatrisk psychiatric(al); ~ *institusjon* mental institution; ~ *sykehus* mental hospital.

psykisk psychic(al); ~ *helsevern* mental health care.

psykoanalyse psychoanalysis.

psyko|log psychologist. **-logi** psychology.

psykologisk psychological.

psykose psychosis.

pubertet puberty. **-salder** (age of) puberty.

publikasjon publication; *-er i boktrykk* publications in print, printed publications.

publikum the public; *det store* ~ the general p.; *(tilhørerne)* the audience; *et takknemlig* ~ an appreciative audience; *hele det norske* ~ *elsker dem for dette* the entire Norwegian public loves *(el.* love) them for this.

publi|sere *(vb)* publish, make public, give publicity to; *(se utgi).* **-sitet** publicity.

puddel *(zool)* poodle.

pudder powder. **-dåse** powder box; *(liten)* compact. **-kvast** powder puff.

pudding pudding; *(se dessert; kjøttpudding).*

pudre *(vb)* powder.

pueril puerile.

I. puff *(støt)* push, shove.

II. puff *(til å sitte på)* pouffe.

III. puff *(på klær)* puff, pouf(fe).

puffe vb *(støte)* thrust, push, shove.

puge *(vb):* ~ *sammen penger* hoard up money.

pugg learning by heart; rote; **T** swotting, cramming. **-e** *(vb)* learn by heart; memorize; **T** swot (up), cram; mug up.

pugghest swot; US grind; *(som arbeider tungt, også)* plodder.

I. pukke *(vi):* ~ *på noe* insist on, stand on *(fx* one's rights).

II. pukke *(vt)* crush *(fx* stones).

pukkel hump, hunch; *få på -en* **T** get it in the neck; **S** cop it hot. **-rygget** hunch-backed.

pukkstein crushed stone, road metal; *(se II. pukke).*

pukkverk stamp mill, crushing plant; *(se II. pukke).*

pulje *(sport)* group; heat *(fx* they were in the same heat); *komme i* ~ *med (også)* be put up against; *i -r på tre og tre* by groups of three. **-inndeling** grouping. **-vis** by groups.

pulk pulka, pulk, reindeer sleigh.

pull *(på hatt)* crown.

pullover pull-over.

puls pulse; *føle en på -en* feel sby's pulse; *-en er svak* the pulse is feeble.

pulse|re *(vb)* beat, throb, pulsate; *det -ende liv i en by* the throbbing life of a city. **-ing** pulsation.

puls|slag pulsation, beat of the pulse. **-åre** artery.

pult desk.

pulterkammer lumber-room; box room, store-room; **T** glory-hole.

pultost [soft, sharp cheese].

pulver powder. **-heks** hag, old witch.

pulverisere *(vb)* pulverize, smash.

puma *(zool)* puma.

I. pumpe *(subst)* pump; *(se bensinpumpe; fotpumpe).*

II. pumpe *(vb)* pump; *(utfritte)* pump; ~ *en* pump sby; *(for kunnskaper)* pick sby's brain(s); ~ *opp ringene* pump *(el.* blow up *el.* inflate) the tyres (,US: tires); ~ *magen tømme (el.* pump out) the stomach, siphon the s.; ~ *magen på en (især)* stomach-pump sby.

pumpet **T** *(utkjørt)* deadbeat, whacked *(fx* I'm absolutely whacked).

pumps *(sko)* court shoes.

punche *(vb)* punch. **-dame** punch girl.

pund pound; *et* ~ *sterling* one pound sterling; *-et står lavt i kurs for tiden* the rate of the pound is low at present; *-et synker* the pound sinks.

pundbeløp sterling amount.

pundkursen the rate of the pound; *den synkende* ~ the falling rate of the pound; ~ *er meget ugunstig i øyeblikket* the rate of the pound is very unfavourable at the moment.

puner *(hist)* Phoenician.

punerkrig Punic War.

pung purse; *(pose)* bag; *(hos pungdyr)* pouch.

pungdyr pouched animal, marsupial.

punge *(vb):* ~ *ut med* fork out.

pungmeis *(zool)* penduline tit.

punkt point; *(prikk)* dot; *(fig)* point, particular, head, item, article; ~ *for* ~ point by point *(fx* they went through this report p. by p.); ~ *6 (i oppregning, etc)* item 6; *på alle -er* on all points; *på enkelte -er* on some points; in some respects; *(se II. skille: de -r seg fra hverandre på vesentlige punkter; springende).*

punkte|re *(vb)* **1***(om ringen)* be punctured; **2***(om bilisten)* have a puncture; *jeg -te* I had a puncture; *jeg har -t (også)* **T** I've got a flat; *den -te (ɔ: prikkede) linje* the dotted line.

punktering puncture, (tyre) blowout; *(prikking)* dotting.

punkthus tower block.

punktlig *(adj)* punctual; *(adv)* punctually.

punktlighet punctuality.

punktsveising spot welding; *(se sveising).*

punktum full stop; US period; *(typ, også)* single stop *(fx* printed with a single stop instead of a colon).

punktvis point by point.

punsj punch.

punsjebolle punch bowl.
puntlærsmage cast-iron stomach.
pupill *(anat)* pupil.
pupp *(barnespr.* = *bryst)* teat, tit, titty.
puppe *(zool)* chrysalis, pupa *(pl:* pupae); *(kokong)* cocoon. **-hylster** cocoon.
pur *(ren, skjær)* pure; *av* ~ *ondskap* out of pure malice; *dette er det -e vrøvl* this is sheer nonsense; *(adv):* ~ *ung* very young.
puré purée.
purisme purism. **purist** purist.
puritaner 1. puritan; **2***(hist)* Puritan.
puritansk 1. puritan; *(neds)* puritanic; **2***(hist)* Puritan(ic).
purk T *(=* *politimann)* bobby; **S** copper; *(neds)* pig; **US T** cop.
purke *(grise-)* sow.
purpur purple.
purpurfarge purple colour. **-farget** purple.
I. purre *bot (subst)* leek.
II. purre *vb (vekke)* call, rouse, turn out; *(minne om)* remind, press *(på* for, *fx* press for payment); *firmaet har -t på svar (også)* the firm has repeated its request for a reply; *han -t opp i håret* he ran his fingers through his hair; *(jvf purring).*
purrebrev reminder; collection letter, dunning letter.
purreløk *se I. purre.* **-suppe** leek soup.
purring *(vedr. betaling)* reminder; application; *(jvf purrebrev);* *første* ~ first application; *annen* ~ second a.; *gjentatte -er* repeated applications; *til vår beklagelse må vi fastslå at De ikke har reagert på våre gjentatte -er* we regret to have to state that you have not responded to our repeated reminders; ~ *på betaling* application for a settlement, request for payment.
pus pussy.
pusle *(vb)* potter (about) *(fx* in the garden); *han går alltid og -r med noe* he's always busying himself with sth.
puslearbeid fiddling work. **-spill** puzzle; *(til å legge sammen)* jig-saw puzzle; picture bricks.
puslet(e) delicate, frail; **T** groggy; *han ser litt* ~ *ut* he doesn't look very well; he looks a bit groggy.
pusling manikin.
I. puss *(materie)* pus.
II. puss *(pynt)* finery; *(mur-)* plaster (finish), plastering; *i full* ~*, i sin stiveste* ~ in one's Sunday best; **T** dressed up to kill; dressed up to the nines; all spruced up; in one's best bib and tucker.
III. puss *(listig påfunn)* trick; *spille en et* ~ play a trick on sby.
IV. puss: ~ *ta'n (til hund)* at him! worry him! **US** sic' im! get him! grab him!
pussa *(adj)* slightly the worse for drink; **T** lit up; squiffy; tiddly.
I. pusse *(vb):* ~ *en hund på* en set a dog on sby.
II. pusse *(vb)* clean, polish; *(en mur)* render; ~ *et gevær* clean a rifle; ~ *nesen* blow one's nose; ~ *et lys* snuff a candle; ~ *støvler* clean boots; ~ *av (tørke av)* wipe (off); ~ *opp (leilighet, etc)* (re)decorate, renovate, do up *(fx* a house); ~ *på engelsken* brush up one's English.
pussegarn cotton waste. **-lanke** *(om barnehånd)* handy-pandy; (NB tootsy-wootsy = toe or foot). **-middel** polish.
pusseskinn wash leather, chamois leather, shammy (leather).
pusshøvel smoothing plane; *(se høvel).*
pussig droll, amusing, funny, odd.
pussighet funny thing; *det var enkelte små -er*

ved ham, som man ikke kunne la være å legge merke til there were a few funny things one could not help noticing about him.
pussvisitasjon *(mil)* kit inspection.
pust *(vindpust)* puff, gust, whiff; *(ånde)* breath; *(pause)* breather, pause; *et* ~ *fra den store verden* a glimpse of the outside world; *ta -en fra en (fig)* take sby's breath away; *her oppe var det en frodighet som nesten tok -en fra en* the vegetation was breathtakingly luxuriant up here.
puste *(vb)* breathe; *(tungt)* pant; *nå kan jeg* ~ *fritt igjen* now I can breathe again; ~ *på varmen* blow on the fire; *(fig)* add fuel to the fire; ~ *seg opp (fig)* puff oneself up, blow oneself out; **US** swell up, inflate oneself; ~ *til et trette* fan a quarrel.
pusterom breathing space *(el.* spell) *(fx* get a moment's b. s.).
pusterør T blowgun; *(leketøy)* peashooter.
pusteøvelser *(pl)* breathing exercises.
pute pillow; cushion; pad. **-krig** pillow fight. **-var** pillow case, pillow slip.
putre *(vb)* bubble, simmer; *(om motor)* chug; **US** chuff, puff.
putte *(vb)* put *(fx* put sth in one's pocket; put a child to bed); ~ *i lommen (også)* pocket.
pygmé pygmy.
pygméisk pygmy.
pyjamas pyjamas; **US** pajamas.
pykniker *(psykol)* pyknic. **-nisk** pyknic.
I. pynt *(odde)* point.
II. pynt *(stas)* finery.
pynte *(vb)* decorate; trim; ~ *på* touch up; smarten up; ~ *på regnskapet* doctor the accounts; ~ *seg* dress up; spruce oneself up, make oneself smart; **T** tog *(el.* doll) oneself up, get oneself up (to the nines *el.* to kill); *-t til trengsel* **S** got up regardless *(fx* she was got up r.); *(se også påpyntet).*
pyntedukke *(fig)* doll.
pyntegjenstand ornament.
pyntelig proper, tidy; neat; ~ *språk* proper language.
pyntelist *(for bilkarosseri)* chromium strip, decorative *(el.* belt) moulding. **-ring** *(for hjulfelg)* rim *(el.* wheel) embellisher, wheel trim *(fx* plastic wheel trims).
pyramidal pyramidal.
pyramide pyramid.
Pyrenéene *(geogr)* the Pyrenees.
Pyrenéerhalvøya The (Iberian) Peninsula.
pyroman pyromaniac; **US** firebug.
pyromani pyromania.
pyse *(subst)* sissy.
pytisk Pythian.
I. pytt *(subst)* puddle.
II. pytt *(int)* tut! pooh! ~ *sann* it doesn't matter; that's all right.
III. pytt: ~ *i panne* Norwegian hash.
pæl pole; stake; *(stolpe)* post; *(grunn-)* pile.
pælebru pile bridge. **-bygning** pile dwelling; lake dwelling.
I. pære *(bot)* pear; *(elekt)* (electric) bulb; **S** *(=* *hode): bløt på pæra* balmy (on the crumpet), soppy; *høy på pæra* stuck-up, high and mighty.
II. pære *(adv)* utterly, very; ~ *dansk* out-and-out Danish; ~ *full* dead drunk; **S** plastered.
pæretre *(bot)* pear tree.
pøbel mob, rabble; *ung* ~ young rowdies *(el.* hooligans). **-aktig** vulgar.
pøbelherredømme mob rule.
pøl pool, puddle.
pølse sausage; *(wienerwurst)* frankfurter; *varm- -er med brød* hot dogs; *det er ingen sak me*

den -a som er for lang it's better to have too much than too little; *ei ~ i slaktetida* a drop in the ocean; *hva er vel ei ~ i slaktetida?* I might as well be hanged for a sheep as for a lamb; (ɔ: *la oss ikke være pedantiske*) don't let us fuss over trifles.

pølsebod hot-dog stand, sausage stall. **-brød** *(avlangt rundstykke)* frankfurter roll, long roll; *varm pølse med brød* hot dog. **-gutt** hot-dog seller *(el.* vendor). **-maker** sausage maker. **-skinn** sausage skin *(el.* casing). **-snabb** end piece of sausage; piece of sausage. **-vev** S bullshit; *(se vås).*

pønse *(el. pønske) (vb)* ponder, muse, meditate; *~ på hevn* plan revenge; *han -r på noe* he's planning sth; **T** he's up to sth; *~ ut* devise, think out.

pøs bucket.

pøse *(vb): det -r ned* it's pouring down, it's coming down in sheets *(el.* buckets).

pøsregn pouring *(el.* pelting) rain, heavy downpour. **-e** *(vb): det -r* **T** it's raining (in) buckets; it's coming down in sheets *(el.* buckets).

I. på *(prep)* 1*(ovenpå, oppe på, med noe som bakgrunn el. underlag)* on, upon *(fx* on the floor, wall, chair; on a bicycle; on one's knees); *~ høyre hånd* on the right hand; *~ side 4* on page 4; *slå opp ~ side 50* open your book(s) at page 50; 2*(i, innenfor et område)* in; *(om øy)* in; *(om små el. fjerne øyer)* on, at; *(ved navn på bydeler, gater, plasser)* in; **US** on; *~ et bilde* in a picture; *~ flasker* in bottles; *~ gata* in *(,også* **US:** on) the street; *bo ~ en gård* live on a farm; *~ himmelen* in the sky; *~ hjørnet* at *(el.* on) the corner; *~ landet* in the country; *~ prekestolen* in the pulpit; *~ slagmarken* on the battlefield; *~ et sted* in *(el.* at) a place; *~ apoteket* at the chemist's; *~ apotek, i isenkramforretninger og hos Woolworth* in chemists, in hardware stores and in Woolworths; *drept ~ stedet* killed on the spot; *~ torget* in the market place; *~ hans værelse* in his room; 3*(om sted av liten utstrekning, punkt; stedet hvor noe skjer, adresse, etc)* at; *bo ~ et hotell* stay at a hotel; *~ en kafé* at a café; *~ kontoret* at *(el.* in) the office; *~ stasjonen* at the station; 4*(mål for bevegelse)* at *(fx* look at, shoot at; knock at the door), on *(fx* drop sth on the floor); into *(fx* put sth into a bottle); *(se også fylle: ~ på);* to *(fx* go to the post office, to the station); *dra ~ landet* go into the country; 5*(om tida som går med til noe)* in; *~ mindre enn 5 minutter* in less than 5 minutes; *han kommer ikke tilbake ~ (ɔ: før om) en uke* he won't be back for a week; 6*(om tidspunkt)* at; *(dato, dag)* on; *~ denne tid av året* at this time of the year; *~ en søndag* on a Sunday; *~ søndag* next Sunday, on Sunday; 7*(om klokkeslett)* to *(fx* it's 5 (minutes) to 8; **US** of *(fx* a quarter of eleven); 8*(måte)* in *(fx* in this way); 9*(gjentagelse)* after *(fx* shot after shot); *gang ~ gang* time after time, again and again; 10*(beskrivelse, samhørighet)* of *(fx* a sum of £10; an army of 10,000 men; a girl of ten (years); the roof of the house; the leaves of the trees; he was captain of the' 'Eagle''); *mordet på fru X* the murder of Mrs. X; *prisen på sement* the price of cement; *på fru X* in *(fx* in Norwegian, in English); 12*(andre tilfeller):* *hans anbefaling* on (the strength of) his recommendation; *~ betingelse av at ...* on condition that; *blind ~ ett øye* blind in one eye; *være rik ~* be rich in; *~ fe rie* on (a) holiday; *der gikk han fem ~* **T** he

was badly taken in over that; *gå løs ~* go for, rush at; *jeg har ingen penger ~ meg* I have no money about *(el.* on) me; *jeg kjenner ham ~ stemmen* I know him by his voice; *~ én nær* except one; *ut ~ landet* out into the country; *skrive ~ en bok* be writing a book; *spille ~ fløyte* play the flute.

II. på *(adv)* on *(fx* the lid is on); *med frakken ~* wearing a coat, with a coat on; *noe å sove ~* sth to make you sleep; *gulvteppet er ikke ~* the carpet is not down; *turen kom brått ~* the trip came up very suddenly.

påbegynne *(vb)* begin, start, commence.

påberope *(vb): ~ seg noe* plead sth; invoke sth *(fx* Britain invokes the principle of...); *~ seg sin ungdom (og manglende erfaring)* plead the inexperience of youth; *begge parter vil kunne ~ seg at ....* both parties will be able to plead *(el.* urge) that ...

påberopelse: *under ~ av* pleading.

påbud order, command. **-by** *(vb)* order, command; *påbudt kjøreretning* obligatory direction of traffic; *påbudte skipslys* regulation lights. **-dra** *(vb): ~ seg ansvar* incur responsibility; *~ seg en sykdom* contract a disease; *~ seg en forkjølelse* catch a cold; *~ seg gjeld* contract *(el.* incur el. run into) debt.

påbudsskilt mandatory sign, sign that gives orders.

pådutte *(vb): ~ en noe* impute sth to sby.

pådømt: *~ sak* res judicata.

påfallende *(slående)* conspicuous, striking.

påfriskende: *~ sørlig bris* freshening southerly breeze.

påfugl *(zool)* peafowl, peacock; *(hun)* peahen.

påfugl|fjær peacock feather. **-hane** peacock. **-høne** peahen.

påfunn device, invention.

påfyll: *skal det være litt ~?* (mer kaffe, te, etc) shall I warm it up *(el.* fill it up) for you? *(se også påtår).*

påfyllings|deksel *(for bensintank)* filler cap. **-rør** *(for bunkring, etc)* charge line, charging line. **-slange** *(for bensinpumpe)* filling tube.

påfølgende following, subsequent; *med ~ middag* with dinner to follow *(el.* on top of it).

påføre *vb (dokument)* insert in, add to; *~ fakturaen* charge on the invoice; *(forårsake)* cause *(fx* sby a loss), bring upon; *~ en utgifter* put sby to expense.

pågang influx *(fx* of tourists).

pågangsmot go-ahead spirit; push.

pågjeldende in question *(fx* the amount in question).

pågripe *(vb)* arrest.

pågripelse arrest.

pågå *(vb)* be proceeding, be in progress; *mens produksjonen -r* while production is in progress *(el.* is proceeding); *den undersøkelse som nå -r* the inquiry now in progress.

pågående 1. pushing; aggressive; 2*(som pågår):* *de ~ drøftelser* the discussions now proceeding *(el.* now in progress).

pågåenhet aggressiveness, importunity.

påheng *(fig)* hanging on; hanger(s)-on; **US** *(også)* heelers.

påhengelig *(om person)* clinging; importunate.

påhitt device, invention.

påholdende close-fisted.

påholdenhet close-fistedness.

påhvile *(vb)* be incumbent on, lie with, rest with.

påhør presence; *i hans ~* in his presence.

påk stick.

påkalle *(vb)* call on, invoke; *~ ens oppmerksom-*

het attract sby's attention; *(se oppmerksomhet).* **-lse** invocation; *(bibl)* supplication.

påkjenne *vb (jur)* decide. **påkjennelse** *(jur)* decision.

påkjenning strain, stress; *(jvf belastning).*

påkjære *(vb)* appeal; ~ *en dom* appeal against a sentence.

påkjøre *(vb): hunden ble -t av en bil* the dog was hit by a car; *(se kjøre:* ~ *over,* ~ *på).*

påkjørsel **1**(*det å ramme annet kjøretøy)* bumping; *(se også kjøre:* ~ *inn i hverandre);* **2**(*det å ramme fotgjenger)* running *(el.* knocking) down; running over; *(se kjøre:* ~ *over,* ~ *på).*

påkledd dressed; fully clothed.

påkledning attire, clothes.

påkommende: *i* ~ *tilfelle* in case of need; in an emergency; if necessary; should the occasion arise.

påkrav demand; *etter* ~ on demand.

påkrevet necessary, essential; *absolutt* ~ imperative.

pålandsvind onshore wind.

pålegg **1**(*forhøyelse)* increase, rise; US raise *(på* in); *få lønns-* get a rise; **2**(*befaling)* injunction, order; *jeg skal etter* ~ *få meddele Dem* ... I am directed to inform you ...; **3**(*avgift, skatt)* imposition; duty; **4**(*smørbrød-)* meat; cheese; *(oppskjær)* cooked meats; US cold cuts; *(til å smøre på)* sandwich spread.

pålegge *(vb)* **1**(*skatt, etc)* impose *(fx* a duty on sby); *(forhøye prisen)* advance; *husleien er pålagt* the rent has been raised; **2**(*befale)* direct, instruct.

påleggpølse (continental) slicing sausage; German sausage; US *(ofte)* dry sausage.

påleggsveis (protective) overlay; *(se sveis).*

påleggsveising overlaying, wear-facing; *(se sveising).*

pålessing loading; *(se I. lem).*

påligge *(vb)* be incumbent on, lie with, rest with.

pålitelig reliable, dependable; *(vederheftig)* trustworthy, responsible.

pålitelighet reliability, dependability; trustworthiness. **-sløp** *(for biler)* reliability trial.

I. pålydende *(subst)* face value.

II. pålydende *(adj):* ~ *verdi* face value.

påløpe *vb (om rente)* accrue; accumulate; *det -er stadig renter* interest accumulates; *den -ne rente* the accrued interest; *(over flere terminer)* the accumulated i.; *the amount accumulated in in-* terest; *med -ne renter* with accrued interest; *-ne utgifter* expenses incurred; *omfanget av den -ne (el. forvoldte) skade* the amount of the damage sustained.

påløpende: *de* ~ *renter* the accruing interest.

påmelding registration; enrolment; ~ *(til kurs) ved personlig fremmøte* application in person;
    * Application in person takes precedence over postal application.

påmeldingsgebyr *(for kurs, etc)* registration fee *(fx* a r. fee of 50p); *(sport)* entrance fee *(fx* for a competition).

påmeldingsfrist *(sport)* time allowed for entries.

påminnelse admonition, warning; reminder.

påmønstre *(vb): se mønstre:* ~ *på.* **-ring** engagement (of seaman); signing on.

pånøde *(vb)* press *(el.* force) on *(fx* press a gift on sby).

påpakning T dressing-down, ticking-off; telling-off; *få* ~ *(også)* be hauled over the coals; S be blitzed; be browned off; *(se overhøvling; røffel).*

påpasselig *(aktpågivende)* attentive, vigilant, watchful; *(omhyggelig)* careful; *mindre* ~ remiss *(fx* in one's duties), careless, slack; ~ *med* careful about; ~ *med å* ... careful about (-ing).

påpasselighet vigilance, attentiveness, watchfulness; care, carefulness.

påpeke *(vb)* point out, indicate, call attention to; ~ *overfor en at* ... point out to sby that ...

påpekende *adj (gram)* demonstrative; ~ *pronomen* demonstrative pronoun.

påpyntet T (all) dressed up, dolled up, togged up, got up to the nines, got *(el.* done) up to kill.

påregne *(vb)* count on, reckon on.

pårørende relation, relative; *nærmeste* ~ next of kin.

påsatt attached, put on; *(om brann)* intentional, incendiary.

påse *(vb)* see (to it) that, take care that, ensure that.

påseile *(vb)* run foul of, run into.

påseilet *(spøkef)* T three sheets in the wind; half-seas over.

påseiling *(mar)* collision, running foul of.

påske Easter; *-n* Easter; *i -n* at Easter; *til* ~ next Easter. **-aften** Easter Eve.

påskebrun *(adj)* with an Easter tan; *det var bare -e fjes å se* every face we saw was tanned by the Easter sun.

påskedag Easter Sunday; *annen* ~ Easter Monday; *første* ~ Easter Sunday.

påskeegg Easter egg.

påskeferie Easter holidays, Easter vacation. **-helg** Easter holidays. **-lam** paschal lamb.

påskelilje *(bot)* daffodil.

påsketid Easter. **-tur** Easter trip. **-uken** Easter week.

påskjønne *(vb)* appreciate; *(belønne)* reward *(fx* sby with £10).

påskjønnelse appreciation; reward; *som en* ~ *av* in appreciation of.

påskrevet: *få sitt pass* ~ T be hauled over the coals; be ticked off; *(se også påpakning).*

påskrift inscription; *(på veksel, etc)* endorsement; *(på bokomslag, arkivmappe, etc)* title; *(på frimerke)* print, legend; *(underskrift)* signature; *en sjekk med -en' up to Fifty Pounds'* a cheque marked *(el.* bearing the words)' up to Fifty Pounds'; a c. with the inscription ... on it; a c. with the words ... added in front.

påskudd pretext, pretence, excuse; *under* ~ *av* on (the) pretext of.

påskynde *(vb)* hasten, accelerate, quicken; ~ *dette arbeidet* press *(el.* push) on with this work; ~ *levering* expedite *(el.* push on) delivery.

påskyndelse hastening, acceleration.

påstand *(se påstå)* **1.** assertion, contention; *(uten bevis)* allegation; *bevise sin* ~ establish (el. prove) one's case; *gjendrive en* ~ refute an assertion; *imøtegå en* ~ challenge an assertion; refute an assertion; *-en er så urimelig at den ikke behøver å bli imøtegått* the statement is so preposterous that it does not need refuting; *la en stå uimotsagt* allow the assertion to pass unchallenged; refrain from answering the assertion; *sette fram en* ~ make an assertion; *komitéen fant at -ene medførte riktighet* the committee found the allegations substantiated; *Deres* ~ *om at kassene var så dårlige* your assertion that the cases were so poor *(el.* were of such a bad quality); *er du enig i den* ~ *at ...?* do you agree with the statement that ...? are you in agreement with the statement that ...? **2**(*jur)* plea; *(som nedlegges)* claim; *aktor nedla* ~ *om 10 års fengsel* counsel asked for a 10-year sentence; *saksøkerens* ~ statement of claim; *saksøktes* ~ defence; *saksøkeren fremsetter sin* ~ plaintiff states the nature of his claim; *saksøkte fremsetter sin* ~ defendant delivers his defence; *ta en* ~ *til følge* allow a claim; *ta saksøkerens* ~

til følge find for the plaintiff; ~ *står mot* ~ it's your word against his; *(jur)* there is a conflict of evidence; *støtte en* ~ *på* base an assertion on; (2) base a claim on; *(se II. stå B & nedlegge).*

påstemple *(vb):* en sjekk -t 'up to Fifty Pounds' a cheque marked 'up to Fifty Pounds'; *(se påskrift).*

påstigning: *stoppe for* ~ stop to take up passengers; *av- og påstigning utenom holdeplassene forbudt* passengers may not enter *(el.* board) or leave the train except at the appointed stopping places; *(jvf overtredelse).*

påstøpt *(adj)* integrally cast *(fx* integrally cast flanges).

påstå *vb (bestemt uttale)* assert, declare, allege; *(uberettiget)* pretend; *(opponerende)* contend, argue; *(hevde)* maintain, hold; *(det er jeg ikke sikker på)* I will not maintain that; *(det er jeg ikke sikker på)* I am not positive as to that; *han -r seg å være* he claims *(el.* pretends) to be; *han -r at han har vunnet en stor seier (også)* he claims to have won a great victory; *jeg tør* ~ I venture to say; *det kan trygt -s at* it can confidently be asserted that; *det er ikke fullt så bra som det -s (å være)* T it's not all that it's cracked up to be.

påståelig (self-)opinionated, obstinate, stubborn, mulish, pig-headed. **-het** obstinacy, stubbornness; mulishness, pig-headedness.

påsveising overlaying, building up; **US** surfacing; *(se sveising).*

påsyn: *i alles* ~ in public, publicly.

påta *(vb):* ~ *seg (ta på seg et arbeid)* undertake, take on *(fx* a job); *(forpliktelser)* undertake, take upon oneself; assume *(fx* a guarantee for sth), engage *(fx* I will e. to do it in a month); *(ved kontrakt)* contract; ~ *seg å* undertake *(el.* engage) to; ~ *seg for mye* undertake too much; *han har -tt seg for mye (også)* he has bitten off more than he can chew; *jeg har -tt meg en hel del ekstraarbeid* I've let myself in for a lot of extra work; *(se også ekstraarbeid);* ~ *seg ansvaret for noe* assume *(el.* take (on) *el.* undertake *el.* accept) (the) responsibility for sth; ~ *seg en sak* take on a matter; take a m. in hand; ~ *seg et verv* undertake *(el.* take on) a task; *(se også påtatt).*

påtagelig, -takelig palpable, tangible; *(åpenbar)* obvious; *det er* ~ *at ...* it is obvious *(el.* manifest) that ...

I. påtale *(subst)* 1*(tilrettevisning)* censure; *hans oppførsel fortjener* ~ his conduct is deserving of c.; 2*(jur)* complaint, charge; *(det å bringe for domstolen)* prosecution; *(se tiltale).* **-myndighet** 1*(rett til å reise tiltale)* the power to institute prosecution; **2.** (public) prosecution; prosecuting authority; *representere -ene* appear for the Prosecution *(el.* the Crown). **-unnlatelse** withdrawal of the charge;
* the Attorney General entered a nolle prosequi.

påtatt assumed, put on, false; *under et* ~ *navn* under an assumed name; *være* ~ *(ɔ: ikke ekte)* be put on, be assumed.

påtegne *(vb)* sign; *(til bekreftelse)* endorse. **-ning** signature; endorsement; *(merknad)* remark; *en anbefalende* ~ a recommendatory endorsement.

påtenkt intended, contemplated, planned, projected *(fx* a p. dictionary).

påtrengende pushing; importunate; ~ *nødvendig* urgently necessary; ~ *behov* pressing *(el.* urgent) need; ~ *nødvendighet* urgent necessity.

påtrengenhet importunity.

påtrykk pressure; *(tekst)* imprint; *etter* ~ *fra* under pressure from *(fx* he wrote the letter under p. from his boss); *(mildere)* at *(el.* on) the instigation of; *(se også I. trykk: øve* ~ *på).*

påtvinge *(vb)* force on, thrust on; *han ble påtvunget oss* T he was wished on us.

påtår T (another) drop; *(jvf påfyll).*

påvente: *i* ~ *av* in anticipation of; pending *(fx* p. his arrival *(el.* return)); in the event of *(fx* in the e. of further requirements).

påvirke *(vb)* affect, influence; *la seg* ~ *av* be influenced by; *han lar seg lett* ~ he is easily influenced; *i -t tilstand* under the influence of drink; in liquor; **T** under the influence; *(se promille).*

påvirkning influence; *under* ~ *av* influenced by, under the influence of.

påvise *(vb)* point out, show; *(bevise)* prove; *(godtgjøre)* establish; *(demonstrere)* demonstrate. **-lig** demonstrable, provable; traceable; *uten* ~ *grunn* for no apparent reason.

påvisning pointing out, demonstration.

R

R, r R, r; *R for Rikard* R for Robert.

ra *se morene.*

rabagast wild type, madcap.

rabalder noise; uproar *(fx* there was a great *(el.* tremendous) uproar); **T** hullabaloo.

rabaldermøte noisy meeting; bear garden; rough house.

rabarbra *(bot)* rhubarb. **-grøt** stewed rhubarb. **-stilk** rhubarb stalk.

I. rabatt discount; *gi 5 prosent* ~ give *(el.* allow) a discount of 5 per cent; give *(el.* allow) a 5 per cent discount; *ved bestilling av større kvanta gis det* ~ discount is allowed for substantial quantities; *jeg er villig til å gi en spesiell* ~ *på dem på 5%* I am prepared to make a special allowance on them of 5%; *(se forhandlerrabatt; kvantumsrabatt).*

II. rabatt 1*(blomsterbed)* border; 2*(vei-)* verge; shoulder; *(midt-)* centre strip; *(på motorvei)* central reserve; **US** median strip; *bløte -er* soft verges.

rabattbeløp discount *(fx* he had a d. due to him).

rabattforretning *(lavprisforretning)* discount store.

rabattkort ≡ ticket coupon.

rabattsats discount; *hvilke -er kan De gi meg?* what discounts can you allow me?

rabb(e) (barren) ridge, mound of rock; *(jvf fjellrabbe & åsrabbe).*

rabbel scribbling.
rabbiner rabbi.
rabiat rabid, raving.
rable *(vb)* scribble; ~ *ned* jot down; *hun -t ned stilen på ti minutter* she knocked *(el.* dashed) off the essay in ten minutes; *det -r for ham* T he's going off his head.
rabulist demagogue, agitator; T rabble-rouser. **-isk** agitatorial, demagogic.
rad *(rekke)* row; *i* ~ in a row; *tre dager på* ~ three days running *(el.* on end *el.* in succession); *det tredje år på* ~ the third successive year; *sistemann på hver* ~ *samler inn stilebøkene* the last person in each row will collect the exercise books.
radar radar.
radarkontroll radar speed check.
radbrekke *vb (person, som straff)* break on the wheel; *han -r det engelske språk* he murders the Queen's English.
radd fellow; rascal.
radere *(vb)* etch; *(skrape ut)* erase.
radergummi (ink) eraser.
radering 1*(bilde)* etching; 2*(utskrapning)* erasure.
raderkniv eraser. **-nål** etching needle. **-vann** ink eradicator.
radialdekk radial (tyre); ~ *med stålinnlegg* steel-braced radial tyre.
radiator radiator.
radiatorvifte *(på bil)* (radiator) fan.
radig without a hitch, smoothly; *det gikk* ~ *med slåtten* the mowing was getting on like a house on fire; they were getting through the mowing like wildfire.
radikal radical; **-t** *(adv)* radically; *(se II. verk: gå radikalt til -s).*
radikalisme radicalism.
radio radio; US radio; *høre* ~ listen (in); listen to the radio; *høre noe i -en* hear sth on the radio; hear sth on the air; *det ble sagt i -en at ...* it was said *(el.* stated) on the radio that ...; *sette på -en* turn *(el.* switch) on the radio.
radioaktiv radioactive; *(se nedfall).* **-amatør** short-wave radio amateur. **-antenne** aerial, radio antenna. **-apparat** radio. **-bil** 1*(i fornøyelsespark)* bump-you car; joy car; dodgem (car); 2*(politiets)* radio car.
radiolytter listener.
radiometer radiometer.
radiopeilestasjon radio compass station. **-rør** valve. **-samband** radio link; *i* ~ *med* in r. l. with. **-sender** (radio) transmitter; *(rørsender)* valve transmitter.
radiostasjon radio station; *(sender)* transmitting station.
radiostøyfilter static filter; reducer; *verktøy med* ~ *internally suppressed tool.
radiotelefoni radio telephony.
radiotelegrafering radio telegraphy, wireless t. **-telegram** radiogram.
radioutsendelse broadcasting; radio transmission; broadcast.
radium radium.
radius radius *(pl:* radii); *i en* ~ *av* within a r. of; within a range of.
radmager: *han er* ~ he's as thin as a rake; he has no flesh on his bones.
raffinade cube sugar; lump sugar; loaf sugar.
raffinement refinement, subtlety; studied elegance, sophistication.
raffinere *(vb)* refine *(fx* oil, sugar).
raffineri refinery.
raffinert refined, subtle; of studied elegance; sophisticated; ~ *grusomhet* refined cruelty.

raffinerthet refinement; subtlety; studied elegance; sophistication.
rafse *(vb):* ~ *til seg* grab; *(se grafse).*
raft *(takås)* purlin.
ragarn *(slags fiskegarn)* leader, range; *(se garn).*
rage *(vb):* ~ *fram* jut out, protrude, project; ~ *opp* rise; *(uklart)* loom; *(høyt)* tower; ~ *opp over* tower above; *(fig)* stand *(el.* be) head and shoulders above; *han -r langt opp over kollegene* he is head and shoulders above his colleagues; ~ *ut over* project over, overhang.
ragg goat's hair; shag.
raggarungdom *(tenåringer med scooter)* = S mods.
raggesokk thick woollen sock.
ragget rough-haired, shaggy.
raggmunk *(potetpannekake)* potato girdle (,US: griddle) cake.
ragnarokk *(myt)* the Twilight of the Gods; *(fig, fx om krig)* Armageddon.
ragu ragout.
raigress *(bot)* rye grass; *giftig* ~ darnel.
rajah rajah.
rak *(rett)* direct, straight, erect.
I. rake *vb (angå)* concern, regard; ~ *uklar med* fall out with; *hva -r det deg?* what's that to you? *det -r ikke deg* it's none of your business; it does not concern you.
II. rake *vb (røre)* stir, stir up; *(m. rive)* rake *(fx* r. the hay); ~ *i varmen* poke the fire; stir up the fire; ~ *sammen* rake together *(fx* hay); *(se seg (barbere seg)* shave.
rakefisk half-fermented trout.
rakekniv razor. **-rive** horse rake.
rakett rocket; *(missil)* (ballistic) missile.
rakettbase *(mil)* missile base.
rakettbombe *(mil)* rocket bomb; rocket missile.
rakettdrevet rocket-propelled, rocketed *(fx* a r. missile). **-drift** *(flyv)* rocket *(el.* jet) propulsion. **-motor** rocket engine. **-oppskytning** r. launching. **-sonde** spaceprobe. **-trinn** kick stage.
rakettvitenskap rocketry.
rakitis *(med.)* rickets.
rakitisk rickety.
rakk riff-raff, rabble.
rakke *(vb):* ~ *ned på* run down, throw dirt on, abuse; T drag one's name through the mud; ~ *til (gjøre skitten)* dirty, soil.
rakker *hist (bøddelens hjelper)* executioner's assistant; *(fig)* villain. **-pakk** rabble, riff-raff.
rakle *bot (hanrakle)* catkin.
rakne *vb (om søm, tøy)* come unsewn *(el.* unstitched); *(om damestrømpe)* ladder, run; *(fig)* go phut.
raknefri *(om strømpe)* ladder-proof; run-proof; US run-resistant.
rakrygget erect, upright.
rakørret half-fermented trout.
rallar navvy, casual labourer.
ralle *(vb)* rattle (in the throat).
ralling (death) rattle.
I. ram: *få* ~ *på en* get at sby; T catch sby bending.
II. ram *(om lukt, smak)* pungent, acrid, rank; *for -me alvor* in dead earnest; *det er mitt -me alvor* I am perfectly serious; ~ *til å ...* prone to ...
ramaskrik outcry *(fx* there was an o. against it).
rambukk pile driver.
ramle *(vb)* rumble, rattle; ~ *sammen* collapse, fall in, cave in; ~ *over ende* fall.
I. ramme *(subst)* **1.** frame *(fx* of a door, of a picture); framework; framed structure; 2*(bil-bunnramme)* chassis frame; *kasseformet* ~ box-girder frame; *(se kassebærer); sjekke -n (etter*

kollisjon for å se om den er blitt skjev) check the frame alignment; **3***(typ)* chase; *(rammelinje)* border; **4***(om fortelling, etc)* framework *(fx the friends' reunion provides the framework for the story);* **5***(bakgrunn)* setting *(fx the castle provided a magnificent setting for the gathering);* **6***(omfang, grenser)* scope, framework, bounds, limits, confines;

dette spørsmålet sprenger -n **for** *diskusjonen* this question goes beyond the subject under discussion; the question goes beyond the confines of the discussion; *sette et bilde* **i** *(glass og)* ~ frame (and glaze) a picture; *i glass og* ~ framed and glazed;

ikke passe **inn** *i -n (om ting)* be *(el.* look) out of place; be unsuitable; be inappropriate;

holde prisen **innenfor** *en noenlunde rimelig* ~ keep the price within more or less reasonable limits; *innenfor denne lovs* ~ within the scope of this Act; *innenfor den opptrukne* ~ within the framework established; *det er foruroligende å måtte konstatere hvor utilstrekkelige disse ordbøkene er innenfor den* ~ *de gir seg selv* it is disquieting to discover the inadequacy of these dictionaries within their own limits; *innenfor -n av denne organisasjonen* within the framework of this organisation; *han holdt seg innenfor -n av sine fullmakter* he kept within the scope *(el.* bounds) of his authority; *dette problemet kan naturligvis ikke behandles utførlig nok innenfor -n av en artikkel* this problem cannot of course be dealt with adequately within the limits of an article; *innenfor -n av denne utbyggingsplanen er det regnet med nye skoler og sykehus* new schools and hospitals are planned as part of this *(el.* the) development programme;

storstilt ~ **omkring** *Stortingets oppløsning* (a) splendid setting for the dissolution of the Storting;

*denne ordboken har gitt seg selv en altfor sne-***ver** ~ this dictionary unduly restricts its terms of reference; *falle* **ut** *av -n (om person, ting)* be *(el.* look) out of place; **T** be the odd one out; *(kun om ting)* be unsuitable; be inappropriate; *(kun om person)* behave in an unsuitable *(el.* inappropriate) manner;

det faller **utenfor** *-n av denne boka* it falls *(el.* is) outside the scope of this book; *det faller utenfor -n av min oppgave* that is outside the scope of my task; *(se kostnadsramme).*

II. ramme *vb (treffe)* hit, strike *(fx* he was struck by a falling stone; the snowstorm struck London just before the evening rush-hour; he was stricken by infantile paralysis); *(hende)* overtake, befall *(fx* the disaster which befell him); *(berøre)* affect *(fx* many factories are affected by the strike); *(renne inn i)* ram; ~ *ned* drive in *(fx* piles); *(skildre treffende)* hit (off); *min bemerkning -t (også)* my remark went home *(el.* hit the mark *el.* took effect); *hardt -t* hard *(el.* badly) hit *(fx* this industry was hard hit); *det tap som har -t ham* the loss he has suffered; ~ *en på pengepungen* victimize sby financially.

ramme|antenne frame aerial. **-avtale** framework agreement. **-fortelling** frame story.

ammel clatter, noise.

ammelager: *se veivaksellager.*

ramme|list (picture-)frame moulding. **-lov** framework law. **-maker** maker of picture frames. **-sag** *(mask)* gang saw. **-verk** framework *(fx* of a bridge, of a house).

amp hooligan(s); rowdies; mob.

ampe ramp; *(teater-)* apron.

ampegutt rude *(el.* ill-mannered) boy; really naughty boy; *han utviklet seg til en ordentlig* ~

he grew *(el.* turned) into a really naughty boy; *(se rampestrek).*

rampe|lys footlights; *(fig)* limelight *(fx* be in the l.); *være fremme i -et (fig, også)* be very much in the public eye. **-strek** trick; act of vandalism; *slike -er burde gutter i din alder holde seg for gode til* boys of your age ought to be above (playing) tricks like that.

rampet(e) rude, ill-mannered, badly behaved.

ramponere *(vb)* damage.

rams: *fremsi noe på* ~ recite sth parrot-like *(el.* in a mechanical fashion); *lære på* ~ learn by rote; learn by heart.

ramsalt *(fig)* caustic *(fx* remark, wit).

I. ramse *(subst)* long string of words *(„names, etc); (neds)* rigmarole; *(barne-)* jingle.

II. ramse *(vb):* ~ *opp* reel off, rattle off.

ran robbery; raid *(fx* a post-office raid; a raid on the bank).

rand *(stripe)* stripe; *(på glass)* brim; *(kant)* edge; *(på ski)* groove; *(fig)* verge, brink *(fx* on the brink of ruin); *være på fortvilelsens* ~ *(også)* be at the point of despair; *(se II. nipp).*

randbebyggelse ribbon building *(el.* development); housing estate situated on the edge of a town.

randbemerkning marginal note.

randet(e) striped.

randskrift *(på mynt)* legend.

randstat border state.

rane *(vb)* rob; ~ *noe fra en* rob sby of sth.

rang rank; *(forrang)* precedence; *av første* ~ first-class; *av høy* ~ of high rank, high-ranking; *gjøre en -en stridig* dispute sby's postition; *ha* ~ *blant* rank among; *ha* ~ *fremfor* rank before *(el.* above), take precedence of.

rangel booze; *gå på* ~ **T** go boozing; *(el.* bust), go on a spree.

rangere *(vb)* rank; *(jernb)* shunt; **US** shunt, switch; ~ *foran* take precedence of, rank above.

rangfølge order of precedence, ranking.

rangklasse rank.

I. rangle *subst (leketøy)* rattle.

II. rangle *vb (rasle)* rattle; *(gå på rangel)* **T** go boozing; go on a spree.

ranglefant **T** boozer.

rangliste *(sport)* table of ranking; *han er tredjemann på -n* he is third in the ranking; he is ranked third; he ranks third on the list.

rangsperson person of rank; dignitary.

rangstige hierarchy; social ladder.

rank straight, erect.

I. ranke: *ride* ~ sit on the knee, ride a cock horse, be dandled; *la et barn ride* ~ dandle a child.

II. ranke *(subst)* tendril; *(vinranke)* vine.

III. ranke *(vb)* straighten; ~ *seg* **1.** straighten oneself (up), draw oneself up (proudly), stiffen one's spine; **2***(sno seg)* twine.

rankhet straightness, erectness.

ransake *(vb)* search, ransack; ~ *en* search sby; **T** frisk sby.

ransel satchel.

ransmann robber.

ranunkel *(bot)* buttercup, crowfoot.

rap belch; *(babys)* (baby's) burp.

rape *(vb)* belch; *(om baby)* burp, bring up wind.

I. rapp *(subst)* rap, blow; *på røde -et* at once, this minute.

II. rapp *(adj)* quick, swift, brisk.

I. rappe *vb (en mur)* roughcast.

II. rappe *(vb):* ~ *seg* be quick about it, hurry; ~ *til en* **T** take a smack at sby.

rapp|fotet *(litt.)* light-footed, nimble-footed, fleet

-footed; *han er* ~ he moves very quickly. **-hendt** nimble-handed, deft.

rapphøne *(zool)* partridge; US gray partridge.

rappkjefta T: *se rappmunnet.*

rappmunnet glib, quick.

rapport report; *avlegge* ~ report, send in one's *(el.* a) report; *skrive en* ~ draw up a r., make a r.

rapportere *(vb)* report.

rapptunget: *se rappmunnet.*

raps *(oljeplante)* rape.

rapse *(vb)* pilfer, pick and steal; T pinch, bone, hook; S whip.

raptus fit, craze; *når den -en kommer over ham* when the fit is on him.

rar odd, quaint, strange; funny *(fx* it made me feel quite f.); *jeg føler meg* ~ *i magen* I've got a funny feeling in my stomach (,T: tummy); I'm feeling funny in my s.; I've (got) a squeamish feeling in my s.; T I have butterflies in my tummy; *jeg føler meg ikke så* ~ *(o: frisk)* T I'm not feeling so good; *(jvf frisk); de var ikke -e sjø-menn* they weren't much in the way of sailors; *vil du se noe -t?* do you want to see something funny? *hva -t er det i det?* what's strange about that? what's so funny about that? *det blir ikke -t igjen* there won't be much left (worth having); the remainder isn't worth much; *det er -t med det, men ...* it's a funny (thing), but ...; *det er -t med det, men man synes ikke godt man kan si nei takk* it's a funny thing, but you feel you can't very well refuse; *det er så -t med det, men vi er jo liksom gamle kjente nå* it's a funny thing, but it's just as if we'd known each other for a long time now; *det er ikke så -t at ...* it's not to be wondered at that; *det var ikke så -t i betraktning av at ...* that was no wonder, considering that ...; *John var henrykt, og det var ikke så -t, for hun var en vakker kvinne* John was entranced, as indeed he might have been, for she was a beautiful woman; *det er da ikke så -t* there's nothing surprising about *(el.* in) that; ~ *i hodet* queer in the head; *sette opp et -t ansikt* pull a funny face.

raring funny chap *(el.* bloke); odd character *(el.* oddbody; rum chap *(el.* customer); *John er en ordentlig* ~ *! (o: i grunnen en grei kar)* he's a funny old bugger, John is!

raritet curiosity, curio.

ras landslide, landslip; *(se snøras; steinras).*

I. rase *(subst)* race; stock *(fx* he comes of old English s.); breed *(fx* artists are a curious b.); *(dyre-)* breed; stock, race; *blandet* ~ mixed breed, hybrid race; *av blandet* ~ half-caste, half-breed; *(om dyr)* half-breed, hybrid, half-bred, crossbred; *ren* ~ *(om dyr)* pure breed; *av ren* ~ thoroughbred, pure-bred.

II. rase *(vb)* **1**(*være meget sint*) rage, be in a rage, rave, be furious, be in a fury, fume; **2**(*om uvær, krig, etc*) rage; **3**(*fare*): ~ *av sted* tear along, (*bruke munn*) rage *(mot* against), storm *(mot* at); *han -te av sted* he was tearing along; he rushed madly off; *få -t ut* cool off, calm down; *(om ungdommen)* sow one's wild oats, have one's fling; *han hadde -t ut* his fury was spent.

rasebiolog racial biologist. **-biologi** racial biology. **-biologisk:** ~ *spørsmål* question of racial biology; ~ *undersøkelse* study in racial b. **-blanding** mixture of races, racial mixture.

rasediskriminering race *(el.* racial) discrimination, colour (,US: color) bar; *(m.h.t. boliger, skoler, transportmidler)* segregation; *(i Sør-Afrika)* apartheid.

rasedyr thoroughbred (animal); *(ofte =)* pedi-

gree animal. **-eiendommelighet** racial characteristic *(el.* peculiarity). **-fanatiker** racist. **-fanatisme** racism. **-felle** member of the same race. **-fellesskap** community of race. **-fordom** racial prejudice; *(ofte =)* racial feeling. **-hat** racial *(el.* race) hatred. **-hest** blood horse. **-hygiene** eugenics. **-kamp** racial struggle, race conflict. **-merke** racial characteristic, race mark.

rasende furious, in a rage; *i* ~ *fart* at a furious pace; ~ *over* furious at; ~ *på* furious with; *bli* ~ fly into a rage.

raseopptøyer *(pl)* race riots, disturbances between white and coloured people.

rasere *(vb)* raze, level with the ground.

raseri rage, fury.

raseskille (racial) segregation; colour bar. **-stolthet** pride of race.

rasfare danger of a landslide; *(se ras).*

rasjon ration; *hente -ene (mil)* draw rations; *sette på* ~ ration.

rasjonal rational.

rasjonalisere *(vb)* rationalize.

rasjonalisering rationalization; *(som fag)* efficiency engineering, industrial efficiency.

rasjonaliseringsekspert (business) efficiency expert.

rasjonalisme rationalism. **-ist** rationalist. **-istisk** rationalist(ic).

rasjonell *(adj)* **1**(*filos*) rational; **2.** rational; efficient *(fx* working methods); ~ *viltpleie* rational game preservation; *(jvf urasjonell).*

rasjonere *(vb)* ration.

rasjonering rationing.

rasjoneringskort ration card. **-system** rationing system.

I. rask *(subst)* lumber, rubbish; trash; *(se I. rusk).*

II. rask *(adj)* quick, fast, swift; *være* ~ *og rørig* be in the best of health; T be in the pink of condition; be fit as a fiddle; *(om eldre mennesker, også)* be hale and hearty; ~ *i vendingen* quick off the mark; *være* ~ *til bens* be a good walker; move (very) quickly; *-t (adv)* fast, quickly; *gå -t* walk fast; *la det nå gå litt -t!* T get a move on!

raske *(vb):* ~ *med seg* snatch (up); grab; ~ *på* hurry up; ~ *sammen* scrape together.

raskhet quickness.

rasle *(vb)* rattle; *(om tørre blader, etc)* rustle.

rasp rasp.

raspe *(vb)* rasp; *(med rivjern)* grate.

rasper *(hestesykdom)* scratches.

rast halt, stop, rest; *holde* ~ halt, stop, rest, take a breather.

raste *(vb)* rest, stop.

rasteplass picnic area.

rastested *(ved motorvei, med servicemuligheter)* service area; *(NB på skilt:* 'services', *fx* 'services' 10 km).

rastløs restless, fidgety.

rastløshet restlessness.

ratata *(spøkef)* T behind.

rate instalment.

ratebetaling payment by instalments; *(se avbetaling).*

ratevis by instalments.

ratifikasjon ratification. **-fisere** *(vb)* ratify.

ratt (steering) wheel; *bilen er tung på -et* the car is heavy on the (s.) w.; *(se også legge B; lett styrt; tungstyrt).* **-gir** steering column mounted change *(el.* gear lever). **-kjelke** [toboggan equipped with steering wheel and brake]. **-kors** spider. **-stamme** steering column.

raudhå *(fisk)* common dogfish.

rauk *(av kornband)* shock.

raut *(av ku)* low. **raute** *(vb)* low.

I. rav *(subst)* amber.

II. rav *(adv):* ~ *ruskende gal* stark staring mad.

rave *vb (vakle)* totter, reel, stagger, lurch.

ravfarget amber(-coloured).

ravn *(zool)* raven; *stjele som en* ~ steal like a magpie.

ravnemor negligent mother.

razzia raid.

re *(vb):* ~ *en seng* make a bed; *som man -der, så ligger man* you have made your bed and you must lie on it.

reagens reagent. **-glass** test tube. **-papir** test paper.

reagere *(vb)* react *(på* to, against); respond *(på* to, *fx* respond to a stimulus); ~ *positivt* respond; adopt a positive attitude *(på noe* to sth); ~ *på (o: virke tilbake på) elevene reagerte positivt (på dette)* the pupils responded well; *få en til å* ~ *(også)* get a rise out of sby; *(se purring).*

reaksjon reaction; response; *hennes* ~ *var skjellsord* her reaction was (to utter) words of abuse; ~ *på* reaction to *(fx* a proposal); reaction against *(fx* strong r. by teachers against a 30-period week).

reaksjonsevne *(kjem, biol)* reactivity; *(persons)* powers of reaction; *han har en god* ~ he has quick reactions. **-slengde** *(ved bremsing)* thinking distance; *(se bremselengde; stoppedistanse).*

reaksjonær reactionary; *de -e* the reactionaries.

reaktor reactor, pile.

real trustworthy, reliable, honest, fair; ~ *behandling* fair treatment; *et -t mannfolk* a regular he-man; *det er ikke -t overfor piken* it's not fair to the girl; *få en* ~ *omgang juling* get a proper hiding; *et -t slagsmål* a really fine fight, a decent fight; a real slogging match; *et -t stykke kjøtt* a good-sized piece of meat.

realartium [the Norwegian equivalent of the GCE (Advanced Level) on the science side]; *(jvf artium).* **-fag** science and mathematics; *et* ~ a science subject; *(se anlegg 6).*

realisasjon realization, realisation.

realisasjonssalg clearance sale.

realisere *(vb)* realize, realise, dispose of.

realisme realism.

realist 1. realist; **2.** [holder of degree of *cand. real.* or *cand. mag.*]; *(kan gjengis)* holder of a science degree; science graduate; *(jvf filolog).*

realistisk realistic.

realitet reality; *i -en* in reality; *sakens* ~ the real point.

realitetsbehandle *(vb)* deal with *(el.* consider) the practical aspects of *(fx* aquestion); ~ *et lovforslag* debate the factual aspects of a bill. **-spørsmål** question of fact.

realkandidat science graduate; *(jvf realist 2).* **-kapital** real capital; *(fast investert)* fixed assets. **-kreditt** credit secured by mortgage on real property; *(jvf personalkreditt).* **-linje** *hist (på skole)* science side; *komme inn på -n (om elev)* get into the s. s. **-lønn** real income. **-lønnsnivået** the real income standards.

realpolitiker practical politician.

realpolitikk practical politics.

realskole *(omtr =)* [junior forms at grammar school]; US high school; *(se ungdomsskole).*

realskoleeksamen the ordinary level GCE, GCE (O); *(jvf artium).* **-vitnemål** = General Certificate of Education (Ordinary Level).

realunion *(polit)* legislative union.

reassurandør reinsurer. **-anse** reinsurance.

reassuranseavdekning reinsurance cover.

reassurere *(vb)* reinsure.

rebell rebel.

rebelsk refractory; T boshy.

rebus picture puzzle, rebus. **-løp** *(billøp)* treasure hunt.

rectum *(anat)* rectum.

red *(mar)* roads, roadstead.

redaksjon 1*(kontoret)* editorial office(s); **2***(personale)* editorial staff; *(redaktører)* editors; **3***(det å redigere)* editing; *(avfattelse)* wording, drafting, framing.

redaksjonell editorial.

redaksjonsartikkel leading article, leader, editorial.

redaksjonskomité drafting committee.

redaksjonssekretær subeditor.

redaktør editor; *være* ~ *for (el. i el. ved)* have the editorship of; *mens han var* ~ while he was (the) editor; *during his editorship; (se hovedredaktør).*

redaktørstilling editorship, editorial post.

redd frightened, afraid; *(av natur)* timorous; *meget* ~ very much afraid; very frightened; *(jvf vettskremt); bli* ~ get frightened; get scared; take fright; *han ble ordentlig* ~ *(også)* he was thoroughly frightened; *gjøre en* ~ frighten sby *(fx* it frightens him); *være* ~ be *(el.* feel) afraid *(el.* frightened); be apprehensive; *du er (neimen) ikke* ~*!* you've got a nerve! *jeg var for* ~ *til å åpne døra* I was too scared to open the door; *være* ~ **for 1.** be afraid of; *(svakere)* be frightened of; be scared of *(fx* she's scared of spiders); **2***(bekymret for)* be afraid for; be anxious about; *det er ingenting å være* ~ *for* there's nothing to be afraid of *(el.* frightened about); *du er* ~ *(for dette), ikke sant?* it frightens you, doesn't it? it does frighten you, doesn't it? *man er* ~ *for livet til ...* there are fears for the life of ...; *hun var* ~ *(for at) det skulle skje med henne* she was afraid it might happen to her; *jeg er litt* ~ *for at ...* I'm somewhat fearful that ... *det man er* ~ *for er at* the fear is that ...; *jeg er stygt* ~ *for at ...* I'm really afraid that ...

Redd Barna the Save the Children Fund; the SCF.

redde *(vb)* save; *(berge)* rescue; *vi er -t* we're in the clear; ~ *stumpene (fig)* pick up the pieces.

reddhare funk; scare-cat; US fraidycat.

reddik *(bot)* radish.

I. rede nest.

II. rede: *få* ~ *på* find out, ascertain; *gjøre* ~ *for* explain, give an account of; account for; *(gi et overblikk over)* review *(fx* the chairman reviewed the situation); *han må gjøre* ~ *for hver øre han bruker* he must account for every penny he spends; *ha god* ~ *på* know all about; *holde* ~ *på (forstå, følge)* understand, grasp, follow; *(holde orden i)* keep in order; *jeg kan ikke holde* ~ *på disse tallene* I keep getting these figures mixed up; *holde nøye* ~ *på: se II. nøye.*

III. rede *(parat)* ready, in readiness; ~ *penger* ready money, cash; *han har alltid et svar på* ~ *hånd* he's never at a loss for an answer; ~ *til å dø* ready for death; ~ *til hva som helst* ready for anything.

redegjøre *(vb)* give an account *(for* of); account for; *(se sak B).*

redegjørelse account; statement.

redelig *(adj)* upright, honest.

redelighet honesty, integrity.

reder (ship)owner; *(se partsreder).*

rederforbund shipowners' association; *Det internasjonale* ~ the International Chamber of Shipping.

rederi shipping company; shipowners.
redigere *(vb)* edit; *(avfatte)* draft, draw up, formulate.
redning rescue; *(fotb)* save, catch *(fx* a flying c.)*; det ble hans* ~ that was his salvation; *det er ingen* ~ there is no hope (of salvation); *den eneste* ~ the only way out.
redningsanker *(fig)* sheet anchor, last hope. **-apparat** life-saving apparatus. **-belte** lifebelt. **-bøye** lifebuoy. **-båt** lifeboat. **-dåd** life-saving exploit; *(ofte)* rescue *(fx* a spectacular r.). **-flåte** life raft.
redningskorps salvage corps; *(se fjellsikringstjenesten).* **-løs:** *-t fortapt* irretrievably lost. **-mann** rescuer. **-mannskap** rescue party. **-medalje** life-saving medal; **UK** the Royal Humane Society's medal. **-patrulje** *(i fjellet)* rescue squad. **-planke** last resort, last hope, one's only hope *(fx* that's my only hope). **-sentral** rescue centre *(el.* headquarters); *(flyv)* rescue co-ordination centre; *underordnet* ~ rescue sub-centre. **-skøyte** lifeboat; rescue boat. **-vest** life jacket, safety jacket.
redoble *vb (kort)* redouble.
redsel fear, horror, terror; *inngyte* ~ terrify, strike with terror; *i sanseløs* ~ in blank terror.
redselsbudskap terrible news. **-full** terrible, horrible, dreadful, appalling; *en* ~ *unge* **T** a (holy) terror *(fx* he's three years old and a holy terror).
redselsherredømme reign of terror.
redselskabinett chamber of horrors.
redselslagen horror-struck, horror-stricken, in terror.
redskap tool; *(større)* instrument; *(fig)* tool, instrument.
redskapsbu tool shed, garden shed. **-skur:** *se -bu.*
reduksjon reduction; *en* ~ *på 10 %* a reduction of 10 %
reduksjonstabell conversion table. **-ventil** *(mask)* reduction valve; *(se ventil).*
redusere *(vb)* reduce, lower, bring down, cut (,**US:** cut down) *(fx* the price of an article); mark down *(fx* m. down (the price of) an article); *(skjære ned)* whittle down *(fx* this part of the story could be whittled down to advantage); ~ *sterkt* reduce drastically; *(priser, også)* slash prices; *til reduserte priser* at reduced *(el.* cut) prices; *billetter til reduserte priser* tickets at reduced rates; reduced *(el.* cheap) tickets; *(se levestandard).*
reell real; genuine; honest, fair, trustworthy; ~ *behandling* fair treatment; *ha -e hensikter* have honourable intentions; *(jvf real).*
referanse reference; *personlige* *-r* character references; *jeg har fått lov til å benytte salgssjef NNs navn som* ~ I have obtained permission to use the name of NN, sales manager, as a reference.
referat report; *(møte-)* minutes *(fx* the minutes of the last meeting were read, adopted and signed by the chairman).
referatforbud *(jur)* reporting restrictions; *-et ble opphevet* reporting restrictions were lifted.
referent reporter.
referere *(vb)* report; give an account of; ~ *en fotballkamp (radio, TV)* commentate on a football match; ~ *seg til* relate to; ~ **til 1.** refer to, make reference to; refer back to *(fx* we often r. back to these exercises, especially for revision before tests); *(se repetisjon(slesning));* **2***(gjelde)* refer to, have reference to *(fx* the consignment to which this payment has reference).
refleks reflection; *(fysiol)* reflex.
refleksbevegelse reflex movement.
refleksbrikke = reflector disc.
refleksiv *adj (gram)* reflexive.
refleksjon reflection, thought.

reflektant applicant; prospective buyer, possible buyer.
reflektere *(vb)* reflect; ~ *over* r. on; ~ *på (svare på)* reply to, answer *(fx* an advertisement); *(ville kjøpe)* intend *(el.* offer) to buy; *(søke om)* apply for *(fx* a post); *(forslag, etc)* consider, entertain; ~ *på tilbudet* consider *(el.* entertain) the offer.
reflektor reflector; *(astr)* reflecting telescope.
reforhandle *(vb)* renegotiate *(fx* a contract).
reform reform.
reformasjon reformation. **-tor** reformer.
reformatorisk reformatory.
reformere *(vb)* reform; *den -erte kirke* the Reformed Church.
reformering reformation.
reformkostforretning health food store.
reformvennlig reformist.
refreng refrain; *det er vel på tide vi tenker på -et (o: går hjem)* **T** it must be time to think of making a move.
refrengsanger crooner; *(se sanger).*
refse *(vb)* chastise, castigate, punish; reprimand.
refselse chastisement, castigation; reprimand.
refundere *(vb)* refund, reimburse; repay.
refusjon repayment, reimbursement.
regalier *(pl)* regalia.
regatta regatta; *(se kappseilas).*
regattajolle racing dinghy.
regel rule; *gjøre seg til* ~ *å* make it a rule to, make a point of (-ing); *mot reglene* against the rules, contrary to all rules; *i -en; som* ~ as a (general) rule, usually, generally, ordinarily, normally. **-bundet** regular. **-bundethet** regularity. **-messig** *(adj)* regular; *(adv)* regularly. **-messighet** regularity. **-rett** regular, according to rule. **-verk** (set of) regulations; *studere -et grundig* make a thorough study of all the regulations.
regenerasjon regeneration. **-ator** regenerator. **-ere** *(vb)* regenerate.
regent ruler, regent, sovereign. **-skap** regency.
regi stage management; *(iscenesettelse)* direction, production, staging *(fx* of a film); *i N.N.'s* ~ under N.N.'s direction.
regime regime, rule, government.
regiment *(mil)* **1.** regiment *(fx* two regiments of infantry); **2***(feltavdeling i infanteriet, svarer til)* infantry brigade; **US** infantry regiment.
regimente *(regjering)* rule, government.
region region.
regionplanlegging regional planning.
regissør stage manager, producer; *(film-)* film director.
register register; *(innholds-)* index, table (of contents); *(i orgel)* stop; *med* ~ *(om bok)* indexed.
registeraksel *(kamaksel)* camshaft. **-kjede** timing chain. **-tonn** register ton.
registrere *(vb)* register; record; notice, take note of; ~ *en bil* register a car.
registrering registration. **-snummer** *(fx* bils) registration number.
regjere *(vb)* govern, reign, rule.
regjering government; *(kongelig styre: regjeringstiden)* reign; *under denne konges* ~ during *(el.* in) the reign of this king.
regjeringsadvokat **UK** Attorney-General; *(dennes stedfortreder)* Solicitor-General; *(jvf riksadvokat).* **-dannelse** (the) formation of (a) Government. **-dyktig:** ~ *flertall* working majority. **-fiendtlig** oppositional; anti-government. **-form** (form of) government. **-forslag** Government bill. **-kretser:** *i* ~ in Government circles. **-krise** Cabinet crisis. **-makt** government, (supreme) power. **-organ** Government organ. **-sjef** prime

minister; premier. **-tid** reign. **-vennlig** pro-government.

regle rigmarole, jingle; *(jvf I. ramse).*

reglement regulations. **-ert** regular, statutory, prescribed.

regn rain; *øsende* ~ pouring rain; *det ser ut til* ~ it looks like rain; *overveiende skyet, kan hende litt* ~ *av og til* mainly cloudy, possible occasional rain or drizzle.

regn|bue rainbow; *i alle -ns farger* in every colour of the rainbow. **-buehinne** *(anat)* iris. **-byge** shower. **-dråpe** raindrop.

I. regne *(vb)* rain; *det -r kraftig* it's pouring down; *det -t noe aldeles forferdelig* T it rained like billy-(h)o; *it rained like oldboots; det -t med æresbevisninger* honours were showered upon him; *det ser ikke ut til at det skal holde opp å* ~ *med det første* the rain looks like lasting; *når det -r på presten, drypper det på klokkeren* [when it rains on the vicar, some drops will fall on the parish clerk; i.e. when a prominent person obtains a great advantage, his subordinate gets a smaller one]; *(kan fx gjengis slik)* he benefited from what rained on the vicar (,on his boss, *etc); (se pøsregne & styrtregne).*

II. regne *(vb)* **1.** reckon, figure, calculate, compute, do arithmetic, do sums; T work out sums (,a sum); *han sitter og -r* he's doing sums; T he's working out a sum (,sums); *(jvf matematikk-oppgave);* **2**(kalkulere) calculate, compute; **3**(anslå) estimate, reckon; ~ *en oppgave* work out a problem in arithmetic; ~ **blant** reckon among *(fx* we r. him among our supporters), include among; ~ **etter** *(o: om)* go over again, check up (on); ~ **feil** *(også fig)* miscalculate, make a miscalculation, make a mistake; (NB you've got all your sums wrong); ~ **for** consider, regard as, look (up)on as, count *(fx* c. oneself lucky); *han -s for å være rik* he is believed *(el.* supposed) to be rich; he is accounted rich; *det er for intet å* ~ it's next to nothing; *det er for intet å* ~ *mot* it's nothing to *(el.* compared with); ~ **fra** *(o: trekke fra)* deduct; *renter -t fra* interest deducted; *-t fra i dag* counting *(el.* reckoning) from today; as from today; ~ **galt:** *se* ~ *feil (ovf);* **høyt** *-t* at the outside, at (the) most, at the utmost; at the highest possible estimate; *man -r det vanligvis at den middelengelske periode sluttet omkring 1450* the close of the Middle English period is generally put at about 1450; ~ **i** *hodet* make a mental calculation; *jeg -t det ut i hodet* I did it in my head; **lavt** *-t* at a low *(el.* conservative) estimate; at least; **løst** *-t* at a rough estimate, roughly;

~ **med** **1**(innbefatte) include *(fx* the wine is not included (in the bill)); count (in); **2**(ta med som faktor) allow for, include in one's reckoning; *man -r med en periode på 3 år for opplæring av personale* a 3-year period is envisaged for the training of personnel; *planen -r med ansettelse av 100 000 personer* the plan envisages the employment of 100,000 persons; **3**(ta hensyn til, legge vekt på) take into account, reckon with; **4**(gå ut fra, stole på) count on *(fx* you can c. on immediate delivery); rely on, reckon on; T bank on *(fx* I had banked on their accepting my offer); *De kan ikke* ~ *med å ha varene til Deres disposisjon før tidligst om tre uker* you cannot count on having the goods at your disposal for another three weeks at the earliest; *dette viser at man -r med samme utbetalingsmåte som under mitt opphold i England* this shows that the same mode of payment is reckoned with as at the time of my stay in England; *-r De med at noen annen person eller båt er an-*

svarlig for havariet? do you consider any other individual or craft responsible for the accident? *-r De med at De vil bli holdt ansvarlig for annen manns båt eller eiendom?* do you consider that you are likely to be held responsible for the craft or property of another party? ~ **om** *til* convert into *(fx* c. pounds into kroner); ~ **opp** enumerate *(fx* the articles enumerated in this list); ~ **over** check *(fx* have you checked these figures?); *(gjøre et overslag over)* calculate, make an estimate of; ~ **riktig** *(fig)* calculate correctly, be right in one's calculations; guess right; (NB he'd got all his sums right); ~ **sammen** add up, sum up, reckon up; T tot up; ~ **til** allow for *(fx* allow £10 for travelling expenses); *skaden -s til* the damage is estimated at; ~ **seg til** *(o: slutte)* infer, think out (for oneself); deduce; ~ **ut** calculate, work out, figure out.

regne|bok arithmetic (book). **-feil** arithmetical error, miscalculation. **-kunst** arithmetic. **-maskin** calculating machine; calculator. **-mester** arithmetician. **-måte** method of calculation. **-oppgave** sum, arithmetical problem.

regne|stykke *se -oppgave; det er et enkelt* ~ *(fig)* it's a simple sum. **-tabell** arithmetical table. **-time** arithmetic lesson.

regn|frakk raincoat; T mac; mack. **-full** rainy. **-hette** rain hat *(fx* ladies' plastic r. hats).

regning *(fag)* arithmetic; *(regnskap)* account; *(på varer, arbeid, etc)* bill; *(beregning)* calculation, computation; *være flink i* ~ be quick at figures; *ifølge* ~ as per statement; *for egen* ~ on one's own account, at one's own expense; *for my (,etc)* own account, at my *(,etc)* cost; *for firmaets* ~ *(også)* on the firm; *en stor (el. høy)* ~ a heavy bill; T a stiff bill, a big bill; *en kjempestor* ~ a huge bill; *strek i -en* disappointment; **føre** *noe i* ~ place sth to account *(fx* place an item to a.); *føre* ~ *over* keep an account of; **gjøre** *opp en* ~ settle an account; *gjøre* ~ *på* reckon *(el.* calculate) on; *gjøre* ~ *uten vert* reckon on without one's host; **holde** ~ *med* keep count of, keep track of *(fx* I just didn't keep t. of the time); **kjøpe** *i fast* ~ buy firm *(el.* outright); buy on firm account; **sende** ~ send (in) one's bill; **sette** *(el. skrive) på -en* put down in the bill; charge in the bill *(fx* c. it in the bill); *skrive på ens* ~ put down to sby's account; *skrive ut en* ~ write *(el.* make) out a bill; **ta** *på* ~ buy on credit; T buy *(el.* go) on tick.

regnings|art: *de fire -er* the four basic arithmetical operations. **-bilag** *(utgiftsbilag)* expense voucher. **-blankett** blank bill. **-bud** bill collector. **-svarende** remunerative, profitable; *drive skolen på* ~ *måte* run the school as a paying proposition *(el.* concern).

regn|kappe mac(k)intosh, raincoat; T mac. **-kløft** *(erosjonskløft)* gully. **-løs** rainless, dry. **-mengde** rainfall. **-måler** rain gauge, udometer.

regnskap account; *(i spill, sport)* score; *avlegge* ~ give an account *(for* of), account for *(fx* you must a. to the schoolmaster for what you have done); *føre* ~ **1.** keep accounts; **2**(spill, sport) keep (the) score; *føre* ~ *over, holde* ~ *med* keep an account of; *gjøre opp et* ~ settle an account; *-et pr. 31. des. i fjor* the balance sheet on 31st Dec. last year; *kreve en til* ~ call sby to account; *stå til* ~ *for* account for; *(se mislighet; pynte; reise).*

regnskaps|analyse accounts analysis. **-analytiker** financial analyst. **-avdeling** accounts department. **-bok** account book. **-direktør** *(post)* director of finance and accounts. **-fører** accountant, bookkeeper, treasurer; *(i spill)* scorer; *(i hær, flåte)* paymaster; *(på passasjerskip)* purser. **-førsel** keeping of accounts; accounting, bookkeeping; *(som fag)* accountancy. **-kyndig** skilled in accounts. **-periode** accounting period. **-plikt** *(statutory)* obligation to keep accounts. **-utdrag** abstract of accounts. **-vesen** keeping of accounts, accounts, accountancy; bookkeeping. **-år** financial year; tax year.

regnskur shower; *vi fikk hele -en over oss* we caught *(el.* had) the full force of the shower. **-skyll** heavy shower. **-tid** rainy season. **-tung** heavy with rain; ~ *(idretts)bane* soggy track. **-vann** rain water. **-vannstønne** water butt; barrel for collecting rainwater. **-vær** rainy weather. **-værsdag** rainy day.

regress (right of) recourse; legal remedy; *søke* ~ *hos* have recourse against.

reguladetri the rule of three.

regulares *(ordensprester)* regular clergy; *(se sekulargeistlighet).*

regulativ *(lønns-)* scale of wages, wage scale. **-lator** regulator. **-lerbar** adjustable.

regulere *(vb)* regulate; set, adjust; control; *(se innstille; tenning).* **-ing** regulation; *trafikk-* traffic control; *selv om -en (:: betalingen) for tiden er sen* even if he is (,they are, *etc)* slow in settling up *(el.* in paying) at present.

reguleringssjef city planning officer; *(se teknisk rådmann).*

reguleringsskrue *(stillskrue)* adjustment screw.

regulær regular.

rehabilitere *(vb)* rehabilitate. **-ing** rehabilitation; *(se attføring).*

reie *(vb): se re.*

reim: *se rem.*

I. rein *subst (zool)* reindeer; **US** caribou.

II. rein *(adj): se ren.*

reindrift keeping reindeer; ~ *er ingen lønnsom næring(svei)* keeping reindeer is not a profitable business; *(se reindriftnæring).*

reindriftnæring keeping reindeer; *-en er i tilbakegang* there is a decreasing market for reindeer products.

reindriftsame reindeer herdsman.

reineclaude *bot (slags plomme)* greengage.

reinfann *(bot)* tansy.

reinmose *(bot)* reindeer moss.

reinsdyr *(zool): se I. rein.*

reinvestere *(vt)* reinvest; plough back; ~ *penger i industri* plough money back into industry; plough back money into industry.

reinvestering reinvestment; ploughing back; ~ *av fortjenesten* ploughing back profits.

reip *se rep.*

reir nest.

reis *(forst)* [pile of wood stacked in V-form].

I. reise *(subst)* **1.** journey *(fx* a long j.); **2***(sjø-)* voyage; sea journey; **3***(især kortere tur)* trip; **4***(overfart)* passage, crossing; **5***(rund-, fx turist-)* tour; **6***(som uttrykk for avstand)* journey *(fx* a day's j. from here); *(mar & om bil- og togreise, også)* run *(fx* it was a three days' run from X to Y); *foreta en* ~ make *(el.* undertake) a journey (,voyage, *etc),* journey, travel; *fri* ~ *(mar)* (a) free passage; *jeg fikk fri* ~ *for bryet* I had my journey for my trouble; *god* ~ *!* a pleasant journey! *ønske en god* ~ *(også)* wish sby godspeed; *han vil få en lang* ~ *til og fra messen* he will have quite a long way to go *(el.* quite a long journey) to and from the Fair.

II. reise *(vb)* **1***(fra ett sted til et annet)* go *(fx* go to England); **2***(dra av sted)* leave *(fx* when are you leaving?), start, depart, set out, go off, go away; **3***(være på reise)* travel, journey, make a journey; *(om handelsreisende)* travel; **T** be on the road; *han -r meget* he travels a lot; he gets about a great deal; *jeg var ute og reiste* I was away travelling; *han skal ut å* ~ *igjen* **T** he's off on his travels again; *ryk og reis!* go to hell! ~ *sin vei* go away; ~ *samme vei* travel by the same route; ~ **bort** go away, leave; *jeg skal* ~ *bort i ferien* I'm going away for my holidays; *når jeg må* ~ *bort i forretninger* when I have to be away on business; ~ **for** *et firma* travel for a firm; ~ **forbi** pass, go past; ~ **fra** leave; ~ *fra byen* leave town; ~ *fra hotell (idet man betaler sin regning)* check out *(fx* he checked out yesterday); ~ **hjem** go home, go back; ~ *i forretninger* travel on business *(fx* he has to t. a lot on b.); ~ **en i møte** (go to) meet sby; *han -r i tekstiler* he travels in textiles; ~ **inn til** *byen* go in to town; *(til London el. annen storby)* go up (to town); ~ **med** *båt* go *(el.* travel) by boat; *han reiste med båten til B.* he took the boat to B.; ~ **med** *toget* go by train, travel by rail; *det er mange som -r med dette toget* many people take *(el.* go by *el.* travel by) this train; ~ **nordover** go (toward the) north; ~ **omkring** go about, travel about; ~ **over** *Bergen* go by (way of) B.; go via B.; ~ *over land* go by land, travel by land, travel overland; ~ *over til England* go over to E.; go across to E.; ~ **på** *3. klasse* go *(el.* travel) third (class); ~ **til** *utlandet* go abroad; ~ **viden om** travel far and wide.

III. reise *vb (stille opp, bygge)* erect, put up, raise; ~ *et spørsmål* raise a question; ~ *krav mot en (jur)* claim against sby; ~ *seg* get up, rise; *han reiste seg for å gå* he got up to go.

reiseakkreditiv letter of credit. **-arrangør** *(turoperatør)* tour operator. **-beskrivelse** book of travel; travelogue. **-brosjyre** travel folder. **-byrå** travel agency, travel bureau. **-byråsjef** travel agent. **-effekter** *(pl)* travel goods; ~ *og portefølje* travel and leather goods. **-ferdig** ready to start. **-fot:** *leve på* ~ always be going (off) somewhere; *live out of suitcases; stå på* ~ be about to leave. **-følge 1.** travelling companion(s); **2.** party of tourists.

reisegods accompanied luggage; **US** baggage; *skrive inn -et sitt* register one's luggage, have one's l. registered.

reisegodsekspedisjon luggage room *(el.* office). **-forsikring** luggage insurance. **-godskvittering** luggage ticket. **-rampe** luggage platform. **-vogn** luggage van; **US** baggage car.

reisehåndbok guide (book). **-kamerat** fellow traveller, travelling companion. **-kasse** travel(ling) funds; travel pool. **-kledd** dressed for the journey, dressed for travelling. **-leder** travel guide.

reiselektor *(omtr =)* peripatetic teacher.

reiseliv travelling. **-ets farer** the dangers of travelling; the dangers incidental to travel; **-ets strabaser** the trials *(el.* hardships) of travelling *(el.* of a journey); the trials incidental to a journey.

reiselivsforening touring association.

reisende traveller; *(se også handelsreisende).*

reisepenger *(pl)* money for travelling; travelling funds; *(se reisekasse).* **-pledd** travelling rug; **US** lap robe. **-rute** route. **-selskap 1***(som arrangerer reiser)* tour operator(s); **2***(gruppe turister)* party of tourists. **-sjekk** traveller's cheque; **US** traveler's check. **-stipendium** travel grant. **-tid** travelling *(el.* journey) time. **-sykeforsikring** travel medical insurance. **-utgifter** *(pl)* travelling expenses. **-valuta** foreign travel (holiday) allowance. **-vant** used to travelling. **-vekkerur** travelling alarm clock.

reisning *(oppstand)* rising, revolt, rebellion; *(holdning)* carriage.

reisverk framework (construction), half-timbering.
reisverksbygning half-timbered *(el.* framework) building. **-vegg** half-timbered wall, timberframed wall.
I. rek *(subst)* drift, jetsam; trash.
II. rek. *(fk.f. rekommandert)* Regd. *(fk.f.* registered); *(se rekommandert).*
rekapitulasjon recapitulation, summing up.
rekapitulere *(vb)* recapitulate, sum up.
I. reke *(subst)* shrimp; prawn; *renske -r* shell shrimps.
II. reke *(vb)* loiter, drift, roam *(fx* he roams about town).
rekel: *(lang(t)* ~ tall, lanky fellow; **T** tall weed, tall weedy person, lamppost; *(om kvinne)* maypole.
I. rekke *(subst)* 1*(rad)* row; *(geledd, plass)* rank; *i rad og* ~ in a row *(mil)* in serried ranks, drawn up in ranks; *i første* ~ in the front rank; *(fig)* above all, primarily, first of all, in the first place; *komme i annen* ~ *(fig)* take second place, be a secondary consideration; *være i første* ~ *(ɔ: blant de beste)* be in the front rank, take front rank, lead the field; *innen våre -r (fig)* in our ranks; *still opp på to -r! (mil)* form two deep! *tett* ~ close column; 2*(antall)* number; *(serie)* series *(fx* of articles), succession *(fx* of kings, losses); range; *hele -n av produkter* the whole range of products; *en* ~ *begivenheter* a series *(el.* chain) of events; *en hel* ~ *av* a long list of, a large number of; *feilen ved en* ~ *av de eldre ordbøker* the weakness of so many of the older dictionaries; *prøver i en* ~ *kvaliteter* samples in a (wide) range of qualities; *en* ~ *år* a number of years; 3*(av tall under hverandre; tippe-)* column; 4*(zool)* phylum; 5*(mar)* (ship's) rail; *over rekka* overboard.
II. rekke *(vb)* 1*(nå)* reach; ~ *båten* catch the boat; **US** *(også)* reach the boat; *han kan ennå* ~ *å gjøre det* there is still time for him to do it; *du -r det fint* you have plenty of time; **T** you can easily make it; *(om skytevåpen)* have a range of *(fx* 1,000 yards); *(om stemme)* carry; ~ *opp til* touch, reach (to); 2*(være tilstrekkelig)* suffice, be enough, be sufficient; *dette beløpet -r ikke langt* this amount will not go far; 3*(strekke fram)* stretch, extend; *(levere)* hand, reach *(fx* he reached me the book); pass *(fx* pass me the salt, please; pass sth out through the window); ~ *en hånden* offer sby one's hand, shake hands with sby; ~ *hånden fram* hold out one's hand; ~ *hånden i været* put up one's hand; ~ *hånden ut etter noe* reach out for sth; ~ *tunge til en* put out one's tongue at sby; *så langt øyet -r* as far as the eye can reach.
III. rekke *(vb):* ~ *opp* unravel.
rekkefølge order, succession; *(sport)* standing, ranking; *endelig* ~ *(sport)* final ranking; *i* ~ in succession, in consecutive order; *i alfabetisk* ~ in alphabetical order; *i hurtig* ~ in rapid succession; *i omvendt* ~ in reverse order; *i samme* ~ *som* in the same order *(el.* sequence) as.
rekkehus *(pl)* undetached houses, houses built together. **-motor** *(flyv)* in-line engine.
rekkevidde reach; *(skudd-)* range (of fire); *(fig)* range, scope; *(omfang)* extent *(fx* the e. of the damage); *innen(for)* ~ within reach; *utenfor (min)* ~ beyond (my) reach.
rekkverk rail; *(trappe-)* banisters; **US** banister; *(langs motorvei)* crash barrier.
reklamasjon 1*(klage, påtale av mangler)* complaint; 2*(krav)* claim; *avvise en* ~ repudiate a claim, decline to entertain a claim; *godta en* ~ allow a claim; *ordne en* ~ deal with *(el.* settle)

a complaint; ~ *på (el. over)* a complaint about *(el.* of).
reklamasjonsbrev letter of complaint; claim.
reklame advertising; *gjøre* ~ *for* advertise.
reklamearbeid advertising. **-artikkel** advertising article. **-byrå** a. agency. **-kampanje** a. *(el.* publicity) campaign. **-knep** advertising stunt. **-plakat** poster. **-pris** special offer price, bargain price.
reklamere *(vb)* 1*(se reklamasjon)* complain; claim; ~ *over varer* complain about *(el.* of) goods; *vi har -t overfor rederiet* we have claimed against the shipowners *(fx* for short delivery); 2*(se reklame)* advertise; ~ *for et nytt produkt* advertise a new product; *opp-* puff, boost.
reklamesjef advertising manager. **-skilt** advertising sign. **-tegner** advertising designer, publicity *(el.* commercial) artist.
rekognosere *(vb)* reconnoitre.
rekognosering reconnoitring, reconnaissance.
rekommandasjon *(av brev)* registration.
rekommandere *(vb)* register; *-t brev* registered letter; *-t sending, rek.-sending* registered packet; *-t som tjenestesak* officially registered; *(se II. rek.).*
rekonstruere *(vb)* reconstruct.
rekonstruksjon reconstruction.
rekonvalesens convalescence.
rekonvalesent convalescent; *være* ~ be recovering.
rekord record; *sette en* ~ set up a record; *slå en* ~ beat *(el.* break) a record; *det slår alle -er!* that takes the cake! *slå sin egen* ~ beat one's (own) personal record; *beat one's previous best* (performance); *tangere en* ~ equal *(el.* touch) a record.
rekordinnehaver record holder.
rekordjag craze for record-breaking.
rekreasjon recuperation, rest; *(adspredelse)* recreation; *dra til X på* ~ go to X for one's health. **-shjem** rest home. **-ssted** health resort.
rekreere *(vb):* ~ *seg* recuperate, take a rest *(el.* a holiday).
rekrutt recruit; National Service man. **-ere** *(vb)* recruit. **-ering** recruiting.
rekrutteringsstillinger *(pl)* posts for recruitment.
rekruttskole drill school for recruits (infantry, *etc)* training school; *være på -n (også)* be on the square.
rektangel rectangle. **-angulær** rectangular.
rektifisere *(vb)* rectify. **rektifisering** rectification.
rektor headmaster; principal; *universitets- (omtr =)* vice-chancellor; **US** president.
rektorat headmastership.
rektømmer *(krabbas)* unidentified timber; *(se også tømmer).*
rekvirere *(vb)* requisition.
rekvisisjon requisition.
rekvisita *(pl)* accessories, equipment.
rekvisitt requisite; *(teater-)* property; *-er* **T** props.
rekvisitør property master, property man.
rekyl recoil.
rekylfri non-recoilimg.
relasjon relation.
relativ relative; *et -t begrep* a relative term; *alt er -t* everything is relative.
relativitetsteorien the theory of relativity.
relativsetning *(gram)* relative clause; *nødvendig (,unødvendig)* ~ restrictive (,descriptive) relative clause.
relé relay.
relegere *(vb)* expel, relegate, dismiss.
reléramme *(jernb)* relay rack. **-spole** relay coil. **-stillverk** *(jernb)* relay interlocking plant.
relieff relief; *stille dem i* ~ throw them into relief.

religion religion.
religions|filosofi philosophy of religion. **-frihet** religious liberty. **-krig** religious war. **-stifter** founder of a religion. **-strid** religious dispute. **-tvang** constraint in religious matters. **-undervisning** religious instruction.
religiøs religious; *-e brytninger* a religious crisis.
religiøsitet religiousness, piety.
relikvie relic.
reling rail; *(i åpen båt)* gunwale.
rem strap *(fx* a wrist-watch strap); *(smal)* thong; *(driv-)* driving belt.
remburs documentary credit, commercial (letter of) credit; *(u)bekreftet* ~ (un)confirmed credit; *(u)gjenkallelig* ~ (ir)revocable credit; *åpne* ~ *til fordel for* open a credit with a bank in favour of; *a vista* ~ sight credit.
remburs|avdeling commercial credits department. **-banken** the paying bank.
rembursere *(vb)* reimburse.
remfabrikk belting factory.
reminisens reminiscence; *(se erindring).*
remisse remittance.
remittent payee.
remittere *(vb)* remit.
remje *(vb)* howl.
remlås *(tekn)* belt fastener.
remontere *(vb)* remount.
remplassere *(vb)* replace.
remse 1. strip; 2. string of words, jingle.
remskive pulley.
I. ren *(adj)* 1*(motsatt skitten)* clean; *gullende* ~ clean as a new pin, spotlessly clean; ~ *og pen* nice and clean; 2*(ublandet, uforfalsket, moralsk* ~*)* pure; *de -e av hjertet* the pure of heart; ~ *samvittighet* a clear conscience; *av -este vann* of the first (,**US:** purest) water; 3*(ren og skjær)* pure *(fx* nonsense), sheer *(fx* ignorance, impossibility, madness); *det er -e, skjære dovenskapen* it's laziness pure and simple; 4*(ubeskrevet)* clean, blank *(fx* a b. page); *et -t ark* a clean sheet of paper; 5*(om fortjeneste)* clear *(fx* a c. profit of £20); *et -t tap* a dead loss; 6*(om omriss)* clean-cut, clear; 7*(om språk)* pure, faultless; **8.** *mus (om tone)* true;
[*Forskjellige forbindelser*] ~ *for* free from; *gjøre -t i et værelse* clean a room; *rommet burde gjøres -t* the room could do with a clean-up; *holde -t i rommene* keep the rooms clean; *feie -t i rommet* sweep out the room; *-e barnet* a mere child; *jeg ga ham* ~ *beskjed* I gave him a piece of my mind; *gjøre -t bord* make a clean sweep of it; **US** *(også)* clear the decks; *av* ~ *nødvendighet* out of pure necessity; *det er -e ord for pengene* that's short and sweet; that's plain speaking; *med -e ord* plainly, bluntly, in so many words; *den -e sannhet* the plain truth; ~ *sjokolade* plain chocolate; ~ *skjønnhet* perfect beauty; ~ *smak* pure taste; *ved et -t tilfelle* by the merest chance, by sheer accident; *det -e vanvidd* sheer madness; *bringe på det -e* ascertain, clear up; *bringe brannårsaken på det -e* ascertain *(el.* establish *el.* find out) the cause of the fire; *bringe saken på det -e* clear up the matter; get to the bottom of the m.; *bringe forholdet på det -e* find out how matters stand, ascertain the facts of the case; *før vi har dette forhold på det -e, kan vi ikke ...* until this matter is made clear we cannot ...; *det er nå på det -e at ...* it is now certain *(el.* clear) that ...; it is now settled that ...; *det er helt på det -e at (også)* it has now been established beyond doubt that; *jeg er helt på det -e med at* I fully realize that ...; I am quite aware that; *(se også rent (adv); I. sti: holde sin* ~ *ren).*

rendyrk|e *(vb)* cultivate; *-et* in a state of pure cultivation, pure. **-ning** (pure) cultivation.
renegat renegade.
renessanse renaissance; *-n* the Renaissance.
rengjøring cleaning, clean-up. **-shjelp** cleaner *(fx* male, female cleaners).
renhet cleanness, purity.
renhold cleaning.
renholds|assistent, -betjent cleaner.
renholdsverk cleansing department *(fx* Oslo Cleansing Department). **-ssjef** director of public cleansing.
renke intrigue, plot; *smi -r* scheme.
renke|full intriguing, plotting, underhand, crafty. **-smed** intriguer, plotter.
renkultur cultivation; *(resultatet)* pure culture.
renn run; *(sport)* race, run; *det var et forferdelig* ~ *hele dagen* people kept running in and out all day; *vi har et* ~ *av tiggere* we are overrun by beggars.
I. renne *subst (tak-)* gutter; *(i farvann)* channel; *(i isen)* channel, lane; *(grøft)* ditch; *(fordypning)* groove; *(fjellsp)* gully.
II. renne *(vb)* run; *(flyte)* run, flow; *(lekke)* leak; ~ *hodet mot veggen (fig)* run one's head against a wall; ~ *på dørene hos en* pester sby with visits; ~ *sin vei* run away, take to one's heels; ~ *ut* run out, flow out, leak out; *(av sekk, etc)* run out, spill out; ~ *tom* run dry *(fx* the tank has run dry); *flasken -r tom* the bottle is leaking.
rennegarn warp.
renne|løkke, -snare running knot, noose.
rennestein gutter.
rennesteinsunge urchin, guttersnipe.
renning *(i vev)* basic fabric.
renn|ledelse *(ski)* race committee. **-sjef** *(ski)* race director.
renommé reputation, repute.
renons *(kort): være* ~ *i hjerter* be void of hearts; *gjøre seg* ~ clear one's hand *(fx* of hearts).
renonsere *(vb):* ~ *på* give up, renounce.
renovasjon removal of refuse.
renovasjons|mann dustman, scavenger. **-teknikk** sanitation engineering; waste disposal engineering; *vann-, avløps- og* ~ water, drainage and waste disposal engineering; **UK** municipal engineering; *varme-, ventilasjons- og* ~ heating, ventilation and sanitation engineering. **-vesen** refuse disposal service; *det kommunale* ~ the municipal refuse disposal service. **-vogn** dustcart.
rense *(vb)* clean; cleanse, purify; *(korn)* winnow; *(bær)* pick over *(fx* I'm just going to pick the berries over); *(om stikkelsbær, etc også)* top and tail *(fx* gooseberries must be topped and tailed); ~ *jordbær* top strawberries; ~ *luften (fig)* clear the air; ~ *for mistanke* clear of suspicion.
rensefjel chopping board.
rensekniv cleaning and trimming knife.
renselse cleaning; purification.
rensemiddel cleaning compound, cleansing agent.
renseri (dry-)cleaner's.
renseserviett tissue paper.
renske *(vb): se rense.*
ren|skrift fair copy. **-skrive** *(vb)* make a fair copy of; write out *(fx* the final version can be written out in ink); *(brev, etc på maskin)* type out; ~ *et stenogram* write out a shorthand note; extend a s. n.; *(jvf føre:* ~ *inn).*
renslig clean, cleanly; *(om hund, også spøkef om barn)* house-trained.
renslighet cleanliness.
renspille *vb (kort):* ~ *en farge* strip a suit.
rent *(adv)* cleanly; purely; *(helt, aldeles)* quite;

det hadde jeg ~ _glemt_ I had clean forgotten it; _snakke_ ~ _(om barn)_ speak properly; _synge_ ~ sing in tune, sing true; ~ _tilfeldig_ by pure chance, by sheer _(el._ pure) accident, accidentally; ~ _ut sagt_ to put it bluntly, not to mince matters, to use plain language; frankly; _nekte_ ~ _ut å ..._ refuse point-blank to ..., flatly decline to ...

rentabel profitable, remunerative; _være_ ~ _(også)_ pay its way _(fx_ this airline does not pay its way); _drive skolen på en_ ~ _måte_ run the school as a paying proposition _(el._ concern).

rentabilitet profitability; remunerativeness.

rente interest _(fx_ a small rate of i. is paid by the bank on money on deposit); _-r_ interest; _-r og avdrag_ interest and repayments; _-r beregnes av hele lånebeløpet_ interest is charged on the full amount of the loan; _gi -r_ bear interest; _gi en igjen med -r (fig)_ pay sby back in his own coin, pay sby back for sth, get even with sby; _trekke -r_ carry interest; _låne ut penger mot -r_ lend money at interest; _(jvf påløpe)._

rente|bærende interest-bearing, bearing interest. **-fot** rate of interest. **-fri** free of interest, interest-free. **-frihet** exemption from interest.

rentegne _(vb)_ convert _(fx_ a sketch) into a finished drawing.

rente|nist gentleman of independent means, independent gentleman. **-margin** _(merk)_ interest-differential. **-regning** calculation of interest.

rentesrente compound interest; _med renter og_ ~ at compound interest; _(fig)_ with interest _(fx_ pay the insult back with interest).

rentetap loss of interest.

rentrykk clean proof.

renvaske _(vb)_ wash clean; _(fig)_ clear _(fx_ sby's name of suspicion); _-t_ clean, shining with soap and water.

reol shelves _(pl); (bok-)_ bookcase.

reorganisasjon reorganization, reorganisation; _(se omlegning)._

reorganisere _(vb)_ reorganize, reorganise.

rep rope.

reparasjon repair(s); _(omfattende, av bil, etc)_ overhaul; reconditioning _(fx_ of an engine); _kompliserte -er_ complicated repair operations; _trenge_ ~ be in need of repair; _være til_ ~ be undergoing repairs, be under repair.

reparasjonsarbeid repairs, repair work.

reparasjonssektoren the repair-work sector.

reparasjonsverksted repair workshop.

reparatør repairer, mender, repairman; _skrivemaskin-_ typewriter mechanic.

reparere _(vb)_ repair, mend; **T** fix up; _som kan -s_ repairable; _den kan ikke lenger -s_ it is past repair.

repertoar repertory, repertoire.

repetere _(vb)_ repeat; _(pensum)_ revise; _(vi)_ do revision.

repetisjon repetition; _(av pensum)_ revision. **-skurs(us)** refresher course. **-slesning** _(før eksamen)_ revision; _holde på med_ ~ do revision.

replikk reply, retort, rejoinder; _(jur)_ replication; _(teater)_ speech, lines.

replikk|skifte exchange of words. **-veksel** = _-skifte; (se ordskifte)._

replisere _(vb)_ reply, retort, rejoin.

reportasje reporting; reportage _(fx_ he's doing reportage); _(det meddelte)_ report, coverage; _(radio-)_ (running) commentary.

reporter reporter.

repos _(trappe-)_ landing.

represalier _(pl): ta_ ~ make _(el._ resort to) reprisals _(mot_ against); start reprisals.

representant representative.

representantskap committee, board, council.

representasjon 1. representation; **2.** entertaining; entertainment; _hjemme-_ entertaining at home; _ute-_ entertaining outside the home _(fx_ at restaurant, with visiting clients); _(se fradrag); reiser og_ ~ travelling and entertainment; _det ville glede oss om De er interessert i å overta -en på det britiske marked (merk)_ we should be pleased if you would be interested in representing us on the British market; _(se overta)._

representasjonsgodtgjørelse entertaining allowance.

representasjonsutgifter entertaining expenses.

representativ representative.

representere _(vb)_ **1.** represent _(fx_ he represents the firm in some special article only); **2***(drive selskapelighet)* entertain; **3***(parl)* be member for, sit for.

reprimande reprimand; _gi en_ ~ reprimand; _få_ ~ _(mil)_ be checked _(fx_ he was checked for not saluting); _(jvf påpakning)._

reprise 1*(om film)* re-issue, re-release; _som_ ~ on re-issue, on re-release _(fx_ 'Mrs Miniver' turned up last week on r.-r.); **2***(byggetrinn)* stage _(fx_ erect the factory in several stages).

reprisekino second-run _(el._ repertory) cinema.

reproduksjon reproduction.

reprodusere _(vb)_ reproduce.

republikaner republican.

republikansk republican.

republikk republic.

reseda _(bot)_ mignonette.

resepsjon _(i hotell)_ reception (desk).

resepsjonist reception clerk; **US** room clerk.

resepsjonssjef receptionist.

resept prescription; _ekspedere en_ ~ make up a prescription; _gi en_ ~_på noe_ prescribe sth for sby; _det fås kun på_ ~ it is only obtainable by doctor's prescription.

reservasjon reservation, reserve.

reserve|del spare _(el._ replacement) part; _originale -er_ genuine r. parts; _(se del)._ **-fond** reserve fund; _(merk)_ legal _(el._ statutory) reserve. **-hjul** spare wheel. **-lege** senior registrar; **US** senior _(el._ chief) resident. **-mannskap** spare hands.

reservere _(vb)_ reserve; ~ _seg_ reserve; ~ _seg imot_ guard against; _(jvf bestilling & forbeholde)._

reserve|styrke _(mil)_ reserve forces. **-tank** _(for bensin)_ reserve tank, spare t., extra t. **-tropper** _(pl): se reservestyrke._

reserveutgang emergency exit.

reservoar reservoir.

residens residence. **residere** _(vb)_ reside.

resignasjon resignation. **-nere** _(vb)_ resign.

resiprok reciprocal.

resitere _(vb)_ recite.

reskontro _(merk)_ (debtors' _el._ creditors') ledger _(el._ accounts); _debitor-_ sales ledger, debtors' ledger _(el._ accounts).

resolusjon resolution; _vedta en_ ~ adopt _(el._ pass _el._ carry) a resolution.

resolusjonsforslag proposal for a resolution.

resolutt resolute, determined.

resonans resonance. **-bunn** sounding board, resonator.

resonnement reasoning, argumentation, (line of) argument, drift of an argument; _ut fra det_ ~ _at det er bedre å tilby noe enn ikke noe_ on the basis of it being better to offer sth than nothing; based on the argument _(el._ reasoning) that it's better to offer sth than nothing; _(se skjev A)._

resonnere _(vb)_ reason; _(diskutere)_ argue, discuss; ~ _over et spørsmål_ ponder a question, reason over a q.; _-nde stil_ expository essay.

respekt respect _(for_ for); _(aktelse)_ esteem; ~ _for_ *seg selv* self-respect, self-esteem; *handle slik at en mister -en for seg selv* lower oneself; *han var, med ~ å melde, nokså beruset* he was, with all due respect, somewhat intoxicated; *sette seg i ~* make oneself respected; *læreren kan ikke sette seg i ~ i klassen* the teacher has no authority in the class.

respektabel respectable.

respektere *(vb)* respect.

respektiv respective; *-e (adv)* respectively *(fx* for loading and discharge r.).

respektløs disrespectful. **-het** disrespect.

respirator respirator.

respitt respite. **-dager** *(pl)* days of grace.

ressort province, department; *(se I. felt).*

ressurser *(pl)* resources; *(se ubenyttet).*

ressurspolitikk resource policy.

ressurssterk with plenty of resources; *(begavet)* gifted; *(velstående)* affluent; *hun er en ~ person og lar seg hjke avfeie* she's a strongminded person, who won't let herself be pushed aside.

ressurssvak *(adj)* socially deprived; *de -e* the socially deprived; *barn fra -e hjem* children from deprived backgrounds.

ressursutnytting resource exploitation.

rest rest, remainder; *(i glass)* heeltap; (NB no heeltaps! = *drikk ut!); -en av disse kassene* the remainder of these cases; *-er (levninger)* remnants; *(jvf matrester); for -en (for øvrig)* for the rest; *stå til ~* be still due; *(om person, m. betalingen)* be in arrears.

restanse arrears *(pl); husleie-* arrears of rent; T back rent.

restaurant restaurant. **-faget** the catering trade.

restaurasjon *(gjenoppbygging)* restoration.

restauratør restaurant keeper.

restaurere *(vb)* restore.

restbeholdning stock in hand, balance.

restbeløp balance, remainder.

restemiddag scratch dinner.

resterende: *det ~ beløp* the remaining *(el. outstanding)* amount, the balance.

restesalg clearance sale.

restituere *(vb)* restore, restore to health.

restitusjon restitution; restoration.

rest|oppgjør *(merk)* balance. **-opplag** remaining copies. **-parti** remainder.

restriksjon restriction; *(se omfang).*

restskatt (income) tax arrears.

resultat result, upshot, outcome; *endelig ~* final result; *gledelig ~* pleasing result; *heldig ~* success, successful result; *uten ~* without result, to no purpose; *(forgjeves)* in vain; *avvente -et* see how it turns out, wait and see; abide the issue; *den krig som ble -et* the resulting war; *-et ble at* the result was that, the upshot of the whole matter was that; *komme til det ~ at* come to *(el.* arrive at) the conclusion that; decide that *(fx* he decided that it was too late); *det ~ utvalget kom til* the conclusions of the committee; *i et tidligere forsøk var man kommet til samme ~* in an earlier *(el.* previous) experiment the same result had been obtained; *hvordan kommer du til det -et?* how do you work that out? *oppnå et ~* obtain *(el.* achieve *el.* attain *el.* get) a result; *det heldige ~ som er oppnådd* the success achieved; *vise et godt ~ (også)* show good results; *regjeringen kan oppvise gode -er* the Government has considerable achievements to its credit; the G. can point to considerable achievements; *(se også oppvise).*

resultatløs without result, vain, fruitless.

resulter|e *(vb)* result; *~ i* result in, lead to; *det -te bl.a. i at ...* one result of this was that ...

resymé summary, resumé.

resymere *(vb)* sum up, summarize, recapitulate.

retardasjon *(fartsreduksjon)* retardation.

retardasjonsfelt deceleration lane.

retardere *(vb (sette ned farten, bremse)* retard.

retirere *(vb)* retreat, beat a retreat.

retning direction; *(ånds-)* movement, school (of thought), trend; *~ fremad! (mil)* eyes front! *~ høyre! (mil)* right dress! *i ~ av* in the direction of; *(fig)* in the way of; on the line of *(fx* a pattern more on the line of roses and lavender); *eller noe i den ~* or something of the kind; *noe i ~ av* sth resembling; sth in the nature of; *(se uttale: ~ seg i samme retning).*

retningslinje *(fig)* line; *-r* directions, instructions, directive(s); *alminnelige -r* general lines; *etter de -r som er gitt av ...* on the lines laid down by ...; *jeg fortsetter etter disse -r inntil videre* I shall proceed on those lines until further notice.

retningsnummer *(tlf)* code number, dialling code; US area code.

retningsviser *(på bil)* direction indicator, traffic i., trafficator.

retorikk rhetoric. **retorisk** rhetorical.

retorsjon *(jur)* retaliation.

retorsjons- *(jur)* retaliatory *(fx* r. customs duties).

retorte retort.

retrett retreat; *gjøre ~* retreat; *(se tilbaketrekning).*

I. rett *subst (mat)* dish; *(som del av større måltid)* course; *dagens ~* today's special.

II. rett *subst (jur)* 1*(domstol)* court (of justice), law court; tribunal *(fx* a military tribunal); 2*(lov)* law *(fx* criminal law); 3*(rettslokale)* court, courtroom; *(se arverett; byrett; forhørsrett; herredsrett; husleierett; høyesterett; lagmannsrett; II. lov; odelsrett; rettspleie; rettsvesen; rettsvitenskap);*

folke- international law; *-ens gang* (the course of) justice; *lov og ~* law and order; justice; *det må -en avgjøre* that is for the court to decide; *da -en ble hevet* when the court rose; *sette -en* open the proceedings; *-en er satt* the court is in session; *-en trer sammen i plenum, dvs. med alle sine medlemmer* the court sits in plenum, i.e. with all its members on the bench;

for *-en* in court, before the court; *forakt for -en* contempt of court; *bringe saken for -en* take the matter to court; bring an action; *hvis de bringer saken for -en (også)* if they take court action; *la nåde gå for ~* temper justice with mercy; *innstevne en for -en* summon sby before the court; summon sby to appear in court; *(se ndf: stevne en for -en); komme for -en* 1*(om sak)* come to court; be brought before (the) court; come up for hearing; 2*(om person)* appear in court; *saken kom for -en (også)* the case was tried; *stevne en for -en* 1*(saksøke en)* take sby to court; sue sby; bring an action against sby; take legal action *(el.* proceedings) against sby; go to law against sby; 2*(la en innkalle som vitne)* summon sby to appear in court; *stille en for -en* take sby to court, bring sby to trial, put sby on trial; *bli stilt for -en* 1*(i sivilsak)* appear in court; 2*(i kriminalsak)* appear before *(el.* in) court; be committed for trial, be brought to trial, be put on trial, be taken to court; *han ble stilt for -en i X, tiltalt for ildspåsettelse* he was brought to trial *(el.* put on trial, etc) in X, charged with arson; *han ble stilt for -en anklaget for mordet på X og mordforsøk på Y* he was committed for trial on charges of murdering X and attempting to murder Y; *mens saken verserer for -en* while the matter is sub judice; pending a decision of the court;

i *-en* in court, in the court-room; *(i bygningen,*

også) at the courts; *møte i -en* appear in *(el. before the)* court; *hvis de går* **til** *-en med det* if they take court action; if they take the matter to court; if they bring an action; *ad* **-ens vei** through the process of the court *(fx* obtain payment through the process of the court); by (means of) legal proceedings; *gå -ens vei* take legal action *(el.* proceedings), take court action; go to law; *jeg tror hun ville få medhold i sitt krav hvis hun gikk -ens vei* I think her claim would stand up in court (if she pressed it that far).

III. rett *(subst)* 1*(det som er riktig)* right; 2*(rettferdighet)* justice, right; 3*(rettighet)* right *(fx* his right to the Throne); title *(til noe* to sth); *«tre -e»* *(spørrelek)* 'three in a row'; *jeg er* **i min fulle** *~* I am (quite) within my rights; **med full** *~* with *(el.* in) perfect justice; *vi kan med full ~ si at ...* we are perfectly justified in saying that ...; *(jvf II. rette); med den sterkeres ~* by (right of) superior force; by brute force; *skjelne mellom ~ og urett* distinguish between right and wrong;

få *~* **1.** prove right; turn out to be right; 2*(få medhold)* carry one's point; **gi** *en ~* agree with sby; fallin with sby's view; admit that sby is right; *tiden (,begivenhetene) ga ham rett* time (,events) proved him right; **gjøre** *~ og skjel for seg* do the right thing; *De gjorde ~ i å komme* you were right in coming; you did right to come; *... og 'det gjorde De ~ i ...* and quite right too; **ha** *~* be right; *begge (to) har ~* both are right; *det har du ~ i!* you're right (there)! how right you are! *De har aldeles ~* you are quite right; *han vil alltid ha ~ overfor sin bror* he always wants to be in the right with his brother; he always wants to be on top of his brother; *ha -en på sin side* be in the right; *ha ~ til noe* have a right to sth; be entitled to sth; *du har ingen ~ til å være her!* you have no right to be here! **T** *(også)* you've no business to be here! **komme til sin** *~* show to advantage; *komme bedre til sin ~* show to better advantage; *la hans evner komme til sin ~* provide scope for his ability; **kreve** *sin ~* demand *(el.* insist on) one's rights; *naturen krever sin ~* Nature will have her way; *-en må* **skje** *fyldest* justice must be done; *~ skal* **være** *~* fair is fair; you must give the devil his due; *nei, ~ skal være ~, denne gangen har han gjort godt arbeid* fair is fair *(el.* let's be fair), he's done some good work this time; *(se* II. *rette; rimelig; stå B: ~ på sin rett).*

IV. rett *(adj)* 1*(ikke krum)* straight; *helt ~ (om linje, etc)* dead straight; *en ~ vinkel* a right angle; *på ~ kjøl* on an even keel; 2*(riktig, korrekt)* right, correct, proper; 3*(passende)* proper; *-e vedkommende* the person concerned; the proper authorities; the proper quarters; **den** *-e* the right man (,woman, *etc); 'the man (,etc); du er meg den -e!* I like that! *er meg den -e til å komme med En slik bemerkning!* that remark comes strangely from you! *du er ikke den -e til å kritisere ham* it's not for you to criticize him; *der kom han til den -e* he came to the right address; he caught a tartar; *han er den -e mann* he is the right man; *~ mann på ~ plass* the right man in the right place; **det** *-e* the right thing; 'the thing, *det eneste -e* the only right thing; *langt fra det -e* wide of the mark; *det -e inntrykk* the right impression; *det -e ord* the proper word; *ikke mer enn ~* **og rimelig** only fair; *alt på* **sin (-e) plass** everything in its proper place; *... eller, -ere sagt* or rather; or, to be

more correct; or, to put it more exactly; *(se også sted B: på rette ~).*

V. rett *(adv)* 1*(direkte, uten omvei)* straight, direct *(fx* the boat runs d. to Hull; it goes there d.); *~ forut* right ahead; *~ fram* straight on; *vinden var ~ imot oss* the wind was dead against us; *~ nord* due north; *~ overfor* directly opposite; 2*(like): ~ før* shortly before Christmas; *treffe ~ i blinken* hit the mark, get home; *~ og slett* merely, simply, purely; *han er ~ og slett en spekulant* he is a speculator pure and simple; *~ som det var* 1*(plutselig)* all of a sudden, suddenly; 2*(ofte)* every now and again; *forstå meg ~* don't misunderstand me; **T** don't get me wrong; *gå ~ på sak* go *(el.* come) straight to the point; *jeg skal gå ~ på sak (også)* I shall come to the point at once; *om jeg husker ~* if I remember rightly; if my memory serves me right; *hvis jeg kjenner ham ~* if I know him (at all).

I. rette *(mots. vrangside)* right side *(fx* the right side and the reverse *(el.* wrong side).

II. rette *(subst): gå i ~ med en* call sby to account; take sby to task; rebuke sby; **med** *~* rightly, justly, deservedly; *og 'det med ~* and rightly *(el.* justly) so; and quite right too; and with good cause; *med ~ eller urette* rightly or wrongly; *falle til ~; finne seg til ~ (el.* down); find one's feet; *finne seg til ~ (med)* reconcile oneself to; *(tilpasse seg)* accommodate oneself to; find one's legs; *(føle seg hjemme)* feel at home; *han har funnet seg godt til ~ her* he has settled down well here; *hjelpe en til ~* lend sby a helping hand, put sby on the right way; *legge til ~* arrange, order, adjust; *legge seg godt til ~ i senga* snuggle up in bed; *ligge godt til ~ for* be favourable for, offer favourable conditions for; *(se ligge: ~ til rette for);* *sette seg til ~* settle oneself *(fx* in an armchair); *snakke en til ~* bring sby to reason, make sby see *(el.* listen to) reason; *forsøke å snakke en til ~* reason with sby; *stå til ~ for* answer for, be called to account for; *ta seg selv til ~* take the law into one's own hands.

III. rette *(vb)* 1*(gjøre rett)* straighten (out); 2*(korrigere)* correct *(fx* a mistake, examination papers; proofs *(korrektur);* correct me if I am wrong!); *(for å sette karakterer)* mark *(fx* papers); 3*(regulere, justere)* adjust; 4*(stille inn)* direct *(mot* towards), turn *(mot* to), aim *(mot* at, *fx* aim a gun at sby), level *(mot* at, *fx* a gun at sby), play *(mot* on, *fx* play a hose on the fire); 5*(henvende)* address, direct *(fx* one's remarks to sby); 6*(glds = henrette)* execute; *~ bena* stretch one's legs; *~ manglene* correct the defects; *~ oppgaver* correct exercises; *(med henblikk på karakterene)* mark papers; **US** grade papers; *levere tilbake de oppgavene* hand *(el.* give) the marked papers back; *~ for hverandre (om elever)* correct each other's work; *slurvet (,dårlig) -t!* carelessly (,badly) corrected! *~ ryggen* straighten one's back, draw oneself up; *~ inn (gym & mil)* dress *(fx* the ranks); *rett inn! (mil)* pick up your dressing! *den kritikk som ble -t mot ham* the criticism levelled against him; *~ sin oppmerksomhet mot* turn *(el.* direct) one's attention to; *~ opp* right; *~ opp en båt* right a (capsized) boat; *~ på* correct; *~ på forholdet* take remedial measures; *det er (det) lett å ~ på* that can easily be remedied; we can easily do sth about that; *det -r* **seg** *i marsjen* **T** things will right themselves in the end; the matter will straighten itself out (all right); *~ seg opp (om seilbåt)* come upright; *skipet -t seg opp igjen* the ship righted itself; *~ seg etter ens*

ønske comply with sby's wishes; *jeg må ha noe å ~ meg etter* I must have sth to go by; *~ seg etter vanlig forretningspraksis: se praksis.*
rettearbeid *(lærers)* marking.
rettelig *(adv)* by right(s), rightfully, justly.
rettelse correction; *(beriktigelse)* rectification.
rettenkende right-thinking, straight-thinking, right-minded.
rettere *(adv): eller ~ sagt* or rather.
rettergang legal procedure; *(se prosess; rettssak).*
rettersted place of execution.
rettesnor guide; rule (of conduct); *(jvf retningslinje).*
rettferdig just; *sove de -es søvn* sleep the sleep of the just.
rettferdiggjøre *(vb)* justify, warrant; *~ seg* exculpate *(el.* clear) oneself.
rettferdiggjørelse justification.
rettferdighet justice; *det er bare simpel ~ (ɔ: det er det ikke noe å si på)* it is only fair.
rettferdighetssans sense of justice; *(se krenke).*
retthaveri being (self-)opinionated; being very dogmatic.
retthaversk (self-)opinionated; very dogmatic.
rettighet right, privilege.
rettlede, -leie *(vb)* direct, guide.
rettledning guidance; *dette ville være en viss ~ for oss* this would be some g. for us.
rettløs lawless.
rettmessig lawful, legitimate, rightful. **-het** lawfulness, legitimacy.
rettroende orthodox.
rettroenhet orthodoxy.
rettsakt legal document; *-er (pl)* papers of legal procedure. **-avgjørelse** court decision, d. of the c. **-begrep** idea *(el.* concept) of justice, legal conception.
rettsbelæring summing up, directions to the jury; *feilaktig ~* misdirection;
  * the judge sums up the case for the benefit of the jury.
rettsbetjent court usher; **US** bailiff. **-bevissthet** sense of justice. **-ferie** vacation (of the court), court vacation; *i -n* during the v. of the court. **-forfølgning** prosecution; legal proceedings. **-forhandling** legal *(el.* court) proceedings; hearing; trial. **-følelse** sense of justice. **-gyldig** valid in law. **-gyldighet** legal validity. **-handling** judicial act. **-historie** legal history, history of law.
rettshjelp legal aid; *få fri ~* receive legal aid free of charge; *(i England)* receive free legal aid and advice;
  * the Legal Aid and Advice Act// A party to a civil case can sue in forma pauperis.
rettside: *se I. rette.*
rettsindig upright. **-sindighet, -sinn** uprightness, rectitude.
rettsinstans *(institusjon)* judicial authority; *vende seg til en annen (el. høyere) ~* go to a higher court.
rettskaffen upright, honest.
rettskaffenhet integrity, uprightness; honesty.
rettskjennelse 1. court ruling; decision; *(jurys)* verdict; **2***(forbud el. påbud)* court injunction.
rettskraft legal force, legal efficacy.
rettskrivning orthography, spelling.
rettskyndig learned in the law, legally trained.
rettslig legal, judicial; *ta -e skritt mot* take legal action against; *(se etterspill).*
I. rettslærd *(subst)* jurist.
II. rettslærd *(adj)* learned in the law.
rettslære jurisprudence; law. **-medisin** forensic medicine. **-medisiner** medical expert, e. on forensic medicine. **-medisinsk** medico-legal. **-middel** (legal) remedy. **-møte** (court) session. **-norm** rule

of law. **-oppfatning** court ruling; *fravike en tidligere uttalt ~* quash a previous court ruling. **-ordning 1.** constitution of the courts; **2.** statutes governing the constitution of the courts. **-pleie** administration of justice. **-sak** case, lawsuit. **-sal** court(room). **-sikkerhet** legal protection. **-stat** constitutional (democratic) government. **-stilling** legal status.
rettsstridig contrary to law, illegal. **-stridighet** illegality. **-studium** study of law.
rettstilstand state of the law *(el.* of justice).
rettstrikking knitting.
rettsvern legal protection (of inventions and trade marks). **-vesen** administration of justice; judicial system. **-vitenskap** jurisprudence. **-virkning** legal effect. **-vitne** [court witness].
rettvinklet rectangular, right-angled.
rettvis fair, just.
retur return; *varer sendt i ~* goods returned; *tur ~* there and back; *på ~ (fig)* on the decline, on the downgrade, on the wane; *(i avtagende)* declining *(fx* his reputation is d.). **-billett** return ticket; **US** *(også)* round-trip ticket. **-frakt** return cargo; *(beløpet)* return freight, home freight.
returgods: *tomt ~* returned empties; *(jvf tomgods).*
returnere *(vb)* return.
returporto return postage. **-sperreventil** *(mask)* back-flow check valve. **-tast** *(på skrivemaskin)* backspace key, back spacer. **-veksel** redraft.
retusj retouch. **-ere** *(vb)* retouch, touch up.
I. rev *(lavt skjær)* reef.
II. rev *(zool)* fox; *ha en ~ bak øret* be up to some trick, have sth up one's sleeve; *(se overgang).*
III. rev *mar (i seil)* reef; *stikke ut et ~* shake out a reef; *ta inn et ~* take in a reef; *ta ~ i seilene (fig)* watch one's step, be more careful.
revaksinasjon revaccination.
revaksinere *(vb)* revaccinate.
revaktig foxy, fox-like, vulpine.
revansj(e) revenge; *få ~* have one's revenge.
reve *vb (mar)* reef; *~ et seil* reef a sail.
revebjelle *(bot)* foxglove.
revehule fox earth, (fox) burrow.
revelje *(mil)* reveille.
revepels 1. fox fur; **2***(fig)* fox, clever Dick.
revers reverse (side); *sette bilen i ~* put the car in reverse.
reversdrev reverse *(el.* reversing) gear.
revesaks fox trap. **-skinn** fox skin; *(pelsverk)* fox fur.
revidere *(vb)* revise; *(som revisor)* audit; examine.
revisjon revision; *(revisors)* audit(ing).
revisor auditor; *(yrkesbetegnelse)* accountant; *statsautorisert ~* authorised public accountant; **UK** chartered a.; **US** certified public a.; *statsautorisert ~ L. Fry* L. Fry, C. A.;
  * Messrs Fry & Co., Chartered Accountants, have been appointed auditors to the Company.
I. revle *(sandbanke)* (sand) bar, longshore bar.
II. revle [piece of weaving, strip of cloth].
revmatisk rheumatic. **-isme** rheumatism.
I. revne *(subst)* crack, chink, cranny, fissure, crevice; *(i tøy)* tear, rent.
II. revne *(vb)* crack, burst, part; *(om tøy)* tear, split.
revolte revolt. **revoltere** *(vb)* revolt.
revolusjon revolution. **-ere** *(vb)* revolutionize.
revolusjonær *(subst & adj)* revolutionary; *tenke -t* think in terms of revolution.
revolver revolver. **-mann** gunman.
revunge *(zool)* fox cub.

revy *(mønstring)* review; *(teater)* revue; *passere* ~ file past; *(fig)* pass in review.
revynummer show number.
Rhinen *(geogr)* the Rhine.
rhinskvin Rhine wine; hock.
Rhodos *(geogr)* Rhodes.
Rhône *(geogr)* the Rhone.
I. ri *subst (anfall)* fit, attack; spell; paroxysm *(fx* of laughter); *smertene kommer i -er* the pain comes intermittently.
II. ri *(vb)* ride; *(seilsp)* sit out; ~ *stormen av weather (el.* ride) out the gale; ~ *for ankeret* ride at anchor; *«Comet», -dd av Jones* Comet with Jones up; *han -r ikke den dag han saler* he's a slow starter; he takes his time; *den tanken -r meg som en mare* I'm haunted by that idea.
I. ribbe *(subst)* rib.
II. ribbe *subst (gym)* wall bar.
III. ribbe *(vb)* pluck *(fx* a chicken, a goose); US pick; *(plyndre)* rob *(en for noe* sby of sth).
ribben *(subst)* rib.
ribbet *(forsynt m. ribber)* ribbed.
ridder knight; *vandrende* ~ knight errant; *slå til* ~ knight.
ridderborg castle.
ridderkors cross of an order of chivalry.
ridderlig chivalrous.
ridderlighet chivalry, chivalrousness.
ridderorden order of chivalry. **-roman** novel (,romance) of chivalry. **-skap** knighthood; chivalry. **-slag** accolade. **-spore** knight's spur; *(bot)* larkspur. **-stand** knighthood, chivalry. **-tiden** the age of chivalry. **-vesen** chivalry.
ride *(vb): se II. ri.*
ridebane riding ground. **-drakt** riding dress; *(dames)* riding habit. **-hest** saddle horse. **-kunst** horsemanship. **-lærer** riding master. **-pisk** horsewhip. **-skole** riding school. **-støvler** riding boots. **-tur** ride; *(se I. tur).*
I. rifle *subst (gevær)* rifle.
II. rifle *subst (fure)* groove; flute; knurl.
III. rifle *(vb)* rifle *(fx* a gun); flute; *(mask)* chamfer.
rift tear *(fx* he has a t. in his shirt sleeve), rent; *(spalte)* crevice; *(på kroppen)* scratch; *det er stor* ~ *om det* there is a great demand for it; it is in great demand; *hvor det er stor* ~ *om plassene, kreves gode artiumskarakterer* where pressure on places is heavy, high A-level grades will be demanded.
rigg *(mar)* rigging.
rigge *(vb)* rig *(fx* a ship); ~ *i stand et måltid* get up a meal; ~ *opp* rig up *(fx* an apparatus); ~ *til* fix, prepare; equip with clothes.
rigger rigger.
rigorøs rigorous, severe, strict.
rik rich, wealthy, opulent; ~ *på* rich in, abounding in; ~ *anledning til å* ample opportunity for *(fx* practising French); every facility for *(el.* of) (-ing) *(fx* there is every f. for bathing and tennis); *den -e* the rich man;*de -e* the rich; *i -t mål* abundantly; amply; *et -t liv* a full life; *(se opplevelse).*
rikdom riches, abundance; wealth; *en* ~ *på* a wealth of, an abundance of.
rike kingdom; empire; realm; *komme ditt* ~ *(bibl)* thy kingdom come.
rikelig plentiful, abundant; *han har sitt -e utkomme* he is well off.
rikfolk rich people, the rich.
rikholdig rich, copious, abundant.
rikke *(vb)* move; ~ *seg* move, stir; *han -t seg ikke fra sofaen* he refused to budge from the sofa.
rikmann capitalist, rich man, plutocrat.

rikosjett ricochet, rebound.
rikosjettere *(vb)* ricochet, rebound, glance off.
riksadvokat UK Director of Public Prosecutions; *(i ikke-engelsktalende land)* Public Prosecutor; *(se statsadvokat).*
riksantikvar Chief Inspector of Inspectorate of Ancient Monuments and Historic Buildings. **-antikvariatet** (NB *offisielt: Riksantikvaren)* the Inspectorate of Ancient Monuments and Historic Buildings (of the Department of the Environment). **-arkiv** Public Record Office; *(i Skottland)* Scottish Record Office. **-arkivar** keeper of public records; US archivist of the United States. **-bank** national bank.
riksdag Parliament; *(imperial)* diet; *-en i Worms* the diet of Worms.
riks|eple orb. **-forsamling** national assembly. **-grense** *(på kart)* international boundary. **-kansler** *(imperial)* chancellor *(fx* Bismarck assumed office as Imperial Chancellor in 1871). **-klenodier** *(pl)* regalia. **-kringkasting** state broadcasting system *(fx* the Norwegian Broadcasting System).
riksmeklingsmann *(svarer i England til)* National Arbitration Tribunal.
riks|mål standard Norwegian. **-regalier:** *se klenodier.* **-rett: bli stilt for** ~ *(svarer til)* be impeached.
riksrevisor Auditor-General.
rikstelefon trunk call, long distance call; US long distance call *(fx* make a l. d. c.); *bestille en -samtale med tilsigelse* book a person to person trunk call; *(se nærtrafikk).*
riktig 1*(adj)* right; *(nøyaktig)* exact, accurate; *(feilfri)* correct; *(virkelig, ekte)* real; *(sann)* true; *(passende)* right, proper, due; *ganske* ~ quite right; *... og ganske* ~ and sure enough; ~ *avskrift* a true copy; *en* ~ *sterk dosis* a good strong dose; *vi fant det -st å* ... we found it best to ...; *gjøre det -e* do the right thing; *begge deler er* ~ both are *(el.* would be) right *(el.* correct); *det var ikke* ~ *av Dem å* ... it was not right of you to ...; *det er ikke* ~ *mot ham* it's not fair on him; *det er* ~ *at* it is true that; *overslaget er langt fra* ~ the estimate is very wide of the mark; *han er ikke* ~ he's not right in his head; he's crazy; 2*(adv): gjette* ~ guess right; *det går ikke* ~ *for seg* there's something wrong; there's more in this than meets the eye; *handle* ~ act right (-ly); *skrive* ~ write correctly; *jeg vet ikke* ~ I don't exactly know; *jeg vet ikke* ~ *hva han vil gjøre* I do not quite know what he will do; ~ *livlig* quite lively; ~ *meget (el. mye)* quite a lot; *han er ikke* ~ *frisk* he's not quite well.
riktighet correctness; exactness, accuracy; *(berettigelse)* fairness, justness; *det har sin* ~ it's quite correct; it's true, it's a fact.
riktignok certainly, to be sure, indeed; ~ *har jeg* ... true, I have ...; it's true that I have ...; ~ *kan jeg ha tatt feil* I may, indeed, be wrong; I admit that I may be mistaken.
rille groove.
I. rim *(rimfrost)* hoarfrost, white frost, rime; *det var* ~ *på vinduet* the window was rimed over, there was rime on the w.
II. rim *(i vers)* rhyme; *(se vrøvlerim).* **-brev** rhymed epistle.
I. rime *vb (av frost)* rime; *det -r på vinduet* the window is rimed over; there is rime on the window.
II. rime *vb (i vers)* rhyme; ~ *på* rhyme with; *det -r ikke med (fig)* it does not tally with.
rimelig 1*(fornuftig)* reasonable; *det fins ingen* ~ *grunn til at vi* ... there's no earthly reason why we ...; 2*(rettferdig)* fair; *det er ikke mer enn (rett*

og) ~ it's only fair *(el.* reasonable); *han sa ja takk, som* ~ *var* he accepted, as well he might; *et* ~ *forlangende* a fair demand; 3*(moderat)* reasonable, moderate; *en* ~ *pris* a reasonable price; *-e priser (også)* moderate prices; *til* ~ *pris* at a reasonable price; *et* ~ *krav* a reasonable demand (,claim); 4*(sannsynlig)* likely; *det er ikke* ~ *at han kommer* he is not likely to come; it's not likely he will come; 5*(forståelig): Siden ulykken i fjor går hun ikke gjerne ut alene.* − *Nei, det er* ~ Since her accident last year she doesn't like going out by herself. − No, I'm sure she doesn't *(el.* No, I can (well) imagine *el.* No, I suppose not).

rimelighet reasonableness; fairness; moderation; likelihood; *innenfor -ens grenser* within the (limits of) reason; *alt innenfor -ens grenser* anything in reason.

rimeligvis *(adv)* most likely, as likely as not, in all probability; *det blir* ~ ... there's likely to be ...

rimfri unrhymed; *(se II. rim).*
rim|frost hoarfrost, white frost. **-is** rime ice.
rimordbok rhyming dictionary.
rimsmed poetaster; *(neds)* rhymester.
rimtåke frosty mist; *(se tåke).*

ring ring; *(krets)* circle; *(bil-)* tyre; *US* tire; *kontrollere lufttrykket i -ene* check the tyres; *-er under øynene* circles round *(el.* under) one's eyes; *i denne leken går deltakerne rundt i en* ~ *og synger (også)* in this game the circle *(el.* ring) moves round singing; *følgene av denne uheldige episode spredte seg som -er i vannet* the consequences *(el.* effects) of this unfortunate incident were gradually felt further and further afield; *(se ringvirkninger).*

ringblomst *(bot)* marigold.
ringbom *(fløtning)* temporary storage boom, spool boom.
ringbrynje chain mail, byrnie.
ringdue *(zool)* wood pigeon; *(se due).*
I. ring|e *(vb)* ring; *det -er* the bell rings, there's the bell; *there goes the bell;* ~ *av (tlf)* ring off; *(især US)* hang up; ~ *etter* ring for *(fx* a servant; a cup of tea) *(tlf)* phone for; ~ *for siste runde: se I. runde;* ~ *inn (ɔ: omringe)* encircle; surround; *har det -t inn?* has the bell gone for the lesson? *da det -te inn til neste time* when the bell rang for the next period to begin; ~ **med** *en klokke* ring a bell; ~ **opp** *(tlf)* ring up; *ring meg opp igjen* T give me a ring back; ring *(el.* call) me back; call *(el.* phone) me up later; *kanskje du -er meg opp, så kan vi avtale et møte* T would you phone and we'll fix a meeting; *kan jeg få* ~ *Dem opp igjen om noen minutter?* can *(el.* may) I ring you back in a few minutes? may I give you a ring back? ~ **på** ring the (door)bell; ~ *på hos en* ring sby's doorbell, ring the bell at sby's door; *ring på hos X* ring X's doorbell; *han -te på hos familien over gangen* he rang the bell across the landing *(el.* way *el.* hall); *vi hørte at noen -te på døra* we heard a ring at the door; ~ *på tjeneren* ring for the servant; ~ **til** *en* ring sby up, (tele)phone sby, put a call through to sby; *den man -er til* the called person; *han -te til sin far og fortalte ham nyheten* he phoned the news to his father; ~ *City 2023* phone *(el.* call) City 2023 *(uttales:* two o two three); *du er meg en hyggelig person å* ~ *til (bebreidende)* you're a cheerful *(el.* nice) person to ring up! ~ *til begravelse* toll *(*the funeral bell); ~ *til gudstjeneste* ring the bell(s) for divine service; ~ **ut** ring out; *har det -t ut?* has the bell gone for the end of the lesson? *det -te ut* the bell rang for break.

II. ringe *adj (ubetydelig)* small, slight, insignificant; *(om kvalitet)* poor, inferior; *etter min* ~ *evne* to the best of my humble ability; *ingen -re enn* no less a person than *(fx* he was no less a p. than the owner himself); *intet -re enn* nothing short of; *ikke den (aller) -ste interesse* not the slightest interest.
ringeakt contempt, disdain; scorn.
ringeakte *(vb)* despise, look down on; scorn.
ringeaktende contemptuous.
ringeapparat bell; *elektrisk* ~ electric bell.
ringeledning bell wire.
ringer ringer.
ringfinger ring finger.
ringforlovet formally engaged.
ringformet annular.
ringle *(vi)* tinkle, jingle.
ringnot ring net.
ringorm *(zool)* ringworm; *(se orm).*
ringperm ring leaf book; ring leaf file; US loose-leaf binder.
ringrev 1. atoll; 2*(person)* (sly) fox; T clever Dick.
ringspill (game of) quoits.
ringstall *(jernb)* roundhouse.
ringvirkninger *(pl): dette vil få uheldige økonomiske* ~ this will have unfortunate and spreading economic consequences; *de økonomiske* ~ *medførte stagnasjon* the economic effect was a vicious circle which resulted in stagnation; *(se ring).*
rinne *se renne.*
rip 1. scratch; **2.** *mar (esing)* gunnel.
ripe *(subst & vb)* scratch.
ripost *(i fektning)* riposte; *(fig)* repartee.
ripostere *(vb)* riposte; *(svare)* retort.
rippe *(vb):* ~ *opp i gamle sår* open up old wounds, rip open *(el.* re-open) old wounds; US drag *(el.* rake) up old wounds; ~ *opp i et gammelt sår (også)* revive an old sorrow; *la oss ikke* ~ *opp i det (også)* let bygones be bygones.
I. rips *(slags tøy)* rep.
II. rips *(bot)* currant *(fx* red currants). **-busk** currant bush. **-gelé** currant jelly. **-saft** currant syrup.
I. ris *(papir)* ream.
II. ris *(kratt, kvist)* brushwood, twigs; *(til straff)* rod, birch (rod); *få* ~ get a birching; *(med hånden)* be spanked; *gi* ~ birch, thrash; *(med hånden)* spank; *han skulle ha* ~ he wants a good smack; T he wants his behind smacking!
III. ris *(kornart)* rice; *japansk* ~ puffed rice.
I. rise *(kjempe)* giant.
II. rise *vb (slå med et ris)* birch, flog; *(med hånden)* spank.
risengryn rice. **-sgrøt** rice pudding.
risikabel risky; S dicey.
risikere *(vb)* risk.
risiko risk, peril; *en helsemessig* ~ a health hazard; a hazard to health; *for kundens regning og* ~ for account and risk of customer; *sendt på kjøperens* ~ sent (,shipped) at the risk of the purchaser; *på egen* ~ at one's own risk; *løpe stor* ~ take *(el.* run) a big risk.
risikomoment element of risk.
riskrem cream of rice, creamed rice (with red fruit sauce).
risle *(vb)* murmur, ripple.
rismel ground rice, rice flour.
risp slit, slash; scratch.
rispe *(vb)* slit, slash, tear; scratch; *(maltraktere med kniv)* slash.
riss 1*(tegning)* (thumbnail) sketch; *(grunn-)* ground plan; 2*(kontur)* contour, outline; 3*(risset*

merke) mark, scratch; **4***(utkast)* outline, sketch, draft.

risse *(vb)* scratch; ~ *opp* outline, sketch, draft.

rissebord marking-off table.

risse|fjær, -penn drawing pen. **-kurs** pattern cutting course.

I. rist *(på foten)* instep.

II. rist *(jernrist, i ovn)* grate; *(gitterverk)* grating *(fx* a g. over a drain; holes in the wall with gratings over them).

I. riste *vb (steke)* grill; US broil; ~ *brød* toast bread; make toast *(fx* make a lot of toast); *-t brød* toast; *et stykke -t brød* a piece *(el.* slice) of toast.

II. riste *vb (skjære el. hogge inn)* carve, cut; ~ *runer* carve runes.

III. riste *(vb)* shake; ~ *på hodet* shake one's head; ~ *av seg* shake off, fling off *(fx* one's pursuers); *(se også ryste; virre:* ~ *med hodet).*

risting shaking; *(skaking, vibrering)* judder, juddering.

ristropp *(seilsp)* toestrap; hiking strap.

ristsveiv *(til ovn)* grate crank; crank handle for the grate.

ritt ride.

rittmester *(glds)* captain (of horse).

ritual ritual, service.

ritus rite.

rival, -inne rival.

rivalisere *(vb)* rival.

rivalitet rivalry, competition.

I. rive *(subst)* rake.

II. rive *vb (flenge)* tear; *han rev i annet forsøk (om høydehopper)* he failed in his second attempt; ~ *ost* grate cheese; ~ *farger* grind colours; *revne grønnsaker* raw-grated vegetables; *revet skall av sitron* grated lemon rind; ~ *av* tear off; ~ *av en fyrstikk* strike a match; ~ *av seg vitser* crack jokes; ~ *i* **1.** tear at *(fx* sth); **2***(betale for)* pay for *(fx* he paid for it); *jeg -r i (: jeg spanderer)* I'll stand treat; S I'll pay the piper; ~ *seg i håret* tear one's hair; ~ *og slite i* tear at *(fx* sth); ~ *i stykker* tear up, tear to pieces; ~ *løs* tear off, pull off, detach; ~ *seg løs fra* tear oneself away from, disengage oneself from; *la seg* ~ *med av* be carried away by; *hun rev publikum med seg* she carried the house; *leseren -s med av en rekke begivenheter* the reader is carried along (quickly) by a number of events; ~ *ned* tear down, break down; ~ *opp døra* fling the door open; ~ *over* tear across *(fx* a piece of paper); ~ *over ende* knock over; ~ *seg på noe* scratch one's hands (,arms, etc) on sth; ~ *ut av villfarelsen* disillusion, undeceive.

rivende: *i* ~ *fart* at a furious pace; ~ *gal* stark staring mad; *(feil)* quite wrong, right off the mark; *gjøre* ~ *fremskritt* progress by leaps and bounds; ~ *strøm* violent *(el.* rapid) current; *ha det* ~ *travelt* be in an awful rush; *en* ~ *utvikling* a violent process of change.

riveskaft rake handle.

Rivieraen the Riviera *(fx* on the R.).

rivjern grater; *(fig)* shrew.

rivning *(fig)* friction, discord; *det var -er mellom dem* there was a certain amount of friction between them.

I. ro *subst (hvile)* rest; *(stillhet)* quiet; *(rolighet)* tranquillity; *opphøyd* ~ serenity; ~ *i salen!* the meeting will come to order! *i fred og* ~ in peace and quiet; *i* ~ *og mak* at (one's) leisure; *(om hastighet)* at a leisurely pace; *gjøre innkjøp i* ~ *og mak (også)* shop in safety and comfort; *falle til* ~ compose oneself, calm *(el.* quieten) down; settle down; *etter at sinnene var falt*

til ~ after people had calmed down; *etter at huset var falt til* ~ *for natten* after the house had settled down for the night; *han har ingen* ~ *på seg* he is restless; *slå seg til* ~ settle (down); *slå seg til* ~ *med* resign oneself to; *ta det med* ~ take it *(el.* things) easy; T cool it; *(slappe av)* relax; *ta det med* ~*!* **1***(det haster ikke)* take it easy! there's no need to hurry! **2***(ikke hiss deg opp)* keep your hair *(el.* shirt) on! **3***(ikke kjør for fort)* do take it nice and steady! *(se skape 2).*

II. ro *subst (krok)* corner.

III. ro *(vb)* row; *(fig)* crawfish, try to back out *(fx* of an awkward situation); *nå er han ute og -r (fig)* now he's trying to backslide *(el.* slide out of it); now he's trying to dodge *(el.* crawl *el.* get) out of it; now he's trying to pull up the ladder; (NB *uttrykkes ofte kun ved)* Jack! ~ *med raske tak* row a fast stroke.

robber *(i spill)* rubber.

robust robust, rugged, sturdy.

robåt rowing boat; US rowboat.

roe *(bot)* turnip, beet.

roer rower, oarsman.

roesukker *(bot)* beet sugar.

I. rogn *(av fisk)* hard roe; spawn; *legge* ~ spawn.

II. rogn *(bot)* rowan. **-ebær** rowanberry.

rogn|fisk spawner. **-gyting** spawning.

rojalisme royalism.

rojalist royalist.

rojalistisk royalist.

rokade *(i sjakk)* castling.

rokere *(vb)* castle.

I. rokk spinning wheel; S (= *sykkel*) grid.

II. rok(k) *(sjø-)* sea spray.

I. rokke *subst (fisk)* ray; *pigg-* sting ray.

II. rokke *vb (rugge)* budge, move; *steinen er ikke til å* ~ the stone cannot be moved; *(se også kulle).*

rokke|hjul wheel (of a spinning wheel); *(leketøy)* hoop. **-hode** distaff.

rokokko rococo.

rolig quiet, calm, tranquil; *(fredelig)* peaceful; steady *(fx* a s. flame, a s. market); ~ *og fattet* calm and collected; *kald og* ~ T cool as a cucumber; *holde seg* ~ keep quiet; ~ *søvn* sound sleep; *han er* ~ *og stø* he has a quiet and steady manner; *det kan De være* ~ *for* you need not worry about that; *ta det* ~ take it easy; calm down; T not to worry! S keep your shirt *(el.* hair) on! *(se time).*

rolle part, character, rôle, role; *en takknemlig* ~ a rewarding part, a part offering scope to the actor; *bli i -n* keep up one's part; *falle ut av -n* forget one's part; *fylle -n* fill the role; *få legens* ~ play the physician; *spille en* ~ play *(el.* act) a part; *hun var den elskverdige vertinne og spilte sin* ~ *godt* she acted the gracious hostess and put it over well; *spille en aktiv* ~ *i* play a vigorous part in; *han spilte en svært ynkelig* ~ he cut a very pitiful figure; *det spiller ingen* ~ it does not matter; *penger spiller ingen* ~ money (is) no object; *hvilken* ~ *spiller det om vi er fattige?* what does it matter if we are poor? *(se gjesterolle).*

rollebesetning cast.

I. rom 1*(verdens-)* space; *-met* space; **2***(værelse)* room; **3***(plass)* room; **4***(avdelt)* compartment; **5***(laste-)* hold; *et lufttomt* ~ a vacuum; *det gir ikke* ~ *for tvil* it leaves no room for doubt.

II. rom *(spiritus)* rum.

III. rom *(adj)* roomy, spacious; *i* ~ *sjø* in the open sea; *holde seg i* ~ *sjø* keep out to sea;

seile med ~ *vind (ɔ: romskjøts)* sail off the wind; run free.

Roma *(geogr)* Rome.

romalder space age.

roman novel; *-en er henlagt til en engelsk industriby* the novel is set in an English industrial town.

romanforfatter, -inne novelist.

romanse romance, ballad.

romansk Romance *(fx* language).

romantiker romantic.

romantikk romance; *(litteraturretning)* romanticism.

romantisk romantic.

rombe rhomb, rhombus.

rombisk rhombic.

rombuss space shuttle

romer Roman. **-bad** Turkish bath. **-inne** Roman lady.

romerkirken the Roman (Catholic) Church, the Church of Rome. **-rett** Roman law.

romersk Roman.

romerskkatolsk Roman Catholic.

romertall Roman numeral.

romfang volume, cubic content. **-farer** astronaut, space traveller, spaceman. **-fart** space travel. **-fartssenter** space centre. **-ferd** space journey, space trip. **-forhold** proportion.

romhelg, -jul days between Christmas and New Year's Eve.

romkake [small tart filled with rum-flavoured custard]. **-kapsel** space capsule.

romlig of space, relating to space.

I. romme *(vb)* contain; *(ha plass for)* hold, take; *(fig)* contain, convey.

II. romme *vb (mar):* *vinden -r* it's a freeing shift.

rommelig roomy, spacious; *(om tid)* ample.

rommelighet spaciousness.

romplattform space platform.

rompudding rum pudding.

romskip space ship, spacecraft.

romskjøts: *seile* ~ sail off the wind; run free.

romslig *se rommelig.*

romstere *vb (rote omkring)* rummage.

rop cry, call, shout.

rope *(vb)* call (out), shout; ~ *noe inn i øret på henne* shout sth in(to) her ear; ~ *opp navnene* call over the names; read *(el.* call) out the names; *han ble ropt opp* his name was called; *vente på at ens fly skal bli ropt opp* wait for one's flight to be called; ~ *på* call for, shout for *(fx* help); ~ *på en* call sby; ~ *på noe (ɔ: kreve)* call for; *(sterkere)* clamour for; *folket ropte på hevn over tyrannen* the people clamoured loudly for revenge on the tyrant.

ropert megaphone, loud-hailer.

roquefort(ost) Roquefort; Danish blue.

ror rudder, helm; *komme til -et (fig)* take over the helm, come into power; *lystre -et* answer the helm.

rorbenk thwart. **-bu** fishermen's shack *(el.* shed) (in a fishing village).

rorgjenger helmsman. **-kult** tiller.

rorsfolk rowers. **-kar** rower.

rortørn *(mar)* trick *(el.* turn) at the helm.

ros *(pris)* praise.

rosa, -farget pink, rose-coloured.

I. rose *subst (bot)* rose; *ingen -r uten torner* no rose without a thorn; *livet er ingen dans på -r* life is no bed of roses; **T** life is not all jam; life is not all beer and skittles.

II. rose *(vb)* praise, commend; ~ *seg av* pride oneself on; *-nde: se ndf: rosende.*

rosemaling [peasantstyle of painting for decorat-

ing furniture, etc, and consisting of floral designs].

rosemalt: *et* ~ *hjørneskap* a corner-cupboard decorated with painted floral pattern.

rosen *(sykdom)* erysipelas.

rosenbusk *(bot)* rose bush.

rosende commendatory, laudatory; *tale* ~ *om* speak highly of, speak in high terms of; *få* ~ *omtale* be praised, receive a great deal of praise, be complimented.

rosenknopp *(bot)* rose-bud. **-krans** *(katolsk)* rosary; *be sin* ~ tell *(el.* say) one's beads. **-kål** (Brussels) sprouts. **-olje** rose oil, attar.

rosenrød rosy, rose-coloured, rose-red.

rosenskjær rosyhue.

rosett rosette.

rosettbakkels crullers *(pl).*

rosignal *(tappenstrek)* taps, tattoo *(fx* sound the t.); *(«lang tone»)* lights out.

rosin raisin; *-en i pølsen* the climax; the culminating treat; **T** the icing on the cake.

rosmarin rosemary.

rosse *(stormbyge)* squall; *(fallvind)* eddy-wind, sudden gust of wind.

rosverdig praiseworthy, commendable, laudable.

rosverdighet praiseworthiness.

I. rot root; *avling på* ~ standing crop; *rykke opp med -en* tear *(el.* pull) up by the roots; *(fig)* uproot, root out, wipe out, abolish root and branch; *slå* ~ strike root, take root, push out roots; *trekke ut -en* extract the root; *-en til alt ondt* the root of all evil; *uten* ~ *i virkeligheten* without foundation in reality.

II. rot mess; muddle, confusion; **T** mess-up; *(uorden)* disorder; ~ *og uorden* mess and disorder *(fx* I've never seen so much mess and disorder anywhere); *for et* ~ *!* what a mess!

rotasjon rotation.

rotasjonspresse rotary press.

rotbetennelse *(i tann)* periodontitis.

rotere *(vb)* rotate, revolve; *-nde* rotary, revolving.

rote *(vb)* rummage; make a mess of things; ~ *noe fram* dig sth out *(el.* up); ~ *opp* dig up, scrabble up *(fx* the dog scrabbled up a bone); ~ *opp i en sak (ɔ: rippe opp)* rake up a matter; ~ *seg bort i noe* get oneself involved *(el.* mixed up) in sth; get into trouble; ~ *til* mess up, clutter up.

rotebukk *se rotekopp.*

rotekopp messy *(el.* untidy) person; *(som forplumrer el. skaper rot)* bungler, muddler.

rotende *(av stokk)* butt-end.

rotet(e) messy, untidy, mixed-up.

rotfeste *(vb):* ~ *seg* take root.

rotfestet rooted; *en -t fordom* a deeply ingrained prejudice; *(se forankre).*

rotfrukter *(pl)* roots; root crops; root vegetables.

rotfylling *(tannl)* root filling.

rothogge *(vb)* cut off at the roots. **-løs** rootless.

rotor *(i motor)* distributor rotor.

rotpris *(først)* stumpage rate.

rotskudd *(bot)* sucker; *(se skyte:* ~ *rotskudd).*

rotstokk *(tømmer-)* butt log.

I. rotte *subst (zool)* rat.

II. rotte *(vb):* ~ *seg sammen* conspire *(mot* against); **T** gang up *(mot* on, *fx* the way you guys g. up on me).

rottefanger ratcatcher; *(fagl)* rodent officer. **-felle** rattrap. **-gift** rat poison. **-rumpe** 1*(zool)* rat's tail; 2*(sag)* compass saw; 3*(bot)* pepper elder.

rotting rattan.

rotunde rotunda.

rotur row, boating; *ta en liten* ~ go for a little

row; *de har vært ute på en liten* ~ they have been out rowing; *(se I. tur).*
rotvelte *(subst)* windfall; US wind slash.
rotøks *(forst)* grub axe; *(se øks).*
rov prey, spoil, plunder; *(røveri)* rapine, robbery; *gå ut på* ~ go in search of prey; *leve av* ~ live by rapine; *ute på* ~ on the prowl, in search of prey; in search of booty.
rovdrift overworking; ruthless exploitation; *(agr)* soil exhaustion; *drive* ~ exploit ruthlessly; *(agr)* exhaust the soil.
rovdyr *(zool)* beast of prey; predator.
rove *se hale.*
rover *(speider)* Venture Scout; *(hist)* Rover (Scout).
rov|fisk *(zool)* predatory fish. **-fiske** overfishing; *drive* ~ overfish, deplete *(fx* a lake). **-fugl** *(zool)* bird of prey. **-grisk** rapacious, predatory. **-hogst** overcutting; *skog hvor det har blitt drevet* ~ culled forest. **-lyst** rapacity. **-lysten** rapacious. **-mord** murder with intent to rob. **-morder** robber and murderer.
ru *(adj)* rough; *(om stemme)* hoarse, husky; ~ *å ta på* rough to the touch.
rubank jointer *(el.* jointing) plane; *(se høvel).*
rubb: ~ *og stubb* lock, stock, and barrel.
rubel rouble, ruble.
rubin ruby.
rubrikk column; space *(fx* state name and occupation in the space on the right); *(overskrift)* heading, title.
rubrisere *(vb)* classify; *(se bås).*
rudiment rudiment. **-ær** rudimentary.
ruff *(mar)* deckhouse, poop.
ruffer *(glds)* pimp, procurer. **-i** procuring. **-ske** *(glds)* procuress, pimp; *(se hallik).*
rug *(bot)* rye.
rugaks ear of rye.
rugbrød rye bread; *et* ~ a loaf of rye bread.
rugde *(zool)* woodcock. **-trekk** flight of woodcocks.
ruge *(vb)* brood, sit; ~ *over (fig)* brood over, pore over *(fx* one's books); ~ *ut* hatch (out).
ruge|høne sitting hen, sitter. **-kasse** sitting box, nest box. **-maskin** incubator. **-tid** brooding time; *(årstid)* breeding season.
rugg *se rusk.*
rugge *(vb)* **1.** move; *(se rokke);* **2.** rock.
rugle *vb (ligge ustøtt)* lie insecurely; *(rokke, ryste)* shake, move; **-te** *bokstaver* shaky letters.
rugmel rye flour; *siktet* ~ sieved rye flour.
ruhet roughness.
Ruhr *(geogr)* the Ruhr.
ruhåret rough-coated; *(om hund)* wire-haired.
ruin ruin; *økonomisk* ~ financial ruin; *-er* ruins, remains; *(etter brann, etc)* debris *(av* of); *(ofte* = *)* rubble; *ligge i -er* be in ruins; *bygningen lå halvveis i -er* the building was in (a) semi-ruinous condition; *et slott som ligger i -er* a ruined castle; *(se grus).*
ruinere *(vb)* ruin, destroy; *-nde for* ruinous to.
rujern *(råjern)* pig iron.
rukkel trash, junk, tripe, bilge, hogwash; *hele ruklet* T the whole damned thing.
rulade *(mat)* roulade; *(kake)* Swiss roll, jam roll.
rulett *(mus)* roulette, run; *(spill)* roulette; *(kål-)* stuffed cabbage leaf.
rull *(valse)* roller; *(noe sammenrullet)* roll; *(se kalve- & okse-);* *(tobakk)* twist *(fx* of chewing tobacco); *en* ~ *metalltråd* a coil of wire.
I. rulle *(rullestokk)* roller; *(kles-)* mangle; *(mil)* register; *(gym)* roll; *en baklengs (forlengs)* ~ a backward (,forward) roll.
II. rulle *(vb)* roll *(fx* the ship rolled badly); ~ *sigaretter* make one's own cigarettes; *la pengene*

~ make the money fly; spend (the) money like water; *tordenen -r* the thunder is rolling *(el.* rumbling); ~ **ned** roll down; turn down *(fx* one's collar); draw *(fx* the blind); ~ **opp** roll up; turn up *(fx* one's collar); *(illegal organisasjon)* roll up; destroy; *(forbrytelse)* unravel *(fx* a crime); ~ *opp gardinen* pull up the blind; *okkupasjonstiden -s opp i Oslo Byrett* the time of the Occupation is being recalled in the City of Oslo Stipendiary Magistrate's Court; attention is being focus(s)ed in the ... on the time of the German occupation; ~ **på** *r'ene* roll one's r's; ~ **seg** roll *(fx* in the grass); ~ *seg sammen* curl up, roll oneself up, roll oneself into a ball.
rulle|bane runway; *(jvf taksebane).* **-blad** record; *rent* ~ a clean record; *ha et* ~ *hos politiet* have a criminal record. **-data** *(mil)* personal data. **-fører** *(mil)* [officer in charge of a recruiting area]; *(kan gjengis)* registrar. **-gardin** (roller) blind; US *(også)* (window) shade. **-lager** roller bearing. **-skøyte** roller skate. **-stein** *(liten rund stein)* pebble. **-stol** invalid chair, wheeled chair; US wheelchair. **-sylte** brawn roll. **-trapp** escalator; moving staircase. **-tøy** *(tøy som skal rulles)* flatwork.
rumener, -sk Roumanian.
rumle *(vb)* rumble.
rummel rumble, rumbling noise.
rumpe behind, bottom, backside; *(jvf I. bak).*
rumpetroll *(zool)* tadpole.
run run; *det ble (el. var)* ~ *på banken* there was a run on the bank.
rund *(adj)* round *(fx* ball, table, sum, numbers); ~ *og god (om kvinne, ikke neds)* plump and pleasant; *et -t svar* a diplomatic answer; *-t (adv)* round; *døgnet -t* night and day, all the 24 hours; *reise jorda -t* go round the world; *sove døgnet -t* sleep the clock round; US sleep around the clock; *hele året -t* all the year round; *by -t* hand round; *flytte -t på møblene* move the furniture about; *han går -t og sier at ...* he goes about saying that ...; *det går -t for ham* his head is in a whirl; *(han er svimmel)* his head is swimming; *det går -t for meg i dag* my head is going round *(el.* is swimming) today; *han går alltid -t med revolver på seg* he always carries a gun about with him; *-t regnet* about, approximately, roughly, on a rough calculation *(el.* estimate); *in round numbers;* roughly speaking; *(gjennomsnittlig)* on an *(el.* the) average; *reise -t* travel about; *snurre -t* spin (round), whirl round, rotate; *vise en -t* show sby round *(el.* over the place); *de viste meg -t i huset (også)* they took me over the house.
rund|aktig roundish. **-biff** rump steak; T best steak. **-brenner** **1**(spøkef) Casanova; **2**(ovnstype) continuous *(el.* constant) burner. **-bue** *(arkit)* round arch; UK *(ofte)* Roman arch. **-buestil** Romanesque style; UK *(ofte)* Norman (style). **-dans** round dance.
I. runde *(subst)* **1.** round *(fx* the night watchman makes his rounds every hour; this had never happened to him before in his rounds on Saturday night); *(politikonstabels)* beat, round; **2**(i boksekamp) round; **3**(tur) turn *(fx* take a t. in the garden); **4**(rundt banen) lap; *gå en* ~ *på 35 sekunder* cover a lap in 35 seconds; *siste* ~ *går!* last lap! *(i boksekamp)* last round! *han ledet i de to første -ne* he led during the first two laps; *når han om et øyeblikk passerer mål, ringes det for siste* ~ when he passes the finish in a moment, the bell will sound for the last lap *(el.* the signal will be given for the last lap).
II. runde *(vb)* round; *han har -t de førti* he has turned forty; ~ *en pynt* round a point; ~ *av*

round off; ~ *av et beløp oppad* bring an amount up to a round figure, round an amount off to a higher figure.
rundeanviser *(sport)* lap scorer. **-bordsdebatt** panel discussion. **-bordskonferanse** round table conference.
rundelig *(rikelig)* abundant, ample.
rundetid *(jvf I. runde 4)* lap time.
rundflyging sight-seeing flight.
rundgang round, circuit, turn.
rundhet roundness, rotundity.
rundholt *(mar)* spar.
rundhåndet generous, liberal.
rundhåndethet generosity, liberality.
runding rounding.
rundjule *(vb)* thrash, lick, beat up thoroughly.
rundkast somersault; *gjøre et* ~ turn a s.; do a handspring.
rundkjøring *(subst)* roundabout; US traffic circle; *i en* ~ on a roundabout.
rundkysse *(vb)* kiss thoroughly.
rundorm *(zool)* roundworm.
rundpinne round(knitting) needle.
rundreise circular tour, round trip; *(se I. reise).*
rundreisebillett circular (tour) ticket, tourist ticket.
rundrygget round-shouldered, stooping.
rundskrift round hand. **-skriv** circular.
rundsliping cylindrical grinding; *(se sliping)*
rundspørring poll *(av of).*
rundstjele *(vb): han ble rundstjålet* the thief (,thieves) cleaned him out (*el.* took all he had *el.* T took him to the cleaners).
rundstokk round timber; whole timber.
rundstykke roll; US bun; *halvt* ~ an open roll, half a roll; *delt* ~ *med pålegg i midten* filled roll.
rundtjern rounds *(pl).*
rune rune, runic letter. **-innskrift** runic inscription. **-skrift** runic writing. **-stein** rune stone.
runge *(vb)* ring, resound, boom.
runolog runologist.
rus *(beruselse)* intoxication, inebriation; *få seg en* ~ get drunk; *sove -en ut* sleep it off.
rusdrikk intoxicant.
I. ruse (fish) trap.
II. ruse *(vb):* ~ *motoren* race the engine.
rushtid: *i -en* during (the) peak *(el.* rush) hours.
I. rusk speck of dust; *få et* ~ *i øyet* get sth in one's eye; *get a speck of dust in one's eye;* ~ *og rask* rubbish, trash.
II. rusk: *en svær* ~ T a thumping big one; *en svær* ~ *av en stein* T a thumping big stone.
III. rusk *(adj)* T (= *fra sans og samling)* out of one's mind; *er du* ~? are you out of your mind?
ruske *(vb)* pull, shake; jerk; ~ *en i håret* rumple sby's hair; *høre vinden* ~ *i trærne* hear the wind rustling *(el.* making a noise) in the branches of the trees; hear the w. shaking the b. of the trees.
ruskevær drizzly, unpleasant weather.
ruskomsnusk hotchpotch.
rusle *(vb)* potter, pad *(omkring* about); *han -t ut av rommet* he padded out of the room; *vi foretrakk å* ~ *rundt på egen hånd* we preferred to go round by ourselves.
russ sixth former; *-en* the sixth formers.
russeavis [newspaper published once in May by the sixth formers].
russefest [celebration party held by sixth formers].
russeformann [chairman of sixth formers].
russefrokost [sixthformers' breakfast party on Independence Day (May 17)].
russer, -inne Russian.

russetid [period when red (,blue) cap is worn, between higher school-leaving examination and the announcement of the results].
russisk Russian.
Russland Russia.
russlær Russia leather.
rust rust; *banke* ~ *av (mar)* chip *(fx* chip the deck).
rustangrep corrosive attack. **-behandling** anti-rust *(el.* anti-corrosion) treatment; treatment against rust *(el.* corrosion). **-beskyttende** anti-corrosive *(fx* paint).
I. ruste *vb (bli rusten)* rust, become rusty; ~ *fast (om mutter, etc)* rust in; *(se istykkerrustet).*
II. ruste *vb (væpne)* arm; *godt -t (ɔ: utstyrt)* well-equipped; ~ *seg* arm; ~ *seg til en reise* make preparations for a journey; get ready for a journey.
rusten rusty; ~ *stemme* hoarse voice.
rustfjerner de-rusting liquid; *(olje)* penetrating oil.
rustflekk rust stain.
rustfri non-corrosive; *-tt stål* stainless steel; *(se innredning).*
rustifisert countrified.
rustikk *(adj)* rustic.
rustning *(til å ta på)* armour; US armor; *full* ~ complete suit of armour; *i full* ~ in complete armour; armed cap-à-pie; *-er (pl)* armaments.
rustningsindustri armament industry. **-kappløp** armament(s) race, arms race.
rustolje penetrating oil *(fx* use p. o. for obstinate nuts).
I. rute *(firkant)* square; *(rombe)* diamond, lozenge; *(vindus-)* window pane; *(i paradis)* compartment; *slå i stykker en* ~ break a window.
II. rute 1*(vei)* route *(fx* travel by another r., they descended by an easier r.); *-n var forholdsvis lett, men svært bratt på sine steder* the track was relatively easy going, but very steep in some places; 2*(postbuds)* delivery *(fx* he has 300 houses in his d.); 3*(befordringstjeneste)* service *(fx* a weekly s., a regular s. between Oslo and Newcastle); run *(fx* there are no double-decker buses on that r.); route *(fx* they run Pullman cars on that route); ~ *langs kysten (mar)* coastal route; *etter -n* according to schedule; *skal etter -n ankomme...* is due *(el.* scheduled) to arrive; *for sent etter -n* behind time *(el.* schedule), overdue; *i* ~ in time; *gå i fast* ~ *mellom A og B* ply *(el.* run) between A and B; *på -n* en route *(fx* X and other ports en r.); *holde -n* maintain the schedule, keep schedule time, run on schedule; *ligge foran -n* be ahead of schedule; *opprettholde fast* ~ maintain *(el.* run) a regular service; *sette inn i -n* put into service *(fx* the ship will be put into the Oslo – Newcastle service); *skipet ble tatt ut av -n* the ship was taken off its usual run; *(se også fart 3).*
rutebil bus; *(især til lengre strekninger)* motor coach. **-sentral** bus (,coach) station. **-bok** railway (,bus) timetable; railway guide. **-båt** coastal steamer; *(linje-)* liner. **-fart** regular service; *(se fart 3).* **-fly** airliner. **-flyvning** air service(s). **-forbindelse** (regular) service, connection. **-nett** network *(fx* railway n.); *(på kart)* grid system. **-opp-slag** *(på jernbanestasjon)* (train) indicator. **-papir** *(millimeter-)* graph paper, squared paper; *bok med* ~ graph book; exercise book with graph ruling.
ruter *(kort)* diamond; *en liten (,stor)* ~ a small (,high) diamond. **-konge** the king of diamonds. **-melding** diamond bid.
rutet check, checked; chequered; *(om papir)* cross-ruled, squared; *en rød- og hvitrutet duk* a

red and white check(ed) tablecloth; *en* ~ *kjole* a check dress; *et skotsk- skjørt* a plaid *(el.* tartan) skirt.

rutine routine; *ha* ~ *i* be experienced *(el.* skilled) in; *det krever en viss* ~ it requires a certain amount of practice *(el.* skill *el.* experience); *(se rutinesak).*

rutinemessig routine.

rutinert practised, experienced, skilled; *(adv)* in a practised manner.

rutinesak: *det er en ren* ~ it is purely *(el.* solely) a matter of routine.

rutsje *(vb)* glide, slide.

rutsjebane switchback; **US** roller coaster.

rutte *(vb): det er ikke noe å* ~ *med* there is nothing to spare.

ruve *(vb)* bulk (large), loom, tower (up).

ry *(berømmelse)* renown, fame.

rydde *(vb)* clear; ~ *salen* clear the hall; ~ *av veien* remove, clear away; *rydd bort bøkene dine* put your books away; ~ *opp* tidy up *(fx* we must t. up after ourselves); *(i spillebuler)* clean up *(fx* gambling dens); ~ *opp i personalet* weed out the undesirables from the staff; ~ *opp i et værelse* tidy *(el.* straighten) up a room; ~ *(opp) på loftet* clear up in *(el.* turn out) the attic; ~ *veien for* clear the way for.

ryddegutt *(i restaurant)* table clearer; **US** bus boy.

ryddig orderly, tidy, clear.

rydning clearing. **-sarbeid** *(fig)* pioneer work. **-mann** pioneer.

rye *(teppe)* (floor) rug.

rygg back; *(fjell-, jord-, tak-)* ridge; *falle i -en* attack in the rear; *vende en -en* turn one's back on sby; *ha noe i -en (o: penger)* have resources of one's own; *med denne styrke i -en kunne han* ... with this force at his back he could ...; *ha -en fri* have a retreat open; *la et barn sitte på -en* take a child on one's back; **T** give a child a pick-a-back; *(se skyte:* ~ *rygg).*

ryggcrawl backstroke.

rygge *(vb)* **1.** back, reverse *(fx* a car; do not r. from a side road into a main road); **2.** step back.

ryggelys *(på bil)* reverse lamp.

ryggesløs depraved, loose, dissolute, profligate.

ryggesløshet depravity, profligacy, loose living.

rygg|finne *(zool)* dorsal fin. **-marg** *(anat)* spinal marrow, spinal cord. **-positiv** *(mus)* choir organ. **-rad** *(anat)* spine; *(fig)* backbone. **-sekk** rucksack; ~ *med meis* (metal) frame rucksack; *ta alltid med* ~ always carry a rucksack; *gå aldri fra -en* never leave your rucksack. **-skjold** *(zool)* carapace. **-stø** back; *(fig)* backing, support. **-støtte** *(for bilfører)* back rest. **-tak** wrestling; *ta* ~ wrestle. **-virvel** *(anat)* dorsal vertebra.

ryke *(vb)* 1*(sende ut røyk)* smoke; *(ose)* smoke, reek; 2*(gå i vasken)* **T** go, go to pot; *planen røk* the plan came to nothing; ~ *uklar* fall out *(med* with); *de røk i tottene på hverandre* they came to blows, they set about each other, they had a set-to; ~ *over ende* fall over, be upset; ~ *i stykker* go to pieces; *og dermed røk vennskapet* and that put the lid on their friendship.

rykk tug, jerk; **T** yank; *med et* ~ with a jerk.

rykke *(vb)* pull, jerk; **T** yank; ~ *fram* advance; ~ *i marken* start a campaign; ~ *inn* insert *(fx* sth in a paper); *(typ)* indent; ~ *inn et avertissement* insert an advertisement; ~ *opp* advance, move up; be moved up, be promoted; ~ *nærmere* approach, draw nearer; ~ *sammen* sit closer, close up, move closer together; ~ *tilbake* retreat, draw back, move back, step back; ~ *et skritt tilbake* step back a pace; ~ *ut (ved alarm)* turn out; *(marsjere)* march off, move

off, start off, set out; ~ *ut noe* pull (,jerk) sth out; *snøplogene står klare til å* ~ *ut* the snow ploughs are ready to go out; ~ *ut med (skille seg med)* part with; ~ *ut med en artikkel (,med sannheten)* come out with an article (,with the truth); ~ *ut med hemmeligheten* divulge the secret; **T** let the cat out of the bag.

rykkevis by fits and starts, in jerks, jerkily, spasmodically.

rykte 1*(forlydende)* rumour (,**US:** rumor), report; *løse -r* unfounded *(el.* baseless) rumours, vague *(el.* idle) reports; *avlive et hårdnakket* ~ scotch *(el.* put an end to) a persistent rumour; *det går det -t at* ... there's a rumour going about *(el.* around) that ...; there's a r. abroad *(el.* afloat) that ...; it is rumoured that; *-t har intet for seg* the rumour is without foundation; *jeg har hørt -r om at* I have heard it rumoured that ...; *-t har løyet* the rumour is untrue; *sette ut et* ~ spread *(el.* put about *el.* circulate) a rumour; *det -t spredde seg at* ... the rumour spread that; *spore -t tilbake til kilden* trace the rumour to its source; *-ne svirrer* the air is thick with rumours; 2*(omdømme)* reputation *(fx* he has not the best of reputations); *ens gode navn og* ~ one's good name, one's reputation; *han er bedre enn sitt* ~ he's not so black as he is painted; *han svarer til sitt* ~ he lives up to his reputation.

ryktes *(vb)* be rumoured (,**US:** rumored), get about; *det* ~ *at* it is (,was) rumoured that ..., the rumour has (,had) it that; *det* ~ *at han var død* there were rumours of his death.

ryktesmed rumour-monger.

ryllik *(bot)* milfoil, yarrow.

I. rynke *(subst)* wrinkle; pucker; *(på tøy)* fold; *(fure)* furrow.

II. rynke *(vb)* wrinkle, pucker; *(tøy)* gather; ~ *på nesen av* turn up one's nose at; ~ *pannen* knit one's brows, frown.

rynket wrinkled; furrowed, lined.

rype *(zool)* grouse; *(se kjei).* **-jakt** grouse shooting. **-kull** brood of grouse. **-kylling** grouse chick. **-stegg** cock grouse.

rysj ruche.

ryste *(el.* riste) *(vb)* shake; ~ *av seg* shake off; ~ *på hodet* shake one's head; *bli -t sammen (fig)* be thrown together *(fx* they were thrown together on the journey).

rystende shocking, appalling.

rystelse shaking; *(jord-)* tremor; *(forferdelse)* shock.

rystet shaken; ~ *helt inn i sjelen* shocked to the core; shaken to the depths of one's being; *se ikke så* ~ *ut!* don't look so shattered!

rytme rhythm; *fengende* ~ catchy rhythm. **rytmikk** rhythmics; movement and music, musical movement.

rytter horseman, rider.

rytteri horse, cavalry.

rytter|statue equestrian statue. **-veksel** accommodation bill.

rær: *pl av* I. *rå.*

ræv *(vulg)* arse, bum; *sette seg på -a* **T** take the weight off one's feet; *(vulg)* park one's arse; *kyss meg i -a!* (vulg) to hell with you! **S** balls to you! *sitte på -a hele dagen* spend the whole day sitting down; *(vulg)* sit on one's arse *(el.* bum) all day long.

rød red; *bli* ~ turn red, redden; *han ble både* ~ *og blek* his colour came and went; *-e hunder* German measles, rose-rash, roseola, scarlet rash; *(se tråd).*

rød|bete beetroot; **US** beet. **-brun** reddish brown; *(om hest)* bay; *(om hår)* auburn.

rød|flekket red-spotted. **-glødende** fiery red; *(også fig)* red hot. **-grøt** [red jelly-like sweet made of thickened fruit juice]; *(kan gjengis)* red jelly.
Rødhette Little Red Riding Hood.
rød|huder *(pl)* redskins. **-håret** red-haired. **-kinnet** red-cheeked. **-kjelke** *(zool)* robin redbreast.
rødkål *(bot)* red cabbage; *(se kål).*
rød|lett red-faced. **-lig** reddish.
I. rødme *(subst)* blush, flush.
II. rødme *(vb)* redden, blush, colour (up); ~ *av skam* blush with shame.
rødmusset red-cheeked, ruddy.
rød|neset red-nosed. **-rutet** red-check(ed); red -chequered; *(se rutet).*
rødspette *(fisk)* plaice.
rødsprengt florid, ruddy; *(om øyne)* bloodshot.
rødsprit methylated spirit.
rødstripet red-striped.
rødstrupe *(zool)* robin redbreast.
rød|topp *(om person)* redhead. **-vin** red wine; *(bordeaux)* claret; *(burgunder)* burgundy. **-vinstoddy** mulled claret. **-øyd** red-eyed.
røffel rebuke, reprimand; **T** ticking-off, telling-off; *få en* ~ be reprimanded; **T** get told off (properly); get ticked off; catch it; be hauled over the coals; **S** be bawled out.
røfte bit, lot; *(skåre)* strip, length.
røk, røke se **røyk, røyke.**
røkelse incense. **-skar** censer.
røkt care, tending.
røkte *(vb)* tend, take care of; ~ *sitt kall* stick to one's last; follow one's trade.
røkter animal technician; *(fjøs-)* cattleman.
røllik *(bot)* milfoil, yarrow.
rømling runaway.
I. rømme [heavy sour cream, esp. that formed on top of milk allowed to thicken].
II. rømme *(vi)* decamp, run away; desert; *(om fange)* escape; *(vb)* leave, quit; *(fjerne seg fra)* vacate, evacuate; ~ *hjemmefra* run away from home; ~ *til sjøs* run away to sea; ~ *fra fengslet* escape from prison, break jail; ~ *seg* clear one's throat, hum and haw.
rømmegrøt sour cream porridge; *(se I. rømme).*
rømmekolle [dish, consisting of clabbered milk, strewn with sugar and crumbs].
rømning flight, escape; desertion; evacuation.
rønne hovel, shack.
rønner *(spøkef)* (little) rascal.
røntgen 1*(-stråler)* X-rays; 2: *se -behandling;* 3*(enhet)* roentgen; *behandle med* ~ treat with X-rays, X-ray. **-avdeling** radiotherapy department. **-behandling** X-ray treatment, radiotherapy. **-bestråling** X-raying. **-bilde** X-ray picture, radiograph; ~ *av piken viste at* ... X-rays on the girl showed that ...
røntgenfotografere *(vb)* X-ray.
røntgen|olog radiologist. **-sykepleier** radiographer. **-undersøkelse** X-ray examination, radioscopy.
røpe *(vb)* betray, disclose, give away, divulge *(fx* a secret); *(legge for dagen)* show, evince; ~ *seg* betray oneself; ~ *det hele* **T** give the show away.
I. rør pipe *(fx* stove p., water p.); *(kollektivt)* piping; *(glass-, metall-)* tube; *(radio-)* valve; **US** tube; *(kollektivt)* tubing; *(bambus-, sukker-)* cane; *(plante)* reed; *(suge-)* straw; *(tlf)* receiver; *legge på -et* hang up (the receiver); replace *(el.* put down) the receiver; ring off; *ta av -et* take off *(el.* lift) the receiver.
II. rør *(vås)* nonsense; *sludder og* ~*!* stuff and nonsense! rubbish!
rørchassis tubular chassis.
I. røre *(vaffel-, etc)* batter *(fx* b. for waffles); *(rot)* muddle; *(virvar)* confusion; *(oppstyr)* stir *(fx* create, cause, make a s.); excitement, com-

motion *(fx* there was a tremendous c.); *skape* ~ *(o: sensasjon, oppstyr, også)* make a splash; *liv og* ~ life and movement, busy activity, hustle and bustle *(fx* he'll be struck by the h. and b. he sees and hears); *(se II. lage).*
II. røre *(vb)* 1*(berøre)* touch; *se, men ikke* ~ look, but don't touch; 2*(sette i bevegelse): uten å* ~ *en finger* without lifting *(el.* stirring) a finger; ~ *seg* move, stir; 3*(bevege, dra)* move, stir, touch *(fx* he was deeply stirred *(el.* moved) by the news); ~ *i grøten* stir the porridge; ~ *om i en kaffekopp* stir a cup of coffee; *rør sukker ut i melken* stir sugar in(to) the milk; *rør melet ut i vann* mix *(el.* blend) the flour with water; *rør smør og sukker hvitt* cream the fat and sugar until fluffy *(el.* until light and foamy); ~ *ved* touch; tamper with.
rørelse activity, stir, bustle; *(sinnsbevegelse)* emotion; *(se I. røre: liv og* ~*).*
rørende touching, moving, pathetic.
rør|fletning (split) canework. **-fløyte** reed pipe. **-formet** tubular. **-gate** *(i kraftverk)* penstock; *(oljeledning)* pipeline, pipe track.
rørig: *rask og* ~ *(om eldre mennesker)* hale and hearty.
rørighet vigour; **US** vigor.
rør|ledning pipeline. **-legger** plumber.
rørlig movable; ~ *gods* personal property.
rørmuffe pipe socket, pipe union.
røropplegg *(fx i hus): skjult* ~ concealed piping.
rør|post pneumatic dispatch. **-stol** cane chair. **-sukker** cane sugar. **-sete** cane seat.
røske *(vb): se* **rykke.**
røslig sturdy, husky, big and strong.
røsslyng *(bot)* heather; *(se lyng).*
I. røst voice; *(som) med én* ~ with one voice; *med høy* ~ in a loud voice; *med skjelvende* ~ shakily; *oppløfte sin* ~ raise one's voice; *(bibl)* lift up one's voice; *(se også oppløfte).*
II. røst *(på hus)* gable.
røve *(vb)* plunder, rob, steal; *-t gods* loot, spoils.
røver robber; *(sjø-)* pirate; *en halvstudert* ~ a half-educated bluffer. **-bande** gang of robbers. **-gods** loot, spoils. **-historie** cock-and-bull story.
røverhule den *(el.* nest) of robbers *(el.* thieves).
røveri robbery.
røver|kjøp a great bargain; *det er et* ~ it is dirt cheap. **-pakk** robbers. **-reir** den *(el.* nest) of robbers, den of thieves.
røver|stat predatory state. **-unge** scamp, rascal.
røy *(zool)* capercaillie hen; *(jvf tiur).*
røye *(fisk)* char.
røyk smoke; *det gikk som en* ~ it was done in a jiffy; *gå opp i* ~ be consumed by fire; *(fig)* end *(el.* go up) in smoke, come to nothing; **T** go phut, go to pot; *ta seg en* ~ have a smoke; *ingen* ~ *uten ild* (there is) no smoke without fire; where there is s., there is fire; *det er gutten i -en!* that's my boy! that's a boy!
røykaktig smoky.
røyke *(vb)* smoke; *(mot smitte)* fumigate; *(tobakk)* smoke; ~ *inn en pipe* season *(el.* break in) a pipe; ~ *ut* smoke out *(fx* an animal); *(fig)* force sby to tell the truth.
røykekupé smoking compartment, smoker.
røyker smoker; *passiv* ~ passive smoker; involuntary smoker.
røykesild kipper; **US** smoked herring.
røyket *(adj)* smoked, smoke-cured.
røykeværelse smoking-room, smoke-room.
røyk|fang smoke bonnet. **-fri** smokeless. **-fylt** smoky, smoke-filled. **-gass** flue gas, furnace gas. **-hatt** chimney pot.
røyking smoking; *(mot smitte)* fumigation; ~ *forbudt* no smoking.

røykkrage flue flange.
røyk|nedslag return smoke. **-sky** cloud of smoke. **-søyle** column of smoke. **-tut** flue.
røylstang *(mar): se bramstang; kryss* ~ mizzen royal mast.
røyne *(vb):* ~ *på* tell on; *når det -r på* at a pinch, in an emergency; **US** when things get tough.
røys *(stein-)* heap of stones.
røyskatt *(zool)* stoat; *(i vinterdrakt)* ermine.
røyte *(vb)* moult, shed.
I. rå *(pl: rær) subst (mar)* yard.
II. rå *(adj)* **1**(*ukokt, ubearbeidet)* raw *(fx* meat, products); *en* ~ *biff* an underdone steak, a rare steak; *(ikke raffinert)* crude *(fx* oil, sugar, ore); *(fys)* unrefined, crude, raw; *(ugarvet)* raw, untanned; **2**(*om luft)* raw *(fx* a raw foggy morning; raw air, weather, wind); damp; **3**(*grov)* coarse, rude, gross; **4**(*brutal)* brutal; **5**(*om pris)* exorbitant, shameless; *(se opptrekkeri); -tt forarbeidet* roughly made, rough, rude; *sluke noe -tt (fig)* swallow sthraw *(el.* uncritically); **T** swallow sth hook, line and sinker.
III. rå *(vb)* **1.** advise *(til* to), recommend *(fx* we would r. that you accept this offer); ~ *fra* advise against; advise *(fx* sby) not to do *(fx* sth); *hva -r De meg til å gjøre?* what would *(el.* do) you advise me to do? **2**(*bestemme, ha makt, herske)* be master, command, rule; *hvis han fikk* ~ if he had his will; ~ *seg selv* be one's own master; *hvis han får* ~ *seg selv* if he is left to himself; *jeg kunne ikke* ~ *for det* I could not help it; ~ *med* control, handle, manage; ~ *over (bestemme over)* have at one's disposal *(el.* command), have control of; *det skyldes forhold som jeg ikke -r over* it's due to circumstances beyond my control *(el.* over which I have no control); *la tilfellet* ~ let chance decide, leave it to chance; ~ *grunnen alene* hold the field; have it all one's own way; *(se I. grunn);* **3**(*være fremherskende)* prevail, be prevalent; *de forholdene som -r* prevailing conditions; *de priser som nå -r* the prices now ruling; *det -r en meget trykket stemning* great depression is prevalent; there is a very strained atmosphere; *det -r tvil om hvorvidt* ... there is doubt (as to) whether ...; *det -r et godt forhold mellom dem* their relations are good; they are on good terms with each other.
rå|balanse *(merk)* trial balance. **-barket** coarse, rough; *(om lær)* untanned. **-bukk** *(zool)* roebuck. **-bygg** shell (of a building); *-et er ferdig (også)* the house is structurally complete.
råd **1**(*veiledning)* (piece of) advice *(fx* a p. of a.; his a. is sound; this is good a.; give sby some a.); *(høytideligere)* counsel *(fx* sage counsels); *mange gode* ~ much *(el.* a lot of) good advice; *(et godt (,dårlig)* ~ a piece of good (,bad) advice; *her er gode* ~ *dyre* good advice would be worth its weight in gold; this is where we could do with some really sound advice! now we're in a mess; *følge ens* ~ take *(el.* follow *el.* act on) sby's advice; *kommer tid, kommer* ~ time brings wisdom; time solves all problems; it's sure to be all right; *spørre en til -s* consult sby, ask sby's advice; *med* ~ *og dåd* in word and deed; **2**(*økonomi):* ha *dårlig* ~ be badly off; **T** be hard up; *han har ikke* ~ *til det* he cannot afford it; *vi har ikke* ~ *til å holde bil* we can't *(el.* don't) run to a car; **3**(*middel)* means, way (out) *(fx* I wish sby could think of a way out), expedient, resource; *(legemiddel)* remedy; *det blir vel en* ~ sth will be sure to turn up; I suppose it can be managed somehow; *jeg vet ikke min arme* ~ I'm at my wits' end; I'm

quite at a loss; *det er ingen* ~ *med det* there's no help for it; it can't be helped; *jeg så ingen annen* ~ *enn å* ... I had no choice but to ...; there was nothing for it but to ...; *så snart* ~ *er* as soon as (in any way) possible; **4**(*styre, forsamling)* council, board.
I. råde *subst (veivstang)* connecting rod, con-rod.
II. råde *(vb): se III. rå.*
rådebank *(i bilmotor)* big-end trouble.
rådelager big-end bearing.
rådelig advisable. **rådende** existing, prevailing.
råderom scope, liberty of action, latitude.
rådføre *(vb):* ~ *seg med en* consult sby; ask sby's advice.
rådgivende advisory, consultative; ~ *ingeniør* consultant engineer; *(især* US) consulting engineer.
rådgiver adviser.
rådhus town hall; *(i engelsk «city» og i USA)* city hall; *(i London)* London County Hall.
rådighet: *ha* ~ *over* have at one's disposal *(el.* command); *stå til ens* ~ be at sby's disposal.
rådløs perplexed, puzzled, at a loss what to do; helpless.
rådløshet perplexity; irresolution.
rådmann chief officer; **US** city manager; *teknisk* ~ *: intet tilsv.; dennes underordnede* – *bygningssjef, kommuneingeniør, oppmålingssjef (se disse)* – *er i England alle rådmenn; (se bolig- & finans-).*
rådmannsfullmektig deputy chief *(fx* d. c. welfare officer).
rådsforsamling council, board; *(møte)* council *(el.* board) meeting.
rådsherre *(hist)* senator, councillor.
råd|slagning consultation, deliberation. **-slå** *(vb)* deliberate, consult *(med* with); *de rådslo* they consulted together. **-snar** resourceful; resolute. **-snarhet** resourcefulness.
rådspørre *(vb):* ~ *en* consult sby, ask sby's advice.
rådvill **1**(*ubesluttsom)* irresolute; **2**(*forvirret)* perplexed; puzzled; at a loss; *gjøre* ~ puzzle; perplex.
rådvillhet **1**(*ubesluttsomhet)* irresolution; **2**(*forvirring)* perplexity; puzzlement.
rådyr *(zool)* roe, roe-deer.
råemne raw material.
råflott *(adj)* extravagant.
råflotthet extravagance.
rågjenger **T** jay walker.
rågummi crepe rubber.
råhet rawness; *(fig)* crudity, rudeness, roughness; brutality.
råjern pig iron.
råk *(i isen)* **1.** lane through the ice; **2.** hole (in the ice); *gutten plumpet uti en* ~ the boy fell through a hole in the ice.
råkald *(adj)* cold and wet; raw *(fx* a raw day).
råkalkyle rough estimate.
råkjøre *(vb)* scorch; drive recklessly *(el.* dangerously).
råkjører speeder, speedhog; reckless *(el.* dangerous) driver; *(jvf bilbølle).*
rå|kost raw *(el.* uncooked) vegetables and fruit, raw food. **-kostjern** grater. **-malm** crude ore. **-melk** colostrum, first milk.
råne *zool (hangris)* boar; *(se gris).*
rånokk *(mar)* yardarm.
råolje crude oil; petroleum.
råprodukt raw product.
rårand *(i brød)* raw streak in the bread; *brødet hadde* ~ *og smakte ikke godt* the bread was partly raw and wasn't good to eat.
råseil *(mar)* square sail; *føre* ~ be square-

rigged. **-silke** raw silk. **-skap 1.** coarseness; vulgarity; **2.** brutality; violence; *all denne -en* all this brutality *(el.* violence); all this ugliness. **-skrelle** *(vb)* peel *(fx* potatoes) while raw. **-stoff** raw material *(for* for). **-sukker** unrefined sugar. **-tamp** rowdy, hoodlum.
råte rot, decay; *(tørr-)* dry rot.

råtne *(vb)* rot, decay, decompose.
råtten rotten, decayed; *(moralsk)* rotten, corrupt.
råttenskap rottenness, decay; corruption.
råvare raw material; *bearbeidede -r* semi-raw materials. **-industri** primary industry.
råvær raw weather.

S, s S, s; *s. (fk. f. side)* p. *(fk. f.* page); *S for Sigurd* S for Sugar.
Saar *(geogr)* the Saar.
sabb slow, slovenly person.
sabbat Sabbath; *bryte -en* break the S.; *holde -en* keep the S.
I. sabbe *subst (kvinne)* slattern, slut.
II. sabbe *(vb)* shuffle *(fx* along), pad *(fx* he padded across the floor).
sabel sword; *(rytter-)* sabre; *rasle med -en (fig)* rattle the sabre.
sabelrasling sabre-rattling.
sabla S **1.** *adj (forbasket; fordømt)* blooming; flipping; flaming *(fx* those flaming dogs; you flaming idiot!); *(vulg)* fucking; **2.** *adj (veldig bra)* damn good; *han er en ~ kar!* he's a damn good chap! **3.** *adv (veldig)* damn(ed); *det var jamen ~ fine greier!* that was damn good stuff! *han spilte ~ godt i den kampen* he played damn well in that match; he played a damn good game in that match; *det var en ~ vrien jobb* that was a damn(ed) awkward job; that job was a real bastard.
sable *(vb): ~ ned* cut down; *(om kritikk av bok, etc)* cut to pieces, slate; *(jvf sønder: kritisere ~ og sammen).*
sabotasje sabotage; *øve ~* sabotage, carry on sabotage (activities). **-ere** *(vb)* sabotage; *~ foretagendet* T throw a spanner in the works.
sabotør saboteur.
Sachsen *(geogr)* Saxony. **Sachsen-** Saxe *(fx* Saxe-Coburg-Gotha, Saxe-Meiningen, Saxe-Weimar).
sadel *se sal.*
sadisme sadism. **sadist** sadist.
sadistisk sadistic.
safir sapphire.
safran saffron.
saft 1. juice *(fx* lemon j., raspberry j.); *(med høyt sukkerinnhold)* syrup *(fx* raspberry syrup); **2***(sevje)* sap; *~ og kraft (fig)* vigour (,US: vigor); pith; *uten ~ og kraft* insipid; *~ og vann* [fruit syrup and water]; *(kan gjengis)* juice, squash *(fx* a glass of s.).
saftfull *(adj): se saftig; saftrik.*
saftig juicy, succulent; *~ gress* lush grass; *~ historie* racy story; *~ uttrykk* juicy phrase.
saftighet juiciness, succulence; *(grovhet)* raciness.
saftrik 1. juicy, succulent; **2***(rik på sevje)* sappy.
sag 1. saw; **2***(-bruk)* sawmill.
saga saga; *det er snart en ~ blott* it will soon be but a memory; *det er en ~ blott* it's a thing of the past; it has had its day.
sagblad saw blade. **-bruk** sawmill, timber mill. **-bue** saw frame; *(på bausag)* bow.
sage *(vb)* saw *(av* off; *over* through); *~ av den*

grenen man selv sitter på *(svarer til)* cut off one's nose to spite one's face; bring about one's own downfall.
sagflis sawdust; *han har bare ~ i øverste etasje* T he's got nothing between the ears; his head is solid ivory; he's bone-headed.
sagkrakk sawhorse.
sagmester sawmiller.
sagmugg (fine) sawdust.
sagn legend, myth, tradition; *ifølge -et* according to (the) legend; according to tradition; *-et forteller at ...* tradition says that ...; *få syn for ~* see for oneself; obtain ocular proof *(el.* demonstration) of sth.
sagn- legendary, mythical, fabulous. **-figur** legendary *(el.* mythical) character *(el.* figure). **-omsust** wrapped in legends, storied *(fx* a country with a s. past); fabled. **-verden** mythical world.
sago sago.
sagogryn pearl sago. **-mel** sago flour.
sagskur(d) 1. sawing; **2.** saw-cut.
sagtakket serrated, serrate, jagged, saw-toothed. **-tann** sawtooth. **-tømmer** saw timber; saw logs.
Sahara *(geogr)* the Sahara.
sak 1*(retts-)* case *(fx* a murder case; the Dreyfus case); *(søksmål)* (law)suit, action; *(kriminal-, også)* trial *(fx* spy trial); **2***(anliggende)* matter *(fx* the m. I am speaking of; religious matters), business; *(emne)* subject; *(punkt på dagsorden)* item on *(el.* of) the agenda; *(spørsmål)* question, issue; **3***(noe man kjemper for, samfunns-, etc)* cause *(fx* he fought for the cause of freedom); **4***(oppgave)* concern, business, matter *(fx* an easy m.); T look-out, funeral *(fx* that's his f.), headache *(fx* that's his private h.); *(se også ndf: det blir min (,din) ~);* **5***(i departement, etc)* business *(fx* this Minister is responsible for b. relating to civil aviation; who is in charge of that b.?); **6***(akter)* file *(fx* get me the file relating to X); **7***(det sanne forhold):* *-en er nemlig den at ...* the fact (of the matter) is that; *se -en som den er* face the facts; **8.** *-er (pl: = effekter, ting)* things, belongings, gear; *pengesaker* money matters; *trykksaker* printed matter;
A [*Forb. med subst, adj & pron] en alvorlig ~* a serious business *(el.* matter); *det er en annen ~* that's another *(el.* a different) matter; that's different, that's another story; *det er en ganske (el. helt)* annen *~* that's quite another matter *(el.* thing); that makes all the difference; T that's another pair of shoes; that's a different kettle of fish altogether; *det er en annen ~ med deg* you are in a different case; yours is a different case; *det gjorde ikke -en* **bedre** it did not mend matters; *-ens* **behandling** (1) the pro-

ceedings *(pl); (om kriminal-)* the trial; (2) the way in which the matter has been handled *(el.* dealt with); the procedure; *det er* **din** *(hans, etc)* ~*: se 4 ovf; det blir min (,etc)* ~ **T** *(også)* that's my *(,etc)* pigeon; *det blir din* ~ *å* it's up to you to ...; *det må det bli din* ~ *å finne ut* that's for you to find out; *det er ikke* **enhvers** ~ *å* ... it's not just anybody's business to ...; it's not everybody who can; it's not granted to everybody to ... ; it does not fall to the lot of everybody to ...; *det er en* **farlig** ~ *å* ... it's a dangerous matter to ...; *så ble det* **fart** *på -en* then things began to move; *gjøre* **felles** ~ *med en* join forces with sby; stand in with sby; make common cause with sby; cast *(el.* throw) in one's lot with sby; *gjøre felles* ~ join forces; *det er* **fine** *-er!* that's something like! that's the goods! *(jvf I. greie)*; *den* **foreliggende** ~*: se foreliggende; en* **fortrolig** ~ a confidential matter; *det er en* **frivillig** ~ *om man vil gjøre det* one is free to do it or not; it is entirely voluntary; there is no compulsion; *en* **god** ~ a good cause, a worthy c.; *det er* **hele** *-en* that's all there is to it; that's the long and the short of it; *det er ikke* **hvermanns** ~ it's not just anybody's business; *det er* **ingen** ~ that's no problem; that's an easy matter; *det er ingen* ~ *å* ... it's easy enough to ...; *en* **lett** ~ an easy matter; *en rent* **personlig** ~ a purely personal matter; *-ens* **realitet** the real point; *han er* **sikker** *i sin* ~ he is sure of his ground; he is certain that he is right; **sterke** *-er* spirits; *US* hard liquor; *det var sterke -er!* that was powerful stuff! *det er* **så** *sin* ~ it's an awkward business *(el.* matter); *det er så sin* ~ *å* ... it's an awkward business to ...; *det er en* **ærlig** ~ there's nothing to be ashamed of in that; that's no crime;

B [*Forb. med vb*] **anlegge** ~ *mot* bring an action against, proceed against, sue (sby at law), institute proceedings against; *anlegge* ~ *mot en (også)* take sby to court, go to law with sby; **avgjøre** *en* ~ decide a matter; *-en er ennå ikke avgjort* the matter has not yet been decided upon; *det avgjør -en* that settles it; *det* **forandrer** *-en* that alters the case; that makes all the difference; **T** that's another pair of shoes; *(se også ovf: det er en ganske annen* ~*); vi tror ikke det ville ha forandret -en om vi hadde* ... we do not think it would have made any difference if we had ...; **føre** *en* ~ carry on a lawsuit; *(om advokat)* conduct a case; **gagne** *hans* ~ benefit him; **gjøre** *ens* ~ *til sin* adopt *(el.* sponsor) sby's cause; *gjøre sine -er dårlig (,bra)* give a bad (,good) account of oneself; *det gjør ikke -en bedre at mange av våre ansatte er sykmeldt p.g.a. influensa* the position is not helped by the fact that we have quite a number of staff off with flu; *det gjør -en verre* that makes things *(el.* matters) worse; **holde** *seg til -en* keep to the point under discussion *(fx* "I request the speaker to keep to the p. under d."); **kunne** *sine -er* know one's stuff; *skal vi la -en* **ligge?** let's drop the subject! shall we leave it at that? **redegjøre** *for hvordan -en forholder seg* state the case; **reise** *en* ~ *(ikke jur)* bring up a matter; *(ofte =)* raise a point; *enhver* ~ *kan* **ses** *fra to sider* there are two sides to every question; **sette** *-en på hodet* get hold of the wrong end of the stick; **skade** *hans* ~ harm him; *slik* **står** *-en* that is how matters stand; *slik som -ene står* as things are; as matters stand; as the case stands; as it is; in the (present) circumstances; **tape** *(,vinne) en* ~ lose (,win) a case; *som* **vedkommer** *-en* relevant; *det vedkommer ikke -en* it's irrelevant; it's not to the point; it's beside the point; *mens*

-en **verserer** *for retten* pending a decision of the court; while the matter is sub judice; *det er nettopp -en!* that's (just) the point! *-en er at ...* the fact is that ...; *det er -en* that's the question; **C** [*Forb. med prep*] **for** *den -s skyld* for that matter; for the matter of that; if it comes to that; **T** come to that; *for -ens skyld* in the interest of the cause; *arbeide (,lide) for en* ~ work for (,suffer in) a cause; *det er en* ~ *for seg* that's (quite) another matter *(el.* story); that's a thing apart; that's irrelevant (to this matter); **i** *-ens anledning* in this *(el.* the) matter *(fx* we hope to hear from you in this m. by return (of post)); *blande seg* **i** *andres* ~ meddle in other people's business; **T** poke one's nose into other people's business; *ligge i* ~ *med* (1) be involved in a lawsuit with; *være inne i -en* know all about it; **T** know the ropes; *part i -en* a party to *(el.* in) the case; *det blir en* ~ *dem imellom* they must settle that between them; *en* **kommer opp** *neste uke* the case comes on *(el.* is coming on) next week; *etter å ha tenkt nærmere* **over** *-en har jeg kommet til at ...* on thinking it over I have come to the conclusion that ...; *gå rett* **på** ~ go *(el.* come) straight to the point; *jeg skal gå rett på* ~ I shall come to the point at once; *vi har sett på -en* we have looked into the matter; *(se undersøke); enden på -en ble at ...* the end of the matter was that; **til** *-en!* let us come to the point! *kom til -en! (tilrop i forsamling)* question; *holde seg til -en!* stick to the point; *anmode den talende om å holde seg til -en* request the speaker to keep to the point under discussion; *komme til -en* come to this matter); get *(el.* come) to business; **T** get down to brass tacks; *gå* **utenom** *-en* wander from the subject *(el.* point); *det kommer ikke -en* **ved** that's beside the point; that's not the point at all; that's neither here nor there; *(se følelsessak; II.* **følge;** *ha B:* ~ *oppe; henlegge; henstå; II.* **knytte; konduitesak;** *I. lys; oppmerksom; oppta; orden; overveie; samfunnssak; sammenheng; sette B; II. skade; II. slå B; IV. stille; II. stå A; syn; trykksak; uforrettet; undersøke; utenfor; vanskelig; vende; II. vente; verden; vinne).*

sakarin saccharin.
sakbetegnelse *(i brev)* subject matter.
sake *vb (kort)* discard, throw away *(fx* one's useless cards); ~ *hjerter* discard *(el.* throw away *el.* get rid of) one's hearts; clear one's hand of hearts, get rid of one's hearts.
sakesløs blameless, innocent; *overfall på* ~ *person* unprovoked violence.
sakfører *se advokat.*
sakførsel the conduct of a case.
sakke *(vb):* ~ *akterut* fall *(el.* drop) behind; *(om skip)* drop astern; ~ *av* slow down; ~ *på farten* slacken speed, ease (down) the speed.
sakkunnskap expert knowledge (of the subject); **T** know-how; *militær* ~ expert knowledge of military affairs; *den militære* ~ military experts; *-en (ɔ: de sakkyndige)* (the) experts *(fx* experts agree that ...); *uttale seg med* ~ speak with knowledge *(el.* authority); *(se sakkyndighet).*
sakkyndig expert *(fx* consult an e.; an e. botanist), competent; *en* ~ an expert; *de -e* (the) experts; those (who are) able to judge; ~ *bistand* expert advice *(fx* seek e. a.); skilled assistance; *(jvf bistand); innhente* ~ *uttalelse i spørsmålet* consult an expert opinion on the matter; seek expert advice on the m.; *fra* ~ *hold* from experts; in competent quarters; from competent persons.
sakkyndighet expert *(el.* special) knowledge,

competence; *hva sier -en?* what do the experts say? *(se sakkunnskap).*

saklig *(nøktern)* matter-of-fact; *(ofte =)* business-like; *(upartisk)* just, fair, unbias(s)ed *(fx* criticism), unprejudiced, impartial; *(objektiv)* objective, positive, founded on facts; *(som vedrører fakta)* factual *(fx* f. knowledge); *en ~ bedømmelse* an objective estimate; *en ~ (ɔ: rammende) bemerkning* a pertinent remark; *hans -e, ufølsomme beretterstil* his objective, unemotional narrative style; *en kort, ~ erklæring* a brief, factual statement; *av -e grunner* on grounds of fact; *(ofte =)* for technical reasons; *etter (el. ut fra) -e hensyn* objectively; on its *(‚his, etc)* merits; *fremstille noe på en ~ måte* give an objective account of sth.

saklighet objectivity, impartiality.

sakliste 1*(jur)* court calendar; *oppta på -n* put on the calendar; 2*(sakregister)* subject index, table of contents.

sakn(e) *(vb): se savn(e).*

sakomslag *(mappe, perm)* jacket.

sakprosa factual prose; *~ og skjønnlitterært stoff* factual (prose) and literary matter.

sakral consecrated, holy, sacred.

sakrament sacrament; *alterets ~* the Eucharist, the Lord's Supper, Holy Communion, the Sacrament. **-al** sacramental.

sakregister subject index, table of contents.

sakristi sacristy.

sakristan sacristan.

saks scissors *(pl); (større)* shears *(fx* garden s., sheep s.); *(skihoppers)* crossed skis,' scissors'; *(se ndf); (fangstredskap)* trap; *(kort)* tenace (position); *en ~* a pair of scissors *(‚shears); -a* the scissors *(fx* the s. are blunt); the shears; *tre -er* three pairs of scissors *(‚shears); -ene er sløve* the scissors *(‚shears)* are blunt; *gå i -a (fig)* fall into the trap; *nå har vi ham i -a* now we've got him (by the short hairs); *sitte i -a (fig)* be in a cleft stick; *få ~ (om skihopper, også)* develop' scissors' *(fx* he developed' scissors' during the latter half of his jump *(el.* flight)); *han hadde ~ (også)* one of his skis sagged in flight *(el.* during the jump); *han hadde ~ i nedslaget* his skis opened like scissors as he came down; *han hadde ~ i begynnelsen av svevet, men tok den inn igjen* he had his skis crossed to begin with, but got them straight again; *han ble trukket for ~* he was marked down for crossed skis; *(se for øvrig knipe; sakse).*

saksanlegg (legal) proceedings *(pl);* action; *gå til ~ mot* bring an action against; *(se sak: anlegge ~ mot).*

saksbehandler [official responsible for dealing with applications, *etc*]; executive officer; *(kan ofte gjengis)* official in charge, officer in charge; *(mil)* action officer; *(for sosialsaker, også* US) (social) case worker; *jeg er ikke Deres ~* I'm not the one who is in charge of your case.

saksbehandling 1. (mode of) treatment; 2*(jur)* (form of) procedure; 3*(rettsforhandling)* court proceedings; trial; *-en (også)* the hearing of the case.

sakse *(vb)* cut out *(fx* cut an article out of a newspaper); *dette har vi -t fra ...* we have taken this from ...; *han -t i nedslaget (kan gjengis)* his skis were not parallel when he landed; his skis opened like scissors as he came down; *han -t under hele svevet (kan gjengis)* all through the jump his skis were parted like the blades of a pair of scissors; *(se også saks).*

saksedyr *(zool)* earwig. **-klo** *(zool)* pincers. **-krok** *(mar)* sister hook.

sakser *(geogr)* Saxon.

saksforberedelse preparation of a case (for trial). **-forhold:** *et komplisert ~* a complicated case.

saksifraga *(bot)* saxifrage.

saksisk Saxon.

saksofon saxophone; **T** sax.

saksomkostninger *(pl)* (legal) costs; **US** court costs; *dømt til å betale ~* ordered to pay costs; *~ ble ikke idømt* no order was made as to costs; *bli tilkjent ~* be awarded costs *(fx* the defendant was awarded costs).

saksopplysning relevant piece of information; *en nyttig ~* a useful and relevant piece of information.

saksøke *(vb)* bring an action against, take *(fx* sby) to court, proceed against, sue *(fx* sue sby for damages; sue sby for libel, *etc); ~ selskapet til betaling av skadeserstatning* sue the company for damages, bring an action for damages against the company.

saksøker *(jur)* plaintiff; *ta -ens påstand til følge* find for the plaintiff; *(se påstand).*

saksøkte *(jur)* the defendant; *(se påstand).*

sakte 1*(om fart)* slow; *ganske ~* dead slow; *gå med ~ fart* go slow, run at a slow speed; *~ men sikkert* slow and sure; slowly but steadily; *klokka går for ~* the clock is slow; 2*(om lyd, tale)* soft(ly); quietly; in a low voice.

saktens no doubt, I dare say; *ja, du kan ~ le!* it's easy enough for you to laugh; it's all right for you to laugh; it's all very well for you to laugh; *det kan man ~* that's quite all right.

saktmodig mild, meek, gentle.

saktne *(vt & vi)* 1*(gjøre langsommere)* slacken *(fx* one's pace); *~ farten* slow down, reduce speed; 2*(om klokke)* lose (time).

sal 1*(stort rom)* hall; *forsamlings-* assembly room *(el.* hall); *-en (tilhørerplassene)* the floor *(fx* they refused to hear criticism from the floor); 2*(heste-)* saddle; *føle seg fast i -en (fig)* feel secure; *sitte fast i -en* have a sure seat; *(fig)* sit tight in one's saddle; be secure, be in a secure position; *sitte løst i -en* have a poor seat; *(fig)* be insecure, be in an insecure position; *hjelpe en opp i -en* help sby into the saddle; **T** give sby a leg-up; *holde seg i -en (også fig)* keep one's seat; *med en bedre jockey i -en* with a better jockey up *(fx* the horse might have won with a better jockey up); *svinge seg i -en* vault into the saddle; *legge ~ på en hest* saddle a horse; *ri uten ~* ride bareback; *(se I. ro: ~ i salen!).*

salamander *(zool)* salamander.

salami(pølse) salami.

salat *(plante)* lettuce; *(rett)* salad; *grønn ~* dressed lettuce; *italiensk ~* Italian mayonnaise.

salatbestikk salad set. **-fat** salad bowl. **-hode** (head of) lettuce.

salbom saddle tree. **-brutt** saddle-galled. **-dekken** saddle blanket.

saldere *(vb)* balance.

saldo balance; *~ i vår favør* balance in our favour *(fx* to our favour, **,US:** favor); *overføre -en* carry forward the balance.

sale *(vb)* saddle; *~ av* unsaddle; *~ om* change one's tactics, try another tack; change one's policy; *(skifte parti)* change sides; *han rir ikke den dag han -r* he is a slow starter; he takes his time.

salg sale; *(omsetning)* (sales) turnover, sales *(fx* s. are up (‚down) this year); *(kun kontant ~»* 'cash sales only', 'no credit given'; *han får en viss provisjon av -et* he receives a certain commission on the sales; *-et gikk bra* sales were good; *(om sesongsalg)* the sale went well; *-et gikk strykende* **S** the sale went swimmingly;

slutte et ~ close *(el.* conclude *el.* effect) a sale; *formidle -et av* arrange *(el.* negotiate) the sale of; *til -s* for sale; *fremby til -s* offer for sale; *være til -s* be for sale, be on sale.
salgbar salable, saleable, marketable *(fx* the less m. kinds of fish); *lite* ~ hard to sell.
salgbarhet salability, sal(e)ableness; *(egenskaper)* selling features.
salgjord (saddle) girth; **US** cinch.
salgsargumenter *(pl)* sales talk.
salgsanalyse marketing analysis. **-apparat** marketing apparatus. **-arbeid** sales promotion. **-avdeling** sales department. **-betingelser** *(pl)* terms of sale, purchase conditions. **-brev** *(merk)* sales letter. **-budsjett** sales budget. **-fullmakt** power of sale. **-honorar** *(forfatters)* royalty. **-ingeniør** *(også* **US***)* sales engineer. **-konto** sales account. **-kvote** sales quota. **-messig:** ~ *sett* from the point of view of sales; with regard to sales. **-nota** sales note. **-oppgave** description *(fx* it says in the d. that there is a road right up to the site). **-ordning** marketing scheme. **-overenskomst** agreement to sell. **-potensial** sales potential. **-pris** selling price *(fx* the s. p. barely covers the cost). **-provisjon** commission on sales. **-regning** account sales *(pl:* accounts sales); *(fk:* A/S). **-representant** sales representative. **-resultat** sales result, sales achievement. **-sjef** sales manager. **-statistikk** marketing statistics, statistics of sales; sale chart(s). **-sum** selling price. **-teknikk** salesmanship, sales technique. **-utbytte** sales proceeds *(pl).* **-vare** article, commodity, product; *en god* ~ a marketable article, a good selling line, an a. of good merchantable quality. **-verdi** sales value, market *(el.* selling) value. **-vilkår** *se salgsbetingelser.*
salig blessed, saved; *(lykksalig)* blissful; **T** *(drukken)* gloriously drunk; *min* ~ *far* my late *(el.* poor) father; *enhver blir* ~ *i sin tro* let everyone keep his own convictions; let him (,her, *etc)* believe it if it makes him (,her, *etc)* happy.
saliggjørelse salvation. **-gjørende:** *det eneste* ~ *(fig)* the only possible solution; the only thing that will help; *det er det eneste* ~ it's absolutely the only thing.
salighet salvation, blessedness; bliss; *her er det (jammen) trangt om -en* **T** there is hardly room to turn round here; **T** there isn't room to swing a cat in here.
saling *mar (på skip)* cross trees *(pl); (lang-)* trestle trees.
salisyl *(kjem)* salicyl. **-syre** salicylic acid.
salknapp pommel. **-maker** saddler; *(bil-)* motor upholsterer.
salme hymn; *(især Davids)* psalm; *Salmenes bok* the (Book of) Psalms.
salmebok hymn book. **-dikter** hymn writer; **US** hymnist. **-diktning** hymn writing. **-sang** hymn singing.
salmiakk *(kjem)* sal ammoniac, ammonium chloride.
salmiakkspiritus *(kjem)* ammonia water.
Salomo(n) Solomon. **salomonisk** Solomonic.
salong drawing-room; *(på hotell, skip)* lounge.
salongbord coffee table, occasional table. **-gevær** saloon rifle. **-gutt** captain's boy.
salpeter *(kjem)* nitre, saltpetre. **-aktig** nitrous. **-holdig** nitrous. **-syre** nitric acid.
salpute saddle pad. **-rygget** sway-backed.
I. salt *(subst)* salt; *han tjener ikke til* ~ *i maten* he does not earn even a bare living.
II. salt *(adj)* salt.
saltaktig saltish, saline.
saltaske saddlebag.
saltbøsse saltcellar; saltshaker, salt sprinkler.

saltdannelse salification.
salte *(vb)* salt; *(i lake)* pickle; cure; *(lett-)* corn; *-t oksekjøtt* corned beef; *-t vann* brine; *lettsaltet vann* lightly-salted water.
saltholdig saline. **-holdighet** salinity. **-kar** saltcellar; *(stort, til kjøkken)* salt box. **-kjøtt** salt meat; *(okse-, også)* pressed beef. **-kjøttlapskaus** salt beef stew. **-korn** grain of salt. **-lake** brine, pickle.
saltomortale somersault; *slå en* ~ somersault, turn *(el.* make) a s.
saltpeter: *se salpeter.*
saltstøtte pillar of salt. **-sjø** salt lake. **-syre** *(kjem)* hydrochloric acid. **-vann** salt water; sea water. **-vannsfisk** salt-water fish.
salutt salute; *det lød en* ~ *fra 13 kanoner* 13 guns boomed; *(se nyttårssalutt).*
saluttere *(vb)* salute, fire a salute; let off fireworks *(fx* on New Year's Eve).
I. salve *(mil)* volley, salvo; *(fra maskingevær, etc, også)* burst; *(bifalls-)* round (of applause); *(se geværsalve).*
II. salve *(smurning)* ointment, unguent, salve; *(se brannsalve; sårsalve).*
III. salve *(vb)* anoint; *Herrens -de* the Lord's Anointed.
salvekrukke ointment jar.
salvelse *(fig)* unction; *preke med* ~ preach with unction.
salvelsesfull unctuous; *(adv)* unctuously.
salvie *(bot)* sage.
salving anointing, anointment.
salær fee; *(jvf honorar).*
samarbeid working together, collaboration, co-operation; *knirkefritt* ~ perfect collaboration; *-et knirket en smule* their collaboration was not entirely smooth.
samarbeide *(vb)* work together, co-operate, collaborate; ~ *med (også)* work closely with *(fx* the other departments).
samarbeidstiltak: *praktiske* ~ *(pl)* practical measures of co-operation.
samarbeidsutvalg liaison committee; *det forutsettes nedsatt et* ~ *for å lette kontakten mellom lærerråd og elevråd* a liaison committee is to be set up to facilitate communication between the staff and pupils' councils *(el.* bodies).
samarbeidsvillig co-operative.
samarie *(prestekjole)* cassock, chasuble.
samaritan Samaritan; *den barmhjertige* ~ the good Samaritan.
samaritt practical nurse. **-elev** practical nursing student.
samband 1. communication, connection; *i* ~ *med* in connection with; *sett i* ~ *med* seen in association with; **2.** union; *3(mil) : Hærens* ~ *(kan gjengis)* the Army Signal Corps; *(svarer til)* the Royal Corps of Signals *(fx* RCS); *være i -et (om soldat)* **T** be in the Signals; *(se radiosamband).*
sambandskontor *(mil)* signal office. **-mann** *(mil)* signaller. **-nett** *(mil)* signals net; **US** communication network.
sambandssatellitt communications satellite.
sambandssenter communications headquarters; *Regjeringens* ~ **UK** the Government Communications Headquarters; the GCHQ; *(jvf sikkerhetsbyrå).*
sambandssoldat: *menig* ~ signalman; *-ene* **T** the signals.
Sambandsstatene the United States (of America).
samboer live-in (boyfriend) (,girlfriend); *(stivt el. jur)* co-habitee; *være -e* live together.
sambygding fellow villager; *(se hjembygd).*
samdrektig harmonious, unanimous.

samdrektighet harmony, unanimity; *i skjønn* ~ in perfect harmony.
samdrift joint operation.
same Lapp.
sameie joint ownership; *(det som eies)* joint property; *(jvf særeie).*
samferdsel communication, transport.
samferdselsdepartement UK Ministry of Transport.
samfrukt *bot (frukt i stand)* syncarp.
samfull: *tre -e dager* three whole days; three days running.
samfunn community, society; *-et* society; *et religiøst* ~ *(også)* a religious body.
samfunns|bevarende conservative. **-borger** citizen, member of society. **-drama** (social) problem play. **-fag** social studies. **-faglinje** social studies side. **-farlig** dangerous to the community *(el.* to society). **-fiende** enemy of society, public enemy. **-fiendtlig** antisocial, inimical to society. **-forhold** social conditions. **-form** social system *(el.* organization *el.* structure). **-gagnlig** of public utility; socially beneficial. **-gode** social *(el.* public) asset, social benefit. **-hensyn** social considerations; ~ *krever at* ... the welfare of the community requires that ... **-hus** community centre. **-interesser** *(pl)* the interests of the community, public interest(s). **-kaken** the overall national cake; the cake. **-klasse** class (of the community); *de høyere -r* the upper classes. **-liv** social *(el.* community) life; the life of the community. **-kunnskap** social studies. **-lære** sociology; *(skolefag)* citizenship; US civics. **-maskineri** machinery of society. **-messig** social; *-e hensyn* social considerations.
samfunnsmønster pattern of society; *passe inn i -et* fit into the p. of s.
samfunns|nedbrytende subversive *(fx* activities). **-orden** social order. **-plikt** public duty; social duty; duty as a citizen. **-refser** strong critic of society. **-sak** social question; *kvinnesak er* ~ women's liberation is social liberation. **-stilling** social position; social status. **-strukturen** the fabric of society. **-tjeneste** community work. **-ånd** public spirit.
samfølelse fellow feeling, solidarity.
sam|handel commerce, trade *(fx* Anglo-Norwegian t.). **-hold** concord, union, unity; solidarity; team spirit, loyalty. **-hørig** interdependent, mutually dependent. **-hørighet** interdependence, solidarity.
samisk Lapp.
sam|kjensle *se samfølelse.* **-kjøre** *(vb)* co-ordinate *(fx* electric power stations).
sam|klang harmony, unison. **-kvem** intercourse; *ha* ~ *med* have contact *(el.* dealings) with; *(seksuelt)* have (sexual) intercourse with.
samle *(vb)* collect, gather; ~ *rikdommer* lay up riches; ~ *tankene* collect one's thoughts; get *(el.* gather) one's thoughts together; ~ *inn* collect *(fx* "Don't forget I'm collecting those maps from you on Thursday."); *sistemann på hver rad -r inn stilbøkene* the last person in each row will collect the exercise books; ~ *oppmerksomheten om* focus (one's) attention on; ~ *opp* catch *(fx* a barrel to catch rain water); *(ta opp)* pick up; ~ *på* collect; *ikke noe å* ~ *på* not worth (while) having; **T** not worth much; ~ *sammen* gather (together), collect, pick up, get together; *(se også II. få);* ~ *seg* gather; assemble; *(o: sine tanker)* collect oneself *(el.* one's thoughts); *-s* gather (together); assemble, meet, congregate; *mens Stortinget er -t* = while Parliament is sitting *(se storting); -t verdi* aggregate *(el.* total) value; *-t opptreden* joint action; *samle-*

de verker collected works; *-t (adv)* together, jointly, collectively.
samlebånd conveyor belt, assembly line.
samleie coitus, sexual intercourse; *(evfemistisk)* intimacy *(fx* he strangled her after i.); *ha* ~ have (sexual) intercourse, make love; **T** have sex; *de hadde* ~ **T** *(også)* they got down to it; *ha* ~ *med* have sexual intercourse with; **T** sleep with; go to bed with; **S** screw *(fx* he screwed her).
samler collector. **-mani** collection mania.
samling assembling, assembly; collection; *(av folk)* meeting; *(av planter)* collection; *(av Storting)* session; *med en slik* ~ *fiender* with a bunch of enemies like those; with such a bunch *(el.* collection) of enemies; *gå fra sans og* ~ lose one's senses; *har du gått fra sans og* ~*!* have you taken leave of your senses! are you out of your mind!
samlingsregjering coalition government.
samlingssted place of meeting, rendezvous.
samliv life together.
samlivsform way of living together; *ekteskap er en* ~ marriage is one way of living together.
samløp *(skøyter)* [race between two contestants]; *(kan gjengis)* heat; *X vant -et* X was *(el.* came out) the winner of the pair; *X vant -et med* Y X won his pair *(el.* heat) against Y.
sammalt ground whole; ~ *hvetemel* wholemeal flour, Graham flour; *fint* ~ *hvetemel* flour of patents grade, patent flour, patents flour.
samme *(adj)* the same *(fx* the same year); *en og* ~ one and the same; *det* ~ *om og om igjen* the same thing over and over again; *det går for det* ~ that's no extra trouble; *han mener det* ~ *som jeg* he thinks the same (way) about it as I do; *det er ikke det* ~ that is not the same thing; *det er det* ~ *for meg* it makes no difference to me; it's all the same to me; *det kan være det* ~ *når De kommer* it does not matter when you come; *med det* ~ *vi kom* **T** when we first arrived; *det kan være det* ~ *med de bøkene* never mind those books! ... *og det* ~ *var det!* and a good thing too! *det er det* ~ *som et avslag* it amounts to a refusal; *det er det* ~ *som å si* ... that's as good as saying; *i det* ~ just then; at the same moment; *med det* ~ straight away, at once; then and there; this instant; *med det* ~ *du driver (med det)* while you're about it.
sammen *(adv)* together; *(i fellesskap)* jointly; *arbeide* ~ work together; ~ *med* along with, in company with; *(også, så vel som)* together with; *hun ble alltid sett* ~ *med X* she was always seen about with X; *(se all; alle; alt; invitere).*
sammenbitt: *med* ~ *energi* doggedly, with relentless energy; *med -e tenner* with clenched teeth.
sammenblande *(vb)* mix (together), mingle (together), blend (together); *(forveksle)* mix up, confuse.
sammenbrudd breakdown, collapse; *nervøst* ~ nervous breakdown.
sammen|drag : ~ *av* summary of; *X leder i -et etter to løp (skøyter)* X is leading over two distances. **-fatte** *(vb)* sum up, summarize, give a summary of, recapitulate. **-filtre** *(vb)* tangle. **-føye** *(vb)* join. **-føyning** joint; *(det å)* joining; *gå opp i -i* come asunder *(el.* apart).
sammenheng *(forbindelse)* connection, relation; *(kontinuitet)* continuity; *(indre, logisk)* coherence; *(i tekst)* context *(fx* a quotation detached from its c.); *«dårlig* ~ *her» (kommentar til stil)* disjointed here; *sakens rette* ~ the true facts of the case; *i den store -en* in the big scheme of things; *kjenne hele -en* know the true facts of the

case; know all about it; *sett i ~ med* seen in association with; *(jvf bakgrunn & I. lys); sett i korthet dette utdraget inn i sin ~ og forklar* ...briefly refer this extract to its context and explain ...; *ha ~ med* be connected with, have connection with, be bound up with; *mangel på ~* incoherence; *-en mellom årsak og virkning* the nexus of cause and effect; *(se tydelig).*

sammenhengende *(vb)* connected, coherent, continuous, consecutive; *(adv)* coherently; *en ~ ferie på fire uker* an uninterrupted 4-week holiday, an uninterrupted *(el.* a continuous) holiday of four weeks; *en ~ tekst (o: tekstsammenheng)* a continuous context, a textual context.

sammenholde *(vb)* compare.

sammenhopning accumulation, piling up; *(jvf opphopning).*

sammenkalle *(vb)* call together, summon, convene; *~ et møte* call *(el.* summon *el.* convene) a meeting.

sammenklemt compressed, squeezed together. **-klumpe** *vb (om mennesker og dyr)* crowd, pack together, huddle, cluster together. **-komst** meeting, gathering; **T** get-together; *(av gamle kamerater, etc)* reunion; *selskapelig ~* social gathering; **T** social; *(se også samvær).* **-krøpet** crouching, crouched, huddled up *(fx* he lay h. up in bed). **-lagt** combined, put together; *(se sammendrag).*

sammenleggbar collapsible.

sammenligne *(vb)* compare; *~ med* c. with; *(især rosende el. billedlig)* compare to *(fx* as an orator he may be compared to X; c. wisdom to gold); liken to; *-t med* compared with, as compared with, as against; *han påsto at papiret var av avgjort dårligere kvalitet -t med tidligere sendinger* he maintained that the paper was of a quality decidedly inferior to (that used in) earlier *(el.* previous) shipments *(el.* ...was of a much poorer quality compared to *(el.* with) earlier shipments); *tannpine er ingenting -t med det* toothache is nothing by comparison; *dette er ingenting -t med hva jeg har sett* this is nothing to what I have seen; *som kan -s* comparable *(med* with *el.* to); *de kan ikke -s* they cannot be compared; they are not in the same class; *kommuner det vil være naturlig å ~ oss med* local authorities in a comparable position; *(se ligge: ~ godt an).*

sammenlignende comparative.

sammenligning comparison; *dra (el. trekke) en ~* make a comparison; *slik at du kan foreta dine -er* so that you can make a comparison; *i ~ med* in comparison with, (as) compared with; *uten ~* without c.; *(ved superl.)* by far, far and away *(fx* by far the best); *uten ~ for øvrig må man ha lov til å si at X er flinkere i fransk* without making invidious comparisons, one must be permitted to say that X is better at French; *(se I. sinke; tåle).*

sammenpakket packed together; *(fig)* crowded.

sammenpresset pressed *(el.* squeezed) together.

sammenrotte *(vb): ~ seg* conspire, plot *(mot* against).

sammensatt made up *(el.* composed) *(av* of); compound; *(innviklet)* complex; *~ ord* compound word; *~ (,usammensatt) tid (gram)* compound (,simple) tense; *ekte ~ verb* inseparable verb; *uekte ~ verb* separable verb; *regjeringen, slik den nå er ~* the Government as it is now constituted; *(se for øvrig sette: ~ sammen).*

sammensetning composition; *(konkret)* compound; *lagets ~* the personal composition of the team.

sammenskuddsfest Dutch treat; *(som overraskelse)* surprise party; *holde ~* go Dutch.

sammenslutning union; combination.

sammenslynget interwoven, intertwined, interlaced.

sammen|smelte *(vb)* melt together; *(fig)* amalgamate. **-smelt(n)ing** fusion; amalgamation.

sammenspart: *-e penger* savings; *en liten ~ sum* **T** a nest egg.

sammenstille *(vb)* place together; group; *(sammenligne)* compare.

sammenstilling placing together *(el.* side by side); juxtaposition, collocation; *(sammenligning)* comparison.

sammenstimling crowd; crowding together; *(jvf oppløp).*

sammenstuet crowded *(el.* huddled) together, closely packed (together).

sammenstøt collision; conflict; clash *(fx* violent clashes between Greeks and Turks); *frontalt ~* head-on collision; *(jvf kollisjon); naturligvis har vi hatt et ~ en gang iblant, men ...* **T** we've had the odd scrap, of course, but ...

sammensunket: *sitte ~* sit hunched up; *han lå ~ over rattet* he lay slumped over the wheel.

sammensurium mess, hotchpotch *(fx* of ingredients); jumble *(fx* of words, sounds); medley.

sammensveise *(vb)* weld (together); *(fig)* fuse; *(se sveise).*

sammensverge *(vb): ~ seg* conspire *(om å* to).

sammensvergelse conspiracy, plot.

sammensvoren *(adj)* conspiring; *de -ne* the conspirators.

sammentelling summing-up.

sammentreff coincidence; *et heldig ~* a lucky chance, a fortunate coincidence; *et ~ av omstendigheter* a coincidence (of circumstances); *ved et ~ av omstendigheter har forsendelsen blitt forsinket* circumstances have conspired to delay the dispatch.

sammen|trekning contraction. **-trengt** condensed, concise. **-trykning** compression. **-trykt** compressed.

sammenvevd woven together.

sammenvokst grown together, coalesced, fused; *hans øyenbryn er ~* his eyebrows meet; *-e tvillinger* Siamese twins.

samme|steds in the same place. **-stedsfra** from the same place; *(jvf hjembygd).*

samnorsk pan-Norwegian.

samordn|e *(vb)* co-ordinate, coordinate. **-ing** co-ordination, coordination.

samrå *(vb): ~ seg* consult together, deliberate.

samråd (joint) deliberation; consultation; *i ~ med* in *(el.* after) consultation with; in agreement with.

sams: *se enig.*

samskipnad organization, organisation, association.

samspill *(mus)* ensemble (playing); *(sport; på teater)* teamwork; *(vekselvirkning)* interplay *(fx* a happy i. between road and rail traffic); interaction *(fx* of the heart and lungs); *et ~ av krefter* a harmonious combination of forces; *det var utmerket ~* they played together excellently.

samstemm|e *(vb)* harmonize, bring into harmony. **-ig** unanimous. **-ighet** general agreement, unanimity; *det er ~ om at ... (også)* the consensus of opinion is that ...

samsvar accordance, agreement, conformity; *i ~ med* in accordance with, in agreement *(el.* keeping) with; *(se også sammenheng).*

samsvarende corresponding.

samsyn *(fysiol)* binocular vision.

samt together with; and also, plus.

I. samtale *(subst)* conversation; talk; *en lavmælt ~* a hushed c., a c. in low tones; *føre en ~* carry on a conversation; *få -n i gang (også)* set *(el.* start) the ball rolling; *innlede ~ med* enter into conversation with; *komme i ~ med* get into conversation with; *(se innlate).*
II. samtale *(vb)* converse, talk *(med* with).
samtaleemne topic (of conversation).
samtid: *-en* the age in which we live, our own times; *(om fortiden)* that age, that time; *hans ~* his own times; *(ofte også)* his contemporaries; *han vant ingen anerkjennelse i sin ~* he received no recognition in his lifetime; he was not recognized by his contemporaries.
samtidig 1*(på samme tid)* simultaneous *(fx* events); 2*(som hører til samme tid)* contemporary, contemporaneous; 3*(adv)* at the same time, simultaneously; *hans -e* his contemporaries; *utrette forskjellige ærend ~* do various errands at one go; get various errands done at the same time; *~ vil jeg be Dem ...* at the same time I would ask you ...; I take this opportunity to ask you; *~ sender vi Dem ...* by the same post we are sending you; *sende tratten ~ med fakturaen* send the draft along with the invoice; *~ med denne utviklingen* side by side with this development; along with this d.; *~ som* at the same time as.
samtlige (one and) all, each and all.
I. samtykke *(subst)* consent, approval, sanction; *få ens ~* obtain sby's consent; *gi sitt ~ til* consent to (-ing), give one's c. to; *(se II. knytte).*
II. samtykke *(vb)* consent *(i* to); *~ i at prisene blir satt ned* c. to prices being reduced; *nikke -nde* nod assent *(fx* he nodded a.).
samvirke *(subst)* co-operation, cooperation, joint action. **-lag** co-operative *(el.* cooperative) society.
samvittighet conscience; *en god (,ren) ~* a quiet (,clear) conscience; *det kan du gjøre med god ~* you can do it with a good c.; *ha dårlig ~ overfor en* feel guilty about sby; *(stivt)* be troubled by conscience in regard to sby; *en romslig ~* an accommodating c.; *hvordan kan du forsvare det overfor din ~?* how do you square *(el.* reconcile) it with your c.? *så får du det på -en* then you will have that to answer for; *jeg ville ikke ha ~ til å gjøre det* I would not have the c. to do it; *(se overdøve & våkne).*
samvittighetsfull conscientious, scrupulous; *-t oversatt ved hjelp av en ordbok* conscientiously translated with the aid of a dictionary.
samvittighetsfullhet conscientiousness, scrupulousness. **-kval** pangs of conscience. **-løs** unprincipled, unscrupulous.
samvittighetsnag remorse, compunction, pangs *(el.* qualms) of conscience; *(se samvittighet).* **-sak** matter of conscience. **-spørsmål** question of c.; indiscreet question.
samvær being together; company; *(sammenkomst)* gathering; *vårt behagelige ~* the pleasant time we spent together; *etter en times ~* after one hour together; *kameratslig ~* friendly gathering; *selskapelig ~* social gathering; *takk for behagelig ~ (svarer til)* this has been a very pleasant party (,journey, etc); *til NN med takk for hyggelig ~ i året som gikk* to NN with thanks for pleasant collaboration in the past year *(se for øvrig takk).*
sanatorium sanatorium *(pl:* -ria *el.* -s).
sand sand; *løpe ut i -en (fig)* come to nothing, peter out, fizzle out; *strø ~ i maskineriet (fig)* throw a spanner in (,US monkey wrench) in the works; *et eller annet sted må det være noen som har strødd ~ i maskineriet* somewhere in this

machine the wheels are not turning smoothly; *strø ~ på (fig)* rubber-stamp; *strø ~ på veien* sand the road, sprinkle *(el.* spread) sand on the road.
sandal sandal.
sandbanke sand bank. **-bunn** sandy bottom.
sandeltre *(bot)* sandalwood tree.
sandet sandy, sanded.
sandflyndre *(fisk)* dab; *(se flyndre).*
sandjord sandy soil.
sandkake [cup-shaped shortbread biscuits]; *(kan gjengis)* shortbread patty. **-kakeform** small fluted tartlet tin, patty tin. **-kasse** sandbox. **-korn** grain of sand. **-lo** *(zool)* ringed plover. **-loppe** *(zool)* chigoe (flea), jigger (flea), sand flea. **-løper** *(zool)* sanderling.
sandpapir sandpaper; *slipe med ~* sand down.
sandpåstrøing *(fig)* rubber stamp; rubber-stamping.
sandstein sandstone, grit. **-strø** *(vb)* sand, sprinkle sand on.
sandtak sand-pit. **-ørken** sandy desert.
sanere *vb (om foretagende)* reorganize, reorganise, reconstruct; restore *(fx* finances); *(bebyggelse)* effect slum clearance; *strøket skal -s* slum clearance is to be carried out in the district; the district is to be cleared of its slums.
sang song; *(det å)* singing; *(del av større dikt)* canto. **-bar** singable, melodious. **-barhet** melodiousness.
sangbunn sound board, sounding board.
sanger **1.** singer, vocalist; 2*(fugl)* warbler; songbird. **-fest** choral festival.
sangerinne singer.
sangforening choral society, glee club. **-fugl** songbird, warbler. **-kor** choir. **-lerke** *(zool)* skylark. **-lærer(inne)** singing master (,mistress).
sangstemme singing voice.
sangundervisning singing lesson.
sanguiniker sanguine person.
sangvinsk sanguine.
sanitet *(mil)* medical service; *Hærens ~* Army Medical Service; **UK** the Royal Army Medical Corps *(fk* the RAMC); **US** the Medical Corps.
sanitetsforening [women volunteer workers who provide non-professional care and services for the sick and convalescent].
sanitetskompani *(mil)* medical company. **-soldat** medical orderly, hospital o.; **US** corpsman, medic.
sanitær sanitary; *-e forhold* sanitary conditions.
sanitæranlegg sanitary installation; plumbing.
sanke *vb* gather, collect; *~ aks* glean; *han har -t erfaringer i livets skole* he has gathered experience in the school of life.
sanksjon sanction, assent.
sanksjonere *(vb)* sanction; approve of.
sanktbernhardshund St. Bernard dog.
sankthansaften Midsummer Eve. **-bål** Midsummer Eve bonfire. **-dag** Midsummer Day. **-natt** Midsummer Night. **-orm** glowworm.
sanktveitsdans *(med.)* the St. Vitus('s) dance, chorea.
sann true; *(virkelig)* real; *(naturtro)* true-to-life *(fx* give a t.-t.-l. picture of the farmer and his work); *det skal være meg en ~ glede* I shall be delighted to; *en ~ nytelse* a (great) treat, a real treat; *det kan være noe -t i det* there might be an element of truth in that; there might be something in that; *det var et -t ord* that's true (enough); **S** & **US** you said a mouthful; *det er så -t som det er sagt* that's for sure *(el.* certain); *-t å si* to tell the truth; *så -t som* sure as; *(hvis bare)* if only; provided; *så -t jeg står her* **T** as sure as I'm standing here; *så -t jeg lever*

as I live; *så -t hjelpe meg Gud* so help me God; *det er -t (apropos)* by the way; *ikke et -t ord* not a word of truth; *det er godt, ikke -t?* it is good, isn't it? *han så det, ikke -t?* he saw it, didn't he?

sanndru veracious, truthful; *(se sannferdig).*

sanndruhet veracity, truthfulness; *(se sannferdighet).*

sanndrømt: han er ~ he has dreams that foretell the future.

sanne *(vb)* admit the truth of.

sannelig indeed, truly, in truth; *(glds & bibl)* verily; *det har De* ~ *rett i* you are dead right; *nei så* ~ *om jeg vil!* I'll be hanged if I do! *jeg vet* ~ *ikke* T I don't know, I'm sure.

sannferdig truthful; veracious; *han er ikke så* ~ *at det gjør noe* T he's not too truthful; he's casual about telling the truth.

sannferdighet truthfulness, veracity.

sannhet truth; *den rene* ~ the plain truth; *si -en* speak the truth; *når jeg skal si -en* to tell the truth; *(se holde:* ~ *seg; modifikasjon; I. skulle B).*

sannhetskjærlig truth-loving, veracious. **-kjærlighet** veracity, love of truth.

sannhetsord word of truth; word of admonition, warning.

sanning *se* sannhet.

sannsi(g)er soothsayer.

sannspådd [prophesying truly or accurately]; *han er* ~ he predicts the truth; he forecasts the future accurately; *han var* ~ *(også)* his predictions came *(el.* proved to be) true.

sannsynlig likely; probable; *en* ~ *historie* a convincing story; *det var en lite* ~ *historie* that was not a very likely story; *en lite* ~ *forklaring* a not very plausible explanation; *det er* ~ *at it* is probable that; *det er ikke* ~ *at prisene vil falle* it is not probable that prices will fall; prices are not likely to fall; *det er høyst (el. meget)* ~ it's very *(el.* highly) probable; *det er høyst* ~ *at jeg treffer deg igjen* I shall very *(el.* most) likely see you again; *det er overveiende* ~ *at* there is every probability that; *det er neppe* ~ *at* it's hardly probable *(el.* likely *el.* to be expected) that; it's not very likely that; *det er neppe* ~ *(som svar)* I should hardly think so; *det -ste er at* the odds *(el.* chances) are that ...; *(se overveiende).*

sannsynlighet likelihood, probability; *etter all* ~ in all probability. **-sberegning** calculation of probability; *(mat.)* calculus of probability. **-sbevis** presumptive evidence; *føre* ~ *for* demonstrate *(el.* show) the probability of; *(jvf indisiebevis).*

sannsynligvis probably, in all likelihood; *han kommer* ~ he is likely to come, he will probably come.

sans sense; *sunn* ~ common sense; *-enes bedrag* the deception of the senses; *ha* ~ *for* have a sense of; *han har* ~ *for musikk* he's got a good ear for music; *han har ingen* ~ *for musikk* he has no ear for music; *han har en levende* ~ *for skjønnhet i naturen og i kunsten* he has a deep feeling for beauty in nature and art; *han har ingen større* ~ *for naturens skjønnhet* he has not much feeling for natural beauty; *det kan ikke oppfattes med -ene* it is not perceptible to the senses; *være fra* ~ *og samling* be out of one's senses *(el.* mind); *med alle -er våkne* with all senses alert; *(se stedsans).*

-anse *(vb)* perceive, notice, become aware of; *(huske)* remember.

-ansebedrag deception (of the senses); sense illusion.

-ansekake *(ørefik)* box on the ear.

sanselig *(legemlig)* physical, perceptible, material; *(som angår sansning)* sensuous; *(m.h.t. erotikk)* sensual, carnal; ~ *begjær* carnal desire; ~ *person* sensualist; *den -e verden* the material *(el.* external) world.

sanselighet sensualism, sensuality.

sanseløs senseless; *i* ~ *redsel* in blank terror. **-løshet** senselessness. **-organ** sense organ. **-rus** intoxication of the senses. **-var** perceptive.

sanskrit Sanskrit.

sans(n)ing perception.

saraisener, -sensk Saracen.

sardell anchovy.

sardin sardine *(fx* sardines in oil).

Sardinia *(geogr)* Sardinia. **sardinsk** Sardinian.

sarkasme sarcasm. **sarkastisk** sarcastic.

sarkofag sarcophagus *(pl:* -phagi).

sart delicate, tender.

Satan Satan.

satanisk satanic, fiendish, diabolical.

satans *(adj)* damned, blasted; *(grovt uttrykk)* bloody.

satellitt satellite; *plassere en* ~ *i bane* deploy a satellite; *skyte opp en* ~ launch a satellite; *(se sambandssatellitt; telesatellitt).*

sateng sateen.

satinere *(vb)* glaze.

satire satire *(mot* on); *en lett* ~ *over undervisningens mekanisering og bokas rolle i fremtidens kulturliv* a light satire on the mechanisation of teaching and the role of books in the cultural life of the future. **satiriker** satirist.

satirisere *(vb)* satirize. **satirisk** satirical.

sats 1*(typ)* type *(fx* keep the t. standing); composition, (composed) matter *(fx* stående ~ standing m.); *sette en* ~ compose a piece of work; ~ *som skal legges av* dead matter; *i* ~ in type; 2*(takst, etc)* rate; *til fastsatt* ~ at the appropriate rate *(fx* Customs duty at the a. r. is charged); *(opprett)holde de nåværende -er* hold the present rate; 3*(sand, sement og vann)* (concrete) mix *(fx* a 1:4 mix); 4*(mus)* movement *(fx* of a sonata); **5.** spring; *(ski)* take-off; *i -en (ɔ: satsøyeblikket)* at take-off; *ta* ~ take off (for a spring); *stående* ~ *(idrett)* standing jump; *helt vellykket* ~ a perfectly timed spring; *svak* ~ feeble spring; *for sen* ~ late spring; *for tidlig* ~ premature spring; *det ble litt for tidlig* ~ the *(el.* his) s. was a little premature; 6*(most)* must; *han har en (brennevins)- stående (svarer til)* he's got a still going; 7*(tenn-)* friction composition, head *(fx* of a match); 8*(påstand)* assertion; proposition; thesis; 9*(mat.)* theorem; *(se stramme).*

satsbilde *(typ)* printed image.

satse *(vb)* **1.** stake *(på* on), put *(fx* p. a fiver on a horse), gamble *(på* on); ~ *fem pund* bet a fiver; *det må -s mer på prosjektet* the project must be given more backing; ~ *langt mer på å få utarbeidet en pålitelig ordbok* go much more in for the compilation of a reliable dictionary; ~ *på å bygge opp ... (også)* direct one's efforts towards building up ...; ~ *sterkt på* make a strong bid for *(fx* the German High Command made a strong bid for the Ardennes); 2*(ski)* take off.

satt *(adj)* sedate, staid; *i* ~ *alder* of mature years.

satyr satyr.

sau *(zool)* sheep; *(søye)* ewe; *(skjellsord)* blockhead, nincompoop, ninny.

sauebukk *(zool)* ram. **-farm** sheep station. **-fjøs** sheep cot(e). **-flokk** flock of sheep. **-kjøtt** mutton. **-kve** sheep fold, sheep cot(e). **-skinn** sheepskin. **-skinnspels** sheepskin coat.

saumfare *(vb)* go over (critically), examine minutely.

saus sauce; *(av kjøttkraft)* gravy; *brun* ~ gravy; brown s.; *sauce à la maître d'hôtel* melted butter with parsley and lemon juice.

sause|blokk [sauce tablet]. **-skål** sauceboat, gravy-dish *(el.* boat).

savn *(mangel)* want, lack; *(nød)* hardships *(fx* h. of the war period), want, privation; *(tap)* loss; *sult og* ~ hunger and privation; *lide* ~ suffer privation; *han etterlater seg et smertelig* ~ he is sadly missed; he leaves a terrible void; *føle -et av noe* miss sth; *avhjelpe et* ~ supply a want *(el.* need); *boka avhjelper et lenge følt* ~ the book meets a long-felt want.

savne *(vb)* **1**(*føle tapet av)* miss *(fx* I shall m. you); **2**(*mangle)* lack, be without, want, be wanting in, be lacking in, be short of *(fx* money); **3**(*trenge til)* want *(fx* they want discipline); **4**(*konstatere at noe er borte, ikke kunne finne)* miss *(fx* the bicycle was missed an hour later; he missed his spectacles); *flere skip er -t* several ships are missing; *i tabellen -s oppgaver fra mange land* the figures for many countries are missing from this table; *jeg -r det ikke* I can do without it; ~ *ethvert grunnlag* be entirely without foundation; *de -r ikke noe* they want for nothing; they have all they need; *vi -r ham sterkt* we miss him badly *(el.* sadly).

Savoia *(geogr)* Savoy.

scene scene; *(del av teater)* stage; *for åpen* ~ with the curtain up; in full view of the audience; *(fig)* in public; *på -n* on the stage; **T** on the board; *gå til -n* go on the stage; *sette noe i* ~ *(fig)* stage *(el.* stage-manage) sth *(fx* a coup); engineer sth; *sette et stykke i* ~ stage *(el.* produce *el.* get up) a play; *det kom til en* ~ there was a scene.

scene|anvisning stage direction. **-arrangement** stage setting. **-forandring** change of scene. **-instruktør** (stage) director. **-kunst** acting, dramatic art. **-teppe** curtain; tabs. **-vant** experienced, practised, confident. **-vanthet** (stage) experience, confidence.

scenisk scenic, theatrical.

schizofren schizophrenic. **-i** schizophrenia.

Schlesien *(geogr)* Silesia. **schlesisk** Silesian.

schæfer(hund) Alsatian (dog).

se *(vt & vi)* **1.** see; ~ *godt (,dårlig)* have good (,bad) eyes; *jeg er så sliten at jeg simpelthen ikke kan* ~ I just can't see for tiredness; *det er ikke noe å* ~ there is nothing to be seen; *man så at han klatret over muren* he was seen to climb the wall; *når en -r kassene, skulle en tro at ...* to see the cases one would think that; *der -r du* I told you so; *han er en rik mann, -r du* you see, he's a rich man; *jeg -r gjerne at ...* I should be (very) glad if, I should appreciate it if; *jeg så helst at du lot være* I would rather you didn't; I should much prefer you not to (do it); *stort -tt* (taking it) by and large; ~ *selv* see for oneself; **2**(*besøke som turist)* visit, see; **T** do *(fx* he did Oxford); **3**(*se lysbilder, etc)* view *(fx* everyone has viewed the slides) ...

A *[Forb. med subst, pron & adj]* *-r man det!* indeed! really! *det var ingen å* ~ there was no one in view; *det gleder meg å* ~ *Dem* I'm very glad to see you; I'm pleased to see you; *nå har jeg aldri -tt så galt!* well I never! how extraordinary! wonders never cease! *vi -r med beklagelse at ...* we note with regret that ...; we regret to note that ...; *jeg -r tingene som de er* I look the facts in the face; I take a realistic view of things;

B *[Forb. med vb]* *vi får* ~ we shall see (about

that); time will show; *som man snart vil få* ~ as will presently become apparent; *jeg gadd* ~ *den som kan gjøre det* I'd like to see the man *(,etc)* who can do that; *der kan du* ~*!* there you are! I told you so! what did I tell you? *det kan da enhver* ~ anyone can see that; **T** it sticks out a mile; *de kan ikke* ~ *skogen for bare trær* they can't see the wood for the trees; *ikke det jeg kan* ~ not that I can see; *jeg kan ikke* ~ *annet enn at du må gjøre det* I don't see how you can avoid doing it; *så vidt jeg kan* ~ as far as I can see; *jeg kan ikke* ~ *å lese* I can't see to read; **la** *en* ~ *noe* let sby see sth, show sth to sby; show sby sth; *han het* — *la meg* ~ — *nei, jeg har glemt det* his name was — let me see *(el.* think) — there, I've forgotten! *la meg nå* ~ *at du låser døra!* mind you don't forget to lock the door! *jeg skal* ~ *om jeg kan få tid* I'll try to find (the) time to do it; *I'll* see if I can spare the time; ~ *å bli ferdig!* do hurry up! look sharp about it! *jeg må* ~ *å komme meg av sted* I must be getting along;

C *[Forb. med prep & adv]* ~ *en an* size sby up; *man må* ~ *sine folk an* one must know who(m) one has to deal with; ~ *tiden an* wait and see, bide one's time, play a waiting game; **US** *(også)* sit back and wait; *jeg -r av Deres brev at ...* I see *(el.* note) from your letter that; *vi -r til vår overraskelse av Deres brev at ...* we note with surprise from your letter that; *man -r av dette at* hence *(el.* from this) it will be seen that; *from this (el.* hence) it appears that; ~ **bort** look away, look the other way, avert one's eyes; ~ *bort fra (fig)* leave out of account; disregard, discount *(fx* the risk of invasion could not be discounted; he was not discounting the possibility that ...); ~ **etter** look *(fx* I looked in all the rooms); *jeg skal* ~ *etter* I'll look (and see); ~ *etter (ɔ: lete etter)* look for, search for; *(ɔ: passe på)* look after *(fx* the children); mind; *(ɔ: følge med blikket)* follow with one's eyes; ~ *bedre etter* look more closely; ~ *etter i boka* consult the book; *hvis De -r etter i vårt brev av ...* if you refer to our letter of ...; ~ *etter om* see if; ~ *etter hvem det er som banker på døra (,som ringer på)* (go and) see who's at the door; *jeg så feil på klokka* I got the time all wrong; I mistook the time; *jeg så en time feil på klokka* I misread the time by one hour; ~ *noe for seg* visualize sth; *jeg -r det for meg* I can (just) see it; *jeg -r ham for meg* I can see him in my mind's eye; I can picture him; ~ **fra** *den ene til den andre* look from one to the other; ~ **fram** *til* look forward to *(fx* sth, -ing); ~ **fremover** look ahead; ~ **gjennom** look through, look over; *(flyktig)* run through; ~ *en avgjørelse rolig i møte* await a decision calmly; *ikke* ~ *i boka! (lærer til elev)* don't look *(el.* you needn't look) at your book! ~ **innom** look in on sby, look sby up, drop in on sby; come round and see sby; *jeg kan ikke* ~ *så* **langt** I cannot see as far as that; ~ *langt etter en give* sby a wistful *(el.* lingering) look; *det er det* **lett** *å* ~ that is easy to see; **T** it sticks out a mile; ~ **lyst** *på tingene* take a cheerful view of things; look on the bright *(el.* sunny) side of things; ~ **med** *en* share sby's book *(fx* Mary says she hasn't brought her book. Can she share yours?); *du kan* ~ *med Tom* you can share (book) with Tom; *vi -r med beklagelse at ...* we note with regret that; we regret to note that ...; ~ *noe med andres øyne* put oneself in sby else's place; *-tt med andres øyne* seen through other people's eyes; *-tt med (fx* regjeringens) *øyne* seen through the eyes of *(fx* the Government); ~ *med*

med egne øyne see it with one's own eyes; *~ med uvennlige øyne på* take an unfavourable view of; frown on; *~ ned* look down; *~ ned på* look down on; *(fig, også)* turn up one's nose at; *~ om* see if *(fx* he's at home); *~ om du kan hjelpe ham* do try and help him! see if you can't help him; *~ opp* look up; *«~ opp for dørene!»* "mind the doors!"," 'stand clear of the doors!'"; *~ opp til en* look up to sby; *~ på (også fig)* look at *(fx* look at him; an Englishman looks at Norway); *vi har -tt på saken* we have looked into the matter; *(se undersøke); hvordan -r De på saken?* what is your opinion of the matter? *hvordan man enn -r på det* no matter how you look at it; *man kan ikke ~ det på ham* he does not show it; you wouldn't think so to look at him; *jeg så det på ansiktet hans at ...* I could tell by his face that; *~ godt på ham* take a good look at him; *vi -r alvorlig på saken* we take a grave view of the situation; we regard the s. as serious; *~ lyst på saken* take an optimistic view of the matter; *~ mørkt på situasjonen* take a gloomy (,T: dim) view of the situation; *~ stivt på* stare at; *det -r vi stort på!* we don't worry about (a little thing like) that! *~ svart på fremtiden* be pessimistic about the future; *~ velvillig på en sak* give a matter sympathetic consideration; *~ på det med andre øyne* see it in another *(el.* in a different) light; *(se også ovf under «med»); vi har ikke -tt noe til varene* we have seen nothing of the goods; *~ til at* see (to it) that; take care that; *~ til en* (go and) see sby, visit sby; *vi -r ikke stort til ham* we don't see much of him; *~ tilbake på* look back on; *~ ut* look *(fx* happy, old); *(ɔ: kaste blikket ut)* look out *(fx* look out of the window); *hvordan -r varene ut?* what do the goods look like? *han bryr seg ikke om hvordan han -r ut* he does not bother about his appearance; *~ annerledes ut* look different; *det begynner å ~ bedre ut* the outlook is brightening; *things are looking up; ~ godt ut (ɔ: være pen)* be good-looking; *(ɔ: være frisk)* look well, look fit; *hun -r godt ut* **T** she's a good-looker; **S** she's easy on the eye; *det -r slik ut it* looks like it; *~ ut som* look like *(fx* he looks like a sailor); *~ ut som et fugleskremsel* look a perfect fright; *det -r ut som om det er rotter som har vært på ferde* it looks like rats; *det -r ut som om han kommer til å vinne* he looks like winning; *hunden -r ut som om den biter* the dog looks like biting; *det -r ut til regn* it looks like rain; *det -r ut til at ingen visste hva som var hendt* it seems that nobody knew what had happened; *det -r ut til å gå dårlig* the outlook is none too bright; things seem in a bad way; things are looking bad; *det -r ut til å være en eller annen feil* there appears *(el.* seems) to be some mistake; *(se vei C & sees).*
D *[Refleksive forbindelser] ~ seg blind på noe* become hypnotized by sth; *~ seg for* look where one is going; *Å, unnskyld! Jeg så meg ikke for!* I'm so sorry, (but) I simply wasn't looking (where I was going)! *hun så seg sint på ham* he got on her nerves; *~ seg mett på* gaze one's fill at; feast one's eyes on; *~ seg om* look round *(fx* don't look round!); *(reise omkring)* travel about; **T** get around; *~ seg om etter (ɔ: lete etter)* look about for; look round for; *(for å oppnå gunstig kjøp)* shop around for; *~ seg godt om* have a good look-round; *~ seg om i værelset* look about *(el.* round) the room; *~ seg tilbake* look back, look round; *uten å ~ seg tilbake* without a backward glance; *~ seg ut* pick out for oneself; choose.

seanse séance.
sebra *(zool)* zebra; *(jvf fotgjengerovergang).*
sed *(skikk)* custom, usage; *gode -er* good morals.
sedat *se satt.*
sedativ sedative.
seddel slip of paper; *(pengeseddel)* (bank) note. **-bank** bank of issue. **-bok** wallet. **-utsendelse** issue of notes.
sedelig of good morals, moral; *(se undergang).* **-het** morality, moral conduct. **-hetsforbrytelse** sexual crime *(el.* offence). **-hetsforbryter** sex criminal; *(jur)* sexual offender.
sedelære ethics; moral philosophy.
seder *bot (tre)* cedar.
sedvane custom, usage, habit, practice, wont.
sedvanemessig customary.
sedvanerett common law; *(se II. rett).*
sedvanlig *(adj)* usual, ordinary, customary; *det er det -e* it is the usual thing; *som ~* as usual.
sedvanligvis *(adv)* usually, generally, ordinarily.
seende seeing, with the power of sight.
seer seer, prophet.
seer|blikk prophetic eye. **-gave** gift of prophecy.
sees *(el. ses)* *(vb av se)* see one another *(el.* each other); meet; *vi sees på torsdag* **T** see you on Thursday; *hvis vi så(e)s oftere* if we saw more of each other; *(se se).*
sefyr zephyr.
seg *(pron)* **1**(*i forb. med vb*) oneself *(fx* defend o.); himself, herself, itself *(fx* the animal defended i.); themselves *(fx* they defended t.); **2**(*med prep*) one, him, her, it, them *(fx han så ~ om* he looked about him); *ha med ~* have with one *(fx* he had some friends with him), bring with one, bring along, take along, bring; *har han boka med ~ ?* has he brought the book?
[Forskjellige forbindelser] han slo ~ he hurt himself; *døra har slått seg: se slå: ~ seg; redd av ~* (naturally) timid, timid by nature; *for ~* for oneself (,himself, *etc) (fx* everybody must answer for himself); *(atskilt)* separate *(fx* it was a s. room), by itself *(fx* it forms a class by i.); in itself *(fx* it is a whole science in i.); *holde piker for ~ og gutter for ~* keep girls and boys apart; *pakk det for ~* pack it separately; pack it in a separate case; *det er noe (helt) for ~* that is th (quite) special; that is in a class by itself; *han er noe for ~* he is not like other people; *han holdt ~ for ~ selv* he kept himself apart; he kept himself to himself; *hver for ~* separately, apart; independently *(fx* they reached the same conclusion i.); individually *(fx* address each person i.); *i og for ~* in itself, per se; as far as it goes; *han er ikke dum i og for ~* he is not actually stupid; *~ imellom* among themselves; *nei, var det likt ~ !* why, of course not! *opp med ~* up! *(til barn)* ups-a-daisy! *være om ~ : se om; (se for øvrig også selv).*
I. segl seal, signet; *min munn er lukket med sju ~* wild horses wouldn't drag it out of me.
II. segl *se seil.*
segle *(vb) se seile.*
segllakk sealing wax.
segne *(vb)* sink down, drop; collapse.
segneferdig ready to drop (with fatigue); tired out; **T** dead-beat, dog-tired.
sei *(fisk)* coalfish, US pollack. **-biff** fried c. *(el.* p.).
seidel tankard; (NB' 'Straight glass or tankard?").
seier victory; *hale -en i land* secure the victory; **T** come out on top; *vinne ~* gain a victory; *(mindre)* score a success; *vinne en personlig ~* score a personal triumph.
seierherre conqueror, victor.

seierrik victorious, triumphant; *han gikk ~ ut av kampen* he emerged victorious from the struggle.
seiersgang triumphal progress; *gå sin ~* go from strength to strength; carry everything before it.
seiersikker confident of success.
seierskrans triumphant wreath; US laurel w., victory w. **-pall** rostrum *(fx* on the r.). **-rus** intoxication of victory. **-vilje** determination to win.
seig tough; *lange, -e (åre)tak* long, steady pulls.
seighet toughness. **-livet** tenacious of life. **-mann** *(slikkeri)* jelly baby. **-pine** *(vb)* put on the rack, torment.
seil *(mar)* sail; *berge ~* take in sail; *heise et ~* hoist a sail; *sette ~* set sail; *ta inn ~* furl the sails; *være under ~* be under sail; *seile for fulle ~* crowd all sail(s); *ta rev i -ene* reef the sails; *(fig)* watch one's step; be more careful.
seilas *(mar)* sailing, navigation; voyage; regatta.
seilbåt sailing-boat; US *(oftest)* sailboat. **-duk** canvas.
seile *(vb)* sail; *la en ~ sin egen sjø* leave sby to his own devices; *(se I. lik & sjø).*
seiler sailing-ship; *en ~ i sikte* a sail in sight; *en god ~* a good sailer; *(se skarp 2).*
seilføring spread of canvas, canvas; *med full ~* all sails set; *etter hvert som -en økte* under the steadying pressure of the sails.
seilskip, -skute sailing-ship, sailing vessel.
seilskutetiden: *i ~* in the days of sail *(el.* sailing ships); *i -s siste dager* during the last days of sail.
seilsport yachting; sailing.
sein *se sen.*
sein(ere), seinest, seint *se sen, etc.*
seire *(vb)* conquer, win, gain the victory, be victorious, be triumphant. **-nde** victorious.
seising *(mar)* seizing.
sekel century.
sekk sack, bag; *kjøpe katta i -en* buy a pig in a poke; *man kan ikke få både i pose og ~* you cannot have your cake and eat it; you cannot have it both ways.
sekkelerret sackcloth, sacking. **-løp** sackrace. **-paragraf** omnibus *(el.* umbrella) section, section that gathers up all the loose ends. **-pipe** *(mus)* bagpipe. **-post** omnibus item, item composed of odds and ends. **-strie** burlap.
sekret secretion.
sekretariat secretariat.
sekretær secretary; *(i offentlig administrasjon)* senior executive officer.
seks *(tallord)* six.
seksdobbelt sixfold, sextuple.
sekser six, number six.
seksfotet having six feet, hexapod; *~ vers* hexameter.
seksjon section. **-smøbler** *(pl)* unit-furniture.
sekskant hexagon.
sekskantet hexagonal, six-sided. **-løper** six-shooter. **-sidet** hexagonal, six-sided.
sekstall (figure) six; *et ~* a six; *-et* the figure six.
sekstant sextant.
seksten *(tallord)* sixteen.
sekstende *(tallord)* sixteenth.
seksten(de)del sixteenth (part); *-s note (mus)* semiquaver.
sekstenårig of sixteen *(fx* a boy of sixteen); sixteen-year-old.
sekstett sextet.
seksti *(tallord)* sixty.
sekstiden: *ved ~* (at) about six (o'clock).
seksualangst sex phobia. **-drift** sexual urge *(el.* instinct). **-forbrytelse** sex *(el.* sexual) crime. **-for-**

bryter sex criminal; *(jur)* sexual offender. **-hygiene** sex hygiene.
seksualitet sexuality.
seksualliv sex *(el.* sexual) life. **-moral** sexual morals; sexual morality. **-mord** sex murder. **-opplysning** sex guidance. **-organ** sexual organ. **-problem** sex *(el.* sexual) problem. **-undervisning** sex instruction.
seksuell *(adj)* sexual; *-t misbruk (av mindreårig)* sexual abuse (of a minor); *bli -t misbrukt* be sexually abused; *~ opphisselse* sexual excitement; *-le problemer* sex *(el.* sexual) problems; *~ tiltrekning* sexual attraction; sex appeal *(fx* S.A.); *-t underernært* sex-starved; *-le utskeielser* sexual excesses.
seksårig, -års of six *(fx* a child of s.); six-year-old *(fx* a six-year-old child).
sekt sect, denomination.
sekterer sectarian.
sekterisk sectarian.
sektor sector; *(fig, også)* field; *(se visse).*
sekulargeistlighet secular clergy; *(se ordensprester).*
sekund second; *på -et* immediately.
sekunda second, second-quality *(fx* goods).
sekundant second.
sekundaveksel *(merk)* second of exchange; *(se II. veksel).*
sekundere *(vb)* second.
sekundviser second hand.
sekundær secondary.
sekundærnæring secondary industry *(el.* activity).
sel *(zool)* seal.
I. sele *subst (seletøy)* harness; *(reim)* strap; *(for barn)* reins; *legge ~ på en hest* harness a horse; *legge seg i -n (fig)* put one's shoulder to the wheel; put one's back into it; exert all one's strength; put all one's strength into it; *-r (pl) (bukse-)* braces; US suspenders; *et par bukseseler* a pair of braces (,US: suspenders).
II. sele *(vb)* harness; *~ av* unharness; *~ på* harness (up).
selelaken [baby's sheet with shoulder straps attached].
selepinne shaft pin, thill pin, pole pin. **-tøy** harness.
selfanger *(person & skip)* sealer. **-fangst** sealing.
selge *(vb)* sell; *(avsette)* market; *(bli av med)* dispose of; *~ billig* sell cheap; *~ dyrt* sell dear, sell at a high price; *~ sitt liv dyrt* sell one's life dear(ly); *~ etter prøve* sell by sample; *~ for et beløp* sell for an amount; *~ igjen* resell; *~ på avbetaling* sell under hire-purchase, sell on the hire-purchase system; *~ noe til en* sell sby sth, sell sth to sby; *~ til en høy pris* sell at a high price; *~ ut* sell out, clear off *(fx* all one's stock); *~ ved auksjon* sell by auction, auction; *~ varer ved dørene* sell goods from door to door; hawk *(el.* peddle) goods; *den mest solgte ovn på det norske marked* the stove with the biggest sales on the Norwegian market; *det mest solgte vaskepulver i landet* **T** the biggest-selling washing powder in the country; *denne boka er det solgt mer enn 10 000 eksemplarer av* this book has sold more than 10,000 copies; *~ skinnet før bjørnen er skutt* count one's chickens before they are hatched; *han er solgt* **T** he's done for; he's a goner; *hvis det kommer ut, er han solgt* if *(el.* once) that gets out, he's done for; *(se også utsolgt).*
selgelig saleable, marketable.
selger seller; *(av yrke)* salesman.
selgeryrket a salesman's job, salesmanship.
selhund *(zool)* seal.
selje *(bot)* sallow, goat willow.

selleri *(bot)* celery.
selot zealot. **selotisk** fanatical.
selskap company, society; *(selskapelig sammen-komst)* party; *(forening)* association, society; *holde en med* ~ keep sby company; *holde et* ~ give a party; **T** throw a party; *følg med til stasjonen for -s skyld* go with me to the station for company.
selskapelig social; *(som liker selskap)* sociable; *(om dyr)* gregarious; ~ *samvær* social gathering; **T** social; *det ble regnet som* ~ *å røyke* it was considered sociable to smoke.
selskapelighet sociability; entertainment; parties; *de har stor* ~ they entertain a good deal.
selskaps|antrekk evening dress. **-dame** (lady's) companion. **-kjole** evening gown. **-kledd** dressed for a party. **-livet** social life, society; parties. **-løve** social success. **-mann** diner-out, man about town. **-menneske** a pleasant man (,woman) to have at a party; *han er ikke akkurat noe* ~ he has no social graces *(el.* accomplishments). **-reise** conducted tour. **-skatt** corporation tax. **-veske** evening bag.
selskinn sealskin.
selsnepe *(bot)* cowbane.
selsom strange, singular, odd.
selspekk seal blubber.
selters seltzer (water).
selunge *(zool)* young seal.
I. selv *(pron)* myself, yourself, himself, herself, itself, ourselves, yourselves, themselves; *(omskrives ofte med)* own *(fx* he carried his own luggage; we bake our own bread); *det må du* ~ *bestemme* you must decide that for yourself; that's up to you; *døm* ~ judge for yourself; *han er hederligheten* ~ he is the soul of honour; *om jeg* ~ *skal si det* though I say it myself; *han vet ikke* ~ *hva han sier* he does not realize what he is saying; *hun er sunnheten* ~ she looks *(el.* is) the picture of health; *være seg* ~ be oneself *(fx* I'm not quite myself today); *han er ikke lenger seg* ~ he is not his old self; *være seg* ~ *nok* be self-sufficient; *for seg* ~ for oneself *(fx* work for o.); *han hadde et bord for seg* ~ he had a table to himself; *en hel liten by for seg* ~ a small town in its own right; *en verden for seg* ~ a world of its own; a w. in itself; *snakke med seg* ~ talk to oneself, soliloquize; *gå inn til deg* ~*!* go to your room! *komme til seg* ~ *(etter besvimelse)* come to, come round, recover consciousness; *tenke ved seg* ~ think to oneself.
II. selv *adv (endog, til og med)* even; ~ *hans venner* even his friends.
III. selv **1***(konj):* ~ *da* even then; ~ *når* even when; ~ *om* **1.** even if, even though; **2***(skjønt)* although.
selv|aktelse self-respect; *som har* ~ self-respecting. **-angivelse** (income) tax return; *(skjema)* (income) tax form; *sende inn sin* ~ file one's (income) tax return; *innlevere en uriktig* ~ make a false return.
selv|antennelse spontaneous ignition. **-bebreidelse** self-reproach. **-bedrag** self-delusion, self-deception.
selvbeherskelse self-command, self-control.
selvbekjennelse (voluntary) confession. **-berget** self-supporting; *være* ~ *med mat* be s.-s. in food, have enough food. **-berging** self-support.
selvbergingsjordbruk subsistence agriculture *(el.* farming); *(se jordbruk).*
selv|beskatning self-taxation, voluntary assessment. **-bestaltet** self-appointed, self-constituted; self-assumed. **-bestemmelse** self-determination.

-bestemmelsesrett (right of) self-determination; (NB the right of a nation to self-determination).
selvbetjening self-service; *med* ~ self-service *(fx* a s.-s. café).
selvbetjenings|forretning self-service store. **-vaskeri** launderette.
selv|betjent automatic, self-worked. **-bevisst** self-conceited, self-opinionated. **-bevissthet** self-conceit, self-importance, arrogance. **-binder** reaper and binder. **-biografi** autobiography. **-bygger** [person who builds his house with his own hands]. **-bærende** *(om karosseri)* self-supported. **-drenerende** self-draining *(fx* site).
selvdød *(adj)* dead (from accident or disease); *-e dyr* dead beasts.
selve himself, herself, itself; ~ *kongen* the king himself; ~ *innholdet* the actual contents; the c. themselves; the c. proper; ~ *den luften hun innånder* the very air she breathes; *på* ~ *bakken* on the bare ground.
selv|eier freeholder. **-eiertomt** freehold site. **-erkjennelse** self-knowledge. **-ervervende** self-supporting, self-employed. **-ervervet** self-acquired. **-forakt** self-contempt. **-fornedrelse** self-abasement. **-fornektelse** self-denial. **-fornektende** self-denying. **-forskyldt** self-inflicted; *det er* ~ he has brought it on himself. **-forsvar** self-defence. **-forsynt** self-contained *(fx* campers must be fully self-contained). **-følelse** self-esteem, self-respect.
selvfølge matter of course; *ta noe som en* ~ take sth for granted.
selvfølgelig *(adj)* inevitable; *(adv)* of course.
selvfølgelighet matter of course.
selvgjort self-made; ~ *er velgjort* ['self-done is well done', i.e. if you want it done well you must do it yourself].
selvgod **1***(innbilsk)* conceited. **2.:** ~ *og pedantisk* priggish.
selv|godhet conceit, priggishness. **-hevdelse** self-assertion. **-hjelp** self-help; helping oneself; *hjelp til* ~ helping people to help themselves. **-hjulpen** self-supporting, self-sufficient; *økonomisk* ~ *(om stat)* economically self-sufficient. **-innlysende** self-evident, obvious.
selv|isk selfish; ~ *streben* selfish endeavour. **-iskhet** selfishness.
selvklok opinionated, wise in one's own conceit.
selvkost *(merk)* full cost.
selv|kostende *selge til* ~ sell at cost. **-kostpris** *(merk)* full cost price. **-kritikk** self-criticism. **-laget** of one's own making, home-made, self-made. **-lyd** vowel. **-lært** self-educated.
selvmord suicide; *begå* ~ commit suicide.
selv|morder(ske) suicide. **-mordersk** suicidal. **-mordforsøk** attempted suicide. **-motsigelse** self-contradiction; *(se innvikle).* **-motsigende** self-contradictory. **-nøyd** self-complacent.
selv om *(konj)* **1.** even if; even though; **2***(skjønt)* although.
selvoppholdelsesdrift instinct of self-preservation.
selv|oppofrelse self-sacrifice. **-oppofrende** self-sacrificing. **-portrett** self-portrait, portrait of the artist. **-ransakelse** self-examination. **-ros** self-praise; ~ *stinker* self-praise is no recommendation. **-rådig** self-willed, wilful. **-rådighet** wilfulness.
selv|sagt *se -følgelig.* **-sikker** self-assured, self-confident; *(neds)* cocksure. **-skreven** *(til noe)* the very man; *han er* ~ *til stillingen* he is the very man for the post.
selv|skyldner surety. **-skyldnerkausjon** surety. **-starter** self-starter.
selvstendig independent; ~ *næringsdrivende* self

-employed (tradesman); (NB a self-employed painter and decorator).

selvstendighet independence. **-studium** private study; self-tuition. **-styre** self-government.

selvsuggesjon auto-suggestion.

selvsyn: *ved* ~ by personal inspection *(el.* observation).

selvtekt taking the law into one's own hands.

selvtilbedelse self-worship.

selvtilfreds self-satisfied, (self-)complacent, smug.

selvtilfredshet self-satisfaction, (self-)complacency, smugness.

selvtillit self-confidence, self-reliance; *mangel på* ~ diffidence, self-distrust, lack of self-confidence.

selvtukt self-discipline.

selvvirkende automatic, self-acting.

semafor semaphore.

sement cement. **-ere** *(vb)* cement; *(jvf støpe).*

semester term (of six months); **US** *(også)* semester; *i -et* during term(-time).

semesteremne *(univ)* one-term course; single-term course; one-term topic; **US** one-semester topic.

semikolon semicolon.

seminar seminar; *(presteskole)* seminary.

semitt Semite.

semittisk Semitic.

semske: *-t skinn* chamois leather; *-de sko* suede shoes.

semulegryn semolina.

sen *adj (langsom)* slow; *(om tid)* late; ~ *betaling* delayed *(el.* late) payment, postponed p.; *den -e betalingen* the delay in making payment; the delay in paying; the delayed settlement *(el.* payment); *han var ikke* ~ *om å komme* he was not long in coming; *bedre -t enn aldri* better late than never; *han kommer ofte -t hjem p.g.a. trafikken* the traffic often makes him late getting home; *han var ikke* ~ *om å starte bilen* he was not long in starting the car; *(se også senere, senest, sent).*

senat senate. **senator** senator.

sende *(vb)* send, dispatch, forward; *(også radio)* transmit; *(penger)* remit; post *(fx* he posted him a cheque in a letter); ~ *bud etter* send for; ~ *bud til en* send word to sby; ~ *direkte (radio, TV)* broadcast *(el.* transmit) live; ~ *opp en drage* fly *(el.* put up) a kite; ~ *noe i retur* return sth; *hans mor sendte ham i seng (også)* his mother bundled him off to bed.

sende|bud messenger. **-mann** ambassador.

sending *(vareparti)* consignment; **US** *(også)* shipment; *(med skip)* cargo, shipment; *(post, også)* item, parcel; article; *(radio)* broadcast; *direkte* ~ live broadcast *(el.* transmission); *gjøre i stand flere -er til* prepare more shipments for dispatch to ...; get more shipments ready for ...; get more goods ready for shipment to ...; get ready further shipments to ...

sendrektig slow; dilatory.

sendrektighet slowness; dilatoriness.

sene **1***(anat)* sinew, tendon; **2***(fortom)* gut; *(med flue på)* cast; *(lang, istdf snøre)* trace *(fx* a nylon t.).

senebetennelse *(med.)* tendinitis; inflammation of a tendon; *(se senehinnebetennelse; seneskjedebetennelse).*

senehinne *(anat)* synovial membrane; *(øyets)* sclera.

senehinnebetennelse *(med.)* synovitis; *(i øyet)* sclerotitis, scleritis.

seneknute *(anat)* ganglion.

senere **1***(adj)* later; *(etterfølgende)* subsequent; *(kommende)* future; *et* ~ *tog* a later train; *i den* ~ *tid* lately, recently, of late; *i de* ~ *år*

in *(el.* of *el.* during) recent years, of late years, in the last few years; *det er først i de* ~ *år at* it is not till the last few years that; **2***(adv)* later (on); *(etterpå)* afterwards; *før eller* ~ sooner or later; ~ *hen* later on; *ikke* ~ *enn* not later than; *litt* ~ a little later, after a little while; some time later; ~ *på året* later in the year; *ser deg* ~ *!* **T** see you later; I'll be seeing you.

seneskjede *(anat)* synovial *(el.* tendon) sheath.

seneskjedebetennelse *(med.)* tenosynovitis, tenovaginatis; *(se senebetennelse; senehinnebetennelse).*

senest **1***(adj)* latest; *de -e meldinger* the latest reports; **2***(adv):* ~ *fredag* on or before Friday; not later than F.; *han kommer onsdag kveld eller* ~ *torsdag morgen* he is coming on Wednesday night or at the latest on Thursday morning; ~ *3. april* by *(el.* on) April 3rd at the latest; not later than April 3rd; on or before April 3rd; ~ *fra 4. mai* from May 4th at the latest; *(tlgr & annonse)* from latest May 4; ~ *en uke fra dato* not later than a week from today; within a w. from today; in a w. at the latest; ~ *om tre uker* in three weeks' time at the latest; ~ *i morges* only this morning.

senestrekk pulled ligament; straining of a tendon; *han fikk* ~ *i låret* he strained a tendon in his thigh; *(se forstuing; muskelbrist).*

seng bed; ~ *til å slå opp* pop-up bed; *i* ~ in bed; *bytte på -a* change the bedclothes; *re -a* make the bed; *gå i* ~, *gå til -s* go to bed; **T** turn in; **S** *(også* **US***)* hit the hay; *(når man er syk)* take to one's bed; *nå vil jeg i* ~ I'm for bed now; *holde -a* keep one's bed, be confined to one's bed; **T** be laid up; *jeg ble jaget opp av -a kl. 6 i dag morges (også)* they routed me out of bed at six this morning; *legge seg godt til rette i -a* snuggle up in bed; *ligge til -s med (med.)* be laid up with; *(se forte:* ~ *seg).*

senge|forlegger (bedside) rug. **-halm** bedstraw. **-hest** bedstaff *(pl:* bedstaves). **-himmel** tester. **-kamerat** bedfellow; bedmate; *hans lille* ~ *(ɔ: pike)* **T** his little bit of fluff. **-kant** edge of a bed *(fx* he sat down on the e. of the b.). **-plass** sleeping accommodation; *(se I. skaffe).* **-stige** bed-steps. **-stolpe** bedpost. **-teppe** *(som bres over senga)* bedspread, coverlet. **-tid** bedtime; *det er over* ~ *for deg* it's past your b. **-tøy** bedding, bedclothes. **-varme** the warmth of the bed, warmth in bed. **-væter** bed-wetter.

senhet slowness; *(sendrektighet)* slowness; dilatoriness.

senhøstes in late autumn.

senior senior.

seniorsjef senior partner.

senit zenith.

senk: *bore et skip i* ~ sink a ship; *skyte i* ~ sink (by gunfire); *snakke en i* ~ talk sby down.

senke *(vb)* sink; let down, lower; ~ *blikket* cast down one's eyes; ~ *prisene* lower *(el.* reduce) prices; ~ *et skip* sink a ship, kill a ship; *han -t stemmen til en hvisken* he sank his voice to a whisper; ~ *seg* fall *(fx* night was falling); *med -t blikk* with downcast eyes; ~ *ned (i vann)* submerge, immerse.

senke|kjøl centreboard; false *(el.* outer) keel. **-ror** drop rudder.

senking sinking; lowering, reduction; *en* ~ *av lønnsnivået* a reduction in the wage levels; *(se senkning).*

senkning **1***(i terreng)* hollow, dip, depression; **2.** = *senking.*

senkningsreaksjon *(med.)* (blood) sedimentation rate; *(jvf blodsenkning).*

senn: *smått om* ~ gradually, little by little.

sennep mustard. **senneps|frø** mustard seed(s).
-krukke mustard pot.
sensasjon sensation; *lage* ~ cause *(el.* make) a s.
sensasjonell sensational.
sensasjonslysten sensation-seeking, avid for sensation.
sensibel sensitive, touchy; **T** thin-skinned.
sensibilitet sensitivity.
sensor 1. censor; 2*(til eksamen)* external examiner *(fx* e. e. in written English for O-level).
sensu|alisme sensualism. **-ell** sensual.
sensur 1. censoring; censorship; **2.** (list of) examination results; *-en faller i morgen* the results will be announced tomorrow; *sette under* ~ (1) subject to censorship.
sensurere *(vb)* 1. censor; 2*(gi karakter)* mark; grade; **US** grade; *(allerede rettede oppgaver, i England)* moderate;
    * The Regional Board must approve the syllabus, and appoint external examiners to sample, or 'moderate' the scripts.
sent *(adv)* late; ~ *og tidlig* at all times; *for* ~ too late; *to timer for* ~ two hours late; *10 minutter for* ~ *ute* 10 minutes late; *komme for* ~ be late, arrive too late; *komme for* ~ *til noe* be late for sth, miss sth *(fx* miss the train); *være* ~ *oppe* stay up late; *så* ~ *som* as late as *(fx* as l. as the 19th century); *så* ~ *som i går* only yesterday, as recently as yesterday; *så* ~ *på året* so late in the year; *som* ~ *skal glemmes* that will not soon be forgotten; *(se også sen).*
sentenkt slow-thinking, slow-witted.
sentens maxim, saying.
senter|bor centre (,US: center) bit. **-forward** *(fotb)* centre (,US: center) forward. **-half** centre (,US: center) half(-back).
sentimental sentimental; *tåredryppende* ~ gushingly sentimental.
sentimentalitet sentimentality.
I. sentral *(subst)* central agency; *(tlf)* (telephone) exchange; **US** *(også)* t. central; *-en svarer ikke* I can't get through to the exchange. **-bord** switchboard; *(se sprenge).* **-borddame** telephonist; switchboard operator. **-fyring** central heating. **-fyringsanlegg** central heating plant; *(se fjernvarme).*
II. sentral *(adj)* central; *-t beliggende* centrally situated; ~ *beliggenhet* central position; *vi bor -t* we live in a central *(el.* convenient) position; *vi bor -t, like ved X* **T** we're nice and near X.
sentrali|sasjon centralization. **-sere** *(vb)* centralize. **-sering** centralization.
sentralstillverk *(jernb)* (relay) interlocking plant; *(bygning)* control tower.
sentralstyre central board.
sentri|fugalkraft centrifugal force. **-fuge** centrifuge; *(til tøy)* spin drier; *tørke-* hydro-extractor.
sentring *(fotb)* pass; centre; *en* ~ *forover* a forward pass.
sentripetalkraft centripetal force.
sentrum *(pl: sentra)* centre; **US** center.
sentrumsbor centre (,US: center) bit.
sentrumspolitikk centre policy *(el.* policies); *drive* ~ pursue a policy of the centre.
separasjon separation.
separat *(adj)* separate; *(adv)* separately; *(om postsending, også)* under separate cover.
separatfred separate peace.
separa|tisme separatism. **-tist** separatist. **-tistisk** separatist.
separator *(landbr)* cream separator.
separere *(vb)* separate.
september September; ~ *måned* the month of S.
septer sceptre.
septett septet.

septiktank septic tank, soil tank. **septisk** septic.
seraf seraph. **serafisk** seraphic.
serber Serbian, Serb.
Serbia *(geogr)* Serbia.
serbisk Serbian.
seremoni ceremony. **seremoniell** *(subst)* ceremonial; *(adj)* ceremonious, ceremonial.
seremonimester master of ceremonies, M.C.
serenade serenade.
serie series; (NB *pl:* series); set *(fx* a complete set of stamps); *(fotb)* league *(fx* match).
serieproduksjon batch production; production in batches *(el.* series).
serinakake [small tea cake]; *(se kake).*
seriøs serious *(fx* artist); *(bona fide; ekte; virkelig)* bona fide *(fx* applicant); *-t firma* reliable firm; ~ *musikk* classical music; ~ *opera* opera seria.
serk slip; *(glds)* shift; *brude-* bridal shift.
serpentin 1*(min)* serpentine; **2.** (paper) streamer.
sersjant mil *(også flyv)* sergeant *(fk* Sgt); **US** sergeant *(fk* SGT); *(se stabssersjant).*
sertifikat certificate; *skipsfører-* master's c.; *(førerkort)* driving licence; **US** driver's license.
sertifisere *(vb):* ~ *en bil* register a car.
sertifisering *(av bil)* **1.** registration (of a (new) car); 2*(periodisk kontroll)* vehicle (fitness) test *(fx* annual vehicle test on cars more than ten years old);
    * Even after registration a car cannot be used on the roads until it is licensed.
serum serum.
servant washstand.
servelatpølse saveloy; polony (sausage); *(se pølse).*
serve|re *(vb)* serve; *(varte opp)* wait (at table); *middagen er -t* dinner is served; *kom, det -es is* come along, there are ices going; ~ *en noe* serve sby with sth *(fx* the waiter served us with soup).
servering service; *(motsatt selvbetjening)* table service; *Hva slags* ~ *skal det være? – Det blir stående buffet* What kind of meal will be served? – There will be a (standing) buffet (,buffet lunch, *etc).* **-sdame** waitress. **-sluke** service hatch. **-stralle** serving trolley.
service service; *vi yter* ~ *på* ... we provide service for ...; *vi service* ... **-bil** breakdown lorry *(el.* truck); **S** crash wagon; **US** tow truck; wrecker. **-mann** *(ved fx smørehall)* garage hand. **-stasjon** service station. **-tiltak** service; *rådgivning er et* ~ *overfor elever og foreldre* counselling is a service provided for pupils and parents.
serviett napkin, serviette; *rense-* tissue paper. **-ring** napkin ring.
servil servile. **servilitet** servility.
servise service, set *(fx* dinner s.).
servitrise waiter.
servitutt *(jur)* easement.
servitør waiter.
servostyring power steering.
sesjon session; attendance at (the) medical board; *bli innkalt til* ~ *(mil)* come up before the medical board.
sesong season; *den stille -en* the dull *(el.* slack *el.* dead) s.; *den stille periode mellom -ene* the between-seasons lull; *den travle -en* the busy *(el.* rush) s.; *-en er snart forbi* the s. will soon be over; *we are now at the end of the s.; tiden mellom -ene* the off season; *så langt ute i -en* so late in the s.; *det er allerede langt ute i -en* the s. is already far advanced; *utenfor -en* in the off s.; *det er jordbær- nå* **T** strawberries are now in.

sesongarbeid seasonal work. **-billett** season ticket. **-hjelp** (seasonal) casual *(fx* a Christmas c.).
sess seat; *tung i -en* slow-moving.
sete seat; *(legemsdel)* buttocks; *~ for* the seat of.
setebad hip bath, sitz bath.
setefødsel *(med.)* breech presentation.
seter 1. mountain (summer) pasture; alpine pasture *(el.* meadow); **2.** mountain *(el.* alpine) (dairy) farm.
seterbruk mountain dairy farming; alpine d. f. **-bu** mountain *(el.* alpine) hut. **-drift** = *bruk.* **-hytte** = *bu.* **-jente** dairymaid (at a mountain farm). **-vang** [fenced-in meadow near mountain farm]. **-vei** cattle track, farm road. **-voll** = *vang.*
setning *(gram)* sentence; clause; *(mat.)* theorem; *(påstand)* thesis.
setningsbygning sentence structure. **-lære** syntax. **-mønster** sentence pattern; *korrekte -re* patterns on which correct sentences are made.
setre *(vb)* keep cattle and sheep at a mountain farm.
sett 1*(subst)* set *(fx* of tools, of underwear); **2***(måte)* manner, way; *på ~ og vis* in a way; *(i grunnen)* in a sense; *(på en eller annen måte)* somehow (or other), in some way or other; **3.** jump, start; *det ga et ~ i henne* she gave a start; *med et ~* with a start *(fx* he awoke with a s.), suddenly; **4***(rekkefølge): i ett ~* all the time; *(se kjør: i ett ~);* **5***(perf part av «se»): rent forretningsmessig ~* from a purely commercial point of view; *stort ~* broadly speaking, roughly speaking; *stort ~ pent (vær)* mainly fair; **6***(imperativ av sette 4): ~ at ...* suppose, supposing *(fx* s. he comes, what am I to say? s. it rains, what shall I do?); let us suppose that, granting *(fx* that this is true).
settbord nest of tables.
sette *vb* **1***(anbringe)* place, put, set *(fx* a cup on the table); **T** stick *(fx* just s. the vase over there); *(i sittende stilling)* seat *(fx* s. the patient on a couch); **2***(fastsette)* fix, set, appoint; **3***(anslå)* put, estimate *(til* at); **4***(anta, forutsette)* suppose *(fx* let us s. that what you say is true); *(se også oppslaget «sett»* 6. *ovf);* **5***(som innsats)* put *(fx* a fiver on a horse), stake; **6***(typ)* compose, set (up) *(fx* a page); set up type; **7***(plante)* plant, sow; **8***(garn, trål, etc)* throw *(fx* the nets), cast *(fx* a net into the water); shoot;
[A: Forb. med subst; B: med prep & adv; C: med «seg»];
A: *artikkelen var allerede satt* the article was already in type; *~ barn på en pike* **T** get a girl with child; *~ barn til verden* bring children into the world; *jeg -r aldri mine ben der i huset mer* I'll never set foot in that house again; *~ farge på* add colour to; *~ farge på tilværelsen (også)* give *(el.* lend) zest to life; *~ en felle for* set a trap for; *~ en grense for* set *(el.* fix) a limit to, confine within a limit; set bounds to; *~ knopper* bud; *~ livet til* lose one's life; *møtet er satt* the sitting is open; the sitting is called to order; *~ punktum* put a full stop; *~ en stopper for* put a stop *(el.* an end) to; *~ en strek under noe* underline sth; *(se for øvrig under vedk. subst: blomst, bo, gang, rekord, skrekk, spiss, ære m.fl.);*
B: *~ av (passasjer)* put down, set down; discharge, deposit *(fx* a bus which has stopped to receive or d. passengers);* **T** drop *(fx* I can drop you at the hotel); *~ av til (et formål)* set apart *(el.* aside) for (a purpose); earmark *(fx* a sum for travelling expenses); *(om midler)* allocate to; *(til reserve)* set aside for the reserve fund *(el.* account); *(amputere)* amputate; *~ av sted* set off; *~ bort et barn (i pleie)* put a child out to nurse; *~ bort en (skole)time* hand a lesson over to a substitute *(el.* deputy); *~ etter* set off in pursuit of, give chase to; *vi satte etter dem (også)* we cut after them; *de satte etter ham (også)* they gave chase; *~ fast (arrestere)* arrest; **T** run in; *~ noe fast på noe* fix sth on sth *(fx* a lid on a box); *~ glasset for munnen* put the glass to one's lips; *~ en skjerm 'for* interpose a screen; *~ fra (land)* shove off, push off; *~ fram* **1***(ting)* put out, set out; *~ fram mat til en* put out *(el.* get out) food for sby; *~ fram vin til en* set wine before sby; *~ fram stoler til gjestene* place chairs for the visitors; **2***(forslag)* put forward *(fx* a proposal); **3***(krav)* make, put in, put forward *(fx* a claim); *~* **høyt** value highly *(el.* greatly), rate highly, think much of, have a high opinion of; **T** think a lot of; *~ i (investere)* invest in, put into *(fx* put one's money into houses); *~ i arbeid (merk: om bestilling)* put in hand; *vi skal ~ gardinene i arbeid med en gang* we will have work started on the curtains at once; *(merk)* we will put the c. in hand at once; *~ i avisen* put *(el.* insert) in the newspaper, print *(fx* the editor won't p. that); *orkesteret satte i* the band struck up; *hun satte et fiskebein i halsen* she got a fishbone (stuck) in her throat; a f. stuck in her t.; *~ i et hyl* let out a yell; *~ i å (suddenly)* begin *(el.* start) to *(fx* cry), start (-ing); *~ i å gråte (også)* burst into tears; *~ i å le (også)* burst out laughing; *~ i å synge (også)* burst into song, break into a song; *~* **igjennom** carry through *(fx* a scheme), carry into effect; effect *(fx* one's purpose *(sitt forehavende); foreldrene har satt igjennom at ...* the parents have succeeded in *(fx* obtaining a week's holiday for their children); *vi har endelig fått satt igjennom hos sjefen at ...* we have at last succeeded in persuading the boss to *(fx* give us Saturday off); we have at last induced *(el.* prevailed upon) the boss to ...; *de fikk satt igjennom at ministeren ble avsatt* they succeeded in getting the minister relieved of his post; *~ igjennom en plan* get a plan carried out, put through a plan; *~ igjennom sin mening* gain acceptance for one's opinion; *~ sin vilje igjennom* get one's way; *~* **inn** put in *(fx* a new window pane), fit in, set in; insert *(fx* another word); coat, impregnate *(med* with); *(som innsats)* stake; *~* **inn** *tropper* bring troops into action; *~ inn flere tog* run *(el.* put on) more trains; *det vil bli satt inn to dieselelektriske lokomotiv på Bergensbanen* two Diesel-electric locomotives will be put into service on the Oslo – Bergen line *(el.* will be added to the Oslo – Bergen service); *~ inn £5 på sparekonto* **1.** open a savings account with £5; **2.** put *(el.* place el. deposit) £5 in one's savings account; *det satte inn med frost* it started to freeze; *det satte inn med regn* it started to rain; it came on to rain; *det satte inn med tett tåke* (a) dense fog set in; *~ en inn i (embete)* install sby (in office); *(en sak)* give sby a briefing (about sth); *~ en inn i saken* put sby in the picture; show sby how matters stand; *~ alt inn på å ...* concentrate on (-ing), make *(el.* use) every effort to; do one's utmost to; exert all one's influence to; *alle krefter må -s inn på å ...* no effort must be spared to ...; *~ noe inn på å ...* make an effort to ...; *~* **mot** bet against *(fx* I'll bet my car against your horse); *~ hardt mot hardt* meet force with force; *~ skulderen mot* put one's shoulder to; *~* **ned** put down; set down; deposit; *(pris)* reduce, put down; *~ ned prisen på en vare* lower the price of an article; *~ ned farten* reduce speed; *~ ned et utvalg* ap-

point a committee; ~ *om (typ)* reset; ~ *om til (oversette til)* translate into, turn into *(fx* turn it into English); ~ **opp** put up *(fx* a house, a tent, a fence); fit up; set up; *(pris)* put up, raise, advance; *det var vi som satte ham opp (o: fikk ham til å gjøre det)* we put him up to it; ~ *opp et alvorlig ansikt* put on *(el.* pull) a grave face; ~ *opp et rart ansikt* pull a funny face; ~ *opp et uskyldig ansikt* assume an air of innocence; ~ *opp dampen* raise *(el.* get up) steam; ~ *opp farten* speed up, put on speed, accelerate; *det vil bli satt opp et ekstratog* they are running an extra train; *(jvf ~ inn (ovf));* ~ *opp håret* **1.** put one's hair up; **2.** put one's hair in curlers; ~ *opp en liste* make up *(el.* draw up *el.* prepare) a list; ~ *opp en uskyldig mine* put on an innocent air, assume an air of innocence; *det er satt opp 1000 kroner i premier* prizes to the value of 1,000 kroner are offered; ~ *opp et (teater)stykke* put on a play; ~ *dem opp mot hverandre* turn *(el.* set) them against each other; make bad blood between them; *hans kone må ha satt ham opp til det* his wife must have put him up to that; ~ **over** leap (over), jump (over), clear *(fx* a ditch), take *(fx* the horse took the fence); cross *(fx* a river), ferry across *(el.* over); *(vann til kaffe, etc)* put the kettle on, put (the) water on to boil; *(tlf)* put through *(fx* I'm putting you through to the secretary); *«Er De der? – Nå -r jeg Dem over.» (tlf)* Are you there? I'm putting you through now; *(sette høyere enn)* put above *(fx* put Keats above Byron), rate higher than, prefer; *(som foresatt)* put over *(fx* put a younger man over me); ~ *partiets interesser over landets* put party before country; ~ *noe over alt* prize sth above everything; *vi -r Dem nå over til X (radio)* we now take you over to X; ~ **på** *(fastgjøre)* fix, fit on *(fx* a new tyre), affix; *det er satt hengsler på lokket* the lid is fitted with hinges; ~ *noe på noe* put sth on sth, fit sth to sth, fix sth on sth, affix sth to sth; ~ *på gata* throw out; *(om leieboer)* evict, throw *(el.* put) out on the street; ~ *en på plass* put sby in his place; T tell sby where he gets off; *(ublidt; med forakt)* snub sby; ~ *en på porten* throw *(el.* kick *el.* chuck) sby out; ~ *alt på ett kort* stake everything on one card *(el.* throw); put all one's eggs in one basket; ~ *hunden på en* set *(el.* sic) a dog on sby; ~ *på en kalv* raise a calf; ~ *en på tanken* suggest the idea to sby; ~ **sammen** put together *(fx* a letter, the parts of a mechanism), join (together); write, turn out *(fx* an article); draw up *(fx* a programme); *(maskin)* assemble; ~ *sammen et brukket ben* set a broken leg; reduce a (leg) fracture; ~ *sammen en god middag* put together a good dinner; ~ *sammen et togsett* marshal a train; US form a train; ~ **til** *(tilsette)* add; *(blande)* mix; *(om pris)* fix at *(fx* f. the price at £5); put at *(fx* I should put his income at £5,000 a year); estimate at; ~ *en til å gjøre noe* set sby to do sth, charge sby with doing sth; *to mann ble satt til å passe på ham (også)* two men were told off to watch him; *de som er satt til det* the people whose duty it is to do it; the people charged with doing it; ~ *ord til en melodi* write the words for a tune; ~ *til side* put aside *(fx* we have put the goods ordered aside in our warehouse; the goods ordered have been put aside); *(se ~ av til, tilsidesette)* ~ *en til veggs* get the better of sby, floor sby; *(med argumenter, også)* T blow sby sky-high; ~ **tilbake** put back, replace *(fx* a book); return to its place; *(i vekst, utvikling, etc)* delay, retard; *(økonomisk)* put back, check; *dette tapet har satt ham svært til-*

bake this loss has hit him hard *(el.* has put him back a long way); *det har satt eleven flere måneder tilbake* it has made the pupil several months behindhand; ~ *sitt navn* **under** put *(el.* set) one's name to, set one's hand *(el.* signature) to; ~ **ut** put out *(fx* put a boat out); ~ *ut et barn* expose a child; ~ *ut skiltvakter* post sentries; ~ *ut et rykte* put about a rumour; ~ *ut av drift* put out of operation; *(se også drift);* ~ *ut av kraft* invalidate, annul, cancel; ~ *ut i livet* realize, realise, execute *(fx* a plan); launch *(fx* a programme); carry *(el.* put) into effect; put into practical operation *(fx* the people who actually put the council's decisions into practical operation); ~ **en** *utenfor* exclude sby *(fx* measures to e. foreign competitors); *han følte seg satt utenfor (fig)* he felt left out (of things); he felt out of it; ~ *utfor for første gang (på ski)* make one's first real downward run;

C: ~ **seg** *(ta plass)* sit down, take a seat, seat oneself; *(om fugl, etc)* perch *(fx* on a twig); settle *(fx* the butterfly settled on my hand); *(om fundament)* settle; subside; *(om støp)* set; *(bunnfelle seg)* settle *(fx* let the wine s.); ~ *seg* **bakpå** get *(el.* sit) up behind; ~ *seg* **bort** *til bordet* sit up to the table; ~ *seg* **fast** stick, get stuck; *(om maskindel, etc)* jam; *(få fotfeste)* get *(el.* gain *el.* secure) a foothold; *de satte seg fast i landet* they established themselves in the country; ~ *seg fast på* stick to *(fx* burrs stick to one's clothes); ~ *seg* **fore** *å* decide to, plan to, propose to, intend to, set oneself the task of (-ing), set out to; *han hadde satt seg fore å ...* he was concerned to; ~ *seg* **i** *bevegelse* start moving; ~ *seg i forbindelse med* get in touch with; ~ *seg i gjeld* run *(el.* get) into debt; ~ *seg i hodet at* take it into one's head that; ~ *seg i ens sted* put oneself in sby's place *(,*T: shoes); ~ *seg* **imot** oppose, protest against; resist, make a stand against; ~ *seg* **inn** *i* get up *(fx* get up the details of the case); study; acquaint *(el.* familiarize) oneself with; *kunne ~ seg inn i* enter into *(fx* sby's feelings (,ideas)); ~ *seg* **ned** sit down; ~ *seg* **opp** sit up; ~ *seg opp for natten* perch *(el.* roost) (for the night); ~ *seg opp mot* revolt against, rise against, rebel against; ~ *seg opp på* mount *(fx* a horse, a bicycle); ~ *seg* **plent:** *se plent;* ~ *seg* **på** sit down on *(fx* a chair); *(tilegne seg)* appropriate; T grab; ~ *seg på enden* sit down, fall on one's behind; ~ *seg på sykkelen* get on *(el.* mount) one's bicycle; ~ *seg til* settle down *(fx* for a talk), stay; *det ser ut som om han har tenkt å ~ seg til* it looks as if he intends to stay; ~ *seg til å gjøre noe* set about doing sth, set oneself to do sth; ~ *seg til bords* sit down at (the) table; ~ *seg til motverge* offer resistance, fight back, defend oneself, resist; ~ *seg til rette* settle oneself *(fx* in a chair); ~ *seg* **ut** *over* disregard, take no notice of *(fx* an objection, the way people talk); set aside, overrule *(fx* a decision, an objection); ignore *(fx* a prohibition); override *(fx* an objection); *(brutalt)* ride roughshod over *(fx* his objections).

sette|dommer *(jur)* substitute judge. **-fisk** [hatchery -produced fish for stocking]; *(kan gjengis)* young fish. **-garn** net net. **-kasse** *(typ)* (letter) case. **-maskin** **1***(typ)* type-setting machine; linotype; **2***(for poteter)* potato planter. **-potet** seed potato.

I. setter *(hund)* setter.

II. setter *(typ)* compositor.

setteri composing room.

settskrue set screw.

severdig worth seeing.

severdigheter *(pl)* sights; *bese ~* go sightseeing.

sevje sap; *full av ~* sappy.

sex sex.

sexbombe sex bomb; *en blond ~ (også)* a blond bombshell.

sexpress sexual harassment.

sexy sexy; **S** hot; *~ kvinne* sexy woman; *ekstremt ~ kvinne* sexpot; sex kitten; *(se sexbombe)*.

sfinks sphinx.

sfære sphere; *hun svever oppe i de høyere -r* she has her head in the clouds; she is up in the clouds; *(se innflytelsessfære; interessesfære)*.

sfærisk spherical.

shampoo shampoo; *(se hårvask)*.

sherry sherry.

shetlandsk Shetland.

Shetlandsøyene *pl (geogr)* the Shetland Isles, the Shetlands.

shetlender Shetlander.

shipping shipping.

shippingaktivitet shipping activity.

I. si: *på ~* on the side *(fx* earn money on the s.), in addition.

II. si *(pron): se sin*.

III. si *(vb)* **1.** say, speak, tell; **2***(fortelle)* tell; **3***(bety)* mean *(fx* it means a lot), signify; **4***(nevne, omtale)* mention *(fx* I had forgotten to m. that; I shall m. it to him); **5***(om ting: lyde)* go *(fx* crack went the whip);
[A: forskjellige forb.; B: forb. med infinitiv: (å) si; C: med prep, adv, konj; D: sies; E: sagt].

A: *~ en noe* tell sby sth; *~ en komplimenter* pay sby compliments; *så -er vi* **det!** *(o: så er det en avtale)* that's settled, then! all right, then! *~ ikke det for sikkert* don't be too sure *(el.* certain) about that; *ja, det sa jeg det!* yes, that's what I said! *(reiser han?) – ja, han -er så (el. han -er det!* (is he leaving?) – so he says; *du -er ikke det!* you don't say; *(iron)* you're telling me! *det -er jeg Dem!* let me tell you! take it from me *(fx* t. it from me, you'll be sorry for this!); *hvem har sagt det?* who said that? who told you *(that el.* so)? *det -er meg ingenting* that doesn't mean anything to me; that means nothing to me; *(stivt)* that doesn't convey anything to me; *-er* '*det navnet deg noe?* **T** *(også)* does that name ring a *(el.* any) bell? *~ meg det!* tell me! *jeg -er det til mor!* I'll tell mum! *det er* '*det jeg alltid -er* that's what I always say; *.. og det -er ikke så lite ...* which is saying *(el.* which means) a good deal *(el.* a lot); *han sa han var* **enig** *i det alt vesentlige* he described himself as being essentially in agreement; *hva -er De? (o: hva behager)* (I beg your) pardon; what did you say? *etter hva han -er* according to him *(el.* to what he says); *han vet ikke hva han selv -er* he does not realize what he is saying; *det var ikke godt å forstå hva hun sa, for hun lo hele tiden* one could not properly understand what she said, for she kept laughing while she spoke; *hva var det jeg sa? (o: var det ikke det jeg (for- ut)sa?)* what did I tell you! didn't I tell you (so)? I told you so! *man kan ikke høre hva man selv -er (p.g.a. støy)* you can't hear yourself speaking; *nei, hva er det jeg -er (ved forsnakkelse)* no, what am I saying; no, listen to me; **man** *-er at* it is said that; they say that, people say that; they tell me that; *det -er man* that's what they say; *som man -er* as they say; as the saying goes; *(uttrykk for forbehold)* as you might say; *man -er* **mangt** *(el.* meget) people will talk, you know! you hear all sorts of things; *han -er ikke så meget* he does not say very much; *(neds)* he has not got very much to say for himself; *hvilket ikke -er så meget* which isn't

saying much; *det -er meg ikke så meget* that doesn't help *(el.* tell) me very much; that doesn't convey very much to me; *~ ikke* **mer!** say no more! *~* **sannheten** speak *(el.* tell) the truth! *~ en sannheten* tell sby the truth; *-er og skriver 10* ten – repeat ten; *~* **seg** *løs fra* dissolve one's connection with; break away *(el.* secede) from *(fx* the Commonwealth); *det -er seg selv (at)* it goes without saying (that); it stands to reason (that); it is an understood thing (that); **slikt** *-er man ikke!* **T** that's no way to talk! what a thing to say! *vel,* **som** *jeg sa, så ...* well, as I was saying ...; *som Shakespeare -er* as S. says *(el.* has it); *som ordspråket -er* as the saying goes; *gjør som jeg -er* do as I say *(el.* tell you); *jeg -er det som det er* I merely state facts; *~ en* **takk** thank sby, express one's gratitude to sby *(for* for); *unnskyld at jeg -er det* excuse *(el.* forgive) me saying so; *~ en* **veien** tell sby the way; **vi** *-er ti (ved fastsettelse av beløp, etc)* we'll make it ten; shall we say ten?

B: *for å ~* **det som det er** to tell the truth, frankly; not to mince matters; not to put too fine a point on it; *for ikke å ~* not to say; *for ikke å ~* **for meget** to say the least of it; *la meg imidlertid få ~* **hvor verdifullt** ... may I say, however, how valuable ...; *hva har det å ~?* what does it matter? *jeg har ikke noe å ~* I have no say in the matter; *det har lite (,ikke noe) å ~* it counts for little (,for nothing); *det har så lite å ~* it means so little; *det har meget (el. mye) å ~* it counts for much; *det har meget å ~ hos* he has great influence with; his word carries weight with; **T** he has (a) pull with; *det har mindre (el. ikke så meget) å ~* it does not matter so much; it does not much matter *(fx* whether you do it or not); *det hadde noe å ~ dengang* that counted *(el.* went) for sth in those days; *du har ikke noe å ~ over meg* I don't take my orders from you; *jeg har hørt ~ at* I have heard (it said) that; *du kan så ~* quite (so); yes, indeed! *hvordan kan du ~ det!* how can you say that! *ja, det kan* '*du ~,* det! it's all right for 'you to say that! *du kan ~ hva du vil, men ...* you may say what you like, but ...; *jeg kan ikke ~ annet enn at ...* all I can say is that; *jeg kan ikke ~ Dem hvor det gleder meg* I cannot tell you how pleased I am; *kan De ~ meg veien til stasjonen?* can you tell me the way to the station? *det skal jeg ikke kunne ~ Dem* I wouldn't know; I couldn't tell; *jeg tør ikke ~ det bestemt* I can't say for certain; I don't know for certain; *det bedrøver meg mer enn jeg kan ~* it grieves me more than words *(el.* I) can say; it grieves me beyond expression; *(ja,) det kan man godt ~* well, in a way; *man kan ikke ~ annet enn at han gjør framskritt* there is no denying that he is making progress; you can't say that he is not improving; *ingen skal kunne si om oss at vi kaster bort tiden* nobody will be able to say that we are wasting our time; *jeg har latt meg ~ at* I have been told that; *det må jeg ~!* well, I never! good Lord! can you beat it! *(indignert)* I like that! can you beat it! *jeg må ~ jeg er overrasket* I must say I am surprised; I am surprised, I *must* say; *jeg må ~ han er ikke gjerrig* I 'will say that for him that he isn't stingy; *jeg må ~ det var pent av ham (også)* I call that handsome (of him); *om jeg så må ~* if I may say so; *sant å ~* to tell (you) the truth; if the truth must be told; as a matter of fact; *jeg skal ~ deg hva som hendte* I will tell you what happened; *det skal jeg ~ deg* I'll tell you; well, it's like this;

jeg traff ham i går, skal jeg ~ *deg* I met him yesterday, you see; *jeg skal* ~*deg noe!* I'll tell you what! *nå skal jeg* ~ *deg en ting!* let me tell you one thing! I'll tell you what! *om jeg selv skal* ~ *det* though I say it myself (who shouldn't); *jeg skal* ~ *fra far at ...* father asked me to say that ...; *(jvf hilse fra); ja, hva skal man* ~ *til det?* well, what can one do about it? well, there it is! *skal vi* ~ shall we say ..., let us say ..., say ...; *vel, vel, la oss* ~ *£10!* all right, make it £10; *så å* ~ so to say, so to speak, as it were; *(o: nesten)* practically, almost, as good as; *uten å* ~ *noe* without speaking; without saying anything; *det vil* ~ *(fk dvs.)* that is *(fk* i.e.), that is to say; that means *(fx* that means he must be ruined); *jeg kjenner ham, det vil* ~ *jeg har truffet ham noen ganger* I know him, at least I have seen him a few times; *du må å passe på, det vil jeg bare* ~ *deg!* you've got to be careful, let me tell you! *vil du* ~ *meg hvilken jeg bør ta? (også)* will you advise me which to take? *vil du dermed* ~ *at ...?* do you mean to say *(el.* do you imply) that ...? *hva mon han vil* ~ *?* what will he say, I wonder? *det var nettopp det jeg ville* ~ that was just what I was going to say; *han vet hva det vil* ~ *å være fattig* he knows what it is (like) to be poor; *det er ikke godt å* ~ *når ...* there is no saying *(el.* telling) when ...; *det er ikke mer å* ~ there is nothing more to be said;

C: ~ **bort** give away *(fx* a secret); ~ **etter** repeat *(fx* r. it after me!); imitate *(fx* the parrot can i. everything you say); ~ **fra** *(gi beskjed)* say so *(fx* if you want anything, say so); say the word; *du må bare* ~ *fra* you have only to say the word; *(synge ut)* speak one's mind; speak up (in no uncertain manner), speak straight from the shoulder; ~ *fra hvis ...* let me know if ...; *gå (sin vei) uten å* ~ *fra* go without leaving word, leave without any warning; *han ville ikke* ~ *hverken til eller fra* he refused to *(el.* would not) commit himself; he would not say anything one way or the other; ~ *fra hvor du går* say where you're going; *hvis du ikke -er fra hvor du går ... (også)* if you fail to report where you're going; ~ **fram** recite *(fx* poetry); ~ **imot** contradict; *(se D);* ~ *det* **med** *blomster* say it with flowers; *(se opp);* ~ **opp** give notice *(fx* the cook has given notice); *(jvf inngi & oppsigelse);* ~ *opp en avis* cancel *(el.* discontinue) one's paper; ~ *opp en kontrakt* terminate an agreement; ~ *opp en leieboer* give a tenant notice (to quit); ~ *opp leiligheten* give notice that one is giving up *(el.* is leaving) one's flat; *jeg har sagt opp stillingen til 1. mai* I have handed in my notice for the first of May; *ha noe å* ~ *på* find fault with sby; *det eneste man kan ha å* ~ *på ham* the only thing that can be said against him; *ham er det ikke noe å* ~ *på* he is all right; *det er det ikke noe å* ~ *på* no one can object to that; that is only fair; fair enough; I don't blame you (,him, *etc);* ~ *noe* **til** *en* tell sby sth; ~ *til en at han skal gjøre noe* tell sby to do sth *(fx* tell him to come; he was told not to come); *jeg sa til ham at han skulle la være* I told him not to; *hva -er du til ...?* what do *(el.* would) you say to *(fx* having lunch now?), what about *(fx* w. about a drink?), how would it be if *(fx* we invited Smith?); *hva sa han til det?* what did he say to that? ~ *ja* til *(fx* accept *(fx* an invitation); *han visste ikke hva han skulle* ~ *til det* he did not know what to make of it; ~ *til seg selv* say to oneself;

D: *det -es* that is what people *(el.* they) are saying; *det -es at ...* it is said that ..., they *(el.*

people) say that; *han -es å være ...* he is said *(el.* reputed) to be ...; they say he is ...; *etter hva som -es* according to what people say; *det -es så mangt* people will talk (you know); you hear all sorts of things; *det samme kan -es om* the same holds good (in respect) of; *det kan -es at (o: brukes som argument)* it is arguable that; *det kan -es meget både for og imot* there is a good deal *(el.* a lot) to be said on both sides; *det må -es å være billig* that must be said to be cheap; *det skal -es at ... (o: innrømmes)* it must be admitted that ...; *så meget kan -es* this much may be said;

E: *det er blitt sagt til meg at* I have been told that; *dermed er alt sagt* that is all there is to be said about it; there is no more to be said; *dermed er det ikke sagt at ...* it does not follow that ...; *han kan få sagt det* he knows how to say these things; *han fikk sagt hva han ville* he had his say; *kort sagt* in short, briefly, to make a long story short; *det er lettere sagt enn gjort* it is easier said than done; *det er meget sagt* that is a big assertion to make; *det er for meget sagt* that is saying too much; that is putting it too strongly; that is overstating it; that is an exaggeration; I would not go as far as that; *det er ikke for meget sagt at* it is no exaggeration to say that; *mellom oss sagt* between ourselves; between you and me (and the gatepost); *jo mindre sagt om det, desto bedre* least said, soonest mended; *rent ut sagt* frankly; to tell the truth; *eller rettere sagt* or rather; *han har ikke noe han skal ha sagt* he has no say in the matter; he has no influence (on it); he doesn't matter *(el.* count); *har du mer du skal ha sagt?* is that all? *som sagt, det kan jeg ikke* as I told you, I cannot; *som sagt så gjort* no sooner said than done; it was the work of a moment.

Siam *(geogr)* Siam, Thailand. **siameser** Siamese.

siamesisk *(adj)* Siamese; *-e tvillinger* S. twins.

Sibir *(geogr)* Siberia. **sibirsk** Siberian.

Sicilia Sicily.

sicilianer, -sk Sicilian.

sid 1*(vid)* ample *(fx* garment), full *(fx* skirt), loose-fitting *(fx* clothes); **2.** long (and loose); *(se fotsid);* 3*(om terreng)* (low and) swampy, marshy, boggy; **4:** *han er* ~ *til å drikke* T he's a heavy drinker.

sidde length (of garment).

side side; *(om dyr)* flank; *(i bok)* page; *(av en sak)* aspect; *han har sine gode -r* he has his good points; *jeg kjenner ham ikke fra den -n* I don't know that side of his character; *hans svake (,sterke)* ~ his weak (,strong) point; *se et spørsmål fra alle -r* examine a question in all its bearings *(el.* from all angles); study a q. from every side *(el.* angle); *fra begge -r* from both sides; by both sides *(el.* parties); *fra hvilken* ~ *man enn ser saken* whatever view one takes of the matter; *fra begge -r (om personer)* mutually; *med hendene i -n* with arms akimbo; ~ *om* ~ side by side; *legge til* ~ put aside, put on one side, put by; *ved -n av* beside, next to; *(foruten)* along with; *(like) ved -n av* next door *(fx* he lives next door to us); *(se sikker: det er best å være på den sikre siden).*

sidebane *(jernb)* branch line. **-be(i)n** rib; *dette er mat som legger seg på -a* this food sticks to the ribs. **-blikk** sidelong glance. **-bygning** annex; wing. **-dal** side valley *(fx* a s. v. of Hallingdal). **-flesk** *(ved partering)* belly (of pork); *røkt* ~ bacon; (NB *kvalitetsbenevnelser:* flank, prime streaky, thick (,thin) streaky). **-gate** side street; *en* ~ *til Strand* a street off the Strand, a street leading into the S. **-hensyn** ulterior moti-

ve. **-lengs** sideways. **-linje** 1*(jernb)* branch line; secondary railway; US shortline railroad; 2*(på bane)* sideline; *(fotb)* touchline; *langs venstre* ~ along the left touchline. **-lomme** side pocket.
sidelykt side light.
sidemann neighbour (,US: neighbor); person sitting next to one.
I. siden *(adv)* since; afterwards, subsequently; *(derpå, dernest)* then; *like* ~ ever since; *lenge* ~ long since; *ikke lenger* ~ *enn i går* only yesterday; *for et par dager* ~ a couple of days ago; *for mindre enn en halv time* ~ less than half an hour ago; within the last half hour.
II. siden *(prep & konj)* since; ~ *hans død* since his death; ~ *han ønsker å* since it is his wish to; seeing that it is his wish to; *det er tre år* ~ it is three years ago; *(se også etter at).*
sidensvans *(zool)* waxwing.
sideordnende *adj (gram)* co-ordinating *(fx* conjunction).
sideordnet *adj (gram)* co-ordinate *(fx* clauses).
sider *(eplevin)* cider.
sideror *(flyv)* rudder.
siderorspedal *(flyv)* rudder pedal.
siderorstrim *(flyv)* rudder tab control.
sidespor *(jernb)* side track, siding.
sidesprang side leap; *(digresjon)* digression.
sidestille*(vb)* **1.** place side by side; juxtapose; 2*(sammenligne)* compare *(med* with, to), liken *(med* to); 3*(likestille)* put *(el.* place) *(fx* two people) on the same *(el.* on an equal) footing; *de kan ikke -s* (2) they are not comparable; *(se også sidestilt).*
sidestilling (1) juxtaposition; (2) comparison; (3) equality *(med* with).
sidestilt *(adj)* (3) co-ordinate *(fx* two c.-o. departments); on an equal footing *(med* with), (placed) on the same footing *(med* as); *(bot & zool)* lateral.
sidestykke side (piece); *(fig)* pendant, parallel, counterpart, companion (piece); *uten* ~ without parallel, unparalleled, unprecedented; *dette er uten* ~ *i historien* there is no precedent to this in history; *(se presedens).*
side|**vei** byroad, branch road. **-vogn** *(til motorsykkel)* sidecar. **-værelse** adjoining room; *-t (også)* the next room.
sidlendt low-lying, swampy.
sidrikke *(vb)* drink hard, guzzle.
sidrumpa T with a seat in one's trousers.
siffer figure; *(skrift)* cipher. **-brev** letter in cipher. **-nøkkel** cipher key. **-skrift** cipher, cryptography.
sifong siphon; *(jvf hevert).*
sig *(subst)* slow motion, slight headway; *(sakteflytende væske)* gentle flow, ooze, trickle; *(bekke-)* trickle (of water); *et jevnt* ~ *av folk* a steady trickle *(el.* stream) of people; *et stadig* ~ *av vann* a steady *(el.* constant) trickle of water; ~ *i knærne* giving at the knees; *gå med* ~ *i knærne* walk with knees slightly bent; *ha* ~ *forover* just move ahead; *komme i* ~ begin to move, get under way; *være i* ~ be in motion, be under way.
sigar cigar; **S** weed; *tenne en* ~ light a cigar; *-en trekker ikke* the cigar does not draw.
sigaraske cigar ash.
sigarett cigarette. **S** fag; ~ *med munnstykke* tipped c.; ~ *med korkmunnstykke* cork-tipped c.; ~ *uten munnstykke* plain c; *rulle en* ~ roll *(el.* make) a c.
sigarett|**etui** cigarette case. **-munnstykke** c. holder. **-papir** c. paper. **-stump** c. end *(el.* stub); *(også* US) c. butt. **-tenner** lighter.
sigar|**etui** cigar case. **-kasse** cigar box. **-munnstyk-**

ke cigar holder. **-spiss** cigar tip. **-stump** cigar end, stump of a c., c. stub; US c. butt.
sigd *(subst)* sickle.
sige *(vb)* just move; ooze, trickle; ~ *fremover* move slowly (forward); ~ *igjen* close slowly; *karene seig inn etter hvert* the men drifted in gradually; *stimen -r inn* the shoal gradually makes its way inshore; ~ *inn over (om tretthet, etc)* steal upon; ~ *ned* sag, settle slowly; ~ *over ende* sink to the ground; ~ *sammen* collapse; ~ *tilbake* sink back; *isen har seget fra land* the ice has drifted away from the shore.
sigel *(i stenografi)* phonogram.
sigen *(sliten)* tired; exhausted.
sigende report, rumour (,US: rumor); *etter* ~ from what I (,we, *etc)* hear; *etter eget* ~ by his (,her, *etc)* own account.
signal signal; *gi* ~ signal, give a signal.
signalbilde *(jernb)* signal aspect, s. indication.
signalement description.
signalere *(vb)* signal.
signalhorn horn.
signalisere *(vb)* signal.
signalskive *(jernb)* signal disc.
signalstiller *(jernb)* signal indicator.
signalsystem signalling system.
signalåk *(jernb)* signal gantry, signal bridge; *(se ledningsåk).*
signatur signature.
signe *(vb)* make the sign of the cross over; bless.
signekjerring wise woman.
signere *(vb)* sign; *(se undertegne).*
signet seal, signet.
sigøyner gipsy; *(især* US*)* gypsy. **-aktig** gipsylike, Bohemian. **-inne** gipsy (,US: gypsy) woman. **-liv** gipsy life. **-pike** gipsy girl. **-språk** gipsy language, Romany.
sik *(fisk)* gwyniad.
sikade *(zool)* cicada.
sikkativ siccative, drier, drying agent.
sikkel slobber, slaver, drivel.
sikker *adj (se også sikkert);* 1*(trygg, utenfor fare)* safe, secure; 2*(pålitelig, drifts-)* reliable, dependable; 3*(viss)* sure, certain; 4*(fast, uryggelig)* firm, positive; *(om person)* reliable, trustworthy; *(i sin opptreden)* confident, assured; 5*(som ikke slår feil)* sure, certain, reliable, unfailing, unerring; 6*(som holder, bærer)* safe *(fx* is the ice safe?); 7*(som ikke skjelver eller vakler)* steady *(fx* with a s. hand); ~ *dømmekraft* unerring judgment; *sikre fordringer* good debts; *i* ~ *forvaring* in safe keeping; *(om fange)* in safe custody; *i den sikre forvissning at* in the certain assurance that; confident that; ~ *fremtreden* confident bearing, confidence, poise, aplomb, self-possession; *på* ~ *grunn* on sure ground; *en* ~ *inntekt* an assured income; *et -t instinkt for* an unerring instinct for; *et -t papir* a good security; a safe investment; *(ofte =*) a gilt-edged security; *en* ~ *pengeanbringelse* a safe *(el.* sound) investment; *det er helt -t* that's a dead certainty; *så meget er -t that* (el. this) much is certain; *så meget er -t at ...* so much is certain that ...; *er det -t?* are you sure *(el.* certain) (of that)? is that a fact? *det er -t og visst* it's dead certain; there's no doubt about it; (o: *det har du rett i)* yes indeed! how right you are! US **S** you said it! *det er så -t som jeg står her* it's dead certain; **T** it's as sure as eggs is eggs; *det er det sikreste* that will be the best plan; *det er best å være på den sikre siden* it is better to be on the safe side; it is better to play safe; *sikre stikk (kort)* sure winners; *et -t tegn på at* a sure sign that; *ha en* ~ *tro på* have a firm belief in;
[*Forb. med prep*] ~ **for** secure from *(el.* against);

safe from *(fx* attack); *være ~* **i** *noe* master sth, be well up in sth; *han er ~ i sin sak* he is quite sure; he is sure of his ground; *et -t middel* **mot** a sure *(el.* certain) cure for; *~ mot vann* proof against water, waterproof; *føle seg ~ på at...* feel confident *(el.* sure) that... feel reassured that...; *være ~* **på** *noe* be sure of sth, be certain of sth, be positive of sth, be satisfied of sth *(fx* I am s. of his honesty); *hvis man forbyr ham det, kan man være helt ~ på at han (går hen og) gjør det* if it is forbidden him, he is absolutely certain to (go and) do it; *det er jeg nå ikke helt ~ på* I'm not so sure; *jeg er ikke så ~ på at (også)* I don't know that *(fx* I don't k. that I want to be rich); *være ~ på bena* be steady on one's legs; *(om atlet, hest, etc)* be sure-footed; *er du ~ på det?* are you sure (of that)? *være ~ på hånden* have a steady hand.

sikkerhet safety, security; *(visshet)* certainty; *(selvtillit)* assurance, confidence; *for -s skyld* for safety's sake, to be on the safe side, as a (matter of) precaution; *bringe i ~* carry into safety, remove out of harm's way, secure, make safe; *komme i ~* get out of harm's way, reach safety, save oneself; *med ~* with certainty, for certain; *vite med ~* know for certain, know for a certainty, know for a fact; *en 1. prioritet på £2000 med ~ i* a first mortgage of £2,000 secured on *(fx* the Company's property); *mot ~ (ɔ: garanti)* on security; *som ~ for* as security for *(fx* a debt); *som ~ for tilfelle av misligholdelse av leiekontrakten* as a guarantee against any breach of the tenancy agreement; *stille ~ for* guarantee, furnish security for.

sikkerhetsbelte seat belt; *feste for ~* seat belt anchorage.

sikkerhetsbyrå: *det nasjonale ~* US the National Security Agency; the NSA; *(jvf sambandssenteret)*.

sikkerhets|foranstaltning precautionary measure; security step. **-lenke** safety chain. **-nål** safety pin. **-sele** *se -belte.* **-ventil** safety valve; *(se ventil 3).*

sikkerlig: *se sikkert.*

sikkert *adv (se også sikker)* 1*(uten fare el. risiko)* safely; *han kjører ~* he is a safe driver; 2*(utvilsomt)* for certain, for a certainty, for a fact *(fx* I know it for a fact), (most) certainly; *(uttrykkes ofte ved)* be certain to *(fx* he is c. to come), be sure to, be bound to *(fx* he is b. to turn up some time); *De vil ~ være enig i at* you will, I feel sure, agree that; 3*(formodentlig)* probably, very *(el.* most) likely, I suppose *(fx* I s. he will do it); *(sterkere)* almost certainly, in all probability; *(uttrykkes ofte ved)* be likely to *(fx* he is l. to win); stand to *(fx* we s. to lose by it); I am sure *(fx* I am s. you will win); *det ville han ~ like enda mindre* he would like that even less; *De venter ~ at jeg skal* no doubt you expect me to; *De har ~ rett* you are no doubt right; 4*(uten å vakle)* steadily *(fx* walk s.); *langsomt men ~* slowly but surely; (NB «slow and steady does it!»); 5*(om opptreden)* self-confidently, with complete self-assurance, with aplomb.

sikle *(vb)* slobber, slaver, drivel; dribble *(fx* babies often d. at the mouth).

siklesmekke bib.

sikling (cabinet) scraper *(fx* dress sth with a s.).

sikori *(bot)* chicory; US curly endive.

sikre *vb* 1*(beskytte)* secure *(fx* we are secured against loss); safeguard *(mot* against, from); secure the safety of; *(ved bevoktning)* guard; *(konsolidere)* consolidate *(fx* one's position); *(trygge økonomisk)* secure; guarantee; make provision for; 2*(skaffe)* ensure *(fx* e. him enough to live on), secure *(fx* an advantage for a friend); 3*(sør-*

ge for) ensure *(fx* that the law is carried out), secure *(fx* a good sale); 4*(skytevåpen)* apply the safety catch, half-cock *(fx* a rifle); put *(fx* a rifle) at safety; *-t (om skytevåpen)* at safety; *~ ens fremtid* provide *(el.* make provision) for sby; *~* **seg** provide for one's safety, protect oneself, take precautions; secure *(fx* we have secured a good agency), make sure of *(fx* you should m. sure of these 20 pieces); m. sure of his support); *~ seg at* make sure that; satisfy oneself that; *~ seg ens hjelp* enlist sby's help; get sby to help one; *~ seg ens person* secure sby's person; *~ seg mot noe* secure oneself against sth *(fx* interruption); provide against *(fx* accidents).

sikring 1*(det å beskytte)* protection; securing *(mot* against, from), safeguarding; 2*(elekt)* fuse; 3*(på skytevåpen)* safety (catch) *(fx* he got the s. off his pistol and fired); 4*(jur)* preventive detention *(fx* 5 years' p. d.); *få en ~ til å gå* (2) blow a fuse; *-en er gått* the fuse has blown; T the light has fused; *heve -en* (3) release the safety catch *(fx* of a rifle).

sikrings|anlegg *(jernb)* railway signalling plant *(el.* installation), interlocking plant; *(se stillverk).* **-anordning** safety device. **-anstalt** institution for preventive detention. **-boks** *(elekt)* fuse box. **-fond** guarantee fund. **-mekanisme** safety mechanism *(el.* device).

siksak zigzag; *bevege seg i ~* zigzag. **-linje** zig-zag line. **-lyn** chain *(el.* forked) lightning; *(se lyn).*

I. sikt 1*(merk)* sight; **2.** visibility; view; *dårlig ~* restricted view; *det er god ~* (2) visibility is good; **etter** *~* after sight *(fx* 30 days after s.); **på** *30 dagers ~* at 30 days' sight, at 30 d/s; **på kort** *~* at short sight; *(fig)* in the short term; on a *(el.* the) short view; *veksel på kort ~* short (-dated) bill; *bedømme noe på kort ~* take a short view of sth, take a short-range view of sth; *om ikke akkurat på kortere ~* though not in the near future, if not in the short term *(fx* home industry, which ultimately, if not in the short term, will have to compete with the emergent nations); **på lang** *~ (fig)* on a *(el.* the) long view; far ahead *(fx* they are planning far ahead); *arbeide på lang ~* plan far ahead, take a long view, follow a long-term policy; **på leng-re** *~* in the longer term; *virkningene av krisen på lengre ~* the long-range *(el.* long-term) effects of the crisis; *hans politikk på lengre ~* his long-view policy; *han har øyensynlig kommet hit på lengre ~* he has obviously come here with the idea of staying for a time; **ved** *~* at sight *(fx* payable at s.), on demand, on presentation.

II. sikt *(sil)* sieve; strainer.

siktbar clear.

siktbarhet visibility; *(se I. sikt 2).*

I. sikte *(subst)* **1.** sight; 2*(mål)* aim; 3*(på skytevåpen)* sight; *i ~* in sight; *få land i ~* sight land; *ha land i ~* be in sight of land, sight land; *ha i ~ (fig)* have in view; *en politikk som har de lange mål i ~* a long-term policy; *ute av ~* out of sight; *ta ~ på å* aim at (-ing); *med ~ på* with a view to.

II. sikte *(vb)* **1.** sift; pass through a sieve; *(mel; også)* bolt; *-t hvetemel* sifted white flour; **2** *(granske)* sift, screen *(fx* applicants are screened by a committee); *forfatteren burde ha -t sitt materiale bedre* the author ought to have sifted his material better.

III. sikte *vb (mot mål)* aim *(på* at), take aim; *(om landmåler)* sight, point, aim; *~ etter noe* aim at sth; *~ godt* aim straight, aim accurately, take accurate aim; *~ høyt (også fig)* aim high;

~ *høyere (også)* look higher *(fx* she married a farm hand, but she might have looked higher); ~ *lavt (også fig)* aim low; ~ *mot (el. på)* aim at, draw a bead on *(fx* sby); ~ *på noe (også fig)* aim at sth; ~ *til (hentyde til)* allude to, mean, be talking about; *er det meg De -r til (,kanskje)?* are you (possibly) referring to me? *hva -r du til? (også)* what are you driving at? *(el.* getting) at?

IV. sikte *vb (jur):* ~ *for* charge with; *-t for* charged with, on a charge of *(fx* theft); *han er -t for* he is charged with, he is *(el.* stands) accused of; *han er -t for en forbrytelse* he is charged with a crime; he is on trial.

siktede *(jur): den* ~ the accused, the defendant.

sikte|korn *(på våpen)* foresight. **-linje** line of sight.

siktelse charge, indictment; *(jvf I. påtale).*

siktemel bolted flour.

siktepunkt purpose, aim; *ordboken har i første rekke et praktisk* ~ the dictionary is first and foremost practical in purpose *(el.* approach); *(se snarere).*

sikteskår *(på våpen)* notch of the rear sight.

sikttratte *(merk)* sight draft.

siktveksel *(merk)* sight bill, bill (payable) at sight; demand bill; sight draft.

sil strainer, filter.

sild *(fisk)* herring; *(så) død som en* ~ as dead as a doornail; *ikke verdt en sur* ~ not worth a brass farthing; *som* ~ *i (en) tønne* packed like sardines (in a tin).

silde|anretning assorted herrings *(pl).* **-be(i)n** *(også om mønster)* herringbone. **-fiske** herring fisheries. **-konge** *(fisk)* ribbon fish, oarfish; king of the herrings. **-lake** herring brine. **-mel** herring meal. **-not** herring seine. **-olje** herring oil.

silder purl, trickle; *(bekke-)* small brook.

silde|salat [salad of sliced pickled herring, beetroot, onion, etc]. **-steng** catch of herring *(fx* there has been a big c. of h. in the fjord); *(jvf notsteng).* **-stim** shoal of herrings, herring shoal.

I. sildre *(bot)* saxifrage.

II. sildre *(vb)* trickle, murmur.

silduk straining cloth.

sile *(vt)* strain, filter.

sileklede filtering cloth, straining cloth.

silhuett silhouette.

silke silk. **-aktig** silky. **-kubb** *(forst)* clean-barked pulpwood, sap-peeled pulpwood. **-fløyel** silkvelvet. **-kjole** silk dress. **-orm** *(zool)* silkworm. **-papir** tissue paper. **-tøy** silk fabric.

silo silo.

silregn steady, pouring rain.

silvev *(bot)* phloem.

simle *(zool)* female reindeer.

simmerring *(oljefjær, oljefangring)* oil seal.

simpel plain, simple; *(alminnelig)* common, ordinary; *(ringe, tarvelig)* poor, humble, ordinary; inferior, bad; vulgar; *-t flertall* a simple majority; *han er en* ~ *fyr* he is a common fellow; *det var -t gjort av deg* that was mean of you; *av den simple grunn at* for the simple reason that; *-t snyteri* **T** daylight robbery *(fx* £15 for this article is daylight robbery).

simpelhet plainness, simplicity; commonness, meanness.

simpelthen *(adv)* simply.

simplifi|sere *(vb)* simplify. **-sering** simplification.

simulant simulator; malingerer; **T** scrimshanker.

simulere *(vb)* simulate, feign.

sin, *sitt; pl: sine (pron)* his *(fx* he took his hat; each of them took his hat; each of us took his hat); her, *(substantivisk)* hers *(fx* she took her hat; she took my hat and hers); its *(fx* it has its own function); one's *(fx* hurt one's finger); do

what one likes with one's own); *sine* their, *(substantivisk)* theirs *(fx* they took their books; they took my books and theirs);

[Forskj. forb.] *ernære seg og sine* support oneself and one's family *(el.* one's dear ones); *hver fikk sitt værelse* each was given a separate room; *gi enhver sitt* give everyone his due; *gjøre sitt (til noe)* do one's share *(,***T**: bit) (towards sth); *dette gjør sitt til å ...* this helps *(el.* tends *el.* conduces) to ...; *gå sin vei* leave; go one's way *(fx* he went his way); *han gikk sin vei (også)* he left; *de gikk hver sin vei* they went their several *(el.* separate) ways; they separated; *det har sin sjarm* it has a charm of its own; there is sth attractive about it; *det (,han) har sine grunner* there are (,he has) good reasons for it; *han håpet engang å kunne kalle henne sin* he hoped to win her; *Herren kjenner sine (bibl)* the Lord knoweth them that are his; *passe sitt* mind one's own business; *det tar sin tid* it will take some time; it's not done in a hurry; *han tenkte sitt* he had his own ideas (on the subject); *han tjener sine femti tusen i året* he earns his fifty thousand a year; he makes (a cool) fifty thousand a year;

[Forb. med prep] i *sin og sine venners interesse* in his own interest and that of his friends; *i sin alminnelighet* in general, in a general way, generally; *i sin tid (fortid)* once, formerly, in the past, at one time; *(den gangen)* at the time; *vi mottok i sin tid ...* we duly received ... we received in due course; *de var venner i sin tid* they used to be friends (at one time); *ha sitt på det tørre* have nothing to worry about; *tenke på sitt* be occupied with one's own thoughts; *på sine steder* in places, here and there, sporadically; *holde på sitt* stick to one's point (,**T**: one's guns); *hjem til sitt* home; *de gikk hver til sitt* they went their several *(el.* separate) ways; they separated; *bli ved sitt: se ovf: holde på sitt.*

sinders patent coke; cinder.

sindig calm, careful; deliberate, steady, sober (-minded). **-het** calm, calmness (of mind); steadiness, soberness.

sinekyre sinecure. **-stilling** sinecure.

singaleser *(person fra Sri Lanka (Ceylon))* Singhalese.

singalesisk Singhalese.

singel *(grov sand)* coarse gravel, shingle.

sing(e)l *(singling)* jingling, tinkling *(fx* of falling glass).

single *(vb)* jingle, tinkle.

singularis *(gram)* (the) singular.

sink *(min)* zinc.

I. sinke *(subst)* backward *(el.* retarded) pupil; **US** reluctant *(el.* slow) learner; *jeg er en ren* ~ *i sammenligning med ham* I simply am not in it with him; I'm not a patch on him.

II. sinke *vb (forsinke)* delay, impede the progress of; *(utviklingen)* retard.

III. sinke *vb (snekkeruttrykk)* dovetail.

sink|etsing zinc etching. **-holdig** zinciferous. **-hvitt** zinc white. **-plate** zinc plate *(el.* sheet).

sinn mind; temper; disposition; *et lett* ~ a buoyant disposition; *skifte* ~ change one's mind; *i sitt stille* ~ inwardly, to oneself, secretly, in one's secret heart; *jeg lovte i mitt stille* ~ *at* I registered a vow that ...; *ha i -e* intend, mean, propose; *han har (v)ondt i -e* he means mischief; he means no good; *i sjel og* ~ to the core, through and through; *sette -ene i bevegelse* cause a stir; *(iron)* flutter the dovecotes; *etter at -ene var falt til ro* after people had calmed down; *(se sjel; III. stri; syk).*

sinna *se sint.* **-skrike** *vb (om barn)* have a screaming fit. **-tagg:** *han er en* ~ he's hot-blooded; he's irascible; *(lett glds)* he's a hothead.

sinnbil(le)de symbol, emblem.

sinnbilledlig symbolic(al), emblematical.

sinne anger, temper; *fare opp i (fullt)* ~ flare up, fly into a passion; *svare i* ~ answer in a fit of temper.

sinnelag disposition, temper.

sinneri fit of anger.

-sinnet -phile *(fx* Anglophile); pro- *(fx* pro-German), with *(fx* Danish) sympathies.

sinnrik ingenious, clever. **-het** ingenuity, cleverness.

sinnsbevegelse emotion, excitement, agitation. **-forvirret** mentally deranged, unhinged, distracted, insane; **T** loony; *(se sprø).* **-forvirring** mental derangement, distraction; *lettere* ~ mental aberration. **-lidelse** mental disorder. **-likevekt** mental balance, equanimity. **-opprør** tumult (of mind), (state of) agitation *(fx* be in a state of agitation).

sinnsro equanimity, calm, coolness, cool-headedness, imperturbability; *da stryk ikke forekommer, går de til eksamen med den største* ~ as it is impossible to fail, they sit for their examinations with the greatest confidence.

sinnsstyrke strength of mind.

sinnssvak 1. insane, mad; **2.** absurd, preposterous; *det var da helt -t (å bære seg at på den måten)* what a mad thing to do.

sinnssyk insane, mentally deranged; *(i lettere grad)* mentally disordered; *en* ~ an insane person, a mentally deranged person, a madman (,a madwoman), a lunatic.

sinnssykdom mental disease *(el.* disorder); *(som bevirker galskap)* insanity, mental derangement.

sinnstilstand state of mind, frame of mind.

sinober *(stoff)* cinnabar. **-rød** vermilion.

sint angry *(for* about, *på* with); **US T** mad *(fx* she is mad at me); *bli* ~ get angry; *han blir fort* ~ he's (got) a hot temper; he gets angry very quickly *(el.* easily); he soon gets angry; he's hot-tempered; ~ *som en tyrk* (as) angry as a bear with a sore head; *han blir* ~ *for ingenting* he gets angry over nothing; *god og* ~ good and angry.

sinus 1*(anat)* sine; **2***(mat.)* sinus.

I. sippe *(subst)* blubberer, sniveller; whiner.

II. sippe *(vb)* blubber, snivel.

sippet(e) whining.

sirat ornament.

siregn steady, pouring rain.

sirene siren; *(fabrikk-)* (factory) hooter.

sirenetone: *en stigende og fallende* ~ a rising and falling sound of sirens.

siriss *(zool)* cricket.

Sirius Sirius.

sirkel circle; *slå en* ~ describe a circle. **-bue** circular arc. **-formet** circular. **-periferi** circumference (of a circle). **-rund** circular.

sirkelsag circular saw; *(se sag).*

sirkeltrening circuit training.

sirkulasjon circulation.

sirkulasjonsplate *(i ovn)* flue baffle.

sirkulere *(vb)* circulate.

sirkulærakkreditiv circular letter of credit.

sirkulære *(rundskriv)* circular; *meddele pr.* ~ circularize.

sirkumfleks circumflex.

sirkus circus.

sirkusartist circus performer. **-direktør** circus manager *(el.* master). **-manesje** circus ring. **-telt** circus tent; *det store -et* the big top.

sirlig neat, tidy, orderly.

sirlighet neatness, tidiness, orderliness.

sirs print, printed calico.

sirup (golden) syrup; *mørk* ~ (black) treacle; **US** molasses; *(jvf melasse).*

sirupssnipp [thin diamond-shaped biscuit made with syrup and spice]; *(kan gjengis)* syrup gingersnap; *(jvf pepperkake).*

siselere *(vb)* chase; *(bokbinderuttrykk)* tool; *-ert snitt* tooled edges.

siselør chaser.

sisik *(zool)* siskin.

sisselrot *(bot)* common polypody.

I. sist *(adj)* last; *(av to)* latter *(fx* the latter half of June); *(endelig, avsluttende)* last, final *(fx* put the f. touch to sth); *(nyest)* latest *(fx* the latest models; his latest book); *aller* ~ last of all; **de** *to -e* the last two; **den** *-e* the last (man, *etc);* *den -e som kom* the last to arrive, the l. who arrived, the l. comer; *den -e som så ham* the last who saw him, the l. to see him; *den aller -e* the very last; *(nyeste)* the very latest; *den nest -e* the last but one; **det** *-e* the last (thing); *det var det -e jeg ville gjøre* that is the last thing I should do; *ligge på det (el. sitt) -e* be near one's last, be at death's door; *til det -e* till *(el.* to) the last; *kjempe til det -e* fight to a *(el.* the) finish; *Deres -e brev* your last letter; *de -e dager før jul* the last few days before Christmas, the few days immediately preceding Christmas; *de -e dager i hver måned* the last days in *(el.* of) each month; *det har regnet de -e dagene* it has been raining for *(el.* during) the past *(el.* last) few days; **T** it's been raining these last few days; *de -e dagene i juni* the last days of June; *de -e dagers hellige* the Latter-Day Saints; *-e del av eksamen* the final part of the examination; *(the)* final(s) *(fx* he is studying for his finals); *-e frist: se frist; -e nytt* the latest news; *(om motenytt)* the latest fashions; *har du hørt -e nytt?* have you heard the latest? *-e uke* (ɔ: *forrige)* last week, the past week; *som en -e utvei* as a last resource; *-e vilje* his last will and testament; *(nå) -e vinter* during the past winter; *hans -e ønske* his dying wish, his last wish;

[*Forb. med prep*] ~ *i juli* late in July, in late July; towards the end of July; ~ *i måneden* late in the month, in the latter part of the m.; at the end of the m.; ~ *i tjueårene* in the late twenties; *i det -e* recently; *(især spørrende el. nektende)* lately; *vi har ikke fått noen ordrer fra Dem i det -e* we are without any recent orders from you; *i løpet av de* ~ *månedene* during the past *(el.* last) few months; *i et av de -e årene* in a recent year; ~ *på sommeren* late in the summer; *synge på -e verset (fig)* be on one's last legs.

II. sist *(adv)* last; *da jeg* ~ *så ham* when I last saw him; the last time I saw him; when I saw him last; *når var du* ~ *syk?* when were you last ill? *det er lenge siden* ~ it's a long time since we met *(el.* since I've seen you); it's been a long time since last we met *(el.* saw one another); **takk for** ~ **1.** [thank you for (your hospitality) the last time we were together]; **2***(ɔ: like for like)* tit for tat; *(se for øvrig takk); komme* ~ come last; ~ *men ikke minst* last, (but) not least; *likeså godt først som* ~ just as well now as later; *fra først til* ~ from first to last; *til* ~ at last, finally, in the end; eventually, ultimately; *(langt om lenge)* at long last, at length; *(etter de andre)* last *(fx* he came last); *(i slutten)* at the end *(fx* of the letter); *gjemme noe til* ~ save sth till the last; *til syvende og* ~ finally, at last; *(fig)* when all is said and done; in the last resort *(fx* in the l. r. it is a question of energy); *.. og til* ~ *vil jeg nevne at ..* and finally *(el.* lastly) I will mention that ...; *stå ~ på listen* be the last on the list, be at the bottom of the list.

sistemann the last one; *vil ~ slukke lyset?* will the last one switch *(el.* turn) off the light? *~ på hver rad samler inn stilbøkene* the last person in each row will collect the exercise books; *(se også skanse).*

sisten *(lek)* tag; *leke ~* play tag, play he *(el.* it); *den som har ~* the tagger; *du har'n!* you're it *(el.* he)!

sist|leden last *(fx* in March last). **-nevnte** the last-mentioned; *(av to)* the latter. **-på** *(adv)* at last, finally.

sisu stamina, perseverance.

Sisyfos *(myt)* Sisyphus.

sisyfosarbeid Sisyphean labour *(el.* task).

sitadell citadel.

sitant *(jur)* plaintiff; *(se saksøker).*

sitar *(mus)* zither.

sitat quotation; *slå om seg med -er* throw quotations about.

sitere *(vb)* quote; *~ galt* misquote *(fx* an author, a passage).

sitre *(vb)* tremble, quiver; *(se skjelve).*

sitring trembling, quivering.

sitron *(bot)* lemon; *revet skall av ~* grated lemon rind; *(se II. rive).*

sitron|fromasj *(omtr =)* lemon mousse. **-gul** lemon-coloured. **-presse** lemon squeezer. **-saft** lemon juice. **-skall** lemon peel; *(se sitron).* **-skive** slice of lemon, lemon slice. **-syre** *(kjem)* citric acid.

sitt *se sin.*

sitte *vb (se også sittende)* **1.** sit, be seated; *(om fugl el. som en fugl, også)* perch *(fx* on the arm of a chair); *vil du ikke ~?* won't you sit down? **2***(om ting: være anbrakt)* be *(fx* the key was in the door); **3***(bli husket)* stick; **4***(om regjering)* be in office; **5***(ikke falle ut, fx om spiker)* stay in, stay put, hold; *en spiker som ~r godt* a nail that holds well; **6***(om bemerkning: ramme)* go home *(fx* that remark went home); *den satt! (også)* that touched him (,her, *etc)* on the raw; that got under his (,her, *etc)* skin; **7***(i forb med vb)* be -ing *(fx ~ og lese* be reading); *(når den sittende stilling poengteres)* sit -ing *(fx* sit reading); *han satt og leste (også)* he was in the middle of reading; *de satt og snakket* they sat talking, they were talking, they were sitting talking;

[*Forb. med adv & prep] ~ dypt (om svulst, etc)* be deep-seated; *~ dårlig (om klær)* be a bad fit, be ill-fitting; *(i kino, teater, etc)* have a bad seat, be badly seated; *~ fast* stick, be stuck; *~ fast i isen (om skip)* be stuck in the ice, be ice-bound; *~ (modell) for en maler* sit for a painter; *~ godt (i kino, teater, etc)* have a good seat; *(om fx spiker)* hold well; *(se ovf: 5); (om klær)* fit; *den -r godt (fx om jakke)* it's quite a good fit; *~ godt etter (om klær)* fit smoothly; *~ hjemme* stay at home; *nøkkelen -r i* the key is in the lock; *korken -r i* the cork is in the bottle; *den platen skruen -r i* the plate in which the screw is fixed; *~ dårlig i det (økonomisk)* be badly off, be in straitened circumstances; **T** be hard up. *~ fint i det (iron)* be in a spot *(el.* fix *el.* mess), be in a pretty pickle; **S** be in the soup; *nå -r du fint i det!* **T** you've cooked your goose! *~ godt i det (økonomisk)* be comfortably *(el.* well) off; *folk som -r godt i det* well-off people, well-to-do people; *~ trangt i det* be badly off, be in straitened circumstances; *~* **vanskelig i det** be in financial difficulties, be in embarrassed circumstances; **T** be in Queer Street; be hard up; *~* **i fengsel** be in prison *(el.* jail); *~ **i gjeld** (til oppover begge ørene)* be (head over ears) in debt; *~ **i hell** (i spill)* be in luck,

have a run of luck; **T** have a break; *~ i en komité* sit *(el.* be) on a committee; *sykdommen -r i lungene* the disease is seated in the lungs; it is the lungs that are affected; *~ **i Parlamentet** sit *(el.* be) in Parliament; *~ **i regjeringen** hold ministerial rank; *så lenge han -r (,satt)* **i stillingen** during his tenure of office; *~ noe* **i stykker** break sth by sitting on it; *~ **i uhell** be in bad luck; have a run of bad luck; *~ **igjen** be left (behind) *(fx* she was left a widow with five children); *(på skolen)* be kept in, have to stay in *(fx* he had to stay in for an hour today), be detained *(fx* lazy pupils are sometimes detained at school to do extra work after ordinary lessons are finished); *hos meg har det blitt -nde igjen svært lite av den historien jeg lærte på skolen* very little of the history I learnt at school has stuck in my memory; *(se også sittende ndf); ~ igjen med det inntrykk at ...* be left with the impression that ...; *~ **inne** keep *(el.* stay) indoors, stay at home; *(være i fengsel)* be in prison *(el.* jail); *~ **inne med** hold *(fx* hold shares; h. the key to the puzzle; h. a record); possess *(fx* a document), be in possession of, be possessed of *(fx* ample means); *vinduet satt svært lavt* the window was very low; *~* **løst** be loose *(fx* the stone (,the tooth) is l.); *(om klær)* be a loose fit; *~* **med** *noe* 1*(o: være belemret med)* be saddled with; have sth on one's hands; 2*(ha)* have *(fx* have a large income); *~ med en stor gjeld* be deeply in debt; *~ med lav husleie* pay a low rent; *~ med nøkkelen til gåten* hold the key to the puzzle; *~ med ryggen til en* sit with one's back to sby; *~* **ned** *(o: sette seg)* sit down, take a seat; *sitt ned!* please sit down! do sit down! **T** take a pew! *vinduet satt meget langt nede* the window was very low to the ground; *~* **oppe** sit up (late); *~ oppe og vente på en* sit *(el.* wait) up for sby *(fx* I don't know when I shall be back – don't wait up for me); *sitt* **ordentlig!** sit properly! behave yourself! *~* **over** *(i spill)* sit out *(fx* three people will have to sit out this time); *(kort)* be dummy; *~ over en dans* sit out a dance; *~* **overfor** *en ved bordet* face sby across the table; sit opposite sby; *~ over skrevs på noe* sit astride (on) sth, straddle sth; *sitt* **pent!** *(sagt til barn)* sit still and don't fidget! *(jvf ~ urolig);* sit properly! behave yourself! *(til hund)* beg! *~* **på** *noe* sit on sth *(fx* a bench, a chair); *(ikke ville gi det fra seg)* hold on to sth; *vil du ~ på?* would you like a lift? may I offer you a lift? *jeg lot ham ~ på et lite stykke* I gave him a lift (for) a little *(el.* short) way; *får jeg ~ på et lite stykke, da?* may I have a lift (for) a little way, please? *la en fornærmelse ~ på seg* pocket *(el.* sit down under) an insult, take an insult lying down; *det vil jeg ikke ha sittende på meg (også)* I won't have anybody believe that of me; *~ på huk* squat; *~ på spranget (om katt, tiger, etc)* crouch for a spring; *(fig)* be all alert; *~ som på nåler* be on tenterhooks; *~* **rett** be straight *(fx* your tie isn't straight); *(om person)* sit straight; *omsider fikk hun hatten å ~* **riktig** at last she got the hat right; *~* **skjevt** be awry; *~* **stille** sit still, keep still, be still *(fx* he is never still for a minute); *sitt stille med bena!* keep your feet quiet! *~* **stramt** *(om tøy)* fit tightly, be a tight fit; *~ tett: se tett; ~* **til bords** sit *(el.* be) at table; *~ til doms over sitt in judg(e)ment on; ~ til hest* be on horseback, be mounted; *~ til rors* be at the helm; *~* **urolig** *(o: virke nervøs)* fidget; *~ tiden ut (til i et embete)* continue for the full period; *(i fengsel)* serve *(el.* do) one's time; *~* **ute** sit outdoors; *~* **uvirksom** be idle; **T** twiddle one's thumbs; ~ *ved bordet* be (sitting) at table; *det kan ~ 12 personer ved dette bordet* this table seats twelve; ~ *ved middagsbordet* be at (one's) dinner; *frk. X satt ved pianoet* Miss X was at the piano; ~ *ved peisen* sit by the fire-(side).

sittende *(se også sitte)* **1.** sitting, seated; **2**(*om regjering*) in office, holding office, in power; present *(fx* Government); *(om stortingsrepresentant)* sitting *(fx* the sitting member); ~ *arbeid* sedentary work; **bli** ~ keep one's seat, remain sitting *(el.* seated), sit on; *(ikke komme videre)* be stuck *(el.* stranded) *(fx* the car broke down and we were stuck in X for three days); *(sitte fast)* stick; keep on *(fx* the lid won't keep on); *regjeringen blir* ~ the Government remains in office; *bli endelig* ~*!* don't get up! *bli* ~ *til det er over* sit it out; *bli* ~ *med skjegget i postkassa* T be left holding the baby (,US: the bag); *(se også under sitte ovf).*

sitteplass seat *(fx* we have seats); *-er* seats; *(til et visst antall)* seating capacity *(el.* accommodation); *40 -er (som oppslag)* Seating Capacity 40; To Seat 40; *det er -er til 500* the hall can seat 500; *ekstra -er* additional seating; *det er ikke flere -er!* standing room only.

situasjon situation; *-ens alvor* the gravity of the situation; *den ~ jeg befant meg i* my situation; *-en er flytende* the whole situation is in a state of flux; *denne forsinkelse fra Deres side setter oss i en kjedelig ~ overfor vår kunde* this delay on your part puts us in a very awkward position towards our customer; *-en er spent* the s. is tense; *-en voksen* equal to the occasion; *redde -en* save the situation; *vi ser alvorlig på -en* we take a grave view of the situation; we regard the s. as serious; *sette en inn i -en* show sby how matters stand; brief sby; *ta -en* handle the situation *(fx* he was uncertain how to handle the s.); *se hvordan -en utvikler seg* watch developments *(fx* in the Near East); *så meget om -en generelt (også)* so much for the general *(el.* overall) picture; *(se bilde; lovende; sette B; tåle; utvikle).*

situasjons|**betinget** situational *(fx* phrase). **-kart** sketch map; plan.

situert situated *(fx* how is he s. financially?); *godt ~* well off.

siv *(bot)* rush, reed.

sivbukk *(zool)* reedbuck.

sive *(vb)* ooze, filter; percolate *(fx* water percolates through porous stone); *(dråpevis)* trickle; ~ *inn* ooze in; *(ved utetthet)* trickle in; ~ *ut (fig)* leak out; *la det ~ ut til pressen* leak it to the Press; *det har -t ut noe* there has been a leakage.

sivil civil; *-t antrekk* civilian clothes; plain clothes; *hva er du i det -e liv?* what are you in civil life? ~ *ulydighet* civil disobedience.

sivil|**befolkning** civilian population. **-flyver** commercial pilot. **-forsvar** civil defence *(fk* C.D.).

sivilingeniør *(som tittel intet tilsv.; kan gjengis)* graduate engineer *(fx* graduate civil engineer, g. electrical engineer); chartered engineer; (NB *en* 'graduate engineer' *vil av sin organisasjon bli tildelt tittelen* 'chartered engineer', *fx* chartered electrical engineer); *(se ingeniør & kjemiingeniør).*

sivilisasjon civilization.

sivilisere *(vb)* civilize. **sivilisering** civilization.

sivilist civilian.

sivil|**kjøp** *(jur)* contract of sale; (NB in Norway a contract between a commercial firm and a private citizen); *(jvf handelskjøp).* **-kledd** in civilian clothes; *(om politimann)* in plain clothes. **-ombudsmann** ombudsman. **-prosess** civil pro-

ceedings. **-rett** civil law. **-stand** *(ekteskapelig stilling)* marital status. **-økonom** Bachelor of Commerce, B. Com.

sivåt drenched, soaking wet.

sj. *(fk. f. sjelden) (adj)* rare; *(adv)* rarely.

sjablon template, pattern; *(til fargelegging)* stencil. **-messig** according to a set pattern, mechanical, stereotyped, routine.

sjah shah.

sjakal *(zool)* jackal.

sjakett morning coat; US cutaway.

sjakk chess; ~*!* check! *si* ~ check, give check, say check; *holde i* ~ keep in check; *spille* ~ play chess.

sjakk|**brett** chessboard. **-brikke** chessman.

sjakkmatt checkmate; *gjøre* ~ checkmate; *være* ~ *(fig)* be knocked-up, be all in, be dead-beat.

sjakk|**parti** game of chess. **-spill 1.** = *-parti;* **2**(*brikker*) set of chessmen. **-spiller** chessplayer.

sjakt shaft, pit.

sjal shawl.

sjalottløk *(bot)* shallot; US *(især)* scallion; *(jvf pipeløk).*

sjalte *(vb)* switch; ~ *inn* switch on, turn on; *(fig)* bring in *(fx* it looks as if the authorities will have to be brought in); ~ *ut* cut out, switch off, turn off; *(fig)* eliminate, leave out of account.

sjalu jealous *(på* of).

sjalupp *(mar)* barge. **-roere** bargemen.

sjalusi 1(*skinnsyke*) jealousy; **2.** roll top (of desk); **3.**: *se persienne.*

sjampinjong *(mark-)* field *(el.* edible) mushroom; *(liten)* button mushroom.

sjampo shampoo; *(se hårvask).*

sjamponere *(vb)* shampoo.

sjangle *(vb)* stagger, reel; *full så en -r* reeling drunk.

sjanse chance *(for* of); T break *(fx* give a man a b.); *en enestående ~* a chance in a thousand; a unique opportunity; T The chance of a lifetime; *ha gode -r til å vinne* have a fair *(el.* good) chance of winning; stand to win *(fx* we stand to win); *der har du -n* there's your chance; *nå har du -n* now's your time; *det er alle tiders ~* T that's really a grand chance; that's the chance of a lifetime; *ta ikke -n på at du ikke blir sett* don't take a chance on not being seen.

sjanse|**seilas, -spill** *(fig)* gamble.

sjapp *(neds)* shop; *stenge sjappa* T close up shop.

sjarlatan charlatan; *(kvakksalver)* quack.

sjarlataneri charlatanism, charlatanry.

sjargong jargon.

sjarm charm; *det har sin ~* it has a charm of its own; there is sth attractive about it; *(se interesse).*

sjarmant charming.

sjarmere *(vb)* charm. **-nde** charming; *(se kjekk).*

sjarm|**offensiv** charm offensive. **-troll** *(kjæleord)* bundle of charm.

sjasket 1(*sjusket, uflidd*) slovenly, slatternly; **2.**: ~ *stoff* shabby, shapeless material.

sjasmin *(bot)* jasmine.

sjatte|**re** *(vb)* shade. **-ring** shade (of colour).

sjau T trouble *(fx* we had a lot of trouble getting him home).

sjaue *(vb)* **1.** work at loading or unloading; **2.** T toil, drudge.

sjauer *(brygge-)* docker.

sjef 1(*arbeidsgiver*) employer; **2**(*overordnet*) superior; T boss; chief; **3**(*mil*) commanding officer. **-lege**: *Sjeflegen for Hæren* Director-General of Army Medical Services. **-psykolog** principal *(el.* chief) psychologist. **-redaktør** chief editor; *(i avis)* editor-in-chief.

sjefsregulativet the top-grade salary scale; *stillingen er plassert øverst på ~* the post heads the top-grade salary scale.

sjefsykepleier senior nursing officer.

sjeik sheik.

sjekk cheque *(på* for); US check; *han sendte oss £100 i ~* he sent us a cheque for £100; he sent us £100 by cheque; *skrive ut en ~* write out a cheque; *en stor ~* a large c. *(fx she paid him a l. c. for a book to be published in a year's time); -en er blitt avvist i banken grunnet manglende dekning* the c. has bounced; *(se også utstede).*

sjekkhefte cheque book; US checkbook.

sjekkkonto cheque account; US checking account; *(se konto).*

sjekte [type of fishing boat, about 20 feet long pointed fore and aft, open or with washboards].

sjel 1. soul *(fx pray for sby's soul); 2(primus motor)* (life and) soul, moving spirit *(fx* of the enterprise); *3(person)* soul *(fx* a good old soul; a kind soul); *ikke en levende ~* not a (living) soul; *av hele sin ~* with all one's heart; *det var ikke tvil i hans ~ om hvem som hadde rett* there was no doubt in his mind as to who was right; *tvilende -er (spøkef)* Doubting Thomases; *rystet i sin -s innerste* shaken to the core of one's soul *(el.* being); deeply shocked; *i ~ og sinn* to the core *(fx* English to the core); through and through; *med liv og ~* heart and soul; *han gikk inn for arbeidet med liv og ~* he put his heart and soul into his work; *frisk på kropp og ~ (el. på ~ og legeme)* sound in mind and body; *nedbrutt på legeme og ~* broken in body and mind.

sjelatin *se gelatin.*

sjelden 1(adj) rare, scarce, uncommon, unusual, infrequent; *(merkelig)* remarkable, singular, exceptional; *(utmerket)* rare *(fx* beauty), outstanding *(fx* ability, bravery); *bli mer og mer ~* grow rare(r); *slike bestillinger er sjeldne* such orders are few and far between; *en ~ gang* on rare occasions; once in a while, at rare intervals; *et -t menneske* a noble *(el.* sterling) character; *et -t tilfelle* a rare case; *en ~ vare (fig)* a rare thing; *i ~ grad* to an exceptional degree, exceptionally, unusually; *2(tidsadv)* seldom, rarely, infrequently, at rare intervals; *det er ~ at en kunde ...* it is seldom that a customer ...; it is unusual for a c. to ...; it is a rare thing for a c. to ...; *~ eller aldri* seldom or never, seldom *(el.* rarely) if ever; hardly ever; *ikke så ~* not infrequently; *T* as often as not, more often than not; *kun ~* seldom, only on rare occasions; *ytterst ~* very infrequently indeed; *3(gradsadv)* remarkably, unusually, exceptionally, outstandingly, uncommonly; *en ~ dyktig mann* a man of singular ability; *en ~ fin vare* an exceptionally fine quality, an exceptional quality.

sjeldenhet scarceness, scarcity, rarity, infrequency; *(sjelden begivenhet)* rare event, (event of) rare occurrence; *høre til -ene* be rare, be a rare thing *(fx* it is a rare thing for him to go out); *det hører ikke til -ene* it is by no means a rare thing.

sjeldsynt rarely seen; *noe ~* a thing rarely seen.

sjelefred peace of mind. **-glad** delighted *(over* at); overjoyed; *han kommer til å bli ~* S he'll be tickled pink. **-kval** agony (of soul).

sjelelig mental; *(psykisk)* psychical; *-e lidelser* mental sufferings; *~ tilstand* state of mind; *det -e* the spiritual *(el.* psychological) element *(el.* factor).

sjeleliv mental life, spiritual life. **-messe** requiem, mass for a departed soul; *kapell (el. alter) til -r*

chantry. **-nød** mental agony. **-sorg** spiritual guidance. **-sørger** spiritual adviser, clergyman, pastor. **-trøst** spiritual comfort. **-vandring** transmigration of souls.

sjelfull soulful, expressive.

sjelfullhet soulfulness, expressiveness, spirit.

sjelløs soulless.

sjelsevner *(pl)* mental *(el.* intellectual) faculties; *han har varig svekkede ~* he has permanently impaired mental faculties. **-styrke** strength of mind *(el.* character). **-tilstand** mental state, state of mind.

sjenere *(vb)* 1*(hemme)* hamper, handicap *(fx* he was handicapped by a stammer), interfere with *(fx* these clothes i. with my movements), bother *(fx* the heat bothers me); 2*(volde besvær)* inconvenience, incommode; 3*(plage)* trouble, be troublesome, annoy, be a nuisance to; *såret -r ham ennå* the wound is still giving me trouble; 4*(gjøre forlegen)* embarrass, be embarrassing to, make uncomfortable; 5*(forstyrre)* disturb, interfere with, bother *(fx* he is always bothering me with his interruptions); *-r det Dem at jeg røker?* do you mind if I smoke? do you mind my smoking? *sjener Dem ikke (også iron)* don't mind me; *~ seg for å ...* not like to *(fx* I did not like to ask for another cup).

sjenerende embarrassing; troublesome *(fx* a t. cough); *T* bothersome; *~ hårvekst* superfluous hair; *kulden føles ikke ~* the cold does not cause any discomfort.

sjenert shy, (self-)conscious; bashful; *(brydd)* embarrassed.

sjenerthet shyness, bashfulness.

sjenerøs generous, liberal; *(se gavmild).*

sjenever hollands (gin), Dutch gin.

sjeselong chaise longue, couch, sofa.

sjette *(tallord)* sixth; *det ~ bud (svarer hos anglikanerne til)* the seventh commandment. **-del, -part** sixth (part); *fem -er* five sixths.

sjeviot *(stoff)* cheviot; *blå ~* blue serge.

sjikane persecution; insults; pestering, harassing; *telefon-* insulting telephone calls *(fx* he was the constant recipient *(el.* victim) of insulting telephone calls); *han ble utsatt for grov ~ fra en av naboene* he was the victim of severe persecution by one of the neighbours.

sjikanere *(vt)* persecute; insult; pester; harass; badger; *han ble fetert i store taler ved bordet og sjikanert uten skånsel utover kvelden* he was celebrated in lavish terms at the table and mercilessly harassed as the evening proceeded; *en politimann ble sjikanert bort fra sin stilling* a policeman was harassed out of his job.

sjikanøs insulting.

sjikt layer, stratum; *det ledende ~ av politiske tillitsmenn* the top layer of political representatives.

sjimpanse *(zool)* chimpanzee.

sjiraff *(zool)* giraffe.

sjirting bookbinder's cloth; *innbundet i ~* cloth-bound, in cloth.

sjirtingsbind cloth binding.

sjofel mean. **-het** meanness.

sjokk shock; *T* turn *(fx* the news gave me quite a turn); *få et ~* get a shock; *det hele var litt av et ~* T the whole thing was a bit of a shock.

sjokkbehandling *(med.)* shock treatment.

sjokke *(vb)* shuffle, shamble, pad.

sjokkere *(vb)* shock; *-t over* shocked at *(el.* by).

sjokolade chocolate. **-butikk** sweetshop; confectioner's (shop); US candystore; *(jvf konfektforretning).* **-farget** chocolate-coloured. **-kake** c. cake. **-plate** tablet of c. **-pudding** chocolate blancmange. **-stang** bar of c.

sjokoladetrekk chocolate icing (,US: frosting); *med* ~ chocolate-iced.
sjongler|e *(vb)* juggle; ~ *med fakta* juggle the facts around; *han -te med en rekke tall* he juggled *(el.* operated) with a lot of figures.
sjonglør juggler.
sjt *int (husj)* shoo!
sju *(tallord)* seven.
sju|dobbelt *se -fold.*
sjuende *(tallord)* seventh; *det* ~ *bud (svarer hos anglikanerne til)* the eighth commandment; *til* ~ *og sist* at long last, ultimately; eventually; in the end; *i den* ~ *himmel* in the seventh heaven; ~ *sans* pocket diary.
sju(ende)del seventh.
sjuer seven.
sjufold, sjufoldig sevenfold, septuple.
sjuk *se syk.*
sjukling T sickly person.
sjumilsstøvler *(pl)* seven-league boots.
I. sjuske *(subst)* slut.
II. sjuske *(vb)* scamp *(el.* botch) one's work; ~ *med noe* scamp sth.
sjusket slovenly; *legge seg til -e vaner* get into slovenly habits.
sjusover stay-abed; *(litt.)* lie-abed; US sleepy-head.
Sjustjernen the Pleiades.
sju|tall (figure) seven; *(se sekstall).* **-tiden:** *ved* ~ (at) about seven (o'clock). **-årig, -års** seven-year-old, of seven *(fx* a child of seven); *(som varer i sju år)* of seven years.
sjy *(kjøttsaft)* gravy.
Sjælland *(geogr)* Zealand.
sjø *(innsjø)* lake; *(hav)* sea, ocean; *(bølge)* sea, wave; *(sjøgang)* sea *(fx* there is not much (of a) sea); *på -en* at sea; *ved -en* at the seaside; by the sea(side); *et hus ved -en (også)* a house beside the sea; *svær (el. høy)* ~ a heavy sea; *det er svær* ~ there is a heavy sea, the sea is running high; *holde -en (om skip)* be seaworthy; *til -s* at sea; *dra til -s* go to sea; *hoppe til -s* jump overboard; *reise til -s (ɔ: sjøveien)* go *(el.* travel) by sea; *gutten stakk til -s* the boy ran away to sea; *stå til -s* stand (out) to sea; *put* (out) to sea; *i åpen (el. rom)* ~ in *(el.* on) the open sea, on the high seas; *(et stykke fra land)* in the offing; *vi fikk svær* ~ *over oss* we shipped a heavy sea; *stikke i -en* put (out) to sea; *la ham seile sin egen* ~ let him shift for himself; leave him to his own devices; T let him paddle his own canoe; *(se også seile).*
sjøassuranse marine insurance.
sjøbad *(subst)* **1.** swim in the sea, bathe (in the sea); **2**(*stedet)* seaside resort.
sjøbilde seascape.
sjøbu warehouse; wharfside shed.
sjøby seaport, seaside town.
sjødyktig seaworthy. **-het** seaworthiness.
sjøfarende seafaring. **-farer** seafarer; *Sinbad -en* Sinbad the Sailor. **-fartsbok** discharge book.
Sjøfartsdirektoratet *(kan gjengis)* the Maritime Directorate; the Norwegian Directorate of Shipping and Navigation; **UK** the Department of Trade, Marine Division.
sjø|fartslov maritime law; Merchant Shipping Act. **-fly** seaplane; US floatplane. **-folk** seamen, sailors, mariners.
sjøforklaring maritime (statutory) declaration; *(forhøret)* (court of) inquiry; *avgi* ~ make the statutory declaration; *det vil bli holdt* ~ *i forbindelse med dette forliset* an inquiry will be held into the loss of this ship; *la oppta* ~ *(etter meldt protest)* extend the protest; *(jvf sjøprotest).*
sjø|forsikring marine insurance. **-forsvar** naval

defences; *generalinspektøren for Sjøforsvaret* Inspector General of the Royal Norwegian Navy; **UK** First Sea Lord; **US** Chief of Naval Operations.
sjøgang (heavy) sea; *det begynner å bli litt* ~ the sea is getting up; *det var svær* ~ there was a heavy sea running; *i aldri så lite* ~ *vil en slik farkost kullseile* in anything of a sea such a craft will capsize.
sjøgutt sailor boy.
sjøgående sea-going.
sjø|handel maritime trade. **-handelsby** seaport. **-helt** naval hero. **-hyre** sea-going kit.
sjø|kadett naval cadet. **-kaptein** sea captain. **-kart** chart. **-kartarkiv** hydrographic office. **-klar** ready for sea, r. to sail. **-krig** maritime war, naval war. **-krigshistorie** naval history. **-krigsskole** naval college; US naval academy. **-ku** *(zool)* sea cow.
sjøkyst sea-coast, seaboard.
sjøl *se selv.*
sjøluft sea air.
sjølve *se selve.*
sjøløve *(zool)* sea lion.
sjømakt naval force; *(stat)* naval power.
sjømann sailor; *(offisiell betegnelse)* seaman; *(i kunngjøringer ofte)* mariner.
sjømannsbedrift feat of seamanship, maritime exploit.
sjømannsdyktighet seamanship.
Sjømannsforbundet the Seamen's Union.
sjømannshjem sailors' home.
sjømannskap seamanship.
sjømannskirke seamen's church.
sjømanns|klær sailors' clothes; slops. **-liv** seafaring life. **-messig** seamanlike, sailorly. **-misjonen** the Missions to Seamen; T the Flying Angel Club. **-misjonær** missionary in the Missions to Seamen. **-prest** seamen's *(el.* sailors') padre, minister to seamen. **-skikk** maritime custom, sailor's usage. **-skole** seamen's school, navigation school;
*The Gravesend Sea School.
sjømannsspråk sailors' language, nautical l. **-standen** sailors, seamen, seafarers. **-uttrykk** nautical expression. **-vis:** *på* ~ seaman-like, sailor-fashion. **-vise** sea shanty.
sjømerke seamark, beacon, navigation mark; buoy.
sjømil sea mile, nautical mile.
sjømilitær: *S-e korps (fk SMK)* Petty Officers' Schools and Depot.
sjø|offiser naval officer. **-ordbok** nautical dictionary. **-orm** sea serpent. **-pant** *(jur)* maritime lien, lien m. **-panthaver** maritime lienor.
sjøprotest (ship's) protest, sea protest.
sjøpølse *(zool)* sea cucumber, synaptid.
sjøreise (sea) voyage; *(se I. reise).*
sjørett *(domstol)* maritime court; *(i England oftest)* Admiralty Court; *(lovsamling)* maritime law. **-sbesiktigelse** maritime court survey. **-ssak** maritime case; *(i England)* Admiralty case.
sjørokk sea spray; *(se sjøsprøyt).*
sjørøver pirate.
sjørøveri piracy.
sjørøversk piratical.
sjørøverskip pirate (vessel).
sjørøyk spindrift, mist; *(jvf sjøsprøyt).*
sjøsette *(vt)* launch, set afloat.
sjøside: *på -n* on the seaward side, seaward; *fra -n* from the seaward side, from the sea.
sjøskadd damaged at sea.
sjøskade sea damage; *(i forsikring)* average loss; *(jvf havari).*
sjø|slag sea battle, naval battle. **-sprøyt** *(skumsprøyt)* sea spray; spray *(fx* we were drenched

with spray whenever we went on deck); *-en sto over baugen* the sea splashed over the bows; *(jvf sjørøyk)*.
sjøsterk: *være* ~ be a good sailor; *bli* ~ get *(el.* find) one's sea-legs; *han er* ~ he's a good sailor; he's got his sea-legs; *ikke være* ~ be a bad sailor.
sjøstjerne *(zool)* starfish. **-styrke** naval force.
sjøsyk seasick; *ha lett for å bli* ~ be a bad sailor.
sjøsyke seasickness. **-territorium** territorial sea *(el.* waters); *(jvf territorialgrense)*. **-transport** carriage by sea. **-trefning** naval engagement. **-tunge** *(fisk)* sole. **-tur** sea voyage; trip to sea; *(se I. tur)*.
sjøudyktig unseaworthy; *gjøre* ~ disable.
sjøulk old salt, (jack) tar, shellback *(fx* a real old s.).
sjøuttrykk nautical *(el.* sea) term.
sjøvann seawater.
sjøvant used to the sea.
sjøvei sea route; *-en (ɔ: med skip)* by sea *(fx* goods shipped by sea); by (the) sea route.
sjøvern shore defence; *(sjømakt)* naval force.
sjøverts by sea, by (the) sea route; ~ *forbindelse* sea communication.
sjøvesen maritime matters, naval affairs.
sjøørret *(fisk)* sea trout.
sjåfør driver; *(privat-)* chauffeur.
sjåførlærer driving instructor. **-skole** school of motoring, driving school.
sjåvinisme chauvinism, jingoism. **-ist** chauvinist, jingo. **-istisk** chauvinistic, jingo.
skabb *(vet)* scab; *(især på hunder)* mange; *(med.)* the itch, scabies; *(jvf brennkopper)*.
skabbet scabby, mangy.
skabelon *(legemsbygning)* figure, shape.
skaberakk monstrosity.
skadd damaged; *(om frukt)* bruised; *(se for øvrig II. skade)*.
I. skade *(subst)* 1*(beskadigelse)* damage (NB *kun i entall) (fx* d. by fire); *(havari)* accident; *(se havari);* injury; *(legems-)* injury; *(maskin-)* (engine) breakdown; e. trouble *(el.* damage); 2*(tap, ulempe, uheldig virkning, ugagn)* harm, mischief; *(forringelse, det at noe går utover noe)* detriment *(fx* to the detriment of ...);
[*A: forb. med adj, subst, m.m.; B: med vb; C: med prep*]
A: *alvorlig (,betydelig)* ~ serious (,considerable) damage; *den forvoldte* ~ the damage (caused); *gammel* ~ *(ben-, etc)* old trouble *(fx* how is the old t.?); *dette var grunnen til -n* this was the reason for *(el.* the cause of) the damage; *materiell* ~ (material) damage; *-ns omfang* the extent of the damage; *store -r* great damage; *ubotelig* ~ irreparable damage *(el.* harm).
B: *anmelde en* ~ *(fors)* advise a claim, notify a loss; *anrette* ~ do *(el.* cause *el.* inflict) damage; *betale en* ~ pay for the damage; *(betale erstatning)* pay damages; *skipet har fått store -r* the ship has been badly damaged; *gjøre* ~ *: se ovf: anrette; slike filmer gjør mer* ~ *enn gagn* such films do more harm than good; *slike rykter gjør stor* ~ such rumours work great mischief; *godtgjøre -n* make good the damage (,the loss); *komme i* ~ *for å* ... be unfortunate enough to...; *komme til* ~ get hurt *(el.* injured); *(se for øvrig C ndf); det er ingen* ~ *skjedd* there is no harm done; **T** there are no bones broken; *-n var skjedd* the damage was done; *ta* ~ *(om ting)* be damaged, suffer *(el.* sustain) damage; *det tar han ingen* ~ *av* that won't hurt him; that won't do him any harm; *han har ikke tatt* ~ *av det* he is none the worse for it; *han hadde tatt* ~ *på forstanden (også)* his brain

had been affected; *tilføye en* ~ do harm to sby, injure sby; *vurdere -n* estimate the damage *(fx* the d. was estimated at £1,000);
C: *av* ~ *blir man klok* once bitten twice shy; *bli klok av* ~ learn by experience; *han er blitt klok av* ~ he has been taught by bitter experience; *klok av* ~ *besluttet han å ...* taught by (bitter) experience he decided to ...; ~ *på* damage to *(fx* the roof); injury to *(fx* the body); ~ *på grunn av hardt vær (mar)* damage by heavy weather; *til* ~ *for* to the injury *(el.* detriment) of; *(jur)* to the prejudice of; *til* ~ *for våre interesser* detrimental to our interests; *til stor* ~ *for meg* to my great damage; greatly to my detriment *(el.* prejudice); *komme til* ~ get hurt, hurt oneself, come to harm, be injured, come to grief; *uten* ~ *(ɔ: med fordel)* with advantage; *uten* ~ *for* without detriment *(,jur:* prejudice) to.
II. skade *(vb)* 1*(tilføye ytre skade)* damage *(fx* brannskadd damaged by fire); do damge to *(fx* the rain did some d. to the crops); bite *(fx* the frost will bite the fruit blossom); bite (into) *(fx* strong acids bite (into) metals); *(person)* hurt, injure *(fx* he hurt his back; the ship was damaged and two passengers were injured *(el.* hurt)); *han ble -dd i hodet (også)* he suffered injuries to the head; *varene er ankommet i -dd tilstand* the goods have arrived damaged; *(forderve)* spoil; *(svekke)* impair; be bad for *(fx* that light is bad for the eyes); ~ *sin helbred* injure *(el.* impair) one's health; ~ *seg* hurt oneself; ~ *seg i benet* hurt one's leg; 2*(fig)* damage, prejudice *(fx* p. one's chances of success, one's career), be detrimental to; *tiltak som -der våre interesser* measures detrimental to our interests; ~ *sitt rykte* damage *(el.* be damaging to) one's reputation; ~ *ens gode navn og rykte* damage sby's reputation; ~ *sin sak* damage *(el.* prejudice) one's case; *det -der ikke hans gode navn og rykte (også)* it does not detract from his reputation; *det vil* ~ *deg hos publikum (også)* that will go against you with the public; *det -der ikke å forsøke* there can be no harm in trying; where is the harm in trying? *det -der ikke å komme litt for tidlig* there is no harm in being a bit before time; *det ville ikke* ~ *om De* ... it would do no harm if you ...; *litt sukker til puddingen ville ikke* ~ a little sugar with the pudding would not come amiss *(el.* will do no harm); *høflighet -der ikke* there is no harm in being polite.
skadeanmeldelse *(fors)* claim advice, advice of claim; *(jvf havarianmeldelsesskjema)*. **-avdeling** *(fors)* claims department. **-bevis** *(mar)* certificate of damage. **-dyr** vermin, noxious animal, pest. **-forsikring** general insurance, non-life insurance. **-fri** *godtgjørelse for -tt år (fors)* no-claim bonus. **-fro** [rejoicing in the misfortune of others]; malicious *(fx* a m. laugh); *være* ~ *over noe* gloat over sth. **-fryd** malicious pleasure, malice; *(mer uskyldig)* glee *(fx* the children laughed with glee). **-insekter** *(pl)* insect pests. **-lidende** the sufferer, the injured party; *de* ~ *områder* the affected areas; *ingen ble* ~ no one sustained any loss.
skadelig bad *(fx* for the digestion, for the eyes); injurious, harmful, detrimental, *(meget)* pernicious; very harmful, *(giftig)* noxious; *(ond)* baneful; *en meget* ~ *innflytelse* a pernicious *(el.* baneful) influence); *-e damper* noxious fumes; *-e følger* harmful effects *(el.* consequences); *-e insekter (også)* insect pests; *-e luftarter* noxious gases; ~ *virkning* harmful effect; ~ *for* detrimental to, damaging to, prejudicial to *(fx* our inter-

ests); *virke* ~ *på salget* have a detrimental effect on the sales.

skadelighet harmfulness; noxiousness.

skademelding accident statement.

skadeserstatning compensation; *(jur)* damages *(pl)*; *betale* ~ pay damages *(fx* pay d. to sby); *kreve* ~ claim damages; *(for retten)* sue *(fx* sby) for damages; *bli tilkjent* ~ recover damages; *få £100 i* ~ receive £100 as *(el.* in) compensation; *yte* ~ pay damages; *pliktig til å yte* ~ liable for damages; *(jur)* liable in damages.

skadeskyte *(vb)* wound.

skadesløs: *holde* ~ indemnify; compensate *(fx* sby for a loss); protect from loss.

skadestue *(på sykehus)* emergency room.

I. skaffe *(vb)* 1*(bringe til veie)* get hold of, get, find *(fx* I must f. £500 by next Friday); obtain; **T** come by *(fx* this book is difficult to come by); secure *(fx* he tried to s. seats (‚tickets)); provide, supply, get *(fx* get a taxi; could you get me a glass of water?); **T** fix up; *vi håper De kan* ~ *oss bestillingen* we hope you will be able to pass us the order; ~ *en en jobb* fix sby up with a job; ~ *en sengeplass for natten* fix sby up for the night; *den beste kvalitet som kan -s* the finest quality available; *vi tviler på at vi vil kunne* ~ *denne kvaliteten* we doubt being able *(el.* we doubt if we shall be able) to obtain this quality; ~ *til veie* obtain; ~ *av veien* get rid of, remove; ~ *en av veien* get sby out of the way; *(ɔ: drepe)* put sby out of the way; do away with sby; **S** bump sby off; ~ **seg** get (oneself); *(sikre seg)* secure; ~ *seg en ny bil* get (oneself) a new car; ~ *seg adgang* gain *(el.* secure) admission, gain access; *denne fremgangsmåten -t ham mange fiender* this procedure made him many enemies; ~ *seg kunnskaper* acquire knowledge, improve one's mind; *hans dristige tyverier -t ham en dom på 6 år* his audacious thefts brought him a jail sentence of six years; 2*(volde)* cause *(fx* it caused me endless worry); ~ *en bry* put sby to trouble *(fx* this has put us to *(el.* given us) a great deal of trouble).

II. skaffe *vb (mar)* eat, mess.

skaffetøy *(mar)* mess gear.

skafott scaffold.

skaft handle, haft; *(på søyle)* shaft; *(støvel- og strømpe-)* leg; *(økse-)* helve, axe handle.

skaftekasserolle (sauce)pan.

skaftestøvler *(pl)* top boots; *(politi-, militær-)* jackboots; *(se gummistøvler).*

Skagen *(geogr)* the Skaw.

skake *(vb)* shake, jolt; judder; ~ *av sted* bump *(el.* jolt) along; ~ *opp (fig)* disturb, agitate; *(se støkk).*

skaking shaking; *(risting, støt)* jolt, jolting; *(risting, vibrering)* judder, juddering.

skakk *se skjev.*

I. skakke *(subst): på* ~ aslant, tilted.

II. skakke *(vb):* ~ *på* slant; ~ *på hodet* cock one's head, put one's head on one side; *skakk ikke på bordet* don't wobble the table.

skakkjørt *(fig)* misguided; ~ *ungdom* misguided young people; young people who have gone off the rails.

skakt *se skakk.*

skal *presens av skulle.*

skala scale; *(på radio)* dial; *i stor* ~ on a large scale.

skald *(glds)* scald, skald.

skaldedikt skaldic poem. **-kvad** skaldic lay.

skaldskap skaldic art, minstrelsy.

skalk *(brødskalk)* **1.** outside slice, first cut (of a loaf); **US** heel; **2.** bowler hat.

skalke *(vb):* ~ *lukene (mar)* batten down the hatches.

skalkeskjul blind; cover; *et* ~ *for* a (mere) blind for; *bare et* ~ just a blind.

skall shell; *(frø-)* hull; *(hakk)* chip *(fx* two of the glasses had chipped edges); *appelsin-* orange peel; *banan-* banana skin; **US** banana peel; *komme ut av sitt* ~ *(fig)* come out of one's shell; *trekke seg inn i sitt* ~ *(fig)* withdraw into oneself, retire into one's shell.

skalldyr *(zool)* shellfish; crustacian.

skalldyrsalat shellfish salad.

I. skalle *(subst)* **1.** skull; 2*(støt med hodet)* butt.

II. skalle *(vb)* 1*(støte hodet mot noe)* knock *(el.* bang el. bump) one's head against sth *(fx* he was so tall that he banged *(el.* bumped) his head as he went through the doorway); 2*(støte med hodet)* butt; ~ *til en* butt sby.

III. skalle *(vb):* ~ *av* peel (off); *(om maling)* scale off; *(se flasse).*

skallet bald(-headed).

skallethet baldness.

skallfrukt *(bot)* shell-fruit; caryopsis.

skalmeie *(mus)* shawm.

skalp scalp; *de er ute etter -en din (fig)* **T** they are after *(el.* out for) your blood.

skalpel scalpel.

skalpere *(vb)* scalp.

skalte *(vb):* ~ *og valte* manage things one's own way; do as one likes; *han -r og valter som han selv finner for godt* he does exactly as he likes; he manages everything his own way.

skam shame, disgrace, discredit *(for* to) *(fx* her untidy garden was a discredit to the whole street); *for -s skyld* out of common decency *(fx* he thought he had to do it out of c. d.); *in decency (fx* he could not in d. refuse); *jeg må med* ~ *melde at jeg glemte det* I'm ashamed to say that I forgot it; *det er nesten* ~ *å ta imot pengene* it seems a shame to take the money; *det er en* ~ *av deg å behandle ham slik* you ought to be ashamed of yourself treating *(el.* to treat) him like that; *det er stor* ~ *at* it is a great shame that; *(sterkere)* it's a crying shame that ...; *bite hodet av all* ~ ignore the dictates of common decency; *eier han ikke* ~ *i livet?* has he no sense of shame *(el.* decency)? *han eier ikke* ~ *i livet* he is lost to all (sense of) shame; he is past shame; *våre forhåpninger ble gjort til -me* our hopes were baffled; our expectations were frustrated; *bli sittende med -men* **T** be left holding the baby.

skamben *(anat)* pubic bone, pubis.

skambite *(vt)* tear, savage *(fx* the horse savaged his arm), bite severely.

skambud ridiculous bid *(el.* offer); disgracefully low offer *(el.* bid). **-by** *(vb)* make a disgracefully low offer.

skamfere *(vb)* damage, spoil.

skamfile *(mar)* chafe.

skamfull ashamed. **-het** shame.

skamhogge *(vb)* cut severely, maim; spoil *(fx* a forest) by excessive cutting.

skamløs shameless, brazen; *en* ~ *tøs* a shameless type of girl (‚woman); *(glds)* a brazen hussy.

skamløshet shamelessness, brazenness.

skamme *(vb):* ~ *seg* be ashamed of oneself; ~ *seg over* be ashamed of; *skam deg!* (for) shame! shame on you!

skammekrok corner; *gå i -en med deg!* stand in the corner! *i -en (ɔ: i unåde)* **S** in the doghouse.

skammel footstool.

skammelig disgraceful; infamous; scandalous; *en* ~ *situasjon* a disgraceful situation.

skam|plett stain *(fx* a s. on one's reputation). **-pris** absurdly low price.
skamrose *(vb)* praise extravagantly.
I. skamrødme *(subst)* blush of shame.
II. skamrødme *(vb)* blush with shame.
skamslå *(vt)* beat up, manhandle.
skandale scandal; *gjøre* ~ create a scandal, cause a s.; make a scene; *der har vi -n!* there now, I was sure it would happen! T that's torn it!
skandalehistorie (piece of) scandal.
skandaløs scandalous, disgraceful.
skandere *(vt)* scan.
skandering scansion; *(det å)* scanning.
skandinav Scandinavian. **S-ia** Scandinavia. **-isk** Scandinavian. **-isme** Scandinavianism.
skank shank.
skanse entrenchment; redoubt; *(mar)* quarterdeck; *frihetens siste* ~ the last bulwark *(el.* bastion) of freedom; *dø som sistemann på -n (fig)* die in the last ditch; *holde -n (fig)* hold the fort *(el.* field); *være sistemann på -n (fig)* be the last one to yield.
skansekledning *(mar)* bulwark.
skant *(forst)* measuring stick.
skap cupboard; *(finere)* cabinet; *(kles-)* wardrobe; *(mat-)* cupboard, safe *(fx* a meat safe); *(penge-)* safe; *det er hun som bestemmer hvor -et skal stå* she rules the roost; she wears the trousers; US she wears the pants.
skapaktig affected. **skapaktighet** affectation.
skapdranker [person who drinks on the sly].
skape *(vb)* **1***(forme, danne)* form, make; *(frembringe)* create, make *(fx* the cotton trade made Manchester), call *(el.* bring) into existence, bring about *(fx* a change), call into being *(fx* call new industries into being); establish *(fx* a tradition); **2***(forårsake)* create, give rise to, produce, bring about; ~ *bitterhet* cause *(el.* give rise to) bitterness; *klær -r folk* fine feathers make fine birds; clothes make the man; *ikke det -nde grann* not a blessed *(el.* damn) thing; not the least bit; *de ekstraordinære forholdene som krigen har skapt* the exceptional circumstances brought about by *(el.* arising out of) the war; ~ *hygge* create a pleasant atmosphere; ~ *interesse for* arouse an interest in; ~ *kontakt med* establish contact with; ~ *noe nytt* create sth new; break new ground; ~ *ro omkring saken* produce a calmer atmosphere (about the question); ~ *tillit* inspire confidence; ~ *utilfredshet* cause *(el.* give rise to) dissatisfaction; cause bad blood; ~ *uro (ved agitasjon, etc)* make trouble; ~ *uro omkring skolen* expose the school to criticism; ~ *vanskeligheter for en* cause *(el.* create) difficulties for sby, put d. in sby's way; ~ **seg** be affected, attitudinize; *(spille komedie)* put on an act *(fx* he is not hurt, he is only putting on an act); *(for å imponere)* show off; T carry on *(fx* I don't like the way she carries on); *(gjøre seg viktig)* give oneself airs; ~ *seg en fremtid* make *(el.* carve out) a career (for oneself); ~ *seg et navn* make a name for oneself.
skapelse creation.
skapelses|akt act of creation. **-historien** *(bibl)* Genesis.
skaper creator, maker.
skaperglede creative zest.
skaperi *(jåleri)* affectation.
skaper|makt creative power. **-verk** (work of) creation; *Guds* ~ the Creation.
skapning creature; *(noe som er frembrakt)* creation.
skapsprenger safecracker, safeblower; S peterman; *(se sprenge)*.
skapsprenging safeblowing; S peter-popping.

skar(d) *(i fjellet)* gap, pass.
I. skare *(uordnet mengde)* crowd; *(mindre)* band, flock, troop.
II. skare *(på snø)* (snow)crust; *det dannet seg* ~ *på snøen* the snow crusted over. **-føre** hard surface. **-snø** crusted *(el.* hard) snow; *(se også skavlesnø)*. **-voks** *(skismøring)* crust wax.
skarevis *(adv)* in crowds.
skarlagen scarlet. **-rød** scarlet.
skarlagensfeber *(med.)* scarlatina, scarlet fever.
skarp *(adj)* **1***(som kan skjære, etc)* sharp *(fx* edge, knife, tooth); *(især poet)* keen *(fx* a k. sword); **2***(som munner ut i en spiss)* sharp *(fx* nose); pointed; **3***(tydelig)* sharp *(fx* image); clear-cut *(fx* division, features, profile), distinct *(fx* outlines); **4***(om sansning)* sharp, keen, acute *(fx* hearing, sight); quick *(fx* these animals have very quick hearing); *(jvf 10);* **5***(i intellektuell henseende)* sharp *(fx* T he is (as) sharp as a sack of monkeys); keen *(fx* intelligence, mind, wits); penetrating *(fx* analysis); trenchant *(fx* reasoning, style); pungent *(fx* phrase, style); **6***(heftig, hard)* keen *(fx* competition, competitor, fight); **7***(streng)* sharp *(fx* a s. rebuke), severe *(fx* criticism); biting *(fx* satire); strong, drastic *(fx* measures); **8***(om klimatiske forhold)* keen; *(fx* the k. air of the mountains); **9***(mar, spiss for og akter)* fine *(fx* the boat has very fine ends); **10***(om smak, lukt)* pungent *(fx* taste, smell), sharp *(fx* taste); piquant *(fx* sauce), acrid *(fx* taste, smell, smoke); **-t** *(adv)* sharply, keenly, acutely *(,etc);* ~ *bemerkning* sharp *(el.* cutting *el.* biting) remark; *under* ~ *bevoktning* closely guarded; *ha en* ~ *hørsel (også)* have a quick ear; ~ *luktesans* sharp *(el.* keen) sense of smell; ~ *lyd* piercing *(el.* shrill) sound; *-t lys* glaring light; *en* ~ *måte å si det på* a cutting way of saying it; ~ *note (polit)* stiff note; ~ *ost* strong cheese; ~ *patron (mil)* ball *(el.* live) cartridge; *hans -e penn* his mordant style; *en av landets skarpeste penner* one of the keenest writers in the country; ~ *protest* energetic protest; ~ *seiler* fast sailer; *i -t trav* at a smart trot.
skarphet *(se skarp)* sharpness, keenness; acuteness, pungency; piquancy, acridness, acridity.
skarpklatring rock-face climbing.
skarpladd loaded (with live cartridges).
skarppretter executioner; hangman.
skarpseiler fast sailer.
skarpsindig acute, shrewd, discerning, keen, penetrating; *(stivt el. iron)* perspicacious.
skarp|sindighet acuteness, acumen, shrewdness, keenness, discernment; *(stivt el. iron)* perspicacity. **-skodd** roughshod; *(fig, om person)* extremely competent. **-skytning** firing (with live cartridges). **-skytter** sharpshooter. **-skåren** clear-cut, sharp, sharp-cut; *et -t ansikt* a rugged face. **-slepet** sharp-edged. **-syn 1***(gode øyne)* sharp sight, sharp eyes; **2.** = *-sindighet*. **-synt** sharp-sighted, sharp-eyed. **-synthet** sharp-sightedness.
skarre *(vi)* ~ *(på r'en)* burr, use a uvular r.
skarring burr.
I. skarv *(zool)* cormorant.
II. skarv *(slyngel)* rogue, scoundrel.
skarve *(adj)* miserable, wretched.
skarvepakk rabble, riffraff.
skarvøks *(tverrøks)* carpenter's adze (,US: adz).
skatoll bureau, secretary.
I. skatt *(kostbarhet)* treasure; *(kjæleord)* darling, sweetheart; *(især US)* honey.
II. skatt *(til staten)* tax; *(inntekts-)* income tax; *(til kommunen)* local taxes; *(i England)* rate(s) *(fx* the county rates; the rates on my house; the poor rate); *(NB rates brukes ikke i USA);* **-er** *pl (kollektivt)* rates and taxes; *-er og avgifter*

taxes, duties and licences; ~ *av årets inntekt (systemet)* the Pay-As-You-Earn system, (the) PAYE (system); ~ *på utbetalt lønn* payroll tax; *ettergivelse av -(en)* tax remission, r. of taxation; *legge ~ på* tax, put (,**T:** clamp) a tax on; *sende inn klage på -en* appeal against an excessive assessment; *-en kommer til å sluke hele fortjenesten din* the tax office *(el.* the Inland Revenue) will swallow up all your profits.

skattbar taxable; rat(e)able; *antatt ~ inntekt* estimated taxable income; *(se skattetakst, skatteverdi).* **-het** taxability, ratability.

skatte *vb (verdsette)* estimate, value, appreciate, prize; *(yte skatt)* pay taxes *(til* to).

skatteansettelse assessment (of taxes);
* The assessment of income tax, corporation tax and capital gains tax is the responsibilfity of the Tax Inspectorate of the Inland Revenue. There are 750 tax districts, each headed by a district inspector who may have 50 staff under him.

skattebetaler taxpayer; ratepayer; **US** taxpayer; *(se skattyter).* **-byrde** burden of taxation; tax incidence; *den stadig økende ~* the ever increasing b. of t.; *en annen fordeling av -n* a shifting of the tax burden.

skattedirektorat UK Tax Inspectorate (of the Inland Revenue).

skattedirektør UK Inspector of Taxes; *(se ligningssjef; skatteinspektør).*

skatte|evne taxable capacity, taxability; ratability. **-fradrag** deduction *(fx* a d. of £60 in respect of one child and of £50 in respect of each subsequent child); allowance *(fx* a Life Assurance a.; an a. may be claimed for contributions to an insurance scheme); relief *(fx* small income r.; age r.; judges get no special tax relief and no special expense allowance); *sparing med ~* saving with tax deduction. **-fradragsregler** *(pl)* = allowances and reliefs.

skatte|fri tax-free; **US** tax-exempt; *-fritt fradrag* tax-free allowance. **-flyktning** tax refugee. **-fordel** tax advantage. **-frihet, -fritak** exemption from taxation; *(ofte =)* relief *(fx* a wife's earned income r.). **-graver** treasure hunter.

skatteinspektør *(ligningsrevisor)* **UK** tax inspector.

skattejuridisk [relating to, or concerned with, legal aspects of taxation]; ~ *ekspert* legal specialist in tax law; ~ *konsulent* tax consultant.

skatte|klage appeal against an excessive assessment *(fx* he has appealed against an excessive a. to the Revenue Authorities). **-lettelse** tax concession, reduction of taxation; *(se også -fradrag & utsikt).* **-ligning** assessment (of taxes); *(se ligning).* **-messig** from the point of view of taxation, from a fiscal point of view, fiscal; *(adv)* fiscally; *sakens -e side (også)* the taxation aspect. **-myndighetene** *se ligningsmyndighetene.* **-nedsettelse** tax reduction. **-nekter** tax refuser. **-objekt** object of taxation. **-omlegning** change *(el.* reform) of taxation, tax change. **-ordning** system of taxation. **-paradis** tax haven.

skatte|plikt tax liability. **-pliktig** liable to (pay) tax; *(om gjenstand el. verdier)* taxable *(fx* income); chargeable (with tax), subject to tax. **-politikk** fiscal policy; **-prosent** rate (of taxation), rate of tax; **US** tax rate. **-pålegg 1.** imposition of taxes, taxation; **2**(*forhøyelse)* increase of taxation. **-restanse** back tax; unpaid (balance of) taxes; (income) tax arrears. **-rett** tax law(s). **-rettslig** concerned with tax law(s); *den -e side av saken* the tax-law side of the matter. **-seddel** notice of assessment; *(kravet)* income tax demand note; **US** tax bill. **-snyter** (income) tax evader; **T** tax dodger. **-snyteri** tax evasion; **T** tax

dodging. **-system** tax structure; *forandre -et* change the tax structure.

skattetakst valuation of property for rating purposes; *(verdien)* rat(e)able value *(fx* of a house); *(jvf pristakst);*
* A special central government department of the Board of Inland Revenue, called the Valuation and Rating Department, has the job of assessing the rat(e)able value of every building and piece of land.

skattetrekk deduction of tax (at its source).

skatte|trykk *se -byrde.* **-unndragelse** tax evasion; **T** tax dodging; **-utjevning 1.** evening out of rates and taxes; **2.** even distribution of rates and taxes; **-verdi** *(skattbar verdi)* rateable value; *(se skattbar);*
* The rateable value of a property is based roughly on the annual rent it might be expected to command at an agreed date.

skatte|yter *se skattyter.* **-år** fiscal year, tax year.

skattkammer treasury; *(fig)* storehouse *(fx* of information).

skattland *(hist)* tributary country.

skattlegge *(vb)* tax.

skattyter taxpayer; ratepayer; *stor ~* upper-bracket t. *(el.* r.); big t. *(el.* r.); *vanlig ~* middle-bracket t. *(el.* r.).

skattøre *se skatteprosent.*

skaut headscarf; square; *(glds)* kerchief.

skav scrapings, shavings.

skavank fault, flaw, defect, shortcoming *(fx* he has his shortcomings).

skave *(vb)* scrape.

skavl (steep) snowdrift.

skavlesnø wind slab; *skare innimellom skavlene* wind crust.

skeie *(vb):* ~ *ut* kick over the traces; ~ *helt ut* go to the bad.

skeis T: *det gikk ~* it went phut; it went to pot.

skeiv *se skjev.*

skepsis scepticism; **US** skepticism; *med en viss* ~ with a certain amount of s.

skeptiker sceptic; **US** skeptic.

skeptisisme scepticism; **US** skepticism.

skeptisk sceptical; **US** skeptical.

sketsj sketch.

skev S skew; stoned.

ski ski; *(på fly)* aircraft skid; *med ~ (om fly)* mounted on skids; *stå (el. gå) på* ~ go on skis, go skiing; *han gikk dit på* ~ he went there on skis; *stå (på ~) ned en bakke* ski down a slope; *vi skal ut og gå på* ~ *i dag* we are going (out) skiing today; *(se beinfly; hoppski; langrennski; løypeski; slalåmski; solid; turski).*

skibakke ski hill; *(mindre, for begynnere)* nursery slope; *(hopp-)* (ski-)jumping hill.

skibrudd shipwreck; *lide* ~ be shipwrecked; *(fig)* go on the rocks; fail; *lide* ~ *i livet* fail in life; *ha lidd* ~ *i livet* **T** *(også)* be on the rocks; *(NB' on the rocks' også = pengelens).*

skibbrudden shipwrecked, castaway *(fx* crew, sailor); *den skibbrudne* the shipwrecked man (,woman), the castaway.

skibinding ski binding.

skifer slate; *tekke med* ~ slate. **-stein** slate. **-tekt** slated.

skiflyvning ski flying.

skift 1(*arbeidsperiode)* shift *(fx* an eight-hour s.; we work in three shifts); *komme på* ~ come on shift, come on *(fx* he came on at half past ten); *spise på* ~ eat in relays; **2**(*klær)* change *(fx* a change of underwear); **3**(*bygg; av mursten)* course; *(se omfar).*

skiftarbeid shift work.

I. skifte *(subst)* change; *(arve-)* division of an inheritance (,of an estate).

II. skifte *(vb)* change; *(utveksle)* exchange; *(avløse hverandre)* alternate; ~ **farge** *(kort)* switch (on) to another suit; ~ **klær** change (one's clothes); ~ **olje** change the oil; ~ **på babyen** change baby's nappy, change baby; *-s om å gjøre det* take turns (doing it); *hun -t på med konen nedenunder om å vaske trappen* she took turns with the woman downstairs in washing the stairs; she and the w. d. washed the stairs in turn; ~ **på seg noen andre klær** change into some other clothes; ~ **til** *vinterolje* switch to (el. change (over) to) winter oil; ~ **ut** renew *(fx* a bulb).

skifteattest certificate of probate.

skiftebehandling administration of an estate.

skifte|formann *(jernb)* (passenger) yard foreman. **-konduktør** head shunter; *(NB lønnsklasseplassering som* 'senior railman'; *jvf sporskifter).* **-kontrollør** (passenger) yard inspector. **-lederplass** hump cabin. **-lokomotiv** shunting (,US: switching) locomotive. **-mester** (passenger) yard master.

skiftende changeable, changing, varying; *(se skydekke).*

skiftenøkkel (adjustable) spanner; US monkey wrench.

skifterett 1. the law of the administration of estates; **2***(domstol)* = probate court; *(i London)* Family Division of the High Court; *(sorterer utenfor London under)* county court; US surrogate's court; **3***(kontor)* probate registry; *dødsfallet må meldes til -en* his (,her) death must be reported to the Probate Registry; *-en har stadfestet testamentet* UK probate (of the will) has been granted by the County Court *(,i London:* by the Family Division of the High Court).

skiftesamling 1. meeting of all heirs and beneficiaries; **2***(merk)* creditors' meeting; meeting of creditors.

skifte|signal *(jernb)* shunting (,US: switching) signal, marshalling yard signal. **-spor** shunting (,US: switching) track; siding. **-sporgruppe** set of sorting sidings. **-stillverk** marshalling yard control office, control cabin. **-tomt** shunting *(el.* marshalling) yard; US classification yard; *flat* ~ flat yard.

skiftevis by turns, alternately.

skiføre skiing (surface); *godt* ~ good skiing (surface *el.* snow); *hvordan er -t i dag?* how is skiing today? *det var et elendig føre* the going was wretched.

skiføring control over *(el.* of) skis; *nydelig* ~ excellent c. of skis; *for bred* ~ skis too far apart.

skigard [rustic fence of diagonal design].

skigåing skiing.

ski|heis ski lift. **-holder** *(på bil)* ski rack. **-hopper** ski jumper. **-kjelke** sledge with skis as runners.

skikk custom, usage, practice; ~ *og bruk* the custom; customary; *ha for* ~ *å* ... be in the habit of (-ing); *få* ~ *på* get *(el.* lick) into shape.

skikke *(vb):* ~ *seg bra* shape well.

skikkelig decent, respectable; *et* ~ *måltid* a square meal; *beregn Dem en* ~ *timelønn* allow yourself proper *(el.* adequate) payment per hour; *sørg for at De blir* ~ *betalt* see that you are properly paid; *oppføre seg* ~ behave properly; *oppfør deg* ~*!* behave yourself!

skikkelse form, shape; guise *(fx* in the g. of an angel); *(i drama, maleri, etc)* figure *(fx* the central f. of the drama); *(person i roman, etc)* character; *ridderen av den bedrøvelige* ~ the Knight of the Sorrowful Countenance; *han smøg sin lange* ~ *gjennom døråpningen* he slid his long frame through the doorway; *en legendarisk* ~ a figure of legend; *etter ombyggingen fremstår operaen i ny* ~ the old opera house, now rebuilt, presents a new appearance.

skikket fit, suitable; ~ *for (el. til)* suitable for, suited for, fit(ted) for *(fx* the man best fitted for the post), cut out for *(fx* he is not cut out for that sort of work); *mindre* ~ *for* hardly suited for; *gjøre seg* ~ *til* qualify oneself for.

skiklubb skiing club.

skilderhus *(mil)* sentry box.

skilderi picture.

skildre *(vb)* portray, depict, describe.

skildrer portrayer.

skildring picture, description, portrayal; *(se malende).*

skill *(i håret)* parting; US part.

I. skille *(subst)* division; *vann-* watershed; *vei-* crossroads (NB a crossroads); *(fig):* se *skillevei & veiskille; et skarpt* ~ a sharp distinction.

II. skille *(vb)* **1***(fjerne fra noe annet)* part, separate; *(voldsomt)* sever *(fx* the head from the body); ~ *at* separate; *til døden -r oss at* till death do us part; ~ *fra* separate from; ~ *noe ut (fra noe annet)* separate sth (from the rest), sort sth out; *(kjem)* disengage; *(felle ut)* precipitate; **2***(danne grense mellom)* divide *(fx* the river divides my land from his); **3***(vekke splid)* divide *(fx* we must not let such a small matter d. us); *det skal ikke* ~ *oss (også)* we won't quarrel over that; **4***(skjelne)* distinguish *(mellom* between); *for å* ~ *her blir deres stillinger omtalt som* ... to make this distinction their positions are referred to as ...; **5***(om person):* ~ *en av med noe* relieve sby of sth, take sth off sby's hands; ~ *lag* separate, part company; *-s som (gode) venner* part (good) friends; *de skal -s* they are going to be divorced; *(se skilles).*

[Forb. med seg] ~ *seg av med* part with *(fx* one's house, one's money);* ~ *seg fra (o: være forskjellig fra)* be different from, differ from; *han skilte seg (el. lot seg* ~ *) fra sin kone* he divorced his wife; *de -r seg fra hverandre på vesentlige punkter* they have significant points of difference from each other; ~ *seg godt (,dårlig) fra noe* acquit oneself well (,ill); give a good (,bad) account of oneself; ~ *seg ut* stand out; be conspicuous; ~ *seg ut fra* be different from *(fx* other people), differ from; ~ *seg ut fra mengden* stand out from the crowd *(el.* the rest); lift oneself out of the ruck; ~ *seg ved* part with *(fx* one's house); *(se også hårfin & skilles).*

skille|linje dividing line, line of demarcation *(mellom* between). **-merke** distinguishing mark. **-mur** partition wall. **-mynt** small coin, (small) change. **-rom** partition.

skilles *(vb)* part *(fx* they parted the best of friends), part company *(fx* they parted c. for the night); separate; *(om selskap også)* break up *(fx* the party broke up at 12 o'clock); *(ved oppløsning av ekteskap)* be divorced; *(ved opphør av ekteskapelig samliv)* separate *(fx* they have decided to s.); *her* ~ *våre veier* this is where our ways part; *deres veier skiltes* their ways parted; *der hvor veiene* ~ at the parting of the ways; ~ *fra en* part from sby; *(se også II. skille 5).*

skilletegn punctuation mark.

skillevegg partition (wall).

skillevei crossroads, parting of the ways; *stå på -en* be at the parting of the ways, be at a crossroads.

skilling *(hist)* farthing; *spare på -en og la daleren gå* be penny-wise and pound-foolish.

skillinge *(vb):* ~ *sammen* club together, get up a subscription.

skilnad *se forskjell.*
skilpadde *(zool)* tortoise; *(hav-)* turtle; *forloren* ~ mock turtle. **-skall** tortoise shell. **-suppe** turtle soup.
skilsmisse divorce; *begjære* ~ start *(el.* institute) divorce proceedings; *(jur)* file a petition *(el.* a suit) for divorce; US file for divorce; *de ligger i* ~ they have entered into divorce proceedings; *ligger han i* ~*?* is he involved in divorce proceedings? *oppnå* ~ obtain *(el.* get) a divorce; *søke* ~ institute divorce proceedings; T file a suit; US file for divorce; *(se overdra).*
skilsmisse|barn child of divorced parents; child of divorce. **-begjæring** petition *(el.* suit) for divorce. **-dom** decree of divorce, d. decree; *få* ~ get a divorce. **-forhandlinger:** *innlede* ~ institute divorce proceedings. **-grunn** ground(s) for divorce. **-prosess** divorce proceedings, d. suit. **-sak** divorce case; *(se -prosess).* **-søkende:** *den* ~ *ektefelle* the petitioner (for divorce).
I. skilt *(subst)* badge *(fx* a policeman's badge); plate *(fx* a keyhole plate); *(uthengs-)* (hanging) sign, signboard; *(navne-)* name plate.
II. skilt *adj (fraskilt)* divorced *(fx* she's divorced).
skilte *(vb)* signpost *(fx* a road); *en dårlig -t vei* an inadequately signposted road; ~ *med* display, parade, show off, make a show *(el.* parade) of *(fx* one's learning), make great play with.
skiltvakt *(mil)* sentry, sentinel; *stå* ~ stand sentry, be on sentry duty; *(se sette B:* ~ *ut).*
ski|løper skier. **-løype** ski track; US ski trail; *(se løype).*
skimlet mouldy; US moldy; *(om hest)* dappled; *(hvit-)* roan; *(grå-)* dapple-grey.
skimmel *subst (hest)* dapple; *(grå-)* dapple-grey (horse); *(hvit-)* roan.
skimre *vb (skinne svakt)* shimmer, glimmer.
skimt glimpse; *(se glimt).*
skimte *(vb)* catch a glimpse of; see dimly.
skingrende shrill; ~ *falsk* painfully out of tune; *med* ~ *stemme* in a shrill voice, shrilly.
skinke ham; *(ved partering)* leg (of pork); ~ *med ben (hos slakteren)* fillet on the bone; *benfri* ~ *(hos slakteren)* boned fillet; *kokt* ~ boiled ham; *ristet* ~ fried ham; *saltet og røykt* ~ *(spekeskinke)* smoked, cured ham; gammon.
skinkeomelett roast pork omelette.
skinkestek roast (leg of) pork.
skinkestykke *(røkt)* = gammon hock, corner (,middle) gammon.
I. skinn *(hud)* skin, hide; *(dyrs pels)* coat; *(pelsverk)* fur; *(preparert)* skin *(fx* a zebra skin); leather; *(på frukt)* peel, rind; *det gylne* ~ the Golden Fleece; *en skal ikke selge -et før bjørnen er skutt* don't count your chickens before they are hatched; *han er bare* ~ *og ben* he's a bag of bones; *gå ut av sitt gode* ~ jump out of one's skin; *hva i djevelens* ~ *og ben!* what the hell! *holde seg i -et* control oneself; keep oneself in; *(ikke trosse forbud, etc)* toe the line; *gråte som et pisket* ~ cry one's heart out; *han henger i som et pisket* ~ he's working as if possessed; T he's working flat out; *løpe som et pisket* ~ run like mad; *redde -et* T save one's bacon; *risikere -et (fig)* stick one's neck out; *våge -et sitt* risk one's life; *våt til -et* soaked to the skin.
II. skinn light; *(sterkt)* glare; *(fig)* appearance; *-et bedrar* appearances are deceptive; *bevare -et* keep up appearances; *bevare et* ~ *av nøytralitet* preserve an air of neutrality; *han har -et imot seg* appearances are against him.
skinn- mock, sham, pseudo.
skinnangrep mock attack, feint; mock charge.
skinnanlegg *(mil)* dummy installations.

skinnbarlig *(adj)* incarnate; *den -e djevel* the devil incarnate.
skinnbind leather binding; leather-bound volume; *boka har* ~ the book is bound in leather.
I. skinndød *(subst)* asphyxia, suspended animation.
II. skinndød *(adj)* apparently dead, asphyxiated.
I. skinne *1(jernbane-)* rail; *(pl ofte)* metals; *(løpe-)* guide rail; *2(for brukket arm, etc)* (surgical) splint; *3(del av rustning; ben-)* greaves; *(for lår)* cuisse; *(for arm)* arm guard; *gå av -ne* run off *(el.* leave *el.* jump off) the rails *(el.* the metals); be derailed; *gå på -r* run on rails; *legge -r* lay (down) rails.
II. skinne *(vb)* shine; *sola -r* the sun is shining, it is sunny, it is a sunny day; ~ *av* shine with *(fx* his face shone with happiness), sparkle with *(fx* his eyes sparkled with joy); ~ *igjennom* shine through; *(kunne ses gjennom)* show through *(fx* the old paint shows through); *det -r igjennom i beretningen at* one can read between the lines of the report that; *det skinte igjennom at han var skuffet* he was obviously disappointed; *la det* ~ *igjennom at* hint that, intimate that.
skinneben *(anat)* shin(bone); *(fagl)* tibia; *sparke en over -et* kick sby's shins; *(i fotball, også)* hack *(fx* h. an opponent).
skinnebensbrudd *(med.)* fracture of the tibia.
skinne|brems *(jernb)* rail brake; US (car) retarder. **-brudd** rail breakage. **-buss** railcoach; railcar; railbus. **-forbinder** rail bond. **-fot** base *(el.* foot) of the rail, rail base. **-gang** track, runway, rails. **-helling** rail cant *(fx* rail inward c.). **-hode** railhead. **-høyde** height of a rail. **-kant** running edge (of a rail). **-klemme** rail anchor, anticreeper. **-kontakt** rail contact. **-kropp** web of the rail. **-kryss** crossing, frog; *dobbelt* ~ double frog, diamond crossing; *(se kryssveksel).* **-lask** fishplate. **-legger** platelayer. **-legning** track laying. **-løfter** rail lifter *(el.* jack). **-løs** trackless. **-presse** rail press *(el.* straightener), r. straightening machine. **-profil** rail form, r. section. **-rydder** guard iron, rail guard; US cowcatcher. **-skjøt** rail joint. **-skrue** coach screw, rail s. **-spiker** rail spike, dog spike, screw spike. **-spor** track. **-stol** rail chair. **-streng** rails *(pl).* **-støt** = rail joint. **-vandring** rail creep *(el.* motion), creeping of the rails. **-vei** *se* **-gang.**
skinnfektning sham fight *(el.* battle).
skinn|fell fur rug, fur bedcover; US *(også)* fell; *ikke strekke seg lenger enn -en rekker* cut one's coat according to one's cloth. **-fille** *(liten hudlapp)* patch of skin. **-foret** fur-lined.
skinnhanske leather glove.
skinnhellig hypocritical; sanctimonious; saintly; T goody-goody. **-het** hypocrisy; sanctimony.
skinninnbinding leather binding.
skinnjakke leather jacket.
skinn|kant fur edge. **-kåpe** fur coat.
skinnlue fur cap.
skinnmager skinny, lank-sided; *han er* ~ he's a bag of bones.
skinnpels fur coat.
skinnskjerf *(for damer)* fur cravat.
skinnsyk jealous *(på* of). **skinnsyke** jealousy.
skinntryte *(bot)* bog whortleberry.
skinn|trøye leather jacket. **-tøy** furs.
skip ship, vessel; *(i kirke)* nave; *(typ)* galley; *brenne sine* ~ burn one's boats; *forlate et synkende* ~ desert a sinking ship; *få et* ~ *å føre* obtain the captaincy of a ship; get a ship; *føre et* ~ command *(el.* be in command of) a ship; *«mitt* ~ *er ladet med...»* *(lek)* = «a name beginning with...»; *legge opp et* ~ lay up a ship;

gå om bord i et ~ go on board a ship; *(for å reise)* take ship *(fx* he took ship for X); embark; *sende varer med* ~ send goods by ship, ship goods; *varene sendes med norske* ~ the goods are shipped *(el.* sent) in Norwegian bottoms; *om bord på et* ~ on board *(el.* aboard) a ship, on a ship; *(stundom)* on shipboard *(fx* any excitement on s. is contagious); *pr.* ~ by ship.

I. skipe *(vb)* ship *(fx* goods); ~ *inn* take on board, embark; ~ *seg inn til Oslo* take ship for Oslo; ~ *ut* **1.** export by sea, export overseas; *(se utskiper & utskipning);* **2***(losse)* unload, discharge, unship *(fx* cargo).

II. skipe *(vb):* ~ *til* arrange; ~ *seg vel* turn out well.

skipning shipping.

skipnings|advis advice of shipment. **-dagen** (the) date of shipment. **-oppgave** particulars of cargo. **-ordre** shipping instructions.

skipper master (of a vessel), shipmaster, skipper; *S-n (tegneserie)* Popeye (the Sailor).

skipper|eksamen examination for the master's certificate. **-skjønn** rule of thumb; rule-of-thumb methods. **-skrøne** tall story, cock-and-bull story; *fortelle -r* draw the longbow. **-tak** all-out effort, sudden effort; *ta et* ~ make an all-out effort, make a spasmodic effort.

skips|aksje shipping share. **-apotek** ship's dispensary. **-assuranse** marine insurance. **-besetning** (ship's) crew. **-besiktelse** survey (of ships). **-besiktelsesmann** (ship)surveyor; *maskinkyndig* ~ engineer s.; *sjøkyndig* ~ nautical s. **-bygger** shipbuilder. **-byggeri 1.** shipbuilding (industry); **2***(verft)* shipbuilding yard, shipyard. **-bygging** shipbuilding. **-byggingsprogram** shipbuilding programme; *(se gang D).* **-dagbok** (ship's) log, log book. **-dokumenter** *(pl)* ship's papers. **-fart** shipping; *(seilas)* navigation. **-fartsforholdene** the state of the shipping trade. **-fører** master (of a ship), shipmaster. **-førereksamen** examination for the master's certificate; *han har* ~ he holds a master's certificate. **-handel** ship chandler, marine store dealer. **-journal:** *se -dagbok.* **-kjeks** ship's biscuit, hardtack. **-kontroll** inspection of ships; *Den norske* ~ *(kan gjengis)* the Norwegian Shipping *(el.* Ships) Control; (The Norwegian Shipping Authority; *(se Sjøfartsdirektoratet).* **-led** fairway, channel; *(gjennom pakkis)* lead. **-lege** ship's doctor. **-leilighet** shipping opportunity; *få* ~ *til* obtain a passage to; *med første* ~ by the first ship. **-mannskap** (ship's) crew. **-megler** shipbroker. **-reder** shipowner. **-rederi** shipowners, shipping company *(el.* business). **-sekk** duffel bag, kitbag. **-side** ship's side; *fritt fra* ~ free overside, free ex ship; *levere fritt ved* ~ deliver free alongside ship. **-skrog** hull (of a ship). **-tømmermann** ship's carpenter; T chippy, chips. **-verft** shipbuilding yard, shipyard.

skirenn skiing competition *(el.* race *el.* contest), ski meet(ing).

skiskyting biathlon.

skisma schism. **skismatiker** schismatic.

skismatisk schismatic(al).

skismøring ski wax.

skispor ski track *(el.* trail).

skisse sketch. **-bok** sketchbook.

skissere *(vb)* sketch, outline.

skistav ski stick; US ski pole; *(jvf stav).*

skiterreng skiing country.

skitne *(vb):* ~ *til* dirty.

skitrekk ski tow.

skitt dirt, filth, muck; rubbish, trash; ~ *i det!* to hell with it; *det er noe* ~ it's no good, it's

rotten; *(vulg)* it's no bloody good; *kaste* ~ *på en (fig)* smear sby, throw mud at sby.

skitten dirty, filthy; *(uanstendig)* smutty, obscene; *de skitneste og tyngste jobbene* the dirtiest and heaviest jobs; *han var* ~ *i ansiktet* his face was dirty, he was dirty in the face; *hele huset er -t* everything in the house is dirty; *the* h. *is dirty all over; all parts of the* h. *are dirty; han liker ikke å bli* ~ *på hendene* he doesn't like to get his fingers dirty.

skitten|ferdig dirty, slovenly. **-tøy** soiled *(el.* dirty) linen; washing; laundry. **-tøypose** washing bag.

skittunge T brat. **-viktig** T stuck-up.

skitur skiing trip; *(lengre)* skiing tour; *dra på* ~ make *(el.* take *el.* go on) a skiing trip; go skiing; *dra ikke ut på* ~ *alene* never set *(el.* go) out on skis alone; *skal vi ta en liten* ~? shall we do a bit of skiing? *han liker å gå på -er* he likes cross-country skiing; *(se beinfly; I. tur).*

skive *(subst)* disk; disc; *(til skyting)* target; *(av brød, kjøtt)* slice; *(på ur)* face, dial; *skyte på* ~ shoot at a target.

skiveskyting target practice.

I. skje *(subst)* spoon; *(om kvantum)* spoonful; *gi ham det inn med* ~ give spoon-feed him; ... *men vi skal ha oss frabedt å få det inn med -er!* but we won't have it rammed down our throats! *ta -en i den andre hånden* mend one's ways.

II. skje *(vb)* happen, occur *(fx* a few minutes later the explosion occurred); come to pass; be done; *Gud* ~ *lov!* thank God! *betalingen -r gjennom banken* payment is effected through the bank; *betalingen -dde i dollar* payment was made *(el.* effected) in dollars; *det har -dd en ulykke* there has been an accident; *(se levering).*

skjeblad bowl of a spoon.

skjebne fate, destiny; fortune; *-n* fate; *-ns tilskikkelser* the dispensations of fate; *han forbannet sin* ~ he cursed his lot; *finne seg i å bli* resigned to one's fate; *han fikk en trist* ~ he came to a sad end; *la -n råde* leave everything to chance; let things drift; *takk* ~*!* that's just like my luck! *utfordre -n* ask for trouble *(fx* that's asking for t.); *(se I. lune & overlate).*

skjebnesvanger fateful; *(ødeleggende)* fatal, disastrous.

skjebnetro *(subst)* fatalism.

skjede scabbard, sheath; *(anat)* vagina.

skjefte *(subst)* stock (of a gun).

skjegg beard; *(på nøkkel)* bit; *ukegammelt* ~ a week's growth of beard; *mumle i -et* mutter (to oneself); *le i -et* laugh up one's sleeve; *la -et vokse* grow a beard; *bli sittende med -et i postkassa* T be left holding the baby (,US: the bag).

skjeggape *(zool)* wanderoo; *(se I. ape).*

skjegget bearded; *(ubarbert)* unshaved, unshaven *(fx* he is unshaved; an unshaven person).

skjegg|løs beardless. **-meis** *(zool)* bearded titmouse. **-sopp** *(med.)* sycosis, barber's itch. **-stubb** stubble. **-torsk** *(fisk)* bib, pout; *(se torsk).* **-vekst** growth of beard.

skjel: *gjøre rett og* ~ give everyone his due; do the right thing; *komme til -s år og alder* grow up, reach the age of discretion; *(se II. rett).*

skjele *(vb)* squint; ~ *til* look askance at.

skjelett skeleton; *(fig)* framework *(fx* the f. of a novel).

I. skjell *(grense)* boundary, borderline.

II. skjell *(fiske-)* scale; *(muslingskall)* shell; *(musling)* shell, mussel.

skjellakk shellac.

skjell|dannet scaly. **-dekt** *se skjellet.*

skjelle *(vb):* ~ *og smelle* storm and rage; T

blow one's top off; ~ *en ut* abuse sby; **T** call sby names; blow sby up.

skjellet scaly, shelly.

skjellig just, reasonable; ~ *grunn* good reason; *det foreligger* ~ *grunn til mistanke* there are adequate grounds for suspicion.

skjellsord invective, insult, term of abuse, word of abuse.

skjelm *(skøyer)* rogue, wag; *neste gang er en* ~ take the chance while you have it; *ha en* ~ *bak øret* have sth *(el.* a trick) up one's sleeve.

skjelmsk roguish, waggish.

skjelne *(vb)* distinguish, discern, make out; *jeg kunne ikke* ~ *dem fra hverandre* I could not tell them apart.

I. skjelv shaking, trembling; *hun hadde nå fått -en i seg* she was now all of a tremble.

II. skjelv *(adj): han er* ~ *på hånden* his hand is unsteady.

skjelve *(vb)* tremble, shake, shiver; quake *(fx* the earth quaked); quiver; vibrate *(fx* the outlines vibrated in the heat); ~ *av frykt* tremble with fear; ~ *for (ɔ: av angst for)* tremble before *(fx* they trembled before him (,before his anger)); ~ *i buksene (ɔ: være redd)* **T** shake in one's shoes; ~ *som et aspeløv* tremble like an aspen leaf; *(se skjelvende)*.

skjelvende *(se skjelve)* trembling, shaking, shivering; *med* ~ *stemme (el. røst)* with a quiver *(el.* shake) in his (,her etc) voice.

skjelving trembling, shaking, shivering; tremble, shake, shiver, quiver, quake.

skjeløyd squint-eyed, squinting; **T** cross-eyed.

skjema 1*(blankett)* form; **US** blank; *(spørre-)* questionnaire; *fylle ut et* ~ fill up *(el.* in) a form, complete a form; 2*(fig)* pattern, scheme *(fx* his novels all conform to the same scheme); *gå fram etter et* ~ act according to a fixed pattern.

skjemat spoon food, food eaten with a spoon; *(for barn el. syk)* pap.

skjematisere *(vb)* schematize.

skjematisk schematic *(fx* a s. survey of the pros and cons; his method is too s.); ~ *fremstilling* schematic *(el.* general) outline.

skjemavelde rule of red tape; *(jvf papirmølle)*.

skjemme *vb (vansire)* disfigure *(fx* the scars disfigured his face; these houses d. our countryside); mar *(fx* a few mistakes marred the performance); *(gjøre sløv)* dull *(fx* a knife); *stilen -s av en opphopning av fremmedord og sjeldne og vanskelige engelske ord* the style is marred by a superfluity *(el.* an accumulation) of foreign terms and uncommon and esoteric *(el.* difficult) English words; ~ *bort* spoil *(fx* a child); ~ *en bort etter noter* spoil sby completely; ruin sby thoroughly; *(se også II. skjemt)*.

skjemmes *(vb)*: se skamme: ~ *seg*.

I. skjemt banter; jest, joke; *på* ~ in joke, in jest, for the fun of the thing, just for a joke *(el.* for a lark).

II. skjemt *(om mat)* bad *(fx* the meat is *(el.* has gone) bad); *kjøttet er litt* ~ the meat is slightly off; *(om kniv, etc)* blunt, dull.

skjemte *(vb)* banter, jest, joke.

skjemte|dikt jesting poem. **-vise** comic song.

skjemtsom bantering, jocular; merry.

skjende 1*(vanhellige)* desecrate; 2*(voldta)* rape, ravish.

skjendig *(vanærende)* disgraceful, shameful; *(skammelig)* outrageous, gross; *(se skammelig)*.

skjendighet disgracefulnes, shamefulness, outrageousness.

skjene *vb (om kyr)* stampede; ~ *ut* swerve.

I. skjenk *(møbel)* sideboard.

II. skjenk se gave.

III. skjenk *(drikk)* a drink, drinks.

skjenke *vb* 1*(gi)* give, present with *(fx* p. sby with sth); donate *(fx* d. a fortune to charitable institutions); 2*(helle opp)* pour *(fx* I'll pour), pour (out) *(fx* pour (out) the tea; he poured himself (out) another glass of wine); ~ *i* pour *(fx* tea); ~ *vin i glassene* pour wine into the glasses; ~ *glasset fullt* fill (up) the glass.

skjenke|rett licence (for retailing liquor); **US** (on-sale) liquor license. **-stue** taproom. **-vert** barkeeper.

skjenk(n)ing pouring; retailing liquor.

skjenn scolding; *få* ~ be scolded, get a scolding; **T** be told off.

skjenne *(vi)* scold; ~ *på* scold *(fx* sby for sth).

skjennepreken scolding; *(jvf påpakning)*.

skjenneri quarrel; wrangle, bickering, squabble.

skjensel infamy, disgrace, dishonour, ignominy.

skjenselsgjerning infamous deed, outrage.

skjeppe bushel; *stille sitt lys under en* ~ hide one's light under a bushel.

skjerf scarf *(pl:* scarfs *el.* scarves); *ull-* woollen *(el.* knitted) scarf, muffler; *(se skinn-)*.

skjerm screen; *(for øynene; lampe-)* shade; *(på bil)* mudguard; wing; **US** fender; *(bot)* umbel.

skjermbilde X-ray *(fx* I've just been to the health centre to have a Pirqué and an X-ray).

skjerm|blomstret *(bot)* umbelliferous. **-brett** folding screen; *(foran ovn, kamin)* fire screen *(el.* guard).

skjerme *(vb)* shield, protect *(mot* from, against); *(elekt)* screen.

skjerp *(min)* prospect; *(utmålt felt)* claim; *merke opp -et (sitt)* peg one's claim, stake out a claim.

I. skjerpe *vb (søke etter malm)* prospect (for ore); drill for oil.

II. skjerpe *vb (gjøre skarp)* sharpen; ~ *appetitten* give an edge to *(el.* whet) the (,one's) appetite; ~ *bestemmelsene* make the rules more stringent; *(ofte)* tighten up the rules; ~ *kontrollen over* tighten (up) the control of; ~ *sine krav* raise *(el.* intensify) one's demands; *-nde omstendigheter* aggravating circumstances.

skjerpelse intensification, tightening (up) *(fx* the t. up of the control); *(av straff)* increase (of a sentence).

skjerpende aggravating; *det foreligger særdeles* ~ *omstendigheter* there are particularly aggravating circumstances attached to this.

skjerv mite; *yte sin* ~ offer *(el.* contribute) one's mite.

skjev 1*(usymmetrisk, unormalt skrå)* wry *(fx* face, neck, nose); crooked *(fx* nose, legs); lopsided *(fx* window); skew *(fx* teeth); *(om skohæl)* worn down on one side; *(bøyd)* bent *(fx* the pedal is bent); 2*(skrå, ikke loddrett el. vannrett)* slanting *(fx* letters); oblique *(fx* line); 3*(fig)* lopsided *(fx* a l. version of the affair); crooked *(fx* reasoning), warped *(fx* a w. account of the event); maladjusted *(fx* system); *(ensidig)* one-sided, bias(s)ed. **-t** *(adv)* (1, 2) awry, askew *(fx* the blind was pulled up askew); aslant, slantingly, slantways, slantwise *(fx* cut sth s.); obliquely; (3) wrongly, lopsidedly, crookedly, one-sidedly; **A** [*Forb. med subst*] *et -t bilde (fig)* a distorted view *(fx* of the situation); *-t blikk* oblique glance; *komme i et -t forhold til en* be placed in a false position as regards sby; *la tingene gå sin -e gang* let things slide, leave matters to settle themselves; drift along, muddle along; *det gikk sin -e gang* things were allowed to drift; *han er* ~ *i munnen* his mouth is awry; (NB make a wry mouth at sby: *geipe til en); ~ *mur* wall out of plumb, sloping *(el.* leaning *el.* inclined) wall; *han har* ~ *nese* his nose is askew *(el.*

crooked); *(etter beskadigelse)* he has a broken nose; *-t resonnement* unsound reasoning; ~ *rygg (med.)* ˙ curvature of the spine; *-e sko* shoes worn down on one side; *det -e tårn i Pisa* the Leaning Tower of Pisa; ~ *vinkel* oblique angle; *-e øyne* oblique *(el.* slanting) eyes; *med -e øyne (også)* slant-eyed;

B [Forb. *med*] *alt gikk -t* everything went wrong; *det går -t* things are going badly *(for ham* for him); *bildet henger -t* the picture is crooked *(el.* not straight); *gardinen hang -t* the curtain hung askew *(el.* crooked); *komme -t ut (i stiloppgave)* get off to a false start *(fx* you've got off to a f. s.); *han har kommet -t ut* he has had a bad start; he has manoeuvred himself into a false position; *se -t til en* cast a sidelong glance at sby, look sideways at sby, look at sby out of the corner of one's eye; *(med uvilje, etc)* look askance at sby; *myndighetene så -t til det* the authorities frowned on it; *hatten din sitter -t* your hat is awry *(el.* not straight); *smile -t* give a wry smile, smile crookedly.

skjevann *(kjem)* nitric acid.
skjevbent crooked-legged.
I. skjeve *(subst): på* ~ aslant, askew, on the slant, slantwise, obliquely, on the skew; *hun hadde hatten på* ~ she had her hat on askew; *det gikk på* ~ *med forretningen* the business went all wrong; *(se skjev B).*
II. skjeve *(vb):* ~ *skoene sine* wear the heels of one's shoes down on one side.
skjevhalset wrynecked.
skjevhet wryness, obliqueness, distortion; *(også fig)* obliquity.
skjevøyd with slanting *(el.* oblique) eyes, slant-eyed.
I. skjold *(flekk)* stain, discoloration, blotch.
II. skjold shield; buckler; *føre i sitt* ~ have in mind, intend.
skjold|borg rampart of shields, testudo. **-brusk** *(anat)* thyroid cartilage. **-bruskkjertel** *(anat)* thyroid gland.
skjoldet discoloured (,US: discolored), stained, blotched.
skjoldlus *(zool)* scale insect, mealy bug; *(se lus).*
skjoldmøy female warrior, Amazon.
skjorte shirt; *i bare -a* in his shirt; *han eier ikke -a på kroppen* he hasn't got a shirt to his back.
skjorte|bryst shirt front. **-erme** shirtsleeve; *i -ne* in (his) shirt sleeves. **-flak** shirttail. **-knapp** shirt button; *(løs)* stud. **-krage** shirt collar. **-linning** wristband; *(hals-)* neckband. **-stoff** shirting.
skjul cover, shelter; *(skjulested)* hiding place; *(ved-)* shed; *legge* ~ *på noe* make a secret of sth; *ligge i* ~ be hidden.
skjule *(vb)* hide, conceal *(for* from); ~ *seg* hide; ~ *sine hensikter* disguise one's intentions.
skjulested hiding place.
skjult hidden; *(om feil, etc)* latent *(fx* defect, danger); *-e reserver* hidden reserves; *holde seg* ~ keep out of sight.
skjæker *pl av* skåk.
I. skjær *subst (lys)* gleam; glow *(fx* the g. of the fire); glimmer(ings) *(fx* the first glimmerings of dawn); *(fargetone)* tinge.
II. skjær *(plogskjær)* ploughshare; US plowshare; *(skøyte-)* stroke; *med lange, fine* ~ with long gliding strokes.
III. skjær *(i sjøen)* rock, skerry; ~ *i overflaten* rock awash; *et blind-* a sunken rock; *livet er fullt av* ~ life is full of dangers.
IV. skjær *adj (ren)* pure; *(om kjøtt)* solid, meaty.
I. skjære *subst (zool)* magpie.
II. skjære *(vb)* cut; ~ *ansikter* make faces; ~

av cut off *(el.* away); ~ *bort* cut away; ~ *tenner* grind *(el.* grit *el.* gnash) one's teeth; ~ *tømmer* convert timber; ~ *hverandre (geom)* intersect; ~ *for* carve; ~ *i skiver* slice (up); *(med forskjærkniv)* carve; ~ *noe i to* cut sth in two; *ord som -r en i øret* words that offend the ear; ~ *i tre* carve in wood; ~ *navnet sitt inn i et tre* carve one's name in a tree; *lyset -r meg i øynene* the light hurts my eyes; *det -r meg i hjertet* it breaks my heart; ~ *ned* cut down, reduce, lower; ~ *opp* cut open; *(i stykker)* cut up, cut to pieces; ~ *over* cut, cut in two; ~ *halsen over på en* cut sby's throat; ~ *seg (om melk)* turn; *melken -r seg* the milk is on the turn; *(om stempler)* seize up; ~ *seg i fingeren* cut one's finger; ~ *seg på en kniv* cut oneself with a knife; ~ *til (tøy)* cut out *(fx* a blouse); *(se kam; lest).*
skjærende cutting; *(om lyd)* shrill, piercing, strident *(fx* voice); ~ *ironi* scathing irony; ~ *motsetning* glaring contrast.
skjæretann incisor.
skjærgård skerries *(pl).*
skjærgårdsidyll island idyll, idyll(ic scene) among the skerries.
skjæring cutting; *(jernb)* cutting.
skjærings|linje line of intersection; *(mat.)* secant. **-punkt** (point of) intersection.
skjærmyssel *(mil)* skirmish.
skjærsild purgatory; *(fig)* ordeal; *i -en* in purgatory.
skjærsliper (knife-and-scissors) grinder.
skjærtorsdag Maundy Thursday (NB *ikke fridag i England).*
skjød lap; bosom; *i familiens* ~ in the bosom of one's family; *hva fremtiden bærer i sitt* ~ what the future holds in store; *legge hendene i -et (fig)* fold one's arms, sit back, remain a (passive) spectator; *sitte med hendene i -et* be idle, twiddle one's thumbs.
skjødehund lap dog.
skjødesløs careless, negligent; *(om arbeid)* slapdash; *hans -e måte å være på* his offhand manner; ~ *med sitt utseende* careless of one's appearance *(el.* person).
skjødesløshet carelessness, negligence; nonchalance; *en* ~ a piece of carelessness.
skjøge *(bibl & glds)* harlot, whore.
skjølp gouge; *(mar)* score *(fx* in a block).
I. skjønn *(subst)* 1*(forstand, dømmekraft)* judg(e)ment, faculty of judgment; understanding, discernment; 2*(dom)* judg(e)ment, estimate; *(mening)* opinion; *(se uttalelse);* 3. *jur (fastsettelse av beløp, etc)* valuation, appraisal; (official) assessment; *(mar): se besiktelse;* 4*(forgodtbefinnende)* discretion; *praktisk* ~ rule of thumb *(fx* work by r. of t.); *etter beste* ~ to the best of one's judgment *(el.* understanding); *etter løst* ~ at a rough estimate; *(se skjønnsmessig); etter mitt* ~ in my opinion *(el.* judgment); *handle etter eget* ~ use one's own discretion; *basert på (et løst)* ~ based on a rough estimate; *jeg overlater det til Deres* ~ I leave the matter to your discretion; you must exercise your own discretion; (please) use your own d.; I leave it to you; *det overlates til den enkeltes* ~ it is left to individual judgment.
II. skjønn *(adj)* beautiful, lovely *(fx* colour, face, picture, woman); *(om mat)* delicious; *den -e* the fair (one); *det -e* the beautiful *(fx* a love of the b.); *de -e kunster* the (fine) arts; *-e løfter* fair promises; *i den -este orden* in perfect order; *T* in apple-pie order.
skjønne *(vb)* understand; see; *(om spebarn)* notice *(fx* baby notices everything now); take no-

tice *(fx* baby is beginning to take notice); ~ *på* appreciate; *(se påskjønne);* ~ *seg på* know about *(fx* I know nothing about engines); be a judge of; *jeg -r meg ikke på ham* I can't make (,US: figure) him out; *jeg skjønte på ham at ...* I could tell by his manner that ...; I could see from his manner *(el.* expression) that ...; *-r du* you know, you see; *så vidt jeg -r (el. kan ~)* as far as I can see *(el.* make out), in my opinion; *så vidt man -r* to all appearance; as far as can be seen.

skjønner connoisseur; a good judge *(fx* of horses).

skjønnhet beauty; *hun er en* ~ she is a beauty; *man må lide for -en* pride must bear pain.

skjønnhetskonkurranse beauty contest.

skjønnhets|middel cosmetic, beauty preparation. **-plett** beauty spot; mole. **-salong** beauty parlour (,US: parlor). **-sans** sense of beauty. **-spesialist** beauty specialist. **-verdi** aesthetic (,US: esthetic) value. **-åpenbaring:** *en* ~ a marvel of beauty, a stunning beauty, a revelation of beauty.

skjønnlitteratur fiction, belles-lettres; imaginative writing; (NB fiction *omfatter ikke drama og poesi).*

skjønnlitterær fictional; ~ *forfatter* writer of fiction, fiction writer.

skjønnsforretning survey, valuation.

skjønnskrift copy-book writing; *(skolefag)* writing. **-sbok** writing book, copybook.

skjønns|mann surveyor, appraiser, valuer. **-messig** *(adj)* approximate, rough *(fx* a r. estimate); *(adv)* approximately, at a rough estimate. **-nemnd** commission of appraisers.

skjønnsom judicious, discriminating; *et -t utvalg* a judicious selection.

skjønnsomhet discretion, judiciousness, discrimination.

skjønnssak matter of judg(e)ment *(el.* opinion).

skjønnsvis at a rough estimate.

skjønnånd bel-esprit *(pl:* beaux-esprits).

skjønt *konj (enskjønt)* though, although.

skjør brittle, fragile; T crazy; *(jvf sprø).*

skjørbuk *(med.)* scurvy; *som lider av* ~ scorbutic.

skjørhet brittleness; fragility; T craziness.

skjørt skirt; *(neds = kvinne)* skirt.

skjørteregimente petticoat government.

skjørteveien: *gå* ~ use female influence.

I. skjøt *(på frakk)* tail.

II. skjøt *mar (tau)* sheet.

III. skjøt joint; *(film-)* splice; *uten* ~ in one piece.

I. skjøte *(jur)* deed (of conveyance).

II. skjøte *vb (overdra)* convey; deed *(fx* deed sth to sby).

III. skjøte *(vb)* join; *(film)* splice; *(forlenge)* lengthen; ~ *på* lengthen.

skjøteapparat *(for film)* (film) splicer.

skjøteledning *(elekt)* extension lead; US e. cord; ~ *med lampe i den ene enden* wandering lead.

skjøtlask *(skinnelask)* fishplate.

skjøtsel care, management.

skjøtte *(vb)* look after, attend to, mind; *la forretningen* ~ *seg selv* leave the business to take care of itself; *han -r ikke forretningen* he neglects his business.

skli *(vb)* slide *(fx* the boys are sliding on the ice); *(om hjul)* skid; *bilen skled tvers over veien* the car skidded right across the road.

sklie *(subst)* (ice) slide *(fx* we made slides on the road).

I. sko *(subst)* shoe; *over en lav* ~ wholesale; *vite hvor -en trykker* know where the shoe pinches *(fx* everyone knows best where his own shoe pinches).

II. sko *(vb)* shoe; ~ *seg* enrich oneself (at other people's expense).

skobesparer (shoe) cleat, stud.

skoborste shoe brush.

I. skodde mist; *(dis)* haze; *tykk* ~ fog.

II. skodde *(vindus-)* (window) shutter.

skoeske shoebox.

skoft *(fravær)* absenteeism; staying away from work, cutting work; *(jvf fravær).*

skofte *(vb)* absent oneself from work; cut *(el.* miss *el.* stay away from) work; shirk; *han -t* he cut work, he missed *(el.* stayed away from) work; *en som -r* absentee; *(som er arbeidssky)* shirker, slacker; *(se skulke).*

skog wood; *(stor)* forest; *(skogbevokst egn)* woodland; ~ *kommet etter urskog* second growth; *-ens avkastning* the forest yield, the wood harvest; *-ens nettoavkastning* the forest rental, the net yield from the forest; *dekket av* ~ (densely) wooded, dense-wooded, covered with (dense) forests; *(se skogbevokst); ferdes i* ~ *og mark* walk about the woods and fields; *som man roper ut i -en, får man svar* one gets the answer one deserves; *han ser ikke -en for bare trær* he can't see the wood for the trees; *Direktoratet for statens -er* [the Directorate of State Forests]; *(i England)* the Forestry Commission; *(i Canada)* the Federal Department of Forestry; *(se skogdirektoratet; skogdirektør; statsskogsjef; underdirektør).*

skog-: *se også skogs-.*

skog|almenning common forest land, public forest. **-beskatning** forest taxation. **-bestand** forest stand. **-bevokst** wooded; well-wooded, well-timbered *(fx* country). **-bjørn** *(zool)* (wood) tick; dog tick. **-bonitering** classification of forest soils. **-brannbeskyttelse** forest fire protection. **-bruk** forestry. **-bryn** edge of a forest. **-bunn** forest *(el.* woodland) floor. **-bygd** *(el. -distrikt)* wooded country; woodland *(el.* forest) district *(el.* area).

skog|direktorat: *S-et* [the Forestry Directorate]; *(intet tilsvarende i England el. Canada; se skog: Direktoratet for statens skoger).* **-direktør** [Director of Forestry]; *(intet tilsv.; se statsskogsjef).*

skog|due *zool (ringdue)* wood pigeon. **-eier** forest owner. **-fattig** poorly wooded *(el.* forested). **-flora** woodland *(el.* sylvan) flora. **-fornyelse** reforestation, regeneration, reproduction. **-forvalter** district forest officer; *(i Canada)* supervisor of rangers. **-forvaltning** *(distrikt)* forest district; *(i Canada)* ranger district; *(se skogskjøtsel).*

skoggangsmann *(hist)* outlaw.

skogger|latter roar of laughter; *(neds)* guffaw, horselaugh. **-le** *(vb)* roar with laughter; *(neds)* guffaw.

skog|grense timber line. **-holt** grove; spinney. **-industri** forestry. **-inspektør** conservator; *(i Canada)* district forester. **-inspektørdistrikt** conservancy; *(i Canada)* forest district. **-kledd** wooded; *(poet)* wood-clad. **-kratt** thicket, copse, bushes. **-lendt** wooded. **-li** wooded slope. **-løs** treeless, unwooded, devoid of forests. **-mark** forest land; f. soil.

skognag sore feet, blistered feet (,heels), blisters *(fx* he got blisters on his feet; his shoes gave him blisters).

skogplanteskole forest nursery.

skogplanting forestation, forest work.

skogrik well forested *(el.* wooded) *(fx* a well-wooded district); heavily timbered.

skogs|arbeid forest labour; forestry work, forest *(el.* woods) operation; US *(også)* lumbering; *han er ute på* ~ he is out working in the forest. **-arbeider** woodman, forest worker *(el.* labourer); lumberman; US lumberjack, busher.

-arbeidslære science of forest labour. **-drift** forestry (work).
skogselskap: *Det norske* ~ the Norwegian Forestry Society.
skogsfolk *(pl): se skogsarbeider.* **-fugl** *(zool)* woodland bird. **-kar** woodman; US lumberjack.
skogskjøtsel silviculture; *(se skogforvaltning).*
skogskole school of forestry. **-slette** glade. **-snar** grove; spinney. **-snipe** *(zool)* green sandpiper. **-sti** forest (,woodland) path, path through the wood(s). **-stjerne** *(bot)* chickweed wintergreen. **-strekning** stretch of forests (,woods). **-stue** *(i Canada)* lumber camp.
skogsvei forest road, woodland road, road through the wood(s).
skogsvin litter lout; *(også US)* litterbug.
skogteig strip of wood. **-tekniker** forest technician. **-teknologi** forest technology. **-troll** woodland troll. **-tur** outing in the woods, picnic. **-tykning** thicket. **-vesen** forest service. **-vokter** forester; *(i Canada)* forest ranger; *(viltvokter, i England)* gamekeeper.
skohorn shoehorn. **-hæl** heel (of a shoe).
skokk crowd, flock.
skokrem shoe polish.
skolastiker scholastic. **skolastikk** scholasticism.
skolastisk scholastic.
skole school; schoolhouse; *(også om elevene)* school *(fx* the whole s. knew it); *(barne-)* primary school; US grade school; *-ns utvalg* the school management board; *forsømme* ~ miss school, be absent from s.; *(jvf skulke); -ns folk* educationists; *(se uttrykk; vie); skolen fikk fri* the school was given a holiday; *gjennomgå en hard* ~ be schooled in hardship; go through a hard *(el.* rough) s.; go through the mill *(fx* they put him through the m.); *holde* ~ give lessons; *videregående* ~ upper secondary school; *dette kunne forandre radikalt den videregående* ~ *i 80-årene* this could radically alter the pattern of secondary schools in the eighties;
[*Forb. med prep & adv*] *en maler av Rafaels* ~ a painter of the school of Raphael; *være av den gamle* ~ be (a man (,lady, etc)) of the old school; *komme hjem fra -n* come home from school; *gå i* ~ *hos ham* be his pupil; study under him; *bli satt i* ~ *(glds)* be put *(el.* sent) to school; *ta en i* ~ *(fig)* take sby to task; *melde et barn inn på -n* enter a child for school; *barna blir meldt inn på -n i mai og begynner i august* the children are entered for school *(el.* have their names put down for school) in May and start in August; *(se innmelding); på -n* at school; *(m.h.t. undervisning også)* in class; *på -ns område* on the school premises; *begynne på -n* start school, go to school *(fx* he is old enough to go to s. now); *begynne på en* ~ *(også)* enter a school; *de begynner på denne -n når de er 7 år* they begin to attend this school at the age of 7; they start at this s. when they are 7; *gå på -n* **1.** go to school, attend school; **2.** walk to school *(fx* he walks to s.); *den -n hun går på* the school she attends; *hvilken* ~ *går du på?* what school are you at? what s. do you go to? what's your school? *han gikk på Harrow* he was at H.; he is an old Harrovian; *vi gikk på -n sammen* we were at school together; *dengang vi gikk på -n sammen* when we were boys (,girls) at school together; *hvordan går det på -n?* how goes school? *ta en ut av -n* take sby out of school; remove sby from (the) school; *(se almendannende).*
skolealder school age *(fx* children of s. a.). **-arbeid** school work; *(som gjøres hjemme)* homework; *(se lagsarbeid).* **-attest:** *se -vitnesbyrd.* **-avis**

school paper; school magazine. **-barn** school child; *(især større)* schoolboy; schoolgirl. **-benk** form; *som kommer rett fra -en* fresh from school; *(se pult).* **-bestyrer:** *se -styrer.* **-bok** schoolbook. **-bruk:** *til* ~ for school purposes, for (the use of) schools. **-bygning** schoolhouse.
skoledag school day *(fx* in my school days); *-en er forbi* school is over; *det er siste* ~ *før ferien i dag* school breaks up today.
skoledemokrati democracy at school, school democracy.
skoleeksempel textbook example *(på* of), perfect illustration *(på* of), object lesson *(fx* she was an object lesson in how not to grow old).
skoleelev pupil, schoolboy; schoolgirl. **-fag** school subject. **-ferie** school holidays *(pl)*, vacation; US vacation; *-n (ɔ: sommerferien)* the summer holidays; *han kom hjem i -n* he returned from school for the summer holidays.
skolefilm educational film. **-fly** training plane. **-folk** *(pl)* educationists; *(se uttrykk; vie).* **-fri:** *ha* ~ have a day off from school. **-frokost** = school lunch.
skolegang schooling, school attendance; *(undervisning)* schooling; *tvungen* ~ compulsory school attendance; *denne eksamen tas etter ti års* ~ this examination is taken after a ten-year course *(el.* after ten years of school); *etter endt* ~ *dro han til X* on leaving school he went to X.
skolegjerning teaching; *deres manglende interesse for -en* their lack of interest in teaching; *motivering for -en er det også smått bevendt med over hele linjen* there is also a general lack of motivation for teaching.
skolegård schoolyard. **-hygiene** school hygiene. **-idrett** school athletics, school sports. **-idrettsstevne:** *et* ~ an inter-school sports.
skoleinspektør deputy education officer; deputy director (of education); *(se skolesjef);*
   * An' assistant education officer' is responsible for a specialist division. Next in rank are' administrative assistants' and' heads of sections'.
skolejakke school blazer. **-kamerat** school friend; *vi er -er* we are (,were) at school together. **-kjøkken** school kitchen. **-kjøkkenlærerinne** domestic science teacher. **-kjøring** driving a learner's car. **-klasse** school class. **-korps** marching band. **-krets** school district. **-kringkasting** school radio, s. broadcast(s). **-landskap** open-plan teaching room. **-lege** school medical officer. **-lov** education act. **-lærer** teacher. **-mann** educationist; teacher.
skolemat (school child's) lunch packet, packet of sandwiches for school; *han hadde glemt -en* he had forgotten his p. of sandwiches.
skolemester *(glds): se skolelærer.* **-aktig** magisterial. **-tone** magisterial *(el.* hectoring) tone.
skolemoden ready for school *(fx* most children are not ready for s. before the age of six at the earliest).
skolemodenhet readiness for school.
skolemyndigheter *(pl)* education authorities. **-patrulje** *(i trafikken)* school crossing patrol. **-penger** *(pl)* school fees; US tuition; *skole hvor det betales* ~ fee-charging school. **-plikt** compulsory school attendance. **-pliktig** of school age; ~ *alder* compulsory school age; *forlengelse av den -e alder* the raising of the (compulsory) school age; *jeg har to barn i* ~ *alder (også)* I have two children at school. **-psykolog** school psychologist.
skolere *(vb)* train, school.
skoleråd *(lærerråd)* staff conference *(el.* meeting).
skolesammenheng: *i* ~ in a school context.

skolesending *(radio)* school broadcast.

skolesjef (chief) education officer; director of education; *(se skoleinspektør);*
* He is assisted by a' deputy education officer' or a' deputy director (of education)'.

skoleskilt *(på lærevogn)* L-plate; *(se skolevogn).*

skole|skip *(mar)* training ship. **-stil** essay (,composition) written in class; composition (,essay) test at school. **-styre** school authorities; *-t* the Local Education Authority, L.E.A.; *-ts kontor* the education office. **-styrer** headmaster; *(se rektor).* **-system** school system; education(al) system; *(se skolevesen).*

skole|søster school nurse. **-tannpleie** school dental service *(el.* care). **-teater** theatrical performance especially for schools.

skoletid school hours *(fx* during (,out of) s. h.), school *(fx* after (,before) s.); *hele -en ut* right to the end of one's school career.

skoletime lesson, period *(fx* four periods a week are devoted to history).

skoletrett tired of school; *-e barn (også)* children disinclined to go to school.

skoletur school outing *(el.* excursion); *(lengre)* school trip; holiday tour (for school children); *det ble arrangert en ~ til Eidsvoll* a school outing to E. was arranged; *(se I. tur).*

skoletvang: *se skoleplikt.*

skole|ungdom school boys and girls, *~ og annen ungdom* school boys and girls and other young people. **-utdannelse** schooling. **-utgave** school edition. **-vei** way to school *(fx* the way to school is often dangerous for the children); *gå -en (fig)* go in for teaching. **-venninne** school friend. **-vesen** education, educational matters; education(al) system; *få innblikk i det engelske ~* gain insight into the English education system.

skole|veske schoolbag. **-vitnesbyrd** school certificate, s. report. **-vogn** learner car, L-car. **-år** school *(el.* scholastic) year.

skolisse shoe lace; **US** shoestring, shoelace.

skolm *(bot)* pod, shell.

skolopender *(zool) (tusenben)* scolopendra.

skolt (**T:** *hode)* noodle.

skomaker shoemaker; *(lappe-)* cobbler.

skonnert *(mar)* schooner.

skonrok ship's biscuit, hardtack.

skopuss shoeshine, shoe polishing.

skopusser shoeblack; bootblack.

skore(i)m shoe lace; **US** shoestring, shoelace.

skorpe crust; *(på sår)* crust, scab; *(oste-)* cheese rind; *danne en ~* form *(el.* throw) a crust; *det har dannet seg en ~ på såret* a scab has formed on the wound.

skorpedannelse incrustation.

skorpet crusty; *(med.)* scabby.

skorpion *(zool)* scorpion.

skorsonerrot *(bot)* viper's grass.

skorstein chimney; *(på skip)* funnel, smokestack; *røyke som en ~* smoke like a chimney.

skorsteins|feier chimney sweep(er). **-pipe** chimney pot.

skorte *(vb): det -r på* there is a lack *(el.* shortage) of.

skosverte shoe polish.

skosåle sole (of a shoe).

skotsk 1. Scottish *(fx* the S. Border, the S. chiefs); Scotch *(fx* terrier, whisky); *(især i Skottland)* Scots; **2***(språket)* Scotch *(fx* Lowland S.), *(især i Skottland)* Scots *(fx* talk S.).

skott *(mar)* (skillerom i skip) bulkhead.

I. skotte *(subst)* Scot, Scotsman, Scotchman; *-ne* the Scots.

II. skotte *(vb): ~ bort på en* steal a glance at sby, look at sby out of the corner of one's eye.

-historie anecdote about stingy Scot(s). **-lue** *(båtlue m.* bånd bak) glengarry.

Skottetoget the Scottish Campaign (of 1612).

Skottland Scotland.

skotøy footwear.

skovl 1. shovel; **2***(på gravemaskin)* bucket, dipper; *(gripe-)* grab; *(på muddermaskin)* bucket; **3***(i turbin)* blade, vane; **4***(hjul-)* paddle; **5***(på vaskemaskin)* spinner.

skovlblad blade of a shovel.

skovle *(vb)* shovel, scoop.

skovlhjul paddle wheel.

skral poor; *(om vinden)* scant; *(syk)* poorly; *det er -t med ham* he is in a poor way; *det står -t til med helsa* his (,her, etc) health is only so-so; *he* (,etc) is in a poor way; *(se for øvrig dårlig).*

skrall bang, crash; *(torden-)* clap *(fx* of thunder); peal, crash; *(av blåseinstrument)* blare.

I. skralle *(vb)* peal, ring (out); *(om blåseinstrument)* blare; rattle; *en -nde latter* a roar of laughter.

II. skralle *vi (mar): vinden -r* it's a heading shift.

skramle *(vb)* clatter, rattle; *~ med* rattle *(fx* the saucepans).

skramlekasse *(om bil)* rattletrap, (old) crock; **S** old heap.

skramleorkester children's percussion group.

skramme scratch *(fx* on the face; in the paint).

skrammel lumber, rubbish, junk; *(lyden)* clattering, rattling; clanking.

skrangel rattle, rumble.

skrangle *(vb)* jolt, lumber; rattle; *ei kjerre kom -nde forbi (også)* a cart came grinding past.

skranglekjerre: *se skramlekasse.*

skranglet 1. rattling; rickety; **2.** thin and bony, skinny.

skranglevei bumpy road.

skranke 1*(sperring)* barrier *(fx* tickets must be shown at the b.); bar *(fx* the bar of the House of Commons); *(i rettssal)* bar *(fx* at the b., appear at the b.); *(se advokat);* **2***(gym)* parallel bars; **3***(i bank, etc)* counter; *(lav, på tollbod)* (examination) bench; **4***(fig)* barrier, bar; *sette -r for* set bounds to *(fx* sby's activities); *tre i -n for* enter the lists for, take up the cudgels for; champion *(fx* a cause); **T** stick up for.

skrankeadvokat barrister; **US** trial lawyer.

skranke|ekspedisjon counter business. **-ekspeditør** *(post)* counter officer. **-gjøremål:** *se -ekspedisjon.*

skrante *(vb)* be ailing, be in poor health.

skranten *(adj)* ailing, sickly.

skranting sickliness.

skrap *(rask)* rubbish, trash, junk; *(for omsetning)* salvage.

I. skrape *(subst)* reprimand; *(skramme)* scratch; *(redskap)* scraper; *(jvf sikling).*

II. skrape *(vb)* scrape *(fx* metal, a carrot, the bottom of a ship); scrape down *(fx* a wall); scale *(fx* fish); *(om dyr)* paw (the ground); *bukke og ~* bow and scrape; *~ av (el. bort)* scrape off *(el.* away), remove; *jeg hørte kjølen ~ mot skjærene* I could hear the keel grinding on the rocks; *~ sammen* scrape together; *~ pengene sammen* scrape en eller annen måte* scrape the money together somehow; dig up the money somehow; *~ ut (med.)* curette; *en -nde lyd* a rasping sound.

skraphandelsbransjen: *han er i ~* he's in the junk business.

skrap|handler rag and waste dealer; *(også* **US**) junkman; *(grossist)* junk merchant; *-s opplagstomt* salvage depot. **-haug** scrap *(el.* junk) heap; *kaste på -en* scrap. **-jern** scrap iron. **-kake** *(spøkef om yngstebarnet i en søskenflokk)* **T** afterthought.

skratt *(om fugler)* chatter; *(latter, neds)* guffaw.
skratte *vb (om fugler)* chatter; *(le skrattende)* cackle; guffaw; *en -nde latter* a roar of laughter; *(neds)* a cackle, a horselaugh, a guffaw.
skrattle *(vb)* roar with laughter; *(neds)* guffaw.
skravere *(vb)* hatch, hachure; *(meget tett)* shade; *dobbelt -t* cross-hatched; *loddrett -t* vertically hatched.
skravl *(snakk)* chatter, jabbering; S natter; *hold -a på deg!* shut your trap! *la -a gå* chatter away.
skravle *(vb)* chatter, jabber; S natter.
skravlebøtte chatterbox.
skred 1. landslide; **2***(snø-)* avalanche; **3***(pris-)* collapse of prices; *det ble et voldsomt pris- (også)* the bottom fell *(el.* dropped) out of the market; *(se også valgskred).*
skredder tailor. **-sydd** tailored, tailor-made.
skredfare *(se skred 2)* danger of an avalanche (,of avalanches).
skrei *fisk (torsk)* (spring *el.* winter) cod.
skrekk fright, terror; *få seg en ~ i livet* get a fright; *jeg fikk en ~ i livet* it gave me quite a turn; *(se også redsel).*
skrekkelig terrible, dreadful; *(adv)* terribly, dreadfully; T awfully *(fx* it's a. hot in here); *en ~ hodepine* a splitting headache; *et ~ rot* a terrible mess.
skrekkinnjagende terrifying.
skrekkslagen terror-stricken, terrified.
skrekkvelde (reign of) terror.
I. skrell *(subst)* peel *(fx* of an apple), rind *(fx* apple r.); *appelsin-* orange peel; *potet-* potato peel; *(når det sitter på el.* skrubbes *el.)* potato skin; *poteter kokt med -et på* potatoes boiled in their jackets; *(se for øvrig skall).*
II. skrell *subst (omlyd): se skrall.*
I. skrelle *(vb)* peel, pare; *~ av* peel off; *(jvf flasse).*
II. skrelle *(vb): se smelle.*
skremme *(vb)* scare; frighten, startle; *(med trusler, etc)* intimidate; *~ livet av en* frighten sby to death, scare sby to death *(el.* out of his wits); *~ bort* frighten *(el.* scare) away; *~ en fra å gjøre noe* scare sby out of doing sth; *~ opp (vilt)* flush *(fx* we flushed two cheetah cubs); start, unharbour; *(få til å fly)* start, put up *(fx* a partridge); *bli skremt opp (om vilt)* break cover.
skremmebilde bugbear, bogey. **-skudd** warning shot.
skremsel fright, scare; *(fugle-)* scarecrow.
skrens skid *(fx* I got into a nasty skid on the corner); *kontrollert ~* controlled skid.
skrense *(vb)* swerve; skid; sideslip; *bilen -t borti gjerdet* the car swerved into the fence.
skrent steep slope.
skreppe *(subst)* **1.** bag, knapsack; **2.** S bird; *(også US)* chick; piece; bint.
skreppekar *(kramkar)* pedlar, US peddler.
skrev *(anat)* crutch, fork; *(lyske)* groin.
skreve *(vb)* straddle; sit (,stand) with feet far apart; *med -nde ben* with legs far apart; *~ over* step over.
skrevs: *~ over* astride *(fx* sit a. a chair), straddle.
skribent writer; *-er (ofte)* poets and authors.
skrible *(vb)* scribble.
skribler scribbler.
skribleri scribbling.
skride *(vb): ~ fram* proceed, progress, advance; *arbeidet -r fram* the work is making good progress; the w. is getting on; *etter hvert som arbeidet -r fram* as the work proceeds; *arbeidet -r hurtig (jevnt) fram* the work is progressing rapidly (,steadily); *som tiden* wear on *(fx* as the century wore on); *~ inn (ɔ: gripe inn)* intervene, interfere, take action; *~ inn mot* take ac-

tion *(el.* measures) against, interfere with; *~ til handling* take action; *~ til verket* set to work.
I. skrift writing; *(typ)* type, letter, font; *S-en* Scripture; Holy Writ; the Scriptures.
II. skrift publication, pamphlet; *Det Kongelige Norske Videnskabers Selskabs Skrifter* Transactions of the Royal Norwegian Society of Sciences.
skriftart sort of type.
I. skrifte *(subst)* confession *(fx* go to c.); *(se skriftemål).*
II. skrifte *(vb)* confess; *(se skriftemål).*
skriftebarn penitent. **-far** (father) confessor.
skriftekspert handwriting expert, graphologist.
skriftemål confession; *avlegge ~* confess; *motta ens ~* confess sby. **-stol** confessional.
skriftfortolker exegete. **-fortolkning** exegesis. **-kasse** *(typ)* type case.
skriftklok *subst (bibl)* scribe.
skriftlig written, in writing; *(pr. brev)* by letter *(fx* inquiries should be made by letter); in black and white *(fx* I want your promise in black and white); *jeg har ikke noe ~ (bevis, etc)* I have got nothing in writing; I haven't got it down in black and white; *~ eksamen* written examination; *stryke i ~* fail (at) the written examination; *gi en ~ fremstilling av noe* write an account of sth; *~ henvendelse* application by letter; *rette en ~ henvendelse til* apply by letter to; *-e lekser* written homework; *meldinger må gis ~* all notices must be given in writing.
skriftlærd: *se -klok.*
skriftprøve specimen *(el.* sample) of handwriting. **-språk** written *(el.* literary) language. **-sted** (scripture) text. **-system** system of writing. **-tegn** character.
skrik cry, shriek; *(dyrs)* call; *(om hvinende brems)* screech *(fx* he braked with a s.); *siste ~* the latest thing *(fx* in hats).
skrike *(vb)* **1***(rope)* cry, call *(fx* for help); **2***(sterkere, uartikulert)* scream *(fx* with pain, for help; the baby screamed all night), shriek *(fx* with pain); *(hyle)* howl, yell; *(neds)* squall *(fx* he hates squalling babies); *(skingrende, også om hvinende bremser)* screech; *(om gris)* squeal; *(om høne, kylling)* squawk; *(om gris, gås, papegøye, ugle)* screech; *(om påfugl)* scream, screech; **3***(om farger)* scream (at you), be loud, be glaring; *(se skrikende); ~ av full hals* scream at the top of one's voice, bawl, yell; *~ sult); ~ opp om T* make a song and dance about *(fx* it is nothing to make a s. and d. about); *~ på* roar for *(fx* the crowd roared for his blood); scream for *(fx* the baby was screaming for its milk); *~ som en besatt* scream like mad; T yell blue murder; *~ som en stukken gris* squeal like a stuck pig.
skrikende *(se skrike)* **1.** screaming (,etc); **2***(grell)* glaring *(fx* a g. contrast); *(om farge)* glaring, garish, gaudy, loud *(fx* a loud tie); *være kledd i ~ farger* be loudly dressed; *farger som står i en ~ motsetning til hverandre* colours that swear *(el.* shriek) at each other, colours that clash with each other; *en ~ stemme* a screaming *(el.* screechy) voice; *en ~ urettferdighet* a crying *(el.* flagrant) injustice; *(se misforhold).*
skrikerunge *(neds)* howling brat; *(om baby)* crybaby.
skrikhals 1. person who cries or yells; loudmouth; **2.** cry-baby; *(se skrikerunge).*
skrin *(smykke-)* jewel box; *(glds)* jewel casket; *(penge-)* money box; *(relikvie-)* reliquary, shrine.
skrinlegge *(vb)* abandon, shelve.
skrinn lean; scraggy; *(om jord)* poor, barren.
skritt 1. step, pace; *(langt)* stride; **2***(skrittgang,*

walking pace *(fx* ride at a w. p.); **3***(fig)* step *(fx* a few steps nearer the grave; a s. in the right direction); *(foranstaltning)* step, move, measure; **4***(anat)* crutch, fork; *(lyske)* groin *(fx* kick him in the groin); **5***(i benklær)* crutch; length of inside seam; **6***(sjakk)* square *(fx* the king may move one square only); *neste* ~ *i utviklingen av skolesystemet* the next step in the development of the school system; *gå et* ~ take a step, walk a step; *(se ndf: gå et* ~ *videre); det er det første* ~ *som koster* only the beginning is difficult; *ta* ~ *for å* take steps to *(fx* prevent it); *ta -et fullt ut* go the whole length; **T** go the whole hog; *ta det avgjørende* ~ take the decisive step; bring matters to a head; *ta det første* ~ make the first move *(fx* towards peace), take the first step; *ta de nødvendige* ~ take the necessary steps *(el.* action); *ikke vike et* ~ not budge *(el.* give way) an inch; stick to one's guns; *han viker aldri et* ~ *fra henne* he never lets her out of his sight.

[Forb. med prep & adv] ~ *for* ~ step by step; *følge en* ~ *for* ~ dog sby's footsteps; *(fig)* follow sby step by step; *vike* ~ *for* ~ fall back step by step; *for hvert* ~ at each *(el.* every) step; *vi kunne ikke se et* ~ **foran** *oss* we could not see a step before us; *noen* ~ **fra** *huset* a few steps from the house; *et par* ~ **herfra** a few steps away *(el.* from here); **i** ~ (2) at a walking pace; *det er et* ~ *i riktig retning* that's a step in the right direction; **T** that's sth like! *gå* **med** *avmålte* ~ walk with measured steps; *gå* **med** *lette* ~ step lightly; **med raske** ~ rapidly, apace *(fx* winter is coming on apace); *gå* **med slepende** ~ drag one's feet; *gå* **med tunge** ~ walk heavily; *et* ~ **på** *veien* a stage on the way; an intermediary stage, a halfway house *(fx* to the Socialist state); *et første* ~ *på veien mot suksess* a first stepping stone to success; *det første* ~ *på veien til fred* the first step towards peace; the first step on the way *(el.* road) to peace; *gå et* ~ **videre** *(fig)* go a *(el.* one step) further.

skritte *(vb):* ~ *opp* pace out *(el.* off) *(fx* a distance); ~ *ut (o: gå raskt)* step out (briskly).

skrittgang walking pace. **-teller** pedometer.

skrittvis *(adj)* step-by-step, gradual; *(adv)* step by step, gradually.

skriv *(subst)* letter.

skrive *(vb)* write *(fx* w. a letter, this pen writes well); *(på maskin)* type; *(stave)* spell, write *(fx* the word is written *(el.* spelt) with a' p'); ~ *falsk* commit forgery; ~ *falsk navn* forge a signature; *han -r godt* he has *(el.* wields) a fluent pen; ~ *pent* write neatly *(el.* nicely), have a nice handwriting, write a nice hand; *du -r pent (også)* your handwriting is nice; *skriv pent!* write neatly! *mens dette -s* at the time of writing; ~ **av** copy, take a copy of; *som straff ba jeg ham* ~ *av avsnittet tre ganger til neste engelsktime* I told him to write *(el.* copy) out the passage three times for his *(el.* the) next English lesson by way of *(el.* as a) punishment; *hvis elevene sitter for tett, -r de av etter hverandre* if the pupils sit too close together, they copy each other's work; *(se avskrive);* ~ **etter** write for *(fx* he wrote for more money); ~ **med** *blyant* write in *(el.* with a) pencil; *skrevet med blyant* written in pencil; ~ **ned** *pundet* lower the £; ~ **om igjen** rewrite; ~ **om** *noe* write about sth; comment in detail on *(fx* ... the poet's powers of description); ~ **opp** *(notere)* write down, make a note of; ~ *en opp (o: ta ens navn)* take sby's name; *det kan du* ~*opp! (o: det skal være sikkert)* you can say that again! ~ **over** *i kladden* write on top of the rough draft; ~ **til** *en* write (to) sby;

~ *direkte til ham* write to him direct; write direct to him; ~ **under** sign (one's name); ~ *under på* sign, put one's name to *(fx* a document); *(fig)* endorse; ~ *ut* finish *(fx* an exercise book); *du har ikke skrevet den ut ennå* you have not finished it yet; ~ *ut en regning* make *(el.* write) out a bill; ~ *ut en sjekk* write (out) a cheque; ~ **seg** *fra* date from; *(kan føres tilbake til)* be ascribed to; *(stamme fra)* arise from; ~ *seg noe bak øret* make a mental note of sth.

skrivearbeid writing, desk *(el.* paper) work. **-blokk** writing pad. **-bok** exercise book; *(til skjønnskrift)* copybook. **-bord** (writing) desk. **-bordsarbeid** *(kontorarbeid)* paper work, desk work. **-bordslampe** desk lamp. **-bordspolitiker** armchair politician. **-feil** slip of the pen, clerical error, error in writing; *(på maskin)* typing error. **-ferdighet** proficiency in writing. **-før** good at writing. **-klaff** *(på møbel)* drop-leaf writing surface. **-kløe** itch to write. **-krampe** writer's cramp; *(faglig)* mogigraphia. **-kunst** art of writing; *(det å skrive pent)* penmanship. **-kyndig** able to write; *(se skrivefør).*

skrivelyst: *se -kløe.* **-lysten** itching to write. **-lærer** writing master. **-måte** **1***(stavemåte)* spelling; **2***(stil)* style (of writing); *(mus)* style. **-mappe** *(med konvolutter og skrivepapir)* writing compendium.

skrivemaskin typewriter; *renskrive noe på maskin* type sth out *(fx* the handwritten manuscript was typed out).

skrivemaskin- typewriter *(fx* desk, table, cover).

skrivemaskindame typist; *(se stenograf).* **-papir** typing paper; *(se gjennomslagspapir).*

skrivepapir writing paper, notepaper.

skriveri *(neds)* scribbling *(fx* rude scribblings on the walls of lavatories).

skrivesaker *(pl)* writing materials, stationery. **-stell** writing set; inkstand. **-stilling** *(måte å sitte på)* writing posture. **-underlag** blotting pad. **-øvelse** *(i skjønnskrift)* writing exercise.

skrofulose scrofula. **skrofuløs** scrofulous.

skrog *(mar)* hull; *(på fly)* fuselage.

skrot *(skrap)* rubbish, trash, junk; *(se skraphandler).*

skrott carcass; *få noe i -en* **T** get sth to eat.

skru *(vb)* screw; *(dreie)* turn; *(om is)* be packed together, pack; ~ **av** screw off, unscrew *(fx* a bolt); loosen; turn off *(fx* the water); switch off *(fx* the light); ~ *ballen* give a twist *(el.* screw) to the ball; ~ **fast** screw up; screw on *(fx* a lid), fasten with screws; ~ *fast en lås på en dør* screw a lock on (to) a door; ~ **fra hverandre** unscrew; ~ **i** screw in; ~ **igjen** turn off *(fx* the water); ~ **inn** screw in; ~ *helt inn* screw home; ~ **løs** unscrew, loosen; *(skru av)* screw off; ~ **ned** turn down *(fx* the lamp); *skipet ble -dd ned av isen* the ship was pressed down by the ice; ~ *ned lønningene* force down wages; ~ **opp** open, turn up; *(åpne)* unscrew; *(forhøye)* raise *(fx* one's demands); ~ *opp prisene* raise *(el.* increase) prices, force *(el.* send) up prices; ~ *(o: dreie)* **på** turn, screw; *(feste med skruer)* screw on *(fx* a lid); ~ *på lyset* switch on the light; ~ *på vannet* turn on the water; ~ *(o: dreie) på krana* turn the tap; *jeg får ikke -dd på krana* the tap won't turn; ~ **sammen** screw together; ~ **seg** screw, twist, spiral; *isen -r seg opp* the ice packs; ~ *seg opp (fig)* work oneself up *(fx* into a rage); ~ **til** *(o: fast)* screw up, tighten up *(fx* a nut, a bolt); *(lukke ved hjelp av skruer)* screw up, screw down *(fx* a box, a coffin); ~ *en skrue (godt) til* drive a screw (well) home; ~ *tiden* **tilbake** put back (the hands of) the clock.

skruball *(i sport)* screw(ed) ball, ball with a twist *(el.* break); *(fotb)* curler.
I. skrubb *(subst)* scrubbing brush.
II. skrubb *(subst): se ulv; sulten som en* ∼ *: se skrubbsulten.*
skrubbe *(vb)* scrub; ∼ *av skitten* scrub off the dirt; ∼ *med foten (under aking)* brake with one's foot (when sledging or tobogganing); ∼ *seg på albuen* scrape (,US: skin) one's elbow; *han falt og -t (seg på) kneet sitt (også)* he fell and cut his knee open.
skrubbet *(ujevn)* rough, coarse, uneven.
skrubbhøvel rough plane; *(også* US*)* scrub plane; *(se høvel).*
skrubbhøvle *(vb)* rough-plane.
skrubbsulten ravenously hungry; *jeg er* ∼ *(også)* I'm starving; I could eat a horse.
skrubbsår graze.
skru|benk vice (,US: vise) bench. **-blyant** propelling pencil; US automatic pencil.
skrud garb; *mitt fineste* ∼ *(spøkef)* my best bib and tucker.
skrue 1. screw; **2***(mar)* screw, propeller; *en underlig* ∼ an odd character; a funny chap; S a queer bird *(el.* card); US a queer duck.
skrue|fjær *(faglig: spiralfjær)* helical spring, spiral *(el.* coil) spring. **-gang** screw thread. **-hode** screw head. **-stikke** vice; US vise. **-tvinge** clamp, holdfast.
skruis pack ice.
skrujern screw driver.
skrukk *(subst)* wrinkle, line; *(se I. rynke).*
skrukke *(vb)* wrinkle; *(se II. rynke).*
skrukket wrinkled.
skrukketroll *(zool)* wood louse *(pl:* wood lice).
skrukork screw-on stopper, screw cap; *med* ∼ screw-capped.
skrull|et crack-brained, crazy. **-ing** crackbrain, crackpot; US *(også)* jerk.
skrulokk screw cap.
skrumpe *(vb):* ∼ *inn (el. sammen)* shrink; shrivel (up). **skrumpet** shrivelled, shrunk.
skrumplever *(med.)* cirrhosis of the liver.
skrumpnyre *(med.)* contracted kidney.
skrunøkkel *se skiftenøkkel.*
skruppel scruple; *moralske skrupler* scruples of conscience, conscientious objections; *få skrupler* have scruples; *som lett får skrupler* squeamish *(fx* a s. person); *gjøre seg skrupler over* have scruples about; scruple *(fx* he had no scruples about taking the money; he did not scruple to take the money); *uten skrupler* without scruple.
skruskøyter *(pl)* Dutch skates.
skrutrekker screw driver.
skrutvinge clamp.
skryt 1. boasting; bragging; *(brautende oppførsel)* swagger; **2***(esels)* braying.
skryte *(vb)* **1***(prale)* boast, brag, talk big; *(braute)* swagger; **2***(om esel)* bray; ∼ *av* boast of, brag of *(el.* about); *ikke noe å* ∼ *av* T nothing to write home about; nothing to make a song and dance about; not up to much; US S not so hot.
skrytende boasting, bragging; *(brautende)* swaggering.
skrytepave T boaster, braggart.
skrytet(e) boastful; *han er så* ∼ he's always boasting and bragging.
skrømt *(spøkeri)* ghosts; uncanny things *(el.* goings-on).
I. skrøne *(subst)* **1.** fib, lie; **2.** cock-and-bull story, tall story; **3.** risky story *(el.* anecdote); *fortelle -r* (3) T tell spicy anecdotes *(el.* stories); *(se skipperskrøne).*
II. skrøne *(vb)* lie, tell a fib, tell fibs.

skrønemaker fibber, storyteller.
skrøpelig frail, ramshackle; *(helse)* fragile, frail *(fx* he is getting very frail), delicate *(fx* her d. health); *(fortjeneste)* poor *(fx* earnings); *hans -e* engelsk his poor English.
skrøpelighet frailty, fragility; *tiltagende* ∼ *(med.)* increasing frailty.
I. skrå *subst (tobakk)* quid (of tobacco), plug.
II. skrå *vb (tygge skrå)* chew tobacco.
III. skrå *(vb):* ∼ *over gaten* cross the street diagonally.
IV. skrå *(adj)* sloping, slanting, oblique, inclined; *på* ∼, *skrått (adv)* aslant, slantingly; *det* ∼ *bredder* the stage, the boards; ∼ *kant* chamfered *(el.* bevelled *el.* sloping) edge, chamfer, bevel; *med* ∼ *kant* chamfered, bevelled, bevel-edged; *kjøre på* ∼ *ned en bratt bakke (ski)* traverse down a steep hill; *klippe et stoff -tt* cut a material on the bias; *han la hodet på* ∼ he put his head on one side.
skrå|bjelke 1*(heraldikk)* bend; *venstre* ∼ bend sinister; **2.** = **-bånd.**
skrå|bånd (diagonal) brace, cross brace, strut. **-kjøring** *(ski)* traversing; *(se IV. skrå: kjøre på* ∼*).* **-klippe** *(vb)* cut *(fx* a material) on the bias.
skrål bawl, shout, howl, yell; *(babys)* howl(ing); *(neds)* squall; *skrik og* ∼ shouting and bawling, hullabaloo.
skråle *(vb)* bawl, shout, yell, howl, vociferate; *(om baby)* howl; *(neds)* squall; ∼ *av full hals* bawl *(el.* yell) at the top of one's voice.
skrålhals loudmouthed person, bawler.
skråne *(vb)* slope, slant, tilt; ∼ *jevnt* slope gradually *(el.* gently); ∼ *nedover* slope downwards, slope down; dip *(fx* the road dips towards the plain); *terrenget -r nedover mot vannet* the ground is sloping *(el.* slopes) downwards towards the lake.
skrånende sloping *(fx* street); shelving *(fx* shore).
skråning slope, declivity, incline; *(se nedoverbakke & oppoverbakke).*
skråplan inclined plane; *(fig)* downward path; *komme på -et* go off the straight path; US wander from the straight and narrow; *være på -et* be on the downward path; be going downhill; *hun var allerede på -et (også)* she was already below the hill.
skråpute *(i seng)* bolster.
skråsikker quite sure; absolutely certain; positive; *(neds)* cocksure.
skrå|snitt bevel cut. **-spikre** *(vb)* toe-nail. **-stilling** oblique position. **-stilt** tilted, angular, aslant, slantways. **-stiver** *se -bånd.* **-strek** *(typ)* diagonal; oblique; US virgule. **-tak** slanting *(el.* pitched) roof; *(leskur)* lean-to roof, penthouse. **-tobakk** chewing tobacco.
skråttliggende sloping, slanting.
skråttstilt *se skråstilt.*
skubb push, shove; *gi en et* ∼ push sby, give sby a push.
skubbe *(vb)* push *(fx* sby aside); shove; *(i trengsel)* shove, jostle; ∼ *seg mot noe* rub against sth; ∼ *til en* give sby a push.
skudd 1*(med skytevåpen)* shot; *(jvf streifskudd)*; **2***(i ballspill)* shot; **3***(bot)* shoot; *ener* ∼ (1) blank shot; *skarpt* ∼ (1) round (of live ammunition); ball *(el.* live) cartridge; *det falt et* ∼ (1) a shot was fired; there was a shot; *-et gikk av* (1) the gun *(,pistol, etc)* went off; *det siste* ∼ *på stammen trives utmerket (spøkef)* the latest addition to the family tree is flourishing; *som et* ∼ *(:) hurtig)* like a shot *(fx* he was off like a shot; he came like a shot); *komme i -et* become popular; *et* ∼ *for baugen (mar)* a shot across the

bows; *jeg ga ham et ~ for baugen (fig)* I fired a shot across his bow.

skudd|fri: *gå ~* get off scot-free. **-hold** range (of fire); *komme på ~* come *(el.* get) within range; *komme en på ~ (fig: greie å oppnå kontakt med)* contrive to make contact with sby; *uten- for ~* out of range. *get)*; *fire (fx* be in the l. of f.); *han var i -n (fig, også)* he was in the danger zone; he was in an exposed position. **-penger** *(pl): se* **skuddpremie**. **-premie** reward for shooting; US bounty *(fx* put a b. on eagles). **-sikker** bullet-proof; bombproof; shell-proof. **-sår** bullet wound; gunshot wound. **-takt** rate of fire. **-veksling** exchange of fire *(el.* shots). **-vidde:** *se* **-hold**. **-år** leap year.

I. skue *(subst)* stille til ~ expose to view, exhibit, display, show; *stille sine følelser til ~* wear one's heart on one's sleeve; *det var et prektig ~* it made a magnificent show.

II. skue *(vb)* behold, see; *det var herlig å ~ (poet)* it was a magnificent sight; *man skal ikke ~ hunden på hårene* appearances are deceptive *(el.* deceitful).

skuebrød *(bibl)* shewbread; *det er bare ~ (fig)* it's only window dressing.

skuelysten curious, eager (to see); *de skuelystne* the curious; US T *(også)* the rubbernecks.

skueplass scene *(for* of); *-en for* the scene of.

skuespill play; *(fig)* spectacle.

skuespiller actor; *(hist, også)* player; *bli ~* go on the stage.

skuespillerfaget the theatrical profession.

skuespillerinne actress.

skuespillerselskap theatrical company.

skuespillforfatter playwright, dramatist.

skuff *(i kommode, skap)* drawer; *av samme ~* of the same kind; *dra (el. trekke) ut en ~* pull out a d.; *skyve igjen en ~* push a d. shut *(el.* to); *-en går lett* the d. runs smoothly; *-en går ikke godt* the d. does not run easily; *-en går litt trangt* the d. is a little tight.

I. skuffe *(subst)* shovel; *(mindre)* scoop; *(jvf skovl).*

II. skuffe *(vb)* shovel; scoop; ~ *i seg mat* shovel food into one's mouth; S scoff; ~ *inn penger* scoop in money.

III. skuffe *vb (bedra, narre)* disappoint; T let down *(fx* he'll never l. d. a friend); *du har -t meg* I am disappointed in you; *-t kjærlighet* disappointed love; *være dypt -t* be deeply *(el.* greatly) disappointed; *være -t* **over** *noe* be disappointed with sth; *være -t over en* be disappointed in *(el.* with) sby; *jeg var -t over hennes mangel på forståelse* I was disappointed at her lack of understanding; *han var meget -t over ikke å ha blitt invitert* he was very disappointed at not having been invited.

skuffelse disappointment; *en alvorlig (el. stor) ~* a great *(el.* keen) d.; *hennes ~ over det var stor* her d. (at it) was great.

skuffende deceptive; *(slående)* striking *(fx* likeness).

skulder shoulder; *trekke på skuldrene* shrug (one's shoulders).

skulder|blad shoulder blade; *(faglig)* scapula. **-bred** broad-shouldered.

kuldertrekk *se* **skuldertrekning**.

kuldertrekning shrug (of one's shoulders); *han avviste tanken med en ~* he dismissed *(el.* rejected) the idea with a shrug of his shoulders; *bare ha en ~ til overs for* shrug at *(fx* he merely shrugged at their sufferings).

kule *(vb)* scowl, glower; ~ *bort på* scowl at.

kuledunk swill tub.

skuler *pl (skyller)* swill.

skuling scowl; scowling.

skulke *(vb)* shirk (one's duty); *(om skoleelev)* play truant, shirk school; US *(også)* play hooky; ~ *en forelesning* cut a lecture; *han -r timer i øst og vest* T he is missing lessons left, right and centre; ~ *unna* shirk one's duty; S swing the lead; *en gutt som -r (skolen)* a truant boy.

skulke|syk malingering. **-syke** malingering, truancy.

skulking shirking (one's duty); *(i skolen, især)* truancy; *(se også* **unnaluring**).

I. skulle *vb (i hovedsetning)* **1***(futurum & kondisjonalis): jeg skal be ham komme* I shall ask him to come; *(jvf 2); de ~ komme neste dag* they would come next day; they were to come next day; *(jvf 8); skal 'du i kirken (nå) også?* T shall 'you be going to church too? **2***(løfte, trusel) (1. person)* will *(fx* I will send you the book soon); *(2. & 3. person)* shall *(fx* you shall have the money today); *dette skal han få betale for!* he is going to pay for this! *(glds)* he shall pay for this! *dette ~ han få betale!* he was going to (have to) pay for this; **3***(påbud)* must *(fx* you must do it at once); he to *(fx* he was to go to England); *(ved direkte ordre el. beskjed)* will *(fx* you will report to the headmaster at once; teachers will send in their reports by Friday); *du skal ikke ha det så travelt!* T you don't want to be in such a hurry! you mustn't be in such a hurry! **4***(råd, advarsel = burde)* ought to *(fx* you ought to have done that before), should *(fx* you (,they, *etc)* should not speak like that to him); *det ~ du ikke gjøre* you shouldn't do that; you'd better not do that; T I wouldn't do that, you know; *(se* **II. skulle** 9*); **5***(spådom): du skal dø i morgen* you shall die tomorrow; **6***(om det ventede): de ~ være her nå* they ought to be here by now; *det ~ være rart om han ikke var kommet nå* it would be funny if he hadn't come now; *vi ~ nå (fram til)* X *før det blir mørkt* we ought to reach (,T: make) X before dark; *(se også under A);* **7***(for- lydende): han skal være rik* he is said to be rich; they say he is rich; *tidligere skal det ha stått en romersk festning her* it is thought that there was once *(el.* formerly) a Roman fortress on this site; **8***(avtale, bestemmelse, hensikt, plikt)* be to *(fx* I am to meet him tomorrow; they told us that we were to receive extra rations); *det skal bygges en isbryter* an icebreaker will be built; *den tekniske utbygging skal foregå i fire etapper* technical construction work is planned to proceed by four different stages; *det skal dannes et selskap* a company is to be formed; *kassen ~ sendes straks* the case was to be sent at once; *hvordan skal kassen merkes?* how is the case to be marked? *det ~ være en overraskelse* it was meant to be a surprise; it was meant as a surprise; *det ~ være en spøk* it was meant as a joke; *skal De reise i morgen?* are you leaving tomorrow? T shall you be leaving tomorrow? *toget ~ (ha) gått for en time siden* the train was due *(el.* scheduled) to leave *(el.* the train should have left) an hour ago; *han ~ til England* he was going to E.; he was to go to E.; *jeg ~ si (Dem) at ...* I was to tell you that ...; *jeg ~ meddele Dem at ...(formelt)* I am directed *(el.* instructed) to inform you that ...; *ordren ~ til et annet firma* the order was meant *(el.* intended) for another firm; *skal vi snart spise?* are we going to eat soon? ~ *til å (ɔ: være i ferd med å)* be going to *(fx* we were going to telephone him); *vi ~ nettopp til å pakke* we were just going to pack; we were about to pack; *jeg ~ nettopp til å forlate London* I was on the point of leaving L.; I was just going to leave L.; **9**(*i spørsmål, især om hva man skal gjøre)* shall *(fx* shall I tell him?); *skal vi bytte (tog) i X?* do we change (trains) at X? *hva skal vi gjøre?* what are we to do? what shall we do? **T** what do we do? *hva foreslår De at vi skal gjøre?* what do you suggest we should do? *hva skal man tro?* what is one to believe? *hvordan ~ det gjøres?* **1** *(fortidig)* how was that to be done? how would that have to be done? **2**(*om eventualitet)* how would that have to be done? *hvordan ~ jeg vite det?* how was I to know? *når skal jeg komme tilbake?* when am I to come back? when shall I come back? when should I be back? *(se også 11);* **10**(*i indirekte spørresetning): hvem ~ ha trodd at ...* who would have thought that ...? *hvem ~ ha trodd det?* who would have thought *(el.* believed) it? *kanskje det ~ (el. ville) hjelpe?* perhaps that would help? *(se også 14 & 20);* **11**(*henstilling el. forslag)* shall *(fx* shall we take a taxi?); *skal jeg fortelle ham det?* shall I tell him? I'll tell him, shall I? *skal jeg bli med deg?* shall I come with you? would you like me to come with you? *skal vi tilby ham en belønning? (også)* how would it be if we offered him a reward? **12**(*i forretning): jeg skal ha en flaske øl* I want a bottle of beer; could I have a bottle of beer (,please)? **US** I would like a b. of b.; **13**(*om tidligere truffet avtale): var det i dag jeg ~ prøve den jakken jeg har bestilt?* is it today I'm supposed to try on the jacket I ordered? **14**(*uttrykker nødvendighet): hva skal han med tre biler?* what does he want with three cars? *hva ~ han med så mange? (også)* what did he need so many for? *~ til* be necessary; *det skal til* it is necessary; you've got to have it (,do it); *alt det som skal til* everything necessary; *det som skal til for en lang reise* what is needed for a long journey; *gjøre det som skal til (ɔ: ta de nødvendige skritt)* take the necessary steps *(el.* action); do the necessary; do what's needed *(el.* necessary); *det ~ lite til for å ...* it would take *(el.* require) very little to ...; very little would be needed to ...; *det skal så lite til for å glede et barn* it takes so little to make a child happy; *det skal ikke lite til for å imponere henne* it takes a lot to impress her; *det ~ to mann til for å holde ham* it took two men to hold him; *det skal mye til for å måle seg med ham* it takes a great deal to measure up to him; he takes a great deal of measuring up to; *det skal mye til for å gjøre ham tilfreds* he is hard to please; *det skal en meget god grunn til for å gjøre det* there wants some very good reason to do that; *det skal tid til å gjøre denslags* it takes time to do that sort of thing; **15**(*om det skjebnebestemte)* be to *(fx* I was never to see him again); be fated to *(fx* the scheme was fated to fail); *det ~ vel så være* (well, well,) it was to be; **16**(*ønske): jeg ~ (gjerne) treffe herr X* I wish to see Mr. X; *vi ~ gjerne* we should *(el.* would) like to; *vi ~ mer enn gjerne ...* we would gladly ...; **17**(*ironisk tillatelse): han ~ bare prøve!* let him try! **18**(*uttrykker forbehold): en ~ nesten tro at ...* one would think that; **19**(*formodning): det ~ jeg tro* I should think so; I rather think so; *det er bare et sammentreff, ~ jeg tro* it is a mere coincidence I should say; *en ~ tro han var gal* one *(el.* anyone) would think he was mad; *dette ~ vel danne et utgangspunkt* this would appear to form

a point of departure; **20**(*mulighet): det ~ vel ikke være det at han er redd?* could it be that he is afraid? *du ~ vel ikke vite hans adresse?* you don't happen to know his address, do you? do you by any chance know his a.? *(jvf II. skulle 9);*

[*A: forb. med infinitiv; B: med prep, adv & pron; C: andre forbindelser*];

A: *jeg ~ be Dem om å ...* I was to ask you to ...; *hva skal dette bety?* what is the meaning of this? **T** what is the big idea? *det skal bli as* you wish; as you like; *det ~ bli enda verre* (15) there was worse (yet) to come; *det er ikke bare vi som skal like kjæledyret; kjæledyret skal også like oss* it's not only for us to like the pet; the pet must also like us; *det skal du få se* (2) you will see; *jeg skal si far er stolt!* and ¦is daddy proud! *det skal jeg ikke kunne si* I couldn't tell *(el.* say); I wouldn't know; *~ vi ikke se til å komme av sted?* hadn't we better be starting? *det skal jeg ikke kunne si* I couldn't tell *(el.* say); I wouldn't know; *hva var det jeg ~ sagt?* what was I going to say? *jeg skal ha skrevet to brev* **1.** I have two letters to write; **2**(*det påstås at jeg har skrevet to brev)* I'm supposed to have written two letters; *det var ikke det vi ~ snakke om* that's not what we were supposed to talk about; *vi ~ tro kunden var klar over dette da han ga Dem ordren* one would think that the customer was aware of this *(el.* we think the c. must have been aware of this) when he gave you the order; *hvor ~ jeg vite det fra?* how should I know? *hva skal det være?* **1**(*når man tilbyr en noe)* what will you have? *(om drink, også)* **T** what's yours? **2**(*hva skal det forestille)* what is that supposed to be? *hva skal det være godt for?* what would be the use *(el.* the good) of that? what is the idea? *hvor det skal være* anywhere; no matter where; *nå ~ posten være her* (6) *(også)* the mail is due now; *~ det være mulig?* is that possible? *skal det være, så skal det være* do the thing properly or not at all; *det skal du ikke være for sikker på* don't (you) be too sure (about that); *(se også II. skulle 5);*

B: *du skal nå også* **alltid** *kritisere* you are always criticizing; *jeg skal av her* I want to get off here; this is where I get off; *hvor skal jeg gå av?* where do I get off? *sannheten skal* **fram** the truth has got to be told; *hvor skal du* **hen?** where are you going? *(jvf I. skulle C);* *hva skal du her?* what are you doing here? what do you want here? *jeg skal* **hjem** I'm going home; **hvorfor** *skal den være så tung?* why must it *(el.* why has it got to) be so heavy? *jeg skal* **i** *kirken* I am going to church; *det brevet skal i postkassen* that letter must be posted *(,især* **US:** mailed); *han skal til X, og jeg skal være* **med** he is going to X, and I am *(el.* shall be) going with him; *(jvf II); hva skal jeg med det?* **2:** *det har jeg ikke bruk for)* what good *(el.* use) is that going to be to me? *jeg skal* **på!** *(trikk, buss, etc)* I want to get on! *jeg skal* **til** *middag hos dem* I'm having dinner with them; *(stivt)* I am dining with them; *(jvf I. skulle 14 & C); jeg skal* **ut** I'm going out; *jeg skal ut i kveld* I'm going out tonight; I shall be going out tonight; *jeg skal ut med en masse penger* **T** I (shall) have to fork out *(el.* part with) a lot of money; I shall have to pay out a lot of money; *han skal ut med pengene* **T** he will have to fork out;

C: *jeg ¦skal (ɔ: på WC)* I want to go somewhere; *skal – skal ikke* = I'm in two minds what to do; *hva skal ¦De?* what do ¦you want?

hvor |skal De? (når man vil hjelpe vedkommende på rett vei) where do you want to go? *jeg skal til X (ɔ: jeg vil gjerne vite veien til X)* I want to get to X; *(se også I. skulle B); skal tro om ...* I wonder if ...

II. skulle *vb (i bisetning)* **1***(futurum & kondisjonalis): det er mulig at huset skal bygges neste år* it is possible that the house will be built next year; *vi begynte å bli engstelige for at du ikke ~ komme* we were beginning to be anxious *(el.* afraid) that you might not come; *vi trodde (at) han ~ dø* we thought he was going to die; *vi trodde (at) hun ~ komme* we thought she would come; *han visste (at) han ~ dø neste dag* he knew he was (going) to die the next day; **2***(indirekte tale) han (,jeg) sa han (,jeg) ~ komme* he (,I) said he (,I) would come; *jeg sa jeg ~ hjelpe ham* I said I would help him; I promised to help him; *han sa han ~ hjelpe meg* he said he would help me; he promised to help me; *han sa De ~ få varene i morgen* he said you should *(el.* would *el.* were to) have the goods tomorrow; *du sa vi ~ få se den i ettermiddag* you said we should see it this afternoon; *han sa jeg ~ vise henne inn* he told me to show her in; he said to show her in; *jeg skulle ~ forslå, forlange, kreve, ønske, etc oversettes «skulle» ofte ikke): han foreslo at prisen ~ settes ned* he suggested that the price (should) be reduced; *de foreslo at planen ~ settes i verk med én gang* they suggested that the plan be implemented at once; *de forlangte at han ~ skaffe opplysninger* they demanded that he supply information; *han holdt strengt på at det ~ gjøres* he insisted that it must be done; **4***(i hensikts- el. følgesetning) might, should; for at han ikke ~ tro at ...* so that he might *(el.* should) not think that; *for at båten ikke ~ synke* in order that *(el.* so that) the boat should not sink; *jeg telegraferte, slik at du ~ ha nyheten i god tid* I telegraphed so that you might have the news in good time; **5***(i forb. med spørreord som* what, which, who, where, when, how, whether*): jeg visste ikke hva jeg ~ gjøre* I did not know what to do; *han sa hva jeg ~ gjøre* he told me what to do; *vi viste ham hvorledes han ~ gjøre det* we showed him how to do it; *hva vil du at jeg skal gjøre?* what do you want me to do? *hun visste ikke om hun ~ le eller gråte* she did not know whether to laugh or cry; *jeg vet ikke hva jeg skal tro* I don't know what to think; **6***(indirekte spørsmål): jeg spurte ham når jeg ~ komme tilbake* I asked him when I was to return *(el.* when he wanted me to r.); *jeg spurte ham når han ~ reise* I asked him when he was leaving *(el.* when he was going to leave); *han spurte meg om han ~ skrive* he asked me if he should write; *han spurte meg om jeg ville at han ~ skrive* he asked me if I wanted him to write; he asked me if I would like him to write; **7**(= *måtte): han sa at jeg ~ sende kassene straks* he said that I was to send the cases at once; he said that the cases were to be sent at once; *han ga ordre om at varene ~ sendes* he gave instructions for the goods to be sent; *kapteinen ga ordre til at båtene ~ låres* the captain ordered the boats to be lowered; the c. ordered that the boats should be lowered; **8***(norsk: at-setning med subjekt + skulle =* eng: objekt + infinitiv etter en rekke vb som uttrykker ønske el. befaling): jeg sa til ham at han ~ være stille* I told him to keep *(el.* be) quiet; *si til ham at han skal gjøre det* tell him to do it; *jeg vil ikke at De skal tro at ...* I do

not want you to think that ...; I would not have you think that ...; *han ville at vi ~* he wanted us to; *(formelt)* he wished us to; *jeg sa at han ~ vente noen dager* I told him to wait a few days; **9***(betingelsessetninger): hvis alt går som det skal* if everything goes according to plan; if it comes off *(fx* if it comes off we shall make a fortune); *hvis alt gikk som det ~, burde han arve eiendommen* by rights he ought to inherit the estate; *hvis vi skal selge disse varene* if we are to sell these goods; *hvis han ~ spørre deg* if he should ask you; *hvis noe ~ hende meg* if anything were to happen to me; *hvis jeg ~ (komme til å) glemme* if I do happen to forget; *hvis jeg ~ gi så lang kreditt, ville jeg snart være konkurs* if I were to give *(el.* grant) such long credit I should soon be bankrupt; *hvis jeg var i ditt sted, ~ jeg* if I were you, I should ...; *(jvf I. skulle 4); hvis jeg hadde penger, ~ jeg* if I had the money, I should *(el.* would) ... *(fx* give a lot to the poor); *selv om jeg ~ ...* even if I were to; **10***(i relativsetninger): de av oss som skal til Oxford* those of us who are going to Oxford; *de som ~ bli igjen* those who were to stay; *det er ikke bare vi som skal like kjæledyret, kjæledyret skal også like oss* it's not only for us to like the pet, the pet must also like us.

skulpe *(bot)* **1***(lang-)* silique; **2***(kort-)* silicle, silicule.

skulptur sculpture.

skulptør sculptor.

skuls: *være ~* be quits.

skum *(subst)* foam; *(såpe-)* foam, lather; *(på øl)* foam, froth, head *(fx* the head on a glass of beer); *(på hest)* foam, lather *(fx* the horse was all in a l.; the horse was lathered); *(fråde)* foam, froth.

skumaggregat foam extinguisher.

skumaktig foamy, frothy.

skumgummi foam rubber.

skumgummimadrass foam rubber mattress; ~ *med trekk på* covered f. r. m., f. r. m. with a cover (on).

skumle *(vb)* make ill-natured remarks *(om* about).

skumleri ill-natured remarks, insinuation, innuendo.

I. skumme *(vi)* foam, froth; *såpa -r* the soap lathers; ~ *av raseri* foam with rage.

II. skumme *(vt)* skim; *-t melk* skim milk.

skummel gloomy, dismal, sinister, eerie; shady *(fx* a s. type followed me in the street); *skumle transaksjoner* dubious transactions; *(se type).*

skummelhet gloominess, gloom.

skump jolt.

skumpe *(vi)* bump, jolt; ~ *til hverandre* jostle each other.

skumre *(vb): det -r* night *(el.* twilight) is falling; night is closing in; it's getting dark.

skumring dusk, twilight; *i -en* in the dusk *(el.* twilight), at dusk.

skumristel plough jointer.

skum|skavl *(på bølge)* crest of foam. **-slokker** foam extinguisher. **-sprøyt** spray; *(se sjøsprøyt).* **-svett** *(om hest)* in a lather. **-topp** *(på bølge)* crest of foam.

skunk *(zool)* skunk.

I. skur shed; lean-to; shanty.

II. skur *(regn-)* shower (of rain); *vi fikk hele -a over oss* we caught *(el.* had) the full force of the shower; we got the brunt of the shower.

III. skur(d) *(korn-)* cutting; *(tømmer)* converted timber; sawn timber; *(se skurlast; skurtømmer).*

skurdfolk se skurfolk.

skurdonn se skuronn.

skure *(vt)* scrub, scour; *(skrape)* scrape; *vi (om fartøy)* scrape *(fx* against the bottom); grate, grind; *jeg hørte kjølen ~ mot skjærene* I could hear the keel grinding on the rocks; *la det ~* let things slide; *US* let it ride.

skure|børste scrubbing brush. **-bøtte** bucket, pail. **-fille, -klut** floor cloth. **-kone** cleaner, charwoman. **-pulver** scouring powder.

skurfolk harvesters, reapers.

skuring scrubbing, scouring; *det er grei ~* T that's plain sailing.

skuringsmerke *(geol)* stria *(pl:* striae).

skurk scoundrel, villain. **-aktig** villainous, scoundrelly. **-aktighet** villainy.

skurkefjes hangdog face.

skurkestrek (piece of) villainy, vile trick; T dirty trick.

skurlast sawn wood *(el.* timber); sawn goods; converted timber; *(se III. skur(d); skurtømmer).*

skuronn reaping *(el.* harvesting) season; harvest work, harvesting.

skurre *(vb)* grate, jar *(i ørene:* on the ear).

skurring grating, jarring.

skurtresker combine (harvester); *~ med (påmontert) halmpresse* combine baler.

skurtømmer saw timber, saw logs; *(se III. skur(d); skurlast).*

skurv *(med.)* favus; *(glds)* scaldhead; *(vet: hos hester)* honeycomb ringworm.

skusle *(vb): ~ bort* waste, throw away.

skussmål reference; testimonial; recommendations; *(lett glds)* character; *som skolens rektor er det meg en fornøyelse å kunne gi X det aller beste ~* as head of the school I am pleased to be able to give X my very best recommendations; *han ga ham et godt ~ (også)* he spoke very highly of him.

skute *(mar)* vessel, ship; *(se skip).*

skutte *(vb): ~ seg* shake oneself, shrug.

skvadron *mil (flyv)* squadron; *(se ving).*

skval *(også fig)* dishwater; *(se skvip).*

skvalder babble, noisy talk, chatter.

skvaldre *(vb)* babble, chatter.

skvaldrebøtte babbler, chatterbox.

skvalp *se skvulp.*

skvalpe *(vb): se skvulpe.*

skvalpe|sjø choppy sea. **-skjær** rock awash; *(se III. skjær).*

skvatre *vb (om skjære)* chatter.

skvett splash; *(lite kvantum)* dash, drop.

skvette 1*(vt)* splash; *(stenke)* sprinkle; 2. *vi (fare sammen)* start, give a sudden start; *han skvatt høyt* he leapt into the air; *~ opp* jump up; *det er som å ~ vann på gåsa* it's like water off a duck's back.

skvetten nervous, jumpy; skittish; *han er ikke ~ av seg* T he has plenty of spunk.

skvettgang *(mar)* washboard.

skvett|lapp *(på bil)* mud flap; *US* splash guard. **-skjerm** mudguard; *US* fender.

skvip dishwater, hogwash.

skvulp ripple, splash.

skvulpe *(vb)* ripple, lap, splash; *~ over* splash over; T slosh over.

I. sky *(subst)* cloud; *bakom -en er himmelen alltid blå* every cloud has a silver lining; *-ene løser seg opp* clouds are breaking up; *-ene trekker sammen* the sky is clouding over; *heve til -ene* praise to the skies; *sveve oppe i -ene* be in the seventh heaven; *have one's head in the clouds; *i vilden ~* at the top of one's voice; *jeg var som falt ned fra -ene* I was completely dumbfounded *(el.* flabbergasted); T you could have knocked me down with a feather.

II. sky *(vb)* avoid, shun, give *(fx* sby) a wide

berth; *vi skal ikke ~ noen anstrengelse for å* we will spare no effort to; *ikke ~ noe middel* stick at nothing; *ikke ~ noen utgift* spare no expense; *brent barn -r ilden* once bitten twice shy.

III. sky *(adj)* shy, timid; *(se arbeidssky).*

skybanke bank of clouds.

skybrudd cloud-burst.

skydekke cloud cover; cloud base; *lavt ~* low cloud base; *skiftende ~, perioder med sol* variable cloud, sunny periods.

sky|dekket cloud-covered. **-dott** cloudlet.

skye *(vb): ~ over* cloud over.

skyet cloudy, overcast; *delvis ~* partly cloudy.

skyffel hoe, scraper.

skyfri cloudless, unclouded, without a cloud.

skyfull cloudy, overcast.

I. skygge *(subst)* shade; *(slagskygge)* shadow; *(på lue)* peak; *US* visor; *fortidens -r* shades of the past; *en ~ av seg selv* a shadow of one's former self; *ikke ~ av tvil* not a shade of doubt; *ligge i -n* lie in the shade; *stille i -n (fig)* throw *(el.* put) into the shade; outshine *(fx* sby); dwarf *(fx* this question dwarfs all other considerations); *bli stilt i -n av (også)* be overshadowed by; dwarfed *(el.* obscured) by; *(se også bakgrunn).*

II. skygge *(vb)* shade; *(følge etter)* shadow; T tail; *han lar meg ~* T he has a tail on me; *~ for en* stand in sby's light; *~ for øynene* shade one's eyes.

skygge|aktig shadowy, shadowlike. **-bilde** shadow figure, silhouette. **-full** shady, shadowy. **-legge** *(vb)* shade *(fx* a drawing). **-lue** peaked cap; *US* cap with a visor. **-løs** without shade, shadowless, shadeless.

skyggeregjering shadow cabinet.

skygge|riss outline. **-side** shady side; *(fig: også)* dark *(el.* seamy) side; *(mangel)* drawback. **-tilværelse: føre en ~* lead a shadow life. **-verden** world of shades, shadow world.

skyhet shyness.

skyhøy sky-high.

skyhøyde *(meteorol)* height of cloud base *(el.* ceiling); cloud base; *lav ~* low cloud base.

skylag cloud layer.

skylapper *(pl)* blinkers; *US* blinders; *gå med ~* wear blinkers; be in blinkers.

skyld 1*(brøde)* guilt; 2*(daddel)* blame, fault; 3*(gjeld)* debt; **bære** *-en* be to blame, be responsible; *frita for ~* exculpate; **få** *-en* get the blame; *få -en for* get the blame for; be blamed for; **gi** *en -en for noe* blame sby for sth; put *(el.* lay) the blame for sth on sby; T blame sth on sby *(el.* sth) *(fx* they blamed it on the war); *de gir hverandre -en* they blame each other; *han ga nervene -en for det* he put it down to nerves; **ha** *-en* be to blame; *han har -en (også)* it's his fault; *du har den største -en* you are the most to blame; *han hadde ingen følelse av ~* he had no sense of guilt; **legg** *-en på meg* blame it on me; blame me; **være** *~ i* be to blame for; **for** *ens ~* for the sake of sby, for sby's sake, on sby's account *(fx* I was nervous on his account); *han dummer seg ut for hennes ~* he is making a fool of himself about her; *for Deres ~* for your sake; *for familiens ~* for the sake of one's family; *for noes ~* for the sake of sth; *(for på grunn av)* for sth *(fx* he married her for her money); on account of sth; over sth *(fx* don't break your heart over that); *for Guds ~* for God's sake; *for én gangs ~* for (this) once *for ordens ~* as a matter of routine *(el.* form) for the record; to keep the record straight; *for den saks ~* for that matter, for the matter of that; *for sikkerhets ~* for safety's sake; to be on the safe side; as a (matter of) precaution; to make assurance doubly sure; *for et* **syns** ~ for the sake of appearances; *for alle* **tilfellers** ~ (just) in case; *for gammelt* **vennskaps** ~ for the sake of our old friendship; *for* **min** ~ for my sake, (just) to please me *(fx* have another cake just to please me); *for min* ~ *kan han dra pokker i vold* he can go to hell for all I care; *for min* ~ *behøver du ikke forandre det* as far as I am concerned you need not change it; *gjør deg ikke noe bry for min* ~ don't trouble yourself on my account; *spesielt for min* ~ especially for my benefit *(fx* we are having another show especially for my b. this evening); **uten** ~ blameless *(fx* he is b. in the matter); *uten egen* ~ through no fault of one's own; *(se sak C).*

skyld|betynget guilty, conscience-stricken. **-bevisst** conscious of guilt, guilty. **-bevissthet** consciousness of guilt, guilty conscience.

skylddele *(vb)* survey; *tomta må -s før den kan selges* the site must be surveyed before it can be sold; *(se tinglyse).*

skylde *(vb)* **1.** owe; ~ *(bort) penger (til en)* owe (sby) money; owe money (to sby); be in debt; *han betalte £8 a konto på de £16 han skyldte* he paid £8 on account of the £16 owing by him; *hvor meget -r jeg (Dem)?* how much do I owe you? how much am I in debt *(el.* indebted) to you? **T** what's the damage? *han -r penger i øst og vest* he owes money all round; *den respekt man -r sine foreldre* the respect due to one's parents; **2***(ha å takke for)* owe, be indebted to; *jeg -r Dem stor takk* I owe you my best thanks; I am greatly *(el.* deeply) indebted to you; *vi -r våre foreldre meget* we owe a great deal to our parents; *hva -r jeg æren av Deres besøk?* to what do I owe this honour? **3***(om plikt):* ~ *en respekt* owe respect to sby; owe sby respect; *jeg -r Dem en forklaring* I owe you an explanation; **4.:** ~ *en for noe: se beskylde:* ~ *en for noe;* ~ *på* put the blame on, blame; *han var sent ute og skyldte på de overfylte bussene* he blamed his lateness on the crowded state of the buses; ~ *på sin ungdom og manglende erfaring* plead the inexperience of youth; *han skyldte ingenting på huset* he owed nothing on the house; *(se skyldes).*

skyldes *(vb)* be due to *(fx* it was due to an oversight on his part; it was due to an accident); be owing to *(fx* it was o. to him that I got the job); *(kunne tilskrives)* be attributable to; *(bero på, være forårsaket av)* be due to, be the result of, result from, arise from, spring from *(fx* these differences spring mainly from the nature of the area); be caused by; *dette* ~ *at ...* this is due to the fact that ...; *hans død skyldtes et ulykkestilfelle* his death was owing to an accident; *døden skyldtes drukning* death was by drowning.

skyldfolk relatives.

skyldfri 1*(gjeldfri)* free from debt; *(om eiendom)* unencumbered; **2***(uskyldig)* innocent, blameless, guiltless. **-het 1.** = *gjeldfrihet;* **2.** innocence, blamelessness, guiltlessness.

skyldig guilty *(i* of); *(tilbørlig)* due *(fx* he was treated with all due respect); *det -e beløp* the amount owing; *finne en* ~ *i alle tiltalens punkter (jur)* find sby guilty on all counts; *gjøre seg* ~ *i* be *(el.* render oneself) guilty of, commit *(fx* a fault); *gjøre seg* ~ *i en feiltagelse* be guilty of an error; fall into an error; *nekte seg* ~ assert one's innocence, deny the charge; *(for retten)* plead not guilty; *bli svar* ~ be at a loss for an answer; *han ble ikke svar* ~ he had a ready answer; *være en takk* ~ owe sby thanks, be indebted to sby; *(se også I. tiltale).*

skyldighet duty, obligation.

skyldner debtor; *gjøre ham til min* ~ place him under an obligation to me.

skyldsetning taxation, assessment.

skyldsette *(vb)* tax, assess.

skyldskap relationship.

skyldspørsmål question of guilt; *avgjøre -et* decide the verdict; *det ble anket over straffeutmålingen, men derimot ikke over -et* there was an appeal against the sentence but not the conviction.

skyll *(regn-)* downpour.

skylle *(vb)* rinse; *(om sjø)* wash *(fx* he was washed overboard); ~ *et glass* rinse out a glass; ~ *munnen* rinse one's mouth; ~ *i land* wash ashore; ~ *i seg* wash down; *regnet skylte ned* the rain poured down; ~ *ut* rinse (out), flush (out); *(med.)* irrigate.

skylle|bøtte 1. flood of abuse; **2.:** *se -dunk.* **-dunk** garbage pail.

skyller *(pl)* swill.

skyllevann rinsing water; *US* rinse water.

skylling rinse; rinsing.

skynde *(vb):* ~ *på en* hurry sby, hustle sby; ~ *seg* hurry, hurry up, make haste; *skynd deg!* hurry up! get a move on! *(med å komme i gang)* get cracking! ~ *seg med arbeidet* press on with the work, hurry up with the work; *jeg skulle ønske du ville* ~ *deg med det brevet* I wish you would hurry up over that letter; *la oss* ~ *oss å komme i gang* **T** let's hurry and get cracking; *jeg må* ~ *meg (av sted)* **T** I must fly *(el.* scoot).

skyndsom hasty, hurried; *-t (adv)* hastily, in haste; *-st* in the greatest haste.

skypumpe waterspout.

skyseil *(mar)* skysail.

skyskraper skyscraper.

skyss conveyance; *få* ~ get a lift; *(især US)* get a ride; *takk for -en!* thank you for the lift *(el.* ride)! *reise med* ~ *(hist)* travel post, travel with post horses.

skyssbonde *(hist)* farmer conveying travellers; (NB in England: innkeeper).

skysse *(vb)* carry, convey, drive; ~ *en over vannet* ferry sby across the lake; *de -t ham av sted (el. av gårde)* they bundled him off; ~ *en ut av huset* bundle sby out of the house; *han prøvde å* ~ *dem ut så fort som mulig* he tried to get rid of them as quickly as possible.

skyssgodtgjørelse travel allowance; *skyss- og kostgodtgjørelse* travel and meals allowance.

skysshest post-horse.

skysspenger *(pl)* fare.

skysstasjon posting station, posting inn, coaching inn.

skyssvogn stagecoach; *(lettere)* post chaise.

skyte *(vb)* **1***(med skytevåpen)* shoot; *(gi ild)* fire; *(i fotball)* shoot; **2***(fare)* shoot, flash *(fx* it flashed past); **3***(bot)* put forth *(fx* leaves, roots); ~ *blader* come into leaf, leaf, put forth leaves; ~ *bom* miss (the mark); *(jvf treff);* ~ *fart* gather headway, put on speed; ~ *god fart* make good headway; ~ *knopper* bud, put forth buds; ~ *liggende med albuestøtte (mil)* fire from rest with elbow support; *hans øyne skjøt lyn* his eyes flashed; ~ *mål (i fotball)* score *(el.* shoot el. kick) a goal; send the ball into goal; ~ *rot* strike *(el.* take) root; ~ *rotskudd* throw out suckers, sucker; ~ *rygg (om katt)* put up *(el.* arch) its back; ~ *satsen (typ)* lead the lines; *skutt sats* leaded matter; ~ *en serie (mil)* fire a burst; ~ *et skudd* fire a shot; *(mil)* fire a round; ~ *spurver med kanoner* break a butterfly on a wheel; ~ *rask vekst* make rapid progress

(el. headway); grow apace; ~ *seg en kule for pannen* put a bullet through one's head, blow one's brains out; [*Forb. med prep*] ~ **bort** use up, shoot away *(fx* all one's ammunition); *(fjerne ved skudd)* shoot off; ~ **etter** shoot at, fire at; *det kan du ~ en hvit pinne etter* you may whistle for that; ~ **forbi** miss (the mark); miss (the goal); ~ **fra hoften** fire from the hip; ~ **i** *senk (mar)* sink (by gunfire); ~ *i været* shoot up *(fx* looking at her clothes I realize how quickly she has shot up; flames shot up from the wreck); ~ **inn** put in (,into), contribute, invest *(fx* money); ~ **inn** *en bemerkning* throw in *(el.* interject) a remark; ~ **inn** *et våpen* fire in a weapon; ~ *seg* **inn** **under** quote as an excuse; shelter behind; *han skjøt seg inn under bestemmelsen om at ...* he quoted as an excuse the provision that ...; ~ **med** *revolver* shoot with a revolver; use a r.; ~ **ned** shoot down; kill on the spot; *(flyv)* shoot down, bring down, account for; ~ **opp** *(ɔ: vokse raskt)* shoot up; ~ **opp** *som paddehatter* spring up like mushrooms; ~ **over** *(ɔ: for høyt)* overshoot the mark, aim too high, hit above the mark; ~ **på** *en* shoot at sby, fire at sby; ~ **sammen** *(spleise)* club together *(fx* they clubbed together to buy the house); ~ *en landsby sønder og sammen* shoot up a village; ~ **til** contribute, add; ~ **ut** *(ɔ: oppsette)* put off, postpone; *(i lagretten)* exclude; *som skutt ut av en kanon* like a shot; like a streak of greased lightning.
skyte|bane rifle range; *(på tivoli, etc)* shooting gallery. **-bas** dynamiter, blaster. **-bomull** guncotton. **-ferdighet** marksmanship. **-hull** loophole, embrasure. **-matte** blasting mat.
skyter *(hist)* Scythian.
skyte|skår: *se* **-hull. -skive** target; *(fig)* butt.
skyte|våpen *(pl)* firearms. **-øvelse** target practice.
Skythia *(hist & geogr)* Scythia.
skyts ordnance, artillery.
skyts|engel guardian angel; tutelary spirit. **-gud** tutelary god *(el.* deity), patron-deity. **-gudinne** tutelary goddess. **-helgen, -patron** tutelary saint, patron saint. **-ånd** guardian spirit.
skyttel *(veveredskap)* shuttle.
Skytten *(stjernebildet)* Sagittarius, the Archer.
skytter marksman; *en god (,dårlig)* ~ a good (,bad) shot. **-grav** trench. **-grop** slit trench; *US* foxhole. **-lag** (UK) rifle club. **-linje** 1*(mil)* line abreast formation; **2.** hunters posted to intercept game.
skyve *(vb)* push, shove; *(forsiktig)* ease *(fx* e. the door shut; e. the box into the corner); ~ *slåen for* draw the bolt; *førersetet lar seg ikke ~ langt nok fram* the driving seat won't go far enough forward; *setet lar seg ikke ~ lenger fram* the seat won't go any further forward.
skyve|dør sliding door. **-lære** slide caliper; ~ *med nonius* vernier caliper. **-tak** *(på bil)* slideback top. **-vindu** sash window.
skøy fun, mischief; *på* ~ for fun.
skøyer rogue *(fx* she's a little r.); rascal, mischief; *din* ~ *!* you rogue! *din vesle* ~ *!* you little mischief! *den -n John* that rogue *(el.* rascal) John.
skøyer|aktig roguish. **-strek** prank.
I. skøyte *(mar)* smack *(fx* fishing s.).
II. skøyte skate; *gå på* ~ *-r* skate; *hurtigløp på -r* speed skating. **-bane** skating rink. **-jern** blade, runner. **-løp** skating; *hurtigløp på skøyter* speed skating; *(se spesialløp).* **-løper** skater; *(hurtigløper)* speed skater. **-stevne** skating event *(el.* meeting). **-tak** *(ski)* (ski-)skating.
skåk *(pl: skjæker)* shaft (of a carriage) *(fx* a horse in the shafts; *el.* between) the shafts.
skål *(bolle)* bowl; *(vekt-)* scale; *(til kopp)* saucer;

kopp og ~ a cup and saucer; *(som drikkes)* toast; ~ *!* your health! **T** cheerio! chin chin! cheers! **S** down the hatch! (NB «To you, Joe!» he said. «To yourself, Mr. Blake!»); ~ *for oss selv!* here's to ourselves! *besvare en* ~ respond to a toast; *drikke en* ~ drink a toast *(el.* health); *vi drakk Kongens* ~ we drank the King's (NB Gentlemen, (I give you) the King!); *drikke en* ~ *for herr X* drink (to) the health of Mr. X; *utbringe en* ~ *for* propose the toast of; (NB Ladies and Gentlemen, I give you Mr. X!).
skålde *(vb)* scald. **-het** scalding (hot).
I. skåle *subst (skur)* shed, woodshed.
II. skåle *(vb)* drink healths; ~ *for en* drink (to) the health of sby; ~ *med en* drink a toast with sby; ~ *med hverandre* drink to one another.
skål|harv disk *(el.* disc) harrow. **-rust** *(bot)* cluster cup. **-tale** toast (speech). **-vekt** balance, (a pair of) scales.
skåne *(vb)* spare, treat with lenience; ~ *seg* be careful of oneself; ~ *øynene* take care not to strain one's eyes.
skånsel mercy, leniency; *vise* ~ show pity; *uten* ~ merciless; *(adv)* mercilessly.
skånselløs merciless, remorseless; *-t* -ly.
skånsom gentle; lenient; considerate; *-t* gently, leniently. **-het** gentleness; leniency; consideration.
skår *(potteskår)* shard; *(hakk)* cut; incision; chip; *(i bildekk)* cutting; *lage* ~ *i* chip *(fx* who has chipped the edge of this glass? these cups chip easily); *et* ~ *i gleden ved utgangen av året var at debitormassen viste en ytterligere opphopning* our pleasure was marred at the end of the year by the further accumulation of accounts receivable; *det var et* ~ *i gleden* **T** *(også)* it was a fly in the ointment.
skåre *(i slåtten)* swath.
I. skåte *subst (for vindu)* shutter; *(for dør)* bar; *skyve -a fra* unbar.
II. skåte *(vb)* back the oars.
slabbe|dask lazy, good-for-nothing fellow; ne'er-do-well. **-ras** *se kaffeslabberas.*
sladder gossip; *fare med* ~ spread gossip, gossip. **-aktig** gossiping; gossipy. **-hank** gossip; telltale; chattering busybody; *(skoleuttrykk)* sneak; *US* tattletale. **-historie** piece of gossip; (T: *som sverter en)* smear story.
sladre *(vb)* 1*(opptre som angiver)* tell tales *(på* about); **T** tattl, split, peach *(på* on); blab; *(jvf tyste);* 2*(fare med sladder)* gossip, spread gossip, talk scandals; tittle-tattle; ~ *av skole* tell tales out of school; **S** spill the beans; ~ *på en (i skole)* sneak (,T: snitch) on sby; *US* tattle on sby; ~ *til rektor* tell the head; **T** peach to the head.
sladre|kjerring gossip, scandal-monger. **-speil** driving mirror, rear-view mirror.
slafs noisy chewing.
slafse *(vb)* eat noisily, slurp *(fx* ice cream); ~ *i seg maten* champ (one's food) noisily, gulp down one's food noisily; *han -t i seg en tallerken suppe (også)* he lapped up *(el.* down) a plate of soup.
slafseføre: *se slapseføre.*
I. slag *(handlingen)* blow, stroke, hit; *(med pisk)* cut, lash; *(av hest)* kick, fling; *(hjertets)* beat, throb; *(i krig)* battle, action, engagement; *(av klokke)* stroke; *(av fugl)* warbling; *(sykdom)* heart attack, stroke; *(mar; under kryssing)* tack; *(fig)* blow, shock; stroke; *et* ~ *kort* a game of cards; *i -et ved Waterloo* at the battle of W.; ~ *i* ~ in rapid succeccion, thick and fast *(fx* new reports arrived t. and f.), without intermission; *det var et* ~ *i luften* that blow missed en-

tirely; *med ett* ~ with one stroke *(fx* of the axe), at a (single) blow, at one blow; *(ɔ: brått)* all at once, in the twinkling of an eye, with a run *(fx* prices (,the temperature) came down with a run); *på -et (ɔ: presis)* on the stroke *(el.* dot) *(fx* he was there on the stroke); *på -et 3* on the stroke of 3; *hun følte et* ~ *i hodet* she felt a blow on the head; *få* ~ have a heart attack; *slå et* ~ *for (fig)* strike a blow for *(fx* higher wages); *her sto -et* here the battle was fought.
II. slag *(sort)* description, kind, sort; *(se slags).*
slag|anfall (apoplectic) stroke, heart attack. **-benk** turn-up bedstead. **-bjørn** *(zool)* killer bear. **-bom** turnpike.
slag|en beaten, stricken; *en* ~ *mann* a defeated man; *den -ne landevei* the beaten track.
slager hit tune.
slagferdig quick-witted. **slagferdighet** ready wit.
slagg cinders, slag, scoria.
slaggaktig cindery, slaggy, scoriaceous.
slaggsamler sediment bowl.
slagkraft striking power; effectiveness.
slag|lengde (length of) stroke; *motor med stor* ~ long-stroke engine. **-linje** line of battle. **-lodde** hard solder; braze.
slagmark battlefield.
slag|ord slogan, motto, watchword; *(især neds)* catchword. **-orden** order of battle, battle array. **-plan** plan of action; *legge en* ~ devise a p. of a. **-regn** hard, lashing rain.
slags sort, kind, description; *alle* ~ all kinds, every kind *(el.* sort) *(fx* of fruit), every description *(fx* of boots); *av alle* ~ of all kinds, of every description; *varer av alle* ~ every description of goods, g. of every d., goods of various kinds, v. kinds of g.; *forskjellige* ~ of different *(el.* various) kinds; *det er mange* ~ *stoler i handelen* there are many *(el.* lots of) different kinds of chairs on the market; **den** ~ *gjøres ikke blant oss* that sort of thing is not done by *(el.* among) people like us *(el.* is not done in our circle); *den* ~ *ting* that sort of thing; things like that; **en** ~ a sort of, some kind of *(fx* she was wearing a sort *(el.* some kind) of cloak); of sorts *(fx* we had some coffee of sorts; he is a politician of sorts); after a sort *(fx* a translation after a sort); *de snakket en* ~ *engelsk* they spoke English after a fashion; they spoke a sort *(el.* kind) of E.; they spoke in E. of sorts; *hva* ~ *menneske er han?* what sort of man is he?
slagsbror fighter, brawler.
slagside *(fx* a list to port); *(fig)* lopsidedness; *ordbok med teknisk* ~ dictionary with a technical bias; *få* ~ take a list; *ha* ~ list, have a list.
slagskip battleship.
slagskygge shadow.
slagsmål fighting, fight; *komme i* ~ get into a fight; *det kom til* ~ they came to blows; *han har vært i* ~ *(også)* he has been in the wars; *(se gateslagsmål; real).*
slagtilfelle (apoplectic) stroke, heart attack.
slag|verk striking mechanism *(el.* train) *(fx* of a clock); *(i orkester)* percussion. **-vol** beater *(el.* swingle) of a flail, swip(p)le. **-volum** piston displacement.
slakk slack; *(om kurve, etc)* gentle; *så gikk det slakt nedoverbakke til X* then the path (,road) slanted easily downhill to X.
slakke *(vb)* slacken; ~ *av (fig)* relax, slacken; ~ *på farten* slow down, slacken speed; ~ *på roret* ease her helm.
slakne *(vb): se slakke.*
slakt animal to be slaughtered; *(ofte* =) (piece of) fat stock, (piece of) beef, cattle beef.

slakte *(vb)* **1.** kill, slaughter; **2.** massacre, butcher, slaughter; ~ *gjøkalven* kill the fatted calf; ~ *og rense et dyr* kill and dress an animal.
slaktehus slaughterhouse.
slakter butcher. **-benk** *(også fig)* shambles *(pl).*
slakte|ri *se slaktehus.* **-tid** killing season.
slakt(n)ing killing, slaughtering.
slalåm *(ski)* slalom; *stor-* giant slalom.
slalåmrenn *(ski)* slalom event;
   * A slalom event normally consists of two runs, either over the same course or over two different tracks, the winner being the competitor with the fastest aggregate time for both runs.
slalåmski *(ski)* slalom ski; *(se ski).*
slam mud, ooze.
slamp lout. **-et** loutish.
slang slang; *bruke* ~ talk slang.
I. slange *(zool)* snake.
II. slange *(hage-, etc)* hose; *(til bildekk, etc)* inner tube.
slange|agurk *(bot)* (snake) cucumber. **-bitt** snake bite. **-løs** *(om dekk)* tubeless. **-menneske** contortionist.
slangepost fire point *(el.* station);
   * A' fire point' is a fire hydrant with equipment, such as hose, nozzles, etc.
slangeserum anti-snakebite serum.
slangetemmer snake charmer.
slank slim, slender.
slanke *(vb):* ~ *seg* slim, reduce.
slankekur reducing *(el.* slimming) treatment; *(se II -kur).*
slankhet slimness, slenderness.
slapp *(adj)* slack, relaxed, loose; flabby; *(ikke sterk, fx etter sykdom)* limp, listless *(fx* feel listless after an illness); *-e trekk* flabby features; *henge slapt ned* hang slack, sag.
slappe *(vb):* ~ *av* **1***(hvile)* relax; **2***(bli mindre energisk)* flag, slack off; backslide *(fx* you're doing excellent work now; I hope you won't b.); *vi må ikke* ~ *av* we must not slacken in *(el.* relax) our efforts *(el.* work); there must be no slacking off *(el.* no relaxation of our efforts).
slappelse relaxation *(fx* of discipline, muscles); falling off, flagging *(fx* of interest).
slappfisk slacker, spineless fellow.
slapphet slackness, looseness, flabbiness; *(mangel på energi)* spinelessness; *(etter sykdom)* limpness, listlessness.
slaps slush.
slapseføre slushy roads.
slapset slushy, sludgy, splashy, muddy and wet.
slaraffen|land land of milk and honey. **-liv:** *leve et* ~ live on the fat of the land.
slark play; ~ *på forhjulene* play of the front wheels; *det begynner å bli* ~ *i styringen* the steering is becoming sloppy; *(se kingbolt).*
slarke *(vb)* fit too loosely, be loose; *(om hjul, aksel, etc)* wobble; *begynne å* ~ work loose.
slarket loose; wobbly.
slarv *(snakk)* idle gossip, tattle.
slarve *(vb)* gossip, tattle.
slask: *doven* ~ T lazybones.
slaske *(vb)* flap, flop.
slasket loose, flabby, limp.
I. slave *(subst)* slave.
II. slave *(vb)* slave, toil, drudge.
slavebinde *(vb)* reduce to slavery, enslave.
slavehandel slave trade *(el.* traffic); *hvit* ~ white-slave traffic.
slave|handler slave dealer *(el.* trader), slaver. **-hold** slave-holding.
Slavekysten *(geogr)* the Slave Coast.
slaver *(folkenavn)* Slav.

slaveri slavery; *født* ~ slave-born; *komme i* ~ fall into slavery.
slaveskip slave ship; slaver; *(jvf slavehandler).*
slavinne (female) slave; slave girl.
slavisk 1*(adj til slave)* slavish; 2*(adj til slaver)* Slav, Slavonic.
slede 1*(især større)* sledge (,US sled) *(fx* reindeer s.; dog s.); sleigh; *(jvf dombjelle);* 2*(kjelke)* toboggan; *(se kjelke & sleid).*
slegge sledgehammer; *(sport)* hammer. **-kast** *(sport)* throwing the hammer.
sleid *(på fx dreiebenk)* slide; *(på dampmaskin)* slide valve.
sleide|aksel spline shaft. **-drev** sliding gears.
sleike *(vb): se slikke.*
sleip *(glatt)* slippery; *(glattunget)* mealy-mouthed, smooth-tongued, smooth-spoken, glib.
I. sleiv *(øse)* ladle.
II. sleiv: ~ *i nedslaget* [sideways, skidding movement of the skis on touching the snow of the landing slope]; *han hadde* ~ *i nedslaget* his skis skidded as he landed (after the jump); *(jvf nedslag).*
sleivet careless, slovenly.
sleivkjeft gossipmonger; US flapjaw.
sleivkjeftet gossiping.
slekt 1*(familie)* family; 2*(beslektede)* relations *(pl),* relatives; *(især litt.)* kin; *(jvf pårørende); hans nærmeste* ~ his nearest relations; 3*(avstamning)* stock *(fx* be of good s.; he came of Sussex peasant s.); *(især fornem)* lineage *(fx* his ancient l.); *bonde-* peasant *(el.* farming) stock; 4*(generasjon)* generation, age *(fx* from g. to g.; from a. to a.); *kommende -er* coming generations; generations to come; *den nålevende* ~ the present g.; *den oppvoksende* ~ the rising g.; 5*(bot & zool)* genus *(pl:* genera); *han er i* ~ *med oss* he belongs to our family; he is related to us; he is a relation of ours; *hvordan er han i* ~ *med Dem?* how is he related to you? what relation is he to you? *de er langt ute i* ~ *med hverandre* they are distantly related; *de er i nær* ~ *med hverandre* they are closely related; ~ *og venner* friends and relatives, relations and friends.
slekte *(vb):* ~ *på en* take after sby *(fx* one's mother).
slektledd generation.
slektning relation, relative; *(især litt.)* kinsman; kinswoman; *fjern* ~ distant relation.
slektsgård ancestral farm.
slektskap relationship; kinship; *(kjem)* affinity.
slektskapsforhold relationship, connection.
slektskjensle family feeling; *(sterk)* clannishness.
slektsledd *se slektledd.*
slekts|merke generic mark. **-navn** family name, surname. **-roman** family chronicle, (family) saga *(fx* the Forsyte Saga). **-tavle** genealogical table, table of descent. **-tre** genealogical *(el.* family) tree, pedigree; *(se skudd; stamtavle).*
I. slem *subst (kort)* slam; *bli store-* be grand slam.
II. slem *(adj)* **1.** bad *(fx* cold, cough, habit, mistake); severe *(fx* a s. cold), sad *(fx* a s. mistake); 2*(uoppdragen)* bad, naughty; *være* ~ *mot en* treat sby badly; ~ *som en heks* bad as a witch; *komme i en* ~ *knipe* get into a bad fix; *være* ~ *til å* be given to, be prone to *(fx* lying); have a weakness for *(fx* boasting); *han er* ~ *til å bryte sine løfter* he has a nasty habit of breaking his promises; *få en* ~ *medfart* be roughly treated *(el.* handled); come in for some rough treatment; *det ser -t ut* it looks bad; *sitte -t i det* be in a bad way.
slemme *(vb)* wash.

slendrian jog-trot; *gammel* ~ old jog-trot (way).
sleng swing, toss; *bukse med* ~ flared trousers; *han har en egen* ~ *på kroppen når han går* he has an individual way of walking; *han har en egen* ~ *på uttalen* he has an individual way of speaking.
II. sleng *(flokk)* crowd, gang.
slengbemerkning casual remark.
slenge *(vt & vi)* 1*(om ting)* dangle, flop, swing; 2*(om mennesker): gå og* ~ hang about, loaf; *han går og -r i byen hele dagen* he hangs about (the) town all day; *mange av dem bare -r omkring i gatene* many of them just wander (*el.* drift) about the streets. 3*(kaste)* fling; **T** pitch, chuck; *ligge og* ~ *(om ting)* lie about; US lie around; *han hadde det så travelt at han slengte på seg klærne* he was in such a hurry that he put his clothes on anyhow; ~ *en noe i ansiktet* throw sth in sby's face; ~ *igjen en dør* slam a door shut *(el.* to); ~ *igjennom (til eksamen)* scrape through (an examination); *han kom -nde inn en time for sent* he sauntered in an hour late; *det -r en svær rusk iblant* now and then a big one comes along; *de ble slengt ut av setene* they were jerked out of their seats; *sleng hit et av de eplene* **T** chuck *(el.* pitch) me one of those apples; *han slengte av seg den tunge sekken* he flopped down the heavy bag; *jeg ville ikke ha det om jeg fikk det slengt etter meg* I wouldn't have it for all the tea in China; ~ *med armene når en går* swing one's arms when one walks; *hun slengte ned stilen på 10 minutter* **T** she dashed off the essay in ten minutes; *(se rable:* ~ *ned); ~ seg nedpå* (**T** = *legge seg)* lie down; **T** kip down *(fx* he was dead tired and kipped down for half an hour).
slenge- **T** *(om klær: hverdags-, til daglig bruk)* for everyday wear, everyday, casual.
slengebruk: *jakken går godt an til* ~ the jacket is all right for knocking about in *(el.* is all right for everyday wear).
slenge|jakke everyday jacket, casual j.; **T** j. for knocking about in. **-navn** nickname. **-sko** casual shoes; shoes for knocking about in.
slenget(e) loose-jointed; *(om gange)* lounging, slouching.
sleng|kappe (Spanish) cloak. **-kyss** blown kiss; *sende en et* ~ blow sby a kiss. **-ord** *(finte, spydighet)* gibe; *(finte, hånlig tilrop)* taunt; *(pl også)* jeers; *(jvf gapord).* **-skudd** random shot.
slentre *(vb)* saunter, stroll, drift *(fx* down the street), lounge.
slep 1*(på kjole)* train; 2*(slit)* toil, drudgery; 3*(det å buksere)* tow; *slit og* ~ toil and moil; *ha (,ta) på* ~ have (,take) in tow.
slepe *(vb)* drag, haul, tow, tug; ~ *på noe* drag *(el.* lug) sth about with one; ~ *seg av gårde* drag oneself along; ~ *seg hen (om tid)* wear on *(fx* time wore on); *tiden slepte seg hen (også)* time dragged slowly by; *(se skritt).*
slepe|båt tug (boat) **-lanterne** *(mar)* towing light. **-line** *(mar)* towline, hauling line. **-lønn** towage. **-mål** *(mil)* aerial target.
slepen *(polished)* polished, urbane.
slepenot drag net, townet.
slepepuller *(mar)* towing-bitts, t. post, t. bollards.
sleper tug (boat).
sleperist skid bank.
sleperive hay sweep.
slepe|tau tow(ing) rope. **-trosse** hawser.
sleping towing, towage.
slepphendt apt to drop things, butterfingered.
slesk oily, wheedling, fawning, smirking, obsequious; mealy-mouthed.
sleske *(vb):* ~ *for* fawn on, make up to; **T** soap

down, butter up *(fx* b. sby up); suck up to *(fx* sby).

sleskhet wheedling, fawning, obsequiousness.

Slesvig *(geogr)* Schleswig.

slesviger Schleswiger.

slesvigsk *(adj)* Schleswig.

slett 1*(dårlig)* bad, poor; ~ selskap bad company *(fx* get into b. c.); *(ond)* bad, evil, wicked; *(adv)* badly, ill, wickedly; 2*(flat)* flat; *(jevn)* level; *(glatt)* smooth; 3*(forskjellige uttrykk):* rett *og* ~ pure and simple *(fx* it is envy pure and simple), downright *(fx* a d. swindler), sheer *(fx* it is s. robbery); *(simpelthen)* simply, purely; ~ **ikke** not at all *(fx* not at all surprised; not s. at all; he did not work at all); ~ *ikke dårlig* not altogether bad; **T** not so dusty; *det er* ~ *ikke vanskelig* it is not at all *(el.* not in the least) difficult; *en slik pris er* ~ *ikke for høy* such a price is not at all *(el.* is by no means) too high; *nei,* ~ *ikke!* not at all! by no means! ~ **ingen** none at all *(fx* any job is better than none at all); none whatever.

I. slette *(subst)* plain; level *(el.* flat) country; *(avslutning av hoppbakke)* out-run; *lav-* lowland plain; *på sletta* in the plain; *(på flatmark)* on the level *(el.* flat), along the level *(fx* skiing along the level), on the straight; *på sletta like før X (også)* on the straight just before X.

II. slette *(vb)* 1*(jevne)* level; *(gjøre glatt)* smooth; **2.:** ~ *ut* delete, erase; *(utrydde)* wipe out; ~ *ut vanskene* smooth the difficulties away; *(se stryke (ut); utslette).*

sletteland level *(el.* flat) country.

sletthet badness, poorness; wickedness; *(jvf slett).*

sletthøvel smoothing plane; *(se høvel).*

slettvar *(fisk)* brill; *(se piggvar).*

slibrig 1*(glatt)* slippery; **2.** dirty *(fx* language, story), smutty *(fx* joke, story); indecent, obscene *(fx* an o. book), salacious *(fx* speech, book, picture). **-het** (2) dirtiness, smuttiness; *en* ~ an obscenity; a smutty joke.

I. slik *(adj)* such *(fx* s. a firm); *en* ~ *artikkel (også)* this kind *(el.* that sort) of article; *-e artikler* articles of this kind; *-e artikler som ...* articles such as ...; articles like ...; *en* ~ *mann* such a man, a man like that; *-e firmaer som disse* firms such as these; such firms as these; firms like these; *hva koster en* ~ *maskin?* what does a machine like that cost? *et -t tap til (ɔ: enda et -t tap)* another such loss; ~ *er han* that's his way; he is like that; *noe -t* a thing like that; anything like that; *(omtrent slik)* sth like that; *jeg har aldri sagt noe -t* I never said anything of the sort; **noe -t som 1.** a thing like *(fx* smoking); **2(**= *omtrent)* sth like *(fx* he left sth like a million); *... og -t noe* and that kind of thing; and things like that; and things; and the like; *har du hørt -t!* did you ever hear the like (of it)! **US** have you ever heard the likes! *-e idioter!* the idiots! *(i tiltale)* idiots! ~ *en dårskap!* what folly! *-t sludder!* what nonsense! *-t vær!* what a day! ~ *som* like *(fx* I don't want to be like him); as *(fx* I want to get on, as you have done); *(vulg)* same as *(fx* the girl has to make a living same as everybody else); the way *(fx* she cannot live on her pension with prices the way they are now); ~ *som det blåste!* what a strong wind there was! *-t hender* such things will happen; *-t hender ofte* such things often happen; ~ *er det* that's the way it is; **T** that's the way the cookie crumbles; ~ *er det nå engang (her i verden)* that's the way things are; ~ *er livet!* such is life! ~ *er jeg (nå engang)* that's the sort of man (,woman) I am; I can't help being like that; I suppose I am made that way; ~ *er det alltid*

med ham that's how he (always) is; *har han vært* ~ *lenge?* has he been like this long? ~ *er mennene!* that's the way men are! that's men all over! men are like that! ~ *er det å være berømt* this is what it's like to be famous; ~ *skal det være* good! that's it! that's right! **T** that's the stuff! that's the ticket! *(se også II. slik).*

II. slik *(adv)* like that, (in) that way; like this *(fx* you must do it like this), (in) this way; *(i en så høy grad)* so *(fx* her feet were so light and her eyes shone so); ~ **at** in such a way that; *send brevet lørdag,* ~ *at vi får det mandag morgen* post the letter on Saturday so that we may have it on Monday morning; *jeg forsto Dem* ~ *at* I understood you to say (,mean) that; ~ *at det skal være* to avoid corrosion; ~ *at det ikke skal oppstå skade på ...* to avoid damage to ...; *ikke* ~ *å forstå at han var uærlig* not that he was dishonest; *det er ikke* ~ *å forstå at jeg vil ...* this must not be taken to mean that I will ...; *fabrikken ligger* ~ *til at...* the factory is so situated that ...; *han ordnet det* ~ *at* he so arranged matters that; he arranged matters in such a way that; *vi skal ordne saken* ~ *som De foreslår* we shall arrange the matter in the way suggested by you; ~ *saken nå står* as matters now stand; *det passer seg dårlig for ham å snakke* ~ *(litt.)* it ill becomes him to talk in that strain; *hvis du fortsetter* ~, *går det utover helsa* if you go on at that rate you will injure *(el.* ruin) your health.

I. slikk *(slam)* silt.

II. slikk: *for en* ~ *og ingenting* **T** for a song.

slikke *(vb)* lick *(på noe* sth); ~ *noe i seg* lap up sth; ~ *seg om munnen* lick one's chops *(el.* lips).

slikkerier *(søte saker)* sweets; **US** candy.

slikkmunn sweet-tooth; *han er en* ~ he has a sweet tooth.

slikkmunnet sweet-toothed.

slim mucus; *(av snegler, fisk)* slime.

slimet mucous; slimy.

slimhinne mucous membrane.

slimål *(fisk)* hagfish, borer.

slinger: *ingen* ~ *i valsen* **T** no nonsense, no dillydallying, no shilly-shally; *vi vil ikke ha noen* ~ *i valsen* **T** we won't have any nonsense; we don't want any spokes in the wheel.

slingre *vb* *(mar)* *(rulle)* roll; lurch; *(fig)* vacillate, waver; *(rave)* reel, lurch, stagger *(fx* about; to and fro).

slingre|brett *(mar)* fiddle. **-bøyle** *(mar)* gimbals. **-kjøl** *(mar)* bilge keel. **-køye** *(mar)* swing bay.

slingring rolling, roll, lurch; reeling, stagger-(ing). **-smonn** tolerance. **-sstabilisator** *(på bil)* stabilizer bar, anti-roll bar, anti-sway bar. **-sstropp** *(i bil)* hand strap.

slintre fibre.

slip *se sliptømmer.*

slipe *(vb)* **1.** grind; *(fin-)* hone; *(edelsten, glass, etc)* cut; *(glatt-)* polish; ~ *inn* grind in; *(se ventil);* **2(***med papir)* rub (down); flat down; *(vann-)* wet rub; *(se ventil);*

    * The dry stopper is rubbed as a wet operation; after a light flatting down, apply a second coat of paint.

slipe|papir rubbing-down paper; dry paper; *(faglig)* abrasive p.; *(vann-)* wet (abrasive) p. **-pasta** grinding compound *(el.* paste).

slipers *(jernb)* sleeper; **US** tie.

slipestein grindstone.

sliping *(se slipe)* grinding; honing; cutting; polishing; *innvendig* ~ internal grinding; *(se grovsliping; plansliping; rundsliping; ventilsliping).*

I. slipp *(mar)* slipway, slip; *(verksted)* boat yard.
II. slipp: *gi ~ på noe* let sth go, let go of sth.
slippe *(vb)* **1.** let go of; *(la falle)* drop; *slipp!* let go! *slipp meg!* let me go! **2***(bli spart for)* be spared from, be let off *(fx* he was to have been punished, but he was let off); *det kan man ikke ~* there is no getting away from it; there is no escape from it; *han -r ikke operasjon* he will have to undergo an operation; *jeg hadde håpet jeg skulle ~ å bry Dem enda en gang* I had hoped I should not have to worry *(el.* bother) you yet again *(el.* once again); I had hoped not to have to bother you yet again; *jeg skulle ønske jeg kunne ~ å ...* I wish I could get out of (-ing); *la en ~* let sby off *(fx* I'll let you off this time); *de lot ham ~ skolen* they let him off school; *la ham ~ å arbeide i hagen* let him off working in the garden; *ikke hvis jeg kan ~* not if I can avoid it; not if I can get out of it; *får jeg ~ å spise det, da!* (please,) may I leave it? *kan jeg få ~ (å spise mer) nå?* (please,) may I leave the rest? *kan jeg få ~ å spise mer fisk nå?* (please,) may I leave the rest of the fish now? **3***(holde opp)* leave off *(fx* he began where his father left off); *hvor var det vi slapp sist?* where did we leave off (reading) last time? where did we stop last time? *hvor var det jeg slapp?* where was I? where did I leave off *(el.* get to)? *han stoppet, og hun tok over der han slapp* he paused, and she took up the tale; **4***(refleksivt):* ~ *seg løs* let oneself go; *(jvf slå: ~ seg løs);*
[Forskjellige forb.] ~ *billig* get off *(el.* be let off) cheaply *(el.* lightly *el.* easily); **US** get off easy; *~ en (fjert) (vulg)* break wind; *(vulg)* fart; *kaken vil ikke ~ formen* the cake sticks to the tin; *~ fri* escape; be let off *(fx* I was punished but he was let off); *~ en fri* let sby go, let sby escape, release sby; *(se også ~ løs); ~ kløtsjen* let in the clutch; *la en ~* let sby off *(fx* I'll let you off this time); *(se ovf under 2); ~ lett: se ~ billig; han fikk lov å ~* he was let off; *~ løs* **1***(vt)* let loose, turn loose *(fx* the horses), release *(fx* the prisoners); set free; *~ (løs) kuene* turn out the cattle; **2***(vi)* break loose, get away, escape, make one's escape; *~ taket i* let go one's hold of; *~ en vind* break wind;
[Forb. med adv & prep] *han slapp henne ikke av syne* he did not let her out of his sight; he never took his eyes off her; *~ bort* get away; *(flykte)* escape, succeed in escaping, make (good) one's escape; *~ bort fra* get away from; *~ forbi* slip past; slip past; get by; *~ fra en* get away from sby, escape from sby; **T** give sby the slip; *~ levende fra katastrofen* survive the disaster; *~ fra det med livet (i behold)* escape with one's life; survive; *~ godt fra det* get away with it *(fx* he passed himself off as a Frenchman and got away with it); *(se for øvrig ovf:* ~ *billig); ~ heldig fra det* have a lucky escape; *~ helskinnet fra det* escape unhurt; get off scot-free; *jeg er glad jeg slapp helskinnet fra det* I was glad to get off unhurt; I'm glad I got out of it; I'm well out of it; *~ lett fra det (m.h.t. arbeid)* have an easy job of it; *(se for øvrig ovf:* ~ *billig); han slapp pent fra det (m.h.t. prestasjon, etc)* he gave a good account of himself; he acquitted himself well; *~ fram* get by, get past; *han slapp det (i gulvet)* he dropped it (on the floor); *det slapp ham i pennen* it (just) slipped in; *~* **igjennom** slip through; *(eksamen)* get through; *(med nød og neppe)* squeeze through, scrape through; *~* **inn** get in, be admitted; *han slapp inn i (o: kom seg inn i) huset uten å bli sett* he got *(el.* slipped) into the house without being seen; *~*

en inn let sby in, admit sby; *~* **med** get off with, be let off with *(fx en advarsel* a caution); *~ med en brukket arm* escape with a broken arm; *~ med skrekken* be more frightened than hurt; *han slapp henne ikke med øynene* he never took his eyes off her; he did not let her out of his sight; *~* **ned** (manage to) get down; *~* **opp** *kløtsjen* let in the clutch; *~* **opp for** run out *(el.* short) of *(fx* we have run out of this article); give *(el.* run) out *(fx* supplies have run *(el.* given) out); *om man skulle ~ opp for olje* if oil supplies were to run out; *jeg -r snart opp for bensin* I'm running short of petrol; *vi -r snart opp for vann* the water supply is getting low *(el.* is coming to an end); *jeg har sloppet opp for bensin* I have run out of petrol; I'm out of petrol; I'm at the end of my petrol; *la ungdommen ~ til* give the young people a chance; *~* **unna** get off, get away, escape; *~* **ut** get out, escape; *(ved en forsnakkelse)* slip out; *(fra fengsel)* be released, be discharged; be set free; *~ ut kuene* turn out the cattle; *~ ut seilene* ease *(el.* let) out the sails; *ikke slipp ut vannet (o: ikke la det renne ut)* don't let the water (run) out; *det slapp ut av hendene på meg* it slipped from *(el.* out of) my hands; it slipped through my fingers; *det slapp ut av munnen på meg* it just slipped out; *det (o: hemmeligheten) slapp ut av ham* he let the cat out of the bag; *(se også unnslippe).*
slips tie; *knyte ~* knot one's tie.
sliptømmer (mechanical) pulpwood; *(se cellulosetømmer; tømmer).*
slire scabbard, sheath. **-kniv** sheath knife.
I. sliske *(subst)* skid.
II. sliske *(vb)* fawn *(for* on); *(se sleske: ~ for).*
slit **1***(hardt arbeid)* toil, drudgery; hard going *(fx* what with all this h. g. and the burden of our rucksacks it took us a good five hours to descend the scree); **T** slog. **2***(slitasje): medtatt av ~ og elde* showing signs of wear and tear.
slitasje wear and tear; *normal ~ (jur)* fair wear and tear; *som er beregnet på lett (,normal hard) ~* designed for light (,medium, heavy) duty; light-duty (,medium-duty, heavy-duty) *(fx* a heavy-duty carpet); *det viser tegn på ~* it shows signs of wear.
slite *(vb)* pull, tear *(i* at); *(klær)* wear; *(~ og slepe)* toil (and moil), drudge; *~ (hardt)* work hard; *~ for hardt (også)* burn the candle at both ends; *det -r på humøret* it puts one out (of humour); *~ ut* wear out; *~ seg i hjel* work oneself to death.
slitebane *(på dekk)* tread.
sliten tired, weary, fagged, worn out.
slitesterk durable, hard-wearing.
slitestyrke wear resistance.
slitsom hard, strenuous.
slitt worn; the worse for wear.
slodde *(vb)* drag.
slokke *(vb): se slukke.*
slokne *(vb): se slukne.*
slott palace.
slottsbygning palace building. **-kirke** (palace) chapel. **-plass** palace square.
slu sly, crafty, cunning.
slubbert scamp; **T** bad hat, bad egg.
slubre *(vb):* ~ *noe i seg* gulp sth down, lap up sth *(fx* he lapped up *(el.* down) a plate of soup).
sludd sleet.
sludder (stuff and) nonsense, rubbish; **T** rot, bosh; *det er noe ~* **S** it's all balls.
sludre *(vb)* talk nonsense; *(passiare)* chat, have a chat; *de har nok å ~ om* **T** they have plenty to jaw about.

sluffe two-seated sleigh.
sluhet slyness, cunning, craftiness.
I. sluk *subst (fiskeredskap)* spinning bait; *(skje-)* spoon bait.
II. sluk *subst (avgrunn)* abyss; *(kloakk-)* gully.
sluke *(vb)* swallow, gobble up; gulp down; *(stivt el. litt.)* devour; *(la være å uttale)* swallow; ~ *maten* bolt one's food; *bilen -r kilometerne* the car eats up the miles; *(se II. rå).*
slukhals glutton.
slukke *(vb)* 1. put out *(fx* a candle, a fire), extinguish *(fx* a fire); *(lys)* switch off; *(gå ut)* go out; 2*(stille)* quench, satisfy *(fx* one's thirst); *så er den sorgen -t* so that's all right.
slukøret crestfallen, dispirited, dejected; *se ~ ut* look small.
slukne *(vb)* go out *(fx* the light went out).
slukningsapparat (fire) extinguisher. **-arbeid** firefighting (operations).
slukningsmiddel extinguishing medium *(el.* agent); *apparat med ~ under trykk* stored pressure type (of) extinguisher;
   * Water stored pressure extinguisher // water gas cartridge extinguisher.
slukt gorge, ravine; US canyon.
slum *(fattigkvarter)* slum; *(se sanering).* **-kvarter** slum area.
slummer slumber; doze, nap.
slump 1*(treff, tilfeldighet)* chance *(fx* it was by mere c. *(el.* accident) I discovered it; 2*(ubestemt)* some; *en ~ penger* some money; *en god ~ penger* T a tidy sum of money, a nice bit (of money); 3*(rest)* remainder, rest; *-en av pengene* the rest of the money; *på ~* at random; *(omtrentlig beregning)* roughly, at *(el.* on) a rough estimate; *velge på ~ (også)* choose in a haphazard way; *han lar alt gå på ~* he has a happy-go-lucky approach to things.
slumpe *(vb)* 1. do (sth) at random; ~ *i vei* set out without a definite plan; 2*(hende): det kunne ~ at* it might happen that; *han -t til å gjøre det* he chanced to do it; *jeg -t på en god metode* I hit on a good method.
slumpehell stroke of luck. **-skudd** random shot. **-treff** chance; *(hell)* stroke of luck; *ved et rent ~* by the merest chance.
slumre *(vb)* 1. doze, slumber; 2. lie dormant, be quiescent. **-nde** *(fig)* dormant *(fx* passions).
slumset careless.
slunken lean; *en ~ pung* a slender purse.
sluntre *(vb):* ~ *unna* shirk one's duty.
slupp *(mar)* sloop.
slure *(vb)* skid *(fx* the rear wheels were skidding (vainly) on the icy road).
slurk gulp, swallow, pull *(fx* he took a pull at the beer); *han tok en dyp ~* he took a deep swallow.
slurpe *(vb):* ~ *i seg* imbibe noisily, slurp, lap up *(fx* he lapped up the soup).
slurv carelessness, negligence; scamped work; *jeg retter ikke ~ !* = what I can't read I shan't correct!
I. slurve *(subst)* slattern, slovenly woman.
II. slurve *(vb)* scamp one's work; rush through one's work.
slurvefeil careless mistake, slip (of the pen).
slurvet careless, negligent; ~ *arbeid* sloppy *(el.* slapdash) work, slipshod work.
sluse lock; *(til vannstandsregulering)* sluice; *himmelens -r åpner seg* the rain is pouring down; *(litt.)* the heavens are opening.
slusemester lock keeper. **-penger** lockage. **-port** lock gate.
slusk rowdy.
I. sluske *(subst): se I. slurve.*

II. sluske *(vb): se II. slurve.*
sluskeri carelessness, negligence.
slusket slovenly; unkempt, untidy.
slutning 1*(avslutning)* close, conclusion; *fredsthe conclusion of peace;* 2*(konklusjon)* conclusion, inference; *trekke en ~* reach *(el.* come to *el.* arrive at) a c.; *trekke den ~ at* draw the conclusion that; *derav trekker jeg den ~ at* from this I conclude *(el.* infer) that; *trekke forhastede -er* jump to conclusions, draw hasty conclusions; *en falsk ~* a wrong conclusion, a fallacy.
slutt *subst & adj (avslutning)* close, conclusion; *(ende)* end; *(utgang)* issue, result; *en lykkelig ~* a happy ending; *det ble ~ på det* it came to an end; *få (el.* gjøre) ~ *på noe* finish sth, put an end to sth, bring sth to an end; *vi får aldri ~ på dette* we shall never see the end of this; *la oss få ~ på det* let us get done with it; *vi vil ha (en) ~ på det (også)* we want to get it over (with); *det nærmer seg -en* it's coming to an end; it's drawing to a close; *ta ~* end, come to an end; *møtet tok endelig ~* the meeting came to an end at last; *dette tar aldri ~* this seems endless *(el.* interminable); *forsyningene tok snart ~* supplies soon ran *(el.* gave) out; *varebeholdningen holder på å ta ~* stocks are getting low *(el.* are running out); *vår beholdning av denne varen tar snart ~* we are getting *(el.* running) short of this item; *nå må det være ~* this state of things must end; this cannot go on; this has got to be stopped; *sesongen er nesten ~* the season is nearly over; the s. is drawing to a close; the s. will soon be over *(el.* at an end); *før uken er ~* before the week is out; *begynnelsen er bedre enn -en (om stiloppgave)* the beginning is better than the end; the opening is better than the conclusion;
   [*Forb. med prep*] **etter** *møtets ~* when the meeting was over; **i** *-en av* at the end of *(fx* the book, the letter, the month, the sentence); at the close of *(fx* the speech); *i -en av oktober* late in October, in late O.; *i -en av året* at *(el.* towards) the end of the year; *først (el. ikke før) i -en av oktober* not till the end of October; *senest (o: ikke senere enn) i -en av* not later than the end of; *han er i -en av trettiårene* he is in the late thirties; *det er* ~ **med** *min tålmodighet* I'm at the end of my patience; my p. is exhausted; *det ble fort* ~ **med** *pengene* the money was soon spent; *det er* ~ **mellom** *oss* we have done with each other; **mot** *-en av* towards the end *(el.* close) of; at the closing stages of *(fx* the fight, the industrial revolution); *mot -en av hans liv* at *(el.* towards) the close of his life; *-en* **på** end of; *(o: siste rest av)* the last of; *gjøre* ~ *på: se ovf; -en på det hele ble at ...* the result *(el.* upshot) was that ...; it ended in *(fx* his apologizing); *se -en på noe* see the end of sth; *vi er nå på -en av sesongen* we are now at the end of the season; *det er på -en med provianten* provisions are beginning to run short *(el.* are running *(el.* giving) out); **til** ~ 1*(endelig)* at last, finally, in the end; eventually *(fx* e. he settled down in England), ultimately; *(jvf omsider);* 2*(som avslutning)* in conclusion, to conclude; *til* ~ *vil jeg nevne* finally I wish to mention ...; **til siste** ~ to the very last, to the end; *vi skal forfølge saken til siste* ~ we shall see the matter through to the bitter end; **ved** *arbeidstidens* ~ at the end of (the) working hours; *ved møtets* ~ at the end *(el.* close) of the meeting; *ved årets* ~ at the end of the year.
sluttakt final act.
sluttbehandle *vb (et spørsmål)* conclude the discussion of; *(treffe endelig beslutning om)* finalize.

sluttbemerkning closing *(el.* final) remark;
   * In conclusion I want to make one more remark.
sluttdividende final dividend.
slutte *(vt & vi)* **1.** *vt (tilendebringe)* finish *(fx* one's work, a letter), finish off *(fx* a job, a piece of work); close, conclude, bring to an end *(el.* to a close), end *(fx* a letter); **2.** *vi (opphøre)* stop, end, finish *(fx* the examination finishes today), come to an end *(el.* close), terminate; 3*(utlede)* conclude *(fx* from this I conclude that ...), infer, deduce, draw the conclusion *(at* that); 4*(sitte stramt)* fit closely, fit tightly; *lokket -r ikke til* the lid does not fit; *vinduet -r ikke ordentlig til* the window does not shut tight; *disse bordene -r ikke til hverandre* these boards do not meet; **5***(elekt)* close *(fx* a circuit); **6***(inngå)* enter into, conclude *(fx* an agreement); 7*(frakt, certeparti)* close *(fx* a freight, a charter); **8***(samle): -t selskap* private party; *slutt rekkene! (mil)* close ranks! *i -t orden (mil)* in close(d) order; *i -t tropp* in close formation; *(fig)* come into line; ~ *opp (rykke nærmere)* close up, move up; *(fig)* come into line;
[*A: Forb. med subst & adj; B: med adv & prep; C: med «seg»*].
A: ~ *et* **bo** wind up an estate; ~ *et* **certeparti** close a charter; ~ *en* **handel** conclude a deal, put through a deal; ~ **kontakt** make contact; ~ **kontrakt** sign *(el.* make *el.* conclude) a contract *(med* with); enter into an agreement; **møtet** *-t* the meeting terminated *(el.* came to an end); ~ *et skip* fix a ship; ~ *(på)* **skolen** leave school; *han har nettopp -t på skolen* he has just left school; he is fresh from school; he comes straight from school; *skolen -r (for ferien)* school breaks up; ~ **vennskap** *med en* strike up *(el.* form) a friendship with sby; make friends with sby;
B: ~ **av** *(vi)* finish; *la oss* ~ *av med en sang* let us end up with a song; *(se avslutte); jeg -r av Deres merknader at* I conclude *(el.* infer) from your remarks that; ~ **brått** come to an abrupt end *(el.* termination); *vinduet -r dårlig* the window does not shut tight; *han har -t hos oss* he has left us; ~ **en** *i sine armer (poet)* clasp sby in one's arms; ~ *i en stilling* give up one's position; **T** chuck up one's job; ~ **opp:** *se 8 (ovf);* ~ **opp om** support, go in for *(fx* a cause); ~ *opp om en* support sby; give sby one's support; rally round sby; range ourselves (,themselves) on sby's side;
C: ~ **seg om** close round, grip; ~ **seg sammen** unite, join hands, join forces, combine; *(om firmaer)* become amalgamated, become merged, form a merger; amalgamate, merge; ~ *seg sammen med* unite with, join hands *(el.* forces) with; ~ *seg sammen mot* unite against, band together against; **T** *(neds)* gang up on; ~ **seg til** **1.** join *(fx* a party; I'll join you in a few minutes), come up with *(fx* they soon came up with the rest of the party); 2*(en handling, opptreden)* associate oneself with, join in *(fx* the protest, the singing); 3*(tenke seg til)* conclude, infer; *De kan* ~ *Dem til resten* you may infer *(el.* imagine) the rest yourself; *jeg -r meg fullt og helt til dette* I concur *(el.* agree) entirely; ~ *seg til flertallet* come into line with the majority; ~ *seg til et forslag (,ens ønsker)* accede to *(el.* fall in with) a proposal (,sby's wishes); ~ *seg til ens mening* fall in with *(el.* come over to) sby's opinion; concur in sby's opinion; ~ *seg til en oppfatning* concur in *(el.* subscribe to) an opinion; come round to an opinion; adopt a view; ~ *seg til en uttalelse* endorse a statement.
sluttelig *(adv)* finally, in conclusion.

slutter *(glds)* gaoler, jailer, turnkey.
slutt‖kamp final, finals. **-oppgjør** final settlement. **-resultat** final *(el.* ultimate) result.
sluttsats *(mus)* final movement.
sluttseddel contract note; *(utstedt av megler til kjøper)* bought note; *(utstedt av megler til selger)* sold note.
slutt‖spurt final spurt. **-stein** keystone. **-strek:** *sette* ~ *under (fig)* conclude, finish, complete, bring to a close *(fx* b. sth to a close). **-sum** (sum) total, total amount. **-tid** finishing time.
slyng loop, winding.
I. slynge *subst (våpen)* sling.
II. slynge *vb (kaste)* fling, hurl; ~ *seg* wind *(fx* the road winds down the hill).
slyngel rascal; *(lett glds)* scoundrel. **-aktig** rascally, scoundrelly. **-alderen** the awkward age; the teens.
slyngelstrek dirty trick.
slyngkraft centrifugal force.
slyngning winding *(fx* the windings of the road).
slyng‖plante *(bot)* creeper, rambler. **-rose** *(bot)* rambling rose. **-tråd** *(bot)* tendril.
sløke *(bot)* wild angelica.
I. slør *(subst)* veil.
II. slør *subst (mar; seilsp)* reaching (course); reach; *den andre -en* the second reach; *rom* ~ broad reach; *skarp* ~ close reach; *falle av til rom* ~ bear away towards a broad reach.
sløre *vb (mar; seilsp)* reach; ~ *mot bøya bare med fokka* reach towards the buoy under the jib only.
sløreleggen the reaching leg.
sløret: ~ *stemme* husky voice.
sløse *(vb): —* *(bort)* waste.
sløseri waste *(med* of).
sløset wasteful, extravagant.
sløv blunt; *(fig)* dull.
sløve *(vb)* blunt; *(fig)* dull, dim *(fx* her humdrum life had not dimmed her sense of humour).
sløvhet bluntness; *(fig)* lethargy, apathy, stupor.
sløyd woodwork; *(se metallsløyd).*
sløydbenk carpenter's bench.
sløydlærer woodwork teacher *(el.* master).
I. sløye *vb (fisk)* gut, clean.
II. sløye *(vb): se løye.*
I. sløyfe *(subst)* bow; *(buktet linje)* loop; *(mus)* slur, tie.
II. sløyfe *vb (utelate)* leave out, cut out, omit; *(hoppe over)* skip; *(mus)* slur *(fx* two notes); ~ *et tog* **1***(for en enkelt gang)* cancel a train; **2** *(for godt)* take a train out of service; *vi har -t uvesentlige detaljer* we have cut out unimportant details.
I. slå *subst (dør-)* bolt (of a door); *skyve -en for (,fra)* bolt (,unbolt) the door.
II. slå *vb* 1*(tildele slag)* beat; hit, strike; *(glds & bibl)* smite; 2*(støte)* knock *(fx* one's foot against a stone); strike, hit; *(beskadige ved støt)* hurt *(fx* one's knee); bump; 3*(beseire)* beat *(fx* Oxford beat Cambridge); defeat *(fx* an army, another candidate); get the better of; **T** lick; *(overlegent)* beat (sby) hollow; wipe the floor with (sby); *(glds & bibl)* smite *(fx* Israel was smitten); *(en brikke, i spill)* take *(fx* a pawn; the queen takes at any distance in a straight line); capture; 4*(overgå)* beat *(fx* you won't easily beat that); **T** lick *(fx* that licks everything); *(m.h.t. prestasjon, også)* better *(fx* we cannot better this performance); 5*(falle en inn, gjøre et visst inntrykk på)* strike *(fx* it struck me that he was behaving very oddly); *(imponere)* impress *(fx* I was much impressed by the sight); *det slo meg (plutselig) at...* it (suddenly) flashed on me that...; it (suddenly) dawned on me that...; 6*(vir-*

ke lammende på) stun, overcome, overpower *(fx* the heat overpowered me); 7*(kaste, i terning-spill)* throw *(fx* he threw three sixes); 8*(helle)* pour, throw, dash *(fx* water on the fire); 9*(tegne)* draw *(fx* a circle); 10*(om klokke)* strike *(fx* the clock struck two; I heard the clock strike); 11*(signalere) (mil)* beat *(fx* the reveille, the retreat); 12*(gress, etc)* mow *(fx* the grass, the lawn), cut *(fx* the grass); 13*(skrive på maskin)* strike *(fx* a single letter); ~ *ned noen få ord* type a few words; 14*(om hest: sparke bakut)* kick, lash out; 15*(i cricket)* bat; 16*(om hjerte, puls)* beat, throb; 17*(om sangfugl)* sing, warble; *(om nattergal, også)* jug; 18*(daske)* flap *(fx* the sails were flapping against the mast); *vinden fikk seilene til å* ~ the wind flapped the sails; 19*(om dør, vindu)* be banging; *døra sto og slo* the door was banging; 20. *mar (forandre halser på kryss)* tack; change tacks;
[*A: forskjellige forb.; B: forb. med prep & adv; C: med «seg»*].
A: *han behøver ikke å* ~ *to ganger* he never needs to hit twice; whoever he hits is out for good; ~ *en bevisstløs* knock sby senseless; ~ *blærer* blister *(fx* the paint blistered); ~ *en fordervet* beat sby into a jelly; thrash sby within an inch of his life; ~ *frynser* fringe, make fringes; ~ *gnister* strike sparks *(av* from); ~ *en både gul og blå* beat sby black and blue; *klokka har -tt hel* it has struck the hour; ~ *hull i* knock a hole in; ~ *hull på et egg* crack an egg; ~ *en virvel (på tromme)* beat a roll; *det ble -tt klart på maskintelegrafen* stand-by was rung on the engine-room telegraph; ~ *en knute* tie a knot; *(se knute);* ~ *penger på noe* make money on sth; ~ *en rekord: se rekord; det -r alle rekorder!* *(fig)* that beats everything! ~ *en strek over det* cross it out; *(fig)* cut it out; forget about it; ~ *takten* beat time; *avskjedens time har -tt* the hour of parting has come; *(se alarm; glass; hånd; kollbøtte; rot; saltomortale);*
B: ~ **an** *(tangent, tone)* strike *(fx* a key, a note); *(om vaksine)* take *(fx* the vaccine did not take); *(gjøre lykke)* catch on *(fx* the play did not catch on); get across *(fx* the play could not get across); be a success; make a hit; become popular; *(om vare, også)* find a ready market; ~ **an en advarende tone** sound a warning note; ~ *an en annen tone (fig)* change one's tune; ~ *an med en* make up to sby; pick up with sby; ~ **av** knock off *(fx* k. sby's hat off), strike off; *(skru av)* turn off, switch off *(fx* the radio); *(m.h.t. pris)* knock off, take off *(fx* k. *(el.* t.) a pound off the price); ~ *asken av en sigarett* flip *(el.* knock *el.* flick) the ash off a cigarette; ~ *av en handel* strike a bargain, make *(el.* do) a deal; *familien har -tt hånden av ham* the family has cut him off; ~ *av en prat* have a chat; ~ *vannet av potetene* drain *(,med dørslag:* strain) the potatoes; *bli -tt av* (5) be struck by *(fx* sby's beauty); be impressed by *(fx* his arguments); ~ **av på** *sine fordringer* reduce one's demands; ~ **etter** strike at, aim a blow at; ~ '*etter (i en bok)* look up *(fx* an address); ~ *det* '*etter i en ordbok* look it up in a dictionary, consult a d.; ~ **fast** fix *(fx* a loose plank), nail down; *(fig = konstatere)* ascertain; *(påvise)* establish; *(uttale, bevitne)* record; *(se fastslå);* ~ **feil** fail, be a failure; fall through *(fx* his plans fell through); go wrong *(fx* my plan went wrong); *høsten har -tt feil* the harvest is a failure; *våre beregninger slo feil* we calculated wrongly; we made a miscalculation; ~ **fra seg** defend oneself, hit back, fight back; ~ *det fra deg (*ɔ: ~ *den tanken fra deg)* put the idea out of your head; ~

slike tanker fra seg (også) dismiss such thoughts (from one's mind); ~ *det* **hen** *(*ɔ: *bagatellisere det)* make light of it, wave it aside; ~ *det hen i spøk* pass it off as a joke; laugh it off, pass it off with a laugh; ~ **i** *en spiker* drive *(el.* knock *el.* hammer) in a nail; ~ *en spiker i veggen* drive a nail into the wall; ~ *en i ansiktet* slap sby's face, hit *(el.* slap *el.* strike) sby in the face; ~ *i bordet* thump the table; ~ *salget i kassen* ring up the sale (on the cash register); ~ **igjen** hit back *(fx* she hit me and I hit back), strike back; fight back; *(smelle igjen)* slam down, bang *(fx* the lid of a box); ~ *igjen en dør* bang a door (shut), shut a door with a bang, slam a door (to); *(om væte, etc)* soak through; *(om blekk, etc)* come through on the other side; *(fig)* make a name for oneself, be successful, win one's way to recognition, win through, score a success; ~ *en i hjel* kill sby; ~ **inn** drive in, knock in, beat in, hammer in *(fx* a nail); *(knuse)* smash in, bash in *(fx* a door), smash *(fx* a window); (= ~ *ut)* knock in *(fx* two of his teeth); *(om sykdom)* strike inwards; *bølgene slo inn over dekket* the waves washed over the deck; ~ *inn på (beskjeftigelse, etc)* enter upon *(fx* a career), take up *(fx* gardening); go in for, embark (up)on *(fx* a policy of reconciliation); ~ *inn på noe nytt* break new ground, strike a new path; ~ *inn på forbryterbanen* turn criminal; take up a career of crime; *(se kurs);* ~ **lens** *(mar)* dry the hold; *(vulg: urinere)* have a leak; *han slo* **løs** he laid about him; he hit out (in all directions); ~ *noe løs* knock sth loose; ~ *løs på en* pitch into sby; *bli -tt* **med** *blindhet* be struck blind *(el.* with blindness); ~ *ham med en båtslengde* beat him by a (boat's) length; *fisken slo med halen* the fish flapped its tail; *hesten slo med halen* the horse flicked its tail; *tigeren slo rasende med halen* the tiger lashed its tail furiously; ~ *dem med 3-2 (fotb)* beat them (with) three goals to two; beat them three two; ~ **ned** knock down; *(motstand)* beat down *(fx* opposition); *(om lynet)* strike; *det slo ned i huset* the house was struck by lightning; *(ramme ned)* drive (in) *(fx* en pæl a pile); *(prisen)* put down *(el.* reduce) *(fx* the price); ~ *ned paraplyen* put down one's umbrella; ~ *ned prisene (som ledd i priskrig, også)* cut prices; ~ *ned en revolt* put down a revolt; *(stivt)* quell a revolt; ~ *ned på* swoop down on, pounce on *(fx* a mistake); **T** crack down on *(fx* the authorities cracked down on the illicit distillers); have a blitz on *(fx* the police are having a blitz on illegal parking in the village); ~ **om** *(forandre seg, også om været)* change; *(om vinden)* shift, veer round *(fx* the wind shifted *(el.* veered round) to the west); *(om fremgangsmåte)* shift one's ground, alter one's tactics; try another line; ~ *papir om noe* wrap up sth (in paper); ~ *et rep om grenen* hitch a rope round the branch; ~ *om seg* lay about one; hit out (in all directions); ~ *om seg med penger* splash one's money about; spend money like water; spend lavishly; ~ *om seg med latinske sitater* throw Latin quotations about; lard one's speech with Latin quotations; ~ *om til pent vær* change to fine *(el.* fair) (weather); ~ **opp 1.** throw open, fling open *(fx* a window); open *(fx* a book); **2***(ord)* look up, turn up *(fx* look up a word, an address; turn up a number in the telephone book, a word in the dictionary); **3***(oppslag)* put up, post (up) *(fx* a notice); *artikkelen ble -tt stort opp* the article was displayed conspicuously; the a. was splashed; *begivenheten ble -tt stort opp* the event was front-page *(el.* headline) news; ~

nyheten stort opp splash the news; *saken ble -tt stort opp i alle avisene* the matter was given extensive coverage in all the newspapers; the matter was splashed all over the newspapers; ~ *opp paraplyen* put up one's umbrella; ~ *opp sengen* turn down the bed *(el.* the bed clothes); ~ *opp et stolsete (på klappstol)* tilt back a seat; ~ *opp i en ordbok* consult a dictionary; ~ *opp et ord i en ordbok* look a word up *(el.* look up a word) in a dictionary; ~ *egg opp i en bolle* break eggs into a bowl; ~ *opp med en* break off (one's engagement) with sby; *hun slo opp med ham* she jilted him; T she gave him his cards; S she packed him up (as a bad job); *(se båt: gi en på -en);* ~ *opp bøkene på side 11* open your books at page 11, please; ~ *opp et telt* pitch *(el.* put up) a tent; ~ *en* over *fingrene* rap sby over the knuckles; rap sby's knuckles; ~ over i break into *(fx* a gallop, a run, a trot); *(et annet språk)* change into, switch into *(el.* over to); *han slo lynsnart over i tysk* like a flash, he switched over to German; ~ *over i en annen gate (fig)* alter one's tactics; try another line; *(skifte tema)* change the subject; switch over to sth else; ~ *over i en annen tone (fig)* change one's tune; ~ over til: *se* ~ *over i;* ~ *over ende* knock down, knock over; *(fig)* overthrow; ~ på 1. strike (on) *(fx* the wall sounds hollow when struck); beat (on), knock (on); *(ganske lett)* tap (on); 2*(med bryter)* switch on, turn on; 3*(antyde)* hint at, throw out hints about; *han slo på at ... he hinted that ...; jeg skal* ~ *på det overfor ham* I will drop him a hint (about it); ~ *på bremsene* jam on the brakes; ~ *på flukt* put to flight, rout; ~ *på sitt glass (om bordtaler)* = call for silence; ~ saus *på duken* spill sauce over the tablecloth; *hun slo suppe på kjolen sin* she spilt soup down her dress; ~ *stort på (m.h.t. levemåte)* live on a grand scale; live in style; T make a splash; *(leve over evne)* live it up; *(foretagende)* start in (a) grand style; start an ambitious scheme; ~ *større på enn man kan makte* bite off more than one can chew; ~ *på tromme* beat a drum, drum; ~ *på tråden til en* T give sby a ring; ~ *vann på en* splash water on sby; ~ sammen *(folde sammen)* fold (up); *(forene)* combine, throw together; knock *(fx* two houses) into one, unite *(fx* two gardens); pool *(fx* they pooled their resources); *(merk)* merge, amalgamate; *(snekre)* knock together *(fx* k. sth together out of wood); ~ *hælene sammen* click one's heels; *(se* C: ~ *seg sammen med);* ~ til 1. hit *(fx* a ball), strike; 2*(akseptere)* accept, close with *(fx* an offer, the terms); *(raskt)* jump at *(fx* he jumped at the offer at once); *jeg -r til!* all right! T come along! 3*(vise seg å være riktig)* prove correct, come true; *spådommen har -tt til* the prophecy has come true; ~ *hardt til* strike hard; take severe measures; *fisket har -tt bra til* the fishery has given good results; the f. has turned out well; ~ tilbake 1. hit back *(fx* a ball); *(angrep)* beat off, repel; repulse; 2*(sprette tilbake)* rebound; *(om fjær)* spring back, recoil; ~ under seg subjugate; *(fig)* gain control of, monopolize; ~ ut *(med slag)* knock down; *(i konkurranse)* beat, defeat, outstrip, worst, cut out; *(jvf jekke ut); (tømme ut)* empty; *(om utslett)* break out *(fx* he broke out in red spots); T come out *(fx* c. out in spots); *(om viser på måleapparat)* move; *røyk og ild slo ut av maskinen* smoke and flames poured out of the machine; ~ *ut i lys lue* burst into flames; ~ *ut med armene (gestikulere)* gesticulate, fling one's arms about; *(for å omfavne)* open *(el.* spread out) one's arms; ~ *vekk: se* ~ *det hen;*

~ *bena vekk under ham (fig)* bowl him over; knock him off his feet;

C: ~ seg 1*(om person)* hurt oneself; 2*(om tre)* warp *(fx* the door has warped); ~ seg for *brystet* beat one's breast *(el.* chest); T thump one's chest; ~ seg fordervet be badly hurt; ~ seg fram make *(el.* fight) one's way (in the world), get on; ~ seg igjennom *(klare seg)* manage, rub along; *(krise, sykdom)* pull through; *(økonomisk, også)* make both ends meet; ~ seg igjennom med £900 *i året* manage on £900 a year; *(jvf B:* ~ *igjennom);* ~ seg i hjel be killed; ~ seg løs *(more seg)* enjoy oneself; T have one's fling, kick over the traces, go the pace; S let one's hair down; ~ seg ned settle (down); *(sette seg)* sit down; *(om fugl, også)* perch; *(bosette seg)* settle, make one's home *(fx* in Canada); ~ seg ned hos make one's home with; *(midlertidig)* (come to) stay with, establish oneself *(fx* much to my dislike he established himself in my home for two months); ~ seg opp rise in the world, make one's way, get on; ~ seg opp på make capital of; ~ seg opp bump against, hurt oneself on; *(begynne med)* go in for, take up *(fx* he has taken up politics); *(om sykdom: angripe)* affect, attack; ~ seg på flasken take to drink; ~ seg på lårene slap one's thighs; ~ seg sammen unite, combine, join (forces); *(m.h.t. penger)* club together; go Dutch; *(se spleise);* ~ seg sammen med unite *(el.* combine) with; *(i kamp)* join forces with; ~ seg sammen med en kvinne take up with a woman; ~ seg sammen mot en join forces against sby; T *(neds)* gang up on sby; *alt slo seg sammen mot oss* everything conspired against us; *(se B:* ~ *sammen);* ~ seg til ro settle (down); take it easy; *(se mynt; slag: slå et* ~ *for; strek: slå en* ~ *over).*

slåbrok dressing gown (NB *ordet betyr også* morgenkåpe); US robe.

slående striking *(fx* resemblance); *et* ~ *bevis på* a convincing proof of.

slåmaskin reaper.

slåpe *(bot)* sloe, blackthorn.

slåpen gaunt, lank, lean.

slåpetorn blackthorn, sloethorn.

slåss *(vb)* fight; ~ *med* fight *(fx* he fought a big boy); ~ *om* fight over *(el.* about); ~ *som ville dyr* fight tooth and nail; fight like cats.

slåsshanske knuckleduster.

slåsskjempe fighter; bully, rowdy.

I. slått *(mus)* (country) air.

II. slått haymaking (season); cutting, mowing; *han var kommet for å hjelpe til med -en* he had come to help with the haymaking.

slåttefolk mowers, haymakers. -kar haymaker, mower. -teig strip of hayfield.

slåttonn 1. cutting *(el.* mowing) season; 2. cutting *(el.* mowing) operation.

smadder: *slå i* ~ smash to pieces.

smadre *(vb)* 1. ~ smash to pieces; 2. annihilate, destroy.

smak taste; *(velsmak)* relish; *(en kunstners, tidsalders)* manner, style; ~ *og behag er forskjellig* tastes differ; there is no accounting for tastes; *hver sin* ~ each to his taste; *dårlig* ~ *(også fig)* bad taste; *etter* ~ according to taste; *to taste (fx* add sugar to taste); *falle i ens* ~ be to sby's taste *(el.* liking); *få -en på* acquire a taste for; *når de først har fått -en på det* when they have acquired a taste for it; *ha en vemmelig* ~ *i munnen* have a bad *(el.* nasty) taste in one's mouth; *kle seg med utsøkt* ~ dress in perfect taste; *tilfredsstille moderne* ~ cater for modern tastes.

smake *(vb)* taste; *det -r godt* it tastes good; *hvordan -r middagen Dem?* how do you like your dinner? *det -r meg ikke* I don't like it; ~ *av* taste of; smack of; *det -r litt av løk* it has a faint taste of onions; it tastes faintly of onions; *det -r fat av denne vinen* this wine has a tang of the cask; *nå skulle det* ~ *med en kopp te* I feel like a cup of tea; ~ *på* taste, try, sample.

smakebit sample, taste; *(se smaksprøve).*

smakfull in good taste, tasteful; *meget* ~ in perfect taste.

smakfullhet good taste, tastefulness.

smakløs tasteless, in bad taste.

smakløshet bad taste; tastelessness.

smaksforvirring lapse of taste.

smaksnerve gustatory nerve.

smaksorgan taste organ. **-prøve** sample; *en liten* ~ *(også fig)* a small sample.

smakssak matter of taste. **-sans** sense of taste. **-stoff** taste-producing substance, taste substance.

smal narrow; ~ *kost* short commons; *det er en* ~ *sak for ham* it's quite easy for him.

smale *(subst): se sau.*

smalfilm 8 mm cine film; **US** home movie. **-kamera** cinecamera.

smalfilming cine; 8 mm cine work.

smalfilmkamera (8 mm) cine camera; **US** (8 mm) movie camera.

smalhans: *det er* ~ *i dag* there's little to eat today.

smalhet narrowness. **-legg** small of the leg.

smalne *(vb):* ~ *(av)* narrow, taper.

smalskuldret narrow-shouldered. **-sporet** *(jernb)* narrow-gauge.

smaragd emerald.

smart smart, clever.

smarthet smartness.

smask 1. noisy chewing; **2***(lyden av kyss)* smack.

smaske *(vb)* **1.** smack one's lips when eating; **2***(kysse)* smack.

smatte *(vb)* smack one's lips; ~ *på hesten* click *(el.* cluck) to the horse; ~ *på pipa* suck one's pipe.

smau alley, lane, narrow passage.

smed smith; *(grov-)* blacksmith; *passe på som en* ~ keep a sharp look-out; keep all one's eyes about one.

smededikt lampoon. **-skrift** libel.

smekk rap, smack, flick; *slå to fluer i ett* ~ kill two birds with one stone; *megler Smekk (i tegneserie)* inspector; *(se buksesmekk).*

I. smekke *subst (barne-)* bib.

II. smekke *(vb)* click, smack, snap; ~ *med tungen* click one's tongue; ~ *igjen en dør (slik at den faller i lås)* latch a door; ~ *til en* **T** take a smack at sby.

smekker slender, slim; *(om båt)* elegant, trim. **-het** slenderness, slimness.

smekkfull chock-full, bung-full.

smekklås latch. **-låsnøkkel** latchkey.

smekte *(vb)* languish, pine.

smektende languishing *(fx* eyes, look), languorous; *synge* ~ sing in a melting *(el.* lush) voice; ~ *toner* melting *(el.* languorous *el.* lush) notes.

smell crack, smack; pop; bang, crack *(fx* of a rifle), report *(fx* of a gun).

smellbonbon firecracker.

smelle *(vb)* crack, smack; *(svakere)* pop; *(brake)* bang, slam; *-r det?* does it go bang? *en dør sto og smalt* a door was banging; ~ *med en pisk* crack a whip; ~ *igjen døra* slam *(el.* bang) the

door; *skjelle og* ~ fuss and fume, storm and rage; **T** blow one's top off; *(se også skjelle).*

smellfeit plump, very fat. **-kyss** smacking kiss, smack. **-vakker** stunningly beautiful; *(jvf skjønnhetsåpenbaring).*

smelte *(vi & vt)* melt; *(bare om erts)* smelt; *(fig)* melt; *jeg holder på å* ~ *(av varme)* I'm simply melting (with heat); ~ *om* melt down, remelt; ~ *sammen* fuse (together) *(fx* f. two wires); *(fig)* fuse, become fused; ~ *sammen med* merge into, be merged with; *(jvf sveise:* ~ *sammen).*

smeltedigel crucible, melting pot. **-ovn** melting furnace; pig-iron furnace. **-punkt** melting point.

smergel emery. **-papir** emery paper. **-skive** emery wheel.

smergle *(vb)* polish *(el.* grind) with emery.

I. smerte *(subst)* pain, ache; *(sorg)* grief, affliction; *han har store -r* he is in great pain; *har du fremdeles -r i skulderen?* is the shoulder still giving you pain?

II. smerte *(vi)* hurt, ache; *(vt)* pain, grieve.

smertefri painless, without pain.

smertefrihet painlessness, absence of pain.

smertefull, -lig painful; *et -lig tap* a grievous loss; *(se savn).*

smertensbarn enfant terrible, problem child.

smertensbudskap sad news; *(glds)* sad tidings.

smertestillende pain-stilling, analgesic; ~ *middel* analgesic; *(også fig)* anodyne.

smette *(vb)* slip; *han smatt inn like foran meg* he nipped in just in front of me; ~ *av seg* slip off; ~ *i klærne* slip into one's clothes; ~ *unna* slip away.

smi *vb (også fig)* forge; ~ *mens jernet er varmt* strike while the iron is hot; make hay while the sun shines; go while the going is good.

smidig supple; pliable, flexible. **-het** suppleness; pliancy, flexibility.

smie *(subst)* forge, smithy. **-avle** *(esse)* (smith's) forge. **-belg** forge bellows.

smiger flattery.

smigre *(vb)* flatter; *jeg -r meg med at ...* I like to think that ...; I flatter myself that ...

smigrende flattering; *lite* ~ hardly flattering, not very complimentary.

smigrer flatterer. **-ri** flattery.

smijern wrought iron.

smil smile; *lite* ~ faint smile; *skjevt* ~ wry s.; *med et* ~ *om munnen* with a s. on his (,her, etc.) lips; *hun ønsket ham velkommen med et* ~ she smiled a welcome to him; *(se innlatende).*

smile *(vb)* smile; ~ *av noe* smile at sth; ~ *bittert* s. a bitter smile; ~ *gåtefullt* s. enigmatically; *hun -te for seg selv* she smiled to herself; ~ *inne i seg* s. within oneself; *han -te over hele ansiktet* he was all smiles; he was wreathed in smiles; ~ *svakt* give a faint s.; ~ *til en* s. at sby, give sby a smile; *(især fig)* s. on sby; *hun -te strålende til ham (også)* she beamed on him; *lykken -te til ham* fortune smiled on him; *(se skjev B).*

smilebånd: *trekke på -et* smile.

smilehull dimple.

I. sminke *(subst)* paint, rouge, make-up.

II. sminke *(vb)* paint, rouge, make-up; *hun er svært -t* she is heavily *(el.* very much) made up.

sminkør make-up artist.

smiske *(vb):* ~ *for* try to ingratiate oneself with; toady to; make up to *(fx* the boss); fawn on; *(se sleske).*

smitt: *hver* ~ *og smule* every particle.

I. smitte *(subst)* infection, contagion.

II. smitte *(vb)* infect; *bli -t* catch the infection, catch a disease; *du har -t meg med den forkjølel-*

sen din you have given me your cold; ~ *av* rub off, come off.

smitte|bærer carrier (of infection). **-effekt** knock -on effect; rub-off effect. **-fare** danger of infection. **-farlig** infectious. **-fri** non-infectious. **-kilde** infection source, source *(el. centre)* of infection.

smittende infectious, contagious, catching, catchy *(fx* laughter).

smittsom infectious, contagious, catching.

smittsomhet infectiousness, contagiousness.

smoking dinner jacket; dinner suit; *(på innbydelse)* black tie; **US** tuxedo.

smokingskjorte evening shirt.

smokk *se finger- & tåte-.*

I. smug alley, lane, narrow passage.

II. smug: *i* ~ secretly, on the sly, on the quiet; **T** *(fk)* on the Q.T.

smugbrenner illicit distiller.

smugle *(vb)* smuggle, run *(fx* liquor, guns, *etc).*

smugler smuggler.

smuglergods smuggled goods, contraband.

smugling smuggling.

smukk pretty, handsome; *det -e kjønn* the fair sex.

smul smooth, calm; *i -t farvann* in calm waters.

smuldre *(vb)* crumble; ~ *bort* c. away.

I. smule *(subst)* particle, bit, scrap; *(av brød)* crumb; *en* ~ a little, a bit; *(adv)* slightly *(fx* s. nervous); *den* ~ *innflytelse han hadde* such influence as he had.

II. smule *(vb)* crumble; ~ *seg* crumble, fall into small pieces.

smult *(subst)* lard; *baking i* ~ *eller olje* deep-fat frying.

smult|bolle doughnut. **-ring** dough ring; **US** doughnut.

smurning grease, lubricant; *(bestikkelse)* bribe(s), trimmings *(fx* there are sometimes trimmings attached to government contracts); *(se smøre).*

smuss dirt; *(sterkere)* filth. **-blad** gutter paper, mud-raking paper.

smussig 1. soiled, dirty; **2***(fig)* foul, smutty.

smuss|litteratur pornography; **T** porn. **-omslag** dust jacket; (book) jacket. **-presse** gutter press. **-tillegg** additional charge for dirty work. **-tittel** *(typ)* half title.

smutt: *kaste (el. slå)* ~ play ducks and drakes.

smutte *(vb)* slip, glide; ~ *bort* slip away; ~ *fra* slip away from, give *(fx* sby) the slip.

smutthull hiding place; *(fig)* loophole *(fx* find a l. in the law); *det er mange* ~ *i loven (også)* there are plenty of ways of getting round the law.

smyge *(vb)* slip, steel; creep; ~ *av seg* slip off *(fx* one's clothes); *barnet smøg seg inntil moren* the child snuggled *(el.* cuddled) up to its mother.

smygvinkel bevel square.

I. smykke *(subst)* jewel; trinket; *-r* jewels; jewellery (,**US** jewelry).

II. smykke *(vb)* adorn, decorate.

smykkeskrin jewel box, jewel case.

smør butter; *brunet* ~ brown(ed) butter; *smeltet* ~ melted butter; *ha tykt med* ~ *på brødet* spread (the) butter lavishly on the bread; *det er* ~ *på flesk* that's the same thing twice over; it's a tautology; *jammen sa jeg* ~*!* don't you believe it! *i et fritt land, jammen sa jeg* ~*! (iron)* in a free country, I don't think! *idealisme, jammen sa jeg* ~*!* idealism my foot! *han ser ut som om han har solgt* ~ *og ingen penger fått* he makes a face as long as a fiddle; he looks as if he's lost a shilling and found sixpence.

smørblid *(neds)* smirking.

smør|blomst *(bot)* buttercup. **-brød** open sand-

wich; ~ *m/kokt skinke* boiled ham sandwich. **-brødfat** dish *(el.* platter) of sandwiches.

smørbukk 1*(bot)* orpine; livelong; **US** live -forever; **2.** *zool (fisk)* black goby; **3***(om barn)* plump child; **T** fatty.

smøre *(vb)* smear; *(med fett)* grease; *(med olje)* oil; lubricate; *(bestikke)* bribe, tip; *(male dårlig)* daub; *det gikk som det var smurt* it went on swimmingly; ~ *smør på* butter; ~ *tykt på (fig)* lay it on thick; *(se hase & smør).*

smøreanvisning lubricating instructions.

smørebukk *(for biler)* greasing ramp.

smøregrop *(for biler)* (service) pit, greasing bay; *(især* **US**) lubritorium.

smørekanal lubricating channel, lubricant groove.

smøre|kanne oil can. **-kopp** oil cup. **-middel** lubricant. **-nippel** grease nipple. **-olje** lubricating oil.

smører greaser, oiler.

smøreri scribble; *(maleri)* daub.

smørflyndre *(zool)* witch.

smøring *(av maskin)* lubrication, greasing, oiling; *(se bestikkelse).*

smørje T: *hele smørja* the whole caboodle.

smørkranser *(pl)* piped biscuits; **US** pressed cookies; *(se kake).*

smørpapir greaseproof paper; sandwich paper.

smør|side buttered side. **-spade** butter pat. **-tenor** lush tenor. **-øye** lump of butter (in the centre of a plateful of porridge).

små *(pl av liten)* small; *de* ~ the little ones; *i det* ~ on a small scale; *-en* the little one; the kid; *-tt (adv)* slowly; gradually; *-tt om senn* little by little; *med -tt og stort* including everything; *begynne -tt* start in a small way; *gjøre -tt (om barn)* do small jobs, do number two, tinkle, pee; *Har hunden gjort stort på gulvet i natt? −* *Nei, men den har gjort -tt så det forslår!* Has the dog dirtied the floor in the night? − No, but it has flooded it!

småbakker *(pl): i* ~ on gentle slopes.

små|barn little children. **-bonde** *se småbruker.* **-borger 1.** lower middle class person, petit bourgeois; **2***(spøkef)* baby. **-bruk** small farm *(el.* holding). **-bruker** small holder, small farmer, farmer in a small way. **-buss** minibus. **-by** small town. **-fisk** small fish; **T** tiddler. **-folk 1.** common people; **2***(barn)* little ones. **-forlovet** *(spøkef)* going steady.

småfyrster *(pl)* princelings, petty princes.

små|gater *(pl)* side streets. **-glimt** *(pl)* short glimpses. **-gutt** little boy. **-jente** little girl. **-kaker** *(pl)* = (sweet) biscuits; **US** cookies.

småkjekle *(vb)* bicker.

småkjeltring T fiddler; *(jvf småkriminell).*

småkoke *(vb)* simmer.

småkonge petty king.

små|kornet small-grained. **-krangel** bickerings. **-krangle** *(vb)* bicker.

småkriminalitet petty crime.

småkriminell *(subst)* petty criminal; *(jvf småkjeltring).*

småkryp T *(om insekter)* creepy-crawly *(fx* all these (little) creepy-crawlies).

småkupert: ~ *terreng* undulating *(el.* hillocky) country *(el.* ground); rolling country.

småkårsfolk *(pl)* people of humble means.

småle *(vb)* chuckle.

smålig 1. narrow-minded, petty; **2***(gjerrig)* niggardly, stingy, mean.

smålighet 1. narrow-mindedness, pettiness; **2.** meanness, stinginess.

smålom *(zool)* red-throated diver.

småmynt small coin(s).

småmønstret small-patterned.

små|ord *(pl)* particles. **-penger** *(pl)* (small) change.

-piker *(pl)* little girls. **-plukk:** *det er* ~ that is a (mere) trifle. **-prate** *(vb)* chat, make small talk. **-pussig** droll, amusing. **-regn** drizzle, light rain. **-regne** *(vb)* drizzle. **-rolling** toddler; tiny tot; *(se småtroll).* **-rutet 1***(om vindu)* with small (window) panes; **2***(om stoff)* pin-checked; *(se rutet).* **-skjenne** *(vb)* grumble *(på* at). **-skog** coppice, copsewood.

småskole [the three lowest forms of Norwegian primary school] *(kan gjengis)* lower primary school.

småskrammer *(pl): han slapp med noen* ~ he got off with a scratch or two. **-skrifter** *(pl)* pamphlets. **-snakke** *(vb)* chatter; ~ *med seg selv* mutter to oneself. **-spise** *(vb)* nibble (between meals). **-springe** *(vb)* jog along. **-stein** pebble. **-stumper, -stykker** *(pl)* small pieces *(el.* bits). **-summer** *(pl)* small sums, small amounts; trifling amounts *(el.* sums); *(neds)* paltry amounts. **-syre** *(bot)* field sorrel. **-ting** *(pl)* little things; trifles, small matters. **-torsk** codling.

småtroll *pl (spøkef)* kids, kiddies, tiny tots; *de yndige -ene (kjærlig)* the little poppets.

småtterier small matters, trifles; *£500 er sannelig ikke* ~ £500 is quite a sum of money *(el.* is not to be sneezed at); £500, just think of that!

småtærende: *være* ~ be a small eater, eat like a bird.

småutgifter *(pl)* petty expenses.
småvask smalls.
småved sticks for lighting a fire, kindling.
småvirke *(forst)* small dimensions, small thinnings.
småøyer *(pl)* islets, small islands.
snabb bit, end *(fx* of a sausage).
snabel 1*(på elefant)* trunk; **2***(på romerske krigsskip)* rostrum, peak.
snadde (short) pipe.
snadre *(vb)* chatter, cackle, jabber.
snakk talk; *å* ~*!* nonsense! *gi seg i* ~ *med* start *(el.* open) a conversation with, enter into conversation with.
snakke *(vb)* talk *(med* with, to; *om* about); *du -r!* well, I never! ~ *fag* talk shop; ~ *hull i hodet på en* talk till sby's head begins to go round *(el.* swim); ~ *tull* talk nonsense; S talk through one's hat; ~ *seg bort: se prate:* ~ *seg bort;* ~ *forbi hverandre* talk at cross purposes; ~ *en fra noe* talk sby out of sth; ~ *med* talk to; speak to; *(stivt)* talk with; *kan jeg få* ~ *litt med deg?* can I speak to you for a minute? can you spare me a moment? *kan jeg få* ~ *med sjefen?* can I see the manager? ~ *frempå om* hint at; *vi kan jo* ~ *om det* let's talk it over; ~ *(rundt) omkring saken* talk round the subject; beat about the bush; ~ *over seg* be delirious, be wandering (in one's mind), rave; ~ *til en (irettesette)* talk to sby, give sby a talking to; *du er ikke til å* ~ *til (bebreidende, til irritabel person)* T you're like a bear with a sore head; you're not fit to be with civilized people; ~ *rett ut av posen* speak straight from the shoulder; ~ *en rundt* put sby off with a lot of talk; ~ *ut med en* have a good talk with sby; *(opp-gjør)* have it *(el.* things) out with sby; *snakk vekk!* fire away! *(se også prate & II. vær).*
snakkehjørnet: *være i* ~ be in the mood for a talk.
snakkesalig talkative, garrulous, loquacious.
snakkesalighet talkativeness, garrulity, loquacity.
snakketøy: *ha godt* ~ have the gift of the gab.
snakksom *se snakkesalig.*
snappe *(vb)* grab, snatch, snap *(etter* at); ~ *etter været* gasp for breath.
I. snar *(subst)* brushwood, scrub, thicket.

II. snar *(adj)* quick, swift; *(se snart).*
snare snare, trap.
snarere *adv (heller)* rather; *(nærmest)* if anything; *jeg tror* ~ *at ...* I am more inclined to think that ...
snarest *(adv)* as soon as possible; at the earliest possible date; as early as possible; *jeg ville bare stikke innom som* ~ I just wanted to pop in for a moment.
snarlig: *Deres -e svar imøtesees; jeg imøteser Deres -e svar* I am looking forward to hearing from you *(el.* having your reply) soon; *(stivt)* your early reply would be appreciated.
snarrådig resourceful. **-het** resourcefulness, presence of mind.
snart soon, shortly, before long; presently; *meget* ~ very soon, very shortly; *kom så* ~ *som mulig* come as soon as possible; T come as soon as may be; *så* ~ *jeg fikk Deres brev* as soon as I received your letter; *så* ~ *du viser tegn til frykt, vil hunden angripe deg* once you show any sign of fear, the dog will attack you; ~ *varmt,* ~ *kaldt* now hot, now cold; *det er* ~ *gjort* **1.** that's quickly done; **2***(fig)* that (sort of thing) can easily happen.
snartenkt quick-witted. **-tur** flying visit, short visit; *ta en* ~ *til Bergen* pay a short visit to Bergen; *(se I. tur).* **-vei** short cut; back double; *ta en* ~ *(også)* cut off a corner.
snau scant, scanty; *(bar)* bare *(fx* rock); *en* ~ *måned* scarcely a month.
snaufjell bare *(el.* naked) rock.
snauhogge *(vb)* clear-fell; US clear-cut. **-hogst** complete deforestation, clear-felling; US clearcutting. **-klippe** *(vb)* crop close, close-crop; *de -t gutten* they cropped the boy's hair completely.
sne *se snø.*
snedig wily, cunning, crafty.
snedighet wiliness, cunning, craftiness.
I. snegle *(med hus)* snail; *(uten hus)* slug.
II. snegle *(vb):* ~ *seg av sted* go at a snail's pace; *(se tjærekost).*
sneglefart: *med* ~ at a snail's pace; *(se tjærekost).* **-hus** snail shell.
I. snei *(avskåret skive)* slice.
II. snei: *på* ~ *(på skrå)* aslant, askew; *(se I. skjeve).*
sneie *(vb):* ~ *borti* graze, brush against.
sneis *se snes.*
I. snekke *se sjekte.*
II. snekke *(mask)* worm, endless screw.
snekkedrev *(mask)* worm gear *(el.* drive).
snekkehus *(mask)* steering-box, steering-gear housing.
snekker joiner; *(kunst-)* cabinet maker. **-gutt** joiner's apprentice. **-lære:** *være i* ~ be apprenticed to a joiner. **-mester** joiner, master joiner. **-svenn** journeyman joiner, joiner's mate. **-verktøy** joiner's tools.
snekkerbukse bib overalls.
snekkeutveksling *(mask)* worm gearing.
snekre *(vb)* do joiner's work, carpenter, do carpentering.
snelle *(også fiske-)* reel.
snerk skin.
snerp *(på korn)* awn.
snerpe *(subst)* prude, nice Nellie; *(jvf tertefin).*
snerperi prudery, prudishness.
snerpet prudish, prim.
snerre *(vb)* snarl, growl.
snert *(på pisk)* whiplash; *(fig)* sarcasm, sarcastic *(el.* cutting) remark; T crack; *(glimt)* glimpse *(av* of).
snerte *(vb)* **1.** flick; **2***(streife)* graze, touch.
snerten natty, neat.

snes score.

snesevis: *i* ~ in scores, by the score.

snev touch; suggestion, trace; *en liten* ~ *av influensa* a mere touch of influenza *(el. flu).*

snever narrow, restricted; *i snevrere forstand* in the more restricted sense (of the word); *i en* ~ *vending* at a pinch.

sneverhet narrowness; *(trangsynthet)* narrow-mindedness.

sneversyn narrow-mindedness, narrowness of view. **-t** narrow, narrow-minded.

snik *(subst)* sneak.

snike *(vb)* sneak, slink; ~ *seg vekk* steal *(el.* slip) away; *(på en fordektig måte)* sneak *(el.* slink) away; ~ *seg inn* steal *(el.* slip) in; *(om feil i tekst, etc)* creep in; ~ *seg innpå en* steal upon sby.

snikksnakk nonsense, rubbish; *(utrop)* (stuff and) nonsense! fiddlesticks!

snik|mord assassination. **-morder(ske)** assassin. **-myrde** *(vb)* assassinate. **-skytter** *(mil)* sniper.

snill good-natured, kind; *(om barn)* good; ~ *mot* kind to; *vær så* ~ *å la meg vite* please *(el.* kindly) let me know.

snipe *(zool)* snipe; *myr-* red-backed sandpiper. **-jakt** snipe shooting.

snipp 1*(om halsen)* collar; 2*(av et tørkle, etc)* corner, end.

snippkjole dress coat; tail coat; dress suit; T tails.

snippstørrelse neck size.

snirkel *(arkit)* scroll; *(med penn)* flourish.

snirklet scrolled; *(buktet)* tortuous.

snitt cut, incision; *(på bok)* edge; *han så sitt* ~ he saw his chance; *(se lengdesnit).*

snitte *(vb)* cut, chip. **-bønner** *(pl)* chopped French beans; US string beans.

snittflate cut, edge of a (,the) cut *(fx* the edges of the cut were smooth).

I. sno *(subst)* biting wind.

II. sno *(vi)* blow cold.

III. sno *(vt)* twist, twine; ~ *seg* twist, wind; *han vet å* ~ *seg* T there are no flies on him; he's a wily bird.

snobb snob. **-eri** snobbery, snobbishness.

snobbet snobbish.

snodig droll, funny.

snohale *(zool)* prehensile tail.

snok *(zool)* grass snake.

snor string; *(gardin-)* cord; *(kles-)* clothesline; *(WC)* chain *(fx* pull the chain); *(mål-)* tape; *(på fx slåbrok)* girdle, cord; *(besetning, fx på møbler)* braid; *(se I. perle).*

snorbesatt braided.

snork snore.

snorke *(vb)* snore.

snorksove *(vb)* lie snoring, sleep and snore.

snorrett straight as an arrow *(el.* line).

snu *(vb)* turn; *(vende om)* turn back; *han -dde hodet og så seg tilbake* he turned his head (round) and looked back; ~ *opp ned på forholdene* turn things upside down; reverse the order of things; ~ *ryggen til* turn one's back on; ~ *seg* turn.

snubbe *vb (streife)* graze, touch.

snuble *(vb)* stumble *(over* over); ~ *i sine egne ben* trip over one's own feet; fall over oneself; *det ligger -nde nær* it's not far to seek; T it sticks out a mile; it stares you in the face; *han -r i ordene* he trips over the words.

snue cold (in one's head).

snufs sniff.

snufse *(vb)* sniff, sniffle.

snurpe *(vb):* ~ *sammen* sew up anyhow; ~ *munnen sammen* purse (up) one's lips.

snurpenot purse seine; *(se I. not).*

snurr: *på* ~ at an angle, on one side; *på en* ~ *(ɔ: beruset)* T squiffy, lit up.

snurre *(vb)* buzz, whirr; *(om bevegelse)* spin, whirl, rotate.

snurrebass humming top.

snurrepiperier *pl (kruseduller)* frills; *(gjenstander)* curiosities; *(fig)* pedantic formalities.

snurrig droll, funny; *(se pussig & småpussig).*

snurt 1.: *se fornærmet;* 2.: *jeg har ikke sett -et av pengene hans* I haven't seen the colour of his money.

snus snuff; *en klype* ~ a pinch of snuff; *få -en i* get wind of.

snusdåse snuffbox.

snuse *(vb)* sniff; *(tobakk)* take snuff; *(spionere)* nose about, nose (a)round; T snoop; ~ *etter* nose about for; T snoop about for; ~ *opp* nose out *(fx* a secret).

snusfornuft matter-of-factness, stolidity, pedestrian outlook.

snusfornuftig matter-of-fact, stolid, pedestrian.

snushane snooper.

snusmalt: ~ *kaffe (traktekaffe)* finely ground coffee, percolating coffee.

snustobakk snuff.

snute snout, nozzle; *(på skotøy)* toe.

snutebille *(zool)* weevil; *(se bille).*

snylte *(vb)* be a parasite; *(om menneske)* sponge *(fx* on sby).

snylte|dyr *(zool)* parasite. **-gjest** 1*(zool)* parasite; 2*(fig)* sponger, hanger-on. **-liv** parasitism. **-plante** parasitic plant.

snylter parasite. **snylting** parasitism.

snyte *(vb)* cheat, swindle; T do *(fx* you've been done over that business); ~ *en for noe* cheat sby (out) of sth, swindle sby out of sth, swindle sth out of sby; T diddle sby out of sth; *(se bedra).*

snytepave cheat, swindler.

snyteri cheating, fraud, swindle; *(jvf opptrekkeri).*

snyteskaft (T = *nese)* T snoot; S boko, conk, snitch.

I. snø *(subst)* snow; *avskåret fra omverdenen pga.* ~ snowbound *(fx* alone on a s. farm); cut off by snow *(fx* she was cut off on the farm by snow); *hvor er snøen som falt i fjor? (ordspråk)* where's the snow of yesteryear? *alt det der er -en som falt i fjor* that's all water under the bridge now; *(se nedsnødd; tilføket).*

II. snø *(vb)* snow; *det -r inn (ɔ: snøen trenger inn)* the snow is getting in.

snøball snowball.

snøbar snowless.

snø|blind snow-blind. **-bre** snowfield. **-briller** *(pl)* snow goggles. **-brøyting** snow clearing; *(jvf brøyte).* **-dekt** snow-covered, covered with snow. **-drev** drifting snow. **-drive** snowdrift. **-fall** snowfall.

snøfloke snowflake; *kjempestore -r dalte sakte mot jorden* huge snowflakes pussyfooted down.

snø|nugg snowflake; *(se snøfloke).* **-fokk** drifting snow. **-fonn:** *se -drive.* **-freser** rotary snow cutter; *(se jordfreser).*

snøft snort.

snøfte *(vb)* snort.

snøgg quick.

snø|grense snow line. **-gås** snow goose. **-hvit** snow-white, snowy (white); *Snøhvit* Snow White. **-kam** *(på bre)* snow cornice. **-kjettinger** *(pl)* snow chains.

snøklokke *(bot)* snowdrop.

snø|mann snowman. **-mus** *(zool)* snow weasel. **-måking:** *se -brøyting.* **-plog** snowplough; US snowplow; *(jvf snøfreser).*

I. snøre *(subst)* cord, string; *(fiske-)* line; *(se sene 2).*

II. snøre *(vb)* lace (up); ~ *opp* unlace; ~ *sammen (el. til)* draw together; lace up; *hjertet mitt snørte seg sammen av skrekk* my heart jumped into my mouth; *strupen hans snørte seg sammen* his throat contracted; he had a choking sensation.

snøre|hull eyelet. **-liv** stays; *et* ~ a pair of stays.

snørr snot.

snørret *(adj)* snotty; with a running *(el.* runny) nose.

snørrunge 1. snotty brat; **2.** neds *(unge)* brat *(fx* he's only a little brat).

snørydding snow clearing; *(se brøyte)*.

snøskavl snowdrift (with a sharp edge).

snø|skjerm *(jernb)* snow fence. **-skred** snowslide; *(lavine)* avalanche. **-slaps** slush. **-spurv** *(zool)* snow bunting. **-storm** snowstorm, blizzard; *(se himmel)*. **-vann** water from melted snow.

snøvle *(vb)* snuffle, speak through one's nose.

snøvær snowy weather.

snål *(snurrig)* odd, droll; funny.

snåling character, oddbody.

soaré soirée.

sobel *(zool)* sable. **-skinn** sable.

soda soda. **-pulver** bicarbonate of soda. **-vann** soda (water).

sodd broth, soup.

sodomi sodomy; *(vulg, neds)* buggery.

sodomitt sodomite; *(vulg, neds)* bugger.

sofa sofa.

sofabenk [upholstered bench]; *(jvf sovesofa)*.

sofis|me sophism. **-t** sophist. **-teri** sophistry.

sofistisk sophistic(al).

sogn parish.

sogne *(vb):* ~ *til (fig)* belong to.

sogne|barn parishioner. **-folk** parishioners. **-kall** living, incumbency. **-kirke** parish church. **-prest** rector, vicar, parson.

soignert neat, trim.

sokk sock.

sokkeholder (sock) suspender; **US** garter; *(se bukseseler)*.

sokkel *(arkit)* pedestal; base, plinth; *slange-* hose socket.

sokkelest *se strømpelest*.

sokkeletasje basement; *hus med* ~ basement house.

sokne *(vb)* drag, sweep; ~ *i elva* drag the river.

sol sun; *(fyrverkeri)* Catherine wheel; *-a står opp* the sun is rising *(el.* rises); *-a går ned* the sun sets *(el.* is setting); *the sun goes down; ingen kjenner dagen før -a går ned* don't halloo till you are out of the wood; *når en snakker om -a, så skinner den* talk of angels (and you will hear the flutter of their wings); *stå opp med -a* rise *(el.* be up) with the lark; get up at the crack of dawn.

solaveksel *(merk)* sola (of exchange); sola bill; sole bill (of exchange).

solbad sun bath. **-olje** suntan oil.

solblender 1*(i bil)* sun visor; 2*(fot)* lenshood.

solbrent 1. sunburnt; 2*(brun)* tanned; *hun har lett for å bli* ~ she has a skin that burns easily; she is easily burnt by the sun; *(jvf påskebrun)*.

solbrenthet 1. sunburn; **2.** tan.

solbriller *(pl)* sunglasses.

solbær *(bot)* black currant.

sold *(hist: soldats lønn)* pay; *(bibl)* reward.

soldat soldier.

sole *(vb)* sun; ~ *seg* bask in the sun, sun oneself.

solefall sunset.

soleie *bot (eng-)* upright meadow buttercup.

soleihov *bot (bekkeblom)* marsh marigold, kingcup of mayblob.

soleklar clear as noonday, crystal clear, ob-

vious; *det er -t* **T** it hits you in the eye; it sticks out a mile.

soleksem sunrash; *(fagl)* solar dermatitis.

solemerke: *etter alle -r å dømme* to all appearance; in all probability.

sol|flekk sunspot. **-formørkelse** eclipse of the sun, solar eclipse. **-gangsvind** wind shifting with the sun's motion. **-gløtt** glimpse of the sun. **-gud** sun god. **-hjul** sun wheel. **-høyde** altitude of the sun.

solid solid; strong, substantial, sound; *(pålitelig)* trustworthy, reliable; *-e, moderne ski* strong, up-to-date skis; *-e kunnskaper i fransk* a thorough knowledge of French.

solidarisk solidary *(adv)* jointly; ~ *ansvar* joint and several liability; *erklære seg* ~ *med* declare one's solidarity with.

solidaritet solidarity. **-sfølelse** (feeling of) solidarity.

soliditet *(se solid)* solidity, strength, soundness; trustworthiness, reliability.

solidum: *in* ~ jointly.

solist soloist.

soll *(bær-)* [soft fruit soaked in milk and with sugar].

solliv suntop.

I. sollys *(subst)* sunlight.

II. sollys *(adj)* sunny.

solnedgang sunset; *ved* ~ at sunset.

solo solo; *(alene)* alone, by oneself.

soloppgang sunrise; *ved* ~ at sunrise, at dawn.

solosanger solo singer, soloist.

sol|rik sunny. **-ring** halo round the sun. **-seil** *(mar)* awning. **-side** sunny side. **-sikke** *(bot)* sunflower. **-skinn** sunshine; *klart* ~ bright sunshine; *i -et* in the sunshine *(el.* sunlight); *det så ikke ut til at det skulle bli noe* ~ *med det første* it didn't look as if there was going to be any sunshine for a (good) while. **-skinnsdag** sunny day. **-skinnstak** *(på bil)* sun roof, sliding roof. **-skinnsvær** sunshine. **-stek** hot, broiling sun; *i -en* in the hot, broiling sun. **-stikk** sunstroke. **-stråle** sunbeam. **-strålefortelling** *(iron)* charming little story. **-tilbedelse** sun worship. **-tilbeder** sun worshipper. **-ur** sundial.

solusjon rubber solution *(fx* r. s. and patches).

sol|varm sunny. **-varme** warmth of the sun. **-vegg** sunny wall.

solvens solvency. **solvent** solvent.

solverv solstice.

solvervsdag day of solstice.

solår solar year.

I. som *(pron)* 1*(om personer)* who, that; *(som objekt)* who(m), that; *(etter prep)* whom *(fx* the man to whom I wrote); (NB *i unødvendige relativsetninger kun* who, *fx* ten Frenchmen, who formed the crew, were drowned); 2*(om ting)* that, which (NB *i unødvendige relativsetninger kun* which, *fx* the cargo, which was valuable, was lost); 3*(kan, som i norsk, sløyfes i nødvendig relativsetning, hvis det ikke er subjekt); det firma du nevner* the firm (that) you mention; 4*(etter the same og* such) as *(fx* the same books as I prefer; such goods as we have been able to send); *(om absolutt identitet etter* the same) that *(fx* this is the same revolver that I saw him buy); (NB he wished to be placed in the same grave with his parents); **den som** he (,she) who; he (,she) that; *(ubestemt relativ)* whoever *(fx* w. smashed the pane must pay for it); **de som** those who *(el.* that); *de som var til stede* those present; *var det deg som banket?* was that you knocking? *det som* that which; what *(fx* what he said was quite true; sitting in the sun is what she likes best).

II. som *(konj)* **1**(*slik som, i likhet med*) like *(fx* speak like a fool); *(slik som, i overensstemmelse med)* as *(fx* as I said before); **2**(*som om*) as if; **3**(*som for eksempel*) such as, like, as for instance; **4**(*i egenskap av*) as, in one's capacity as *(el.* of); **5**(*som utgjør for*) as *(fx* as a punishment for their sins; as a reward), by way of *(fx* by way of reply she shook her head; by way of reward); **6**(*som tjener et formål*) as, for *(fx* four teapots from which I selected one for *(el.* as) a wedding present); **7**(*i form av*) as, in the shape of; **8**(*utkledd som*) as; **9**(*foran superlativ*): ~ *oftest* usually, generally; ~ *snarest* for a moment *(fx* I just wanted to pop in for a m.); *da det regnet* ~ *verst* when the rain was at its worst *(el.* height); **10**(*forsterkende*): *jøss,* ~ *du snakker* goodness, how you talk; **11**(*hvor*) where *(fx* the places where he had been); **12**(= *da*): ... *og nå* ~ *det er lørdag kveld (og allting)* just when it's Saturday night (and all that); ~ *barn* as a child; *when he* (,she, *etc*) *was a child;* ~ *barn pleide vi å* ... when we were children we used to ...

somali *(språket)* Somali.
Somalia *(geogr)* Somalia.
somalisk Somalian.
somle *(vb)* dawdle, be slow, waste time; ~ *bort* manage to lose; *(forlegge)* mislay; ~ *bort tiden* dawdle away *(el.* waste) one's time; ~ *med noe* dawdle over sth *(fx* over one's work); *Hva er det dere -r med? Tror dere vi har evigheter å ta av?* what do you think you're doing? Do you think we've got a month of Sundays?
somle|bøtte dawdler, slowcoach; US *(også)* slowpoke. **-kopp, -pave:** *se -bøtte.*
somlete dawdling, slow.
somletog local train, slow t.; US milk train; *(se tog 1).*
somme *(pron)* some; *(se II. noen).*
sommel dawdling.
sommer summer; *om -en* in (the) summer; *i* ~ this summer; *(når den er forbi)* during the summer *(fx* d. the s. we did some repair work); *i fjor* ~ last summer; *til -en* next summer.
sommer|bolig summer cottage. **-bruk:** *til* ~ for summer use; *(om klær)* for summer wear. **-dag** summer day. **-ferie** summer holidays; US s. vacation; *og så fikk vi* ~ *på skolen* then school broke up for the summer holidays; **-fugl** *(zool)* butterfly. **-halvår** summer half-year. **-hete** summer heat. **-kjole** summer dress *(el.* frock). **-kledd** wearing summer clothes. **-sol(h)verv** summer solstice. **-tid: 1.** *se sommer;* **2**(*forandret tid*) summer time; *loven om* ~ Daylight Saving Act. **-tøy** summer clothes; summer things. **-vær** summer weather.
sommesteds *(adv)* in some places.
sommetider *(adv)* sometimes.
I. somnambul *(subst)* somnambulist, sleepwalker.
II. somnambul *(adj)* somnambulistic.
somnambulisme somnambulism, sleepwalking.
sonate *(mus)* sonata.
sonde *(med.)* probe, sound.
sondere *vb* *(mus)* sound, probe; *(fig)* sound *(fx* he sounded the Minister); ~ *mulighetene for* explore the possibilities of; ~ *terrenget* reconnoitre; *(fig)* see how the land lies; make careful inquiries.
sondre *(vb)* distinguish *(mellom* between).
I. sone *(subst)* zone.
II. sone *(vb)* expiate, atone for; ~ *en bot* be imprisoned for non-payment of a fine; **T** work out a fine; ~ *en straff* serve a sentence.
sonett sonnet.

soning 1. atonement, expiation; **2.** serving (of a sentence).
sonoffer propitiatory sacrifice.
sonor *(adj)* sonorous.
sope *(vb)* sweep. **-lime** besom, broom; *(jvf feiekost).*
soper *(vulg* = *sodomitt)* bugger; *(se sodomitt).*
sopp *(bot)* mushroom; fungus *(pl:* fungi); *denne -en er spiselig* this mushroom is edible; *(se sjampinjong).*
sopran *(mus)* soprano.
sordin *(mus)* mute, sordine.
sorenskriver district stipendiary magistrate; circuit judge.
sorg sorrow; grief; *(klededrakt)* mourning; *den tid, den* ~ I'll worry about that when the time comes; let's not cross that bridge until we come to it; *bære* ~ be in *(el.* wear) mourning; *-en er lettere å bære når man er to* = a trouble shared is a trouble halved; *ikke ta -ene på forskudd* don't cross your bridges before you come to them; *livet er fullt av små -er* life is full of small troubles. **-fri** free from care, carefree. **-fri-het** freedom from care(s). **-full** sorrowful, sad, mournful. **-løs** careless, unconcerned. **-løshet** freedom from care(s). **-tung** grief-stricken, bowed down with sorrow.
I. sort *(subst)* sort, kind; *av beste* ~ (of the) best *(el.* finest) quality, high-grade, A1; *(se slag).*
II. sort *(adj):* se svart.
sortere *(vt)* sort; *(på harpe- el. skakebrett)* riddle; *(jvf II. harpe); (klassifisere)* classify; *(vi):* ~ *under* come under, belong to.
sorterings|spor *(jernb)* sorting siding, marshalling track. **-gruppe** *(jernb)* set of sorting sidings.
sorti exit.
sortiment assortment.
sosial social; *-e misforhold* social inequality.
sosialdemokrat social democrat. **-i** social democracy. **-isk** social democratic.
sosialdepartement Ministry of Social Affairs; **UK** Department of Health and Social Security; *(se helsedirektorat).*
sosialisere *(vb)* socialize, nationalize.
sosialisering socialization, nationalization.
sosialisme socialism.
sosialist socialist.
sosialistisk socialistic, socialist.
sosialklient (benefit) claimant; claimer.
sosialkomedie comedy of manners.
sosialkontor social security office.
sosialkurator social worker, welfare officer; *(på sykehus)* almoner.
sosialminister Minister of Social Affairs; **UK** Secretary of State for Social Services; **T** Social Services Secretary.
sosialpedagogikk social education; *(se pedagogikk).*
sosial|rådmann chief welfare officer; *(se rådmann).* **-sekretær:** se *-kurator.* **-sjef** (*i kommune*) director of social services. **-økonom** economist; *(se statsøkonom).* **-økonomi** economics; *(se statsøkonomi).*
sosietet high society; *omgås -en* move in high society.
sosiolog sociologist. **-i** sociology.
sosiologisk sociological.
sot soot. **sotbelegg** carbon deposit, deposit of soot.
sote *(vb)* soot.
sotet sooty.
sotfri sootless, sootfree, soot-proof.
soting *(på tennplugg)* carbon deposit *(el.* formation), sooting.

sotskraping decarbonizing, carbon (deposit) removal.

sott *(glds)* sickness, disease.

souvenir souvenir, memento, keepsake; *et hyggelig ~ fra vår ferie* a pleasant souvenir of our holiday; *fotografier er alltid hyggelige -er (også)* photos always make pleasant mementos.

sove *(vb)* sleep, be asleep; *~ fast* sleep soundly, be fast asleep; *~ godt* sleep well, have a good sleep; *(vanemessig)* be a sound sleeper; *~ lett* sleep lightly; *~ trygt* sleep soundly; *~ som en stein* sleep like a log, sleep like a top; *jeg har ikke fått ~ på to dager* I haven't had (a chance to get) any sleep for two days; *legge seg til å ~* go to sleep; *foten min -r* my foot is asleep; *~ på noe* sleep on sth; *~ ut* sleep late *(fx* you can s. l. tomorrow morning; s. l. on Sundays); *~ ut på søndag* T have a good lie in on Sunday; *jeg fikk ikke ~ ordentlig ut i dag morges* I had to get up too early this morning; *jeg har ikke fått ~ ut noen morgen* I haven't been able to sleep late any morning; *~ rusen ut* sleep it off.

sovehjerte: *ha et godt ~* be a sound sleeper. **-middel** soporific, sleeping medicine. **-plass** sleeping accommodation; berth.

sovesal dormitory; **T** dorm. **-sofa** sofa bed, studio couch, bed couch *(el.* settee). **-syke** sleeping sickness. **-vogn** sleeping car, sleeper. **-vognskonduktør** sleeping car attendant. **-vognskupé** sleeping compartment, sleeper. **-værelse** bedroom. **-værelsesmøblement** bedroom suite.

sov-i-ro ear plugs.

sovjetborger Soviet; *-ne (sovjeterne)* the Soviets.

sovjetisk Soviet.

sovjetrussisk Soviet Russian.

Sovjetsamveldet the Soviet Union, the U.S.S.R.

sovne *(vb)* fall asleep; *~ hen (el. inn) (ɔ: dø)* pass away.

spa *(vb)* spade; *~ om hagen* dig (up) the garden.

spade *(subst)* spade; *(som mål)* spadeful; *bruke -n* ply *(el.* use) the spade.

spadeblad blade of a spade; *et ~* the blade of a spade.

spadeskaft spade handle. **-stikk** spit *(fx* dig it two spit(s) deep); *ta det første ~* cut *(el.* turn) the first sod; *US* break the first ground.

spagaten the splits; *gå ned i ~* do the splits.

I. spak *(subst)* lever, handle; *(gir-)* gear lever; *(mar)* handspike; *(flyv)* control column, stick; **S** joystick.

II. spak *(adj)* meek, unresisting, submissive, mild *(fx* a m. protest); *gjøre en ~* **T** make sby sing small; *-t (adv)* meekly, lamely, submissively; mildly.

spakferdig mild.

spakne *(vb)* **1.** become more amenable; **2***(om vinden)* moderate, drop *(fx* the wind has dropped), come down *(fx* the wind has come down a little this evening).

spalier espalier; *danne ~* form a lane; line the street *(el.* route).

I. spalte *(subst)* **1.** split, slit, cleft, fissure; **2***(typ)* column.

II. spalte *(vb)* split.

spaltekorrektur galley proof.

spalteplass space; *avisen gir ham ~* the columns of the newspaper are open to him.

spalt(n)ing splitting; *(fig)* division, rupture.

spandabel generous.

spandere *(vb)* stand treat *(fx* I'll stand treat); *~ noe på en* treat sby to sth; *~ noe på seg selv* treat oneself to sth.

spaner plain-clothes *(el.* undercover) policeman;

undercover agent; *narkotika ~* Drug Squad officer; *US* drug agent.

Spania *(geogr)* Spain.

spanier, -inne, spanjol Spaniard.

spankulere *(vb)* strut.

I. spann *(subst)* bucket, pail; *melke-* milk pail.

II. spann *subst (hester)* team; *de går godt i ~ (fig)* they pull well together; they make a good team.

spannevis: *i ~* by the bucket.

spansk Spanish; *~ flue* cantharides, Spanish fly; *~ pepper* Guinea pepper; *han gikk omkring og brisket seg som om en ~ hane* he pranced about as if he were cock of the walk; he stalked around like a cock on a dunghill.

spanskesyken the Spanish influenza.

spanskgrønt verdigris.

spanskrør cane. **-stokk** cane.

spant *(mar)* rib (frame) timber; *(flyv)* rib.

spar *(kort)* spades; *en ~* a spade.

spardame queen of spades.

spare *(vb)* **1***(penger, tid, bry)* save *(fx* money, time, trouble); *~ plass* save space *(el.* room); *(legge til side)* save (up), lay up, put by; *(være sparsom)* save, be economical, economize *(fx* on the fuel); *spinke og ~* pinch and scrape; *den som -r, den har* waste not, want not; **2***(skåne, frita for)* spare *(fx* death spares no one); *han -r seg ikke* he doesn't spare himself; *det kunne man ha spart seg* all the trouble was for nothing; it was a waste of effort; *du kan ~ deg dine bemerkninger!* (I'll thank you to) keep your remarks to yourself! *du kan ~ deg dine forklaringer!* don't trouble to explain! *du kunne ha spart deg bryet* you might as well have saved yourself the trouble; *du kan ~ deg å komme hit oftere* you may save yourself the trouble of coming here again; *~ en for noe* spare sby sth *(fx* spare me the details!); *~ inn* save *(fx* we have saved three days; how much time is saved by this method of dispatch?); *man håper derved å kunne ~ inn 12 millioner tonn kull årlig* it is hoped that this will save 12 million tons of coal annually; *~ inn på budsjettet* tighten the budget; *make (el.* effect) some savings *(el.* economies) in the b.; *~ up* save (up), lay by, put by; *~ på* cut down on, economize on *(fx* I must e. on the tobacco), save; **T** go easy on *(fx* go easy on the butter!); *~ på kreftene* save one's strength (for later), save one's energy; *(sport, også)* conserve one's energy *(fx* he may conserve his energy for the greater heights); *~ på kruttet (fig)* hold one's fire; *~ på skillingen og la daleren gå* be penny wise and pound foolish; *~ (sammen) til* save up to buy *(fx* I'm saving up to buy a car); save up for *(fx* Xmas, one's old age).

sparebank savings bank. **-bøsse** savings box, money box. **-gris** *(også US)* piggy bank. **-hensyn:** *av ~* for reasons of economy. **-kasse** savings bank. *falle som offer for ~ (ɔ: bli avskjediget som følge av innsparing på statsbudsjettet)* **T** get the axe. **-konto** savings account *(fx* open a s. a.); *jeg skal sette inn 500 kroner på min ~* I want to deposit *(el.* place el. put) 500 kroner in my (savings) account; *(se konto).* **-penger** *(pl)* savings; **T** nest egg *(fx* he has a little n. e.). **-ventil** *(mask)* economizer valve; *(se ventil).*

sparess *(kort)* ace of spades.

spark kick; *få -en (miste jobben)* **T** get the sack, get the push, be *(el.* get) sacked, be *(el.* get) fired; *ta et ~ på direkten (rugby)* punt.

sparke *(vb)* kick; *~ en oppover (spøkef)* kick sby upstairs.

sparkebukse rompers; *(med ben)* romper suit.
sparkel 1*(stoffet)* stopper; 2*(redskapet)* stopping *(el.* filling) knife; putty knife.
sparke|pike chorus girl, show girl. **-sykkel** scooter.
sparkle *(vb)* stop (up).
sparkstøtting [chair sledge].
sparsom 1. sparse, scanty, thin; **2.** = *sparsommelig.* **-het** sparseness.
sparsommelig economical, thrifty. **-het** economy; thrift; *vise* ~ practise economy.
spartaner, spartansk Spartan.
spas *se spøk.* **spase** *se spøke.*
spaserdrakt coat and skirt, (tailor-made) costume, suit.
spasere *(vb)* walk, take a walk.
spaser|stokk walking stick, cane. **-tur** walk, stroll; *(se I. tur).*
spat *(min)* spar.
spatel spatula.
spatiere *(vb)* space out.
spatium *(typ)* space.
spatt *(sykdom hos hester)* spavin.
I. spe: *spott og* ~ derision, mockery, ridicule; *være til spott og* ~ *for hele byen* be the laughing stock of the whole town.
II. spe *(vb):* ~ *opp* dilute, thin.
III. spe *(adj)* tender, delicate, slender, tiny.
speaker commentator; announcer.
spedalsk leprous; *en* ~ a leper. **-het** leprosy.
spedbarn baby; infant.
spedbarndød *(krybbedød)* cot death.
spedbarnkontroll (infant welfare) clinic check -up; *hun har vært på -en med barnet* she has been to the clinic with the baby.
spedbarn|kontrollstasjon infant welfare clinic. **-pleie** baby care. **-skrik** crying of babies.
spedbygd slight (in person); *hun var liten og* ~ she was small and slight in person.
spedisjon forwarding (of goods).
spedisjons|firma (firm of) forwarding agents. **-omkostninger** *(pl)* forwarding charges.
speditør forwarding agent; *(mar) (også)* shipping agent.
spedkalv sucking calf.
spedlemmet *se spedbygd.*
speedometer *(i bil)* speedometer.
speedometer|vaier, -wire speedometer cable.
speide *(vb)* scout, watch; reconnoitre.
speider boy scout; *(pike-)* girl guide; *i speider'n var han aktiv og energisk* in the Boy Scouts he was active and energetic.
speil 1. mirror; *(glds)* looking-glass; 2*(mar)* stern; *se seg i -et* look into the mirror, look at oneself in the glass *(el.* mirror).
speil|bilde reflection, image. **-blank** glassy, smooth as a mirror.
I. speile *(subst):* se speil.
II. speile *vb (egg)* fry; ~ *seg* be reflected *(el.* mirrored); *(se seg i speilet)* look at oneself in a mirror.
speilegg fried egg; *steke* ~ fry eggs.
speil|glass mirror glass; *(vindus-)* plate glass. **-glassvindu** plate-glass window. **-glatt:** *se -blank.* **-vendt** as if seen through a mirror, seen in reverse *(fx* a picture seen in reverse); the wrong way round *(fx* no, this is the wrong way round!).
speke *(vb)* cure.
speke|fjel chopping board. **-mat** cured (dried) meat(s). **-sild** salt herring. **-skinke** smoked, cured ham.
spekk blubber.
spekke *(vb)* stuff, lard; ~ *en tale med sitater* interlard a speech with quotations; *-t med nyheter* primed with news.
spekkhogger *(hvalart)* grampus.

spektralanalyse spectrum analysis.
spektroskop spectroscope.
spektrum spectrum.
spekul|ant speculator. **-asjon** speculation, venture; *på* ~ on speculation.
spekulativ speculative.
spekulere *(vb)* speculate *(i* in); ~ *på* speculate about; puzzle over *(el.* about); *(lett glds)* ponder (on); meditate on; US *(også)* mull over *(fx* a problem).
spene *anat (på dyr)* teat.
spenn *(i bru)* span; *(spark)* kick; *i* ~ tense, under tension.
spennbolt clamp(ing) bolt; *(se låsebolt).*
I. spenne *(subst)* buckle, clasp.
II. spenne *(vb)* stretch, strain, tighten; strap; *(ved spenner)* buckle; *(sparke)* kick; ~ *en fjær* bend a spring; ~ *noe fast* strap sth down; ~ *på seg* fasten on *(fx* one's skis); gird on *(fx* one's sword); ~ *seg fast* strap *(el.* buckle) oneself in *(el.* down), fasten one's seat belt; ~ *buen for høyt (fig)* aim too high; *spent gevær* a cocked gun; ~ *ens forventninger* raise one's expectations; ~ *ben for en* trip sby up; ~ *for (hest)* harness; ~ *fra (hest)* unharness; ~ *opp (i dreiebenk)* set up *(fx* a workpiece); ~ *over* cover *(fx* a wide field), embrace *(fx* the book embraces the whole field of Greek history); span *(fx* the bridge spans the river; his life spanned nearly a century); *(se også område);* ~ *på seg* fasten on *(fx* one's skis); *han -r mindre vidt enn ... (om forfatter)* he is narrower in range than.
spennende exciting, thrilling; ~ *(fortsettelses)-roman (el. valg) (ofte)* cliffhanger; *(se spenning).*
spennesko *(pl)* buckled shoes.
spenning tension; *(elekt)* voltage; *(sinnsstemning)* excitement; *holde i* ~ keep in suspense; *en handling som holder en i* ~ *fra begynnelse til slutt (også)* a plot which keeps the tension taut from start to finish; *det er stor* ~ *i Europa når det gjelder den franske francs og den tyske marks skjebne* it's a cliffhanger in Europe over the fate of the French franc and the German mark; *oppheve en* ~ *(psykol & kunstnerisk virkning)* resolve a tension; *en uutholdelig* ~ *(også)* an agony of suspense; *åndeløs* ~ breathless suspense.
spenningsmåler voltmeter.
spenningsregulert *(om dynamo)* with voltage control.
spennkraft elasticity; resilience; tension.
spenntak foothold; *ta* ~ *(også fig)* dig one's heels in.
spennvidde *(fig)* scope; span; ~ *i tankene hans* the scope *(el.* breadth) of his thought.
spenstig elastic; resilient, springy; *(smidig)* supple.
spenstighet elasticity; resilience, springiness; suppleness.
spent 1. tense, tight, taut *(fx* muscle, rope); 2*(oppfylt av spenning)* anxious, curious, in suspense; *(adv)* anxiously; *et* ~ *ansiktsuttrykk* a tense expression; *et* ~ *forhold til* strained relations with; *i* ~ *forventning* in tense expectancy, on tiptoe with expectation; agog with expectation; *være* ~ *på* be anxious *(el.* curious) to know *(om* if); be anxiously awaiting *(fx* the results).
sperma sperm.
spermasetthval *(zool)* sperm whale.
I. sperre *(subst)* rafter.
II. sperre *(vb)* bar, block (up); ~ *veien for en* bar sby's way; ~ *en inne* lock sby up; *-t konto* suspense account; ~ *opp* open wide *(fx* o. one's eyes wide).
sperre|gods bulky goods. **-ild** barrage. **-pakke**

bulky *(el.* cumbersome) parcel. **-tak** raftered ceiling.
sperring *(hindring)* obstruction.
spesialfabrikk specialized factory.
spesialisere *(vb)* specialize, specialise. **-ing** specialization, specialisation.
spesialist specialist *(fx* a s. in the subject).
spesialitet speciality (,US: specialty); specialism; *(merk)* special line.
spesialkarakterer *(pl)* separate marks.
spesialklasse *(i skole)* special class.
spesialkonstruert specially designed *(fx* a s. d. car).
spesialløp *(på skøyter)* free skating; *(se skøyteløp).*
spesialskole special school *(fx* for handicapped children).
spesialtømmer special logs; *(se tømmer).*
spesiell special, particular.
spesielt *(adv)* 1*(særlig)* especially; specially; particularly; exceptionally; *han er en snill unge, men ikke ~ flink* he's a nice child, but not (e)specially *(el.* particularly) clever; 2*(især; særlig)* (more) especially; particularly *(fx* these insects are quite common, especially *(el.* particularly) in hot countries; please, telephone soon, especially *(el.* particularly) as we're leaving next week); **T** specially; 3*(ekstra)* especially; particularly *(fx* especially *(el.* particularly) thin materials for summer wear); **T** specially; **4.:** ~ *til (el. beregnet på)* deg specially for you; *(stivere)* especially for you; *en flott kake, bakt ~ for anledningen* a splendid cake, specially made for the occasion; *jeg kom hjem tidlig ~ for å se (el. nettopp fordi jeg ville se) det programmet* I came home early specially to watch that programme; *jeg kom ~ (el. ekstra) for å fortelle deg den gode nyheten* I came (e)specially to tell you the good news.
spesifikk specific. **-fikasjon** specification. **-fisere** *(vb)* specify, itemize, list separately *(fx* please list the various deliveries separately in the account).
spetakkel uproar, hullabaloo, row, racket; din *(fx* an awful d.); *holde ~* kick up a row.
spetakkelmaker noisy person; *(se bråkmaker).*
I. spett *(jern-)* bar, crowbar.
II. spett *(el. spette) zool (fugl)* woodpecker.
spetteflyndre *(fisk)* plaice.
spettet *(adj)* spotted, speckled.
spidd spit; *sette på ~* spit.
spidde *(vb)* spit *(fx* the animal tried to spit him with its straight, needle-sharp horns); *(om dyr med horn, også)* gore *(fx* g. sby).
spiker nail. **-slag** nailing strip; *(stolpe)* stud.
spikke *(vb)* whittle.
spikre *(vb)* nail; ~ *fast* nail down; *han satt som -t til stolen* he sat as if (he were) glued to his seat.
I. spile *(subst)* lath; *(i paraply)* rib; *(i korsett)* stay.
II. spile *(vb):* ~ *ut* stretch, distend; ~ *øynene opp* open one's eyes wide.
I. spill 1*(det å spille et ballspill)* play *(fx* rain interfered with the play); 2*(med kort, etc)* game *(fx* bridge is an interesting game); *(brett-)* board game; 3*(hasard-)* gambling; 4*(parti, omgang)* game *(fx* a game of cards, chess, cricket, tennis, billiards); 5*(match)* match; 6*(skuespillers)* acting *(fx* his acting was excellent); 7*(musikers)* execution *(fx* his poor execution); playing *(fx* I admire his playing); 8*(ballspillers)* play *(fx* their play was not so good as usual); 9*(århanes)* (mating) call; 10*(spillende bevegelser, etc)* play *(fx* the play of the eyes, of the muscles; the play of light and shade);
[*A: forskjellige forb.; B: forb. med prep & adv*]

A *[forskjellige forb.] det var avtalt* ~ it was a put-up job; *boksekampen (,spørrekonkurransen) var avtalt* ~ the boxing match (,the quiz) was fixed *(el.* rigged); *drive sitt* ~ *med en* play tricks on sby; **falsk** ~ cheating; *(med kort)* card sharping; *drive et* **farlig** ~ play a dangerous game; *drive et fordekt* ~ play an underhand game; *gi ham* **fritt** ~ give *(el.* allow) him free scope; give him a free hand *(el.* rein); *la sin fantasi få fritt* ~ give (a) free rein to one's imagination; *ha fritt* ~ have free scope; have a free hand; have free play; *-ets* **gang** (the course of) the game; **gi opp** *-et* throw up the game; **T** chuck up the game; *(fig, også)* throw in one's hand; *nå har vi -et (el. det) gående (om noe uønsket)* **T** that's done it! *de* **hadde** *hele -et for seg selv (i sport)* they had the game all to themselves; **høyt** ~ gambling; high play; (playing for) high stakes; *(fig)* a dangerous game; *spille høyt* play for high stakes; gamble; *(fig)* play a dangerous game; play for high stakes; *med* **klingende** ~ (with) drums beating; with flags flying and drums beating; **kreftenes** ~ the play *(el.* interplay) of forces; *ha* **lett** ~ have the game all to oneself; have an easy job of it; *spille* **motstandernes** ~ play into the hands of one's opponents; **opplagt** ~ *(4, kort)* a lay-down hand; *-ets* **regler** the rules of the game; *holde seg til -ets regler* play fair, play cricket; *slik er -ets regler (også)* that's part of the play; *gjøre gode miner til* **slett** ~ make the best of a bad job; put the best face on it; **T** grin and bear it; *et ~ er* **tapt** the game is up; *et* **uavgjort** ~ a drawn game, a draw, a tie; **velte** *-et for en* upset sby's game; **vende** *-et* turn the tables (on sby); **vinne** *-et* win (the game); **vinne** *(-et) overlegent* win hands down; *med 10 punkter har man vunnet -et* ten points are game; **ærlig** ~ fair play; *spille* **ærlig** ~ play fair, play a straight game; *han spiller* **ærlig** ~ *(også)* he's on the level; *det er ikke* **ærlig** ~ that's not playing the game; that's not fair; that's not cricket.
B *[forb. med prep & adv] ved et* ~ *av tilfeldigheter* through a freak of chance; *ha en* **finger** *med i -et* have a hand in it; have sth to do with it; be involved; **T** have a finger in the pie; *det er sjalusi med i -et* there is an element of jealousy in it; jealousy enters into it; *være heldig i* ~ be lucky at cards; *uhell i* ~, *hell i kjærlighet* unlucky at cards, lucky in love; *tape i* ~ lose at cards; *være* **inne** *i -et* be up to the game; *et* ~ *med ord* a play on words; *(se ordspill);* ~ *om* **penger** playing for money; *sette på* ~ stake, hazard; *sette livet på* ~ risk one's life; *jeg setter (i så fall) min stilling på* ~ it's as much as my job is worth; *stå på* ~ be at stake; be involved *(fx* large sums (of money) are involved); *sette en ut av -et* put sby out of the running; eliminate sby; *(mil)* put sby out of action *(fx* Pearl Harbor put the Pacific Fleet out of action); *trekke seg ut av -et (fig)* pull out; *være* **ute** *av -et* be out of the running; *-et er* **ute** the game is up; *(se II. spill; III. spill).*
II. spill *mar (gangspill)* 1*(med loddrett aksel)* capstan; 2*(med vannrett aksel)* windlass, winch; *(se I. spill; III. spill).*
III. spill loss, waste; *et ~ av* **krefter** a waste of energy; *(ved å spre seg for mye)* the dissipation of one's energies; *gå til -e* go to waste.
spillbord *(på takrenne)* fascia board.
spilldamp waste steam.
I. spille *(vb)* play; *(oppføre)* act, perform; ~ *høyt* gamble, play for high stakes; ~ *fallitt* go bankrupt, fail; ~ *half back* play half back; ~ *hasard* gamble; ~ *en komedie* play a comedy;

~ *komedie (fig)* put on an act, be play-acting; ~ *kort* play cards; ~ *piano* play the piano; ~ *en et puss* play a trick on sby; ~ *av (musikkopptak)* play back; ~ *fra bladet* play at sight; sight-read; *personlige prestisjehensyn -r også inn* considerations of personal prestige also play a *(el.* their) part; ~ *om penger* play for money; ~ *opp* strike up; *de -r opp til hverandre* they play into each other's hands; ~ *på et lag* play in a team; play on a side; ~ *en melodi på pianoet* play a tune on the piano; ~ *på sin uvitenhet* play on one's ignorance; ~ *under dekke med en* act in collusion with sby; ~ *ut* lead; *(idet man åpner spillet)* open *(fx* open clubs); ~ *den ene ut mot den andre* play off one against the other; play both ends against the middle; play both sides against each other; *det at hun var så flink til å* ~ her musical skill; ~ **seg inn** get into practice (in sth); *(sport)* play oneself in; *(om lag, orkester, etc)* play *(el.* practise playing) together; learn to work together as a team; become co-ordinated; ~ *seg inn på et instrument* get the feel of an instrument (by playing it *el.* by practising on it).

II. spille *vb (miste)* spill, drop; *(forspille)* lose; *(ødsle bort)* waste; *det er spilt på ham* it is wasted on him.

spille|**automat** gambling machine. **-bord** card table. **-bule** gambling house, gambling den. **-dåse** musical box. **-film** feature film. **-gal:** *være* ~ be a compulsive gambler. **-mann** fiddler, musician. **-plan 1.** repertoire, repertory; **2***(sport)* fixture list.

spiller player; gambler; *(kort- også)* hand *(fx* we want a fourth h.).

spilleregel rule (of the game); game *(fx* he introduced them to the g.).

spillerom scope, play; margin, latitude; ~ *mellom tannhjul* backlash; *gi en fritt* ~ give sby a free hand *(el.* rein), give sby free scope; *gi ham for meget* ~ give *(el.* allow) him too much rope.

spilletime music lesson.

spillfekteri make-believe, humbug, pretence.

spilljakt shooting during the mating season.

spillopper *(pl)* fun, pranks, monkey-tricks; *drive* ~ *med en* pull a fast one on sby, play tricks on sby.

spilloppmaker wag; little mischief.

spiltau *(i stall)* box, stall.

spinat *(bot)* spinach.

spindel spindle.

spindelvev cobweb, spider's web; gossamer.

spinett *(mus)* spinet.

spinke *(vb):* ~ *og spare* pinch and scrape.

spinkel slight, thin; *(skjør)* fragile.

spinn *(edderkopps)* web.

spinnaker *(seilsp)* spinnaker.

spinnakerbom *(seilsp)* spinnaker pole.

spinne *(vb)* spin; *(om katt)* purr.

spinne|**maskin** spinning machine. **-ri** spinning mill. **-rokk** spinning wheel.

spinnerske (female) spinner.

spinnesiden the distaff side; the female line of the family; *på* ~ on the mother's side.

spion spy.

spionasje espionage.

spionere *(vb)* spy.

spir spire.

spiral 1. spiral; *gardin-* spiral wire; **2.** *med. (livmorinnlegg)* intra-uterine coil, IUD coil, intra-uterine device, IUD;
* An IUD coil is fitted inside the womb, where it prevents a fertilised egg from being implanted.

spiralformig spiral, helical.

I. spire *(subst)* germ, sprout; *(fig)* germ.

II. spir(e) *subst (mar)* boom, spar.

III. spire *(vb)* sprout, germinate; *(komme opp av jorden)* sprout, come up; *det -r og gror i hagen* everything in the garden is doing splendidly.

spirea *(bot)* spiraea.

spiredyktig capable of germinating.

spirit|**isme** spiritualism, spiritism. **-ist** spiritualist, spiritist. **-ualisme** spiritualism. **-ualist** spiritualist. **-ualistisk** spiritualistic. **-ualitet** *(åndrikhet)* brilliancy, wit. **-uell** brilliant, witty. **-uosa** *(pl)* spirits, liquor; *US* hard liquor; *viner og* ~ wines and spirits.

spiritus spirits, alcohol.

spirrevipp titch *(fx* he's a little titch); squirt.

spise *(vb)* eat; *jeg tror ikke jeg kan* ~ *noe riktig ennå* I don't feel up to having another meal just yet; ~ *frokost* have breakfast; ~ *middag* have dinner; dine; ~ *aftens* have supper; ~ *seg mett* eat one's fill; *spis pent av tallerkenen din!* clear your plate! ~ *for* to eat enough for two; ~ *en av med noe* put sby off with sth; ~ *opp* eat up, finish off *(el.* up), finish *(fx* we have finished the pie); *bli spist opp (fig)* be frittered away *(fx* the claimed benefit of devaluation would be frittered away); ~ *sammen (på kafé, etc)* take meals together; *US* eat together; *(se orke).*

spise *(subst)* food, victuals.

spise|**bestikk** *(kollektivt)* cutlery; *US* flatwear; *et* ~ a knife, fork and spoon. **-bord** dining table. **-brikke** place mat. **-kart** bill of fare, menu. **-krok** dining alcove; *(se boligkjøkken).*

spiselig eatable, edible.

spise- og drikkekalas T blowout.

spise|**pinne** chopstick. **-plikt** obligation to order food; *det er* ~ you have to order food with wine. **-rør** *(anat)* aesophagus (,*US:* esophagus); gullet. **-sal** dining hall, refectory. **-seddel** bill of fare, menu. **-skje** tablespoon; *(som mål)* tablespoonful. **-smekke** feeder, bib. **-sted** café, restaurant; *et godt* ~ a good place to eat; *et billig og godt* ~ *for sjåfører* T a good pull-up for carmen. **-stue** dining room. **-tid** meal time. **-vogn** dining car, diner; *US* diner.

spiskammer larder, pantry.

I. spiss *(subst)* point; *(fotb)* forward; *(finger-)* tip; *(penne-)* nib; *(fig)* head; leading member *(fx* of an organization); *-ene* **1.** T the top people; **2***(fotb)* the forwards; *gå i -en* lead the way; *i -en for* at the head of *(fx* a procession); *sette seg i -en for* put oneself at the head of; *sette* ~ *på* add zest to, add relish to; *sette en* ~ *på selskapet* give the party an extra something *(fx* do bring that film of yours; that would give the p. an extra something); *sette noe på -en* state sth in its extreme form; *satt på -en vil dette bety at* pushed to its logical conclusion, this would mean that; *sette saken på -en* push things to extremes.

II. spiss *(adj)* pointed; *(skarp)* sharp; *(om vinkel)* acute; *-e, forrevne fjell* craggy, sharp-pointed mountains; *(fig)* cutting, sarcastic, crisp; *.. sa hun litt -t ...* she said crisply.

spissborger narrow-minded bourgeois. **-lig** narrow -minded, matter-of-fact. **-lighet** narrow-mindedness.

spissbue ponted arch, ogive.

spissbuestil Gothic style.

spisse *(vb)* point; *(blyant)* sharpen; *(se I. øre).*

spissfindig subtle, hair-splitting, quibbling, sophistic, captious.

spissfindighet subtlety, hair-splitting, quibbling, captiousness, sophistry.

spisshakke pickaxe. **-ing:** *forhjulenes* ~ the toein (of front wheels). **-kål** spring cabbage; *(se kål).* **-mus** *(zool)* shrew (mouse).
spissrot: *løpe* ~ run the gauntlet.
spissteknologi leading-edge technology.
spissvinklet acute-angled.
Spitsbergen *(geogr)* Spitsbergen.
spjeld damper, throttle valve, butterfly valve.
spjeldventil throttle valve, choke; *(se ventil).*
spjelke *(vb)* reduce *(fx et brudd* a fracture); *det høyre benet hans var -t* he had his right leg tied up in splints; *(se I. skinne 2).*
spjære *(vb)* rend, rip, tear.
spjåke *(vb):* ~ *seg ut* rig oneself out grotesquely.
spjåket grotesque; T dolled up (like a Christmas tree).
spleis 1. splice; **2***(sammenskuddslag)* Dutch treat.
spleise *(vb)* splice; **(T:** *vie)* splice (up); *(skyte sammen)* club together *(fx* with sby), go Dutch; *bli -t* T *(også)* be hitched (up); ~ *med en (også)* stand in with sby *(fx* let me stand in with you if it's expensive).
spleiselag Dutch treat.
splid discord, dissension; *så* ~ *innen partiet* sow discord (with)in the party.
splint splinter; *(tekn)* cotter (pin), split pin.
splinter: ~ *ny* brand new.
splintre *(vb)* splinter, shatter, smash to smithereens; *-s* be shattered *(el.* smashed).
splitt split, rent; *(i skjørt)* slit; *(penne-)* nib.
splitte *vb (spre)* disperse, scatter; *(kløve)* split; *(skille at)* divide, separate; *splitt og hersk* divide and rule; *et -t folk* a disunited people; *fienden -t sin styrke ved å* ... the enemy dissipated his strength by (-ing).
splittelse *(uenighet)* discord, dissension, division; cleavage *(fx* in a party); *(oppdeling)* disruption *(fx* of an empire), split-up, break-up *(fx* of a party), disintegration *(fx* the d. of the Roman Empire).
splitter: ~ *gal* stark, staring mad; ~ *naken* stark naked.
I. spole *(subst)* spool; bobbin; *(film-)* spool; *(for projektor)* reel; *(elekt, radio)* coil.
II. spole *(vb)* spool, wind, reel; *(film)* reel.
spoleben *(anat)* radius.
spolere *(vb)* spoil, ruin, wreck *(fx* it wrecked the whole evening for her); *han har spolert det hele* he has spoilt *(el.* made a hash of) everything.
spolorm *(zool) (slags rundorm)* Ascaris lumbricoides; *(NB ingen eng. betegnelse, se rundorm).*
spon *(pl)* chips; *(høvel-)* shavings; *(fil-)* filings; *(tak-)* shingles.
sponplate chipboard; particleboard.
spontak shingle roof.
spontan spontaneous. **-itet** spontaneity.
spor 1*(fotspor, etc)* footprint, footmark, track *(fx* the police followed his tracks); trace *(fx* traces of an ancient civilization have been found; the trace of some heavy body was still visible); trail *(fx* we picked up his trail in the mud; a trail of blood); **2***(fert)* scent *(fx* the hounds picked up (,lost) the scent); **3***(fig)* clue *(fx* the police are following up several clues), lead *(fx* I have a lead); **4***(skinnespor)* track; line; *dobbelt* ~ double track; *enkelt* ~ single track *(el.* line); *skifte* ~ *(jernb)* change the points; US throw the switches; *bli kastet av -et (jernb)* be thrown off the track; *bære* ~ *av* show traces of; *ikke* ~ *av tvil* not the slightest doubt, not the faintest (shadow of a) doubt; *ikke et* ~ *bedre* not a whit better; *komme av -et (jernb)* be derailed; *komme på -et av en (,noe)* get on the track of sby (,sth); *sette dype* ~ *etter seg (fig)* make a lasting impression; *være på -et be* (hot)

on the scent; be following up a clue; *du er på feil* ~ *(også)* T you've got hold of the wrong end of the stick.
sporadisk sporadic.
sporavstand distance between (the) tracks. **-bredde** (track) gauge. **-diagram** track diagram.
I. spore *(subst)* spur; *(fig)* stimulus, incentive.
II. spore *(bot)* spore.
III. spore *vb (anspore)* spur, urge on.
IV. spore *(vb)* trace, track; *(se rykte).*
sporedannelse *(bot)* formation of spores, sporulation.
sporenstreks *(adv)* there and then, straight away.
sporeplante *(bot)* spore plant.
sporforbindelse *(jernb)* track connection *(el.* junction); *(sporsløyfe)* crossover. **-gruppe** set of tracks, group of lines.
sporhund tracker dog; *(fig)* sleuth(hound).
sporkrans *(på hjul)* flange. **-kryss** *(jernb)* crossing (of lines *el.* of tracks). **-leie** *(jernb)* track bed.
sporløs trackless. **-løst** *(adv)* leaving no trace, without leaving a trace. **-mål** *(jernb)* gauge; US gage. **-nett** *(jernb)* network *(el.* system) of lines, grid. **-renser** *(jernb)* track cleaner. **-rille** *(jernb)* groove (of a rail).
sporskifte: *se -veksel.*
sporskifter *(jernb)* shunter; US switchman; *(NB lønnsklasseplassering som* 'leading railman'; *jvf skiftekonduktør).*
sporskifting shunting; US switching.
sporsløyfe *(jernb)* crossover. **-sperre** *(jernb)* scotch *(el.* stop) block.
sport sport(s); *drive* ~ go in for sports.
sports- sport; US sports *(fx* a sports car); sporting *(fx* his sporting interests); *(se sporty).*
sportsartikler *(pl)* sports accessories. **-fiske** angling. **-fisker** angler. **-forretning** sports dealer's. **-grener** sports. **-journalist** sports journalist; sports reporter; sports writer. **-mann** athlete, sportsman. **-nasjon** sporting nation. **-revyen** *(TV)* the Sports Review *(el.* News). **-stevne** sports meeting. **-strømper** *(pl)* knee-length socks.
sporty 1. sporty *(fx* he's a really sporty type); **2***(real)* sporting *(fx* that was very sporting of him); sportsmanlike.
sporvei tramway (line); US streetcar *(el.* trolley) line. **-veislinje** tram line; US streetcar *(el.* trolley) line.
sporveksel *(jernb)* points; US switches; *avvisende* ~ trap points *(,US:* switches); *fjærende* ~ spring points *(,US:* switches).
sporvekselbetjening *(jernb)* point *(,US:* switch) work, the working of points. **-bukk** switch-lever stand. **-hytte** pointsman's *(,US:* switchman's) house. **-lampe** (point) indicator lamp. **-sikring** point *(,US:* switch) locking. **-stang** point rod; US switch lever. **-stiller 1.** track indicator; **2***(håndbetjent)* point *(,US:* switch) lever. **-tunge** switch blade *(el.* tongue).
sporvidde *(bils)* track *(fx* a wide t.), tread; *(jernb)* gauge; US gage.
sporvogn tramcar, tram; US streetcar, trolley.
spotsk mocking, derisive; *(adv)* -ly.
spott mockery, derision, scoffing, ridicule.
spotte *(vb)* scoff at, make fun of, deride, ridicule, mock (at), jeer at; *det -r all beskrivelse* it baffles *(el.* beggars) description.
spottefugl *(zool)* mocking-bird.
spottpris absurdly low price, bargain price; *få det til* ~ T get it dirt cheap.
spove *(el. spue) (zool)* curlew.
sprade *(vb)* show off, strut, swagger.
spradebasse dandy; *(glds)* fop; beau, blade.
spraglet variegated, parti-coloured.
sprake *(vb)* crackle, splutter.

sprang jump, leap, bound; *(gym)* vault; *dødt* ~ *(sport)* no-jump; *stå på -et* be on the point *(til å* of (-ing)); *våge -et* take the plunge.
spre(de) *(vb)* spread; *(til alle kanter)* scatter, disperse; *-s* scatter, disperse; ~ *seg for mye (fig)* spread oneself (too much); ~ *seg som ild i tørt gress* spread like wildfire; *følgene av denne uheldige episode spredte seg som ringer i vannet* the consequences *(el.* effects) of this unfortunate incident were gradually felt further and further afield.
spreder sprinkler; *(i forgasser)* spray(ing) nozzle, (spray) jet; *hoved-* high-speed nozzle.
spredning spreading; diffusion; dispersion; ~ *av ferien* the staggering of holidays; *forhjulenes* ~ *i sving* toe-out on turns; *få en god* ~ get a good spread.
spredt scattered *(fx* a s. population); *-e tilfelle av* isolated *(el.* sporadic) cases of; *bo* ~ live far apart.
sprek active, vigorous.
sprekk crack, crevice, chink, fissure; *slå -er* crack.
sprekke *(vb)* crack, burst; *(om hud)* chap; ~ *av latter* split one's sides with laughter; *sprukne hender* chapped hands. **-ferdig** nearly bursting.
sprell: *gjøre* ~ make a fuss; kick up a row.
sprelle *(vb)* squirm, wriggle, kick about; *(om fisk)* wriggle, flop *(fx* the fish were flopping in the bottom of the boat).
sprellemann jumping jack.
sprelsk unruly; frisky.
spreng **1***(tannl)* inter-dens; **2.:** *arbeide på* ~ work at high pressure; work against time *(fx* to finish the orders); work to capacity *(fx* we are working to c. to meet the demand); *lese på* ~ cram; **T** swot.
sprenge *(vb)* **1***(bryte opp, briste, få til å briste)* burst *(fx* b. open a door; b. a water pipe); split *(fx* one's glove), break *(fx* a rope); *(med.)* rupture *(fx* a blood vessel), burst *(fx* an eardrum, a blood vessel); *(minere)* blast; ~ *i lufta* blow up; ~ *i tusen stykker* shatter; **2***(splitte)* disperse, scatter, break up *(fx* a crowd); **3***(overbelaste):* *havnen er sprengt* the port is congested; *lagrene var sprengt* the warehouses were bursting with goods; *alle skoler er sprengt* all schools are crowded; *sentralbordet er sprengt* the switchboard is swamped; the lines are blocked; *(se bank);* **4***(lettsalte)* salt slightly.
sprengfly *(vb)* run for all one is worth, race along; *(jvf beinfly).*
sprenggranat high-explosive shell. **-kjøre** *(vb)* drive at breakneck speed. **-kraft** explosive force. **-kulde** severe cold. **-ladning** explosive charge. **-lærd** crammed with learning.
sprengning bursting, splitting, blowing up; dispersal, scattering; *(se sprenge).*
sprengningsarbeid blasting; *«~ pågår»* "Danger. Blasting in progress." **-forsøk** attempt at blasting. **-kommando** *(mil)* demolition party.
sprengsats charge, explosive composition. **-skive** spring *(el.* elastic) washer. **-stoff** explosive.
sprett kick, bound, start; *(om ball)* bounce.
I. sprette *(vi)* bound, leap, kick; start; *(om trær)* come into leaf, put forth shoots, bud.
II. sprette *(vt):* ~ *av* rip off; ~ *opp* rip open, unstitch, unpick *(fx* a garment).
spretten frisky.
sprettert slingshot; catapult.
sprettkniv flick-knife.
sprik difference(s) of opinion.
sprike *(vb)* spread out, stand out stiffly; ~ *med armer og ben* sprawl.
spring *(vann-)* tap, water-tap; *(især US)* faucet.

springar (Norway) roundel.
springbrett springboard; *(fig)* stepping stone, jumping-off ground. **-brønn** *(i oljedistrikt)* gusher. **-dans** (Norway) roundel.
springe *(vb)* **1***(hoppe)* jump, leap; **2***(løpe)* run; **3***(eksplodere)* explode, burst; *(om kork)* pop; ~ *fram* jut out, project, protrude; *(fra skjulested, etc)* jump out; *skipet sprang i lufta* the ship blew up; *det -r en i øynene* it hits you in the eye; ~ *ut* **1***(om tre)* burst into leaf; **2***(om blomst)* open, come out; **3***(om knopp)* burst, open; *en knopp som er i ferd med å* ~ *ut* an opening bud; *rosene har sprunget ut* the roses are out.
springende *(adj)* disconnected, incoherent; desultory *(fx* reading, remarks), discursive; *det* ~ *punkt* the salient point, the crux of the matter.
springer **1***(zool)* dolphin; **2***(i sjakk)* knight.
springfjær spring. **-flo** spring tide. **-hval** *(zool)* grampus. **-madrass** spring mattress. **-marsj** double march; *løpe* ~ march at the double.
springstav jumping pole. **-vann** tap water.
sprinkel bar. **-kasse** crate. **-verk** trellis, lattice.
sprint sprint; *(sport; om distanse t.o.m. 400 m)* dash *(fx* the 400-metre dash).
sprinte *(vb)* sprint *(fx* he sprinted up the path).
sprintløp *(sport)* dash *(fx* the 400-metre dash).
sprit spirit, alcohol; *(spirituosa)* spirits, liquor; **US** hard liquor.
sprog *se språk.*
sprosse crosspiece, crossbar; *(på stige)* rung.
sprudle *(vb)* gush, well, bubble.
sprut squirt, gush, spurt.
sprutbakkels: *se vannbakkels.*
sprute *(vb)* splash, squirt, spurt; *hold opp med å* ~ *vann* stop splashing water about; *ikke sprut på meg! hold opp med å* ~ *på meg!* stop splashing me!
sprutrød bright red.
sprø 1. crisp; **2***(skjør)* brittle, friable; **3.:** ~ *(på nøtta)* **S** bonkers; round the bend *(el.* twist); dotty, nuts, crackers, crazy.
sprøyt nonsense, rubbish; *filmen var noe søtladent* ~ the film was a lot of sloppy rubbish.
I. sprøyte *(subst)* squirt; *(med.)* hypodermic; syringe; *(brann-)* fire engine; *(innsprøytning)* hypodermic, shot *(fx* morphia shots to ease the pain), injection; *han kjørte -n inn* he plunged the hypodermic home; *de ga ham en* ~ *i armen (også)* they jabbed a needle in his arm.
II. sprøyte *(vb)* squirt, spray; spurt; *(med.)* inject; ~ *vann på et brennende hus* play the fire hoses on a burning house.
sprøyte full dead drunk.
sprøytekur *(med.)* course of injections.
sprøytelakkere *(vb)* spray, spray-paint. **-narkoman** needle addict. **-pistol** spray gun. **-lakkeringsverksted** spraying shop.
språk language; *skriftspråket* the written language; *talespråket* the spoken language; *et fremmed* ~ a foreign l.; *på et* ~ in a language; *ut med -et!* speak out! out with it! *hun ville ikke ut med -et* she did not want to come out with it; *han bruker et forferdelig* ~ he uses shocking language.
språkbruk usage. **-feil** grammatical error, solecism. **-ferdighet** command of *(el.* proficiency in) a language. **-forderver** corrupter of the l. **-forsker** linguist, philologist. **-forskning** linguistics; philology. **-forvirring** confusion of languages. **-historie** language history, the h. of l.; *engelsk* ~ the h. of the English l. **-kjenner** linguist. **-kunnskaper** *(pl)* language qualifications, knowledge of languages. **-kurs** language course; *lage et spesielt* ~ draw up *(el.* build up) a separate l. c. **-kyndig**

skilled in languages. **-kyndighet** knowledge of languages.

språklig linguistic; *være ~ begavet* have a gift for languages; *en ~-historisk embetseksamen* = an Arts degree (Honours), an Honours degree in Arts.

språk|lære grammar and history of a language. **-lærer** language teacher, teacher of languages. **-norm** linguistic norm. **-område** area in which a language is spoken; *det engelske ~* the English-speaking area. **-riktig** correct, grammatical. **-sans** linguistic instinct. **-stamme** family of languages. **-strid** language dispute. **-stridig** incorrect, ungrammatical. **-studium** study of a language (,of languages); linguistic studies. **-talent** talent for languages. **-undervisning** language instruction *(el.* teaching); *~ til grunn- og mellomfag* l. teaching at elementary and intermediate level. **-vitenskap** linguistics; *almen ~* general linguistics. **-øre:** *han har et godt ~* he has a good linguistic ear.

spunning *(fuge i skipskjøl)* rabbet.

spuns 1*(i fat)* bung; 2*(tøm)* insert.

spunse *(vb)* bung up.

spunshull bunghole.

spurte *(vb)* spurt, put on a spurt.

spurt spurt.

spurv *(zool)* sparrow; *skyte -er med kanoner* break a butterfly on a wheel; use a steamroller to crack nuts. **-efugl** *(zool)* passerine bird.

spurvehauk *(zool)* sparrow hawk.

spy *(vb)* 1. vomit; T throw up; spew; 2.: *~ ut (fig)* belch forth.

spyd spear; *(kaste-)* javelin.

spydig sarcastic; caustic.

spydighet sarcasm.

spyflue bluebottle, blow-fly.

spygatt *(hull i skipssiden)* scupper.

spyle *(vb)* wash; *~ dekket* wash down the deck.

spytt spittle, spit, saliva. **-kjertel** *(anat)* salivary gland. **-slikker** lickspittle, toady. **-slikkeri** toadyism.

spytte *(vb)* spit; *(sprute)* splutter, sputter.

spytte|bakk spittoon. **-klyse** clot of spittle.

spøk joke, jest, pleasantry; *dette er ikke ~ this is no joking matter; i (el. for) ~* as a joke, in jest, for fun; *en ~ med atskillig alvor i* a joke with considerable underlying seriousness; *~ til side* joking apart.

I. spøke *vb (skjemte)* joke, jest; crack a joke; *~ med noe* make a joke about sth; *jeg bare spøkte med deg* I was only joking with you; *han er ikke til å spøke med* he is not to be trifled with.

II. spøke *vb (gå igjen)* haunt (the house); *det -r i huset* the house is haunted; *det -r for forretningen hans* it's touch and go with his business; *den tanken -r stadig i min hjerne* I am haunted by that idea.

spøke|fugl joker, wag. **-full** playful, full of fun, jocose, jovial. **-fullhet** jocularity, jocoseness.

spøkelse ghost, spectre; T spook; *mane fram et ~* raise a ghost; *se -r ved høylys dag* be frightened by one's own shadow; be easily alarmed; *jeg trodde jeg så -r (fig)* I thought my eyes were deceiving me.

spøkelses|aktig ghostlike, spectral, weird; T spooky. **-historie** ghost story.

spøkeri ghosts *(pl).*

spørger questioner.

spørre *(vb)* ask, ask questions, put a question to *(fx* sby); *~ dumt* ask a stupid question *(fx* ask a s. q. and you'll get a stupid answer); *en dåre kan ~ mer enn ti vise kan svare* a fool may ask more questions in one hour than a

wise man can answer in seven years; *må jeg ~ (også iron)* may I ask; *(høfligere el. iron)* might I ask; *det spørs om ...* it is doubtful whether ...; *... the question is whether ...; det kan -s om ..., man kan ~ om ...* it is open to question whether ...; *man spør seg om ...* one wonders whether ...; it may be asked whether ...; *~ etter* 1. ask for *(fx* Mr. Brown has been asking for you); inquire for *(fx* a book at a bookseller's); 2*(m.h.t. velbefinnende)* ask after, inquire after; 3*(for å hente)* call for *(fx* a person, a parcel); *~ seg for* make inquiries; *jeg skulle ~ fra herr Smith om han kunne få låne ... (formelt, også)* Mr. Smith sends his compliments, and could he borrow ...; T Mr. Smith would like to know if he can borrow ...; *~ om* ask *(fx* sby's opinion, the price; ask him when he will come); *~ ham om hans navn* ask (him) his name; *~ nytt om felles kjente* ask for news of mutual acquaintances; *~ en om råd* ask sby's advice; *~ en ut* question sby; *(se grave).*

spørrekonkurranse quiz; *en som deltar i (en) ~* quizzee.

spørresetning *(gram)* interrogative sentence.

spørreskjema questionnaire.

spørresyk (very) inquisitive.

spørretime *(parl)* question time.

spørsmål question, query; *-et ble nå om mennesket kunne ...* the question became one of whether Man could ...; *stille en et ~* ask sby a question, put a question to sby; *ta opp hele -et på nytt* reopen the whole question; *(se omdebattert).*

spørsmålsstilling: *en interessant ~* an interesting formulation of the question; an i. statement of the q. *(el.* problem).

spørsmålstegn question mark; *man må sette ~ ved alt han sier* you have to be careful about believing what he says; *sette ~ ved noe* query sth.

spå *(vb)* prophesy, predict, foretell; *(uten objekt)* tell fortunes; *~ en* tell sby his fortune; *bli -dd* have one's fortune told; *~ en i hånden* read sby's hand; *(se kaffegrut); mennesket -r, Gud rår* Man proposes, God disposes; *dette -r godt for fremtiden* this augurs well for the future.

spådom prophecy, prediction.

spåkone fortune teller.

spåmann fortune teller.

sta obstinate, stubborn.

stab staff; *tilhøre -en* be on the staff.

I. stabbe *(subst)* stump; *(hogge-)* chopping block. *kort (bridge)* leg *(fx* a 90 leg).

II. stabbe *(vb)* toddle *(fx* the child toddled into the garden); *~ av sted* toddle along.

stabbestein (roadside) guard stone.

stabbur [storehouse on pillars].

stabeis: *gammel ~* old fogey, old codger.

stabel pile, stack; *(mar)* stocks; *på -en* on the stocks; *la et skip løpe av -en* launch a ship; *skipet løp av -en* the ship was launched.

stabelavløpning launching; launch.

stabil stable. **-isere** *(vb)* stabilize.

stabilisering stabilizing. **stabilitet** stability.

stable *(vb)* pile, stack.

stabskompani *(mil)* H.Q. company.

stabssersjant *mil* 1*(hist)* staff sergeant; *(NB nå: løytnant);* 2*(flyv)* flight sergeant *(fk* FS); US *(følgende tre grader)* master-sergeant *(fk* MSGT); senior master-sergeant *(fk* SMSGT); chief master-sergeant *(fk* CMSGT).

stabssjef *(mil)* chief of staff.

stadfeste *(vb)* confirm; *~ en dom* dismiss an appeal.

stadfestelse confirmation; dismissal (of an appeal).

stadig *(adj)* steady; constant; *(stabil)* stable; *(om vær)* settled; *(adv)* constantly; *prisene stiger ~* prices are constantly rising; *det blir ~ vanskeligere å* it is becoming more and more *(el. increasingly)* difficult to; *i ~ stigende grad* to an ever-increasing extent.

stadighet steadiness; constancy; stability.

stadion stadium.

stadium stage, phase; *et overvunnet (el. tilbakelagt) ~* a thing of the past; *jeg har nådd det ~ da jeg kan stenografere 70 ord i minuttet* I have now reached the stage of being able to do 70 words of shorthand a minute.

stadsfysikus chief medical officer.

stafettløp relay race; *etappe i ~* leg *(fx* run the second leg).

stafettpinne baton.

staffasje ornaments, decor; *han er bare ~* he is *(el.* his functions are) purely ornamental.

staffeli easel; *(se feltstaffeli).*

stag *(mar)* stay; *gå over ~* tack, put about.

stagge *(vb)* check, curb, restrain; *(berolige)* hush, soothe.

stagnasjon stagnation.

stagnere *(vb)* stagnate.

stag|seil *(mar)* staysail. **-vending** putting about, tacking.

stahet obstinacy, stubbornness.

I. stake *(subst)* pole, stake; *(lyse-)* candlestick; *(sjømerke)* spar buoy.

II. stake *(vb)* stake, pole; *~ seg fram* pole *(el.* punt) (a boat) along.

stakitt picket fence; *(jern-)* railing. **-port** wicket.

I. stakk *se høystakk.*

II. stakk *se skjørt.*

stakkar poor creature, miserable wretch.

stakkars *(adj)* poor, unfortunate, wretched; pitiable *(fx* their p. little collection of furniture); *(neds om pengesum)* wretched *(fx* a w. ten pounds); *~ deg!* poor you! *~ fyr!* poor fellow! *~ unger! (også)* poor little devils!

stakkato staccato.

stakkåndet breathless, out of breath, short of breath. **-het** breathlessness, shortness of breath.

stall stable; **US** *(også)* barn. **-gutt** stableboy. **-kar** groom; *hist (i vertshus)* ostler. **-trev** hayloft.

stam stammering; *være ~* stammer.

stamaksje ordinary share, equity (share); founder's share.

stam|bane *(jernb)* trunk line. **-far** ancestor, progenitor. **-fisk** parent fish. **-gjest** regular customer. **-gods** family estate.

stamkafé one's regular café; *(ofte =)* local café.

stamkapital *(merk)* original capital.

I. stamme *subst (av tre)* trunk; *(folke-)* tribe; *(landbr)* race, breed; *(se skudd: siste ~ på stammen).*

II. stamme *(vb): ~ fra* be descended from, descend from, come of; originate from, stem from; *(komme fra et sted)* come from, hail from; *(skrive seg fra, om tid)* date from, date back to.

II. stamme *(vb)* stammer, stutter; *~ fram* stammer out *(fx* he stammered out his tale to the captain).

stamming stammering, stuttering.

stammor (first) ancestress.

stamord root word, etymon.

stamp *(balje)* tub.

I. stampe *(subst): stå i ~* be at a standstill; *forhandlingene står i ~* negotiations have reached a deadlock; *saken står i ~ (også)* things are hanging fire; we're merely marking time.

II. stampe *(vb)* stamp; *(mar)* pitch; *(T: pantsette)* **T** pop; *~ i jorda* stamp the ground; *~ mot brodden* knock one's head against the wall; *(bibl)* kick against the pricks.

stampesjø head sea.

stamtavle genealogical table, family tree; pedigree; *(se skudd: siste ~ på stammen).*

stamtre pedigree, genealogical tree.

I. stand *(utstillings-)* stand.

II. stand 1*(tilstand)* condition, state, order; *i ~* in working order; *i god ~* in good condition *(fx* the goods arrived in g. c.); *(om bygning, etc)* in good repair, in a good state of repair; *(om maskin)* in good working order; *i utmerket ~* in perfect condition; 2*(samfunnsklasse)* (social) class; *rikets stender* the estates of the realm; 3*(ervervsgruppe)* profession; *(om handel, håndverk, etc)* trade; 4*(barometers, termometers)* reading, level, state; *(vann-)* water level, height of tide; *huset, i den ~ det nå er, vil bli ledig i mai* the house, such as it is, will be available in May; *få i ~ en forsoning* bring about *(el.* effect) a reconciliation; **gjøre i ~** *(ordne)* arrange; put straight *(fx* put one's room straight); *(reparere)* repair, mend, put in order; *(gjøre ferdig)* prepare, get ready *(fx* please get my bill ready); *gjøre i ~ flere sendinger til ...* prepare more *(el.* further) shipments to; *få gjort i ~ leiligheten* have the flat redecorated; *få gjort i ~ noe (også)* have sth seen to; *holde ~* stand one's ground, stand firm; *holde ~ mot* hold one's own against; *holde i god ~* keep in good order *(el.* condition), keep up to scratch; keep in repair; *komme i ~* be arranged, be brought about; *(bli virkeliggjort)* be realized, be carried into effect; *(finne sted)* take place; *se seg i ~ til å* be in a position to, find oneself able to; see one's way to *(fx* help him); *sette en i ~ til å* enable sby to, put sby in a position to; *være i ~ til å* be able to, be capable of (-ing); *(se seg i stand til)* be in a position to; *være ute av ~ til å* be unable to, be incapable of (-ing); *jeg trodde ikke han var i ~ til å ...* I didn't think he had it in him to ...

standard standard.

standardisere *(vb)* standardize.

standart banner, standard.

stander *(vimpel)* pennant.

standfugl *(zool)* stationary bird.

standhaftig steadfast, unflinching, firm.

standhaftighet steadfastness, firmness.

stand|kvarter headquarters. **-plass** stand.

standpunkt *(synspunkt)* standpoint, point of view; *(nivå)* level; *(m.h.t. kunnskaper)* standard *(fx* his s. in mathematics is low); *(som man inntar)* attitude; *innta et klart ~: se ndf: ta et klart ~;* *ta ~ til* make up one's mind about, decide *(fx* a question; what to do), come to a decision on; *(søknad)* consider; *før en tar ~ til søknaden* before the application can be considered; *ta et klart ~ i dette spørsmålet* take a definite stand on this question; *han vil ikke ta noe ~ i saken* he refuses to take a (definite) stand in the matter; *(jvf synspunkt).*

standpunktkarakter [average mark, based on classwork, in one particular subject]; assessed attainment, assessment grade *(el.* grading).

standpunktprøve achievement test, assessment test.

standrett court-martial.

stands|fordom class prejudice. **-forskjell** difference of rank *(el.* station); *(se klasseforskjell)* **-messig** fitting one's station; **T** *(også)* elegant high-class; *leve ~* keep up one's position.

standsperson person of rank.

stang bar; pole; *(stempel-)* rod; *(brille-)* side-bar

bow; *(metall-)* bar; *(på herresykkel)* top tube, cross-bar; *en syklist kjørte barnet hjem på -en* a cyclist took the child home on the cross-bar; *sitte på -en* sit on the c.-b.; *jeg fikk sitte på -en med ham* he gave me a lift on his c.-b.; *på halv* ~ at half-mast; *en* ~ *lakk* a stick of sealing wax; *holde en -en* hold one's own against sby; keep sby at bay.

stangbissel curb bit. **-bønner** *(pl)* climbing *(el.* pole) beans.

stange *(vb)* butt; gore; ~ *i hjel* gore to death.

stangfiske rod fishing, angling.

stangjern bar iron. **-såpe** bar soap.

stank stench; **T** stink.

stankelben *(zool)* crane fly; daddy-longlegs.

stanniol tinfoil.

stans break, intermission, pause; stop, cessation.

I. stanse *(presse)* press, die, stamp; stamping machine.

II. stanse **1***(vi)* stop, pause; ~ *ved* stop at; **2***(vt)* stop, put a stop to; *(bil, etc)* stop, pull up; ~ *blodet* staunch the blood.

stansearbeider press operator.

stansemaker press toolmaker.

stansemaskin stamping machine.

stapelplass *(hist)* mart.

I. stappe *subst (potet-)* mashed potatoes.

II. stappe *(vb)* stuff, cram.

stappfull crammed full.

start start.

startbane *(for fly)* runway, airstrip.

starte *(vb)* start (up) *(fx* a car, an engine); *motoren vil ikke* ~ the engine won't start; *(se konkurranse).*

starter starter.

startforbud: *få* ~ be grounded; *pga. dårlig vær har alle passasjerfly fått* ~ bad weather has grounded all passenger planes.

startkapital *(merk)* initial capital; *(se kapital).*

startklar ready to start; *(om fly)* ready to fly *(el.* take off), ready for take-off.

startperiode: *i -n* in the period of take-off.

stas finery; *hele -en* **T** the whole caboodle, the whole lot; *det ble stor* ~ *i familien da han kom* the family made a great fuss of him when he came; *gjøre* ~ *av* make a fuss of; *hun vil bare sitte på* ~ she just wants to be a lady of leisure; *til* ~ for show *(fx* an army for fighting and not for show); *det var ingen* ~ it was no fun; *når våren kommer, er det* ~ everybody is pleased when spring comes; it's great fun when spring comes.

stasdrakt dress clothes.

staselig fine, handsome; *en* ~ *dame* a fine figure of a woman.

stasjon station; *fri* ~ board and lodging; all found.

stasjonere *(vb)* station.

stasjonsbetjent *(jernb)* porter.

stasjonsby [built-up area connected with country railway station].

stasjonselektriker *(jernb)* electrician; *ekstra* ~ electrician's mate.

stasjonsformann *(jernb)* **1.** leading porter; **2***(som kontrollerer billetter ved sperringen)* ticket collector; **3.:** ~ *i særklasse* station foreman; (NB a Ticket Collector ranks above a Leading Porter but below a Station Foreman).

stasjonsmester *(jerb)* station master; *(ved* British Rail *nå)* station manager. **-sjef** se politistasjonssjef. **-vogn** estate car; **US** station wagon.

stasjonær stationary.

staskar fine fellow. **-kjole** party dress. **-stue** drawing room; (best) parlour; **US** parlor.

stat state; *en* ~ *i -en* a state within the state;

-en the State, the Government; ~ *og kommune* the State and local authorities; national and municipal authorities; *Direktoratet for -ens skoger (i England)* the Forestry Commission; *(i Canada)* the Federal Department of Forestry; *(se statsskogsjef);* *for -ens regning* at government expense.

statelig stately. **-het** stateliness.

statikk statics.

statisk static; ~ *sans (fysiol)* posture sense.

statist *(film)* extra; **T** super; *(ved teater)* walker-on, supernumerary; **T** super.

statistiker statistician.

statistikk statistics *(pl); -en viser at ...* statistics show that ...; *utarbeide* ~ compile s.; *utarbeide en* ~ *over ...* take *(el.* collect) s. of *(el.* relating to).

statistisk statistical; *Statistisk sentralbyrå (kan gjengis)* National Bureau of Statistics; **UK** Central Statistical Office *(fk* C.S.O.).

statistrolle walking-on part, walk-on, supernumerary part.

stativ stand, rack; *(til kamera)* tripod.

statsadministrasjon **1***(det at noe administreres av staten)* state control; **2***(stats indre styre)* State administration, public a.; **-en** *(o: myndighetene)* the State (administration), the Government Departments, the central authorities, the (public) authorities, the Executive, the Civil Service.

statsadvokat public prosecutor; **US** district attorney. **-almenning** Crown lands. **-anliggende** affair of state. **-ansatt** *(subst)* government employee; government official; *(se statstjenestemann).* **-autorisert** chartered; **US** certified; ~ *revisor* state authorized (public) accountant; **UK** chartered accountant; **US** certified public accountant.

statsbaner *(pl)* national railways; State railways; *De britiske* ~ British Rail; *Norges S-* the Norwegian State Railways; *Norges S-s hovedstyre* [the Norwegian State Railway Executive]; = the British Rail Board.

statsbank national bank. **-bankerott** national bankruptcy. **-bidrag** government grant *(el.* subsidy). **-borger** citizen, subject. **-borgerbrev** naturalization papers. **-borgerlig** civic *(fx* rights); *-e rettigheter* civil *(el.* civic) rights; *(se fradømmelse).* **-borgerskap** citizenship; *få* ~ become naturalized; acquire *(fx* Norwegian) citizenship *(el.* nationality); *få britisk* ~ become a naturalized British subject. **-drift** State management. **-eiendom** State property. **-forfatning** constitution. **-forfatningsrett** *(jur)* constitutional law. **-form** form of government.

statsforvaltning public administration. **-slære** theory of public administration. **-srett** *(jur)* administrative law.

statsfunksjonær civil servant; *(høyere)* Government official. **-gjeld** national debt. **-hemmelighet** state secret, official secret. **-inntekter** *(pl)* revenue. **-institusjon** Government institution. **-kalender** [official yearbook]; **UK** Whitaker's Almanack. **-kassen** the public purse; *(institusjonen, dels)* the Treasury; *(dels)* the Exchequer. **-kirke** State church, established church. **-kupp** coup d'état. **-lån** Government loan.

statsmakt **1.** [authority held or exercised by a state (in accordance with a valid constitution or theory) over its territory and subjects]; **2.** [each of the main branches (and the institutions connected with them) which are constitutionally fixed and independent of each other, and among which the collective authority of the State is distributed]; **-en** **1***(statens makt)* the power of the State *(fx* he was crushed by the p. of the State); **2***(regjeringen)* the State, the Government, the

Executive; *de tre -er (ɔ: regjering, storting og høyesterett)* = the three estates; *den fjerde ~ (spøkef)* the press, the fourth estate.
stats|mann statesman. **-mannskunst** statesmanship, statecraft. **-mannsmessig** statesmanlike. **-minister** prime minister, premier. **-obligasjon** government bond. **-religion** State religion. **-rett** constitutional law. **-rettslig** constitutional; *Islands -e forhold* the (international) status of Iceland.
statsråd 1. cabinet minister; US cabinet member; **2.** cabinet meeting; *konsultativ ~* (1) minister without portfolio.
statssekretær 1. UK*(hos en Secretary of State)* Parliamentary Under-Secretary (of State); **2.** UK *(hos en minister)* Parliamentary Secretary *(fx* to the Minister of Agriculture).
stats|sjef head of State. **-skatt** tax. **-skog** Crown forest. **-skogsjef** *(i England)* director general (of forestry); *(i Canada: forskjellig for de forskjellige provinser, fx)* chief forester, director of forests *(el.* forestry), provincial forester, deputy minister of forests; *(se underdirektør).* **-tjeneste** Government service. **-tjenestemann** junior civil servant. **-tjenestemannsforbund** = Civil Service Alliance. **-vitenskap** political science. **-økonom** *(hist)* political economist. **-økonomi** *(hist)* political economy. **-økonomisk** concerned with political economy.
stattholder governor, vicegerent.
statue statue.
statuere *(vb): ~ et eksempel* set a warning example; *T* give a horrid warning; *~ et eksempel (på en)* make an example of sby.
statuett statuette.
status status; *(skriftlig)* balance sheet; *gjøre opp ~* strike a balance, draw up a balance sheet.
status quo the status quo; *bevare ~* preserve the status quo.
status|jeger status seeker. **-symbol** status symbol.
statusverdi snob value *(fx* it has a snob value); snob appeal *(fx* it has a snob appeal; it has acquired a snob appeal).
statutt regulation, statute.
statuttmessig statutory.
staude *(bot)* perennial.
staup drinking cup, goblet.
staur pole.
I. staut *(subst)* sheeting.
II. staut *(adj)* fine, stalwart.
stav staff, stick; *bryte -en over* condemn, denounce; *falle i -er (fig)* go off into a reverie; be lost in thought; *han hiver seg på -ene (om skiløper)* he pushes himself vigorously along with his sticks; *(se skistav).*
stavbakterie rod(-shaped) bacterium, bacillus *(pl:* bacilli).
stave *(vb)* spell.
stavefeil spelling mistake.
stavelse syllable.
stavelsesdeling *(typ)* word division.
stavelsesgåte charade.
stavemåte spelling, orthography.
staving spelling.
stavkirke stave church.
I. stavn *(hjem-)* (native) soil; *(jvf hjemstavn(srett)).*
II. stavn *mar (for-)* stem; *(poet)* prow; *(bak-)* stern; *fra ~ til ~* from stem to stern.
stavnsbundet bound to the soil, adscript; *i Sør-Afrika er det passtvang for alle sorte borgere, hvilket vil si at de i virkeligheten er ~ in* South Africa all black citizens are compelled to carry identity cards, which means that in reality they are confined to their place of residence.
stavnsbånd adscription; *(mindre presist)* villeinage, serfdom.

stavre *(vb)* stump (along *el.* about); *(om gamle, også)* dodder (along).
stavrim alliterative verse.
stavsprang *(sport)* pole vaulting; pole vault.
stavtak *(skiløpers): med kraftige, dobbelte ~ glir han i mål* using powerful double strokes of his sticks, he glides up to the finish; using both sticks simultaneously, he propels himself to the finish.
stearin *(kjem)* stearin. **-lys** stearin candle; *(oftest* =) (paraffin wax) candle.
stebarn stepchild; *samfunnets ~ (pl)* the underprivileged (in society).
sted place, spot; *(i bok)* passage *(fx* an obscure p. in Milton); *(lokalitet)* locality, place, spot *(fx* the people on the spot; the people of the locality); *(hytte, landsted, etc)* place *(fx* we have a little place in the country); *(gård)* homestead; *et rolig (,etc) ~ (også)* somewhere quiet *(,etc) (fx* let's go somewhere quiet); *-ets postmester* the local postmaster.
A *[Forskjellige forb.]* **alle** *-er (overalt)* everywhere; **US** *(også)* every place; *alle -er hvor* wherever; *et annet ~* another place; in another place, somewhere else *(fx* look s. else); **US T** *(også)* someplace else; *et hvilket som helst ~ net ~* any other place; *(adverbielt)* anywhere else; *intet annet ~* no other place; *(adverbielt)* nowhere else; **andre** *-er* other places; *(adverbielt)* elsewhere; *alle andre -er* all other places; *(adverbielt)* everywhere else; *ingen andre -er* no other places; *(adverbielt)* nowhere else; *(på* mange andre *-er* in many other places; **begge** *-er* (in) both places *(fx* both places are pleasant; there are hotels in both places); **dette** *~* this place; **et** *~* somewhere *(fx* he lives s. in Australia); *det er her et ~* it's here somewhere; *et visst ~ (WC)* somewhere *(fx* go s.); *jeg skulle vært et visst ~* where can I pay a call? **finne** *~* take place; happen, occur, pass off *(fx* the election passed off in comparative order); *T* come off *(fx* will it come off?); *levering må finne ~ den 5. januar* delivery is required on 5th January; *møtet fant ~ (også)* the meeting was held; *den dag da møtet fant (el. skulle finne) ~* (on) the day of the meeting; *når møtet finner ~ (også)* at the time of the meeting; **flere** *-er (på sine -er)* in (some *el.* various) places, here and there; *(på) atskillige -er* in several places; *et* **hvor** the place where; (NB the scene of the murder); *dette er ikke noe ~ for deg (for unge piker)* this is no place for you (,for young ladies); **ingen** *-er* nowhere; *det hører ingen -er hjemme* it's quite out of place; *(det vedkommer ikke saken)* it's neither here nor there; *et ømt ~ (på kroppen)* a sore place *(el.* spot);
B *[Forb. med prep]* **av** *~* along *(fx* drive along); *av ~ med deg!* off you go! (be) off with you! *T* buzz off; *få varene av ~* get the goods off; *komme av ~* get off, get away, get *(el.* be) going; *la oss komme av ~* let us be off; *jeg må se til å komme av ~* I must be off *(el.* going); *T* I must get a move on; I must push off; I must scoot; *sende av ~* dispatch, send off; **fra** *det ~ hvor* from (the place) where *(fx* from where I stood I could see the house); *de kom alle -er fra* they came from everywhere; **i** *~ (ɔ: for litt siden)* a little while ago; *i -et instead; i -et for* instead of; in (the) place of; *sette noe i -et for det* put sth in its place; replace it with *(el.* by) sth; substitute sth for it; *sette seg i ens ~* put oneself in sby's place; usurp sby's place; *være i ens ~* be in sby's place; *T* be in sby's shoes; *i Deres ~* (if I were) in your place; if I were you; *være en i mors ~* be (like) a mother to

sby, mother sby; **på** *et* ~ in a place; *på -et* on the spot *(fx* the people on the spot; our representative on the spot; the police were on the spot five minutes later); local *(fx* our local representative); *(straks)* immediately, instantly, on the spot *(fx* he was killed on the spot); *på -et hvil! hvil!* stand easy! easy! *de drepte ham på -et (også)* they killed him out of hand; *bo på -et* live on the spot; *(i hus)* live on the premises; *(om tjenere, etc)* live in; *på -et marsj (også fig)* marking time; *nyte på -et* consume on the premises *(fx* licensed to retail beer, wine, spirits, and tobacco to be consumed on the premises); **på rette** ~ *(fig)* in the proper quarter; *han har hjertet på rette* ~ his heart is in the right place; *på rette tid og* ~ at the proper time and place; *le på det riktige -et* laugh at the right place; *på samme* ~ in the same place; *anbringe noe på et sikkert* ~ put sth in a safe place; *på sine -er* in (some *el.* various) places; *gå på et visst* ~ **T** go somewhere; (NB' 'Where can I pay a call?''); *enhver ting på sitt* ~ everything in its proper place; **komme til et** ~ arrive at a place; *komme til -e* come, arrive (on the scene) *(fx* he arrived on the scene from a neighbouring bar); **være til -e** be present; *(finnes, eksistere)* occur, exist; *(om person: for hånden)* be at (*el.* on) hand *(fx* when you need him, he's always on hand); *disse betingelser er ikke til -e* these conditions do not exist; *det var mange til -e (også)* there was a large attendance *(fx* at the meeting); *når andre er til -e (også)* before other people, in public, in the presence of others; *nevn det ikke når barna er til -e* don't mention it in front of (*el.* before) the children; *til -e var X, Y, Z, etc* there were present X, Y, Z, etc; *til -e var også X, Y, Z* also present were X, Y, Z; *(se også av sted).*

stedatter stepdaughter.

stedbunden attached to one (,to the) locality.

sted|egen local, peculiar to the locality; *(om sykdom)* endemic. **-fortreder** deputy, substitute; *stille en* ~ provide a substitute; *være* ~ *for en (også)* deputize for sby; *(se også vikar & vikariere).*

stedig *se sta.* **-het** *se stahet.*

stedkjent acquainted with the locality.

stedlig local.

stedsangivelse indication of locality; information as to location; *nøyaktig* ~ *for havariet* precise location of (the) accident.

stedsans: *ha* ~ have a sense (*el.* the bump) of locality.

stedsnavn place name; toponym.

stedsnavnsforskning toponomy.

stedstillegg cost-of-living bonus; *(departemental stil også)* weighting.

stedt: *være ille* ~ be in a bad way.

stefar stepfather.

steg *(skritt)* step.

stegg *(zool) (hannfugl)* cock, male bird.

steik: steike: *se stek, steike.*

teil 1. (very) steep, abrupt; *(stivt)* precipitous; **2***(fig)* rigid, stiff-necked; *(stri)* stubborn, obstinate; *(prinsippfast)* uncompromising; *stå -t mot hverandre* be sharply opposed to each other; *overfor myndighetene inntok han en* ~ *holdning* he adopted a rigid attitude towards the authorities.

teile *(vb)* rear (up); *(fig)* be staggered; *(bli forarget)* bridle (up) *(fx* she bridled at this remark).

teilhet steepness; abruptness; obstinacy; uncompromising attitude.

teilskrift backhand.

tein stone; *(liten)* pebble; *(mur-)* brick; *det falt en* ~ *fra mitt hjerte* it was (*el.* it took) a load

off my mind; I was greatly relieved; *han kunne erte en* ~ *på seg* he would drive a saint to distraction; *det kunne røre en* ~ it would melt a heart of stone; *sove som en* ~ sleep like a log.

steinaktig stony.

stein|alder stone age. **-bed** rock garden, rockery. **-bedplante** rock-garden plant, rockery p. **-bit** *(zool)* wolffish. **-brudd** stone quarry. **-brulegning** *(av kuppelstein)* cobble-stone pavement; *(ofte)* cobble stones. **-bukk** *(zool)* ibex; *S-en (stjernebilde)* Capricorn; *S-ens vendekrets* the Tropic of Capricorn.

steindød stone-dead.

steine *(vb)* stone *(fx* they stoned him).

steineik *(bot)* holm oak.

steinet stony, pebbly.

steinfrukt *(bot)* stone fruit.

steingjerde stone wall.

steinkast stone's throw.

stein|kol, -kull pit coal. **-mel** stone dust. **-purke** *(fisk)* ruff.

steinras rockslide; rock avalanche; *(se ras).*

steinrøys scree.

steinsprang 1. rock fall; falling rock; **2.** marks caused by small stones on car enamel.

steintrapp (flight of) stone steps.

steintøy stoneware, crockery.

steinull rock wool.

steinvender *(zool)* turnstone.

stek roast, joint; *et stykke av -en* a cut off the joint; *den som vil være med på leken, får smake -en* one must take the rough with the smooth.

steke *(vb)* fry; *(i ovn)* roast; bake *(fx* apples); *(på grill)* grill, broil; *(i fett el. smør i panne)* fry *(fx* fish, potatoes); chip *(fx* chipped potatoes *el.* **T** chips); *(i lukket beholder)* braise; *sola steke* the sun scorched *(el.* beat down); *-nde hett* baking hot, sweltering; ~ *noe i svak (,sterk) varme (i stekeovn)* cook sth in a gentle (,brisk) oven; ~ *i sitt eget fett* **T** stew in one's own juice; ~ *noe i olje* fry sth in oil; *kjøttet er ikke nok stekt* the meat is not done enough; *legg det inn i ovnen igjen og stek det litt til* put it back in the oven and do it a little longer; *jeg liker fisken brunstekt* I like my fish done brown; **godt stekt** *(om stek)* well done; **for lite stekt** underdone; **for meget stekt** overdone; ~ *(brød) for lite* slack-bake (bread); *passe stekt* done to a turn.

steke|fett dripping. **-kniv** spatula. **-ovn** oven. **-ovnsplate** baking shelf. **-panne** frying pan; **US** fry pan. **-spidd** spit.

stekke *(vb)* clip (the wings of a bird).

stell management; *(redskaper)* gear, things; *(ramme, skrog, skjelett)* framework; *(servise, verktøy)* set; *te-* tea set, tea things *(pl); det er dårlig (el. smått)* ~ things are in a poor way.

stelle *(vb)* **1***(pleie)* nurse, look after, care for, attend to; **2***(holde i orden)* keep in order; ~ *pent med* treat well, care well for; *(ting)* handle with care; ~ *(huset) for en* keep house for sby; **T** do for sby *(fx* a woman came every morning and did for him); ~ *barnet for natten* make baby ready for bed; *han fikk stelt det slik at ...* he so arranged matters that ...; he fixed it so that ...; ~ *i hagen (pusle med noe)* potter about one's *(el.* p. about in the) garden; ~ *på (ɔ: reparere)* fix, repair; ~ *til bråk* stir up trouble; **T** kick up a row; ~ *seg* get ready *(fx* for the party).

stellebord = bathinette.

stemjern (wood) chisel.

I. stemme *(subst)* voice; *(mus)* part, voice *(fx* a song for three voices); *(ved valg)* vote; *med høy* ~ in a loud voice; *avgi sin* ~ vote, record one's vote, cast one's vote; *antall avgitte -r* the number of votes cast; *mot en* ~ with one dissentient (vote); *(se overvekt; I. røst).*

II. stemme *vt (fon)* voice *(fx* a sound; voiced sounds).

III. stemme 1. *vi (avgi stemme)* vote, cast *(el.* record) one's vote; *(om parlament)* divide; ~ *for* vote for, vote in favour of; ~ *mot* vote against; *to stemme mot (også)* there were two dissentients *(fx* there were five in favour and two dissentients); ~ *ned* vote down *(fx* a proposal); ~ *over* vote on *(fx* a question); ~ *over forslaget punkt for punkt* vote on the motion item by item *(el.* article by article); ~ *over hele forslaget under ett* vote on the motion as a whole; ~ *på* vote for; **2.** *vt (mus)* tune *(fx* a piano); ~ *i* begin to sing, strike up *(fx* a song); *(se II. stemt);* **3.** *vt (person):* ~ *en til vemod* make sby sad; *(se III. stemt);* **4.** *vi (være riktig)* be correct *(fx* the accounts are c.); *(være i overensstemmelse)* agree *(fx* the totals agree; the accounts agree), tally; *(om regnestykke)* add up right *(fx* it adds up right); *det -r!* that's right! that's correct! quite so! *(ɔ: De kan beholde resten)* (you can) keep the change; *det -r ikke* that's not true *(el.* correct); ~ *(overens) med* agree with *(fx* it agres with what he said), tally with, square with *(fx* the statement does not square with the facts), be in agreement *(el.* keeping) with, fit in with *(fx* this fits in with my theory); be suited to *(fx* a plan better suited to the demands of the situation).

IV. stemme *vb (stanse)* stem, stop; ~ *føttene imot* thrust one's feet against; ~ *strømmen* stem the tide.

stemmeberettiget qualified to vote; *en* ~ an elector; *de stemmeberettigede* the electors.

stemmebruk voice production.

stemmebånd *(anat)* vocal chord; *US* vocal cord.

stemme|flertall majority of votes. **-gaffel** tuning fork. **-givning** voting. **-høyde** pitch. **-kveg** ignorant voters. **-likhet** an equality of votes, a voting tie; *US* tie vote. **-nøkkel** *(mus)* tuning key *(el.* hammer).

stemme|rett right to vote; the vote *(fx* women got the vote); *(polit)* franchise; *alminnelig* ~ universal suffrage; *den alminnelige* ~ the popular vote. **-seddel** voting slip; *(parl)* ballot paper. **-skifte: ** *han er i -t* his voice is beginning to crack *(el.* break). **-tall** number of votes. **-tap** **1***(med.)* loss of the voice; **2***(ved avstemning)* loss of votes *(fx* a great l. of v. to Labour). **-telling** counting of votes. **-urne** ballot box.

stemming *(mus)* tuning.

stemning atmosphere; feeling; *(om sinnstilstand)* mood; *(lune)* whim; *-en i gater og butikker før jul* the gaiety of the streets and shops before Christmas; *-en i samfunnet* the general mood *(el.* attitude) of society; *-en på stedet* the atmosphere of the place *(fx* there was sth about the atmosphere of the place that he didn't like); the spirit *(el.* feel) of the place *(fx* he didn't like the feel of the place);

det var **bare en** ~ it was only a whim *(el.* the whim of the moment); *det hersket en* **begeistret** ~ *på møtet* there was a lot of enthusiasm at the meeting; the atmosphere at the meeting was enthusiastic; *det hvilte en* **dyster** ~ *over alt og alle på gården* a dark and gloomy atmosphere seemed to brood over everyone and everything on the farm; *en* **fiendtlig** ~ *overfor* a hostile attitude towards; *en* **forsonlig** ~ a conciliatory mood *(el.* atmosphere *el.* attitude); *det hersket en* **forventningsfull** ~ *i rommet* there was an expectant atmosphere in the room; *(stivt)* an

atmosphere of expectation prevailed in the room; *en* **hyggelig** ~ a friendly atmosphere; a cheerful atmosphere; *-en var* **høy** everybody was in high spirits cheerful; *(stivere)* high spirits prevailed; *en* **høytidelig** ~ a solemn atmosphere; a solemn mood; (an atmosphere of) solemnity; *en* **krigersk** ~ a warlike feeling *(el.* atmosphere *el.* mood); *en* **lys** ~ a cheerful atmosphere; an atmosphere of cheerfulness; *den lyse -en var med ett borte* the cheerful atmosphere was suddenly gone; **løftet** ~ exhilaration; *det var en løftet* ~ *først på dagen, men ...* early in the day there was an optimistic atmosphere, but ...; *han var i løftet* ~ *(ɔ: beruset)* he was merry *(el.* lit up); *brakt i* **mild** ~ *av et glass konjakk (også)* under the genial influence of a glass of brandy; *en* **mørk** ~ an atmosphere of gloom; a gloomy atmosphere; **opphisset** ~ agitation; *berolige den opphissede -en* calm the agitation; *-en var opphisset* feeling was running very high; feelings ran high; *han var i en opphisset* ~ he was agitated; **T** his blood was up; he was worked up; *de høyere prisene har skapt en* **optimistisk** ~ the higher prices have given rise to optimism; **skiftende** ~ changing moods; *en* **trist** ~ a sad atmosphere; *det var en trist* ~ *i huset etter nyheten om dødsfallet* there was an atmosphere of sadness in the house after the news of the death; *-en var* **trykket** there was a strained atmosphere; *det rå(de)r en meget trykket* ~ there is a very strained atmosphere; *(stivt)* great depression is prevalent; *den* **utmerkede** *-en blant troppene* the high morale *(el.* spirits) of the troops; *det er en slik* **vekslende** ~ *partiene imellom når det gjelder en forfatningsreform at ...* there is such a shifting attitude among the parties to constitutional reform that ...; **vennlig** *(,uvennlig)* ~ *overfor* friendly *(,unfriendly)* feelings *(el.* disposition) towards;

heve *-en* raise the spirits (of the party, *etc);* raise the temperature of the meeting; **komme i** ~ warm up *(fx* the speaker gradually warmed up); *man begynte å komme i* ~ *(ɔ: det begynte å bli stemning i selskapet)* the party began to warm up; *komme i den rette -en* get into the right mood; *han hadde -en* **mot seg** the mood of the people (,of the meeting) was against him; *regjeringen hadde -en mot seg i denne saken* public feeling was against the Government in this matter; *han fikk -en på sin side* he got people to respond sympathetically towards him; he met with a sympathetic response; the audience *(etc)* reacted sympathetically to him; *ha -en på sin side* be backed up by public feeling; **opparbeide** *en* ~ work up a feeling *(for* for); *det lyktes ikke å opparbeide noen* ~ *for forslaget* nobody succeeded in creating any enthusiasm for the suggestion; **skape** *en* ~ create an atmosphere *(el.* feeling); *det viste seg å være vanskelig å skape noen* ~ *for forslaget* it turned out to be difficult to raise any support for the proposal; *-en på møtet* **steg** *flere grader* the temperature of the meeting rose several degrees; *-en* **stod** *høyt i taket* it was an animated party; everyone was having a great time; *-en* **vendte** *seg* there was a change of feeling; *pga. hans opptreden i denne saken vendte -en ute blant folk seg mot ham* his stand in this matter turned the people against him;

er *det* ~ *for å gå en tur?* who's for a walk? anybody for a walk? what about a walk? *det* **er ingen** ~ *(,*T: *fart) her i kveld* this party doesn't get off the ground; *det var ingen* ~ *for forslaget i forsamlingen* the motion did not find favour with the meeting; *-en på møtet var av* *gjort imot ham* the meeting was definitely against him; *-en på møtet var imot taleren (også)* the mood of the meeting was against the speaker; *-en ute i folket er på hans side* popular (*el.* people's) sympathies are on his side; public feeling is on his side; *han ødela -en* he was a wet blanket; *(se børsstemning; feststemning; fremkalle; humør; julestemning; krigsstemning; morgenstemning).*

stemnings|betont emotional, sentimental. **-bølge** wave of public feeling; a wave of sentiment.

stemningsfull full of warmth, instinct with feeling, evocative, with an atmosphere of its own; *(ofte =)* poetic, lyrical.

stemningsmenneske impulsive person.

ste|moderlig unfair, unjust; *bli ~ behandlet* be treated unfairly. **-mor** stepmother.

stemorsblomst *(bot)* pansy.

stempel stamp; *(i motor)* piston.

stempel|avgift stamp duty. **-bolt** piston pin, gudgeon pin; US wrist pin. **-fjær** piston spring. **-klaring** play *(el.* clearance) of the piston. **-merke** (documentary) stamp; *(på varer)* revenue stamp. **-pakning** piston packing, p. seal. **-papir** stamped paper. **-ring** piston ring. **-stang** piston rod.

stemple *(vb)* stamp, brand; *(med poststempel)* postmark; *(gull og sølv med kontrollmerke)* hallmark; *(kontrollkort på arbeidsplass)* clock on *(el.* in); *(når man går)* clock out; *(ved å slå hull gjennom)* punch; *~ ham som ...* stamp *(el.* brand) him as; label him as ...

sten: *se stein.*

I. steng *(fangst)* catch, seine-full; *(se sildesteng).*

II. steng *(kort)* guard, covering card; *et snøtt ~ i spar* a bare guard in spades; *dame-* queen covered *(el.* guarded); *~ i trumf* a stopper in trumps.

stenge *vb (lukke med tverrstang)* bar; *(med slå)* bolt *(fx* a door); *(en havn)* block, close; *(låse)* lock (up); *(med hengelås)* padlock; *~ inne (,ute)* shut in (,out).

stengel *(bot)* stem, stalk.

stengsel bar, barrier.

stenk *(fig)* touch, sprinkling, dash.

stenograf stenographer, shorthand writer; *(på kontor)* shorthand typist.

stenografere *(vb)* write shorthand, take down in shorthand; *~ etter sjefens diktat* take one's employer's dictation down in shorthand; take one's boss's dictation down in shorthand; *~ 70 ord i minuttet* do 70 words of shorthand a minute; (NB *se anslag).*

stenografi shorthand, stenography.

stenografisk shorthand, stenographic.

stenogram shorthand note (,report); *renskrive et ~* write out *(el.* extend) a shorthand note; *kan De (være så snill å) ta et ~ (for meg)?* could you (please) take sth down in shorthand (for me)?

stensil stencil; *skrive ~* type a stencil.

stensilere *(vb)* stencil, duplicate *(fx* a letter).

stentorrøst stentorian voice.

I. steppe *(subst)* steppe.

II. steppe *(vb)* tap dance.

stereo|metri stereometry. **-skop** stereoscope. **-typ** stereotyped. **-typere** *(vb)* stereotype. **-typi** stereotypy.

steril sterile. **sterilisere** *(vb)* sterilize.

sterilitet sterility.

sterk *adj (se også sterkt (adv))* **1.** strong; *(om lyd)* loud; *~ emballasje* strong *(el.* substantial) packing; *det -e kjønn* the sterner sex; *~ kulde* severe *(el.* intense) cold; *en ~ mistanke* a strong suspicion; *-e nerver* strong nerves; *et -t prisfall* a heavy *(el.* sharp) drop *(el.* fall) in prices, a

heavy slump; *en ~ prisstigning* a steep *(el.* violent) rise in prices; *~ i troen* of strong religious convictions, with s. religious beliefs, with a s. faith; *bruke -e uttrykk* use strong language; *~ varme* intense heat; *(se side);* **2**(*holdbar)* solid, lasting, durable; *(se slitesterk).*

sterkbygd strongly built.

sterkstrøm power current.

sterkstrømteknikk power engineering.

sterkt *adv (se også sterk (adj)); ~ etterspurt* in great demand; *~ fristet* greatly *(el.* strongly) tempted; *~ interessert* keenly interested; *~ krydret* highly seasoned; *~ mistenkt* strongly suspected; *~ overdrevet* greatly exaggerated; *~ skadd* badly damaged; *vi beklager ~ at* we keenly regret that; *jeg tviler ~ på om* I greatly doubt whether; *prisene steg ~* prices rose sharply; *selge til ~ reduserte priser* sell at greatly reduced prices; *stå ~ (fig)* be in a strong position; *~ økte arbeidsomkostninger* greatly increased working costs.

sterling sterling.

ste|sønn stepson. **-søster** stepsister.

steto|skop stethoscope. **-skopere** *(vb)* stethoscope.

stetoskopi stethoscopy.

stett stem (of a glass).

stev 1. [burden of an old Norse poem]; **2.** [short, improvised poem].

I. stevne *(subst)* rally, meeting; gathering; *sette en ~* make an appointment with sby.

II. stevne *vb (styre)* head *(mot* for).

III. stevne *vb (innkalle)* summon; *~ en for retten* **1**(*om den man saksøker)* take sby to court, sue sby, bring an action against sby; take legal proceedings *(el.* action) against sby; go to law against sby; **2**(*la en innkalle som vitne)* summon sby to appear in court.

stevnemøte rendezvous; **T** date.

stevnevitne *(jur)* bailiff, sheriff's officer.

stevning *(innkallelse)* summons; writ; *forkynne ~ for motparten* serve a summons (,writ) on the defendant; *ta ut ~* issue a writ.

I. sti *(vei)* path; *holde sin ~ ren* keep to the straight and narrow path.

II. sti *(på øyet)* sty (on the eye(lid)) *(fx* he's got a sty on his eye).

I. stift pin, tack; *(grammofon-)* needle.

II. stift *se bispedømme.*

I. stifte *(vb)* found, institute, establish; *(volde)* cause, do; *~ fred* make peace; *~ gjeld* contract a debt *(,*debts), run into debt; *~ hjem* marry and settle down.

II. stifte *vb (feste med stift)* tack, pin (up).

stiftelse 1(*etablering; innstiftelse)* establishment; founding; foundation; institution; *~ av aksjeselskap* company formation; **2**(*av lån)* flo(a)tation *(fx* the flotation of a loan); **3**(*organisasjon)* institution; *(institusjon opprettet og finansiert ved et legat el. av et fond)* foundation; *velgjørende -r* charitable institutions; *Stiftelsen for industriell og teknisk forskning (fk SINTEF)* the Foundation for Scientific and Industrial Research.

stiftelses|brev deed *(el.* instrument) of foundation. **-dag** day of foundation, anniversary (of a foundation).

stiftemaskin stapler.

stifter founder; *(opphavsmann)* originator. **-inne** foundress.

stifteåpning *(i fordeler)* breaker point gap.

stifttann pivot tooth.

stig: *se II. sti.*

stigbrett running board.

stigbøyle 1. stirrup; **2.** *anat (i øret)* stapes.

I. stige *(subst)* ladder; *(på køyeseng)* bedsteps.

II. stige *(vb)* mount, rise, ascend; *(fig)* increase;

min engstelse steg my anxiety mounted; I grew more and more alarmed; *hvis prisene fortsetter å* ~ if prices continue to advance *(el.* go up); ~ *av* get out (of a car), alight (from a carriage), dismount (from a horse), get off; *stig ikke av toget i fart* do not alight from moving train; ~ *i ens aktelse* rise in sby's esteem; *det får ham til å* ~ *i min aktelse* it raises him in my e.; ~ *inn* get in; ~ *ned* come *(el.* go) down; descend; *bakom husene -r fjellet opp* behind the houses the mountains rise up; ~ *opp på en stol* step up on to a chair; ~ *til hest* mount (a horse); *en vin som -r til hodet* a heady wine; ~ *ut* get out, alight; *(se aktelse).*

stigebil *(brannbil)* turntable ladder.

stigende rising *(fx* ground, tide; the barometer is r.); increasing; *(om priser)* rising, advancing; *arbeidsløsheten er* ~ unemployment is on the increase; *en* ~ *etterspørsel etter* a growing demand for; ~ *frakter* rising freights; *i* ~ *grad* increasingly, more and more, to an increasing extent; *under* ~ *munterhet* in the face of mounting amusement; ~ *tendens* rising *(el.* upward) tendency; *prisene har en* ~ *tendens* prices have an upward tendency; *være i* ~ be on the increase *(el.* up-grade).

stiger 1. foreman of miners; *(se overstiger);* 2*(støperiuttrykk)* riser, rising gate.

stigning rise, increase; *(på vei, etc)* (upward) gradient, rise, climb; *være i* ~ be on the increase; be on the up-grade.

stigningsevne *(bils)* climbing ability. **-forhold** gradient; *et* ~ *på 1:12* a g. *(el.* rise) of one in twelve.

stigtrinn footboard, step; *«det er forbudt å gå ned i -et før vognen stanser»* ="wait until the train stops".

I. stikk *(subst)* stab; *(kort)* trick; *(se sikker); (mar)* hitch; *(av et insekt)* sting, bite; *holde* ~ hold good *(fx* the rule does not hold good here); hold water *(fx* this theory does not hold water); *(om spådom)* come true; *dette* (ɔ: *disse beregningene)* viste seg å holde ~ this worked out all right; *la en i -en* leave sby in the lurch.

II. stikk *(adv)* direct, right, due; *vinden var* ~ *øst* the wind was due east; ~ *i stavn* right *(el.* straight) ahead; ~ *imot* dead *(el.* right) against; ~ *imot vinden* dead in the wind's eye.

stikkbrev 'wanted' circular; warrant (of arrest); *sende* ~ *etter en* put out a warrant for sby's arrest; *(ofte =)* circulate sby's description.

I. stikke *(subst)* stick, peg, pin; *-a (i fly)* **T** the joystick.

II. stikke *vb (gjennombore)* pierce, stab; *(med knappenåler; om torner)* prick; *(om insekter)* sting; *(om loppe el. mygg)* bite; *(kort)* take, cover; win (the trick); *sola -r* it is sultry, there is a sultry glare; *stikk den!* can you beat it! did you ever! ~ *en gris* stick a pig; *skipet -r for dypt* the ship draws too much water; ~ *nåla dypt inn* stick the needle right in; *ettersom det -r meg* as the fancy takes me; ~ *av (fortrekke)* make off, cut and run; **T** decamp; *stikk av!* hop it! hook it! **US** beat it! *dette -r av imot ...* this forms a contrast to...; *han ble stukket av en moskito* he was bitten by a mosquito; ~ **bort** *til ham* (ɔ: *besøke ham)* go round to him; ~ **etter** *en (med våpen)* stab at sby, jab at sby; *(løpe etter en)* run after sby; ~ **fram** jut out, stick out, project, protrude; *(kunne ses)* peep out; *(med objekt)* thrust out *(fx* one's chin), put out *(fx* one's hand), stick out *(fx* one's chest); ~ **seg fram** make oneself conspicuous, be pushing, push oneself forward; *sola -r meg* **i** *øynene* the sun hurts my eyes; ~ *noe i lomma* put sth in one's pocket, pocket sth; ~ *i brann* set on fire,

set fire to; ~ *seg i fingeren* prick one's finger; ~ *nesen sin i* poke one's nose into; *jeg vet ikke hva det -r i* I don't know why; ~ *en i hjel* stab sby to death; *han stakk* **inn** *på et konditori nettopp idet jeg fikk se ham* he dived into a teashop just as I caught sight of him; *stikk* **innom** *når du kommer her forbi* drop in when you come our way; *jeg kan ikke bare* ~ *innom dem* I can't just drop in on them; *jeg -r innom og hilser på deg* I'll come round and see you; *han stakk innom hos Peter* he looked in on Peter; *folk som -r innom (også)* callers; ~ **om** *en vin* siphon a wine; *stikk* **over** *til bakeren* **T** nip across to the baker('s); ~ *hull* **på** *et fat* broach a cask; ~ *hull på en byll* puncture an abscess; ~ *noe til side* put sth by (for a rainy day); ~ *til seg* pocket; ~ *til sjøs (mar)* put (out) to sea; ~ *et dokument* **under** *stol(en)* suppress a document; *det -r noe under* there is something at the bottom of this; ~ *ut en kurs* plot a course; *(fig, også)* mark out a course; ~ *ut en jernbane* peg out *(el.* stake) a railway line, mark out a track; ~ *ut i pausen* slip out in the interval.

stikkelsbær *(bot)* gooseberry. **-busk** gooseberry bush.

stikklaken draw sheet.

stikkontakt 1. wall outlet, electric outlet, socket (outlet); *(ofte =)* point *(fx* there are points in all the rooms); 2*(støpsel)* plug.

stikkord cue; *(oppslagsord)* entry, head word; *falle inn på* ~ take one's cue. **-ordkatalog** *(i bibliotek)* catchword catalogue. **-passer** (pair of) dividers. **-pille** suppository; *(fig)* sneer, taunt. **-prøve** spot test. **-renne** subdrain. **-sag** compass saw. **-spor** *(jernb)* dead-end track *(el.* siding *el.* line).

stikleri sneer.

stikling *(bot)* cutting, slip.

stikning *(søm)* stitching.

stikningsassistent *(jernb)* assistant surveyor. **-formann** *(jernb)* surveyor.

stil 1*(uttrykksmåte)* style *(fx* a clear style); manner of writing *(fx* the scientific m. of w.); writing *(fx* good w. should be clear and direct); touch *(fx* you can always recognize Eliot's touch); *(art, preg)* style *(fx* sth in the same style); *(ski-hoppers)* jumping style; **US** (the jumper's) form; *(i kunst)* manner, touch, style; 2*(skoleoppgave)* essay; *(med selvvalgt emne)* (free) composition; *(både om oppgaven og besvarelsen)* paper *(fx* the teacher set us an easy p.; he wrote a good paper on the Crusades); *beskrivende* ~ descriptive essay; *fortellende* ~ narrative essay; *norsk* ~ Norwegian essay; *(som fag)* Norwegian composition; *resonnerende* ~ expository essay; *få sving på -ene hans* improve the style of his essays; polish up his essays; *-en skjemmes av en opphopning av fremmedord og sjeldne og vanskelige engelske ord* the style is marred by a superfluity *(el.* an accumulation) of foreign terms and uncommon and esoteric *(el.* difficult) English words; *hun gjorde -en unna på ti minutter* she knocked *(el.* dashed) off the essay in ten minutes; *-en skal være ferdig innført til fredag* your essay must be copied out by Friday; *innholdet i besvarelsen hans er utmerket, men -en er elendig* the matter of his essay is excellent, but the style is deplorable; *bunden og ubunden* ~ verse and prose; *i den* ~ **T** on those lines *(fx* I want sth on those lines); *i stor* ~ on a large scale; *(se også saklig).*

stilart style.

stildrakt period costume.

stile *(vb)* word, compose; ~ *til* address to; ~

høyt aim high, have great ambitions; ~ *på* aim at; ~ *henimot* make for.
stilebok exercise book; *(jvf innføringsbok).*
stilett stiletto. **-hæler** *(pl)* stiletto heels.
stilfull stylish, elegant, in good taste.
stilig elegant, smart, stylish.
stilisere *(vb)* conventionalize.
stilisert conventionalized, conventional.
stilist stylist.
stilistisk stylistic.
stilk stem, stalk.
stilkarakterer *pl (skihoppers)* style markings; **US** score for form.
stillas scaffolding; trestle.
stillbar adjustable.
I. stille *(subst)* calm; *i storm og* ~ in calm and stormy weather.
II. stille *vb (tilfredsstille)* satisfy *(fx* one's hunger); *(berolige, lindre)* allay *(fx* pain, their uneasiness); alleviate, soothe; ease *(fx* morphia shots to e. the pain); ~ *tørsten* quench one's thirst; ~ *sorgen* lessen the grief; *(litt.)* quell the grief.
III. stille *vb (sette på plass)* put, place, set, stand *(fx* he stood his stick in a corner); *(justere)* adjust; ~ *betingelser* make conditions; ~ *krav (pl)* make demands *(til* on, *fx* this makes great demands on one's energy); ~ *et ur* set a watch *(etter* by); ~ *vitner* call witnesses; ~ *inn* set; *(fot)* focus, adjust; ~ *nøyaktig inn (radio)* tune in accurately; ~ *inn avstanden (fot)* focus the camera; ~ *inn på* tune (in) to *(fx* a radio station); ~ *inn på den ønskede stasjon* tune (in) to the required station, tune the r. s.; ~ *inn på uendelig (fot)* focus on *(el.* for) infinity, set at *(el.* to) infinity; *(se også innstille; regulere);* ~ *opp* set up, arrange; ~ *opp en regel* lay down a rule; ~ *opp en teori* put forward *(el.* advance) a theory; ~ *opp med et sterkt lag (i friidrett)* field a powerful team; *vi har intet å* ~ *opp* we have no remedy to suggest; there's nothing we can do (about it); *hva kan man* ~ *opp mot et slikt argument?* how can one argue with that? what can one say to an argument of that sort *(el.* an a. like that)? *det er ikke noe å* ~ *opp mot henne* there's nothing doing with her; *still opp på to rekker! (mil)* form two deep! *bli stilt overfor et problem* be faced with a problem; be up against a problem; ~ *sammen* compare; associate, combine; ~ *et ur tilbake* set back a watch; ~ *tilfreds* content, (keep) quiet; ~ *ut* exhibit, display; ~ *ut varer i vinduet* show *(el.* put) goods in the window; put goods on show; ~ *ut vaktposter* post sentries; ~ **seg** place oneself, take one's stand *(fx* near the door); *(om spørsmål, sak)* stand *(fx* that is how the matter stands at present); ~ *seg som kandidat (ved valg)* run as candidate for an election; ~ *seg opp som kandidat til guvernørstillingen* run sby for Governor; *slik -r saken seg* these are the facts; the facts are these; *saken vil* ~ *seg annerledes hvis* ... it will be a different matter if ...; *han kom og stilte seg opp foran meg* he came and stood squarely before me; ~ *seg i kø* queue up, get in line; *(se kø);* ~ *seg opp* take one's stand; *(i kø)* queue up; *hvordan -r De Dem til saken?* where do you stand in the matter? *(o: hva er Deres syn på saken?)* what are your views on the matter? *(se I. lys: stille noe i et nytt ~).*
IV. stille *adj (rolig)* still, quiet, tranquil; *(taus)* quiet; *(mar)* calm; *sitt ~ !* sit still! *(til barn, også)* don't fidget! *stå ~* stand still; *(fig)* be at a standstill, be stagnant; *tie ~* be silent; *ti ~ !* **T** shut up! *den ~ uke* Holy Week; *i mitt ~ sinn* inwardly, privately; *den ~ sesongen* the

dull season; ~ *vann har dyp grunn* still waters run deep.
stillegående *(om motor)* quiet-running *(fx* a q.-r. engine).
Stillehavet the Pacific (Ocean).
Stillehavskysten the Pacific shore.
stillesittende sedentary *(fx* work).
stilleskrue adjusting screw.
stillestående stationary; *(om vann)* stagnant.
stillet: *være godt (,dårlig)* ~ be well (,badly) off; be in a good (,bad) position; *slik er jeg* ~ that's how things are with me; *uheldig* ~ in an unfortunate *(el.* unfavourable) position.
stillferdig gentle, quiet-mannered; *det gikk* ~ *for seg* it *(el.* things) passed off quietly.
stillferdighet gentleness, quietness.
stillhet stillness, silence, calmness, quietness; *-en før stormen* the lull before the storm; *i (all)* ~ privately, quietly; on the quiet; **T** on the q.t. *(el.* Q.T.); *(se storm).*
stilling 1(*geogr, mil, etc)* position; *i sammenlagt* ~ *tar det liten plass* in its folded position it takes a minimum of space; *gå i* ~ *(mil)* move into position; *holde -en (fig)* stand one's ground; 2(*yrke)* occupation; profession; 3(*post, arbeid)* post; position, appointment; *(embete)* office; **T** job; *en* ~ *man kan gifte seg på* a job to marry on; *-(er) for akademiker(e)* graduate employment; *en* **fast** ~ a permanent post; *(se ansettelse); De ansettes i* **full** ~ *f.o.m. 1. januar 19-* you are appointed in a full-time post (as) from January 1st, 19-; *ledende* ~ *(i annonse)* senior appointment *(fx* senior appointment in social sciences); *en* **ledig** ~ a vacant post, a vacancy; *fylle en (ledig)* ~ fill (up) a post *(el.* vacancy); *to -er ennå ledige* there are still two vacancies; two posts *(el.* places) are still vacant; *-er ledige for tiltredelse straks* immediate vacancies; *begynne i en (ny)* ~ start *(el.* begin) in a (new) post; *før jeg begynte i min nåværende* ~ before I started in my present post *(el.* job); before I joined my present employers; *-en er allerede* **opptatt** post has already been filed; *få en* ~ get *(el.* obtain) a post; *den som får -en vil måtte* ... the successful candidate will be required to ...; *hun har en* ~ *hos* she has a post *(el.* job) with; *han har en* ~ *i regjeringen* he has a position in the Government; he's got a Government post; he's got a post *(el.* position) in the Government; *tidligere (inne)hadde han en som handelsreisende hos firma(et) Gabrielsen & Co.* in the past he occupied the post of commercial traveller *(el.* travelling salesman) with (Messrs) Gabrielsen & Co.; in the past he was a commercial traveller with (Messrs) Gabrielsen & Co.; *skjønt jeg allerede har* ~ ... although already employed, I ...; *søke* ~ *ved en videregående skole* apply for a post at a sixth-form college; *det er ikke noe i veien for at disse lærerne kan søke* ~ *ved norske videregående skoler* there is nothing to prevent these teachers from applying for posts at Norwegian sixth-form colleges; 4(*økon, sosial, etc)* standing, status; *deres økonomiske* ~ *er så god at* ... their financial position is so good *(el.* sound) that ...; 5(*forhold, tilstand)* position; situation *(fx* the present economic situation); *-en på markedet* the state of the market; *hva er -en i Egypt nå?* **T** what's the set-up in Egypt now? *dette gjør meget til å forbedre -en* this goes a long way towards improving the position; this does a great deal to improve the position; *i en* **heldig** ~ in a fortunate position; *fabrikkeierne er i den heldige* ~ *at de også har et jernverk og en kullgruve*

i nærheten the factory owners are in the fortunate position of also having an ironworks and a coal mine in the vicinity; *han kunne komme i en* **kjedelig** ~ it might put *(el.* get) him in an awkward position; **T** it might land him in a tight spot; *denne forsinkelsen fra Deres side setter oss i en meget kjedelig* ~ *overfor vår kunde* this delay on your part puts us in a very awkward position towards our customer; *i en* **lignende** ~ in a similar position, similarly placed; *en lite* **misunnelsesverdig** ~ an unenviable *(el.* invidious) position; *(slik)* **som** *-en er i dag* as things are today; *dette har satt oss i en* **uheldig** ~ *(også)* this has placed us at a (great) disadvantage; *være i en* **utsatt** ~ be in an exposed position; be in the danger zone; *komme i en* **vanskelig** ~ be placed *(el.* find oneself) in a difficult position; get into a difficult position; *denne forsinkelsen har satt oss i en vanskelig* ~ this delay has placed us *(el.* put) us in a difficult position;
6*(måte hvorpå noe er anbrakt)* position *(fx* a horizontal position; an uncomfortable position); attitude, posture *(fx* in a graceful posture; a reclining posture; she rose to a sitting posture); pose *(fx* she assumed a languid pose; the young lady was sitting in a pose of studied negligence on the sofa);
7*(standpunkt, holdning)* attitude *(fx* the attitude taken up by the Government); *hva er selskapets* ~ *til dette spørsmålet?* what is the attitude of the company towards this question? where does the company stand in this matter? *ta* ~ *til noe* make up one's mind about sth; come to a decision as to *(el.* on) sth; *vi har ennå ikke tatt* ~ *til saken (el.* spørsmålet*)* we have not yet come to any decision on the question; *det spørsmål som det skal tas* ~ *til* the question under consideration; *(se bistilling; halvdagspost; hovedstilling; tiltre; tiltredelse).*
stillingsbetegnelse designation of occupation; rank, (job) title; designation of post; *tre -r* three job titles; *(se gradsbetegnelse).* **-krig** trench warfare. **-struktur** appointments structure.
stilliss *(zool)* goldfinch.
stillongs long underpants; S long Johns; longjohns.
stillstand standstill; stagnation.
stilltiende tacit; *(adv)* tacitly.
stillverk *(anlegg)* (relay) interlocking plant; *(bygning)* control tower; *(se også blokkpost & skiftestillverk).*
stillverksapparat interlocking frame. **-betjent** signalman; **US** towerman. **-formann** chief signalman *(,US:* towerman). **-mester** signal engineer; *(se elektromester).* **-montør** installer.
stilløs devoid of style.
stilne *(vb)* abate, calm, slacken, subside; *det -t helt av* it fell dead calm.
stiloppgave subject for composition; essay paper; *(se stil 2).*
stilren pure, in pure style.
stilretting marking of papers.
stilsans sense of style.
stilsikker with a sure touch, with a sure feeling for style.
stiløvelse composition exercise.
I. stim *(fiske-)* shoal; *(stimmel)* crowd, multitude, throng.
II. stim: *se tummel.*
stimann *(glds)* highwayman.
stime *vb (stimle sammen)* throng, crowd, swarm (together).
stimle *(vb)* crowd, flock, throng.
stimmel throng, crowd; *(mer litt.)* concourse.

stimulans stimulant; *(fig)* stimulus, stimulant, incentive.
stimulere *(vb)* stimulate, incite *(til* to).
stimulering stimulation.
sting stitch; *han har* ~ *i siden* he has a stitch in his side; ~ *i brystet* a stabbing pain in one's chest.
stinkdyr *(zool)* skunk.
stinke *(vb)* stink; *(se selvros).*
stinn distended; stiff.
stipend: se *stipendium.*
stipendiat scholarship holder; scholarship recipient; *(se forsknings- & universitets-).*
stipendium scholarship; *(reise-)* travel grant.
stirre *(vb)* stare, gaze *(på* at); ~ *olmt på en* glare at sby; ~ *stivt på en* look *(el.* stare) hard at sby; ~ *med store øyne* be all eyes.
stiv stiff, rigid; *(egensindig)* stubborn, obstinate; *(av vesen)* stiff, formal; ~ *og kald (i døden)* stark and cold; ~ *av kulde* numb *(el.* stiff) with cold; ~ *pris* stiff price; **T** steep p.; ~ *som en pinne* stiff as a poker; *en* ~ *time* a solid hour; ~ *i* good at *(fx* history); *gjøre* ~ stiffen; *(stramme)* tighten; *se -t på en* look hard *(el.* fixedly) at sby; *med -e permer (om bok)* in boards.
stivbent stiff-legged.
stivbind *(bok i stivt bind)* hardback.
stive *vb (med stivelse)* starch; ~ *stivetøy* starch linen.
stivelse *(til tøy)* starch; *(kjem)* amyl.
stiver prop, stay.
stivskjorte dress shirt. **-tøy** starched linen; linen to be starched.
stivfrossen frozen stiff; *vi er nesten stivfrosne* **T** we're about frozen stiff.
stivhet stiffness, rigidity; *(fig)* stiffness, formality, reserve. **-krampe** *(med.)* tetanus. **-nakket** *(fig)* stiff-necked.
stivne *(vb)* stiffen, get stiff; *(om gelé, etc)* set; *(koagulere)* coagulate; *settes på et kaldt sted til den -r* put in a cool place to set; *får blodet til å* ~ *i mine årer* makes my blood run cold.
stivpisket: ~ *fløte* whipped cream.
stivsinn obstinacy, stubbornness. **-sinnet** obstinate, stubborn.
stjele *(vb)* steal *(fra* from); *ting som er blitt stjålet i butikker* things that have been shop-lifted.
stjeler: *heleren er ikke bedre enn -en* the receiver is no better than the thief.
stjerne *(også fig)* star; *(typ)* asterisk; *lese i -ne* read in the stars; *ha en høy* ~ *hos en* stand high in sby's favour; *full av -r* star-studded; *-ne på himmelen* the heavenly bodies; *(ofte* =*)* the stars in their courses.
stjernebane orbit of a star. **S-banneret** the Star-Spangled Banner; the Stars and Stripes. **-bilde** constellation. **-himmel** starry sky. **-idrett** sport for the champions. **-kikker** star-gazer. **-klar** starlit, starry; *det er -t ute* it's a starry night. **-lys** *(subst)* starlight. **-observasjon** stellar observation.
stjerneskudd shooting star, falling star. **-tyder** astrologer. **-tydning** astrology. **-tåke** (stellar) nebula *(pl:* -ae).
stjert 1*(zool)* tail; **2.** *marit (tau)* lanyard.
stjertmeis *(zool)* long-tailed titmouse; *(jvf pungmeis & skjeggmeis).*
stjålen *(adj)* furtive, stealthy; *stjålne øyekast* furtive glances.
stoff 1*(fys)* matter, substance *(fx* chemical substances); *(motsatt: ånd)* matter; *(motsatt: form)* matter *(fx* form and m.); 2*(tekstil)* fabric *(fx* silk and woollen fabrics; dress fabrics); (woven) material; **T** stuff *(fx* her dress is made of); 3*(fig, uten pl)* material *(fx* collect m. for a book); matter *(fx* reading m.; useless m.); *(jour-*

nalistisk) copy *(fx* murders are always good copy; this would make good copy); *(i en bok)* subject matter; *(emne)* subject, topic *(fx* the way in which the poet treats his subject); *(se forsidestoff).* **4***(ɔ: narkotika)* T stuff, dope; drug *(fx* hard and soft drugs); **5**-*stoff (ofte =)* agent *(fx* contact agent); *brennbare -er* cumbustibles; *fast* ~ solid (substance *el.* matter); *et flytende* ~ a liquid; *vevede -er* woven fabrics; textiles; *han var gjort av et annet* ~ he was made of sterner stuff; *komme gjennom -et (fx på skolen)* get through the syllabus; ~ *til ettertanke* food for thought.

stoffbruker drug user.

stoffmisbruk drug addiction.

stoiker stoic.

stoisisme stoicism.

stoisk stoic.

stokk stick, cane; *(tømmer-)* log; *(rot-)* butt log; *over* ~ *og stein* over stock and stone, at full speed; *den faste -en (ɔ: arbeidsstokken)* the regular staff.

stokkand *(zool)* mallard.

stokkdøv stone-deaf, deaf as a post.

stokkfisk stockfish.

stokk konservativ ultra-conservative.

stokkrose *(bot)* hollyhock.

stokkskinne *(jernb)* stock rail.

stokkverk story, floor.

stol chair; *(uten ~ rygg)* stool; *(på fiolin)* bridge; *den pavelige* ~ the Holy See; *sette fram en* ~ place a chair; *stikke noe under* ~ conceal sth; *keep sth back; *stikke et dokument under* ~ suppress a document; *(se kirkestol; prekestol; vevstol).*

stolarm arm of a chair. **-ben** leg of a chair.

stole *(vb):* ~ *på* rely *(el.* depend) on, trust; *(regne med)* count on; T bank on *(fx* a success); *du kan* ~ *på meg* you can rely on me; *De kan* ~ *på at vi skal gjøre vårt beste for å ...* you can rely on our doing our best to ...; you can rely on us to do our best to ...; *du kan* ~ *på at han forteller henne det! (iron)* trust him to tell her! *vi stolte fullt ut på Deres tidligere løfte om å ...* we had implicit confidence in *(el.* we relied confidently on) your previous promise to ...; *stol på det!* without fail *(fx* I'll be there at five o'clock w. f.); *ikke* ~ *på* distrust.

stoll (mining) drift, gallery; *(i fjellvegg el. åsside)* adit.

stolpe post; *snakke oppover vegger og nedover -r* talk nineteen to the dozen; talk and talk; talk a lot of nonsense.

stolpre *(vb)* totter, walk stiffly; blunder *(fx* she blundered on in her uncomfortable shoes).

stolrygg back of a chair. **-sete** bottom of a chair, seat.

stolt proud; *(hovmodig)* haughty, supercilious; ~ *av* proud of; *være* ~ *av* be proud of, take pride in; *en* ~ *bygning* a grand *(el.* magnificent) building.

stolthet pride; *(hovmod)* haughtiness; *det var hans* ~ *at* it was his boast that *(fx* he never forgot a name); *sette sin* ~ *i noe* take pride in sth, pride oneself on sth; *(se også svelge).*

stoltsere *(vb)* strut about.

I. stopp *(i pute, etc)* padding, stuffing.

II. stopp *(på strømpe, etc)* darn; ~ *i* ~ all darns.

III. stopp *(stans)* stop; *(i produksjon, etc)* stoppage; ~ *forbudt (trafikkskilt)* no stopping; *(se parkering); si* ~ *(fig)* call a halt *(til* to, *fx* it is time they called a halt to these experiments); *nå må vi dessverre si* ~ I'm afraid we shall have to stop (,call a halt) now; *si* ~ *(når det skjenkes i)* T say when.

stoppe *(vb)* **1.** fill, cram, stuff; *(salmakerarbeid)* upholster; **2***(stanse)* stop; come to a stop, pull up *(fx* let's pull up at the next village); *(om motor, også)* stall; **3***(strømper)* darn, mend; ~ *munnen på en* silence sby; **T** shut sby up; ~ *en pipe* fill a pipe; *stopp tyven!* stop thief! ~ *igjen* stop up *(fx* a hole); ~ *opp* stop, come to a stop; ~ *ut (om dyr)* stuff.

stoppedistanse overall stopping distance. **-garn** mending wool; *(av bomull)* darning cotton. **-klokke** stop watch. **-knast** stop. **-nål** darning needle.

stoppeplikt obligation to stop *(fx* at traffic signals).

stopper *(mar)* stopper; *sette en* ~ *for noe* put a stop to sth; *sette en* ~ *for planene deres (også)* scotch their plans.

stoppesignal 1. halt signal; **2***(jernb)* stop signal; *(se stoppsignal).*

stoppesopp darning egg.

stoppesplint cotter (pin), split pin.

stoppested 1. stop *(fx* bus stop; there is one more stop before Piccadilly); **2***(jernb)* manned halt; *(jvf holdeplass).*

stoppforbud stopping restriction on vehicles; *(skilt)* 'no stopping'; *gate hvor det er* ~ clearway. **-linje** *(veimerking)* stop line; **-lys** *(på bil)* stoplight. **-signal** stop signal; *(se stoppesignal).* **-skilt** *(trafikkskilt)* stop sign.

stor *adj (se også større & størst)* **1***(om omfang, mål)* large *(fx* building, car, garden); *(mer subjektivt)* big *(fx* what a big cigar! he has a big house of his own; a big dog ran after me); **2***(som angir at man har en egenskap i særlig høy grad)* great *(fx* he is a great coward); big *(fx* he is a big fool); **3***(beundrende, om åndelig etc storhet)* great *(fx* a great artist, author); **4***(voksen)* grown(-)up *(fx* when you are grown up); **5***(om barn)* big *(fx* you are quite a big girl for your age); **6***(tallrik)* large, numerous, great, big *(fx* family); **7***(megen, rikelig)* much *(fx* done with much care; with much difficulty); ample *(fx* resources), generous *(fx* a g. helping of pie); **8***(trykkende, svær)* heavy *(fx* losses, taxes); **9***(høy)* tall; **10***(om bokstaver)* capital; *(om størrelsen)* large, big; **11***(= til et beløp av)* for *(fx* a cheque for £10); **12***(kort)* high *(fx* a h. spade); *de -e barna* **1.** the big children; **2.** the older *(el.* bigger) children; ~ *fart* great *(el.* high) speed, great *(el.* high) velocity; *i (el. med)* ~ *fart* at great speed, at a great velocity, at a great pace; *-e forpliktelser* heavy engagements; *-e kolli* bulky packages; *et -t kvantum* a large quantity; *en* ~ *regning* a big bill; **uhyre** ~ huge, vast; *uhyre -e kvanta* enormous quantities; *når han blir* ~ when he grows up; *når jeg blir* ~ **T** when I'm big; *så* ~ *han har blitt!* how he has grown! *gjøre -t (om barn)* do big jobs, do number two; *Aleksander den -e* Alexander the Great; *det helt -e* **S** the big thing; *i det -e og hele* on the whole, in general, taking it by and large, generally speaking, broadly (speaking) *(fx* b., it would be true to say that ...); *on balance (fx* on b. we stand to gain by it); *det -e flertall* the great majority, the greater part; a large majority *(av* of), the bulk *(av* of, *fx* the bulk of producers); *hvor* ~ *erstatning* what compensation; *nokså* ~ biggish, largish, fair-sized, goodsized; ~ *på det* **T** high and mighty; too big for one's boots; *til min store beklagelse (,forundring, etc)* much to my regret (,astonishment, etc); *-t anlagt* on a large scale, on a generous scale, large-scale; *ikke -t* not (very) much; *jeg bryr meg ikke -t om det* I don't care much about (,for) it; I don't much care about (,for) it; *se -t på det* take a liberal *(el.* broad) view of it; *det ser vi -t på* we don't worry about (a little thing like) that; *han utretter ikke -t* he does not do much; *vinne -t* win hands down, win big; *slå -t på* live on a grand scale; live in style, live it up, make a splash; *det er -t bare det at han snakker med Dem* it is a great thing that he conde-scends to speak to you; *det var -t at han kom seg* it's a wonder he recovered; *det er ikke -t ved ham* there is not much to him; **T** he's not up to much; he's no great shakes.

storartet grand, magnificent, splendid, marvel-lous, wonderful.

storbedrift 1. (large-scale) industrial concern; 2. great achievement.

stor|blomstret with large flowers. **-bonde** large *(el.* big) farmer; well-to-do farmer.

Storbritannia *(geogr)* (Great) Britain.

storby city; *livet i en* ~ city life, life in a city.

storbyvrimmel: *hun følte seg helt fortapt i -en* she felt completely lost in the hustle and bustle of the big town.

stor|båt longboat. **-dåd** great achievement.

storebror big brother.

storeslem *(kort)* grand slam.

stor|eter heavy eater. **-fag** *(univ)* major subject; *(jvf hovedfag).* **-familie** extended family. **-finan-sen** high finance. **-folk** great people; **T** big-wigs, big guns, VIP's. **-forbryter** super-criminal; **US T** big-time criminal. **-fremmend** distin-guished guest. **-fugl** *(tiur)* capercaillie, wood grouse.

stor|fyrste *(hist)* grand duke. **-fyrstedømme** *(hist)* grand duchy. **-gate** main street. **-gråte** *(vb)* cry loudly *(el.* outright), sob. **-hertug** *(hist)* grand duke. **-hertugdømme** *(hist)* grand duchy. **-hertug-inne** *(hist)* grandduchess. **-het** greatness. **-indu-stri** large-scale industry, big industry.

stork *(zool)* stork.

storkapitalen the big capitalists.

storkar bigwig; **S** *(også* **US)** big shot; **T** *(også* **US)** VIP, V.I.P. *(fk. f.* very important person).

storkenebb 1*(zool)* stork's beak; 2*(bot)* crane's bill.

storklokke *(bot)* giant campanula.

storkors *(av orden)* Grand Cross.

storkunge *(zool)* young stork.

storleik *se* størrelse.

storlemmet large-limbed.

storlom *(zool)* black-throated diver; **US** arctic loon.

storluke *(mar)* main hatch.

storm 1. gale; storm; *(med uvær)* storm; *(på barometer)* stormy; 2*(meteorol):* liten ~ *(vind-styrke 9)* strong gale; *full* ~ *(vindstyrke 10)* storm; *sterk* ~ *(vindstyrke 11)* violent storm; 3*(fig)* storm *(fx* a s. of applause, indignation, protests); turmoil *(fx* of passions); 4*(mil)* storm, assault; *få* ~ *(mar)* meet with a gale; *det er en forrykende* ~ **T** it's blowing great guns; *løpe* ~ *mot* assault *(fx* a position), make an as-sault on; *ri av en* ~ *(mar)* ride out a gale; *(fig også)* weather a storm; ride out a storm; *-en er stilnet av* the gale *(el.* the storm) has spent itself *(el.* blown itself out); *det er* ~ *i vente (mar)* a storm is gathering *(el.* brewing); *stillheten før -en* the lull before the storm; *en* ~ *i et vann-glass* a storm in a teacup; *ta med* ~ *(el.* carry) by storm *(el.* assault); *ta ham med* ~ *(fig)* carry him off his feet; *melodien tok London med* ~ *(også)* the tune swept London; *-en på byen (mil)* the assault on the town; the storming of the town; *gå til* ~ *(mil)* proceed to an assault.

stor|makt Great Power. **-makts-** big-power, great -power *(fx* a b.-p. declaration).

stormangrep assault, storm.

stormannsgalskap megalomania; *(fagl)* delusions of grandeur; *en som lider av* ~ a megalomaniac.

stormast *(mar)* main mast.

storm|dag stormy day. **-dekk** *(mar)* hurricane deck.

storme *vb (se også* stormende) 1*(vi)* storm, blow heavily; *det -r* a gale is blowing; 2. *vi (fare)* rush, tear *(fx* along, in, out, downstairs); 3. *vi (rase)* storm, rage, fume; 4. *vt (løpe storm mot)* make an assault on, assault; *(om politiet)* raid *(fx* a gambling den); rush *(fx* our office was rushed by people wanting to buy); they rushed the barri-cades); ~ *fram* dash forward; ~ *inn i rommet* burst into the room; ~ *løs på en* rush at sby, make a rush at sby; **T** go for sby; *mengden -t salen* the crowd broke into the hall; the crowd invaded *(el.* rushed) the hall.

stormende stormy; *(fig)* stormy, tempestuous, tumultuous; ~ *begeistring* wild enthusiasm; *en* ~ *velkomst* a boisterous *(el.* rousing) welcome.

stormester Grand Master.

storm|flod storm surge; *(oversvømmelse)* flood (caused by high winds); *(ofte =)* flood(s). **-full** stormy. **-kast** gust of wind, squall. **-klokke** toc-sin. **-kolonne** storm troops. **-krok** window hook. **-kur:** *gjøre* ~ *til* make furious love to; **T** make a dead set at. **-løp** *(mil)* assault, onslaught *(mot* on).

storm|signal storm signal. **-skritt:** *med* ~ *by* leaps and bounds. **-svale** *(også* **US)** *Leach's pet-rel.* **-varsel** gale warning. **-vind** storm, gale. **-vær** stormy weather.

stor|mønstret large-patterned. **-nøyd** pretentious, exacting. **-politikk** high politics, high-level poli-tics, international politics. **-politisk** high politi-cal. **-rengjøring** house cleaning, thorough clean-ing *(el.* clean-down) *(fx* I've given the room a thorough clean-down); *(se vårrengjøring).*

storr(gras) *(bot)* sedge grass.

storrutet large-chequered.

stor|seil *(mar)* mainsail. **-sinn** magnanimity. **-ska-te** *(zool)* (common) skate, blue s., grey s. **-skog** big forest, deep woods. **-skolen** *(om folkeskolens øverste klasser, kan gjengis)* upper primary school. **-skratte** *(vb)* laugh uproariously. **-skrike** *(vb)* scream vociferously, bawl. **-skryter** boaster, braggart; show-off. **-slalåm** giant slalom. **-slegge** sledge hammer; *bruke -a (fig)* use one's big guns *(på noe* on sth). **-slått** grand, magnificent; *en* ~ *gave* a munificent gift. **-snutet** arrogant, haughty; **T** high and mighty. **-snutethet** arro-gance, haughtiness. **-spove** *(zool)* curlew. **-stilet** large-scale, on a large scale; (planned) on gene-rous lines; comprehensive, grandiose; ~ *velde-dighet* large-scale charitable work; large-scale work for charity; *(se også* storting).

stortalende grandiloquent, bombastic.

stortalenhet grandiloquence, bombast.

storting parliament, national assembly; *S-et* [the Norwegian Parliament]; the Storting; *S-ets opp-løsning* the dissolution of the Storting; *storstilet ramme omkring S-ets oppløsning* splendid setting for the d. of the S.; *komme inn på S-et* become a member of the S., enter the S.; *bli returned* (as) a member of the S.; *(svarer til)* become a Member of Parliament, become an M.P.; *hvis det blir vedtatt i S-et* if the S. gives its assent; if Parliament passes it; **T** *(også)* if the S. gives its O.K.

stortings|bygning Parliament Building; *(i Eng-land)* Houses of Parliament; **US** the Capitol. **-debatt** debate in the Storting; parliamentary debate. **-kandidat** candidate for the Storting; *(svarer til)* candidate for Parliament, parliamentary c. **-kretser:** *i* ~ in circles connected with the S.; in parliamentary circles. **-mandat** seat in the S. **-mann** member of the Storting; *(svarer til)* Member of Parliament, M.P. **-medarbeider** reporter at the S.; parliamentary reporter. **-møte** sitting of the Storting. **-president** president of the Storting. **-proposisjon** bill before the S.; *(svarer til)* parliamentary bill. **-referent:** *se* **-medarbeider.** **-representant:** *se* **-mann.** **-sesjon** session (of the Storting). **-tidende** [official report of the proceedings of the Storting]; *(svarer til)* Hansard; *US (omtr =)* Congressional Record. **-valg** general election; *han vil ikke stille seg som kandidat ved neste* ~ he will not contest the next g. e. **-vedtak** resolution of *(el.* by) the S.; parliamentary resolution.

stortrives *(vb)* enjoy oneself very much; *han riktig* ~ *i sine nye omgivelser* he is in his element in his new surroundings; *T* he feels well away in his new surroundings.

stor|tromme *(mus)* bass drum, big drum; *slå på -tromma (fig)* bang *(el.* beat) the big drum; *(neds)* talk big. **-tå** *(anat)* big toe.

storutrykning *(brann-)* large turn-out, turn-out in force; *brannvesenet hadde* ~ *til en gård i X gt. i går* the fire brigade turned out in force yesterday in response to a call from *(el.* to deal with a fire in) X Street; *(se utrykning).*

stor|vask wash; washing day; *ha* ~ have one's washing day. **-vei** highway, main road. **-veies** *(adj)* grand, magnificent. **-verk** great achievement, monumental work. **-vilt** big game. **-visir-** grand vizier. **-ættet** high-born. **-øyd** big-eyed, wide-eyed.

stotre *(vb): se* stamme.

strabaser *(pl)* hardships; hardship *(fx* avoid unnecessary h.); rigours *(fx* the r. of a forced march).

strabasiøs fatiguing.

straff punishment, penalty; *(dom)* sentence *(fx* he got a severe s.); *bli idømt strengeste* ~ get the maximum sentence.

straff|ansvar liability to prosecution; *medføre* ~ involve criminal liability; *det medfører* ~ *(også)* it's a criminal offence; *det er under* ~ *forbudt å* ... it is prohibited *(el.* forbidden) by law to ... **-arbeid** penal servitude, imprisonment with hard labour; *US* i. at hard labor.

straff|bar punishable *(fx* a p. offence). **-het** 1*(persons)* liability to punishment; 2*(handlings)* criminal nature, criminality.

straffe *(vb)* punish; *(tukte)* chastise.

straffe|dom: *Guds* ~ the judgment of God *(over* on). **-eksersis** *(mil)* punishment drill; *(ofte =)* kit drill *(fx* he is doing k. d.), pack drill; *US* punishment tour, fatigue drill. **-espedisjon** punitive expedition. **-forfølgning** criminal prosecution. **-lekse** imposition *(fx* get an i.). **-ligne** *(vb)* fine for tax evasion *(fx* he was fined 500 kroner for t. e.). **-lov** penal code. **-merke** *(fotb)* penalty spot. **-middel** (means of) punishment. **-preken** lecture, sermon; *holde en* ~ *for en* read sby a lecture. **-porto** surcharge.

strafferegister criminal records; *Strafferegisteret* the Criminal Record Office; *han står i -et* he has a criminal record.

straffe|renter *(pl)* penal interest(s). **-rett** criminal law.

straffe|sak criminal case; *det vil bli reist offentlig* ~ *mot N.N.* N.N. will be charged with *(fx* larceny); there will be a criminal case against N.N.

straffe|spark *(fotb)* penalty (kick); *dømme* ~ award a p. (k.).

straffeutmålingen the (fixing of the) sentence, the apportioning of the sentence; *det ble anket*

over ~, *men derimot ikke over skyldsspørsmålet* there was an appeal against the sentence, but not the verdict (of guilty); *aktoratet anket til Høyesterett over* ~ the prosecution appealed to the Supreme Court against the sentence; *Høyesterett opprettholdt* ~ the Supreme Court upheld the sentence.

straffri unpunished; *(adv)* with impunity.

straffrihet impunity.

straffskyldig deserving of punishment, culpable, guilty.

strak erect, straight, upright; *på* ~ *arm* at arm's length *(fx* lift sth at arm's length).

straks at once, immediately, straight away, forthwith; *klokka er* ~ *tolv* it is close on twelve (o'clock); ~ *etter* immediately after(wards); ~ *etter at* immediately after.

stram tight; *(mar)* taut *(fx* haul a rope t.); *(stiv)* erect, upright, stiff; *(om lukt, smak)* rank, acrid; *en* ~ *knute* a tight knot; *bli* ~ *i masken (fig)* look disapproving; *bli* ~ *i munnen* be(come) tight-lipped; *gjøre* ~ *honnør (mil)* salute smartly *(el.* stiffly); *gå på* ~ *line* walk a tightrope; *holde en i -me tøyler T* keep a tight rein on sby; hold sby on a short leash.

stramhet tightness; *(mar)* tautness; *(om lukt, smak)* rankness, acridity.

stramme *(vb)* tighten; ~ *opp* tighten up, draw tight; *et forsøk på å* ~ *satsene* an attempt to stiffen the rates; ~ *en opp* buck sby up; ~ *seg opp* pull oneself together; key oneself up *(fx* to do sth); *prisene -s* prices are hardening; *(se også strutte).*

stramtsittende tight-fitting.

strand shore, seashore; *(sand-)* beach; *(poet)* strand; *på -en* on the shore; on the beach; *(ved innsjø)* on the lake shore, by the lakeside; by the waterside; *(jvf vannkant).*

strandbredd beach, waterside; *(se strand).*

strande *(vb)* run aground, be stranded; be shipwrecked; *(fig)* fail, miscarry *(på* on account of), break down, come to nothing.

strandhogg *(hist)* (predatory) descent, raid, foray.

strand|kant waterside, water's edge *(fx* down by the water's edge). **-linje** shoreline, seaboard; private beach; *tomt med* ~ *til salgs* site with private beach for sale. **-nellik** *(bot)* thrift, armeria. **-promenade** esplanade, sea front, promenade; *T* prom. **-rett** access to (the) beach, shore rights; *(jur også)* riparian rights; *tomt med* ~ site with access to beach; *(se båtfeste & strandlinje).*

strand|rug *(bot)* lyme grass. **-sette** *(vb)* beach. **-skjell** *(zool)* sea shells. **-snipe** *(zool)* common sandpiper. **-svin** *(person som etterlater seg avfall på stranden)* litter bug. **-tomt** site with private beach; *(se strandlinje).* **-tusse** *(zool)* natterjack. **-vipe** *(zool)* dunlin.

strangulasjon strangulation.

strangulere *(vb)* strangle.

strateg strategist. **strategi** strategy.

strategisk strategic.

stratenrøver *(glds)* highwayman.

strebe *(vb):* ~ *etter* strive for *(el.* after); aim at; aspire to *(fx* the throne); ~ *en etter livet* seek sby's life; *(se også streve).*

streber climber; *US (også)* status seeker.

strede 1. lane; 2*(sund)* strait(s).

streif 1. gleam, ray *(fx* of sunshine); 2*(berøring)* graze; brush, light touch; 3*(antydning)* touch.

streife *(vb)* 1*(berøre)* graze, brush, touch lightly, just touch; *(om lys)* (just) touch; 2*(omtale flyktig)* touch (lightly) on; *kula -t halsen hans* the bullet grazed his neck; ~ *om på gatene* roam (about) the streets; *tanken har aldri -t meg* the idea has never occurred to me; *tanken -t meg* the idea just crossed my mind; *en uforklarlig frykt -t hen-ne* an inexplicable fear crossed her mind.

streiflys gleam of light; *(fig)* sidelight *(fx* throw a s. on). **-skudd** grazing shot. **-sår** graze. **-tog** raid, incursion, inroad.

streik strike; *gå til* ~ go on strike, strike (work); *avblåse en* ~ call off a strike.

streike *(vb)* strike (work), go on strike.

streikebryter strikebreaker, blackleg; *(især US)* scab.

streike|kasse strike fund. **-vakt** picket.

strek 1. line, stroke; **2***(puss)* trick, prank; **3***(på kompass)* point; *slå en* ~ *over* cancel *(fx* a debt); *(fig)* wipe out, pass the sponge over; *(se også stryke:* ~ *ut); la oss slå en* ~ *over det* let's forget it; *gå over -en* go too far, overstep the mark; *dum* ~ stupid trick; *gale -er* mad pranks; *(se også regning).*

streke *(vb)* rule, draw lines; ~ *over* strike out, cross out, run a line through; ~ *under* under-line.

strekk tension; stretch; *i ett* ~ at a stretch, on end *(fx* for two hours on end); *without a break (fx* I've been working without a break since seven o'clock).

strekkbar elastic, ductile, extensible. **-het** elastici-ty, ductility, extensibility.

strekkbukse skiing trousers; US ski pants.

strekke *(vb)* stretch, draw out; *armer oppad strekk!* arms upward stretch! ~ *bena* stretch one's legs *(fx* I'm going out to s. my legs); ~ *armen fram* stretch out one's arm; ~ *hånden fram* hold *(el.* put) out one's hand, stretch *(el.* reach) out one's hand *(etter noe* for sth); ~ *kjølen (til et skip)* lay (down) the keel (of a vessel); ~ *seg* **1***(utvide seg)* expand *(fx* the material expands when exposed to heat), stretch; *(ɔ:* ~ *lemmene)* stretch (oneself) *(fx* he yawned and stretched); **2***(nå: i tid el. rom)* stretch *(fx* the line stretches from A to B; the valley stretches for miles; the period stretches down to the fif-teenth century); reach *(fx* his Empire reached from the Mediterranean to the Baltic); *(om rom, også)* extend *(fx* my garden extends as far as the river); **3***(ha retning)* trend *(fx* the coast trends to the east; mountains trending ENE); lie *(fx* the coast lies east and west); stretch *(fx* the plain stretches southward); ~ **seg etter** reach for; ~ *seg så lang man er* stretch oneself (out) at full length; ~ *seg så langt man kan (fig)* do the best one can; go to the greatest possible length *(fx* to meet your wishes); *jeg vil* ~ *meg langt (fig)* I am willing to go to considerable lengths; *jeg kan ikke* ~ *meg lenger (fig)* I can go no further than that; *(m.h.t. pris, også)* I cannot go beyond that price; **T** that's the best I can do; *jeg er villig til å* ~ *meg noe (fig)* I am willing to stretch a point; *vi -r oss ikke så langt som til å holde bil* we don't run to a car; *dalen strak-te seg ut foran oss i flere kilometers lengde* the valley spread before us for miles; *et vakkert landskap strakte seg ut foran oss* a beautiful landscape unfolded before us; ~ **til** be enough, (be enough to) go round *(fx* there was not enough beer to go round); *disse pengene -r til en måned til (også)* this money will see me (,him, *etc)* through the next month; *pengene -r ikke til* the money won't go as far as that; *inntektene mine -r ikke til bilhold* my income does not run to a car; *mon kontantene -r til?* will the cash run to it? *få det til å* ~ *til* make it *(fx* the butter) go round; *(om penger)* make both ends meet; *tida -r ikke til for ham* **T** he's hard up for time; *slaget strakte ham til jorden* the blow sent him to the ground.

strekkmuskel *(anat)* extensor (muscle).

strekmåt marking gauge.

strekning 1*(det å)* stretching; **2***(av vei, elv, etc)* stretch; *(fagl)* section; *(se bane-);* **3***(distanse)* dis-tance, way *(fx* it's a short (,long) way); *over en* ~ *på ti engelske mil* for (a stretch of) ten miles; *disse vognene brukes bare på korte -er (jernb)* these coaches are only used on short runs; *det skal settes inn flere lokaltog på -en X – Y* more local trains are to be run on the X – Y ser-vice; *tilbakelagt* ~ distance covered; *tilbakeleg-ge en lang* ~ cover a long distance.

I. streng *(subst)* string, chord; *(poet & fig)* chord; *(klokke-)* bell-pull, bell wire; *slå på de patriotis-ke -er* appeal to patriotic feeling; *touch patrio-tic chords; han spiller på mange -er (også)* he has a foot in every camp; *han spiller alltid på samme* ~ he is always harping on one *(el.* on the same) string.

II. streng *(adj)* severe, strict, stern; ~ *frost* se-vere frost, hard frost; *-e krav* stringent de-mands; ~ *kulde* severe cold; *hans -e moral* his strict morals; ~ *nøytralitet* strict neutrality; *tår-nets -e skjønnhet* the severe beauty of the tow-er; *ta -e forholdsregler* take severe measures; *være* ~ *mot* be strict *(el.* severe) with; *være for* ~ *mot* be too hard on, treat too severely; *(se også strengt).*

strengeinstrument stringed instrument.

strenghet strictness, severity; hardness; rigour (,US: rigor); stringency; austerity.

strengt *(adv): behandle* ~ treat severely, deal harshly with; ~ *bevoktet* closely watched *(el.* guarded); ~ *forbudt* strictly prohibited *(el.* for-bidden); *han holdt* ~ *på at det skulle gjøres* he insisted that it must be done; *holde seg* ~ *til sannheten* keep strictly to the truth; *(ikke) mer enn* ~ *nødvendig* (no) more than strictly neces-sary; *det* ~ *nødvendige* what is strictly necessa-ry; ~ *oppdratt* strictly brought up; *overholde noe* ~ observe sth strictly *(fx* the terms must be strictly observed); ~ *rettferdig* scrupulously just; *straffe* ~ punish severely; ~ *tatt* strictly *(el.* properly) speaking; in the strict sense of the word; *... men alle disse er* ~ *underordnet hovedtemaet* all these, however, are strictly sub-sidiary to the main theme.

stress stress, strain.

stressende causing stress; stressful.

stresset in a state of stress; suffering from stress (and nerves); under stress.

strev toil, struggle; *etter meget slit og* ~ *fikk vi den opp trappen* after much lugging and tug-ging we got it upstairs; *(se også II. svare).*

streve *(vb)* work hard, strive, struggle; toil; ~ *med leksene (ɔ: arbeide langsomt og besværlig)* plod *(el.* plug) away at one's lessons; *de som hadde strevd slik med å arrangere utstillingen* those who had so painstakingly arranged the exhibition; those who had taken such great pains to arrange the e.; *(se II. stri:* ~ *med).*

strevsom hard-working, industrious, plodding; *(jvf streve).* **-het** industry, diligence.

I. stri *(subst)* toil; daily struggle; *(se jule-).*

II. stri *(vb):* ~ *for: se kjempe for;* ~ *med* work hard at, struggle with; *(jvf streve);* ~ *med døden* be in one's last throes; *ha mye å* ~ *med* have one's hands full; have many things to worry about; *-de mot loven* be contrary to the law; be illegal; *det -der mot våre interesser* it conflicts with our interests; *-de om* dispute *(el.* argue) about; *(se strides).*

III. stri *adj* **1***(strittende, stiv)* rough, wiry *(fx* hair); bristly *(fx* beard, hair); **2***(om strøm)* swift, rapid, stiff *(fx* current); torrential *(fx* river);

3*(hård, ubøyelig)* stubborn, obstinate; *et -tt sinn* a stubborn temper; *en* ~ *dag* a strenuous day; *jeg har hatt en* ~ *dag i dag* I've had a very trying day today; I 'have had a time of it today; *det regner i -e strømmer* it's pouring down; *(jvf striregn).*

stribukk *(neds)* pigheaded *(el.* mulish) person.

strid 1. fight, struggle; **2***(uenighet)* discord, strife, dispute *(fx* about wages); *(vitenskapelig, litterær, etc)* controversy, polemic; **3***(mellom følelser, idéer, etc)* clash *(fx* the clash of opposing interests (,principles)); conflict *(fx* a c. between love and duty); *et -ens eple* a bone of contention; *bilegge en* ~ settle a dispute; *yppe* ~ *med* pick a quarrel with; *i* ~ *med* at variance with *(fx* one's previous statement); contrary to *(fx* local custom, one's obligations); in defiance of *(fx* the law, the facts, common sense); against *(fx* the regulations); *som er i* ~ *med forfatningen* unconstitutional *(fx* methods); *stå i* ~ *med (også)* conflict with, be in conflict with; *stå i direkte* ~ *med* be in direct conflict with, be at complete variance with; *vekke* ~ stir up strife, cause strife.

stridbar quarrelsome; *(stivt el. spøkef)* pugnacious. **-het** quarrelsomeness; *(stivt el. spøkef)* pugnacity, pugnaciousness.

stride *(vb): se* II. stri & strides.

stridende fighting, struggling; *(i ord, skrift)* contending, disputing; *de* ~ *parter* the contending parties; the parties to the dispute; *(i rettssak)* the litigants; *(mil)* the belligerents, the combatants, the combatant parties.

strides *(vb)* quarrel; *(disputere)* argue, dispute; ~ *om* quarrel *(el.* argue *el.* dispute) about; *(kappes om å oppnå)* contend for, contest *(fx* a prize), be rivals for; ~ *om pavens skjegg* quarrel about nothing; split hairs; *et spørsmål man kan* ~ *om* a question open to dispute, an open q., a moot point.

stridig *(sta)* headstrong, obstinate, stubborn; *gjøre en noe* ~ dispute sth with sby, contend for sth with sby; *gjøre en rangen* ~ contend for precedence with sby; *(fig)* emulate sby, run sby close.

stridighet *(stahet)* obstinacy, stubbornness; *(strid)* dispute, controversy.

stridsdyktig fit for (military) service, fit for active service.

strids|emne controversial question, (matter at) issue; *(jur)* point at issue. **-eple** bone of contention. **-hanske** gauntlet. **-innlegg** contribution to a (,the) controversy; *komedien føles som et alvorlig* ~ *i humoristisk form* the comedy is felt to be a serious contribution (in humorous form) to the controversy.

strids|krefter *(pl)* (military) forces, armed forces. **-punkt** point at issue, moot point, issue. **-skrift** polemic pamphlet. **-spørsmål** (matter at) issue, controversial question *(el.* issue); *(jur)* point at issue. **-øks** battle axe; *(indiansk)* hatchet; *begrave -a* bury the hatchet.

strie sacking; *(bær-)* tammy (cloth).

I. strigle *(subst)* currycomb.

II. strigle *(vb)* rub down, groom *(fx* a horse).

striglebørste currycomb.

stri|gråte *(vb)* weep floods of tears; T cry buckets; cry bucket fuls. **-håret** rough-haired; *(især om hund)* wiry-haired.

strikk elastic (band), rubber band.

strikke *(vb)* knit; ~ *rett* knit; ~ *vrangt* purl. **-garn** knitting wool. **-pinne** knitting needle.

strikkerske knitter.

strikketøy knitting; *et* ~ a piece of knitting.

strikking knitting; *(vrang-)* purling.

strikkmotor *(på leketøy el. modellfly)* elastic motor; *drevet med* ~ elastic band propelled.

striks strict.

strime stripe, streak.

strimet striped, streaked.

strimmel strip, ribbon, shred.

stringens cogency, stringency.

stringent cogent, stringent, closely reasoned *(fx* train of thought).

stripe stripe, streak. **stripet** striped, streaked.

strippe *(vb)* T strip.

stripønta S dressed to the nines, dressed to kill.

striregn lashing *(el.* pouring *el.* torrential) rain.

stri|regne *(vb)* pour down. **-renne** *(vb)* rush, gush; *blodet -rant fra et sår på kinnet* blood was gushing out of *(el.* was pouring from) a wound on his cheek.

striskjort|e: *begynne med -a og havrelefsa igjen* take up the toil and moil of everyday life; *(NB ofte =)* "back to the salt mines".

stritte *vb (stå stivt)* bristle; ~ *imot* resist; ~ *imot med hender og føtter (også fig)* resist tooth and nail. **-nde** *(om håret)* bristly, on end; *(se bust).*

strofe stanza; *(i gresk tragedie)* strophe.

stropp strap, strop; *(hekte)* loop.

struma *(med.)* goitre (,US: goiter), struma.

strumøs *adj (med.)* goitrous.

strunk: *stiv og* ~ stiff as a poker.

I. strupe *(subst)* throat; *skjære -n over på en* cut sby's throat; *sette en kniven på -n (fig)* give sby an ultimatum.

II. strupe *(vb)* throttle, choke.

strupe|hode *(anat)* larynx. **-hoste** croup. **-lyd** guttural sound. **-tak** stranglehold; *ta* ~ *på* throttle, strangle. **-tone** guttural accent.

struts *(zool)* ostrich.

strutsefjær ostrich-feather.

strutte *(vb)* burst, bristle; *buksen -r over enden* the trousers are too tight across the seat; her (,his) trousers are stretched across her (,his) seat *(el.* behind); ~ *av sunnhet* be bursting with health.

stry tow; *narre en opp i* ~ take sby in, dupe sby, hoodwink sby.

I. stryk *(pryl)* beating, drubbing.

II. stryk *(i elv)* rapid; run (of fast water) *(fx* runs and waterfalls follow in quick succession).

stryke *(vb)* **1***(streke over)* cross out, cut out, delete *(fx* a word); ~ *over noe (også)* run a line through sth; **2***(annullere, oppheve)* cancel *(fx* an order, a debt); ~ *en post (,postering)* cancel *(el.* strike out) an item (,entry); **3***(fjerne)* remove *(fx* an item from a list); cross off *(fx* cross a name off the list); ~ *en bevilgning* withdraw *(el.* discontinue) a grant; **4***(mar: hale ned)* strike *(fx* one's colours); **5***(med strykejern)* iron; *lommetørklærne var lettere og raskere å* ~ the handkerchiefs were quicker and easier to iron; it was a quicker and easier job to iron the h.; *Mary syntes hun måtte hjelpe til med å* ~ *noe* Mary thought she had better help with the ironing, **6.** *vi & vt (til eksamen)* fail *(fx* fail a candidate in an exam; the c. failed); *jeg strøk i historie* I failed (,T: was ploughed) in history; T I came a cropper in h.; *de strøk ham* T *(også)* they ploughed him; **7***(bevege seg hurtig)* rush *(fx* he rushed off); *fuglen strøk henover vannflaten* the bird skimmed (across) the surface of the lake; **8***(mus)* bow *(fx* one's fiddle); **9***(la hånden gli henover)* stroke *(fx* he stroked his beard); ~ *av* wipe off, rub off, remove; ~ *av en fyrstikk* strike a match; ~ *ens navn av en liste* strike sby's name off a list, cross sby's n. off a list; *staten ble strøket av europakartet* the state was

blotted off the map of Europe; ~ *av tavla* wipe *(el.* clean) the blackboard; ~ *av sted* **T** dash off; ~ *sin kos* **T** disappear; **T** clear out, beat it, decamp; ~ **bort** brush away *(fx* a tear, a strand of hair), brush off; *han strøk* **forbi** *meg* he brushed past me; *bilen strøk tett forbi ham* the car just shaved past him; ~ **med** be killed, die, lose one's life; *(bli feid bort)* be swept away; *(bli ødelagt)* be destroyed; ~ *en mot hårene (fig)* rub sby the wrong way; *katten strøk seg* **opp mot** *mitt* the cat rubbed itself against my leg; ~ **over** cross out *(fx* a word), delete; run a line through; *(se også ndf:* ~ *ut); ~ en over håret* stroke sby's hair; ~ *over noe med maling* give sth a coat of paint, coat sth with paint; ~ *seg over haken* stroke one's chin; *han strøk seg med hånden over munnen* he passed his hand across his mouth; ~ *til eksamen: se 6;* ~ *håret* **tilbake** brush one's hair back; ~ **ut** wipe off *(fx* a drawing from the blackboard), wipe out, rub out *(el.* off); *(med viskelær)* erase, rub out; *(sette en strek over)* cross out, delete, strike out; *(med strykejern)* iron out *(fx* a crease); ~ *ut ord eller forandre på ordstillingen* cross out words or change their order; *(se også strykende & strøken).*
stryke|bord ironing table. **-brett** ironing board. **-fjel** *se* **-brett. -flate** *(på fyrstikkeske)* striking surface. **-instrument** *(mus)* stringed instrument. **-jern** iron *(fx* an electric i.), flatiron. **-kandidat** possible failure (in examination). **-karakter** *se* strykkarakter. **-klede** ironing cloth. **-kvartett** *(mus)* string quartet.
strykende *(adj & adv): i en* ~ *fart* at a rattling pace; *hans forretning går* ~ he is doing a roaring trade; he is making money hand over fist; *det går* ~ it goes swimmingly; things are moving fast.
stryke|orkester string band. **-prosent** [percentage of candidates failing their exams].
stryker 1*(mus)* string (player); *-ne* the strings; **2. =** *strykekandidat.*
strykeri = laundry.
stryke|tørr ready for ironing. **-tøy** ironing.
strykgrensen: *han står på* ~ **T** he's a borderline case.
strykkarakter *(i skole)* fail mark.
stryknin *(kjem)* strychnine.
strykning ironing; crossing-out, striking-out; deletion; failure; *(se stryke).*
strø *(vb)* scatter, spread, strew; ~ *om seg med penger* splash money about; spend money like water; ~ *sand på (fig)* fall in with *(fx* appointments of this kind have to be approved by the Cabinet, but this will usually fall in with the recommendation of the Ministry); ~ *sand på veien* sand the road, sprinkle *(el.* spread) sand on the r.; ~ *sukker på kake* sprinkle *(el.* dust) a cake with sugar; *ligge -dd utover* lie scattered about; litter *(fx* newspapers littered the table).
strøbil *(for sand)* sand lorry.
strøk stroke; *(egn)* tract, region, neighbourhood (,**US:** neighborhood); part; *(maling-)* coat.
strøk|en: *tre -ne teskjeer salt* three flat teaspoonfuls of salt.
strøm river, stream; *(strømning)* current; *(elekt)* (electric) current *(fx* electric c. is obtained by using the waterfalls); **T** juice; *(som kraft)* power *(fx* Sweden supplies p. to Denmark); *-men er blitt borte* the electric light has failed *(el.* has gone out); *sterk* ~ *(i elv, etc)* a strong current; *en* ~ *av tårer* a flood of tears; *i -mer* in torrents *(fx* it rained in torrents); in streams *(fx* beer flowed in streams); *følge -men (fig)* follow the crowd.

strømavgift electricity charges *(fx* increase e. charges by up to 25p in the £); power prices; *går -en opp? (avisoverskrift)* power prices up? *(se avgift).*
strømbehov demand for electricity *(fx* cover the constantly growing d. for e.); *(se øke).*
strøm|brudd power failure *(fx* there is a p. f.), interruption of current. **-bryter** *(elekt)* circuit breaker, switch. **-forbruk** consumption of electricity *(el.* current), current consumption; ~ *ifølge måler (faglig)* current c. by the instrument. **-forbruker** (electricity) consumer. **-kantring** *(tidevannsskifte)* turn of the tide. **-kilde** power supply. **-krets** circuit. **-leder** conductor. **-linje** streamline. **-linjet** streamlined. **-løs** dead *(fx* a d. wire).
strømme *(vb)* stream; ~ *en i møte (om vann)* flow towards sby; *(om lukt, lyd)* meet sby; ~ *inn* stream in; pour in; rush in *(fx* people; water); *(om gass, damp, etc)* flow in; stream *(el.* pour) in; *(om lys)* stream in; *menneskemengden som -t inn* the crowd that came rushing in; *the incoming crowd; regnet har -t ned* the rain has been pouring down (in torrents); ~ *over av* overflow with; *blodet -t til hodet på meg* the blood rushed to my head.
strømmåler electric meter.
strømning 1. flow, current; **2***(fig)* trend *(fx* literary trends).
strømpe stocking.
strømpebukse pantie-socks.
strømpebånd garter; *(se bukseseler).*
strømpe|holder suspender, stocking suspender; *(se bukseseler).* **-lest:** *på -en* in one's stockings.
strømpe|skaft leg of a stocking. **-stropp** (stocking) suspender; **US** garter.
strømskifte 1. turn of the tide; **2***(fig)* reversal *(el.* shift) in public feeling.
strømstans: *se strømbrudd.*
strømstyrke amperage.
strøsukker castor sugar.
strøtanker *(pl)* aphorisms.
strå blade of grass, straw; *ikke legge to* ~ *i kors* not lift a finger; *trekke det korteste* ~ get the worst of it; come off second best; *trekke det lengste* ~ have the better of it; *være høyt på* ~ be a person of consequence; **T** be a bigwig.
strå|fletning straw plaiting, straw plait. **-gul** flaxen. **-hatt** straw hat.
I. stråle *(subst)* ray, beam; *(om vann)* jet; *en* ~ *av håp* a gleam of hope, a ray of hope.
II. stråle *(vb)* radiate, beam, shine; *diamanten -r* the diamond sparkles.
stråle|brytning refraction. **-bunt** pencil of rays.
stråle|formet radiate(d). **-glans** radiance, refulgence. **-hav** ocean of light.
strålehygiene radiation hygiene. *Statens institutt for* ~ the National Radiological Protection Board.
stråle|krans halo. **-mester** *(brannmann)* branchman; **US** nozzleman.
strålende beaming, radiant; *(fig)* brilliant, marvellous, wonderful; *er det ikke* ~ *! (også iron)* isn't it marvellous! *den* ~ *innsatsen dere har gjort* the wonderful effort you have made; *(se innsats).*
stråleovn electric heater; *(se ovn; vifteovn).*
strålingsfare radiation danger. **-sikker** radiation -proof. **-tåke** radiation fog.
strå|mann middleman, intermediary; *(især* **US)** stooge. **-tak** thatched roof. **-tekke** *(vb)* thatch.
stubb stub; *(av korn)* stubble; *(om sang)* a little song; a few lines *(el.* notes) of a song, a snatch of song.
stubbe *(tre-)* stump.

stubbebryter stump puller. **-loft** double *(el.* framed) floor. **-loftsgulv:** *se -loft.*
stubbmark stubble field.
stud. *fk. f. studiosus;* (NB *titler med «stud.» har ingen ekvivalent på eng.); være ~ jur.* = be a law student; read for the bar; *være ~ med.* be a medical student, study medicine.
student undergraduate, (university) student; (NB *ved det enkelte universitet brukes ofte* undergraduate *om -er som ennå ikke har tatt sin* B.A.*-eksamen;* student *brukes mer generelt, også om ikke-akademiske studerende og ofte om ikke-engelske universitetsforhold); bli ~* matriculate; *kvinnelig ~* woman student *(pl:* women students); *(ung, også)* T girl student.
studenteksamen: se artium.
student(er)hjem students' hostel, hall of residence.
studenterliv student *(el.* undergraduate) life. **-lue** student's cap. **-samfunn** students' association.
studere *(vb)* study; *la en ~* send sby to the university; *~ på noe (o: spekulere på)* ponder sth *(fx* a problem), ponder over *(el.* on) sth, meditate on sth, speculate about sth, puzzle over *(el.* about) sth; *en studert mann* a university man; a graduate.
studerende student; *(se student).*
studerværelse study.
studie study.
studiebegrensning restricted entry; *(se studium).*
studiegjeld study *(el.* student) debt(s); student's (‚students') debt(s); *ha ~* have debts on one's education *(el.* training); *han sliter med en svær ~* he has a huge debt to pay off for his studies. **-gruppe** study group. **-leder** leader of a study group; group tutor. **-lån** loan for studies, student loan; *oppta et ~* raise a loan for one's studies. **-materiale** study material. **-opphold** stay for purposes of study; period of residence for studying. **-opplegg** curriculum *(pl:* curricula). **-ordning** curriculum *(fx* the curricula have been revised); *jeg kjenner ikke -en ved det universitetet* I'm not familiar with the curriculum at that university. **-plan** curriculum *(pl:* curricula). **-reise** study tour. **-retning** *(i skole)* branch of study; *~ for allmenne fag* the general studies branch. **-retningsfag** special (course) subject. **-semester** *(for universitetslærer)* sabbatical term. **-sirkel** study circle.
studietid period of study; *-en er lang for dette fagets vedkommende* this subject entails a long period of study; it takes a long time to qualify in this subject; *de må regne med en lang og kostbar ~* they have a long, expensive period of study to take into consideration; *i min ~* when I was a student; in my undergraduate days. **-veileder** tutor; careers adviser. **-øyemed:** *i ~* for purposes of study, for study purposes *(fx* visit London for study purposes).
studium study; *fem års ~* five years of study; *ta opp studiet av* take up the study of; *et lukket ~* a course with restricted *(el.* limited) entry; *medisin er et lukket ~ i Norge* medicine is a subject with restricted entry in Norway; the medical schools are hard to get into in Norway; *(jvf studiebegrensning; studietid; søkning).*
I. stue *(subst)* room; *(daglig-)* sitting-room; *(hytte)* cottage; *(på sykehus)* ward.
II. stue *vb (mat)* stew; *(grønnsaker)* cream; *-de grønnsaker* creamed vegetables.
III. stue *(mar) vb (om last)* stow.
stuearrest house arrest. **-gods** stowed cargo. **-gris** stay-at-home. **-pike** housemaid. **-plante** indoor plant, room *(el.* house) plant.
stuer *(mar)* stevedore.

stueren *(spøkef om barn el. hund)* house-trained.
stuert steward. **-skole** training establishment for stewards.
stueseksjon living-room section.
stuetemperatur room temperature.
stueur wall clock.
I. stuing *(mat)* stew; *grønnsak-* creamed vegetables.
II. stuing *(mar)* stowing.
stukk stucco.
stukkatur stucco (work).
stulle *(vb): ~ omkring* potter about.
stum mute, dumb, speechless; *(som ikke uttales)* mute, silent.
stumfilm silent (film). **-het** dumbness, muteness.
I. stump *(subst)* stump, fragment; *(rest, levning)* scrap, remnant; *(sigarett-)* stump, stub; T fag-end; *en hyssing-* a piece of string; *slå i -er og stykker* knock to pieces, smash; *redde -ene* save something out of the wreck, pick up the pieces.
II. stump *(adj)* blunt, dull; *(vinkel)* obtuse; *(kjegle)* truncated.
stumpevis bit by bit.
stumphalet short-tailed. **-het** bluntness. **-nese** snub nose. **-neset** snub-nosed.
stumtjener hat-and-coat stand.
stund while; *ledige -er* odd moments; *enda en ~* a while longer; *en liten ~ etter* after a little while, soon after(wards), shortly afterwards; *om en liten ~* in a little while; *all den ~ ...* considering ..; seeing that ...
stundesløs restless, fussy.
stundimellom occasionally.
stundom sometimes, at times.
stup 1. cliff, precipice, sheer drop; **2.** *(svømming)* dive; *rett ~* high *(el.* plain) dive; *kunst-* fancy dive; *svikt-* spring dive; *baklengs ~* back dive.
stupbratt precipitous.
stupbrems *(på fly)* air brake, dive brake.
stupe *vb (i vannet)* dive, plunge *(fx* into the water); *~ kråke* turn a somersault; *~ på hodet ut i vannet* plunge head foremost into the water; *take a header: (se også falle).*
stupebrett diving board; *10-meteren* the ten-metre board.
stupid stupid.
stupiditet stupidity.
sture *(vb)* mope. **-n** *(adj)* moping, sad.
stuss **1***(hår-)* (hair) trim; **2***(tekn)* connecting piece; pipe stub.
I. stusse *(vb)* trim *(fx* a hedge, a horse; have one's hair trimmed); crop *(fx* the mane of a horse); *~ et tre* prune a tree.
II. stusse *(vi)* be astonished, be startled; be taken aback; *dette beløpet fikk meg til a ~* this sum made me wonder; *~ over noe* T prick up one's ears at sth; *jeg har også -t litt ved postene X og Y* I was also a little surprised by items X and Y.
stusslig empty, sad.
stut bullock; ox; *(skjellsord)* boor, oaf.
stutteri stud farm.
stygg 1*(ubehagelig)* bad, nasty *(fx* habit, sight); ugly *(fx* wound, weather); foul *(fx* foul weather); **2***(slem)* naughty; bad; **3***(om utseende)* ugly *(fx* an ugly face); *en ~ ulykke* a bad accident; *det ser stygt ut* it looks bad; *det var stygt gjort* that was a dirty trick; *det var stygt av ham* that was mean of him; *være ~ mot en* be mean to sby; *han er ~ til å ...* he has a bad habit of (-ing); *snakke stygt (o: bruke skjellsord)* use bad language; *jeg er stygt redd for at* I'm really afraid that; *(se lakk).*
styggedom horror, abomination; devilry. **-lig** *(adv)* badly; *ta ~ feil* be grievously mistaken.

stygghet ugliness.
stygging ugly fellow, scarecrow.
stygg|sint furious. **-vær** bad *(el.* foul) weather.
I. stykke 1. piece *(fx* a piece of paper, cake, chalk, string, wood); bit *(fx* a bit of string); part *(fx* go part of the way on foot; part of the territory was annexed); *(stump, bruddstykke)* fragment, (broken) piece, scrap; *(av tale, sang)* snatch *(fx* a s. of a song); *(skive)* slice *(fx* a s. of bread, cake, melon); cut *(fx* a cut off the joint); *(tekst-)* passage; **T** bit;
2*(oppsett, avisartikkel)* piece *(fx* there is a p. about it in the paper); article; *(lese-)* passage *(fx* 30 passages have been selected);
3*(vei-)* distance *(fx* he lives a short d. away); way *(fx* the boy could only swim a little way);
4*(regne-)* problem; *(addisjons-)* sum;
5*(mus)* piece;
6*(skuespill)* play; **T** piece;
7*(i samling)* piece *(fx* the finest p. in the collection);
8*(jordlapp)* patch *(fx* a potato p., a p. of rye);
9*(henseende)* respect *(fx* in that r.);
et ~ *(om avstand)* some distance; *bilen stoppet et ~ borte i veien* the car stopped some way along the road; *han bodde et ~ fra X* he lived at some distance from X; he lived not far from X; *et godt ~ (om avstand)* a considerable distance, a good way *(el.* distance); *veien fulgte dalen et godt ~* the road followed the valley for some considerable distance; *et godt ~ borte (el. herfra) (også)* a good way off; *det er enda et godt ~ til stasjonen* it is still a good way (to go) to the station; the s. is still a good way off; *et lite ~* a short *(el.* little) way *(el.* distance) *(fx* a little way from X); *et lite ~ fra X (også)* a short distance from X; not far from X; *jeg fulgte ham et lite ~ på hjemveien* I walked the rest of the way back *(el.* home) with him; *(se også sitte: ~ på); han bestemte seg for å gå et (lite) ~ til* he decided to walk a little further; *hun bor et lite ~ unna* she lives a short distance away; *huset står et ~ unna veien* the house stands back from the road; the h. stands at some distance from the road; *et pent ~ arbeid* a neat *(el.* fine) piece of work; *et ~ koppertråd* a length of copper wire; *50 -r kveg* 50 head of cattle; *et ~ sukker* a lump *(el.* cube) of sugar; *hva får vi høre om i dette -t? (under eksaminasjon)* what's this story (,**T:** this bit) (all) about? *(stivt)* what do we hear about in this story? *et ~ ute i fortellingen* towards the middle of the story; *gå i -r* break, go to pieces, fall *(el.* come) to pieces; *(i to -r)* break in two, come in half; *noe gikk i -r i ham (fig)* sth broke in him; *glass går lett i -r* glass breaks easily; *motoren har gått i -r* the engine has broken down; *rive i -r* tear to pieces *(el.* to bits), tear up; *slå i -r* break, break to pieces, smash (up), smash to pieces; *(ved å la det falle)* break *(el.* smash) (sth by dropping it); *bli slått i -r (også)* break up *(fx* the wreck will soon break up); **være i -r** be broken, be damaged, be out of order; *klokka er i -r* the watch won't go, the w. is out of order *(el.* is damaged); *en klokke som er i -r* a watch that won't go, a broken w.; *skrivemaskinen er i -r* the typewriter is damaged *(el.* out of order); *stolen er i -r* the chair is broken *(el.* damaged); *radioen vår er i -r* **T** our radio has packed up *(el.* conked out); **US** our radio has gone on the blink; *pr. stk. (fk. f. ~)* apiece, each; *når det kommer til -t* when it comes to the crunch; when all is said and done; after all; when it gets down to brass tacks; *(jvf I. støkke).*
II. stykke *(vb):* ~ *opp* split up, divide; ~ *ut* parcel out *(fx* land).

stykkevis by the piece, piecemeal.
stykkgods general cargo.
stykkgodsfart general cargo trade.
stylte *(subst)* stilt; *gå på -r* walk on stilts.
stymper poor devil, poor wretch.
stymperaktig wretched.
I. styr *(støy, uro)* hubbub; *holde* ~ have a lark, romp, make fun; *er du helt på* ~ *?* are you out of your mind?
II. styr: *gå over* ~ come to nothing; *sette over* ~ squander, squander away, run through; *holde* ~ *på* keep in check; *jeg kan ikke holde* ~ *på alle disse tallene* I keep getting all these figures mixed up.
styrbar capable of being steered; dirigible, guided *(fx* a g. missile).
styrbord *(mar)* starboard; ~ *med roret!* starboard the helm! *om* ~ on the s. side.
I. styre *(på sykkel)* handlebars; *(ledelse)* rule, management; *(direksjon)* board of directors; *(i forening)* executive committee; *i -t* on *(el.* a member of) the board, on the committee; *valg av* ~ election of (executive) committee; election of officers; *bli valgt inn i -t* be elected to the committee; *stå for ~ og stell* be at the head of affairs.
II. styre *(vt)* **1.** steer; *(lede)* direct, guide, conduct, manage; **2***(beherske)* rule, control; ~ *etter* steer by *(fx* the stars); ~ *en kurs* steer a course; ~ *mot* make *(el.* head *el.* steer) for; *skipet -r mot havn* the ship is heading for a port; ~ *rett mot noe* head straight for sth; ~ *utenom noe* steer round sth, avoid sth; *hun -r huset* she runs the house; ~ *sitt sinne* control one's anger; *-r akkusativ* governs *(el.* takes) the accusative.
styre|apparat steering gear. **-arm** steering drop arm. **-egenskaper** *(pl)* steering characteristics. **-fart** steerage way. **-form** system of government. **-formann** chairman; *(se fratredende).* **-hus** *(mar)* wheel house. **-ledd** *(tekn)* steering joint. **-leie** *(tekn)* pilot bearing.
styrelse: *ved forsynets* ~ by an act of Providence, thanks to Providence.
styre|medlem committee member, executive member *(fx* e. m. of the engineering union), director, member of the board; board member; *(se I. styre).* **-møte** committee meeting; directors' meeting; board m. **-protokoll 1.** minute book; **2.** minutes of a board meeting.
styrer ruler, director; *(ord-)* chairman *(fx* of a meeting).
styreskinne guide rail.
styre|snekke *(tekn)* steering worm. **-stag** *(tekn)* steering rod, drag link.
styrevalg election of (executive) committee; e. of officers; election of directors.
styrevedtak resolution by the committee *(el.* board); *ifølge -et* in accordance with the committee's resolution *(el.* decision).
styring *(mar)* steering; *miste -en* lose control *(på* of); *(se også slark).*
styringsplakaten *(mar)* Regulations for Preventing Collisions at Sea; *(ofte omtalt som)* the Rules of the Road (at sea).
styringsverk (the) administration, government.
I. styrke *(subst)* strength; *(vindens, krigs-)* force; *hun brukte all sin* ~ she put out all her strength; *gi ny* ~ give fresh strength; *prøve* ~ *med en* try one's strength against sby; *han har ikke sin* ~ *i latin* Latin is not his strong point.
II. styrke *(vb)* strengthen, fortify.
styrkende bracing *(fx* the bracing mountain air); invigorating *(fx* air; climate); fortifying *(fx* drink); ~ *middel* tonic.

styrkeprøve trial of strength; test.

styrmann *(mar)* mate; *annen-* third *(før 1960:* second) mate; *(på større skip)* third *(før 1960:* second) officer; *første-: se førstestyrmann & overstyrmann.*

styrmannseksamen mate's examination.

styrmannssertifikat mate's certificate.

I. styrt *(dusj)* shower (bath).

II. styrt *(forhjulenes)* camber (of the front wheels).

styrte *(vi)* fall down, tumble down; *(om fly)* crash; *(fare)* dash, rush; *(vt)* overthrow *(fx* a government); *~ en diktator (også)* topple a dictator; *~ en i fordervelse* bring about sby's ruin; *ruin sby; ~ et land ut i krig* plunge a country into war; *han -t med hesten* the horse fell with him; *regnet -t ned* the rain poured down; *~ seg over* fall upon; *~ sammen* fall *(el.* tumble) down.

styrtegods bulk cargo. **-renne** shoot, chute.

styrtregn heavy downpour, pouring rain. **-regne** *(vb): det -r* it's pouring down; it's coming down in sheets *(el.* buckets); it's raining (in) buckets. **-rik:** *være ~* be rolling in money, have tons of money. **-sjø** heavy sea, breaker.

styrvol: *se rorpinne.*

styver *(nese-)* punch on the nose.

I. stær *zool (fugl)* starling.

II. stær *med. (øyensykdom): grønn ~* glaucoma; *grå ~* cataract; *operere for ~* couch a cataract.

stærblind purblind.

stærkasse starlings' nest box.

I. stø *subst (båt-)* landing place; *(se også ryggstø).*

II. stø *(adj)* steady; *han er rolig og ~* he has a quiet and steady manner; *bordet står ikke -tt* the table is not *(el.* does not stand) firm.

støkk start, shock; *sette en ~ i en* give sby a turn *(fx* the news gave me quite a turn); *sette en ~ i ham (ɔ: skremme ham)* T *(også)* put the wind up him.

I. støkke S: *et bra ~* a bit of jam, a (little) bit of all right; *(se kjei).*

II. støkke *(vb)* give a start; *det støkk i ham* he gave a start.

I. støl *(subst): se seter.*

II. støl *(adj)* stiff; muscle-bound; *stiv og ~* very stiff indeed; *(se myke: ~ opp).*

stønn moaning, groaning, moan, groan.

stønne *(vb)* moan, groan.

støp cast; *(sats)* concrete mix.

støpe *(vb)* cast; *(i en form)* mould; *(i betong)* concrete *(fx* a floor); pour (concrete); *pilarene vil bli støpt på stedet* concrete for the pillars will be poured on the site; *~ grunnmur* build *(el.* lay) the foundations of a house; *~ en trapp opp til huset (ofte)* build a flight of steps up to the house; *sitte som støpt* fit like a glove.

støpearbeid concrete work.

støpeform mould; US mold. **-gods** castings *(pl).* **-jern** cast iron.

støper caster, founder.

støperi foundry.

støperiindustri foundry *(el.* founding) industry.

støpeskje casting ladle; *afrikanernes livsstil og tenkesett er i -en* the Africans' way of life and thinking are in the melting pot.

støpestål cast steel.

støpning casting, founding; pouring; *av en annen ~ (fig)* of a different cast; *heltinner av den ~* heroines of that cast.

støpsel *(elekt)* plug *(fx* a three-pin plug); *dobbelt-* (plug) adapter.

stør *(fisk)* sturgeon.

størje *(fisk)* tunny.

størkne *vb (om sement)* set, harden; *(om blod)* coagulate, congeal.

større *(komp. av stor)* **1.** larger, bigger, greater, taller *(,etc; se stor);* **2** *(ganske stor)* largish, biggish, good-sized, fair-sized; considerable *(fx* a considerable number, a c. sum, a c. part of the country); substantial *(fx* amount, figure, sum); big *(fx* business, sum); major *(fx* undergo a m. operation; we are not strong enough to take part in a m. war); large-scale *(fx* investments, military operations); **3.** *adv (= meget)* much *(fx* he doesn't much care); *av ~ betydning* of major importance; *ikke av ~ betydning* of no great importance; *bli ~ (om person)* grow, grow taller; *(øke)* increase; grow larger; *(om kløft, etc)* widen, be widening *(fx* an ever widening circle; the gap widens); *bli ~ del av* a large part of, a major p. of; *være født (,bestemt) til noe ~* be born (,destined) for higher things; *gjøre ~* make greater, increase, add to *(fx* this added to my difficulties); *gjøre en ~ (ɔ: få til å se ~ ut)* make sby look taller, add to sby's height; *en ~ kunde* a big *(el.* important) customer; *~ mengder (også)* quantities *(fx* we can deliver q.); *en ~ ordre* a large *(el.* substantial *el.* good-sized) order; *en ~ remisse* a substantial remittance; *ikke noe ~* not much; nothing much *(fx* I did not eat much for breakfast; I had nothing much to complain of); *jeg går ikke noe ~ (ɔ: ikke så ofte) i teatret* T I'm not much of a playgoer; *det er ikke noe ~* it is no great matter; it is nothing of importance; it is nothing very much; *det er ikke noe ~ ved ham* he is not much good; he is not up to much; T he's no great shakes; *uten ~ vanskelighet* without much difficulty; *i ~ og ~ utstrekning* to an ever-increasing extent; *vise ~ iver enn noensinne før* be more zealous than ever; redouble one's zeal; *være ~ enn* be greater (,larger, etc) than; exceed *(fx* the assets exceed the liabilities); be in excess of; *(om antall, også)* outnumber; *(se også stor & størst).*

størrelse 1. size; **2** *(om noe som opptar plass)* bulk *(fx* the b. of the parcel; its large (,small) b.); **3** *(omfang)* extent *(fx* the e. of the damage); volume *(fx* the v. of sales depends on advertising; the v. of exports); **4** *(pengebeløp)* amount *(fx* the a. of my expenses); *(ofte =)* figures *(fx* the f. for the export trade); *(aksjes, pengeseddels)* denomination; **5** *(mat.)* quantity *(fx* a mathematical q.); **6** *(format)* size, format; *av en ~* of a size; *av middels ~* medium-sized; *av ~ som* (of) the size of, about the size of; *av passende ~* of a suitable *(el.* reasonable) size; *etter -n* according to size; *i full ~* (in) full size; *portrett i hel ~* full-length portrait; *i naturlig ~* full size *(fx* drawn f. s.), as large as life, life-size; *på ~ med* the size of *(fx* it's the size of an egg); *han er omtrent på min ~* he is about my size; *vi brukte samme ~ i skjorte* we took the same size (in) shirts; *jeg bruker ~ nr. 6 i hansker* I take sixes in gloves; *sko i ~ nr. 5* size five shoes; *stor ~ (om klær)* large size, outsize *(fx* outsize jackets, shoes); *en vinkels ~* the size of an angle.

størrelsesforhold proportions; *tegningen viser ikke de faktiske ~* the drawing does not indicate the actual proportions.

størrelsesorden size; *... vil dekke kravene til et oppslagsverk i denne ~* will satisfy the requirements of a reference book of this size.

størst *adj (se stor)* largest, biggest, greatest, tallest, maximum, maximal; *av den aller -e betydning* of prime *(el.* supreme) importance; *den -e (av to)* the larger (,bigger, etc); *i den -e fare* in the utmost danger; *den -e forbauselse* intense surprise, the utmost s.; *til hans -e forbauselse (også)* to his utter s.; *med den -e fornøyelse* with the greatest pleasure; *med den -e letthet* with the greatest ease; *den -e interesse* the greatest (*el.* highest (*el.* most profound) interest; ~ *mulig* as large (*,etc)* as possible; *i* ~ *mulig utstrekning* to the greatest possible extent; ~ *mulig effektivitet* the maximum of efficiency; *(se også stor & større).*

størstedelen: ~ *av* 1*(med entallssubst)* most of, the greater part of, the major part of, the bulk of *(fx* the population), the better (*el.* best) part of *(fx* his fortune); 2*(med flertallssubst)* most of, the greater part (*el.* number) of; *for* ~ for the most part; mostly. **-parten** *se størstedelen.*

støt push, thrust; *(med hodet)* butt; *(med dolk)* stab; *(ved sammenstøt & fig)* shock, blow; *(av vogn)* jog, jolt; *(elekt)* electric shock; *(vind)* gust, puff; *(i trompet)* blast; *avverge -et* ward off the blow; *korte* ~ *(pl) (i tlf)* pips *(fx* the pips go); *langt* ~ *(i fløyte)* prolonged blast; *(se også støyt).*

støtdemper shock absorber.

støte *vb (puffe)* push, thrust; *(fornærme)* offend, hurt; *(virke støtende på)* jar on; *(i morter)* pound, pestle; *(om gevær)* kick, recoil; *(om skip)* strike bottom, ground; *bli støtt* be offended, take offence; ~ *an* offend; *bli støtt over noe* take offence at sth; ~ *på* run into, come upon; ~ *sammen* collide; ~ *til (uhell, etc)* happen, supervene.

støtende *(fig)* offensive, objectionable; jarring.

støter *(i morter)* pestle.

støtfanger bumper.

støtfangerarm bumper arm. **-horn** overrider. **-skinne** bumper bar.

støtpute buffer.

støtsikker *(fx om ur)* shock-proof.

støtstang *se ventilløfter.*

støtt *(stadig)* always, constantly; *(se II. stø).*

støttann *(zool)* tusk.

I. støtte *(subst)* support, prop; *(søyle)* column, pillar; *(billed-)* statue; *(stiver)* prop, support; *dette har* ~ *i virkelige forhold* this is borne out by actual facts; ~ *til utdanningsformål* education grant; training grant; *trykt med* ~ *fra* printed on a grant from.

II. støtte *(vb)* support, sustain, prop (*el.* shore) up, stay; *(fig)* back up, bear out; ~ *seg på (el. til)* lean upon (*el.* against); *(fig)* rely on.

støttebandasje supporting bandage, elasticised bandage.

støttefag [subsidiary subject for master's degree].

støttehåndtak *(for medpassasjer)* grab handle.

støttelån *(fin)* support loan.

støttepunkt point of support.

støttevev *(anat)* connective tissue; *(se vev 2).*

støttone *(fon)* glottal catch (*el.* stop).

støttropper *(pl)* shock troops.

støtvis by fits and starts; *(om vind)* in gusts.

støv dust; *hun har* ~ *på hjernen* she's got dust on the brain; *tørke* ~ dust; *virvle opp* ~ raise (the) dust; *stir up* (a lot of) dust; *(fig)* raise (*el.* make *el.* kick up) a dust; cause a great stir.

støvbærer, -drager *(bot)* stamen.

støve *(vb)* raise (the) dust; ~ *av* dust; ~ *opp* track down *(fx* game); ferret out.

støveklut duster. **-kost** dust cloth, dusting brush.

støvel boot; *høye støvler (politi-, militær-)* jackboots; *dø med støvlene på (fig)* die in harness; die with one's boots on; *slå ned i støvlene (i konkurranse)* T beat hollow, beat all to nothing, beat into a cocked hat, lick.

støver *(zool)* hound; *en* ~ *til å ... (fig)* very good at (-ing).

støvet dusty, covered with dust.

støvfrakk dust coat. **-grann** speck of dust, dust particle. **-knapp** *(bot)* anther. **-lett** ankle boot. **-plage** dust nuisance; *bekjempelse av -n* dust abatement. **-regn** drizzling rain, drizzle. **-sky** cloud of dust, dust cloud. **-suger** vacuum cleaner. **-tråd** *(bot)* filament. **-vei** *(bot)* pistil.

støy noise; *lage* ~ make a noise; *(jvf bråk).*

støybegrenser (TV) noise suppressor.

støye *(vb)* make a noise; *(jvf bråke).*

støyende noisy, boisterous; *(se lystighet).*

støyfilter *(elekt)* static filter; reducer.

støyforurensende noise-polluting.

støykulisse *(teater, film)* sound effects.

støyskjerm (motorway) noise baffle.

støyt *(drikk)* drink; *ta seg en* ~ have a drink; T wet one's whistle; *ta -en* take one's medicine, take the rap *(fx* he let her take the rap); T carry the can; face the music; *jeg har skylden for alt, så nå får jeg ta -en* I'm to blame for everything and I must take what's coming to me; *(se også støt).*

I. stå *(subst): gå i* ~ come to a standstill *(fx* matters have come to a s.; the conference came to a s.), break down *(fx* negotiations have broken down), fail *(fx* all our plans have failed); come to a halt *(fx* the advance of the army has come to a halt); *(om urverk, etc)* run down; *(i tale, etc)* T be stuck, get stuck; *(om motor)* stop, fail, stall; T conk out; *ha gått i* ~ be at a standstill; *forhandlingene har gått i* ~ *(også)* (the) negotiations have reached a deadlock; *holde på å gå i* ~ *(også)* flag *(fx* the conversation flags; the whole campaign is flagging); *gå helt i* ~ come to a dead stop.

II. stå **vi 1.** stand *(fx* I could hardly s.; I have been standing all day); stand up; *(det) å* ~ *lenge om gangen* standing for long periods;
2*(befinne seg, være)* be *(fx* the box is on the table; there is a big tree in front of the house); stand *(fx* in a corner stood a bookcase; the cups s. on the shelf); *(forbundet med «og» + et annet vb)* be (doing sth), stand (doing sth), stand and (do sth) *(fx* he was looking at the church; I stood looking at him; I stood for a while and looked at the building; don't stand there gaping!); *(forbundet med «og» + «skulle» = skulle nettopp til å)* be about to *(fx* we were about to wash up); be on the point of *(fx* I was on the point of leaving for London);
3*(om slag)* be fought *(fx* the battle was fought here);
4*(være oppført på liste, etc)* be *(fx* he is not on the list); stand *(fx* he stands first on the list);
5*(om kort)* be good *(fx* the nine is good);
6*(for en som skal hoppe bukk)* make a back *(for en* for sby);
7*(til eksamen)* pass (in) the examination; pass;
8*(være uvirksom)* be idle *(fx* all the machines are i.), be at a standstill; *en motor som -r (flyv)* a dead engine;

[A: forskj. forb.; B: forb. med prep & adv; C: med «seg»].

A *[Forskjellige forb]* ~ *alene* stand alone *(fx* no man is strong enough to stand alone); be alone *(fx* I was alone in the world); ~ *anklaget for mord* stand accused of murder; ~ *brud* be married; *når skal bryllupet* ~ *?* when is the wedding to be? **den** *som -r (i gjemsel)* the blind man; **det** *-r at (i bok, brev, etc)* it says that; *det -r i avisen at* it says in the paper that; *det -r i avisen* it is in the paper; *det -r ikke noe om det i brevet* there is nothing about it in the letter;

mønstret -r ikke i katalogen the pattern is not shown in the catalogue; *mitt navn må ikke ~ på kassene* my name must not appear on the cases; *et hus hvor det sto «lege» på porten* a house where it said 'doctor'' on the gate; a h. which had the word doctor on the gate; *hva -r det på skiltet?* what does it say on the sign-board? **døra** *-r ikke hele dagen* **T** people are in and out all day; *det hele -r og* **faller** *med ham* it all depends on him; *(om hovedperson i foretagende, også)* he is the kingpin of the whole undertaking; *det hele -r og faller med været* the success *(fx* of the picnic, *etc)* turns on the weather; *vi -r og faller med hverandre* we stand or fall together; ~ **full** *av* be full of *(fx* the ditch was full of water); be filled with; *kom som du -r og* **går** come as you are; *de klærne jeg -r og går i* the clothes I stand up in; **la** *noe ~* let sth stand *(fx* let the bottle s. in the sun); leave sth *(fx* you must not leave your bicycle in the rain); *(ikke stryke ut)* leave sth, keep sth; *la det ~* leave it; *han lot ordet ~ (strøk det ikke ut)* he left the word in; he kept *(el.* retained) the word; *la deigen ~ natten over* allow the pastry to rest overnight; ~ **oppreist** stand up; ~ **parat** stand *(el.* be) ready *(til noe* for sth); *hvordan -r regnskapet?* *(kort, etc)* what's the score (now)? *hans* **rekord** *-r ennå* his record still stands; *hans* **sak** *-r dårlig (jur)* he has no case; he hasn't (got) a leg to stand on; *se hvordan sakene -r* see how matters stand; *slik -r saken* that is how matters stand; *slik som saken nå -r* as things are now; in the present state of things; as the case now stands; as things are (now); as it is; **T** the way things are; ~ **vakt** stand guard; **B** [*Forb. med prep & adv*] ~ **bak** stand behind; *(støtte)* support, back up, stand behind *(fx* the whole nation stands behind the Government); *(være den som trekker i trådene)* be behind *(fx* who is b. this movement?); be at the bottom of *(fx* he is at the b. of all this); *adverbet -r bak* **verbet** the adverb comes after *(el.* is placed behind) the verb; *firmaet -r* **dårlig** the firm is in a bad way; *han -r dårlig (fig)* he is in a weak position; *(se A: hans sak -r dårlig)*; *så det -r* **etter** with a vengeance; **T** like anything; ~ **fast** stand firm; *(fig)* stand firm *(el.* fast), be firm; **T** dig one's toes in; *(se også ndf:* ~ *på sin rett)*; ~ **for** 1*(symbolisere)* stand for; 2*(forestå)* be in charge of *(fx* the arrangement, the house); 3*(stå i spissen for)* be at the head of; 4*(vise seg for ens indre)*: ~ *for en* be before sby *(fx* his cold eyes are still before me); be present to sby's mind *(fx* the dream is still vividly p. to my mind)? haunt sby *(fx* the dreadful spectacle will haunt me as long as I live); 5*(forekomme): det -r for meg at ...* I seem to remember that ...; it seems to me that ...; *det sto for meg som den lykkeligste dag i mitt liv* it seemed to me the happiest day of my life; 6*(motstå): han kunne ikke ~ for henne* he could not resist her; he fell for her; ~ *for en nøyere undersøkelse* bear a close examination; ~ **foran** *noe* stand in front of sth; *(i tid)* be on the brink of sth *(fx* war); be on the eve of sth *(fx* of a revolution); face *(fx* they are facing a major war); *når det -r vokal foran* when preceded by a vowel; *men hvem vil ~* **fram** *og si det?* ... but who will stand up and say so? ~ **fritt** have a free hand; be a free agent *(fx* I am not entirely a free agent); *det -r deg fritt om du vil gjøre det eller ei* you can decide for yourself whether you will do it or not; *la saken ~* **hen** let the matter stand over; *det spørsmålet må vi la ~ hen* we must leave the question open for the present;

om det er sant eller ei, får ~ hen whether it is true or not must remain undecided; *det -r hos Shakespeare* the quotation comes from Shakespeare; *sola -r* **høyest** *kl. 12 middag* the sun is highest at noon; ~ **høyt** stand high, be highly developed; *aksjene -r høyt* the shares are at a premium; *deres kultur sto høyt (også)* they were at a high level of civilization; ~ *høyt i folks aktelse* stand high in popular esteem; *sola sto høyt på himmelen* the sun was high in the sky; *vannet sto fem fot høyt* the water was five feet deep; ~ **i** *(om kurs)* be at, be quoted at; *kjøpe for £2 noe som opprinnelig sto i £4* buy for £2 what was originally priced at £4; *(om penger: være investert i)* be (invested) in; *(om gram form)* be in *(fx* the plural); *han har mye å ~ i* he is very busy; he has a lot on; he has a great deal to do; he has his hands full; ~ *i med en pike* carry on with a girl; ~ *i veien for en* stand in sby's way; *-r jeg i veien for Dem? (o: slik at De ikke kan se)* am I blocking your view? *verbet -r i flertall* the verb is in the plural; ~ **igjen** *(gjenstå)* be left, remain *(fx* how much is there left?); *de varer som -r igjen på tidligere ordrer* the goods left over from previous orders; *de poster som -r igjen (ubetalt)* the unpaid *(el.* outstanding) items; the items that remain unpaid; *mye -r igjen (fig)* much remains to be done; ~ **imot** resist; *få noe å ~ imot med* fortify oneself; *valget -r* **mellom** *A og B* the choice lies between A and B; *han -r midt i livet* he leads an active life; *interessene sto steilt* **mot** *hverandre* interests were sharply opposed; *påstand -r mot påstand* there is a conflict of evidence; *(to ville ha vinduet lukket, to åpent), så der sto de da to mot to* so there they were, two all; *de -r tre mot to* they're three (to) two; ~ **ned** *en liten bakke (ski)* ski down a short slope; ~ *rett ned en bratt kneik* ski straight down a steep slope; ~ **opp** *(reise seg)* stand up, get up, rise (to one's feet), get on one's feet; *(av sengen)* get up, rise *(fx* r. with the sun); get out of bed; *han har ikke -tt opp ennå* he is not up yet; ~ *opp fra de døde* rise from the dead; ~ *sent opp* get up late; *(vanemessig)* be a late riser; *jeg er ikke videre glad i å ~ opp tidlig* I don't like getting up early; **T** I'm not much of a one for getting up early; ~ **over** 1*(overvåke)* stand over *(fx* if I don't stand over him he does nothing); 2*(ha en høyere stilling)* be above *(fx* he's above me in rank); rank above *(fx* a colonel ranks above a captain); be senior to *(fx* sby); ~ *over en (også)* be sby's senior; 3*(være bedre enn)* be superior to; ~ **overfor** be faced with, be confronted with, face *(fx* if we do that we shall have to face another difficulty); be confronted by *(fx* I am c. by many difficulties); be faced by *(fx* we are faced by the necessity of reforming the whole school system); *de vanskeligheter vi -r overfor (også)* the difficulties confronting us; *jeg -r overfor et alvorlig problem* I am up against a serious problem; *det virkelig store problem vi -r overfor er at ... (også)* the major problem confronting us is that...; *man må forestille seg at man faktisk -r overfor dette problemet* one has to imagine oneself actually faced by this problem; ~ **på** *(om radio, etc)* be on, remain on; *(gå for seg)* be going on, be proceeding, be in progress; *(henge i)* keep at it; *(vare)* last; *mens det sto på* while it lasted; *det -r på ham* it depends on him; it rests *(el.* lies) with him; *ja, det er bare å ~ på, det! (o: henge i)* **T** yes, it's just a matter of keeping at it! *det skal ikke ~ på* 'det never mind about that; that need be no obstacle; *det skal ikke ~ på*

meg (ɔ: jeg skal gjøre mitt) I shan't fail to do my share; *han kan ikke ~ på det vonde benet sitt* he can't stand *(el.* walk) on his sore foot; ~ *på hendene* do handstands; ~ *som på nåler* be on tenterhooks; ~ *på sin rett* insist on one's right(s); stick up for one's right(s); claim one's right(s); ~ *på sitt* be adamant; **T** stick to one's guns; ~ *fast på sitt krav* stand *(el.* hold) out for one's claim (,demand); stick up for one's claim (,demand); *(se ndf:* ~ *fast ved); ~ på ski* ski; ~ *på spill* be at stake, be involved; *viseren ~ på tre* the hand points to three; ~ **sammen** stand together; *vi må ~ sammen* we must stick together; ~ **stille** stand still; *(fig, også)* stagnate; *(om kjøretøy)* be stationary, be at a standstill; ~ **sterkt** be in a strong position; be on strong ground; *(jur)* have a strong case; ~ **til** *(passe til)* go well with, harmonize with; *(m.h. t. karakter, etc)* stand to get; *han -r til 2,0 (også)* he has a 2.0 coming to him; *hvis det sto til ham* if he had his way; *det -r dårlig til med ham* he is in a bad way; *la det ~ til (fig)* take the plunge; take the risk *(el.* chance); *(være likeglad)* let things drift *(el.* slide); let matters take their course; *det -r til deg å ...* it's up to you to ...; *hvordan -r det til (med deg)?* how are you? *hvordan -r det til hjemme?* **T** how are things at home? *(takk,) det -r til liv! (spøkef)* I'm surviving! I'll survive! ~ **tilbake***(i utvikling)* be backward; *tilbake -r den kjensgjerning at* the fact remains that; *ikke ~ tilbake for noen* be second to none; *veien -r under vann* the road is under water; *beløp som -r* **ute** outstanding accounts; *vi kan ikke la disse beløpene ~ ute på ubestemt tid* we cannot allow these accounts to stand over indefinitely; *varene har -tt ute i regnvær* the goods have been left out in the rain; ~ **ved** stand by *(fx* I stand by what I have said; s. by one's promise); *jeg vil ikke si mer enn jeg kan ~ ved* I don't want to say more than I can vouch for; *vi kan derfor ikke ~ fast ved den prisen vi nevnte for Dem ...* for this reason we cannot keep to *(el.* maintain *el.* abide by) the price we mentioned to you ...;
[Forb med «seg»] ~ *seg i konkurransen* stand one's ground, hold one's own; ~ *seg godt med en* be on good terms with sby; *kunne ~ seg mot en* be a match for sby; *du kan ikke ~ deg mot ham* you are no match for him; ~ *seg på å ...* gain by (-ing); *du -r deg på å være overbærende med ham* it will pay you to be patient with him; *man -r seg best på å ...* it pays to; *(se uimotsagt).*
stående standing; *et ~ uttrykk* a set phrase; *bli ~* remain standing; *bli ~ ubetalt* remain unpaid; *bli ~ ved (bestemme seg for)* decide on, decide in favour of; *han ble ~ ved døra* he stopped at the door; *(se fot).*
ståhei **T** row, hullabaloo; fuss; *stor ~ for ingenting* a lot of fuss over a trifle; *(jvf bråk; ståk).*
ståk *(vb)* noise; fuss; *i -et og lystigheten på markedsplassen* in the bustling gaiety of the fairground; *(se ståhei).*
ståkarakter pass mark *(,om bokstavkarakter:* grade); **US** passing grade.
ståke *(vb)* make a noise; bustle, fuss.
ståkort *(kort)* winning card, master card.
stål steel; *rustfritt ~* stainless steel.
stålampe standard lamp, floor lamp; *(mots. hengelampe)* standing light.
stålgrå steel-grey. **-hjelm** steel helmet; **T** tin hat. **-legering** compound steel. **-orm** *(zool)* slow worm, slowworm; **US** blindworm. **-plate** steel plate. **-produksjon** steelmaking, steel production. **-rør** steel tube. **-rørsmøbler** *(pl)* tubular steel

furniture. **-tråd** (steel) wire. **-trådgjerde** wire fence; *sette ~ rundt* wire off *(fx* a corner of the garden is wired off). **-ull** steel wool. **-verk** steelworks *(sing).* **-visp** spiral whisk.
ståplass standing place.
subb refuse; waste.
subbe *(vb)* sweep; *(med bena)* shuffle; ~ *inn penger* rake in money.
subbus quarry dust *(el.* waste).
subjekt *(gram)* subject; *foreløpig ~* provisional subject.
subjektantyder *(gram)* formal subject; **US** anticipatory subject.
subjektiv subjective. **-itet** subjectivity.
sublim sublime.
sublimat sublimate.
sublimere *(vb)* **1***(psykol)* sublimate; **2***(kjem)* sublime, purify, refine.
subordinasjon subordination.
subordinere *(vb)* subordinate.
subsidier *(pl)* subsidies.
subsidiere *(vb):* ~ *en* subsidize sby.
subsidiær subsidiary; *-t* alternatively.
subskribent subscriber.
subskribere *(vb)* subscribe *(på* to).
subskripsjon subscription.
subskripsjonsinnbydelse prospectus.
subskripsjonsliste list of subscribers.
substans substance.
substansiell substantial.
substantiv *(gram)* noun, substantive. **-isk** substantive, substantival.
substituere *(vb)* substitute.
substitusjon substitution.
substitutt substitute.
substrat 1. substrate; **2***(språkv)* substratum.
subtil subtle.
subtrahend *(mat.)* subtrahend.
subtrahere *(vb)* subtract. **-ksjon** subtraction.
Sudan *(geogr)* the Sudan.
sudaneser Sudanese.
sudanesisk Sudanese.
Suderøyene *(geogr)* the Hebrides.
Suezkanalen the Suez Canal.
suffiks *(gram)* suffix.
suffisanse self-importance, arrogance.
suffisant self-important, arrogant.
sufflere *(vb)* prompt.
sufflør prompter.
sufflørbok promptbook. **-kasse** prompt(er's) box.
suffløse prompter.
sug suction; *han hadde (el. følte) et ~ i magen (el. mellomgulvet)* he had a sinking feeling *(el.* sensation); **T** he had butterflies in the stomach.
suge *(vb)* suck; *dette har han neppe -t av eget bryst* surely that wasn't his own idea? he surely can't have made that up himself; *har du -t dette av eget bryst?* have you thought of it all by yourself? ~ *i seg,* ~ *til seg* suck in, absorb; ~ *opp* suck up; ~ *på labben (fig)* tighten one's belt, live on nothing; ~ *seg fast* stick on, cling, adhere (by suction); ~ *seg fast til (om blodigle, etc)* fasten on to, cling to.
sugende: *ha en ~ fornemmelse i magen* have a sinking feeling *(el.* sensation); **T** have butterflies in the stomach.
sugerør suction pipe; *(til drikk)* straw. **-skål** sucking disc. **-snabel** *(zool)* haustellum.
sugg (big) thumping fellow; *(se rusk).*
sugge **1***(zool)* sow; **2***(fig)* fat, sloppy woman.
suggerere *(vb)* suggestionize; *(ofte =)* hypnotize.
suggestibel suggestible.
suggestion (hypnotic) suggestion.
suggestiv suggestive; compelling; *(stemningsfrem-*

kallende) evocative; *-t spørsmål (jur)* leading question; (NB suggestive *ofte = pornografisk).*

suging sucking, suction.

suite retinue, suite; *(rekke)* suite *(fx* of rooms).

sujett subject, theme.

sukat candied (lemon) peel.

sukk sigh; *trekke et ~* heave *(el.* breathe *el.* fetch) a sigh; *(se dødssukk; elskovssukk).*

sukke *(vb)* sigh; *~ dypt* fetch a deep sigh; *~ lettet* heave *(el.* breathe) a sigh of relief; *~ etter* sigh for.

sukker sugar; *brunt ~* Demerara sugar, brown sugar; *(se farin & raffinade).*

sukkerbit lump of sugar.

sukkerbrød = sponge cake. **-bunn** sponge cake base. **-deig** sponge cake mixture.

sukkerert *(bot)* sugar pea.

sukker|holdig sugary, containing sugar, saccha-riferous. **-kavring** sweet rusk. **-klype** sugar tongs *(pl).*

sukkerlake syrup; *epler og pærer kokes først i -n og hermetiseres derpå i laken* apples and pears are pre-cooked in syrup, in which they are then bottled; *(jvf saft).*

sukker|raffineri sugar refinery. **-roe** *(bot)* sugar beet. **-rør** *(bot)* sugar cane. **-skål** sugar bowl *(el.* basin). **-syk** *(med.)* diabetic. **-syke** *(med.)* diabe-tes. **-søt** sweet as sugar, sugary.

sukkertøy sweet; *(om «silkepute»)* cushion; US candy.

sukkerunge little darling.

sukle *(vb)* gurgle.

sukre *(vb)* sugar; sweeten *(fx* s. according to taste); *~ ned* preserve in sugar.

suksesjon succession.

suksess success.

suksessiv successive; *~ levering (merk)* staggered deliveries; *(se levering).*

sulamitten: *hele ~* S the whole caboodle *(el.* lot).

sulfapreparat sulpha (,US: sulfa) drug.

sulfat sulphate; US sulfate.

sull lullaby.

sulle *(vb)* hum, croon.

sullik good-for-nothing, lay-about.

sult hunger; *magen min skriker av ~* my stom-ach is rumbling with hunger.

sultan sultan. *-at* sultanate.

sulte *(vi)* hunger, starve, go hungry; *(vt)* starve; *~ i hjel* die of starvation; *(med objekt)* starve to death; *~ seg* starve oneself; *~ ut* starve out *(fx* a town).

sulte|fore *(vb)* underfeed. **-grense:** *på -n* on the edge of subsistence, close to the subsistence level *(fx* people lived close to the s. l.); *(jvf eksi-stensminimum).* **-kur** starvation diet.

sultelønn starvation wages; a starvation wage.

sulten hungry *(etter* for); *~ som en skrubb* raven-ously hungry; *(lett glds)* (as) hungry as a hunter; *jeg er veldig ~* I'm starving! I could eat a horse! *(se skrubbsulten).*

sultestreik hunger strike.

sum sum; *(beløp)* amount (of money), sum *(fx* spend a large sum *(el.* amount)); figure *(fx* I don't know why we settled on this f.); *(fig)* sum *(fx* the sum of human misery); *den samlede ~, hele -men* the (sum) total, the total amount; *han har en pen ~ i banken* he has got a nice (little) sum of money in the bank; *en rund ~* a round sum; *i runde -mer* in lumps *(fx* give away £15,000 in lumps ranging from £500 to £2,000); *selges dags dato for en ~ av ...* (has been) sold (on) this day for the sum of ...

summarisk *(adj)* summary; *(adv)* summarily.

I. summe *(vb):* *~ seg* collect oneself.

II. summe *(vb)* buzz, hum, drone; *det -r i hodet på meg* my head is buzzing.

summere *(vb):* *~ sammen* sum up, add up; T tot up; *~ sammen regningen* US total up the bill.

summetone *(tlf)* dialling tone; US dial tone.

sump swamp. **-aktig** swampy.

sund *(subst)* sound, strait(s); *fjorden er bare et smalt ~* the fjord is just a narrow neck of water.

sunn *(frisk)* healthy; *(gagnlig for sunnheten)* wholesome, healthy, salutary, salubrious; *~ for-nuft* common sense; *sunt legeme* sound body; *en ~ sjel i et sunt legeme* a sound mind in a sound body; *~ luft* healthy air; *~ mat* whole-some food; *~ menneskeforstand* common sense; *sunt omdømme* sound judgment; *jeg mener det er sunt med mye mosjon* I believe in getting plenty of exercise; *(se også helse & helsebringen-de).*

sunnhet health; wholesomeness; salubrity; *drikke på ens ~* drink to sby's health; *strutte av ~* be bursting with health; *(jvf helse).*

sunnhets-: *se helse-.*

sunnhetsapostel *(spøkef)* health fanatic.

sup *(subst)* sip; drink, nip, swig, shot.

supe *(vb)* imbibe, suck; *(drikke for mye)* tipple; T booze; US T hit the booze *(el.* bottle).

supé dinner; evening meal.

superb superb.

superfosfat *(kjem)* superphosphate.

superklok overwise.

superlativ *(gram)* superlative.

supinum *(gram)* (the) supine.

supp|e soup; *et hår i -a* a fly in the ointment; *hele -a* S the whole caboodle.

suppeben napbone.

suppe|blokk *(omtr* =*)* powder soup. **-boks** tin of soup.

suppedas: *en fin ~* T a pretty kettle of fish.

suppe|gryte soup pot. **-kjøtt** stewing meat. **-sleiv** soup ladle. **-tallerken** soup plate. **-terrin** (soup) tureen. **-øse** soup ladle.

suppleant deputy, substitute. **-ment** supplement.

supplements- supplementary.

supplere *(vb)* supplement, eke out; *~ hverandre* complement each other.

suppleringsvalg by-election.

supplikant petitioner, supplicant.

sur sour, acid; acidic; *(om umoden frukt)* sour, sharp; *en ~ jobb* a stiff piece of work, a stiff *(el.* gruelling) task; T a tough job; *gjøre livet -t for seg* embitter one's own life; *hun gjorde livet -t for ham* she led him a dog's life; she made life a burden to him; *sette opp -e miner* frown, look surly; *~ nedbør* acidic precipita-tion; *ha -e oppstøt* have an acid stomach, suffer from acidity; *det var et -t eple han måtte bite i* it was a bitter pill he had to swallow; *-t tjent* hard-earned *(fx* h.-e. money).

surdeig leaven; *av samme ~ (fig)* tarred with the same brush.

surfacer primer-surfacer.

surhet sourness; acidity.

surkle *(vb)* gurgle. **-lyd** gurgling sound; *(se surk-ling).*

surkling gurgling (sound); *barnet har en lei ~ i brystet* there's a nasty gurgling sound on the child's chest.

surkål *(kan gjengis)* cabbage à la norvégienne; *svinekoteletter m/surkål (på meny, kan gjengis)* Pork Chops and Cabbage à la norvégienne.

surl 1. murmur, ripple; **2.** buzz, drone *(fx* of voices).

surle *(vb)* **1.** murmur, ripple; **2.** buzz, drone *(fx* droning voices).

sur|lynt morose; surly. **-maget** *(fig)* cross; surly; grumpy; ~ *kritikk* surly criticism. **-melk** curdled milk. **-mule** *(vb)* sulk, mope.

surne *(vi)* turn sour, become sour.

I. surr: *det går i ~ for meg* I'm getting (all) mixed up; *jeg vil helst betale etter hvert, slik at det ikke går i ~* I would rather pay when due, to keep things straight; *.. slik at det ikke går i ~ for oss* so (that) we shan't get mixed up; *then we shan't get into a muddle; det gikk i ~ for ham med navnene* he got the names (all) mixed up; *(se også II. surr).*

II. surr buzz, hum, whir; *det går i ett ~ hele dagen* T we're in a whirl all day; the day passes ina whirl of activity; *(jvf surret(e)).*

I. surre *vb (summe)* hum, buzz, drone, whir; *(i stekepannen)* sizzle.

II. surre *(vb) (mar: binde fast med tau)* lash, secure, rope.

surret(e) muddle-headed, scatterbrained; *han har blitt så ~ i det siste* T he's got so scatter-brained lately.

surring *(mar)* lashing, roping.

surrogat substitute *(for* for).

sursild pickled herring.

surstoff oxygen. **-holdig** oxygenous.

sursøt sweet-and-sour, sour-sweet *(fx* sauce); *(fig)* subacid *(fx* a s. smile).

surøyd bleary-eyed, rheumy-eyed.

I. sus: *leve i ~ og dus* live in a whirl of plea-sures; go the pace; *(især* US) live the life of Riley.

II. sus *(susing)* whistling; buzzing (in the ears).

suse *(vb)* whistle; whizz; *(fare av sted)* tear along, scorch (along); zip *(fx* zip in and out of the gates (in slalom)); *det -r for ørene mine* my ears are buzzing; *det -r i trærne* the wind sighs through *(el.* in) the trees; *i -nde fart* at top speed, at full speed; *la humla ~* T let things slide *(el.* drift).

suset(e) T absent-minded; confused; muddled.

suspekt *(fordektig)* suspicious.

suspendere *(vb)* suspend.

suspensjon suspension.

suspensorium suspensory bandage.

sut 1. care, concern; **2.** whimpering, whining.

suter *(fisk)* tench.

sutre *(vb)* whimper, whine, fret.

sutring whimpering, whining, fretting.

sutt *se narresmokk.*

sutte *(vb)* suck (at).

sutur *(med.)* suture.

suvenir *se souvenir.*

suveren 1. sovereign; **2.** S *(= finfin, kjempeflott, etc)* tops, the tops *(fx* he's the tops!); terrific, smashing *(fx* car, girl, etc).

suverenitet sovereignty; *(se oppgi; oppgivelse).*

sva 1.: *se svaberg;* **2***(fjellsport)* slab.

svaber swab.

svaberg bare rock-face, slope of naked rock.

svabergast swabber.

svabre *(vb)* swab down, swab.

svada claptrap, fustian; T hot air.

svai 1*(poet: smekker, bøyelig)* lissom(e), pliable, willowy; **2.** sway-backed; hollow-backed; *(om hest)* long-backed; ~ *rygg* hollow back; *(med.)* lordosis.

svaie *(vb)* **1***(bøye seg)* sway *(fx* the trees were swaying in the wind); bend, swing; *(sterkt)* toss *(fx* tossing trees); **2***(mar)* swing *(fx* at anchor); **3.:** ~ *med hoftene når man går* sway *(el.* swing) one's hips in walking; walk with swaying hips.

svairygget sway-backed; hollow-backed; *(om hest)* long-backed.

svak weak; *(i høyere grad)* feeble; *(ubetydelig)* faint, slight; *(om drikk)* weak; ~ *farge (,lys, lyd)* faint colour (,light, sound); ~ *helbred* delicate health; *et -t håp* a faint hope; *det -e kjønn* the weaker sex; *en ~ støy* a slight noise; *stå på -e føtter* be weak, be feeble, be in a precarious state; *jeg kjenner hans -e sider* I know his weak points; ~ *i* weak at *(el.* in) *(fx* he is weak in maths); *(se utarbeidelse).*

svakelig sickly, infirm, delicate.

svakelighet weakliness, delicate (state of) health, infirmity.

svakhet *(legemlig & åndelig)* weakness, feeble-ness, infirmity; *(svake punkt)* weakness, weak point; *ha en ~ for* have a weakness for *(fx* a person, strawberries); have a liking *(el.* fond-ness) for.

svakstrøm low current, low voltage, low power; *(se sterkstrøm).*

svakstrøms- low-power *(fx* vibrator); communica-tion *(fx* c. engineer); electronic *(fx* engineer, technique).

svaksynt weak-sighted.

I. sval *(subst)* hall, hallway; (external) gallery.

II. sval *(adj)* cool.

I. svale *subst (zool)* swallow; *en ~ gjør ingen sommer* one swallow does not make a summer.

II. svale *vb (kjøle)* cool.

svale|drikk cooling draught. **-stup** swallow dive.

sval|gang: *se I. sval.* **-het** coolness.

svalne *(vi)* become cool.

svamp sponge; *han drikker som en ~* he drinks like a fish. **-aktig, -et** spongy.

svane *(zool)* swan. **-fjær** swan's feather. **-hals** swan's neck; *(fig)* swan-like neck. **-sang** *(fig)* swan song. **-unge** young swan, cygnet.

svange *(på dyr)* flank.

svanger *(gravid)* pregnant. **-skap** pregnancy; *av-bryte -et* induce an abortion.

svangerskaps|avbrytelse induced abortion; *ulovlig ~* criminal abortion. **-kontroll** *(svarer til)* mater-nity clinic check-up; *gå til ~ (ofte)* go to the ante-natal clinic. **-periode** pregnancy, period of gestation. **-tegn** symptom of pregnancy.

svans *(zool)* tail.

svar answer; *(gjensvar)* reply; *(gjenklang, etter-kommelse av bønn, etc)* response; *skarpt ~* retort; *et bekreftende (,benektende) ~* an affir-mative (,negative) answer; ~ *betalt* reply pre-paid; ~ *utbes* r.s.v.p. *(fk. f.* répondez s'il vous plaît); *få ~* receive *(el.* have) an answer *(el.* a reply); *som man roper i skogen, får man ~* one gets the answer one deserves; *gi en et ~* answer sby, give sby an answer, make a reply to sby, reply to sby; *gi en ~ på et spørsmål* answer sby's question; reply to sby's q.; *vi imøteser Deres snarlige ~* we look forward to (receiv-ing) an early reply from you; we await your early reply; *når kan vi vente ~?* when may we expect a reply? *som ~* in reply; *som ~ på* in reply to; in answer to; *(på anmodning, etc)* in response to *(fx* in r. to your request for in-formation); *som ~ på Deres brev kan vi medde-le at ...* in reply to your letter we would *(el.* are able to) inform you that ...; *som ~ på Deres forespørsel meddeles at ...* in reply to your in-quiry, we are able to inform you that ...; *jeg fikk til ~ at* I received *(el.* got) the reply that; *(se bindende).*

svar|brev letter of reply. **-brevkort** reply postcard, prepaid *(el.* reply-paid) postcard.

I. svare *(vb)* answer, reply; respond; *(jvf svar);* ~ *toll* pay duty; ~ *en* answer sby, reply to sby; ~ *bekreftende (,benektende) på noe* return an affirmative (,negative) reply to sth; *han svar-te ikke et ord* he did not say a word in reply;

det *-r seg ikke* it does not pay; it is not worth while; ~ *skarpt* answer sharply; *svar tydelig!* answer up! ~ *unnvikende* give an evasive answer *(el.* reply); ~ *for (garantere for)* answer for; be answerable for; ~ *på et spørsmål* answer a question; reply to a question; *svar på mitt spørsmål!* answer my question! ~ *til* correspond to *(fx* the sample), be equal to, be up to (the quality of) *(fx* the sample); meet *(fx* we hope the goods will m. your expectations); ~ *til en beskrivelse* answer to a description; *et pund -r til ca. 10 kroner* a pound is equal to about 10 kroner; *(se plent).*
II. svare *(adj): et* ~ *strev* a tough job, heavy going.

svarhånd *(kort)* responding hand. **-kupong** reply (-paid) coupon. **-melding** *(kort)* response. **-sending** reply-paid letter. **-signal** reply signal. **-skriv** reply.

svart *(sort)* black; *(skitten)* dirty; ~ *arbeidskraft* black labour; *en* ~ *dag* a black day; *ha en* ~ *dag (○: da alt går på tverke)* have an off-day; ~ *løgn* black lie; *-e penger* black money; money *(el.* cash) not declared for tax; undeclared income; *han kjøpte huset for -e penger* he bought the house with money he had not declared; *T (også)* he bought the house under the taxman's nose; *ha noe* ~ *på hvitt* have sth in black and white.

svartaktig blackish.

svartale reply; response, speech-in-reply; *(som imøtegår noe)* rejoinder; *(som svar på takketale, fx): i sin* ~ *takket tillitsmannen og uttalte ...* returning thanks, the shop steward said ...

svartalv *(myt)* malignant elf.

svartebok book of magic. **-børs** black market. **-børshai** black marketeer. **-børshandel** black marketeering, black-market transactions.

svartedauen the Black Death.

Svartehavet the Black Sea.

svartekunst black magic, necromancy.

svartekunstner sorcerer, necromancer.

svartelegram telegraphic reply, reply (telegram).

svarteliste black list. **-marja** Black Maria; US *(også)* paddy wagon.

svarteper *(kort)* black man.

svartfarget dyed black. **-hå** *(zool)* spinax. **-hålke** black ice. **-håret** black-haired. **-kledd** (dressed) in black.

svartkopp [a cup of black coffee laced with spirits]; = cup of laced coffee.

svartkritt black chalk.

svartne *(vb)* blacken, grow dark; *det -t for øynene på meg* everything went black.

svartor *(bot)* black alder. **-trost** *(zool)* blackbird.

sveis *1(godt lag)* knack; *ha en egen* ~ *med noe* have a way with sth; *2(hår-): så fin* ~ *du har!* your hair is looking very smart! *3(skjøt)* weld, welded joint.

sveisbar weldable.

sveise *(vb)* weld; *han prøvde å* ~ *sitt folk sammen til en nasjonal enhet* he tried to fuse his people into a national unit *(el.* into one nation).

sveisen chic, stylish, smart.

sveiser 1. dairyman; US barnman, cow hand. **2.** welder; *(jvf sveise).*

sveising welding.

Sveits *(geogr)* Switzerland.

sveitser Swiss. **-hytte** chalet, Swiss cottage. **-ost** Swiss cheese, Emmentaler, Gruyère.

sveitsisk Swiss.

I. sveiv *subst (på sel)* flipper.

II. sveiv *subst (tekn)* crank, crank handle; *(starting)* handle.

sveive *(vb)* crank (up).

svekke *(vb)* weaken, enfeeble; impair *(fx* his health (,our credit) has been impaired); pull down *(fx* an attack of fever soon pulls you down); *sykdommen har -t ham* his illness has left him weak; *(se sjelsevne & ta C:* ~ *på).*

svekkelse weakening; impairment.

svekling weakling.

svelg *1(anat)* pharynx; *(strupe)* throat; *(spiserør)* gullet; *2(avgrunn)* abyss; *3(slurk)* gulp.

svelge *(vb)* swallow; ~ *sin stolthet* pocket one's pride; ~ *i* revel in, wallow in; *hun -t tappert (○: forsøkte å la være å gråte)* she choked *(el.* gulped) back her tears bravely.

svelle *(vb)* swell; ~ *ut* bulge, swell out.

svenn *(håndverkssvenn)* journeyman *(fx* a j. carpenter); *farende* ~ *(spøkef om person som aldri slår seg til ro på ett sted for lengre tid)* bird of passage. **-ebrev** = craft certificate; *(mer videregående)* advanced craft certificate. **-eprøve 1.** (apprentices') final examination; **2.** specimen piece of work done by an apprentice (to qualify as a journeyman).

svensk Swedish. **svenske** Swede.

svepe whip. **-slag** lash of a whip. **-snert** whiplash.

sverd sword; *kvesse sitt* ~ *(fig)* sharpen one's sword. **-fisk** *(zool)* swordfish. **-lilje** *(bot)* iris, flag (flower). **-slag** sword blow; *uten* ~ *(fig)* without striking a blow, without firing a shot.

sverge *(vb)* swear; ~ *falsk* perjure oneself; commit perjury; ~ *på* swear to; ~ *ved alt som er hellig* swear by all that's holy; *svorne fiender* sworn enemies.

Sverige *(geogr)* Sweden.

sverm swarm; *(av mennesker, også)* crowd.

sverme *(vb)* swarm; ~ *for* **T** be crazy about; have a crush *(el.* pash) on; be gone on *(fx* sby).

svermer 1. dreamer; *2(zool)* hawkmoth.

svermeri *1(forelskelse)* infatuation; romance *(fx* a new romance); **T** crush, pash; *(personen)* flame *(fx* my old f.); *2(rel)* fanaticism.

svermerisk 1. romantic *(fx* a r. young girl); *2(upraktisk)* visionary *(fx* ideas, schemes).

I. sverte *(subst)* blacking.

II. sverte *(vb)* blacken; *(fig)* blacken, run down; **T** smear.

svett *(adj)* sweaty; *bli* ~ begin to sweat; **T** get into a sweat; *unngå å bli* ~ don't allow yourself to sweat; *han var drivende* ~ he was running with sweat; **T** he was all of a sweat; *(se også I. svette).*

I. svette *(subst)* perspiration, sweat; *være badet i* ~ be bathed in perspiration, be perspiring all over, be in a sweat; **T** sweat like a pig; be all of a sweat.

II. svette *(vb)* perspire, sweat; ~ *blod* sweat blood; ~ *sterkt* perspire profusely; be streaming with perspiration; *(jvf I. svette);* ~ *av angst* sweat with fear; ~ *ut (en forkjølelse)* sweat out a cold; *du må* ~ *ut* you must sweat it out.

svettedrivende sudorific.

svettedråpe drop of perspiration.

svettelukt sweaty smell. **-re(i)m** *(på hatt)* sweatband. **-tokt** attack of sweating; sweat *(fx* a good s. often cures a cold).

svev *(skihoppers)* flight; jump; *gjennom hele -et* all through the jump; *når en hopper først er i -et* once a jumper is airborne; *(se avslutning).*

I. sveve *(bot)* hawkweed.

II. sveve *(vb)* hover, float; *(gli)* glide; ~ *mellom liv og død* be hovering between life and death; *(se sky & sfære).*

svevebåt hovercraft.

svevende 1. floating, hovering; *2(usikker)* vague, uncertain.

svi *1(vt)* burn, singe, scorch; *2(vi)* smart, suffer;

han får ~ *for det en dag* he'll be the worse for it some day; one fine day he'll have to pay for it; *dette skal han få* ~ *for!* he's going to pay for this! I'll see that he pays for it! he shall catch it from me! I'll let him have it! *dette skulle han få* ~ *for!* he was going to (have to) pay for this! *han måtte* ~ *for det (også)* he was left to foot the bill; S he was left holding the baby; he had to take the rap; *det kommer han til å måtte* ~ *for* the consequences will be unpleasant for him; T he will get it in the neck for that; *grønnsakene har -dd seg* the vegetables have stuck to the pan; *kjøttet er -dd* the meat is burnt; *melken har -dd seg* the milk has caught; *røyken begynte å* ~ *ham i øynene* the smoke began to sting his eyes; ~ *av et hus* burn a house down; *(se også sviende).*

svibel *(bot)* hyacinth.

svibrent: ~ *meg! (når man leker gjemsel)* I'm home!

svie *(subst)* smarting *(el.* stinging) pain; *erstatning for tort og* ~ damages for pain and suffering.

sviende scorching, biting; *(fig)* biting, pungent, scathing; *en* ~ *fornemmelse* a smart sensation; ~ *hån* biting *(el.* scathing) sarcasm; *et* ~ *slag over fingrene* a smart rap over *(el.* on) the knuckles; *(se også svi & svie).*

sviger|datter daughter-in-law. **-far** father-in-law. **-foreldre** parents-in-law. **-inne** sister-in-law.

svik fraud, deceit. **-aktig** fraudulent, deceitful; *handle* ~ *(jur)* act with intent to defraud. **-aktighet** fraudulence, deceitfulness; *(jur)* fraud.

svike *(vb)* deceive, disappoint; ~ *sitt fedreland* betray one's country; ~ *sitt ord* break one's word.

svikt 1*(mangel)* shortage, deficiency; 2*(underskudd)* deficit; 3*(svakhet)* weakness; lapse *(fx* a l. of memory); 4*(det at noe skuffer; om tilførsler, etc: blir borte)* failure *(fx* the f. of the anti-aircraft defences; the f. of the coal supply; the f. of the spring rains); *ulykken skyldtes menneskelig* ~ the accident was the result of *(el.* was caused by) a human error; *ulykken skyldtes teknisk* ~ the accident was caused by a technical fault; *-en i tilførslene* the failure in supplies; *-en i stålleveransene* the shortfall in steel deliveries; *vi kan godt forstå at dette må ha betydd en* ~ *i Deres omsetning* we can quite understand that this must have caused a gap in your business.

svikte *(vi)* fail, be wanting; be absent; *(vt)* fail, forsake, abandon, desert, disappoint; ~ *sin plikt* fail in one's duty; *motoren -t* the engine failed *(el.* stalled *el.* cut out); T the e. packed up; *motoren har -t (flyv) (også)* the engine is out of action; *motet -t ham* his courage deserted him; *(se også åndsnærværelse).*

sviktende *(se svikte)* failing *(fx* eyesight, memory); ~ *helbred* failing health *(fx* he has been in f. h. for some time); *hans* ~ *hukommelse* his weak *(el.* failing) memory; ~ *priser* declining *(el.* receding) prices; *aldri* ~ never-failing *(fx* kindness); unflagging *(fx* energy, interest, strength); unremitting *(fx* attention); *med aldri* ~ *iver* with unfailing *(el.* unflagging *el.* unremitting) zeal; *på* ~ *grunnlag* on an unsound basis, on insufficient grounds; *saken ble reist på* ~ *grunnlag* the matter was raised on a shaky basis *(el.* foundation).

sviktstup spring(board) dive; *(kunststup)* fancy dive.

svill 1*(jernb)* sleeper; 2*(tøm)* sill; ground beam.

svime: *i* ~ unconscious; *slå i* ~ knock unconscious, knock out.

svime *(vi):* ~ *av* faint; *han var svimt av* he was out cold.

svimle *(vi)* be dizzy *(el.* giddy); *det -r for meg* I feel dizzy; my head is swimming.

svimlende dizzy, giddy; ~ *fjelltopper* dizzy peaks *(fx* on all sides d. peaks were visible); *en* ~ *sum* a staggering sum.

svimmel dizzy, giddy; *bli* ~ feel *(el.* become) dizzy *(el.* giddy); turn dizzy.

svimmelhet dizziness, giddiness.

svin hog, swine, pig; *(fig)* dirty beast; *ha sine* ~ *på skogen (fig)* have an axe to grind; feather one's own nest; *han har nok også sine* ~ *på skogen* he is probably one of those who have an axe to grind; *kaste perler for* ~ throw pearls before swine.

svinaktig *(adv)* terribly, awfully.

svindel swindle.

svindelforetagende swindle; S ramp; *organisere et* ~ *(også)* work a racket.

svindle *(vb)* swindle. **-r** swindler.

svine *(vb):* ~ *til* dirty, make dirty, soil.

svinebinde *(vb)* hog-tie, bind hand and foot.

svine|be(i)st pig. **-blære** hog's bladder. **-bust** pig's bristles. **-fett** pork fat, lard. **-heldig:** *han er riktig* ~ T he's a lucky dog. **-hell** stroke of good luck. **-kam** loin of pork; **-kjøtt** pork. **-kotelett** pork chop. **-lever** pig's liver. **-lær** pigskin. **-pels** filthy person; dirty dog; swine.

svineri swinishness, filthiness; smut; (T: *noe som ergrer en)* annoyance, nuisance; *det er noe* ~ T it's a damn nuisance.

sving 1*(vei-)* bend, curve, turn; *i en* ~ on a bend *(fx* on a left-hand b.), on *(el.* in) a curve; *en* ~ *i veien* a turn in *(el.* of) the road; *motorsyklisten falt av i -en* the motor-cyclist came off in *(el.* on) the bend *(el.* corner); *veien gjør en* ~ *på seg* the road makes a turn; *der hvor veien gjør en* ~ *(også)* where the road bends; *veien gjør en brå* ~ the r. turns sharply *(el.* takes a sharp turn); *greie en* ~ *(om bilist)* negotiate *(el.* take) a corner; take a turning *(fx* he took the t. at full speed); *(også om skiløper)* hold the bend; *han tok -en for fort* he rounded the corner too fast; he came round the c. too fast; **2.** trip *(fx* he took a trip over to the table); 3*(gang)* swing *(fx* in full s.); *i* ~ going, working; active; in the swing of things *(fx* in no time at all we were in the s. of things); *få* ~ *på, komme i* ~ get started; *få* ~ *på stilene* hans improve the style of his essays; polish up his e.; *(gjøre dem livligere)* T ginger up his e.; *sette* ~ *i* get *(el.* set) sth going, start sth; *sette fantasien i* ~ appeal to the imagination; set one's i. going; 4*(stil)* form, style; **5:** *se sleng.*

sving|arm steering arm. **-bru** swing bridge.

svingdør swing door; *(som går rundt)* revolving door.

svinge *(vb)* **1.** swing, wave; brandish *(fx* a sword); 2*(som en pendel)* swing *(fx* the lamp swung to and fro); 3*(omkring en tapp, etc)* swing, swivel, pivot; 4*(forandre retning)* swing *(fx* the boat swung round; the car swung into the market place); turn off *(fx* he turned off to the right); *(om vei)* bend, curve *(fx* the road curves to the right); 5*(om priser, etc)* fluctuate;
der hvor veien -r where the road bends; *jeg svingte inn i Regent Street* I turned into *(el.* down) R. S.; *han svingte inn i en sidegate* he turned down a side street; *bilen svingte inn på gårdsplassen* the car turned into the courtyard; ~ *inn på en smal vei* turn down a narrow road; ~ *med noe* swing sth; wave sth; *(især truende el. triumferende)* brandish; ~ *om hjørnet* turn the corner; ~ *opp foran huset* pull up in front of

the house; ~ *rundt* swing round, turn round; *(plutselig el. voldsomt)* spin round; ~ **seg** *(danse)* dance; **T** shake a leg; ~ *seg fra gren til gren* swing from branch to branch; ~ *seg i dansen* dance; foot it; ~ *seg i salen* vault into the saddle; ~ *seg opp* get on (in the world), rise (in the world); ~ *seg opp på muren* swing oneself onto (the top of) the wall; ~ *seg opp til* attain *(fx* he attained the rank of colonel); rise to the position of *(fx* manager).

sving|hjul flywheel. **-kraft** *fys (kraftpar)* couple. **-kran** rotary crane, swing crane.

svingning swinging; swing, vibration; oscillation; *(pris-, etc)* fluctuation, variation; *(dreining)* turn *(fx* a t. to the left).

svingnøkkel wheel brace; **US** speed wrench.

svingom dance; *få seg en* ~ **T** shake a leg.

svingstang *(gym)* horizontal bar; *(jvf skranke).*

svingstol swivel chair.

svingtapp pivot, trunnion.

svingteknikk *(ski)* turning technique.

svinn shrinking, waste, wastage; *(vekttap)* loss in weight.

svinne *vb (forsvinne)* vanish; *(forminskes)* dwindle; shrink; *håpet -r for de savnede arbeiderne* hopes fade for the missing workers; ~ *hen* fade away.

svinse *(vb):* ~ *omkring* bustle (about), scuttle about.

svinsk filthy *(fx* room, habits); smutty *(fx* story, talk).

svint quick, swift.

svipptur trip, flying visit, short visit; *ta en* ~ *til* pay a short visit to, run across to.

svir boozing.

svire *(vb)* booze; *(lett glds)* carouse.

svire|bror **T** boozer; *hans svirebrødre* his drinking companions. **-lag** boozing session; *(lett glds)* carousal.

svirre *(vb)* whir(r), buzz, whiz; *det -r med rykter* the air is thick with rumours.

sviske *(bot)* prune.

svoger brother-in-law.

svogerskap affinity, relationship by marriage.

svolk switch, stick; *(pryl)* beating, thrashing.

svolke *(vb)* beat, thrash, lick.

svor(d) *(fleske-)* (bacon) rind; *(stekt)* crackling.

svovel sulphur; **US** sulfur.

svovelaktig sulphurous; **US** sulfurous.

svovel|fri free from sulphur (,**US:** sulfur). **-holdig** sulphurous; **US** sulfurous. **-jern** ferrous sulphide (,**US:** sulfide).

svovelkis pyrite.

svovelpredikant fire-and-brimstone preacher.

svovelsur sulphuric; *-t salt* sulphate; **US** sulfate.

svovel|syre sulphuric acid. **-vannstoff** hydrogen sulphide (,**US:** sulfide).

svovle *(vb)* sulphur, treat with sulphur (,**US:** sulfur).

I. svull *se issvull.*

II. svull swelling.

svullen swelled, swollen.

svulme *(vb)* swell; ~ *opp* swell (out); ~ *av stolthet* swell with pride.

svulmende swelling, full; *hennes* ~ *barm* her swelling *(el.* full) bosom; the full curves of her bosom.

svulst *(sykelig hevelse)* tumour; **US** tumor.

svulstig bombastic, high-flown, turgid.

svulstighet *(oppstyltet tale)* bombast, turgidity.

svuppe *(vb)* squelch; squish.

svær *(adj)* heavy, ponderous; *(om person)* big, huge; *(fig)* hard, difficult; ~ *sjø* a heavy sea; *-e tap* heavy losses; *-t tømmer* massive timber; *han er* ~ *til å lese (,snakke, etc)* he is a great

reader (,talker, *etc); det var -t!* well, I never! can you beat it! *(se også svært).*

svært *(adv)* extremely, very; ~ *mye* very much; ~ *overdrevet* greatly exaggerated.

sværvekt heavyweight.

svøm: *legge på* ~ start swimming.

svøm|me *(vb)* swim; *hun -te i tårer* she was bathed in tears; ~ *i blod* welter in blood.

svømme|basseng swimming pool. **-belte** swimming belt. **-blære** *(hos fisk)* swim bladder; air bladder; sound. **-dyktig** able to swim. **-finne** fin. **-fot** webbed foot. **-fugl** web-footed bird. **-føtter** *(dykkers)* frogman's feet, (underwater) flippers. **-hall** (indoor) swimming pool. **-hette** *(bade-)* bathing cap. **-hud** web; *med* ~ webbed. **-lærer** swimming instructor.

svømmer swimmer.

svømme|tak stroke (in swimming), swimming stroke. **-tur** swim *(fx* have *(el.* go for) a swim); *(se I. tur).*

svøp 1*(bot)* velum: 2*(glds)* swaddling clothes.

I. svøpe *(subst)* scourge, whip.

II. svøpe *vb (glds: om barn)* swaddle; *(om en hvilken som helst gjenstand)* wrap; ~ *inn* wrap up.

sy *(vb)* sew; ~ *en kjole* make a dress; ~ *i en knapp* sew on a button; ~ *igjen et hull* sew up a hole, mend *(el.* darn) a hole; ~ *om en kjole* alter a dress; ~ *sammen* stitch *(el.* sew) together.

syatelier dressmaker's shop.

sybaritt sybarite. **-isk** sybaritic.

sybord worktable.

syd south; *i* ~ in the south; *S-en* the South; *(i Europa)* the Mediterranean countries; *(se sør-).*

sydame *(kjolesyerske)* dressmaker.

syde *(vb)* seethe, boil.

sydfrukter *(pl)* tropical fruits.

sydlandsk southern. **sydlending** southerner.

sydlig: *se sørlig.*

Sydpolen the South Pole.

sydpolkalotten the icecap of the South Pole.

sydtysk South German.

sydvest *(mar)* 1*(hodeplagg)* sou'wester; **2.** *se sørvest.*

syerske *(på fabrikk)* sewer; machinist; *(jvf sydame).*

syfilis *(med.)* syphilis; **S** pox.

syk *(predikativt)* ill; sick; **US** sick; *(om legemsdel, etc)* diseased, disordered *(fx* liver, imagination); *(om legemsdel, også)* **T** bad *(fx* my bad foot); *en* ~ *mann* a sick man; *en meget* ~ *gammel mann* a very ill *(fx.* sick) old man; ~ *på legeme og sjel* diseased in body and mind; ~ *på sinnet* mentally ill; *han er* ~ *på sinnet (også)* his mind is diseased; *-e* sick people; *en* ~ a sick person, a patient; *bli* ~ be taken ill, fall ill, become *(el.* get) ill; *hun ble alvorlig* ~ *av det* it made her seriously *(el.* very) ill; *føle seg* ~ feel ill; *ligge* ~ be ill in bed.

sykdom illness; disease; *(se svekke).*

sykdomsbilde clinical picture, pathological p., syndrome.

syke: *se sykdom; engelsk* ~ rickets (NB *entall).*

syke|attest medical certificate. **-besøk** visit to a patient; *(leges el. prests)* sick call; call *(fx* the doctor is out on his calls); *(om lege, også)* rounds *(fx* the doctor is out on his rounds); *legen er ute i et* ~ the doctor is out on a case *(el.* call). **-behandling** medical treatment. **-bil** ambulance. **-dager** *(i statistikk):* ~ *og sykdomstilfellenes gjennomsnittlige varighet* number of days off sick *(el.* number of days absent through illness) and average duration of absence. **-forsikring** sickness insurance; **US** health insurance.

-gymnast physiotherapist, remedial gymnast.
-gymnastikk remedial gymnastics, r. exercises,
remedials. **-historie** *(pasients)* case history. **-hjem**
nursing home. **-hus** hospital. **-husbehandling** hos-
pital treatment. **-husdirektør** (medical) super-
intendent. **-husopphold:** *han får et lengre* ~ he
will be in hospital for some considerable time.
-journal case record; *(den enkelte pasients)* case
sheet; medical record (card).
sykekasse sickness insurance fund (,US: plan);
sickness insurance scheme; sick benefit associa-
tion, health insurance society; **UK** *(siden 1946)*
National Health Insurance; *stå i -en* be a mem-
ber of the National Health Insurance; *han står
ikke i noen* ~ he does not contribute to any
sickness insurance fund; *tannbehandling dekkes
bare delvis av* ~ the insurance scheme covers
only part of the cost of dental treatment.
sykekasselege UK National Health doctor; panel
doctor; *liste over -r* panel of National Health
doctors.
sykeleie sickbed; *etter flere måneders* ~ after
several months of illness.
sykelig 1. sickly; **2**(abnorm) morbid.
sykelighet 1. sickliness; ill-health; **2.** morbidity.
syke|liste sick list. **-passer** male nurse; *(soldat)*
hospital orderly. **-penger** sickness benefit; *(fra
arbeidsgiver)* sick pay; *han fikk kr. 25.- pr. dag
i* ~ he received sickness b. to the amount of
kr. 25.- a day. **-permisjon** sick leave *(fx* he is on
s. l.). **-pleie** nursing; *vanlig* ~ general nursing.
-pleiemedhjelper nursing cadet. **-pleier** nurse;
trained nurse; **US** graduate nurse.
sykepleierstudent student nurse.
syke|pleieskole school of nursing. **-sal** ward. **-stue**
ward.
sykkel bicycle; **T** bike; **S** grid. **-slange** bicycle
inner tube. **-sti** *(langs gate el. vei)* cycle lane *(fx*
cycle lanes and footpaths along the main
roads). **-styre** handlebars *(pl)*. **-tur** (bicycle) ride;
run, spin *(fx* he went for a spin on his b.); *(leng-
re)* cycle tour, cycling tour; *(se I. tur).* **-vei**
cycle path; **US** bikeway.
sykle *(vb)* cycle, bicycle; **T** bike.
syklist cyclist.
syklon cyclone.
syklus cycle.
sykmelde *(vb)* report sick; ~ *seg* report oneself
sick; *(se sykmeldt).*
sykmelding report that one is ill; excuse on
account of illness; **T** sick note; *(se sykeattest).*
sykmeldt reported sick *(fx* he is r. s.), off sick;
han er ~ *pga. influensa* he's off with flu.
sykne *(vi)* sicken; ~ *hen* waste away; *(om plan-
ter)* droop, wilt.
sykofant sycophant.
sykurv workbasket.
syl awl.
sylfide sylph.
sylinder cylinder. **-blokk** cylinder block. **-deksel**
c. cover. **-diameter** bore. **-foring** cylinder liner,
cylinder lining *(el. sleeve); (se bore).* **-formet**
cylindrical. **-volum** cylinder volume *(el. capaci-
ty),* cubic capacity, piston displacement.
sylindrisk cylindric.
syllogisme syllogism.
sylspiss *(adj)* pointed, sharply pointed.
I. sylte *subst (persesylte)* mock brawn, head
cheese, collared head.
II. sylte *(vb)* preserve (with sugar), make jam;
(legge ned i eddik) pickle (in vinegar); *1 dl
hakket, -t appelsinskall* 2 oz. chopped, candied
orange peel; *10 -de røde kirsebær* 10 red glacé
cherries; *(jvf hermetisere).*
syltelabber *(pl)* boiled pig's trotters.

syltesukker = granulated sugar; **T** jamming
sugar.
syltetøy jam; *koke* ~ make jam; *(jvf hermetise-
ring).*
syltetøy|glass preserving *(el.* bottling) jar, jam jar
(el. pot); ~ *med skrulokk* screwtop jar. **-skål**
jam dish. **-snitter** *(pl)* Vienna fingers; *(se kake).*
symaskin sewing machine.
symbol symbol.
symbolikk symbolism.
symbolisere *(vb)* symbolize.
symbolsk symbolic.
symfoni symphony.
symfonisk symphonic.
symmetri symmetry.
symmetrisk symmetrical.
sympati sympathy; *-er og antipatier* likes and
dislikes.
sympatisere *(vb)* sympathize *(med* with); *de som
-r med henne* her sympathizers.
sympatisk 1. sympathetic; *det -e nervesystem* the
sympathetic nervous system; **2.** nice, likeable;
han virker ~ he seems a nice person *(el.* man),
he looks a likeable person; **T** he seems a decent
sort.
sympatistreik sympathy strike.
sympatiuttalelse expression of sympathy.
symptom symptom.
symre *(bot)* anemone.
syn 1(synsevne) sight *(fx* have a good (,bad)
sight); eyesight, vision; *normalt* ~ normal vi-
sion, normal sight; *med normalt* ~ normal-
sighted, with normal vision *(el.* sight); *ha skarpt*
~ be sharp-sighted; *miste -et* lose one's eye-
sight; *det har skadet -et hans* it has impaired
his vision;
2(innbilt syn) apparition; vision; *se -er* have vi-
sions; **T** see things; *du må ha sett -er* you must
have been seeing things; *jeg trodde jeg så -er
(også)* I thought my eyes were deceiving me;
(se synsevne);
3(noe man ser el. betrakter) sight, spectacle; *den
fulle gamle mannen var et trist* ~ the drunken
old man was a sad sight; *det var et* ~ *for gu-
der!* it was too funny for words; it was a sight
for the gods; it was a hilarious *(el.* great) sight;
it was quite hilarious to look at; *slipp ham ikke
av -e* don't let him out of your sight; *han slapp
henne ikke av -e* he never took his eyes
off her; *tape av -e* lose sight of; *Glitretind hadde
vi snart tapt av -e* Glitretind soon dropped out
of sight; *ute av -e* out of sight; *ute av -e, ute
av sinn (ordtak)* out of sight, out of mind; *ved
-et av* at the sight of;
4(anskuelse, mening) view(s), opinion, outlook;
fremlegge sitt ~ *på en klar måte* present one's
view(s) lucidly *(el.* clearly); *mitt* ~ *på saken*
my view of the matter; **T** the way I look at it;
få *et annet* ~ *på det* come to see it in anoth-
er *(el.* a different) light; *vi* **har** *et annet* ~ *på
det* we take a different view of it; *ha et lyst*
~ **på** *tilværelsen* take a bright view of things,
be an optimist; *jeg har samme* ~ *på saken som
du (også)* I see eye to eye with you (in the
matter); *vi har samme* ~ *på saken* we take the
same view of the matter; we see eye to eye; *vi
har ikke samme* ~ *på saken (også)* we don't
see eye to eye (in the matter); *ha et uhildet* ~
på saken take an unprejudiced view of the
matter; *jeg er ikke enig i det -et* I don't sub-
scribe to that (view);
5(T: ansikt) face;
for -s skyld for the sake of appearances; **T** for
the look of the thing;
komme til -e appear, come in(to) view, come

in sight; *(mar, også)* heave into sight; emerge *(fx* a horseman emerged from the wood); *papiret var flere steder blitt revet, slik at innholdet kom til -e* the paper had been torn in several places, so that the contents were visible; *komme sterkt til -e (fig)* be strongly in evidence; *komme til -e igjen* reappear.

synagoge synagogue.

synd sin; *det er ~ (ergerlig, etc)* it's a pity; *det er ~ på ham* he is to be pitied; I'm sorry for him; **T** it's hard lines on him; it's tough on him; *ikke la en dø i -en* not let sby off too easily; *han skal ikke få dø i -en* he won't get away with it; he has not heard the last of it yet; *det er ~ å si at han er doven* it would be wrong to say *(el.* one can hardly say) that he is lazy; I'll say this for him: he isn't lazy.

synde *(vb)* sin.

synde|bukk scapegoat. **-fall** fall of man.

syndefull sinful.

synder sinner; *(se synderinne).*

synderegister list of (one's) sins.

synderinne (female) sinner; *både syndere og -r* sinners of both sexes; sinners, both men and women.

synderlig *(adj)* particular; *(adv)* particularly; *ikke ~* not particularly.

syndflod deluge, flood.

syndfri free from sin, sinless.

syndig sinful, guilty; *holde et ~ leven* make an infernal racket; *(jvf bråk & leven).*

syndighet sinfulness.

syndikal|isme syndicalism. **-ist** syndicalist. **-istisk** syndicalistic.

syndikat syndicate.

syndsbekjennelse confession (of sins).

syndserkjennelse consciousness *(el.* realization) of guilt *(el.* sin).

syndsforlatelse remission of sins, absolution.

synes *(vb)* **1**(*kunne ses)* be visible; show *(fx* the stain hardly shows); *~ det godt?* is it very noticeable? does it notice (much)? does it show (much)? is it conspicuous? **2**(*forekomme, se ut)* seem, appear; *(etter tonefallet å dømme, også)* sound *(fx* he sounded quite offended); *(etter utseendet å dømme, også)* look *(fx* she looks quite pleased); **3**(*like)* like *(fx* do as you like *(el.* please)); **4**(*tro, innbille seg)* fancy, imagine; **5**(*mene)* think *(fx* I think it's wrong; I thought I ought to warn him); *jeg ~ at* I think that; I find that; I consider that; it seems to me that; it strikes me that; *jeg er så glad for at dere ~ dere kan ha meg med (på turen) (også)* I'm so glad you think I'll fit in; *jeg ~ det* I think so; *jeg ~ hun er pen* I think she's pretty; I find her pretty; to my mind she is pretty; *jeg ~ nesten* I rather think *(fx* I r. t. you ought to do it); *jeg ~ (nesten) jeg må nevne at ...* I feel bound to mention that ...; *jeg ~ å ha hørt det før* I seem to have heard it before; *jeg ~ å huske at jeg har truffet ham* I seem to remember having met him; *jeg syntes jeg hørte noe* I seemed to hear sth; *~ De engelsk er et lett språk?* do you consider that English is an easy language? do you call E. an easy l.? *de syntes dette var et meget beskjedent ønske* they found this to be a very modest request; *hva ~ De?* what do you think? *hvis han ~ det* if he thinks so; *(o: bryr seg om det)* if he likes; *(ja) hvis De ~ det* if you like; *~ De vel?* don't you agree? *gjør som De ~ (med den saken)* do as you like; do just as you think best in the matter; use your own discretion in the matter; *det ~ ganske klart at* it seems quite clear that; *det ~ umulig* it seems *(el.* appears) impossible; *det ~ å foreligge en*

eller annen feil there seems *(el.* appears) to be some mistake; *kassene ~ å være i god stand* the cases are apparently *(el.* seem to be) in good order; *det ~ som om* it seems as if, it looks as though *(el.* if); *~ 'om (o: like)* like, have a liking for; *jeg ~ bedre og bedre om det (også)* it grows on me; *jeg ~ ikke om det (også)* it is not to my liking; *jeg ~ ikke om at barn røker* I don't like children to smoke; I don't like children smoking; *(se også rar).*

synge *(vb)* sing; *~ av full hals* sing at the top of one's voice; sing with a full heart; *~ med* join in (the singing); *~ den på en annen melodi* sing it to another tune; *(se forsanger & vers).*

sy(n)ing sewing; *(søm)* seam; *gå opp i -en* come unsewn *(el.* unstitched).

I. synke *(vb):* *se svelgje; ~ maten* sink *(el.* digest) one's food.

II. synke *(vb)* sink *(fx* he sank like a stone); *(om skip, også)* go down; *(om vannstand)* sink; fall *(fx* the river is falling); *(om sola)* sink, go down, set; *(geol)* subside; *(om priser)* fall, drop, go down; *hans stemme sank* his voice dropped to a whisper; *motet sank* his (,her, *etc)* courage ebbed away; his (,her, *etc)* heart sank; *~ dypt* sink deep; *jeg hadde lyst til å ~ gjennom gulvet* I felt like sinking through *(el.* into) the floor; *~ i ens aktelse* sink in sby's estimation; *~ i kne* sink to one's knees; go down on one's knees; *~ ned i* sink into; *~ nedi (fx snø)* sink in; *~ ned på* drop *(el.* sink) on to *(fx* a sofa); subside on; **T** flop (down) on; *~ ned på midten* sag *(fx* the roof is sagging); *~ sammen* fall in *(fx* the building fell in); collapse *(fx* the bridge collapsed); *subside (fx* the earth subsided); *~ til bunns* sink to the bottom; *(se skip).*

synkeferdig in a sinking condition.

synkekum septic tank, cesspool.

synkende *adj (se II. synke):* *den ~ pundkurs* the declining rate of the pound.

synke|not sink seine; *(se I. not).* **-tømmer** sinkers, sunken logs; *(se berge).*

synkron synchronous.

synkrongir synchromesh (gear).

synkronisere *(vb)* synchronize; *-t girkasse* synchromesh gearbox; *usynkronisert girkasse* **T** crashbox.

synlig visible; *bli ~* come into view, come in sight, become visible; *han var ~ skuffet* he was visibly disappointed; *er det svært godt ~?* se *synes 1: ~ det godt?*

synode synod.

I. synonym *(subst)* synonym; *et ~ for* a synonym for.

II. synonym *(adj)* synonymous.

synsbedrag optical delusion; hallucination.

syns|evne faculty of vision, visual power, sight; *nedsatt ~* reduced sight; *med nedsatt ~ (også)* partially sighted *(fx* class for p. s. pupils). **-felt** field of vision. **-forretning** inspection, survey.

synsinntrykk visual sensation *(el.* impression).

synsk clairvoyant, second-sighted, visionary.

syns|måte view. **-nerve** *(anat)* optic nerve, visual nerve. **-organ** *(anat)* organ of vision *(el.* sight).

synspunkt point of view, standpoint, viewpoint; *ut fra det ~ at* from the standpoint that; *dette ville være umulig ut fra britisk ~ (også)* this would be impossible, in the British view; *hvis man krampaktig forfølger det ~ at ..* if one sticks *(el.* clings) at all costs to the view that ...; *(se også lufte & synsvinkel).*

syns|rand horizon; *(jvf himmelbryn).* **-sans** sight, vision, faculty of seeing. **-vidde** range of vision; *innenfor (,utenfor) ~* within (,out of) sight.

synsvinkel 1. visual angle; *(i geodesi)* angle of

field; **2**(*fig*) angle, aspect, point of view, viewpoint, standpoint; *betrakte noe fra enhver ~* consider sth from every angle (*el.* from all sides *el.* from all points of view), consider sth in all its aspects (*el.* bearings); *det kom helt an på hvilken ~ man så det (,dem) fra* it was all a matter of the angle of view.

syntaks syntax.

syntaktisk syntactic(al).

synte|se synthesis. **-tisk** synthetic(al).

synål (sewing) needle.

sypike (*fisk*) poor cod.

sypress (*bot*) cypress.

I. syre (*kjem*) acid; *~ i magen* acidity in the stomach; (*jvf sur*).

II. syre (*bot*) (common) sorrel; US (*også*) sour dock.

III. syre (*vb*) *~ deigen* leaven the dough.

syrefast acid-proof.

syrefri non-acid.

syreholdig acidiferous, containing acid.

syrer Syrian.

Syria (*geogr*) Syria.

syrin (*bot*) lilac.

syrisk Syrian.

syrlig sourish, subacid, acidulous.

syrlighet acidity.

sy|saker (*pl*) sewing things. **-skrin** workbox.

sysle (*vb*) busy (*el.* occupy) oneself (*med* with).

syssel occupation, business; *feminine sysler* feminine pursuits.

sysselmann (*på Svalbard*) [district governor (of Svalbard)] (NB equal in rank to *'fylkesmann'* elsewhere).

sysselsette (*vb*) employ, occupy; *holde sysselsatt* keep employed.

sysselsett|else, -ing employment; *full ~* full employment.

system system; *sette i ~* reduce to a system. **-atisere** (*vb*) systematize. **-atisk** (*adj*) systematic(al); (*adv*) systematically, methodically.

systue (dressmaker's) workroom; dressmaker's shop.

syt whimpering, whining.

syte (*vb*) whimper, whine.

sytråd sewing thread, sewing cotton; (*for maskin*) machine twist (*fx* a reel of m. t.).

sytten (*tallord*) seventeen. **-de** seventeenth.

sytti (*tallord*) seventy. **-ende** seventieth.

syttiåring septuagenarian.

sytøy needlework, sewing.

syv (*tallord*) seven.

sæd seed; (*sperma*) semen, sperm; (*bibl*) offspring, progeny.

sæd|avgang ejaculation. **-celle** sperm cell.

sæl *adj* (*glds*) happy.

sælebot act of charity, humane deed.

sær (*gretten*) cross; (*vanskelig, umedgjørlig*) difficult; moody; (*nærtagende*) touchy; (too) sensitive; (*underlig; rar*) eccentric; strange.

sær- extra, special; (*tilleggs-*) additional.

sær|avgift special duty (,tax, charge, *etc*). **-avtale** special agreement. **-behandling** (*av et kolli, etc*) special handling (*fx* of a package); *gi visse kunder ~* give preferential treatment to certain (types of) customers. **-beskatning** special assessment; surtax.

særdeles (*adv*) especially, particularly; most (*fx* a most dangerous man); exceedingly, extremely; *til ~ høye priser* at exceptionally high prices; *en ~ viktig sak* a matter of (e)special importance; *et ~ godt resultat* a highly (*el.* most) satisfactory result; an exceptionally good result; *~ godt, ~ tilfredsstillende* excellent; UK = A; *~*

godt fornøyd med highly satisfied with; (*jvf særlig*).

særdeleshet: *i ~* especially, particularly, in particular (*fx* he disliked England in general and London in particular); (*se også særlig*).

særegen (*eiendommelig*) peculiar; (*underlig*) strange, odd, peculiar; *~ for* peculiar to (*fx* this problem is not p. to Norway); (*typisk for*) characteristic of; *på en ~ måte* in a particular way; *det har en ~ smak* it has a flavour all its own; it is distinctive in flavour.

særegenhet peculiarity, distinctive characteristic (*el.* quality); property (*fx* rubber has the p. of being elastic).

særeie separate estate; *opprette ~* make a marriage settlement. **-gjenstander** *pl* (*jur*) personal possessions (*fx* wife's p. p.).

særhensyn special consideration.

særinteresse special interest; (*samfunnsgruppes*) sectional interest; *nasjonale -r* national preferences.

særkjenne (*subst*) characteristic, distinctive feature.

særklasse special class; *i ~* (*lønnsmessig*) with allowance (*fx* Higher Executive Officer with a.); *det står i en ~* it is in a class by itself; *hun står i en ~* (*også*) she stands in a category by herself.

særkostnader *pl* (*merk; direkte kostnader*) direct costs.

særlig 1(*adj*) special, particular; *en ~ anledning* a special occasion; *en sak av ~ interesse* a matter of particular interest; *en sak uten ~ betydning* a matter of no particular importance; *i ~ grad* particularly, especially; *ikke i noen ~ grad* not to any great extent; **2**(*adv*) especially, particularly, notably (*fx* some members, n. Smith and Jones); above all; (*for størstedelen*) mostly (*fx* they m. come from London); *~ likte han den første sangen godt* he particularly liked the first song; *~ er det vanskelig å* it is especially (*el.* particularly) difficult to; *~ gjelder dette forsendelser via X* especially is this so in the case of shipments (*el.* consignments) via X; this is particularly true of shipments (*el.* consignments) via X; (*se omhyggelig; spesiell*).

særling eccentric; crank.

I. særmerke (*subst*) characteristic, distinguishing feature, criterion.

II. særmerke (*vb*) be characteristic of, characterize.

særnorsk distinctively Norwegian; *-e ord og vendinger* idiomatic Norwegian words and phrases.

særoppgave project work, individual essay (*el.* piece of work); *~ i historie* history project, individual piece of work in history.

sær|preg distinctive stamp. **-prege** (*vb*) characterize, stamp, distinguish; *det som -r det forløpne år* the outstanding feature of the past year. **-preget** distinctive. **-rettighet** (special) privilege.

særs special (*fx* there is sth special about him).

særskilt separate, distinct; (*adv*) separately.

særskole (*glds*): *se spesialskole.*

særstandpunkt: *han skal alltid innta et ~* he always wants to be in a minority of one.

særstilling exceptional position; *innta en ~* hold a unique position; (*være privilegert*) be privileged; *stå i en ~* stand in a class by oneself.

sær|syn rare thing; exception. **-trykk** offprint.

sødme sweetness; bliss; *det første møtets ~* the bliss of the (*el.* a) first meeting.

søke (*vb*) **1**(*for å finne el. få*) seek (*fx* advice); *~ havn* put into port; *~ havn for å ta inn forsyninger* put in for supplies; **2**(*se seg om* *etter)* look for *(fx* I'm looking for a job); *krake -r make* birds of a feather flock together; *jeg ser av Deres annonse i Aftenposten at De -r en agent i Norge for salg av Deres varer* I see from your advertisement in A. that you seek *(el.* require *el.* are seeking *el.* are looking for) an agent in Norway for your articles; *-s for snarlig tiltredelse* needed for early appointment; *3(ansøke om)* apply for *(fx* a post); ~ *på en stilling (også)* put in for a job; *4(oppsøke)* call on; *5(jur)* sue; ~ *erstatning* sue for damages; ~ *seg bort* try to get away; apply for a job elsewhere; *(om embetsmann)* apply for a transfer; ~ *etter* look for, search for, seek; ~ *etter de rette ordene* grope for the right words; ~ *hjelp hos ham* apply to him for assistance; ask him to help me; ~ *hjelp hos en lege* consult a doctor; *stimene -r inn mot land* the shoals make for coast(al) waters; ~ *kontakt med* get in touch with; contact; ~ *om* apply for, put in (an application) for *(fx* a post); *(se ovf 2 & 3); (be inntrengende om)* solicit *(fx* help); ~ *om audiens* solicit an audience; ~ *opplysninger* seek information; ~ *seg ut* pick, select *(fx* he carefully selected a cigar from the box); choose; ~ *seg utenlands* seek an opportunity (,opportunities) abroad; apply for a job abroad; ~ *å ...* try to, attempt to; *(se også søkt).*

søkelys searchlight; *(på teater)* spotlight; *i -et (fig)* in the limelight, in the public eye *(fx* people most in the p. e.); exposed to (public) scrutiny; *komme i -et (ɔ: bli mistenkt)* become the object of suspicion, come under (a cloud of) suspicion; *rette -et mot (fig)* bring *(fx* a problem) into focus; throw *(el.* focus) the spotlight on, bring *(fx* sth) into focus; highlight *(fx* a problem); *(se oppmerksomhet).*

søker seeker, searcher; *(på stilling)* applicant; *(på fotografiapparat)* viewfinder.

søkk hollow, depression.

I. søkke *(subst)* sinker; *bly-* lead weight.

II. søkke *(vb):* se synke; senke.

søkkemyr quagmire.

søkkrik rolling in money; T loaded. **-våt** drenched, soaked.

søknad application; *sende inn* ~ *på* apply for, put in (an application) for; *vennligst send Deres* ~ *vedlagt papirer for utdannelse og praksis til vårt personalkontor* please apply, enclosing testimonials showing education and experience, to our personnel office; *(se velvilje).*

søknadsfrist closing date for applications *(fx* closing date for a. April 8th); *-en utløper den 31. mai (også)* applications must be sent in not later than May 31st.

søknadsskjema form of application, application form.

søkning *(det å søke)* search; *(til møte, etc)* attendance *(fx* there is a large a. at the lectures = the l. are well attended); *(til forretning, hotell)* custom, patronage, customers *(fx* a wide circle of customers); *det er stor* ~ *til dette studiet* there are many applicants for admission to this department.

søksmål (law)suit, action; *erstatnings-* damages action *(fx* he has started d. a. against X, alleging negligence); *anlegge* ~ *mot en* sue sby.

søkt *(om hotell)* patronized; *(om uttrykk)* far-fetched, artificial, strained, laboured.

søl dirt; mess.

I. søle *(subst)* mud, dirt; *trekke ens navn ned i søla* drag one's name into the dirt; T drag one's name through the mud.

II. søle *(vb)* soil, dirty; ~ *på duken* make a mess of the table cloth; ~ *te på duken* slop tea

on the table cloth; ~ *vann utover gulvet* slobber water over the floor; ~ *på seg,* ~ *seg til* soil one's clothes; make a mess of oneself; ~ *suppe på seg* spill soup over one's clothes; *hun sølte suppe på kjolen sin (også)* she spilt soup down her dress; *barn som -r på seg* messy child; messy *(el.* dirty) eater.

søle|botte messy child; messy *(el.* dirty) eater. **-føre** dirty *(el.* muddy) walking. **-kopp:** se *-bøtte.* **-pytt** puddle. **-skvett** splash of mud.

sølet muddy, dirty.

sølevann slops *(pl) (fx* the slops were thrown out on to the ground behind the caravan).

sølibat celibacy.

sølje *(smykke)* filigree brooch.

sølv silver.

sølv- silver.

sølvaktig silvery.

sølv|alder silver age. **-arbeid** silver work. **-barre** silver ingot. **-beslag** silver mounting. **-beslått** silver-mounted.

sølvbrudepar husband and wife celebrating their silver wedding.

sølvbryllup silver wedding.

sølv|erts silver ore. **-fot** silver standard. **-gaffel** silver fork. **-glans** 1*(kjem)* argentite, silver glance; **2.** silvery lustre. **-glinsende** silvery. **-holdig** containing silver, argentiferous. **-holdighet** silver content. **-kjede** silver chain. **-klar** *(vann)* limpid; *(lyd)* silvery. **-papir** silver paper; *(stanjol)* tinfoil. **-penger** *(pl)* silver, silver coins. **-plett** silver plate. **-rev** *(zool)* silver fox. **-servise** silver service. **-smed** silversmith. **-tøy** silver plate; silverware. **-verdi** silver value.

I. søm *(spiker)* nail.

II. søm *(sammensying)* seam; sewing; *(med.)* suture; *drive med* ~ do sewing; *gå noe etter i -mene* examine sth closely, go over sth carefully.

sømfare *(vb)* examine minutely, go over critically.

sømme *(vb):* ~ *seg* be becoming, be proper; ~ *seg for en* become *(el.* befit) sby.

sømmelig decent, decorous, becoming, seemly.

sømmelighet decency, decorum, propriety.

søndag Sunday; *om -en* on Sundays, of a Sunday; *på* ~ on Sunday, next Sunday; *forrige* ~ last Sunday.

søndags|barn Sunday child. **-hvile** Sunday rest. **-kjører** *(bilist)* week-end motorist; middle-of-the-road driver; *(jvf lusekjører).* **-klær** *(pl)* Sunday clothes, Sunday best *(fx* in one's S. best). **-skole** Sunday school.

sønder *(i stykker):* ~ *og sammen* to bits, to pieces, to atoms, to fragments; *kritisere et stykke* ~ *og sammen* slash *(el.* cut up) a play; cut a play to pieces; write a slashing review of a play; *slå* ~ *og sammen* T beat hollow; knock into a cocked hat; knock the (living) daylight out of; lick; *bli slått* ~ *og sammen (i konkurranse, også)* be badly beaten; *(se skyte:* ~ *sammen).*

sønderjyde Schleswiger.

Sønderjylland (North) Schleswig.

sønderknuse *(vb)* crush; *-t* crushed; *(fig)* broken -hearted; *(av anger, også)* contrite.

sønderlemme *(vb)* dismember.

sønderrive *(vb)* tear (to pieces), rend; pull to pieces.

søndre *(sydlige)* southern; southernmost.

sønn son.

sønna South, southern, southerly.

sønnadrag a breath of southerly wind.

sønna|fjells in the South (of Norway). **-fjelsk** southern and eastern. **-for** south of. **-fra** from the south.

sønna|storm southerly gale. **-vind** south wind.

sønnen|fra se sønnafra. **-om** south of.

sønne|sønn grandson. **-sønnsdatter** great-grand-daughter. **-sønnssønn** great-grandson.
sønnlig filial.
søppel rubbish; house refuse *(fx* the cleaning of the streets and the removal and disposal of house refuse are included in the duties of local authorities); US *(især)* garbage; *kaste* ~ drop litter; *gjenvinning av* ~ recycling of rubbish.
søppel|bil dustcart; US garbage truck.
søppel|brett dustpan. **-container** rubbish skip. **-dunk** *(,-spann)* dustbin; US garbage can. **-kjører** refuse collector; T dustman; US garbage man. **-sjakt** rubbish chute; *(især* US*)* garbage chute *(el.* shoot). **-tømning:** refuse disposal service; *«~ forbudt»* 'shoot no rubbish',' tipping prohibited'.
sør south; ~ *for* south of; *fra* ~ from the south; *(se også syd).*
Sør-Afrika-sambandet the Union of South Africa.
Sør-Amerika South America.
Sør-England the South of England.
søretter south, southwards.
sørfra from the south.
sørge *(vb)* grieve; *(kun i anledning dødsfall)* mourn; ~ *for (skaffe til veie)* provide *(fx* dinner; an opportunity for sby to do sth); get *(fx* get tea); see to *(fx* I'll see to the tickets); ~ *for mat til* provide food for, cater for; *det var ikke -t for skipsrom* no provision had been made for shiproom; *(ta seg av, dra omsorg for)* take care of *(fx* the necessary arrangements); attend to *(fx* I'll a. to that); provide for *(fx* one's children); *det er -t godt for nye skoler* ample provision is made for new schools; ~ *for at det blir gjort* see that it is done; arrange for it to be done; ~ *for at varene blir sendt* arrange for the goods to be sent; provide for the shipment of the g.; ~ *for å gjøre det* take care *(el.* be careful) to do it; *sørg endelig for å* be sure to; see to it that; *han -t for å gjøre alle tilfreds* he so arranged matters as to please everyone; ~ *over noe* grieve at *(el.* over) sth *(fx* sby's death); mourn sth *(fx* sby's death); ~ *over en* grieve over *(el.* for) sby; mourn for *(el.* over) sby; ~ *dypt over noe* be deeply grieved at sth.
sørge|bind mourning band (round one's arm). **-budskap** sad news, news of sby's death. **-dag** day of mourning. **-flor** black mourning crepe. **-høytidelighet** commemorative service. **-kledd** in mourning.
sørgelig sad, tragic; *det er* ~ *at* it is deplorable that; it is a great pity that; *i en* ~ *grad* sadly; *jeg ble* ~ *skuffet* I was sadly disappointed; ~ *få* pitifully few; *(se kapittel).*
sørgemarsj funeral march.
sørgende *(subst)* mourner.
sørge|pil *(bot)* weeping willow. **-rand:** *med* ~ black-edged; *negler med -render* dirty finger nails; T black finger nails. **-spill** tragedy. **-tog** funeral procession. **-år** year of mourning.
sørgmodig sad, sorrowful.
sørgmodighet sadness; sorrowfulness.
sørgående going south, south-going, southbound *(fx* train, ship).
sørkyst south coast.
Sørlandet [area along the south coast and immediate inland districts of Norway] *(kan gjengis)* the South coast (of Norway).
sørlandsidyll idyllic south coast scene, south coast idyll; *(jvf skjærgårdsidyll).*
sørlandsk pertaining to the south coast; southern. **-lending** *(kan gjengis)* southerner.
sørlig southerly, southern; *i det -e England* in

the South of England; ~ *bredde* southerly latitude.
sørligst southernmost.
sør|ost southeast, SE. **-ostlig** southeastern, southeasterly, southeast. **-ostvind** southeast wind. **-over** southward(s).
sørpe slush, sludge.
Sørstatene *(geogr; i USA)* the Southern States (of the USA); the South; *(i borgerkrigen, også)* the Confederate States.
sørstatsmann *(i USA)* southerner; *(i borgerkrigen, også)* Confederate.
sørvest southwest, SW.
søsken brother and sister, brothers and sisters; *fem* ~ a family of five.
søskenflokk: *han var yngstemann i en stor* ~ he was the youngest of a large family (of children).
søster sister.
søsterlig sisterly.
søsterskip *(mar)* sister ship.
søstersønn sister's son, nephew.
søt sweet; *(især* US*)* cute *(fx* isn't she cute); *en* ~ *liten unge* a dear little thing; *en* ~ *gammel dame* a dear old lady; *så er du* ~ there's a dear.
søt|aktig sweetish. **-het** sweetness. **-laden** sweetish, sugary; *(fig)* sugary; *filmen var noe -t sprøyt* the film was a lot of sloppy rubbish.
søtsuppe 1. [soup made of sago *(,etc)* with fruit syrup, raisins, prunes, *etc*]; **2***(fig)* sweetish *(el.* sugary) stuff.
søvn sleep; *en lett* ~ a light sleep; *det ble lite* ~ *pga. babyen* they lost *(el.* missed) a lot of sleep on account of their baby; *falle i* ~ fall asleep; go to sleep; *falle i dyp* ~ fall fast asleep; *dysse en i* ~ lull sby to sleep; *vekke en av -en* rouse sby from his sleep; *gå i -e* walk in one's sleep; *snakke i -e* talk in one's sleep; *(se nattevåk(ing)).*
søvndrukken heavy *(el.* drugged) with sleep; drowsy.
søvndyssende soporific *(fx* this music is s.).
søvngjenger sleepwalker, somnambulist.
søvngjengeri sleepwalking, somnambulism.
søvngretten cross from sleepiness; cross when sleepy.
søvnig sleepy, drowsy.
søvnighet sleepiness, drowsiness.
søvnløs sleepless; *jeg ligger mye* ~ I'm a bad sleeper.
søvnløshet sleeplessness, insomnia.
søvntung heavy with sleep, drugged with sleep, drowsy.
søye *(zool)* ewe.
søyle pillar, column. **-fot** base of a column. **-gang** colonnade. **-hall** peristyle.
I. så *(subst)* [large wooden tub with handles].
II. så *(vb)* sow *(fx* the grass seed for a lawn).
III. så *(adv & konj)* **1***(om tid: deretter)* then; next *(fx* what shall we do next?); ~ *er det betalingen* then there is the question of payment; **2***(om følge: derfor)* so *(fx* he wasn't there, so I came back again); therefore; *(altså)* so; **3***(i så fall)* then *(fx* if you are tired then you had better stay at home); **4***(omtrent)* so *(fx* a month or so; during the last 75 or so years); thereabouts *(fx* it's three o'clock or t.; a thousand (kroner) a year or t.); **5***(om graden)* so *(fx* it's not so *(el.* as) easy as you think); as *(fx* three times as much); *(trykksterkt): det er ikke* ¹~ *lett* it's not as *(el.* so) easy as all that; ¹~ *enkelt var det* T it was that simple; *en* ~ *rik mann* such a rich man; *en* ~ *høy pris* such a high price, so high a price; *på* ~ *kort tid* in so short a time; *en* ~ *stor diamant er sjelden* a diamond of

that size is rare; ~ *store bestillinger* such large orders; *i* ~ *små mengder* in such small quantities; *vi kan ikke betale* ~ *mye* we cannot pay as much as that; *det er ikke* ¹~ *mye å gjøre i et hus* there isn't all that much work *(el.* so much work) to be done in a house; ~ *mye kan sies* this much may be said; *fabrikken ble* ~ *skadd at* the factory was so badly damaged that; the f. was damaged to such an extent that; *eksplosjonen var* ~ *kraftig at* such *(el.* so great) was the force of the explosion that; *skaden er ikke* ~ *stor at det blir nødvendig å* the damage is not such *(el.* not so great) as to necessitate; 6*(ved sammenligning):* ~ *stor som* as big as; *ikke* ~ *stor som* not so *(el.* as) big as; 7*(om forhold): er det* ~ *at ...?* is it a fact that ...? *hvis det er* ~ if that is true; if what you say is true; *(jvf slik);* **8.**: ~ *at (slik er det)* so that; 9*(andre uttrykk): han er klokere enn som* ~ he is wiser than that *(el.* than you think); *men* ~ *er han også* but then he is; ~ *å si* as it were, so to speak; *(jvf III. si);* med hensyn til kull, ~ er det as regards coal, it is; *gi meg en bok,* ~ *skal jeg lese for deg* give me a book, and I'll read to you; *jeg har bare tre roser igjen å plante,* ~ *jeg ferdig* I have only got three more roses to plant, and I have finished; *(se sak: så sin* ~*).*

IV. så *(int)* really? indeed? yes? is that so? *(trøstende)* come, come! there, there! *(befalende)* now then *(fx* now then a little less noise there!); *(lettet)* there now! *(ergerlig)* there! *(fx* there! I broke my needle!).

sådan such; *en* ~ *mann* such a man; *-ne folk* such people.

såfremt, -fremt provided (that) *(fx* I'll join you, p. (that) all is safe), providing (that), if.

såkalt so-called, as it is called.

såkorn seedcorn; **US** seed grain.

såld *(grovt)* coarse sieve, riddle.

I. såle *subst (fotsåle, såle på skotøy)* sole; *(se bindsåle; halvsåle; innleggssåle).*

II. såle *(vb)* sole; ~ *og flikke* sole and heel; *(se II. halvsåle).*

således so, thus, in this manner, like this, like that; *(se II. slik & orden).*

sålegjenger *(zool)* plantigrade. **-lær** sole leather.

såmann sower. **-maskin** sowing machine.

sånn (= **slik**): ~ *ja!* good! that's it! that's right! that's the spirit! that's the stuff! *(se for øvrig slik).*

såpass: *en* ~ *stor ordre* an order of this (,that) size; *men* ~ *meget vet vi* but this much we know; *planen var* ~ *vellykket at* the plan was so successful that; *jeg skulle ønske jeg hadde* ~ *meget* I wish I had even that much.

I. såpe *(subst)* soap; *grønn-* soft soap; *stangbar soap; toalett- (håndsåpe)* toilet soap.

II. såpe *(vb):* ~ *inn* do the lathering; ~ *en inn (før barbering)* lather sby's face.

såpeaktig soapy. **-boble** soap bubble. **-pulver** soap powder. **-skure** *(vb)* scrub *(fx* a table) with soap. **-skål** soap dish. **-vann** soapy water; *(til vask)* soapsuds. **-vaske** *(vb)* wash with soap and water.

I. sår *(subst)* wound; *(snitt-)* cut; *(fig)* wound, sore; *forbinde et* ~ dress a wound; *sette et plaster på -et* put a plaster over the wound; *(se brannsår; forkjølelsessår; plaster; rippe:* ~ *opp i).*

II. sår *(adj)* sore; painful; *(fig)* sensitive; *vi trenger det -t* we need it badly.

sårbar vulnerable. **-be(i)nt** footsore.

I. såre *(vb)* wound; hurt, injure; *(fig)* hurt one's feeling; ~ *en dypt* cut sby to the quick; *bli -t* get wounded.

II. såre *(adv)* very, greatly, exceedingly.

sårende wounding *(fx* to his pride); *(krenkende, også)* offensive, cutting *(fx* remarks).

såret wounded; injured; *lett -ede (mil)* light casualties; *hardt -ede* severe casualties; *livsfarlig* ~ critically injured *(fx* in an accident); critically wounded *(fx* by a bullet).

sårfeber (a)septic (traumatic) fever. **-het** soreness; *(fig)* sensitiveness. **-salve** healing ointment. **-øyd** bleary-eyed.

såsis chipolata; *(se pølse).*

I. såte *(subst)* haycock, haystack, hayrick.

II. såte *(vb)* stack *(fx* hay).

såtid seed time, sowing season.

såvel *(adv):* ~ *... som* both ... and *(fx* b. here and elsewhere); alike *(fx* Socialists and Conservatives a. believe that ...); as well as *(fx* Conservatives as well as Liberals voted for the Bill).

så vidt *se vidt.*

T, t T, t; *T for Teodor* T for Tommy.

ta *(vt & vi)* 1*(med hånden)* take; *(velge)* choose; *(fjerne)* take *(fx* who has taken my pipe?);

2*(erobre)* take, capture;

3*(ha samleie med en kvinne)* take; *(jvf voldta);*

4*(anholde)* arrest, pick up; **T** pinch, get *(fx* the Gestapo have got Smith);

5.: *se stjele;*

6*(medisin, etc)* take;

7*(om mat og drikke)* have *(fx* a snack; is there time to have a drink?);

8*(vinne i spill, etc) (kort)* take *(fx* a trick); **(T =** *slå, beseire)* beat *(fx* we can't beat them in *(el.* at) football);

9*(overta)* take *(fx* command; he refused to take

the responsibility); *(påta seg)* accept *(fx* I accept the responsibility);

10*(motta, etc)* take *(fx* take what is offered; you must take me as I am);

11*(eksamen)* pass; *(om grad)* take *(fx* take a degree in English); *(underkaste seg)* take *(fx* they take an examination, and it's a stiff one; if they pass, they're awarded a diploma);

12*(komme over)* take *(fx* a hurdle), jump (over), leap;

13*(mus) (om sanger)* take *(fx* take top C);

14*(behandle)* deal with, manage, take *(fx* he is all right when you take him the right way); handle *(fx* I know how to h. him); *(jvf D:* ~ *seg av);*

15(om tid: vare) take (fx it takes five minutes to go there; it won't take a minute); (se A);

16(om sol & vind) be strong (fx the sun is strong here);

17(gjøre i stand, ta seg av) **T** do (fx will you do the beds while I do the windows?);

18(reagere) take (fx how did he take the news? he took it calmly (,seriously)); (se B);

19(gram: styre) take (fx the dative);

20(beregne seg) ask, charge (fx he charged a high price for it);

21(høre i radio) get (fx we can't get England on our radio);

22(fotografere) take (fx a snapshot); (filmopptak) shoot (fx a scene); (jvf C: ~ en scene om igjen);

23(reise) go (fx ut på landet into the country), take (fx med bussen the bus);

24. om betaling: take; hvor **meget** -r De? (om pris) what do you charge? how much will it be? (for konsultasjon, også) what's your fee?

[A: forb. med subst; B: med pron; C: med prep, adv & konj; D: med «seg» + prep el. adv].

A [Forb med subst] ~ **en bil** take a taxi; ~ **bakken** (om fly) land (on the ground); ~ **en brikke** take a piece; ~ **bunnen** touch bottom; ~ **del i** take part in; (stivt) participate in; ~ **aktivt del i noe** take (el. play) an active part in sth; ~ **noe for god fisk** swallow sth (fx the boy said he'd been ill, and the teacher swallowed it); buy sth; take sth for gospel truth; **man må ta sine forhåndsregler** one must take precautions; ~ **følgene av sine handlinger** take the consequences for one's actions; ~ **første gate på høyre hånd** take the first turning (el. street) on the right; **ikke la det** ~ **knekken på deg** (ɔ: mist ikke motet) don't let it get on top of you; ~ **livet som det er** take life as it comes; face up to life; ~ **natten til hjelp** (m. h. t. studier, etc) burn the midnight oil; ~ **meget plass** take up a great deal of space (el. room); ~ **for høye priser** charge too much, overcharge; **det -r sin tid** it takes time; it will take some time; **arbeidet tok lang tid** (også) it was a slow job; **det vil** ~ **lang tid før de kan gjøre det** it will be a long time before they can do it; they won't be able to do so for å long time to come (el. for a long time yet); **det tok oss fire timer** it took us four hours; **det tok flere timer før vi var ferdige** it was several hours before we were ready; (jvf 15); ~ **timer i engelsk** take English lessons; ~ **tingene som de er** take things as they are (el. as they come); make the best of things; (se for øvrig forbindelsens substantiv);

B [Forb. med pron] ~ **alt** take everything; make a clean sweep; ~ **det** med godt humør grin and bear it; put up with it cheerfully; take it with a good grace; **det -r jeg lett** (el. ikke tungt) I don't let that worry me; **det kan du** ~ **lett** I shouldn't let that worry me; don't you worry! **han tok det virkelig riktig pent** he really took it rather well; ~ **det ikke så tungt!** don't take it so hard! **vi får** ~ **det som det kommer** we must take things as they come; it's no use meeting trouble halfway; **det er som man -r det** that is a matter of opinion; **det kommer an på** it all depends; (se også C: han tok ikke sin sønns død så hardt); ~ **det opp med** (ɔ: kunne måle seg med) be a match for;

C [Forb. med prep, adv el. konj] ~ **av** take off (fx one's coat), remove, pull off (fx one's boots, one's gloves); (bli magrere) lose weight; (ved avmagringskur) reduce; take off (fx those holiday-gained pounds); (om fly: lette) take off; (om vei) branch off; (se ndf: ~ av fra); (kort) cut (fx your cut!); (i strikking) slip (fx slip one);

til å ~ av, som kan -s av detachable; **det er nok å** ~ **av** there is plenty; there is enough and to spare; ~ **av bordet** clear the table, clear away; ~ **av sin formue** break into one's capital; ~ **av et teaterstykke** take a play off (the bill); **en gren tok av for fallet** a branch broke his (,her, etc) fall; ~ **av for vinden** break the wind (fx trees b. the w.); ~ **av fra en gate** (el. en vei) turn off a road; ~ **av fra hovedgata** turn off the main street; ~ **av til venstre** take the turning on the left; turn (el. bear) to the left; ~ **av til venstre nær bakketoppen** cut off (el. bear) to the left near the brow of the hill; **er det her vi -r av til X?** is this where we turn off to X? (se også under A);

~ **bort** take away, remove;

~ **etter** (ligne) be like, take after; (gripe etter) reach for (fx a book); (famle) grope for;

~ **fatt på arbeidet** get down to one's work; get started on one's work; **det er på tide vi -r fatt** it's time we got down to it; (se fatt);

~ **for** take for (fx I took him for his brother); ~ **ett pund for det** charge (el. ask) one pound for it; ~ **for seg** (av) help oneself (to); ~ **godt for seg av maten** do (ample) justice to the food (el. meal); ~ **for seg med hendene** (beskytten-de) protect oneself with one's hands; put one's hands in front of one's face; put one's hands before one; (famlende) grope, put out one's hands; **han tok ikke for seg med hendene og slo seg stygt i ansiktet** he did not cover his face, and he hurt it badly (el. and it got badly hurt); ~ **en for seg** (i anledning av noe) tackle sby (about sth); (for å irettesette) take sby to task (over sth);

~ **fra** take from; ~ **noe fra en** take sth from (el. away from) sby; (se frata); **hvor skal vi** ~ **pengene fra?** where are we to get the money from? ~ **fra den ene og gi til den andre** (iron) rob Peter to pay Paul; ~ **fra hverandre** take to pieces; (maskin) dismantle, take down;

~ **fram** take out, get out, produce, bring out; (fra lomme, etc, også) pull out;

~ **hardt: han tok ikke sin sønns død så hardt** he did not take the death of his son too hard (el. so very hard); (se også B);

~ **i** (anstrenge seg) exert oneself; make an effort (berøre) touch; (se ndf: ~ på); ~ **i døra** try the door; ~ **for sterkt i** (fig) exaggerate, draw the long bow; ~ **i med en** give (el. lend) sby a hand; ~ **noe i seg igjen** take sth back; **det -r jeg i meg igjen** I take that back; **T** forget it;

~ **igjen** (ta tilbake) take back; (innhente) catch up with (fx sby), catch (fx you may c. him if you run); **vi må** ~ **igjen de andre** we must catch up (with the others); **vi har meget å** ~ **igjen** (ɔ: vi er på etterskudd med arbeidet) we have a great deal of leeway to make (el. catch) up; **han har meget å** ~ **igjen** (om elev, etc) he has considerable leeway to catch up; he will have to work hard to catch up; ~ **igjen det forsømte** make up for what one has missed; catch up (again); ~ **igjen med en** (ɔ: gjøre motstand) resist sby;

~ **imot** (gjest) receive; (gi nattelosji) put up (fx put sby up); (møte ved ankomst) meet (fx meet sby at the station); (si ja til) accept (fx an invitation); (bestilling) take (fx a waiter came up and took their order); (finne seg i) stand for (fx I won't stand for that); (rette seg etter) take (fx I don't take orders from him); (gripe) catch; ~ **dårlig imot en** give sby a bad reception; **han ville ikke** ~ **imot meg** he refused to see me; ~ **imot fornuft** listen to reason; ~ **imot varene** take delivery of (el. receive) the goods;

~ **inn** take in, bring in; *(importere)* import; *(ansette)* take on *(fx* extra men); *(last)* ship, take in; ~ *inn årene* ship the oars; ~ *inn en kjole i livet* take in a dress at the waist; ~ *inn penger på noe* make money by sth; get large returns from sth; ~ *inn på et hotell* put up at a hotel; **US** register at a hotel; ~ **lett:** *se B;* ~ *lett på elevenes feil* be lenient with the errors of the pupils;

~ **med** *(til et sted)* bring (along) *(fx* why didn't you bring your friend? two of them brought their wives along); *(fra et sted)* take with one *(fx* I'm taking you with me to a place of safety); take *(fx* remember to take your umbrella); *(inkludere)* include; *(se også utstrekning); (regne med)* take into account; *denne muligheten tok vi ikke med i våre beregninger* this possibility did not enter into our calculations; ~ *ham med det gode* use kindness; *han må -s med det gode* he won't be driven; he is easier led than driven; ~ *med bussen (,etc): se 23;* ~ **med seg** take (away) with one *(fx* you can't take it with you), bring *(el.* take) (along) with one; ~ *ham med på politistasjonen* run him in; *politimannen tok ham med seg (også)* the policeman walked him off; *husk å* ~ *med deg nøkkelen* don't forget the key; *han tok med seg et pund sukker hjem* he brought back *(el.* took home) a pound of sugar; *han tok hemmeligheten med seg i graven* the secret was buried with him; *vinden tok med seg hatten hans* the wind blew off his hat; ~ *henne med ut* take her out;

~ **ned** take down *(fx* pictures, curtains); pull down, lower *(fx* a flag); ~ *ned teltet* strike the tent;

~ *en scene om igjen (film)* retake a scene; ~ *om en pike* put one's arm round a girl;

~ **opp** *(fra gulvet, etc)* pick up, take up; *(flere ting)* gather up *(fx* g. up all that paper); *(poteter)* pick, dig; *(av vannet)* pick up, fish out; ~ *opp et annet emne* take up another subject; ~ *opp kampen* give battle; ~ *opp kampen med noe (,noen)* go into battle against sth (,sby); ~ *opp en maske* pick up a stitch; ~ *opp ordrer* book *(el.* take) orders; ~ *opp en passasjer* pick up a passenger; *(om drosje)* pick up a fare; ~ *opp et vrak* raise a wreck; ~ *opp igjen* resume *(fx* negotiations, work, a subject), restart *(fx* work); ~ *saken opp igjen* take the matter up again; reconsider the matter; *(jur)* reopen *(el.* retry) the case; ~ *et teaterstykke opp igjen* revive a play; ~ *tråden opp igjen* take up *(el.* resume) the thread; ~ *opp konkurransen med* enter into competition with; ~ *hele spørsmålet opp på nytt* reopen the whole question;

~ **på 1***(klær, etc)* put on *(fx* one's clothes); pull on *(fx* one's gloves); *jeg -r på meg brillene når jeg leser* **T** I stick on my specs when I read; *(jvf kle:* ~ *på seg); han -r på seg altfor meget (arbeid)* he takes on too much; *(se for øvrig påta:* ~ *seg);* **2***(føle på)* touch, finger, handle; *dette stoffet er bløtt og deilig å* ~ *på* this material feels nice and soft; **3***(svekke)* tell on; *det -r på kreftene* it takes it out of you; *sykdommen har -tt svært på ham* his illness has taken it out of him badly *(el.* has left him very low); *(se ovf:* ~ *lett på; jvf svekke);*

~ **til** *(begynne)* start, begin; *(øke)* increase; ~ *det til seg den som vil (iron)* if the cap fits, wear it! ~ *til seg et foreldreløst barn* take an orphan into one's home; *(adoptere)* adopt an orphan; *de tok til seg enda et barn (også)* they took another child to themselves as their own; ~ *henne til hustru* take her for a wife, take her to wife; ~ *næring til seg* take nourishment; ~

øynene til seg look away, avert one's eyes; *(se også stilling: ta* ~ *til);*

~ **tilbake** take back *(fx* goods, a statement, one's application); withdraw *(fx* one's application, an offer, a statement); retract *(fx* a promise, a statement); *(jvf* ~ *i seg igjen); (mil)* recapture, retake, take back; *varer som er -tt tilbake* returns;

~ **unna** *(bort)* take away; *(for å gjemme)* put on one side, put out of the way;

~ **ut** take out *(fx* take money out of the bank); ~ *et barn ut av skolen* take a child out of *(el.* away from) school, remove a c. from s.;

~ **vekk** remove, take away;

D [*Forb. med «seg»* + *prep el. adv*] ~ **seg** *(om dyr, også vulg om kvinne)* become pregnant, conceive; ~ *seg et bad (,en ferie, en kone)* take a bath (,a holiday, a wife);

~ **seg av** attend to, look after, take care of; concern oneself with *(el.* about); handle *(fx* Mr B. is handling this matter personally); take notice of *(fx* he never takes the slightest n. of his wife); *(m. h. t. oppdragelse: få skikk på)* take in hand; *hun -r seg ikke av barna sine* she neglects her children; *jeg skal nok* ~ *meg av det* I will see to it; I'll attend to that; *jeg skal* ~ *meg av ham (om vanskelig el. gjenstridig person)* I'll handle him all right; *det som alle skal* ~ *seg av, er det ingen som -r seg av* everybody's business is nobody's business; *vi takker for Deres ordre, som vi -r oss av på beste måte* we thank you for your order, which is receiving our best attention; *(Deres ordre,) som vi skal* ~ *oss av med en gang* (your order,) which shall have our immediate attention; to which we shall attend at once; ~ *seg av en look after sby's* comfort); deal with sby, handle sby; *(jvf 14);* ~ *seg av ens sak* take up sby's case; ~ *seg særlig av noe* give sth one's special attention; *hagen tok hun seg særlig av (også)* the garden was her special care;

~ **seg betalt** get paid; reimburse oneself; ~ *seg godt betalt* charge a high price;

~ **seg for:** *se C:* ~ *for seg med hendene;*

~ **seg fram** get on *(fx* the road was so bad that we could not get on);

~ **seg i** *det* check oneself, pull oneself up, think better of it; *(gjenvinne fatningen)* collect oneself;

~ *seg (svært)* **nær** *av noe* take sth (greatly) to heart;

~ **seg opp** improve, change for the better; *(om virksomhet)* pick up, look up *(fx* business is looking up); *(om marked også)* recover; *salget har -tt seg voldsomt opp igjen* sales have recovered enormously *(el.* have risen sharply again);

~ **seg sammen** pull oneself together; make an effort; *jeg måtte* ~ *meg sammen for ikke å le (også)* it was all I could do to keep from laughing;

ikke ha noe å ~ **seg til** have nothing to do; be at a loose end; *hva skal du* ~ *deg til?* what will you do with yourself? *han tok seg til lomma* he put his hand to his pocket;

~ **seg ut** *(se godt ut)* look well, show up to (one's) advantage; *jo, det skulle* ~ *seg ut!* my word, that would be a calamity! **T** that would put the lid on it! ~ *seg bedre ut* look better; show up to greater advantage; *hun -r seg best ut om morgenen* she looks her best in the morning; *det skulle -tt seg fint ut om ...* that would have been a nice state of affairs if ...; it would have been a fine thing if ...; *han hadde ikke (på noen måte) -tt seg ut (om løper)* he had still a good deal of running in him; *(se også stilling; tørn; utstrekning).*

tabbe blunder; T howler.
tabell table *(over* of).
tabellarisk tabular.
tabellform: *i* ~ in tabular form.
table d'hôte table d'hôte.
tablett tablet.
tablå tableau *(pl:* tableaux).
tabu taboo; *erklære for* ~ taboo.
tabuord taboo words.
taburett stool; *(fig)* ministerial office.
tafatt perplexed, puzzled.
taffel (festively laid) table.
taffelmusikk table *(el.* dinner) music.
taffelur mantel(piece) clock.
tafs rag; tuft, wisp *(fx* of hair).
tafset ragged, tattered.
taft taffeta.
tagg spike, sharp point; *(på metalltråd)* barb.
tagget toothed, jagged, indented; barbed.
taggmakrell *(zool)* horse mackerel, scad; *(se makrell).*
tagl horsehair.
I. tak *(med hånd)* grasp, hold, grip; *(med klo)* clutch; *(med åre)* stroke; *(dyst)* scuffle; *få* ~ *i* **1.** get hold of; *fikk du* ~ *i hva det dreide seg om?* T did you get the message? **2***(skaffe)* lay one's hands on; *få* ~ *på sin yngre bror* he has a great hold over his younger brother; *han likte å ha et* ~ *på folk* he liked to have a hold on people; *ha et godt* ~ *på tilhørerne* have a good grip on the audience; *hogge* ~ *i noe* grab sth; *slippe -et* let go (one's hold); *den saken (,etc) må du ikke slippe -et i* you mustn't let go of that; *ta* ~ *(ɔ: ryggtak)* wrestle; *den jenta er det* ~ *i!* T that girl's got what it takes! that girl's made of the right stuff!
II. tak *(på hus)* roof; *(i værelse)* ceiling; *(innvendig, i bil)* ceiling, head lining, header panel; *fly i -et: se flint: fly i* ~.
takbelysning *(i bil)* dome lamp, interior light.
takbjelke rafter, ceiling girder. **-drypp** dripping from the roof. **-fall** slope (of the roof). **-grind** *(på bil)* roof rack. **-høyde** *(innvendig)* headroom.
I. takk *(på horn)* branch, point, prong; *(på tannhjul, etc)* cog, tooth; *(på stjerne)* point; *-er (hjorts)* antlers.
II. takk thanks *(pl);* ~ *!* thank you; T thanks! *ja* ~ *;* yes, please! yes, thanks; *(som svar på forespørsel)* yes, thanks! *(fx* have you had your tea? – Yes, thanks!) *nei* ~ *!* no, thank you! no, thanks! *mange* ~ *!* thank you very much! thank you so much; T thanks very much! *hils ham og si mange* ~ *fra meg* give him my best thanks; ~ *for besøket* = it was nice of you to come; thank you for coming! I'm glad you could make it! ~ *for meg (sagt av gjest)* = thank you for having me; *(adjø og)* ~ *for oss (el.* ~ *for i kveld) (idet man sier adjø etter selskap)* = (good-bye, and) thank you (very much); thank you for inviting us; we have had such a pleasant time; (NB' 'Good-bye, and thank you so much for a nice party, Mrs. Brown"); ~ *for sist* [thank you for the last occasion on which we met]; *på forhånd* ~ thanking you in advance; *det er en* ~ *for sist (fig)* he (,she, etc) is returning the compliment; *selv* ~ *!* don't thank me! it should be me thanking you! *som* ~ *for* by way of thanks for, in return for; *som* ~ *for sist (fig)* by way of returning the compliment; ~ *i like måte!* thank you, the same to you! *(som svar på skjellsord)* you're another! *det er -en jeg får* that's all the thanks I get; that's my reward *(fx* for helping you!); *jeg har med* ~

mottatt ... I acknowledge with thanks the receipt of ...; *(mindre stivt)* I thank you for *(fx* your letter); ~ *skjebne!* just my luck! *rette en* ~ *til* address a few words of thanks to; *jeg skylder ham* ~ I owe him thanks; my thanks are due to him; I am under an obligation to him; *ta til -e med* put up with, be content with; *til -e med hva huset formår* take pot-luck; *(se også II. takke).*
takkammer attic, garret.
I. takke *subst (bakstehelle)* (cast-iron) griddle; ~ *med løftehank* griddle with handle (for lifting).
II. takke *(vb)* thank *(en for noe* sby for sth); *(høytidelig)* give *(el.* offer) thanks for sth *(en* to sby); *(besvare en tale)* return thanks; ... *vi vil gjerne få* ~ *Dem på det hjerteligste for Deres arbeid* ... we would like to thank you most sincerely for your work ...; *(høytideligere)* we wish to express *(el.* extend *el.* offer) our heartfelt thanks for your work ...; *ingenting (el. ikke noe) å* ~ *for!* don't mention it! not at all! T that's all right; not a bit; S forget it! *jeg har ham å* ~ *for dette* I'm indebted to him for this; ~ *for seg* **1.** say good-bye, and thank one's host(s); T *(spøkef)* say' 'good-bye and thank you for having me"; **2***(= betakke seg)* say no to sth, say no thank you to sth; refuse (to take part); *De kan* ~ *Dem selv for det* you have only yourself to thank for it; it's no one's fault but your own; T you've been asking for it; *-t være* thanks to *(fx* your help); owing to; ~ *av* resign, retire; *nei,* ~ *meg til Oxford, da!* give me Oxford (every time)!
takkebrev letter of thanks; *(pliktskyldigst, til en man har bodd hos)* T bread-and-butter letter. **-bønn** prayer of thanksgiving. **-gudstjeneste** thanksgiving service. **-kort** printed (,written) acknowledgement.
takkel *(mar)* tackle.
takkelasje *(mar)* rigging.
takket notched, tooth-edged, jagged.
takketale speech of thanks; speech to return thanks; *(ofte =)* reply.
takknemlig **1.** grateful, thankful; **2.** rewarding, promising; *en* ~ *oppgave* a rewarding *(el.* worthwhile) task; *et* ~ *publikum* an appreciative audience; *en* ~ *rolle* a rewarding part, a part offering scope to the actor.
takknemlighet gratitude, thankfulness.
takknemlighetsgjeld: stå i ~ *til en* owe sby a debt of gratitude.
takksigelse thanksgiving.
takkskyldig obliged, indebted.
takle *(vb)* **1.** tackle; **2***(mar)* rig.
takleilighet penthouse.
takluke roof hatch; *(ofte =)* trap door. **-lys** hanging light; *(i bil)* dome lamp. **-papp** roofing felt. **-renne** gutter; *(på bil)* drip moulding. **-rygg** *(møne)* ridge of a roof.
taksameter taximeter, fare meter; T clock.
taksebane *(flyv)* taxiway; taxi strip; peritrack; *(se rullebane).*
taksere *(vb)* value, appraise, estimate; *(fig: ta mål av)* size up *(fx* they sized him up); *huset er -t til* the house is valued at. **-ing** valuation *(fx* of land for rating purposes); assessment, appraisal.
takskjegg eaves *(pl).* **-sperre** rafter, ceiling girder. **-spon** shingle.
takst **1***(fastsatt verdi)* estimated value; *(se taksering);* *ta* ~ *på eiendommen* have the property valued; **2***(pristariff)* rate; *(for passasjerer)* fare; *(se skattetakst).*
takstein tile; *få en* ~ *i hodet* be hit by a falling tile.

takstmann valuer, appraiser; *(ved bilskader)* engineer-assessor.

takstol roof truss.

taksvale *(zool)* martin; *(se I. svale).*

takt time; *(mus)* time, measure; *(finfølelse)* tact, discretion; *holde (,slå)* *-en* keep (,beat) time; *(under marsj)* keep step; *i ~* in time, keeping time *(fx* with the band); *(under marsj)* in step *(fx* walk in step); *i ~ med tiden* in step with the times; *6/8 ~ 6/8* measure; *legge om -en, legge om til raskere ~ (om skøyteløper)* increase one's tempo; *skifte ~ (under marsj)* change step; *komme ut av ~* get out of time; *(under marsj)* get *(el. fall)* out of step, break step.

taktangivelse *(mus)* measure signature.

taktekking roofing.

taktfast measured, rhythmic(al), in time.

taktfull discreet, tactful, *(adv)* discreetly, tactfully. **-het** tact, discretion.

taktiker tactician.

taktikk tactics *(pl); legge om -en* change one's tactics.

taktisk tactical; *av -e grunner* for tactical reasons.

taktløs indiscreet, tactless, having no tact.

taktløshet want of tact, indiscretion. **-slag** beat. **-stokk** baton. **-strek** bar (line).

takvindu dormer window; *(i flukt med taket)* skylight. **-ås** roof beam, purlin.

I. tale *(subst)* speech; talk, address, discourse; *direkte ~ (gram)* direct statement; *den neste setningen går over i direkte ~* the following sentence breaks into direct statement; *-ns bruk* (the power of) speech; *da han hadde gjenvunnet -ns bruk* having found his voice; *holde en ~* make a speech, deliver an address; *hun holdt en hel ~* she made quite a speech; *han er vanskelig å få i ~* he is difficult of access; *det kan (det) ikke være ~ om* that is out of the question; *(se trekke: ~ ut).*

II. tale *(vb)* speak, talk; *den -nde* the speaker; *~ sterkt mot (fig)* weigh heavily against *(fx* two factors weigh heavily against the effectiveness of scientific research in industry); *(se snakke).*

talefeil impediment (of speech), speech defect.

taleferdighet fluency.

talefot *komme på ~ (med)* get on speaking terms (with); establish (personal) contact (with); get together (with); *være på ~ med* be on speaking terms with.

talefrihet freedom of speech, (the right of) free speech; *(se frihet).*

talegaver *(pl)* oratorical gifts, fluency, the gift of speech; *gode ~* **T** the gift of the gab. **-kunst** art of speaking, oratory; rhetoric.

talemåte mode of expression, manner of speaking; *bare -r* empty phrases, mere words.

talende *(adj):* se megetsigende.

talent talent, gift, aptitude; talented person; *nye -er* fresh talent; *han har ~* he has talent, he is talented; *ha ~ for* have a talent for.

talentfull talented, gifted.

talentløs untalented, incompetent; uninspired *(fx* an u. poem).

talentløshet lack of talent; lack of inspiration.

talentspeider talent scout, star spotter; **S** bush-beater.

taler speaker, orator.

taleredskap organ of speech.

taleknep oratorical trick. **-stol** rostrum *(pl:* -s); (speaker's) platform.

talerør *(mar)* voice-tube, speaking tube; *(fig)* mouthpiece; spokesman *(fx* a s. of the Government).

talespråk spoken language; *det engelske ~* spoken English; *de mange aspekter ved norsk ~*

er viet stor oppmerksomhet a great deal of attention has been paid to the many aspects of spoken Norwegian.

talestasjon *(tlf)* public call office.

talestemme speaking voice.

taletid time allotted for speaking; *det ble innført begrenset ~* it was ruled that there would be a time limit *(el.* restriction) (for speeches).

taletrengt garrulous, talkative, loquacious.

taletrengthet talkativeness, garrulity.

talg tallow; sebaceous matter; *(nyre-)* suet.

talgaktig sebaceous.

talgkjertel *(anat)* sebaceous gland.

talglys (tallow) candle. **-syre** sebacic acid. **-tit** *(zool)* **T** (= *kjøttmeis)* great titmouse; **T** tomtit.

talisman talisman.

I. talje *(mar)* (block and) tackle.

II. talje *(liv)* waist.

talkum talcum powder.

tall number, figure; *(tegnet)* figure, numeral; *(siffer i flersifret tall)* digit; *~ som følger etter hverandre* adjacent numbers *(fx* 5 and 6 are a. n.); *like (el. jevne) ~* even numbers; *ulike (el. odde) ~* odd numbers; *i hundre-, i tusen-* by hundreds, by thousands; *jeg kunne ikke holde ~ på dem* I lost count of them; *skrive beløpet med både ~ og bokstaver* write the amount in both words and figures; *(se sjonglere).*

tallangivelse figure stated.

tallerken plate; *dyp ~* soup plate; *flat ~* (ordinary) plate; *en ~ suppe* a plateful of soup; *flyvende ~* flying saucer.

tallerkenrekke plate rack.

tallforhold ratio. **-karakter** (numerical) mark; *(jvf bokstavkarakter).* **-kolonne** column of figures. **-løs** numberless, countless, innumerable. **-messig** numerical; *(adv)* numerically, in numbers; *være ~ underlegen* be (heavily) outnumbered; *være ~ overlegen* be superior in numbers.

tallord numeral. **-rekke** series of numbers.

tallrik numerous; *være -ere enn* outnumber.

tallskive dial. **-størrelse** number, numerical quantity. **-system** system of notation; scale *(fx* the decimal s.). **-tegn** numeral character, figure. **-verdi:** se *-størrelse.*

talong *(på sjekk, etc)* counterfoil; **US** stub.

talsmann spokesman; *(forkjemper)* advocate; *gjøre seg til ~ for noe* advocate sth, be the advocate of sth; *(se talerør).*

tam *(også fig)* tame; *(bare om dyr)* domesticated; *den -me gåsa* the domestic goose.

tambak *(lommeur)* pinchbeck.

tambur *(trommeslager)* drummer.

tamburin *(håndtromme)* tambourine.

tamhet tameness.

tamp end, rope end; *-en brenner (lek)* you're getting warm; *(fig)* we are getting very near the mark.

tampong *(i sykepleie)* tampon, plug.

tandem *(sykkel for to)* tandem.

tander delicate.

I. tang *(redskap)* (pair of) tongs; (pair of) nippers; *(flat-, nebbe-)* (pair of) flat-nosed pliers; *(liten tang, avbiter-)* wire cutter, (pair of) pincers; *(leges)* forceps.

II. tang *(bot)* seaweed; kelp. **-art** *(bot)* species of seaweed. **-aske** kelp (ash).

tangbrosme *(fisk): treskjegget ~* three-bearded rockling.

tange spit, tongue (of land).

tangens tangent.

tangent tangent; *(på piano)* key.

tangere *(vb)* touch; *(mat.)* be tangent to; *~ en rekord* touch *(el.* equal) a record.

tangfødsel forceps delivery.

tangkutling *(fisk)* spotted goby.
tangkvabbe *(fisk)* shanny, common blenny.
tango tango.
tank *(beholder)* tank; *full ~, takk!* top *(el.* fill) her up, please! **-bil** *(road)* tanker, tank lorry; *(også* US*) tank truck.* **-båt** tanker.
tanke 1 thought; idea; **2***(hensikt)* intention *(fx* my intention was to ...)*; idea *(fx* the idea behind it); **3***(lite kvantum)* thought, suspicion *(fx* just a suspicion of vanilla); *[A: forb. med adj; adv; subst; B: med vb; C: med prep]*
A *[forb. med adj; adv; subst]* hennes *-r var* **annetsteds** *(el. langt borte)* her thoughts were elsewhere; **T** she was wool-gathering; *kjøttet er en ~* **bedervet** the meat is slightly off; **dystre** *-r* gloomy thoughts; *to sjeler og* **én** *~ (iron)* great minds think alike; *det var min* **eneste** *~* that was my only thought *(el.* preoccupation); *det var min* **første** *~* that was my first thought; *hennes første ~gjaldt barnet* her first thought was for her *(,the)* child; *hans -r var jordbundet* he never had a lofty thought; *en* **nærliggende** *~* an obvious idea; an idea which immediately suggests itself; *-n er* **tollfri** thoughts are free; one's thoughts are one's own; **tunge** *-r* black *(el.* gloomy) thoughts; *-ns* **verden** the world of ideas;
B *[forb. med vb]* den *-n* **falt** meg inn at ... the thought occurred to me that ...; the thought crossed my mind that ...; it occurred to me that ...; *den -n har aldri falt meg inn at ...* it never crossed my mind that ...; *hvis man skulle* **forfølge** *den -n at ...* if one were to pursue the line of thought that ...; *jeg bare* **fikk** *den -n* it just occurred to me; I got that idea; *jeg fikk den -n at det var ham* I had an idea it was him; it just occurred to me that it was him; *hvor* **hadde** *du -ne dine (hen)?* what (on earth) were you thinking of? *hans -r* **kretset** *stadig om det* it was always in his thoughts; it was his constant preoccupation; he kept returning to the idea; **lese** *ens -r* read sby's mind *(el.* thoughts); **samle** *-ne sine* collect one's thoughts; get one's thoughts together; **sende** *ham en (stille) ~* think of him; *hun sendte en stille ~ til sønnen sin der ute på slagmarken* she thought (silently) of her son out there on the battlefield; *sende ham en vennlig ~* think kindly of him; remember him gratefully; *det* **skjenket** *jeg ikke en ~* I didn't give it a thought; I never gave it a thought; *.. men -n* **var** *der, kan jeg forsikre deg!* that you must take the word for the deed! *det var min ~ å gjøre det* I meant to do it; I intended to do it; *det var ikke min ~ å dra dit* I had no intention of going there; *det har aldri vært min ~ å såre deg* I never intended to hurt you; nothing was further from my mind than to hurt you; *-n var å få med så meget som mulig av det London hadde å by på (også)* we (,they, *etc)* started out with the idea of fitting in as much as possible of what London had to offer; *det var -n med det hele* that was the idea behind it;
C *[forb. med prep]* han har bare *~* **for** he thinks of nothing else but ...; he's (quite) obsessed by (the thought of) ...; *han har ikke ~ for noe annet* he can't think of anything else; it's his only preoccupation; he's obsessed by it; *slå den -n* **fra** *deg* put the *(el.* that) idea out of your head; *slå slike -r fra seg (også)* dismiss such thoughts (from one's mind); **i** *dype -r* deep in thought, absorbed *(el.* lost) in thought; **T** in a brown study; *falle* **i** *-r* become lost in thought *(fx* he became lost in thought); *jeg gikk (,stod)* **i** *andre -r* I was thinking about something else; *(unnskyldende)* I wasn't thinking! *den (som)*

jeg har **i** *-ne* the person I have in mind; *det han hadde* **i** *-ne* what he had in mind; *hensunket* **i** *-r* lost in thought; absorbed in thought; *stå* **i** *egne -r, stå der i sine egne -r* be lost in thought, be lost in one's own thoughts; *han er en stor mann i sine egne -r* he's a great man in his own opinion; *være klar* **i** *-n* think clearly, have a lucid mind; *hun er alltid i mine -r* she's always in my thoughts; she's never out of my thoughts; **i** *-ne var han allerede hjemme igjen* in his thoughts he was already home again; **i** *-ne hadde hun allerede møblert huset* in her mind's eye she had already furnished the house; **komme i** *-r om noe* remember (about) sth; (suddenly) think of sth; *han* **kom i** *-r om at ...* it occurred to him that ...; he remembered that ...; *hvordan* **kom De i** *-r om det?* what made you think of that? *men så kom han i -r om noe annet* but then something else occurred to him; *men det* **ble med** *-n* but it didn't come off; but it never came off; but it was never realised; *ha -ne* **med** *seg* have one's wits about one; **med** *~ på å ...* with a view to (-ing); with the intention of (-ing); with the idea of (-ing) *(fx* study English with the idea of settling abroad); **med** *~ på å få brakt på det rene om pakken ble levert* with a view to establishing whether the parcel was delivered; *depotnettet er forsterket* **med** *~ på offshore-aktiviteten* the network of depots has been reinforced to cope with offshore activity; *arbeide* **med** *~ på fremtiden* work with an eye to the future; *rette sine -r* **mot** *...* turn one's thought(s) to); *gjøre seg -r* **om** *...* think of; *han gjorde seg ingen -r* **om** *det* he didn't bother about it; he didn't give any thought to it; *jeg har mine egne -r* **om** *¹det* I have my own ideas about that; *ha høye -r* **om** *en* have a high opinion of sby, think highly of sby, think a great deal of sby; *han har svært høye -r* **om** *seg selv* he has a very high opinion of himself; he rather fancies himself; **T** he thinks a lot of himself; *ha høye -r* **om** *ekteskapet* have high ideals with regard to marriage; *ikke ha særlig høye -r* **om** *en* not think much of sby, have no great opinion of sby, have a poor *(el.* low) opinion of sby; **T** take a dim view of sby; *hun har ikke (videre) høye -r* **om** *ham* she doesn't think much of him; *han har store -r* **om** *alt han vil utrette senere i livet* he has big ideas of what he's going to do *(el.* achieve) later in life; *hans -r* **kretset** *stadig om det: se B (ovf);* **vekke** *-r om* suggest, be suggestive of; *-n* **på** *den fryktelige urett han hadde gjort (el. begått mot) sin kone, forlot ham aldri* the thought of the terrible wrong he had done his wife never deserted him; *han hadde i alle disse årene vært plaget av -n* **på** *den urett han hadde begått mot sin kone* all these years he had been tortured *(el.* plagued) by the thought of the wrong he had done his wife; *bare -n* **på** *...* the mere *(el.* very) thought *(el.* idea) of...; *jeg blir syk bare ved -n* **på** *det* the very *(el.* mere) thought of it makes me sick; *bringe (el. få) ham* **på** *andre -r* get him to change his mind, make him change his mind; *hva fikk deg på den -n? hvordan kom du på den -n?* what put that into your head? what made you think of that? *få orden på -ne* sort out one's thoughts; *komme på andre -r* change one's mind *(med hensyn til noe* about sth); *jeg kom på den -n at ...* it occurred to me that ...; it struck me that ...; *sette en på -n* suggest the idea to sby; *slå det* **ut** *av -ne* put it out of your mind; dismiss it from your mind; *ut fra den ~ at ...* from the belief that ... *(fx* our worldwide organisation has developed from the belief that

tankearbeid brainwork; thought *(fx* it takes a lot of thought).

tankebane range of (one's) ideas *(el.* mind); channel of thought *(fx* a new channel of thought); train of thought; *vi må pense ham inn på andre -r* we must start him thinking along different lines; we must get him to think along different lines: *det ligger utenfor hans* ~ this is beyond the range of his mind.

tanke|eksperiment (mere) supposition; *som et* ~ for the sake of argument. **-flukt** *(psykol)* flight of ideas; *(fig)* flight of thought, soaring thoughts; exalted thinking. **-forbindelse** association (of ideas). **-full** thoughtful, pensive. **-fullhet** thoughtfulness, pensiveness.

tankegang mentality, mind; way of thinking; *hans jordbundne* ~ the lack of any elevation in his thought; *en klar* ~ a lucid mind; *han har en klar* ~ he is a lucid thinker; *en skitten* ~ a dirty mind; *hvis man skulle forfølge den* ~ *at* if one were to pursue the line of thought that.

tanke|gymnastikk mental gymnastics. **-innhold** thought content. **-kraft** intellect; mental powers. **-leser** thought reader, mind reader. **-lesning** thought reading, mind reading. **-lyrikk** philosophical *(el.* intellectual) poetry, lyric poems charged with ideas, poetry of ideas. **-løs** thoughtless, unthinking, unreasoning, scatterbrained, featherbrained. **-løshet** thoughtlessness; *begå en* ~ make a slip. **-overføring** telepathy, thought-transference. **-rekke** train of thought, chain of thought. **-rik** rich in thought, fertile. **-rikdom** fertility (of thought *(el.* ideas)). **-sprang** mental jump; sudden switch of thought; inconsequential jump from one idea to another. **-språk** apothegm, aphorism, maxim. **-strek** dash. **-tom** empty; vacuous; devoid of thought; *(om person)* empty-headed, vacant, vacuous. **-tomhet** emptiness, vacuity; *den rene* ~ complete mental vacuity. **-vekkende** suggestive, thought-provoking.

tanke|verden world of thought, w. of ideas; *utenfor hans* ~ outside the world of his ideas *(el.* thought(s)); *den greske* ~ the world of Greek thought; the intellectual *(el.* mental) world of the Greeks. **-øvelse** mental exercise, exercise of thought.

tankskip tanker.

tann 1. tooth; **2***(på kam, fil, etc)* tooth; *(på sag)* tooth; *(på gaffel)* prong; *(på rive)* tooth, prong; *(på hjul)* cog, tooth; *føle en på tennene* sound sby; see what sby is like; **S** give sby the once-over; *få tenner* cut one's teeth; teethe; *få blod på* ~ *(også fig)* taste blood; *jeg hakket tenner av redsel (,av kulde)* my teeth were chattering with fear (,with cold); *holde* ~ *for tunge* not breathe a word (about it); **T** keep mum; *trekke ut en* ~ pull out a tooth; extract *(el.* draw) a tooth; *tidens* ~ the ravages of time; *trosse tidens* ~ defy the ages *(fx* the pyramids have defied the ages); *skjære tenner* grind *(el.* gnash) one's teeth; *tennene mine løper i vann* my mouth waters; it makes my mouth water; *(se blod & tett).*

tannbehandling dental treatment; *(se sykekasse).*
tann|byll gumboil. **-børste** toothbrush.
tanne *(på lys)* snuff.
tann|felling shedding of teeth. **-formet** tooth-shaped. **-gard** row of teeth.

tann|hjul *(mask)* gear (wheel), toothed wheel, cogwheel. **-hjulsutveksling** gear (system).
tannin *(garvestoff)* tannin.
tann|kitt tooth cement, temporary stopping *(el.* filling). **-kjøtt** gum. **-lege** dentist, dental surgeon; *(se kjevekirurg).* **-legehøyskole** dental college, school of dental surgery.
tannløs toothless.
tannløshet toothlessness.
tann|pasta toothpaste. **-pine** toothache. **-pulver** tooth powder, dentrifrice. **-puss** (the) brushing (of) teeth. **-rensning** scaling, tooth-cleaning. **-råte** (dental) caries, tooth decay. **-sett** set of teeth. **-stikker** toothpick. **-tekniker** dental mechanic. **-uttrekning** tooth-drawing, extraction of teeth.
tannverk toothache.
tant trumpery, vanity, nonsense.
tantaluskvaler *(pl)* the torments of Tantalus.
tante aunt.
tantieme bonus.
tap loss; ~ *og gevinst* gain(s) and loss(es); *(merk)* profit and loss; *bære et* ~ bear a loss; *dekke et* ~ cover *(el.* meet) a loss; *(i form av erstatning)* make good a loss; *lide* ~ suffer *(el.* sustain) a loss; *selge med* ~ sell at a loss; *selge med stort* ~ *(også)* sell at a sacrifice; *det er et stort* ~ *for ham* it's a great loss for him; *det var et følelig* ~ **T** that was a nasty one (in the eye); *det vil for meg si et* ~ *på £5* that sets me back £5 (,**T**: a cool £5); *(se sette B).*
tapbringende losing, unremunerative, unprofitable *(fx* concern).
I. tape *subst (limbånd)* (sticky) tape; adhesive tape.
II. tape *(vb)* lose; ~ *motet* lose heart; *han tapte saken* the case went against him; ~ *av syne* lose sight of; ~ *(penger) på* lose money by, lose m. over *(el.* on); *denne transaksjonen har vi tapt meget på* this transaction is a dead loss to us *(el.* has involved heavy losses); *jeg tapte penger på det* I'm out of pocket by it; *gi tapt* give in *(el.* up); *gå tapt* be lost; *200 arbeidsplasser vil måtte gå tapt* 200 jobs will have to go; ~ *seg (om toner)* die away; *(om farger)* fade; *(bli dårligere)* deteriorate; *hun har tapt seg svært* she has lost her (good) looks; **T** she has gone off very much; *den -nde* the loser.
tapet wallpaper; *bringe på -et* bring up *(fx* a subject, question); *være på -et* be under discussion.
tapetsere *(vb)* paper; *(om igjen)* repaper.
tapetserer paperhanger.
tapetsering papering.
tapir *(zool)* tapir.
tapp tenon; *(i sinking)* dovetail; *(løs del)* pin, peg; *(fig)* pivot *(fx* the p. on which everything turns).
tappe *(vb)* tap, draw; tap off, draw off, drain off *(el.* out) *(fx* drain out the oil and fill with new clean oil); *(snekkeruttrykk)* tenon, mortise; *landsbygda blir -t for unge menn* (the) country districts are drained of young men; ~ *i badekaret* run the bath, run water into the bath tub, let the water run into the bath tub.
tappejern mortise chisel.
tappenstrek tattoo.
tapper brave; *holde seg* ~ stand *(el.* stick) to one's guns; *ta det -t* be brave about it; bear up well *(fx* he bore up well when news came that his father had been killed).
tapperhet bravery.
tapsliste casualty list.
taps- og vinningskonto *(merk)* profit and loss account.
tapsprosent percentage of losses.

tapstall *(tall på omkomne)* casualty figures.
tara *(vekt av emballasje)* tare.
I. tarantell zool *(slags edderkopp)* tarantula.
II. tarantell *(dans)* tarantella.
tare bot *(blad-)* sea tangle.
tarere *(vb)* tare.
tariff tariff.
tariff|avtale wage agreement. **-bestemmelse** tariff regulation. **-brudd** breach of wage agreement. **-forhandlinger** *(pl)* tariff negotiations. **-forhøyelse** increase of the tariff (rates). **-krig** rate war. **-messig** according to the tariff, as per tariff; ~ lønn standard wages. **-nedsettelse** reduction of the tariff (rates). **-sats** (tariff) rate; *(om lønn)* standard rate. **-stridig** not according to contract; constituting a breach of a (,the) wage agreement.
tarm bowel, gut, intestine. **-brokk** *(med.)* enterocele. **-kanal** intestinal canal. **-katarr** *(med.)* enteritis. **-parasitt** gut parasite. **-slyng** *(med.)* volvulus. **-streng** catgut.
tartar (= *tatar*) Tartar, Tatar. **-smørbrød** raw beef sandwich.
tarv requirements; good, benefit; *vareta ens* ~ look after *(el.* attend to) sby's interests.
tarvelig *(i levnet)* frugal; *(i klesdrakt)* poor; *(sjofel)* mean, shabby; **T** low-down; meagre.
tarvelighet frugality; meanness.
taske bag, pouch, wallet.
taskenspiller conjurer, illusionist. **-kunst** conjuring, sleight of hand.
tasle *(vb)* pad; ~ *omkring* pad about.
tass: *liten* ~ tiny tot, little wisp of a boy; *(se nurk; pjokk).*
tasse *se tasle.*
tast *(tangent)* key.
tatar Tartar, Tatar; *(se tartar).*
tatarisk Tartarian.
tater gipsy; US gypsy. **-følge** band of gipsies. **-jente** gipsy girl. **-kvinne** gipsy (woman). **-språk** Romany.
tatover|e *(vb)* tattoo. **-ing** tattooing.
tau rope; *slepe-* tow(ing) rope; *(se III. lense).* **-bane** aerial cableway; *(for varer)* telpher (line); *(som går på skinner)* funicular (railway). **-båt** tug; tugboat; towboat.
taue *vb (buksere)* tow; take in tow; ~ *i gang en bil* tow a car to get it going; *la seg* ~ be taken in tow; *har De blitt -t før?* have you (ever) driven a car on tow before?
tau|ende rope end. **-kveil** coil of rope.
taus silent, hushed; *(av vane)* taciturn, silent, reticent; *(som ikke røper hemmeligheter)* discreet.
taushet silence; taciturnity; secrecy; *i andektig* ~ in religious silence; *en forventningsfull* ~ a hush of expectation; *bryte -en* break silence; *bringe til* ~ silence.
taushets|løfte promise of secrecy. **-plikt** professional secrecy; *han har* ~ he is bound to (observe professional) secrecy; *pålegge en* ~ bind sby to secrecy.
taustige rope ladder; *(fjellsport)* étrier.
tauto|logi tautology. **-logisk** tautological, redundant.
tautrekking tug of war.
tauverk cordage, ropes.
tavle *(skole-)* blackboard; *(apparat-)* switchboard. **-linjal** blackboard ruler.
tavlepasser (black)board compasses; *(se passer).*
tavleregning maths (,arithmetic) on the blackboard *(fx* we had *(el.* did) maths on the b. today).
taxi taxi; *(se drosje).*
I. te *(subst)* tea; *drikke* ~ have *(el.* drink) tea; *en kopp* ~ a cup of tea; **T** a cup of char; **S**

a cup of Rosy Lee; *lage* ~ make tea; *skjenke* ~ pour out tea; *-en er på bordet* tea is ready.
II. te *(vb):* ~ *seg* behave (oneself).
teater theatre; US theater; *gå i -et* go to the theatre.
teater|billett theatre ticket. **-direktør** theatre manager. **-effekt** stage effect, dramatic effect. **-forestilling** theatrical performance; **T** show. **-gal** stage-struck. **-gjenger** theatregoer, playgoer. **-kikkert** opera glasses. **-kritiker** dramatic critic. **-maler** scene painter. **-plakat** playbill. **-sesong** theatrical season. **-sjef** *se teaterdirektør.* **-skurk** stage villain. **-stykke** (stage) play; *(se ta C:* ~ *opp igjen).*
teatralsk theatrical, stagy.
te|blad *(bot)* tea leaf. **-bord** tea table; *(på hjul)* tea wagon. **-boks** tea caddy. **-brett** tea tray. **-brød** [dry cake made in loaves about an inch thick and cut in diagonal strips]. **-busk** *(bot)* tea plant, tea shrub.
teddybjørn teddy bear.
teft scent; *få -en av* get wind of; *(om jakthund, etc)* scent; *ha en fin* ~ *for noe* have a good nose for sth.
tegl|stein brick. **-verk** brickworks *(sing),* brickyard.
tegn sign; mark; token; indication; symptom; *(forvarsel)* sign, presage, omen; *(som en bærer på seg)* badge; *(billett)* ticket, check; ~ *på* sign of; *på et avtalt* ~ *(ɔ: signal)* at a prearranged signal; *gjøre* ~ *til en* make a sign (,signs) to sby, motion sby, signal sby; *gjorde* ~ *til ham at han skulle sette seg* motioned him to take a seat; *være et* ~ *på* be a sign of; be indicative of; *dette var et* ~ *på at* ... this was a sign *(el.* an indication) that ...; *som* ~ *på, til* ~ *på* in token of; as a mark of; *vise* ~ *til* show signs of.
tegne *(vb)* draw; *(konstruere)* design; *(gi utsikt til)* promise; *våre planer -r bra* our plans are shaping well; ~ *forsikring* take out *(el.* effect *el.* cover) an insurance; ~ *en polise* take out *(el.* effect) a policy; *-t kapital* subscribed capital; ~ *etter naturen* draw from life *(el.* nature); ~ *inn (ɔ: avsette)* trace *(fx* a course on the map); *veien var ikke -t inn på det forrige kartet* the road was not shown on the previous *(el.* earlier) map; ~ *seg* put down one's name; *(som deltager, etc)* enrol(l); *(vise seg, komme til syne)* show, appear.
tegne|bestikk (case of) drawing instruments. **-blokk** drawing pad, sketchbook. **-bok** *(lommebok)* note case, wallet; US *(også)* billfold. **-bord** drawing table. **-brett** drawing board; *det er fremdeles bare på -et (fig)* it's still on the boards. **-film** cartoon (film), animated film. **-kontor** drawing office; US drafting room. **-kritt** drawing chalk. **-lærer** drawing master. **-papir** drawing paper.
tegner I*(kunstner)* black-and-white artist; illustrator; *(mote-)* designer; *(tegnefilm-)* animator; 2*(av abonnement, etc)* subscription; *arbeide etter* ~ work from a drawing (,from drawings); *ødelegge -en for en (fig)* queer sby's pitch, queer the pitch for sby, upset sby's apple cart.
tegne|sal classroom for drawing. **-serie** strip (cartoon), comic strip; *(også)* comics, funnies. **-stift** drawing pin; US thumbtack. **-time** drawing lesson. **-undervisning** drawing lessons *(pl).*
tegnforklaring *(på kart)* key to the symbols (used); *(også mar)* legend.
tegning drawing, sketching; draughtsmanship; *(konkret)* drawing, design, sketch; *(av abonnement, etc)* subscription; *arbeide etter* ~ work from a drawing (,from drawings); *ødelegge -en for en (fig)* queer sby's pitch, queer the pitch for sby, upset sby's apple cart.
tegnings|betingelser *(pl)* terms of subscription.

-blankett form of application, application form.
-frist: *-en utløper den 3. mai* the (subscription) list will be closed on May 3rd. **-innbydelse** prospectus; *sende ut* ~ issue a prospectus.

tegn|setning punctuation. **-språk** sign language. **-system** system of signs *(el.* signals).

tehandel tea trade.

teig strip of field. **-blanding** *(hist)* strip farming *(el.* cultivation).

tein spindle, distaff; *(se spinnesiden).*

teine fish pot; *(hummer-)* lobster pot.

teint complexion, colour (,US: color).

te|kanne teapot. **-kjele** tea kettle.

I. tekke *(subst)* charm; appeal; *han har barne-he has a way with children.

II. tekke *(vb)* roof; *(med strå)* thatch.

tekkelig decent, nice, proper.

tekkes *vb (være til behag)* please.

tekniker technician; *(ofte)* engineer; *kjøle-* refrigeration service engineer; *(se tannteknikker; varmetekniker).*

teknikk technique; engineering *(fx* heating e.); *(se elektroteknikk).*

teknisk technical; ~ *direktør* technical director; «~ *feil»* *(TV)* "technical incident"; ~ *konsulent* consultant engineer; *(især US) consulting engineer.*

teknolog technologist. **-i** technology.

teknologisk technological.

tekopp teacup.

tekst text; *lese en -en* tell sby off, lecture sby, give sby a piece of one's mind.

tekste *(vb)* write a text for; *(film)* subtitle.

tekstil|arbeider textile worker. **-fabrikk** textile mill. **-industri** textile industry. **-varer** *(pl)* textiles.

tekstkritikk textual criticism.

tekstsammenheng textual context.

teksttegner lettering artist; *(se tegner).*

tekst-tv teletext.

tekstur texture.

tekstuttale articulation.

tekstutvalg choice *(el.* selection) of texts.

tele ground frost, frozen ground; layer *(el.* crust) of frozen earth; *dyp* ~ thick *(el.* deep) layer of frozen earth; thick crust of frozen earth; *-en går av jorda* the ground is thawing; the frost in the ground is giving way; *-n var ennå ikke gått av jorda* the earth *(el.* ground) was still frozen beneath the surface; *-n er gått av jorda* the frost is out of the ground.

teledybde depth of frost (in the ground).

telefon telephone; **T** phone; *avlytte -en* tap the (tele)phone; *få lagt in* ~ have the t. put in; *ha* ~ be on the t.; *ta -en* pick up *(el.* lift) the receiver; *(gå bort til den når den ringer)* answer the t.; take the call; *hvem tok -en?* who took the call? *det er* ~ *til deg* there is a call for you; **T** you're wanted on the phone; *i -en* on *(el.* over) the t.; *jeg har nettopp hatt sekretæren i -en* I have just been on the line to the secretary; I've just had the secretary on the phone; *pr.* ~ on *(el.* over) the t.; *hun sitter i -en i timevis* **T** she's stuck on the t. for hours; *vente i -en* (ɔ: *ikke legge på)* hold the line, hold on; *kan De komme til -en?* can you take the (,a) call? *(se tilkople).*

telefon|abonnement telephone subscription. **-abonnent** t. subscriber. **-anlegg** t. exchange. **-apparat** t. (apparatus), t. instrument. **-automat** slot t.; *(offentlig)* (public) call box; **US** pay station. **-avlytting** (tele)phone tapping. **-beskjed** t. message. **-boks** (public) call box; **T** phone box; **US** pay station, t. booth. **-dame** (telephone) operator.

telefonere *(vb)* telephone; **T** phone; ~ *etter* t.

for; *hvordan man skal* ~ how to make a call; *(se ringe).*

telefonforbindelse telephone connection; *få* ~ *med* get through to.

telefoni telephony. **-isk** telephonic.

telefonist telephonist; telephone operator.

telefonkatalog telephone book; phone book; *-en for Essex* the Essex book.

telefon|kiosk (public) call box; **T** phone box; **US** pay station, telephone booth. **-montør** t. fitter. **-nummer** t. number. **-oppringning** t. call. **-rør** t. receiver. **-samband** t. connection.

telefonsamtale call *(fx* I pay for each call); telephone conversation; conversation over the telephone; *den avstand -n går over* the distance to which the call is made; *bestille en* ~ book a call; **US** place a call; *bestille en riks- med tilsigelse* book a personal trunk call; *(se rikstelefon).*

telefon|sentral (telephone) exchange. **-sjikane** insulting telephone calls. **-svarer** (telephone) answering machine. **-takst** rate per call, call rate. **-uret** the speaking clock service *(fx* dial the speaking clock service).

telefri free of frost; *jorden er nå* ~ the frost is out of the ground now; the ground is now free of frost.

telegraf telegraph; *pr.* ~ by telegraph.

telegrafassistent *(jernb.):* intet tilsv.; *se telegrafist.*

telegrafbestyrer manager of a telegraph office.

telegrafere *(vb)* telegraph; wire; *(med undersjøisk t.)* cable.

telegrafi telegraphy.

telegrafisk telegraphic, by wire, by cable.

telegrafist 1. telegraphist, telegraph operator; 2*(jernb)* junior (booking)clerk; *(ved mindre stasjon ofte)* (leading) porter; *(jvf jernbaneekspeditør; jernbanefullmektig).*

telegraf|kabel telegraph cable. **-linje** telegraph line.

telegrafmester *(jernb: elektromester, underlagt elektrodirektør 2)* telecommunications engineer.

telegraf|stasjon telegraph station. **-stolpe** telegraph pole. **-vesen** telegraph service.

telegram telegram, cable(gram); **T** wire. **-adresse** telegraphic address.

telegramblankett telegram form; **US** t. blank.

telegrambyrå news agency; **US** wire service; *Norsk T- (fk NTB)* the Norwegian News Agency.

telegramsvar telegraphic reply, wired *(el.* cabled) reply; *(se tilbud).*

tele|grop *(i vei)* hole (in road) caused by thaw; *(se telesyk).* **-hivning** frost heave. **-linse** *(fot)* telephoto lens, long lens.

teleks telex (machine); teleprinter; **US** teletype(writer).

teleløsning spring thaw.

telemarksving *(ski)* telemark turn.

teleobjektiv *(fot)* teleobjective; *(jvf telelinse).*

teleologi teleology. **-sk** teleological.

telepati telepathy. **-sk** telepathic.

telesamband telecommunications.

telesatellitt telecommunications satellite.

teleskop telescope. **-isk** telescopic.

teleskott frost heaving(s).

telesyk *(om vei)* in a state of thaw.

Televerket UK British Telecommunications; **T** British Telecom.

televisjon television; *(se TV).*

telgje *(vb)* whittle. **-kniv** sheath knife.

telle *(vb)* count; ~ *etter* count over; ~ *opp* count out *(fx* a hundred kroner), count (up) *(fx* the votes); *-r med ved beregning av pensjonen* counts towards the calculation of one's pension; ~ *på knappene: se knapp; det er praksis som -r*

practice is the important thing; ~ *til tjue* count (up to) twenty.
telleapparat turnstile counter.
teller *(i brøk)* numerator.
telling counting; count; *han tok* ~ *til åtte (om bokser)* he went down to a count of eight.
telt tent; *holde seg hjemme ved -ene* keep the home fires burning; *slå opp et* ~ pitch a tent, put up a tent; *ta ned -et* strike the tent.
telt|by canvas town. **-duk** tent canvas. **-klaff** *(telt-dør)* tent flap. **-leir** camp (of tents). **-plass** camp(ing) site. **-plugg** tent peg. **-slagning** tent-pitching. **-stang** tent pole. **-tur:** *dra på* ~ go camping, go on a camping trip; *(se I. tur).*
tema *(mus)* theme; *(emne)* subject.
temme *(vb)* tame; *(hest)* break (in); ~ *sine lidenskaper* control *(el.* curb) one's passions.
temmelig rather, fairly, pretty; tolerably; *(litt for)* rather; ~ *liten* rather small, smallish; ~ *god* fairly good; ~ *godt* pretty well, fairly well; ~ *kaldt* rather cold; ~ *mye* a good deal; *(om pris)* a pretty penny *(fx* it has cost a p. p.); pretty much; *(om kvantum)* a fairly large quantity; ~ *dårlige utsikter* rather a bad look-out; *jeg er ~ sikker på at* I feel pretty sure that.
tempel temple; *(poet)* fane. **-herre** (Knight) Templar, Knight of the Temple.
tempera tempera.
temperament temperament, temper.
temperaments|full temperamental; spirited. **-sving-ning** change of mood.
temperatur temperature; *høy* ~ high t.; *lav* ~ low t.; *måle ens* ~ take sby's t.
tempere|re *(vb)* temper; *-t klima* temperate climate.
tempo speed, rate; *(mus)* tempo; *(fig)* tempo, pace; *i et forrykende* ~ at a dizzy pace *(el.* speed), at breakneck speed; *fremskynde -et* quicken the pace; *fremskynde produksjonstempo-et* step up production, speed up p.; *(se opp-drive).*
temporær temporary.
tempus *(gram)* tense.
tendens tendency; trend, move *(fx* there is at least a m. towards reducing the number of greasing points); inclination *(fx* he showed an i. to resent criticism); *(især sykelig el. forbry-tersk)* propensity *(fx* a morbid p. to tell lies); proclivity *(fx* persons of criminal proclivities); *en synkende (el. fallende)* ~ a falling *(el.* downward) trend *(el.* tendency); *ha en* ~ *til å å* **:** *være tilbøyelig til å)* have a tendency to, tend to, be apt to.
tendensiøs tendentious, bias(s)ed.
tendensroman purpose novel.
tender *(jernb & mar)* tender; *lokomotiv med* ~ tender engine.
tendere *(vb)* tend; ~ *i retning av* show a tendency to; tend towards.
tenke *(vb)* **1.** think; **2***(tro, formode)* think, suppose, believe; **3***(akte å, ha i sinne)* intend, mean, think of *(fx* I thought of leaving England); *tenk at han bare er 20 år* to think that he is only twenty! *tenk at jeg skulle møte deg her!* fancy meeting you here! to think that I should meet you here! *tenk før du snakker* think before you speak; *tenk om* what if *(fx* what if we should fail); suppose *(fx* suppose he doesn't come back); *tenk hvor* just think how *(fx* just t. how it would have pleased her); *jeg kan ikke ~ i dag!* I can't think today! my head is going round *(el.* is swimming) today; *det fikk meg til å* ~ that set me thinking; ~ *så det knaker* rack *(el.* cudgel) one's brains; *det var nok det jeg*

tenkte I thought as much; *vi har ikke tenkt å selge huset* we don't think of selling the house; *han har tenkt å reise i morgen (også)* he plans to leave tomorrow; *jeg tenkte halvveis å dra til Paris* I had some thought of going to Paris; *jeg -r hun er tilbake i Norge nå* I imagine she is back in Norway now; ~ *sitt* have one's own ideas *(el.* views) of the matter; *jeg tenkte mitt (ofte =)* I had my suspicions; I made my own reflections; *som tenkt så gjort* no sooner thought than done; ~ *etter* consider, think; *når jeg -r nærmere etter* **T** come to think of it; ~ *noe* **gjennon** think sth over, turn sth over in one's mind; ~ **klart** think clearly *(el.* straight); ~ **med** *seg selv* think to oneself; ~ **om** think of *(fx* I would not have thought it of him); ~ **over** think over *(fx* I want to think things over), consider; ~ *grundig over det* think it over carefully, give the matter careful consideration *(el.* a good deal of thought); *jeg har tenkt litt over det* I have given it a certain amount of thought; ~ **på** think of; think about; reflect on; *(huske)* think *(fx* did you think to bring the key?); *(ta hensyn til)* consider *(fx* the feelings of others); *(finne en utvei, etc)* think of; *(ha i sinne)* think of *(fx* getting married); *det lar seg ikke gjøre å ~ på alt* one can't think of everything; *jeg har aldri tenkt alvorlig på det* I have never thought seriously about it; I have never given it *(el.* the subject) serious thought; *det må jeg ~ på først* I shall have to think that over first; *det må jeg ~ (nærmere) på (også)* it needs thinking about; *ha annet å ~ på* have other things to think about; *hva -r du på?* what are you thinking of *(el.* about)? *jeg har tenkt meget på det* I have thought a good deal about it; I have given it a good deal of thought; *det eneste de kan ~ på i den alderen, er å få seg en motorsykkel* all they can think of at that age is getting (hold of) a motor cycle; *de -r bare på å ...* their only thought is to ...; *(se til B: for-drive -en); jeg skal ~ på deg (fx når du er oppe til eksamen)* I'll keep my fingers crossed for you; ~ **seg** imagine, fancy; *han kunne ikke ~ seg henne som tyv* he couldn't think of her as a thief; he could not imagine her being a thief; *som De nok kan ~ Dem* as you may suppose; *jeg kan ikke ~ meg hva du mener* I can't think what you mean; *jeg kunne godt ~ meg* I shouldn't mind *(fx* a holiday); I'm ready for *(fx* I don't know about you, but I'm ready for some lunch); *ja, jeg kan (godt) ~ meg det* (yes,) I can (well) imagine *(fx* The customer was getting impatient. – (Yes,) I can (well) imagine *(el.* I expect he was)); ~ **seg om** consider, reflect, think *(fx* I must have time to think, he considered for a moment); *etter å ha tenkt seg lenge om* after much thought; *uten å ~ seg om* without thinking, without stopping to think; ~ **seg til** guess *(fx* you may g. the rest), imagine; ~ *seg til å ...* fancy *(fx* f. doing a thing like that! f. having to wait all afternoon! f. her saying such a thing!).
tenkeboks *(TV)* isolation booth.
tenkeevne ability to think.
tenkelig imaginable, conceivable.
tenkemåte way of thinking; *(se tenkesett).*
tenker thinker.
tenkesett way of thinking, mind; *hans politiske* ~ his political ideas; *afrikanernes livsstil og* ~ *er i støpeskjeen* the Africans' way of life and thinking are in the melting pot; *(jvf tankegang).*
tenk(n)ing thinking; thought.
tenksom thoughtful, reflective, meditative.
tenksomhet thoughtfulness, reflectiveness.

tenne *(vb)* kindle, light, ignite; *(bli antent)* catch *(el.* take) fire; *(om motor)* fire; *denne fyrstikken vil ikke* ~ this match won't strike; ~ *opp* light *(el.* start) the fire; ~ *opp i ovnen* light the stove; ~ *(på) lyset* switch *(el.* turn) on the light; *pæren -r når tenningen skrus på* the bulb illuminates *(el.* glows) when the ignition is switched on.

tennerskjærende gnashing one's teeth.

tennhette percussion cap.

tenning ignition; *(det å, i forbrenningsmotor)* firing *(fx* the f. takes place too far in advance of top dead centre); *få -en regulert* have the ignition timed *(el.* adjusted); *høy (el. tidlig)* ~ advanced ignition; *lav (el. sen)* ~ retarded ignition; *skru av -en* switch *(el.* cut) off the i.; *skru på -en* switch *(el.* turn) on the i.

tennings|bank *se motorbank.* **-feil** ignition failure *(el.* trouble), spark trouble. **-fordeler** i. distributor. **-innstilling** i. tuning, i. timing, i. setting. **-kontakt** i. switch. **-kontroll** i. control, spark control. **-lås** i. switch. **-nøkkel** i. key. **-punkt** i. point. **-regulator** i. lever. **-rekkefølge** firing *(el.* i.) order.

tennis tennis. **-bane** tennis court. **-sko** gym shoes; plimsolls; **US** sneakers.

tenn|plugg spark plug; *(lett glds)* sparking plug; *skifte ut -ene* renew the plugs. **-sats** percussion cap; *(på fyrstikk)* match-head.

tenor *(mus)* tenor. **-basun** *(mus)* tenor trombone. **-nøkkel** *(mus)* tenor clef. **-parti** tenor part. **-sanger** tenor (singer).

tentamen mock exam(ination), terminal examination; ~ *i engelsk* mock exam in English.

tentamensoppgave mock exam paper *(fx* in English), paper set in the m. e.

tentamensstil 1. mock exam essay *(fx* in your mock exam essay); **2.** essay in the mock exam.

tenåring teenager.

teokrati theocracy.

teokratisk theocratic.

teolog theologian, divine.

teologi theology, divinity.

teologisk theologic(al); ~ *embetseksamen* (examination for a) degree in divinity.

teoretiker theorist.

teoretisere *(vb)* theorize.

teoretisk theoretical.

teori theory; *sette fram en* ~ put forward a theory; *ut fra den* ~ *at* on the theory that.

teosof theosophist.

teosofi theosophy.

teosofisk theosophic(al).

tepause tea break; *ta* ~ have a tea break; break for tea.

teppe *(gulv-)* carpet; *(til en del av gulvet)* rug *(fx* hearthrug); *(i teater)* curtain; *-t faller* the curtain falls *(el.* comes down).

teppebanker carpet beater.

teppeunderlag *(underlagsfilt)* underfelt.

terapeutisk therapeutic.

terapi therapy; *(som fag)* therapeutics.

tereksnipe *(zool)* Terek sandpiper; *(jvf strandsnipe).*

terge *(vb): se erte.*

termin period, term; *(avdrag)* instalment; *(se misligholde).*

terminforretninger *(pl)* deal in futures, futures.

terminologi terminology.

terminoppgjør *(i skole)* end-of-term reports *(el.* marks); quarterly report; *det leses hardt nå like før -et* some hard work is going on now, just before the quarterly marks are given *(el.* just before the quarterly report is made).

terminus *(uttrykk)* term; *termini* terms.

terminvis by instalments.

termitt *(zool)* termite.

termometer thermometer.

termosflaske thermos flask *(el.* bottle).

terne *(zool)* tern.

ternet chequered, check; *(især* **US)** *checked; (jvf rutet).*

terning die *(pl:* dice); *(mat.)* cube; *kaste* ~ throw dice. **-beger** dice box. **-kast** throw (of the dice). **-spill** game of dice.

terpe *(vb)* cram.

terpentin turpentine. **-olje** oil of turpentine. **-spiritus** spirits of turpentine.

terrakotta terra cotta.

terrasse terrace. **-formig** terraced. **-hus** [block built in terraces up a slope].

terreng country, terrain; *(også fig)* ground; *avsøke -et* scour the country; *vinne* ~ gain ground; *tape* ~ lose ground, fall behind; *i åpent* ~ in open country, in the open field(s); *kartet stemmer ikke med -et* the map and the country don't agree.

terrengløp *(sport)* cross-country run.

terrier *(zool)* terrier.

terrin tureen.

territorial|farvann territorial waters. **-grense** limit of territorial waters; *innenfor (,utenfor) norsk* ~ inside (,outside) Norwegian territorial waters.

territorium territory.

terror terror; *innføre* ~ establish a system of terror.

terrorisere *(vb)* terrorize.

terrorisme terrorism.

terrorist terrorist.

ters 1*(i fekting)* tierce; **2***(mus)* third; **3***(mar)* toggle.

tersett *(trestemmig syngestykke)* trio, terzet.

terskel 1*(dør-)* door sill; **2***(geol; i dal)* sill; **3***(fig)* threshold.

terte *(eple-)* apple puff, apple turnover; *(se tertedeig).* **-deig** puff pastry *(el.* paste); *kaker lagd av* ~ puff pastry; *lettvint* ~ short crust pastry.

tertefin: *hun er nå så* ~ *på det* **T** she's very prim and proper.

tertiaveksel third of exchange.

tertit: *se talgtit.*

tertiær tertiary.

te|sil tea strainer. **-skje** teaspoon; *(mål)* teaspoonful; *3 strøkne -er salt* 3 flat teaspoonfuls of salt. **-sorter***(pl)* teas.

tess: *lite* ~ not much good, not up to much; *ikke noe* ~ no good.

testamente (last) will, testament; *(bibl)* Testament; *gjøre sitt* ~ make one's will; *dø uten å ha gjort* ~ die intestate.

testament|arisk testamentary. **-ere** *(vb)* bequeath, leave (by will).

testamentsåpning reading of the will.

testa|tor, -triks testator, testatrix.

testell tea things.

testikkel *(anat)* testicle.

testimonium testimonial.

tête: *gå i -n* take the lead.

tetne *(vb)* become denser, thicken; condense.

tetning tightening.

tetnings|middel packing, jointing (compound). **-ring** packing ring, joint ring. **-skive** washer.

tett 1. dense *(fx* crowd, thicket, wood); thick *(fx* hedge, corn); close *(fx* formation of troops, print); **2***(mots. utett)* tight *(fx* cask, ship); impervious *(fx* to rain, to light); *(vann-)* watertight *(fx* boats, roofs, ship); waterproof *(fx* coat); *(luft-)* airtight; *(adv)* densely *(fx* populated); close up *(fx* write close up); ~ *bak* close behind; *gå så* ~ *at dere alltid kan se hverandre* keep close enough to see each other all the time; ~ *sammen* close together; *hvis elevene sitter for ~ (sammen), skriver de av etter hverandre* if the pupils sit too close together, they copy each other's work; *tennene hennes sitter for ~ sammen* her teeth are too close together *(el.* are rather crowded); *øynene hennes sitter for ~ sammen* her eyes are too close-set; ~ *sammenpakket* tightly packed; *holde ~: se tann: holde ~ for tunge; kan du holde ~?* can you keep a secret? *langs hovedveiene ligger bensinstasjonene ~ i ~* on the main roads there are frequent filling stations.

tettbebygd: *-e områder* densely built-up areas.
tettbefolket densely populated; US *(også)* thickly populated.
tette *(vb)* stop (up), tighten, pack *(fx* a joint).
tettegras *(bot)* butterwort.
tetthet *(se tett)* 1. density; closeness; 2. tightness; 3*(fys, elekt)* density; *strøm-* current density.
tetting tightening.
tett|skrevet close, closely written. **-sluttende** tight-fitting. **-vokst** sturdy; stocky; *en ~, kraftig liten plugg* a strong, sturdy little chap; *hans vesle, -e skikkelse* his stocky little figure.
te|vann water for tea, tea-water. **-varmer** tea cosy.
tevle *(vb)* compete; *(se konkurrere).*
tevling competition, contest; *(se konkurranse).*
thai *(adj & språk)* Thai.
Thailand *(geogr)* Thailand.
thai|landsk, -lending Thai.
Themsen the Thames.
ti *(tallord)* ten.
tid 1 time; *(tidspunkt)* time, moment *(fx* an inconvenient moment); hour; *(tidsrom)* time, period (of time), space of time; *(tidsalder)* time(s), age, epoch; *(tjenestetid, etc)* term *(fx* for a term of three years); *(avtalt tid, fx hos lege)* appointment; *(se time 4); (mellomliggende tid)* interval *(fx* a long interval elapsed before he made another attempt); *(årstid)* season;
2*(gram)* tense; *sammensatt ~* compound tense; *usammensatt ~* simple tense;
[*A: forb. med subst, adj & pron; B: med vb; C: med adv & prep*]
A [*forb. med subst, adj & pron*]
-en time *(fx* time is the fourth dimension); *alle -ers* **T** great *(fx* he's great); *alle -ers sjanse* **T** the chance of a lifetime; a great chance; *(se B: ha det alle -ers);* **andre** *-er andre skikker* other times other manners; *det var andre -er den gangen* times have changed since then; *(ɔ: bedre enn nå)* those were the days! *astronomisk ~* astronomical time, clock time; *håpe (,vente) på* **bedre** *-er* hope (,wait) for better times; *kledd i -ens (ɔ: den tids) drakt* dressed in the costume of the period; **dårlige** *-er* bad times; hard times, times of adversity; **en** ~ some time, for a time; *det var en ~ da ... time was when ...; ɔ: at økningen var større enn man en ~ hadde trodd* that the increase was greater than was at one time supposed; *helt fra de* **eldste** *-er* from *(el.* since) the earliest times; from time immemorial; *(den)* **fastsatt(e)** ~ the time fixed *(el.* agreed on); *(se C: innen en gitt (el. nærmere fastsatt) ~);* **gamle** *-er* ancient times; *(se C: i riktig gamle -er); -ens* **gang** the passage *(el.* march) of time; **gode** *-er* good times; times of prosperity; **harde** *-er* hard times; **hele** *-en* all the time, the whole time; all along *(fx* I thought so all along); **ingen** ~ no time; *det er ingen ~ å miste (el. tape)* there's no time to be lost; there's no time to lose; *hans ~ er* **knapp** he is busy; **kommende** *-er* times to come; *(se C: i kommende -er); -en er* **kostbar** there's no time to

waste; every moment is precious; *det er min ~ for kostbar til* I can't (afford to) waste my time on things like that; **lang** ~ a long time; *etter lang -s sykdom* after a long illness; *(se C: i lang ~);* **lokal** ~ local time; *-ens* **løsen** the order of the day *(fx* teamwork is the order of the day); **noen** ~ : *se C: i noen ~ ;* **nyere** ~ modern times; ~ *er* **penger** time is money; *-en og* **rommet** time and space; *kommer ~, kommer* **råd** = let's not cross that bridge until we come to it; we'll worry about that when the time comes; *en* **svunnen** ~ a bygone age; *svunne -er* bygone days; *-ens* **tann** the ravages of time; *trosse -ens tann (om byggverk)* defy the ages *(fx* the pyramids have defied the ages); *et -ens* **tegn** a sign of the times; **urolige** *-er* times of unrest, troubled times; **vår** ~ the present time, today, our day, our time *(fx* peace in our time); *våre -ers England* England of today;
B [*forb. med vb*] *-en* **arbeider** *for oss* time is on our side; **avtale** *en* ~ fix a time; make an appointment; *jeg kommer nå, da det* **blir** *dårlig ~ siden i dag* I'm coming now as there won't be time later in the day; *det blir ~ nok til det i morgen* there will be time enough for that tomorrow; **bruke** *sin* ~ *godt* make good use of one's time; make the most of one's time; put one's time to good use; *-en falt lang* time seemed to drag; *slik som -en* **flyr!** how time flies! *-ene har* **forandret** *seg* times have changed; **fordrive** *-en (ɔ: slå tiden i hjel)* kill time, while away the time; pass the time *(med å lese* reading); *de tenker bare på å fordrive -en på en måte som er mest mulig behagelig for dem selv* their only thought is to get the time to pass as pleasantly as possible for themselves; *jeg vil gjerne* **få** ~ *til å tenke over det* I should like time to think it over; *hvis jeg får* ~ if I get (the) time; if I can spare the time; *hvordan får du ~ (til det)?* where do you find the time? *når jeg* **får** ~ when I have time; when I can spare the time; *vi fikk ikke nok ~ på matematikkprøven* we didn't get enough time for *(el.* to do) the Maths test; **gi** *seg (god) ~* take one's time, take it easy; *gi deg bare god ~!* take your time! don't hurry! *gi meg* ~ *til i morgen* give me till tomorrow; *hvis De bare ville gi meg* ~ if you would only give me time; *gi seg* ~ *til å tenke* stop to think; *vi snakket og snakket og* **glemte** *-en* we talked and talked and forgot the time; *-en* **går** time passes quickly; time moves on very fast; *(ɔ: det haster)* time flies; *(ɔ: det begynner å bli sent)* it's getting late; *etter hvert som -en går* with the passage of time; *-en gikk* time passed; time marched on; *jeg kunne ha skrevet mye mer, men -en gikk for fort* I could have written a lot more but I ran out of time; *få -en til å gå* kill time; while away the time; *få -en til å gå med å lese* pass the time reading; *(se ovf: fordrive -en); få -en til å gå fortere for dere alle* help the time pass more quickly for all of you; *det gikk en ~ før han kunne gjøre det* some time passed *(el.* elapsed) before he could do it; *vi går bedre -er i møte* the outlook is brighter;
ha ~ have time, be able to spare the time; *ha det alle -ers* **T** enjoy oneself immensely; have no end of a good time; *have the time of one's life (fx* he had the time of his life at the party); *jeg har bedre ~ i morgen* I shall have more time tomorrow; *ha god ~, ha ~ nok, ha -en for seg* have plenty of time; **T** have heaps *(el.* lots) of time; *jeg har ikke ~* I have no time, I haven't got the time (for it *el.* to do it); I can't spare the time; *det har jeg ikke ~ til* I have no

time for that; I have no time to do that; I can't spare the time (to do that); *Men det har vi da ikke ~ til? – Vi tar oss ~!* – But surely we don't have the time for that? – We'll make time! *jeg har ikke hatt ~ ennå* I haven't had the time yet; *ha ~ til overs* have time to spare; *jeg har ingen ~ til overs* I have no time to spare; *har De ~ et øyeblikk?* can you spare me a moment?

den ~ **kom** *da han skulle reise* the time came for him to leave; *kommer ~, kommer råd* let's not cross that bridge until we come to it; we'll worry about that when the time comes; *når -en kommer* in due time; *din ~ kommer nok* your time will come; *den ~ vil komme da ...* a time will come when ...; *-en leger alle sår* time heals all wounds; *-en er løpt fra ham (ɔ: han er gammeldags)* he is (hopelessly) behind the times; *-en var løpt fra meg* I had lost count of the time; *den ~* **nærmer** *seg da ...* the time is approaching when ...; **passe** *-en* be punctual; *se an* wait and see; *-en så på dette som noe mindreverdig* this was thought inferior (at that time el. in that age); **skru** *-en tilbake* put back (the hands of) the clock; **slå** *ihjel -en* kill time *(med å lese)* by reading; *(se ovf: fordrive -en)*; **spille** *-en* waste one's time; *det er ingen ~ å tape (el. miste)* there is no time to be lost; there is no time to lose;

det tar (sin) ~ it takes time; it will take some time; *ta -en (ved veddeløp)* take the time; *ta -en på tiden (fx* he timed the horse); *det tar all min ~* it takes (up) all my time; *noe som tar all ens ~* a full-time occupation; *arbeidet tok lang ~ (også)* it was a slow job; *det vil ta lang ~ før de kan gjøre det* it will be a long time before they can do it; they won't be able to do so for a long time to come *(el.* for a long time yet); *det tar for lang ~* it takes too long; *hvor lang ~ tar det å ...?* how long does it take to ...? *det vil nødvendigvis ta en viss ~ (også)* there will inevitably be a time lag; *(se også ta A)*; *det er ingen ~ å* **tape** *(el. miste)* there is no time to lose *(el.* to be lost);

tilbringe *-en med å lese* spend one's time reading; **trekke** *ut -en* drag out the time, play for time; *det bare trekker ut -en* it's a mere waste of time; *han prøvde å trekke ut -en med (løst) snakk* he tried to play for time by chatting; *han har* **valgt** *en heldig ~ for sitt besøk* he has timed his visit well; **vinne** *~* gain time; *forsøke å vinne ~ (ogs*å) (try to) play for time, temporize; *det vil -en* **vise** time will show; it remains to be seen;

det er ikke ~ nå there's no time now; *det var en ~ da ...* time was when ...; there was a time when ...; *hold opp mens det er ~* stop in time; **T** stop while the going is good; *nå er det ~* now is the time;

C *[forb. med adv & prep]* den beste -en **av** *året* the best time of the year; **etter** *en ~* after some time, after a time; *kort ~ etter* shortly after, soon after, not very long after; *etter forbløffende kort ~* after a surprisingly short time; **for** *en ~* for some time; for a time; *(nå) for -en* at present; for the time being, these days *(fx* I see very little of them these days); *for ~ og evighet* for ever, for all time; *for en ~ siden* some time ago; *for kort ~ siden* a short time ago; recently; *for lengre ~ om gangen* for long on end; *være forut for sin ~* be ahead of one's time(s); be born before one's time; *en utmerket maskin for sin ~* an excellent machine for its time; *fra den ~ av* from that time (on); *fra ~ til annen* from time to time, now and then,

off and on; *før -en* ahead of schedule *(fx* the bridge was finished ahead of schedule); ahead of time *(fx* he finished the job ahead of time); *gammel før -en* prematurely old, old before one's time; *før i -en* in the past, formerly; **gjennom** *-ene* through(out) the ages; **i** *-e* in time; *(i) den -en jeg var i utlandet* while I was abroad; at the time when I was abroad; *i disse -er* in times like these; as things are at present; *i -ens fylde* in the full course of time; *i -ens løp* in the course of time; with the passage of time; *i -e og utide* in season and out of season; *i riktig gammel ~* in the remote past; *i god ~* in good time *(fx* arrive in good time for the lecture), early, ahead of time *(fx* he finished the job ahead of time); *i meget god ~* in plenty of time; *i god ~ før* well in advance of, well ahead of; *i grevens ~* **T** in the nick of time; none too soon *(fx* I got out of the house none too soon); *i kritiske -er* in times of emergency; *i lang ~* for a long time; *i så lang ~* for such a long time, for so long a time; *i lengre ~* for some considerable time; *ikke i noen lengre ~* not for any length of time; *slik var det ikke i min ~* it wasn't like that in my time *(el.* day); *i noen ~* for some time; *jeg har i noen ~ ønsket å utvide mine kunnskaper i ...* it has been my wish for some time past to extend my knowledge of ...; *vi kommer hjem i pen ~* we shall be back at a respectable hour; *i rett(e) ~* in due time; *et angrep (etc) i rette ~* a well-timed attack *(etc)*; *et ord i rette ~* a word in season; *i den senere -re ~* recently; for some time past, lately, of late; *i sin ~* once, formerly, at one time, in the past; *(fremtidig)* in due course; *her lå det i sin ~ et hus* there used to be a house here; *de var venner i sin ~* they used to be friends (at one time); *det har eksistert i uminnelige -er* it has existed time out of mind *(el.* from time immemorial); *i vår ~* in our time *(el.* day);

nå er -en **inne** *til å selge* now is the time to sell; *innen den ~* before then, by that time, by then; *innen en gitt (el. nærmere fastsatt) ~* within a specified period; before a specified date; **med** *-en* in time; in the course of time, in process of time, with time, eventually; *følge med -en* move with the times, keep abreast of events; *det er ~* **nok** there's plenty of time, there's time enough;

om *et års ~* in a year or so, in a year's time; *om kort ~* shortly, soon, before long; *-en er* **omme** time is up; *bli* **over** *-en* stay longer than permitted; outstay one's time; stay on; *det er vel ikke verdt å bli over -en (fx om visittid)* I suppose I'd better not stay too long; *det er over -en* it's late; *(om arbeid)* it's behind schedule;

på *en ~ da ...* at a time when ...; *på alle døgnets -er* at all hours; *på den -en* **1.** at that time, at the time; in those days; **2.** *(i løpet av den -en)* in that (space of) time *(fx* he can't have run a mile in that time); *på denne -en i fjor (,neste år, i morgen)* this time last year (,next year, tomorrow); *på Napoleon's ~* at the time of Napoleon; *opptak på ~ (fot)* time exposure; *ta et bilde på ~ (fot)* take a time exposure; *det er på -e* it's (high) time; it's about time; *det er på -e du får det gjort* it's (about) time you got it done; *det er på høy ~* it's high time; ... *og jamen er det på høy ~ også!* and about time too! *på kortest mulig ~* in the shortest possible time; *på rette ~ og sted* at the proper time and place; *på samme ~* at the same time; simultaneously; *på samme ~ som* at the same time as *(el.* that);

siden *den ~* since then;

til *den* ~ by that time; *til -er (ɔ: stundom)* at times; *til alle -er* at all times; *til alle mulige -er (av døgnet)* at all hours; *til andre -er* at other times; *til bestemte -er* at fixed times; at fixed intervals; *til en bestemt* ~ at a specified time *(fx* the seller supplies goods to the purchaser on the understanding that payment will be made for them at a specified time); *til avtalt* ~ at the appointed time; when agreed; *til den* ~ *er vi blitt gamle* by then we shall have grown old; *til enhver* ~ at all times, at any time; *de til enhver* ~ *gjeldende bestemmelser* the rules in force at the time in question; *til evig* ~ for ever, eternally; *alt til sin* ~*!* all in good time! one thing at a time! *(dette er ikke det rette tidspunktet)* there's a time (and place) for everything; *til sine -er* at times; *bli -en* **ut** stay till it is over; *(se -tider).*

tidebolk era, period.

-tiden: *ved femtiden (,sekstiden, etc)* (at) about five (,six, etc) (o'clock).

tidende news; tidings.

-tider *(buss-)* times of buses, bus guide; *(båt-)* sailings; *(fly-)* flights; *(tog-)* times of trains, (railway) timetable.

tidevann tide; *-et stiger* the tide is coming up; *fallende (,stigende)* ~ falling (,rising) tide; *når -et er på sitt høyeste* at the top of the tide.

tidfeste(*vb*) date.

tidkrevende time-consuming; ... *det er forbundet med* ~ *undersøkelser* ... it involves t.-c. investigations.

tidlig *adj & adv (se også tidligere; tidligst) adj* **1.** early; **2**(*for tidlig*) premature *(fx* his premature death); *adv* **3.** early *(fx* he arrived early); in good time; **4**(*i ung alder*) early, at an early age *(fx* he began to write at an early age); **5**(*på et tidlig stadium*) early, at an early stage; **6**(*på et tidlig tidspunkt*) early, at an early date; ~ *alderdom* premature old age; ~ *død* early death; (2) premature death, untimely death; ~ *frukt* early fruit; *et meget* ~ *slag (bot)* a very early variety; ~ *moden* **1.** (intellectually) precocious; **2**(*med.*) sexually mature at an early age; **3**(*bot*) early; **for** ~ too early; (2) premature *(fx* the premature disclosure of the secret); *(adv)* prematurely; *bussen kom for* ~ the bus was early; *det var ikke et øyeblikk for* ~ it was not a moment too soon; *det var sannelig ikke for* ~ *at han betalte (iron)* it was about time he paid (up); *de kom litt noe for* ~ they did not arrive any too soon; *det skader ikke å komme litt for* ~ there's no harm in being a little before time; **i dag** ~ early this morning; *i morgen* ~ tomorrow morning; ~ *i morgen* early tomorrow morning; ~ **om** *morgenen* early in the morning, in the early morning; ~ **på** *natten* early in the night; ~ *på året* early in the year; *han kommer alltid* ~ *på kontoret* he always arrives early at the office; *er du ikke litt* ~ *på'n* **T** aren't you a bit previous (*el.* premature)? *jeg kommer* **så** ~ *jeg kan* I'll come as early as I can; *så* ~ *som* as early as; *så* ~ *som kl. 10* as early as 10 o'clock; *så* ~ *som mulig* as early as possible; *(merk, også)* at your earliest convenience; *så* ~ *at skipet ikke forsinkes* in time to prevent delay to the ship; ~ *ute med juleinnkjøpene i år* I am early *(el.* in good time) with my Christmas shopping this year; *du er jamen* ~ *ute i dag!* T you're bright and early this morning! *være for* ~ *ute* be early; *(fig = tjuvstarte)* T jump the gun; *jeg var 20 minutter for* ~ *ute* I was twenty minutes early; *det skader ikke å være litt for* ~ *ute* there's no harm in being a little before time.

tidligere *adj & adv (se også tidlig; tidligst) adj* **1**(*som opptrer tidligere)* earlier *(fx* Easter is earlier this year); **2**(*forutgående)* previous; **3**(*forhenværende)* former *(fx* the former owner); *adv* **4**(*før)* earlier, before *(fx* a week before); **5**(*engang)* at one time, formerly; *(ofte konstruksjon med)* used to *(fx* he used to live in London); **6**(*ved en tidligere anledning)* on a previous occasion, previously;
et ~ *ekteskap* an earlier marriage; ~ *elev* old pupil, former pupil; *hans* ~ *(ɔ: fraskilte) kone* his ex-wife, his former wife; *i* ~ *tider* in times past, in the past, formerly; *på et* ~ *tidspunkt* at an earlier date *(el.* time); ~ **enn** before, earlier than; *være* ~ *ute enn ellers* be earlier than usual; *som* ~ as before; *fortsette som* ~ go on as before; *som* ~ *nevnt* as previously mentioned; as mentioned above.

tidligst *adj & adv (se også tidlig; tidligere) (adj)* earliest; *(adv)* at the earliest; *det -e de kan sende oss varene er 1. juni* the earliest date they can send us the goods is June 1st; they cannot let us have the goods till June 1st; ~ *mulig* as soon as possible; *(merk, også)* at your earliest convenience; ~ *kl. 8* at 8 o'clock at the earliest; *fra de -e tider* from the earliest times; *ikke før* ~ *om tre uker* not for another three weeks at the earliest *(fx* we cannot let you have the goods for another three weeks at the earliest).

tidobbelt tenfold.

tidsadverb *(gram)* adverb of time.

tids|alder age, era. **-angivelse** date, indication of time. **-besparelse** saving of time.

tidsbesparende time-saving.

tidsbilde picture of the period.

tidseksponering *(fot)* time exposure.

tids|fordriv pastime. **-forhold** circumstances.

tidsfrist time limit; *overskride en* ~ exceed a deadline; *hvis -en blir overskredet* if the time stipulated is exceeded; *sette en* ~ fix a deadline; *(se frist & tilmålt).*

tids|følge chronological order. **-intervall** time lag *(fx* the t. l. between lightning and thunderclap). **-koloritt** period (colour) *(fx* the p. was beautifully caught); period feeling *(el.* flavour). **-messig** modern.

tidsnok in time, early enough; *det er* ~ *i morgen* tomorrow is quite soon enough; there will still be time tomorrow.

tids|nød: *være i* ~ be pressed for time. **-orden** chronological order. **-preg** period character. **-punkt** point of time; *på angjeldende* ~ at the time in question, at the material time; *på et avtalt* ~ at an agreed hour; *på et tidligere* ~ at an earlier time *(el.* date). **-regning** era. **-rom** period *(fx* it lasted for a p. of ten years); *det tilsvarende* ~ *i fjor* the corresponding period of last year; *utover det* ~ *som er nevnt i ansettelsesbrevet* beyond the period stated in the letter of appointment. **-skjema** schedule. **-skrift** periodical. **-skriftslesesal** periodical room. **-spille** waste of time. **-spørsmål** question of time. **-svarende** se **-messig**. **-ånd** spirit of the times.

tidtaker *(sport)* timer; timekeeper; *oppmann for -e* chief timekeeper.

tie *(vb)* be silent, keep silent; hold one's tongue; *få til å* ~ silence; ~ *til* say nothing to, let pass in silence; ~ *i hjel* kill by silence; *ti stille!* hold your tongue! be quiet! **T** shut up! ~ *stille med det* say nothing about it; **T** keep mum about it; *den som -r, samtykker* [he who is silent, consents]; *den som -r, forsnakker seg ikke* = least said, safest.

I. tiende *(subst)* tithe.

II. tiende *(tallord)* tenth.

tiendedel tenth (part).
tier ten; *(mynt)* ten-kroner coin.
tiger *(zool)* tiger; *(huntiger)* tigress. **-sprang** tiger leap. **-unge** tiger cub.
tigge *(vb)* beg *(om* for); beseech, implore; ~ *seg til noe* obtain sth by begging; *han tagg seg til et måltid* he begged a meal; ~ *sammen* collect by begging.
tigger beggar; mendicant.
tiggeraktig beggarly. **-brev** begging letter. **-gang:** *gå* ~ go begging.
tiggeri begging, beggary, mendicity.
tiggermunk mendicant friar. **-pose** beggar's wallet.
tiggerstav beggar's staff; *han er brakt til -en* he is reduced to beggary.
tiggerunge *(neds)* beggar's brat.
tikke *vb (om ur)* tick.
tikking ticking.
tikk-takk tick-tock.
I. til *(prep)* to; *reise* ~ *London* go to London; *en billett* ~ *London* a ticket for London; *sende* ~ send to; *fra øverst* ~ *nederst* from top to bottom; *skrive* ~ write to; *fri* ~ propose to; *henfallen* ~ addicted to; *lytte* ~ listen to; *vant* ~ accustomed to; *10* ~ *20* ten to twenty; *han gikk bortover* ~ *huset* he went towards the house; ~ *jul* at Christmas; next C.; *hvor lenge er det* ~ *jul?* how long is it to *(el.* till) Christmas? *det er lenge* ~ *jul* it's a long time to *(el.* till) Christmas; *det er to måneder* ~ *jul* it's two months to Christmas; *(se også III. til); vent* ~ *i morgen* wait till tomorrow; *fra morgen* ~ *kveld* from morning till night; *det er brev* ~ *deg* there's a letter for you; *hva skal vi ha* ~ *frokost?* what are we to have for breakfast? *ta* ~ *kone* take for a wife; take to wife; ~ *salgs* for sale; *avreise* ~ departure for; *for stor* ~ too large for; *god nok* ~ good enough for; *her* ~ *lands* in this country; ~ *inntekt for* in aid of; ~ *tegn på* in token of, as a sign of; *forvandle* ~ change into; ~ *fots* on foot; ~ *hest* on horseback; ~ *alle sider* on every side; ~ *høyre* on the right hand; ~ *enhver tid* at all times; ~ *lav pris* at a low price; ~ *en pris av* at the *(el.* a) price of; *to (billetter)* ~ *£2* two tickets at £2 each; two at £2; two two pounds; *mor* ~ the mother of; *jeg må ha det* ~ *jul* I must have it by Christmas; *ta* ~ *eksempel* take as an example; *gi meg litt saus* ~ *biffen* bring me some gravy with this steak; ~ *all ulykke* unfortunately; *bli utnevnt* ~ *guvernør* be appointed governor; *bli valgt* ~ *konge* be chosen king; *det er* ~ *ingen nytte* it's no use; *se* ~ *en* go and see sby; *lese seg* ~ read; ~ *å være er (fx* highly educated for a peasant); *hun er liten* ~ *å være tre og et halvt år* she is small for three and a half; *ikke dårlig* ~ *å være meg* not bad for me, not bad considering it's me.
II. til *(adv)* more; additional; *av og* ~ now and then; off and on; occasionally; sometimes; *fra og* ~ to and fro; *(se fra:* ~ *og til); det gjør verken fra eller* ~ that makes no difference; *en* ~ one more; *en halv gang* ~ *så lang* half as long again; ~ *og med* including; *hvor mange timer* ~*?* how many hours more? *to* ~ two more; *litt* ~ **1.** a little more; **T** a (little) bit more; **2***(om tid)* a little (while) longer; **T** a (little) bit longer; for a bit longer; *gå litt* ~ walk on for a bit longer; *(o: et stykke til)* walk a little further; **være** ~ exist.
III. til *(konj)* till, until; *vente* ~ *han kommer* wait until he comes; *det er lenge* ~ *guttene kom-*

mer igjen it's a long time till the boys come back.
tilbake *(adv)* back; backward(s); *han ble* ~ he remained behind; *la bli* ~ leave behind; *fram og* ~ forward and backward; *(se gi; sette B:* ~ *tilbake; stå).*
tilbakebetale *(vb)* pay back, repay.
tilbakebetaling repayment *(fx* of a loan); reimbursement *(fx* of contributions); ~ *av skatt* repayment of taxes.
tilbakebetalingsfrist period of repayment; *(se låne).*
tilbakeblikk retrospect, retrospective glance; *(litt. & film)* flashback; *i* ~ in retrospect, retrospectively; *kaste et* ~ *på* look back on.
tilbakefall *(om sykdom, etc)* relapse.
tilbakegang falling off, decline; decrease; ~ *i befolkningen* fall *(el.* decrease) in population.
tilbakeholde *(vb)* hold *(el.* keep) back, retain; *(nekte å gå)* detain; *med -holdt åndedrett* with bated breath. **-holdelse** retention; detention.
tilbakeholden reserved, aloof; **T** stand-offish; *være* ~ *overfor en* be reserved with sby. **-het** reserve; **T** stand-offishness; *(i krav)* restraint.
tilbakekalle *(vb)* call back, recall; *(ytring)* retract, withdraw; *(en ordre)* cancel, countermand, annul *(fx* annul an order).
tilbakekallelse recall; retraction; withdrawal; annulment; *(se tilbakekalle).*
tilbakekomst return; *ved hans* ~ *til* on his return to.
tilbakelegge *(vb)* cover; *et tilbakelagt stadium* a thing of the past; *(se strekning & vei A).*
tilbakelent recumbent.
tilbakelevere *(vb)* return, hand back.
tilbakelevering return.
tilbakereise return journey, journey back; *(se I. reise).*
tilbakeskritt step backward, retrograde step.
tilbakeslag 1*(mask)* backkick; backlash; *(i motor)* backfire; **2***(fig)* reaction, setback.
tilbakestrøket: ~ *vinge (flyv)* swept-back wing; *(se foroverstrøket).*
tilbakeslagsventil *(mask)* non-return valve; check valve; *(se ventil).*
tilbakestående backward, underdeveloped; *(se u-land).*
tilbaketog retreat, withdrawal; *(fig)* climb-down; *foreta et* ~ execute a retreat *(el.* withdrawal); *-et foregikk i god orden* the retreat was effected in good order.
tilbaketredelse retirement, resignation; withdrawal *(fra* from).
tilbaketrekning 1. withdrawal; **2.:** *se tilbaketog.*
tilbaketrengt *(fig)* repressed, suppressed.
tilbaketrukkenhet retirement, seclusion, solitude; unobtrusiveness.
tilbaketrukket retired.
tilbaketur return trip *(el.* journey); *(mar)* return voyage *(el.* trip); *på -en* on the way back; on his *(, etc)* way back; *(se I. tur).*
tilbakevei way back; *de var på -en* they were on their way back, they were returning.
tilbakevendende recurrent, recurring.
tilbakevirkende retroactive; *(lov)* retrospective; *gi* ~ *kraft* give retrospective force *(el.* effect), make *(fx* an Act) retrospective; *det nye lønnsregulativ får* ~ *kraft* the new scale of pay will be back-dated.
tilbakevirkning retroaction, repercussion *(på* on); *ha alvorlige -er på* have serious repercussions on.
tilbakevise *(vb)* reject, turn down; *(beskyldning)* repudiate; *(angrep)* beat off; repel, repulse.
tilbakevisning repulsion, rejection; repudiation.

tilbe *(vb)* adore, worship.
tilbedelse adoration, worship.
tilbeder adorer, worshipper; *hennes -e* her admirers.
tilbehør accessories; appurtenances; *med* ~ with accessories; *(fig)* with all the trimmings *(fx* roast turkey with all the trimmings).
tilberede *(vb)* prepare *(fx* food for sby).
tilberedelse preparation.
tilblivelse coming into existence; origin.
tilbrakt: *fritt* ~ carriage free.
tilbringe *(vb): ~ tiden* spend one's time *(fx med å* -ing).
tilbud offer; *der har du -et, vær så god!* T take it or leave it! *(pris-, notering)* quotation; *et fast* ~ a firm *(el.* binding) offer; *mitt* ~ *står fast* my offer stands; *dette* ~ *er fast mot svar innen tre dager* this offer is firm *(el.* remains open) for three days; this o. is open for reply here within three days; this o. is subject to your reply within three days; *holde -et åpent mot telegramsvar* keep *(el.* hold) the o. open for (your) telegraphic reply; keep *(el.* hold) the o. open in expectation of a t. r.; *(merk, også)* keep *(el.* hold) the offer open against t. r.; ~ *og etterspørsel* supply and demand; *(se betinge 1).*
tilby *(vb)* offer; ~ *et firma varer (til en bestemt pris)* quote a firm for goods; ~ *seg å* offer to.
tilbygg addition, annex.
tilbørlig due, proper; *holde seg på* ~ *avstand* keep at a safe *(el.* suitable) distance.
tilbørlighet propriety.
tilbøyelig inclined, disposed, apt, given *(til* to). **-het** inclination, disposition; tendency; *ha uærlige -er* be dishonestly inclined.
tildanne *(vb)* fashion, shape.
tildek|ke *(vb)* cover (up). **-ning** covering (up).
tildele *(vb)* allot; assign (to); award *(fx* sby a prize); mete out *(fx* punishment, rewards).
tildeling allotment, assignment; award *(fx* of a prize).
tildra *(vb):* ~ *seg (hende)* come to pass, happen.
tildragelse occurrence, event, happening.
tilegne *(vb):* ~ *en en bok* dedicate a book to sby; *(et enkelt eksemplar): se dedisere;* ~ *seg* appropriate *(fx* sth); acquire *(fx* a good knowledge of French); ~ *seg korrekt intonasjon* pick up the correct intonation.
tilegnelse dedication; appropriation; acquirement.
tilende|bringe *(vb)* bring to a conclusion *(el.* end), finish. **-bringelse** conclusion.
tilfalle *(vb)* fall to; *(ved arv også)* devolve on; come to *(fx* several thousand pounds came to him from his uncle); *gevinsten tilfalt en fattig familie* the prize was won by a poor family; *når leiligheten etter skilsmissen -r hans hustru* when the flat is settled on his wife after the divorce.
til fals for sale.
tilfang material; *(se ordtilfang).*
tilfangetagelse capture.
tilfeldig accidental, casual, occasional, chance; ~ *bekjentskap* chance acquaintance; *en* ~ *jobb* an odd job; *(se rent).*
tilfeldighet coincidence, chance, accidental circumstance; accident *(fx* it is no accident that ...); *mer enn en* ~ no mere chance; *(se overlate).*
tilfeldigvis by chance, accidentally, as it happens; *du skulle vel ikke* ~ *vite hvor han bor?* do you by any chance know his address *(el.* know where helives)?
tilfelle case, instance; occurrence; *(treff)* chance; *(sykdomsanfall)* fit, attack; *et isolert* ~ 1. an isolated instance *(el.* case), 2. a particular *(el.*

special) case; *et hårdnakket* ~ *(med.)* an obstinate case; *et opplagt* ~ *av bestikkelse* a clear case of bribery; *enn hva* ~ *er i Norge* than is the case in Norway; **for** *det* ~ *at han ...* in case he ...; *for alle -rs skyld* to be prepared; **T** to be safe; to be on the safe side; *i alle* ~ in any case; *i* ~ *av* in case of, in the event of; *i de enkelte* ~ in the individual cases; *i ethvert* ~ at all events, at any rate, in any case; *i så* ~ in that case; *i verste* ~ if the worst comes to the worst; *i påkommende* ~ in an emergency; *i det foreliggende* ~ in the present case; *ved et* ~ by chance; *hvis det virkelig er* ~ if that is really so; if that is really the case.
tilflukt refuge; *ta sin* ~ *til* have recourse to; take refuge in *(fx* take r. in silence; take r. in a cellar); resort to; *finne* ~ *hos* find shelter with; *(jvf ly: søke* ~ *).*
tilfluktsrom air-raid shelter.
tilfluktssted refuge, retreat.
tilflyte *vb (om fordel, inntekter, etc)* accrue to; *de opplysninger som tilfløt ham* the information he received.
tilforlatelig reliable, trustworthy.
tilforordne *(vb)* appoint, order.
tilfreds content, satisfied; *(se ordne).*
tilfredshet satisfaction; content, contentment; *til min fulle* ~ to my entire *(el.* complete) satisfaction; *ordren skal bli utført til Deres fulle* ~ *(også)* your order shall have our best attention; *(se uttrykke).*
tilfredsstille *(vb)* content, satisfy, give satisfaction; *(litt.)* gratify; ~ *moderne smak* cater for modern tastes.
tilfredsstillelse satisfaction; *(litt.)* gratification.
tilfredsstillende satisfactory *(fx* we hope this will be s. for *(el.* to) you; s. to both parties); gratifying; *(adv)* satisfactorily; to *(fx* sby's) satisfaction; *en ordbok som på et* ~ *grunnlag dekker norsk dagligtale* a dictionary which covers Norwegian everyday speech in a basically sound way; *(se tilfredsstille).*
tilfrosset frozen (over), icebound.
tilføket: *veien er* ~ *(av snø)* the road is blocked by snowdrifts; the road is snowbound.
tilføre *(vb)* carry *(el.* convey) to; *(forsyne med)* supply with; *møbler, som hun har tilført boet* furniture contributed to the estate by her; ~ *foretagendet ny kapital* put fresh capital into the undertaking; ~ *partiet nytt blod* infuse new blood into the party.
tilførsel supply; *(av brennstoff, etc, i motor)* feed; *(skriftlig)* entry, addition; *rikelige tilførsler av ample* supplies of; *en jevn* ~ *av* an even flow of; *(se svikt & tilgang).*
tilføye *(vb)* **1.** add; *jeg bør kanskje* ~ *at...* I should add that...; *(se føye:* ~ *til);* **2***(forårsake)* cause, inflict on; ~ *en et tap* inflict a loss on sby.
tilføyelse addition.
tilgang access, approach; *(av folk, av varer)* supply, influx; *-en på arbeidskraft* the labour market; *en jevn* ~ *på ordrer* a steady flow of orders; *den løpende* ~ *på sukker* the current supply of sugar, supplies of sugar currently available; *-en til faget* the rate of entry to the trade.
tilgi *(vb)* forgive, pardon *(en noe* sby sth *el.* sby for sth); *det skal jeg* ~ *deg* I shan't hold it against you.
tilgift addition; *få noe i* ~ get sth thrown in.
tilgivelig pardonable, forgivable.
tilgivelse forgiveness, pardon; *be en om* ~ ask (sby's) forgiveness.
tilgjengelig accessible; available; get-at-able; *lett* ~ easy to get at; easily accessible; easy of

access; ~ *for* open to; accessible to; *(se vanskelig).*
tilgjengelighet accessibility; availability.
tilgjort affected, artificial. **-het** affectation.
til gode: *se gode.*
tilgodehavende outstanding debt *(el.* account); balance in sby's favour; amount *(el.* sum) owing *(el.* due) to sby; credit balance; *vårt* ~ the balance due to us, what is owing to us, our account; *til utligning av vårt* ~ in settlement *(el.* payment) of our account; *.. før De har betalt vårt* ~ *ifølge vår faktura av 15. januar, £213.50* until you have settled the balance of £213.50 outstanding as per our invoice of 15th January; until you have paid what is owing to us as per our invoice of 15th January, £213.50; until you have paid the balance due to us as per our invoice of 15th January, £213.50; until you have settled your account with us as per our invoice of 15th January, £213.50; *vi har ennå ikke fått dekning for vårt* ~ we are still without *(el.* we have not yet received) a settlement of our (outstanding) account; *vi beklager at De bare har sett Dem i stand til å sende delvis dekning for vårt* ~ we regret that you have only felt able to make partial payment of your account with us; *en utligning av den resterende del av vårt* ~ , *som for lengst er forfalt til betaling* a settlement of the overdue balance of our account; *gjenstående rest av et* ~ *(også)* the balance of a sum owing; *vi har et* ~ *hos ham (også)* we have sth owing from him; we have an outstanding account against him; *vi har fremdeles et* ~ *på 1000 kroner hos Deres firma* we still have a claim for the sum of *(el.* to the amount of) 1,000 kroner on your firm; we are still owed 1,000 kroner by your firm; *(se utestående).*
tilgodese *(vb)* favour *(fx* sby with sth); ~ *ens interesser* consider sby's interests; *bli -tt i et testament* be remembered in a will.
tilgrensende adjoining, adjacent.
tilgrodd overgrown.
tilheng *(påheng, neds)* hangers-on *(pl),* crowd, following.
tilhenger 1. adherent, follower, supporter; **2** *(vogn)* trailer; *(camping-)* caravan; *US* trailer.
tilhengerfeste *(på bil)* tow bar; towing bracket.
tilhold *(tilfluktssted)* shelter; *(se tilholdssted).*
tilholdssted haunt, resort; **T** hang-out.
tilhylle *(vb)* cover; *(tilsløre)* veil.
tilhøre *(vb)* belong to; *(være medlem av)* be a member of.
tilhørende belonging to; *(jur)* appurtenant; *med* ~ *rettigheter* with appurtenant rights; *papir med* ~ *konvolutter* paper and envelopes to match; *et verksted med* ~ *maskiner* a workshop complete with machinery; *(se tilliggende).*
tilhører listener; *-e* audience; *ærede -e!* ladies and gentlemen!
tilhørerkrets audience; *en stor* ~ a large audience.
tilhøvlet planed. **tilhøvling** planing.
tilintetgjøre *(vb)* annihilate, destroy; obliterate; *han følte seg tilintetgjort* he felt crushed *(el.* humiliated).
tilintetgjørelse annihilation, destruction; obliteration.
tilje *(i båt)* floorboard; *dansen gikk lystig over* ~*(kan gjengis)* the dancing went with a swing.
tiljevning levelling; *(fig)* adaptation.
tiljuble *(vb):* ~ *en* cheer sby.
tilkalle *(vb)* call (in); summon. **-ing:** *en* ~ a call, a summons.
tilkjempe *(vb):* ~ *seg* gain (by fighting); *(fig)* obtain, gain; ~ *seg prisen* carry off the prize.

tilkjenne *(vb)* award; *bli tilkjent barnet* get custody of the child; *(se skadeserstatning).*
tilkjennegi *(vb)* make known, express, show; *(mer bestemt)* declare; *(bekjentgjøre)* notify, announce.
tilkjennegivelse notification, announcement; declaration.
tilkjennelse award.
tilkjørt: *fritt* ~ carriage paid; *få varene* ~ have the goods delivered by van (,by lorry, *etc).*
tilklint dirtied.
tilknappet *(fig)* reserved, aloof.
tilknappethet reserve, aloofness.
tilknytning connection.
tilknytningspunkt connection point, point of connection.
tilknytte *(vb): se knytte:* ~ *til; han er -t kontoret* he is attached to the office.
tilkomme *vb (skyldes)* be due to, be owing to; *(være ens plikt)* be one's duty; *det som -r meg* my due; *det -r ikke meg å ...* it is not for me to.
tilkommende future *(fx* his future wife); *hans* ~ *(også)* his fiancée; *hennes* ~ her fiancée.
tilkople *(vb)* connect (up); *(jernb)* couple (up); *(se kople:* ~ *til); vi har nå fått telefon, men den er ikke -t ennå* we've got a telephone now, but it isn't *(el.* hasn't been) connected yet.
tilkopling connection; coupling; ~ *for lysnettet (fx for reiseradio)* mains input.
tilkortkommer *(skolev)* underachiever.
tilkortkomming *(skolev)* underachievement.
tillagd prepared; *en vel* ~ *frokost* a well-cooked breakfast.
tillaging preparation *(av* of).
tillate *(vb)* **1.** allow, permit; *(med upersonlig subj)* permit (of), admit of; **2***(tolerere)* tolerate; *(litt.)* suffer; *hvis været -r (det)* weather permitting; *hvis tiden -r det* if time permits; *tillat meg å nevne* permit *(el.* allow) me to mention; *jeg -r meg å forespørre om* I take the liberty of inquiring; I venture to inquire; *(formelt)* I beg to inquire; *jeg -r meg å tilby Dem min tjeneste (i søknad)* I beg to offer my service; *jeg -r meg å meddele Dem at* I would inform you that; *mine inntekter -r meg ikke å holde bil* my income does not run to a car; *jeg vil ikke* ~ *at han ...* I will not let him ...; *jeg har tillatt meg å henvise til Dem* I have taken the liberty of referring to you; *jeg tillot meg å bemerke* I ventured to observe; *det må være meg tillatt å bemerke at ... (formelt)* I beg leave to state that ...
tillatelig allowable, permissible; *(lovlig)* lawful; *på grensen av det -e* near the line; **T** near the knuckle; *han beveger seg på grensen av det -e* he's sailing pretty close to the wind; he's moving on the razor edge of legality.
tillatelse permission; *ha* ~ *til å* be allowed to.
tillegg addition; *(til bok, etc)* supplement; *(til lønnsmottager)* allowance; weighting *(fx* London weighting) *(til testament)* codicil; *et forklarende* ~ an additional *(el.* further *el.* supplementary) explanation; ~ *i lønn* increment, increase of salary; *for sang- og dansetimer betales et* ~ singing and dancing are extras; *mot* ~ *i prisen* for an additional sum *(fx* a stronger engine is available for an additional sum); extra *(fx* a stronger engine is extra); *i* ~ *til* in addition to; *(se tjeneste).*
tillegge *vb (tilregne)* ascribe to, attribute to, assign to; ~ *stor betydning* attach great importance to.
tilleggs- additional, supplementary.
tilleggsavgift additional charge, surcharge. **-avtale** supplementary agreement. **-bevilgning** additional grant. **-eksamen** supplementary examina-

nation. **-frakt** extra *(el.* additional) freight. **-gebyr** extra *(el.* additional) charge, extra fee. **-klausul** *(i kontrakt)* supplementary clause. **-porto** surcharge, surtax. **-premie** additional premium; *(se betinge).* **-toll** extra duty, (customs) surcharge; an additional (import) duty.

tillempe *(vb):* ~ *etter* adapt to.

tillemping adaptation (to); modification.

tilliggende adjacent, adjoining; *med* ~ *herligheter* with accompanying amenities; *et stort landsted med* ~ *herligheter* a large country place with accompanying amenities *(el.* with all the amenities); *Oslo med* ~ *herligheter* Oslo with its surrounding *(el.* accompanying) amenities; *(se tilhørende).*

tillike also, too, as well. **-med** together with, along with.

tillit confidence (in), trust (in), reliance (on); *ha* ~ *til* have confidence in; *nyte alminnelig* ~ be universally trusted; *i* ~ *til* relying on, trusting to.

tillitsbrudd breach of trust *(el.* confidence).

tillit|serklæring vote of confidence. **-forhold** relationship of trust. **-full** confident, full of confidence; trustful. **-krise** crisis *(el.* lapse) of confidence. **-mann** (committee) representative, (elected) member of committee; *(i fagforening)* shop steward; *klassens* ~ the form (‚US: class) representative, the form captain, the head of the form; *det ledende sjikt av politiske -menn* the top layer of political representatives.

tillitsmisbruk abuse of trust; *(se alkoholmisbruk; misbruk).*

tillitspost position of trust.

tillitsverv honorary post *(el.* function); position of trust; *ha formannsstillingen som* ~ be chairman in an honorary capacity.

tillitsvotum *se -erklæring.*

tillitvekkende inspiring confidence, confidence-inspiring; *være* ~ inspire confidence.

tillokkelse allurement, charm, attraction.

tillokkende alluring, attractive; *det* ~ *ved* the inducements of *(fx* a business career).

tillyse 1. *glds (kunngjøre)* publish, proclaim; **2** *(sammenkalle)* convene, summon.

tillært acquired, artificial.

tilløp 1. inflow, influx; **2**(til hopp) (preliminary) run; *(ovarenn)* in-run; *(jvf tilsprang);* **3**(forsøk) attempt *(til* at); ~ *til brann* a small fire; *et* ~ *til dobbelthake (også)* the (tiny) beginnings of a double chin; ~ *til værforandring* signs of a change in the weather; *det ble* ~ *til krangel blant de tilstedeværende* there were signs of disagreement among those present.

tilmåle *(vb)* measure out to; allot, apportion.

tilmålt allotted, apportioned; *innen den -e tidsfrist* within the required time.

tilnavn nickname.

tilnærmelse 1(det å komme nærmere) approximation *(fx* to the truth), approach; **2**(mat.) approximation *(fx* solve an equation by a.); **3**(polit) rapprochement *(til* with, *fx* the r. with France); **4.:** *-r (pl)* approaches *(fx* I did not encourage his a.), overtures; *(erotiske)* advances; *(neds)* improper advances; *gjøre -r til* make advances to; **T** make passes at *(fx* a girl).

tilnærmelsesvis approximate; *(adv)* approximately; *disse tall er bare* ~ *riktige* these figures are only approximately correct; *ikke* ~ *nok* not nearly enough; *ikke* ~ *riktig* far from correct; *dette er ikke* ~ *den samme kvalitet som De leverte tidligere* this is nothing like the quality you supplied before.

tilnærming *se tilnærmelse.*

til overs 1(igjen) left, left over, remaining; *(over-*

flødig) superfluous; *(som kan avses)* to spare; *føle seg* ~ feel unwanted, feel de trop; *få* ~ have left; **2.:** *ha* ~ *for* have a liking for, be fond of; **T** have a soft spot for; *jeg har ikke meget* ~ *for ham* I don't care much for him.

tilpasse *(vb)* adapt, adjust *(fx* oneself to new conditions).

tilpassing adaptation, adjustment, accommodation. **-sevne** adaptability.

tilplikte *(vb): bli -t å betale (jur)* be ordered to pay.

tilre(de) *(vb)* handle roughly; *ille tilredd* **T** roughed up; *han ble ille tilredd (også)* he was badly messed up.

tilregne *(vb)* impute, attribute, ascribe *(en noe* sth to sby).

tilregnelig *(om person)* sane, of sound mind; accountable for one's actions, in (full) possession of one's faculties.

tilregnelighet sanity, soundness of mind.

I. tilreisende *(subst)* visitor.

II. tilreisende *(adj)* visiting.

tilrettelegge *(vb)* arrange, organize, organise; prepare; *(tilpasse)* adjust, adapt; marshal; *med stor oppfinnsomhet tilrettela hun et interessant og variert dagsprogram for gjestene* with great ingenuity she arranged an interesting and varied daily programme for the guests.

tilrettevise *(vb)* reprimand, rebuke.

tilrettevisning reprimand, rebuke.

tilrive *(vb):* ~ *seg* seize (upon), usurp.

tilrop cry, shout; *(hånlig)* jeer, taunt; *(bifalls-)* cheering.

tilrå(de) *(vb)* advise, recommend.

tilrådelig advisable; *ikke* ~ inadvisable.

tilsagn promise; *gi* ~ *om hjelp* consent *(el.* promise) to help, undertake to help; *vi har ikke gitt ham noe* ~ *om slik hjelp* we have not consented to help him in such a way; *(se forhåndstilsagn).*

til sammen together, in all; *det blir* ~ *£5* it totals *(el.* adds up to) £5; *dette blir* ~ *£5* this makes a total of £5; ~ *tjener de £10.000 pr. år* between them they earn £10,000 per annum; *mer enn alle de andre* ~ more than all the others put together.

tilse *(vb): se se til.*

tilsendt: *jeg har fått det* ~ it was sent to me.

tilsetning admixture *(av* of); *(krydrende)* seasoning; *(anstrøk)* dash.

tilsette *(vb)* **1.** add (to); **2**(ansette) appoint.

tilsettingsmyndighet appointing authority.

tilsi *vb (love)* promise; *(befale å møte)* summon, order to attend; *handle som fornuften -er act* according to the dictates of common sense.

tilsidesette *(vb)* disregard, ignore, neglect; *(person)* slight; *føle seg tilsidesatt* feel slighted.

tilsidesettelse disregard, neglect; slight, slighting.

tilsig trickle of water; *(også fig)* trickle; *innsjøen får* ~ *fra to elver* the lake is fed by two rivers.

tilsigelse: *bestille en rikstelefon(samtale) med* ~ book a person to person trunk call; *(se tilsi & telefonsamtale).*

tilsikte *(vb)* intend, aim at, have in view; *ha den -de virkning* have *(el.* produce) the desired effect; *det har hatt en annen virkning enn -t* it has defeated its own end; *(se tilsiktet).*

tilsiktet intended; *(med vilje)* intentional, deliberate; *(se tilsikte).*

tilskadekommet injured; *den tilskadekomne* the victim (of the accident).

tilskikkelse dispensation of fate; decree (of Providence); *det var en skjebnens* ~ it was (an act of) fate; *ved en skjebnens* ~ as chance *(el.*

fate) would have it; *livets -r (også)* the ups and downs of life.
tilskjærer (tailor's) cutter. **tilskjæring** cutting.
tilskjøte *vb (jur):* ~ *en noe* convey sth to sby; *han hadde -t seg gården (også)* he had had the place conveyanced to himself.
tilskjøting conveyance.
tilskott *se tilskudd.*
tilskrive *vb (gi skylden for)* attribute, ascribe, set *(el.* put) down (to); *det kunne ikke -s dem noen skyld* no blame whatever was attributable to them; ~ *seg æren* claim the honour.
tilskudd *(bidrag)* contribution; *(av det offentlige)* subsidy, grant.
tilskuer spectator, onlooker.
tilskuerplassene the seats *(pl); (i teater)* the house.
tilskuersport spectator sport.
tilskynde *(vb)* prompt, stimulate, urge.
tilskyndelse incentive, stimulus, inducement; encouragement; incitement; *etter* ~ *av* at *(el.* on) the instigation of; *(jvf påtrykk).*
tilslag *(ved auksjon)* knocking down; *få -et* win the bid, have sth knocked down to one.
tilslutning *(bifall)* approval; *(støtte)* support; *(i form av fremmøte)* attendance; *(som svar på appell)* response; *(tilhengere)* following, adherents; *dårlig* ~ *(til forslag, etc)* lack of enthusiasm; *p.g.a. dårlig* ~ because none of the members showed any enthusiasm for it; *finne (el. få) bred* ~ gain *(el.* win) widespread support; be widely accepted; *appellen fikk stor* ~ the appeal met with great response; there was a splendid response to the appeal; *planen fikk* ~ *fra* the scheme was approved by *(el.* gained the approval of *el.* met with support from); *den stigende* ~ *til klubben* the increase in the membership of the club; *gi sin* ~ *: se slutte seg til; med* ~ *fra* supported *(el.* endorsed) by, with the support of; *det har vært stor* ~ *til utstillingen* **1.** the exhibition has been well attended (by the public); **2***(av utstillere)* the exhibition has attracted a large entry; *i* ~ *til* in connection with; *i* ~ *til mine tidligere bemerkninger* in *(el.* with) reference to my previous remarks.
tilsluttet affiliated *(fx* an a. company); *München og tilsluttede sendere* Munich and other stations relaying the (same) programme; ~ *alle tyske sendere* (programme) relayed by all German stations.
tilsløre *(vb)* veil; *-te bondepiker* brown Betty with whipped cream. **-ing** veiling.
tilsmurt smeared.
tilsnike *(vb):* ~ *seg* obtain by underhand means. **-lse** deliberate misrepresentation; *(piece of)* disingenuousness.
tilsnitt shape, form, stamp.
tilsnødd covered with snow, snowed up.
tilsnørt laced up.
tilspisse *(vb):* ~ *seg* become critical; come to a head; *situasjonen -t seg* things came to a head.
tilspisset acute *(fx* an a. energy crisis); *en* ~ *situasjon er oppstått* an acute situation has arisen.
tilsprang (preliminary) run; *lengdehopp med* ~ running broad jump; *(se også tilløp).*
tilstand state, condition; *(se II. skade).*
tilstedekomst arrival.
tilstedeværelse **1.** presence; **2.** existence.
tilstedeværende present; *de* ~ the persons present, those present; *jeg hentyder ikke til noen av de* ~ I'm not alluding to anybody present; *(se også tilløp).*
tilstelling arrangement.
tilstille *(vb)* send; render.

tilstoppe *(vb)* stop up, fill up; *T bung up (fx* bunged-up drains); *-t* clogged (up), choked, stopped up; *T* bunged up.
tilstrebe *(vb)* aim at.
tilstrekkelig sufficient, enough, adequate.
tilstrekkelighet sufficiency, adequacy.
tilstrømning influx; inrush *(fx* of new members, of sightseers); rush *(fx* a sudden r. of people who want to buy tickets).
tilstøte *(vb)* happen; *jeg er redd det har tilstøtt ham noe* I'm afraid he has had an accident.
tilstøtende adjacent, adjoining; *(omstendighet)* unforeseen, supervening.
tilstå *(vb)* confess; *(vedgå)* admit, own.
tilståelse confession; admission; *(innrømmelse, bevilling)* grant; *avlegge* ~ make a confession; *(se avlokke).*
tilsvar reply.
tilsvarende corresponding; *(i verdi)* equivalent; *(som passer til)* suitable *(fx* if one has a large house one has to have s. furniture); *jeg godtar Deres forslag og har gjort* ~ *endringer i mine planer* I accept your suggestion and have altered my plans accordingly; *hvis man vil reise meget, må man ha* ~ *mange penger* if one wants to travel a lot one must have adequate means; *de satt i baren hele kvelden og drakk* ~ *meget* they sat in the bar all evening and drank accordingly; *en stor bil og en* ~ *stor garasje* a large car and a correspondingly large garage; *i* ~ *grad* correspondingly *(fx* this will increase our output c.); *på* ~ *måte* similarly, correspondingly.
tilsvine *(vb)* smear, sully; *(jvf tilsøle).*
tilsyn supervision; *ha* ~ *med* look after, inspect; *under* ~ *av* under the control *(el.* supervision) of; *(se også eksamenstilsyn; inspeksjon; oppsyn).*
tilsynekomst appearance.
tilsynelatende seeming, apparent; *(adv)* apparently, seemingly, to all appearance; ~ *uten grunn* for no apparent reason, without any ostensible reason; *kassene var* ~ *i god stand* the cases appeared to be *(el.* were apparently) in good condition.
tilsynshavende **1.** in charge; **2.** *= tilsynsmann.*
tilsynsmann inspector, supervisor.
tilsynsverge probation officer; *(se barnevernsnemnd).*
tilsøle *(vb)* soil, dirty; *(jvf tilsvine).*
I. tilta *vb (vokse)* grow, increase; *etterspørselen -r fra år til år* demand increases yearly.
II. tilta *(vb):* ~ *seg* assume, usurp.
tiltagende increasing; *i* ~ increasing, on the increase.
tiltak attempt, effort; *(foretaksomhet)* enterprise; *(initiativ)* initiative; *avhjelpende* ~ remedial action, relief measure(s); *drastiske* ~ *(pl)* drastic action *(fx* their demand for d. a.); *det er et slikt* ~ *å gå ut om kvelden* it's such an effort to go out in the evening; *(se II. skade).*
I. tiltale *(subst)* address; *(jur)* prosecution; *skyldig ifølge -n* guilty as charged; *-n lød på tyveri* the charge was one of theft; he (,she, etc) was accused of theft; *beslutte å reise* ~ decide to prosecute; *reise* ~ *mot* bring a charge against; *frafalle* ~ withdraw the charge; *gi svar på* ~ give sby tit for tat, return the compliment; *(jvf I. anklage).*
II. tiltale *(vb)* address; speak to; *(jur)* prosecute; *(den) tiltalte* the accused, the defendant; *(jvf II. anklage).*
tiltalebenk *(jur)* dock; *sitte på -en* stand trial.
tiltalebeslutning *(jur)* (bill of) indictment.

tiltalende attractive, pleasing, pleasant, winning, engaging; *lite* ~ unsympathetic; *(jvf sympatisk)*.
tiltaleord term of address.
tiltalepunkt|er *pl (jur)* counts (of an indictment), heads of a charge; *han erkjente seg skyldig i tre av -ene* he pleaded guilty to three counts.
tiltenkt intended for, meant for *(fx* the bullet was m. for me).
tiltre *vb (et embete)* enter upon, take up (one's duties); take over an appointment *(fx* when I took over the a. it turned out that...); *(en arv)* come into; *(et forbund, interessentskap)* enter, join; *(mening, ytring)* subscribe to, agree with; ~ *en reise* set out on *(el.* start on) a journey.
tiltredelse *(embete, etc)* taking up (one's duties); *(av en reise)* setting out *(fx* on a journey); ~ *av en arv* entering upon an inheritance; ~ *og lønn etter avtale* date of commencing and salary by agreement; *søkes for snarlig* ~ needed for early appointment; *(se tiltre)*.
tiltredelses|godtgjørelse assignment grant; *(jvf etableringstilskudd)*. **-tale** inaugural address.
tiltrekke *(vb)* attract; *planen -r ham ikke* the plan does not a. him; the plan has no attraction for him; *føle seg tiltrukket av en* feel attracted to sby, feel drawn to sby, feel a liking *(el.* a sympathy) for sby; ~ *seg* attract.
tiltrekkende attractive; **S** dishy; ~ *pike* attractive girl; **S** dish; *hun virker ikke* ~ *på ham* she does not attract him; he is not attracted to her; *(se tiltalende)*.
tiltrekning attraction; *øve en sterk* ~ *på* exert a strong attraction on; attract *(fx* sby) strongly; have a strong attraction for *(fx* sby).
tiltrekningskraft attractive force; (power of) attraction.
I. tiltro *(subst)* confidence, trust, faith; *ha* ~ *til* have confidence in; trust; *jeg har ingen* ~ *til leger* I don't believe in doctors.
II. tiltro *(vb):* ~ *en noe* think *(el.* believe) sby capable of sth; *det kunne jeg godt* ~ *ham (neds)* I wouldn't put it past him.
tiltuske *(vb):* ~ *seg* obtain (by barter).
tiltvinge *(vb):* ~ *seg* gain by force; *(se adgang)*.
tiltykning clouding over; *(meteorol)* increasing cloudiness; ~ *til snø eller sludd (værvarsel)* becoming overcast, snow or sleet later.
tilvalgsfag optional (subject); **US** elective; *(se fag)*.
tilvant habitual, accustomed; *(jvf tilvenne)*.
tilveiebringe *(vb)* provide, get (hold of), obtain, procure; *(penger)* raise; *(bevirke)* bring about, effect.
tilveiebringelse provision; procurement; obtaining; bringing about.
tilvekst growth; *(økning)* increase.
tilvende *(vb):* ~ *seg* obtain by underhand means, appropriate; *(jvf venne:* ~ *seg til & vende:* ~ *seg til)*.
tilvending appropriation; *(se tilvenning)*.
tilvenne *(vb)* habituate, accustom; *(herde, etc)* inure; *(jvf tilvende)*.
tilvenning *(avhengighet, fx av narkotika)* habituation *(til* to); dependence *(til* on); *(til narkotika, etc, slik at virkningen blir mindre sterk)* tolerance *(til* to); *(bakteriers, til antibiotika)* (acquired) resistance *(til* to); *(jvf tilvending)*.
tilvirke *(vb)* make, produce, manufacture; process.
tilvirkning manufacture, production; processing.
tilværelse existence; *hun forsuret -n for ham* she made life unbearable for him; *kampen for -n* the struggle for existence; *være på kant med -n* be at odds with life; *se lyst på -n* take a cheerful view of things; *denne oppfinnelsen vil virke revo-*

lusjonerende på hele vår ~ this invention will have a revolutionary effect on our entire existence; *(se omtumlet; sette A:* ~ *farge på tilværelsen; ubemerket; usikkerhetsmoment)*.
time 1. hour *(fk* hr., *fx* 3 hrs. 20 mins.); **2**(*undervisningstime)* lesson, class; *(i undervisningsplan)* period *(fx* four periods of French per week); **3** *(tidspunkt)* hour, time; **4**(*avtale)* appointment; [*A: forb. med subst & adj; B: med vb; C: med adv & prep*]
A [*forb. med subst & adj*] *åtte -rs arbeidsdag* an eight-hour day; *i den* **ellevte** ~ at the eleventh hour; *en halv* ~ half an hour; *halvannen* ~ an hour and a half; **hver** ~ every hour, hourly; *hver* ~ *på dagen* at all hours of the day; *hver halve* ~ every half-hour; *hver hele og halve* ~ precisely at the hour and half-hour, every hour and half-hour; *det går buss herfra hver hele* ~ buses leave from here every hour on the hour; *jeg hadde ikke en* **rolig** ~ *mens han var borte* I kept worrying all the time (while) he was away; *ute i de* **små** *-r* well on into the small hours; *en* **stiv** ~ a full *(el.* solid) hour; *en -s* **tid** an hour or so, about an hour('s time); *med en -s* **varsel** at an hour's notice;
B [*forb. med vb*] **bestille** ~ *hos* make an appointment with *(fx* make an appointment with one's dentist for 3 o'clock); *jeg har bestilt* ~ *pr. telefon* I have an appointment by telephone; *jeg har bestilt* ~ *hos tannlegen* **T** *(også)* I have a dental appointment; *bruke flere -r på noe* take several hours over sth; **få** ~ *hos legen* make an appointment with one's doctor; **gi** *-r* give lessons; *(privat-)* give private lessons; *tannlegen ga meg* ~ *til kl. 11* the dentist gave me an appointment for 11 o'clock; *han* **har** ~ *(om lærer)* he's in class; he's teaching; he's giving a lesson; *hans* ~ *er kommet* his hour has come *(el.* struck); **ta** *-r i engelsk* take lessons in English; *ta en* ~ *i engelsk i en 3. gymnasklasse* take an upper sixth form class in English;
C [*forb. med adv & prep*] *etter en* ~ after an hour; *for hver* ~ every hour *(fx* it grew worse every hour); hourly; **fra** ~ *til* ~ hour by hour, hourly; **i** *-n* **1.** per hour, an hour *(fx* 80 kilometres an hour); **2**(*i klassen)* in class; *i en* ~ (1) for an hour; (2) during a lesson; *i løpet av en* ~ within *(el.* in) an hour; *om en* ~ in an hour; **pr.** ~ per hour, an hour *(fx* £15 an hour); *betale en pr.* ~ pay sby by the hour; **på** *en* ~ in an hour *(fx* he finished the job in an hour); *på -n (ɔ: straks)* at once, right away; *(ɔ: presis)* on time; *det skal jeg gjøre på -n* I'll do it at once *(el.* right away); *jeg må gå* **til** ~ *(sagt av lærer)* I've got to take a class now; **utenom** *-ne (ɔ: utenfor klasseværelset)* out of class.
time|betaling payment by the hour; *beregn Dem en skikkelig* ~ allow yourself proper *(el.* adequate) payment per hour *(el.* hourly payment); *få* ~ be paid by the hour. **-betalt:** ~ *arbeid* time-work. **-glass** hourglass. **-lang** lasting for hours (,for an hour). **-lærer** part-time teacher (paid by the hour). **-lønn** hour's *(el.* hourly) pay; *få* ~ be paid by the hour; *(jvf timebetaling)*. **-plan** timetable; *legge en* ~ draw up a timetable. **-planlegging** *(især)* timetabling.
timeskriver timekeeper; *(jvf tidtaker)*.
times *vb (glds)* happen, befall.
timeslag striking (of) the hour(s); *slå* ~ strike the hour(s).
timeter'n the ten-metre (diving) board.
timevis for hours.
timian *(bot)* thyme.
timotei *(bot)* timothy.
tind(e) peak; *(også fig)* summit, pinnacle; *(fig)*

acme; *(murtind, på brystvern)* merlon; *på lykkens -e* at the peak *(el.* apex) of one's fortunes.
tindebestiger mountaineer.
tindre *(vb)* sparkle, twinkle; *det gir en -nde følelse av frihet å gå over uberørte vidder* it gives you a marvellous feeling of freedom to cross mountain plateaux untouched by the foot of man.
I. tine [round or oval bentwood box, with handle on lid, which is closed by being pressed between two upright pieces of wood]; *(kan gjengis)* wooden box.
II. tine *(vb)* thaw; melt; ~ *bort* melt away.
I. ting thing, object; *(sak)* thing, matter; *et stort glass øl er -en!* a big glass of beer is the very thing! **T** a big glass of beer touches the spot! *det som gjør -en enda verre er ...* what makes things still worse is ...; *det er fine ~ jeg hører om deg!* nice things I hear about you! *kunne sine ~* know one's job *(el.* business); **T** know one's stuff; *pakke (de få) -ene sine* pack (up) one's few belongings; **T** pack up one's traps; *vent litt mens jeg pakker sammen -ene mine* **T** *(også)* wait a minute while I gather up my traps; *se lyst på -ene* take a cheerful view of things; look on the bright *(el.* sunny) side of things; *det er en ~ til vi må nevne* there is another matter *(el.* point) we must mention; *alle gode ~ er tre* all good things come in *(el.* by) threes; all good things go by threes; third time lucky! *ingen verdens ~* nothing at all; absolutely nothing; *de tjente penger så det var store ~* **T** they earned money hand over fist; *den lar seg bruke til mange ~* it has various uses; it answers various purposes; *(se også sak).*
II. ting **1***(hist)* thing; *(se storting);* **2***(jur)* court.
tinge *(vb)* **1**: *se prutte;* **2***(bestille)* book, reserve.
tingest little thing, thingummy (bob); *(især mekanisk)* gadget, gimmick; *en farlig ~* **T** *(også)* a hazard.
tingforsikring property insurance.
tingfred *(hist)* inviolability of the courts.
tinghus courthouse.
tinglese *(vb):* se *-lyse.* **-lyse** *(vb)* register; *tinglyst fast eiendom* registered land; registered real property; *skjøtet må -s* the title deed has to be registered (NB *skjer i England hos* registrar of deeds); *(se grunnbok).* **-lysning** (land) registration; the registration of title to land when it is sold. **-reisedistrikt** circuit. **-skade** *(fors)* damage done to property.
tingsrett *(jur)* property law; (NB the Law of Property Act, 1925).
tinktur tincture.
tinn tin; *(tinnlegering)* pewter.
tinnblikk tinplate. **-fat** pewter dish.
tinnfolie tinfoil.
tinning *(anat)* temple.
tinnsaker *(pl)* pewter(ware). **-soldat** tin soldier. **-støper** pewterer.
tinte *(zool)* bladder worm.
I. tip tip, end; *(se tips).*
II. tipp *(på lastebil)* dump body.
III. tipp- great-great *(fx* g.-g.-grandfather).
I. tippe *(vb)* **1.** tip *(fx* a waiter); **2.** do the pools; go in for the pools; ~ *12 rette* forecast 12 correct; *kontrollere hvor mange riktige man har -t* check the coupon; *har du -t denne uken?* **T** have you done the pools this week? *jeg har -t for to kroner* I've staked two kroner; **3***(gjette)* tip *(fx* I tip him to win).
II. tippe *(vb)* tilt, tip; ~ *forgasseren* flood the carburettor.
tippekupong *(jvf I. tippe 2)* pools coupon; **US** betting slip, post coupon. **-midler** *(pl)* receipts

from the State football pools. **-premie** pools prize; *(se tipping).*
tipper *(jvf I. tippe 2)* (pools) punter; **US** better (in pool).
tipping *(jvf I. tippe 2):* *han har vunnet i ~* he has won money on the pools; *når jeg vinner i ~ (spøkef)* when I win the pools; when the pools come up.
tippvogn tipcart; *(jvf II. tipp).*
tips *(vink)* tip; **T** tip-off; *(driks)* tip, gratuity.
tirade tirade; *(ordstrøm)* flow of words.
tiriltunge *(bot)* bird's-foot trefoil, babies' slippers.
tirre *(vb)* tease, provoke.
tirsdag Tuesday; *forrige ~* last Tuesday; *på ~* on Tuesday.
tiske *(vb)* whisper.
tispe **1***(zool)* bitch; **2***(neds)* bitch.
tiss *(barnespr)* wee-wee; pee.
tisse *(vb)* pee; piddle; tinkle; *(barnespråk)* wee -wee.
tissen [baby word for' penis'] = wee-wee.
tistel *(bot)* thistle.
titall ten; *(se sekstall).*
titallsystemet the decimal system.
I. titan *(myt.)* Titan.
II. titan *(kjem)* titanium.
titanisk titanic.
titel *se* tittel.
I. titt *(subst):* *ta en ~ på* take a look at.
II. titt *(glds = ofte)* often, frequently.
titte *(vb)* peep.
tittel title; *(overskrift)* heading, headline; *under ~ av* under the title of. **-bilde** frontispiece. **-blad** title page. **-innehaver** title holder. **-kamp** championship *(el.* title) match. **-rolle** title part, title rôle, name part; *spille -n (i drama)* play the lead.
titter Peeping Tom, voyeur.
titulatur form of address, title.
titulere *(vb)* address *(en som* sby as).
titulær titular.
tiur zool *(storfugl)* capercaillie, capercailzie, wood grouse. **-leik** capercailzie mating game.
tivoli fun fair; amusement park.
tiår decade. **-årig, -års** of ten, aged ten; ten -year-old.
tjafs tuft, wisp; *(floke)* tangle.
tjafset shaggy, tangled, unkempt.
tjeld *(zool)* oyster catcher.
tjene *(vb)* serve; *(fortjene)* earn; ~ *sitt brød (litt.)* earn one's livelihood; ~ *penger* make money; *han -r £90 i uken (også)* he takes home £90 a week; *han -r godt* he has a good income; ~ *store penger* make big profits; earn money hand over fist; *hva kan jeg ~ Dem med?* what can I do for you? how can I be of service to you? *det er jeg ikke tjent med* that won't do for me; ~ *på noe* profit by sth; make a profit on sth; *vi -r ikke noe på disse jakkene* we do not make anything *(el.* we get nothing) out of these coats; *vi håper å ~ 10% på denne motorsykkelen* we hope to make a ten per cent profit on this motorcycle; *han tjente godt på krigen* he did very well out of the war; ~ *til livets opphold* make *(el.* earn) a living; earn one's living; *hva -r det til?* what's the good of that? *det -r ikke til noe som helst* **T** it's not a bit of use; *det -r til unnskyldning for ham* it is some excuse for him; *(se opphold; utkomme).*
tjener servant.
tjenerskap servants *(pl).*
tjenerstanden the servant class.
tjeneste service; *aktiv ~ (mil)* service with the

colours; regular service; *(jvf aktiv); be ham om en* ~ ask a favour of him; *gjøre* ~ serve; *gjøre* ~ *som* serve as; *(forestille)* do duty for; *gjøre en en* ~ do *(el.* render) sby a service; do sby a good turn; do sby a favour; *gjør meg den* ~ *å* do me the favour to; be good enough to; *ha* ~ be on duty; *den ene* ~ *er den annen verdt* one good turn deserves another; **T** you scratch my back and I'll scratch yours; *i utenlandsk* ~ on foreign service; *melde seg til* ~ attend for duty; *(mil)* report for duty; *hva kan jeg stå til* ~ *med?* what can I do for you? *med minst 10 års godkjent* ~ *(m.h.t. ansiennitet)* with at least 10 years' reckonable service; *det står til Deres* ~ it is at your disposal; *til* ~*!* at your service! *vi står gjerne til* ~ *med å ...* we shall be glad to *(fx* we shall be g. to furnish any further information); *tillegg for aktiv* ~ active service pay; *(se også post; huspost).*

tjeneste|anliggender *(pl): i* ~ on official business, on Government service. **-feil** *(i offentlig etat, etc)* (service) irregularity. **-folk** *(pl)* servants. **-forseelse** misconduct. **-fri** off duty, on leave. **-frihet** leave. **-frimerke** Government service stamp. **-lue** uniform *(el.* service) cap. **-mann** *(stats-)* = (junior) civil servant. **-pike** maid servant. **-plikt** duty to serve; *(embetsplikt)* official duty. **-reise** official journey *(el.* trip); *(ofte* =*)* journey on Government service. **-sak** official matter; *-er pl (også)* official business. **-skriv(else)** official letter. **-sted** place of work; duty station. **-tid** period of service; *-ens slutt* end of working hours *(el.* office hours); *etter -ens slutt* after work; after (office) hours. **-udyktig** unfit for (active) service.

tjenlig serviceable, useful; *(se anvendelig).*

tjenst|dyktig *(mil)* fit for service. **-dyktighet** fitness for service.

tjenstgjøre *(vb)* serve *(som* as); *-nde* in attendance *(fx* the Customs officer in a. on board the ship); *(mil)* on active duty.

tjenst|iver zeal. **-ivrig** keen, zealous.

tjenstlig official; *ad* ~ *vei* through official channels; ~ *er han underlagt stillverksmesteren* he is subject to the authority of the signal engineer; he is junior to the signal engineer.

tjenstvillig helpful, obliging.

tjenstvillighet helpfulness, obligingness.

tjern tarn, small lake.

tjor tether.

tjore *(vb)* tether.

tjue *(tallord)* twenty.

tjuende *(tallord)* twentieth. **-del** twentieth part.

tjuepakning: *en* ~ *sigaretter* a 20-packet of cigarettes, a p. of 20 cigarettes.

tjukk *(se tykk);* ~ *i hue* **T** dense, thick.

tjukka *(om kvinne el. pike)* **T** fatty; **S** tub; **US** fatso; **S** *(også* **US***)* baby blimp.

tjukken *(om mann el. gutt)* **T** fatty; **US** fatso.

tjuv *se tyv.*

tjuvperm **T** absence without leave; *ta* ~ go absent without leave.

tjuvstart false start *(fx* make a f. s.).

tjuvstarte *(vb)* make a false start; **T** jump the gun.

tjuvtrene *(vb)* train in secret.

I. tjære *(subst)* tar.

II. tjære *(vb)* tar.

tjære|bre *(vb)* tar. **-brenner** tar maker. **-bånd** insulating tape *(el.* strips); **US** friction tape. **-kost** tar brush; *som lus på en* ~ at snail's pace. **-papp** tarred board, tarboard; (tarred) roofing felt.

I. to *(stoff): det er godt* ~ *i ham* he's made of the right stuff; there's good *(el.* the right) stuff in him; he's got what it takes.

II. to *(tallord)* two; *begge* ~ both; ~ *ganger* twice; ~ *og* ~ *(to om gangen)* by twos, two by two; *ett av* ~ one of two things; *det er så sikkert som at* ~ *og* ~ *er fire* **T** it's as sure as eggs is eggs.

toalett 1*(påkledning)* toilet; 2*(WC)* lavatory; toilet; **US** bathroom; *-et* **S** the loo; **US** **S** the john; *offentlig* ~ public convenience; **US** rest room; public (comfort) station; *gjøre* ~ dress, make one's toilet; *(se også fiffe:* ~ *seg).*

toalett|bord dressing-table. **-bordspeil** dressing-mirror. **-bøtte** slop pail. **-papir** toilet paper; *en rull* ~ *(klosettrull)* a toilet roll. **-saker** *(pl)* toilet requisites.

toarmet two-armed.

toast *(ristet brød)* toast; *et stykke* ~ a piece *(el.* slice) of toast; *lage en masse* ~ **T** make a lot of toast.

tobakk tobacco.

tobakksforretning tobacconist's (shop).

tobakks|pung tobacco pouch. **-røyker** smoker (of tobacco).

tobe(i)nt two-legged; *et* ~ *dyr* a biped.

toddi toddy.

todekker *(mar)* two-decker; *(buss)* double-decker; *(fly)* biplane.

todelt two-piece, in two parts; ~ *badedrakt* two-piece swimsuit; ~ *skole* two-class school, school with two classes.

toer two; *(kort)* two, two-spot, deuce.

toetasjes two-storey(ed).

tofte *(i båt)* thwart.

tog 1*(jernb)* train; 2*(opptog)* procession; *med* ~ by train; *betjene et* ~ start a train; *-et går kl. 7,15* the train leaves at 7.15; *når går -et til X?* when does the train leave for X? *-et som går litt over 4* the train that leaves soon after four *(el.* a few minutes past four); **T** the four something train; *gå av -et* get out (of the train), leave the train; a light; *gå i* ~ *(ɔ: opptog)* walk *(el.* go) in a procession; *på -et* on the train, on board the train, in the train; *(se godstog; hurtigtog; lokaltog; sometog).*

toga toga.

tog|avgang departure (of a train). **-avsporing** derailment (of a train). **-betjening** train crew. **-drift** 1. train service, railway (,**US:** railroad) traffic; 2. the operation of railways. **-driftsordning** train operational arrangement.

toge *(vb)* file *(fx* they filed through the streets); *alle sammen -t ovenpå* they all trooped upstairs.

togfløyte train whistle.

togforbindelse train service *(fx* there is a good t. s. to London); (train *el.* railway) connection; *er det* ~ *til X?* are there any trains to X? *det er dårlig* ~ there isn't a good connection; **T** the trains don't fit; *hvordan er -n med Bergen?* what trains are there for B.? *(mer generelt)* what's the railway connection like for B.?

tog|forsinkelse delay of the train. **-fører** (passenger train) guard. **-gang** train service, railway traffic. **-hall** platform canopy *(el.* roofing), covered platform area; *i -en* under the platform canopy. **-kontrollør** ticket inspector. **-krysning** passing of the trains; *(stedet)* passing point. **-ledelse** traffic control, operating control. **-leder** traffic controller. **-ledersystem** traffic control system. **-marsj** *(mil)* march at ease. **-melder** train announcer. **-melding** train announcing. **-rapport** guard's journal. **-reise** journey by train. **-rute** railway timetable. **-sammensetning** train formation.

tog|sett set of coaches (,wagons), train set; *sette sammen et* ~ marshal *(el.* make up) a train; **US** form a train. **-skifte** change of trains.

togstans breakdown (of the (,a) train), railway

breakdown; *han kom for sent på arbeidet p.g.a.* ~ he was late for work owing to the train breaking down *(el.* owing to a railway breakdown).

tog|stopper buffer stop; US bumping post. **-tabell** railway timetable.

tog|tetthet density of trains. **-tider** *(pl)* train times; *være på stasjonen til togtidene* meet the trains. **-ulykke** railway accident; *(alvorlig)* railway disaster. **-vei** route (in a station), routing through a station.

tohendig *(mus)* for two hands.

tokaier Tokay (wine).

tokammersystem bicameral system.

I. tokt *subst* 1*(flyv, mil)* sortie *(fx* they flew 1,500 sorties); 2*(mar)* cruise; *på* ~ cruising.

II. tokt *subst (ri)* fit, spell.

toleranse tolerance.

tolerant tolerant *(overfor* to).

tolerere *(vb)* tolerate.

tolk interpreter.

tolke *(vb)* interpret; *(uttrykke)* express.

tolkning interpretation.

toll 1. (customs) duty; *import-* import duty; **2** *(lokalet)* customs *(fx* pass through the c.); *betale* ~*på* pay duty on; ~ *betalt* duty paid; *det er høy* ~ *på denne varen* there is a heavy duty on this article; this a. is subject to a high duty; *hvor høy er -en?* how high is the duty? what is the duty? *legge* ~ *på* put *(el.* place *el.* impose) a duty on; *(se belegge).*

toll|angivelse (customs) entry; *(post)* (customs) declaration; *(dokument)* bill of entry. **-anmeldelse** custom-house declaration. **-assistent** clerical (customs) officer. **-avgift** customs duty; *(se avgift).*

tollbegunstigelse 1. favourable treatment, tariff reduction; 2*(preferanse)* (tariff) preference.

toll|behandle *(vb)* clear; *-de varer* goods examined and cleared; *(som er fortollet)* duty-paid goods. **-behandling** (customs) clearance. **-beskyttelse** protection, protective duties; *(prinsippet)* Protectionism.

tollbetjent 1*(= toller, ikke stillingsbetegnelse)* customs officer; 2*(som visiterer om bord)* preventive officer; *(jvf tolloverbetjent); 3(som har oppsyn med lasting)* export officer.

tollbu custom-house; *på -a* at the c.-h.

tolldeklarasjon bill of entry; *(post)* (customs) declaration.

toll|direktør *(i England)* Chairman of the Board of Customs and Excise. **-distrikt** collection; (NB *den by hvor distriktssjefen har sitt kontor, benevnes* head-port). **-distriktssjef** collector of customs and excise. **-dokumenter** *(pl)* customs documents.

tollegang *(mar)* rowlock, oarlock, crutch.

tollekniv sheath knife.

toll|ekspedisjon *(det å)* clearance. **-embetsmann** customs official.

tollepinne *(mar)* tholepin.

toller 1. = *tollbetjent 1;* 2*(bibl)* publican *(fx* publicans and sinners).

toll|fri duty-free; *(som predikatsord, også)* exempt from duty, free of duty. **-frihet** freedom from duty, exemption from duty; duty-free status. **-funksjonær** customs officer; *tjenstgjørende* ~ the (customs) officer in attendance.

toll|grense customs frontier; *(fig)* tariff barrier *(fx* erect t. barriers against a country). **-havn** bonded port, customs port.

toll|kasserer [deputy surveyor of customs and excise]; *(se tollstedssjef).*

tollklarerer custom-house broker.

tollklarering clearance (of goods); customs clearance.

tollkrets (customs and excise) district; *(mindre havneby som selvstendig krets)* sub-port; *(se tolldistrikt).*

toll|krig tariff war. **-mur** tariff wall *(el.* barrier). **-nedtrapping** de-escalation of customs tariffs. **-opplag** bonded warehouse; *holde tilbake i* ~ keep in bond.

tolloppsynsmann 1*(som brygge- el. skurvakt, el. som assistent for tollstasjonsbestyrer)* watcher; **2** *(som visiterer om bord)* assistant preventive officer; *(jvf tollbetjent).*

tolloverbetjent 1*(som visiterer om bord)* preventive officer; **2***(som har oppsyn med lasting)* export officer; *(se førstetolloverbetjent).*

toll|pass (customs) permit. **-satser** *(pl)* (customs) tariff rates. **-stasjon** customs station. **-stasjonsbestyrer** officer of customs and excise. **-sted** custom-house. **-stedssjef** surveyor (of customs and excise). **-tariff** (customs) tariff. **-undersøkelse:** *se -visitasjon.*

tollvesen customs service; *-et* the Customs; *han er ansatt i -et* he is in the Customs; he is employed at *(el.* in) the Customs.

tollvisitasjon customs examination, customs search; custom-house examination.

tollvisitasjonslokale baggage hall, customs hall.

tolv *(tallord)* twelve.

tolvfingertarm *(anat)* duodenum; *sår på -en* duodenal ulcer.

tolvte twelfth.

tolv(te)del twelfth (part); *fem -er* five twelfths.

tolvårig, tolvårs twelve-year-old, (aged) twelve, of twelve.

I. tom *subst (tømme)* rein.

II. tom *(adj)* empty; *(fig)* void; *-me fraser* empty phrases; *i snakk* idle talk; *renne* ~ run dry *(fx* the tank has run dry).

tomannsbolig: *vertikaldelt* ~ semi-detached house; US duplex.

tomaster *(mar)* two-master.

tomat tomato *(pl:* tomatoes). **-bønner** *(pl)* baked beans in tomato sauce.

tombola tombola.

tomflaske empty bottle; *(se tomgods).*

tomgang 1. idling, idle running, tickover; *på* ~ at idling speed; *gå på* ~ idle, run idle, tick over; *la motoren gå fort på* ~ let the engine run at a fast idle; *ujevn* ~ uneven tickover; *2(spilt tid): det blir mye* ~ there's a lot of time wasted *(fx* in this office); there are long periods with little to do.

tomgangs|dyse idling jet, idle jet, low-speed nozzle *(el.* jet). **-gass** idling gas *(el.* mixture). **-ising** freezing of the idling. **-justering** idler adjustment; idling jet. **-skrue** idler screw, throttle stop screw, idling jet adjustment. **-spenning** *(elekt)* open-circuit voltage; no-load voltage. **-system** idle system.

tomgods empties *(pl); (jvf returgods).*

tomhendt empty-handed.

tomhet emptiness; blankness; *(følelse)* void, blank.

tomme inch *(fk* in.); ~ *for* ~ inch by inch; *ikke vike en* ~ not yield an inch.

tommelfinger thumb; *han har ti tommelfingre* S he's ham-handed.

tommeliten Tom Thumb.

tommel|tott thumb; *han har bare -er* he's all thumbs. **-tå** *(zool)* big toe.

tomme|skrue thumb screw. **-stokk** folding rule.

tomrom gap; void *(fx* she left a void; his death left a void).

tomset half-witted.

tomsing half-wit; fool; **T & US** jerk.

tomt *(byggegrunn)* (building) site; **US** lot; *bygge-klar* ~ site ready for building, building site; *grave ut en* ~ dig (the) foundations (of a house); *sprenge ut en* ~ blast a site; (NB England is divided up into ordnance fields; sites are quoted as' field number',' parcel number').

tomtearbeider *(jernb)* labourer, yardman.

tomtegubbe brownie.

tomvekt empty weight, unladen weight.

I. tone *(subst)* tone; note *(fx* a high note); *angi -n (mus)* give the pitch; *(fig)* set the pace; set *(el.* give) the tone; give the lead; *slå an en (fx håpefull)* ~ strike a *(fx* hopeful) note; *slå an en annen* ~ *(fig)* change one's tune; *det er ikke god* ~ it is not good form; it is not done; *regler for god* ~ rules of etiquette, r. of good behaviour; *forsynde seg mot reglene for god* ~ commit a breach of etiquette; *lang* ~ *(mil)* lights out; *til -ne av* to the strains of.

II. tone *(vb)* sound; ~ *flagg* show oneself in one's true colours.

toneangivende who sets the tone, who leads the fashion.

toneart *(mus)* key; *(fig)* tone, strain, key.

tone|fall tone (of voice); accent. **-høyde** *(mus)* pitch. **-kunst** (art of) music. **-kunstner** musician. **-skala** *(mus)* scale, gamut.

tonika *(grunntone) (mus)* tonic.

tonløs toneless; *(uten ettertrykk)* unaccented, unstressed.

tonn ton; ~ *dødvekt* ton deadweight.

tonnasje tonnage.

tonsill *(anat)* tonsil.

tonsur tonsure.

topas topaz.

topograf topographer. **-i** topography.

topografisk topographic.

topolet bipolar.

topp top, summit; *(på fugler)* tuft, crest; *fra* ~ *til tå* from head to foot, from top to toe; *komme til -s (fig)* get to the top; *nå -en* get to the top of, top *(fx* we topped the rise and saw the valley before us); *være på* ~ *(om idrettsmann)* be on top; *det er -en!* that's the limit; *humøret var på* ~ *(i forsamlingen, etc)* high spirits prevailed; *(se humør & stemning).*

toppand *(zool)* tufted duck.

toppe *(vb):* ~ *ballen (golf)* top the ball; ~ *seg (om bølger)* comb, crest.

toppet heaped *(fx* two h. tablespoonfuls).

topp|fart top speed. **-figur** figurehead.

toppform: *være i* ~ be in peak condition, be in top form, be at the top of one's form; be in first-class fettle.

topp|hogge *(vb)* top. **-idrett** top-level athletics; olympic-standard athletics. **-idrettsmann** top athlete; top-ranking athlete. **-klasse:** *spiller i* ~ *(fx fotb)* top-class player. **-lanterne** masthead light. **-lerke** *(zool)* crested lark; *kortnebbet* ~ shortbilled c. **-lokk** *(på ovn)* top cover; *(på bilmotor)* cylinder head; *høvle av -et* machine the c. h. **-lom** *(-dykker) (zool)* great crested grebe. **-lue** wollen *(el.* knitted) cap (with pompon).

topplønn maximum salary *(fx* salary £870 p.a., rising by five annual increments to £1,175 maximum; salary £500 per annum, with yearly increments of £100 to a maximum of £800).

toppløs topless.

topp|møte *(polit)* summit meeting. **-mål 1.** heaped measure; **2***(fig)* height *(fx* the h. of impudence). **-målt** *(se -mål 2); en* ~ *idiot* a prize idiot. **-notering** top price. **-olje** upper cylinder lubricant. **-nøkkel** box *(el.* socket) spanner; **US** socket wrench. **-pakning** cylinder head gasket. **-plas-**

sering *(i veddeløp, etc)* top placing. **-punkt** summit, highest point; *(fig)* height, acme, summit. **-resultat** maximum result. **-spinn** *(golf):* *gi ballen* ~ top the ball. **-stilling 1** *(stemplers)* top dead centre, T.D.C. **2.** top position; *en mann i* ~ *(også)* a man on top; *de som bekler -ene* those *(el.* the men) at the top of the ladder, top people; people in the top bracket. **-ventilert:** ~ *motor* overhead valve engine. **-vinkel** *(mat.)* vertical angle. **-ytelse** top *(el.* maximum) performance *(fx* of an engine).

toradet two-rowed.

torden thunder; *-en rullet inne i fjellet* thunder was rolling far off in the mountains; *(se II. rulle).*

torden|brak crash *(el.* clap) of thunder, thunderclap. **-røst** thunderous voice; *med* ~ in a voice of thunder. **-skrall** thunderclap, crashing thunder *(fx* the c. t. rent their ears).**-sky** thundercloud. **-tale** thundering speech. **-vær** thundery weather; *et* ~ a thunderstorm; *et* ~ *brøt løs* a thunderstorm broke.

tordivel *(zool)* dung beetle; *(se bille).*

tordne *(vb)* thunder; *(buldre)* thunder, boom, roar; *(rase)* thunder, fulminate; *-nde applaus* thunderous applause.

I. tore: *se torden.*

II. tore *vb (våge)* dare; *tør jeg spørre* may I ask; *det tør jeg ikke* I dare not (do it); *tør jeg be om oppmerksomheten? (på møte, etc)* may I have your attention? *tør jeg be om en fyrstikk?* might I trouble you for a light? *jeg tør ikke si det bestemt (el. sikkert)* I can't say for certain; I don't know for certain; *(se be:* ~ *om).*

toreador toreador.

torg market, market place; *dra til -s* go to market; *selge på -et* sell in *(el.* at) the market; *være ledig på -et* **T** *(ɔ: uforlovet)* be fancy-free.

torg|bu market stall. **-dag** market (day). **-hall** market hall.

torg|kone market woman. **-kurv** market basket. **-pris** market price.

torn thorn; *ingen roser uten -er* no rose without a thorn; *det er meg en* ~ *i øyet* it sticks in my gullet; it's a thorn in my flesh *(el.* side); *de er en* ~ *i øyet på folk* they are a public eyesore.

tornado tornado.

torneblad gorse, furze.

torne|busk wild rose bush; thornbush. **-full** thorny. **-hekk 1.** wild rose hedge; **2***(hagtorn-)* hawthorn hedge. **-kratt** wild rose thicket. **-krone** crown of thorns. **T-rose** the Sleeping Beauty.

tornestrødd thorny.

tornet thorny.

tornister knapsack.

torpedere vb *(også fig)* torpedo; ~ *en teori* explode a theory.

torpedo torpedo. **-båt** *(motortorpedobåt)* motor torpedo boat *(fk* M.T.B.).

torsdag Thursday; *forrige* ~ last Thursday.

torsjonsfjær torsion spring *(el.* bar).

torsk *(fisk)* cod; *sprengt* ~ salt cod.

torske|fiske cod fishing. **-hode** cod's head. **-lever-tran** cod-liver oil. **-munn** *(bot)* toadflax. **-rogn** cod roe.

tort injury, insult; ~ *og svie* tort *(fx* damages in tort).

tortur torture; *bruke* ~ *på* put to t. **-kammer** torture chamber. **-redskap** instrument of t.

I. torv *se torg.*

II. torv *(på myr)* peat; *(gress-)* turf; *han ligger under -en* **T** he's six foot under; he's pushing up the daisies.

torv|strø peat dust. **-tak** turfed roof; *hus med* ~ turf-roofed building.

tosk fool. **-et** foolish, silly.
tostavelses of two syllables.
tostemmig *(mus)* for two voices; two-part *(fx* a t.-p. song).
total total. **-avhold** total abstinence, teetotalism. **-avholdsmann** total abstainer. **-entreprenør** property developer. **-forlis** *(mar)* total loss. **-forsvar** overall defence. **-inntrykk** general impression.
totalisator totalizator.
totalitet totality. **totalitær** totalitarian.
totall (figure) two; *(se sekstall).*
I. totalskade *(subst)* a total loss; total destruction.
II. totalskade *(vb)* destroy completely, damage beyond repair.
totalsum (sum) total, total sum. **-virkning** general effect.
totil *(barnespr.* = *tær, føtter)* tootsies, tootsy-wootsies.
totoms two-inch.
I. tott *(subst)* tuft; *komme i -ene på en (fig)* come into collision with sby; *de røk i -ene på hverandre* they set about each other; they had a set-to; they came to blows.
II. tott *(adj) (mar)* taut, tight.
touche *(fanfare)* flourish.
toverdig *(kjem)* bivalent, divalent; *(se valens).*
toårig, toårs two-year-old, of two, aged two.
tradisjon tradition. **-ell** traditional.
trafikant road-user; *myke -er* cyclists and pedestrians.
trafikert carrying a great deal of traffic; much used; busy, crowded.
trafikk traffic; *hurtiggående* ~ fast-moving t.; *liten* ~ little t. *(fx* the road carries little t.); *møtende~* oncoming t., t. coming towards one; *pass opp for møtende* ~ 'caution: two-way traffic'; *uten å møte* ~ without encountering on coming t.; *sterk* ~ heavy t.; *gate med sterk* ~ *(også)* crowded street; *det er sterk* ~ *på veien* the road carries heavy t.; *tett* ~ dense t., solid mass of t.; *trygg* ~ road safety;' 'Safety First!''; *avvikle -en* handle the t., carry the t. *(fx* a new road to handle the northbound t.); *hindre -en* block *(el.* hold up *el.* obstruct) (the) t.
trafikkavbrytelse interruption of traffic. **-avvikling** flow of traffic *(fx* greater speeds would facilitate the flow of traffic). **-djevelen** the Traffic Imp. **-direktør** *(post)* Managing Director (Posts); *(se Postdirektoratet).* **-elev** *(jernb):* intet tilsv. **-flyver** airline pilot. **-forseelse** traffic offence. **-fyr** traffic light; *(se trafikklys).* **-knutepunkt** traffic centre (‚US: center), nodal point. **-konstabel** policeman on point duty; *(patruljerende)* t. policeman; US S traffic-cop, speed cop. **-kultur** road manners, road sense; *ha* ~ be road-minded. **-loven** *(jur)* the Road Traffic Act. **-lys** traffic light; *det er satt opp* ~ *i to av disse kryssene* traffic lights have been installed *(el.* put up) at two of these crossings. **-politi** t. police. **-regle(r)** *(pl)* t. regulations; *-ne (trykksak, også)* the Highway Code. **-regulering** regulation of t.; *gatekryss med* ~ controlled crossing. **-revisor** *(jernb)* district auditor. **-sammenbrudd** t. breakdown, dislocation of t. services. **-signal** t. signal. **-sikkerhet** road safety. **-skilt** roadsign, t. sign. **-stans** t. jam, t. holdup, t. stoppage. **-synder** traffic offender.
trafikkteknisk relating to traffic technicalities; *et* ~ *spørsmål* a technical question relating to traffic; *-e uttrykk* expressions relating to traffic; *bil- og trafikktekniske uttrykk er godt dekket (i ordboka)* terms connected with motoring and traffic are widely represented.
trafikktetthet density of traffic; *-en er størst om*

ettermiddagen the traffic is densest in the afternoon; the density of traffic is greatest in the afternoon.
trafikkuhell traffic *(el.* road) accident, accident *(fx* I have had an a. with my car). **-ulykke** road *(el.* traffic) accident; *(dødelig)* road fatality, fatal road accident; *offer for* ~ road *(el.* t.) casualty; *drept i en* ~ killed in a road crash. **-undervisning** the teaching of road sense; lessons in kerb drill. **-øy** traffic island, refuge. **-åre** t. artery, arterial road; *(gate)* thoroughfare.
tragedie tragedy.
tragikomedie tragicomedy.
tragikomisk tragicomic(al).
tragisk tragic.
trailer articulated lorry; trailer; US trailer truck, long haul truck.
trakassere *(vb)* badger, pester.
trakasseri badgering, pestering; *-er* pinpricks, persecution(s).
I. trakt *subst (egn)* region, tract; *på disse -er* in these parts.
II. trakt *(subst)* funnel.
traktat treaty; *(religiøs)* tract.
I. trakte *(vb)* filter.
II. trakte *(vb):* ~ *etter* aspire to, covet; ~ *en etter livet* have designs on sby's life, try to kill sby, seek sby's life.
traktekaffe percolator coffee, drip coffee.
traktement treat; refreshments.
traktepose filtering bag.
traktere *(vb):* ~ *med* serve; treat to *(fx* treat sby to sth); stand *(fx* he stood me a glass of beer).
traktor tractor.
traktur *(på orgel):* mekanisk ~ mechanical tracker action; US slider windchest.
I. tralle *(subst)* trolley; *(jernb)* truck.
II. tralle *vb (nynne)* hum; sing, troll.
tralt rut, routine; *han fortsatte i den gamle -en* he went on in the same old rut.
tram doorsteps; US stoop.
tramp tramp.
trampe *(vb)* tramp, trample; ~ *på* trample on.
trampfart *(mar)* tramp trade.
trampoline springboard.
tran cod-liver oil, fish oil.
trance trance.
trane *(zool)* crane. **-bær** *(bot)* cranberry.
tranedans: *en spurv i* ~ a sparrow among hawks.
I. trang *(subst)* want, need; *han føler* ~ *til å* he feels a need for, he wants to.
II. trang *(adj)* narrow; *-t i bekken (anat)* contracted pelvis; *-e kår* straitened circumstances; *den -e port (bibl)* the strait gate; *-e tider* hard times; *være* ~ *i nøtta* S be slow on the uptake; *det er for -t her* we haven't enough room here; *we are too crowded here; døra går -t* the door sticks.
trangbodd: *være* ~ live in close quarters.
trangbrystet narrow-chested; asthmatic.
tranghet narrowness.
trangsyn narrowness (of outlook), narrow-mindedness.
trangsynt narrow-minded, of narrow views.
transaksjon transaction; *(se skummel).*
transformator *(elekt)* transformer.
transformatorstasjon transformer station.
transformere *(vb)* transform.
transitiv *(gram)* transitive.
transitt transit. **transittgods** transit goods.
transitthandel transit trade.
translatør translator; *edsvoren* ~ sworn translator.
translatøreksamen UK Translator's Diploma examination.

I. **transparent** (transparent) banner.
II. **transparent** *(adj)* transparent.
transpirasjon perspiration.
transpirere *(vb)* sweat; perspire.
transplantere *(vb)* transplant.
transport 1. transport, conveyance; **2***(i bokførsel)* carrying forward *(fx* to the next year); transfer; *(fra en konto til en annen)* transfer; *(beløpet)* amount brought forward, amount transferred.
transportabel transportable; *(som kan bæres)* portable.
transportbyrå transport agency.
transportere *(vb)* **1.** transport; **2.** transfer; bring forward; *(se transport).*
transport|middel means of transport *(el.* conveyance). **-omkostninger** charges for transport, carrying charges.
transportør *(vinkelmål)* protractor, semi-circle.
trapes *(gymn)* trapeze; *(geom)* trapezium; **US** trapezoid.
trapeskunstner trapeze artist.
trapp staircase, stairs; *(utenfor dør)* (door)steps; *nedover -en* downstairs *(fx* he fell d.); *slite -er* run about all day.
trappe|avsats landing. **-gelender** banisters. **-oppgang** stairway. **-steg** *(ski)* sidestepping *(fx* climb by s.). **-stige** stepladder. **-trinn** step. **-vange** string.
traske *(vb)* trudge, plod.
trass: *på ~ in* (sheer) defiance; *~ i: se II. tross: til ~ for.*
trassat *(merk)* drawee.
trassent *(merk)* drawer.
trassere *vb (merk): ~ på* draw on.
trassig obstinate, stubborn. **-het** obstinacy, stubbornness.
tratte *(merk)* draft; *Deres ~ på £100 pr. 28/5 på Mr. Fry* your draft for *(el.* value) £100 per *(el.* due) May 28th on Mr. Fry.
trau trough.
traust firm, steady, sturdy.
trav trot; *rent ~* regular trot; *i ~* at a trot; *(se luntetrav; skarp 2).*
travbane trotting track.
trave *(vb)* trot; *(se trøstig & tråkke).*
travel busy; *en ~ dag* a busy day; *få det -t* become *(el.* get) busy; *ha det -t* be busy; *ha det svært -t* be very busy; *T* be in an awful *(el.* terrible) rush; be pushed; *det har vært usedvanlig -t på kontoret de siste ukene* the office has been extremely busy for the last *(el.* past) few weeks; *i de travleste timene* during the rush hours.
travelhet bustle, rush; *(se febrilsk).*
travesti travesty.
trav|hest trotting horse. **-løp** trotting race.
I. **tre** *(subst)* tree; *(ved)* wood; *av ~* wooden; *bygd av ~* built of wood; wooden-built; *i toppen av et ~* in a tree-top, at the top of a tree; *skjære i ~* do wood carving; *ta midt på -et (fig)* take *(el.* choose) the middle way; *de vokser ikke på trær (o: de er ikke lette å få fatt i)* they do not grow on every bush; *(se skog).*
II. **tre** *(vb)* tread; step; *~ av* retire, withdraw; *~ av!* dismiss! *~ av på naturens vegne* answer a call of nature; *(mil)* fall out to relieve nature; *~ fram* step forward; *~ istedenfor* replace, take the place of; *~ i kraft* come into force; become operative; *~ en imøte* come forward to meet sby; *~ inn i Deres faste stilling igjen* resume your permanent post; *~ sammen* meet; *~ sammen igjen* reassemble; *~ tilbake* draw back, stand back; *~ til side* stand aside; *~ under føtter* trample (up)on, trample under foot; *~ ut av et firma* retire from a firm; *(se forretningsforbindelse; trær; I. trå).*

III. **tre** *(tallord)* three; *~ ganger* three times; *(se I. ting).*
tre|art *(bot)* tree species. **-bar** treeless. **-be(i)n** wooden leg. **-beis** wood stain.
trebevokst wooded.
trebrisk plank bed; *(se brisk).*
trebukk **1***(zool)* longicorn beetle; longhorned beetle; **2***(sagkrakk)* sawhorse; **3.** stiff, unyielding person; *man kan ikke få talg av en ~ =* you can't get blood out of a stone.
tredemølle treadmill.
tredevte *(tallord): se trettiende.*
tredje *(tallord)* third; *~ kapitel* the third chapter; *det ~bud (svarer hos anglikanerne til)* the fourth commandment.
tre(dje)del third; *to -er* two thirds.
tredjemann *(jur)* third party.
tredjesiste the last but two.
tredobbelt threefold, triple.
tredve *se tretti.*
treenig triune.
treenighet Trinity.
treenighetslæren the doctrine of the Trinity, Trinitarianism.
treer (number) three.
treet stiff, wooden.
trefarget *(med tre farger)* three-coloured.
treff chance, (lucky) hit; *(sammen-)* coincidence; *ti ~ og en bom* ten hits and one miss; *(se bombetreff).*
treffe *(vb)* hit; *(møte)* meet (with), come across; *~ en hjemme* find sby at home; *det var synd jeg ikke traff deg hjemme* I was sorry to miss you when I called; *kula traff ham ikke* the ball missed him; *jeg følte meg truffet* I felt that the reproof was merited; *jeg føler meg ikke truffet* the cap doesn't fit me; *~ en på det ømme punkt* touch sby's weak spot; *~ forberedelser (,et valg)* make preparations (,a choice); *~ på* come across; *~ på en* run *(el.* bump) into sby; *~ sammen* meet; *(om begivenheter)* coincide; *-s* meet; *han -s på sitt kontor* you can see him at his office; *~ seg* happen.
treffende *(om likhet)* striking; *(om bemerkning)* appropriate, to the point, pertinent; apt *(fx* is this description apt?); *ordene er ~ valgt* the words are aptly chosen.
treffer hit; *(se treff).*
treffsikker accurate.
treffsikkerhet accuracy; *(om våpen)* accuracy of fire.
trefiberplate fibreboard; fibre building board; *hard ~ (4 mm tykk)* hardboard.
trefning *(slag)* action; *(mindre)* skirmish.
trefold threefold, triple.
trefoldig triplicate; *et ~ hurra* three cheers.
trefoldighet Trinity.
treforedling wood conversion, conversion of timber; **US** lumber manufacture.
treforedlings|industri wood-processing industry, timber-converting industry; wood products industry; **US** lumber(ing) industry. **-marked** wood products market; *nye prisfall på -et* new drop in prices on the wood products market; *(se optimisme).*
trefot *(med tre føtter)* tripod, trivet; *(se trebe(i)n).*
treg sluggish, slow, tardy. ·
treghet slowness, sluggishness, indolence.
tre|golv wooden floor. **-grense** timber line. **-hendt** awkward, clumsy. **-hjulssykkel** tricycle; *(se sykkel).*
trekant triangle; *(se likebent; likesidet).*
trekantet triangular; trilateral; three-cornered; *(jvf tresnutet).*
I. **trekk 1.** pull; **2***(ansikts-)* feature; **3***(sjakk-, etc)*

move; **4**(*fugls*) passage, flight; **5**(*karakter-*) trait (of character); feature; **6**(*i lønn, etc*) deduction; *få* ~ *i lønnen* be docked (*fx* he was docked); *hun får* ~ *i lønnen for det hun slår i stykker* breakages come off her wages; **7**(*betrekk*) cover; upholstery; ~ *til bilsete* car seat cover; **8**(*sport*): *få* ~ have points deducted; be marked down, *i korte* ~ briefly, in brief outline; *i store* ~ in broad outline (*fx* he stated his views in b. o.); in its broad features; *3 ganger i* ~ three times running (*el.* in succession); *en hel uke i* ~ a whole week on end.

II. trekk (*luft-*) draught; ~ *i øyet* a cold in the eye (*fx* I've got a cold in my eye); *det er ingen* ~ *i pipa* the chimney does not draw.

trekk|dyr draught animal; (*især* US) draft animal.

trekke (*vb*) draw, drag, pull; (*skihopper for dårlig stil, etc*) mark down (*fx* he was marked down for his untidy landing); (*i brettspill*) move; (*ur*) wind up; (*betrekke*) cover; ~ *en tann* pull out (*el.* extract *el.* draw) a tooth; *få trukket en tann* have a tooth out; *det -r her* there's a draught in here; ~ *fullt hus (teater)* fill the house; *han trakk kniv mot meg* he drew a knife on me; ~ *lodd* draw lots (*om* for); ~ *gardinene for* draw the curtains; ~ *fra* (*mat.*) deduct, take away, subtract; *jeg hverken -r fra eller legger til* (*fig*) I am neither overstating nor understating (the case); ~ *fra gardinene* draw the curtains (back); ~ *noe fra* (*i en regning*) deduct sth (from an account); ~ *i langdrag* spin out; ~ *inn aksjer* withdraw shares; ~ *stolen sin inntil bordet* pull one's chair up to the table, sit up to the t.; ~ *ham med seg i fallet* (*fig*) involve him in one's fall; *få hele bilen trukket om* have the car reupholstered; ~ **opp** pull up, draw up; (*klokke, etc*) wind up; ~ *opp en grense* mark out (*el.* determine *el.* draw up)) a boundary; draw the line; (*fig*) set a limit (*for* to, *fx* sby's authority); *opp en linje* draw a line; ~ *opp en sprøyte* (*med.*) draw an injection; *til å* ~ *opp* (*om leketøy*) clockwork (*fx* a c. railway); *det -r opp til uvær* a storm is coming on; ~ *opp en flaske* uncork a bottle; *innenfor den opptrukne ramme har det lykkes å ...* within the framework established, it has been found possible to ...; ~ **på** *skuldrene* shrug (one's shoulders); *han trakk på seg klærne* he pulled on his clothes; *bli trukket på politistasjonen* be run in, be hauled up; ~ (*en veksel*) *på* (a bill of exchange) on; ~ *veksler på ens vennskap* presume on one's friendship; ~ **sammen** contract (*fx* a word); ~ *seg sammen* contract; ~ **seg** (*o: svikte*) back out; ~ *seg* (*fra en eksamen*) withdraw (from an exam); drop out; T back out (*fx* he backed out from the English exam); *han har trukket seg fra konkurransen* he has dropped out of the competition; ~ **seg tilbake** draw back, retreat, retire, withdraw; ~ *til en mutter* tighten up a nut; ~ *en mutter godt til* tighten a nut up (*el.* down) hard; ~ *en skrue godt til* drive a screw well home; ~ **ut** draw out, pull out (*fx* a drawer); extract (*fx* a tooth); *det -r ut* it takes (a lot of) time; *he is not in view yet; progress is slow; talene hans trakk ut i det uendelige* his speech es dragged on endlessly; ~ *seg ut av* withdraw from, back out of; **-s med** be troubled with; *-s med en dårlig helbred* suffer ill-health; *jeg har disse barna å -s med* I have these children on my hands; (*se lass; linje*).

trekkfri draught-proof; draft-proof.
trekkfugl (*zool*) bird of passage.
trekkfull draughty; drafty.
trekkline (*dragreim; del av seletøy*) trace.
trekkpapir blotting paper.

trekk|plaster blistering plaster, vesicant; (*fig*) attraction, draw; US (*også*) drawing card. **-spill** accordion; *strømpene dine henger i* ~ **T** your stockings are wrinkled (round your legs); your stockings are sagging (*el.* are coming down).
treklang (*mus*) triad.
trekloss block of wood.
trekløver 1(*bot*) trefoil; **2**(*fig*) trio, triumvirate.
trekning drawing; (*i ansiktet*) twitch, facial spasm, mimic tic; (*i lotteri*) draw (*fx* when does the draw take place?).
treknings|dato day of the draw. **-liste** list of prizes.
tre|kol, -kull charcoal.
trekølle mallet.
trelast timber. **-handler** timber merchant. **-tomt** timber yard; US lumber yard.
trelerke (*bot*) wood lark.
I. trell *se I. træl.*
II. trell bondsman, slave, thrall.
trell|binde (*vb*) enslave. **-dom** bondage, slavery.
trema diaeresis (*pl*: diaereses).
tremaktsforbund triple alliance.
tremangel scarcity of wood.
tremannsbridge (*kort*) three-handed bridge.
tremark (*zool*) woodworm, wood borer.
tremasse wood pulp.
tremaster (*mar*) three-masted vessel.
tremenning second cousin.
tremilsgrensen the three-mile limit; (*jvf territorialfarvann, -grense*).
tremme bar; (*i tremmekasse*) slat; (*kryssende, i fx lysthus*)*: se -verk.* **-kasse** crate.
tremmeverk trellis, lattice; (*gitterformet*) grating.
tremosaikk inlaid woodwork.
tren *mil* (*glds*) baggage train.
trene (*vb*) train, practise (,US: practice); ~ *opp* train; fit (*fx* fit soldiers for long marches).
trener trainer; (*sportsinstruktør*) coach; (*for bokser*) trainer.
trenere (*vb*) delay, retard; (*jvf forhale & hale:* ~ *ut tiden*).
I. trenge (*vt*) press, force, drive, push; (*vi*) ~ *fram* advance, push on; ~ *seg fram* press forward; ~ *igjennom* penetrate; force one's way through; (*uten objekt, fig*) prevail; ~ *inn* (*om væske, etc*) seep in (*fx* the damp is seeping in through all the cracks), penetrate, get in (*fx* the water had got in (*el.* penetrated) everywhere); *jeg håper at noe av det jeg sier, -r inn* (*o: i hodet på elevene*) I hope something of what I say penetrates (*el.* is going in); ~ *inn i* enter (into), penetrate into, make one's way into; ~ *inn på en* (*fig*) urge sby, press sby hard; ~ *seg inn på en* force oneself on sby; ~ *på* push (forward); ~ *sammen* telescope (*fx* telescope a five-day schedule into a three-day schedule); ~ *seg sammen* crowd together, press together; ~ *tilbake* force back; ~ *ut* crowd out.
II. trenge *vb* (*mangle, behøve*) need, require, want; *de rom som -s* the rooms required (*el.* needed *el.* wanted); *jeg trengte ikke å bli minnet på* (*el. om*) *det* I didn't need to be reminded of it; *jeg -r det øyeblikkelig* I need it urgently; *hvis De skulle* ~ *mer* (*merk*) in the event of further requirements; *vi har bestilt det vi kommer til å* ~ *i kommende sesong* (*merk*) we have ordered our supplies for the coming season; *han kunne* ~ *barbering og hårklipp, ikke sant?* he could do with a shave and a haircut, couldn't he? ~ *til* want, need, stand (*el.* be) in need of; *rommet kunne sannelig ha trengt ...* the room could certainly have done with ...; *jeg -r sårt til hans hjelp* I badly want his assistance.
trengende indigent, needy, necessitous.

trengsel *(av folk)* crowd, crush; *(motgang)* adversity, troubles *(fx* his troubles are over); *fylt til* ~ overcrowded; *pyntet til* ~ *: se påpyntet.*
trengsel|tid, -år hour (,year) of distress.
trening training, practice; *i god* ~ in fine *(el.* top) form; *holde seg i* ~ keep in practice, keep one's hand in *(fx* at sth); *jeg ville måtte legge meg i* ~ *med en gang* I should at once have to put myself into training.
trenings|antrekk tracksuit; US *(også)* sweat suit. **-drakt:** *se -antrekk.* **-kamp** practice match. **-overall:** *se -antrekk.* **-program** training programme; *(idrettsmanns, også)* workout *(fx* he went through a vigorous w. after the meeting).
treorm *(zool)* woodworm, wood borer.
trepanel wainscot(ing), wood(en) panelling.
trepan|ere *vb (med.)* trepan. **-ering** *(med.)* trepanning.
tre|pinne wooden stick, peg. **-propp** wooden plug.
treradet three-rowed, having three rows.
treramme 1. wooden frame; **2***(sprinkelkasse)* crate.
tresidet three-sided, trilateral.
tresk *(glds)* wily, crafty.
treske *(vb)* thresh.
treske|maskin, -verk threshing machine.
treskhet *(glds)* wiliness, craftiness.
tre|skjærer wood carver. **-sko** wooden shoe; *(sko med tresåle)* clog. **-skurd** wood carving. **-slag** (type of) wood. **-sliperi** pulp mill. **-sliping** wood grinding, grinding (up) of (pulp)wood. **-snitt** woodcut. **-snutet** three-cornered *(fx* hat). **-splint** splinter of wood. **-sprit** wood alcohol.
tress *(kort) (i poker)* three of a kind.
tresse braid, galloon.
trestamme trunk (of a tree).
trestavelses- trisyllabic.
tresteg *(sport)* triple jump; *(glds)* hop, step and jump.
trestemmig *(mus)* three-voice, three-part.
trestreks triply underlined; *en* ~ *feil* = a serious error, a bad mistake; **T** a howler.
tretall (figure) three; *(se sekstall).*
tretallerken wooden plate.
trett tired *(av* from, with); *(mer litt.)* weary *(av* of); ~ *av (lei av)* weary of, tired of.
I. trette *subst (strid)* dispute, quarrel.
II. trette *vb (stride)* quarrel.
III. trette *vb (gjøre trett)* tire, fatigue; *(kjede)* bore; ~ *ut en fisk* play a fish.
trettekjær quarrelsome, cantankerous.
trettelyst quarrelsomeness, cantankerousness.
tretten *(tallord)* thirteen. **-de** thirteenth.
trettende tiresome; *(kjedelig)* tedious.
trettendel thirteenth (part).
tretthet tiredness, fatigue; *(høytideligere)* weariness; *(mer permanent)* lassitude.
tretti *(tallord)* thirty. **-ende** *(tallord)* thirtieth.
treull wood wool; *(især* US *også)* excelsior.
trev loft, hayloft.
trevarefabrikk woodworking factory; *(jvf treforedlings|industri & -marked).*
trevarer *(pl)* woodware; articles of wood, wood products; woodgoods.
treverdig *(kjem)* trivalent *(fx* a compound of trivalent iron); tervalent, *(se valens).*
tre|verk woodwork; *alt* ~ *er utført i eik* all the woodwork is in oak. **-virke** wood; *(grovere)* timber; US lumber.
trevl fibre; *(i tøy)* thread; *til siste* ~ to the last thread; to the last ounce (of one's strength).
trevle *(vb):* ~ *opp* ravel, unravel; *mar (slå opp)* unlay *(fx* a rope).
trevle|bunt bundle of fibres.

trevlet fibrous.
treårig 1*(som varer tre år)* triennial; **2.:** *se treårs.*
treårs three-year-old, aged three, of three *(fx* a child of three).
triangel triangle. **triangulær** triangular.
tribun tribune. **tribunal** tribunal.
tribune *(tilskuer-)* stand; *(sitte-)* grandstand.
tribunebillett stand ticket.
tribunesliter = sports fan.
tributt tribute; token of appreciation *(el.* respect).
trigonometri trigonometry.
trigonometrisk trigonometrical; ~ *punkt* horizontal control point.
trikin trichina; *(NB pl:* -e *el.* -s).
trikinsykdom trichina *(pl:* trichinae).
I. trikk *(knep)* trick.
II. trikk *se sporvogn.*
trikke *(vb)* go by tram, take the tram.
trikkekonduktør tram conductor.
trikktrakk *(brettspill)* backgammon.
trikolor tricolour; US tricolor.
trikot 1*(stoff)* stockinet, jersey; **2***(drakt)* tights *(pl).*
trikotasjeforretning knitwear shop; *(glds)* hosier('s shop).
trill: ~ *rund* round as a ball; *det gikk* ~ *rundt for ham* he was completely confused.
I. trille *(mus)* trill; *slå -r* trill; *(om fugl)* warble.
II. trille [four-wheeled horse-drawn carriage].
III. trille *(vb)* **1***(rulle)* roll *(fx* it rolled downhill); *(vt)* trundle *(fx* a cask, a hoop); roll *(fx* a ball); *(sykkel, etc)* wheel, trundle; **2***(kjøre)* wheel; bowl *(fx* they bowled up to the front door); **3***(slå triller)* trill; *(om fugl)* warble; *han lo så tårene -t* he laughed until he cried; *tårene -t nedover kinnene hennes* the tears ran *(el.* rolled *el.* trickled) down her cheeks; *en lav -nde latter* a low rippling laugh.
trillebår wheelbarrow.
trillehjul hoop.
trillepike pram-pusher.
trilling triplet.
trillion trillion; US quintillion.
trilogi trilogy.
trim *(mar)* trim; *i* ~ *(mar)* in trim; *(fig)* in (good) trim; *skipet er ikke i* ~ the ship is out of trim.
trimme *(vb)* **1.** take exercise to keep fit; do keep -fit exercises; exercise *(fx* he exercises every day); **2***(mask)* trim; tune (up) *(fx* an engine; a highly tuned e.); S hot up *(fx* a car); *en spesialtrimmet motor* a specially tuned engine.
trimmingssett tuning kit; power conversion equipment.
trine *(vb)* step, tread.
I. trinn *(subst)* step; *(i stige)* rung; *(fig)* stage; ~ *for* ~ step by step; *stå på et høyt* ~ stand high.
II. trinn *(adj)* round, plump; *(se trivelig 1).*
trinnvis *(adj)* gradual, successive, step by step; *(adv)* gradually.
trinse *(reimskive)* pulley; *(lite hjul)* castor; *(på skistav)* snow guard.
trio trio.
tripp (short) trip.
trippe *(vb)* trip; *(om småbarn)* toddle *(fx* along); *... spurte Nessie, som sto og -t av nysgjerrighet* ... asked Nessie, on her tiptoes with curiosity; *han -t affektert bortover* he moved mincingly.
trippelallianse triple alliance.
trippteller *(i bil)* trip meter.
tripp-trapp clip-clop *(fx* "clip-clop", said the bridge).
trisse pulley. **-blokk** (pulley) block.
trisseverk block and tackle.

trist melancholy, gloomy, dismal, sad; dreary, cheerless. **-het** gloom, sadness, dreariness.
tritt step, tread; *holde ~ med* keep pace with, keep up with.
triumf triumph; *i ~* triumphantly.
triumfator triumphator.
triumfbue triumph arch.
triumfere *(vb)* triumph, exult *(over* at sth, over sby);* T crow *(over* over).
triumferende triumphant, exultant, jubilant.
triumftog triumphal procession.
triumvir triumvir. **-at** triumvirate.
trivelig 1. plump, stoutish; *T* plump and pleasant; **2.:** *en ~ unge* a likeable child, a nice child, an easy child (to deal with).
trivelighet *(se trivelig 1)* plumpness.
trives *(vb)* thrive, flourish; *(om plante)* thrive, do well; *(befinne seg vel)* feel *(el.* be) happy; feel comfortable, enjoy oneself; *jeg ~ her (også)* this place suits me; *han ~ i Oslo* he likes it in Oslo; *han ~ i jobben* he is happy in his job; he likes *(el.* enjoys) his work.
trivialitet triviality; *-er (om uttrykk)* commonplaces, truisms.
triviell commonplace, hackneyed, trite; *(kjedelig)* tedious, dull, boring.
trivsel vigorous growth; prosperous development, prosperity; *(velvære)* well-being; *~ i arbeidet* job satisfaction.
trivselsfaktor: *dette vil få stor betydning for -en* this will mean a great deal in terms of job satisfaction.
I. tro *(subst)* belief, faith; *den kristne ~* the Christian faith; *~, håp og kjærlighet (bibl)* faith, hope and charity; *det er min ~ at* it is my belief that; *det er en utbredt ~ at* it is widely believed *(el.* held) that; *avsverge sin ~* renounce *(el.* abjure) one's faith; recant; *-en kan flytte bjerge (bibl)* faith removes mountains; *miste sin ~* lose one's faith; *dø i -en* die in the Faith; *dø i -en på at* die in the belief that; *i den ~ at* in the belief that; thinking that; *være i den ~ at* be under the impression that; think that; *la ham bare bli i den -en* don't enlighten him; *leve i den ~ at* be firmly convinced that; *vi levde i den glade ~ at* we fondly imagined that; *gjøre (,si) noe i god ~* do (,say) sth in good faith; *handle i god ~* act in good faith; *en kjøper (,etc) som er i god ~* a bona fide purchaser *(,etc);* *enhver blir salig i sin ~ (kan fx gjengis)* let everyone keep his own convictions; let him believe it if it makes him happy; *~ på* belief in; faith in *(fx* have (,lose) f. in sby); *ha ~ på framtida* have confidence in *(el.* be confident of) the future; *jeg har ingen ~ på ham (også)* I have no confidence in him; *(se sterk).*
II. tro *(vb)* **1**(*mene)* think; *(anta)* suppose; *jeg -r det* I think so; **2**(*tro sikkert, anta for sant)* believe *(fx* I b. what you say); *~ ham på hans ord* believe him on the strength of his word; take his word for it; *jeg har vanskelig for å ~ det om ham* I can hardly believe it of him; I can hardly b. him capable of doing such a thing; *... hvis man skal ~ ham (:: hvis man skal forutsette at han snakker sant)...* assuming that he is telling the truth; **3**(*innbille seg)* fancy, imagine; *jeg -r hun er tilbake i Norge igjen* I imagine she is back in Norway; *jeg -r nok De kjenner ham* I rather think you know him; *jeg -r nesten at han er ute* I fancy he is out; *en skulle nesten ~ at* one would have thought that; *man skulle -dd man var i Frankrike* you might think you were in France; *det -r jeg nok* I can believe that all right; I believe you; I can well believe

it; *man -r det man gjerne vil ~* the wish is father to the thought.
III. tro *(adj)* faithful *(fx* servant); loyal *(fx* subject); true *(fx* friend); *etter 40 års ~ tjeneste* after 40 years of faithful service.
I. troende *(subst):* *stå til ~* deserve credit.
II. troende *(adj)* believing; *en ~* a believer; *de ~* the faithful; *lite ~* of little faith.
trofast faithful, loyal *(mot* to).
trofasthet faithfulness, fidelity, loyalty.
trofé trophy.
trohjertig ingenuous, simple, trusting. **-het** simplicity, ingenuousness.
Troja Troy. **trojaner, trojansk** Trojan.
troké trochee. **trokéisk** trochaic.
trolig *(sannsynlig)* likely, probable; *(adv)* probably, presumably.
troll troll; ogre, monster; *~ i eske* Jack in the box; *(se skogtroll).*
trollbinde *(vb)* cast a spell on, spellbind. **-bær** *(bot)* baneberry.
trolldom witchcraft, sorcery.
trolldomskraft magic power. **-kunst** (art of) magic, necromancy, black art.
trolle *(vb)* practise (,US: practice) witchcraft, work magic.
trollet *(uskikkelig)* naughty, bad.
trollfolk *(pl)* trolls. **-garn** *(fiskegarn)* trammel net; *(se garn).* **-hegg** *(bot)* buckthorn. **-hummer** *(zool)* Norway lobster; *(se hummer).* **-kjerring 1.** female troll; **2.** sorceress; *(heks)* witch. **-krabbe** *(zool)* lithodes (crab). **-kyndig** skilled in magic. **-kyndighet** skill in magic. **-mann** sorcerer, wizard. **-pakk 1.** (pack of) trolls; **2.** naughty children. **-unge 1.** child of a troll; **2.** naughty child, (little) imp. **-øye** *(på radio)* magic eye.
trolsk magic, bewitching.
troløs faithless, perfidious; *(forrædersk)* treacherous *(mot* to).
troløshet faithlessness, perfidy, perfidiousness; *(forræderi)* treachery.
trombose *(med.)* thrombosis.
I. tromme *(subst)* drum; *slå på ~* beat the drum.
II. tromme *(vb)* drum, beat the drum; *vi håper vi kan få -t sammen en liten gruppe som kan dra sammen* we are hoping to organize a little party to go together.
trommehinne *(anat)* ear drum; *(fagl)* tympanic membrane. **-ild** drumfire, barrage; *en ~ av spørsmål* a running fire of questions.
trommel drum.
trommelbrems expanding brake.
trommelom *(int)* rat-a-tat.
trommeskinn drumhead. **-slager** drummer. **-stikke** drumstick. **-virvel** roll of drums.
trompet *(mus)* trumpet; *blåse ~* blow the trumpet.
trompeter trumpeter.
trompetstøt trumpet blast.
tronarving heir to the Throne; *(jur)* heir apparent.
tronbestigelse accession (to the Throne).
I. trone *(subst)* throne; *bestige -n* come to the Throne; *komme på -n* come to *(el.* accede) to the Throne; *støte fra -n* dethrone.
II. trone *(vb)* throne; *T* throne it, throne.
tronfrasigelse abdication. **-følge** order of succession; settlement. **-følgelov** Act of settlement. **-følger** successor (to the Throne). **-himmel** canopy. **-pretendent** pretender to the Throne. **-røver** usurper (of the Throne). **-skifte** accession of a new king.
trontale speech from the Throne.
trontaledebatt UK Debate on the Address, Address Debate.
tropehjelm sun helmet, pith helmet.

tropene *(pl)* the tropics. **tropisk** tropical.
tropp *mil (infanteri-)* platoon; *(artilleri-, kavaleri-, ingeniør-)* troop; *i sluttet* ~ in a body; *slutte -en* bring up the rear; *-er (ɔ: troppestyrker)* troops; *(se troppestyrker)*.
troppe *(vb):* ~ *opp* turn up, show up; *(se også anstigende: komme* ~ *)*.
troppe|styrker *(pl)* forces, troops; *store* ~ large forces; large numbers of troops; *trekke sammen* ~ concentrate troops. **-transport** *(det å)* transportation of troops.
troppssjef *(mil)* platoon leader; *(jvf tropp)*.
tros|artikkel article of faith. **-bekjennelse 1.** profession of faith; **2.** creed. **-felle** fellow-believer; co-religionist. **-frihet** religious freedom. **-iver** religious zeal.
troskap fidelity, faithfulness, loyalty.
troskyldig unsuspecting; innocent; simple-minded, naïve, naive; ingenuous.
troskyldighet simplicity, innocence; naïveté, naivety; ingenuousness.
I. tross *(subst, glds) (mar)* baggage (train).
II. tross *(subst)* defiance; obstinacy; *på* ~ in (sheer) defiance; *til* ~ *for* in spite of, despite; *til* ~ *for vanskelighetene* in spite of the difficulties; *til* ~ *for at...* in spite of the fact that..., despite the fact that..., *til* ~ *for at han hadde sagt fra til dem på forhånd* in spite of his having told them beforehand.
III. tross *(prep)* in spite of; ~ *alt* in spite of everything; *(se II. tross)*.
tros|sak matter of faith. **-samfunn** religious community. **-sannhet** religious truth.
I. trosse *subst (mar)* hawser.
II. trosse *(vt)* defy, bid defiance to, brave; *det -r enhver beskrivelse* it baffles *(el. beggars el.* is beyond*)* description; *(NB the hotels are unspeakable)*; *tross ikke været* don't *(el.* never*)* defy the weather.
trossetning (religious) dogma, article of faith, religious tenet.
trossig defiant; obstinate.
trossighet defiance; obstinacy.
trost *(zool)* thrush.
troverdig credible.
troverdighet credibility; *miste sin* ~ lose one's credibility.
trubadur minstrel, troubadour.
true*(vb)* threaten; menace.
truge *(subst)* snowshoe.
trumf trump; trump card; *oppfordring til å spille* ~ a call for trumps; *ha en* ~ *i bakhånden* have sth up one's sleeve; *jeg har enda en* ~ *i bakhånden* I have still one string to my bow; I've still got a shot in the locker; *stikke med* ~ play a trump card; *ta en med* ~ drive one into a corner.
trumfe *(vb)* trump; play trump; ~ *igjennom (fig)* force through.
trumf|ess *(kort)* ace of trumps. **-kort** trump card.
trumpet *se tverr.*
trupp band, company.
truse (pair of) pants; **T** *(også* US*)* (pair of) panties; *(merk; dame- el. herre-)* (pair of) briefs.
truseinnlegg panty shield *(el.* liner*)*.
trusel *(trussel)* threat; menace; *tomme trusler* empty threats; *bruke trusler mot* use threats against; ~ *om* a threat of; *gjøre alvor av en* ~ carry out a threat; make good one's threat; act on one's threat; fulfil one's threat.
truselbrev threatening letter.
truser *se truse.*
trust trust. **-dannelse** formation of trusts. **-vesen** trust system.
trut **T** *(-munn)* chops; *en smekk på -en* **T** a

smack in the chops; *gi henne en på -en* **T** clip her across the chops; *sette* ~ pout.
trutne *(vb)* bulge, swell.
trutt *(adv)* steadily.
trygd UK national insurance; US public assistance; *(sosialtrygd)* social security; *(se barnetrygd; enketrygd; folketrygd; morstrygd; sosialtrygd; tilleggstrygd)*.
trygde *(vb)* insure.
trygdebolig local authority housing for pensioners.
trygdekasse health insurance scheme; UK National Health (Service); *stå i -n* be a member of the health insurance scheme; be on the panel; *man får igjen en del i -n* you will get some of it back from the insurance; *(se kasse; sykekasse; sykepenger)*.
* You can get your spectacles on the National Health – and a wig, too, if your doctor prescribes it.
trygdekasse|kort UK national (health) insurance card.
trygdekasselege UK panel doctor; *(se I. lege)*.
trygdekassepasient UK National Health patient.
trygdekontor Social Security office; *Oslo* ~ *(kan gjengis)* the Oslo Social Security Office; *det stedlige* ~ the local Social Security office; the local Social Services Department.
trygdepenger *(pl)* national insurance contribution; UK National Insurance contribution; *(gradert etter lønnsnivå)* graduated contribution; *trygdepengene utgjør et meget vesentlig fradrag i lønnen* national insurance contributions mean a real *(el.* marked*)* reduction in one's pay; *(se sykepenger & trygdepremie)*.
trygdepremie *(se trygdepenger)* national insurance contribution; *han betaler kr 50 pr. mnd. i* ~ he pays a contribution of kr 50 per month.
trygdesystem social security system; *(se system)*.
trygdeytelser *(pl): sosiale* ~ social security; social benefits.
trygg secure, safe *(for* from*)*; *(i sinnet)* confident; *(se også trygt)*.
trygge *(vb)* make safe, secure.
trygghet security, safety; *(tillit)* confidence.
trygghetsalarm safety alarm (for the elderly); safety alarm device.
trygghetsfølelse feeling of security; *gi ham en falsk* ~ put *(el.* throw*)* him off his guard.
trygle *(vb)* beg, entreat, beseech; ~ *om hjelp* implore help; ~ *(en) om tilgivelse* beg (sby for) pardon on one's bended knees.
trygt *(adv)* safely; *(tillitsfullt)* confidently; *De kan* ~ *regne med betaling* you may safely count on payment; *det kan* ~ *sies at* it may safely be stated that; we may confidently say that; I am safe in saying that; *kan jeg* ~ *gjøre det?* should I be safe in doing so? *man kan* ~ *gå ut fra at* it is safe to assume that; *man kan* ~ *påstå at* it can confidently be asserted that; *man* ~ *si at* it is safe to say that....
I. trykk 1*(som utøves, mekanisk & fig)* pressure; *-et i bilringene* the tyre pressures; **2***(fon)* stress *(fx* the s. falls on the last syllable*)*; *det økonomiske -et* the financial strain *(el.* stress*)*; *føle -et* feel the pressure *(fx* of taxation*)*; feel the stress *(fx* of severe competition*)*; *legge* ~ *på* stress, emphasize, lay stress on; *øve* ~ *på en* put *(el.* exert*)* pressure on sby; bring p. to bear on sby; *(se lufttrykk & påtrykk)*.
II. trykk *(typ)* print; *(avtrykk)* impression; *fin* ~ small print *(mots.* large print*)*; *kort med og uten* ~ plain and printed cards; *i -en* in the press; *klar til å gå i -en* ready for printing; *på* ~ in print *(fx* he likes to see himself in print*)*; *hvor-*

dan har den artikkelen kunnet komme på ~*?* how did that article ever get printed? how did that article find its way into print?
trykkammer air caisson.
trykkbokstav block letter.
I. trykke *(vb)* press; *(klemme)* squeeze; *stemningen var -t* there was a strained atmosphere; *er det noe som -r deg?* have you got anything *(el.* sth) on your mind? *det er der skoen -r (fig)* that's where the shoe pinches; ~ *ned (fx pedal)* depress, press down, push down; *(tynge ned)* weigh down; ~ *prisene ned* depress prices, force *(el.* press) prices down; ~ *på* press, push *(fx* a button); ~ *sammen* press together, compress; *barnet -t seg inntil moren* the child cuddled *(el.* snuggled) up to its mother, the child nestled to its mother; *vær så snill å* ~ *dere litt sammen da!* please crush up a little!
II. trykke *vb (typ)* print; *la* ~ have printed, print *(fx* do you intend to print your lectures?); ~ *om* reprint; *vi holder på å* ~ *katalogen på ny* we are (just) having the catalogue reprinted; we are just in the process of reprinting the c.; *boka foreligger trykt* the book is in print.
trykke|frihet freedom of the press; *(se frihet).* **-maskin** printing machine.
trykkeri printing works, printing office.
trykk|feil misprint, erratum *(pl:* errata). **-ferdig 1.** ready for publication; **2***(typ)* ready for (the) press, r. for printing; *(i sats, også)* in type.
trykkfeils|djevelen: ~ *har vært ute* there are misprints. **-liste** list of errata.
trykkimpregnert pressure impregnated.
trykkluft compressed air; *drevet med* ~ pneumatically operated *(el.* controlled).
trykklufthammer air hammer, pneumatic h.
trykknapp push button; snap fastener.
trykk|papir printing paper. **-saker** *(pl)* printed matter. **-seksten** T hard sock. **-side** printed page. **-svak** *(fon)* unaccented, unstressed; weakly stressed. **-sverte** printer's ink; *det er ikke verdt å spandere* ~ *på* it's not worth the ink to print it.
trykning printing; *under* ~ *av denne boka* while this book was in the press *(el.* was being printed); *vi går i gang med -en* we are going to press; *før vi går i gang med -en* before going to press.
trykningsomkostninger *(pl)* cost of printing.
trylle *(vb)* conjure; ~ *bort* spirit away; ~ *fram* conjure up.
trylle|drikk magic potion. **-fløyte** magic flute. **-formular** magic formula, charm, spell. **-krets** magic circle. **-kunst** conjuring trick. **-kunstner** conjurer; *(især* US) magician; *(som yrkesbetegnelse ofte)* illusionist. **-ord** magic word.
trylleri magic, witchcraft; *(fig)* charm, witchery.
trylle|skrift magic writing. **-slag:** *som ved et* ~ as if by magic. **-stav** magic wand.
tryne 1. snout; **2***(vulg* = *ansikt)* T mug; *(det stygge) -t hans byr meg imot (vulg)* his ugly mug makes me sick; *få en (midt) i -t* S get one in the kisser; *gi ham en på -t!* S catch him one in the eye! give him a sock in the face! sock him one on the kisser!
træ *(vb)* thread *(fx* a needle); ~ *perler på en snor (el.* thread) beads; *de lengste stroppene -s under madrassen* the longest straps are passed under the mattress.
I. træl *(fortykket hud)* callosity; callus; *hender med -er* calloused hands *(fx* he had c. h. as a result of gardening).
II. træl *se trell.*
trøffel truffle.
trøst comfort, consolation; *(se mager).*
trøste *(vb)* comfort, console.
trøstebrev consolatory letter.

trøstepremie consolation prize.
trøster comforter, consoler.
trøsterik comforting, consoling.
trøsteløs inconsolable, disconsolate; *(håpløs)* hopeless; *(trist)* dreary, bleak, drab *(fx* life); dismal.
trøstesløshet disconsolateness; dreariness, bleakness, drabness.
trøstig*(adv)* confidently, without fear or hesitation; *han travet* ~ *videre* he trudged on sturdily; he walked sturdily onwards.
trøtt *se trett.*
trøye jacket; *(under-)* vest; *(se varm).*
I. trå *(vb)* tread, step; ~ *feil* take a false step, slip; ~ *inn* depress *(fx* the clutch pedal); ~ *på bremsen* step on the brake; ~ *vannet* tread water.
II. trå *adj (harsk)* rancid; *(langsom, treven)* slow, unwilling; *det går -tt* it's slow going.
tråbil pedal car.
tråd thread; *(bomulls-)* cotton; *(metall-)* wire; *(fiber)* fibre, filament; *(fig)* thread; *tretrådet kamgarn* 3-ply worsted; *jeg har nettopp hatt X på -en (tlf)* I've just been on the line to X; *løs på -en* loose, of easy virtue; *ta opp -en* resume *(el.* pick up) the thread; *det er han som trekker i -ene* he pulls the wires *(el.* the strings); *rød* ~ governing idea, leitmotif; *det går som en rød* ~ *gjennom* ... it runs like a scarlet thread through ...
tråd|aktig thread-like, filamentous. **-ende** bit of cotton *(el.* thread). **-glass** wired glass.
trådløs wireless; *vi hadde* ~ *om bord* we had a wireless (installation) onboard; ~ *telegrafi* wireless telegraphy; ~ *telefonering* wireless telephony.
trådorm *(zool)* threadworm.
trådsnelle (cotton) reel, bobbin; US spool; *en hvit* ~ a reel of white cotton *(el.* sewing thread); *en tom* ~ an empty reel *(el.* bobbin).
trådstift wire tack, wire nail.
trådtrekking *(fig)* string-pulling.
tråkk *(tram)* doorstep.
tråkke *(vb)* trample; *(ski)* side-step; *(i unnarenn)* pack the snow; *(traske, trave)* trudge, plod; ~ *i hælene på* en trudge at sby's heels; *(fig)* follow sby slavishly; *la deg ikke* ~ *på tærne!* don't let yourself be put upon!
tråkle *(vb)* tack, baste. **-sting** tacking stitch. **-tråd** tacking thread.
trål trawl. **tråle** *(vb)* trawl.
tråler *(båt)* trawler.
tråsmak a rancid taste.
tsar czar. **tsardømme** czardom.
tsaristisk czarist.
tsjekker Czech. **tsjekkisk** Czech.
tsjekkoslovak Czechoslovak.
Tsjekkoslovakia Czechoslovakia.
tsjekkoslovakisk Czechoslovakian.
tuba *(mus)* tuba.
tube tube.
tuberkel *(anat)* tubercle.
tuberkulinprøve tuberculin test *(fx* a positive tuberculin test); *(el. å)* tuberculin testing.
tuberkulose tuberculosis *(fk* t.b.); *få* ~ get *(el.* contract) tuberculosis.
tuberkuløs tuberculous.
tue *(av gress)* tuft of grass, tussock; *(maur-)* ant hill; *liten* ~ *velter stort lass* little strokes fell great oaks; small rain lays great dust; for want of a nail the shoe was lost; great events have small occasions.
tuff *(min)* tuff.
tufs 1. tuft (of hair); **2.** small, insignificant person; pip-squeak; poor fish; weed; *gammel* ~

(ofte = *)* old codger; 3*(tosk)* fool; *din* ~*!* you fool!

tufset 1. tangled, matted; shabby, messy; **2.** weak, sickly; depressed.

tuft site (of a house).

tuftekall brownie, goblin.

tuja *(bot)* thuja, arbor vitae.

tukle *(vb):* ~ *med* tamper with; T fiddle with; *(se II. tulle).*

tukt discipline; *(straff)* correction; *i* ~ *og ære* decently.

tukte *(vb)* correct, castigate, chasten; *(bibl)* chastise.

tuktelse correction, castigation; *(bibl)* chastisement.

tulipan *(bot)* tulip. **-løk** tulip bulb.

tull *(tøv)* nonsense, rot, rubbish, foolishness; T baloney, boloney; ~ *og tøys* stuff and nonsense; *for noe* ~ *!* T my foot! *snakke* ~ talk nonsense, talk bosh; *det er noe ordentlig* ~ T it's a load of rubbish; *(jvf tøys; vrøvl; vrøvle).*

I. tulle *(subst)* little girl, tot.

II. tulle *(vb):* ~ *inn,* ~ *sammen* bundle up; wrap up; ~ *bort tiden* muddle *(el.* dawdle) away one's time; *hva er det du driver og -r med?* what are you messing about with? *guttene drev og -t (ɔ: tuklet) med utgangsdøra* T the boys were tampering (,T: fiddling) with the outer door; ~ *noe om en* wrap sth round sby; ~ *omkring* muddle about; fool about *(fx* waste time by fooling about during lessons); ~ *seg bort* lose one's way, get lost; *(se også tøyse).*

tullekopp T twaddler, silly fool; US *(også)* goof.

tullet crazy; *bli* ~ go crazy.

tulling *(subst)* fool, silly person.

tullprat T nonsense; T double talk.

tumle *(vb)* tumble, topple; ~ *med* struggle with; ~ *seg* play about.

tumleplass playground; *(fig)* arena.

tummel tumult, bustle.

tummelumsk giddy; *(jvf rundt: det går -t for ham).*

tumult tumult, disturbance, uproar.

tun country courtyard *(fx* fresh and green like a c. c.).

tundra tundra.

tuneser, -isk Tunisian.

tung heavy, ponderous; ~ *luft* heavy *(el.* sultry) air; *en* ~ *plikt* a heavy duty; *et -t sinn* a brooding disposition, a tendency to melancholy; ~ *skjebne* a hard *(el.* cruel) fate; *et -t slag* a heavy *(el.* sad) blow; *-e tanker* gloomy *(el.* black *el.* dismal) thoughts; *jeg er* ~ *i hodet* my head feels heavy; *(se tungt (adv)).*

tungarbeid heavy work.

tunge tongue; *en belagt* ~ *(med.)* a coated tongue; *en ond* ~ a wicked t.; *onde -r ymtet om at* it was maliciously whispered that; *han fikk -n på gli* it loosened his tongue; *holde -n rett i munnen* mind one's P's and Q's; watch one's step; *være stø på hånden (ɔ: være stø på hånden)* here you need a steady hand; *rekke* ~ *til en* put *(el.* stick) out one's tongue at sby; *rekke ut -n (til legen)* put out one's tongue; *være -n på vektskålen (fig)* hold the balance; be the deciding factor; tip the scales.

tungebånd *(anat)* frenum; *være godt skåret for -et* have the gift of the gab; have plenty to say for oneself; *(jvf tunge).*

tungeferdig voluble, glib.

tungeferdighet volubility; glibness; lingual dexterity.

tungelyd *(fon)* lingual sound. **-mål** language. **-rot** *(anat)* root of the tongue. **-spiss** *(anat)* tip of the tongue.

tunget tongued.

tungetale gift of tongues, glossolalia. **-taler** one who speaks in tongues; glossolalist; US pentecostalite.

tungfør heavy, slow. **-hørt** hard of hearing. **-hørthet** hardness of hearing. **-nem** dull, slow. **-nemhet** slowness, slow wits. **-pustet** asthmatic, short-winded. **-rodd 1.** hard to row; **2***(fig)* difficult to handle. **-sindig** melancholy, sad. **-sindighet** melancholy, sadness. **-sinn:** *se -sindighet.* **-styrt** *(om bil)* heavy on the steering (wheel); *den er litt* ~ the steering is a bit heavy.

tungt *adv (jvf tung)* heavily; *ligge* ~ *på* lie heavy on; *det falt ham* ~ *for brystet* he resented it; *han hadde* ~ *for å lære* he was a slow learner; *latinsk grammatikk hadde han* ~ *for (å lære)* Latin grammar came hard to him; he found Latin grammar difficult; *han tar det* ~ *(også)* T he seems rather done in over it; *(se ta B).*

tungtrafikk heavy traffic, heavy motor vehicles.

tungtveiende weighty; *det er* ~ it carries weight.

tungvekt heavyweight.

tungvint bothersome; T mucky *(fx* it's awfully m. having to drag all those books about wherever you go); *en* ~ *metode* a cumbersome method.

tunnel tunnel. **-bane** underground (railway); T tube; US subway; *(jvf fotgjengerundergang).*

tupere *(vb):* ~ *håret* back-comb one's hair.

tupp tip.

I. tur 1*(spaser-)* walk, stroll, ramble; *(fot-)* walking tour; T hike, tramp; *(se fottur);* **2***(utflukt)* outing, excursion, trip, jaunt; *(med medbrakt mat)* picnic; **3***(reise til lands)* journey, tour; *(især kort, fram og tilbake)* trip; *(til sjøs)* voyage; *(med turistskip)* cruise; *(overfart)* crossing, passage, trip *(fx* take *(el.* make) a trip to the seaside); I have never done the trip to Paris; the ship has made two trips to London; the trip across the water takes two hours; the 200-mile trip lasted *(el.* took) only 1 hour and 20 minutes); **4***(lengre biltur)* motor tour, motor trip; *(kortere)* drive; *(især kort & hurtig)* spin, run; *(som passasjer)* ride; *(sykkel-)* (bicycle) ride; *(især kort & hurtig)* spin, (cycle) run; *(lengre)* cycling tour, cycle tour; **5***(rund-)* round *(el.* circular) tour, tour; *(også mar)* round trip; *(turné)* tour; **6***(konstrueres ofte med)* go -ing *(fx* go blackberrying, camping, climbing, fishing, hunting, rowing, sailing, skiing); **7***(ride-)* ride *(fx* take *(el.* go for) a ride). **8***(ro-)* row *(fx* go for a row); **9***(seil-)* sail *(fx* he took me for a short sail); **10***(i dans)* figure *(fx* there are five figures in the lancers); **11.** *tekn (omdreining)* turn;

få ~ *(om drosjesjåfør)* get *(el.* pick up) a fare; *gå en* ~ go for *(el.* take) a walk *(el.* stroll); *gå en* ~ *i hagen* take a turn in the garden; *gå en* ~ *med hunden* take the dog for an airing *(el.* a walk *el.* a run); *han har gått ut en* ~ he has gone out (for a walk); **ha** ~ *(om drosje)* have a fare, be engaged; *(kort): se II. tur:* under *i* ~ *;* **kjøre en** ~ go for a drive *(,*run, spin, ride*); (se kjøretur);* en lang ~ a long walk *(,*drive, ride, etc*); på hele -en* during the whole trip; ~ - *retur* there and back; *(billett)* return (ticket) *(fx* one third return X); (US) round trip (ticket); *jeg skal ned i byen en* ~ I'm going downtown; *jeg skal en (liten)* ~ *(ut) i byen (også)* I'm going out (for a few minutes); *hvis det er mulig,* **start** *-en mot vinden* if possible, face the wind when you set out; **ta** *en* ~ *(bort) til X* run *(,*walk, etc*)* over to X; *ta (el.* dra*) en* ~ *(inn) til byen* go to town; *(om London el.* universitetsby*)* go up (to town); *ta en* ~ *i Jotunheimen (også)* embark on a tour of Jotunheimen; *han*

tok meg med til Margate en ~ he took me to Margate; *ta seg en* ~ *ut* go out *(fx* I'm going out); *(se fjelltur; fottur; sykkeltur; telttur).*
II. **tur** *(til å gjøre noe)* turn; *du må vente til din* ~ **kommer** you must wait till your turn comes; you must wait your turn; you must take your turn with the others; *din* ~ *kommer nok* your turn will come; *(i uviss fremtid)* it will be your turn some day; *da -en kom til meg* when it was my turn, when it *(el.* the turn) came to me; *så kom -en til Frankrike* then it was the turn of France; then the turn came to F.; *De må* **passe** *-en Deres* you must watch your turn; **vente på** ~ wait one's turn; *jeg sitter og venter på* ~ I'm waiting (for) my turn; *nå er det din* ~ now it's your turn; your're next; *(i sjakk, etc)* (it is) your move *(el.* your play); *(til å ta affære)* now it is your turn; now it's up to you; *nå er det hans* ~ *(til motgang, etc)* now the boot is on the other leg; the tables are turned; *nå var det hans* ~ *til å bli forbauset* now it was his turn to be surprised; now he was surprised in his turn; *nå er det din* ~ *til å holde tale (også)* now you make a speech! *han fikk lov til å gå inn før det var hans* ~ he was allowed to go in before his turn *(el.* out of his turn);
[*Forb. med prep*] **etter** ~ *(hver og en)* in turn; by turns *(fx* they did it by turns *(el.* in turn)); *(i riktig orden)* by turns; by *(el.* in) rotation *(fx* customers will be served in strict rotation); in due *(el.* regular) order; *behandle spørsmålene etter* ~ take *(el.* deal with) the questions in rotation; *gå av etter* ~ retire by rotation *(fx* the directors retire by r.); *1/3 av styret går av etter* ~ one third of the board retire by r.; *holde vakt etter* ~ take turns to keep watch; *stå for* ~ be next (on the list); *hvem står nå for* ~? who's next? whose turn next? *han står for* ~ *til å bli forfremmet* he is due for promotion; he is next in turn for promotion; *i sin* ~ in turn; *...og dette ville i sin* ~ *bety at...* and this, in turn, would mean that...
turban turban.
tur|befraktning *(mar)* voyage charter. **-billett** single ticket. **-buss** motor coach.
turbin turbine.
turbruk: *støvler til* ~ boots for tramping, tramping *(el.* walking) boots.
turdans figure dance.
ture *(vb)* **T** booze; *(lett glds)* carouse; *(se rangle).*
turisme tourism, tourist trade; *(se turisttrafikk).*
turist tourist. **-forening** travel association. **-hytte** tourist hut. **-klasse** tourist class; *reise på* ~ travel tourist class; *(billett)prisen for* ~ the t. c. fare. **-klassefly** air coach. **-reise** tour; *alle -r skjer i samarbeid med* ... all tours are arranged *(el.* operated) in co-operation with ... **-reisevaluta** foreign travel holiday allowance *(fx* the £100 foreign travel holiday allowance). **-sesong** tourist season. **-trafikk** tourism, tourist trade *(el.* traffic); *stedet lever på -en* the place is dependent on the tourist trade for its livelihood.
turkis turquoise.
turkoffert picnic case.
turné tour; *dra på* ~ go on tour.
turne *(vb)* do gymnastics.
turner gymnast.
turnere *(vb)* **1.** tilt, joust; **2**(forme) turn *(fx* a compliment); *hun -te bemerkningen på en fiks måte* she gave a neat turn to her remark.
turnering tournament.
turn|forening gymnastic society. **-hall** gymnasium.
turnips *(bot)* turnip cabbage.
turnsko gym shoe; *(merk)* canvas shoe.

turnuskandidat *(lege)* house officer, house physician; US intern.
turoperatør *(reisearrangør)* tour operator.
tur|ski touring ski; *(se ski).* **-støvler** *(pl)* tramping *(el.*walking) boots.
turtall *(omdreiningstall)* number of revolutions.
turteldue *(zool & fig)* turtledove.
turteller revolution counter; rev counter.
turterreng touring ground *(el.* country).
turvis *(adv)* by turns.
tusen *(tallord)* a *(el.* one) thousand; *-er og atter -er* thousands and thousands; *Tusen og en natt* the Arabian Nights; *ikke én blant* ~ not one in a thousand.
tusenben *(zool)* millepede; *(skolopender)* centipede.
tusende *(tallord)* thousandth.
tusendel thousandth.
tusen|fold (a) thousandfold. **-foldig** thousandfold. **-fryd** *(bot)* daisy. **-kunstner** Jack of all trades. **-vis:** *i* ~ in thousands, by the thousand.
tusenårig a thousand years old.
tusenårsrike millennium.
I. tusj *(mus): se touche.*
II. tusj *(fargestoff)* Indian ink.
tuske *(vb)* barter; ~ *bort noe* barter sth away; *(især* US) trade sth; *(se også tiltuske).*
tuskhandel barter.
tusle *(vb)* walk gently; ~ *omkring* pad about.
tuslet(e) (small and) weak, shaky.
tusmørke dusk, twilight.
tuss gnome, goblin.
tusseladd fool, poor wretch; *(jvf tufs 2).*
tusset crazy.
tust *(hår-)* wisp (of hair).
I. tut *(på kanne)* spout; *(jvf munnstykke).*
II. tut howl; *(av ugle)* hoot; *(i horn)* honk, toot.
tute *(vb)* howl; *(om ugle)* hoot; *(i horn)* honk, toot; *(gråte)* cry; blubber; ~ *en ørene fulle med noe* din sth into sby's ears.
tuting howling; hooting, honking; *(gråt)* crying.
TV TV; *på* ~ on television, on TV *(fx* he watched the match on TV); *T* on the telly; *se på* ~ watch television; *T* look at the telly; *en som ser meget på* ~ *T* a heavy viewer; *han ser altfor meget på* ~ *T (også)* he's square-eyed; *sende i* ~ televise *(fx* a football match).
TV-titter televiewer, viewer.
tvang force, compulsion, coercion; constraint, restraint; restriction; *en form for* ~ a form of restriction; *med* ~ by force; forcibly; *bruke* ~ *mot* use force against.
tvang|fri, -løs unrestrained, unconstrained; informal.
tvangløshet freedom from restraint; absence of formality.
tvangsakkord *(jur)* compulsory composition.
tvangs|arbeid hard labour. **-auksjon** forced sale, distraint sale. **-dirigere** *(vb):* ~ *til læreryrket* conscript teachers. **-forestilling** obsession. **-forholdsregel** coercive measure. **-middel** coercive means. **-neurose** obsessive neurosis. **-salg** compulsory sale. **-situasjon** situation where there is no choice; *han befant seg i en* ~ *(også)* **T** he found himself in a cleft stick. **-trøye** strait jacket.
tvare stirring stick.
tvelegget double-edged, two-edged. **-kamp** single combat; duel. **-kjønnet** bisexual, hermaphroditic. **-kroket** bent, doubled up.
tvelyd *(gram)* diphthong.
tverke: *komme å* ~ come in the way; *det kom på* ~ *for meg* it interfered with my plans.
tverr cross, morose, surly.
tverrbjelke crossbeam.
tverrbukk crosspatch; US sourpuss.

tverrdal side valley; *(se sidedal).*
tverrgate cross street, offstreet.
tverrhet surliness, moroseness.
tverrleie *med.* *(ved fødsel)* (delivery with) transverse presentation.
tverrligger crosspiece, cross member; *(fotball)* crossbar.
tverr|linje crossline. **-mål** diameter. **-plattfot** fallen metatarsal arch. **-politisk** non-party; all-party. **-pomp** crosspatch; US sourpuss. **-snitt:** *i* ~ in section. **-stang** crossbar. **-strek** crossline; *(gjennom bokstav)* cross *(fx* the cross of a t). **-sum** sum of the digits. **-øks** *(skarvøks)* carpenter's adze (,US: adz).
tvers *adv (mar)* abeam; ~ *av* abreast of; abeam of; ~ *igjennom* right through; ~ *over* across; *på* ~ across, athwart; crosswise; *på kryss og* ~ in all directions; *på langs og på* ~ lengthwise and crosswise; *(se tvert).*
tvert *(adv)* crosswise, transversely, across; ~ *igjennom* straight *(el.* right) through; *bryte over* ~ cut the matter short; break *(med* with); ~ *imot* **1***(adv)* on the contrary; **2***(prep)* quite contrary to; ~ *om* on the contrary.
Tveskjegg *(hist): Svein* ~ Svein Forkbeard.
tvetunget double-tongued, double-faced.
tvetungethet duplicity.
tvetydig equivocal, ambiguous; *(uviss, mistenkelig)* doubtful, questionable.
tvetydighet ambiguity; equivocation, duplicity; *(jvf dobbeltspill).*
tvibrent: ~ *meg! (i gjemsel)* I'm out! I'm home!
tviholde *(vb)* clutch with both hands, hold tight; ~ *på (fig)* insist on.
tvil doubt; *dra i* ~ call in question; question; *han ble grepet av* ~ a doubt sprang up *(el.* arose) in his mind; *nære* ~ *om* doubt; ~ *om* at doubt that; *være i* ~*om* be in doubt whether; *jeg er i* ~ *med hensyn til hva jeg skal gjøre* I'm in doubt as to what to do; *uten* ~ without doubt, doubtless, undoubtedly, no doubt; *det er hevet over all* ~, *det utelukker enhver* ~ that admits of no doubt; *(se oppstå; I. rom; III. rå).*
tvile *(vb)* doubt, call in question, question; *jeg -r ikke på det* I have no doubt about it; *jeg -r ikke på at* I have no doubt that; *(se sterkt).*
tvilende doubtful; dubious; *for å overbevise tvilende sjeler der hjemme (spøkef)* to convince Doubting Thomases at home; *stille seg* ~ *til noe* doubt sth, be in (some) doubt about sth; *han stilte seg* ~ *til nytten av et slikt tiltak* he doubted *(el.* was in doubt about) the usefulness of such a measure; *han stilte seg svært* ~ *til forslaget* he was very dubious about the suggestion.
tviler doubter, sceptic.
tvilling twin; *eneggete -er* identical *(el.* uniovular) twins. **-bror** twin brother. **-hjul** double-banked tyre. **-par** pair of twins.
tvilrådig in doubt, doubtful, dubious, irresolute, in two minds *(fx* I'm in two minds what to do).
tvilrådighet doubt, irresolution, hesitation.
tvilsom doubtful, questionable; *(ofte neds)* dubious *(fx* a d. undertaking); *et -t tilfelle* a doubtful case; *det er -t om* it is doubtful *(el.* uncertain) whether; *det er i høy grad -t om* it is open to the gravest doubt whether.
tvilsomhet doubtfulness; dubiousness.
tvilstilfelle case of doubt; *i* ~ in case of doubt, when in doubt.
tvinge *(vb)* force, compel; coerce; ~ *fram* force, enforce; ~ *sine planer igjennom* force one's plans through; *hvis du ikke vil, er det ingen som*

vil ~ *deg* **T** if you don't want to, nobody is going to make you.
tvingende irresistible, cogent; *han hadde* ~ *grunner for å gjøre det* he had good *(el.* cogent) reasons for doing it; *det er* ~ *nødvendig* it is imperative; ~ *nødvendighet* absolute necessity.
tvinne *(vb)* twine, twist.
I. tvist *(uenighet)* dispute; disagreement, difference; *avgjøre en* ~ settle a dispute; ~ *om* dispute over *(fx* wages); *(se underkaste).*
II. tvist (cotton) waste.
tviste *(vb)* dispute *(om* about *el.* as to).
tvistemål dispute.
tvistepunkt controversial point; matter in dispute, point at issue.
TV-overvåket: *denne forretningen er* ~ TV monitoring is installed in this shop.
TV-skjerm TV screen.
tvungen compulsory; *(ikke valgfritt)* compulsory, obligatory; *(ikke naturlig)* forced, constrained; ~ *skolegang* compulsory school attendance; *med en rar,* ~ *stemme* in a queer, strained voice; ~ *voldgift* compulsory arbitration.
ty *(vb):* ~ *til* **1.** have recourse to, resort to; turn to *(fx* sby); fall back on *(fx* the teacher will seldom have to fall back on stern measures); **2.** take refuge with *(fx* sby).
tyde *(vb)* interpret, decipher; ~ *på* indicate, point to, be indicative of; suggest, imply; *alt -r på at* there is every indication *(el.* sign) that ...; everything seems to indicate that ...; the indications are that ...
tydelig *(adj)* plain; *(å se, høre)* distinct; *(om fremstilling)* explicit; *klar og* ~ crisp and clean *(fx* the orchestral performance is crisp and clean); *klart og* ~ clearly and crisply; *et* ~ *vink* a broad hint; *med* ~ *lettelse* with obvious relief; *lese* ~ read distinctly; *snakke* ~ speak plainly, make oneself plain; *sammenhengen var* ~ the connection was obvious; *det var* ~ *at noe hadde skremt vettet av ham* something had clearly frightened him out of his wits.
tydelighet plainness; distinctness; clearness, clarity.
tydeligvis evidently, obviously.
tyfus *(med.)* typhoid fever.
tygga S kisser; *gi ham en på* ~ sock him one on the kisser.
tygge *(vb)* chew, masticate; ~ *på noe (fig)* turn sth over in one's mind; *nå har du fått noe å* ~ *på!* put that in your pipe and smoke it!
tygge|flate masticating surface. **-gummi** chewing gum. **-redskaper** *(pl)* masticatory organs.
tykk thick; *(om person)* corpulent, stout; *(kvapset)* tubby; *(tett)* dense; *-e ben* fat legs; thick legs; *-e lepper* thick lips; ~ *luft* stale *(el.* bad) air; *det er* ~ *tåke* there is a dense fog; *bli* ~ *(om melk)* curdle; *gjennom tykt og tynt (fig)* through thick and thin; *støvet ligger tykt på bordet* the table is thick with dust; *smøre tykt på (fig)* lay it on thick; *(jvf tjukk & tønne).*
tykkelse thickness; stoutness, corpulence.
tykkfallen (a trifle) on the plump side.
tykkhodet thick-headed, thick-skulled, dense.
tykk|hudet thick-skinned; *(fig)* callous; *(som intet lenger biter på)* past shame, lost to all (sense of) shame; *T* case-hardened; *han er* ~ *(også)* he has a thick skin *(el.* hide).
tykkpannet thick-skulled.
tykksak T fatty; S tub; *(se tjukken).*
tykktarm *(anat)* large intestine, colon.
tykne *(vb)* thicken; *(om melk)* curdle; *det -r til (om været)* it's clouding over.
tykning thicket.
tyktflytende thick, viscous.

tylft dozen.

tyll *(tøysort)* tulle.

tylle *(vb):* ~ *i seg* gulp down *(fx* a glass of whisky); T mop up, put away; ~ *noe i en* pour sth down sby's throat.

tyne *(vb): se plage.*

tyngde weight; *(det å være tung)* heaviness. **-kraft** force of gravity. **-lov** law of gravity. **-punkt** centre of gravity; *(hovedpunkt)* main point.

tynge *(vb)* weigh upon, weigh down *(fx* the fruit weighs the branches down; weighed down with sorrow).

tyngre *se tung.*

tyngsel burden, weight.

tyngst *se tung.*

tynn thin; *(spe)* slender; *(mots. sterk)* weak *(fx* coffee, tea, solution); *(om tøy)* light *(fx* light fabrics); ~ *luft* thin air; rarefied air; *tynt befolket* sparsely populated; *be tynt* plead *(fx* he pleaded with his father for more pocket money); T ask nicely; *han ba så tynt om å få bli med oss* he asked so pathetically to be allowed to come with us.

tynne *(vb)* thin; ~ *ut* thin out *(fx* the plants in a bed).

tynnhåret thin-haired.

tynning thinning.

tynningshogst *(først)* thinning.

tynnkledd lightly dressed, thinly dressed. **-slite** *(vb)* wear thin. **-slitt** worn thin.

tynntarm *(anat)* small intestine.

tynt *se tynn.*

type 1. type; *alle -r skip* all classes of vessels; *en* ~ *på* a type of; *-n på en streber* the typical climber; *være en* ~ *på (også)* typify; *han er ikke min* ~ T he's not my cup of tea *(el.* not my ticket); *din* ~ *er svært ettertraktet her* your sort is much in demand here; **2***(typ)* type; *trykke med små -r* print in small type; **3**(T: *om person)* overdressed dandy; *en skummel* ~ a shady type; an ugly customer.

typebetegnelse designation of type.

typegodkjenning type approval.

typegodkjent type approved.

typehus standard house.

typisk typical, representative *(for* of).

typograf typographer. **-grafi** typography.

typografisk typographical; *boka har fått et nytt* ~ *utstyr* the print is new.

tyr bull; *ta -en ved hornene* take the bull by the horns.

tyrann tyrant. **-i** tyranny.

tyrannisere *(vb)* tyrannize (over), bully.

tyrannisk tyrannical.

tyrefekter bullfighter; toreador, matador. **-fektning** bullfight(ing).

tyri resinous pinewood. **-fakkel** pinetorch. **-rot** resinous pine root.

tyrk Turk.

Tyrkia *(geogr)* Turkey.

tyrkisk *(geogr)* Turkish.

Tyrol (the) Tyrol, (the) Tirol.

tyroler, -inne Tyrolese; US *(også)* Tyrolean.

tyrolsk Tyrolese; US *(også)* Tyrolean.

tysk German.

tyskbesatt German-occupied.

tysker German; S Jerry; US S Kraut.

tyskerhat anti-German feeling, Germanophobia.

tyskerhater anti-German, Germanophobe.

tyskertiden (the time of) the German occupation.

tyskertøs [girl or woman who, during the Occupation of 1940 − 45, consorted with German nationals and had sexual relations with them]; *(kan gjengis)* German tart *(el.* whore); S Jerry tart.

tyskervenn pro-German, Germanophile.

tyskfiendtlig anti-German. **-het** anti-German feeling.

tyskfilolog person with a degree in German; German scholar; specialist in German; *han er* ~ *(ofte)* he has taken a degree in German.

tyskhet Germanism.

tyskkunnskaper *(pl)* knowledge of German; *han har dårlige* ~ he has a poor knowledge of German; *his German is poor; he is weak at German; det går jevnt fremover med hennes* ~ her knowledge of German is steadily improving; *(jvf engelskkunnskaper).*

Tyskland *(geogr)* Germany.

tyskprøve German test *(fx* we're going to have a German test today); *(jvf gloseprøve).*

tyskvennlig pro-German; Germanophile. **-østerriksk** Austro-German.

tyss *(int)* hush.

tyst silent, quiet.

tyste *(vb)* inform; T squeal; *(jvf sladre).*

tyster *(angiver)* informer; T squealer, jerk *(fx* some jerk has squealed).

tysthet silence, quiet, hush.

tystne *(vb)* grow silent; ~ *hen* die away; *(se dø:* ~ *hen).*

tyte *(vb):* ~ *ut: se sive:* ~ *ut.*

tyttebær *(bot)* red whortleberry, cowberry, mountain cranberry.

tyv thief *(pl:* thieves); *(innbrudd-)* burglar; *stopp -en!* stop thief! ~ *tror hver mann stjeler* = the jaundiced eye sees all things yellow; *gammel* ~ *gjør god lensmann* set a thief to catch a thief.

tyvaktig thievish.

tyvaktighet thievishness.

tyve *(tallord): se tjue.*

tyvegods stolen goods, stolen property; T haul, loot, (the) swag. **-pakk** pack of thieves.

tyveri theft; *(jur)* larceny; ~ *av hittegods* (a case of) stealing (an article of) lost property.

tyveriforsikring burglary insurance; *(se forsikring).*

tyvperm, -start(e): *se tjuv-.*

tære *vb (forbruke)* consume; *(om rust, syre, etc)* corrode; ~ *på* break *(el.* eat) into *(fx* one's capital); ~ *på ens krefter* tax sby's energy; *dette -r sterkt på vår pengebeholdning* this is a heavy drain on our funds; *-s hen* waste away.

tærende corrosive.

tø *(vb)* thaw; ~ *opp* thaw.

tøddel jot, iota.

tøff S tough *(fx* a tough fellow); *(jvf tøffing).*

tøffe *vb (om bil, motorbåt)* chug; *(om tog)* puff *(fx* the train puffed out of the station); *tøff-tøff!* choo-choo!

tøffel slipper; *stå under -en* be henpecked, be wife-ridden.

tøffelblomst *(bot)* slipperwort. **-danser, -helt** henpecked husband.

tøffing S: *han er en ordentlig* ~ he's as tough as they make them.

tøfle *(vb):* ~ *av sted* trot off, shuffle off.

tøler *(pl)* things, odds and ends.

tølper lout, boor. **-aktig** loutish, boorish. **-aktighet** loutishness, boorishness.

I. tømme *(subst)* rein; *holde en i* ~ keep sby in check, restrain sby.

II. tømme *vb (om)* empty; ~ *landet for kapital* drain the country of capital; ~ *over i* empty into, pour into *(fx* pour it into a mould or a serving dish).

tømmer timber; *(især US også)* lumber; *helt* ~ trunk timber; ~ *på rot* standing timber, growing stock; *binde sammen* ~ *for fløting* raft timber; *fløte* ~ float timber; US drive logs; *hogge* ~ fell timber; US log, cut; *(se gagnvirke; silke-*

kubb; skurtømmer; sliptømmer; spesialtømmer; synketømmer).

tømmerfløter log driver, river driver. **-fløtning** floating timber; log running; log driving; river driving. **-flåte** log raft. **-hake** pike pole; US *(også)* peavey. **-hogger** feller, logger; US lumberjack, lumberman, woodcutter. **-hogst** (timber) felling, felling timber; US logging, woodcutting. **-hus** log house. **-hytte** log cabin. **-kjører** timber hauler; US log trucker. **-koie** log cabin; US logging camp, (lumber) camp, bunk house. **-kvase:** *se -vase.* **-lense** boom.

tømmermann carpenter; *-menn (etter rangel)* T a hangover. **-mannsblyant** timber crayon. **-mannssag** panel saw, half-rip saw, hand saw; *(se sag).* **-merker** timber marker; US timber cruiser. **-mester** master carpenter. **-renne** slide, chute, flume. **-sag** crosscut saw; *(se sag).* **-saks** lifting tongs. **-skjelme** raft. **-slede** timbersled(ge). **-stokk** log; *dra -er (ɔ: snorke)* saw them off; drive the pigs home; US saw wood.

tømmervase *(i elv)* jam of (floating) logs; *(midt i elv)* centre jam; *(ut mot den ene elvebredd)* wing jam; *løse opp en* ~ break a jam (of floating logs); *det å løse opp en* ~ jam-breaking.

tømmervei logging track. **-velte** pile of logs, log pile. **-øks** *(først)* felling axe; *(se øks).*

tømming emptying; *(av postkasse)* collection.

tømre *(vi)* carpenter, do carpentry; *(vt)* build, make, put up.

tønder *(knusk)* tinder, touchwood.

tønne barrel; *(fat)* cask; *(av metall)* drum; *(mar)* mooring buoy; *hvis hun fortsetter å spise så mye, vil hun bli tykk som en* ~ if she goes on eating so much, she'll get really tubby.

tønnebånd (barrel) hoop.

tønnestav barrel stave.

tønnevis by the barrel.

tør *(vb): pres av tore.*

tørk drying; *henge (opp) til* ~ hang (up) to dry.
I. **tørke** *(subst)* drought, spell of dry weather, dry spell.
II. **tørke** *(vb)* 1. dry; ~ *inn* dry (up); ~ *seg* dry oneself; 2*(tørre):* ~ *av* wipe off *(fx* a drawing from the blackboard); ~ *av tavla* clean the blackboard; ~ *opp* wipe *(el.* mop) up *(fx* water, spilt milk), clean up; *(oppvask)* dry up; ~ *seg om munnen* wipe one's mouth.

tørkeanlegg drying plant. **-ovn** (drying) kiln. **-plass** drying ground, drying yard. **-stativ** drying stand, clotheshorse.

tørkle square; *(skaut)* headscarf.

tørn *(vakt)* shift; *en strid* ~ a tough job; *jeg har hatt en strid* ~ *i dag* I have had a time of it today; I've had a very trying day today; *ta* ~ *(mar)* belay *(fx* a rope); *(fig)* restrain oneself; *nei, nå får du ta* ~*!* T oh, come on! *nei, nå får du ta* ~; *det der er det ingen som tror på! come, come, no one is going to believe that; Vil du ha 50 kroner for den? – Nei, nå får du ta* ~*; det har jaggu verd 20* You want 50 kroner for that? – Get along *(el.* on) with you; it's hardly worth 20; *ta den tyngste* ~ *(ɔ: gjøre grovarbeidet)* do the dirty work.

tørne *(vb):* ~ *inn* turn in; T hit the hay; ~ *mot* bump into, run into, hit, collide with; *(mar)* foul, run foul of; ~ *sammen* collide; ~ *ut* turn out.

tørr dry; *få tørt på kroppen* get dry clothes on; *ha sitt på det -e* be safe; *en* ~ *brødskive (ɔ: uten pålegg)* a piece of dry bread; *tørt brød* dry bread; *tørt brød og vann (fangekost)* dry bread and water; *uten vått eller tørt* without drink and food.

tørrdokk *(mar)* dry dock.

tørre *(vb)* dry; ~ *bort* dry up, get dried up; *(om plante)* wither; ~ *inn* dry up; *(se tørke 2).*

tørrebrett *(til oppvasken)* draining board.

tørrfisk stockfish; *(om person)* dry stick, prosaic fellow. **-furu** dead pine tree. **-het** dryness.

tørrlegge *(vb)* drain; *(i stor målestokk)* reclaim; *(for alkohol)* make dry. **-legning** draining; *(i stor målestokk)* reclamation. **-lendt** dry.

tørrmelk dried milk, milk powder, powdered milk.

tørrpinne T bore, dry stick, dried-up person.

tørråte dry rot.

tørrskodd dryshod. **-sprit** *(boksesprit)* methylated spirits; solid meths; *(varebetegnelse)* Metol. **-ved** dry wood. **-vittig** witty in a dry way; with a dry sense of humour. **-vittighet** (piece of) dry humour.

I. **tørst** *(subst)* thirst; *(se tår).*
II. **tørst** *(adj)* thirsty; *det er noe man blir* ~ *av* it's dry work.

tørste *(vb)* be thirsty; ~ *etter* thirst for.

tørstedrikk thirst-quenching *(el.* thirst-slaking) drink; T thirst-quencher.

tøs *(neds)* tart; *(se skamløs).*

tøv nonsense, rubbish, rot, twaddle; *(jvf tull).*

tøve *(vb)* talk nonsense; *(jvf II. tulle).*

tøvekopp twaddler; silly fool; US *(også)* goof.

tøvær *(litt. & fig)* thaw; *(se mildvær).*

tøy cloth, fabric; *(klær; vask)* clothes.

tøye *(vb)* draw out, extend, stretch; *(sterkere)* strain; ~ *seg* stretch; ~ *seg langt for hans skyld* go a long way to oblige him.

tøyelig elastic; *(fig)* flexible; *en* ~ *samvittighet* an accommodating conscience.

I. **tøyle** *(subst)* rein; bridle; *gi sin fantasi frie -r* give free rein to one's imagination; *gi en frie -r (fig)* give sby a free hand; *han lot hesten få frie -r* he let the horse take its own way; *he gave up trying to guide his horse; holde en i stramme -r (fig)* keep a tight rein on sby; be firm with sby.
II. **tøyle** *(vb)* bridle, curb; *kunne* ~ *en hest* know how to control a horse.

tøyleløs unbridled, unrestrained; *(utsvevende)* dissolute *(fx* lead a d. life), licentious.

tøyleløshet lack of restraint, dissoluteness, licentiousness.

tøys nonsense, rubbish, rot; *(noe som irriterer)* bother *(fx* this timetable is an awful bother); *det er noe ordentlig* ~ *dette med arven* it's all nonsense about that inheritance; *sett i gang – og ikke noe* ~*!* do it – and no nonsense about it *(el.* and no messing about)! *(jvf tull & tøv).*

tøyse *(vb)* 1. = II. *tulle;* 2: ~ *med (en pike)* trifle with, sport with, dally with *(fx* don't dally any more with that girl).

tøysekopp twaddler, silly fool; US *(også)* goof. *(se også vrøvlebøtte).*

tøyte *(neds)* tart.

tå *(anat)* toe; *fra topp til* ~ from top to toe; *gå på tærne* (walk on) tiptoe; *på* ~ *hev!* heels raise!

tåbinding *(ski)* toe-iron binding.

tågjenger *(zool)* digitigrade. **-hette** *(på sko)* toecap.

tåke fog; *(lettere)* mist; *(astr)* nebula; *innhyllet i* ~ shrouded *(el.* blanketed) in fog; *tett* ~ dense *(el.* heavy *el.* thick) fog.

tåkeaktig foggy; misty; nebulous. **-banke** fog bank. **-legge** *(vb)* lay a smoke screen over; shroud *(el.* blanket) in fog *(fx* factory, area); *(fig)* obscure. **-lur** fog horn. **-lys** *(på bil)* fog lamp. **-signal** fog signal. **-slør** veil of fog *(el.* mist).

tåket foggy; misty; *(fig)* vague, dim, hazy, nebulous.

tål: *slå seg til -s med* be content with.
tåle *vb (utstå)* bear, stand, endure; *(finne seg i)* put up with, stand, tolerate; *vi er overbevist om at kassene vil ~ den mest hårdhendte behandling* we are confident that the cases will stand up to the toughest handling; *du skulle ikke drikke så mye hvis du ikke -r det* you shouldn't drink so much if you can't take it; *han -r godt å drikke* he can hold his drink well; *han -r ikke whisky* whisky disagrees with him; *situasjon som ikke -r noen utsettelse* situation that admits of *(el. brooks)* no delay; *det -r ikke sammenligning med* it will not bear *(el. stand)* comparison with.
tålelig *(adj)* tolerable, bearable, endurable; *(adv)* tolerably.
tålmod patience. **-modig** patient; *en ~ pasient* a good patient; *vær ~!* be patient! **-modighet** patience; *ha ~ med* bear with, be patient with; *jeg begynner å miste -en* my patience is giving out *(el. running out)*; *det er slutt med min ~* my p. is at an end *(el. is exhausted)*; *fruktesløse forhandlinger har spent vår ~ til bristepunktet* fruitless negotiations have taken our patience to exhaustion point; *en engels ~* angelic patience; *ha en engels ~* have the p. of Job *(el. of a saint)*, have endless p. *(fx* with sby); *(se bristepunkt).*
tålmodighetsarbeid patient work.
tålmodighetsprøve trial of (sby's) patience; *det var litt av en ~* it was a (real) trial to my patience; it (really) tried *(el. tested)* my p.

tålsom patient; tolerant. **-het** patience; tolerance, forbearance.
tåpe fool. **tåpelig** silly, foolish, stupid.
tåpelighet silliness, foolishness, stupidity.
tår drop; **T** drip, sup *(fx* a sup of tea); *ta en ~ over tørsten* have a drop too much.
tåre tear; *felle -r* shed tears; *hun fikk -r i øynene* it brought tears to her eyes; tears came into her eyes; she began to cry *(el.* weep); **T** she got tears in her eyes; *han lo så -ne trillet* he laughed until he cried; *(se III. trille).*
tåredryppende: ~ *sentimental* gushingly sentimental.
tårefull tearful. **-kanal** *(anat)* lachrymal canal *(el.* duct). **-strøm** ~ *stemme* in a voice stifled by sobs. **-strøm** flood of tears. **-våt** wet with tears.
tårn tower; *(på kirke)* steeple; *(i sjakk)* rook, castle; *(mar & mil)* turret.
tårne *(vb):* ~ *seg opp* accumulate, pile up; *(ruve)* tower, rise.
tårnfløy 1*(av bygning)* turret(ed) wing; **2***(værhane)* steeple vane. **-høy** towering; *(fig)* soaring *(fx* prices). **-klokke 1.** tower clock; **2.** tower bell. **-seiler** *(zool)* swift; *alpe-* alpine swift; **-spir** spire. **-ugle** *(zool)* barn owl; *(se ugle).* **-ur** tower clock.
tåspiss tip of the toe; *på -ene* on tiptoe.
tåteflaske feeding bottle. **-smokk** (rubber) nipple; *skrukork som holder -en på plass* bottle cap.

U

U,u U, u; *U for Ulrik* U for Uncle.
uaktet 1*(prep)* notwithstanding, in spite of; **2***(konj): se skjønt.*
uaktsom negligent, careless; *-t drap* involuntary manslaughter; *handle grovt -t* act with gross negligence.
uaktsomhet negligence, carelessness; *(handlingen)* piece of carelessness (,negligence), oversight; *av ~ through* negligence; through *(el.* by) an oversight *(fx* through an o. on his part); inadvertently; *grov ~* gross negligence; *(se også utvise 2).*
uaktuell not of current interest, of no present interest; *det har blitt uaktuelt* it's no longer of (any) interest.
ualminnelig 1*(adj)* uncommon, unusual, exceptional; *(fremragende)* eminent, outstanding, out of the ordinary; **2***(adv)* exceptionally, uncommonly *(fx* good, bad); *en ~ god kvalitet (også)* an exceptional quality; *en ~ vanskelig tid* a period of exceptional difficulty.
uamortisabel irredeemable.
uan(e)t undreamt-of *(fx* possibilities), unsuspected, unlooked-for, unthought-of; *(om noe gledelig, også)* unhoped-for.
uanfektet unruffled *(fx* he was *(el.* remained) u.); *han var helt ~* **T** he didn't turn a hair; ~ *av (fx* threats), unaffected by.
uangripelig unassailable *(fx* the u. position of the company); unimpeachable *(fx* his u. honesty); *(ugjendrivelig)* irrefutable *(fx* an i. assertion);

(udadlelig) irreproachable, spotless, above criticism.
uangripelighet unassailableness; unimpeachability; irrefutability; *hans stillings ~* the unassailable nature of his position.
uanmeldt unannounced, without being announced; *(om fordringer)* unnotified *(fx* claims).
uanselig insignificant. **-het** insignificance.
uansett 1*(prep)* irrespective of, without regard to, notwithstanding; ~ *hvordan* no matter how; ~ *hvem de er* no matter who they are *(el.* may be), whoever they may be; **2***(adv)* in any case.
uanstendig indecent; *(upassende)* improper.
uanstendighet indecency; impropriety.
uanstrengt effortless; *(utvungen)* unstrained; *(adv)* with effortless ease, effortlessly.
uansvarlig irresponsible.
uansvarlighet irresponsibility.
uantagelig, -takelig unacceptable.
uantastet unchallenged.
uanvendelig 1. unusable; useless; **2.** inapplicable *(på* to).
uanvendelighet 1. uselessness; **2.** inapplicability.
uanvendt unused.
uappetittlig unappetizing; *(sterkere)* repulsive, disgusting, unsavoury (,US: unsavory); *(se usmakelig).*
uartikulert inarticulate.
uatskillelig inseparable; *de er -e* **T** they're as thick as thieves.
uatskillelighet inseparability.

uavbrutt *(adj)* uninterrupted, unbroken, continuous; continual; *(adv)* continuously, uninterruptedly, without intermission.

uavgjort unsettled, undecided; ~ *kamp* draw, tie; *kampen endte* ~ the game was a draw; the match ended with' honours even'; *spille* ~ draw, tie *(med* with) *(fx* the two teams drew); (NB Aston Villa have drawn five and won two of their last 11 matches at Burnley).

uavhendelig *(jur)* inalienable.

uavhendelighet *(jur)* inalienability.

uavhendet unsold.

uavhengig independent *(av* of). **-het** independence *(av* of).

uavhentet unclaimed *(fx* letter, ticket).

uavkortet unabridged; *(adv)* in full *(fx* printed in full); absolutely; *hvis avdøde etterlater seg hustru, overtar hun alt løsøre* ~ if the deceased leaves a wife, she takes the personal chattels absolutely.

uavlatelig *se uavbrutt.*

uavsettelig 1*(uselgelig)* unsal(e)able, unmarketable; 2*(fra embete)* irremovable. **-het** *(fra embete)* irremovability.

uavvendelig inevitable. **-het** inevitability.

uavvergelig inevitable.

uavviselig not to be refused (,rejected), imperative *(fx* duty); urgent *(fx* necessity).

ubarbert unshaved *(fx* he is u.); unshaven *(fx* an u. man).

ubarket 1*(om huder)* untanned; 2*(om tømmer)* undressed.

ubarmhjertig merciless, remorseless.

ubarmhjertighet mercilessness, remorselessness.

ubearbeidet rough, undressed; *(råstoff)* raw; *(metall)* unwrought.

ubebodd uninhabited; *(om hus)* unoccupied, untenanted.

ubeboelig uninhabitable.

ubebygd not built on, unbuilt (on) *(fx* a plot of unbuilt ground); vacant *(fx* a v. site); uninhabited *(fx* regions).

ubedervet fresh, untainted *(fx* food); *(fig)* uncorrupted; unspoilt.

ubedt unasked, uninvited.

ubeferdet untravelled *(fx* road), with little traffic *(fx* a road with little traffic).

ubefestet open, unfortified; *(fig)* inexperienced; impressionable; *ung og* ~ young and impressionable.

ubeføyd baseless, unfounded, groundless *(fx* accusation); unwarranted *(fx* anger); *(uberettiget)* unauthorized, unauthorised.

ubegavet unintelligent.

ubegrenset unbounded, boundless, unlimited *(fx* freedom, possibilities).

ubegripelig incomprehensible.

ubegrunnet groundless, unfounded.

ubehag distaste *(ved* for); *føle* ~ *ved synet* be unpleasantly affected by the sight.

ubehagelig unpleasant, disagreeable; *bli* ~ *(om person)* T get *(el.* turn) nasty; cut up rough; *han ble* ~ *(også)* he became rude; *et* ~ *oppdrag* an unpleasant *(el.* invidious) task.

ubehagelighet unpleasantness; disagreeableness; *han kan ikke få -er p.g.a. det* he can't get into trouble over that.

ubeheftet *(om eiendom)* unencumbered.

ubehendig clumsy. **-het** clumsiness.

ubehersket uncontrolled, unrestrained.

ubehjelpelig, -som awkward, helpless, clumsy. **-elighet, -somhet** awkwardness, helplessness, clumsiness.

ubehøvlet rude, boorish; *(jvf ubehagelig).*

ubekjent unknown; ~ *med* ignorant of; unacquainted with.

ubekreftet unconfirmed.

ubekvem uncomfortable; *(ubeleilig)* inconvenient.

ubekvemhet discomfort; *(ubeleilighet)* inconvenience.

ubekymret unconcerned, untroubled, unworried *(om* about); carefree. **-het** unconcern.

ubeleilig inconvenient, inopportune; unwelcome; *(kjedelig)* awkward; ~ *for Dem* inconvenient to you.

ubemannet unmanned; *(jvf holdeplass & stoppested).*

ubemerket unnoticed, unobserved; *føre en* ~ *tilværelse* live in obscurity, lead an obscure life.

ubemerkethet *(litt.)* obscurity.

ubemidlet of limited means; *(sterkere)* without means.

ubendig uncontrollable *(fx* desire, passion); ungovernable *(fx* rage); indomitable *(fx* strength).

ubendighet uncontrollable (,ungovernable) character; indomitableness.

ubenyttet unused; *ubenyttede ressurser* untapped resources.

uberegnelig unpredictable, capricious.

uberegnelighet capriciousness.

uberettiget unauthorized, unauthorised; unwarranted, unjustified *(fx* criticism); *(ugrunnet)* unfounded, groundless, baseless *(fx* suspicion).

uberørt untouched, virgin; *(upåvirket)* unaffected; *-e vidder* mountain plateaux untouched by the foot of man; *(se tindrende).* **-het** untouched condition; virginity; unconcern.

ubesatt unoccupied; *(om stilling)* unfilled; *(ledig)* vacant.

ubeseiret unconquered; *(sport)* unbeaten, undefeated.

ubesindig rash, hasty; *(uklok)* imprudent.

ubesindighet rashness; imprudence.

ubeskadiget unhurt, uninjured; undamaged.

ubeskjeden immodest; immoderate; *hvis det ikke er -t av meg, ville jeg gjerne ...* if it's not asking too much I should like to ...

ubeskjedenhet lack of moderation, immodesty.

ubeskjeftiget unemployed.

ubeskrevet blank; *han er et* ~ *blad* he is an unknown quantity.

ubeskrivelig indescribable; *det var* ~ *(også)* words cannot describe it; it beggars description; ~ *komisk (,etc)* indescribably funny (,etc); ~ *lykkelig* deliriously happy; *(se II. trosse: se -r enhver beskrivelse).*

ubeskyttet unprotected; unsheltered.

ubeskåret unabridged *(fx* novel); uncurtailed; *få beløpet* ~ get the whole amount.

ubesluttsom irresolute; indecisive.

ubestemmelig indeterminable, nondescript.

ubestemt indefinite *(fx* number), undetermined, indeterminate; *(ubesluttsom)* irresolute; indecisive; *(vag, svevende)* vague; ~ *artikkel (,pronomen)* indefinite article (,pronoun); ~ *størrelse (mat.)* indeterminate quantity; ~ *uttalelse* vague statement; *komme med -e uttalelser* express oneself in vague terms; *vente i* ~ *tid* wait indefinitely; *wait* (for) an indefinite period; *i en* ~ *framtid* at some indefinite *(el.* unspecified) future date; *på* ~ *tid* indefinitely; for an unspecified period *(fx* the schools were closed down for an unspecified period on account of riots); *(se ubestemthet).*

ubestemthet indefiniteness; indecision, irresolution; indetermination; vagueness.

ubestikkelig incorruptible.

ubestikkelighet incorruptibility.

ubestridelig incontestable, indisputable.

ubestridt unchallenged; undisputed, uncontested.
ubesvart unanswered.
ubesørgelig undeliverable; dead *(fx* letter); *-e sendinger (post)* undeliverable items.
ubesørget undelivered *(fx* undelivered letters).
ubetalelig invaluable, inestimable, priceless *(fx* what a p. joke); ~ *komisk* screamingly funny; priceless.
ubetalt unpaid, unsettled *(fx* my invoice of the 8th May for £30 is still unsettled).
ubetenksom *(ikke omtenksom)* inconsiderate; *(tankeløs)* thoughtless; *(overilet)* rash; *(uklok)* imprudent.
ubetenksomhet inconsiderateness; thoughtlessness; rashness; imprudence.
ubetimelig inopportune; ill-timed, untimely.
ubetinget unqualified *(fx* praise, recommendation); implicit *(fx* faith, obedience); *et* ~ *gode* an unqualified blessing; ~ *og uten forbehold* unreservedly; ~ *den beste* absolutely *(el.* unquestionably) the best.
ubetont *(fon)* unaccented, unstressed *(fx* an u. syllable).
ubetvingelig indomitable, unconquerable.
ubetydelig insignificant; unimportant, trifling, slight.
ubetydelighet insignificance; *en* ~ a trifle.
ubevegelig immovable; *(ubøyelig)* inflexible; *(som ikke beveger seg)* immovable, motionless.
ubevegelighet immobility; inflexibility.
ubevisst unconscious; *(adv)* -ly.
ubevoktet unguarded; *i et* ~ *øyeblikk* in an unguarded moment; (when) off one's guard *(fx* he was caught off his guard).
ubevæpnet unarmed.
ubillig unreasonable, unfair, unjust.
ublandet unmixed; *(om drikkevarer)* neat; ~ *beundring* unqualified admiration; ~ *glede* unmixed joy.
ublid: *en* ~ *skjebne* an unkind *(el.* cruel) fate; *han fikk en* ~ *behandling av politiet* **T** he was manhandled by the police; *se med -e øyne på* frown on, regard with disfavour.
ublodig bloodless.
ublu: *en* ~ *pris* an exorbitant price.
ubluferdig shameless, bold, unchaste.
ubluhet exorbitance; *(se ublu).*
ubotelig irreparable *(fx* damage).
ubrukbar *se ubrukelig.*
ubrukelig unserviceable, unfit for use; **T** no good; *gjøre* ~ render useless; *han er* ~ *som lærer* he is no good *(el.* impossible) as a teacher; *(jvf uanvendelig).*
ubrukelighet uselessness.
ubrukt unused; *nesten* ~ as a good as new.
ubrytelig unbreakable.
ubrøytet *(om vei)* uncleared.
ubuden uninvited, unbidden; *en* ~ *gjest (også om tyv)* an uninvited guest; an intruder; **T** a gate-crasher.
ubundet unfettered, unrestrained; ~ *stil* prose.
ubønnhørlig inexorable; *(adv)* inexorably.
ubønnhørlighet inexorableness.
ubøyelig inflexible; unbending, unyielding; *(gram)* indeclinable, uninflected. **-het** inflexibility.
ubåt submarine; *(fiendtlig)* U-boat.
udadlelig blameless, irreproachable; *(se uklanderlig).*
udannet uneducated; *(ubehøvlet)* rude, ill-bred; *det er* ~ *å* it is bad form to.
udelelig indivisible. **-het** indivisibility.
udelt entire, undivided; ~ *skole* one-class school, school with (only) one class; *(især US)* ungraded school.

udeltagende indifferent, cold.
udiplomatisk undiplomatic.
udisiplinert undisciplined.
udramatisk undramatic.
udrikkelig undrinkable, not fit to drink.
udrøy uneconomical.
udugelig incapable, incompetent. **-het** incapability, incompetence.
udyktig incompetent. **-het** incompetence.
udyr *(om person)* monster, brute.
udyrkbar *(om jord)* uncultivable.
udyrket uncultivated; ~ *jord (også)* undeveloped land.
udødelig immortal.
udødelighet immortality.
udøpt unchristened, unbaptized.
udåd misdeed, evil deed, atrocity, outrage.
uedel ignoble, base, vulgar.
ueffen: *det er ikke så -t* that's not bad.
uegennytte disinterestedness, unselfishness, altruism.
uegennyttig disinterested, unselfish, altruistic.
uegnet unsuitable *(fx* method); unfit *(fx* for national service).
uekte false, spurious, not genuine; *(imitert)* imitation; ~ *barn* illegitimate child; ~ *brøk* improper fraction; ~ *sammensatt verb* separable verb.
uekthet spuriousness; illegitimacy.
uelastisk *(også fig)* inelastic.
uelskverdig unamiable, unkind, unobliging.
uemballert unpacked.
uendelig *(adj)* infinite, endless, interminable; *(adv)* infinitely; *i det -e* indefinitely; *med* ~ *lettelse* with tremendous relief; ~ *nysgjerrig (også)* endlessly inquisitive.
uendelighet infinity, endlessness; *en* ~ *av* an infinity of *(fx* details); an infinite number (,quantity) of; **T** no end of *(fx* books).
uenig: *være* ~ *med en* disagree with sby; differ from sby; *bli* ~ disagree; *jeg er* ~ *med meg selv* I cannot make up my mind; *jeg er dypt* ~ *i det som er blitt sagt* I dissent strongly from what has been said.
uenighet disagreement, dissension, difference.
uens unlike. **-artet** heterogeneous, lack of uniformity.
uensartethet heterogeneousness.
uenset unheeded, unnoticed.
uer *(fisk)* Norway haddock.
uerfaren inexperienced. **-het** inexperience, lack of experience.
uerholdelig unobtainable; *(om gjeld)* irrecoverable; *-e fordringer* bad debts.
uerstattelig irreplaceable; irreparable; *et* ~ *tap* an irreparable *(el.* irretrievable) loss. **-het** irreparability.
uestetisk unsavoury.
uetisk unethical.
uetterrettelig negligent, careless; unreliable.
ufarbar impassable; *(elv)* unnavigable.
ufarlig safe; without risk *(fx* the trips are w. r. provided ordinary rules are followed); *det er helt* ~ *(å gjøre det)* it's quite safe to do that.
ufasong: *få* ~ *(om støvler, etc)* get out of shape, lose shape.
ufattelig incomprehensible, inconceivable.
ufeilbar(lig) infallible, unfailing, unerring.
ufeilbar(lig)het infallibility.
uferdig unfinished. **-het** unfinished state.
uff *(int)* oh, ugh.
uffe *(vb):* ~ *seg* complain; **T** moan *(over* about).
ufin tactless, rude, coarse, indelicate, vulgar; *en* ~ *bemerkning* a rude remark; *hunden gjorde seg* ~ *på teppet* the dog made a mess on the carpet; the dog dirtied the carpet.

ufinhet bad taste, tactlessness, coarseness, rudeness; indelicacy.

uflaks T bad luck, rotten luck; bad break; *ha ~ med noe* have no luck with sth; *det var ~ for deg* that was a bad break for you.

uflidd unkempt, untidy.

uforanderlig unchangeable, unalterable, immutable, constant, invariable; *en ~ regel* an invariable rule. **-het** unalterableness, immutability, constancy, invariability.

uforandret unchanged, unaltered.

uforarbeidet unmanufactured *(fx* material); unprocessed *(fx* goods); not worked up; rough.

uforbederlig incorrigible, inveterate, confirmed. **-het** incorrigibility.

uforbeholden unreserved, frank, open, unstinted *(fx* praise); *(se unnskyldning).*

uforbeholdenhet unreservedness, frankness, openness.

uforberedt *(adj)* unprepared; *Per møter ~ i dag, da han var syk i går* Per has not done his prep(aration) for today, as he was ill yesterday; *(jvf melding).*

uforberedthet (state of) unpreparedness.

uforbindtlig not binding, without obligation; non-committal *(fx* give a n.-c. answer).

uforblommet *(utvetydig)* unambiguous.

ufordelaktig unfavourable *(fx* position), disadvantageous; *(om handel)* unprofitable *(fx* an u. transaction); *(om utseende)* unprepossessing; *i et ~ lys* in an unflattering light; *(se l. lys); dette bringer oss i en ~ stilling (også)* this places us at a disadvantage; *gjøre seg ~ bemerket* attract unfavourable attention; *(se bemerke); jeg har ikke hørt noe ~ om ham* I've heard nothing to his disadvantage *(el.* discredit); *snakke ~ om* speak unfavourably of *(fx* his work); *man vet ikke noe ~ om ham* nothing is known to his prejudice; I (,we, *etc)* know nothing against him; *det -e ved* the disadvantage of.

ufordervet *(fig)* uncorrupted, unspoiled, unspoilt, innocent.

ufordragelig intolerable, unbearable.

ufordragelighet intolerableness.

ufordøyelig indigestible. **-het** indigestibility.

ufordøyd undigested.

uforen(e)lig incompatible, irreconcilable, inconsistent (with); *et grotesk lappverk av -e elementer* a grotesque patchwork of incompatible elements.

uforen(e)lighet incompatibility; inconsistency *(med* with).

uforfalsket unadulterated, genuine; *(jvf usminket).*

uforfalskethet genuineness.

uforferdet fearless, intrepid, undaunted; bold, brave; *(adv)* boldly, bravely, nothing daunted.

uforferdethet fearlessness, intrepidity.

uforgjengelig imperishable, indestructible, everlasting; *(udødelig)* imperishable, undying *(fx* fame); immortal.

uforgjengelighet imperishableness, indestructibility, indestructibleness; *(udødelighet)* immortality.

uforglemmelig unforgettable; memorable; never to be forgotten; haunting *(fx* a place of rare and h. beauty).

uforholdsmessig *(adj)* disproportionate; *(adv)* disproportionately; *et ~ stort lager* an unduly large stock; unduly heavy stocks.

uforholdsmessighet disproportion.

uforklarlig inexplicable, unaccountable; *av en eller annen ~ grunn* for no ascertainable reason; *på en ~ måte* unaccountably, inexplicably.

uforknytt undismayed, unabashed.

uforlignelig incomparable; *(makeløs)* matchless, unequalled, unmatched, unparalleled.

uforlikt: *være ~* differ, disagree.

uforlovet not engaged (to be married).

uformelig shapeless, formless; amorphous.

uformelighet shapelessness, formlessness; amorphousness.

uformell informal; *uformelt (adv)* informally.

uforminsket undiminished; *(usvekket)* unabated.

uformuende without (private) means.

uformuenhet lack *(el.* absence) of (private) means; lack of money.

ufornuft unreasonableness, foolishness; *(dårskap)* folly. **-ig** unreasonable; *(tåpelig)* foolish.

uforrettet: *komme tilbake med ~ sak* return unsuccessful, return empty-handed.

uforseglet unsealed.

uforsiktig 1*(skjødesløs)* careless; *(ikke varsom)* incautious *(fx* I was i. enough to leave the door open); 2*(uklok)* imprudent; 3*(ubetenksom)* indiscreet; rash *(fx* that was very rash of you).

uforsiktighet carelessness; incautiousness; imprudence; indiscretion; rashness; *(se uforsiktig).*

uforskammet impudent, insolent; *(nesevis)* impertinent; *uforskammede priser* exorbitant prices.

uforskammethet impudence, insolence; *(nesevishet)* impertinence; *dette er en ~ uten like; tenk å behandle folk på den måten!* this is unheard -of *(el.* unexampled) impertinence; fancy treating people like that!

uforskyldt undeserved, unmerited.

uforsonlig relentless; implacable; irreconcilable; uncompromising.

uforsonlighet relentlessness; implacability.

uforstand foolishness; imprudence.

uforstandig foolish; imprudent, unwise.

uforstilt unfeigned, sincere, genuine.

uforstyrrelig imperturbable, unruffled; *hans -e humør* his unfailing good humour.

uforstyrrelighet imperturbability.

uforstyrret undisturbed; *(uten å bli avbrutt)* uninterrupted.

uforstå(e)lig incomprehensible, unintelligible.

uforstående puzzled, uncomprehending; *(ikke forståelsesfull)* unsympathetic, unappreciative *(fx* an u. attitude).

uforsvarlig indefensible; *(utilgivelig)* inexcusable; *(forkastelig)* unwarrantable, unjustifiable.

uforsøkt untried; *ikke la noe middel ~* leave no stone unturned; leave no means untried; try everything.

uforsørget unprovided for.

ufortapelig *(rett)* inalienable *(fx* inalienable rights).

ufortjent undeserved, unmerited.

ufortollet uncustomed; not duty-paid; *(salgsklausul)* duty unpaid; *fortollet eller ~* duty paid or unpaid; *ufortollede varer (også)* goods on which duty has not been paid.

ufortrøden indefatigable; *-t (adv især)* steadily; *han gikk ~ videre* he walked sturdily onwards; *(jvf trøstig).*

ufortrødenhet indefatigableness, perseverance.

ufortært unconsumed.

uforutseende improvident.

uforutsett unforeseen, unlooked-for; *-e omstendigheter* unforeseen circumstances; *-e utgifter* unforeseen expenses; contingencies *(fx* allow £10 for c.); *med mindre noe ~ skulle inntreffe* if all goes according to plan; if nothing unforeseen happens; unless some unforeseen obstacle occurs; barring accidents.

uforvansket *(om tekst)* ungarbled, uncorrupted.

uforvarende *(adv)* unexpectedly, unawares; *det*

kom ~ *på oss* it caught us unawares; we were caught napping.
uframkommelig impassable.
ufrankert unstamped, unpaid.
ufravendt *(adv)* fixedly, intently.
ufravikelig *(adj)* unalterable, invariable; *en* ~ *betingelse* an absolute condition; *en* ~ *regel* an invariable rule.
ufred discord, dissension, strife; *(krig)* war, strife; *(uro)* unrest.
ufri not free, unfree.
ufrihet restraint; *(slaveri)* bondage.
ufrivillig *(adj)* involuntary; *(ikke tilsiktet)* unintentional; *(adv)* involuntarily; unintentionally.
ufruktbar barren, sterile, infertile; *(plan, arbeid)* unproductive.
ufruktbarhet barrenness, sterility, infertility.
ufullbyrdet unaccomplished, unexecuted.
ufullbåret *(barn)* prematurely born, premature.
ufullendt unfinished.
ufullendthet unfinished state.
ufullkommen imperfect. **-het** imperfection.
ufullstendig incomplete; *(mangelfull, ufullkommen)* defective, imperfect; ~ *forbrenning* imperfect combustion; *-e kunnskaper i faget* an imperfect knowledge of the subject; ~ *verb* defective verb.
ufullstendighet incompleteness, defectiveness, imperfection.
ufundert unfounded; *-e rykter: se I. rykte: løse -r.*
ufyselig unappetizing, forbidding, uninviting, disgusting *(fx* the roads are in a disgusting state).
ufødt unborn.
ufølsom insensitive *(overfor* to, *fx* light, pain, poetry), insensible; callous, unfeeling; *(se saklig).*
ufølsomhet insensitiveness, insensibility; callousness, unfeelingness.
ufor *se arbeidsufør.*
uføre deadlock *(fx* we have reached a d.), impasse *(fx* we must get out of this i.); mess *(fx* he's got into a mess); *det brakte oss opp i et* ~ that landed us in a mess.
uførhet *se arbeidsuførhet.*
ugagn mischief; *gjøre* ~ *(også fig)* make m.
ugagnskråke mischievous little thing, mischief itself, little monkey, little tinker.
ugalant ungallant, uncomplimentary.
ugarvet untanned.
ugg *(brodd, pigg)* sting; spike, barb; prickle.
ugiddelig *(lat, makelig)* indolent.
ugift unmarried, single; ~ *mann* (ɔ: *ungkar)* bachelor; ~ *kvinne* bachelor woman (,girl).
ugild *(jur)* disqualified.
ugjendrivelig irrefutable.
ugjenkallelig irrevocable; ~ *tapt* irretrievably lost; *det er* ~ *(også)* there is no going back on it.
ugjenkallelighet irrevocability.
ugjenkjennelig irrecognizable.
ugjennomførlig impracticable.
ugjennomførlighet impracticability.
ugjennomsiktig opaque.
ugjennomsiktighet opaqueness, opacity.
ugjennomskuelig impenetrable *(fx* darkness, mystery); *(fig)* inscrutable *(fx* an i. person); *(se også ugjennomtrengelig).*
ugjennomtrengelig impenetrable *(fx* darkness, fog, forest) *(for* to, by); impervious *(for* to, *fx* to acids, to gas, to water); impermeable *(for* to, *fx* to water); ~ *forsvar (mil)* impregnable defence; ~ *mysterium* unfathomable *(el.* impenetrable) mystery.

ugjennomtrengelighet impenetrability, imperviousness, impermeability; *(mil)* impregnability.
ugjerne *(adv)* unwillingly, reluctantly.
ugjerning misdeed, outrage.
ugjerningsmann evil-doer, malefactor.
ugjestfri inhospitable.
ugjestfrihet inhospitality, inhospitableness.
ugjort undone; *la* ~ leave undone.
ugjørlig impracticable, impossible.
uglad sad, unhappy.
ugle *(zool)* owl; *det er -r i mosen* there is mischief *(el.* sth) brewing; *(se kattugle; tårnugle).*
uglesett generally disliked; disliked (by everybody); looked askance at; frowned (up)on.
ugrei tangled; in a tangle *(fx* the string is all in a t.); *(om person)* recalcitrant; *det er helt -t (fig)* it's a hopeless tangle.
I. ugreie *(subst)* tangle; *(fig)* difficulty, hitch, trouble; *det var noe* ~ *med styreinnretningen* something went wrong with the steering gear.
II. ugreie *(vb)* tangle, mess up; ~ *seg* become tangled.
ugress weed; *(jvf ukrutt).*
ugressdreper weed-killer, herbicide.
ugressfri weedless.
ugrunnet groundless, unfounded.
ugudelig impious, ungodly.
ugudelighet impiety, ungodliness.
ugunst disfavour; US disfavor.
ugunstig unfavourable (,US: unfavorable), adverse; *under svært -e vilkår* under very unfavourable conditions; under great disadvantages.
ugyldig invalid, (null and) void; *erklære* ~ annul, declare null and void, nullify; *gjøre* ~ invalidate, render invalid *(el.* void).
ugyldighet invalidity, nullity.
uharmonisk inharmonious, discordant; ~ *ekteskap* ill-assorted *(el.* unhappy) marriage.
uhederlig dishonest.
uhederlighet dishonesty.
uhelbredelig incurable.
uheldig unfortunate, unlucky; *(som gjør et dårlig inntrykk)* invidious *(fx* it will be i. for the council to subsidize this festival when it does not subsidize others); *(malplassert)* ill-judged *(fx* measures), untimely *(fx* remarks); *hans -e sider* his shortcomings; his less engaging qualities; ~ *stilt* placed at a disadvantage; *jeg var så* ~ *å* I had the bad luck to; *under så -e omstendigheter som ved mulig* under every (possible) disadvantage; *(se I. lys).*
uheldigvis unluckily, unfortunately, as bad luck would have it.
uhell ill luck; bad luck; *(enkelt)* misfortune, mischance, mishap, accident; *til alt* ~ as bad luck would have it. **-svanger** fatal; ominous, sinister. **-varslende** ominous, sinister.
uhensiktsmessig unsuitable, unserviceable; *(uheldig)* inexpedient, inappropriate. **-het** unsuitability, unsuitableness, unserviceableness; inexpediency, inappropriateness.
uhevnet unrevenged, unavenged.
uhildet *(adj)* unbias(s)ed, unprejudiced; impartial; objective; *man må få begivenhetene litt på avstand for å være* ~ one must get (the) events in their proper perspective in order to take a detached view.
uhildethet impartiality; *(se uhildet).*
uhindret unhindered, unimpeded, unobstructed; ~ *adgang* free access *(til* to).
uhistorisk unhistorical.
u-hjelp development *(el.* foreign) aid; aid; *bilateral* ~ bilateral (foreign) aid; *teknisk* ~ technical assistance *(el.* aid); *(u)bundet* ~ (un)tied (foreign) aid.

uhjelpelig past help, beyond help.
u-hjelper (overseas) aid officer; (foreign) aid officer; *(ofte)* foreign expert.
uhjemlet unauthorized, unauthorised, unwarranted.
uholdbar untenable; *(om matvarer)* perishable; *(om tøy)* not durable, that does not wear well; *en ~ hypotese* an untenable hypothesis.
uholdbarhet untenability; poor keeping qualities *(fx* of a product).
uhorvelig enormous, tremendous.
uhu! *(ugles tuting)* tu-whoo!
uhumsk filthy, corrupt.
uhumskhet filthiness, corruption.
uhygge 1*(mangel på hygge)* discomfort, want of comfort; 2*(urolig stemning)* uneasiness, uneasy feeling; 3*(uhyggelig, nifs stemning)* sinister atmosphere; eeriness, weirdness; 4*(trist stemning)* dismal atmosphere; 5*(gru)* horror *(fx* the situation in all its h.); *(jvf gru).*
uhyggelig 1*(trist, uten hygge)* comfortless, uncomfortable *(fx* room); cheerless, dismal; 2*(illevarslende)* sinister, ominous *(fx* an o. silence), grim *(fx* prospect); 3*(nifs)* weird, unearthly; uncanny, creepy *(fx* ghost story); ghastly *(fx* murder); grisly *(fx* all the g. details), horrifying; *det ga ham en ~ fornemmelse* it gave him a horrible *(el.* an uncanny) feeling; *i en ~ grad* to an alarming extent.
uhygienisk unhygienic, insanitary.
uhyklet unfeigned.
I. **uhyre** *(subst)* monster.
II. **uhyre** *(adj)* enormous, tremendous, huge; *(adv)* exceedingly, extremely, tremendously.
uhyrlig monstrous. **-het** monstrosity.
uhøflig impolite, uncivil, discourteous, rude *(fx* it's rude to stare); *det er ~ å stirre på folk (også)* it's bad manners to stare at people; *~ mot* impolite *(,etc)* to.
uhøflighet impoliteness, incivility, discourtesy, rudeness; *en ~* an act of discourtesy; a rude remark.
uhørlig inaudible; *(adv)* inaudibly.
uhørt unheard; *(enestående)* unheard-of, unprecedented; *(jvf uforskammethet).*
uhøvisk 1*(litt.)* indecent, improper; 2*(uhøflig)* discourteous.
uhøvlet *(ikke høvlet)* unplaned, undressed, rough.
uhøytidelig unceremonious; *(adv)* unceremoniously.
uhåndterlig unwieldy, unhandy.
uhåndterlighet unwieldiness.
uidentifisert unidentified.
uimotsagt unchallenged, uncontradicted; *la stå ~* allow to pass unchallenged.
uimotsigelig incontestable, indisputable.
uimotståelig irresistible.
uimotståelighet irresistibility.
uimottagelig impervious *(mot* to, *fx* i. to argument, criticism, reason); insusceptible *(for* to); proof *(mot* against). **-het** imperviousness *(for* to); insusceptibility; immunity *(for* to a disease).
uinnbudt uninvited; *(se ubuden).*
uinnbundet unbound; *(heftet)* in paper covers; *~ bok* paperback.
uinnfridd, uinnløst unredeemed; *(veksel)* unpaid, dishonoured.
uinnskrenket unlimited, unrestricted, unbounded, absolute; *~ herre over* absolute lord of.
uinnskrenkethet absoluteness.
uinntagelig *(mil)* impregnable.
uinntagelighet impregnability.
uinnvidd *(jord)* unconsecrated; *(ikke innvidd i en viten)* uninitiated.
uinteressant uninteresting. **-sert** uninterested.

uinteresserthet lack of interest.
ujevn uneven, rough; *(om fordeling)* unequal *(fx* distribution); *(om strid)* unequal; *produksjonen har vært meget ~* the output has varied a good deal.
ujevnhet unevenness, roughness; inequality.
ukameratslig unsporting; *være ~* be a bad sport, let down a pal.
uke week; *en -s ferie* a week's holiday; *annenhver ~* every other week; *hver ~* every week; weekly *(fx* a publication issued w.); *i dag for en ~ siden* a week ago today; *torsdag for en ~ siden* a week last Thursday; *i tre -r* (for) three weeks; *i forrige ~* last week; *i neste ~* next week; *ikke (i) neste ~, men den deretter* the week after next; *i de siste tre -r* for the past *(el.* last) three weeks; *om en ~* in a week; in a week's time; *i dag om en ~* a week from today; *to ganger om -n* twice a week, twice weekly; *om en -s tid* in a week or so; *£5 om -n, £5 pr. ~* £5 a week, £5 per week; *til -n* next week; *-n ut* to the end of the week; *(se sist; slutt).*
ukeblad weekly (paper).
ukedag day of the week; *(hverdag)* weekday.
ukekort weekly (season) ticket.
ukelang lasting a week (,for weeks); *-e drøftelser* discussions lasting for weeks.
ukelønn weekly wages *(el.* pay); *en bra ~* a good weekly wage.
ukelønnet weekly paid.
ukentlig weekly.
ukeoversikt weekly review.
ukevis *(adv)* by the week; *i ~* for weeks.
ukjennelig unrecognizable, unrecognisable; unidentifiable; *gjøre seg ~* disguise oneself.
ukjennelighet: *forandret inntil ~* changed beyond *(el.* out of all) recognition.
ukjent unknown; unacquainted *(med noe* with sth); *det var ~ for meg at ...* I was unaware that.
ukjærlig unkind *(mot en* to sby).
ukjærlighet unkindness.
uklanderlig blameless, irreproachable, above reproach.
uklar not clear, turbid, muddy; *(fig)* indistinct, obscure; *(forvirret)* confused; *ryke ~ med* fall out with; *ha et -t begrep om* have some dim notion of; *ha en ~ fornemmelse av at* be vaguely sensible that; *~ regel* ambiguously worded rule; *~ tenkning* muddled thinking; woolly thinking; *~ vin* cloudy wine.
uklarhet dimness; confusion; indistinctness, obscurity.
ukledelig unbecoming. **-het** unbecomingness.
uklok unwise, imprudent.
uklokskap imprudence, unwisdom; indiscretion.
ukomplett incomplete.
ukontrollert *(adj & adv)* unchecked *(fx* if the population explosion continues unchecked).
ukorrekt *(adj)* incorrect.
ukoselig *(lite hyggelig)* cheerless, grisly *(fx* it looks grisly).
ukrenkelig inviolable. **-het** inviolability.
ukrigersk unwarlike.
ukristelig unchristian.
ukritisk uncritical; *(adv)* uncritically.
ukrutt: *~ forgår ikke* ill weeds grow apace; the devil looks after his own.
ukrysset *adj (om sjekk)* open.
ukuelig indomitable.
ukulele *(mus)* ukulele; T uke.
ukultivert uncultured.
ukunstlet artless, unsophisticated, unaffected.
ukunstlethet artlessness, unaffectedness, simplicity.
ukunstnerisk inartistic.

ukurant not in demand; *-e varer* unsalable goods, dead stock, old stock.
ukvemsord word of abuse; abusive language; *hun lot det regne med ~ over ham* she heaped *(el.* showered) abuse upon him.
ukvinnelig unwomanly.
ukyndig unskilled *(i* in), ignorant *(i* of).
ukyndighet lack of skill, ignorance.
ukysk unchaste.
ukyskhet unchastity.
ul *(hyl; ulvens, vindens)* howling, howl.
ulage disorder; *bringe i ~* throw into disorder; upset *(fx* sth); *komme i ~* be thrown out of gear; **T** get messed up.
u-land developing country; *Norge er et ~ når det gjelder...* Norway is an underdeveloped country as regards *(el.* when it comes to)...
ulastelig: *~ kledd* immaculately dressed.
ule *(vb)* hoot, howl.
ulegelig incurable.
uleilige *(vb)* trouble, inconvenience; put to trouble; *(stivt el. spøke)* incommode *(fx* I hope this arrangement will not i. you); *~ seg* take trouble; trouble; *~ seg med å* take the trouble to.
uleiligheit inconvenience, trouble; *komme til ~* cause inconvenience; *gjøre seg den ~ å* take the trouble to; *gjør Dem ingen ~ med det* don't trouble about it; *volde en ~* put sby to trouble, give sby trouble.
ulempe inconvenience; drawback; disadvantage; *en liten ~* a minor inconvenience.
ulende rugged ground; wilderness; *og så måtte han (kjøre) ut i -t igjen (ɔ: forlate veien)* and then he had to go *(el.* drive) right into the bush again *(el.* he had to leave the beaten track again).
ulendt rugged, difficult.
ulenkelig ungainly.
uleselig illegible; *(ikke leseverdig)* unreadable.
uleselighet illegibility; unreadableness.
ulesket *(om kalk)* unslaked *(fx* lime).
ulidelig intolerable, insufferable.
ulik unlike, different from.
ulike unequal; *et ~ tall* an uneven *(el.* odd) number; *like eller ~* odd or even; *husene med ~ nummer* the odd houses.
ulike|artet heterogeneous. **-sidet** unequal-sided, with unequal sides, inequilateral; *~ trekant* scalene triangle.
ulikhet difference; dissimilarity, disparity.
ulk *(sjø-)* old salt, (jack) tar.
ulke *(fisk)* sea scorpion; *(om flere arter)* sculpin.
ull wool; *av samme ulla* **T** of the same kind.
ullaktig *(adj)* woolly.
ullen *(adj)* woollen (,**US:** woolen), woolly; *et -t uttrykk* a woolly expression.
ull|garn woollen yarn, wool. **-madrass** flock bed; *seng med ~* flock bed. **-spinneri** (wool) spinning mill. **-strømpe** woollen stocking. **-teppe** blanket. **-trøye** woollen vest. **-tøy** woollens; woollens. **-varefabrikk** woollen mill. **-varer** woollen goods, woollen garments, woollens *(pl).*
ulme *(vb)* smoulder.
ulogisk illogical; *(jvf logisk).*
ulovlig unlawful, illegal.
ulovlighet unlawfulness, illegality.
ulster *(ytterfrakk)* ulster.
ultimatum ultimatum; *stille et ~* give an u.; *stille en overfor et ~* present sby with an u.
ultimo *(merk)* at the end of the month; *(lett glds)* ultimo; *levering ~ mai* delivery at the end of May; *(telegramstil)* delivery end May; *den 5. ~* on the 5th of last month; *(lett glds)* on the 5th ult(imo).
ultra ultra. **-lyd** ultrasound. **-marin** ultramarine.
ulv *(zool)* wolf *(pl:* wolves). **-aktig** *(adj)* wolfish.

ulve|flokk pack of wolves. **-hi** wolf's lair.
ulveskrei running pack of wolves.
ulv|inne *(zool)* she-wolf. **-unge** wolf cub.
ulyd discord, dissonance; unpleasant sound.
ulydig disobedient *(mot* to); *være ~ mot en* disobey sby.
ulydighet disobedience *(mot* to).
ulykke 1*(sviktende hell)* misfortune, ill fortune; 2*(uhell)* bad luck, ill luck; *(alvorligere)* calamity; 3*(motgang)* adversity, trouble; 4*(nød)* distress, trouble; *(sterkere)* misery; 5*(ulykkestilfelle)* accident *(fx* he had an a. with his car; he lost his leg in an a.); *(med dødelig utgang)* fatal accident; *(i statistikk, etc)* fatality *(fx* road fatalities increased by 10 per cent); *(mer omfattende)* disaster *(fx* the terrible d. on the Manchester line; it would be a national d.); *(katastrofe)* catastrophe; disaster; *en alvorlig ~* (1) a grave misfortune; (5) a serious accident; *en ~ kommer sjelden alene* troubles never come singly; it never rains but it pours (NB *kan også bety: «en lykke kommer sjelden alene»); det er ingen ~ skjedd* there is no harm done; *bringe en pike i ~* get a girl into trouble; *komme i ~ (om pike)* get into trouble; *han har vært ute for en ~* he has had an accident; *stygg som en ~* as ugly as sin; *det er mange -r med motorsykler* there are many accidents involving motorcycles.
ulykkelig 1*(ikke lykkelig, bedrøvet)* unhappy *(fx* he was u. at leaving her); *(sterkere)* miserable, wretched, broken-hearted; 2*(uheldig)* unfortunate, unhappy; *være ~ i sitt ekteskap* be unhappily married, be unhappy in one's marriage; *han var ~ over det* he was unhappy about it; *it distressed him; (jvf ulykksalig).*
ulykkeligvis unhappily; unfortunately; as ill-luck would (,will) have it.
ulykkesbudskap sad *(el.* tragic) news.
ulykkes|forsikret insured against accidents. **-forsikring** accident insurance.
ulykkesfugl bird of ill omen; *(psykol om person)* accident-prone person; *(ofte)* potential victim; **T** Jonah; **US S** jinx.
ulykkestilfelle accident; *(se skyldes; ulykke 5).*
ulykksalig disastrous; unhappy; *det skyldtes den -e omstendighet at ...* it was due to *(el.* it was a result of) the most unfortunate circumstance that ...
ulyst disinclination; reluctance *(til* to); *gjøre noe med ~* do sth reluctantly.
ulystbetont unpleasant, tedious; of the nature of drudgery, done unwillingly; *et ~ arbeid* an unpleasant type of work; *et arbeid går ikke unna hvis det er ~* work doesn't get done if it's not attractive *(el.* pleasurable); *hvis arbeidet er ~, blir det heller ikke utført skikkelig* if the work is done unwillingly it won't be done properly either; *det må ikke være ~* it must not become a chore *(el.* a duty), it must not become a form of drudgery; *(jvf lystbetont).*
ulærd unlearned, unlettered, illiterate.
ulønnsom unprofitable, unremunerative.
ulønnet unpaid *(fx* secretary work); unsalaried *(fx* official).
uløselig insoluble; inextricable *(fx* difficulties); *en ~ knute* an inextricable knot.
uløst unsolved.
umak pains, trouble; *gjøre seg ~ for å* take pains to, go out of one's way to; *gjøre seg ~ med noe* take pains over sth; *han gjorde seg stor ~ med å* he went to *(el.* he took) great trouble to; he took great pains to; *du må gjøre deg mer ~ (også)* you must try harder; *han gjorde seg aldri den ~ å forsøke* he never took

the trouble to try; *det er ikke -n verdt* it's not worth while.
umake *(adj)* odd *(fx* glove).
umalt 1. unpainted; **2.** unground, whole.
umandig unmanly, effeminate.
umandighet unmanliness, effeminacy.
umanerlig unmannerly.
umeddelsom incommunicative.
umedgjørlig unmanageable, intractable; stubborn; uncooperative.
umedgjørlighet intractableness, stubbornness.
umelodisk unmelodious.
umenneske monster, beast, brute.
umenneskelig inhuman; *(adv)* inhumanly; *et ~ hardt arbeid* an inhumanly hard piece of work; *some inhumanly hard work.* **-het** inhumanity.
umerkelig *(adj)* imperceptible, unnoticeable.
umerket unmarked.
umetodisk unmethodical.
umettelig insatiable.
umettelighet insatiability.
umettet *(kjem)* unsaturated; *umettede fettsyrer* unsaturated fatty acids.
umiddelbar immediate, direct; *(naturlig)* spontaneous; impulsive; *-t før* immediately before.
umiddelbarhet immediateness; spontaneity; impulsiveness.
umild harsh, unkind.
umildhet harshness, unkindness.
uminnelig immemorial; *i -e tider* time out of mind, from time immemorial.
umiskjennelig unmistakable.
umistelig inalienable *(fx* rights).
umistenksom unsuspecting, trusting, unsuspicious.
umoden unripe; *(fig)* immature. **-het** unripeness; *(fig)* immaturity.
umoderne out of fashion; old-fashioned, out of date; *bli ~* go out of fashion.
umoral immorality.
umoralsk immoral; *(især* US) unethical *(fx* he thought that overcharging his customers was unethical).
umotivert unmotivated, gratuitous, unprovoked; *(adv)* without a motive, without cause; *helt ~* for no reason whatever.
umulig impossible; *gjøre seg ~* make oneself impossible; *vi kan ~* we cannot possibly; *forsøke det -e* attempt impossibilities *(el.* the impossible); try to put a quart into a pint pot; *(se også trebukk).*
umuliggjøre *(vb)* render impossible.
umulighet impossibility.
umusikalsk unmusical; *(om person)* with no ear for music; *han er ~* he has no ear for music; *(jvf musikalsk).*
umyndig minor, under age; *han er ~* he is a minor, he is not of age; *-es midler* trust funds; *gjøre en ~* declare sby incapable of managing his own affairs.
umyndiggjøre *(vb):* *~ en* put sby under guardianship; declare sby incapable of managing his own affairs.
umyndighet minority.
umyntet uncoined.
umælende dumb; *~ dyr* dumb animal.
umøblert unfurnished.
umåteholden excessive, immoderate, intemperate.
umåtelig *(adj)* tremendous, immense, enormous; *(adv)* immensely, tremendously.
unatur *se unaturlighet.*
unaturlig unnatural; *(påtatt)* affected. **-het** unnaturalness; affectation.
I. under *(subst)* wonder, marvel, miracle.
II. under *(prep)* **1.** under *(fx* u. the bed; hide

the money u. the floor; swim u. (the) water; just u. my window); *(like under overflaten)* underneath *(fx* there is water underneath the sand);
2*(lavere enn)* below *(fx* hit him b. the belt; b. the mountains; b. the surface; wounded b. the knee);
3*(fig)* beneath *(fx* beneath contempt);
4*(om tid)* during *(fx* d. my stay in Paris; d. his absence; d. the negotiations); at the time of *(fx* this furniture came into fashion at the time of the Great Exhibition); *~ hele krigen* during the entire war, for the whole war; *(ved verbalsubst)* while -ing *(fx* while driving); *(på kortere tid enn)* under *(fx* I can't do it in under two hours); in less (time) than;
5*(underlagt (en))* under *(fx* he has fifty men under him; it is under Government control);
6*(i rang)* below *(fx* a major is b. a general in rank);
7*(mindre enn)* under *(fx* children under six years of age; I won't do it under £5); less than *(fx* quantities less than 20lbs); not exceeding *(fx* incomes not e. £500);
8*(gjenstand for behandling)* under *(fx* under repair; die u. an operation; u. treatment); in course of *(fx* the dictionary is now in c. of preparation); in process of *(fx* a bridge in p. of construction);
9*(om ledsagende omstendighet)* amid(st), among *(fx* a. increasing hilarity; a. cheers and jeers); to the accompaniment of *(fx* cheers);
10*(ved rubrikkbetegnelse)* under, under the head(ing) of *(fx* this is dealt with under chemistry);
selge ~ ett sell in one lot; *skipe varene ~ ett* ship the goods all in one lot; send the goods in one shipment; *sett ~ ett* as a whole, taking it all round *(fx* taking it all round, the past year has been satisfactory); *vi må se på disse sakene ~ ett* we must consider these matters as a whole.
III. under *(adv)* below, beneath; *bukke ~ for* succumb to, be overcome by; *gå ~ (om skip)* go down, be lost, sink; *(se for øvrig forbindelsens annet ledd).*
underagent sub-agent. **-ur** sub-agency.
underansikt lower part of the face.
underarm forearm.
underart subspecies.
underavdeling subdivision; *(i bok, etc)* subsection.
underbalanse deficit; *en ~ på* a deficit of *(fx* the annual accounts show a deficit of £100).
underbefrakter *(merk)* recharterer.
underbenklær *(pl)* pants; *(også* US) underpants; *lange ~* long underwear *(el.* underpants); S *(også* US) longjohns; *korte ~* short underwear *(el.* underpants); *(merk)* briefs; *(se strømpebukse; truse; underbukser).*
underbeskjeftigelse under-employment.
underbevisst subconscious.
underbevissthet subconsciousness; *-en (især* the subconscious.
underbinde *(vb)* tie, ligate.
underbitt *(med.)* underhung jaw; US undershot jaw.
underbrannmester sub-officer; *(i Skottland)* section (fire) leader; US fire lieutenant.
underbud lower bid.
underbukser *(pl)* pants; *(også* US) underpants; *lange ~* S longjohns; *(se -benklær).*
underby *(vb)* underbid, undercut, undersell.
underbygge *(vb)* support, substantiate; base; *~ med* base *(el.* found) on, support *(el.* substantiate) with; *underbygd med kjensgjerninger* supported by facts; *en dårlig underbygd påstand* an

ill-founded assertion; *godt underbygd* well supported.
underbygning substructure; *(fig)* substantiation.
underdanig subservient, submissive; *(ydmyk)* humble, obedient.
underdanighet subservience, submissiveness.
underdirektør 1. deputy *(el.* assistant) director; 2*(i fengsel)* deputy *(el.* assistant) governor; 3*(ved Direktoratet for statens skoger)* deputy director general (of forestry); *(i Canada: forskjellig for de forskjellige provinser, fx)* assistant chief forester; assistant director of forests; assistant deputy minister of forests.
underdommer stipendiary magistrate, recorder; judge of a city court.
underdomstol inferior court.
underdønning ground swell.
under|entreprenør subcontractor. **-entreprise** subcontract.
underernære *(vb)* underfeed, undernourish, nourish badly.
underernæring undernourishment; *(især på uriktig sammensatt kost)* malnutrition.
underetasje lower ground floor.
underforstå *(vb)* imply; *det var stilltiende -tt at* it was tacitly understood that; *være -tt med* consent to; accept.
underfrankert *(om brev)* understamped, underpaid; *dette brevet er ~ US* this letter has insufficient postage.
underfull wonderful, marvellous, miraculous.
underfundig cunning, crafty, wily, underhand *(fx* u. means).
underfundighet craftiness, cunning.
undergang destruction, ruin; *(fall)* fall, downfall; *redde barnet fra sedelig ~* save the child from moral ruin; *dømt til ~* doomed; *gå sin ~ i møte* be on the road to destruction; head straight for a fall.
undergi *(vb): være -tt* be subject to; *de lover vi er -tt (også)* the laws that govern us.
undergjørende wonder-working, miraculous.
undergrave *(vb)* undermine; *(også fig)* sap.
undergravingsvirksomhet *(polit)* subversive activity.
undergrunn 1*(geol)* subsoil; subsurface; 2*(motstandsbevegelse)* underground (movement), resistance (movement); 3*(jernb)* underground (railway); T tube; US subway.
undergrunns|arbeid *(se undergrunn 2)* underground work. **-bane** underground (railway); T tube; US subway; *ta -n* T go by tube *(fx* he went there by tube).
undergrunnsbevegelse underground (movement), resistance (movement).
undergå *(vb)* undergo, pass through; *~ en forandring* undergo a change.
underhandle *(vb)* negotiate.
underhandler negotiator.
underhandling negotiation.
underhold maintenance *(av* of), subsistence; (financial) support.
underholde *(vb)* 1. maintain, support; 2*(more)* entertain.
underholdende entertaining.
underholdning entertainment; *kunstnerisk ~* cultural entertainment.
underholdningsbidrag alimony; maintenance *(fx* he does not want to give his wife any m.; he is willing to pay m. for his child).
underholdningslitteratur light reading.
underholdningsmusikk: *blandet ~* musical medley.
underholdningsplikt duty to support *(fx* one's children).

underhus *(parl)* Lower House; *U-et* UK the House of Commons; the Commons.
underhånden privately; confidentially; secretly; *salg ~* private sale; *snakke med ham ~* have a private talk with him; *han fikk jobben ~* he was given the job unofficially; *~ hadde han fått vite at stillingen ikke ville bli utlyst* he had been told privately that the post would not be advertised.
underjordisk subterranean, underground; *de -e* the little people, the fairies; *(ondsinnete)* the goblins.
underkant lower edge *(el.* side); *i ~* rather on the small side (,short side, *etc); only just (fx* Is the baby putting enough weight on? – Only just).
underkasse *(støpekasse)* bottom-half mould; drag.
underkaste *(vb)* 1. subject to *(fx* these cables are subjected to severe tests; he was subjected to *(el.* put through) a long cross-examination); *tvisten ble -t voldgift* the dispute was submitted to arbitration; *være -t* be subject to *(fx* the settlement of this dispute is subject to English law); *bli -t streng kontroll under hele produksjonsprosessen* be carefully checked throughout the production process; 2.: *~ seg (gi etter)* submit; *~ seg kontroll* submit to control; *~ seg en operasjon* undergo an operation; T have an operation; *~ seg en prøve* submit to *(el.* undergo) a test.
underkastelse subjection, submission *(av* of; *for* to); capitulation, surrender; *tvinge en til ~* force sby to submit.
underkjenne *(vb)* disallow, not approve, reject; *(domsavgjørelse)* overrule *(fx* the judge overruled the previous decision); reverse, set aside *(fx* the decision of a lower court).
underkjennelse non-approval, disallowal; *(av dom)* overruling, reversal.
underkjole slip; *-n din er synlig* your slip is showing; *(se flesk).*
underkjøpe *(vb)* bribe; *(falske vitner)* suborn.
underklasse lower class.
underkropp lower part of the body; *(se nedenfil).*
underkue *(vb)* subdue; subjugate; suppress.
underkuelse subjugation; suppression.
underkurs discount; *stå i ~* be at a discount.
underkøye lower berth.
underlag 1*(støtte)* support, base, foundation, bed; *(for last i skip)* dunnage; *(bygn)* base course, underlay; 2*(geol)* substratum; 3*(av maling, etc)* undercoating; priming; 4*(skrive-)* blotting pad; 5*(telt-)* ground sheet.
underlagsbrikke *(mask)* seating washer.
underlagsfilt *(for gulvteppe)* underfelt.
underlagskrem *(for ansiktet)* foundation.
underlagsmateriale *(dokumenter, etc)* case papers *(el.* documents).
underlagsplate *(for svilleskruer)* base (,US: tie) plate.
underlegen inferior (to).
underlegenhet inferiority.
underlegge *(vb): ~ seg* subjugate, subdue, conquer; *være underlagt* be placed under *(fx* the consulate is placed directly under the legation); be subject to *(fx* another state); *være underlagt en* be subordinate to sby; *(se også tjenstlig); vi er alle underlagt loven* we are all subject to *(el.* responsible to) the law.
underleppe *(anat)* lower lip.
underlig strange, odd, queer; *~ nok* strangely enough, strange to say, strange as it may seem; *føle seg ~ til mote* feel queer; *det er ikke så ~ at* it is not to be wondered at that; *det er da ikke så ~* there is nothing surprising about

(el. in) that; *sett på bakgrunn av den holdning X har inntatt i denne sak, finner vi det ~ at* ... (viewed) in the light of the attitude X has taken in this matter, we find it remarkable that ...; *(se også merkelig).*
underliggende underlying; *de ~ årsaker* the underlying causes.
underliv *(anat)* abdomen.
underlivs|betennelse *med. (hos kvinne)* inflammation of the uterus (ovaries, etc). **-lidelse** *(hos kvinne)* gynaecological trouble *(el.* complaint). **-undersøkelse** *(av kvinne)* gynaecological examination.
undermast *(mar)* lower mast.
underminere *(vb)* undermine; *(fig, også)* sap; *hans helbred ble -t* his health was sapped.
undermunn *(anat)* lower part of the mouth.
undermåler nonentity, nobody; *(mildere)* second-rate mind; lightweight; US *(også)* second-rater.
undermåls below standard.
underoffiser non-commissioned officer *(fk* N.C.O.).
underordne *(vb): ~ seg* subordinate oneself to.
underordnet subordinate; *(uviktig)* minor; secondary; *de underordnede funksjonærer* the subordinate staff; *et ~ hensyn* a minor consideration; *av ~ betydning* of secondary importance; *.. men alle disse er strengt ~ hovedtemaet* all these, however, are strictly subsidiary to the main theme.
underordning subordination.
underovn *(til bryggepanne)* copper heater.
underpant mortgage.
underpostkontor branchpost office; US sub-station.
underpris: *selge til ~* sell at a loss *(el.* sacrifice).
underretning information; *til ~ for* for the information of; *jeg har mottatt ~ fra* ... I have been notified by ...
underrett *(jur)* lower court.
underrette *(vb)* inform *(om* of); *(varsle)* notify; *~ feil* misinform; *~ en om at* inform sby that; *holde en -t om* keep sby posted as to; *galt -t* misinformed, ill-informed; *godt -t* well informed.
underrettsdommer judge of a lower court.
underseil *(mar)* course, lower sail.
underselge *(vb)* undersell, undercut.
undersetsig squat, thickset, stocky.
undersetsighet stockiness.
underside under side, underside.
undersjøisk submarine.
underskjørt underskirt, waist slip, half-slip.
underskog underbrush, undergrowth.
underskrift signature; *egenhendig ~* one's own signature; autograph signature; *uten ~* unsigned; *(se nedenstående & underskrive).*
underskriftmappe *(på kontor)* signature book.
underskrive *(vb)* sign; *(fig)* endorse; *i underskrevet stand* duly signed.
underskudd deficit, deficiency *(på* of); *gå med ~* lose money *(fx* the hotel was losing m.); *be run (el.* worked) at a loss; *be a losing concern; (se betalingsbalanse; II. dekke; handelsunderskudd; underbalanse).*
underslag embezzlement, peculation; *gjøre ~* embezzle; *dekke -et* repay the embezzled money.
underslå *(vb)* **1.** embezzle, misappropriate *(fx* private funds); **2.** conceal; intercept *(fx* a letter).
underspist: *være (godt) ~* have eaten (well) in advance so that one is prepared.
underst bottom, lowest; *(av to)* lower, bottom; at the bottom.
understasjonsmester *(jernb)* assistant station mas-

ter; *første ~* relief station master; *(se stasjonsmester).*
understemme *(mus)* bass (voice); contra-part.
understell **1***(flyv)* landing gear, undercarriage; *opptrekkbart ~* retractable landing gear; **2***(bils)* chassis; **3***(bagvogns)* carry-cot chassis; *(se bagvogn).*
understells|behandle *vb (bil mot rust)* underseal. **-behandling** undersealing; US undercoating.
understikk *(kort)* undertrick; *få to ~* be *(el.* go) two down.
understreke *(vb)* underline, (under)score; *(fig)* emphasize, emphasise, stress, drive home *(fx* the Suez crisis of 1956 has driven home the importance of big tankers); *(se innlegg: -ene gikk i retning av å understreke ...).*
understrekning underlining, (under)scoring; *(fig)* emphasizing, stressing; *-ene er viktige* the underlinings are important.
understrøm undercurrent, underset; *(fra land)* undertow; *(fig)* undercurrent.
understøtte *(vb)* support, aid, subsidize.
understøttelse support, aid, assistance; *(se understøttelsesfond; relief fund.*
understøttelsesfond relief fund.
understå *(vb): ~ seg* dare, presume.
undersøke *(vt)* **1.** examine *(fx* the machine was examined; e. the goods; the doctor examined him); **2***(ta i øyesyn)* inspect; **3***(utforske)* explore; **4***(etterforske, granske)* investigate; **5***(ransake)* search; **6***(kjem)* test; *dette må -s* this must be looked into; *politiet -te hans forhold* the police checked up on him; *~ en historie* check up on a story; *~ et klagemål* investigate *(el.* look into) a grievance; *~ nøye (el. grundig)* examine carefully *(el.* closely *el.* thoroughly); *da vi -te innholdet nærmere, fant vi at* on examining the contents more closely we found that; *~ om* inquire whether; *~ på nytt* re-examine; *~ en sak* inquire *(el.* look) into a matter; go into a m.; *etter å ha -t saken* after having made investigations; having investigated the matter; having inquired into *(el.* gone into) the matter; *vi har fått saken -t* we have had inquiries made; *vi har -t saken nøye* we have made thorough inquiries in the matter; we have looked *(el.* inquired) into the matter thoroughly; *jeg skal ~ saken nærmere* I shall look more closely *(el.* closer) into the matter; I shall make further inquiries into the matter; *~ terrenget (også fig)* reconnoitre the ground; *~ årsaken til ulykken* investigate the cause of the accident; *(se undersøkende).*
undersøkelse *(jvf undersøke)* examination; inspection; exploration; investigation; search; test; inquiry; investigation; *lege-* medical examination; *vitenskapelige -r* scientific research *(el.* investigations); *ved en ny ~ på lageret fant jeg at* at a new *(el.* fresh) search of the warehouse resulted in my finding that; on searching *(el.* looking over *(el.* through)) the w. again, I found that; *en nøye ~ av* a careful *(el.* close *el.* thorough) examination of *(fx* the engine); *en nøye ~ av årsaken til eksplosjonen* a careful inquiry into the cause of the explosion; a thorough investigation of the cause of the e.; *foreta en ~ av* examine *(fx* a painting), make an examination of; *foreta nærmere -r* make further inquiries; *foreta en nærmere ~ av noe* go (more closely) into sth; examine sth more closely; *sette i gang en ~* institute an inquiry *(el.* an investigation); *det er gjenstand for -r* it is being inquired into; *ved nærmere ~* on (closer) examination; on making a closer examination; on making further inquiries; on closer inspection; *sett på bakgrunn*

av den ~ som nå pågår, finner vi det merkelig at ... in the light of the inquiry now in progress, we find *(el.* consider) it remarkable that ...; *(se granskning; husundersøkelse; legeundersøkelse; skjermbildeundersøkelse).*

undersøkelseskommisjon fact-finding committee; investigating committee.

undersøkende searching; *(adv)* searchingly; *se ~ på en* look searchingly at sby.

undersått subject.

undertallig deficient (in number); below the normal (,necessary) number; short.

undertann lower tooth.

undertegne *(vb)* sign, put one's name to; *-t* signed.

undertegnede the writer (of this letter), the undersigned; *(spøkef = jeg)* yours truly.

undertelne *fisk (på trål)* bottom rope.

undertiden *(adv)* sometimes, at times, occasionally.

undertittel subtitle; subheading.

undertrykke *vb (tilbakeholde)* restrain, repress; *(brev, bok)* suppress; *(opprør)* crush, suppress; *(underkue)* oppress.

undertrykkelse suppression; oppression.

undertrykker oppressor.

undertrøye vest; *US* undershirt; (NB *se vest).*

undertvinge *(vb)* subdue, subjugate.

undertvingelse subjection; subjugation.

undertøy underwear *(fx* boys' all wool underwear).

underutviklet underdeveloped.

undervanns- submarine. **-båt** submarine; *(især fiendtlig)* U-boat. **-skjær** sunken rock; *(se III. skjær).*

underveis on the way, on one's way; in transit, during transit *(el.* transport), en route.

undervekt underweight; *(om varer)* short weight.

undervektig underweight; *(om varer)* deficient *(el.* short) in weight.

underverden underworld.

underverk wonder, miracle; *gjøre -er* work *(el.* perform) miracles; *(fig, også)* do wonders.

undervise *(vb)* teach *(fx* t. a class; the school where she taught); *~ i et fag* teach a subject; *han har -t i disse språk både i ungdomsskole og gymnas* he has been teaching these languages to both Ordinary and Advanced Level; *~ en i engelsk* teach sby English; give sby E. lessons; *han -er klassen i engelsk* he takes the class for English.

undervisning 1*(som man gir)* teaching; instruction; tuition; lessons *(pl);* 2*(som man får)* training, education, instruction, tuition; schooling *(fx* he did not get much s.); *-en er gratis* tuition is free; *-en ble innstilt på ubestemt tid* the schools were -en closed down for an unspecified period; *forstyrre -en (om elev)* interfere with the *(el.* one's) teaching; make a nuisance of oneself in class; disturb the classwork *(el.* the teaching *el.* the lesson); *det er ~ som vanlig i dag* school will be as usual today; s. will be open today as usual; *være til stede ved en kollegas ~* sit in on a colleague's class(es); *(se hjelpeundervisning; privatundervisning; undervisningskompetanse; vekt).*

undervisnings|anstalt educational establishment, school. **-bruk:** *til ~ for teaching (el.* educational) purposes. **-byrde** teaching load *(fx* a t. l. corresponding to two weekly original lectures throughout the year).

undervisningsdepartement: *Kirke- og undervisningsdepartementet* The Ministry of Church and Education; **UK** Department of Education and Science; *(fk* DES).

undervisnings|fag subject taught. **-film** educational *(el.* teaching) film. **-form** form of instruction *(fx* the school has a flexible form of instruction, which will suit any pupil, regardless of previous knowledge).

undervisningskompetanse teaching qualifications; *~ og lønnsforhold vil bli vurdert etter de retningslinjer som gjelder for undervisning i norske skoler* teaching qualifications and salary scales will be considered in accordance with the regulations regarding teaching at Norwegian schools; *(jvf retningslinjer).*

undervisnings|leder [(chief) educational officer]. **-materiell** teaching material, educational material. **-metode** teaching method. **-middel** teaching aid. **-minister** Minister of Church and Education; **UK** Secretary of State for Education and Science; **T** Education and Science Secretary. **-plan 1.** timetable; **2.** curriculum *(pl:* -s, curricula); *(jvf fagkrets & pensum).*

undervisnings|plikt 1*(elevs)* compulsory education; 2*(lærers)* teaching load; *universitetslektorer har en ~ på 12 timer pr. uke* lecturers have to take 12 periods a week; l. have a weekly teaching load of 12 periods, l. have to teach for a minimum of 12 weekly periods. **-språk** medium of instruction; *skoler hvor -et er engelsk* English -medium schools. **-stilling** teaching post. **-stoff** teaching material; educational material. **-sykehus** teaching hospital. **-tid** class hours, class time; *i -en during (el.* in) class hours. **-time** lesson, period *(fx* English is taught for 7 periods a week).

undervurdere *(vb)* underrate, underestimate, undervalue.

undervurdering underrating, undervaluation; *en ~ an* underestimate.

undre *(vb)* surprise, astonish; *dette -t meg* this surprised me; *det -r meg at* I wonder that, I am surprised that; *det -r meg at du kom* I'm surprised that you've come *(el.* that you came); *(stivt)* I wonder at your coming; *det skulle ikke ~ meg om* I shouldn't be surprised if; *jeg -s på om* I wonder whether; *det er ikke noe å ~ over* it is not to be wondered at; it is no matter for surprise.

undrende *(adj)* wondering; *(adv)* wonderingly, in wonder *(fx* Really? he said in wonder).

undring wonder, astonishment; *med ~ i stemmen* with a note of surprise in one's voice; *(se undrende).*

undulat *(zool)* budgerigar; **T** budgie; **US** *(også)* budgiebird.

unektelig undeniable, indisputable; *(adv)* -ably, certainly, without a doubt.

unett dowdy; *den kjolen er ~* that dress looks dowdy.

unevnelig unmentionable.

unevnt unnamed, anonymous.

ung young, youthful; *i en ~ alder* at an early age; *en verdig representant for det -e Tanzania* a worthy representative of the young people of T. *(el.* of Tanzanian youth).

ungarer Hungarian.

Ungarn *(geogr)* Hungary.

ungarsk Hungarian.

ungdom youth; *(unge mennesker)* young people; *to -mer* two young people; *(unggutter)* two youths; *den akademiske ~* (the) young students; the student generation; *(se også ung).*

ungdommelig youthful, juvenile; *en ~ kjole* a young-making dress.

ungdommelighet youthfulness.

ungdoms|arbeid 1*(forfatters, etc)* early work; work

done in one's youth; 2*(blant unge)* work among young people. **-bande** juvenile gang.

ungdomsfengsel youth custody *(fx* nine months' youth custody); *(for aldersgruppen 10 – 17)* community home; *(for aldersgruppen 15 – 21)* youth custody centre; *(hist el.* **T)** borstal (institution).

ungdomsforening: *kristelig* ~ religious youth club. **-herberge** youth hostel; (NB they went youth hostelling in England and abroad). **-klubb** youth club; *kristen* ~ religious youth club; *starte en* ~ start *(el.* form) a youth club. **-kriminalitet** juvenile crime *(el.* delinquency). **-lag** *se ungdomsklubb.* **-leder** youth leader.

ungdomsopplevelse youthful experience; *hun hadde en fryktelig* ~ she had a terrible experience when she was young; *en av mine lykkeligste -r* one of the happiest experiences of my youth. **-skole** *(kan gjengis)* comprehensive school up to fifth form, secondary modern school; US *(omtr =)* junior high school. **-venn** friend of one's youth. **-år** *(pl)* youth, years of one's youth, early years.

unge 1. child, kid; *(neds)* brat; 2*(av bjørn, rev, tiger, ulv)* cub; *en redselsfull* ~ (1) a (holy) terror.

ungeflokk flock of children. **-mas** nagging (and fussing) of children; *hun tåler ikke* ~ she can't stand children nagging. **-skokk** *(neds): en (hel)* ~ a whole tribe of children. **-skrik** *se barneskrik.*

ungfe young cattle. **-gutt** young boy.

ungkar bachelor. **-shule** bachelor's lair.

unglaks *(fisk)* parr; *(i sitt annet år)* smolt; *(ung sommerlaks)* grilse.

ungmøy *(poet)* young maiden.

ungpikeaktig girlish; *(om utseende)* girlish-looking. **-kjole** teenage dress.

ungsau *(zool)* young sheep; *hun er ingen* ~ *(fig)* she's no spring chicken.

ungskog *(forst)* seedling forest.

uniform uniform.

uniformere *(vb)* uniform; *(gjøre ensartet)* standardize.

uniformsgodtgjørelse uniform allowance.

uniformsjakke tunic.

union union.

unionell [in the nature of, resembling or pertaining to a union]; *-e spørsmål* questions relating to the Union *(fx* of Norway and Sweden).

unionsborger [citizen of two united states]. **-flagg** union flag; flag of the Union of Norway and Sweden; *(britisk)* Union Jack. **-konge** king of a union *(fx* king of the United States of ...). **-krig** [war between states formerly united]. **-merke** union emblem. **-politikk** union *(el.* Union) policy. **-strid** [conflict arising out of a (,the) union].

unisex unisex.

unison unisonous; unisonant; *-t* in unison.

unitar, unitarier, unitarisk Unitarian.

univers univserse.

universal universal.

universalarving residuary legatee, heir general.

universalmiddel panacea; **T** cure-all.

universell universal.

universitet university; *på -et* at the university; *professor ved et* ~ professor at *(el.* in) a university; *han håper å komme inn på -et* he hopes to go *(el.* be admitted) to university; *he hopes to get (in)to university; begynne å studere ved -et* begin university studies; start one's studies at university.

universitetsbibliotek university library. **-bibliotekar** assistant (university) librarian; US (university) librarian. **-eksamen** university degree. **-forlag:** *U-et* Oslo University Press. **-lektor** lecturer. **-professor** university professor. **-rektor** vice-

chancellor; *(om ikke -engelske forhold), også)* rector; US president. **-stipendiat** = fellow; *(jvf forskningsstipendiat).* **-utdannelse** university training *(el.* education).

unna 1*(prep)* away from; clear of; 2*(adv)* away, off *(fx* far off, far away); 3*(adv)* done, finished *(fx* get sth f.); aside, out of the way; ~ *bakke* downhill; ~ *vinden* before the wind *(fx* sail b. the w.); *han bor et lite stykke* ~ he lives a short distance away; *huset ligger (litt)* ~ *veien* the house stands back from the road; *det ligger et stykke* ~ *veien (også)* it's some way off the road; it's some distance back from the road; *få disse ordrene* ~ get these orders out of the way; *få (el. gjøre) arbeidet* ~ get the work done; *gå* ~ *(om varer)* be sold, sell *(fx* they are selling like hot cakes); *holde seg* ~ *en* keep clear of sby *(fx* I keep clear of him as far as possible); *(jvf utenom 2); komme* ~ escape; *(om ansvar, etc)* back out *(fx* he tried to b. out of it); *ta* ~ take away; *(legge til side)* put *(fx* sth) aside.

unnabakke downhill slope; *(se nedoverbakke).* **-gjort:** *det verste er* ~ the worst is over. **-luring** shirking; **T** swinging the lead; *vi vil ikke ha noen* ~ *her!* we don't want *(el.* we won't have) any shirking here! **-renn** *(ski)* landing slope; *(se ovarenn).*

unndra *(vb)* withdraw, withhold from, deprive of; ~ *en sin hjelp* withhold one's assistance from sby; ~ *seg* shirk *(fx* s. doing sth), dodge *(fx* d. paying taxes); ~ *seg oppmerksomheten* escape notice *(el.* observation), escape attention.

unne *(vb): det er Dem vel unt* you are quite welcome to it; ~ *alle mennesker godt* wish everybody well; ~ *seg* indulge in *(fx* a luxury I sometimes indulge in).

unnfallen yielding; weak. **-het** weakness.

unnfange *(vb)* conceive. **-else** conception.

unngjelde *(vb)* pay (dearly) for, suffer for; *dette vil han få* ~ *for* he'll pay for this; ~ *for sin dårskap* pay the penalty of one's folly.

unngå *(vb)* **1.** avoid; 2*(unnslippe)* escape; 3*(ved å narre, omgå)* elude, evade, dodge; ~ *fare* avoid danger; ~ *faren for* avoid the danger of; *saken har -tt min oppmerksomhet* the matter has escaped my notice *(el.* attention); *ingenting -r hans oppmerksomhet* nothing escapes him; *he misses nothing;* ~ *et spørsmål* evade a question; *som kan -s* avoidable; *som ikke kan -s* unavoidable; *slikt kan ikke -s (også)* such things cannot be helped; ~ *å gjøre noe* avoid doing sth; *jeg -r ham så godt jeg kan* I keep clear of him as far as possible; *det var ikke til å* ~ it was inevitable; *han unngikk så vidt å bli truffet* he just missed being hit.

unnkomme *(vb)* escape *(fx* from).

unnlate *(vb)* fail, neglect, omit *(fx* to do sth); *han unnlot å sende meg beskjed* he failed to let me know; *jeg skal ikke* ~ *å meddele Dem resultatet* I shall not fail to inform you of the result; *jeg vil ikke* ~ *å gjøre Dem oppmerksom på at (også)* I would point out that; *jeg vil ikke* ~ *å tilføye at* I wish to add that; I may add that; I must not omit to add that; *idet tjue unnlot å stemme* with twenty abstentions.

unnlatelse omission, failure.

unnse *(vb):* ~ *seg* be ashamed to; scruple to *(fx* he did not scruple to suggest that ...); *han unnså seg ikke for å* ... **T** he had the nerve to.

unnseelse bashfulness, shyness.

unnselig bashful, shy.

unnselighet bashfulness, shyness.

unnsetning rescue; relief; *komme ham til* ~ come to his rescue.

unnsetningsekspedisjon relief expedition, search *(el.* rescue) party.

unnsette *(vb)* relieve.

unnskylde *vb (se også unnskyldende)* 1*(tilgi, forsvare)* excuse *(fx* sby's conduct); overlook *(fx* I will o. it this time); 2*(rettferdiggjøre, tjene som unnskyldning for)* excuse, serve as (an) excuse for, justify; **unnskyld!** 1. I'm sorry! 2*(tillater De)* excuse me! US pardon me!*(innleder spørsmål)* excuse me *(fx* e. me, are you Mr. Brown?); US pardon me; 3*(o: et øyeblikk!)* just a moment! one moment! just a second! *å, unnskyld! jeg så meg ikke for* I'm so sorry, (but) I simply wasn't looking *(el.* paying attention)! I'm so sorry! I wasn't looking where I was going; *unnskyld at jeg beholder hansken på* excuse my glove; *unnskyld at jeg kommer så sent* excuse my being so late; *(sterkere)* I apologize for being so late; I'm sorry I am so late; *unnskyld at jeg sier det, men De har ...* excuse *(el.* forgive) my saying so, but you have ...; *unnskyld at jeg blander meg inn (i Deres samtale), men ...* excuse me for interrupting, but ...; **T** excuse my butting *(el.* chipping) in, but ...; *jeg håper De -r forsinkelsen* I hope you will excuse the delay; *vi ber Dem ~ at vi har unnlatt å ...* we must ask you to excuse us for omitting to ...; *De må ~ at vi bryr Dem med denne saken* you must forgive *(el.* excuse) us for troubling you in this matter; *De må ha meg unnskyldt* 1. I'm so sorry I can't come; 2. (if you'll excuse me) I'm afraid I must be going now; *det kan ikke -s* it's inexcusable; *han unnskyldte seg med at han var syk* he pleaded illness; *(se skyte: ~ seg inn under); være lovlig unnskyldt* have a valid excuse *(fx* for not paying); *(se forfall 3: ha lovlig ~).*

unnskyldelig excusable, pardonable.

unnskyldende 1. apologetic *(fx* he wrote an a. letter); 2*(formildende)* extenuating *(fx* circumstances).

unnskyldning 1*(det å be om unnskyldning)* apology *(fx* make *(el.* offer) an a.); excuse *(fx* he stammered out an e.); 2*(rettferdiggjørelse, formildende omstendighet)* excuse, justification, extenuation; 3*(påskudd)* excuse, pretext; *en dårlig ~ a* poor *(el.* lame) excuse; *en tom ~* an empty *(el.* blind) excuse; *en tynn ~* a (very) flimsy excuse; *en uforbeholden ~* an unreserved apology; *be om ~* apologize; *be en om ~ for noe* apologize to sby for sth; *jeg ber så meget om ~ for dette sene svaret på brevet ditt* my very sincere apologies for the delay in replying to your letter; *jeg ber om ~ hvis jeg har fornærmet Dem* if I have offended you, I apologize; *jeg ba ham om ~* I apologized to him; *vi vil be om ~ for at vi har ...* we should like to apologize for having ...; we would a. for having ...; may we a. for having ...; *hva har du å si til din ~?* what have you to say for yourself? *til min ~ kan jeg bare si at ...* the only excuse I have to offer is that ...; *(se anføre: ~ til sin unnskyldning); ta imot en ~* accept an excuse; *det tjener ham til ~* it's some excuse for him; *det må tjene til min ~ at jeg ikke visste det* my excuse must be that I didn't know.

unnslippe *(vb)* escape; *han unnslapp med nød og neppe* he had a narrow escape; *det unnslapp ham en ed* an oath escaped him *(el.* escaped his lips).

unnslå *(vb): ~ seg* excuse oneself (from), decline, refuse.

unnta *(vb)* except; *når -s* except for *(fx* a useful book e. for a few mistakes); *alle -tt legen* all, with the exception of the doctor; all save the d.; *alt -tt krig* everything short of war.

unntagelse exception; *med ~ av* with the exception of; *en ~ fra* an exception to; *på få ~ nær* with few exceptions; *uten ~* without (any) exception; invariably; *ingen regel uten ~!* (there is) no rule without (an)exception; *-n bekrefter regelen* the exception proves the rule; *gjøre en ~* make an exception; *det ble gjort en ~ for enkelte ords vedkommende* an exception was made for certain words.

unntagelsestilfelle exceptional case, exception. **-tilstand** state of emergency. **-vis** *(adv)* as an exception; (only) in exceptional cases; *helt ~* in a few exceptional cases; as a rare exception.

unntagen *se* unnta.

unntak *se* unntagelse.

unntatt *se* unnta.

unnvike *(vb)* escape. **-ende** evasive.

unnvære *(vb)* do without, dispense with; miss *(fx* I would not have missed that speech for anything in the world).

unnværlig dispensable. **-het** dispensableness.

unormal abnormal; irregular; *(anormal)* anomalous.

unote bad habit; *(se legge C: ~ seg til).*

unse ounce *(fk* oz.).

unytte: *til -s* uselessly, to no purpose.

unyttig useless, of no use; *(fåfengt)* futile, unavailing.

unødig unnecessary, needless; *(overflødig)* superfluous; *ta en ~ risiko* take an undue risk.

unødvendig unnecessary, needless; *(overflødig)* superfluous; *det er ~ å tilføye at vi ...* needless to say, we ...; *gjøre ~* make *(el.* render) unnecessary. **-het** needlessness.

unøyaktig inaccurate, incorrect; *(se uriktig).*

unøyaktighet inaccuracy, incorrectness.

unåde disgrace, disfavour (,US: disfavor); *falle i ~* fall into disgrace; *være i ~* be in disgrace; *jeg er i ~ hos ham (også)* I'm in his bad books; *(se I. nåde).*

unådig ungracious; *ta noe ~ opp* take sth in bad part.

uoffisiell unofficial; informal *(fx* pay an i. visit); **T** off the record *(fx* this remark is off the record!).

uomgjengelig unsociable, difficult to get on with; *(uunngåelig)* unavoidable; *~ nødvendig* absolutely necessary. **-het** unsociableness; absolute necessity.

uomstøtelig incontestable, incontrovertible, irrefutable.

uomstøtelighet incontestability, incontestableness, irrefutability.

uomtvistelig indisputable, incontestable, incontrovertible.

uoppdragen ill-mannered, unmannerly; rude.

uoppdragenhet bad manners; rudeness.

uoppdyrket uncultivated.

uoppfordret unasked, of one's own accord, without being told; unsolicited.

uoppgjort *(merk)* unsettled, unpaid; *(ikke avsluttet)* not made up; *(om bo)* not wound up; *(jvf usnakket & utestående).*

uoppholdelig without delay, immediately.

uopphørlig *(adj)* incessant, unceasing, unremitting; *(adv)* incessantly.

uoppklart unsolved, unexplained.

uopplagt indisposed, not in form.

uopplyst 1. unlighted, unlit; 2*(uvitende)* uneducated, ignorant.

uoppløselig *(kjem)* insoluble. **-het** insolubility.

uoppløst undissolved.

uoppmerksom inattentive *(mot* to). **-het** inattention.

uoppnå(e)lig unattainable. **-het** unattainableness.

uopprettelig irreparable, irremediable; irretrievable.

uopprettelighet irreparability, irretrievability.

uoppsagt *(om person)* not under notice; *(om avtale)* undenounced *(fx* an undenounced treaty); *i ~ stilling* still in employment.

uoppsettelig admitting of no delay, urgent, pressing.

uoppsettelighet urgency.

uoppsigelig *(om funksjonær)* irremovable; *(om traktat)* irrevocable; *(om obligasjon)* irredeemable; *(om kontrakt)* non-terminable.

uoppsigelighet irremovability; irrevocability.

uoppskåret uncut, unopened.

uoppslitelig imperishable; unfailing *(fx* good humour).

uorden disorder, muddle, mess; untidiness; *i ~* out of order *(fx* the machine has got out of o.); in a mess *(fx* the room was in a m.); *(hær)* in confusion; *(affærer)* in disorder; *komme i ~* get out of order; *bringe i ~, bringe ~ i* mess up, muddle up, throw into confusion.

uordentlig disorderly, untidy; messy; *~ liv* irregular life. **-het** disorderliness, untidiness; messiness.

uorganisk inorganic.

uortodoks unorthodox.

uoverensstemmelse disagreement; *(avvik)* discrepancy.

uoverkommelig insuperable, insurmountable *(fx* difficulty); *(umulig)* impossible; *(ugjennomførlig)* impracticable; *(om pris)* prohibitive.

uoverlagt unpremeditated, rash.

uoversettelig untranslatable.

uoversiktlig *(om artikkel, etc)* difficult to follow, over-complex; *~ kurve* blind corner, blind curve, blind bend *(fx* slow down before a blind or sharp bend).

uoverskuelig incalculable *(fx* damage, losses); immense, enormous; *(i tid)* indefinite; *i en ~ fremtid* for an indefinite period; *det kan få -e følger* it is impossible to foresee the consequences; it may have incalculable consequences.

uoverstigelig insurmountable *(fx* barrier, obstacle), insuperable *(fx* difficulty, obstacle); unbridgeable *(fx* there is an unbridgeable gulf between them).

uoverstigelighet insuperability.

uovertreffelig unsurpassable, unrivalled.

uovertreffelighet unrivalled superiority.

uovertruffet unsurpassed, unrivalled.

uoverveid unpremeditated; ill-considered, rash.

uovervinnelig invincible *(fx* an i. army); insurmountable, insuperable.

uovervinnelighet invincibility; insuperability.

uovervunnet unconquered, undefeated.

uparlamentarisk unparliamentary; *(udiplomatisk)* undiplomatic.

upartisk impartial; *(jvf fordomsfri & uhildet)*.

upartiskhet impartiality.

upasselig *(indisponert)* indisposed, unwell; *(se uopplagt)*.

upasselighet indisposition.

upassende improper, unseemly.

upatriotisk unpatriotic.

upersonlig impersonal. **-het** impersonality.

uplassert: *de -e (i hestevæddeløp)* the also-rans.

uplettet spotless, unblemished, immaculate.

upolert unpolished.

upolitisk unpolitical.

upopulær unpopular.

upraktisk unpractical; *(om redskap, etc)* awkward; *(som passer dårlig)* inconvenient.

upresis imprecise, inaccurate, inexact; *(ikke punktlig)* unpunctual.

uprioritert unsecured; *~ fordring* unsecured claim.

uprivilegert unprivileged.

uproduktiv unproductive.

uprøvd untried; *(jvf uforsøkt)*.

upåaktet unheeded, unnoticed; disregarded.

upåanket not appealed against.

upåklagelig creditable, irreproachable.

upåkledd undressed.

upålitelig unreliable, undependable; not to be relied on; untrustworthy.

upålitelighet unreliability; untrustworthiness.

upåpasselig inattentive. **-het** inattentiveness.

upåtalt unchallenged; *la noe gå ~* let sth pass; overlook sth; *jeg kan ikke la saken gå ~ hen* I cannot pass the matter by without protesting.

upåvirkelig 1(*som intet gjør inntrykk på)* impassive, stolid; 2(*ufølsom)* insensitive *(fx* to beauty), insusceptible *(fx* to her beauty); insensible *(fx* to pain); proof *(fx* he was proof against her attempts to charm him).

upåvirket unmoved, unaffected *(av* by); *han var ganske ~* it made no impressionon him; it had no effect on him; *T* he didn't turn a hair; he didn't as much as twitch an eyebrow.

upåviselig untraceable, undemonstrable.

I. ur *(lomme-)* watch; *armbånds-* wrist watch.

II. ur *(stein-)* scree.

uraffinert unrefined.

uran *(min)* uranium; *anriket ~* enriched uranium.

uransakelig inscrutable; *(se vei)*.

urasjonell *(adj)* not rational; inefficient *(fx* working methods).

uravstemning ballot (among the members), referendum.

urbanisering urbanization.

urcelle primitive cell, primordial cell.

I. uredd *(om seng)* unmade.

II.uredd *(modig)* fearless, intrepid.

urede: *se uorden.*

uredelig dishonest; unfair.

uredelighet dishonesty; unfairness.

uregelmessig irregular.

uregelmessighet irregularity.

uregjerlig unruly, intractable, unmanageable; *bli ~ (om barn, også)* get out of hand; *hun er så ~ (om barn, også)* she's such a handful.

uregjerlighet unruliness, intractableness, intractability.

uren *(skitten)* dirty; *(om produkt)* impure; *(mar, om farvann)* foul. **-het** impurity; *(mar)* foulness.

urenset uncleaned; *(om kloakkvann)* untreated *(fx* they discharge sewage which is untreated, even mechanically).

urenslig uncleanly, dirty; *(ofte =)* unhygienic. **-het** uncleanliness.

I. urett *(subst)* wrong, injustice; *med -e* unjustly; *med rette eller -e* right or wrong; *man har gjort meg ~* I have been wronged.

II. urett *(adv): handle ~* do wrong.

urettferdig unjust, unfair.

urettferdighet injustice, unfairness; *(se skrikende)*.

urettmessig unlawful, illegal.

urettmessighet unlawfulness, illegality.

urfolk aborigines *(pl)*.

urform original form, prototype.

urglass watch glass.

Urias Uriah. **u-post** post of danger, exposed position.

uridderlig unchivalrous.

uriktig wrong, incorrect; *gi -e opplysninger til politiet* give false information to the police. **-het** incorrectness; inaccuracy.

urimelig absurd, preposterous; *(ubillig)* unreasonable. **-het** absurdity; unreasonableness.
urimt unrhymed.
urin urine. **urinal** urinal.
urinere *(vb)* urinate.
urin|glass urinal. **-prøve** urine specimen, specimen of urine. **-rør** *(anat)* urethra.
urkasse clock case.
urkjede watch chain.
urkraft primitive force.
urmaker watchmaker.
urmenneske primitive man.
urne urn; *(valg-)* ballot box; *(aske-)* cinerary urn.
uro 1*(polit, sosial)* unrest; commotion; 2*(engstelse)* anxiety, uneasiness, alarm; 3*(rastløshet)* restlessness; 4*(opphisselse)* excitement, agitation; *(se skape 2; urolighet).*
uroelement disturbing element *(el.* factor).
urokkelig unshak(e)able *(fx* conviction, loyalty); immovable, unyielding, firm; *være* ~ maintain a firm attitude.
urokket unmoved, unshaken; firm.
urolig restless, uneasy, anxious *(for* about); *(som ikke sitter stille)* fidgety; *(uharmonisk)* disharmonious; *(adv)* uncomfortably *(fx* is that all, he asked uncomfortably); *han følte seg* ~ *til sinns* he felt troubled; his mind *(el.* heart) misgave him.
urolighet disturbance; *-er (opptøyer)* disturbances, riots.
urostifter troublemaker; rioter; *US* hell-raiser.
urskive dial, face of a watch (,clock).
urskog virgin forest, primeval forest.
urspråk primitive language.
urt *(bot)* herb, plant.
urteaktig *(adj)* herbaceous.
urtebrygg herb beer.
urtete herbal tea.
urtid prehistoric times, the earliest times, the beginning of time.
urtilstand primitive state.
urund *(om bremsetrommel, etc)* out of round; *gjøre* ~ wear out of round. **-het** out-of-round.
urverk works (of a clock (,watch)).
urviser hand of a watch, hand of a clock.
uryddig disorderly, untidy; *han fikk et* ~ *nedslag (om skihopper)* he landed untidily.
uryddighet disorderliness.
urørlig immovable.
urørt untouched, intact; *(ubeveget)* unmoved; *(jvf uberørt).*
uråd *(umulighet)* impossibility; *ane* ~ **T** smell a rat; suspect mischief; *det er* ~ *å* it's impossible to; *råd for* ~ a way out of the difficulty.
USA *(geogr)* the US(A); the United States (of America).
usagt unsaid, not said.
usakkyndig incompetent.
usammenhengende incoherent, disconnected; *(om fremstilling)* disjointed.
usammensatt uncompounded, simple; ~ *tid (gram)* simple tense.
usams: *bli* ~ fall out.
usann untrue, false; *snakke usant* tell a lie (,lies).
usannferdig untruthful.
usannhet untruth, falsehood, lie; *(beretnings, etc)* falsity; *si en* ~ tell a lie; *(jvf sannhet).*
usannsynlig improbable, unlikely.
usannsynlighet improbability; unlikeliness.
usanselig incorporeal; *(som ikke kan sanses)* immaterial.
usedelig immoral; ~ *forhold* gross indecency.
usedelighet immorality.
usedvanlig unusual, uncommon.
useilbar *(mar)* unnavigable.

uselgelig unsal(e)able, unmarketable. **-het** unsal(e)ableness.
uselskapelig unsociable. **-het** unsociability.
uselvisk unselfish *(fx* life, motive, person); disinterested, altruistic; *(sterkere)* selfless; *(adv)* -ly, altruistically.
uselviskhet unselfishness, disinterestedness, altruism; selflessness.
uselvstendig dependent (on others); weak; *(om arbeid)* unoriginal, imitative, derivative.
uselvstendighet dependence (on others); weakness; lack of originality.
usett unseen.
usigelig unspeakable, unutterable.
usikker 1*(som volder tvil, som tviler)* doubtful, uncertain; 2*(utrygg)* insecure; 3*(farlig)* unsafe, risky; 4*(ustø)* unsteady.
usikkerhet uncertainty; insecurity; unsteadiness.
usikkerhetsmoment element of uncertainty, uncertain factor; *til tross for disse -er fortonet tilværelsen i X seg som en idyll* in spite of these uncertain factors, life in (,at) X had an idyllic flavour.
usiktbar hazy; *-t vær* poor *(el.* low) visibility.
usivilisert uncivilized.
usjenert free and easy, unconstrained; at one's ease; unconcerned; *(uforstyrret)* undisturbed; *(frekk)* cool. **-het** ease, free and easy manner; *(frekkhet)* coolness.
uskadd unhurt, unharmed, uninjured; undamaged.
uskadelig harmless, innocuous.
uskadeliggjøre *(vb)* render harmless.
uskadeliggjøring rendering harmless; ~ *av bombe(r)* bomb disposal.
uskadelighet harmlessness, innocuousness.
uskattelig invaluable, priceless.
uskiftet undivided; *sitte i* ~ *bo* retain undivided possession of an (,the) estate.
uskikk bad habit, bad custom; nuisance.
uskikkelig naughty. **-het** naughtiness.
uskikket unfit, unqualified, unsuited *(til* for); *gjøre en* ~ disqualify sby; *(jvf ubrukelig).*
uskikkethet unfitness, unsuitability.
uskjedd undone, not happened.
uskjønn inelegant, ungraceful.
uskjønnhet inelegance, ungracefulness.
uskyld innocence; *(kyskhet)* chastity, purity, virginity; *bedyre sin* ~ protest one's innocence; *(se også uskyldighet).*
uskyldig innocent; *(kysk)* chaste; pure; *(se sette B:* ~ *opp et uskyldig ansikt).*
uskyldighet innocence; *spille krenket* ~ assume a pose of injured innocence; *(se for øvrig uskyld).*
uslepen rough, uncut *(fx* sapphire, emerald); *(om glass)* unground.
usling wretch; *feig* ~ (dastardly) coward.
uslitelig everlasting, indestructible.
uslukkelig inextinguishable; unquenchable *(fx* thirst).
uslåelig *(adj)* unbeatable.
usmak disagreeable taste.
usmakelig unsavoury; *US* unsavory *(fx* business, affair, story); *et* ~ *tema* an unsavoury subject.
usminket unpainted, without make-up; *(fig)* unvarnished *(fx* the unvarnished truth).
usnakket: *jeg har noe* ~ *med ham* I have a bone to pick with him; *jeg har ikke noe* ~ *med ham* I have nothing to say to him; I have no desire to meet him.
usolgt unsold.
usolid not strong; flimsy; thin; rickety; unsafe; *(om foretagende)* unsound.
usont unexpiated.
usortert unsorted.

uspiselig uneatable, inedible, not fit to eat.
uspurt unasked; uncalled-for *(fx* interference); uninvited.
ussel poor, wretched, miserable, paltry, pitiful; *i en ~ forfatning* in a miserable *(el.* wretched) state; *usle forhold* miserable conditions; *en ~ sum* a paltry sum.
usselhet misery, wretchedness, paltriness.
ustabil unstable; fluctuating *(fx* prices); unsettled. **-itet** unstableness, instability.
ustadig unsteady, unstable; *(om været)* unsettled, changeable, variable; fickle *(fx* a fickle girl).
ustadighet instability, inconstancy, unsteadiness; changeableness.
ustand: *i ~* out of order; *(se uorden).*
ustanselig *se uavbrutt.*
ustelt unkempt, untidy; messy.
ustemplet unstamped.
ustemt untuned; *(fon)* unvoiced *(fx* an unvoiced s).
ustraffet unpunished, with impunity.
ustudert uneducated, without a university training.
ustyrlig unruly, ungovernable, intractable.
ustyrlighet unruliness, intractability.
ustyrtelig *(adv)* enormously; incredibly; *~ mange penger* T heaps of money.
ustø unsteady; shaky; *(fig)* unstable; *reise seg -tt* stagger to one's feet.
ustøhet unsteadiness; *(fig)* instability.
usukret unsweetened.
usunn unhealthy; unwholesome; *(se sunn).*
usunnhet unhealthiness; unwholesomeness.
usurpator usurper. **usurpere** *(vb)* usurp.
usvekket unimpaired *(fx* vision); *~ interesse* unflagging *(el.* unabated) interest.
usvikelig unfailing, sure; unfaltering.
usymmetrisk unsymmetrical.
usympatisk unattractive, unpleasant; *(ikke velvillig stemt)* uncongenial *(fx* in u. company); unsympathetic *(fx* an u. attitude).
usynlig invisible. **-het** invisibility.
usystematisk unsystematic.
usømmelig improper, unseemly; *(uanstendig)* indecent. **-het** impropriety, unseemliness, indecency.
usårlig invulnerable. **-het** invulnerability.
ut out; *uken ~* to the end of the week; *~ for (mar)* off; *~ fra* from *(fx* from your point of view; reason from general principles and suppositions); on *(fx* act on a principle); *~ fra, den teori at* on the theory that; *kjenne ~ og inn* know thoroughly; know all the ins and outs of *(fx* a problem); know *(fx* sth) from A to Z; *han kjenner det ~ og inn (også)* he knows all there is to know about it; *jeg vet hverken ~ eller inn* I'm at my wits' end; *~ med deg!* get out! clear out! *jeg måtte ~ med £5* I had to pay £5; *han ville ikke ~ med det* he wouldn't say it; *år ~, år inn* year in and year out; *~ over* beyond; *til langt ~ på natta* far into the night; *jeg forstår ikke hva det går ~ på* T I don't get the message.
utabords *(mar)* on the outside; outboard; *(fx* an outboard engine).
utad *(adv)* outwards. **-gående** outward bound *(fx* ships); outgoing *(fx* traffic).
utadvendt 1. out-turned; **2**(*psykol)* extrovert.
utakk ingratitude; *~ er verdens lønn* there is no gratitude in the world; one must not expect any gratitude in this world.
utakknemlig ungrateful, unthankful; *(arbeid)* thankless *(fx* job, task), ungrateful *(fx* task, soil), unrewarding *(fx* an unrewarding task).
utakknemlighet ingratitude, unthankfulness;

thanklessness; *lønne en med ~* repay sby with ingratitude.
utakt: *komme i ~ (mus)* get out of time; *(mil)* fall *(el.* get) out of step.
utall countless number, no end of.
utallig innumerable, numberless, countless.
utalt uncounted, untold.
utarbeide *(vb)* work out *(fx* a scheme); draw up *(fx* a document, a list, a scheme); make up *(fx* a list); prepare *(fx* a report); compose *(fx* a speech); *~ en avtale* hammer out an agreement; *en fullt -t plan* a full-fledged scheme; *~ en felles praksis* draw up a common code of practice; *(se også utarbeidelse).*
utarbeidelse preparation, compilation; *under ~ (fx om ordbok)* in course of preparation *(el.* compilation); *jeg har ti søknader under ~* I have ten applications in various stages of completion; *du har oppfattet poenget riktig, men -n er svak* you have grasped the point, but failed to work it out properly.
utarmet impoverished.
utarte *(vb)* degenerate; *~ til* degenerate into; develop into *(fx* a cold that developed into a catarrh).
utarting degeneration.
utbasunere *(vb)* trumpet, blazon abroad; proclaim *(el.* shout) from the house tops; broadcast, advertise *(fx* there's no need to a. that I'm ill); *det er da ikke noe å ~* there's no need to shout it from the house tops.
utbe *(vb):* *~ seg* request; *svar -s* we request the favour of a reply; *(på innbydelse)* R.S.V.P.; *Deres svar -s pr. telegram* your answer is requested by wire; please wire reply.
utbedre *(vb)* repair.
utbedring repair.
utbetale *(vb)* pay (out), disburse; *de vil så ~ meg et tilsvarende beløp her i Norge* they will then pay me the equivalent amount *(el.* a corresponding amount *(el.* sum)) in this country *(el.* in Norway).
utbetaling payment, disbursement; *inn- og ~ (på bankkonto)* paing in and drawing out; *foreta inn- og -er* pay in and draw out; *vekselen forfaller til ~ neste onsdag* the bill falls due Wednesday week; *(se også anvise).*
utbetalingsmåte mode of payment; *dette viser at man regner med den samme ~ som under mitt opphold i England* this shows that the same mode of payment is reckonedwith as at the time of my stay in England.
utblåsing 1(*av forbrukt gass)* exhaust; **2**(*oljeind)* blowout.
utblåsningsventil exhaust valve; *(se ventil).*
utbre *(vb)* spread; *(et rykte)* spread, circulate; *~ seg om en sak* enlarge on a matter.
utbredelse spread, spreading, dissemination; diffusion; distribution; *vinne ~* spread *(fx* the opinion is spreading; the rumour has spread); gain ground *(fx* this view is gaining ground).
utbredt widespread; *(se II. alminnelig).*
utbrent burnt-out; *~ vulkan* extinct volcano.
utbringe *vb* **1**(*brev)* deliver; **2.:** *se skål.*
utbrudd outbreak, breaking out; *(om vulkan)* eruption; *(vredes-, etc)* burst, outburst; *komme til ~* break out.
utbrukt worn out, used up, spent.
utbryte *(vb)* break out; *(med uttrykk for sinnsbevegelse)* exclaim, burst out.
utbuet convex.
utby *vb (merk)* offer for sale.
utbygd *(subst)* out-of-the-way place; *(se bygd).*
utbygge *(vb)* develop; *(styrke)* strengthen; *inntil*

vassdraget er fullt utbygd pending full development of the watercourse.

utbygging development; *(forsterkning)* strengthening; *(utvidelse)* expansion; *den tekniske ~ skal foregå i fire etapper* technical construction work is planned to proceed by four different stages.

utbyggingsfond: *Distriktenes ~ =* Regional Development Fund.

utbyggingsprogram development programme.

utbytning exploitation.

I. utbytte *(subst)* profit, proceeds, yield; dividend; *(fig)* benefit, advantage; *det avtagende -s lov (økon)* the law of diminishing returns; *med ~* profitably, advantageously; *få fullt ~ av sin fritid* get full value out of one's leisure.

II. utbytte *(vb)* 1. exploit; *(med sultelønn)* sweat *(fx* one's workers); 2. = *bytte ut; (se II. bytte).*

utbyttereguleringsfond dividend (equalization) reserve.

utbytterik profitable.

utbytting *se utbytning.*

utbæring carrying out; *(av post)* delivery.

utdanne *(vb)* train, educate; *~ seg i et fag* learn a subject (,a trade); *~ seg som* qualify as *(fx* a typist); *fullt -t* fully qualified, fully trained.

utdannelse training, education; *i fem år etter endt ~* for five years after they have completed their training; *han har en god ~* he has a good education; *he's well educated; høyere ~* higher education; university training *(el.* education); *med høyere ~* with higher education; *with a university degree, university trained; fullføre sin ~* get through with one's education; *støtte til ~* education grant; training grant; *(se søknad).*

utdanning *se utdannelse.*

utdanningsformål: *støtte til ~* education grant; training grant.

utdanningssektor: *ord og uttrykk fra -en* words and phrases connected with education, educational terms.

utdebattere *(vb)* exhaust *(fx* a subject); thrash out *(fx* a problem).

utdele *(vb)* distribute, share out, apportion; *(se dele: ~ ut).*

utdeling distribution.

utdrag extract; *(kort)* abstract, summary; *~ av* extract of *(el.* from).

utdrikningslag 1. boozing session; 2*(for brudgom)* stag(-night) party.

utdunstning exhalation.

utdype *(vb)* deepen, make deeper; *(fig)* go thoroughly into *(fx* a question).

utdypning deepening.

utdø *(vb)* become extinct.

utdødd extinct.

ute out; *(forbi)* at an end, finished, over; *det er ~ med ham* he's done for; T his number is up; *han er ~ av seg (av glede)* he is beside himself (with joy); *de er ~ etter deg* they are after you; T they're after *(el.* out for) your blood; *hva er han ~ etter?* what's he after? *han er ~ etter pengene hennes* he is after *(el.* has designs on) her money; *han bor ~ i Ealing et sted* T he lives out Ealing way; *(se sesong).*

utearbeid outdoor work.

utebli *(vb)* stay away *(fx* from a meeting, from a lecture), fail to come, fail to appear; *~ uten tillatelse* be absent without permission *(el.* leave); *hvis betaling(en) -r* failing payment.

uteblivelse staying away, non-appearance, non-attendance; *(fra retten)* default.

uteblivelsesdom *(jur)* judgment by default; *avsi ~* deliver judgment by default.

utebruk: *til ~ (om klær)* for outdoor wear; outdoor *(fx* an outdoor sweater).

utedo pit privy.

uteglemt left out (by mistake).

utekkelig disagreeable; improper; offensive.

utelate *(vb)* leave out, omit. **-else** omission.

uteligger down-and-out; US hobo.

uteliv outdoor life.

utelukke *(vt)* 1*(lukke ute)* shut out; 2*(fig)* rule out; *(stenge ute)* exclude; *han ble -t fra det gode selskap* he was excluded from (good) society; *det ene -r det annet* the one rules out the other; *(stivt)* the one precludes the other; *to oppfatninger som gjensidig -r hverandre* two conceptions that are mutually exclusive; *det -r ham* (ɔ: dermed kommer ikke han på tale som kandidat, mistenkt, etc) that lets him out; 3*(fig)(forhindre; forebygge)* prevent; *(stivt)* preclude; *for å ~ enhver misforståelse* to prevent *(el.* preclude) all misunderstandings.

utelukkelse exclusion. **-ende** *(adv)* exclusively, solely.

utemmelig untam(e)able.

uten without *(fx* w. your help); *~ at De hjelper meg* unless you help me; *alle ~ én* all except one; *være ~ arbeid* be out of work; *~ at jeg visste det* without my knowing it; without my knowledge; *~ at man kom til enighet* without any agreement being reached; *~ med* except with; *~ når* except when.

utenat by heart; *lære noe ~* learn sth by heart, memorize sth, commit sth to memory.

utenatlæring learning by heart, rote-learning, memorizing.

utenbords *se utabords.*

utenbygds: *~ fra* from another district; non-local *(fx* members).

utenbys outside the town, out of town; non-local; *reise ~* leave town.

utendørs outdoor *(fx* outdoor advertising); *(adv)* outdoors; out of doors.

utenfor *(prep)* outside *(fx* the building); *(mar)* off *(fx* the coast); out of *(fx* danger); *~ arbeidstiden* out of hours, out of working (,office) hours; *han er født ~ Norge* he was born out of Norway; *det ligger ~ spørsmålet* that is beside the question; *for en som står ~ det hele* for *(el.* to) the outsider; *stå ~ saken* have nothing to do with the matter; 2*(adv)* outside; *bli med ~* come outside; *jeg er helt ~ (ɔ: har ikke fulgt med)* T I'm out of the swim; *de er litt ~ etter ferien (om elever m.h.t. kunnskaper)* they haven't caught up after the holidays; they're a bit behind after the hols.; S they're not quite with it yet; *(se sesong; sette B).*

utenforliggende *(uvedkommende)* irrelevant; *(som ligger utenfor)* external; *~ hensyn* ulterior considerations. **-stående:** *en ~* an outsider; *har noen ~ ytet assistanse i forbindelse med havariet?* did any third party render *(el.* give) assistance in connection with the accident?

utenfra from outside; *hjelp ~* outside help; *åpne døra ~* open the door from outside.

utenkelig unthinkable, inconceivable; *(utelukket)* (quite) out of the question; *på de mest -e steder* in the most unlikely places.

utenlands abroad; *dra ~* go abroad.

utenlandsk foreign; *i ~ tjeneste* on foreign service.

utenlandskorrespondent foreign correspondence clerk *(el.* translator).

utenlandsopphold stay abroad. **-reise** journey abroad; *han har nettopp kommet tilbake fra sin ~* he is just back from abroad.

utenom 1*(adv)* outside, on the outside; round *(fx* go r. it); *det er ingen vei ~* there is no other way out *(fx* of this difficulty); there is no other course (open to us); there is no alternative; *hun tjener penger ~* T she earns money on the side; 2*(prep)* (on the) outside of; *~ dette* beyond this; *intelligent ~ det alminnelige* intelligent beyond the ordinary; *noe ~ det vanlige* sth out of the ordinary; *gå ~ saken* evade *(el.* shirk) the issue; T beat about the bush; *gå langt ~ noe* give sth a wide berth.

utenom|hensyn *(pl)* ulterior considerations. **-snakk** irrelevant remarks; T beating about the bush; *han kom først med en hel del ~* he approached the subject in a roundabout way.

utenpå outside; on the outside (of).

utenpåskrift outside address.

utenriksdepartement Ministry of Foreign Affairs; UK Foreign Office; US State Department.

utenriks|fart foreign trade *(fx* ships engaged in f. t.). **-handel** foreign trade; *et stort underskudd i -en* a large foreign trade deficit. **-kronikk** *(i radio)* foreign affairs report. **-minister** Minister of Foreign Affairs, Foreign Minister; UK Foreign Secretary; US Secretary of State. **-politikk** 1. foreign policy; 2. foreign politics, foreign *(el.* international) affairs.

utenrikspolitisk relating to foreign politics; *Norsk ~ institutt* Norwegian Institute of International Affairs.

utenriksregnskap balance of payments; *(se betalingsbalanse).*

utenriksråd *(departementsråd i Utenriksdepartementet)* undersecretary of State at the Foreign Office; permanent undersecretary at the Foreign Office; *(jvf departementsråd).*

utenskjærs beyond the skerries; in open waters.

utenverden outside world.

uteske *(vb)* challenge, provoke. **-nde** provocative.

utestengt shut out.

utestående: *~ fordringer* outstanding *(el.* unpaid) accounts; *ha penger ~* have money owing to one; *ha noe ~ med en* have a bone to pick with sby; have an old score to settle with sby; *(jvf tilgodehavende).*

utetillegg expatriation allowance.

utetjeneste *(jernb)* outside service; *(på gods- el. skiftetomt)* yard service.

utett leaky; *~ sted* leak. **-het** leakiness; leak, crack.

utfall 1*(i fektekunst)* lunge; pass; 2. outcome; result; issue *(fx* the issue of the war); *heldig ~* success; *få et dårlig ~* fail; *få et annet ~* turn out differently.

utfart *(i masse)* exodus *(fx* the Easter e. from Oslo).

utfarts|sted (popular) excursion spot, popular resort for day-trippers, road-house. **-vei** exit road.

utfattig destitute, penniless.

utferdige *(vb)* draw up, prepare; *(sende ut)* issue. **-lse** drawing up, preparation.

utflod discharge, flux.

utflukt excursion, outing, trip; *(unnskyldning)* excuse; *det er tomme -er* those are mere excuses; *komme med -er* quibble, shuffle; give an evasive answer, resort to equivocations; make shuffling excuses; *kom ikke med -er!* T don't beat about the bush! *når man spør ham om det, kommer han med -er* if you ask him about it he gives evasive answers (,T: he beats about the bush).

utflytende *(adj)* vague; indistinct; blurred; hazy; unsharp; poorly defined; indefinite; *~ konturer* blurred *(el.* indistinct) outlines *(el.* contours); *en*

~ stil a diffuse *(el.* inconsistent) style; *det er nokså ~* it's rather vague; *det hele er for ~ og må strammes inn* it's all too vague and needs tightening up; *svært løst og ~* very vague and indefinite; *planene hans er så ~* his plans are so vague.

utfolde *(vb)* unfold; *(legge for dagen)* display; *(utvikle)* develop. **-else** development; display.

utfor *(adv & prep)* over; *falle ~* fall over; *~ bakken* downhill; *sette ~ for første gang (på ski)* make one's first real downward run.

utforbakke downhill slope; *start i ~ (med bil)* start while moving downhill.

utfor|dre *(vb)* challenge; *(trosse)* defy, dare. **-drende** challenging, defiant; *den ~* the challenger.

utfordring challenge.

utforkjøring *(på ski)* descent; *(se utfor; utforrenn).* **-løype** (ski) downhill piste *(el.* course *el.* track).

utforme *(vb)* shape, model; *(avfatte)* frame.

utforming shaping *(fx* make valuable contributions to the s. of the work); framing.

utforrenn *(på ski)* downhill race; downhill (racing).

utforske *(vb)* find out, investigate; *(et område)* explore. **-(n)ing** investigation; *(av område)* exploration.

utfritte *(vb)* question closely, cross-examine, pump.

utfylle *(vb)* 1.: *se fylle: ~ ut;* 2. supplement, complement *(fx* the two volumes c. one another).

utfylling filling in; supplementing; complementing.

utfyllingsoppgave filling-in exercise.

utfyllingsvalg by-election.

utføre *(vb)* 1*(eksportere)* export; 2*(ekspedere)* execute *(fx* an order); 3*(instruks, ordre)* carry out; 4*(om arbeid)* execute *(fx* a piece of work); *~ pakkingen* do the packing; *~ en plan* execute *(el.* carry out) a plan.

utførelse 1*(av bestilling)* execution *(fx* the e. of an order); *(av instruks)* carrying out *(fx* the c. o. of instructions); *(av arbeid)* execution; *(om plikter)* discharge, performance *(fx* of one's duties); 2*(konstruksjon)* design; 3*(om arbeids kvalitet)* workmanship, craftsmanship; *fagmessig ~* first-class workmanship; *bringe til ~* carry into effect; *komme til ~* materialize *(fx* our plans did not m.); *er nå under ~* is now being executed; is now in hand *(fx* your order is now in h.).

utførlig 1*(adj)* detailed; *(meget detaljert)* elaborate; *(uttømmende)* exhaustive; *-e opplysninger* full particulars; *en ~ beretning* a full *(el.* detailed) report; 2*(adv)* fully, in detail *(fx* write in d.); *behandle ~* go *(el.* enter) into details, treat at length, treat in full detail; *behandle -ere* treat more fully; *forklare ~* explain at length; *temmelig ~* at some length; in some detail.

utførlighet fullness, completeness.

utførsel 1*(det å føre ut varer)* exportation, export *(fx* the e. of paper); export trade; 2.: *-en (utførte varer)* exports; *norsk ~, -en fra Norge* Norwegian exports; *(jvf eksport).*

utførsels|angivelse specification of goods exported. **-artikkel** export, article for export. **-godtgjørelse** drawback.

utførselshavn port of exportation; *(se for øvrig eksport).*

utgammel very old.

utgang 1*(veien)* way out; *(stedet)* exit; 2*(slutt)* close, end; *ved årets ~* at the end of the year; 3*(riktig)* result, outcome, issue; 4*(kort)* game.

utgangs|dør outer door; *(i kinosal, etc)* exit (door). **-melding** *(kort)* game; *få ~* make a game.

utgangspunkt point of departure, starting point; basis; *finne et felles ~ for forhandlinger* find a common ground for negotiations; *ta sitt ~ i ...* take ... as one's starting point; *med ~ i* based on *(fx* we demand a revision of the building account, based on the chartered accountant's report); *med ~ i Deres skriv akter vi å ... as* as a result of your communication, we intend to ...; *(se innbefatte; I. skulle 19).*

utgangsstilling initial position; *(gymn)* basic position; *(golf, cricket, boksing)* stance.

utgave edition; version *(fx* of a story); *boka foreligger i ny ~* a new edition of the book has appeared *(el.* is available).

utgi *(vb)* publish *(fx* a book); issue; *(redigere)* edit *(fx* a periodical); *(om forfatter)* bring out; *har De -tt noe? (sagt til forfatter, etc)* have you had anything published? *~ seg for noe* pass oneself off as something.

utgift expense, outlay, disbursement; *en ~* an expense, a disbursement; *(en utgiftspost)* an item of expenditure; *direkte -er* actual *(el.* out-of-pocket) expenses; *diverse -er* sundry expenses, sundries, incidentals; *faste -er* overhead expenses, overheads; *løpende -er* current expenses; *det kom mange -er til* a lot of expenses arose; *offentlige -er* public spending; *samlede -er* total expenditure; *de samlede -er (også)* the total disbursed; *små -er* small expenses, petty expenses, a modest outlay; *store -er* heavy expenses, heavy expenditure; great *(el.* heavy) expense *(fx* this has put us to great expense); *vi har pådratt oss store -er* we have incurred great expense; *tilfeldige -er* incidentals; *uforutsette -er* unforeseen expenditure; contingencies; *bestride -ene* defray the expenses; pay; *få sine -er dekket* get back *(el.* recover) one's outlay *(el.* expenses); have one's expenses paid; *vi har hatt betydelige -er (også)* we have been at considerable expense; *denne forsinkelse har skaffet meg store -er* this delay has put me to great expense; *skaffe seg -er* put oneself to expense; *føre til ~ (i bokføring)* charge to expenditure; *-er til* expenses for; *-er til legehjelp* medical expenses *(el.* fees); **uten** *-er for Dem* without cost to you, without any expenditure on your part, free of charge (to you); *-ene ved* the expenses of, the cost of; the expenses connected with.

utgifts|konto charges account. **-post** item of expenditure. **-side** debit side; *(av budsjett)* expenditure side. **-økning** increase in expenditures.

utgivelse publication; *(redigering)* editing; *under ~* in course of publication; *(se utgi).*

utgivelsesår year of publication.

utgiver publisher; *(redaktør)* editor.

utgjort: *det er som ~ T* just like my luck.

utgjøre *(vb)* constitute *(fx* 52 cards c. a pack); make *(fx* this volume made the last volume of his collected works); form; *(om beløp)* amount to, come to; *som utgjør Deres andel av utgiftene i forbindelse med fremstilling av verktøy* which represents your share of the cost of production of tools.

utglidning *fig (moralsk, etc)* backslide, backsliding.

utgløde *vb (herde)* temper *(fx* steel).

utgravd: *~ masse (gravemasse)* waste bank.

utgravning digging out, excavation.

utgrunne *(vb)* fathom.

utgyte *(vb)* pour out; *~ blod* spill blood; *~ sitt hjerte (for)* unbosom oneself (to).

utgytelse effusion, outpouring.

utgå *(vb)* issue; *(utelates)* be omitted, be struck out; *~ fra* emanate *(el.* come) from, have its origin in; *(fra person)* originate with.

I. utgående *(subst): for ~* outgoing; *(mar)* outward bound.

II. utgående *(adj)* outgoing *(fx* trains); outward-bound *(fx* ships); *~ post* outgoing mail; *~ tidevann* ebb tide, outgoing tide.

utgått: *en ~ sko* a worn-out shoe; *-e vareslag (om tekstiler)* broken *(el.* discontinued) ranges; *(se også utslitt).*

uthaler rake, roué.

uthavn outport.

uthengseksemplar show number.

uthengs|skap showcase. **-skilt** signboard, (shop) sign.

utheve *(vb)* emphasize, stress; *(typ)* space out; *(kursivere)* italicize.

uthevelse: *-ne er gjort av oss* the italics are ours; our italics.

uthogd hewn, cut (out); *(om skog)* thinned (out).

utholde *(vb)* bear, stand, endure, sustain, go through with, bear up against.

utholdende persevering; *han er ikke ~* he has no staying power.

utholdenhet perseverance, endurance.

utholdenhetsrekord endurance record.

uthule*(vb)* hollow, scoop (out); *(fig)* undermine; *(se underminere).*

uthungret starved.

uthus outhouse; *(driftsbygning)* outbuilding.

uthvilt rested *(fx* tomorrow when we are rested); refreshed *(fx* he woke up refreshed); *begynne reisen frisk og ~ (også)* start off fresh.

utid: *i ~* out of season, at the wrong time; *i tide og -e* in season and out of season.

utidig *(urimelig)* unreasonable, naughty *(fx* child); *jeg håper De ikke betrakter dette som ~ mas, men ... I* hope you do not consider this unreasonably persistent, but ...

utidighet unreasonableness.

utilbørlig *(adj)* improper, undue; *(adv)* improperly, unduly.

utilbørlighet impropriety.

utilbøyelig disinclined.

utilbøyelighet disinclination.

utilfreds dissatisfied; discontented; *~ med at* displeased that.

utilfredshet dissatisfaction, discontent; *(se skape 2).*

utilfredsstillende not satisfactory, unsatisfactory.

utilfredsstilt unsatisfied.

utilgivelig unpardonable, inexcusable, unforgivable.

utilgjengelig inaccessible.

utilgjengelighet inaccessibility.

utillatelig *(adj)* inadmissible; *en ~ feil* an unforgivable mistake.

utilnærmelig unapproachable, reserved, distant; T stand-offish.

utilpass: *være ~* feel unwell.

utilregnelig irresponsible, not accountable for one's actions.

utilregnelighet irresponsibility.

utilslørt unveiled.

utilstrekkelig insufficient; inadequate; *det er foruroligende å måtte konstatere hvor -e disse ordbøkene er innenfor den ramme de gir seg selv* it is disquieting to discover the inadequacy of these dictionaries within their own limits; *et ~ motivert forslag* a proposal resting on an insufficiently reasoned basis.

utilstrekkelighet insufficiency, inadequacy.

utiltalende unattractive, unpleasant.

uting absurdity, nuisance.

utjenlig useless, unserviceable.

utjevne *(vb)* smooth out *(fx* difficulties); *(jevne)* even, level.

utjevning smoothing out; levelling, equalization; *en utjevnings- og tilpasningsprosess* a process of equalization and adaptation.
utkant outskirts *(fx* on the outskirts of the town).
utkast (rough) draft; sketch; design *(til* of); ~ *til rapport* draft report.
utkaster chucker-out; US bouncer; *(jvf innkaster).*
utkik(k) look-out; *holde (skarp)* ~ *etter* keep a (sharp) look-out for; *stå på* ~ be on the lookout *(etter* for).
utkjempe *vb (en strid)* fight out.
utkjørsel (exit) gateway; (exit) drive; *(fra motorvei)* exit (road).
utkjørsignal *(jernb)* departure *(el.* exit) signal, starting signal.
utkjørt T done in, dead-beat, bone-tired.
utklarere *(vb)* clear outwards. **-ing** clearance outwards.
utkledd dressed up, rigged out.
utklekke *vb (også fig)* hatch.
utklekning hatching.
utklekningsapparat incubator.
utklipp *(avis-)* cutting; US clipping.
utkommandere *(vb)* call out.
I. utkomme *(subst): ha sitt gode* ~ be comfortably off.
II. utkomme *vb (om bok)* be published, appear; *-t hos* published by; *magasinet -r én gang i måneden* the magazine comes out monthly.
utkople *(vb) se kople:* ~ *ut.*
utkopling *(elekt)* cutting off *(el.* out), interruption.
utkrystallisere *(vb):* ~ *seg* crystallize.
utkåre *(vb)* choose, elect; *hennes utkårne* the object of her choice.
utladet: *batteriet er* ~ the battery has got run down *(el.* has gone flat).
utladning discharge.
utlandet foreign countries; *fra* ~ from abroad; *i* ~ abroad; *i det store utland* in the wide world; *handel med* ~ foreign trade; *reise til* ~ go abroad; *sende til* ~ send abroad; *for alle forsendelser til* ~ for all goods sent abroad; for all consignments (,shipments) (for) abroad; *(se innland).*
utlede *(vb)* deduce *(av* from); (se slutte 3).
utlegg outlay, disbursement; *(jur)* distress; distraint; *ta* ~ *i (jur)* distrain on; *få sine* ~ *dekket* recover one's expenses.
utlegge *vb (forklare)* explain, interpret; construe; *(se barnefar).*
utleggerbord *(typ)* delivery table.
utlegning explanation, interpretation.
utleie letting *(fx* boats); letting out on hire, hiring out.
utlendighet exile.
utlending foreigner; *(ofte)* foreign visitor; *(jur)* alien; *Statens -skontor* the Government Aliens Office.
utlevd decrepit, spent; *(fig)* effete *(fx* aristocracy).
utlevere *(vb)* deliver; *(overgi)* hand over; surrender; *(gi fra seg)* part with; *(fordele)* distribute; *(forbryter)* extradite; *begjære en forbryter -t* demand the extradition of a criminal; *Norge vil prøve å få ham -t* Norway will seek extradition for him; ~ *seg (kompromittere seg)* compromise oneself; *(røpe seg)* give oneself away.
utlevering delivery; surrender; *(av forbryter)* extradition; *begjære* ~ demand extradition *(fx* it is, presumably, no use demanding extradition in this case); *Frankrike vil stille krav om* ~ *av forbryteren* France will demand the extradition of the criminal.

utleveringsordre *(merk)* delivery order. **-traktat** extradition treaty.
utligne *(vb)* balance, offset; neutralize; *(også i fotb)* equalize; settle, balance *(fx* an account); *(skatter)* assess (taxes); ~ *disse utgiftene på medlemmene* divide these expenses among the members.
utligning *(betaling)* settlement, payment; *(om skatt)* supplementary taxation; *til* ~ *av* in settlement *(el.* payment) of; *til* ~ *av vårt mellomværende* to balance our accounts; in settlement of our account; *til delvis* ~ *av* in part payment of.
utlodning raffle; *(se lodde:* ~ *ut).*
utlove *(vb)* offer, promise.
utlufting airing, ventilation.
utlyd *(fon)* final sound; *i* ~ in a final position, when final.
utlydende *(fon)* final.
utlært having served one's apprenticeship; (fully) qualified; *hvor lang tid tok det deg å bli* ~ *?* how long did you have to train before you knew the job?
utløe outlying barn.
utløp *(av elv)* outlet, issue, mouth; *(av tid)* expiration, expiry; ~ *av en frist* expiration *(el.* expiry) of a term; effluxion of time; *innen fristens* ~ within the prescribed period *(el.* term); *kontraktens* ~ expiration of contract; *ved -et av den avtalte betalingsfrist* at the end of the agreed *(el.* appointed) period of credit; *ved -et av den avtalte frist på 10 år* at the end of the agreed *(el.* appointed) period of ten years; on the expiration of the term of ten years; *ved -et av hans funksjonstid* at the expiry *(el.* end) of his term of office; *(jvf kontrakttid: ved -ens opphør);* *han fikk* ~ *for sin harme i voldsomme angrep på regjeringen* his anger vented itself in violent denunciation of the Government.
utløpe *vb (om tid)* expire; *min permisjon er -t* my leave is up.
utløper *(bot)* offshoot, runner; *(av fjellkjede)* spur, foothill; *Alpenes siste -e* the last foothills of the Alps; *verdensbyens -e* the fringes of the metropolis.
utløpsrør discharge pipe. **-tid** date of expiry. **-ventil** delivery *(el.* outlet) valve; exhaust valve; *(se ventil).*
utløse *vb (betale løsepenger for)* ransom; *(om følelser, etc)* provoke, call forth; start *(fx* this started a new train of thought in his mind); arouse *(fx* a feeling of relief; great enthusiasm among her audience); trigger off *(fx* a revolutionary movement); *(frigjøre)* release; *(pantsatte saker)* redeem.
utløsersnor *(til fallskjerm; manuell)* ripcord; *(automatisk, festet til flyet)* static line.
utløsning ransoming; releasing; redeeming; *seksuell* ~ orgasm; sexual satisfaction; *få* ~ experience orgasm; T come off; *(se utløse).*
utlån loan.
utlånsbibliotek lending library. **-frist** *(lånefrist for bøker, etc)* time limit. **-rente** interest on loans; *(se rente; rentemargin).* **-skranke** issue desk.
utmaiet dressed up, rigged out; *(jvf påpyntet).*
utmale *vb (i ord)* depict; ~ *seg* picture (to oneself).
utmark outlying *(el.* isolated) field; *(som beite)* rough grazing; *(se innmark).*
utmarsj *(mil)* pack march, march with full equipment, route march; *(se marsj).*
utmattelse exhaustion.
utmattet exhausted, worn out; T dead-beat, done up, dog-tired.
utmeldelse, utmelding withdrawal.

utmeldingsbevis certificate of withdrawal.
utmeldingsformular withdrawal form.
utmeldt *se melde:* ~ *ut.*
utmerke *(vb)* distinguish; ~ *seg* distinguish oneself, gain distinction.
utmerkelse distinction.
utmerket excellent; *jeg vet* ~ *godt at* I know quite *(el.* very) well that.
utmåling measuring out.
utnevne *(vb)* appoint, nominate; *han ble -t til minister* he was appointed minister.
utnevnelse appointment; *hans* ~ *til* his a. as.
utnytte *(vb)* turn to account, utilize; exploit, make the most of; employ to good purpose *(fx* this change was employed to g. p. by the inhabitants); cash in on *(fx* the favourable situation); *de -t ham (også)* they made crooked use of him.
utnyttelse utilization; exploitation.
utopi: *en* ~ a Utopian idea (,scheme, *etc); (se framtidsutopi).*
utopisk Utopian.
utover **1***(adv)* outwards *(fx* the window opens o. *(el.* to the outside); turn one's feet o.); *en tid* ~ for some time to come; **2***(prep) (hinsides)* beyond *(fx* not beyond that point); *(forbi)* past; *hele sommeren* ~ throughout the summer; *gå* ~ *instruksen* exceed one's instructions; *sette seg* ~ disregard, ignore *(fx* sby's orders); ~ *et beløp på £100* a sum in excess of £100; *atskillige tonn* ~ *hva vi trengte* several tons over and above what we wanted; several tons in excess of our requirements; *(se også tidsrom).*
utoverhengende overhanging.
utpakking unpacking.
utpante *vb (jur)* distrain on; *(se utpant(n)ing).*
utpant(n)ing *(jur)* distraining (on a tenant's goods for non-payment of rent), levying of distress; *foreta* ~ *i* distrain on *(fx* the landlord has distrained on the furniture); *inndrive husleie ved* ~ distrain for rent.
utparsellere *(vb)* parcel out (into lots).
utpeke *(vb)* point out; indicate, designate; *(utnevne)* appoint *(fx* he was appointed to succeed X).
utpensle *(vb)* elaborate, work out in detail.
utpensling elaboration.
utpine *(vb)* exhaust *(fx* the soil).
utpint impoverished, exhausted; *(utsuget)* bled white; *(jord)* exhausted.
utpiping hissing; booing, hooting; ~ *og hånlige tilrop* hooting and scoffing.
utplukk *(pl)* excerpts, extracts, selections *(av* from).
utplyndre *(vb)* plunder, rob; fleece.
utplyndring plundering, robbing; fleecing.
utpost outpost.
utpreget marked, emphatic, pronounced; *et* ~ *industriområde* a typical industrial district.
utpresser blackmailer, extortioner.
utpressing *(av penger)* blackmail, extortion.
utprøve *(vb)* test, try out.
utpønse *(vb)* think out, devise, concoct *(fx* a scheme).
utradisjonell untraditional; unconventional *(fx* building methods); unorthodox *(fx* materials).
utrangere *(vb)* discard, scrap.
utrede *(vb)* **1***(forklare)* explain; *(klarlegge)* clear up, elucidate; ~ *et spørsmål* consider *(el.* review) a question, discuss a q.; **2***(betale)* pay, defray, meet; *omkostningene -s av denne konto* (the) expenses are charged to this account.
utredning explanation; elucidation; *(fremstilling)* detailed statement *(el.* exposition); (committee) report; *spørsmålet er under* ~ the question is

under deliberation; a report is being drawn up on the subject; *en* ~ *av spørsmålet om hvorvidt* a report on the question as to whether; *det er vårt bestemte inntrykk at særlig dette trenger* ~ we have the definite impression that this point, in particular, needs clarification; *til videre* ~ for further consideration; *komme med en lengre* ~ make a lengthy statement *(fx* on the subject); deal with *(fx* the subject) at some length.
utregning calculation.
utreise *(mar)* outward journey; outward voyage *(el.* passage), passage out; *(det å forlate landet)* leaving the country, departure; *(se 1. reise).*
utreisedag day of departure. **-forbud** the requirement of an exit permit (for leaving the country). **-tillatelse** permission to leave the country, exit permit. **-visum** exit visa.
utrengsmål: *i* ~ needlessly.
utrens(k)e *vb (polit)* purge, clean out; cleanse; purify.
utrette *(vb)* do, perform; ~ *et ærend* carry out an errand; *få -t flere ærender samtidig* get various errands done at the same time; do various errands at one go.
utrettelig indefatigable, untiring.
utrettelighet indefatigability.
utrigger outrigger.
utringet *(om kjole)* low, low-necked.
utringning *(hals-)* neck opening.
utrivelig uncomfortable; *(ubehagelig)* unpleasant, disagreeable; *(om vær)* nasty.
utro unfaithful; *(ulojal)* disloyal.
utrolig incredible; unbelievable; *(adv)* incredibly; unbelievably.
utrop outcry, exclamation, shout.
utrope *(vb)* proclaim; *bli -t til konge* be proclaimed king.
utroper herald, town crier.
utropsord *(gram)* interjection.
utropstegn exclamation mark; **US** exclamation point.
utroskap unfaithfulness *(fx* the u. of his wife), infidelity *(fx* marital i.); disloyalty.
utruge *(vb)* hatch; *(jvf utklekke).*
utrugning hatching; *(kunstig)* (artificial) incubation; *(se utklekning).*
utruste *(vb)* fit out, equip; furnish *(med* with).
utrustning equipment, outfit.
utrydde *(vb)* eliminate, wipe out, eradicate, exterminate, extirpate; ~ *en sykdom* eradicate a disease; ~ *rotter* exterminate rats.
utryddelse extermination, eradication, extirpation. **-skrig** war of extermination.
utrygg insecure, unsafe. **-het** insecurity.
utrykning *(av vakt, etc)* turn-out; *(ofte* = *)* alarm; *brannvesenet hadde to -er the* fire brigade was called out twice; *(se politiutrykning; storutrykning).*
utrykningsvogn emergency vehicle.
utrykt unprinted, unpublished.
utrørt mixed, stirred in.
utrøstelig inconsolable, disconsolate *(over* at).
utrøstelighet disconsolateness.
utsagn statement, assertion; *etter hans* ~ according to what he says.
utsagnsverb *(gram)* verb of statement.
utsalg sale; *(butikk)* shop; *Birger Lie A/S er et* ~ *i samme by for Lie & Co. A/S* Messrs. Birger Lie A/S are retailers in the same town for Messrs. Lie & Co. A/S; *en som går på* ~ *a* sale-goer; *kjøpe varer på* ~ buy goods at the sales *(el.* in the sale).
utsalgspris retail price; *(nedsatt)* sale price. **-sted** shop. **-vare** sale item.
utsatt **1***(om sted)* exposed; *(sårbar)* vulnerable;

2. postponed, put off; ~ *prøve* reference *(fx r. is usually allowed in one subject only)*; re-sit; US supplementary exam; **US T** sup *(fx* sit for a sup*)*; *få gå opp til* ~ *prøve* be referred (for re-examination); *elev som går opp til* ~ *prøve* re-examinee; *inspisere ved* ~ *prøve i engelsk* invigilate at the re-sit in English; *(jvf utsette)*.

utsatthet exposed position; exposure; vulnerability.

utse *(vb)* select, choose, pick out; *bli -tt til forfremmelse* be marked out *(el. selected)* for promotion.

utseende appearance, look; *(om person)* looks; *han har -t mot seg* his appearance is *(el. goes)* against him; *jeg kjenner ham av* ~ I know him by sight; *å dømme etter -t* to judge by appearance; *gi seg* ~ *av* affect.

utsendelse dispatch, sending; *(radio-)* broadcast; *(TV)* telecast.

I. utsending *(subst): se utsendelse.*

II. utsending *(subst):* delegate.

utsette *vb* **1***(fx for fare)* expose (to); **2***(oppsette)* postpone, put off; **3***(dadle)* find fault with; *han har utsatt seg for fare* he has exposed himself to danger; ~ *seg for å* run the risk of; *være utsatt for et uhell* meet with an accident; *(jvf utsatt)*.

utsettelse **1***(for fare)* exposure; **2.** postponement, deferment, delay; *be om* ~ *med betalingen* ask for an extension (of time); ask for delay *(fx* customer asks for d. till June 10th); ~ *med innkallingen (mil)* deferment of call-up; *(se tåle)*.

utsettelsesforslag motion for adjournment.

utsettelsestaktikk delaying tactics, stalling tactics.

utside outside.

utsikt **1.** view *(over* of, over, *fx* a wonderful v. over the valley)*; vision *(fx* the helmsman has good vision through large windows)*; ~ *bakover (fx fra førersete i bil)* view to the rear; *god* ~ a good view *(fx* there's a good view from the tower)*; *med* ~ with a view *(fx* a room with a view)*; *med* ~ *over havet* with a sea view; overlooking the sea; *så bredte en herlig* ~ *seg ut foran oss* then a magnificent view opened out before us; **2***(mulighet)* prospect *(til* of, *fx* no p. of peace)*; chance *(til* of)*; outlook *(fx* the outlook for this industry appears to be very good)*; *han er uten arbeid og har ingen* ~ *til å få noe* he is out of work and has nothing in prospect; *værutsikter for morgendagen (for de nærmeste dager)* further outlook; *the outlook for tomorrow, tomorrow's outlook*; *dårlige -er* poor prospects; a bad outlook; *han har gode -er* his prospects are good; *et yrke med gode -er* a profession in which one can go far; *dette yrket byr ikke på noen -er for tiden* this profession offers no prospects whatever (,T: is a dead end) at present; *han har alle -er til å* he has every prospect of (-ing); *det er* ~ *til en viss skattelettelse* some relief to the taxpayers is in prospect.

utsiktsbilde *(fot)* distance shot, vista shot. **-punkt** viewpoint; US lookout (point). **-salong** *(på skip)* observation lounge.

utsiktstomt (building) site with a view; *«Enebolig til salgs. Utsiktstomt. Høy standard og prisklasse.» (kan gjengis)* ''Detached house for sale. Good view. High standard and price.''

utsiktstårn observation tower.

utskiftbar replaceable; interchangeable; *maskin med -e deler* machine with interchangeable parts.

utskifte *vb (bytte om)* replace.

utskift(n)ing *(også polit)* replacement *(fx* the r. of Mr. X at the Department of Employment and

Productivity); *de er for lengst modne for* ~ *(polit)* they are long overdue for change.

utskille *(vb)* separate; *(utsondre)* secrete; *(kjem)* liberate, set free.

utskillelse separation; *(utsondring)* secretion; *(kjem)* liberation; *(bunnfelling)* precipitation.

utskipe *vb (eksportere)* export, ship; *(losse)* unload, discharge; unship; *(landsette)* disembark.

utskiper shipper.

utskipning shipment; disembarkation.

utskipningshavn port of shipment.

utskjelle *(vb) se skjelle:* ~ *ut.*

utskjelling scolding; calling names; ~ *av en* calling sby names.

utskjemt spoiled; *(om kvinne)* ruined.

utskjæring cutting; *(kunstnerisk)* carving, sculpture; *(med.)* excision.

utskrapning *(med.)* curettage, curetting; *livmoruterine* curettage; *man foretok* ~ *på henne* she was curetted.

utskrevet **1***(fra sykehus)* discharged; **2***(om bok, etc)* finished, filled; **3***(mil): de utskrevne* the conscripts.

utskrift *(avskrift)* copy, transcript.

utskrive *vb (se også utskrevet)* **1***(fra sykehus)* discharge; **2***(mil)* conscript, recruit, draft *(fx* be drafted to a ship, a regiment)*; US draft (into the army)*; **3***(skatter)* levy, impose, raise *(fx* taxes)*; **4***(ekserpere)* write out; ~ *valg* issue writs for an election; ~ *nyvalg* issue writs for a new election; appeal to the country; *(jvf skrive:* ~ *av,* ~ *ut)*.

utskrivning **1.** discharge *(fx* on (his) d. from hospital, he ...); **2.** conscription, recruitment, drafting; draft *(fx* an annual d. of 50,000 men)*; **3.** levying *(fx* of taxes); levy, imposition *(fx* tax i.)*; **4***(ekserpering)* writing out; *(jvf avskrivning)*.

utskudd *(pakk)* dregs *(fx* the d. of society), scum *(el.* sweepings) of society.

utskytning *(av rakett, etc)* launching; blast-off.

utskytningsrampe launching ramp, launch pad.

utskåret cut out; *(i tre)* carved.

utslag **1***(av pendel)* swing; *(av vektskål)* turn *(fx* a t. of the balance)*; *(av viser)* deflection; *pl (fig: svingninger)* fluctuations *(fx* of prices); **2***(virkning)* effect; result, outcome; reflection *(fx* the position of modern languages in the schools is a r. of the general regard in which they are held)*; **3***(ytring, tegn)* manifestation *(fx* this speech is a m. of our friendly attitude; the first m. of the disease); symptom; **4***(eksempel)* instance *(fx* as an i. of his malice I may mention ...)*; **5***(ski): se sleiv; gi seg* ~ be reflected *(fx* the new policy was r. in a number of reforms); show itself; manifest itself; result *(fx* his policy resulted in new aggressions)*; *hans sjenerthet ga seg de merkeligste* ~ his shyness made him do the oddest things; *gjøre -et* decide the matter; be the decisive factor; *tip (el.* turn) the scale(s); *det som gjorde -et for meg, var ...* what decided me was ...; *gjøre et* ~ *(om viser)* be deflected; *et tilfelle gjorde -et* an accident turned the scales.

utslagsgivende decisive, determining.

utslagsvask sink; US utility sink.

utslett rash, skin eruption; *hete-* prickly heat, heat rash; *få* ~ break out in a rash; *han har* ~ he has a rash.

utslette *(vb)* annihilate, wipe out, efface, obliterate.

utslitt worn out; *motoren er nesten* ~ the engine is three quarters of the way gone *(el.* done).

utslynge *(vb)* hurl out, fling out.

utslått *(om hår)* hanging down, down, (hanging) loose *(fx* with her hair hanging loose).

utsmykke *(vb)* decorate, embellish.

utsmykning decoration, embellishment.
utsnitt cut, segment; *(avsnitt, del)* section *(fx a s.* of the population; a random section of English history).
utsolgt out of stock, sold out; *(om bok)* out of print;*vi vil snart bli* ~ our stock will be cleared soon; *være* ~ *for* be out of stock of, be (sold) out of *(fx* we are out of this silk); *for* ~ *hus* to a crowded house.
utsondre *(vb)* secrete, excrete.
utsone *(vb)* atone for, expiate.
utsoning expiation.
utsortere *(vb)* sort out.
utsovet having had a good sleep *(el.* a good night's rest); *er du* ~ *nå?* have you had all the sleep you need now? have you had a really good sleep now?
utspark *(fotb)* kick-out; *(jvf avspark).*
utspeide *(vb)* spy on, keep (a) watch on.
utspekulert *(om person)* sly, artful, crafty; designing, scheming.
utspill lead; *(i fotball)* kick-off; *ha -et (fig)* have the initiative; **T** have the lead.
utspille *(vb): -s* take place *(fx* the events that took place in London); *annen akt -s på gaten* the second act is set in the street; *dramaet -s for øynene på oss* the drama unfolds before our eyes; *ha utspilt sin rolle* have had one's (,its) day, be played out.
utspilt *(adj)* distended, dilated, bloated; *(om vinger)* spread; *(se II. spile:* ~ *ut).*
utspionere *(vb)* spy on.
utspjåket overdressed, flashily dressed; **T** (all) dressed up, togged up, rigged out, dolled up (NB she was all dolled up like a Christmas tree); *(jvf påpyntet).*
utsprang (parachute) jump, (parachute) descent.
utspring source; head (of a river); *(opphav)* origin; *(fx på bygning)* projection; ~ *(og øvre løp)* headwaters *(fx* the h. of the Nile).
utsprunget: *en* ~ *rose* a full-blown rose; *blåveisen er* ~ the blue anemones are out; *trærne er* ~ the trees are in leaf; *fullt* ~ in full leaf; *(om blomst)* full-blown.
utspørre *(vb)* question; **T** pump.
utstaffere *(vb)* **T** dress up *(med* with), trick out *(med* in, with), rig out *(el.* up) *(med* in).
utstede *(vb)* issue, draw; ~ *en sjekk* draw a cheque (,**US:** check) *(på en bank* on a bank); ~ *en veksel* make out *(el.* issue) a bill; *(trekke på)* draw a bill *(fx* on sby); *den person sjekken er utstedt til* the person to whom the cheque is made payable; *(se sjekk).*
utstedelse issue.
utstedelses|**dag** date of issue. **-tid** time of origin.
utsteder drawer *(fx* of a cheque).
utstikkerbrygge pier.
utstikning marking out, staking out.
utstille *(vb)* exhibit, show, display.
utstiller exhibitor.
utstilling exhibition, display; US *(også)* exposition.
utstillingsdisk display counter; *(se kjøledisk).*
utstillingsfigur display dummy.
utstillings|**gjenstand** exhibit, object on display. **-kasse** showcase. **-vindu** show window.
utstopning stuffing.
utstoppet stuffed.
utstrakt 1. streched out, outstretched, (at) full length *(fx* he lay full length on the bed); **2***(stor)* extensive; **3***(fig)* extensive, wide *(fx* influence, powers), comprehensive *(fx* knowledge); far-reaching *(fx* influence); *finne* ~ *anvendelse* be extensively *(el.* widely) used; *gjøre* ~ *bruk av noe* make extensive use of sth.

utstrekning 1*(det å strekke noe ut)* stretching out, extension; **2***(omfang, størrelse)* extent; area *(fx* as large in area as Denmark); **3***(fig)* extent; *i den* ~ to that extent; *poetiske ord tas kun med i den* ~ *de har glidd inn i språket, enten direkte eller i forbindelser som har det* poetical words are included only in so far as they have become part and parcel of the language, either direct or in conjunction with words that have; *i full* ~ in full measure, to its full extent; *i hele sin* ~ in its entirety; to the whole of its extent; *i hvilken* ~ to what extent? *i samme* ~ *som tidligere* to the same extent as before; *i en slik* ~ to such an extent; *i stor* ~ to a great *(el.* large) extent, largely, extensively, in a large measure; *arbeidsvilje mangler i stor* ~ there is a general absence of the will to work; the will to work is absent *(el.* lacking) in many cases; *ikke i noen større* ~ not to any great extent; *i størst mulig* ~ to the greatest possible extent; *as extensively as possible; to the fullest extent; to the utmost limit.
utstryk(n)ing *(radering)* erasure; crossing out, striking out; *(typ)* deletion.
utstrykskultur *(biol)* streak culture.
utstrømning outflowing, flow; discharge *(fx* of gas, of steam), emanation *(fx* of gas); efflux.
utstråle *(vb)* radiate, emit.
utstråling radiation; emanation; emission.
utstykke *(vb)* parcel out.
utstyr equipment, outfit; appointments *(fx* the ship is fitted with the very latest a. for the comfort of passengers); *(kontor-)* office fittings; *(personlig)* outfit, kit *(fx* my travelling kit); *(til hus)* furnishings; *(møbler)* furniture; *(boks)* get-up; *(varens)* get-up, make-up, package; *(se typografisk).*
utstyre *(vb)* fit out, equip; *(møblere)* furnish; *(avisartikkel, bok, etc)* make up, get up; ~ *med penger* furnish with money; *et skip er utstyrt med maskineri* a ship is fitted with machinery; *et velutstyrt hotell* a well-appointed hotel.
utstyrsforretning firm of soft furnishers; *møbel-og* ~ firm of house furnishers.
utstyrsstykke [play, revue, etc. in which the spectacle is the main attraction]; spectacular revue *(el.* musical); **T** spectacular.
utstøte *(vb)* expel, push out; eject, emit; *(fremkomme med)* utter, let out *(fx* a cry), give *(fx* he gave a little «oh» of surprise).
utstøtningstakt *(mask)* exhaust stroke.
utstå vb *(gjennomgå)* go through, undergo; *(tåle)* bear, stand; *jeg -r ham ikke* I can't stand him; *la saken* ~ let the matter stand over.
utstående projecting, protruding; *han har* ~ *ører* his ears stick out.
utsuge vb *(fig)* fleece, bleed white; *(jord)* exhaust, impoverish; *(arbeidere)* sweat; *(jvf suge:* ~ *ut).*
utsugelse se *utsuging.*
utsuger fleecer, extortioner; **T** shark, cutthroat; *(av arbeidere)* sweater.
utsuging extortion; *(av arbeidere)* sweating; **2***(det å suge ut)* sucking out.
utsvevelser *(pl)* debauchery, excesses, dissoluteness, dissipation.
utsvevende debauched, dissolute.
utsyn 1. = *utsikt;* **2***(oversikt)* perspective; ~ *over* review *(el.* survey) of.
utsøkt choice, select, exquisite. **-het** choiceness, exquisiteness.
utta *(vb)* select *(til* for); ~ *stevning mot* summons sby; *(se ta:* ~ *ut).*
uttagning se *uttaking.*
uttaing se *uttaking.*

uttak *(av bank)* withdrawal.
uttaking selection.
uttakingskamp trial (game), trials *(pl).*
uttakingskomité *(sport, etc)* selection committee, selectors *(pl).*
uttakingsløp elimination *(el.* eliminating) heat; qualifying heat; *(se heat).*
uttakingsrunde qualifying heat.
uttak *(av bank)* withdrawal.
I. uttale *(subst)* **1.** pronunciation *(fx* the p. of a word); **2.** articulation; **3.** accent *(fx* he has a good (,bad) a.; a Yorkshire a.; that will improve your a.); *(se sleng).*
II. uttale *(vb)* **1.** pronounce *(fx* how do you p. this word?); articulate *(fx* he does not a. his words distinctly); *(en bokstav)* sound *(fx* he sounded the p in «Psyche»); **2***(si, erklære)* say, declare, state *(fx* the witness stated that ...); speak *(fx* when he spoke these words); observe *(fx* the French delegate observed that ...); **3***(uttrykke; se også dette)* express *(fx* one's thanks); state *(fx* one's opinion); put into words; ~ *et ønske* put a wish into words; *p'en -es ikke* the p is not sounded; the p is silent *(el.* mute); ~ *et ord galt* mispronounce a word; ~ *et ord riktig* pronounce a word correctly; ~ *tydelig* articulate clearly; *eksperten -te at maleriet var ekte* the expert declared *(el.* pronounced) the painting to be genuine; *jeg kan ikke ~ noe om dette* I am unable to express an opinion on this; *Deres brev, hvor De -er Deres forbauselse over at ...* your letter, in which you express some surprise that ...; your l. stating that you are surprised that ...; your l. in which you state *(el.* say) that you are surprised that ...; ~ *håp om at* express the hope that; ~ *sin mening* express one's opinion; *han -te som sin mening at* he gave as his opinion that; ~ *tvil om* express doubt(s) concerning; *til slutt vil jeg ~ ønsket om at* in conclusion, may I express the wish that; ~ **seg** speak *(fx* he spoke at the meeting); express oneself *(fx* in guarded terms); give an *(el.* one's) opinion; give *(el.* make) a statement; *vente med å ~ seg (også)* suspend judgment; *er det andre som vil ~ seg?* any further remarks *(el.* observations *el.* comments)? *jeg ønsker ikke å ~ meg* I have no comment (to offer); I have no statement to make; I have nothing to say; *han nektet å ~ seg* he refused to give statement; ~ **seg for** speak in favour of, declare for *(el.* in favour of); ~ **seg fritt** speak freely; ~ **seg i samme retning** speak *(el.* express oneself) to the same effect; ~ **seg mot** declare *(el.* pronounce) against *(fx* a plan); oppose *(fx* a proposal); *(som vitne)* give evidence against; ~ **seg nærmere** go into details; give particulars; *han nektet å ~ seg nærmere om det punktet* he refused to elaborate the point; *kunne De ~ Dem litt nærmere om det De nettopp sa? (også)* could you amplify that statement a little? ~ **seg om** speak about *(fx* the situation), offer *(el.* express) an opinion on; pass an opinion on *(fx* I can't p. an o. on your work without examining it thoroughly); comment on *(fx* the proposal); pronounce on *(fx* the committee did not p. on this question); *(som vitne)* give evidence about; testify about; *det kan jeg ikke ~ meg om (o: det vet jeg ikke)* I couldn't say; I wouldn't know; I have no idea; ~ **seg skarpt** *om* pass severe censure on; *det er for tidlig å ~ seg om det* it is too early to express an opinion on this point; *(ofte =)* comment would be premature; *det tør jeg ikke ~ meg om* I venture no opinion about that; I would not like to venture an opinion on that point; **T** I wouldn't

like to say; ~ **seg til fordel for** *en* speak for sby, declare oneself in favour of sby; *(som vitne)* give evidence in sby's favour; *(se også uttalelse; sakkunnskap).*
uttaleangivelse indication of (the) pronunciation. **-betegnelse** phonetic transcription; *(alfabet)* phonetic notation. **-feil** mispronunciation.
uttalelse statement; observation, utterance; *(sakkyndig)* expert opinion; *(offentlig ~, om politikk, etc)* pronouncement; *avgi en ~* make a statement; *forelegge til ~* submit for one's opinion; *innhente sakkyndig ~ om spørsmålet* consult an expert opinion *(el.* seek expert advice) on the matter; *ifølge hans egen ~* according to his own statement; on his own showing; *ifølge sakkyndiges ~* according to expert opinion; *(se også ubestemt).*
uttelling *(utbetaling)* disbursement, payment.
uttenkt invented, devised, thought out; *en godt ~ plan* a well thought-out scheme; *et omhyggelig ~ svar* a carefully thought-out answer.
uttilbens with one's toes pointing *(el.* turned) outwards, splayfooted.
uttjent 1. worn-out; **2.:** *se avtjene: -t verneplikt.*
uttog *(av bok)* extract *(av* of, from).
uttredelse retirement, withdrawal; secession *(fx* from the Commonwealth).
uttrekk *(på bord)* extension; *(i orgel)* stop; *(ekstrakt)* extract; *(i kokende vann)* infusion *(fx* an i. of camomile).
uttrykk expression; *(ansikts- også)* look; *en rekke av de spesielle ~ som skolens folk, så vel elever som lærere, daglig har bruk for* a number of the special terms in daily use among teachers and their pupils; *han hadde et vennlig ~ i ansiktet* there was a look of kindness about his face; *ord og ~* words and phrases; *et stående ~* a set *(el.* stock) phrase; *fag-* technical term; *et forslitt ~* hackneyed phrase; *et ~ for god vilje* a demonstration of goodwill; *gi ~ for* give voice to *(fx* one's indignation), give expression to *(fx* one's gratitude); *gi ~ for sitt syn* express *(el.* voice) one's view(s); *være et ~ for* express, reflect *(fx* this newspaper reflects the opinion of the middle classes); *komme til ~ i* find expression in, be reflected in.
uttrykke *(vb)* express, give expression to; *som han -r det* as he puts it; *jeg kan ikke ~ det i ord* I cannot put it into words; *vi vil gjerne få ~ vår tilfredshet med hans arbeid* we should like to express our appreciation of *(el.* satisfaction with) his work; ~ **seg** express oneself *(fx* badly, clearly); put it *(fx* he puts it nicely); ~ **seg klart** present one's thoughts lucidly; *jeg håper jeg har uttrykt meg tydelig* I hope I have made myself *(el.* my meaning) clear; *evne til å ~ seg* fluency, readiness of speech; *han er i stand til å ~ seg* he speaks with considerable fluency.
uttrykkelig *(adj)* express; *(adv)* expressly, distinctly, in distinct terms, explicitly.
uttrykksfull expressive. **-løs** expressionless.
uttrykksløshet want of expression.
uttrykksmåte mode of expression; way of speaking; *(forfatters, etc)* medium of expression; style.
uttært emaciated.
uttømme *(vb)* exhaust.
uttømmende exhaustive, full, complete *(fx* a full *(el.* c.) report).
utterke *(vb)* dry up; *(om myr)* drain.
utterret: ~ *elveleie* dried-up watercourse; dry channel; dry beck.
utukt fornication, lewdness; *(jur)* gross indecency; *(ervervsmessig)* prostitution; *oppfordre menn til ~ (på gaten, om prostituert)* solicit.

utuktig 1*(om person)* immoral; 2*(om bøker, etc)* immoral, lewd, obscene; ~ *atferd* immorality, loose living; ~ *omgang* unlawful sexual intercourse; *han tiltvang seg* ~ *omgang med henne* he forced intimacy upon her; ~ *omgang med mindreårige* sexual abuse of minors.

utur 1. = *uflaks;* 2*(kort): sitte i* ~ have a run of bad luck; *han satt i* ~ *(også)* the cards were against him.

utvalg 1*(av varer, etc)* selection, choice; *(sortering)* assortment; *(serie)* range *(fx* a beautiful r. of colours); *et stort* ~ *i hatter* a large choice *(el.* selection) in *(el.* of) hats; a wide choice *(el.* range) of hats; *i godt* ~ in a wide range; *gjøre et* ~ make a selection; 2*(panel)* panel; *(komité)* committee; *skolens* ~ the school management board; the governors of the school; *(se kontaktutvalg & samarbeidsutvalg).*

utvalgt chosen, selected; *-e folk* (hand-)picked men; *(se også velge).*

utvandre *(vb)* emigrate.

utvandrer emigrant.

utvandring emigration.

utvanne *(vb)* water (down), dilute; *(fig)* water down *(fx* a statement); *-s* become insipid, lose flavour; *-t* insipid *(fx* an i. style).

utvei way out (of a difficulty), expedient, course *(fx* it's the only course open to me).

utveksle *(vb)* exchange; ~ *erfaringer* tell each other of their *(,etc)* experiences; **T** compare notes; *de treffes for å* ~ *meninger* they meet to exchange ideas *(el.* views).

utveksling exchange; *(tekn)* gear.

utvekslingslærer exchange teacher.

utvekst outgrowth; excrescence,protuberance.

utvelge *(vb)* choose, select, pick out.

utvelgelse selection, choice.

utvendig *(adj)* outward, external, exterior; *(adv)* externally, (on the) outside; *det -e* the exterior; ~ *kledning (på hus, faglig)* outer skin; *(se kledning).*

utvetydig unequivocal, clear, plain, unambiguous, unmistakable. **-het** unequivocal character, unambiguousness; plainness.

utvide *(vb)* enlarge, extend, dilate, expand; *(gjøre bredere)* widen; ~ *eksporten* expand exports; ~ *sin interesse til å innbefatte ...* extend one's interest to (include) ...; ~ *seg* expand, dilate; widen.

utvidelse enlargement, extension, expansion.

utvikle *(vb)* develop, evolve *(fx* a plan, a new theory); ~ *seg* develop; evolve; move *(fx* events had moved rapidly); *barnet -r seg raskt* the child is developing (,**T**: is coming on) rapidly; *hun hadde -t seg til en flott pike* the had grown into a fine girl; *det kunne* ~ *seg til en kjedelig situasjon* that might grow into an awkward situation; *jeg var glad for den måten tingene -t seg på (også)* I was happy at this turn of events; *(se også utviklet).*

utviklet developed, advanced *(fx* more a. nations; a more a. type of civilization); *fullt (el. helt)* ~ fully developed; full-grown *(fx* person, plant, tree); *(fig)* full-fledged; *høyt* ~ highly developed; at an advanced stage *(fx* of civilization); *tidlig* ~ 1. (intellectually) precocious; 2*(seksuelt)* sexually mature at an early age; *vel* ~ well-developed *(fx* child); *(stor)* of considerable dimensions.

utvikling development; *(gradvis)* evolution; *(kjem)* emission, escape; *(forklaring)* explanation, exposition; *(se fremskritt; rivende; samtidig).*

utviklingsdyktig capable of development *(el.* improvement), perfectible.

utviklingshjelp development aid, aid to developing countries; *(ofte)* foreign aid; *Direktoratet for* ~ Norwegian Agency for International Development; *(fk* NORAD); ~ *bør gis på giverlandets premisser* development aid should be given in accordance with the conditions laid down *(el.* the premises stated) by the donor; *(se u-hjelper).*

utviklingsland developing country.

utviklingslæren (the doctrine of) Evolution.

utviklingsprosess evolutionary process; evolutionary phase; *(se prosess).*

utvilsom indubitable, undoubted;*-t (adv)* undoubtedly, indubitably, unquestionably.

utvinne *(vb)* extract *(fx* oil), win *(fx* metal from ore); process *(fx* bauxite is the raw material from which aluminium is processed); ~ *kull* work *(el.* win) coal; ~ *salt av sjøvann* obtain salt from sea water.

utvinning extraction, winning; working.

utvirke *(vb)* bring about, effect, obtain.

utvise *(vb)* 1. expel, send out, order out, order to leave the country; *(fotb)* send off; *han ble utvist fra klasserommet* he was put out of the classroom *(fx* for being impudent); *han ble utvist fra skolen* he was expelled from (,**T**: kicked out of) school; 2*(utlending)* deport; 3*(legge for dagen)* exercise *(fx* caution, economy); show *(fx* motorists are warned to show the greatest care); ~ *grov uaktsomhet* be guilty of gross negligence.

utviske *(vb)* remove, obliterate *(fx* all traces of), efface *(fx* the address on the label had been effaced in transit).

utvisket blurred, dim, indistinct; smudged *(fx* fingerprint).

utvisning 1. expulsion; 2*(i ishockey)* penalty *(fx* two minutes' penalty for tripping); 3*(av utlending)* deportation.

utvisningsordre deportation order.

utvokst full-grown; full-sized.

utvortes *(adj)* exterior, outside, external; *til* ~ *bruk* for external use *(el.* application); *(påskrift)* 'not to be taken'.

utvungen free, unrestrained; *(naturlig, fri)* unconstrained, easy, free and easy *(fx* tone); *hun beveget seg fritt og -t* her movements were free (and assured); *(se også vesen).*

utvungenhet absence of restraint, ease (of manner); *(se utvungen).*

utvær outlying fishing village.

utvåket exhausted from *(el.* with) lack of sleep; exhausted from watching; *han så* ~ *ut* he looked exhausted from lack of sleep.

utydelig indistinct; *(uklar)* vague, dim, obscure.

utydelighet indistinctness, obscurity; vagueness.

utyske monster.

utørst: *drikke seg* ~ quench one's thirst.

utøse *(vb)* pour out; ~ *sitt hjerte (for)* unbosom oneself (to); ~ *sin vrede (over)* vent one's anger (on) *(fx* on sby).

utøve *(vb)* exercise, practise (,**US**: practice); ~ *et yrke* carry on a profession; *(om håndverker, etc)* carry on a trade; *ville De være interessert i å* ~ *et yrke?* would you be interested in carrying on any professional activities?

utøvelse exercise; discharge; *-n av* the exercise of; *under -n av sine plikter* in the discharge of one's duties.

utøvende executive *(fx* power); creative *(fx* a c. artist); executant *(fx* musician); *den* ~ *makt* the Executive.

utøy vermin; (NB vermin *betyr også «skadedyr»).*

utøylet unbridled.

utålelig intolerable, unbearable; insufferable *(fx* insolence).

utålmodig impatient *(over* at; *etter* for; *etter å* to); *hun var* ~ *etter å reise tilbake* she couldn't wait to go back.

utålmodighet impatience.

utålsom intolerant *(overfor* of; *(om person)* towards). **-het** intolerance.

utånde *vb (dø)* expire, breathe one's last.

uunngå(e)lig unavoidable, inevitable.

uunnværlig indispensable.

uunnværlighet indispensability.

uutforsket unexplored.

uutgrunnelig inscrutable *(fx* face, mystery); unfathomable; *et* ~ *ansikt* **T** a poker face.

uutholdelig unbearable *(fx* heat); unendurable, intolerable, insupportable; beyond endurance; ~ *smerte (også)* excruciating pain; ~ *spenning (også)* an agony of suspense; *gjøre livet* ~ *for ham* make life a burden to him.

uutnyttet unused *(fx* an unused source of labour); untapped, unexploited *(fx* resources).

uutryddelig ineradicable.

uutsigelig unutterable, unspeakable.

uutslettelig indelible *(fx* it made an indelible impression on me).

uutslukkelig inextinguishable *(fx* fire); unquenchable *(fx* hatred, thirst).

uuttømmelig inexhaustible.

uutviklet backward, underdeveloped; *(rudimentær)* rudimentary.

uvane bad habit; *legge seg til en* ~ get into a bad habit; *legge av seg en* ~ break oneself of a bad habit.

uvanlig unusual; uncommon; extraordinary; irregular; *(anomal)* anomalous; ~ *stor* unusually big.

uvant unaccustomed, unused *(med* to); *arbeidet var* ~ *for ham* the work was new to him; he was new to the work; ~ *med arbeidet* unfamiliar with the work.

uvarig not lasting, that won't last long; *(om tøy, etc): stoffet er* ~ the cloth wears badly *(el.* will soon wear out); there is not much wear in that cloth.

uvederheftig irresponsible, unreliable, untrustworthy.

uvederheftighet irresponsibility, unreliability, untrustworthiness.

uvedkommende irrelevant; ~ *hensyn* extraneous considerations; *det er saken* ~ that is irrelevant, that is beside *(el.* not to) the point; *has no bearing on the subject; en meg* ~ *sak* an affair in which I am not concerned; ~ *(personer)* persons not concerned; intruders; ~ *forbys adgang* no admittance! *(se adgang; hensyn).*

uvegerlig *(adv)* inevitably.

uveisom trackless, pathless.

uvel unwell; *føle seg* ~ feel unwell; **T** feel under the weather.

uvelkommen unwelcome.

uvenn enemy; *bli -er* fall out.

uvennlig unfriendly, unkind.

uvennlighet unfriendliness, unkindness.

uvennskap enmity, hostility.

uventet unexpected, unlooked-for.

uverdig unworthy *(fx* I feel that I am quite u. of this honour); *(skammelig)* disgraceful, shameful; *behandle en* ~ subject sby to indignities; *være gjenstand for en* ~ *behandling* suffer *(el.* be subjected to) indignities; *oppførsel som er en*

gentleman ~ conduct unworthy of a gentleman; *opptre* ~ be undignified; **T** behave infra dig; ~ *til* unworthy of, undeserving of; ~ *til å* unworthy to.

uvesen nuisance.

uvesentlig unessential, immaterial; *(se II. sløyfe).*

uvett folly, unwisdom.

uvettig foolish, senseless; crazy; mad.

uviktig insignificant, unimportant; *(uvesentlig)* immaterial.

uvilje ill will; *(mishag)* displeasure, indignation; *vekke ens* ~ *(ɔ: harme)* arouse one's indignation.

uvilkårlig *(adj)* involuntary, instinctive; *(adv)* involuntarily.

uvillig *(adj)* unwilling; reluctant; *(adv)* unwillingly, reluctantly, grudgingly; ~ *stemt* unwilling; *han er* ~ *til å ...* he is unwilling to *(el.* reluctant to) ...

uvillighet unwillingness; reluctance.

uvirkelig unreal.

uvirksom inactive, idle, passive; *forholde seg* ~ take no action, remain passive.

uvirksomhet inactivity, idleness, passivity.

uvisnelig imperishable, unfading.

uviss uncertain; doubtful; undecided; *det er -t om han kommer hit tidsnok* it's a toss-up (‚US: toss) whether he'll get here in time; *alt er på det -e* everything is still uncertain; *nothing definite* is known.

uvisshet uncertainty; *(spenning)* suspense.

uvitende ignorant *(om* of).

uvitenhet ignorance.

uvitenskapelig unscientific; unscholarly.

uvurderlig invaluable, inestimable.

uvæpnet unarmed.

uvær storm, rough *(el.* bad) weather; *-et brøt løs* the storm burst; *vær rustet mot* ~ *og kulde, selv på korte turer* be equipped for storms and severe cold even on short trips; *-et er over oss* the storm is on us; *det trekker opp til* ~ a storm is brewing.

uvær|**front** *(meteorol)* instability front (with thunderstorms). **-himmel** stormy sky; threatening sky. **-natt** stormy night.

uvøren reckless; bold, daring; ~ *kjøring* reckless driving.

uvørenhet recklessness; boldness, daring.

uærbødig disrespectful; irreverent *(mot* to).

uærbødighet disrespect; irreverence.

uærlig dishonest; *ha -e tilbøyeligheter* be dishonestly inclined.

uærlighet dishonesty.

uøkonomisk uneconomical, wasteful; *(som ikke svarer seg)* unprofitable, unremunerative.

uønsket unwanted *(fx* an u. child); unwished for; *(ofte =)* undesirable *(fx* produce an u. effect); *uønskede elementer* undesirable elements; *uønskede personer* undesirable persons, undesirables; *han ble erklært for* ~ *(polit)* he was declared persona non grata.

uønskverdig undesirable.

uøvd untrained, unpractised (‚US: unpracticed), inexperienced; **T** green *(fx* he's too green for the job).

uøvet *se uøvd.*

uøvethet lack of training *(el.* practice), inexperience, rawness; **T** greenness.

uåpnet unopened.

uår bad year (for crops), crop failure.

V

V, v V, v; *enkelt-v* V for Victory.
va *(vb)* wade; ~ *over* wade across *(fx* a river).
vable blister.
vad *(not)* seine.
vade *(vb): se va.*
vadefugl *(zool)* wading bird; *(se fugl).*
vadere *pl (skaftestøvler)* waders.
vadested ford; *(i Sør- og Øst-Afrika)* drift.
vadmel frieze, homespun.
vadsekk *(glds)* valise, carpetbag, travelling bag.
vaffel waffle; *(se rømmevaffel).* **-hjerte** piece *(el.* segment) of waffle. **-jern** waffle iron. **-plate** round of waffles. **-røre** batter (for waffles).
vag vague; *(se ubestemt & uklar).*
vagabond tramp, vagabond; *(jur)* vagrant.
vagabondere *(vb)* vagabondize; **T** be *(el.* go) on the tramp; **US** go on the bum.
vagge *vb (gå bredbent)* roll, straddle; *han hadde en -nde gange* there was a roll in his walk.
vaghet vagueness; *(se ubestemt & uklar).*
vagina *(anat)* vagina.
vagle *(til høns)* perch, roost.
vaie *(vb)* fly, float, wave.
vaier cable, wire.
vake *vb (om fisk)* jump, leap *(fx* the fish are jumping *(el.* leaping)).
vakker beautiful *(fx* a b. woman, garden); handsome *(fx* a h. man); fine *(fx* a fine specimen of Norman architecture).
vakle *(vb)* totter; *(være uviss)* waver, vacillate; *vi -t mellom å bli i X eller flytte til et annet distrikt* we were torn between staying in X or moving to a different district; *(se også vingle).*
vakling tottering; wavering, vacillation.
vaks T: on the ball; all there.
vaksinasjon vaccination, inoculation *(mot* against); *(se revaksinasjon).*
vaksinasjonsattest vaccination certificate.
vaksinasjonspustel vaccine pustule.
vaksine vaccine; *(serum)* serum; *(se forkjølelsesvaksine).*
vaksinere *(vb)* vaccinate, inoculate *(mot* against); *(ofte =)* immunize *(fx* against diphtheria); *bli vaksinert, la seg* ~ get vaccinated; *-nde lege* vaccinator.
vaksinering **1***(det å)* vaccinating, inoculating, immunizing; **2.** = *vaksinasjon.*
I. vakt *(subst)* watch; *(person)* guard; *(mar)* watch; *(ved fabrikk, etc)* night watchman; *(vaktmannskap)* guard; *(mar)* watch; *avløse -en* relieve the g. *(el.* w.); *ha* ~ be on duty *(fx* Dr. Brown is on d. at the hospital); be on call *(fx* I'm on call tonight); *han har tidlig* ~ he is on early duty; *holde* ~ keep guard *(el.* watch), be on guard (duty); *holde* ~ *over noe (,noen)* guard sth (,sby); *stå på* ~ be on guard, keep watch, watch *(fx* there is a policeman watching outside the building); *det sto* ~ *ved inngangsdøren* there was a guard on *(el.* at) the front door; *(se brannvakt; fanevakt; frivakt; hundevakt; kveldsvakt; livvakt; nattevakt; nøytralitetsvakt; politivakt; skiltvakt; streikevakt).*
II. vakt *adj (rel)* converted.
vaktarrest *(mil)* detention under guard; *(se kakebu).*
vaktavløsning *(mil)* relief of the guard.

vaktel *(zool)* quail.
vakthavende on guard, on duty; *(mar)* on watch; ~ *offiser (mil)* officer on duty.
vakt|hund watchdog. **-journal** *(mil)* orderly book. **-kompani** *(mil)* guard company. **-leder** *(på politistasjon)* station officer. **-liste** *(turnusliste)* roster. **-mann** watchman; *(stillingsbetegnelse)* security officer. **-mannskap** guard; *(om nattvaktmannskap)* security staff; *(mar)* watch crew. **-mester** caretaker; *(i leiegård)* houseporter, porter; *(ved skole)* caretaker; *(ved skotsk skole)* janitor. **vakt|post** *(mil)* guard; *(skiltvakt)* sentry; **-sjef** *(ved museum)* head attendant, head warder. **-skifte** changing (of the) guard; *(mar)* change (of) the watch.
vaktsom watchful, vigilant.
vaktsomhet watchfulness, vigilance.
vaktstue *(mil)* guardroom.
vakuum vacuum.
valen numb (with cold) *(fx* my fingers have gone numb *(el.* dead));.
valens *(kjem)* valency; *med* ~ *6* sexivalent; *(se toverdig; treverdig).*
valfart pilgrimage.
valfarte *(vb)* make a pilgrimage.
valg 1. choice; *(utvalg, det å ta ut)* selection; *(rett til å velge, valgfrihet)* option, choice; *(mellom to ting)* alternative; **2***(ved avstemning)* election; *(valghandling)* poll; *(det er en velges)* election, return *(fx* the r. of Mr. Smith for Hull); *damenes* ~ *!* ladies to choose their partners! *-et er bundet til de tre* the choice is limited to those three; *gjøre et godt* ~ choose well; *hvis jeg hadde -et* if I were to choose; *jeg hadde intet* ~ I had no (other) alternative; I was left no choice in the matter; *det er intet* ~ there is *(el.*it leaves) no choice; there is no (other) alternative; **T** it's (a case of) Hobson's choice; *jeg har truffet mitt* ~ I have made my choice; *etter eget* ~ at one's own option; *etter kundens* ~ at customer's option *(el.* choice); *gå til* ~ *(om regjering)* go to the country, appeal to the c., go to the polls; issue writs for an election; *stille til* ~ be willing to stand for election; offer oneself as a candidate; *(parl)* stand *(fx* for Parliament); **US** run *(fx* for Congress); *stille til* ~ *som president* seek election as President; stand for election as President; run for the Presidency; *(se I. bølge).*
valg|agitasjon electioneering; *(fra dør til dør)* canvassing. **-agn** election bait. **-allianse** electoral pact. **-bar** eligible (for office). **-dag** polling day; election day, day of election; **US** election day. **-deltagelse** participation in the election, election turnout; **US** voter participation. **-distrikt** constituency; *(mindre)* ward; **US** *(også)* election district. **-fag** optional subject; **US** elective. **-flesk** *(neds)* election promise; a bid for votes; a sop to the electors; catchpenny promises of political parties; *det er bare* ~ that's just a sop to the electors.
valgfri optional; *-tt fag* optional subject; **US** *(også)* elective *(fx* Spanish is an e.); *det gis to bundne og en* ~ *oppgave* candidates are set two papers and given one free option; candidates are given two set papers and one free option.

valgfrihet freedom of choice; *(fags, etc)* optional character *(fx* the o. c. of these subjects); *antyde ~ i oversettelsen* indicate *(el.* suggest) an optional element in the translation *(el.* rendering).
valgfusk election fraud. -handling poll, polling; election. -kamp election(eering) campaign, electoral c. -krets: *se -distrikt.* -lokale polling station; US polling place. -lov election act. -mann US elector. -program election manifesto; *(se program).* -protokoll pollbook. -rett franchise, right to vote, suffrage. -revy election survey. -seier election victory, v. at the polls. -skred landslide; *~ til fordel for Arbeiderpartiet* Labour landslide. -styre election committee. -svar multiple choice. -system electoral system. -tale election speech; US campaign speech. -urne ballot box; *gå til -ne* go to the polls; *seier ved -ne* victory at the polls. -uro election unrest.
Valhall *(myt)* the Valhalla.
valiser Welshman. valisisk Welsh.
valk *(fett-)* roll of fat *(fx* she had rolls of fat under her skin); T spare tyres; *(jvf alderstillegg).*
valkyrje *(myt)* valkyrie.
vallak *(zool)* gelding, cut horse.
valle *se myse.*
vallon *(fransktalende belgier)* Walloon.
vallonsk Walloon.
valmtak hip roof.
valmue *(bot)* poppy. -frø poppy seed(s).
valnøtt *(bot)* walnut. -tre walnut.
valplass battlefield, field (of battle).
vals waltz; *danse ~* waltz; *(se slinger).*
I. valse *(subst)* roller, cylinder; *(i valseverk)* roll; *(på skrivemaskin)* platen.
II. valse *(vb)* roll *(fx* metal into sheets); *-t jern* rolled iron; *-t stål* rolled steel.
III. valse *(vb)* waltz *(fx* I waltzed with her); *~ opp med en* T give sby a dressing down; tell sby off.
valseharv rotary hoe.
valsetakt *(mus)* waltztime.
valseverk rolling mill.
valthorn *(mus)* French horn.
valurt *(bot)* comfrey.
valuta 1*(verdi)* value *(fx* get v. for one's money; these articles represent excellent v. for money); 2*(pengesort)* currency *(fx* to be paid in British currency); money; 3*(betalingsmiddel i forhold til utlandet)* exchange *(fx* exports provide exchange(s) by which imports are paid for); 4*(vekselkurs)* (rate of) exchange *(fx* abnormal imports have a harmful effect on exchanges); *fremmed ~* (2) foreign currency *(el.* money); (3, 4) foreign exchange; *hard ~* (2) hard currency *(mots.* soft currency); *knytte en ~ til en annen* link *(el* peg) a currency to another; *skaffe ~* (3) provide foreign exchange; *utenlandsk ~ : se fremmed ~ ; stabilisering av -en* (2) currency stabilization; (3, 4) exchange stabilization; *få ~ for pengene* get value for one's money; get one's money's worth; *hos ham får man ~ for pengene* he gives you value for your money; *kunstig regulert ~* managed currency; *søke om ~* (2) apply for currency; *tildele ~* (2) allocate currency.
valutaavdeling *(i bank)* foreign exchange department. -balanse foreign currency balance. -begrensning currency restriction(s); exchange restriction. -beholdning foreign exchange reserves *(pl).* -fond exchange fund; *Det internasjonale ~* the International Monetary Fund *(fk* IMF). -forhold currency situation; *ustabile ~* unstable currency rates. -handel currency *(el.* exchange) transactions. -kontroll exchange control; *(av turisters valuta)* currency control. -krise currency

crisis. -kurs (rate of) exchange, foreign exchange quotation; *de offisielle -er* the official rates of exchange. -lisens currency permit. -marked (foreign) exchange market. -notering foreign exchange quotation. -overføring currency transfer. -politikk currency *(el.* foreign exchange) policy. -problemer *(pl)* currency problems. -reform currency reform. -regulering currency regulation. -reguleringsfond exchange equalization fund. -reserver *(pl)* exchange *(el.* foreign) reserves; currency reserves *(fx* the heavy pressure on our currency reserves). -tildeling allocation of currency; currency allowance; *(jvf turistreisevaluta).* -underskudd (foreign) exchange deficit *(el.* gap). -utlending exchange foreigner.
valutere *(vb)* value-date. -ingsdag value date, date when interest begins.
valør value, nuance, shade.
vammel nauseous, sickly, sickly-sweet.
vammelhet nauseousness, sickliness.
vampyr vampire.
vanartet depraved, delinquent.
vandal Vandal; *(fig)* vandal. -isme vandalism.
vandel conduct; *handel og ~* (everyday) dealings; *han har en plettfri ~* he has a spotless reputation; he has an unblemished record.
vandelsattest certificate of good conduct; police certificate showing that the person concerned is not a legal offender; *(referanse)* character reference; *(tjeners, etc)* reference; character.
vandig watery.
vandre *(vb)* wander, ramble, roam; *(om dyr)* migrate, travel; *~ heden* (ɔ: dø) T peg out; S kick the bucket; stuff it.
vandreliv roving life. -lyst wanderlust, the call of the (open) road; *han ble atter grepet av ~* he was overcome by wanderlust again.
vandrende itinerant, travelling, wandering.
vandrenyre *(med.)* floating *(el.* wandering) kidney, nephroptosis. -pokal challenge cup; US traveling trophy. -utstilling travelling exhibition.
vandreår year(s) of travelling.
vandring wandering; *(befolknings, dyrs)* migration; *(stempels)* travel, stroke.
vandringsmann wanderer, wayfarer, traveller. -stav staff, pilgrim's staff; *ta -en fatt igjen* set off on one's wanderings again.
vane custom, habit; *av ~* from habit; *det er nærmest blitt en ~ at han ...* it's now the rule rather than the exception for him to ...; *det er bare en ~ jeg har* that's just a habit of mine; that's just habit with me; *gammel ~ er vond å vende* you can't teach an old dog new tricks; old customs die hard.
vanedannende habit-forming; *(om rusgift)* addictive. -dranker compulsive drinker; *(lett glds)* habitual drunkard; *(se periodedranker).* -dyr *(fig)* slave of routine; T creature of habit *(fx* man is a c. of h.). -forbryter habitual criminal, recidivist. -gjengeri: *se vanetenkning.* -kristen conventional Christian. -menneske slave of habit *(el.* routine). -messig habitual, routine.
vanesak (matter of) habit.
vanetenkning thinking in grooves.
vanfør crippled, disabled; *(se yrkesvalghemmet).*
vang (enclosed) field; meadow.
vanhedre *(vb)* disgrace, dishonour (,US: dishonor).
vanhell misfortune, bad luck.
vanhellig profane.
vanhellige *(vb)* profane, desecrate.
vanhelligelse profanation, desecration.
vanhjulpen badly served.
vanilje vanilla.
vanke *(vb)* 1. visit often, frequent; *han -r der (fx*

på kafe, etc) he frequents the place; he goes there regularly; *han -r hos dem* he often visits them; he often goes to their house; he often goes to see them; *han har -t der i huset i årevis (også)* he has been in and out of the house for years; *han -r i de beste kretser* he moves in the best circles; **2.** *det -r* there will be *(fx* cakes for tea tomorrow); there is *(fx* there is roast beef and pudding every Sunday).

vankelmodig *(ustadig)* fickle *(fx* a fickle girl).

vankelmodighet fickleness.

vankundig ignorant. **-het** ignorance.

vanlig usual, customary, habitual; ordinary; *det er ~ at agenten sender ...* it is usual for the agent to send; *som ~* as usual.

vanligvis usually, generally.

vann water; *(innsjø)* lake; *(urin)* urine, water; *(foster-)* amniotic fluid; water; *(se fostervann);* [A: forb. med adj & subst; B: med vb; C: med prep] **A** *[forb. med adj & subst]* **bløtt** ~ soft water; ~ og **brød** bread and water *(fx* be put on bread and water); *de ligner hverandre som to* **dråper** ~ they are as like as two peas (in a pod); **dypt** ~ deep water; *på dypt ~ (også fig)* in deep water(s); *et* **glass** ~ a glass of water; **grunt** ~ shallow water; **hardt** ~ hard water; **innlagt** ~ piped water *(fx* most houses have piped water); *huset har ikke innlagt ~* the house has no water laid on; the house is not connected (up) to the water mains; *med innlagt ~ (også)* with running water *(fx* bedroom with running water); *(se også B: få lagt inn ~);* **kaldt** ~ cold water; *varmt og kaldt ~ på alle romme-* *ne* hot and cold water in all (the) rooms; *(annonsespråk)* h. & c. in all rooms; *la barna gå for lut og kaldt ~* neglect the children; *få kaldt~ i blodet* have one's enthusiasm *(el.* ardour) damped; *gi en litt kaldt ~ i blodet* damp sby's enthusiasm; **T** throw cold water on sby; *slå kaldt ~ i blodet!* don't get excited! keep cool! take it easy! **T** keep your shirt on! **rennen-** **de** ~ running water *(fx* hot and cold running water in all bedrooms); *lyden av rennende ~* the sound of running water; *fiske i* **rørt** ~ *(fig)* fish in troubled waters; attempt to profit from an unsettled situation; **saltholdig** ~ saline water; *i* **smult** ~ in smooth waters; **stille** ~ *har dypest grunn (fig)* still waters run deep; **stillestående** ~ stagnant *(el.* standing) water; *blod er* **tykkere** *enn ~* blood is thicker than water; ~ **, varme** *og sanitær: se* **VVS; varmt** ~ hot water; *varmt og kaldt ~ på alle rommene* hot and cold water in all (the) rooms; *(annonsespråk)* h. & c. in all rooms;

B *[forb. med vb]* **bære** ~ carry water; ~ *og ved måtte bæres inn* water and wood had to be carried in; *(se innlagt; I. lys);* **fylle** ~ *i badeka-* *ret* fill up the bath tub; *fylle ~ i (el. på)* fill (up) with water; put *(el.* pour) water into; *bli* **fylt med** ~ *(om båt)* be swamped; **gi** *blomstene* ~ water the flowers; *et* **gikk** *(ved fødsel)* the water broke; *(se fostervann);* **holde** ~ hold water; *holde på -et (om person)* contain oneself; **la** *-et renne (fra kran)* let the tap run; *la -et* **stå** *og renne* leave the tap running; **late** *-et* make water, pass water, urinate; *få* **lagt inn** ~ *(i hus)* have water laid on; *vi har nettopp fått lagt inn ~* we have just had water laid in; **skru** *av -et* turn off the water; *skru på -et* turn on the water; *ta* **inn** ~ take in water; **tappe** ~ *i badekaret* fill up the bath tub; *(se bade-* *vann);* **trå** *-et* tread water;

C *[forb. med prep]* **bestående av** ~, *som består av ~* aqueous; *full av ~* full of water; *(om skip, etc)* water-logged; *fiske et lik opp av -et*

fish out a body; *av reneste ~ (fig)* of the first *(el.* purest) water; *trekke en opp av -et* pull *(el.* fish) sby out of the water;

gå **gjennom** *ild og ~* go through fire and water *(fx* for sby); ~ *i hodet (med.)* hydrocephalus; ~ *i kneet (med.)* water on the knee; house-maid's knee; *han hadde ~ i begge knærne* he had water on both knees; ~ *i lungene (med.)* hydrothorax; *falle i -et* fall in(to) the water, fall in; *gå i -et (fig)* be taken in, be fooled; **T** come a cropper; be led up the garden path; *få en til å gå i -et* **T** lead sby up the garden path; **US** play sby for a sucker; *som lever i -et* aquatic *(fx* animal, plant); *han stod i ~ til (midt på) livet* he was waist-deep in water;

blande **med** ~ mix with water; water down; *hva gjør man med ~? (ɔ: hvordan får man tak i vann?)* what do you do for water?

holde seg **oven** *-e (fig)* keep one's head above water; keep (oneself) afloat; *Guds ånd svevde* **over** *-ene (bibl)* the Spirit of God moved upon the face of the waters; *ta seg ~ over hodet* bite off more than one can chew;

på *-et* on the water *(fx* it is dangerous to be on the water when it's lightening); *det er ~ på hans mølle* it's grist to his mill;

til *-s* by sea *(fx* by land, by sea and in the air); *til lands og til -s* by sea and land;

under *-et* under water; *sette under ~* submerge, flood; drown; *stå under ~* be under water; be flooded *(el.* submerged); *svømme under -et* swim under water; *(se II. røre: ~ ut i vann; vann-* *masse).*

vannavgift water charge; *(kommunal)* water rate; *(se avgift).*

vann|avkjølt *(om motor)* water-cooled. **-avstøtende** water-repellent. **-bad** *(kjem)* water bath. **-bakkels** cream puff, choux; *(med sjokoladeovertrekk)* choc bun; *(avlang)* éclair. **-bakkelsdeig** choux paste *(el.* pastry). **-basseng** reservoir, tank. **-blem-** **me** blister *(fx* on hand, etc); *(jvf skognag).* **-damp** water vapour, aqueous vapour; steam.

vann|farge watercolour; *en ~* **1.** a cake of w.; **2***(plassert i skål)* a pan of w. **-forsyning** water supply. **-føring** flow of water; (rate of) flow, volume of discharge. **-glass** (drinking) glass, tumbler. **-holdig** watery; *(geol)* water-bearing. **-inntak** water intake.

vannkant water's edge; *helt nede ved -en* right down by the water's edge; *like ved -en* right beside the water, right by *(el.* quite close to) the water's edge; *(jvf elvebredd & strand).*

vann|karaffel water jug; water carafe. **-karse** *(bot)* watercress. **-kikkert** water glass. **-klar** limpid. **-klosett** water closet, w.c. **-kopper** *pl (med.)* chickenpox, varicella. **-kraft** water power; *ut-* *nytte -en* develop *(el.* harness) (the) water pow-er. **-kraftelektrisitet** hydroelectricity. **-kraftut-** **bygging** development *(el.* exploitation *el.* har-nessing) of water power. **-kraftverk** hydroelectric power station.

vannkran (water) tap; *(især US)* faucet; *glemme å skru igjen -a* leave the tap open *(el.* run-ning); *la -a stå og gråte* let the tap run; *skru* *på -a (begynne å gråte)* **S** turn on the water-works.

vannkur water cure, hydrotherapy.

vannlating urination; *ufrivillig ~* incontinence (of urine).

vannledning (water) conduit; *(hoved-)* water main; *(rør)* water pipe.

vann|linje waterline; *under -n* below the water. **-lås** *(rør)* (air) trap; drain trap; U-bend. **-man-** **gel** shortage of water. **-mann** *(astr)* Aquarius, the Water Carrier. **-masse** mass *(el.* volume) of

water; *-ne (også)* the onrush of water; *frådende -r* churning waters. **-melon** *(bot)* watermelon. **-merke** *(i papir)* watermark. **-mugge** water jug, ewer. **-mølle** water mill. **-orgel** *(mus)* hydraulic organ. **-pipe** hookah. **-pistol** squirt gun, water pistol. **-plante** *(bot)* aquatic plant. **-post** (water)-pump. **-pumpe** water pump. **-pumpetang** interlocking joint pliers. **-pytt** puddle. **-pøs** water bucket.
vannrett horizontal, level; *(i kryssord)* across.
vannrik abounding in water.
vann|rotte *(zool)* (water) vole, water rat. **-rør** water pipe; *(jvf vannledning)*.
vannskadd damaged by water.
vann|skade damage by water, water damage. **-skille** watershed, divide.
vann|skorp|e surface (of the water); *i -a* awash; *flyte i -a* float awash; *ligge og lure i -a (fig)* = lie low.
vann|skrekk hydrophobia; *ha ~* be a water funk. **-slange** 1*(zool)* water snake; **2.** (water) hose. **-slipepapir** wet (abrasive) paper; *slipe med ~* wet rub. **-sprut** spurt of water. **-sprøyte** *(til hagebruk)* watering can.
vannstand height of (the) water; *(linjen)* water level; *høy ~* high water; *lav ~* low water; *-en i elva synker* the river is falling; *(se II. synke)*.
vann|stoff *(kjem)* hydrogen. **-stoffhyperoksyd** hydrogen peroxide. **-stråle** jet of water.
vannsyk sour, swampy.
vanntett *(også fig)* watertight *(fx* his arguments were completely w.; he had no w. evidence for his assertion); *(om tøy)* waterproof; *~ rom* watertight compartment.
vannverk waterworks *(pl); (se vannkran)*.
vannverksvesen hydraulic engineering.
vannvogn water(ing) cart, water sprinkler; water truck; *gå på -a* S *(især* US) go on the water wagon.
vannåre vein of water (underground).
vanry ill repute, disrepute, discredit; *komme i ~* get into bad repute *(el.* disrepute), be brought into discredit *(el.* disrepute); *bringe skolens navn i ~* bring the good name of the school into disrepute.
vanrøkt neglect, mismanagement.
vanrøkte *(vb)* neglect, mismanage.
vansire *(vb)* disfigure.
vanskapning deformed creature, monstrosity, freak.
vanskapt deformed.
vanskapthet deformity.
vanskelig difficult, hard; *det er ~ it* is difficult; *(om arbeidsoppgave, etc, også)* it takes a lot of doing; *dikt som språklig sett er spesielt -e* poems of particular language difficulty *(fx* poems of p. l. d., and from periods earlier than 1800, will not be set); *en ~ eksamen* a difficult *(el.* stiff) examination; *~ tilgjengelig* difficult to get at; *(ɔ: å forstå)* difficult *(fx* a difficult book); abstruse; *(m.h.t. atkomst)* difficult of access; *det er ~* it's difficult; *(om arbeidsoppgave, etc også)* it takes a lot of doing; *var det ~ å finne huset?* did you have much difficulty in finding the house? *det er en ~ sak* it is a difficult matter; *the* m. is d. to pull through; it's heavy going; *han er ~ å tilfredsstille* he is hard to please; he is a difficult man to please; *han er ~ å ha med å gjøre* he is a difficult man to deal with; *det var ~ å få drosje (også)* there was some snag over getting a taxi; *dette gjør det ~ for meg* this makes it difficult for me; *det er ~ for meg å ...* it is difficult *(el.* hard) for me to; *vi har ~ for å* we find it hard *(el.* difficult) to; we have difficulty in (-ing); *ha ~ for*

å lære be slow (to learn); *jeg har ~ for å tro at* I find it difficult to believe that; *være ~ stillet* be in a difficult *(el.* awkward) position.
vanskeliggjøre *(vb)* complicate, make *(el.* render) difficult; *(sinke)* hinder, impede, hamper, interfere with.
vanskelighet difficulty; *(hindring)* obstacle; *(forlegenhet)* difficulty, embarrassment; *alvorlige -er* serious *(el.* grave) difficulties; *-en består i å komme tidsnok* the difficulty *(el.* the difficult thing) is to be in time *(el.* is to get there in time); *the* trouble is that it's difficult to be in time; *flyet fikk -er like etter start* the plane developed trouble immediately after take-off; *gjøre -er* make *(el.* raise) difficulties; raise objections; cause trouble; **T** *(ɔ: bråk)* cut up rough; *ha -er* be in difficulties; be in trouble; *ha -er med en* have trouble with sby; *ha -er med noe* have difficulties over sth; *vi har -er med motoren* the engine is giving trouble; *jeg hadde store -er med å løfte steinen* it was all I could do to lift the stone; I had my work cut out to lift the stone; **T** I had a job lifting the stone; *legge -er i veien for ham* throw difficulties in his way; *det er der -en ligger* that is the difficult point; that is where the difficulty comes in; **T** that's the snag; *mestre (el.* klare) *-ene* overcome the difficulties; **US** *(også)* make the grade; *vi er ennå ikke ferdig med -ene (også)* we are not yet out of the wood; *han er alltid i -er* he is always in trouble; *-en ved å gjennomføre planen* the difficulty of carrying the plan through; *støte på en (uventet) ~* strike a snag; *(se skape 2).*
vanskjebne misfortune.
vanskjøtsel mismanagement, neglect.
vanskjøtte *(vb)* mismanage, neglect.
vansmekte *(vb)* pine; *(litt.)* languish.
vanstell bad management; mismanagement.
vanstyre misrule.
I. vant *subst (mar)* shroud; *(på ishockeybane)* sideboards.
II. vant *(adj): ~ til* used to, accustomed to; *bli ~ til* get used to; *vi er ikke ~ til å bli behandlet på en slik måte* we are not used to being treated in such a manner.
vante woollen glove.
vantrives *(vb)* be unhappy; *(om plante, dyr)* not thrive; *han ~ i arbeidet* he is not at all happy in his work.
I. vantro *(subst)* **1.** disbelief, unbelief, incredulity; **2***(rel)* infidelity.
II. vantro *(adj)* **1.** unbelieving, incredulous, without faith; **2***(rel)* infidel; *(ikke-jødisk)* gentile; *en ~ (subst)* **1.** an unbeliever, a disbeliever, a doubter; **2***(rel)* an infidel; a gentile; *en ~ Tomas* a doubting Thomas, a doubter.
vanvare: *av ~* inadvertently, by mistake, through an oversight.
vanvidd insanity, madness; distraction; *drive en til ~* drive sby mad; *drevet til ~* driven to distraction; *elske det til ~* love it to distraction; *det rene (el.* glade) *~* sheer madness.
vanvittig insane, mad, deranged; *(tåpelig)* foolish; *~ forelsket* madly in love.
vanvøre *(vb)* disdain; neglect.
I. vanære *(subst)* dishonour (,**US**: dishonor), infamy, disgrace.
II. vanære *(vb)* dishonour (,**US**: dishonor), disgrace.
vanærende ignominious, disgraceful, infamous.
var wary; cautious, shy; *bli ~* become aware of, perceive, notice; *bedre føre ~ enn etter snar* better safe than sorry.
varabrannsjef deputy *(el.* assistant) chief (fire)

officer; *(i Skottland)* assistant firemaster; **US** deputy fire marshal.

varaformann deputy chairman; **US** vice-president. **-mann** deputy, substitute; *(i kommunestyre)* co-opted member; *skaffe* ~ provide *(el.* get) a substitute.

varde *(subst)* cairn; *(sjømerke)* beacon.

varderute *(i fjellet)* cairned route.

vardøger *(kan gjengis)* double; doppelgänger.

I. vare *(subst)* commodity; *(produkt)* product; *(merk; ofte)* item; *(artikkel)* article; *(økon)* good *(fx* try to buy more of a good than is in fact available); **-r** goods; commodities; products; merchandise *(sing)*; *jernvarer* ironware; *trevarer* woodware; *den ferdige* ~ the finished article *(el.* product); *det er en god* ~ it is a good quality; *en god salgs-* a good selling line; *en sjelden* ~ *(fig)* a rare thing; *(se I. prøve).*

II. vare *(subst): ta* ~ *på* take care of, look after; *ta seg i* ~ *for* be on one's guard against, beware of.

III. vare *(vb)* last; *det -te og det rakk* a long time passed; *det -te lenge før han forsto* it was a long time before he understood; *det -te lenge før vi så ham igjen* it was a long time before we saw him again; *det skulle* ~ *mange år før han kom tilbake* it was to be many years before he returned; *krigen -te i fem år* the war lasted *(for)* five years; *filmen -er i nesten 4 timer* the film runs for nearly four hours; *dette kan ikke* ~ *i all evighet* this can't go on for ever; *det vil* ~ *vinteren ut* it will last (out) the winter; *vi hadde det bra så lenge det -te* we had a good time while it lasted; *som -er lenge* durable, lasting *(fx* material); *£5 -er ikke lenge* £5 does not go a long way; *ærlighet -er lengst* honesty is the best policy.

vareavsender consigner; *(mar)* shipper.

vareballe bale. **-beholdning** stock (of goods); *(i regnskap)* stock(-in-trade); *(se slutt).*

varebil (delivery) van; **US** delivery truck, pickup truck, panel truck.

varebind *(på bok)* dust jacket. **-bytte** exchange of goods *(el.* commodities); exchange in kind; barter. **-deklarasjon** informative label. **-fakta** trade description. **-handel** commodity trade. **-handelsavtale** commodity agreement. **-heis** goods lift, parcel lift; **US** freight elevator. **-hus** department store. **-knapphet** shortage of goods. **-kreditt** trade credit. **-kunnskap** *(fag)* commodity study; *grundig* ~ a thorough knowledge of the goods. **-lager** 1*(bygning)* warehouse; 2*(varene)* stock (of goods). **-levering** supplying goods; *den risiko som er forbundet med* ~ *på kreditt* the risk which is inherent in supplying goods on credit. **-magasin** department store. **-marked** commodity market. **-merke** trademark. **-messe** industrial fair, industries fair; **US** trade fair. **-mottaker** consignee; *(mar)* receiver. **-ombringelse** delivery (of goods).

vareomsetning *(stats)* (volume of) trade *(fx* trade between England and Norway fell (off) by 10 per cent).

vareopptelling stocktaking; *foreta* ~ take stock. **-parti** consignment, shipment, lot (of goods), **-post** *(merk)* item (for goods). **-priser** *(pl)* commodity prices. **-prøve** sample. **-skur** warehouse; *(jernb)* goods depot *(el.* shed); **US** freight shed *(el.* house). **-salg: *netto* ~ *i 1976 ble 92,5 millioner kroner* (the) net turnover in 1976 was *(el.* amounted to) 92.5 million kroner. **-sort** line (of goods), type of goods. **-sykkel** carrier cycle; *(se sykkel).*

vareta *(vb)* attend to, look after, take care of; *han har nok å* ~ he has enough on his hands.

varetagelse: ~ *av* attention to, care of; conduct of *(fx* affairs).

varetekt 1. care; custody; 2*(jur)* custody *(fx* he was remanded in c. for a week).

varetektsarrest custody; *(celle)* remand cell. **-fange** prisoner in custody; *(etter kjennelsen)* remand(ed) prisoner, prisoner on remand.

varetrekk cover *(fx* put a c. round a book; we have bought new covers for the front seats of our car); *løse* ~ *(til bil, møbler)* loose covers.

varevogn (delivery) van; **US** delivery truck, pickup truck, panel truck.

variabel variable, changeable. **-ant** variant.

variasjon variation. **variere** *(vb)* vary.

varieté music-hall.

varietet *biol (avart)* variety.

varig lasting, permanent; durable.

varighet duration; permanence; *oppholdets* ~ the duration of one's stay.

varm warm; *(relativt høy temperatur)* hot *(fx* a hot bath, a hot cup of tea); *(fig)* warm, hearty; ardent *(fx* admirer), fervent; ~ *aftens* hot supper, cooked tea; *(i Nord-England)* ham tea; T knife-and-fork tea; *-e pølser* hot dogs; **US** *(også)* wieners; **bli** ~ get *(el.* become) warm; *(om motor)* warm up; *når det blir -ere i lufta* when the weather gets warmer; *når man er blitt* ~ *i trøya* (ɔ: *kommet inn i arbeidet, etc)* T when you've got the hang of things; *han ble* ~ *om hjertet* his heart warmed; **gå** ~ *(om motor)* overheat; *motoren har gått* ~ the engine is overheating; **holde** ~ *(mat)* keep hot *(fx* food which has been kept hot); *i den -este årstid* during the hot season; **være** ~ be *(el.* feel) warm (,hot).

varmblodig warm-blooded *(fx* animals); *(fig)* warm-blooded, hot-blooded, full-blooded.

I. varme *(subst)* warmth; *(sterkere)* heat; *(fig)* warmth; *10 graders* ~ 10 degrees of heat, 10 degrees above zero; *avgi* ~ give off heat *(fx* the gases give off the maximum amount of heat before entering the flue); *bundet* ~ *(fys)* latent heat; *en sunn, jevn* ~ *(fx fra ovn)* a healthy, even heat; *man får en særdeles behagelig* ~ a particularly comfortable type of warmth is provided; *få -n i seg* get oneself warm; *for å få -n i seg (fx i bena, i kroppen)* to restore the circulation *(fx* beat goose to r. the c.); *(jvf II. floke);* *holde -n (om person)* keep warm; *holde -n i gang (fx i ovn)* keep the fire going; *lide av -n* suffer from the heat; *sett den (ɔ: kjelen) over (el. på) -n* put it on the heat; *sette på -n* turn on the heat; *slippe ut -n* let in the cold; *ta (kjele, etc) av -n* remove from (the) heat *(fx* boil 1/4 pint of water in saucepan and remove from heat); *tilberede en rett over svak* ~ cook a dish over a slow fire.

II. varme *(vb)* warm *(fx* he warmed his hands at the fire; the sun has warmed the air); heat *(fx* heat some water); warm up; *(avgi varme)* give off heat; *ovnen -r godt* the stove gives a good heat; *ovnen er stor og robust og -r godt* the stove is big and strongly built and capable of giving great heat; ~ *opp* warm up *(fx* engine, food); *(om mat, også)* T hot up *(fx* a' hotted-up' lunch).

varmeanlegg heating plant; *sentral-* central heating plant. **-apparat** heater. **-avgivelse** transfer *(el.* emission) of heat; *dette sikrer en særdeles effektiv* ~ this provides a particularly efficient transfer of heat. **-behandle** *vb (tekn)* heat-treat. **-behandling** *(med.)* thermotherapy, heat treatment; *(tekn)* heat treatment. **-blikk** *(jernb)* expansion piece. **-bølge** heat wave. **-dirrende** shimmering with heat. **-dis** heat haze. **-effekt** thermal power. **-element** heating element. **-grad** degree of heat,

degree above freezing (point), degree above ze-ro. **-isolasjon** heat *(el.* thermal) insulation. **-kapa-sitet** *(fx ovns)* heating capacity. **-kasse** heater. **-kilde** source of heat. **-leder** heat conductor. **-ovn** (electric) heater. **-rør** hot-water pipe.
varmeutstråling radiation of heat, heat radiation.
varmhjertet warm-hearted.
varmhjertethet warm-heartedness.
varmrulle electric mangle.
varmtvannsbereder water heater *(fx* electric water heater).
varmtvannsrør hot-water pipe.
varp 1*(mar)* warp; **2.:** *se kupp.*
varsel warning; notice *(fx* a month's n.); *(forvar-sel)* omen, foreboding; *på kort* ~ at short notice *(fx* they had to go abroad at short no-tice); *på et øyeblikks* ~ at a moment's notice.
varsellampe *(kontrollampe)* pilot lamp *(el.* light).
varsellinje *(på vei)* warning line.
varselsskudd warning shot.
varselstrekant *(for bilist)* advance warning sign; warning *(el.* reflecting) triangle.
I. varsku *(subst)* warning.
II. varsku: ~ *her!* look out!
III. varsku *(vb)* warn *(fx* I had been warned that they were after me); ~ *meg når du vil ha mer* T sing out when you want more.
varsle *(vb)* 1*(gi melding om)* notify, give notice; *(varsku)* warn; 2*(advare)* warn; *(være et varsel om)* augur, bode, forebode *(fx* it bodes *(el.* augurs) no good); 3*(alarmere)* alert *(fx* a ship was alerted).
varsom cautious, careful; *et -t kyss* a gentle kiss; *lukke døra -t igjen* shut the door carefully; ease the d. shut; *vær* ~ *ved bruk av fyrstikker* be careful when you use matches.
varsomhet caution.
varte *(vb):* ~ *opp* wait (at table); ~ *en opp* wait on sby *(fx* he waited on me hand and foot); *han -t opp med* (ɔ: *ga til beste) noen munt-re historier* he produced some funny stories; *han -t opp med sine sedvanlige historier* he re-tailed his usual stories; *han -t opp med en frekk løgn* he produced an impudent lie.
varulv werewolf.
vas nonsense, rubbish; *(jvf tull; tøv; tøys; vrøvl).*
vasall vassal. **-stat** satellite state; *(hist)* vassal state.
I. vase *(subst)* vase; *blomster i* ~ flowers in a vase.
II. vase *(subst)* tangle, tangled mass.
III. vase *(vb):* ~ *seg* become tangled.
vaselin vaseline.
vaset *(adj)* tangled.
vask 1. wash; washing *(av* of, *fx* a car, clothes, etc*)*; laundry; 2*(utslags-)* sink; *gå i -en* come to nothing, fail, break down *(fx* all our plans broke down); *(se for øvrig fløyten: gå* ~ *; gå:* ~ *i vasken);* vi får igjen -en på lørdag the wash comes back on Saturday; *gjestenes* ~ *mottas kun på lørdager* visitors' laundry is accepted only on Saturdays; *sende til* ~ send to the wash *(el.* laundry); have washed *(fx* we must have it washed); *det skal sendes til* ~ *(også)* that goes to the wash; *skjorta er til* ~ the shirt is in the wash; the shirt is being washed.
vaskbar washable; *er denne skjorta* ~? will this shirt wash? **-het** washability *(fx* all materials have been tested for w.).
vaske *(vb)* **1.** wash *(fx* a car, clothes, one's hands); clean; *(skylle)* rinse out, wash out *(fx* one's stockings); rinse *(fx* bottles); *vask rommet grundig* give the room a thorough clean-down; 2*(ha vaskedag)* wash *(fx* we are washing to-day); do the washing; *hun hadde -t klær* she had

done the washing; ~ *sitt eget tøy* do one's own washing; ~ *opp* wash up; do the dishes; ~ *seg* wash oneself, wash *(fx* w. in cold water); T have a wash; ~ *seg i ansiktet* wash one's face.
vaskebalje wash tub. **-bjørn** *(zool)* racoon. **-brett** washboard. **-dag** washing day, wash day, wash *(fx* we have wash once a month); *(se vaske 2).* **-ekte** washproof, washable; ~ *farge* fast colour. **-hjelp** cleaner. **-kjeller** wash house (in the basement). **-klut** dishcloth, dishrag. **-kone 1.** cleaner, charwoman; US cleaning woman; 2*(som vasker tøy)* washerwoman. **-list** skirting (board), wash board. **-liste** laundry list. **-maskin** washing machine. **-pulver** washing powder.
vaskeri laundry.
vaskerom wash room. **-seddel 1.** laundry list; 2*(forlagsomtale av bok; neds)* blurb. **-servant** washstand. **-skinn** washleather, chamois. **-tapet** washable wallpaper. **-tøy** washing *(fx* hang out the w.); laundry; *(jvf vask).* **-vann 1.** wash water; 2*(skittent)* slops *(fx* empty the slops). **-vannsfat** wash basin, washhand basin, washbowl.
vassarv *(bot)* chickweed. **-blande** milk-and-water. **-bøtte** water-bucket. **-drag** watercourse; *Glom-mavassdraget* the course of the Glomma and its tributaries.
vassdragsvesen: *Norges vassdrags- og elektrisitets-vesen* Norway's Water and Electricity Authori-ty.
vasse *(vb)* wade.
vassen watery.
vasstrukken water-logged, soaked. **-velling** watery gruel.
vater: *i* ~ level; *bringe ut av* ~ put out of level; *ute av* ~ out of level.
vaterpass spirit level.
Vatikanet the Vatican.
vatre *(vb)* level, make level; *(jvf vater).*
vatt cotton wool, cotton; *(i plater)* wadding; *(fx til vatttepper)* batting; *en plate* ~ a sheet of batting.
vattdott wad *(el.* swab) of cotton wool.
vatteppe quilt.
vattere *(vb)* pad, quilt, wad; *-te skuldre* padded shoulders.
vattersott *(med.)* dropsy.
I. ve 1*(poet)* woe, pain; **2.** *-er (fødsels-)* pains (of childbirth), birth pangs, labour; *ha -er* be in labour.
II. ve *(int):* akk og ~ ! alas!
I. ved *(subst)* wood; wood fuel (,US: fuel-wood), firewood; *(små-)* kindling; *legg litt mer* ~ *på peisen (,på varmen)* put some more wood on the fire; *når -en er praktisk talt oppbrent* when the fuel is almost burnt through; *når det bare er glør igjen av -en* when the fire has burnt into embers; when only embers remain; *(se oppenningsved; tørrved).*
II. ved *(prep)* **1.** at *(fx* sit at the window); by *(fx* by the church, by the river, by the roadside); *(nær ved) ved fx* near the castle; the village of Iffley near Oxford); *(om beliggenhet ved geo-grafisk linje)* on *(fx* a fort on the frontier; a house on the river (,on the main road)); *(om beliggenhet ved hav og sjø)* on *(fx* a port on the Baltic; Elsinore stands on the Sound); *(ofte* =) on the shores of *(fx* the Red Sea); on the banks of *(fx* a town on the banks of Lake Lado-ga); (NB a Baltic port, a North Sea port); *røre* ~ touch; *sette kryss* ~ put a cross against *fx* a name); ~ *siden av* beside; by the side of; *like* ~ *siden av banken* just by the bank; *sverge* ~ *alt som er meg hellig* swear by all that I hold sacred; *tenke* ~ *seg selv* think to oneself; 2*(om tidspunkt)* at *(fx* at the outbreak of the

war; at his accession to the Throne; at his arrival; at daybreak, at sunset; at midnight; at noon; at his father's death; he spoke at the dinner); *(like etter)* on *(fx* on the death of his father he ascended the Throne; on his arrival he at once went to see the Ambassador); *(jvf I. etter 1); (senest ved)* by *(fx* by the end of the Middle Ages this style has already become extinct); 3*(om middel, årsak, etc)* by *(fx* by mistake; worked by electricity; you'll lose nothing by being polite), through *(fx* through an oversight on our part); ~ *å* ... by (-ing); ~ *hjelp av* by means of; with the aid of; ~ *(hjelp av) hardt arbeid* by dint of hard work; 4*(om beskjeftigelse)* on *(fx* a job on the railway; a journalist on the local paper), on the staff of *(fx* a newspaper, a school); at *(fx* he is a history master at Eton); 5*(om egenskap)* about *(fx* there is sth about him that I like; what I admire about him is his generosity); *det verste* ~ *det* the worst thing about it; *(se også større: det er ikke noe* ~ *ved ham);* 6*(som hører til)* of *(fx* the teachers of that school, the officers of that regiment); 7*(om slag)* of *(fx* the battle of Waterloo); 8*(når det dreier seg om, i tilfelle av)* in the event of, in case of; ~ *bruk av* when using; ~ *sveising av bløtt stål* in (el. when) welding mild steel; *det er ikke noe å gjøre* ~ it can't be helped; **III. ved** *(adv): være* ~ admit, let on *(fx* he never let on that he knew them); *han ville ikke være* ~ *at hans far var kelner* he was ashamed to admit that his father was a waiter.

vedbend *(bot)* ivy.
vedbli *(vb)* go on, continue, keep on *(fx* he kept on talking); *han vedble med å avbryte meg* he kept interrupting me; ... *og det (el. slik) vil de helst* ~ *å være* and they want to stay that way.
vedbrenne wood fuel *(,US:* fuelwood), firewood; *(se I. ved).*
vedde *(vb)* bet *(fx* I never bet; bet £5), make a bet, make *(el.* lay) a wager, wager; ~ *likt* lay even odds; **T** lay evens; ~ *sin siste daler* bet one's shirt; ~ *med en* bet with sby; *jeg skal* ~ *£5 med deg på at* ... I'll bet you £5 that ...; ~ *om noe* (have a) bet on sth; ~ *om hvem som vinner* bet who wins; ~ *ti mot en på at* bet ten to one that ...; *han -t £5 på at* ... he made a wager of £5 that; *jeg -r på at han ikke kommer* I bet he won't come; *jeg tør* ~ *£5 på at du ikke gjør det* I bet you £5 that you don't; *jeg skal* ~ *hva det skal være på at* I will bet you anything (you like) that.
veddeløp race; *(det å)* racing; *(stevne)* race meeting.
veddeløps|bane 1. (racing) track; 2*(heste-)* racecourse; *på -n (også)* on the turf *(fx* he lost a fortune on the turf). -**stall** racing stable *(el.* stud).
veddemål wager, bet; *et likt* ~ *(ɔ: med samme innsats)* an even bet.
vederbuk *(fisk)* ide, golden orfe.
vederfares *(vb)* befall; *la en* ~ *rettferdighet* do sby justice.
vederheftig responsible, reliable, trustworthy.
vederheftighet responsibility, reliability.
vederkvege *(vb)* refresh.
vederkvegelse refreshment, comfort, relief.
vederlag compensation, recompense; *(betaling)* consideration; *(honorar)* remuneration; *mot* ~ for a consideration; *som* ~ *for* as payment for; *(som erstatning)* as compensation for; *uten* ~ free of charge, gratuitously.
vederlagsfri gratuitous, free; -*tt (adv)* free of charge.
vederstyggelig abominable.

vederstyggelighet abomination.
ved|fange armful of firewood. -**favn** = cord of wood.
vedfyring wood-burning, burning wood, woodfiring, firing wood; *for* ~ *er magasinovnene utstyrt med trekkventil i øvre dør* for firing wood the storage stoves are equipped with draft valve in the top door.
vedføye *(vb)* attach, affix.
vedgå *(vb)* admit, own.
vedhefte *(vb)* attach.
vedheng appendage,appendix.
ved|hogger woodcutter, wood chopper. -**hogging 1.** = -hogst; 2*(av småved)* wood splitting. -**hogst** wood cutting, wood chopping.
vedholdende persevering, continuous, prolonged.
vedholdenhet perseverance, persistence.
vedkasse wood-box; *(jvf vedkurv).*
vedkjenne *(vb):* ~ *seg* recognise, recognize, own, acknowledge; *ikke* ~ *seg* disown, disclaim.
vedkjennelse recognition; acknowledg(e)ment.
vedkomfyr wood-burning kitchen stove (,US: cookstove).
vedkomme *(vb)* concern.
vedkommende the person (,persons) concerned *(el.* in question); *for noens* ~ as far as some people are concerned; *for vårt eget* ~ as for ourselves; speaking for ourselves; *for enkelte ords* ~ *(også)* for certain words *(fx* an exception was made for certain words); ~ *bank* the bank in question; ~ *dokument* the relevant document; ~ *myndighet* the relevant *(el.* proper el. competent el. appropriate) authority; *alle detaljer* ~ *saken* all the details relating to the matter; *oppøve leseferdigheten både for morsmålets og fremmedspråkenes* ~ train in reading proficiency in both the mother tongue and foreign languages.
vedkubbe log of (fire)wood.
vedkurv log basket.
vedlagt *(innlagt)* enclosed; *(medfølgende)* accompanying; *(vedheftet)* attached; -*e liste* the list enclosed, the e. list; *etter (el. ifølge)* -*e liste* as per list enclosed; *beløpet følger* ~ the amount is enclosed; ~ *følger katalog* a catalogue is enclosed, we enclose *(el.* are enclosing) a c.; *(lett glds)* enclosed please find c., please find c. enclosed; ~ *sender vi vår katalog (også)* we are sending you herewith our catalogue; ~ *samme brev* enclosed in the same letter; *jeg har den fornøyelse* ~ *å sende Dem* ... I am pleased to enclose...; enclosed I am pleased to send you ...; *(se II. følge 2 & kvittering).*
vedlegg enclosure *(fk* Enc, *pl* Encs); *Deres brev med* ~ *som spesifisert* your letter with enclosures as specified.
vedlegge *(vb)* enclose; *jeg -r* I enclose ...; I am enclosing; *(lett glds)* enclosed please find; *(se ovf: vedlagt; se også II. veksel).*
vedlikehold maintenance.
vedlikeholde *(vb)* keep in repair; maintain, keep up; *godt vedlikeholdt* in good repair.
vedlikeholdsfri maintenance-free.
vedovn wood fuel stove, wood-burning stove.
vedpinne stick of firewood.
vedrørende *se angående.*
ved|ski stick of firewood. -**skjul** woodshed. -**stabel** wood stack, woodpile.
vedstå *(vb):* ~ *seg* admit, acknowledge.
vedta *(vb)* agree to; *(godkjenne)* approve, adopt; *(lov, beslutning)* carry, pass; *beslutningen ble enstemmig -tt* the resolution was carried unanimously; *det ble enstemmig -tt å* ... it was decided on a unanimous vote to ...; *forslaget ble enstemmig -tt* the motion was put to the meeting and

carried unanimously; ~ *å gjøre noe* agree to do sth.

vedtak resolution; decision; *(se beslutning).*

vedtakelse approval, adoption; carrying, passing *(fx of a resolution).*

vedtaksfør *se beslutningsdyktig.*

vedtekt by-law, rule, ordinance; *-er* regulations *(fx* police r.); *(se lukningsvedtekter).*

vedtre stick of (fire)wood.

vedvare *(vb)* continue, last. **-nde** continual, lasting; *(fortsatt)* continued; *(hardnakket)* persistent *(fx* the p. fall in prices).

veft woof.

veg *se vei.*

veget|abilsk vegetable. **-arianer** vegetarian. **-arisk** vegetarian.

vegeta|sjon vegetation; *her oppe var det en ~ så frodig at det nesten tok pusten fra en* the vegetation up here was breathtakingly luxuriant.

vegetativ vegetative.

vegetere *(vb)* vegetate.

vegg wall; *det er bort i alle -er* it's wide of the mark; it's a complete mistake; it's all wrong; *(se også bort); sette til -s* drive into a corner; *T* drive to the wall.

vegge|dyr, -lus *(zool)* bedbug.

veggfast: ~ *inventar* fixtures.

veggflis wall tile.

veggimellom from wall to wall.

vegg|kart wall map. **-lampe** wall lamp. **-maleri** mural (painting). **-plate** *(bygg)* wall panel. **-skap** wall cupboard. **-tavle** wall board *(fx* framed w. b. with black and green surface).

vegg-til-vegg-teppe wall-to-wall carpet; carpet from wall to wall; fitted carpet.

vegne: *på* ~ *av* on behalf of; *på hans* ~ on his behalf; *på selskapets* ~ on behalf of the company; *på klassens og egne* ~ *vil jeg få lov å takke Dem* ... on behalf of the whole class, and myself, I should like to thank you ...; *opptre på egne* ~ act on one's own behalf, act in one's own name; *snakke på egne* ~ speak for oneself; *alle* ~ everywhere; *han skylder penger alle* ~ he owes money all round.

vegre *(vb):* ~ *seg* refuse, decline; ~ *seg for noe* shrink from sth.; ba(u)lk at sth.; *jeg -r meg for å tro det* I can hardly believe it; *(sterkere)* I refuse to believe it.

vegring refusal; *spise-* refusal to eat.

vei 1. road; *(se også kjørebane);* 2*(avstand)* way *(fx* it's a long way to X), distance; 3*(retning)* way *(fx* this is the way home); 4*(rute)* way, route *(fx* the route is 2,000 miles long); 5*(middel, fremgangsmåte)* way, road *(fx* to fame); *(jvf utvei);*

[*A:* Forb. med subst, adj & pron; *B:* med vb; *C:* med prep].

A: *se den* **andre** *-en* look the other way; *gå en* **annen** ~ take another route; go another way; *han gikk* **begge** *-er* he walked both ways; *den* **brede** ~ *(fig)* the primrose path; *-en var* **god** *å gå på* it was a good road for walking on; the r. was good for walking on; **Guds** *-er* the ways of God; **halve** *-en* half the distance; **hele** *-en* all the way *(fx* walk all the w.); *det er* **ingen** ~ it's no distance (away); *det er ingen* ~ *(å snakke om) til* Oxford it is no distance to speak of to Oxford; *det er ingen* ~ *tilbake (fig)* there is no going back; *det er ingen* ~ *utenom (fig)* there is no way out; there is no getting round it *(el.* out of it); *det er ingen* ~ *utenom dette problemet* there is no getting round this problem; this p. has to be faced; *en* **kortere** ~ a shorter way, a short cut; *ta korteste -en til* take the nearest road (,route) to; make a beeline

for; *den* **lange** *-en (også)* all that way *(fx* have you come all that way?); *ha lang* ~ have a long way to go; *han har lang* ~ *(til kontor, skole, etc)* he has a long journey *(el.* a long way to go); *en mils* ~ about six miles; *det er 10* **minutters** ~ it is ten minutes away; it is ten minutes' walk (,ride, drive); it is ten minutes from here; **offentlig** ~ public thoroughfare; **pliktens** ~ the path of duty; *hvilken* ~ *er* **raskest** *til stasjonen herfra?* which is the best way to get to the station from here? *skal du* **samme** ~? are you going my way? **skjebnens** *-er er uransakelige* the ways of fate are inscrutable; *den* **smale** ~ *(bibl)* the (straight and) narrow way; **strake** *-en* the direct road; the direct line; *gå strake -en* **T** follow your nose; **tilbakelagt** ~ distance travelled *(el.* covered); **ujevn** ~ bumpy *(el.* rough) road;

B: bane ~ *for (fig)* pave *(el.* prepare) the way for; **brøyte** ~: *se brøyte;* **finne** *-en* find one's way *(fx* are you sure you can f. your w.? articles that f. their w. into the provincial press); **følge** *en* ~ follow a road; *den* ~ *vi må følge (fig)* the course to adopt; *alle -er* **fører** *til Rom* all roads lead to Rome; **gjøre** *(el.* lage) ~ *i vellingen* **T** get things done; make headway; make things move; get things moving; *denne -en* **går** *til stasjonen* this road leads *(el.* takes you) to the station; *hvor går denne -en?* where does this road lead to? where does this road go *(el.* lead)? *gå din* ~! go away! *(se ut); gå nye -er (fig)* break fresh ground; *den rette* ~ *å gå (fig)* the proper course to follow; **gå sin** ~ go, go away; *han reiste seg for å gå sin* ~ he got up to go; *han gjorde mine til(el.* belaget seg på) å *gå sin* ~ he began *(el.* made) to walk away; *gå sine egne -er* go one's own way; *de gikk hver sin* ~ they went in different directions; they parted; they went their separate ways; **jevne** *-en for (fig)* smooth the path for; **kjenne** *-en* know the way; *ikke* **komme** *noen* ~ get nowhere; *det kommer du ingen* ~ *med* that won't get you anywhere; *du kommer ingen* ~ *med ham* you won't get anywhere with him; *neste gang du kommer den -en* next time you pass *(el.* come) that way; **legge** *-en om* go round by, come by *(fx* I came by the fields); **løpe** *sin* ~ run off *(el.* away); **T** cut and run; cut it; beat it; *dårlig* **oppmerket** ~ inadequately marked road; **reise** *den -en* travel by that route; follow that route; *hvilken* ~ **skal** *du?* which way are you going? *skal du samme -en?* are you going my way? are you coming my way? *vi* **skal samme** *-en* we are going the same way; *den -en skal vi alle (fig)* we all come to that (sooner or later); that is the common lot; *her* **skilles** *våre -er* this is where our ways part; this is where we part; *deres -er skiltes (også)* they parted company; **sperre** *-en for en* bar *(el.* block) sby's way; **ta** *på* ~ make afuss; **T** take on, carry on *(fx* she carried on dreadfully); **vise** ~ *(fig: føre an)* lead the way; *vise -en* show the way; *vise en -en* show sby the way; *(det er)* **denne** *-en!* step this way!

C: ad *fredelig* ~ by peaceful means, peacefully; *ad naturlig* ~ by natural means, naturally; *(o: med avføringen)* the natural way *(fx* the button Baby swallowed came out the n. w.); *ad overtalelsens* ~ by (means of) persuasion; *ad rettens* ~ through the courts, through the process of the Court; *ad vitenskapelig* ~ scientifically; **av** *-en!* stand back! stand off! *av -en for kabelen!* stand clear of the cable! *få en av -en* get *(el.* put) sby out of the way; *gå av -en* step aside, get out of the way; *gå av -en for en* get out of sby's way; *han går ikke av -en for noe* he is game for *(el.* not afraid of) anything; *(ɔ: har ingen skrupler)* he sticks at nothing; *ikke være av -en (ɔ: ikke skade)* not be amiss; not come amiss; not be out of place; *et glass øl ville ikke vært av -en* I could do with a glass of beer; *a glass of b.* would not come amiss; *hjelpe en (godt) i* ~ give sby a (good) start (in life); *kjøre midt i -en* drive in the middle of *(el.* on the crown of) the road; *komme i -en for en* get in sby's way; *komme i -en for hverandre* get in one another's way; *hvis noe skulle komme i -en* if anything should happen (to prevent it); *hver gang vi vil gå ut, kommer det noe i -en* whenever we want to go out sth always happens to stop us *(el.* sth always interferes with our plans); *jeg var fast bestemt på å skrive, men i siste øyeblikk kom det noe i -en* I had every intention of writing, but at the last moment sth prevented me; *vi har kommet godt i* ~ *(ɔ: har fått gjort en hel del) i dag* we have covered a good deal of ground today; *legge vanskeligheter i -en for en* put difficulties in sby's way; *stille seg i -en for en* stand in sby's way; *bar (el.* block) sby's way; *stå i -en* be in the way *(fx* am I in the way?); *stå i -en for* stand in the way of *(fx* your happiness); *hun satt der og snakket i* ~ she sat there talking away; *være i -en* be in the way *(fx* I hope I am not in the way); *hvis det ikke er annet i -en* if that is all (the difficulty); *være i -en for en* be in sby's way; *det er ikke noe i -en for at han kan gjøre det* there is nothing to prevent him from doing it; *hva skulle være i -en for det?* why not? *hva er i -en?* what is the matter? T what's up? *hva er det i -en med deg?* what's the matter with you? *(udeltagende)* what's come over you? S what's biting *(el.* eating) you? *han så ut som om det ikke var noen ting i -en* he showed no signs that anything was wrong; he appeared quite unconcerned; *er det noe i -en?* is (there) anything the matter? *det var ikke noe særlig i -en med ham* there was nothing very much the matter with him; *legen sa at det så ikke ut til å være noe særlig i -en med meg* the doctor said there did not look much the matter with me; ~ *med fast dekke* tarmac road; *spørre om -en* ask the *(el.* one's) way; *jeg spurte ham om -en* I asked him the way; I asked the way of him; *på* ~ *(ɔ: gravid)* pregnant; in the family way; *ta på* ~ make a fuss; T take on, carry on *(fx* she carried on dreadfully); *på -en* on the road; *på -en til* on one's way to *(fx* the town); *(se underveis); være på god* ~ *til å bli en forbryter* he is well on the way to becoming a criminal; *vi er på god* ~ *til å miste dette markedet* we are in a fair way to lose *(el.* losing) this market; *alle -er til stasjonen* all roads leading to the station; all approaches to the station; *-en til X* the road to X; *er dette -en til X?* is this the way to X? is this right for X? are we (,am I) right for X? *skaffe til -e* obtain, provide; put one's hands on *(fx* I can't put my hands on the necessary cash at present); find *(fx* I can't find the necessary cash); *ny kapital ble skaffet til -e (også)* fresh capital was forthcoming; *ved -en* by the roadside; *en kro ved -en* a roadside inn; a road-house; *(se benvei; bilvei; landevei; motorvei; skilles; skritt; sving; svinge; tilføket; tømmervei; ufyselig).*

vei|anlegg road construction *(el.* building), road -making. **-arbeid** road work, road repairs *(pl); under* ~ during road works; *her går det lang-*

somt pga. alle -ene progress is slow here because of all the road works; *her er det* ~ *igjen!* they're working on the road again here! **-avgift** *(bompenger)* toll; *(se avgift).* **-bane** road, roadway; *(jvf veidekke).* **-bok** *(med kart, etc)* road book. **-bom** road block; *(hvor det betales bompenger)* toll bar.

vei|bygging road-making, r. construction *(el.* building); *(som fag)* highway engineering. **-dekke** road surface; *vei med fast dekke* tarmac road. **-dele** road fork. **-direktorat** highways directorate; UK Ministry of Transport. **-direktør** UK Minister for Transport.

veie *(vb)* weigh *(fx* the parcel weighs two pounds; how much do you w.?); *(ha betydning)* carry weight; *hvor mye -r du? (også)* what weight are you? *alle spørsmålene -r like meget ved fastsettelse av den endelige karakter* all questions carry equal marks *(el.* weighting); all questions count as equal.

veiegenskaper *pl (bils)* roadability.
veifarende wayfarer, traveller; *(trafikant)* road user.
veiforbindelse road connection, (connecting) road; *er det* ~ *?* is there a road?
veigrep *(om bildekk)* grip; *et slitt dekk har ikke lenger noe tilfredsstillende* ~ a worn tyre no longer grips the road satisfactorily.
veigrøft (roadside) ditch.
vei|høvel road grader. **-ingeniør** highway engineer.
veik *se svak.*
veikant roadside; edge of the road; *(se veirabatt).*
veikontroll *(av biler)* (roadside) spot check, spot road check.
veikryss crossroads (NB a crossroads); road intersection.
veilede *(vb)* guide, instruct.
veiledende guiding, instructive; *disse reglene skal bare være* ~ these rules are only intended as a guide; *noen få* ~ *ord* a few words of guidance, a few (introductory) hints; ~ *pris* recommended *(el.* suggested) price; ~ *utsalgspris* recommended retail price.
veileder guide; *(for prøvekandidat ved skole)* teaching supervisor.
veiledning guidance, instruction; *gratis* ~ free advice; *sakkyndig* ~ expert advice; *til* ~ *for* for the guidance of; *til* ~ *for Dem* for your guidance *(el.* information); *(se kyndig).*
veilegeme roadbed.
veilengde distance.
veimerking road marking; traffic marking.
veiovergang bridge; overpass.
veipenger *(pl)* toll; toll money; turnpike money.
veirabatt verge.
vei|signal *(jernb)* level-crossing signal. **-signalanlegg** *(jernb)* level-crossing protection plant. **-skatt** Road Fund tax; *(i England)* car excise licence. **-skille** road fork. **-skilt** road sign. **-skrape** *(-høvel)* road grader. **-sperring** *(mil)* road-block. **-sving** bend (of a road); *(se også kurve & sving).*
veit ditch; *(smal gate)* lane.
veiundergang road underpass.
veiv *(mask)* crank. **-aksel** *(mask)* crankshaft. **-lager** *(mask)* crank(shaft) bearing. **-tapp** *(mask)* crank journal.
veivalse road roller; *(damp-)* steam roller.
veive *(vb)* crank; swing, wave *(fx* one's arms).
veivesenet *(kommunalt)* the highways authority; *(kontoret)* [the Municipal Highways Office]; UK the Highways Department.
veivhus *mask (krumtapphus)* crank case.
veiviser 1*(person)* guide; *(bok)* guide (book);

V veivlager – vel 552

2(*skilt*) signpost, road sign; *(orienteringstavle)* direction sign, route sign.
veivlager crank(shaft) bearing.
veivokter roadman.
veivstang *mask (råde)* connecting rod, con-rod. **-stangbolt** connecting rod bolt, big end bolt. **-stangfot** big end (of con-rod). **-stanghode** little *(el.* small) end (of con-rod). **-stanglager** big end bearing. **-tapp** crank(shaft) pin. **-tapplager** crank-pin bearing.
veke wick.
vekk *(borte)* away, gone; *(bort)* away, off; ~ *med fingrene!* hands off! *snakk* ~*!* speak away! fire away! *holde seg* ~ *fra* keep away from; *i ett* ~ incessantly; ~ *med* away with.
vekke *(vb)* wake (up) *(fx* he was woken up by Tom); *(etter avtale)* call; *(fig)* create, excite, arouse; ~ *forestilling om* suggest; ~ *den forestilling at* suggest that; *vær stille* – *du -r hele huset* be quiet – you're stirring up the whole house; ~ *latter blant dem* move them to laughter; *(se strid).*
vekkelse awakening; *(religiøs)* revival.
vekkelsesmøte revival(ist) meeting. **-predikant** revivalist (preacher).
vekkerklokke alarm clock; *stille -a på sju* set the alarm for 7 o'clock; *vi sov ikke fordi vi var redde for ikke å høre -a* we didn't sleep as we were afraid of not hearing the alarm.
vekkerur: *se -klokke.*
vekking calling; *bestille* ~ *til kl.* 6 ask to be called at six.
I. veksel 1(*omskiftning*) change; **2**(*jernb*): *se sporveksel; fjernstyrt* ~ *(jernb)* remote controlled points (,US: switches); *fjærende* ~ spring points (,US: switches); ~ *som kan kjøres opp (jernb)* trailable points (,US: switches); *kjøre opp en* ~ *(jernb)* force *(el.* burst) open the points (,US: switches).
II. veksel *(merk)* bill (of exchange); *(tratte)* draft; *dato-* period bill, term bill, time bill; *egen-promissory note; sikt-* sight bill; *utenlandsk* ~ foreign bill; *akseptere en* ~ accept a bill; *diskontere en* ~ discount a bill; *-en forfaller den 1. juni* the bill is payable *(el.* due *el.* matures *el.* falls due) on June 1st; *innfri en* ~ meet *(el.* take up *el.* honour) a bill; *trekke en* ~ *på* draw a bill on; *trekke for store veksler på (fig)* make too great demands on, overtax *(fx* his patience); draw heavily on, exploit; trade *(el.* presume) on *(fx* his kindness, his hospitality); *trekke veksler på ens vennskap* presume on one's friendship; *utstede en* ~ make out *(el.* issue) a bill; *-en, som vi legger ved, ber vi Dem sende tilbake forsynt med Deres aksept* we are enclosing bill, which we request you to accept and return.
vekselaksept *(merk)* acceptance (of a bill). **-akseptant** acceptor (of a bill of exchange). **-ansvar** liability on bills. **-arbitrasje** arbitrage. **-beholdning** bills in hand; bills receivable. **-blankett** bill form. **-bruk** *(landbr)* rotation of crops. **-debitor** *(merk)* party on whom a bill is drawn.
vekselér exchange broker, money changer.
vekselfalsk forging of bills, forgery. **-falskner** forger. **-kurs** rate of exchange, e. rate. **-kurtasje** bill brokerage. **-megler** bill broker. **-omkostninger** *(pl)* bill charges. **-protest** protest. **-provisjon** brokerage. **-rytter** kite flier. **-rytteri** kite flying. **-sang** *(mus)* antiphony; antiphonal singing; sung or spoken dialogue. **-spenning** A.C. *(el.* a.c.) voltage. **-spill** alternation, interaction, interplay *(fx* the i. between research and practical work). **-stiller** *(jernb)* point (,US: switch) operating apparatus.
vekselstrøm *(elekt)* alternating current *(fk* A.C.).

vekselutsteder drawer (of a bill).
vekselvirkning interaction, reciprocal action *(el.* influence).
vekselvis *(adj)* alternate, alternating; *(adv)* alternately, in turns, by turns.
veksle *(vb)* change; *(utveksle)* exchange; *med -nde hell* with varying success.
vekslepenger *(pl)* change; *du får* ~ *igjen på den (pengeseddelen)* there is some change to come on that; *(se I. få:* ~ *igjen).*
veksling change; *(utveksling)* exchange, interchange; *(på skøyter)* change-over, crossing.
vekslingsdommer *(ved skøyteløp)* crossing controller.
vekslingsside *(skøyter)* back straight, change-over straight.
vekst growth; *(høyde, skikkelse)* stature; *(økning)* increase; *(utvikling)* development; *(plante)* herb, plant; *skyte* ~ grow; *en by i* ~ a growing town; *(se skyte:* ~ *rask vekst).*
vekstfremmende growth-promoting *(fx* a growth -promoting substance).
veksthemmende growth-inhibiting.
vekstliv *(bot)* flora, vegetation. **-rate** rate of growth.
vekt weight; *(veieinnretning)* (pair of) scales, balance; *(stor)* weighing-machine; *etter* ~ by weight; *legge* ~ *på* lay *(el.* put) stress on; emphasize; *make a point of (fx* accuracy); attach importance to; attach weight to; *det legges liten eller ingen* ~ *på muntlig undervisning* little or no importance is attached to oral instruction; *det burde legges mindre* ~ *på det å vinne* there should be less emphasis on winning; *den store* ~ *man legger på ... (også)* the important place given to ...; *legge stor* ~ *på riktig ortografi* place a great deal of stress on correct spelling; *han legger for stor* ~ *på å være pent kledd* he puts too much stress on dressing neatly.
vektenhet unit of weight, weight unit; *(lodd, etc)* unit weight; *en gassmengde kan måles i -er* a gas volume can be measured by weight.
vekter *(hist)* watchman.
vektfabrikant scale maker.
vektig weighty.
vektighet weightiness.
vektlodd weight. **-løfter** weight lifter. **-manko** short weight, deficiency in weight. **-skål** scale, scale pan, pan; *(se tunge).* **-stang** lever; *(på vekt)* beam.
vekttall *(systemet)* weighting; *har* ~ *3* counts (as) 3; US gives three credits; *tysk muntlig på reallinjen har* ~ *1,* mens matematikk har ~ *3* oral German counts (as) 1 on the Science Side, while mathematics counts as 3; *(se også veie).*
vekttallsystem weighting, system of weighting.
vekttap loss of weight. **-økning** increase in weight; increased weight; ~ *hos eldre mennesker* increased weight in the elderly.
I. vel *(subst)* **1.** welfare *(fx* have sby's w. at heart), good *(fx* for the good of the community); well-being; interests *(fx* the i. of the country demand ...); *samfunnets* ~ the common good; the public welfare *(el.* weal); *Selskapet for Norges Vel* the Society for the Benefit of Norway; *hans ve og* ~ his welfare; *som en som vil Deres* ~ as a friend and well-wisher *(fx* I speak to you as a f. and w.-w.); **2.** community welfare association; (village) residents' association.
II. vel *(adj): alt* ~ *om bord* all well on board; *gid det var så* ~*!* I wish he was (,he did, *etc); that would be good news indeed; no such luck *(fx* Is he gone? No such luck!), worse luck *(fx* I'm not a millionaire, worse luck!); if only that

were true! *føle seg* ~ be (feeling) very well; be fit, be *(el.* feel) quite the thing *(fx* I don't feel quite the thing this morning), be up to the mark; *han føler seg mest* ~ *når han er alene* he is happiest when alone; he is happiest on his own; *jeg føler meg ikke helt* ~ *ved det* I'm not quite happy about it; *han befant seg* ~ *ved det* it did him good.

III. vel *(adv)* **1.** well *(fx* be well received); **2**(*utrop)* well! all right! *(innleder noe man vil si)* (well,) here goes; ~ *som jeg sa, så* ... well, as I was saying ...; **3**(*ganske visst)* to be sure *(fx* to be s. he is rich, but ...); it is true that *(fx* it is true that the goods are expensive but ....); no doubt *(fx* no doubt he is strong, but ...); admittedly *(fx* a. we are in a weak position, but nevertheless ...); ~ *er han ung, men* ... yes, he is young, but ...; of course he is young, but ...; **4**(*formodentlig)* I suppose *(fx* I s. I am to do all the dirty work); probably, presumably, I think; *han kan* ~ *være 40 år* he may be forty; *det ville* ~ *da bli i 1900* that would be in 1900; *ja, vi må* ~ *det* yes, I suppose we have to; *det kunne* ~ *være* that might well be; **5**(*forhåpentligvis)* I hope *(fx* you received my letter, I hope), surely *(fx* s. you don't believe that?); **6** *(etter nektende spørsmål uttrykt ved hjelpeverbet (,verbet)* + *subjektet uten nektelse, fx* you don't care for him, do you? you are not angry with me, are you? you don't happen to know his address, do you?); **7**(*i litt for høy grad)* rather *(fx* he is r. young); almost too; on the ... side *(fx* this car is on the small side); **8**(*i mange spørsmål oversettes ordet ikke, fx)* hvem skulle ~ *ha trodd det?* who would have believed it? **9**(*uttrykk for utålmodighet)* of course; *ned til hotellet,* ~ *!* down to the hotel, of course! *(se også gjøre B);*
~ **hjem!** I hope you get home *(el.* back) all right; *(se også ndf);* **godt og** ~ upwards of *(fx* u. of twenty tons), rather more than; well over *(fx* well over five pounds); a good *(fx* it is a good two miles from here); **meget** ~ very well; *jeg vet meget* ~ *at* I know quite well that; I am well aware that; *det er så dårlig* **som** ~ *mulig* it is as bad as can be; it could not (possibly) have been worse; *(se uheldig);* så *klart som* ~ *mulig* with all possible clearness; *jeg kunne* ~ *ikke få* ...? I wonder if I could have ...? could I have ...? *han håpet å komme* ~ *fram til byen før det ble mørkt* he hoped to reach the town safely *(el.* without hindrance) before nightfall; *i går kveld var vi endelig* ~ *hjemme i Oslo igjen etter vårt besøk i X* last night we arrived safely back in Oslo from our visit to X.

velansett well reputed; *et* ~ *firma* a firm of good standing *(el.* repute); *firmaet er* ~ *(også)* the firm enjoys a good reputation.

vel|anstendig proper, decorous. **-anstendighet** propriety, decorum. **-anvendt:** *-e penger* money well-spent. **-assortert** well assorted; *et* ~ *lager av* a rich assortment of. **-barbert** clean-shaven, well-shaven.

velbefinnende well-being, health.

velbeføyd just, legitimate.

velbegrunnet well-founded.

velbehag delight, enjoyment, zest; relish; *finne* ~ *i noe* take delight in sth, enjoy sth.

vel|behagelig pleasing; acceptable *(fx* a. to God). **-beholden** safe and sound. **-beregnet** well-calculated. **-berget 1.** safe. **2**.: ~ *med* well supplied with. **-berådd:** *med* ~ *hug* deliberately. **-betenkt** well-considered, well-advised.

velbrukt well-worn *(fx* a w.-w. book, track).

velde *(makt)* power, might, majesty *(fx* in all its m.).

veldedig charitable, benevolent; *i* ~ *øyemed* for charitable purposes, for charity; *(jvf velgjørende).*

veldedighet charity, benevolence; *storstil(e)t* ~ large-scale charitable work, large-scale work for charity.

veldedighetsarbeid charitable work, work for charity; *(se veldedighet).*

veldedighets|basar charity bazaar; US kermess, kermis. **-institusjon** charitable institution, charity.

veldig powerful, mighty; enormous, huge, tremendous; *(adv)* extremely, tremendously.

veldisponert well-arranged; well-organized *(fx* lesson); *legg merke til hvor* ~ *denne beretningen er* note the orderly way in which this account is given.

veldisponerthet *(om stil, etc)* orderly and logical arrangement.

velferd welfare.

velferds|permisjon compassionate leave, emergency leave. **-sak** matter of vital importance; *det er en* ~ *for (også)* it is vitally important to.

velferdssamfunnet the welfare state.

velferdstap: *erstatning for* ~ damages for tort.

vel|flidd trim, well-kept. **-forsynt** well supplied, well-stocked. **-fortjent** well-deserved, well-merited; well-earned *(fx* money); *det var* ~ *(o: det hadde han bare godt av)* T he was asking for it.

velge *(vb)* **1.** choose *(fx* an apple from the basket; you have chosen an unfortunate moment; the career he has chosen for himself); **2**(*ta ut)* select *(fx* the books one wants); pick (out) *(fx* p. out all the best apples); T pick *(fx* you've picked the wrong time to come to Norway); **3**(*ved avstemning)* elect *(fx* a chairman); choose *(fx* he was chosen as their representative); return *(fx* he was returned *(el.* elected) as Liberal member for X); (NB he became Conservative member for X); **4**(*slå inn på, bestemme seg for)* adopt, take up, go in for *(fx* a career); embrace *(fx* a profession, a trade, a military career); elect *(fx* he elected to stay at home);
bli valgt (parl) be elected *(el.* returned); get in; *bli valgt med stort flertall* be elected (,returned) by *(el.* with) a large *(el.* big) majority; ~ *en fremgangsmåte* adopt a course; ~ *sine ord med omhu* pick *(el.* choose) one's words carefully; *velg selv!* choose for yourself (,yourselves)! take your choice! *han har valgt et heldig tidspunkt for sitt besøk* he has timed his visit well; *vi kan ikke* ~ *og vrake* we cannot pick and choose; *(ofte* =*)* beggars cannot be choosers; *øyeblikket er uheldig valgt* the moment is unfortunate *(el.* ill-chosen); ~ **blant** choose (,elect) from (among) *(fx* the committee elects a president from among its members); ~ **en inn** *i* elect sby to *(fx* the council); ~ **mellom** choose between *(fx* two evils); choose from *(fx* there are so many jobs to c. from); *de har nok å* ~ *mellom* they have enough to choose from; they have a wide choice; *de har ikke stort (el. meget) å* ~ *mellom* they have not much choice; *kunne* ~ *mellom (el. ha valget mellom)* have the choice of *(fx* have the choice of two careers); *valgt* **på** **livstid** elected for life; ~ *en til sin etterfølger* choose sby as one's successor; ~ *en til konge* elect sby king; ~ **ut** select; pick out; single out; *disse varene er blitt valgt ut med særlig omhu* special care has been devoted to the selection of these articles; *jeg skal* ~ *meg ut noe fint* I shall choose myself sth fine; ~ **ved** *håndsopprekning* vote (,elect) by show of hands

(fx they decided to vote by s. of h.; he was elected by s. of h.).
velger elector, voter; *(til Stortinget, også)* constituent; *kommunale -e* local government electors.
velgermassen the electorate, the voters.
velgjerning good deed, kindness; benefit.
velgjort well done; *(se selvgjort).*
velgjørende *(sunn)* beneficial, salutary; *(veldedig)* beneficent, benevolent, charitable; *en ~ kontrast* a refreshing contrast; *i ~ øyemed* for charitable purposes, for a charity, for charities; *(jvf helsebringende).*
velgjørenhet beneficence, charity.
velgjører benefactor. **-inne** benefactress.
velgående: *i beste ~* in the best of health, in the pink of health; **T** alive and kicking.
velhavende well-to-do, prosperous, comfortably off, well off; *(se velstående).*
velhavenhet easy circumstances, ample means.
velin vellum (paper).
velinformert well-informed; **S** clued up.
velkjent familiar, well-known (NB *som predikatsord:* well known); *noen av de mest -e grønnsakene* some of the commonest *(el.* most familiar) vegetables; *stille det -e spørsmålet (også)* ask the proverbial question.
velklang harmony, euphony.
velkledd well-dressed; *(som predikatsord)* well dressed.
velklingende pleasant, melodious, euphonious, harmonious.
velkommen welcome; *hilse en ~* welcome sby, wish *(el.* bid) sby welcome; *ønske en ~* bid sby welcome *(fx* it's a great pleasure for me to bid you all welcome to Oslo); *vi ønsker Dem hjertelig ~* we are very glad to see you; *det gleder oss å ønske dem alle ~* we are very pleased to extend a hearty welcome to them all; *ønske en ~ med et smil* give sby a smiling welcome.
velkomst welcome; *han fikk en varm ~* he met with a warm reception; he found he had caught a Tartar; he got more than he bargained for.
velkomstbeger welcoming glass. **-hilsen** welcome. **-tale** speech of welcome.
velkonservert well-kept, in good condition.
vell spring; wealth, profusion, abundance; *et ~ av lys* a flood of light.
vellagret well-seasoned; *(som predikatsord* well seasoned); matured *(fx* tobacco, wine).
velle *vb (sprudle)* well, spring forth, issue forth.
vellevnet luxurious living, luxury.
velling gruel; *gjøre vei i -en* **T** make things move; get things moving; get things done; make headway.
vellukt fragrance; perfume, scent.
velluktende fragrant, perfumed, scented; sweet -scented.
vellyd euphony.
vellykket successful; *det var meget ~ it* was a great success.
vellyst (carnal) lust, sensual pleasure.
vellystig voluptuous, sensual, lustful, lascivious.
vellysting libertine; sensualist.
vellønnet well-paid; *(som predikatsord)* well paid.
velmakt vigour (,US: vigor), strength; prosperity.
velmaktsdager *(pl)* days of prosperity, palmy days, prime *(fx* in his prime).
velment well-meant, well-intended. **-nært** well-fed, well-nourished.
veloppdragen well-bred, well-behaved.
veloppdragenhet good manners.
velordnet well-arranged, orderly. **-organisert** well -organized. **-orientert** well-informed; *(som predikatsord)* (well) informed *(fx* he is always well

informed).**-overveid** well-considered, considered *(fx* it is my considered opinion that ...). **-proporsjonert** well-proportioned.
velprøvd established, proved, proven *(fx* remedy for influenza), old-established, well-tried, that has proved reliable *(fx* this cloth has proved a reliable material for raincoats).
velrenommert reputable, of good repute. **-rettet** well-aimed, well-directed. **-sett** popular; *en ~ gjest* a welcome guest; *ikke ~* frowned (up)on.
velsigne *(vb)* bless.
velsignelse blessing; *vi har en guds ~ med bøker* **T** we have no end of books; *(se lyse).*
velsignelsesrik *(litt.)* rich in blessings; blessed; highly beneficial; *en stor og ~ fremtid* a great future, rich in blessings; a great and glorious future; *en ~ virksomhet* a highly beneficial activity; *for et -t deilig vær!* what gloriously fine weather!
I. velsignet *(adj)* **1.** blessed; **2***(forbasket; forbistret)* confounded *(fx* that confounded dog of yours!); **T** blessed; **3***(deilig; herlig)* wonderful; heavenly *(fx* what heavenly weather!); lovely *(fx* weather); *han har en ~ appetitt (han er velsignet med en god appetitt)* he's blessed with a hearty appetite; he's a hearty eater; *en ung man ~ med det velklingende navn Marmaduke* a young man who rejoices in the glorious name of Marmaduke; *en ~ mangel på konvensjoner* a refreshing lack of conventions; a refreshing unconventionality.
II. velsignet *(adv)* blessedly; *alt var så ~ fredfylt* it was all so blessedly peaceful; *~ uformell* refreshingly informal; *også i dette henseende er hun ulik, ~ ulik, de fleste andre politikere* in this respect too, she's unlike, mercifully unlike, most other politicians.
velsittende well-fitting *(fx* a w.-f. coat). **-situert** well-to-do; *(som predikatsord)* well to do. **-skapt** well-made *(fx* figure, legs, person), shapely *(fx* legs); well-formed; *et sunt og ~ barn* a fine healthy child. **-skikket** well qualified *(til* for).
velsmak tastiness, good taste, savour (,US: savor).
velsmakende savoury (,US: savory), palatable.
velspekket: *~ pung* well-filled purse.
velstand prosperity.
velstandssamfunn prosperous *(el.* affluent) society; *i et ~ som vårt* in a prosperous society like ours.
velstekt well done. **-studert** well read.
velstående well-to-do, prosperous, comfortably off, well off; *være ~* be well to do, be comfortably off, be in easy circumstances.
veltalende eloquent.
veltalenhet eloquence, fluency (of speech).
I. velte *(subst)* heap, pile.
II. velte *(vb)* upset, be upset, overturn *(fx* this lamp cannot overturn; the boat overturned; he jumped about and overturned the boat), knock down *(fx* a vase), overthrow *(fx* a bucket, a table, a vase); topple over, tip over; **T** have *(el.* take) a spill *(fx* I had a spill with my bicycle); *~ seg i noe (fx* the mud), wallow in; *bare synet av mat fikk det til å ~ seg i magen på ham* the mere sight of food turned his stomach; *~ ansvaret over på en* shift the responsibility on to sby; *plogen -t opp jorda* the plough turned up the soil.
veltefjel *(på plog)* mould board; **US** moldboard. **-plass** *(for tømmer)* piling site; **US** landing (place), landing depot, dumping ground.
veltilfreds well pleased, contented, satisfied. **-het** satisfaction, contentedness, content(ment); *(med seg selv)* self-satisfaction, complacency.

velunderrettet well-informed; *(som predikatsord)* (well) informed.

velur velour(s).

velutrustet well-equipped; *(som predikatsord)* well equipped.

velutstyrt well-equipped; *(som predikatsord)* well equipped; *et ~ hotell* a well-appointed hotel.

velvalgt well-chosen; *(som predikatsord)* well chosen.

velv *(i bank)* strongroom.

velvilje benevolence, kindness, goodwill; *jeg håper De vil se med ~ på min søknad* I hope my application will receive your favourable consideration.

velvillig kind, friendly, benevolent; *med ~ assistanse av X* with the kind assistance of X; *de var alle ~ stemt overfor ditt forslag* they were all in sympathy with your proposal; *ta under ~ overveielse* kindly consider *(fx* it is our hope that the Council will k. c. the above and inform us of its views).

velvoksen good-sized, big.

velvære well-being; *materielt ~* material comforts *(fx* m. c. such as electricity, good houses, water supplies ...).

velynder patron, benefactor.

velærverdig reverend.

velærverdighet reverence.

veløvd practised (,US: practiced), well-trained.

vemmelig 1. disgusting, repulsive, nasty, unpleasant; *(person)* repulsive, repellent, revolting, disgusting, nasty; *jeg synes han er ~* I find him repulsive; **T** he gives me the creeps; *ha en ~ forkjølelse* have a beastly cold; *en ~ fyr* **S** a nasty piece of work; a rotter; *~ vær* beastly *(el.* nasty *el.* foul) weather; **2***(tungvint)* **T** mucky *(fx* it's so m. having to walk about in the rain and the wind with a shopping basket and an umbrella).

vemmelse disgust, loathing, nausea.

vemmes*(vb)* be disgusted, be repelled *(over, ved* with, at).

vemod sadness, wistfulness; *med ~* sadly; *(se III. stemme).*

vemodig sad, wistful.

vemodsblandet: *en ~ glede* a joy not untinged with sadness.

vemodsfylt: *en ~ melodi* a plaintive tune.

vend *(på vevde tøyer)* right side.

vendbar reversible *(fx* coat).

vende 1*(vt)* turn *(fx* one's car, one's head); *(mar)* bring *(fx* a ship) about; veer (round); **2***(vi)* turn; *(mar)* veer *(fx* the wind has veered round); *(ku-)* wear; *(stag-)* tack *(fx* t. to port), put about, go about; *klar til å ~ (mar)* ready about! *vend!* p.t.o., *(ɔ: bla om)* please turn over; *som kan -s* reversible *(fx* coat); *~ blikket mot* turn one's eyes towards; *bilen vendte hjulene i været* the car turned turtle; *~ høyet* turn over the hay; *~ et kort (kort)* turn up a card; *man kan snu og ~ saken som man vil; den er og blir ubehagelig* you can look at the thing from whatever angle you like; it's still unpleasant; *hvordan man enn snur og -r på det* look at it whichever way you like; no matter how you look at it; *~ en ryggen* turn one's back on sby; *~ mot face (fx* the side facing the lake); *~ opp ned på forholdene* turn things upside down; reverse the order of things; *~ noe til ens fordel* turn sth to sby's advantage; *han forsøkte å ~ det hele til Johns fordel* he tried to turn it all to John's advantage; *~ seg* turn *(fx* wherever I turn); turn round; *bladet har vendt seg (fig)* the tables are turned; the situation is reversed; things have taken a new turn; the boot is on the

other leg now; *~ seg av med en vane* break oneself of a habit; *~ seg bort* turn away; *~ seg mot* turn towards; *(aggressivt)* turn on, turn against; *~ seg om* turn, turn round; *~ seg til* turn to *(fx* sby for help), apply to; appeal to; *(med sak el. spørsmål)* approach *(fx* I shall a. him on the matter); *(om program)* cater for *(fx* the programme caters for a clearly defined group of listeners; *(om bok)* appeal to, be intended for, address itself to, cater for (the needs of); *~ seg til det bedre* take a turn for the better; *~ seg til det beste* turn out for the best (in the end); *alt vil ~ seg til det beste* it will all be for the best (in the end); everything will come right; everything will be all right; *hans kjærlighet vendte seg til hat* his love turned to hatred; *~ tilbake* return, come back, turn back.

vendediameter turning circle (diameter) *(fx* a car with a 25-foot turning circle).

vendekrets tropic; *den nordlige ~* the Tropic of Cancer; *den sørlige ~* the Tropic of Capricorn. **-plog** reversible plough; *(av bæretypen)* mounted r. p.; *(bakkeplog)* r. hillside p.; *(slepevendeplog)* trailed r. p. **-punkt** turning point; *betegne et ~* mark a t. p.

vending turning, turn; *(i stil)* turn (of phrase), mode of expression; *i en snever ~* in an emergency, at a pinch; *rask i -en* quick (off the mark) *(fx* he's quick off the mark); *du skulle ha vært raskere i -en* you ought to have been quicker off the mark; *være sen i -en* be slow; *samtalen hadde tatt en uventet ~* the conversation had taken an unexpected turn; *jeg måtte gå to -er* I made two journeys; *jeg kunne ikke få med meg alt i én ~* I couldn't carry it in one journey.

vene vein. **-blod** veinous blood.

Venedig Venice.

venerisk venereal; *~ sykdom* venereal disease *(fk* V.D.).

venetianer Venetian. **venetiansk** Venetian.

Venezia Venice.

venn friend; *en ~ av meg* a friend of mine; *gode -er* great friends; *bli gode -er med en* **T** cotton up to *(el.* with) sby; *gjøre seg godvenner med* make friends with; *du kan ikke gå dit, min lille ~ (sagt til liten gutt)* you can't go there, my little man; *holde seg til -s med dem* keep on the right side of them; *(se barndomsvenn; ungdomsvenn).*

venne *(vb) ~ en av med noe* break sby of sth; *~ fra (brystet)* wean *(fx* a baby); *~ seg av med* break oneself of; *~ en til noe* accustom sby to sth; *~ seg til* accustom oneself to, get accustomed to; *~ seg til å* get into the habit of (-ing).

vennehilsen friendly greeting. **-krets** circle of friends. **-løs** friendless. **-møte** meeting of friends. **-råd** friendly advice. **-sæl** *(glds)* popular, well-liked *(,som predikatsord:* well liked). **-tjeneste** act of friendship, friendly turn.

venninne friend; girl friend.

vennlig kind, kindly, friendly; *han hadde et ~ uttrykk i ansiktet* there was a look of kindness about his face; *hans -e vesen* his friendliness *(fx* his f. made him popular); *~ mot* kind to; *være ~ innstilt overfor en* be kindly *(el.* friendly) disposed towards sby; *(adv)* kindly, with kindness; *vær så ~ å underrette meg* please inform me; *han takker for at De vil være så ~ å møte opp på stasjonen* he thanks you for your kindness in meeting him at the station; *få rommet til å se meget -ere ut* make the room (look) much brighter, brighten up the room considerably.

vennlighet friendliness, kindness, kindliness.

vennligsinnet friendly *(el.* kindly) disposed *(mot* towards); friendly; *en ~ stamme* a friendly tribe; *være ~ overfor en* be well disposed towards sby.

vennligst *adj* 1*(superl)* kindest; 2.: *~ sørg for å få skipet varene med én gang* please see to it that the goods are shipped at once.

vennskap friendship; *slutte ~* form a friendship *(med* with); *under dekke av ~* under the pretence of friendship; *in (el.* under) the guise of friendship.

vennskapelig friendly, amicable, kindly; *stå på en ~ fot med* be on friendly terms with.

vennskapelighet friendliness; *i all ~* amicably, in a friendly spirit; as a friend.

vennskapsbesøk *(polit, etc)* goodwill visit.

vennskapsbevis proof *(el.* token) of friendship.

vennskapsby twin town *(fx* Larvik has a twin town in England); *den skikk å ha -er* town-twinning *(fx* town-twinning has become very popular).

vennskapsmaske: *under ~* under the pretence of friendship.

I. Venstre *(subst)* the Liberal Party.

II. venstre left; *~ hånd* the left hand; *til ~ (på ~ side)* on the left; *(over til ~)* to the left; *~ om!* left turn! *på ~ side* on the left-hand side; on the left, on one's left.

venstre|ratt left-hand drive. **-sving** left-hand bend; *(se høyresving).* **-vridd** *adj (polit)* leftish; left -wing.

I. vente *(subst): i ~* in store *(fx* nothing but disappointments are in store for him *(el.* await him); in prospect *(fx* orders we have in prospect); *det er store begivenheter i ~* we are on the eve of great events; sensational developments are to be expected.

II. vente *(vb)* 1*(ha forventning om)* expect *(fx* I e. (to see) him today; I e. him to dinner; it is not so bad as I expected); anticipate *(fx* we did not a. this result); *vi -r svar i morgen* we expect an answer tomorrow; *når kan vi ~ levering?* when may we expect delivery? *jeg -r å være tilbake på mandag* I expect to be back on Monday; *du kan ~ meg ved nitiden (også)* look out for me at nine; *det var for meget å ~ that* was too much to be expected; *skipet -s til Bergen i morgen* the ship is expected to arrive at B. tomorrow; *(om ruteskip, også)* the ship is due (to arrive) at B. tomorrow; *De -r for meget av ham* you expect too much of him; *vi har rett til å ~ oss meget av ham (også)* we have good reason to have great expectations of him; *man -t av ham at han skulle holde seg borte hele dagen* he was expected to keep away all day; 2*(tilbringe tiden med å vente)* wait *(fx* I shall w. till he is ready); *(i tlf)* hold on, hold the line; *(utålmodig, fx i forværelse)* kick one's heels; *det blir ikke lenge å ~* we shall not have long to wait; *denne saken kan ~* this matter can wait *(el.* stand over); *vi -r litt til og ser om de kommer* we'll hang on for a little while and see if they come; *vent litt!* wait a little! wait a moment! one moment, please! *det kan kanskje ~ litt?* T *(også)* perhaps it'll keep? *vi -t og -t, men bussen kom ikke* we stood there waiting, but the bus just wouldn't come; 3*(imøtese)* look forward to *(fx* we l. f. to receiving your *(el.* an) early reply), await *(fx* we a. your early reply); *la en ~* keep sby waiting; let sby wait; *svaret lar ~ på seg* the answer is long in coming; *~ med noe* put off sth; delay *(el.* postpone *el.* defer) sth; *vent med det til senere* leave that till later; *~ (på en) med middagen* wait dinner (for sby); *denne leksen -r jeg med til i morgen* I shall

leave this homework until tomorrow; *hvis du ikke hadde -t så lenge med å bestille* if you hadn't left booking so late; *vent med å spise egget til toasten er ferdig* don't start eating your egg until the toast is ready; *~ på noe* wait for sth; await sth; *~ på en* wait for sby; *jeg -r på noen (ɔ: som også skal sitte ved dette bordet)* I'm waiting for someone (,some people) to join me; *store problemer -r på sin løsning* great problems still remain to be solved *(el.* are yet to be solved); *vi -r på at ordren skal bli bekreftet* we are waiting for the order to be confirmed; *vi måtte ~ lenge på toget (også)* we had a long wait for the train; *vent til det blir din tur* wait your turn; *~ seg (ɔ: være gravid)* be expecting; *~ seg noe* expect sth; *du kan ~ deg!* just (you) wait!

venteavgift waiting fee; *(se avgift).*

ventelig to be expected; *(adv)* probably.

venteliste waiting list; *de har ingen ~* they don't maintain a waiting list; *sette seg på ~* put oneself down on *(el.* put one's name on) a waiting list; *sette på ~* T *(også)* wait-list *(fx* sby); *stå på ~* be down on a waiting list; have one's name on a waiting list; *(NB* the city has a housing waiting list of 6,000 families).

ventende waiting, expectant.

ventepenger *(ved opphør av kontraktmessig ansettelse)* severance pay.

vente|sal waiting-room. **-tid** waiting time *(el.* period), period of waiting; wait *(fx* we had a long wait); *i den lange -en* during the long waiting period. **-værelse** waiting-room.

ventil 1. ventilator; 2*(mar)* porthole; 3*(tekn)* valve *(fx* safety valve); *(på dekk)* tyre (,US: tire) valve; *slipe en ~ (i bilmotor)* reface a valve; *stille -ene* set the valves; *(se enveisventil; forbipasseringsventil; fødeventil; kontraventil; reduksjonsventil; retursperreventil; sikkerhetsventil; spareventil; spjeld; spjeldventil; tilbakeslagsventil; utblåsningsventil; utløpsventil).*

ventilasjon ventilation.

ventilasjonsvindu vent(ilator) window; *(trekantet i bil, også)* quarter-light.

ventilator ventilator.

ventilere *vb (også fig)* ventilate.

ventil|fjær valve spring. **-føring** valve stem guide. **-gap** valve opening. **-gummi** valve rubber. **-klaff** valve flap. **-klapring** valve clatter. **-klaring** (valve) tappet clearance. **-løfter** valve tappet, valve lifter, cam follower. **-løfterstilleskrue** valve-tappet adjusting screw. **-nål** *(for bildekk)* valve core; *(i forgasser)* valve needle. **-sete** valve seat. **-skaft** valve stem *(av.* spindle). **-sliping** valve grinding; re-facing *(el.* re-grinding) (of) the valves; *(se sliping).* **-støtstang** (valve) push rod. **-vippearm** (valve) rocker arm.

ventrikkel *(anat)* ventricle; stomach.

venus|berg *(anat)* mount of Venus. **-hår** maidenhair. **-mål** *(pl)* the measurements of the Venus of Milo.

veps *(zool)* wasp.

vepsebol wasps' nest; *(fig)* hornets' nest; *stikke hånden i et ~* stir up a hornets' nest.

vepse|stikk wasp sting. **-talje** wasp waist.

veranda veranda(h); US porch.

I. verbal *subst (gram)* predicate.

II. verbal *adj (gram)* verbal.

verbalsubstantiv *(gram)* verbal noun.

verbo *(gram): nevne et verb a ~* rehearse a verb, go through a verb.

verbum *se verb.*

I. verd *(subst)* worth, value.

II. verd *(adj)* worth; *det er pengene -t* it's worth

the money; *det er -t £10* it's worth £10; *det er ikke -t (at du gjør det)* you had *(el.* you'd) better not; *et forsøk -t* worth trying; *umaken* ~ worth while; *(se tjeneste).*

verden *(også fig)* world *(fx* his world was a narrow one; the world of art);
en **annen** *og bedre* ~ another and better world; a better world; *av en annen* ~ **T** *(om noe imponerende, etc)* terrific, tremendous *(fx* it was a tremendous success); **T** no end *(fx* it was no end of a success); **bokens** ~ the world of letters *(el.* literature); **denne** ~ this world; *denne -s gleder* the pleasures of this world; *ikke av denne* ~ not of this world; *mitt rike er ikke av denne* ~ *(bibl)* my kingdom is not of this world; *frykt for -s dom* fear of what people may say; **drømmens** ~ the world of dreams; **dyrenes** ~ the animal world; *den* **elegante** ~ the world of fashion; *-s* **ende** 1*(stedlig)* the ends of the earth; 2*(i tid)* the end of the world; the end of all things; *den* **gamle** ~ 1*(mots. Amerika)* the Old World; 2*(oldtiden)* the Ancient World; Antiquity; *det er -s* **gang** that's the way of the world; *London er en* **hel** ~ *i seg selv* London is a world of its own; **hele** ~ all the world, the whole world; *over hele* ~ all over the world, the world over; *(se verdensomfattende); det er til* **ingen** *-s nytte, det er ikke til noen -s nytte* it's no earthly use; it's noe use whatever; it's not the slightest use; *ingen -s ting* nothing at all, absolutely nothing; **T** not a thing; ~ *er sannelig* **liten**! *(alle synes å kjenne hverandre)* how small the world is! it's a small world! *den* **litterære** ~ the literary world; the world of letters; **naturens** ~ the world of Nature; *den* **nye** ~ the New World; *all -s* **rikdom** all the riches in the world; *-s* **skapelse** the Creation, the creation of the world; *du* **store** *all* ~*!* my goodness me! good gracious! gosh! *så lenge* ~ **står** for ever, till the end of time; **ta** ~ *lett* take life easy; *ta* ~ *som den er* take things as they are; *-s* **undergang** the end of the world; *det er en* **underlig** ~ *vi lever i* it's a strange world; *den* **vide** ~ the wide world *(fx* go out into the wide world); *den* **ytre** ~ the external world; *(se bedra: verden vil -s; bestå: så lenge verden -r);*
[*forb. med prep*] *den enkleste ting* **av** ~ the simplest thing in the world; *de beste venner av* ~ the best of friends; *med den beste vilje av* ~ with the best will in the world; *ikke av denne* ~ not of this world; *se noe av* ~ see the world; get about (a little); *for god* **for** *denne* ~ too good for this world; *too good to live;* **i** ~ in the world *(fx* the happiest man in the world); nothing in the world); *aldri i* ~ *(som avslag)* never! **T** not on your life! not if I know it! *det går aldri i* ~ it won't work! it can't possibly come off! *hva i all* ~*?* what on earth? *hva i all* ~ *skal jeg gjøre?* whatever am I to do? *hvem i all* ~*?* whoever? *(fx* whoever told you that?); *hvor i all* ~*?* wherever? *(fx* wherever can he be?); *hvordan i all* ~*?* how on earth? how in (all) the world? *hvorfor i all* ~ *gjorde du det?* why on earth did you do that? whatever did you do that for? *hvorfor i all* ~ *gjør du det ikke?* why ever don't you do it? *være alene i* ~ be alone, be alone in the world; *ikke for alt i* ~ not for the world, not on any account, not for anything in the world; **T** not for all the tea in China; *du må ikke for alt i* ~ *la ham unnslippe* don't on any account let him escape; *komme fram i* ~ get on, make good, rise (in the world); *slik går det her i* ~ that's the way things are; *leve i sin egen* ~ move in a world apart; ~ *går (el. har gått) ham* **imot** he's down on his

luck; *bringe til* ~ bring into the world; bring forth; *komme til* ~ be born; *saken er* ~ the matter is settled and done with; *.. og dermed er saken ute av* ~ and that's the end of the matter; and that's an end of it; and that will be the end of the matter; and that will be that; and there's an end of it; and that's that; *han har vært litt ute i* ~ **T** he's been about the world a bit.
verdensbegivenhet event of world importance; *i sentrum for -ene* at the heart of world affairs.
verdensdel part of the world; continent.
verdenskrig world war.
verdenskrise world crisis. **-litteratur** world literature. **-mann** man of the world. **-mester** world champion. **-mesterskap** world championship; *-et i hurtigløp på skøyter* the world championship in speed skating. **-omseiler** circumnavigator of the globe. **-omseiling** circumnavigation of the world. **-omspennende** world-wide, world-embracing; *med* ~ *markeder* with markets that encompass the world. **-rekord** world record. **-rommet** space. **-språk** universal language; *(utbredt språk)* world language.
verdenstrett world-weary; world-worn.
verdensutstilling world exhibition; *(se utstilling).*
verdi value; *det har liten* ~ *for meg* it's of little value to me; *det har stor interesse og* ~ *for meg personlig i mitt arbeid* it is of particular interest and value to me personally in my work; *store -er* large sums (of money); *falle i* ~ fall in value, lose value, depreciate; *stige i* ~ rise (in value), increase in value; *til en* ~ *av £5* to the value of £5; valued at *(fx* the gunman got away with jewellery valued at £50,000).
verdiangivelse statement of value. **-ansettelse** valuation, estimate, assessment. **-brev** insured (registered) letter; *dette skal gå som* ~ I'd like to have this letter insured. **-forringelse** depreciation. **-forsendelse:** *se -sending.* **-forøkelse** appreciation, rise *(el.* increase) in value; increased value.
verdifull valuable, of great value.
verdig worthy; *(om vesen)* dignified; ~ *til* worthy of; *som var en bedre sak* ~ deserving of a better cause; *en* ~ *representant for det unge Tanzania* a worthy representative of the young people of Tanzania *(el.* of Tanzanian youth).
verdige *(vb):* *han -t meg ikke et svar* he did not deign *(el.* condescend) to answer me.
verdighet dignity; *(til noe)* worthiness; *under ens* ~ beneath one's dignity; *det ville være under min* ~ *å gjøre det* **T** it would be infra dig for me to do that; *holde på sin* ~ stand on one's dignity.
verdigjenstand article of value; *(pl også)* valuables.
verdiløs valueless, of no value; worthless.
verdiløshet worthlessness. **-pakke** insured parcel; *(se -sending).* **-papirer** *(pl)* securities; *(obligasjoner)* bonds; *(aksjer)* stocks and shares, stock. **-pose** *(post)* (enclosure) bag for insured items. **-post** insured mail. **-saker** *(pl)* valuables. **-sending** *(post)* insured item. **-stigning** increase in value, appreciation; increment. **-stigningsskatt** tax on unearned increment.
verdsette *(vb)* estimate, value; ~ *for høyt (,lavt)* overvalue (,undervalue).
verdsettelse valuation.
verdslig temporal, secular, worldly, mundane; *den -e makt* the secular power.
verdslighet secularity; worldliness.
verdsligsinnet worldly(-minded).
verft shipbuilding yard, shipyard.
I. verge *subst* 1(formynder) guardian; *født* ~ natural guardian; *testamentarisk* ~ testamenta-

ry guardian; **2***(for lovovertreder)* probation (,children's) officer; *(se barnevernsnemnd);* **3***(bestyrer av myndlings gods)* trustee; *(oppnevnt av Court of Protection (overformynderiet))* receiver.
II. verge *(subst): se varetekt.*
III. verge subst *(glds & poet = våpen)* weapon; *vårt skjold og ~ (bibl)* our shield and buckler *(fx* the Lord, our shield and buckler).
IV. verge *(vb)* defend, protect *(mot* from); *~ seg* defend oneself; *~ seg mot en fare* guard against a danger.
vergeløs defenceless; **US** defenseless. **-het** defencelessness; **US** defenselessness.
vergeråd *se barnevernsnemnd.*
verifisere *(vb)* verify.
verifisering verification.
veritabel veritable, regular.
I. verk *(subst)* **1.** ache, pain; **2.** inflammation; matter, pus; festering wound; *det har (,hadde) satt seg ~ i såret* the wound is (,was) festering; *det satte seg ~ i såret* the wound festered; the wound went *(el.* turned) septic; the wound became infected; *(jvf verkefinger).*
II. verk *(subst)* **1***(arbeid)* work; **2***(fabrikk)* works (NB a works) *(fx* the glassworks is *(el.* are) near the station); *ved -et* at the works; **3***(tekn)* works, mechanism; **4***(bok, kunstverk, etc)* work *(fx* the works of Dickens); creation; *lysten driver -et* willing hands make light work; *samlede -er* collected works; *alt dette er ditt (,hans, etc) ~* all this is your (,his, *etc)* (handi)work; *(især neds)* all this is your (,his, *etc)* doing; *sette i ~* put *(el.* carry) into effect; start *(fx* inquiries); *gå beslutsomt til -s* take a firm line; *gå forsiktig til -s* proceed cautiously *(el.* with caution); *gå grundig til -s* be thorough; leave no stone unturned; *gå radikalt til -s* adopt drastic measures; *gå strengt til -s mot* deal severely with *(fx* sby); *skride til -et* set to work; go *(el.* set) about it.
verkbrudden *(bibl)* palsied.
verke *(vb)* ache, pain; *~ etter å gjøre noe* be itching *(el.* bursting) to do sth; *han rent -t etter å få sagt dette* he was positively bursting to get this said; *gå og ~ med noe (fig)* have sth on one's mind.
verkefinger festering finger; swollen *(el.* infected) finger.
I. verken linsey-woolsey.
II. verken *(konj): se hverken.*
verks|betjent *(i fengsel)* foreman of works. **-eier** factory owner, mill owner. **-mester** works manager; *(ved mindre bedrift)* shop foreman; *(i fengsel)* senior foreman of works. **-sertifikat** *mar (for skip)* builder's certificate.
verksted workshop; *mekanisk ~* engineering workshop; *(se også maskinverksted).*
verkstedarbeider shopman, engineering worker; *(jernb: montør)* engine fitter.
verkstedpraksis (work)shop practice, workshop training.
verktøy tool, implement; *(se radiostøyfilter).*
verktøykasse tool box. **-maker** toolmaker; *(se stansemaker).* **-maskin** machine tool. **-sett** kit of tools.
vermut vermouth.
vern defence (,**US:** defense), protection.
vernearbeid safety work.
vernehjem rehabilitation centre.
verneleder oljeind *(sikkerhetssjef)* safety supervisor.
verneombud safety deputy; *hoved-* safety overseer.
vernepleier UK Registered Nurse for the Mentally Subnormal *(fk* RNMS).
verneplikt compulsory military service; national

service, conscription; *alminnelig ~* general conscription; *avtjene sin ~* serve one's time as a soldier.
verne|pliktforhold: *opplysninger om ~* information regarding national service. **-pliktig** liable for military service; **US** liable to be drafted; *en ~* a conscript; **UK** a (national) serviceman; *~ befal* reserve officers.
verneskog protection forest.
verneskole UK school for severely maladjusted children.
vernet *(adj): ~ bedrift* sheltered workshop.
verneting legal venue; legal domicile *(fx* of person or firm).
vernetoll protective duty.
veronal *(kjem)* veronal.
verpe *(vb)* lay; *egget vil lære høna å ~* teach one's grandmother how to suck eggs. **-høne** laying hen. **-syk:** *~ høne* broody hen.
verre worse; *(vanskeligere)* harder, more difficult; *bli ~ og ~* go from bad to worse *(fx* things were going from bad to w.); become worse and worse; *gjøre galt ~* make bad worse; *~ enn ingenting* worse than useless; *så meget desto ~* so much (the) worse; **T** *(også)* the more's the pity; *en forandring til det ~* a change for the worse.
vers verse; stanza; *synge på siste -et (fig)* be nearly over, draw to its close, be on its last legs.
verskunst art of versification; metrical technique *(fx* his m. t.).
versere *(vb)* circulate, be current; *de rykter som -r* the rumours in circulation; *~ for retten* be now before the court; *(se sak B).*
versifisere *(vb)* versify, put into verse.
verst worst; *vi frykter det -e* we fear the worst; *det -e gjenstår* the worst is still to come; the sting is in the tail; *hittil er alt greit, men det -e gjenstår (også)* it is all very well so far, but there is still a snag to come; *det -e han kan gjøre* the worst thing he can do; *vi har det -e bak oss* we have the worst part behind us; we are over the worst (of it); *det er det -e jeg har hørt* I never heard such nonsense (in all my life); *det er det -e jeg vet* I can't bear it; it's my pet aversion; *det -e jeg vet er å* I hate (-ing); I can't bear (-ing); *han er over det -e (om sykdom)* he has turned the corner; *vi er over det -e nå* the worst is behind us now; now we are over the worst; **T** now we're over the worst hurdles; now we can see daylight; *det blir ~ for ham selv* that's his look-out; **T** that's his funeral; **S** *(også* **US)** that will be his tough luck; *i -e fall* at (the) worst; in an extreme emergency; *ikke så ~* not at all bad; **T** not half bad; not altogether bad; not so bad *(fx* How are you? - Not so bad).
vert 1. landlord; **2***(en som privat har gjester)* host; *~ og leieboer* landlord and tenant; *gjøre regning uten ~* reckon without one's host; *være ~ (el. vertinne)* do the honours (of the table (,of the house)); *jeg er visst ikke videre flink som ~ (også)* I'm not being the perfect host.
vertikal vertical; *(se tomannsbolig).*
vertinne 1. landlady; **2***(i selskap)* hostess; *(se vert).*
vertsfamilie host family; *innkvartering hos -r* accommodation with (host *el.* private) families.
vertsfolk *(pl)* host and hostess; landlord and landlady; *(se vert).*
vertshus public-house; **T** pub.
vertshusholder publican, innkeeper.
vertskap host and hostess; landlord and landlady; *(se vert).*
I. verv task, commission; *nedlegge sitt ~ (om*

offentlig verv) resign office, resign (one's duties).

II. verv *(i håret)* (unruly) hairs that stick up; quiff.

verve *(vb)* enlist; recruit; ~ *stemmer* get votes; *(ved personlige henvendelser)* canvass (for votes); *la seg* ~ enlist.

vervemateriale advertising material.

vesel *(zool)* weasel.

vesen 1*(personlighet)* being; creature; *(også neds)* thing; *(natur)* nature; *(sinnelag)* disposition, character; *(måte å være på)* manner(s), ways; *(innerste natur)* essence; *ha et behagelig* ~ have a pleasant manner; *hennes utvungne* ~ *(også)* the (light) ease of her manners *(fx* he was caught by the light ease of her manners); *(jvf fremtreden);* 2*(administrasjonsgren)* system *(fx* the educational s.); service *(fx* the postal s.); 3*(bråk, oppstyr)* fuss, to-do; *gjøre* ~ *av* make fuss about *(el.* over); *det er blitt gjort altfor meget* ~ *av denne episoden* far too much fuss has been made over this incident; *(se også vennlig & åpen).*

vesens|forskjell essential difference. **-forskjellig** essentially different *(fx* his position is essentially different from mine).

vesentlig essential; *(betydelig)* considerable, substantial, material; appreciable *(fx* an a. reduction); *(hovedsakelig)* principal, main; *(viktig)* important; *mindre* ~ immaterial, non-essential; *for en* ~ *del* in a large measure, materially; *i* ~ *grad* to an essential degree, materially; ~ *for* essential to; *på et* ~ *punkt* in one essential; in one essential respect; *de er forskjellige på -e punkter* they have significant points of difference from each other; *det -e* the essential thing, essentials *(fx* agree on e.); *i det -e* in the main, in essentials, essentially; *faller i det -e sammen med* is (,are) substantially identical with; *du har fått med det -e (fx om stiloppgave)* you have included the main points; *i alt* ~ in all essentials, in all essential points; *(praktisk talt)* practically, to all intents and purposes; *ikke* ~ *bedre* not appreciably better; *bidra ganske* ~ *til* be largely instrumental in (-ing); contribute most materially to; *til* ~ *reduserte priser* at considerably reduced prices, at greatly reduced prices; *han er inne på noe meget* ~ *i sitt brev til* ... he raises an extremely important point in his letter to ...; *(se III. si A).*

veske bag, handbag; *(skole-)* satchel. **-napping, -tyveri** bag-snatching.

vesla little girl; **S** small; *(jvf småen).*

vesle little; *(se liten).* **-voksen** precocious.

I. vest *(klesplagg)* waistcoat; *(butikkspråk, også)* vest; **US** vest; *(jvf undertrøye).*

II. vest *(verdenshjørne)* west; *i* ~ in the west; ~ *for* west of; *mot* ~ towards the west, westward; *vinden er slått om til* ~ the wind has shifted to the west.

vesta|fjells *(adv)* west of the mountains. **-fjelsk** *(adj)* western. **-for** *(prep)* west of, to the west of.

Vest-Afrika West Africa.

vestalinne vestal virgin.

vestavind west wind, westerly wind.

Vesten the West; *det ville* ~ the Wild West.

vestenfor *(prep)* west of, to the west of.

vestenfra *(adv)* from the west.

Vester|landene the Occident, the West, the Western World. **v-landsk** occidental, western.

vestetter *(adv)* (towards the) west, westward.

Vest-Europa Western Europe.

vesteuropeisk Western European.

vestgående westbound *(fx* train).

vestibyle hall, entrance hall, vestibule.

Vestindia the West Indies *(pl).*

vestindisk West Indian.

vestkant west side; *-en (som bydel)* the West End.

vestkyst west coast.

Vestlandet Western Norway.

vestlandsk western.

vestlending inhabitant of Western Norway.

vestlig *(adj)* western, westerly, west; *(adv)* towards the west, westwards.

vestmaktene the Western Powers.

vest|over *(adv)* to the west, towards the west. **-på** *(adv)* in the west; in the western part of the country.

vestre western; west.

Vesuv *(geogr)* Vesuvius.

veteran veteran *(fra* of).

veterinær veterinary (surgeon); **T** vet.

veterinærhøyskole veterinary college.

veto veto; *nedlegge* ~ *mot noe* veto sth; put a veto on sth. **-rett** right of veto.

vett brains, sense; wits; *han har ikke bedre* ~ he knows no better; *har du ikke* ~ *nok til å søke ly for regnet?* haven't you sense enough to take shelter from the rain? *være fra -et* be out of one's senses *(el.* wits); be off one's head; *har du gått fra -et!* have you taken leave of your senses! *han sto sist i køen da -et ble delt ut* **T** he was on the wrong side of the door when (the) brains were handed out; *(jvf forstand).*

vette *(i folketroen)* genius, spirit.

vettløs foolish, stupid, witless.

vettskremt **T** scared stiff; scared to death.

vev 1*(vevstoff)* loom; *(det som veves)* texture, web, textile; 2*(anat)* tissue; *fremmed* ~ *(anat)* foreign tissue; 3*(fig)* network, web, tissue *(fx* a tissue *(el.* web) of lies); 4*(løst snakk)* nonsense, twaddle; *(se benvev; bindevev; bruskvev; epitelvev; hornvev; lymfevev; muskelvev; støttevev).*

veve *(vb)* weave.

I. vever *(subst)* weaver.

II. vever *adj (rask, livlig)* agile, nimble, active.

veveri weaving mill; textile factory.

vevkjerring *(zool)* harvest spider, harvestman.

vevning *(tilvirkning)* fabric *(fx* a cloth of exquisite fabric).

vev|skyttel weaver's shuttle. **-spole** spool. **-stol** handloom.

VFR-flyging VFR flight *(NB* VFR *fk.f.* visual flight rules); *(se instrumentflyging).*

vi *(pron)* we; *slik som* ~ *andre* like the rest of us; *vi ... selv* we ... ourselves; ~ *alle* we all, all of us; *alle* ~ *som* all of us who.

via via, by way of, through.

viadukt viaduct.

vibrasjon vibration.

vibrasjonsdemper vibration damper *(el.* absorber).

vibrere *(vb)* vibrate; *-nde* vibratory.

vibrering vibration.

vid *(bred)* wide; *(rommelig)* spacious, ample; *(utstrakt)* extensive, vast; *den -e verden* the wide world; *-e benklær* wide trousers; *en* ~ *frakk* a loose coat; *i -e kretser* in wide circles; *på* ~ *vegg* wide open; *(se også videre & vidt).*

vidd wit; *skarpt* ~ pungent wit; *gnistrende av* ~ sparkling with wit.

vidde 1*(bredde)* width *(på* of); *(rommelighet)* width, looseness, fullness *(fx* of a garment); *(mål omkring noe)* width, circumferential measure, girth; *(spor-)* gauge; **US** gage; 2*(utstrakt flate, rom)* wide expanse, plain; *(fjell-)* mountain plateau *(pl:* -x *el.* -s); *de store -r* the (wide) open spaces; *komme ut på -ne (om taler)* run away from the issue; *(jvf tindrende).*

vide *(vb):* ~ *ut* broaden, widen; ~ *seg ut* become wider, widen; ~ *ut noe* stretch sth.
videre 1. *adj (bredere)* wider; *(rommeligere)* wider, ampler; **2.** *adj (ytterligere)* further, additional; *som* ~ *svar på Deres brev* in further reply to your letter; *i* ~ *forstand* in a wider sense; *under* ~ *henvisning til* with further reference to; *uten* ~ *besvær* (ɔ: *uten særlig besvær)* without much trouble; *3(adv):* **arbeide** ~ go on working, continue to work; *det bringer oss ikke* ~ that does not advance matters; *jeg* **bryr** *meg ikke* ~ *om ham* I don't care much for him; **føre** ~ carry on *(fx* the business); **gå** ~ go on, proceed; *gå* ~ *med en sak* go on *(el.* proceed) with a case; *ikke gå* ~ *med det* (ɔ: *ikke fortell det)* don't let it go any further; T keep it under your own hat; mum's the word; **inntil** ~ until further notice; *(se også inntil);* **komme** ~ get on, proceed, make headway; (ɔ: *bli fortalt til andre)* go further; *vi må komme* ~ *med dette arbeidet* we must go on with this work; *vi må vel se å komme* ~ (ɔ: *gå)* well, I suppose we must be getting along; *det* **meddeles** ~ *at* it is further stated that; **sende** ~ forward, send on *(fx* a letter); *(om beskjed, etc)* pass on *(fx* p. on this message to your friends); **og så** ~ and so on; and so forth; *og så* ~ *og så* ~ and so on and so forth; **uten** ~ without (any) more ado *(el.* fuss), without any (further) ceremony.
viderebefordr|e *(vb)* send on, forward. **-ing** forwarding, sending on; reforwarding; *til* ~ to be forwarded, for reforwarding.
viderebehandling further treatment.
videre|forsendelse: *se -befordring.*
videre|gående further, more extensive; *Rådet for* ~ *opplæring* the National Council of Secondary Education; ~ *skole* = the sixth forms of comprehensive school; US (junior) college; ~ *studier* more advanced studies; ~ *utdannelse* further education. **-kommet** advanced. **-komne** *(pl)* advanced pupils (,students).
videresende *(vb)* forward, send on.
videreutdannelse *se videreutdanning.*
videreutdanning *(etter endt videregående skole)* higher education; *(innbefatter ikke universitetsstudier)* further education; *(etter universitetseksamen)* postgraduate *(el.* post-graduate) studies.
videreutdanningskurs further education course; postgraduate course; refresher course; *(se I. kurs; videreutdanning).*
videreutvikling (further) development *(av* of, from).
viderverdighet adversity, trouble.
videst *se vid.*
vidje *(bot)* willow. **-bånd** withe, osier band; US withy band. **-fletning** wickerwork, basketwork. **-slank** willowy.
vidløftig *(omfattende)* extensive; *(utførlig)* elaborate; *(lang)* long, lengthy; *(langvarig)* protracted; *(omstendelig)* long-winded, prolix; *(for ordrik)* verbose; *(vanskelig å forstå)* complex.
vidløftighet lengthiness, prolixity; verbosity; complexity; *uten å innlate seg på -er* without going into tedious details.
vidstrakt extensive; wide; widely spread; wide -spread; *(litt.)* far-flung; *vårt -e land* our straggling country.
vidsynt far-seeing.
vidt *(adv)* far, widely *(fx* that's going too far; they are widely different); *drive noe for* ~ carry sth *(fx* the joke) too far; *det går for* ~ that's going too far; *for så* ~ so far; as far as it goes; *for så* ~ *som* in so far as; *så* ~ (ɔ:

knapt, neppe) only just, scarcely, barely; *det er så* ~ *han kan lese* he can scarcely read; T it's as much as he can do to read; *det var så* ~ *jeg kunne løfte steinen* it was all I could do to lift the stone; *det var så* ~ *det holdt (om prestasjon)* it was only just good enough; *(til eksamen)* he *(,etc)* scraped through; *(om tiden)* we *(,etc)* had to cut it fine; *nå blir det akkurat så* ~ *vi når toget* we shall only just manage to catch the train; *så* ~ *jeg husker* as far as I remember; *to the best of my recollection; så* ~ *jeg vet* as far as I know; to the best of my knowledge.
vidt|bereist widely travelled. **-berømt** far-famed. **-forgrent** widely ramified. **-gående** extreme. **-rekkende** far-reaching. **-skuende** far-seeing, far-sighted *(fx* statesman).
vidunder wonder, marvel, prodigy.
vidunderbarn infant prodigy.
vidunderlig wonderful, marvellous.
vidundermedisin panacea; T cure-all.
vidvanke *(subst):* komme på ~ go astray.
vidvinkelobjektiv wide-angle lens.
vidåpen wide open.
vie *(vb)* consecrate, dedicate; *(ektefolk)* marry; *(en prest)* ordain; *la seg borgerlig* ~ go before the registrar; ~ *til* devote to; ~ *seg til* devote oneself to, give oneself up to; ~ *sine krefter til* devote one's efforts to; *skolens folk vil finne at deres spesielle sektor er -t behørig oppmerksomhet* the educationist will find that due attention has been devoted to his particular needs.
vielse wedding (ceremony); *foreta en* ~ *(om presten)* perform a marriage *(fx* in Scotland marriages can also be performed by ministers in a private home or in a hotel).
vielsesattest marriage certificate.
vielsesformular marriage formula.
vier *(bot)* willow, (common) osier. **-kjerr** willow thicket.
Vietnam *(geogr)* Vietnam.
vietnames|er, -isk Vietnamese.
vievann holy water.
vievannskar holy-water font.
vift: *gå på* ~ go out to enjoy oneself; T go for a binge; *være opplagt til å gå på* ~ T be in a gadding mood.
I. vifte *(subst)* fan; cooling fan.
II. vifte *(vb)* flutter, wave; *(med vifte)* fan; ~ *med hånden* wave one's hand.
vifte|blad fan blade. **-formet** fan-shaped. **-hus** fan casing. **-rem** fan belt.
vignett vignette.
vigsel *se vielse.*
vigør vigour; US vigor; *i full* ~ T full of beans.
vik creek, cove, inlet; *(NB US creek = bekk).*
vikar substitute, deputy, stand-in; *(fast lærer-* supply teacher; *vi hadde* ~ *i fransktimen i går* we had a stand-in in French yesterday; *jeg tror vi får* ~ *i neste time, for X er syk i dag* I think we shall be having a stand-in (,supply teacher) next lesson, as X is away ill *(el.* off sick) today. **-iat** post as a deputy, deputyship; *et 3-måneders* ~ a three-month deputyship; *(se lærervikar).*
vikariere *(vb)* act as a substitute *(for en* for sby), deputize *(for en* for sby); *(også om skuespillere, etc)* stand in *(for en* for sby).
I. vike *(vb)* yield, give way *(for* to); ~ *for fienden* retreat before the enemy; ~ *fra* depart, leave; ~ *tilbake* draw back, recede, retreat, flinch *(for* from); ~ *til side* step aside; *(se også vikende).*
vikelinje *(veimerking)* give way line.

vikende *(se vike):* ~ *marked (merk)* sagging market; *på* ~ *front* in (full) retreat.

vikeplass *(langs vei)* lay-by.

vikeplikt [duty to give way to approaching traffic]; *A har* ~ *for B* B has the right of way over A; A must give way to B; *skilt som angir* ~ give way sign.

vikepliktskilt *(trafikkskilt)* give way sign.

viking viking; *fare i* ~ go on a viking raid. **-skip** viking ship. **-tid** viking age. **-tog** viking raid.

vikke *(bot)* vetch.

vikle *(vb)* wrap, twist; ~ *inn i papir* wrap (up) in paper; ~ *seg inn i hverandre* get tangled (up); *hun kan* ~ *ham om lillefingeren* she can twist him round her little finger; ~ *sammen* roll *(el.* wrap) up; ~ *seg om* twist (itself) round *(fx* the snake twisted (itself) round my arm); ~ *seg ut* extricate oneself.

viktig *(betydningsfull)* important, of importance; *(innbilsk)* conceited, self-important; T stuck-up; *(se også viktigst).*

viktighet importance; *(innbilskhet)* conceit. **-makeri** giving oneself airs. **-per** conceited fellow; T squirt; show-off; *(jvf spirrevipp).*

viktigst most important; principal; *det -e* the main thing.

vilje will; *(ønske)* wish; *hans siste* ~ his last will and testament; *med sterk* ~ strong-willed; *få sin* ~ have one's way; *sette sin* ~ *gjennom* get one's own way; carry one's point; *ha den beste* ~ have the best intentions; *med den beste* ~ *av verden* with the best intentions in the world; *av egen fri* ~ of one's own free will, of one's own accord, voluntarily; *med* ~ on purpose, deliberately, purposely; *ikke med* ~ unintentionally; *jeg gjorde det ikke med* ~ *(også)* I did not mean to do it; *mot min* ~ against my will *(el.* wish); *(se II. vise).*

viljefast firm, determined, resolute. **-fasthet** firmness (of purpose). **-kraft** willpower; *ved ren og skjær* ~ by sheer force of will. **-løs** weak, weak-willed; *han er helt* ~ *(også)* he has no will of his own. **-løshet** lack of willpower, weakness. **-sak** matter of will.

viljesakt act of volition, act of will.

viljesterk strong-willed; *(jvf viljefast).* **-styrke** strength of will. **-svak** weak(-willed).

viljesytring expression of will.

vilkår condition, term; *(omstendigheter)* circumstances; *på disse* ~ on these terms; *(se betingelse & ugunstig).*

vilkårlig *(egenmektig)* arbitrary, high-handed.

vilkårlighet arbitrariness.

vill wild; *(usivilisert)* uncivilized, savage; *(glupsk)* fierce, ferocious; *en* ~ *gutt* a wild boy; *-e (mennesker)* savages; *-e dyr* wild animals; *(om løve, tiger, etc)* wild beasts; ~ *etter å gjøre noe* wild to do sth; *han er* ~ *etter henne* he is crazy *(el.* wild) about her; *han er* ~ *etter biler* he is crazy about cars; *fare* ~ lose one's way; get lost; *føre en* ~ lead sby astray, mislead sby; *i* ~ *fart* at a furious pace; *i* ~ *tilstand* in the wild state; *when wild; *på* ~ *flukt* in full flight; *(mil. også)* in (full) rout; *vokse vilt* grow wild.

villa (private) house, detached house.

villabebyggelse housing estate.

villaklausul [ordinance prohibiting other than detached houses in a district]; *det hviler* ~ *på dette området* building is restricted to detached houses in this area; *i dette distriktet er det* ~ this district is reserved for (building) detached houses.

villakvarter residential district.

villamessig: ~ *bebyggelse* residential district.

villand *(zool)* wild duck.

villastrøk residential district.

villbasse madcap.

ville 1*(uttrykk for vilje)* want to, be willing to; *vil han?* is he willing? *han både vil og ikke vil* he is in two minds about it; *han vet ikke hva han selv vil* he does not know his own mind; *han vil gjøre det* he wants to do it; *han vil ikke gjøre det* he does not want to do it; he is not willing to do it; he won't *(el.* will not) do it; *han sier at han ikke vil gjøre det* he says he won't do it; *han* ~ *ikke gjøre det* he did not want to do it; he was not willing to do it; *han sa at han ikke* ~ *gjøre det* he said he would not do it; *jeg kunne ikke om jeg* ~ I couldn't if I would; *jeg* ~ *ikke om jeg kunne* I wouldn't if I could; *jeg kan ikke hjelpe ham om jeg aldri så gjerne* ~ with the best will in the world I can't help him; *jeg kunne ikke forstå ham om jeg aldri så gjerne* ~ I could not understand him however hard I tried; *jeg syntes jeg* ~ *prøve å treffe ham før jeg dro* I thought I would try to see him before I left; *jeg vil vite det* I want to know; *(sterkere)* I insist on knowing *(el.* on being told); *man kan hva man vil* where there's a will there's a way; *hva er det du vil?* what do you want? *hva vil du med ham?* why do you want to see him? what's your business with him? *hva vil han her?* what does he want here? *jeg vil hjem* I want to go home; *som du vil* as you like; *vi vil få uttrykke vår dypeste beklagelse over den forsinkelse som dette har forårsaket* we should like to express our sincere regrets for the delay which this has caused; *jeg vil at De skal gjøre det* I want you to do it; *jeg vil ikke at De skal tro at* I do not want you to *(el.* I wouldn't have you) think that;

2*(hjelpeverb for å uttrykke fremtid)* shall, will; should, would; *han vil snart være her* he will *(el.* he'll) soon be here; *jeg* ~ *gjøre det hvis det skulle bli nødvendig* I should do it if the necessity arose; *det* ~ *glede meg om De gjorde det* I should be glad if you would do it; *jeg* ~ *ikke gjøre det hvis jeg var deg* I should not do it if I were you; *han sier han vil hjelpe oss* he says he'll help us; *(uttrykk for vilje)* he says he will *(el.* is willing to) help us;

3.: ~ **ha** want *(fx* he wants money); *(insistere på)* insist on *(fx* he insisted on being paid at once); *hva vil De ha?* what will you have? what can I offer you? *(tilbud om drink)* T what's yours? *han vil ha £5 for den* he wants *(fx.* asks) £5 for it; *vil De ikke ha en sigar?* won't you have a cigar? can I offer you a cigar? *vi vil gjerne ha ...* we should be glad to have *(fx* full details); we should appreciate *(fx* full particulars of this product); *(se også gjerne; heller; III. om; skulle).*

villelse delirium; *snakke i* ~ be delirious, rave, wander.

villeple *(bot)* crab apple.

villfarelse error, delusion; *rive ut av -n* undeceive; *sveve i* ~ be under a delusion.

villfaren having lost one's way; *(om dyr)* stray, lost.

villfremmed *(subst)* complete stranger.

villhet wildness; savageness, fierceness.

villig *(adj)* willing; ready; *(adv)* willingly, readily.

villighet willingness.

villkatt *(zool)* wild cat.

villede *(vb)* lead astray, mislead, misguide.

villedende misleading.

villmann savage. **-mark** wilderness, wilds. **-nis** tangle *(fx* the garden was a t. of old and ugly

trees); *(villmark)* wilderness; *(fig)* jungle, chaos, mass.
villrede: *være i* ~ *med hensyn til* be perplexed *(el.* confused *el.* puzzled) as to.
villrose *(bot)* wild rose.
vill|skap wildness; savagery, savageness; ferocity; *(jvf vill).* **-skudd** *(bot)* sucker.
villspor wrong track *(el.* scent); *være på* ~ be on the wrong track *(el.* scent); *føre en på* ~ throw *(el.* put) sby off the scent.
villstrå: *komme på* ~ get lost.
villstyring madcap.
villsvin *(zool)* wild boar.
villvin *(bot)* Virginia creeper.
vilske: *i* ~ in delirium.
vilt game; *(dyrekjøtt)* venison; *(det jagede dyr)* quarry.
viltbestand stock of game; US game population.
vilter frisky, wild, boisterous; *hun synes å være langt viltrere enn den lille gutten som bor litt lenger borte i gata* she seems to be much tougher and rougher than the little boy a few doors away; *hun er svært glad i skolen, særlig alt som måtte foregå av* ~ *lek* she loves school, particularly any rough and tumble that may be going; *hun er en riktig* ~ *unge* T she's a live wire of a child, isn't she? she's a real live wire; *(se krabat).*
vilt|handel 1. dealing in game; **2***(butikken)* poulterer's (shop), poultry shop. **-handler** poulterer. **-pleie** game preservation. **-saus** game sauce. **-smak** flavour of game, gamy flavour. **-tyv** poacher. **-tyveri** poaching. **-voksende** growing wild.
vimpel pennant, streamer.
vims *(subst)* scatterbrain; US *(også)* fussbudget.
vimse *(vb)* fuss, bustle *(omkring* about); ~ *omkring* S muck about. **-bøtte, -kopp** scatterbrain; US *(også)* fussbudget.
vimset scatterbrained.
vin wine; *(se bordvin; hvitvin; matvin; rødvin).*
vin|avl wine growing, viticulture. **-ballong** *(i kurv)* carboy, demijohn. **-berg** vineyard.
vind *(subst)* wind; *(i magen)* flatulence, wind; *god* ~ (a) fair wind; *dårlig* ~ foul wind; *flau* ~*(vindstyrke 1)* light air; *kraftig* ~ high *(el.* strong) wind; *svak* ~ *(v.* 2) light breeze; *svak, skiftende* ~ light, variable breeze; *han dreier kappen etter* ~*-en (fig)* he trims his sails to the wind; *for -en (mar)* before the wind; *blåser* ~ *fra den kant?* is that the way the wind blows? *se hvilken vei -en blåser (fig)* see which way the cat jumps *(el.* the wind blows); *være i* ~*-en (fig)* be in great request, be much sought after; *få* ~ *i seilene (mar)* catch the wind; *(fig)* receive a fresh impetus; get a good start; *ha* ~ *i seilene (mar)* have a fair wind; *(fig)* be riding on the crest of a wave; be on the highroad to success; *med* ~*-en* with the wind, down the wind; *fly med -en* fly down wind; *mot -en* against the wind; upwind; *fly mot -en* fly upwind; **unna** *-en* off the wind; *(se slippe).*
vindbar exposed (to the winds).
vinde *(subst)* windlass, winch; *(garnvinde)* reel.
vinde|bom *(mar)* capstan bar. **-bru** drawbridge.
vindegg wind egg.
vindeltrapp spiral staircase, winding stairs.
vind|fall windfall. **-fang** (small) porch.
vind|jakke wind-proof jacket; US windbreaker (jacket).
vind|kast gust of wind. **-mølle** windmill. **-måler** wind gauge.
vind|pust breath of wind. **-pølse** wind sock.
vindranker wine-bibber.

vindrose 1*(på kompass)* compass card; **2***(meteorol)* wind rose.
vindrue *(bot)* grape. **-klase** bunch of grapes.
vind|ski gable board *(,*US: gableboard); bargeboard. **-skjev** warped.
vindstille calm; *ligge i vindstilla* lie *(mar) (el.* be) becalmed.
vindstyrke wind force, force of the wind; (NB 'Wind is force 4, sir').
vindstøt gust of wind.
vindtett windproof.
vind|tørke *(vb)* dry in the wind. **-tørket** air-dried. **-tørr** *(fig)* gaunt, shrivelled. **-tøy** wind-proof fabric; *(om klær)* weather wear.
vindu window; *(på hengsler)* casement window; *(skyve-)* sash window.
vindus|dekoratør window dresser. **-glass 1.** window glass; **2.** window pane; *dobbelt* ~ double glazing; (NB the windows are double-glazed). **-hasp** (window) catch. **-karm** window frame. **-post** (window) sill. **-pusser 1.** window cleaner; **2***(på bil)* windscreen wiper; US windshield wiper. **-rute** window pane; *sette inn en* ~ put in a pane of glass. **-spyler(anlegg)** windscreen *(,*US: windshield) washer, screenwasher. **-utstilling** window display.
vindyrker wine grower.
vin|fat wine cask. **-flaske** wine bottle.
vinge wing; *få luft under -ne (fig)* get a chance to show what one can do; *slå med -ne* flap its wings.
vingeben wing bone; *ta en ved -et* take sby by the scruff of his neck; collar sby *(fx* the policeman collared the thief).
vinge|brutt broken-winged. **-fang** wing span. **-mutter** wing nut, thumb nut. **-skutt** winged. **-slag** stroke *(el.* flap) of the wing(s). **-spenn** wing-span. **-spiss** wing tip. **-sus** whir *(el.* whirring) of wings; noise of wings.
vinget winged.
vingjær wine yeast.
vingkaptein *mil (flyv)* warrant officer *(fk* WO); *(NB denne grad omfatter også vingløytnant);* US chief warrant officer *(fk* CWO); *(se kaptein; vingløytnant).*
vinglass wineglass.
vingle *(vb)* **1.** walk uncertainly; *(jvf vagge);* **2***(fig)* vacillate, shilly-shally, be indecisive; *(se også vakle).*
vinglepave person who doesn't know his own mind; undecided person; US shilly-shallier.
vinglet(e) *(ustadig)* fickle, inconstant.
vingløytnant *mil (flyv)* warrant officer *(fk* WO); *(NB denne grad omfatter også vingkaptein);* US warrant officer *(fk* WO); *(se vingkaptein).*
vingsersjant *mil (flyv)* chief technician *(fk* Chf Tech); US technical sergeant *(fk* TSGT).
vingsoldat *mil (flyv) (svarer omtrent til)* senior aircraftman; US airman 2nd class.
vingspiller *fotb (ytterløper)* winger.
vin|gud god of wine. **-gård** vineyard.
vin|handel wine trade; *(butikken)* wine shop. **-handler** wine merchant. **-høst** wine *(el.* grape) harvest; vintage.
vink *(tegn)* sign, signal; *(antydning)* hint; *(opplysning)* hint; *gi en et* ~ drop sby a hint; *oppfatte -et* take the hint; *på et* ~ *fra* at a hint from.
vinkart wine list.
vinke *(vb)* beckon; ~ *til* beckon to; *jeg -t med hånden til dem* I waved my hand to them; ~ *en av* wave sby away.
vinkel 1*(mat.)* angle; **2***(redskap)* square, try square; *(se skjevvinkel; smygvinkel; svaivinkel);* **3.** *mil (V-formet ermedistinksjon)* stripe, chev-

ron; **4.** = *synsvinkel; en -s ben* the sides of an angle; *danne en ~ med* make *(el.* form) an angle with; *like ~ (ɔ: vinkel på 180°)* straight angle; *motstående vinkler* facing angles; *rett ~* right angle; *skjev ~* oblique angle; *spiss ~* acute angle; *stillbar ~* adjustable bevel (square); *stump ~* obtuse angle; **i** *~* square; *ikke i ~ (også)* out of square; *i rett ~ med* at right angles to; *i en ~ på 45°* at an angle of 45° *(el.* 45 degrees).

vinkelben *(mat.)* side of an angle.

vinkel|dannet angular. **-hake** (set) square; US triangle; *(typ)* composing stick. **-jern** angle iron.

vin|kjeller wine cellar. **-kjenner** connoisseur of wine. **-kjøler** wine cooler. **-land** wine country. **-legning** wine-making. **-løv** wine leaves *(pl).*

Vinmonopolet [the State wine and liquor monopoly]; *-s utsalg =* wine (and liquor) shop.

vinn: *legge ~ på* apply oneself to.

vinne *vb (ikke tape)* win; *(oppnå)* gain, obtain, win; *(erobre)* win, conquer; *~ det store lodd* win the big prize *(el.* money); *når jeg -r det store lodd (spøkef)* when I win the big money *(el.* prize); when I come into the money; when my ship comes home; *~ en premie* **1.** win a prize; **2***(i lotteri)* draw a prize; *~ terreng* gain ground; *~ tid* gain time; *søke å ~ tid* play for time; *~ i styrke* gather strength; *hvis klageren -r saken* if the plaintiff wins the case; *(jur)* if judgment is entered for the plaintiff; *han vant saken* the case went in his favour; he won the case; *~ tilbake* win back, regain, recover; *~ ved* gain by *(fx* there is nothing to be gained by it); *~ seg ved nærmere bekjentskap* improve on acquaintance; *den som intet våger, intet -r* nothing venture, nothing win; *(se bifall; overlegen: vinne -t; stor).*

vinnende winning; *(fig)* prepossessing, attractive, engaging, winning.

vinner winner.

vinning *(inntekt)* gain, profit; *taps- og vinningskonto* profit and loss account; *for ussel -s skyld* for money *(fx* he only did it for money); *han er en ~ for skolen* is a distinct gain to the school.

vinningsforbrytelse crime for profit.

vin|produksjon wine production. **-ranke** vine. **-sats** wine extract; *(gjærende)* must.

vinsj winch.

vin|smak vinous taste *(el.* flavour). **-sten** tartar. **-stokk** vine, grape vine. **-stue** = wine bar. **-syre** *(kjem)* tartaric acid. **-tapper 1.** wine bottler; **2***(glds)* tapster.

vinter winter; *i ~* this winter; *i fjor ~ (ɔ: for et år siden)* last winter; *om -en* in *(el.* during) the winter; *(nå) sist ~* during the past winter; *(jvf i fjor ~);* til -en next winter; *-en over* throughout the winter; *midt på -en* in the depth of winter.

vinter|bruk: *til ~* for winter use; *(om klær)* for winter wear. **-dag** winter('s) day *(fx* on a cold winter day). **-drakt** winter dress; *(dyrs)* w. coat; *(fugls)* w. plumage; *(jvf vinterskrud).* **-dvale** hibernation, winter sleep; *ligge i ~* hibernate. **-ferie** winter sports holiday. **-frakk** heavy overcoat, greatcoat. **-føre:** *på ~* on the snow, on the winter roads. **-hage** winter garden(s), conservatory. **-hi** winter lair. **-kåpe** (lady's) winter coat. **-landskap** wintry scenery.

vinterlig wintry.

vinter|morgen winter morning. **-opplag** winter storage; *sette bilen i ~* lay the car up for the winter. **-skrud:** *i ~* in its winter setting *(fx* mountain scenery in its w. s.). **-sol(h)verv** winter solstice. **-tøy** winter clothing.

vintervei: *vise en -en* send sby about his business.

vintervær wintry weather.

vipe *(zool)* lapwing.

vipp bob; flip, jerk, whip; *stå på -en* be balanced precariously, threaten to fall *(el.* topple over); *(om resultat, etc)* hang in the balance; *(om regjering, firma, etc)* be in a precarious position, be wavering on the edge of collapse; *i engelsk står han -en* it is touch and go whether he will pass in English; he is a borderline case in English; *(se også II. vippe).*

I. **vippe** *(subst)* current limiter; *(i bil)* constant voltage control (unit), CVC unit, control box.

II. **vippe** *(vb)* tilt, tip; *(om fuglestjert)* bob, wag; *~ en av pinnen* T knock sby off his perch; *(sørge for at en får sparken)* give sby the push; *(se også pinne); det står og -r (fig)* it hangs in the balance; *(se pinne).*

vippe|brett seesaw. **-huske** seesaw; US teetertotter. **-måler** *(elekt)* current limiter.

vips *(int)* pop! flip! US *(også)* presto! zip!

virak *(røkelse)* frankincense, incense; *(fig)* incense.

virakduft (perfume of) incense.

I. **virke** *(subst)* **1.** material; *tre-* wood; timber (,US: lumber); *skåret ~* sawn timber (,US: lumber); **2.** activity, activities, work.

II. **virke** *(vb)* **1***(arbeide)* work; *(funksjonere)* work, act, operate; *(gjøre virkning)* work, be effective, have effect *(fx* the whisky began to have effect); **2***(synes å være)* seem, look, appear; feel *(fx* the room feels damp); *han -r sympatisk* he seems a nice person *(el.* man); he looks a likeable person; T he seems a decent sort; *bremsene -t ikke* the brakes did not work; *den -r bare når tenningen står på* it is only operative when the ignition is switched on; *~ skadelig* have a harmful effect; *det -r ekte* it looks genuine; it strikes one as being genuine; *~ for lagets beste* take an active interest in the club; *~ mot sin hensikt* defeat its own end, produce the reverse of the desired effect; *~ på* affect, have an effect on; influence; *denne medisinen -r på hjertet* this medicine acts on the heart; *~ uheldig på* have an adverse effect on; *~ inn på* affect; *(jvf innvirke); ~ tilbake på* have repercussions on, react on; *.. hvor de lever og -r* where they live and work.

virke|dag weekday, workday. **-felt** field of activity *(el.* action), sphere, province; *finne ~ for* find scope for. **-kraft** efficacy; power, strength.

virkelig **1***(adj)* real; *(faktisk)* actual; *(ekte)* genuine; *(sann)* true, veritable; *(egentlig)* proper; *(effektiv)* effective; *(ikke i navnet, men i gavnet)* virtual *(fx* he is the v. head of the firm); *i det -e liv* in real life; *~ verdi* real value; *det -e forhold* the fact(s); *det stemmer ikke med det -e forhold* it is not in accordance with fact; *det bygger ikke på det -e forhold* it has no foundation in fact; **2***(adv)* really; *(faktisk)* actually; *det gledet meg ~ å høre at ...* I was indeed pleased *(el.* very glad) to hear that ...; *det var ~ meget snilt av Dem å hjelpe* it was indeed very kind of you to help; *jeg er ~ svært glad* I am very glad indeed; *jeg håper ~ at ...* I do hope that ...

virkelig|gjøre *(vb)* realize, realise *(fx* a plan), carry *(fx* a plan) into effect; implement *(fx* a policy, a scheme); fulfil (,US: fulfill) *(fx* a wish); *bli -gjort (også)* materialize *(fx* if the project materializes). **-gjørelse** realization, realisation, fulfilment (,US: fulfillment) *(av* of); the carrying into effect *(av* of).

virkelighet *(subst)* reality; *(faktum)* fact, actuality; *(sannhet)* truth; *disse teorier har ingenting* *med -en å gjøre (også)* these theories have left the realm of reality; *slike optimistiske overslag har lite med -en å gjøre* such optimistic estimates have little foundation in fact; *-en overgår ofte fantasien* fact is often stranger than fiction; *bli til ~* realize, realise, become a reality; *gjøre til ~ : se virkeliggjøre;* **i -en** really, in reality; *(faktisk)* actually, in actual fact, as a matter of fact; in point of fact *(fx* in p. of f., there is no such question at all); virtually, in effect *(fx* the Prime Minister is v. *(el.* in effect) the ruler of the country); *(se I. rot).*

virkelighetsfjern out of touch with real life, unrealistic. **-flukt** escape from reality. **-nær** in touch with real life, in touch with reality, realistic. **-sans** realism, sense of reality. **-tro** realistic. **-troskap** *(realisme)* reality; *gjengitt med forbløffende ~* reproduced with startling reality.

virkelyst activity, active mind, drive, energy. **-lysten** active, dynamic, energetic. **-middel** means, agent; *komiske virkemidler* comic effects. **-måte** mode of operation.

virkerom scope for action.

virkning effect, operation; *gjøre ~* take effect, tell; *romanen oppnår den tilsiktede ~ ved hjelp av en likefrem beskrivelse av personer og ting* the novel depends for its effect on straightforward descriptions of people and things.

virknings|full effective. **-grad** efficiency; *(jvf II. vise).* **-løs** ineffective. **-løshet** ineffectiveness.

virksom active; *(om legemiddel)* effective.

virksomhet activity; *(arbeid)* work, operations; *i ~* in operation; at work *(fx* forces at w.); *i full ~* in full activity, in full action, in full swing; *tre i ~* be carried into effect; *henlegge sin ~ til et annet sted* transfer one's activity somewhere else.

virre *(vb):* *~ med hodet* shake one's head (rapidly); *~ fortvilet med hodet* shake one's head in despair; *~ nervøst med hodet* shake one's head nervously; *han -t langsomt og bedrøvet med hodet* he shook his head slowly and sorrowfully.

virtuos master. **-itet** virtuosity, eminent skill.

virvar confusion, mess; tangle *(fx* the garden is a t. of bushes and overgrown flower beds);*et vilt ~* a complete muddle, a complete mess *(fx* everything was in a complete mess).

virvel whirl; *(i vannet)* whirlpool, eddy; *(knokkel)* vertebra *(pl:* -e); *en ~ av fornøyelser* a whirl of entertainments; *slå en (tromme)~* beat a roll (on a drum).

virvel|dyr *(zool)* vertebrate (animal). **-løs** *(anat)* invertebrate; *-e dyr* invertebrates. **-storm** cyclone, typhoon. **-søyle** *(anat)* spinal column. **-vind** whirlwind.

virvle *(vb)* whirl, swirl: *~ opp* 1*(vt)* whirl up *(el.* into the air), send *(fx* dust, leaves, *etc)* whirling up(wards) *(el.* into the air); *(også fig)* stir up; *~ opp støv* raise the dust; 2*(vi)* whirl *(el.* fly) up(wards) *(el.* into the air).

I. vis *(subst (måte)* way, manner; *på det -et* in that way; *på et ~* somehow *(fx* I shall manage s.); *T* after a fashion; *på lovlig ~* lawfully; *(jvf måte).*

II. vis *(adj)* wise.

vis-à-vis opposite; right *(el.* directly) opposite *(fx* he lives right o. the church); vis-à-vis.

visdom wisdom.

visdoms|kilde source of wisdom. **-ord** word of wisdom, wise word. **-tann** wisdom tooth.

I. vise *(subst)* (comic) song; *(folke-, gate-)* ballad; *forstå en halvkvedet ~* take a hint; *den gamle visa* the same old story; *enden på visa* the end of the matter *(el.* story); *og hva ble en-*

den på visa? and what was the end of the story?

II. vise *(vb)* **1.** show; *(angi)* indicate; show, register *(fx* the thermometer showed *(el.* registered) three degrees of frost); *(om signal)* show *(fx* when the signal shows green); *(legge for dagen)* display, show, evince; *(røpe)* betray *(fx* his reply betrayed his ignorance); 2*(bevise)* prove, show, demonstrate; 3*(peke på)* point out; *jeg har vist ham de nye prøvene* I have shown him the new samples; *jeg viste kundene mine dem* I showed them to my customers; *~ ham døra* show him the door; turn him out; *dette -r at han er en pengeutpresser* this shows that he is *(el.* shows him to be) a blackmailer; *hvis de -r at de kan klare arbeidet* if they prove themselves to be capable of the work; **erfaringen** *-r at* experience shows *(el.* teaches us) that; *~ en* **film** show a film; *(kjøre den)* run a film; *~* **forakt** *for en* show contempt for sby; *~* **forsiktighet** show care *(fx* he showed great care); *~* **interesse** *for* show *(el.* take) an interest in; display *(el.* manifest) an i. in; *BBC -r alle disse typer* **program** the BBC puts on all these types of programmes; *~* **tegn** *på (el. til)* show signs of, evince signs of; *~ en* **tendens** *til å* show *(el.* manifest *el.* evince) a tendency to; **tiden** *vil ~ det* time will show; it remains to be seen; *~ en* **tillit** trust sby, place confidence in sby; *den tillit man har vist meg* the confidence placed in me; the c. shown me; *~ en* **tiltro** place confidence in sby; *~ en* **veien** show sby the way; *~ sin gode* **vilje** show *(el.* demonstrate *el.* prove) one's good will; give proof of one's good will; *ovnen -r en meget høy* **virkningsgrad** the stove displays an extremely high degree of efficiency; *det -r* **best** *hvor dum han er* that just shows (you) how stupid he is; *~* **bort** *(avvise)* turn *(el.* send) away; *(utvise)* expel *(fx* sby from the school); *(nekte adgang)* refuse admittance to sby; *~* **fra** *seg* decline, refuse *(fx* a gift); *(vrake)* reject *(fx* a gift); *(med forakt)* spurn; *(om tanke, etc)* dismiss *(fx* all thoughts of revenge); *~* **fram** show *(fx* she shows her legs); *~* **fram** *kortene (kort)* show one's hand; *jeg viste ham* **hvordan** *han skulle gjøre det* I showed him how to do it; *~ hvordan man virkelig er* show one's true character; *(især neds)* show oneself in one's true colours; *~ en* **inn** show sby in; *~ en inn i et værelse* show sby into a room; *~ en* **omkring** show sby round; *~ en omkring på fabrikken* show sby round *(el.* over *el.* through) the factory; *~ en* **rundt:** *se ~ en omkring; ~ en rundt i huset* take sby over the house; show sby round the house; *~ en* **til rette** 1(ɔ: *veilede)* show sby his way about; *T* show sby the ropes; 2*(irettesette)* reprimand sby; *T* tell sby off; *~* **tilbake** *(fig)* reject; *~ tilbake på (gram)* refer to; *det et ord -r tilbake på* the referent; *~* **seg** 1*(komme til syne)* appear; show *(fx* a light showed in the kitchen); come into sight; become visible; come out *(fx* the stars began to come out); *(om skip)* heave into sight; 2*(la seg se)* show oneself; show one's face; *jeg ville ikke ~ meg for folk i den kjolen* T I wouldn't be seen dead in that dress; 3*(innfinne seg)* turn up; show up; make one's appearance, put in an appearance; 4*(vise seg å være)* prove (to be), turn out to be *(fx* he proved himself (to be) a coward; what you told me turns out *(el.* proves) to be right); 5*(braute, gjøre seg viktig)* show off, give oneself airs; *T* throw one's weight about; put on side; *en som -r seg* T a show-off; *det -r seg at* it appears that; it turns out that; *det viste seg i*

samtalens løp at it came out *(el.* it transpired) in the course of the conversation that; *det vil snart ~ seg* we shall soon see; *det viste seg snart at* ... *(også)* it soon became apparent that; it was soon found that ...; ~ **seg for** *en* appear to sby *(fx* an angel appeared to him); ~ **seg fra** *sin beste side* show to best advantage, *la seg* ~ **fram** be on show; ~ *seg i slikt selskap* be seen in such company; ~ **seg igjen** appear again, reappear; ~ **seg som** show as *(fx* at first the fire showed as a dull red glow); *vis deg som en mann!* be a man! ~ **seg til** *sin fordel* show to advantage; look one's best; *det viste seg nødvendig* it was found to be necessary; it turned out to be n.; *hvis dette -r seg å være tilfelle* if this proves to be the case; *hvis varene -r seg å være tilfredsstillende* if the goods turn out to your *(,etc)* satisfaction; if the goods prove *(el.* turn out to be) satisfactory; *(jvf duge & utvise).*
vise- vice-, deputy. **-admiral** vice-admiral.
visedikter songwriter.
visekonsul vice-consul.
visekorporal *(mil)* **1.** lance corporal *(fk* Lance-Cpl); US private first class *(fk* PFC); **2***(flyv)* leading aircraftman *(fk* LAC); US: *intet tilsv.; (se korporal).*
viselig wisely.
viseoppmann *(sport)* assistant referee.
visepresident vice-president.
viser pointer, indicator; *(på ur)* hand.
visere *vb (pass)* visa.
visergutt errand boy; grocer's (,butcher's, *etc)* boy. **-sykkel** carrier cycle. **-kontor** express office.
visesamling collection of ballads (,songs).
viseIsanger singer, ballad-singer. **-stubb** snatch of a song.
visir *(på hjelm)* visor, beaver; *med åpent ~* with one's visor up.
visitas (bishop's) visitation.
visitasjon inspection, visit; *puss- (mil)* kit inspection.
visitasjonsgrav *(jernb)* inspection pit.
visitere *(vb)* inspect, search.
visitering inspection, examination.
visitt visit; *(lege- på sykehus)* round(s); *gå -en* go the rounds; *avlegge ~ hos* call on, pay a call on, pay sby a visit; *(jvf sykebesøk).*
visittkort (visiting) card; *(fig)* trade mark *(fx* the bird left its trade mark on the garden table).
visittid *(på sykehus)* visiting hours.
visjon vision.
visjonær visionary.
viske *(vb)* rub.
viskelær eraser, india rubber, indiarubber; T *(ofte)* rubber; US eraser.
visle *(vb)* hiss.
vislelyd hissing sound; *(fon)* sibilant.
vismann wise man, sage.
vismut *(kjem)* bismuth.
visne *(vb)* wither, fade.
visp (egg) whisk, beater.
vispe *(vb)* whip, whisk.
viss *(sikker)* certain, sure; *være ~ på* be certain *(el.* sure) of; *det er -t og sant* and that's a fact; *en ~ dr. N.* a certain Dr. N., one Dr. N.; *det er den -e død å* ... it is certain death to ...; *dette ville være en ~ rettledning for oss* this would besome guidance for us; *(jvf sikker(t) & visst).*
visselig *(adv)* certainly, surely, to be sure.
vissen withered.
vissenhet withered state.
visshet certainty; *få ~ for* ascertain; *skaffe seg ~ (om)* make sure (of); *ha ~* be sure; *en til ~ grensende sannsynlighet* a probability

amounting almost to certainty; a moral certainty; *(jvf sikkerhet).*
visst *(adv)* certainly, surely, to be sure; *(formodentlig)* I think, I believe, I expect, I suppose; *Skal han reise bort? – Ja, han skal ~ det* Is he going away? – Yes, I believe he is; *ja ~* yes indeed; certainly; *jo ~* certainly, of course; *(iron)* indeed; *nei ~* no indeed; *ganske ~ har markedet* ... it is true that the market has ...; ~ *er han sterk, men* ... of course he is strong, but ...; ~ *skal De gjøre det* (ɔ: *det bør De endelig gjøre) (også)* you should do so by all means; *(se også sikker).*
visstnok *se* visst.
vista *(merk): a ~* at sight, on demand.
visuell *(psykol)* visile; *(jvf auditiv).*
visum visa.
visvas nonsense; rubbish; *(som utrop)* nonsense!
vital vital. **vitalitet** vitality.
vitamin vitamin; *A-vitamin* vitamin A.
vite *(vb)* know, be aware of *(fx* I was not aware of that); *man kan aldri ~* one never knows; you never can tell; *han vet alt som er å ~ om biler* he knows all there is to know about cars; *for alt hva jeg vet* for all I know; *han skulle bare ha visst at* ... he would have been surprised to know that; *du skulle bare ha visst hvor vanskelig det var* you would have been surprised if you had known how difficult it was; *det skulle du bare ha visst!* you'd like to know, wouldn't you? *hvis de bare visste* if they only knew; *if only they knew; jeg vet bare at* I only know that; all I know is that; *jeg 'vet at det forholder seg slik* I know it for a fact; *det vet jeg bedre enn noen* who knows that better than I! don't I know (it)! S you're telling me! *jeg vet bedre nå* I've learnt better since then; *jeg vet bedre enn så* I know better (than that); *jeg vet ikke noe bedre enn å sitte i sola* there is nothing I like better than sitting in the sun; *jeg vet ikke hvordan det er med deg, men jeg kunne tenke meg et glass øl* I don't know about you, but I could do with a glass of beer; *jeg vil ~ ordentlig beskjed* I want to get to the bottom of this; I want to know where I stand; *det man ikke vet, har man ikke vondt av* what the eye doesn't see, the heart doesn't grieve; **få** ~ learn, come to know, get to know, hear (of *el.* about), be informed of; *jeg fikk ikke ~ noe* I was told nothing; *jeg fikk ikke ~ det tidsnok* I did not hear about it in time *(el.* soon enough); *når får vi ~ karakterene våre?* when are we going to be told our marks? *man fikk ~ det kl. 3* the news came out *(el.* it became known) at three o'clock; *få annet å ~* be undeceived, learn otherwise; *(om enkelt hendelse)* be disillusioned; *jeg gadd ~* I wonder *(fx* I w. if he is still in London); I should like to know; *jeg vet godt at* I know (quite well) that; *(mer formelt)* I am well aware that; *det er ikke godt å ~* there is no knowing; who knows? *takk, det kan være greit å ~ til siden* thank you very much! It's nice to know for future reference. Thank you! It may come in useful later to know that. *det nytter ikke, det vet du meget godt* it's useless, and you know it; *er han rik? – (ja,)* **Gud vet** is he rich? – (well,) I wonder; *(jvf gud); vet De hva* I'll tell you what *(fx* I'll t. you what, let's have a drink); look here! I say! listen! *nei, vet De hva!* really now, that's a bit thick! not at all! *vet du hva, jeg tror han lyver* (do) you know, I think he's lying; ... *og jeg vet ikke hva (ved oppregning)* ... and I don't know what all; and what not; *man vet hva man har, men ikke hva man får* a bird in the hand is

worth two in the bush; *jeg vet ikke hva jeg skal tro* I don't know what to think *(el.* believe); *han vet ikke hva han vil* he doesn't know his own mind; *la ham* ~ let him know; *det vet du (svært) lite om!* T a fat lot you know (about that)! *han vet alltid råd* he is never at a loss (what to do); *han visste ikke sin arme råd* he was at his wits' end; he was at a loss (what to do); *så vidt jeg vet* as far as I know; as far as I am aware; *ikke så vidt jeg vet* not that I know (of); not to my knowledge; *ville* ~ want to know; *jeg vil gjerne* ~ I want to know; I should like to know; *(især merk)* I wish to know; *hvis du endelig må (el. vil)* ~ *det* if you must know; *[Forb. med prep]* *jeg vet av erfaring* I know from experience; *jeg vet ikke av at jeg har fornærmet ham* I'm not aware of having offended him; I'm not aware that I have offended him; *jeg vil ikke* ~ *av det* I will have none of it; I won't have it! I won't hear of it; *han ville ikke* ~ *av henne* he wouldn't have anything to do with her; *før han visste ordet av det* before he could say Jack Robinson; before he could say knife; before he knew where he was; *jeg vet med meg selv at ...* I know that ...; ~ *med sikkerhet* know for certain, know for a fact*(el.* certainty); ~ *noe om noen (,noe)* know sth about sby (,sth); *han vet hverken ut eller inn* he's all at sea; *(se også forsverge; innlate; ufordelaktig).*

vitebegjærlig inquisitive, curious; eager to learn, avid for learning.

vitebegjærlighet inquisitiveness, thirst for knowledge; eagerness to learn.

viten knowledge.

vitende knowledge; *med mitt* ~ with my knowledge; with my consent; *uten mitt* ~ without my knowledge; *med* ~ *og vilje* deliberately; *mot bedre* ~ in spite of one's knowledge to the contrary; against one's better judg(e)ment.

vitenskap science; branch of knowledge; *-ens historie* science in history.

vitenskapelig *(adj)* scientific; *(især ånds-)* scholarly *(fx* edition, work); ~ *assistent* (senior) research assistant; assistant keeper; ~ *konsulent* senior scientific adviser; ~ *fastslått kjensgjerning* established scientific fact; scientifically established fact; *ad* ~ *vei* scientifically.

vitenskapsmann scientist; scholar. **-selskap** scientific society; learned society.

I. vitne *(subst)* witness; *motpartens* ~ a hostile witness; *føre et* ~ call a witness; *i -rs nærvær* before *(el.* in the presence of) witnesses; *ha* ~ *på* have a w. to; *han har -r på det (også)* he can bring witnesses; *være* ~ *til* witness, be a w. of; *(se fremstille; hovedvitne).*

II. vitne *(vb)* testify; *(i retten)* give evidence; *(under ed)* depose; ~ *mot* testify *(el.* witness) against; ~ *om* testify to, bear witness to.

vitneavhøring hearing *(el.* examination) of witnesses; (the) taking (of) evidence. **-boks** witness box; US w. stand. **-fast** proved by evidence; well-attested; attested by witnesses. **-forklaring** evidence, testimony; *(skriftlig)* deposition; *beediget* ~ sworn testimony; *avgi en* ~ give evidence; depose. **-før** eligible to testify. **-førsel** the calling of witnesses.

vitnemål *(fra skole)* certificate; school report; *avgangs-* leaving certificate.

vitneprov testimony *(jvf vitneforklaring).*

vitnesbyrd 1*(utsagn)* testimony; *(jvf vitneforklaring);* 2*(fra skole)* certificate; 3*(tegn, bevis)* mark, proof, token; *bære* ~ *om* bear testimony to, bear witness to.

vitneutsagn: *se -forklaring.*

vitriol vitriol.

vits joke, witticism; *(gamle og) dårlige -er* corny jokes, stale jokes, hoary old chestnuts; *slå -er, rive av seg -er* crack jokes; *hva er -en ved det?* what's the good *(el.* use *el.* point) of that? what's the idea? *fikk du tak i -en?* (ɔ: *forsto du hva det hele gikk ut på?)* T did you get the message?

vitterlig *(adj)* known, notorious; on record *(fx* that is on record); *(adv)* notoriously.

vitterlighet: *til* ~ signed in the presence of; *underskrive til* ~ witness the signature.

vitterlighetsvitne witness to the signature; attesting witness; *underskrive et dokument som* ~ witness a document.

vittig witty.

vittighet 1*(egenskap)* wittiness; 2*(vits)* joke, witticism; *rive av seg -er* crack jokes.

vittighetsblad comic *(el.* humorous) paper.

viv *(glds & poet)* wife; spouse.

vivisekere *(vb)* vivisect. **-seksjon** vivisection.

vogge *(subst & vb):* se *vugge; gå hjem og vogg!* S run away and play trains! *(vulg)* go and take a running jump at yourself!

vogn carriage; wagon; *hest og* ~ a horse and carriage; *(jernbane-)* carriage; *(faglig)* coach; US car; *(jvf gods-); han er ikke tapt bak en* ~ he's no fool; he knows what's what; there are no flies on him; he's up to snuff; he knows all the answers.

vognbjørn *(jernb)* flatwagon; US flat freight car. **-bok** (car) owner's handbook, instruction book; *(jvf vognkort).*

vognfører driver; *(jvf lokomotiv-, motorvogn-, togfører).*

vognkort log book; (motor vehicle) registration book; *internasjonalt* ~ international car licence.

vognladning *(jernb)* wagonload, truckload; US carload; *(jvf billass).* **-lass** *(kjerre-)* cartload; *(jvf billass).* **-mester** *(jernb)* carriage and wagon foreman. **-park** *(biler)* fleet of cars. **-rammel** the clatter of wagons (,carriages); the rumble of wheels. **-skriver** *(jernb)* numbertaker. **-stang** pole (of cart or carriage); *(se skåk).* **-trinn** step (of carriage); *(jvf stigtrinn).* **-visitør** *(jernb)* carriage and wagon examiner.

voile *(tynt stoff)* voile.

vokabular vocabulary.

I. vokal *subst (gram)* vowel.

II. vokal *adj (gram)* vocal.

vokalisere *(vb)* vocalize.

vokalisk *(gram)* vocalic.

vokallyd *(fon)* vowel sound. **-musikk** vocal music.

vokativ *(gram)* the vocative.

voks wax; *myk som* ~ *(fig)* submissive *(el.* meek) as a lamb; *hun ble som* ~ US S she went all goosey.

voksavstøpning wax cast. **-avtrykk** wax impression.

voksbønne *(bot)* wax bean. **-duk** oilcloth. **-dukke** wax doll.

I. vokse *vb (gni inn med voks)* wax.

II. vokse *vb* 1*(bli større)* grow; *(tilta, øke)* grow, increase; 2*(om planter: trives)* grow, thrive, flourish; 3*(om planter: forefinnes)* occur, grow; *nå -r han ikke mer* he has stopped growing; *frukttrærne dine -r godt* your fruit trees are growing well *(el.* nicely); ~ *fra noe* grow out of sth *(fx* one's clothes); *(om vane, interesse, etc)* outgrow, grow too old for; ~ *fram* grow up, spring up; ~ *i styrke* increase in strength, gain strength; *de vokste med oppgaven* the task added to their stature; ~ *opp* grow up; *(fig)* spring up, spring into existence; ~ *en over hodet (bli høyere enn)* outgrow sby; *(fig)* become too much for sby; get beyond sby's control; get out of hand; *en slik* *oppgave vil du* ~ *på* a task of this kind will add to your stature; *de -r ikke på trær* they do not grow on every bush; ~ *sammen* grow together; *(møtes)* meet *(fx* two vines meet over the door); *(om sår)* heal (over), close up, skin over; ~ *til (om barn)* grow up, grow; ~ *til med* become overgrown with *(fx* weeds); ~ *ut igjen* grow out again.

voksekraft power of growth.

voksen grown-up, adult; *de voksne* the adults; the grown-ups; *være en oppgave* ~ be equal to a job; **T** be up to a job. **-opplæring** adult education.

voks|farge wax colour. **-farget** wax-coloured. **-figur** wax figure. **voks|kabinett** waxworks. **-kake** honeycomb. **-lys** (wax) candle. **-papir** wax(ed) paper.

vokte *(vb)* watch, guard; ~ *på* guard; ~ *seg for å* take care not to.

vokter keeper; guard; *fredens -e* the guardians of peace.

vold violence, force; *bruke* ~ use force; *med* ~ by force; *med* ~ *og makt* with brute force; *ta med* ~ (ɔ: *voldta)* rape, ravish; *gjøre* ~ *på* do violence to; *i ens* ~ in one's power; *gi seg Gud i* ~ commend oneself to God; *øve* ~ *mot språket* do harm to the language.

volde *vb (forårsake)* cause, occasion.

voldelig *(adj)* forcible; *(adv)* forcibly, by force.

voldgift arbitration; *avgjøre ved* ~ arbitrate; *la avgjøre ved* ~ refer to arbitration; *(se også underkaste).*

voldgifts|domstol arbitration tribunal *(el.* court). **-kjennelse** award. **-mann** arbitrator. **-rett:** *se -domstol.*

volds|dåd, *(-gjerning)* act of violence, outrage. **-forbrytelse** crime of violence. **-forbryter** violent criminal. **-herredømme** despotism, tyranny, rule by force. **-mann** assailant, assaulter.

voldsom violent, vehement; harsh, intense, severe.

voldsomhet violence, vehemence; intensity, severity; *-er* violent actions *(el.* deeds).

voldta *(vb)* rape, ravish.

voldtekt rape; *fullbyrdet* ~ consummated rape.

voldtekts|forbryter rapist. **-forsøk** attempted rape; *(se også overgrep 3).*

voll *(jordvoll)* mound, dike; *(til festningsverk)* wall, rampart.

vollgrav moat.

volontør *(merk)* junior clerk.

volt *(elekt)* volt.

volte *vb (i fektning og ridning)* volt.

voltmeter *(elekt)* voltmeter.

volum volume.

voluminøs voluminous; *(om kolli som opptar stor plass)* bulky.

vom paunch, belly; *kaptein Vom (i tegneserie)* captain; *fru Vom* mama.

vomfyll filling.

vond 1. difficult, hard; **2.** bad *(fx* a bad smell), unsavoury (,US: unsavory) *(fx* food); **3***(smertefull)* painful; **4***(ond)* evil; malicious, spiteful; **5***(sint)* angry *(fx bli* ~ *på* get angry with); *en* ~ *finger* a bad finger; *det gjør -t* it hurts; *det gjør -t i fingeren (min)* my finger hurts; *det gjør -t når jeg svelger* it hurts me to swallow; *gjør det -t når De svelger?* do you find it painful to swallow? *gjøre -t verre* make bad matters worse; *det gjør meg -t å høre at...* I'm sorry to hear that...; *ha -t i halsen* have a sore throat; *ha -t i hodet* have a headache; *ha -t i magen* have a pain in the stomach; have (a) stomachache; *ha -t for å gjøre det* find it difficult to do it; have difficulty in doing it; *ha det -t* have a

hard (,T: bad) time; be unhappy; *lide -t* suffer; suffer hardship; *sette -t blod* cause *(el.* make) bad blood; *gammel vane er* ~ *å vende* you can't teach an old dog new tricks; *man må ta det -e med det gode* one must take the rough with the smooth; *det man ikke vet, har man ikke -t av* what the eye doesn't see, the heart doesn't grieve; *(se gjøre B; ond; samvittighet).*

vondord *(pl)* angry words.

vorden: *i sin* ~ in embryo, in its infancy.

vordende future, prospective; ~ *mor* expectant mother.

vorte wart; *(bryst-)* nipple.

vorteaktig wart-like.

vote|re *(vb)* vote. **-ing** voting; *en* ~ a vote; *moden(t) for* ~ ready to be voted on; *(jvf avstemning).*

voteringstema question to be voted on.

votiv- votive.

vott mitten.

votum vote.

vovet *(adj)* risky; **T** spicy *(fx* stories); *(grovkornet)* broad *(fx* humour; be broad in one's conversation).

vrak wreck; *(hjelpeløst skip)* disabled ship; *er fullstendig* ~ is a total loss; *kaste* ~ *på* reject; *et menneskelig* ~ a human wreck; *(se ta C:* ~ *opp).*

vrake *vb (forkaste)* reject; discard; *(sortere)* sort, grade; *velge og* ~ *blant* pick and choose from (among); *hun -t ham til fordel for en gutt hjemme* **T** she passed him over for a boy back home; *(jvf velge).*

vrakgods wreckage; *drivende (el. flytende)* ~ *(mar)* flotsam; ~ *kastet over bord (mar)* jetsam; ~ *var skylt i land* wreckage had washed up.

vrakstump piece of wreckage; flotsam; *blant -ene* in the wreckage.

vralte *(vb)* waddle; *(jvf vagge).*

vrang 1*(vanskelig, innviklet)* intricate, awkward; *en* ~ *floke å løse* a tangled web to unravel; **2***(om person: ikke imøtekommende)* disobliging; *(vanskelig)* difficult to deal with; *(sta)* stubborn, obstinate; **3***(vrengt)* (turned) inside out; *rett og -t (i strikking)* ribbed knitting, ribbing; *slå seg* ~ be stubborn; refuse to budge; *(om hest, motor, skuff)* jib *(fx* on seeing the gate the horse jibbed; my car sometimes jibs at a steep hill); *skuffen har slått seg* ~ *(især)* the drawer has jammed; *strikke -t* purl; *strikk to rette og to -e* knit two purl two; *(jvf vrange).*

vrangbord ribbing, rib, ribbed border.

vrange 1.: *-n* the wrong side *(fx* of the material), the reverse, the back; *på -n* on the wrong side, on the back; *vende -n ut* turn the wrong side out; reverse the material; *(fig)* **T** cut up rough; *vende -n ut på noe* turn sth inside out; **2.:** *få noe i -n* swallow sth the wrong way; *han fikk det i -n* it went the wrong way; it stuck in his throat; he choked on it.

vrangforestilling delusion, wrong idea.

vranglære false teaching; false doctrine; heresy.

vranglærer false teacher.

vranglås: *døra gikk i* ~ the lock caught.

vrangmaske purl stitch, purl.

vrangside 1.: *se vrange;* **2.:** *livets* ~ the seamy side of life.

vrangstrupe *se vrange 2.*

vrangvilje unwillingness; ill-will; contrariness, obstinacy.

vrangvillig disobliging, contrary, unwilling, obstinate.

vred angry; *(se sint).*

vrede anger, wrath.

vrenge *(vb)* turn inside out, reverse; ~ *lommene sine* turn out one's pockets.
vrengebilde caricature, travesty; distorted picture.
I. vri *(subst)* twist.
II. vri *(vb)* twist, wring; ~ *sine hender* wring one's hands; ~ *av (el. løs)* wrench off; ~ *seg* writhe *(fx* with agony); twist, wriggle; *(søke utflukter)* shuffle, prevaricate; *(slå seg, om trematerialer)* warp; *(om jernplate)* buckle; ~ *seg fra noe* wriggle *(el.* shuffle) out of sth; *han kan* ~ *seg ut av enhver vanskelighet* he can wriggle out of any difficulty; ~ *opp tøyet* wring out the clothes; ~ *rundt* turn.
vridning twist, twisting; *(fys)* torsion.
vrien *(om person)* difficult; uncooperative; *(om ting)* difficult, intricate, hard.
vrier *(på dør)* door handle.
vrieri *(flisespikkeri)* hair-splitting.
vrikk 1. turn, twist; **2.** sprain; *(se vrikke).*
vrikke *(vb)* **1.** turn, twist; wriggle ~ *på rumpa* wriggle one's bottom; **2***(mar)* scull; **3.** sprain *(fx* an ankle).
vrikkeåre *(mar)* scull.
vrimaskin wringer.
vrimle *(vb)* swarm, teem *(av* with).
vrimmel swarm.
vrinsk neigh, whinny.
vrinske *(vb)* neigh, whinny.
vriompeis difficult person to deal with; wrong-head.
vrist *(anat)* instep *(fx* a high instep).
vriste *(vb)* wrest, wrench; *(jvf fravriste).*
vræl roar, bawl.
vræle *(vb)* roar, bawl.
vrøvl nonsense, rubbish, rot, bosh; *det er noe* ~ that's all nonsense; *sludder og* ~ *!* stuff and nonsense! *det er det verste* ~ *jeg har hørt!* of all the nonsense! *gjøre* ~ make trouble *(el.* difficulties); *(om protest, etc)* raise needless objections.
vrøvle *(vb)* talk nonsense; *(se tøyse).*
vrøvlebøtte jabbering fool.
vrå *(krok)* nook, corner.
I. vugge *subst (også fig)* cradle; *fra -n til graven* from the cradle to the grave.
II. vugge *(vb)* rock *(fx* a cradle; a child in one's arms; the boat was gently rocking on the waves); ~ *et barn i søvn* rock a child to sleep.
vuggegave: *han hadde fått det i* ~ *(fig)* he had been born with the gift.
vuggende rocking; ~ *hofter* swaying hips.
vuggesang, -vise cradle song, lullaby.
vulgarisere *(vb)* vulgarize.
vulgarisme vulgarism.
vulgær vulgar.
vulkan volcano.
vulkanisere *(vb)* vulcanize.
vulkanisering vulcanization.
vulkansk volcanic; ~ *utbrudd* volcanic eruption.
vurdere *(vb)* assess; evaluate; value; appraise; estimate *(til* at); *(skatte)* appreciate, value; ~ *etter fortjeneste* do justice to; appreciate at its true value; *(jvf undervisningskompetanse).*
vurdering assessment; appraisal; appraisement; appreciation; evaluation; *gi en detaljert* ~ *av ... (også)* comment in detail on *(fx* the poet's powers of description in the following poem).
vurderingssak matter of judgment.
vy *(litt.)* view, vista.
væpne *(vb)* arm; ~ *seg* arm (oneself), take up arms.
væpner *(hist)* esquire.
I. vær *(zool)* ram.

II. vær **1***(fiske-)* fishing village; **2***(fugle-)* nesting place.
III. vær *(subst)* **1.** weather *(fx* cold, dry, hot w.); *(uttrykkes ofte ved* day, morning, *etc, fx* the day was fine; it was a perfect morning; he went out to see what sort of a day it was); **2***(ånde)* breath; **3.** scent, wind *(fx* of an animal, a person); **byge-** showery weather; **dårlig** ~ bad w.; **fille-** **T** (real) military w. *(fx* this is real m. w.); **fint** ~ fine w. *(fx* it's fine w.), a fine day; *vi får fint* ~ the w. *(el.* it) is going to be fine; *hvis vi er heldige med -et* if the w. is kind; *jeg var så heldig å få litt fint* ~ *(på reisen)* **T** I was fortunate to strike a good patch of w.; *det fuktige -et vi har hatt i det siste* the damp w. which has prevailed of late; *be om godt (el. pent)* ~ *(fig)* beg for mercy, ask to be forgiven; **T** eat humble pie; *være ute i hardt* ~ have a rough time; *han er alltid ute i hardt* ~ **T** he's always in trouble; *du ser ut som om du har vært ute i hardt* ~ *(o: slagsmål)* **T** you look as if you had been in the wars; *dette var ikke noe spørsmål* **hen** *i -et* this was no idle question; *snakke hen i -et (fable, fantasere)* talk wildly *(om* about, *fx* t. w. about conquering the whole world); *prisene går i -et* prices are going up; *drive prisene i -et* force prices up; **pent** ~ *: se fint* ~ *; «stort sett pent* ~ *»* 'mainly fine'; *ta -et fra en (fig)* take sby's breath away; *komme under* ~ *med noe* get wind of sth; *til -s* into the air, up; *(mar)* aloft.
værbitt weather-beaten.
I. være *vb (lukte)* scent *(fx* the hounds scented a fox); nose out, scent out *(fx* a scandal).
II. være *(vb)* be, exist; *boka er spennende lesning* the book makes exciting reading; *det kan* ~ *til i morgen* that can wait till tomorrow; *det kan godt* ~ *jeg tar feil* I may indeed be wrong; *det kan så* ~ that may be; *.. eller hva det nå kan* ~ or whatever the case may be; *det får* ~ *som det vil* be that as it may; *til et første forsøk å* ~ for a first attempt; *ja, det var nå det da* yes, that's the question; *det måtte da (el. i så fall)* ~ unless; *der er vel Hyde Park, ikke sant?* this will be Hyde Park, I suppose? ~ **av** *med* be rid of; ~ **for,** ~ *stemt for* be for, be in favour of; *det er jeg ikke videre stemt for (også)* I don't quite like the idea; *det er noe for meg* **T** that's my cup of tea *(el.* my ticket); **hva** *skal du* ~ *? (på kostymeball)* what are you going as? *han har vært* **i** *London* he has been to L.; *jeg har aldri vært i Bergen* I have never been to B.; I have never done the trip to B.; ~ **imot** *noe* be opposed to sth, be against sth *(fx* I'm against the idea); be averse to sth *(fx* I'm averse to doing anything in a hurry); *jeg er absolutt imot at så skal skje* I'm absolutely *(el.* decidedly *el.* **T:** dead) against letting such a thing happen; ~ **med** accompany, come along; *han skal (el. vil) absolutt* ~ *med overalt* he always wants to join in; he always wants to be there; ~ **med på** *noe* take (a) part in sth *(fx* the conversation); have a hand in sth; **T** be in on sth; *jeg var ikke med på det (også)* I had no art or part in it; *det er det verste jeg har vært med på* it is the worst I have been through; *stilen er* **på** *6 sider* the essay fills *(el.* takes up) six pages; *boka er på 300 sider* the book has 300 pages; *hva skal det* ~ *til?* what's that for? what's the good of that? ~ **ved** admit; **vær så god!** *(når man rekker en noe, sies vanligvis ingenting; for å påkalle den annens oppmerksomhet kan dog sies)* here you are! *(ekspeditørs spørsmål)* can I help you? what can I do for you? *(som uttrykk for samtykke, tillatelse)* by all means; certainly;

(yes) do; *vær så god og forsyn Dem!* please help yourself! *vær så god og kom inn!* please come in! *vær så god og sitt ned!* please sit down! please take a seat! *vær så snill og send meg sukkeret!* please pass me the sugar! *vær så snill og gå ut! (befalende)* please leave the room! *du får ~ så snill å huske på at ... (irettesettende)* you will kindly remember that ...

værelse room; *dele ~ med en* share a room with sby; *en fireværelses leilighet* a four-room(ed) flat (‚US: apartment); *(se bestille; innrede; ordne).*

værelses|kamerat roommate, person one shares a room with. **-pike** chambermaid. **-temperatur** room temperature.

væremåte manner, ways; *(jvf vesen).*

værfast weather-bound, wind-bound, detained by weather.

værforandring weather change, change of *(el.* in the) weather; break in the weather; *(jvf vårvær).*

vær|forhold *(pl)* weather conditions. **-gud** the Clerk of the Weather; *hvis -ene er nådig stemt* weather permitting; *(spøkef)* if the Clerk of the Weather is amenable. **-hane** weathercock, wind vane. **-hard** exposed, unsheltered.

værhår *(zool)* whisker.

-væring inhabitant of ...

værkart weather chart.

værlag climate; weather conditions.

værmelding (weather) forecast, w. report; *(jvf værvarsel).*

vær|omslag: *se -forandring.* **-profet** weather prophet. **-syk** affected by the weather.

vær så god: *se II. være.*

værutsikt (weather) forecast *(fx* what's the f. for tomorrow?); *-er* further outlook; *-er for morgendagen* the outlook for tomorrow.

værvarsel (weather) forecast, w. report; *«~ som gjelder til i morgen natt»* weather forecast up to tomorrow night.

I. væske *(subst)* liquid, fluid; *(i sår)* pus, matter.

II. væske *vb (om sår)* suppurate, run.

væskeform: *i ~* in fluid form.

væsketilførsel *(pasients)* fluid intake.

væsking *(om sår)* suppuration.

I. væte *(subst)* moisture, humidity, damp(ness) *(fx* injured by (the) damp); wetness, wet *(fx* the watch must not be exposed to wet); water, rain.

II. væte *(vb)* moisten, wet; *~ seg* wet oneself.

I. vøle *subst (mar)* float, marker.

II. vøle *(vb)* fix, repair.

III. vøle *(vb): se vør(d)e.*

vør(d)e *(vb)* **1.** esteem, respect, value; **2.** pay attention to; *ikke ~ farene* make light of the dangers; *du skal bare ikke ~* just don't bother.

vørter (beer) wort. **-kake** = malt loaf. **-øl** = malt beer.

vådeskudd accidental shot.

våg *(bukt)* bay.

vågal reckless, daring; *en ~ kar* a reckless fellow; a daredevil.

våge *(vb)*dare, venture; *(sette på spill)* risk, hazard, venture; *(vedde)* bet, stake, wager; *den som intet -r, intet vinner* nothing venture, nothing win; *han -r ikke å gjøre det* he dare not do it; he does not dare to do it; *jeg -r å si at* I venture to say that; *jeg vil ~ det* I will *(el.* I'll) risk it; *~ spranget (fig)* take the plunge; *du kan bare ~!* just you dare! *våg ikke å gjøre det igjen!* don't dare to do that again! *hvordan kan du ~ å si noe slikt!* how dare you say such a thing; *~ seg* venture; *~ seg for langt* venture too far; *~ seg til å gjøre det* venture to do it, risk doing it, take the risk of doing it; *det får ~ seg*

we'll have to risk it; we shall have to take the chance.

vågehals daredevil, reckless fellow.

vågehval *(zo)* minke whale.

vågelig risky, hazardous *(fx* undertaking); venturesome *(fx* action); daring *(fx* deed).

vågemot daring, intrepidity.

våge|spill daring *(el.* bold) venture, risky business; *det var litt av ~* it was sth of a gamble. **-stykke** daring deed, risky thing.

våget *se vovet.*

vågsom bold, hazardous, risky.

våke *(vb)* wake, be awake; *~ over* watch (over); *~ hos en syk* sit up with a patient.

våken awake; *(fig)* awake; watchful, alert, vigilant; T all there; on the ball; *en ~ ung dame* a wide-awake young lady; *politisk ~* politically alert; *vi må være våkne* we must be on the alert; we must keep our eyes open; *vi er våkne for situasjonens alvor* we are (keenly) alive to the gravity of the situation; *få en ~* (manage to) wake sby up; *ha et -t øye med* keep a watchful eye on, watch closely; *holde en ~* keep sby awake; *holde seg ~* keep awake; *i ~ tilstand* when awake, in the waking state.

våkenatt sleepless night; *mens hun var syk, hadde vi tre våkenetter på rad* during her illness we kept watch *(el.* sat up) for three nights running.

våkne *(vb)* wake (up) *(fx* from a long sleep; from inaction, from a trance; wake up with a start); *(mer litt.)* awake; *(komme til seg selv igjen)* come round, come to; *hun -t av en lyd fra kjøkkenet* a noise from the kitchen woke her up; she woke from *(el.* was woken up by) a noise in the kitchen; *~ opp* wake up *(fx* it is time for the nation to wake up); *hans samvittighet begynte å ~* his conscience began to stir; *en -nde interesse for* an incipient interest in.

vånd *(zool)* vole, water rat.

vånde distress, anguish, pain.

våningshus dwelling house, farmhouse.

våpen weapon; arms *(pl); (heraldikk)* arms, coat -of-arms, escutcheon; *du gir ham et ~ mot deg* you are giving him a handle against you; *gripe til ~* take up arms, rise (up) in arms; *med blanke ~ (fig)* in a fair fight.

våpen|bilde device (of a shield), bearing. **-bror** brother-in-arms. **-brorskap** brotherhood in arms. **-bruk** the use of arms.

våpendrager armour bearer; *(fig)* supporter.

våpen|fabrikk arms factory. **-ferdighet** skill in the use of arms. **-før** fit to bear arms, fit for military service, able-bodied. **-gny** *(poet)* din of battle. **-herold** herald. **-hvile** cease-fire. **-kappløp** arms race. **-klirr** the rattle of arms. **-løs** unarmed.

våpenmakt armed force; *med ~* by force of arms.

våpen|skjold coat-of-arms, escutcheon. **-smugler** arms smuggler; *(i stor stil)* gun-runner. **-stillstand** armistice; *(midlertidig)* truce. **-øvelser** *(pl)* military drill *(el.* training).

I. vår *(subst)* spring; *det blir ~* spring is coming *(el.* is on the way); *i livets ~* in the springtime of life; *(jvf vinter & vårvær).*

II. vår *pron (adjektivisk)* our; *(substantivisk)* ours; *vi skal gjøre -t* we shall do our part *(el.* share); T we shall do our bit.

vår|aktig vernal. **-bløyte** spring thaw. **-bud** harbinger of the spring. **-bær:** *~ ku* cow that is due to calve in spring. **-drakt** (lady's) spring costume; *(fugls)* spring plumage. **-flom** spring flood. **-frakk** topcoat.

Vårherre the Lord, Our Lord.

vårjevndøgn the vernal equinox. **-lig** vernal. **-løs-**

ning spring thaw; the change from winter to spring; spring break-up. **-messe** spring trade-fair. **-onn** spring farming, spring work (on the farm). **-parten:** *på* ~ in the spring. **-rengjøring** spring cleaning; *(jvf storrengjøring).* **-semester** spring term; US *(især)* spring semester. **-sild** spring herring. **-slapphet** spring lassitude; tiredness *(el.* lassitude) one feels in spring. **-sæd** spring-sown cereals *(pl),* spring corn. **-vær** spring weather; *vi venter fremdeles på det varme -et* we are still looking for a break into warmer, spring-like weather; *(se også I. vår).*

vås nonsense, rubbish; S bullshit; *(se vrøvl).*
våse *(vb)* talk nonsense *(el.* rubbish); *(se vrøvle).*
våsekopp driveller, twaddler.
våset nonsensical, silly.
våt wet; *bli* ~ get wet; get a ducking *(fx* it rained heavily and we got a d.); *gjøre* ~ wet; *bli* ~ *på bena* get one's feet wet; *uten å smake hverken -t eller tørt* without food or drink.
våt|lende marshy land. **-lendt** marshy, swampy.

W,w W, w; *dobbelt-W* W for William.
Wales Wales.
waleskringle *(slags tertestang)* Welsh bread.
Warszawa Warsaw.
watt *(elekt)* watt.
W.C. water closet; w.c.; *(rommet, også)* lavatory; *(evfemistisk)* cloakroom; plumbing *(fx* the p. is out of order);
   * Shall I show you the geography of the house?
//
Where can I wash my hands?
whisky whisky; *(især irsk)* whiskey. **-pjolter** whisky and soda; US highball.

whist *(kort)* whist; *et parti* ~ a game of whist.
Wien Vienna.
wiener Viennese.
wienerbrød Danish pastry; Belgian bun; *et overskåret* ~ a slice of Danish pastry; *da skal de fattige ha* ~ then the fat will be in the fire.
wienerbrødstang a bar of Danish pastry.
wienerinne Viennese (woman).
wiener|kringle Danish pastry plait. **-schnitzel** (Wiener)schnitzel, veal escalope. **-vals** Viennese waltz. **-wurst** frankfurter.
wiensk Viennese.

X, x X, x; *X for Xerxes* X for X-ray.
xantippe shrew, vixen, termagant.
X-krok hook nail, picture hook; *(selve stiften)* wall pin, picture nail.
xylofon *(mus)* xylophone.

xylograf xylographer, wood engraver.
xylografere *(vb)* engrave on wood.
xylografi xylography, wood engraving.
xylografisk xylographic.

Y, y Y, y; *Y for Yngling* Y for Yellow.
yacht yacht. **-klubb** yacht club.
yankee Yankee.
ydmyk humble.
ydmyke *(vb)* humble, humiliate; ~ *seg for en* humble oneself before sby.
ydmykelse humiliation.
ydmykende humiliating.
ydmykhet humility.
Yemen *(geogr)* Yemen.

yemenitt Yemenite; Yemeni.
yemenittisk Yemenite; Yemeni.
ymse *(se forskjellig); det er så* ~ *med det* **1.** that's according to the circumstances; T that's as may be; **2.** it's up and down; it's only so-so.
ymt hint, inkling, whisper.
ymte *(vb)* hint; ~ *om at* drop a hint that.
I. ynde *(subst)* grace, charm.
II. ynde *(vb)* like, be fond of.
yndefull charming, graceful.

ynder admirer, lover; *jeg er ingen ~av* I am no admirer of; I do not care for.
yndest favour (,US: favor), good graces; *i ~ hos en* in sby's good graces.
yndet popular, favourite (,US: favorite); *en ~ sport* a popular sport.
yndig graceful; *(deilig)* charming, delightful; *en ~ liten unge* a little darling.
yndighet charm, grace; *hennes -er* her charms.
yndling favourite (,US: favorite), darling, pet.
yndlings- favourite (US: favorite), pet.
yndlings|beskjeftigelse favourite occupation; hobby. **-tema** pet subject; *få ham penset inn på hans ~* set him off on his pet subject.
yngel brood; *(fiske-)* fry, spawn; *slippe ut ~ i en elv* stock a river with fry.
yngle *(vb)* breed, multiply, propagate.
yngling youth, young man.
yngre younger; *(temmelig ung)* youngish; *(av senere dato)* later.
yngst youngest; *den -e (av to)* the younger; *(se yngstemann).*
yngstemann youngest man, junior; *~ på et kontor* junior clerk; *han var ~ i en stor søskenflokk* he was the youngest of a large family (of children).
ynk: *det var en ~ å se* it was a pitiful sight.
ynke *(vb): ~ seg* moan, complain; *-s over* feel sorry for, pity.
ynkelig pitiful, pitiable; *(dårlig)* miserable; *føle seg ~* feel small; *se ~ ut* look small; *gjøre en ~ figur* cut a sorry figure; *i en ~ forfatning* in a pitiful state.
ynkelighet misery, wretchedness; *(feighet)* cowardice.
ynkverdig pitiable, pitiful. **-het** pitiableness.
yppal aggressive, quarrelsome.
yppe *vb (vekke)* stir up; *(hisse, egge)* incite, instigate; *~ kiv (trette)* stir up a quarrel, pick a quarrel; *~ slagsmål med* pick a fight with; *~ seg* 1. pick a quarrel; 2. show off; *(se strid).*
ypperlig excellent, superb; T great.
ypperst best, most outstanding; *den er den -e* it ranks first; it holds pride of place.
yppersteprest high priest.
yppig *(frodig)* luxuriant, exuberant; *(overdådig)* luxurious; *hennes -e former* her ample curves; her opulent charms; *(se vegetasjon).*
yppighet luxury; luxuriance, exuberance.
I. yr *(duskregn)* drizzling rain, drizzle.
II. yr *(adj)* giddy, dizzy; *(se ør).*
I. yre *vb (duskregne)* drizzle.
II. yre *vb (kry)* teem, swarm; *~ av utøy* crawl with vermin.
yrhet giddiness, dizziness; *(se ørhet).*
yrke occupation; *(håndverk)* trade, craft; *(akademisk)* profession; *(kall, profesjon, også)* calling *(fx* it is a c. that is born in a man; mining is a horrible c.); *jordbruk og andre -r* agriculture and other industries; *(se næringsvei); en utøver av de frie -r* a professional man; *tekniske -r* technical professions and skilled trades; *snekker av ~* joiner by trade; *drive et ~* carry on a trade (,profession); *hva er Deres ~?* what do you do for a living? *videreutdanning i -t* extended vocational training; *(jvf utøve).*
yekesaktiv working; *-e kvinner* women who go out to work; *(ofte)* career women.
yrkes|betegnelse word designating occupation; *ordet x brukes ikke som ~* the word x is not used to designate occupation. **-betont** vocationally oriented; *~ undervisning* education with a vocational slant. **-dag** workday. **-ektepar** working couple; professional couple. **-fag** occupation. **-flyver** professional pilot; *(sivilflyver)* com-

mercial pilot. **-gren** (branch of) industry. **-gruppe** occupational group. **-hygiene** industrial hygiene. **-interesser** *(pl)* trade interests.
yrkeskvinne woman who goes out to work, working woman; professional woman; *-r (i statistikk)* gainfully employed women; *gifte -r* married women in employment.
yrkeslivet trade (conditions), economic life *(el.* conditions); general business conditions; *ingen tegn til bedring i ~* no indication of an improvement in general business conditions.
yrkes|lærer *(i fengsel)* officer instructor (vocational training), civilian instructional officer (vocational training). **-messig** occupational; professional. **-nevrose** occupational neurosis. **-offiser** *(mil)* regular officer. **-opplæring** vocational training; *(i håndverksfagene)* craft training. **-organisasjon** professional body; *(bransje-)* trade organization. **-register** *(i tlf.katalog)* classified telephone directory. **-rettleiing:** *se -veiledning.* **-sjåfør** professional driver. **-skole** technical college *(el.* school). **-statistikk** labour *(,US:* labor) statistics. **-sykdom** occupational disease. **-tegning** *(fagtegning)* technical drawing. **-teori** craft theory; *~ for bilmekanikere* motor vehicle craft studies. **-terapi** occupational therapy.
yrkes|utdannelse, -utdanning 1. vocational training; 2. (professional) training; *universitetet skulle ikke bare tilgodese -en* the university should not only provide for vocational training.
yrkes|utsikt: *-ene for lærere er for øyeblikket gode* the prospects in the teaching profession are favourable at present. **-utøvelse:** *fri ~* freedom of trade. **-valg** choice of career *(el.* occupation).
yrkesvalghemmet restricted in choice of occupation, not capable of full employment; *en ~* a person restricted in choice of occupation, a person not capable of full employment; *de yrkesvalghemmede (også)* the handicapped (in the choice of career); *(jvf arbeidsufør).*
yrkes|veileder (youth) employment officer; *(på skole)* careers master (,mistress); **US** vocational-guidance counselor. **-veiledning** vocational guidance.
yrkesøkonomi *(bedriftslære)* business studies.
yrregn drizzle.
yrsnø drizzling snow.
yste *(vb)* make cheese; *~ seg* curdle.
ysteri cheese factory.
yte *(vb)* yield, render, produce; *~ assistanse* render *(el.* give) assistance; *~ bidrag til* contribute to, make a contribution to; *(ved innsamling, som medlem)* subscribe to; *~ motstand* offer resistance; *~ ham rettferdighet* do him justice; *~ sitt beste* do one's best; pull one's weight *(fx* every one of us must pull his weight); *(se skadeserstatning).*
yte|dyktig productive. **-dyktighet** productivity. **-evne** *(maskins)* capacity, output; *(effektivitet)* efficiency; *(fabrikks)* (productive) capacity.
ytelse *(avkastning)* yield; *(bidrag)* contribution; *(trygde-)* benefit; *(prestasjon)* performance; *(utbetaling)* payment; *(yteevne)* efficiency; *(tjeneste)* service; *en maskins ~* the output of a machine; *lønn etter ~* payment by results, efficiency wage; *(se gjenytelse).*
I. ytre *(subst): det ~* the exterior, the outside; *i det ~* outwardly, externally; on the face of it.
II. ytre *(adj)* outward, exterior, external; *~ tegn på* outward sign(s) of; *den ~ verden* the external world.
III. ytre *(vb)* utter, say, express; *~ seg* express oneself; *(fig)* manifest itself; *~ seg som* appear *(fx* varicose veins appear as large twisted veins, usually found on the legs and thighs); *~*

tvil express doubt; ~ *ønske om at* express a wish that.

ytring expression, statement; remark, utterance; manifestation, revelation *(av* of); *frimodige -er* plain talk.

ytringsfrihet freedom of speech; *menings- og* ~ freedom of opinion and expression.

ytter|dekke outer covering. **-dør** outer door. **-ende** extreme end. **-frakk** overcoat. **-grense** extreme limit; border, boundary. **-kant** extreme edge *(el.* border); *på -en av* on the fringe of.

ytterlig 1*(adj)* extreme; *(overdreven)* excessive; 2*(adv)* far out, near the edge; extremely, exceedingly; *glasset sto så* ~ *at det ville falle ned for et godt ord* the glass was standing so near the edge that it might fall over at the slightest breath.

ytterligere 1*(adj)* further, additional; *et* ~ *prisfall* a further *(el.* fresh) fall in prices; *send meg* ~ *20 kasser* send me another *(el.* a further) 20 cases; send me 20 cases more; *vi kan innrømme Dem* ~ *10%* we can allow you an additional 10% *(el.* a further 10%); 2*(adv)* further, in addition.

ytterliggående extreme; *en som er* ~ an extremist.

ytterlighet extreme; *gå til -er* go to extremes; *(om forholdsregler)* take extreme measures; *gå*

til den motsatte ~ go to the other *(el.* opposite) extreme; *la det komme til -er* carry matters to extremes; let matters come to a head.

ytterløper *fotb (vingspiller)* winger.

ytter|plagg outer garment; *(jvf yttertøy).* **-punkt** extreme point, extremity. **-side** outside; outer side.

ytterst 1*(adj)* outermost; *(lengst borte)* extreme, utmost; *de -e gårdene* the outermost farms; *med den -e forsiktighet* with the utmost care, with extreme care; *til det -e* to the utmost; *jeg skal anstrenge meg til det -e* I shall do my utmost *(el.* my very best); 2*(adv)* furthest *(el.* farthest) out *(el.* away); *(om grad)* extremely, exceedingly *(fx* extremely cautious); *ligge* ~ *(i seng)* lie *(el.* sleep) on the outside; *helt* ~ *(i seng)* right on the outside *(fx* I'd rather sleep right on the o.); ~ *pinlig* most embarrassing; *et* ~ *sjeldent tilfelle* an extremely rare case; *en* ~ *vanskelig sak* an extremely *(el.* exceedingly) difficult matter; *det er* ~ *forskjellige meninger om denne saken* there is a wide difference of opinion on this question; *(se sjelden 2).*

yttertøy outer wear *(el.* clothing), outdoor things; *ta av -et* take off one's things; *uten* ~ without a coat (on).

yttervegg outer wall; outside wall; *(se kledning).*

Z, z Z, z; *Z for Zakarias* Z for Zebra.

Zaire *(geogr)* Zaire.

zairer Zairean.

zair(i)sk Zairean.

Zambia *(geogr)* Zambia.

zambier, -sk Zambian.

Zevs Zeus.

zircon zirconium.

zirconlegert zirconiated, alloyed with zirconium, with added zirconium.

zoolog zoologist.

zoologi zoology.

zoologisk zoological; ~ *hage* zoological gardens; T Zoo.

zulu, -kaffer Zulu.

Zürich *(geogr)* Zurich.

Æ

Æ, æ Ae, ae; *Æ for Ærlig: intet tilsvarende; æ bæ! (barns hånlige tilrop)* sucks (to you)!

ær *(zool)* eider duck.

æra era; *betegne en ny* ~ mark a new era *(el.* epoch), be a new departure; *begynne en ny* ~ enter (up)on a new era; *innlede en ny* ~ inaugurate a new era.

ærbar modest; chaste; decent.

ærbarhet modesty; chastity; decency.

ærbødig respectful, deferential; *på* ~ *avstand* at a respectful distance.

ærbødighet respect, deference; *vise* ~ show respect *(fx* show sby respect); show deference to, treat with deference, be deferential to.

ærbødigst *(brevstil)* Yours faithfully, ...; *(hvis brevet innledes med'* Dear Mr. X',) Yours sincerely, ...; *(især US)* Yours (very) truly, ...; (Very) truly yours, ...; Yours cordially, ...

ærdun eider down.

I. ære *(subst)* honour (,US: honor); respect; *(heder)* honour, glory; *(ros)* praise; *all* ~ *verd* praiseworthy, commendable; *en mann av* ~ a man of honour; *til* ~ *for dagen* in honour of the day *(el.* occasion); **anse** *det for en stor* ~ esteem *(el.* consider) it a great honour; *avslå en* ~ refuse (to accept) an honour; *(glds el. spøkef)* decline an honour; **falle** *på -ns mark* be killed in action; die for one's country; **gjøre** *en*

den ~ *å* do sby the honour of (-ing); *(ofte)* do sby the pleasure of (-ing); *gjøre* ~ *på* do credit to; do justice to *(fx* the dinner); *gjøre* ~ *på sitt land* be an honour *(el.* a credit) to one's country; *det går på -n løs* my (,his, *etc)* honour is at stake; **ha** *den* ~ *å* have the honour of (-ing); have the h. to; *han har stor* ~ *av det* it does him great credit; it is greatly to his credit; *jeg har ikke den* ~ *å kjenne henne (iron)* I have not the pleasure of her acquaintance; *han har -n av å ha oppfunnet dette* he must be given the credit of having invented this; to him must go the honour of this invention; **holde** *i* ~ honour, respect; **innkassere** *-n for* take credit for; *han kom fra det med -n i behold* he came out of it with credit *(el.* with flying colours); **sette** *sin* ~ *i* take pride in; *det må sies til deres* ~ *at* it must be said to their credit that; *hva skylder vi -n av Deres besøk?* what is the occasion of your being here? **strebe** *etter* ~ aspire to honours; *det tjener denne industri til stor* ~ *at den har* this industry deserves great credit for having; *det tjener ham til* ~ *(også)* it reflects credit on him; it adds to his credit; *dette resultatet tjener alle dem til stor* ~ *som har hatt med det å gjøre* this result reflects great credit on all concerned; *(se tilskrive).*
II. ære *(vb)* honour (,US: honor), respect; venerate, revere; *-s den som -s bør* give honour *(el.* credit) where honour *(el.* credit) is due *(fx* I'm simply giving honour where honour is due).
ærefrykt awe, veneration; *ha* ~ *for* venerate, reverence, revere.
ærefryktinngytende awe-inspiring.
ærefull honourable (,US: honorable); creditable; *et ærefullt verv* a great honour (,US: honor); ~ *fred* peace with honour. **-kjær** high-spirited, proud. **-krenkelse** defamation, libel, slander. **-krenkende** defamatory, libellous. **-løs** ignominious, infamous. **-løshet** ignominy, infamy.
ærend errand; *gå* ~ do errands, run errands *(for en* for sby); *gå noens* ~ *(fig)* play sby's game; play into sby's hands; *han er her i lovlig* ~ he is here on lawful business; *sende en et* ~ send sby on an errand; *jeg skal i butikken*

et ~ I'm going round to the grocer's (,butcher's, *etc); mange er ute i samme* ~ *(fig)* many others are at the same game; *(se også samtidig & utrette).*
æresbegrep concept *(el.* idea) of honour (,US: honor); *-er (også)* code of honour.
æresbevisning mark of respect; honour *(fx* honours were heaped upon him); *bli begravet med militære -er* be buried with full military honours.
æresborger honorary citizen.
æresdoktor honorary doctor; doctor of honoris causa. **-følelse** sense of honour. **-gjeld** debt of honour. **-gjest** guest of honour.
æreslegion legion of honour. **-medlem** honorary member. **-oppreisning** satisfaction. **-ord** word of honour; *på* ~ on my word (of honour). **-premie** honorary prize.
æresrunde *(skøyteløpers)* triumphal progress (round the track); *seierherren går -n med laurbærkransen om skuldrene* the victor makes a triumphal progress with the laurel wreath about his shoulders.
æressak point of honour; matter of honour. **-tap** loss of honour.
ærfugl *(zool)* eider duck.
ærgjerrig ambitious. **ærgjerrighet** ambition.
ærlig *(adj)* honest; *(rettskaffen)* upright; *(i kamp & spill)* fair; *i* ~ *kamp* in a fair fight; *han var* ~ *nok til å innrømme* he was perfectly honest in admitting *(fx* the difficulty of the problem); ~ *talt* honestly; *mene det* ~ *med en* mean well by sby; *som han* ~ *fortjener* as he amply *(el.* richly) deserves; *(se III. love; sak A).*
ærlighet honesty; ~ *varer lengst* honesty is the best policy.
ærstegg *(zool)* eider drake.
ærverdig venerable; august. **-het** venerableness; augustness.
æsj *(int)* ugh.
ætling descendant *(av* of).
ætt family, race; *av gammel* ~ of (an) ancient lineage; *av høy* ~ high-born.
ættefar ancestor. **-gård** family farm. **-saga** family saga. **-tavle** genealogical table, family tree.

Ø, ø Ø, ø; *(kalles ofte* modified o); *Ø for Østen: intet tilsvarende.*
I. øde *adj (forlatt)* deserted, desolate; *(udyrket)* waste; *legge* ~ lay waste; ruin.
II. øde *(vb)* waste, squander.
ødelegge *(vb)* ruin, destroy; *(legge øde)* lay waste; *(forarme)* ruin, impoverish; *ferien ble ødelagt* the holiday was spoilt *(el.* ruined); ~ *moroa for ham* T spoil his fun *(fx* I wouldn't like to spoil his fun); *ungen -r alt (slår i stykker, etc)* the child ruins everything; *(se stemning & tegning).*
ødeleggelse destruction, ruin; *(kun entall)* devastation, havoc; *(jvf anrette).*
ødeleggelseslyst destructive urge.
ødeleggende ruinous, destructive; devastating; ~ *for* destructive to.

ødemark wilderness, wilds.
ødipuskompleks *(psykol)* Oedipus complex.
ødsel wasteful, extravagant; *(rundhåndet)* lavish *(med* of); *(overdådig)* profuse *(med* in, of).
ødselhet wastefulness, extravagance; lavishness; profuseness; *(overdådighet)* profusion.
ødsle *(vb)* be wasteful, be extravagant; ~ *bort* squander; ~ *med* waste, be lavish of, be wasteful with.
ødslig bleak, desolate, dreary.
ødslighet dreariness, desolation; *-en i rommet* the blank dreariness of the room.
øgle *(zool)* lizard.
øk *(neds): gammelt* ~ old nag.
øke *(vb)* add to, increase; ~ *hans prestisje* enhance his prestige; ~ *produksjonen* increase *(el.*

step up) production; *det stadig -nde strømbehov* the constantly growing demand for electricity.
økenavn nickname.
øk(n)ing increase, growth.
økologi ecology.
økologisk ecological.
økonom economist.
økonomi *(læren)* economics, political economy; *(sparsommelighet)* economy; *(i husholdning)* domestic economy; *hans* ~ his financial position *(fx* his f. p. is sound). **-avdeling** *(jernb)* accountants' department. **-direktør** financial director; *(jernb)* chief accountant. **-løp** *(billøp)* economy run. **-minister** UK Minister of State for Economic Affairs.
økonomisere *(vb)* economize, cut down expenses; ~ *med noe* economize on sth.
økonomisjef *(ved teater)* business manager; US treasurer.
økonomisk 1. economic; financial; 2*(sparsommelig)* economical; *den -e drift* the financial aspects of running the establishment *(,etc); når mor arbeider, gir dette -e fordeler* when mother works economic advantages accrue; ~ **gymnas** *hist (linje ved vanlig gymnas)* the economics side of grammar school; *(jvf handelsgymnas); elev ved* ~ *gymnas* pupil on the economics side of a grammar school; pupil doing *(el.* specializing in) commercial subjects; *han går på* ~ *gymnas (ofte)* he is specializing in commercial subjects; *landets -e liv* the e. life of the nation; *sakens -e side* the financial aspect of the matter *(el.* question); the economics of the question; **i** ~ **henseende** financially, economically; ~ **sett** from an e. point of view *(el.* standpoint); ~ **støtte** financial support; *han er* ~ **uavhengig** he is financially independent; *(se også klima & selvhjulpen).*
økosystem eco-system; *-et i strandbeltet* the beach eco-system.
øks axe; US ax; *(se I. bile; blinkeøks; brannøks; bøkkerøks; diksel; rotøks; skarvøks; tverrøks; tømmerøks).*
økse|hode axe head. **-hogg** blow of an axe. **-skaft** axe handle.
økt between-meal spell of work; spell (of work).
økumenisk ecumenical.
øl beer; ale; *vise ham hvor David kjøpte -et* T show him where he gets off; *(NB engelsk ordtak:* when ale is in wit is out *(når ølet går inn, går vettet ut)).*
øl|brygger brewer. **-bryggeri** brewery.
øl|fat beer cask. **-flaske** beer bottle. **-gjær** brewer's yeast. **-glass** tumbler. **-kasse** beer crate. **-kjører** drayman.
ølrøyk *(varmedis)* heat haze.
øltønne beer barrel.
ølvogn dray.
øm loving; gentle; tender; *(som gjør vondt)* sore; tender; ~ *for berøring* sore *(el.* tender) to the touch; *røre ved det -me punkt* touch a sore point; *han ble øm i stemmen* his voice took on a tender note.
ømfintlig sensitive *(for* to). **-het** sensitiveness.
ømhet soreness; *(fig)* tenderness.
ømhjertet tender-hearted.
ømskinnet thin-skinned, sensitive.
ømskinnethet sensitiveness.
ømtålig delicate, sensitive; *et* ~ *emne* a delicate subject.
I. ønske *(subst)* **1.** wish *(om* for), desire; 2*(forlangende)* request; *de syntes dette var et meget beskjedent* ~ they found this to be a very modest request; *de beste -r* best wishes; all good wishes; *hennes høyeste* ~ her greatest wish; et-

terkomme *ens -r* comply with *(el.* meet) sby's wishes; *nå sine -rs mål* reach *(el.* attain) the object of one's desire(s); realize one's most ambitious dreams; **oppfylle** *et* ~ comply with *(el.* meet) a wish; *vi kan ikke oppfylle Deres* ~ we cannot grant your wish; *du skal få ditt* ~ *oppfylt* you shall have your wish; **uttale** *et* ~ express a wish; *(jvf ndf: uttale* ~ *om at);* **etter** ~ as desired; according to your *(,my, etc)* wishes; *etter ens* ~ *(ɔ: på ens anmodning)* at sby's request; *alt gikk etter* ~ everything went off satisfactorily, everything went *(el.* turned out) as he *(,we, etc)* wished it; *rette seg etter ens -r* comply with sby's wishes; *han forlot vårt firma etter eget* ~ he left our employ of his own accord *(el.* at his own request); he left us of his own free will; **ifølge** *Deres* ~ in accordance *(el.* in compliance) with your wishes; **med** *alle gode -r* with every good wish; with my *(etc)* very best wishes; *til X med* ~ *om god fremgang i studiet av det norske språks mysterier* to X, with every good wish for your further progress in the study of the mysteries of the Norwegian language; to X, wishing you every success in your further study of the mysteries of the Norwegian language; *med de beste -r for et godt nyttår* with best wishes for a happy New Year; **mot** *mitt* ~ against *(el.* contrary to) my wishes; *dette gjorde han mot sine foreldres* ~ this he did in opposition to the wishes of his parents; *meget mot mitt* ~ *måtte jeg ...* I was reluctantly compelled to ...; *nære* ~ **om** *noe (,om å gjøre noe)* have a desire for sth *(,to do sth); jeg nærer intet* ~ *om å* I have no desire *(el.* wish) to; *uttale* ~ *om at* express the wish that; *hans* ~ *om ikke å* his unwillingness to, his reluctance to; *(se også sist: hans -e ønske & II. uttale).*
II. ønske *(vb)* wish, wish for *(fx* wealth); desire, be desirous of; *(gjerne ville)* want to *(fx* he wanted to meet me); be anxious to; *(gjerne ville ha)* want *(fx* what do you want?); *-s (i annonser)* wanted *(fx* furnished room w.); ~ *en alt godt* wish sby well, wish sby every happiness; ~ *en god bedring* wish sby a speedy recovery; *X -r ikke gjenvalg* X does not seek re-election; T *X* is standing down; US T X is not running again; *jeg -r intet heller* there is nothing I should like better; I could not wish for anything better; I could wish for nothing better; *jeg skulle* ~ I wish *(fx* I w. I were *(el.* was) in your place; I w. I knew); *jeg skulle inderlig* ~ *det ikke var sant* I wish to God it was not true; ~ *en smilende velkommen* give sby a smiling welcome; *det var å* ~ *at mange lærere ville benytte anledningen til å undervise ved utenlandske skoler* it would be an advantage *(el.* a good thing) if many teachers would avail themselves of the opportunity to teach at schools abroad; *hva -r du deg til fødselsdagen (,til jul)?* what do you want for your birthday *(,for Christmas)? jeg -r meg en sykkel* I should like a bicycle *(fx* for my birthday); *(se også levende; velkommen).*
ønske|drøm wish dream; *(utopi, også)* pipe dream *(fx* that project is only a pipe dream of mine). **-hatt** wishing cap. **-hytte** dream cottage; *(se hytte).* **-kjøkken** dream kitchen. **-kvist** (dowser's hazel) twig, dowsing rod, divining rod; *gå med* ~ work the twig, dowse; *en som går med -en* a dowser.
ønskelig desirable, to be desired; required; *det er* ~ *at han stiller garanti* it is desirable that he should give security; *det er i høy grad* ~ *at han gjør det* it is highly desirable that he should do it. **-het** desirability; *-en av* the desir-

ability of; *-en av å gjøre en forandring* the desirability of making a change.

ønskeliste list of wants; *det står på vår* ~ it is on our list of wants.

ønske|mål desired end, goal, hope, wish, desidera|tum *(pl:* -ta); *-et for fremtidige utgavers vedkommende må derfor være langt flere henvisninger* thus many more references are desirable in future editions. **-oppgave** ideal task, ideal assignment. **-stilling** ideal job *(el.* post).

ønsketenkning wishful thinking.

ør giddy, dizzy; *jeg blir* ~ *i hodet av det* it makes my head swim *(el.* go round); *jeg ble helt* ~ I felt quite dizzy *(el.* giddy); *hun ble* ~ *(også)* her head began to swim *(el.* go round).

I. øre *(anat)* ear; *spisse -ne* prick up one's ears; *holde -ne stive* listen attentively; *have all one's wits about one; være lutter* ~ *(spøkef)* be all ear(s); *han har en rev bak -t* he is up to mischief; *skrive seg noe bak -t* make a (mental) note of sth; *han hører ikke på* 'det -t *(fig)* he is deaf as far as that subject is concerned; *(jvf høre); komme en for* ~ reach one's ears, come to one's knowledge; *det er å snakke for døve -r* it's like talking to the wind; *ha* ~ *for* have an ear for; *lukke -ne for* shut one's ears to; *holde en i -ne* keep sby in order; *gjøre ham het om -ne* T put the wind up him; *forelsket oppover -ne* head over ears *(el.* heels) in love; *være i gjeld til oppover -ne* be head over ears in debt; *låne* ~ *til* listen to; *(se I. gryte; tute).*

II. øre [Norwegian coin worth ^{1}/$_{100}$ of a krone]; *nå for tiden bruker jeg hver* ~ *jeg tjener* nowadays I spend right up to the hilt.

ørebeskytter ear protector, ear guard, ear pad.

ørebetennelse *(med.)* inflammation of the ear, otitis.

øre|døvende deafening. **-fik** box on the ear. **-flipp** earlobe. **-flukt:** *se -verk.* **-gang** *(anat)* auditory canal.

øreklokke *se* ørebeskytter.

øre|kyte *(fisk)* minnow. **-lapp:** *se -flipp.*

ørelappstol wing chair, grandfather chair, ear chair.

øre|lege ear specialist. **-nerve** *(anat)* auricular nerve.

ørenslyd: *her er ikke* ~ *å få for alt levenet* it's impossible to hear with all that noise.

ørering earring.

øre|sus buzzing in the ears. **-telefon** *(radio)* earphone, headphone. **-tvist** *(zool)* earwig. **-varmer** earflap. **-verk** earache; *jeg har* ~ my ear aches.

ørevoks earwax; *(fagl)* cerumen.

ørfin very fine; *(fig)* subtle.

ørhet giddiness, dizziness.

ørken desert.

ørkensand sands of the desert, desert sand.

ørkesløs idle; futile; *-e dager* days of idleness.

ørkesløshet idleness; futility.

ørliten infinitesimal; puny, tiny.

ørn *(zool)* eagle. **-aktig** aquiline.

ørne|blikk keen glance, eagle eye. **-flukt** eagle's flight. **-klo** eagle's talon, eagle's claw. **-nebb** eagle's beak. **-nese** aquiline nose, hawk nose. **-reir** eagle's nest.

ørnunge *(zool)* eaglet.

ørret *(fisk)* trout. **-yngel** trout fry.

ørsk *(adj)* confused, dazed.

ørske *(subst):* *gå i* ~ walk about dazedly; *svare i -a* answer at random; *(se villelse).*

I. øse *subst (til suppe)* ladle; *(øsekar)* scoop, baler, bailer.

II. øse *(vb)* bale, bail; scoop; *(av brønn & fig)* draw; ~ *lens* bale out; *regnet øste ned* the rain poured down; ~ *opp suppen* ladle out the soup;

et -nde regn pouring rain; ~ *ut penger* ladle out money by the handful, pour out money (like water).

øsekar baler, bailer, scoop.

øsregn pouring rain, downpour.

øsregne *(vb): det -r* it's pouring down, it's pouring with rain.

øst east; *han skulker timer i* ~ *og vest* T he's missing times left, right, and centre; *han skylder penger i* ~ *og vest* T he owes money all round; *(se vest).*

Østen the East.

østenfor east of. **østenom** (to the) east of.

østerlandsk oriental.

Østerrike *(geogr)* Austria. **østerriker** Austrian.

østerriksk Austrian.

østerriksk-ungarsk *(adj)* Austro-Hungarian.

østers *(zool)* oyster; *dum som en* ~ crassly stupid; T dense, thick(-headed).

østersbanke oyster bed.

Østersjøen the Baltic. **østersjøisk** Baltic.

østers|skall oyster shell. **-skraper** oyster dredge. **-tiden** the oyster season. **-yngel** spat.

Øst-Europa Eastern Europe.

østfra from the east.

østfronten the East Front.

østgrense eastern frontier.

østgående eastbound *(fx* vessel).

øst|kant eastern side; *-en (bydel)* the East End. **-kyst** east coast.

Østlandet *(i Norge)* Eastern Norway.

østlig east, easterly; *det -e England* the East of England.

østnordøst east-north-east.

øst|over *(adv)* (to the) east, eastwards. **-på** eastward; in the east.

østre eastern, easterly, east.

I. østrogen *subst (biol)* oestrogen.

II. østrogen *adj (biol)* oestrogenic.

østron *subst (biol)* oestrone.

øst|side east side. **-sørøst** east-south-east.

øve *(vb)* **1.** practise (,US: practice) *(fx* he practises every day for several hours); **2***(utøve)* exercise, exert *(fx* influence on); ~ **kontroll** *med (el. over)* exercise control over; ~ **kritikk** *mot* criticize; ~ **press** *på* apply pressure to; T put on the screw; ~ **trykk** *på* bring pressure to bear on; ~ **vold** use violence; ~ **opp** train; ~ **seg** practise; ~ *seg i* practise; ~ *seg på* practise on; *(se også tiltrekning & øvet).*

øvelse practice; exercise; *(trening)* training; *(erfaring, praksis)* experience, practice; *(sports-)* event *(fx* what events take place during the Holmenkollen Ski Meet?); exercise; *man får tre forsøk, hvorav de to beste -r teller* you have three tries *(el.* attempts) and only the two best count; *poengsummene for hver enkelt* ~ *legges sammen* the (total) scores for each individual exercise are added up; ~ *gjør mester* practice makes perfect; *hvis De har* ~ *fra skotøyforretning* if you have had experience in a shoe shop; ~ *i maskinskriving* typing experience; *jeg har* ~ *i maskinskriving* I have experience *(el.* am experienced) in typewriting; I have experience of t.; *det krever lang* ~ it takes a lot of practice; *jeg mangler* ~ I lack *(el.* have little) experience; I have had very little experience; *(o: er ute av trening)* I am out of practice; *dame med* ~ *i norsk stenografi og vanlig kontorarbeid* woman experienced in Norwegian shorthand and routine office work; *med* ~ *i å undervise* with experience of *(el.* in) teaching; with teaching experience; ~ *ikke nødvendig* experience unnecessary; *-r som læreren finner på (el.*

lager) selv exercises of the teacher's invention; *(se også øvet).*

øvelseskjøring *(bilists)* driving practice.

øverst top *(fx* the top button of his coat; the top drawer); upper *(fx* the u. branches); uppermost, topmost *(fx* the t. branch); *(fig)* supreme; *(adv)* on top; at the top; *legge de beste eplene* ~ put the best apples on top; *fra* ~ *til nederst* from top to bottom; *(om person)* from top to toe; *mønstre en fra* ~ *til nederst* look sby up and down; ~ *i annen spalte* at the top of the second column; *i -e venstre hjørne* in the top left-hand corner; ~ *på bildet* in the top part of the picture; at the top of the picture; *stå* ~ *på dagsordenen* be the first item *(el.* point) of the agenda; *(fig)* be a top priority; ~ *på listen* at the head of the list; *stå* ~ *på listen (også)* head *(el.* top) the list; ~ *på rangstigen* at the top of the ladder *(fx* the men at the top of the l.); ~ *på siden* at the top of the page; *en av de -e stillingene* one of the top posts; ~ *til høyre (på bildet)* in the top right-hand corner (of the picture); at the top on the right; ~ *ved bordet* at the head of the table.

øverst|befalende, **-kommanderende** *(mil)* commander-in-chief.

øvet *(se også øve)* practised *(,US: practiced) (i noe* in sth); experienced *(fx* speaker, teacher); *(faglært)* skilled; trained *(fx* t. soldiers); ~ *stenograf* experienced stenographer *(el.* shorthand typist); *må være* ~ experience required; experience necessary; experience essential; *et* ~ *øye* a practised *(el.* trained) eye; *lite* ~ inexperienced, without practice.

øving *se øvelse.*

øvre upper.

øvrig remaining; *det -e* the rest, the remainder; *en av døtrene er gift, de -e* ... one of her daughters has married, the others ...; *for* ~ *(hva det -e angår)* for the rest; *(dessuten)* moreover, besides; *(i andre henseender)* in other respects.

øvrigheten the authorities.

øvrighetsperson public officer.

øy island; *-a Man* the Isle of Man; *på en* ~ on an island; *(meget stor, bebodd)* in an island.

øye 1*(anat)* eye; **2***(på kort, terning)* pip; **3***(hull el.* ring som snor el. krok kan træs gjennom) eye, eyelet; **alles** *øyne* all eyes; *gjøre noe for alles øyne* do sth in (plain) sight of everybody; *se på det med* **andre** *øyne* see it in another *(el.* in a different) light; *ikke se med* **blide** *øyne på* take a stern view of, frown on, look askance at, regard with disfavour; *synlig for det* **blotte** ~ visible to the naked eye; *med det blotte* ~ with the naked eye; *han har* **blå** *øyne* he has blue eyes; his eyes are blue; he is blue-eyed; *han gjør det ikke bare for dine blå øynes skyld* he is not entirely disinterested; *(sterkere)* he has an axe to grind; *et blått* ~ *(etter slag)* a black eye; *han har* **dårlige** *øyne* his eyes are bad; his eyes are weak; **fire** *øyne ser mer enn to* two pair of eyes see better than one; two heads are better than one; *under fire øyne* confidentially, in private; ~ *for* ~ an eye for an eye; *se på noe med* **friske** *øyne* get sth into perspective; *(fordi man kommer utenfra)* come fresh to a problem; *hun er en* **fryd** *for -t* (**T** = *pen)* **T** she's easy on the eye; *ha* **gode** *øyne* have good eyes, have a good eyesight; *ha et godt* ~ *til* have an eye on, covet; *(o: stadig kritisere)* be down on; *(o: være forelsket i)* be gone on *(fx* sby); *det kan man se med et* **halvt** ~ you can see that with half an eye; it hits you in the eye; it sticks out a mile; *lovens øyne (spøkef)* the eye of the law; *han ble* **mindre** *og mindre i øynene* his eyelids

grew heavier and heavier; *han satt der med øynene på* **stilk** he sat there with his eyes popping out; **store** *øyne* large eyes; *gjøre store øyne* one's eyes wide; stare; *se på noe med store øyne* watch sth wide-eyed; **ute** *av* ~ *ute av sinn* out of sight, out of mind; *et* **øvet** ~ a practised *(el.* trained) eye; **åpne** *øyne* open eyes; *ha et åpent* ~ *for noe* have a keen eye for sth; *med åpne øyne* with one's eyes open *(fx* you went into this with your eyes open); *[Forb. med verb]* **bruke** *øynene (godt)* use one's eyes, keep one's eyes open *(,***T***: skinned el.* peeled); **få** ~ *for noe* become alive to sth; become aware of sth; begin to appreciate sth; have one's eyes opened to sth; *få* ~ *på* catch sight of; **ha** ~ *for noe* have an eye for sth; *ikke ha øyne for noen annen* have no eyes for anyone else; *ha for* ~ have in view; *jeg har da øyne i hodet (lett fornærmet)* I've got eyes in my head! *har du ikke øyne i hodet?* where are your eyes? *ha øyne i nakken* have eyes at the back of one's head; *ha øynene med seg* keep one's eyes open; be wide-awake; be observant; **holde** *øynene åpne* keep one's eyes open; *holde* ~ *med* keep an eye on; have one's eye on *(fx* I've had my eye on you for a long time); *holde skarpt* ~ *med* watch keenly; keep a sharp watch on; **knipe** *øynene sammen* screw up one's eyes; **lukke** *øynene* shut *(el.* close) one's eyes; *lukke øynene for* refuse to see, shut one's eyes to; *(se gjennom fingrene med)* connive at; wink at; *se noe i øynene* face sth; *se en like i øynene* look sby straight in the face; **slå** *øynene ned* look down, cast down one's eyes; *slå øynene opp* open one's eyes; **sperre** *øynene opp* open one's eyes wide; *hva er det som* **først** **springer** *en i øynene i forholdet mellom X og Y* what is it that first strikes you *(el.* what strikes you first) in the relationship between X and Y? *han* **tok** *ikke øynene fra henne* he did not take his eyes off her; *ta øynene til seg* look away; avert one's eyes; **tro** *sine egne øyne* believe (the evidence of) one's (own) eyes; *(se for øvrig vedkommende subst, verb, prep, etc, fx* bind; pose; ring; II. følge; skjære; sluke; våken).

øye- *(i sms: se også øyen-.*

øyeblikk moment, instant; *et* ~ just a moment; one moment; *(tlf)* hold the line (please); *et* ~ **etter** a moment after *(el.* later); *han kom ikke et* ~ **for** *tidlig* he came not a moment too soon; *for -et* at the moment, at present; *(for tiden)* for the time being, for the moment; *for et* ~ *siden* a moment ago; **fra** *første* ~ from the (very) first (moment); from the very start; from the outset; *fra det* ~ *da* from the moment when; *han kan komme* **hvert** ~ he may be here any moment; **i** *-et* at the moment, just now; *i dette* ~ at this moment; *i det* ~ *da* the moment *(fx* she fainted the m. they tried to raise her to her feet); *i hans lyse* ~ in his bright moments; *(om sinnssyk)* in his lucid intervals; *i det rette (el. riktige)* ~ at the right moment; *avvente det rette* ~ *(el. et gunstig* ~*)* wait for the right moment; bide one's time; *i siste* ~ at the last moment; *det var i siste* ~ it was only just in time; **T** it was in the nick of time; *en avgjørelse i siste* ~ a last-minute decision; *i det avgjørende* ~ at the critical moment; *i samme* ~ at the same moment; *i selvsamme* ~ at that very moment; *i samme* ~ *som (o: med det samme)* the (very) moment *(fx* the (very) moment he saw her); the (very) instant; as soon as; *i et svakt* ~ in a moment of weakness; **om** *et* ~ in a moment; in a minute; **på** *et* ~ in (less than) no time, in the twinkling of an eye;

in a flash; *det var gjort på et* ~ it was the work of a moment; *straks på -et* this moment, this instant, at once; *det var hans livs* **store** ~ it was the moment of his life; **uten** *et -s betenkning* without a moment's hesitation; *(se II. lys & velge).*

øyeblikkelig 1. immediate *(fx* there is no i. danger; i. help; an i. reply); *det har ingen* ~ *hast* there is no immediate hurry; **2***(om hendelse, virkning, etc)* instantaneous *(fx* death was i.; the poison had an i. effect); **3***(nåværende)* present *(fx* the p. situation); **4***(forbigående)* momentary *(fx* a m. embarrassment); **5***(adv)* immediately, instantly, instantaneously; *vi må handle* ~ we must take immediate action; we must act at once *(el.* without delay); *vi trenger hjelp* ~ we are in urgent need of help; *vi trenger det* ~ we need it urgently.

øyeblikksbilde snapshot; T snap.

øye|bryn *(anat)* eyebrow. **-eple** *(anat)* eyeball. **-hule** *(anat)* eye socket, orbital cavity, orbit (of the eye). **-hår** *anat (pl)* eyelashes. **-kast** glance; *ved første* ~ at first sight. **-lokk** *(anat)* eyelid.

øyemed object, aim, end; *i det* ~ *å* for the purpose of (-ing); *(se formål; studieøyemed).*

øyemål visual estimate, measure taken with the eye; judgment by the eye; *etter* ~ (as) judged by the eye *(fx* length as judged by the eye); *ha et godt* ~ have a sure eye.

øyen- *(i sms): se også øye-.*

øyen|betennelse *(med.)* inflammation of the eyes. **-dråper** *(pl)* eye drops. **-klinikk** eye clinic; eye hospital *(fx* Bristol Eye Hospital). **-kurtise:** *hun drev* ~ *med ham* she made eyes at him; she gave him the glad eye. **-lege** eye specialist, oculist, ophthalmologist. **-skrue** eyelet screw. **-stikker** *(zool)* dragonfly. **-sverte** mascara.

øyensynlig evident, obvious; *(adv)* evidently, obviously; *han hadde* ~ *arbeidet for hardt* he had obviously *(el.* evidently) been working too hard.

øyen|tann *(hjørnetann)* eye tooth. **-tjener** time server. **-vipper** *anat (pl)* eyelashes. **-vitne** eyewitness *(til* of).

øye|operasjon operation on the eye. **-par** pair of eyes. **-speil** ophthalmoscope.

øyesten *(fig):* *ens* ~ the apple of one's eye.

øyesykdom *(med.)* eye disease.

øyesyn eyesight; *ta i* ~ view, inspect, have a (good) look at; *ta noe grundig i* ~ subject sth to a thorough *(el.* close) inspection.

øygard skerries *(pl);* *han bodde helt ute i -en* he lived far out in the skerries.

øy|gruppe group *(el.* cluster) of islands; archipelago. **-klima** insular climate.

øyne *(vb)* see; discern; catch sight of.

øyr sandbank, sands at the mouth of a river.

øyrike island kingdom.

øyværing islander.

I. Å, å Å, å; *Å for Åse: intet tilsvarende.*

II. å river, stream; *(se bekk).*

III. å *(int)* ah, oh; oh well; *å ja* oh yes; *(nølende)* yes, in a way; well, yes; *å, jeg ber* don't mention it; not at all, that's all right; *å pytt!* pooh! bah! *å, gi meg boka!* please give me the book! give me the book, will you?

åbor *(fisk)* perch.

åger usury; *drive* ~ practise (,US: practice) usury. **-aktig** usurious. **-forretning** usury. **-kar** usurer. **-pris** exorbitant price. **-rente** usurious rate of interest, extortionate interest.

ågre *(vb)* practise (,US: practice) usury; ~ *med sitt pund* make the most of one's talents.

åk yoke; *kaste -et av* shake off *(el.* fling off) the yoke; *bringe under -et* subjugate; *bøye seg under -et* bow one's neck to the yoke; *(se ledningsåk; signalåk).*

åker (tilled) field.

åker|flekk small field, patch of field. **-land** arable land. **-lapp:** *se -flekk.* **-rikse** *(zool)* corncrake. **-rull** drum roller. **-sennep** *(bot)* charlock. **-snelle** *(bot)* horsetail. **-tistel** *(bot)* creeping thistle.

åkle **1***(glds)* bedspread, coverlet; **2**[hand-woven tapestry used as a wall hanging]; *(se teppe).*

ål *(fisk)* eel; *så glatt som en* ~ as slippery as an eel.

åle|dam eel pond. **-fangst** eel fishing, eeling. **-hode** eel's head. **-kiste** eel trap. **-kone** *(fisk)* viviparous blenny. **-slank** slinky *(fx* a slinky blonde); *(stivt)* svelte. **-teine** eelpot.

åletrang *(om klesplagg)* clinging; slinky *(fx* a slinky dress).

åleøgle *(zool)* dolichosaur.

åmot confluence (of two rivers).

ånd 1*(mots. legeme)* spirit, mind; **2***(åndelig kraft, genialitet)* genius *(fx* a man of g.); **3***(stor personlighet)* spirit, intellect, mind *(fx* the great minds of the world); **4***(overnaturlig vesen)* spirit; *(i østerlandske eventyr)* genie *(fx* the g. of the lamp); *(spøkelse)* ghost, spirit; **5***(tenkemåte)* spirit *(fx* the s. of the 18th century); **6***(i hær, etc)* morale, spirit; **7***(tone, retning)* tone, spirit, tenor, general tenor, drift *(fx* the general tenor of the document; the drift of what he said); **8***(indre prinsipp)* spirit *(fx* the s. of the age); genius *(fx* the g. of the language);

beslektede -er kindred souls, congenial spirits; *hans gode (,onde)* ~ *(fig)* his good (,evil) genius; *den Hellige Å-* the Holy Ghost, the Holy Spirit; *mane -er* conjure up *(el.* raise) spirits; *(bort)* lay ghosts; exorcise; *en ond* ~ an evil spirit; ~ *og materie* mind and matter; *oppgi -en* give up the ghost, expire, breathe one's last; *en stor* ~ a great mind; a great spiritual force; *en av sin tids største (,edleste) -er* one of the greatest (,noblest) minds of his day; *tidens* ~ the spirit of the age; *tjenende* ~ servant, menial; *-ens verden* the spiritual *(el.* intellectual) world; *fortolke bestemmelsen etter dens* ~ interpret the rule according to its general spirit; *etter lovens* ~ according to the spirit of the law; *etter lovens* ~ *og ikke etter dens bokstav* according to the spirit, not the letter, of the law; **i** *-en* in (the) spirit *(fx* the poor in spirit); *-en* **i** *brevet* the tone of the letter; *jeg skal følge deg* **i** *-en* I will be with you in spirit; *man må forstå dette i den* ~ *det er skrevet* one must understand *(el.* take) this in the spirit in which it was written; *jeg ser ham i -en* I see him in my mind's eye; **på** *-ens vinger* on the wings of the spirit; *(se III. lov).*

I. **ånde** *(subst)* breath; *dårlig* ~ foul breath; *holde en i* ~ **1.** keep sby busy; T keep sby on the trot; **2.** hold sby's interest.

II. **ånde** *(vb)* breathe, draw one's breath, respire; *han levde og -t for denne forretningen* this business was his whole life; *(jvf puste).*

åndeaktig ghostly, ghostlike, spectral.

ånde|besvergelse **1.** necromancy; **2.** exorcism; *(jvf ånd: mane -er).* **-besverger** **1.** necromancer; **2.** exorcist.

ånde|drag, -drett breath, breathing, respiration; *med tilbakeholdt -drett* with bated breath; *til siste -drag* to his *(,etc)* last breath; **i** *samme -drag* in the same breath.

åndedrettsbesvær difficullty in breathing; respiratory trouble.

åndedrettshull breathing hole; blowhole; *(zool)* spiracle.

åndedrettsorgan *(anat)* breathing organ, respiratory organ.

åndedrettssystem respiratory system.

åndelig intellectual, mental, spiritual; ghostly; ~ *anstrengelse* mental effort; ~ *føde* food for the mind, intellectual food; *i* ~ *henseende* intellectually; mentally; *-e interesser (pl)* intellectual interests; ~ *likevekt* mental balance; ~ *størrelse* **1.** intellectual greatness; greatness of mind; **2***(person)* great mind, master mind, intellectual giant.

åndelighet spirituality.

åndeløs breathless, out of breath; ~ *spenning* breathless suspense.

ånde|maner: *se -besverger.*

åndenød difficulty in breathing, respiratory trouble, *(faglig)* dyspnoea.

åndeverden ghost world, invisible world.

åndfull *se åndrik.*

åndløs dull, uninspired; *(flau)* inane, insipid.

åndløshet dullness; inanity, insipidity.

åndrik brilliant, witty.

åndrikhet brilliancy; witty remark, stroke of wit.

ånds|arbeid intellectual work, brain work. **-arbeider** intellectual worker; brainworker. **-aristokrat** intellectual aristocrat. **-aristokratisk** highbrow. **-arv** spiritual heritage. **-beslektet** kindred *(fx* spirits), congenial *(fx* they are c. spirits). **-dannelse** culture. **-evner** *(pl)* intellectual talents; mental faculties *(el.* ability). **-fattig** dull, uninspired. **-felle** congenial spirit, kindred spirit *(el.* soul). **-fellesskap** mental *(el.* spiritual) communion, community of spirit, congeniality. **-forlatt** dull, uninspired; boring. **-fraværende** absent -minded, preoccupied. **-fraværenhet** absent -mindedness; absence of mind; preoccupation. **-frihet** intellectual freedom. **-frisk** alert, of sound mind, of unimpaired mental faculties. **-friskhet** unimpaired mental faculties, sound mind. **-føde** food for the mind, intellectual food. **-gaver** *(pl)* intellectual gifts *(fx* a man of high i. g.). **-historie** intellectual history. **-høvding** spiritual leader. **-kraft** mental power, strength of mind; a strong mind; *det gikk nedover med hans* ~ his mental powers were declining. **-kultur** culture; cultural life.

åndsliv **1***(tankevirksomhet)* intellectual life, thought; **2***(kultur, etc)* culture, cultural life.

ånds|nærværelse presence of mind, resourcefulness, composure; *hans* ~ *sviktet ham* his presence of mind deserted him. **-nærværende** resourceful, composed, having presence of mind. **-oppløftende** exalting, full of uplift. **-produkt** intellectual product *(el.* achievement); *-er pl (spøkef)* lucubrations. **-retning** school of thought. **-rett** (the law of) copyright. **-sløv** dull-witted, feeble-minded, stupid. **-snobb** intellectual snob. **-svak** mentally retarded, mentally deficient, feeble-minded. **-svakeomsorg** care of the mentally retarded. **-svakhet** mental retardation, mental deficiency, feeble-mindedness. **-utvikling** mental development. **-verk** intellectual achievement. **-verkslov** copyright act. **-virksomhet** mental activity. **-vitenskapene** *(pl)* the humanities. **-ytring** manifestation of the mind.

åpen **1.** open; **2***(ubeskyttet)* open, exposed; **3***(oppriktig)* open, frank, candid; **4***(utilslørt)* open, unconcealed, undisguised; **5***(ikke utfylt)* (in) blank; *(om regnskapspost)* unpaid, outstanding *(fx* item); *(om vevning)* open (work), openweave; *ha et -t blikk for* have a keen eye for; *be keenly alive to;* ~ *båt* open boat; *den åpne* **dørs** *politikk* (the policy of) the open door; *for åpne dører* with the doors open; *(fig)* in public; *(jur)* in open court; *på det åpne* **hav** on *(el.* in) the open sea; *out at sea; på det åpne* **marked** in the open market *(fx* the price which he could obtain in the o. m.); *under* ~ **himmel** in the open (air), outdoors; *sove under* ~ *himmel* sleep out of doors, sleep out; *i* ~ **kamp** in a fair fight; ~ **kreditt** open *(el.* blank) credit; *med* ~ **munn** open-mouthed; gaping; *et -t* **sinn** an open mind *(fx* keep an o. m. as regards ...); *i* ~ **sjø** *(el.* in) the open sea; *et -t* **spørsmål** an open question; *et -t* **svar** a frank answer; *-t* **vann** *(mar)* open *(el.* clear) water; *et -t* **vesen** a frank manner; *sove for åpne* **vinduer** sleep with the windows open; **holde -t** keep open; *(om forretning)* open *(fx* it is not usual for shops to be open on Sundays); *be open (fx* they are o.); *la* **plass stå** ~ *til navnet* leave the name blank; leave a blank for the name; *la det mellomrommet stå -t* leave that space blank; *da Tom gjorde den franske oversettelsen sin, lot han de ordene han ikke kunne, stå åpne* when Tom was doing his French translation, he left blanks for all the words he didn't know; *la noe (ɔ: en sak) stå -t* leave sth *(fx* a matter) open; ~ *for nye idéer* receptive to *(el.* of) new ideas; *jeg er* ~ *for et tilbud* I am open to an offer; ~ *og ærlig* frank and honest; *(om foretagende, etc)* open and above-board.

åpen|bar clear, evident, obvious. **-bare** *(vb)* reveal, disclose, discover, manifest; ~ *en hemmelighet for en* reveal a secret to sby; ~ *seg* appear *(for* to). **-barelse, -baring** revelation; *Johannes -baring* Revelations.

åpenhet openness; *(fig)* frankness, candour (,US: candor).

åpen|hjertig open-hearted, frank, candid. **-hjertighet** open-heartedness, frankness, candour (,US: candor). **-lys** undisguised. **-lyst** *(adv)* openly. **-munnet** talkative, indiscreet.

åpne *(vb)* open *(for* to); ~ *igjen* reopen; ~ *en butikk* open a shop; ~ *et fat* broach a cask; ~ *ild (mil)* open fire *(mot* on); ~ *en kreditt* open a credit *(på et beløp* to an amount; *hos en* with sby); *dørene ɔ: kl. 7* doors open at seven; *jeg har -t en konto for Dem* I have opened an account for you; ~ *nye markeder* open up new *(el.* fresh) markets; ~ *en strid (,en feide)* take up a quarrel (,start a feud); ~ *seg* open *(for* to); ~ *seg igjen* reopen; *(se sluse).*

åpning 1. opening; 2*(konkret)* opening, hole, aperture; gap; *(smal sprekk)* slit; 3*(i skog)* clearing; 4*(innvielse)* opening; *(høytideligere)* inauguration.
åpningsavskrivning *(økon)* initial depreciation (on a new project).
åpningsgnist break spark, spark at breaking contact. **-høytidelighet** opening ceremony, inauguration. **-melding** *(kort)* original bid. **-tale** inaugural address. **-tid** opening time; hours *(fx* we don't do business after hours).
år year.
[*A: Forb med subst; B: med adj & pron; C: med tallord; D: med prep & adv*].
A: ~ *og dag* ages *(fx* it's ages since he left); *mange -s erfaring* many years of experience; the e. of many years; *i det Herrens* ~ in the year of grace; *komme til skjels* ~ *og alder* grow up, reach the age of discretion; *70 er støvets* ~ threescore and ten is the age of men;
B: *i sine beste* ~ in the prime of life, in one's prime; *et dårlig (,godt)* ~ a bad (,good) harvest year; a bad (,good) year for the crops; *et godt* ~ *for sildefisket* a good year for the herring fisheries; *forrige* ~ last year; *(-et i forveien)* the previous year; *et halvt* ~ six months; *hele -et* throughout the year, the whole year; *hele -et rundt* the whole year round; all the year round; US all year round; *hvert* ~ every year; annually; *hvert annet* ~ every second *(el.* other) year; *for hvert* ~ *som gikk* with every passing year; *så lang som et vondt* ~ **T** as long as a month of Sundays; *neste* ~ next year; *i de siste -ene* in the last *(el.* past) few years; in recent years, during late years, in these last years; *i de siste* ~ *av hans liv* in the last years of his life; *(se også dag); i yngre* ~ in my (,his, *etc)* youth; when I *(,etc)* was younger;
C: *bli 20* ~ be twenty *(fx* I shall be twenty next Wednesday), complete one's twentieth year, reach twenty; *fylle 20* ~ complete one's twentieth year; *den høsten da han fylte 42* in the autumn of his 42nd year; *han er 10* ~ *gammel* he is ten (years old);
D: *på den tiden av -et* at that time of the year; ~ *etter* ~ year after year, one year after another; *etter et* ~ after a year; *etter 10 -s forløp* after the lapse of ten years, at the end of ten years; *-et etter* the year after, the following year; ~ *for* ~ year by year, annually, yearly, with every year; *-et for hans fødsel* the year of his birth; *for hvert* ~ *som gikk* with every year that passed; *for mange* ~ *siden* many years ago; *fra* ~ *til* ~ from year to year, from one year to the next; *opp gjennom -ene* through *(el.* over) the years; in the course of the years; **i** ~ this year; *i -et 1815* in (the year) 1815; *i -et som gikk* in the past year; *i mange* ~ for many years; ~ *inn og* ~ *ut* year in, (and) year out; *med -ene* with the years, in the course of time, gradually; *hennes sjenerthet vil gi seg med -ene* she will get over her shyness as she gets older; ~ *om annet* from one year to another; ~ *om annet kommer det en del turister til stedet* a number of tourists visit the place from one year to another; *om et* ~ in a year; in a year's time; *om -et* a year, per annum, annually; *et barn på fire* ~ a child of four, a four-year-old child; *trekke på -ene* be getting *(el.* growing) old; *til -s* well on in years, advanced in years; *-et ut* the rest of the year; till the end of the year; *(se senere)*.
årbok yearbook, annual (publication); *(hist)* annals, chronicle.
årbukk *(fisk)* chub.

I. åre *(subst)* 1*(anat)* vein; *(puls-)* artery; 2*(bot & zool)* vein; 3*(dikterisk)* vein; 4*(trafikk-)* arterial road, traffic artery; 5*(malm-)* vein, lode; *(om kull)* seam; *en poetisk* ~ a gift for writing poetry, a poetic vein.
II. åre *subst (til å ro med)* oar; *akterste* ~ stroke oar; *hvile på -ne* rest on one's oars; *legge inn -ne* boat the oars.
III. åre *subst (hist)* open hearth.
årebetennelse *(med.)* phlebitis. **-blad** oar blade, blade of an oar. **-forkalket** *(med.)* suffering from arteriosclerosis; senile, mental *(fx* she's going a bit mental with old age); *han er svært* ~ *(ofte)* he is in his second childhood. **-forkalkning** arteriosclerosis; *(se åreforkalket).*
åreknute varix *(pl:* varices), varicosity; *(lidelsen)* varicose veins.
årelang lasting several years, of several years; *ved -t arbeid* by the labour of years; ~ *erfaring* years of experience.
årelate *(vb)* bleed. **-ing** bleeding, blood-letting.
åremål term of years; *på* ~ for a term of years.
årestue *(hist)* open-hearth room.
året veined.
åretak stroke (of an oar). **-toll(e)** thole-pin.
årevis: *i* ~ for years.
årfugl *se orrfugl.*
årgang 1*(av aviser, etc)* volume *(fx* old volumes of Punch); 2*(av årsskrift)* (annual) volume; 3*(aldersklasse)* age group, year *(fx* the students of my year); 4*(av vin)* vintage *(fx* of the vintage of 1964); year.
årgangsvin vintage wine.
århane *se orrhane.*
århundre century.
århundreskifte turn of the century *(fx* at the turn of the century).
århøne *se orrhøne.*
-årig -year-old; *den ni-årige Karl* nine-year-old Charles.
-åring -year-old; *en tolvåring* a twelve-year-old.
årlig yearly, annual; ~ *rente* annual interest *(fx* an a. i. of 5%).
årrekke series *(el.* number) of years; *i en* ~ for a number of years, for many years.
årring *(bot)* annual ring, growth ring.
-års -year *(fx* a five-year plan); *100-årsjubileum* centenary; *på hans 70-årsdag* on his 70th birthday.
årsak cause; ~ *og virkning* cause and effect; *sammenhengen mellom* ~ *og virkning* the nexus of cause and effect; *ha sin* ~ *i* be due to; *hva var -en til tretten?* what brought about the quarrel? *ingen* ~ *!* don't mention it! not at all! **T** that's all right! not a bit! **S** forget it! *(se også grunn).*
årsaksbegrep concept of causation. **-forbindelse** causal connection. **-forhold** causality, causal relation; *se nærmere på hele -et* look more closely at the whole question of causes. **-konjunksjon** *(gram)* causal conjunction. **-sammenheng** causal connection, causality, causal relation. **-setning** 1*(gram)* causal clause; 2*(filos)* causal relation.
årsavslutning *(i skole)* end-of-term celebration; *(ofte* =) speech day; US commencement. **-balanse** *(merk)* annual balance sheet. **-beretning** annual report. **-bidrag** annual subscription. **-dag** anniversary *(for* of). **-eksamen** end-of-year examination. **-forbruk** annual consumption. **-gammel** one-year-old *(fx* a one-year-old child). **-inntekt** annual income. **-karakterer** *(pl)* annual mark *(,om bokstavkarakter:* grade); mark for the year's work. **-klasse** *(mil)* age group, class *(fx* the 1950 class was called

up). **-kort** *(jernb)* annual (season) ticket. **-kull** class, year. **-lønn** yearly wages (,salary); *med £1500 i* ~ at a salary of £1,500 per annum. **-melding** annual report. **-møte** annual meeting. **-omsetning** annual turnover *(se omsetning)*. **-oppgjør 1.** annual *(el.* yearly) settlement; annual balance of accounts; **2***(i skole)* [staff meeting to discuss and decide on annual marks (,grades)]. **-oversikt** annual survey; yearly review. **-overskudd** annual surplus, the year's profits. **-prøve** *se årseksamen.* **-regnskap** annual accounts; *avslutte -et* wind up the year's accounts, balance the (,one's, my, your, *etc)* books. **-skifte** turn of the year, (commencement of a) new year; *ved -t* at the turn of the year. **-skrift** annual; yearly publication. **-tall** date, year; *hvilket* ~ *what year; lære* ~ learn dates.

årstid season, time of the year; *på denne* ~ *at this time of the year; det er kaldt etter -en* it's cold for the time of the year; *det henger sammen med -en* it's due to seasonal factors.

årsvekst the year's crop; *-en* the crops.

årsverk man-labour year.

år|tier *(pl)* decades. **-tusen** a thousand years, millennium.

årviss annual, yearly; certain, regular; unfailing.

årvåken vigilant, watchful, alert, on the alert.

årvåkenhet vigilance, watchfulness, alertness.

I. ås 1. (mountain) ridge; **2***(arkit)* purlin; **3***(plog-)* beam.

II. ås *(pl: æser)* Old Norse god.

åsgårdsrei [company of ghosts who ride through the air on horseback (esp. at Christmas-time), sweeping human beings along with them].

ås|lendt ridgy. **-rabbe** [ridge, esp. stony, dry and treeless]; *(jvf fjellrabbe).* **-rygg** ridge (of a hill), crest (of a hill). **-røste** *(arkit)* ridge purlin.

åsted scene (of the crime); place in question; *besøke -et* visit the scene of the crime.

åstedsbefaring *(jur)* on-the-spot inquiry *(el.* investigation), local inquiry; inspection of the ground; *det ble holdt* ~ *an on-the-spot inquiry was held.*

åsyn *(glds)* countenance; *for Guds* ~ *in the sight (el.* presence) of God; before God.

åte bait; *(åtsel)* carcass, carcase.

åtsel carcass, carcase; carrion.

åtselfugl carrion bird.

åtselgribb *(zool)* vulture.

åtte *(tallord)* eight; *om en* ~ *dagers tid* in about a week's time; ~ *timers arbeidsdag* eight-hour day.

åttekant octagon.

åttekantet octagonal, eight-sided.

åttende *(tallord)* eighth; *det* ~ *bud (svarer hos anglikanerne til)* the ninth commandment.

åtte(nde)del eighth part, eighth; *-s note* quaver, eighth; *tre -s takt* three-eighth time.

åttesidet eight-sided, octagonal.

åttetall *(figure)* eight, figure of eight; *et* ~ *an eight; -et* the figure eight.

åtte|fold octuple, eightfold. **-årig, -års** of eight years, eight-year-old *(fx* an eight-year-old child).

åtti *(tallord)* eighty. **-ende** eightieth.

åttiårene: *i* ~ in the eighties.

åttiåring octogenarian.

åttring [boat with 4 pairs of oars].